Dr. Oetker

Lebensmittel Lexikon

Dr. Oetker Lebensmittel Lexikon

Über 8 000 Begriffe aus den Bereichen Lebensmittel und Ernährung

Dr. Oetker Verlag

Inhalt

Das *Dr. Oetker Lebensmittel Lexikon* dient als Nachschlagewerk für alle, die sich mit Lebensmitteln, ihrer Herstellung, Überwachung und Verwendung befassen.

Das Lexikon steht in der Tradition hochwertiger warenkundlicher Nachschlagewerke, die seit der Gründung des Unternehmens mit dem Qualitätsanspruch der Marke Dr. Oetker publiziert werden. Diese vierte, völlig neu überarbeitete Auflage des Dr. Oetker Lebensmittellexikons basiert auf der bewährten Konzeption vorheriger Auflagen und wird durch vielfältige Neuerungen aktualisiert und ergänzt.

Lebensmittel, also „Mittel zum Leben", spielen eine wichtige Rolle für die Gesundheit und das Wohlbefinden jedes Menschen. Deshalb legen wir Wert darauf, allen Fachleuten und auch interessierten Laien einen schnellen und sicheren Zugang zu dem Wissen zu ermöglichen, das erforderlich ist, um Lebensmittel und die Verfahren ihrer Herstellung qualifiziert zu beurteilen.

Gerade in den letzten Jahren haben sich Lebensmittelwissenschaft und Lebensmitteltechnologie rasant weiterentwickelt. Neue Lebensmittel aus aller Welt kommen auf den Tisch, veränderte Verzehrgewohnheiten beeinflussen die Lebensgestaltung. Zugleich ist das Interesse der Verbraucher an Fragen der Ernährung stark gestiegen.

Diese Entwicklung schlägt sich auch im Lebensmittelrecht nieder, das in den letzten Jahren vielfach geändert und erweitert worden ist. Der große Einfluss des Lebensmittelrechts auf die in diesem Lexikon verwendeten Begriffsdefinitionen wird von uns berücksichtigt.

Es ist unser Ziel, ein Lebensmittellexikon anzubieten, das dem aktuellen Wissensstand entspricht und der Dynamik des Themengebietes Rechnung trägt. Aus diesem Grund haben wir die komplett überarbeiteten Themenbereiche früherer Ausgaben um die funktionellen und neuartigen Lebensmittel sowie die Nahrungsergänzungsmittel erweitert. Im Anhang befindet sich eine übersichtliche Abhandlung zum Verständnis des europäischen und deutschen Lebensmittelrechts.

Das vorliegende Lexikon verschafft dem Anwender einen weit gefächerten Überblick und Einstieg in das jeweilige Themengebiet und erlaubt ein schnelles Nachschlagen und Verstehen der gesuchten Begriffsdefinitionen.

Bei der Herstellung des Lexikons haben wir Wert auf größte Sorgfalt und Qualität gelegt, um ein Werk anzubieten, das langfristig und sicher für Recherchen eingesetzt werden kann.

Bielefeld, Oktober 2004

Hinweise für den Benutzer

Falls nicht ausdrücklich anders vermerkt, gibt das *Dr. Oetker Lebensmittel Lexikon* zu den jeweiligen Lebensmitteln die in Deutschland übliche Verkehrsauffassung wieder.

Nährwertangaben werden zu Lebensmitteln im Text nur insoweit gemacht, als die in 100 g essbarem Anteil enthaltene Menge gegenüber der von anderen Lebensmitteln beachtlich ist und ein wesentliches Merkmal bildet. Im Hinblick auf umfangreichere Informationen zu Nährwerten sei auf die zahlreichen am Markt befindlichen Standardwerke verwiesen.

Verweise auf Tabellen und Abbildungen im Text beziehen sich in der Regel auf die in unmittelbarer Nähe abgedruckten Tabellen oder Abbildungen. Einige spezifische Tabellen sind auf Grund ihres Umfanges in Anhang II (spezifischer Teil) zu finden. Sollte dies der Fall sein, wird im Text ausdrücklich durch Verweis darauf hingewiesen.

Botanische Namen höherer Pflanzen sind, mit wenigen Ausnahmen, gemäß *ZANDER,* Handwörterbuch der Pflanzennamen, angegeben.

Maßgabe für die englischen Übersetzungen sind das *Oxford English Dictionary* und andere fachbezogene Standardwerke. Bei den Übersetzungen handelt es sich daher zunächst generell um britisches Englisch. Auf amerikanische Übersetzungen als zusätzliche Information wird entsprechend hingewiesen.

Der Text des *Dr. Oetker Lebensmittel Lexikons* ist nach den Maßgaben der neuen deutschen Rechtschreibung gehalten. Bei Wahlmöglichkeiten der Schreibweise bei einigen Begriffen wie z. B. Ketschup, Majonäse und Tunfisch ist die bekanntere Schreibweise nach der alten deutschen Rechtschreibung (Ketchup, Mayonnaise und Thunfisch) verwendet worden.

Bei chemischen Begriffen und Bezeichnungen ist bewusst von der neuen deutschen Rechtschreibung abgewichen und im Sinne der wissenschaftlichen Stringenz die in der Chemie übliche Schreibweise verwendet worden d. h. Citronensäure und Glucose anstelle von Zitronensäure und Glukose.

Unter C vermisste Wörter sind in der Regel unter K oder Z zu suchen und umgekehrt.

Im *Dr. Oetker Lebensmittel Lexikon* verwendete Abkürzungen entsprechen den im Wörterverzeichnis des *Dudens* verwendeten Abkürzungen.

Die alphabetische Sortierung der Begriffe im *Dr. Oetker Lebensmittel Lexikon* erfolgte analog zu der in Telefonbüchern vorgenommenen Sortierung, d. h. Wörter mit den Umlauten ä, ö, ü sind hinter ähnlichen Begriffen mit ae, oe und ue eingeordnet.

Hinweise auf bestehende Warenzeichen und als Marken geschützte Wörter oder Bezeichnungen werden, soweit den Autoren bekannt, gegeben. Ein fehlender Hinweis bedeutet daher nicht, dass ein Warenzeichen oder als Marke geschützte Wörter oder Bezeichnungen frei sind.

Aachener Printen Syn.: → *Printen*

AAK; Abk. für → Arbeitsgemeinschaft Allergiekrankes Kind e. V.

Aal lat.: *Anguillidae sp.*, engl.: *eel;* Speisefisch, der die meiste Zeit seines Lebens im Süßwasser lebt, aber im Salzwasser laicht. Der A. wird den Süßwasserfischen zugeordnet. Männchen werden bis zu 50 cm, Weibchen bis zu 150 cm lang und maximal 6 kg schwer. Der Europäische A. (Syn.: *Flussaal*; lat.: *Anguilla anguilla L.*) laicht im Atlantik (Sargassomeer). Nach etwa 3 Jahren erreichen die fingerlangen Jungaale (Glasaale) Flussmündungen westeuropäischer Küsten und wandern flussaufwärts (Steigaal). Nach weiteren 5–10 Jahren treten die ausgewachsenen, sexuell noch nicht ausgereiften Tiere (Blank-, Schwarz- oder Silberaal) die Rückwanderung zu den Laichplätzen an. Sie werden gefangen und gelangen zum Verzehr als Frischfisch (grüner A.), geräuchert (→ Räucheraal), mariniert (→ Aalbricken) oder in Gelee, Sauce etc. Gelegentlich wird junger, so genannter Sommeraal (Gelb- oder Braunaal) angeboten, regional auch Glasaal. Zunehmend gelangt Zuchtaal in den Handel (→ Fischzucht). Der ausgewachsene A. enthält 20–28 g Fett/100 g Fischfleisch mit hohem Anteil an ernährungsphysiologisch wertvollen → Omega-3-Fettsäuren (→ Fettfische → Fischöl). Ein ausschließlich im Salzwasser lebender Verwandter des A. ist der → Meeraal. A. ist nicht zu verwechseln mit → Seeaal.

Aalbricken engl.: *aalpricken;* kleine gebratene, in Essig und Gewürzen marinierte → Aale ohne Kopf. → Bratfischwaren

Aal in Gelee engl.: *jellied eels*, Syn.: *Aal in Aspik;* gekochte bzw. gedämpfte Aalstücke in → Aspik.

Aalquappe Syn.: → *Aalrutte*

Aalrauch; Fachbegriff aus dem Fleischerhandwerk für Kaltrauch (→ Kalträuchern) mit dem Ziel, Fleischerzeugnisse goldgelb (wie Aal) zu räuchern.

Aalrauchmettwurst; mittelkörnige, besonders fettreiche, schnittfeste, gereifte und dunkelgeräucherte → Rohwurst aus fettgewebereichem Schweinefleisch. Die Bezeichnung ist einerseits zurückzuführen auf den hohen Fettgehalt und die dunkle Außenfarbe (wie beim Aal), andererseits auf die ursprünglich in Fischräucherkammern durchgeführte Räucherung.

Aalrutte lat.: *Lota lota L.* (Fam.: *Lotidae*), engl.: *burbot*, Syn.: *Aalquappe, Aalruppe, Quappe, Trüsche;* der einzige in Mitteleuropa heimische Süßwasserfisch aus der Ordnung der *Gadiformes*. Die A. wird bis zu 80 cm lang; sie ist ein wohlschmeckender Speisefisch. Als Raubfisch lebt sie in Seen und größeren Flüssen mit klarem, kühlem Wasser. In Deutschland ist die A. stark gefährdet (Fisch des Jahres 2002).

AAS; Abk. für → Atomabsorptionsspektroskopie.

Abalone lat.: *Haliotis sp.* (Fam.: *Haliotidae*), engl.: *abalone, ormer;* an wärmeren Küsten des Pazifiks, des Atlantiks und im Mittelmeer beheimatete Schalentiere mit einer flachen Schale. Zoologisch gehören A. zu den → Schnecken; sie saugen sich an Felsen fest und ernähren sich bevorzugt von Algen. Die Europäische A. (Syn.: *Seeohr, Grünes Meerohr*; lat.: *H. tuberculata L.*) wird in kleinen Mengen im Mittelmeer und an den britischen Kanalinseln gefischt. In Amerika und Asien gelten einige Arten als Delikatesse, angeboten werden sie frisch, z. B. für → Sushi, tiefgefroren, getrocknet und als Dosenkonserve. Die meisten essbaren Abalonearten sind durch Überfischen vom Aussterben bedroht. Abalonezucht hat in Japan und China Tradition; sie wird heute auch in anderen Regionen betrieben.

Abate Fétel; lagerfähige Winterbirnensorte (→ Birnen) mit flaschenförmigen gelbgrünen bis grünen, großen, berosteten Früchten und saftigem Fruchtfleisch mit süßem Geschmack.

Abbeeren engl.: *destemming*, Syn.: *Entrappen;* Abtrennen der Beeren von den Traubenstielen. Die Stiele enthalten sehr viele → Tannine und Säuren, die beim Mahlen und Vergären in den Wein übergehen. Dies führt zu einem rauen und trockenen Geschmack, der auch als Grasigkeit bezeichnet wird. Ein Vorteil ist, dass der Wein durch diese Gerbstoffe und Säuren haltbarer wird. Zur Erzeugung geschmeidigerer und weicherer Rotweine müssen die Beeren jedoch von den Stielen getrennt werden.

ABC-Trieb; Abk. für Ammonium-Bicarbonat-Trieb. → Backtriebmittel

Abdämpfen engl.: *to dampen;* Verringern unerwünschter Flüssigkeit bei Lebensmitteln wie z. B. bei Kartoffeln.

Abendmahlswein; → Sakrale Weine

Abfüllen engl.: *to fill;* Einbringen einer dosierten, abgewogenen oder abgezählten Menge an Füllgut in die Behältnisse, in denen sie als Packungen (Fertigpackungen) verkauft werden sollen.

Abgeflämmtes Marzipan; → Königsberger Marzipan

Abläutern engl.: *fining, lautering;* Bezeichnung bei der → Bierherstellung für das Trennen der Bierwürze (Flüssigkeit) von den festen Bestandteilen der Maische im Läuterbottich. Die Spelzen setzen sich dabei am Boden ab und bilden eine natürliche Filterschicht. Ohne die Spelzen der Gerste ließe sich die Würze nicht klar abläutern. Der Ablauf (die klare Bierwürze mit den gelösten Malzinhaltsstoffen) wird im nächsten Verarbeitungsschritt gekocht. Die Rückstände, auch Treber genannt, enthalten neben anderen Nährstoffen viel Eiweiß und dienen als Futtermittel für Tiere.

Ablaufsirup engl.: *treacle;* → Zuckerablaufsirup

Abmagerungsdiät engl.: *diet;* → Reduktionskost

Abpackdatum engl.: *date of packaging;* Zeitpunkt, zu dem ein Lebensmittel abgepackt oder abgefüllt wurde.

Abreißverschluss engl.: *tear-off closure;* → Verschlüsse

Abrösten engl.: *to roast, to burn;* Fachbegriff aus der Konditorei und Süßwarenindustrie für kontrolliertes starkes Erhitzen, das hauptsächlich zur Verringerung des Wassergehaltes (Feuchtigkeit) von Lebensmittel(zubereitunge)n angewandt wird. A. ist nicht mit dem Röstprozess und → Rösten gleichzusetzen.

ABS; Abk. für → Acrylnitrilbutadienstyrol.

Abschäumen engl.: *skimming, to scum;* Entfernen von Schaum aus geronnenem Eiweiß von der Oberfläche von Lebensmitteln nach dem ersten Aufkochen.

Abschrecken Syn.: → *Rafraichieren*

Absinth engl.: *absinthe;* 1. Syn. für → Wermut. 2. unter Verwendung von Auszügen aus der Wermutpflanze hergestellte → Spirituose, mit Anis- und Fenchelzusatz.

Absoluter Alkohol engl.: *absolute alcohol;* reines, praktisch wasserfreies → Ethanol. Das Handelsprodukt enthält stets geringe Mengen von Wasser (0,05–0,3 %).

Abstimmung; Zusatz von → Versanddosage bei der Herstellung von Schaumwein nach der zweiten Gärung zum Ausgleich verloren gegangener natürlicher Süße. Anhand seines Zuckergehaltes lässt sich das Fertigprodukt einer Kategorie (s. Tabelle) zuordnen, die Rückschlüsse auf die Art des Erzeugnisses zulässt. Die Angabe der Kategorie ist bei Schaumweinen verpflichtend.

Abstimmung Schaumwein

Kategorie	Zuckergehalt
extra brut, extra herb, extra bruto	0–6 g/l
brut, herb, bruto	0–15 g/l
extra dry, extra trocken, extra secco	12–20 g/l
sec, trocken, dry, secco	17–35 g/l
demi sec, halb trocken, medium	33–50 g/l
doux, mild, dolce, sweet	mehr als 50 g/l

Die Aufzählung der Kategorien in Sprachen anderer Mitgliedstaaten ist z. T. exemplarisch.

Abteilikör Syn.: *Klosterlikör;* kräftiger Kräuterlikör (→ Bitterliköre → Benediktinerlikör), der auf alte Klosterrezepte zurückgeht. Als Hauptbestandteile zur Herstellung dienen

Iriswurzel, Tonkabohnen, Ceylonzimt, Arnikablüten, Kurcumawurzel, Zitronenmelisse, Zitronenschalen, Alpenbeifuß, Angelikasamen, Kardamom, Koriander, Kalmuswurzel, Bisamkörner, Sternanis, Macis, Nelken, Ysopkraut, Pfefferminzkraut, Thymian, Königskerzenblüten und andere in dieses Geschmacksbild passende Gewürze sowie Bienenhonig. Harmonischer Geschmack, stark aromatisch nach Kräutern und Gewürzen, goldgelb, blank. Der Mindestalkoholgehalt beträgt 15 Vol.-%.

Abtrieb engl.: *output;* fachliche Bezeichnung für die aus Maischen, Mazeraten und sonstigen alkoholhaltigen Flüssigkeiten abdestillierten flüchtigen Anteile, die insbesondere Alkohol, Wasser und Aromastoffe enthalten. Die Abtriebsstärke gibt den höchsten erlaubten Volumenprozentgehalt bei der Destillation an.

Abtropfgewicht engl.: *drained weight;* Gewicht der nach Entfernen (Abtropfen lassen) der →Aufgussflüssigkeit verbleibenden festen Bestandteile, z. B. von Obst und Gemüse in Dosen und Gläsern. Auf Fertigpackungen ist neben der gesamten Füllmenge auch das A. anzugeben.

Abwällen engl.: *to scald,* Syn.: *Überbrühen;* kurzes Erhitzen eines rohen Lebensmittels durch Eintauchen in kochendes Wasser oder Übergießen damit, um Fasern zu erweichen, Gewebe zu festigen und Geruch oder Geschmack zu mildern. →Blanchieren

Abwasser engl.: *effluent;* nach häuslichem oder gewerblichem Gebrauch verändertes, insbesondere verunreinigtes, auch von Niederschlägen stammendes Wasser, das gelöste, kolloidale oder feste Verunreinigungen enthält. A. kann unterteilt werden in Niederschlagswasser (Regenwasser), das durch gelöste Luftschadstoffe verunreinigt ist und Schmutzwasser, das abhängig von der Herkunft weiter differenziert wird in häusliches (z. B. aus Spül-, Wasch- und Reinigungsarbeiten, sanitären Anlagen) und gewerbliches bzw. industrielles A. (abhängig vom Industriezweig sehr unterschiedlich verunreinigt). A. müssen abgeleitet und z. T. nach spezieller Vorreinigung der →Abwasserbehandlung zugeführt werden.

Abwasserbehandlung engl.: *waste water treatment;* Reinigung von →Abwasser in Kläranlagen in mehreren Stufen. Dabei erfolgt die Behandlung 1. mechanisch durch Abscheiden von Sink- und Schwimmstoffen mittels Rechen oder Abscheidern, 2. chemisch durch selektive Flockungs- und Sorptionsmittel, um kolloide oder gelöste Substanzen zu entfernen (auch Neutralisieren, Ausfällen von Phosphaten durch Aluminium- oder Eisensalze, Einsatz von Ionenaustauschern) und 3. biologisch durch überwiegend aerobe Mikroorganismen, die organische Substanzen zu niedermolekularen Verbindungen und letztlich zu Kohlendioxid und Wasser abbauen und dabei ihre eigene Biomasse vergrößern (Belebtschlamm). Hierbei ist auf eine ausreichende Sauerstoffzufuhr durch Belüftung zu sorgen (→biochemischer Sauerstoffbedarf).

AC Syn.: *AOC;* Kurzform der französischen Qualitatskategorie AOC. →Appellation d'Origine Contrôlée

Acaju/Acajou; →Cashewbaum →Cashewkerne

ACE-Getränke engl.: *ACE drinks;* mit Provitamin A sowie den Vitaminen C und E angereicherte, insbesondere auf Frucht- und Gemüsesäften wie z. B. Orangensaft und/oder Karottensaft basierende →Erfrischungsgetränke. Der Zusatz des Provitamins und der Vitamine soll ernährungsphysiologische Vorteile als Zusatznutzen bewirken. Abgestellt wird hierbei auf die antioxidative Wirkung, die einen Schutz gegen freie Radikale im Körper bieten soll. Die Anreicherung der Vitamine hat zu mindestens 15 % der in der Nährwertkennzeichungsverordnung empfohlenen Tagesdosen bezogen auf 100 ml zu erfolgen.

Acerola Syn.: →*Barbadoskirsche*

Acerola-Vitamin-C-Tabletten; →Nahrungsergänzungsmittel mit natürlichem Vitamin C aus der Acerola-Kirsche (→ Barbadoskirsche) zur Ergänzung der Vitamin-C-Versorgung.

Acesulfam engl.: *acesulfame;* als Kaliumsalz (Acesulfam K) eingesetzter → Süßstoff (E 950). Es handelt sich um ein weißes, gut wasserlösliches, hitze-, hydrolyse- und geschmacksstabiles Kristallpulver mit der etwa 200-fachen Süßkraft von Saccharose. A. ist als Einzelsüßstoff einsetzbar, da erst in hoher Konzentration ein Eigengeschmack auftritt. In Kombination mit → Aspartam und → Cyclamat zeigen sich synergistische Effekte.

Acetaldehyd engl.: *acetaldehyde,* Syn.: *Ethanal;* leicht flüchtige, wasserlösliche, farblose Flüssigkeit mit charakteristisch stechendem, betäubendem Geruch. A. ist das Oxidationsprodukt des Ethanols und entsteht als Zwischenprodukt bei der alkoholischen Gärung und der Essigsäuregärung. Aufgenommener A. bzw. im Körper aus Ethanol oder intermediär gebildeter A. wird zu Essigsäure oxidiert und mit dem Harn ausgeschieden. A. ist ein wichtiger Aromastoff in Fruchtaromen und trägt als Bestandteil alkoholischer Getränke (z. B. Rum, Likörweine) positiv zu deren Geschmack bei, kann aber auch mitverantwortlich für deren Unverträglichkeit sein.

Acetale engl.: *acetals;* organische Verbindungen, die durch Umsetzung von Alkoholen mit Carbonylverbindungen (Aldehyden und Ketonen, dann auch als Ketale bezeichet) entstehen. Durch Anlagerung eines Alkoholmoleküls an die Carbonylverbindung ergibt sich zunächst das Halbacetal, aus dem mit einem weiteren Alkoholmolekül das Vollacetal entsteht. A. sind meist farblose Flüssigkeiten mit angenehmem Geruch, die eine bedeutende Rolle in der Zuckerchemie spielen. Auch die Qualitätsverbesserung von Weinen und Spirituosen während der Lagerung wird durch die Bildung von als Bukettstoffen (→ Bukett) wirkenden A. verursacht.

Acetate engl.: *acetate;* Salze der → Essigsäure.

Acetem Syn.: → *Essigsäureester von Mono- und Diglyceriden*

Acetobacter; Gattung der → Essigsäurebakterien im engeren Sinne. Die streng aeroben, nicht sporenbildenden, beweglichen oder unbeweglichen, gramnegativen, sehr säuretoleranten Stäbchen zeichnen sich v. a. durch oxidative Stoffwechselleistungen aus, wobei die Bildung von Essigsäure aus Ethanol der Gattung ihren Namen gab. Einige Stämme werden zur industriellen Gewinnung von Essigsäure aus Ethanol genutzt, die wichtigsten bei der Essigproduktion nachweisbaren Arten sind *A. pasteurianus* sowie *A. aceti subsp. orleanensis* und *subsp. xylinum*. In Bier oder Wein sind sie unerwünscht, da sie das Sauerwerden verursachen. *A. aceti subsp. xylinum* bildet zusammen mit Hefen der Gattung → *Saccharomyces* den so genannten Teepilz, der zur Herstellung von → Kombucha eingesetzt wird.

Aceto Balsamico; → Essig aus eingekochtem Traubensaft. Er wird in unterschiedlichen, rechtlich nicht näher definierten Qualitätsstufen gehandelt, die sich geschmacklich mehr oder weniger stark von herkömmlichem Essig unterscheiden. A. ist grundsätzlich würziger und süßer als herkömmlicher Essig, von leichterer Säure und ein wenig ölig in der Konsistenz. Der A. Tradizionale stammt allein aus den italienischen Regionen Modena oder Reggio Emilia (geschützte Ursprungsbezeichnungen) und wird nur aus dem eingekochten Traubenmost weißer Trauben, in der Hauptsache Trebbiano und Sauvignon, hergestellt. In der Reggio Emilia ist manchmal auch noch der Most der Lambrusco-Trauben in Gebrauch. Der traditionelle A. reift mindestens 12 Jahre lang in Holzfässern absteigender Größe und verschiedener Holzsorten, wobei Dauer und Art der Lagerung den Geschmack bestimmen. Die Reifezeit kann auch über 100 Jahre betragen, solche Balsamicos gehören zu den teuersten Lebensmitteln überhaupt. A. wird für Salate, pikante oder süße Speisen verwendet, je nach Qualität in unterschiedlichen Mengen, ein Tradizionale z. B. nur tropfenweise.

Acetyl-Coenzym A engl.: *acetyl-coenzyme A,* Syn.: *Acetyl-CoA, aktivierte Essigsäure, aktiviertes Acetat;* durch Bindung der Carboxylgruppe der Essigsäure an →Coenzym A unter ATP-Verbrauch entstehende energiereiche Verbindung. A.-C. A besitzt eine zentrale Position im Stoffwechsel, liefert C2-Einheiten (Acylreste) für Biosynthesen, ist Ausgangsprodukt des →Citronensäure-Zyklus und Endprodukt des Kohlenhydrat-, Fettsäure- und Aminosäureabbaus.

Acetylierte Monoglyceride engl.: *acetylated monoglycerides;* →Essigsäureester von Mono- und Diglyceriden

Achatschnecken lat.: *Fam. Achatinidae,* engl.: *achatine snails;* große tropische Landschnecken (→Schnecken). A. stammen aus Afrika; sie werden in verschiedenen Ländern gezüchtet und als preiswerte Alternative zu →Weinbergschnecken angeboten. In Deutschland sind A. tiefgefroren in Weinbergschnecken-Häuschen und als Dosenkonserven ohne Häuschen im Handel.

Achia; mit Gewürzen in Essig eingelegte →Bambussprossen.

Acidität engl.: *acidity, acid capacity;* Fähigkeit von Verbindungen, Wasserstoffionen (Protonen) abzugeben. Die A. dient aber auch als Maß für den Säuregehalt, also die Menge gelöster Säure, die durch Lauge neutralisiert werden kann (potenzielle A.) bzw. für die Säurestärke einer Lösung, die sich durch Messung des →pH-Wertes bestimmen lässt (aktuelle A.). Physiologisch bezieht sich A. meist auf die Menge der vorhandenen Magensäure (Hypo- und Hyperacidität).

Acidophilus-Milch Syn.: →*Reformjoghurt*

Ackerbohnen engl.: *broad beans;* →Dicke Bohnen

Ackersalat Syn.: →*Feldsalat*

Ackerwurz Syn.: →*Kalmus*

Aconitsäure engl.: *aconitic acid;* organische dreiwertige Säure, die beim Erhitzen von Citronensäure durch Abspaltung von Wasser entsteht. A. ist in geringen Mengen in Zuckerrohr und Getreide enthalten, kann aus Zuckerrohrmelasse gewonnen werden und entsteht auch intermediär im →Citronensäure-Zyklus.

Acrolein engl.: *acrolein,* Syn.: *Propenal;* hellgelbe, stechend riechende Flüssigkeit, die bei zahlreichen Erhitzungsprozessen gebildet wird. A. kommt in höheren Konzentrationen in alkoholischen Getränken vor und entsteht beim Überhitzen von Fetten aus Glycerin.

Acrylamid engl.: *acrylamide;* alpha, beta ungesättigtes Carbonsäureamid. Das Vorkommen von A. in Lebensmitteln wurde durch eine schwedische Veröffentlichung im Jahre 2002 erstmalig publik. Es wird sowohl bei der industriellen als auch bei der haushaltsmäßigen Zubereitung von insbesondere stärkehaltigen Lebensmitteln durch Frittieren, Rösten, Backen und Grillen bei der nicht enzymatischen Bräunungsreaktion (Maillardreaktion) aus dem Eiweißbaustein Asparagin und dem Zucker Glucose gebildet. Hohe Temperaturen, eine große Verfügbarkeit an den Ausgangsstoffen und lange Zubereitungszeiten fördern die Bildung von A. Im Gegensatz zu den gut untersuchten toxikologischen Auswirkungen von A. in der chemischen Industrie und in Tierversuchen, in denen es sich als Krebs erregend erwies, liegen zurzeit noch keine ausreichenden Verzehrsstudien zur lebensmittelbedingten oralen Aufnahme vor, die eine toxikologische Beurteilung zulassen. Aus Vorsorge vor einer möglichen Belastung mit einem auch bei Aufnahme über den Mund bzw. Magen potenziell Krebs erregenden Stoff haben sich Lebensmittelwirtschaft und -überwachung in Deutschland zu einer Minimierungsstrategie entschlossen. Sie soll den Gehalt an A. in den betroffenen Lebensmitteln durch technologische Maßnahmen stufenweise absenken. Für die Zubereitung im Haushalt existieren Empfehlungen zur Verminderung. Als Ausgangsstoff (Monomer) zur Herstellung von Polymeren (Polyacrylamid) und Gelen ist A. seit Jahren bekannt und wissenschaftlich bewertet, vergleichbare wissenschaftliche Erkenntnisse über A. in Lebensmitteln liegen zum gegenwärtigen Zeitpunkt noch nicht vor.

Acrylnitrilbutadienstyrol engl.: *acrylonitrile-butadiene-styrene;* Abk.: ABS, preiswerter, hochglänzender und schlagzäher Kunststoff mit hoher Formbeständigkeit, der vornehmlich als Konstruktionswerkstoff zur Herstellung von →Bedarfsgegenständen wie z. B. Kaffeemaschinen und Wasserkochern sowie von Kühlschränken eingesetzt wird. Die spezifischen Eigenschaften von ABS sind über die Variation der Mengenverhältnisse der Monomere steuerbar; grundsätzlich ist ABS beständig gegenüber wässrigen Säuren und Basen, aliphatischen Kohlenwasserstoffen und Fetten und weniger beständig gegenüber polaren Lösungsmitteln.

Actinidin engl.: *actinidine;* proteolytisches →Enzym, das z. B. in der →Kiwi und in Baldrian enthalten ist und bei Kombination mit Milchprodukten zur Gerinnung und zur Entstehung von Bitterstoffen führt.

Active Packaging; in Japan geprägter und heute in der Verpackungstechnologie üblicher Fachausdruck für moderne, aktive Verpackungen, d. h. für Packmittel mit biostatischer und/oder biozider und somit haltbarkeitsverlängernder Wirkung. Beispiele für A., die sich z. T. noch in der Erprobungsphase befinden oder nur in Japan im Einsatz sind, sind: 1. Der Einsatz von Sauerstoffabsorbern und/oder Kohlendioxid-Emittern als Beipack-Präparate oder Packstoffbeimischungen zur Schaffung anaerober Bedingungen, 2. Packstoffe mit Zusätzen von Ethanol-Emittern, die Ethanoldämpfe in die Packungsatmosphäre freisetzen, die auf der Packgutoberfläche kondensieren und so das Wachstum von Schimmelpilzen behindern, 3. Hydrophile Aufrüstungen von Kunststoffoberflächen, die zu einem Spreiten von Kondensationstropfen zu einem dünnen, nicht störenden Film führen, 4. Einlagen von Wasserabsorbern in Frischfleisch- und Frischfisch-Verpackungen, die die Oberflächen der verpackten Produkte relativ trocken halten, 5. Einarbeiten von biostatischen und bioziden Wirkstoffen in Packmittel (= Kontaktentkeimung), 6. Einbau von Silberionen-Zeolithen in Kunststofffolien, die entkeimend auf das Packmittel und die anliegende Oberfläche des verpackten Lebensmittels wirken, 7. Zusatz pflanzlicher Stoffe mit biostatischer oder biozider Wirkung in oder auf Packstoffe sowie 8. Zugabe von Ethylenabsorbern zu verpackten Früchten, die die Reifung/Alterung der Früchte verlangsamen.

Actomyosin engl.: *actomyosin;* komplexe Verbindung der beiden Muskeleiweißstoffe Actin und Myosin, die sich bei der Muskelkontraktion und auch bei der →Totenstarre bildet.

Adaptation engl.: *adaptation;* Anpassen oder Angleichen von Organen und Organismen an veränderte Umweltbedingungen. Die A. kann rasch erfolgen und reversibel sein (z. B. A. des Auges an die Lichtverhältnisse) oder sich in einem lang andauernden, über Generationen erstreckenden Prozess durch Selektion entwickelt haben. Bei der Prüfung von Lebensmitteln spielt besonders die spontane Reaktion der Sinneszellen durch Herabsetzung der Wahrnehmungsempfindlichkeit auf einen kontinuierlichen sensorischen Reiz (Gewöhnung) eine wichtige Rolle.

Adenosinphosphate engl.: *adenosine phosphates;* Nucleotide, die aus Adenin, Ribose und einem oder mehreren Phosphatresten aufgebaut sind. Abhängig von der Anzahl der Phosphatreste unterscheidet man Adenosinmonophosphat (AMP), Adenosindiphosphat (ADP) und Adenosintriphosphat (ATP). A. wirken im Stoffwechsel als Energieträger und Gruppenüberträger (Phosphorylierungsreaktionen). Die bei der Verbrennung der Nährstoffe frei werdende Energie wird in Form von ATP gespeichert. Für Energie verbrauchende Prozesse erfolgt die Hydrolyse von ATP unter Energiefreisetzung.

Dabei wird anorganisches Phosphat bzw. Diphosphat abgespalten und es entsteht ADP bzw. AMP. Diese Reaktionen sind mit vielen Stoffwechselvorgängen gekoppelt, z. B. mit Muskelkontraktion, Nerventätigkeit oder Transportvorgängen. Die Beteiligung der A. an Phosphorylierungs- und Dephosphorylierungsreaktionen ist wichtig für die Aktivierung/Desaktivierung bestimmter Substrate (z. B. Enzyme) und damit entscheidend für die Regulation verschiedener Stoffwechselvorgänge. AMP, ADP und ATP stehen miteinander im Gleichgewicht; AMP kann zu ADP umgesetzt werden und aus ADP wird durch oxidative Abbauprozesse ATP regeneriert.

Aderinjektionsverfahren engl.: *artery pumping;* → Schnellpökelung

Adipate engl.: *adipates;* Salze und Ester der → Adipinsäure. Die Natrium- und Kaliumsalze sind als Säuerungsmittel, Säureregulatoren und Geschmacksverstärker für bestimmte Lebensmittel (z. B. Getränkepulver, Trocken- und Geleedesserts) zugelassen. Des Weiteren werden A. als → Kochsalzersatz und als Weichmacher bei der Kunststoffherstellung eingesetzt.

Adipinsäure engl.: *adipic acid;* zweiwertige organische Säure, die z. B. in Rote Bete- und Zuckerrübensaft vorkommt und unter der Nummer E 355 ebenso wie ihre Natrium- (Natriumadipat E 356) und Kaliumsalze (Kaliumadipat E 357) als Säuerungsmittel, Säureregulator und Geschmacksverstärker für bestimmte Lebensmittel (z.B. Getränkepulver, Trocken- und Geleedesserts) zugelassen ist. Des Weiteren ist A. Ausgangsprodukt bei der Herstellung von Nylon und ebenso wie ihre Salze ein Kochsalzersatzstoff (→ Kochsalzersatz).

Adipositas engl.: *obesity,* Syn.: *Fettsucht, Fettleibigkeit;* eine über das Normalmaß hinausgehende Vermehrung des Körperfetts. Als Berechnungsgrundlage für die Beurteilung des Körpergewichts wird dazu der → Body Mass Index (BMI) herangezogen; ab einem BMI von 30 kg/m^2 spricht man von A. Es wird unterschieden zwischen der männlichen Form der A., der so genannten abdominalen A. mit Betonung der Fettspeicherung im Bauchbereich, und der typisch weiblichen Form der A. mit Fettdepots an Hüfte, Gesäß und Oberschenkeln. Besonders die abdominale A. stellt einen Risikofaktor für eine Reihe von Erkrankungen, insbesondere für kardiovaskuläre Erkrankungen mit Herzinfarkt und Schlaganfall als Folgen dar.

ADI-Wert Syn.: *DTA-Wert;* Abk. für engl.: *Acceptable Daily Intake = duldbare tägliche Aufnahme (DTA)*; international verwendete Bezeichnung für die gesundheitlich unbedenkliche Aufnahmemenge an Lebensmittelzusatzstoffen und Pestizidrückständen. Der ADI-Wert errechnet sich durch Division des im Tierversuch ermittelten no-effect-levels (NEL) durch den Sicherheitsfaktor 100 und wird in mg pro kg Körpergewicht und Tag (mg/kg KG) angegeben.

ADP; Abk. für Adenosindiphosphat (→ Adenosinphosphate).

Adrenalin engl.: *adrenaline;* Hormon, das im Nebennierenmark aus → Tyrosin gebildet und in Stresssituationen vermehrt ausgeschüttet wird. A. erhöht u. a. den Blutdruck, die Herzfrequenz, den Sauerstoffverbrauch und fördert die Mobilisation von Glucose aus Glykogen wie auch die Lipolyse.

Adstringierend engl.: *astringent;* unangenehmer Geschmackseindruck, der an ein trockenes Zusammenziehen im Mund erinnert. Er kann z. B. bei jungen Rotweinen auftreten, die auf Holz ausgebaut wurden und dadurch einen hohen Gehalt an → Tanninen besitzen.

Adventskohl; im Herbst gepflanzte, winterfeste, im Freien überwinternde Weißkohl- und Wirsingsorten, die im Frühjahr geerntet werden.

Advocaat Syn.: *Advokat, Avocat;* aus dem Niederländischen stammende Bezeichnung für → Eierlikör, die sich von den früher anstelle von Eiern verwendeten → Avocados ableitet.

Adzukibohnen lat.: *Vigna angularis (Willd.) Ohwi et Ohashi* (Fam.: *Fabaceae*), engl.: *Adzuki beans;* ca. 8 mm große, rot-bräunliche, eiförmige oder kubische Samen der gleichnamigen, aus Ostasien stammenden Leguminose. Sie werden in Ostasien ohne Hülsen gekocht z. B. mit Reis verzehrt und zu Mehl verabeitet. Dieses findet in süßen und pikanten Speisen, in Gebäck und zur Herstellung von Bonbons, Speiseeis sowie eines marmeladenähnlichen Erzeugnisses Verwendung. Der Anbau der A. findet vor allem in Ostasien, insbesondere in Japan, statt.

Ährenfische lat.: *Atherina sp.* (Fam.: *Atherinidae*), engl.: *sand smelts;* kleine, 12–20 cm lange Meeresfische subtropischer Gewässer. Im Ostatlantik sind der Streifenfisch (lat.: *A. presbyter Cuvier*) und der Kleine Ä. (lat.: *A. boyeri Risso*) verbreitet, im Mittelmeer und im Schwarzen Meer v. a. der Große Ä. (lat.: *A. hepsetus L.*). Sie sind beliebte Speisefische.

Ährengetreide; → Getreide, deren Samen in Ähren reifen. Hierzu gehören → Gerste, → Roggen und die verschiedenen Weizenarten (→ Weizen) wie z. B. → Dinkel.

Aerob engl.: *aerobic;* luftliebend, in Gegenwart von Sauerstoff wachsend. → anaerob

Aerobier engl.: *aerobes;* Organismen, die Sauerstoff für ihren Atmungsstoffwechsel benötigen. Obligate A. erzeugen ihre Energie ausschließlich über die Atmung und sind auf Sauerstoff angewiesen; mikroaerophile Organismen benötigen den Sauerstoff zwar zum Wachstum, tolerieren aber nur einen reduzierten Sauerstoffpartialdruck. → Anaerobier

Aeromonas; Mehrz.: Aeromonaden, zur Familie der *Vibrionaceae* gehörende Gattung gramnegativer, fakultativ anaerober Stäbchenbakterien, die vorwiegend in Oberflächenwasser und in Fischen vorkommen und zu der für Mensch und Tier pathogene Arten wie z. B. *A. hydrophila* gehören. Wie bei der Gattung → *Plesiomonas* gehen auch bei den A. die Erkrankungen i. d. R. von Oberflächenwasser oder von mit Oberflächenwasser kontaminierten Lebensmitteln aus und können wie *Pseudomonas aeruginosa* auch über Apparaturen und Spülflüssigkeiten in Krankenhäusern übertragen werden. Durchfälle verursachende A. bilden ein dem von *Vibrio cholerae* gebildeten Cholera-Toxin ähnliches → Enterotoxin.

Aero-Schokolade Syn.: → *Luftschokolade*

Aerosol engl.: *aerosol;* 1. allgemeine Bezeichnung für ein kolloidales System aus in Gasen fein verteilten, festen oder flüssigen Teilchen. Man unterscheidet zwischen Stäuben bzw. Rauch mit festen → dispergierten Komponenten und Nebeln mit flüssigen verteilten Teilchen. A. werden i. d. R. durch Zerstäubung hergestellt, wobei verflüssigte Druckgase wie z. B. → Fluorchlorkohlenwasserstoffe (FCKW) oder komprimierte Gase wie z. B. Kohlendioxid als Treibmittel dienen. Aufgrund der umweltschädlichen Wirkung von FCKW-haltigen Treibmitteln kommen auch verstärkt Pumpen zur manuellen Versprühung zum Einsatz. 2. In Wirtschaft und Handel auch Synonym für Sprays oder Sprühdosen wie z. B. Sprühsahne und Backtrennmittel im Lebensmittelbereich, Desodorantien und Haarsprays im Kosmetikabereich sowie Desinfektionsmittel, Glas- und Möbelpflegemittel.

Aerosoldose engl.: *aerosol spray can, aerosol dispenser;* → Dose

Aerosolpackung engl.: *aerosol dispenser;* Bezeichnung für nicht wieder verwendbare Behälter aus Metall, Glas oder Kunststoff, einschließlich des darin enthaltenen, verdichteten Gases mit oder ohne Flüssigkeit, Paste oder Pulver. Eine Entnahmevorrichtung ermöglicht es, seinen Inhalt in Form von in Gas suspendierten festen oder flüssigen Partikeln als Schaum, Paste, Pulver oder in flüssigem Zustand austreten zu lassen. A. dürfen nur in den Verkehr gebracht werden, wenn sie bestimmten Sicherheitsanforderungen genügen.

Aerosolsahne Syn.: → *Sprühsahne*

Aerosol-Schlagsahne Syn.: → *Sprühsahne*

Aerotolerant; bevorzugt →anaerob, aber auch in Gegenwart von Luftsauerstoff wachsend.

Äsche lat.: *Thymallus thymallus L.* (Fam.: *Salmonidae*), engl.: *grayling*, Syn.: *Asch, Springer, Strommaräne;* europäischer Süßwasserfisch; Fisch des Jahres 2002 in Österreich. Die Ä. ist in rasch fließenden Bächen und in Seen von Großbritannien bis zum Ural beheimatet; sie wird etwa 35–45 cm lang und 1–2 kg schwer (maximal 80 cm; 10 kg). Das Fleisch hat einen typischen Geruch, der an Thymian erinnert. Die Ä. reagiert sehr empfindlich auf Wasserverschmutzung, in einigen Gegenden ist der Bestand gefährdet.

Ätherische Öle engl.: *volatile oils;* aus Pflanzen oder Pflanzenteilen gewinnbare, stark duftende, meist flüssige wasserunlösliche Aromastoff-Gemische (hauptsächlich →Terpene). Sie werden durch Auspressen (v. a. Citrusöle), Wasserdampfdestillation, Ölextraktion (Kalt- oder Heißextraktion) oder Lösungsmittelextraktion isoliert und nach der Herkunftspflanze, z. B. Nelkenblütenöl, bezeichnet. Haupteinsatzgebiet ist die Parfümerie. Ä. Ö. werden aber auch in der Pharmazie, in der Kosmetik und in der Lebensmittelindustrie, z. B. zur Aromatisierung von Lebensmitteln und Getränken verwendet. Der Zusatz von Kräuterauszügen und den darin enthaltenen ä. Ö. zu →Wellness-Produkten, v. a. zu Erfrischungsgetränken, gewinnt immer mehr an Bedeutung. Die so erzeugten Produkte sollen anregend bzw. entspannend wirken oder allgemein das Wohlbefinden fördern.

AFA-Algen lat.: *Aphanizomenon flos-aquae,* engl.: *AFA algea, bluereen algae,* Syn.: *blaugrüne Algen;* zu den Mikroalgen gehörende Algenspezies, die i. d. R. in Tablettenform als →Nahrungsergänzungsmittel oder →Wellness-Produkte vermarktet werden. Die ihnen zugeschriebenen medizinischen Wirkungen sind jedoch wissenschaftlich nicht belegt und eine ernährungsphysiologisch sinnvolle Ergänzung der Nahrung (Verbesserung der Protein- und Nährstoffversorgung) mit Hilfe von AFA-Algen-Tabletten wird als fraglich angesehen. Aufgrund der möglichen Verunreinigung mit leberschädigenden Microcystinen wird vom regelmäßigen Verzehr abgeraten.

Affektiver Test engl.: *affective tests;* sensorische Prüfung zur hedonischen Bewertung (→Hedonik) von Sinneseindrücken, z. B →Präferenztest oder →Akzeptanztest.

Affenbrotfrucht lat.: *Adansonia digitata L.* (Fam.: *Bombaceae*), engl.: *monkeybread, baobab,* Syn.: *Baobab;* gurkenförmige, holzige, bis zu 50 cm lange Kapselfrüchte des Affenbrotbaumes mit grüner, braun-gelblich behaarter Schale, süßsauer schmelzendem Fruchtmark und zahlreichen 16–17 mm langen Kernen. In den Ursprungsländern werden Mark und Kerne als Nahrungsmittel, der Saft als Erfrischungsgetränk, die Kerne zur Ölgewinnung und die jungen Blätter als Gemüse genutzt.

Aflatoxine engl.: *aflatoxines;* hitzestabile →Mykotoxine, die von den vorwiegend Nüsse und Getreidemehle befallenden Schimmelpilzen *Aspergillus flavus* und *Aspergillus parasiticus* gebildet werden und die zu den stärksten Pilzgiften und Leberkanzerogenen gehören. Sie werden in die Haupttypen B_1, B_2, G1, G2, M1 und M2 unterteilt, wobei die A. M1 und M2 erst im Säugetierkörper aus B_1 und B_2 gebildet werden und bei Kühen in der Milch nachgewiesen werden können. A. B_1 ist das am häufigsten vorkommende und am stärksten toxische und kanzerogene A. Höchstmengen für A. in Lebensmitteln sind auf europäischer Ebene einheitlich in der Verordnung (EG) 466/2001 zur Festsetzung der Höchstgehalte für bestimmte Kontaminanten in Lebensmitteln geregelt. Diese werden auf nationaler Ebene durch die Mykotoxinhöchstmengenverordnung ergänzt.

Agar-Agar engl.: *agar agar,* Syn.: *Pflanzengelatine;* farb- und geschmackloses, hitzestabiles Polysaccharid, das v. a. aus Galactose und Anhydrogalactose besteht und natürlicherweise in →Rotalgen (lat.: *Rhodophyceae*) z. B.

der Spezies *Gelidium*, *Gracilaria* oder *Pterocladia* enthalten ist. Aus diesen wird es durch Heißwasserextraktion isoliert und durch Ausfrieren gereinigt und getrocknet. A. ist unter der Nummer E 406 als Gelier- und Dickungsmittel für Lebensmittel allgemein ohne Höchstmengenbeschränkung zugelassen und findet in der Mikrobiologie bei der Herstellung von Nährböden Verwendung. Es ist getrocknet in Form von Streifen oder Pulver erhältlich, löst sich in heißem Wasser, wobei es bereits in geringer Konzentration feste Gele ausbildet. Für den menschlichen Organismus ist es praktisch unverdaulich. Häufig wird A. unter Nutzung synergistischer Effekte zusammen mit anderen Hydrokolloiden wie z. B. →Johannisbrotkernmehl eingesetzt.

Agave lat.: *Agave sp.* (Fam.: *Agavaceae*), engl.: *century plant, maguey;* in Zentralamerika beheimatete Familie immergrüner Stauden mit charakteristisch langen, stachelbesetzten, fleischigen Blättern. Einige Arten werden insbesondere in Mexiko als Nutzpflanzen angebaut. Neben der Fasergewinnung (Sisal) werden aus dem Saft oder Teilen der Pflanzen durch Vergären alkoholische Getränke (→Pulque, →Mescal, →Tequila) hergestellt. Agavendicksaft wird als Ersatz für Zucker verwendet.

Ageusie engl.: *ageusia;* Ausfall oder Lähmung einer oder aller →Grundgeschmacksarten.

Agglomeration engl.: *agglomeration;* von lat.: *agglomerare* = verknäulen, zusammenballen abgeleitete Bezeichnung für ein lebensmitteltechnologisches Verfahren zur Verbesserung der Löslichkeit, Dosierbarkeit und Rieselfähigkeit von Pulvern. Das fein gemahlene Gut wird befeuchtet und klebt zu größeren, mit feinen Kappillaren durchzogenen Gebilden zusammen. Das anschließende Trocknen unter Erhaltung der Struktur bewirkt eine Vergrößerung des Volumens, eine Verbesserung der Löslichkeit (z. B. agglomeriertes Milchpulver), eine Verbesserung der Rieselfähigkeit (z. B. agglomerierter Zucker), Verringerung des Staubens sowie Verbesserung der Mischbarkeit (z. B. agglomeriertes Mehl).

Agrumen engl.: *citrus fruits;* Sammelbezeichnung für →Zitrusfrüchte.

Aguacate Syn.: →*Avocadobirne*

Ahlbeeren Syn.: →*Schwarze Johannisbeeren*

Ahornsirup engl.: *maple syrup;* zähflüssiger, hell- bis tief dunkelbrauner, leicht bis herb aromatischer, süßer Sirup. Er wird durch Eindicken des 2,5–3,5 % Saccharose enthaltenden Saftes des Zuckerahorns (lat.: *Acer saccharum Marshall*), v. a. in den Nordoststaaten der USA und in Kanada gewonnen. Der Anteil an Kohlenhydraten im Sirup beträgt 66–67 % (ca. 65 % Saccharose und bis zu 2 % Invertzucker). Anhand der Lichtdurchlässigkeit wird der A. in Qualitätsstufen (Grade) eingeteilt. Die Geschmacksintensität nimmt mit dem Grad der stärkeren, dunkleren Färbung zu. Daher werden höhergradige, dunkle Sirupe i. d. R. industriell wegen ihrer aromatisierenden Wirkung verwendet und seltener als Speisesirup angeboten. A. lässt sich zur Speisesirup-, Konserven-, Konfitüren- und Speiseeisherstellung verwenden. Als Speisesirup ist er ein beliebtes Süßungsmittel wie z. B. für Süßspeisen und Kuchen. Durch vollständiges Eindampfen des Zuckerahornsaftes wird Ahornzucker gewonnen, der ebenfalls als Süßungsmittel Verwendung findet.

Ahornsirupkrankheit engl.: *maple syrup urine disease, leucinosis,* Syn.: *Leucinose, Verzweigtketten-Ketonurie;* autosomal-rezessiv vererbte Stoffwechselanomalie. Durch mangelnde (milde A.) oder fehlende (klassische A.) Aktivität des Verzweigtketten-α-Ketosäurendehydrogenase-Komplexes kommt es zu Störungen beim Abbau der verzweigtkettigen Aminosäuren Valin, Leucin und Isoleucin. Dadurch steigt die Konzentration dieser Aminosäuren, ihrer α-Ketosäuren und des Isomers Allo-Isoleucin in Blut und Urin stark an. Dem süßlichen Geruch dieser Aminosäuren und ihrer Umwandlungsprodukte verdankt die A. ihren Namen. Neugeborenen-Screening und pränatale Diagnose sind möglich; die Behandlung erfolgt durch eine lebenslange valin-, leucin- und isoleucinarme Diät.

Ahornzucker engl.: *maple sugar;* → Ahornsirup

AID; Kurzform für aid Infodienst Verbraucherschutz, Ernährung, Landwirtschaft e. V. Der AID ist ein Fachverlag und Informationsdienstleister. Er ist ein unabhängiger Ansprechpartner in den Themengebieten Verbraucherschutz, Ernährung, Landwirtschaft und Umweltschutz und ist Herausgeber von Informations- und Lehrmaterialien wie Heften, Foliensätzen, Videofilmen und Computerprogrammen. Die Zielgruppen sind sowohl interessierte Verbraucher und Lehrer als auch Fachleute aus Ernährung und Landwirtschaft sowie Journalisten.

Aioli; Bezeichnung für eine emulgierte Sauce aus Knoblauch, Eigelb und Olivenöl. Sie wird mit Gewürzen und Zitronensaft abgeschmeckt. A. dient als Brotaufstrich, Dip und zum Verfeinern von (französischer) Fischsuppe.

Aiwar Syn.: → *Ajvar*

Ajowan lat.: *Trachyspermum ammi (L.)* SPRAG. = Carum ajowan L. (Fam.: *Apiaceae*), engl.: *ajowan, ajwain, bishop's weed,* Syn.: *Adiowan, Indischer Kümmel, Königskümmel;* einjähriges, vorwiegend in Indien angebautes, mit → Kümmel und → Cumin verwandtes Kraut, dessen 1–3 mm langen Spaltfrüchte 2,6 bis 4,5 % → ätherische Öle mit 35–60 % → Thymol enthalten. In der indischen Küche ist A. mit seinem Thymian-ähnlichen Geschmack ein beliebtes Gewürz und wird zum Würzen von Brot, Salzgebäck, Wurzelgemüse, Hülsenfrüchten und Fischgerichten verwendet, wohingegen es in Europa weitestgehend unbekannt, z. T. aber in indischen Läden erhältlich ist. A. kann gegen Blähungen und Verdauungsstörungen eingesetzt werden. Das im ätherischen Öl enthaltene Thymol wirkt stark bakteriostatisch.

Ajvar Syn.: *Aiwar;* ursprünglich aus den Balkanländern stammende, je nach verwendeten Zutaten milde bis scharfe, stückige bis pastenförmige Zubereitung aus zumeist rotem Gemüsepaprika und weiteren, z. T. variierenden Zutaten wie z. B. Zucker, Salz, pflanzlichem Öl und Auberginen. A. wird insbesondere als Brotaufstrich und als Beilage zu Fleischgerichten verwendet.

Akarizide engl.: *acaricides;* → Pestizide zur Vernichtung von Spinnmilben.

Akaziengummi Syn.: → *Gummi arabicum*

Akazienhonig engl.: *acacia honey;* wasserheller bis hellgelber, leicht grünlich schimmernder → Honig aus den Blüten der Scheinakazie (lat.: *Robinia pseudoacacia L.*) mit mildem Aroma und feinem süßen Geschmack. Der vorwiegend aus Südosteuropa stammende A. kristallisiert aufgrund des hohen Gehaltes an Fruchtzucker nur langsam aus und behält somit lange seine flüssige Konsistenz.

Aktive Lebensmittelverpackungen; → Active Packaging

Aktivierte Essigsäure Syn.: → *Acetyl-Coenzym A*

Aktivkohle engl.: *activated carbon;* stark adsorbierende Kohle mit großer innerer Oberfläche (500–2000 m^2/g), die in Pulver- und Granulatform zum Entfärben von Flüssigkeiten oder zur Adsorption von Gasen und Dämpfen verwendet wird. Die Herstellung von A. erfolgt durch Verkohlung von überwiegend pflanzlichem Material (z. B. Torf, Holz, Kohle, Lignin, Kokosschalen), dem zur Aktivierung Salze zugesetzt und anschließend wieder ausgewaschen werden (grobporige A.) bzw. unter Verwendung von Wasserdampf (feinporige A.). A. wird u. a. zum Klären von Wein, Filtrieren von Trinkwasser und zum Entfernen von Küchengerüchen eingesetzt.

Akvavit Syn.: → *Aquavit*

Akzeptanztest engl.: *acceptance test;* sensorisches Messverfahren mit Konsumenten der Zielgruppe, um die Beliebtheit von Produkten auf einer hedonischen Skala (→ Hedonik) zu ermitteln. Wird meist am Einzelprodukt → monadisch durchgeführt, kann aber auch vergleichend angewandt werden (semi-monadisch).

Alabaster; kurze, zähe, feste Trockenschäume aus Schaumzuckermasse (→Schaumzuckerwaren), die mit →Agar-Agar, →Traganth und →Gelatine als Aufschlagsmittel stabilisiert sind. Aus ihnen werden z. B. Dekorartikel für Torten und →Osterartikel geformt.

Alabaster-Eier; meist als →Osterartikel angebotene dragierte Zuckerwaren mit einem Körper aus Schaumzucker (→Alabaster). Die äußere Zuckerschicht ist gefärbt und mit Glanz versehen.

Aland engl.: *ide;* →Karpfenfisch

Alanin engl.: *alanine;* Abk.: Ala, nicht-essenzielle →Aminosäure, die in den meisten →Proteinen zu 2–7 % enthalten ist. Hohe Konzentrationen finden sich in Seidenfibroin (35 %). Im Körper kann Ala aus Milchsäure oder Brenztraubensäure und Ammoniumionen synthetisiert werden. Ala ist eine der wenigen Aminosäuren, deren strukturisomere Form, das beta-Alanin, ebenfalls in der Natur vorkommt. Beta-Alanin, das durch Decarboxylierung von Asparaginsäure entsteht und daher zu den →biogenen Aminen gerechnet werden kann, ist u. a. Bestandteil von Coenzym A, Anserin und Carnosin.

Alant lat.: *Inula helenium L* (Fam.: *Asteraceae*), engl.: *Scabwort, Horseheal;* aus Südeuropa stammende Staude, deren bis zu 3 kg schweren Wurzelstöcke neben 20–40 % →Inulin Bitterstoffe wie Alantolacton und Isoalantolacton enthalten, die zur Aromatisierung von Bitterlikören wie z. B. →Boonekamp und in der Pharmazie verwendet werden.

Alapyridain; neu entdeckter →Geschmacksverstärker, der salzige, süße und pikante (→Umami) Geschmacksrichtungen und Mischungen daraus intensivieren kann. A. ist somit die erste Substanz, die mehr als eine Geschmacksrichtung verstärken kann, aber selbst geschmacklos ist. Saure und bittere Geschmacksnoten bleiben dagegen unbeeinflusst. Die Entdeckung von A. könnte dazu beitragen, Salz, Zucker und Glutamat zu reduzieren.

Alaska-Seelachs lat.: *Theragra chalcogramma Pallas* (Fam.: *Gadidae*), engl.: *alaska pollack/pollock,* Syn.: *Mintai;* kleiner Verwandter des europäischen →Seelachses und des →Kabeljaus (maximal 90 cm lang). A. wird in großen Mengen im Nordpazifik gefischt. In Japan und den USA ist er u. a. Rohstoff für →Surimi. In Deutschland wurde A. in den letzten Jahrzehnten zum wichtigsten Konsumfisch; er ersetzt weitgehend die o. g. europäischen Sorten. Die Nährstoffzusammensetzung entspricht der des europäischen Seelachses; 100 g Filet enthalten ca. 0,8 g Fett und 17 g Protein. A. wird tiefgefroren angeboten (Alaska-Seelachsfilet) und ist Rohstoff für vorgefertigte Lebensmittel mit Fisch, u. a. →Fischstäbchen.

Alaune engl.: *alums,* Syn.: *Alumen;* Doppelsalze der →Schwefelsäure, die einwertige (z. B. Natrium, Kalium, Cäsium) und dreiwertige (z. B. Aluminium, Chrom, Eisen) Kationen enthalten und als Oktaeder oder Würfel auskristallisieren. Wichtigster Vertreter der A. ist Kaliumaluminiumsulfat (Alaun), das adstringierend wirkt und deshalb z. B. als Rasierstein Anwendung findet.

Albacore engl.: *albacore, white tuna;* Syn. für Weißer Thun. →Thunfisch

Albedo engl.: *albedo;* weißer innerer Teil der Schale von →Zitrusfrüchten. Der äußere Teil wird als →Flavedo bezeichnet.

Albertkeks; →Keks mit mindestens 99 g praktisch wasserfreiem Fett oder einer entsprechenden Menge anderer Fette pro kg Getreideerzeugnisse und/oder Stärke.

Albumine engl.: *albumins;* →Sphäroproteine, die zusammen mit den →Globulinen den Haupteiweißbestandteil des Blutserums ausmachen, aber auch in anderen Körperflüssigkeiten und Geweben vorkommen. Zu den A. gehören u. a. auch Proteine der Milch (Lactalbumin), Eier (Ovalbumin, Conalbumin, Ovomucoid), Getreide und Hülsenfrüchte. A. besitzen relativ hohe Gehalte an Glutamin- und Asparaginsäure und z. T. Kohlenhydratanteile.

Albuminmilch engl.: *albumin milk;* →Caseinmilch

Albuminquark; speisequarkähnlich zubereitetes Molkeneiweiß oder Molkeneiweiß mit Zusatz von Speisequark.

Alcaligenes; Gattung gramnegativer, meist stäbchenförmiger →Bakterien mit unscheinbaren grauen, gelben oder bräunlichen Kolonien. Wichtigste Art ist *A. faecalis*, die weit verbreitet in Milch- und Milcherzeugnissen sowie in faulen Eiern ist.

Alcopops Syn.: →*Premix*

Ale; helles, obergäriges englisches Bier mit einem Alkoholgehalt zwischem 4 und 6 Vol.-%, das je nach Sorte weniger (Mild) oder stärker (Pale) gehopft ist.

Aleuronschicht engl.: *aleurone layer;* die das stärkehaltige Endosperm umschließende Schicht des Getreidekorns, die etwa 9 % des Korns ausmacht und die äußerste Schicht des Mehlkörpers bildet. Die aus einer oder mehreren Zellschichten bestehende A. ist reich an biologisch hochwertigem Eiweiß sowie an Mineralstoffen, Vitaminen, Fetten und Enzymen. Die Schicht enthält keine Stärke und kein Klebereiweiß. Bei der Vermehlung des Korns gelangt sie außer bei gering ausgemahlenen Mehlen in die →Kleie.

Alexander Lucas; lagerfähige Winterbirnensorte (→Birnen) mit großen, süß-saftigen, gelben Früchten, die besonders in Deutschland erzeugt wird.

Alfalfa Syn.: →*Luzerne*

Alfa-Verfahren engl.: *alfaprocess;* deutsches und schwedisches →Butterungsverfahren.

Algen lat.: *Phycophyta,* engl.: *algae;* ein- und mehrzellige, einfach organisierte Pflanzen. Die meisten A. leben im Wasser (Salz-/Süßwasser), einige an feuchten Stellen an Land. A. sind zur Photosynthese befähigt; viele enthalten neben Chlorophyll noch weitere Pigmente. Charakteristisch sind die in den Zellwänden, bei einigen Arten auch im Cytoplasma vorkommenden, im menschlichen Dünndarm nicht abbaubaren Polysaccharide. Sie dienen als Gelier- und Verdickungsmittel bei der Herstellung von Lebensmitteln, Kosmetika und Arzneimitteln (→Agar-Agar →Alginate →Carrageen). Einzellige A. (Mikroalgen) stellen den Hauptanteil des Phytoplanktons. Einige davon (→Dinoflagellaten) bilden Toxine, die beim Verzehr damit belasteter Meerestiere Vergiftungserscheinungen hervorrufen (→Fischvergiftung →Muschelvergiftung). Die mehrzelligen →Braun-, →Grün- und →Rotalgen werden weltweit seit Jahrtausenden als Gemüse verzehrt (→Seetang). Sie sind gute Lieferanten für Protein, Vitamine und Mineralstoffe, einige auch für verwertbare Kohlenhydrate. Die taxonomische Zuordnung der Blaualgen (→Cyanobakterien) zu A. oder →Bakterien ist uneinheitlich. In Europa beschränkt sich der Verzehr von A. heute weitgehend auf →Vegetarier; in letzter Zeit werden Algenprodukte auch als →Nahrungsergänzungsmittel eingesetzt. In Fernost sind A. Grundnahrungsmittel und Bestandteil der traditionellen Heilkunde. Die Empfehlung, für die Jodversorgung anstelle jodierter Lebensmittel Algenprodukte zu verwenden, ist wegen des uneinheitlichen, vielfach weit überhöhten Jodgehaltes umstritten. Besonders jodreiche Arten dürfen in Deutschland als Lebensmittel nicht importiert werden (→Kombu). Der Versuch, Mikroalgen als konzentriertes Proteinsubstrat (→Einzellerprotein) in Mangelregionen einzusetzen, hat sich nicht bewährt.

Algeneiweiß engl.: *algae protein;* →Algen

Algenprodukte engl.: *algue products;* unspezifische Bezeichnung für Erzeugnisse aus →Algen, die mit gesundheitsbezogenen Argumenten z. B. als Badezusätze, Packungen oder →Nahrungsergänzungsmittel vermarktet werden.

Algentoxine engl.: *algal toxins,* Syn.: *Algengifte;* für den Menschen toxische Stoffwechselprodukte verschiedener, Muscheln und Fischen als Nahrung dienender Mikroalgen aus der Klasse der → Dinoflagellaten. A. reichern sich im Fisch- und Muschelfleisch an. Sie sind für die Wirtstiere ungefährlich, können aber bei Säugetieren und Vögeln sowie beim Menschen schwere Vergiftungserscheinungen auslösen (→ Fischvergiftung → Muschelvergiftung). Die bekannten A. sind hitzestabil und sensorisch unauffällig. Die chemische Struktur ist nur teilweise bekannt; am besten untersucht sind das von *Gonyaulax catenella* produzierte Saxitoxin, ein dem Strychnin verwandtes, neurotoxisch wirkendes → Alkaloid, und einige der von *Gambierdiscus toxicus* produzierten, → Ciguatera-Vergiftung auslösende Toxine.

Algerische Weine engl.: *Algerian wine;* in Algerien erzeugte Weiß- und Rotweine. Algerien war einst das größte Weinexportland der Welt. Seit ca. 1960 wurden viele Weinberge vernachlässigt oder gerodet, so dass die Ertragsmengen bis heute kontinuierlich abgenommen haben. A. W. sind alkohol- und extraktreich, besitzen viel Farbstoff und sind von teils guter Qualität. Das bekannteste Anbaugebiet ist Mascara mit Rot- und Weißweinen. Weitere Gebiete, die sich in Ausbreitung befinden, sind Tlemcen, Medea und Zaccar.

Alginate engl.: *alginates;* Salze der Alginsäure, einem Polysaccharid der Braunalgen. A. sind saure Polymerisate aus Uronsäuren (Mannuron- und Guluronsäure in unterschiedlichem Verhältnis). Es handelt sich um pflanzliche Quellstoffe, die in Gegenwart von Calciumionen feste Gele bilden und deshalb für Milchprodukte besonders geeignet sind. A. werden aus den Zellwänden der Braunalgen mittels Soda isoliert und als Lebensmittelzusatzstoff verwendet. Alginsäure ist unter der Nummer E 400, ihre Natrium-, Kalium-, Ammonium- und Calciumsalze unter den Nummern E 401–404 als Gelier- und Verdickungsmittel für diätetische Lebensmittel, Backwaren, Tiefkühlprodukte, Fertigprodukte, Salatsaucen und Speiseeis zugelassen. Bei Propylenglycolalginat (E 405) handelt es sich um einen Ester der Alginsäure, der als Emulgator, Gelier- und Verdickungsmittel für Nahrungsergänzungsmittel, Knabbererzeugnisse, feine Backwaren, Bier und Kaugummi eingesetzt wird. Durch A. kann die Absorption von Mineralstoffen gehemmt werden.

Alginsäure engl.: *alginic acid;* → Alginate

Alkalimetalle engl.: *alkali metals;* Name für die Elemente der 1. Hauptgruppe des Periodensystems wie z. B. Natrium und Kalium.

Alkalisieren engl.: *alkalization, Dutch processing;* Behandeln von Kakaomasse oder Kakaokernbruch mit alkalischen Mitteln, meist Kaliumcarbonat, Natriumhydroxid oder Calciumcarbonat, zur Verbesserung der Dispergierbarkeit des resultierenden → Kakaopulvers und zur Beeinflussung von Geschmack und Farbe.

Alkaloide engl.: *alkaloids;* Gruppe von meist pflanzlichen Naturstoffen, die Ringstrukturen mit mindestens einem stickstoffhaltigen Heterozyklus besitzen, sich von Aminosäuren ableiten und i. d. R. pharmakologische Wirkung besitzen. A. werden häufig nach den lateinischen Namen der Pflanzen benannt, aus denen sie gewonnen werden können (z. B. Coffein, Theobromin, Chinin, Cocain, Papaverin, Piperin), seltener nach ihrer Wirkung (z. B. Morphin). Zu den A. gehören starke Gifte (z. B. Strychnin) und viele Rauschmittel, die Süchtigkeit verursachen. Sie sind seit langem als Rausch-, Genuss- und Heilmittel bekannt und werden als solche eingesetzt.

Alkohole engl.: *alcohols;* 1. wichtige Klasse organischer Verbindungen, die sich durch das Vorhandensein mindestens einer Hydroxylgruppe (OH-Gruppe) charakterisiert, ansonsten in ihren chemischen Eigenschaften und Wirkungen auf den menschlichen Organismus sehr uneinheitlich ist. Abhängig von der Anzahl der Hydroxylgruppen unterscheidet man einwertige und mehrwertige A. A. sind in der Natur weit verbreitet und zu ihnen gehören wichtige Lösungsmittel. Die

Umsetzung von A. mit Carbonsäuren liefert Ester, die in der Parfüm-, Kosmetik- und pharmazeutischen Industrie vielseitige Verwendung finden; 2. umgangssprachlich verwendet als Synonym für →Ethanol.

Alkoholfreie Getränke engl.: *non alcoholic beverages;* Sammelbezeichnung für Getränke wie →Erfrischungsgetränke, →Fruchtsäfte und→Fruchtnektare sowie Wässer (→natürliches Mineralwasser, →Quellwasser und →Tafelwasser). In Erfrischungsgetränken, Fruchtsaft und Fruchtnektar können aufgrund der Gärfähigkeit des Fruchtanteiles bzw. der zugesetzten Fruchtauszüge (nur bei Erfrischungsgetränken) geringe Mengen an Alkohol entstehen oder in verwendeten Früchten bzw. Fruchtauszügen bereits vorhanden sein. Kaffee-, Tee- und Kakaogetränke zählen, wenn sie nicht mit alkoholischen Getränken versetzt worden sind, ebenfalls zu den a. G.

Alkoholgehalt engl.: *alcoholic strength;* die in Volumenprozent (Vol.-%) oder bei Bier in Gewichtsprozent (Gew.-%) angegebene Alkoholkonzentration in alkoholischen Getränken. Der A. kann durch Destillation gesteigert werden. Ein Alkoholgrad entspricht einem Volumenprozent bzw. 8 g Alkohol in einem Liter Flüssigkeit bei 20 °C. Mit der Angabe des A. müssen alle in den Verkehr gebrachten Spirituosen gekennzeichnet sein, die nicht dem Weingesetz unterliegen. →vorhandener Alkoholgehalt →potenzieller Alkoholgehalt →Gesamtalkoholgehalt →natürlicher Alkoholgehalt

Alkoholische Gärung engl.: *alcoholic fermentation;* →Gärung im klassischen Sinne, bei der →Hefen wie *Saccharomyces cerevisiae*, *S. ellipsoides* oder *S. carlsbergensis* Glucose in Ethanol und Kohlendioxid umwandeln. Je nach Hefeart können verschiedene Kohlenhydrate verstoffwechselt und zur eigentlichen Gärung verwendet werden. Anwendung findet die a. G. vor allem bei der Herstellung von Wein, Bier und Brot.

Alkoholometer engl.: *alcoholometer;* Bezeichnung für ein Aräometer (→Aräometrie), mit dem der →Alkoholgehalt in Mischungen aus Alkohol und Wasser bestimmt werden kann. Bei Vorhandensein weiterer Bestandteile (z. B. Zucker, Dextrine, Säuren, ätherische Öle) in den alkoholischen Flüssigkeiten, muss der Alkohol abdestilliert und im Destillat bestimmt werden. Wie bei allen Dichtebestimmungen muss die Messtemperatur berücksichtigt werden. Die Angabe des Alkoholgehalts erfolgt i. d. R. in Volumen-Prozent (Vol.-%).

Allergene engl.: *allergens;* →Allergien auslösende Substanzen. Sind diese Substanzen in Lebensmitteln enthalten, so spricht man von →Lebensmittelallergenen. Allergene Zutaten oder Bestandteile, die der Verbraucher im Lebensmittel oder in einer zubereiteten Speise nicht erwartet und/oder die aus der Zutatenliste nicht oder für den Allergiker nicht ausreichend genau hervorgehen, werden als versteckte A. bezeichnet. Unerwartet aufgenommene versteckte A. sind eine häufige Ursache für schwerwiegende allergische Reaktionen. Um diesem Problem Rechnung zu tragen, wurden neue Vorschriften zur besseren Kennzeichnung der wichtigsten A. in Lebensmitteln entwickelt (→Allergenkennzeichnung). Beispiele für versteckte A. sind Zusätze von Molkenproteinen, aufgeschlossenem Milcheiweiß, Sojaeiweiß oder Erdnussmehl aus technologischen Gründen sowie die Verwendung von selleriehaltigen Würzmitteln oder Nussbestandteilen in zusammengesetzten Lebensmitteln.

Allergenkarenz; Meiden der die →Allergie auslösenden Substanz bzw. der auslösenden Substanzen. A. stellt die wichtigste Maßnahme bei der Behandlung von Allergien dar.

Allergenkennzeichnung engl.: *labelling of allergens;* 1. freiwillig von Herstellerseite zur besseren Information des Verbrauchers durchgeführte Kennzeichnung von bestimmten, in Lebensmitteln häufig vorkommenden, →Allergien und Überempfindlichkeitsreaktionen (→Lebensmittelintoleranzen) auslösenden Stoffen auf Fertigpackungen, 2. zur besseren Information des Verbrauchers ab dem 25.11.2005 für neue Fertigpackungen verpflichtend durchzuführende Kennzeichnung von bestimmten, in Lebensmitteln häufig vorkommenden Allergien und Überempfindlichkeitsreaktionen auslösenden Stoffen (s. Anhang II, Tabelle 1) auf Fertigpackungen. Erfasst von der Kennzeichnung werden dabei sowohl die als Zutat verwendeten Stoffe an sich als auch die aus ihnen gewonnenen Zutaten. Ebenfalls als kennzeichnungspflichtige Zutaten im Sinne der A. werden solche bei der Herstelllung eines Lebensmittels verwendete Stoffe betrachtet, die aus einer der in der Tabelle genannten Zutat gewonnen wurden und die, wenn auch in möglicherweise veränderter Form, im Enderzeugnis vorhanden bleiben. Im Hinblick auf die Allergien und Überempfindlichkeitsreaktionen auslösenden Stoffe entfallen auch die vom Gesetzgeber ansonsten für das Zutatenverzeichnis vorgesehenen Kennzeichnungserleichterungen, d. h. diese Stoffe sind in jedem Fall kennzeichnungspflichtig. Die Kennzeichnung hat bei Fertigpackungen mit einem deutlichen Hinweis auf die Verwendung dieser Zutaten auf dem Etikett zu erfolgen. Die A. ist nicht erforderlich, wenn die →Verkehrsbezeichnung des Lebensmittels einen deutlichen Hinweis auf die betreffende Zutat enthält.

Allergie engl.: *allergy;* von griech.: *allos* = anders und *ergos* = Wirkung abgeleitete Bezeichnung für eine erworbene, immunologisch bedingte, krank machende Überempfindlichkeit, die nach wiederholtem Kontakt mit dem körperfremden Allergie auslösenden Stoff (Allergen) entsteht und auf einer fehlgeleiteten Reaktion des körpereigenen Immunsystems beruht. Sehr häufig sind A. gegen Pollen oder Milben. Richtet sich die Abwehrreaktion gegen Lebensmittel bzw. Bestandteile aus diesen (i. d. R. Eiweiße), so wird von einer Lebensmittel- oder Nahrungsmittelallergie gesprochen. Die häufigste Nahrungsmittelallergie beim Erwachsenen ist die so genannte →pollenassoziierte Nahrungsmittelallergie. Die häufigste A. gegen Lebensmittel bei Säuglingen und Kleinkindern ist die Kuhmilchallergie. Die Symptome einer Lebensmittelallergie können sehr verschiedenartig sein, von Schnupfen, Magen-Darm-Beschwerden oder Nesselsucht bis hin zum lebensbedrohlichen →anaphylaktischen Schock. Im Vordergrund der Therapie steht die →Allergenkarenz, d. h. das strikte Vermeiden der Allergie auslösenden Stoffe. Akute allergische Reaktionen bedürfen mitunter einer medikamentösen Therapie, i. d. R. mit Antihistaminika oder Cortisonpräparaten.

Allgäuer Backsteinkäse Syn.: →*Limburger Käse*

Allgäuer Bergkäse; aromatisch-pikanter Rohmilchkäse mit nachgewärmtem Teig, der als Hartkäse nach Emmentaler Art mindestens in Vollfettstufe (45 % F. i. Tr.) hergestellt wird. Sowohl im Aussehen als auch in der Herstellung ähnelt der A. seinem großen Bruder, dem →Allgäuer Emmentaler. Die Herstellung erfolgt ausschließlich aus roher Käsereimilch, die im Herstellungsgebiet nach den Bestimmungen der Milchlieferungsordnung für Milchlieferanten von Emmentalerkäsereien vom 12. August 1980 gewonnen und vor dem Einlaben nicht über 40 °C erwärmt wird. Der A. war früher ein echter →Bergkäse, der fast ausschließlich in Höhen zwischen 900 und 1800 m auf Sennhütten der Allgäuer Alpen hergestellt wurde. Heute gibt es nur noch wenige Sennalpen, so dass die Herstellung im Tal immer mehr an Bedeutung gewinnt. Der rindengereifte Rundlaib ist 8–10 cm hoch, wiegt 15–50 kg und hat einen Durchmesser von 40–90 cm. Die Rinde ist dunkelgelb bis bräunlich. Der geschmeidige mattgelbe Teig hat vereinzelt erbsengroße Löcher. Seine Vollreife und seinen aromatischen Geschmack erhält er durch die Dauer seiner Lagerung. Genussreif ist er schon nach 3–4 Monaten; er wird aber oft bis zu einem Jahr gelagert, bis er die Verkaufstheken erreicht. Das gesetzliche Mindesalter von A. beträgt 4 Monate. A. ist eine geschützte geografische Herkunftsbezeichnung. Er darf nur in den Landkreisen Lindau (Bodensee), Oberallgäu, Ostallgäu, Unterallgäu, Ravensburg und Bodenseekreis sowie in den Städten Kaufbeuren, Kempten und Memmingen hergestellt werden.

Allgäuer Emmentaler; im Allgäu (bayerischer und württembergischer Teil) hergestellter →Emmentaler Käse. Die Herstellung erfolgt ausschließlich aus roher Käsereimilch, die im Herstellungsgebiet nach den Bestimmungen der Milchlieferungsordnung für Milchlieferanten von Emmentalerkäsereien vom 12. August 1980 gewonnen und vor dem Einlaben nicht über 40 °C erwärmt wird. Vor der Abgabe an den Endverbraucher muss der Käse mindestens 3 Monate und während dieser Zeit mindestens 4 Wochen bei einer Temperatur von mindestens 20 °C in einem Gärkeller reifen. A. ist matt- bis glänzend gelb mit einer goldgelben glatten Rinde und mit runden, spärlich bis reichlich, möglichst regelmäßig verteilten Lochungen von 1–3 cm Durchmesser. Sein Geschmack besitzt einen unverkennbaren nussigen Charakter. Das Herstellungsgewicht sollte zwischen 40 und 130 kg liegen. Die Form ist in der Käseverordnung wie folgt festgelegt: 1. rindengereifter Rundlaib mit mindestens 60 kg Herstellungsgewicht; 2. Viereckblock mit mindestens 40 kg Herstellungsgewicht. A. ist eine geschützte geografische Herkunftsbezeichnung. Nach der Käseverordnung darf der Käse nur in den Landkreisen Lindau (Bodensee), Oberallgäu, Unterallgäu, Ravensburg und Bodenseekreis sowie in den Städten Kaufbeuren, Kempten und Memmingen hergestellt werden.

Allicin engl.: *allicin;* für den typischen Knoblauchgeruch verantwortliche, Schleimhaut reizende Alkylsulfensäure. A. wird beim Verletzen der Zellen (Schneiden oder Pressen der Knoblauchzehen) enzymatisch aus →Alliin gebildet und hat antibakterielle und antifungische Eigenschaften. Durch Folgereaktionen werden aus A. weitere Substanzen, wie die für den unangenehmen Knoblauchgeruch verantwortlichen Allyldisulfide, tränenreizende Thiopropanalsulfoxide sowie das antithrombotisch wirksame Ajoen gebildet.

Alligatorbirne Syn.: →*Avocadobirne*

Alliin engl.: *alliin;* schwefelhaltige Aminosäure; geruchloser Inhaltsstoff des →Knoblauchs, aus dem enzymatisch das für den typischen Knoblauchgeruch verantwortliche antibakteriell wirksame →Allicin gebildet wird.

All-in Teig; →Teig, bei dem alle Zutaten gleichzeitig eingebracht, miteinander vermischt und verknetet werden.

Allylsenföl engl.: *allyl isothiocyanate,* Syn.: *Allylisothiocyanat;* schwefelhaltiger Aromastoff mit scharfem tränenreizenden Geruch, der in vielen Kreuzblütlern wie →Senf oder →Meerrettich in Form des Senfölglucosids Sinigrin vorkommt und aus diesem durch pflanzeneigene Enzyme beim Verletzen des Gewebes freigesetzt wird.

Aloe Vera lat.: *Aloe vera (L.)* Burm. (Fam.: *Aloaceae*), engl.: *bitter aloe,* Syn.: *Wüstenlilie;* meist stammlose, subtropische Pflanze mit einer Rosette aus etwa 20 dickfleischigen, wasserspeichernden, bis zu 50 cm langen und 3 cm breiten, bläulich-grünen, am Rand mit gekrümmten Zähnen besetzten Blättern und einem bis zu 1 m hoch werdenden Blütenstand mit gelben, in Trauben sitzenden Blüten. Aus den Blättern lassen sich zwei verschiedene Produkte gewinnen: zum einen das gelblich-braune Aloe, das aus dem zur Trockne eingedickten Saft der Blätter gewonnen wird und zum anderen das transparente, etwas schleimige Aloe-Vera-Gel, das aus dem Schleim der Blätter durch Auspressen oder Extraktion mit heißem Wasser gewonnen wird. Reines Aloe wirkt stark abführend, dem Aloe-Vera-Gel werden entzündungshemmende, wundheilende und feuchtigkeitserhaltende Wirkungen zugesprochen. A. ist eine bereits seit Jahrtausenden eingesetzte Heilpflanze und ist heute in zahlreichen Kosmetika sowie in so genannten Functional- oder Wellness-Drinks (→Aloe-Vera-Drink) und Joghurts enthalten.

Aloe-Vera-Drinks; →functional Drinks, denen Extrakte oder Presssaft der Aloe-Vera-Frucht (→Aloe Vera) zugesetzt sind. Dieser Zusatz soll vitalisierend, erfrischend und auf die Verdauungsaktivität unterstützend wirken.

Alpenbeifuß lat.: *Artemisia umbelliformis Lam.* (Fam.: *Asteraceae*), engl.: *alps wormwood,* Syn.: *Edelraute;* in höheren Lagen der Alpen und Pyrenäen vorkommendes, aromatisch bitteres Würzkraut, das u. a. zur Herstellung von Kräuterlikören wie →Benediktinerlikör sowie in der Naturheilkunde z. B. bei Magen-Darm-Beschwerden, Verstopfung und Gallenleiden Verwendung findet.

Alpenbrot Syn.: *Magenbrot;* traditionelle kleine →braune Lebkuchen in Form kleiner Brotlaibe von einigen Zentimetern Länge und Durchmesser, die meistens mit einer Kakaoglasur überzogen sind. Gewürzt sind die →Leb- oder →Honigkuchen häufig mit Anis, Kardamom, Muskat, Nelken, Zimt und Zitronat.

alpha-Ketoglutarsäure engl.: *alpha ketoglutaric acid;* organische zweiwertige Säure, die ein zentrales Zwischenprodukt im Intermediärstoffwechsel (→Citronensäure-Zyklus) darstellt.

Alsace Syn.: *Vin d'Alsace;* französischer Qualitätswein mit Appellation Contrôlée des Anbaugebietes (Elsass), Herkunftsbezeichnungen „Alsace", „Alsace Grand Cru", und „Crément d'Alsace", evtl. mit Zusatz des Gemeindenamens (lieu-dit) oder der Spitzenlage, z. B. Sonnenglanz in Beblenheim, Kaeferkopf in Ammerschwihr. Im Gegensatz zu den übrigen französischen Weinanbaugebieten sind Weine aus dem Elsass nach Rebsorten benannt. Der Wein muss zu 100 % aus der angegebenen Traubensorte gekeltert sein. Die einzige Ausnahme bildet →Edelzwicker, ein Gemisch aus verschiedenen noblen Traubensorten. 7 Rebsorten sind für AOC-Weine zugelassen: Riesling, Silvaner, Gewürztraminer, Muscat d'Alsace, Pinot gris, Pinot blanc und Pinot noir.

Alse Syn.: →*Maifisch*

Alster Syn.: →*Radler*

Altbacken werden engl.: *staling;* Veränderung der Brotkrume (→Krume) in Richtung verminderter Elastizität, Saftigkeit und Geschmacksverlust. Gleichzeitig verliert die Kruste ihre →Rösche und wird ledrig-weich. Die Ursache liegt in der physikalisch-chemischen Umwandlung von Stärke (→Retrogradation, Bildung kristalliner Strukturen) und Eiweiß, die mit einem Verlust an Wasser und Aromastoffen verbunden ist. Das A. lässt sich durch eine geeignete Temperatursteuerung bei der Lagerung und durch den Zusatz von gut quellenden, dunklen, schalenreichen Mehlen und Schroten sowie Backmitteln aus pflanzlichen Hydrokolloiden und Emulgatoren bei der Herstellung hinauszögern.

Altbier engl.: *top-fermented dark beer;* regional typisches (rheinisches), obergäriges, dunkles, blankes, kräftig hopfenbitteres →Vollbier mit feinem Aroma. Der Stammwürzegehalt liegt i. d. R. zwischen 11,5 und 12 % und der Alkoholgehalt beträgt ca. 4,8 Vol-%.

Alternaria; Pilzgattung, die samtige, graubraune bis schwarze Kolonien mit meist olivbraunen Lufthyphen sowie dickwandige, braune →Konidien mit zahlreichen Quer- und Längswänden bildet. Die etwa 50 Spezies sind als Saprophyten und Pflanzenparasiten weltweit verbreitet und häufig auf Getreide und Früchten anzutreffen. Sie können aber auch den Verderb von Eiern verursachen, indem sie durch die Schale wachsen.

Alternative Ernährungsformen engl.: *alternative diets,* Syn.: *alternative Kostformen;* Oberbegriff für verschiedene, von der üblichen Ernährungsweise der Durchschnittsbevölkerung mehr oder weniger stark abweichende Kostformen, die auf Dauer und nicht als zeitlich begrenzte Diäten angelegt sind. A. E. haben ihren Ursprung häufig im Orient und in der Antike oder wurden um die Wende vom 19. zum 20. Jahrhundert in westlichen Industrieländern entwickelt. Sie sind im Gegensatz zum überwiegend naturwissenschaftlich-analytischen Ansatz der üblichen Ernährungslehre durch ihren naturphilosophischen oder ganzheitlichen Ansatz gekennzeichnet und sind fast alle in unterschiedlicher Ausprägung vegetarisch orientiert. Ein traditionell enger Zusammenhang besteht zwischen einigen a. E. und der Naturkost. Beispiele für a. E. sind z. B. die → anthroposophische Ernährung, die Haysche → Trennkost, der → Vegetarismus sowie die → Vollwertkost nach Bruker. Zeitlich begrenzt durchzuführende Ernährungskuren wie z. B. die Schroth-Kur oder Reduktionsdiäten wie z. B. die → Atkins-Diät zählen nicht zu den a. E.

Alter Rum Syn.: *Anejo;* lange Jahre im Eichenfass gereifter hellbrauner bis goldfarbener → Rum mit mildem Geschmack.

Alumettes; französische Bezeichnung für dünne zündholzstarke → Blätterteigstäbe sowie für Kartoffel- und Fleischstreifen.

Aluminium engl.: *aluminium;* 1. → Packstoff mit hoher Dichtigkeit, guter Barrierefunktion gegen Licht und Gerüche, guter Hitzebeständigkeit, guter Verarbeitbarkeit sowie geringem Gewicht, aus dem z. B. Aerosoldosen, halbstarre Behältnisse wie Tuben und abreißbare Deckel für Becher hergestellt werden. Weitere Einsatzbereiche sind → Aluminiumfolien sowie Verbundmaterialien, bei denen A. Barrierefunktion ausübt. A. ist ein silberweißes Leichtmetall, das aufgrund seiner oberflächlichen Oxid-Schutzschicht relativ unempfindlich gegen Sauerstoff und Luftfeuchtigkeit ist. 2. → Ultraspurenelement, das in geringen Mengen in praktisch allen Lebensmitteln, insbesondere jedoch in Getreide, Gemüse, einigen Gewürzen und Tee zu finden ist, und dessen Gehalt in sauren Lebensmitteln wie Tomatenprodukten durch Zubereiten und Lagern in Aluminiumbehältern gesteigert wird. Die tägliche Aufnahme mit der Nahrung liegt bei 10–40 mg, wobei davon nur etwa 1 % im Dünndarm absorbiert wird.

Aluminiumfolie engl.: *aluminium foil,* Syn.: *Alufolie;* Walzwerkerzeugnis mit Dicken zwischen 7 und 20 µm, das zum Schutz vor → Korrosion und Porenrissen sowie zum Erzielen von Siegelfähigkeit meist mit Papier kaschiert und mit thermoplastischen Siegelschichten versehen ist. A. findet vielseitige Anwendung als → Packstoff im Lebensmittelbereich.

Aluminiumsulfat engl.: *aluminium sulfate;* Aluminiumsalz der → Schwefelsäure, das in Form farbloser Kristalle vorliegt und in wässriger Lösung sauer reagiert. A. ist unter der Nummer E 520 als Festigungsmittel für bestimmte Lebensmittel wie z. B. Eiklar und kandierte Früchte in festgelegten Höchstmengen zugelassen. Ferner wird es in pharmazeutischen und kosmetischen Produkten und als Beizmittel in der Textilindustrie eingesetzt.

Amalthée; aus Ziegenmilch hergestellter französischer → Weichkäse, dessen Oberfläche von einem Schimmelrasen bedeckt ist. A. kommt als Sechseck-Laib mit einem Durchmesser von ca. 26 cm in den Handel, sein Gewicht beträgt ca. 1 kg. Der weiche Teig zeigt wenige Bruchlöcher und eine cremeweiße Farbe. A. besitzt einen typischen Ziegenkäsegeschmack; der Fettgehalt beträgt 45 % i. Tr.

Amaranth lat.: *Amaranthus sp.* (Fam.: *Amaranthaceae*), engl.: *amaranth;* 1. Gattung aus der Familie der Fuchsschwanzgewächse, von denen einige Arten als Nutzpflanzen Verwendung finden. Die glutenfreien, stärkereichen Samen können dabei wie → Getreidekörner und die Blätter als spinatähnliches Wildgemüse verwendet werden. Die Samen verfügen neben der Särke weiterhin über ein durch den hohen Gehalt an der → essenziellen Aminosäure Lysin ernährungsphysiologisch wertvolles Eiweiß. Amaranthkörner werden als Zutat in Müslis, Süßwaren und Knabberartikeln eingesetzt und zu Mehl und Grütze vermahlen. Amaranthmehl muss zur Steigerung der Backfähigkeit Mehl anderer Getreidesorten zugegeben werden, wenn andere Backwaren außer Flachbroten gebacken werden sollen, 2. synthetischer roter Lebensmittelfarbstoff (Naphtolrot S), der in der Europäischen Union zum Färben von Aperitifweinen, Spirituosen und Fischrogen als E 123 begrenzt zugelassen ist.

Amarettini engl.: *amaretti cookies;* kleine, bräunliche, halbrunde, ursprünglich aus Italien stammende →Mandelmakronen. A. werden i. d. R. als Beilage zu Kaffee und Kaffeegetränken gereicht.

Ambra engl.: *ambergris, ambra,* Syn.: *Grauer Amber;* wohl riechende Substanz aus dem Darm von Pottwalen, die zur Parfümherstellung verwendet wurde, heute jedoch meist durch synthetische Ersatzstoffe ersetzt wird. In der Homöopathie wird A. v. a. bei nervöser Überempfindlichkeit und zur Behandlung von Schlafstörungen eingesetzt.

Amchur lat.: *Mangifera indica L.* (Fam.: *Anacardiaceae*), engl.: *amchur, amchoor, mango powder,* Syn.: *Amchoor, Mangopulver;* Gewürz, hergestellt aus unreif geernteten →Mangos. Das von den Kernen befreite Fruchtfleisch wird getrocknet, in Scheiben geschnitten und dann zu einem Pulver vermahlen, das einen säuerlichen, leicht harzartigen Geschmack hat und in Nordindien häufig anstelle von →Tamarinde zum Würzen und Säuern von Speisen verwendet wird.

Ameisen lat.: *Formicoidea,* engl.: *ants;* etwa 4 mm lange, gelblichbraune bis schwarzbraune, häufig auch als →Lästlinge eingestufte →Vorratsschädlinge, die wie Bienen und →Wespen zu den staatenbildenden Hautflüglern (lat.: *Hymenoptera*) gehören, ihre Nester in Gärten, unter Steinen, im Rasen und in Mauerspalten bilden und meist im Frühjahr auf so genannten Ameisenstraßen in Häuser wandern. A. befallen v. a. unverschlossene zuckerhaltige Lebensmittel, werden aber auch von Fleischwaren angelockt. Die in Vorräten vorkommenden A. sind i. d. R. flügellos (Arbeiterinnen), in Nestern kommen auch zeitweilig geflügelte Formen vor, die im Sommer in großer Menge ausschwärmen. Häufige in Haushalten vorkommenden Arten sind die schwarzgraue Wegameise (lat.: *Lasius niger L.*), die Rasenameise (lat.: *Tetramorium caespitum L.*) und die ursprünglich aus Indien stammende, heute aber fast über die ganze Welt verschleppte, wärmeliebende, nur etwa 2 mm kleine Pharaoameise (lat.: *Monomorium pharaonis L.*). Schaden wird durch Fraß sowie durch Verunreinigung der Vorräte durch festklebende Tiere verursacht. Die Pharaoameise hat auch als →Hygieneschädling Bedeutung und kann v. a. in Krankenhäusern Krankheitserreger verschleppen.

Ameisensäure engl.: *formic acid,* Syn.: *Methansäure;* organische Säure mit einem Kohlenstoffatom, die in konzentrierter Form als farblose, stechend riechende, ätzende Flüssigkeit vorliegt. A. ist in einer Vielzahl von Pflanzen und Insekten sowie in geringer Konzentration in einigen Lebensmitteln enthalten; teils als freie Säure, teils verestert vorliegend. Sie wird vom Organismus gut absorbiert und im Stoffwechsel abgebaut, in größeren Mengen wirkt A. wie auch ihre Salze (Formiate) toxisch und führte in Tierversuchen langfristig zu Organschäden. Deshalb sind A. und Formiate zur Konservierung von Lebensmitteln nicht mehr zugelassen.

Ameisensäuregärung engl.: *formic acid fermentation;* Form der →Gärung, bei der z. B. *Escherichia coli* oder Salmonellen Glucose über Pyruvat überwiegend zu →Ameisensäure abbauen. Da meist neben Ameisensäure noch weitere Gärprodukte gebildet werden, liegt i. d. R. keine reine A., sondern eine gemischte Säuregärung vor.

American Dressing; rosafarbene bis hellrötliche, cremige, vielfältig variierte →Salatsauce mit

Tomatenmark und/oder Tomatenketchup und/oder Paprika.

American Society for Testing and Materials; Abk.: ASTM, unabhängige Organisation, die sich seit 1898 mit der Erarbeitung und Herausgabe von international anerkannten technischen Standards, Material- und Prüfnormen befasst.

Amerikaner; halbkugelförmiges Gebäck aus →Mürbeteig mit einer mit Zuckerguss glasierten flachen Oberseite. Die typische lockere Form wird durch →Backmittel hervorgerufen.

Amerikanische Auster lat.: *Crassostrea virginica Gmelin* (Fam.: *Ostreidae*), engl.: *American oyster;* an der Ostküste Amerikas beheimatete, große längliche →Auster, eingebürgert an den Küsten Hawaiis. Die a. A. ist die kommerziell wichtigste Auster in den USA; Handelsware stammt vorwiegend aus Zucht; das Fleisch wird meist gekocht, ohne Schale (engl.: *shucked oysters*), auch weiterverarbeitet zu Austern-Konserven angeboten.

Amerikanische Heidelbeere lat.: *Vaccinium corymbosum L.* (Fam.: *Ericaceae*), engl.: *highbush blueberry, blueberry,* Syn.: *Kulturheidelbeere, Amerikanische Blueberry, Gartenheidelbeere;* dunkelblaue, runde →Beere des gleichnamigen bis 2 m hohen nordamerikanischen Strauches, die meist größer als die der heimischen →Heidelbeere ist. Der blaue Farbstoff ist nur in der Schale enthalten; das farblose Fruchtfleisch besitzt mit ca. 13,4 g pro 100 g einen hohen Gehalt an Kohlenhydraten und ist säurearm. Daher schmeckt die a. H. süßer als wilde Heidelbeeren. Sie ist sehr gut haltbar und transportfähig, was ihren Anbau in Kulturen (daher der Name Kulturheidelbeere) in den USA (Hauptanbauland) und Europa in vielen Sorten fördert. Der Großteil der a. H. wird als frisches Obst verzehrt oder zu tiefgefrorenem und eingelegtem Obst weiterverarbeitet. Anforderungen und weitere Verarbeitungsmöglichkeiten entsprechen denen der →Heidelbeere.

Amerikanischer Flusskrebs lat.: *Cambaridae,* engl.: *American freshwater crayfish;* in Nordamerika heimische, in Europa als Ersatz für den durch die „Krebspest" (Pilzinfektion) nahezu vollständig ausgerotteten einheimischen →Edelkrebs eingebürgerte →Flusskrebse. Drei Arten haben sich als Speisekrebse durchgesetzt: Kamberkrebs (lat.: *Cambarus affinis Say./Orconectes limosus Raf.*), Roter Amerikanischer Sumpf- oder Louisiana-Flusskrebs (lat.: *Procambarus clarkii Girard*) und Signalkrebs (lat.: *Pacifastacus leniusculus Dana*). A. F. sind resistent gegen die „Krebspest".

Amerikanischer Hummer engl.: *American lobster;* →Hummer

Amerikanischer Reismehlkäfer engl.: *confused flour beetle;* →Reismehlkäfer

Amerikanische Weine engl.: *American wine;* in Nord- oder Südamerika hergestellte Weine; z. T. werden auch Schaumweine erzeugt. Südamerika ist nach Europa der größte Wein produzierende Kontinent, während die USA das bedeutendste Weinerzeugerland außerhalb Europas sind. In Südamerika sind die derzeit bekanntesten Weinerzeugerländer Argentinien und Chile, jedoch wird auch in Bolivien, Peru, Uruguay und Brasilien Wein angebaut. Vor allem in Brasilien wird daraus hauptsächlich Schaumwein erzeugt. Zu den beliebtesten Rebsorten zählen Cabernet Sauvignon, Chardonnay, Merlot, Malbec, Barbera, Sangiovese. In Nordamerika wird Wein von Kanada bis Mexiko angebaut, jedoch ist Kalifornien die derzeit bedeutendste Region. Dort entstehen 90 % der US-amerikanischen Weine. Das Klima in Kalifornien schwankt von kühlen feuchten Lagen nahe der Pazifikküste bis dauerhaft sonnigen Inlandslagen. Bevorzugt gedeihen Rotweinreben wie Merlot, Chardonnay, Zinfandel und Cabernet Sauvignon. Es entstehen sanfte Rotweine aus lange gereiften Beeren. Weißweine sind selten, dann aus Riesling oder Gewürztraminer. Die US-amerikanische Weinlandschaft wird in ca. 140 „American Viticultural Areas“ eingeteilt.

Amidiertes Pektin engl.: *amidated pectin;* → Pektine

Ami du Chambertin; französischer → Weichkäse aus Kuhmilch. Seine Rinde zeigt eine Rotschmierebildung. Der weiche cremefarbene Teig besitzt ein kräftiges Aroma. In den Handel kommt der A. in zylindrischer Form mit einem Durchmesser von ca. 9 cm, einer Höhe von 5 cm und einem Gewicht von 250 g. Der Fettgehalt kann 45 oder 50 % i. Tr. betragen.

Amine engl.: *amines;* Substitutionsprodukte des → Ammoniaks, wobei ein oder mehrere Wasserstoffionen durch organische Reste ersetzt sind (primäre, sekundäre oder tertiäre A.). A. reagieren alkalisch; sekundäre A. bilden mit Nitrit die Krebs erregenden → Nitrosamine. In Lebensmitteln sind einige durch Decarboxylierung von → Aminosäuren gebildete, in höheren Konzentrationen für den Menschen toxische primäre A. wie z. B. Cadaverin, Histamin, Putrescin, Tryptamin und Tyramin sowie Mono-, Di- und Trimethylamin (→ biogene Amine) von besonderer Bedeutung.

Aminosäuren engl.: *aminoacids;* im weiteren Sinne Carbonsäuren mit einer oder mehreren Aminogruppen (Aminocarbonsäuren), von denen etwa 200 in der Natur vorkommen. Im engeren Sinne werden unter A. jedoch nur die etwa 20 am Aufbau von Nahrungseiweißen und körpereigenen → Proteinen beteiligten A. verstanden, von denen 9 für den menschlichen Organismus essenziell sind, d. h. von ihm nicht synthetisiert werden können und mit der Nahrung zugeführt werden müssen. Diese essenziellen A. sind → Histidin, → Isoleucin, → Leucin, → Lysin, → Methionin, → Phenylalanin, → Threonin, → Tryptophan und → Valin, wobei Histidin lange Zeit nur als essenziell für Kinder angesehen wurde. Die A. → Cystein und → Tyrosin können aus den essenziellen A. Methionin und Phenylalanin synthetisiert werden und nehmen somit eine Sonderstellung ein. A. sind überwiegend am Aufbau von Proteinen beteiligt, kommen aber auch frei in verschiedenen Lebensmitteln vor und sind v. a. an der Geschmacksbildung beteiligt. So verstärkt z. B. die als solche geschmacklose → Glutaminsäure den Eigengeschmack vieler Speisen. Zusammen mit reduzierenden Zuckern sind sie an der → Maillard-Reaktion beteiligt, die zu Bräunung und Aromabildung bei Koch-, Back- und Bratprozessen führt. Durch enzymatische → Decarboxylierung entstehen aus A. → biogene Amine.

Ammoniak engl.: *ammonia;* aus Stickstoff und Wasserstoff bestehendes farbloses, stechend riechendes, giftiges Gas, das aus den Elementen im so genannten Haber-Bosch-Verfahren gewonnen wird. A. ist gut wasserlöslich, die entstehende Lösung, auch Salmiakgeist genannt, reagiert schwach basisch. Mit Säuren entstehen → Ammoniumsalze. A. wird zur Herstellung von Düngemitteln und Salpetersäure verwendet, dient als Kühlmittel und als Ausgangsprodukt für viele Verbindungen wie z. B. Harnstoff, Hydrazin und verschiedene Farbstoffe. Im Organismus entsteht A. beim Abbau stickstoffhaltiger Substanzen (v. a. Aminosäuren), wird überwiegend in Form von Glutamin zur Leber transportiert, zu Harnstoff umgesetzt und über die Nieren mit dem Harn ausgeschieden.

Ammonium engl.: *ammonium;* 1. im Backgewerbe verwendete Bezeichnung für Backtriebmittel aus → Hirschhornsalz. 2. Bezeichnung für die in so genannten Ammoniumverbindungen wie z. B. Ammoniumchlorid vorkommende Atomgruppierung NH_4.

Ammoniumalginat engl.: *ammonium alginate;* → Alginate

Ammoniumcarbonat engl.: *ammonium carbonate;* Ammoniumsalz der Kohlensäure, das in Form von nach Ammoniak riechenden Kristallen vorliegt und unter Ammoniakentwicklung in Ammoniumhydrogencarbonat übergeht. Beide Formen sind unter der Nummer E 503 als Backtriebmittel (→Hirschhornsalz), Trennmittel und Säureregulator für Lebensmittel allgemein ohne Höchstmengenbeschränkung zugelassen.

Ammonium-Caseinat engl.: *ammonium caseinate;* →Caseinate

Ammoniumchlorid engl.: *ammonium chloride,* Syn.: *Salmiak;* farbloses, bitter-salzig schmeckendes mindergiftiges Ammoniumsalz der Salzsäure. Zusammen mit dem im →Süßholzextrakt enthaltenen →Glycyrrhizin ergibt sich der typisch scharfe salzige Geschmack, der insbesondere bei →Salzlakritzerzeugnissen sehr geschätzt ist. A. ist in Deutschland begrenzt mit einer Höchstmenge von bis zu 2 % bezogen auf das Gesamtgewicht zum Aromatisieren von Lakritzwaren zugelassen. Ab einer täglichen Aufnahme von 100–150 mg A. pro kg Körpergewicht ist mit gesundheitlichen Beeinträchtigungen rechnen. Für höhere Dosierungen von 2 bis 7,99 % sind daher rechtliche Ausnahmegenehmigungen nach § 37 LMBG bzw. Allgemeinverfügungen nach § 47 LMBG erforderlich. Des Weiteren müssen je nach Dosierung vorgegebene Hinweise an gut sichtbarer Stelle, deutlich lesbar und unverwischbar angebracht werden. Sie lauten bei einem Ammoniumchloridgehalt von 2 bis 4,49 % „Erwachsenenlakritz – kein Kinderlakritz“ sowie von 4,5 bis 7,99 % „Extra stark, Erwachsenenlakritz – kein Kinderlakritz“.

Ammoniumhydrogencarbonat engl.: *ammonium bicarbonate, ammoniumhydrogen carbonate,* Syn.: *Ammoniumbicarbonat;* →Ammoniumcarbonat

Ammoniumphosphatide engl.: *ammonium phosphatides,* Syn.: *Ammoniumsalze von Phosphatidsäuren;* synthetische Phospholipide, die durch Umsetzung von teilhydriertem Rapsöl mit Phosphoroxiden und Ammoniak hergestellt werden und unter der Nummer E 442 als Emulgator und Stabilisator für bestimmte Lebensmittel, v. a. für Schokoladenerzeugnisse in festgelegten Höchstmengen zugelassen sind.

Ammoniumsalze engl.: *ammonium salts;* Salze, die durch Umsetzung von Ammoniak mit Säuren entstehen und in ihrem Aufbau den entsprechenden Alkalisalzen ähneln. Wichtige A. sind →Ammoniumchlorid und →Ammoniumcarbonat.

Amontillado; →Sherry

AMP; Abk. für Adenosinmonophosphat. →Adenosinphosphate

Amselfelder; als Rot-, Rosé- und Weißwein angebotener →Qualitätswein mit geografischer Herkunftsbezeichnung aus dem Kosovo.

Amtliche Prüfungsnummer; →Qualitätsprüfung

Amtliche Sammlung von Untersuchungsverfahren nach § 35 LMBG; vom →Bundesinstitut für Risikobewertung (BfR) veröffentlichte und jährlich aktualisierte amtliche Sammlung von mehr als 1000 Verfahren zur Probenahme und Untersuchung von Lebensmitteln, Tabakerzeugnissen, kosmetischen Mitteln und Bedarfsgegenständen. Diese Verfahren werden unter Mitwirkung von Sachverständigen aus den Bereichen der Überwachung, der Wissenschaft und der beteiligten Wirtschaft festgelegt. Das umfangreiche Werk liegt als lose Blattsammlung und im Internet veröffentlicht vor. Es kommt dem Interesse aller beteiligten Kreise entgegen, durch eine Vereinheitlichung und Standardisierung der Untersuchungsverfahren zu zuverlässigen analytischen Daten zu gelangen. Eine größere Zahl von Untersuchungsverfahren ist ständig in Arbeit. Im Internet sind so genannte Vorab-Methoden veröffentlicht, die noch nicht im Ringversuch geprüft sind, von der Lebensmittelüberwachung aber bereits angewendet werden.

Amur-Kaviar Syn.: →*Lachskaviar*

Amygdalin engl.: *amygdalin;* in den Kernen der Steinfrüchte von Rosaceen, insbesondere in bitteren Mandeln (2–8 %) enthaltenes cyanogenes Glykosid der Blausäure. A. wird durch das in den Kernen (Samen) vorhandene Enzymgemisch → Emulsin oder während des Verdauungsvorganges durch Säuren in den Zucker Glucose und das Aglykon Benzaldehydcyandrin gespalten. Letzteres dissoziiert weiter zu → Benzaldehyd und der hochgiftigen Blausäure.

Amylalkohole engl.: *amyl alcohols;* Bezeichnung für einwertige isomere Alkohole mit 5 C-Atomen (Pentanole), die als farblose giftige, z. T. unangenehm riechende Flüssigkeiten vorliegen und Bestandteil der → Fuselöle sind.

Amylasen engl.: *amylases;* zu den → Glykosidasen, einer Untergruppe der → Hydrolasen gehörende Enzyme, die die glykosidischen Bindungen von Polysacchariden wie z. B. Stärke und Glykogen spalten. Es kann abhängig von der Wirkweise zwischen α-, β- und γ-Amylase unterschieden werden. Die α-Amylase (Ptyalin, Diastase), die z. B. im Speichel, Pankreassaft, Blut, Harn wie auch in Malz vorkommt, spaltet als Endoenzym Bindungen im Inneren der Saccharidkette. Dadurch entstehen zunächst Dextrine, die weiter zu Maltose bis hin zur Glucose abgebaut werden können. Im Gegensatz dazu wirkt die β-Amylase, die in höheren Pflanzen und bestimmten Mikroorganismen gebildet wird, als Exoenzym und hydrolysiert glykosidische Bindungen ausgehend vom nicht reduzierenden Ende der Polysaccharidketten unter Abspaltung von Maltoseeinheiten. Die γ-Amylase ist ebenfalls ein Exoenzym, das jedoch Glucoseeinheiten von Polysaccharidketten abspaltet. A. werden u. a. zur enzymatischen Stärkehydrolyse, bei der Herstellung von Ethanol aus Getreide- oder Kartoffelstärke und zusammen mit anderen Enzymen in Waschmitteln verwendet.

Amylopektin engl.: *amylopectin;* wasserunlösliche, beim Erwärmen quellende Fraktion der → Stärke, die aus verzweigten Ketten von 1500–12000 Glucosemolekülen besteht. Etwa an jeder 25. Glucoseeinheit findet sich eine Verzweigung. A. ist z. T. mit Phosphorsäure verestert und in Stärken meist in Gehalten von 70–80 % enthalten. Durch Züchtungen kann der Anteil jedoch auf bis zu annähernd 100 % erhöht werden (z. B. Wachsmais-, Wachsreis- und Wachshirsestärke). Mit Wasser entsteht eine viskose Lösung ohne Gelbildung und Retrogradationsneigung (→ Retrogradation). Die Farbreaktion mit Jod führt im Gegensatz zur Amylose nur zu einer schwach violetten Färbung. Beim Stärkeabbau wird A. durch → Amylasen über → Maltose zu → Glucose abgebaut. A. wird als Dickungsmittel, Stabilisator und Kleistergrundstoff eingesetzt.

Amylose engl.: *amylose;* wasserlösliche, phosphatfreie Fraktion der → Stärke, die aus unverzweigten, schraubenförmig gewundenen Ketten von 300–1200 Glucosemolekülen besteht. A. ist in Stärke meist bis zu einem Gehalt von 40 % enthalten. Dieser kann in Ausnahmefällen (z. B. Amylomais, Markerbse) bis zu 80 % betragen, aber auch wie z. B. in Wachsmais ganz fehlen. A. ist in kaltem Wasser schlecht und in heißem Wasser kolloidal löslich. Beim Abkühlen fällt sie jedoch ohne Kleisterbildung wieder aus. A. zeigt ein gutes Gelbildungsvermögen. Die Gele neigen, insbesondere bei Temperaturen um den Gefrierpunkt, zu einer raschen → Retrogradation. In den Amyloseketten können lipophile Moleküle wie z. B. Lipide eingeschlossen sein, die wesentlich zur Stabilisierung beitragen. Der Nachweis von A., die charakterische tiefblaue Farbreaktion mit Jod, beruht auf dem Einschluss (Komplexbildung) von Jodmolekülen in der Kette. In der menschlichen Ernährung spielt A. eine wichtige Rolle als Kohlenhydrat- und damit auch als Energielieferant. Beim Stärkeabbau wird A. durch → Amylasen und Maltasen im Speichel über → Maltose zu → Glucose abgebaut. A. kann als Grundlage von Überzugsfilmen z. B. von Früchten oder Pommes frites (Oxidationsschutz) und zur Herstellung von → resistenter Stärke dienen. Die Möglichkeit einer Steigerung des Amylosegehaltes in Pflanzen auf züchterischem und gentechnischem Wege wird untersucht.

Anabolika engl.: *anabolic substances;* den Stoffwechsel des Organismus, insbesondere den Muskelaufbau beeinflussende Substanzen. Dabei handelt es sich i. d. R. um natürliche steroide Sexualhormone wie Testosteron, Östradiol und Progesteron, deren synthetische Analoga und andere Stoffe mit hormonaler Wirkung. In der Tiermast in Form von eingesetzten Implantaten verwendet, fördern sie das Wachstum der Tiere, den Aufbau von Muskelfleisch und die Verwertung von Futter. Aufgrund der Problematik von möglichen Rückständen von Stoffen mit hormonaler Wirkung und dem damit verbundenen Risiko ist der Einsatz von A. wissenschaftlich umstritten. In Deutschland sind A. nur zu therapeutischen Zwecken zugelassen. In der EU ist der Einsatz von A. bis zum Abschluss einer wissenschaftlichen Neubewertung nur für therapeutische Zwecke erlaubt.

Anabolismus engl.: *anabolism;* im Stoffwechsel erfolgender Aufbau von Makromolekülen bzw. Zellmaterial aus durch den →Katabolismus gelieferten einfachen Bausteinen.

Anadrom engl.: *anadromous;* Bezeichnung für Fische, deren Wachstums- und Fressphase im Meer stattfindet, deren Laichplätze allerdings im Süßwasser liegen und die deswegen zum Laichen vom Meerwasser ins Süßwasser ziehen.

Anämie engl.: *anaemia,* Syn.: *Blutarmut;* Verminderung des Blutfarbstoff- bzw. Erythrozytengehaltes im Blut, die neben verschiedenen krankheitsbedingten Ursachen auch durch Mangelernährung oder sehr einseitige Ernährung (vorwiegend Mangel an Eisen, Vitamin B_{12}, Folsäure oder Kupfer) hervorgerufen werden kann.

Anaerob engl.: *anaerobic;* in Abwesenheit von Sauerstoff wachsend. →aerob

Anaerobier engl.: *anaerobes;* Organismen, die unter Sauerstoffausschluss leben. Obligate A. gewinnen ihre Energie ausschließlich durch →Gärung. Sauerstoff ist für sie toxisch oder bakteriostatisch, während aerotolerante A. auch in Gegenwart von Luftsauerstoff wachsen können. Fakultative A. wachsen bevorzugt →aerob, können aber in Abwesenheit von Sauerstoff ihren Stoffwechsel auf Gärung umstellen.

Ananas lat.: *Ananas comosus (L.)* Merr. (Fam.: *Bromeliaceae*), engl.: *pineapple,* Syn.: *Pina;* 1–3 kg schwerer →Fruchtverband aus Beerenfrüchten der Ananasstaude. Bei der kultivierten A. entwickeln sich aus den Blüten ohne Bestäubung (→Parthenokarpie) samenlose Beeren, die mit den fleischig gewordenen Deckblättern und der Achse verwachsen. Unter der gelben bis dunkelorangen harten Außenhaut mit den charakteristisch, bei Reife leicht abzupfbaren, vorgewölbten Schilden der Einzelfrüchte liegt ein saftreiches aromatisches, meist hellgelbes, vitamin- und enzymreiches Fruchtfleisch. Es wird als Obst verzehrt und in Scheiben oder Stücken durch Tiefgefrieren, als Nasskonserve und durch Trocknen haltbar gemacht. In den Anbauländern, vorwiegend in Afrika, Mittelamerika und Hawaii, wird das Fruchtfleisch zu Fruchtsaft und -konzentrat, Getränken und Konfitüren weiterverarbeitet. Je nach Anbau (unter Glas oder Freiland) und Reifegrad bei der Ernte sind die gegen Unterkühlung (unter 7 °C) und Druck empfindlichen A. beim Import unterschiedlich lange haltbar. Bei 85–90 % Luftfeuchtigkeit lassen sie sich unreif bei Temperaturen von 11–12 °C bis zu 4 Wochen, halb reif bei 7–8 °C bis zu 3 Wochen lagern. Der Geschmack hängt entscheidend vom Reifegrad ab, da Nachreifen zu einer geringeren Ausbildung des Aromas führt. In Deutschland gehandelte verarbeitete A. z. B. in Konserven entspricht den Leitsätzen des Deutschen Lebensmittelbuches für verarbeitetes Obst oder ist in seiner Abweichung kenntlich gemacht.

Ananasecken; 1. Bezeichung für einzelne oder mehrere Teilstücke von Ananasscheiben, die auch kandiert im Handel sind (→kandierte Früchte); 2. im Aussehen und durch Aromen im Geschmack Teilstücken von Ananasscheiben nachempfundene →Geleefrüchte aus Zucker (→Geleezuckerwaren). Sie sind meist halb durch Tauchen mit Schokolade überzogen.

Ananas-Guave Syn.: →*Feijoa*

Ananaslikör engl.: *pineapple liqueur;* Fruchtsaftlikör mit fruchtig-säuerlichem Geschmack, der hauptsächlich in tropischen Ländern hergestellt wird. Zur Herstellung von 100 l Likör werden ca. 30 kg Ananasfrüchte (entsprechend etwa 20 l Ananassaft) benötigt. Aussehen blank und hellgelb. Der Mindestalkoholgehalt beträgt 15 Vol.-%.

Anaphylaktischer Schock engl.: *anaphylactic shock;* starke allergische Reaktion, die unmittelbar, d. h. innerhalb von Sekunden bis Minuten nach Zufuhr des →Allergens dosisunabhängig auftritt. Durch Freisetzung gefäßaktiver Mediatoren wie Histaminen und Leukotrienen kommt es zu akuten Herz-Kreislaufstörungen und Atembeschwerden, in schwersten Fällen zu Herz- und Atemstillstand. Im Bereich der Lebensmittelallergien wird der A. am häufigsten durch Nüsse und Erdnüsse sowie durch Krusten- und Schalentiere ausgelöst.

Anchosen engl.: *sugar cured fish;* Fischerzeugnisse aus frischem oder tiefgefrorenem Fisch, der in Salzlake mit Zuckerarten und ggf. Gewürzen/Kräutern biologisch gereift ist. A. können mit einem gewürzten Aufguss, Saucen, Cremes oder Öl zubereitet werden, auch mit pflanzlichen Zutaten. Sorbin- und/oder Benzoesäure und ihre Kalium- und Calciumsalze sowie Natriumbenzoat sowie →Glucono-delta-Lacton dürfen zugesetzt werden. Der Kochsalzgehalt beträgt weniger als 20 % im Fischgewebewasser und weniger als 14 % im Fischfleisch. Typische Vertreter der A. sind →Appetitsild (aus Sprotten), Kräuter-/Gewürzhering(sfilet), z. B. Gabelbissen, →Matjesfilet, →Gravad Lachs und Gravad Makrele. A. müssen kühl gelagert werden; sie sind zum alsbaldigen Verzehr bestimmt.

Anchovis engl.: *anchovy;* 1. Syn. für →Sardelle. 2. Kräutersprotten: →Anchose mit Gewürzen, in Deutschland und den nordischen Ländern hergestellt aus →Sprotten mit oder ohne Kopf, mit oder ohne Schwanz.

Anchovispaste engl.: *anchovy paste;* →Fischpaste aus fein zerkleinerten Salzsardellen (→Sardellen) oder Kräutersprotten ohne Kopf und Schwanz (→Anchovis), mit würzenden Zutaten und Zucker, ggf. mit Fett. Der Kochsalzgehalt liegt unter 20 %. A. darf gefärbt werden; üblich ist eine rötliche Farbe. A. muss kühl gelagert werden. Eine Sonderform ist die →Sardellenpaste.

Andenbeere Syn.: →*Kapstachelbeere*

Anethol engl.: *anethole,* Syn.: *Anisalkohol;* nach Anis riechender und schmeckender Aromastoff, der in Form farbloser, wasserunlöslicher, bei Raumtemperatur schmelzender Kristallplättchen vorliegt. A. ist in vielen →ätherischen Ölen enthalten, v. a. in Anis- und Fenchelöl und kann aus ihnen durch Ausfrieren gewonnen werden. Es wird z. B. als Zusatz zu alkoholischen Getränken, kosmetischen Präparaten und Hustenmitteln verwendet.

Anfrischsauer engl.: *first leaven sponge;* weiche, relativ kurz und kühl geführte Stufe einer Dreistufensauerteigführung (→Sauerteig). Sie dient insbesondere der Vermehrung der →Hefen (Teiglockerung) sowie der Aktivierung der Säurebildner.

Angelika lat.: *Angelica archangelica L.* (Fam.: *Apiaceae*), engl.: *angelica,* Syn.: *Engelwurz, Brustwurz;* aus Nordeuropa stammende, bis zu 2 m hoch werdende Würz- und Heilpflanze. Das aus den Wurzeln (Angelikawurzel) und Samen (Angelikasamen) gewonnene →ätherische Öl (Angelikaöl) wird als Arzneimittel hauptsächlich zur Verdauungsförderung sowie in der Likörindustrie als Aromastoff eingesetzt. In der Küche werden Stängel, Blätter, Samen und Wurzeln verwendet. Bekannt ist A. in kandierter Form (junge, grüne Stängel) zur Verzierung von Torten und Gebäckstücken (→ Petits Fours).

Angelika-Likör engl.: *angelica liqueur;* unter Verwendung von Angelikawurzeln, Angelikasamen und weiteren aromatischen Gewürzen im Perkolationsverfahren hergestellter goldgelber und blanker Gewürzlikör (→ Bitterlikör) mit kräftigem Geschmack. Der Mindestalkoholgehalt beträgt 15 Vol.-%.

Angeschobenes Brot; → Brot, dessen Seiten sich beim Backen im Backofen mit denen anderer Brote berühren. Die Folge ist, dass sich an den sich berührenden Seiten keine → Kruste bildet.

Anglerfisch Syn.: → *Seeteufel*

Angostura-Bitter engl.: *angostura bitters,* Syn.: *Angostura;* stark bitterer, aromatisch-würziger, rotbrauner Brand, der unter Verwendung von Extrakten aus der Rinde des Angosturabaumes und aus weiteren aromatischen Kräutern und Gewürzen wie Chinarinde, Enzianwurzel, Ingwer, Pomeranzenschalen, Zimt, Galgantwurzel, Angelikawurzel, Johannisbrot, Rosinen, Kardamom und Gewürznelken hergestellt wird. Wegen des stark bitteren Geschmacks ist A. zum unmittelbaren Genuss weniger geeignet und wird zur geschmacklichen Abrundung in kleinen Mengen in Cocktails sowie auch zur Bereitung von Magenbitter, Likören und Bowlen verwendet. Der Alkoholgehalt beträgt meist 48 Vol-%.

Angosturarinde lat.: *Galipea officinalis Hancock* (Fam.: *Rutaceae*), engl.: *angostura bark;* getrocknete Rinde des aus Südamerika stammenden Angosturabaumes, die aufgrund ihrer Bitter- und Aromastoffe zur Herstellung von Bitterspirituosen wie → Angostura-Bitter verwendet wird. Das Bitter-Prinzip beruht in erster Linie auf Angosturin sowie auf weiteren Bitter-Alkaloiden wie Galipin, Cusparin und Cusparidin. In der Naturheilkunde wird A. zur Behandlung von Magen-Darm-Erkrankungen eingesetzt. Der Name Angostura stammt von der venezolanischen Stadt Angostura (heute Ciudad Bolivar).

Anis lat.: *Pimpinella anisum L.* (Fam.: *Apiaceae*), engl.: *anise, aniseed;* aus dem östlichen Mittelmeergebiet stammendes, heute weltweit angebautes einjähriges Kraut. Hauptanbauländer sind Spanien und Italien. Als → Gewürz werden die 3–5 mm langen graugrünen ganzen oder in zwei Teilfrüchte zerfallenen getrockneten Früchte verwendet, die oft noch ein kurzes Stück des Fruchtstieles tragen. Der würzig-süßliche Duft und Geschmack beruht auf den in den Früchten zu 2–3 % enthaltenen → ätherischen Ölen mit Anethol als Hauptkomponente neben Isoanethol und Anisaldehyd. In der Küche wird A. v. a. für Backwaren, Süßspeisen und Einmachobst verwendet. In der Arzneimittelindustrie wird A. aufgrund seiner Schleim fördernden Wirkstoffe zur Linderung von Atemwegserkrankungen eingesetzt. Das durch Wasserdampfdestillation aus den Früchten gewonnene Anisöl hat große Bedeutung in der Likör- und Bonbonindustrie. Bekannte mit A. hergestellte Alkoholika sind der französische → Pernod und der griechische → Ouzo.

Anisakiasis engl.: *anisakiasis,* Syn.: *Heringswurmkrankheit;* Darminfektion mit Larven des Heringswurms (lat.: *Anisakis simplex*) und verwandter → Nematoden, hervorgerufen durch den Verzehr von infiziertem Seefisch und anderen Meerestieren. Die Larven bohren sich in die Magen- und Darmwand und verursachen in schweren Fällen Blutungen. Symptome sind plötzlich auftretende Krämpfe ggf. mit Übelkeit und Erbrechen. A. tritt in Europa und Nordamerika selten auf, in Japan und anderen Ländern, in denen der Verzehr von rohem Fisch üblich ist (→ Sashimi → Sushi), häufiger. Hitzebehandlung und Tiefgefrieren tötet die Larven ab. In der EU ist die Sichtkontrolle von Fischfleisch auf Nematodenlarven vor der Vermarktung vorgeschrieben.

Anischampignon lat.: *Agaricus arvensis Schaeffer: Fries* (Fam.: *Agaricaceae*), engl.: *horse mushroom,* Syn.: *Anis-, Schaf-Egerling;* von

Mai bis Oktober in Laub- und Nadelwäldern, auch in Parks und auf Lichtungen wachsender → Speisepilz mit gewölbtem Hut von 6–12 cm Durchmesser und weißer bis gelblicher Farbe. Der A. besitzt einen weißen schlanken bis schwach knolligen Stiel, der einen Ring trägt und wie auch der Hut bei Druck gelb anläuft sowie dichte weiße Lamellen, die später braun werden und festes weißes Fleisch mit anisartigem Geruch. Es besteht die Gefahr der Verwechslung mit dem giftigen Karbolchampignon und dem sehr giftigen weißen Knollenblätterpilz.

Anisette engl.: *anisette;* sehr süßer, aus → Anis, Anisöl und anderen den Geschmack abrundenden Zutaten wie Koriander, Fenchel, Zimt und Gewürznelken hergestellter wasserheller und blanker Gewürzlikör (→ Bitterlikör). Der Mindestalkoholgehalt beträgt 15 Vol.-%.

Anislikör Syn.: → *Anisette*

Anispfeffer Syn.: → *Szechuan-Pfeffer*

Anisplätzchen engl.: *aniseed cookies;* mit → Anis gewürztes halb rundes Weihnachtsgebäck aus → Biskuitmasse, das häufig eine weiße porzellanartige Farbe hat. Eine Spezialität aus Württemberg stellen die als plastische A. in Holzmodeln ausgeformten „Springerle“ dar, bei denen der Anis nicht in den Teig, sondern in Form unzerkleinerter Samen auf das Backblech gegeben wird, und deren unterer Gebäckteil sich beim Backen als „Füßchen“ ausbildet.

Ankerpunkt engl.: *anchor value;* End-, Fest- oder Begrenzungspunkt auf einer sensorischen Linienskala. Diese kann mit Zahlen oder verbalen Begriffen besetzt sein.

Anlieferungsmilch; Bezeichnung für die von den Milcherzeugern an die Molkereien abgelieferte Milch. Die A. wird von den Molkereien (oder durch von ihnen beauftragte Laboratorien) zur Bewertung der Güte monatlich mehrmals auf ihren Fettgehalt, den Eiweißgehalt, die bakteriologische Beschaffenheit, den Gehalt an somatischen Zellen und den Gefrierpunkt untersucht. Die Untersuchungen erfolgen gemäß der → Amtlichen Sammlung von Untersuchungsverfahren nach § 35 LMBG. Diese Güteprüfung ist durch die Milch-Güteverordnung vorgeschrieben.

Annatto engl.: *annatto,* Syn.: *Orlean;* natürlicher, aus den Samen des Orleans-Strauches (→ Annattosaat) isolierter orangeroter Farbstoff, der zur Gruppe der → Carotinoide gehört und als farbige Komponenten v. a. Bixin und Norbixin enthält. A. ist unter der Nummer E 160b zur Färbung bestimmter Lebensmittel, z. B. für Schmelzkäse, Knabbererzeugnisse, Desserts und feine Backwaren in festgelegten Höchstmengen zugelassen.

Annattosaat lat.: *Bixa orellana L.* (Fam.: *Bixaceae*), engl.: *Annatto;* als Gewürz verwendete scharf schmeckende, schwach blumig riechende Samen des aus Zentral- und Südamerika stammenden Ruku- oder Orleanstrauches. Die walnussartigen, zweiklappigen, stacheligen Kapselfrüchte enthalten 30–40 4–8 mm große Samen. Die unter dem Namen → Annatto bekannten gelben, öligen oder wässrig alkalischen Extrakte der Samen werden zum Färben von Lebensmitteln und Kosmetika eingesetzt.

Annonen/Anonen lat.: *Fam. Annonaceae,* engl.: *custard apple;* artenreiche Pflanzengruppe, von der insbesondere die → Cherimoya/Cherimola, die → Netzannone, der → Süßsack, die → Stachelannone und die → Atemoya praktische Bedeutung als Lieferanten von Sammelfrüchten mit wohl schmeckendem Fruchtfleisch haben. A. sind ursprünglich in den tropischen Gebieten Südamerikas und der Karibik beheimatet, werden aber mittlerweile weltweit in tropischen und z. T. auch subtropischen Ländern wie z. B. in Indien, Spanien oder Israel angebaut.

Anorexie engl.: *anorexia,* Syn.: *Appetitlosigkeit;* vermindertes Verlangen zur Nahrungsaufnahme als Folge von Infektionskrankheiten, bei → Magersucht (lat.: *A. nervosa*) oder in höherem Alter aufgrund herabgesetzten Hungerempfindens (lat.: *A. senilis*).

Anosmie engl.: *anosmia;* spezifischer partieller oder totaler Ausfall des →Geruchssinns.

A-not-A-Test engl.: *A-not-A Test;* die „A-nicht A-Prüfung" ist eine genormte Methode zur Bestimmung von sensorischen Unterschieden zwischen 2 Prüfmustern mit angenommener Variabilität. Sie kann deshalb auch dann in der Qualitätssicherung angewandt werden, wenn Produktionsschwankungen vorliegen. Die Prüfer müssen mit dem Prüfmuster gut vertraut sein; außerdem sind mindestens 10 Urteile notwendig (DIN 10972).

Ansatz engl.: *batch;* in der Getränkeindustrie verwendeter Fachausdruck für Halbfertigerzeugnisse zur Herstellung von →Erfrischungsgetränken, denen noch Wasser mit oder ohne Kohlensäure hinzugefügt werden muss. Im Allgemeinen handelt es dabei um sirupöse konzentrierte Mischungen aus →Getränkegrundstoff, Zuckersirupen und/oder Süßstoffen (Getränkesirupe) oder pulverförmige Konzentrate aus Getränkegrundstoff, Zuckerarten und/oder Süßstoffen.

Anstellgut engl.: *storage leaven,* Syn.: *Anstellsauer;* Starterkulturen zum Ansetzen von neuem Sauerteig. Diese können durch spontane Gärung aus der →Sauerteigführung oder durch Zucht auf Nährmedien als Rein- und Mischkulturen gewonnen werden. Die gebräuchlichste Methode zur Gewinnung stellt das Zurückbehalten eines Restes von einem reifen →Sauerteig in der letzten Stufe der Führung mit Mikroorganismen im aktiven Zustand dar. Bei den Mikroorganismen handelt es um homo- und/oder heterofermentative Lactobazillen (→*Lactobacillus*) und →Hefen. Die genaue Zusammensetzung der Kulturen hängt von der Gewinnungsmethode ab.

Anstellsauer Syn.: →*Anstellgut*

Antagonismus engl.: *antagonism,* Syn.: *Gegenwirkung;* gegensinnige Wirkung, die sich zum einen auf Arzneimittel bzw. körpereigene Substanzen (Antagonisten) beziehen kann, welche über verschiedene Mechanismen (z. B. kompetitiv, nicht-kompetitiv) das Auslösen eines Effekts durch den entsprechenden Agonisten verhindern, zum anderen das Zusammenspiel von Gegenspielern z. B. hinsichtlich Muskulatur (Kontraktion/Entspannung) oder Nervensystem (Sympathikus/Parasympathikus) beschreibt.

Anthocyane engl.: *anthocyanins;* zu den →Flavonoiden, einer Untergruppe der →Polyphenole gehörende Glykoside der Anthocyanidine. Es handelt sich um blaue, rote oder violette Farbstoffe, die Blüten, Obst und Gemüse ihre Farbe verleihen, wie z. B. Malvidin in blauen Trauben und Cyanidin in Kirschen. Die Farbe ist pH-Wert-abhängig, d. h. sie verändert sich bei pH-Wert-Verschiebungen (Indikatorwirkung). A. werden durch Extraktion aus Traubenrückständen oder Rotkohl gewonnen und sind unter der Nummer E 163 z. B. zur Färbung von Süßwaren, Marmeladen, Speiseeis und Konserven zugelassen.

Anthroposophische Ernährung engl.: *anthroposophical diet;* von griech.: *anthropos* = Mensch und *sophos* = weise abgeleitete Bezeichnung für eine auf die Lehren von Rudolf Steiner basierende →alternative Ernährungsform mit einem ganzheitlichen philosophischen Ansatz, die neben der körperlichen Gesunderhaltung auch eine positive Beeinflussung der geistig-seelischen Entwicklung und Erkenntnisfähigkeit des Menschen anstrebt. Oberstes Prinzip der a. E. ist die freie Entscheidung des Menschen, wonach bestimmte Lebensmittel zwar nicht empfohlen werden, aber nicht grundsätzlich verboten sind. Die a. E. besteht aus einer überwiegend lactovegetabilen Kost mit Produkten aus bevorzugt biologisch-dynamischer Erzeugung. Nahrungsgrundlage der a. E. stellt Vollkorngetreide dar. Rohkost, Hülsenfrüchte, Ölsaaten und Nüsse sind wichtige Nahrungsbestandteile und Milch sollte vom Erwachsenen nur in gesäuerter Form und in geringen Mengen verzehrt werden. Als weniger empfehlenswert gilt auch der Verzehr von Fleisch, Fett, isolierten Kohlenhydraten und Alkohol sowie von Nachtschattengewächsen wie Kartoffeln und Tomaten.

Antibiotika engl.: *antibiotics;* Sammelbezeichnung für eine Gruppe von Substanzen mit bakteriostatischer oder bakterizider Wirkung. Sie werden bei Mensch und Tier zur Behandlung und Prophylaxe von Infektionskrankheiten eingesetzt, die durch Bakterien entstehen und können sowohl als Stoffwechselprodukte bestimmter Schimmelpilze oder Bakterien als auch (semi)synthetisch gewonnen werden. Als erste A. wurden 1941 Penicillinpräparate verwendet, in den folgenden Jahren wurden weitere Substanzklassen wie z. B. Sulfonamide, Tetrazykline und Polymyxine entwickelt. Der Einsatz von A. in der Medizin führte zu einer deutlich herabgesetzten Sterblichkeit der Menschen bei Infektionskrankheiten und zu einer Verbesserung des Masterfolges bei Schlachttieren; in den letzten Jahren traten jedoch zunehmend Antibiotikaresistenzen auf. Höchstmengen für Rückstände von A. im Fleisch von Schlachttieren werden gesetzlich geregelt. Es ist vorgesehen, den Einsatz von A. bei Schlachttieren mit Ausnahmen von therapeutischen Anwendungen zukünftig zu verbieten.

Antigene engl.: *antigens;* artfremde Substanzen, die beim Eindringen in den Organismus die Bildung von →Antikörpern als spezifische Immunantwort hervorrufen. Die Anlagerung von Antikörpern an A. wird als Antigen-Antikörper-Reaktion bezeichnet, die auch in der Analytik in so genannten Immunoassays wie z. B. →ELISA genutzt werden können.

Antikörper engl.: *antibodies;* als Reaktion auf körperfremde Substanzen (→Antigen) vom Immunsystem gebildete Eiweißstoffe, die in die Körperflüssigkeit abgegeben werden und dort spezifisch mit dem Antigen reagieren. Durch die Antigen-Antikörper-Reaktion wird die eingedrungene fremde Substanz (z. B. artfremdes Eiweiß, →Bakterien oder →Toxine) unschädlich gemacht und abgebaut. Bei →Allergien bezeichnet man die Aktivierung des Immunsystems durch Bildung von A. als Sensibilisierung. Bei erneutem Verzehr des die spezifischen Antigene enthaltenen Lebensmittels führt die Antigen-Antikörper-Reaktion zur Freisetzung von →Histamin, das die Symptome der Allergie hervorruft.

Anti-Krebs-Diäten engl.: *anti-tumor diets;* Spezialdiäten, welche die Entwicklung von Tumoren verhindern und/oder Tumore heilen sollen. Die Wirksamkeit dieser Diäten ist wissenschaftlich nicht belegt.

Antillenkirsche Syn.: →*Barbadoskirsche*

Antimetaboliten engl.: *antimetabolites;* synthetische oder natürliche Verbindungen, die im Stoffwechsel wichtige Vorgänge hemmen oder blockieren, indem sie aufgrund ihrer chemischen Ähnlichkeit die Metaboliten (Stoffwechselprodukte) vom aktiven Zentrum der entsprechenden Enzyme verdrängen (kompetitive oder nicht-kompetitive Hemmung). Viele Arzneimittel wie z. B. manche Antibiotika und Cytostatika wirken als A.

Antioxidantien engl.: *antioxidants,* Syn.: *Antioxidationsmittel;* Bezeichnung für eine Gruppe chemisch unterschiedlicher Substanzen, die selber ein niedriges Redoxpotenzial besitzen und dadurch andere Stoffe vor unerwünschter Oxidation schützen bzw. Autoxidationsreaktionen (→Autoxidation) in Ölen, Fetten und fetthaltigen Zubereitungen verzögern können. Ihre Wirkung beruht darauf, dass sie die entstehenden reaktiven Zwischenprodukte (Radikale) abfangen, wobei sie selbst zu weniger reaktiven Verbindungen reagieren. Es kann zwischen natürlichen A. (z. B. Vitamin E, Flavonoide) und synthetischen A. (z. B. Butylhydroxyanisol und -toluol) unterschieden werden. Die als Lebensmittelzusatzstoffe zugelassenen A. sind in der Zusatzstoff-Zulassungsverordnung aufgeführt, müssen bestimmte Reinheitsanforderungen erfüllen und dürfen z. T. nur bestimmten Lebensmitteln in festgelegten Höchstmengen zugesetzt werden. Die Wirkung der A. kann durch Zugabe von →Synergisten gesteigert werden und sich in hohen Konzentrationen auch umkehren (Wirkung als Prooxidantien).

Antioxidationsmittel Syn.: →*Antioxidantien*

Antipasti; italienische Bezeichnung für Vorspeisen.

Anti-Pilz-Diät; Diät zur Unterstützung der medikamentösen Therapie von zahlreichen, so genannten Candida-albicans-assoziierten-Beschwerden wie z. B. Schlafstörungen, Depressionen, Migräne usw., deren Diagnose auf einem Nachweis von *Candida albicans* in den Faeces beruht. Der Diät liegt die Vorstellung zugrunde, dass sich die →Pilze in Gegenwart von wasserlöslichen →Kohlenhydraten vermehren, mit dem Speichel bzw. der Nahrung in den Magen gelangen und so eine Besiedelung des Darmes begünstigt wird. Sie beruht auf einem Aushungern des Pilzes durch zuckerfreie, ballaststoffreiche Kost, in manchen Varianten zusätzlich unterstützt durch mild gesäuerte Milchprodukte. Das Syndrom der Candida-albicans-assoziierten-Beschwerden ist wissenschaftlich nicht bewiesen und es liegen bislang keine Beweise für die Beeinflussung der Candidabesiedelung des Orogastrointestinaltraktes mit der A. vor. Die so genannten Candida-albicans-assoziierten-Beschwerden bzw. der Nachweis von *Candida albicans* in den Faeces ist nicht mit einer *Candida-albicans-Infektion* des Darmes oder einer Candida-Mykose gleichzusetzen.

Antispritzmittel engl.: *antispattering agent;* →Emulgatoren, die bei hohen Temperaturen die Stabilität von Emulsionsfetten (insbesondere bei Margarine) aufrecht erhalten. Die plötzliche Verdampfung des Wassers beim Erhitzen der Emulsionfette auf Brattemperatur und das damit verbundene Spritzen wird vermindert. Als A. lassen sich →Lecithin (auch in enzymatisch hydrolysierter oder veresterter Form) und thermooxidiertes Sojaöl verwenden.

Antivitamine engl.: *antivitamins,* Syn.: *Vitaminantagonisten;* Gruppe von Substanzen, welche die Wirkung von →Vitaminen verhindern oder vermindern kann. Aufgrund ihrer strukturellen Ähnlichkeit verdrängen A. die Vitamine kompetitiv und binden selbst an das benötigte Coenzym, ohne die entsprechende biologische Wirkung zu erzielen. Durch höhere Vitamindosen kann die Hemmung wieder aufgehoben werden. Die meisten A. sind hitzelabil und verlieren bei Wärmebehandlung ihre antagonistische Wirkung. Beispiele für A. sind Avidin (Antagonist des Biotin), Desoxypyridoxin (Antagonist des Vitamin B_6) und Dicumarin (Antagonist des Vitamin K).

Anwirken engl.: *to mix marzipan/persipan with sugar;* in der Süßwarentechnologie verwendeter Begriff für das Vermischen von →Rohmassen mit Zucker (meist Puderzucker) oder Honig in einem Kneter. So entsteht z. B. aus →Marzipanrohmasse die Marzipanmasse (→Marzipan), aus der Marzipanwaren geformt werden.

AOC Syn.: *AC;* Abk. für →Appelation d'Origine Contrôlée.

AOM-Stabilität; Verfahren zur Untersuchung der Oxidationsneigung eines Fettes. Hierbei wird die Oxidation unter definierten Bedingungen so beschleunigt, dass schon nach kurzer Zeit Verderbserscheinungen auftreten. Beim Schaal-Test werden die Fette bei 60 °C gelagert, beim Rancimat oder Swift-Test bei 100 °C unter Luft-Durchleiten. Die Oxidation wird sensorisch, über die Bestimmung der →Peroxidzahl oder mit Hilfe anderer geeigneter Methoden untersucht. Bei Proben derselben Fettart besteht eine relativ gute Korrelation zwischen der Länge der Induktionsperiode und der Haltbarkeit des Fettes.

Apathogen; nicht krankheitserregend. →pathogen

Aperitif engl.: *appetizer;* Getränk, das ursprünglich vor dem Essen als Appetitanreger getrunken wurde, heute aber zu jeder Tageszeit gereicht werden kann. A. sind v. a. in Frankreich und Italien beliebt. Meist handelt es sich um alkoholreiche Weine (14–20 Vol.-%) wie z. B. Sherry oder weinhaltige Getränke wie z. B. →Wermutwein oder Kräuter- und Bitterliköre. A. können pur, mit Eis, mit Wasser oder gemixt serviert werden.

Aperitifwein; als →Aperitif geeigneter Wein, z. B. trockener Sherry, Muscadet, Edelzwicker oder Sekt.

Apfel lat.: *Malus domestica Borkh.* (Fam.: *Rosaceae*), engl.: *apple;* zum Kernobst zählende, meist runde, bei manchen Sorten ovale, an Stiel und Blütenansatz abgeflachte→Scheinfrucht des weltweit verbreiteten Apfelbaumes. Die Farbe der meist glatten Schale variiert zwischen grün, gelb und rot und ist oft mehrfarbig sowie besonders an der Sonnenseite rot pigmentiert. Das weiß, grünlich, rosé oder gelblich gefärbte Fruchtfleisch weist einen aromatischen fein säuerlichen bis süßen Geschmack auf. Nach Verwendungszweck werden die Scheinfrüchte in die drei großen Gruppen Tafeläpfel, Mostäpfel und Kochäpfel unterteilt. Die meist aus großen Obstbaubetrieben stammenden Tafeläpfel sind von ihren Eigenschaften (Reife, Aussehen, Geschmack) am besten für den Frischverzehr geeignet und werden teilweise auch für Kuchen oder Kompott verwendet. Bei den Mostäpfeln handelt es sich um eher kleine, oft sehr saure Äpfel, die für den Frischverzehr z. T. ungeeignet sind. Daher finden sie Verwendung zur Herstellung von Apfelsaft, Apfelwein, Essig, Alkohol u. Ä. Die Kochäpfel mit mürbem, beim Kochen leicht zerfallenden Fruchtfleisch werden v. a. zur Konservenherstellung und z. T. zur Pektingewinnung verwendet. Die Grenzen zwischen den einzelnen Gruppen sind fließend. Oft eignen sich Tafeläpfel auch als Kochäpfel und umgekehrt. Im Handel als Frischobst befindliche Ä. werden in Handelsklassen gehandelt und genügen deren Kriterien. Übliche Verarbeitungsprodukte aus Ä. sind →Trockenäpfel, Mark, →Apfelkraut, Gelee, Konfitüre, Saft, Essig, Konserven (Mus, Kompott, Dunstäpfel) und alkoholische Getränke wie z. B. →Apfelwein, →Cidre oder →Calvados. In Deutschland hergestellte Apfelkonserven erfüllen die Anforderungen der Leitsätze des Deutschen Lebensmittelbuches für verarbeitetes Obst oder sind in ihrer Abweichung ausreichend kenntlich gemacht. Die bei der Verarbeitung anfallenden Trester lassen sich zur Gewinnung von→Pektin nutzen, haben aber gegenüber Zitrusfruchtschalen weitgehend an Bedeutung verloren. Ä. sind in Deutschland die Obstart mit der größten wirtschaftlichen Bedeutung. Die Inlandsernte erfolgt bei Pflückreife je nach Sorte von Juli bis Oktober. Der Verzehr geeigneter Sorten ist bei richtiger Lagerung (→Kühllagerung →CA-Lagerung) bis Juni möglich. Der Import von Ä. findet ganzjährig statt. Anbauländer sind in Europa v. a. Frankreich, Deutschland und Italien sowie in Übersee USA, Argentinien, Australien, Neuseeland und Südafrika. Der Anbau, v. a. von Tafeläpfeln, erfolgt meist als Niederstammpflanzung in Plantagen. Die Ernte von Hoch- und Halbstämmen z. B. im Streuobstbau genießt geringere Bedeutung. Es existieren unzählige Apfelsorten, von denen jedoch einige wenige größere Marktanteile besitzen. Dazu zählen insbesondere →Golden Delicious, →Cox Orange, →Boskoop, →Granny Smith, →Jonagold und →James Grieve. Neuere Sorten wie z. B. →Elstar, →Gloster, Jamba, Alkmene und →Jonagold gewinnen zunehmend an Bedeutung.

Apfelbanane; →Bananen

Apfelbirne Syn.: →*Nashi*

Apfel-Birnenkraut; →Obstkraut, durch gemeinsames Einkochen von →Äpfeln und →Birnen oder durch Vermischen von Apfel- und Birnenkraut hergestellt. Es wird als

Brotaufstrich und Süßungsmittel verwendet.

Apfelbranntwein; veraltete, z. T. noch verwendete Bezeichnung für aus Äpfeln gewonnenen →Brand bzw. →Calvados.

Apfel-Cidre; Bezeichnung für einen in Deutschland hergestellten, schwach alkoholischen →Apfelwein, die auch für →Cidre benutzt wird.

Apfelessig engl.: *cider vinegar;* →Fruchtessig, der ausschließlich aus Apfelwein durch Essigsäuregärung (→Gärung) hergestellt wird. A. enthält neben Wasser und Essigsäure einige Mineralstoffe (v. a. Kalium), soll u. a. den Stoffwechsel und den Fettabbau anregen und wird daher auch als →Nahrungsergänzungsmittel in Form von Kapseln und Kautabletten angeboten und Erfrischungsgetränken zugesetzt. Die positiven Wirkungen sind wissenschaftlich nicht belegt.

Apfelflocken; →Trockenapfel

Apfelgelee engl.: *apple jelly;* →Gelee aus Saft und wässrigem Auszug von Äpfeln mit Zucker(arten), ggf. aromatisiert mit →Calvados, →Vanille oder anderen Geschmackslieferanten. Wegen des von Natur aus hohen Pektingehaltes der Äpfel erübrigt sich i. d. R. ein Geliermittelzusatz.

Apfelgetränk Syn.: *Apfeltrunk;* nicht klar definierte Bezeichnung für ein →Erfrischungsgetränk mit Apfelgeschmack bzw. -aroma.

Apfelkompott engl.: *apple compote;* ohne Aufguss aus gekochten, nicht passierten Äpfeln und Zucker sowie ggf. weiteren geschmacksgebenden Zutaten wie z. B. Rosinen, Zimt, Calvados oder Ingwer hergestelltes Obsterzeugnis von stückiger, teilweise breiähnlicher Konsistenz. Zur Verhinderung der →enzymatischen Bräunung werden häuftig Säfte mit saurem pH-Wert wie z. B. Zitronensaft, Genusssäuren wie Citronensäure und Ascorbinsäure als Antioxidationsmittel zugesetzt. Wie bei allen Obstkonserven aus Äpfeln dürfen dunkle Bestandteile wie Kerne, Kernteile, Kerngehäuse und Schalenteile nach Art und Menge das äußere Erscheinungsbild und die Genusstauglichkeit von A. nicht wesentlich beeinträchtigen. Weitere Anforderungen für A. als Obstkonserve sind in den Leitsätzen des Deutschen Lebensmittelbuches für verarbeitetes Obst festlegt. Handelsübliches A. genügt diesen Anforderungen oder ist in seiner Abweichung ausreichend kenntlich gemacht. Bei A. handelt es sich um ein beliebtes Dessert, das häufig mit weiteren Beilagen wie z. B. Vanillesauce oder Preiselbeeren serviert wird.

Apfelkraut engl.: *apple butter, apple syrup;* dunkles sirupöses, streichfähiges →Obstkraut aus eingedicktem Apfel- und einem geringen Anteil Birnensaft mit süßem, fein säuerlichen Geschmack. Für 1000 g A. müssen mindestens 2700 g Äpfel und Birnen verarbeitet werden und es dürfen maximal 400 g an Zuckerarten verwendet werden. Der Anteil der Äpfel am Obst beträgt mindestens 2100 g. A. wird als Brotaufstrich, zum Süßen von Speisen, zum Verfeinern von Saucen (z. B. bei Rheinischem Sauerbraten) und als Füllung für Backwaren verwendet.

Apfelkren; aus Österreich stammende, aus Apfelmus, Meerrettich und Fleischbrühe bestehende und mit Salz und Essig abgeschmeckte Würzsauce. A. wird zu gekochtem Rindfleisch wie z. B. Tafelspitz gereicht.

Apfelkuchen engl.: *apple tart;* →Obstkuchen

Apfelmark; →Fruchtmark aus Äpfeln.

Apfelmost engl.: *apple must;* →Most

Apfelmus engl.: *apple sauce;* ohne Aufguss aus gekocht passierten Äpfeln und Zucker sowie ggf. weiteren geschmacksgebenden Zutaten wie z. B. Rosinen, Zimt oder Ingwer hergestelltes Obsterzeugnis von breiähnlicher Konsistenz. Die Zuckerkonzentration bei handelsüblichen Obstkonserven beträgt für gewöhnlich mindestens 16,5 %. Zur Verhinderung der →enzymatischen Bräunung werden häufig Säfte mit saurem pH-Wert wie z. B. Zitronensaft, Genusssäuren wie Citronensäure und Ascorbinsäure als Antioxidationsmittel zugesetzt. Wie bei allen Obstkonserven aus Äpfeln dürfen dunkle Bestandteile wie Kerne, Kernteile, Kerngehäuse und Schalenteile nach Art und Menge das äußere Erscheinungsbild und die Genusstauglichkeit von A. nicht wesentlich beeinträchtigen. Weitere Anforderungen für A. als Obstkonserve sind in den Leitsätzen des Deutschen Lebensmittelbuches für verarbeitetes Obst festgelegt. Handelsübliches A. genügt diesen Anforderungen oder ist in seiner Abweichung ausreichend kenntlich gemacht.

Apfelpektin engl.: *apple pectine;* →Pektine

Apfelpulver engl.: *apple powder;* →Trockenäpfel

Apfelquitte; →Quitte

Apfelringe Syn.: *Ringäpfel;* geschälte, vom Kerngehäuse befreite, in Scheiben geschnittene und in den Ursprungsländern getrocknete Äpfel (→Trockenfrüchte). Zur Verhinderung der Bräunung können die Äpfel entweder in schweflige Säure oder in Citronensäure getaucht werden. Zur Hemmung mikrobiellen Wachstums eignet sich nur schweflige Säure. Bei beiden Zutaten handelt es sich um deklarationspflichtige Zusatzstoffe.

Äpfelsäure engl.: *malic acid,* Syn.: *Äpfelsäure, Hydroxybernsteinsäure;* zweiwertige organische Säure, die in praktisch allen Pflanzen, insbesondere jedoch in bestimmten Obstsorten wie Äpfeln, Birnen und Kirschen vorkommt. Im Organismus tritt A. als Zwischenprodukt des →Citronensäure-Zyklus auf und kann biotechnologisch mittels Bakterien oder Pilzen gewonnen werden. Unter der Nummer E 296 ist A. als Säuerungsmittel für Säfte, Limonaden, Suppen, Saucen u. Ä. zugelassen und unterstützt außerdem die Wirkung von Antioxidantien (Synergist). Die Natrium-, Kalium- und Calciumsalze der A. (Malate) tragen die Nummern E350–352 und wirken als Säureregulatoren z. B. in Konfitüren, Säften und Fertigsuppen. Beim biologischen Säureabbau im Wein kann A. zu Milchsäure und Kohlensäure umgesetzt werden.

Apfelsaft engl.: *apple juice;* →Fruchtsaft aus Äpfeln.

Apfelsaftschorle Syn.: →*Apfelschorle*

Apfelschnitten; in der Fachsprache übliche Bezeichnung für geschälte Apfelstücke von annähernd gleicher Größe. →Dunstapfelschnitten

Apfelschorle Syn.: *Apfelsaftschorle;* kohlensäurehaltiges Mischgetränk aus →Apfelsaft, Apfelmark oder den daraus hergestellten Konzentraten und Trink-, Tafel-, Quell- und/oder natürlichem Mineralwasser. Der Fruchtgehalt an Apfelsaft, Apfelmark bzw. den daraus hergestellten Konzentraten in A. entspricht üblicherweise einem Saftgehalt von mindestens 50 %.

Apfelsine Syn.: → *Orange*

Apfelsinenlikör engl.: *orange liqueur,* Syn.: *Orangenlikör;* →Fruchtaromalikör, der unter Verwendung von Apfelsinen und deren Schalen, die besonders wertvolles ätherisches Öl enthalten, hergestellt wird. Der Alkoholgehalt beträgt mindestens 15 Vol.-% und liegt üblicherweise zwischen 25 und 40 Vol.-%.

Apfelsinenschalen Syn.: → *Orangenschalen*

Apfelstrudel engl.: *apple strudel;* ursprünglich österreichische Spezialität aus →Strudel- und →Blätterteig mit feiner Apfelfüllung, in länglich-flacher Form, die häufig warm mit Vanillesauce oder -eis serviert wird.

Apfelsüße; aus Äpfeln hergestellte →Fruchtsüße.

Apfeltäubling lat.: *Russula paludosa Britz* (Fam.: *Russulaceae*); von Juni bis November in Nadelwäldern wachsender →Speisepilz mit fleischigem, glänzendem, gewölbt-abgeflachtem Hut von 8–15 cm Durchmesser und leuchtend roter, seltener orangerötlicher Farbe. Der A. besitzt einen weißen, häufig leicht rötlich angelaufenen Stiel, breite weiße bis cremefarbene Lamellen und festes weißes Fleisch von mildem Geschmack.

Apfeltaschen engl.: *apple turnover;* →Teigtaschen

Apfeltee; →teeähnliches Erzeugnis aus getrockneten Apfelstücken, meist angeboten in Form von Früchtetee-Mischungen, z. T. auch aromatisiert.

Apfeltrunk Syn.: →*Apfelgetränk*

Apfelwein engl.: *cider;* aus →Äpfeln hergestelltes, meist rotbraunes, i. d. R. klares →weinähnliches Getränk, das auch nur teilweise vergoren sein kann. Das Vorhandensein von →Kohlensäure ist abhängig vom Herstellungsverfahren. Neben dem deutschen A. ist insbesondere der französische →Cidre sowie der britische und irische →Cider von Bedeutung. In Deutschland hergestellter A. enthält üblicherweise mindestens 5 Vol.-% Alkohol und mindestens 18 g/l zuckerfreien Extrakt. In Deutschland hergestellter, teilweise vergorener A. oder Apfel-Cidre besitzt üblicherweise mindestens 2–4,5 Vol.-% Alkohol und mindestens 16 g/l zuckerfreien Extrakt. Alle in Deutschland hergestellten A. enthalten mindestens 4 g/l nicht flüchtige Säure, berechnet als Weinsäure, und 1 g/l flüchtige Säuren, berechnet als Essigsäure.

Apfelwürfel; →Trockenäpfel

Apoenzym engl.: *apoenzyme;* für sich allein nicht wirksamer Proteinteil eines →Enzyms, der zusammen mit dem →Coenzym das vollständige Enzym (Holoenzym) bildet. Häufig werden auch Metallionen (Spurenelemente) als Kofaktoren für die Aktivität von Enzymen benötigt.

Apostelkuchen Syn.: →*Brioche*

Appellation d'Origine Contrôlée Syn.: *Appelation Contrôlée;* Abk.: AOC, höchste französische Qualitätsstufe für Wein und Branntwein (kontrollierte Herkunftsbezeichnung), wobei „d'origine" (Herkunft) bei Branntwein durch den Namen des Produktionsgebietes, bei Wein durch den Namen des Anbaugebietes, des Bereichs, der Gemeinde oder der Lage ersetzt wird. Die mit der Appellation Contrôlée verbundenen Bestimmungen über Rebsorten, Höchsthektarertrag, Mindestalkoholgehalt, Anbau- und Weinbereitungsverfahren sind umso strenger, je enger die Produktionszone eingegrenzt wird, also am strengsten bei der Lagenbezeichnung. Erfüllt z. B. der Lagenwein die Qualitätsansprüche nicht, wird er in die Gemeindebezeichung zurückgestuft. Nach EU-Gesetz gehören die Appelation Contrôlée-Weine in die Kategorie →VQPRD.

Appenzeller „Switzerland" engl.: *appenzeller „switzerland";* bereits vor 700 Jahren urkundlich erwähnter Schweizer Schnittkäse mit einem Mindestfettgehalt von 45 % in der Trockenmasse (entsprechend ca. 30 % absolutem Fettgehalt). Es handelt sich um eine geschützte Ursprungsbezeichnung; der Käse wird ausschließlich in den Kantonen Appenzell, St. Gallen und Thurgau aus naturbelassener Rohmilch dieser Regionen hergestellt und reift mindestens 3 Monate. Gehandelt werden Laibe mit Gewichten von 6,2–8 kg und einem Durchmesser von 30–33 cm. Der A. besitzt eine feste, mit speziellen Gewürzen behandelte gelb-braune Rinde. Der speckige, weichschnittige, elfenbeinfarbene bis gelbe Teig mit maiskorngroßen Löcher schmeckt würzig-aromatisch.

Appetit engl.: *appetite;* bezeichnet das Verlangen nach Nahrungsaufnahme. A. wird nicht unbedingt durch →Hunger ausgelöst, sondern kann durch Sinneseindrücke (z. B. der Anblick und Geruch von Speisen), seelische Vorgänge (z. B. die Stimmungslage) oder soziale Gewohnheiten (z. B. Zeitpunkt des Essens) verursacht werden.

Appetithemmer Syn.: →*Appetitzügler*

Appetitsild; →Anchose aus ausgeweideten, enthäuteten, der Länge nach parallel zur Rückengräte geteilten →Sprotten ohne Kopf (→Anchovis).

Appetitzügler engl.: *appetite depressant, anorexiant,* Syn.: *Appetithemmer, Anorektika;* Arzneimittel, die den →Appetit mindern und das Sättigungsgefühl steigern und deshalb bei der Therapie von Fettleibigkeit (→Adipositas) eingesetzt werden. Die Wirkung beruht wahrscheinlich auf einem direkten Einfluss auf das Appetit regulierende Zentrum im Hypothalamus. Es können Nebenwirkungen wie Unruhe und Schlaflosigkeit auftreten. Bei langfristiger Einnahme besteht die Gefahr der Abhängigkeit.

Apricot-Brandy; bezeichnungsgeschützter →Aprikosenlikör.

Aprikose lat.: *Prunus armeniaca L.* (Fam.: *Rosaceae*), engl.: *apricot,* Syn.: *Marille österr.;* →Steinfrucht des wärmeliebenden, in China heimischen Aprikosenbaumes. Die zart behaarten Früchte haben eine gelbe Schale mit roter Backe und eine eingesenkte Bauchnaht. Das gelbe bis orangefarbene Fleisch ist reif fester als bei Pfirsich und schmeckt süßaromatisch. Neben dem Frischverzehr werden A. zu Nasskonserven, Konfitüren, Pulpe, Nektar, Brand, Likör und Trockenfrüchten verarbeitet. Die dabei anfallenden Kerne werden wegen ihres hohen Gehaltes an fettem Öl als Ersatz für Mandeln zur Herstellung von →Persipanrohmasse und für Likör genutzt. Das in den Kernen vorkommende →cyanogene Glykosid →Amygdalin wird nach dem Schälen der Kerne bei der →Entbitterung entfernt. Der Import von A. als Obst findet, eingeteilt in EG-Handelsklassen, meist halb reif von Mai bis August statt, da sie vollreif kaum haltbar sind. Der Anbau im Inland ist gering. A. in Konserven aus Deutschland entsprechen den Anforderungen der Leitsätze für verarbeitetes Obst oder sind in ihrer Abweichung ausreichend kenntlich gemacht.

Aprikosenbrand engl.: *apricot spirit,* Syn.: *Aprikosenwasser;* →Obstbrand aus Aprikosen. In Österreich (Marillenbrand) und Ungarn (Barack) haben A. große Bedeutung. In Deutschland werden hingegen wegen des geringen Zuckergehaltes der heimischen Aprikosen vorwiegend Aprikosengeiste hergestellt, bei denen das Aroma aus den ganzen Früchten durch Einlegen mit nachfolgender Destillation gewonnen wird. A. und Aprikosengeist werden als Zutat in Likören, Cocktails, Konfitüren und Desserts verwendet.

Aprikosengeist; →Aprikosenbrand

Aprikosenkerne engl.: *apricot kernels;* →Aprikose

Aprikosenlikör engl.: *apricot liqueor, apricot brandy;* durch Einmaischen oder Einlegen von →Aprikosen in Weinbrand, Alkohol landwirtschaftlichen Ursprungs oder anderen Spirituosen hergestellter →Likör. Bei Apricot-Brandy wird eine aus Aprikosen gebrannte Spirituose als Grundlage verwendet, ansonsten wird auf die Herkunft des Alkohols hingewiesen.

Aprikotieren engl.: *glace with apricot icing;* Bezeichnung für das Bestreichen von Backwaren mit heißer passierter, flüssiger Aprikosenkonfitüre. Als blockierende Zwischenschicht und Unterlage für Güsse und Glasuren verhindert die Konfitüre das schnelle Austrocknen von Güssen, Glasuren und Backwaren.

Aqua destillata Syn.: →*Destilliertes Wasser*

Aquakultur engl.: *aquaculture;* Aufzucht von Pflanzen und Tieren in künstlichen und natürlichen Meeres- und Süßgewässern und Netzgehegen bis zum Zeitpunkt ihrer Vermarktung als Lebensmittel oder Verwendung zu anderen Zwecken. Bereits in der Antike wurde kommerzielle A. betrieben. Im 20. Jahrhundert wurde sie weltweit stark ausgebaut mit weiter steigender Tendenz für Fische, Garnelen und andere Krebstiere, Austern und Muscheln, in Fernost auch für →Seetang. Der lebensmittelrechtliche Begriff Aquakulturerzeugnisse umfasst neben den genannten Tieren auch Fische und Krebstiere, die als Jungtiere in ihrer natürlichen Umgebung gefangen und in A. bis zur Marktreife weitergezüchtet wurden. Aquakulturerzeugnisse müssen in der EU als solche gekennzeichnet werden. →Fischzucht →Austernzucht →Garnelenzucht →Muschelzucht

Aqua-Plus-Getränke; →Near-Water-Getränke

Aquavit engl.: *aquavit,* Syn.: *Akvavit;* klarer, heller, doppelt destillierter, durchsichtiger oder goldgelber →Brand, der in vielen nördlichen Ländern (Skandinavien, Dänemark)

eine besondere kalt getrunkene Spezialität darstellt. Der Name stammt von lat.: *aqua vitae* = Wasser des Lebens ab. Bei A. handelt es sich um eine mit Kräuter- oder Gewürzdestillat aromatisierte → Spirituose mit Kümmel. Ein wesentlicher Teil des Aromas muss aus der Destillation von Kümmel- und/oder Dillsamen stammen, wobei der Zusatz ätherischer Öle unzulässig ist. Der Geschmack von Bitterstoffen darf nicht dominierend sein und der Extraktgehalt nicht mehr als 1,5 g/100 ml betragen. Der Alkoholgehalt beträgt mindestens 37,5 Vol.-%.

Arabica-Kaffeesorten; → Kaffeesorten

Arabinose engl.: *arabinose;* → Monosaccharid (Pentose), das als Baustein von → Polysacchariden wie Hemicellulosen, Pektinen, Pflanzengummis und Schleimstoffen weit verbreitet ist. A. wird von Hefen nicht vergoren und vom menschlichen Organismus kaum verwertet.

Arabisches Gummi Syn.: → *Gummi arabicum*

Arachidonsäure engl.: *arachidonic acid;* Abk.: AA, vierfach ungesättigte Fettsäure, die zu den → Omega-6-Fettsäuren gehört und in tierischen Fetten enthalten ist. AA kann im Organismus aus → Linolsäure gebildet werden und ist Ausgangsprodukt der → Eicosanoide, die eine entzündungsfördernde Wirkung entfalten. Deshalb führt bei bestimmten Erkrankungen wie z. B. Rheuma eine Einschränkung der Arachidonsäurezufuhr zu einer Verbesserung der Symptome.

Arachinsäure engl.: *arach(id)ic acid*, Syn.: *Eicosansäure;* gesättigte → Fettsäure mit 20 C-Atomen, die in den meisten → Triglyceriden in geringer Konzentration, v. a. aber in Erdnuss-, Rüb- und Kakaoöl vorkommt.

Arachisnuss Syn.: → *Erdnuss*

Arachisöl Syn.: → *Erdnussöl*

Aräometrie engl.: *areometry;* Dichtemessung nach dem Auftriebsprinzip. Ein Aräometer ist ein unten beschwerter Senkkörper, mit einer nach der → Dichte geeichten Skala am langen, dünnen oberen Teil. Es sinkt beim Messvorgang jeweils soweit in die Flüssigkeit ein, bis die Auftriebskräfte dem Aräometergewicht das Gleichgewicht halten; die Eintauchtiefe ist damit ein Maß für die Dichte. Die Ä. ist einfach in der Anwendung und ist bei relativ geringer Messunsicherheit kostengünstig. Es gibt zahlreiche Spezialanwendungen wie Alkoholometer, Milch- und Buttermilcharäometer oder die Mostwaage nach → Öchsle.

Arame lat.: *Eisenia bicyclis Kjellman und Ecklania cava Kjell. (Ordn.: Laminariales)*, engl.: *arame;* in Japan und in westlichen Ländern bei Anhängern der → makrobiotischen Ernährung als Gemüse verzehrte Meeresalgen ähnlich → Hijiki. → Braunalgen → Seetang

Arancini; 1. mit verschiedenen Füllungen zubereitete frittierte Reisbällchen, die im Aussehen → Orangen (Arancini) ähneln, 2. kandierte kreisrunde (∅ 18–25 mm) Scheiben aus der Schale bitterer und süßer Orangen. → kandierte Fruchtschalen

Arbeitsgemeinschaft Allergiekrankes Kind e. V.; Abk.: AAK, gemeinnütziger Verein, der regionale Selbsthilfegruppen von Kindern mit Asthma, Ekzemen oder Heuschnupfen bzw. deren Eltern unterstützt (regionale AAKs). Die AAK gibt Informationsschriften über die Ursachen und Behandlungsmöglichkeiten von allergischen Erkrankungen im Kindesalter heraus, bietet medizinische Beratung und Seminare an und unterstützt Betroffene bei der Suche nach geeigneten Behandlungsmöglichkeiten.

Arbusen Syn.: → *Wassermelonen*

Arbutus lat.: *Myrica rubra Siebold et Zucc.* (Fam.: *Myricaceae*), engl.: *1. Red Myrica, Red Bayberry*, Syn.: *Chinesische Baum(erd)beere, Yama momo (jap.)*; 1. Steinfrucht des in Ostasien beheimateten und angebauten japanischen Gagelstrauches. Bei der runden himbeerähnlichen Frucht (∅ 3 cm) umschließt eine dünne dunkelrote oder schwarze saftige Schale ein filziges Fruchtfleisch mit Samenkern. In der ostasiatischen Küche gilt A. als wohl schmeckende Delikatesse. Neben dem Rohverzehr werden die Früchte zu Süßwaren, Saft und Wein weiterverarbeitet sowie als Nasskonserven in Aufguss oder durch Einsalzen haltbar gemacht. 2. gelegentlich für die →Erdbeerbaumfrucht verwendete Bezeichnung, die sich von dem lateinischen Namen des Erdbeerbaumes (lat.: *Arbutus unedo L.*) herleitet.

Arginin engl.: *arginine;* Abk.: Arg, basische, bedingt essenzielle →Aminosäure, die in fast allen →Proteinen zu 3–6 % und in hoher Konzentration in Histonen enthalten ist. Arg ist im Stoffwechsel Zwischenprodukt der Harnstoffsynthese und Ausgangsverbindung von Stickstoffmonoxid (NO), das als kurzlebiges Signalmolekül z. B. Einfluss auf den Gefäßtonus, die Blutplättchenaggregation und die Proliferation der glatten Muskulatur hat.

Ariboflavinose engl.: *ariboflavinose;* vor allem in tropischen Ländern auftretende Stoffwechselerkrankung (→Avitaminose), die durch Mangel an →Riboflavin (Vitamin B_2) ausgelöst wird. Symptome sind v. a. Anämie, Vaskualisierung der Hornhaut des Auges sowie Dermatitis.

Arktische Brombeere; 1. Syn. für →Moltebeere. 2. Bezeichnung für *Rubus articus L.*

Armagnac engl.: *armagnac;* französischer Qualitätsweinbrand aus weißen Trauben mit über 500-jähriger Tradition. Bei der Bezeichnung A. handelt es sich um eine geschützte Herkunftsbezeichnung für Weinbrände aus dem Armagnac-Gebiet, dem Herzstück der Gascogne im Südwesten Frankreichs (Nordabhang der Pyrenäen). A. reift in Fässern aus Eichenholz und hat einen Mindestalkoholgehalt von 40 Vol.-%. Das zum Brennen von A. verwendete Gerät besteht aus zwei bis drei aufeinander gesetzten Brennblasen mit kontinuierlichem Zufluss, so dass A. im Gegensatz zu →Cognac nur einmal gebrannt wird. Aufgrund seines hervorragend feinen, milden Geschmacks steht der A. zusammen mit dem Cognac an der Spitze der Weinbrände aus französischer Produktion.

Arme Ritter; in Milch eingeweichte Brotscheiben (überwiegend Weißbrot) oder Zwiebäcke, die paniert und in Fett gebraten werden. Danach können sie in Zimt und Zucker gewälzt und mit vielen möglichen Beilagen wie z. B. Weinschaum, Vanillesauce oder Kompott serviert werden.

Arnika lat.: *Arnica montana L.* (Fam.: *Asteraceae*), engl.: *mountain arnica,* Syn.: *Bergwohlverleih;* in Mitteleuropa auf kalkarmen Bergwiesen wild wachsende, bis 50 cm hohe Staude, deren Blüten und Wurzeln Stoffe mit entzündungshemmender und antiseptischer Wirkung enthalten, die in der Medizin und Homöopathie bei Prellungen, Quetschungen und Entzündungen der Haut und der Mund- und Rachenschleimhäute eingesetzt werden. In hohen Dosen toxisch, z. T. Auftreten von Reizungen und →Allergien bei äußerlicher Anwendung.

Aroma engl.: *flavour;* 1. von griech.-lat.: *ároma* = Gewürz abgeleitetes Wort, das den Gesamteindruck aller Geruchs- und Geschmacksempfindungen beschreibt, die beim Verzehr von Lebensmitteln auftreten. Die englische Bezeichnung „flavour", die oft nicht ganz korrekt synonym verwendet wird, umfasst zusätzlich die Tastempfindungen durch Zunge, Mundhöhle und Rachen. 2. Kurzform für das Gemisch der flüchtigen →Aromastoffe, die einem Lebensmittel seinen unverwechselbaren Charakter verleihen.

Aromabakterien; →Bakterien, die in Lebensmitteln zur Aromabildung beitragen, wie z. B. →Milchsäurebakterien der Gattung →*Leuconostoc*, die aus Citrat →Diacetyl, den wesentlichen Aromastoff des Butteraromas bilden.

Aromadestillat; bei der destillativen Konzentrierung insbesondere von Fruchtsäften gewonnener →Aromaextrakt, der bei der Rückverdünnung des Konzentrats wieder zugeführt wird.

Aromadurchlässigkeit engl.: *flavour permeability;* Durchlässigkeit eines →Packstoffes oder eines →Packmittels für Geruchsstoffe. Eine hohe A. kann zu einer Qualitätsminderung des verpackten Gutes sowohl durch Entweichen des Eigenaromas aus der Verpackung als auch durch Eindringen von Fremdaroma in die Packung führen. Packstoffe wie Metalle und Glas sind völlig aromadicht. Papier und Karton hingegen sind aromadurchlässig, wobei die A. mit steigender Verdichtung der Cellulose abnimmt (→Pergamentpapier). Die A. von →Kunststoffen unterscheidet sich stark in Abhängigkeit vom verwendeten Kunststoff und betrachteten Aroma.

Aromaextrakte engl.: *aroma extract;* Mischungen verschiedener →natürlicher Aromastoffe, die mit den gleichen Verfahren gewonnen werden wie die Einzelsubstanzen. A. können in konzentrierter und nicht konzentrierter Form eingesetzt werden.

Aromastoffe engl.: *flavouring agents, flavourings;* flüchtige Substanzen in Lebensmitteln, die den →Geruchs- und/oder →Geschmackssinn stimulieren. Die meisten Lebensmittel enthalten eine Vielzahl von A. (100 und mehr). Man unterscheidet zwischen →natürlichen (von Natur aus im Lebensmittel enthalten), →naturidentischen und →künstlichen A. Lebensmittelrechtlich werden auch →Aromaextrakte, →Reaktionsaromen und →Raucharomen als A. bezeichnet (→Aromen).

Aromatisierte teeähnliche Erzeugnisse; →Teeähnliche Erzeugnisse

Aromatisierte Tees; schwarze oder grüne →Tees, denen zur Aromatisierung geruch- und/oder geschmacksgebende Erzeugnisse wie natürliche oder naturidentische Aromastoffe, Fruchtsäfte, Rum, Whisky oder bis zu 5% geruchs- und/oder geschmacksgebende Pflanzenteile zugesetzt sind. Der bekannteste aromatisierte Schwarztee ist der ursprünglich mit →Bergamottöl aromatisierte →Earl Grey. Weitere wichtige Sorten sind Vanille, Wildkirsche, Maracuja und Tropic.

Aromatisierte Weine; zu mindestens 75% aus Wein bestehende aromatisierte weinhaltige Getränke, die einen Alkoholgehalt zwischen 14,5 und 22 Vol.-% aufweisen. Ein Beispiel für einen a. W. ist →Wermutwein.

Aromen engl.: *flavours,* Syn.: *Essenzen (veraltet)*; komplexe Gemische verschiedener →Aromastoffe. Die Aromenverordnung definiert A. als Erzeugnisse und deren Mischungen, auch mit einem Gehalt an Lebensmitteln oder zugelassenen Zusatzstoffen, die dazu bestimmt sind, Lebensmitteln einen besonderen Geruch oder Geschmack zu verleihen. Stoffe mit ausschließlich süßem, saurem oder salzigem Geschmack gelten nicht als A. Die zugelassenen künstlichen Aromastoffe und die Lebensmittel, die mit ihnen aromatisiert werden dürfen, sind ebenfalls in der Aromenverordnung festgelegt. Die Bedeutung der A. hat in den letzten Jahren stark zugenommen. Bei industriell vorgefertigten Lebensmitteln treten im Zuge von Verarbeitung und Lagerung hohe Aromastoffverluste auf. Um ein geschmacklich akzeptables Produkt zu erhalten, müssen diese Verluste durch Aromatisierung wieder ausgeglichen werden. Dazu genügen sehr geringe Konzentrationen eines Aromastoffes bzw. meistens einer Vielzahl von Aromastoffen.

Arrak engl.: *arrack, arak;* Sammelbezeichnung für Brände, die in verschiedenen Ländern (Java, Iran, Nordafrika, Thailand, Indien, Sri Lanka) aus unterschiedlichen Pflanzen hergestellt werden. A. aus Java besteht hauptsächlich aus Zuckerrohrmelasse, Reis und Saft der Blütenkolben der Kokospalme, wobei statt frischem Saft auch vergorener Palmensaft (auch Toddy oder Palmenwein genannt) verwendet werden kann. Iranischer A. wird hauptsächlich auf der Basis von Datteln hergestellt. In Nordafrika werden in erster Linie Feigen und Trauben verwendet. In Thailand, Indien und Sri Lanka sind Reis und Palmensaft die Hauptbestandteile des A. Im europäischen Handel ist vorwiegend A. aus Java, der Batavia-Arrak, zu finden, mit einem Alkoholgehalt von 38–40 Vol.-% und einer hellgelben bis gelbbraunen Farbe. Der Begriff Original-Arrak steht für ein Erzeugnis, das auf Basis von Zuckerrohrmelasse und/oder Reis hergestellt und ausschließlich im Ursprungsland abgefüllt wurde und üblicherweise einen Mindestalkoholgehalt von 38 Vol.-% besitzt. Unter Echter A. ist ein Original-Arrak, der im Inland auf Trinkstärke herabgesetzt wurde, zu verstehen. A. findet ähnlich wie → Rum Verwendung zum Bereiten von Grog, als Zusatz zu Tee und zum Aromatisieren von Konditoreierzeugnissen und Süßwaren.

Arrakpunsch engl.: *arak punch;* gesüßter, aromatisierter → Arrak-Verschnitt.

Arrak-Verschnitt; Gemisch aus → Arrak und Alkohol anderer Art, wobei der Anteil von Arrak mindestens 10 % des Gesamtalkohols des trinkfertigen Erzeugnisses aufweisen muss.

Arrowrootstärke engl.: *1. arrowroot starch,* Syn.: *Marantastärke, Pfeilwurzelmehl;* 1. aus den ca. 25–30 % Stärke enthaltenen Rhizomen verschiedener, aus der Familie der *Marantaceae* stammenden Maranta-Arten, vorwiegend *Maranta arundinacea L.*, gewonnene → Stärke. Die Gewinnung erfolgt wie bei der → Kartoffelstärke durch Nassvermahlung, jedoch nach sehr intensiver Zerkleinerung. A. ähnelt in ihren Eigenschaften Kartoffelstärke und wird insbesondere als Dickungsmittel z. B. zum Binden von Suppen und Saucen eingesetzt; 2. zum Teil verwendete Bezeichnung für aus stärkehaltigen Knollen anderer tropischer Pflanzen gewonnene Stärken wie z. B. brasilianische A. (→ Tapiokastärke) oder → Portland-Arrowrootstärke.

Arsen engl.: *arsenic;* zu den → Ultraspurenelementen gehörender → Mineralstoff. Die Funktion von A. im Organismus ist nicht bekannt. Im Tierversuch wurden bei arsenfreier Nahrung Wachstumsstörungen und eingeschränkte Fertilität beobachtet. Die Essenzialität ist umstritten, statt dessen sind verschiedene Verbindungen des A., v. a. Arsenik, das als Rattengift verwendet wird, stark toxisch und kanzerogen. A. ist in geringer Konzentration ubiquitär in pflanzlichen und tierischen Lebensmitteln verbreitet. Es reichert sich im Keratin von Haut und Haar an, weshalb Haaranalysen als Messgröße zur Arsenbelastung herangezogen werden. Chronische Vergiftungen führen zu neurologischen Störungen.

Arteriosklerose engl.: *arteriosclerosis,* Syn.: *Atherosklerose;* krankhafte degenerative Veränderungen der Arterienwände. Ablagerungen, Entzündungen, Verkalkungen und Bindegewebswucherungen führen dabei zu einer Verdickung und Verhärtung der Gefäßwände und Verengung der Gefäßquerschnitte mit daraus resultierendem erhöhten Herzinfarkt-, Schlaganfall- und Thromboserisiko. Das Ausmaß des arteriosklerotischen Prozesses, der langsam fortschreitend und zunächst symptomfrei verläuft, ist abhängig von Anzahl und Ausprägung verschiedener Risikofaktoren wie Übergewicht, Fettstoffwechselstörungen, Bluthochdruck, → Diabetes mellitus sowie von der genetischen Veranlagung.

Artikelnummern engl.: *article numbers;* → EAN-Warencode

Artischocke lat.: *Cynara cardunculus Scolymus Grp.* (Fam.: *Asteraceae*), engl.: *globe artichoke;* mehrjährige, schon in der Antike im Mittelmeerraum, heute auch in anderen subtropischen Gebieten (z. B. Südstaaten der USA) angebaute Staude. Die fleischigen Blütenböden und die unteren verdickten Teile der Kelchblätter werden roh oder in Wasser gekocht als → Gemüse verzehrt. Im Handel erhältlich sind die geschlossenen Blütenknospen grüner und blauvioletter Varianten (Durchmesser 12–14 cm; Küchenabfall ca. 50 %). Sie sind energiearm (93 kJ/22 kcal/100 g essbarer Anteil) und reich an Mineralstoffen und → sekundären Pflanzenstoffen (Sesquiterpene, Flavonoide u. a.). Wegen ihres → Inulin-Gehaltes wurden sie früher für Diabetiker empfohlen. Aus den Blättern und Wurzeln der Pflanze gewinnt man den Bitterstoff → Cynarin, der als Rohstoff für Arzneimittel (Choleretikum) und als Bitterstoff für → Aperitifs (Cynar®) verwendet wird. Cynarin ist auch verantwortlich für den leichten Bittergeschmack der Gemüse-A., pharmakologische Effekte sind hier wegen der minimalen Konzentration nicht zu erwarten.

Arzente; Sammelbezeichnung für italienische Weinbrände, die vorwiegend in Norditalien (Bologna, Triest) hergestellt werden, in Qualität und Geschmack dem → Cognac ähneln und einen Alkoholgehalt von 38–40 Vol.-% aufweisen.

Asafötida lat.: *Ferula asafoetida L., F. narthex, F. alliacea, F. foetida* (Fam.: *Apiaceae*), engl.: *asafoetida, devil's dung, stinking gum,* Syn.: *Asant, Stinkasant, Teufelsdreck;* außerhalb Indiens wenig bekanntes, aus Südwestasien stammendes → Gewürz, das aus dem Saft von Stängeln und Wurzeln verschiedener Ferula-Arten hergestellt wird. A. ist eine getrocknete harzähnliche Substanz mit starkem, an eingelegten Knoblauch erinnernden Geruch und bitterem, unangenehmen Geschmack. Beim Braten in Öl werden Geruch und Geschmack zwiebelartig. Pulverisiertes A. ist in Indien häufig auch als Gemisch mit Reismehl erhältlich, was den Geschmack schwächt und die Anwendung erleichtert. Der Name leitet sich von lat.: *asa* = Harz und *foetidus* = stinkend ab.

Asant Syn.: → *Asafötida*

Ascorbate engl.: *ascorbates;* Salze der → Ascorbinsäure. Die Natrium- (E 301) und Calciumsalze (E 302) sind als Antioxidationsmittel, Stabilisatoren, Säuerungsmittel und Mehlbehandlungsmittel für Lebensmittel allgemein ohne Höchstmengenbeschränkung zugelassen.

Ascorbinsäure engl.: *ascorbic acid;* chemische Bezeichnung für → Vitamin C, aber auch wichtiger → Zusatzstoff bei der Lebensmittelverarbeitung. A. wird synthetisch aus Glucose hergestellt und ist unter der Nummer E 300, sein Natrium- bzw. Calciumsalz unter den Nummern E 301 bzw. E 302 als Mehlbehandlungsmittel, Antioxidationsmittel (z. B. bei Obst- und Gemüsekonserven), Säuerungsmittel und Stabilisator (z. B. in Bier, Wein, Saft) zugelassen.

Ascorbinsäureoxidase engl.: *ascorbic acid oxidase;* zur Gruppe der → Oxidoreduktasen gehörendes kupferhaltiges Enzym, das die reversible Oxidation von Ascorbinsäure zu Dehydroascorbinsäure katalysiert. A. ist in vielen Pflanzen enthalten und trägt zum schnellen Abbau von Ascorbinsäure bei der Zerkleinerung von Obst und Gemüse bei.

Ascorbylpalmitat engl.: *ascorbyl palmitate;* synthetisches fettlösliches Antioxidans, das durch Veresterung von Ascorbinsäure mit Palmitinsäure gewonnen wird. A. ist unter der Nummer E 304 als Antioxidationsmittel, Emulgator und Stabilisator für Lebensmittel allgemein zugelassen und besitzt eine ausgeprägte synergistische Wirkung bei Tocopherolen.

Ascosporen; bei der geschlechtlichen Vermehrung von → Pilzen in Inneren eines blasen- oder schlauchförmigen Ascus gebildete geschlechtliche → Sporen.

Asem; in der indonesischen Küche als Würzmittel verwendetes → Tamarindenmus.

Aseptisch engl.: *aseptic,* Syn.: *keimfrei;* Bezeichnung für die Abwesenheit von Mikroorganismen.

Aseptische Abfüllung engl.: *aseptic filling,* Syn.: *Sterilabfüllung, Infektionsfreie Abfüllung;* Verfahren, bei dem das zuvor sterilisierte Füllgut in mikroorganismenfreier Umgebung zur Vermeidung jeder Rekontamination in das sterile Behältnis abgefüllt wird. Die a. A. wird meist bei flüssigen Lebensmitteln wie Milcherzeugnissen und Fruchtsäften angewandt. Das → Sterilisieren des Füllguts kann dabei im UHT-Verfahren (→ Ultrahocherhitzen) erfolgen und ist somit wesentlich schonender für das Füllgut als das langsame Sterilisieren in Behältern.

Asiago engl.: *asiago;* italienscher Käse mit einem Mindestfettgehalt von 36 % i. Tr., der teilweise entfettet ist. A. ist eine geschützte geografische Herkunftsbezeichnung. Er darf nur in den Provinzen Vicenza und Trient und zusätzlich in den angrenzenden Gemeinden der Provinzen Vicenzal und Treviso ausschließlich aus Kuhmilch hergestellt werden. Bei den beiden zulässigen Sorten A. pressato und A. d'allevo handelt es sich nicht um den gleichen Käse mit verschiedenen Reifegraden, sondern um Käse aus zwei verschiedenartigen Verarbeitungen. Je nach Reifegrad variiert sein intensiver Geschmack von süß bis pikant. Abhängig vom Reifezustand unterscheidet man 3 Gruppen: mezzano (Reifezeit 3–5 Monate), vecchio (bis 9 Monate) und stravecchio (9–24 Monate). Der Geschmack ist oft als Tischkäse süßlich und als Streukäse leicht pikant. Die elastische Rinde ist regelmäßig glatt und der strohgelbe kompakte Teig verfügt über kleine bis mittelgroße verstreute Löcher. A. kommt zylinderförmig mit einem Gewicht von 8–12 kg, einer Höhe von 9–12 cm und einem Durchmesser von 30–36 cm in den Handel.

Asiatische Birne Syn.: →*Nashi*

Asparagin engl.: *asparagine;* Abk.: Asn, nichtessenzielle →Aminosäure, deren Name auf die besonders hohen Gehalte in Spargel zurückzuführen ist. Asn ist das Amid der →Asparaginsäure und dient den Pflanzen als Stickstoffspeicher. Im tierischen Organismus entgiftet es zusammen mit Glutamin den Nerven schädigenden Ammoniak.

Asparaginsäure engl.: *aspartic acid;* Abk.: Asp, nicht-essenzielle, saure →Aminosäure, die in allen tierischen →Proteinen und in größeren Konzentrationen in Luzerne und Mais enthalten ist. Asp entsteht durch Transaminierung aus Oxalacetat oder durch enzymatische Hydrolyse aus →Asparagin. Sie ist beteiligt an der Biosynthese der Purin- und Pyrimidinbasen, an Transaminierungsreaktionen, an der Harnstoffbildung und ist des Weiteren Bestandteil des Süßstoffs →Aspartam.

Aspartam engl.: *aspartame;* häufig verwendeter →Süßstoff (E 951). Es handelt sich um ein weißes, kaum wasserlösliches, hitze- und hydrolyseinstabiles Kristallpulver mit der ca. 200-fachen Süßkraft von Saccharose. Um Süßkraftverluste zu vermeiden, erfolgt der Zusatz von A. erst nach einer Wärmebehandlung. Der Einsatz erfolgt als Einzelsüßstoff oder in Kombination mit anderen Süßstoffen (Synergismus). A. ist ein Dipeptid aus →Asparaginsäure und Phenylalaninmethylester. Deshalb wird A. im Gegensatz zu den anderen Süßstoffen verstoffwechselt. Aufgrund der sehr geringen Konzentrationen leistet es jedoch keinen Beitrag zum Energiehaushalt. Da die Aminosäure →Phenylalanin enthalten ist, darf A. nicht von Patienten mit →Phenylketonurie verzehrt werden.

Aspergillus Syn.: *Gießkannenschimmel;* Mehrz.: Aspergillen, neben →*Penicillium* wichtigste Gattung der →Schimmelpilze mit zahlreichen, in der Natur weit verbreiteteten Arten. A. haben ein wattig-filziges, undurchsichtiges, farbloses oder lebhaft gefärbtes →Mycel. Das spezielle Aussehen der ungeschlechtlichen Fortpflanzungsorgane gab der Gattung auch den Namen →Gießkannenschimmel. Die einzelligen →Konidien sind kräftig gefärbt und werden in großer Zahl gebildet, so dass sie die Kolonien mit einem dichten, gelben, grünen oder braunen Sporenteppich überziehen. Einige Arten zeigen neben der ungeschlechtlichen Konidienbildung auch geschlechtliche Fortpflanzung. A. zeichnen sich durch mannigfaltige Stoffwechselaktivitäten aus, die teilweise Ursache von Lebensmittelvergiftungen sind, teilweise für industrielle Zwecke genutzt werden. So bildet z. B. *A. flavus* das →Mykotoxin →Aflatoxin insbesondere auf Nüssen, Getreide und Futtermitteln, *A. ochraceus* →Ochratoxin vorwiegend auf Getreide und Vertreter der grüne Konidien bildenden *A.-glaucus-Gruppe* führen häufig zum Verderb von Lebensmitteln mit hoher Zucker- oder Salzkonzentration. Bestimmte Stämme von *A. niger* werden zur industriellen Gewinnung von Citronensäure, Gluconsäure sowie von Enzymen eingesetzt und der v. a. auf Reis zu findende *A. oryzae* dient zur Herstellung zahlreicher ostasiatischer Fermentationsprodukte wie z. B. →Miso.

Aspergillus clavatus; meist auf Früchten und Getreiden vorkommender, das Mykotoxin →Patulin bildender →Schimmelpilz der Gattung →*Aspergillus*.

Aspergillus flavus; vor allem auf der Strohschale der Erdnuss sowie auf Pistazien und Paranüssen vorkommender, die heterocyclischen →Aflatoxine der Haupttypen B_1, B_2, G_1 und G_2 bildender →Schimmelpilz der Gattung →*Aspergillus*. Er bildet gelbgüne, nach einigen Tagen dunkelgrün werdende →Konidien und ist weltweit verbreitet.

Aspergillus ochraceus; →Ochratoxine bildender →Schimmelpilz der Gattung →*Aspergillus*, der häufig rosafarbene Sklerotien bildet und weltweit auf Nahrungs- und Futtermitteln, v. a. auf Getreide verbreitet ist.

Aspik engl.: *aspic,* Syn.: *Gelee;* Gallerte zur Herstellung von Fleisch-, Fisch-, Ei- und Gemüsezubereitungen, ursprünglich hergestellt durch Auskochen von Kalbs- und Schweinefüßen, Schwarten und anderen bindegewebsreichen Substanzen, heute meist mit →Gelatine, für vegetarische Gerichte mit →Agar-Agar. Geschmacksgebende Zusätze sind Fleisch-, Fisch- oder Gemüsebrühe, Gewürze, Zucker, Salz, Zitrone, Essig und/oder Wein. Die Brühe wird vor dem Gelieren durch Abseihen geklärt.

Aspikwaren engl.: *aspic products;* Fleisch, Fisch, Garnelen, Gemüse und/oder Ei, verzehrfertig zubereitet und eingebettet in →Aspik. Die Verkehrsbezeichnung besteht aus dem wertgebenden Bestandteil und dem Zusatz „in Aspik“, „in Gelee“ oder „mit Gelee“, bei Fleischwaren auch „Sülz-“ bzw. „-sülze“, z. B. →Sülzkotelett oder →Schweinskopfsülze. In der Kochbuchliteratur ist die Bezeichnung Sülze für alle A. gebräuchlich, z. B. Fischsülze oder Gemüsesülze.

Aspirateur engl.: *aspirator;* Reinigungsmaschine zum Beseitigen von Verunreinigungen wie z. B. Spreu, Staub und Sand aus Getreide. Dabei erfolgt die Trennung zum einen mit Hilfe eines Luftstroms aufgrund unterschiedlichen Gewichts, zum anderen durch Siebe anhand der unterschiedlichen Größe.

Assam-Tee engl.: *Assam tea;* aus dem weltweit größten Teeanbaugebiet, der nordindischen Provinz Assam stammender →Tee mit besonders kräftig-würzigem Aroma, dunkler Farbe und einem typischen Nachgeschmack. A. ist in vielen →Teemischungen enthalten und ist Basis der →Ostfriesenmischung.

Asseln lat.: *Isopoda* , engl.: *woodlice;* bis zu 15 mm lange, flachovale Krebstiere mit sieben Beinpaaren (*Isopoda* = Gleichfüßer). Von den über 1500 Arten sind 2 im Wohnbereich des Menschen relevant: die einfarbig graue Kellerassel (lat.: *Porcellio scaber Latr.*) und die hellbraune, gelb gefleckte Mauerassel (lat.: *Oniscus asellus L.*). A. atmen über speziell ausgebildete Trockenkiemen und treten im Haus in feuchten Vorratskellern und Waschküchen auf. Sie verstecken sich tagsüber in dunklen Schlupfwinkeln und verursachen geringe Fraßschäden an Kartoffeln, Gemüse und Obst, meist jedoch nur an faulenden pflanzlichen Materialien. Im Garten leben sie unter Steinen und verursachen Fraßschäden an Keimlingen und Jungpflanzen.

Asti Spumante Syn.: →*Moscato d'Asti Spumante*

ASTM; Abk. für →American Society for Testing and Materials.

Astronautendiät engl.: *elemental nutrition in space;* →chemisch definierte Diät, entwickelt für die bemannte Raumfahrt in den USA und in den 70er-Jahren des 20. Jahrhunderts in adaptierter Form für die Krankenernährung eingesetzt. Die klassische A. wird heute nicht mehr verwendet.

Atemoya lat.: *Annona cherimola X squamosa* (Fam.: *Annonaceae*), engl.: *atemoya;* herzförmige, etwa 650 g schwere →Sammelfrucht (Sammelbeere) des Atemoyabaumes mit hellgrüner schuppiger Schale. Unter dieser liegt ein sehr wohl schmeckendes, weißliches Fruchtfleisch von fast fester Konsistenz mit kleinen braunen, glänzenden Samen. Es wird ausgelöst roh als Dessert und als Zutat in

Fruchtsalaten, Süßspeisen, Speiseeis sowie in Mischgetränken verwendet. Der Anbau findet weltweit in tropischen und subtropischen Ländern statt.

Atherosklerose Syn.: →*Arteriosklerose*

Atjar; indonesische Bezeichnung für süßsauer Eingemachtes wie z. B. Gemüse (A. Tjampoer), das u. a. als Beilage bei der →indonesischen Reistafel gereicht wird. A. sind in etwa vergleichbar mit →Mixed Pickles, →Essigfrüchten oder britischen →Relishes.

Atkins-Diät engl.: *Dr. Atkins diet;* von dem US-amerikanischen Mediziner Dr. Robert C. Atkins entwickelte kohlenhydratarme Reduktionskost. Der A. liegt die veraltete Annahme zugrunde, dass →Kohlenhydrate die alleinige Ursache für Übergewicht darstellen und deshalb so weit wie möglich reduziert werden sollten. Die A. ist eine aus ernährungswissenschaftlicher Sicht äußerst umstrittene, vitamin-, mineralstoff- und ballaststoffarme Extremdiät, die den Stoffwechsel stark belastet. Die A. wurde durch den Kardiologen Arthur Agatson modifiziert und als South-Beach-Diät fortgeführt. Im Gegensatz zu der A. unterscheidet die South-Beach-Diät zwischen „guten" (wie z. B. planzlichen Öle) und „schlechten" Fetten und erlaubt ballaststoffreiche Produkte mit Kohlenhydraten.

Atlantik-Zungen; →Rotzunge

Atlantischer Makrelenhecht lat.: *Scomberesox saurus Walb.* (Fam.: *Scomberesocidae*), engl.: *Atlantic saury;* lang gestreckter, schmaler, →pelagisch lebender Seefisch im Nordost- und Nordwestatlantik, auch im Mittelmeer und in der Nordsee. Der a. M. wird 25–50 cm lang und 500–1500 g schwer. Er ist ein guter Kosumfisch.

Atmungskette engl.: *respiratory chain;* Aufeinanderfolge Energie liefernder Reaktionen des Stoffwechsels bei der Oxidation organischer Substanzen zu Kohlendioxid und Wasser. Der Wasserstoff aus dem →Citronensäure-Zyklus und der →Glykolyse wird mit dem von außen zugeführten Sauerstoff unter Energiegewinn zu Wasser vereinigt (oxidiert). Diese Vereinigung wird in drei hintereinander geschaltene, enzymatisch gesteuerte (Multienzymkomplex) Redoxreaktionen zerlegt, da sonst zu viel Energie auf einmal frei werden würde (Knallgasreaktion). Zur Speicherung der Energie werden energiereiche Phosphate (→Adenosinphosphate) gebildet (oxidative Phosphorylierung).

Atomabsorptionsspektroskopie engl.: *atomic absporption spectroscopy;* Abk.: AAS, zu den optischen/spektroskopischen Analysenverfahren zählendes Verfahren zur Bestimmung von Metallen im Spuren- bis hin zum Ultraspurenbereich. Gemessen wird die Resonanz-Absorption von Lichtenergie, die von einer für das zu untersuchende Element spezifischen Spektrallichtquelle, meist einer Hohlkathodenlampe, emittiert wird. Ein Photomultiplier misst die durch die Messzelle tretende Strahlung. Die absorbierte Lichtmenge ist ein Maß für die Konzentration des absorbierenden Elements. Es werden verschiedene Durchführungstechniken unterschieden, hauptsächlich die Kaltdampf- und Hydridtechnik beispielweise für Arsen, Selen und Quecksilber, die Flammen-AAS für Eisen, Kupfer, Mangan oder Zink und die Graphitrohr-AAS für Blei, Cadmium, Chrom oder Molybdän. Zur Probenvorbereitung dienen Aufschlüsse wie der Druckaufschluss, oft gekoppelt mit Mikrowellenbehandlung, drucklose Säureaufschlüsse oder trockene Aufschlüsse wie Verbrennung oder Veraschung.

ATP; Abk. für Adenosintriphosphat (→Adenosinphosphate).

Attribut engl.: *attribute;* spezifische sensorische →Merkmalseigenschaft eines Produktes. Bei der →Profilprüfung wird auch von Deskriptor gesprochen.

Auberginen lat.: *Solanum melongena L.* (Fam.: *Solanaceae*), engl.: *eggplants, eggfruits,* Syn.: *Eierfrüchte;* glänzend dunkelviolette, auch weiße, ei- bis walzenförmige, bis 20 cm lange feste →Beeren des gleichnamigen →Nachtschattengewächses. Die mit ca. 92 g pro 100 g sehr wasserreichen A. sind ein beliebtes Gemüse mit relativ neutralem Eigengeschmack. Sie lassen sich durch Dünsten, Schmoren, Kochen, Braten, Grillen oder Backen vielfältig als Beilage oder Zutat zubereiten. Die nur kurz lagerfähigen A. werden ganzjährig mit Schwerpunkt Spätsommer/Herbst importiert, in EU-Handelsklassen eingeteilt, angeboten.

Aufbacken engl.: *to crisp up;* Wiedererhitzen durch- oder vorgebackener Backwaren. Hierdurch werden für eine gewisse Zeit die Eigenschaften eines frisch gebackenen Erzeugnisses erzielt und der Wassergehalt wird erniedrigt (→Rösche).

Aufgeschlossenes Milcheiweiß; aus entrahmter Milch gewonnenes →Casein, bei dem natürlich enthaltenes Calcium durch Natrium oder Kalium ausgetauscht wurde. A. M. wird bei der Herstellung von Brühwürsten und Kochwürsten, die einer großen Hitzebelastung wie z. B. bei der Konservenherstellung ausgesetzt werden, als Stabilisator zugesetzt. Weitere Erzeugnisse, denen →Milcheiweiß zugesetzt werden kann, sind Rohwürste und Fleischerzeugnisse wie Gulasch. Der Zusatz darf höchstens 3 % bezogen auf die verwendete Fleisch- und Fettmenge betragen und ist im Zutatenverzeichnis und bei loser Abgabe durch die Worte „mit Milcheiweiß" kenntlich zu machen. Maximal 2 % (bezogen auf die verwendete Fleisch- und Fettmenge) Milcheiweiß dürfen bei Brät für die Herstellung von Fleischsalatgrundlage eingesetzt werden.

Aufgesetzter; in Deutschland übliche Bezeichnung für einen →Brand aus Beerenobst, insbesondere Schwarzen Johannisbeeren, die vor dem Brennen in Alkohol (Ethanol oder Kornbrand) eingelegt und ausgelaugt werden. Eine Zubereitung kann mit weiteren Kräutern und Gewürzen erfolgen. Der Mindestalkoholgehalt beträgt üblicherweise 32 Vol.-%.

Aufguss engl.: *infusion;* Kontakt einer Flüssigkeit mit aromatischen Ingredienzien, um sie mit deren Aroma zu sättigen, z. B. die Zubereitung von Kaffee oder Tee.

Aufgussflüssigkeiten Syn.: *Aufguss;* Bezeichnung für Flüssigkeiten, die zum Auffüllen von Nasskonserven verwendet werden. Sie tragen zum einen dazu bei, dass das eingelagerte Lebensmittel die gewünschten Eigenschaften behält und beeinflussen zum anderen gleichzeitig oft durch Säure, Salz, Süße oder würzende Bestandteile dessen Geschmack. Als A. gelten, einschließlich ihrer Mischungen, Wasser, Salzwasser, Salzlake, Essig, wässrige Lösungen mit Zuckerarten und/oder Süßungsmitteln sowie Frucht- und Gemüsesäfte in Obst- und Gemüsekonserven. Weitere dekorative oder technologisch notwendige Zutaten sind möglich. A. spielen gegenüber den wesentlichen Bestandteilen nur eine untergeordnete Rolle und sind folglich für den Kauf nicht ausschlaggebend.

Auflauf engl.: *casserole;* warmes Gericht, zubereitet aus Fleisch, Fisch, Geflügel, Wild, Gemüsen, Reis, Kartoffeln, Teigwaren oder auch süß mit Schokolade, Obst o. Ä. Die Zutaten werden miteinander vermischt oder schichtweise abwechselnd mit Teigmasse oder Sauce in eine Auflaufform gefüllt und je nach Grundmasse z. B. mit geriebenem Käse bestreut und im Ofen überbacken. A., bei denen durch Garen lufthaltiger Massen wie z. B. Eischnee eine Volumenzunahme erfolgt, werden als Soufflées bezeichnet.

Aufrahmen engl.: *creaming;* Aufsteigen zusammenklebender Fettkügelchen an die Oberfläche der Milch. Das Zusammenkleben wird durch den Eiweißstoff Euglobulin bewirkt. Das A. kann durch Erhitzen und →Homogenisieren verhindert werden.

Aufreißverschluss engl.: *tear-off closure;* →Verschlüsse

Aufschlag engl.: *whip,* Syn.: *Schwellung;* →Speiseeis

Aufschlagen Syn.: →*Schlagen*

Aufschlagfähiges Eiweiß; Eiweiße, die entweder von Natur aus aufschlagfähig sind (→ Schlagen) wie z. B. Hühnereiklar oder durch chemische bzw. enzymatische Behandlung aufschlagfähig gemacht wurden (z. B. mit Proteasen behandeltes Sojaprotein) und u. a. bei der Herstellung von Schaumspeisen, Süß- und Backwaren verwendet werden.

Aufschnitt engl.: *cold cut;* in Scheiben geschnittene Wurstwaren, Schinken verschiedener Zubereitungsformen oder durch Kochen, Braten oder Grillen zubereitete Fleischstücke. A. wird im Wesentlichen als Brotbelag verwendet und ist sowohl als lose Ware wie auch abgepackt in Fertigpackungen erhältlich. Er ist i. d. R. schnell aufzubrauchen und kühl zu lagern, da durch das Aufschneiden (vergrößerte Oberfläche) die Empfindlichkeit gegenüber mikrobiologischem Verderb steigen kann. Im weiteren Sinne wird unter A. auch in Scheiben geschnittener Käse (Käse-Aufschnitt) verstanden.

Aufspriten engl.: *to fortify wine;* Zusatz von Branntwein zu Wein, der die Gärung des Weines stoppt, so dass mehr Restsüße im Wein verbleibt. Beispiele für aufgespritete Weine sind Portwein, Samos und die meisten Sherry-Sorten.

Aufwertung engl.: *fortification;* bei Lebensmitteln: Verbessern der Zusammensetzung (z. B. Eiweißanreicherung, Zusatz von Vitaminen, Mineralstoffen, essenziellen Fettsäuren usw.), um sie den ernährungsphysiologischen Anforderungen besser anzupassen.

Augsburger; ähnlich wie die → Brühpolnische hergestelltes → Brühwürstchen, das vorwiegend zum Braten bestimmt ist.

Augsburger Hochzeitssuppe; Suppenspezialität mit klein geschnittenem Rind- und Hähnchenfleisch sowie Grieß- und Lebernocken in der → Rinderbrühe.

Ausbacken Syn.: → *Frittieren*

Ausbau; Bezeichnung für alle kellertechnischen Maßnahmen bei der Weinherstellung nach der Pressung bis hin zur Abfüllung des Weines, die seinen Charakter z. T. entscheidend, z. T. nur in Nuancen prägen. Gärung, Art und Dauer der Lagerung, Kontakt mit Luftsauerstoff sind neben den Maßnahmen der Weinbehandlung wie z. B. Anreicherung (→ Weinanreicherung), Süßung, Säuerung oder Entsäuerung bestimmende Parameter, die über eine gezielte Steuerung der Inhaltsstoffe den Charakter des Weines ausmachen. Bei der Lagerung wird bei den meisten Weinen heute auf die klassische Reifung in Holzfässern verzichtet und Behälter aus Edelstahl, Glasfaserkunststoff oder mit Epoxidharz beschichteter Beton verwendet. Einher mit diesem Wechsel geht Sicherheit bei der Herstellung, aber auch der Verlust von Aromastoffen. Weiterhin prägt der Säuregehalt einen Wein. Ein hoher Säuregehalt ist typisch für trockene Weine. Sollen Weine reifen, ist ein hoher Ausgangssäuregehalt Bedingung. Mit zunehmendem Alter nimmt der Säuregehalt ab, der Wein wird weicher. Jedoch gibt es Weine mit hohem Säuregehalt, die vom Altern nicht profitieren. Sie werden als unreife grasige Weine bezeichnet. Um unerwünschte Spitzen im Säuregehalt zu nehmen, ist den Weinbauzonen A, B, CIa und CIb die teilweise Entsäuerung von Weinen erlaubt; in den Weinbauzonen (CIIa, CIIb und CIIIa) darf dem Wein zusätzlich Säure zugesetzt werden, um Defizite auszugleichen. Bei Weinen der Weinbauzone CIIIb darf ausschließlich nur der Zusatz von Säure erfolgen. Um harmonischere, lieblichere oder süße Weine herzustellen, ist in der EU die Zugabe der → Süßreserve zu Wein erlaubt. Dabei wird auch das Verhältnis von Alkohol, Säure und Zucker des jeweiligen Weines beachtet, das die Harmonie eines Weines mit entscheidet. Die Süßreserve für Weißweine muss aus Weißweinen, die für Rotweine aus Rotweinen stammen. Bei Qualitätsweinen b. A. mit und ohne Prädikat in Deutschland muss die Süßreserve aus Trauben des bestimmten Anbaugebietes sein. Eine Süßung mit Zucker ist nicht erlaubt. Weitere bekannte Methoden der Weinbehandlung sind die Konservierung mit Schwefeldioxid (Schwefeln), die Klärung des Weines (→Schönen) und der Verschnitt von unterschiedlichen Weinen untereinander.

Ausbruch; österreichische Bezeichnung für einen sehr süßen Wein. Um das hohe Mostgewicht von 138 ° Öchsle zu erreichen, ist Edelfäule notwendig (→*Botrytis cinerea*). Die Herstellung von Ausbruchweinen ist auch in Ungarn gebräuchlich (→Tokajer).

Ausbund; gewollter Riss in der →Kruste von Backwaren, insbesondere bei Kleingebäck, um den Krustenanteil zu erhöhen. Durch eine besondere Formung wie z. B. Schnitt, Riss oder Druck wird die Oberfläche des ungebackenen Teiges gezielt verändert, damit sie beim Backen aufplatzt.

Ausbuttern; 1. bei der Butterherstellung: erwünschte Anreicherung des Milchfettes und Übergang der Fett-in-Wasser-Emulsion Rahm in die Wasser-in-Fett-Emulsion Butter (→Butterungsverfahren); 2. bei der Herstellung von geschlagener Sahne: unerwünschte Bildung von Butterklümpchen durch Überarbeiten des Rahmes. Durch zu starkes und langes Schlagen oder durch zu hohe Temperaturen werden die Hüllen der Fettkügelchen, die normalerweise das Zusammenballen zu Butterklümpchen verhindern, zerstört.

Ausfrieren engl.: *concentrate by freezing;* Konzentrieren von wässrigen Lösungen durch starkes Kühlen, wobei reines Wasser zu Eis gefriert und abgetrennt werden kann, die gelösten Stoffe aber im flüssigen Rückstand verbleiben. A. ist ein besonders schonendes Konzentrationsverfahren, das z. B. zur Herstellung von Fruchtsaftkonzentraten angewandt wird.

Auskanten; mögliche Veränderung bei Speisefetten (z. B. bei Butter, Margarine), die durch Wasseraustritt an der Oberfläche (überwiegend an den Kanten) gekennzeichnet ist und wodurch die zurückbleibende Fettphase glasig und farbintensiver wird. Einen ähnlichen Vorgang stellt das Austrocknen von Schnittkäse dar, bei dem es zur Entquellung aufgrund des Flüssigkeitsverlustes kommt.

Ausländischer Honig engl.: *foreign honey;* aus europäischen oder überseeischen Erzeugungsgebieten stammender →Honig. Die Angabe des Herkunftslandes oder -gebietes ist nur für Honig zulässig, der ausschließlich von dort stammt.

Auslassen Syn.: *Ausbraten;* Erwärmen von klein geschnittenen fetthaltigen Lebensmitteln zur Fettgewinnung (z. B. Speck).

Auslaugverluste; Bezeichnung für die bei der Nahrungsmittelzubereitung häufig auftretenden Verluste von Vitaminen, Mineralstoffen, Farb- und Aromastoffen durch Übergang ins Wasch- oder Kochwasser. Möglichkeiten zur Minimierung von A. sind das sachgerechte Reinigen von Gemüse, die Verwendung wasserarmer Garmethoden wie →Dämpfen oder →Dünsten sowie die Weiterverwendung des Kochwassers zur Speisenzubereitung.

Auslese; traditionelle Bezeichnung für einen inländischen →Qualitätswein b. A. (bestimmter Anbaugebiete), dem das Prädikat A. auf Antrag bei der →Qualitätsprüfung unter Zuteilung einer Prüfungsnummer zuerkannt wird. Für die Zuerkennung des Prädikates müssen die zu prüfende Weine die allgemeinen europäischen und nationalen Kriterien für einen Qualitätswein b. A. und die weiteren prädikatsspezifischen Anforderungen erfüllen. Für das Prädikat A. müssen die Weintrauben aus einem Bereich stammen, darf keine Anreicherung des Weines bei der Herstellung erfolgen und es dürfen nur vollreife oder edelfaule Weintrauben eingesetzt werden. Nur in guten und außergewöhnlichen Jahrgängen erreichen die Trauben die amtlich geforderten Ausgangsmostgewichte. A. liegen eine Qualitätsstufe höher und sind süßer als →Spätlesen; darüber kommen die →Beerenauslesen.

Auslesekaffee Syn.: *Verlesekaffee;* ältere irreführende Bezeichnung für fehlerhafte, meist zu helle, aber noch nicht als Ausschussware anzusehende Kaffeebohnen.

Ausmahlungsgrad engl.: *degree of fineness;* Anteil des aus dem gereinigten Mahlgetreide ermahlenen Mehles in Prozent. Mehle mit einem niedrigen A. werden hauptsächlich bzw. ausschließlich aus dem stärke- und eiweißhaltigen Kern des Mehlkörpers gemahlen. Sie zeigen wegen ihres höheren Stärke- und Eiweißgehaltes bessere Backeigenschaften als Mehle mit einem hohen A. Diese wiederum enthalten jedoch einen höheren Gehalt an ernährungsphysiologisch wertvollen Ballast- und Mineralstoffen.

Auspudern; in der Zuckerwarentechnologie: Entnehmen der gegossenen Formenstücke aus den Puderkästen einer Pudergussanlage (→Mogulanlage) sowie Entfernen des anhaftenden Stärkepuders durch Bürsten bzw. durch Behandeln mit Pressluft oder Dampf.

Ausschusskaffee; →Röstkaffee mit mehr als 2 g kaffeefremden Bestandteilen auf 1 kg. Dies können z. B. →Fehlbohnen sein, die den Geschmack beeinträchtigen.

Auster lat.: *Crassostrea sp., Ostrea sp.* (Fam.: *Ostreidae*), engl.: *oyster,* Syn.: *huitre (franz.*); Meeresmuscheln warmer und gemäßigter Zonen aller Weltmeere mit zwei ungleich großen, sehr dicken Schalen, außen rau, oft faltig und blättrig, innen glatt (Perlmutt), einige Arten entwickeln Perlen. A. bilden in flachen Küstengewässern (Brackwasser) auf felsigem Untergrund Kolonien (Austernbänke); als Nahrung dient →Plankton. Wie bei allen →Muscheln besteht die Gefahr der Schadstoffanreicherung aus dem Umgebungswasser. Speiseaustern stammen deshalb heute fast ausnahmslos aus Kulturen (Kulturaustern →Austernzucht). Zoologisch unterscheidet man die Gattungen *Ostrea* mit nahezu kreisrunder Schale (wichtigste Vertreterin ist die →Europäische A.) und *Crassostrea* mit ovaler, teils sehr lang gezogener Schale (→Pazifische, →Portugiesische und →Amerikanische A.). In Europa gelten A. als Delikatesse; geschätzt wird das rohe Fleisch noch lebender Tiere; in Amerika wird der gekochte ausgelöste Weichkörper bevorzugt, angeboten auch tiefgefroren und als Konserve, auf vielfältige Art zubereitet. Lebende A. werden nach Größe und Gewicht sortiert; der essbare Anteil liegt bei 5–18 % je nach Art und Aufzuchtbedingungen. 100 g Fleisch enthalten 9–13 g Protein, 1–3 g Fett, ca. 5 g Kohlenhydrate (Glykogen), ca. 120 mg Cholesterin und 90 mg Purine (berechnet als Harnsäure).

Austernfisch Syn.: →*Katfisch*

Austernpilz Syn.: →*Austernseitling*

Austernsauce engl.: *oyster sauce;* fernöstliche, konzentrierte →Würzsauce, hergestellt aus in Salzwasser gekochten Austern und →Sojasauce. A. ist wegen des hohen Salzgehaltes ohne Kühlung haltbar.

Austernseitling lat.: *Pleurotus ostreatus (Jacq.:Fr.)* Kummer (Fam.: *Pleurotaceae*), engl.: *oyster mushroom,* Syn.: *Austernpilz;* im Spätherbst auf Baumstämmen wachsender sowie kultivierter →Speisepilz mit muschelförmigem Hut von 5–15 cm Durchmesser und unterschiedlicher Farbe (blaugrau bis braun), randständigem, kurzem Stiel und weißlichem Fleisch, das mit dem Alter zäh und schwer verdaulich wird. Der A. bildet Sporen, die giftig sind und starke →Allergene darstellen.

Austernzucht engl.: *oyster breeding/farming, oyster production;* Aufzucht von →Austern in Meerwasserbecken und an geschützten Küstenabschnitten (Austernzuchtparks) unter kontrollierten Bedingungen. A. wurde bereits im antiken Rom betrieben, im Mittelmeer und an den Küsten der Kolonie Britannia; in Europa ist derzeit Frankreich führend (franz. ostréiculture), in Übersee Japan, China, Korea und neuerdings die USA. In kleinerem Ausmaß wird A. in allen Atlantik- und Nordseeanrainerländern betrieben, in Deutschland auf der Insel Sylt.

Australischer Diebkäfer lat.: *Ptinus tectus (Boield.)* (Fam.: *Ptinidae*), engl.: *Australian spi-*

der beetle; brauner, bis 4 mm langer Käfer mit sehr langen, an der Oberseite deutlich punktierten Flügeln und hellen, gelbweißen Larven. Der a. D. befällt vorwiegend Getreideprodukte und Gewürze, aber auch andere pflanzliche und tierische Produkte, und ist ein ursprünglich aus Australien und Neuseeland stammender, heute weltweit in Häusern anzutreffender →Vorratsschädling. Käfer und Larven verursachen Fraßschäden, das befallene Gut wird durch Sekretfäden stark verschmutzt und das Verpackungsmaterial ist oft durchlöchert. In befallenen Vorräten findet man dickwandige Puppenkokons der verpuppten Larven, die meist an der Innenseite der Verpackungen festsitzen.

Australische Weine engl.: *Australian wine;* in Australien erzeugte Weiß-, Rosé-, und Rotweine. Australien ist ein aufstrebendes Weinland, das in den letzten Jahren seine Weinbaufläche verdoppelt hat. Dies wird auch in trockeneren Gebieten durch regelmäßige Bewässerung ermöglicht. In Australien entstehen Weine von gleich bleibender Qualität, es gelten Mindestanforderungen. Inzwischen sind auch Bestrebungen im Gange, geografische Einteilungen vorzunehmen, woraus die Begriffe „regionality" und „geographic indication" (GI) entstanden. Bevorzugte Rebsorte ist Shiraz, eine Rotweinrebe, jedoch werden auch Cabernet Sauvignon und Pinot noir für Rotweine verwendet. Zu den verwendeten Weißweinreben zählen Chardonnay, Sémillon, Riesling und Grenache blanc. Es entstehen Weine aller Qualitätskategorien, wobei Australien dazu übergeht, eigene Begriffe für die Qualitäten zu entwickeln.

Auswuchs engl.: *sprouting, outgrowth;* vorzeitiger Beginn des Keimprozesses bei dem noch in der Ähre sitzenden →Getreidekorn oder bei der Lagerung der Getreidekörner, bei dem Enzyme wie z. B. →Amylasen aktiviert werden. Dabei wird die amylolytische Enzymaktivität erhöht, so dass teilweise oder bei fortschreitendem A. fortlaufend Stärke zu Zucker abgebaut wird. Auswuchsgetreide ist daher für viele Zwecke wie z. B. das Backen von Brot nicht mehr oder nur schwer verwendbar. Eine besondere Gefährdung besteht bei →Roggen, aber auch bei bestimmten erblich zu A. neigenden Weizen- und Hafersorten; bei Gerste ist A. selten.

Auszüge Syn.: →*Extrakte*

Auszugsmehl engl.: *superfine flour,* Syn.: *Weißmehl, Weizenauszugsmehl;* feinstes, kleiefreies →Weizenmehl mit niedrigem Ausmahlungsgrad (Mehltype 405), das aus dem reinen Mehlkörper ermahlen wird. A. ist das zum Backen, insbesondere für die Herstellung von →feinen Backwaren, am meisten gebrauchte Mehl.

Authentizität engl.: *authenticity,* Syn.: *Echtheit;* in der →Sensorik verwendete Bezeichnung für die Eigenschaft eines Produktes, das vom Konsumenten als echt, unverfälscht, originär beurteilt wird.

Autoklav engl.: *autoclave;* von griech.: *autos* = selbst und lat.: *clavis* = Schlüssel abgeleitete Bezeichnung für einen geschlossenen Sterilisationsapparat, in dem in geeigneter Weise verpackte Lebensmittel unter erhöhtem Druck mit Hilfe von Wasser oder Wasserdampf auf Temperaturen über 100 °C (meist zwischen 115 und 135 °C) erhitzt und so frei von vermehrungsfähigen Mikroorganismen gemacht werden können. Eine Unterscheidung erfolgt in Standautoklaven, bei denen das zu sterilisierende Gut nicht bewegt wird, und Rotationsautoklaven, bei denen sich das zu sterilisierende Gut bewegt wird, um die Konvektionsströmung zu erhöhen. Die Sterilisation (→Sterilisieren) kann chargenweise erfolgen oder es werden so genannte Durchlaufautoklaven zur kontinuierlichen Sterilisation eingesetzt.

Autolyse engl.: *autolysis;* von griech.: *autos* = selbst und *lysis* = freisetzen abgeleitete Bezeichnung für Abbauvorgänge, die ohne Beteiligung von Mikroorganismen, ausschließlich unter Einwirkung organismuseigener, aus dem Zellinneren freigesetzter Enzyme, ablaufen. A. kann sowohl unerwünschte Folgen wie z. B. den Verderb von Lebensmitteln, als auch erwünschte Wirkungen wie z. B. Gewinnung von würzenden Hefeautolysaten (→Hefeextrakt) oder die Entwicklung von Aromastoffen bei der Auflösung der abgestorbenen Hefezellen bei der Flaschengärung von Schaumwein haben.

Autosterilisation Syn.: *Selbststerilisation;* Erscheinung bei Konserven, die nach mikrobiellem Verderb keine lebenden Mikroorganismen mehr aufweisen, weil diese im Verlauf des Verderbs durch die gebildeten Reaktionsprodukte wie Säuren oder andere bakerizide Metaboliten abgetötet worden sind.

Autotroph engl.: *autotroph;* Eigenschaft von Pflanzen und →Mikroorganismen, sich von anorganischen Stoffen wie Mineralsalzen, Kohlendioxid und dergleichen zu ernähren. Die Energie wird hierbei über Photosynthese oder Chemosynthese gewonnen. →heterotroph

Autoxidation engl.: *autoxidation,* Syn.: *Selbstoxidation;* spezielle Form der in Lebensmitteln ablaufenden Oxidationsreaktionen, bei der aus meist sauerstoffempfindlichen Ausgangsstoffen sehr reaktionsfähige Zwischenprodukte entstehen, die selber stärker oxidierend wirken als der Luftsauerstoff und die so die Oxidation stark beschleunigen. Von lebensmitteltechnologischer Bedeutung ist v. a. die A. von ungesättigten Fettsäuren beim Ranzigwerden von Ölen. Die A. kann durch Zusatz von →Antioxidantien gehemmt werden.

Autumnals Syn.: *Autumn flush, Herbstpflückung;* Tee aus der Herbsternteperiode Nordindiens, der eine geringere Qualität aufweist als →First Flush und →Second Flush. →Darjeeling Tee

Auvergne Syn.: →*Bleu d'Auvergne*

Auxotroph engl.: *auxotroph;* Eigenschaft bestimmter →Mikroorganismen, einzelne essenzielle Stoffwechselprodukte wie z. B. →Vitamine oder →Aminosäuren nicht selber synthetisieren zu können, sondern auf deren Anwesenheit angewiesen zu sein. Im Gegensatz zu den entsprechenden Wildtypen haben diese Stämme diese Fähigkeit i. d. R. nach Mutation verloren.

Aversion engl.: *aversion;* persönliche Abneigung gegenüber bestimmten Inhaltsstoffen oder einer Gruppe von Lebensmitteln. Eine A. kann sich u. U. erst durch den Verzehr größerer Produktmengen bzw. wiederholte Aufnahme einstellen.

Avitaminose engl.: *avitaminosis;* schwere Form des Vitaminmangels (leichte Form = →Hypovitaminose), hervorgerufen entweder durch Mangel- oder Fehlernährung, durch Zerstörung der Darmflora und damit verbundener unzureichender Vitaminabsorption sowie durch andere Absorptionsstörungen, etwa starke Durchfälle. Die wichtigsten in tropischen und subtropischen Entwicklungsländern häufig vorkommenden A. (auch tropische A. genannt) sind →Beriberi, →Pellagra, →Rachitis und →Ariboflavinose.

Avocadobirne lat.: *Persea americana Mill.* (Fam.: *Lauraceae*), engl.: *avocado,* Syn.: *Palta, Alligatorbirne, Aguacate;* 10–15 cm lange, meist 200–400 g schwere →Beeren des in zahlreichen Sorten vorkommenden gleichnamigen Baumes mit je nach Sorte dünner, glatter oder dicker rauer Schale. Ebenfalls je nach Sorte variieren die Form (von birnenförmig bis rund), die Färbung (von hellgrün bis schwarzgrün) und die Größe der Früchte. Unter der Schale befindet sich das butterweiche nussartig schmeckende weißgelbe bis zart hellgrüne Fruchtfleisch mit dem großen braunen Samenkern, der ca. 70 % der Gesamtfrucht ausmacht. Die in den Anbauländern Amerikas, Europas, Afrikas und im nahen Osten hartreif geernteten A. reifen problemlos nach. Sie sind bei +6 bis +8 °C und 90 % rel. Luftfeuchtigkeit bis zu 4 Wochen haltbar. Die Essreife ist erreicht, wenn die Schale bei leichtem Fingerdruck nachgibt. Die gereiften Früchte sind nur zum direkten Frischverzehr oder zur Weiterverarbeitung z. B. zu Getränken geeignet. Sie werden halbiert und durch Drehen entkernt, anschließend wird das Fruchtfleisch aus der Schale gelöst. Beim direkten Verzehr wird es entweder mit Salz, Pfeffer und anderen würzenden Zutaten sowie Zitronensaft pikant oder mit Zucker süß angerichtet und ausgelöffelt. Weiteren Möglichkeiten der Zubereitung als Dessert, Vorspeise oder Salat mit anderen Zutaten wie z. B. Milch oder Fisch sind keine Grenzen gesetzt. Das Fruchtfleisch ist aufgrund seines hohen Fettgehaltes (ca. 23,5 g pro 100 g essbarem Anteil) für die Ölgewinnung nutzbar, aber auch anfällig gegenüber der Fettoxidation (→Ranzidität). Das roh dunkelgrün, raffiniert hellgelbe Öl wird als hochwertiges Speiseöl und Kosmetikgrundstoff genutzt. Seine Hauptfettsäuren sind →Palmitin- (20 %), →Öl- (57 %) und →Linolsäure (13 %).

A_w-Wert; →Wasseraktivität

Ayran/Ayram; gesalzenes türkisches Milchgetränk auf der Basis von →Joghurt.

Ayurveda-Tees engl.: *ayurveda teas, ayurvedic teas;* vorwiegend als Wellness-Tees (→Wellness-Produkte) vermarktete Kräuter- und Gewürztees unterschiedlicher Zusammensetzung, die nach der indischen Lehre vom langen und gesunden Leben (Ayurveda) unterstützende Funktionen zum Erreichen des vollkommenen Gleichgewichtes zwischen Geist, Körper und Handlungen haben. Ayurveda ordnet die Menschen einer der drei Doshas Vata, Pitta und Kapha zu. Vata-, Pitta- und Kapha-Tee tragen beim Überschuss des jeweiligen Doshas zum Energieausgleich bei. Andere A. können von allen Dosha-Typen verwendet werden und haben z. B. entspannende oder anregende Wirkung.

Ayurvedische Ernährung engl.: *ayurvedic diet;* auf den Grundsätzen der Ayurveda, einer altindischen, vorbeugenden Gesundheits- und Heilkunde, basierende →alternative Ernährungsform, die keine einheitlichen Ernährungsregeln hinsichtlich der Nahrungsmittelauswahl besitzt, sondern neben allgemeinen Grundregeln v. a. individuelle, auf den jeweiligen Konstitutionstyp (Vata, Pitta und Kapha) und das Temperament des Menschen abgestimmte Ratschläge und Anregungen gibt. Der Mensch soll dabei wieder lernen, die Bedürfnisse seines Körpers zu erkennen und zu befriedigen. Die Grundlage der a. E. besteht aus einer vegetabilen, fettarmen und möglichst frischen Kost. Hauptbestandteile der Mahlzeiten sind Vollkorngetreide, Hülsenfrüchte und frisches Gemüse. Weniger empfohlen werden Fleisch, Geflügel, Fisch, Eier, Käse sowie sehr fette Speisen. Generell verzichtet werden sollte auf Alkohol, Kaffee, gesäuerte Getränke und Schokolade. Hinzu kommen die individuellen Empfehlungen, die sich u. a. auf die Bevorzugung bestimmter Geschmacksrichtungen sowie auf den Garzustand und die Verzehrstemperatur der Speisen beziehen.

Azofarbstoffe engl.: *azo dyes;* synthetische, lichtechte, stabile, wasserlösliche Farbstoffe, die den größten Anteil der zugelassenen Lebensmittelfarbstoffe ausmachen und durch die so genannte Azogruppe (zwei über eine Doppelbindung verknüpfte Stickstoffatome) charakterisiert werden. Zu den A. gehören z. B. →Cochenillerot A, →Tartrazin, →Brillantschwarz BN, →Gelborange S und →Amaranth. Einige A. können →pseudoallergische Reaktionen auslösen und werden zunehmend durch →färbende Lebensmittel ersetzt.

A+Z-Schnitten; Geleeartikel (→Geleezuckerwaren) in Form von gezuckerten Apfelsinen- und Zitronenscheiben.

b. A.; im Weinbau verwendete Abkürzung für →Bestimmte Anbaugebiete bzw. bestimmtes Anbaugebiet.

Baba; kleiner, in besonderen Förmchen oder anderen Formen gebackener vielfältig (z. B. mit Rosinen und Korinthen) abgewandelter Napfkuchen aus Hefefeinteig. Der Kuchen wird nach dem Backen heiß mit ggf. spirituosenhaltigem Zuckersirup getränkt und →aprikotiert oder mit Glasur überzogen.

Babaco lat.: *Carica pentagona L.* (Fam.: *Caricaceae*), engl.: *babaco fruit;* ursprünglich aus Südamerika stammende, bis zu 1 kg schwere längliche, unreif grün-gelb gestreifte, voll ausgereift goldgelbe Frucht, die einzeln an einem langen Stiel am Stamm eines bis zu 3 m großen Baumes wächst. B. werden heute i. d. R. in Neuseeland und Ecuador angebaut und kommen meist unreif in den Handel. Die nachgereiften Früchte können sowohl mit der Schale frisch verzehrt als auch zu Säften verarbeitet werden.

Babassúöl engl.: *babassu oil,* Syn.: *Babassúfett;* aus den Samen der brasilianischen Babassúpalme (lat.: *Orbignya speciosa Mart.*, Fam.: *Palmae*) gewonnenes Öl. B. ähnelt dem Kokos- und Palmkernfett und ist reich an Estern der Laurin-, Myristin- und Ölsäure. Der Schmelzbereich befindet sich in einem Bereich von 21–30 °C. Neben der begrenzten lokalen Verwendung als lange haltbares Speiseöl kommt B. weltweit vor allem in der Kosmetik zum Einsatz.

Babybanane; → Bananen

Baby-Edamer engl.: *baby Edam,* Syn.: *Geheimratskäse;* holländischer → Schnittkäse (→ Edamer-Käse) in Kugelform mit einem Gewicht von 800–1100 g, der im Alter von 3–8 Wochen konsumiert wird. Die strohgelbe Rinde ist fest und trocken und wird meistens rot oder gelb paraffiniert angeboten. Es kommen auch Überzüge aus Kunststoffemulsionen oder Pflanzenöl (Leinöl) vor. Der Geschmack des jungen Käses ist rein sowie leicht säuerlich und wird beim Altern ausgeprägter und leicht herb.

Baby-Gouda engl.: *baby Gouda,* Syn.: *Geheimratkäse (Deutschland)*, Lunchkaas (Holland), Lunch-Käse; holländischer → Schnittkäse mit guter Schnittfähigkeit. Der B. ist eine kleinere Ausführung von → Gouda-Käse in Gouda-Form mit Gewichten von 0,18–1,10 kg und wird gewöhnlich im Alter von 3–8 Wochen konsumiert. Da man den B. schon ab der dritten Woche nach der Bereitung verzehren kann, wird er auch als „schneller" Käse bezeichnet. Er weist jung einen milden (milder als Gouda-Käse), säuerlichen bis leicht süßen Geschmack auf; beim Altern tritt ein nussartiger bis pikanter Geruch und Geschmack auf. Die strohgelbe Rinde ist fest, trocken, meistens gelb paraffiniert und mit einer roten Zellglashülle überzogen.

Bachforelle lat.: , engl.: *brown trout;* → Forellen

Bachneunauge; → Neunaugen

Bachsaibling; → Saiblinge

Bacillus; Mehrz.: Bacilli, Gattung vorwiegend grampositiver, vorwiegend aerober, vereinzelt fakultativ anaerober, zu Kettenbildung neigender, beweglicher oder unbeweglicher Stäbchenbakterien. Die zahlreichen Spezies sind in der Natur weit verbreitet und werden v. a. im Boden gefunden. Für die Lebensmittelmikrobiologie besonders bedeutende Eigenschaften sind die Bildung von hitzeresistenten → Endosporen, die Fähigkeit zum intensiven Eiweißabbau, z. T. unter Bildung giftiger Stoffwechselprodukte sowie die hohe optimale Entwicklungstemperatur und kurze Generationszeit thermophiler Spezies. Wichtigste pathogene Art ist der Milzbranderreger *B. anthracis.* Als Lebensmittelvergifter können neben → *B. cereus* auch bestimmte Stämme der Spezies *B. subtilis, B. lichiniformis, B. pumilus* und *B. thuringensis* Erbrechen oder Brechdurchfall auslösen. Die säure- und gasbildenden Bacillus-Arten *B. polymaxa* und *B. macerans* können den Verderb von Gemüse bewirken und Bombagen in schwach sauren Fruchtkonserven erzeugen. *B. stearothermophilus* hat extrem hitzerestistente Endosporen und verursacht in Dosenkonserven bei Lagerung über 45 °C flachsauren Verderb ohne Bombage. Einige Bacillus-Arten wie z. B. *B. subtilis* werden zur industriellen Gewinnung von Enzymen genutzt.

Bacillus anthracis Syn.: *Milzbranderreger;* → Bacillus

Bacillus cereus; pathogene Bacillus-Art (→ *Bacillus*), deren natürlicher Standort der Erdboden ist. Kontamination von Lebensmitteln erfolgt über mit Erde und Staub verunreinigte Rohstoffe, vorwiegend Gewürze und Gemüse, die häufig stark mit den extrem hitzeresistenten →Sporen von *B. cereus* belastet sind. Massive Vermehrung erfolgt meist in eiweißreichen gekochten und dann warm gehaltenen Speisen. Für die Lebensmittelvergiftung sind im Wesentlichen zwei →Enterotoxine verantwortlich, die entweder das Diarrhöe-Syndrom oder das Erbrechens-Syndrom hervorrufen.

Backaromen engl.: *culinary essences,* Syn.: *Backessenzen;* hitzestabile Aromazubereitungen, die zum Aromatisieren von →feinen Backwaren (z. B. Kuchen, Torten oder Gebäck) verwendet werden, z. B. Rumaroma oder Zitronenaroma. Die zugelassenen →Aromastoffe und ihre Höchstmengen sind in der Aromenverordnung geregelt.

Backcremes engl.: *baker's cream,* Syn.: *Backkrems, Backpasten;* im Backgewerbe zur Verbesserung von Teigen und Massen verwendete →Cremes aus Speisefett, Zucker, Emulgatoren und anderen Zusatzstoffen, die für besondere technologische Eigenschaften wie z. B. eine hohe Temperaturstabilität und/ oder eine große Elastizität maßgeschneidert hergestellt werden. B. sind keine Cremes, die zur Füllung von Backwaren eingesetzt werden, sondern gehören zur Gruppe der →Backmittel.

Backemulgatoren; →Backmittel

Backen engl.: *baking;* küchentechnisches Verfahren, bei dem meist stärkehaltige Lebensmittel unter Bräunung in trockener oder feuchter heißer Luft gegart werden. Angewandt z. B. bei der Herstellung von Kuchen, Broten und Aufläufen.

Backerbsen engl.: *pea biscuits;* erbsengroße, in Fett gebackene Kugeln aus →Brandmasse, die als →Suppeneinlage und Knabberartikel verwendet werden.

Backessenzen Syn.: →*Backaromen*

Backfähigkeit engl.: *baking capacity;* die Summe von Eigenschaften eines Mehles, die zusammen das Backergebnis ergibt. Zu diesen Eigenschaften zählen z. B. die Wasseraufnahmefähigkeit, plastisch-elastische Eigenschaften des daraus bereiteten Teiges und das Verhalten gegenüber Backtriebmitteln. Bei Weizenmehlen ist die B. sehr stark von Menge und Qualität des enthaltenen →Klebers abhängig. Da sich aber auch andere Faktoren auf die B. des Mehles auswirken, kann über diese nur eine analytische Untersuchung und ein Backversuch eine endgültige Aussage geben.

Backferment; →Backtriebmittel auf der Basis von Honig, Getreideschrot und Hülsenfruchtmehl. Die Wirkung beruht auf einem Gärungseffekt, der durch das Mischen von Honig mit Wasser entsteht. In einem mehrstufigen Teigführungsprozess werden Kohlenhydrate enzymatisch abgebaut, unter anderem entsteht Kohlendioxid. Als Backtriebmittel wird B. hauptsächlich für Weizen und Roggen, aber im Gegensatz zu anderen Triebmitteln auch für alle anderen Getreide, d. h. auch für schwer backbare Sorten wie Gerste, Mais oder Buchweizen verwendet. B. findet besonders für Bio-Backwaren, insbesondere Bio-Brot, Verwendung. Im Handel ist B. als Granulat oder Grundansatz zum Selberbacken erhältlich. B. ist besonders geeignet für Menschen, die keine Hefe oder keinen Sauerteig vertragen, sowie für →Zöliakie-Patienten, da damit auch Brote ganz ohne Gluten hergestellt werden können.

Backfette engl.: *baking shortening;* auf die einzelnen Anwendungsbereiche im Backgewerbe abgestimmte feste oder auch flüssige Fette oder Fettmischungen. Verwendet werden raffinierte, teilweise selektiv gehärtete oder fraktionierte Produkte, die gezielt kristallisiert und plastifiziert sind. B. enthalten oft Emulgatoren oder Aromen und werden auch nach den jeweiligen Einsatzgebieten oder technologischen Eigenschaften als Ziehfett, Creme-, Blätterteig-, Kuchenteigfette usw. bezeichnet. Im weiteren Sinne gelten auch zum gleichen Zweck verwendete Margarinen als B.

Backfisch; ugs. Bezeichnung für in Fett gebratenen (gebackenen) Fisch bzw. in Fett gebratenes Fischfilet. Im Handel wird tiefgekühlter Fisch im Backteig als B. angeboten. Er wird den → Bratfischwaren zugeordnet.

Backhefe engl.: *bakers yeast,* Syn.: *Bäckerhefe;* biologisches Triebmittel zur Teiglockerung durch Kohlendioxidproduktion. Verwendet werden Rassen von → *Saccharomyces cerevisiae* mit großer Triebkraft und wenig Kleber zerstörenden Enzymen. B. ist als frische Presshefe in Würfelform oder als → Trockenbackhefe im Handel erhältlich.

Backhonig engl.: *bakers' honey, industrial honey;* nicht vollwertiger und deshalb nur zur Weiterverabeitung (Kochen oder Backen) bestimmter, jedoch genusstauglicher → Honig. Die Einteilung als B. ist insbesondere dann erforderlich, wenn Honig durch unsachgemäßes Erhitzen in seinem natürlichen Enzymgehalt und/oder im Geschmack (Karamelisierung) geschädigt oder in Gärung übergegangen ist. Der Hinweis „nur zum Kochen und Backen" muss zusammen mit der → Verkehrsbezeichnung angegeben werden.

Backin; Warenzeichen der Firma Dr. Oetker für ein gelingsicheres → Backpulver.

Backkrems Syn.: → *Backcremes*

Backmasse Syn.: → *Persipanrohmasse*

Backmischungen engl.: *cake mixture, baking mixture;* Gemische aus Getreideerzeugnissen und/oder Stärken, ggf. Zuckerstoffen, Backtriebmitteln und/oder anderen Teiglockerungsmitteln und ggf. weiteren backwirksamen Stoffen, sowie nach Produktcharakter sortenspezifischen Rezepturbestandteilen zur Herstellung des in der Verkehrsbezeichnung genannten Erzeugnisses. B. sind auch Gemische, bei denen eine oder mehrere Komponenten bereits vor- oder fertiggebacken sind und/oder die vom Verbraucher auf andere Weise als durch Backen fertig gestellt werden, z. B. Streusel, Kuchenbrösel, Fertigfüllungen. Sortenspezifische Rezepturbestandteile sind z. B. Trockenfrüchte, Mandeln, Nüsse, andere Ölsamen, Schokolade- und Kakaoerzeugnisse, Fruchtzubereitungen, Fruchtpulver, Gewürze und Milcherzeugnisse. Hierzu zählen auch gesondert beigepackte Mischungen für Füllcremes, Sahnefüllungen, Belag, Glasur und/oder Überzug sowie Spirituosen. Ausgenommen sind Backzutaten, die aus technologischen Gründen nicht in der Backmischung enthalten und deshalb vom Verbraucher beizufügen sind wie z. B. Flüssigei, Butter, Speisefette und -öle sowie flüssige und geschlagene Sahne. Bei B. für Brot und Kleingebäck muss das Teiglockerungsmittel in Form von Frisch- und Trockenhefe teilweise noch vom Verbraucher zugegeben werden. B. dienen zur Herstellung von Brot, Kleingebäck, feinen Backwaren und ähnlichen Backerzeugnissen.

Backmittel engl.: *baking aids;* pulverförmige, pastenförmige, cremeartige oder flüssige Lebensmittelzubereitungen und/oder Zusatzstoffe, die die Qualität von Brot und anderen Backwaren verbessern bzw. ihre Herstellung erleichtern. B. werden bei der Teigbereitung und -bearbeitung oder auch bei der Herstellung von Massen zugesetzt. Sie regulieren die Enzymaktivitäten, die Wasserbindung und die Backfähigkeit der Mehle, verbessern Teigentwickung, Teig- und Masseneigenschaften sowie Gärung. Dadurch wird die Quellung, Lockerung und Säuerung beeinflusst und die Gebäckeigenschaften (z. B. Bräunung, Porung, Frischhaltung) verbessert. Wichtige B. sind Stärken, Quellmehle, Saccharide, Dickungs- und Geliermittel, Weizenkleber, Emulgatoren (z. B. Lecithin, Mono- und Diglyceride), Enzyme (z. B. Amylasen, Proteasen), Malzpräparate, Milch und Milcherzeugnisse sowie Genusssäuren. Abhängig vom Verwendungszweck (z. B. Roggenbrot, Weizenbrot, Feine Backwaren) werden unterschiedliche Backmittelmischungen in bestimmten meist geringen Konzentrationen eingesetzt.

Backoblaten engl.: *oblates,* Syn.: *Oblaten;* dünne, blattartige, im Allgemeinen weiß aussehende → Dauerbackwaren. Sie werden aus einer dünnflüssigen Masse aus Weizenmehl und/oder Stärke zwischen heißen Flächen z. B. in Oblateneisen hergestellt. → Backtriebmittel werden meist nicht zugesetzt. B. dienen als Unterlage zum Herstellen von Oblatenlebkuchen oder Makronen und Konfekt. Hostien sind mit kirchlichen Prägungen in Hostieneisen hergestellte B.

Backobstmilbe engl.: *dried fruit mite;* → Milben

Backöle engl.: *1. flavouring cooking oils, 2. baking and frying oils;* 1. beim Backen v. a. im Haushalt eingesetzte → Aromastoffe, die in Speiseölen gelöst sind. 2. zum Backen und Braten verwendete Speiseöle, die dazu durch ihre Hitze- und Oxidationsstabilität besonders geeignet sind.

Backofen-Kroketten; → Kartoffelkroketten

Backofen-Pommes-frites; tiefgekühlte → Pommes frites, die nicht mehr in Fett schwimmend frittiert werden müssen, sondern auf dem Blech im Backofen aufgetaut und gegart werden können.

Backpasten Syn.: → *Backcremes*

Backpflaumen Syn.: → *Trockenpflaumen*

Backpulver engl.: *baking agent;* Teiglockerungsmittel, das Natriumhydrogencarbonat als kohlensäurehaltige Verbindung enthält, ferner einen Kohlensäure austreibenden Säureträger und ein Trennmittel (meist Puderstärke oder Getreidemehle), um vorzeitige Umsetzung zu verhindern und eindringende Feuchtigkeit zu binden. Als Säureträger werden z. B. Weinsäure, Weinstein, Glucono-delta-lacton, aber auch anorganische Verbindungen wie saure Natrium- und Calciumsalze der Phosphor- und Diphosphorsäure (v. a. Calciumdihydrogendiphosphat) eingesetzt. Die Wirkung von B. beruht auf dem durch Feuchtigkeit und Hitze frei werdenden Kohlendioxid, das für die Lockerung und das Aufgehen des Teiges verantwortlich ist. Abhängig vom verwendeten Säureträger zeigt das B. eine schnellere oder langsamere Triebkraft-Entwicklung. Der bereits bei der Teigbereitung einsetzende Trieb wird als Vortrieb bezeichnet, der durch die Backhitze ausgelöste als Nachtrieb. Auf letzteren sollte der größte Teil des Gesamttriebes entfallen. B. ist für alle Teigarten geeignet, besonders für schwere Teige, die durch Hefe nicht gelockert werden können. Allerdings lässt sich mit B. der besondere Eigengeschmack eines Hefegebäcks nicht erzielen. Auf den erhältlichen Kleinpackungen muss die Gewichtsmenge Mehl angegeben werden, zu deren Verarbeitung der Packungsinhalt ausreicht; für 500 g Mehl werden dabei mindestens 2 g wirksames Kohlendioxid benötigt.

Backschrot; → Schrote

Backsteinkäse; süddeutsche Bezeichnung für → Limburger Käse.

Backtriebmittel engl.: *raising agent, levening agent,* Syn.: *Triebmittel;* Stoffe oder Gemische, die unter dem Einfluss von Feuchtigkeit und/oder Hitze und/oder → Teigsäuerungsmitteln durch eine chemische Umsetzung gasförmiges Kohlendioxid entwickeln. Sie werden bei der Herstellung von Gebäcken dem Mehl oder dem Teig oder der Masse zugesetzt und lockern diese/n durch das in feinen Bläschen entstandene Gas auf. Das Gebäck wird dadurch gut kaubar und leicht verdaulich. Klassische B. sind → Backpulver, → Hirschhornsalz und → Pottasche.

Backwaren engl.: *baked products;* Oberbegriff für aus Getreide, Getreideerzeugnissen und/oder Stärkearten gefertigte und gebackene Erzeugnisse. B. lassen sich grob in die Gruppen → Brot, → Kleingebäck und → feine Backwaren unterteilen.

Backwerk; allgemeine Bezeichnung, die fast ausschließlich für → feine Backwaren und ausnahmsweise für → Kleingebäck verwendet wird.

Bacon; 1. englische Bezeichnung für mageren gepökelten, geräucherten oder ungeräucherten → Speck; 2. eingedeutschte Bezeichnung für Frühstückspeck (→ Bauchspeck).

Baden; Weinbaugebiet in Süddeutschland, das durch seine lang gezogene Nord-Südausrichtung Weine verschiedenster Charaktere hervorbringt. Aus der Spätburgunder-Rebe entstehen Rot- und Weißherbstweine. Die bekanntesten Rotweine stammen vom Kaiserstuhl und sind voll und fruchtig. Grauburgunder (im halbtrockenen Ausbau Ruländer), Riesling und Müller-Thurgau sind die Hauptweißweinreben. Badische Weine eignen sich v. a. als Essensbegleiter. Es entstehen aber auch Spitzenweine.

BADGE; Abk. für →Bisphenol-A-diglyidylether.

Badisches Landbrot Syn.: →*Schwarzwälder Brot*

Badisch Rotgold; in Baden aus einer Trauben- oder Maischemischung von Ruländer (Grauburgunder, Weißwein) und Blauem Spätburgunder (Rotwein) erzeugter Qualitätswein b. A. (bestimmter Anbaugebiete).

Bäckerhefe Syn.: →*Backhefe*

Bäckerschimmel; volkstümliche Bezeichnung für →*Neurospora sitophila* und *Neurospora crassa*.

Bändel; →Schweinedünndarm

Bärengarnele Syn.: →*Schiffskielgarnele*

Bärenkrebse lat.: *Scyllarides sp.* (Fam.: *Scyllaridae*), engl.: *slipper lobsters;* mit der →Languste verwandte →Krebstiere mit flachem, vorne breitem Körper. B. können bis zu 45 cm lang und 2 kg schwer werden; sie kommen in allen Weltmeeren vor, Handelsware stammt meist aus dem indopazifischen Raum. Von Bedeutung als Speisekrebse sind der Große B. (lat.: *Scyllarides latus Latreille*) und der Kleine B. (lat.: *Scyllarides arctus L.*). B. gelten als Delikatesse; verzehrt wird der vergleichsweise kleine Schwanz (engl.: *slipper*). Bärenkrebsschwänze werden meist tiefgefroren mit Schale importiert.

Bärlauch lat.: *Allium ursinum L.* (Fam.: *Liliaceae*), engl.: *bear's garlic,* Syn.: *Waldknoblauch;* in bodenfeuchten Auwäldern heimisches Wildgewürz, dessen Blätter und Zwiebeln ein kräftiges Knoblaucharoma besitzen. B. darf nicht mit Maiglöckchen verwechselt werden, deren giftige Blätter sehr ähnlich aussehen, jedoch nicht nach Knoblauch riechen. In der Küche können die fein gehackten Blätter und Zwiebeln sparsam zum Würzen von Suppen, Gemüse und Salaten verwendet werden.

Bagel engl.: *bagel;* runder Hefeteigkringel (→Weizenkleingebäck) mit charakteristischer Haut, der längsseits aufgeschnitten und süß oder salzig belegt als kleiner Snack verzehrt wird. Die Teiglinge für den ursprünglich aus der jüdischen Tradition stammenden B. stehen bei etwa 2 °C für 48 Stunden in der Gare und werden als Besonderheit vor dem Backen in ein kochendes Wasserbad getaucht.

Bag-in-box; engl. für Beutel in der Schachtel. Bezeichnung für ein Verpackungssystem, das aus einem Innenbeutel und einer standfesten Außenverpackung besteht und das in erster Linie zum Verpacken von Flüssigkeiten eingesetzt wird, die mittels einer Zapfvorrichtung aus dem System entnommen werden können. Häufig verwendet für Wein.

Baguette engl.: *baguette,* Syn.: *Pariser (Weiß)brot*; längliches, schlankes →Weizenbrot mit einer sehr knusprigen, splittrigen (→Rösche) Kruste mit langem ausgeprägtem →Ausbund und einer hellen, unregelmäßig von großen Poren geprägten →Krume. Der Geschmack des ursprünglich aus Frankreich stammenden B. ist i. d. R. charakteristisch aromatisch. Die wesentlichen Eigenschaften werden durch eine spezielle lange Teigführung und eine längere Backzeit bei abfallender Hitze erzielt.

Bahmi engl.: *bahmi;* vielfältig variiertes indonesisches Nudelgericht aus →Mie, aromareichen Gemüsen und milden Gewürzen. Wahlweise können Rind-, Schweine- oder Hühnerfleisch, Ei sowie Garnelen und viele weitere Zutaten verwendet werden. Eine bekannte Abwandlung ist Bahmi Goreng, bei der die gekochten Nudeln in einer Pfanne oder im Wok mit verschiedenen Gemüsesorten wie z. B. Zwiebeln, Lauch, Chinakohl, Paprika, chinesischen Pilzen und Sojasprossen angebraten, durch den Zusatz von Salz, Pfeffer, Knoblauch, Ingwer, Sojasauce u. a. würzenden Zutaten gewürzt und mit ebenfalls angebratenem Hühnerfleisch vermischt werden.

Bahmi Goreng; → Bahmi

Baiser engl.: *meringue;* trockenes, sprödes → Schaumgebäck. Die aus geschlagenem Eiweiß und Zucker hergestellte → Eiweißmasse wird nach beliebigem Formen bei geringer Hitze im Backofen getrocknet. Nüsse und Schokolade können zugesetzt werden.

Bakterielle Sporenbildner engl.: *bacterial sporeformer;* → Bakterien, die hitze- und austrocknungsresistente → Sporen bilden. Hierzu zählen nur wenige Gattungen grampositiver Stäbchenbakterien. Es wird zwischen aeroben Sporenbildnern, zu denen die Gattung → *Bacillus* gehört und anaeroben Sporenbildnern, z. B. der Gattung → *Clostridium* unterschieden. Wichtige sporenbildende Lebensmittelvergifter sind *Clostridium botulinum, Clostridium perfringens* und *Bacillus cereus.*

Bakterien engl.: *bacteria;* von griech.: *bakterion* = Stäbchen abgeleitete Bezeichnung für eine Gruppe einzelliger → Mikroorganismen ohne Zellkernmembran (Prokaryonten). Aufgrund der äußeren Form (Morphologie) können B. in → Kokken, → Stäbchen, → Spirillen und Vibrionen (→ Vibrio) unterteilt werden, begeißelte Formen können sich aktiv bewegen. Ihr Durchmesser beträgt durchschnittlich 0,5–1 µm, stäbchenförmige B. sind bis zu 3 µm lang. Die Vermehrung erfolgt über Zellteilung. Als Ordnungskriterien für B. werden die Morphologie, das Verhalten in der → Gramfärbung und der Einfluss des Sauerstoffs auf das Wachstum verwendet, so sind z. B. Salmonellen fakultativ anaerobe gramnegative Stäbchenbakterien.

Bakteriostatika engl.: *bacteriostatics;* Substanzen, die das Wachstum von → Bakterien hemmen oder verhindern, ohne eine vollständige Abtötung zu bewirken. Hierzu zählen bestimmte Antibiotika und Sulfonamide sowie spezielle Antimetabolite. Im Unterschied zur Anwendung von → Bakteriziden setzt das Bakterienwachstum nach Entfernen der B. wieder ein.

Bakteriostatisch engl.: *bacteriostatic;* das Wachstum von → Bakterien hemmend.

Bakterizid engl.: *bactericidal;* bakterientötend.

Bakterizide engl.: *bactericides;* von *bacterio-* und lat.: *-cida* = Mörder abgeleitete Bezeichnung für Substanzen, deren Anwendung die Abtötung von → Bakterien bewirkt. Hierzu zählen z. B. Ethanol, Phenole und Tenside, die die Zellmembranen der Bakterien zerstören sowie Substanzen, die in den Bakterienstoffwechsel eingreifen. Im Unterschied zu → Bakteriostatika ist der Prozess irreversibel, nach Entfernen der B. setzt das Bakterienwachstum nicht wieder ein. B. werden z. B. als Desinfektionsmittel und als Konservierungsmittel eingesetzt.

Bakterizider Packstoff engl.: *bactericidal packaging material;* → Packstoff, der durch Keim tötende Zusätze die daraus hergestellte Ver-

Formen einzelliger Bakterien

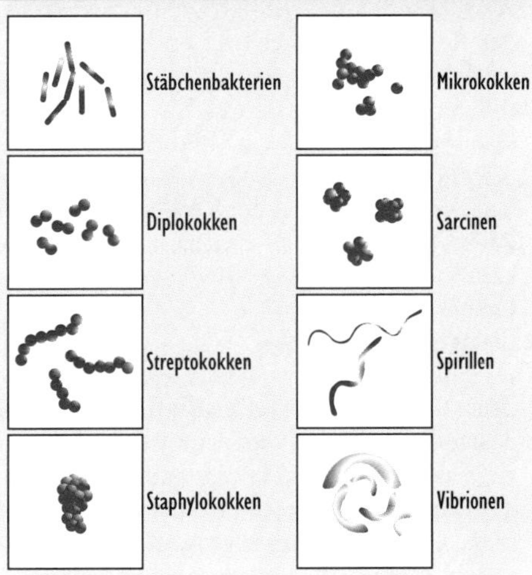

packung und/oder das darin enthaltene Packgut vor Schäden durch →Bakterien schützen soll.

Baktofugierung engl.: *bactofugation,* Syn.: *Zentrifugalentkeimung;* vorwiegend bei Milch angewandtes Verfahren zur Keimreduktion durch Abtrennung von Bakterien und Bakteriensporen in Zentrifugen unter gleichzeitigem →Homogenisieren.

Balanzierung engl.: *balanced design,* Syn.: *Balancierung;* in der →Sensorik angewandte Methode zur Darreichung mehrerer Prüfmuster in wechselnder und ausgewogener Abfolge zur Ausschaltung von Kontexteinflüssen (Platzierungseffekt, Reihenfolgeeffekt, Gruppeneffekt). →Randomisierung

Baldrian lat.: *Valeriana officinalis L.* (Fam.: *Valerianaceae*), engl.: *valerian;* mehrjährige, bis zu 1,7 m hoch werdende, an feuchten Standorten Europas und Asiens vorkommende Staude, deren Haupt- und Nebenwurzeln ätherische Öle (Baldrianöl) mit verschiedenen Terpenen enthalten, die beruhigende und zentral sedierende Wirkung aufweisen und in der Medizin bei Unruhezuständen und Einschlafstörungen eingesetzt werden.

Balg; botanische Bezeichnung für eine →Öffnungsfrucht, die aus einem mit sich selbst verwachsenen Fruchtblatt gebildet wird, bei der Reife eintrocknet und entlang der Verwachsungsnaht aufplatzt.

Bal-Kaan; etwa 125 g schwerer, runder Weichkäse von etwa 6,5 cm Durchmesser und 3,5 cm Höhe. Der B. besitzt einen Fettgehalt, der mindestens der Vollfettstufe (45 % Fett i. Tr.) entspricht und einen würzig pikanten Geruch sowie einen scharf pikanten Geschmack.

Ballaststoffe engl.: *fibres,* Syn.: *Faserstoffe;* Bezeichnung für Polysaccharide aus pflanzlichen Lebensmitteln, die von den Enzymen des menschlichen Verdauungstraktes nicht aufgespalten und daher nicht absorbiert werden können. Sie können in wasserlösliche (z. B. Pektine, Pflanzengummen) und wasserbindende (z. B. Cellulose, Hemicellulose, Lignin, resistente Stärke) B. unterteilt werden. Sie regen die Darmtätigkeit an, wodurch Verstopfungen (lat.: *Obstipation*) entgegengewirkt wird; ferner sollen B. präventiv hinsichtlich Dickdarmkrebs wirken. Dies kann zum einen darauf zurückgeführt werden, dass Schadstoffe wegen der kürzeren Transitzeit des Nahrungsbreies schneller ausgeschieden werden, zum anderen bauen die Bakterien des Dickdarms B. zu kurzkettigen Fettsäuren ab, was den pH-Wert senkt und so das Wachstum unerwünschter Mikroorganismen hemmt. B. sollen außerdem der Bildung von Gallensteinen entgegenwirken und sowohl den Kohlenhydrat- als auch den Fettsäurestoffwechsel günstig beeinflussen. Aus diesen Gründen fordert die →Deutsche Gesellschaft für Ernährung e.V. (DGE) einen höheren Anteil an B. in der Nahrung (mindestens 30 g/Tag). Der Verzehr größerer Ballaststoffmengen kann jedoch auch zu gastrointestinalen Beschwerden wie Blähungen und Durchfall und zur vermehrten Ausscheidung von Mineralstoffen führen.

Ballbäuschen; zum Fasching und Silvester in siedendem Fett gebackene, unregelmäßig geformte Teigbällchen aus →Rührmasse.

Ballongummi Syn.: →*Bubble gum*

Balthazar; Bezeichnung für eine →Großflasche für →Champagner mit einem Volumen von 12 Litern.

Bambusdämpfer Syn.: *Bambusdampfkorb;* aus mehreren Einsätzen aus Bambus bestehende Körbe, die im asiatischen Raum traditionell zum →Dämpfen von Speisen wie z. B. gefüllten Teigtaschen verwendet werden.

Bambusschößlinge Syn.: →*Bambussprossen*

Bambussprossen lat.: *Phyllostachys sp. Siebold et Zucc. und Bambusa vulgaris Schrad. ex J.C. Wendl,* engl.: *bamboo shoots,* Syn.: *Bambusschößlinge;* kegelförmige, hellgelbe, fleischige, etwa 20–25 cm lange Sprossen verschiedener Bambusarten mit einem Basisdurchmesser von etwa 7 cm. Der ursprünglich ostasiatische Bambus wird heute in vielen Ländern, inbesondere auf dem amerikanischen Kontinent angebaut. Die B. werden im jungen unverholzten Zustand gestochen, wenn sie die Laubschicht durchstoßen und noch bleich sind. Vor der Zubereitung werden die äußeren Hüllen abgeschält, die Sprossen meist in Stücke geschnitten und 20–30 Min. gekocht. Wegen des enthaltenen → cyanogenen Glykosids, aus dem sich beim Verzehr Blausäure bilden kann, sollten B. nur gekocht verzehrt werden. In der asiatischen Küche sind B. ein unverzichtbarer Bestandteil und ein beliebtes Gemüse in vielen Gerichten. B. werden in Deutschland in geringen Mengen als rohes Gemüse frisch und im wesentlichen als Nasskonserven in Dosen und Gläsern, zubereitet und unzubereitet, angeboten.

Bananen lat.: *Musa X paradisiaca L.* (Fam.: *Musaceae*), engl.: *bananas,* Syn.: *Adams-, Pisangfeige;* tropische Südfrüchte, die botanisch zu den Beerenfrüchten zählen und von denen mehrere 100 Sorten existieren. Am Fruchtstand der in 15–20 Monaten heranwachsenden Staude sitzen an so genannten Büscheln 6–10 Hände (6–8 m) mit je 15–20 Einzelfrüchten (Finger). B. sind gekrümmt, da die einzelnen Finger zuerst nach unten, dann nach außen und schließlich nach oben wachsen. B. sind je nach Sorte gelb, rot oder grün und ca. 7–30 cm lang. Man unterscheidet: 1. Obstbanane: häufigste Importbanane, meist der Sorte Cavendish, Schale in reifem Zustand gelb, überreif mit braunen Flecken, Fruchtfleisch weißbeige, süßer Geschmack. Verzehr meist roh, z. T. getrocknet. Der Anbau erfolgt insbesondere in Südamerika, aber auch in Afrika und Südostasien; 2. Kochbanane (Syn.: *Gemüsebanane, Mehlbanane, Plantain, Plantano*): größer als die Obstbanane, kantiger, grüne Schale, hartes rötliches Fruchtfleisch, stärkereich, aber nicht süß, deshalb zum Frischverzehr ungeeignet. Kochbananen werden in den Anbauländern als Grundnahrungsmittel eingesetzt und v. a. für herzhafte Gerichte verwendet. Der Anbau erfolgt v. a. in Südostasien und Afrika; 3. Varianten der Obstbanane, Verzehr wie Obstbanane: a) Apfelbanane: 8–10 cm lang, gelb mit goldfarbenem Fruchtfleisch, in reifem Zustand Geruch und Geschmack nach Apfel, Anbau in Kenia; b) rote Banane: eher klein, Schale rötlichbraun, Fruchtfleisch leicht lachsfarben, Reife an ersten schwarzen Punkten erkennbar, Anbau in Ecuador und Kenia; c) Babybanane (z. B. Lady Finger, Sugar): sehr kleine Bananensorte mit intensivem Aroma, gelb mit weichem Fruchtfleisch, Anbau in Südafrika und Südostasien, Import neben rohen Früchten als Konserve. B. sind ganzjährig verfügbar. Sie zählen zu den nachreifenden Obstsorten, d. h. sie werden im Herkunftsland unreif geerntet und erlangen meist während des Transports unter definierten Bedingungen (z. B. Lagertemperatur um 13 °C) in speziellen Bananenreifekammern die gewünschte Reife. Zu kühles Lagern führt zu Schwarzfärbung der Schale. Nicht für den Frischverzehr gedachte B. werden in den Ursprungsländern zu Konserven, alkoholischen Getränken und Trockenprodukten verarbeitet.

Bananenblüten engl.: *banana blossoms;* noch geschlossene, 15–20 cm lange Endblüten des Fruchtstandes der → Banane. Sie können als Gemüse oder Salat verzehrt werden.

Bananenchips engl.: *banana chips;* knusprige, harte, kreisrunde Scheiben von unreifen → Bananen, die in Kokosöl unter Zusatz von Zucker und Honig frittiert wurden. Sie werden als Knabberartikel verzehrt und sind ein häufiger Bestandteil von Trockenfrüchte- und Müslimischungen.

Bananenflocken; Trockenprodukt, das in den Ursprungsländern aus dem Fruchtfleisch reifer → Bananen durch Trocknen, z. T. im Vakuum, hergestellt wird und als Zusatz in verschiedenen Lebensmitteln Verwendung findet.

Bananenlikör engl.: *banana liqueur;* aus dem Fruchtfleisch und den Schalen der grünen Obstbanane hergestellter Fruchtaromalikör. Der Mindestalkoholgehalt beträgt 15 Vol.-%.

Bananenpassionsfrucht Syn.: → *Curuba*

Bananenpulver engl.: *banana powder;* zu Pulver vermahlene → Bananenflocken.

Banderole engl.: *revenue seal, strapping, banderole;* meist bedruckte Bänder oder Streifen aus Papier, Kunststoff oder aus Verbundstoffen mit Aluminiumfolie, die der Bündelung mehrerer Einzelpackungen, als Lichtschutz, zur Deklaration des Produktes, zur Verhinderung unrechtmäßigen Öffnens sowie der Erhöhung der Steifigkeit einer Primärverpackung dienen können.

Bandnudeln engl.: *ribbon noodles;* im bandartigen Format im Walz- oder Pressverfahren hergestellte → Nudeln. Die durchschnittliche Breite beträgt 2–20 mm und die Länge 5–15 cm. B. mit einer Breite bis zu 2 mm werden auch Schnittnudeln genannt. B. werden hauptsächlich als Beilage für Fleisch und Gemüse sowie für Nudelgerichte und Aufläufe verschiedenster Art verwendet.

Bandtrockner engl.: *horizontal belt dryer;* kontinuierlich arbeitender → Konvektionstrockner in verschiedenen Ausführungen, bei dem ein oder mehrere endlose Bänder das zu trocknende Gut durch einen Trockenkanal mit Heißluft führen. Um nicht zu große Bandlängen zu erzielen, werden B. zur Trocknung von Massengütern mit einem nicht zu niedrigen Endwassergehalt eingesetzt.

Bandwürmer lat.: *Plathelminthes, Klasse Cestoda,* engl.: *tapeworms, cestodes,* Syn.: *Cestoden;* als → Parasiten lebende Plattwürmer. Humanpathogene Arten, die über Lebensmittel übertragen werden, sind → Rinder-, → Schweine- und → Fischbandwurm. Das Ei entwickelt sich zum geschlechtsreifen B. über einen oder mehrere Zwischenwirt(e), in denen die Larven schlüpfen und sich bis zum Endstadium (Finnen) entwickeln. Diese gelangen beim Verzehr infizierter nicht erhitzter Lebensmittel in den menschlichen Darm, wo sie sich zum eigentlichen B. entwickeln und Eier ablegen, die mit dem Stuhl ausgeschieden werden. Je nach Intensität des Befalls können Vitamin-B12-Mangel und Anämie auftreten; Gefahr besteht, wenn sich im Darm Larven/Finnen entwickeln. Sie durchdringen die Darmwand und können in Leber, Gehirn und anderen Organen schwere Schäden anrichten. Die Behandlung erfolgt mit Chemotherapeutika.

Bang'sche Krankheit; → Brucellose

Banon engl.: *banon;* kleiner französischer Frischkäse aus Ziegen-, Schaf- oder Kuhmilch mit weichem blaugrünen Außenschimmel. Es handelt sich um einen milden Käse aus der Provence mit einem Fettgehalt von 45 % i. Tr. entsprechend ca. 20 % absolut. Der etwa 250 g schwere Laib mit einem Durchmesser von 7–8 cm und einer Höhe von 3 cm wird in Kastanienblätter eingewickelt und entwickelt an seiner Oberfläche während der Reifung einen weiß-blaugrauen Schimmelüberzug. Er erhält schon nach 2 Wochen durch die Kastanienblätter und Lagerbedingungen seinen eigenartigen säuerlich herben Geschmack. Je reifer der Käse ist, desto mehr nimmt er Farbe und Geschmack des Blattes an. Der elfenbeinfarbene cremige Teig besitzt wenige Bruchlöcher und -schlitze.

Baobab Syn.: → *Affenbrotfrucht*

Barack; → Aprikosenbrand

Barbadoskirsche lat.: *Malpighia glabra L.* (Fam.: *Malphighiaceae*), engl.: *West Indian cherry,* Syn.: *Acerola, Antillenkirsche, Westindische Kirsche;* gelborange bis rote kirschenähnliche → Steinfrucht des gleichnamigen immergrünen, auf den westindischen Inseln beheimateten Strauches. Sie besitzt den höchsten Gehalt an Vitamin C (ca. 1700 mg pro 100 g essbarer Anteil) aller bekannten Früchte, der bei der unreifen B. noch höher ausfällt. Die Frischfrucht kann roh verzehrt werden und verfügt über einen stark säuerlichen Geschmack. Die B. ist zur Ausfuhr nicht geeignet, sondern wird in den Anbaugebieten Amerikas und Asiens zu Konfitüre, Saft und getrocknet zu Pulver verarbeitet. Der Saft und das Pulver werden zur Vitamin-

C-Anreicherung von Lebensmitteln, insbesondere von Getränken, verwendet.

Barbarakraut Syn.: → *Winterkresse*

Barbaresco; italienischer DOCG-Wein aus dem Piemont. Es handelt sich um einen Rotwein aus Nebbiolo-Trauben der Gemeinden Barbaresco, Neive und Treiso in der Provinz Cuneo; die Lese erfolgt aus Rebgebieten geeigneter Hanglage. Leuchtend granatrot mit orangefarbigen Reflexen; trocken, vollmundig, kräftig, samtig, tannin- und säurereich. Der Gesamtalkoholgehalt beträgt mindestens 12,5 Vol.-%. Der Wein gewinnt durch Flaschenalterung und darf nach dreijähriger Lagerung die Bezeichnung →„Riserva" und nach vierjähriger Lagerung die Bezeichnung „Riserva speciale" tragen.

Barbe lat.: *Barbus barbus L.* (Fam.: *Cyprinidae*), engl.: *barbel,* Syn.: *Flussbarbe;* Süßwasserfisch mit regionaler Bedeutung als Speisefisch in West- und Mitteleuropa. Die B. wird ca. 50 cm lang (maximal 120 cm) und 8–12 kg schwer; sie bevorzugt rasch fließende klare Gewässer mit Kiesgrund. Die B. ist ein beliebter Speisefisch; der Laich ist giftig und muss vor der Zubereitung entfernt werden. Der Bestand ist stark zurückgegangen; in einigen Bundesländern ist die B. deshalb ganzjährig geschützt. Barbenzucht wird diskutiert.

Barbecuesauce engl.: *barbecue sauce;* pikante, würzige →Grillsauce, die im Allgemeinen auf der Basis von Tomatenmark und/oder Tomatenketchup, Essig, Zucker, Tamarindenpulpe und Gewürzen hergestellt wird. B. ist eine beliebte Zugabe zu Barbecue-, Grill- und Geflügelgerichten, Würstchen, Hamburgern und anderen Convenience-Produkten sowie Kasseler.

Barbera d'Alba; italienischer DOC-Wein. Rotwein in den Gemeinden des Albese bereitet und gelagert, aus Traditionsgründen Bezeichnung auch für Weine aus den Gebieten der Provinzen Cuneo, Asti und Torino erlaubt. Die Farbe ist bei jungen Weinen kräftig rubinrot, und bei älteren Jahrgängen ins Granatrot übergehend. Der Geschmack ist trocken, leicht säuerlich und tanninartig und wird mit dem Alter harmonischer. Der Gesamtalkoholgehalt beträgt mindestens 12,5 Vol.-%. Die Bezeichnung „Barbera d'alba" ist nur zulässig, wenn der Wein ab 1. Januar nach der Lese mindestens 2 Jahre gelagert wurde. Nach mindestens dreijähriger Lagerung und einem Gesamtalkoholgehalt von mindestens 13 Vol.-% ist die Bezeichnung „Superiore" zulässig, nicht jedoch Zusätze wie „Extra", „Fine" oder „Selezionato".

Barbera d'Asti; italienischer DOC-Wein. Rotwein aus Trauben des Rebgebietes Astigiano. Die Weinbereitung und Alterung ist im ganzen Gebiet der Provinzen Asti und Alessandria sowie in der Gegend von Alba (Provinz Cuneo) gestattet. Die Farbe ist bei jungen Weinen kräftig rubinrot und geht bei älteren Jahrgängen ins Granatrot über. Der Geschmack ist trocken, gelegentlich auch süßlich und wird mit dem Alter immer harmonischer. Der Gesamtalkoholgehalt beträgt mindestens 12,5 Vol.-% Besonderheiten bzgl. der Bezeichnung entsprechen denen von →Barbera d'Alba.

Barbera del Monferrato; italienischer DOC-Wein. Rotwein, insbesondere aus Barbera-Trauben (Zusatz von 5–20 % Freisa-, Grignolino- und Dolcetto-Trauben zulässig) aus den Weinbaugebieten des Alto und Basso Monferrato in den Provinzen Alessandria und Asti, in denen auch die Weinbereitung zu erfolgen hat, aus Traditionsgründen auch aus anderen Provinzen des Piemont, aus Ligurien, der Lombardei und des Valle di Aosta. Bezeichung wie „Superiore" oder „Scelto" sind verboten. Die Farbe ist mehr oder weniger intensiv rot, der Geschmack ist trocken oder etwas süßlich, säuerlich und gelegentlich leicht spritzig. Der Gesamtalkoholgehalt beträgt mindestens 12,5 Vol.-%.

Barches/Berches Syn.: *Sabbatbrot;* mit Mohn bestreutes, zopfartig geflochtenes ungesüßtes Brot aus Weizenmehl und Hefe, das zum Sabbat gebacken wird.

Bardieren engl.: *to bard;* zum Braten bestimmtes Geflügel oder Wild mit Speckscheiben belegen.

Bardolino; italienischer DOC-Wein aus dem Veneto (Ostufer des Gardasees). Es handelt sich um einen Rot- oder Rosé-Wein, der hauptsächlich aus Corvina-Trauben hergestellt wird. Die helle rubinrote Farbe geht beim Altern ins Granatrot über. B. ist trocken, würzig, leicht bitter, harmonisch und manchmal etwas spritzig im Geschmack. Der Gesamtalkoholgehalt beträgt mindestens 10,5 Vol.-%. B. aus der ältesten Zone, ganz oder teilweise die Gemeinden Bardolino, Garda, Lazise, Affi, Costermano und Cavaion umfassend, darf als „Classico" bezeichnet werden. Wenn der Wein eine Rosé-Farbe zeigt, ist der Vermerk „Chiaretto" zulässig. Nach einjähriger Lagerung und einem Gesamtalkoholgehalt von mindestens 11,5 Vol.-% ist die Bezeichnung „Superiore" statthaft.

Barolo; italienischer DOCG-Wein aus dem Piemont. Es handelt sich um einen Rotwein aus Nebbiolo-Trauben von Hanglagen der Gemeinden Barolo, Castiglione, Falleto, Serralunga sowie im Bereich weiterer Gemeinden der Provinz Cuneo. Leuchtend granatrot mit orangefarbigen Reflexen; trocken, vollmundig mit eigenartigem Bukett, tanninherb, kräftig, samtig, harmonisch. Der Gesamtalkoholgehalt beträgt mindestens 13 Vol.-%. Heute kann der B. bereits 1–2 Jahre nach der Ernte trinkfertig sein, in der klassischen Variante dauert dies jedoch 5 Jahre. Dann ist die Bezeichnung „Riserva" zulässig. Der B. kann 20–25 Jahre gelagert werden.

Barracuda lat.: *Sphyraena sp.* (Fam.: *Sphyraenidae*), engl.: *barracuda,* Syn.: *Pfeilhecht;* Meeresfisch aus subtropischen und tropischen Gewässern (Raubfisch). Der Europäische B. (lat.: *S. sphyraena*) wird maximal 165 cm lang und ist im Mittelmeerraum, auf den Kanaren und in der Karibik ein begehrter Speisefisch; er wird auch in Deutschland angeboten. Im indopazifischen Raum ist der kleinere, maximal 55 cm lange *S. obtusata* verbreitet.

Barriereschicht Syn.: → *Sperrschicht*

Barrique-Weine; ganz oder zeitweise in Eichenholzfässern ausgebaute Weine. Die Lagerung im Holzfass verleiht dem Wein einen typischen Geschmack. Exakt ist Barrique die französische Bezeichnung für Eichenfässer mit einem Volumen von 225 Litern aus dem Bordeaux-Gebiet.

Barschartige Fische lat.: *Perciformes,* engl.: *bass,* Syn.: *Barschfische;* artenreichste Ordnung der Knochenfische mit Vorkommen im Süß- und im Seewasser. Wichtige Speisefische sind → Flussbarsch, → Kaulbarsch, → Zander, → Tilapia, → Makrele, → Thunfisch, → Wolfsbarsch, → Zackenbarsch, → Meeräsche, → Meerbarbe, → Meerbrassen, → Red Snapper und → Schwertfisch. Die verschiedenen Unterarten des Schwarzbarsches (lat.: *Micropterus salmoides sp.*) und die kleineren Sonnenbarsche (lat.: *Lepomis macrochirus*) sind in den Seen und Flüssen Nordamerikas beheimatet.

Barsche lat.: *Percidae,* engl.: *perch;* Familie aus der Gruppe der → barschartigen Fische. Die wichtigsten Speisefische sind → Flussbarsch, → Kaulbarsch und → Zander, in klaren Seen und Flussläufen auch der aus Nordamerika eingeführte Forellenbarsch (lat.: *Micropterus salmoides, Lacepède*). B. sind sehr gute Speisefische. Der im Donaugebiet heimische Schrätzer (lat.: *Gymnocephalus schraetzer L.*) ist im Bestand gefährdet und deshalb ganzjährig geschützt. In Nordamerika sind die kleinen Sonnenbarsche beliebte Speisefische, z. B. der bluegill (lat.: *Lepomis macrochirus Rafinesque*).

Basidiosporen; bei der geschlechtlichen Vermehrung von → Pilzen von einer als Basidie bezeichneten endständigen Zelle nach außen abgeschnürte geschlechtliche → Sporen.

Basilikum lat.: *Ocimum basilicum L.* (Fam.: *Lamiaceae*), engl.: *basil, sweet basil,* Syn.: *Basilienkraut, Königskraut;* einjähriges, in Vorderindien heimisches, heute sowohl in den

Tropen und Subtropen als auch in gemäßigten Breiten angebautes, bis zu 50 cm hoch werdendes →Küchenkraut, das in verschiedenen Unterarten angeboten wird, die sich hauptsächlich in der Blattform und -farbe unterscheiden. Hauptanbauländer sind die Niederlande und einige Mittelmeerländer. Die Blätter, die kurz vor der Blüte geerntet werden, enthalten bis zu 0,5 % →ätherische Öle mit Methylchavicol als Hauptkomponente. B. wird sowohl frisch (im Bund oder im Topf) als auch getrocknet (meist gerebelt) angeboten. In der Küche werden die zerkleinerten aromatisch riechenden und scharfwürzig schmeckenden Blätter frisch oder getrocknet zum Würzen von Salaten, Saucen, Suppen und Fleischspeisen eingesetzt. B. wird besonders in der italienischen und französischen Küche geschätzt und ist unverzichtbarer Bestandteil der italienischen Saucenspezialität Pesto Genovese (→Pesto) bzw. des französischen →Pistou.

Basmatireis engl.: *basmati rice;* von Hindi: *basmati* = Duft abgeleitete Bezeichnung für eine sehr aromatische, nach dem Kochen körnige und duftende indische Langkornreissorte mit sehr langen schlanken Körnern.

Bassiafette; Sammelbegriff für verschiedene Arten pflanzlicher Fette, die aus den Samen der Sapotaceen, einer Familie tropischer, Milchsaft führender Bäume, gewonnen werden. Beispiele für B. sind Galam-, Shea-, Mowrah- oder Bambukbutter sowie Illipé. Sie eignen sich als →Kakaobutteraustauschfette. Namensgebend innerhalb der Sapotaceen ist die Gattung *Bassia*, zu der die den Rohstoff liefernden Bäume gehören. Sie sind in Indien und Afrika heimisch.

Bassorin engl.: *bassorin;* →Traganth

Bastardkirschen lat.: *Prunus avium X Prunus cerasus* (Fam.: *Rosaceae*), engl.: *duke cherries;* weiche bis mäßig feste Kirschen, die sich von den Sortengruppen her in die dunklen Süßweichseln mit rot färbendem Saft und die gelben oder bunten Glaskirschen mit hellem, nicht färbenden Saft unterteilen lassen. B. sind Kreuzungen zwischen →Süß- und →Sauerkirschen und besitzen eine geringere Marktbedeutung.

Basterdzucker; feuchter feinkörniger Mischzucker aus Saccharose und 1–4 % Invertzucker, z. T. mit Zusatz von Karamell, der v. a. zur Herstellung von Backwaren verwendet wird.

Batate lat.: *Ipomoea batatas (L.) Lam.* (Fam.: *Convulvaceae*), engl.: *sweet potato,* Syn.: *Süßkartoffel;* spindel- bis walzenförmige, etwa 10–15 cm lange stärke- und zuckerreiche (ca.19,5 g Stärke pro 100 g essbarem Anteil) Wurzelknolle der gleichnamigen Pflanze mit dünner hellgelber bis rotbrauner Rinde. Beim Anschneiden tritt ungiftiger Milchsaft aus dem weißen oder hellgelben bis orangefarbenen mehligen, süßlich schmeckenden Fleisch aus. Die B. lässt sich wie die Kartoffel durch Kochen, Backen oder Braten zubereiten und verwenden. Die Stärkegewinnung erfolgt wie bei der Kartoffel. Weitere Verarbeitungsprodukte sind alkoholische Getränke und Stärkezuckersirup. Die ursprünglich in Mittel- und Südamerika beheimatete Pflanze wird weltweit in wärmeren tropischen und subtropischen, teilweise auch in gemäßigten Regionen angebaut.

Bataviasalat engl.: *Batavia lettuce;* →Kopfsalat

Bâtonnets; in kleine Stäbchen geschnittenes →Gemüse.

Bauch; 1. Teilstück des Schweineschlachtkörpers mit hellrotem fettgewebereichen, von Sehnen und Knochen (Rippen) durchwachsenem Fleisch. Das Fleisch eignet sich zum Kochen (z. B. in Eintöpfen), Grillen, Braten (z. B. gefüllter Rollbraten) und Kurzbraten (Schusterkarbonade) und wird insbesondere in Wurstwaren sowie zu →Bauchspeck verarbeitet. Der Anteil des Schweinebauches am entbeinten Fleisch beträgt ca. 10 %; 2. häufig synonym benutzte Bezeichnung für die →Dünnung beim Kalb, die im Handel ohne Knochen als ausgelöstes flaches Fleischstück, z. B. für Braten wie Rollbraten und zerteilt für Schmorgerichte in Form von Gulasch oder Ragouts angeboten wird. Weiterhin erfolgt eine Verarbeitung der Kalbsdünnung in Wurstwaren. Der Anteil des Dünnung am entbeinten Fleisch beträgt beim Kalb ca. 5 %.

Bauchspeck engl.: *bacon,* Syn.: *durchwachsener Speck;* von Muskeln durchzogener (durchwachsener) → Speck, der Knorpel enthalten kann. Er wird aus von Rippen und Brustknochen befreitem, meist noch Knorpel und Schwarte enthaltenden Schweinebauch (→ Bauch) hergestellt. B. wird weiterhin unter den Bezeichnungen „Frühstücksspeck", „Bacon" oder „Danish Bacon", i. d. R. in Scheiben geschnitten, als Frischware oder als Konserve, z. B. in Dosen, im Handel angeboten. Bei Delikatess-Bauchspeck (bzw. Delikatess-Frühstücksspeck) beträgt das sichtbare Fettgewebe nicht mehr als 50 % und die Knorpel sind bis auf technologisch unvermeidbare Reste entfernt.

Bauchspeicheldrüse engl.: *pancreas,* Syn.: *Pankreas;* aus einem exokrinen und einem endokrinen Anteil bestehende Drüse. Der exokrine Anteil mit der eigentlichen Drüsenfunktion produziert den → Pankreassaft, der in den Dünndarm gelangt und eine wichtige Rolle bei der Verdauung spielt. Der endokrine Teil besteht aus den Langerhans-Inseln, die die Hormone → Insulin, → Glucagon und Somatostatin produzieren und an die Blutbahn abgeben.

Bauernblutwurst Syn.: *Landblutwurst;* → Blutwurst

Bauernbratwurst; nach Art der → Polnischen hergestellte und verzehrte, mittelkörnige, geräucherte, schnittfeste → Rohwurst, die i. d. R. in Schweindünndarm oder Schafsaitlingen angeboten wird. Im Gegensatz zum Namen ist sie meistens nicht zum Braten bestimmt.

Bauernbrot Syn.: *Landbrot;* nicht fest definierter Gattungsbegriff für verschiedene Brote mit dicker, überwiegend dunkler, gelegentlich auch rissiger, vorwiegend bemehlter Kruste. Sie werden in regional unterschiedlicher Zusammensetzung aus verschiedenen Mehlarten und -typen, überwiegend jedoch als Roggenmischbrote in → kombinierter Teigführung als frei- oder angeschobene Brote hergestellt. Bei einem Roggenanteil von über 20 % bezogen auf die Getreideerzeugnisse stammt die dem Teig zugesetzte Säuremenge zu mindestens zwei Dritteln aus Sauerteig.

Bauernbutter Syn.: → *Landbutter*

Bauernfrühstück engl.: *bacon and potato omelette;* Bezeichnung für gebratene oder gebackene würzige Kartoffelgerichte mit Zutaten wie Speck, Ei und Rauchenden.

Bauern-Gouda; holländischer → Schnittkäse nach „Goudaer" Art. B. wird auf Bauernhöfen in den Städten Gouda, Bodegraven und Woerden in den Provinzen Südholland und Utrecht hergestellt und dort auf den Käsemärkten gehandelt; er macht etwa 4 % der Produktion von Gouda-Käse aus. Durch die Verwendung von roher Vollmilch wird der besondere Geschmack erzielt. B. besitzt meistens einen Fettgehalt über 48 % i. Tr.

Bauernhandkäse; Standardsorte bei → Sauermilchkäse.

Bauernkäse; 1. regionale Bezeichnung für die Standardsorte „Bauernhandkäse" bei → Sauermilchkäse; 2. im weiteren Sinne Bezeichnung für jeden bäuerlich hergestellten Käse, 3. Bezeichnung für holländischen Gouda, der überwiegend im bäuerlichen Betrieb hergestellt wird und dem kein Fett entzogen wurde. Es handelt es sich um einen Käse der Vollfettstufe, der den Stempelaufdruck „volvet 45 %" trägt.

Bauernleberwurst; wie → Hausmacherleberwurst hergestellte grobe Leberwurst.

Bauernschinken Syn.: *Landschinken;* aus einem oder mehreren Teilstücken des Schinkens hergestellter Rohschinken.

Bauernspätzle; verbreitete Bezeichnung für → Spätzle. Besondere Anforderungen an den Eigehalt oder die sonstige Rezeptur bestehen nach üblicher Auffassung im Gegensatz zu dem in den Leitsätzen des → Deutschen Lebensmittelbuches für Teigwaren beschriebenen Begriff „Hausmacher“ für B. nicht.

Bauernstuten; freigeschobenes rundes oder angeschobenes langes helles Weizen- oder Weizenmischbrot mit matter, leicht gemehlter Oberfläche. Der mit Backhefe gelockerte Teig enthält einen hohen Anteil an Weizenmehl. Der Zusatz von Fett (z. B. Margarine) sowie von Milch oder Buttermilch ist üblich. B. ist eine typisch westfälische Spezialität.

Bauernwürstchen; nach Art der →Brühpolnischen hergestelltes, jedoch i. d. R. in Schafsaitlingen abgefülltes Brühwürstchen.

Baumkuchen engl.: *pyramid cake;* in der Adventszeit und zu Weihnachten sehr gebräuchliches Festgebäck in Baumstammform aus mehreren, miteinander verbundenen Ringen aus schichtweise übereinander gebackener →Baumkuchenmasse. Das Backen erfolgt in Schichten mit Strahlungshitze auf sich drehenden Walzen über einer direkten Grill- oder Infrarotheizung. Als Überzüge werden üblicherweise nur Zuckerglasur und Schokoladenüberzugsmasse und keine mit Schokoladenarten verwechselbaren Überzüge verwendet.

Baumkuchenecken; kleine bissengroße, mit Schokolade oder Zuckerglasur überzogene dreieckige Gebäckstücke aus →Baumkuchenmasse. Sie werden aus der runden Baumstammform (→Baumkuchen) oder aus einem in Schichten auf dem Blech gebackenen Kuchen geschnitten und anschließend aprikotiert und überzogen.

Baumkuchenmasse; von der Zusammensetzung der →Sandmasse ähnelnde aufgeschlagene Masse mit sehr hohem Ei- und Fettgehalt. Die Herstellung erfolgt traditionell getrennt im Drei- oder Zwei-Kessel-Verfahren oder im All-in-Verfahren mit Emulgatoren. B. enthält üblicherweise auf 100 kg Getreideerzeugnisse und/oder Stärke mindestens 100 kg Butter oder die entsprechende Menge Butterreinfett und/oder Butterfett und mindestens 200 kg Vollei oder entsprechende Mengen Volleiprodukte. Als Zutaten in der Masse werden Mandeln, Marzipanrohmasse, Nüssen und/oder →Nugat verwendet, nicht jedoch Backpulver. Aus B. werden hochwertiges Festgebäck (→Baumkuchen), Tortenböden und Ummantelungen für Desserts gebacken.

Baummelone Syn.: →*Papaya*

Baumtomate lat.: *Cyphomandra betacea (Cav.) Sendtn.* (Fam.: *Solanaceae*), engl.: *tree tomato,* Syn.: *Tamarillo;* eiförmige, bis 9 cm lange, gelb bis dunkelpurpur, oft auch bräunlichrot gefärbte →Beere des gleichnamigen in Südamerika beheimateten Strauches. Die B. hat eine feste, dünne, glatte Schale und ein saftiges süß-säuerliches, nach Tomate schmeckendes Fruchtfleisch. Es ist bei dunkelpurpurnen Früchten schwarz und bei gelben sowie orangen Früchten gelb bis orangerot gefärbt. B. werden sowohl roh als auch gekocht als Gemüse verzehrt, zu Nasskonserven, Kompott, Saft oder Gewürzsaucen verarbeitet oder als Zutat in Desserts und Kuchen verwendet. Hauptanbaugebiet der weltweit in tropischen Ländern angebauten B. ist Neuseeland.

Baumwollsaateiweiß engl.: *cottonseed protein;* aus den Rückständen der Baumwollsamenölgewinnung (Presskuchen) gewonnenes hochwertiges pflanzliches Eiweiß von hoher biologischer Wertigkeit (67). B. findet als Futtermittel und aufgereinigt als Proteinkonzentrat und in Form →texturierter Pflanzenproteine in der menschlichen Ernährung Verwendung. →Baumwollsamen

Baumwollsaatöl Syn.: →*Baumwollsamenöl*

Baumwollsamen lat.: *Gossypium sp.* (Fam.: *Malvaceae*), engl.: *cotton seeds;* 6–12 mm lange, birnenförmige, 18–25 % fettes Öl enthaltene Samen verschiedener Baumwollarten, die als Nebenprodukt bei der Gewinnung von Baumwolle (Stapelfaser der Samenhaare) anfallen. Das fette Öl (→Baumwollsamenöl) wird durch Abpressen oder Extrahieren gewonnen und zur Herstellung von Speiseölen sowie Margarine verwendet. Aus dem Presskuchen geschälter B. lässt sich ein hochwertiges Eiweiß (→Baumwollsaateiweiß) zur Herstellung von Futtermitteln, Proteinkonzentraten und texturierten Proteinen gewinnen.

Baumwollsamenöl engl.: *cottonseed oil,* Syn.: *Baumwollsaatöl, Cottonöl;* aus den Samen der Baumwollsträucher (lat.: *Gossypium sp.*, Fam.: *Malvaceae*) gewonnenes, raffiniertes hellgelbes Öl. Sein Schmelzpunkt liegt zwischen +4 und -6 °C; neben einem hohen Linolsäureanteil sind die Hauptfettsäuren Palmitin- und Ölsäure. B. wird als Speiseöl und zum Backen und Braten verwendet, aber auch zur Margarineherstellung. Gehärtet ist es neben Palmöl und Talg eines der wenigen Fette, das in β-Struktur kristallisiert und wird daher in Fettmischungen zur Steuerung der Kristallisation eingesetzt. B. enthält im rotbraunen Rohöl das giftige Phenol Gossypol, das während der Raffination entfernt wird. Als Nebenprodukt der industriellen Baumwollherstellung war B. Pionier des großflächigen Einsatzes pflanzlicher Speiseöle in Nahrungsmitteln, bis es seine dominierende Position an Sojaöl verlor.

Bavarois Syn.: →*Bayerische Creme*

Bayerisch Blockmalz engl.: *original bavarian malt sweets,* Syn.: *Bayrisch Bockmalz;* auf traditionelle Weise auf offenem Feuer hergestellte blockartig ausgeschlagene →Malzbonbons.

Bayerische Bierwurst Syn.: *Bayrische Bierwurst;* →Bierwürste

Bayerische Creme engl.: *Bavarian cream,* Syn.: *Bavarois, Bayrische Creme;* geschlagene Creme aus Eigelb, Zucker, Milch, Vanille und gelöster Gelatine, die bei beginnendem Erstarren mit geschlagener Sahne vermischt wird. Neben der klassischen B. gibt es Varianten (z. B. Bayerische Erdbeercreme) aus gesüßtem Fruchtpüree und Gelatine mit Schlagsahne, auch mit Zugabe frischer oder gegarter Früchte. B. kann gestürzt oder in Schalen serviert werden.

Bayerisches Brot Syn.: *Bayrisches Brot, Bayerisches Hausbrot;* freigeschobenes, rundes oder langes dunkles Mischbrot mit blanker Oberfläche.

Bayerisch Kraut Syn.: *Bayrisch Kraut;* Gemüsegericht aus Weißkohl, zubereitet mit karamellisierten Zwiebeln, auch süß-sauer mit wenig Essig.

BE; Abk. für →Broteinheit.

Bearner Sauce Syn.: →*Sauce Béarnaise*

Beaujolais; französischer AOC-Wein aus dem südlichen Burgund. Der rote B. zählt zu den bekanntesten französischen Weinen. Er wird aus der Gamay-Traube hergestellt und besitzt einen zart fruchtigen Geschmack. Das Besondere am B. ist dessen Ausbau. Die Gamay-Trauben gelangen unvermahlen in den Gärbottich, die Gärung setzt spontan ein und es entsteht Kohlensäure, wodurch Luft verdrängt wird (Kohlensäuremaischung). Der B. gärt meist nur kurz und ist schnell trinkfertig. „Beaujolais Primeur" darf ab dem 3. Donnerstag im November des Erntejahres verkauft werden. „Beaujolais Nouveau" darf ab November bzw. ab Februar/März in den Handel kommen. →Primeur und Nouveau werden oft synonym verwandt. Qualitativ wird B. unterschieden in „Beaujolais", „Beaujolais supérieure" (muss 0,5 Vol.-% mehr Alkohol enthalten als B.), „Beaujolais-Villages" und „Cru". Die beiden letzten Bezeichnungen dürfen nur Weine aus 10 Gemeinden der Region tragen. Dies sind Brouilly, Chénas, Chiroubles, Côte de Brouilly, Fleurie, Juliénas, Morgont, Moulin-à-Vent, Régnié und Saint-Amour. Die Weine sind meist gut zu lagern. Eine weitere Besonderheit des B. ist, dass er kühl, d. h. bei ca. 12 °C getrunken wird.

Béchamelsauce engl.: *béchamel sauce;* helle gebundene, sämige Grundsauce, die unter Mitverwendung von Milch zubereitet wird. Sie wird üblicherweise zum Binden und Überbacken von Kartoffel-, Nudel- oder Gemüsegerichten wie Lasagne oder Kartoffelgratin verwendet. Ein Verfeinern und Variieren mit

Crème fraîche, Sahne oder Käse und anderen Zutaten ist üblich.

Becher engl.: *carton, tub;* aus unterschiedlichen →Packstoffen wie Kunststoff, Papier oder Aluminium hergestellte →Packmittel, die je nach Material und Form für die verschiedensten Lebensmittel wie Getränke, Margarine, Instant-Suppen, Joghurt und Speiseeis verwendet werden können. Gemein ist ihnen eine mehr oder weniger weite Öffnung zur Entnahme des Füllgutes, i. d. R. sind sie rotationssymmetrisch. Im Vergleich zu oft aus den gleichen Materialien gefertigten →Schalen weisen B. ein anderes Verhältnis von Volumen zu Öffnung auf (kleinere Öffnung).

Becherpasteten; runde oder konische Becher, i. d. R. aus Blätter- oder Mürbeteig, mit hochwertigen Füllungen wie →Farce oder →Ragout. Je nach Rezept werden sie leer (blind) oder bereits gefüllt gebacken. Bekannte B. sind →Timbalen und die Königinpastete.

Bedampfen engl.: *to vaporise;* bei der Konservenherstellung eingesetztes Verfahren zur Reduzierung des Luftsauerstoffgehaltes im →Kopfraum und zur Erzeugung eines Unterdrucks. Vor dem maschinellen Verschließen wird zwischen Deckel und Dosen- bzw. Glasrand ein trockener Dampfstrahl geblasen. Dieser verdrängt die Hauptmenge der Luft und kondensiert bei der Abkühlung, wodurch ein Vakuum entsteht.

Bedarfsgegenstände; Sammelbegriff, der im Lebensmittelrecht definiert ist. Unter die B. fallen im Allgemeinen Gegenstände, die mit Menschen in Kontakt kommen und deren Beschaffenheit zum Schutz vor Gefahren gewissen Anforderungen genügen muss. Beispielsweise gehören zu den B. Gegenstände, die dazu bestimmt sind, beim Herstellen, Behandeln oder Inverkehrbringen von Lebensmitteln sowie bei der Aufnahme durch den Menschen verwendet zu werden und dabei mit Lebensmitteln in Berührung kommen oder auf sie einwirken, z. B. Besteck, Geschirr, Verpackungen u. v. m. Auch Gegenstände, die zur Körperpflege bestimmt sind, Spielwaren, Bekleidungsgegenstände oder Reinigungs- und Pflegemittel für den häuslichen Bedarf fallen unter die B. Sie unterliegen wie die Lebensmittel der amtlichen Überwachung.

Beefburger Syn.: →*Hamburger*

Beefsteak; 1. ursprünglich aus dem Englischen stammende Bezeichnung, die in Deutschland für →Kluftsteak verwendet wird; 2. im Verbund mit anderen Wörtern wie z. B. in →„Deutsches Beefsteak", Bezeichnung für zum Kurzbraten und Grillen bestimmte Erzeugnisse aus geformtem, gewolftem oder ähnlich zerkleinertem Rindfleisch wie Hackfleisch mit Ausnahme von Beefsteak Tatar.

Beefsteakhack; →Schabefleisch

Beefsteak Tatar; →Schabefleisch

Beef-Tea; aus grob geschrotetem oder geschnittenem mageren Rindfleisch hergestellte →Kraftbrühe. Das vorbereitete Rindfleisch wird mit kaltem Wasser angesetzt, im Wasserbad mehrere Stunden erwärmt bzw. gekocht und die fertige Brühe durch ein Sieb gegossen.

Beeren engl.: *1. berries, 2. cones;* 1. umgangssprachlich gebrauchte Bezeichnung für →Beerenobst. Himbeeren, Brombeeren und Erdbeeren sind jedoch im botanischen Sinne keine B., sondern →Sammelfrüchte aus einzelnen Steinfrüchten; 2. botanische Bezeichnung für →Schließfrüchte mit fleischiger Fruchtwand. Im Fruchtfleisch sind meist mehrere Samen eingebettet. Zu den B. gehören z. B. Johannisbeere, Stachelbeere, Heidelbeere, Tomate, Kürbis und Gurke. Eine Sonderform stellen die Trockenbeeren dar, bei denen die Fruchtwand eintrocknet und ledrig hart wird, wie z. B. bei Paprika oder Granatapfel.

Beerenauslese; traditionelle Bezeichnung für einen inländischen →Qualitätswein b. A. (bestimmter Anbaugebiete), dem das Prädikat B. auf Antrag bei der →Qualitätsprüfung unter Zuteilung einer Prüfungsnummer zuerkannt wird. Für die Zuerkennung des Prädikates müssen die zu prüfende Weine die allgemeinen europäischen und nationalen Kriterien für einen Qualitätswein b. A. und die weiteren prädikatsspezifischen Anforderungen erfüllen. Für das Prädikat B. müssen die Weintrauben aus einem Bereich stammen, darf keine Anreicherung des Weines bei der Herstellung erfolgen und es dürfen nur edelfaule oder überreife Beeren verwendet werden. Die B. liegt qualitativ zwischen Auslese und Trockenbeerenauslese und enthält reife fruchtige Weine von feiner Süße.

Beerenbrände; → Obstbrände aus Beeren.

Beerenobst engl.: *soft fruit;* handelsüblicher Sammelbegriff für alle kleinen runden Früchte, die essbar sind, botanisch jedoch nur teilweise → Beeren sind, wie z. B. Erd-, Him-, Brom-, Heidel- und Preiselbeeren.

Beerensäfte engl.: *1. berry juices;* 1. Fruchtmuttersäfte aus Beeren (z. B. schwarze, rote, weiße Johannisbeeren, Himbeeren, Brombeeren, Erdbeeren), die wegen ihres hohen Säuregehaltes nicht zum unmittelbaren Verzehr geeignet sind. Durch Verschneiden mit anderen Fruchtsäften wie z. B. Apfel- oder Birnensaft oder Weiterverarbeiten zu Fruchtnektaren lassen sich aus ihnen verzehrfertige Getränke herstellen. Schwarzer, roter und weißer Johannisbeersaft dürfen zur Erzielung eines süßen Geschmacks bis zu 200 g/l gezuckert werden. Wegen ihres i. d. R. hohen Gehaltes an Mineralstoffen, Vitaminen und → sekundären Pflanzenstoffe wie z. B. → Polyphenolen, gelten B. als ernährungsphysiologisch wertvoll. Sie sind daher häufig Bestandteile von Wellnessgetränken und functional Drinks und werden sowohl im flüssigen unverarbeiteten Zustand als auch in Form von dickflüssigen bis pulverförmigen Konzentraten und Extrakten in Nahrungsergänzungsmitteln eingesetzt; 2. ugs. Bezeichnung für die aus den Fruchtmuttersäften verzehrfertig gemachten → Fruchtnektare.

Beerenschaumwein; → Fruchtschaumwein

Beerenwein engl.: *berry wine;* → Fruchtwein aus Johannisbeeren, Brombeeren, Himbeeren, Stachelbeeren, Heidelbeeren, Preiselbeeren oder anderen Beeren, der süß oder herb sein kann. Zum Süßen darf technisch reiner, nicht färbender Rohr-, Rüben-, Invert- oder Stärkezucker zugesetzt werden. Wenn technisch erforderlich, dürfen Wasser oder wässrige Auszüge der Pressrückstände zugegeben werden. Der Mindestalkoholgehalt beträgt üblicherweise 8 Vol.-%.

Beetenrot engl.: *beetroot red;* Farbstoff E 162, → Betanin.

BEFFE; Abk. für → bindegewebseiweißfreies Fleischeiweiß.

Begrenzende Aminosäure Syn.: → *Limitierende Aminosäure*

Behandeln; von Lebensmitteln laut Lebensmittel- und Bedarfsgegenständegesetz: das Wiegen, Messen, Um- und Abfüllen, Stempeln, Bedrucken, Verpacken, Kühlen, Lagern, Aufbewahren und Befördern sowie jede sonstige Tätigkeit, die nicht als Herstellen, Inverkehrbringen oder Verzehren anzusehen ist.

Behensäure engl.: *behenic acid,* Syn.: *Docosansäure;* gesättigte Fettsäure mit 22 C-Atomen, die in den meisten Triglyceriden in geringer Konzentration, v. a. aber in Erdnuss- und Rüböl vorkommt.

Beichun; Rotweinrebe, die aus einer Kreuzung einer chinesischen Rebsorte mit der europäischen Rebe Vintis vinifera hervorging. Sie ist unempfindlich gegen Frost, Kälte und Krankheiten. In China dient sie hauptsächlich zur Herstellung süßer Dessertweine.

Beifuß lat.: *Artemisia vulgaris L.* (Fam.: *Asteraceae*), engl.: *mugwort,* Syn.: *Gänsekraut, Wilder Wermut;* auf der nördlichen Erdhalbkugel wild wachsende, bis 1,5 m hoch werdende ausdauernde Staude. Als → Gewürz werden nur die kurz vor der Blüte geschnittenen Blütenrispen verwendet, obwohl auch die Blätter und Wurzeln würzig duften. B. kommt i. d. R. getrocknet und gerebelt in den Handel. Der angenehm würzige Geruch und der würzig-bittere wermutartige Geschmack beruhen auf den in den Drüsenhaaren der Blüten zu 0,2 % enthaltenen → ätherischen Ölen mit → Cineol als Hauptkomponente und → Thujon sowie auf verschiedenen Bitterstoffen. In der Küche wird B. sparsam zum Würzen von fetten Fleischgerichten, als Füllung von Gänsebraten (Gänsekraut) sowie als Zugabe zu pikanten Salaten und Saucen verwendet. Im 18. Jahrhundert war B. das in Europa am häufigsten verwendete Küchengewürz.

Beignets engl.: *1. fritters;* 1. in Backteig getauchte und in siedendem Fett ausgebackene Lebensmittel (Fleisch, Fisch, Obst, Gemüse); 2. französische Bezeichnung für pikante und süße → Krapfen.

Beikost engl.: *supplemetary food;* Lebensmittel außer Milch, die den besonderen Ernährungsanforderungen gesunder Säuglinge und Kleinkinder entsprechen und die zur Ernährung während der allmählichen Umstellung auf normale Kost im zweiten Lebenshalbjahr bestimmt sind. B. ist industriell hergestellt erhältlich (z. B. Gläschenkost, Getreidebreie usw.) oder kann individuell zubereitet werden (z. B. Gemüse-Kartoffel-Fleisch-Brei). Industriell hergestellte B. unterliegt den Anforderungen der Diätverordnung sowie der EG-Richtlinie über Säuglingsanfangsnahrung und Folgenahrung.

Beinfleisch; Bezeichnung für das Fleisch aus den Unterschenkelstücken (Wadenstücken) von Rind (→ Hesse), Schwein (→ Eisbein), Kalb oder Lamm (→ Haxen). Es ist i. d. R. knochenhaltig und von Sehnen durchzogen.

Beinscheiben engl.: *shin slice,* Syn.: *Markpfeifen;* als Kochfleisch z. B. für Suppen verwendbare 4–5 cm starke Scheiben sehnenreichen Rindfleisches mit eingewachsenen, markhaltigen Röhrenknochen. Sie werden senkrecht zum Knochen aus der → Hesse beim Rind oder aus der → Haxe beim Kalb geschnitten.

Beinwell lat.: *Symphytum officinale L. subsp. officinale* (Fam.: *Boraginaceae*), engl.: *comfrey;* zu den Borretschgewächsen gehörende 30–100 cm hohe Staude, die als Heil- und Gemüsepflanze genutzt wird. Die frischen Blätter lassen sich als spinatähnliches Gemüse oder als Salat verzehren. In der Pharmazie finden die Wurzelextrakte wegen ihres Gehaltes an Allantoin Anwendung zur äußerlichen Behandlung von Knochenverletzungen und Wunden.

Beißkohl; → Mangold

Beize engl.: *marinade;* → Marinade zum Einlegen von Fleisch.

Belegfrüchte engl.: *fruit for decoration, crystalized fruits;* → kandierte Früchte, die ohne anhängende Dickzuckerlösung zum Belegen, Garnieren und klein gehackt zum Füllen von Torten, Gebäcken, Dessertspeisen, Süßwaren usw. verwendet werden. Am häufigsten werden → Belegkirschen eingesetzt.

Belegkirschen engl.: *bigarreaus, glacé cherries;* kandierte echte Kirschen, die als → Belegfrüchte verwendet werden. Die Naturfärbung geht während der vorübergehenden Haltbarmachung mit schwefeliger Säure verloren. Sie werden in den Farben gelb (ungefärbt) sowie grün und rot (mit zugelassenen Farbstoffen gefärbt) hergestellt.

Belehrung nach dem Infektionsschutzgesetz; Personen, die im gewerblichen Bereich erstmalig in unmittelbaren Kontakt mit bestimmten Lebensmitteln wie z. B. Eiprodukten, Speiseeis und Fleischerzeugnissen kommen, müssen zuvor vom Gesundheitsamt mündlich und schriftlich über die Krankheiten, die zu einem → Tätigkeits- und Beschäftigungsverbot führen, sowie deren Auftreten und Symptome belehrt werden. Diese Erstbelehrung ersetzt die bisherige amtsärztliche Gesundheitsbescheinigung; sie darf bei Beschäftigungsaufnahme nicht länger als 3 Monate zurückliegen. Nach Aufnahme der Tätigkeit sowie danach einmal jährlich muss der Angestellte nochmals durch den Arbeitgeber belehrt werden.

Beli Pinot Syn.: → *Weißburgunder*

Beluga engl.: *Beluga;* → Stör → Kaviar

Benecol®-Produkte; verschiedene als → funktionelle Lebensmittel eingestufte Erzeugnisse, die den von der finnischen Raiso-Gruppe vermarkteten Stanolester Benecol® enthalten, der zur Senkung eines erhöhten Cholesterinspiegels beitragen soll. Als erstes Erzeugnis kam eine Cholesterinspiegel senkende Benecol®-Margarine auf den Markt, heute umfasst das Sortiment auch Erzeugnisse wie Streichkäse, Joghurts, Joghurtdrinks und Wurstwaren.

Benediktenkraut Syn.: → *Bitterdistel*

Benediktinerlikör engl.: *Bénédictine;* dem Abteilikör ähnlicher, ursprünglich von Benediktiner-Mönchen im Kloster Fécamp (Normandie) als Heilmittel entwickelter Kräuterlikör. Zur Herstellung werden Destillate aus Zitronenmelisse, Zimt, Kalmus, Ysop, Macis, Arnika, Angelika, Kardamom und Pfefferminze verwendet. Die Bezeichnung „Benediktiner" ist geschützt und nur französischen Erzeugnissen vorbehalten.

Beneficio-System; im portugiesischen Duro-Tal verwendetes Klassifizierungssystem für Rebgärten. Beeren, die für die Erzeugung von → Portwein geeignet sind, tragen die Bezeichnung „Beneficio".

Benzaldehyd engl.: *benzaldehyde;* farblose, stark lichtbrechende Flüssigkeit mit kräftigem Geruch nach bitteren Mandeln, die an der Luft leicht zu Benzoesäure oxidiert wird und dadurch ihr Aroma verliert. Sie ist die charakteristische Aromakomponente in → Bittermandelöl und ein wichtiger Aromastoff in aus Steinfrüchten wie z. B. Pflaumen und Kirschen gewonnenen Bränden. Synthetisch hergestelltes in Öl gelöstes B. wird als „künstliches Bittermandelöl" zum Aromatisieren von Back- und Süßwaren verwendet.

Benzoate engl.: *benzoates;* Salze der → Benzoesäure. Die Natrium- (E 211), Kalium- (E212) und Calciumsalze (E 213) sind als Konservierungsmittel für bestimmte Lebensmittel zugelassen. Ihre Eigenschaften entsprechen weitestgehend denen der Benzoesäure.

Benzoesäure engl.: *benzoic acid;* organische Säure, die sowohl in freier Form als auch z. B. als Ester oder Amid in vielen Beeren (v. a. Preiselbeeren), Harzen und ätherischen Ölen vorkommt und antimikrobielle Wirkung (v. a. gegen Hefen und Pilze, weniger gegen Bakterien) besitzt. B. ist unter der Nummer E 210, ihre Natrium-, Kalium- und Calciumsalze (Benzoate) unter den Nummern E 211–E 213 als Konservierungsmittel für bestimmte saure Lebensmittel, z. B. Obst- und Gemüsekonserven, verschiedene Feinkostsalate und Fruchtsaftkonzentrate in festgelegten Höchstmengen zugelassen. B. und Benzoate können → pseudoallergische Reaktionen auslösen.

Benzpyren engl.: *benzpyrene,* Syn.: *Benzo(a)pyren;* ubiquitär vorkommender, hoch kanzerogener → polycyclischer aromatischer Kohlenwasserstoff (PAK), der u. a. in Steinkohlenteer enthalten ist und bei unvollständigen Verbrennungen entsteht. B. wird z. B. beim Räuchern und Grillen gebildet und ist in Abgasen, Tabakrauch o. Ä. gemeinsam mit anderen PAKs zu finden. Es dient in der Analytik und zur Beurteilung der Toxizität der verschiedenen PAKs als Leitsubstanz. Für Fleischwaren, geräucherte oder aromatisierte Käse und Käseerzeugnisse sowie Käse und Käseerzeugnisse mit geräucherten oder aromatisierten Zutaten ist eine Höchstmenge von 1 µg/kg bezogen auf B. gesetzlich vorgeschrieben. Verzehrfertige Lebensmittel, denen durch Aromen mehr als 0,03 µg/kg an B. zugeführt wurden, dürfen gewerbsmäßig nicht in den Verkehr gebracht werden.

Beras; häufig in Rezepten der → indonesischen Reistafel verwendete indonesische Bezeichnung für geschälten ungekochten Reis.

Berberitzenlikör; aus Berberitzensaft (Syn.: *Sauerdornsaft;* lat.: *Berberis vulgaris L.*, Fam.: *Berberidaceae*), auch aus dem bläulichen Beerensaft der Mahonie (lat.: *Mahonia aquifolium (Pursh) Nutt.;* Fam.: *Bereberidaceae*) hergestellter Fruchtaromalikör. Der Mindestalkoholgehalt beträgt 15 Vol.-%.

Bergamot-Orange lat.: *Citrus bergamia Risso et Poit* (Fam.: *Rutaceae*), engl.: *bergamot orange,* Syn.: *Bergamotte;* zu den Zitrusfrüchten gehörende Beere des hauptsächlich in Süditalien angebauten immergrünen Bergamottenbaumes. Die birnenförmige goldgelbe Frucht, häufig mit kleinem Nabel, findet in der lokalen Süßwarenindustrie und der Likörproduktion (Bergamino) Verwendung. Aus den Schalen der unreifen, ungenießbaren Früchte wird das vielfältig verwendete →Bergamottöl gepresst und →Pektin gewonnen.

Bergamotte Syn.: →*Bergamot-Orange*

Bergamottlikör; →Bergamot-Orange

Bergamottöl engl.: *bergamot oil;* durch kaltes Pressen aus den Schalen der fast reifen →Bergamot-Orangen gewonnenes ätherisches Öl. Es hat einen lebhaften, fruchtig-süßen, charakteristischen Geruch. Die Hauptkomponente ist →Limonen (ca. 30–45 %) neben Linaylacetat und Linalool. B. wird in geringen Mengen zur Aromatisierung von Erfrischungsgetränken, Back- und Süßwaren und bestimmten Teesorten (→Earl Grey) verwendet, der Hauptanwendungsbereich liegt jedoch im Bereich der Parfümindustrie (Eau-de-Cologne).

Bergkäse engl.: *alpine cheese;* als Hartkäse der Vollfettstufe nach Emmentaler Art in runder Laibform (Mühlenstein) mit einem Gewicht von 15–50 kg und einem Durchmesser von 40–90 cm hergestellter Käse. Er wird auch als der „kleine Bruder" des →Allgäuer Emmentalers bezeichnet und ähnelt dem →Emmentaler Käse sowohl im Aussehen als auch in der Herstellungsweise. Der B. unterscheidet sich jedoch vom Emmentaler Käse durch einen geschlossenen dunkleren Teig mit nur geringer Lochbildung (erbsengroß) und einem würzigeren Geschmack. Die grifffeste und geschlossene Rinde ist dunkelgelb bis bräunlich schattiert. Je nach Alter ist der einfarbig mattgelbe Teig fest bis mittelfest und der Geschmack je nach Reifezustand pikant bis kräftig, würzig und nusskernartig. Das gesetzliche Mindestalter von B. beträgt 3 Monate.

Bergspinat Syn.: →*Guter Heinrich*

Beriberi engl.: *beri beri;* schwere Form des Vitamin-B1-Mangels (→Thiamin), die v. a. in Entwicklungsländern vorkommt und durch das Zusammenwirken verschiedener Faktoren wie schwere körperliche Arbeit, hohe Vitaminverluste bei der Nahrungszubereitung (v. a. Verwendung von geschältem und poliertem Reis) und möglicherweise dem Vorhandensein von Substanzen mit Antivitaminwirkung hervorgerufen wird. Bei der B. werden drei Formen unterschieden: 1. die chronische oder feuchte Form mit Ödemen am ganzen Körper, 2. die zerebrale oder trockene Form, die durch Nervenläsionen gekennzeichnet ist und 3. die infantile Form, die bei gestillten Säuglingen auftritt, deren Mütter einen Thiaminmangel aufweisen und die mit einer Kohlenhydratintoleranz einhergeht.

Berlepsch Syn.: *Goldrenette Freiherr von Berlepsch;* im Anbau und der Lagerung anspruchsvolle Winterapfelsorte mit mittelgroßen flachkugeligen Früchten. Die angeraute Schale ist gelblich-grün (an der Sonnenseite rötlich marmoriert) oder rot gefärbt. Das saftige feste Fruchtfleisch schmeckt fein säuerlich aromatisch und weist einen hohen Gehalt an Vitamin C sowie ein ausgewogenes Zucker-/Säure-Verhältnis auf. Der B. wird sowohl als Frischobst verzehrt als auch zum Kochen und Backen verwendet.

Berliner Ballen Syn.: →*Berliner Pfannkuchen*

Berliner Brot Syn.: *Berliner Landbrot;* freigeschobenes, zumeist langes →Roggen- oder →Roggenmischbrot mit stark ausgebackener gemehlter und gemaserter Oberfläche und kräftigem Geschmack.

Berliner Dampfwurst; in Schweinedünndärme oder Rinderkranzdärme von Kalibern nicht unter 32 mm abgefüllte →Brühwürstchen mit fein zerkleinertem, umgeröteten Brät. Dieses wird aus grob entsehntem sowie sehnenreichen Rindfleisch, fettgewebereichem

Schweinefleisch, Fettgewebe und weiteren Zutaten hergestellt. Dazu zählen entweder 10–15 % Bindegewebe oder bis zu 10 % Innereien wie z. B. Lunge, Gewürze, Umrötungs- und ggf. Kutterhilfsmittel.

Berliner Fleischwurst; →Blutwurst mit stark überwiegendem Anteil an würfeligen Einlagen aus grob entfettetem sowie fettgewebereichen Schweinefleisch und z. T. auch Herz in einer Grundmasse aus fein zerkleinerter Schwarte, Blut, Schweineleber sowie Speck.

Berliner frische Blutwurst; meist in Kranzdärme abgefüllte →Blutwurst mit Speck, Schwarte und auch fettgewebereichem Schweinefleisch als klein gewürfelte Einlagen in einer Blut-Schwarten-Grundmasse. In dieser sind neben dem überwiegenden Blutanteil Semmel (Schrippen) und z. T. fein zerkleinerte Innereien enthalten.

Berliner frische Leberwurst; zum Warmverzehr bestimmte →Leberwurst mit einer hirsekorngroß gekörnten, meist nicht umgeröteten Grundmasse. Diese enthält neben fettgewebereichem Schweinefleisch Fettgewebe, Bindegewebe, mindestens 10 % Leber sowie andere Innereien von Schwein und Rind. Weitere Zutaten wie z. B. Grütze, Graupen oder Semmel und Gewürze sind üblich. B. wird, vorwiegend in Rinderkranzdärme gefüllt, als kurzes abgebundenes Würstchen angeboten.

Berliner Goldleisten Syn.: → *Goldleistenkäse*

Berliner Knacker; in Bezug auf Ausgangsmaterial, Würzung und Herstellungsprozess ähnlich wie die →Polnische hergestellte →Rohwurst.

Berliner Pfannkuchen engl.: *doughnut,* Syn.: *Berliner, Krapfen;* in Fett schwimmend ausgebackene Kugeln (∅ 7–10 cm) aus Hefefeinteig (→Hefeteige), die mit Konfitüre verschiedener Sorten, Eierlikörcreme oder →Nugat gefüllt sind. Die Oberfläche ist meist mit feinem Zucker bestreut oder glasiert (auch mit Farbstoffen gefärbt). Kakaohaltige Fettglasur und Schokoladenüberzüge werden ebenfalls verwendet.

Berliner Presswurst; →Blutwurst mit kleinen Speckwürfeln (z. T. mit anhaftender Schwarte) in einer Blut und z. T. auch fein zerkleinerte Innereien enthaltenden Schwartenmasse.

Berliner Schrippe; →Schrippe

Berliner Schüsselwurst Syn.: → *Grützleberwurst*

Berliner Weiße Syn.: *Weiße;* schwach säuerliches, leicht trübes dunkelgelbes Schankbier, das meist mit einem Schluck Himbeer- oder Waldmeistersirup getrunken wird. Es wird aus Gersten- und Weizenmalz durch Mischgärung mit obergäriger Hefe und Milchsäurebakterien gebraut. Der Stammwürzegehalt beträgt i. d. R. 7–8 % und der Alkoholgehalt ca. 2,8 Vol.-%.

Berliner Zungenwurst; wie →Zungenrotwurst hergestellte Blutwurst.

Bernsteinbohnen engl.: *amber beans;* bernsteinfarbene glatte →Fehlbohnen im Rohkaffee. Die Farbe wird durch Eisenmangel der Erde, aus der der Rohkaffee stammt, verursacht. Die Bohnen sind durch einen Mangel an Säure im Aroma abgeschwächt.

Bernsteinsäure engl.: *succinic acid,* Syn.: *Butandisäure;* zweiwertige organische Säure, die u. a. in Harzen, Pilzen, Flechten und vielen Obst- und Gemüsesorten vorkommt. B. ist ein Zwischenprodukt des Citronensäure-Zyklus, entsteht als Nebenprodukt bei der alkoholischen Gärung und kann synthetisch wie auch biotechnologisch hergestellt werden. Unter der Nummer E 363 ist B. als Säuerungsmittel für Desserts und Getränkepulver und als Geschmacksverstärker für Suppen und Brühen zugelassen. Des Weiteren werden die Salze der B. (Succinate) als →Kochsalzersatz eingesetzt.

Bertramwurzel lat.: *Anacyclus pyrethrum (L.) Link. var. pyrethrum* (Fam.: *Asteraceae*), engl.: *pellitory root,* Syn.: *Römischer Bertram, Zahnwurzel;* Wurzeln der aus dem Mittelmeerraum stammenden einjährigen Heil- und Gewürzpflanze, die verschiedene ätherische Öle sowie →Inulin enthält. B. wurde schon im Mittelalter bei Zahn- und Kopfschmerzen eingesetzt und ist heute Bestandteil von Zahn- und Mundwässern. In der Pflanzenheilkunde wird B. auch zur Behandlung von Verdauungsstörungen eingesetzt. Im Esoterik-Bereich ist B. Bestandteil des so genannten Fröhlichkeitsbreis und wird mit anderen Kräutern und Hölzern verräuchert.

Besatz engl.: *impurity;* bei der Reinigung von Getreide anfallende Abfälle wie z. B. fremde Getreidesamen, Unkrautsamen, Steine und Erde.

Beschichten engl.: *to coat;* bezeichnet in der Verpackungstechnologie das Auftragen eines →Packhilfsmittels auf die Oberfläche eines →Packstoffes, um dessen Wasserdampf-, Gas- oder Aromendurchlässigkeit zu verringern und eine Sperr- oder Siegelschicht zu erzielen. Die Beschichtung kann dabei sowohl auf der Innenseite als auch auf der Außenseite des Packstoffes erfolgen.

Beschwipste Früchte; in Rum, Arrak oder anderen Spirituosen eingelegtes Obst. Es wird im eingelegten Zustand als Dessert, mit Schokoladenüberzug als Süßware oder als Zutat für viele Gerichte angeboten. →Rumtopf

Bestimmte Anbaugebiete; Abk.: b. A., geografischer Oberbegriff für die Weinherkunft von Qualitätsweinen. In Deutschland sind die b. A. in folgende →Weinbaubereiche unterteilt: 1. Ahr: Bereich Walporzheim/Ahrtal, 2. Mosel-Saar-Ruwer: Bereiche Zell/Mosel, Bernkastel, Saar, Obermosel und Moseltor, 3. Mittelrhein: Bereiche Siebengebirge und Loreley, 4. Rheingau: Bereich Johannisberg, 5. Nahe: Bereich Nahetal, 6. Rheinhessen: Bereiche Bingen, Nierstein und Wonnegau, 7. Pfalz: Bereiche Mittelhaardt/Deutsche Weinstraße und Südliche Weinstraße, 8. Hessische Bergstraße: Bereiche Umstadt und Starkenburg, 9. Franken: Bereiche Mainviereck, Maindreieck und Steigerwald, 10. Württemberg: Bereiche Kocher-Jagst-Tauber, Württembergisch Unterland, Remstal-Stuttgart und Württembergischer Bodensee, 11. Baden: Bereiche Tauberfranken, Badische Bergstraße, Kraichgau, Ortenau, Breisgau, Kaiserstuhl, Tuniberg und Markgräflerland, 12. Bodensee Baden: Bereich Bodensee, 13. Saale-Unstrut: Bereiche Schloß Neuenburg und Weinbau in der Mark Brandenburg und 14. Sachsen: Bereiche Meißen und Elstertal.

Bestimmungsgrenze engl.: *limit of quantitation;* kleinste Konzentration eines Stoffes, die mit einer für den speziellen Anwendungsfall vorgegebenen Genauigkeit bestimmt werden kann. Als B. wird oft die doppelte →Nachweisgrenze oder diese selbst festgelegt.

Bestrahlen von Lebensmitteln; →Lebensmittelbestrahlung

Beta-Galactosidase engl.: *beta-galactosidase,* Syn.: *Lactase;* Lactose in Glucose und Galactose spaltendes Enzym, das in Pflanzen, Mikroorganismen sowie im Dünndarm, im Blut, in der Leber und in den Nieren des Menschen vorhanden ist. Das vollständige oder teilweise Fehlen von B. führt zur →Lactoseintoleranz. Zu den Mahlzeiten einzunehmende β-Galactosidase-Präparate (Lactase-Präparate) in Kapsel- oder Tablettenform ermöglichen heute den Betroffenen, dennoch milchhaltige Speisen zu verzehren. In der Milchtechnik wird β-Galactosidase zur Hydrolyse von Lactose eingesetzt, die aufgrund ihrer geringen Löslichkeit in Magermilchkonzentraten oder bei Eiscreme durch Kristallisation störend auf die Textur wirken kann.

Beta-Glukane engl.: *betaglucans;* aus Mannose-Einheiten aufgebaute, lösliche Ballaststoffe, die hauptsächlich in Hafer und Gerste vorkommen und i. d. R. in Form von beta-Glukan-reicher Haferkleie als funktionelle Bestandteile in verschiedenen →funktionellen Lebensmitteln aus den Bereichen der Molkereiprodukte, Backwaren und Frühstückscerealien eingesetzt werden. Sie können zur Reduktion des Gesamt- und LDL-Cholesterinspiegels beitragen und so das Risiko für kardiovaskuläre Erkrankungen senken. Sie können des Weiteren einen ausgeglichenen Verlauf des Blutglucose- und Insulinspiegels bewirken und haben prebiotische Eigenschaften (→Prebiotika). B. sind außerdem Hauptbestandteile der Zellwände vieler Hefen und Pilze und können auch aus diesen gewonnen werden.

Betaine engl.: *betaines;* methylierte Aminosäurederivate, die enzymatisch aus den entsprechenden Aminosäuren gebildet werden. Die B. sind weit verbreitete Stoffwechselprodukte. Zu ihnen gehören z. B. das in der Säugetiermuskulatur vorkommende Carnitin und das in der Zuckerrübe vorkommende Betain.

Betanin engl.: *betanin;* zur Gruppe der Betacyane gehörendes Betalain, das in der Roten Rübe (Rote Bete) natürlich vorkommt. Wegen seiner intensiv rotvioletten Farbe verwendet man es zum Färben vom Lebensmitteln. Durch seine Hitzeempfindlichkeit und Wasserlöslichkeit lassen sich B. oder betaninhaltige Lösungen, Extrakte oder Säfte jedoch nur eingeschränkt verwenden. Eine Stabilisierung kann durch Zusatz von Ascorbinsäure erfolgen. B. ist in Reinform als Farbstoff E 162 (Beetenrot) für Lebensmittel allgemein nach quantum satis („so viel als nötig") zugelassen. Rote-Bete-Extrakte, -Pulver und -Säfte, die neben der färbenden auch eine geschmackliche Komponente aufweisen, zählen zu den →färbenden Lebensmitteln. Mit B. oder betaninhaltigen Lösungen, Extrakten oder Säften werden insbesondere Lebensmittel wie Speiseeis, Joghurterzeugnisse und Saucen gefärbt.

Bethmännchen; kleines halbrundes bis eiförmiges, mit halbierten Mandeln belegtes Gebäck aus einer Makronenmasse auf der Basis von Marzipanrohmasse.

Beutel engl.: *bag;* flexible, weiche, raumbildende →Packmittel, die aus flächigen →Packstoffen wie Papier, Kunststofffolien oder Packstoffverbunden bestehen und zum Verpacken fast aller Füllgüter geeignet sind. Man unterscheidet zwischen den beiden Hauptformen Flachbeutel und Bodenbeutel sowie Sonderformen wie z. B. aus einem extrudierten Schlauch durch Quersiegelnähte gefertigte Schlauchbeutel, Blockbodenbeutel (Klotzbodenbeutel) mit rechteckigem Querschnitt, einem flach nach innen gelegten Boden und zwei seitlichen Längsfalten und durch entsprechende Einsätze oder spezielle Bodenfalten standfeste Standbeutel. B. mit einer Fläche von mehr als 2700 cm^2 werden als Säcke bezeichnet. Tragetaschen sind Flachbeutel mit Tragevorrichtung. Eine Spezialform der B. stellen die Ventilbeutel dar, die ein eingearbeitetes Ventil (Ventilverschluss) zum Ablassen von im Packgut entstehenden Gasen wie Kohlendioxid oder des flüssigen Packgutes selber (z. B. in Ventilbeuteln abgepackter Wein) besitzen.

BFAV; Abk. für →Bundesforschungsanstalt für die Viruserkrankungen der Tiere.

BFEL; Abk. für →Bundesforschungsanstalt für Ernährung und Lebensmittel.

BfR; Abk. für →Bundesinstitut für Risikobewertung.

BHA; Abk. für →Butylhydroxyanisol.

BHT; Abk. für →Butylhydroxytoluol.

Bibernelle lat.: *Sanguisorba minor Scop. subsp. minor* (Fam.: *Rosaceae*), engl.: *Salat Burnet,* Syn.: *Pimpernell, Pimpinelle, Kleiner Wiesenknopf;* im Mittelmeergebiet beheimatete, heute in fast ganz Europa verbreitete ausdauernde Staude. Die jungen blassgrünen Blätter riechen beim Zerreiben schwach nach Gurke, schmecken nussig und werden fein gehackt zum Würzen von Salaten, Suppen oder Kräuterquark verwendet. B. eignet sich nicht zum Trocknen, da sie dabei das Aroma verliert. B. gehört zu den Hamburger Aalkräutern, in die Frankfurter Grüne Sauce und in Frankreich seit dem 18. Jahrhundert zu den Fines herbes.

Bicarbonate Syn.: →*Hydrogencarbonate*

Bickbeere Syn.: →*Heidelbeere*

Bienenhonig Syn.: →*Honig*

Bienenstich engl.: *sting of a bee;* gefüllter oder ungefüllter Hefekuchen. Er ist gewöhnlich zu mindestens 20 % des Teiggewichtes mit einem Belag versehen, der Ölsamen, gebunden in einer → Röstmasse enthält. Der Anteil der Ölsamen in der Masse des Belages beträgt üblicherweise mindestens 30 %. Die Verwendung von anderen Ölsamen, außer Walnüssen, Haselnüssen und Mandeln ist unüblich. Mandelbienenstich enthält als Belag üblicherweise nur Mandeln.

Bienenwachs engl.: *beeswax;* durch Ausschmelzen der vom Honig befreiten Waben gewonnenes Wachs. Im Lebensmittelbereich ist B. als Überzugsmittel (E 901) für bestimmte Lebensmittel wie z. B Süßwaren, Nüsse und Kaffeebohnen zugelassen. Die Zulassung erstreckt sich ebenfalls auf Nahrungsergänzungsmittel, Kaumasse für Kaugummi und auf die Oberflächenbehandlung von wenigen klar definierten hartschaligen Fruchtsorten wie z. B. Zitrusfrüchte. Die Behandlung von Lebenmitteln mit B. verhindert als Trennmittel Zusammenkleben und Austrocknen und bewirkt eine glänzendere Oberfläche.

Bier engl.: *beer;* im weiteren Sinne Bezeichnung für Getränke mit stärkehaltigen Ausgangsmaterialien, die durch alkoholische Gärung, nicht aber durch Destillation erzeugt werden. Im engeren Sinne ist B. in Deutschland ein alkoholisches kohlensäurehaltiges Getränk, das nach dem Reinheitsgebot aus Wasser, Gerstenmalz und Hopfen durch Vergärung mit Hefe hergestellt wird (→ Bierherstellung). Bei obergärigen B. sind zusätzlich andere Malze wie Weizenmalz und die Verwendung von technisch reinem Rohr-, Rüben- oder Invertzucker sowie von Stärkezucker und von aus Zucker der bezeichneten Art hergestellten Farbmitteln zulässig. B. ist eines der ältesten Getränke und fast alle Völker der Erde haben seit frühester Zeit aus stärkehaltigen Rohstoffen mittels Gärung alkoholhaltige Getränke erzeugt. Seit dem 19. Jahrhundert entwickelte sich das Brauen von B. zunehmend von einem handwerksmäßigen Gewerbe zu einer bedeutenden Industrie. Deutschland steht mit über 5000 verschiedenen B. ganz oben in der Vielfältigkeit der Sorten. Bei genauerer Betrachtung lassen sich diese B. aber auf etwa 30 → Biersorten reduzieren. Der Pro-Kopf-Verbrauch 1999 betrug 127 Liter. Der Alkoholgehalt liegt je nach Art zwischen ca. 3,5 und 6,5 Gewichtsprozenten (ausgenommen alkoholfreies B. und Malzbier). Nach ihrem Stammwürzegehalt vor der Gärung werden B. in verschiedene → Biergattungen unterteilt.

Bierarten engl.: *types of beer;* man unterscheidet obergäriges und untergäriges Bier. Diese unterscheiden sich insbesondere in den Eigenschaften der verwendeten Hefestämme (→ Bierhefen) und in der Gärtemperatur. Als obergärig gelten Biere, die mit Auftrieb gebender Hefe bei einer Gärtemperatur von 15–20 °C hergestellt werden; nach beendeter Gärung steigt die Hefe an die Oberfläche. Obergärige Biere haben eine kürzere Haltbarkeit als untergärige Biere. Obergärige Biere sind z. B. Weizenbier, Berliner Weiße, Altbier, Kölsch, Malzbier, Ale, Stout und Porter. Untergärige Biere sind Biere, die bei einer Gärtemperatur von 4–9 °C mit zu Boden gehender Hefe hergestellt werden; die Hefe setzt sich am Schluss der Gärung am Boden des Gärbottichs ab. Der Großteil der in Deutschland gebrauten Biere sind untergärige Biere wie z. B. Lager-, Schank-, Pilsener- und Bockbiere. Als Sonderbiere werden Biere bezeichnet, die nur eine örtliche begrenzte Bedeutung haben und z. T. durch Mischgärung oder spontane Gärung hergestellt werden.

Bierbrezeln engl.: *bavarian lye pretzels, bavarian salt pretzels;* zum Bier verzehrte → Laugenbrezeln.

Biergattungen; Einteilung von Bieren nach ihrem → Stammwürzegehalt vor der Gärung. Bier mit einem Stammwürzegehalt von weniger als 7 % darf nur unter der Bezeichnung „Bier mit niedrigem Stammwürzegehalt“ in den Verkehr gebracht werden. Bier mit einem Stammwürzgehalt von 7 bis unter 11 % muss als „Schankbier" bezeichnet werden und als „Starkbier" dürfen nur Biere bezeichnet werden, deren Stammwürzegehalt 16 % oder mehr beträgt. Biere mit einem Stammwürzegehalt von 11 bis unter 16 % (umfasst die Mehrzahl der herkömmlichen Biere) wurden früher als → „Vollbier" bezeichnet, eine entsprechende Kenntlichmachung ist heute jedoch nicht mehr erforderlich.

Bierhefen engl.: *brewers yeast;* Reinkulturen verschiedener, z. T. firmenspezifischer Stämme von *Saccharomyces cerevisiae.* Es wird insbesondere zwischen obergärigen und untergärigen B. unterschieden. Obergärige Hefen, die v. a. zur Herstellung von Altbier, Kölsch und Weizenbier eingesetzt werden, bilden Sprossverbände, die während der Gärung in offenen Gärbottichen durch die eingeschlossenen Gasbläschen aufsteigen und an der Oberfläche eine Decke bilden. Untergärige Hefen, die typischerweise zur Herstellung von Pilsener Bieren und Bockbier eingesetzt werden, setzen sich am Ende der Gärung am Boden des Gärbottichs ab. Dabei bezeichnet man sich nur langsam absetzende Hefen als Staubhefen und schnell flockende, sich schnell absetzende Hefen als Bruchhefen.

Bierherstellung engl.: *beer brewing;* das Brauen von Bier ist eine jahrtausendalte Kunst, die vielerorts ausgeübt wurde. Heute wird Bier vorwiegend industriell unter Ausnutzung aller technologischen Erkenntnisse in technisch hoch entwickelten Brauereien hergestellt. Zunächst wird aus der Gerste Malz hergestellt. Das Mälzen bewirkt die Freisetzung von Enzymen und die Entstehung von Malzzucker, was für die spätere Vergärung notwendig ist. Dazu wird das Getreide mit Hilfe von Wasser zum Keimen gebracht, danach getrocknet (gedarrt) und schließlich geschrotet. Das Gerstenmalz unterscheidet sich vom Getreide vor allem in Farbe und Geschmack. Für das Maischen erhitzt man das vermälzte und geschrotete Getreide mit Wasser. Dabei werden die Malzinhaltsstoffe in eine wasserlösliche Form gebracht und als Extraktstoffe gewonnen. Je mehr Malz beim Maischen verwendet wird, desto höher ist der Gehalt an → Stammwürze des Bieres. Die entstandene Flüssigkeit (Würze) wird durch → Abläutern von den festen Bestandteilen (dem sogenannten Treber) getrennt, wobei der Treber als natürliche Filterschicht dient. Die Würze wird dann zum Kochen gebracht und mit Hopfen versetzt, dessen aromatische Stoffe sich lösen und geschmacksbestimmend sind. Das Kochen bewirkt aber auch, dass die Würze keimfrei wird, Enzyme zerstört werden und durch das verdampfende Wasser der Stammwürzegehalt genau eingestellt werden kann. Vor dem Gären erfolgt die Klärung der Würze, d. h. man befreit sie von Hopfentrebern und Eiweiß-Gerbstoffverbindungen. Um den Gärprozess einleiten zu können, wird die Würze abgekühlt und mit Hefe versetzt. Je nach Art des Bieres (→ Bierarten) wird ober- oder untergärige → Bierhefe zugesetzt und bei unterschiedlichen Temperaturen vergoren. Bei der Gärung wird ein Großteil des Malzzuckers in Alkohol und Kohlensäure umgewandelt. Bei normaler Gärung beträgt der Alkoholgehalt in Gewichtsprozenten etwa ein Drittel des Stammwürzegehaltes. Je nach Bierart kann die Gärung bis zu 8 Tage dauern. Das → Jungbier wird in geschlossenen Tanks bei Temperaturen um den Nullpunkt und bei leichtem Überdruck gelagert. Die hierbei stattfindende Nachgärung dient der Reifung (Aromaverfeinerung), der Klärung und der Kohlensäuresättigung des Bieres. Die Lagerdauer beträgt je nach Biersorte 30–40 Tage. Spezielle Biere mit besonders hohem Stammwürzegehalt lagern mehrer Monate. Vor der Abfüllung in Fässer oder Flaschen wird das Bier mit Ausnahme von obergärigem Hefeweizen durch Filtration von Trübungsstoffen befreit.

Bierkäse; in den Oberbayerischen und Tiroler Alpen bereiteter → Weißlacker Käse, der sehr gern zu Bier verzehrt wird.

Biersorten

Biergattung	untergärig	obergärig	Sonderbier
Bier mit niedrigem Stammwürzegehalt		Süßbier, Süßmalz, Erntebier, Karamellbier	
Schankbier	Leichtbiere, alkoholfreie Biere		Berliner Weiße
Vollbier (frühere Gattung)	Pilsener Biere, Lagerbiere, Märzenbier, Dortmunder Bier, Schwarzbier	Altbier, Kölsch, Weißbier, Malztrunk	
Starkbier	Bock, Doppelbock, Eisbock	Weizenbock, Weizendoppelbock	

Biermischgetränke; aus Bier und anderen Getränken gemischte Getränke. Im Handel werden zumeist Mischungen mit Erfrischungsgetränken wie Limonade, Cola o. Ä. angeboten, die zusätzlich gefärbt und aromatisiert oder zur Herstellung kalorienreduzierter Erzeugnisse auch mit Süßstoffen oder Zuckeraustauschstoffen hergestellt sein können. Im privaten Bereich und der Gastronomie werden auch Mischungen mit anderen alkoholischen Getränken als B. angeboten.

Bierschädliche Mikroorganismen engl.: *beer spoiling organisms,* Syn.: *Bierschädlinge;* Mikroorganismen, die sich während der Bierherstellung vermehren und das Bier ansäuern, trüben oder duch Bildung unerwünschter Aromastoffe wie z. B. Diacetyl im Aroma verändern können oder nach der Bierherstellung, z. B. während der Filtration oder Abfüllung, das fertige Bier kontaminieren und verderben können. Zu den b. M. gehören z. B. einige Arten der Gattungen *Lactobacillus*, *Leuconostoc*, *Pediococcus* und *Streptococcus* sowie Fremdhefen.

Bierschinken; umgerötete →Brühwurst mit einem überwiegenden Anteil an würfeligen kirsch- bis walnussgroßen Stücken schieren Schweinefleisches als Einlage in feingekutterte Grundmasse. Diese wird aus fettgewebe- und sehnenarmem Schweine- und Rindfleisch, grob entsehntem Rindfleisch und Speck sowie weiteren Zutaten (z. B. Gewürze, Nitritpökelsalz) hergestellt. Das Angebot erfolgt im Wesentlichen als Aufschnitt in Hüllen von großem Kaliber.

Biersorten; unterschiedliche Biere, die sich in ihren charakteristischen Eigenschaften wie Farbe (hell bis dunkel), Geschmack (mild bis bitter), Aussehen (klar und trüb), Herstellweise (ober- oder untergärig), Stammwürzegehalt und/oder Alkoholgehalt unterscheiden. Die wichtigsten B. auf dem deutschen Markt sind: →Pilsener Biere, →Lagerbier, →Bockbier, Weizenbock, Doppelbock, Export, →Altbier, →Kölsch, →Weißbier, →Malzbier, Märzenbier sowie Süß- und Karamellbier. Eine kurze Übersicht über einzelne Biersorten gibt die oben stehende Tabelle wieder.

Bierwürste; in Hüllen mittelgroßen und größeren Kalibers abgefüllte, grobe umgerötete →Brühwürste mit bis zu erbsengroßen Fleisch- und Speckeinlagen in der fein zerkleinerten Grundmasse. Diese wird aus grob entfettetem Rindfleisch, grob entfettetem Schweinefleisch und Speck sowie weiteren Zutaten wie z. B. Gewürzen hergestellt. Bei den sehr hochwertigen B., „Bierwurst 1a“ und „Bayerische Bierwurst“, enthält die Grundmasse praktisch keinen im Anschnitt erkennbaren fein zerkleinerten Anteil und teilweise kirschgroße Fleischstücke. Beide sind vorwiegend in Blasen abgefüllt und auch nachgeräuchert als Dauerware im Angebot. B. werden überwiegend als Aufschnitt verwendet.

Bierwürze engl.: *wort;* bei der Bierherstellung durch Mahlen und Maischen des Malzes, anschließendes Filtrieren (→Abläutern) und Kochen der gewonnenen Lösung mit

→Hopfen bereitete Flüssigkeit, die nach Eindampfen auf eine bestimmte Konzentration (→Stammwürze) unter Zugabe von Hefe zu Bier vergoren wird.

Biestmilch Syn.: →*Kolostralmilch*

Bifidobacterium; von lat.: *bifidus* = zweigeteilt, gespalten und griech.: *bakterion* = Stäbchen abgeleitete Bezeichnung für eine Gattung verzweigter oder unverzweigter grampositiver, unbeweglicher, nicht sporenbildender Stäbchenbakterien, die Glucose primär zu Essigsäure und L(+)-Milchsäure vergären. Bifidobakterien kommen v. a. im Darm von Mensch und Tier vor, *B. bifidum* (Syn.: *Bacillus bifidus*, *Lactobacillus bifidus*) ist ein typischer Darmbewohner von gestillten Kindern. Bifidobakterien gehören zu den wichtigsten probiotischen Mikroorganismenkulturen (→Probiotika) in Lebensmitteln und sind u. a. auch in probiotischen Säuglingsmilchnahrungen enthalten.

Bifidus-Flora; traditioneller Name für verschiedene Arten von Bakterien der Gattung →*Bifidobacterium*, die einen großen Anteil der bakteriellen Darmflora des Menschen bilden und vor Darmerkrankungen und Fäulniskeimen schützen. Bei gestillten Säuglingen sind *Bifidobacterium bifidus* und *Bifidobacterium infantis* vorherrschend.

Bigardie Syn.: →*Pomeranze*

Bilanzierte Diäten engl.: *medical foods;* diätetische Lebensmittel, die durch eine definierte, standardisierte und kontrollierte Zusammensetzung einem besonderen Ernährungszweck dienen. Man setzt sie ein, wenn mit konventionellen Lebensmitteln eine adäquate Ernährung schwierig oder unmöglich ist, z. B. bei Nahrungsverweigerung, Behinderung der Nahrungsaufnahme oder Malabsorptionssyndromen. Dadurch soll eine physiologische Stoffwechselsituation aufrecht erhalten bzw. eine pathophysiologische Stoffwechselsituation korrigiert werden. Es wird zwischen b. D., die bedarfsdeckend sind und zur ausschließlichen Ernährung bestimmt sind und ergänzenden b. D. unterschieden. Ihre Zusammensetzungen und spezielle Kennzeichnungsvorschriften sind in der Diätverordnung geregelt. Zu den b. D. gehören die →chemisch definierte Diät und die nährstoffdefinierte Diät (→Formula-Diät).

Bindegewebe engl.: *connective tissue;* umhüllendes, haftgebendes und verbindendes Gewebe im Tierkörper. Seine wesentlichen Eigenschaften werden durch den sehr hohen Gehalt an hydroxyprolinhaltigen (→Hydroxyprolin) Eiweißverbindungen (Bindegewebseiweiß) geprägt. Zu diesen Verbindungen gehören insbesondere →Kollagene und →Elastine. Man unterscheidet straffes B. (z. B. →Sehnen) und lockeres B. Bei Fettansatz fungiert B. als Träger des Fettes.

Bindegewebseiweiß; →Bindegewebe

Bindegewebseiweißfreies Fleischeiweiß; Abk.: BEFFE, analytische Messgröße zum Erfassen des Anteiles an schierem Fleisch in Fleisch- und Wurstwaren. Er wird indirekt ermittelt durch Abzug der Gehalte an fleischfremden Eiweißstoffen, stickstoffhaltigen Nichteiweißstoffen und des Bindegewebseiweißes vom Gesamteiweißgehalt der Erzeugnisse.

Bindemittel engl.: *binders;* im Lebensmittelbereich eingesetzte Einzelsubstanzen oder Mischungen, die dem Andicken und Binden von Flüssigkeiten dienen und zur Herstellung von Suppen, Saucen, Desserts u. Ä. verwendet werden. Die wichtigsten B. sind Mehl und Stärke, daneben kommen auch Galactomannane (Guarkernmehl, Johannisbrotkernmehl), partiell sulfatierte Galaktane (Carrageen, Agar Agar), Eiweißstoffe (Gelatine), sowie Stärkesirup und Dextrine zum Einsatz.

Binge-Eating-Syndrom; →Essstörung, die häufig bei Übergewichtigen beobachtet wird. Dabei treten insbesondere bei Menschen, die ihr Essen zwanghaft kontrollieren, unkontrollierte Essattacken auf.

Bioaktive Substanzen engl.: *bioactive substances;* Inhaltsstoffe von pflanzlichen oder tierischen Lebensmitteln, die geeignet sind, die Gesundheit des Menschen zu erhalten, zu verbessern oder bei bestehenden Erkrankungen den Verlauf der Krankheit positiv zu beeinflussen. Neben den für den Menschen essenziellen Vitaminen und Mineralstoffen, sind bisher eine Reihe weiterer Verbindungen mit bioaktiver Wirkung bekannt. Hierzu zählen insbesondere verschiedene →sekundäre Pflanzenstoffe wie Carotinoide, Flavonoide und Isoflavonoide, Ballaststoffe, sowie Inhaltsstoffe aus milchsauer vergorenen Erzeugnissen wie Sauerkraut und Joghurt.

Biochemischer Sauerstoffbedarf engl.: *biochemical oxygen demand (BOD)*; Abk.: BSB, Maß für die durch Mikroorganismen abbaubare Menge an organischer Substanz im Abwasser. Der BSB_5-Wert gibt diejenige Menge an Sauerstoff (in mg/l) an, die bei einer biologischen Selbstreinigung innerhalb von 5 Tagen bei 20 °C verbraucht wird. Für die klassische biologisch-ökologische Gewässerbegutachtung ist der BSB ein wichtiger Parameter als Maß des Nährstoffangebotes für heterotrophe Mikroorganismen und der Lebensbedingungen für höhere Organismen.

Biogene Amine engl.: *biogenic amines, pressor amines;* in biologischem Material gebildete →Amine. Die Definition ist uneinheitlich; in der Praxis werden unter b. A. Amine mit (patho)physiologischer Wirkung verstanden, die durch (mikrobielle) Decarboxylierung von Aminosäuren entstehen (→Cadaverin →Histamin →Phenylethylamin →Putrescin →Tryptamin →Tyramin), in Lebensmitteln hauptsächlich bei der biologischen Reifung von Käse, Rohwurst oder Sauerkraut und beim Verderb eiweißhaltiger Lebensmittel wie Fisch und Krebstiere. Mengenmäßig stehen Histamin und Tyramin im Vordergrund. Der Abbau erfolgt in Leber und Darm mit Hilfe der Mono- und Diamin-Oxidase. Unzureichende Enzymaktivität, u. a. bei Therapie mit enzymblockenden Medikamenten, und/oder überreichliche Aufnahme an b. A. kann schwere Unverträglichkeitsreaktionen hervorrufen. Die meisten b. A. sind hitzestabil; sie bleiben im erhitzten Lebensmittel unverändert erhalten.

Bio-Handelsmarken; von verschiedenen Handelsunternehmen im konventionellen Lebensmitteleinzelhandel eingeführte unternehmenseigene Marken für Bio-Lebensmittel, mit denen der Handel eine eigene Bio-Nische aufbauen und den Absatz von Bio-Produkten im Supermarkt fördern will. Beispiele für B. sind „Füllhorn®" der Rewe-Gruppe, „Naturkind®" von Tengelmann/Kaiser's, „BIO-Wertkost®" der Edeka-Gruppe und „Terra Pura®" von Globus. Die Eigenmarken müssen die gesetzlichen Mindestanforderungen der EG-Öko-Verordnung erfüllen und sind z. T. zusätzlich mit dem →Bio-Siegel gekennzeichnet.

Biokatalysatoren engl.: *biocatalysts;* Substanzen, die in sehr geringen Mengen die biochemischen Reaktionen in pflanzlichen und tierischen Zellen steuern, ohne sich dabei zu verbrauchen. B. im engeren Sinne sind →Enzyme, es können aber auch Hormone, Vitamine, Mineralstoffe u. a. zu dieser Gruppe gerechnet werden.

Biolachs engl.: *organic salmon;* nach den Richtlinien des ökologischen Landbaus (→Bio-Lebensmittel) gezüchteter Lachs (→Farmlachs); kein →Wildlachs.

Bio-Lebensmittel engl.: *organic food,* Syn.: *Öko-Lebensmittel;* Kurzform für biologisch erzeugte Lebensmittel, d. h. Lebensmittel, die nach den Grundsätzen des ökologischen Landbaus erzeugt wurden. Erzeugung, Etikettierung und Kontrolle von B. sind innerhalb der EU in der EG-Öko-Verordnung geregelt. Diese legt die Mindeststandards für Erzeugnisse aus EU-Staaten sowie für Importe aus Drittländern fest. Hierzu gehören z. B. das Verbot der Verwendung von Geschmacksverstärkern und künstlichen Aromastoffen, das Verbot der Lebensmittelbestrahlung sowie das Verbot der Verwendung genetisch veränderter Organismen und damit hergestellter Zutaten. Zusatzstoffe und

Hilfsstoffe dürfen nur dann eingesetzt werden, wenn ein Lebensmittel nachweislich ohne ihre Verwendung nicht hergestellt oder haltbar gemacht werden kann. Grundsätzlich müssen verarbeitete B. mindestens 95 % Öko-Zutaten enthalten, die restlichen 5 % wie z. B. Salz, bestimmte Kräuter und Gewürze sowie einige Öle dürfen aus konventionellem Anbau stammen, wenn sie nicht oder nicht in ausreichender Menge aus ökologischer Herkunft verfügbar sind. Wenn 70–95 % der Zutaten ökologisch erzeugt wurden, dann dürfen diese in der Zutatenliste besonders hervorgehoben werden. Die Begriffe „Bio" und „Öko" sind gesetzlich geschützt und stehen für das Einhalten der EG-Öko-Verordnung. In Deutschland gibt es darüber hinaus verschiedene ökologische Anbauverbände wie z. B. Demeter®, Bioland® oder Naturland® mit eigenen Öko-Zeichen und Standards. Die ihnen angeschlossenen Bio-Bauern produzieren meist nach strengeren, über die Anforderungen der EG-Öko-Verordnung hinausgehenden Produktionsrichtlinien und werden durch ihre Verbände kontrolliert. Zur Vereinheitlichung des Auftritts von B. und damit zu ihrer besseren Vermarktung wurde in Deutschland zusätzlich zu den bereits bestehenden EU-Siegeln das nationale → Bio-Siegel geschaffen, das ebenfalls die Einhaltung der EG-Öko-Verordnung garantiert. Ein weiteres wichtiges Kennzeichnungsmerkmal für B. ist die Öko-Kontrollstellennummer.

Biologische Eiweißsynthese; → Einzellerprotein

Biologische Halbwertzeit engl.: *biological half-life;* Zeit, nach der die Hälfte einer körpereigenen Substanz neu gebildet wurde bzw. nach der die Hälfte einer aufgenommenen Substanz auf natürlichem Weg aus dem Organismus ausgeschieden wurde. Die b. H. ist ein wichtiges Maß zur Beurteilung der Schädlichkeit verschiedener Toxine oder Schwermetalle.

Biologischer Säureabbau engl.: *biological acid degradation;* Umwandlung von Äpfelsäure in Milchsäure und weiter in Kohlensäure durch Milchsäurebakterien. Im Weinausbau wird der Vorgang auch als malolaktische Säureumwandlung bezeichnet. Es sind Temperaturen von mindestens 18 °C erforderlich. Durch gezielte Steuerung von Temperatur und Sulfidgehalt (Hemmung der Milchsäurebakterien) lässt sich der b. S. zur Qualitätsverbesserung nutzen. In wärmeren Gegenden gibt es meist säureärmere Weine, so dass der Vorgang verhindert wird. In kühleren Gegenden hingegen ist er erwünscht, um ein Übermaß an Säure abzubauen. Dies betrifft v. a. Rotweine; Weißweine werden heute säurereicher gewünscht.

Biologische Wertigkeit engl.: *biological value,* Syn.: *Eiweißwertigkeit;* Maßstab zur Beurteilung der Proteinqualität. Die b. W. gibt an, wieviel g Körperprotein durch 100 g des betreffenden Nahrungsproteins aufgebaut werden können, d. h. die b. W. ist umso höher, je besser die Aminosäurezusammensetzung des Nahrungsproteins mit der des Körperproteins übereinstimmt. Entscheidend ist hierbei die Konzentration der → limitierenden Aminosäure. Die Bestimmung der b. W. erfolgt meist im Tierversuch durch Messung von Gewichtsveränderungen, von Veränderungen in der Stickstoffbilanz oder durch Berechnung anhand von Analysendaten. Die höchste b. W. (136) ergibt sich bei einer Mischung von Kartoffelprotein und Eiprotein im Verhältnis 3 : 2. Diese Kombination wird auch als Kartoffel-Ei-Diät bezeichnet und v. a. bei Nierenerkrankungen eingesetzt, um den minimalen Proteinbedarf zu decken und gleichzeitig die Nierenbelastung so gering wie möglich zu halten.

Biomasse engl.: *biomass;* in der lebenden Natur produziertes organisches Material (Zellmasse). In der Biotechnologie wird B. durch Wachstum und Vermehrung von Mikroorganismen (Bakterien, Hefen, Pilze, Algen) erzeugt; sie ist wertvoller Energielieferant und Rohstoff u. a. für Lebensmittel (→ Einzellerprotein →Backhefe), Futtermittel und Arzneimittel.

Bio-Siegel; Anfang 2001 vom Bundesministerium für Verbraucherschutz, Ernährung und Landwirtschaft eingeführtes, einheitliches staatliches Siegel für Lebensmittel aus ökologischem Landbau. Die Vergabekriterien orientieren sich an den gesetzlichen Mindestanforderungen, die für alle Bio-Lebensmittel in Europa gelten und in der EG-Öko-Verordnung festgeschrieben sind. Das B. ist ein nationales Zeichen für Bio-Lebensmittel, die in Deutschland verkauft werden, jedoch auch aus anderen EU-Staaten oder Drittländern stammen können.

Biotechnologie engl.: *biotechnology;* Schlüsseltechnologie des 21. Jahrhunderts, die durch die interdisziplinäre Anwendung verschiedener natur- und ingenieurwissenschaftlicher Disziplinen wie Physik, Chemie, Biochemie, Molekularbiologie, Zellbiologie, Gentechnik, Verfahrenstechnik und in zunehmendem Maße auch die Kommunikations- und Informationswissenschaften gekennzeichnet ist. Als biologische Systeme werden Mikroorganismen und Zellkulturen oder Teile davon, Enzymreaktionen und andere biologische Reaktionen bis hin zu vielzelligen Organismen wie Pflanzen und Tieren eingesetzt. Man unterscheidet zwischen 1. der klassischen B., die die industrielle Anwendung biologischer Verfahren z. B. bei der Brot-, Bier-, Wein- und Käseherstellung sowie klassische Entsorgungsverfahren wie Kompostierung und Klärsysteme beinhaltet, 2. der modernen B., die als Fortentwicklung der klassischen B. angesehen werden kann und den jeweiligen wissenschaftlichen Fortschritten angepasste Produktions- und Entsorgungstechniken beinhaltet sowie 3. der neuen B., mit Anwendung der →Gentechnik, Nutzung genetischer Informationen und Aufklärung und Nutzung biologischer Struktur- und Funktionsprinzipien.

Biotin engl.: *biotin;* wasserlösliches Vitamin, das in den meisten Nahrungsmitteln in geringer Konzentration enthalten ist. Höhere Gehalte weisen z. B. Leber, Hefe und Sojabohnen auf. B. wird auch im Colon durch Mikroorganismen synthetisiert, allerdings trägt diese Eigensynthese vermutlich nicht zur Bedarfsdeckung bei. B. wirkt als Coenzym verschiedener Carboxylasen des Kohlenhydrat-, Protein- und Fettstoffwechsels. Biotinmangel wird nur bei genetisch bedingtem Enzymdefekt (Biotinidasemangel) oder dem übermäßigen Verzehr von rohem Eiklar beobachtet, da das enthaltene Avidin als →Antivitamin wirkt. Symptome sind Veränderungen von Haut und Haar, Übelkeit, Schwäche und Depression. →Hypervitaminosen sind nicht bekannt.

Bioverfügbarkeit engl.: *bioavailability;* Maß (in %) für die Nährstoffmenge, die bei Verzehr eines bestimmten Lebensmittels dem Organismus tatsächlich zur Verfügung steht. Die B. ist für jeden Nährstoff unterschiedlich und hängt u. a. von der Zusammensetzung der Lebensmittel, ihrer Kombination und dem Grad ihrer Zubereitung bzw. Verarbeitung (z. B. roh, gekocht) ab. Durch günstige Zusammenstellung der Lebensmittel kann die B. deutlich gesteigert werden (z. B. Steigerung der Eisenaufnahme durch Vitamin C).

Biozide Syn.: →*Pestizide*

Biphenyl engl.: *biphenyl,* Syn.: *Diphenyl;* farblose, aromatisch riechende Kristalle mit fungizider Wirkung. B. ist unter der Nummer E 230 als Konservierungsmittel (v. a. gegen Blau- und Grünschimmel) zur Oberflächenbehandlung von Zitrusfrüchten bzw. des Verpackungsmaterials der Zitrusfrüchte zugelassen. Welche Konzentrationen aus der Schale ins Fruchtfleisch übergehen, ist ebenso wie die toxikologische Bedenklichkeit noch nicht abschließend geklärt.

Bircher-Benner-Diät; auf den schweizer Mediziner Maximilian Oskar Bircher-Benner (1867–1939) zurückzuführende spezielle Kostform, die aus einer lacto-vegetabilen Kost mit mindestens 50 % Rohkostanteil besteht und in ihrer an die Erfordernisse der modernen Industriegesellschaft angepassten Form mit den Empfehlungen für die →vollwertige Ernährung in Einklang zu bringen ist. Im Mittelpunkt der Lebensmittelauswahl stehen schonend erhitztes Vollgetreide und Gemüse, frisches Obst, Gemüse, Salat und Rohkost, bevorzugt aus ökologischem Anbau. Die B. soll die Selbstheilungskräfte des Körpers mobilisieren und die Darmfunktion anregen.

Bircher Müsli engl.: *Bircher muesli;* vom schweizer Mediziner M. O. Bircher-Benner entwickelte und nach ihm benannte Rohkostmischung aus eingeweichten Getreideflocken (meist Haferflocken), geriebenen Äpfeln, geriebenen Mandeln oder Haselnüssen, Zitronensaft sowie wenig Milch. Das B. ist der Prototyp der heute in vielen verschiedenen Varianten erhältlichen Müslis und wird auch in Fertigerzeugnissen wie Kleinkindgetreidebreien und Joghurterzeugnissen eingesetzt.

Birkenpilz lat.: *Leccinum scabrum (Bull.: Fr.) S.F. Gray* (Fam.: *Boletaceae*), engl.: *birch boletus,* Syn.: *Graukappe;* von Juni bis Oktober unter Birken wachsender →Speisepilz mit fleischigem Hut von 5–12 cm Durchmesser und hell- bis dunkelbrauner Farbe. Der B. besitzt einen schlanken, flockig-schuppigen oder schwärzlich gefaserten Stiel, lange Röhren, die anfänglich hellgrau sind, später dunkler werden und weißes festes Fleisch, das mit dem Alter dunkler und schwammig wird. Deshalb sind nur junge Exemplare schmackhaft und zum Verzehr geeignet.

Birne Helene Syn.: *Poire belle Helene;* halbierte, gegarte (z. B. in Weißweinsud) Birnen auf Vanilleeis mit Schokoladensauce.

Birnen lat.: *Pyrus communis L.* (Fam.: *Rosaceae*), engl.: *common pears, pears;* leicht bauchige, langgestreckte Scheinfrüchte des weltweit in mildem Klima angebauten Gartenbirnbaumes mit grüner über gelb bis gelblichbraun gefärbter Schale. Unter ihr liegt das helle weiße Fruchtfleisch, das im unreifen Zustand hart ist und einen noch nicht voll entwickelten Geschmack aufweist. Daher werden B. i. d. R. im reifen weichen und saftigen Zustand mit voll entwickeltem, aromatisch süßem Geschmack als Frischobst verzehrt. B. sind im reifen Zustand stoßempfindliche Früchte und nur wenige Sorten sind längere Zeit lagerfähig. Die Haltbarmachung erfolgt insbesondere geschält, ganz, geschnitten und in Stücken als Nasskonserven sowie durch Trocknen und Tiefkühlen. Birnenkonserven genügen den Leitsätzen des deutschen Lebensmittelbuches für verarbeitetes Obst oder sind in ihrer Abweichung ausreichend kenntlich gemacht. Weiterverarbeitet werden B. zu Obstwein, Saft, Nektar, alkoholischen Getränken wie Likör und Brand sowie zu Birnenkraut. Sie sind in vielen Sorten, teilweise importiert, teilweise aus heimischer Ernte ganzjährig erhältlich. Zu den wichtigsten Sorten auf dem deutschen Markt gehören →Williams Christ, →Jules Guyot und →Abate Fétel. Weitere wichtige Sorten sind →Clapps Liebling, →Conference, →Gellerts Butterbirne, →Alexander Lucas und →Vereinsdechant.

Birnenbrand engl.: *pear spirit;* →Obstbrand aus Birnen. Am bekanntesten ist der →Williams-Christ-Birnenbrand.

Birnenkraut engl.: *pear syrup;* dunkles sirupöses, streichfähiges →Obstkraut mit süßem Geschmack aus eingedicktem Birnen- und einem geringen Anteil Apfelsaft. Für 1000 g B. müssen mindestens 4200 g Birnen und Äpfel und es dürfen höchstens 300 g an Zuckerarten verwendet werden. Der Anteil an Birnen am Obst beträgt mindestens 3500 g. B. wird als Brotaufstrich und zum Süßen von Speisen verwendet.

Birnenlikör engl.: *pear liqueur;* →Likör mit charakteristischer Birnenaromanote. Bekannt sind der →Williams-Christ-Birnenlikör und der kroatische Kruskovac.

Birnenquitte; →Quitte

Birnenwein engl.: *pear wine, perry;* aus Birnen hergestelltes klares →weinähnliches Getränk, das auch nur teilweise vergoren sein kann. In Deutschland hergestellter B. enthält üblicherweise einen Alkoholgehalt von mindestens 5 Vol.-% und mindestens 18 g/l zuckerfreien Extrakt. In Deutschland hergestellter teilweise vergorener B. oder Birnen-Cidre besitzt üblicherweise mindestens 2–4,5 Vol.-% Alkohol und mindestens 16 g/l zuckerfreien Extrakt. Alle in Deutschland hergestellten B. enthalten mindestens 4 g/l nicht flüchtige Säuren, berechnet als Weinsäure, und 1,0 g/l flüchtige Säuren, berechnet als Essigsäure.

Bisamklee Syn.: → *Schabzigerklee*

Biskuit engl.: *biscuits;* 1. aus → Biskuitmassen hergestellte Gebäcke, die in unterschiedlichen Formen hergestellt werden. Löffelbiskuits sind leichte, kleine, löffel- oder trapezförmige, oft mit Zucker bestreute Gebäckstücke. Wegen seiner lockeren, schwammähnlichen, leichten Struktur und Elastizität eignet sich B. besonders für die Herstellung von Böden für Torten oder als Grundlage für vielfältig gefüllte Gebäckrollen. Fertig ausgeformte runde dünne Böden mit Rand, die sich aufgrund ihrer Saugkraft besonders für das Belegen mit Früchten eignen, sind als „Tortenböden“ im Handel. Von besonderer Qualität wegen ihres hohen Eigehaltes sind Eibiskuit oder sprachlich andere ähnlich hervorgehobene Erzeugnisse. Üblich für Handelsware in Deutschland ist ein mindestens doppelt so hoher Gehalt an Vollei bezogen auf die Menge an Mehl und anderen Getreideerzeugnissen; 2. im französischen (biscuit) und englischen Sprachraum verwendete weiter gefasste Bezeichnung für kleine trockene Gebäcke, die oft Keksen ähneln und auch ungesüßt angeboten werden.

Biskuitmassen engl.: *sponge mixtures,* Syn.: *Biskuitteig;* durch Aufschlagen von Zuckerarten, Vollei bzw. entsprechenden Volleierzeugnissen und Getreideerzeugnissen und/oder Stärken hergestellte Massen. Über die Menge an zugesetztem Vollei oder Volleiprodukten und unterschiedliche Verfahren lassen sich die Eigenschaften der Massen und damit auch die der späteren Backwaren beeinflussen. Durch getrenntes kaltes Aufschlagen von Eiklar, dessen Anteil häufig erhöht ist, und Eidotter lassen sich lockere leichte B. erzeugen, die z. B. für Löffelbiskuits verwendet werden. Durch warmes gleichzeitiges Aufschlagen von Vollei und Zucker werden festere schwere B. erzeugt, die sich z. B. zur Herstellung von → Anisplätzchen und → Omeletts eignen. Der Anteil an Vollei in deutschen B. beträgt üblicherweise zwei Drittel des Gehaltes an Getreideerzeugnissen und/oder Stärken. Die Verwendung von Fett in B. ist nicht üblich.

Biskuitrolle engl.: *swiss roll;* → Biskuit

Bismarckhering engl.: *marinated herring;* → Marinade aus ausgenommenem, entgrätetem → Hering ohne Kopf mit oder ohne Schwanzflosse. B. wird als solcher oder aufgerollt als → Rollmops (ohne Schwanzflosse) zum Direktverzehr angeboten oder weiterverarbeitet zu Feinkostsalaten (→ Heringssalat) und zu pasteurisierten bzw. konservierten Fischerzeugnissen. → Delikatesshering

Bisphenol-A-diglycidylether engl.: *bispenol A diglycidyl ether;* Abk.: BADGE, Vorstufe von zur Doseninnenbeschichtung verwendeten Lacken, die in Abhängigkeit vom Herstellungsverfahren in unterschiedlichen Mengen in die Konserven übergehen kann. Erhöhte BADGE-Werte wurden insbesondere in Fischkonserven mit Aufreißdeckeln festgestellt. Obwohl noch nicht abschließend geklärt ist, ob die Substanz Erbgut verändernde Wirkung besitzt, ist die Verwendung von BADGE in der EU ab dem 1.1.2005 nicht mehr erlaubt; bis dahin gilt ein Grenzwert von 1 mg/kg Lebensmittel.

Bitterdistel lat.: *Cnius benedictus L.* (Fam.: *Asteraceae*), engl.: *blessed thistle,* Syn.: *Benediktenkraut;* vorwiegend als Heilpflanze genutztes, aus dem Mittelmeergebiet stammendes Kraut, dessen distelartigen Blätter die Bitterstoffe Cnicin und Benedictin enthalten und auch zur Bereitung von Kräuterlikören genutzt werden.

Bittere Kresse lat.: *Cardamine amara L.* (Fam.: *Brassicaceae*), engl.: *bitter cress;* wie die →Brunnenkresse an feuchten Standorten wachsende→Kresse, die als Wildsalat gesammelt werden kann. Neben den für alle Kressearten typischen Senfölglykosiden bestimmen bei der B. K. zusätzlich Bitterstoffe den Geschmack.

Bitter-Getränke engl.: *beverages with bitter taste;* →Erfrischungsgetränke, vorwiegend Limonaden, deren Bittergeschmack durch Verwendung von Bitterkräutern, meist aber durch den Zusatz von →Chinin erzeugt wird. Die Verwendung von Chinin in B. ist durch die Bezeichnung „chininhaltig" kenntlich zu machen. Bei der Verwendung von Chinin enthaltenden Aromen muss eine Kennzeichnung im Rahmen der Zutatenliste erfolgen. Typische B. sind→Bitter Lemon, →Bitter Orange und →Tonic Water.

Bitter Lemon; fruchttrübe, bitter schmeckende Limonade (→Bitter-Getränke) mit Zitronen- und Limettensaft sowie einem Zusatz von höchstens 85 mg→Chinin pro Liter genussfertigem Getränk. Der Chiningehalt ist durch die Bezeichnung „chininhaltig" kenntlich zu machen.

Bitterliköre engl.: *bitter,* Syn.: *Bittere;* zur Gruppe der →Kräuterliköre gehörende Liköre, die sich aber von diesen durch einen Mindestgehalt an Zucker von 30 g pro Liter unterscheiden. Die Grundlage zur Herstellung bilden alkoholische Ansätze aus Kräutern und daraus gewonnene Extrakte, die Bitterstoffe enthalten. Dabei handelt es sich insbesondere um aromatische und bittere Destillate von Pflanzen bzw. Pflanzenteilen, sowie→ätherische Öle, Fruchtsäfte oder natürliche Essenzen. Für ein harmonisches Aroma sorgt die Zugabe von zahlreichen weiteren Kräutern und Gewürzen. Zu den B. gehören z. B. →Boonekamp, Underberg und →Angostura-Bitter. Die Alkoholgehalte liegen zwischen 25 und 40 Vol.-%.

Bittermandeln engl.: *bitter almonds;* →Mandeln

Bittermandelöl engl.: *bitter almond oil;* farbloses, an der Luft durch Autoxidation leicht gelbliches, intensiv nach Bittermandeln riechendes→ätherisches Öl. Gewonnen wird B. durch Wasserdampfdestillation hauptsächlich industriell aus den Kernen von Aprikosen und Pfirsichen; die klassische Verwendung von bitteren Mandeln ist stark zurückgegangen. B. besteht ungereinigt aus über 90 % →Benzaldehyd, Benzaldehydcyandrin und 2–4 % Blausäure, die nach der Herstellung entfernt wird. B. ist ein klassisches Aroma für Back- und Süßwaren, insbesondere für Marzipan und Weihnachtsgebäcke.

Bitterorange; 1. fruchttrübe, bitter schmeckende Limonade mit Orangensaft und einem Zusatz von höchstens 85 mg →Chinin pro Liter genussfertigen Getränkes. Der Chiningehalt ist durch die Bezeichnung „chininhaltig" kenntlich zu machen. 2. Syn. für →Pomeranze.

Bitterorangenschalen; →Pomeranzenschalen →Curaçaoschalen

Bittersalz Syn.: →*Magnesiumsulfat*

Bitterschokoladen engl.: *plain chocolate, dark chocolate;* dunkle, i. d. R. hochwertige und aromatische →Schokoladen mit hohem Anteil an Kakaobestandteilen. Zartbitter- und Halbbitterschokolade enthalten üblicherweise mindestens 50 % und B. als Sorte mindestens 60 % Kakaobestandteile. Der hohe Gehalt an Kakaobestandteilen bedingt die leichte bis sehr bittere Ausprägung des Geschmacks und beeinflusst neben der Verarbeitung wesentlich die Konsistenz. Diese ist hart bis sehr hart bei zartem Schmelz.

Bitterstoffe engl.: *bitter principles;* Substanzen mit charakteristischem Bittergeschmack, die meist pflanzlichen Ursprungs sind, aber auch durch Abbauprozesse in bestimmten Lebensmitteln entstehen können. Die B. in Lebensmitteln können erwünscht sein, wie beim Zusatz zu Getränken, z. B. Hopfen (Bier), Wermutkraut (Wermut), Chinarinde (chininhaltige Getränke) und Enzian (alkoholische Getränke). Sie können aber auch unerwünschter Weise z. B. durch fehlerhafte Gärung (Rotwein, Käse, Sauermilch- und Trockenmilcherzeugnisse) entstanden sein und bis zur Genussuntauglichkeit führen. Zu hohen Gehalten an B. kann durch verschiedene Verfahren der →Entbitterung entgegengewirkt werden.

Bitzler Syn.: →*Federweißer*

Bixin; →Annatto

Blachan Syn.: → *Trassie*

Black beans; 1. Internationale Bezeichnung für →Schwarze Bohnen bei Rohkaffee. 2. Bezeichnung für die in Süd- und Südostasien wirtschaftlich bedeutende Helmbohne (lat.: *Dolichos lablab L.*).

Black Hamburg; →Trollinger

Blacktiger-Garnele Syn.: →*Schiffskielgarnele*

Blätterkohl engl.: *curly cabbage;* Bezeichnung für alle Kohlarten, die Rosettenpflanzen sind und deren Blätter sich an einer gestauchten Sprossachse abspreizen. Zu Blätterkohl werden →Grünkohl und →Chinakohl gezählt. Wie alle Gemüse unterliegt B. als Handelsware den Handelsklassen und der Marktorganisation der EU.

Blätterkrokant engl.: *honey-combed brittle;* →Krokant mit spezieller blättriger Struktur aus Zucker- und Mandel- bzw. Nussmasseschichten.

Blättermagen engl.: *third stomach,* Syn.: *Psalter;* dritter Teil des Vormagens (→Magen) der Wiederkäuer.

Blätterteige engl.: *puff pastry, laminated dough;* mehrlagige Teige, die aus zwei Komponenten (Grundteig und →Ziehfett) in mehreren Arbeitsschritten gefertigt werden. Der Grundteig besteht aus Mehl, Wasser, Salz, Zucker, Fett und weiteren Zutaten, wobei im Gegensatz zu →Plunderteig keine Hefe verwendet wird. Als Ziehfett werden vorbereitete Platten aus speziell geeigneten Margarinen (Ziehmargarinen) oder mit Mehl verkneteter geformter Butter bzw. Butterreinfett/Butterfett verwendet. Handelsübliche B. enthalten mindestens 68,3 kg Butter oder die entsprechende Menge Milchfetterzeugnisse oder Margarine oder praktisch wasserfreie Fette, bezogen auf 100 kg Mehl. Je nach Blätterteigsorte variiert die Art der Herstellung: Bei B. nach deutscher Art werden die vorbereiteten Platten aus Ziehfett in den ausgerollten Grundteig vollständig eingeschlagen. Umgekehrt wird bei B. nach französischer Art der Grundteig im vorbereiteten, mit einer größeren Mehlmenge vermischten Ziehfett eingeschlagen. Bei B. nach holländischer Art werden die Grundzutaten direkt in einem Schritt (→All-in-Teig) miteinander verarbeitet. Durch →Tourieren entsteht anschließend die mehrlagige Schichtung aller B. Aus B. wird eine Vielzahl von Gebäcken (→Blätterteiggebäck) hergestellt.

Blätterteiggebäck engl.: *puff pastries;* knuspriges, leicht splitterndes mehrlagiges Gebäck aus →Blätterteig. Die beim →Tourieren eingefügten Schichten aus Fett verhindern das Entweichen von Wasserdampf beim Aufbacken und das Zusammenkleben der Teigschichten. Dadurch wird die lockere blättrige Struktur erzeugt. Blätterteig an sich ist vielfältig formbar, hat einen relativ neutralen Geschmack und ist daher sowohl für salzige wie auch für süße Gebäcke und Gerichte geeignet.

Blätterteigstäbe engl.: *alumettes;* in schmalen Streifen mit Zuckerglasur oder in unterschiedlicher Länge sowie Dicke, z. T. auch in spiralig gedrehter Form, pikant hergestelltes →Blätterteiggebäck. Üblich sind bei der pikanten Form als Aufstreu Salz, Käse sowie Gewürze wie z. B. Kümmel und Sesam.

Blanc de Blancs; französische Bezeichnung für Weißweine, die ausschließlich aus weißen Trauben hergestellt werden. Dies trifft für die allermeisten Weißweine zu, jedoch oft nicht für Schaumweine (→Blanc de Noirs).

Blanc de Noirs; weiße Weine, die aber aus roten Trauben gekeltert werden. Die farbgebenden Stoffe befinden sich in den Traubenschalen. Um einen relativ hellen Most zu erhalten, werden die roten Trauben vorsichtig gepresst, um die Farbstoffe in den Schalen zurückzuhalten. Dieser helle Most wird dann zu blanc-de-noirs-Weinen vergoren. Viele weiße Schaumweine sind blanc-de-noirs-Weine. Wird mit höherem Druck gepresst, so geht ein Teil der Farbstoffe in den Most über und es entstehen helle Roséweine.

Blanchieren engl.: *to blanch;* kurzes Erhitzen von Gemüse oder Obst in siedendem Wasser oder Wasserdampf vor der Weiterverarbeitung. Dabei werden Enzyme inaktiviert. Bei der industriellen Konservierung einiger Obst- und Gemüsearten verhindert B. die unerwünschte →enzymatische Bräunung.

Blankaal; →Aal

Blasenpackung Syn.: →*Blisterpackung*

Blasenschinken; in Hüllen (Kunstdärme, früher Blasen) hergestellte →Rohschinken.

Blasenwurst; der →Göttinger in Ausgangsmaterial, Herstellung und Aussehen sehr ähnliche, in Schweineblasen abgefüllte grobe →Brühwurst.

Blasgummi Syn.: →*Bubble gum*

Blatt engl.: *shoulder;* vor allem bei Wildtieren gebräuchliche Bezeichnung für den →Bug.

Blattbatavia; →Blattsalat

Blattgelatine engl.: *leaf gelatine;* durch behutsames Trocknen und Zuschneiden einer in Platten ausgegossenen Gelatinelösung hergestellte rechteckige Blätter Speisegelatine (→Gelatine). Dies geschieht in einem kontinuierlich verlaufenden Prozess in sehr aufwändigen Anlagen, bei denen die durchströmende Luft staub- und keimfrei sein muss. Die Festlegung der Qualitätsstufen von B. geschieht nach den Blattgewichten, die wiederum von der Reinheit und der Gelierkraft beeinflusst werden. Die Einstufungen reichen hierbei von „Gold-extra" bis hin zu „Kupfer".

Blattgemüse engl.: *leafy vegetables;* Sammelbegriff für Pflanzen, bei denen hauptsächlich die Blätter als Gemüse verzehrt werden. Hierzu zählen →Kohlgemüse, →Salatgemüse und Spinatgemüse.

Blattgold engl.: *leaf gold, gold leaf;* bis zu einer Feinheit von 0,0001 mm ausgewalztes Gold. Es wird im Lebensmittelbereich als Überzug bei Süßwaren, zur Verzierung von Pralinen und in Likören (→Danziger Goldwasser) verwendet. Gold ist als Farbstoff (E 175) in der Europäischen Union für diese bestimmten Zwecke zugelassen.

Blattgrün Syn.: →*Chlorophyll*

Blatthonig engl.: *honeydew;* von auf Laubbäumen lebenden Blattläusen und anderen Pflanzensaft saugenden Insekten produziertes zuckerhaltiges Verarbeitungssekret, das sich auf den Blättern wiederfindet. Es wird von Bienen als →Honigtauhonig aufgesammelt und kann einen wesentlichen Bestandteil des →Waldhonigs bilden.

Blattmangold; →Mangold

Blattpetersilie lat.: *Petroselinum crispum (MILL.) NYM. subsp. crispum* (Fam.: *Apiaceae*), engl.: *parsley,* Syn.: *Schnittpetersilie;* frische, getrocknete oder gefrorene Blätter und Stängel der zweijährigen, bis 50 cm hoch werdenden Unterart der →Petersilie. Man unterscheidet eine glattblättrige (lat.: *var. vulgare*) und eine krausblättrige Form (lat.: *var. crispum*). Hauptanbauländer sind die Balkanstaaten, die Niederlande und die USA. Die Verwendung von B. als Gewürz beruht auf ihrem charakteristischen Geruch und aromatischen süßlich-würzigen Geschmack, hervorgerufen durch das in allen Pflanzenteilen enthaltene, als Petersilienöl bezeichnete →ätherische Öl, dessen Hauptkomponente Apiol (Petersilienkampher) in größeren Mengen giftig ist und insektizid wirkt. B. besitzt einen recht hohen Gehalt an Vitamin C (160 mg/100g), Retinoläquivalenten (870 mg/100g), Folsäure (150 mg/100g), Kalium (810 mg/100g) und Calcium (180 mg/100g). In der europäischen Küche ist B. weit verbreitet und kann zu fast allen herzhaften Gerichten verwendet werden. Die krausblättrige Form eignet sich weiterhin zum Verzieren. B. sollte den Gerichten erst nach dem Kochen zugegeben werden, da die Aromastoffe keine Hitze vertragen.

Blattrippe Syn.: → *Spannrippe*

Blattsalat engl.: *leaf lettuce;* formen- und farbenreiche Gruppe von Blattgemüsen, die überwiegend den Gattungen *Lactuca* und *Cichorium* aus der Familie der Korbblütler (lat.: *Asteraceae*) angehören. Hierzu zählen u. a. → Kopfsalat (mit Buttersalat, Eisbergsalat und Bataviasalat), → Pflück- und Schnittsalat (mit Eichenlaubsalat, Lollo Rosso, Lollo Bionda und Kraussalat), → Römischer Salat, → Chicorée und → Endivie.

Blattsellerie Syn.: → *Schnittsellerie*

Blattsilber engl.: *leaf silver, silver leaf;* → Silber

Blattspinat; → Spinat

Blatt-Tee engl.: *leaf tea;* nur mittels orthodoxer → Teeproduktionsmethode erzielbarer → Tee-Blattgrad, dessen Anteil an der gesamten Teeproduktion nur noch etwa 2 % beträgt. Eine Ausnahme stellen die → Darjeeling-Tees dar, die fast ausschließlich zu B. verarbeitet werden.

Blattzichorie lat.: *Cichorium intybus L. var. foliosum Hegi* (Fam.: *Asteraceae*), engl.: *leafy chicory,* Syn.: *Catalogna, Italienische Zichorie;* mit dem → Chicorée eng verwandter Blattsalat mit ca. 30 cm langen dunkelgrünen, löwenzahnartigen, bitter schmeckenden Blättern. Von der B. werden insbesondere die inneren Blätter roh als Salat und durch Kochen gegart als Gemüse sowie der innere Spross verzehrt.

Blaualgen Syn.: → *Cyanobakterien*

Blaubarsch Syn.: *Blaufisch;* Bezeichnung für eine Reihe unterschiedlicher Fische. In Deutschland werden als Speisefische mit dem Namen B. angeboten: *Pomatomus salatrix L.*, ein mittelgroßer subtropischer Meeres-Raubfisch von großer wirtschaftlicher Bedeutung (maximal 130 cm lang und 14 kg schwer), meist als Frischfisch, und *Badis badis Hamilton*, ein kleiner asiatischer, in der Türkei besonders geschätzter Süßwasserfisch (maximal 8 cm lang). Letzterer wird gegrillt oder gebraten. Auch → Seelachs wird gelegentlich als Blaufisch bezeichnet, ebenso wie einige andere, nicht zum Verzehr geeignete Fische.

Blaubeere Syn.: → *Heidelbeere*

Blauer Frühburgunder; → Frühburgunder

Blauer Portugieser; → Portugieser

Blauer Spätburgunder; → Spätburgunder

Blauer Trollinger; → Trollinger

Blauer Wittling lat.: *Micromesistius poutassou Risso* (Fam.: *Gadidae*), engl.: *blue whiting;* kleiner Seefisch, (15–30, maximal 50 cm lang) mit hoher wirtschaftlicher Bedeutung. Der b. W. kommt im westlichen und östlichen Nordatlantik und im westlichen Mittelmeer vor. Er hat zartes weißes Fleisch („Hähnchen des Meeres"), das in Deutschland hauptsächlich zur Herstellung von → Fischstäbchen und anderen vorgefertigten Fischerzeugnissen dient. Ein Teil des Fangs wird zu → Fischmehl und → Fischöl verarbeitet. Der im Südpazifik beheimatete größere Verwandte, *M. australis Norman* ist in Japan Rohstoff für → Surimi; er kommt auch im Nordatlantik vor. → Merlan

Blaue Schmeißfliege engl.: *European bluebottle blowfly,* Syn.: *Blauer Brummer;* → Schmeißfliegen

Blaufelchen lat.: *Coregonus lavaretus L.* (Fam.: *Salmonidae*), engl.: *common whitefish, powan,* Syn.: *Große Schwebrenke, Große Maräne, Renke, Ostseeschnäpel;* wirtschaftlich bedeutendste Fischart aus der Gattung der → Renken. B. kommen in den Seen der Voralpen- und Alpenregion (Bodenseefelchen) und in Seen und Brackwassergebieten Nordeuropas und Russlands vor. In Nordamerika wurden B. im 19. Jahrhundert erfolgreich eingebürgert. Die „alpinen" B. werden 50–60 cm lang und 3 kg schwer; im Norden (Bezeichnung Ostseeschnäpel) werden sie oft größer (bis zu 120 cm und 10 kg). Möglicherweise handelt es sich dabei um eine eigenständige Unterart (lat.: *C. muraena*). B. gehören zu den Edelfischen; sie haben festes weißes Fleisch ähnlich wie Forellen und werden auch so zubereitet: gekocht, gebraten und geräuchert. Von Bodenseefelchen wird als regionale Spezialität auch der Rogen angeboten (Felchenkaviar). 100 g Fleisch enthalten 17–19 g Protein und 3–7 g Fett (mittelfetter Fisch). In Tschechien und Finnland werden B. in größeren Mengen gezüchtet.

Blaufränkisch Syn.: *Blauer Limberger;* österreichische Rotweinrebe, dort v. a. im Mittelburgenland. Diese Traubensorte kommt auch in Ungarn (Bezeichnung: Kékfrankos) vor, in Württemberg ist sie unter dem Namen →Lemberger bekannt. Die schwarzblauen Trauben liefern tiefviolette eindrucksvolle Weine mit pfeffriger Würze.

Blauhai engl.: *blue shark;* →Haie

Blaukrabbe lat.: *Callinectes sapidus Rath.* (Fam.: *Portunidae*), engl.: *Atlantic blue crab,* Syn.: *Schwimmkrabbe;* kleine Verwandte des Taschenkrebses (→Krabben; Breite 10–16 cm). Die B. ist im Westatlantik beheimatet von Kanada bis Argentinien, eingebürgert in der Ostsee und im Mittelmeer. In Amerika werden B. in großem Umfang zu Krebskonserven und Tiefkühlkrabben verarbeitet; vermehrt werden auch frisch gehäutete, als „soft-shell-crabs" bezeichnete B. gefangen und als Delikatesse vermarktet. Die B. wird gelegentlich mit der aus dem indopazifischen Raum eingebürgerten, nur noch selten gefischten „blue crab" (lat.: *Portunus pelagicus L.*) verwechselt. Letztere ist eine beliebte Speisekrabbe in Australien.

Blaukraut Syn.: →*Rotkohl*

Blauleng lat.: *Molva dipterygia dipterygia Pennant* (Fam.: *Lotidae*), engl.: *blue ling,* Syn.: *Blauer Leng;* Tiefseefisch im Nordatlantik (Island). Der B. wird bis zu 150 cm lang, hat festes weißes, nahezu fettfreies Fleisch (→Magerfische) und wird fast ausschließlich als Frischfischfilet angeboten. Der B. ist nahe verwandt mit dem etwas größeren →Leng.

Blauschimmelkäse engl.: *blue cheese;* Bezeichnung für Käse, bei denen dem Teig besondere Schimmelkulturen zugesetzt wurden. Nach der Reifung ist dieser dann meist von grünlichen bis bläulichen Schimmeladern durchzogen. Bei B. handelt es sich nicht um eine Käsegruppe, sondern um Käse aus verschiedenen Gruppen (z. B. halb fester Schnittkäse). Zu den B. zählen z. B. →Roquefort, →Gorgonzola, →Bleu d' Auvergne, →Danablu und Stilton.

Blayais; französischer Qualitätswein vom Ufer der Gironde, zum →Bordeaux gehörig. Die Rotweine sind eher leicht, die Weißweine trocken.

Blei engl.: *1. lead, 2. bream;* 1. zu den →Ultraspurenelementen gehörender →Mineralstoff. Die Funktion von B. im Organismus ist nicht bekannt. Im Tierversuch wurden Wachstumsstörungen und Hautveränderungen beobachtet. Die Essenzialität ist umstritten, statt dessen treten akute und chronische Bleivergiftungen auf. Eine akute Vergiftung äußert sich u. a. durch Kopf- und Bauchschmerzen, Erbrechen sowie Lähmungserscheinungen, während eine chronische Belastung zu Veränderungen des Blutbildes und zu Nervenschädigungen führt. B. ist ubiquitär als Verunreinigung verbreitet, wird von Pflanzen aus belastetem Boden aufgenommen und in Leber und Nieren von älteren Tieren angereichert. Des Weiteren ist B. Bestandteil von Legierungen, Emaillen und Glasuren, wurde für Rohrleitungen und früher als Antiklopfmittel in Benzin verwendet. Da sich B. an die SH-Gruppen des Keratins anlagert, wird die Haaranalyse als Messgröße zur Bleibelastung herangezogen. 2. Syn. für →Brasse.

Bleichen engl.: *bleaching, whitening;* 1. allgemein: Aufhellen oder Entfärben von Lebensmitteln auf physikalischem Wege durch den Einsatz von →Bleicherden, Aktivkohle u. ä. oder auf chemischem Wege (Reduktion bzw. Oxidation) durch den Einsatz von →Bleichmitteln (nur bei bestimmten Lebensmitteln zugelassen). 2. Verfahrensschritt bei der →Raffination von Fetten und Ölen, bei dem unerwünschte färbende Substanzen wie Carotinoide, Chlorophyll oder Autoxidationsprodukte im Vakuum bei 90 °C durch Adsorption an Kieselerde und/oder Aktivkohle und anschließendes Filtrieren entfernt werden. Als Nebeneffekt werden beim B. auch noch Reste von Alkaliseifen, Metallen und Schleimstoffen adsorbiert, die durch das →Entsäuern nicht entfernt wurden.

Bleicherden engl.: *bleaching earths;* meist kolloidale, feinstverteilte, wasserhaltige Aluminium- und/oder Magnesiumsilicate mit hoher Adsorptionsfähigkeit. B. werden v. a. bei der →Raffination von Fetten zum Reinigen und Bleichen eingesetzt. Je nach Herkunft und Verwendungszweck werden sie z. B. als Bentonit, Fuller Erde oder Floridaerde bezeichnet.

Bleichmittel engl.: *bleaching agents;* Stoffe, die durch Oxidation bzw. Reduktion zur Aufhellung oder Entfärbung eines Gutes führen. Im Lebensmittelbereich sind als B. →Kaliumpermanganat für Stärke, Natriumhypochlorit für Stärke und Walnussschalen sowie →Wasserstoffperoxid für Stärke, Gelatine und Fischmarinaden zugelassen.

Bleichsellerie lat.: *Apium graveolens L. var. dulce (Mill.) Pers.* (Fam.: *Apiaceae*), engl.: *blanching celery,* Syn.: *Stangensellerie, Staudensellerie, Stielsellerie;* vorwiegend in Italien und Südfrankreich kultivierte Variante des →Selleries, bei dem die langen kräftigen Blattstiele roh als Salat oder gekocht als Gemüse verwendet werden. Die Chlorophyllbildung wird durch Anhäufeln mit Erde oder Stroh oder durch Züchtung spezieller („selbst bleichender") Sorten unterdrückt, wodurch die Blattstiele eine weißgelbliche, z. T. rotviolette Farbe besitzen. In enger Pflanzung wachsen aufrechte, etwa 20 cm lange Blattstiele, die zusammenhängend von der Knolle geschnitten werden und so frisch in den Handel kommen. B. hat den typisch würzigen Sellerie-Geschmack, der jedoch etwas milder als der des →Knollenselleries ist.

Bleichspargel; →Spargel

Bleichzichorien Syn.: →*Chicorée*

Blend; vor allem bei Spirituosen üblicher Begriff für das Verschneiden einzelner Produkte derselben Kategorie zur Erzielung eines bestimmten gleichmäßigen und geschmacklich abgerundeten Erzeugnisses. Die verwendeten Produkte unterscheiden sich durch Herstellungsverfahren, verwendete Destillationsgeräte, Reifungsdauer oder Erzeugungsgebiet. Als „blended" bezeichnet man Erzeugnisse, die das Ergebnis eines Blends sind. Sorten, die besonders für Blends geeignet sind, werden durch das Adjektiv „blending" bezeichnet.

Blended Rum; Mischung von mindestens zwei Rumtypen, die sich in folgenden Kriterien unterscheiden können: Herstellungsverfahren, verwendete Destillationsgeräte, Reifungsdauer oder Erzeugergebiet. Ziel ist, eine unveränderte Geschmacksqualität zu erreichen. Obgleich nahezu jeder „Original-Rum" oder „Echte Rum" seinen spezifischen Charakter erst durch das „Blenden" (→Blend) bekommt, ist im Gegensatz zum Whisky die Deklaration „Blended" nicht üblich.

Blended Whisky; schottischer →Whisky, der ein Verschnitt aus Malt Whisky (Malzwhisky) und Grain Whisky (Getreidewhisky) darstellt. Malt Whisky und Grain Whisky unterscheiden sich nicht nur in ihren Ausgangsstoffen, sondern auch in ihren Herstellungsverfahren. Malt Whisky besitzt eine charakteristische Rauchnote, während Grain Whisky über ein neutraleres Aroma verfügt. Für eine geschmacklich ausgewogene Zusammenstellung ist der Blendmaster verantwortlich.

Blendlingsbutter; aus der Milch der ersten Weidezeit hergestellte →Butter. B. sollte nicht eingelagert werden, da sie infolge veränderter Futterzusammensetzung nicht lange haltbar ist.

Bleu d'Auvergne engl.: *Bleu d' Auvergne,* Syn.: *Auvergne;* zur Gruppe der halb festen Schnittkäse gehörender Blauschimmelkäse, der aus der Auvergne (Frankreich) stammt und im Aussehen dem → Roquefort ähnelt. Der B. wird aus Kuhmilch (mit etwas Ziegenmilch) hergestellt und schmeckt aromatisch bis pikant. Mit seiner zylindrischen Form mit einem Durchmesser von ca. 20 cm und einer durchschnittlichen Höhe von 9 cm erreicht der B. ein Gewicht von gut 2–3 kg. Aufgrund der durch den Käselaib verlaufenden grünblauen Schimmeladern wird der Käse auch Innenschimmelkäse genannt. Sein cremiger aber fester Teig ist leicht gelb und hat wenige Bruchlöcher. Die braungelbe Oberfläche des Käses besitzt keine Rinde. Der Fettgehalt beträgt 40 % i. Tr.

Bleu de Bresse; kleiner französischer Schimmelpilzkäse, der charakteristisch von Schimmelpilzadern durchzogen ist. Er stammt aus dem Département Ain. Die Oberfläche besteht aus einer blaugrauen Schimmelkruste. B. schmeckt leicht pikant, sein Fettgehalt beträgt 50 % i. Tr.

Blindbacken engl.: *to bake something blind;* Backmethode für Kuchenboden, der erst nach dem Backen belegt werden soll. Dabei wird eine Form mit dem Teig ausgeschlagen, der Teig mehrmals mit einer Gabel eingestochen und getrocknete Hülsenfrüchte oder Kirschenkerne auf den Teig gelegt. Der Teig wird im Ofen etwas länger als normal gebacken, wobei er durch die Beschwerung nicht aufgehen und seine Form verlieren kann.

Blinder Käse Syn.: *Blinda;* Käse ohne übliche Lochbildung.

Blindes Huhn; westfälischer Gemüseeintopf aus grünen oder weißen Bohnen, Möhren, Kartoffeln, Fleisch, Äpfeln oder Birnen.

Blindtest engl.: *blind test;* in der Sensorik häufig angewandte Testmethode, bei der im Gegensatz zum → Branded Test erkennbare Hinweise auf Hersteller, Marke usw. vermieden bzw. kaschiert werden, damit die Prüfer sich unbeeinflusst auf die → intrinsischen Faktoren konzentrieren.

Blinis Syn.: → *Plinsen*

Blisterpackung engl.: *blister,* Syn.: *Blasenpackung, Glockenpackung;* von engl.: *blister* = Blase abgeleitete Bezeichnung für tiefgezogene, blasen- oder glockenförmige → Packmittel aus transparenten → Kunststoffen, die etwa die Kontur des zu verpackenden Gutes haben und entweder auf einen flachen Kartonzuschnitt aufgebracht sind oder aus zwei durch ein Scharnier aus gleichem Material verbundenen Hälften bestehen. Im Unterschied zu → Skinpackungen liegt das → Packgut bei B. relativ lose in der Schale. B. eignen sich gut zum Verpacken von empfindlichen Teilen und werden im Lebensmittelbereich z. B. für Tortenböden und zerbrechlichen Backwaren eingesetzt.

Blitzkuchen; meist mit gehobelten Mandeln oder Mandelstücken bestreuter Kuchen aus → Rührmasse.

BLL; Abk. für → Bund für Lebensmittelrecht und Lebensmittelkunde e.V.

Blockbodenbeutel engl.: *block bottom bag;* → Beutel

Blockkäse engl.: *block-shaped cheese;* Käse von rechteckiger Form, die einfaches Aufschneiden und raumsparendes Lagern ermöglicht.

Blockmalz engl.: *malt sweets;* in Blockform gefertigte → Malzbonbons.

Blockmilch; bis zum schnittfähigen Zustand eingedickte Milch mit Zuckerzusatz. B. kann mit Kakaobutter überzogen sein (maximal 1 % der Gesamttrockenmasse) und zur Herstellung von Schokoladenspezialitäten wie Zuckerwaren mit Milchzusatz verwendet werden. Sie findet jedoch kaum noch Verwendung. Zusammensetzung: 10–16 % Wasser, 12–14 % Fett, 28–30 % fettfreie Milchtrockenmasse und 44–46 % Saccharose.

Blocksahne engl.: *block of cream;* bis zum schnittfähigen Zustand eingedicktes Gemisch aus Sahne, Milch und Zucker, das mit Kakaobutter überzogen sein kann (maximal 1 % der Gesamttrockenmasse). B. findet z. B. Verwendung bei der Herstellung von Sahneschokoladen. Zusammensetzung: 10–16 % Wasser, 18–20 % Fett, 20–24 % fettfreie Milchtrockenmasse und 44–46 % Saccharose.

Blockschokolade engl.: *block chocolate, cooking chocolate;* in Blöcken geformte → Schokolade von einfacher Qualität, die zum Kochen und Backen verwendet wird.

Blockware; aus der Tiefkühltechnologie stammende Bezeichnung für in Blöcken tiefgefrorene Erzeugnisse wie z. B. Fischfiletblöcke zur Herstellung von Fischstäbchen und Schlemmerfilets oder zu Blöcken tiefgefrorene Gemüseprodukte wie Blumenkohl oder Spinat. Die Herstellung von B. erfolgt mit Hilfe von so genannten Plattenfrostern, in denen die Produkte sehr schnell zu gleichmäßigen Blöcken gefroren werden können.

Blondorangen; → Orangen mit hellgelbem bis orangefarbenem Fruchtfleisch und Saft. Zu den bekannten B. zählen die Sortengruppe der Navelorangen (→ Navel) oder verschiedene Einzelsorten wie z. B. → Valencia Late oder → Salustiana.

Bloomzahl engl.: *bloom value,* Syn.: *Bloomwert;* Maß für die Festigkeit von Gelen. Bei → Gelatine Maß für die Gelatinequalität. Je höher die B., desto geringer ist die benötigte Gelatinemenge für die Bildung der gleichen Gelfestigkeit. Die B. handelsüblicher Gelatinen liegen zwischen 80 und 280 Bloom. Man unterscheidet zwischen niederbloomiger (50–100 Bloom), mittelbloomiger (100–200 Bloom) und hochbloomiger (200–300 Bloom) Gelatine.

Blütengemüse Syn.: *Blütenstandsgemüse;* Bezeichnung für Gemüse, von dem der Blütenstand als Lebensmittel verwendet wird. Von Bedeutung sind → Blumenkohl, → Brokkoli und → Artischocken.

Blütenhonig engl.: *blossom honey, nectar honey,* Syn.: *Nektarhonig;* aus dem Nektar der Blüten von Pflanzen, wie z. B. Akazien, Heidekraut, Klee, Linden und Raps stammender → Honig. B. unterliegt wie alle Honige strengen rechtlichen Anforderungen an die Inhaltsstoffe.

Blütenkohl Syn.: → *Blumenkohl*

Blume; zartfaseriges, fein von Fettadern durchsetztes (marmoriertes) hochwertiges Teilstück der → Keule (Hüfte) bei Kalb und Rind ohne die Spitze der in die Hüfte reichenden Unterschale (→ Tafelspitz). Es eignet sich zugeschnitten insbesondere zum Braten (Bratenfleisch, Rouladen) wie auch bei jungen Tieren (Kälbern) und/oder nach ausreichendem Abhängen zum Kurzbraten (Steaks, Schnitzel). Der Anteil der B. am entbeinten Fleisch beträgt beim Rind ca. 6 %.

Blumenkohl lat.: *Brassica oleracea L. var. botyrtis L.* (Fam.: *Brassicacae*), engl.: *cauliflower,* Syn.: *Blütenkohl, Karfiol, Karviol;* Kohlsorte, von der der fleischig verdickte, nicht voll entwickelte Blütenstand (Rosen) möglichst geschlossen und mit sauberer weißer Farbe geerntet wird. Die Farbe wird durch Zusammenbinden und Einknicken oder durch Selbsteinfaltung der Rosettenblätter vor dem Vergilben geschützt. Da die ganzjährig angebotene Blumenkohlrosen über einen längeren Zeitraum nicht lagerfähig sind, werden sie durch Tiefgefrieren, Trocknen oder in Form von Sauerkonserven (z. B. in Mixed Pickles) haltbar gemacht. B. wird gekocht als Gemüse, in Gemüsemischungen und als Salat verzehrt. Roh in frischem Zustand, weist B. einen hohen Gehalt an Vitamin C auf (ca. 70 mg pro 100 g essbarer Anteil).

Blumenkresse Syn.: → *Kapuzinerkresse*

Blunzen/Plunzen; → Blutwurst mit klein gewürfelter Speckeinlage, deren Grundmasse regional auch nur aus Blut bestehen kann.

Blut engl.: *blood;* im Lebensmittelbereich Körperflüssigkeit aus den Blutgefäßen, die beim Schlachten gewonnen wird und zellige Bestandteile (rote und weiße Blutkörperchen) enthält. B. gerinnt außerhalb des Körpers rasch unter Zusammenballen der Blutkörperchen mit Fibrin. Im Lebensmittelbereich werden Rinder- und Schweineblut und daraus hergestellte Produkte (Plasma, Serum) bei der Herstellung von Wurstwaren, insbesondere von → Blutwurst, verwendet. Rinder- und Schweineblut kann durch Zusatz von gerinnungshemmenden Stoffen (Citraten) zur weiteren Verwendung flüssig gehalten werden. Bei Schweineblut gelingt dies auch durch Entfernen des Fibrins mit Metallruten oder durch Rühren.

Bluteiweiß engl.: *blood protein;* eine Reihe von Proteinen (Albumine, Globuline und Fibrinogen) aus dem → Blut. Sie werden aus dem Blut geschlachteter Tiere durch Aufarbeitung in Form von → Blutplasma, Trockenblutplasma oder → Blutserum gewonnen. Bei der Herstellung von tafelfertig zubereiteten Fleischerzeugnissen und Wurstwaren erhöht der Zusatz von B. die Fähigkeit zur Wasser- und Fettbindung. Der Zusatz von B. ist rechtlich mit Ausnahme von Trockenblutplasma auf die Herstellung von → Brühwürsten und brühwurstartigen Erzeugnissen beschränkt.

Blutfarbstoff engl.: *blood pigment;* → Hämoglobin

Blutgerinnung engl.: *blood coagulation, blood clotting;* Umwandlung des → Blutes in eine gallertartige Masse (Blutkuchen). Bei der B. handelt es sich um einen mehrstufigen Prozess, an dem ca. 30 Faktoren beteiligt sind und der durch Thrombin im Zusammenspiel mit Calcium-Ionen katalysiert wird. Thrombin wird aus Prothrombin mit Hilfe des Enzyms Thrombokinase gebildet und ist wesentlich an der Umwandlung des lösliches Fibrinogens in die unlöslichen Fibrinmonomere beteiligt. Diese bilden durch Autopolymerisation Fäden aus, die in einem feinen Netz Blutkörperchen umschließen. Eine Hemmung der B. erfolgt durch Antikoagulanzien. Dazu zählen Heparin (bzw. Heparinoide) und Substanzen, die die beteiligten Calcium-Ionen komplexieren, wie z. B. Citrate, EDTA oder Oxalate. Im Lebensmittelbereich ist die natürliche B. bei der Herstellung von Wurstwaren mit Blut (z. B. → Blutwurst) unerwünscht. Eine Gerinnung (Koagulation) soll hier erst durch Hitzeeinwirkung (Garen) auf die fertige Grundmasse erfolgen.

Blutglucosespiegel engl.: *blood glucose level,* Syn.: *Blutzuckerspiegel;* Glucosekonzentration des Blutes in mg/100 ml. Der B. wird v. a. durch die Hormone → Insulin, → Glucagon, → Adrenalin, → Cortison und → Thyroxin reguliert. Die Glucose wird zur Energiegewinnung der Körperzellen, v. a. des Gehirns, benötigt. Die Aufnahme erfolgt aus der Nahrung oder durch Umwandlung des in der Leber gespeicherten → Glykogens. Bei → Diabetes mellitus steigt der B. über die Nierenschwelle an, so dass Glucose auch mit dem Harn ausgeschieden wird.

Bluthirse lat.: *Digitaria sanguinalis (L.) Scop. subsp. sanguinalis* (Fam.: *Poaceae*), engl.: *hairy crab grass,* Syn.: *Blut-Fingerhirse;* mit den Arten der → Rispenhirse verwandte, kleinkörnige → Hirse. Ihre Scheinähren gehen fingerförmig von einem Punkt aus. Die Kornspelzen sowie die ganze Pflanze ist besonders gegen Ende der Reife mit einem rötlichvioletten Schimmer versehen. Die Körner fallen sehr leicht aus der Rispe. B. wird in geringem Umfang zur Körnergewinnung in den Balkanländern und Osteuropa und als Futtermittel angebaut.

Blutorangen engl.: *blood oranges;* ursprünglich aus dem Mittelmeerraum stammende und dort auch hauptsächlich angebaute → Orangen, deren Name auf die rötliche bis blutrote Färbung von Fruchtfleisch, Saft und ggf. Schale durch Anthocyane zurückgeht. Halbblutorangen wie z. B. die Sorten Moro, Tarocco oder Washington Sanguine weisen im Gegensatz zu den Vollblutorangen der Sorten Doublefina oder Sanguinelli keine oder eine schwache rote Färbung der Schale auf. Die kernlosen (z. B. Washington Sanguine) bis kernarmen (z. B. Moro) B. variieren im Geschmack von kräftig süß-säuerlich (Moro) bis hin zu aromatisch süß (Washington Sanguine).

Blutorangenlikör engl.: *blood orange liqueur;* aus Blutorangensaft (→ Blutorangen) hergestellter → Fruchtsaftlikör. Der Mindestalkoholgehalt beträgt 15 Vol.-%.

Blutplasma engl.: *blood plasma;* blassgelbliche Flüssigkeit (Blutwasser), die aus → Blut durch Abtrennen der Blutkörperchen mittels Zentrifugieren gewonnen wird. Sie enthält gelöste Nähr- und Abbaustoffe und kann durch Abscheiden des Fibrins in das noch albumin- und globulinhaltige → Blutserum überführt werden. B. erhöht die Fähigkeit zur Wasser- und Fettbindung im Brät bei der Brühwurstherstellung. Aus Rinder- und Schweineblut gewonnenes B. darf anstelle von Trinkwasser bis zu einem Anteil von 10 % bezogen auf die verwendete Fleisch- und die Fettmenge zur Herstellung von → Brühwürsten verwendet werden. Als B. gilt auch getrocknetes Blutplasma (Trockenblutplasma), das im Verhältnis 1:10 in Wasser aufgelöst wurde. Trockenblutplasma darf außerdem bis zu 2 % (bezogen auf Fleisch und Fettanteil) bei rechtlich genau bestimmten Erzeugnissen zugesetzt werden. Diese Wurstwaren und tafelfertigen Fleischerzeugnisse sind auf über 80 °C Kerntemperatur in luftdicht verschlossenen Packungen oder Behältnissen erhitzt. Bei den Wurstwaren handelt es sich um Brühwürste und brühwurstartige Erzeugnisse, Leberwürste, -pasten, -parfaits und -cremes sowie Wild-, Geflügel- und Leberpasteten. Der Zusatz von B. ist weiterhin bei folgenden tafelfertigen Fleischerzeugnissen erlaubt: Gulasch, Fleischrouladen, Fleischklopsen, Füllungen aus zerkleinertem Fleisch, Frikassee, Ragout fin und Schmalzfleisch. Ausdrücklich ausgenommen sind Kochschinken, Fleisch im eigenen Saft, Corned Beef und Corned Beef mit Gelee.

Blutserum engl.: *blood serum;* blassgelbliche Flüssigkeit, die aus nicht mit gerinnungshemmenden Stoffen versetztem → Blut von Rindern oder Schweinen nach Entfernen des Fibrins und der zelligen Bestandteile gewonnen wird. Aus Rinder- und Schweineblut gewonnenes B. darf anstelle von Trinkwasser bis zu einem Anteil von 10 % bezogen auf die verwendete Fleisch- und die Fettmenge zur Herstellung von → Brühwürsten verwendet werden. B. erhöht die Fähigkeit zur Wasser- und Fettbindung im Brät bei der Brühwurstherstellung.

Blutwurst engl.: *blood sausage, black pudding;* 1. Sammelbezeichnung für eine Gruppe von in erkaltetem Zustand schnittfähigen → Kochwürsten mit Einlagen, die als charakteristische Zutat Blut enthalten. Die Schnittfähigkeit wird durch erstarrte Gallertmasse aus bei der Herstellung zugegebenen Schwarten oder durch zusammenhängende Koagulation von Bluteiweiß erzielt. Die Grundmasse enthält als Einlagen in stückiger Form Fleisch, Innereien (insbesondere Zunge, Herz und Leber) sowie Speck, an dem z. T. Schwarte oder Maske anhaftet. Art und Anteil der Einlagen sind sortenbedingt. B. wird i. d. R. kalt als Aufschnitt verzehrt. Es existieren jedoch viele regionale Sorten und Spezialitätengerichte, bei denen der Verzehr warm z. B. als Bestandteil einer Schlachtplatte erfolgt. 2. Sortenbezeichnung für eine in Hüllen mittelstarken Kalibers gefüllte schnittfähige Kochwurst, i. d. R. mit überwiegend würfelförmigen Einlagen in einer vereinzelt mit Lunge und Leber versetzten bluthaltigen Schwartengrundmasse. Die Einlagen bestehen vorherrschend aus Speck. Daneben werden zusätzlich fettgewebereiches Schweinefleisch, Schweinemasken, Herz, Lunge und Nieren verwandt, wobei nicht alle möglichen Einlagen außer Speck und Schweinemasken stets vorhanden sind. Regional wird z. T. auch nur Blut verwendet. Der Anteil an Einlagen, sofern vorhanden, liegt üblicherweise nicht unter 20 %. Eine ähnliche Zusammensetzung liegt bei zahlreichen Blutwurstsorten mit geografischer oder auf bestimmte Herstellungsweise oder Herkunft deutenden Zusatzbezeichnung vor.

Blutzucker engl.: *blood sugar, serum glucose,* Syn.: *Blutglucose;* → Blutglucosespiegel

BMI; Abk. für → Body Mass Index.

Bobbes Syn.: *Berliner Bobbes, Mainzer Bobbes;* feine, charakteristisch gerundete, mit Streuseln belegte und Puderzucker bestreute Gebäckscheiben. Zu ihrer Herstellung wird →Mürbeteig ausgerollt, mit einer Masse aus Marzipan und Früchten bestrichen und zu einer Rolle geformt.

Bock engl.: *1. bock;* 1. Kurzbezeichnung für →Bockbier; 2. männliches Tier bei Schafen, Ziegen, Kaninchen, Rehen, Gemsen u. a.

Bockbier; mit Ausnahme von obergärigem Weizenbock meist untergärig hergestelltes →Starkbier mit einem Stammwürzegehalt von mindestens 16 % und einem Alkoholgehalt von 6 Vol.-% und mehr. Doppelbock besitzt einen Stammwürzegehalt von mindestens 18 % und einen Alkoholgehalt von über 7 Vol.-%. Als Bockbier-Spezialitäten gelten die nur zu bestimmten Jahreszeiten erhältlichen Sorten Weihnachtsbock, Maibock und Fastenbock.

Bocksbeutel; kurzhalsige, bauchig-runde, etwas breit gedrückte grüne oder braune Glasflasche mit ovalem Querschnitt, die zum Abfüllen spezieller Weinsorten verwendet wird.

Bockshornklee lat.: *Trigonella foenum-graecum L.* (Fam.: *Papilionaceae*), engl.: *fenugreek,* Syn.: *Griechisches Heu;* die flachen rhombischen, hellbraunen Samen der einjährigen, aus Westasien stammenden Pflanze werden wegen ihres eigenartigen Geruchs, der sich beim Rösten in ein angenehmes Aroma verwandelt, häufig in Gewürzmischungen wie z. B. →Curry-Pulver verwendet, in einigen asiatischen Ländern auch als Einzelgewürz.

Bockwurst engl.: *bockwurst;* ähnlich wie →Wiener Würstchen hergestellte Sorte →Brühwürstchen, die i. d. R. größer ausfällt als diese und häufig paarweise angeboten wird.

BOD; Abk. von engl.: *biological/biochemical oxygen demand* = →biochemischer Sauerstoffbedarf.

Bodenseefelchen; →Blaufelchen

Body Syn.: *Körper;* Bezeichnung für einen im Aufguss gehaltvollen Tee. Die Tasse besitzt Fülle und Kraft.

Body Mass Index engl.: *body mass index;* Abk.: BMI, Maß zur Beurteilung des Körpergewichts bei Erwachsenen. Der BMI ergibt sich als Quotient aus Körpergewicht (kg) und Körpergröße im Quadrat (m^2). Der errechnete Wert wird mit den verschiedenen Klassifikationen verglichen, wodurch sich eine Zuordnung zu Untergewicht, Normalgewicht, Übergewicht, →Adipositas oder starker Adipositas ergibt. Der wünschenswerte BMI ist abhängig vom Geschlecht und verschiebt sich mit zunehmendem Alter nach oben.

Böhmische Knödel; zu Laiben oder Klößen geformter, ggf. mit Triebmitteln (z. B. Hefe oder Backpulver) versetzter Weizenmehlteig, der in Salzwasser gegart und ganz oder in Scheiben geschnitten insbesondere zu Fleischgerichten serviert wird. Im Handel sind Trockenmischungen zur Herstellung von b. K. erhältlich.

Boemboe; Sammelbezeichnung für spezielle Gewürzmischungen, die für die →indonesische Reistafel verwendet werden. Durch zusätzliche Bezeichnungen wird auf das damit zu würzende Gericht hingewiesen, z. B. B. Nasi Goreng, ein Mischgewürz für gebackenen Reis, oder B. Sesate, ein Mischgewürz für gegrillte Fleischspießchen.

Boeuf engl.: *beef;* französische Bezeichnung für →Rindfleisch.

Boeuf Stroganoff engl.: *beef Stroganoff;* Gericht aus gebratenen Streifen sehnenarmen Rindfleisches mit Sauce und Beilagen wie z. B. Pilzen.

Bohnen engl.: *beans;* Hülsenfrüchte aus den Gattungen *Phaseolus* (Gartenbohnen) und *Vicia* (→Dicke Bohnen), die zur Familie der Schmetterlingsblütler (lat.: *Fabaceae*) gehören. Die einjährige Gartenbohne besitzt fleischige, i. d. R. fadenlose Hülsen und weiße, braune oder bunte Kerne. Gartenbohnen lassen sich abhängig vom Wuchs in niedrig wachsende Busch- oder Strauchbohnen (lat.: *Phaseolus vulgaris L. var. nanus (L.) Asch)* und in an Stangen oder Schnüren windend wachsende Stangen-, Hoch- oder Kletterbohnen (lat.: *Phaseolus vulgaris L. var. vul-*

garis) unterteilen. Beide Formen können jeweils weiter in Schnittbohnen, die in schräge Stücke geschnitten sind, und Brechbohnen, die in Stücke von mindestens 3 cm gebrochen oder geschnitten sind, differenziert werden. Zu den Busch- und Stangenbohnen gehören zahlreiche grün- und gelbhülsige Sorten wie die gelben Wachsbohnen, die meist für Salat verwendet werden, Schwertbohnen mit platten und Flageolettbohnen mit flachovalen Hülsen sowie Prinzess- und Delikatessbohnen, bei denen es sich um kleine Bohnen mit kleinem Korn handelt, die als ganze Frucht konserviert sind. Da frische grüne Bohnen den giftigen Eiweißstoff Phasin enthalten, dessen Giftwirkung beim Kochen zerstört wird, dürfen sie nur erhitzt verzehrt werden. Ferner besitzen sie eine leicht blähende Wirkung. B. enthalten nennenswerte Mengen an Protein, Vitaminen (v. a. B-Vitamine und Vitamin C) und Mineralstoffen (z. B. Kalium, Calcium) sowie Ballaststoffen. Verzehrt werden die ausgewachsenen, aber unreifen Hülsen mit möglichst kleinen Samen, voll ausgewachsene unreife Samen (z. B. rote Kidney-Bohnen in Dosen) oder trockenreife Samen. B. lassen sich auch zu Nass-, Salz- und Sauerkonserven sowie zu Tiefkühlware und Convenience-Produkten weiterverarbeiten.

Bohnenkaffee Syn.: → *Kaffee*

Bohnenkeimlinge Syn.: → *Bohnensprossen*

Bohnenkraut lat.: *Satureja hortensis L.* (Fam.: *Lamiaceae*), engl.: *summer savory,* Syn.: *Sommer-Bohnenkraut, Sommer-Saturei, Saturei, Pfefferkraut;* aus dem östlichen Mittelmeerraum stammender einjähriger, verzweigter kleiner Busch mit lineal-lanzettlichen, bis zu 3 cm langen Blättchen. Die Hauptanbaugebiete liegen im Balkan. Als → Küchenkraut werden die Blätter und jungen Stängel des vor oder während der Blüte geernteten Krautes frisch oder getrocknet verwendet. In getrockneter Form ist B. gerebelt, grob zerkleinert oder gemahlen im Handel. Der würzige Geruch und der an Pfeffer erinnernde Geschmack beruhen auf den zu 0,3–1,7 % enthaltenen → ätherischen Ölen mit Carvacrol und p-Cymol als Hauptkomponenten sowie auf größeren Mengen an Gerbstoffen. In der Küche wird B. zum Würzen von Bohnengerichten, Fleischgerichten, Salaten, Suppen und Saucen eingesetzt; es gehört zu den → Fines Herbes der französischen Küche. Mancherorts wird auch das mehrjährige Winter-Bohnenkraut (Syn.: *Winter-Saturei,* lat.: *Satureja montana L.*) verwendet, das einen etwas strengeren Geschmack, sonst aber die gleiche Würzkraft aufweist.

Bohnenquark Syn.: → *Tofu*

Bohnensprossen engl.: *bean sprouts,* Syn.: *Bohnenkeimlinge;* → Keimlinge von Sojabohnen oder Mungbohnen.

Bohnensuppe Lothringer Art; mit Kartoffelpüree gebundene → Bohnensuppe aus grünen Bohnen.

Bohnensuppen engl.: *bean soups;* regional in der Zubereitung vielfältig variierte Suppen auf Basis einer Vielzahl von Bohnenarten wie z. B. grüne oder dicke Bohnen. In der Regel handelt es sich bei ihnen um gebundene, mit Brühe, insbesondere Fleischbrühe, hergestellte Suppen. Beliebte weitere Zutaten sind Zwiebeln, Gewürze wie z. B. Bohnenkraut, Pfeffer oder Chilis, Kräuter (bspw. Petersilie) sowie Speck.

Boldo lat.: *Peumus boldus Molina* (Fam.: *Monimiaceae*), engl.: *boldo;* bis zu 6 m hoher immergrüner, in Chile beheimateter Baum, dessen alkaloidhaltige Blätter und deren Extrakte als pflanzliches Naturheilmittel und in der Pharmazie sowie in geringem Umfang als Tee, Gewürz und in der Aromenindustrie Verwendung finden. Die kirschgroße aromatische Steinfrucht des Baumes ist essbar.

Bologneser Fenchel Syn.: → *Gemüsefenchel*

Bombagen engl.: *swell;* Aufwölbung der Deckel von in Dosen oder Bechern verpackten Lebensmitteln, meist durch Gasentwicklung und Überdruck im Innern. Sie können bakterielle und chemische Ursachen haben. Bei bakteriellen B. ist der Inhalt aufgrund mikrobieller Zersetzung und/oder Gärung meist ungenießbar, verdorben und eventuell durch gebildete Toxine hochgradig gesundheitsschädlich (→Botulismus). Chemische B. sind durch gelöstes Dosenmaterial (Metalle) zunächst im Geschmack beeinträchtigt, später bei weiterer Anreicherung genussuntauglich. Physikalische Vorgänge wie zu starkes Füllen, nachträgliches Quellen des Füllgutes oder Gefrieren des Doseninhaltes führen zu Scheinbombagen, welche die Genusstauglichkeit der Lebensmittel nicht beeinträchtigen. Da nur der Fachmann die einzelnen Bombagearten unterscheiden kann, gilt bombierte Ware als verdorben und ist aus dem Verkehr zu ziehen.

Bombino bianco; weiße Rebe mäßiger Qualität, die v. a. im Süden Italiens weit verbreitet ist. Sie liefert wenig interessante Weine, die größtenteils zu EU-Tafelwein verarbeitet werden.

Bonbonmasse; in heißem Zustand plastisch weiche Zuckermasse, aus der →Bonbons wie z. B. →Hart- und →Weichkaramellen geformt werden.

Bonbons engl.: *sweets, candies amerik.;* bissengroße harte (Hartkaramellen) oder weiche (Weichkaramellen) Süßwaren aus Zucker, Wasser und Glucosesirup (Bonbonsirup) sowie weiteren bei Zuckerwaren allgemein üblichen geschmacks- und konsistenzgebenden Zutaten. Sie werden meist durch Einkochen bei Temperaturen zwischen 125 und 150 °C aus wässrigen Lösungen hergestellt, wobei das Wasser weitestgehend verdampft. Dies geschieht durch satzweises Kochen gegen den Atmosphärendruck in offenen Kochkesseln und mit Hilfe von kontinuierlichen Kochverfahren, meist unter Vakuumanwendung in Schlangen- oder Röhrenkochern. Die Mitverarbeitung von Glucosesirup verhindert die Rekristallisation der stark übersättigten Zuckerlösungen. Die zähflüssigen heißen Massen mit einem Restwassergehalt von 2–10 % erstarren glasig beim Abkühlen auf Kühlplatten, -tischen, -rädern oder -bändern oder werden hubweise in Metallformen (Gießverfahren) dosiert. Die Metallformen mit den heißen, zähflüssigen, gegossenen Massen durchlaufen in einem endlosen Band einen Kühlkanal. Danach werden aus ihnen die fertigen B. im erstarrten Zustand (ca. 30 °C) ausgestoßen und gewickelt. Bei den auf Kühlplatten, -tischen, -rädern oder -bändern ausgekühlten erstarrten Massen folgt ein Ausformen in Kegelrollern, Extrudern oder per Hand zu Strängen. Bei diesen können noch durch maschinelles oder manuelles Ziehen feinste Luftkanälchen in die halb weichen Massen eingearbeitet werden, so dass die B. dadurch später seidig-weiß erscheinen. Weichkaramellen werden hierdurch spezifisch leichter und geschmeidiger. Durch Einarbeitung von Frappé lässt sich ein ähnlicher Effekt erzielen. Die Stränge werden anschließend zähplastisch durch Schneiden oder Prägen, z. B. in hochtourigen Prägeautomaten und -ketten, zu den fertigen B. ausgeformt. Hartkaramellen werden oft flüssig gefüllt. Dies geschieht während der Prägung. Dabei wird eine zuckrige Füllmasse mittels Füllpumpe und -rohr kontinuierlich von hinten in den sich im Kegelroller drehenden Satz heißer Deckenmasse gedrückt. Bei der Prägung wird dann das einzelne Stück nicht nur geschnitten wie bei Weichkaramellen, sondern auch beidseitig zugedrückt. Nach dem Abkühlen ist die Füllung dann fest eingeschlossen. Sie ist so hoch konzentriert, dass sie die Deckenmasse nicht aufzulösen vermag. Bei zusätzlich mit Schokolade überzogenen B. werden niedrigere Zuckerkonzentrationen eingesetzt, damit die Füllung die Decke allmählich anlöst. Dadurch entsteht eine weichere abbeißbare Konsistenz. B. sind aufgrund ihres geringen Restwassergehaltes gegenüber mikrobiellem Verderb geschützt. Eine Empfindlichkeit besteht jedoch wie bei allen Zuckerwaren gegenüber Luftfeuchtigkeit wegen der Hygroskopizität. Saure B. sind durch die enthaltene Säure sowie durch den während der Herstellung bei hohen Hitzegraden aus Saccharose durch Säureeinwirkung gebildeten Invertzucker meist besonders hygroskopisch. „Abgestorbene“ B. sind infolge von Wasseraufnahme rekristallisiert und damit im Genusswert erheblich gemindert. Die Ursachen dafür können ein fehlerhafter Herstellungsprozess, eine unzureichende Verpackung oder eine zu feuchte Lagerung sein. Es sind Hunderte von Bonbonsorten denkbar, weil jede technologisch mögliche Form in jeder gewünschten Geschmacksrichtung hergestellt werden kann.

Bonbonsirup Syn.: → *Glucosesirup*

Bonito engl.: *bonito, skipjack tuna;* → Thunfisch

Boonekamp; → Bitterlikör, der neben der bitteren eine charakteristisch aromatische süßliche und leicht scharfe Note besitzt. Der Höchstgehalt an Zucker, der ggf. z. T. durch Glucosesirup ersetzt ist, beträgt 3 g auf 100 ml.

BOPP; Abk. für biaxial orientiertes → Polypropylen.

Bor engl.: *boron;* zu den → Ultraspurenelementen gehörender → Mineralstoff, der im Körper als Borsäure vorkommt. Die Funktion von B. im menschlichen Organismus ist nicht bekannt. Mangelerscheinungen beim Menschen sind ebenfalls nicht bekannt, bei Pflanzen hingegen äußert sich ein Bormangel mit charakteristischen Symptomen („Brüchigwerden“). Verschiedene pflanzliche Lebensmittel (z. B. Tomaten, Soja) sind reich an B. In hohen Dosen, die mit der normalen Ernährung nicht erreicht werden, ist B. giftig. Das äußert sich akut durch Erbrechen, Durchfall und Krämpfe, eine chronische Borvergiftung führt u. a. zu Nierenschädigung, Leberveränderungen und Depressionen.

Bordeaux; französischer Qualitätswein mit Appelation d’Origine Contrôlée des Anbaugebietes Bordeaux. Das Bordelais ist das größte französische Qualitätsweinanbaugebiet, ca. zehnmal so groß wie Burgund. Die Region bringt von einfachen Weinen bis Spitzenweinen, von Weiß- bis Rotweinen alles hervor. Die Weißweine können sowohl süß als auch trocken sein, die wichtigsten Weißweinreben sind Sauvignon blanc, Sémillon, Muscadet und Ugni blanc. Die wichtigsten Rotweinreben sind Cabernet Sauvignon, Cabernet Franc, Merlot und Malbec. Die Rotweine sind kräftig, dabei fruchtig, haben einen hohen Tanningehalt und eine intensive Farbe. Wichtige Bereichs- bzw. Gemeindeangaben des Bordelais sind: Médoc, Haut-Médoc, Saint-Emilion, Pomerol, Graves, Sauternes, Entre-Deux-Mers, Fronsac, Côtes de Bourg, Côtes de Blaye, Côtes de Castillon, Cadillac, Loupiac. Für „Bordeaux Supérieur“ und für „Premières-Côtes-de-Bordeaux“ werden strengere Qualitätsanforderungen gestellt.

Bordelaise Syn.: → *Sauce Bordelaise*

Bordelaiser Brühe engl.: *Bordeaux mixture;* eines der ältesten Schädlingsbekämpfungsmittel im Weinbau, bestehend aus Kupfersulfat, Kalk und Wasser. B. B. wird heute in Frankreich noch häufig angewandt, was an den vom Kupfersulfat blau verfärbten Stützpfählen erkennbar ist.

Borkenschokolade engl.: *flake chocolate, bark chocolate;* lockere, borkenähnliche, mehrlagige Röllchen aus → Schokolade, die besonders als Dekor für Desserts und Torten verwendet werden.

Borretsch lat.: *Borago officinalis L.* (Fam.: *Boraginaceae*), engl.: *borage,* Syn.: *Gurkenkraut, Gurkenkönig;* einjähriges, 30–80 cm hoch werdendes, aus Südosteuropa stammendes, meist im heimischen Garten angebautes → Küchenkraut. Verwendet werden die frischen, breit eiförmigen, rauhaarigen, nach Gurken schmeckenden Blätter, die entweder als Gemüse wie Spinat zubereitet werden können oder in feine Streifen geschnitten zum Würzen von Blatt- und Gurkensalat, Suppen, Saucen, Fleisch- und Gemüsegerichten dienen. Die Samen enthalten ein Öl mit hohem Anteil an γ-Linolensäure (→Linolensäure), das therapeutisch eingesetzt wird.

Borschtsch; für Russland, die Ukraine und andere Republiken der ehemaligen Sowjetunion typische Suppe aus Roten Beten, Weißkohl, Kartoffeln, Rindfleisch und Schinken, die mit Essig, Dill und saurer Sahne abgeschmeckt wird. Es gibt regional unterschiedliche Varianten, von denen der ukrainische B. der bekannteste ist.

Boskoop Syn.: *Schöne von Boskoop, Gouldreinette;* gut lagerfähige, im gemäßigten Klima Nord- und Mitteleuropas angebaute Winterapfelsorte mit großen, matt grünlich-gelben, rotbraun gesprenkelten oder roten runden Früchten. Das weiße feste, schmelzende Fruchtfleisch schmeckt betont säuerlich und aromatisch. Der B. ist insbesondere zum Backen oder Kochen, z. B. von Apfelmus, Apfelkuchen oder Bratäpfeln geeignet.

Botrytis cinerea; zu den Schimmelpilzen gehörender Erreger des Grauschimmels, der insbesondere die Weinrebe und auch deren Früchte befällt. Bei feuchtem Wetter führt er zu Mengen- und Qualitätsverlusten. Unter günstigen Bedingungen kann der Pilz bei ausgereiften und gesunden Trauben zur Edelfäule führen. Dadurch nimmt der Wassergehalt stark ab und die Konzentration an geschmacks- und geruchsgebenden Inhaltsstoffen zu. Ideale Bedingungen findet der Pilz bei Morgennebel und anschließendem sonnigen und trockenen Wetter. Die entstehenden Weine sind süß und von höchster Qualität, der Ertrag allerdings niedrig und die Kosten daher sehr hoch. In Deutschland entstehen so die →Trockenbeerenauslesen, in Frankreich die Sauternes und in Ungarn der Tokajer. Bei Beeren- und Kernobst gilt B. c. als gefürchteter Schädling.

Botulismus engl.: *botulism;* in jüngerer Zeit seltene, aufgrund der Schwere des Krankheitsverlaufes jedoch dennoch bedeutende bakterielle →Lebensmittelvergiftung, die durch bei der Vermehrung von →*Clostridium botulinum* in Lebensmitteln gebildete Toxine verursacht wird. Die als Neurotoxine wirkenden Botulismus-Toxine werden in die Typen A bis G unterschieden und gehören zu den stärksten Giften überhaupt. Für das Toxin A wird eine letale Dosis für den Menschen von 0,1–1 µg geschätzt. Die Symptome wie Kopfschmerzen, Übelkeit, Erbrechen und Lähmungserscheinungen treten i. d. R. innerhalb von 12–36 Stunden nach Genuss der toxinhaltigen Speisen auf, ohne Gabe von Botulismus-Antitoxin verläuft die Vergiftung innerhalb von einer Woche meist tödlich in Folge von Atemlähmung. Ausgangspunkt der Infektkette sind i. d. R. die extrem hitzeresistenten →Sporen von *Clostridium botulinum*, die in eiweißreichen Lebensmitteln und unter anaeroben Bedingungen wie z. B. in Fleisch- und Gemüsekonserven sowie in in Vakuum- oder Schrumpffolien verpackten Lebensmitteln auskeimen, sich vermehren und Toxine bilden. Während Botulismusfälle durch den Verzehr von industriell hergestellten Produkten in den letzten Jahren nur noch sehr selten beobachtet wurden, geht die Gefährdung heute fast ausschließlich von hausgemachten Lebensmitteln wie fehlerhaft gepökelten Schinken oder Wurstwaren, marinierten Fischwaren oder hausgemachten Gemüse- oder Kochwurstkonserven aus. Da Botulismus-Toxine hitzelabil sind, sollten Lebensmittel in zweifelhaften Fällen vor dem Verzehr 15 Minuten auf 100 °C erhitzt werden, um möglicherweise enthaltene Toxine zu zerstören. Der Name B. leitet sich von lat.: *botulum* = Wurst ab, da die Erkrankung vor der Entdeckung des Erregers in erster Linie mit verdorbenen Wurstwaren in Verbindung gebracht wurde.

Bouillabaisse engl.: *bouillabaisse;* berühmte →Fischsuppe aus Südfrankreich, hergestellt mit Mittelmeerfischen, Langusten und/oder Muscheln, verschiedenen Gemüsesorten, Kräutern und Gewürzen in einem Fischsud mit Olivenöl. Charakteristisch ist die Farbgebung mit →Safran.

Bouillon Syn.: →*Fleischbrühe*

Bouillonfett; Bezeichnung für Fett, das beim Kochen von Fleisch (i. d. R. Rind-, Ochsen-, Kalbfleisch oder Suppenhuhn) aus dem zwischen den Muskelpaketen eingelagerten Fettgewebe freigesetzt wird. Das Entfernen dieses Fettes aus Suppen wird als Degraissieren bezeichnet.

Bouillonwürstchen; ähnlich wie →Wiener Würstchen hergestellte →Brühwürstchen, bei denen gelegentlich zur Verstärkung des Fleischgeschmackes anstelle von Trinkwasser (Eis) beim Kuttern Fleischbrühe (Bouillon) verwendet wird und deren Brät teilweise etwas gröber ist.

Boulette d'Avesnes; französischer Weichkäse, der aus Ziegenbuttermilch, Gewürzen und Kräutern hergestellt wird. Der kegelförmige Laib (Höhe ca. 12 cm) besitzt ein durchschnittliches Gewicht von 250 g und zeigt eine rotgelbe, leicht fleckige Schmierebildung. Der ockerfarbene Käseteig ist von bröckeliger Konsistenz. Die Reifezeit beträgt ungefähr 3 Monate. Sein Fettgehalt beträgt 52% i. Tr. Die aus Kuhbuttermilch hergestellte Variante wird als Boulette de Cambrai bezeichnet.

Boulette de Cambrai; →Boulette d'Avesnes

Bouletten Syn.: →*Frikadellen*

Bouquet Syn.: →*Bukett*

Bouquet garni; aus dem Französischen stammende, heute aber international verwendete Bezeichnung für ein Bund Würzkräuter. Die Kräuter werden so zusammengebunden, dass sie am Ende des Kochprozesses, oder wenn sie dem Gericht genügend Würze verliehen haben, leicht entfernt werden können. Typischerweise besteht ein B. aus mehreren Petersiliensträußchen, einem Thymianstängel und einem Lorbeerblatt, wobei das Mischungsverhältnis variieren kann und auch weitere Kräuter enthalten sein können.

Bourbon-Vanille engl.: *Bourbon vanilla;* →Vanille

Bourbon-Whiskey engl.: *bourbon whiskey;* amerikanischer →Whiskey, der vorwiegend im Bundesstaat Kentucky im Pot-still-Verfahren und unter Verwendung von mindestens 51% Mais hergestellt wird. Er wird in Fässern aus 100–300-jähriger Eiche gelagert, die innen ausgebrannt werden, um oberflächlich eine verkohlte Holzschicht zu erzeugen, die dem Whiskey den gewünschten Rauchgeschmack verleiht. Die Mindestlagerzeit beträgt drei Jahre und die Fässer dürfen nur einmal benutzt werden. Der Mindestalkoholgehalt liegt bei 40 Vol.-%.

Bourboulenc; Weißweinrebe, die einen rauen und kantigen Wein liefert.

Bourg; französischer Qualitätswein aus dem Bordelais, an der Gironde gegenüber Haut-Médoc. Die Rotweine, hauptsächlich aus Merlot- und Cabernet-Trauben, sind sehr kräftig. →Bordeaux

Bourgogne; Bezeichnung für ein Holzfass, landläufig aber auch für Weine aus Burgund benutzt. Französischer Qualitätswein mit →Appelation d'Origine Contrôlée des Anbaugebiets (Bourgogne). Die Angabe Appelation Bourgogne ist die niedrigste Kategorie, die nächst höhere Qualitätsstufe trägt einen Gebiets- oder Gemeindenamen. Darf diesen Angaben die Bezeichnung premier cru zugefügt werden, steigt die Qualität weiter. Die höchste Stufe sind Weine mit der Angabe grand cru. Es werden Rot-, Rosé-, Weiß- und Schaumweine erzeugt. Basis für Rot- und Roséweine sind die Pinot-noir- und andere Pinot-Reben, Ausnahme: Rotweine der neun großen Beaujolais-Gewächse, gekeltert aus der Gamay-Traube. Die meisten roten Burgunder sind sortenrein mit Ausnahme von Bourgogne passetoutgrain und Bourgogne grand ordinaire. Basis für Weißweine ist fast ausschließlich die Chardonnay-Traube, der nur selten Pinot blanc zugefügt wird. Bourgogne Aligoté besteht ausschließlich aus der weißen Aligoté-Traube. Die roten Burgunder sind meist hell, leicht mit hohem Säureanteil; nur die besten Qualitäten sind schwer und reich. Wichtige Bereiche des Burgund sind: Beaujolais, Chablis, Maconnais, Côte de Nutis, Côte de Beaune, Chalonnaise. Die Trinktemperatur für den roten Bourgogne beträgt 15 °C, für Rosé und junge Weißweine 8 °C, für große, gelagerte Weißweine 11–13 °C.

Boursault engl.: *boursault;* französischer Weichkäse aus Kuhmilch mit 70 % Fett i. Tr. und zylindrischer Form von etwa 8 cm Durchmesser. B. besitzt eine weiße Rinde, die mit Schimmel überzogen ist, einen beigefarbenen Teig von cremiger Konsistenz und einen milden Geschmack.

Bovine Spongiforme Enzephalopathie engl.: *bovine spongiform encephalopathy,* Syn.: *Rinderwahn;* Abk.: BSE, durch → Prionen verursachte degenerative Erkrankungen des Zentralnervensystems bei Rindern, die sich durch schwammartige Veränderungen des Gehirns äußert. Mitte der 80er-Jahre trat BSE epidemisch v. a. in Großbritannien auf, was wahrscheinlich auf Verfütterung von erregerhaltigem, nicht ausreichend erhitztem Tierkörpermehl zurückzuführen war. Wie bei allen Transmissiblen Spongiformen Enzephalopathien weist auch BSE eine sehr lange Inkubationszeit von mehreren Jahren auf. Erkrankte Rinder zeigen u. a. Bewegungs- und Verhaltensstörungen sowie eine Überempfindlichkeit gegenüber Licht und Lärm. Man geht davon aus, dass der Auslöser der neuen Variante der Creutzfeldt-Jakob-Krankheit, die bei jüngeren Erwachsenen auftritt, BSE-haltige Lebensmittel sind. Durch verschiedene Maßnahmen wurde ein deutlicher Rückgang der BSE-Fälle erreicht: Verbot der Verfütterung von Tiermehl an Wiederkäuer seit 1994, Erhitzung von Tierkörpern unter Druck auf mindestens 133 °C für 20 Minuten, Vernichten von Risikomaterial (u. a. Gehirn, Rückenmark, Augen), Rindfleischetikettierung (Ort der Geburt, Mast, Schlachtung, Zerlegung) und Verpflichtung, jedes Schlachtrind ab einem Alter von 24 Monaten einem Schnelltest zu unterziehen. Die verfügbaren Schnellteste weisen am geschlachteten Rind auf immunologischem Wege die pathologisch veränderten Prion-Proteine nach. Teste, um BSE bereits am lebenden Rind zu identifizieren, sollen entwickelt werden.

Bowle engl.: *punch, wine-cooler;* durch Aromen und/oder Kräuter und/oder Früchte aromatisiertes alkoholisches Mischgetränk. Die Basis bilden alkoholische Getränke wie klassischerweise Wein und/oder Schaumwein, Bier und Kernobst- oder Fruchtweine. Weitere geschmacksgebende Zutaten sind möglich, auch Zucker oder Mineralwasser.

Boysenbeere lat.: *Rubus ursinus var. loganobaccus* (Fam.: *Rosaceae*), engl.: *boysenberry;* schwarzviolette bis purpurrote, saftige, runde, himbeerähnliche große Frucht des gleichnamigen Strauches, der eine Rückkreuzung der → Loganbeere mit Himbeere und Brombeere ist. Hauptanbauländer sind die USA und Neuseeland. Wegen der ausgeprägt intensiven Farbe und des süß-säuerlichen Geschmackes werden die Früchte geschätzt. Neben dem Verzehr als Frischobst erfolgt eine Verarbeitung zu Konfitüre, Gelee, Fruchtwein und in Milcherzeugnissen sowie in Speiseeis. Da frische B. weich und nicht haltbar sind, sind sie fast ausschließlich tiefgefroren im Handel.

Brabanter Kohl Syn.: → *Rosenkohl*

Brachsenmakrele lat.: *Brama brama Bonnaterre* (Fam.: *Bramidae*), engl.: *Atlantic pomfret;* in den Weltmeeren verbreiteter, mit Makrele und Thunfisch verwandter Seefisch (maximal 100 cm lang, 6 kg schwer). In Deutschland wird südamerikanische B. auch unter der Bezeichnung Pomfret(filet) angeboten.

Brackwasser engl.: *brackish water;* Bezeichnung für ein Gemisch aus Süß- und Salzwasser, das sich an Flussmündungen ergibt. B. besitzt einen niedrigen Salzgehalt, kann aber mikrobiologisch und chemisch belastet sein und müsste für den Einsatz als → Trinkwasser vorher aufbereitet werden (→ Trinkwasseraufbereitung).

Brado; → Lachshering

Brände engl.: *spirits;* Bezeichnung für mehr oder weniger aromatische Spirituosen, deren zur Herstellung verwendeter Alkohol ausschließlich aus Obst, Wein oder Getreide stammt.

Brät engl.: *2. sausage meat,* Syn.: *Wurstbrät;* 1. unter Zusatz von Trinkwasser und Salzen zerkleinertes rohes Fleisch. 2. Rohmasse zur Herstellung von Brühwurst. Im Wolf vorzerkleinertes mageres rohes Fleisch wird im Kutter unter Zusatz von Salzen, Trinkwasser (meistens in Form von Eis), Fettgewebe, ggf. Kutterhilfsmitteln (z. B. Phosphate) und Gewürzen fein zerkleinert und gut vermengt.

Brätling lat.: *Lactarius volemus (Fr.)* Fr. (Fam.: *Russulaceae*), Syn.: *Milchbrätling;* von August bis Oktober in Laub- und Nadelwäldern wachsender → Speisepilz mit gewölbt eingebogenem bis trichterförmigem Hut von durchschnittlich 5–12 (z. T. auch bis 20) cm Durchmesser und gelblicher bis orangeroter Farbe. Der B. besitzt einen kräftigen orangebraunen Stiel, dichte weißgelbe Lamellen und sprödes weißliches Fleisch, das an Bruchstellen Milchsaft absondert (verfärbt sich beim Trocken leicht grau) und bei älteren Exemplaren einen fischigen Geruch aufweist. In gebratener statt gekochter Form ist der B. ein schmackhafter Pilz.

Bräunung engl.: *browning;* → enzymatische Bräunung → Maillard-Reaktion

Braisieren Syn.: → *Schmoren*

Brame Syn.: → *Brombeere*

Brand aus Obsttrester engl.: *fruit marc spirit;* Sammelbezeichnung für durch Gärung und Destillieren von Obsttrestern zu weniger als 86 Vol.-% gewonnene → Brände mit einem Mindestalkoholgehalt von 37,5 Vol.-%. Die Verkehrsbezeichnung lautet „Brand aus ...trester" unter Einsetzung des Namens des betreffenden Obstes, bei unterschiedlichen Obstsorten „Obsttresterbrand". Besonders beachtet bei der Herstellung werden die Gehalte an Methanol und Blausäure. Der Höchstgehalt an Methanol beläuft sich auf 1500 g/hl reinen Alkohol und an Blausäure bei Brand aus Steinobsttrester 10 g/hl reinen Alkohol.

Branded Test; in der Sensorik angewandte Testmethode, bei der Produkte mit Marken- und Herstellerhinweisen, oft in der Originalverpackung, in den Test gegeben werden. Unterschiede in der Beurteilung zum → Blindtest lassen auf die Einflüsse → extrinsischer Faktoren schließen.

Brandmasse engl.: *cream puff dough, choux paste,* Syn.: *Brühmasse, Brandteig;* in zwei Arbeitsschritten hergestellte Masse aus Fett, Mehl, Wasser, Vollei und Salz. Im ersten Schritt werden Fett, Wasser und Salz aufgekocht, mit Mehl zu einer bindigen Masse gerührt und → „abgeröstet". In die sich verfestigende Masse wird Ei (mindestens 20 % der Masse) bis zum Erreichen der gewünschten Festigkeit eingearbeitet. Die fertige Masse wird für Gebäcke wie z. B. → Windbeutel, → Eclair und → Spritzkuchen verwendet.

Brandy engl.: *brandy;* → Weinbrand. Alkoholische Getränke mit zusätzlichem Namen einer Frucht in der Bezeichnung (z. B. Cherry Brandy, Apricot Brandy) gehören zu der Gruppe der → Liköre.

Branntwein engl.: *1. wine spirit, 2. spirit, 3. spirit;* 1. ausschließlich durch → Destillation zu weniger als 86 Vol.-% aus → Wein, Brennwein oder Weindestillat gewonnene → Spirituose. Sie kann zu → Weinbrand weiterverarbeitet oder als „Branntwein" nach einer der Reifezeit des Weinbrands entsprechenden Reifezeit mit einem Mindestalkoholgehalt von 38 Vol.-% vermarktet werden; 2. frühere, z. T. immer noch verwandte Bezeichnung für → Brände; 3. steuerrechtliche Definition für alle Flüssigkeiten mit einem Gehalt von mehr als 1,2 Vol.-% Ethanol, die durch → alkoholische Gärung und anschließende Destillation gewonnen werden, mit Ausnahme von Wein, Bier und Schaumwein, für die eigene rechtliche Steuervorschriften gelten.

Branntweinessig engl.: *spirit vinegar,* Syn.: *Tafelessig;* ausschließlich aus Ethanol (gewonnen aus Kartoffeln, Getreide oder Zuckerrüben) durch Essigsäuregärung hergestellter Essig, der kein Eigenaroma besitzt und einen Essigsäuregehalt von etwa 10 Vol.-% aufweist.

Brasse lat.: *Abramis brama L.* (Fam.: *Cyprinidae*), engl.: *carp bream, freshwater bream,* Syn.: *Brachse(n), Blei;* Süßwasserfisch in langsam fließenden Strömen mit Altwasserbereichen und nährstoffreichen Seen Europas bis zum Kaspischen Meer und zum Aralsee sowie im Brackwasser von Nord- und Ostsee. Die B. wird auch gezüchtet und ist ein beliebter Speisefisch, v. a. in Osteuropa. Nahe Verwandte sind →Zährte, Zope (lat.: *A. ballerus L.*), Güster (lat.: *A. bjoerkna L.*) und Zobel (lat.: *A. sapa Pallas*). B. sind zoologisch nicht verwandt mit →Meerbrassen.

Bratbückling engl.: *bratbückling;* kalt geräucherter, kleiner, nicht ausgeweideter, leicht vorgesalzener →Hering ohne Kopf, der vor dem Verzehr gebraten wird.

Braten engl.: *1. to fry, to roast, 2. roast;* 1. küchentechnisches Verfahren, bei dem meist eiweißhaltige Lebensmittel unter Bräunung mit oder ohne Zugabe von Fett auf der Kochstelle oder im Backofen gegart werden. Angewandt z. B. bei Fleisch, Fisch und Geflügel. Die hohen Temperaturen führen zur Bildung einer schützenden Kruste aus geronnenem Eiweiß, wodurch das Innere des Bratgutes saftig bleibt. Der typische Geruch nach Gebratenem entsteht durch Zersetzung des an der Oberfläche haftenden Fleischsaftes. 2. meist durch Angabe der Tierart oder durch beschreibende Zusätze ergänzend bezeichnete, angebotene Fleischstücke. Bei Fleisch von Schlachttieren und Wild werden als B. großstückige Zuschnitte vorwiegend ohne Knochen von 0,5 bis zu mehreren kg Gewicht bezeichnet, sofern die nähere Bezeichnung nichts Gegenteiliges klarstellt (z. B. Hackbraten). Das Angebot erfolgt sowohl in rohem als auch in zubereitetem Zustand (beim Schwein z. T. mit Schwarte). In bestimmten Fällen bspw. beim Rehrücken oder der Lammkeule wird das Fleisch erst nach dem Braten vom Knochen getrennt. Bei Geflügel und Wildgeflügel ist die Bezeichnung B. für den nach sachgerechter Vorbereitung im ganzen durch Braten zubereitete Körper im Gebrauch. B. kommt auch portionsgerecht zerteilt als Bestandteil von Gerichten sowie in dünne Scheiben geschnitten als Aufschnitt in den Verkehr.

Bratenjus engl.: *basting,* Syn.: *Bratensaft;* 1. in der Küchensprache gebrauchte Bezeichnung für →Jus. 2. klare, leicht gebundene, vorgefertigte →Bratensauce.

Bratensaft; →Jus

Bratensauce engl.: *gravy;* auf der Basis von bei der Zubereitung (Braten, Schmoren) aus dem Fleisch sowie ggf. den Knochen austretender Flüssigkeit und/oder Fleischextrakt hergestellte braune, meist gebundene Grundsauce. Zur Beurteilung der zur Herstellung der Sauce verwendeten Menge an ausgetretener Flüssigkeit bzw. Fleischextraktes dient der Kreatiningehalt. B. enhält üblicherweise mindestens 200 mg Kreatinin je Liter verzehrsfähige Zubereitung. Für ähnliche Saucen mit weniger Kreatinin sind Bezeichnungen wie „Sauce zu (für) Braten" gebräuchlich. B. werden überwiegend als halb fertige Trockenerzeugnisse in pastöser und gekörnter Form sowie als fertige Zubereitung in Fertiggerichten verwendet. Hochwertige B. sind als Saucenfond (→Fond) im Angebot.

Bratenschmalz; durch Erhitzen mit Zwiebeln und/oder Äpfeln und/oder Gewürzen (z. B. Thymian, Majoran) gewürztes →Schweineschmalz.

Bratfischkonserven; →Fischkonserven aus →Bratfischwaren.

Bratfischwaren engl.: *fried fish, baked fish;* Erzeugnisse aus frischem oder tiefgefrorenem Fisch oder Fischteilen, gegart durch →Braten (Backen), →Rösten oder →Grillen. In Fett gebratene B. können paniert (→Fischfrikadellen →Fischkoteletts →Fischstäbchen) oder von Ausbackteig umhüllt sein

(→Backfisch). Klassische deutsche B. sind →Brathering, Bratmakrele und →Aalbricken. Sie werden zum Direktverzehr angeboten oder weiterverarbeitet zu Fischkonserven mit saurem Aufguss, Saucen und anderen würzenden Zutaten. Zubereitung und Fischart (Brat/Back..., Röst..., Grill...) müssen auf der Packung angegeben sein.

Brathähnchen engl.: *broiler,* Syn.: *Broiler;* vor der Geschlechtsreife geschlachtete, bratfertige, 700–1200 g schwere Haushühner, zumeist Spezialrasse, mit weichem, leicht biegsamem Brustbeinknorpel.

Brathering engl.: *fried herring;* →Bratfischware aus ausgeweidetem Hering ohne Kopf. Heringsteile/-stücke werden als Bratheringsfilet (filetierte B.), auch verarbeitet als Bratrollmops (→Rollmops), Bratheringsstücke und Bratheringshappen bezeichnet. 100 g B. enthalten ca. 17 g Protein und 11–21 g Fett, je nach Fettgehalt der Ausgangsware. B. wird zum Direktverzehr angeboten oder weiterverarbeitet, z. B. pasteurisiert in süß-saurer →Marinade oder eingelegt in Aspik (Bratheringsfilet in Gelee →Aspikwaren).

Bratkartoffeln engl.: *fried potatoes;* in der Pfanne mit Fett und anderen Zutaten wie z. B. Speck, Schinken, Ei oder Zwiebeln gebratene rohe oder gegarte →Kartoffeln, die sowohl als Gericht als auch als Beilage zu Mahlzeiten verzehrt werden.

Bratklopse Syn.: →*Frikadellen*

Bratmarinaden; veraltete, z. T. noch verwendete Bezeichnung für →Bratfischwaren in saurem Aufguss.

Bratöl; aufgrund seiner Hitzestabilität zum Braten geeignetes Öl. Anforderungen sind minimales Schäumen und niedrige Gehalte an Fettsäuren wie Linolensäure, die beim Erhitzen in unerwünschte Oxidationsprodukte zerfallen oder →Trans-Fettsäuren bilden. Auch Fettbegleitstoffe können, gerade in nicht raffinierten Produkten, zum Rauchen des Öles führen. Während für optimale Brateigenschaften ein hoher Gehalt gesättigter Fettsäuren günstig ist, ist dieser aus gesundheitlichen Gründen nicht erwünscht. Verwendet werden partiell hydrierte Soja- und Rapsöle oder partiell hydriertes Palmolein, aber auch →HO-Öle sind geeignet. Wegen der ähnlichen Anforderungen werden B. häufig als zum Braten und Frittieren (→Frittierfett) geeignet ausgelobt.

Bratrollmops; →Rollmops

Bratwurst engl.: *frying sausage;* regional sehr unterschiedlich verstandene Bezeichnung für eine Vielzahl von Würsten verschiedener Sorten, die überwiegend, aber nicht immer in gebratenem Zustand verzehrt werden. Unter der Bezeichnung B. oder in Verbindung mit „Bratwurst-" bezeichnet sind ebenfalls die Rohprodukte im Handel, die zum Brühen und/oder Braten oder für andere Gerichte verwendet werden. Neben →Rohwürsten in unerhitztem und gebratenem Zustand (z. B. Bauernbratwurst) und →Kochwürsten werden v. a. rohe und gebrühte →Brühwürste als B. gehandelt. Diese werden aufgrund ihrer Eigenschaften (überwiegende Bestimmung für den Warmverzehr, engkalibrige Hülle) zu den →Brühwürstchen gerechnet. Die roh als B. im Verkehr befindlichen Brühwürstchen haben oft eine geringe Haltbarkeit, unterliegen denselben strengen rechtlichen Anforderungen wie Hackfleisch und sind umgehend gebrüht oder gebraten zu verbrauchen. Die Verwendung anderer Fleischsorten als Schweine-, Kalb- oder Rindfleisch (z. B. Geflügel) ist möglich, muss aber ausreichend kenntlich gemacht werden. Ähnliches gilt für die Verwendung von bestimmten Lebensmitteln wie z. B. Milch, Käse oder anderen Milcherzeugnissen. Als Hülle werden je nach Sorte Schafsaitlinge oder Schweinedünndärme verwendet. Drei Grundsorten sind allgemein beschrieben: Als B. schlechthin ist die erste Grundsorte im Handel, deren Brät aus fein zerkleinertem, nicht umrötetem, grob entsehntem Kalb- und Rindfleisch, grob entfettetem sowie fettgewebereichem Schweinefleisch und Speck besteht. Die nur gering haltbaren Würstchen sind teilweise roh im Verkehr. Die zweite Grundsorte, Kalbsbratwurst, enthält fein zerkleinertes, nicht umgerötetes Brät aus sehnen- und fettgewebearmem Jungrindfleisch, grob entsehntem Kalb- und Jungrindfleisch, fettgewebereichem Schweinefleisch und Speck. Sie ist teilweise roh im Verkehr und wird teilweise in gebratenem Zustand verzehrt. Zu der dritten Grundsorte zählen bekannte Würste wie z. B. die Grobe Bratwurst und die Rostbratwurst. Die nicht umgerötete bis erbsengroß gekörnte Grundmasse setzt sich ursprünglich aus gewolftem gewürzten, grob entfettetem und fettgewebereichem Schweinefleisch zusammen. Eventuell kann auch grob entsehntes Kalb- oder Rindfleisch bei der Verwendung von Grundbrät (B. mittelfein bzw. mittelgrob) hinzugegeben werden. Die Würste der dritten Grundsorte sind vielfach roh im Verkehr.

Bratwurstbrät; grobes oder feines, rohes, ungebrühtes Brät, das zur Füllung von →Bratwürsten verwendet wird. Es ist auch einzeln erhältlich und eine beliebte Zutat zu vielen Gerichten wie z. B. Maultaschen. B. unterliegt wie rohes Hackfleisch strengen rechtlichen Vorschriften hinsichtlich der Herstellung, der Verarbeitung und dem Verkauf.

Bratwursthack; rohes gewürztes →Hackfleisch zum Füllen von →Bratwürsten. B. unterliegt wie rohes Hackfleisch strengen rechtlichen Vorschriften hinsichtlich der Herstellung, der Verarbeitung und dem Verkauf.

Brauchwasser engl.: *processing water;* nicht als →Trinkwasser geeignetes, sondern für technische Zwecke bestimmtes Wasser. Es wird von diesem getrennt in separaten Kreisläufen geführt und darf nicht mit Lebensmitteln in Kontakt kommen.

Braugerste engl.: *brewers barley;* eiweißarme zweizeilige Sommergerste mit hohem Stärkegehalt und guter Keimfähigkeit (günstiger Enzymaktivität). Wichtig für die Verarbeitung zu →Malz ist, dass große sortenreine Partien mit hohem (über 90 %) Vollgerstenanteil zur Verfügung stehen, damit die einzelnen Körner während des Mälzprozesses praktisch gleichmäßig reagieren.

Braunalgen lat.: *Phaeophyta,* engl.: *brown algae;* Abteilung von →Algen, die nur eine Klasse, die *Phaeophyceae (= Fucophyceae)* besitzt, die wiederum in mehrere Ordnungen untergliedert wird. B. besitzen einen komplexen, teilweise sehr großen Thallus (Riesentang, →Seetang) und kommen an Meeresküsten gemäßigter Zonen vor. Charakteristisch ist die braune Pigmentierung, hervorgerufen durch eine Kombination aus Chlorophyll a und c und Fucoxanthin. Einige Arten, hauptsächlich aus der Ordnung *Laminariales,* haben in Fernost große Bedeutung als Lebensmittel (→Kombu, →Wakame u. a.). Sie werden in großen Mengen gezüchtet (→Aquakultur). Aus den Zellwänden der B. werden Alginsäure und →Alginate gewonnen.

Braunbandschabe engl.: *brown-banded cockroach,* Syn.: *Möbelschabe;* →Schaben

Braune Kuchen engl.: *brown cookies,* Syn.: *Hamburger Braune Kuchen;* dünne, braune, knusprige →Kekse, die eine typische Hamburger Spezialität, insbesondere zur Weihnachtszeit, darstellen. Sie werden aus einem Teig aus Mehl, Rübensirup, Schmalz oder anderen Fetten, Honig oder Zucker, Gewürzen und Backtriebmitteln hergestellt.

Braune Lebkuchen engl.: *brown gingerbread;* ohne Oblatenunterlage hergestellte →Lebkuchen mit oder ohne Zusatz von eiweißreichen Ölsamen. Bei hervorhebenden Bezeichnungen und Qualitätshinweisen ist die Verwendung von Fettglasur nicht üblich. Die Verwendung von Kokosraspeln und Erdnusskernen ist ebenfalls unüblich. Zu B. L. gehören: 1. →Honigkuchen oder Honiglebkuchen, 2. B. L. im engeren Sinne von gehobener Qualität: Feine Braune Lebkuchen enthalten mindestens 10 % Mandeln und/oder Haselnuss und/oder Walnusskerne und/oder andere Ölsamen im Teig und/oder als Auflage. Die namensgebende Samenart ist überwiegend. Der Zusatz von anderen eiweißreichen Ölsamen ist nur bei feinsten B. L. unüblich, 3. → Dominosteine, 4. → Printen und 5. → Spitzkuchen.

Braune Nuss- oder Mandellebkuchen engl.: *brown nut gingerbread, brown almond gingerbread;* → Braune Lebkuchen

Brauner Kandis; → Kandis

Braune Sauce engl.: *brown sauce,* Syn.: *Dunkle Sauce;* allgemeine Bezeichnung für eine dunkle, gebundene, meist neutral abgeschmeckte Sauce. Sie wird sowohl als eigenständige Sauce wie auch als Grundlage für andere Saucen vielseitig verwendet.

Brauner Zucker engl.: *brown sugar;* Sammelbezeichnung für → Farinzucker, → Kandisfarin und braunen → Basterdzucker. Die Farbe entsteht bei der Herstellung aus speziellen, stark karamellhaltigen Kandissirupen oder durch Zusatz von Karamellzuckersirup. Auch → Rohzucker und Vollrohrrohzucker werden häufig als b. Z. bezeichnet. Bei ihnen stammt die braune Färbung jedoch von Nichtzuckerstoffen z. B. aus Melasse vor der Zuckerproduktion. B. Z. wird wegen seines milden karamellartigen Geschmackes als Zutat in Back- und Süßwaren sowie Getränken verwendet.

Braunkappe; → Rotbrauner Riesenträuschling

Braunkohl Syn.: → *Grünkohl*

Braunschweiger Mettwurst Syn.: *Braunschweiger;* leicht geräucherte, grobe oder fein zerkleinerte, gut streichfähige, fettreiche, meistens in Kranzdärmen abgefüllte → Rohwurst. Sie wird aus fettgewebereichem Schweinefleisch (z. B. aus Bauch und Wamme) und Speck neben ggf. grob entsehntem Rindfleisch hergestellt.

Braunsenf Syn.: → *Schwarzer Senf*

Brause; Bezeichnung für eine bestimmte Gattung süßer, alkoholfreier, gefärbter und/oder aromatisierter, kohlensäurehaltiger Erfrischungsgetränke auf der Basis von → Brausengrundstoff. In diesem werden im Gegensatz zu → Limonadengrundstoff üblicherweise naturidentische und/oder künstliche Aromastoffe und/oder Farbstoffe verwendet. Der Hinweis auf eine besondere Geschmacksrichtung erfolgt mit den Worten „mit ...aroma“ oder „mit ...geschmack“.

Brausebonbons engl.: *effervescent sweet;* Zuckerwaren, die aus Zuckerarten und/oder Zuckeralkoholen, Aromen, sonstigen geschmacksgebenden Stoffen, Genusssäuren, Hydrogencarbonaten, Kohlendioxid sowie färbenden Stoffen und z. T. Vitaminen und Mineralstoffen bestehen. Bei den B. handelt es sich entweder um mit → Brausepulver gefüllte, geprägte, massive → Bonbons (→ Hartkaramellen) oder um Schleckbrause-Komprimate, die sich wie eine Hartkaramelle langsam lösen und dabei ständig prickelndes Kohlendioxid abgeben.

Brauselutscher; → Brausebonbon, geschichtet oder massiv am Stiel.

Brausengrundstoff; pulverförmiges Erzeugnis, aus dem sich mit Zusatz von Zucker bzw. Süßstoffen und Wasser → Brause herstellen lässt. B. besteht i. d. R. aus naturidentischen und/oder künstlichen Aromen und/oder Farbstoffen, Genusssäuren und Natriumhydrogencarbonat.

Brausepulver engl.: *effervescent powder;* pulverförmige Zuckerwaren, die zur Herstellung eines Getränkes verwendet oder unmittelbar verzehrt werden können. B. werden aus Zuckerarten und/oder Zuckeralkoholen, Aromen, sonstigen geschmacksgebenden Stoffen, Genusssäuren, Hydrogencarbonaten, Kohlendioxid sowie färbenden Stoffen, ggf. Vitaminen und Mineralstoffen hergestellt. Die Verwendung von Süßstoffen ist bei den zum unmittelbaren Verzehr bestimmten B. nur bei energieverminderten oder zuckerfreien Erzeugnissen üblich. Ihre Bezeichnung enthält einen Hinweis auf die Verwendung zum Essen wie z. B. „B. zum Essen“ oder „Schleckbrause“. Der angenehm prickelnde Geschmack von B. ist auf frei werdendes Kohlendioxid zurückzuführen, das durch die Reaktion der zugesetzten Genusssäuren mit den Hydrogencarbonaten im feuchten Medium (Wasser oder Mundspeichel) entsteht. B. werden außer als Pulver auch in komprimierter fester Form als Tabletten angeboten.

Brausetabletten engl.: *effervescent tablets;* in Tablettenform gepresstes → Brausepulver.

Brauwasser engl.: *bewing liquor;* beim Bierbrauen zur Herstellung der Würze eingesetztes Wasser. B. muss Trinkwasserqualität (→ Trinkwasser) aufweisen, die → Enthärtung des Wassers bzw. der Zusatz von Calciumhydroxid zur Einstellung der Härte ist zulässig (→ Wasserhärte). Die Qualität des Bieres ist abhängig von der Zusammensetzung des B., insbesondere von der Restalkalität und dem Carbonatgehalt. Der Charakter von Bieren mit geografischen Herkunftsbezeichnungen beruht historisch gesehen auf der speziellen Wasserqualität. Es wird unterschieden zwischen Pilsener (keine Carbonat- und Nichtcarbonathärte), Münchner (Carbonathärte weniger wichtig, Nichtcarbonathärte hoch) und Dortmunder Bier (Carbonat- und Nichtcarbonathärte hoch).

Brauweizen engl.: *brewers wheat;* eiweißarme ertragreiche Winterweizensorten mit besonders guter Keimfähigkeit, die sich für die Gewinnung von → Malz als Ausgangsstoff von Weiß- und Weizenbieren eignen.

Brechbohnen; → Bohnen

Brechungsindex engl.: *refractive index;* Verhältnis der Lichtgeschwindigkeiten in zwei unterschiedlichen Medien, das bei gegebenem Einfallswinkel den Ausfallswinkel der Brechung bestimmt. Der B. ist abhängig von der Temperatur und der Frequenz des Lichts. Angegeben wird meist der B. gegen Luft bzw. Vakuum bei 20 °C und Verwendung der D-Linie der Natriumdampflampe (589 nm). Unter gleichen Bedingungen ist der B. eine Stoffcharakteristik und wird unter anderem zur Identifizierung von Ölen benutzt. Weiterhin findet er Verwendung zur Ermittlung des Gehalts an gelösten Stoffen in der Refraktometrie (→ Brix → Öchsle).

Brei engl.: *mash;* dickflüssige gekochte oder ungekochte Zubereitung aus ganzen oder zerkleinerten Lebensmitteln wie z. B. Getreide, Gemüse oder Obst.

Breitling Syn.: → *Brasse*

Bremer Klaben Syn.: *Klaben;* länglicher, wie ein Brotlaib geformter, mit Puderzucker bestreuter gespaltener (Klaben) Kuchen aus schwerem Hefefeinteig (→ Hefeteige), der dem → Stollen sehr ähnlich ist. Von diesem unterscheidet er sich jedoch in Form, Backart, Würzung und durch den höheren Anteil an Früchten.

Bremer Kluten; bissengroße weiß-rote Zuckerware aus → Fondant in Barrenform mit Pfefferminzgeschmack, die meist zur Hälfte in Schokolade getaucht ist.

Bremer Pinkel; → Pinkel

Bremer Scheerkohl Syn.: → *Schnittkohl*

Bremer Schwarzbrot; angeschobenes langes Roggenschrotbrot (→ Schrotbrote).

Brennen engl.: *to distill;* im Lebensmittelbereich verwendete Bezeichnung für den Vorgang der → Destillation zur Gewinnung von Spirituosen aus Wein und aus gegorenen alkoholhaltigen Flüssigkeiten bzw. der Herstellung von Zuckerkulör oder Karamell durch Hitzeeinwirkung mit oder ohne Reaktionsbeschleuniger.

Brennnessel; → Große Brennnessel

Brennnesseltee engl.: *nettle leaf tea;* → teeähnliches Erzeugnis aus ganzen oder zerkleinerten Blättern und Stielteilen der → Großen Brennnessel. B. hat entwässernde und entschlackende Wirkung und wird im Rahmen von Frühjahrskuren und zur unterstützenden Behandlung von Harnwegserkrankungen eingesetzt.

Brennwein engl.: *denaturated alcohol;* Bezeichnung für ein Zwischenprodukt bei der Herstellung von Branntwein aus Wein, das einen vorhandenen Alkoholgehalt von 18–24 Vol.-% aufweist. B. wird ausschließlich dadurch gewonnen, dass einem Wein ohne Restzucker ein nicht rektifiziertes, aus der Destillation von Wein hervorgegangenes Erzeugnis (Weindestillat) mit einem vorhandenen Alkoholgehalt von bis zu 86 Vol.-% zugesetzt wird. B. weist einen Gehalt an flüchtiger Säure von höchstens 1,5 g/l, ausgedrückt in Essigsäure, auf.

Brennwert; → physikalischer Brennwert → physiologischer Brennwert

Brennwertarm Syn.: *Kalorienarm;* Lebensmittel, deren Brennwert nicht mehr als 210 kJ bzw. 50 kcal pro 100 g beträgt. Abweichend davon gilt für Getränke, Suppen und Brühen ein maximaler Brennwert von 84 kJ bzw. 100 kcal pro 100 ml. Als von Natur aus B. gelten Lebensmittel mit einem sehr hohen Wasser- und Zellulosegehalt wie die meisten Obst- und Gemüsesorten. Bei Lebensmitteln, die in der Etikettierung oder Werbung einen Hinweise auf einen geringen Brennwert enthalten, ist eine Nährwertkennzeichnung mit Energie, Eiweiß, Kohlenhydraten und Fett verpflichtend. Hinweise auf einen geringen Brennwert sind z.B.: wenig Kalorien, enthält nur xx Kalorien, kalorienarm. Von brennwertarmen sind → brennwertverminderte Lebensmittel zu unterscheiden.

Brennwertvermindert engl.: *reduced in energy,* Syn.: *kalorienreduziert, energiereduziert, energievermindert;* Bezeichnung für Lebensmittel, die durch besondere Rezeptur und/oder ein besonderes Herstellungsverfahren einen gegenüber üblichen Lebensmitteln der gleichen Art deutlich verringerten (mindestens 30 %) → physiologischen Brennwert aufweisen. Auf eine Brennwertverminderung kann durch die Worte: leicht, light, kalorienreduziert, weniger Kalorien als Vergleichslebensmittel x hingewiesen werden. Brennwertverminderte Aussagen in Bezug auf ein Lebensmittel innerhalb der Etikettierung und/oder Werbung machen eine Nährwertkennzeichnung erforderlich.

Brennwertverminderte Getränke engl.: *calorie reduced beverages,* Syn.: *energiereduzierte Getränke;* → Getränke, deren Brennwert um mindestens 30 % gegenüber dem des ursprünglichen Getränkes oder eines gleichwertigen Getränkes vermindert ist. Ausgelobte Bezeichnungen wie „light“ oder „kalorienreduziert“ können bei Getränken als auf einen verminderten Brennwert hinweisende, nährwertbezogene Angaben verstanden werden. Daher muss die oben genannte Bedingung erfüllt werden und die Kennzeichnung der Nährwerte auf der Fertigpackung des Getränkes erfolgen.

Breslauer; wie → Lyoner hergestellte, in mittelgroßen und größeren Kalibern angebotene → Brühwurst mit fein zerkleinertem umgerötetem → Brät.

Brettanomyces; Gattung der imperfekten → Hefen, ungeschlechtliche Form der Gattung → *Dekkera.*

Brezeln engl.: *pretzels;* aus länglichen Teigstücken zu charakteristischen Gebilden geformte → Backwaren in vielfältiger Angebotsform. Süße oder salzige B. mit knuspriger Kruste zählen zu den → Dauerbackwaren. → Laugenbrezeln

Brie engl.: *brie-cheese;* in der Herstellungsweise und Aussehen dem → Camembert ähnlicher Weichkäse der Vollfett- bis Doppelrahmstufe (→ Käse), mit Schimmelbildung und einem Gewicht von 1 und 3 kg. Bei Verwendung einer Form- und Portionierungseinrichtung sind auch Gewichte von 100–1000 g zulässig. Der B. ist nach seinem Ursprungsort, der Landschaft Brie in der Ile de France benannt. In Deutschland wird er in Tortenstücke abgepackt, die als Tortenbrie bekannt sind, während in Frankreich zwischen verschiedenen Sorten unterschieden wird. Angebotsformen sind ganze Laibe oder Sektorstücke. B. darf sowohl aus erhitzter als auch aus Rohmilch hergestellt werden. Die Reifung erfolgt nur mit Kulturen von Camembertschimmel (*P. camemberti* und *P. candidum*). Das Äußere ist gleichmäßig mit Camembertschimmel bedeckt, an den Rändern kann Rotschmiere sein. Der geschlossene weiße bis rahmgelbe Teig besitzt bis auf einige wenige Bruchlöcher keine Löcher und ist im gereiften Zustand geschmeidig, weich und elastisch bis plastisch. B. schmeckt mild aromatisch, leicht säuerlich und mit fortgeschrittener Reife kräftig bis pikant, dies gilt insbesondere für B. aus Rohmilch. Verzehrt wird der Käse im schwach angereiften Zustand nach einer Lagerung von bis zu zwei Wochen nach Versand bei 10–12 °C. Die Herstellung erfolgt heute auch in vielen Gegenden Deutschlands und auf der ganzen Welt.

Brie de Meaux engl.: *brie de Meaux;* französischer Weichkäse aus der Ile de France mit weißer rötlich-fleckiger Schimmelkruste, der in Tortenform (Tortenbrie: Durchmesser ca. 36 cm, Höhe ca. 2,5 cm und Gewicht ca 2,5 kg) oder in Form von Tortenstücken angeboten wird. Bei B. handelt es sich im Gegensatz zu „normalem" Brie um eine geschützte geografische Herkunftsbezeichnung. Als B. bezeichneter Brie darf daher nur aus einem festgelegten Gebiet der Ile de France bei Paris kommen. Sein Fettgehalt liegt bei 45 % i. Tr. (ca. 20 % absoluten Fettgehalt). Der Weichkäse verfügt über einen weichen gelben Teig mit feinem milden Geschmack, der sich nach 1–3 Monaten Reifezeit entwickelt.

Bries engl.: *sweetbreads,* Syn.: *Kalbsmilch, Milcher, Bröschen;* innere Brustdrüse (Thymusdrüse), i. d. R. vom Kalb, die zur Herstellung von Spezialitäten, insbesondere von Suppen, Klößen und Ragout verwendet werden kann. Bis zu einer wissenschaftlichen Klärung der TSE (Abk. für → Transmissible Spongiforme Enzelopathie)-Infektiosität von Rinderbries entspricht eine Verarbeitung von B. jedoch nicht der allgemeinen Verkehrsauffassung, d. h. die Verwendung findet bis zur wissenschaftlichen Klärung der TSE-Infektiosität nicht mehr statt.

Brillant-Säuregrün BS engl.: *green S;* synthetischer grüner Farbstoff, der unter der Nummer E 142 zur Färbung bestimmter Lebensmittel, z. B. Süßwaren, Dosenerbsen und Ostereierfarben in festgelegten Höchstmengen zugelassen ist.

Brillantschwarz BN engl.: *brilliant black BN;* synthetischer, lichtechter, schwarzvioletter → Azofarbstoff, der unter der Nummer E 151 zur Färbung bestimmter Lebensmittel, z. B. Süßwaren, Lakritze und Fischrogenerzeugnisse (Kaviarersatz) in festgelegten Höchstmengen zugelassen ist. Des Weiteren wird B. BN zum Färben von Kosmetika und Arzneimitteln (Dragees) verwendet.

Brioche engl.: *brioche,* Syn.: *Apostelkuchen;* ursprünglich französisches, feines Gebäck aus ei- und fettreichem Hefefeinteig (→ Hefeteige), das in verschiedenen Formen (Kugel-, Kasten- und Kranzform) und Größen gebacken wird. Üblich sind auch feine Füllungen wie z. B. → Gänseleberpastete oder Früchte (Fruchtpasteten). B. wird überwiegend zum Frühstück und als Dessert verzehrt.

Brix engl.: *Brix,* Syn.: *°Brix;* Einheit für den meist refraktometrisch gemessenen Zucker- oder Extraktgehalt in Gewichtsprozent. 1 °Brix entspricht 1 g Zucker oder Extrakt pro 100 g. In Deutschland ist für den Extraktgehalt von Wein die Einheit → Öchsle üblich, in den meisten anderen Ländern wird auch hier B. verwendet.

Brötchen engl.: *bread rolls,* Syn.: *Weck;* unter den verschiedensten Namen wie z. B. → Schrippe oder → Semmel und in vielfältigen Formen von rundlich-glatt bis länglich-oval mit tiefem Riss gefertigte → Kleingebäcke. B. werden überwiegend wie Brot aus Weizenmehlteigen (→ Brotteig) hergestellt. Beliebte weitere Zugaben zum Teig sind Milch, Fett, Zucker, Trockenfrüchte sowie viele weitere Zutaten. Die Verwendung von Salz und/oder Kümmel sowie Mohn, Sesam und anderen Samenkernen als Aufstreu ist üblich.

Broiler Syn.: → *Brathähnchen*

Broken; Abk.: B, aus der Teeproduktion stammende Bezeichnung für gebrochenen kleinblättrigen Tee. → Teeproduktionsmethoden

Broken Orange Pekoe; Abk.: BOP, wichtiger → Tee-Blattgrad, der einen feinen gebrochenen Tee mit → Tips beschreibt.

Broken Orange Pekoe Fannings; Abk.: BOPF, wichtiger →Tee-Blattgrad, der eine feine Aussiebung nicht geschnittenen Tees in der orthodoxen Teeproduktion (→Teeproduktionsmethoden) beschreibt. BOPF wird für die Herstellung von →Teeaufgussbeuteln verwendet und färbt aufgrund seiner großen Oberfläche sehr schnell dunkel und besitzt v. a. bei Hochlandtees ein ausgezeichnetes Aroma.

Broken Pekoe; Abk.: BP, wichtiger →Tee-Blattgrad, der bei der orthodoxen Teeproduktion (→Teeproduktionsmethoden) den Tee bezeichnet, der mit einer Schneidemaschine aus dem gröbsten Blatt geschnitten wird. Er enthält viele Blattrippen und ergibt daher einen dünnen Aufguss. Bei der CTC-Produktion (→Teeproduktionsmethoden) ist BP die wichtigste Sortierung bei →Broken Teesorten und liefert sehr kräftige Tees.

Brokens; internationale Bezeichnung für →Bruchbohnen (→Fehlbohnen) bei Rohkaffee.

Brokkoli/Broccoli lat.: *Brassica oleracea var. italica Plenck* (Fam.: *Brassicaceae*), engl.: *sprouting broccoli, broccoli,* Syn.: *Spargelkohl;* mit dem →Blumenkohl verwandte Kohlsorte, bei der der fleischig verdickte Blütenstand (Rosen) geerntet wird. Dabei handelt es sich um einen lockeren „Kopf" mit Haupt- und Seitentrieben mit meist grünen voll entwickelten Blütenknospen, die sich noch nicht geöffnet haben. Die geernteten ganzjährig angebotenen Blütenstände sind wegen ihrer lockeren Struktur sehr transportempfindlich und auf längere Zeit nicht lagerfähig. Daher werden sie durch Tiefgefrieren, Trocknen oder in Form von Nasskonserven haltbar gemacht. B. wird gekocht als Gemüse, in Gemüsemischungen und als Bestandteil von Feinkostsalaten verzehrt. Roh weist der Kohl in frischem Zustand einen hohen Gehalt an Vitamin C und beta-Carotin (ca. 100 mg Vitamin C und 850 µg beta-Carotin pro 100 g essbarer Anteil) auf.

Brom engl.: *bromine;* zu den →Ultraspurenelementen gehörender →Mineralstoff. Die Funktion von B. im menschlichen Organismus ist nicht bekannt. Mangelerscheinungen beim Menschen sind ebenfalls nicht bekannt, da die meisten Lebensmittel geringe Konzentrationen in Form von Bromiden enthalten. Vergiftungen, die nicht durch Lebensmittel, sondern durch Überdosierung bromhaltiger Medikamente auftreten können, äußern sich u. a. durch Schlaflosigkeit, Halluzinationen und Verwirrtheitszustände.

Brombeere lat.: *Rubus sect. Rubus* (Fam.: *Rosaceae*), engl.: *blackberry,* Syn.: *Kratzbeere, Kroatzbeere, Brame;* runde bis längliche, dunkelrote bis schwarze, aus vielen kleinen Steinfrüchtchen gebildete, auf Zapfen (Fruchtboden) sitzende Sammelfrucht des in vielen Sorten in ganz Eurasien und Nordamerika heimischen gleichnamigen Strauches. B. werden als Wildfrüchte gesammelt, in Kultur angebaut und in fakultativen Handelsklassen angeboten. Sie reifen i. d. R. von August bis zum Frosteintritt. Wegen ihres aromatischen süßlichen Geschmacks und ihres hohen Gehaltes an Zucker sowie Fruchtsäuren eignen sich B. für viele Verwendungszwecke. Neben dem Verzehr als rohes Frischobst werden sie durch Tiefgefrieren und als Nasskonserve haltbar gemacht. B. in Konserven erfüllen die Anforderungen der Leitsätze des Deutschen Lebensmittelbuches für verarbeitetes Obst oder sind in ihrer Abweichung ausreichend kenntlich gemacht. Eine Verarbeitung erfolgt zu Mark, Fruchtzubereitungen, Konfitüre, Gelee, Sirup und alkoholischen Getränken wie z. B. Likören, Fruchtweinen und Geisten. B. sind verarbeitet und unverarbeitet beliebte Zutaten in Süßspeisen, Desserts sowie in Milcherzeugnissen wie z. B. Fruchtjoghurts. Brombeerblätter finden als Bestandteil von Naturheilmitteln Verwendung.

Brombeergeist; →Obstgeist aus Brombeeren.

Brombeerlikör engl.: *blackberry liqueur,* Syn.: *Kroatzbeerlikör;* dunkelroter Fruchtsaftlikör

(→ Likör) mit violettem Unterton und kräftigem säuerlich-fruchtigen Geschmack nach → Brombeeren.

Bromelin engl.: *bromel(a)*in, Syn.: *Bromelain;* proteolytisches → Enzym der Ananas, das in der Lebensmitteltechnologie wie → Papain als Fleischzartmacher und in der Ernährungsmedizin bei Essstörungen eingesetzt wird. Die schlank machende Wirkung der als so genannte „Fatburner" oder „Schlankmacher" vermarkteten Bromelin-Präparate ist wissenschaftlich nicht haltbar.

Brosme Syn.: → *Lumb*

Brot engl.: *bread;* aus → Brotteig in vielfältigen Formen, Geschmacksrichtungen und Sorten hergestellte Backware mit einem Gewicht von über 250 g. Der Brotteig wird bei der Herstellung zuerst geknetet, nach einer Ruhezeit (→ Teigruhe) gewirkt und anschließend je nach gewünschter Brotform geformt. Die fertigen Teiglinge stehen anschließend (Gare) und erfahren dabei eine Lockerung unter Volumenzunahme durch das bei der Gärung gebildete Kohlendioxid. Darauf folgt das Backen der gelockerten Teigstücke in feuchter Hitze bei einer Temperatur von 200–250 °C, wobei ihr Volumen durch die Wärmeausdehnung und Neubildung von Kohlendioxid (Ofentrieb) weiter zunimmt. Während des Backens bilden sich im Inneren die → Krume und außen die → Kruste aus. Ein alternatives Verfahren zur Brotherstellung ist heißes → Extrudieren, das z. B. zur Herstellung von → Knäckebrot verwendet wird. Das unverwechselbare, für jede Sorte typische Brotaroma setzt sich aus einer komplexen Mischung aus Aromastoffen zusammen. Diese entstehen im Laufe der → Teigführung durch Gärungsprozesse und während des Backens hauptsächlich in der Kruste durch die → Maillard-Reaktion bzw. weniger häufig in der Krume durch Abbau der Stärke zu Zuckern wie z. B. bei Pumpernickel. Bei Weizenbrot ist das Brotaroma etwa zu gleichen Teilen von Teigführung und Backprozess, bei Roggen- und Roggenmischbrot hingegen überwiegend von der Führung abhängig. Nach der äußeren herstellungsbedingten Form wird B. in die drei großen Gruppen → angeschobenes B., → freigeschobenes B. und → Kastenbrot unterteilt. Der Verkauf erfolgt in rechtlich festgelegten Gewichtsstufen und in vielen Sorten. B. ist wegen seines hohen Gehaltes an Kohlenhydraten ein wesentliches Grundnahrungsmittel.

Brotaufstrich engl.: *spread;* Bezeichnung für mehr oder weniger feste streichfähige Erzeugnisse von dickflüssiger bis pastenförmiger Konsistenz auf der Basis von Speisefetten, Speiseölen, Milcherzeugnissen, Zuckern, Früchten, Gemüse und Samenkernen wie z. B. Nüssen. Die Basiszutaten werden sowohl einzeln als auch in Mischungen verwendet. Häufig werden weitere geschmacksgebende Zutaten wie Kräuter, Gewürze, Aromen, Fleisch, Obst, Gemüse, Pilze, → Würzen oder Kakao und Kakaoerzeugnisse zugesetzt. Zu den bekanntesten B. gehören Konfitüren, Marmeladen, Gelees, Fruchtaufstriche, Honig und Nuss-Nougatcremes sowie verschiedene pikant gewürzte Aufstriche.

Brot-Edamer; → Brotkäse

Broteinheit Syn.: *Berechnungseinheit;* Abk.: BE, Kohlenhydrat-Austauscheinheit, mit der die zulässige Kohlenhydratmenge der Diabetes-Diät, insbesondere bei insulinpflichtigen Diabetikern berechnet werden kann. Eine BE entspricht 12 g verwertbaren Kohlenhydraten, wobei die BEs als Schätzeinheiten anzusehen sind, nicht als exakte Berechnungseinheiten. Außerhalb des deutschsprachigen Raums sind die BEs in Europa unbekannt und mit Ausnahme von speziellen → diätetischen Lebensmittel für Diabetiker kaum noch auf Lebensmittelverpackungen zu finden.

Brotfehler engl.: *bread fault;* Abweichungen in den Qualitätseigenschaften von → Brot, die durch Rohstoffmängel (z. B. → Auswuchs bei Getreide) oder Fehler bei der Herstellung (z. B. unsachgemäße Teigführung), der Lagerung (zu warm, zu kalt) und beim Transport auftreten. Zu den B. gehören u. a. eine klitschige oder ausgeprägt löchrige rissige Brotkrume, ungewollte Risse oder Blasenbildung in der Kruste oder Mängel im Geschmack.

Brotfrucht lat.: *Artocarpus altilis (Parkinson) Fosberg* (Fam.: *Moraceae*), engl.: *breadfruit;* Frucht (Nussfruchtverband) des in der Südsee heimischen Brotfruchtbaumes. B. haben einen Durchmesser von 15–30 cm, wiegen 0,5–3 kg und besitzen eine kugelige oder eiförmige Gestalt und eine warzige gelbgrüne bis grünbraune Schale. Das stärkereiche, teigige, weißliche bis gelbliche Fruchtfleisch ist meist samenlos und wird unreif geerntet. Es kann in Scheiben geschnitten und auf heißen Steinen gebacken, im Ganzen gekocht oder gebacken (ähnlich der Kartoffel) oder auch in der Erde vergraben und zu einer Art „Käse" vergoren werden. Neben dem hohen Stärkegehalt sind die Konzentrationen an Vitamin C und verschiedenen B-Vitaminen (Riboflavin, Niacin) nennenswert.

Brotgetreide engl.: *breadstuffs;* Bezeichnung für Getreidearten, die zur Brotherstellung dienen. In erster Linie handelt es dabei um → Weizen und → Roggen.

Brotkäfer lat.: *Stegobium paniceum L.* (Fam.: *Anobiidae (Nagekäfer)*), engl.: *drugstore beetle;* 2–3 mm großer, rötlich-brauner, kurz behaarter Käfer mit gelblich-weißen, bis 5 mm langen Larven, die sich in einem Kokon verpuppen. B. befallen alle getreidehaltigen Produkte sowie zahlreiche andere Lebensmittel und gehören zu den häufigsten → Vorratsschädlingen. Fraßschäden werden von den Larven verursacht, die sich aus den von den Käfern in für die Larven geeigneten Materialien abgelegten Eiern entwickeln. Der Befall ist an den stecknadelkopfgroßen kreisrunden Löchern sowie an den frisch geschlüpften Käfern zu erkennen, die verschiedene Verpackungsmaterialien durchbohren können und dann zum Licht fliegen. Der B. ist einer der wenigen Schädlinge, die sich auch in sehr trockenen Substraten entwickeln können.

Brotkäse; → Edamer-Käse mit einem Mindestfettgehalt von 40 % in der Trockenmasse in Kastenbrotform (lange Seite doppelt so lang wie die kurze) und mit einem Gewicht von 2–5 kg. B. wird mit Paraffin, Wachs, Kunststoff oder mit einem Pflanzenölfilm überzogen. Die Überzüge sind weiß, gelb oder rot. Die Brotform ermöglicht einfaches und rationelles Vorverpacken für Scheibenaufschnitt und Stücke. „Brotkäse" gilt nicht als Käsegruppenbezeichnung entsprechend der Käseverordnung und darf nur als Zusatzbezeichnung wie z. B. Brot-Edamer, benutzt werden.

Brotmehle engl.: *bread flour;* allgemein für die Brotherstellung geeignete Roggen- und Weizenmehle. Hierzu zählen insbesondere höher ausgemahlene Weizenmehle, die für Mischbrote, nicht aber für Weißgebäck geeignet sind.

Brotschimmel; volkstümliche Bezeichnung für *Neurospora sitophila* und *Neurospora crassa.* → *Neurospora*

Brotsorten engl.: *types of bread;* Sorten, in denen Brot hergestellt wird. Die Hauptsorten sind Weizen-, Weizenmisch-, Roggen-, Roggenmisch- und Spezialbrote sowie ferner Vollkorn-, Schrot-, Toast- und Knäckebrot. Sie lassen sich in viele Untersorten einteilen, deren ursprüngliche regionale Herkunft wie z. B. bei Berliner Landbrot immer noch erkennbar ist. Diese geografischen Angaben sind i. d. R. zu Gattungsbezeichnungen geworden, unter der Brote in ganz Deutschland auf ähnliche Art und Weise hergestellt werden. Durch zusätzliche Angaben wie „echt", „original" oder eine mögliche Eintragung in das Herkunftsverzeichnis der Europäischen Union werden die Gattungs- zu Herkunftsbezeichnungen. Der Zusatz „Nach ... Art" beschreibt i. d. R. ein ähnliches Produkt und ist keine Herkunftsbezeichnung.

Brotteig engl.: *bread dough;* zum Backen von Broten und Kleingebäck verwendeter Teig. Er wird ganz oder teilweise aus Getreide und/oder Getreideerzeugnissen durch Vermischen mit Flüssigkeit durch Kneten, Formen und Lockern hergestellt. Weitere Zutaten sind andere Lebensmittel wie Speisesalz, Fette, Zuckerarten, Milch und Milcherzeugnisse, Ölsamen, Gewürze, Rosinen sowie wenn nötig Lockerungsmittel und andere →Backmittel. Der Gehalt an wasserfreiem Fett und/oder Zuckerarten des Brotes unter Berücksichtigung aller Zutaten beträgt in Deutschland üblicherweise maximal insgesamt 10 Teile auf 90 Teile Getreide und/oder Getreideerzeugnisse.

Brottrunk engl.: *fermented bread drink;* klares bis trübes, gelbes, in Anlehnung an →Kwass hergestelltes alkoholfreies Getränk mit charakteristisch milchsaurem Geschmack und Geruch. Zur Herstellung von B. wird Vollkornbrot mit Wasser versetzt und von →Milchsäurebakterien zu einer Vielzahl von Stoffen (organische Säuren, insbesondere Milchsäure, und Vitamine) vergoren. Die dem B. nachgesagten gesundheitsfördernden Wirkungen werden vorwiegend auf diese Stoffe zurückgeführt.

Brotzucker engl.: *1. loaf sugar;* 1. in Form von Broten auskristallisierter oder gepresster Zucker; 2. altes Syn. für Zuckerhut.

Brucella; Mehrz.: Brucellen, Gattung gramnegativer aerober Stäbchenbakterien, Erreger der →Brucellose. Taxonomisch sind die B. noch keiner Familie zugeordnet. Sie werden über landwirtschaftliche Nutztiere (*B. abortus*: Rinder, *B. melitensis*: Ziegen und Schafe, *B. ovis*: Schafe, *B. suis*: Schweine, *B. canis*: Hunde), durch Kontakt mit infiziertem Tiermaterial (Urin, Blut, Speichel) und seltener über Rohmilch oder Rohmilchkäse auf den Menschen übertragen. Infizierte Tiere und solche, bei denen die Schlachttieruntersuchung einen Infektionsverdacht ergibt, dürfen in der EU nicht geschlachtet werden. Die Milch infizierter Rinder und Schafe darf nicht vermarktet werden.

Brucellose engl.: *brucellosis;* durch →Brucella-Bakterien ausgelöste, auf den Menschen übertragbare Infektionskrankheit der Nutztiere wie Maltafieber, Bang'sche Krankheit und Schweinepest. Die Symptome beim Menschen ähneln denen einer fiebrigen Grippe, in schweren Fällen können Herzrhythmusstörungen und/oder Gehirnhautentzündung hinzukommen. Die Behandlung erfolgt mit Antibiotika; einen Impfstoff gibt es nicht. In Deutschland ist B. eine meldepflichtige Erkrankung. Gefährdet sind Personen, die beruflich mit infizierten Tieren oder deren Schlachtkörpern/Milch in Berührung kommen. Eine weitere Infektionsquelle sind Rohmilch- oder nicht ausreichend erhitzte Milchprodukte (→Lebensmittelhygiene). Nach Angaben der WHO liegt die Erkrankungsrate weltweit bei 1:100.000 Personen/Jahr, in Deutschland niedriger.

Bruch engl.: *curd,* Syn.: *Käsebruch;* Fachausdruck in der Käserei für die bei der Käseherstellung durch Lab (tierisches, mikrobielles oder pflanzliches) und/oder Mikroorganismen dickgelegte, Fett enthaltende Eiweißgallerte. Der B. wird nach dem Zerkleinern bzw. Schneiden vorsichtig gerührt und erwärmt (gebrannt), um durch den Molkenaustritt eine langsame Verfestigung der Bruchkörner zu erzielen. Diese sind bei den einzelnen Käsesorten unterschiedlich groß und teilweise charakteristisch.

Bruchbohnen engl.: *brokens;* Bezeichnung für beschädigte, zerbrochene Kaffeebohnen. Beim Rohkaffee entstehen B. bei Schälen unter zu großem Druck. „Pulpfehler" kommen nur bei nasser Aufbereitungsart vor. B. zählen bei Rohkaffee zu den →Fehlbohnen und werden mit der →Triage i. d. R. aussortiert. In den Ursprungsländern ausgelesene oder gesiebte B. werden auch als eigener Qualitätsgrad gehandelt, da sie nach dem Rösten zu Mahlzwecken geeignet sind. Bei

Röstkaffee stellen B., die meist bei pneumatischer Förderung und Abpackung sowie dem späteren Transport entstehen, sowie andere beschädigte Bohnen wie → Hohlbohnen oder → Ohren keine Wertminderung dar, da sie den Genusswert des Kaffeeaufgusses nicht beeinträchtigen.

Brucheier; Eier mit zersprungener Schale und gerissener Eihaut. Sie sind für Mikroorganismen, insbesondere Salmonellen (→ *Salmonella*) anfällig und daher nicht lagerfähig. Als Handelsware und für die Herstellung von → Eiprodukten dürfen sie nicht verwendet werden. Vom Verzehr ist abzuraten.

Brühe engl.: *broth;* Grundlage von Suppen und Saucen mit reinem Geschmack. B. wird küchentechnisch aus dem flüssigen Rückstand von Fleisch-, Gemüse-, Geflügel- oder Fischgerichten bereitet, evtl. unter Zugabe von Kräutern und Gewürzen. Zur schnelleren Zubereitung ist die Verwendung von → Brüherzeugnissen üblich. In Frankreich werden B. als Bouillon, Geflügel-, Wild- und Fischbrühen als Fond sowie doppelte Fischbrühe als Fumet bezeichnet.

Brüherzeugnisse; wahlweise aus Eiweißhydrolysaten, Fetten, Fleisch bzw. Fleischextrakt, Salz, Wasser und anderen Zutaten wie z. B. Gemüse, Kräuter, Gewürze bzw. aus deren Auszügen hergestellte Erzeugnisse. Sie werden i. d. R. getrocknet in Pulverform, als Paste oder z. B. als Würfel gepresst angeboten. B. werden rekonstituiert als Brühe sowohl als solche verzehrt wie auch als Grundlage für Suppen, Saucen und zur Zubereitung vieler Gerichte verwendet.

Brühmasse Syn.: → *Brandmasse*

Brühpolnische; vorwiegend in Schweinedünndärme gefülltes umgerötetes → Brühwürstchen mit bis zu erbsengroßen Einlagen in der fein zerkleinerten Grundmasse. Diese wird aus grob entsehntem Rindfleisch, grob entfettetem sowie fettgewebereichem Schweinefleisch, Speck und weiteren Zutaten wie z. B. Gewürzen hergestellt.

Brühstück; als → Vorstufe in der → Teigführung angesetzter Teig. Durchschnittlich 20 % der Getreideerzeugnisse (mitunter auch ganze Körner) werden mit etwa der doppelten Menge Wasser von über 70 °C übergossen, für mehrere (3–12) Stunden stehengelassen und nach dem Abkühlen dem Teig zugesetzt. Durch Verkleistern der Stärke und teilweisem Abbau der Getreideinhaltsstoffe wird eine bessere Durchquellung erreicht. Dadurch ergeben sich verbesserte Teig- und Krumeneigenschaften sowie Vorteile für Frischhaltung, Schneidbarkeit und Aroma der Backwaren. Die im B. enthaltenen Enzyme lassen sich durch Kochen inaktivieren.

Brühwürstchen engl.: *small sausage for boiling;* bei der Herstellung in schmale (geringes Kaliber) Hüllen gefüllte → Brühwürste aus umgerötetem fein bis grob gekutterten Schweinefleisch, Rindfleisch und bei Kenntlichmachung auch Geflügelfleisch. Bei der Hülle kann es sich um → Saitling (→ Naturdarm), der mitverzehrt werden kann, oder um → Schäldarm aus Kunststoff oder Kollagen handeln, von dem die Ware vor der Abgabe befreit wird. Auf eine entfernte Hülle weist der Zusatz „in Eigenhaut“ hin. Bekannte B. sind → Wiener Würstchen, → Schinkenwürstchen und → Frankfurter Würstchen bzw. Würstchen nach Frankfurter Art. Sie sind meist zum Warmverzehr bestimmt, können aber auch kalt verzehrt werden. Als lose Ware sind sie kühlbedürftig und nur begrenzt haltbar, zumeist werden sie in Lake gekühlt gelagert. Die Haltbarmachung erfolgt durch Erhitzen mit und ohne Wursthülle in luftdicht abgeschlossenen Behältnissen (Dosen oder Gläser), meist in Anwesenheit von Aufgussflüssigkeit (Lake), je nach Erhitzungstemperatur und -dauer als Halb-, Dreiviertel- oder Vollkonserve. Austauschvorgänge in den Behältnissen zwischen Wurst und Lake führen zu Veränderungen wie z. B. der Ausbildung einer braunen Außenhaut bei den B. „in Eigenhaut“.

Brühwürstchenkonserven; → Wurstkonserven

Brühwurst engl.: *boiled sausage;* in der Regel helle bis bräunlich-rauchfarbene gegarte Wurstwaren mit schnitt- bzw. bissfester Konsistenz, teilweise sehr saftigem Biss und einer luft- und fettfreien, homogenen Struktur. Das Schnittbild ist von der Farbe her hell bis durch → Umrötung charakteristisch rosa, homogen und je nach Sorte von feiner bis grober Körnung. Gegarte B. weisen im Geschmack eine durch die Zubereitung charakteristische Note auf und sind häufig geräuchert. Auch rohe B. und einzelne rohe, z. T. angefertigte Bestandteile (→ Brühwursthalbfabrikate) sind im Handel erhältlich und zum Verzehr im warmen Zustand nach eigener Zubereitung bestimmt. Ausgangsmaterialien für die Herstellung sind i. d. R. rohes Skelettmuskelfleisch, Fettgewebe (Speck), Salz und Gewürze. Weitere Zutaten können → Umrötungsmittel wie z. B. Nitritpökelsalz, → Kutterhilfsmittel wie bspw. Phosphate und Zuckerstoffe sowie weitere Lebensmittel und technologisch notwendige Stoffe sein. Bei der Herstellung wird das Fleisch durch Zerkleinerung (Scherkräfte) im Kutter von zugesetztem Koch- oder Nitritpökelsalz und ggf. weiteren Kuttersalzen (Kutterhilfsmittel) ganz oder teilweise aufgeschlossen. Dies geschieht meist unter Zugabe von Trinkwasser, das zur besseren Temperaturführung häufig in Form von Eis eingesetzt wird. Die Menge an zugesetztem Trinkwasser hängt von den einzelnen Brühwurstsorten, regionaler Praxis und vom Ausgangsmaterial, insbesondere dem Fleisch ab. Besonders geeignet zur Brühwurstherstellung ist das stärker quellfähige Fleisch von jungen Tieren, das rasch nach der Schlachtung verarbeitet eine hohe Fähigkeit zur Wasserbindung aufweist (→ Warmfleisch). Durch die Zugabe von Kutterhilfsmitteln, → Blutplasma und → Blutserum (anstelle von Trinkwasser) sowie tierischen und pflanzlichen Eiweißen wird die Fähigkeit zur Bindung von Wasser und Fett erhöht und eine bessere Emulgierung der Bestandteile erreicht. Bei B. von „einfacher" Qualität kann üblicherweise ein begrenzter Zusatz von Bindegewebe, z. B. in Form von Schwarten erfolgen. Das Muskeleiweiß koaguliert durch Hitzebehandlung wie z. B. Brühen, Backen oder Braten mehr oder weniger zusammenhängend. Dadurch bleibt die Masse bei erneutem Erhitzen schnittfest und ergibt die charkteristische flexible Struktur. B. werden i. d. R. in Hüllen abgefüllt angeboten. Eine bekannte Ausnahme bildet die Gruppe der → Brühwürstchen, die auch ohne Hülle („in Eigenhaut") i. d. R. in Lake abgegeben werden. Als Hüllen werden sowohl Natur- als auch Kunstdärme verwandt. Die Wahl der jeweiligen Hülle ist z. T. sortenabhängig. Für den charakteristischen „knackigen" Biss, insbesondere bei Brühwürstchen, sorgen Naturdärme wie z. B. der Schafsaitling. Zu der großen Gruppe der B. gehört eine Reihe von Untergruppen wie bspw. die → Brühwurstpasteten, die Brühwürstchen und eine Vielzahl von Sorten wie z. B. → Fleischwurst oder → Fleischkäse.

Brühwursthalbfabrikat; Fachbezeichnung für roh in den Verkehr gekommene → Brühwürste, die vor dem Verzehr gebrüht, gebacken, gebraten oder auf andere Weise hitzebehandelt werden. Dadurch erlangen sie ihre wesentlichen typischen Eigenschaften wie Schnittfestigkeit und Geschmack. Bei B. handelt es sich z. B. um rohe → Bratwürste zum Selberbraten oder rohe Weißwürste zum Selberbrühen.

Brühwurstpasteten Syn.: *Brühwurstrouladen;* Sammelbezeichnung für nach Art der → Brühwurst hergestellte, umgerötete Erzeugnisse aus fein gekuttertem Grundbrät. Sie können mit und ohne Einlagen aus bindegewebsarmen bzw. -reichen Fleischstücken, vorgegarter Zunge oder andersfarbigem Brät hergestellt werden. Das Grundbrät besteht bei der Gruppe der B. mit bindegewebsarmen Fleischeinlagen aus sehnen- und fettgewebsarmem Rindfleisch, grob entfettetem Schweinefleisch und Speck. Bei B. ohne Einlagen ist zusätzlich noch grob entsehntes Rindfleisch enthalten. Als Einlagen werden bis zu walnussgroße, sorgfältig ausgewählte bindegewebsarme Fleischstücke und andere Lebensmittel wie Hartkäse, Pistazien, Champignons, Trüffeln, Oliven, Paprika u. v. a. verwendet. Mit Leber oder Blut erreicht man eine andere Färbung des Brätes. Diese klassischerweise als B. bezeichneten Erzeugnisse werden i. d. R. in Formen mit Speckumhüllung gebrüht angeboten. Eine weitere Gruppe von Erzeugnissen wie z. B. (Ansbacher) Presskopf oder Eisbeinpastete gehört auch zu den Brühwürsten mit Einlagen und wird ebenfalls rechtlich als B. bezeichnet. Ihr fein gekuttertes Grundbrät setzt sich aus grob entsehntem Rindfleisch, fettgewebereichem Schweinefleisch, Speck, Eisbein mit Schwarten (Eisbeinpastete), bei Presskopf auch Schweinemasken zusammen. Die Einlagen bestehen aus schwartenhaltigem Schweinefleisch. Die Erzeugnisse dieser Gruppe sind meistens in Hüllen mit großem Kaliber im Handel. Eine Besonderheit ist die nach dem Brühen in Essig eingelegte „Saure Rolle“, die in genähtem Pansen gehandelt wird.

Brühwurstrouladen Syn.: → *Brühwurstpasteten*

Brüsseler Kohl Syn.: → *Rosenkohl*

Brugnolen engl.: *brugnon, clingstone nectarine;* → Nektarinen

Brunnenfruchtsaftgetränke; → Fruchtsaftgetränke → Mineralbrunnenerfrischungsgetränke

Brunnenkresse lat.: *Nasturtium officinale R. BR.* (Fam.: *Brassicaceae*), engl.: *watercress,* Syn.: *Wasserkresse;* ausdauernde Pflanze, deren glatte, gefiederte, dunkelgrüne Blätter einen würzigen, rettichartigen, leicht bitteren Geschmack und einen scharfen Geruch aufweisen und in der Küche als Salat oder als Würzkraut verwendet werden. B. kommt in Europa wild wachsend an und in Bächen und Quellen vor und wird in Kultur gehalten. → Kresse

Brunnenlimonade; → Limonade → Mineralbrunnenerfrischungsgetränke

Brunoise; kleinwürfelig geschnittenes Gemüse. Meist wird → Wurzelgemüse verwendet.

Bruschetta; geröstete, warm mit Knoblauch eingeriebene und mit Olivenöl beträufelte Brotscheiben (z. B. italienisches Weißbrot oder Bauernbrot), die häufig zusätzlich gewürzt und/oder mit Belag, insbesondere gewürfelten oder zerdrückten Tomaten oder Tomatenzubereitungen angeboten werden. B. sind eine klassische Vorspeisen der italienischen Küche.

Brust engl.: *breast;* Bezeichnung für die zwischen Hals bzw. Nacken und Dünnung bzw. Bauch gelegenen Teilstücke aus dem Brustbereich von Rind (→ Rinderbrust), Kalb (→ Kalbsbrust), Schwein (Dicke Rippe, → Schweinebrust) oder Schaf (→ Lammbrust). Die Brustteilstücke weisen ein i. d. R. durchwachsenes Fleisch mit hohem Anteil an Knochen auf, das sich meist zum Kochen und Schmoren, z. T. auch zum Braten (Kalb und Schwein) eignet.

Brustkern; mittleres kompaktes Teilstück der → Rinderbrust mit im Vergleich zur Brustspitze durchwachsenerem Fleisch. Dieses ist insbesondere zum Kochen (z. B. in Eintöpfen oder Suppen) sowie zum Schmoren geeignet. Der B. wird im Handel sowohl gepökelt als auch ungepökelt angeboten.

Brustspitze; 1. kräftiges, von Fett durchzogenes und umrandetes Teilstück der → Rinderbrust, das i. d. R. im Stück (wie gewachsen) mit Knochen (Brustbein) sowie mit und ohne umgebende Fettschicht (Deckel) angeboten wird. Das Fleisch ist insbesondere zum Kochen (z. B. als Suppenfleisch) und Schmoren (z. B. als Gulasch) geeignet; 2. Syn. für → Schweinebrust.

Brut; Geschmacksangabe bei Schaumwein, die sich am Restzuckergehalt orientiert (→ Abstimmung). Ein „brut“ enthält bis 15 g Zucker pro Liter (Dosierungslikör aus gutem alten Champagner oder Qualitätsschaumwein und Rohrzucker, der nach der zweiten

Gärung in der Flasche zugesetzt wird). Wurde dem Schaumwein keine Dosage zugesetzt, trägt er die Bezeichnung „brut zéro“, „brut non-dosage“, „brut sauvage“ oder „ultra brut“. Diese Bezeichnungen werden zum Teil heute auch für knochentrockene Weine angewandt.

BSB5-Wert; → Biochemischer Sauerstoffbedarf

BSE; Abk. für → Bovine Spongiforme Enzephalopathie.

Bt-Mais; gentechnisch veränderte Maissorte, deren Zellen ein Protein bilden, das die Darmwand des Maiszünslers zerstört. Das Protein stammt vom Bodenbakterium *Bacillus thuringiensis (Bt)* und wurde mittels biotechnologischer Verfahren in das Gen des Maises eingebaut. B. wird v. a. in den USA (ca. 20 % der Anbaufläche), Argentinien, aber auch in Europa (Spanien) angebaut. Verwendung wie → Mais.

Bubble gum engl.: *bubble gum,* Syn.: *Ballongummi, Blasgummi;* unterscheidet sich vom eigentlichen Kaugummi, dem Chewing gum, nur durch die Zusammensetzung der → Kaugummibase. Diese weist einen größeren Latex- und einen geringeren Wachs-Anteil auf, wodurch die zuckerfrei ausgekaute Masse eine höhere Elastizität besitzt, was das Formen von Blasen vor dem Mund ermöglicht.

Buchstabennudeln Syn.: *Buchstaben;* → Suppennudeln in Buchstabenform. → Suppeneinlagen

Buchteln; süße, im Backofen in einer gefetteten Form aneinander gelegte, trocken gebackene Hefeklöße mit Füllung (z. B. Pflaumenmus, Quark, Mohn oder Nüsse).

Buchublätter Syn.: → *Bukkoblätter*

Buchweizen lat.: *Fagopyrum esculentum Moench* (Fam.: *Polygonaceae*), engl.: *buckwheat,* Syn.: *Heidekorn;* Knöterichgewächs mit kleinen, hartschaligen, dreieckigen, an Bucheckern erinnernden → Nüssen, das nicht zu den Getreiden zu zählen ist. Der frostempfindliche B. wurde früher häufig in Heide- und Torfgebieten auf ärmsten trockenen Böden angebaut und der Inhalt der Nüsse ohne Schale als Getreideersatz verwendet. Aus dem enthaltenen kohlenhydratreichen Korn (ca. 71 g pro 100 g essbarer Anteil) wird durch Mahlen Schrot, Mehl, Grieß und Grütze hergestellt. Aus diesen Mahlprodukten lässt sich eine Reihe von Erzeugnissen wie z. B. Bratlinge, Klöße, Pfannkuchen und Fladen fertigen. Die Blüten liefern reichlich Honig (→ Buchweizenhonig) und sind eine beliebte Bienenweide.

Buchweizenhonig engl.: *buckwheat honey;* dunkelbrauner bis rötlicher → Honig von Buchweizenblüten (→ Blütenhonig) von cremiger Konsistenz mit charakteristisch herbem Aroma.

Bücherläuse; → Staubläuse

Bückling engl.: *hot smoked herring, bückling;* → Räucherfisch, hergestellt durch → Heißräuchern von ausgeweidetem oder nicht ausgeweidetem → Hering mit oder ohne Kopf (ausgeweidet ohne Kopf = Delikatess-Bückling). Auf die gleiche Art werden Bückling-Filet (geräuchertes Heringsfilet) und Fleckhering/Kipper (auf nordische Art aus ausgeweidetem auseinander geklapptem Hering mit oder ohne Kopf) hergestellt. B. enthält im essbaren Anteil ca. 21 % Protein und 10–21 % Fett, je nach Fettgehalt der Ausgangsware. B. wird direkt zum Verzehr angeboten oder weiterverarbeitet als Fischkonserve oder mit Aspik als B. in Gelee. B. ist nicht zu verwechseln mit → Bratbückling.

Büffelgras Syn.: → *Mariengras*

Büffelgrasschnaps; → Zubrowka

Bündner Fleisch; fettarme (ca. 4–6 %) trockene Rindfleischspezialität aus dem schweizerischen Kanton Graubünden, die allgemein in hauchdünne Scheiben geschnitten auf Brot und zu vielen Gerichten als Beilage verzehrt wird. Bei der Herstellung wird rohes Fleisch von der Keule, bevorzugt aus der Oberschale, in einer Lake mit Gewürzen leicht gepökelt und an der Luft stark getrocknet.

Bug Syn.: *Schulter, Blatt;* Bezeichnung für größere bindegewebsreiche und z. T auch fettgewebsreiche Fleischteilstücke aus den Vordergliedmaßen von Schlacht- und Wildtieren. Mit Ausnahme von →Lammschulter (kleine Größe) und →Schweineschulter wahlweise werden die anderen Schulterstücke nach dem Entbeinen bei der Feinzerlegung stets in kleinere Einzelstücke geteilt. Bei der Rinderschulter erfolgt dies in die Teilstücke →Dickes Bugstück, →Schaufelstück, →Falsches Filet und →Schaufeldeckel. Die Kalbsschulter lässt sich ähnlich fein zerlegen oder wird im Ganzen mit und ohne Knochen, im Handel z. B. in der Form eines kompakten Stückes ohne Knochen als Rollbraten, verarbeitet. Die bei der Feinzerlegung erhaltenen sehnenarmen Teilstücke eignen sich als Braten, während die sehnenreicheren Teilstücke im Wesentlichen zum Schmoren (z. B. in Form von Gulasch oder Ragout) und Kochen verwendet werden. Der Anteil des B. beträgt beim Rind 12 %, beim Schwein 9 % und beim Kalb 14 % des entbeinten Fleisches.

Bugfilet Syn.: →*Falsches Filet*

Bukett engl.: *bouquet, nose,* Syn.: *Bouquet;* Duft eines reifen Weines nach der Flaschenreifung, gebildet aus den einzelnen Bukettstoffen, die in ihrer Gesamtheit die „Blume" bilden. Die Bezeichnungen für das B. lauten: blumig, bukettreich, fruchtig, gewürzt, bukettarm usw. Das B. verändert sich mit dem Alter und der Reife des Weines. Es ist Teil des Weinaromas, das z. B. auch den Duft der frischen Traube (Primäraroma) oder den Duft des Weines während des Ausbaus (Sekundäraroma) beschreibt.

Bukkoblätter lat.: *Agathosma betulina (Bergius) Pillans* (Fam.: *Rutaceae*), engl.: *buchu leafs,* Syn.: *Buchublätter;* getrocknete Blätter des in Südafrika heimischen Strauches, die ätherische Öle mit stark aseptischer Wirkung und einem Schwarzen Johannisbeeren ähnelnden Aroma enthalten. B. finden insbesondere in der Pharmazie Verwendung, das ätherische Öl wird aber auch zur Aromatisierung von Lebensmitteln (Fruchtaroma) eingesetzt.

Buletten Syn.: →*Frikadellen*

Bulgarische Weine; vornehmlich Exportgüter. Im bulgarischen Weinbau sind die Bestrebungen groß, eine Ordnung gemäß dem französischen System der →Appelation d'Origine Contrôlée einzuführen. Teilweise ist dies bereits eingeführt. In Bulgarien gibt es viele importierte Rebsorten wie z. B. Cabernet Sauvignon, Riesling, Merlot und Chardonnay. Jedoch verfügt Bulgarien auch über eigene Rebsorten wie z. B. Mavrud, Melnik und Pamid als Rotweine und z. B. Rkatsiteli und Dimiat als Weißweine.

Bulgur engl.: *bulgur;* eingeweichter, vorgekochter, mehr oder minder stark geschälter, körniger →Weizen, z. T. mit Natronlauge gebleicht. B. wird ähnlich wie Reis als neutrale Beilage zu salzigen und süßen Speisen verwendet, besitzt jedoch einen höheren Gehalt an Eiweiß und einigen B-Vitaminen als dieser. Die Kochzeit beträgt 10–12 Minuten.

Bulimie engl.: *adephagia, bulimia,* Syn.: *Ess-Brech-Sucht;* von griech.: *bulimos* = Stier- oder Ochsenhunger abgeleitete Bezeichnung für eine psychosomatisch bedingte →Essstörung, die sich durch regelmäßige Fressanfälle (Aufnahme von bis zu 10.000 kcal) auszeichnet. Abhängig davon, ob diese Attacken durch anschließendes Erbrechen oder durch Fasten (auch bei gleichzeitiger übermäßiger sportlicher Aktivität) kompensiert werden, lassen sich der „purging"- und der „non-purging"-Typ unterscheiden. Bulimie-Betroffene sind im Gegensatz zu Magersüchtigen (→Magersucht) meist normalgewichtig, verfügen jedoch wie diese über eine übersteigerte Angst vor Gewichtszunahme. Längerfristig führt B. zu verschiedenen Vitamin- und Mineralstoff-Mangelerscheinungen wie Störungen des Magen-Darm-Traktes und des Hormonhaushaltes sowie durch die Magensäure zu Schädigungen im Bereich des Magens und der Speiseröhre sowie zu Karies.

Bulle lat.: *Bovinus taurus L.* (Fam.: *Bovidae*), engl.: *bull,* Syn.: *Stier;* ausgewachsenes, nicht kastriertes, männliches, geschlechtreifes

Rind, das sowohl zur Fleischerzeugung gemästet als auch zur Zucht verwandt wird. Die zur Fleischerzeugung gehaltenen Tiere (Mastbullen) werden i. d. R. intensiv gemästet und als →Jungbullen bezeichnet. Das Fleisch von Jungbullen ist mengenmäßig das am meisten angebotene Rindfleisch. Die älteren, von der Zucht ausgeschlossenen, voll ausgewachsenen, über zwei Jahre alten B. (Wurstbullen) liefern nach der Schlachtung dunkelrotes grobfaseriges, derbes und fettarmes Rindfleisch, das eine hohe Wasserbindung besitzt und daher gut als Verarbeitungsfleisch für die Brühwurstherstellung und wenig zum Frischverzehr geeignet ist.

Bundaale; →Räucheraal

Bundesamt für Verbraucherschutz und Lebensmittelsicherheit; Abk.: BVL, im Zuge der Neuorganisation des gesundheitlichen Verbraucherschutzes mit Wirkung zum 1. November 2002 errichtetes Bundesamt, das im Rahmen der Trennung von Risikobewertung (→Bundesinstitut für Risikobewertung) und Risikomanagement Aufgaben im Bereich des Risikomanagements wahrnimmt. Zu seinen Hauptaufgaben gehören der Betrieb des europäischen Schnellwarnsystems vor gefährlichen Lebens- und Futtermitteln sowie das Krisenmanagement. Weiterhin ist das BVL z. B. zuständig für die Erteilung von Ausnahmegenehmigungen nach § 37 LMBG, für den Erlass von Allgemeinverfügungen nach § 47 a LMBG, für die Zulassung von Pflanzenschutzmitteln und ist Lebensmittelprüfstelle für neuartige Lebensmittel und Lebensmittelzutaten.

Bundesforschungsanstalt für die Viruserkrankungen der Tiere engl.: *Federal Research Center for Virus Diseases of Animals;* Abk.: BFAV, selbstständige Bundesoberbehörde im Geschäftsbereich des Bundesministeriums für Ernährung, Landwirtschaft und Forsten. Sie betreibt Forschung auf dem Gebiet der Infektionskrankheiten landwirtschaftlicher Nutztiere und verwandter Wissenschaften. Die BFAV nimmt die ihr nach dem Tierseuchengesetz zugewiesenen Aufgaben wahr, veröffentlicht Forschungsergebnisse und pflegt die nationale und internationale Zusammenarbeit mit wissenschaftlichen Persönlichkeiten und Einrichtungen. Sie besteht aus den Instituten für Molekularbiologie, Virusdiagnostik, Infektionsmedizin, neue und neuartige Tierseuchenerreger, Immunologie, Epidemiologie, epidemiologische Diagnostik, bakterielle Infektionen und Zoonosen und molekulare Pathogenese.

Bundesforschungsanstalt für Ernährung und Lebensmittel engl.: *Federal Research Center for Nutrition and Food;* Abk.: BFEL, Forschungseinrichtung mit Sitz in Karlsruhe, die zum 1.1.2004 gegründet wurde und in der die bisherigen Bundesanstalten für Milchforschung (Kiel), für Getreide-, Kartoffel- und Fettforschung (Detmold und Münster), für Ernährung (Karlsruhe), für Fleischforschung (Kulmbach) sowie der Institutsteil „Fischqualität" des Institutes für Fischereitechnik und Fischqualität der Bundesforschungsanstalt für Fischerei (Hamburg) zusammengeführt wurden. Die BFEL ist eine Forschungseinrichtung im Geschäftsbereich des Bundesministeriums für Verbraucherschutz, Ernährung und Landwirtschaft. In ihren fünf Instituten wird horizontal, über die Lebensmittelgruppen hinweg geforscht, d. h. für alle Lebensmittel zusammengefasst zu Fragen der Ernährung, der Ökonomie und Soziologie, der Verfahrenstechnik, der Mikrobiologie und Biotechnologie sowie der Analytik gearbeitet.

Bundesinstitut für Risikobewertung engl.: *Federal Institute for Risk Asessment;* Abk.: BfR, im November 2002 gegründete Bundesbehörde, deren zentrale Aufgabe die Durchführung von Risikobewertungen im Bereich des gesundheitlichen Verbraucherschutzes und der Lebensmittelsicherheit ist. Dazu gehören die frühzeitige Unterrichtung der politischen Gremien und der Öffentlichkeit über vorhandene oder nicht auszuschließende Gefährdungen und die Zusammenarbeit mit der → Europäischen Behörde für Lebensmittelsicherheit.

Bundeszentrale für gesundheitliche Aufklärung engl.: *Federal Centre for Health Education;* Abk.: BZgA, 1967 gegründete Fachbehörde des Bundesgesundheitsministeriums, die das Ziel verfolgt, Gesundheitsrisiken vorzubeugen und gesundheitsfördernde Lebensweisen zu unterstützen. Ihre Aufgaben sind 1. die Erarbeitung von Grundsätzen und Richtlinien für Inhalte und Methoden der praktischen Gesundheitserziehung, 2. Ausbildung und Fortbildung der auf dem Gebiet der Gesundheitserziehung und -aufklärung tätigen Personen, 3. Koordinierung und Verstärkung der gesundheitlichen Aufklärung und Gesundheitserziehung im Bundesgebiet und 4. die Zusammenarbeit mit dem Ausland. Die Informationsangebote der BZgA über gesundheitliche Risiken, über Möglichkeiten zu einer gesunden Lebensführung sowie über die präventiven Angebote des Gesundheitssystems sollen Bürgerinnen und Bürgern helfen, Verantwortung für ihre Gesundheit zu übernehmen und das Gesundheitssystem sachgerecht zu nutzen. Massenmediale Angebote der BZgA machen auf gesundheitsrelevante Themen und Probleme aufmerksam und vermitteln grundlegende Informationen darüber.

Bund für Lebensmittelrecht und Lebensmittelkunde e.V; Abk.: BLL, Spitzenverband der deutschen Lebensmittelwirtschaft. Ihm gehören Verbände und Unternehmen aus Industrie, Handwerk, Landwirtschaft und aus angrenzenden Gebieten an. Der BLL führt im Interesse seiner Mitglieder den Dialog mit der Politik, den Medien und der Öffentlichkeit und ist dabei Informationsbörse für seine Mitglieder, Meinungsbildner innerhalb der deutschen Lebensmittelwirtschaft, Interessenvertreter der deutschen Lebensmittelwirtschaft im In- und Ausland sowie Sprachrohr der Lebensmittelwirtschaft in der Öffentlichkeit. Als Ansprechpartner für Bundes- und Länderregierung sowie für die Europäische Kommission und das Europäische Parlament gibt der BLL bei der Entwicklung des deutschen und europäischen Lebensmittelrechts Eingaben von Seiten der Lebensmittelwirtschaft. Als Ansprechpartner der Medien vermittelt der BLL in Pressekonferenzen, Pressemitteilungen und Interviews den Standpunkt der deutschen Lebensmittelwirtschaft zu aktuellen Themen im Bereich Lebensmittelrecht und Lebensmittelkunde.

Buntfrüchte; im Spezialhandel verwendeter Oberbegriff für farbige Früchte wie → Erdbeeren, → Kirschen, → Himbeeren, → Heidelbeeren, → Rote und → Schwarze Johannisbeeren sowie → Brombeeren und daraus hergestellte Zwischenprodukte.

Buntsäfte; ugs. Bezeichnung für farbige → Beerensäfte oder Säfte aus → Buntfrüchten.

Burgunder; die Rebsorten → Frühburgunder, → Grauburgunder, → Spätburgunder und → Weißburgunder.

Burgundersauce; braune, gebundene, mit Rotwein (Burgunder) abgeschmeckte Sauce. Sie wird zu geschmorten oder gebratenen Fleischgerichten, z. B. aus Wild-, Lamm- oder Rindfleisch, sowie zu anderen pikanten Gerichten gereicht.

Burritos engl.: *burritos;* große weiche → Tortillas aus Weizenmehl, die i. d. R. auf verschiedene Weisen gefüllt und zusammengerollt, teilweise auch überbacken verzehrt werden.

Buschbohnen engl.: *dwarf beans, bush beans amerik.;* → Bohnen

Butanol engl.: *butanol;* einwertiger Alkohol mit 4 C-Atomen, von dem 4 Isomere existieren, die sich in der Position der Hydroxylgruppe unterscheiden. B. liegt als farblose brennbare Flüssigkeit bzw. als Kristall vor, wirkt haut- und schleimhautreizend sowie narkotisch und wird z. B. zur Synthese von Estern für die Aromaindustrie verwendet. Isobutylalkohol ist Bestandteil von → Fuselölen.

Buthylhydroxyanisol engl.: *tert.-butylmethoxyphenol;* Abk.: BHA, synthetisches, fettlösliches Antioxidationsmittel, das unter der Nummer E 320 für bestimmte Lebensmittel, wie z. B. Süßwaren, Kuchenmischungen, Knabbererzeugnisse, Trockensuppen und Kaugummis in festgelegten Höchstmengen zugelassen ist. Häufig wird BHA zusammen mit Gallaten oder Butylhydroxytoluol (Synergismus) eingesetzt. Die toxikologische Unbedenklichkeit von BHA ist umstritten; es existieren sowohl Hinweise auf kanzerogene als auch auf antikanzerogene Wirkung. Weiterhin steht BHA im Verdacht, Auslöser →pseudoallergischer Reaktionen zu sein.

Butt engl.: *butt;* Mehrz.: Butte, aus dem Altgermanischen erhaltene Bezeichnung für →Plattfische (lat.: *Pleuronectidae*), im Niederdeutschen gebräuchlich für Flunder und ähnliche Fische. Als Namensbestandteil hat sich B. erhalten in Heilbutt, Steinbutt, Elb-/Weserbutt (Flunder) und Goldbutt (Scholle).

Buttdarm Syn.: →*Butte*

Butte Syn.: *Buttdarm;* 1. von der Schleimhaut befreiter Blinddarm vom Rind, einschließlich des Übergangs zum Grimmdarm, der gewendet als Wursthülle (→Naturdarm) hauptsächlich für Roh- und Brühwürste verwendet wird. 2. Mehrz. von →Butt.

Butter engl.: *butter;* plastisches streichfähiges Fettprodukt, das aus Milch, Sahne (Rahm) oder Molkensahne (Molkenrahm) mit Hilfe eines →Butterungsverfahrens hergestellt wird. Weitere Zutaten sind Salz, Wasser oder der Farbstoff beta-Carotin. Bei der Herstellung erfolgt hauptsächlich eine Phasenumkehr, d. h. aus einer Öl-in-Wasser-Emulsion wird die Wasser-in-Öl-Emulsion B. erzeugt. B. muss mindestens 80 % und weniger als 90 % Milchfett enthalten, der Wassergehalt darf höchstens 16 % und der Gehalt an fettfreier Milchtrockenmasse höchstens 2 % betragen. B. ist in den drei →Buttersorten Sauerrahmbutter, Süßrahmbutter und mild gesäuerte B. auf dem Markt, weiterhin kann auch eine Unterscheidung in gesalzene und ungesalzene B. erfolgen. B. gilt als gesalzen, wenn sie mehr als 0,1 % Kochsalz enthält. Bei Erfüllung bestimmter Qualitätsanforderungen kann B. auch mit den →Butterhandelsklassen (Deutsche) Marken- oder Molkereibutter bezeichnet werden. B. ist im Einzelhandel fast ausschließlich in Buttereinwicklern, meist mit Papier kaschiertes Aluminium, erhältlich, deren Beschaffenheit im Falle der Handelsklassenware durch eine DIN-Norm vorgeschrieben ist. Zusammen mit →Dreiviertelfettbutter, →Halbfettbutter und →Milchstreichfett X v. H. gehört B. zu einer der im europäischen Recht geregelten Kategorien von Milchfetten.

Butterbackwaren engl.: *bakery products with added butter,* Syn.: *Buttergebäck;* Backwaren mit wahrnehmbarem charakteristischen Buttergeschmack, der aus den bei der Herstellung verwendeten Zutaten Butter, →Butterreinfett oder →Butterfett stammt. Aromen, die einen Buttergehalt vortäuschen können, werden wie andere Fette mit Ausnahme von Trennfetten üblicherweise nicht verwendet. In Deutschland ist die Verwendung von mindestens 10 kg Butter oder der entsprechenden Menge Butterreinfett bzw. Butterfett auf 100 kg Getreideerzeugnisse und/oder Stärken üblich. Bei bestimmten Gebäcken (bspw. Butterstollen, Butterkuchen) und Massen sind höhere Buttergehalte handelsüblich.

Butterbonbons engl.: *butter sweets, butter scotchs, butter candies amerik.;* Bonbons mit einem wahrnehmbaren Buttergeschmack, der von den bei der Herstellung verwendeten Zutaten Butter, Butterreinfett oder Butterfett stammt. Für Handelsware sind mindestens 4 % Milchfett aus Butter, Butterreinfett oder Butterfett üblich. Fettfreie Milchtrockenmasse wird nur in geringem Umfang zugesetzt. Die zusätzliche Verwendung anderer Fette ist üblich.

Butterfett engl.: *butter fat,* Syn.: *Butteröl;* →Milchfetterzeugnis aus Milch, Sahne und/oder Butter. Die Herstellung erfolgt durch ein Verfahren, durch das Wasser und fettfreie Trockenmasse fast vollständig abgetrennt werden. Der Fettgehalt muss bei mindestens 96% und der Restwassergehalt bei höchstens 0,2% liegen. Der erlaubte Höchstgehalt an freien Fettsäuren beträgt 0,5%.

Butterfisch engl.: *butterfish;* Bezeichnung für unterschiedliche, zoologisch nicht verwandte Fischarten. Ein wichtiger, als B. bezeichneter Speisefisch ist *Poronotus tricanthus* (Fam.: *Stomateidae*) aus dem Westatlantik mit weißem festen Fleisch. Er gehört zu den →barschartigen Fischen und wird in Deutschland auch als →Räucherfisch angeboten.

Buttergebäck Syn.: → *Butterbackwaren*

Butterhandelsklassen; Handelsklassen, in die →Butter hinsichtlich ihrer Qualität nach Prüfung durch Sachverständige eingestuft werden kann. Vorab wird durch eine Laboruntersuchung der Mindestfettgehalt und der pH-Wert im Serum hinsichtlich der Übereinstimmung mit der angegebenen →Buttersorte überprüft. Im Rahmen der Prüfung wird die Butter dann abhängig von Geruch, Geschmack, Gefüge, Aussehen und Textur, Wasserverteilung sowie Streichfähigkeit nach Standardverfahren bewertet. Die dabei in jeder Kategorie höchstmögliche zu erreichende Punktzahl beträgt fünf Punkte. Für die Einstufung in die Handelsklasse „Deutsche Markenbutter" muss eine Butter aus Deutschland unmittelbar aus pasteurisierter Sahne hergestellt sein und in jeder Kategorie der Prüfung mindestens vier Punkte erzielt haben. Zusätzlich muss sie in einer Molkerei hergestellt worden sein, die eine amtliche Berechtigung zur Erteilung dieser B. vorweisen kann. Ausländische Butter kann nach denselben Kriterien nach Prüfung als „Markenbutter" gehandelt werden. Für die Einstufung in die Handelsklasse „Deutsche Molkereibutter" muss eine Butter aus Deutschland in einer Molkerei hergestellt sein und in jeder Kategorie der Prüfung mindestens drei Punkte erzielt haben. In Handelsklassen gehandelte Butter unterliegt einer ständigen Überprüfung.

Butterkäse; halbfester →Schnittkäse der Vollfett- bis Dopppelrahmstufe in flach-zylindrischer Form mit einem Gewicht von 250 g bis 20 kg. Stammformen von B. sind ursprünglich aus Italien nach Deutschland eingeführte weiche Rundkäse (Bel Paese). Seinen Namen verdankt er dem buttrigen Geschmack. B. besitzt eine trockene und geschmeidige Haut von goldbrauner bis rötlicher Farbe, ohne Schmiere und Risse sowie sonstigen schadhaften Stellen. Der durch die ganze Masse gleichmäßig gereifte, halb feste bis schnittfeste, geschlossene gelbe Teig verfügt über nur wenige Lochungen und eine cremig zarte butterähnliche Konsistenz. Er weicht durch den kaum wahrnehmbaren Geruch (rein und mild) von den anderen Käsesorten erheblich ab. Der Geschmack ist mild und feinsäuerlich mit einem butterähnlichen Aroma, der sich nach 6 Wochen Lagern (Reifen) bei +4 bis +7 °C entwickelt.

Butterkeks engl.: *butter biscuit;* →Hartkekse

Butterkohl lat.: *Brassica oleracea var. sabauda convar. fimbriata* (Fam.: *Brassicaceae*); 1. mit dem Wirsing verwandter →Kopfkohl mit großen, gelbgrünen, zarten, leicht gekrausten Blättern. Er zeichnet sich gegenüber dem Wirsing durch seinen feineren Geschmack (niedrigerer Senfölgehalt) aus und kann wie dieser gekocht als Gemüse und roh als Salat verwendet werden. 2. gelegentlich verwendete Bezeichnung für →Spitzkohl.

Butterkrebse engl.: *soft-shell crawfish/shrimps/crabs;* Bezeichnung für →Krebstiere, die ihren Panzer gerade abgestoßen und noch nicht durch einen festen neuen ersetzt haben. Der Begriff wurde ursprünglich für →Flusskrebse geprägt. Das Fleisch ist nach dem Häuten sehr zart, wasserreich, weniger aromatisch. B. sind insbesondere in den USA geschätzt; sie werden vermehrt auch von Krebsen in Aquakultur gewonnen (Louisiana). Garnelen und v. a. → Blaukrabben werden ebenfalls als B. angeboten.

Butterkuchen engl.: *butter cake;* Blechkuchen, meist aus Hefefeinteig (→ Hefeteige), der charakteristisch in der Auflage und im Teig nur Butter enthält und häufig mit aufgestreutem Zucker, Mandeln, Nüssen und Vanillinzucker belegt ist. Neben der bereits im Teig enthaltenen Butter wird zusätzlich Butter vor dem Backen auf den vorbereiteten Teig aufgelegt, aufgestrichen oder in Stücken in den Teig hineingedrückt. Der Anteil an Butter oder entsprechende Mengen Butterreinfett und/oder Butterfett im Teig, einschließlich der Auflage, beträgt bei Handelsware mindestens 30 kg bezogen auf 100 kg Getreideerzeugnisse und/oder Stärken.

Butterlinsen engl.: *panned butter lentils;* → Dragées mit charakteristisch wahrnehmbar nach Butter schmeckendem Kern. Der Buttergeschmack stammt dabei aus den bei seiner Herstellung verwendeten Zutaten Butter, → Butterreinfett oder → Butterfett. Handelsübliche B. enthalten mindestens 4 % Milchfett aus diesen Zutaten. Fettfreie Milchtrockenmasse wird nur in geringem Umfang zugesetzt. Zusätzlich sind auch andere Fette gebräuchlich.

Buttermakrele lat.: *Lepidocybium flavobrunneum Smith* (Fam.: *Gempylidae*), engl.: *escolar;* aalförmiger Tiefseefisch tropischer und subtropischer Gewässer (Ostatlantik, Mittelmeer). Die Schlangenmakrelen (lat.: *Gempylidae*) sind verwandt mit den → Degenfischen; eine zoologische Verbindung zu Makrele und/oder Butterfisch besteht nicht. In Amerika, Ozeanien und Asien ist ein naher Verwandter der B., *Tyrsites atun Euphrasen*, von erheblicher wirtschaftlicher Bedeutung.

Buttermilch engl.: *buttermilk;* → Buttermilcherzeugnisse

Buttermilchbrot engl.: *buttermilk bread;* → Spezialbrot mit charakteristisch wahrnehmbarem mildsauren Geschmack nach Buttermilch. Auf 100 kg Getreide und/oder Getreideerzeugnisse werden üblicherweise mindestens 15 l Buttermilch oder eine entsprechende Menge Konzentrat aus dieser verwendet.

Buttermilcherzeugnisse engl.: *buttermilk products;* Milcherzeugnisse, die bei der Verbutterung von Milch oder Sahne sowie bei der unmittelbaren Herstellung von Milchfettererzeugnissen (z. B. Butterreinfett) aus Sahne als flüssiges Erzeugnis anfallen. Dieses ist süß oder sauer (auch nachträgliche Säuerung mit Milchsäurebakterienkulturen möglich). Bei der Herstellung kann weiterhin die Milchtrockenmasse erhöht und/oder Milcheiweißerzeugnisse zugesetzt werden. Auch die Zugabe von Sahne ist möglich. Die Standardsorten sind: 1. Buttermilch: die Herstellung erfolgt wie oben beschrieben, jedoch ohne Anreicherung mit Milcheiweißerzeugnissen und Sahne und ohne Wärmebehandlung nach der Fermentation. Das bei der Butterung zugesetzte Wasser darf nicht mehr als 10 % des anfallenden Gesamterzeugnisses ausmachen. Wird Magermilch bei der Butterung verwendet, darf die zugesetzte Magermilch nicht mehr als 15 % des Gesamterzeugnisses ausmachen. Der Fettgehalt darf höchstens 1 % betragen. 2. Reine Buttermilch: wie Nr. 1, allerdings ohne Zusatz von Wasser oder Magermilch zum Butterungsgut. Die Erhöhung der Milchtrockenmasse ist nur durch Entzug von Wasser erlaubt. Der Fettgehalt darf höchstens 1 % betragen.

Buttermilchgelees; mit Buttermilch zubereitete → Geleespeisen.

Buttermilchkäse engl.: *buttermilkcheese;* in Viertelfett- oder Magerstufe unter Verwendung von Buttermilch hergestellter → Sauermilchkäse. Zu den B. gehören Kochkäse aus Buttermilch, Buttermilchkräuterkäse und kleiner Koppenkäse.

Buttermilchpulver engl.: *buttermilkpowder;* → Trockenmilcherzeugnis aus → Buttermilcherzeugnissen mit einem Restwassergehalt von höchstens 7 % und einem Fettgehalt von höchstens 15 %. B. wird in der Ernährungsindustrie bei der Herstellung von

Backwaren (z. B. Buttermilchbrot), Süßwaren und Kindermilchzubereitungen verwendet.

Buttermilchquark engl.: *buttermilk curd;* durch Erwärmen, Absetzenlassen oder Zentrifugieren aus saurer Buttermilch oder aus Mischungen von Buttermilch und entrahmter Milch im Verhältnis 1:1 bzw. 1:2 wie → Speisequark, jedoch nur in Magerstufe, hergestellter → Frischkäse. Ungereift ähnelt B. dem → Sauermilchquark.

Buttermilchstuten; freigeschobenes rundes oder angeschobenes langes helles Weizen- oder Weizenmischbrot mit matter, leicht gemehlter Oberfläche. Der mit Backhefe gelockerte Teig enthält einen hohen Anteil an Weizenmehl und Buttermilch. Der Zusatz von Fett (bspw. Margarine und Butter) ist üblich. Handelsüblicher B. enthält mindestens 15 l Buttermilch oder die entsprechende Menge an Trockenprodukten auf 100 kg Getreideerzeugnisse.

Butteröl Syn.: → *Butterfett*

Butterpilz lat.: *Suillus luteus (L.) S.F. Gray* (Fam.: *Boletaceae*), engl.: *slippery jack;* von September bis November in Nadelwäldern, v. a. unter Kiefern wachsender → Speisepilz, der einen gewölbten Hut von 5–10 cm Durchmesser und gelbbrauner bis brauner Farbe mit klebriger, leicht abziehbarer Huthaut besitzt. Ferner weist der B. einen dicklichen Stiel mit bläulichem häutigen Ring auf. Oberhalb des Ringes ist der Stiel gelb, darunter zunehmend bräunlich. Die Röhren sind hellgelb und werden später dunkler, das Fleisch ist weich, gelbweiß und von leicht säuerlichem Geschmack. Der Verzehr von B. kann bei entsprechend sensibilisierten Personen allergische Reaktionen hervorrufen.

Butterreinfett engl.: *clarified butter,* Syn.: *Butterschmalz, wasserfreies Butterfett;* von Wasser und Eiweiß befreites, reines, gelbes Milchfett mit glattem Gefüge. Es wird durch Schmelzen, Pasteurisieren und anschließendes Kühlen im thermischen Verfahren oder durch Separieren und Zentrifugieren im physikalischen Verfahren aus → Butter gewonnen. Der beim Schmelzen zurückbleibende Rückstand wird → Siedere genannt. Bei zu hohen Schmelztemperaturen besteht die Gefahr der Bildung eines Koch- und Bratgeschmackes. B. enthält mindestens 99,8 % Fett und höchstens 0,2 % Wasser. Die im Vergleich zu Butter längere Lagerfähigkeit beträgt bei 10–15 °C ca. zwei Jahre und bei 0–5 °C drei bis vier Jahre. B. wird häufig in Back- und Süßwaren, Schokoladen sowie in Speiseeis eingesetzt. 8,2 kg B. ersetzen i. d. R. 10 kg Butter. Neben der Rolle als Butterersatz dient B. hierbei zum Ausgleich des Gehaltes an Milchfett. B. eignet sich als weitestgehend wasserfreies Fett gut als Koch-, Brat- und Backfett. In Ländern, in denen das heiße Klima den Butterverbrauch einschränkt, sind Formen von B. (z. B. → Ghee) verbreitet.

Buttersäure engl.: *butyric acid,* Syn.: *Butansäure;* einwertige organische Säure, die als ranzig riechende ölige Flüssigkeit vorliegt. B. kommt z. B. in Milchfett als Glycerinester vor, in freier Form ist sie in ranziger Butter, in Lebensmitteln, die unter Verwendung von Mikroorganismen hergestellt werden (z. B. Käse, Sauerkraut), aber auch in Harn und Schweiß enthalten. Bei Verderbnisprozessen entsteht B. als Gärungsprodukt (→ Buttersäuregärung) durch Buttersäurebakterien.

Buttersäuregärung engl.: *butyric acid fermentation;* unerwünschte Form der → Gärung, bei der Bakterien der Gattungen *Bacillus* oder *Clostridium* (*C. tyrobutyricum*) Kohlenhydrate zu Buttersäure, Essigsäure, Wasserstoff, Kohlendioxid u. a. umsetzen, was bei Hart- und Schnittkäse zur so genannten Spätblähung führt. Da *C. tyrobutyricum* häufig in Silage vorkommt, darf keine Milch aus Betrieben, die Silage verfüttern, an Hartkäsereien geliefert werden. Bei Schnittkäsereien kann die B. durch den Zusatz von Nitraten verhindert werden.

Buttersäurezahl; Kennzahl für den Gehalt an Buttersäure in Fetten. Die B. gibt die Menge an 0,01 N Alkalilauge an, die nötig ist, um die aus 5 g Fett freigesetzten flüchtigen Fettsäuren zu neutralisieren. Sie dient zum Nachweis und zur quantitativen Bestimmung von Milchfett in Lebensmitteln. Die Analyse wird i. d. R. im Halbmikro-Maßstab mit 0,5 g Probe durchgeführt (Halbmikro-Buttersäurezahl HBsZ).

Buttersalat engl.: *butterhead lettuce;* → Kopfsalat

Butterschmalz Syn.: → *Butterreinfett*

Buttersorten; Sorten, in denen Butter der Handelsklassen (→ Butterhandelsklassen) aus Milch, Sahne (Rahm) oder Molkensahne (Molkenrahm) hergestellt wird: 1. Sauerrahmbutter: Der Butterungsrahm wird pasteurisiert, gekühlt, im Rahmreifer mit Milchsäurebakterienkulturen versetzt (angesäuert), gereift (etwa 20 Stunden) und anschließend in Butterungsmaschinen oder im Butterfertiger in Butter umgewandelt. Sauerrahmbutter hat einen aromatischen säuerlichen Geschmack (hervorgerufen durch spezifische, von den Milchsäurebakterien gebildete Aromastoffe) und einen pH-Wert im Serum von 5,1 oder weniger. 2. Süßrahmbutter: Der Butterungsrahm wird pasteurisiert, nach Abkühlung ohne mikrobielle Säuerung zur Reifung (Alterung) stehengelassen und anschließend (süß) verbuttert. Süßrahmbutter besitzt einen milderen, leicht süßlichen und sahnigen Geschmack und ihr pH-Wert im Serum darf nicht unter 6,4 liegen. 3. Mild gesäuerte Butter: Durch nachträgliches Einkneten von Milchsäurekonzentrat oder Zugeben von Milchsäurebakterienkulturkonzentraten (indirekte biologische Säuerung) zu Süßrahmbutter wird diese nachträglich gesäuert. Mild gesäuerte Butter besitzt einen mild säuerlichen Geschmack, der weniger sahnig als bei Süßrahmbutter ausgeprägt ist und ihr pH-Wert im Serum liegt unter 6,4. Sie entspricht weder Süßrahm- noch Sauerrahmbutter. Für Sauerrahmbutter und mild gesäuerte Butter dürfen nur spezifische Milchsäurekulturen bzw. bei mild gesäuerter Butter zusätzlich ein aus diesen gewonnenes, ausschließlich auf der Basis von Milchinhaltsstoffen erzeugtes Milchsäurekonzentrat verwendet werden. Die für den Geschmack wesentliche Aromakomponente → Diacetyl stellt ein Stoffwechselprodukt der Milchsäurebakterien dar.

Butterspekulatius engl.: *spiced butter cookies;* → Spekulatius

Butterstollen; → Stollen

Butterstreuselkuchen engl.: *butter crumble cake;* Kuchen, meist aus Hefefeinteig (→ Hefeteige) mit Streuselbelag, der charakteristisch in den Streuseln und im Teig nur Butter als Fett enthält. Der Anteil an Butter oder entsprechender Mengen → Butterreinfett und/oder → Butterfett im Teig, einschließlich des Butteranteils im Streusel, beträgt bei Handelsware mindestens 30 kg bezogen auf 100 kg Getreideerzeugnisse und/oder Stärken.

Buttertoastbrot engl.: *butter toast;* → Toastbrot, bei dessen Herstellung Butter bzw. die entsprechenden Milchfetterzeugnisse verwendet wurden und das charakteristisch nach Butter schmeckt. In Deutschland üblich sind 5 % Butter bzw. die entsprechende Menge Milchfetterzeugnisse bezogen auf die verwendete Menge an Getreideerzeugnissen. Andere Fette werden üblicherweise nicht verwendet.

Butterungsverfahren engl.: *butter making processes;* Verfahren zur Herstellung von → Butter, die im Wesentlichen auf einer Phasenumkehr von der Fett-in-Wasser-Emulsion Rahm in die Wasser-in-Fett-Emulsion Butter beruhen. Diese Phasenumkehr kann prinzipiell durch zwei Verfahren erreicht werden. 1. Fettkonzentrationsverfahren (Separierverfahren), z. B. New-Way-Verfahren und Alfa-Verfahren: Der Rahm wird durch weitere Separation bei Temperaturen von ca. 60 °C auf einen Fettgehalt von mindestens 82 % gebracht, wobei sich die Fettkügelchen gegenseitig deformieren und sich die Stabilität der Emulsion verringert. Beim raschen

Abkühlen reißen die Fettkügelchenhüllen aufgrund der Kristallisation des Fettes, unterstützt durch die Bewegung im Schneckenkühler auf, so dass das Butterfett ineinander fließt und die wässrige Phase einschließt. 2. Schaumbutterungsverfahren: In der Regel in Butterungsmaschinen nach Fritz-Eisenreich durchgeführtes kontinuierliches Verfahren, bei dem zunächst durch starke mechanische Beanspruchung und Schaumbildung einzelne Fettkügelchen aufgerissen werden. Das austretende freie Butteröl bildet Öllamellen aus, die eine Agglomeration der Fettkügelchen zu größeren Klumpen bewirken. Durch diesen fortlaufenden Prozess bildet sich das so genannte Butterkorn mit noch etwa 30 % wässriger Phase. Nach Trennung des Butterkorn-Buttermilch-Gemisches wird dann die noch eingeschlossene Buttermilch aus den Butterkörnern bis zum gewünschten Wassergehalt abgepresst.

Butterzubereitungen engl.: *butter preparations;* Bezeichnung für aus →Butter und geschmacksgebenden Lebensmitteln wie z. B. Kräutern hergestellte streichfähige Zubereitungen. Sie können auch als „...butter“ (z. B. →Kräuterbutter) bezeichnet werden. Dafür müssen sie einen Milchfettgehalt von mindestens 62 % und höchstens 75 % aufweisen und in der Produktbezeichnung den Begriff B. enthalten. Am bekanntesten ist die Kräuterbutter. Der Zusatz von nicht aus Milch gewonnenen Fetten ist verboten.

Butterzwieback; →Zwieback

Butylhydroxytoluol engl.: *2, 6-di-tert.-butyl-4-methylphenol;* Abk.: BHT, synthetisches fettlösliches Antioxidationsmittel, das unter der Nummer E 321 für verschiedene Lebensmittel z. B. Frittier- und Bratenfett (gute Hitzebeständigkeit), Kaugummis sowie Nahrungsergänzungsmittel in festgelegten Höchstmengen zugelassen ist. BHA wird häufig zusammen mit Gallaten oder Butylhydroxyanisol (Synergismus) und außer in Lebensmitteln auch in Kosmetika und Arzneimitteln eingesetzt. Die toxikologische Unbedenklichkeit von BHA ist umstritten; es existieren sowohl Hinweise auf kanzerogene als auch auf antikanzerogene Wirkung. Weiterhin steht BHT im Verdacht, Auslöser →pseudoallergischer Reaktionen zu sein.

BVL; Abk. für →Bundesamt für Verbraucherschutz und Lebensmittelsicherheit.

Byssochlamis; mit →*Penicillium* eng verwandte Pilzgattung, die besonders hitzeresistente →Ascosporen ausbildet, die die üblichen Pasteurisierungsbedingungen überdauern können. Wichtige Arten sind *B. fulva* und *B. nivea*, die als Verderber von Fruchtsäften und Obstkonserven auftreten und die →Mykotoxine →Patulin und Byssochlaminsäure bilden können.

BZgA; Abk. für →Bundeszentrale für gesundheitliche Aufklärung.

Cabanossi; grobe umgerötete, i. d. R. in Kranzdärmen abgefüllte →Brühwurst mit reichlichen bis zu erbsengroßen Anteilen des Ausgangsmaterials in der fein gekutterten Grundmasse. C. werden im Wesentlichen aus sehnenreichem Rindfleisch, fettgewebereichem Schweinefleisch und Fettgewebe hergestellt. Nachgeräuchert sind sie ungekühlt haltbar.

Cabernet franc; mit Cabernet Sauvignon verwandte Rotweinrebe, die jedoch weniger verbreitet ist und einen anderen Charakter besitzt. Sie ist früher reifend, tannin- und säurearmer, fruchtiger und weniger intensiv. Die Weine können schon jung getrunken werden. C. wird im Bordeaux-Gebiet, v. a. in Saint-Emilion und Pomerol angepflanzt. Die Angabe „Cabernet“ bei Loire-Weinen steht für C. In Norditalien angebaute C. wird auch als „Bordo“ bezeichnet.

Cabernet Sauvignon; Rotweinrebe, die aufgrund ihrer Robustheit (gedeiht in allen nicht zu kühlen Klimaten) über fast alle Kontinente verbreitet ist. In Frankreich ist sie typisch für Bordeaux-Weine, v. a. im Médoc. Die Cabernet-Sauvignon-Traube liefert kraftvolle fruchtige Weine mit reichem vielfältigen Bukett. Sie enthält viel Tannin und Säure, weshalb die Weine erst nach einiger Zeit trinkreif sind. Generell gewinnen diese Weine mit zunehmender Reife; Spitzenweine können 100 Jahre und älter werden. Der reine C. hat einen sehr strengen Geschmack; durch Verschnitt mit → Merlot oder den Ausbau in Eichenfässern erhält er mehr Geschmeidigkeit.

Cachar; nordindischer, an Darjeeling angrenzender Tee-Distrikt, der einfacheren Konsumtee liefert.

Caciocavallo engl.: *caciocavallo;* italienischer Käse mit einem Mindestfettgehalt von 44 % Fett i. Tr. Der C. ist ein dem Provolone ähnlicher Hartkäse vom Typ filata in Form einer Birne oder Spindel mit einem Gewicht von ca. 2 kg mit einer gewachsten, goldgelben, dünnen und glatten Rinde. Sein gleichmäßig fester weißer bis strohgelber Teig weist so gut wie keine Bruchlöcher auf. Der je nach Reife mehr oder weniger pikant schmeckende C. besitzt je nach Verwendungszweck unterschiedliche Reifezeiten: Tafelkäse reift 2–6 Monate und Reibekäse 6–12 Monate. Die Herstellung erfolgte ursprünglich nur in Süditalien und erstreckt sich heute auf ganz Italien. Nur bei der Bezeichnung „Caciocavallo silano" handelt es sich um eine geschützte geografische Ursprungsbezeichnung.

Cadaverin engl.: *cadaverine;* → biogenes Amin, gebildet durch mikrobielle → Decarboxylierung der Aminosäure → Lysin. C. kommt zusammen mit → Putrescin und → Histamin in eiweißhaltigen Lebensmitteln vor, im frischen Zustand nur in Spuren; mit fortschreitendem Eiweißabbau (Fleisch-/Fischverderb) steigt der Gehalt an; C. ist ein Indikator für den Verderb, z. B. von Thunfisch. Der Geruch erinnert an Aas (Kadaver). Die Toxizität beruht auf der Hemmung der Aminoxidasen in der Leber (→ Histaminintoleranz).

Cadmium engl.: *cadmium;* zu den → Ultraspurenelementen gehörender → Mineralstoff. Die Funktion von C. im Organismus ist nicht bekannt. C. wirkt toxisch, indem es schwefelhaltige Enzyme blockiert, außerdem kanzerogen und teratogen. Es reichert sich in Wildpilzen, Innereien von Wildtieren, Ölsamen und Kakao an und wird sowohl über die Nahrung als auch über die Lunge (v. a. aus Zigarettenrauch) aufgenommen. Im Körper wird C. an Metallothionein gebunden und in Leber und Niere (Reabsorption bis zu einer kritischen Konzentration, darüber irreversiblen Nierenschäden) akkumuliert. Eine chronische Vergiftung stellt die Itai-Itai-Krankheit dar, die in Japan durch den Verzehr von cadmiumkontaminiertem Reis auftrat und zu Osteomalazie und Niereninsuffizienz führte.

Café au lait Syn.: *Café créme;* hellbraunes heißes Mischgetränk aus gleichen Teilen starkem Filterkaffee und Milch, das i. d. R. aus henkellosen großen Schalen getrunken wird.

Café frappe; eisgekühlt in verschiedenen Geschmacksrichtungen angebotenes Mischgetränk aus Kaffee und zerkleinerten Eiswürfeln.

Café granité; tiefgefrorener, zerstoßener, gesüßter Kaffee, der i. d. R. mit Mokka-Likör übergossen und ggf. mit Sahne serviert wird.

Caffè corretto; mit Spirituosen (z. B. Grappa, Weinbrand oder Amaretto) verfeinerter → Espresso.

Caffè doppio; doppelter → Espresso.

Caffè lungo; mit mehr Wasser zubereiteter verlängerter → Espresso.

Caffè mocca; Kaffeegetränk aus einem Drittel → Espresso, einem Drittel Kakao bzw. der entsprechenden Menge Schokoladensirup und einem Drittel geschäumter heißer Milch.

Caffè ristretto Syn.: *Caffè corto;* mit der halben Flüssigkeitsmenge aufgebrühter, starker, aromatischer → Espresso.

Caju/Cajou Syn.: → *Cashewbaum*

CA-Lagerung engl.: *CA-storage, controlled atmospehere storage,* Syn.: *Gaskaltlagerung;* von engl.: *controlled atmosphere* = kontrollierte Atmosphäre abgeleitete Bezeichnung für ein spezielles Lagerverfahren für Obst und Gemüse, bei dem in gekühlten Lagerräumen eine spezielle, an das gelagerte Gut angepasste Atmosphäre mit herabgesetztem Sauerstoffgehalt und/oder erhöhtem Kohlendioxid- oder Stickstoffgehalt hergestellt wird. Die hierdurch bewirkte Verringerung der Atmungsgeschwindigkeit führt bei nach der Ernte nachreifenden Obst- und Gemüsearten zu einer Reifungsverzögerung, zu einer Verminderung des biologischen Abbaus und dadurch zu einer Verlängerung der möglichen Lagerdauer. Der Hauptanwendungsbereich der C. liegt bei Kernobst, bei Weißkohl ermöglicht sie die ganzjährige Auslastung von Sauerkrautfabriken.

Calciferol engl.: *calciferol;* → Vitamin D

Calcinierte Soda; Trivialname für wasserfreies → Natriumcarbonat.

Calcium engl.: *calcium;* Erdalkalimetall, das in Form seiner Salze zu den → Mengenelementen zählt. C. ist Bestandteil von Knochen und Zähnen und wird bei der Blutgerinnung, der Reizübertragung im Nervensystem, der Muskelkontraktion, zur Aktivierung einiger Enzyme und zur Stabilisierung von Zellmembranen benötigt. Hauptquellen für C. in der Nahrung sind Milch und Milchprodukte, aber auch Mineralwässer und bestimmte Gemüse (z. B. Brokkoli) tragen zur Bedarfsdeckung bei. Die Absorption von C. wird durch Vitamin D begünstigt, Oxalsäure und Phytinsäure hingegen hemmen die Aufnahme. Eine hohe Zufuhr von Kochsalz oder Protein fördert die Ausscheidung von C. über die Niere. Der Blut-Calcium-Spiegel wird durch die Hormone Parathormon und Calcitonin streng konstant gehalten (Calciumhomöostase) und bei unzureichender Zufuhr durch Entzug aus dem Knochen ausgeglichen. Deshalb führt ein chronischer Calciummangel erst nach Jahren zur → Osteoporose. Eine Aufnahme von mehreren Gramm C. pro Tag kann zu Kalkablagerungen in weichen Geweben (z. B. Niere) führen.

Calciumacetat engl.: *calcium acetate;* Calciumsalz der → Essigsäure, das aus dieser gewonnen wird und unter der Nummer E 263 als Konservierungs- und Säuerungsmittel z. B. für Obst- und Gemüsekonserven, Fischprodukte, Feinkostsalate, Mayonnaisen und Salatsaucen zugelassen ist.

Calciumalginat engl.: *calcium alginate;* → Alginate

Calciumbisulfit engl.: *calcium bisulfite, calcium bisulphite,* Syn.: *Calciumhydrogensulfit;* → Sulfite

Calciumcarbonat engl.: *calcium carbonate;* Calciumsalz der Kohlensäure, das natürlicherweise z. B. als Kalkstein, Kreide, Marmor und Aragonit vorkommt. C. bildet in Wasser die temporäre Härte (→ Wasserhärte). Es wird aus → Natriumcarbonat (Soda) und Calciumsalzen gewonnen und ist unter der Nummer E 170 als Säureregulator, Trennmittel (z. B. bei Kochsalz als Rieselhilfsmittel) und Farbstoff (z. B. von Zuckerüberzügen) zugelassen. Des Weiteren dient C. als Putzkörper in Zahnpasta und als Therapeutikum bei Sodbrennen und Gastritis.

Calcium-Caseinat engl.: *calcium caseinate;* → Caseinate

Calciumchlorid engl.: *calcium chloride;* Calciumsalz der Salzsäure, das in Form farbloser, gut wasserlöslicher Kristalle vorliegt. Aufgrund seiner hygroskopischen Eigenschaften wird wasserfreies C. als Trocknungsmittel eingesetzt. C. entsteht als Nebenprodukt bei der Sodagewinnung und ist unter der Nummer E 509 als Festigungsmittel, Stabilisator und Geschmacksverstärker zugelassen. Es kommt bei der Trinkwasseraufbereitung, der Oberflächenbehandlung von Obst und Gemüse sowie bei der Herstellung von Marmelade (fördert die Gelbildung) und Käse (erhöht die Proteinausbeute) zum Einsatz.

Calciumcitrat engl.: *calcium citrate;* Calciumsalze der → Citronensäure (Mono-, Di- und Tricalciumcitrat), die wie diese fermentativ gewonnen werden und unter der Nummer E 333 als Schmelzsalze, Komplexbildner (Synergist für →Antioxidantien) und Säuerungsmittel für Lebensmittel allgemein ohne Höchstmengenbeschränkung zugelassen sind. C. wird verschiedenen Lebensmitteln auch zur Calciumanreicherung zugesetzt.

Calciumcyclamat engl.: *calcium cyclamate;* →Cyclamate

Calciumdihydrogendiphosphat engl.: *calcium dihydrogen diphosphate;* →Calciumphosphate

Calciumhydrogensulfit engl.: *calcium hydrogen sulphite,* Syn.: *Calciumbisulfit;* →Sulfite

Calciumhydroxid engl.: *calcium hydroxide,* Syn.: *gelöschter Kalk;* weißes Pulver, dessen wässrige Aufschlämmung (Kalkmilch) alkalisch reagiert und zur Einstellung bestimmter pH-Werte verwendet wird. C. wird aus Calciumoxid (gebrannter Kalk) durch Zusatz von Wasser (Löschen) gewonnen und ist unter der Nummer E 526 als Säureregulator zugelassen. Es wird z. B. zur Herstellung von Ei-Ersatzstoffen auf Milcheiweißbasis verwendet, kommt in der Zuckerindustrie zum Abtrennen des Restzuckers von der Melasse sowie zur Konservierung von eingelegten Eiern und Muskatnüssen zum Einsatz. Des Weiteren dient C. als Therapeutikum bei Sodbrennen, Verbrennungen und Vergiftungen.

Calciumlactat engl.: *calciumlactate;* Calciumsalz der →Milchsäure, das unter der Nummer E 327 als Konservierungsmittel, Schmelzsalz, Säureregulator, Festigungsmittel und Geschmacksverstärker zugelassen ist. Durch Binden unerwünschter Metallionen unterstützt C. auch die Wirkung von Antioxidantien.

Calciumoxid engl.: *calcium oxide,* Syn.: *gebrannter Kalk, Ätzkalk;* in Form von weißen Kristallen oder als Pulver vorliegende Substanz, die durch Glühen von Kalkstein gewonnen werden kann und sich in Wasser unter starker Wärmeentwicklung löst, wobei →Calciumhydroxid (gelöschter Kalk) entsteht. C. ist unter der Nummer E 529 als Säureregulator für Lebensmittel allgemein ohne Höchstmengenbeschränkung zugelassen und findet auch als technischer Hilfsstoff z. B. in Konfitüren Verwendung. Es wird ferner zur Trinkwasseraufbereitung, bei der Raffination von Rohrzucker und in der Kosmetikindustrie eingesetzt.

Calciumphosphate engl.: *calcium phosphates;* Calciumsalze der Phosphorsäure (Mono-, Di- und Tricalciumphosphate), die unter der Nummer E 341 als Konservierungsmittel, Säuerungsmittel, Säureregulatoren und Emulgatoren zugelassen sind. Calciumdihydrogendiphosphat ist Bestandteil vieler Backpulver. Tricalciumphosphat wird in pulverförmigen Trockenlebensmitteln zum Erhalt der Rieselfähigkeit eingesetzt. Im Organismus bauen C. zusammen mit Calciumhydroxid →Hydroxylapatit auf, den Hauptbestandteil der Knochen und Zähne.

Calciumstearoyllactylat engl.: *calcium stearoyl-2-lactylate;* Abk.: CSL, Calciumverbindung, die durch Veresterung von Milchsäure mit Stearinsäure gebildet wird und unter der Nummer E 482 als Emulgator und Mehlbehandlungsmittel für bestimmte Lebensmittel wie z. B. Fettemulsionen, feine Backwaren und Knabbererzeugnisse auf Getreide- oder Kartoffelbasis in festgelegten Höchstmengen zugelassen ist.

Calciumsulfat engl.: *calcium sulfate/sulphate,* Syn.: *Gips;* Calciumsalz der Schwefelsäure, das eine Rolle bei der permanenten →Wasserhärte spielt und auch als Nebenprodukt z. B. bei der Herstellung von Weinsäure anfällt. C. ist unter der Nummer E 516 als Trägerstoff, Säureregulator und Festigungsmittel zugelassen.

Calciumsulfit engl.: *calcium sulfite, calcium sulphite;* →Sulfite

Calvados engl.: *calvados;* aus Apfelwein (→Cidre) in Frankreich (Normandie, Département Calvados) hergestellter →Brand mit geschützter Herkunftsbezeichnung. Der charakteristische Geschmack entsteht nach dem Brennen durch mindestens einjährige Lagerung in Eichenholzfässern. Der Mindestalkoholgehalt beträgt 40 Vol.-%.

Calzone; geschlossene Hefeteigtasche mit pizzabelagähnlicher Füllung.

Camarque-Reis; roter, meist kontrolliert-ökologisch angebauter →Reis aus dem Rhonedelta.

Camembert engl.: *camembert;* franzözischer Weichkäse der Dreiviertelfett- bis Doppelrahmstufe in runder oder halb runder Form mit Schimmelkruste und einem Gewicht von 80–400 g. Der Käse wird in Laibform in zwei Gewichtsklassen hergestellt: 1. Durchmesser 10,5–11 cm, Höhe 2,5–3,5 cm, Gewicht 240–280 g, 2. Durchmesser 8–8,5 cm, Höhe 2,5–3,5 cm, Gewicht 135–145 g. Ursprung dieses weltweit bekannten Käses ist der Ort Camembert in der Normandie, nach dem er auch benannt ist. Die Herstellung ist seit dem 18. Jahrhundert urkundlich belegt. Sie erfolgte anfänglich als Rotschmierekäse, später mit graublauem Schimmelrasen und zuletzt ab dem Jahre 1910 mit rein weißer Oberfläche durch *Penicillium candidum.* Der während der Reifung auftretende gleichmäßige Schimmelpilzrasen ist das typische Merkmal des C. An den Rändern kann noch Rotschmiere vorkommen. Zwei Schimmelpilzkulturen dürfen für seine Reifung zur Milch zugesetzt werden: Durch *Penicillium candidum* entsteht weißer Schimmelpilzrasen und zartes mildes Aroma mit Champignonnote; *Penicillium camemberti* bildet bläulichen Schimmelpilzrasen und zartes mildes Aroma. Der mild aromatische Geschmack entfaltet sich mit zunehmender Rotschmiere und voranschreitender Reife zu einem streng würzigen pikanten Aroma. Bis auf einige wenige Bruchlöcher ist der weiße bis rahmgelbe Teig geschlossen, ohne Lochung sowie im gereiften Zustand geschmeidig, weich und elastisch. Bei der Bezeichnung C. handelt es an sich nicht um eine geschützte Herkunftsbezeichnung, so dass jeder in verschiedenen Ländern der Welt nach Camembertart hergestellte Käse diese Bezeichnung tragen kann. Im Gegensatz dazu handelt es sich bei der Bezeichnung „Camembert de Normandie“ um eine rechtlich europaweit streng geschützte geografische Herkunftsbezeichnung, die nur für C. aus dieser Region verwendet werden darf.

Campylobacter; Gattung spiralig gebogener, beweglicher, gramnegativer, mikroaerophiler Stäbchenbakterien, von der einige Arten pathogen für Mensch und Tier sind. *C. jejuni* ist ein bedeutender Erreger von Infektionskrankheiten, die durch Lebensmittel übertragen werden. Das Krankheitsbild der Kampylobakteriose ist durch Durchfälle, Bauch-, Muskel- und Kopfschmerzen sowie Fieber geprägt und die Erkrankung dauert 4 bis 7 Tage. *C. jejuni* kommt im Darm vieler Haus- und Wildtierarten vor, v. a. bei Geflügel; als häufige Kontaminationsquellen gelten Schlachtgeflügel und fäkal verunreinigte Lebensmittel, insbesondere Rohmilch.

Canache engl.: *ganache;* dunkle, relativ feste Sahnecreme aus zwei Teilen dunkler Schokoladenüberzugsmasse (Kuvertüre) und einem Teil Schlagsahne sowie meistens weiteren geschmacksgebende Stoffen wie z. B. Mokka, Rum, Weinbrand, Kirsch oder Vanille. C. dient als Füllung für Pralinen oder als Grundmasse für Torten.

Canaiolo nero; typisch italienische Rotweinrebe, die traditionell in der Toskana angebaut wird und dort Teil des →Chianti ist.

Canapés engl.: *canapés;* kleine, dekorativ angerichtete Häppchen mit einem Belag wie Braten, Garnelen u. v. m. auf einem evtl. mit Butter bestrichenen Weißbrot oder anderen Brotsorten, die ursprünglich auf einem Tisch am Canapé (Liegesofa) gereicht wurden.

Cancerogene Stoffe Syn.: →*Kanzerogene Stoffe*

Candida; artenreichste Hefegattung, die eine heterogene Gruppe aller →Hefen ohne geschlechtliche Vermehrung umfasst, die keiner anderen Gattung eindeutig zugeordnet werden können. Sie umfasst Hefen mit runden, ovalen oder zylindrischen Zellen, die sich gewöhnlich durch multilaterale Sprossung vermehren. Einige Vertreter dieser Gattung haben große wirtschaftliche Bedeutung, andere sind am Verderb von Lebensmitteln beteiligt oder sind fakultativ pathogen. *C. utilis* wird zum Abbau von Sulfitablaugen der Zellstoffindustrie eingesetzt und hat getrocknet zunehmende Bedeutung in der Tierernährung. *C. vini* baut Milchsäure ab und ist als so genannte Kahmhefe am Verderb von Sauerkraut und Wein beteiligt. *C. albicans* ist fakultativ pathogen und verursacht bei Säuglingen oder geschwächten Menschen als Candida-Mykosen bezeichnete Infektionen unterschiedlicher Formen, meist mit Besiedelung der Haut und Schleimhäute.

Canehl engl.: *canella,* Syn.: *Kaneel, Stangenzimt, Zimtstangen;* Innenrinde von *Cinnamomum ceylanicum BL.*, die überwiegend in Stangenform in den Handel gebracht wird. →Zimt

Cannastärke engl.: *canna starch,* Syn.: *Queensland-Arrowrootstärke;* auffallend großkörnige Stärke, die aus den Rhizomen verschiedener tropischer Canna-Arten (z. B. *Canna edulis Ker-Gawl.*, Fam.: *Cannaceae*) gewonnen wird. C. lässt sich ähnlich wie Weizenmehl vielfältig z. B. zur Herstellung von Teigwaren, als Futtermittel oder zum Backen verwenden.

Cannelloni engl.: *canelloni;* ursprünglich aus Italien stammende, klassischerweise mit Hackfleisch gefüllte Hohlnudeln oder Teigrollen aus Lasagneblättern. Sie werden i. d. R. mit Sauce wie z. B. Béchamelsauce im Ofen überbacken. C. sind ohne Füllung als Trockenprodukte und zubereitet mit Füllung tiefgekühlt oder gekühlt als frische Ware erhältlich.

Cantal engl.: *cantal;* ältester französischer Käse in Form einer Trommel von ca. 30 kg Gewicht aus der Auvergne. Es handelt sich um einen Hartkäse mit 45 % Fett i. Tr. und ca. 26 % Fett absolut, mit gebürsteter natürlicher Rinde und einem kräftigen nussig-säuerlichen Geschmack.

Canthaxanthin engl.: *canthaxanthin;* gelb-oranger Farbstoff, der zu den →Xanthophyllen, einer Untergruppe der →Carotinoiden gehört. C. kommt natürlicherweise in Krustentieren, Pfifferlingen und Flamingofedern vor, besitzt keine Provitamin-A-Aktivität und ist unter der Nummer E 161g ausschließlich zum Färben von „Saucisses de Strasbourg" zugelassen.

Cantuccini; ursprünglich aus Italien (Toskana) stammendes doppelt gebackenes, knusprig hartes, mit Mandeln gefülltes Gebäck, das im Aussehen goldbraun gebackenen Brotscheiben ähnelt. Übliche Grundzutaten sind neben Mandeln Mehl, Butter, Zucker und Eier. Weitere Zutaten können Schokolade, Honig, Aromen u. v. m. sein. C. werden traditionell zu Dessertwein (Vin Santo), aber auch zu Kaffee, Kaffeegetränken, Tee und Likör gereicht.

CAP; Abk. für →Controlled Atmosphere Packaging.

Cappuccino engl.: *cappucino;* 1. mit physikalisch oder durch Dampf aufgeschäumter Milch oder Sahne überschichteter Kaffee. 2. Bezeichnung für ähnliche Heißgetränke verschiedener Geschmacksrichtungen (z. B. Vanille, Schokolade, Amaretto) auf der Basis von löslichen, z. T. aromatisierten →Getränkepulvern und löslichem Kaffee.

Caprin engl.: *caprin;* aus Ziegenmilch hergestellter, zwischen 1,5 und 2 kg schwerer französischer Frischkäse. Charakteristisch sind seine dreieckige Stangenform und sein feiner Ziegenmilchgeschmack. Die Oberfläche ist von einer Ascheschicht bedeckt. Der weiße Teig verfügt über eine weiche Konsistenz und fast keine Bruchlöcher. Der Fettgehalt beträgt ca. 45 % i. Tr.

Caprini; kleine Variante des →Caprino.

Caprino engl.: *caprino;* italienischer (Piemont) Frischkäse aus Kuh- und Ziegenmilch mit frischem säuerlichen Geschmack. Seine weiße Oberfläche besitzt keine Rinde. Der weiße Teig ist frei von Bruchlöchern und hat eine feine streichbare Konsistenz. Im Handel ist C. in Form von Scheiben (50–60 g) oder Stangen erhältlich. Der Fettgehalt beträgt 40–50 % i. Tr.

Caprinsäure engl.: *capric acid,* Syn.: *Decansäure;* gesättigte → Fettsäure mit 10 C-Atomen und ranzigem Geruch, die in verschiedenen Pflanzenölen und -fetten, insbesondere in Kokos-, Palmkern- und Butterfett vorkommt.

Capronsäure engl.: *caproic acid,* Syn.: *Hexansäure;* gesättigte → Fettsäure mit 6 C-Atomen und unangenehm schweißigem Geruch, die insbesondere in Kokos- und Butterfett vorkommt und bei der → Buttersäuregärung entsteht.

Caprylsäure engl.: *caprylic acid,* Syn.: *Octansäure;* gesättigte → Fettsäure mit 8 C-Atomen, schwach ranzigem Geruch und brennendem Geschmack. C. kommt in verschiedenen Pflanzenölen und -fetten, v. a. in Kokos-, Palmkern- und Butterfett vor, sowie als Ester in Weinfuselöl. Sie besitzt eine fungizide und antiseptische Wirkung.

Capsaicin engl.: *capsaicin;* farblose Kristalle, die für den scharfen Geschmack von → Gewürzpaprika und → Chilies verantwortlich sind. In geringen Dosen steigert C. die Magensaftsekretion und regt die Darmperistaltik an, chronische Überdosierungen führen zu Gastritis. C. ist weiterhin in zur Rheumabehandlung eingesetzten ABC-Pflastern enthalten, da es auf der Haut wärmeerzeugend wirkt.

Capsanthin engl.: *capsanthin;* zu den → Carotinoiden gehörender natürlicher, intensiv roter Farbstoff der → Paprika. C. ist in der EG unter der Nummer E 160c zum Färben von Lebensmitteln zugelassen.

Capsorubin engl.: *capsorubin;* zu den → Carotinoiden gehörender natürlicher, intensiv violettroter Farbstoff der → Paprika. C. ist in der EG unter der Nummer E 160c zum Färben von Lebensmitteln zugelassen.

Carbaminsäure engl.: *carbamic acid,* Syn.: *Carbamidsäure;* Halbamid der Kohlensäure, das in freiem Zustand nicht bekannt ist, sondern nur in Form seiner Salze und Ester (Carbamate) wie z. B. den Urethanen oder Harnstoff vorkommt. Derivate der C. sind wegen ihrer fungiziden Wirkung Bestandteil einiger Insektizide.

Carbo medicinalis vegetabilis engl.: *vegetable carbon,* Syn.: *Pflanzenkohle;* lichtechter, stabiler schwarzer Farbstoff, der durch Pyrolyse von organischem Material (z. B. Holz) gewonnen wird und unter der Nummer E 153 zum Färben von Lebensmitteln allgemein ohne Höchstmengenbeschränkung zugelassen ist. C. wird auch zur Pigmentierung von Verpackungsmaterialien und Kosmetika, technisch als → Aktivkohle und medizinisch als Arzneikohle bei Darmerkrankungen und Vergiftungen eingesetzt.

Carbonate engl.: *carbonates;* Salze der → Kohlensäure, die je nach Ersatz von einem oder zwei Wasserstoffatomen in neutrale C. und Hydrogencarbonate unterschieden werden. Mit Ausnahme von Alkalicarbonaten sind C. schwer wasserlöslich, von Säuren werden sie unter Kohlendioxid-Entwicklung (→ Kohlendioxid) zersetzt. Wichtige C. sind → Natriumcarbonat (Soda), → Natriumhydrogencarbonat (Natron), → Kaliumcarbonat (Pottasche), Ammoniumcarbonat und Ammoniumhydrogencarbonat (→ Hirschhornsalz) sowie Calciumcarbonat und Calcium- und Magnesiumhydrogencarbonat als Härtebildner des Wassers.

Carbonathärte engl.: *carbonate hardness;* → Wasserhärte

Carbonsäuren Syn.: → *organische Säuren*

Carbonylzahl; Abk.: COZ, Fettkennzahl, die zur Bestimmung der nicht flüchtigen Carbonyl-Verbindungen in Fetten dient. Die COZ gibt die mg Carbonylgruppen an, die in 1 g Substanz enthalten sind.

Carboxylasen engl.: *carboxylases;* zur Gruppe der → Ligasen gehörende Enzyme, die Kohlendioxid übertragen und meist Biotin als Coenzym benötigen. Die Gegenreaktion wird durch → Decarboxylasen katalysiert.

Beispiele für C. sind Pyruvat-Carboxylase und Acetyl-CoA-Carboxylase.

Carboxylierung engl.: *carboxylation;* Übertragung von Kohlendioxid (Säure-/Carboxygruppe) auf eine organische Verbindung. Die C. ist ein essenzieller Schritt für die Synthese von biologischem Material (Photosynthese, Gluconeogenese, Fettsäuresynthese u. a.). Biologische C. wird durch Carboxylasen (→ Enzyme) katalysiert. Die Gegenreaktion stellt die Decarboxylierung dar.

Carboxymethylcellulose engl.: *carboxymethylcellulose;* Abk.: CMC, Celluloseether, der synthetisch durch Umsetzung von Cellulose mit Monochloressigsäure hergestellt wird, eine höhere Wasserlöslichkeit als Cellulose besitzt, jedoch wie diese für den Menschen unverdaulich ist. CMC ist unter der Nummer E 466 als Füllstoff, Schaummittel, Überzugsmittel und Verdickungsmittel für Lebensmittel allgemein ohne Höchstmengenbeschränkung zugelassen. Sie verbessert z. B. die Konsistenz, Form und Gefrier-Tau-Stabilität verschiedener Lebensmittel und verhindert die Entstehung unerwünschter Eiskristalle in Tiefkühlprodukten. Des Weiteren wird CMC für Klebstoffe, Farben, Kosmetika, Reinigungsmittel u. a. verwendet.

Carcinogene Stoffe Syn.: → *Kanzerogene Stoffe*

Carnaubawachs engl.: *carnauba wax;* → Wachs

Carnitin Syn.: → *L-Carnitin*

Carnosin engl.: *carnosine;* Dipeptid aus β-Alanin und Histidin, das in der Skelettmuskulatur der Wirbeltiere enthalten ist. C. besitzt Pufferwirkung im Organismus und soll des Weiteren als Antioxidans wirken und Proteine vor Veränderungen schützen. Deshalb wird es als → Nahrungsergänzungsmittel („Anti-Aging"-Produkt) angeboten und in Augentropfen zur Behandlung von Katarakt (grauer Star) eingesetzt.

Carobe Syn.: → *Johannisbrot*

Carotine engl.: *carotenes, carotins;* zur Gruppe der → Carotinoide gehörende wasserunlösliche Farbstoffe, die nur aus Kohlenstoff und Wasserstoff bestehen. Die drei Isomere alpha-, beta- und gamma-Carotin wirken als Provitamin A, wobei das beta-Carotin am wichtigsten ist. Die beiden anderen Isomere besitzen nur den halben Provitaminwert (Umrechnung in Retinol-Äquivalente → Vitamin A). Beta-Carotin erfüllt aber noch weitere Funktionen, v. a. als Antioxidans. Zum einen kann es hochreaktiven Singulettsauerstoff wieder in den stabilen Grundzustand überführen und dadurch die Entstehung weiterer Radikale verhindern. Zum anderen ist es in der Lage, freie Radikale direkt zu inaktivieren, wobei es jedoch verbraucht wird. Beta-Carotin-reich sind z. B. Möhren, Grünkohl, Spinat und roter Paprika. C. werden in der Industrie als → Lebensmittelfarbstoffe und in → Nahrungsergänzungsmitteln eingesetzt.

Carotinoide engl.: *carotenoids;* Sammelbegriff für eine Gruppe wasserunlöslicher, natürlich vorkommender organischer Verbindungen. Aufgrund ihrer zahlreichen konjugierten Doppelbindungen erscheinen sie farbig (gelb, orange bis dunkelrot) und werden z. T. als → Lebensmittelfarbstoffe eingesetzt. Die zum Färben von Lebensmitteln zugelassenen C. sind in der Zusatzstoff-Zulassungsverordnung geregelt. Bei einigen C. handelt es sich um → Provitamine des → Vitamin A (v. a. beta-Carotin). Die C. lassen sich unterteilen in → Carotine, die nur aus Kohlenstoff und Wasserstoff bestehen (Carotin, Lycopin) und sonstige C., die zusätzlich Sauerstoff enthalten (Bixin, Canthaxanthin, Capsanthin, Capsorubin, Crocetin, Flavoxanthin, Lutein, Kryptoxanthin, Rubixanthin, Rhodoxanthin, Violaxanthin, Zeaxanthin). C. sind in verschiedenen Obst- und Gemüsesorten wie Möhren, Zitronen, Orangen, Pfirsichen, Aprikosen, Tomaten und Paprika sowie in Eidotter enthalten und können aus diesen Produkten isoliert werden. Die meisten C. können auch synthetisch oder biotechnologisch erzeugt werden (naturidentische Farbstoffe).

Carpaccio; sehr dünn (1–2 mm) geschnittene, flach geklopfte, meist mit einer Sauce angerichtete Scheiben rohen Rind-, Geflügel-, Wild- oder Fischfleisches. Es handelt sich im Allgemeinen um hochwertiges rotes Muskelfleisch, das arm an Sehnen und Fettgewebe ist wie z. B. Rinderfilet, Geflügelbrust oder Lachsfilet. Der Name des Gerichtes stammt von dem venezianischen Maler Carpaccio, dessen Gemälde in Rottönen einen italienischen Koch zu diesem Gericht mit Rindfleisch inspirierten.

Carrageen engl.: *carrageen,* Syn.: *Irländisches Moos, Knorpeltang, Perlmoos;* aus Galactose und z. T. Anhydrogalactose bestehende, mit Schwefelsäure veresterte saure Polysaccharide, die natürlicherweise in Rotalgen (lat.: *Rhodophyceae*) der Spezies *Chondrus, Gigartina, Furcellaria* und *Eucheuma* enthalten sind. Aus diesen wird C. nach Trocknung mit Alkohol oder wässrigem Alkali extrahiert, ausgefällt, getrocknet und vermahlen. C. enthält verschiedene Komponenten (z. B. Kappa-, Lambda- und Jota-Typ), die sich in ihrem Aufbau und ihren Eigenschaften (z. B. der Gelierfähigkeit) unterscheiden. Unter der Nummer E 407 ist C. als Gelier- und Dickungsmittel für Lebensmittel allgemein ohne Höchstmengenbeschränkung zugelassen. Es stabilisiert Mehrphasensysteme wie Kakao-Milch-Getränke, besitzt emulgierende Wirkung und findet wegen seines starken Quellvermögens und seiner Unverdaulichkeit u. a. auch bei der Herstellung von „light"-Produkten Verwendung.

Carrageenate engl.: *carrageenans;* Salze der Carrageenane (→ Carrageen).

Carré de l'Est engl.: *carré de l'Est;* dem → Camembert ähnlicher französischer Weichkäse mit weißer Schimmelkruste (Weißschimmelkäse), der in der Champagne und in Lothringen aus pasteurisierter Kuhmilch hergestellt wird. In den Handel kommen viereckige Formen mit 8–10 cm Seitenlände und Gewichten von 100–250 g. Der Fettgehalt liegt bei 45 oder 50 % i. Tr. Der geschmeidige, elastische, gelblichweiße Teig verfügt über einen festen Kern und besitzt nur wenige Bruchlöcher. C. schmeckt jung leicht säuerlich und gereift mild aromatisch.

Carry-Over-Effekt engl.: *carry over,* Syn.: *Halo-Effekt, Nachwirkungs-Effekt;* Erstbewertung eines Produktes, welche die nachfolgenden sensorischen Ergebnisse beeinflussen kann (positive oder negative → Konditionierung), da Testpersonen dazu neigen, ihr Anfangsurteil nicht mehr zu ändern. Reicht man z. B. zunächst ein sehr süßes Produkt, so wird das folgende gleich süße Produkt als weniger süß empfunden.

Carubin Syn.: → *Johannisbrotkernmehl*

Caryota; → Datteln

CASA; Abk. für Computergestützte Sensorik (von engl.: *computer aided sensory analysis*), z. B. zur Direkteingabe von Prüfer-Messungen.

Cascarillarinde lat.: *Croton eluteria Benn.* (Fam.: *Euphorbiaceae*), engl.: *cascarilla bark;* getrocknete Rinde des auf den westindischen Inseln wild wachsenden und in Indonesien angebauten Cascarillastrauches, die aufgrund ihrer Bitterstoffe in der Spirituosenindustrie sowie in der Pharmazie Verwendung findet.

Casein engl.: *casein,* Syn.: *Kasein;* wichtigste Proteinfraktion der Milch (75–85 % des Milcheiweißes), die sich aus α_{S1}-, α_{S2}-, β-, γ- und κ-Casein zusammensetzt. C. ist sehr hitzestabil, da es keine Tertiärstruktur besitzt und somit nicht denaturiert werden kann. Durch Säure, pflanzliche Substrate (z. B. aus Labkraut oder Feigen) oder das Enzym → Chymosin (→ Lab) kann C. ausgefällt und von der Molke abgetrennt werden. Vom κ-Casein, das durch seinen emulgatorähnlichen Aufbau die anderen Caseinfraktionen vor Ausfällung schützt, wird durch Enzyme das hydrophobe para-κ-Casein abgespalten, wodurch die Schutzfunktion verloren geht. Ein Säurezusatz bewirkt die Abscheidung der Calciumionen, über die die Caseinfraktionen komplex gebunden sind, was ebenfalls das Ausfallen des C. zur Folge hat. Die Ausfällung von C. ist wesentlicher Bestandteil der Herstellung von →Käse. C. wird als Nährmittel verwendet, kommt aber auch als Bindemittel für Farben und bei der Herstellung von Klebstoffen zum Einsatz.

Caseinate engl.: *caseinates,* Syn.: *Caseinderivate, aufgeschlossenes Milcheiweiß;* echt lösliche, kolloidallösliche oder dispergierbare, durch alkalischen Aufschluss aus →Casein gewonnene Milcheiweißerzeugnisse. Je nach gewähltem Aufschlussmittel wie z. B. Hydroxide von Natrium, Ammonium, Kalium sowie die Hydroxide, Carbonate und Citrate von Calcium und Magnesium unterscheiden sich die entstehenden Caseinate (z. B. Natriumcaseinat oder Ammoniumcaseinat). Im Lebensmittelbereich finden C. bei Fleischwaren, Backwaren, Süßwaren, Getreideprodukten, Eiscreme, Aufschlagmassen, Kaffeeweißern und diätetischen Erzeugnissen Verwendung. Ihr Zusatz erfolgt zum Zwecke der Eiweißanreicherung sowie zur Verbesserung der Konsistenz und Textur aufgrund ihrer emulgierenden und wasserbindenden Wirkung.

Caseinmilch engl.: *casein milk;* anhand ihrer unterschiedlichen Proteinstruktur lassen sich die Milchen verschiedener Tierarten in Caseinmilch und Albuminmilcharten unterscheiden. Zu C. werden Milchen von Wiederkäuern (Rind, Schaf, Ziege, Rentier) gerechnet. Bei Albuminmilch stehen die hitzekoagulierenden Eiweißstoffe im Vordergrund. Hierzu gehört zum Beispiel Milch von Einhufern (Pferd, Esel) sowie vom Hund. Albuminmilch ist allgemein fettärmer, reicher an Milchzucker und bedeutend niedriger im Mineralstoffgehalt als Caseinmilch. Zum Typ Albuminmilch gehört auch die Frauenmilch.

Cashewapfel engl.: *cashewapple;* 5–10 cm lange und 4–7 cm breite apfel- bis birnenförmige →Scheinfrucht (verdickter Fruchtstiel) des →Cashewbaumes mit dünner gelber oder roter Schale. Das weiche Fruchtfleisch schmeckt fruchtig herb und wird in den Ursprungsländern zu Pulpe, Saft, Konfitüren und Gelee verarbeitet, da der C. an sich nicht transport- und lagerfähig ist. An ihm hängt die →Cashewnuss mit dem →Cashewkern (Samen).

Cashewbaum lat.: *Anacardium occidentale L.* (Fam.: *Anacardiaceae*), engl.: *cashew tree,* Syn.: *Acajubaum, Kaschubaum, Cajubaum;* immergrüner, in Brasilien beheimateter Baum, von dem die →Scheinfrucht (→Cashewapfel) und die →Steinfrucht (→Cashewnuss) genutzt werden. Hauptprodukt sind die in den Cashewnüssen enthaltenen ölhaltigen Samen (→Cashewkerne). Kultiviert wird der C. in Brasilien, Indien, Afrika und Asien.

Cashewkerne engl.: *cashew kernels,* Syn.: *Kaschukerne, Acajukerne;* nierenförmige, 2,5 cm lange, hell- bis dunkelbraune, z. T. geröstete Kerne (Samen) der →Cashewnuss. C. haben einen mandelartigen, etwas süßlichen, nach Röstung aromatischen Geschmack. Ihr hoher Fettgehalt (ca. 42 g pro 100 g) macht sie anfällig gegenüber Ranzidität. Im Handel sind C. in verschiedenen Größen: „White Wholes" (ganze Kerne), „Butts" (Kerne mit abgebrochenen Spitzen), „Splits" (in der Längsrichtung gespalten), „Pieces" (Stücke) und „Small Pieces" (kleine Stücke). Sie werden roh und geröstet als Knabberartikel verzehrt sowie als Zutat für Backwaren und in der asiatischen Küche verwendet.

Cashewnuss engl.: *cashew nut,* Syn.: *Elefantenlaus, Acajunuss, Kaschunuss;* 2,5–5 cm lange nierenförmige →Steinfrucht mit dicker harter Schale (Schalenanteil ca. 70–80 %). Die Schale enthält eine giftige Flüssigkeit (engl.: *Cashew Nut Shell Liquid,* Abk.: CNSL), die ausschließlich für technische Zwecke genutzt wird. Die C. ist die eigentliche Frucht des →Cashewbaumes, die herausragend am unteren Ende des →Cashewapfels sitzt. Sie wird hauptsächlich in den Urspungsländern maschinell geschält und enthäutet, um die enthaltenen →Cashewkerne zu gewinnen. Beim Import wird nach Farbe, Beschaffenheit und Qualität unterschieden in „White" (weiß, ohne Mangel) und „Scorched" (graugelb, angeröstet, verfärbt durch Überhitzung beim Trocknen).

Cassata; beliebte italienische Süßspeise und Dessertform. Die Urform ist die „C. siciliana", eine mit gehackten Pistazien oder Pistazienglasur dekorierte Torte aus gekühltem →Ricotta mit kandierten Früchten und Bitterschokolade zwischen Biskuitböden. Aus ihr haben sich eine Reihe von ähnlichen, auch als C. bezeichnete Desserts aus Speiseeis, Sahne und anderen Käsen mit kandierten Früchten entwickelt.

Cassava Syn.: →*Maniok*

Cassavastärke Syn.: →*Tapiokastärke*

Cassia engl.: *cassia,* Syn.: *Kassie, Zimtkassie, Chinesischer Zimt;* vom Kork mehr oder weniger befreite Rinde von *Cinnamomum aromaticum NEES.* oder *Cinnamomum loureii NEES.*, die i. d. R. zu gemahlenem Zimt weiterverarbeitet wird. →Zimt

Cassisgeist; →Obstgeist, der unter Verwendung von aromatischen Schwarzen Johannisbeeren hergestellt und häufig zu →Johannisbeerlikör weiterverarbeitet wird.

Cassislikör Syn.: →*Johannisbeerlikör*

Catalogna Syn.: →*Blattzichorie*

Catchup Syn.: →*Ketchup*

Catechine engl.: *catechins,* Syn.: *Flavanole;* farblose Verbindungen, die zu den →Polyphenolen, einer Untergruppe der →sekundären Pflanzenstoffe gehören. Die C. kommen in größerer Konzentration in Tee vor und sind in den meisten Obstsorten (v. a. in unreifem Obst) enthalten. C. sind starke →Antioxidantien, fangen freie Radikale ab und sollen z. B. Herz-Kreislauferkrankungen vorbeugen. Das Hauptpolyphenol des grünen Tees ist das Epigallocatechingallat, das im Tierversuch antikanzerogene Wirkung zeigt. Deshalb wird grünem Tee eine gesundheitsfördernde Wirkung zugesprochen. Die Oxidation der C. führt zu den →Gerbstoffen, die bei Molekulargewichten bis 3000 adstringierend wirken.

Catering; englische Bezeichnung für Gruppenverpflegung.

Catsup Syn.: →*Ketchup*

Cattley-Guave Syn.: →*Erdbeerguave*

Catuaba Tee engl.: *catuaba tea;* aus den Rinden der im tropischen Regenwald Südamerikas heimischen Catuababäume hergestelltes coffeinfreies →teeähnliches Erzeugnis, das in Brasilien neben →Lapacho Tee zu den beliebtesten Teesorten zählt und aufgrund seiner regenerierenden und erfrischenden Wirkung bei uns als so genannter Wellness-Tee (→Wellness-Produkte) vermarktet wird. C. besitzt ein frisches, leicht bitteres Aroma und wird aufgrund seiner stark roten Färbung auch als roter Rindentee bezeichnet.

Caviar Syn.: →*Kaviar*

Cayennepfeffer engl.: *cayenne pepper;* getrocknete, gemahlene →Chilies.

CBA; Abk. für engl.: *cocoa butter alternatives* = →Kakaobutteraustauschfette.

CBE; Abk. für engl.: *cocoa butter equivalents* = Kakaobutteräquivalente. Zu den →Kakaobutteraustauschfetten gehörende pflanzliche Fette, die mit Kakaobutter in jedem Verhältnis mischbar und mit deren physikalische Eigenschaften kompatibel sind. Es handelt sich um nicht laurinsäurehaltige Fette, die reich an symmetrischen einfach ungesättigten Triglyceriden sind. Der Nachweis von CBE in Kakaobutter erfolgt über das Verhältnis der am häufigsten vorkommenden Triglyceride POP, POSt und StOSt. In der EU-Kakao-Richtlinie sind Pflanzen aufgeführt, aus denen CBE gewonnen werden können; namentlich sind die Fette Illipé, Palmöl, Sal, Shea, Kokum gurgi und Mangokern genannt. Der Zusatz dieser dort genannten CBE zu gewissen Schokoladenerzeugnissen ist unter Kenntlichmachung bis zu einem Gehalt von 5 % des Enderzeugnisses möglich.

CBR; Abk. für engl.: *cocoa butter replacers*; zu den →Kakaobutteraustauschfetten gehörende laurinsäurehaltige Fette, die nicht mit Kakaobutter mischbar sind. Es sind pflanzliche Vollaustauschfette für Kakaobutter; als Basis dient meist Kokosölraffinat oder Palmkernfett. Massen mit CBR und mehr als 5 % Kakaobutter im Fettanteil sind weicher, haben eine geringere Wärmeresistenz und neigen eher zu Fettreifbildung. Manche Hersteller fassen CBR jedoch allgemeiner auf und unterscheiden die Fette, die Kakaobutter quasi vollständig ersetzen, von denen, die sie nur teilweise ersetzen und mit Kakaobutter in gewissen Grenzen mischbar sind.

CCP; Abk. für →Critical Control Point.

CDD engl.: *CDD;* Abk. für →chemisch definierte Diät.

Cellobiose engl.: *cellobiose;* farb- und geschmackloses →Disaccarid, das aus zwei Molekülen →Glucose besteht. C. kommt in der Natur nicht frei, sondern nur als Baustein von →Cellulose vor, aus der sie durch Hydrolyse isoliert werden kann. Eine Spaltung in die Monosaccharide kann durch β-Glucosidasen oder Säurezusatz erfolgen.

Cellophan®; in Deutschland geschütztes Warenzeichen für glasklare mikrobiologisch abbaubare Folien aus regenerierter →Cellulose (→Zellglas). Der Name des bereits seit 1908 bekannten →Packstoffes leitet sich von Cellulose und dem griechischen Wort *diaphanis* = durchsichtig ab. C. wird z. B. zum Verpacken von Gebäck, Käse, Süßwaren und Zigarren eingesetzt.

Cellulasen engl.: *cellulases;* Gruppe von Enzymen, die den Abbau von →Cellulose katalysieren. C. werden u. a. von Insekten und verschiedenen Mikroorganismen gebildet. Hierzu gehören auch die Mikroorganimen im Pansen der Wiederkäuer, wodurch diesen die Verwertung von Cellulose als Energiequelle ermöglicht wird. Technisch werden C. z. B. in der Getränkeindustrie eingesetzt, um die Saftausbeute zu erhöhen oder die Säfte zu klären.

Cellulose engl.: *cellulose;* kettenförmiges pflanzliches Polysaccharid, das aus 500–5000 Glucosemolekülen besteht. C. ist die in der Natur mengenmäßig am häufigsten vorkommende organische Substanz. Die Art der Verknüpfung der Glucosemoleküle (β-glykosidisch) ist verantwortlich für die lineare Struktur und die Eignung als Gerüstsubstanz der Pflanzen, aber auch für die Unverdaulichkeit im menschlichen Organismus (der Mensch besitzt keine β-Glucosidase). C. spielt dennoch als unlöslicher →Ballaststoff eine wichtige Rolle in der Ernährung. C. dient u. a. der Herstellung von →Celluloseethern und →mikrokristalliner Cellulose als Dickungs- und Geliermittel und der Herstellung von Textilien, Papier und →Cellobiose.

Celluloseether engl.: *cellulose ethers;* Derivate der →Cellulose, die synthetisch durch Umsetzung mit entsprechenden Veretherungsmitteln aus dieser hergestellt werden. C. sind im Gegensatz zur Cellulose meist wasserlöslich, jedoch wie diese für den Menschen unverdaulich. Hydroxypropyl-, Hydroxypropylmethyl-, Ethylmethyl-, →Methyl- und →Carboxymethylcellulose sind als Füllstoffe, Schaummittel, Überzugsmittel und Verdickungsmittel für Lebensmittel zugelassen. Des Weiteren werden C. z. B. für Klebstoffe, Farben, Kosmetika und Reinigungsmittel verwendet.

Cellulosehydrat engl.: *cellulose hydrate;* →Zellglas

Centrale Marketing-Gesellschaft der deutschen Agrarwirtschaft mbH engl.: *central marketing organization of german agricultural industries;* Abk.: CMA, 1970 gegründete Gesellschaft, die zusammen mit der →ZMP die im Absatzfondsgesetz festgeschriebenen Aufgaben zur Absatzförderung deutscher Erzeugnisse der Land- und Ernährungswirtschaft umsetzt. Sie hat das Ziel, die Position der deutschen Agrar- und Ernährungswirtschaft in den zusammenwachsenden Märkten der EU zu stärken und auszubauen. Zu den Gesellschaftern der CMA gehören die Spitzenverbände der deutschen Land- und Ernährungswirtschaft, des Handels sowie der Be- und Verarbeitung. Sie wird hauptsächlich von der deutschen Agrarwirtschaft über den Absatzfonds finanziert.

Cerealien engl.: *cereals;* allgemeine, nicht fest definierte Bezeichnung für Getreide und Getreideerzeugnisse, die insbesondere für Frühstücks- und Snackprodukte verwendet wird.

Cerealienwurst Syn.: *Zerealienwurst;* fachsprachliche Bezeichnung für →Fleischerzeugnisse, i. d. R. Kochwürste, mit Zusätzen von Getreideerzeugnissen wie Mehl, Grütze, Brot oder auch Reis sowie Kartoffeln. Art und Umfang des Zusatzes sind bei den zumeist nur regional bekannten Wurstsorten stark unterschiedlich. Der Zusatz muss aus der Bezeichnung der Erzeugnisse eindeutig erkennbar oder dem Verbraucher aus der Tradition bekannt sein. In der Regel werden als C. mehrere Blutwurstsorten wie z. B. →Panhas oder →Westfälische Beutelwurst sowie einige Leber- und Kochmettwurstsorten wie bspw. →Semmelleberwurst bezeichnet.

Cerotinsäure engl.: *cerotic acid, ceric acid;* gesättigte →Fettsäure mit 26 C-Atomen, die hauptsächlich in Bienenwachs und Wollfett vorkommt.

Cervelatwurst engl.: *cervelat;* feinkörnige, geräucherte, schnittfeste →Rohwurst. Das Ausgangsmaterial wird aus sehnen- und fettgewebsarmem Rindfleisch, grob entsehntem Rindfleisch, grob entfettetem Schweinefleisch und Speck sowie weiteren Zutaten wie z. B. Gewürzen hergestellt. Für C. mit hervorhebenden Bezeichnungen wie z. B. „1a“ oder „fein“ wird üblicherweise kein grob entsehntes Rindfleisch verwendet.

Ceylonspinat Syn.: →*Indischer Spinat*

Ceylon-Tee engl.: *Ceylon tea;* aus verschiedenen Höhenlagen Sri Lankas stammende →Tees mit charakteristischem Aroma, herbem Geschmack und einer Farbe, die zwischen →Darjeeling- und →Assam-Tee liegt. Die hochwertigsten und aromatischsten C. stammen aus Höhen zwischen 1500 und 2200 m (Uva-, Dimbula- und Nuwara-Distrikt) und haben Blätter mit zart rötlichem Schimmer.

Ceylon-Zimt engl.: *Ceylon cinnamon,* Syn.: *Kaneel, Echter Zimt;* →Zimt

Chablis; französischer Qualitätswein (Weißwein) aus Burgund mit →Appelation d'Origine Contrôlée (AOC/AC) der Hauptgemeinde. Hergestellt aus der Chardonnay-Traube, trocken, würzig. Die unterste Qualitätskategorie ist „AC Petit Chablis“, es folgen „AC Chablis Premier Cru“ und „AC Chablis Grand Cru“.

Chambrieren; langsames Erwärmen von Rotwein von Keller- auf Zimmertemperatur, wobei der Begriff Zimmertemperatur nicht von heutigen Temperaturen mit über 20 °C, sondern von früher gängigen 18 °C ausgeht. Rotwein sollte beim Servieren nicht wärmer als 19 °C sein, da er sonst an Geschmack verliert.

Champagner engl.: *champagne;* kontrollierte Herkunftsbezeichnung (AOC) für Qualitätsschaumwein aus der Champagne. Die Rebsorten sind Chardonnay, Pinot meunier und Pinot noir. Ein weißer C. kann aus weißen Trauben (→blanc de blancs) und aus blauen Trauben (→blanc de noirs) hergestellt sein. Im Allgemeinen ist ein C. ein Verschnitt verschiedener Weine unterschiedlicher Jahrgänge.

Champagnersenf engl.: *champagne mustard;* mit Champagner verfeinerter →Rôtisseur-Senf.

Champagnerverfahren Syn.: *méthode champenoise;* Bezeichnung, die nach EU-Recht nur bei Schaumweinen aus der Champagne angegeben werden darf. Beim C. handelt es sich um ein kostspieliges und langwieriges Verfahren zur Schaumweinherstellung. Das Prinzip ist, dass der Wein in der Flasche ein zweites Mal gärt, indem eine kleine Menge Zucker und Hefe hinzugefügt wird. Diese Gärung muss bei tiefen Temperaturen ablaufen, damit sich die entstehende Kohlensäure im Wein löst. Während der Gärung müssen die Flaschen gerüttelt und immer stärker geneigt werden, bis die abgestorbenen Hefezellen sich am Korken im Flaschenhals gesammelt haben. Jetzt muss der Flaschenhals in ein Eisbad getaucht werden, so dass der Hefepfropf gefriert. Dann kann die Flasche geöffnet, die Hefe entfernt, die Flasche aufgefüllt und wieder verschlossen werden.

Champignoncremesuppe engl.: *creamy mushroom soup;* mild gehaltene, helle, gebundene Suppe aus Champignons und fein gewürfelten Zwiebeln mit anderen würzenden Zutaten wie z. B. Zitronensaft.

Champignonleberwurst; fein zerkleinerte, sehr hochwertige →Leberwurst, die in Herstellung, Zutaten und Aussehen →Delikatessleberwurst entspricht. Sie enthält in charakterbestimmender Menge zumeist kleinstückige Champignons (höchstens 10 %).

Champignons lat.: *Agaricus L. ex Fr. sp.* (Fam.: *Agaricaceae*), engl.: *mushrooms,* Syn.: *Egerlinge;* Pilze der Gattung *Agaricus L. ex Fr.*, von denen die meisten essbar sind und wichtige →Speisepilze liefern. Zu den marktgängigen Arten zählen →Kultur-, →Anis-, →Wald- und →Wiesenchampignons.

Champignonsauce engl.: *mushroom sauce;* helle gebundene Sauce, die Champignons und häufig Eigelb, Sahne, Weißwein sowie Zitronensaft beinhaltet. Sie wird zu hellem Fleisch, Geflügel, Fisch, Reis und Teigwaren serviert.

Chaptalisierung engl.: *chaptalization,* Syn.: *Anreicherung;* bezeichnet das Hinzufügen von Zucker zu Most, wenn die Trauben zu wenig Zucker enthalten, um einen harmonischen Wein zu ergeben. Ziel ist es, den Alkoholgehalt zu erhöhen. Meist wird Rübenzucker verwendet. Die Zugabe von in Wasser gelöstem Zucker ist verboten. Häufig ist die C. wegen zu hoher Hektarerträge notwendig. Niedrigere Hektarerträge würden die C. oft überflüssig machen. In vielen Ländern ist die C. gesetzlich geregelt, in Deutschland nur bei Tafelwein, Landwein und Q. b. A. erlaubt. →Weinanreicherung

Chardonnay; heute am weitesten verbreitete Weißweinrebe. Sie ist in allen Wein erzeugenden Ländern anzutreffen und ist in Anbau und Ausbau problemlos. Die Chardonnay-Rebe liefert reiche, oft feine Weine mit charakteristischem vielseitigen Bukett (frisch, mild, blumig). Wein aus Chardonnay-Trauben ist schon als junger Wein trinkfähig. Bessere Weine eignen sich aber auch zum weiteren Ausbau auf Eiche.

Charente-Brennwein; mit →Cognac versetzter Wein von den Ufern der Charente im Westen Frankreichs. Ein aus ihm gewonnener Weinbrand darf nicht als Cognac bezeichnet werden.

Charlotten; mit Waffelröllchen, Waffeln, Baumkuchen, Löffelbiskuits, Biskuitrollenscheiben o. Ä. Lebensmitteln eingefasste feine Cremespeisen, die vielfältig z. B. mit Früchten, Schokoladenspänen oder Makronen variiert werden.

Charque; dünne Streifen südamerikanischen Trockenfleisches. Es besteht aus fettarmem entbeinten Rindfleisch aus der Flanke oder dem Vorderviertel, das durch Salzen und Trocknen an der Luft (meist an der Sonne) haltbar gemacht wird.

Chartreuse engl.: *chartreuse;* →Abteilikör, der von den Mönchen des Klosters La Grande Chartreuse in Frankreich seit 1605 hergestellt wird. Ursprünglich diente er, wie fast alle Abteiliköre, als Heilmittel. Die Rezeptur umfasst viele verschiedene Kräuter, darunter Chinarinde, Angelikawurzel, Ivakraut, Kalmus, Ingwer, Curaçao-Orangenschalen, Pfeffer- und Zitronenmelisse. Der C. wird als „Chartreuse verte“ (grün) mit einem Alkoholgehalt von 55 Vol.-% und als „Chartreuse jaunes“ (gelb) mit einem Alkoholgehalt von 40 Vol.-% gehandelt. Der Name „Chartreuse“ ist geschützt. Erzeugnisse ähnlicher Art werden unter der Bezeichnung →Kartäuser, Abtei- oder Klosterlikör in Verkehr gebracht.

Chasselas; sehr alte, vermutlich aus Kleinasien stammende Weißweinrebe. Die Chasselas-Rebe bevorzugt mittlere windgeschützte Lagen und gute Böden. Sie ist wenig frostempfindlich, mittelfrühreifend und von eher niedriger Traubenqualität. Die Rebe liefert Weine mit niedrigem Säuregehalt und wenig Aroma, leichten und bekömmlichen Kneipwein. Die Traube wird auch als Tafeltraube geschätzt. In der Schweiz ist sie unter dem Namen Fendant und Dorin bekannt. In Deutschland wird C. als Gutedel oder Weißer Gutedel bezeichnet.

Château; insbesondere im Bordeaux verwendete Bezeichnung für einen französischen Winzerbetrieb.

Chateaubriand engl.: *chateaubriand,* Syn.: *Doppeltes Filetstück, Doppeltes Lendenstück;* doppelt fingerdicke (etwa 5 cm), ca. 400 g schwere Scheibe Muskelfleisch vom Rind. Sie wird aus dem Kopf- oder Mittelstück des → Filets geschnitten und eignet sich zum Kurzbraten.

Chaud-froid; Bezeichnung für warm (franz.: *chaud*) zubereitete Speisen (Fleisch, Geflügel, Wild u. v. m), die kalt (franz.: *froid*) serviert werden. Dabei sind sie meist dekorativ garniert, z. B. mit Möhrenstücken und/oder Trüffeln, mit Sauce angerichtet und mit → Aspik überzogen.

Chayote lat.: *Sechium edule (Jacq.)* Swartz (Fam.: *Cucurbitaceae*), engl.: *chayote,* Syn.: *Stachelgurke;* unreif geerntete → Beeren eines in Mittelamerika beheimateten rankenden Kürbisgewächses. Die Früchte sind birnenförmig, von 8–20 cm Länge und 5–8 cm Durchmesser, besitzen längs verlaufende Furchen sowie eine feste, dünne, grüne bis weiße Schale, die oft weiche Stacheln trägt und einen einzelnen großen ovalen Samen. Das Fleisch der C. ist weiß bis grünlich und von schwach gurkenartigem Geschmack. Sie wird in geschälter Form als Gemüse oder Gemüsebeilage, in Salaten oder auch zur Herstellung von Kompott verwendet.

Cheddar-Käse engl.: *cheddar;* typisch englischer Hartkäse der Vollfett- und Rahmstufe (45 bzw. 50 % Fett i. Tr.) mit einem Gewicht von 35–40 kg. Er ähnelt dem → Chester-Käse sowohl im Aussehen als auch in der Herstellungsweise. Der C. kommt ursprünglich aus dem Cheddartal und wurde als erster Käse der Welt Mitte des 20. Jahrhunderts industriell hergestellt. Es gibt ihn in diversen Sorten und Farben mit einer weltweiten Produktion, u. a. in England, USA und Kanada. Der hauptsächlich aus Vollmilch hergestellte C. gehört zu den im Bruch nachgesäuerten Käsen. Der auf der Zunge schmelzende, nicht krümelige, einheitlich geschlossene Teig mit schlitzförmigen Bruchlochungen ist mit dem Pflanzenfarbstoff Annatto (E 160b) hellgelb bis orange angefärbt. Das gesetzliche Mindesalter von C. beträgt 3 Monate. Er benötigt aber eine zwölfmonatige Lagerung bis zur vollen Reife. Im Handel ist er sowohl jung als auch gereift erhältlich. Der junge Käse weist einen milden leicht säuerlichen Geschmack auf, während gereifter C. wesentlich kräftiger ist. Zum Schutz gegen Austrocknung wird er mit Öl eingestrichen oder mit Paraffin bzw. Wachs überzogen.

Cheeseburger; → Hamburger

Chemisch definierte Diät engl.: *chemically defined diet;* Abk.: CDD, eine Form der → bilanzierten Diät, die aus niedermolekularen, voll absorbierbaren Nährstoffen besteht (Aminosäuren, Oligopeptide, Oligosaccharide, essenzielle Fettsäuren, Vitamine und Mineralstoffe) und bei Erkrankungen des Magen-Darm-Traktes zum Einsatz kommt. Zur CDD gehört auch die heute nicht mehr verwendete → Astronautendiät.

Chemische Konservierung engl.: *chemical preservation;* Konservierung durch den Einsatz von → Konservierungsstoffen.

Chemischer Sauerstoffbedarf engl.: *chemical oxygen demand;* Abk.: CSB, Summenparameter aus der Abwasseranalytik, der die Menge an Sauerstoff, welche zur Oxidation der gesamten im Wasser enthaltenen organischen Stoffe verbraucht wird, in mg/l oder g/m^2 angibt. Im Unterschied zum → biochemischen Sauerstoffbedarf (BSB) erfasst der CSB die Summe aller organischen Stoffe im Abwasser, auch diejenigen, die schwer abbaubar sind; durch einen Vergleich von CSB und BSB ist eine Aussage über das Verhältnis von biologisch abbaubaren und persistenten Stoffen im Abwasser möglich.

Cherimoya/Cherimola lat.: *Annona cherimola Mill.* (Fam.: *Annonaceae*), engl.: *custard apple, cherimoya amerik.*, Syn.: *Rahmapfel;* meist herzförmige, 7–14 cm lange →Sammelfrucht (Sammelbeere) des in den Anden beheimateten, weltweit in tropischen Ländern angebauten Flaschenbaumes. Unter der graugrünen Schale mit regelmäßigem Schuppenmuster liegt ein äußerst wohl schmeckendes, rahmartiges, süßes, weiches, zuweilen körniges Fruchtfleisch mit großen nicht essbaren Samen. Die C. gilt als eine der geschmacklich besten Früchte der Welt. Das ausgelöffelte rohe Fruchtfleisch wird als Dessert verzehrt und als Zutat für Fruchtsalate und Mischgetränke verwendet. Es findet ein ganzjähriger Import der kälte- und druckempfindlichen, bei Zimmertemperatur gut nachreifenden Früchte aus den Anbauländern statt. Bei +10 bis +12 °C und 85 % relativer Luftfeuchtigkeit kann eine Lagerdauer von bis zu drei Wochen erreicht werden.

Cherry Brandy; Kirschlikör, der unter Verwendung von Kirschsaft, Kirschwasser, Zucker und/oder Stärkesirup, Weingeist und Wasser hergestellt wird. Der Alkoholgehalt beträgt 25–30 Vol.-%. Neben Apricot Brandy, Orange Brandy und Prune Brandy gehört C. zu einer besonderen Art von →Fruchtsaftlikören, deren Bezeichnung geschützt ist.

Chester-Käse engl.: *chester;* Hartkäse der Vollfett- und Rahmstufe (45 bzw. 50 % Fett i. Tr.) mit lückenlos geschlossener Oberfläche. Als Schmelzrohwahre wird C. auch in der Halbfett-und Magerstufe hergestellt. Er ist dem →Cheddar-Käse in Farbe, Form und Größe ähnlich und darf mit dem Lebensmittelfarbstoff E 160b (Pflanzenfarbstoff Annatto) goldgelb bis rotgelb gefärbt werden. Zur Herstellung dürfen Milch und daraus gewonnene Buttermilch, Sahne, Süßmolke und Molkensahne verwendet werden. Meist wird er aber aus reiner Vollmilch hergestellt. Das gesetzliche Mindestalter von C. beträgt 3 Monate. Er benötigt aber eine Reifungszeit von 4–5 Monaten und erreicht seine volle Güte erst nach 10 Monaten. Große Käse brauchen sogar bis zu 2 Jahre, um völlig auszureifen. Ohne seine Geschmacksmerkmale zu ändern, kann der C. älter werden. Der auf der Zunge schmelzende nicht krümelige Teig mit schlitzförmigen Bruchlochungen ist hellgelb bis orange. Der Käse schmeckt i. d. R. sehr mild und schwach säuerlich bis leicht pikant. In Deutschland wird C. häufig als Rohmaterial für die Herstellung von Schmelzkäseerzeugnissen verwendet.

Chiangyu; →Sojasauce

Chianti; italienischer DOCG-Wein aus der Toskana, die Provinzen Florenz, Siena, Pisa, Pistoia und Arezzo umfassend. Bereitung zugelassen nur in Anbaugebieten sowie einigen angrenzenden Gemeinden. Die verwendeten Rebsorten sind Canaiolo, Trebbiano, Sangiovese, gelegentlich auch Malvasia und Cabernet Sauvignon. Lebhaft rubinrot, beim Altern in Granatrot übergehend, harmonisch, trocken, leicht gerbstoffhaltig und beim Altern weich und samtig. Der Gesamtalkoholgehalt beträgt 11,5 Vol.-%. C. aus Trauben der ältesten Chianti-Zone darf als „Chianti classico" bezeichnet werden (Gesamtalkoholgehalt mindestens 12 Vol.-%). Nach zwei Jahren ist die Bezeichnung „Vecchio", nach drei Jahren Lagerung die Bezeichnung „Riserva" zulässig.

Chicle engl.: *chicle;* als →Kaugummibase genutzes Pflanzengummi, das aus dem geronnenen Milchsaft des Sapodill- oder Breiapfelbaumes (lat.: *Manilkara zapota L.*, Fam.: *Sapotaceae*), einem in Mittel- und Südamerika heimischen Ostbaum gewonnen wird.

Chicorée lat.: *Cichorium intybus L. var. foliosum Hegi* (Fam.: *Asteraceae*), engl.: *chicory,* Syn.: *Salatzichorie, Bleichzichorie, Treibzichorie, Witloof;* Varietät der →Zichorie, von der die unter Lichtabdeckung aus den Rüben gezogenen weißen geschlossenen Sprossen geerntet werden. Radicchio ist eine aus dem Mittelmeerraum kommende, durch →Anthocyane rot gefärbte Variante mit herzhaftem bis bitterem Geschmack. Sie wird ebenfalls als Salat, Salatbeilage und mit Früchten in der Küche verwendet und sollte wegen der Bitterstoffe wie C. erst kurz vor dem Verzehr angerichtet werden. Bei dem Zuckerhutsalat (Fleischkraut, Herbstchicorée) handelt es sich um eine grüne Variante des C. mit hohen spitzen Köpfen und fleischigen Blättern, die Zuckerhüten ähneln. C. und Zuckerhutsalat lassen sich roh als wohl schmeckender, leicht bitterer Salat und gekocht als Gemüse verwenden.

Chilekrabbe Syn.: →*Langostino*

Chilipulver engl.: *chili powder;* dunkelbraune, meist grob gemahlene Gewürzmischung, mit der viele südwestamerikanische und mexikanische Gerichte wie z. B. Chili con Carne gewürzt werden. C. besteht typischerweise aus gemahlenen weniger scharfen →Chilies, gemischt mit verschiedenen Kräutern und Gewürzen wie Oregano, Gewürzpaprika, Kreuzkümmel, Nelken und Piment. Manchmal werden auch Zwiebeln oder Knoblauch zugegeben.

Chilies lat.: *Capsicum frutescens L. und andere Capsicum-Arten* (Fam.: *Solanaceae*), engl.: *chilli,* Syn.: *Cayennepfeffer, Chilipfeffer, Chilischoten, Roter Pfeffer, Spanischer Pfeffer;* getrocknete schotenförmige, 1–10 cm lange rote →Beeren des aus dem tropischen Mittel- und Südamerika stammenden und auch vorwiegend dort und in Südostasien angebauten, strauchartigen Nachtschattengewächses. Als →Gewürz kommen C. ganz, grob zerstoßen (Chiliflocken) oder gemahlen (Chilipulver) in den Handel. Sie schmecken aufgrund ihres im Vergleich zu Gewürzpaprika deutlich höheren Gehaltes an →Capsaicin brennend scharf und werden v. a. in der indischen und indonesischen Küche sparsam zum Würzen feuriger Fleischgerichte eingesetzt. Da der Hauptanteil des Capsaicins in den Samen und Scheidewänden lokalisiert ist, lässt sich die Schärfe von C. durch deren Entfernung deutlich mildern. C. sind weiterhin Bestandteil von →Curry-Pulver und scharf-würzigen Saucen wie →Chilisauce, →Tabasco®-Sauce, Sambal Oelek und Sambal Manis (→Sambal). Unreife grüne C. werden als Peperoni bezeichnet.

Chilipfeffer Syn.: →*Chilies*

Chilipulver engl.: *chilli-powder;* Pulver aus getrockneten gemahlenen →Chilies, das je nach verwendeter Sorte hellrot bis braun gefärbt sein kann.

Chilisauce engl.: *hot pepper sauce;* Bezeichnung für Saucen, die zerkleinerte Chilischoten enthalten. In der Regel werden die auf Tomatenbasis (aus Tomatenmark, Zucker, Essig, Pimentos (Paprika) und speziellen Gewürzmischungen) hergestellt. Produkte auf Basis anderer Zutaten (z. B. Joghurt) erhalten jedoch auch häufig diese Bezeichnung. C. wird zu gebratenem und gegrilltem Fleisch sowie zu Fondues gereicht und zum Würzen von Suppen und Saucen verwendet.

Chinabitter; unter Verwendung von Angelika- und Enzianwurzeln, Iva- und Ysopkraut, Cassia, Nelken, Chinarinde, Pomeranzen und Curaçao-Orangenschalen hergestellter →Kräuterlikör mit kräftig würzigem Geschmack. Der Alkoholgehalt beträgt meist 42 Vol.-%.

Chinakohl engl.: *chinese cabbage;* sehr weit verbreitete Bezeichnung für zwei Sorten Kohlgemüse aus China. Allgemein üblich im Handel und beim Verbraucher ist sie für →Pe Tsai. Allerdings wird sie auch für →Pak Choi verwendet, der botanisch den Namen C. führt.

China-Restaurant-Syndrom engl.: *china restaurant syndrome,* Syn.: *Glutamat-Intoleranz;* vereinzelt etwa 10–20 Minuten nach dem Genuss bestimmter fernöstlicher Speisen auftretende Reaktion des Körpers mit Gesichtsmuskelstarre, Nackensteifigkeit, allgemeiner Schwäche, Schweißausbrüchen und Kopfschmerzen. Als Auslöser für das C. wurden hohe Gehalte an →Natriumglutamat in den genannten Speisen vermutet, der Zusammenhang gilt aber nicht als belegt und die verantwortlichen Mechanismen sind unklar.

China-Rettich lat.: *Raphanus sativus var. longipinnatus L. H. Bailey* (Fam.: *Brassicaceae*), engl.: *winter radish,* Syn.: *Daikon (jap.), Japanischer Rettich;* große weiße, bis 2 kg schwere längere und schmalere Unterart des →Gartenrettichs mit sehr mildem Geschmack, der hauptsächlich in China und Japan angebaut wird. Die Verwendungsformen in der Küche sind vielfältig. Sie reichen von der in vielen Variationen geschnittenen oder geraspelten Gemüsebeilage über die in die Scheiben geschnittene Suppeneinlage bis hin zu eingelegten Sauer- und Nasskonserven. C. ist in Deutschland im Fachhandel erhältlich.

Chinarinde lat.: *Cinchona pubescens VAHL. und Cinchona officinalis L.* (Fam.: *Rubiaceae*), engl.: *cinchona;* getrocknete Rinde der hauptsächlich in Südamerika und Indonesien angebauten, bis 30 m hoch werdenden Chinarindenbäume. Die Rinde enthält verschiedene bitter schmeckende Alkaloide mit →Chinin als Hauptkomponente, das aus ihr durch Extraktion gewonnen werden kann. C. wird überwiegend pharmazeutisch genutzt, die Bitterstoffe werden jedoch auch in der Likörindustrie und zur Herstellung von →Bitter-Getränken wie z. B. →Tonic Water eingesetzt. Der Name stammt vom altperuanischen Wort *Kina* für Rinde ab.

Chinasäure engl.: *quinic acid;* im Pflanzenreich sehr weit verbreitete organische Säure. C. kommt z. B. in Chinarinde, Kaffeebohnen, Zuckerrüben und Heidelbeeren vor und ist häufig an Hydroxyzimtsäuren gebunden. Der Ester von C. und →Kaffeesäure ist die →Chlorogensäure.

China-Tee engl.: *China tea;* Sammelbezeichnung für →Tees aus China, dem Ursprungsland des Tees und nach Indien zweitgrößtem Teeproduzenten der Welt, wobei etwa zwei Drittel im eigenen Land verbraucht werden. Das Teeangebot ist sehr vielfältig und es werden verschiedene Sorten →schwarze Tees, →grüne Tees und →Oolong-Tees produziert. Die in Europa bevorzugten Sorten sind bei schwarzem Tee Keemun, Szechuan und Pingsuey und bei grünem Tee Chun Mee und Gunpowder. C. wird gerne als Grundlage für →aromatisierte Tees wie Lapsang Souchong, Jasmin-Tee und Rosen-Tee verwendet. Die Ernte beginnt im März auf der Insel Hainan und im April auf dem südchinesischen Festland und endet jeweils im September.

Chinesische Baumerdbeere Syn.: →*Arbutus*

Chinesische Ernährungslehre; →alternative Ernährungsform, die ein Teilgebiet der traditionellen chinesischen Medizin darstellt. Sie beruht auf der Zuordnung der Lebensmittel zu den fünf Elementen Holz, Feuer, Erde, Metall und Wasser bzw. zu den diesen entsprechenden Geschmacksrichtungen sauer, bitter, süß, scharf und salzig. Nach ihrer thermischen Wirkung werden Lebensmittel weiterhin unterteilt in heiß, warm, neutral, erfrischend und kalt. Angestrebt wird eine energetisch ausgewogene Ernährung nach dem Yin- und Yang-Prinzip (→makrobiotische Ernährung). Schwerpunkt der Ernährung bilden Vollkorngetreide und gekochte Gemüse. Fleisch, mit Ausnahme von Schweinefleisch, wird in geringen Mengen als Heilmittel angesehen. Rohkost sowie industriell verarbeitete Lebensmittel werden abgelehnt.

Chinesische Haselnuss; →Litschi/Litchi

Chinesische Pflaume Syn.: →*Japanische Pflaume*

Chinesischer Pfeffer Syn.: →*Szechuan-Pfeffer*

Chinesischer Zimt engl.: *Chinese cinnamon,* Syn.: *Kassie, Zimtkassie, Kassiazimt;* →Zimt

Chinesische Stachelbeere Syn.: →*Kiwi*

Chinin engl.: *quinine;* bitter schmeckendes →Alkaloid der →Chinarinde, aus der es durch Extraktion gewonnen werden kann.

C. ist ein starkes Protoplasmagift und wird hauptsächlich pharmazeutisch, z. B. als Malariamittel und zur Fiebersenkung genutzt. Im Lebensmittelbereich wird C. in der Likörindustrie und zur Herstellung von → Bitter-Getränken eingesetzt. Höchstmengen an C. in Spirituosen und alkoholfreien Erfrischungsgetränken sowie die Angabe „chininhaltig" bei Aromen und alkoholfreien Erfrischungsgetränken sind in der Aromenverordnung festgelegt.

Chinois Syn.: → *Chinotto*

Chinolingelb engl.: *quinoline yellow;* stabiler, synthetischer gelber Farbstoff, der unter der Nummer E 104 zur Färbung bestimmter Lebensmittel, z. B. Süßwaren, Desserts, Getränke und Räucherfisch, in festgelegten Höchstmengen zugelassen ist. Des Weiteren wird C. zusammen mit blauen Farbstoffen zur Grünfärbung verwendet und auch in Kosmetika sowie Arzneimitteln (Dragees) eingesetzt.

Chinotto lat.: *Citrus myrtifolia Raf.* (Fam.: *Rutaceae*), Syn.: *Chinois;* aus China stammende, vorwiegend im Mittelmeerraum angebaute, mit der Pomeranze verwandte kleinfrüchtige Zitrusfrucht, die zunehmend auch bei uns als Einzelpflanze kultiviert wird und sehr temperaturstabil (0–40 °C) ist. Die Frucht kann bis zu 2 Jahre am Baum bleiben, ist zunächst grün, erst bei voller Reife orange und verfügt über ein gelbes Fruchtfleisch mit eher süßem Geschmack. Das Fruchtfleisch wird roh verzehrt sowie zu Saft und Marmelade verarbeitet.

Chips engl.: *chips;* knusprige frittierte, gebackene oder getrocknete Scheiben oder kleine Stücke von Lebensmitteln wie Kartoffeln, Äpfeln oder Bananen.

Chironja lat.: *Citrus sinensis X Citrus X paradisi var. chironja* (Fam.: *Rutaceae*), engl.: *Chironja orangelo;* runde bis birnenförmige, etwa grapefruitgroße → Zitrusfrucht (Kreuzung zwischen → Orange und → Grapefruit) mit gelber Schale und orangem mildsüßen Fruchtfleisch. Sie wird im Anbauland Puerto Rico wie die Grapefruit als Frischobst verzehrt und zur Saftgewinnung genutzt.

Chlor engl.: *chlorine;* chemisches Element, das in freier Form als gelbgrünes, stechend riechendes giftiges Gas vorliegt. C. wird durch Elektrolyse von Natriumchlorid-Lösungen gewonnen und aufgrund seiner stark oxidativen und bakteriziden Wirkung bei der → Trinkwasseraufbereitung sowie als Reinigungs- und Desinfektionsmittel eingesetzt.

Chlorella lat.: *Chlorella vulgaris Beiji (K.&H.)* (Fam.: *Chlorellaceae*), engl.: *Chlorella;* zum Stamm der → Grünalgen gehörende, im Süßwasser lebende einzellige Mikroalge, die vielfältig zu verschiedenen Trockenprodukten und Extrakten verarbeitet wird. Die aus C. hergestellten Produkte zeichnen sich durch hohe Gehalte an Nährstoffen und Chlorophyll aus. Bei den Nährstoffen handelt es sich insbesondere, unter Berücksichtigung der natürlichen Schwankungen, um ca. 60 % Eiweiß, dessen Aminosäurespektrum 19 Aminosäuren, darunter alle essenziellen Aminosäuren, umfasst, ca. 10–11 % Fett sowie Ballaststoffe aus dem Zellgerüst (Cellulose) und Mineralstoffe (Calcium, Kalium und Eisen). Ferner können in Chlorellaprodukten hohe Gehalte an Vitaminen wie z. B. B-Vitamine und Provitamine (beta-Carotin) enthalten sein. Aus C. hergestellte Produkte sind insbesondere als → Nahrungsergänzungsmittel auf allen Vertriebsschienen im Angebot, denen vielfältige Wirkungen wie z. B. Stärkung des Immunsystems, Krebsprophylaxe oder Entgiftung von Schwermetallen im Körper zugeschrieben werden. Eine abschließende wissenschaftliche Bewertung dieser Wirkungen liegt aufgrund der geringen Anzahl der Studien noch nicht vor.

Chloride engl.: *chloride;* zu den → Mengenelementen gehörende Salze der Salzsäure. Im Körper regulieren sie zusammen mit → Natrium den osmotischen Druck außerhalb der Zellen (extrazellulär), nehmen Einfluss auf den Säure-Base-Haushalt und sind Bestandteil der Magensäure. Die Aufnahme der C. erfolgt v. a. in Form von Kochsalz (Natriumchlorid). Ein Mangel infolge anhaltender Durchfälle oder Erbrechen führt zu einer metabolischen Alkalose (Anstieg des Blut-pH-Wertes über 7,44).

Chlorkalk engl.: *chlorinated lime,* Syn.: *Bleichkalk;* weißes krümeliges Pulver, das durch Einwirken von Chlorgas auf Calciumhydroxid (gelöschter Kalk) gewonnen wird. C. stellt ein Mischung aus Calciumhypochlorit und Calciumhydroxid dar, aus der unter dem Einfluss von Licht und Wärme Chlor sowie reaktiver Sauerstoff abgegeben werden. Darauf beruht die bleichende, desinfizierende und desodorierende Wirkung des C., weshalb er als Desinfektionsmittel, z. B. für Wasser und Stallungen, z. T. auch noch als Bleichmittel für Zellstoff, Papier u. Ä. verwendet wird.

Chlorogensäure engl.: *chlorogenic acid;* zu den →Polyphenolen gehörender Ester aus Kaffeesäure und Chinasäure. C. ist in Kaffee, Tabak, verschiedenen Obst- und Gemüsearten und Kartoffeln enthalten. (Poly)Phenoloxidasen setzen C. in der →enzymatischen Bräunung zu braunen Pigmenten um. Mit Metallionen ergeben sich dunkel gefärbte Komplexverbindungen (Schwarzfärbung von Oliven mit Eisengluconat).

Chlorophyll engl.: *chlorophyll,* Syn.: *Blattgrün;* grünes Blattpigment in den Chloroplasten der Pflanzen, das die Photosynthese ermöglicht. C. stellt eine Mischung der Derivate Chlorophyll a und b dar; in Algen kommen zusätzlich die Chlorophylle c und d vor. Die chemische Struktur von C. besteht aus einem Porphyrinring mit zentralem Magnesiumatom. Der Austausch des komplex gebundenen Magnesiums durch Kupfer liefert das stärker färbende Chlorophyllin. Durch Extraktion aus Brennnesseln, Spinat oder Luzernen kann C. bzw. Chlorophyllin gewonnen werden. C. ist unter der Nummer E 140, Chlorophyllin unter der Nummer E 141 zum Färben von Gemüsekonserven, Marmeladen, Limonaden und Süßwaren zugelassen.

Choice; Qualitätsstufe für Trockenfrüchte (teils auch für Import-Konserven).

Cholecalciferol engl.: *cholecalciferol;* →Vitamin D

Cholera engl.: *cholera;* →Vibrio

Cholesterin engl.: *cholesterol,* Syn.: *Cholesterol;* wichtigstes tierisches →Sterin (Zoosterin), das als Membranbestandteil in allen Zellen vorkommt und in besonders hoher Konzentration in Gehirn, Nebennieren, Nervengewebe und Haut enthalten ist. C. besitzt wichtige physiologische Aufgaben und ist Ausgangsprodukt für die Synthese von Gallensäuren, Steroidhormonen und Vitamin D. Es wird sowohl exogen mit der Nahrung zugeführt als auch endogen in Leber, Darm und Haut gebildet. Eine höhere Zufuhr über die Nahrung wird durch eine verminderte Synthese kompensiert und umgekehrt, weshalb sich bei gesunden Personen der Blutcholesterinspiegel durch das Nahrungscholesterin kaum beeinflussen lässt, wohl aber durch die Fettsäurezusammensetzung der Nahrung. Lediglich bei bestimmten Krankheiten, wie z. B. der →Hypercholesterinämie, ist neben einer Reduktion der Nahrungsfette und Steuerung der Fettsäurezusammensetzung auch eine Begrenzung des mit der Nahrung aufgenommenen C. wichtig. Cholesterinreiche Lebensmittel sind u. a. Innereien, Butter, Fleisch, Wurst und Hühnerei. Die Transport- und Speicherform von C. sind Cholesterinester (Ester mit langkettigen Fettsäuren). Der Transport erfolgt gebunden an →Lipoproteine unterschiedlicher Dichte (u. a. LDL- und HDL-Cholesterin), wobei das Verhältnis von LDL zu HDL als Maß für das Arterioskleroserisiko angesehen wird und möglichst niedrig sein sollte.

Cholin engl.: *choline;* stickstoffhaltige organische Verbindung, die früher den Vitaminen zugeordnet wurde. Aufgrund der körpereigenen Synthese aus der essenziellen Aminosäure →Methionin gilt C. heute nicht mehr als

Vitamin (Voraussetzung ist ein Methioninüberschuss). C. ist Bestandteil von Lecithin und Acetylcholin und spielt außerdem eine Rolle im Fettstoffwechsel.

Chops; aus dem angelsächsischen Sprachgebrauch stammende Bezeichnung für zum Kurzbraten geeignete Fleischstücke wie z. B. Koteletts.

Chop Suey; von chinesischen Köchen in Amerika entwickeltes Gericht, dessen Name sich etwa mit „gemischte Reste" übersetzen lässt, was bereits die Vielfältigkeit der Variationen zum Ausdruck bringt. Die Grundlage bilden verschiedene Gemüse wie z. B. Lauch, Zwiebeln, Paprika, Bambussprossen, Mu-Err-Pilze und Champignons. C. kann vegetarisch oder mit unterschiedlichen Fleisch- (Rind-, Schweine-, Hühner-, Hackfleisch) oder auch Fischarten zubereitet sein und in Kombination mit Reis, Nudeln oder Glasnudeln verzehrt werden. Die asiatische Würze wird durch den Zusatz von Sojasauce, Ingwer, Sambal Oelek und Chili erzielt.

Christstollen; → Stollen

Chrom engl.: *chromium, chrome;* in Form von Cr_{3+} zu den → Spurenelementen gehörender → Mineralstoff. C. soll Bestandteil eines postulierten Glucosetoleranzfaktors sein, der an der Zielzelle die Insulinwirkung und damit die Glucoseaufnahme fördert. Eine unzureichende Chromzufuhr, wie sie bisher nur bei langfristiger → parenteraler Ernährung beobachtet wurde, führt zu insulinresistenter Hyperglycämie (erhöhter Blutglucosespiegel). C. ist u. a. in Fleisch, Leber und verschiedenen Gemüsesorten enthalten. Während das in der Nahrung enthaltene dreiwertige C. kaum toxisch ist, wirkt das sechswertige C. (Cr_{6+}), das z. B. bei der Edelstahlherstellung entsteht, krebserregend.

Chromatographie engl.: *chromatography;* Trennmethode, die auf der Verteilung von Substanzen zwischen einer i. d. R. ruhenden (stationären) und einer sich bewegenden (mobilen) Phase beruht. Beide Phasen sind nicht mischbar. Die mobile Phase kann gasförmig oder flüssig sein. Die stationäre Phase kann ein Feststoff oder eine Flüssigkeit, die an einen festen Träger gebunden ist, sein. Sobald sich die mobile Phase bewegt und zu trennende Substanzen in das Trennsystem eingebracht worden sind, stellt sich ein Gleichgewicht der zu trennenden Substanzen zwischen der mobilen und der stationären Phase ein. Dieses Gleichgewicht wird mit fortschreitender Bewegung der mobilen Phase durch die stationäre Phase immer wieder verändert. Dieses Phänomen bezeichnet man als chromatographischen Vorgang. Grundsätzlich bestimmen zwei Vorgänge die C., die Adsorption und die Verteilung. Die Adsorption als Grenzflächenreaktion zwischen einem gelösten und einem festen Stoff kann hierbei nur bei einem Festkörper als stationärer Phase auftreten. Die Verteilung dagegen ist die Trennung eines in zwei Phasen löslichen Stoffes nach seinen unterschiedlichen Löslichkeiten in diesen beiden nicht mischbaren Phasen. Die wichtigsten chromatographischen Methoden sind die GC (→ Gaschromatographie) und die HPLC (→ Hochleistungsflüssigkeitschromatographie).

Chromoersatzkarton engl.: *bleached lined folding box board;* einseitig glatter Faltschachtelkarton, der ein- oder beidseitig holzfrei gedeckt ist und aus vier Lagen besteht. Zwischen zwei Decklagen, von denen mindestens eine aus weißem Zellstoff besteht, befinden sich zwei Zwischenlagen aus Holzstoff und/oder Altpapier. C. findet Verwendung für Faltschachteln, Verpackungen und Displays und ist zum Druck geeignet.

Chromokarton engl.: *chromo board;* besonders hochwertiger, ein- oder beidseitig gestrichener, reinweißer, lackier- oder bronzierbarer → Karton, meist hergestellt aus → Chromoersatzkarton. Besondere Anforderungen an C. sind Bedruckbarkeit auf der gestrichenen Oberfläche, Biegsteifigkeit, Spaltfestigkeit und Stanz-, Rill- und Ritzbarkeit.

Chromoproteine engl.: *chromoproteins;* zusammengesetzte Proteine mit einer Farbstoffkomponente als prosthetische Gruppe. Wichtige C. im tierischen Organismus sind →Hämoglobin und →Myoglobin.

Chufa Syn.: →*Erdmandel*

Chutney; süss-saure bis scharfe, pikante, pastöse, eingekochte Würzsauce aus Früchten und/oder Gemüsen, Zucker, Kräutern und Gewürzen sowie ggf. weiteren geschmacksgebenden Zutaten. C. lassen sich vielfältig z. B. als würzende Beilage zu Fleisch- oder Reisgerichten oder als Brotaufstrich verwenden.

Chymosin engl.: *chymosin,* Syn.: *Labenzym, Rennin;* proteolytisches Enzym aus dem vierten Magen der Wiederkäuer, das in Form von →Lab oder in wesentlich reinerer Form durch mikrobielle Gewinnung (auch mit Hilfe gentechnisch veränderter Mikroorganismen) zur Dicklegung von Milch verwendet wird. C. spaltet bereits in sehr geringen Konzentrationen das Casein der Milch selektiv an einer bestimmten Stelle, so dass Reststücke gleicher Größe entstehen, was zur Gerinnung der Milch führt. Während der anschließenden Käsereifung wird C. restlos abgebaut und ist im Endprodukt nicht mehr nachweisbar.

Chymotrypsin engl.: *chymotrypsin;* vom exokrinen Teil der Bauchspeicheldrüse als inaktive Vorstufe (Chymotrypsinogen) gebildetes Verdauungsenzym. Die Umwandlung in die aktive Form erfolgt katalysiert durch Trypsin im Darm. Dadurch wird eine Selbstverdauung der Bauchspeicheldrüse verhindert. C. gehört zu den →Proteasen und spaltet Peptidbindungen im Inneren des Moleküls (Endopeptidase), bevorzugt nach aromatischen Aminosäuren. Die optimale Wirkung entfaltet C. bei einem pH-Wert von 7–9.

CIAA; Abk. für *Confédération des Industries Agro-Alimentaires de l'UE / Confederation of the food and drink industries of the EU;* die CIAA ist der Verband der europäischen Lebensmittelwirtschaft, vergleichbar mit dem →Bund für Lebensmittelrecht und Lebenmittelkunde in Deutschland und vertritt die Interessen seiner Mitglieder auf europäischer Ebene.

Ciabatta engl.: *ciabatta;* längliches, flaches, in der Form an einen Pantoffel (ital.: *Ciabatta*) erinnerndes →Weizenbrot oder Weizenkleingebäck mit sehr großporiger weicher Krume und knuspriger (röscher) bemehlter Kruste. Die Verwendung von Olivenöl als Zutat im Teig und zum Bestreichen der Kruste ist üblich. Weitere Zutaten wie Oliven, Milch oder Gewürze sind möglich. Die charakterische Ausprägung der Krume wird durch eine besonders weiche Führung des Teiges, traditionell mit →Vorteig, erreicht.

Cider; in Großbritannien und Irland, insbesondere in Somerset, Hereford- und Glocestershire hergestellter gelber bis brauner →Apfelwein, der i. d. R. zwischen 5 und 7 Vol.-% Alkohol enthält.

Cidre engl.: *cider;* gelber bis brauner, kohlensäurehaltiger, leicht alkoholischer (2–5 Vol.-%) →Apfelwein, der insbesondere in Frankreich in der Normandie und Bretagne (z. T. streng herkunftsgeschützt) hergestellt wird. Ähnliche Apfelweine werden auch in Belgien, Holland, der Schweiz und Spanien (Sidra, Cidra) hergestellt.

Ciguatera-Vergiftung engl.: *ciguatera fish poisoning (CFP*); →Fischvergiftung, hervorgerufen durch Ciguatoxine (fett- und wasserlösliche Stoffwechselprodukte mariner Mikroalgen (→Algentoxine)), die sich in der Nahrungskette anreichern und bei großen tropischen Raubfischen wie z. B. Barracuda, Snapper und Zackenbarsch zunächst in den Eingeweiden und der Leber, bei unsachgemäßem Ausweiden auch im Muskelfleisch hohe Konzentrationen erreichen. Akute Krankheitssymptome sind Übelkeit und Erbrechen mit neurologischen und kardiovaskulären Störungen, die in schweren Fällen mehrere Monate andauern; Todesfälle sind selten. C. ist endemisch in der Karibik, auf den Pazifischen Inseln und in Australien. Man rechnet mit mindestens 50 000 Erkrankungsfällen pro Jahr; vereinzelt auch in Europa auftretend, verursacht durch Ferntourismus. Hygienisch einwandfreie Behandlung des Fisches minimiert die Gefahr der Kontamination des Fleisches. Die Toxine können in einem aufwendigen Analyseverfahren oder - neu - mit einem enzymatischen Immuntest ermittelt werden. Der Begriff C. wird auch als Synonym für Fischvergiftung verwendet.

Cineol engl.: *cineole,* Syn.: *Eucalyptol;* farblose Flüssigkeit mit campherähnlichem Geruch. C. ist Hauptbestandteil von →Eukalyptusöl und auch in vielen anderen ätherischen Ölen, wie z. B. von Salbei, Beifuß und Lorbeer enthalten. C. wird durch fraktionierte Destillation von Eukalyptusöl gewonnen und als Aromastoff in der Lebensmittel- und Kosmetikindustrie eingesetzt. In der Pharmazie findet es aufgrund seiner Schleim lösenden Wirkung Verwendung.

Cis-Trans-Isomerie engl.: *cis-trans isomerism;* geometrische Isomerie, die bei organischen Verbindungen mit Doppelbindungen auftritt und sich durch die Anordnung (Konfiguration) der Atome bzw. Atomgruppen an der Doppelbindung unterscheidet. Bei Cis-Isomeren sind die Substituenten auf der gleichen Seite der Doppelbindung, während sie bei Trans-Isomeren entgegengesetzt angeordnet sind. Die Isomere unterscheiden sich hinsichtlich ihrer physikalischen und chemischen Eigenschaften.

Citral engl.: *citral;* zitronenartig riechender und schmeckender Aromastoff, der als gelbliches Öl vorliegt. C. ist in vielen →ätherischen Ölen enthalten, v. a. in Zitronen- und Lemonengrasöl und wird auch synthetisch hergestellt. Bei C. handelt es sich um eine Mischung der beiden Isomere Geranial und Neral. Es wird zur Synthese von Retinol verwendet, insbesondere aber in der Parfüm- und Lebensmittelindustrie (Zitronenaroma) eingesetzt.

Citrate engl.: *citrates;* Salze der →Citronensäure. Die Kalium-, Natrium- (→Natriumcitrat) und Calciumsalze (→Calciumcitrat) sind als Lebensmittelzusatzstoffe zugelassen und wirken als Antioxidationsmittel, Säuerungsmittel, Schmelzsalze oder Komplexbildner.

Citrem Syn.: →*Citronensäureester von Mono- und Diglyceriden*

Citreoviridin engl.: *citreviridine;* von *Penicillium citreoviride* vorwiegend auf Getreide gebildetes →Mykotoxin mit für Säugetiere neurotoxischer Wirkung.

Citrinin engl.: *citrinin;* von *Aspergillus terreus, Penicillium citrinum* und anderen Penicillium-Arten vorwiegend auf Getreide wie Reis und Gerste sowie auf Bohnen gebildetes →Mykotoxin mit für Säugetiere stark nephrotoxischer und neurotoxischer Wirkung.

Citronat engl.: *candied lemon peel;* →Zitronat →kandierte Fruchtschalen

Citronensäure engl.: *citric acid,* Syn.: *Zitronensäure;* dreiwertige organische Säure, die in praktisch allen höheren Pflanzen vorkommt, in größeren Mengen in Zitrusfrüchten. C. entsteht als Zwischenprodukt im →Citronensäure-Zyklus und wird fermentativ mit geeigneten, auch gentechnisch veränderten Schimmelpilzarten aus Melasse gewonnen (→Citronensäuregärung). Unter der Nummer E 330 ist C. als Antioxidationsmittel, Säuerungsmittel und Komplexbildner zugelassen. Sie wird z. B. Limonaden, Konfitüren, Speiseeis und Fertigsuppen zugesetzt, verbessert die Streichfähigkeit von Schmelzkäse, die Bissfestigkeit von Brühwürsten, ist ein Säureträger in Backpulver und ein Synergist für andere Antioxidationsmittel.

Citronensäureester von Mono- und Diglyceriden engl.: *Citric acid esters of mono and diglycerides,* Syn.: *Citrem;* →Emulgatoren, die durch Veresterung von Mono- und Diglyceriden mit →Citronensäure hergestellt werden. Abhängig von den Fettsäuren der Glyceride und der Citronensäuremenge entstehen Verbindungen von unterschiedlichem Geschmack und Konsistenz (flüssig bis wachsartig). C. sind unter der Nummer E 472c als Emulgatoren, aber auch als Schaum- und Mehlbehandlungmittel zugelassen und werden z. B. in Margarine, Speiseeis, Saucen und Mayonnaisen eingesetzt. Sie wirken als Backhilfsmittel, Fettstabilisatoren und Synergisten von Antioxidantien.

Citronensäuregärung engl.: *citric acid fermentation;* Form der → Gärung, bei der Schimmelpilze der Gattungen *Penicillium* oder *Aspergillus* (v. a. *A. niger*) Kohlenhydrate zu → Citronensäure umsetzen. Zur industriellen Herstellung von Citronensäure werden Melasse oder Kartoffelstärke als Nährlösung mit *A. niger* beimpft, die gebildete Citronensäure abgetrennt und aufgereinigt.

Citronensäure-Zyklus engl.: *citric acid cycle, tricarboxylic acid cycle,* Syn.: *Tricarbonsäure-Zyklus, Citrat-Zyklus, Krebs-Zyklus;* Endabbau der Nährstoffe im Stoffwechsel durch oxidative → Decarboxylierung zu Kohlendioxid und Wasser. Dabei wird Energie freigesetzt, die in Verbindung mit der → Atmungskette als energiereiches Adenosintriphosphat (→ Adenosinphosphate) gespeichert wird und dem Organismus für Energie verbrauchende Aktionen zur Verfügung steht. Zwischenprodukte im C. sind die organischen Säuren Citrat, Isocitrat, α-Ketoglutarat, Succinat, Fumarat, Malat und Oxalacetat. Sie dienen auch als Vorstufen zur Synthese einer Reihe anderer körpereigener Substanzen.

CLA; Abk. für engl.: *conjugated linoleic acids* = → konjugierte Linolsäuren.

Cladosporium; Schimmelpilzgattung, die dunkle, flache, samtige Kolonien mit dunkelgrünen und blaugrünen Hyphen bildet. Die ungeschlechtliche Vermehrung erfolgt über einzellige dunkel gefärbte → Konidien. Pilze der Gattung *C.* sind weltweit verbreitete Saprophyten oder Pflanzenparasiten auf Getreide und Früchten. Am häufigsten kommt *C. herbarum* vor, der die Korken von Weinflaschen durchwachsen kann und den so genannten Stopfengeschmack bei Wein verusacht.

Clam Chowder engl.: *clam chowder;* Muschelsuppe, hergestellt aus → Venusmuscheln mit Speck, Gemüse, Kräutern (Dill) und Gewürzen. Im Ursprungsland, den USA, sind zwei Grundrezepte verbreitet: mit Kartoffel und Sahne gebunden („New England style") und mit Tomatensaft verdünnt („Manhattan style"). Industriell vorgefertigt wird C. als Konzentrat und als Fertigprodukt frisch, tiefgefroren und als Dosenkonserve angeboten.

Clapps Liebling; nicht lagerfähige, weit verbreitete Frühbirnensorte (→ Birnen) mit mittleren bis großen Früchten mit gelber leicht rötlich gefärbter Schale. Ihr saftiges Fruchtfleisch schmeckt süß und zart aromatisch.

Classic; seit dem Jahr 2000 zugelassene deutsche Bezeichnung für Wein aus einer klassischen gebietstypischen Rebsorte. Es handelt sich um trockene Weine mit gehobenem Qualitätsanspruch.

Classico; italienische amtliche Bezeichnung, die in einigen italienischen Weingebieten für Weine verwendet werden darf, die aus den besseren typischen Orten stammen. Es handelt sich um eine Herkunftsbezeichnung, die nicht zwangsläufig etwas über die Qualität des Weines aussagt.

Clausellina; → Satsuma

Clearmints; glasartig durchscheinende, massive, harte, gegossene Bonbons (→ Hartkaramellen) mit ausgeprägtem Pfefferminzgeschmack.

Clementine lat.: *Citrus reticulata Blanco Cultigroup tangerine cultivar. 'Clementine'* (Fam.: *Rutaceae*), engl.: *clementine;* kernlose oder -arme, kleine bis mittelgroße, meist abgeflachte Beerenfrüchte des Clementinenbaumes mit tief orangefarbener, mitteldicker, leicht ablösbarer Schale. Das Fruchtfleisch ist dunkelorange, zart, sehr saftig und aromatisch süß mit einem ausgewogenen Zucker-Säure-Verhältnis. Aus der Schale werden → ätherische Öle gewonnen, die hauptsächlich in der Parfüm- und Kosmetikindustrie Verwendung finden. Der Anbau der C. geschieht vorwiegend in den Mittelmeerländern, aus denen sie auch in großem Umfang von November bis Februar in vielen Sorten importiert wird. Hinsichtlich der Qualität und der Lagerung unterliegt sie den gleichen Anforderungen und Bedingungen wie die eng verwandte → Mandarine. Die C. ist die wichtigste Zitrusfrucht der Mandarinengruppe, die außer ihr Mandarinen, → Tangerinen, → Satsumas und deren Kreuzungen umfasst. Man vermutet, dass es sich bei ihr um einen Bastard der Mandarine handelt.

Clip engl.: *clip;* → Verschlüsse

Clostridium; Mehrz.: Clostridien, Gattung stäbchenförmiger, begeißelter, meist beweglicher grampositiver und streng anaerober Bakterien, die hitze- und austrocknungsresistente Endosporen (→ Sporen) bilden können. Die über 100 bekannten Clostridien-Arten werden vorwiegend im Boden, im Schlamm sowie im Verdauungstrakt von Mensch und Tier gefunden. Zu den Clostridien gehören einige der wichtigsten und gefährlichsten Verursacher von → Lebensmittelvergiftungen wie → *C. botulinum* und → *C. perfringens. C. putrefaciens* ist häufig Ursache von Lebensmittelverderbnis, *C. thermosaccharolyticum* verursacht in Dosenkonserven bei zu warmer Lagerung Verderb mit starken Bombagen und die in Silage vorkommenden Arten *C. butyricum* und *C. tyrobutyricum* verursachen in Rohmilch-Hartkäse Schäden durch Gasbildung. Eine weitere bekannte Art ist der Wundstarrkrampf-Erreger *C. tetani.*

Clostridium botulinum; grampositives, bewegliches, streng anaerobes Stäbchenbakterium mit extrem hitzestabilen ovalen bis zylindrischen → Sporen. *C. botulinum* ist weltweit im Boden sowie in Sedimenten von Gewässern verbreitet und in Form seiner Sporen resistent gegenüber ungünstigen Umwelteinflüssen. In den meisten Lebensmitteln hat die Anwesenheit von *C. botulinum* keine Bedeutung, so lange sie nicht wachsen und Toxin produzieren können. Als Risiko gelten hingegen größere Konzentrationen von C.-botulinum-Sporen, die über Verunreinigungen mit Erde oder Staub in Lebensmittel gelangen, unter geeigneten Bedingungen auskeimen, Toxin bilden und so die als → Botulismus bekannte und gefürchtete Lebensmittelvergiftung verursachen können. Es wird serologisch und anhand der Molekulargewichte zwischen den Botulismus-Toxin Typen A bis G unterschieden, wobei für den Menschen die Typen A, B, E und F pathogen sind.

Clostridium perfringens; grampositives, anaerobes, unbewegliches, sporenbildendes Stäbchenbakterium, das in der Natur weit verbreitet ist, in Boden, Wasser, Staub sowie in zahlreichen Lebensmitteln vorkommt und mit den Faeces von Mensch und Tier ausgeschieden wird. Aufgrund der Fähigkeit, verschiedene Toxinarten zu bilden, werden mehrere Typen von *C. perfringens* unterschieden; die → Lebensmittelvergiftungen verursachenden Stämme gehören vorwiegend zum Typ A. Die Übertragung auf Lebensmittel erfolgt überwiegend durch Kontakt mit Faeces, Erdboden oder Staub. Häufigste Quellen für Lebensmittelvergiftungen mit *C. perfringens* sind Fleischprodukte und fleischhaltige Speisen. *C. perfringens* bildet Enterotoxine (→ Exotoxine), die nicht während der Vermehrung des Bakteriums im Lebensmittel, sondern erst im Dünndarm des Menschen, wo die Sporenbildung erfolgt, entstehen. Zum Ausbruch einer Lebensmittelvergiftung mit *C. perfringens* kommt es jedoch nur, wenn vor dem Verzehr eine Anreicherung des Bakteriums im Lebensmittel erfolgt und Keimzahlen von 107 und höher erreicht werden, was z. B. durch ungekühltes Lagern vorgekochter Speisen ermöglicht wird. *C. perfringens* verursacht leichte Formen von Lebensmittelvergiftungen mit Symptomen wie Übelkeit, Durchfällen und Erbrechen, die innerhalb von 8–24 Stunden nach dem Verzehr des kontaminierten Lebensmittels auftreten und innerhalb von 1–2 Tagen wieder abklingen.

Club-Steak; eine aus dem Mittelrücken vom Rind, dem vorderen Teil des → Roastbeefs oder dem hinteren Teil der → Hochrippe, i. d. R. ohne Knochen geschnittene Scheibe Muskelfleisch (→ Steak). Sie ist üblicherweise (ohne Knochen) 200–400 g schwer und zum Kurzbraten geeignet.

CMA; Abk. für → Centrale Marketing-Gesellschaft der deutschen Agrarwirtschaft mbH.

CMC; Abk. für → Carboxymethylcellulose.

Coating engl.: *coating;* aus dem Englischen stammende Bezeichnung für das „Überziehen" eines empfindlichen reaktionsfähigen Stoffes mit einem reaktionsträgen Stoff zum Schutz vor Umwelteinflüssen und zur Verlängerung seiner Haltbarkeit (z. B. bei sauerstoffempfindlichen Vitaminen), eines Reaktionspartners in einem Stoffgemisch, um dessen vorzeitige Umsetzung zu verhindern (z. B. eines Backpulverbestandteils, meist des Säureträgers, damit die Umsetzung erst in der Ofenhitze erfolgt), eines Lebensmittels mit einem geeigneten anderen Lebensmittel zur Erzielung besserer Handhabung und besserer Geschmackseigenschaften (z. B. Dragieren von Süßwaren, Schokoladenüberzüge) oder für das Überziehen eines durchlässigen Verpackungsmaterials mit einer dünnen Schicht eines gas- und feuchtigkeitsdichten Materials. Ist ein besonderer Schutz vor dem Einfluss von Luftfeuchtigkeit erforderlich, wird die → Hydrophobierung angewandt, die in bestimmten Fällen auch durch ein C. erfolgen kann. Eine besondere Form des C. stellt die → Verkapselung dar.

Cobalamine engl.: *cobalamin;* → Vitamin B_{12}

Cochenille engl.: *cochineal;* → Karminsäure

Cochenillerot A engl.: *ponceau 4 R,* Syn.: *Ponceau 4 R;* lichtechter, stabiler, synthetischer roter → Azofarbstoff, der unter der Nummer E 124 zur Färbung bestimmter Lebensmittel wie z. B. Süßwaren, Getränke und Lachsersatz in festgelegten Höchstmengen zugelassen ist.

Cocktail engl.: *cocktail;* ugs. ein kurz vor dem Genuss gemixtes Getränk, das häufig unter Mitverwendung von Spirituosen (z. B. Weinbrand, Wodka, Whisky, Gin, Kirschwasser, Himbeergeist), Fruchtsäften, Wein, Sekt, Obst, Sodawasser und anderen charakteristischen Zutaten wie Kaffee, Honig, Milch, Zuckersirup, Schokoladensirup, Kristalleis und Gewürzen wie Salz, Pfeffer, Curry, Muskat hergestellt wird. C. werden vorwiegend unter Zuhilfenahme bestimmter Geräte (Mixer, Mixbecher, Shaker) gemischt und in besonderen Gläsern (Cocktailgläser, Sektkelche) serviert. In der Fachsprache gehört der C. jedoch zu den Bargetränken, von denen es über 30 Gruppen gibt und wird in folgende Kategorien unterteilt: Pre-Dinner-Cocktails, After-Dinner-Cocktails und Sekt- oder Champagnercocktails. Pre-Dinner- und After-Dinner-Cocktails zählen zu den Short-Drinks und haben einen Inhalt von 6 bis 8 cl.

Cocktailfrüchte Syn.: → *Fruchtcocktail*

Cocktailkirschen engl.: *cocktail cherries;* in Zuckerlösung mit einer Konzentration von i. d. R. 50–65 % eingelegte, vielfach auch ankandierte, ausgesucht große meist gefärbte → Kirschen. Sie können für besondere Verwendungszwecke mit Bittermandelöl oder anderen Aromen aromatisiert sein. Der Name leitet sich von der Verwendung als Dekoration zu und in Cocktails ab; C. werden jedoch auch im Backgewerbe und in der Gastronomie verwendet.

Cocktailsauce engl.: *cocktail sauce;* mit Gewürzen und würzenden Zutaten abgerundete, emulgierte oder nicht emulgierte, häufig leicht rötlich bis rosa gefärbte Würzsauce aus Pflanzenöl und Hühnereigelb sowie Genusssäuren (im Allgemeinen Essig) bzw. Mayonnaise oder ähnlichen Produkte. Ein weiterer häufiger Bestandteil ist Tomatenmark oder Ketchup. C. wird inbesondere zu Krabben, Shrimps, Fisch, gekochten Eiern, Feinkostsalaten und Fondue gereicht.

Cocktailwürstchen engl.: *cocktail sausages;* kleine schmale (engkalibrige), meist nur 5 cm lange →Brühwürstchen. Sie können warm und kalt als Fingerfood, auf kleinen Spießen mit anderen Zutaten aufgesteckt (Cocktailspieße) oder als Zutat zu Gerichten verzehrt werden.

Cocona lat.: *Solanum sessiliflorum Dunal* (Fam.: *Solanaceae*), engl.: *cocona, peach tomato,* Syn.: *Orinocoapfel, Tupiro;* →Beeren des gleichnamigen, mit der →Tomate verwandten, im oberen Amazonasgebiet und am Orinoco beheimateten →Nachtschattengewächses mit heller, gelber bis rötlicher Schale. Unter dieser liegt ein cremefarbenes Fruchtfleisch mit säuerlichem Geschmack und sehr vielen Samen. Die C. wird in den Anbauländern Südamerikas geschält roh und gekocht in Eintöpfen sowie zu Fisch verzehrt. Eine Verarbeitung erfolgt zu Konserven, Konfitüren, Gelees, Nektaren und Erfrischungsgetränken. Eine Frischfruchteinfuhr ist nicht bekannt.

Cocoyam Syn.: → *Taro*

Codex Alimentarius engl.: *codex alimentarius;* Loseblattsammlung von Standards für Lebensmittel und Verarbeitungsprozesse, Richtlinien und Verfahrensleitsätzen der →Codex Alimentarius Kommission.

Codex Alimentarius Kommission engl.: *codex alimentarius kommission;* 1962 gegründete, gemeinsame Einrichtung der Ernährungs- und Landwirtschaftsorganisation der Vereinten Nationen (FAO) und der Weltgesundheitsorganisation (WHO). Sie hat das Ziel, durch die Erarbeitung von internationalen Lebensmittelstandards die Gesundheit der Verbraucher zu schützen, redliche Praktiken im internationalen Verkehr mit Lebensmitteln sicherzustellen und strebt eine weltweite Harmonisierung des Lebensmittelrechts an.

Coenzym engl.: *coenzyme;* niedermolekulare Nichtproteinkomponente eines Enzyms, die entweder als →prosthetische Gruppe kovalent oder als Cosubstrat nur lose an das →Apoenzym gebunden vorliegt und so das vollständige Enzym bildet. C. sind häufig Abkömmlinge von Vitaminen oder auch Nucleotide.

Coenzym A engl.: *coenzyme A;* Abk.: CoA, Nucleotid, das aus Pantothensäure, Cystein und ATP synthetisiert wird und durch Bildung von Thiolestern Essigsäure (→Acetyl-Coenzym A) und höhere Fettsäuren aktivieren kann. CoA ist ein wichtiger Katalysator bei Auf- und Abbaureaktionen der Zelle wie z. B. der Oxidation und Synthese von Fettsäuren sowie beim Aufbau von Fetten, Phospholipiden und →Cholesterin.

Coenzym Q10 engl.: *ubichinone-50,* Syn.: *Ubichinon-50;* Chinonderivat mit 10 Isopreneinheiten, das vom Körper in allen Geweben aus der Aminosäure Phenylalanin in ausreichender Menge gebildet wird und sowohl in tierischen als auch in pflanzlichen Lebensmitteln enthalten ist. Die wesentliche Funktion von C. Q10 im Organismus ist die Beteiligung am Elektronentransport in der →Atmungskette und der Schutz biologischer Membranen vor Oxidation (Radikalfänger). Wegen dieser Wirkungen wird C. Q10 als Präparat zur Nahrungsergänzung angeboten und u. a. mit einer Verbesserung der Leistungsfähigkeit (auch Herzleistung) beworben. Die Wirksamkeit konnte bislang jedoch wissenschaftlich nicht belegt werden.

Coffeeshake; angelsächsische Bezeichnung für ein gekühltes Mischgetränk aus Kaffee mit Milch und Zutaten unterschiedlicher Geschmacksrichtungen wie Schokolade, Vanille oder Nuss.

Coffein engl.: *caffeine,* Syn.: *Koffein;* bitter schmeckendes Purinalkaloid (→Alkaloide), das in Kaffeebohnen, Tee, Kolanüssen, Kakao und Mate vorkommt. C. wirkt anregend auf das Zentralnervensystem, die Herztätigkeit und Atmung, steigert den Blutdruck und fördert die Durchblutung. Des Weiteren wirkt C. harntreibend. Die letale Dosis liegt bei ca. 10 g; diese Menge kann jedoch über Lebensmittel nicht aufgenommen werden. Vergiftungssymptome sind Unruhe,

Herzrasen und Schlaflosigkeit. C. kann aus Teeblättern extrahiert werden, fällt aber auch bei der Entcoffeinierung von Kaffee an und wird vermehrt →Energy-Drinks zugesetzt. Getränke, die mehr als 150 mg C. pro Liter enthalten, müssen den Warnhinweis „Erhöhter Koffeingehalt“ tragen.

Coffeinfreier Kaffee Syn.: →*Entcoffeinierter Kaffee*

Coffeinhaltige Erfrischungsgetränke; →Erfrischungsgetränke, die zugesetztes →Coffein in Reinform oder coffeinhaltige Auszüge von Pflanzen bzw. Pflanzenteilen wie z. B. Kolanuss, Guaranasamen oder Mateblättern enthalten. Neben den für Erfrischungsgetränke üblichen Zutaten wie Zuckerarten, Aromen, Frucht- und Pflanzenauszügen, Genusssäuren u. v. m. werden bei einigen c. E., insbesondere bei →Energy-Drinks, noch weitere Zutaten wie Taurin, Inosit, Coenzym Q10 oder Glucuronolacton verwendet. Die diesen Inhaltsstoffen zugeschriebenen positiven ernährungsphysiologischen Wirkungen sind z. T. wissenschaftlich nicht belegt oder eine externe Zufuhr ist i. d. R. nicht notwendig, da im Normalfall eine ausreichende Versorgung durch Eigensynthese im Körper vorliegt. Der Gehalt an Coffein beträgt üblicherweise 65–250 mg/l. C. E. mit einem Coffeingehalt über 250 mg/l benötigen für das Inverkehrbringen in Deutschland eine Ausnahmegenehmigung bzw. eine Allgemeinverfügung. Auf den Coffeingehalt wird durch ausreichende Kenntlichmachung in der Bezeichnung hingewiesen. Ab einem Gehalt von 150 mg/l muss die Etikettierung die Angabe „Erhöhter Koffeingehalt“ im selben Sichtfeld wie die Verkehrsbezeichnung des Getränks enthalten. Bei Getränken mit einem Coffeingehalt von über 250 mg/l werden i. d. R. in Deutschland zusätzlich Hinweise im Rahmen der Etikettierung angebracht, die auf den zu begrenzenden Verzehr dieser Erzeugnisse hinweisen.

Coffeinwässer engl.: *caffeinated water;* →coffeinhaltige Erfrischungsgetränke

Cognac; französischer Qualitätsweinbrand. Die Bezeichnung C. ist eine geschützte Herkunftsbezeichnung und ausschließlich für einen Brand aus den Gebieten Charente und Charente-Maritime nördlich von Bordeaux zugelassen. Die Stadt Cognac, die das Zentrum der Charente darstellt, hat ihm seinen Namen gegeben. Die Herstellung von C. ist auf sechs Anbaugebiete (Grande Champagne, Petite Champagne, Les Borderies, Fins Bois, Bons Bois, Bois Ordinaires) begrenzt, die sich durch ihre kreidehaltigen Böden auszeichnen und die nur mit gesetzlich festgelegten Rebsorten bepflanzt werden dürfen. Die drei Hauptrebsorten heißen: Folle Blanche, Colombard und Saint-Émilion. Die Cognac-Produktion und der Vertrieb unterliegt seit 1941 der französischen Staatsverwaltung, dem B.N.I.C. (Bureau National Interprofessionel du Cognac). Das Brennen erfolgt zweimal über offenem Feuer in zwiebelförmigen Brennblasen. Die beste Qualität hat der Mittellauf im zweiten Brand mit einem Alkoholgehalt von 60–70 %. Vor- und Nachlauf werden ausgeschieden. Die Fässer aus Limousin-Eiche, in denen der C. gelagert wird, verleihen ihm sein Bouquet und die goldgelbe Farbe. Je nach Lagerdauer (die Mindestlagerzeit beträgt 30 Monate) können auf dem Etikett entsprechende Altersangaben gemacht werden. Bei dreijähriger Fasslagerung können die Angaben „Sélection“, „Fine“ und „De Luxe“, bei vierjähriger Fasslagerung „Superieur“, „Premier Choix“ und „Grande Sélection“, bei fünfjähriger Lagerung „V.O.“ (very old) und „V.S.O.P.“ (very superior old pale) und bei sechsjähriger Lagerung „Extra“ und „Napoléon“ gemacht werden. Nach über sechsjähriger Lagerung besteht keine staatliche Kontrolle mehr. Um einen Alkoholgehalt von 40 Vol.-% zu erreichen (Trinkstärke), werden dem C. während der Lagerung einige Male destilliertes Wasser zugegeben. Um eine gleich bleibende Qualität zu erzielen, ist es Aufgabe des Kellermeisters, Destillate verschiedener Sorten und Jahrgänge miteinander zu verschneiden.

Cognac Fine Champagne; französischer Qualitätsweinbrand (→Cognac). Die Bezeichnung „Fine Champagne" steht für einen Verschnitt aus Weinen der Anbaugebiete Grande Champagne und Petit Champagne, wobei der Anteil an Weinen der Grande Champagne mindestens 51 % betragen muss. Diese Anbaugebiete sind nicht zu verwechseln mit der ostfranzösischen Champagne, aus der der →Champagner stammt.

Cola engl.: *cola;* mit Auszügen der Kolanuss zur Geschmacksgebung hergestellte, im Geschmack mit weiteren Aromen (z. B. Kirsche oder Vanille) vielfältig variierte und meist mit →Zuckerkulör gefärbte →coffeinhaltige Erfrischungsgetränke.

Colamischgetränke; aus →Cola und anderen Getränken (z. B. Erfrischungsgetränke oder Säfte) und ggf. weiteren Zutaten wie Aromen oder Kräutern hergestellte Erfrischungsgetränke.

Colaschokolade; →Schokolade mit Zusatz von fein zerkleinerten Kolanüssen oder einem Extrakt daraus, auch mit Zusatz von fein zerkleinertem Kaffee oder Kaffee-Extrakt.

Cola-Süßwaren; Süßwaren, die mindestens 5 % Kolanuss oder die entsprechende Extraktmenge und 0,15–0,25 % Coffein enthalten oder coffeinfreie Süßwaren, die naturidentisches oder synthetisches Cola-Aroma als geschmacksgebende Komponente enthalten wie z. B. Cola-Bonbons und Cola-Gummibonbons.

Colbassa engl.: *colbassa;* in Ausgangsmaterialien und Art und Weise ähnlich wie →Mettwurst in Enden hergestellte, kräftig unter Verwendung von Knoblauch gewürzte →schnittfeste Rohwurst. Sie wird vorwiegend in Kranzdärmen abgefüllt.

Cold-shortening; aus dem Englischen stammender Fachbegriff für die Kälteverkürzung der Muskeln von schlachtwarmen Fleisch bei extrem schneller Abkühlung. Durch die Hemmung der Aktivität der Eiweiß spaltenden Enzyme wird das Fleisch zäh.

Coli-Bakterien engl.: *coliforms;* Sammelbezeichnung für serologisch in mehrere Coli-Typen differenzierbare Stämme von →*Escherichia coli*, die zu den regulären Bewohnern des Dickdarms von Mensch und Tier, aber auch zu den häufigsten Erregern bakterieller Infektionen des Menschen gehören und mit dem Kot ausgeschieden werden. Der Nachweis von C. spielt als Indikator für fäkale Verunreinigungen eine wichtige Rolle in der Lebensmittelhygiene, insbesondere bei der Trinkwasserüberwachung.

Coli-Dyspepsie engl.: *Escherichia coli enteritis,* Syn.: *Escherichiose;* akute Darmentzündung (Enteritis) bei Säuglingen, hervorgerufen durch enteropathogene Stämme von →Escherichia coli.

Coliforme Bakterien engl.: *coliforme germs;* heterogene Bakteriengruppe, die nicht durch taxonomische Merkmale definiert ist, sondern alle Arten der Familie →*Enterobacteriaceae* umfasst, die Lactose unter Gas- und Säurebildung innerhalb von 48 Stunden bei Temperaturen zwischen 30 und 37 °C abbauen. Zu den c. B. gehören die Gattungen →*Enterobacter*, *Escherichia*, *Klebsiella* und *Citrobacter*. C. B., die bei 44–45,5 °C Gas aus Lactose bilden, werden auch als Fäkal-Coliforme oder thermotrophe Coliforme bezeichnet. Der Aussagewert von Coliformen als →Fäkalindikator ist gering, da sich bei Bebrütung bei 37 °C auch Coliforme nicht fäkalen Ursprungs vermehren können.

Coli-Titer engl.: *coli titre;* Maß für den Gehalt eines Lebensmittels oder Gewässers an →*Escherichia coli*. Er wird angegeben als die Menge eines Lebensmittels oder Gewässers bzw. die Verdünnung davon, bei der gerade noch das Bakterium *Escherichia coli* nachgewiesen werden kann.

Colocasiastärke; →Portland-Arrowrootstärke

Commandaria; →Zypernweine

Comminuted (Drink); fruchttrübes Erfrischungsgetränk aus einer pastenartigen Maische entsafteter, dann zermahlener →Zitrusfrüchte (comminuted base).

Commissie Kaas engl.: *Commission Cheese;* holländischer Schnittkäse, der als der so genannte „doppelte Edamer" mit einem Gewicht von 3–4,5 kg bekannt ist. Die Bezeichnung C. entstand infolge der Nachfrage von französischer Seite nach einem großen Edamer. Er wurde früher nur auf Bestellung hergestellt.

Comté Syn.: *Gruyère de Comté;* geschützte Herkunftsbezeichnung für einen, mit dem →Emmentaler verwandten französischen Hartkäse, der ausschließlich in der Franche-Comté hergestellt wird. Der Käse wird in Form eines ca. 20–55 kg schweren zylindrischen Laibes mit haselnuss- bis kirschgroßen Löchern und einem Fettgehalt von 45 % i. Tr. angeboten.

Comté-Crème; hauptsächlich aus →Comté hergestellter französischer Schmelzkäse mit einem Fettgehalt von ca. 45 % in der Trockenmasse.

Conche engl.: *conche;* von R. Lindt im Jahre 1879 entwickeltes Gerät zum →Conchieren von Schokoladenmassen während des Herstellungsprozesses der Schokolade. Bei der C. handelt es sich um ein doppelwandiges beheizbares Becken, in dem die Schokoladenmasse mit Hilfe von Walzen vermischt und verflüssigt wird. Dabei entweichen unerwünschte Geschmacksstoffe, während es gleichzeitig im Zuge einer →Maillard-Reaktion zur Bildung neuer Aromakomponenten kommt. Ferner entwickelt die Schokolade ihre zarte und cremige Konsistenz.

Conchieren engl.: *conching;* Verfahren zum geschmacklichen Verfeinern geschmolzener Schokoladenmassen durch intensives mechanisches Bearbeiten und Belüften unter gleichzeitiger Verringerung des Wassergehaltes und Erzeugung eines fließfähigen Zustandes. Meist wird 4–48, selten bis 72 Stunden bei 55–90 °C conchiert. Das C. stellt einen zentralen Arbeitsschritt bei der Schokoladenherstellung dar, der sich wesentlich auf die Aromaentwicklung des Endproduktes auswirkt.

Conchiglie Syn.: *Muschelnudeln;* →Teigwaren in Muschelform, 2–3 cm groß.

Condurangorinde lat.: *Marsdenia condurango Reichb. F.* (Fam.: *Asclepidaceae*), engl.: *condurango bark;* getrocknete Rinde der Zweige und Stämme des zu den Lianengewächsen gehörenden Gewöhnlichen Andenweines (Kletterstrauch). Die Rinde enthält Bitterstoffe wie Condurangin und wird vorwiegend in der Medizin aufgrund ihrer die Speichel- und Magensaftsekretion anregenden Wirkung eingesetzt. Condurangorinde-Extrakte sind z. T. auch in einigen Bitter-Getränken enthalten.

Conference; typische Winterbirnensorte (→Birnen) mit mittelgroßen, saftigen, flaschenförmigen, hellgrünen, berosteten Früchten. Sie ist v. a. in den nördlicheren Anbaugebieten Europas verbreitet und besitzt ein gute Lagerfähigkeit.

Consommé engl.: *consommé, clarified meat broth;* besonders gehaltvolle, aufkonzentrierte, klare →Fleischbrühe von i. d. R. gehobener Qualität. Übliche Grundzutaten sind Fleischbrühe und/oder Fleischextrakt, Wurzelgemüse und/oder Tomatenmark und fein zerkleinertes Rindfleisch, das in der Fleischbrühe ausgekocht wird. „Consommé double" enthält die doppelte Fleischmenge. Anstelle von Rindfleisch kann auch Wild-, Geflügel- oder Fischfleisch verwendet werden. Fleischconsommé enthält üblicherweise nicht weniger als 15 g Fleisch bzw. nicht weniger als 1 g Fleischextrakt und nicht mehr als 12,5 g Kochsalz auf 1 Liter.

Contrefilet Syn.: →*Roastbeef*

Controled Atmosphere Packaging; Abk.: CAP, aus dem Englischen übernommene Bezeichnung für Verpackungen mit kontrollierter Atmosphäre, die zur Bewahrung der Qualität und Verlängerung der Haltbarkeit von verpackten Frischprodukten wie Obst, Salat und Gemüse dienen. CAP kann sowohl zum Verpacken von Frischprodukten für den Endverbraucher als auch von Großgebinden zum Transport an die Verkaufsstätten eingesetzt werden und ermöglicht so längere Umschlagzeiten. Das Prinzip des CAP beruht auf der Einstellung produktspezifisch optimaler Gaskonzentrationen z. B. durch gezielte Absenkung der Sauerstoffkonzentration und Anhebung der Kohlendioxidkonzentration auf bestimmte Werte (→ CA-Lagerung) sowie Behinderung der Bildung oder gezielte Entfernung des Wachstumshormons Ethylen in den Verpackungen, um Nachreifungen und die dabei entstehende Reaktionswärme zu behindern. Eine wesentliche Rolle spielt dabei auch die Durchlässigkeit der Verpackungsmaterialien für die jeweiligen Gase, die an das jeweilige verpackte Produkt angepasst werden muss. Da die Stoffwechselvorgänge temperaturabhängig sind, kann die Haltbarkeit der auf diese Weise verpackten Frischprodukte zusätzlich durch Herabsetzten der Lagertemperatur verlängert werden. CAP ist insbesondere in den USA und Japan weit verbreitet; innerhalb Europas wird es in Frankreich, Großbritannien, den Niederlanden und Belgien am meisten angewandt.

Convenience-Produkte engl.: *convenience food,* Syn.: *Vorgefertigte Lebensmittel;* von engl.: *convenience* = Bequemlichkeit abgeleitete Bezeichnung für Lebensmittel, die industriell so be- oder verarbeitet sind, dass die küchenmäßige Zubereitung verkürzt und/oder erleichtert ist. Zusätzlich bieten C. je nach Bearbeitungsgrad eine gewisse Rezepturleistung, bequeme Einkaufs- und Lagerungsmöglichkeiten, eine garantierte Mindesthaltbarkeitsdauer sowie einen bestimmten Qualitätsstandard. Grundsätzlich werden C. in → teilfertige und → verzehrfertige Lebensmittel unterteilt, wobei sich die teilfertigen Lebensmittel weiter in → küchenfertige, → garfertige und → zubereitungsfertige Lebensmittel unterteilen lassen. Typische Beispiele für C. sind tiefgekühlte Produkte wie Fertigpizzen, zubereitete Gemüsemischungen, Fischstäbchen oder Pommes frites, Trockenprodukte wie Fertigsuppen, fertige Klöße oder Kartoffelpüree sowie sonstige Produkte wie Fertigdesserts oder Obstkonserven.

Cook & Chill Syn.: *Kühlkost-Verpflegungssystem;* wörtlich übersetzt: Kochen und Kühlen, in der Gemeinschaftsverpflegung eingesetztes Arbeitssystem der zeitverschobenen Produktion und Essensausgabe. Die Speisen werden dabei unmittelbar nach dem Garprozess innerhalb von maximal 90 Minuten schnell auf ca. +3 °C abgekühlt sowie gelagert und sind so mehrere Tage haltbar. Kurz vor dem Verzehr werden die Speisen regeneriert bzw. in speziellem Regenerationsklima wieder zurück auf den Garpunkt gebracht.

Cook & Serve Syn.: *Frischkost-Verpflegungssystem;* wörtlich übersetzt: Kochen und Servieren, in der Gemeinschaftsverpflegung eingesetztes Arbeitssystem, bei dem die Speisen in der Küche der Einrichtung zubereitet, portioniert und direkt, bzw. nach einer Warmhaltezeit von höchstens 30 Minuten, ausgegeben werden. Das C.-Verfahren bedarf eines relativ großen Raum-, Zeit- und Personalbedarfs und stellt im Vergleich zu anderen Verpflegungssystemen wie z. B. → Cook & Chill oder → Warmkost-Verpflegungssystem höhere Anforderungen an die Ausbildung des eingesetzten Personals.

Copräzipitate; getrocknete Milchproteine, die durch physikalische Fällungsmethoden gewonnen werden, vorwiegend aus Magermilch durch Einwirkung von Hitze (ca. 90 °C) und Zusatz von etwa 0,24 % Calciumchlorid. Dadurch wird die gesamte Milchproteinfraktion (→ Casein und → Molkeneiweiß) erhalten, die zur Proteinanreicherung oder zur Herstellung diätetischer Lebensmittel verwendet werden kann.

Corail engl.: *coral;* unbefruchtete Eier der Krebstiere und der Muscheln. Das C. der Jakobsmuschel ist korallenrot (franz.:*corail* = Koralle), das grünschwarze C. der Hummerweibchen färbt sich beim Kochen rot; Kenner schätzen es als Spezialität u. a. zum Würzen von Saucen.

Cordial; → Squash

Cordial Médoc; → Likör, dessen Alkohol zu mindestens 20 % aus Weindestillat oder Weinbrand stammen muss und der außerdem Fruchtextrakte und/oder Aromen enthält. Aussehen: Blank und dunkelrotbraun. Geruch und Geschmack deutlich nach Weinbukettstoffen, dezent nach Veilchenwurzeln und Backpflaumen mit sehr harmonischen Übergängen ausgebildet. Die Bezeichnung deutet auf die Landschaft → Médoc im Bordeaux hin.

Cordon bleu; Fleischgericht aus zwei mit gekochtem Schinken und Käse gefüllten Kalbsschnitzeln, mit Panade umhüllt und in Fett gebraten. Oft wird auch ein dickeres Schnitzel so eingeschnitten, dass sich eine Art Tasche zur Aufnahme der Füllung bildet. Häufig werden auch Gerichte mit anderen Fleischsorten wie C. oder nach der Art von C. zubereitet.

Corned Beef engl.: *corned beef;* englische Bezeichnung für gepökeltes Rindfleisch. In Deutschland ist als C. vorgekochtes gestückeltes oder gerissenes, grob entsehntes Rindfleisch bekannt, das durch Erhitzen in Behältnissen (Dosen) haltbar gemacht wird. Ursprünglich wurde es in konische Dosen gepresst aus Südamerika importiert. Als C. wird in Deutschland auch häufig C. mit Gelee (Syn.: *Deutsches C., Kraftfleisch (vom Rind)*) gehandelt. Dabei handelt es sich um ein schnittfestes, fettarmes, erhitztes Erzeugnis aus umgerötetem von groben Sehnen befreiten zerkleinerten Rindfleisch in gelatinöser Grundmasse. Der Kochverlust des Fleisches wird durch einen Aufguss aus der Kochbrühe mit der erforderlichen Menge fein zerkleinerter Schwarte und/oder Sehnen und/oder Speisegelatine zur Erzielung der Schnittfestigkeit ersetzt.

Corned mutton engl.: *canned corned mutton;* Fleischerzeugnis nach Art des → Corned Beefes, bei dem anstelle von Rindfleisch gepökeltes Hammelfleisch (engl.: *corned mutton*) verwendet wird.

Corned pork engl.: *canned corned pork;* Fleischerzeugnis nach Art des → Corned Beefes, bei dem anstelle von Rindfleisch gepökeltes Schweinefleisch (engl.: *corned pork*) verwendet wird.

Cornflakes engl.: *corn flakes,* Syn.: *Maisflocken;* verzehrfertige knusprige Flocken aus → Maismehl oder ganzen Maiskörnern, die zusätzlich geschmacksgebende Zutaten wie Salz oder Aromen und/oder einen Überzug (meist Zucker) enthalten können. C. werden durch Kochen, Auswalzen der Körner zu Flocken und anschließendes Rösten oder durch → Extrusion (nur Maismehl und kleine Maisstückchen) hergestellt. Traditionell hergestellte Flocken weisen i. d. R. einen ausgeprägteren Maisgeschmack auf. C. sind ein wesentlicher Bestandteil von Frühstückscerealien und werden auch als Knabberartikel verzehrt.

Cornichons; kleine → Gewürzgurken, von denen mehr als 60 Stück auf ein Kilogramm gehen.

Cortison engl.: *cortisone;* Hormon der Nebennierenrinde, das zu den Glucocorticoiden gehört. C. besitzt z. B. Einfluss auf den Blutglucosespiegel, den Wasser- und Elektrolythaushalt und wirkt entzündungshemmend, weshalb es als Arzneimittel verwendet wird.

Côte; wie Côtes und Coteaux bei Wein Bezeichnung für Hanglagen, wobei es sich meist um bessere Weinlagen als in der Ebene handelt. In Frankreich sehr häufig anzutreffen vor der Appelation (AOC), z. B. Côte du Beaune, Côtes du Rhones, Coteaux du Languedoc, muss aber nicht zwangsläufig einen AOC-Wein bedeuten. Côtes du Provence-Weine sind z. B. häufig → VDQS-Weine. Zusammen mit der Angabe des Begriffs Villages hinter dem Anbaugebiet (z. B. Côtes du Rhône-Villages) werden die besten Weine der Region mit ihrer Gemeindeherkunft bezeichnet.

Coteaux; → Côte

Côte de Boeuf engl.: *rib of beef;* Fleischteilstück aus dem Rinderrücken. C. entspricht der

→Hochrippe mit Rippen, jedoch ohne Wirbelkörper und Dornfortsätze.

Côtes de Provence; Überbegriff für Weine aus der Provence, ausschließlich Hanglagen. Produziert werden zu 75 % Roséweine, zu 20 % Rot- und zu 5 % Weißweine.

Côtes du Rhône; Herkunftsangabe für Weine aus dem Rhônetal. Côtes-du-Rhône-Weine werden am besten jung getrunken. Côtes-du-Rhône-Villages-Weine stammen aus den 17 besten Gemeinden des Anbaugebietes. Es handelt sich um gehaltvolle Weine.

Cottage Cheese engl.: *cottage cheese,* Syn.: *Katenkäse;* aus pasteurisierter Magermilch, der zur Einstellung des Fettgehaltes Sahne beigemischt wird, hergestellter →Frischkäse der angelsächischen Länder mit körniger Struktur und rein mild säuerlichem Geschmack. Im Gegensatz zu den streichfähigen Frischkäsen wird der Bruch gröber belassen. Die Kornbildung im Frischkäsebruch erfolgt durch Erhitzung. Die weiße glänzende bis rahmgelbe Masse verfügt über eine plastische Konsistenz mit ca. 2–5 mm großen weichen Körnern. Der Wassergehalt des fettfreien C. beträgt höchstens 80 %. Der Frischkäse kann sowohl für kalte als auch für warme Gerichte verwendet und in Verbindung mit Salaten, Kräutern, süßen Zutaten und Früchten serviert werden.

Cottonöl Syn.: →*Baumwollsamenöl*

Couleur Syn.: *Kulör;* Abk. für →Zuckerkulör.

Coulommiers engl.: *coulommiers;* mit →Brie de Meaux vergleichbarer französischer Weichkäse, meist mit Schimmelkruste, der aus roher oder erhitzter Kuhmilch hergestellt wird. Der C. wird im Handel als ca. 320–500 g schwere Zylinderform mit einem Durchmesser von 12,5–15 cm sowie 3 cm Dicke und einem Fettgehalt von 40–50 % i. Tr. (ca. 20–23 % absoluter Fettgehalt) angeboten. Nach vier Wochen ist der Käse reif, kann aber auch frisch verzehrt werden. Die mit einem weißen Schimmel bedeckte Oberfläche kann in der Vollreife durch Rotschmiere eine bräunliche bis rote Farbe aufweisen. Der geschmeidige gelbe Teig verfügt über unterschiedlich große Löcher. In jungem Alter weist der C. einen mild aromatischen, frischen, leicht säuerlichen Geschmack auf, der mit zunehmender Reife pikanter wird.

Couscous engl.: *couscous,* Syn.: *Kuskus;* typisch afrikanisches Gericht aus grobem, in Wasser oder Öl gequollenem Weizengrieß (Nordafrika) oder Hirse. C. wird im Wasserdampf, meistens einer Fleisch- oder Fischbrühe, gegart und mit verschiedenen gekochten oder gebratenen Fleisch- und Fischsorten und süß, z. B. mit Mandeln und Rosinen angerichtet.

Cox Orange; im Anbau anspruchsvolle wichtige Herbst- und Winterapfelsorte der gemäßigten Klimazone mit kleinen bis mittelgroßen Früchten. Die glatte matt glänzende Schale färbt sich von gelbgrünlich im unreifen Zustand zu goldgelb im reifen Zustand mit rötlichen Streifen auf der Sonnenseite. Das saftige, zuerst knackige, später mürbe Fruchtfleisch schmeckt ausgeprägt aromatisch.

Crabmeat engl.: *crabmeat;* aus dem Englischen übernommene Bezeichnung für →Krabbenfleisch im Sinne von gekochten geschälten →Krabben, z. B. Königskrabben. Der Begriff wird auch in Kombination mit Fisch (Fisch-Crabmeat) für Krebsfleischimitat aus →Surimi verwendet.

Cranberry Syn.: →*Großfrüchtige Moosbeere*

Cream Sherry; →Sherry

Crémant; frühere Bezeichnung für einen Champagner mit niedrigem Kohlensäuregehalt. Heute wird damit ein Schaumwein bezeichnet, der nach traditionellem →Champagnerverfahren erzeugt wird, aber nicht in der Champagne, so dass die Bezeichnung Champagner durch EU-Recht ausgeschlossen ist.

Creme engl.: *cream,* Syn.: *Krem;* ursprünglich Bezeichnung für Emulsionen aus Wasser und Öl, die besondere physikalische Eigenschaften wie Streichfähigkeit und hohe Elastizität aufweisen. Im Lebensmittelbereich wird C. allgemeiner gefasst als Bezeichnung für Zubereitungen aus Lebensmitteln, die je nach angestrebter Verwendung eine unterschiedliche Konsistenz besitzen, benutzt. Diese reicht von locker, cremig über dickflüssig bis hin zu pastenförmig. Der Wert gebende Bestandteil oder der Verwendungszweck wird häufig in Wortverbindungen genannt. Die eingedeutschte Bezeichnung „Krem" ist als Wortteil in viele Begriffe eingeflossen und wird in offiziellen Texten z. T. immer noch synonym zu Creme gebraucht. Hierbei wird der Wortteil nicht nur zur Beschreibung des physikalischen Zustandes, sondern auch zum Herausstellen gehobener Qualität wie z. B. bei →Kremeis benutzt. Die Bezeichnung C. weist nicht auf Milcherzeugnisse hin und ist von der französischen Bezeichnung →„Crème" inhaltlich klar getrennt.

Crème; 1. geschützte französische Bezeichnung, die für sich alleinstehend →Sahne vorbehalten ist. In Verbindung mit weiteren Begriffen wie „fraîche", „légère" oder „double" werden in Frankreich festgelegte Sorten von →Sauermilcherzeugnissen bezeichnet. Die Bezeichnung Crème chantilly ist →Schlagsahne vorbehalten. 2. Bezeichnung für →Liköre wie z. B. Crème de Cacao oder Crème Cassis.

Crème brulée; ursprünglich französisches, stichfestes, mit einer Schicht karamellisiertem Zucker überzogenes Cremedessert aus Sahne, Milch, Zucker und Eigelb sowie ggf. weiteren Zutaten. In der Regel wird als geschmacksgebende Zutat Vanille verwendet. Halb fertige Mischungen für die Zubereitung von C. sind ebenso wie tiefgekühlte C. im Handel erhältlich.

Crème de Gruyère engl.: *crème de Gruyère;* französischer Käse. →Comté-Crème

Crème de pruneaux; Dessert aus Pflaumencreme.

Cremeeis Syn.: →*Kremeis*

Crème fraîche Syn.: *Küchenrahm, -sahne;* Sauermilcherzeugnis aus pasteurisierter Milch oder Sahne mit mindestens 30 % Fettgehalt, cremiger Konsistenz und charakteristisch säuerlichem Geschmack. Die pur oder mit Kräutern gewürzt angebotene C. wird i. d. R. zum Verfeinern von Speisen verwendet.

Cremehütchen Syn.: *Kremhütchen;* halb kugelig geformte, mit Schokolade überzogene Zuckerware mit Fondantfüllung.

Cremeмargarine; Spezialmargarine, die zur Herstellung von Cremes und leichten Massen verwendet wird. Erforderliche Eigenschaften sind weiche Konsistenz, sehr gute Luftaufnahmefähigkeit und Lufthaltevermögen, Schmelzpunkt um 30 °C sowie ein reiner Geschmack. Um die gewünschten Eigenschaften zu erhalten, weisen C. häufig einen hohen Anteil an Kokos- oder Palmkernfett auf.

Cremepulver Syn.: *Krempulver;* Halberzeugnis zur Zubereitung standfester →Cremes unter Flüssigkeitszugabe, die insbesondere für Füll- und Garnierzwecke verwendet werden. Die Zubereitung der Cremes erfolgt je nach den verwendeten Dickungsmitteln mit kalter Flüssigkeit oder unter Erwärmen. Als Konsistenz gebende Zutaten sind üblicherweise verkleisterte oder nicht verkleisterte Stärke, Speisegelatine sowie pflanzliche Dickungs- und Geliermittel wie z. B. Johannisbrotkernmehl, Guarkernmehl oder Carrageen in Gebrauch. Weitere Zutaten können ähnlich wie bei →Puddingpulver geschmacksgebende Stoffe, färbende Lebensmittel und/oder Farbstoffe, technologisch erforderliche Zusatzstoffe sowie Zucker sein.

Cremespeisepulver Syn.: *Kremspeisepulver;* in vielen Spielarten angebotene Gemische zur Bereitung von Süßspeisen, die weder als →Puddinge noch als →Geleespeisen einzustufen sind. Die Zubereitung erfolgt häufig kalt, aber auch unter Wärmeanwendung mit Wasser, Milch, Ei, Sauermilcherzeugnissen, Sahne, Fruchtsaft, Wein u. v. a. Zutaten. Als Konsistenz gebende Stoffe werden üblicherweise Stärkearten, Speisegelatine sowie pflanzliche Dickungs- oder Geliermittel verwendet. Erzeugnisse für kalte Zubereitung sind meist voll gezuckert. Geschmacksgebende Zutaten werden analog zu → Puddingpulver verwendet. Erzeugnisse, die durch Aufschlagen zubereitet werden sollen, erhalten häufig einen Zusatz von durch Sprühtrocknung fein verteilten Fettstoffen, vorwiegend pflanzlicher Herkunft.

Cremewaffeln engl.: *cream wafers,* Syn.: *Kremwaffeln;* → Waffeln mit einer in vielfältigen Geschmacksrichtungen hergestellten Cremefüllung. Typische Füllungen sind Milch-, Sahne-, Schokolade-, Kakao-, Erdbeer- oder Zitronencreme, wobei sie auch in weiteren Geschmacksrichtungen wie z. B. Kaffee u. v. m. hergestellt werden. Die verwendeten Milchcremes enthalten üblicherweise mindestens 2,5 % und die verwendeten Sahnecremes mindestens 5 % Milchfett sowie die entsprechende fettfreie Milchtrockenmasse. In Schokoladencreme wird für gewöhnlich mindestens 5 % Schokolade sowie in Kakaocreme mindestens 2,5 % stark entöltes Kakaopulver verwendet. C. sind beliebt als Snacks, Kaffee- und Teegebäck sowie als Dekoration für Speiseeis und Desserts.

Cremor tartari Syn.: → *Kaliumhydrogentartrat*

Crêpes engl.: *crepe;* sehr dünne gerollte oder gefaltete, gebackene, zarte Eierpfannkuchen. Sie werden i. d. R. mit süßen, salzigen oder pikanten Zutaten bestrichen, gefüllt oder bestreut und mit oder ohne Sauce als Süßspeisen oder kleinere Mahlzeiten serviert. Eine besondere Form sind „Crêpes Suzette", mit einer Orangenlikör-Cognacsauce übergossene und flambierte kleine C.

Crêpes Suzette; → Crêpes

Criollo; in Mittelamerika (insbesondere Ecuador und Venezuela) wachsende botanische Grundform des Kakaobaums. Charakteristisch für den C. sind die langen, spitzen, warzigen, weichen und gefurchten Samen mit weißen Samenlappen. Aus den Samen lässt sich eine hochwertige Kakaomasse gewinnen, die wegen ihres als fein und säurearm beschriebenen Aromas die Basis für hochwertige Kakaoerzeugnisse bildet. Demzufolge wird C. häufig auch als Edel- oder Würzkakao bezeichnet. Da er neben seiner hohen Empfindlichkeit gegenüber und Anfälligkeit für Krankheiten einen geringeren Ertrag erbringt, wird C. meist höherpreisig gehandelt.

Critical Control Point; Abk.: CCP, eine → Stufe, auf der es möglich und von entscheidender Bedeutung ist, eine → Gefahr für die Lebensmittelsicherheit zu vermeiden oder zu beseitigen oder sie auf ein annehmbares Maß zu reduzieren.

Crocetin engl.: *crocetin;* → Crocin

Crocin engl.: *crocin,* Syn.: *Gardenin;* natürlicher gelber Farbstoff des → Safrans, der einen Ester aus Gentiobiose und Crocetin darstellt. Er kristallisiert zu braunroten, in heißem Wasser löslichen Nadeln. C. ist in der Zusatzstoff-Zulassungsverordnung nicht als Farbstoff aufgeführt.

Croissants engl.: *croissants;* → Hörnchen aus schwach gesüßtem oder ungesüßtem eihaltigen → Plunderteig mit matt glänzender, brauner, zart splitternder → Kruste sowie einer mürben, großporigen, für Plundergebäcke typischen → Krume. Der Teig für C. unterscheidet sich vom Deutschen Plunder durch einen geringeren Zucker- und höheren Eianteil. Süße Füllungen aus Marzipanrohmasse, Kuvertüre oder Früchten sowie salzige aus Käse und Schinken sind wie Tauchüberzüge aus Schokolade oder Zuckerglasuren nach Aprikotieren üblich. Als Variante werden C. auch als → Laugengebäck oder mit Käse überbacken hergestellt. C. sind beliebte Backwaren, die auch belegt als Zwischenmahlzeit oder süß und gefüllt als Kaffeegebäck dienen.

Crosne Syn.: → *Knollenziest*

Croûtons; kleine, in Butter geröstete Brotwürfel oder -scheiben in verschiedenen Formen.

Cru; Begriff zur Klassifikation französischer Weine. Die Klassifikation gilt dabei je für festgelegte Weinbaugebiete. Die älteste Klassifikation (1855) stammt aus dem Bordeaux-Gebiet für Médoc-Weine und gilt heute noch (Abstufung von „premier grand cru" (beste Qualität) bis „cinquième cru"). Aus dem Jahr 1959 stammt die Klassifikation für Weine aus Graves „cru classé blanc“ und „cru classé rouge“. Für die besseren Weine aus Saint-Émilion wurde die Kategorie „grand cru“ festgelegt, wobei die veraltete Form „grand cru classé“ nach wie vor zulässig ist. Innerhalb „grand cru“ wird in Saint-Émilion nochmals in „premier grand cru classé A“, „premier grand cru classé B“, „grand cru classé“ und „grand cru“ unterteilt. Auch in Burgund existieren derartige Klassifikationen. Weine aus Spitzenlagen oder Spitzengemeinden tragen hier die Klassifikation „premier cru“ oder „grand cru“. Die Klassifikationskategorien eignen sich zwar für einen Qualitätsvergleich innerhalb des Gebiets, jedoch sind sie für Vergleiche unterschiedlicher Herkunftsgebiete eher ungeeignet. So gibt es Gebiete, für die nie eine Klassifikation erstellt wurde, was aber nicht heißt, dass dieses Gebiet keine Spitzenweine hervorbringt.

CSL; Abk. für → Calciumstearoyllactylat.

CTC-Teeproduktion; → Teeproduktionsmethoden

Cumarin engl.: *coumarin;* teilweise in glykosidischer Form in den Blättern und Blüten vieler Gras- und Kleearten sowie in → Waldmeister vorkommender, angenehm würzig riechender Aromastoff. C. bewirkt in geringen Dosen Kopfschmerzen, Erbrechen, Schwindel und Schlafsucht, in höheren Dosen wirkt es leberschädigend und narkotisch. Cumarinderivate werden pharmazeutisch z. B. zur Thrombose-Therapie genutzt, Höchstmengen an C. in aromatisierten Lebensmitteln sind in der Aromenverordnung festgelegt.

Cumberland-Sauce engl.: *cumberland sauce;* rote fruchtige Würzsauce auf der Basis von Johannisbeergelee. Häufig verwendete Zutaten sind Senf, geriebene Orangen bzw. Zitronenschale, Wein (insbesondere Rotwein), Zitronen- bzw. Orangensaft, Salz und Gewürze. C. wird v. a. zu Wildspezialitäten und Pasteten sowie zu Gänse- und Entenbraten serviert.

Cumin lat.: *Cuminum cyminum L.* (Fam.: *Apiaceae*), engl.: *cumin,* Syn.: *Kreuzkümmel, Mutterkümmel, Römischer Kümmel;* → Gewürz aus den getrockneten, dem Kümmel ähnelnden Doppelspaltfrüchten, der ursprünglich aus dem Mittelmeerraum stammenden, heute in Ägypten, Marokko, Syrien, Nordamerika, Chile und Indien angebauten einjährigen Cuminpflanze. Die getrockneten Früchte (fälschlich auch als Samen bezeichnet) enthalten 2–5 % → ätherisches Öl mit Cuminaldehyd als Hauptkomponente. Geschmacklich unterscheidet sich C. wesentlich von Kümmel, mit dem das Kraut sprachlich oft verwechselt wird. C. schmeckt durchdringend scharf-bitter, streng. C. wird i. d. R. ungemahlen angeboten und v. a. in der indischen und mexikanischen Küche für Curries und Chilies verwendet, in Holland auch als Käsegewürz. C. ist wesentlicher Bestandteil von → Curry-Pulver sowie des in der indischen Küche eingesetzten → Garam Masala.

Curaçao; → Fruchtaromalikör mit bitter-süßem Geschmack, ähnlich dem → Apfelsinenlikör. Der weltbekannte C. wird unter Verwendung der Schale der unreifen → Pomeranze in Lizenz von vielen namhaften Likörerzeugerfirmen hergestellt. Der Mindestalkoholgehalt beträgt 15 Vol.-%. In Deutschland wird nur noch „Curaçao weiß“ (ungefärbt) erzeugt. International bekannte C. sind „Cointreau“, „Grand Marnier“ und „Blue-Curaçao“.

Curaçaoschalen; getrocknete Schalen unreif geernteter Curaçao-Pomeranzen (→ Pomeranze), die aufgrund ihrer Aromastoffe zur Herstellung des Fruchtaromalikörs → Curaçao eingesetzt werden.

Curcumin Syn.: → *Kurkumin*

Curry-Blätter lat.: *Murraya koenigii SPRENG.* (Fam.: *Rutaceae*), engl.: *curry leaves;* Blätter des in Südindien heimischen Currybaumes, die in der indischen Küche meist zum Würzen vegetarischer Gerichte verwendet werden und die gequetscht einen deutlichen

Currygeruch verströmen. C. werden immer frisch eingesetzt, da sie beim Trocknen ihr Aroma verlieren. C. sind i. d. R. kein Bestandteil von → Curry-Pulver und der Currybaum darf auch nicht mit der südeuropäischen Currypflanze aus der Familie der Asteraceen verwechselt werden.

Curry-Ketchup engl.: *curry ketchup;* aus den gleichen Grundzutaten wie → Tomaten-Ketchup zusammengesetzte, jedoch deutlich mit Curry-Pulver gewürzte, häufig rötlichbraune Würzsauce (→ Ketchup).

Curry-Pulver engl.: *curry powder,* Syn.: *Curry, Curry-Powder;* gemahlene Mischung eigener Art aus Kurkuma (farbgebende Komponente) mit anderen Gewürzen wie Bockshornkleesamen, Cumin, Fenchel und Koriander sowie Pfeffer, Paprika, Chilies, Ingwer, Kardamom, Macis, Nelken oder Piment. Weiterhin können maximal 5 % Speisesalz sowie bis zu 10 % andere Stoffe wie Hülsenfruchtsamenmehl, Stärke und Dextrose enthalten sein. C. ist je nach seiner Zusammensetzung gelblich bis bräunlich gefärbt und hat einen arteigenen würzigen bis scharfen Geschmack, wobei einzelne Gewürze nicht hervorschmecken sollen. In der europäischen Küche wird C. zum Würzen von Reisspeisen, Ragouts, Fisch- und Geflügelgerichten verwendet, ist charakteristischer Bestandteil von → Curry-Sauce und wird bei der Bereitung von Speisesenf und Worcestersauce zugesetzt. In der indischen Küche ist C. unverzichtbarer Bestandteil herzhaft-scharfer Reis- und Fleischgerichte. Der Name Curry hat seinen Ursprung in einer in Indien zur Würzung des täglichen Reisgerichts verwendeten, individuell zubereiteten Mischung oder Sauce aus verschiedenen Gewürzen („kari" = Sauce). Das heutige C. ist eine der indischen Gewürztradition nachempfundenen und europäischen Geschmacksvorstellungen angepassten fertige Gewürzmischung. Die Begriffe Hühner-Curry oder Gemüse-Curry bezeichnen fertige, unter Verwendung von C. und Reis zubereitete Gerichte.

Curry-Sauce engl.: *curry sauce;* gebundene Sauce mit, durch Curry-Pulver hervorgerufener, kräftig gelber Farbe und ausgeprägt würziger Geschmacksnote, der häufig Ananasstücke oder Cocktailfrüchte (→ Fruchtcocktail) beigemischt werden. C. wird meist zu pikanten würzigen Fleisch-, Geflügel- oder Fischgerichten zusammen mit Reis gereicht. Aber auch Gerichte auf Gemüsebasis und Eierspeisen werden mit C. verfeinert.

Curuba lat.: *Passiflora tripartita var. molissima (Humb. Bonpl. et Kunth) Holm-Niels* (Fam.: *Passifloraceae*), engl.: *banana passion flower,* Syn.: *Bananenpassionsfrucht;* längliche → Beeren (ca. 10 cm) einer meist wild als Kletterpflanze in Südamerika wachsenden Passionsblume mit gelbgrüner bis braunroter, weicher, glatter, bananenähnlicher Schale. Das gelbe bis orangerote geleeartige Fruchtfleisch ist herb bis mild im Geschmack und enthält viele Kerne. Im Handel sind C. ganzjährig anzutreffen, vermehrt aber im Januar und Februar. Sie werden hauptsächlich frisch verzehrt und können wie → Passionsfrüchte verwendet werden.

Cuvée engl.: *cuvée;* interner Qualitätsbegriff bei Wein, den der Erzeuger oder der Händler vergibt. Dies kann im Sinne eines Hausweins sein oder z. B. bei Bordeaux-Weinen im Sinne der Spitzenweine. C. stellt quasi eine Auswahl dar. Aus dem Französischen abgeleitet bedeutet C. die in einem Behälter befindliche Menge Wein.

Cyanobakterien lat.: *Cyanobacteriales,* engl.: *blue-green algae, cyanobacteria,* Syn.: *Blaualgen;* erdgeschichtlich sehr alte, mit Bakterien verwandte Mikroalgen im Boden, im Süß- und im Salzwasser. C. sind zur Photosynthese befähigt; viele leben in Symbiose mit Bakterien, einige mit Pilzen; die taxonomische Zuordnung ist uneinheitlich (Bakterien/Algen). Einige Arten bilden mit bloßem Auge sichtbare Kolonien auf der Wasseroberfläche („Wasserblüte"); sie können hitzestabile Toxine bilden, die bei Hautkontakt oder beim Trinken von belastetem Wasser Erkrankungen hervorrufen. Die nicht Toxin bildenden →Spirulina-Arten werden gezüchtet und als →Nahrungsergänzungsmittel vermarktet.

Cyanocobalamin engl.: *cyano-cobalamin;* eine von mehreren Verbindungen, die unter der Bezeichnung →Vitamin B_{12} zusammengefasst werden.

Cyanogene Glykoside engl.: *cyanogenic glycosides,* Syn.: *Blausäureglykoside;* pflanzliche Verbindungen, die Blausäure in gebundener und damit ungiftiger Form enthalten. Die mechanische Zerstörung des Gewebes führt zur Freisetzung einer β-Glucosidase, welche die Abspaltung des glykosidisch gebundenen Zuckers bewirkt. Dadurch entsteht ein Cyanhydrin, aus dem leicht die hochtoxische Blausäure freiwerden kann. Zu den c. G. gehören z. B. →Amygdalin in den Kernen von Steinfrüchten und das Linamarin in Limabohne und Leinsamen. Zur Entgiftung werden die entsprechenden Pflanzenteile zerkleinert, gewässert und gekocht, wodurch die Blausäure ausgetrieben wird.

Cyclamat engl.: *cyclamate;* als Natrium- oder Calciumsalz eingesetzter →Süßstoff (E 952). Es handelt sich um ein weißes, gut wasserlösliches, hydrolyse- und hitzestabiles Kristallpulver mit der ca. 35-fachen Süßkraft der Saccharose. C. werden meist in Kombination mit anderen Süßstoffen verwendet, v. a. mit Saccharin.

Cyclodextrine engl.: *cyclodextrins;* tunnelförmige, relativ rigide cyclische Oligosaccharide, die aus 1,4-glykosidisch verknüpften D-Glucopyranoseeinheiten bestehen und auf enzymatischem Wege aus Stärke hergestellt werden. Aufgrund ihrer Fähigkeit, Substanzen einzuschließen und auf diese Weise eine Schutzwirkung auszuüben, werden sie zur Stabilisierung von →Emulsionen und Schäumen oder Aromen und generell von Substanzen, die licht-, sauerstoff- oder hitzeempfindlich sind, eingesetzt. Bei Textilien werden sie benutzt, um Substanzen, die unangenehme Gerüche (z. B. Schweiß, Zigarettenaroma) aufweisen, zu binden. In der Chromatographie werden modifizierte C. als chirale Phase zur Trennung von isomeren Stoffen wie rechts- und linksdrehender Milchsäure eingesetzt.

Cyclopiazonsäure engl.: *cyclopiaconic acid;* →Mykotoxin, das von verschiedenen Arten der Gattungen *Penicillium* (z. B. *P. cyclopium, P. camemberti*) und *Aspergillus* (z. B. *A. versicolor, A. oryzae*) auf Käse, Fleischwaren und anderen Lebensmitteln gebildet wird. C. zeigt im Tierversuch leber- und neurotoxische Wirkung.

Cynarin engl.: *cynarin;* Bitterstoff der →Artischocke. C. ist chemisch ein Abkömmling der →Chinasäure; es wird aus den Blättern, seltener aus den Wurzeln der Pflanze extrahiert und zu Arzneimitteln, →Magenbitter und anderen Digestiva auf Alkoholbasis verarbeitet. C. stimuliert die Gallensekretion und fördert so die Fettverdauung. Eine Cholesterinspiegel senkende Wirkung wird diskutiert.

Cystein engl.: *cysteine;* Abk.: Cys, nicht essenzielle schwefelhaltige →Aminosäure, die durch Oxidation leicht in →Cystin überführt wird und in den meisten Proteinen enthalten ist. Cys ist zentraler Bestandteil des Schwefel-Stoffwechsels, ist in vielen Enzymen am Katalysemechanismus und als Bestandteil von →Glutathion an der Regulierung des Redoxzustandes der Zellen beteiligt. Cys wird als Mehlbehandlungsmittel (E 920) in Backmitteln für die Herstellung von Hefeteigen eingesetzt und trägt über die Spaltung der Disulfidbrücken im →Kleber zu einer besseren Formbarkeit der Teige bei verkürzter Knet- und Teigruhezeit bei.

Cystin engl.: *cystine;* Abk.: $(Cys)_2$, durch Reduktion leicht in zwei Moleküle →Cystein aufspaltbare nicht essenzielle →Aminosäure, die in den meisten Nahrungsproteinen zu 1–2 %, in Keratinen von Haaren, Haut und Wolle zu bis zu 9 % enthalten ist. $(Cys)_2$ kann im Organismus aus →Methionin über Cystein gebildet werden. $(Cys)_2$ wird als Mehlbehandlungsmittel (E 921) in Backmitteln für die Herstellung von Brötchen eingesetzt und stabilisiert den → Kleber.

DAAB; Abk. für → Deutscher Allergie- und Asthmabund e. V.

DAB; Abk. für → Deutsches Arzneibuch.

Dämpfen engl.: *steaming, damping,* Syn.: *2. Desodorieren;* 1. küchentechnisches Verfahren bei der Zubereitung von Lebensmitteln, bei dem das Gargut bei nur geringen → Auslaugverlusten vitamin- und mineralstoffschonend im geschlossenen Topf, meist auf einem Siebeinsatz, im Wasserdampf gegart wird. 2. in der Lebensmitteltechnologie verwendete Bezeichnung für das Behandeln mit Wasserdampf, je nach Verfahren bei Normaldruck, im Vakuum oder unter erhöhtem Druck. Angewandt z. B. bei der → Raffination von Fetten (→ Desodorierung).

Dämpfung Syn.: → *Desodorierung*

Dänische Brötchen Syn.: *Wickelbrötchen;* große → Brötchen mit einer z. T. mit Sesam oder Mohn bestreuten, dünnen, splitterigen Kruste und einer lockeren, blätterteigähnlichen Krume aus einem mit Ziehfett tourierten (→ Tourieren) Teig.

Dänische Käsesorten engl.: *Danish cheese;* aus Dänemark stammende Käse; in Deutschland werden vorwiegend folgende Sorten angeboten: Danablu, Danbo, Dänischer Brie, Dänischer Camembert, Elbo, Esrom, Fynbo, Havarti, Maribo, Mycella, Tybo und → Sams (s. auch bei den einzelnen Stichwörtern).

Dänischer Brie engl.: *Danish Brie;* dänischer Weichkäse der Vollfett- bis Doppelrahmstufe (→ Käse) in flach zylindrischer Form mit ca. 500 g Gewicht, der auch in Kleinpackungen lieferbar ist. Von der Art und Herstellungsweise lässt er sich mit dem dänischen Camembert vergleichen. Allerdings ist er etwas größer, im Geschmack etwas milder ausgeprägt und seine Rinde ist etwas dicker.

Dänischer Camembert engl.: *Danish Camembert;* dänischer Weichkäse mit einer dünnen milchweißen Rinde in flach zylindrischer Form und einem Gewicht von 100–300 g. Er wird in ganzen und halben sowie in kleinen dreieckigen Stücken in den Fettstufen 45, 50 und 60 % Fett i. Tr. angeboten. Der Geschmack ist champignonähnlich, aromatisch, vollmundig, bei Vollreife kräftiger bis scharf.

Dänischer Plunderteig engl.: *Danish puff pastry;* → Plunderteig

Dänischer Steppenkäse Syn.: → *Danbo*

Dampf engl.: *vapour;* → Wasserdampf

Dampfkammerbrote; in geschlossenen Kästen in der Dampfkammer in ca. 100 °C heißem, strömenden Dampf schonend und krustenlos „gebackene" → Brote. Mit diesem Verfahren werden insbesondere → Pumpernickel und → Schrotbrote hergestellt. Bei dem ablaufenden Prozess handelt es sich aufgrund der niedrigeren Temperaturen weniger um einem Back- als vielmehr um einen dem Kochen ähnlichen Garprozess. Faserhaltige Bestandteile werden aufgeschlossen, Oligo- und Polysaccharide abgebaut und durch die → Maillard-Reaktion werden aus löslichen Zuckerstoffen und Aminosäuren charakteristische Farb- und Aromaverbindungen gebildet.

Dampfnudeln engl.: *sweet yeast dumplings, savoury yeast dumplings;* zu Klößen geformtes Gebäck aus süßem → Hefeteig, das in einer geschlossenen Auflaufform oder einem Topf im Backofen mit Wasserdampf z. B. aus Milch gegart wird.

Dampfrauch; modernes Verfahren zur Erzeugung von Heiß- und Kaltrauch, bei dem überhitzter Wasserdampf durch Holzspäne geleitet wird. Je nach Temperatur des Wasserdampfes entsteht dabei ein Rauch von mittlerer oder kräftiger Intensität. Der feuchte D. wird dann in der Räucherkammer durch Kondensation auf die Räucherware übertragen. Durch die gute Steuerbarkeit der Schweltemperatur enthält D. nur geringe Mengen an unerwünschten Rauchbestandteilen.

Dampfschmalz engl.: *steam lard;* durch Dampf im Autoklav bei 120–130 °C aus den Fettgewebeteilen des Schweins gewonnenes

Schmalz. D. kann sowohl direkt aus den hochwertigen Fettgewebeteilen als auch aus den Rückständen der Neutralschmalzgewinnung (→Neutralschmalz) gewonnen werden.

Dampftran Syn.: *Dampflebertran;* an Bord der Fangschiffe mit Hilfe von Wasserdampf aus Fischlebern gewonnener Rohtran, der an Land zu →Lebertran weiterverarbeitet wird.

Damtierfleisch; rotbraunes, kurzfaseriges, zartes, saftiges, fein marmoriertes Fleisch vom jungem Damtier (Alter ca. 15–18 Monate), einer mittelgroßen Hirschart, mit fein ausgeprägtem Wildgeschmack, das ähnlich wie →Rehfleisch verwendet werden kann.

Danablu engl.: *danablu;* dänischer, halb fester, leicht bröckeliger Schnittkäse mit Edelpilzschimmel in Zylinderform, einem Gewicht von 2,5–3 kg, einem Durchmesser von 20 cm und einer Höhe von 10–11 cm. Bei D. handelt es sich um einen dem →Roquefort ähnlichen Edelpilzkäse aus Kuhmilch mit einem Fettgehalt von mindestens 50 % i. Tr. Der rindenlose Laib besitzt eine leicht schmierige bis trockene, halb weiche Oberfläche. D. kommt in Metallfolie umhüllt in den Handel. Der weißgelbe, im reifen Zustand von blaugrünen Schimmelpilzen durchwachsene geschmeidige Teig verfügt über kleine unregelmäßige Löcher und schmilzt butterartig auf der Zunge. D. schmeckt aromatisch pikant bis leicht scharf.

Danbo engl.: *danbo,* Syn.: *Dänischer Steppenkäse;* fester und trotzdem geschmeidiger dänischer Schnittkäse aus Kuhmilch mit einem Fettgehalt von 20–50 % i. Tr. Der etwa 6 kg schwere flach rechteckige Käselaib (25–30 x 8–10 cm) besitzt eine gelbe trockene Naturrinde, die auch mit einer wachsähnlichen Parafinschicht überzogen wird. Der geschmeidige, weißlichgelbe Teig verfügt über wenige, gleichmäßig verteilte kirschgroße Löcher. Im Geschmack ist der D. fein säuerlich, sahnigmild bis aromatisch pikant (streng nusskernartig). Der Käse wird mit und ohne Kümmel angeboten.

Danziger Goldwasser Syn.: *Goldwasser;* farbloser Kräuterlikör mit feinem, schwimmend verteilten Blattgold (auf 1/8000 mm ausgeschlagenes Gold). Die maßgeblichen Aromen sind Destillate aus Zitronen- und Pomeranzenschalen sowie aus den Gewürzen Kardamom, Koriander und Macis. Dazu kommen noch viele weitere Gewürze und zur Abrundung Rosen- und Orangenblütenwasser sowie ggf. Kirschwasser bei der Ausmischung. Der Zusatz von Stärkesirup neben Zucker erhöht die Viskosität und sorgt für die Feinverteilung des Blattgoldes. D. G. enthält üblicherweise mindestens 38 Vol.-% Alkohol. Obwohl es ursprünglich erstmalig in Danzig hergestellt wurde, handelt es sich bei der Bezeichnung um keine Herkunfts-, sondern um eine Gattungsbezeichnung.

Dao; portugiesischer Rot- und Weißwein aus dem gesetzlich abgegrenzten Gebiet um Viseu (DO). Die Rotweine haben einen Alkoholgehalt von ca. 12 Vol.-%, eine rubinrote Farbe und einen blumig samtigen Geschmack, fein im Alter. Die Weißweine sind zitronengelb, frisch, leicht herb.

Dari; →Sorgumhirse

Darjeeling-Tee engl.: *Darjeeling tea;* aus den an den Südhängen des Himalaya-Gebirges zwischen 2000 und 3000 m hoch liegenden nordindischen Darjeeling-Plantagen stammende →Tees. Darjeeling ist die wohl bekannteste Teesorte und liefert besonders würzige aromatische Spitzenqualitäten. Man unterscheidet zwischen den Qualitätsgruppen first flush (Frühlingspflückung) mit besonders zartem und duftigem Aroma und hellem Abguss, second flush (Sommerpflückung) mit kräftig-würzigem Aroma und kräftigerer Tassenfärbung und autumnals (Herbstpflückung), wobei first und second flush die besten Qualitäten darstellen.

Dark Cutting Beef; Abk.: DCB, →DFD-Fleisch.

Darm engl.: *intestine;* bei Mensch und Säugetier zwischen Magen und After liegender Teil des Verdauungstraktes. Er ist untergliedert in

Dünndarm und Dickdarm (Grimmdarm mit abzweigendem Blinddarm und Mastdarm). Der Aufbau des D. besteht aus folgenden Gewebeschichten (von innen nach außen): Schleimhaut, Submucosa, doppelte Muskelschicht und Serosa. Bei der letzteren handelt es sich um eine sehr dünne feste und äußerlich glatte Gewebeschicht, welche die Bewegung des D. im Körper ermöglicht und an der er im Körper aufgehängt ist. Die Stoffwechselvorgänge im menschlichen D. und die daran beteiligte Bakterienflora sind Zielgebiete intensiver Forschung. Die Stoffwechselprodukte von Bakterien im Dickdarm werden neben deren selektiven Anzucht wegen möglicher positiver Wirkungen auf die menschliche Gesundheit wissenschaftlich untersucht (→Probiotika →Prebiotika). Eine abschließende Bewertung steht zum gegenwärtigen Zeitpunkt noch aus. Die D. von Rindern, Schweinen und Schafen werden im Lebensmittelbereich seit Jahrhunderten als Wursthüllen genutzt (→Naturdarm).

Darmflora engl.: *intestinal flora;* bakterielle Besiedlung des unteren Dünndarms, des Dickdarms und des Mastdarms, die aus bis zu 400 verschiedenen, vorwiegend streng anaeroben Bakterienspecies besteht und zur bakteriellen Zersetzung des Speisebreies dient.

Darmperistaltik engl.: *peristalsis,* Syn.: *Peristaltik;* fortschreitendes wellenartiges Zusammenziehen der Ring- und Längsmuskeln des Darmes, um den Speisebrei zu durchmischen und weiterzutransportieren.

Darmsaft engl.: *intestinal juice;* alkalisches Verdauungssekret, das von den Drüsen der Dünndarmschleimhaut gebildet wird. Der D. enthält v. a. Verdauungsenzyme, welche die vorverdauten Nahrungsbestandteile in absorbierbare Verbindungen aufspalten.

Darren engl.: *kiln drying;* Trocknungsverfahren mit Heißluft (bei Obst auch Dörren), teilweise unter gleichzeitigem Rösten, das u. a. für pflanzliche Produkte wie Hopfen, Malz, Getreide und Kakaobohnen eingesetzt wird.

Darrmalz engl.: *kiln malt;* auf Darren bei 60–85 °C (helle Biersorten) bzw. bei bis zu 105 °C (dunkle Biersorten) getrocknetes, z. T. karamellisiertes, gekeimtes Malz (→Grünmalz). Es ist lagerfähig und kann zur Herstellung von Stammwürze und zum Brennen von Spirituosen verwendet werden.

Dashi engl.: *dashi;* japanische Suppengrundlage, hergestellt aus getrocknetem Bonito (→Thunfisch), Seetang (→Kombu) und Wasser. D. wird auch als Instant-Brühe (Granulat, Pulver) angeboten.

Datem Syn.: →*Diacetylweinsäureester von Mono- und Diglyceriden*

Dattelhonig; →Datteln

Dattelmotte Syn.: →*Tropische Speichermotte*

Datteln lat.: *Phoenix dactylifera L.* (Fam.: *Arecaceae*), engl.: *Date;* Beerenfruchtstand der weiblichen Dattelpalme. D. sind länglichoval, pflaumengroß, mit hartem länglichen Stein in unreifem Zustand prall und goldgelb, in reifem Zustand glänzend braun bis braunorange mit glatter Haut und von honigsüßem Geschmack. D. kommen frisch, halb getrocknet und getrocknet in den Handel, wobei frische D. selten sind. Getrocknete D. sind eher gängig und aufgrund des hohen Zuckergehalts sehr lange lagerfähig. Manchmal werden frische D. tiefgefroren exportiert. D. zählen zu den nachreifenden Früchten. Der Anbau der D., die eine der ältesten Kulturfrüchte ist, erfolgt v. a. in Nordafrika, Kalifornien, Australien, Israel, Südwestasien und anderen subtropischen Trockengebieten. In den Anbauländern erfolgt auch eine Verarbeitung zu Presssaft (Dattelhonig), Einlegen in Zucker (Caryota), zu Sirup, Getränken, Paste (Dilbis). Wichtige Sorten sind Deglet Nour, Halawi, Khalaseh und Medjul.

Dattelpflaume lat.: *Diospyros sp. L.* (Fam.: *Ebenaceae*), engl.: *persimmon;* Syn. für sämtliche Arten der Gattung *Diospyros*, insbesondere für die, deren Früchte als Lebensmittel genutzt werden, d. h. →Kakipflaume, →Lotuspflaume und →Persimone.

Dauerausscheider engl.: *carrier;* Personen, die auch ohne Auftreten von Krankheitssymptomen krankheitserregende Keime wie z. B. Salmonellen über den Stuhl oder den Urin ausscheiden.

Dauerbackwaren engl.: *long life bakery products;* → feine Backwaren, die aufgrund ihres niedrigen Wassergehalt bei sachgemäßer (trockener) Aufbewahrung lange haltbar und genießbar sind. Zu den D. zählen Kekse und Kräcker,Laugendauergebäcke, Lebkuchen, Makronengebäcke, Backoblaten, Waffeldauergebäcke, Zwieback, Biskuit, Russisch Brot, Florentiner, Nussknacker und Baiser.

Dauerfleisch Syn.: → *Fleischdauerwaren*

Dauerlutscher engl.: *2. hard-panned dragee ball;* 1. ugs. Bezeichnung für → Stielbonbons. 2. sehr harte, durch langes → Dragieren entstandene Dragées aus fast reiner mikrokristalliner Saccharose.

Dauermilcherzeugnisse Syn.: → *Milchdauerwaren*

Dauersahne Syn.: → *Sahnedauerwaren*

Dauerwurst engl.: *salami style sausages;* schnittfeste → Rohwurst von erhöhter Qualität und langer Haltbarkeit, die eine besonders sorgfältige lange Reifung und Trocknung erfahren hat.

Daun Salam; indonesische Bezeichnung für das insbesondere zum Würzen von Gerichten der → indonesischen Reistafel verwendete → Indonesische Lorbeerblatt.

Dauphinekartoffeln; frittierte nockerlfömige Kartoffelerzeugnisse, die aus einer Masse aus gekochten und passierten Kartoffeln, Brandteig sowie Muskatnuss bereitet werden.

DC; Abk. für → Dünnschichtchromatographie.

DDT; Abk. für → Dichlordiphenyltrichlorethan.

DE; Abk. für → Dextroseäquivalent.

Debreziner/Debrecziner; 1. mittelkörnige, charakteristisch mit Gewürzpaprika gewürzte schnittfeste → Rohwurst, die nach Art der → Polnischen (Ausgangsmaterial, Herstellungsprozess) hergestellt wird. 2. umgerötetes, charakteristisch mit Gewürzpaprika gewürztes → Brühwürstchen mit bis zu erbsengroß gekörnten Stücken Ausgangsmaterial in der fein zerkleinerten Grundmasse. Diese wird aus grob entsehntem Rindfleisch, grob entfettetem sowie fettgewebereichem Schweinefleisch, Speck und weiteren Zutaten wie z. B. Gewürzen hergestellt. Debreziner-Würstchen werden vorwiegend in Schafsaitlingen abgefüllt und z. T. als geräuchertes, ungekühlt lagerfähiges Halbfabrikat roh angeboten.

Decarboxylasen engl.: *decarboxylases;* zur Gruppe der → Lyasen gehörende → Enzyme, die Kohlendioxid aus Carboxylgruppen abspalten. Durch bestimmte mikrobielle C. erfolgt z. B. die Umsetzung von Aminosäuren zu → biogenen Aminen.

Decarboxylierung engl.: *decarboxylation;* Abspaltung von Säuregruppen (Carboxygruppen) aus organischen Säuren (→ Carbonsäuren) unter Freisetzung von Kohlendioxid. Die D. wird in biologischem Material enzymatisch katalysiert durch → Decarboxylasen. Wichtige D. sind u. a. Reaktionen im → Citronensäure-Zyklus und die Synthese → biogener Amine, Neurotransmitter und verschiedener Hormone. → Carboxylierung

Deckel engl.: *lid;* → Verschlüsse

Deckkläre Syn.: → *Decksirup*

Deckrotwein engl.: *teinturier red wine;* Rotwein, der die Farbtiefe blasser Rotweine verstärken soll. Seit 1989 sind hierfür nur noch inländische Rotweine erlaubt. In Deutschland werden z. B. Lemberger, Dornfelder, Domina, Färber, Deckrot oder Dunkelfelder verwendet.

Decksirup engl.: *affination syrup,* Syn.: *Deckkläre;* bei der Zuckerherstellung (→ Rübenzucker) zum Waschen des Rohzuckers (Decken) verwendete konzentrierte Zuckerlösung.

Degenfische lat.: *Trichiuridae,* engl.: *hairtails, cutlassfishes amerik.;* artenreiche Familie aalförmiger, bis zu 250 cm langer Tiefseefische aus der Ordnung der → barschartigen Fische. Einige haben große Bedeutung als Speisefische. In Deutschland bekannt sind der Haarschwanz (lat.: *Trichiurus lepturus L.*), der in tropischen und gemäßigten Gewässern vorkommt, in Übersee auch als *T. japonicus* und *T. niten*, und der Silberne/Schwarze Degenfisch (lat.: *Lepidopus caudatus Euphrasen/ Aphanopus carbo Lowe*), beide u. a. im Ostatlantik. Enge Verwandte der D. sind die Schlangenmakrelen (→Buttermakrele). D. haben festes sehr wohl schmeckendes Fleisch mit hohem Protein- (ca. 20 %) und mittlerem Fettgehalt (ca. 4 %).

Degorgieren engl.: *disgorging;* Entfernen der Hefe bei der Herstellung von Schaumwein durch Flaschengärung (→Champagnerverfahren). Das Hefedepot über dem Korken der kopfstehenden Flasche wird bei -16 bis -18 °C eingefroren. Nach dem Öffnen schießt die Kohlensäure den die Hefe umschließenden Eispropfen hinaus („kalt degorgieren"). D. ist auch ohne Vereisung möglich („warm degorgieren"). Anschließend wird die nicht mehr ganz gefüllte Flasche aufgefüllt (→Versanddosage).

Degraissieren engl.: *to degrease;* →Bouillonfett

Dehydrieren engl.: *dehydrogenation;* Abspaltung von Wasserstoff aus organischen Verbindungen durch sehr hohe Temperaturen, den Einsatz von Katalysatoren oder Dehydrierungsmittel (Wasserstoffakzeptoren). Im Organismus stellt die Dehydrierung eine wichtige Reaktion des Energiestoffwechsels dar und wird durch Dehydrogenasen katalysiert. Vom D. zu unterscheiden ist das Dehydratisieren, womit der Entzug von Wasser auf physikalischem oder chemischem Weg bezeichnet wird.

Dehydrofreezing; modernes Verfahren zum Haltbarmachen von Lebensmitteln, das aus einer Kombination aus →Trocknung und →Tiefkühlen besteht und insbesondere bei Lebensmitteln mit hohem Wassergehalt wie Obst und Gemüse angewandt werden kann. Das Gut wird zunächst bis auf etwa die Hälfte seines Ausgangsgewichtes getrocknet und dann so schnell wie möglich tiefgekühlt. Das so tiefgefrorene Gut benötigt aufgrund seines geringeren Volumens weniger Platz im Tiefkühlgerät und hat nach dem Auftauen eine bessere Farbe und Konsistenz, einen besseren Geschmack und bessere Rekonstitutionseigenschaften als herkömmlich getrocknete Lebensmittel. Das Verfahren gewinnt insbesondere in den USA zunehmend an Bedeutung.

Dehydrogenasen engl.: *dehydrogenases;* zur Gruppe der →Oxidoreduktasen gehörende Enzyme, welche die reversible Abspaltung von Wasserstoff aus Molekülen (Dehydrierung) und dessen Übertragung auf ein Coenzym (NAD, FAD) als primären Wasserstoffakzeptor katalysieren. Beispiele für D. sind Alkohol- und Aldehyd-Dehydrogenase, die für den Abbau von →Ethanol im Organismus verantwortlich sind.

Deichgrafen/-hauptmannskäse Syn.: →*Geheimratskäse*

Dekantieren engl.: *to decant;* vorsichtiges Umfüllen von Weinen, meist in eine Glaskaraffe. Dadurch können Trubpartikel im Wein entfernt werden und der Wein kommt mit Luftsauerstoff in Kontakt. Dieses so genannte Lüften führt v. a. bei jungen Weinen zu Qualitätsverbesserungen, sie werden weicher und aromatischer. Bei alten und bereits teilweise oxidierten Weinen kann D. entsprechend negative Auswirkungen haben.

Dekkera; Gattung der echten →Hefen, geschlechtliche Form von →*Brettanomyces.* Dekkera-Arten bilden intensiv Ester, die den betreffenden Medien einen eigenartigen Geschmack und Geruch verleihen. *D. bruxellensis* wird zur Nachgärung bei der Herstellung des Spezialbieres „Deutscher Porter" eingesetzt und gibt diesem den speziellen Portergeschmack. In Wein gelten sie als unerwünschte Kontaminanten.

Dekorierzucker engl.: *decoration sugar,* Syn.: *Dekorierpuder, Zierschnee;* zum Dekorieren von handwarmem, feuchtem und fettigem Gebäck geeigneter Zucker. Er wird aus Puderzucker durch Zusatz von geringen Mengen Fett und Reisstärke hergestellt. Dadurch ist er bei Zimmertemperatur in Wasser und Fett kaum löslich und nicht schmelzend. Er wird u. a. für Christstollen und Obsttorten verwendet.

Delikatessfleischsalat; → Fleischsalat

Delikatesshering engl.: *marinated herring;* → Marinade aus ausgenommenen, nicht entgräteten, jungen → Heringen ohne Kopf bzw. aus entgräteten Heringen (→ Bismarckhering).

Delikatessleberwurst; sehr hochwertige, in Mitteldärme oder andere Hüllen mittelgroßen Kalibers abgefüllte → Leberwurst mit fein zerkleinerter, vielfach umgeröteter Grundmasse aus hochwertigem Ausgangsmaterial. Dieses besteht üblicherweise aus grob entfettetem sowie fettgewebereichem Schweinefleisch, Flomen und mindestens 30 % Schweineleber. Rinderleber wird üblicherweise nicht verwendet.

Delikatessrotwurst; sehr hochwertige → Blutwurst mit einer fein zerkleinerte Leber enthaltenden Blut-Schwarten-Grundmasse, in die mengenmäßig stark überwiegend würfelförmige Einlagen von grob entfettetem sowie fettgewebereichem Schweinefleisch, daneben auch Speck, Zunge, Leber und Herz, eingebettet sind. Der Anteil an von groben Fett- und Bindegewebsanteilen befreiten Muskelfleischeinlagen beträgt üblicherweise mindestens 35 %.

Delikatesssaftschinken; → Saftschinken

Delikatesssenf Syn.: *Tafelsenf;* leicht würziger → Speisesenf mit milder bis mittlerer Schärfe aus überwiegend gelber (milder) oder anteilmäßig gleiche Mengen an gelber und brauner Senfsaat.

Delikatesssülze; → Sülze mit überwiegenden Anteilen von umgerötetem, gewürfeltem, grob entfettetem Schweinefleisch (insbesondere Eisbein) als Einlagen in klarer, aus Gelatine oder Schwartenabkochung hergestellter Gallerte. Den Einlagen haftet vereinzelt → Schwarte an. Der Anteil an von groben Fett- und Bindegewebsanteilen befreiten Muskelfleischeinlagen beträgt üblicherweise nicht unter 30 %. D. wird in großkalibrigen Hüllen oder Formen abgefüllt angeboten.

Delikatesswürstchen; engkalibrige → Brühwürstchen von besonders guter Qualität mit fein gekuttertem umgeröteten → Brät. Dieses wird üblicherweise aus sehnen- und fettgewebsarmem sowie grob entsehntem Rindfleisch, fettgewebsarmem Schweinefleisch und Speck hergestellt.

Delmonico-Steak; → Rundes Roastbeef

Demi-glace engl.: *demi glace;* braune sämige, bei der Herstellung eingedickte, entfettete und passierte Grundsauce für alle braunen gebundenen Saucen aus Fond und/oder Fleischbrühe, Gemüse und anderen Zutaten.

Denaturierung engl.: *denaturing, denaturation,* Syn.: *2. Vergällen;* 1. bei → Proteinen durch chemische oder physikalische Einwirkungen hervorgerufene Veränderungen der räumlichen Struktur, die mit einem Verlust der biologischen Aktivität wie Enzym- und Hormonwirkung und der Veränderung von physikalischen und chemischen Eigenschaften wie Löslichkeit, Fällbarkeit und Verdaulichkeit verbunden ist. D. äußert sich z. B. durch Gerinnen und Ausflocken von Eiweißstoffen aus Lösungen und kann je nach angewandter Verfahrensweise (z. B. Erhitzen, Säuerung, enzymatische D., Zusatz von Denaturierungsmitteln wie Alkohol und Aceton) reversibel oder irreversibel sein; 2. in der Regel von Zollbeamten durchgeführte Maßnahme, bestimmte Lebensmittel wie Alkohol und Kochsalz durch Zusatz von färbenden, schlecht riechenden oder schlecht schmeckenden Substanzen (Vergällungsmittel) für den Menschen ungenießbar zu machen, wenn sie technischen Zwecken dienen sollen und somit keiner Besteuerung unterliegen; 3. im Bereich der → alternativen Ernährungsformen Bezeichnung für die Wertminderung von Lebensmitteln bei der Verarbeitung durch die dabei erfolgende Zerstörung wertgebender Inhaltsstoffe, z. B. → Auszugsmehl, → Industriezucker.

Deoxynivalenol engl.: *deoxynivalenol,* Syn.: *Desoxynivalenol;* Abk. DON, → Fusarientoxine.

Desinfektionsmittel engl.: *disinfecting agents;* Stoffe oder Stoffgemische zum Abtöten von → Mikroorganismen auf Gegenständen oder auf der Haut (Händedesinfektion). Dabei erfolgt die Abtötung der Mikroorganismen nicht schlagartig, sondern exponentiell, d. h. je länger das D. einwirkt, desto besser ist der Desinfektionserfolg. Im Lebensmittelbereich eingesetzte D. müssen in der angewandten Verdünnung toxikologisch unbedenklich sein, sie müssen eine schnelle und irreversible Schädigung der Mikroorganismen bewirken, die für das hergestellte Lebensmittel die größte schädliche Wirkung besitzen und ihre Wirksamkeit darf durch den technologischen Prozess nicht beeinträchtigt werden. Im Lebensmittelbereich häufig eingesetzte D. sind Chlorverbindungen, Jodophore, Wasserstoffperoxid, Peressigsäure, quartäre Ammoniumverbindungen, amphotere Verbindungen und Aldehyde.

Deskriptive Sensorik engl.: *descriptive analysis;* verschiedene Verfahren, um wichtige → Merkmalseigenschaften (Deskriptoren) für sensorische Produkteigenschaften aufzufinden sowie beschreibbar und messbar zu machen. → Profilprüfung

Deskriptor engl.: *descriptor;* spezifische sensorische → Merkmalseigenschaft eines Produktes; besonders im Zusammenhang mit → Profilprüfung gebräuchlich.

Desodorierung engl.: *desodoration,* Syn.: *Dämpfung;* Schritt bei der → Raffination von Fetten und Ölen, bei dem durch eine Wasserdampfdestillation im Vakuum unerwünschte Geruchs- und Geschmacksstoffe sowie Pestizide entfernt werden (→ Dämpfen). Als unerwünschter Nebeneffekt kann jedoch auch der Gehalt an Vitaminen und anderen erwünschten Fettbegleitstoffen deutlich zurückgehen.

Desoxipyridoxin engl.: *desoxypyridoxine;* ein → Antivitamin des → Vitamin B_6.

Dessert engl.: *dessert,* Syn.: *Nachspeise;* üblicherweise nach dem Hauptgericht verzehrte, meist süße, seltener salzige Zubereitungen oder Lebensmittel wie z. B. Obst, Pudding, Cremes, Speiseeis oder Käse.

Dessertweine engl.: *dessert wine, liqueur wine,* Syn.: *Süßweine, Südweine, Likörweine;* volle süße Weine, die durch einen hohen Alkoholgehalt, große Süße und einen meist sehr spezifischen feinen Geruch und Geschmack bei großer Vollmundigkeit gekennzeichnet sind. Sie eignen sich als Begleiter von Käse und Nachspeisen. D. werden nach folgenden Methoden hergestellt, die häufig auch abgewandelt oder kombiniert werden: 1. Vergärung sehr zuckerreicher Traubenmoste oder Zusatz konzentrierter Traubenmoste zu Wein und Mitverwendung von Trockenbeeren oder getrockneten Beeren. 2. Zusatz von Alkohol oder gespritztem eingedickten Most zu teilweise vergorenem Traubenmost in einer Menge, welche die Gärung zum Stillstand bringt. Bekannte D. sind Auslesen, Beerenauslesen, Trockenbeerenauslesen und Eiswein aus Deutschland, Sauternes, Vendange Tardive und Muscat aus Frankreich, Marsala und Moscato aus Italien, Malaga und Sherry (Oloroso, Cream) aus Spanien, Portwein und Madeira aus Portugal, Tokajer aus Ungarn sowie Mavrodaphne und Samos aus Griechenland.

Destillation engl.: *distillation;* thermisches Verfahren zur Trennung, Gewinnung und Reinigung von Flüssigkeiten. Bei der D. wird der flüchtige Anteil aus Lösungen oder Stoffgemischen im Destillierkolben verdampft, der entstehende Dampf mit Hilfe eines Kühlers kondensiert und das Kondensat in der Vorlage aufgefangen. Dadurch ist es möglich, nicht flüchtige Inhaltstoffe oder Verunreinigungen abzutrennen, Lösungsgemische anhand unterschiedlicher Siedetemperaturen zu trennen (→ Fraktionierte Destillation) und flüchtige Komponenten (z. B. Aromen) zu isolieren. Für die Gewinnung von Substanzen, die sich bei ihrem Siedepunkt zersetzen, wird die → Vakuumdestillation verwendet.

Destilliertes Wasser engl.: *distilled water,* Syn.: *Aqua destillata;* aus Trinkwasser durch → Destillation hergestelltes chemisch reineres Wasser. Da aus dem d. W. die Salze entfernt wurden, würde es, zu Trinkzwecken eingesetzt, dem Körper durch den osmotischen Gradienten Mineralstoffe entziehen. Es wird nur für medizinische, chemische und technische Zwecke verwendet. Eine Deionisation von Wasser kann außerdem durch Ionenaustauscher oder andere Methoden (z. B. Umkehrosmose) erzielt werden.

Desulfotomaculum; Gattung beweglicher, sporenbildender, streng anaerober, gramnegativer Stäbchenbakterien, die sich v. a. durch die Fähigkeit der Reduktion von Sulfaten und Sulfiten zu Sulfiden (Bildung von Schwefelwasserstoff) auszeichnet. *D. nigrificans* ist ein Lebensmittelverderber, der in schwach sauren Konserven wie Fleisch-, Fisch- und Geflügelkonserven durch die Bildung von Schwermetallsulfiden Schwärzung verursacht.

Deuteromycetes Syn.: → *Fungi imperfecti*

Deutsche Gesellschaft für Ernährung e. V. engl.: *german nutrition society;* Abk.: DGE, gemeinnütziger Verein mit der Zielsetzung, neue wissenschaftliche Forschungsergebnisse zusammenzutragen, auszuwerten und in einer Dokumentation zur Verfügung zu stellen, die ernährungswissenschaftliche Forschung und die aktuelle wissenschaftliche Diskussion zu fördern und Ernährungsempfehlungen herauszugeben. Weiterhin übernimmt sie Aufgaben der Koordination und Qualitätssicherung von Inhalten der Ernährungsberatung und -aufklärung und ergreift eigene Maßnahmen, die dazu beitragen sollen, Gesundheit und Leistungsfähigkeit der Bevölkerung zu erhalten oder wiederherzustellen. Die DGE gibt alle 4 Jahre einen Ernährungsbericht heraus und ist Mitherausgeber der → Referenzwerte für die Nährstoffzufuhr.

Deutsche Gesellschaft für Fettwissenschaften engl.: *german society for fat science;* Abk.: DGF, 1936 gegründete Vereinigung zur Förderung aller Sparten der Fettforschung einschließlich der Technologie der Fette, Fettprodukte und verwandter Stoffe. Hauptaufgaben der DGF sind die Ausrichtung von Vortragsveranstaltungen und Fortbildungskursen, sowie das Erarbeiten, Vereinheitlichen und Herausgeben von Einheitsmethoden für die Fettanalytik (→ DGF-Einheitsmethoden). Die DGF ist Mitglied der im Jahre 2000 gegründeten Euro Fed Lipid (Abk. für engl.: *European Federation for the Science and Technology of Lipids*).

Deutsche Landbutter; → Landbutter

Deutsche Landwirtschafts-Gesellschaft engl.: *german agricultural society;* Abk.: DLG, 1885 gegründete gemeinnützige Selbsthilfeorganisation, die zu den vier Spitzenorganisationen der deutschen Agrar- und Ernährungsindustrie gehört. Die DLG verfolgt das Ziel, wissenschaftliche Erkenntnisse in die Praxis umzusetzen. Sie veröffentlicht Publikationen, veranstaltet Seminare, Fachtagungen und Messen (z. B. Anuga Food Tec) und unterhält ein umfangreiches System an Qualitätsprüfungen (vorwiegend sensorische Prüfungen), die dem Ziel dienen, das Qualitätsstreben der deutschen Land- und Ernährungswirtschaft zu unterstützen und Erzeugnisse besonders guter Qualität durch Kennzeichnung mit DLG-Prämierungen für Handel und Verbraucher sichtbar zu machen.

Deutsche Markenbutter; → Butterhandelsklassen

Deutsche Molkereibutter; → Butterhandelsklassen

Deutscher Allergie- und Asthmabund e. V.; Abk.: DAAB, größter deutscher Patientenverband für Allergien, Asthma und Neurodermitis, der sich über Mitgliedsbeiträge und Spenden finanziert. Die Mitglieder können kostenlose Beratung von Experten in Anspruch nehmen und sich untereinander austauschen.

Weiterhin setzt sich der DAAB als Interessenverband für die Belange der Betroffenen wie z. B. einer umfassenderen Deklaration von Kosmetika und Lebensmitteln ein.

Deutscher Honig; Bezeichnung für ausschließlich in Deutschland gewonnenen → Honig.

Deutscher Ingwer Syn.: → *Kalmus*

Deutscher Kaviar engl.: *German caviar;* → Kaviar

Deutscher Neurodermitis Bund e. V.; 1986 aus einer Selbsthilfegruppe von Neurodermitis-Patienten (→ Neurodermitis) gegründeter Verein, dessen Hauptziel es ist, die Lebensqualität von Neurodermitikern zu verbessern. Er fördert die Gründung und Arbeit von Selbsthilfegruppen, in denen Neurodermitiker Informationen und eigene Erfahrungen austauschen können und hilft seinen Mitgliedern durch persönliche Fachberatung.

Deutscher Porter engl.: *German Porter;* deutsche Bierspezialität, die ihren speziellen Geschmack durch die Nachgärung mit → Hefen der Gattung → Dekkera erhält.

Deutscher Tafelwein; → Tafelwein aus Deutschland.

Deutsches Arzneibuch engl.: *german pharmacopeia;* Abk.: DAB, i. d. R. ergänzt durch die Angabe der jeweiligen Auflage, amtliches Vorschriftenbuch für die Beschaffenheit, Zulassung, Prüfung, Aufbewahrung und Zubereitung der wichtigsten offizinellen Arzneimittel.

Deutsches Beefsteak engl.: *german beefsteak, hamburger steak,* Syn.: *Hackbeefsteak;* zum Braten bestimmtes, meist rundlich-ovales, rohes, gewürztes, ggf. mit Zwiebeln versetztes Fleischerzeugnis aus zerkleinertem, sehnenarmem und grob entsehntem Rindfleisch. Die Verwendung von Binde- und Auflockerungsmitteln wie z. B. Ei ist üblich. Handelsware enthält mindestens 80 % Fleisch in der fertig gewürzten und ggf. mit Zwiebeln versetzten Rohmasse.

Deutsche Schabe engl.: *German cockroach;* → Schaben

Deutsches Corned Beef; → Corned Beef

Deutsches Lebensmittelbuch; unter Mitarbeit aller am Verkehr mit Lebensmitteln Beteiligten (Wissenschaft, Lebensmittelüberwachung, Verbraucherschaft und Lebensmittelwirtschaft) erstellte Sammlung von Leitsätzen, in denen Herstellung, Beschaffenheit und sonstige Merkmale von Lebensmitteln, die für ihre Verkehrsfähigkeit von Bedeutung sind, beschrieben werden. Sie beschreiben die existierende nationale → Verkehrsauffassung.

Deutsches Weinsiegel; von der Deutschen Landwirtschafts-Gesellschaft bundesweit verliehenes Gütezeichen (→ Weinauszeichnungen) für Qualitätsweine b. A. gehobener Qualität. Die Verleihung erfolgt in den drei verschiedenen Ausführungen rot für liebliche oder süße, grün für halb trockene und gelb für trockene Weine. Zusätzlich kann bei der Erfüllung der besonderen Kriterien das Weinsiegel als „Deutsches Weinsiegel Selection" verliehen werden. Etwa 10–12 % der deutschen Qualitätsweine erhalten das D. W.

Deutsche Weine engl.: *German wine;* in Deutschland hergestellte Weine. In Deutschland existieren 13 zugelassene Weinanbaugebiete (→ bestimmte Anbaugebiete, Abk.: b. A.), in denen v. a. Weißweine, aber auch alle anderen Weinarten erzeugt werden. Die Tendenz geht hin zu trockeneren Weinen. Unter den Weißweinreben ist der Riesling dominierend, daneben werden z. B. auch Scheurebe, Silvaner, Müller-Thurgau, Gutedel und Grauburgunder je nach Jahrgang zu guten Weinen gekeltert. Spätburgunder, Portugieser, Lemberger und Trollinger sind die häufigsten Rotweinreben. Als Güteklassen gibt es in Deutschland → Tafelwein und → Qualitätswein b. A., die bei Tafelwein mit geografischen Bezeichnungen (→ Landwein) und bei Qualitätswein b. A. mit Prädikaten, besonderen Bezeichnungen sowie Auszeichnungen und Medaillen weiter kategorisiert werden können. Seit dem Jahr 2000 sind im deutschen Weinrecht für

Qualitätsweine b. A. zudem die Bezeichnungen → Classic und → Selection vorgesehen, die dem Verbraucher einen schnellen Überblick über die Qualität des Weines erlauben. In Deutschland werden viele Spitzenweine erzeugt; jedoch wird dem Verbraucher durch die verwirrende Regelung der Herkunftsangabe deren Erkennen erschwert (→ Weinbaubereiche → Weinetikett). Zunehmend gehen die Erzeuger dazu über, v. a. bei Spitzenweinen, die Lage anzugeben. Die größten deutschen Weinbaugebiete sind Baden, Franken, Württemberg und Pfalz. In den deutschen Weinbaugebieten entstehen meist sehr gebietstypische Weine mit besonderem Charakter.

Dextrine engl.: *dextrins,* Syn.: *Stärkegummi;* Poly- und Oligosaccharide aus Glucosemolekülen, die beim unvollständigen Abbau von Stärke durch das Einwirken von Enzymen (Grenzdextrine), Säuren (Säuredextrine) oder Hitze (Röstdextrine) entstehen. D. bilden sich z. B. beim Brotbacken, Getreidemälzen und bei der Herstellung von Glucosesirup. Sie werden abhängig vom Farbton in Weiß- und Gelbdextrine unterteilt, sind nicht vergärbar, in heißem Wasser löslich und ergeben stark klebende Sirupe. Sie werden z. B. in Klebstoffen, Süßwaren und auch als Fettaustauschstoff eingesetzt. Mit Hilfe von *Bacillus macerans* werden aus Stärke → Cyclodextrine gewonnen.

Dextrose Syn.: → *Glucose*

Dextrose-Abläufe engl.: *hydrols;* flüssige Produkte, die nach Abtrennung der Kristalle aus Dextrose-Füllmassen zurückbleiben.

Dextroseäquivalent engl.: *dextrose equivalent;* Abk.: DE (von engl.: *dextrose equivalent*), prozentualer Gehalt an reduzierenden Zuckern von Glucosesirup und Maltodextrinen, berechnet als Dextrose (Syn.: *Glucose*) in der Trockenmasse. Bei Maltodextrinen ist das DE auch Maß für die Kettenlänge, wobei die Kettenlänge mit fallendem DE steigt, z. B. Maltodextrin DE 5, Maltodextrin DE 19. Stärke besitzt ein DE von 0, normal verzuckerte Glucosesirupe einen DE von 48–50 und reine Glucose einen DE von 100.

Dextroseanhydrid engl.: *dextrose, dextrose anhydrous,* Syn.: *Anhydrodextrose;* wasserfreie → Glucose, die in Mischungen mit feuchtigkeitsempfindlichen Trockenpulvern verwendet werden kann.

Dextrosehydrat engl.: *dextrose, dextrose monohydrate;* normale Handelsform der → Glucose mit einem Molekül Kristallwasser (Dextrosemonohydrat), die allgemein nur als Dextrose bzw. Glucose bezeichnet wird.

DFD-Fleisch engl.: *DFD meat,* Syn.: *Leimiges Fleisch, Schwarzfleischigkeit;* extrem dunkles (engl.: *dark*), festes (engl.: *firm*) bis zähes und trockenes (engl.: *dry*), infolge biochemischer Fehlabläufe unvollkommen gereiftes (fehlende Säuerung) und ungenügend ausgeblutetes, klebrig wirkendes Schweinefleisch. Wegen seines hohen pH-Wertes (6,4–6,7) ist es besonders anfällig für bakterielle Fäulnis und daher nicht zum Herstellen von rohen Fleischerzeugnissen (insbesondere Knochenschinken) sowie für vorverpackten Aufschnitt geeignet. Es muss rascher als normales Fleisch umgeschlagen und kann für Brühwurst verwendet werden. Ähnliches Fleisch vom Rind wird als „dark cutting beef“ bezeichnet.

DGE; Abk. für → Deutsche Gesellschaft für Ernährung e. V.

DGF; Abk. für → Deutsche Gesellschaft für Fettwissenschaften.

DGF-Einheitsmethoden; Kurzbezeichnung für „Deutsche Einheitsmethoden zur Untersuchung von Fetten, Fettprodukten, Tensiden und verwandten Stoffen“. Es handelt sich um standardisierte überprüfte Analysenmethoden für die in der Bezeichnung genannten Produkte sowie Seifen und Waschmittel. Sie werden bearbeitet und herausgegeben von der → Deutschen Gesellschaft für Fettwissenschaften e. V. unter Berücksichtigung von Untersuchungsverfahren internationaler Gremien (z. B. ISO, EU) und der → amtlichen Sammlung von Untersuchungsverfahren nach § 35 LMBG. Die D. gelten als Grundlage für Handels-, Überwachungs- und Schiedsanalysen.

DHA; Abk. für → Docosahexaensäure.

Diabetes mellitus engl.: *diabetes mellitus,* Syn.: *Zuckerkrankheit, Zuckerharnruhr;* aus dem griech. Wortteil: *diabet-* = hindurchgehen und lat.: *mellitus* = mit Honig versüßt stammende Bezeichnung für eine Stoffwechselstörung, bei der der Körper die in der Nahrung enthaltenen → Kohlenhydrate nicht vollständig abbauen und verwerten kann. Zugrunde liegt entweder eine verminderte oder fehlende Insulinproduktion bzw. das produzierte → Insulin kann nicht oder nicht ausreichend wirksam werden. Die Folgen sind zunächst ein Anstieg des Blutglucosespiegels und dann die damit verbundenen Spätfolgen an verschiedenen Organsystemen wie z. B. Nieren oder Augen sowie Fettstoffwechselstörungen. Man unterscheidet zwischen Typ-I-Diabetes, der bereits im Kindes- und Jugendalter auftritt und von dem etwa 10–20 % der Diabetiker betroffen sind und dem Typ-II-Diabetes (früher als Alters-Diabetes bezeichnet), der i. d. R. erst im höheren Lebensalter auftritt, von dem 80–90 % der Diabetiker betroffen sind und dem meist langjähriges Übergewicht vorausgeht.

Diabetiker-Bier engl.: *diabetic beer;* für Diabetiker bestimmtes diätetisches Bier (→ diätetische Lebensmittel), das in 100 ml nicht mehr als 0,75 g Glucose, Invertzucker, Disaccharide, Maltodextrine und Glucosesirup enthält. Es muss die Aufschrift „nur nach Befragen des Arztes“ in Verbindung mit der Angabe des Alkoholgehaltes in Volumenprozent tragen.

Diabetiker-Brot; für Diabetiker bestimmtes Brot, dessen Brennwert höchstens 840 kJ (200 kcal) pro 100 g beträgt. Die Reduktion des Brennwerts kann z. B. durch Zusatz von Getreideschrot oder Speisekleie erzielt werden.

Diabetiker-Lebensmittel; diätetische Lebensmittel zur Ernährung bei → Diabetes mellitus, die keine oder nur eine langsame Erhöhung des Blutglucosespiegels bewirken. Ihnen dürfen Glucose, Invertzucker, Disaccharide, Maltodextrine und Glucosesirup nicht zugesetzt sein, anstelle dieser Stoffe dürfen nur Fructose, verschiedene → Zuckeraustauschstoffe und → Süßstoffe verwendet werden. Der Gehalt an Fett oder Alkohol darf gegenüber vergleichbaren Lebensmitteln des allgemeinen Verzehrs nicht erhöht sein. Sonderreglungen bestehen für → Diabetiker-Brot und → Diabetiker-Bier. Die Menge des Lebensmittels, die einer → Broteinheit entspricht, kann auf der Packung angegeben werden. D. sind häufig teurer als vergleichbare Lebensmittel, oft sehr fett- und energiereich und bringen den Diabetikern kaum Vorteile. Des Weiteren ist die heutige Insulintherapie sehr ausgereift, weshalb für die Betroffenen die gleichen Ernährungsempfehlungen wie für Gesunde ausgesprochen werden. Eine Normalisierung des Körpergewichts bei übergewichtigen Diabetikern ist unbedingt erforderlich und kann durch eine fettarme Kost realisiert werden.

Diabetiker-Schaumwein engl.: *diabetic sparkling wine;* Schaumwein und Schaumwein mit zugesetzter Kohlensäure, der aufgrund seiner Beschaffenheit zum Verzehr für Diabetiker (→ Diabetes mellitus) geeignet ist. Schaumwein und Schaumwein mit zugesetzter Kohlensäure sind als für Diabetiker geeignet anzusehen, wenn sie in einem Liter höchstens 4 g Glucose und keine Saccharose, höchstens 40 g Fructose und höchstens 185 mg gesamte schweflige Säure enthalten. Der maximale Alkoholgehalt darf 12 Vol.-% betragen. Erzeugnisse dieser Art können mit der Angabe „Für Diabetiker geeignet - nur nach Befragen des Arztes“ versehen werden, wobei die Kennzeichnung dann den Gesamtzuckergehalt (als Invertzucker berechnet), den Brennwert des Alkohols und den physiologischen Brennwert bezogen auf einen Liter umfassen muss. Wenn der Gesamtzuckergehalt 4 g/l übersteigt, muss zusätzlich die Menge an Glucose und Fructose in Gramm aufgeführt werden.

Diabetiker-Wein engl.: *diabetic wine;* →Wein, der aufgrund seiner Beschaffenheit zum Verzehr für Diabetiker geeignet ist, d. h. wenn er pro Liter höchstens 4 g Glucose, 20 g Gesamtzucker (als Invertzucker berechnet) und 150 mg gesamte schweflige Säure enthält und der maximale Alkoholgehalt 12 Vol.-% nicht übersteigt. Weine dieser Art können mit der Angabe „Für Diabetiker geeignet – nur nach Befragen des Arztes" versehen werden, wobei die Kennzeichnung dann den Gesamtzucker (als Invertzucker berechnet), den Brennwert des Alkohols und den physiologischen Brennwert bezogen auf einen Liter umfassen muss. Wenn der Gesamtzuckergehalt 4 g übersteigt, muss zusätzlich die Menge an Glucose und Fructose in Gramm aufgeführt werden. Ausgenutzt wird bei der Herstellung von D. die bevorzugte Vergärung von Glucose durch die Hefe. Vor allem bei der Weißweinherstellung wird die Gärung durch Kühlung oder durch Entfernung der Hefe gestoppt, so dass zwar Fructose im Wein verbleibt, der Glucosegehalt aber unter 4 g/l liegt. In der Praxis sind daher heute alle trockenen und die meisten halb trockenen Weine für Diabetiker geeignet, ohne dass dies explizit auf dem Etikett erwähnt wäre. Viele Erzeuger scheuen jedoch davor zurück, ihren Wein als „für Diabetiker geeignet" auszuweisen, da hierdurch andere Konsumenten abgeschreckt werden könnten.

Diacetyl engl.: *biacetyl,* Syn.: *2, 3-Butandion;* wesentlicher Aromastoff des Butter- und Sauerrahmaromas, der von Milchsäurebakterien der Gattung → *Leuconostoc* (v. a. *L. mesenteroides subsp. cremoris*) aus Citrat gebildet wird. Bei der Bierherstellung gilt das durch →Hefen gebildete D. dagegen als unerwünschtes Gärungsnebenprodukt, das ab einem bestimmten Schwellenwert geschmacksverändernd hervortritt und bei der Nachgärung abgebaut werden muss. D. wird auch synthetisch hergestellt zur Verwendung in Butter- und Sahnearomen.

Diacetylweinsäureester von Mono- und Diglyceriden engl.: *mono and diacetyl tataric acid esters of mono and diglycerides,* Syn.: *Datem;* →Emulgatoren, die durch Veresterung von Mono- und Diglyceriden mit Diacetylweinsäure hergestellt werden. Abhängig von den Fettsäuren der Glyceride und der Menge an Diacetylweinsäure entstehen Verbindungen von unterschiedlichem Geschmack und Konsistenz (flüssig bis wachsartig). Die D. sind unter der Nummer E 472e als Emulgatoren, aber auch als Trennmittel, Schaummittel und Mehlbehandlungmittel zugelassen und werden z. B. in hefegetriebenem Gebäck, Margarine, Mayonnaise und Milchmixgetränken eingesetzt. Für die Aufnahme an Weinsäure ist eine Höchstmenge festgelegt, da sie die Calciumverfügbarkeit einschränken kann.

Diät engl.: *therapeutic food;* von griech.: *diaitia* = Lebensweise abgeleitete Bezeichnung für Kostformen, die in ihrer Zusammensetzung, Zubereitung oder zeitlichen Verabreichung von der üblichen Ernährung abweichen und zur Heilung oder Linderung von Krankheiten bzw. zur Gewichtsreduktion eingesetzt werden. Die Bezeichnung „Diät" in Verbindung mit einem Lebensmittel weist darauf hin, dass dieses einem besonderen Ernährungszweck dient, z. B. Diät-Schokolade für Diabetiker.

Diätbrote engl.: *diatetic bread;* diätetische Spezialbrote, die aufgrund ihrer Zusammensetzung für die Ernährung von Diabetikern (→Diabetiker-Brot), Patienten mit Zöliakie (→glutenfreies Brot) oder Natriumempfindlichen (→natriumarme Lebensmittel) geeignet sind. D. unterliegen der Diätverordnung.

Diätetik engl.: *dietetics;* Lehre von der →Diät. Die D. beschäftigt sich mit der Ernährung in bestimmten Lebenssituationen (z. B. bei Krankheit, während der Schwangerschaft oder im Alter) und mit der Prophylaxe ernährungsabhängiger Krankheiten.

Diätetische Erfrischungsgetränke engl.: *dietetic soft drinks;* Bezeichnung für → Erfrischungsgetränke, die aufgrund ihrer Zusammensetzung für eine besondere Ernährung (→ diätetische Lebensmittel) bestimmt sind. Werden z. B. → Zuckeraustauschstoffe anstelle von Zuckerarten für ein Erfrischungsgetränk verwendet, so ergibt sich ein d. E., das für Diabetiker geeignet ist. Brennwert reduzierte Erfrischungsgetränke (z. B. Limonade mit Süßstoff) gelten dagegen als → Brennwert verminderte Lebensmittel des allgemeinen Verzehrs und fallen damit nicht unter diese Bezeichnung.

Diätetische Lebensmittel engl.: *dietetic food;* in der Diätverordnung geregelte Lebensmittel, die für eine besondere Ernährung bestimmt sind. Sie unterscheiden sich in Zusammensetzung oder Herstellungsverfahren deutlich von Lebensmitteln des allgemeinen Verzehrs und sind für den angegebenen Ernährungszweck geeignet. D. L. werden verwendet bei Krankheiten, die mit Störungen des Stoffwechsels, der Verdauung und Absorption einhergehen (z. B. Zöliakie, Diabetes mellitus) oder zur Ernährung von Menschen in bestimmten physiologischen Umständen (z. B. Schwangere, Senioren) sowie von Säuglingen und Kleinkindern. Der Verkauf von d. L. ist mit Ausnahmen (Verzehr an Ort und Stelle) nur in Fertigpackungen erlaubt. Die Kennzeichnung muss die zur Bezeichnung gehörenden besonderen ernährungsbezogenen Eigenschaften oder den besonderen Ernährungszweck, die Besonderheiten in der qualitativen und quantitativen Zusammensetzung oder den besonderen Herstellungsprozess, den durchschnittlichen Gehalt an verwertbaren Nährstoffen (Kohlenhydrate, Fette und Proteine) und den durchschnittlichen physiologischen Brennwert umfassen. Sondervorschriften bestehen bei Lebensmitteln für Diabetiker, Natriumempfindliche, Säuglinge und Kleinkinder sowie für bilanzierte Diäten und Lebensmitteln für eine kalorienarme Ernährung zur Gewichtsreduktion.

Diätmargarine engl.: *margarine for special dietary use;* aus pflanzlichen Fetten und Ölen bestehende Margarine oder → Halbfettmargarine, die sich aufgrund ihrer besonderen Zusammensetzung von normaler Margarine unterscheidet. D. enthält mindestens 50 % mehrfach ungesättigte Fettsäuren (Ausnahme D. zur Ernährung bei Fettabsorptionsstörungen) und hat einen Schmelzpunkt von maximal 37 °C. Nach den Richtlinien des Bundesverbandes der Diätetischen Lebensmittelindustrie (Diätverband) haben D. weiterhin einen Mindestgehalt an Tocopherol von 1 mg pro Gramm mehrfach ungesättigter Fettsäuren und sind streng natriumarm (maximal 40 mg Natrium pro 100 g). D. wird insbesondere zur Senkung der Blutfette eingesetzt, Halbfettmargarine weiterhin zur Gewichtsreduktion. D. mit einem Mindestanteil von 90 % → mittelkettiger Fettsäuren an den Gesamtfettsäuren werden zur Ernährung bei Fettabsorptionsstörungen eingesetzt.

Diätsalz; → Kochsalzersatz

Dialyse engl.: *dialysis;* physikalisches Verfahren zum Abtrennen gelöster niedermolekularer Verbindungen (z. B. Salze) von hochmolekularen Stoffen durch selektive Diffusion mit Hilfe halb durchlässiger (semipermeabler) Membranen unter ständiger Erneuerung des Lösungsmittels. Die Dialyse wird zur Reinigung von Biopolymeren verwendet sowie zur Reinigung des Blutes bei schweren Nierenschäden (künstliche Niere).

Diastasen engl.: *diastases;* → Amylasen

Diatomeenerde Syn.: → *Kieselgur*

Dichlordiphenyltrichlorethan; Abk.: DDT, schwerflüchtiger Chlorkohlenwasserstoff, der aufgrund seiner insektiziden Eigenschaften in vielen Ländern in der Landwirtschaft, im Obstanbau und in der Forstwirtschaft eingesetzt wird. In Ländern der Dritten Welt wird DDT weiterhin zur Bekämpfung von krankheitsübertragenden Insekten, wie z. B. der Malariamücke eingesetzt. Da DDT sich aufgrund seiner Fettlöslichkeit in der Nahrungskette sowie in Sedimenten von Gewässern zu sehr hohen Konzentrationen anreichert, sind in Deutschland (sowie in Gesamt-Westeuropa) die Herstellung, Einfuhr, Ausfuhr, das Inverkehrbringen und die Anwendung von DDT seit Inkrafttreten des DDT-Gesetzes von 1972 verboten.

Dichte engl.: *density,* Syn.: *spezifisches Gewicht;* Masse pro Volumeneinheit (Einheit z. B. g/ml). Sie wird durch Wägung (→ Pyknometrie) oder Auftriebsmessungen (→ Aräometrie) ermittelt. Die D. ist temperatur- und druckabhängig; deshalb wird bei der Angabe die Messtemperatur mit angegeben. Die Druckabhängigkeit ist nur für Gase relevant. Der Quotient der D. einer bestimmten Flüssigkeit und der D. des Wassers ist die relative D. Sie wird i. d. R. bei 20 °C angegeben und dient zur Ermittlung des Alkoholanteils in alkoholischen Getränken und zur Bestimmung des Gesamtextraktes in Fruchtsaft, Wein usw.

Dickbein Syn.: → *Eisbein*

Dickblut engl.: *red cell fraction of blood;* bei der Gewinnung von → Blutplasma anfallende Blutfraktion, die angereichert die zelligen Bestandteile des → Blutes enthält. D. wird nicht zur Herstellung von Lebensmitteln verwendet.

Dicke; dickere → Brühwürstchen mit i. d. R. fein zerkleinertem rosa farbenen (umgeröteten) Brät aus sehnenreichem Rindfleisch, fettgewebereichem Schweinefleisch und Fettgewebe. Als Wursthüllen werden i. d. R. Schweinedünndärme und Rinderkranzdärme verwendet.

Dicke Bohnen lat.: *Vicia faba L.* (Fam.: *Fabaceae*), engl.: *broad beans,* Syn.: *Große Bohnen;* Hülsenfrüchte der aufrecht wachsenden, gleichnamigen einjährigen Leguminose, von der drei Varietäten angebaut werden. Zwei der Varietäten, die Pferdebohne (lat.: *var. equina Pers.*) und die kleinsamigere Ackerbohne (lat.: *var. minuta (hort. ex Alef.) Mansf.*) finden als Futtermittelpflanzen Verwendung. Von der dritten Varietät, der Puff- bzw. Saubohne (lat.: *var. faba*), werden die dickfleischigen, innen samtartig behaarten, bis etwa 20 cm lange grüne Hülsen mit 4–6 großen flachen Kernen (Samen) bei → Milchreife geerntet. Die Kerne können grünlich, weißlich, bräunlich, aber auch rötlich und schwarz gefärbt sein. Sie verfügen über beträchtlichen Gehalt an Eiweiß und Vitamin B_1. Die ausgepulten Kerne werden gekocht halb reif als Gemüse und vollreif in Suppen, Eintöpfen und anderen Gerichten verwendet. Der Verzehr von rohen unreifen Kernen kann wie das Einatmen des Blütenstaubes bei manchen Menschen, insbesondere aus dem Mittelmeerraum, infolge eines erblichen Enzymdefektes den → Favismus hervorrufen. Nach der Ernte sind d. B. nur kurze Zeit lagerfähig. Daher werden sie durch Trocknen und Verarbeiten zu Nass- und Tiefkühlkonserven haltbar gemacht. D. B. in Konserven unterliegen hinsichtlich ihrer Qualität Anforderungen aus Normen. Tiefgefrorene, in Deutschland hergestellte d. B. entsprechen zusätzlich den Anforderungen der Leitsätze des Deutschen Lebensmittelbuches für tiefgefrorenes Obst und Gemüse oder sind in ihrer Abweichung ausreichend kenntlich gemacht. Der Handel erfolgt als Frischware in vorgeschriebenen Handelklassen aus dem Inland von Juni bis September (Auslandsimportware Januar bis September) sowie ganzjährig als Konserven.

Dicke Lebkuchen; in Kastenformen gebackene, saftig-weiche → braune Lebkuchen, die meist höher als 4 cm sind. Die Oberfläche kann glasiert, gelackt oder auch unbehandelt sein. Mitunter werden Seiten und Oberfläche mit Ölsamen und Trockenfrüchten verziert.

Dicke Rippe Syn.: → *Schweinebrust*

Dickes Bugstück; Teilstück vom → Bug beim Rind mit zartfaserigem Fleisch, das sich zum Braten und Schmoren eignet. Aus dem d. B. werden Bratenstücke und Rouladen geschnitten und Gulasch hergestellt. Der Anteil des d. B. am entbeinten Fleisch beträgt ca. 4,5 %.

Dickhirse; Unterart der → Rispenhirse mit aufrechter zusammengezogener Rispe.

Dickmilch engl.: *junket, set milk,* Syn.: *Setzmilch;* stichfestes weißes → Sauermilcherzeugnis mit typisch säuerlichem Geschmack, das ursprünglich bei längerem Stehenlassen von unbehandelter Rohmilch durch Säuerung (ungesteuerte Fermentation durch Milchsäurebakterien) entstand. D. wird heute durch gesteuerte Fermentation mit Hilfe von mesophilen Milchsäurebakterienkulturen aus Vollmilch, anderen Milchsorten oder Sahne hergestellt (dickgelegt). Bei der Verwendung von entrahmter Milch kann zusätzlich Buttermilch zugegeben werden. Eine Anreicherung mit Milcheiweißerzeugnissen und eine Wärmebehandlung nach der Fermentation erfolgt nicht. Als D. an sich wird allein die aus Vollmilch hergestellte D. mit einem Mindestfettgehalt von 3,5 % bezeichnet. Die aus anderen Milchsorten oder Sahne hergestellten dickgelegten Sauermilcherzeugnisse richten sich im Namen und Mindestfettgehalt nach dem Ausgangserzeugnis wie z. B. Sahnedickmilch (mindestens 10 % Fett) bei Sahne oder fettarme D. (1,5–1,8 % Fett) bei fettarmer Milch.

Dicksaft engl.: *thick juice;* bei der Herstellung von Rohr- und Rübenzucker nach Eindampfen des Dünnsaftes anfallendes Zwischenprodukt.

Dickungsmittel engl.: *thickening agents,* Syn.: *Verdickungsmittel;* → Hydrokolloide wie z. B. → Agar-Agar, → Carragen, → Pektin, → Cellulose und → Alginate, die in natürlicher oder modifizierter Form, ggf. mit Zusätzen von Salzen, Puffersubstanzen oder Verdünnungsmitteln versehen, verwendet werden. D. bilden im Gegensatz zu → Geliermitteln keine Gele, sondern führen in geringen Konzentrationen zu starken Viskositätssteigerungen. Deshalb werden sie zum Andicken und Binden von Flüssigkeiten (Verhindern von Synärese) sowie zur Stabilisierung von Emulsionen und Suspensionen eingesetzt. Da D. Wasser binden, können sie auch bei der Herstellung Energie reduzierter Lebensmittel eingesetzt werden. Viele D. sind für den menschlichen Organismus unverdaulich und zählen deshalb zu den → Ballaststoffen.

Dickzuckerfrüchte Syn.: → *Kandierte Früchte*

Dicumarin engl.: *dicumarol,* Syn.: *Dicumarol, Dicoumarol;* → Antivitamin des → Vitamin K.

Dielenschinken Syn.: *Deelenschinken;* wie → Katenschinken hergestellter und zugeschnittener → Schinken.

Diethylenglykol engl.: *diethylene glycol;* süßlich schmeckende, farblose, viskose, hygroskopische Flüssigkeit, die durch Umsetzung von Ethylenoxid und Ethylenglykol (Ethoxylierung) entsteht. D. findet z. B. Verwendung in Gefrierschutzmitteln, Heizflüssigkeit, als Feuchthaltemittel (z. B. bei Kork, Papier, Leim) und Lösungsmittel (z. B. für ätherische Öle, Harze). Mitte der 80er-Jahre erlangte D. durch den so genannten „Weinskandal" Berühmtheit. Es wurde Weinen von geringerer Qualität zugesetzt, um ihnen den Geschmack von Auslese-Weinen zu verleihen und einen höheren Extraktgehalt vorzutäuschen. Im Organismus wird D. zu Oxalsäure abgebaut, die sich in der Niere anreichert und in höherer Konzentration zu Nierenschäden führt.

Differenzprüfung engl.: *difference test, discrimination test,* Syn.: *Unterschiedstest;* einfache sensorische Prüfmethoden, um zuverlässig (nicht offensichtliche) vorhandene oder nicht vorhandene Unterschiede von Produkten oder → Merkmalseigenschaften festzustellen. → Dreiecksprüfung → Duo-Trio-Prüfung → Paarweiser Vergleich

Diffusion engl.: *diffusion;* von lat.: *diffundere* = ausbreiten, sich zerstreuen stammende Bezeichnung für das Durchmischen von verschiedenen, in Kontakt stehenden gasförmigen festen oder flüssigen Stoffen, das ohne Einwirkung äußerer Kräfte durch Konzentrationsunterschiede, Temperaturunterschiede, Druckunterschiede oder äußere Feldkräfte hervorgerufen wird und durch Relativbewegungen von Ionen, Atomen oder Molekülen zustande kommt.

Digerieren engl.: *digesting;* 1. von lat.: *digere* = zerteilen stammende Bezeichnung für das Behandeln einer festen Substanz mit einer Flüssigkeit zum Herauslösen bestimmter Inhaltsstoffe (Form des Extrahierens). 2. in der Physiologie: Verdauen.

Digestif engl.: *digestive;* alkoholhaltiges Getränk, das nach dem Essen zur Verdauungsförderung getrunken wird. Als D. werden v. a. klare Spirituosen (→Obstbrand) und →Bitterliköre verwendet. Letztere regen aufgrund ihres Gehalts an Bitterstoffen die Sekretion der Verdauungssäfte an. →Aperitif

Diglyceride engl.: *diglycerides;* →Glyceride, bei denen zwei der drei Hydroxylgruppen des Glycerins mit Fettsäuren verestert sind. D. kommen in kleinen Mengen in natürlichen Fetten und Ölen vor, entstehen bei der Fettverdauung aus Triglyceriden und werden synthetisch aus Glycerin und Fettsäuren hergestellt. Die Synthese liefert ein Gemisch aus Mono- und Diglyceriden, das unter der Nummer E 471 als Emulgator, Schaummittel und Mehlbehandlungsmittel zugelassen ist. Abhängig von den verwendeten Fettsäuren entstehen Verbindungen von unterschiedlichem Geschmack und Konsistenz (flüssig bis wachsartig); die Veresterung mit →Genusssäuren führt zu weiteren wichtigen Emulgatoren (→Genusssäureester von Mono- und Diglyceriden).

Dihydrochalkone engl.: *dihydrochalcones;* →Süßstoffe, die durch Ringöffnung und anschließende Hydrierung aus verschiedenen Flavanonglykoside (→Flavanon) hergestellt werden können. Aus dem Flavanonglykosid Neohesperidin in Pomeranzen wird Neohesperidin Dihydrochalkon gewonnen, das unter der Nummer E 959 zur Süßung von Brennwert verminderten oder ohne Zuckerzusatz hergestellten Lebensmittel (z. B. Getränke, Dessertspeisen und Süßwaren) zugelassen ist. Neohesperidin Dihydrochalkon besitzt etwa die 1500-fache Süßkraft der Saccharose, erhöht synergistisch die Süßkraft anderer Süßstoffe und wirkt geschmacksverbessernd in fettreduzierten Lebensmitteln.

Dijonsenf engl.: *Dijon mustard;* sehr scharfer →Speisesenf, der ausschließlich aus schwarzen oder braunen, nicht entölten Senfkörnern durch Mahlen oder Absieben gewonnen wird. Der Anteil der nach dem Absieben vorhandenen Schalen darf 2 % nicht übersteigen. D. darf ausschließlich mit einer oder mehreren der folgenden Flüssigkeiten hergestellt werden: Gärungsessige (Weinessig, Branntweinessig, Apfelessig); Saft unreifer Trauben, traditionell (→Verjus); Traubensaft und Traubenmost; Wein. Diese Flüssigkeiten können ihrerseits mit Wasser, das nicht mehr als $^3/_4$ der Flüssigkeitsmenge ausmachen darf, verdünnt sein. Der Gehalt an schalenfreier Senfkörner-Trockensubstanz muss mindestens 22 Gewichtsprozent und der Gehalt an fettem Senföl mindestens 8 Gewichtsprozent betragen. D. dürfen üblicherweise keine Aromastoffe, Farbstoffe, Schalen, Getreidemehle oder Stabilisatoren zugesetzt werden.

Dilatation engl.: *dilatation,* Syn.: *Schmelzausdehnung;* Bezeichnung für die Volumenzunahme, die ein Stoff beim Übergang vom festen in den flüssigen Aggregatszustand bei gleich bleibender Temperatur erfährt. Bei Fetten dient sie zur Berechnung des Gehaltes an festen Bestandteilen (→SFI-Wert).

Dilbis; →Datteln

Dill lat.: *Anethum graveolens L. subsp. graveolens* (Fam.: *Apiaceae*), engl.: *dill,* Syn.: *Gurkenkraut, Gartendill;* einjährige, aus Südeuropa stammende, bis zu 1,2 m hoch werdende Würzpflanze, die in fast allen Pflanzenteilen ein →ätherisches Öl mit d-Carvon als Hauptkomponente enthält. Hauptanbauländer sind die Niederlande und die Balkanstaaten, D. wird aber auch in Deutschland angebaut und frisch vermarktet. Als →Küchenkraut finden die frischen oder getrockneten Blätter und Stängel z. B. zum Würzen von Salaten (v. a. Gurkensalat), Fischgerichten, Brotaufstrichen und eingelegten Gurken Verwendung. Sehr beliebt ist D. in Skandinavien und wird dort auch zur Herstellung von → Gravad Lachs verwendet. Als Dillspitzen werden die getrockneten, fein gehackten oder gerebelten jungen Triebe bezeichnet, Dillkraut besteht vorwiegend aus ausgewachsenen dunkelgrünen Pflanzenteilen. Die als → Gewürz verwendeten, als Dillsaat (Dillsamen) bezeichneten getrockneten Spaltfrüchte sind i. d. R. in ihre beiden Teilfrüchte zerfallen, 3–5 mm lang, flach-oval, mittelbraun und haben einen hellen Rand. Sie finden zum Einlegen von Gurken sowie zur Herstellung von Dillöl für die Likörindustrie Verwendung.

Dillgurken Syn.: → *Salzgurken*

Dillsamen engl.: *dill seeds;* → Dill

Dillspitzen engl.: *dill buds;* → Dill

Dimethylamin engl.: *dimethylamine;* → Trimethylamin

Dimethyldicarbonat engl.: *dimethyl dicarbonate;* synthetisch hergestellte farblose Flüssigkeit mit fruchtigem Geruch, die in wässrigen Substraten zu Methanol und Kohlendioxid zerfällt. D. ist unter der Nummer E 242 als Konservierungsmittel für bestimmte Getränke (z. B. nicht alkoholische Getränke, alkoholfreier Wein) zur Kaltentkeimung zugelassen und darf im Endprodukt nicht mehr nachweisbar sein. Das Reaktionsprodukt Methylcarbamat ist im Gegensatz zum Ethylcarbamat (→ Pyrokohlensäurediethylester) unbedenklich, ebenso wie die geringe Konzentration an entstehendem Methanol.

Dinkel lat.: *Triticum spelta L.* (Fam.: *Poaceae*), engl.: *spelt wheat,* Syn.: *Spelt, Spelz;* eng mit dem Saatweizen (→ Weizen) verwandtes, fest bespelztes anspruchsloses → Ährengetreide, das in Deutschland seit vielen Jahrhunderten angebaut wird. Ertragsverluste durch brüchige Spindeln und ein im Vergleich zu Saatweizen geringerer Ertrag führten bei einer durch die → Spelzen verursachten aufwändigeren Gewinnung mit einem weiteren Arbeitsgang (Schälen) zur Verdrängung durch Saatweizen. Der Anbau und die Verwendung von D. hat jedoch in den letzten Jahren ausgehend vom Naturkostbereich wieder zunehmend an Bedeutung gewonnen. D. und die daraus hergestellten Mahlerzeugnisse wie z. B. Schrot oder Mehl lassen sich wie Saatweizen und seine Mahlerzeugnisse verwenden. Eine Besonderheit ist die Nutzung der halb reifen Körner (→ Grünkern) (bspw. als Suppeneinlage), die vor der Verwendung geschält und gedarrt werden.

DIN-Normen engl.: *DIN-standards;* vom Deutschen Institut für Normung e. V. in Berlin herausgegebene, auch in Österreich und der Schweiz geltende Industrienormen, die für fast alle Konsumgüter existieren, z. B. D. zu vielen → Verpackungen und → Packmitteln. Sie dokumentieren den Stand der Technik und dienen als Maßstab für einwandfreies technisches Verhalten.

Dinoflagellaten lat.: *Pyrrhophyta, Dinophyta,* engl.: *dinoflagellates,* Syn.: *Geißelalgen;* Mikroalgen (→ Algen), von denen einige für den Menschen hochtoxische Stoffwechselprodukte (→ Algentoxine → Muschelvergiftung) entwickeln.

Dioscoreastärken Syn.: → *Yamsstärken*

Dioxine engl.: *dioxins;* Gruppe von heterozyklischen Verbindungen mit zwei Sauerstoffatomen im Ringsystem. Die wichtigsten Vertreter unter den D. sind die Polychlordibenzodioxine (PCDD), die zusammen mit den Polychlordibenzofuranen (PCDF) bei vielen Verbrennungsvorgängen (z. B. Müllverbrennung) entstehen und deshalb ubiquitär verbreitet sind. Hinsichtlich ihrer Toxizität unterscheiden sich die D. sehr stark. Das 2,3,7,8-Tetrachlordibenzodioxin (TCDD) ist eines der stärksten bekannten Gifte mit kanzerogener und teratogener Wirkung. TCDD entsteht auch als Nebenprodukt bei der Herstellung von 2,4,5-Trichlorphenol, einem Ausgangsprodukt für Herbizide und Desinfektionsmittel. Zur Beurteilung der Toxizität erfolgt eine Angabe in Toxizitätsäquivalenten (TE). Das ist diejenige Menge an TCDD, die in ihrer Giftigkeit dem betreffenden D. entspricht.

Diphenyl Syn.: → *Biphenyl*

Diphosphate engl.: *diphosphates;* Natrium-, Kalium- und Calciumsalze der Diphosphorsäure, die unter der Nummer E 450 für bestimmte Lebensmittel als Konservierungsmittel, Antioxidationsmittel, Säureregulatoren, Emulgatoren, Backtriebmittel, Trennmittel (Rieselhilfsmittel für pulverförmige Lebensmittel) und als Schmelzsalze für Käse zugelassen sind. Des Weiteren werden sie aufgrund ihrer guten Wasserbindungsfähigkeit als Kutterhilfsmittel bei der Brühwurstherstellung verwendet sowie bei der Trinkwasseraufbereitung und der Herstellung von Düngemitteln eingesetzt.

Diplokokken; → Kokken

Dips; kalte, meist cremige → Saucen verschiedenster Sorten, von würzig bis fruchtig, als Beilage zum Tunken für Knabberartikel oder einfaches Fingerfood (Gemüse-, Fleisch- oder Obststücke, Brot).

Direkte Teigführung engl.: *straight dough method;* → Teigführung, bei der die Säuerung des Teiges ausschließlich mit Hilfe von einem oder mehreren Säuerungsmitteln (→ Backmittel) ohne → Sauerteig vorgenommen wird. Vorteile liegen im Vergleich zur → indirekten Teigführung insbesondere in der Ersparnis von Zeit und Arbeitsaufwand. Von Nachteil ist das Fehlen von Aromastoffen aus der Gärung und der damit verbunden geringeren Ausprägung des Brotaromas.

Direktsaft; → Fruchtsaft, der aus den Früchten ausschließlich durch Anwendung mechanischer Verfahren gewonnen wird. Eine Rückverdünnung aus → Fruchtsaftkonzentrat bzw. jeglicher Zuckerzusatz ist nicht zulässig.

Disaccharide engl.: *disaccharides,* Syn.: *Zweifachzucker;* Gruppe von → Kohlenhydraten, die aus zwei gleichen oder zwei verschiedenen, durch eine glykosidische Bindung verknüpften → Monosacchariden bestehen. Wichtige D. sind → Saccharose, → Lactose und → Maltose. D. können durch Säuren oder Enzyme in Monosaccharide gespalten werden, schmecken in unterschiedlicher Weise süß und sind leicht wasserlöslich.

Dispenser engl.: *dispenser;* Ausschankgeräte für gekühlte, meist kohlensäurehaltige (Erfrischungs-)getränke, die sowohl nach dem → Premix- als auch nach dem → Postmix-Verfahren arbeiten können.

Dispergieren engl.: *to disperse;* von lat.: *dispergere* = verteilen abgeleitete Bezeichnung für das möglichst feine Verteilen eines Stoffes in einem anderen, sofern die beiden keine echte Lösung bilden können. Häufig werden hierzu → Dispergiermittel eingesetzt. Das gebildete System wird als → Dispersion bezeichnet.

Dispergiermittel engl.: *dispersing agents, dispersants,* Syn.: *Dispergatoren;* grenzflächenaktive Substanzen, die das feine Verteilen eines Stoffes in einem anderen (→ dispergieren) erleichtern, indem sie die Grenzflächenspannung zwischen den beiden Komponenten erniedrigen. Wichtige Vertreter der D. sind → Emulgatoren.

Dispersion engl.: *dispersion,* Syn.: *disperses System;* von lat.: *dispersio* = Zerteilung abgeleitete Bezeichnung für ein aus zwei (ggf. auch mehr) Stoffen bestehendes System, von denen sich der eine mehr oder weniger fein verteilt in einem anderen, zusammenhängenden Stoff eingeschlossen befindet. Der umgebende Stoff ist das Dispersionsmittel, der eingebrachte Stoff das Dispergens bzw. die dispergierte Phase. Beide können fest, flüssig oder gasförmig sein. Beispiele für D. sind → Emulsionen, → Aerosole und → Suspensionen. Zu ihrer Herstellung werden häufig → Dispergiermittel wie → Emulgatoren eingesetzt. Viele Lebensmittel stellen eine D. dar, z. B. Gele, Baisers,

Dispersionen/Möglichkeiten und Beispiele

Dispersum Zusammenhängende Phase	Dispersionsmittel Verteilte Phase		
	fest	**flüssig**	**gasförmig**
fest	Erstarrte Suspensionen: Schokolade (Zucker, Kakaokerne, feinst zerkleinert, in festem Fett)	Gele, Gallerten: (Wasser in Gelier- und Dickungsmitteln)	Erstarrte Schäume: Baisers, Marshmallows
flüssig	Suspensionen: Kakaogetränke (Kakaoteilchen in Wasser)	Emulsionen: Milch (flüssiges Fett in Wasser), Mayonnaise (Wasser in Speiseöl)	Schäume: Eiklar, Schlagsahne, aufgeschlagen
gasförmig	Aerosole: Stäube, Rauch	Aerosole: Nebel	Alle Gase miteinander mischbar; keine Bildung von Dispersionen

Milch, aufgeschlagenes Eiweiß, Kakaogetränke usw.

Display-Einheit engl.: *display unit;* Einheit aus Werbemitteln und →Verkaufspackungen, die im Verkaufsgeschäft üblicherweise außerhalb der Verkaufsregale an bevorzugter Stelle aufgestellt wird und häufig durch Umgestaltung einer Transportverpackung hergestellt werden kann.

Distelöl engl.: *safflower oil,* Syn.: *Safloröl;* aus der auch Saflor genannten Färberdistel (lat.: *Carthamus tinctorius L.*, Fam.: *Asteraceae*) gewonnenes Pflanzenöl. Die ölgebenden Samen besitzen eine relativ dicke Schale und ungeschält nur einen Ölgehalt von ca. 30 %. Die geringe Ölausbeute ist ein wirtschaftliches Hindernis und Grund für die rückläufige Bedeutung. Der Anbau der trockenheitsresistenten Pflanze kann in entsprechenden Regionen vorteilhaft sein. In der ursprünglichen Form handelt es sich bei D. um das Öl mit dem höchsten Anteil an Linolensäure (75–80 %) der kommerziell angebauten Pflanzen, daneben Ölsäure. Es wird v. a. als Salatöl verwendet. Ferner gibt es D. mit durch Züchtung umgekehrtem Linolen- und Ölsäureanteil (→HO-Öle), wodurch es oxidations- und hitzestabil ist.

Distickstoffoxid engl.: *nitrous oxide,* Syn.: *Lachgas;* farbloses Gas mit schwach süßlichem Geruch, das als Narkotikum in der Zahnmedizin und als Treibgas in Sprühdosen (z. B. Schlagsahne) verwendet wird. Die Herstellung erfolgt durch Zersetzung von Ammoniumnitrat unter Hitzeeinwirkung, D. entsteht aber auch natürlicherweise als Folge der Stickstoffdüngung.

DLG; Abk. für →Deutsche Landwirtschafts-Gesellschaft.

DLG-geprüfte Lebensmittel; von der →Deutschen Landwirtschafts-Gesellschaft anhand eigener Qualitätsstandards in erster Linie sensorisch geprüfte Lebensmittel. Die DLG prüft jährlich über 20.000 in- und ausländische Produkte aus den Bereichen Fleischerzeugnisse, Tiefkühlprodukte, Fertiggerichte, Feinkost, Brot und feine Backwaren, Molkereiprodukte, Wein, Bier, Spirituosen, alkoholfreie Getränke sowie Mineral- und Tafelwässer. Entsprechen die Produkte den Qualitätsstandards der DLG, werden sie „DLG-prämiert".

DLG Prüferpass; Vorraussetzung für die Zulassung und Teilnahme als sensorischer Sachverständiger bei der →Deutschen Landwirtschafts-Gesellschaft, um →DLG-geprüfte Lebensmittel zu bewerten.

DNS engl.: *DNA;* Abk. für Desoxyribonucleinsäure (→Nucleinsäuren).

DO; spanische und portugiesische Kurzbezeichnung für Weine aus bestimmten Anbaugebieten von span.: *Denominación* *de Origen* bzw. port.: *Denominacao de Origem.*

DOC engl.: *DOC;* Abk. für *Denominazione di Origine Controllata.* Es handelt sich hierbei um ein italienisches Gütesiegel für Lebensmittel und Wein. Seit den Neunzigern erhalten immer mehr Produkte ein DOP-Zeichen (*Denominazione di Origine Protetta*), das von der EU für Lebensmittel und Weine mit geschützter Herkunftsbezeichnung vergeben wird. Alle DOC-Produkte sind auch als DOP-Produkte anerkannt. Mit dem DOC-Gütesiegel ausgezeichnete italienische Qualitätsweine müssen aus dem genannten Gebiet stammen und aus vorgeschriebenen Rebsorten hergestellt sein. Zudem gibt es Vorschriften für die Höchstmenge, den Ausbau und die Buchhaltung. Nach dem italienischen Weingesetz gilt seit 1992, dass Anbaugebiete ihren DOC-Status verlieren, wenn ihre Weine in fünf aufeinander folgenden Jahren von schlechter Qualität sind. Dies soll zur Qualitätsstabilisierung der DOC-Weine beitragen. Derzeit tragen ca. 220 italienische Weinsorten die Bezeichnung DOC. Wenn das Goria-Gesetz von 1992 konsequent durchgezogen wird, werden viele davon ihren Status verlieren. DOC ist auch die Abkürzung für die spanische Qualitätskategorie → DOCA.

DOCA; Kurzbezeichnung für eine höhere Qualitätskategorie spanischer Weine *Denominación de Origen Calificada.* Bisher selten vergeben. Die niedrigere Stufe ist DO = *Denominación de Origen.*

DOCG; Kurzform der italienischen Qualitätskategorie *Denominazione di Origine Controllata e Garantita* für italienische Qualitätsweine. Diese Qualitätskategorie liegt über der DOC und unterliegt z. B. einer zusätzlichen Prüfung der Weine durch eine Kommission. Diese Angabe wird jedoch bis dato nur selten bei italienischen Weinen genutzt, da sie früher kein Garant für gute Weine war. Tatsächlich gab es in den 80er-Jahren nur fünf DOCG-Weine (Barolo, Barbaresco, Chianti, Brunello di Montecalcino und Vino Nobile de Montepulciano). Mit der Fünfjahresregelung im italienischen Weingesetz (seit 1992 dürfen diese Prädikate nur noch Weine tragen, die mindestens fünf Jahre die erforderliche Qualität zeigten und DOC-Weine mit fünfjähriger sehr guter Qualität steigen in den DOCG-Status auf) soll diese Unsicherheit jedoch behoben werden.

Docosahexaensäure engl.: *docosahexanenoic acid;* Abk.: DHA, sechsfach ungesättigte Fettsäure, die zu den → Omega-3-Fettsäuren gehört und v. a. in Seefischölen vorkommt. DHA wird im Organismus aus → Linolensäure über → Eicosapentaensäure gebildet und ist Bestandteil der Phospholipide. Während der Embryonal- und Wachstumsphase ist DHA an der geistigen Entwicklung beteiligt und soll Einfluss auf die Intelligenz sowie auf das Sehvermögen haben.

Dodecylgallat engl.: *dodecyl gallate;* → Gallate

Döbel engl.: *european chub;* → Karpfenfische

Döner Kebab; mit Streifen eines auf dem Drehspieß mit Hilfe eines Standbackofens gegrillten Fleischerzeugnisses und weiteren Zutaten wie z. B. Salat, Zwiebeln, Tomaten sowie Cacik (zazikiähnliches Milcherzeugnis) gefüllte Brottasche. Das Fleischerzeugnis besteht aus dünnen, auf dem Drehspieß aufgesteckten, miteinander verbundenen Fleischscheiben. Das Ausgangsmaterial besteht üblicherweise aus grob entsehntem Schaffleisch und/oder grob entsehntem Rindfleisch. Die Verwendung von Geflügelfleisch, z. B. Hähnchen- oder Putenfleisch, ist ebenfalls üblich. Der mitverarbeitete Hackfleischanteil aus grob entsehntem Schaffleisch und/oder Rindfleisch beträgt für gewöhnlich höchstens 60 %. Außer Salz und Gewürzen sowie ggf. Eiern, Zwiebeln, Öl, Milch und Joghurt enthält das Fleischerzeugnis keine weiteren Zutaten. D. K. ist ein beliebter Schnellimbiss, der in vielen verschiedenen Varianten warm verzehrt wird.

Dörren engl.: *drying, desiccation;* → Darren

Dörrfleisch Syn.: → *Geräucherter Bauchspeck*

Dörrgemüse Syn.: → *Trockengemüse*

Dörrobstmotte lat.: *Plodia interpunctella (Hübner)* (Fam.: *Phycitidae (Fruchtzünsler)*), engl.: *Indian meal moth,* Syn.: *Kupferrote Dörrobstmotte;* Kleinschmetterlinge mit einer Flügelspannweite von bis zu 20 mm und je nach Nahrungssubstrat hellbeigen bis grünlichen, etwa 17 mm langen typischen Schmetterlingsraupen. Die D. ist ein im Lebensmittelhandel und in privaten Haushalten häufig anzutreffender → Vorratsschädling, der bevorzugt Getreide und Getreideprodukte, Hülsenfrüchte, Nüsse, Mandeln und Trockenobst befällt und anhand seiner Fraßschäden sowie an den verpuppten oder auf der Suche nach einem Verpuppungsort an Wänden oder Decken herumkriechenden Larven sowie deren Gespinsten erkennbar ist.

Doggerscharbe lat.: *Hippoglossoides platessoides Fabr.* (Fam.: *Pleuronectidae*), engl.: *dog fish, American plaice amerik.;* → Plattfisch aus der Familie der Schollen. Verbreitungsgebiet ist der Nordatlantik von Murmansk über Grönland, Färöer bis Labrador; die Bestände sind rückläufig. Die D. kann bis zu 80 cm lang und 6 kg schwer werden, gefangen wird sie meist wesentlich kleiner. Sie hat weißes festes Fleisch, das gut zum Braten und Dünsten geeignet ist. 100 g enthalten ca. 15 g Protein und maximal 1 % Fett. International hat die D. große wirtschaftliche Bedeutung als Speisefisch; in Deutschland weniger.

Doldenhopfen Syn.: *Rohhopfen, Naturhopfen;* getrocknete und gepresste Dolden (Zapfen) des → Hopfens, die zur Bierherstellung verwendet werden können; der Einsatz ist aufgrund technologischer und wirtschaftlicher Vorteile von → Hopfenpulver und → Hopfenextrakt jedoch rückläufig.

Domaine; Bezeichnung eines Winzerbetriebs in Frankreich, die v. a. in Burgund und Südfrankreich verwendet wird. In Deutschland Domäne.

Domina; Rotweinrebe, Kreuzung aus Portugieser und Spätburgunder, später reifend als Portugieser, liefert körperreiche und farbintensive Weine.

Dominosteine engl.: *domino-shaped gingerbread articles;* etwa bissengroße, mit Schokolade überzogene Würfel aus einer oder mehreren Schichten gebackenen braunen Lebkuchenteiges und einer oder mehreren Lagen von Zubereitungen aus Fruchtmark, Marzipan oder Persipan, nicht aber Fondantmasse. D., die mit den Wortteilen „Dessert..." oder „fein" bezeichnet werden, sollten mindestens je eine Lage Zubereitung aus Früchten oder Fruchterzeugnissen und eine Lage Marzipan oder Persipan enthalten. Bei „feinsten" D. sollten die Lagen ausschließlich aus Marzipan und Zubereitungen aus Früchten oder Fruchterzeugnissen bestehen.

Donaulachs engl.: *huchen;* → Lachs

Dooars; nordindischer Teedistrikt, der westlich von Assam gelegen ist und von seinen natürlichen Gegebenheiten her mit dem Assam-Distrikt zu vergleichen ist.

Doppelkorn Syn.: *Kornbrand-Doppelkorn, Edelkorn;* → Kornbrand mit einem Mindestalkoholgehalt von 38 Vol.-%.

Doppelkümmel; → Spirituose aus Ethanol landwirtschaftlichen Ursprungs mit deutlichem Kümmelcharakter und einem Mindestalkoholgehalt von 38 Vol.-%. Zur Herstellung können neben → Kümmel auch natürliche Aromastoffe und -extrakte sowie naturidentische Aromastoffe verwendet werden.

Doppelmagnum; → Großflasche mit einem Volumen von 3 Litern, die häufig für → Schaumwein verwendet wird.

Doppelrahmfrischkäse; Standardsorte der Käsegruppe → Frischkäse mit mindestens 60 und höchstens 85 % Fett in der Trockenmasse sowie mindestens 44 % Gesamttrockenmasse. Ansonsten entspricht D. mit Ausnahme der verwendeten Reinkulturen im Wesentlichen dem → Rahmfrischkäse; der fein säuerliche Geschmack ist dabei vollmundiger als beim Rahmfrischkäse.

Doppeltes Filetstück Syn.: → *Chateaubriand*

Doppelwacholder; doppelt gebrannter →Wacholder, der i. d. R. mindestens 38 Vol.-% Alkohol enthält.

Doppelweck; →Zwillingsbrötchen

Dorade lat.: *Sparus aurata/auratus L.* (Fam.: *Sparidae*), engl.: *gilthead seabream,* Syn.: *Goldbrassen;* in den Mittelmeerländern und in Frankreich (franz.: *dorade royale*) als Speisefisch hoch geschätzter und dort in großem Umfang in →Aquakultur gezüchteter Seefisch. Die D. kommt im Ostatlantik von Großbritannien bis zu den Kanarischen Inseln und im Mittelmeer vor; sie gilt als Edelfisch und wird hauptsächlich als Frischfisch angeboten. Die D. ist nicht zu verwechseln mit der französischen „dorade rose" und der „dorade grise" (→Meerbrassen).

Dornfelder; neue, früh reifende Rotweinrebe, die robust im Anbau ist und hohe Erträge liefert. D. trägt Pinot gris, Trollinger, Portugieser und Lemberger in sich. Der Wein ist von tiefer Farbe und wird deshalb auch als →Deckrotwein benutzt.

Dornhai lat.: *Squalus acanthias L.* (Fam.: *Squalidae*), engl.: *piked dogfish, spiny dog-fish shark, codshark,* Syn.: *Dornfisch, Forellenstör;* kleiner →Hai (70–120, maximal 160 cm lang, bis zu 9 kg schwer). Der D. ist der kommerziell wichtigste Hai; er ist weltweit verbreitet, auch im Nordatlantik und in der Ostsee; die Bestände sind durch Überfischen gefährdet. In Deutschland wird D. traditionell zu Räucherfisch (→Schillerlocken) und Kochfisch in Gelee verarbeitet und unter der Bezeichnung →Seeaal vermarktet. Neuerdings wird auch frisches und tiefgefrorenes Dornhaifilet angeboten. Aus der Leber wird Öl gewonnen (→Haileberöl). 100 g Filet enthalten durchschnittlich 13 g Protein und 15 g Fett mit hohem Anteil an ernährungsphysiologisch wertvollen Omega-3-Fettsäuren (→Fettfische →Fischöl).

Dorsch lat.: *Gadus morhua L.* (Fam.: *Gadidae*), engl.: *Atlantic cod;* noch nicht geschlechtsreifer →Kabeljau.

Dorschfische lat.: *Gadidae,* engl.: *Gadus family;* in den Weltmeeren verbreitete, als Speisefische weltweit genutzte Knochenfische verschiedener Gattungen. Die D. sind →Magerfische. Die mengenmäßig wichtigsten in Deutschland angebotenen Speisefische sind D., z. B. →Kabeljau, →Schellfisch, →Merlan und →Seelachs.

Dorschleber engl.: *cod liver;* Leber des →Kabeljaus (Dorsch). D. wird im Handel als schnittfeste Paste nach Art einer Pastete angeboten, meist in Dosen konserviert. Sie wird bevorzugt als Vorspeise gereicht. D. ist reich an ernährungsphysiologisch hochwertigen →LCP-Fettsäuren und den fettlöslichen Vitaminen A und D; ein Teil des Fangs ist Rohstoff für →Dorschleberöl. Schadstoffe aus dem Umgebungswasser werden in der D. angereichert. Für PCBs sind in der EU Höchstgehalte festgelegt.

Dorschleberöl engl.: *cod liver oil;* isoliertes Fett aus der Leber des Kabeljaus (→Dorschleber). D. zeichnet sich durch seinen hohen Gehalt an Vitamin A und D aus; es diente lange Zeit als Lieferant für →Lebertran und wird heute noch als Vitaminpräparat in Gelatinekapseln angeboten.

Dorschrogen engl.: *cod roe;* →Rogen vom Dorsch (→Kabeljau), der als Kaviarersatz (→Kaviar) und zur Weiterverarbeitung, u. a. für →Kaviarcreme, verwendet wird.

Dortmunder Bier; untergäriges, helles, stark eingebrautes und hoch vergorenes, weniger stark gehopftes, mildes, malzaromatisches →Vollbier, das wesentlich den Typ Exportbier (→Lagerbier) geprägt hat. Die Herstellung erfordert hartes Brauwasser. Der Stammwürzegehalt liegt bei 12–13 % und der Alkoholgehalt zwischen 5 und 5,5 Vol.-%. Die Bezeichnung „Dortmunder Bier" ist in der EU streng herkunftsgeschützt.

Dosage; aus dem Französischen (franz.: *dosage* = Zugabe) übernommene Bezeichnung für die Zugabe von Stoffen bei der Herstellung von Schaumwein. Grundsätzlich wird zwischen der →Fülldosage zur Einleitung der zweiten Gärung und der →Versanddosage unterschieden.

Dose engl.: *can;* formstabiles →Packmittel aus verschiedenen →Packstoffen oder Packstoff-Kombinationen, dessen Form im Querschnitt meistens rund ist, aber auch oval, mehreckig oder rechteckig sein kann. Es wird unterschieden zwischen dreiteiligen D., die aus Rumpf, Boden und Deckel bestehen und zweiteiligen D., bei denen Rumpf und Boden aus einem Stück bestehen. D. eignen sich zum Verpacken verschiedenster Lebensmittel und können aus verschiedenen Packstoffen wie Papier und Karton, Spanholz (z. B. für Weichkäse), Kunststoffen oder Metall (Aluminium, Weißblech) gefertigt werden. Je nach verwendetem Werkstoff sind sie mehr oder weniger dicht und eignen sich z. T. nur zum Transport und zur Lagerung der Füllgüter, andere erlauben sogar die Hitzesterilisation der in ihnen verpackten Lebensmittel (Konservendose). Spezialformen sind z. B. Aerosoldosen, die hohen Innendrücken widerstehen müssen und eine Sprühvorrichtung besitzen, Fassdosen für Getränke, auf die ein Zapfgerät aufgesetzt werden kann, Streudosen, die eine Vorrichtung zum Dosieren streufähiger Füllgüter besitzen und Kombidosen, deren Rumpf aus Papier oder Pappe besteht, während Boden und Deckel aus Metall oder Kunststoff bestehen können.

Dosenkäse engl.: *canned cheese;* 1. ursprünglich: die ersten in der Schweiz hergestellten Schmelzkäse. 2. jetzt: in Dosen verpackte, haltbar gemachte Käse wie z. B. Camembert, Weißkäse sowie Erzeugnisse aus Käse.

Dosenmilch; ältere Bezeichnung für →Kondensmilch, die lange Zeit fast ausschließlich in Dosen verkauft wurde.

Dosenschinken engl.: *canned ham;* in Dosen gegarter (gekochter) →Schinken, z. B. →Kochschinken oder gekochter Vorderschinken. Die Haltbarkeit beträgt durch das Erhitzen im verschlossenen Behältnis bei kühler Lagerung mindestens ein halbes Jahr. Sind etwaige Speck- und Schwartenanteile nicht sichtbar, so betragen diese bei Handelsware zusammen weniger als 20 % des Gesamtgewichtes.

Dosensuppen engl.: *canned soups;* in Dosen oder Gläsern hitzesterilisierte →Suppen. Es wird unterschieden zwischen tafel- bzw. aufbereitfertigen D., die je nach Rezept zur Zubereitung nur erwärmt werden, und konzentrierten D., die vor dem Erwärmen der Zugabe von Flüssigkeit bedürfen.

Dosenwürstchen; in luftdicht verschlossenen Dosen oder Gläsern durch Erhitzen konservierte →Brühwürstchen.

Dosieren engl.: *dosing, proportioning;* quantitativ genaues Abteilen und Zugeben von Stoffmengen bzw. Füllgütern. Je nach Konsistenz der zu dosierenden Stoffe kann z. B. nach Stückzahl, nach Volumen oder nach Gewicht dosiert werden.

Dost Syn.: → *Oregano*

Dottereier engl.: *egg yolk fondants;* Zuckerwaren aus gegossenem →Fondant, die ein aufgeschlagenes gelb-weißes Hühnerei nachahmen und zu den klassischen →Osterartikeln zählen.

Drachenkopffische lat.: *Scorpaenidae,* engl.: *scorpionfishes,* Syn.: *Skorpionsfische;* mit dem →Rotbarsch verwandte Seefische. D. leben weltweit in gemäßigten und subtropischen Gewässern; einige sind beliebte Speisefische, in Europa die Gattung *Scorpaena sp.* mit dem Braunen D. (lat.: *S. porcus L.*), dem Großen D. (lat.: *S. scrofa L.*) und dem Kleinen Roten D. (lat.: *S. ustulata L.*). Die meisten D. haben einen Giftstachel, der vor der Zubereitung entfernt werden muss. In Deutschland werden gelegentlich D. aus der Bretagne angeboten.

Dragée-Eier engl.: *dragee eggs;* flüssig gefüllte →Dragées in Eiform, die einen Füllkern (Einlage) entsprechend dem →Likörkonfekt besitzen und mit einer mehr oder weniger dicken Zuckerdecke überzogen sind.

Dragées engl.: *panned goods;* im Lebensmittelbereich Zuckerwaren, die aus einer glatten oder gekrausten, mit Zuckerarten und/oder Zuckeralkoholen und/oder Schokolade im

Dragierverfahren (→ Dragieren) hergestellten Decke (Umhüllung) und einem flüssigen, weichen oder festen Kern (Korpus, Einlage) bestehen. Überzüge mit Blattgold, -silber oder Aluminiumpulver sind ebenso wie die Verwendung von geruchs- und geschmacksgebenden, färbenden und/oder die Beschaffenheit beeinflussenden Stoffen üblich. Eine Ausnahme bilden mit Kakao oder Schokolade hergestellte D. D. werden häufig nach ihrem Kern, der Art ihrer Decke oder ihrer Form bezeichnet. Es lassen sich drei große Gruppen an D. unterscheiden. Die erste Gruppe bilden die Hartdragées mit einer harten Decke ohne Restfeuchte aus 50–80 Schichten aus Zucker oder Zuckeralkoholen wie z. B. Sorbit. Bekannte Hartdragées sind → Nonpareille oder → Liebesperlen. Die zweite Gruppe besteht aus den Weichdragées mit einer weicheren Decke (7–10 % Restfeuchte) aus 10–15 Schichten aus Zucker mit Zuschlägen. Zur dritten Gruppe gehören die → Schokoladen-Dragées mit einer Decke oder einem Kern aus Schokolade wie z. B. → Sansibar-Nüsse oder → Schokoladenstreusel. Da D. mit Ausnahme von Schokoladendragées relativ unempfindlich gegen Feuchtigkeit und Wärme sind, ist i. d. R. im Gegensatz zu vielen anderen Zuckerwaren keine wasserdampfdichte Verpackung erforderlich. D. sind beliebte Dekor- und Saisonartikel.

Dragieren engl.: *to pan, to coat;* Herstellungsverfahren für → Dragées, bei dem Lebensmittel wie z. B. Samenkerne, Trockenfrüchte, Komprimate oder Schokolade als Kerne von Schichten aus Lösungen aus Zuckerarten und/oder Zuckeralkoholen und/oder Schokolade umhüllt werden. Dies geschieht in offenen, schräg gestellten, rotierenden, ggf. beheizten Kesseln durch langsame Zugabe oder durch Sprühen der Lösungen und/oder der Schokolade auf die sich im Kessel drehenden Kerne. So entstehen entweder homogene oder unterschiedliche Deckschichten, die ggf. voreinander durch Quellstoffe und Puderzucker geschützt werden. Abschließend wird ggf. mit Wachspräparaten, Aluminumpulver sowie Blattsilber und -gold geglänzt. Eine spezielle Arbeit kann je nach Kompliziertheit (Anzahl und Material der Schichten, Empfindlichkeit der Kerne) mehrere Tage dauern. D. wird im Wesentlichen zur Herstellung von Süßwaren und Dekorationsartikeln z. B. für Kuchen und Torten angewandt, es ist aber auch ein gängiges Verfahren bei der Herstellung von Arzneimitteln.

Dragierte Mandeln engl.: *sugared almonds;* → Dragierte Samenkerne

Dragierte Samenkerne; geröstete Samenkerne, denen Schichten aus Schokolade und/oder Zucker und/oder Zuckeralkoholen aufdragiert (→ Dragées) werden. Die Zucker- bzw. Zuckeralkoholschichten können gefärbt sein. Zu den d. S. gehören z. B. → Wiener Mandeln und → Sansibar-Nüsse.

Dragon Syn.: → *Estragon*

Dreiecksprüfung engl.: *triangle test,* Syn.: *Triangel Test, Dreieckstest;* genormte Unterschiedsprüfung zur Feststellung kleiner sensorischer Unterschiede (DIN 4120). Drei Proben, von denen zwei identisch sind, werden gleichzeitig gereicht. Die abweichende Probe ist festzustellen.

Dreiviertelfettbutter Syn.: *Fettreduzierte Butter;* Streichfett auf der Basis von → Milchfett mit einem Fettgehalt von 60–62 %. D. wird aus Sahne oder Butter und Wasser unter dem stabilisierenden Zusatz von Emulgatoren, Gelatine und Milcheiweiß hergestellt. Gegebenenfalls erfolgt eine Zugabe von Salz, Milchsäurebakterienkulturen und daraus hergestellten Milchsäurekonzentraten für die Bildung von Aroma und Geschmack. Aufgrund ihres hohen Wassergehaltes ist D. anfällig für mikrobiellen Verderb und darf mit → Sorbinsäure konserviert werden.

Dreiviertelfettkäse; → Käse mit einem Mindestfettgehalt von 30 % i. Tr.

Dreiviertelfettmargarine; → Margarine mit einem Fettgehalt von 60–62 %.

Dresdner Stollen® engl.: *Dresden christmas loaf;* markenrechtlich geschützte Bezeichnung für einen nach traditionellen Rezepten mit Trockenfrüchten, Mandeln und anderen Zutaten in der Stadt Dresden und Umgebung im Gebiet des Herstellungsverbandes hergestellten Qualitätsstollen.

Dressieren engl.: *to dress;* Bezeichnung für das Formgeben von bestimmten Erzeugnissen. Üblich ist die Verwendung des Begriffes in der Gastronomie bei koch- und bratfertigen Lebensmitteln wie Rouladen, Geflügel oder Rollmöpse, die mit Hilfe von Fäden, Nadeln, Stäbchen oder Klammern in eine bestimmte Form gebracht werden. Im Konditoreiwesen bezeichnet D. das Ausformen von Massen oder Cremes mit Ausformmaschinen oder Spritz-/Dressierbeuteln, z. B. zum Dekorieren von Torten oder bei der Herstellung von Spritzgebäck.

Dressiergebäck Syn.: → *Spritzgebäck*

Dressing Syn.: → *Salatsauce*

Drops engl.: *drops;* vorwiegend in runder Scheibenform geprägte oder gegossene massive → Bonbons (Hartkaramellen). Sie werden in vielen Geschmacksrichtungen und oft in Rollenform abgepackt angeboten.

Druckgaren engl.: *pressure cooking,* Syn.: *Schnellkochen;* küchentechnisches Verfahren, bei dem Lebensmittel im Siebeinsatz in Wasserdampf (Druckdämpfen) oder in Flüssigkeiten (Druckkochen, Druckschmoren) im entlüfteten, fest verschlossenen Gefäß (Schnellkochtopf) bei einem Druck von bis zu 2,2 bar und Temperaturen bis 123 °C gegart werden. Das D. ist ein vitaminschonendes Verfahren mit verkürzter Garzeit.

Druckgaspackung; Packung, bei der das unter Druck stehende Füllgut durch die Wirkung eines Gases über ein Ventil entnommen werden kann, z. B. bei einer Spraydose.

Drusenbranntwein; veraltete Bezeichnung für → Weinhefebrand.

Dry Syn.: *Trocken;* Geschmacksangabe bei Schaumwein, die sich am Restzuckergehalt orientiert. → Abstimmung

Dry Gin; ungesüßter → Gin mit einem Alkoholgehalt von mindestens 40 Vol.-%.

DSD; Abk. für → Duales System Deutschland.

DTA-Wert Syn.: → *ADI-Wert*

Duales System Deutschland; Abk.: DSD, von der Wirtschaft gegründete Organisation, deren Aufgabe es ist, eine vom übrigen Hausabfall getrennte Sammlung von Verpackungsabfall durchzuführen, diesen in Stoffklassen zu trennen und an Wiederverwerter weiterzugeben. Das DSD wird über den → Grünen Punkt auf den Verpackungen finanziert.

Duchesses engl.: *1. duchesse;* 1. feine Gebäckspezialität aus der Normandie, die aus zwei kleinen flachen, mit Marzipan und Mandeln bestreuten Plätzchen mit dazwischen liegender Schokoladen- oder Nugatfüllung besteht. 2. kleine, in Fett schwimmend ausgebackene → Krapfen aus Brandmasse mit verschiedenen süßen Füllungen. 3. in Verbindung mit „Pommes" französische Bezeichnung für → Herzoginnenkartoffeln.

Dünndarm engl.: *small intestine;* erster Teil des → Darmes zwischen Magen und → Grimmdarm. Er dient, mit Ausnahme von Schweinedünndarm für Leberwürstchen, immer von der Schleimhaut und eventuell weiteren Gewebeschichten befreit, gewendet und nicht gewendet als Wursthülle. Verwendet werden D. vom Rind (→ Kranzdarm), Schwein (→ Schweinedünndarm), Kalb, Schaf (→ Saitling) und Pferd (→ P-Darm).

Dünnkochende Stärke engl.: *thin boiling starch;* chemisch → modifizierte Stärke, die durch Behandlung nativer Stärke mit verdünnten Mineralsäuren (Salz-, Schwefel-, Phosphorsäure) unterhalb des Verkleisterungspunktes gewonnen wird. Die resultierende partielle Hydrolyse bewirkt, dass die d. S. beim Kochen mit Wasser dünnflüssigere Lösungen als native Stärke gleicher Konzentration bildet, aus denen nach Abkühlung fast klare Gele entstehen.

Dünnsaft engl.: *thin juice;* bei der Herstellung von Rohr- und Rübenzucker nach Reinigung des Rohsaftes anfallendes Zwischenprodukt.

Dünnschichtchromatographie engl.: *thin layer chromatography (TLC)*; Abk.: DC, Chromatographiesystem (→ Chromatographie), das aus einer auf einer Platte aufgetragenen dünnen stationären Phase (0,25–0,30 mm dick, z. B. Cellulose, Kieselgur, Polyamid, Aluminiumoxid, RP-Phasen) und einer flüssigen mobilen Phase besteht. Die mobile Phase bewegt sich durch Kapillarkräfte aufsteigend, die zu trennenden Substanzen werden dementsprechend im unteren Bereich der stationären Phase aufgetragen und mit der mobilen Phase aufwärts bewegt. Die DC wird überwiegend in der qualitativen Analytik eingesetzt, z. B. bei Tensiden, Zuckerarten oder Aminosäuren. Die Detektion erfolgt unter UV-Licht bei fluoreszierenden oder UV-aktiven Substanzen sowie durch Besprühen mit spezifischen oder universellen Farbreagenzien. Die aufgetrennten Substanzen werden anhand ihrer Laufhöhen und Farbreaktionen im Vergleich mit auf derselben Platte aufgetragenen Referenzen identifiziert.

Dünnung engl.: *thin flank,* Syn.: *Flemen, Lappen, Lempen;* der Bereich der Flanke bei Großtieren im Bereich der 11.–13. Rippe (Knochendünnung) und des dahinter liegenden knochenlosen Fleischteiles (Fleischdünnung). Das Fleisch aus der D. gehört zu den preiswerteren Teilstücken, ist häufig mit Ausnahme von Kalbfleisch (→ Bauch) von Sehnen durchzogen und eignet sich insbesondere zum Kochen und Schmoren (z. B. beim Hammel), z. T. aber auch zum Braten oder Grillen (Lamm, Kalb, Schwein).

Dünsten engl.: *to stew;* küchentechnisches Verfahren, bei dem Lebensmittel in wenig Flüssigkeit (bei wasserreichem Gut oft im eigenen Saft), manchmal unter Zugabe von wenig Fett, im geschlossenen Topf gegart werden. Die Temperatureinstellung muss dabei so geregelt sein, dass nicht mehr Wasser verdunstet als am Deckel kondensiert.

Duftreis engl.: *jasmine rice, jasmin rice,* Syn.: *Jasminreis;* Bezeichung für den in Thailand und in einigen Gegenden Chinas angebauten Hom-Mali-Reis. Bei ihm handelt es sich um einen sehr aromatischen, gekocht leicht klebrigen Langkornreis, der beim Garen seinen typischen Blumenduft entfaltet. Auch → Basmatireis wird häufig als D. bezeichnet.

Dulse lat.: *Palmaria palmata L.* (Ordn.: *Palmariales*), engl.: *dillisk, dulse;* mittelgroße → Rotalge (40–100 cm lang) an den Küsten des Nordatlantiks und des Westpazifiks. D. wird von Vegetariern als Gemüse verzehrt und zu → Nahrungsergänzungsmitteln und kosmetischen Produkten verarbeitet.

Dungeness-Krabbe lat.: *Cancer magister Dana* (Fam.: *Cancrinidae*), engl.: *dungeness crab,* Syn.: *Pazifischer Taschenkrebs;* mit dem Taschenkrebs verwandte → Krabbe mit braunrotem Panzer und kräftigen Beinen/Scheren. Die D. kommt ausschließlich im Nordostpazifik vor (Kalifornien bis Alaska) und hat dort erhebliche wirtschaftliche Bedeutung. Der Name stammt von einem Fischerdorf im Staat Washington, dem ursprünglichen Zen trum der Dungeness-Krabben-Fischerei. Gefischt werden nur ausgewachsene männliche Tiere (Breite: 16–22 cm, Gewicht: ca. 1 kg). Körper und Beine/Scheren werden in großem Umfang zu Tiefkühlware und → Krebskonserven verarbeitet und weltweit vermarktet. Die inneren Organe der D. können Domoinsäure enthalten (→ Muschelvergiftung); sie dürfen nicht mitverarbeitet werden.

Dunkle Pilzsauce engl.: *brown sauce with mushrooms;* dunkle gebundene Sauce mit geputzten, fein geschnittenen Pilzen. D. P. wird mit Madeira oder Rotwein und Butter abgeschmeckt und i. d. R. zu Hammelfleisch, Wild und Teigwaren serviert.

Dunkles; → Lagerbier

Dunkle Sauce Syn.: → *Braune Sauce*

Dunst engl.: *middlings, small middlings amerik.;* sich griffig, körnig anfühlendes und im Feinheitsgrad zwischen → Grieß und → Mehl liegendes → Mahlerzeugnis. D. wird entweder weiter zu Mehl vermahlen oder als Rohstoff für die Herstellung von Teigwaren verwendet.

Dunstäpfel; ohne Zuckerzusatz hergestellte Obstkonserve aus unregelmäßigen Apfelstücken und Wasser als alleinigen Aufguss. Wie bei allen Obstkonserven aus Äpfeln dürfen dunkle Bestandteile wie Kerne, Kernteile, Kerngehäuse und Schalenteile nach Art und Menge das äußere Erscheinungsbild und die Genusstauglichkeit von D. nicht wesentlich beeinträchtigen. Weitere Anforderungen für D. als Obstkonserve sind in den Leitsätzen des Deutschen Lebensmittelbuches für verarbeitetes Obst festlegt. Handelsübliche D. genügen diesen Anforderungen oder sind in ihrer Abweichung ausreichend kenntlich gemacht.

Dunstapfelschnitten; ohne Zuckerzusatz hergestellte Obstkonserve aus regelmäßigen, geschälten Apfelstücken von annähernd gleicher Größe und Wasser als alleinigen Aufguss. Wie bei allen Obstkonserven aus Äpfeln dürfen dunkle Bestandteile wie Kerne, Kernteile, Kerngehäuse und Schalenteile nach Art und Menge das äußere Erscheinungsbild und die Genusstauglichkeit von D. nicht wesentlich beeinträchtigen. Weitere Anforderungen für D. als Obstkonserve sind in den Leitsätzen des Deutschen Lebensmittelbuches für verarbeitetes Obst festlegt. Handelsübliche D. genügen diesen Anforderungen oder sind in ihrer Abweichung ausreichend kenntlich gemacht.

Dunstfrüchte Syn.: → *Dunstobst*

Dunstobst Syn.: *Dunstfrüchte;* Obstkonserve, die ohne Zusatz von Zucker hergestellt wird. Als Aufguss wird Wasser verwendet. Qualitätsanforderungen und Bezeichnungen entsprechen denen von → Obstkonserven, jedoch mit Zusatz „Dunst" vor der Sortenbezeichnung und dem Hinweis „ohne Zuckerzusatz" oder „ungezuckert".

Duo-Prüfung Syn.: → *Paarweiser Vergleich*

Duo-Trio-Prüfung engl.: *duo trio test;* genormte Prüfung zur Feststellung kleiner sensorischer Unterschiede oder von Gleichheit (DIN 10971). Der Prüfperson werden eine ausgewiesene Kontrollprobe und zwei Prüfproben gereicht, von denen eine identisch mit der Kontrolle ist. Die Prüfung ist statistisch weniger effizient als die → Dreiecksprüfung, wird aber durch Gabe einer Referenzprobe leichter verstanden.

Durian lat.: *Durio zibethinus Murray* (Fam.: *Bombaceae*), engl.: *durian,* Syn.: *Durione;* kopfgroße, bei Vollreife sehr stark stinkende, aus fünf Teilfrüchten bestehende Frucht des in Südostasien heimischen Durian- oder Zibetbaumes mit grüner bis gelbgrüner kurzstacheliger Schale. Unter dieser liegt ein äußerst wohl schmeckendes gelbliches Fruchtfleisch mit kastaniengroßen Samen, das in den Herkunftsländern als Frischobst beliebt ist und in Speiseeis, Konfitüren und Gebäck verarbeitet wird. Die Samen werden geröstet (in Asche) oder in Form von gebackenen Scheiben verzehrt. Ein Import erfolgt in sehr geringen Mengen.

Durst engl.: *thirst;* Allgemeingefühl, das durch Wasserverlust (bereits ab 1–2 %) bedingt ist und den Menschen zur Flüssigkeitsaufnahme und damit zum Ausgleich des Wasserhaushaltes bewegt. Das Wasserdefizit wird von Rezeptoren der Mundschleimhaut und der großen Venen sowie von Osmorezeptoren im Zwischenhirn registriert, die daraufhin ein Signal an das Durstzentrum im Hypothalamus weiterleiten. Dieses bewirkt auf der einen Seite die Verringerung der Speichel- und Schleimabgabe, auf der anderen Seite die Entstehung des Durstgefühls. Das Trinken als Folge von D. wird auch als primäres Trinken bezeichnet, im Gegensatz zum sekundären Trinken, das bereits vor dem Auftreten eines Wasserdefizits erfolgt.

Durum-Weizen Syn.: → *Hartweizen*

Dust engl.: *dust;* Abk.: D, aus der Tee-Produktion stammende Bezeichnung für die kleinste und letzte Aussiebung, die wie → Fannings zur Herstellung von → Teeaufgussbeuteln eingesetzt wird, da sie dem kochenden Wasser eine große Oberfläche auf kleinstem Raum bietet und die Tees sehr ergiebig, aromatisch und schnell färbend sind. → Teeproduktionsmethoden

EAN-Warencode engl.: *EAN-code,* Syn.: *EAN 13;* Abk. für europäischen Artikelnummer-Warencode, Artikelnummer-System für → Verkaufspackungen. Automatisch lesbarer 13-stelliger Strichcode aus einer Abfolge unterschiedlich breiter dunkler Streifen, die eine teils programmierte, teils programmierbare Zahlenreihe repräsentiert und mit aufprojiziertem Laserlicht gelesen werden kann. Die Zahlenreihe besteht aus einem 2-stelligen Länderkennzeichen, einer 5-stelligen bundeseinheitlichen Betriebsstättennummer, einer 5-stelligen internen Artikelnummer des Herstellers und einer Prüfziffer. Neben der automatischen Preisermittlung an der Scannerkasse dient der Code auch zur Registrierung von Warenein- und -ausgang, zur Vermeidung von Einzelpreisauszeichnung und in der Produktion zur Kontrolle der Stückzahl und der Identität, Anwesenheit und Vollständigkeit von Packungskomponenten und Beilagen.

Earl Grey engl.: *earl grey;* Bezeichnung für ursprünglich mit → Bergamottöl aromatisierten → Tee. Heute werden meistens natürliche und naturidentische Aromastoffe verwendet. Der Tee ist benannt nach dem zweiten Earl of Grey, der das Verfahren des Parfümierens aus China einführte. Allgemein als E. bezeichnet und am bekanntesten ist die Teemischung aus feinem schwarzem Darjeeling-, Ceylon- und China-Tee, aber auch andere Teesorten werden in dieser Geschmacksrichtung aromatisiert. → Aromatisierte Tees

Easypeelers; Zitrusfrüchte wie → Clementinen, Minneolas, Nova oder Mandoras, die einfach zu schälen sind.

Eberesche lat.: *Sorbus aucuparia L.* (Fam.: *Rosaceae*), engl.: *Mountain ash, Rowan,* Syn.: *Vogelbeerbaum;* in Eurasien heimischer Baum, der sehr widerstandsfähig und anspruchslos ist und dessen Früchte (Sammelbalgfrüchte), die so genannten Vogelbeeren, nach Entbitterung u. a. zur Herstellung von Saft, Sirup, Konfitüren, Gelee, Likör und Wein verwendet werden können. Die kugeligen, erbsengroßen, scharlachroten Früchte enthalten größere Mengen Vitamin C sowie Sorbin- und Äpfelsäure und werden schon lange wegen ihrer abführenden und entwässernden Wirkung als Naturheilmittel verwendet.

Ebereschengeist Syn.: *Vogelbeergeist;* → Obstgeiste

Ebereschenlikör engl.: *rowanberry liqueur,* Syn.: *Vogelbeerlikör;* aus den Früchten des Vogelbeerbaumes (→ Eberesche) hergestellter → Fruchtaromalikör mit herbsaurem Geschmack und einer leichten Bitternote. Aussehen rot, blank. Der Mindestalkoholgehalt beträgt 15 Vol.-%.

Eberfleisch engl.: *meat of boar;* Fleisch vom männlichen ausgewachsenen und geschlechtsreifen, nicht kastrierten Schwein, das infolge des ausgeprägten Geschlechtsgeruches (5-α-Androstenon) wenig zum Verzehr geeignet ist. Bei einem Gehalt von mehr als 5 µg 5-α-Androstenon pro g Fett ist E. als untauglich bei der Fleischuntersuchung zu beurteilen.

EBLS engl.: *EFSA;* Abk. für → Europäische Behörde für Lebensmittelsicherheit.

Echalotte Syn.: → *Schalotte*

Echte Hefen; → Hefen

Echte Kamille lat.: *Matricaria recutita L.* (Fam.: *Asteraceae*), engl.: *chamomile;* einjährige, weit verbreitete Pflanze, deren Blütenkörbchen seit der frühen Antike als Arznei genutzt werden. Kamillenblüten enthalten 0,5–1,5 % → ätherische Öle mit Bisabolol und dem erst durch Wasserdampfdestillation gebildeten Chamazulen sowie verschiedene Flavone und Cumarine. Getrocknete Kamillenblüten sind Bestandteil verschiedener Kräuterteemischungen und werden zur Herstellung von Kräuterlikören verwendet. Aufgrund ihrer entzündungshemmenden, krampflösenden, antibakteriellen und wundheilungsfördernden Wirkung sind die medizinisch anerkannten Verwendungsmöglichkeiten von e. K. vielfältig. So ist z. B. →Kamillentee ein bewährtes Mittel bei Magen-Darm-Beschwerden und ethanolische Extrakte werden zur Behandlung von Schleimhaut- und Zahnfleischentzündungen eingesetzt.

Echte Lakritze; →Lakritzen

Echter Alant lat.: *Inula helenium L.* (Fam.: *Asteraceae*), engl.: *Scabwort, Horseheal;* aus Südeuropa stammende Staude, deren Rübenwurzeln 20–30 % Inulin sowie 1–3 % →ätherische Öle mit den Bitterstoffen Alantolacton und Isoalantolacton enthalten und zur Aromatisierung von →Bitterlikören verwendet werden.

Echter Arrak; →Arrak

Echter Kaviar; →Kaviar

Echter Mehltau engl.: *powdery mildew;* →Mehltau

Echter Mousseron lat.: *Marasmius scorodonius (Fr.: Fr.) Fr.* (Fam.: *Tricholomataceae*), Syn.: *Küchen-, Knoblauchschwindling;* von August bis Oktober meist auf Reisig in Nadelwäldern und auf Grasplätzen wachsender Pilz, der als Trocken- und Würzpilz verwendet wird. Der e. M. besitzt einen dünnen welligen Hut von 2–4 cm Durchmesser und hellbrauner bis -grauer Farbe, einen langen, dünnen, dunkelbraunen Stiel und weitstehende weißliche Lamellen. Das Fleisch ist hell und zäh und von knoblauchartigem Geruch.

Echter Reizker lat.: *Lactarius deliciosus (L.) Gray* (Fam.: *Russulaceae*), engl.: *Saffron Milkcap,* Syn.: *Edelreizker;* von Juli bis November in Nadelwäldern, v. a. Kiefernwäldern wachsender →Speisepilz, der einen gewölbten bis trichterförmigen Hut mit eingerolltem Rand von 4–10 cm Durchmesser, orangeroter bis ziegelroter Farbe (im Alter oft grünfleckig) und kreisförmiger Maserung besitzt. Ferner weist der e. R. einen orangeroten, meist gefleckten Stiel auf, orangegelbe dichte Lamellen, die sich an Druckstellen grünlich verfärben und brüchiges weißliches Fleisch, das bei Verletzung orangerote Milch absondert.

Echter Ritterling Syn.: →*Grünling*

Echter Rum; →Rum

Echtes Karmin engl.: *cochineal;* →Karminsäure

Eckschinken Syn.: →*Schinkenspeck*

Eclair engl.: *eclair, cream puff amerik.,* Syn.: *Liebesknochen;* längliche (10–15 cm), gefüllte feine Backware aus →Brandmasse, die nach →Aprikotieren auf der Oberseite mit einer Glasur überzogen ist. Klassisch in der Konditorei ist das Füllen mit Creme und das Glasieren mit →Fondant oder Schokolade.

Edamer-Käse engl.: *edam;* elfenbeinfarbener bis goldgelber, nach der kleinen Stadt Edam benannter holländischer Schnittkäse in Brot- oder Kugelform mit einem Gewicht zwischen 0,3 und 20 kg, der in den Fettstufen Dreiviertelfettstufe bis Rahmstufe hergestellt wird. Handelsüblich sind 45 % Fett in der Trockenmasse. Der hell- bis goldgelbe, matt glänzende, sich fettig anfühlende Teig ist bis auf sehr wenige kleine, runde oder ovale bis zu erbsengroße Löcher fast geschlossen. Er besitzt einen milden, reinen, nicht säuerlichen Geschmack und ein weicheres, aber nicht schmieriges Gefüge als der Gouda-Käse. Die trockene glatte Rinde kann mit einem leicht weißlich-graugrünen Schimmelbelag überzogen sein. Zur Herstellung dürfen Milch und daraus gewonnene Buttermilch, Sahne (Rahm), Süßmolke, Sauermolke und Molkensahne (Molkenrahm) verwendet werden. Der größte Teil der E. wird aus erhitzter Milch hergestellt. Der 40–45 %ige E. muss mindestens 5 Wochen bei Temperaturen zwischen 15 und 18 °C (nicht unter 10 °C) und der 20–30 %ige 4 Wochen reifen. Die Fertigung erfolgt als →Kugel-Edamer, Brot-Edamer (→Brotkäse) und →Baby-Edamer. Der Käse darf nicht gestapelt werden. Zum Schutz gegen Feuchtigkeitsverluste wurde der E. traditionell 4 Wochen nach der Herstellung in ein Bad aus rotem, farblosem oder auch gelbem Paraffin getaucht. Heute sind statt dessen vielfach farblose, gelbliche oder rote Kunststoff-Hüllen im Gebrauch, vereinzelt auch zusätzlich zum Paraffinieren. Die zweckmäßige Lagertemperatur für einen E. beträgt 8–14 °C.

Edelbranntwein; ältere synonyme Bezeichnung für → Edelspirituose.

Edelfäule engl.: *noble rot;* Begriff aus dem Weinbau. → *Botrytis cinerea*

Edelfische; Bezeichnung für Speisefische der kulinarischen Spitzenklasse als Abgrenzung zu den preisgünstigeren Feinfischen. Typische E. sind in Deutschland → Seezunge, → Steinbutt, → Wildlachs und → Zander. Die Abgrenzung ist nicht einheitlich geregelt, es kommen auch Überschneidungen vor.

Edelkakao; → Kakaobohnen, die sich durch zarten Geschmack und außergewöhnliches Aroma auszeichnen und als Grundlage für z. T. sortenrein oder unter Angabe eines bestimmten Herkunftsgebiets angebotene Schokoladen-Spezialitäten verwendet werden. Im Gegensatz zum robusten und ertragreichen Forastero-Kakao, der meist den so genannten Konsum-Kakao liefert, lassen sich die empfindlicheren Sorten Criollo, Trinitario oder auch Arriba zu den Edelkakaosorten zählen, die nur etwa 5 % der Welternte ausmachen. Eine exakte Definition des Begriffs existiert nicht, neben der botanischen Sorte sind Verarbeitung und Zustand der Pflanze Kriterien für einen E. Das Internationale Kakao-Abkommen von 1993 nennt 17 meist karibische Länder als Hersteller von E. Dazu gehören Mischproduzenten, die teilweise E. und teilweise Konsumkakao herstellen, wie z. B. Venezuela, Costa Rica, Kolumbien und Ecuador, der weltgrößte Produzent von E.

Edelkirsch; → Kirschlikör (→ Likör), der sich durch Güte, Materialwert und/oder eine der Art des Erzeugnisses entsprechende Lagerung und Reifung von durchschnittlichen Kirschlikören deutlich unterscheidet.

Edelkorn Syn.: → *Doppelkorn*

Edelkrebs lat.: *Astacus astacus L.* (Fam.: *Astacidae*), engl.: *crayfish,* Syn.: *Rotscherenkrebs;* bis zum Ende des 19. Jahrhunderts der häufigste → Flusskrebs Mitteleuropas. Ein besonderes Merkmal sind die mächtigen Scheren; der E. wird bis zu 25 cm lang und ca. 250 g schwer. Das Fleisch gilt von alters her als Delikatesse. Eine vermutlich aus Nordamerika eingeschleppte Pilzerkrankung („Krebspest") vernichtete die Bestände fast vollständig. Als Ersatz wurden pestresistente amerikanische Arten eingebürgert (→ Amerikanischer Flusskrebs). Aufzuchtmaßnahmen haben den E. an den Oberläufen deutscher Flüsse wieder angesiedelt. In den meisten Bundesländern besteht jedoch ganzjähriger Schutz. Handelsware stammt vermehrt aus in- und ausländischen Zuchtbetrieben.

Edellikör; hochwertige → Spirituose, die sich nach der Beschaffenheit der verwendeten Rohstoffe und der Qualität des Fertigerzeugnisses deutlich von durchschnittlichen Produkten unterscheidet. Die Bezeichnung E. ist nur statthaft, wenn diese Voraussetzungen erfüllt sind.

Edelmarzipan engl.: *high quality marzipan;* → Marzipan

Edelobstbrand Syn.: *Edelobstbranntwein;* Bezeichnung für → Obstbrand besonderer Güte unter Ausschluss von Erzeugnissen, die aus Mischobst oder nicht sortenreinen Äpfeln oder Birnen hergestellt sind.

Edelpilze; → Speisepilze, die sich durch feinen Geruch und Geschmack sowie durch besonders gute küchentechnische Eigenschaften auszeichnen. Zu den E. gehören z. B. → Champignons, → Pfifferlinge, → Steinpilze, → Morcheln und → Trüffeln.

Edelpilzkäse engl.: *blue cheese;* von dunkel- bis blaugrünen Schimmeladern durchzogener halb fester Schnittkäse der Vollfett-, Rahm- und Doppelrahmstufe (→ Käse) in Laibform mit einem Gewicht von 2–5 kg. Der krümelige, jedoch geschmeidige Teig ist weiß bis gelblich mit marmorierter Schnittfläche und Bruchlöchern. Zur Herstellung darf neben

Kuhmilch auch Schafmilch oder ein Gemisch aus Schaf- und Kuhmilch verwendet werden. Dem Bruch dürfen nur Kulturen von *Penicillium Roqueforti* zur Reifung zugesetzt werden. Durch das Stehen (Pikieren) der Käse kann Sauerstoff eindringen, der das Auswachsen der aeroben Keime überwiegend entlang den Stichkanälen ermöglicht. E. ist die deutsche Bezeichnung für Käse nach → Roquefort-Art. Weitere vergleichbare Käsearten sind z. B. Gorgonzola aus Italien oder dänischer Mycella. Das Mindestalter beträgt 5 Wochen. Zur Entwicklung des pikanten Geschmacks wird der E. jedoch nach dem Pikieren für 2–4 Monate in Reifungskellern (bei 4–8 °C und 90 % rel. Luftfeuchtigkeit) zum Reifen gebracht und in Folien verpackt bei 7 °C für weitere 2–6 Monate gelagert. Je nach Alter ist der Geschmack pikant bis sehr pikant ausgeprägt.

Edelraute Syn.: → *Alpenbeifuß*

Edelreizker Syn.: → *Echter Reizker*

Edelschokolade engl.: *high quality chocolate;* feine hochwertige → Schokolade, die in ihrer sensorischen Qualität durchschnittliche Schokoladen bei weitem übertrifft. Diese liegt in dem hohen Gehalt an Kakaobestandteilen und in der Verwendung ausgewählter Kakaobohnensorten (→ Edelkakao) begründet. E. enthält mindestens 43 % Gesamtkakaotrockenmasse, von der Kakaobutter einen Mindestanteil von 26 % ausmacht. Mindestens 40 % der Kakaomasse muss aus Edelkakaobohnen stammen. E. sind auch als sortenreine Herkunfts- oder Jahrgangsschokoladen erhältlich.

Edelspirituose Syn.: *Edelbranntwein;* eine aus Wein oder vergorener Maische gewonnene Spirituose, die einen Mindestalkoholgehalt von 38 Vol.-% aufweist. Das Zusetzen von Zucker, zuckerhaltigen Stoffen oder Aromen zur Maische ist nicht erlaubt. Zu den E. zählen → Cognac, → Armagnac, → Rum, → Whisky, → Gin, → Arrak und → Obstbrand.

Edelvollmilchschokolade engl.: *milk chocolate of high quality;* → Vollmilchschokolade

Edelzwicker; Weißwein aus dem Elsass, zusammengesetzt aus einer wechselnden Mischung edler Rebsorten wie z. B. Riesling, Gewürztraminer, Silvaner oder Pinot-Arten. Der E. ist trocken, stoffig, elegant, von blumiger Art und qualitativ höher zu bewerten als Zwicker. Er ist vorzüglich geeignet als Ausschankwein.

EFSA; Abk. für engl.: *european food safety authority.* → Europäische Behörde für Lebensmittelsicherheit

Egerlinge Syn.: → *Champignons*

Egli lat.: *Perca fluviatilis L.* (Fam.: *Percidae*), engl.: *river perch;* deutschschweizer Bezeichnung für den → Flussbarsch. Er wird in den Alpenseen gefangen, die frittierten Filets sind eine regionale Spezialität (Eglifilets).

EHEC; Abk. für Enterohämorrhagische Escherichia coli. → *Escherichia coli*

Ehrenfelser; weiße Rebsorte (Sortenschutz 1970), die eine Kreuzung aus → Riesling und Silvaner darstellt und in Wuchs und Traubenform dem Riesling ähnelt. Sie reift etwas früher als der Riesling, bringt höhere Mostgewichte und liefert fruchtig elegante Weine mit feiner Säure; vielversprechende Riesling-Ergänzungssorte.

Eiaustauschstoffe engl.: *egg substitutes;* → Eiersatzstoffe

Eichenblatt-/Eichenlaubsalat engl.: *red oak leaf lettuce;* → Pflück- und Schnittsalat

Eicosanoide engl.: *eicosanoids;* Gruppe von Oxidationsprodukten der Polyensäuren mit 20 C-Atomen (griech.: *eicosa* = zwanzig), die im Organismus hormonähnliche Wirkung (Gewebshormone) entfalten. Die E. werden unterteilt in Prostaglandine, Thromboxane und Leucotriene. E., die aus → Arachidonsäure (Omega-6-Fettsäure, Ausgangsprodukt Linolsäure) gebildet werden, wirken stark entzündungsfördernd, gerinnungsfördernd und gefäßverengend. Aus → Eicosapentaensäure (Omega-3-Fettsäure, Ausgangsprodukt Linolensäure) entstandene E. wirken hingegen eher entzündungs- und gerinnungshemmend sowie gefäßerweiternd.

Da die Synthese beider Arten E. durch das gleiche Enzymsystem katalysiert wird, kann durch eine Ernährung, die reich an →Omega-3-Fettsäuren ist, das Bildungsverhältnis günstig beeinflusst werden. Dies wird z. B. bei der Behandlung rheumatischer Erkrankungen ausgenutzt.

Eicosapentaensäure engl.: *eicosapentaenoic acid;* Abk.: EPA, fünffach ungesättigte Fettsäure, die zu den →Omega-3-Fettsäuren gehört und v. a. in Seefischölen vorkommt. EPA wird im Organismus aus →Linolensäure gebildet und ist Bestandteil der Phospholipide sowie Ausgangsprodukt der →Eicosanoide. Eine EPA-reiche Kost soll zur Senkung der Blutfettwerte beitragen.

Eidotter Syn.: →*Eigelb*

Eier engl.: *eggs;* im Handel nur für →Hühnereier übliche Bezeichnung. Andere Geflügeleier, wie →Enteneier, →Gänseeier, →Wachteleier, Möweneier oder Perlhuhneier, müssen stets nach der Herkunft bezeichnet werden. Weitere Informationen zu Güte- und Gewichtsklassen sowie zum Anteil der Eibestandteile sind in Anhang II, Tabelle 3 hinterlegt.

Eiercremeeis Syn.: →*Kremeis*

Eierdauerbackwaren Syn.: →*Eiergebäck*

Eierfarben engl.: *dye for coloring eggs;* →Stempel- und Ostereierfarben

Eierfrucht Syn.: →*Auberginen*

Eiergebäck engl.: *egg biscuits, egg cookies,* Syn.: *Eierdauerbackwaren;* Gebäck, insbesondere Plätzchen, mit charakteristisch gelber Farbe und Geschmack nach Ei. Handelsüblich ist ein Gehalt von 18 g Vollei und/oder eine entsprechende Menge an Vollei und/oder Eigelbprodukten auf 100 g Getreideerzeugnisse und/oder Stärken.

Eierkuchen engl.: *egg (pan)*cake, Syn.: *Eierpfannkuchen, Pfannkuchen;* warmes, aus →Eiern, Milch und Mehl, oft leicht gesüßt zubereitetes Pfannengericht. Die Teigmasse wird in dünnen Lagen in einer Pfanne in heißem Fett von beiden Seiten goldgelb gebacken (genau ausgedrückt: gebraten). Sie können sowohl süß, z. B. mit Obst, Zucker, Schlagsahne oder Vanillesauce als auch gesalzen, z. B. mit Salat und anderen pikanten Zutaten gereicht werden.

Eierlikör engl.: *egg liqueur, advocaat;* gelber cremiger →Emulsionslikör, der als Bestandteile neben Ethanol landwirtschaftlichen Ursprungs hochwertiges Eigelb von Eiern der Güteklasse A, Eiweiß und Zucker oder Honig enthält. Rechtlich vorgeschrieben sind mindestens 150 g Zucker oder Honig pro Liter und mindestens 140 g Eigelb pro Liter Enderzeugnis. Der Mindestalkoholgehalt beträgt 14 Vol.-%. E. kann aromatisiert sein. Neben der Verwendung als Trinkspirituose wird E. als vielfältige Zutat zu und zum Anrichten von Torten, Kuchen, Desserts und Speiseeis verwendet.

Eierpackstelle Syn.: *Eiersammelstelle;* amtlich zugelassener Betrieb, der im Allgemeinen Eier sammelt, nach Güte- und Gewichtsklassen sortiert, verpackt, kennzeichnet und in den Handel bringt. Ohne E. ist nur unmittelbare und private Abgabe erlaubt.

Eierplätzchen engl.: *egg cookies;* kleines, zartes, meist rundes, flaches, knuspriges →Eiergebäck.

Eiersammelstelle Syn.: →*Eierpackstelle*

Eiersatzstoffe engl.: *egg substitutes;* Produkte, die anstelle von Eiern, Eiklar oder Eigelb eingesetzt werden, weil diese physisch nicht vertragen oder aus unterschiedlichen Beweggründen abgelehnt werden (z. B. bei der →Veganen Ernährung). Die E., bei denen das Eiweiß aus einer anderen Proteinquelle als dem Hühnerei stammt (z. B. Soja- oder Getreideeiweiß, Molkenpulver), müssen hierbei die anwendungstechnischen Wirkungen nachahmen, also z. B. das Binden und Auflockern von Speisen oder das Verbessern der Schlagbarkeit und Standfestigkeit eines Schaumes. Ihr Einsatz darf hinsichtlich Kennzeichnung, Werbung und Aufmachung nicht in irreführender Weise auf Eier Bezug nehmen.

Eierschecke; sächsische Kuchenspezialität. Auf

den Hefefeinteigboden (→Hefeteige) wird als Belag eine Quarkmasse aus Quark, Zucker und anderen Zutaten aufgestrichen. Die dritte abschließende Lage bildet eine Eiercreme aus Butter, Zucker, Eigelb, steif geschlagenem Eiweiß und Speisestärke.

Eierschwamm Syn.: →*Pfifferling*

Eierstich engl.: *royale;* Suppeneinlage aus verquirlter gewürzter Eimasse, die im Wasserbad gestockt ist.

Eierteigwaren engl.: *egg pasta;* →Teigwaren, die unter Verwendung von Eiern hergestellt sind. Die Eier werden als frisches Vollei oder Eigelb bzw. als Vollei- oder Eigelbprodukte (getrocknet, tiefgefroren, pasteurisiert) in entsprechenden Mengen verarbeitet. In Deutschland ist in den Leitsätzen des Deutschen Lebensmittelbuches für Teigwaren geregelt, wieviel Eier üblicherweise verwendet werden, um Teigwaren E. nennen zu dürfen. E. enthalten für gewöhnlich 100 g Vollei oder entsprechende Mengen Eiprodukte auf 1 kg Getreidemahlerzeugnisse, E. mit Hinweis auf hohen Eigehalt wie „Hausmacher" i. d. R. mindestens 200 g Vollei und E. mit Hinweisen auf einen besonders hohen Eigehalt wie „mit 6 Eiern" üblicherweise mindestens 300 g Vollei auf 1 kg Getreidemahlerzeugnisse. Rund 70 % der in Deutschland hergestellten Teigwaren sind E. Die Zugabe von Eiern verfeinert nicht nur den Geschmack der Nudeln, sondern verleiht ihnen ein goldgelbes Aussehen, verbessert die Kocheigenschaften und erhöht den Nährwert. Die Eier werden entweder direkt im Betrieb der Hersteller aufgeschlagen oder von spezialisierten Eiaufschlagbetrieben bezogen und innerhalb kurzer Zeit verarbeitet. →Frischeiteigwaren müssen besonderen Anforderungen an die Eiqualität genügen.

Eifeler Brot; freigeschobenes, langes, helles →Weizenmischbrot mit leicht gemehlter Oberfläche.

Eigelb engl.: *egg yellow,* Syn.: *Eidotter;* zwiebelschalenartig aufgebaute gelb gefärbte Kugel, die von der Dottermembran umhüllt und durch die Hagelschnüre des →Eiklars im Zentrum des Eis fixiert ist. Der schichtige Aufbau ergibt sich durch den Wechsel zwischen gelb gefärbtem Nahrungsdotter und hellerem Bildungsdotter. Auf einem keulenförmigen Ausläufer des Bildungsdotters (Latebra) liegt die Keimscheibe mit dem Keimbläschen. Der Dichtegradient im Dotter und die Aufhängung an den Hagelschnüren gewährleisten, dass die Keimscheibe stets nach oben gerichtet ist (Richtung Wärmequelle). Das E. enthält ca. 48 % Wasser, ca. 32 % Fett, ca. 17 % Protein (→Eiproteine) und Spuren von Kohlenhydraten. Der Fettanteil setzt sich aus →Triglyceriden, Phospholipiden (v. a. →Lecithine) und Lipoproteinen (v. a. →Cholesterin) zusammen. Die Farbe des Dotters ist durch den Gehalt an →Carotinoiden (v. a. beta-Carotin) bedingt, der durch die Fütterung beeinflusst werden kann. Im E. befinden sich größere Mengen Calcium, Phosphor (Phosphat) und Eisen sowie der Großteil der Vitamine (→Hühnereier). Verwendet wird E., um Suppen oder Saucen eine sämige Konsistenz zu verleihen (→Legieren). Aufgrund seines Lecithingehaltes wird es auch als Emulgator (z. B. in Mayonnaise) verwendet.

Eigelbaustauschstoffe; →Eiersatzstoffe

Eihaltige Liköre; →Liköre mit Eizusatz →Eierlikör

Eiklar engl.: *egg-white;* weißlich-klare Masse, bestehend aus Schichten unterschiedlicher Viskosität. Die innerste Schicht, die den Eidotter direkt umhüllt, ist dickflüssig und läuft in den Hagelschnüren aus, den Proteinsträngen, mit denen der Dotter in seiner zentralen Lage fixiert ist. Es schließen sich im Wechsel eine dünnflüssige, eine dickflüssige und noch eine dünnflüssige Eiklarschicht an. Die erhöhte Viskosität wird durch eingelagerte Mucinstränge (→Mucine) erreicht, während der Alterung geht die Zähflüssigkeit immer mehr verloren. E. enthält ca. 90 % Wasser, ca. 10 % Proteine und Spuren von Kohlenhydraten. Von den Eiklarproteinen (→Eiproteine) besitzen einige eine bakterienhemmende Wirkung, das Avidin kann außerdem mit →Biotin einen stabilen Komplex bilden, wodurch die Absorption von Biotin gehemmt wird (die biotinbindende Wirkung wird durch Erhitzen aufgehoben). Das E. enthält größere Konzentrationen an Kalium und Natrium, die Vitamine befinden sich überwiegend im →Eigelb. E. wird, zu Eischnee aufgeschlagen, als Lockerungsmittel in Süßspeisen und Backwaren eingesetzt, ferner als Klärmittel (z. B. für Fleisch- und Gemüsebrühe) und als Klebemittel verwendet.

Eimer engl.: *bucket;* →Packmittel aus Kunststoff oder Feinblech, die aus Rumpf und Boden bestehen, einen über den E. greifenden Bügel sowie einen Eindrück- oder Stülpdeckel besitzen. Im Lebensmittelbereich finden E. in erster Linie zum Verpacken von Lebensmitteln für den Großverbraucher Verwendung. Im weiteren Sinne können auch Kanister, Kannen, Trommeln und Hobbocks zu den E. gezählt werden. Kanister und Kannen sind dabei nur für flüssige Füllgüter geeignet, E., Trommeln und Hobbocks auch für Stückige.

Einback engl.: *sweet bread;* verschieden geformtes Gebäck aus leichtem Hefefeinteig (→Hefeteige) mit heller feinporiger Krume. E. wird i. d. R. in Scheiben geschnitten bei schwacher Hitze durch Röstung zu →Zwieback weiterverarbeitet oder mehrere Stücke zusammengesetzt als einzelnes Gebäck freigeschoben gebacken abgegeben.

Eindampfen engl.: *1. reducing, 2. evaporating,* Syn.: *1. Eindicken, Reduzieren, 2. Abdampfen, Einengen*; 1. im Sinne von Eindicken oder Reduzieren küchentechnisches Verfahren, bei dem dem flüssigen Gut durch Erhitzen im offenen Topf ein erheblicher Anteil von Wasser entzogen wird; 2. in der Lebensmitteltechnologie i. S. v. Abdampfen oder Einengen Bezeichnung für das Erhitzen von Lösungen, um das Lösungsmittel zu entfernen. Das E. führt zur Aufkonzentrierung der Lösung bis hin zur vollständigen Entfernung des Lösungsmittels (E. bis zur Trockne). Das Lösungsmittel geht beim E. an der offenen Luft verloren oder kann durch Kondensation wie z. B bei der →Destillation zurückgewonnen werden.

Einengen Syn.: →*Eindampfen* →*Konzentrieren*

Einfachbiere; alte Bezeichnung für Biere mit einem Stammwürzegehalt von 2,0–5,5 %. →Stammwürze

Einfrieren Syn.: →*Tiefkühlen*

Eingebraut; ein in der Brauereifachsprache gebräuchlicher Begriff, meist in Verbindung mit den Attributen „schwach“ oder „stark“, der in Zusammenhang mit der zur Bierherstellung eingesetzten Malzmenge und somit auch für die Höhe des Gehaltes an →Stammwürze steht. In früherer Zeit wurden Biere stark eingebraut, um ihnen eine längere Haltbarkeit zu verleihen.

Eingedickte Milch; ältere Bezeichnung für →Kondensmilch.

Eingesalzene Pilze Syn.: *Salzpilze;* →Speisepilze, die ganz oder geschnitten, ohne Vorbehandlung oder blanchiert durch Zusatz von Kochsalz haltbar gemacht worden sind. Soll eine Haltbarkeit über mehrere Monate erreicht werden, so beträgt der Kochsalzgehalt im Enderzeugnis zwischen 15 und 20 Gewichtsprozent.

Eingeweide engl.: *intrails, innards;* Bezeichnung für →Innereien, die i. e. S. ausschließlich für die Organe des Magen-Darm-Traktes verwendet wird.

Einkochen Syn.: →*Einmachen*

Einkorn-Weizen lat.: *Triticium monococcum L.* (Fam.: *Poaceae*), engl.: *Einkorn Wheat;* bespelzte, robuste, anspruchlose Weizenart, die eine Stammform des heute kultivierten Saatweizens (→Weizen) darstellt und noch in geringem Umfang angebaut wird.

Einlaufsuppe; klare Fleischsuppe mit gestockter, verquirlter, mehlgebundener Eimasse, die beim Kochen durch Hineinlaufen hinzugegeben wurde.

Einlegegurken; →Gurken

Einlegen engl.: *to pickle;* Konservierungsverfahren für bestimmte Lebensmittel wie Gurken, Gemüse (→Mixed Pickles), Rote Bete oder Kürbis. Zum E. wird überwiegend verdünnte Essigsäure unter Zusatz verschiedener Gewürze verwendet, was zur Verlängerung der Haltbarkeit unter gleichzeitiger Ausbildung bestimmter Geschmackskomponenten führt. Beim E. von Obst im →Rumtopf wird hochprozentiger Alkohol (z. B. Rum, Arrak, Weinbrand) unter Zusatz von Zucker herangezogen.

Einmachen engl.: *to preserve,* Syn.: *Einwecken, Einkochen;* haushaltsübliches Konservierungsverfahren, bei dem durch längere Erhitzung (Kochen) und abschließendes Abfüllen in ausgekochte, luftdicht schließende Gläser leicht verderbliche Lebensmittel wie Obst, Gemüse oder seltener Fleisch haltbar gemacht werden. In der Wirkung entspricht das E. dem →Pasteurisieren. Weitere Zutaten wie z. B. organischen Säuren oder hohe Zuckergehalte können die konservierende Wirkung zusätzlich verstärken. Bei nicht sauren Produkten besteht eine erhöhte Gefahr des mikrobiellen Verderbs durch Anaerobier (→Botulismus), da eine wesentliche Hemmschwelle fehlt. Deshalb ist bei ihnen auf eine saubere, möglichst keimarme Arbeitsführung zu achten. Häufig wird das E. mit der Zubereitung von Lebensmitteln wie z. B. →Gelees, →Konfitüren oder →Marmeladen ggf. unter der Zugabe weiterer Zutaten wie bspw. →Gelatine oder →Gelierzucker verbunden.

Einmachzucker engl.: *preserving sugar;* Weißzucker, meist →Raffinade, mit großen grobkörnigen Kristallen von hoher Reinheit, der beim →Einmachen von Früchten verwendet wird. E. löst sich langsam auf und neigt nicht zum Schäumen.

Einsalzen engl.: *salting;* ältestes →Konservierungsverfahren für Lebensmittel. Kochsalz (→Natriumchlorid) entzieht dem Lebensmittel durch seine hohe osmotische Wirkung Wasser und hemmt so das Mikroorganismen-Wachstum. Eingesalzt werden Fische oder Fischteile (→Salzfischerzeugnisse), Fleisch (→Salzfleisch), Gemüse, (→Salzgemüse) und Kräuter (→Salzkräuter), entweder durch Einreiben bzw. Bestreuen mit kristallinem Kochsalz (Salzstreu) oder durch Einlegen in eine konzentrierte Kochsalzlösung (Salzlake).

Einschlagbrötchen; →Brötchen wie z. B. →Knüppel, die nicht wie Spitzbrötchen eingeschnitten sind, sondern maschinell (Einschlagroller) eingeschlagen werden.

Einwecken Syn.: →*Einmachen*

Einwegverpackung engl.: *non-returnable packaging,* Syn.: *Einmalverpackung;* →Verpackung, die für den einmaligen Gebrauch bestimmt ist.

Einweichen engl.: *to macerate;* Bezeichnung für das Einlegen von Lebensmitteln in Flüssigkeiten, vorwiegend Wasser, zum Zwecke des Quellens.

Einzelhandelspackung engl.: *retail trade pack;* Handelspackung, welche die übliche Bezugseinheit des Einzelhändlers darstellt und meist mehrere →Verkaufspackungen enthält.

Einzeller engl.: *single celled organisms;* Organismen, die aus einer einzigen Zelle bestehen (Bakterien, Algen, Hefen, Pilze). Einige werden zur Gewinnung des Proteins (→Einzellerproteine) oder anderer Inhaltsstoffe gezüchtet. Die meisten →Mikroorganismen sind E.

Einzellerprotein engl.: *single cell protein (SCP*), microbial protein; auf einem Nährmedium gezüchtete →Einzeller (Bakterien, Mikroalgen, Hefen, Pilze) zur Verwendung als Proteinsupplement für Lebens- und Futtermittel. Die Technologie wurde in den 60er- und 70er-Jahren des 20. Jahrhunderts entwickelt, mit dem Ziel, die Nahrungsversorgung der Weltbevölkerung zu verbessern. Positiv sind die rasche Gewinnung von Biomasse, billige Rohstoffe (Abfallprodukte, z. T. aus der Landwirtschaft wie Stroh, Methan, Alkohole, Melasse), kontinuierliche Prozesstechnologie, keine Abgasbelastung und praktisch kein Landverbrauch. Dem stehen gegenüber unverdauliche Zellwände, intensive Färbung (vor allem bei Algen), ein hoher Gehalt an Nucleinsäuren (20–30 % des Stickstoffgehaltes) und bei einigen Rohstoffen ein unerwünschter Geschmack. Die Kosten für die Korrektur dieser Problempunkte erlauben bisher keine wirtschaftliche Vermarktung von E. Eine Ausnahme ist das in Großbritannien entwickelte und dort vermarktete →Quorn™.

Einzelpackung engl.: *unit package;* →Verkaufspackung, die nur aus einer einzigen Verpackungseinheit besteht und zur Abgabe an den Verbraucher bestimmt ist.

Eiprodukte engl.: *egg products;* Erzeugnisse aus →Eiern, v. a. aus →Hühnereiern, die als Lebensmittel nur nach ausreichender Vorbehandlung in den Verkehr gebracht werden dürfen. E. lassen sich jeweils in aus Vollei, Eiklar oder Eigelb gewonnenes Flüssigei (pasteurisiert), Gefrierei (pasteurisiert und tiefgefroren) und Trockenei (spühgetrocknet) unterteilen. Gefrierei und Trockenei werden meist mikrobiell oder enzymatisch entzuckert (Entfernung der Glucose), um Verfärbungen durch die →Maillard-Reaktion zu verhindern. Des Weiteren ist ein Zusatz von Kochsalz, Gewürzen, Saccharose und Konservierungsmitteln (im Allgemeinen Sorbinsäure, bei Flüssigei ggf. zusätzlich Benzoesäure) möglich. E. werden vielseitig, z. B. bei der Produktion von Backwaren, Teigwaren, Nährmitteln, Mayonnaise, Süßwaren, Fleisch- und Wurstwaren eingesetzt.

Eiproteine engl.: *egg proteins;* verschiedene Eiweißarten von →Eiklar und →Eigelb, die aufgrund ihres Aminosäuremusters eine besonders hohe →biologische Wertigkeit (BW) aufweisen (94–100). Vollei wird häufig als Referenzprotein (mit BW = 100) eingesetzt. Zu den E. des Eigelbs gehören die Lipovitelline, Livetine und Phosvitin, zu denen des Eiklars →Ovalbumin, →Lysozym, Conalbumin, Ovoglobulin, Ovomucoid, Ovomucin und Avidin.

Eis engl.: *ice;* 1. →Speiseeis. 2. feste Form des Wassers. E. für Lebensmittelzwecke wie Kühlen oder Frischhalten muss die gleichen Anforderungen erfüllen wie →Trinkwasser, aus dem es als →Kunsteis hergestellt wird. Für den Kühleffekt von E. ist neben der niedrigen Temperatur auch die beim Phasenübergang fest zu flüssig frei werdende →Schmelzwärme verantwortlich.

Eisauflauf engl.: *ice-soufflé,* Syn.: *Soufflé glacé;* in einer Auflaufform gefrorene Schaumeismasse aus Eiern, Zucker und Sahne. Die Oberfläche wird oft mit Mandeln, Kakao oder Puderzucker bestreut und als weitere Zutaten werden Spirituosen oder Früchte verwendet.

Eisbein engl.: *knuckle of pork,* Syn.: *Dickbein;* reichlich von Bindegewebe (Sehnen) durchzogene Unterschenkelstücke (Wadenstücke) mit hohem Knochenanteil beim Schwein. Unterschieden wird zwischen Vorder- und Hintereisbein. Die E. eignen sich frisch oder gepökelt zum Kochen z. B. mit Sauerkraut sowie frisch zum Braten, Schmoren oder Grillen mit Schwarte (Schweinshaxe). Die Sehnen und Knorpel geben beim langsamen Kochen und Schmoren eine wesentliche Menge an Geschmack an das zubereitete Gericht ab. Üblicherweise sind E. für die Verarbeitung entschwartet mit Ausnahme von Erzeugnissen, bei denen die Verarbeitung von Schwarte üblich ist. Der Anteil der E. am entbeinten Fleisch beträgt ca. 3,5 %.

Eisbeinpastete; →Brühwurstpastete (Brühwurst mit grober Einlage) mit →Eisbein mit Schwarte und Speck als Einlage.

Eisbergsalat engl.: *Cabbage Lettuce,* Syn.: *Eissalat, Krachsalat;* →Kopfsalat

Eisbindemittel; die Konsistenz von Speiseeis (Steigerung der Schwellung) verbessernde Bindemittel aus →Stabilisatoren, wie z. B. →Emulgatoren, die auch die Bildung unerwünschter größerer Eiskristalle verhindern.

Eisbock; sehr starkes, fränkisches →Bockbier mit ausgeprägt malzigem süßen Geschmack, das durch Ausfrieren von Wasser besonders konzentriert wurde. Der Gehalt an →Stammwürze liegt bei 25–28 % und der Alkoholgehalt bei 8–9 Vol.-%.

Eisbonbons engl.: *icebonbon;* →Erfrischungsbonbons

Eisen engl.: *iron, ferrum;* zu den →Spurenelementen gehörender →Mineralstoff. E. ist als Bestandteil von →Hämoglobin und →Myoglobin unverzichtbar für den Sauerstofftransport im Organismus. Es dient weiterhin dem Elektronentransport sowohl in der Atmungskette als auch bei enzymatischen Reaktionen, die mit einer Oxidation/Reduktion einhergehen. E. kann nur in seiner zweiwertigen Form (Fe^{2+}), wie es in tierischen Lebensmittel vorkommt, absorbiert werden. Das in pflanzlichen Lebensmitteln vorkommende Fe^{3+} muss vor der Aufnahme zu Fe^{2+} reduziert werden (z. B. durch Vitamin C). Enthaltene Ballaststoffe und Komplexbildner (Phytinsäure, Oxalsäure, Phosphate) wirken zusätzlich absorptionshemmend. Deshalb liegt die Absorptionsrate bei tierischen Produkten wesentlich höher als bei pflanzlichen. Ein Eisenmangel tritt v. a. bei Frauen auf (menstruelle Blutverluste) und führt langfristig zur hypochromen Anämie, zu Störungen der Thermoregulation und des Immunsystems. Während der Wachstumsphase hat ein Mangel Wachstumsverzögerungen und Störungen der Intelligenzentwicklung zur Folge. Ein Eisenzusatz in diätetischen Lebensmitteln ist erlaubt, ein Zusatz zu anderen Lebensmittel muss zunächst beantragt werden. Es kann, nach Prüfung auf Unbedenklichkeit, eine Ausnahmegenehmigung oder Allgemeinverfügung erteilt werden (z. B. bei Frühstückscerealien). Bisher ist noch ungeklärt, ob durch die Aufnahme hoher Eisenkonzentrationen (Supplemente) prooxidative Effekte auftreten können, die die Entstehung von Herzinfarkt und Krebs begünstigen.

Eisenoxide und -hydroxide engl.: *iron oxides and iron hydroxides;* gelbe, rote, braune und schwarze eisenhaltige Pigmente, die unter der Nummer E 172 als Farbstoffe z. B. für Süßwaren, Käserinde, Oliven und Verpackungsmaterialien zugelassen sind. Des Weiteren werden sie für Kosmetika (z. B. Lippenstifte), Kunststoffe, Lacke u. Ä. verwendet.

Eiserkuchen; typisches Neujahrsgebäck aus heiß zu Röllchen oder Tüten gewickelten, in einem Waffel- oder Spezialeisen dünn ausgebackenen →Waffeln aus Rührteig.

Eisessig engl.: *glacial acetic acid;* →Essigsäure

Eishörnchen engl.: *ice cream cones;* →Eiswaffeln

Eiskaffee engl.: *ice coffee;* starker, kalter Filterkaffee mit Speiseeiskugeln und Sahnehaube.

Eiskonfekt engl.: *ice confection, ice cups;* massive, kühl schmeckende Konfektstücke mit einem Einzelgewicht von bis zu 20 g. Sie sind nicht figürlich ausgeformt und enthalten keine grobstückigen Zusätze. Der charakteristisch kühlende Effekt wird durch den hohen überwiegenden Anteil an ungehärtetem →Kokosfett oder in ihrer Zusammensetzung ähnlichen anderen Fetten mit hoher Schmelzwärme erzielt. Durch Zusatz von →Menthol oder Traubenzucker (Glucose) lässt sich dieser noch weiter steigern. E. besteht zu mindestens 5 %, bezogen auf das Fertigerzeugnis, aus Kakaopulver, das auch stark entölt sein kann. Wird weniger oder kein Kakaopulver verwendet, wird die für das Konfekt charakteristische Geschmacksrichtung in der Bezeichnung zum Ausdruck gebracht (z. B. Karamell- oder Kaffee-Eiskonfekt). Weitere Zutaten sind ggf. Kakaomasse sowie andere die Beschaffenheit oder den Geschmack beeinflussende Zutaten, Zuckerarten und/oder Zuckeralkohole.

Eiskrem Syn.: *Eiscreme;* →Speiseeis, das üblicherweise mindestens 10 % der Milch entstammendes Fett enthält. E. ist als Sorte nicht identisch mit →Kremeis.

Eiskümmel; →Gewürzlikör (Eislikör), der aus Getreidedestillaten hergestellt wird und einen deutlichen Kümmelgeschmack aufweist. Der E. ist farblos, besitzt einen Alkoholgehalt von 32 Vol.-% und eine Zuckerkruste in der Flasche.

Eismeergarnele lat.: *Pandalus borealis Kroyer* (Fam.: *Pandalidae*) , engl.: *Northern shrimp,* Syn.: *Nordische Tiefseegarnele, Kaltwassergarnele;* wirtschaftlich bedeutendste Art der Tiefseegarnelen (→Garnelen). Die E. ist 10–12 cm lang, sie lebt im Nordatlantik von der Beringsee über Kattegat und Skagerak, Grönland, Island bis Kanada und im Nordpazifik. Gefangen wird sie meist mit Hochseetrawlern, auf denen der Fang sofort verarbeitet wird (geschält, gekocht, tiefgefroren). Die E. wird kulinarisch als besonders edel eingestuft, ähnlich der →Nordseegarnele. Die Bezeichnung Grönlandgarnele ist nur für E. zulässig, die vor Grönland gefangen werden, die ugs. gebrauchte Bezeichnung Grönlandkrabbe ist nicht korrekt (→Krabben).

Eismeerkrabbe lat.: *Chionoecetes opilio Fabr.* (Fam.: *Majidae*), engl.: *snow crab, queen crab,* Syn.: *Schneekrabbe, Arktische Seespinne;* wirtschaftlich bedeutendste →Krabbe im Nordatlantik. Hauptlieferant ist Kanada. Nur männliche Tiere werden gefangen (Breite 10–15 cm, Gewicht 350–1.300 g); das Fleisch wird gekocht und tiefgefroren (meistens einzeln glasiert) und weltweit vermarktet (crab meat). Eine Verwandte der E. im südlichen Polargebiet ist die Chilenische Schneekrabbe (lat.: *Paralomis granulosa Jaquinot*). Die E. ist nicht zu verwechseln mit der →Eismeergarnele.

Eistee engl.: *ice tea;* besonders in den USA beliebtes Getränk, bei dem durch schockartiges Abkühlen des frisch zubereiteten kochend heißen →Tees mit Eiswürfeln das Aroma und die Wirkstoffe vollständig erhalten bleiben. Im Handel sind fertige Eistee-Getränke, meist aromatisiert als Zitronen- oder Pfirsicheistee, z. T. auch kalorienreduziert, als Erfrischungsgetränke erhältlich.

Eiswaffeln engl.: *ice wafers;* 1. kleine gefüllte oder ungefüllte, meist längliche Gebäckwaffeln (→Waffeln), die als Beilage beim Verzehr von Speiseeis gereicht werden. Die Füllung besteht i. d. R. aus einer dünnen Zwischenschicht unterschiedlicher Geschmacksrichtungen aus Eiweiß, Zucker und ggf. Fett; 2. aus Waffelmasse geformte hohle Gebäcke wie z. B. Hörnchen, Tüten, Muscheln oder Blätter, die zum Füllen mit oder zur Aufnahme von Speiseeis bestimmt sind.

Eiswein; traditionelle Bezeichnung für einen inländischen →Qualitätswein b. A. (bestimmter Anbaugebiete), dem das Prädikat E. auf Antrag bei der →Qualitätsprüfung unter Zuteilung einer Prüfungsnummer zuerkannt wird. Für die Zuerkennung des Prädikates müssen die zu prüfende Weine die allgemeinen europäischen und nationalen Kriterien für einen Qualitätswein b. A. und die weiteren prädikatsspezifischen Anforderungen erfüllen. Für das Prädikat E. müssen die zur Herstellung des Qualitätsweines verwendeten Weintrauben aus einem Bereich stammen, gefroren geerntet und gefroren gekeltert werden. Ferner darf bei der Herstellung keine Anreicherung erfolgen. Ein E. kann nur nach einem warmen Sommer aus hochreifen Trauben erzeugt werden, wenn schnell tiefe Temperaturen auftreten. Der E. stellt für den Erzeuger ein hohes Risiko dar, da sehr häufig die Trauben am Stock verfaulen, bevor die notwendigen tiefen Temperaturen erreicht sind. Die Ernte und die Pressung erfolgen meist in den frühen Morgenstunden, was die Herstellung zusätzlich verteuert. E. ist sehr süß und und verfügt über einen hohen Säuregehalt.

Eiszapfen; Bezeichnung für eine Sorte langgestreckter weißer →Radieschen.

Eiweiß engl.: *protein;* vom geronnenen →Eikar von →Hühnereiern abgeleitetes, häufig verwendetes Syn. für →Proteine.

Eiweiß angereicherte Lebensmittel; →Eiweißanreicherung

Eiweiß angereichertes Brot; →Spezialbrot mit verändertem Nährstoffgehalt, das sich durch einen Rohproteingehalt von mindestens 22 % in der Trockenmasse auszeichnet.

Eiweiß angereichertes Molkenpulver; aus Süß- oder Sauermolke durch weitgehenden Wasserentzug und Anreicherung des Molkeneiweißes, auch unter Verwendung von Lactase hergestelltes Erzeugnis mit einem Eiweißgehalt von mindestens 22 % und einem Wassergehalt von höchstens 8 %.

Eiweißanreicherung; wird bei vielen Lebensmitteln durchgeführt (z. B. Brot, Teigwaren, Wurst, Milch, Käse), um die →biologische Wertigkeit der enthaltenen Proteine zu erhöhen oder den Proteingehalt insgesamt zu verbessern. Verwendet werden z. B. die Rückstände aus der Gewinnung pflanzlicher Fette (Soja- oder Erdnussmehle) sowie häufig auch Magermilchpulver.

Eiweißaustauschstoffe; →Eiersatzstoffe

Eiweißhydrolysat engl.: *protein hydrolysate,* Syn.: *Proteinhydrolysat;* durch Säuren und/oder Enzyme (→Hydrolasen) abgebautes →Protein. Es kann zwischen Teilhydrolysat und vollständigem Hydrolysat unterschieden werden. Im ersteren Fall entsteht ein Gemisch aus →Peptiden unterschiedlicher Kettenlänge und →Aminosäuren, im Letzteren eine Mischung monomerer Aminosäuren. E. entstehen im Dünndarm bei der Eiweißverdauung und bei der Verarbeitung proteinhaltiger Lebensmittel (Reifung von Fleisch, Fisch und Käse mit Hilfe von →Proteasen). Sie werden ferner technologisch erzeugt und als Geschmacksverstärker sowie für diätetische Lebensmittel bei Allergien (→hypoallergene Säuglingsnahrung), bei schweren Verdauungsstörungen, bei angeborenen Störungen im Aminosäurestoffwechsel und zur Proteinanreicherung von Lebensmitteln (Zusatznahrung für Sportler und Kranke) verwendet. In der Mikrobiologie dienen E. als Nährsubstrate, →Fischproteinhydrolysate kommen auch als Futter- und Düngemittel zum Einsatz.

Eiweißmasse engl.: *albumen whip;* aus Zuckerarten und Eiweiß (Eiklar) ohne Mehl durch Schlagen hergestellte →Masse. Handelsüblich sind mindestens 20 % Eiweiß (Eiklar).

Eiweißminimum engl.: *minimal protein requirement;* zugeführte Proteinmenge, die gerade noch ausreicht, um eine ausgeglichene →Stickstoffbilanz zu erzielen (Bilanzminimum). Das E. ist u. a. abhängig von Alter und Körpergewicht sowie von der →Biologischen Wertigkeit des betreffenden Proteins.

Eiweißstoffwechsel engl.: *proteometabolism,* Syn.: *Proteinstoffwechsel;* Gesamtheit der chemischen und enzymatischen Vorgänge bei der Absorption, Verdauung und Biosynthese von Proteinen sowie bei deren Auf- und Abbau im intermediären Stoffwechsel. Die mit der Nahrung zugeführten Proteine werden dabei zunächst enzymatisch zu →Aminosäuren gespalten, die zum größten Teil absorbiert und zum Aufbau körpereigener Eiweiße verwendet oder weiter abgebaut werden.

Eiweißverdauung; im Magen nach →Denaturierung durch Salzsäure beginnende, sich im Darm fortsetzende enzymatische Spaltung von →Proteinen in wasserlösliche absorbierbare →Aminosäuren durch Proteasen und Peptidasen.

Eiweißwertigkeit Syn.: →*Biologische Wertigkeit*

Elastine engl.: *elastins;* sehr resistente gummiähnliche Proteine aus der Gruppe der →Skleroproteine, die beim Erhitzen in Wasser nicht quellen. Sie kommen im tierischen Organismus als Bestandteil von Bindegewebe, Sehnen und Bändern vor. Für die menschliche Ernährung sind sie von geringer Bedeutung.

Elbling Syn.: *Kleinberger;* sehr alte weiße Rebsorte mit unbekannter Herkunft, die durchschnittliche Anforderungen an die Lage und geringe Anforderungen an den Boden stellt. Sie ist wenig frostempfindlich, spätreifend, sehr ertragreich und liefert herbe Weine von Konsumqualität. Wegen des hohen Säuregehaltes ist der erzeugte Wein als Grundwein für die Schaumweinherstellung geschätzt.

Elbo engl.: *Elbo;* fester dänischer Schnittkäse in rechteckiger Brotform (32 x 15 x 15 cm) mit einem Gewicht von etwa 5,5 kg. Er ist nach der Insel Elbo benannt und wurde früher auch als Brot- oder Tafelkäse bezeichnet. Die geschmeidige gelbe Rinde kann auch (rot) paraffiniert sein. Der recht feste Teig weist erbsengroße Löcher auf. Er schmeckt mild, leicht säuerlich und herber als der → Danbo. E. ist erhältlich mit 20, 30, 40 und 45 % Fett in der Trockenmasse.

Elefantenbohnen; 1. miteinander verwachsene Samenkerne in der Kaffeekirsche, die zu → Fehlbohnen im Rohkaffee werden. Beim Schälen von E. entstehen so genannte → Ohren; 2. Bezeichnung für eine außergewöhnlich große Art von Kaffeebohnen (Maragogype), die durch Kreuzung aus Arabica- und Liberiasorten oder durch Mutation entstand. Sie ist wegen ihres ausgeprägten Aromas sehr geschätzt; 3. geschützte Bezeichnung für große griechische → Dicke Bohnen aus genau definierten Regionen.

Elefantenlaus Syn.: → *Cashewnuss*

Elektrodialyse engl.: *electrodialysis;* Form der → Dialyse, bei der die Abtrennung von Ionen aus Lösungsmitteln durch Anlegen eines elektrischen Feldes beschleunigt wird. Die E. wird z. B. zur Entsalzung von Meerwasser und Molke angewandt.

Elektrolyte engl.: *electrolytes;* Stoffe, die in wässriger Lösung zum Teil oder vollständig in Ionen (Anionen und Kationen) dissoziieren und dadurch z. B. elektrischen Strom besser leiten als reines Wasser, den Siedepunkt im Vergleich zu reinem Wasser erhöhen oder → Osmose ermöglichen. Im Organismus spielen E. in Form von → Mineralstoffen eine lebensnotwendige Rolle.

Elektronenstrahlen engl.: *electron rays;* → Lebensmittelbestrahlung

Elektronische Nase/Zunge engl.: *electronic nose/ tongue;* elektronische organoleptische Systeme, die von Sensoren erfasste Signale mit dem Geruch oder dem Geschmack einer Probe in Verbindung bringen. Angestrebtes Ziel ist die Erlangung objektiver Ergebnisse in aufwändigen Testfeldern.

Elektrophoretische Untersuchungsmethoden engl.: *electrophoresis;* qualitative und quantitative Analysemethoden, die auf den unterschiedlichen Geschwindigkeiten elektrisch geladener Teilchen im elektrischen Feld beruhen. Es werden folgende Prinzipien unterschieden: Zonenelektrophorese, Isotachophorese, isoelektrische Fokussierung und Kapillarelektrophorese. Bei der Zonenelektrophorese herrscht im Trennbereich gleicher pH-Wert und gleiche Feldstärke. Die Analyten wandern direkt in einer Elektrolytlösung oder auf einem Träger, z. B. auf Gelen wie Polyacrylamid-, Agarose- und Stärkegel, auf Papier, Celluloseacetatfolie oder Glasfaserpapier (Trägerelektrophorese). Ein Beispiel hierfür ist die verbreitete SDS-Polyacrylamid-Gelelektrophorese (SDS-PAGE), bei der Natriumdodecylsulfat (SDS) an hydrophobe Regionen von Proteinen bindet und so Anionen erzeugt. Die stark negative Ladung von SDS nivelliert alle Ladungen der Proteine, so dass i. d. R. alle Proteine gleich stark negativ geladen sind. Mit dieser Methode lassen sich deshalb Informationen über das Molekulargewicht von Proteinmonomeren erhalten, wobei das Polyacrylamid-Gel als Molekularsieb wirkt. SDS-PAGE wird z. B. im Lebensmittelbereich zur Bestimmung des Molkenprotein- und Caseinanteils in Milch angewendet. Bei der isoelektrischen Fokussierung befindet sich zwischen Anode und Kathode ein pH-Gradient. Beim Anlegen der Spannung wandern die Analysensubstanzen, meist Proteine, zu den Stellen, die dem pH-Wert ihres isoelektrischen Punktes entsprechen. Dieses Verfahren dient in der Lebensmittelanalytik der Sorten- und Artenunterscheidung bei Produkten tierischer und pflanzlicher Herkunft (z. B. Fleischarten) anhand ihres Proteinmusters. Zusätzlich wird die isoelektrische Fokussierung zur Untersuchung der Veränderung von Proteinen während der Lagerung und Verarbeitung angewendet. Bei der Isotachophorese wird ein diskontinuierliches Puffersystem verwendet. Die Probe-Ionen wandern zwischen zwei Elektrolyten, dem Leit-Ion und dem Folge-Ion. Die Probe-Ionen mit der höchsten elektrophoretischen Mobilität wandern direkt hinter dem Leit-Ion und die mit der niedrigsten direkt vor dem Folge-Ion. Bei der Isotachophorese ist die Geschwindigkeit aller Ionen gleich. Da die elektrophoretische Mobilität unterschiedlich ist, bilden sich Zonen der getrennten Ionen mit unterschiedlicher Feldstärke. Die Ionenbeweglichkeit sinkt und die Feldstärke steigt vom Leit-Ion in Richtung Folge-Ion. Zur Erfassung der Ionen werden UV-, Leitfähigkeits- und Thermodetektoren verwendet sowie zur Bestimmung von Chinin und Vitaminen der B-Gruppe auch Fluoreszenzdetektoren. Die Isotachophorese kann zur Bestimmung zahlreicher niedermolekularer Verbindungen wie Carbonsäuren oder Peptiden angewendet werden. Die Kapillarelektrophorese (CE) schließlich ist ein Verfahren, bei dem die Trennung in mit Puffer gefüllten Kapillaren erfolgt. Durch Anlegen von Hochspannung (2–35 kV) kommt es zur Trennung der geladenen Moleküle aufgrund unterschiedlicher Ladungszahl und Mobilität. Als Trennsäulen werden Quarzglaskapillaren verwendet. Die photometrische Detektion, meist im UV-Bereich, ist am verbreitetsten. Dazu dient die im Strahlengang justierte Quarzglaskapillare selbst als Küvette. Die Trennleistung der CE ist vergleichbar der in der HPLC, durch die systembedingt auftretende Probenfokussierung (engl.: *stacking*) lässt sich in vielen Fällen die Trennleistung erhöhen. Die Trennung ungeladener Moleküle ist durch den Zusatz oberflächenaktiver Substanzen in Konzentrationen oberhalb der kritischen Micellbildungskonzentration möglich. In und an die sich bildenden Micellen lagern sich je nach Lipophilie die Analyten an und werden so je nach Struktur unterschiedlich schnell durch die negativ geladenen Micellen transportiert.

Elemente engl.: *elements;* Stoffe, die sich auf chemischem Wege nicht weiter zerlegen lassen. Die E. bestehen aus Atomen der gleichen Kernladungszahl, anhand derer sie ins Periodensystem der Elemente eingeordnet werden. Sie bauen über Atombindungen, seltener durch Ionenbindungen, organische und anorganische Verbindungen auf. Obwohl organische Verbindungen nur aus wenigen E. bestehen, sind sie wesentlich zahlreicher vertreten als anorganische. Organische Verbindungen enthalten neben Kohlenstoff am häufigsten Wasserstoff, Sauerstoff, Stickstoff, Schwefel und Phosphor. Hinsichtlich ihrer Häufigkeit und der Art ihres Vorkommens sind die verschiedenen E. sehr unterschiedlich. Manche kommen frei (elementar) vor, die meisten in Form ihrer Verbindungen.

ELISA; Abk. für engl. *Enzyme Linked Immunosorbent Assay.* E. ist ein immunochemisches Analysenverfahren, das hohe Spezifität und hohe Empfindlichkeit vereinbart. Ein geeignetes Antigen wird dabei an einer Oberfläche adsorbiert, so dass eine Schicht entsteht, die mit korrespondierenden Antikörpern reagieren kann. In der Sandwich-Technik werden die so entstandenen Antigen-Antikörper-Komplexe mit einer weiteren, aus einer anderen Spezies wie z. B. Kaninchen gewonnenen Antikörper-Lösung detektiert, deren Antikörper (die sekundären Antikörper) hochaffin auf den ersten Antikörper (den Analyten oder primären Antikörper) reagieren. An die sekundären Antikörper ist chemisch ein Enzym gebunden, meist alkalische Peroxidase oder Meerrettich-Peroxidase, das eine Farbreaktion mit einem geeigneten Substrat katalysiert und so eine Detektion über die Farbintensität ermöglicht. Bei der kompetitiven Technik wird ein enzymmodifizierter Antikörper zugleich mit dem Analyten-Antikörper auf das immobilisierte Antigen gegeben, so dass die enzymkatalysierte Farbreaktion dann eine Aussage über das Verhältnis unmodifizierter zu enzymmodifizierter Antikörper gibt. In der Lebensmittelanalytik wird E. z. B. eingesetzt, um unter Verwendung tierartspezifischer Antikörper die Tierart in Fleischerzeugnissen u. Ä. zu ermitteln, in der Medizin wird er zur Infektionsdiagnostik angewandt.

Elisenlebkuchen engl.: *elisen gingerbread;* auf Oblaten gebackene feinste → Lebkuchen, die in der Masse mindestens 25 % Mandeln und/oder Hasel- bzw. Walnusskerne enthalten. Andere Ölsamen werden nicht verwendet. Der Gehalt an Getreideerzeugnissen oder -stärke ist bezogen auf die Masse begrenzt auf 10 % bzw. 7,5 % oder auf die entsprechende Menge einer Mischung aus diesen Stoffen.

Ellendale Syn.: *Ellendale Beauty;* mittelgroße bis große → Zitrusfrucht mit fest anhaftender, mitteldünner, feinporiger bis glatter orangeroter Schale und sehr saftigem hellorangem Fruchtfleisch. Die in den USA, Uruguay und Australien angebaute E. ist aus einer Kreuzung von Mandarine, Tangerine und Orange hervorgegangen und gehört zu der Untergruppe der → Tangor bei den Mandarinen. Die Einfuhr erfolgt in den Sommermonaten.

Elsässer Weine engl.: *Alsatian wine;* → Alsace

Elsbeeren lat.: *Sorbus torminalis (L.) Crantz* (Fam.: *Rosaceae*), engl.: *Wild Service Tree;* länglich eiförmige, vollreif braune Beeren des gleichnamigen Baumes mit zahlreichen korkigen Flecken und säuerlich-süßem, sandig-mehligem, trockenem Geschmack. Die Früchte werden i. d. R. nicht roh verzehrt, sondern zu Konfitüren, Gelees und Obstbränden verarbeitet.

Elstar; häufige Apfelsorte (→ Apfel) mit kleinen bis mittelgroßen Früchten mit glatter gelbroter Schale und saftigem weißgelblichen Fruchtfleisch von süß-säuerlichem Geschmack. Der E. wird von Oktober bis März verzehrt, Pflückreife erreicht er Ende September.

Embryo engl.: *embryo,* Syn.: *Keimling;* Keimling des → Getreidekorns, der vor dem Mahlen des Korns entfernt wird, um eine bessere Haltbarkeit der Mahlerzeugnisse zu erzielen. Der Keimling wird ganz, gequetscht als Flocken oder gemahlen angeboten. Die verwendeten Keime kommen von Weizen, Roggen, Mais und Malz. Bei Vollkornprodukten wird das ganze Korn mit dem Keimling verarbeitet.

Emincé; Gericht aus in hauchdünne Scheiben oder Streifen geschnittenem Fleisch vom Wild, Geflügel oder Kalb. Typische Beigaben sind Röstkartoffeln (Rösti), Reis oder Nudeln und eine gebundene Sauce. Bekannt ist E. de veau à la Zurichoise (→ Züricher Geschnetzeltes).

Emmentaler Käse engl.: *Emmenthaler cheese,* Syn.: *Schweizer Käse;* nach dem Emmental bei Bern in der Schweiz benannter mühlensteinförmiger Hartkäse der Vollfettstufe (45 % F. i. Tr., ca. 30 % absol. Fettgehalt). Er wird aus naturbelassener Rohmilch von Kühen, die Gras und Heu, aber kein Silofutter und keine Silage fressen, hergestellt. Zusätzlich zu dem Emmental gehören heute die deutschsprachigen Gebiete der Schweiz zu den Herstellungsgebieten. Die Rohmilch aus diesen Gebieten verleiht dem E. das charakteristische einzigartige und würzige Aroma. Die Verwendung von Zusatzstoffen bei der Herstellung ist verboten. Über 1000 Liter Schweizer Rohmilch sind für die Herstellung eines ca. 80 kg schweren Laibes notwendig. Heute wird auch in anderen Länder E. hergestellt. In diesen Ländern wird aber vorwiegend pasteurisierte Milch verwendet, wodurch der Käse milder wird. Der E. besitzt eine goldgelbe bis bräunliche, glatte, grifffeste Rinde mit leicht nach außen gewölbter Randfläche. Der mattgelbe, geschmeidige und elastische Teig besitzt regelmäßig verteilte, für den E. typische Kirschlochungen. Die Löcher entstehen durch die Bildung von Kohlendioxid während der zweiten Gärung des Käses. Mit dieser zusätzlichen Propionsäuregärung nach der auch bei anderen Käsesorten üblichen Milchsäuregärung nimmt der E. in der Käseherstellung eine Sonderstellung ein. Sein Geschmack ist aromatisch und nusskernartig. Er muss mindestens zwei Monate bis zur Abgabe an den Verbraucher reifen. Es gibt ihn je nach der Lagerdauer in verschiedenen Reifegraden: von jung und mild über angereift-rezent (pikant) bis zu kräftig ausgeprägt. Bei sehr reifem E. bilden sich in den Löchern mit der Zeit so genannte Tränen (Salzwasser). Weitere Herstellungsländer und Arten sind: 1. Echter E. (→ Emmentaler „Switzerland") aus dem Tal der Emme; 2. Schweizer Käse aus dem Gesamtalpengebiet der Schweiz, Finnland (Seengebiet), Dänemark (Sams), USA (Wisconsin); 3. → Allgäuer Emmentaler aus den bayerischen und württembergischen Alpen; 4. Battelmatt-Käse; 5. Herregoards-Käse aus Schweden; 6. → Emmentaler Magerkäse aus der Schweiz; 7. Emmentaler aus Frankreich. E. wird vorwiegend für kalte Gerichte verwendet.

Emmentaler Magerkäse; Magerkäse nach Emmentaler Art (Hartkäse), der heute hauptsächlich zu Schmelzzwecken hergestellt wird. → Emmentaler Käse

Emmentaler „Switzerland" engl.: *Emmenthaler cheese,* Syn.: *traditioneller Schweizer Käse;* Schweizer Hartkäse der Vollfettstufe (45 % F. i. Tr., ca. 30 % absol. Fettgehalt) in Laibform mit einem Gewicht von 70–130 kg. Er wird aus naturbelassener Rohmilch, vorwiegend im deutschsprachigen Gebiet der Schweiz hergestellt. Emmentaler „Switzerland" ist eine geschützte Ursprungsbezeichnung und stellt eines der wichtigsten landwirtschaftlichen Exportprodukte der Schweiz dar.

Emmer lat.: *Triticium dicoccon Schrank* (Fam.: *Poaceae*), engl.: *Emmer,* Syn.: *Zweikorn-Weizen, Gerstendinkel, Sommerspelt;* robuste, anspruchslose, bespelzte Weizenart, die eine Stammform des heute kultivierten Saatweizens (→ Weizen) darstellt und mit nicht bespelzten Hartweizensorten verwandt ist. E. wird in geringem Umfang angebaut und zu Mehl, Graupen und Teigwaren verarbeitet sowie in der Züchtungsforschung verwendet.

Emulgatoren engl.: *emulsifiers;* zu den → Tensiden gehörende grenzflächenaktive Substanzen, die einen lipophilen und einen hydrophilen Molekülteil besitzen, sich an der Grenzfläche zweier nicht mischbarer Phasen (z. B. Fett/Wasser) anreichern und durch Erniedrigung der Grenzflächenspannung die Ausbildung feindisperser Systeme (Emulsionen, Suspensionen oder Schäume) ermöglichen. E. bewirken und fördern die Bildung von Emulsionen und erhöhen außerdem deren Stabilität. Abhängig davon, ob sich der E. überwiegend in der Wasser- bzw. Ölphase löst, werden O/W(Öl-in-Wasser)- bzw. W/O(Wasser-in-Öl)-Emulgatoren unterschieden (→ HLB-Wert), die durch entsprechende Mischung ihrem Verwendungszweck optimal angepasst werden können. Wichtige E. sind z. B. → Lecithin, → Mono- und → Diglyceride, → Sorbitanfettsäureester und → Polyoxyethylensorbitanester von Fettsäuren.

Emulgieren engl.: *to emulsify;* inniges Vermengen zweier nicht mischbarer, vorzugsweise flüssiger Stoffe, meist Öl und Wasser unter Ausbildung einer stabilen → Emulsion. Durch den Zusatz geeigneter → Emulgatoren wird die Entmischung (Brechen) der Emulsion durch mechanische, thermische oder chemische Einflüsse verzögert oder verhindert.

Emulgierhilfsmittel; Stoffe, die die Ausbildung einer → Emulsion begünstigen. Dazu gehören u. a. Stabilisatoren, Tenside, Dickungsmittel (z. B. Gelatine, Agar-Agar, Carrageen, Stärke, Guarmehl, Dextrine, Johannisbrotkernmehl) und Cellulosederivate (z. B. Methycellulose).

Emulsin engl.: *emulsin;* wesentlich an der hydrolytischen Spaltung von → Amygdalin und anderen → cyanogenen Glykosiden beteiligtes Gemisch aus →Glucosidasen (→Enzyme).

Emulsionen engl.: *emulsions;* gleichmäßige, mehr oder weniger beständige Mischungen von ineinander nicht mischbaren Flüssigkeiten (Phasen). Es lassen sich „Wasser-in-Öl"-Emulsionen wie z. B. Margarine, Butter oder Mayonnaise und „Öl-in-Wasser"-Emulsionen wie z. B. Milch unterscheiden. Je feiner die Verteilung der Phasen und die Tröpfchengröße sind, umso beständiger ist die E. gegen Verderb. E. sind häufig aufwändig in der Herstellung, physikalisch unbeständig und neigen dauerhaft zur Trennung (Entmischen) wie bspw. beim Aufrahmen von Milch. Grenzflächenaktive Stoffe, welche die Bildung einer E. durch Absenken der Oberflächenspannung der einzelnen Bestandteile erleichtern und/oder dem Entmischen einer E. entgegenwirken, werden als →Emulgatoren bezeichnet.

Emulsionsliköre; →Liköre, deren Zutaten bei der Herstellung homogenisiert worden sind. Dabei handelt es sich in erster Linie um Liköre, die fetthaltige Zutaten wie z. B. Milch, Sahne oder Eier enthalten, etwa →Eierlikör.

Enchiladas; gefüllte, mit Sauce und häufig Käse überbackene →Tortillas.

Endgare; letzte Phase der →Stückgare bis zur Gärreife, in der die bereits abgeteilten geformten Teigstücke im Gärraum bei ausreichender Luftfeuchtigkeit (ca. 65–75 %) und bestimmten Temperaturen (ca. 30–35 °C) durch Gärung gelockert werden.

Endivien lat.: *Cichorium endivia L.* (Fam.: *Asteraceae*), engl.: *Endives;* mit dem →Chicorée und der →Zichorie verwandtes grünes Salatgemüse, das in drei Varietäten angeboten wird. Zwei von ihnen weisen eine lockere bis dichte, außen grüne, im Innern je nach Sorte unterschiedlich stark gelbe Blattrosette und die dritte aufrecht stehende Blätter auf. Die erste Varietät (*var. crispum Lam.*), die Krause Endivie (Syn.: *Winterendivie*), besitzt krause Blätter mit tiefer Schlitzung. Eine spezielle Züchtung von ihr mit zarten Blättern und vergleichsweise mildem Geschmack ist Frisée. Escariol (*var. latifolia Lam.*), die zweite Varietät, verfügt über glatte breite Blätter. Die Rosette wird bei beiden kurz vor der Ernte durch Zusammenbinden oder Abdecken vor Lichteinfall geschützt. Die inneren Blätter (Herzblätter) vergeilen, d. h. sie entwickeln sich bleich und zart. Die dritte Varietät (*var. endivia*), die Schnittendivie, besitzt locker aufrecht stehende, länglich-schmale Blätter. Alle E. schmecken in unterschiedlicher Ausprägung herzhaft-würzig und bitter durch den im Milchsaft enthaltenen Bitterstoff Intybin. Als Speicherkohlenhydrat enthalten E. wie Chicorée und die Zichorie das Polyfructan →Inulin. Sie werden ganzjährig in obligatorischen EG-Handelsklassen nur als Frischware (Salat) gehandelt und die Blätter roh als Salat oder Rohkostspeise verzehrt.

Endokarp engl.: *endocarp;* botanische Bezeichnung für die innere Teilschicht des →Perikarps.

Endopeptidasen engl.: *endopeptidases,* Syn.: *Proteinasen;* zur Gruppe der →Proteasen gehörende →Enzyme, welche die Peptid-Bindungen im Inneren des Proteinmoleküls spalten. Die E. können abhängig von ihrem aktiven Zentrum weiter in Serin-, Cystein-, Asparaginsäure- und Metall-Proteinasen unterteilt werden. Wichtige Vertreter sind z. B. Pepsin, Trypsin, Chymotrypsin und Thrombin.

Endosperm engl.: *endosperm;* nährstoffhaltiges Gewebe, das den →Embryo (fertige Pflanze) im →Samen umgibt und als Reserve beim ersten Wachsen versorgt. In dem Gewebe können Kohlenhydrate in Form von →Stärke, Raffinose oder Oligosacchariden sowie Eiweiße und Fette gespeichert sein. Für die menschliche Ernährung ist das E. von Samen z. B. von Getreidesamen (→Getreide) von hoher Bedeutung.

Endosporen engl.: *endospores;* →Sporen

Endotoxine engl.: *endotoxins;* hitzeresistente Lipopolysaccharide, die natürliche Komponenten der Zellwand gramnegativer → Bakterien sind und beim Absterben der Zellen aus diesen freigesetzt werden. Sie verursachen bereits in geringer Konzentration Lebensmittelintoxikationen mit Durchfällen und Fieber.

Endverbraucher engl.: *final consumer;* im Lebensmittelrecht definiert als der letzte Verbraucher eines Lebensmittels, der das Lebensmittel nicht im Rahmen der Tätigkeit eines → Lebensmittelunternehmens verwendet.

Energiebedarf engl.: *energy requirement;* Parameter, der sich aus dem → Grundumsatz, dem Arbeitsumsatz, der Thermogenese nach Nahrungszufuhr sowie dem Bedarf für Wachstum, Schwangerschaft und Stillzeit ergibt. Er wird heute i. d. R. nicht mehr absolut, sondern leistungsabhängig als Mehrfaches des Grundumsatzes angegeben, der bei üblicher körperlicher Belastung den größten Teil des Energieverbrauches darstellt. Der tägliche Energieumsatz (engl.: *total energy expenditure*, Abk.: TEE) sowie der Grundumsatz (engl.: *basal metabolic rate*, Abk.: BMR) des Menschen können experimentell bestimmt werden. Aus dem Quotienten TEE/BMR ergibt sich in Abhängigkeit von beruflicher Tätigkeit und Freizeitverhalten der durchschnittliche tägliche E. in Mehrfachen des Grundumsatzes. Dieser als PAL-Wert (von engl.: *physical activity level*) bezeichnete Faktor kann zwischen 1,2 und 2,4 variieren und liegt bei Erwachsenen mit überwiegend sitzender Tätigkeit bei etwa 1,6. Angaben über die empfehlenswerte Höhe der Energiezufuhr erfolgen international in Mega-Joule (MJ) oder Kilokalorien (kcal). (1 kcal = 4,184 kJ = 0,004184 MJ).

Energiedichte engl.: *energy density;* Parameter, der das Verhältnis des Energiegehalts (Brennwert) zur Menge bzw. dem Volumen eines Lebensmittels beschreibt. Das heißt, Lebensmittel mit hoher E. liefern bereits in geringer Menge viele Kalorien, weshalb bei einer ausgewogenen Ernährung Lebensmittel mit geringer E. und hoher → Nährstoffdichte zu bevorzugen sind.

Energie reduziert Syn.: → *Brennwert vermindert*

Energie reduzierte Getränke Syn.: → *Brennwert verminderte Getränke*

Energiestoffwechsel engl.: *energy metabolism;* Gesamtheit aller Energie liefernden und verbrauchenden Prozesse, auch zwischen Organismus und Umwelt. Zur Erhaltung der Lebensvorgänge wird im Körper ständig Nahrungsenergie für mechanische (Atmung, Herztätigkeit), chemische (Biosynthesen) und osmotische (Transport) Arbeit genutzt. Ein großer Teil der Energie wird in Wärmeenergie umgewandelt und dient der Aufrechterhaltung der Körpertemperatur.

Energie vermindert Syn.: → *Brennwert vermindert*

Energy-Drinks engl.: *energy drinks;* Bezeichnung für eine Gruppe von → Erfrischungsgetränken, die über eine Reihe von zugesetzten Lebensmitteln und/oder Zusatzstoffen ernährungsphysiologisch (i. d. R. anregend und belebend) wirken sollen. Häufig in z. T. sehr hohen Konzentrationen verwendete Zutaten sind → Taurin, → Guarana, → Coffein und → Ginseng. Aus Gründen des vorbeugenden Gesundheitsschutzes unterliegen E. strengen lebensmittelrechtlichen Vorschriften. E., die mehr als 150 mg Coffein pro Liter enthalten, müssen den Warnhinweis „Erhöhter Koffeingehalt" tragen. Für die Verwendung von hohen Gehalten an Guarana und Coffein in Reinform (über 250 mg/l) und von Taurin sowie Ginseng sind nach deutschem Recht Ausnahmegenehmigungen erforderlich.

Engelwurz Syn.: → *Angelika*

Englische Mischung; → Teemischung, die den englischen Geschmacksvorstellungen entsprechen soll. Die e. M. ist kräftig, enthält vorwiegend → Ceylon Tees und wird gerne mit Milch und Zucker getrunken.

Englischer Kuchen; in langen oder runder Backformen gebackener Kuchen aus → Sandmasse mit hohem Anteil an verschiedenen → kandierten Früchten sowie Rosinen/Sultaninen und Korinthen. Der Anteil beträgt bei Handelsware üblicherweise mindestens 300 g auf 1 kg Getreideerzeugnisse. Neben kandierten Kirschen wird mindestens noch eine weitere Art kandierte Früchte (keine Geleefrüchte) verwendet.

Englischer Senf engl.: *english mustard;* 1. unter zusätzlicher Verwendung von Getreidemehl (bis zu 10 %) und Kurkuma aus weißer sowie brauner Senfsaat hergestellter sehr scharfer →Speisesenf. Als alleinige Flüssigkeit wird nur Wasser verwendet. Der Gehalt an schalenfreier Senftrockensubstanz beträgt mindestens 20 %, der an fettem Senföl mindestens 6 %. 2. Syn. für →Weißer Senf.

Englischer Spinat Syn.: → *Gartenampfer*

Englisches Senfgemüse Syn.: → *Piccalilli*

Entbitterung engl.: *debittering;* Entfernen bitter schmeckender Stoffe aus Lebensmitteln zur Erhöhung des Geschmackwertes. Dies kann durch chemische oder enzymatische Umsetzung oder auch durch Herauslösen der →Bitterstoffe erfolgen. Eine E. findet z. B. beim Abbau von Peptiden in Eiweißhydrolysaten oder bei der Spaltung von Naringin durch Naringinase in Zitrussäften statt.

Entcoffeinierter Kaffee engl.: *decaffeinated coffee,* Syn.: *Coffeinfreier Kaffee;* Rohkaffee, dem das →Coffein durch Extraktion mit überkritischem Kohlendioxid, organischen Lösungsmitteln oder Wasser vor der Röstung weitgehend entzogen wurde. Es verbleibt ein Restgehalt von höchstens 1 g bei üblichem →Röstkaffee bzw. 3 g bei →Kaffeeextrakt in 1 kg Trockenmasse.

Entcoffeinierter Tee engl.: *decaffeinated tea;* →Tee, dem das →Coffein durch Extraktion mit überkritischem Kohlendioxid bis auf einen Restgehalt von 0,4 % in der Trockenmasse entzogen wurde.

Enteiweißte Molke; →Molke, die weniger als 0,1 % Molkeneiweiß enthält. Sie fällt bei der Gewinnung von Molkeneiweiß und der Frischkäseherstellung nach Abtrennung des Molkeneiweißes durch chemische (Fällung) und physikalische Methoden (Ultrafiltration, Zentrifugieren) an. E. M. ist der Ausgangsrohstoff zur Lactosegewinnung aus Molke.

Enteneier engl.: *eggs of ducks;* Eier von der Hausente. Sie sind größer (Gewicht ca. 70 g) als Hühnereier, enthalten mehr Fett (14,8 %) und weniger Wasser (69,8 %). E. können mit bestimmten pathogenen Mikroorganismen (Salmonellen) befallen sein und müssen daher vor dem Verzehr ausreichend (mindestens 10 Min.) erhitzt werden. Nur bei längerer Erhitzung werden die Mikroorganismen mit Sicherheit abgetötet. E. sind daher auf der Verpackung oder bei loser Abgabe auf einem Schild oder einem Begleitzettel leicht lesbar und deutlich sichtbar mit einem →Mindesthaltbarkeitsdatum und der Angabe „Verbraucherhinweis: Vor Verzehr 10 Minuten durchzuerhitzen“ zu kennzeichnen.

Enteritis engl.: *enteritis;* Entzündung des Darms, i. e. S. des Dünndarms, mit Durchfällen als Hauptsymptom.

Enterobacter; Gattung gramnegativer beweglicher Stäbchenbakterien, die aus Lactose Säure bilden und weit verbreitet im Darm von Mensch und Tier, aber auch auf Pflanzen vorkommen. Enterobacter-Arten sind häufig Ursache von Lebensmittelverderbnis, wobei meist gasförmige, sehr unangenehm riechende Stoffwechselprodukte sowie Schleimstoffe gebildet werden. *E. aerogenes* und *E. cloacae* gelten wie →*Escherichia coli* als →Fäkalindikatoren.

Enterobacteriaceae Syn.: *Enterobacteriaceen;* Familie von gramnegativen, nicht sporenbildenden, beweglichen oder unbeweglichen, fakultativ anaeroben Stäbchenbakterien. Der Name leitet sich von lat.: *enteron* = Darm ab, da viele E. im Darm von Mensch und Tier vorkommen. Als Lebensmittelvergifter sind neben den Gattungen →*Salmonella* und →*Shigella* v. a. bestimmte Stämme von →*Yersinia enterocolitica* und →*Escherichia coli* von Bedeutung. E. der Gattungen →*Ent-*

erobacter, Escherichia u. a. sind im Lebensmittelbereich weiterhin wichtige Hygieneindikatoren für fäkale Kontaminationen.

Enterokokken; →Streptokokken der serologischen Gruppe D. Hauptvertreter sind *Enterococcus faecilis* (Syn.: *Streptococcus faecilis*) und *Enterococcus faecium* (Syn.: *Streptococcus faecium*).

Enterotoxine engl.: *enterotoxins;* →Exotoxine, deren Angriffsort der Darm ist.

Enthärtung engl.: *softening;* →Wasserenthärtung

Enthefen; bezeichnet das Entfernen der Hefe bei der Herstellung von Sekt/Schaumwein. Je nach Herstellungsverfahren sind die Methoden zum E. unterschiedlich. Beim Flaschengärverfahren setzt sich die Hefe während des Rüttelprozesses (die Flasche steht mit dem Hals nach unten) auf dem Korken als festes Hefegeläger ab. Für das so genannte →Degorgieren (Entfernen des Korkens zusammen mit dem festgefrorenen Hefepfropfen) ist eine besondere manuelle Geschicklichkeit erforderlich. Beim Tankgärverfahren wird der Sekt in größeren Mengen in Stahltanks vergoren, die Hefe durch Filtration entfernt und erst dann in Flaschen abgefüllt.

Entkeimungsfiltration engl.: *sterile filtration;* Verfahren zum Entkeimen von Fruchtsäften durch Filtration mit Hilfe von Schichtfiltern (EK-Filtern), z. B. aus Cellulosederivaten, hergestellt in verschiedenen Durchlässigkeitsgraden. Es werden feinste Teilchen und auch Mikroorganismen aus vorgeklärten keimarmen Keltersäften nicht nur durch die Feinstruktur, sondern auch durch die große innere Oberfläche der Filter absorptiv gebunden.

Entrahmen engl.: *to skim;* teilweises oder vollständiges Abscheiden des →Milchfetts aus →Milch in so genannten Milchseparatoren (Milchzentrifugen). Da bei fast allen Milchprodukten die Fettgehalte festgelegt sind (z. B. →entrahmte Milch, →teilentrahmte Milch), muss der Rohstoff in Bezug auf den Fettgehalt standardisiert werden. Dies kann z. B. durch kontinuierliche Entnahme des überschüssigen Fettes mit Hilfe von Durchlaufseparatoren erfolgen. Bei der Herstellung von →Butter wird die Rohmilch zur Rahmgewinnung ebenfalls bis auf einen Restfettgehalt von maximal 0,06 % entrahmt.

Entrahmte Milch engl.: *low-fat milk,* Syn.: *Magermilch;* wärmebehandelte →Konsummilch, deren Fettgehalt höchstens 0,5 % beträgt. Die Anreicherung mit aus Milch stammendem Eiweiß, Mineralsalzen oder Vitaminen ist wie die Verringerung des Lactosegehalts der Milch durch Umwandlung der Lactose in Glucose und Galactose erlaubt. Beide Arten der Änderung der Zusammensetzung der Milch müssen auf dem Etikett angegeben werden.

Entrecôte engl.: *strip loin;* aus dem Rücken des Rindes zwischen den Rippen geschnittenes Stück dunkelrotes stark marmoriertes Muskelfleisch (→Hochrippe →Roastbeef). Auch vom E. geschnittene Scheiben werden als E. bezeichnet. Sie besitzen im Allgemeinen ein Portionsgewicht von 400 g und sind damit dicker als Rumpsteak geschnitten. Sehr dicke Scheibe (ca. 800 g), die Kurzbraten gerade noch ermöglichen, werden als E. double bezeichnet. Je dicker der Schnitt der Fleischscheibe, umso saftiger (roh) bleibt das Fleischstück im Innern, während es außen knusprig wird.

Entsäuern von Rohfetten engl.: *neutralisation, refining;* Schritt bei der →Raffination von Fett zur Neutralisation von freien Fettsäuren. Meist wird Natronlauge eingesetzt und die entstehenden Seifen in einem kontinuierlichen mehrstufigen Prozess abzentrifugiert. Neben dieser chemischen Entsäuerung wird, besonders bei Ölen mit hohen Gehalten an freien Fettsäuren, ein physikalisches Verfahren angewandt. Hierzu muss der Gehalt an Begleitstoffen wie z. B. Phospholipiden gering sein. Die Entsäuerung wird dann in einer Wasserdampfdestillation bei Temperaturen bis 270 °C mit der →Desodorierung gekoppelt. Nach Trocknung des entsäuerten Öls sollte der Anteil an freien Fettsäuren unter 0,1 % liegen. Weitere Methoden sind selektive Extraktion von Fettsäuren und Rückveresterung mit Glycerin.

Entsalztes Molkenpulver engl.: *desalted dried whey;* aus weitgehend entsalzter Süß- oder Sauermolke, auch unter Verwendung von Lactase hergestelltes Süß- oder Sauermolkepulver mit einem Wassergehalt von höchstens 6 % und einem Aschegehalt von höchstens 2,5 %.

Entschäumer Syn.: → *Schaumverhüter*

Entschleimen von Rohfetten engl.: *to degum;* Verfahrensschritt bei der → Raffination von Fetten und Ölen, bei dem im Öl verteilte Proteine und Kohlenhydrate sowie Phosphatide wie z. B. Lecithin durch Zusatz von verdünnter Phosphorsäure bei Temperaturen zwischen 80 und 90 °C ausgeflockt und abfiltriert werden. Bei lecithinreichen Ölen wie Raps- und Sojaöl erfolgt zuvor noch eine Entlecithinierung, bei der die Phospholipide mit Hilfe von eingeleitetem Wasserdampf in der gebildeten Grenzschicht Öl/Wasser angereichert und durch Zentrifugation entfernt werden.

Enzian engl.: *1. Gentian, 2. Gentian spirit;* 1. wild wachsende Stauden der Gattung *Gentiana*, von denen die Wurzeln, insbesondere die des Gelben E. (lat.: *Gentiana lutea L.*), genutzt werden. Sie dienen im Lebensmittelbereich ganz, geschnitten oder gemahlen wegen ihrer Bitter- und Würzstoffe zur Herstellung von alkoholischen Getränken und Aromen; 2. farblose → Spirituose mit charakterisch aromatisch-bitterem Geschmack und einem Mindestalkoholgehalt von 37,5 Vol.-%. Sie wird aus Enziandestillat hergestellt, das durch Gärung von Enzianwurzeln mit oder ohne Zusatz von Ethanol landwirtschaftlichen Ursprungs gewonnen wird.

Enzymatische Bräunung engl.: *enzymatic browning;* Reaktion, bei der braune Farbstoffe gebildet werden. Diese wird durch die Zerstörung des Zellverbandes von Obst und Gemüse ausgelöst und beruht auf Umsetzungen von phenolischen Inhaltsstoffen (v. a. → Polyphenole) durch (Poly)Phenoloxidasen in Gegenwart von Luftsauerstoff. Zunächst findet eine Oxidation zu o-Chinonen statt, die anschließend zu braunen Verbindungen polymerisieren. Die e. B. ist die Ursache für die Verfärbung von geschälten Kartoffeln, Äpfeln, Birnen u. Ä., verleiht aber auch im Zuge der Fermentation Tee und Kakaobohnen ihre charakteristische Farbe. Um die e. B. zu verhindern, können die Enzyme durch Erhitzen (Blanchieren) oder Schwefeldioxid inaktiviert, der pH-Wert durch Säurezugabe gesenkt oder die Rückreaktion durch Reduktionsmittel wie z. B. Ascorbinsäure gefördert werden.

Enzymatische Säuerung engl.: *enzymatic acidification;* sehr alte Konservierungsmethode, bei der Mikroorganismen im Zuge der Gärung Kohlenhydrate in Säuren, v. a. in Milchsäure, umwandeln. Die konservierende Wirkung beruht auf der Senkung des pH-Wertes durch die Säure, so dass pathogene Keime nicht gedeihen können. E. S. findet z. B. bei der Herstellung von Sauerkraut, eingelegten Gurken, Bohnen und Oliven statt.

Enzymatische Untersuchungsmethoden engl.: *enzymatic analysis,* Syn.: *Enzymatik;* Bestimmung von Substanzen in Lebensmitteln mit Hilfe von Enzymen. Die Fähigkeit von Enzymen, hochspezifisch ein Substrat in einer definierten Reaktion zu einem Produkt umzusetzen, wird für Bestimmungen, ohne Störung durch chemisch ähnliche Verbindungen, genutzt. Die Enzymreaktion ist häufig mit der Umsetzung eines Coenzyms wie NAD/NADH oder NADP/NADPH gekoppelt, dessen Konzentrationsänderung leicht photometrisch verfolgt werden kann. Ein Beispiel ist die Glucosebestimmung mit Hilfe der Enzyme Hexokinase und Glucose-6-phosphat-Dehydrogenase.

Enzyme engl.: *enzymes,* Syn.: *Fermente, Biokatalysatoren;* von griech.: *en zyme* = in der Hefe abgeleitete Bezeichnung für globuläre → Proteine mit katalytischer Aktivität, die biochemische Reaktionen ermöglichen bzw.

die Geschwindigkeit einer Reaktion steigern. Neben der Proteinkomponente besitzen einige E. eine fest damit verknüpfte nicht proteinartige Komponente, die als so genannte „prosthetische“ Gruppe an der Reaktion beteiligt ist (z. B. Vitamin B_1, B_2, B_6 und Nicotinsäure). Zum Teil benötigen sie ein reversibel gebundenes Cosubstrat wie z. B. ATP oder Metallionen wie Magnesium, Calcium oder Zink als Kofaktoren. E. kommen in allen Organismen vor und katalysieren dort die Stoffwechselvorgänge. Sie sind empfindlich gegenüber Hitze (→ Denaturierung) und organischen Lösungsmitteln. E. besitzen eine unterschiedlich stark ausgeprägte Substratspezifität, die u. a. in der Lebensmittelanalytik zu qualitativen und quantitativen Bestimmungen genutzt wird. Ferner zeigen sie eine Reaktionsspezifität, die auch die Grundlage für die Einteilung der E. in die sechs Klassen → Hydrolasen, → Lyasen, → Transferasen, → Isomerasen, → Oxidoreduktasen und → Ligasen darstellt. Im Lebensmittelbereich katalysieren E. ungewollte (z. B. zum Verderb führende Abbaureaktionen) und gewollte Reaktionen, die auch in der Lebensmitteltechnologie genutzt werden. Dabei sind die E. entweder Bestandteil des Lebensmittels selbst (z. B. Fermentation von → Tee und → Kaffee), werden durch Mikroorganismen eingebracht (z. B. Herstellung von → Sauermilcherzeugnissen, → Käse und alkoholischen Getränken) oder als technische Enzympräparate zugegeben (z. B. → Amylasen bei der Mehlbehandlung, → beta-Galactosidasen in der Milchtechnik, → Invertasen zur Invertzuckerherstellung).

EPA; Abk. für → Eicosapentaensäure.

Ephedrakraut lat.: *Ephedra sinica Stapf.* (Fam.: *Ephedraceae*), engl.: *Ephedra, Ma huang,* Syn.: *Meerträubel, Ma-huang, Mormonentee, Mexikanischer Tee;* chinesisches Heilmittel, das Ephedra-Alkaloide enthält, die in Form und Charakter Amphetaminen ähneln. E. wirkt Gefäß verengend, Kreislauf stimulierend, Blutdruck steigernd, zentralerregend, Appetit dämpfend und Krampf lösend auf die Bronchien. Ephedrakrauthaltige Produkte sind in Deutschland als Arzneimittel eingestuft, werden jedoch im Internet als → Nahrungsergänzungsmittel oder Tee angeboten, wie z. B. Ephedra-Tee als Appetitzügler. Der unkontrollierte Verzehr ephedrakrauthaltiger Produkte kann zu schweren Gesundheitsschäden führen.

Eppich Syn.: → *Knollensellerie*

Eppichkraut Syn.: → *Schnittsellerie*

EPS; Abk. für geschäumtes (expandiertes) → Polystyrol.

Erbsen lat.: *Pisum sativum subsp. sativum L.* (Fam.: *Fabaceae*), engl.: *Peas, Garden Peas,* Syn.: *Gartenerbsen;* Hülsenfrüchte der gleichnamigen, in mehreren Sortengruppen angebauten, einjährigen, krautigen Leguminose. Bei der ersten, meist genutzten Sortengruppe handelt es sich um die weit verbreiteten Pal- bzw. Schalerbsen (lat.: *Sativum Grp.*), deren runde glatte Samen vielfältig in der Küche unreif (grün) und reif (gelbe Trockenerbsen) sowie in der Industrie verwendet werden. Neben ihnen sind als frische und tiefgekühlte Gemüseerbsen die im Geschmack süßeren und zarteren Samen der zweiten Sortengruppe, der Markerbsen (lat.: *Medullare Grp.*), mit kantigem leicht schrumpfenden Korn im Gebrauch. Die dritte Sortengruppen bilden die kleinsamigen Zuckererbsen (lat.: *Macrocarpon Grp.*), bei denen die Samen zusammen mit ihrer dickfleischigen Hülse als Gemüse verzehrt werden. Im Gegensatz zu den anderen zwei Sorten besitzt diese bei den Zuckererbsen keine pergamentartige Innenhaut. E. zählen zu den eiweißreichsten Gemüsearten und verfügen über einen beträchtlichen Gehalt an Vitamin B_1 (ca. 6,6 g Eiweiß und ca. 300 µg Vitamin B_1 pro 100 g essbarer Anteil). Sie werden vielfältig zubereitet als Gemüse, Gemüsebeilage sowie als Zutat in Suppen und Eintöpfen verzehrt. Der Anbau von E. erfolgt in Freilandkultur in Feld und Garten. Geerntet werden sie in Europa i. d. R. im

Sommer (England: Winter) grün im halb reifen Stadium der Milchreife (Gemüseerbsen) sowie gelb oder grün, reif und trocken im Stadium der Totreife (Trockenerbsen). Da die Frischware kaum lagerfähig ist, werden E. auf verschiedene Art und Weise haltbar gemacht. Eine Haltbarmachung erfolgt durch Tiefgefrieren sowie durch die Verarbeitung zu Nasskonserven. Die reifen trockenen Früchte werden zu Produkten wie z. B. Mark, Püree und Mehl (→ Erbsenmehl) weiterverarbeitet. Frischware wird in obligatorischen EG-Handelsklassen gehandelt. Erbsenkonserven unterliegen hinsichtlich der Qualität EG-Normen. Tiefgefrorene E. erfüllen die Anforderungen der Leitsätze des Deutschen Lebensmittelbuches für tiefgefrorenes Obst und Gemüse oder sind in ihrer Abweichung ausreichend kenntlich gemacht.

Erbsenkäfer lat.: *Bruchus pisorum L.* (Fam.: *Bruchidae (Samenkäfer)*), engl.: *pea weevil;* 4–5 mm langer, graubraun-scheckig gefärbter Käfer. Der E. ist ein wichtiger Feldschädling an → Erbsen und entspricht hinsichtlich Vermehrung und verursachten Schäden dem → Linsenkäfer.

Erbsenmehl engl.: *pea flour,* Syn.: *Erbsmehl;* Mehl aus geschälten gelben oder grünen Erbsen. Es findet insbesondere in Suppen mit geringerer Kochzeit Anwendung, weil es schnell und sämig aufgekocht werden kann sowie leicht bekömmlich ist.

Erbswurst; kochfertiges, schnell zuzubereitendes Suppenerzeugnis aus → Erbsenmehl, Speck, Gewürzen und Salz, das gepresst in Wursthüllen, meist aus Cellophan®, angeboten wird. Ursprünglich im 19. Jahrhundert als Soldatenverpflegung erfunden, ist E. eines der ältesten industriell gefertigten Fertiggerichte. → Convenience-Produkte

Erdäpfel Syn.: → *Kartoffeln*

Erdalkalimetalle engl.: *alkaline-earth metals;* Bezeichnung für die Elemente der 2. Hauptgruppe des Periodensystems wie z. B. Calcium und Magnesium.

Erdartischocke Syn.: → *Topinambur*

Erdbeerbaumfrucht lat.: *Arbutus unedo L.* (Fam.: *Ericaceae*), engl.: *arbutus;* Bezeichnung für die tiefrote, kirschgroße, kugelige, warzige → Beere des im Mittelmeerraum vorkommenden und angebauten westlichen Erdbeerbaumes. Das weiche dottergelbe Fruchtfleisch besitzt zahlreiche steinharte Samen und einen sauren adstringierenden Geschmack. Die Früchte werden selten frisch verzehrt, sondern in Portugal und Korsika zur Herstellung und Aromatisierung von alkoholischen Getränken, Spirituosen und weinähnlichen Getränken verwendet.

Erdbeere lat.: *Fragaria sp.* (Fam. *Rosaceae*), engl.: *strawberry;* Gruppe von mehrjährigen Pflanzen mit Sammelnussfrüchten, deren rote fleischige Blütenböden zusammen mit den kleinen, grünen, aufsitzenden, kernartigen Früchten (Nüsschen) verzehrt werden. Wild gesammelt und teilweise kultiviert werden in Europa die kleinfrüchtigen aromatischen → Walderdbeeren. Die in vielen Ländern gezüchtete großfrüchtige Gartenerdbeere (lat.: *Fragaria X ananassa (Duchesne)* Guedès) ist durch Kreuzung aus den Ausgangsarten Chile-Erdbeere (lat.: *Fragaria chiloensis (L.) Mill.*) und Virginische E. (lat.: *Fragaria virginia Mill.*) hervorgegangen. Gartenerdbeeren gibt es in vielen, ständig wechselnden Sorten mit unterschiedlichem Charakter hinsichtlich Form (von rund über oval bis herzförmig), Größe, Farbe (mehr oder weniger intensiv rot), Geschmack (flach bis vollaromatisch) und Fruchtfleischfestigkeit. Gängige Sorten sind Senga Sengana, Elsanta, Chandler, Gariguette, Elvira, Gorella. Die meisten Gartenerdbeeren blühen und tragen nur einmal jährlich (Kurztagspflanzen), andere fruchten bis zum Frost (tagneutral). Das ganzjährige Angebot von E. in Deutschland wird durch verschiedene Anbaumethoden und Import, z. B. aus Spanien gesteuert. Frühkultur von Gartenerdbeeren erfolgt unter Glas, auch geheizt ab März. Durch Verfrühen mit Folientunneln kann die Ernte ab Mai erfolgen; die allgemeine Freilandernte findet im Juni/Juli bis August statt. Eine spätere Ernte von Gartenerdbeeren im Freiland lässt sich durch Ausgraben der Pflanzen in der Wachstumphase und Unterbrechen des Wachstums durch Kühllagerung, verbunden mit einem Wiedereinsetzen der Pflanzen zu einem späteren Zeitpunkt, erreichen. Bei der Vermarktung von E. gelten die allgemeinen Mindestanforderungen an Obst und die Anforderungen der jeweiligen Handelsklasse. Zusätzlich gelten als Mindesteigenschaften das Vorhandensein des Kelches sowie eines kurzen, frischen, nicht vertrockneten Stiels (Ausnahme: Walderdbeeren). Da E. zu den nicht nachreifenden Früchten gehören, müssen sie in gut reifem Zustand sorgfältig geerntet werden und sind nur kurz haltbar. E. werden im großen Maße als Frischobst verzehrt und durch Gefriertrocknung in Stücken (z. B. Müsli) oder in Pulverform sowie als Nasskonserven und durch Tiefgefrieren haltbar gemacht. In Deutschland hergestellte Nasskonserven erfüllen die Anforderungen der Leitsätze des Deutschen Lebensmittelbuches für verarbeitetes Obst und tiefgefrorene Ware die der Leitsätze des Deutschen Lebensmittelbuches für tiefgefrorenes Obst und Gemüse. Andernfalls sind sie in ihren Abweichungen ausreichend kenntlich gemacht. Eine Verarbeitung erfolgt zu Pulpe, Mark, Konfitüre, Gelee, Sirup und alkoholischen Getränken (Fruchtnektar, Fruchtwein und -schaumwein, Likör).

Erdbeergeist engl.: *strawberry spirit;* → Obstgeiste

Erdbeerguave lat.: *Psidium littorale Radi.* (Fam.: *Myrtaceae*), engl.: *Strawberry Guava,* Syn.: *Cattley-Guave;* kirschgroße rote oder gelbe → Beeren des in Mittel- und Südamerika beheimateten immergrünen gleichnamigen Baumes mit weißem Fruchtfleisch von süß-saurem Geschmack. Sie werden roh als Frischobst verzehrt oder zu Gelees und Konfitüren verarbeitet.

Erdbirne Syn.: → *Topinambur*

Erdmandel lat.: *Cyperus esculentus L.* (Fam.: *Cyperaceae*), engl.: *Chufa, Tiger nut,* Syn.: *Chufa;* mandelförmige, etwa eichelgroße, unterirdische Sprossknollen im Wurzelstock des gleichnamigen Sauergrasgewächses. Die vorwiegend in Spanien angebaute E. enthält lufttrocken 20–24 g Fett pro 100 g und wird zur Herstellung von Öl genutzt. Sie hat einen nussähnlichen, mandelartigen Geschmack (Name) und wird roh, gekocht oder gebraten verzehrt. In Spanien wird aus über Nacht in Wasser eingelegten E. durch Auspressen ein milchähnliches Getränk gewonnen.

Erdnuss lat.: *Arachis hypogaea L.* (Fam.: *Fabaceae*), engl.: *Peanut, Groundnut,* Syn.: *Arachisnuss;* zu den → Nüssen zählende längliche Frucht der in Südamerika beheimateten, mit den Hülsenfrüchten verwandten Erdnusspflanze mit dicker, heller, faseriger, charakteristisch gefeldeter Schale. Der Name E. stammt daher, dass die Nuss unterirdisch eingegraben nach der Fruchtbildung ausreift. In jeder Nuss sitzen zwei, selten ein oder drei von einer dünnen rotbraunen Samenschale umhüllte ölhaltige (40–50 %) Samen. Diese kommen ungeschält oder geschält in den Handel. Verzehrt werden die Kerne roh sowie als Knabberartikel geröstet und gesalzen oder als Süßware gebrannt bzw. mit Schokolade überzogen. Die zerkleinerten, z. T. auch vollständig gemahlenen Kerne sind die Basis für eine Reihe von Produkten wie z. B. → Erdnussmark, → Erdnussbutter, Erdnussmehl, Rohmassen oder Saucen und beliebte Zutaten in Back- und Süßwaren, wie z. B. Kuchen oder Schokoladen. E. lassen sich ähnlich wie Mandeln und Nüsse verwenden, dürfen diese aber nicht verfälschend in Mandel- und Nusserzeugnissen ersetzen. Eine wesentliche Bedeutung besitzt die Gewinnung eines sehr hitzestabilen Speiseöles (→ Erdnussöl) durch Pressen oder Extrahieren aus den enthäuteten Kernen. Die Verwendung von E. und Erdnussprodukten hat wegen der Internationalisierung der Küche (amerikanische und asiatische Küche) und der vielseitigen technologischen Anwendbarkeit von Erdnussprodukten (z. B. Erdnussmehl als Geschmackskorrigens) in den letzten Jahren stark zugenommen. Mit der steigenden Verbreitung gewinnt auch die Allergie gegen die in der E. enthaltenen Proteine (→Erdnussallergie) an Bedeutung. E. werden heute in vielen tropischen sowie subtropischen Ländern angebaut und weltweit exportiert. Aufgrund ihrer Gewinnung, der hohen Temperaturen in den Herkunftsgebieten und Problemen bei der Lagerung sind E. anfällig für →Schimmelpilze und können mit →Aflatoxinen belastet sein.

Erdnussallergie engl.: *peanut allergy;* →Allergie gegen Erdnussproteine mit oftmals sehr schwerwiegenden Symptomen wie Nesselsucht, Asthmaanfällen oder →anaphylaktischem Schock. Die E. spielt v. a. in den USA aufgrund der intensiven Verwendung von erdnussbutterhaltigen Erzeugnissen eine große Rolle, wird aber auch in Europa aufgrund der steigenden Präsenz von Erdnüssen in der Nahrung zunehmend relevant. Diese ist insbesondere auf die Internationalisierung der Küche (z. B. Einführung von Asia Food mit vielfältigem Einsatz von Erdnüssen) sowie auf die steigende Verwendung von Erdnüssen in der Lebensmittelindustrie (z. B. Zusatz von Erdnussmehl als Bindemittel oder Geschmackskorrigens in Backwaren und Schokolade) zurückzuführen. Als Problematisch wird hierbei von Experten v. a. die unerwartete Aufnahme von Erdnuss-Allergenen angesehen, d. h. die Aufnahme von Erdnuss-Bestandteilen durch Produkte, in denen der Verbraucher nicht mit diesen rechnet. Das Erdnussallergen ist hitzestabil und hochallergen und kann bei entsprechend sensibilisierten Personen bereits in geringsten Mengen zu schwerwiegenden Reaktionen führen.

Erdnussbutter engl.: *peanut butter;* typisch amerikanischer Brotaufstrich aus geschälten, gemahlenen und/oder zerkleinerten und gerösteten Erdnusskernen (→Erdnuss). Die amerikanischen Rechtsvorschriften sehen einen Gehalt an Erdnusskernen von mindestens 90 % vor. Mögliche Zutaten sind Erdnussöl, teilweise gehärtete pflanzliche Speiseöle, Salz und Zucker. Die Bezeichnung E. ist in der EU aus rechtlichen Gründen unzulässig.

Erdnussfett engl.: *peanut fat;* weißes, fast geruch- und geschmackloses Fett, das durch →Fetthärtung aus →Erdnussöl gewonnen wird. Es lassen sich zwei Sorten unterscheiden: Erdnussweichfett mit einem Schmelzpunkt von 30–32 °C und Erdnusshartfett mit einem Schmelzpunkt von 41–43 °C. E. ist sehr hitzestabil und damit zum Backen, Braten und Frittieren besonders geeignet. Der Einsatz erfolgt in Margarinen, Brat- und Backfetten.

Erdnussmark Syn.: *Erdnussmus;* pastenartige oder halb flüssige Masse aus blanchierten oder gehäuteten, ggf. gerösteten, fein zerkleinerten Erdnusskernen (→Erdnuss). Um eine halb flüssige Konsistenz zu erzielen, können dem E. Speisefette und/oder Speiseöle pflanzlicher Herkunft mit einem Massenanteil von bis zu 25 % mit Hinweis auf den Zusatz zugesetzt werden. E. wird u. a. für Füllmassen in Backwaren verwendet.

Erdnussmus Syn.: →*Erdnussmark*

Erdnussöl engl.: *ground nut oil, peanut oil,* Syn.: *Arachisöl;* hellgelbes bis farbloses fettes Öl, das durch Pressen oder Extrahieren aus den enthäuteten und vom bitteren Kern befreiten Erdnusskernen (→Erdnuss) gewonnen wird. Es ist sehr hoch erhitzbar. Daher eignet es sich zum Backen, Frittieren, Rösten und wird gehärtet zur Herstellung von Fetten (→Erdnussfett →Margarine) verwendet. Hierzu trägt auch der neutrale bis nussartige Geruch und der milde nussartige Geschmack bei, der E. zu einem beliebten Speiseöl macht. E. ist reich an ungesättigten Fettsäuren, insbesondere an →Linolsäure (ca. 14–45 g pro 100 g Öl), wobei der Gehalt je nach Herkunft des Öles stark schwankt. Der Schmelzpunkt liegt bei 2–3 °C, bei 4–15 °C ist es bis zu 6 Monate lagerbar.

Erdnussplattkäfer lat.: *Oryzaephilus mercator (Fauvel)* (Fam.: *Cucujidae (Plattkäfer)*), engl.: *merchant grain beetle;* 3–4 mm langer, kaum vom →Getreideplattkäfer zu unterscheidender Käfer, der aus tropischen Gebieten stammt und ein typischer →Vorratsschädling in Lebensmittelbetrieben ist, die Schokolade und Nüsse verarbeiten. In letzter Zeit tritt er aber auch verstärkt in Haushalten auf. Hinsichtlich Biologie und verursachten Schäden entspricht er dem Getreideplattkäfer.

Erdnussschokolade engl.: *peanut chocolate;* →Schokolade mit Zusatz von höchstens 40 % ganzen oder zerkleinerten →Erdnüssen.

Erfrischungsbonbons engl.: *refreshing bonbon;* →Bonbons wie z. B. Eisbonbons mit geschmacklich erfrischend wirkenden Zutaten wie Genusssäuren, →Menthol oder →Pfefferminze, die auch mit fruchtigen Aromen kombiniert werden. Die Geschmackskombination erzeugt v. a. durch das Menthol einen Atem abkühlenden Effekt.

Erfrischungsgetränke engl.: *refreshments;* Getränke, die Trinkwasser, natürliches Mineralwasser, Quellwasser und/oder Tafelwasser sowie geschmacksgebende Zutaten enthalten. E. werden mit oder ohne Zusatz von Kohlensäure, Mineralstoffen, Vitaminen, Zuckerarten, aus Früchten hergestellten zuckerhaltigen Konzentraten, ganz oder teilweise entsäuert, entbittert, entmineralisiert und/oder entfärbt sowie von Aromen, Zusatzstoffen oder ggf. weiteren Zutaten, mit Ausnahme von Alkohol oder alkoholischen Getränken hergestellt. E. enthalten üblicherweise höchstens 2 g/l Alkohol, der aus den Fruchtbestandteilen und/oder den Aromen stammt. Neben den in den Leitsätzen des Deutschen Lebensmittelbuches für E. dargestellten Sorten →Fruchtsaftgetränke, →Fruchtschorlen, →Limonaden und →Brausen sind eine Vielzahl von Sorten an E. aus dem In- und Ausland auf dem Markt erhältlich. Zu den E. zählen u. a. die →Energy-Drinks, ein Teil der →Sportgetränke sowie ein großer Teil der Getränke mit funktionellen Zwecken (→funktionelle Getränke) oder zur Steigerung des persönlichen Wohlbefindens (Wellness). Diese weiteren Verwendungszwecke werden durch Kombination verschiedenster Aromen und Zutaten mit tatsächlicher und z. T. auch nur angenommener ernährungsphysiologischer Wirkung wie Aloe Vera, Coffein, Taurin, Inosit, Glucoronolacton, Kräuter bzw. Kräuterextrakten ermöglicht.

Erfrischungsstäbchen engl.: *refreshing sticks;* 3–5 cm lange, mit →Schokolade überzogene Stäbchen mit innen liegender dünner Zuckerkruste und dünnflüssiger Füllung, meist mit Zitronen- und Orangengeschmack.

Ergocalciferol engl.: *ergocalciferol;* →Vitamin D

Ergogene Wirkstoffe; von griech.: *ergon* = Arbeit und *gennan* = erzeugen abgeleitete Sammelbezeichnung für Substanzen, denen eine potenziell Leistung fördernde Wirkung zugeschrieben wird. Ihre Effekte sollen z. B. auf Verbesserung der Energiebereitstellung oder Erhöhung der Muskelmasse beruhen. Zu den e. W. werden u. a. →L-Carnitin, →Taurin, →Coenzym Q10, →Kreatin und →Coffein gerechnet. Ihre Wirksamkeit ist wissenschaftlich größtenteils nicht ausreichend belegt und leitet sich aus ihrer physiologischen Funktion ab. Meist reicht die körpereigene Produktion zur Bedarfsdeckung aus, so dass durch eine zusätzliche Zufuhr keine weiteren Effekte zu erwarten sind.

Ergosterin engl.: *ergosterol,* Syn.: *Ergosterol;* →Provitamin des Vitamin D_2 (→Vitamin D), in das es durch Einwirkung von UV-Licht übergeht. E. gehört zur Klasse der Mycosterine, da es v. a. in niederen Pflanzen vorkommt.

Ergotalkaloide Syn.: →*Mutterkornalkaloide*

Ergotismus engl.: *ergotism,* Syn.: *Kribbelkrankheit, St.-Antonius-Feuer;* →Mutterkornalkaloide

Erhitzungsverfahren engl.: *thermal processing;* Oberbegriff für verschiedene thermische →Konservierungsverfahren. Je nach eingesetzter Temperatur und Dauer der Erhitzung wird z. B. zwischen →Pasteurisieren, →Sterilisieren, →Ultrahocherhitzen, Mikrowellenerhitzung, Hochfrequenzerhitzung, induktiver Erhitzung und dem →Sous-Vide-Verfahren unterschieden. →Milcherhitzung

Erkennungsschwelle engl.: *recognition threshold,* Syn.: *Schwellenwert;* niedrigste Konzentration, bei der die zu prüfende sensorische →Merkmalseigenschaft erstmals richtig erkannt wird. →Schwellenwertprüfung

Ernährung engl.: *nutrition;* Aufnahme von Nährstoffen aus Lebensmitteln pflanzlicher und tierischer Herkunft zum Aufbau und zur Erhaltung des Organismus. Die E. liefert Ersatz für die Nährstoffe, die für alle normalen Lebensvorgänge (z. B. Atmung, Herzschlag) und zur Energiegewinnung verbraucht werden und die für die Funktionstüchtigkeit des Körpers sowie dessen Leistungsfähigkeit notwendig sind. Eine unzureichende und z. T. auch eine überhöhte Zufuhr an Energie liefernden und nicht Energie liefernden Nährstoffen führt zu Störungen oder Erkrankungen des Organismus.

Ernährung nach den 5 Elementen; →Chinesische Ernährungslehre

Ernährungsabhängige Krankheiten engl.: *nutrition depending desease;* Krankheiten, für deren Entstehung neben einer genetischen Prädisposition ganz wesentlich die in den westlichen Industrieländern übliche Ernährungsweise mitverantwortlich ist. Hierzu gehören insbesondere arteriosklerotische Gefäßerkrankungen, Bluthochdruck mit seinen Folgekrankheiten, maligne Tumore und Stoffwechselerkrankungen wie z. B. Diabetes mellitus Typ II. Obwohl die ursächlichen Zusammenhänge zwischen der Nahrung und der Entstehung dieser Krankheiten nicht immer genau zu belegen sind, können heute jedoch Empfehlungen für eine gesunde Ernährung zu ihrer Vorbeugung gemacht werden. Eine falsche Ernährungsweise wird gekennzeichnet durch eine falsche Auswahl der Lebensmittel. In diesem Sinne ungünstig ist eine hohe, häufig den Bedarf überschreitende Energiezufuhr, die hohe Energiedichte der verzehrten Lebensmittel, der hohe Gehalt an Fett, raffinierten Kohlenhydraten und tierischem Protein sowie der geringe Gehalt an Ballaststoffen. Hinzu kommt der geringe Verzehr von als präventiv angesehenen sekundären Pflanzenstoffen wie z. B. Carotinoiden.

Ernährungsgewohnheiten; Zubereitung und Verzehr von Lebensmitteln und Speisen nach persönlichen, regionalen oder traditionellen Bräuchen. E. werden meist in der Kindheit geprägt und sind schwer wieder abzulegen. Sie können hinderlich sein, Ernährungsempfehlungen umzusetzen.

Ernährungslehren engl.: *dietetics;* Bezeichnung für spezielle Ernährungsformen, die auf gesundheitliche, religiöse, philosophische, ökologische oder kosmetische Beweggründe zurückzuführen sind und unterschiedliche Ziele verfolgen (→alternative Ernährungsformen).

Ernährungsphysiologie engl.: *nutrition physiology;* Teilbereich der →Ernährungswissenschaft, der sich mit den physiologischen Vorgängen im Körper beschäftigt, die ernährungsbedingt oder -abhängig sind (z. B. Aufnahme und Verdauung der Nahrung, der Stoffwechsel einzelner Nährstoffe).

Ernährungswissenschaft engl.: *nutritional science;* Lehre von der Nahrung und ihren Inhaltsstoffen. Die E. beschäftigt sich mit Aufnahme, Verdauung, Absorption, Transport, Umsetzung, Wirkung, Interaktion und Ausscheidung der Lebensmittelinhaltsstoffe, dem Zusammenhang zwischen Ernährung und Krankheiten und den soziologischen, psychologischen und ökonomischen Aspekten der Ernährung.

Erstarrungspunkt engl.: *solidifaction point;* Temperatur, bei der Flüssigkeiten vom flüssigen in den festen Zustand übergehen, wobei Kristallisationswärme (Erstarrungsenthalpie) freigesetzt wird. In der Fettanalytik wird der E. auch als Titer bezeichnet und liegt umso tiefer, je höher der Anteil an kurzkettigen und ungesättigten Fettsäuren ist.

Erstlingsmilch Syn.: → *Kolostralmilch*

Erucasäure engl.: *erucic acid,* Syn.: *(Z)-13-Docosensäure*; einfach ungesättigte → Fettsäure mit 22 C-Atomen. Sie besitzt einen kratzigen Geschmack und wird aufgrund der Ergebnisse von Tierversuchen mit Samen mit hohen Gehalten an E. als gesundheitlich bedenklich eingeschätzt. E. kommt natürlicherweise verestert insbesondere in den Samenfetten von Kreuzblütern (lat.: *Cruciferae*) wie z. B. → Raps und Senf vor. Seit den 70er-Jahren des 20. Jahrhunderts ist es gelungen, durch Neuzüchtungen (0- und 00-Raps) den Gehalt an E. in Raps- und Rüböl unter 2 % zu drücken. Der Gehalt an E. ist bei Speisefetten und -ölen in Deutschland rechtlich auf 5 %, bezogen auf den Gesamtfettsäuregehalt der Fettphase, begrenzt.

Erwinia; Gattung gramnegativer, fakultativ anaerober Stäbchenbakterien, die aufgrund ihrer pektinolytischen Aktivität in lebende pflanzliche Gewebe eindringen können und große Schäden als Erreger von Nass- und Trockenfäule bei Gemüsearten wie Kartoffeln und Möhren bewirken.

Erythrosin engl.: *erythrosine;* synthetischer roter Farbstoff, der unter der Nummer E 127 zur Färbung bestimmter Lebensmittel, z.B. Cocktailkirschen, kandierte Kirschen und Obstsalat in festgelegten Höchstmengen zugelassen ist. Da die Farbe nicht ausblutet, können damit rot gefärbte Kirschen auch Bestandteil von Konserven mit einer im Übrigen nicht gefärbten Fruchtmischung sein, ohne diese oder den Saft anzufärben. E. ist jodhaltig, kann unter bestimmten Bedingungen bei der Verarbeitung zum nierenschädigenden Fluorescein umgesetzt werden und steht im Verdacht, ein Auslöser des hyperkinetischen Syndroms (Hyperaktivität) zu sein.

Escariol; → Endivien

Escherichia coli; natürliches Darmbakterium gesunder Menschen und Tiere aus der Familie der → *Enterobacteriaceae* und Indikatorkeim für fäkale Verunreinigungen. Der normalerweise harmlose Darmbewohner ist jedoch fakultativ pathogen und es kann v. a. bei Resistenz geschwächten Menschen nach einer Infektion mit *E. coli* z. B. zu Wund- und Harnwegsinfektionen kommen. Bestimmte Stämme können auch Darminfektionen verursachen und werden dabei in vier Gruppen unterteilt: 1. Enteropathogene E. coli (EPEC) verursachen v. a. bei Säuglingen schwer verlaufende Durchfallerkrankungen, die mitverantwortlich sind für die hohe Säuglingssterblichkeit in Entwicklungsländern. 2. Enterotoxische E. coli (ETEC) bilden hitzelabile und/oder hitzestabile Enterotoxine (→ Exotoxine) und verursachen choleraartige wässrige Durchfälle. Sie sind häufig Erreger der Reisediarrhöe, die Übertragung erfolgt über fäkal kontaminiertes Trinkwasser oder Lebensmittel. 3. Enteroinvasive E. coli (EIEC) können in die Schleimhautzellen des Dickdarms einwandern und verursachen geschwürige Entzündungen und ruhrartige Durchfälle. 4. Enterohämorrhagische E. coli (EHEC) bilden Zelltoxine, die schwere wässrige bis blutige Durchfälle und/oder Nierenerkrankungen mit akutem Nierenversagen und Anämie hervorrufen. Hauptinfektionsquellen der gegenüber Umwelteinflüssen extrem resistenten und extrem infektiösen EHEC sind für den Menschen Rindfleischprodukte und Rohmilch. In Deutschland treten die erst seit 1982 bekannten EHEC-Infektionen sehr selten auf.

ESN; Abk. für engl.: *European Sensory Network*, Zusammenschluss europäischer Institute der Sensorik-Forschung, die ein Forum für Erfahrungsaustausch und Kooperation bieten.

Espen-Rotkappe lat.: *Leccinum rufum (Schff.) Kreisel* (Fam.: *Boletaceae*), Syn.: *Kapuziner;* von Juni bis Oktober nur unter Espen wachsender → Speisepilz, der in roher Form giftig, erhitzt jedoch schmackhaft und beliebt ist. Die E. besitzt einen gewölbten dickfleischigen Hut von 8–20 cm Durchmesser, leuchtend roter Farbe mit überstehendem Hutsaum, ferner einen langen, dicken, weißen, dunkel geschuppten Stiel, weißliche Röhren, die später dunkler werden und weißes festes Fleisch, das sich bei Verletzung bläulich verfärbt. Es kommen in Deutschland noch weitere Rotkappen-Arten vor, die schwer zu unterscheiden, jedoch alle essbar und geschützt sind.

Espresso engl.: *espresso;* aromatischer, starker, ursprünglich italienischer Kaffee mit typischem leichten Schaum (Crema) auf der Oberfläche, der in kleinen Tassen, ggf. mit Milch- (macchiato) oder Sahnehaube (con panna), serviert wird und nach Belieben gesüßt werden kann. Die Bezeichnung E. beruht auf dem kurzen Brühvorgang, bei dem eine Extraktion des Kaffees mit heißem Wasser unter Druck erfolgt.

Esrom engl.: *Esron;* dänischer Schnittkäse mit einem Fettgehalt von 60 und 45 % in der Trockenmasse, der auch „dänischer Trappistenkäse" genannt wird. Der flache, weißgelbe, rechteckige Käselaib (20–22 x 10–11 x 4,5 cm) ist 1,3 kg schwer (auch in 250 g schweren Laiben mit den entsprechend proportionalen Maßen erhältlich). E. besitzt eine gelbbraune bis rotbraune, fettige, dünne Rinde und ist mit Aluminiumfolie umhüllt. Der weiche, aber gut schneidbare Teig verfügt über reiskorngroße unregelmäßige Löcher. Er weist einen süßlichen, feinsäuerlichen, mild bis pikant aromatischen Geschmack (sehr käseartig) auf und ähnelt deshalb dem deutschen Butterkäse. E. ist mit Kräutern, Kümmel oder Pfeffer gewürzt erhältlich. Es gibt ihn auf der ganzen Welt in vielen Variationen unter diversen Namen.

Essbarer Eibisch Syn.: → *Okra*

Essenzen Syn.: → *Aromen*

Essenziell engl.: *essential,* Syn.: *unentbehrlich;* von lat.: *essentia* = Wesen abgeleitete Bezeichnung für die Eigenschaften von Substanzen, für den Organismus unentbehrlich zu sein, von ihm aber nicht selbstständig synthetisiert werden zu können und ihm deshalb als solche oder als Vorstufen mit der Nahrung zugeführt werden zu müssen. Für den Menschen sind einige → Aminosäuren (→ essenzielle Aminosäuren) und → Fettsäuren (→ essenzielle Fettsäuren), die meisten Vitamine sowie einige Mineralstoffe essenziell.

Essenzielle Aminosäuren engl.: *essential amino acids;* → Aminosäuren, die für den menschlichen Organismus lebensnotwendig sind, von ihm aber nicht synthetisiert werden können und ihm deshalb mit der Nahrung zugeführt werden müssen. Als essenziell gelten → Histidin, → Isoleucin, → Leucin, → Lysin, → Methionin, → Phenylalanin, → Threonin, → Tryptophan und → Valin, wobei Histidin lange Zeit nur als essenziell für Kinder angesehen wurde. Die Aminosäuren → Cystein und → Tyrosin können aus den e. A. Methionin und Phenylalanin synthetisiert werden und nehmen somit eine Sonderstellung ein.

Essenzielle Fettsäuren engl.: *essential fatty acids;* → Fettsäuren, die für den Menschen unentbehrlich sind, aber vom Organismus nicht selbst synthetisiert werden können und deshalb mit der Nahrung zugeführt werden müssen. Die wichtigsten e. F. sind → Linolsäure und → Linolensäure. Aus ihnen können enzymatisch die längerkettigen Homologen → Arachidonsäure, → Eicosapentaensäure und → Docosahexaensäure gebildet werden, die häufig ebenfalls den e. F. zugeordnet werden, da sie Linol- und Linolensäure z. T. ersetzen können. Gute Quellen für e. F. stellen verschiedene Pflanzenöle dar (z. B. Leinöl, Sojaöl). Ein Mangel tritt aufgrund der Speicherfähigkeit des Fettgewebes sehr selten auf, meist als Folge von Fettmalabsorption.

Essig engl.: *vinegar,* Syn.: *Speiseessig;* eines der ältesten vom Menschen hergestellten Lebensmittel zum Würzen, Konservieren, früher oft auch zum Trinken verwendet. Grundsätzlich ist E. eine Lösung von → Essigsäure in Wasser, die auf verschiedene Arten hergestellt wird. Klassisch ist die Nutzung der spontan ablaufenden Essigsäuregärung (→ Gärung) von Ethanol bzw. alkoholhaltigen Flüssigkeiten wie Wein, Bier oder Sherry sowie einer kombinierten alkoholischen und Essigsäure-Gärung aus Äpfeln, anderen Obstsorten oder Traubenmaische bzw. -most. E. und verwandte Begriffe sind in der Verordnung über den Verkehr mit E. und Essigessenz lebensmittelrechtlich definiert. Danach muss er mindestens 5 g und höchstens 15,5 g Säure in 100 ml enthalten und durch eine der drei folgenden Methoden hergestellt worden sein: durch Essigsäuregärung, auch unter Verdünnen mit Wasser (→ Gärungsessig), durch Verdünnen von Essigsäure oder → Essigessenz mit Wasser („Essig aus Essigessenz" bzw. „Essig aus Essigsäure") oder durch Vermischen von Gärungsessig mit Essigsäure, Essigessenz oder E. aus Essigessenz („Essig hergestellt unter Zusatz von ..."). Bei der Kennzeichnung ist weiterhin die Angabe der Gesamtsäure vorgeschrieben. E., der in 100 ml mehr als 11 g Säure enthält, muss ebenso wie Essigessenz einen Warnhinweis tragen („Vorsicht! Nicht unverdünnt genießen!") und in geeigneten Behältnissen angeboten werden. Bei den Gärungsverfahren erfolgt eine Unterscheidung in Oberflächen-, Fessel- und Submersverfahren. Das erstere ist das ursprüngliche handwerkliche Verfahren, das nach seinem Ursprung in der französischen Stadt auch Orléans-Verfahren genannt wird. Ein Gemisch aus Wein und Weinessig oder anderem Ausgangsmaterial wird zu einem Drittel bis der Hälfte in ein Fass gefüllt, es bildet sich eine an der Oberfläche schwimmende Haut aus Essigsäurebakterien. Im Fesselverfahren sind die Essigsäurebakterien an Träger gebunden, meist Buchenholzspäne. Die Maische läuft von oben durch die Späne und fließt unten als E. aus. Das Submersverfahren schließlich arbeitet mit in Form von Impfessigen hochkonzentriert zugesetzten Essigsäurebakterien, die sich frei in der Flüssigkeit bewegen und vermehren. Der benötigte Sauerstoff wird in die Flüssigkeit gepresst. Da die Gärung innerhalb von Stunden erfolgt und nicht in Tagen und Wochen wie bei den anderen Verfahren, ist es das verbreitetste.

Essig aus Essigsäure; Kennzeichnung, die auf die Herstellung des → Essigs aus (synthetischer) Essigsäure hinweist, im Gegensatz zu allein durch Gärung entstandenem Essig, der in Verbindung mit der Angabe des verwendeten Ausgangs- und Rohstoffs als Essig bezeichnet wird.

Essigbranntwein; aus landwirtschaftlichen Rohstoffen gewonnener, gereinigter oder ungereinigter Ethanol zur Herstellung von → Gärungsessig.

Essigessenz; gereinigte, mit Wasser verdünnte Essigsäure meist synthetischer Herkunft. Nach der Verordnung über den Verkehr mit Essig und E. enthält sie mehr als 15,2 g und höchstens 25 g wasserfreie Essigsäure in 100 g. E. wird zur Herstellung von → Essig und für andere Anwendungen im Haushalt verwendet. Wie bei Essig mit einem Säuregehalt von mehr als 11 g in 100 ml sind ein Warnhinweis („Vorsicht! Nicht unverdünnt genießen!") und geeignete Behältnisse vorgeschrieben.

Essigfliege engl.: *vinegar fly,* Syn.: *Taufliege;* → Fliegen

Essigfrüchte engl.: *Pickles;* in einer Lösung aus → Essig, Zucker und z.T. Gewürzen wie Nelken, Lorbeer oder Senf eingelegte → Früchte mit charakteristisch süß-saurem Geschmack.

Essiggärung Syn.: → *Essigsäuregärung*

Essiggemüse engl.: *pickled vegetable;* tafelfertig zubereitete Gemüse (auch Mischungen) aus frischer oder vorbehandelter Rohware, die sauer oder süß-sauer eingelegt sind. E. enthält einen Aufguss aus → Essig, Gewürzen und Kräutern oder deren Auszügen und ist mit Speisesalz begrenzt oder durch zusätzliches Pasteurisieren dauerhaft haltbar gemacht. Wichtige Beispiele für E. sind → Essiggurken und → Mixed Pickles.

Essiggurken engl.: *gherkins in vinegar;* in einem Aufguss von →Essig, Gewürzen und Kräutern oder deren Auszügen nach Vorbehandlung (z. B. Voreinlegen in Essig, Blanchieren) haltbar gemachte, ggf. zusätzlich pasteurisierte →Gurken. Für die Herstellung von E. werden vorwiegend kleinere, grüne, feste, fleckenfreie, wohl geformte Gurken verwendet.

Essigkraut Syn.: →*Ysop*

Essigpilze engl.: *mushrooms in vinegar;* nach Kochen oder Blanchieren durch Einlegen in →Essig haltbar gemachte →Speisepilze. E. werden meist mit verschiedenen Gewürzen und Zwiebeln gewürzt und in luftdicht verschließbare Gläser abgefüllt.

Essigsäure engl.: *acetic acid,* Syn.: *Ethansäure;* organische Säure, die als „aktivierte Essigsäure" (→Acetyl-Coenzym A) eine zentrale Position im Stoffwechsel einnimmt, aber auch als Produkt bei Gärungs-, Fäulnis- und Oxidationsvorgängen auftritt. E. wird fermentativ gewonnen (→Essigsäuregärung) oder durch Oxidation von Acetaldehyd (bzw. Acetylen) hergestellt und ist unter der Nummer E 260 als Konservierungsmittel und Säuerungsmittel zugelassen. Sie wird z. B. in Obst- und Gemüsekonserven, bei Fischprodukten, Feinkostsalaten, Mayonnaisen und Salatsaucen eingesetzt, des Weiteren zur Herstellung von →Essig, →Essigessenz und Acetaten (Salze der E.) verwendet. Die wasserfreie Form, der Eisessig, ist stark ätzend und trägt seinen Namen aufgrund der Eigenschaft, bei 16,5 °C eisartige Kristalle auszubilden.

Essigsäurebakterien lat.: *Acetobacteriaceae,* engl.: *acetic acid bacteria;* die beiden Gattungen →*Acetobacter* und →*Gluconobacter* umfassende Bakterienfamilie. Natürliche Standorte sind kohlenhydrathaltige bzw. ethanolhaltige Pflanzenexsudate und Pflanzensäfte.

Essigsäureester von Mono- und Diglyceriden engl.: *acetic acid esters of mono and diglycerides of fatty acids,* Syn.: *Acetem;* →Emulgatoren, die durch Veresterung von Mono- und Diglyceriden mit →Essigsäure hergestellt werden. Abhängig von den Fettsäuren der Glyceride und dem Acetylierungsgrad entstehen Verbindungen von unterschiedlichem Geschmack und Konsistenz (flüssig bis wachsartig). Die E. sind unter der Nummer E 472a als Emulgatoren, aber auch als Trennmittel, Schaummittel und Mehlbehandlungsmittel zugelassen und werden z. B. in Überzugsmassen für Wurstwaren, Trockenobst, Nüsse, Süßwaren und Speiseeis eingesetzt.

Essigsäuregärung engl.: *vinegary fermentation,* Syn.: *Essiggärung;* →Gärung, bei der aus Ethanol in Anwesenheit von Sauerstoff Essigsäure entsteht.

Essigstich engl.: *acescence;* bezeichnet den Geruch oder Geschmack nach Essigsäure in einem Wein. E. im Wein deutet auf Gärungs- und Ausbaufehler hin.

Esskastanie lat.: *Castanea sativa Mill.* (Fam.: *Fagaceae*), engl.: *Sweet Chestnut,* Syn.: *Marone, Edelkastanie, Dauermarone;* braune glänzende →Nuss des aus Kleinasien stammenden Esskastanienbaumes, die im Handel als →Schalenobst verkauft wird und einen festen Platz in der Mittelmeerküche besitzt. Der enthaltene Samen ist reich an Kohlenhydraten (ca. 41 g pro 100 g essbarer Anteil), insbesondere an Stärke (ca. 27 g pro 100 g), so dass er sich gemahlen als Mehl für Brot und Suppen eignet. Der Geschmack wandelt sich bei gekochten oder gerösteten E. von mehlig nach süß und nussig, die als Gemüse, Füllung in Geflügel, Püree oder direkt aus der aufgesprungenen Schale („heiße Maronen") verzehrt werden. Mit Zucker werden sie gemahlen zu →Maronenkrem verarbeitet oder als Marrons glacés (franz. Spezialität) kandiert und dünn glasiert.

Essrich Syn.: →*Zitronatzitrone*

Essstörung engl.: *eating disorder;* Überbegriff für verschiedene, z. T. schwer voneinander abzugrenzende psychosomatische Erkrankungen, die häufig ineinander übergehen und sich durch ein gestörtes Verhältnis zum

Essen, das gleichzeitig das Leben der Betroffenen bestimmt, auszeichnen. Die Ursachen für E. sind vielfältig, es können u. a. genetische, psychologische (z. B. Selbstwertprobleme) und soziokulturelle (z. B. das überschlanke Schönheitsideal) Faktoren beteiligt sein. Zu den E. gehören →Magersucht, →Bulimie, →Binge-eating-Syndrom (Ess-Sucht) und →Adipositas. Alle Formen führen längerfristig zu schweren gesundheitlichen Problemen und einer erhöhten Sterblichkeit, weshalb eine Therapie (Ernährungstherapie in Kombination mit psychologischer Betreuung, Selbsthilfegruppen) unumgänglich ist.

Esterasen engl.: *esterases;* zur Gruppe der →Hydrolasen gehörende Enzyme, die Esterbindungen spalten. Wichtige Vertreter sind →Lipasen, →Phosphatasen und Pektinesterasen (→Pektin spaltende Enzyme).

Estragol engl.: *estragol,* Syn.: *Methylchavicol;* alkohollösliche, anisartig riechende Flüssigkeit. E. ist Bestandteil der →ätherischen Öle zahlreicher Gewürze und Kräuter wie z. B. von Basilikum, Estragon, Anis, Sternanis und Fenchel, die zur Aromatisierung von Lebensmitteln und in Kosmetika verwendet werden. Laut Aromenverordnung darf E. jedoch nicht als Einzelstoff zur Herstellung von Aromen und anderen Lebensmitteln verwendet werden, da es sich im Tierversuch als kanzerogen und genotoxisch gezeigt hat.

Estragon lat.: *Artemisia dracunculus L.* (Fam.: *Asteraceae*), engl.: *tarragon, estragon,* Syn.: *Bertram, Dragon, Esdragon;* aus Südrussland stammende, heute in ganz Europa angebaute, bis 1,5 m hoch werdende ausdauernde Staude. Als →Gewürz werden die frischen oder getrockneten, gerebelten, schmallanzettlichen, leicht glänzenden Blätter und Zweigspitzen verwendet. Der anisartige würzige Geruch und der bittere Geschmack beruhen auf den in den Blättern zu 0,1–0,4 % enthaltenen →ätherischen Ölen mit Methylchavicol (→Estragol) als Hauptkomponente sowie auf Gerb- und Bitterstoffen. Gehandelt werden zwei Sorten, wobei das Aroma des deutschen E. als feiner als das des russischen E. gilt. In der Küche wird E., der oft auch als „königliches Würzkraut" bezeichnet wird, sparsam zum Würzen von Salaten, Saucen (z. B. Sauce Béarnaise) und Fleischgerichten sowie zum Einlegen von Gurken verwendet. Typisch sind auch mit E. aromatisierter Essig sowie Estragonsenf. Das durch Wasserdampfdestillation gewonnene Estragonöl wird in der Konserven- und Senfindustrie eingesetzt.

Estragonessig engl.: *tarragon vinegar;* →Kräuteressig

Estragonsenf engl.: *tarragon mustard;* →Kräutersenf →Speisesenf

Ethanol engl.: *ethanol,* Syn.: *Ethylalkohol, Alkohol ugs.;* einwertiger Alkohol mit zwei Kohlenstoffatomen, der den berauschenden Bestandteil der alkoholischen Getränke ausmacht und dabei 30 kJ (7 kcal) Energie pro Gramm reinem E. liefert. Die Absorption erfolgt über die Mundschleimhaut, den Magen und v. a. den Darm. Anschließend verteilt sich der E. gleichmäßig auf alle Körperflüssigkeiten und wird, da er ein starkes Nervengift ist, überwiegend in der Leber enzymatisch (Alkohol-Dehydrogenase, Acetaldehyd-Dehydrogenase) zu Essigsäure abgebaut. In geringen Mengen wird E. eine protektive Wirkung hinsichtlich Herz-Kreislauferkrankungen zugeschrieben (→Französisches Paradoxon). Der Konsum größerer Mengen führt längerfristig zu Abhängigkeit, Schädigung verschiedener Organe, Fettleber bis hin zur Leberzirrhose. Des Weiteren besitzt E. kanzerogene und teratogene Wirkung. Während die für den menschlichen Genuss bestimmte Menge durch Gärung (→alkoholische Gärung) erzeugt wird, kann E. für technische (z. B. Lösungsmittel, Desinfektionsmittel) oder pharmazeutische Zwecke wie auch für den Einsatz in Kosmetika (Parfüms, Rasierwasser etc.) synthetisch hergestellt werden (z. B. durch Hydratisierung von Ethen). Es können verschiedene

Qualitätsstufen unterschieden werden, die sich durch ihren Gehalt an reinem E. und an Begleitsubstanzen einteilen lassen in z. B. Primasprit (96,4 % vol E., sehr rein), Rohspiritus (nicht aufgereinigt) oder Brennspiritus (vergällt, dadurch für Trinkzwecke unbrauchbar gemacht). Erzeugung, Import, Reinigung und Handel des E. unterliegen in Deutschland dem Branntweinmonopol, wobei eine nach dem Verwendungszweck gestaffelte Branntweinsteuer zu entrichten ist.

Ethylalkohol Syn.: → *Ethanol*

Ethylen engl.: *ethylene,* Syn.: *Ethen;* einfachster ungesättigter Kohlenwasserstoff, der als farbloses, schwach süßlich riechendes Gas vorliegt und ein wichtiges Pflanzenhormon darstellt. Da E. den Reifungsprozess beschleunigt, wird es z. B. in den USA zur Behandlung grün geernteter Bananen und Zitrusfrüchte verwendet. Umgekehrt kann durch Entzug des E. die Lagerfähigkeit verschiedener Obstsorten verlängert werden. E. wird großtechnisch durch thermische Zersetzung von Erdölfraktionen gewonnen und dient als Ausgangsmaterial für viele chemische Produkte wie z. B. Ethylenoxid, Vinylchlorid und Polyethylen.

Ethylenoxid engl.: *ethylene oxide;* farbloses, leicht entflammbares, giftiges Gas mit süßlichem Geruch, das u. a. zur Herstellung von Ethylenglykolen, Polyethylenglykolen, Waschrohstoffen, Emulgatoren und Weichmachern verwendet wird. Früher wurde E. als Begasungsmittel zum Vorratsschutz von Trockenprodukten (z. B. Gewürzen) eingesetzt. Da hierbei kanzerogene Reaktionsprodukte entstehen können, ist die Verwendung seit 1983 verboten. E. selbst kann kanzerogen und mutagen wirken.

Ethylenvinylacetat engl.: *ethylene vinyl acetate;* Abk.: EVA, Standardkunststoff, der vornehmlich zur Herstellung von Verpackungsfolien mit hoher Sauerstoffdurchlässigkeit (z. B. für Möhren, Sellerie und Salate sowie für Fleischreifepackungen) eingesetzt wird und sich durch eine im Vergleich zu → Polyethylen geringere Siegeltemperatur auszeichnet. EVA eignet sich weiterhin zur Herstellung hochwertiger Tiefkühlbeutel mit hoher Kältebeständigkeit.

Ethylenvinylalkohol engl.: *ethylene-vinyl-alcohol;* Abk.: EVOH oder EVAL, Kunststoff mit sehr geringer Sauerstoffdurchlässigkeit, jedoch deutlich höherer → Wasserdampfdurchlässigkeit als → Polyvinylidenchlorid (PVDC), das ebenso wie EVOH als → Sperrschicht eingesetzt werden kann. Aufgrund des Bestrebens zur Vermeidung von chlorhaltigen Polymeren aus ökologischen Gründen, wird PVDC heute dennoch zunehmend durch EVOH ersetzt. Zur Verbesserung der Wasserdampfdichtigkeit werden häufig → Verbundfolien aus EVOH und Polyolefinen wie → Polyethylen oder → Polypropylen eingesetzt. Zu beachten ist, dass die Sauerstoffdurchlässigkeit von EVOH in feuchter Umgebung bedingt durch Wasseraufnahme des Polymers stark zunimmt.

Ethylvanillin engl.: *ethylvanillin;* künstlicher Aromastoff, der in der Natur bisher nicht nachgewiesen wurde und im chemischen Aufbau sowie in Geruch und Geschmack dem → Vanillin sehr ähnlich ist. Die Intensität des Vanillearomas ist drei- bis viermal so hoch wie die des Vanillins und E. wird ebenfalls in der Parfümindustrie sowie zur Aromatisierung von Lebensmitteln verwendet.

Etikett engl.: *label;* Packhilfsmittel aus unterschiedlichen Materialien zum Ausstatten, Kennzeichnen und/oder Sichern von Packungen aller Art. Spezielle Formen sind z. B. Daueretiketten, die in Packstoffe wie Glas oder Keramik eingebrannt oder eingeprägt sind, Anhängeetiketten und die um den kegelförmigen Hals von Flaschen gelegten Halsetiketten. Als Originalitätsverschluss verwendete E. werden auch als „pilfer-proof-Etiketten" von engl.: *pilferage* = Diebstahl bezeichnet.

Eucalyptol Syn.: → *Cineol*

Eugenol engl.: *eugenol;* farbloses, in Alkohol lösliches, in Wasser unlösliches, nach Nelken duftendes Öl, das Bestandteil zahlreicher →ätherischer Öle wie z. B. Nelkenöl, Zimtrindenöl, Pimentöl und Basilikumöl ist. E. ist Ausgangsstoff für die Synthese von →Vanillin, wird in der Kosmetik zur Parfümierung eingesetzt und in der Medizin als Anästhetikum.

Eukalyptusbaum lat.: *Eucalyptus globulus Labill.* (Fam.: *Myrtaceae*), engl.: *Eucalyptus Tree,* Syn.: *Blaugummibaum;* in den Subtropen, v. a. in Australien und Südeuropa angebauter immergrüner Baum, dessen Blätter das ätherische →Eukalyptusöl enthalten und im Ursprungsland auf ätherisches Öl hin verarbeitet werden.

Eukalyptusbonbons engl.: *eucalyptus sweets;* als →Hartkaramellen hergestellte z. T. gefüllte Bonbons mit einer geschmacksgebenden Menge an ätherischem →Eukalyptusöl. Dessen Schleim lösende Wirkung macht sie zu beliebten →Hustenbonbons. Eine häufige zusätzlich verwendete Zutat ist das ätherische Öl →Menthol.

Eukalyptushütchen engl.: *eucalyptus gum drops;* grün gefärbte, konische, zähe, erfrischend schmeckende →Gummibonbons mit →Eukalyptusöl (z. T. auch zusätzlich mit Menthol) und i. d. R. bezuckerter Oberfläche.

Eukalyptusöl engl.: *eucalyptus oil;* hauptsächlich durch Wasserdampfdestillation aus den Blättern des →Eukalyptusbaumes gewonnenes, dünnflüssiges, farbloses bis gelbliches →ätherisches Öl. Wegen des stark würzigen Geruchs und des feurigen gewürzhaften Geschmacks findet es in der Aromen-, Getränke- und Süßwarenindustrie (insbesondere für Hustenbonbons) Verwendung, wegen der Schleim lösenden Wirkung auch in der Pharmazie. Hauptbestandteil mit 80–85 % ist das ätherische Öl →Cineol. Es ruft unverdünnt angewendet juckende Hautreaktionen hervor und kann in höheren Konzentrationen oral aufgenommen lähmend auf das Nervenzentrum wirken.

Euro-Bierflasche engl.: *Euro beer bottle;* europaweit standardisierte 0,5 l-Braunglasflasche mit Kronkorkenmundstück, die zum Abfüllen von Bier eingesetzt wird. Neben der E. werden weitere z. T. regional spezifische Flaschen zum Abfüllen von Bier verwendet.

Europäische Auster lat.: *Ostrea edulis L.* (Fam.: *Ostreidae*), engl.: *edible oyster, flat oyster;* an den europäischen Küsten schon in vorgeschichtlicher Zeit heimische, bereits in der Antike als Lebensmittel geschätzte und gezüchtete →Auster. Die e. A. hat eine nahezu kreisrunde Schale, die eine Hälfte ist flach, die andere gewölbt und an der Oberfläche grob aufgeraut mit konzentrischen Wachstumsringen. Sie gilt als die kulinarisch wertvollste Auster und wird in großem Umfang gezüchtet (Handelsware 6–10 cm Durchmesser). Mit der e. A. nahe verwandt ist die chilenische Auster (lat.: *O. chilensis Philippi*).

Europäische Behörde für Lebensmittelsicherheit engl.: *european food safety authority (EFSA)*; Abk.: EBLS, im Februar 2002 als Folge der BSE-Krise initiierte europäische Behörde mit vorübergehendem Sitz in Brüssel, deren Hauptaufgabe es ist, unabhängige wissenschaftliche Gutachten zu allen Fragen, die sich direkt oder indirekt auf die Lebensmittelsicherheit auswirken, zu erstellen. Der Aufgabenbereich der Behörde ist weit gefächert, um künftig zu vermeiden, dass neu auftretende Risiken in einem Bereich, die Auswirkungen auf andere Bereiche haben können, nicht rechtzeitig erkannt werden. Die Behörde ist in erster Linie eine wissenschaftliche Risikobewertungsstelle, die Verantwortung für das Risikomanagement und die Entscheidungsfindung bleibt weiterhin bei den Entscheidungsgremien der EU.

Europäischer Hornhecht lat.: *Belone belone L. subsp. gracilis/ belone/ euxini* (Fam.: *Belonidae*), engl.: *garpike, garfish,* Syn.: *Hornfisch, Grünknochen;* pelagischer Seefisch im Nordostatlantik einschließlich Nord- und Ostsee, im Mittelmeer und im Schwarzen Meer. Der e. H. ist ein wichtiger Konsumfisch mit festem grätenreichen Fleisch. Charakteristisch ist die Grünfärbung der Gräten.

Europäischer Hummer engl.: *European lobster;* → Hummer

Europäischer Taschenkrebs lat.: *Cancer pagurus L.* (Fam.: *Cancridae*), engl.: *brown crab, edible crab, European rock crab,* Syn.: *Knieper, Tourteau (franz.)*; größter einheimischer Speisekrebs. Der e. T. gehört zoologisch zu den → Krabben (Kurzschwanzkrebse). Die Panzerform ist oval (maximal 30 cm breit und 20 cm lang) mit kräftigen fleischigen Beinen und großen Scheren. Der e. T. lebt im Nordostatlantik (Norwegen, Großbritannien bis Marokko). An der deutschen Nordseeküste kommt er häufig vor, an der Ostsee nicht. In Deutschland wird das Fleisch hauptsächlich zu → Krebspaste verarbeitet.

EU-Tafelwein; Verschnitte von mehreren → Tafelweinen aus verschiedenen EU-Ländern. Hauptexporteur ist Italien. E. ist die unterste Weinkategorie, noch unter dem Tafelwein.

EVA; Abk. für → Ethylenvinylacetat.

Evakuieren engl.: *to evacuate;* allgemein: Herstellen eines → Vakuums. Im Bereich der Verpackungstechnologie Bezeichnung für die weitgehende Verminderung der Luftmenge in Packungen und/oder Packgütern zur Verlängerung der Haltbarkeit des Gutes oder zu seiner Fixierung in der Verpackung. → Vakuumpackung

Evaporieren engl.: *to evaporate,* Syn.: *Verdampfen;* thermischer Vorgang, der im Bereich der Lebensmitteltechnologie z. B. beim Verdampfen lassen von Wasser aus Flüssigkeiten wie z. B. Milch eingesetzt wird, um sie auf diese Weise einzudicken.

Evaporierte Sahne Syn.: → *Kondenssahne*

Evers-Diät; Ende der 30er-Jahre des 20. Jahrhunderts vom deutschen Mediziner Joseph Evers entwickelte naturnahe → alternative Ernährungsform auf der Grundlage von rohen, nicht erhitzten und nicht bearbeiteten Lebensmitteln, die zur Vorbeugung und Heilung ernährungsbedingter Stoffwechselerkrankungen (insbesondere Multiple Sklerose) dienen sollte und heute zu einer Rohkost betonten Variante der laktovegetabilen Vollwertkost weiterentwickelt wurde. Im Mittelpunkt der E. stehen (gekeimte) Vollkorngetreide, frisches Gemüse, Sprossen, Keimlinge, Salat und Obst. Abgelehnt werden alle vorgefertigten Lebensmittel, raffinierte Kohlenhydrate, Fleisch, Süßwasserfisch, fettreiche Milchprodukte, rohe Eier und Genussmittel. Die E. ist bei einem insgesamt niedrigen Fettgehalt arm an → Arachidonsäure und reich an ungesättigten → Fettsäuren, was zur Stabilisierung des Immunsystems und Verminderung von Entzündungsreaktionen, insbesondere bei Multipler Sklerose führen soll. Die Wirkung der E. ist jedoch wissenschaftlich nicht belegt.

EVOH/ EVOL; Abk. für → Ethylenvinylalkohol.

Exokarp engl.: *exocarp;* botanische Bezeichnung für die äußere Teilschicht des → Perikarps.

Exopeptidasen engl.: *exopeptidases,* Syn.: *Peptidasen;* zur Gruppe der → Proteasen gehörende → Enzyme, die Aminosäuren vom Ende der Polypeptidkette abspalten. Abhängig davon, ob die Hydrolyse vom Carboxylende oder Aminoende ausgehend erfolgt, werden sie auch als Carboxypeptidasen bzw. Aminopeptidasen bezeichnet. E. finden sich in allen Zellen und Geweben des Organismus sowie als Verdauungsenzyme im Darm- und Pankreassaft.

Exoten engl.: *exotic fruits;* handelsüblicher Sammelbegriff für seltener eingeführte Südfrüchte und tropische bzw. subtropische Gemüse, wie z. B. → Papaya, → Mango, → Litschi, → Karambole, → Okra und → Bambussprossen.

Exotoxine engl.: *exotoxins;* Proteine, die von verschiedenen → Mikroorganismen bereits im Lebensmittel (z. B. von *Staphylococcus aureus*) oder erst im Menschen (z. B. von *Clostridium perfringens*) gebildet werden und Lebensmittelintoxikationen hervorrufen. E., deren Angriffsort der Darm ist, werden auch als Enterotoxine bezeichnet, Neurotoxine wirken auf das Nervensystem.

Expeller-Kakaopresskuchen engl.: *expeller cocoa press cake;* fettarmer Pressrückstand nach Abpressen von Kakaobutter oder -fett mit Expellern aus Kakaobohnen, -grus und anderen Kakaorohstoffen. E. wird zur Herstellung von → Kakaofett durch Lösungsmittel-Extraktion verwendet.

Explosionstrocknung Syn.: → *Pufftrocknung*

Exportbier; → Lagerbier

Exsudate engl.: *exudates;* von lat.: *exsudare* = ausschwitzen abgeleiteter Begriff für Ausscheidungen von Pflanzen (z. B. Pflanzengummen wie Gummi arabicum) bzw. den durch Entzündungen bedingten Austritt von Flüssigkeiten aus Blut- und Lymphgefäßen.

Extra brut; Geschmacksangabe bei Schaumwein, die sich am Restzuckergehalt orientiert. → Abstimmung

Extra choice; Qualitätsstufe für → Trockenfrüchte.

Extra dry Syn.: *1. Extra trocken;* 1. Geschmacksangabe bei Schaumwein, die sich am Restzuckergehalt orientiert. → Abstimmung; 2. Bezeichnung für Spirituosen mit relativ hohem Alkoholgehalt und fehlendem oder geringem Zuckerzusatz.

Extra fancy; Qualitätsstufe für → Trockenfrüchte.

Extra herb; Geschmacksangabe bei Schaumwein, die sich am Restzuckergehalt orientiert. → Abstimmung

Extrakt engl.: *extract,* Syn.: *Auszug;* 1. durch → Extraktion aus bestimmten Stoffen, Stoffgemischen oder aus Teilen von Pflanzen oder Tieren und anschließendem teilweisen oder völligen Eindampfen der Extraktionslösung gewonnene Substanzen. Beispiele sind ätherische Öle aus Früchten oder Schalen, Fleischextrakt sowie in der Naturheilkunde verwendete E. von Heilpflanzen. 2. Bezeichnung für alle nicht flüchtigen Substanzen (Gesamtextrakt) im Wein, z. B. Säuren, Zucker, Gerb-, Farb- und Mineralstoffe, Glycerin und andere höhere Alkohole. Ein Wein mit hohem Extraktgehalt ist i. d. R. vollmundig.

Extraktion engl.: *extraction;* von lat.: *extrahere* = herausziehen abgeleitete Bezeichnung für ein Trennverfahren, bei dem mit Hilfe geeigneter Lösemittel (Extraktionsmittel) bestimmte Substanzen aus festen oder flüssigen Substanzgemischen herausgelöst werden. Es wird zwischen fest-flüssig- und flüssig-flüssig-Extraktion unterschieden. In der Lebensmitteltechnologie ist die E. ein wichtiges Verfahren zur Gewinnung von Aromastoffen und ätherischen Ölen, zur Entfernung von Coffein aus Kaffee oder Tee oder zur Gewinnung von Fetten und Ölen aus pflanzlichen Rohstoffen.

Extraktivstoffe engl.: *extractive material;* Substanzen, die durch → Extraktion aus Lebensmitteln gewonnen werden können.

Extra trocken; Geschmacksangabe bei Schaumwein, die sich am Restzuckergehalt orientiert. → Abstimmung

Extra Zytnia; neben → Wyborowa, einer der weltweit bekanntesten → polnischen Wodkas. E. mit einem Alkoholgehalt von 40 Vol.-% wird ausschließlich für den Export hergestellt. Dem Roggendestillat kann zur geschmacklichen Abrundung in kleinen Mengen Apfelgeist und natürliches Fruchtaroma zugesetzt werden. E. ist klar, sein Geschmack ist mild, sehr fein abgerundet mit angenehm süßem Abgang.

Extrinsische Faktoren engl.: *extrinsic factor;* äußere Faktoren für die Akzeptanz eines Produktes, wie Werbung, Markenauftritt, Verpackung, Preis u. a. → Intrinsische Faktoren

Extrudieren engl.: *extrusion,* Syn.: *Strangpressen;* in der Lebensmittel- und Kunststoffindustrie eingesetztes Verfahren zum kontinuierlichen Erhitzen, Formen und Strukturieren von stärke- und eiweißreichen Rohstoffen oder Kunststoffen. Im Lebensmittelbereich werden mit Wasser angeteigte Rohstoffe zunächst bei Temperaturen bis 180 °C in Schraubpressen verdichtet und dann durch ein Ventil gedrückt. Durch den dabei entstehenden Druckabfall wird das Erzeugnis aufgebläht und weist nach anschließendem Trocknen eine poröse Struktur mit geringer Dichte auf. Je nach Art der verwendeten Pressdüsen entstehen Extrusionsprodukte verschiedener Formen. Bei proteinreichen Rohstoffen wie Sojamehl erfolgt gleichzeitig eine partielle Auffaltung und Streckung der globulären Proteine, die anschließend in Fließrichtung eine faserartige Struktur ausbilden (→ Texturierte Pflanzenproteine). Beispiele für Extrusionsprodukte sind Knabberartikel wie z. B. Erdnussflocken, Frühstückscerealien und Zuckerwaren wie → Marshmallows.

FACE-Getränke; Bezeichnung für → ACE-Getränke, die neben den Vitaminen A, C und E bzw. deren Vorstufen oder Derivaten zusätzlich noch mit → Folsäure bzw. den Derivaten der Folsäure versetzt worden sind.

Fadengrad engl.: *thread stage;* Bezeichnung in der Zuckerbäckerei für einen Zustand (Grad), den eine Zuckerlösung beim Eindicken durch Kochen bei ca. 83–84 % der Trockensubstanz erreicht. Sie beginnt in diesem Zustand beim Laufen vom Löffel auf einen Teller oder zwischen den Fingern Fäden zu ziehen. Der erhaltene Sirup ist zur Herstellung von Glasuren geeignet.

Fadennudeln engl.: *vermicelli;* Bezeichnung für extra feine dünne Nudeln wie z. B. kurz geschnittene oder auch gewickelte → Spaghetti (∅ ca. 0,5–1 mm), die sich hervorragend als Suppeneinlage und wegen ihrer Saugfähigkeit als Zutat in verschiedenen Gerichten mit Sauce eignen.

Fadenwürmer Syn.: → *Nematoden*

Fächermuschel Syn.: → *Jakobsmuschel*

Fäkal-Coliforme; → Coliforme Bakterien

Fäkalindikatoren engl.: *faecal indicators;* → Bakterien, deren Vorkommen in Lebensmitteln oder Trinkwasser anzeigt, dass diese mit Fäkalien verunreinigt sind. Zu den F. gehören z. B. → *Enterobacter* und → *Escherichia coli.*

Fäkalkeime engl.: *faecal germs;* im Darm von Mensch und Tier vorkommende → Mikroorganismen, vorwiegend → *Enterobacteriaceae,* die im Lebensmittelbereich einen wichtigen Hygienefaktor zum Erkennen von Verunreinigungen mit Faeces darstellen. → Fäkalindikatoren

Fälschungskenntlicher Verschluss engl.: *falsification-recognisable closure;* → Verschlüsse

Färbende Lebensmittel; Lebensmittel, getrocknet oder in konzentrierter Form, und Stoffe, die bei der Herstellung von Lebensmittelzubereitungen wegen ihrer aromatisierenden, geschmacklichen oder ernährungsphysiologischen Eigenschaften zugesetzt werden und eine färbende Nebenwirkung haben, wie z. B. Spinatpulver, Kurkumapulver und Kirschsaftpulver sowie farbige Zubereitungen aus Lebensmitteln, die nicht durch selektive Extraktion der Pigmente hergestellt wurden und neben ihrer farbgebenden Eigenschaft noch weitere Wirkungen haben wie z. B. Paprikaextrakt mit Schärfe. F. L. sind keine → Zusatzstoffe, jedoch ist unter bestimmten Voraussetzungen eine Kenntlichmachung erforderlich, um das Vortäuschen einer besseren als der tatsächlichen Beschaffenheit zu vermeiden (z. B. Vortäuschen eines höheren Eigehaltes durch Zugabe von Kurkuma zu Eiernudeln).

Färberdistel lat.: *Carthamus tinctorius L.* (Fam.: *Asteraceae*), engl.: *Dyer's Saffron, Fake Saffron,* Syn.: *Färber-Saflor, Falscher Safran;* bis zu 1,30 m hohes einjähriges Kraut mit roten Blüten, das seit Jahrhunderten als Kulturpflanze zur Herstellung von Färbemitteln und zur Ölgewinnnung angebaut wird. Aus den den Sonnenblumenkernen ähnlichen dickschaligen Samen mit einem Ölgehalt von ca. 30 % erfolgt die Gewinnung eines hochwertigen Speiseöls (→ Distelöl). Die Blüten enthalten einen unbeständigen, lichtempfindlichen, roten Farbstoff (Carthamin), der neben Indigo bis zum Aufkommen der synthetischen Anilinfarben zum Färben von Textilien verwendet wurde. In getrocknetem Zustand lassen sich die Blüten wegen ihrer ähnlich färbenden Wirkung als

Safranersatz sowie ggf. zur Verfälschung verwenden.

Färse lat.: *Bovinus taurus L.* (Fam.: *Bovidae*), engl.: *heifer,* Syn.: *Kalbin;* junges, ausgewachsenes, weibliches Rind, das noch nicht gekalbt hat. F. werden im Alter von 20–30 Monaten geschlachtet und liefern feinfaseriges, marmoriertes und sehr aromatisches Rindfleisch.

Fäulnis engl.: *putrefaction;* bakterieller Abbau vorwiegend stickstoff- oder schwefelhaltiger organischer Substanzen unter → anaeroben Bedingungen. Der typische Fäulnisgeruch, der beim mikrobiellen Eiweißabbau auftritt, ist dabei auf die Bildung von Ammoniak und anderen z. T. übel riechenden Aminen wie Skatol und Indol zurückzuführen. Bei Kohlenhydraten führt der Abbau zu niederen Fettsäuren, Alkoholen und Kohlendioxid. Durch Absenkung des pH-Wertes lässt sich die F. von Lebensmitteln verhindern, was bei der Herstellung von Sauer- bzw. Gärungsgemüse wie Sauerkraut oder sauren Gurken genutzt wird.

Fäulnisbakterien engl.: *agent of putrefaction;* → Fäulnis bewirkende → Bakterien.

Fagara Syn.: → *Szechuan-Pfeffer*

Fajitas engl.: *fajitas;* frisch zubereitete warme Weizentortillas (→ Tortillas), die am Tisch individuell mit fleischhaltigen oder vegetarischen Füllungen und verschiedenen Saucen gefüllt werden.

Fakultative Anaerobier engl.: *optional anaerobes;* → Anaerobier

Falafel; ursprünglich aus Arabien stammende fleischlose Bratlinge aus pürierten Kichererbsen, Mais- oder Weizenmehl, Knoblauch, Pfeffer, Salz und Gewürzen. F. werden meist frittiert mit zerkleinertem Kohl, Möhren, Tomaten und Salat, z. T. auch in einer Pita-Tasche (Teigtasche), serviert.

Fallzeit engl.: *falling time;* → Sterilisieren

Falsche Lende Syn.: → *Falsches Filet*

Falscher Hase Syn.: → *Hackbraten*

Falscher Mehltau engl.: *Downy mildew;* → Mehltau

Falsches Filet engl.: *chuck tender,* Syn.: *Schulterfilet, Falsche Lende, Bugfilet;* von einer Sehne durchzogenes kräftigeres Stück Rindfleisch aus der Schulter (→ Bug). Es wird aus dem kopfwärts auf der äußeren Seite des Schulterblattes befindlichen Muskel (lat.: *M. supraspinatus*) geschnitten. Es ist weniger zum → Braten, sondern vielmehr zum → Schmoren (Sauerbraten, Gulasch) und Kochen (Eintöpfe) geeignet. Der Anteil des f. F. am entbeinten Fleisch beträgt ca. 2 %.

Falsches Kotelett; eine Scheibe Schweinebauch (→ Bauch), auch mit Knochen.

Faltenwespen; → Wespen

Faltschachtel engl.: *beaded box, folded box;* → Schachtel

Fancy; Qualitätsstufe für → Trockenfrüchte (teils auch für Import-Konserven).

Fannings engl.: *fannings;* aus der Tee-Produktion stammende Bezeichnung für die beim Sieben anfallenden kleinen Teilchen des Teeblattes, die wie → Dust zur Herstellung von → Teeaufgussbeuteln eingesetzt werden.

Farbbestimmung engl.: *colorimetry;* → Fettfarbe

Farbe engl.: *colour, color amerik.;* 1. optischer Sinneseindruck, der dadurch entsteht, dass ein Körper einen Teil des weißen Lichtes absorbiert, während er den anderen Teil reflektiert und so in der Komplementärfarbe des absorbierten Lichtanteils erscheint. Voraussetzung für Farbigkeit ist der Besitz so genannter Chromophore (z. B. konjugierte Doppelbindungen oder Metallsalze) im Molekül. 2. Farbmittel im Sinne von → Farbstoffen.

Farbebier engl.: *colouring beer,* Syn.: *Röstmalzbier;* vollständig vergorenes dunkles Spezialbier aus Gerstenmalz, Hopfen, untergäriger Hefe und Wasser. F. kann zur Farbvertiefung dunkler Biere verwendet werden.

Farbmalz engl.: *colouring malt, black malt,* Syn.: *Röstmalz;* bei erhöhten Temperaturen (ca. 200 °C) geröstetes Malz mit sehr dunkler Farbe. Es wird bei der Herstellung dunkler Biere dem gewöhnlichen Malz in geringer Menge (ca. 2%) zugesetzt, um die für dunkle Biere verlangte Würzefarbe und Eigenart im Geschmack zu erzielen.

Farbstabilisatoren engl.: *colour stabilizer;* Zusatzstoffe, die v. a. bei der Herstellung von Fleisch- und Wurstwaren eingesetzt werden, um die Haltbarkeit des →Pökelrotes zu verbessern. Als F. werden z. B. Ascorbinsäure, Niacin und Cystein verwendet.

Farbstoffe engl.: *dyestuffs;* zahlreiche Stoffe, bei denen es sich meist um organische, seltener um anorganische Verbindungen handelt, die zum Färben von Textilien, Kosmetika, Lebensmitteln (→Lebensmittelfarbstoffe) und vielen anderen Produkten verwendet werden.

Farce engl.: *farce;* Mischung aus fein gehackten oder anders zerkleinerten Erzeugnissen, meist Fleisch, mit Ei, Sahne oder dicker Sauce gebunden und pikant gewürzt, z. T. auch mit einem geringen Anteil an Lockerungsmitteln wie Brötchen oder Weißbrot. F. wird verwendet zum Füllen von z. B. Pasteten oder Gemüse wie z. B. Paprika.

Farcieren engl.: *stuff;* Füllen oder Bestreichen einer Speise mit einer →Farce auf Fleisch-, Fisch- oder Pilzbasis.

Farfalle; schmetterlings- oder frackfliegenartig geformte →Teigwaren von 2–3 cm Breite.

Farinzucker engl.: *soft brown sugar;* gelb- bis dunkelbrauner feinkristalliner Zucker, der in Zuckerraffinerien aus Zuckerablaufsirup hergestellt wird. Verwendung findet er vorwiegend als Backzutat und bei der Herstellung von Bonbons.

Farmfische engl.: *farm fish, cultivated fish;* Fische, die in →Aquakultur gezüchtet werden. →Fischzucht

Farmlachs engl.: *farmed salmon,* Syn.: *Zuchtlachs;* in Süß- und Meerwasserbecken gezüchteter →Lachs. Die steigende Nachfrage und der Rückgang der Bestände in den meisten europäischen Flüssen und Küstengewässern ließen die Lachszucht in den letzten beiden Jahrzehnten sprunghaft ansteigen. Inzwischen handelt es sich bei ca. 90 % des Angebots um F. Die meisten europäischen Zuchtstationen befinden sich in Norwegen, Irland und Schottland. Artgerechte Aufzucht (einwandfreies Wasser, mäßige Besatzdichte, hochwertiges Futter, keine vorbeugenden Antibiotikagaben) gewährleisten F. von sensorisch und ernährungsphysiologisch gleich bleibend hoher Qualität. F. kann ebenso verarbeitet und zubereitet werden wie →Wildlachs. Vor der Westküste Irlands wird F. nach ökologischen Kriterien gezüchtet, der auch in Deutschland angeboten wird (Biolachs).

Faserstoffe Syn.: →*Ballaststoffe*

Fassbrause; Bezeichnung für ein stark schäumendes aromatisiertes und gefärbtes Erfrischungsgetränk (→Brause) aus den östlichen Bundesländern, das in der Gastronomie traditionell glasweise aus Fässern ausgeschenkt wird. F. wird auch unter Fantasiebezeichnungen wie z. B. Berliner-, Rote-, Grüne- oder Gelbe F. in Fertigpackungen (i. d. R. Pfandflaschen) für den Verbraucher angeboten.

Fasten engl.: *fasting, alimentary abstinence;* freiwilliges zeitlich begrenztes Einschränken der Nahrungsaufnahme aus kosmetischen, gesundheitlichen oder religiösen Gründen. Der völlige Verzicht auf Nahrung zur Gewichtsabnahme (Nulldiät) führt sehr schnell zum Verlust an Körperprotein, weshalb ein modifiziertes F. (400–600 kcal/Tag) unter Einsatz von Proteinkonzentraten vorzuziehen ist. Davon abzugrenzen ist das Heilfasten, bei dem nicht die Gewichtsreduktion im Vordergrund steht, sondern das „Entgiften" und „Entschlacken" des Körpers. Alle längerfristigen Fastenkuren sollten unter ärztlicher Überwachung durchgeführt werden.

Fastfood engl.: *fast food,* Syn.: *Schnellimbiss;* verzehrfertige standardisierte Gerichte, die sich durch die Schnelligkeit hinsichtlich Zubereitung, Service und Konsum auszeichnen. Sie werden als Haupt- oder Zwischenmahlzeit eingesetzt und vor Ort verzehrt oder auch mitgenommen. Wenn unter der

Definition nicht nur das „klassische“ F., also Hamburger, Pommes frites, Currywurst u.Ä. verstanden wird, sondern auch Backwaren oder sogar Obst eingeschlossen sind, kann F. nicht pauschal als ernährungsphysiologisch nicht empfehlenswert beurteilt werden.

Favismus engl.: *favism,* Syn.: *Bohnenkrankheit;* von lat.: *faba* = Bohne abgeleitete Bezeichnung für einen insbesondere im Mittelmeerraum vorkommenden erblichen Enzymdefekt, bei dem es aufgrund des im Dünndarm fehlenden Enzyms Glucose-6-phosphat-Dehydrogenase innerhalb von einigen Stunden oder wenigen Tagen nach Verzehr von →Dicken Bohnen (lat.: *Vicia faba L.*) zu einem beschleunigten Abbau von roten Blutkörperchen sowie allgemeinem Unwohlsein, Fieber und Erbrechen kommt.

FCKW engl.: *CFC;* Abk. für →Fluorchlorkohlenwasserstoffe.

Fechser engl.: *radicle;* 1. im unteren Wurzelbereich austreibende Seitenwurzeln des →Meerrettichs; 2. zur vegetativen Vermehrung von →Hopfen verwendete unterirdische Sprossabschnitte.

Federweißer Syn.: *Sauser, Bitzler;* durch Hefereste milchig trüber noch gärender →Traubenmost. Je nach Fortschritt der Gärung reicht der Geschmack von süß bis trocken und der Alkoholgehalt von 4–10 Vol.-%. Er wird insbesondere zu herzhaften Gerichten wie Zwiebel- oder Flammkuchen getrunken.

Federzahl; Höchstzahl des natürlicherweise bei Fleisch vorkommenden Verhältnisses von fleischeigenem Wasser zum Eiweiß. Sie variiert artabhängig von 4,5 (reines Schweinefleisch) über 4,0 (reines Rindfleisch) bis hin zu durchschnittlich 3,6 bei den Geflügelarten. Bei der Beurteilung des Fremdwasseranteils nach der Methode von Feder aller Fleisch- und Wurstwaren, mit Ausnahme von Erzeugnissen aus Geflügelfleisch, wird ein Wert für die F. von 4,0, bei Erzeugnissen aus Geflügelfleisch von 3,6 zugrunde gelegt.

Fehlbohnen engl.: *defects;* 1. Kaffeebohnen, die aufgrund biologischer Vorgänge wie z. B. Überreife, mechanischer Beschädigungen oder Fehler im Gewinnungsprozess fehlerhafte Eigenschaften aufweisen, die sie für die Herstellung von Rohkaffee ungeeignet machen. F. werden im Ursprungsland des Rohkaffees durch maschinelle Verfahren und per Hand anhand ihrer Form, Farbe und Entwicklung ausgelesen. Neben den sich im Röstgut sensorisch auswirkenden F. wie z. B. →Stinkerbohnen, →Grasbohnen, →Springer oder →Ohren sind mit Schimmelpilzen befallene Kaffeebohnen, die im Röstbild nicht erkennbar sind und geringe Geschmacksbeeinträchtigungen hervorrufen, von besonderer Bedeutung. Dies liegt in der Fähigkeit der Schimmelpilze zur Bildung von →Mykotoxinen, insbesondere von Ochratoxin A (→Ochratoxine), begründet; 2. farblich vom übrigen Röstgut beim Röstkaffee abweichende Kaffeebohnen, die allerdings nicht im Geschmackswert gemindert sein müssen.

Fehlernährung engl.: *malnutrition;* überhöhte oder unzureichende Zufuhr an bestimmten Nährstoffen und/oder Energie als Folge einer unausgewogenen oder einseitigen Lebensmittelauswahl. Formen der F. sind →Überernährung, →Unterernährung und →Mangelernährung. Durch F. wird die Entstehung verschiedener ernährungsabhängiger Krankheiten begünstigt.

Fehlrippe engl.: *fore ribs, chuck,* Syn.: *Zungenstück, Siegelstück, -rippe;* zwischen Hals (→Kamm) und →Hochrippe gelegener Teil der Rückenmuskulatur beim Rind mit Knochen. Bei der F. handelt es sich um ein hochwertiges marmoriertes Fleischstück, das sich besonders zum Braten, Kochen (Eintöpfe) sowie zum Schmoren z. B. von Sauerbraten und →Gulasch eignet. Der Anteil der F. am entbeinten Fleisch beträgt ca. 6 %.

Feige lat.: *Ficus carica L.* (Fam.: *Moraceae*), engl.: *fig;* birnenförmiger, grüner, auch purpurroter bis bräunlich-violetter Steinfruchtverband des weiblichen zweihäusigen Echten

Feigenbaumes mit süßem zart aromatischen Geschmack. Die Süße wird duch den hohen Gehalt an Invertzucker (ca. 12,9 g pro 100 g essbarer Anteil) verursacht. F. werden in Form frischer und getrockneter Früchte als Importware aus den Anbauländern des Mittelmeerraumes, des Nahen Ostens und Amerikas gehandet. Bevorzugt sind feinhäutige, saftige, weiche Früchte. Nach Sonnen- oder künstlicher Trocknung sind die Früchte kreisrund, flach, braungrau und besitzen einen honigartigen Geschmack. Der Trockenfruchthandel unterscheidet bei Trockenfeigen zwischen Naturalfeigen und bearbeiteten F. Die an der Sonne oder maschinell getrockneten Naturalfeigen werden auf Sieben von Abfall befreit, gegen Ungeziefer begast und anschließend auf Schnüren und Kränzen aufgefädelt verpackt. Die Oberfläche erscheint durch aus dem Inneren auskristallisierten Traubenzucker matt. Bei bearbeiteten F. erfolgt Begasung, Sortieren und Waschen vor einer Behandlung mit Heißwasser oder Dampf. Sie lassen sich in verschiedene Formen, z. B. Tafeln oder Rollen vor dem Verpacken pressen und besitzen ein feucht glänzendes glattes Aussehen. Verpackt werden sie abschließend noch einmal begast. Frischfeigen lassen sich bei -0,5 bis 0 °C und 85–90 % rel. Luftfeuchtigkeit bis zu zwei Wochen lagern. Trockenfeigen sind bei ca. 7 °C und 60 % rel. Luftfeuchtigkeit für begrenzte Zeit (einige Monate) wegen ihres hohen Zuckergehaltes lagerfähig. Sie werden jedoch leicht von Milben oder Hefepilzen befallen und verzuckern. Der Hauptverbrauch von F. erfolgt als Nahrungsmittel in den Anbauländern. Dort werden sie auch zu Paste, Konfitüre, alkoholischen Getränken und Konserven sowie zu → Kaffeeersatz und → -zusatz weiterverarbeitet. F. sind weiterhin eine süßende und aromatisierenden Zutat in Gebäck, Süßwaren und alkoholischen Getränken sowie wegen ihres hohen Ballaststoffgehaltes Grundlage von Ballaststoffkonzentraten. Das in ihnen enthaltene proteolytische Enzym → Ficin wird als Klärungsmittel in der Fruchtsaftindustrie, als Zartmacher und als Bestandteil von Enzympräparaten z. B. in Nahrungsergänzungsmitteln genutzt.

Feigenkaffee engl.: *fig coffee;* aus gerösteten und zerkleinerten → Feigen hergestellter → Kaffeezusatz, der auch als → Kaffeeersatz verwendet wird.

Feigenlikör engl.: *fig liqueur;* → Fruchtaromalikör mit einem Mindestalkoholgehalt von 15 Vol.-%; bekanntes Produkt ist der Askalon Feigentrunk.

Feijoa lat.: *Acca sellowiana (O. Berg) Burret* (Fam.: *Myrtaceae*), engl.: *Pineapple Guava,* Syn.: *Ananas-Guave;* eiförmige Früchte (∅ 3–5 cm) des gleichnamigen, mit der → Guave verwandten Strauches mit graugrüner fester Schale. Das feste gelblichweiße Fruchtfleisch schmeckt aromatisch, säuerlich und ananasähnlich. Die F. wird frisch als Dessertfrucht und in Obstsalaten verzehrt sowie als Nasskonserve haltbar gemacht. Die Frucht eignet sich für eine vielseitige Verarbeitung z. B. zu Konfitüren, Fruchtsaucen, Chutneys und andere Erzeugnissen. Der in Südamerika beheimatete Strauch wird weltweit in Ländern mit subtropischem Klima, insbesondere in Neuseeland angebaut und ganzjährig importiert. Bei +3 °C und 90 % rel. Luftfeuchtigkeit lassen sich die Früchte einige Tage lagern.

Feinbrot; Bezeichnung für → Roggenmischbrote und z. T. auch Weizenmischbrote aus hellen Mehlen.

Feine Backwaren engl.: *pastries;* durch Backen, Rösten, Trocknen oder andere technologische Verfahren aus hierzu geeigneten Rohstoffen wie z. B. Mehl, Wasser, Vollei, Zucker, Fett u. v. m. hergestellte Backwaren. F. B. unterscheiden sich von Brot einschließlich Kleingebäck durch ihren Gehalt an rezepturmäßig zugesetzten Fettstoffen und/ oder Zuckerarten (insgesamt mindestens 10 Teile auf 90 Teile Getreideerzeugnisse und/oder Stärke). → Dauerbackwaren wie z. B. Laugengebäcke, Kräcker und Knabbererzeugnisse auf der Basis von Getreideerzeugnissen und/oder Stärke zählen auch dann zu den f. B., wenn der Gehalt an Fettstoffen und/oder Zuckerarten die oben angegebenen Werte nicht erreicht. Zur Abgrenzung gegenüber Süßwaren, insbesondere Zuckerwaren, ist der gebackene Anteil für Charakter, Aussehen und Geschmack wesentlich mitbestimmend. Zu der Gruppe der f. B. gehört eine Reihe von Erzeugnissen wie z. B. Kuchen, Torten, Dauerbackwaren und die meisten Gebäcke. Häufig sind einige Zutaten wie z. B. Butter, Eier, Milch, Quark, Rosinen u. v. a. für die sensorischen Eigenschaften und den Nährwert von entscheidender Bedeutung. Informationen über charakteristische Zutaten und Anhaltspunkte über deren Gehalt sind für in Deutschland hergestellte f. B. außer in der Fachliteratur v. a. in den Leitsätzen des Deutschen Lebensmittelbuches für f. B. zu finden.

Feinfische; Bezeichnung für qualitativ hochwertige Speisefische, die nicht der kulinarischen Spitzenklasse (→Edelfische) angehören. Die Abgrenzung ist nicht einheitlich geregelt, es kommen auch Überschneidungen vor.

Feinkartonage; →Packmittel aus →Karton oder Pappe, dessen Oberfläche durch Überziehen, hohen Druck, Prägen oder andere Verfahren im Aussehen verbessert ist, und das zur Verpackung hochwertiger Güter eingesetzt wird.

Feinkosterzeugnisse engl.: *delicatessen, fancy food;* Lebensmittel, die nach Art, Beschaffenheit, Geschmack und Qualität dazu bestimmt sind, besonderen Ansprüchen bzw. verfeinerten Essgewohnheiten zu dienen. Bei Rohstoffauswahl, Herstellung und Vertrieb der Erzeugnisse ist eine dieser Bestimmung entsprechende Sorgfalt anzuwenden. Zu den F. gehören →Feinkostsalate, →Mayonnaise, Salatmayonnaise, Remoulade und andere emulgierte Saucen sowie die zahlreichen Arten von nicht emulgierten Saucen wie z. B. Tomaten-Ketchup, Cumberland-Sauce, Worcester-Sauce, ferner Feinkostpasteten, Wild- und Geflügelgerichte sowie Spezialitäten wie Ragout fin, Hummer, Langusten, Kaviar u. a.

Feinkostsalate; verzehrfertige Erzeugnisse aus Zutaten tierischer und/oder pflanzlicher Herkunft in einer geschmacklich hierauf abgestimmten Sauce. Typische Saucen sind →Mayonnaise, →Salatmayonnaise, mayonnaiseähnliche Erzeugnisse wie z. B. Salatcreme, Essig und/oder Öl und/oder andere würzende Zutaten sowie weitere würzende Saucen. Bei fettreduzierten Erzeugnissen ist die Verwendung anderer Saucen als Mayonnaise und Salatmayonnaise üblich. Die Rezeptur, die Art und Beschaffenheit der Zutaten und die Art der Herstellung prägen den Charakter der F. Beschreibungen der Rezeptur und der Menge an prägenden Zutaten sind in den Leitsätzen für F. des Deutschen Lebensmittelbuches zu finden. In Deutschland hergestellte F. genügen den darin niedergelegten Anforderungen oder sind in ihrer Abweichung ausreichend kenntlich gemacht. Zu den F. zählen z. B. →Fleisch-, →Herings-, →Wurst- und →Geflügelsalat.

Feinmarinaden; →Marinaden

Feintalg Syn.: *Premier jus;* →Rindertalg, der aus frischen ausgewählten Rohmaterialien, meist des Nierenrandes, durch vorsichtiges Schmelzen bei niedrigen Temperaturen und sorgfältiges Reinigen gewonnen wird. Aus F. lassen sich →Oleostearin (fest) und →Oleomargarin (flüssig) als Fraktionen gewinnen.

Felchen Syn.: →*Renken*

Felchenkaviar; →Blaufelchen

Feldsalat lat.: *Valerinella Mill. sp.* (Fam.: *Valerianaceae*), engl.: *Cornsalad,* Syn.: *Ackersalat, Rapünzchen, Rapunzel;* Bezeichnung für eine zu den Baldriangewächsen gehörende Gruppe von einjährigen Pflanzen mit abgerundeten, länglichen, löffelförmigen, kleinen grünen Blättern, die früher als Wildgemüse gesammelt wurden. Heute werden sie in Kultur im Garten als Herbst- und Wintersalat sowie unter Glas (Gewöhnlicher F.) ganzjährig angebaut. Der bekannteste Vertreter ist der Gewöhnliche F. (lat.: *V. locusta (L.) Laterrade*), der wegen seines nussigen Geschmacks und seines hohen Gehaltes an beta-Carotin und Eisen (ca. 3,9 mg beta-Carotin und 2 mg Eisen pro 100 g essbarer Anteil) geschätzt wird. Da er nur kurz lagerfähig ist, wird Gewöhnlicher F. i. d. R. direkt nach dem Ernten oder als Frischeerzeugnis roh an sich oder als Salat z. B. zu Geflügelfleischgerichten verzehrt.

Feldthymian lat.: *Thymus serpyllum L.* (Fam.: *Lamiaceae*), engl.: *continental wild thyme,* Syn.: *Deutscher Quendel;* in Deutschland heimischer, mit dem Gartenthymian (→Thymian) verwandter, ausdauernder, immergrüner Halbstrauch mit kriechendem Wuchs und kleinen Blättern. Das nur zu 0,15–1 % enthaltene →ätherische Öl enthält nur wenig →Thymol, sondern p-Cymol als Hauptkomponente sowie den Bitterstoff Serpyllin. In der Küche wird F. wie Thymian verwendet.

Felsenauster; unspezifische Bezeichnung für die →Portugiesische Auster, gelegentlich auch für andere Arten der Gattung *Crassostrea sp.*

Felsengarnelen lat.: *Palaemonidae,* engl.: *freshwater prawns;* bevorzugt im Süß- oder Brackwasser lebende →Garnelen. Wichtige Speisegarnelen sind →Ostsee- und Sägegarnele, →Rosenberg-Garnele und die in der japanischen Küche geschätzte Japanische Garnele.

Felsenkirsche lat.: *Prunus mahaleb L.* (Fam.: *Rosaceae*), engl.: *Mahaleb Cherry,* Syn.: *Mahaleb, Steinweichsel;* als→Gewürz werden die hellbeigen tropfenförmigen, bis 5 mm langen Keimlinge der Kerne der fleischarmen „Kirschen“ verwendet. Sie haben einen bitter aromatischen Geschmack und werden frisch gemahlen v. a. in Griechenland, der Türkei und Armenien zum Würzen süßer Backwaren wie Hefebrote und Hefekuchen verwendet.

Felsenkrabbe lat.: *Cancer irroratus Say* (Fam.: *Cancridae*), engl.: *rock crab;* mit dem Taschenkrebs verwandte →Krabbe im Nordwestatlantik (Kanada, USA). Die F. wird regional als preiswerte Alternative zur Languste angeboten.

Fenchel lat.: *Foeniculum vulgare MILL. subsp. vulgare* (Fam.: *Apiaceae*), engl.: *fennel,* Syn.: *Gartenfenchel;* in mehreren Varietäten zu unterschiedlichen Zwecken kultiviertes, im Mittelmeerraum und in Vorderasien heimisches mehrjähriges Doldengewächs. Man differenziert zwischen →Gemüsefenchel (lat.: *var. azoricum (MILL.) THELL.*), →Gewürzfenchel (lat.: *var. dulce (MILL.) BATT. et TRAB.*) und Bitterfenchel (lat.: *var. vulgare*), der ausschließlich zur Gewinnung von Fenchelfrüchten und Fenchelöl für medizinische Zwecke verwendet wird. Das aus den Früchten des Gewürz- und Bitterfenchels gewonnene Fenchelöl enthält Anethol als Hauptkomponente und übt eine beruhigende und Schleim lösende Wirkung aus (Verwendung in Hustenbonbons und Hustensäften). Die getrockneten Früchte werden in der Pharmazie zur Bereitung von →Fencheltee und F. enthaltende Teemischungen (magen- und darmberuhigende Wirkung) eingesetzt. Der bittere Geschmack der Varietät *vulgare* ist auf das in ihrem →ätherischen Öl zu 12–22 % enthaltene Fenchon zurückzuführen.

Fencheltee engl.: *fennel tea;* teeähnliches Erzeugnis (Kräutertee) aus den getrockneten Früchten des→Gewürz- und/oder Bitterfenchels (→Fenchel). F. wirkt im Magen-Darmbereich blähungstreibend und Krampf lösend und bei Husten Schleim lösend. Er wird v. a. bei Säuglingen zur Linderung der Dreimonats-Koliken eingesetzt. Gegen den dauerhaften und regelmäßigen Verzehr von F. bestehen aufgrund der natürlicherweise in Fenchel enthaltenen Stoffe →Estragol und →Methyleugenol wissenschaftliche Bedenken, die Gehalte an den genannten Stoffen im Endprodukt werden jedoch soweit technologisch möglich minimiert.

Fendant; →Chasselas

Fennich Syn.: →*Kolbenhirse*

Ferkel lat.: *Sus scrofa domesticus L.* (Fam.: *Suidae*), engl.: *piglet;* 0–9 Wochen altes Jungtier beim Hausschwein (→ Schwein).

Fermentation engl.: *fermentation;* von lat.: *fermentare* = Gären abgeleitete und zunächst nur als Synonym für → Gärung verwendete Bezeichnung für Prozesse, bei denen durch Einwirken von im Ausgangsprodukt bereits vorkommenden und/oder zugesetzten Mikroorganismen oder mikrobiellen Enzymen Produkte gebildet werden, die z. B. in ihrem Aussehen, ihrem Geschmack, ihrer Beschaffenheit und/oder ihrem Nährwert verändert sind. Die F. ist ein traditionelles Verfahren, das seinen Ursprung in der Herstellung von Lebensmitteln wie Sauermilcherzeugnisse, Sauerkraut, Wein und Essig hat und heute als Teilgebiet der → Biotechnologie vielseitige industrielle Anwendung findet. Wichtige, mit Hilfe der F. hergestellte Produkte sind verschiedene Nahrungs- und Genussmittel, Industrie-Alkohol, → Antibiotika, → Enzyme und → Citronensäure.

Fermente; veraltete Bezeichnung für → Enzyme.

Fermentgetreide; Nebenprodukt bei der Herstellung von → Brottrunk. Das bei der milchsauren Gärung von Vollkornbrot entstehende Sediment wird getrocknet und in Pulverform als F. im Handel angeboten. Die im F. enthaltene Milchsäure wirkt sich positiv auf die Darmflora aus. Außerdem werden dem F. weitere gesundheitsfördernde Wirkungen nachgesagt.

Fertige Teilgerichte; enthalten die Charakter gebenden Bestandteile eines → Fertiggerichtes und sind noch durch Beilagen zu ergänzen, wie z. B. Rouladen in Bratensauce oder Fleischklops in Meerrettichsauce. Sie bedürfen der Vervollständigung durch die Zugabe weiterer Lebensmittel.

Fertiggerichte; auch Fertigmahlzeiten genannt, sind vorbehandelte Lebensmittelzubereitungen, die als Hauptmahlzeit verzehrt werden und dazu keiner Ergänzung durch weitere Lebensmittel bedürfen. F. sind verzehrfertig im Sinne von „tafelfertig“ oder sie bedürfen lediglich einer Erhitzung, z. T. auch nach vorheriger Flüssigkeitszugabe. In der Regel bedürfen sie jedoch keiner weiteren Ergänzung durch weitere Lebensmittel. Alle Bestandteile sind komplett zusammengestellt und fertig gewürzt. F. enthalten i. d. R. sowohl Beilagen als auch Charakter gebende Zutaten, die meist tierischer Herkunft sind (Ausnahme: Vegetarische Gerichte). Zu den Charakter gebenden Zutaten zählen insbesondere Gemüse, Pilze, Obst, Kartoffeln, Teigwaren und Reis. F. werden in Faltschachteln, auch in sterilisierten Mehrkammer-Portionspackungen, Dosen, Aromapacks oder Tüten in den Verkehr gebracht. Sie werden fertig verpackt sowohl tiefgefroren, gekühlt als auch im Trockenregal angeboten. Sie können für den Lebensmitteleinzelhandel oder für Einrichtungen zur Gemeinschaftsverpflegung bestimmt sein.

Fertiggrieß; durch hydrothermische Verfahren aufgeschlossener → Grieß. Der gewonnene Grieß wird meist mit geschmacksgebenden Zutaten wie Zucker, Honig, Kakao u. a. versetzt. Daraus wird durch Zugabe von heißen oder kalten Flüssigkeiten, meist Milch oder Wasser, der Fertigbrei zubereitet. Durch die besondere Behandlung des Grießes verringert sich die Kochzeit.

Fertigmehle engl.: *self-raising flour;* Vormischungen aus → Mehl und Zutaten, z. B. zum Herstellen von Backwaren, die sämtliche notwendigen und haltbaren Zutaten wie bspw. Mehl, Zucker, Fett und Backmittel mit Ausnahme von Salz und Hefe auf das Produkt spezifisch abgestimmt enthalten.

Fertigpackungen engl.: *finished pack;* im Eichgesetz definierte Bezeichnung für Erzeugnisse in → Verpackungen beliebiger Art, die in Abwesenheit des Käufers abgepackt und verschlossen werden, wobei die Menge des darin enthaltenen Erzeugnisses ohne Öffnen oder merkliche Änderung der Packung nicht verändert werden kann.

Festbetttrocknung engl.: *fixed-bed drying;* Verfahren zum Trocknen von Lebensmitteln wie Obst und Gemüse (→Trocknungsverfahren), bei dem warme Luft das zu trocknende Gut in Horden-, Band- oder Kanaltrocknern von oben überstreicht.

Fetakäse engl.: *feta;* stark gesalzener →Weichkäse, der ursprünglich in Griechenland aus Schafmilch oder einer Mischung aus Schaf- und Ziegenmilch, heute auch aus Kuhmilch in anderen Ländern hergestellt wird. F. reift 4–6 Wochen in Gefäßen mit Salzlake, ist rindenlos, von weißer bis weißgelblicher Farbe und salzig-säuerlichem Geschmack. Die Bezeichnung „Feta" ist ab dem Jahr 2003 herkunftsgeschützt für einen Käse aus Griechenland. Andere als Feta bezeichnete, nicht aus Griechenland stammende Weichkäse, die aus Schafmilch oder einer Mischung aus Schaf- und Ziegenmilch hergestellt werden, dürfen bis zum Ablauf einer Restfrist von 5 Jahren unter diesem Namen verkauft werden.

Fettarme Dickmilch engl.: *skimmed sour milk,* Syn.: *fettarme Sauermilch, dickgelegt, fettarme Setzmilch;* →Dickmilch

Fettarme Lebensmittel engl.: *low fat food;* Lebensmittel mit einem geringen Fettgehalt. Fettarme Milch und fettarme Milcherzeugnisse wie Joghurt oder Sauermilch enthalten 1,5 bis 1,8 % Fett, fettarme Speisefette dürfen nicht mehr als 41 % Fett enthalten. Für alle anderen Lebensmittel gibt es keine gesetzlichen Regelungen bzgl. einer Auslobung als fettarm.

Fettarme Milch Syn.: → *Teilentrahmte Milch*

Fettarmer Joghurt engl.: *low fat yogurt;* →Joghurt

Fettarmer Kefir engl.: *low fat kefir;* →Kefir

Fettarme Sauermilch engl.: *skimmed curdled milk;* →Sauermilch

Fettarmes Kakaopulver engl.: *fat-reduced cocoa, fat-reduced cocoa powder,* Syn.: *mageres Kakaopulver, fettarmer oder magerer Kakao, stark entölter Kakao bzw. Kakaopulver;* →Kakaopulver mit weniger als 20 % Kakaobutter, bezogen auf die Trockenmasse. Es wird aus stark entöltem Kakaopresskuchen mit einem entsprechenden Restfettgehalt gewonnen. In der alten Kakaoverordnung von 1975 war f. K. über eine Mindestgrenze an Kakaobutter von 8 % der Trockenmasse definiert. Handelsüblich sind 10–12 % Kakaobutter bei maximal 5 % Wassergehalt. Der Gehalt an Kakaobutter ist auf dem Etikett anzugeben.

Fettaustauschstoffe engl.: *fat substitutes;* Verbindungen auf Protein- oder Kohlenhydratbasis, die sensorisch den Eindruck von Fett entstehen lassen, aber keine →Fettsäuren enthalten und sich in ihren physikalischen Eigenschaften stark von Fetten und →Fettersatzstoffen unterscheiden. Zu den F. gehören 1. mikropartikulierte Eiweiße wie z. B. Simplesse®, die sich aufgrund ihrer geringen Teilchengröße von 0,05–80 µm auf der Zunge cremig verhalten, jedoch nicht hitzestabil und daher nur begrenzt einsetzbar sind, 2. Hydrolyseprodukte auf Kohlenhydratbasis wie z. B. Maltrin® aus Maisstärke, die weitgehend temperatur- und pH-stabil sind und für Cremigkeit und Sämigkeit von Salatsaucen, Dips und Eiscreme sorgen. F. auf Eiweiß- oder Kohlenhydratbasis haben einen gegenüber Fetten etwa um die Hälfte verminderten →Brennwert und können z. T. in geringeren Mengen eingesetzt werden.

Fettbegleitstoffe; chemisch sehr unterschiedliche Stoffe, die in geringen und wechselnden Mengen in allen tierischen und pflanzlichen Fetten, neben den →Glyceriden als Hauptbestandteil, enthalten sind. Die F. bilden größtenteils das Unverseifbare (→Verseifung), so z. B. die Fettalkohole, Kohlenwasserstoffe (v. a. Terpene), Sterine, Lipochrome (z. B. Carotinoide, Chlorophylle) und fettlöslichen Vitamine. Zu ihnen gehören aber auch die verseifbaren Phospholipide. Bei der Unterscheidung und ernährungsphysiologischen Beurteilung von Fetten spielen die F. neben der Fettsäurezusammensetzung eine wichtige Rolle.

Fettdichte Papiere engl.: *greaseproof papers;* auf verschiedene Arten beschichtete oder mit Sperrschichten lackierte oder kaschierte Papiere sowie → Pergamentpapier, → Pergaminpapier und → Pergamentersatz, die zum Verpacken fettiger Lebensmittel eingesetzt werden können.

Fette engl.: *fats;* neben Eiweiß und Kohlenhydraten eine der drei Hauptnährstoffgruppen. Chemisch handelt es sich um Ester aus Glycerin und → Fettsäuren. Nur wenn sie bei 20 °C fest oder plastisch sind, sind es F. im eigentlichen Sinn, sind sie bei diesen Bedingungen flüssig, werden sie als Öle bezeichnet. F. sind in Wasser unlöslich und bilden damit den Gegenpart zur überwiegend hydrophilen Umgebung der Natur. So spielen sie z. B. eine Rolle als Transporter der fettlöslichen → Vitamine, vorwiegend Vitamin A und E, teilweise auch Vitamin D. Aber auch beim Aufbau der Zellmembranen als Abgrenzung zum wässrigen System in der Zelle ist das hydrophobe Verhalten der F. entscheidend. Die Hauptaufgabe der F. in der Ernährung ist jedoch die des Energieträgers. F. ist mit 37 kJ oder 9 kcal pro Gramm der energiereichste Nährstoff und dient Pflanzen und Tieren als Energiespeicher. Gewonnen wird es daher bei den Pflanzen hauptsächlich aus den Samen, in denen es den Keimlingen als Nährstoffreserve dient und wie z. B. in Erdnüssen oder Palmkernen bis zu 50 % ausmacht. Die andere relevante pflanzliche Quelle sind Früchte; der Fettgehalt im Fruchtfleisch liegt bei Oliven oder der Palmfrucht ebenfalls bei 50 %. Von den etwa 1200 bekannten pflanzlichen F. haben nur einige wenige internationale Bedeutung als → Speisefette und -öle. Die Gewinnung erfolgt je nach Rohstoff und Verwendungszweck durch (Kalt-)Pressung und/oder Lösungsmittelextraktion. Bei Tieren finden sich die F. angereichert unter der Haut, am Herzen, in der Lunge, an den Nieren und Eingeweiden sowie in Knochenhöhlen und Gelenken. Wirtschaftliche Bedeutung haben Milchfett (Butterfett) sowie die Schlachtfette, die durch Ausschmelzen der Fettgewebe gewonnen werden. Es wird zwischen dem eher festen Talg (Rinder- oder auch Hammeltalg), dem weicheren Schmalz (Schweine-, aber auch Gänseschmalz) und den flüssigen → Seetierölen unterschieden. Die Eigenschaften der F. hängen ab von den in den Triglyceriden vorkommenden Fettsäuren und deren Anordnung an den Hydroxylgruppen des Glycerins (symmetrisch oder asymmetrisch). So sind in Ölen v. a. ungesättigte Fettsäuren zu finden, die den Schmelzpunkt aufgrund ihrer Struktur erniedrigen. Die am höchsten ungesättigten Fettsäuren sind in der Natur hauptsächlich an der mittleren Hydroxylgruppe gebunden. Eine Umverteilung erhöht den Schmelzpunkt. Die entsprechenden Verfahren zur Beeinflussung dieser Eigenschaften sind die → Umesterung zur Steuerung der Position der Fettsäuren am Glycerin, die → Fetthärtung zur Steuerung des Grades an Unsättigung und das → Fraktionieren zum Trennen in höher und niedriger schmelzende Triglyceride. Neben der Verwendung zur Ernährung sind F. nach → Verseifung oder Hydrolyse Rohstoffe für die industrielle Weiterverarbeitung, z. B. zu Seifen.

Fetteinheit; Abk.: FE, milchwirtschaftlicher Fachausdruck für 10 g Milchreinfett pro kg (1 %) in Milch, Rahm, Butter u. Ä.

Fette Mettwurst Syn.: → *Schmierwurst*

Fettende Syn.: *Schlacke;* mit Schleimhaut gewendeter → Mastdarm vom Schwein, der als Hülle für einige Brüh-, Koch- und Rohwurstsorten verwendet wird.

Fette Öle Syn.: *Süßöle;* Bezeichnung für flüssige pflanzliche oder tierische Fette, die sich von ätherischem Öl und Erdöl durch ihren chemischen Aufbau unterscheiden. → Öl

Fettersatzstoffe engl.: *fat substitutes;* synthetisch hergestellte Verbindungen aus → Saccharose oder anderen → Kohlenhydraten und → Fettsäuren (z. B. Saccharosepolyester, SPE wie Olestra®), die vom menschlichen Organismus nicht verdaut werden können und daher kalorienfrei sind. Sie ähneln in ihren physikalischen Eigenschaften den Speisefetten und können sowohl in der Kalt- als auch in der Heißanwendung eingesetzt werden. Als nachteilige Langzeiteffekte einer Aufnahme von F. werden eine verminderte Absorption fettlöslicher → Vitamine und anderer Nährstoffe sowie Durchfälle diskutiert. → Fettaustauschstoffe

Fetter Speck Syn.: → *Rückenspeck*

Fettextraktion; Verfahren zur Gewinnung von Speisefetten und -ölen aus → Ölsamen oder Pressrückständen mit Hilfe von Lösungsmitteln (i. d. R. inerte Kohlenwasserstoffe wie z. B. Hexan), das aus mehreren Verfahrensschritten besteht: 1. Vorbehandeln des Extraktionsgutes: Abtrennen von Verunreinigungen, Aufschließen des Extraktionsgutes, um dem Lösungsmittel guten Zutritt zum Öl zu verschaffen, Einstellen eines bestimmten Feuchtigkeitsgehaltes und Flockieren zur Erzielung einer größeren Oberfläche. Bei besonders ölreichen Saaten erfolgt weiterhin eine mechanische Vorpressung, 2. Extraktion, i. d. R. in heute überwiegend eingesetzten kontinuierlichen Anlagen, in denen das Saatgut dem etwa 50–60 °C warmen Lösungsmittel im Gegenstrom ausgesetzt wird, 3. vollständiges Abtrennen des Lösungsmittels mit Hilfe von Wasserdampf und 4. Aufarbeitung der Extraktionsrückstände, die i. d. R. als Viehfutter weitere Verwendung finden und weitestgehend lösungsmittelfrei gemacht werden müssen. Die Extraktion ist ein im Vergleich zur traditionellen Pressung deutlich preiswertes Verfahren, das zugleich deutlich höhere Ausbeuten ermöglicht.

Fettfarbe; wird bestimmt zur Kontrolle verschiedener Eigenschaften von Fetten, Ölen und verwandten Erzeugnissen, wie z. B. der Qualität der Rohmaterialien oder dem Grad der Bleichung bzw. generell der → Raffination. Zur Angabe der F. sind verschiedene Farbskalen üblich, die in bestimmten Branchen oder für bestimmte Anwendungen als Standard verwendet werden. Die verbreitetste ist die Lovibond-Skala, die auf kalibrierten Glasserien in den Farben rot, gelb und blau, jeweils von sehr blass bis dunkel, basiert. Auf diese Skala baut auch die AOCS-Tintometer Colour Skala auf, die jedoch nur rot und gelb verwendet. Die Gardner-Farbzahl und die FAC (Fat Analysis Committee)-Farbzahl für dunkle Fette und Öle sind Beispiele für eindimensionale Skalen, die geeignet sind für Vergleiche in nur einem Farbton. Neben der Angabe in diesen Farbskalen ist auch ein Vergleich der Farbwerte in den verschiedenen Farbräumen möglich. Zur Bestimmung werden Photometer sowie automatisch oder manuell vergleichende Colorimeter eingesetzt, letztere arbeiten mit standardisierten Farbgläsern und vergleichen diese mit der Probe auf Übereinstimmung. Dieselben Prinzipien werden auch in anderen Bereichen der Lebensmittel- oder der Petroindustrie zur Farbbestimmung angewendet.

Fettfische engl.: *fatty fish;* → Fische mit über 10 % Fett im Muskelfleisch. F. kommen bevorzugt in kälteren Regionen der Erde vor als See- und als Süßwasserfische. Sie sind wichtige Lieferanten für die ernährungsphysiologisch bedeutsamen → Omega-3-Fettsäuren. Typische Vertreter sind → Hering, → Makrele, → Lachs, → Thunfisch und → Aal. Fische, die Fett in der Leber speichern, werden nicht zu den F. gezählt.

Fettfreie Milchtrockenmasse engl.: *solids non-fat of milk;* Rückstand nach Extraktion des Fettes und Verdampfen des Wassers, der sich im Wesentlichen aus Lactose, Milcheiweiß und Mineralstoffen zusammensetzt und bei Milch meist aus Fettgehalt und spezifischem Gewicht berechnet wird.

Fettgebäck engl.: *batter, fritter,* Syn.: *Siedegebäck, Fettgebackenes;* Sammelbezeichnung für fast ausschließlich in heißem → Frittierfett schwimmend ausgebackene feine Backwaren. Tierische Fette (→ Schmalz) werden nur noch in geringem Umfang verwendet. Zu F. zählen → Spritzkuchen, → Krapfen (insbesondere → Berliner Pfannkuchen), → Mutzenmandeln, → Kameruner und → Ballbäuschen.

Fettgehalt engl.: *fat content;* durch vollständige Extraktion bestimmbarer Gehalt eines Lebensmittels an Fettstoffen. Der F. wird in Prozent des Produktgewichts (z. B. bei Milch, Milchprodukten, Butter) bzw. der Trockenmasse (z. B. Käse) angegeben. Bei verschiedenen Lebensmitteln sind Mindest- und/oder Höchstwerte gesetzlich vorgeschrieben (z. B. Milch, Butter, Käse, feine Backwaren). Den höchsten F. besitzen → Reinfette (Schmalz, Talg) mit (fast) 100 %.

Fettgewebe engl.: *adipose tissue, fatty tissue;* pflanzliche und tierische Zellverbände, in denen sich bevorzugt Fette und Fettstoffe (als Energiereserve) ablagern. Bei den Tieren handelt es sich bei dem F. um eine besondere Form des → Bindegewebes. Die inhaltlich unterschiedlichen Begriffe F. und Fett werden v. a. bei vom Tier stammenden Produkten in der Alltagssprache häufig nicht unterschieden.

Fettglasuren engl.: *confectioner's coatings;* fertige Zubereitungen aus Zucker und Speisefetten, die im Wesentlichen aufgrund ihrer maßgeschneiderten technologischen Eigenschaften zum Überziehen von Süßwaren, Backwaren und Eiscreme verwendet werden. Diese sind v. a. von der Wahl der verwendeten Zutaten und der Verarbeitung abhängig. Fette mit einem hohen Anteil an Laurinsäure wie Palmfett oder Kokosfett sorgen für plastische feste Glasuren, Öle z. B. aus Haselnusskernen hingegen für cremige. Der Emulgator → Lecithin verbessert die Fließeigenschaften, insbesondere bei kakaohaltigen F. Die Art der verwendeten Zucker beeinflusst die Viskosität. Milch- oder Joghurtpulver hat wesentlichen Einfluss auf die Farbe, besonders bei F. ohne Kakaopulver. Aromen wie z. B. → Vanillin bei kakaohaltiger F. runden den Geschmack ab. Kakaohaltige F. sind aufgrund ihrer maßgeschneiderten technologischen Eigenschaften und ihres Preises häufig eine Alternative zu → Kuvertüren. Wegen der möglichen Gefahr der Verwechslung wird ihre Verwendung bei loser Ware in Verbindung mit der Verkehrsbezeichnung kenntlich gemacht. Bei einigen hochwertigen feinen Backwaren sind sie unüblich und werden nicht verwendet.

Fettglasuren-Compounds; schokoladenähnliche Produkte, die den gesetzlichen Anforderungen an → Schokoladen nicht entsprechen und deshalb nicht unter der Bezeichnung Schokolade vermarktet werden dürfen. Die Herstellung erfolgt analog der von Schokolade, wesentlicher Unterschied ist die Ersetzung der Kakaobutter durch ein Pflanzenfett bzw. eine Pflanzenfettmischung. Ein Beispiel für F. ist → Eiskonfekt.

Fetthärtung engl.: *hydrogenation;* Verfahren zur Änderung der physikalischen Eigenschaften oder der Oxidationsstabilität von Ölen. Bei hohen Temperaturen (um 200 °C) und Druck (bis 5 bar) wird in Gegenwart eines Katalysators, meist Nickel, Wasserstoff in das Öl geleitet und so die Doppelbindungen in den Fettsäuren hydriert. Die Erfindung der F. im Jahr 1902 durch den deutschen Chemiker Normann gilt als entscheidender Durchbruch in der Geschichte der Margarineherstellung. Durch Variation der Hydrierbedingungen kann eine selektive oder partielle Härtung erreicht werden, bei der nicht sämtliche Doppelbindungen des Öls reagieren. F. wird angewandt, um den Schmelzpunkt eines Öls zu erhöhen und dadurch Streichfähigkeit zu erreichen, die Kristallisationseigenschaften zu ändern und damit die Konsistenz des Fettes anzupassen und die oxidationsempfindlichen Fettsäuren, v. a. Linolensäure, in stabilere Produkte umzuwandeln. F. geht einher mit der Bildung von → Trans-Fettsäuren, die gesundheitlich unerwünscht sind und auf deren Minimierung hin das Verfahren ebenfalls optimiert wird. Auf die F. muss bei der Verwendung von gehärteten Fetten als Zutat in der Kennzeichnung hingewiesen werden.

Fetthering engl.: *hard salted/cured high-fat herring;* frischer fetter → Hering, gekehlt und hart gesalzen (→ Salzhering).

Fettkäse; mindestens 40 % Fett in der Trockenmasse enthaltende → Käse.

Fettkennzahlen engl.: *fat indices;* Kennzahlen aus der klassischen Fettanalytik. Mit Hilfe dieser Werte lässt sich ein Fett charakterisieren, eine exakte Bestimmung der chemischen Zusammensetzung ist jedoch nicht möglich. Beispiele für F. sind die → Iodzahl, → Peroxidzahl, → Säurezahl, → Verseifungszahl, → Buttersäurezahl und die → Carbonylzahl.

Fettleber engl.: *fatty liver,* Syn.: *Stopfleber;* → Leber von Gänsen und Enten der Art *cairina muschata* oder *c.m. X Anas platyrynchos,* bei denen fütterungsbedingt eine Zellvergrößerung und Verfettung der Leber hervorgerufen wurde. Die Lebern, die nur von vollständig ausgebluteten Tieren entnommen werden dürfen, müssen eine einheitliche Farbe und ein Nettogewicht von mindestens 300 g (Enten) bzw. 400 g (Gänse) aufweisen. Die F. gemästeter Gänse und Enten ist in Frankreich unter der Bezeichnung Foie gras als Spezialität bekannt, die u. a. zur Herstellung von Gänseleberpastete verwendet wird.

Fettleibigkeit Syn.: → *Adipositas*

Fettlösliche Vitamine engl.: *fat-soluble vitamins;* Teilgruppe der → Vitamine, der → Vitamin A, → Vitamin D, → Vitamin E und → Vitamin K angehören.

Fettmischungen; Mischungen aus tierischen und pflanzlichen Speisefetten und -ölen, die bei überwiegend tierischem Anteil üblicherweise als „Fett, tierisch/pflanzlich“ oder „Speisefett, tierisch/pflanzlich“, auch unter Angabe des Verwendungszwecks, bezeichnet werden. Überwiegt der pflanzliche Anteil, ist entsprechend als Bezeichnung „Fett, pflanzlich/tierisch“ üblich. → Shortenings

Fettmodifizierte Kost engl.: *fat-modified diet;* Kostform, die zur Behandlung von → Fettstoffwechselstörungen (z. B. → Hypercholesterinämie), aber auch bei → Diabetes mellitus und Bluthochdruck eingesetzt wird und sich durch einen reduzierten Fett- und Cholesteringehalt auszeichnet. Tierische Fette werden durch pflanzliche Öle ersetzt, um die Aufnahme an gesättigten Fettsäuren zugunsten der ungesättigten Fettsäuren zu verschieben. Des Weiteren sollte die Zufuhr an Omega-3-Fettsäuren gegenüber den Omega-6-Fettsäuren erhöht werden und der Gehalt an trans-Fettsäuren 1 % der Nahrungsenergie nicht übersteigen. Bei der f. K. soll 25–30 % der Energie durch Fett, 50–60 % durch Kohlenhydrate und 10–20 % durch Protein aufgenommen werden. Diese Empfehlungen entsprechen weitestgehend denen für die Allgemeinbevölkerung.

Fettreduzierte Lebensmittel engl.: *fat-reduced food;* Lebensmittel, deren Fettgehalt durch Verwendung von fettarmen Rohstoffen, Erhöhung des Anteils an anderen Hauptnährstoffen, durch Zusatz Wasser bindender Stoffe oder durch die Verwendung von → Fettersatzstoffen oder → Fettaustauschstoffen im Vergleich zu herkömmlichen Lebensmitteln reduziert wurde. Speisefette wie Butter und Margarine sind fettreduziert, wenn sie mehr als 41 % und höchstens 62 % Fett enthalten. Andere Lebensmittel wie Wurst und Feinkostsalate dürfen nur dann als fettreduziert gekennzeichnet werden, wenn sie 30 % weniger Fett enthalten als vergleichbare herkömmliche Lebensmittel.

Fettreif engl.: *fat bloom;* Oberflächenveränderung bei massiven oder gefüllten Schokoladenerzeugnissen durch Ausbildung einer filmartigen Schicht mikroskopisch kleiner Fettkristalle. Hierdurch kommt es zu mattem Aussehen der Oberfläche oder Entstehung einer grauen bis weißlichen Oberflächenschicht (Schönheitsfehler). Stark gefördert wird die Ausbildung eines F. v. a. durch eine zu warme Lagerung (über 23 °C), daneben können verfahrenstechnische und rezepturbedingte Einflüsse (z. B. nussölhaltige Füllungen bei Pralinen) von Bedeutung sein.

Fettsäuren engl.: *fatty acids;* unverzweigte Carbonsäuren, die i. d. R. eine gerade Anzahl Kohlenstoffatome besitzen. Die Unterteilung erfolgt 1. nach der Kettenlänge in kurz- (4–7 C-Atome), mittel- (8–12 C-Atome) und langkettige (mehr als 12 C-Atome) F. und 2. nach dem Sättigungsgrad in gesättigte F., die keine Doppelbindung im Molekül besitzen, und ungesättigte F., die weiter in einfach ungesättigte (eine Doppelbindung) und mehrfach ungesättigte (2 und mehr Doppelbindungen) F. differenziert werden können. Die Doppelbindungen liegen normalerweise in cis-Konfiguration vor, jedoch entstehen unter bestimmten Bedingungen (z. B. bei der Fetthärtung oder durch Mikroorganismen im Pansen) auch unerwünschte →Trans-Fettsäuren. Je größer der Anteil an ungesättigten F. in einem Fett ist, desto flüssiger ist es, da diese F. einen tiefen Schmelzpunkt besitzen. F., die für den Organismus unentbehrlich sind, aber vom Körper selbst nicht synthetisiert werden können, werden als →essenzielle Fettsäuren bezeichnet. In Nahrungsfetten liegt der überwiegende Teil der F. als →Triglyceride vor, also verestert mit Glycerin, aus denen sie durch Hydrolyse (→Verseifung) freigesetzt werden können. F. sind Ausgangssubstanzen für die Herstellung von Seifen und Tensiden. Beispiele für gesättigte und ungesättigte F. sind im Anhang II in Tabelle 4 zu finden.

Fettsäurenzuckerester Syn.: →*Zuckerester von Fettsäuren*

Fettstoffwechsel engl.: *lipometabolism;* umfasst den gesamten Fettumsatz im Organismus, also Absorption, Abbau, Verwertung, Speicherung sowie endogene Synthese. Die Nahrungsfette werden durch die →Fettverdauung in eine absorbierbare Form überführt und als Energiespeicher in Depotfett umgewandelt bzw. in der beta-Oxidation zur Energiegewinnung abgebaut. Aus überschüssigen Kohlenhydraten können, nachdem die Glykogenspeicher aufgefüllt wurden, Triglyceride synthetisiert und ebenfalls als Depotfett gespeichert werden. Der F. steht unter hormoneller Kontrolle.

Fettstoffwechselstörungen engl.: *disorders of the lipometabolism,* Syn.: *Dyslipidämien;* pathologische Veränderungen des →Fettstoffwechsels, die sich i. d. R. in erhöhten (Hyperlipidämien), seltener auch in erniedrigten (Hypolipidämien) Blutfettwerten äußern. F. verlaufen i. d. R. über lange Zeit symptomfrei, stellen aber langfristig einen Risikofaktor für die Entstehung von Herz-Kreislauferkrankungen, →Arteriosklerose und Herzinfarkt dar. Es wird zwischen primären (angeborenen) und sekundären F. unterschieden, die häufig eine Folge von falscher Ernährung (→ernährungsabhängige Krankheiten) oder Primärerkrankungen wie →Diabetes mellitus oder Niereninsuffizienz sind. Eine Möglichkeit der Therapie stellt neben medikamentöser Behandlung eine Umstellung der Ernährung auf →fettmodifizierte Kost dar.

Fettsucht Syn.: →*Adipositas*

Fettuccine; →Teigwaren aus in Form von Nestern aufgerollten dünnen Bändern.

Fettverdauung engl.: *fat digestion;* hydrolytische Spaltung der mit der Nahrung aufgenommenen →Triglyceride in Glycerin und Fettsäuren. Die F. beginnt z. T. im Magen mittels Lipasen, die durch den niedrigen pH-Wert aktiviert werden. Im Dünndarm erfolgt die Emulgierung der Fette durch die Gallensäuren und die Spaltung in Diglyceride, Monoglyceride, freie Fettsäuren und Glycerin durch die Pankreaslipasen. Phospholipide, Glykolipide u. a. verseifbare →Lipoide werden durch spezifische Esterasen gespalten. Die Hydrolyseprodukte bilden zusammen mit den Gallensäuren, →Cholesterin und fettlöslichen Vitaminen so genannte Micellen, die durch passive Diffusion in die Dünndarmschleimhaut aufgenommen werden. Kurz- und →mittelkettige Fettsäuren gelangen über das Pfortadersystem zur Leber, während langkettige Fettsäuren wieder zu Triglyceriden verestert sowie von Protein umhüllt werden und Chylomikronen (→Lipoproteine) bilden. Die Chylomikronen werden über das Lymphsystem in den Blutkreislauf transportiert und gelangen von dort zu den peripheren Geweben, wo sie zur Energiegewinnung oder -speicherung herangezogen werden.

Fettverderb engl.: *fat decay;* durch verschiedene chemische, mikrobielle oder enzymatische Reaktionen verursachte Veränderungen von Fetten, die zu Qualitätseinbußen führen und sich häufig limitierend auf die Haltbarkeit fetthaltiger Lebensmittel auswirken. Die wichtigste Form des F., bei dem Sauerstoff in einer Kettenreaktion auf das Fettmolekül übertragen wird, wird als Lipidperoxidation bezeichnet und kann in Autoxidation sowie enzymatische Oxidation durch Lipoxygenasen differenziert werden. Das Auslösen der Kettenreaktion bei der Autoxidation kann durch energiereiches Licht (Fotooxidation), Sensibilisatoren wie z. B. Chlorophyll, Hämoglobin oder Riboflavin sowie Schwermetalle erfolgen. Es entstehen Fettsäurehydroperoxide, die weiter zu z. T. intensiven Aromastoffen aus der Gruppe der Alkohole, Ketone und Epoxide reagieren. Die Oxidation von Fetten verläuft umso schneller, je mehr Doppelbindungen die Fettsäuren im Triglyceridmolekül enthalten und kann u. a. durch →Antioxidantien, licht- und sauerstoffgeschützte Lagerung verhindert bzw. verzögert werden. Eine weitere Form des F. stellt die hydrolytische Spaltung der Esterbindung im Triglyceridmolekül durch Wasser (Hydrolyse) und Lipasen (Lipolyse) dar, die durch das Freiwerden von kurz- und mittelkettigen Fettsäuren ebenfalls Geschmacksveränderungen zur Folge hat. Durch starke thermische Belastung (z. B. Braten oder Frittieren) kann es zur Pyrolyse oder Polymerisation von Fetten mit farblichen und teilweise geschmacklichen Veränderungen kommen. →Ranzidität

Feuchthaltemittel engl.: *humcetants;* hygroskopische Substanzen, die bestimmten Lebensmitteln (z. B. Marzipan, Persipan, Geleezuckerwaren) zugesetzt werden, um durch Wasserbindung vor Feuchtigkeitsverlust und evtl. vor dem Auskristallisieren des Zuckers zu schützen. Als F. für Lebensmittel sind →Sorbit, →Glycerin und Polydextrose zugelassen. Ferner spielen F. für kosmetische Mittel und Tabakerzeugnisse eine große Rolle.

Feuchtigkeitsanzeiger engl.: *moisture indicator,* Syn.: *Feuchtigkeitsindikator;* chemische Substanzen, die bei wechselnder Feuchte ihre Farbe ändern. Sie bestehen z. B. aus weißem saugfähigen Spezialpapier, das ganz oder in Teilbereichen mit unterschiedlichen, sich farblich ändernden Lösungen imprägniert ist. Die imprägnierten Felder ändern je nach relativer Luftfeuchte der Umgebungsluft ihren Feuchtigkeitsgehalt und damit ihre Farbe. Häufig werden Salze der Nebengruppenelemente verwendet, die in wasserfreiem Zustand farblos sind und mit Zunahme der Feuchtigkeit immer farbiger werden (Kupfer und Kobald werden z. B. blau). F. werden als Packhilfsmittel eingesetzt, mit dem sich feststellen lässt, ob in einer Verpackung eine kritische Feuchte erreicht oder überschritten ist, vorwiegend bei Langzeitverpackungen (Militär- und Exportgüter, besonders im Überseeversand).

Feuchtigkeitsempfindlichkeit; charakteristische Eigenschaft einiger Trockenprodukte bereits bei geringer Erhöhung des Wassergehaltes, starken Veränderungen in Folge physikalischer, chemischer, enzymatischer oder mikrobiologischer Reaktionen zu unterliegen. Diese können z. B. zu Klumpenbildung, Hartwerden, Lösen, Kristallisieren, Verfärbung, Schimmelbildung, Ranzigwerden, Geschmacksveränderung oder Verlust an bestimmten Inhaltsstoffen führen. Die F. kann u. a. durch den Zusatz von Trennmitteln oder Stabilisatoren, aber auch durch Überziehen (Coaten) mit geeigneten Schutzschichten verringert werden.

Feuchtigkeitsgleichgewicht engl.: *humidity*

equilibrium; Zustand, bei dem der Wassergehalt der Umgebungsatmosphäre und der eines Produktes so aufeinander abgestimmt sind, dass keine Änderung des Feuchtigkeitsgehaltes des Produktes stattfindet. Bei optimaler Lagerung sollte möglichst das F. herrschen, um sowohl ein Feuchtwerden als auch ein Austrocknen des zu lagernden Gutes zu verhindern.

Feuchtigkeitsmesser engl.: *hygrometer;* Geräte zur Messung (Hygrometer) und ggf. laufenden Registrierung (Hydrograph) des Luftfeuchtegehaltes. Das einfachste Hygrometer, das Haarhygrometer, beruht darauf, dass ein entfettetes Haar sich in feuchter Luft verlängert. Ein Hebelsystem überträgt die Längenänderung auf einen Zeiger. Die Kontrolle der Luftfeuchtigkeit ist wichtig bei der Lagerung (z. B. von Kaffee und Getreide), Produktion (z. B. Funktion von Präzisionsmaschinen), Abfüllung und Trocknung unterschiedlicher Lebensmittel.

Feuerbohne lat.: *Phaseolus coccineus L.* (Fam.: *Fabaceae*), engl.: *Runner Bean, Scarlet Runner,* Syn.: *Prunk(er)bohne, Türkische Bohne;* meist in Kleingärten als Zierpflanze angebaute, stark wachsende, sehr ertragreiche, rot oder weiß blühende Kletterpflanze, deren Hülsenfrüchte als Gemüse genutzt werden. Die Früchte besitzen eine groß ausfallende, raue, hell- bis mittelbraune Hülse mit Fäden, in der sich 6–10, je nach Sorte violette bis rotbraune, dunkel marmorierte oder gescheckte oder weiße bis schwarze Samen befinden. Die frischen und getrockneten Samen werden wie grüne Bohnen gekocht vielseitig als Gemüse und Gemüsebeilage verwendet. Die jungen Hülsen lassen sich frisch als Gemüse zubereiten.

Feuertopf engl.: *1. Chinese firepot amerik., Mongolian hot pot, Chinese fondue;* 1. ursprünglich aus der Mongolei stammendes, auch Mongolentopf genanntes Gericht. Zu Anfang handelte es sich bei F. um eine Suppe, in die alles kam, was zur Hand war. Heute ist er in Europa als chinesisches Fondue bekannt. In eine heiße gewürzte Brühe werden je nach Belieben mundgerechte Stücke von Fleisch, Gemüse, Kartoffeln, Pilze, Brot etc. eingetaucht, gegart und verzehrt. Das hierbei verwendete Gerät, der F., ist ein Topf aus Metall, der mit Kohle, Spiritus oder einer Elektrospirale beheizt wird. Zum Eintauchen der Speisen werden Stäbchen oder kleine Messingsiebe verwendet. 2. ein scharf gewürzter Eintopf mit Gemüse, meist roten Bohnen und Fleisch.

Feuerzangenbowle engl.: *burnt punch;* Bezeichnung für ein heiß zu genießendes alkoholisches Getränk auf der Basis von Rotwein, Rum, meist Orangensaft und Zucker. Der Zucker in Hut- oder Würfelform wird auf eine Haltevorrichtung gelegt, mit Rum getränkt und dieser entzündet, so dass sich der Zucker durch die Hitze verflüssigt und zusammen mit dem nicht verbrannten Rum in den erhitzten Wein tropfen kann.

Fibrin engl.: *fibrin;* faserstoffartiges unlösliches Eiweiß, das bei der →Blutgerinnung Blutkörperchen netzartig einschließt und somit für einen Verschluss sorgt. Die Bildung von F. erfolgt bei der Gerinnung durch Umwandlung aus Fibrinogen, einem im →Blutplasma zu 0,25 % enthaltenen Eiweiß.

Fibrinolysin Syn.: →*Plasmin*

Fichtenhonig engl.: *spruce honey;* dunkler rotbrauner →Honig mit kräftigem sehr ausgeprägten Aroma. F. gehört als →Honigtauhonig neben →Tannenhonig zu den bekanntesten →Waldhonigen.

Ficin engl.: *ficin,* Syn.: *Ficain;* zu den →Proteasen gehörendes Enzym (Endopeptidase), das aus dem Milchsaft tropischer Feigenbäume der Gattung *Ficus* gewonnen wird und nach Abtrennung des Gummianteils und Trocknung als Enzympräparat erhältlich ist. F. wird wie →Papain z. B. als Zartmacher für Fleisch und zur Bierstabilisierung verwendet.

Filderkraut; bekannte, im Herbst geerntete Sorte →Spitzkohl.

Filet engl.: *fillet,* Syn.: *Lende, Schlacht-, Lungenbraten;* 1. sehr hochwertiges, mageres, feinfaseriges, keilförmiges, für jede Verwendung geeignetes Fleischstück. Es handelt sich dabei bei warmblütigen Tieren mit Ausnahme von Geflügel um die vom Knochen abgetrennte und von größeren Fettgewebsauflagerungen befreite innere Lendenmuskulatur (innere Hüftmuskulatur, Psoasmuskulatur, Rückenbeugemuskulatur). Sie stammt aus dem hinteren, unteren, inneren Teil des Rückens zwischen Wirbelsäule und Bauchhöhle. Das dicke Ende wird als Filetkopf, das dünn auslaufende als Filetspitze bezeichnet. Bei Geflügel ist „-filet" die von Haut und Knochen befreite („filetierte") Brustmuskulatur (z. B. Truthahnfilet). Ohne Angabe der Tierart handelt es sich üblicherweise um → Rinderfilet. Der Anteil am entbeinten Fleisch ist sehr gering und beträgt bspw. ca. 3 % beim Rind, ca. 2 % beim Kalb und 1 % beim Schwein. Gebräuchliche Zubereitungsarten für F. sind Braten, Kurzbraten oder Grillen. Aus dem Filetstück werden häufig kleinere, zum Kurzbraten besonders geeignete Stücke wie → Filetsteaks, → Medaillons oder → Filet mignons geschnitten; 2. im erweiterten Sinne auch für speziell zugeschnittene, soweit wie technisch möglich entgrätete Stücke Fischmuskelfleisch gebrauchte Bezeichnung. → Fischfilet

Filetieren engl.: *to fillet;* 1. bei Fleisch/Fisch: Auslösen von Stücken aus dem rohen Lebensmittel mit gleichzeitigem Entfernen von Haut, Gräten oder Knochen; 2. bei Obst, insbesondere bei Zitrusfrüchten: Heraustrennen von Fruchtsegmenten mit gleichzeitigem Entfernen der Scheidewände.

Filetkotelett Syn.: *Lendenkotelett;* zum Kurzbraten bestimmte Scheibe aus zartem, magerem, hochwertigem Muskelfleisch mit eingewachsenem Knochen und angewachsenem → Filet . F. wird bei Schwein, Lamm und Kalb aus dem hinteren schwanzseitigen Teil (Lendenbereich) des Kotelettstranges geschnitten.

Filet medaillons; ca. 75–80 g schwere Scheiben Kalbsfilet. → Filet

Filet mignon; ca. 75–100 g schwere, kleine, runde Scheiben (→ Medaillons) Rindfleisch aus der Filetspitze (→ Filet), die sich zum Kurzbraten oder Grillen eignen.

Filetpastete engl.: *fillet pastry;* 1. → Brühwurstpastete der Spitzenqualität mit reichlichem Anteil an walnussgroßen Filetstücken in der fein gekutterten Grundmasse. 2. → Kochstreichwurstpastete der Spitzenqualität. Die Grundmasse besteht im Wesentlichen aus sehnen- und fettgewebsarmem Rind und/oder Schweinefleisch, grob entsehntem Rind- und/oder grob entfettetem Schweinefleisch, Flomen und Speck. Zur Geschmacksabrundung sind auch geringe Leberanteile üblich.

Filet-Rotwurst; → Blutwurst der Spitzenqualität mit überwiegenden Anteilen an eingelagerten kleinen Speck- und eventuell Fleischwürfeln in bluthaltiger Schwartenmasse. Insbesondere aber ist grob gewürfeltes Schweinefleisch vom → Filet enthalten. Der Anteil an Muskelfleischeinlagen beträgt mindestens 35 %, Einlagen aus Formfleisch sind nicht üblich.

Filetspieß engl.: *fillet skewer;* → Fleischspieß mit aufgespießten Filetscheiben oder -stücken (→ Filet). Es werden im Fleischanteil üblicherweise nur Teile aus dem Filet verwendet.

Filetsteak engl.: *fillet steak,* Syn.: *Tenderloin-Steak, Tournedo;* ca. 3 cm dicke, 150–250 g schwere, zum Kurzbraten geeignete Scheibe → Rinderfilet (→ Filet). Sie ist fettfrei und ohne die dem Filet anhaftende Fleischhaut geschnitten.

Filet Stroganoff Syn.: *Filetgulasch Stroganoff;* Gericht aus klein geschnittenen gebratenen Stücken → Rinderfilet mit Sauce und Beilagen.

Filetwurst; → Blutwurst von gehobener Qualität bis Spitzenqualität mit stückigen Filet- und würfelförmigen Speckeinlagen in der z. T. auch mit Leber versetzten Blut-Schwartengrundmasse.

Filter engl.: *filter;* 1. Vorrichtungen zum Abtrennen von Feststoffen aus Flüssigkeiten oder Gasen (→Filtrieren). Bei den im Labor eingesetzten F. handelt es sich meist um verschiedenartige Filterpapiere, die in Trichter eingelegt werden oder um Filterplatten aus Sinterglas (Fritten). In der großtechnischen Filtration der chemischen und pharmazeutischen Industrie sowie in der Lebensmittelindustrie werden hingegen kontinuierlich oder diskontinuierlich arbeitende Druckfilter, Vakuumfilter oder Filterzentrifugen eingesetzt; 2. als optische F. werden Gläser bezeichnet, die nur für Licht bestimmter Wellenlängen durchlässig sind.

Filterhilfsmittel engl.: *filter aid;* Stoffe, welche die Filtrationswirkung bei Suspensionen mit geringem Feststoffanteil verbessern oder bei schleimigen Substanzen die Filtration ermöglichen, indem sie den Filterkuchen auflockern. Wichtige F. sind z. B. Kieselgur, Cellulose und Holzkohle, deren Wirkung auf physikalisch-mechanischen Effekten beruht und die entweder der Suspension zugesetzt werden oder als zusätzliche Hilfsschicht auf dem Filter zum Einsatz kommen.

Filtermehl; beim pneumatischen Transport von Mahlprodukten in den Filtern zurückgehaltene feinste Teilchen. Sie werden entweder den →Mehlen oder den →Mühlennachprodukten zugeleitet.

Filtrationsenzyme engl.: *claryfying enzymes;* Enzympräparate, die →Pektin spaltende Enzyme enthalten, wodurch der Abbau von Pektinstoffen in Obst- und Beerenmaischen beschleunigt wird. Der resultierende Viskositätsabfall erleichtert die Filtration.

Filtrieren engl.: *filtering;* Abtrennen fester Bestandteile aus Flüssigkeiten oder Gasen mit Hilfe von →Filtern oder Filtermitteln, z. T. unterstützt von →Filterhilfsmitteln. Der feste Rückstand des Filtrationsvorganges wird dabei als Filterkuchen, die durchgelaufene Flüssigkeit als Filtrat bezeichnet. Je nach Teilchengröße der abgeschiedenen Stoffe wird zwischen Grob-, Fein-, Mikro-, Ultra- und Hyperfiltration unterschieden. Voraussetzung für das F. ist die Erzeugung eines Druckunterschiedes zwischen Zu- und Ablauf des Filtermittels.

Fine; 1. geografische Angabe bei →Cognac; 2. französische Bezeichnung für einen besonders feinen →Weinbrand.

Fines Herbes; aus der klassischen französischen Küche stammende Kräutermischung aus mehreren geschmacklich aufeinander abgestimmten →Küchenkräutern. Es gibt zahlreiche mehr oder weniger aromatische bis milde Mischungen, die i. d. R. aus 3–9 Kräutern wie →Petersilie, →Thymian, →Kerbel, →Rosmarin, →Bohnenkraut und →Estragon bestehen und zum Würzen von Fleischspeisen, Gemüsen und Salaten eingesetzt werden können. F. werden idealerweise aus frischen Kräutern zusammengestellt, sind aber im Handel auch als fertige Mischung der getrockneten Kräuter erhältlich.

Fingerfood; kleine Speisen, die in mit bloßen Händen essbaren Portionen angeboten werden. Als F. eignen sich verschiedenste Gerichte, z. B. Spieße, kleine Sandwiches, Brote oder Pizzen, mundgerechte Fleisch- oder Gemüseportionen.

Fingerhirse lat.: *Eleusine coracana (L.) Gaertn.* (Fam.: *Poaceae*), engl.: *Finger Millet, Caracan Millet,* Syn.: *Korakan;* in Asien und Afrika angebaute kleinkörnige →Hirse mit einem Blütenstand aus 4–6 fingerförmig angeordneten Ähren. Die F. stellt etwas höhere Ansprüche an die Wasserversorgung als andere Hirsearten. Die Körner werden als Brei verzehrt, das Mehl brotähnlich verbacken oder zu einem bierähnlichen Getränk vergoren.

Finne engl.: *plerocercoid;* Bandwurmlarve im Endstadium (→Bandwürmer).

Fino; →Sherry

Fiore Sardo engl.: *Fiore Sardo;* italienischer Käse mit geschützter Herkunftsbezeichnung, der nur in den Gebieten von Orgosolo, Fonni und Olbia (in Sardinien) hergestellt werden darf. Bei F. handelt es sich um einen aus roher Schafmilch und Lab von Lamm oder Ziege gefertigten Hartkäse mit einem Mindestfettgehalt von 40 % in der Trockenmasse. Der Käse wird wie zwei an den Basen vereinigte Kegelstümpfe geformt. Der F. gehört zu den ältesten Käsesorten und wird heute noch mit denselben ursprünglichen Produktionsverfahren hergestellt, mit denen die Hirten ihn schon seit Jahrhunderten herstellen. Die 1–4 kg (maximal 8 kg) schweren zylinderförmigen Laibe besitzen eine dunkelgelbe bis dunkelbraune, anfangs dünne Rinde, die mit zunehmender Reife dicker und härter wird. Der weiß- oder strohgelbe Teig ist kompakt und verfügt über kleine Löcher. Der F. kann bereits nach einem Monat verzehrt werden. Die ideale Reifezeit beträgt jedoch mindestens 4 Monate und kann auch 8–9 Monate oder länger andauern. Sein Geschmack reicht je nach Reifegrad von mild, süß bis hin zu ausgeprägt pikant. F. wird als Tischkäse und Streukäse verwendet.

First flush Syn.: *Erster Trieb, Frühlingspflückung;* Qualitätskriterium für nordindische Tees wie → Darjeeling-Tee und → Assam-Tee, das sich auf den Zeitpunkt der Ernte bezieht. First-flush-Darjeelings werden direkt nach der Winterpause im März und April geerntet und haben ein zartes duftiges Aroma und einen hellen Abguss.

Fischallergie engl.: *fish allergy;* → Allergie gegen Fischproteine, mit oftmals schwerwiegenden Symptomen wie Nesselsucht, Asthmaanfällen oder → anaphylaktischem Schock. Bereits der Verzehr geringer Mengen an Fisch sowie das Einatmen von Kochdämpfen können bei entsprechend sensibilisierten Personen zu Reaktionen führen. In den meisten Fällen richtet sich die F. nur gegen eine bestimmte Fischart. Fischallergene sind hitzestabil. F. dürfen nicht mit → pseudoallergischen Reaktionen auf → biogene Amine in verdorbenem Fisch verwechselt werden.

Fischbällchen Syn.: → *Fischklöße*

Fischbandwurm lat.: *Diphyllobothrium latum* (Fam.: *Diphyllobothriidae*), engl.: *broad fish tapeworm;* → Bandwurm, der über kleine Süßwasserkrebse und -fische auf den Menschen übertragen wird. Die ausgewachsenen Larven befinden sich im Muskelfleisch und in den Eingeweiden des infizierten Fisches, beim Verzehr von unerhitztem Fisch gelangen sie in den menschlichen Darm und entwickeln sich zum geschlechtsreifen F. Er verursacht i. d. R. keine Beschwerden und anders als beim Schweine- oder Rinderbandwurm entwickeln sich im menschlichen Darm keine Larven. Bei Langzeitinfestation kann jedoch wegen des hohen Vitamin-B_{12}-Bedarfs des F. eine perniziöse Anämie auftreten. Der F. kommt in Amerika, Asien und Afrika sowie in Nordosteuropa in größeren Seen vor.

Fische lat.: *piscis/pisces,* engl.: *fishes;* im Wasser lebende, zeitlebens durch Kiemen atmende wechselwarme Wirbeltiere. Zoologisch lassen sich F. in die drei großen Klassen → Rundmäuler, → Knorpelfische und → Knochenfische sowie nach dem Lebensraum in → Süßwasser- und → Seefische unterteilen. Die Körper von F. sind meist gestreckt und spindelförmig, ferner existieren abgeplattete (z. B. Scholle) und schlangenartige (z. B. Aal) Formen. Die Haut ist meist bedeckt von Schuppen, häufig von kennzeichnender Form oder Farbe, während die Fortpflanzung meist durch Eier (Laich) erfolgt. Bei Fischfleisch handelt es sich um ein hochwertiges Nahrungsmittel, das reich an biologisch wertvollem Eiweiß, Lipoiden (z. B. Lecithin), Mineralstoffen (z. B. Calcium, Eisen, Phosphor, Jod) und Vitaminen (insbesondere A und D) ist. Wegen des niedrigen Bindegewebsanteils und hohen Wassergehaltes ist Fischfleisch leicht verdaulich, aber zugleich auch leicht verderblich, wenn nicht besondere Konservierungsmethoden wie z. B. Tiefgefrieren, Einsalzen, Trocknen oder Erhitzen angewandt werden. F. gelangen als ganze Tiere, in Teilstücken wie z. B. Filets, als auch verarbeitet in Form von → Fischerzeugnissen und als Bestandteil von → Convenience-Produkten (bspw. Fertiggerichte) in den Handel. Neben den traditionellen Angebotsformen (frisch, eingesalzen, getrocknet, pasteurisierte oder sterilisierte Konserven im eigenen Saft, Öl oder Aufguss) werden F. und Fischerzeugnisse in zunehmendem Maße im tiefgefrorenen Zustand angeboten.

Fischereierzeugnisse engl.: *fishery products;* im Wasser lebende Tiere (Meer- und/oder Süßwasser) mit Ausnahme von Säugetieren und Fröschen oder Teile dieser Tiere, ganz, zubereitet (filetiert, zerkleinert) oder verarbeitet (erhitzt, geräuchert, gesalzen, mariniert, getrocknet u. a.). Lebensmittelrechtlich ist der Begriff beschränkt auf Erzeugnisse, die für den menschlichen Verzehr bestimmt sind. Im weiteren Sinne sind auch Erzeugnisse für andere Zwecke (Fischmehl/Fischöl als Futter- und/oder Düngemittel u. ä.) miteinbezogen. Lebende Tiere, die erst beim Verwender getötet werden (Forellen, Karpfen, Krebstiere, Muscheln) sind keine F.

Fischerzeugnisse engl.: *fish(ery) products*, Syn.: *Fischwaren (veralt.)*; Lebensmittel aus Fischen (überwiegend ohne Kopf, ausgeweidet, entgrätet und gewaschen) oder Fischteilen, die durch geeignete Verfahren auch unter Verwendung von Zutaten gar gemacht, zum Verzehr zubereitet oder durch Trocknen haltbar gemacht sind. Neben dem gebräuchlichsten Verfahren zur Haltbarmachung, dem Tiefgefrieren, werden weiterhin traditionelle Haltbarmachungsverfahren wie Trocknen (→Klippfisch →Stockfisch), Salzen (→Salzfischerzeugnisse), Räuchern (→Räucherfisch), Marinieren (→Marinade), Kochen (→Kochfischwaren) sowie Braten, Rösten oder Grillen (→Bratfischwaren) und Erhitzen angewandt. Bei den Erhitzungsverfahren bestimmt die zeitliche Dauer der Erhitzung und die Höhe der dabei angewandten Temperatur die Haltbarkeit des Erzeugnisses. Aufgrund der besonderen Eigenschaften des Fischfleisches (→Fisch) sind F. einerseits biologisch hochwertige leicht verdauliche Lebensmittel, andererseits insbesondere im frischen und gekühlten Zustand anfällig gegenüber mikrobiellem Verderb und Texturschäden. Bei kühlbedürftigen F. ist daher stets auf eine strikte Einhaltung der Kühlkette zu achten. F. wie z. B. Fischstäbchen sind wegen ihrer relativ einfachen Zubereitung beliebte Convenience-Produkte. In Deutschland hergestellte oder verpackte F. erfüllen die Anforderungen der Leitsätze des Deutschen Lebensmittelbuches über Fische, Krebs- und Weichtiere und Erzeugnisse daraus oder sind in ihrer Abweichung ausreichend kenntlich gemacht.

Fischextrakt engl.: *fish extract;* durch enzymatische Hydrolyse unter Kochsalzzusatz aus kleinen Fischen oder zerkleinertem Fisch gewonnener Extrakt. F. bildet die Basis für viele asiatische Fischaucen und für Fischfonds.

Fischfarce; 1. enthäutetes, entgrätetes, zerkleinertes Fischfleisch mit Faserstruktur, das für die Weiterverarbeitung zu →Fischklößen, →Fischfrikadellen, Fischpasteten u. a. Zubereitungen bestimmt ist; 2. wie 1, aber gewürzt und mit Bindemitteln (Eiklar), Sahne und ggf. anderen Zutaten gemischt als Grundmasse für die unter 1 genannten Zubereitungen. →Farce

Fischfeinkost engl.: *delicatessen fish products;* →Feinkosterzeugnisse auf der Grundlage von Fisch, gelegentlich werden Krebstiere (Hummer, Langusten) und ggf. Weichtiere (Austern) in den Begriff mit einbezogen. Zur F. gerechnet werden →Kaviar, →Fischsalate, Fischpasteten u. ä. Zubereitungen.

Fischfilet engl.: *fish fillet;* Fischmuskelfleisch nach Entfernung der Bauchlappen der Länge nach parallel zur Rückengräte geteilt, enthäutet und soweit wie technisch möglich entgrätet. Bei Heringen, Sprotten und Makrelen hängen die Filets auch an den Rückenteilen zusammen und gelangen nicht enthäutet und mit Bauchlappen, jedoch ohne Bauchhaut in den Verkehr (Doppelfilet), Schollenfilets auch mit weißer Haut. In gleichmäßiger Stärke scheibenförmig zerteiltes F. wird als Fischscheibe oder -schnitte bezeichnet.

Fischfond engl.: *fish juice;* feine konzentrierte Fischbrühe, hergestellt aus rohen, gewaschenen, zerkleinerten Fischabfällen (Kopf ohne Kiemen, Gräten), Zwiebeln, Lauch, Gewürzen und Wein, in Wasser ausgekocht, etwas reduziert, filtriert und ggf. eingefroren. Industriell vorgefertigter F. wird mit →Fischextrakt hergestellt und als Flüssigprodukt in Gläsern angeboten. F. ist Grundlage für Fischsuppen und -saucen.

Fischfrikadellen engl.: *fish rissoles;* aus enthäutetem, entgrätetem und zerkleinertem Fischfleisch, eingeweichten Brötchen oder Semmelmehl, Vollei oder Eiklar, Salz, Gewürzen und ggf. weiteren würzenden Zutaten bestehende, in der Pfanne mit Fett von beiden Seiten knusprig gebratene, etwa faustgroße Küchlein. Die Zutaten werden zu einem Teig verarbeitet, geformt und ggf. paniert. F. werden im Handel bratfertig (→Bratfischwaren), frisch oder tiefgekühlt angeboten.

Fischklöße engl.: *fish balls,* Syn.: *Fischklopse, Fischbällchen;* kleine, kugelige, ellipsoide oder flachovale, i. d. R. gekochte Fischerzeugnisse. F. werden aus zerkleinerten, weitgehend von Gräten befreiten Fischteilen mit Zusatz von Milch, Milcherzeugnissen, Binde- und Dickungsmitteln sowie würzenden Stoffen hergestellt. Der Fischanteil beträgt üblicherweise mindestens 50 %. F. werden als „Fischklöße", „Fischklopse" oder „Fischbällchen" bezeichnet, sofern der Fischanteil ausschließlich aus Kabeljau, Schellfisch, Seelachs und anderen Gadidenarten oder aus Seehecht besteht. Die Verwendung oder Mitverwendung anderer Fischarten wird in Verbindung mit der Verkehrsbezeichnung gekennzeichnet. F. werden tiefgefroren und als Nasskonserven in Aufgüssen und Saucen eingelegt im Handel angeboten.

Fischkonserven engl.: *fish preserves;* durch Hitzesterilisation haltbar gemachte →Fischerzeugnisse.

Fischkoteletts engl.: *fish chops,* Syn.: *Fischkarbonaden;* vertikal zur Rückengräte in gleichmäßige Scheiben geschnittene Fischstücke. F. werden bevorzugt zum Braten verwendet, paniert oder unpaniert.

Fischleberöle engl.: *fish liver oils;* →Dorschleberöl →Lebertran

Fischmarinaden; →Marinaden

Fischmehl engl.: *fish meal;* getrockneter entfetteter Fisch, zu Pulver vermahlen. Ausgangsprodukt sind Fischabfälle der gewerblichen und industriellen Fischverarbeitung, für die Nutzung als Speisefisch ungeeigneter Beifang der Fischerei sowie →Industriefisch, der ausschließlich für die Herstellung von F. und →Fischöl gefangen wird. Circa 30 % des Weltfischertrags werden zu F. und Fischöl verarbeitet, der Einsatz von Industriefisch ist umstritten. Hauptverwendungszweck sind Futtermittel für Nutz- und Haustiere, u. a. für Fische in →Aquakultur, in geringerem Umfang Düngemittel. Aus hochwertigem hygienisch einwandfreien Material lässt sich →Fischproteinkonzentrat für die menschliche Ernährung gewinnen. In der Öko-Landwirtschaft ist der Einsatz von F. nur eingeschränkt zulässig, Kraftfutter für Wiederkäuer darf in der EU grundsätzlich kein F. enthalten.

Fischnuggets engl.: *fish nuggets;* mundgerecht geschnittene, panierte, in Fett gebratene/frittierte Fischstücke. Die angelsächsische Bezeichnung hat sich in der Gemeinschaftsverpflegung und der Systemgastronomie durchgesetzt.

Fischöl engl.: *fish oil;* isolierte Körperlipide aus →Fisch. Der Begriff umfasst auch Fett von Meeressäugern, sie spielen jedoch in der Praxis keine Rolle mehr (→Wale). F. wird gewonnen durch Abpressen (Trocken- und Nassverfahren) und/oder Extraktion mit organischen Lösungsmitteln (z. B. Hexan). Ausgangsprodukt sind Fischabfälle der gewerblichen und industriellen Fischverarbeitung, für die Nutzung als Speisefisch ungeeigneter Beifang sowie →Industriefisch, der ausschließlich für die Herstellung von F. und →Fischmehl gefangen wird. Circa 30 % des Weltfischertrags werden zu F. und Fischmehl verarbeitet, der Einsatz von Industriefisch ist umstritten. F. ist wegen seines hohen Gehaltes an ungesättigten →Fettsäuren extrem oxidationsgefährdet. Aus einwandfreiem Material unter schonenden Bedingungen gewonnenes F. dient als Ausgangsmaterial für die Herstellung von Margarine (→Fetthärtung). Öle mit hohem Anteil an →Omega-3-Fettsäuren, z. B. Lachsöl, werden als →Nahrungsergänzungsmittel verwendet, auch als Zusatz zu klassischen Lebensmitteln (Margarine, Brot, Hühnerei über Futtermittel). Der Hauptanteil des F. wird für Futtermittel und für technische Zwecke eingesetzt. F. ist nicht zu verwechseln mit Fischleberöl (→Dorschleberöl →Lebertran).

Fischpaste engl.: *fish paste;* Fischerzeugnis, hergestellt aus fein zerkleinertem, weitgehend von Gräten befreitem Fischmuskelfleisch und/oder anderen essbaren Bestandteilen vom Fisch, z. B. Rogen, meist gesalzen, mit Pflanzenöl, Verdickungsmittel (Stärke, Kartoffelflocken u. a.) und würzenden Zutaten zu einer homogenen Paste verarbeitet. Konservierungsstoffe dürfen zugesetzt sein. F. werden i. d. R. in Tuben abgepackt und sind nur begrenzt haltbar (Kühllagerung). F. sind bestimmt als Brotaufstrich (mit Butter) und als Würzmittel für Fischgerichte (Sardellenpaste, Kaviarcreme). Nach dem gleichen Prinzip werden Krebspasten hergestellt (mit Krebstierfleisch).

Fischproteinhydrolysat engl.: *fish protein hydrolysate;* →Eiweißhydrolysat, hergestellt aus Fischabfällen und Industriefisch durch enzymatische Hydrolyse bei 50–60 °C und anschließende Pasteurisierung. Das Hydrolysat wird abgetrennt, filtriert, eingedampft und im Vakuum- oder Sprühtrockner zu Pulver verarbeitet. Handelsware enthält ca. 85 % Aminosäuren und kurzkettige →Peptide, 10 % anorganische Bestandteile, 5 % Feuchtigkeit und Spuren an Fett. Ursprünglich diente F. als Nährsubstrat für Bakterienkulturen, heute wird es bevorzugt als →Geschmacksverstärker für Fischsuppen und Surimi-Produkte (→Surimi) eingesetzt, als Futterzusatz in der Kälber-, Schweine- und Fischzucht und für Katzenfutter. Die Verwendung zur Proteinanreicherung von Lebensmitteln, in der Diätetik und als Nahrungsergänzung wird diskutiert (→Fischproteinkonzentrat). Die Begriffe F. und Fischproteinkonzentrat werden in der Praxis auch synonym verwendet.

Fischproteinkonzentrat engl.: *fish protein concentrate (FPC);* 1. →Fischmehl, bestimmt für die menschliche Ernährung. Die Welternährungsorganisation unterscheidet drei Typen: A: praktisch geruchs- und geschmacksneutral, maximal 0,75 % Fett, B: Geruch und Geschmack typisch für Fisch, maximal 3 % Fett und C: Fischmehl, das den Hygieneanforderungen für Lebensmittel entspricht, keine weiteren Auflagen. Der Proteingehalt beträgt mindestens 65 %, bei Typ A 80 %. In einem mehrstufigen Extraktionsverfahren mit Ethanol/Propanol werden Fett und fettlösliche Aromakomponenten entfernt, der Presskuchen wird getrocknet (Vakuumtrockner) und in einer Hammermühle zu Mehl vermahlen. F. ist bestimmt als preiswerte Proteinquelle zur Nahrungsanreicherung, wenn der Bedarf mit traditionellen Lebensmitteln allein nicht gedeckt werden kann. Typ A lässt sich sensorisch unauffällig in Brot, Gebäck, Teigwaren, Milchshakes, Frühstückscerealien, Säuglingsnahrung und andere Lebensmittel einbauen, Typ B und C zum „Würzen" von Suppen und Eintöpfen verwenden. Produktionsmöglichkeiten sind in zahlreichen Ländern vorhanden. Es bleibt abzuwarten, ob sich in absehbarer Zeit ein Markt für F. entwickelt. 2. →Fischproteinhydrolysat

Fischräucherwaren Syn.: →*Räucherfisch*

Fischsalat engl.: *fish salad;* →Feinkostsalat aus entgrätetem gekochten oder anderweitig verzehrfertig zubereitetem →Fisch, bevorzugt Seefisch, in mundgerechte Stücke geschnitten, mit würzenden (Gewürzgurke, Zwiebel, Tomate), ggf. auch sättigenden (Kartoffeln, Reis) Zutaten in pikanter Salatsauce. Handelsware muss mindestens 20 % Fisch enthalten, die Fischart wird in der Verkehrsbezeichnung angegeben, z. B. Thunfischsalat. Für → Herings- und Matjessalat gelten spezielle Vorgaben.

Fischschnitzel engl.: *fish snips;* kleinstückig zerteiltes Fischfleisch, z. B. Seelachsschnitzel.

Fischseiten; in der Längsrichtung zerteilte, von der Rückengräte befreite Fischhälften ohne Kopf, mit Haut in einem Stück wie gewachsen, auch mit Kiemen und Schwanzknorpel (z. B. Lachsseiten, Seelachsseiten).

Fischsauce engl.: *fish sauce;* 1. Sauce zu Fischgerichten, in Deutschland aus → Fischfond und Butter/Sahne, süß-sauer abgeschmeckt und gewürzt, evtl. mit Wein, Calvados u. Ä. 2. klare rotbraune → Würzsauce mit intensivem Aroma, hergestellt durch Fermentation von kleinen Fischen, z. B. Sardellen, und Krebstieren mit Salz. Hauptgeschmackskomponente ist Glutamat (→ Umami). F. wurde bereits im antiken Griechenland und Rom als → Würzmittel verwendet (→ Liquamen), im Mittelalter verschwand sie aus der europäischen Küche. F. ist typischer Bestandteil der Küchen Thailands und umliegender Regionen (Laos, Kambodscha, Vietnam). Hochwertige F. muss mindestens 9 Monate „reifen". Schnellreifung unter Zugabe von Salzwasser und Enzymen führt zu einem weniger aromatischen Produkt.

Fischstäbchen engl.: *fish fingers;* panierte Fischportionen länglicher Form, i. d. R. vorgebraten, aus praktisch grätenfreiem Fischfilet, auch in Streifen geschnitten mit bis zu 25 % zerkleinertem Fischfleisch, das bei der Herstellung der F. angefallen ist. Der meist verwendete Fisch ist → Alaska-Seelachs. Das Einzelgewicht beträgt üblicherweise 30 g. F. werden als Tiefkühlware angeboten.

Fischsülze engl.: *jellied fish;* → Sülzen mit Fischeinlage. F. wird nach regionalen Rezepten mit Karpfen (Donaugebiet), Forelle, Aal, Hering und anderen Fischarten hergestellt, ursprünglich mit Gallerte aus Fischabfällen (Kopf, Schwanz, Gräten), heute meist mit Gelatine. Bei Handelsware muss der Fischanteil mindestens 60 % betragen und die Fischart muss angegeben werden.

Fischsuppen engl.: *fish soups;* nach unterschiedlichen Rezepten weltweit traditionell zubereitete Gerichte aus gegarten Fischstücken, ggf. auch Krebstieren und/oder Muscheln und weiteren Zutaten in einem Fischsud/Fischfond. Landestypische F. (z. B. → Bouillabaisse) werden auch industriell vorgefertigt angeboten als Trocken-, Dosen- und Tiefkühlsuppen.

Fischtafeln; in Blockform gepresster tiefgefrorener Seefisch, bestimmt für Großverbraucher.

Fischvergiftung engl.: *fish-borne poisoning,* Syn.: *Ichthyismus;* unscharfe Bezeichnung für Krankheitssymptome, die auf den Verzehr von Fisch oder Fischerzeugnissen zurückzuführen sind. Hinsichtlich des verursachenden Agens lassen sich unterscheiden: 1. fischeigene Toxine (→ Kugelfische, Laich der Flussbarbe, Giftstacheln von → Petermännchen und → Drachenkopffischen); 2. Toxine aus Mikroalgen, die über die Nahrung in den Fisch gelangen (Ciguatoxin, Saxitoxin, Domoinsäure) wie bei der → Ciguatera-Vergiftung und der → Muschelvergiftung; 3. Toxine, die beim mikrobiellen Abbau von Fischeiweiß entstehen (z. B. → Histamin, → Trimethylamin); 4. anorganische und organische Schadstoffe aus dem Umgebungswasser (Schwermetalle, polychlorierte Biphenyle, Dioxine, chlorierte Kohlenwasserstoffe), bei Zuchtfisch auch Arzneimittel (Antibiotika, Sulfonamide, Hormone), Mittel zur Bekämpfung von Parasiten (Formaldehyd) und Kupferverbindungen zur Verbesserung der Wasserqualität; 5. Infektionserreger (v. a. Salmonellen, Listerien, Vibrionen) und Parasiten (→ Fischbandwurm → Nematoden → Trematoden). Die genannten Toxine und die meisten Schadstoffe sind hitzeresistent. Infektionserreger und Parasiten werden bei ausreichendem Erhitzen abgetötet und damit inaktiviert. Gefahr besteht beim Verzehr von rohem Fisch (z. B. → Sashimi, → Sushi). Die häufigste Ursache für eine F. sind Infektionen und/oder Toxine aus dem Abbau von Fischeiweiß bei unsachgemäßer Lagerung von Fischerzeugnissen und Zubereitungen mit Fisch. Allergische Reaktionen gegen Fischeiweiß sind definitionsgemäß keine F.

Fischzucht engl.: *fish farming, fish culture;* Aufzucht von → Fischen in Meerwasserbecken, an geschützten Küstenabschnitten sowie in Süßwasserteichanlagen (künstliche Gewässer, ablassbare Naturteiche) und Kunststoffbecken unter kontrollierten Bedingungen. Die Form der Züchtung von Fischen zu Speisezwecken ist seit der Antike (Ägypten, China und das antike Rom) bekannt und wird heute weltweit betrieben. Wegen der abnehmenden Fischbestände in den Weltmeeren und dem zunehmenden Bedarf an Fisch als wichtige Proteinquelle, insbesondere in Entwicklungsländern, gewinnt die F. immer mehr an Bedeutung.

Fit fürs Leben engl.: *fit for life,* Syn.: *Fit for Life, Sonnenkost;* seit den 90er-Jahren des 20. Jahrhunderts in Europa und in den USA sehr populäre → alternative Ernährungsform, die dauerhafte Gewichtsreduktion sowie psychische, geistige und seelische Gesundheit verspricht. Es handelt sich um eine vorwiegend vegane Kost (→ Veganismus), kombiniert nach den Grundsätzen der Hayschen → Trennkost. Als wichtigstes Nahrungsmittel gilt Obst, Fleisch und Milchprodukte werden abgelehnt. Als Getränk wird destilliertes Wasser empfohlen. Aus ernährungswissenschaftlicher Sicht ist F. nicht als Dauerkost geeignet.

Fitness-Getränke Syn.: → *Sportgetränke*

Fitness Water; → Near-Water-Getränke

F. i. Tr.; Abkürzung für → Fettgehalt in der Trockenmasse bei Käse und Käsezubereitungen.

Flachbeutel engl.: *flat bag;* → Beutel

Flachbrote; aus weichem Teig in dünner Schichtstärke gebackene Brote mit hohem Krusten- und geringem Krumenanteil wie z. B. Fladenbrot, Knäckebrot oder Waffelbrot. Sie sind auch durch heißes → Extrudieren herstellbar. Aus kleberschwachen oder kleberlosen Getreidemehlen wie z. B. Maismehl lassen sich ohne Zusatz von Backmitteln oder Weizenmehl nur F. herstellen.

Flaches Roastbeef Syn.: → *Roastbeef*

Flachmüllerei; Mahlverfahren, vorwiegend für Roggen verwendet, bei dem im Gegensatz zur → Hochmüllerei durch einen engen Walzenabstand (flache Walzenführung) das Korn sofort stark zerrissen wird und sich eine hohe Mehlausbeute bei geringer Passagenzahl ergibt. Dabei gelangen auch verstärkt Inhaltsstoffe aus den Randschichten des vermahlenen Getreidekorns in das Mehl, wodurch sich ein dunkleres mineralstoffreicheres Mehl ergibt.

Flachrippe Syn.: → *Spannrippe*

Flachwaffeln engl.: *thin wafers;* → Waffeln

Fladenbrot engl.: *flatbread, pita;* → Flachbrot

Flageolettbohnen engl.: *kidney beans;* → Bohnen

Flaky; von engl.: *flaky* = flockig abgeleitete, aus der Teeproduktion stammende Bezeichnung für ein Teeblatt, dass nicht hart genug gerollt wurde und daher flockig wirkt.

Flambieren engl.: *to flambé;* zeremonielles löffelweises Übergießen und Abbrennen von hochprozentigem Alkohol auf Speisen.

Flammeri engl.: *flummery;* kalt zu genießende, meist gestürzte Süßspeise, die ursprünglich aus Reismehl, dann auch aus Grieß (Grießflammeri), Reis oder Sago mit Milch, Fruchtsaft oder Wein, auch mit Zusatz von Vollei oder Eischnee, bereitet wurde. Gelegentlich werden auch → Puddinge auf Stärkebasis als F. bezeichnet.

Flan; in West- und Südeuropa übliche Bezeichnung für eine feine puddingartige Süßspeise, die ursprünglich nur aus Milch, Eigelb, Zucker sowie Geschmacksstoffen unter gelindem Erhitzen im Wasserbad gegart zubereitet wurde. Heute wird mit F. zumeist ein zart schmelzendes, puddingartiges Dessert mit Agar-Agar oder Carrageen als Geliermittel bezeichnet, dem auch eine kleine Menge Stärke zugesetzt sein kann.

Flanke engl.: *flank;* → Dünnung

Flasche engl.: *bottle;* → Packmittel mit halsförmig verengtem Oberteil, das aus verschiedenen Werkstoffen wie Glas, Keramik, Metall oder Kunststoff bestehen kann und dem portionierten Abfüllen, Lagern und Transportieren von Flüssigkeiten dient. Man unterscheidet zwischen nur einmal zu verwendenden Einwegflaschen und mehrfach zu verwendenden Mehrwegflaschen. Typische Flaschenformen sind z. B. die Euro-Bierflasche, der Bocksbeutel, Milchflaschen, Wasserflaschen und Schaumweinflaschen. F. aus Keramik werden auch als Krüge bezeichnet.

Flaschengärung engl.: *bottle fermentation;* 1. auch „in der Flasche vergoren", darf bei Qualitätsschaumwein und Qualitätsschaumwein b. A. angegeben werden, wenn die Herstellung durch zweite Gärung erfolgte, die Herstellungsdauer einschließlich der Alterung im Herstellungsbetrieb vom Beginn der Gärung an, durch die in der Cuvée Kohlensäure entwickelt werden soll, mindestens neun Monate beträgt, die Dauer der Gärung, durch die in der Cuvée Kohlensäure entwickelt werden soll, und die Dauer der Nichttrennung der Cuvée vom Trub mindestens 60 Tage beträgt. Die Entfernung des Trubs erfolgt durch Abzug (Transvasion) oder Degorgieren; 2. die Angabe F. nach dem traditionellen oder klassischen Verfahren ist zulässig für Qualitätsschaumwein und Qualitätsschaumwein b. A. bei Herstellung mittels zweiter Gärung, wobei das Erzeugnis vom Zeitpunkt der Bereitung der Cuvée an mindestens neun Monate ununterbrochen in demselben Betrieb auf seinem Trub gelagert hat und durch Degorgieren von seinem Trub getrennt worden ist. Die Angabe „méthode champenoise" ist seit 1.9.1994 nur noch für Erzeugnisse, die in der Champagne hergestellt worden sind, zulässig.

Flaschenschinken; besonders gerollter, roh gepökelter und geräucherter → Schinken mit → Eisbein. Nach dem Ausschälen des Eisbeinknochens bis zum Kniegelenk werden die so am Schinken verbliebenen Teile des Eisbeins nach dem Salzen mit dünnen Bindfäden in Form eines Flaschenhalses zusammengenäht.

Flatterhirse; Unterart der → Rispenhirse, bei der die Rispenäste weit gespreizt und lose auseinander hängen.

Flavanone engl.: *flavanones;* zu den → Flavonoiden, einer Untergruppe der → Polyphenole, gehörende Substanzen. Die F. kommen als Glykoside v. a. in Zitrusfrüchten vor. Die Glykoside mit dem Disaccharid Neohesperidose sind wichtige Bitterstoffe, z. B. Naringin in der Grapefruit und Neohesperidin in der Pomeranze. Es existieren aber auch geschmacklose Vertreter unter den Flavanonglykosiden wie Hesperidin (Hesperitin-Rutinose) in Orangen. Durch Ringöffnung und anschließende Hydrierung einiger Flavanonglykoside erhält man die süß schmeckenden → Dihydrochalkone, die als Süßstoffe eingesetzt werden können.

Flavedo engl.: *flavedo;* der äußere, durch → Carotinoide gelb bis orange gefärbte Teil der Zitrusfruchtschale, der das artspezifische → ätherische Öl in Drüsen enthält. Der innere Teil heißt → Albedo.

Flavobacterium; Gattung gramnegativer, aerober oder fakultativ anaerober Stäbchenbakterien, deren Name sich von lat.: *flavus* = gelb aufgrund der von ihnen gebildeten gelben Farbstoffe ableitet. Fast alle Arten verursachen aufgrund ihrer proteolytischen Aktivität Fäulnis und Verderb von eiweißhaltigen Lebensmitteln wie Fisch, Geflügel, Eiern und Milchprodukten. Sie kommen u. a. in Rohmilch und Gemüse vor. Einige Spezies sind pathogen.

Flavone engl.: *flavones;* zu den → Flavonoiden, einer Untergruppe der → Polyphenole gehörende Substanzen mit gleichem Grundgerüst (2-Phenylchromon). Die F. sind nur in wenigen Pflanzenarten zu finden, z. B. in Sellerie (Apigenin) und Paprika (Luteolin). Bei den meisten handelt es sich um gelbe Pigmente, die zum Farbeindruck der Pflanze beitragen.

Flavonoide engl.: *flavonoids;* Überbegriff für verschiedene Verbindungen, die zu den →Polyphenolen, einer Untergruppe der →sekundären Pflanzenstoffe gehören. Die F. sind im Pflanzenreich weit verbreitet, häufig verantwortlich für die Färbung von Obst und Gemüse und liegen in glykosidischer Form im Pflanzenzellsaft gelöst vor. Die F. werden unterteilt in →Catechine (Flavanole), →Flavonole, →Flavanone, →Flavone und Anthocyanidine (→Anthocyane). Ihnen werden verschiedene physiologische Wirkungen nachgesagt. Sie sollen u. a. antioxidativ, entzündungshemmend, antikanzerogen und Blutdruck regulierend wirken.

Flavonole engl.: *flavonols;* zu den →Flavonoiden, einer Untergruppe der →Polyphenole gehörende Substanzen. Die F. besitzen eine gelbe Farbe und waren Namensgeber der Flavonoide (lat.: *flavus* = gelb). Sie sind im Pflanzenreich weit verbreitet und kommen in allen Obst- und verschiedenen Gemüsearten vor. Im Gegensatz zu den meisten anderen Flavonoiden sind die F. häufig in freier Form (als Aglykon, nicht glykosidisch an einen Zucker gebunden) zu finden. Der wichtigste Vertreter ist das Quercetin, das sowohl als Aglykon z. B. in Zwiebeln als auch als Glykosid mit Rutinose in Form des ubiquitären Rutins vorkommt. Die F. sollen, wie die anderen Flavonoide, verschiedene positive physiologische Wirkungen entfalten. Allerdings wurde beim freien Quercetin in einem In-Vitro-Test (Ames-Test) auch mutagene Wirkung beobachtet.

Flavor Profil™ engl.: *flavour profiling;* eine Consensus-Methode zur Erstellung von →Profilen mit selektierten und trainierten Personen. Ziel ist die Bestimmung des Gesamteindrucks (engl.: *overall flavor*) und das qualitative Auffinden von charakterisierenden →Merkmalseigenschaften und deren quantitative Bewertung. Referenzsubstanzen sind dabei von großer Bedeutung. Beim F. handelt es sich um ein geschütztes Verfahren nach Arthur D. Little. →Profilprüfung

Flavour engl.: *flavour, flavor amerik.;* ist definiert als die Summe olfaktorischer, gustatorischer, trigeminaler, thermischer und haptischer Sinneseindrücke. →Aroma

Flavoury; Bezeichnung für einen aromatischen →Tee, insbesondere aus dem Hochland.

Flavr-Savr®-Tomate engl.: *Flavr Savr® tomato;* gentechnisch veränderte →Tomate, deren Zellwände verzögert weich werden und die somit reif wesentlich länger haltbar ist. Dies geschieht durch eine verminderte Bildung des Enzyms Polygalacturonase in der F. Die Einfügung eines Gegen-Gens („anti-sense"-Technik) führt zur Bildung einer komplementären mRNS. Das heißt, die mRNS, die zur Bildung von Polygalacturonase benötigt wird, wird vorher von ihrem genau passenden Gegenstück abgefangen und kann nichts mehr zur Bildung beitragen. Die Vorteile der F. liegen in der ermöglichten Reife am Stock und der verlängerten Haltbarkeit. Wegen einer möglichen Übertragbarkeit auf die Darmflora des Menschen wird ein Gen als nachteilig betrachtet, das eine Antibiotikaresistenz (gegen Kanamycin) kodiert. Die F. ist in den USA im Gegensatz zur EU zum gegenwärtigen Zeitpunkt zugelassen.

Flechtgebäck engl.: *plaited baked goods;* aus 2–6 Hefefeinteigsträngen (→Hefeteige) geflochtenes Hefegebäck mit und ohne Füllung wie z. B. Hefezöpfe.

Flechtsemmel; ursprünglich aus Schlesien und Sachsen stammendes →Hefegebäck mit geringem Fett- und Zuckergehalt, das durch Flechten dreier Teigstränge gebildet wird.

Fleck Syn.: →*Kuttelfleck*

Fleckhering engl.: *fleckhering;* auseinander geklappter („gefleckter") und danach geräucherter Hering (→Bückling) mit Kopf.

Fleckmakrele; auseinander geklappte („gefleckte") und danach geräucherte Makrele mit Kopf. → Räuchermakrele

Fleisch engl.: *meat;* 1. lebensmittelrechtlich im Fleischhygienegesetz generell definiert als alle Teile von Schlachttieren und Haarwild in frischem oder zubereitetem Zustand, die sich zum menschlichen Genuss eignen, also auch von diesen Tieren stammende Fette, aus dem F. hergestellte Erzeugnisse wie Wurstwaren und alle Innereien. Für deklaratorische Zwecke im Rahmen eines Zutatenverzeichnisses ist F. wie folgt definiert: Die Skelettmuskeln von Tieren der Spezies „Säugetiere" und „Vögel", die als für den menschlichen Verzehr geeignet gelten, mitsamt dem wesensmäßig darin eingebetteten oder damit verbundenen Gewebe, deren Gesamtanteil an Fett und Bindegewebe die in Anhang II, Tabelle 6 aufgeführten Werte nicht übersteigt, und soweit das F. Zutat eines anderen Lebensmittels ist. Die Angabe erfolgt als „...fleisch" in Verbindung mit dem Namen der Tierart. Die unter die gemeinschaftliche Definition von „Separatorenfleisch" fallenden Erzeugnisse sind von der vorliegenden Definition ausgenommen; 2. im allgemeinen Sprachgebrauch ausschließlich das aus quer gestreiften Muskelfasern bestehende Skelettmuskelgewebe mit dem eingebetteten Fett- und Bindegewebe sowie eingelagerten Lymphknoten, Nerven, Gefäßen und Schweinespeicheldrüsen. Schieres F. besteht durchschnittlich aus 76 % Wasser, 21,5 % Eiweiß und geringen Anteilen an Fett, Mineralstoffen (z. B. → Zink oder → Eisen), Kohlenhydraten, organischen Säuren, Vitaminen (insbesondere der B-Gruppe) und Enzymen. Der Nähr- und Genusswert hängt von Alter, Geschlecht und Gesundheitszustand der Tiere sowie von Fütterung und Haltung ab. F. ist wegen seines biologisch hochwertigen Eiweißes ein wichtiger Bestandteil der menschlichen Ernährung. Da frisch geschlachtetes F. direkt nach der Schlachtung beim Zubereiten (bspw. Kochen oder Braten) zäh werden würde, muss es vor dem Verkauf je nach Tierart unterschiedlich lange Zeit reifen (abhängen). Dabei löst sich die zunächst eintretende Muskelstarre (→ Totenstarre) unter dem Einfluss fleischeigener Enzyme und das Gefüge lockert sich allmählich auf. Frisches F. ist lebhaft rot gefärbt, fest und elastisch, d. h. bei Fingerdruck hinterbleibt keine Druckstelle. In Fäulnis übergehendes F. riecht unangenehm, zeigt häufig Verfärbungen und eine schmierige Oberfläche. Durchgehende Hygiene und Einhaltung der Kühlkette während des gesamten Gewinnungsprozesses sind neben der Einhaltung der guten Herstellungspraxis wesentliche Vorraussetzungen für eine dauerhaft gewährleistete Qualität. F. gehört zu der Gruppe von tierischen Lebensmitteln, die wegen ihres hohen a_w-Wertes und reichhaltigem Nährstoffgehalt besonders anfällig gegenüber Mikroorganismen und dem von ihnen verursachten Verderb sind. Neben verschiedenen längerfristigen Haltbarmachungsverfahren wie Tieffrieren, Pökeln, Räuchern, Sterilisieren oder Bestrahlen (in Europa nicht erlaubt) sind durchgehende Hygiene sowie die Einhaltung der Kühlkette im weiteren Verlauf bis hin zum Verbraucher wichtige Elemente zur Sicherung der Qualität. F. wird im Handel und in der Direktvermarktung in unterschiedlichen Zerlegungsgraden frisch, gekühlt, gefroren und tiefgefroren angeboten. Neben → Schweine-, → Rind- und → Kalbfleisch gewinnt Geflügelfleisch, insbesondere Hähnchen- und Putenfleisch, zunehmend an Bedeutung. Schaffleisch, davon im wesentlichen → Lammfleisch, sowie das F. von Wild und Wildgeflügel genießen geringere Bedeutung.

Fleischbällchen Syn.: → *Fleischklopse*

Fleischbrühe engl.: *meat broth;* küchentechnisch aus dem Rückstand von Fleischgerichten und/oder auf der Basis von Fleischextrakten bzw. Fleischbrüherzeugnissen hergestellte → Brühe. F. bildet die Grundlage für viele Suppen sowie Saucen und ist eine wesentliche geschmacksgebende Zutat in vielen Gerichten und Zubereitungen. Für die Herstellung der Brühe werden üblicherweise nicht weniger als 10 g Fleisch bzw. 0,67 g Fleischextrakt und nicht mehr als 12,5 g Kochsalz verwendet. Üblich ist die Verwendung von Rindfleisch und/oder Rindfleischextrakt. Anstelle von Rindfleisch können auch andere Fleisch- oder Fleischextraktarten verwendet werden.

Fleischbrüherzeugnisse; aus Fleisch und/oder Fleischextrakt sowie eingedickter Fleischbrühe unter Zusatz von Fett, Eiweißhydrolysaten, Gewürzen, Gemüse, Kräuterauszügen, weiteren Geschmacksstoffen und Bindemittel sowie Kochsalz und weiteren technologisch erforderlichen Stoffen hergestellte Erzeugnisse. F. werden in gekörnter, in Pulver- und in Pastenform angeboten.

Fleischdauerwaren Syn.: *Dauerfleisch;* Bezeichnung für durch Verfahren wie Trocknen, Salzen und Pökeln oder Räuchern hergestellte →Fleischerzeugnisse mit verlängerter Haltbarkeit. Durch Erhitzung in verschlossenen Behältnissen (Konserven) oder durch Tiefgefrieren haltbar gemachte Fleischerzeugnisse fallen nicht hierunter. Bei der Lagerung von F. sind ungünstige Einflüsse wie Wärme, Licht, Temperaturschwankungen, Feuchtigkeit, Schädlinge und Fremdgerüche sorgfältig zu vermeiden.

Fleischdünnung; →Dünnung

Fleischeiweiß engl.: *meat protein;* in Fleisch zu 10–20 % (abhängig vom Fettgehalt) enthaltenes wichtiges Nahrungseiweiß (→Eiweiß) mit hoher →biologischer Wertigkeit sowie essenziellen Aminosäuren, aufgrund derer es Hülsenfrucht-, Getreide- oder Kartoffeleiweiß biologisch aufwerten kann. F. umfasst Muskel- und Bindegewebseiweiß sowie Fleischsaft.

Fleischerzeugnisse engl.: *meat products;* Bezeichnung für alle ausschließlich oder überwiegend aus →Fleisch hergestellten Zubereitungen. Bei Fleischanteilen unter 50 % handelt es sich um Erzeugnisse mit Fleischzusatz.

Fleischextrakt engl.: *meat extract;* zu pastenförmiger Konsistenz eingedickter, wässriger, dunkelbrauner, aromatischer Fleischauszug, der von Justus von Liebig erfunden wurde. Er enthält die wasserlöslichen Fleischinhaltsstoffe: Mineralsalze, Aminosäuren und Fleischbasen. F. wird insbesondere als Grundlage für Fleischbrühen sowie als verfeinernde Zutat in Suppen, Saucen und Gerichten verwendet. 30–40 kg Fleisch ergeben 1 kg F. Er wird daher nur in Fleischüberschussgebieten, ursprünglich in Südamerika, hergestellt.

Fleischfarce engl.: *forcemeat;* →Farce

Fleischfett; bezeichnet das Fettgewebe der Skelettmuskulatur (nicht der Körperhöhlen) oder überwiegend fetthaltige Abschnitte von Muskelteilen bei Schlachttieren.

Fleischfliegen engl.: *flesh flies;* →Schmeißfliegen

Fleischfondue; →Fondue

Fleischfüllungen Syn.: *Fleischfüllsel;* aus →Hackfleisch oder wie dieses fein zerkleinertes Fleisch i. d. R. unter Zusatz von stärkehaltigen Lockerungsmitteln und Ei hergestellte Füllungen. F. werden z. B. zur Füllung von Rouladen, Ravioli, Braten und zum Verzehr zubereitetem Geflügel verwendet.

Fleischkäse engl.: *meat loaf;* in Formen laibartig gebackenes oder gebrühtes Fleischerzeugnis mit fein zerkleinertem rosafarbenen (umgeröteten) →Brät. Dieses wird üblicherweise aus grob entsehntem sowie sehnenreichem Rindfleisch, fettgewebereichem Schweinefleisch, Fettgewebe und weiteren Zutaten wie z. B. Gewürzen, Umrötungsmitteln sowie ggf. Kutterhilfsmitteln hergestellt. Die Herstellung von F. „einfach" erfolgt ohne Verwendung von grob entsehntem Rindfleisch und unter Zusatz von gewöhnlich höchstens 10 % Bindegewebe. Bei Grobem und Rotem F. enthält das fein zerkleinerte Brät bis zu reiskorngroße Anteile des Ausgangsmaterials. Grober F. ist meist, Roter F. stets umgerötet.

Fleischklöße Syn.: → *Fleischklopse*

Fleischklopse engl.: *meatballs,* Syn.: *Fleischbällchen, -klöße, Hackbällchen;* kleine, kugelige, ellipsoide oder flach ovale, gewürzte, gegarte, meist gebratene Hackfleischerzeugnisse. Die zur Herstellung verwendete Hackfleischmasse besteht üblicherweise aus grob entfettetem Schweinefleisch und grob entsehntem Rindfleisch, Binde- und Auflockerungsmitteln wie z. B. Brötchen, Brot oder Ei sowie ggf. Zwiebeln. Der Stärkeanteil in der Trockenmasse beträgt im Fertigerzeugnis gewöhnlich nicht mehr als 25 %.

Fleischkonserven engl.: *meat preserves;* in luftdicht verschlossenen Behältnissen wie z. B. Dosen durch Wärmebehandlung (Erhitzen) haltbar gemachtes Fleisch und Fleischerzeugnisse. Nach dem bei der Wärmebehandlung erzielten Grad der Abtötung von Mikroorganismen werden F. in Halb-, Dreiviertel-, Voll- und Tropenkonserven sowie shelf-stable-products unterschieden. Dauer (Zeit) und Höhe der Temperatur beeinflussen neben dem pH-Wert und der Homogenität des Gutes den Erfolg der Wärmebehandlung.

Fleischkraut; → Chicorée

Fleischreifung engl.: *conditioning, ageing;* Bezeichnung für die chemischen Veränderungsvorgänge im Fleisch vom Schlachten bis zum Erhalten eines genusstauglichen Stück Fleisches. Als eigentliche F. wird die auch als „Abhängen" bekannte, für den Geschmack und die Textur wesentliche Reifung des Fleisches nach der → Totenstarre bezeichnet. Die Zellstrukturen werden durch Milchsäure und die Quellung des Bindegewebes aufgelockert, so dass fleischeigene Enzyme wirken können. Das Fleisch wird zart und bekommt sein typisches Aroma, welches insbesondere bei Wild- und Rindfleisch durch die F. entscheidend geprägt wird. Die Dauer der F. ist von der Tierart, dem verwendeten Verfahren und der Temperatur abhängig. Neben der klassischen Hängereifung wird auch die schnellere Reifung unter Vakuum eingesetzt. Die Verwendung hydrodynamischer Schockwellen wird diskutiert.

Fleischröllchen Syn.: → *Rouladen*

Fleischrotwurst; → Blutwurst mit stark überwiegendem Anteil gewürfelter umgeröteter Einlagen aus grob entfettetem sowie fettgewebereichem Schweinefleisch und Speck in einer z. T. auch mit fein zerkleinerter Leber versetzten Blut-Schwarten-Grundmasse. Der Anteil an von groben Fett- und Bindegewebseinlagen befreiten Muskelfleischeinlagen liegt üblicherweise nicht unter 30 %.

Fleischsalat engl.: *diced meat salad;* → Feinkostsalat aus Sauce (Mayonnaise und/oder Salatmayonnaise), Fleisch und/oder Fleischerzeugnissen (→ Fleischsalatgrundlage und/oder → Brühwurst) sowie → Gurken als einziges Gemüse. Delikatessfleischsalat oder andere ähnlich ausgelobte F. zeichnen sich durch besondere sensorische Qualität und besonders sorgfältige Herstellung aus. Die festen Zutaten (Fleisch, Fleischerzeugnisse, Gurken) sind i. d. R. in Streifen geschnitten. Der Anteil an Gurken beträgt zusammen mit den würzenden Zutaten bei F. bei Handelsware höchstens 25 %, bei Delikatessfleischsalat oder ähnlich ausgelobten Produkten höchstens ein Sechstel. F. enthalten für gewöhnlich mindestens 25 % Fleisch und/oder Fleischsalatgrundlage und/oder Brühwurst, Delikatessfleischsalat oder ähnlich ausgelobte F. sogar mindestens ein Drittel. Bei der industriellen Herstellung von Delikatessfleischsalat oder ähnlich ausgelobten F. ist die Verwendung einer Salatmayonnaise mit mindestens 65 % Fettgehalt üblich. F. wird als Feinkostsalat zu kalten und warmen Speisen gereicht sowie als Belag für Brote, Brötchen und anderes Kleingebäck verwendet. Nicht zu verwechseln mit F. ist der → Rindfleischsalat, der sich in Würzung und Zutaten deutlich unterscheidet und somit ein vollkommen eigenes Erzeugnis darstellt.

Fleischsalatgrundlage; in der Regel in Streifen geschnittenes, rosafarbenes (umgerötetes), ungeräuchertes, gebrühtes →Brät mit fein zerkleinerter Struktur. Es wird aus sehnenreichem Rindfleisch, fettgewebereichem Schweinefleisch und Fettgewebe unter Zusatz von 2–5 % Bindegewebe sowie 2 % Stärke oder aufgeschlossenem Milcheiweiß hergestellt. Das Brühen erfolgt meist in Formen oder Hüllen weiten Kalibers. F. wird als Einlage üblicherweise vorwiegend in →Fleischsalaten, aber ggf. auch in Heringssalaten verwendet.

Fleischschaf; auf raschen und kräftigen Ansatz von Fleisch (Muskulatur) gezüchtete Schafrassen. Die Wolle von F. ist zur Verarbeitung weniger geeignet.

Fleischschmalz Syn.: →*Schmalzfleisch*

Fleischschweine engl.: *baconer pig;* Sammelbezeichnung für auf Fleischbildung gezüchtete raschwüchsige →Schweine.

Fleischsoljanka; →Soljanka

Fleischspieße engl.: *meat skewers;* Holzspieße mit wechselweise aufgereihten Magerfleischstücken und würzenden Beigaben wie z. B. Zwiebel-, Paprikaschoten- oder Gurkenstückchen. Als F. (Dragoner-, Zigeuner-, Jägerspieße) an sich werden Spieße bezeichnet, bei denen grob entsehntes Rind- und/oder grob entfettetes Schweinefleisch verwendet wird. Geflügel- oder Wildfleischspieße enthalten zusätzlich zu Magerfleisch und würzenden Beigaben Speck. Beide Spießgruppen bestehen im rohen Zustand zu mindestens zwei Dritteln aus Fleisch. Der Rest sind würzende Beigaben (einschließlich Speck bei Geflügel- und Wildfleischspießen). Besondere Fleischspießspezialitäten sind →Schaschlik und →Filetspieß.

Fleischtomate engl.: *beefsteak tomato;* →Tomaten

Fleischuntersuchung; zum Schutz der Gesundheit des Verbrauchers bei der Gewinnung von Fleisch vorgenommene rechtlich vorgeschriebene Reihe von Untersuchungen. Der F. unterliegt das Fleisch von Rindern, Schweinen, Schafen, Ziegen, Pferden und anderen Paar- und Einhufern sowie Haarwild, soweit deren Fleisch vom Menschen verzehrt wird. Die Durchführung unterliegt amtlichen Sachverständigen (Tierärzte und Fleischkontrolleure). Die F. beinhaltet die Untersuchung aller Teile des geschlachteten Tieres einschließlich des Blutes sofort nach der Schlachtung. Ihr Umfang umfasst im Wesentlichen Untersuchungen zur Feststellung pathologisch-anatomischer Veränderungen sowie auf Krankheitserreger, die das Fleisch nachteilig beeinflussen. Weitere Untersuchungen des Fleisches erfolgen auf sonstige Mängel wie z. B. mangelhafte Ausblutung, abweichende Fleischreifung u. Ä. sowie auf Veränderungen, die darauf hinweisen, dass dem Tier Stoffe mit pharmakologischer Wirkung oder deren Umwandlungsprodukte oder andere Stoffe, die auf oder in Fleisch übergehen und gesundheitlich bedenklich sein können, verabreicht worden sind oder dass es solche Stoffe aufgenommen hat. Anhand der Ergebnisse der Untersuchung erfolgt die Feststellung der Genusstauglichkeit des Fleisches und damit die Einstufung in die Kategorien „Tauglich", „Tauglich nach Brauchbarmachung" und „Untauglich" sowie die Kennzeichnung des Fleisches.

Fleischvergiftung engl.: *food poisoning from meat;* durch den Verzehr von verdorbenem, meist rohem →Fleisch bedingte →Lebensmittelvergiftung. Die F. kann entweder durch bakteriellen Befall des Fleisches z. B. mit →*Clostridium botulinum* oder →*Salmonella* oder durch giftige Eiweißzersetzungsprodukte bei Fäulnis hervorgerufen werden. Durch sachgemäße Gewinnung, Verarbeitung und Lagerung von Fleisch sowie ggf. durch Konservierung kann eine F. verhindert werden.

Fleischvögel Syn.: →*Rouladen*

Fleischwaren engl.: *meat products;* alte Bezeichnung für im Handel befindliche aus →Fleisch hergestellte Erzeugnisse.

Fleisch wie gewachsen; 1. Bezeichnung für mit Knochen angebotene Fleischstücke; 2. Skelettmuskulatur der Schlachtiere mit durchschnittlichem Gehalt an anhaftendem Fett- und Bindegewebe nach Entfernen der groben Sehnen. Hierzu zählen nicht: Fleisch aus den Unterschenkelstücken, Kopffleisch und Knochenputzfleisch für sich allein.

Fleischwolf engl.: *mincer, grinder;* Haushaltsgerät oder Industriemaschine zum groben, mittelfeinen oder feinen Zerkleinern von Fleisch (→ Wolfen). Der F. besteht aus einem konischen Aufnahmebehälter für Fleisch mit darunter liegender motor- oder handbetriebener Schnecke sowie einem mehrteiligen Schneidsatz mit Vorschneider, Kreuzmessern und je nach gewünschtem Durchmesser des zu zerkleinernden Gutes unterschiedlich großen Lochscheiben. Als Industriemaschinen genutzte F. können über zusätzliche Vorrichtungen wie Mischbehälter zum Mischen, Brecher zum Vorzerkleinern von gefrorenem Fleisch oder spezielle Schneidsätze zum Aussortieren von Fremdkörpern verfügen.

Fleischwürstchen Syn.: → *Würstchen*

Fleischwurst engl.: *pork sausage;* 1. in Kranzdärme oder andere Hüllen mittelgroßen Kalibers abgefüllte → Brühwurst mit homogenem, fein zerkleinertem, rosafarbenem (umgerötetem) → Brät. Dieses wird üblicherweise aus grob entsehntem sowie sehnenreichem Rindfleisch, fettgewebereichem Schweinefleisch und Fettgewebe sowie weiteren Zutaten wie z. B. Gewürzen und Umrötungsmitteln hergestellt. Bei F. „einfach" ist für gewöhnlich kein grob entsehntes Rindfleisch und evtl. bis zu 10 % Bindegewebe enthalten. Grobe F. enthält im Unterschied zu F. bis zu reiskorngroße Anteile Ausgangsmaterial in der fein zerkleinerten Grundmasse. F. wird in der Küche vielseitig als Aufschnitt und als Zutat zu vielen verschiedenen Gerichten verwendet; 2. in Berlin und Ostdeutschland übliche Bezeichnung für eine Blutwurst mit Fleischeinlage. → Berliner Fleischwurst

Flemen Syn.: → *Dünnung*

Fleurons engl.: *fleurons;* kleines, meist nicht gesüßtes, i. d. R. mit Eistreiche geglänztes → Blätterteiggebäck in Halbmond- oder anderen Formen. Es wird hauptsächlich als Garnitur zu Fischgerichten, Frikassees, Ragout, Pasteten und vielen anderen Gerichten verwendet.

Flieder Syn.: → *Schwarzer Holunder*

Fliederbeeren Syn.: → *Holunderbeeren*

Fliegen lat.: *Brachycera,* engl.: *flies;* zu den Zweiflüglern (lat.: *Diptera*) gehörende Insekten mit bis zu 10 mm langen, länglichen weißen, häufig auch als Maden bezeichneten Larven. Befallen werden v. a. Fleisch, Fleischwaren, Fisch, Käse sowie in Zersetzung befindliche organische Substanzen. F. werden in erster Linie als → Lästlinge empfunden und haben eine eher geringe Bedeutung als → Vorratsschädlinge durch Entwicklung der Larven im Lebensmittel. Eine Bedeutung kommt ihnen v. a. als → Hygieneschädlinge durch Übertragung pathogener Organismen nach wechselndem Aufenthalt auf Aas, Exkrementen und Lebensmitteln zu. Im häuslichen bzw. Nahrungsmittelbereich sind v. a. die sich in Exkrementen von Haustieren entwickelnde Stubenfliege (lat.: *Musca domestica L.*, Fam.: *Muscidae*), die bevorzugt von der Decke herabhängende Gegenstände wie Lampen im lautlosen Flug umkreisende Kleine Stubenfliege (lat.: *Fannia canicularis L.*, Fam.: *Faniidae*), die → Schmeißfliegen (lat.: *Calliphoridae*) und die v. a. im Spätsommer verderbendes Obst befallende und dabei Hefen und Schimmelpilze übertragende, nur 2–4 mm lange Kleine Tau- oder Essigfliege (lat.: *Drosophila melanogaster (Meigen*), Fam.: *Drosophilidae*) bedeutsam.

Fließbetttrocknung Syn.: → *Wirbelschichttrocknung*

Fließmittel engl.: *solvent, free-flow agent;* 1. vorwiegend in der Papier- und Dünnschichtchromatographie (→ Chromatographie) genutzte Bezeichnung für die als mobile Phase verwendete Flüssigkeit. 2. Syn. für →Trennmittel oder Rieselhilfe.

Fließpunkt engl.: *yield point;* Temperatur, bei der Fette oder Wachse soweit erweicht sind, dass sie unter genormten Bedingungen (Methode nach Ubbelohde) zu fließen beginnen.

Flockenstieliger Hexenröhrling lat.: *Boletus erythropus (Fr.:Fr.)* Krombh. (Fam.: *Boletaceae*), engl.: *Scarletina Bolete;* von Mai bis Oktober in Laub- und Nadelwäldern wachsender →Speisepilz, der allerdings in rohem Zustand giftig ist. Der F. H. besitzt einen fleischigen gewölbten Hut von 5–20 cm Durchmesser und hell- bis schwarzbrauner Farbe, dunkelrote Röhren, einen gelben Stiel, der mit braun- bis dunkelroten Flöckchen besetzt ist sowie hellgelbes festes Fleisch, das sich bei Verletzung rasch dunkelblau verfärbt. Der verwandte Netzstielige Hexenröhrling ist ebenfalls in rohem Zustand giftig und unterscheidet sich durch den orange bis purpurrot genetzten Stiel.

Flomen engl.: *lard, leaf fat,* Syn.: *Schmer, Liesen;* zwischen innerer Bauchmuskulatur und Bauchfell (in der Nähe der Rippen und Nieren) liegendes helles Fettgewebe beim Schwein, das beim Schlachten gewonnen wird. Aus F. lässt sich Schmalz herstellen (→Schweineschmalz →Flomenschmalz) und er wird in verschiedenen Wurstsorten verarbeitet.

Flomenschmalz engl.: *leaf lard,* Syn.: *Liesenschmalz;* ausschließlich aus →Flomen hergestelltes helles griesiges →Schweineschmalz. Es wird durch Ausbraten oder mit Dampf unter Druck erschmolzen.

Florentiner engl.: *florentines;* besonders hochwertiges, knuspriges, flaches Mandel- oder Nussgebäck mit braunem Rand und hellem Inneren. Zucker, der z. T. durch Honig ersetzt werden kann, Fette und häufig auch Milchprodukte wie z. B. Milch oder Sahne werden aufgekocht und in die entstehende zähflüssige Masse Mandeln und/oder Nüsse sowie, wenn gewünscht, Früchte gegeben. Eine geringe Zugabe von Mehl (üblich nicht mehr als 5 % bezogen auf die Masse ohne Überzug) kann erfolgen. Die Masse wird in Ringen gebacken und danach mit Kuvertüre überzogen. Fettglasur ist nicht üblich.

Florentiner Suppe; Gemüsesuppe (z. B. mit Spinat, Möhren, Lauch (Porree), Wirsing, Sellerie, Zwiebeln, Tomaten) mit verschiedenen Einlagen (bspw. Nudeln, Reis und/oder Fleischklößchen).

Floury-2-Mais; →Opaque-2-Mais

Flowery engl.: *flowery;* Abk.: F, →Tee-Blattgrad, der einen →Tee mit besonders blumigem Aroma beschreibt. Die Bezeichnung ist von engl.: *flower* = Blume abgeleitet.

Flowery Broken Orange Pekoe; Abk.: FBOP, wichtiger →Tee-Blattgrad, der die qualitativ feinste aromatischste →Broken-Sortierung mit viel →Tips beschreibt.

Flowery Orange Pekoe; Abk.: FOP, →Tee-Blattgrad, der ein dünnes drahtiges Teeblatt mit →Tips beschreibt.

Flüchtige Säure engl.: *volatile acid;* natürliche saure Bestandteile eines Getränks, die sich beim Erwärmen verflüchtigen. F. S. sind z. B. Essigsäure, Buttersäure und Propionsäure. Bei der Weinherstellung entstehen f. S. während der Gärung, z. B. in Abhängigkeit vom Zuckergehalt des Mosts und von den Temperaturen. Bilden sich zu viel f. S., z. B. Essigsäure, so ist dies ein Zeichen für einen Fehler während der Gärung bzw. während des Ausbaus. →Essigstich

Flüssige Zucker engl.: *liquid sugar;* Sammelbegriff für zur Weiterverarbeitung in der Industrie bestimmte wässrige Lösungen eines oder mehrerer Zucker, meist Sirupe aus Saccharose mit unterschiedlichen Anteilen an Invertzucker. Abhängig vom Invertzuckergehalt werden →Flüssigzucker, →Invertflüssigzucker und →Invertzuckersirup unterschieden, weitere f. Z. sind Zuckerablaufsirupe, Mischsirupe und Spezialzuckersirupe. Wegen der günstigen Transport-, Lagerungs- und Verarbeitungseigenschaften sowie zahlreicher Vorteile im Fertigprodukt werden f. Z. oft eingesetzt, wenn Zucker in gelöster

Form verarbeitet werden kann, z. B. in Backwaren, Süßwaren, Getränken und Obstkonserven.

Flüssigrauch engl.: *liquid smoke;* Rauchkondensat, das zum → Räuchern von Lebensmitteln in modernen Räucherverfahren sowie zur Herstellung von → Raucharomen eingesetzt werden kann. Die Herstellung erfolgt durch Auskondensieren des unter kontrollierten Bedingungen i. d. R. aus Sägespänen entwickelten Rauchs mit Trinkwasser. Anschließend wird der F. in einem mehrstufigen Verfahren weitestgehend von unerwünschten und gesundheitlich bedenklichen Stoffen wie Asche, Teer und → polycyclischen aromatischen Kohlenwasserstoffen befreit. Flüssigrauchprodukte sind in verschiedenen Varianten zur Erzielung unterschiedlicher Raucharomaprofile und unterschiedlicher Farbintensitäten der geräucherten Produkte erhältlich.

Flüssigzucker engl.: *sugar solution;* laut Zuckerartenverordnung eine wässrige Lösung von Saccharose mit mindestens 62 % Trockenmasse und höchstens 3 % Invertzucker in der Trockenmasse.

Fluff engl.: *fluff;* bei der Teeproduktion anfallender gelber Teestaub, bei dem es sich v. a. um die feinen Haare handelt, mit denen die Unterseiten der jungen Blätter sowie die Blattknospen bedeckt sind. F. wird bei der Produktion abgesaugt und kommt bei Markentees nicht in den Handel.

Flunder lat.: *Platichthys flesus L.* (Fam.: *Pleuronectidae*), engl.: *flounder,* Syn.: *Butt (Graubutt, Sandbutt, Struffbutt, Elbbutt, Weserbutt*); schollenähnlicher → Plattfisch. Die F. kommt an allen europäischen Küsten vor, dringt in die Flussmündungen ein und kann auch im Süßwasser leben. In Nordamerika wird der Begriff „flounder" für eine Reihe artähnlicher Fische verwendet. F. werden frisch und geräuchert angeboten. Sie gehören zu den → Magerfischen und enthalten 15–18 g Eiweiß und 0,5–1 g Fett pro 100 g Filet.

Fluor engl.: *fluorine;* sehr reaktionsfähiges gelbliches und stark giftiges Gas. F. kommt in der Natur nur gebunden als → Fluorid vor, z. B. in Flussspat. In Form von Fluorid gehört es auch zu den → Spurenelementen und dient der Kariesprophylaxe.

Fluorchlorkohlenwasserstoffe engl.: *chlorfluorocarbons,* Syn.: *Chlorfluorkohlenstoffe;* Abk.: FCKW, Sammelbezeichnung für eine Gruppe chemisch sehr beständiger Kohlenwasserstoffverbindungen, bei denen die Wasserstoffatome ganz (vollhalogenierte FCKW) oder teilweise (teilhalogenierte FCKW) durch die Halogene Fluor oder Chlor ersetzt sind. FCKW dienten v. a. als Treibgase, Kälte- und Lösemittel in den unterschiedlichsten Bereichen. Durch ihre hohe Beständigkeit gelangen FCKW in die Stratosphäre (10–50 km Höhe) und tragen dort zur Zerstörung der Ozonschicht bei. In Deutschland wurde daher nach dem Montrealer Protokoll der UNO die Produktion von vollhalogenierten FCKW 1995 nahezu vollständig eingestellt. Als Ersatzstoffe gelten teilhalogenierte FCKW, fluorierte und teilfluorierte Kohlenwasserstoffe, Chlorkohlenwasserstoffe, halogenfreie organische Verbindungen wie Propan, Butan und Pentan sowie Kohlendioxid.

Fluoreszenzspektroskopie engl.: *flourescence spectroscopy,* Syn.: *Fluorimetrie;* optisch-spektroskopisches Analysenverfahren, das auf der Messung der emittierten Strahlung nach Anregung mit Licht einer bestimmten Wellenlänge beruht. Die Elektronen bestimmter Moleküle, die ein delokalisiertes Pi-System besitzen, werden bei der Anregung in ein höheres Energieniveau gehoben und emittieren beim Rückfall in den Grundzustand Licht einer bestimmten längeren Wellenlänge als die des absorbierten Lichts. Die Intensität des emittierten Lichts (Fluoreszenzintensität) ist proportional zur Intensität des eingestrahlten Lichts (Anregungsstrahlung), zur Anzahl an Elektronen, die in das höhere Niveau gehoben werden (Extinktionskoeffizient für die Anregungsstrahlung), zur Konzentration des Analyten in der Lösung und zur Schichtdicke der Messküvette. Da nur bestimmte Substanzen in der Lage sind zu fluoreszieren und die Art der Fluoreszenz substanzspezifisch ist, ist diese Untersuchungsmethode sehr spezifisch und auch sehr empfindlich. In der Lebensmittelanalytik wird die F. für die Bestimmung von polycyclischen aromatischen Kohlenwasserstoffen (z. B. Benzpyren), Mykotoxinen (z. B. Ochratoxine), Antibiotka (z. B. Tetracycline), Anabolika (z. B. Stilböstrole), Chinin und Chlorophyll eingesetzt. Weiterhin können Histamin, Thiamin und Riboflavin nach chemischer Umsetzung untersucht werden. Uran kann ebenfalls mit F. bestimmt werden; in der Biochemie gibt es verschiedene Untersuchungsmethoden unter Verwendung von F. an Fluorogenen wie NAD, FAD oder in vivo derivatisierter DNS.

Fluorid engl.: *fluoride;* zu den → Spurenelementen gehörender → Mineralstoff. F. wird in die Knochen- und Zahnsubstanz eingebaut, wodurch es zu einer Härtung kommt. Eine ausreichende Fluoridzufuhr führt dadurch zur Senkung des Kariesrisikos. Da Lebensmittel arm an F. sind (geringe Verfügbarkeit aus den Böden), stellen Trinkwasser (→ Trinkwasserflouridierung), fluoridiertes Speisesalz und fluoridierte Zahnpasta die Hauptaufnahmequellen dar. Eine überhöhte Fluoridzufuhr äußert sich akut durch Bauchschmerzen und Erbrechen. Langfristig kann eine Dentalfluorose (Schmelzflecken auf den Zähnen und erhöhte Brüchigkeit) entstehen. Nach jahrelanger Überdosierung kommt es zur Skelettfluorose (Gelenkversteifungen aufgrund von Verkalkungen).

Flussaal; → Aal

Flussbarsch lat.: *Perca fluviatilis L.* (Fam.: *Percidae*), engl.: *European perch,* Syn.: *Barsch ugs.;* Süßwasserfisch in Flüssen und Seen Nord-, Mittel- und Osteuropas bis nach Sibirien, verbreitet in den Alpenseen, in Deutschland auch im Bodden und in küstennahen Gebieten der Ostsee. Zucht findet v. a. in Frankreich und Tschechien statt. Der F. hat weißes, sehr schmackhaftes Fleisch, er wird bis zu 3 kg schwer und 50 cm lang. Zum Verzehr dienen i. d. R. kleinere Tiere (400–500 g), die regional als Frischfisch, meist filetiert, vermarktet werden. 100 g Filet enthalten ca. 18 g Protein und 0,8 g Fett. → Fische → Magerfische

Flusskrebse engl.: *crawfish;* Sammelbezeichnung für im Süßwasser (Flüsse, Teiche, Seen) lebende → Krebstiere der Familien *Astacidae* (Europa und westliches Nordamerika, z. B. → Edelkrebs, → Galizierkrebs, Dohlen- und Steinkrebs), *Cambaridae* (Nord- und Mittelamerika; einige sind in Europa eingebürgert, → Amerikanischer Flusskrebs) und *Parastacidae* (Südliche Erdhalbkugel). Süßwassergarnelen werden gelegentlich den F. zugeordnet, im Süßwasser lebende Kurzschwanzkrebse (z. B. die Wollhandkrabbe) i. d. R. nicht. F. sind weltweit als Lebensmittel geschätzt. Die Bestände sind durch Krankheiten, Überfischen und Wasserverschmutzung stark zurückgegangen. Einige Arten werden gezüchtet. In Deutschland gelten F. als Delikatesse. Angeboten werden sie lebend (die Tötung erfolgt durch Einwerfen in kochendes Wasser), gekocht, auch tiefgefroren (Flusskrebsschwänze), und verarbeitet (→ Krebstiererzeugnisse).

Flussneunauge engl.: *european river lamprey;* → Neunaugen

Fluss- und Seenfische; → Süßwasserfische

Fogasch/Fogosch Syn.: → *Zander*

Folgenahrung engl.: *follow-on formula;* Lebensmittel, die für die besondere Ernährung von Säuglingen über vier Monate bestimmt sind und den größten flüssigen Anteil einer nach und nach abwechslungsreicheren Kost dieser Personengruppe darstellen. F., die ausschließlich aus Kuhmilchproteinen hergestellt wurde, wird als Folgemilch bezeichnet. Die Grundzusammensetzung der F. (Gehalte an Energie, Proteinen, Lipiden, Kohlenhydraten, Mineralstoffen und Vitaminen) ist in der Diätverordnung geregelt. Bei der Zubereitung muss höchstens noch Wasser zugesetzt werden, um das verzehrfertige Produkt zu erhalten.

Folien engl.: *films, foils;* von lat.: *folium* = Blatt abgeleitete Bezeichnung für dünne, flächige, ausrollbare Materialien aus Kunststoffen oder Metallen (z. B. Aluminium, Zinn, Gold). Zur Erzielung besonderer Eigenschaften werden F. unterschiedlicher Materialien sowie Papier miteinander zu →Verbundfolien kombiniert oder beschichtet. Spezielle Eigenschaften von F., die zur Verpackung von Lebensmitteln eingesetzt werden sind z. B. →Aromadurchlässigkeit, →Wasserdampfdurchlässigkeit, →Gasdurchlässigkeit und Fettdichtigkeit.

Folsäure engl.: *folic acid;* umfasst eine Gruppe von Verbindungen mit gleicher Vitaminwirkung. Unter F. i. e. S. wird nur die Pteroylmonoglutaminsäure (PGA) verstanden. Alle anderen Abkömmlinge mit bis zu sechs weiteren Glutamatresten werden als Folate zusammengefasst. Da die Absorptionsrate der Monoglutamate aus der Nahrung wesentlich höher ist als die der Polyglutamate wird eine Umrechnung in Folat-Äquivalente vollzogen (1 µg F. Ä. = 1 µg Nahrungsfolat = 0,5 µg synthetische PGA). F. gehört zu den wasserlöslichen Vitaminen und ist empfindlich gegenüber Hitze und Licht. Die Wirkform des Vitamins ist die Tetrahydrofolsäure (und ihre Derivate), die als Coenzym bei der Übertragung von C_1-Resten fungiert und so u. a. an der DNS-Synthese und der Bildung der Erythrozyten im Knochenmark beteiligt ist. Ein Mangel führt zu Veränderungen von Haut und Schleimhaut, später zur megaloblastären →Anämie. Eine niedrige Folatkonzentration im Blut korreliert außerdem mit einem hohen Homocysteinspiegel, der vermutlich ein Risikofaktor für Arteriosklerose und Herzinfarkt ist. Während der Schwangerschaft kann ein Mangel Entwicklungsstörungen, Missbildungen und Fehlgeburt verursachen, bei genetischer Prädisposition besteht die Gefahr eines Neuralrohrdefekts. Zu einer →Hypovitaminose kann hoher Alkoholkonsum oder auch die langfristig Einnahme bestimmter Medikamente (z. B. Antiepileptika, Cytostatika) beitragen. →Hypervitaminosen sind nicht zu befürchten, allerdings kann die Aufnahme hoher Folsäuredosen einen vorhandenen Vitamin-B_{12}-Mangel maskieren. Eine gute Folsäurequelle stellen grüne Blattgemüse dar (der Name leitet sich von lat.: *folium* = Blatt ab), ebenso wie Sojabohnen und Weizenkeime.

Fond; in der Küchentechnik feine konzentrierte →Brühe, hergestellt aus Fleisch (Kalbs-, Lamm-, Rinderfond), Wild (Wildfond), Geflügel (Hühner-, Geflügelfond), Fisch (→Fischfond), Krebstieren (Hummer-, Krebsfond) oder Gemüse (Gemüsefond) als Grundlage für Suppen und Saucen. Für einen dunklen F. (franz.: *fond brun*) werden die Zutaten einschließlich Knochen, Schalen bzw. Panzer zunächst angeröstet, für einen hellen F. (franz.: *fond blanc*) werden sie direkt in Wasser ausgekocht und anschließend reduziert. F. wird industriell vorgefertigt küchenfertig, als Konzentrat oder als Trockenprodukt angeboten.

Fondant engl.: *fudge;* fein kristalline, zähweiche, auf der Zunge leicht zergehende Zuckermasse mit zartem Schmelz infolge schneller Löslichkeit der Kristalle. Die Herstellung erfolgt meist aus Wasser sowie Saccharose, auch unter Zusatz von Glucosesirup, Invertzuckercreme und/oder Zuckeralkoholen durch einen Tabliervorgang, bei dem die heiße Kochmasse durch starkes Kneten und rasches Abkühlen in einen pastösen Zustand überführt wird. Dabei entstehen feinste Zuckerkristalle in Korngrößen unter 12 µm, die im restlichen Sirupanteil dispergiert bleiben. Der Anteil an Trockenmasse beträgt 88–90 %. Eine Aromatisierung z. B mit ätherischen Ölen und/oder organischen Säuren und ggf. eine Färbung sind üblich. Auf die Verwendung anderer Zuckerarten als Saccharose und/oder von Zuckeralkoholen wird hingewiesen. F. wird in Blockform (Fondantmasse) zur Weiterverarbeitung und in Pulverform (→Trockenfondant) als Grundlage für Füllungen und Überzüge für Süß- und Backwaren angeboten. Aus F. lässt sich eine Reihe von Zuckerwaren fertigen, die z. T. zusätzlich noch kandiert, glasiert oder mit Schokolade überzogen werden und/oder figürlich ausgeformt sind. Klassische Zuckerwaren aus F. sind →Fondants, →Pfefferminzbruch, →Pfefferminztaler, →Kokosflocken oder zur Osterzeit →Dottereier.

Fondantkonfekt engl.: *fondant sweets;* →Fondants

Fondantmasse engl.: *fondant mass;* →Fondant

Fondants engl.: *fondant;* 1. bissengroße Zuckerwaren, oft mit Pfefferminzgeschmack, aus →Fondant. Sie werden auch als Fondantkonfekt bezeichnet. Die Stücke sind häufig verziert und/oder kandiert und/oder ganz oder teilweise mit Kuvertüre überzogen. Ein hochwertiges, stark hygroskopisches F. mit farblos glasiertem Schmelzzuckerüberzug ist Meraner Konfekt. 2. Bezeichnung für zarte weiche Speisen, die auf der Zunge zergehen.

Fondu aux Noix engl.: *Fondu aux Noix;* französischer →Schmelzkäse mit Walnüssen.

Fondu aux Raisins engl.: *Fondu aux Raisins;* französischer →Schmelzkäse mit Traubenkernen.

Fondue engl.: *fondue;* Gericht, bei dem die Hauptkomponenten am Tisch in einem mit einer Spiritusflamme erhitzten Topf in einer je nach Art des F. unterschiedlichen Flüssigkeit oder Masse zubereitet werden. Als ursprüngliche Schweizer Spezialität und Urform des F. gilt das Käsefondue, bei dem Weißbrotwürfel oder gekochte Kartoffeln mit einer zähflüssigen Käse-Weißwein-Masse überzogen werden. Bei den Fleischfondues können zwei Arten unterschieden werden: beim F. Bourguignonne wird das Fleisch, klassischerweise grob gewürfeltes Rinderfilet, in Fett gegart, beim F. Chinoise dagegen in (Fleisch-)Brühe. Als süße Variante ist das Schokoladenfondue zu nennen, bei dem Fruchtstücke mit geschmolzener Schokolade überzogen werden.

Fontina engl.: *Fontina;* italienischer →Käse der Vollfettstufe (mindestens 45 % Fett i. Tr.) mit geschützter Ursprungsbezeichnung. F. darf nur im Aosta-Tal der italienischen Alpen hergestellt werden. Die Fertigung erfolgt nach einer tausendjährigen belegten Handwerkstradition aus Rohmilch. Der halb feste Schnittkäse in Zylinderform ist 8–10 kg schwer und besitzt eine ca. 2 mm starke, feste, gelbbraune Rinde. Die Herstellung und Reifung vollzieht sich in dunklen und feuchten Granithöhlen, um dem Laib die typische rotbraune Farbe zu verleihen. Dabei entwickelt sich auch der typisch milde Geschmack. F. weist ein würziges, leicht süßliches Aroma auf und schmeckt sehr delikat. Der geschmeidige, elastische, sanfte, hellgelbe Teig mit einzelnen Löchern schmilzt auf der Zunge. F. wird als Tafelkäse oder für warme Gerichte wie z. B. Gratins, Pizza und in Saucen verwendet.

Forastero Syn.: *Fremdlingskakao;* in Südamerika beheimatete botanische Grundform des Kakaobaums. Charakteristisch für den F. sind Früchte mit harter, runder, melonenähnlicher Schale und Samen mit rötlichen Samenlappen. Die Bäume sind wesentlich widerstandsfähiger und ertragreicher als die Bäume der anderen Grundform (→Criollo). Der F. ist mit ca. 80 % der weltweiten Kakaoernte der am meisten angebaute Kakao und stellt den Großteil des Konsumkakaos.

Forellen lat.: *Salmo trutta L., Oncorhynchus mykiss Walb.* (Fam.: *Salmonidae*), engl.: *trouts;* mit den Lachsen verwandte Raubfische, die sich weltweit als Speisefische großer Beliebtheit erfreuen. Es werden zwei Arten unterschieden: 1. die in Europa beheimateten Arten von *S. trutta*: →Meerforelle, Bachforelle (lat.: *S. trutta f. fario L.*) und Seeforelle (lat.: *S. trutta f. lacustris L.*); Erstere ist ein Wanderfisch, letztere leben stationär im Süßwasser, die Bachforelle im Oberlauf klarer sauerstoffreicher Flüsse, die Seeforelle in größeren tiefen Seen, z. B. in Alpenseen; beide Arten sind freilebend im Bestand gefährdet, 2. die aus Nordamerika nach Europa gebrachte und heute in großem Umfang in Seen/Teichen und in Meerwasser gezüchtete Regenbogenforelle (lat.: *O. mykiss, Walb.*, früher: *S. gairdneri irideus*). Sie ist weniger empfindlich gegen Umweltbelastungen (erhöhte Wassertemperatur, Sauerstoffmangel) als die einheimischen Arten und hat diese vielfach verdrängt. Die Bachforelle wird bis zu 40 cm, die See- und die Regenbogenforellen bis zu 70 cm und die Meerforelle bis zu 100 cm lang. F. werden frisch, tiefgefroren und/oder geräuchert angeboten (heiß- oder kaltgeräuchert: Räucher-Forelle, geräuchertes Forellenfilet); F. gelten in Deutschland als Edelfische. 100 g Filet (frisch) enthalten 18–20 g Protein, 2–5 g Fett und ca. 300 mg Purine (berechnet als Harnsäure). → Lachsforelle

Forellenbarsch engl.: *largemouth bass;* → Barsche

Forellenkaviar engl.: *trout caviar/roe;* → Kaviar, hergestellt aus Forellen-Rogen, meist von Zuchtforellen. F. ähnelt dem → Lachskaviar und wird gelegentlich damit verwechselt. Er wird von Züchtern direkt und im Handel angeboten. Der Salzgehalt liegt unter 8,5 %.

Formaldehyd engl.: *formaldehyde,* Syn.: *Methanal;* farbloses, stechend riechendes Gas, das u. a. desinfizierend, konservierend, mutagen und kanzerogen wirkt. Es entsteht als Nebenprodukt bei Verbrennungsprozessen, ist Bestandteil des Räuerrauchs und trägt zu dessen konservierender Wirkung bei. F. wird in großen Mengen produziert, da er als wichtiges Ausgangsprodukt bei der Herstellung verschiedener Kunststoffe, Harze, Düngemittel, Farben u. ä. sowie als Desinfektionsmittel und Konservierungsmittel in der Kosmetikindustrie eingesetzt wird.

Formfeste Schachtel engl.: *rigid box;* → Schachtel

Formfleischerzeugnisse engl.: *products made out of restructured meat;* Fleischerzeugnisse, die durch Hitze- oder Gefrierbehandlung zu einer größeren Einheit aus gewachsenen Fleischstücken zusammengefügt werden. Dabei koaguliert (gerinnt) das bei der mechanischen Vorbehandlung der Fleischstücke frei gewordene Muskeleiweiß zwischen den Oberflächen und verklebt diese miteinander. Der Anteil an während der Herstellung aus dem Muskelfleisch entstehendem Abrieb übersteigt üblicherweise nicht 5 % (bei Geflügelfleisch 10 %) des verzehrfertigen Fleischanteils. F. sind i. d. R. anderen Erzeugnissen aus gewachsenem Fleisch wie z. B. → Kochschinken, → Rouladen oder → Schnitzel nachgebildet und weisen die gleiche Zusammensetzung auf. Zur Vermeidung der Verwechslung wird bei in Deutschland hergestellten oder abgepackten F. in der Verkehrsbezeichnung üblicherweise auf die Verwendung von Formfleisch und im Zusammenhang auf das Zusammenfügen hingewiesen.

Formgebäck engl.: *rotary moulded cookies;* Bezeichnung für in Formen gebackenes oder vielfältig ausgeformtes Gebäck wie z. B. → Spekulatius.

Formiate engl.: *formates;* Salze der → Ameisensäure.

Formpuder engl.: *moulding starch;* Gemisch geeigneter Stärkearten und spezieller Hilfsstoffe wie z. B. geringe Mengen Öl zur Verwendung beim Pudergußverfahren. → Mogulanlage

Formula-Diäten engl.: *formula foods;* eine Form der → bilanzierten Diät, bei der es sich um nährstoffdefinierte Erzeugnisse handelt, die als Trinknahrung oder als Pulver zum Anrühren mit Flüssigkeit angeboten werden. F. kommen zur Gewichtsreduktion, bei bestimmten Erkrankungen (→ Sondenernährung), zur Säuglingsernährung (→ Säuglingsanfangsnahrung → Folgenahrung) und als → Nahrungsergänzungsmittel zum Einsatz.

Formwaffeln; → Waffeln

Fränkisches Brot Syn.: *Fränkisches Landbrot, Frankenlaib;* freigeschobenes rundes → Roggenmischbrot mit stark ausgebackener, gemehlter oder glänzender Oberfläche.

Fraktionieren engl.: *to fractionate;* stufenweises Trennen eines Stoffgemisches in seine Bestandteile oder Gruppen ähnlicher Eigenschaften. Methoden des F. sind z. B. Destillation, Sieben, Fällen oder Kristallisieren. Bei Fetten erfolgt das F. durch Abzentrifugieren oder Abfiltrieren der bei einer von der Art des Fettes und der erwünschten Trennung abhängigen Temperatur auskristallisierenden festen Phase. In der Analytik dient das F. als Schritt zur Abtrennung unerwünschter Stoffe bei der Probenaufbereitung.

Fraktionierte Destillaton engl.: *fractional destillation;* Auftrennen von Gemischen verschiedener Flüssigkeiten mit unterschiedlichen Siedepunkten durch → Destillation, wobei die einzelnen Komponenten getrennt aufgefangen werden.

Frangipan engl.: *frangipane,* Syn.: *Franchipan;* cremige Masse aus gemahlenen Mandeln oder Marzipanrohmasse, Eiern, Butter, Zucker, Mehl und/oder Stärke. F. kann als Füllung für Gebäck verwendet oder als Kuchen an sich gebacken werden.

Franken; deutsches Weinbaugebiet, aus dem v. a. trockene Weißweine aus → Silvaner und → Müller-Thurgau erzeugt werden. Vor allem aus Silvaner entstehen hier interessante gute Weine. Typisch für Franken ist die Abfüllung in → Bocksbeutel.

Frankenlaib Syn.: → *Fränkisches Brot*

Frankfurter Fleischwurst; in Hüllen mittelgroßen oder größeren Kalibers abgefüllte → Brühwurst mit fein zerkleinertem umgeröteten → Brät, die wie → Rheinische Fleischwurst hergestellt wird.

Frankfurter Grüne Sauce; → Grüne Sauce

Frankfurter Kranz; kranzförmige Torte aus Sand-, Wiener- oder Biskuitmasse. Sie ist in Lagen quergeschnitten, mit Buttercreme gefüllt und damit an den Ober- und Seitenflächen bestrichen, außerdem mit Mandel- oder Nusskrokant bestreut.

Frankfurter Würstchen engl.: *frankfurter;* engkalibrige → Brühwürstchen mit einem rein aus grob entfettetem und fettgewebereichem Schweinefleisch (kein Rindfleisch) als Fleischgrundlage hergestellten, fein zerkleinerten, umgeröteten → Brät. Sie werden sehr heiß geräuchert (im Rauch gebraten) und im Kern noch roh als haltbares Halbfabrikat, dem Wasser entzogen wurde, oder nach abschließendem Brühen auch als Halbkonserve angeboten. Bei der Bezeichnung F. W. handelt es sich um eine Herkunftsbezeichnung für aus dem Frankfurter Wirtschaftsraum stammende Brühwürstchen nach der oben stehenden Rezeptur. Gleichartig hergestellte Erzeugnisse müssen als „Würstchen nach Frankfurter Art" bezeichnet werden. Der Begriff „Frankfurter" ist im Ausland häufig für ähnliche Brühwürstchen wie z. B. Wiener Würstchen üblich.

Franzbrot/Franzbrötchen engl.: *puff pastry;* mit Zimt und Zucker bestreute Brötchen aus → Plunderteig.

Französischer Emmentaler engl.: *French Emmental;* mit dem schweizerischen → Emmentaler Käse vergleichbarer Hartkäse der Vollfettstufe (45 % Fett i. Tr., ca. 28 % absol. Fettgehalt) in Form eines großen Laibes von 80–100 kg. Frankreich ist der größte Emmentaler-Produzent. Ursprünglich ist der f. E. in der Franche-Comté und in Savoyen beheimatet, heute wird er auch in der Bourgogne, in den Charentes und in der Bretagne hergestellt.

Französischer Käse engl.: *french cheese;* in Deutschland werden u. a. folgende Sorten angeboten: Banon, Bleu d'Auvergne, Bleu de Bresse, Brie de Meaux, Camembert, Cantal, Carré de l'Est, Comté, Coulommiers, Französischer Emmentaler, Livarot, Pont l'Évêque, Pyrenäen-Käse, Reblochon, Roquefort, Sainte-Maure, Saint-Marcellin, Saint-Nectaire, Saint-Paulin und Valençay (s. auch bei den einzelnen Stichwörtern).

Französisches Paradoxon engl.: *french paradoxon;* Bezeichnung für die Beobachtung, dass im internationalen Vergleich Frankreich trotz des hohen Anteils tierischer Fette in der Ernährung eine geringere Todesrate an Herz-Kreislauferkrankungen aufweist als die anderen Ländern. Dies wurde auf den Konsum von Rotwein und den darin enthaltenen Polyphenolen (u. a. Resveratrol) sowie den Alkohol selbst zurückgeführt. Die Flavonoide des Rotweins sollen die Oxidation von LDL-Cholesterin verhindern und die Aggregation der Blutplättchen reduzieren. Ethanol soll im Allgemeinen ebenfalls die Blutplättchenaggregation vermindern, die HDL-Konzentration erhöhen und die Fibrinolyse fördern. Allerdings kommen auch andere Faktoren als Ursache für die geringere Rate an Herz-Kreislauferkrankungen in Frage. So spielt außer dem Konsum von tierischen Fetten auch z. B. die Gesamtenergieaufnahme und damit verbundenes Übergewicht eine Rolle, ebenso wie die Besonderheiten der Ernährungsweise (→Mediterrane Kost) berücksichtigt werden müssen.

Französische Weine engl.: *French wine;* Frankreich zählt zu den größten Weinproduzenten. Die Palette reicht von Weiß-, Rosé- und Rotweinen über Dessert- und Schaumweine bis zu Champagner. Bei der Weinproduktion stehen die Tafelweine im Vordergrund, jedoch bringt Frankreich auch hochwertige Qualitätsweine und Spitzenweine hervor. Die Qualitätskategorien steigern sich wie folgt: Vin de table, vin de pays, VDQS-Weine, AOC-Weine, wobei die Zahl der VDQS-Weine sinkt. Bei der Qualitätsangabe f. W. spielt aber auch der Name des Erzeugers eine große Rolle. Wichtige Weinbaugebiete in Frankreich sind u. a. Bordeaux, Bourgogne, Champagne, Alsace, Loire und Rhône.

Französische Zwiebelsuppe; →Zwiebelsuppe mit einer überbackenen Kruste aus geröstetem Weißbrot und Käse, die auf der Basis von in Ringe geschnittenen gegarten Zwiebeln in Brühe hergestellt wird.

Franzosendorsch lat.: *Trisopterus luscus L.* (Fam.: *Gadidae*), engl.: *pouting;* mit dem →Kabeljau verwandter Seefisch (25–30 cm, maximal 45 cm lang). Der F. kommt im Ostatlantik vom Skagerrak bis zur westafrikanischen Küste vor sowie im westlichen Mittelmeer. Er ist besonders in Frankreich als Speisefisch geschätzt (Name). Filets werden international unter der französischen Bezeichnung *Tacaud* gehandelt. Ein naher Verwandter, der gemeinsam mit dem F. vorkommt, ist der Zwergdorsch (lat.: *T. munutus L.*).

Frappé; franz. für geschlagen, Bezeichnung für verschiedene Süßspeisen und Getränke. Frappé-Cocktails zeichnen sich durch eine große Menge zerstoßenes Eis aus und werden unter Verwendung von Spirituosen oder Likören zubereitet. Alkoholfreie F. als Cocktail sind unter Verwendung von Sirupen hergestellt. F. auf Milchbasis werden aus Früchten oder anderen geschmacksgebenden Zutaten wie Kaffeeerzeugnissen sowie Speiseeis durch Mixen hergestellt. Auch gekühlte, jedoch nicht gefrorene Süßspeisen mit ähnlichen Zutaten wie F. auf Milchbasis werden als F. bezeichnet und als Dessert angeboten, oft auch auf Joghurt-Basis.

Frascati; italienischer DOC-Weißwein, der aus Malvasier- und Trebbiano-Trauben im Latium um Rom bereitet wird. Er ist strohgelb, schmackhaft, weich und fein und besitzt einen Gesamtalkoholgehalt von mindestens 11,5 Vol.-%. Bei besonders guten Qualitätseigenschaften und einem Gesamtalkoholgehalt von mindestens 12 Vol.-% ist die Bezeichnung „superiore“ zulässig. Oft ist F. aber als neutraler, wenig interessanter Wein anzutreffen.

Frauenmilch Syn.: →*Muttermilch*

Frauentäubling lat.: *Russula cyanoxantha (Schäff.) Fr.* (Fam.: *Russulaceae*), engl.: *Charcoal Burner;* von Juni bis November in Laub- und Nadelwäldern wachsender →Speisepilz mit flachem, später eingedelltem Hut von 5–12 cm Durchmesser und violettgrüner

Farbe. Der F. besitzt weiße Lamellen, die im Gegensatz zu denen der anderen Träublinge elastisch und nicht spröde und brüchig sind, einen weißen zylindrischen Stiel und weißes festes Fleisch mit leicht nussigem Geschmack.

Free-Choice-Profiling engl.: *Free-Choice-Profiling;* quantitativ deskriptives Verfahren zur →Profilprüfung, bei der untrainierte Prüfer die Produkte anhand eigener →Merkmalseigenschaften bewerten. Die statistische Auswertung ist aber aufwändiger und wird mit multivariaten Verfahren wie der Generalized Procrustes Analysis (GPA) durchgeführt.

Freie Aminosäuren; →Aminosäuren, die nicht an andere Moleküle, meist weitere Aminosäuren (→Peptide), gebunden vorliegen.

Freigeschobenes Brot; im Backofen frei liegend gebackene →Brote von runder oder ovaler Form mit allseitiger →Kruste.

Freilandgemüse engl.: *outdoor vegetable;* im freien Land (Feld oder Garten) angebautes →Gemüse.

Freilandgurken engl.: *cucumber grown outdoors;* →Gurken

Freiraum Syn.: →*Kopfraum*

Fremdeiweiß; Bezeichnung für Proteine, die nicht den natürlicherweise in einem bestimmten Lebensmittel vorkommenden Proteinen entsprechen. Hierunter fallen im Allgemeinen zu technologischen Zwecken oder aus Kostengründen zugesetzte Proteine, so z. B. der Zusatz von Milch-, Soja- oder Eiproteinen zu Fleisch- und Wurstwaren oder auch von Kuhmilchproteine in Schaf- und Ziegenkäse. Der Nachweis von F. erfolgt i. d. R. durch immunologische oder →elektrophoretische Untersuchungsmethoden sowie molekularbiologisch unter Verwendung der PCR und spezifischer DNS-Sonden.

Fremdwasser; analytische Messgröße bei der Untersuchung von Fleisch, Wurst- und Fleischwaren zur Beschreibung des im Erzeugnis vorhandenen, mit anzunehmender Sicherheit nicht natürlich aus Fleisch stammenden, sondern zugesetzten Wasseranteils. Die Berechnung des F. erfolgt aufgrund des höchstmöglichen natürlichen Verhältnisses von Wasser zu Eiweiß im Fleisch. →Federzahl

French Dressing; vielfältig variierte →Salatsauce auf der Basis von Essig, Öl, Kräutern, Gewürzen, Salz, Pfeffer und Senf sowie ggf. weiteren Zutaten wie z. B. Sahne.

Fricandeau/Frikandeau; Syn. für die →Unterschale beim Kalb.

Frikadellen engl.: *meatballs,* Syn.: *B(o)uletten, Bratklopse;* große, kugelige, ellipsoide oder flach ovale, gewürzte, gegarte, meist gebratene Hackfleischerzeugnisse. Die zur Herstellung verwendete Hackfleischmasse besteht üblicherweise aus grob entfettetem Schweinefleisch und grob entsehntem Rindfleisch, Binde- und Auflockerungsmitteln wie z. B. Brötchen, Brot oder Ei sowie ggf. Zwiebeln. Der Anteil an Stärke in der Trockenmasse beträgt im Fertigerzeugnis gewöhnlich nicht mehr als 25 %. Als Gemüsefrikadellen werden ähnlich hergestellte Erzeugnisse auf der Basis von Gemüsemassen bezeichnet.

Frikassee engl.: *fricassee;* Fleischgericht aus in einer hellen, mild gewürzten Sauce mit weiteren stückigen Beilagen gekochten oder leicht angeschmorten Fleischstücken. Typische Beilagen sind Champignons, Kapern, Spargel und anderes Gemüse. Um die Saftigkeit zu sichern, kann üblicherweise bis zu ein Viertel der Fleischeinlagen aus sehnenarmer →Farce, z. B. in Form von Klößchen, bestehen. Dies wird bei Handelsware kenntlich gemacht, die Verwendung von sehnenarmem Formfleisch ist nicht üblich. Die gebräuchlichsten Fleischsorten sind Kalb- und/oder Geflügelfleisch (ohne Haut). Es sind aber auch Varianten mit Schweine- oder Lammfleisch sowie Fisch bekannt. Bei Frikassee-Fertigerzeugnissen ohne Hinweis auf Gemüseeinlagen in der Bezeichnung sind üblicherweise mindestens 30 %, mit Hinweis auf Gemüseeinlagen mindestens 25 % gegarte Fleischeinlagen enthalten. Bei der Verwendung von Formfleisch oder Farce ist der Mindestwert jeweils um 5 % absolut höher.

Friktionsrauch engl.: *smoke by friction,* Syn.: *Reibungsrauch;* zum → Räuchern von Lebensmitteln eingesetzter Rauch, der durch Pressen von Holz auf eine geeignete Walze gebildet wird. Durch die dabei erzeugte Reibungswärme verschwelt das Holz und es kommt zur Rauchentwicklung. Aufgrund der geringen Raucherzeugungstemperatur entstehen bei der Entwicklung von F. im Vergleich zu anderen Raucherzeugungsverfahren relativ geringe Anteile an unerwünschten Rauchbestandteilen.

Frischegrad Syn.: *Frischezustand;* den Zustand eines Lebensmittels im Vergleich zum frisch gewonnenen Lebensmittel beschreibendes Maß. Zur Beurteilung des F. werden innere und äußere für das Lebensmittel spezifische Parameter wie z. B. Farbe bei Fleisch herangezogen. Der F. ist insbesondere bei tierischen Lebensmitteln, die keiner oder einer zeitlich eng begrenzten Haltbarmachung unterzogen wurden, von entscheidender Bedeutung.

Frischeiteigwaren engl.: *fresh egg pasta;* → Teigwaren, bei denen üblicherweise ausschließlich Hühnereier mit Merkmalen der Güteklasse A zum Einsatz kommen, die im Herstellerbetrieb aufgeschlagen und in frischem Zustand verarbeitet werden. Alternativ kann auch Vollei aus Hühnereiern mit Merkmalen der Güteklasse A aus nach der Eiprodukteverordnung zugelassenen Betrieben verwendet werden, wenn die Eiprodukte sachgemäß frisch gehalten, innerhalb von 24 Stunden an den Teigwarenhersteller geliefert und dort kurzfristig verarbeitet werden.

Frische Mettwurst; wie → Grobe Mettwurst hergestellte streichfähige grobkörnige → Rohwurst. F. M. wird nach kurzer Reifung ungeräuchert in klaren → Kunstdärmen mittleren Kalibers angeboten und ist zum alsbaldigen Verzehr bestimmt.

Frische Teigwaren engl.: *fresh pasta;* → Teigwaren, die bei der Herstellung gar nicht oder nur wenig getrocknet werden. Sie werden z. T. mit heißem Wasser oder mit Wasserdampf behandelt, auch pasteurisiert und gekühlt oder tiefgefroren. Beispiele sind Nudelteig oder Frischteigwaren, tischfertige Erzeugnisse in den auch von den trockenen Produkten bekannten Sorten, die nur noch angebraten oder erhitzt werden müssen. F. T. haben naturgemäß einen höheren Wassergehalt als die übrigen, in den Leitsätzen des Deutschen Lebensmittelbuches für Teigwaren beschriebenen Erzeugnisse und deswegen eine eingeschränkte Haltbarkeit. Die Bedeutung der f. T. ist in den letzten Jahren gestiegen.

Frischfisch engl.: *fresh fish;* gekühlte, nicht gefrorene ganze → Fische und Fischteile, unverpackt oder unter Vakuum bzw. Schutzgas. F. ist keinem Verarbeitungsprozess unterzogen und daher leicht verderblich.

Frischfleisch engl.: *fresh meat;* frisches, mit Ausnahme der Kühlung bei über -2 °C keinem weiteren Behandlungsverfahren unterworfenes → Fleisch. Im fleischhygienerechtlichen Sinn wird auch gefrorenes Fleisch zum F. gezählt.

Frischgeflügel engl.: *fresh poultry,* Syn.: *Kühlgeflügel;* von der Schlachtung an nicht durch Kälteeinwirkung erstarrtes, zum Zwecke der Haltbarkeitsverlängerung bei Temperaturen oberhalb des Gefrierpunktes gekühltes Geflügel.

Frischhaltemittel; Substanzen, welche die Frischhaltung verlängern, d. h. im Gegensatz zu → Konservierungsstoffen den Erhalt der wesentlichen Produkteigenschaften gewährleisten. Dazu gehören z. B. Feuchthaltemittel, Dickungsmittel, Emulgatoren oder Enzyme.

Frischhaltepackungen engl.: *package for keeping freshness, airtight pack;* Verpackungen, die zur längeren Erhaltung der Qualität der in ihnen verpackten Lebensmittel beitragen und so eine längere Umschlagzeit ermöglichen. Je nach dem zu verpackenden Gut müssen dabei unterschiedliche Anforderungen erfüllt werden. So wird z. B. unterschieden zwischen 1. sauerstoffdichten Verpackungen (→Sauerstoffdichtigkeit) für sauerstoffempfindliche Packgüter, z. T. unter Verwendung von Schutzgas in der Packung, 2. wasserdampfdichten Verpackungen für wasserdampfempfindliche Lebensmittel (→Wasserdampfdurchlässigkeit →Wasserdampfdichtigkeit) und 3. Verpackungen für lichtempfindliche Produkte wie z. B. hochwertige, hoch ungesättigte Speiseöle, bei denen das Packmittel für die kritischen Wellenlängen nicht oder möglichst wenig durchlässig sein darf. Zu den modernen Technologien im Bereich der F. gehört auch das →Active Packaging.

Frischkäse engl.: *fresh cheese;* Gruppe im Wesentlichen durch Milchsäuregerinnung gewonnener ungereifter oder wenig gereifter Käse mit leicht säuerlichem Geschmack (durch Milchsäurebakterien hervorgerufene Säuerung) und unterschiedlichem Wasser- und Fettgehalt. Zur Herstellung von F. darf nur pasteurisierte Käsereimilch (Kuh-, Büffel-, Schaf- oder Ziegenmilch) verwendet werden. Wegen ihrer geringen Haltbarkeit erfolgte die Herstellung von F. früher nur für den Eigenverbrauch. Heute garantiert und ermöglicht die Kühlkette von der Molkerei bis zum Verbraucher bei gleich bleibender Temperatur eine längere Haltbarkeit und somit die industrielle Herstellung von und den Handel mit F. Trotz dieser Maßnahmen ist F. wegen seines hohen Wassergehaltes weiterhin sehr anfällig gegenüber Mikroorganismen und daher nur begrenzt bei dauerhafter Kühlung haltbar. Im Gegensatz zu vielen anderen Käsesorten findet der Verzehr von F. i. d. R. im gekühlten Zustand statt. Das geronnene Milcheiweiß und der Gehalt an Milchfett bestimmen die Struktur bzw. die Konsistenz. Diese wiederum dient im Wesentlichen als Unterscheidungsmerkmal der Käsesorten innerhalb der Gruppe. Anhand der Konsistenz wird zwischen folgenden Stukturen unterschieden: 1. pastenartig (Speisequark), 2. zusammengewachsen (Schichtkäse), 3. granuliert (Cottage cheese). Folgende Standardsorten sind kennzeichnungspflichtig, auch wenn sie mit Gewürzen, Gewürzzubereitungen, Aromen oder mit natürlichen Aromastoffen zubereitet werden: →Speisequark, →Schichtkäse, →Rahmfrischkäse und →Doppelrahmfrischkäse. Aufgrund der vielfältigen Zubereitungsmöglichkeiten reicht der Geschmack von mild bis pikant, von neutral bis aromatisch würzig.

Frischkäsezubereitungen; Zubereitungen aus mindestens 50 % →Frischkäse und bis zu 15 % beigegebenen Lebensmitteln wie z. B. Gewürze, Kräuter oder andere Lebensmittel. Bei Verwendung von Früchten oder Gemüseerzeugnissen ist ein Zusatz bis zu 30 % des Gesamtgewichts des Fertigerzeugnisses zulässig. F. werden zur Verbesserung der Haltbarkeit häufig einer Wärmebehandlung unterzogen. Beigegebene Lebensmittel und Zusatzstoffe sind nach Art ggf. mit ihrer Klassenbezeichnung in der Zutatenliste anzugeben.

Frischkornmüsli; Gericht (→Müsli) mit unerhitztem Getreide. Dieses wird angekeimt oder geschrotet und mehrere Stunden in Wasser bzw. Sauermilchprodukten eingeweicht. Weitere Zutaten sind frisches Obst (möglichst entsprechend der Jahreszeit), Nüsse, Samen sowie Milch und Milchprodukte. Eine Verfeinerung mit Trockenfrüchten, Honig oder anderen natürlichen Süßungsmitteln sowie verschiedenen Gewürzen ist üblich.

Frischkost-Verpflegungssystem Syn.: → *Cook & Serve*

Frischsaft engl.: *fresh juice;* →Direktsaft, bei dem die fruchteigenen Enzyme nicht durch Wärmebehandlung inaktiviert worden sind. F. ist bei optimaler Lagerung (unter inerten Gasen und Kühlung) maximal 14 Tage haltbar. Bei entsprechender Kennzeichnung darf ein F. bis maximal -18 °C tiefgekühlt werden.

Frischsahne engl.: *fresh pasteurised cream;* pasteurisierte Schlagsahne mit begrenzter Haltbarkeit, die daher stets im Kühlschrank aufzubewahren ist.

Frischwurst engl.: *fresh sausages;* nicht eindeutig definierte Bezeichnung für Wurstwaren, die frisch hergestellt sind und/oder aufgrund geringer Haltbarkeit bald verzehrt werden müssen. Sie werden in Kühltheken oder Kühlregalen gelagert und aus diesen verkauft. Zu F. gehören streichfähige Rohwürste wie Teewurst, Zwiebelwurst, frische Mettwurst, Brühwürste wie z. B. Fleischwurst und Kochwürste wie z. B. Leberwurst. F. wird als lose Ware am Stück oder aufgeschnitten (klassischer „Aufschnitt"), auch verpackt, an der Bedientheke oder in Selbstbedienung angeboten. Den Gegensatz zu F. bilden →Wurstkonserven und →Dauerwurst.

Frisée engl.: *frisee lettuce;* →Endivien

Frittieren engl.: *deep frying,* Syn.: *Ausbacken;* küchentechnisches Verfahren, bei dem die Lebensmittel in heißem Fett (ca. 140–200 °C) schwimmend unter Bräunung (→Maillard-Reaktion) gegart werden. Im Laufe dieser Reaktion kann bei hohen Temperaturen (über 175 °C) während des Röstvorganges aus reduzierenden Zuckern (Glucose, Fructose) und der freien Aminosäure Asparagin die Bildung von →Acrylamid erfolgen. F. wird angewandt z. B. bei Kartoffeln, Gebäck, paniertem Gemüse oder Fisch.

Frittierfett engl.: *frying fat,* Syn.: *Frittürefett, Siedefett;* Fette, die wegen der Belastungen beim →Frittieren ähnliche Anforderungen erfüllen müssen wie →Bratöl. Die Auswahl wird durch die Stabilität gegenüber Hitze und Luftsauerstoff, aber auch von der Art des herzustellenden Produkts beeinflusst. Bei Dauerbetrieb sollte F. regelmäßig ausgetauscht werden, die Häufigkeit hängt von der Fettaufnahme und der Menge des Frittierguts, dem verwendeten Fett und der Temperatur (maximal 175 °C) ab. Es wird allgemein empfohlen, F. nicht länger als ca. 20 Stunden zu verwenden. Ascorbylpalmitat und antioxidativ wirkende Stoffe natürlicher Herkunft (Phytosterole, Sesamolin, Oryzanol) erhöhen die Hitzestabilität. Anhaltspunkte für nicht mehr verwendbares F. sind Rauchen bei Arbeitstemperatur, unangenehmer Geruch/Geschmack, ein im heißen Zustand zähes Fett oder feinblasiger, zäher, beständiger Schaum bei Zugabe des Frittierguts, je nach Frittiergut auch Verfärbung. Analytische Anhaltspunkte sind eine Säurezahl über 2,0, Petrolether-unlösliches über 0,7 %, ein um mehr als 50 °C gegenüber dem Ausgangsfett erniedrigter bzw. unter 170 °C liegender Rauchpunkt oder über 24 % polare Anteile. Die Qualität des F. kann vor Ort in einem Schnelltest mittels Fett-Teststreifen bewertet werden.

Frittierte Kartoffelprodukte; →Pommes frites, →Kartoffelkroketten, →Kartoffelchips u. ä. Erzeugnisse, die in Fett schwimmend ausgebacken (frittiert) werden.

Fritto misto; Gericht aus der italienischen Küche (wörtlich: gemischtes Ausgebackenes), bei dem je nach Region unterschiedliche, für die Region typische Lebensmittel in Teig paniert und in Fett (Öl) ausgebacken werden. Das können z. B. Fleischscheibchen, Meeresfrüchte, Grieß, Obst, Pilze und Gemüse sein.

Fromage engl.: *cheese;* französische Bezeichnung für →Käse.

Fromage des Pyrénées; halb fester Schnittkäse aus Südwest-Frankreich, der ursprünglich aus Schafmilch, heute v. a. aus Kuhmilch hergestellt wird. Der F. besitzt einen weißen bis hellgelben Teig von mildem bis haselnussartigem Geschmack mit kleinen, ungleichmäßig verteilten Löchern, eine schwarze Kruste und 40–50 % Fett in der Trockenmasse.

Froschschenkel engl.: *frogs' legs;* die muskulösen Hinterbeine verschiedener Froscharten. Enthäutet und in Butter kurz gebraten sind sie eine Spezialität der französischen (*cuisses de grenouilles*) und in Deutschland der badischen Küche. F. werden bevorzugt in der gehobenen Gastronomie angeboten. Tiefgefrorene F. dürfen mit ionisierenden Strahlen behandelt sein.

Frostbohnen; braunschwarze bis schwarze →Fehlbohnen beim Rohkaffee, die durch Frost beschädigt wurden und einen scharfen stinkenden Geruch und Geschmack aufweisen. Sie beeinträchtigen den Geschmack des Röstgutes nicht, wenn sie nur an der Oberfläche oder an einzelnen Stellen vom Frost betroffen sind.

Frostbrand Syn.: → *Gefrierbrand*

Frucht engl.: *fruit;* 1. häufig allgemein für →Obst und →Südfrüchte verwendete Bezeichnung. 2. Botanische Definition: Blüte im Zustand der Samenreife, d. h., sie ist aus den einzelnen Bestandteilen der Blüte hervorgegangen, umschließt den →Samen bis zur Reife und dient zur Verbreitung der Pflanze.

Fruchtaromalikör; süße, zuckerhaltige →Spirituose, die ihren charakteristischen Geschmack aus Früchten erhält, nach denen sie benannt ist. Zur Aromatisierung dienen Essenzen, Destillate oder Extrakte von Früchten, Fruchtschalen (insbesondere bei Zitrusfrüchten) oder Fruchtteilen. Der Alkoholgehalt beträgt üblicherweise je nach Sorte zwischen 25 und 40 Vol.-%. Typische F. sind Aprikosen-, Berberitzen-, Bergamotte-, Pfirsich-, Pflaumen-, Preiselbeer-, Schlehen-, Ebereschen-, Stachelbeer-, Zitronen-, Orangen-, Pomeranzen-, Curaçao- und Mandarinenlikör. Zur geschmacklichen Abrundung dürfen auch Fruchtsäfte anderer Früchte und Vanillin zugesetzt werden.

Fruchtaufstriche engl.: *fruit spreads;* den →Konfitüren und →Marmeladen ähnliche Brotaufstriche, die hinsichtlich des Frucht- und/oder Zuckergehaltes nicht dem Anforderungsrahmen der Konfitürenverordnung entsprechen.

Fruchtauszug engl.: *fruit extract;* durch Extraktion von Früchten oder Fruchtteilen (z. B. Zitrusschalen) gewonnene lösliche Stoffe, insbesondere Aromastoffe. Als Extraktionsmittel dienen Ethanol und/oder Wasser sowie einige organische Lösungsmittel. Der Gehalt an organischem Lösungsmittel darf in den verzehrfertigen Lebensmitteln, denen die gewonnenen F. zugesetzt werden (z. B. Erfrischungsgetränke), einen bestimmten Grenzwert nicht überschreiten.

Fruchtbonbons engl.: *fruit sweets, fruit candies amerik.;* →Bonbons mit deutlich wahrnehmbarem Fruchtgeschmack, der durch Fruchtzubereitungen und/oder Aromen hervorgerufen wird.

Fruchtbrandy; zulässige Bezeichnung für einen Fruchtsaftlikör oder Fruchtaromalikör in Verbindung mit dem Namen einer Frucht (z. B. Cherry-Brandy, Apricot-Brandy). Dabei muss ein geschmacksbestimmender Anteil vom Obstbrand stammen (mindestens 5 % bei 40 %igem Obstbrand), welcher wiederum unter Verwendung der Frucht hergestellt ist, nach der der F. benannt ist.

Fruchtbranntwein; nicht gebräuchlicher Begriff für →Obstbrand.

Fruchtcocktail engl.: *fruit cocktail,* Syn.: *Cocktailfrüchte;* Fruchtmischungen aus mindestens vier Sorten geschälter verarbeiteter Früchte im Aufguss, die als Nasskonserve, i. d. R. in Dosen, angeboten werden. Bei den Früchten handelt es sich üblicherweise um Pfirsiche und Birnen in Würfeln, Ananas in Würfeln oder Tidbits, ganze Weinbeeren sowie ganze oder halbierte Süßkirschen. Bei einem F. mit vier Bestandteilen werden wahlweise entweder Weinbeeren oder Süßkirschen ganz oder halbiert verwendet. Hinsichtlich der Mengen an Fruchtbestandteilen entsprechen in Deutschland hergestellte F. den Leitsätzen des Deutschen Lebensmittelbuches für verarbeitetes Obst oder sind in ihrer Abweichung ausreichend kenntlich gemacht.

Fruchtdessertweine Syn.: *Fruchtsüßweine;* →Fruchtweine, die aus Früchten (Maische) oder Fruchtsäften von Johannisbeeren, Stachelbeeren, Brombeeren, Heidelbeeren, Kirschen, Erdbeeren, Äpfeln, Birnen, Hagebutten oder Rhabarber hergestellt werden und einen Mindestalkoholgehalt von 12 Vol.-% aufweisen. F. enthalten je Liter mindestens 16 g zuckerfreien Extrakt, mindestens 6 g nicht flüchtige Säure, berechnet als Weinsäure, und höchstens 1,2 g flüchtige Säure, berechnet als Essigsäure.

Fruchteis; → Speiseeis, das üblicherweise mindestens 20 % Fruchtanteil aufweist, bei Zitrusfrüchten und anderen sauren Früchten sind mindestens 10 % Frucht üblich.

Fruchteiskrem Syn.: *Fruchteiscreme;* → Speiseeis, das üblicherweise mindestens 8 % Milchfett und einen deutlich wahrnehmbaren Fruchtgeschmack aufweist.

Fruchtessig Syn.: *Obstessig;* aus reinem Fruchtwein durch Essigsäuregärung (→ Gärung) bzw. aus Wein- oder Branntweinessig unter Zusatz von Fruchtsaft oder -aroma hergestellter Essig. Der mengenmäßig bedeutendste F. ist → Apfelessig.

Fruchtgeiste Syn.: → *Obstgeiste*

Fruchtgelee engl.: *fruit jelly;* → Gelee

Fruchtgemüse; üblicher Sammelbegriff für → Früchte einjährig angebauter Pflanzenarten wie Tomaten, Paprika, Gurken, Kürbis und Melonen.

Fruchtgetränk engl.: *fruit drink;* nicht klar definierte Bezeichnung für Getränke, i. d. R. Erfrischungsgetränke auf der Basis von Fruchtsaft oder Fruchtbestandteilen. Weitere Zutaten können Flüssigkeiten, wie z. B. Wasser oder Molke, süßende Bestandteile wie bspw. Zucker, natürliche Aromen, Fruchtsäuren sowie Vitamine, Mineralstoffe u. v. m. sein.

Fruchtgummi engl.: *fruit gums;* → Gummibonbons mit Fruchtgeschmack, die in vielfältigen Formen (meist Fruchtausformungen) und verschiedenen Geschmacksrichtungen angeboten werden.

Fruchtjoghurt engl.: *fruit yogurt;* aus Joghurt mit Früchten oder Fruchtbestandteilen, Zuckerarten, Aromen, färbenden Lebensmitteln, Genusssäuren, Stabilisatoren, Gelier- und Verdickungsmitteln hergestellte Produkte von sämiger oder stichfester Konsistenz. Der Fruchtgehalt in der Fruchtzubereitung sollte üblicherweise mindestens 35 % betragen, bei bestimmten Früchten ist ein geringerer Anteil festgelegt. Im Fertigprodukt beläuft sich der üblichen Frischfruchtanteil auf mindestens 6 bzw. 2 % bei geschmacksintensiven Früchten (z. B. Zitronen) und liegt in überschichteter, unterlegter oder verrührter Form vor.

Fruchtkaltschale; → Fruchtsuppe → Kaltschale

Fruchtkonfitüre Syn.: → *Konfitüre*

Fruchtkonzentrate engl.: *concentrated fruit purée,* Syn.: *Fruchtmarkkonzentrate;* durch teilweisen Wasserentzug (z. B. durch Erhitzen, Gefriertrockung, Zentrifugieren) aus → Fruchtmark hergestellte Konzentrate, die vielfältig in der Lebensmittelindustrie bei der Herstellung von Fruchtsäften, Erfrischungsgetränken, Speiseeis u. v. m. verwendet werden.

Fruchtmark engl.: *fruit purée,* Syn.: *Fruchtpüree, Obstmark;* homogenisierter genießbarer Teil von Früchten aus Fruchtfleisch und Fruchtsaft, ohne Abtrennung des Fruchtsaftes, unvergoren und alkoholfrei. F. zeichnet sich durch vollen Geruch, Geschmack und Farbe der Rohstoffe, aus welchen es stammt, aus. Durch thermische Behandlung oder Zusatz von Konservierungsmitteln wird das sterilisierte bzw. chemisch konservierte F. erhalten, mittels thermischer Verfahren oder Anwendung einer Zentrifuge das Fruchtmarkkonzentrat. Verwendung findet F. z. B. zur Herstellung von Nektaren, Eis, verschiedenen Süßspeisen, Fruchtjoghurt, Konfitüren, Kindernahrung sowie für Bonbon- und Schokoladenfüllungen.

Fruchtmarkkonzentrate Syn.: → *Fruchtkonzentrate*

Fruchtmilch; → Milchmischerzeugnis in pasteurisierter, ultrahocherhitzter oder sterilisierter Form aus z. B. Vollmilch, Magermilch, Joghurt, Kefir oder Buttermilch unter Zusatz von Fruchtzubereitungen oder auch Aromen.

Fruchtmischungen; →gemischte Früchte →Fruchtcocktail

Fruchtmost Syn.: →*Most*

Fruchtmuttersaft Syn.: →*Muttersaft*

Fruchtnektar engl.: *fruit nectar;* aus →Fruchtsaft, konzentriertem Fruchtsaft, Fruchtmark und/oder konzentriertem Fruchtmark und einem bestimmten Anteil an Wasser und Zuckerarten bestehendes Erzeugnis. Der Zusatz an Zucker darf bis zu 20 % betragen. Bei Verwendung von Früchten mit hohem natürlichem Zuckergehalt wird häufig auf einen Zuckerzusatz verzichtet. F. ist wie Fruchtsaft gärfähig und enthält dementsprechend keine Konservierungsstoffe, er ist aber nicht gegoren. F., dessen Fruchtanteil ausschließlich aus Fruchtsäften besteht, wobei diese Säfte aufgrund ihres hohen Säuregehaltes nicht zum unmittelbaren Genuss geeignet sind, wird als Süßmost bezeichnet. Bei F. muss eine Kenntlichmachung des Fruchtgehaltes (z. B. 50 % bei Apfelnektar) erfolgen.

Fruchtpasten engl.: *1. fruit pastes;* 1. Bezeichnung für aus zerkleinerten Früchten wie z. B. Ananas, Heidelbeere, Melonen und anderen Zutaten hergestellte Zubereitungen mit pastöser Konsistenz. Ihre Verwendung ist vielfältig wie z. B. als Halbfabrikat oder Aroma bei der Herstellung von Backwaren und Speiseeis oder als Brotaufstrich; 2. hochwertige geleeartige Zuckerwaren (→Geleezuckerwaren) wie z. B. Quittenbrot, die Fruchtzubereitungen, Saftkonzentrate oder natürliche Aromen in wertbestimmender Menge enthalten.

Fruchtpasteten; →Brioche

Fruchtpüree Syn.: →*Fruchtmark*

Fruchtpulpen engl.: *2. marrow,* Syn.: *Obstpulpen, Fruchtpülpen;* 1. genießbarer Teil der ganzen, soweit erforderlich geschälten oder entkernten Frucht. F. kann auch in Stücke geteilt oder zerdrückt, jedoch nicht durch z. B. Passieren zu →Fruchtmark verarbeitet sind. Unter dieser Begriffsbestimmung ist F. im Sinne der Konfitürenverordnung Ausgangsstoff für →Konfitüren und ähnliche Erzeugnisse; 2. aus frischen Früchten hergestellte, nicht zum unmittelbaren Genuss geeignete Halberzeugnisse, die neben Obstbestandteilen in breiig-stückiger Form auch unzerteilte Früchte und Fruchtstücke enthalten.

Fruchtpulver engl.: *dried fruit juice;* durch Trocknung aus Fruchtsaft oder -mark, i. d. R. unter Zusatz von Trockenhilfen wie z. B. Zuckerarten hergestelltes Erzeugnis (z. B. Apfelpulver, Erdbeerpulver). Es wird z. B. zu Süßwaren, Fruchtsuppen und Puddingpulver weiterverarbeitet.

Fruchtreife engl.: *fruit maturity;* physiologischer Zustand von Früchten. Die Dauer der einzelnen Reifephasen ist abhängig von der Temperatur, Luftzusammensetzung, Luftfeuchtigkeit sowie ferner sorten- und arttypisch. Viele Arten werden unreif oder „baumreif" geerntet und nachgereift (z. B. Bananen, Birnen, Äpfel) bzw. ausschließlich unreif verzehrt (z. B. Gurken, grüne Paprika, grüne Bohnen). Nach zu früher Ernte wird von Notreife gesprochen, zu späte Ernte führt zur Überreife (physiologischer Verfall).

Fruchtsäuren; nicht eindeutig definierte Sammelbezeichnung für →organische Säuren, die in Früchten vorkommen, in erster Linie →Citronensäure, →Äpfelsäure und →Weinsäure.

Fruchtsaft engl.: *juice;* entweder direkt aus Obst durch mechanische Verfahren oder aus →Fruchtsaftkonzentrat durch Zusatz der bei der Konzentration entzogenen Menge an Wasser und den flüchtigen Aromastoffen, die bei der Konzentration des ursprünglichen F. aufgefangen worden sind und ggf. Fruchtfleisch (rückverdünnter F.) hergestellter Saft. Er ist gärfähig, dies bedingt, dass F. keine Konservierungsstoffe enthält. F. ist aber nicht gegoren. Er hat die charakteristische Farbe, das Aroma und den Geschmack des für seine Herstellung verwendeten Obstes. F. aus →Zitrusfrüchten werden nur aus dem Endokarp der Früchte gewonnen, mit

Ausnahme des Limettensaftes, der aus der ganzen Frucht hergestellt wird. Da der Zuckergehalt einer Obstsorte natürlichen Schwankungen unterlegen ist, darf ein begrenzter Zuckerzusatz zum Ausgleich eines natürlichen Mangels an Zucker erfolgen. Der Fruchtgehalt in F. beträgt 100 %.

Fruchtsaftgetränke; →Erfrischungsgetränke, die aus Fruchtsaft oder -mark bzw. deren Konzentraten, Trink-, Mineral-, Quell- und/oder Tafelwasser, natürlichen Fruchtauszügen, Zuckerarten, Genusssäuren mit oder ohne Zusatz von Kohlendioxid hergestellt werden. Eine Trübung stammt üblicherweise nur aus dem verwendeten Saft bzw. bei F. auf Zitrusfruchtbasis auch aus Zubereitungen der nicht konservierten Flavedoschicht. Ein Zusatz von Konservierungsstoffen ist nicht zulässig. Für die Herstellung von Brennwert reduzierten F. ist eine eingeschränkte Verwendung von künstlichen Süßstoffen erlaubt. Der Fruchtgehalt eines F. stammt aus der in der Bezeichnung angegebenen Frucht und es weist den Geschmack der angebenen Frucht auf. Der Mindestgehalt ist abhängig von den bei der Herstellung des F. verwendeten Früchten. Bei Kernobst oder Trauben oder Mischungen daraus beträgt er üblicherweise 30 Gew.-%, bei Zitrusfrüchten oder Mischungen aus Zitrusfrüchten 6 Gew.-%, bei anderen Früchten und Mischungen daraus 10 Gew.-%. F. auf Zitrusfruchtbasis enthalten im Fruchtanteil mehr als 50 Gew.-% Fruchtsaft oder Fruchtmark aus der namensgebenden Frucht. Bei Mischungen aus mehreren Fruchtarten entspricht die Menge der verwendeten einzelnen Fruchtarten anteilsmäßig den Mindestgehalten. Zur Geschmacksabrundung können bei F. geringe Anteile artverwandter Fruchtsäfte sowie Zitronensaft zugesetzt werden, die sich auf den Mindestfruchtgehalt anrechnen lassen.

Fruchtsaftkonzentrat Syn.: *konzentrierter Fruchtsaft;* aus →Fruchtsaft durch Abtrennung eines bestimmten Teils des natürlichen Wassergehaltes mittels physikalischer Verfahren bzw. Extraktions- und Diffusionsverfahren hergestelltes Erzeugnis. F. wird zur Herstellung von Fruchtsaft, →Fruchtnektar, →Fruchtsirup und →Erfrischungsgetränken verwendet.

Fruchtsaftlikör; →Spirituose, die unter Verwendung von Fruchtsaft aus Ananas, Äpfeln, Brombeeren, Kirschen, schwarzen Johannisbeeren, Johannisbeeren, Heidelbeeren, Erdbeeren und Himbeeren hergestellt wird. Der Saft der namensgebenden Frucht muss geschmacklich dominieren und zu mindestens 20 % enthalten sein. Zur Aromaabrundung können je nach Sorte auch die entsprechenden →Obstgeiste und Fruchtsäfte anderer Obstsorten sowie natürliche Aromen beigegeben werden. Der Mindestalkoholgehalt von F. liegt bei 15 Vol.-%.

Fruchtsaftschorlen Syn.: →*Fruchtschorlen*

Fruchtschalen engl.: *1. peels 2. bran;* 1. Sammelbegriff für Schalen von vorwiegend Zitrusfrüchten (Halbfabrikate), vorläufig haltbar gemacht (Salz, Schwefeldioxid, Zuckerlösung) oder getrocknet, auch kandiert. →Kandierte Fruchtschalen 2. Schalen von →Getreidekörnern, die wegen ihres hohen Gehaltes an Ballaststoffen, Vitaminen und Mineralstoffen in Vollkornprodukten vermahlen sowie in Form von Kleie und als Futtermittel Verwendung finden.

Fruchtschaumwein; moussierendes alkoholisches Getränk, dessen Ausgangsstoff →Fruchtwein (gewöhnlich aus Kern-, Stein- oder Beerenobst) ist und das mit Zusatz von Zucker, Wasser und Kohlensäure hergestellt wird. F. enhält mindestens 5,5 Vol.-% vorhandenen Alkohol, mindestens 16 g/l zuckerfreien Extrakt, mindestens 5 g/l nicht flüchtige Säure, berechnet als Weinsäure, und höchstens 1,2 g/l flüchtige Säure, berechnet als Essigsäure. Der Überdruck an Kohlensäure beträgt mindestens 3 bar bei 20 °C.

Fruchtschnitten; Süßwaren aus einer zwischen Oblaten gepressten und getrockneten, fruchthaltigen, zähen Paste (→Backoblaten), die in Riegelform oder in geschnittenen Streifen angeboten wird. Übliche Zutaten für die Paste sind in wechselnden Anteilen Trockenfrüchte, Nüsse, Mandeln, Getreide, Getreideerzeugnisse, Ölsamen, Gewürze, Honig, Zucker, Fructose, Maismehl sowie Johannisbrotkernmehl. F. weisen i. d. R. einen hohen Gehalt an Nährstoffen auf.

Fruchtschorlen Syn.: *Fruchtsaftschorlen;* kohlensäurehaltiges Mischgetränk aus → Fruchtsaft, Fruchtmark bzw. den daraus hergestellten Konzentraten einer oder mehrerer Fruchtarten und Trink-, Tafel-, Quell- und/oder natürlichem Mineralwasser. Der Fruchtgehalt an Fruchtsaft, Fruchtmark bzw. den daraus hergestellten Konzentraten in F. entspricht den rechtlichen Vorgaben für die entsprechenden Fruchtnektare und -sirupe, auch bei Mischungen. Mischungen aus mehr als zwei Fruchtarten können auch als Mehrfruchtschorle bezeichnet werden. Üblich ist auch das Aromatisieren von F. mit Aromen und das Süßen mit Zuckerarten bei F. aus Früchten mit saurem, nicht unmittelbar zum Verzehr geeignetem Saft.

Fruchtsirupe engl.: *fruit syrup,* Syn.: *Obstsirupe;* dickflüssige Zubereitungen, die aus Fruchtsaft, konzentriertem Fruchtsaft oder Früchten unter Verwendung von Zuckerarten mit oder ohne Aufkochen hergestellt werden. Zusätze von Frucht- oder Genusssäuren und Schalenaroma (bei F. aus Zitrusfrüchten) sind üblich. F. werden als Fruchtsaucen verzehrt oder mit Wasser zu Getränken verdünnt.

Fruchtsüße; aus Trestern oder Säften von Früchten wie z. B. Äpfeln gewonnenes, durch Entfernen von Fruchtsäuren, färbenden Bestandteilen (bspw. Polyphenole) und Mineralstoffen hochgradig aufgereinigtes farbloses Zuckerartengemisch (im Wesentlichen Glucose, Fructose und Saccharose). F. kann vielfältig zum Süßen von Lebensmitteln verwendet werden.

Fruchtsüßweine Syn.: → *Fruchtdessertweine*

Fruchtsuppe; süße sämige Suppe aus Wasser, Fruchtsaft oder Milch (auch Sauermilch oder Joghurt). F. enthält neben Konsistenz gebenden Zutaten wie z. B. Stärke, Grieß, Sago oder pflanzliche Dickungsmittel, Früchte, Fruchtstücke oder Fruchtsäfte sowie wahlweise Einlagen wie Makronen, Teigwaren, Getreide- oder Sojaerzeugnisse u. Ä. Als Convenience-Produkte werden kochfertige oder kalt lösliche Trockenmischungen neben konzentrierten oder tafelfertigen flüssigen Erzeugnissen angeboten. In F. sind üblicherweise mindestens 12 g Frucht bzw. 8 g Zitrusfrüchte enthalten.

Fruchttrunk; rechtlich in seinen Eigenschaften nicht definierte, allgemein übliche Bezeichnung für ein Getränk mit Fruchtbestandteilen.

Fruchtverbände; im Unterschied zu → Sammelfrüchten aus Blütenständen entstehender Verbund von Früchten, die durch die Blütenstandsachse zusammengehalten werden. Häufig bilden sich auch die Deck- und Zwischenblätter fleischig aus. Bei → Feigen z. B. sind die einzelnen → Steinfrüchte in ein fleischiges Achsengewebe eingesenkt. → Ananas ist ein durch fleischige Deckblätter verbundener, kolbenförmiger F. aus zahlreichen → Beeren.

Fruchtwein engl.: *fruit wine;* → weinähnliches Getränk, das durch natürliche Gärung von Fruchtsäften oder Früchten (Maische) und unter Verwendung von Wasser und Zuckerarten hergestellt wird. Zu F. verarbeitet werden Beerenobst, Steinobst, Kernobst, Hagebutten, Schlehen und Rhabarber. F. dürfen höchstens 25 Vol.-% Apfel- und/oder Birnenwein enthalten. F. besitzt einen Alkoholgehalt von mindestens 5,5 Vol.-% und enthält mindestens 16 g/l zuckerfreien Extrakt, mindestens 5 g/l nicht flüchtige Säure, berechnet als Weinsäure, und höchstens 1,2 g/l flüchtige Säure, berechnet als Essigsäure.

Fruchtwermutwein; ein → Fruchtdessertwein mit Zusatz von Wermutkraut oder dessen würzigem Auszug und mindestens 12 Vol.-% Alkohol. → Weinähnliche Getränke

Fruchtzucker Syn.: → *Fructose*

Fructooligosaccharide Syn.: *Fruktooligosaccharide;* Abk.: FOS, Polymere der → Fructose verschiedenen Polymerisationsgrades mit Kettenlängen zwischen 3 und 60 Fructoseeinheiten, teilweise mit einem Glucose-Molekül am Kettenanfang, die vom menschlichen Organismus nicht verdaut werden können und daher zu den → Ballaststoffen gehören. Die wichtigsten FOS sind → Inulin und → Oligofructose, die insbesondere aufgrund ihrer prebiotischen Wirkung (→ Prebiotika) in → funktionellen Lebensmitteln eingesetzt werden. Zusätzlich haben FOS auch günstige technologische Eigenschaften, z. B. bewirken sie ein fettartiges Mundgefühl, eignen sich aufgrund ihres guten Wasserbindungsvermögens als Dickungsmittel und haben einen leichten Süßgeschmack.

Fructosane engl.: *fructosans, fructans,* Syn.: *Fructane, Frukt(os)ane;* Speicherkohlenhydrate verschiedener Pflanzen wie z. B. Weizen, Zwiebel, Spargel, Schwarzwurzel und → Topinambur, die aus Polymeren der → Fructose bestehen. Es wird insbesondere zwischen dem β(1,2)-glykosidisch gebundenen Inulin-Typ und dem β(2,6)-glykosidisch gebundenen, vorwiegend in Bakterien, Algen und Moosen vorkommenden Levan unterschieden. F. können auch ein Glucose-Molekül am Kettenanfang besitzen. Da F. vom menschlichen Organismus nicht verstoffwechselt werden können, zählen sie zu den → Ballaststoffen und spielen eine große Rolle im Bereich der mit → Inulin oder → Fructooligosacchariden angereicherten prebiotischen → funktionellen Lebensmittel.

Fructose engl.: *fructose,* Syn.: *Fruktose, Fruchtzucker, Laevulose;* → Monosaccharid (Hexose), das in freier Form in Früchten und Honig zu finden ist und glykosidisch gebunden in Saccharose und Inulin vorkommt. F. wird langsamer als Glucose absorbiert, insulinunabhängig umgesetzt und in der Leber z. T. in Glucose umgewandelt. Der Blutglucosespiegel steigt dadurch nur langsam an, weshalb F. in → Diabetiker-Lebensmitteln eingesetzt wird. Zur industriellen Gewinnung von F. kann Inulin durch Säuren oder Enzyme gespalten werden, die enzymatische Behandlung (mit Isomerase) von Glucosesirup liefert die fructosehaltige → Isoglucose. F. besitzt von allen Zuckerarten die höchste Süßkraft.

Fructose-Bonbons; Karamellen oder Komprimate, die einen wertbestimmenden Anteil an → Fructose enthalten. F. werden meist als Diabetiker-Süßwaren angeboten, weil Fructose insulinunabhängig umgesetzt wird. Sie wirken im Gegensatz zu → zuckerfreien Süßwaren wie die entsprechenden saccharosehaltigen Bonbons kariogen.

Fructoseintoleranz engl.: *fructosaemia, laevulosaemia;* → Hereditäre Fructoseintoleranz

Fructosesirup engl.: *fructose syrup;* flüssige Handelsform der → Fructose, die insbesondere in der Getränkeindustrie Verwendung findet.

Früchtebrot engl.: *fruit bread, fruit loaf;* in Form eines langen oder runden Brotes hergestelltes, ursprünglich typisch weihnachtliches → Gebäck mit hohem Anteil an getrockneten und → kandierten Früchten sowie Mandeln und Nüssen. Handelsübliche Ware enthält mindestens die gleiche Gewichtsmenge an Trockenfrüchten (z. B. Sultaninen, Birnen, Feigen) einschließlich kandierter Früchte, Mandeln und Nüsse wie an Getreideerzeugnissen und/oder Stärken. Bei F., das nach einer Fruchtart benannt ist, z. B. Birnenbrot, genügt die Verwendung dieser Art.

Früchtequark; → Frischkäsezubereitungen

Früchtetee engl.: *fruit tea;* → Teeähnliche Erzeugnisse

Frühburgunder; wertvolle blaue Keltertraubensorte. Die Frühburgunder-Rebe ist früh reifend, d. h. die Reife beginnt Anfang September. Sie liefert kleine Trauben mit blauschwarzen Beeren und feinem edlen Aroma.

Frühjahrslorchel lat.: *Gyromitra esculenta (Pers.) Fr.* (Fam.: *Hellvellaceae*), engl.: *brain mu-*

shroom, Syn.: *Giftlorchel, Lorchel;* von März bis Mai z. B. in sandigen Kiefernwäldern wachsender Giftpilz mit unregelmäßigem, hirnartig (nicht wabenartig wie bei der Morchel) gewundenem Hut von 2–10 cm Durchmesser und kastanien- bis dunkelbrauner Farbe. Die F. besitzt einen weißlichen bis grauen, hohlen, runzligen Stiel und brüchiges weißliches Fleisch. Es besteht die Gefahr, die essbare Morchel mit der giftigen F. zu verwechseln. Letztere enthält das stark neuro- und hepatoxische sowie kanzerogene Gyromitrin. Gyromitrin ist wasserdampfflüchtig, weshalb der Pilz einerseits durch Kochen entgiftet werden kann, andererseits die Kochdämpfe zu Vergiftungen führen können. Ferner werden Akkumulationseffekte diskutiert, weshalb auch vom Konsum gekochter F. abzuraten ist.

Frühjahrspinat engl.: *spring spinach;* im Frühjahr angebauter und im späten Frühjahr bis Frühsommer geernteter → Spinat mit jungen Blättern und mildem Geschmack.

Frühlingsrolle engl.: *spring roll,* Syn.: *Loempia;* ursprünglich südostasiatisches Gericht, bestehend aus einer walzenförmigen Teigrolle, die mit Mungbohnenkeimen (→ Mungbohnen) und/oder mit verschiedenen Gemüsen, in erster Linie → Kohlgemüse, zuweilen auch mit Fleischzusatz gefüllt und durch Erhitzen in der Pfanne oder schwimmend in Fett gegart worden ist. Sie wird heiß mit verschiedenen Saucen als Vorspeise serviert.

Frühlingssuppe; Bezeichnung für eine Gemüsesuppe aus Brühe, in der das junge zarte Gemüse (auch tiefgefroren) wie z. B. Möhren, Spargel, Kohlrabi, Blumenkohl, Bohnen und Erbsen gegart wurde. Häufig dienen Reis, Nudeln, klein geschnittenes Fleisch oder Fleischklößchen als weitere Einlage. Die F. wird mit Gewürzen abgeschmeckt und mit Petersilie oder Schnittlauch serviert.

Frühlingszwiebel lat.: *Allium cepa L. Cepa Grp.* (Fam.: *Liliaceae*), engl.: *Spring Onion;* Zwiebelart, die vor der vollständigen Reife bereits eine kleine, flach runde, weiße Zwiebel ausgebildet hat, von der aber auch das Laub wie → Schnittlauch mitverwendet wird. F. schmecken mild und werden in der Küche z. B. zu Salaten und Quark verwendet.

Frühmastgans lat.: *Anser anser domesticus L.* (Fam.: *Anatidae*), engl.: *gosling;* Handelsbezeichnung für nach Schnellmast vor der ersten Federreife geschlachtete Gänse mit biegsamen (nicht verknöchertem) Brustfortsatz und einem Gewicht von ca. 2–4 kg.

Frühstückscerealien engl.: *breakfast cereals;* → Cerealien

Frühstücksfleisch engl.: *luncheon meat;* rosafarbenes Fleischerzeugnis gehobener Qualität mit grober brühwurstartiger Struktur mit bis zu erbsengroßer Körnung. Die fein zerkleinerte Grundmasse wird aus grob entsehntem Rindfleisch, grob entfettetem Schweinefleisch, Speck und weiteren Zutaten im Kutter hergestellt, umgerötet und in Formen gebrüht. F. wird vielfach als Konserve in Dosen angeboten.

Frühstücksgetränke; 1. generelle Bezeichnung für alle zum Frühstück konsumierten Getränke. 2. Bezeichnung für eine Reihe von Getränken, die einen gesundheitlichen Zusatznutzen aufweisen und zum Frühstück als Ergänzung oder z. T. auch als Ersatz verzehrt werden sollen. Als Basis dienen i. d. R. Fruchtsäfte und/oder Getreideerzeugnisse wie z. B. Malzextrakt. Zur Anreicherung werden häufig Milchbestandteile, Vitamine sowie Mineral- und Ballaststoffe (bspw. → Prebiotika) u. v. m. verwendet. Typische F. sind z. B. → ACE-Getränke. F. werden sowohl frisch gekühlt als auch ungekühlt sowie als Konzentrat in Pulverform angeboten.

Frühstücksspeck engl.: *bacon;* → Bauchspeck

Fucose engl.: *fucose;* → Monosaccharid, das Bestandteil verschiedener Polysaccharide von Braunalgen, Oligosaccharide und Glykoproteine ist. Des Weiteren ist F. in dem Dickungsmittel → Traganth enthalten.

Fudge engl.: *fudge;* aus England und den USA stammende abbeißbare und mürbe Weichkaramellsorte. Die charakteristische Konsistenz wird durch den partiell rekristallisierten Zucker hervorgerufen. Niedriger (5 %) und hoher (20 %) Fondantzusatz zu saccharosereichen Weichkaramellrezepten ergibt längere bzw. kürzere Konsistenz. Im Gegensatz dazu stehen → Weichkaramellen, die zäh und kaubar sein sollen.

Fülldosage engl.: *tirage liqueur;* Bezeichnung für eine Mischung, die dem Wein bei der Schaumweinherstellung zur Einleitung der zweiten Gärung und Schaumbildung (Freisetzung von Kohlensäure) zugesetzt wird. Zugelassene Bestandteile außer Hefe sind Traubenmost, auch teilweise gegoren oder konzentriert, Saccharose und Wein. Die Art der Zugabe der F. entscheidet über das weitere Herstellungsverfahren (Flaschen- oder Großbehältergärung oder méthode champenoise).

Füllgewicht engl.: *filling weight;* → Füllmenge nach Masse.

Füllgut engl.: *fill goods;* allgemeine Bezeichnung für schütt-, riesel- sowie fließfähiges Packgut.

Füllhöhe engl.: *level;* Höhe des Füllgutes im Packmittel. Als Bezugsebene dient der Boden oder das Mundstück des Packmittels (z. B. bei Getränkeflaschen).

Füllmassen; 1. zuckerreiche Halbfabrikate für Füllungen in der Süßwarenindustrie und als Zusätze im Back- und Konditorgewerbe. 2. Bezeichnung für die bei der Zuckerherstellung aus dem Dicksaft entstehende Mischung aus auskristallisierter Saccharose und Zuckersirup, aus der durch Zentrifugation der Rohzucker abgetrennt wird.

Füllmenge engl.: *fill-up quantity;* Menge des Füllgutes in einer Fertigpackung. Die Angabe der Größeneinheit erfolgt je nach Füllgut in Gewicht, Volumen, Stückzahl oder einer anderen Größe.

Füllmengenanforderung; nach dem Eichgesetz und der darauf beruhenden Fertigpackungsverordnung darf die Minusabweichung der tatsächlichen Menge von der Nennfüllmenge bei Fertigpackungen nur in einem gewissen Schwankungsbereich liegen. Fertigpackungen müssen ferner so gestaltet und befüllt sein, dass sie keine größere Füllmenge vortäuschen, als in ihnen enthalten ist; als Faustregel gilt ein unbegründeter Hohlraum von 30 % als „Mogelpackung". Es gibt Ausnahmen, z. B. für relativ teure Produkte wie Parfum und Pralinen oder für Backwaren und Körperpflegemittel, die in amtlichen Richtlinien beschrieben sind.

Füllungsgrad engl.: *degree of filling;* bezeichnet den Anteil des Füllvolumens im Verhältnis zum Volumen der Verpackung.

Füllvolumen; Füllmenge in einer Volumeneinheit angegeben.

Fünf am Tag engl.: *5 a day;* im Mai 2000 gestartete deutschlandweite Gesundheitskampagne unter der Schirmherrschaft des Bundesministeriums für Verbraucherschutz, Ernährung und Landwirtschaft sowie des Bundesministeriums für Gesundheit, deren Ziel es ist, die Bevölkerung zu einem regelmäßigen höheren Verzehr von Obst und Gemüse zu motivieren und so deren Gesundheitszustand nachhaltig zu verbessern. Über den Tag verteilt sollen mindestens fünf Portionen (Hand voll) Obst oder Gemüse verzehrt werden. F. ist Teil eines internationalen Netzwerkes mit Kampagnen in den USA und vielen europäischen Ländern.

Fünfgewürzepulver engl.: *Chinese five spices,* Syn.: *Chinesische Fünf Gewürze;* → Gewürzmischung, bestehend aus fein gemahlenem → Szechuan-Pfeffer, → Sternanis, → Zimt, → Gewürznelken und → Gewürzfenchel, die in Südchina und Vietnam zum Würzen von Fleisch, Geflügel und Marinaden verwendet wird.

Fürst-Pückler-Eis; → Sahneeis mit drei farblich (rot, weiß, braun) und geschmacklich (meist Erdbeere, Vanille, Schokolade) getrennten Lagen.

Fugu Syn.: → *Kugelfische*

Fumarsäure engl.: *fumaric acid;* zweiwertige organische Säure, die frei oder in Form ihrer Salze in pflanzlichen (Getreide, Pilze) und tierischen (Milch, Käse) Lebensmitteln vorkommt. Im Organismus tritt F. als Zwischenprodukt des → Citronensäure-Zyklus auf. F. kann aus Maleinsäure oder biotechnologisch aus Stärke gewonnen werden und ist unter der Nummer E 297 als Säuerungsmittel für Getränke, Süßwaren, Kuchenglasuren, Wein sowie als Teigsäuerungsmittel bei Backwaren zugelassen.

Fumet engl.: *fumet;* Fisch- oder Pilzbrühe, auch konzentriert, die weniger aromatischen Saucen Geschmack verleihen kann. Fischfumet ist oft auch Grundlage von Fischgerichten und wird als Synonym für Fischfond verwendet.

Fumonisine engl.: *fumonisins;* → Fusarientoxine

Functional Drinks; engl. Bezeichnung für die zu den → funktionellen Lebensmitteln gehörenden → funktionellen Getränke.

Functional Food; engl. Bezeichnung für → funktionelle Lebensmittel.

Fungi imperfecti engl.: *fungi imperfecti,* Syn.: *Deuteromycetes;* Bezeichnung für eine große Gruppe der höheren Pilze, deren Gemeinsamkeit das Fehlen der sexuellen Fruchtformen ist. Sie vermehren sich durch ungeschlechtliche Sporen oder durch Fragmentierung des → Mycels. Zahlreiche Lebensmittel verderbende → Schimmelpilze wie → *Apergillus,* → *Penicillium* und → *Fusarium* gehören hierzu.

Fungistatika engl.: *fungistatics;* von lat.: *fungi* = Pilze und griech.: *statikos* = zum Stillstand bringend abgeleitete Bezeichnung für Substanzen, die das Wachstum von → Pilzen hemmen, ohne vollständige Abtötung zu bewirken. Nach Entfernen der F. ist wieder Pilzwachstum möglich. Eine exakte Abgrenzung zu den → Fungiziden ist z. T. schwierig.

Fungistatisch engl.: *fungistatic;* das Wachstum von → Pilzen hemmend.

Fungizid engl.: *fungicid;* → Pilze und Pilzsporen abtötend.

Fungizide engl.: *fungicides;* von lat.: *fungus* = Pilz stammende Bezeichnung für Stoffe, die → Pilze und deren → Sporen abtöten. Eine strenge Abgrenzung zu den → Fungistatika ist nicht zu treffen, da manche Präparate unter bestimmtem Bedingungen → fungizid und unter anderen Bedingungen → fungistatisch wirken. Die Bezeichnung F. wird hauptsächlich für Chemikalien, die das Wachstum von Schimmelpilzen auf Lebensmitteln verhindern sollen und im Bereich der Pflanzenschutzmittel verwendet. Im medizinischen Bereich werden sie als Antimykotika bezeichnet.

Fungizider Packstoff engl.: *fungicidal packaging materials;* → Packstoff, der durch Zusatz von → Fungiziden die daraus hergestellte → Verpackung und/oder das darin verpackte Gut vor Schäden durch Pilzbefall schützen soll.

Funktionelle Getränke engl.: *functional drinks;* Getränke, die zusätzlich zu ihren ernährungsphysiologischen und sensorischen Funktionen eine positive Wirkung auf den Stoffwechsel ausüben und im Rahmen einer ausgewogenen Ernährung zu einem verbesserten Gesundheitsstatus, zu einem gesteigerten Wohlbefinden und/oder zu einer Reduktion von Krankheitsrisiken beitragen. Ihre Wirkungen sollen sie im Rahmen des normalen Ernährungsverhaltens bei einer üblichen Verzehrmenge entfalten. Zugesetzt werden f. G. daher eine Reihe von Zutaten wie z. B. Ballaststoffe, Pro- (Lactobazillenstämme) und Prebiotika (Inulin, Oligofructose), Vitamine (Provitamin A, Vitamin C und E), Mineralstoffe und Öle (Fischöl, Kürbiskernöl). Die Art und die Menge des Zusatzes sowie ihre mögliche Kombination untereinander hängt von der Zielgruppe des Getränkes sowie von der genauen Spezifikation des Zweckes, der Funktion, ab. So können f. G., die z. B. zur positiven Beeinflussung der Darmflora gedacht sind, eine Kombination aus Pro- und Prebiotika sowie Ballaststoffen aufweisen.

Funktionelle Lebensmittel engl.: *functional food;* Lebensmittel, die zusätzlich zu ihren ernährungsphysiologischen und sensorischen Funktionen eine positive Wirkung auf den Stoffwechsel ausüben und im Rahmen einer ausgewogenen Ernährung zu einem verbesserten Gesundheitsstatus, zu einem gesteigerten Wohlbefinden und/oder zu einer Reduktion von Krankheitsrisiken beitragen. F. L. werden ausschließlich in Form von Lebensmitteln angeboten und nicht als Pillen oder Kapseln. Sie sollen integraler Bestandteil des normalen Ernährungsverhaltens sein und ihre Wirkungen bereits bei üblichen Verzehrmengen entfalten. Ein f. L. kann ein natürliches Lebensmittel sein oder ein Lebensmittel, bei dem ein Bestandteil hinzugefügt oder abgetrennt wurde. Beispiele für f. L. sind pro- und prebiotische Milchprodukte (→Probiotika →Prebiotika) sowie →ACE-Getränke.

Fusarientoxine engl.: *fusarientoxins;* von Schimmelpilzen der Gattung →*Fusarium* gebildete →Mykotoxine. Fusarien befallen vorwiegend Getreide wie Mais, Weizen und Hafer am Halm und geben ihre Stoffwechselprodukte in die Getreidekörner ab, wodurch Nahrungs- und Futtermittel kontaminiert werden. Es werden drei Hauptgruppen von F. unterschieden: Trichothecene, Zearalenon und Fumonisine. Deoxynivalenol und Nivalenol aus der Gruppe der Trichothecene sind die bedeutendsten Mykotoxine im Getreideanbau. Trichothecene wirken zellschädigend und beeinträchtigen das Immunsystem. Zearalenon ist nicht akut toxisch, wirkt aber östrogen und anabol. Fumonisine werden von Fusarien im Wesentlichen auf Mais produziert, wirken hepato- und nephrotoxisch und stehen im Verdacht, bei Ratten Leberkrebs auszulösen. Die Fusarientoxinbelastung von Getreide nimmt weltweit zu, als problematisch wird die Belastung von Säuglings- und Kleinkindnahrung angesehen. Für verschiedene F. sind in Deutschland Höchstmengenregelungen geplant, in anderen europäischen Ländern existieren sie z. T. schon.

Fusarium; Schimmelpilzgattung, die sich ungeschlechtlich über sichelförmige quersептierte →Konidien vermehrt, z. T. aber auch geschlechtliche Fruchtformen ausbildet. F. sind weit verbreitete typische Feldpilze, die in einem weiten Temperaturbereich von 1–39 °C wachsen und auf verschiedenen Getreidearten bereits während der Vegetationsperiode verschiedene als →Fusarientoxine bezeichnete →Mykotoxine bilden. Das Temperaturoptimum für die Mykotoxinbildung liegt dabei mit 8–12 °C deutlich niedriger als das Wachstumsoptimum. Wichtige Arten sind *F. graminearum* und *F. culmorum.*

Fuselöle engl.: *fusel oils;* höhere Alkohole, die von Hefen als Nebenprodukte der alkoholischen Gärung v. a. aus Aminosäuren gebildet werden. Beispiele für F. sind n-Propanol, Isobutanol und →Amylalkohol. Aufgrund ihrer längeren Kette sind sie fettlöslicher als →Ethanol, worin ihre höhere Toxizität im Vergleich zu Ethanol begründet liegt. F. können durch →Rektifikation entfernt werden, tragen jedoch auch zum Aroma von Wein, Bier und Spirituosen bei.

Futterhefen; aufgrund ihres hohen Eiweiß- und Vitamin-B-Gehaltes und wegen des schnellen Wachstums zu Fütterungszwecken kultivierte, durch Trocknen inaktivierte →Hefen, v. a. der Gattung →*Candida.*

Futtermehl; →Mühlennachprodukte

Futtermittel engl.: *animal feed;* Stoffe oder Erzeugnisse, auch →Zusatzstoffe, die unabhängig vom Verarbeitungsgrad zur oralen Verfütterung an Tiere bestimmt sind. F. sind rechtlich keine Lebensmittel.

Fynbo engl.: *Fynbo;* dänischer →Schnittkäse mit einem Fettgehalt von 45 % i. Tr. Der flache zylindrische Laib besitzt abgerundete Seiten und Kanten, einen Durchmesser von 31 cm und ist 6–7 kg schwer. Die trockene gelbe Rinde wird auch paraffiniert. Der F. verfügt über einen festen Teig mit erbsengroßen Löchern und aromatisch mildem Geschmack.

Gabelbissen Syn.: *Kräuterhappen;* → Kräuterhering

Gabeldornlanguste; → Languste

Gabeldorsch lat.: *Phycis sp.* (Fam.: *Phycidae*), engl.: *forkbeard;* im Ostatlantik und im Mittelmeer beheimateter als Speisefisch beliebter Seefisch. Es wird zwischen dem Kapgabeldorsch (*P. blennoides Brünnich*, ca. 50, maximal 110 cm lang) und dem etwas kleineren Braunen G. (*P. phycis L.*) unterschieden. In Deutschland wird v. a. ersterer angeboten.

Gabelrollmops engl.: *gabelrollmops;* kleiner → Rollmops (maximal 4 cm breit).

Gänsebrust engl.: *breast of goose;* mit Knochen und Haut ausgelöstes Brustfleisch (→ Geflügelbrust) der Gans, das als hochwertige Geflügelfleischspezialität gilt. G. wird frisch, gefroren und tiefgefroren mit und ohne Knochen im Handel angeboten. Als Delikatesse gilt geräucherte G. Für deren Herstellung wird das vom Brustknochen gelöste Fleisch in Salzlake mehrere Tage lang gepökelt, abgewaschen, getrocknet und im Kaltrauch goldgelb geräuchert.

Gänseeier engl.: *goose eggs;* wesentlich größere Eier als → Hühner- und sogar → Enteneier (bis zu 200 g), die aufgrund ihrer begrenzten Haltbarkeit nur ganz frisch verzehrt werden sollten.

Gänsefett Syn.: → *Gänseschmalz*

Gänsekeule; → Geflügelschenkel

Gänseklein; beim Ausschlachten von Gänsen anfallende klein geschnittene Abschnitte einschließlich der verwertbaren Innereien.

Gänsekraut Syn.: → *Beifuß*

Gänselebergalantine; → Galantine mit einer → Farce aus fein gehackter Gänseleber und anderem Fleisch.

Gänseleberpain; mit einem den Charakter bestimmenden Anteil an Gänseleber in laibförmiger Gestalt ähnlich einer Gänseleberpastete zubereiteter → Pain.

Gänseleberparfait; → Parfait mit einem den Charakter bestimmenden Anteil an Gänseleber, die bei der Herstellung in eine Grundmasse aus Schweinefleisch und Gelatine eingebettet wird.

Gänseleberpastete frz.: *pâté de foie gras;* sehr hochwertige → Kochwurstpastete mit einer fein gekutterten Grundmasse, die bis zu walnussgroße Gänseleberstücke als Einlage enthalten kann. Die Grundmasse besteht aus Gänseleber (wenn nicht Einlage), grob entfettetem und fettgewebereichem, aber sorgfältigen entsehntem Schweinefleisch, Schweine- und Gänsefett sowie auch grob entsehntem Gänsefleisch und weiteren Zutaten wie z. B. Gewürze oder Trüffeln. G. wird teilweise auch ohne das Schweinefleisch hergestellt. Bei Straßburger G. besteht das Ausgangsmaterial nur aus Gänseleber. Die äußere Herrichtung erfolgt meist besonders sorgfältig, z. B. im Speckmantel oder in Gelee. Gelegentlich wird G. auch in terrinenförmigen Gefäße angeboten.

Gänseleberwurst; rosafarbene (umgerötete), in Hüllen mittleren Kalibers gefüllte → Leberwurst der Spitzenqualität mit groben, bis zu walnussgroßen Gänseleberstücken als Einlage in der fein gekutterten Grundmasse. Diese enthält als Ausgangsmaterial üblicherweise 10 % Schweineleber, grob entfettetes und fettgewebereiches Schweinefleisch, Speck und Gänsefett. Getrüffelte G. enthält zusätzlich stückige Trüffeln als Einlage.

Gänseschmalz engl.: *rendered goose fat,* Syn.: *Gänsefett;* weißes bis blassgelbes, weiches, streichfähiges Fett von der Gans mit charakteristischem Geschmack. Es wird durch Auslassen aus dem Brust- und Eingeweidefettgewebe gewonnen. Wegen des niedrigen Schmelzpunktes (25–40 °C) wird zur Konsistenzverbesserung häufig unter ausreichender Kenntlichmachung bis zu 10 % → Schweineschmalz zugesetzt. G. findet bevorzugt als Brotaufstrich Verwendung.

Gänsestopfleber; → Fettleber

Gärführung; alle Maßnahmen, die eine gleichmäßige Gärung bei der → Teigführung sicherstellen. Dazu gehören bei Weizenteigen der ggf. vorher anzufertigende → Vorteig, die → Teigruhe, die → Zwischengare und die → Stückgare sowie bei Roggenteigen die → Sauerteigführung, die Teigruhe und die Stückgare.

Gärung engl.: *fermentation;* bezeichnet die Umwandlung organischer Stoffe, insbesondere von Kohlenhydraten oder Eiweiß, in meist einfachere Verbindungen durch Gärungserreger (Bakterien, Hefen, Schimmelpilze) oder entsprechende Enzyme. Im engeren Sinn ist G. ein anaerober Stoffwechselprozess, bei dem der Wasserstoff der Reduktionsäquivalente auf einen organischen Akzeptor übertragen wird. Die unter diese Rubrik fallenden Reaktionsschemen sind die einfachsten und ursprünglichsten Typen zur Energiegewinnung aus Nährstoffen. G. sind evolutiv betrachtet die ältesten Stoffwechselprozesse zur Bereitstellung von Energie. Je nach Ausgangsmaterial, den entstehenden Stoffen und der Art des Gärungserregers werden verschiedene G. unterscheiden. Die → alkoholische Gärung, bei der meist durch Hefen einfache Zucker hauptsächlich in Ethanol und Kohlendioxid umgewandelt werden, ist hiervon die verbreitetste. Sie wird in großem Umfang angewandt bei der Herstellung von alkoholischen Getränken (Bier, Wein, Fruchtweinen) sowie bei der Teiggärung durch Bäckerhefe oder Sauerteig. Bei der → Milchsäuregärung werden Kohlenhydrate, vornehmlich Zucker, durch Milchsäurebakterien zu Milchsäure abgebaut. Sie wird zur Herstellung von Sauermilch, Joghurt, Sauerkraut und Sauerteig genutzt, ist aber auch verantwortlich für das Sauerwerden von Milch. Die Essigsäuregärung schließlich produziert aus Ethanol in mittlerer Konzentration (z. B. in Wein, Bier, Branntwein) durch Essigsäurebakterien Essigsäure. Gezielt wird die Essigsäuregärung zur Herstellung von Gärungsessig eingesetzt, unerwünscht läuft diese G. beim Sauerwerden von Wein u. a. alkoholischen Getränken ab. Die Essigsäuregärung ist ein Beispiel für G. i. w. S., denn die Anwesenheit von Sauerstoff ist hier im Gegensatz zu den klassischen G. notwendig. Weitere Gärungsvorgänge im Zusammenhang mit Lebensmitteln sind die Aufbereitungen von Kakao (Zersetzen der Pulpareste, Aroma- und Farbveränderungen sowie Verlust der Keimfähigkeit), Kaffee (Auflösen der Fruchtfleischreste durch Mikroorganismen und kaffeeeigene pektinolytische Enzyme), Tee (Aroma- und Farbbildung, Oxidation der Catechine durch Polyphenoloxidasen in der Epidermis) oder auch Tabak (Bildung von Aroma- und Farbstoffen während wochenlanger Lagerung in Ballen oder Fässern). Verderb durch Fäulnis, also der Zersetzung organischer Substanzen (Eiweiß) zu übel riechenden Spaltprodukten durch Mikroorganismen, kann ebenfalls i. w. S. als G. bezeichnet werden.

Gärungsessig; durch Essigsäuregärung aus ethanolhaltigen Flüssigkeiten hergestellter → Essig, auch unter Verdünnung mit Wasser. G. wird unter der Angabe der Ausgangs- und Rohstoffe als „Essig“ in den Verkehr gebracht, im Gegensatz zu Essig, der nicht allein durch eine Essigsäuregärung hergestellt wurde, sondern z. T. oder vollständig durch Verdünnung chemisch hergestellter Essigsäure.

Gaisburger Marsch; schwäbische Spezialität, die aus Rindfleisch, Zwiebeln, Porree, Kartoffeln und Spätzle besteht. Die Suppe wird mit Lorbeer, Nelken, Muskat, Salz und Pfeffer gewürzt sowie mit Petersilie und goldbraun gebratenen Zwiebeln verfeinert.

Galactokinasemangel; eine Form der → Galactosämie, die auf dem Mangel des Enzyms Galactokinase beruht, welches Galactose in Galactose-1-Phosphat überführt. Galactose staut sich im Blut an, wird z. T. mit dem Urin ausgeschieden (Galactosediabetes) und z. T. in Galactit umgewandelt, das sich in der Augenlinse anreichert um zum Katarakt (grauer Star) führt. Wie bei den anderen Formen der Galactosämie ist auch hier ein lebenslanger Verzicht auf galactosehaltige Lebensmittel notwendig.

Galactomannane engl.: *galactomannanes;* →Polysaccharide, die aus Galactose und Mannose in unterschiedlichem Verhältnis bestehen. Es handelt sich um Reservekohlenhydrate verschiedener Leguminosen. Wichtige G. sind z. B. Guaran in →Guarkernmehl und Carubin in →Johannisbrotkernmehl. G. werden als Dickungsmittel, Gelbildner und Stabilisatoren von Dispersionen oder Suspensionen eingesetzt.

Galactosämie engl.: *galactosaemia,* Syn.: *Galactoseintoleranz;* angeborene Störung des →Kohlenhydratstoffwechsels, bei der Enzyme fehlen bzw. defekt sind, die an der Umwandlung von →Galactose in Glucose beteiligt sind, weshalb erhöhte Galactosekonzentrationen im Blut auftreten. Abhängig vom betroffenen Enzym werden G. in drei Typen unterteilt: Typ I: Mangel an Galactose-1-Phosphat-Uridyltransferase, die Galactose-1-Phosphat zu Glucose-1-Phosphat umsetzt. Das sich deshalb im Organismus anreichernde Galactose-1-Phosphat verursacht Leberschäden, Katarakte und geistige Retardierung; Typ II: →Galactokinasemangel; Typ III: Mangel oder Defekt der Galactoseepimerase, die Galactose in Glucose umwandelt. Die Therapie der G. besteht in lebenslanger lactose- und damit auch galactosefreier Ernährung, wobei die Eliminierung von Milch und Milchprodukten im Vordergrund steht. Es müssen aber auch Milch oder Milchpulver enthaltene zusammengesetzte Lebensmittel, Lebensmittel, die freie Galactose enthalten wie z. B. fermentierte Gemüse, Hülsenfrüchte, Innereien und galactosehaltige Obst- und Gemüsesorten wie z. B. Tomaten, Bananen und Melonen gemieden werden.

Galactose engl.: *galactose,* Syn.: *Schleimzucker;* →Monosaccharid (Hexose), das in freier Form in Traubenmost, Wein und verschiedenen Käsesorten zu finden ist. Glykosidisch gebunden ist G. in verschiedenen Oligo- und Polysacchariden wie z. B. →Lactose, →Raffinose, →Stachyose, →Galactomannanen, Pflanzengummis enthalten und Bestandteil von Glykoproteinen oder -lipiden. Zur Gewinnung von G. kann Lactose durch Säuren oder Enzyme gespalten werden. G. besitzt nur etwa 60 % der Süßkraft von Saccharose, wird von Hefen kaum vergoren und in der Lebensmittelindustrie als Dickungs- und Geliermittel eingesetzt.

Galactoseintoleranz Syn.: → *Galactosämie*

Galacturonsäure engl.: *galacturonic acid;* zu den →Uronsäuren gehörende organische Säure, die durch Oxidation von Galactose entsteht. G. ist Bestandteil verschiedener →Polysaccharide und stellt z. B. die Grundsubstanz der Gelier- und Verdickungsmittel →Pektin und →Traganth dar. Aus Pektin kann G. durch enzymatische Hydrolyse gewonnen werden.

Galantine engl.: *galantine;* kalt serviertes, einer hochwertigen Pastete ähnliches gegartes Fleisch- oder Fischgericht von Spitzenqualität. Dabei handelt es sich um Scheiben oder kleine Stücke feinen Fleisches oder Fisches, zumeist vom Geflügel oder feinen Fischen und stückige hochwertige Einlagen, die durch eine fein gekutterte Fleisch- oder Fischmasse (→Farce) miteinander verbunden werden. Die fertige Masse wird in Haut oder Tuch gehüllt und gerollt oder in eine Form gefüllt. Ursprünglich wurde ein von Knochen völlig befreiter, im Fleisch noch möglichst unverletzter Tierkörper (z. B. bei Geflügel) bzw. ein Tierkörperteil (Lamm- oder Schweineschulter) verwendet. Nach dem Garen wird die G. i. d. R. noch mit →Aspik überzogen und mit Sauce angerichtet serviert.

Galgant engl.: *galangal;* →Kleiner Galgant

Galiamelonen; →Netzmelonen

Galizierkrebs lat.: *Astacus leptodactylus Esch* (Fam.: *Astacidae*), engl.: *freshwater crayfish,* Syn.: *Galizischer Sumpfkrebs;* im Einzugsgebiet des Kaspischen und des Schwarzen Meeres beheimateter →Flusskrebs, der nach der „Krebspest“ zu Beginn des 20. Jahrhunderts nach Deutschland geholt wurde. Der G.

stellt nur mäßige Ansprüche an die Wasserqualität. Er ist in Seen des Alpenvorlands (Bodensee, Starnberger See) und einigen anderen Gewässern heimisch geworden und wird dort in kleinen Mengen als Speisekrebs gefangen. Handelsware stammt hauptsächlich aus Zuchtbetrieben im In- und Ausland, v. a. aus der Türkei.

Gallate engl.: *gallic acid ester,* Syn.: *Gallussäureester;* Ester der Gallussäure mit Alkoholen, die unterschiedlich starke antioxidative Wirkung besitzen und meist zusammen mit Synergisten verwendet werden. Propylgallat (E 310) ist als Antioxidationsmittel, Octyl- (E 311) und Dodecylgallat (E 312) sind zusätzlich als Konservierungsmittel für bestimmte Lebensmittel, z.B. fetthaltige Backwaren, Fertigsuppen und Milchpulver in festgelegten Höchstmengen zugelassen. Die G. stehen in Verdacht, → pseudoallergische Reaktionen auszulösen und die Eisenverfügbarkeit zu beeinträchtigen. Da Propylgallat bei Säuglingen zu Blausucht führte, darf es Säuglingsnahrung nicht mehr zugesetzt werden.

Galle engl.: *bile;* Verdauungssekret, das von der Leber gebildet wird (Lebergalle), in der Gallenblase eingedickt (Blasengalle), gespeichert und bei Bedarf in den Zwölffingerdarm abgegeben wird. Es enthält v. a. Gallensäuren, Gallenfarbstoffe, Lipide (Cholesterin, Lecithin), Elektrolyte und Schleimstoffe. Die G. dient der Emulgierung der Nahrungsfette, der Aktivierung von Lipasen, der Neutralisierung des Speisebreis und der Hemmung von Mikroorganismen. Mit der G. werden auch Stoffwechselabbauprodukte, Giftstoffe oder Medikamente ausgeschieden. Es werden täglich 0,5–1 l Lebergalle gebildet, zur Freisetzung wird bei Bedarf das Hormon Cholecystokinin-Pankreozymin ausgeschüttet, das die Kontraktion der Gallenblase bewirkt.

Gallussäureester Syn.: → *Gallate*

Gamay; Rotweinrebe mit guter bis sehr guter Qualität und hohem Ertrag, aus der u. a. der → Beaujolais hergestellt wird.

Gamma-Linolensäure; → Linolensäure

Gammastrahlen engl.: *gamma rays;* → Lebensmittelbestrahlung

Gangfisch lat.: *Coregonus oxyrinchus L.* (Fam.: *Salmonidae*), engl.: *houting;* in den Alpen- und Voralpenseen Deutschlands, Österreichs und der Schweiz und an der Nordseeküste von Großbritannien über Holland bis Deutschland lebende kleine Renkenart (→ Renken), die im Süden als G., im Norden als Nordseeschnäpel bezeichnet wird. Der G. ähnelt dem → Blaufelchen und wird auch so zubereitet.

Gans lat.: *Anser anser domesticus L.* (Fam.: *Anatidae*), engl.: *goose;* große, als Hausgans domestizierte Wassergeflügelart, die in Deutschland traditionell an Feiertagen oder als besondere Delikatesse i. d. R. gebraten verzehrt wird. Das dunkle, bei jüngeren (bis zu einem Jahr) Tieren weiche, bei älteren Tieren festere Fleisch weist einen ausgeprägt aromatischen Geflügelgeschmack auf. Dieser fällt bei den älteren Tieren strenger ausgeprägt aus. In der Regel werden ganze Tierkörper als Braten und einzelne Teilstücke wie Schenkel (Keule, → Geflügelschenkel) oder Brust (→ Gänsebrust) gebraten oder im Falle von Brust auch geräuchert und gepökelt verzehrt. Der Fettgehalt von Gerichten mit Gänsefleisch fällt im Vergleich zu anderem Geflügel relativ hoch aus, allerdings liegt ein Großteil des Fettes im Unterhautfettgewebe gebunden vor. Spezialitäten sind ausgelassenes → Gänseschmalz und aus der → Fettleber hergestellte Zubereitungen wie z. B. → Gänseleberpastete. Die Mast durch Stopfen zur Erzeugung der Fettleber ist in Deutschland und einigen Ländern der EU aus Gründen des Tierschutzes verboten. Innereien und anfallende kleine Abschnitte werden als → Gänseklein in unterschiedlichen Gerichten wie z. B. Eintöpfen verwertet. Das Angebot von G. erfolgt im Handel als ganze Schlachtkörper sowie als Teilstücke im tiefgefrorenen, gefrorenen und frischen gekühlten Zustand. Angeboten werden junge Tiere als → „Junge

Gänse", → „Frühmastgänse" oder → „Hafermastgänse" sowie ältere (über ein Jahr) Tiere mit rigidem (verknöchertem) Brustbeinfortsatz.

Garam Masala engl.: *garam masala;* wichtigste → Gewürzmischung der nordindischen Küche mit unzähligen Varianten. G. kann aus einem Dutzend Gewürzen und mehr bestehen, i. d. R. sind → Koriander, → Cumin, schwarzer → Pfeffer, → Kardamom, → Gewürznelken, → Lorbeerblätter, → Muskatblüte und → Zimt enthalten. Je nach Mengenverhältnis kann G. feurig scharf oder mild aromatisch sein. G. kann zum Würzen von Geflügel-, Fleisch-, Fisch- und Gemüsegerichten eingesetzt werden und sollte nicht lange mitgekocht, sondern erst kurz vor dem Servieren zugegeben werden. Der Name kommt vom indischen *garam* = warm und *masala* = Mischung und bezieht sich auf die erwärmende Wirkung der Gewürze im Körper. G. ist in indischen Läden und den Gourmetabteilungen einiger Supermärkte erhältlich.

Garantieverschluss engl.: *guarantee closure;* → Verschlüsse

Gardner-Farbzahl; → Fettfarbe

Gare; Bezeichnung für die während der Teigführung ablaufenden Gärprozesse, wie → Endgare, → Stückgare und → Zwischengare. → Vorstufe

Garen engl.: *cooking, braising;* 1. Teilschritt bei der Zubereitung von Lebensmitteln zu Speisen, bei dem → küchenfertige oder → garfertige Lebensmittel durch Wärmebehandlung verzehrfertig gemacht werden. Die Wärmeeinwirkung bewirkt dabei eine Veränderung der Konsistenz, die Ausbildung eines gewünschten Geschmacks, den Aufschluss von Nährstoffen oder die Abtötung von unerwünschten Mikroorganismen. Die Qualität der zubereiteten Speise ist dabei u. a. abhängig von der Wahl des → Garverfahrens und von der adäquaten Gartemperatur und Garzeit. 2. Neben dem G. durch Wärmeeinwirkung gibt es weitere Verfahren wie das Essiggaren von Fischwaren und das Salzgaren von Fleisch- und Fischwaren (→ Salzfischerzeugnisse).

Garfertige Lebensmittel engl.: *ready to cook food;* teilfertige Lebensmittel, die so weit vorbereitet sind, dass sie nur noch gegart werden müssen. Je nach dem sich anschließenden → Garverfahren, wird z. B. zwischen kochfertigen, bratfertigen und frittierfertigen Lebensmitteln unterschieden. Bei der Vorbereitung kann es sich um mechanische Verfahren wie Schälen oder Ausnehmen oder um eine kurzfristige Wärmebehandlung wie z. B. Blanchieren handeln.

Garnelen lat.: *Natantia,* engl.: *shrimps, prawns,* Syn.: *Schwimmkrebse;* Unterordnung der → Krebstiere. G. unterscheiden sich von → Panzerkrebsen durch einen schlanken, langgezogenen, gekrümmten Körper (Langschwanzkrebse) und eine leichte, nur wenig verkalkte Chitinschale. Auffallend sind die langen Fühler am Kopf. G. sind die mengenmäßig wichtigsten Speisekrebse, einige Arten werden weltweit in großen Mengen gezüchtet (→ Garnelenzucht). Nach dem Lebensraum werden G. eingeteilt in Süß- und Meerwassergarnelen, Kalt- und Warmwassergarnelen, Tiefseegarnelen, G. in flachen küstennahen Gewässern, nach der Größe in Shrimps und → Groß- oder Riesengarnelen. Zoologisch lassen sich G. in vier Familien einteilen: → Geißelgarnelen, → Felsengarnelen, → Sandgarnelen und Tiefseegarnelen. Salzwassergarnelen werden kulinarisch und preislich höher bewertet als Süßwassergarnelen, Kaltwassergarnelen höher als Warmwassergarnelen. In der Küchenpraxis, insbesondere in der Gastronomie, kursiert eine Vielzahl teils irreführender, teils schlichtweg falscher Bezeichnungen, oft entnommen aus den Sprachen der Herkunftsländer (Gambas, Scampi, Langostinos etc.). Nord- und Ostseegarnelen werden in Deutschland traditionell, aber zoologisch falsch als Krabben bezeichnet. G. werden ganz mit Kopf und Schale, gekocht und geschält, mit oder ohne Schwanzsegment und/oder Darm angeboten, Großgarnelen auch längs aufgeschnitten ohne Kopf nach Art eines Schmetterlingssteaks (Butterfly). Ein Großteil des Fangs wird tiefgekühlt und/oder zu Garnelenerzeugnissen, auch Konserven, verarbeitet (→ Krebstiererzeugnisse). Frische G. dürfen wegen des leichten Verderbs nur lebend oder gekocht in den Handel gebracht werden. Die Größenklassifikation erfolgt international nach der Mindest- und Höchstzahl der Tiere pro kg (mit Kopf und Schale) oder pro lb (454 g) (ohne Kopf, mit Schale), z. B. 6/8 = 6–8 Tiere/kg bzw. lb. Bei sehr großen Tieren wird die Zahl ergänzt durch U (under), z. B. U5 = weniger als 5 Tiere pro kg bzw. lb.

Garnelen-Cracker; → Krupuk

Garnelenzucht engl.: *shrimp/ prawn culture;* Aufzucht von → Garnelen in Meer- oder Süßwasserbecken (→ Aquakultur). Von wirtschaftlicher Bedeutung sind verschiedene Großgarnelen (→ Geißelgarnelen, → Rosenberg-Garnele). In Asien (Malaysia, China) wird G. traditionell in Reisfeldern betrieben. Seit den 70er- und 80er-Jahren des 20. Jahrhunderts wurde die Zucht weltweit um ein Vielfaches erweitert, auch in Regionen, die zuvor keine G. betrieben hatten. Hauptproduzenten für den Weltmarkt sind heute Indien, Bangladesch, Thailand, Taiwan, die Philippinen und Equador, neuerdings auch Äthiopien/Eritrea und die USA. Die Maßnahmen sind aus ökologischen, sozialen und gesundheitlichen Gründen umstritten. Über die Hälfte der in Europa und Nordamerika angebotenen Großgarnelen stammen aus Zuchtbetrieben, vereinzelt aus biologischer Produktion („Bio-Krevetten").

Gartenampfer lat.: *Rumex patentia L.* (Fam.: *Polygonaceae*), engl.: *Patience Dock,* Syn.: *Englischer/Ewiger Spinat, Gemüseampfer;* Gemüsepflanze und Küchenkraut mit ei- bis lanzettförmigen flachen Blättern, die auch im Winter als → Gemüse geerntet und wie → Spinat zubereitet werden können.

Gartenchampignon Syn.: → *Kulturchampignon*

Gartenerbsen Syn.: → *Erbsen*

Gartenerdbeere engl.: *strawberry;* → Erdbeeren

Gartenheidelbeere Syn.: → *Amerikanische Heidelbeere*

Gartenkerbel Syn.: → *Kerbel*

Gartenkresse lat.: *Lepidium sativum subsp. sativum* (Fam.: *Brassicaceae*), engl.: *cress;* einjähriges, schnell wachsendes Kraut, dessen unpaarig gefiederte Blätter einen leicht scharfen Geschmack haben und in der Küche frisch als Salat oder als Würzkraut verwendet werden. G. kommt aus dem vorderen Asien und wurde schon im alten Ägypten genutzt. → Kresse

Gartenkürbis engl.: *pumpkin;* → Kürbis

Gartenmelde lat.: *Atriplex hortensis L.* (Fam.: *Chenopodiaceae*), engl.: *Garden Orache,* Syn.: *Melde, Spanischer Salat;* von der Antike bis in die Neuzeit beliebtes, mit → Spinat verwandtes → Blattgemüse. Es lässt sich ebenso zubereiten, hat aber einen strengeren Geschmack. G. wird nur noch vereinzelt angebaut.

Gartenmöhren Syn.: → *Möhren*

Gartenpastinak Syn.: → *Pastinak*

Gartenraute Syn.: → *Weinraute*

Gartenrettich lat.: *Raphanus sativus var. niger (Mill.) J. Kern* (Fam.: *Brassicaceae*), engl.: *Oriental Radish,* Syn.: *Radi;* keilförmige bis runde, aus Sprossteilen (vergrünender Kopf), Hypokotyl und Wurzel gebildete → Rübe mit je nach Sorte und Erntezeit weißer bis blauer (Sommerrettich) oder schwarzer Rinde (Winterrettich). Das weiße Fleisch weist einen charakteristisch scharfen Geschmack und Geruch durch die enthaltenen → Senföle auf. G. wird ganzjährig in gesetzlichen Handelsklassen im Handel aus Glas- und Freilandanbau angeboten. Die ausgereiften Herbstsorten (Winterrettich) sind nach der Ernte gut lagerfähig. Der Verzehr von G. erfolgt i. d. R. frisch als geschältes rohes Gemüse z. B. als geschnittene gesalzene Gemüsebeilage, in Salaten oder Rohkostgerichten und seltener zubereitet. In der asiatischen Küche ist der Gebrauch von G. weit verbreitet.

Gartensalat Syn.: → *Kopfsalat*

Gartensauerampfer lat.: *Rumex rogusus Campd.* (Fam.: *Polygonaceae*), engl.: *Garden Sorrel;* 30–60 cm hohes, wild wachsendes, gelegentlich auch angebautes Küchenkraut mit länglichen, pfeilförmigen, schwach geaderten Blättern. Sie haben einen kräftig sauren Geschmack (Oxalsäure) und sind reich an Vitamin C (ca. 117 mg pro 100 g). Sie werden jung als Rohkostsalat sowie als Einlage in Suppen, Saucen, als Wildgemüse und als säuerliches Gewürz zu vielen Gerichten verzehrt.

Gartenschwarzwurzel lat.: *Scorzonera hispanica L.* (Fam.: *Asteraceae*), engl.: *Black Salsify,* Syn.: *Schwarzwurzel, Winterspargel, Skorzoner Wurzel;* gelb blühende Pflanze, von der die braun- bis schwarzrindige, walzenförmige, milchsafthaltige Pfahlwurzel geschält als weißliches spargelähnliches Gemüse, insbesondere im Winter, genutzt wird. Es wird wie Spargel zubereitet und ist eine beliebte Beilage zu vielen Gerichten. Es ist aufgrund seines hohen Schleimgehaltes bekömmlich und reich an Mineralstoffen (ca. 1 g pro 100 g essbarer Anteil). Des Weiteren enthält es das Polysaccharid →Inulin, was wie bei der Zichorie eine Verwendung als →Kaffeeersatz ermöglicht. Die Wurzeln werden von November bis März in gesetzlich festgelegten Handelsklassen als frische, im Wesentlichen importierte, Ware gehandelt. Weiterverarbeitet zu Nasskonserven und Saft sind sie das ganze Jahr über erhältlich. Als Konserven unterliegen sie festen Normen und Sortierungen.

Garverfahren engl.: *cooking methods, braising methods;* Verfahren zum →Garen von Lebensmitteln. Beim Garen durch Wärmeeinwirkung wird je nach Art, Menge und Temperatur des Wärme übertragenden Mediums zwischen verschiedenen Verfahren wie z. B. →Kochen, →Backen, →Braten, →Dämpfen, →Dünsten und →Mikrowellengaren unterschieden. Weitere G. sind das Salz- und Essiggaren von Fischwaren. Ziel der verschiedenen G. ist es, die Verdaulichkeit, die Bekömmlichkeit und den Genusswert des Ausgangslebensmittels zu erhöhen.

Gar ziehen engl.: *poaching,* Syn.: *Pochieren;* küchentechnisches Verfahren, bei dem Lebensmittel in Flüssigkeiten oder in Gefäßen im Wasserbad bei Temperaturen unterhalb des Siedepunktes garen. Vorwiegend angewandt bei Lebensmitteln, die durch heftiges Kochen zerfallen könnten, wie z. B. Klöße.

Gaschromatographie engl.: *gas chromatography;* Abk.: GC, Chromatographiesystem mit gasförmiger mobiler Phase. Die Trennung der überwiegend organischen Substanzen erfolgt nach ihren Siedepunkten und den Wechselwirkungen mit den beiden Trennphasen unter Einfluss von Absorptions- und Verteilungsvorgängen. Faktoren, die die Trennung bei der GC beeinflussen, sind Temperatur, verwendetes Säulenmaterial sowie die Flussrate des Trägergases. Die maximalen Temperaturen liegen meist in einem Bereich zwischen 250 und 300 °C, bei immobilisierten Phasen auch darüber. Als mobile Phase (Trägergas) werden meist Helium, Stickstoff, Argon oder Wasserstoff verwendet, bei der stationären Phase handelt es sich heute meist um einen Film verschiedener substituierter Polysiloxane, Polyethylenglykole o. Ä. im Innenraum einer Kapillare. Diese sind üblicherweise 30–60 m lang, haben einen Innendurchmesser von ca. 0,1–0,5 mm sowie eine Filmdicke des Trennmaterials von 0,1–5 µm. Weiterhin werden zur Trennung gepackte Säulen angeboten, bei denen die stationäre Phase aus Aktivkohle, Kieselgel, Aluminiumoxid oder Molekularsieben bzw. einer auf Trägermaterial aufgezogenen Trennflüssigkeit besteht und die mobile Phase sich durch die Zwischenräume dieser Füllung bewegt. Gepackte Säulen sind kürzer und besitzen einen größeren Innendurchmesser als Kapillarsäulen; einer höheren Probenkapazität steht bei ihnen eine geringere Trennleistung gegenüber. Die Säulen selbst bestehen in beiden Fällen meist aus Quarz- („Fused Silica"), Glas- oder Edelstahlrohren mit einer Außenbeschichtung. Zur Signalerfassung werden einerseits unspezifische Detektoren wie der Flammenionisationsdetektor (FID) oder der Massenspektrometrischen Detektor (MSD, als Kopplung GC-MS), andererseits für spezielle Probleme auch spezifische Detektoren mit sehr hoher Empfindlichkeit wie z. B. der Elektroneneinfangdetektor (ECD) eingesetzt. Anwendung findet die GC bei der qualitativen und quantitativen Bestimmung niedermolekularer, insbesondere flüchtiger Analyten (z. B. Lösemittel und Aromastoffe) sowie in der Rückstands- und Umweltanalytik. Durch eine Derivatisierung (Veränderung der funktionellen Gruppen; oft Acylierung, Methylierung oder Silylierung) lassen sich auch viele nicht flüchtige Substanzen wie Fettsäuren, Zucker oder Dickungsmittel mittels GC bestimmen.

Gasdichtigkeit engl.: *gas tightness;* Eigenschaft von Verpackungen, undurchlässig für Gase wie v. a. Sauerstoff zu sein. Dabei hängt der Grad der Dichtigkeit von Konstruktion, Ausführung und Materialaufbau ab. Besonders relevant ist G. bei Schutzgaspackungen und Vakuumpackungen.

Gasdurchlässigkeit engl.: *gas permeability;* Eigenschaft eines →Packstoffes oder eines →Packmittels, Gase durchtreten zu lassen. Die G. beruht auf dessen Porosität oder auf der Löslichkeit der Gase im Kunststoff (Lösungsdiffusion). Die wichtigste Art von Gasdurchgang ist der von Sauerstoff, weiterhin relevant sein können der Durchgang von Stickstoff, Kohlendioxid und Helium. Neben dem direkten Durchgang durch die Packungsfläche bei Kunststoffen und Kunststoffverbunden ist ein Gasdurchgang quer durch Siegelnähte sowie durch Kunststoff-Dichtmassen bei gebördelten Blechdosen und Glasbehältern mit Metalldeckeln möglich. Die G. von Kunststoffen nimmt bei Kühllagerung im Kühlschrank und Tiefkühllagerung deutlich ab und steigt bei tropischen Temperaturen deutlich an. Zur Verbesserung der G. von Packstoffen werden häufig mehrere Schichten verschiedener Materialien miteinander kombiniert.

Gase engl.: *gases;* Bezeichnung für Stoffe, die sich im gasförmigen Zustand befinden. D. h., dass die Atome bzw. Moleküle einen größeren Abstand zueinander besitzen, sich in lebhafter Bewegung befinden und den ihnen zur Verfügung stehenden Raum vollständig ausfüllen. Zu den Stoffen, die bei Raumtemperatur gasförmig sind, gehören die Elemente Wasserstoff, Sauerstoff, Stickstoff, Fluor, Chlor und die Edelgase sowie Verbindungen (z. B. Kohlendioxid, Stickoxide) und auch Gemische wie z. B. →Luft. Unter bestimmten Voraussetzungen (genügend hohe Temperatur, evtl. Vakuum) lassen sich alle Elemente und Verbindungen in den gasförmigen Zustand überführen.

Gazpacho Syn.: *Iberische Kalte Gemüsesuppe;* kalte, mehr oder weniger sämige südspanische Gemüsesuppe auf der Basis von Wasser, Knoblauch, Salz, Olivenöl, Essig und entrindetem Brot sowie regionaltypischem Gemüse wie z. B. Tomaten, Paprikaschoten und Salatgurken.

GC; Abk. für →Gaschromatographie.

GDL; Abk. für Gluconsäure-delta-lacton (→Glucono-delta-lacton).

Gebäcke engl.: *pastry, biscuits, cookies;* allgemeine Bezeichnung für durch Backen aus →Teigen oder →Massen hergestellte Erzeugnisse, die meist den →feinen Backwaren zugeordnet werden. G. wird auch als Bezeichnung für Backwaren aus Brotteig („Kleingebäck") verwendet.

Gebildbackware; Fachbezeichnung für zu Gebilden, Figuren, Buchstaben oder Zahlen geformtes →Gebäck wie z. B. →Spekulatius, Springerle (→Anisplätzchen) und →Russisch Brot.

Gebildbrote; figürliche, z. B. als Hasen oder Hennen gestaltete →Brote, die von Hand geformt oder mit Hilfe von Formen (Modeln) zu religiösen Festen und Feiern hergestellt werden.

Gebleichtes Mehl engl.: *bleached flour;* → Mehlbleichung

Gebrannte Erdnüsse; → Gebrannte Samenkerne

Gebrannte Mandeln Syn.: *Glasierte Mandeln;* → Gebrannte Samenkerne

Gebrannter Zucker engl.: *burnt sugar, caramelised sugar,* Syn.: *Karamellzucker;* ausschließlich durch kontrolliertes Erhitzen hauptsächlich aus Saccharose gewonnene amorphe oder flüssige Zucker. Sie verbinden den bei der Erhitzung durch die → Maillard-Reaktion entstandenen Geschmack nach Karamell mit der Süßkraft der Zucker.

Gebrannte Samenkerne engl.: *burnt seeds;* 1. aus rohen oder gerösteten Samenkernen wie z. B. → Mandeln, → Cashewkernen, → Erdnüsse u. v. m. mit karamellisiertem braunen Zuckerüberzug, meist warm zum Sofortverzehr hergestellte Süßwaren zum Knabbern. Es existieren vielfältige Varianten mit unterschiedlichen Gewürzen als Zutaten; 2. aus gerösteten Samenkernen mit Zuckerschichten im Dragierverfahren hergestellte Süßwaren, die üblicherweise gefärbt sein können. Die als „Gebrannte ..., dragiert" bezeichneten Zuckerwaren haben eine sehr wenig hygroskopische Oberfläche, die nicht klebrig ist und abschließend mit wachsartigen Stoffen geglänzt wird. G. S. enthalten als Handelsware mindestens 20 % der entsprechenden Samenkerne.

Gebrühte Krakauer; grobe umgerötete, i. d. R. in Kranzdärme abgefüllte → Brühwurst mit bis zu erbsengroßen Anteilen in der fein zerkleinerten Grundmasse. Ausgangsmaterial ist üblicherweise sehnenreiches Rindfleisch, fettgewebereiches Schweinefleisch und Fettgewebe sowie weiteren Zutaten wie z. B. Gewürze und ggf. Kutterhilfsmittel. Bei g. K. „einfach" wird evtl. zusätzlich bis zu 10 % Bindegewebe verwendet.

Gedrücktes Brötchen Syn.: → *Spitzbrötchen*

Gefahr engl.: *hazard;* lebensmittelrechtlich definiert als ein biologisches, chemisches oder physikalisches Agens in einem Lebensmittel oder Futtermittel oder einen Zustand eines Lebensmittels oder Futtermittels, der eine Gesundheitsbeeinträchtigung verursachen kann.

Gefelderter Grüntäubling lat.: *Russula virescens (Schäff.) Fr.* (Fam.: *Russulaceae*), engl.: *Greencracked Brittlegill,* Syn.: *Grünschuppiger Täubling;* von Juli bis Oktober in Laub- und Nadelwäldern wachsender → Speisepilz mit abgeflacht gewölbtem Hut von bis zu 15 cm Durchmesser und grünlicher feldrig aufreißender Farbe. Der G. G. besitzt einen festen, zylindrischen, weißen Stiel, spröde weißgelbe Lamellen und brüchiges weißes Fleisch von leicht nussartigem Geschmack.

Gefilterter Honig engl.: *filtered honey;* → Honig, dem in erheblichem Maße Pollen (z. B. durch Ultrafiltration) entzogen wurden.

Geflügelbrühe engl.: *poultry broth;* auf Basis von Geflügelfleisch, Geflügelfett, roh ausgenommenem Geflügel oder Extrakt aus Geflügelfleisch bzw. Geflügelfleischbrüherzeugnissen hergestellte → Brühe. G. enthält üblicherweise pro Liter nicht weniger als 100 mg Gesamtstickstoff und nicht mehr als 12,5 g Kochsalz.

Geflügelbrühwurst; unter Verwendung von Geflügelfleisch (v. a. Huhn und Pute) hergestellte → Brühwurst. Das verwendete Fettgewebe stammt hauptsächlich vom Schwein, da Geflügelfett zur Wurstherstellung nicht geeignet ist. Auf das verwendete Geflügelfleisch wird in der Verkehrsbezeichnung hingewiesen.

Geflügelbrust engl.: *breast;* die beiderseits des Brustbeines gelagerte kräftige Brustmuskulatur bei Geflügel mit oder ohne Brustbein und den unter diesen Muskeln gelagerten Knochenanteil. Das hochwertige, magere, sehnen- und fettarme Muskelfleisch der G., insbesondere von Puten und Hähnchen, eignet sich zum Kurzbraten z. B. als Schnitzel, Braten (bspw. Geschnetzeltes) und Räuchern (Delikatessen, Aufschnitt). G. wird frisch, geräuchert, gefroren und tiefgefroren als Einzelerzeugnis an sich mit und ohne Knochen unzubereitet und zubereitet (z. B. mariniert mit Würzlake) im Handel angeboten. G. bildet die Grundlage für eine Reihe von Convenience-Produkten aus Geflügelfleisch wie z. B. Halbfertigerzeugnisse (bspw. marinierte, gewürzte, zubereitungsfertige G.) oder Fertiggerichte (z. B. Pfannengerichte). Als Delikatessen gelten Enten- und → Gänsebrust.

Geflügelerzeugnisse engl.: *poultry products;* Sammelbegriff für unter Verwendung von Geflügelfleisch hergestellte → Fleischerzeugnisse wie z. B. → Geflügelleberwurst.

Geflügelfett; aus dem Unterhautfettgewebe beim Geflügel ausgelassene Fette, wegen des hohen Anteils an einfach und mehrfach ungesättigten Fettsäuren mit weicher Konsistenz und oft charakteristischem Geruch und Geschmack. G. bildet einen wichtigen Geschmacksträger in Geflügelprodukten wie z. B. Hühnerfett in Hühnersuppe und wird in reiner Form als Schmalz wie z. B. Gänseschmalz im Handel angeboten.

Geflügelfond; → Fond

Geflügel, gefroren engl.: *frozen poultry;* Geflügel, das unverzüglich nach Schlachtung oder Zerlegung auf eine Kerntemperatur von mindestens -12 °C eingefroren wurde und auf dieser Temperatur gehalten wird. Bei der Lagerung von G. ist auf eine genaue Einhaltung der Kühlkette und Unversehrtheit der Verpackung (→ Gefrierbrand) zu achten. Es besteht eine Anfälligkeit von aufgetautem G. gegenüber mikrobiellen Belastungen wie z. B. Salmonellen. G. ist daher schnell zu verarbeiten und bei der Zubereitung ausreichend durchzuerhitzen.

Geflügelhälfte engl.: *half;* halber, längs des Brustbeins und der Wirbelsäule geteilter Geflügelschlachtkörper. Herz, Leber, Muskelmagen und Hals oder einzelne dieser Teile können beigelegt werden.

Geflügelhaut engl.: *poultry skin;* maßgeblicher Träger des typischen Geflügelaromas. G. wird bei der Herstellung von Geflügelerzeugnissen, insbesondere Geflügelsuppen, verwendet.

Geflügelleberpastete engl.: *poultry liver paté;* unter Verwendung von Geflügelleber und grob entsehntem Geflügelfleisch hergestellte → Leberpastete.

Geflügelleberwurst; meist umgerötete, in Hüllen mittelstarken Kalibers abgefüllte → Leberwurst mit grob gekörnter, aber auch fein zerkleinerter Grundmasse. Bei deren Herstellung wird neben fettgewebereichem Schweinefleisch, Fettgewebe und Schweineleber grob entsehntes sowie sehnenreiches Geflügelfleisch verwendet. Dieses ist wie die Schweineleber gegen Geflügelleber austauschbar. Als weitere Innereien finden ggf. Geflügelherzen und Geflügelmägen Verwendung. Putenleberwurst ist eine G., bei der als Geflügelfleisch ausschließlich Putenfleisch und Putenleber verwendet werden.

Geflügeloberschenkel engl.: *thigh;* den Oberteil des Geflügelbeines vom Hüftgelenk bis zum Kniegelenk mit Muskelfleisch und Haut umfassendes Teilstück des Geflügelschlachtkörpers. Die Zubereitung, die Verwendung und das Angebot von G. entsprechen den → Geflügelschenkeln.

Geflügelpastete engl.: *poultry paté;* hochwertige streichfähige bis schnittfeste, häufig umgerötete → Kochwurstpastete mit fein zerkleinerter Struktur. G. wird im Wesentlichen aus grob entsehntem Geflügelfleisch neben sehnen- und fettgewebearmem Schweinefleisch, Speck, auch ggf. sehnenarmem Kalb- und Jungrindfleisch und weiteren Zutaten hergestellt. Zur Geschmacksabrundung sind auch geringe Leberanteile üblich. Weitere Zutaten können neben Gewürzen Kondensmilch, Sahne und Eier sein. Bei grobstückigen Einlagen stammen diese von der Tierart, nach der die Pastete benannt ist. Auf die Verwendung von Geflügel muss in der Verkehrsbezeichnung hingewiesen werden.

Geflügelroulade; → Rouladen

Geflügelsalat; → Feinkostsalat aus gegartem oder anderweitig behandeltem geschnittenen Geflügelfleisch, dem ggf. Hautanteile anhaften. Beigaben weiterer Zutaten wie

z. B. Eier, Pilze, Obst und Gemüse sowie weitere würzende Zutaten sind üblich. Angerichtet wird G. mit Mayonnaise, Salatmayonnaise, einer anderen würzenden Sauce oder Öl und/oder Essig. Der Fleischanteil an Geflügelfleisch beträgt üblicherweise mindestens 25%, bei Delikatessgeflügelsalat mindestens 30%.

Geflügelschenkel engl.: *leg,* Syn.: *Geflügelkeulen;* das ganze Bein zwischen Hüft- und Fußgelenk mit Muskelfleisch und Haut umfassendes, nach der Brust (→Geflügelbrust) fleischreichstes Teilstück des Geflügelschlachtkörpers. In der Regel stammen G. nur von schweren Tieren, daher besitzen sie einen hohen Anteil an magerem, sehnen- und fettarmem Fleisch. G. sind frisch, gefroren und tiefgefroren als Einzelerzeugnisse an sich wie auch in Teilstücken (Unterschenkel und Oberschenkel) mit Knochen unzubereitet und zubereitet als Convenience-Produkte (z. B. mariniert mit Würzlake, gewürzt und/oder paniert) im Handel im Angebot. Die Schenkel werden gebraten, geschmort sowie Hühnerschenkel und Teilstücke von Hühnerschenkeln auch gegrillt bzw. frittiert verzehrt. Als besondere Delikatessen gelten Gänse-, Puten- und Entenkeulen.

Geflügelsteak; zum →Kurzbraten geeignetes, v. a. von Pute und Huhn stammendes mageres Stück Geflügelfleisch. Es wird im zusammenhängenden Stück weitestgehend quer zur Muskelfaserung aus der Brustmuskulatur geschnitten.

Geflügelteile engl.: *poultry cuts;* im Handel in frischem, gefrorenem oder tiefgefrorenem Zustand mit und ohne Haut in unterschied-

Geflügelteile und die Form ihres Zuschnittes

Geflügelteil	Zuschnitt
1. Hälfte	halber Schlachtkörper, gewonnen durch geraden Längsschnitt am Brustbein und Rückgrat entlang.
2. Viertel	druch Querschnitt einer Hälfte gewonnenes Hinter- bzw. Vorderviertel.
3. Hinterviertel am Stück	beide Hinterviertel am Stück, verbunden durch einen Teil des Rückens, mit oder ohne Rumpf.
4. Brust	Brustbein und beidseitige Rippen oder Teile davon, einschließlich anhaftendem Muskelfleisch, angeboten als ganze Brust oder als Brusthälfte.
5. Schenkel	Femur (Oberschenkelknochen), Tibia (Schienbein) und Fibula (Wadenbein) einschließlich anhaftendem Muskelfleisch. Die beiden Schnitte werden an den Gelenken angesetzt.
6. Hähnchenschenkel mit Rückenstück	das anhaftende Rückenstück darf höchstens 25% des Gewichts des Teilstücks ausmachen.
7. Oberschenkel	Femur (Oberschenkelknochen) einschließlich anhaftendem Muskelfleisch. Die beiden Schnitte werden an den Gelenken angesetzt.
8. Unterschenkel	Tibia (Schienbein) und Fibula (Wadenbein) einschließlich anhaftendem Muskelfleisch. Die beiden Schnitte werden an den Gelenken angesetzt.
9. Flügel	Humerus (Oberarm), Radius (Speiche) und Ulna (Elle) einschließlich anhaftendem Muskelfleisch. Die Entfernung der Flügelspitze, einschließlich Karpal (Mittelhand-)knochen, ist fakultativ. Bei Truthahnflügeln können Humerus bzw. Radius/Ulna einschließlich anhaftendem Muskelfleisch separat angeboten werden. Die Schnitte werden an den Gelenken angesetzt.
10. Beide Flügel, ungetrennt	beide Flügel am Stück, verbunden durch einen Teil des Rückens, der gewichtsmäßig höchstens 45% des Gesamtgewichtes des Teilstücks ausmacht.
11. Brustfilet	ganze oder halbe entbeinte Brust, d.h. ohne Brustbein und Rippen. Bei Putenbrust darf das Filet auch ausschließlich aus innerem Brustmuskel (pectoralis profundus) bestehen.
12. Brustfilet mit Schlüsselbein	ganzes oder halbes Brustfilet (ohne Haut) mit Schlüsselbein und Brustbeinknorpel, wobei Schlüsselbein und Knorpel höchstens 3% des Gesamtgewichts dieses Teilstücks ausmachen dürfen.
13. »Magret, Maigret«	Brustfilet von Enten oder Gänsen, mit Haut und subkutanem, den Brustmuskel bedeckendem Fett, ohne den inneren Brustmuskel.
14. Entbeintes Fleisch von Putenschenkeln	Putenschenkel und/oder -oberschenkel, entbeint, d.h. ohne Femur (Oberschenkelknochen), Tibia (Schienbein) und Fibula (Wadenbein), ganz, gewürfelt oder in Streifen geschnitten.

lichen Angebotsformen (s. Tabelle) zubereitet und unzubereitet erhältliche Teilstücke des Geflügelschlachtkörpers. Die Brust, die Schenkel und deren Teilstücke, Hähnchenschenkel mit Rückenstück, Flügel (auch ungetrennt) sowie das Brustfilet dürfen sowohl mit als auch ohne Haut angeboten werden. Erfolgt der Verkauf bei Brust, den Schenkeln und deren Teilstücken, Hähnchenschenkeln mit Rückenstück, Flügeln (auch ungetrennt) ohne Haut sowie beim Brustfilet mit Haut, wird dies in der Etikettierung angegeben. Neben den G. sind vom Geflügel Hälse und Innereien (v. a. →Leber) im Handel erhältlich.

Geflügelunterschenkel engl.: *drumstick;* den Unterteil des Geflügelbeines zwischen Knie- und Fußgelenk mit Muskelfleisch und Haut umfassendes Teilstück des Geflügelschlachtkörpers. Hinsichtlich Zubereitung, Verwendung und Angebot entspricht der G. dem →Geflügelschenkel.

Geflügelwurst; Wurst (→Wurstwaren), bei deren Herstellung Geflügelfleisch, v. a. von Pute und Huhn, verwendet wurde.

Gefrierbrand engl.: *freezer burn,* Syn.: *Frostbrand;* ein während der Gefrierlagerung unter Umständen ablaufender Prozess, der zu erkennbaren Schädigungen in der Substanz beim Gefriergut (z. B. weiße verhärtete Flecken bei Fleisch) führen kann. Ausgelöst wird G. durch das in Eiskristallen im Gefriergut vorliegende Gewebewasser, welches mehr oder weniger stark verdampft und irreversibel geschädigtes Gewebe zurücklässt. Wesentlicher Auslöser sind eine fehlerhafte, beschädigte oder unsachgemäße Verpackung des Gefriergutes und/oder stark schwankende Lagertemperaturen. Denaturierungsvorgänge, oxidative Prozesse und Farbveränderungen können durch die Schädigung eintreten. Die von G. befallenen Stellen sind im mikrobiologischen Sinne nicht verdorben, aber bei stärkerem Auftreten jedoch aufgrund der sensorischen Veränderungen ungenießbar. Das Risiko von G. besteht besonders bei tierischen Lebensmitteln wie Fleisch, Geflügel, Fisch oder Innereien. G. tritt aber auch bei pflanzlichen Lebensmitteln auf.

Gefriereier engl.: *frozen eggs;* →Eiprodukte

Gefrieren engl.: *freezing;* Verfahren zur längerfristigen Verlängerung der Haltbarkeit von Lebensmitteln durch Herunterkühlen auf Temperaturen unterhalb des Gefrierpunktes. Von Tiefgefrieren (→Tiefkühlen) wird gesprochen, wenn die →Kerntemperatur unter -18 °C liegt.

Gefrierfeste Stärke; chemisch →modifizierte Stärken, die sich durch eine gute Gefrier-Tau-Stabilität auszeichnen und beim Auftauen keine →Synärese zeigen. Dazu gehören z. B. die →Stärkeester und →-ether.

Gefrierfleisch engl.: *frozen meat;* durch Einwirkung von Kälte erstarrtes Fleisch. Die Abkühlung auf Temperaturen unterhalb von -2 °C führt zum Gefrieren des Wassers im Fleischgewebe. →Tiefkühlfleisch

Gefriergeflügel engl.: *frozen poultry;* Geflügel, das nach dem Tauchkühlen unverzüglich eingefroren wird. →Tiefkühlgeflügel →Geflügel, gefroren.

Gefriergeräte engl.: *freezers;* Geräte, die zur sachgerechten Lagerung und zum Gefrieren von Lebensmitteln geeignet sind. Sie sind in unterschiedlichen Ausführungen erhältlich (z. B. Gefriertruhen, Gefrierschränke, Kühl-Gefrier-Kombinationen) und müssen eine bestimmte Lebensmittelmenge in einer bestimmten Zeit von +25 °C auf -18 °C herunterkühlen und bereits tiefgefrorene Güter bei -18 °C oder kälter lagern können. Das Nenn-Gefriervermögen von G. stellt das Maß für das Gewicht der Lebensmittel dar, die innerhalb von 24 Stunden eingefroren werden können und sollte mindestens 4,5 kg je 100 Liter Nutzinhalt betragen. G. werden durch das 4-Sterne-Symbol gekennzeichnet. Geräte, die lediglich zur Lagerung tiefgekühlter Güter geeignet sind, werden als →Tiefkühlgeräte bezeichnet.

Gefriergetrockneter Kaffeeextrakt engl.: *freeze dryed coffee extract;* →Kaffeeextrakt

Gefriergetrocknetes Fleisch engl.: *freeze dried meat;* →Trockenfleisch

Gefrierhackfleisch engl.: *frozen minced meat,* Syn.: *Tiefkühlhackfleisch;* →Hackfleisch

Gefrierkonservierung engl.: *freezing conservation;* Verfahren zur längerfristigen Verlängerung der Haltbarkeit von Lebensmitteln durch Herunterkühlen auf Temperaturen unterhalb des Gefrierpunktes (→Gefrieren und →Tiefkühlen), wodurch mikrobiologisch und chemisch bedingte Verderbsvorgänge stark verlangsamt werden.

Gefrierkonzentrieren engl.: *freeze concentration;* unvollständiges Entfernen von Wasser aus Lösungen durch →Ausfrieren. →Konzentrieren

Gefrierlagerung Syn.: → *Tiefgefrierlagerung*

Gefrierleber; →Leber

Gefrierpunkt engl.: *freezing point,* Syn.: *Erstarrungspunkt;* Bezeichnung für die Temperatur, bei der ein flüssiger Stoff in den festen Aggregatzustand übergeht. Bei dieser Temperatur (z. B. Wasser bei 0 °C) liegen flüssige und feste Phase (Eis) nebeneinander vor. In diesem Zustand ändert sich die Temperatur des Systems durch Wärmezufuhr oder durch Kühlen so lange nicht, wie noch Eis vorhanden ist, das schmelzen kann, bzw. Wasser, das noch ausfrieren kann. Der G. von Flüssigkeiten wird durch darin gelöste Stoffe erniedrigt.

Gefriertrocknung engl.: *freeze drying, lyophilization,* Syn.: *Sublimationstrocknung, Lyophilisation;* modernes schonendes →Trocknungs- und →Konservierungsverfahren, bei dem gefrorenen Gut das Wasser unter Umgehung der flüssigen Phase durch Sublimation im →Vakuum entzogen wird. Der Vorteil gegenüber anderen Trocknungsverfahren besteht im weitgehenden Erhalt von Aroma und Struktur (gute Rekonstitutionsfähigkeit) des zu trocknenden Gutes. Aufgrund ihrer Kostenintensität wird die G. bevorzugt zur Herstellung hochwertiger Güter wie Kaffeeextrakt, Trockenkräuter, →Instantprodukte (z. B. Gemüse für Instant-Suppen) sowie Enzym- und Vitaminpräparate und Lebendimpfstoffe angewandt. Die Produkte sind meist sehr oxidations- und feuchtigkeitsempfindlich und müssen in wasserdampf- und/oder sauerstoffdichten Verpackungen, häufig unter →Schutzgas gelagert werden.

Gefüllte Bonbons engl.: *centre-filled sweets;* →Bonbons

Gefüllter Schweinebauch; →Gefüllte Schweinsbrust

Gefüllter Schweinsfuß; →Gefüllte Schweinsbrust

Gefüllter Schweinskopf; →Gefüllte Schweinsbrust

Gefüllte Schokolade engl.: *filled chocolate, chocolate with ...filling,* Syn.: *Schokolade mit ...füllung;* Erzeugnis aus einem Kern (z. B. Marzipan), der allseitig mit bestimmten Schokoladenarten (Schokolade, Milchschokolade u. a.) umhüllt ist. Der Anteil der Außenschicht aus Schokolade beträgt mindestens 25 % des Gesamtgewichts. Für die Füllung besteht grundsätzlich Rezepturfreiheit. Erzeugnisse, deren Inneres aus Backwaren, Feine Backwaren oder Speiseeis besteht, zählen nicht zu g. S. Zur Herstellung werden die auch bei massiven Schokoladentafeln üblichen Eintafelanlagen verwendet. Bei einer zähflüssigen Füllung besteht der Prozess i. A. aus den drei Schritten Gießen der Schokoladenschale, Füllen und Dosieren der Bodenmasse auf die verfestigte Füllmasse. Bei flüssiger Füllung ist als zusätzlicher Schritt das Besprühen der Füllung mit verdünnter Schokoladenmasse nötig. Bei zähflüssigen Füllungen wird auch das →One-Shot-Verfahren angewendet. Bei flüssigen Füllungen werden auch auf →Mogulanlagen vorgefertigte Zuckerkrustenkörper zum Einlegen in vorgefertigte Schokoladenschälchen verwendet. Zu den g. S. zählen neben den gefüllten Schokoladentafeln auch gefüllte Riegel, figürliche Erzeugnisse und →Pralinen.

Gefüllte Schweinsbrust; in Brustmuskulatur (ohne Knochen, aber meist mit Knorpel) gefüllte, grobe, umgerötete → Brühwurst gehobener Qualität mit bis zu erbsengroßen durchwachsenen Fleischanteilen in der fein zerkleinerten Grundmasse. Diese wird aus grob entsehntem Rindfleisch, grob entfettetem Schweinefleisch und Speck sowie weiteren Zutaten wie z. B. Gewürzen hergestellt. Sie wird i. d. R. als Aufschnitt verwendet. Verwandte Erzeugnisse sind gefüllter Schweinebauch und gefüllter Schweinsfuß bzw. -kopf. Für gefüllten Schweinebauch wird zur Umhüllung Bauchmuskulatur und für gefüllten Schweinsfuß bzw. -kopf genähte Schwarte verwendet.

Gehacktes Syn.: → *Hackfleisch*

Gehärtete Fette engl.: *hydrogenated fats;* durch → Fetthärtung gewonnene Fette. Auf die Fetthärtung muss mit der Angabe „gehärtet" im Zutatenverzeichnis hingewiesen werden.

Geheimratskäse Syn.: *Deichgrafen- oder Deichhauptmannskäse;* fester Schnittkäse aus Kuhmilch, mindestens der Vollfettstufe (45 % Fett i. Tr.). G. ist kleiner in Form und Gewicht als der → Gouda-Käse und verfügt über eine glatte, fehlerfreie, paraffinierte Rinde. Der elfenbeinfarbene, hell- bis goldgelbe, matt glänzende Teig weist vereinzelt ovale oder runde linsengroße Löcher auf und schmeckt leicht süßlich. Der Geruch darf nicht säuerlich sein. Die Bezeichnung G. wird auch als Syn. für → Baby-Gouda benutzt.

Gehirn engl.: *brain,* Syn.: *Hirn;* vornehmlich von Kalb und Schwein entnommene → Innerei, die als Bestandteil einiger spezieller Wurstsorten, als Zutat zu Suppen und Saucen sowie gebacken oder gebraten verwendet wurde. Schweinegehirn wird infolge von BSE (→ Bovine Spongiforme Enzephalopathie) und der ergriffenen Schutzmaßnahmen in Fleisch- und Wurstwaren nicht mehr verarbeitet und der Verzehr von Gerichten mit G. ist nicht mehr üblich. Kalbs- und Rindergehirn zählen zu den Risikomaterialien und ihre Verwendung als Lebensmittel ist daher nicht mehr zulässig.

Gehopft; bei der → Bierherstellung wird nach dem → Abläutern die Würze erhitzt und „gehopft", d. h. der Würze wird Hopfen zugegeben.

Geigenrochen; → Rochen

Geißelgarnelen lat.: *Fam. Penaeidae,* engl.: *penaeid prawns/shrimps;* artenreichste, in tropischen und subtropischen Regionen verbreitete → Garnelen; charakteristisch sind die beiden langen Fühler und die ersten drei Beinpaare, die in kleinen Scheren enden. G. besitzen die Fähigkeit, sich dem Salzgehalt des Umgebungswassers anzupassen; sie leben im Meer, im Brackwasser der großen Flüsse und im Süßwasser. Mindestens 80 Arten sind von kommerziellem Interesse, einige werden in großem Umfang gezüchtet (→ Garnelenzucht) und weltweit vermarktet. Die wichtigsten Arten sind (Herkunft): → Schiffskielgarnele (indopazifischer Raum), Hauptmannsgarnele, *P. indicus Milne Edw.* (Ostafrika, Indien) und *P. chinensis/orientalis Kishinouye* (China, Ostasien), *P. semisulcatus de Haan* (östliches Mittelmeer, Golf von Aden), *P. duorarum Burkenroad* (Mittelamerika), *P. vannamei Boone* (Pazifikküste von Mexiko bis Peru).

Geißeln engl.: *flagellum;* Fortbewegungsorganellen der → Bakterien. Zahl und Anordnung der G. sind wichtige systematische Merkmale zur Differenzierung von Bakterien.

Geiste; → Obstgeiste

Gekochter Vorderschinken engl.: *shoulder of ham;* dem → Kochschinken in Herstellung, Aussehen und Geschmack ähnliches, umgerötetes gekochtes Fleischerzeugnis (→ Kochpökelware). Das Ausgangsstück stammt aus dem Bug des Schweines. G. V. unterscheidet sich von Kochschinken durch die etwas gröbere Fleischfaser und den etwas höheren Fettgehalt. Wegen der Möglichkeit der Verwechselung ist g. V. eindeutig als solcher bei Verkauf oder Verwendung zu kennzeichnen. Er wird meist in Blockform und häufig als Dosenware gehandelt.

Gekröse engl.: *mesentery;* Bezeichnung für Därme, v. a. des Kalbes, einschließlich des ihrer Aufhängung im Körper dienenden und sie umhüllenden, i. d. R. Fettablagerungen enthaltenden Bindegewebes (Netz). G. werden nicht in Fleischerzeugnissen verarbeitet. Eine Zubereitung erfolgt zu meist säuerlichen Fleischgerichten (Kalbsgekröse).

Gekrösefett engl.: *ruffle fat;* Bezeichnung für das zwischen den Eingeweiden (Gekröse) der Schlachttiere abgelagerte Fettgewebe und dem daraus gewonnenen Fett. G. wird zur Herstellung von Fleischerzeugnissen nicht verwendet. Das G. von Rindern aller Altersstufen stellt ein spezifiziertes Risikomaterial dar und ist als solches nach Färbung mit Brillantblau FCF (E 133) fachgerecht zu entsorgen.

Gelatine engl.: *gelatine;* überwiegend aus den Aminosäuren Glycin, Prolin und Hydroxyprolin bestehendes Hydrokolloid, das durch Hydrolyse aus den Kollagenen (Skleroproteine im tierischen Bindegewebe) gewonnen wird. Ausgangsmaterial sind Schweineschwarten, Rinderspalt (kollagenhaltige Schicht zwischen Leder- und Unterhaut) sowie Knochen von Rind und Schwein, Geflügel und Fisch. Je nach Ausgangsmaterial (Haut, Knochen) und dem Grad der Vernetzung des Bindegewebes (bspw.: Rind stark, Schwein schwach) sind unterschiedliche Verfahrensschritte bei der Vorbehandlung nötig. Nach dem Entfetten z. B. durch Lipasen und ggf. Entmineralisieren folgt je nach Vernetzungsgrad des Bindegewebes eine saure (schwach vernetzt) oder alkalische (stark vernetzt) Vorbehandlung. In beiden Fällen wird anschließend die G. durch Extrahieren mit heißem Wasser, Reinigen in Separatoren, Eindicken, Trocknen und Vermahlen (oder durch Plattengießen und Trocknen) herausgelöst. Durch die Wassertemperatur beim Extraktionsschritt lässt sich die Gallertfestigkeit (→ Bloomzahl) steuern. Je niedriger die Temperatur des Wassers gehalten wird, umso höher ist die Gallertfestigkeit der G. Wegen seiner besonderen Eigenschaften ist das Hydrokolloid ein begehrter Rohstoff in der Lebensmittel-, Pharma- und Fotoindustrie. G. quillt in heißem Wasser und ergibt beim Abkühlen geschmacksneutrale, brillant klare, durchsichtige Gele, die bei Temperaturen ab 37 °C schmelzen, aber durch Kühlen wieder verfestigt werden können. G. wird als Speisegelatine, aber auch zum Einkapseln von Aromen, Säuren, medizinischen Präparaten in der Pharmaindustrie (Pharmagelatine) sowie in der Fotoindustrie als Träger der lichtempfindlichen Schicht von Filmen verwendet. Bei Speisegelatine handelt es sich um eine geschmacksreine farblose oder gefärbte G., die unter Erfüllung strenger rechtlicher Auflagen hergestellt wird. Als Ausgangsmaterial werden v. a. Schweineschwarten, weniger Rinderspalt und zu einem geringen Anteil Schweine- und Rinderknochen sowie Geflügel und Fisch verwendet. Speisegelatine dient als Geliermittel in Aspikwaren (Sülzepulver), fettreduzierten Erzeugnissen, Milcherzeugnissen wie z. B. Joghurts oder Frischkäsezubereitungen, Süßwaren (insbesondere → Gummibonbons), Backwaren (Torten) sowie in Gelee- und Cremespeisen. Eine weitere Anwendung ist der Einsatz enzymatisch abgebauter Speisegelatine als Klärmittel für trübe Getränke wie bspw. Weine und Säfte. Speisegelatine wird gemahlen (→ Pulvergelatine) oder in Blattform (→ Blattgelatine), i. d. R. in Kleinpackungen, angeboten. Eine Sonderform der Pulvergelatine stellt dabei die instantisierte → kalt lösliche Gelatine dar.

Gelbdextrine engl.: *canary dextrin;* → Dextrine

Gelbe Bohnen lat.: *Phaseolus vulgaris L. var. vulgaris* (Fam.: *Fabaceae*), Syn.: *Wachsbohnen;* gelbfarbige zartfaserige Gartenbohnensorten. → Bohnen

Gelber Senf Syn.: → *Weißer Senf*

Gelbe Rüben Syn.: → *Möhren*

Gelbes Sortiment Syn.: *Gelbe Linie;* allgemeine Bezeichnung im Handel für das gelbfarbige Teilsortiment an → Molkereiprodukten d. h. für → Butter und → Käse.

Gelbe Wurzeln Syn.: → *Möhren*

Gelbflossenthun engl.: *yellowfin tuna;* → Thunfisch

Gelbkäse Syn.: *Gelbschmierkäse;* → Sauermilchkäse

Gelborange S engl.: *sunset yellow;* lichtechter, stabiler, synthetischer gelb-orangener → Azofarbstoff, der unter der Nummer E 110 zur Färbung bestimmter Lebensmittel, z. B. Süßwaren, Getränke, Backwaren und Fertigsuppen in festgelegten Höchstmengen zugelassen ist. Des Weiteren wird G. bei Arzneimitteln zur Färbung von Dragees eingesetzt.

Gelbreife; Kornreifestadium, bei der das Endosperm des → Getreidekorns durch Einlagerung von großen Mengen Stärke und Eiweiß bereits fest wird. Der Wassergehalt im Getreidekorn beträgt etwa 30 %.

Gelbschmierkäse Syn.: *Gelbkäse;* → Sauermilchkäse

Gelbstrieme engl.: *salema, bogue;* → Meerbrassen

Gelbwurst; in gelb gefärbte Hüllen oder gelb pigmentierte Kunstdärme mittleren Kalibers abgefüllte → Brühwurst gehobener Qualität mit fein zerkleinertem, hellem, nicht umgerötetem → Brät. Dieses wird aus grob entfettetem Schweinefleisch, sehnen- und fettgewebearmem Jungrindfleisch, Speck sowie grob entsehntem Kalb- und Jungrindfleisch und weiteren Zutaten wie z. B. Gewürze, Salz und ggf. Kutterhilfsmittel hergestellt. Die Urform der G. ist die Hirnwurst, die eine sehr ähnliche Rezeptur sowie Herstellung aufweist und zusätzlich → Gehirn enthielt. Die Verwendung von Gehirn ist im Zuge von BSE nicht mehr üblich. Infolgedessen werden die Bezeichnungen G. und Hirnwurst häufig synonym gebraucht. G. und Hirnwurst sind klassischer Aufschnitt.

Gelbwurz Syn.: → *Kurkuma*

Gelchromatographie Syn.: → *Gelfiltration*

Gele engl.: *gels;* von → Gelatine abgeleitete Bezeichnung für mehr oder weniger durchsichtige gallertartige Massen, die aus mindestens zwei Komponenten bestehen. Dabei bildet i. d. R. ein kolloid verteilter fester Stoff (Geliermittel wie z. B. Gelatine, Kieselsäure oder Pektine) ein Netzwerk, das eine als Dispersionsmittel bezeichnete Flüssigkeit (meist Wasser) festhält. Bei der als → Synärese bezeichneten Alterung von G. kann spontan eine Entquellung eintreten, wobei das Dispersionsmittel aus dem Gel austritt, ohne dass dessen Struktur zusammenbricht. Natürliche G. werden auch als Schleime bezeichnet.

Gelee engl.: *1. jelly 2. jelly, aspic;* 1. streichfähige Zubereitung aus Zuckerarten und Saft oder wässrigen Auszügen einer oder mehrerer Fruchtarten, ggf. unter Zusatz von Zitrus- oder Apfelpektin als → Geliermittel und Milch-, Wein- oder Citronensäure zur Säureeinstellung (→ Säureregulatoren). Die Zutatenmenge orientiert sich am Zucker-, Pektin- und Säuregehalt der Früchte. Für Handelsware sind in der EU folgende Saftmengen vorgeschrieben: G. „extra“, 450 g (350 g bei schwarzen Johannisbeeren, Hagebutten, Quitten, 250 g bei Ingwer, 230 g bei Kaschuäpfeln, 80 g bei Passionsfrüchten), G. „einfach“, 350 g (250 g bei schwarzen Johannisbeeren, Hagebutten, Quitten, 150 g bei Ingwer, 160 g bei Kaschuäpfeln, 60 g bei Passionsfrüchten). 2. Syn. für → Aspik.

Geleeartikel; → Geleezuckerwaren

Gelee-Dotter-Eier; Zuckerwaren aus Gelee und gegossenem Fondant, die ein aufgeschlagenes Hühnerei nachahmen und zu den klassischen → Osterartikeln zählen.

Geleefrüchte engl.: *jelly fruits;* Früchten in Form, Farbe und Geschmack nachempfundene → Geleezuckerwaren. Der fruchttypische Geschmack wird hierbei mit Hilfe von Aromen erzielt.

Gelee-Marmelade engl.: *jelly marmalade;* → Marmelade, aus der bei der Herstellung alle unlöslichen Bestandteile mit Ausnahme kleiner Anteile fein geschnittener Schale entfernt wurden.

Geleepuddingpulver; Gemisch zur Bereitung einer Süßspeise, zumeist unter Verwendung von Milch, deren Konsistenz infolge gleichzeitiger Verwendung von Dickungsmitteln (z. B. Stärke) und Geliermitteln (z. B. Agar-Agar) sowohl pudding- als auch geleeartig ist. In Deutschland sind G. im Gegensatz zu West- und Südeuropa wenig verbreitet. Die dort aus G. hergestellten Zubereitungen werden i. d. R. als → Flan bezeichnet.

Geleepulver engl.: *jelly powder,* Syn.: *Geleespeisepulver, Götterspeise;* vorgefertigte Mischungen (Halbfertigerzeugnisse) zur Zubereitung von → Geleespeisen auf der Basis von Speisegelatine oder pflanzlichen Geliermitteln, Farbstoffen und/oder färbenden Lebensmitteln sowie Geschmackszutaten (z. B. Genusssäuren, Aromen) sowie ggf. Zucker. G. benötigen zur Zubereitung nur noch den Zusatz von Wasser, bei ungezuckerten Erzeugnissen zusätzlich von Zucker.

Geleespeisen engl.: *jelly;* überwiegend unter Wärmeanwendung zubereitete Süßspeisen mit geleeartiger stichfester Konsistenz auf der Basis von Speisegelatine oder pflanzlichen Geliermitteln, Flüssigkeiten, Zucker, Farbstoffen und/oder färbenden Lebensmitteln und Geschmackszutaten (z. B. Fruchtsäfte, Genusssäuren, Aromen). Als Flüssigkeiten zum Zubereiten sind i. d. R. Wasser, Weißwein oder Buttermilch, seltener Milch in Gebrauch. Im Handel werden sowohl fertig zubereitete G. in Becherpackungen mit und ohne Sauce sowie die zu ihrer Herstellung notwendigen Halbfertigerzeugnisse (→ Geleepulver) angeboten.

Geleezuckerwaren engl.: *jellies;* weiche glasige, auf der Oberfläche mit Zucker bestreute Zuckerwaren, die leicht (zart) abzubeißen sind. Es existieren zwei Gruppen von G.: Geleeartikel und Fruchtpasten. Grundlage von beiden ist eine mit Gelier- (Agar-Agar, Pektin oder modifizierte Stärke) und Feuchthaltemittel (Sorbit und Invertzucker) eingekochte Grundmasse aus Glucosesirup und Wasser. In diese werden bei Geleeartikeln kurz vor dem Abfüllen Lebensmittelfarbstoffe, Genussäuren und ggf. Aromen eingearbeitet. Fruchtpasten als hochwertige G. enthalten hingegen Fruchtzubereitungen, Saftkonzenrate und natürliche Aromen in wertbestimmender Menge. Im Stärkegussverfahren (Pudergussverfahren) in Mogulanlagen werden G. ausgeformt, mit Stärkepuder bestäubt, nach Auskühlung wieder gereinigt, befeuchtet und mit Kristallzucker bestreut. Die als Saisonartikel z. B. zu Ostern und in Mischungen sehr beliebten fertigen G. sind als lose und als abgepackte Ware im Handel.

Gelfiltration engl.: *Size-Exclusion-Chromatography,* Syn.: *Gelchromatographie, Molekülausschlußchromatographie, Gelpermeationschromatographie;* Trennung von Substanzen unterschiedlicher Molekülgröße mittels poröser Gele. Kleine Moleküle dringen in die Gelporen ein, während die größeren daran vorbei- und damit schneller durch das Gel laufen. Eingesetzt wird diese Methode zur Trennung von Makromolekülen wie Proteinen, Polysacchariden und Melanoidinen. Eine weitere Anwendung ist die Abtrennung von Pestiziden aus Lebensmitteln für deren analytische Bestimmung. Ferner wird die G. zur groben Bestimmung der molaren Masse von Makromolekülen und zum Entsalzen von Lösungen dieser Verbindungen benutzt.

Geliermittel engl.: *gelling agent;* tierische oder pflanzliche → Hydrokolloide wie z. B. → Gelatine, → Agar-Agar, → Carragen, → Pektine und → Alginate, die in verdünnten Lösungen Gele bilden und häufig mit Zusätzen von Salzen und → Dickungsmitteln zum Verhindern der → Synärese, zur Beschleunigung des Geliervorganges oder zur Erhöhung der Gefrier- und Auftaustabilität versehen sind. Da G. bei der Gelierung Wasser binden, können sie auch bei der Herstellung energiereduzierter Lebensmittel eingesetzt werden. Viele G. sind für den menschlichen Organismus unverdaulich und zählen deshalb zu den → Ballaststoffen.

Gelierung engl.: *gellification;* Bildung von → Gelen durch → Geliermittel.

Gelierzucker engl.: *jellyfying sugar;* Spezialzuckermischungen mit Zusätzen von Pektin bzw. amidierten Pektinen und organischen Säuren, die als Hilfsmittel für die schnelle Zubereitung von Konfitüren, Gelees u. a. gelierenden Speisen verwendet werden. Die Herstellung von G. erfolgt nach einem speziellen Mischverfahren aus 98 % Kristallzucker, ca. 1 % Obst- oder Zitruspektin bzw. amidierte Pektine und maximal 1 % Wein- oder Citronensäure.

Gelinge; 1. verkürzte Bezeichnung für → Geschlinge; 2. aus den gekochten zum Geschlinge gehörigen Organen und der Milz hergestelltes traditionelles Gericht.

Gellerts Butterbirne Syn.: *Beurré Hardy;* kurz lagerfähige Herbstbirnensorte (→ Birnen) mit grünlichgelben mittelgroßen Früchten, deren Fruchtfleisch reif zart schmelzend ist und einen feinwürzigen aromatischen Geschmack besitzt.

Gemeiner Speckkäfer engl.: *common larder beetle, common bacon beetle;* → Speckkäfer

Gemischte Früchte engl.: *mixed fruits;* als Konserve: Mischungen von mindestens vier der nachstehenden Obstarten: Erd-, Heidel-, Him-, Johannis-, Preisel-, Stachelbeeren, Äpfel, Birnen, Quitten, Aprikosen, Kirschen, Pfirsiche, Pflaumen, Mirabellen oder Reneclauden. Zusatz von → Schalenobst sowie Verarbeitung von Früchten aus Vorratsdosen oder tiefgefroren zulässig, desgleichen Färbung (Kennzeichnung), soweit gestattet.

Gemischtes Kraut; streichfähige Zubereitung, die durch Vermischen von mindestens 500 g → Apfelkraut und höchstens 500 g → Rübenkraut pro 1000 g Erzeugnis hergestellt wird. Der Wassergehalt beträgt maximal 35 %. Sie wird als Brotaufstrich verwendet.

Gemischtkost Syn.: → *Mischkost*

Gemüse engl.: *vegetables, legumes;* Teile meist einjähriger Pflanzen, die in frischem Zustand nicht lufttrocken sind und entweder roh oder zubereitet (gekocht bzw. konserviert) verzehrt werden. Abhängig vom Organ, das Verwendung findet, lassen sich → Wurzel-, → Knollen-, → Zwiebel-, → Stängel-, → Blatt-, → Blüten-, Samen- (→ Hülsenfrüchte) und → Fruchtgemüse unterscheiden. G. ist aufgrund seines hohen Wasser- und geringen Fettgehaltes sehr energiearm, weist meist einen hohen Gehalt an Vitaminen, Mineralstoffen, sekundären Pflanzenstoffen und Ballaststoffen auf und ist deshalb wesentlicher Bestandteil einer ausgewogenen Ernährung. Um die Verluste an ernährungsphysiologisch wertvollen Bestandteilen zu minimieren, ist eine schonende Behandlung und Zubereitungsweise notwendig. Zum Beispiel können durch lange Lagerung, lange Kochzeiten, wiederholtes Aufwärmen u. a. bei empfindlichen Vitaminen Verluste bis zu 100 % auftreten.

Gemüseampfer Syn.: → *Gartenampfer*

Gemüsebrühe engl.: *vegetable stock;* küchentechnisch aus dem flüssigen Rückstand von Gemüsegerichten oder aus → Brüherzeugnissen auf Basis von Gemüseerzeugnissen sowie weiteren Zutaten wie z. B. Hefeautolysaten hergestellte Brühe. G. wird als Grundlage für eine Reihe von Zubereitungen wie z. B. Suppen, Saucen, Fleisch- und Gemüsegerichte sowie Heißgetränke verwendet.

Gemüsebrüherzeugnisse; aus Eiweißhydrolysaten unter Zugabe von Hefeextrakt mit Gemüseanteilen (getrocknet oder als Extrakt) hergestellte → Brüherzeugnisse.

Gemüsedauerwaren engl.: *well-keeping vegetable product;* Sammelbegriff für dauerhaft haltbar gemachtes (konserviertes) Gemüse, sei es durch Nasskonservierung in Dose oder Glas (→ Gemüsekonserven), Tiefgefrieren (→ Tiefgefrorenes Gemüse) oder Trocknen (→ Trockengemüse).

Gemüsefenchel lat.: *Foeniculum vulgare MILL. subsp. vulgare var. azoricum (MILL.) THELL.* (Fam.: *Apiaceae*), engl.: *Florence Fennel,* Syn.: *Bologneser Fenchel, Knollenfenchel, Zwiebelfenchel;* fleischig verdickte zweireihige Blattstielbasis („Knolle“) der gleichnamigen Pflanze aus der Familie der Doldengewächse, die überwiegend in Italien angebaut wird und sowohl roh als Salat wie auch als Gemüse verzehrt wird. Der G. besitzt einen zarten süßlichen Fenchelgeschmack aufgrund des enthaltenen Anisöls und zeichnet sich durch einen hohen Gehalt an Vitamin C aus.

Gemüsefrikadellen; → Frikadellen

Gemüsehalbfabrikate; aus → Trockengemüse durch mehr oder weniger starke Vermahlung bis zur Grießkorngröße (Gemüsegrieß) bzw. bis zum Pulver (Gemüsepulver) hergestellte Produkte, die u. a. für Trocken- und Instantsuppen sowie Säuglings- und Kleinkindnahrung verwendet werden.

Gemüsekonserven engl.: *tinned vegetables;* Dauerwaren, die durch Hitzesterilisation in Dosen oder Gläsern haltbar gemacht wurden, während Sauerkonserven i. d. R. nur eine Pasteurisation erfahren. Zur Herstellung von G. darf nur frisches, sauberes und gesundes Gemüse verwendet werden. Vor dem Einfüllen wird dieses blanchiert, um Enzyme zu inaktivieren und die Gemüsestruktur zur besseren Ausfüllung der Behältnisse und zum Formerhalt zu verdichten. Übliche Zutaten in G. sind Speisesalz, Zucker bzw. Süßstoffe, Fruchtsäuren, Milchsäure, L-Ascorbinsäure, Essig und Gewürze. Bestimmte wenige Farb- und Konservierungsstoffe sind für in Essig, Salzlake oder Speiseöl eingelegtes Gemüse (außer Oliven) zugelassen. Ansonsten ist die Verwendung von Farb- und Konservierungsstoffen bei der Herstellung von G. nicht gestattet. Das Gewicht des eingefüllten Gemüses zum Zeitpunkt der Abfüllung muss ohne Aufguss deklariert werden. In Deutschland hergestellte G. müssen die Anforderungen der Leitsätze des Deutschen Lebensmittelbuches für verarbeitetes Gemüse erfüllen oder in ihrer Abweichung ausreichend kenntlich gemacht sein.

Gemüsekürbis Syn.: → *Zucchini*

Gemüsemais Syn.: → *Zuckermais*

Gemüsemeerrettich engl.: *vegetable horseradish,* Syn.: *geriebener Meerrettich, Meerrettich;* → Meerrettichdauerware, bestehend aus geriebenem Meerrettich (Stangen und Fechser) und weiteren Zutaten wie Salz und maximal 8 % Pflanzenöl. Ein Zusatz von Gärungsessig ist nur dann verkehrsüblich, wenn keine schweflige Säure oder deren Salze zugesetzt werden, ein Zusatz von → Allylsenföl ist nicht verkehrsüblich. Die aus dem Meerrettich stammende salz-, zucker- und fettfreie Trockensubstanz beträgt mindestens 17 %. G. wird zum Würzen von Fleischgerichten und pikanten Saucen verwendet.

Gemüsemischungen Syn.: *Mischgemüse;* hauptsächlich als Tiefkühlprodukte oder Nasskonserven angebotene Mischungen verschiedener Gemüsesorten, die hinsichtlich ihrer Beschaffenheit und Zusammensetzung Anforderungen verschiedener Normen erfüllen müssen. Eine bekannte G. ist z. B. → Leipziger Allerlei.

Gemüsenektar Syn.: *Gemüsetrunk;* verzehrfertige verdünnte Zubereitung aus Gemüse, Gemüsesaft bzw. -mark oder deren Konzentraten mit einem Anteil von mindestens 40 % Gemüsesaft und/oder Gemüsemark mit Ausnahme von Rhabarber (mindestens 25 %).

Gemüsepaprika lat.: *Capsicum annuum L. var. grossum (L.) SENDTN.* (Fam.: *Solanaceae*), engl.: *Sweet Peppers;* hohle, glänzende, unreife grüne bzw. vollreife gelbe, orange oder rote → Beeren (nicht Schote) der einjährig kultivierten gleichnamigen Pflanze aus der Familie der Nachtschattengewächse, die in Mittel- und Südamerika beheimatet ist und heute weltweit kultiviert wird. Beim G. werden verschiedene Formen unterschieden: länglich (spitz), eckig-abgestumpft, eckig-spitz (kreiselförmig) und platt (Tomatenpaprika). Im Gegensatz zum → Gewürzpaprika schmecken G. aufgrund des geringen Gehaltes an Capsaicin nicht scharf. Sie besitzen beträchtliche Gehalte an Vitamin C und beta-Carotin und werden als Salat, Gemüse (z. B. in → Ratatouille) wie auch als Sauergemüse verzehrt.

Gemüsesäfte engl.: *vegetable juices;* aus Gemüse durch Auspressen oder Entsaften gewonnene Säfte, die häufig mit 0,25–1 % Kochsalz und/oder Genusssäuren verfeinert werden. Zur Konservierung werden die G. pasteurisiert. Typische Gemüsesorten, die zur Saftherstellung genutzt werden, sind Tomaten, Gurken, Möhren, Rettich, Rote Bete, Sauerkraut, Sellerie und Spinat.

Gemüsesaft-Cocktail; Mischungen aus Gemüsesäften.

Gemüsesalate engl.: *vegetable salads;* → Feinkostsalate auf der Basis von festen Gemüsebestandteilen wie z. B. Brokkoliröschen oder Maiskörnern. Üblicherweise enthalten sie mindestens 40 % feste Gemüsebestandteile. Wird auf eine bestimmte Gemüsezutat in Verbindung mit der Bezeichnung „...salat" besonders hingewiesen, so sind von dieser gewöhnlich mindestens 20 % enthalten.

Gemüsetrunk Syn.: → *Gemüsenektar*

Gemüse- und Kräuterteigwaren; → Teigwaren, die Gemüse oder Kräuter in einer Menge enthalten, welche die Farbe und den Geschmack bestimmen. Verbreitet sind G. mit grüner (Spinat), oranger (Paprika) oder roter (Tomaten) Farbe oder Mischungen aus normalen grünen und roten Teigwaren, den so genannten Tricolori.

Gemüsezwiebel; → Speisezwiebel

Gen engl.: *gene;* kleinste funktionelle Einheit der Erbinformation. Bei einem G. handelt es sich um einen DNS-Abschnitt, der die spezifischen Informationen eines Proteins oder der RNS enthält, welche die Eiweißbiosynthese regelt.

Genever engl.: *ginebra, genebra;* eine mit Wacholderbeeren aromatisierte Spirituose (ähnlich dem → Gin) mit Ursprung in Holland. Der Name G. leitet sich vom französischen Wort *Genièvre* = Wacholder und vom lateinischen Wort *Iuniperus* = Wacholder ab. In Holland werden als Grundlage für die Erzeugung zu je einem Drittel Gerste, Mais und Roggen verwendet. Als weitere den Geschmack prägende Zutaten werden beim letzten Brennvorgang neben Wacholderbeeren auch Anis, Kümmel und Koriander zugegeben. G. besitzt einen Alkoholgehalt von 38–43 Vol.-%. Man unterscheidet Oude (alten) und Jonge (jungen) G., wobei sich die Bezeichnung nicht auf die Lagerdauer bezieht. Der Oude G. ist hellgelb und verfügt über einen deutlich wahrnehmbaren Malzgeschmack. Der Jonge G. hin gegen ist wasserklar und kann ein leichtes Wacholderaroma aufweisen. Der Geschmack nach Wacholderbeeren ist bei diesem Erzeugnis (im Gegensatz zum Gin) allerdings nicht zwingend.

Genom engl.: *genome;* Gesamtheit aller Gene eines Organismus.

Gentechnik engl.: *genetic engineering;* moderner Zweig der → Biotechnologie, der mit molekularbiologischen, chemischen und physikalischen Methoden → Gene untersucht und im Labor neu kombiniert.

Gentechnisch veränderte Lebensmittel engl.: *genetically modified organisms;* sind Lebensmittel und Lebensmittelzutaten, die gentechnisch veränderte Organismen enthalten, aus solchen bestehen oder aus solchen hergestellt werden. Die ersten beiden G., die in der Europäischen Gemeinschaft auf den Markt kamen, waren die → Roundup Ready®-Sojabohne und die Maissorte Mais Bt-176 (→ Bt-Mais). G. müssen mit einer Sonderkennzeichnung versehen werden, auch wenn die gentechnische Veränderung im Lebensmittel nicht mehr nachweisbar ist. Von der Kennzeichnung sind zufällige und technisch unvermeidbare gentechnisch veränderte Verunreinigungen unterhalb von 0,9 %, bezogen auf die einzelne Zutat, ausgenommen. Für in Europa nicht zugelassene gentechnisch veränderte Organismen liegt diese Grenze bei 0,5 %.

Gentianose; → Trisaccharid aus zwei Teilen Glucose und einem Teil Fructose, das in verschiedenen Enzianarten vorkommt.

Gentiobiose engl.: *gentiobiose;* bitter schmeckendes → Disaccharid aus zwei Glucoseeinheiten, das als Bestandteil des Trisaccharids Gentianose, des Safranfarbstoffs Crocin und des Gykosids → Amygdalin vorkommt.

Genussmittel engl.: *luxury foods;* → Lebensmittel, die hauptsächlich dem Genuss dienen und im Allgemeinen keine oder nur unwesentliche Mengen an notwendigen Nährstoffen enthalten wie z. B. alkoholische Getränke, → Kaffee oder → Tee.

Genusssäureester von Mono- und Diclyceriden; → Emulgatoren, die durch Veresterung von → Genusssäuren mit Mono- und Diglyceriden von Speisefettsäuren hergestellt werden. Zu ihnen gehören → Essigsäureester von Mono- und Diglyceriden (Acetem), → Citronensäureester von Mono- und Diglyceriden (Citrem), → Milchsäureester von Mono- und Diglyceriden (Lactem) und → Diacetylweinsäureester von Mono- und Diglyceriden (Datem).

Genusssäuren; Sammelbezeichnung für eine Gruppe in der Natur weit verbreiteter, heute entweder synthetisch oder biotechnologisch, auch mit Hilfe von gentechnisch veränderten Mikroorganismen hergestellter → organischer Säuren. Zu den G. zählen → Essigsäure, → Milchsäure, → Citronensäure, → Äpfelsäure, → Weinsäure, → Bernsteinsäure, → Adipinsäure und → Fumarsäure. G. sowie ihre Salze und Ester finden sowohl in der Lebensmittelindustrie als auch in der haushaltsmäßigen Lebensmittelzubereitung vielfältige Anwendung als Säuerungsmittel, Komplexbildner, Emulgatoren oder Backtriebmittel. G., die in der Lebensmittelindustrie als Zusatzstoffe verwendet werden, werden im Zutatenverzeichnis mit dem Klassennamen, der ihre Funktion im Lebensmittel beschreibt, und ihrem chemischen Namen oder der E-Nummer deklariert.

Genusstauglichkeit engl.: *eatability;* Eignung eines Lebensmittels zum menschlichen Verzehr.

Geotrichum; Schimmelpilzgattung mit grauen oder weißen Kolonien aus flachem filzigen Luftmyzel. Die ungeschlechtliche Vermehrung erfolgt über die Ausbildung von Gliedersporen, die durch Fragmentierung der → Hyphen in Einzelzellen entstehen. Wichtigste Art ist der auch als Milchschimmel bezeichnete *G. candidum*, der → Milchsäure abbaut und als Verderbniserreger von Milchprodukten, Backhefe und sauren Gurken von Bedeutung ist.

Geräucherte Bratwurst; schnittfeste → Rohwurst, die nach Art der → Polnischen hergestellt und verzehrt wird. Sie ist im Gegensatz zum Namen meist nicht zum Braten bestimmt.

Geräucherter Bauchspeck engl.: *smoked streaky bacon,* Syn.: *Dörrfleisch, Geräuchertes Bauchfleisch;* roh gepökelter und anschließend geräucherter Schweinebauch (→ Rohpökelware) mit etwa 50 % Fett und 14 % Eiweiß. Grundlage ist der von Rippen und Brustknochen befreite, meist noch Knochen und Schwarte enthaltende Bauch junger Tiere mit relativ hohem Muskulaturanteil. Vor der Herstellung werden zunächst die Bauchmuskelstreifen eingeschnitten, damit die Lake besser eindringen kann. Dem 10–12 Tage langen Pökeln in der Lake folgt nach dem Wässern (Entfernen des überschüssigen Salzes) eine ca. 3–4 Tage lange mäßig warme Räucherung. G. wird wie → Speck verwendet.

Geräuchertes Bauchfleisch Syn.: → *Geräucherter Bauchspeck*

Gerbstoffe engl.: *tanning agents;* im Pflanzenreich vorkommende phenolische Substanzen mit adstringierender Wirkung, die tierische Häute zu Leder gerben. Es werden hydrolysierbare G. (Gallotannine) und kondensierte G. (Catechingerbstoffe), die z. B. in Tee, Kakao und Rotwein vorkommen, unterschieden. G. werden zu technischen (Gerberei, Textilindustrie), medizinischen (Behandlung von Blutungen oder Durchfällen) und lebensmitteltechnologischen (z. B. Klärmittel für Getränke) Zwecken eingesetzt. Auch synthetische und anorganische (verschiedene Salze) Substanzen können als G. wirken.

Gerebelt; → Rebeln

Gerste lat.: *Hordeum vulgare L.* (Fam.: *Poaceae*), engl.: *Barley;* in vielen Sorten angebautes, mit Ausnahme der Nacktgerste bespelztes und i. d. R. sehr lang begranntes → Ährengetreide. Nach der Zeilenanordnung in der Ähre wird in zwei- und vielzeilige (bis zu sechs Zeilen) Sorten unterschieden mit einer Anzahl von einem Korn bis zu drei Körnern je Ährenspindelstufe. Bei den vielzeiligen Sorten erweckt bei lockeren Ähren die Zeilenanordnung gelegentlich den Eindruck einer „Vierzeiligkeit", die nicht vorliegt. Die Körner sind bei den zweizeiligen Sorten im Vergleich zu den mehrzeiligen Sorten größer. Des Weiteren wird die G. nach Anspruch an die Vegetationsdauer und die Temperatur in Sommer- und Winterformen unterschieden. Die Sommergerste reift schneller (ca. 95 Tage) als die Wintergerste und ist hinsichtlich des Bodens und der Wachstumstemperatur anspruchsloser. Der Anbau erfolgt zum größten Teil in zweizeiligen, enzymreichen, eiweißarmen, stärkehaltigen Sorten für die Produktion von → Malz für Brauereien und andere Abnehmer. Kleinere Mengen Sommergerste werden für die Verwendung in Nährmitteln, Kaffeeersatz und im Haushalt sowie für Futterzwecke angebaut. Bei der winterfesten Wintergerste, die hinsichtlich Boden und Klima anspruchsvoller ist als Sommergerste, sind eiweißreiche Sorten zum Futtermittelanbau bevorzugt. Die Wintergerste ist weniger winterhart als Winterroggen oder Winterweizen, aber deutlich winterfester als Winterhafer. In Gebieten mit sehr strengen Wintern kann sie daher nicht angebaut werden. Abgesehen von der Malzherstellung und der Futtermittelproduktion werden aus G. eine Vielzahl von Mahlprodukten wie z. B. Mehl, Graupen oder Grütze hergestellt.

Gerstendinkel Syn.: → *Emmer*

Gersten-/Gerstelsuppe Syn.: → *Graupensuppe*

Gerstengraupen engl.: *pearl barley;* → Graupen

Gerstengrütze; → Grütze

Gerstenmalz engl.: *malted barley;* → Malz

Gersterbrot/Gerstelbrot; → Spezialbrot mit besonderem Brotgeschmack und charakteristischer Sprenkelung. Die Teigstücke werden vor dem Backen im offenen Feuer geflämmt (gegerstert).

Geruchssinn engl.: *sense of smell,* Syn.: *Olfaktometrie;* wird vermittelt über die Riechzellen (Chemosensoren in der Riechschleimhaut), die sich in der *regio olfactoria* im Dach der Nasenhöhlen befinden und die olfaktorische Wahrnehmungen erzeugen. Geruch kann auch → retronasal wahrgenommen werden. Die menschliche Nase kann (nach Training) bis zu 10.000 Gerüche unterscheiden. Geruchseindrücke sind stark konzentrationsabhängig, verdünnt können stinkende Stoffe angenehm riechen. Ein Geruchsgemisch wird von den allermeisten Menschen nur wie ein Geruch wahrgenommen.

Gerüsteiweißstoffe Syn.: → *Skeroproteine*

Gesälz Syn.: *Gsälz;* im schwäbischen Raum heimische Bezeichnung für einen aus eingekochtem Obst zubereiteten zuckerhaltigen Brotaufstrich.

Gesättigte Fettsäuren engl.: *saturated fatty acids;* → Fettsäuren

Gesalzene Krebsschalen; gesalzene zerkleinerte Schalen oder Panzer von Süßwasserkrebsen, die als Halbfabrikat zur Herstellung von Extrakten verwendet werden.

Gesamtalkoholgehalt engl.: *total alcoholic strength;* im EU-Weinrecht definierter Begriff für die Summe des → vorhandenen und des → potentiellen Alkoholgehaltes.

Gesamteiweiß Syn.: → *Rohprotein*

Gesamtextrakt; Summe der wasserlöslichen nicht flüchtigen Bestandteile in flüssigen Lebensmitteln wie v. a. Fruchtsaft und Wein. Die Bestimmung des G. erfolgt pyknometrisch (→ Pyknometrie) aus dem Destillationsrückstand (→ Destillation) eines Lebensmittels. Er resultiert meist aus dem Zucker- und Säuregehalt des Lebensmittels, stark vom Üblichen abweichende Werte des G. eines bestimmten Lebensmittels deuten auf Verfälschung oder Verderb hin. Als G. wird auch die Gesamtheit aller mit einem bestimmten Lösungsmittel wie Ethanol oder Wasser extrahierbaren Bestandteile eines Erzeugnisses, oft z. B. eines pharmazeutischen Rohstoffes, bezeichnet.

Gesamtsäure; Gehalt aller flüchtigen und nicht flüchtigen Säuren in einem Lebensmittel. Sie wird v. a. in der Wein- und Fruchtsaftanalytik als Kennzahl verwendet und liegt in ausgebauten deutschen Weinen z. B. zwischen 5,5 und 8,5 g/l, als Weinsäure berechnet. Die G. wird durch potentiometrische oder Säure-Base-Titration (→Titration) bestimmt und i. d. R. für eine bestimmte Säure ermittelt und angegeben. Neben der Angabe als Weinsäure (titriert bis pH 7,0) ist auch die Angabe als Citronensäure (titriert bis pH 8,1) oder Äpfelsäure üblich. In Frankreich dagegen erfolgen die Angaben der G. im Weinbereich als Schwefelsäure.

Gesamtumsatz engl.: *total energy expenditure (TEE)*, Syn.: *Energieumsatz;* →Energiebedarf

Gesamtzellzahl; Syn. für →Keimzahl, die auch als umfassenderer Begriff im Vergleich zur Lebendzellzahl verwendet wird und dann sämtliche Zellen, lebend und abgestorben, beschreibt. In der Milchwirtschaft bezeichnet die G. auch die zur Diagnostik von Eutererkrankungen bestimmte Zahl somatischer Zellen in der Milch. Eutergesunde Tiere weisen G. von 20.000–50.000 pro ml im Viertelanfangsgemelk auf, ab 100.000 pro ml liegt je nach Nachweis entsprechender Keime eine spezifische oder unspezifische Mastitis vor.

Gesamtzucker; Summe der reduzierenden und nicht reduzierenden Mono- und Disaccharide in einem Lebensmittel. Der G. wird reduktometrisch oder enzymatisch bestimmt und ist v. a. in der Wein-, aber auch der Fruchtsaftanalytik von Bedeutung.

Geschlinge engl.: *vicera, entrails;* Bezeichnung für Organe in der Maul- und Rachenhöhle sowie in Hals und Brusthöhle bei den Schlachttieren (v. a. beim Schwein) wie z. B. Zunge, Schlund, Lungen, Herz und Leber, die im gewachsenen Zusammenhang dem Schlachttierkörper entnommen werden. Jedoch werden bei Kalb und Rind die Leber, sowie beim Rind auch die Zunge nicht im Verband mit den übrigen Organen belassen.

Geschmacksreversion; Geschmacksumschlag, der vorwiegend bei Pflanzenölen mit einem hohen Gehalt an mehrfach ungesättigten Fettsäuren vorkommt. Er tritt häufig auf, bevor eine Oxidation chemisch nachgewiesen werden kann. Es ergeben sich Geschmacksveränderungen in Richtung saatig, grün (wie grüne Sojabohnen) bis fischig.

Geschmackssinn engl.: *sense of taste,* Syn.: *Gustatorik;* die über in Sinneszellen verankerte Geschmacksknospen ablaufende Vermittlung geschmacklicher Eindrücke. Entsprechende Chemorezeptoren finden sich hauptsächlich im Bereich der Zunge, des Gaumens, des Rachens und des Kehlkopfs (obere Speiseröhre). Die Anzahl der Sinneszellen beträgt etwa 10.000, nimmt aber mit zunehmendem Alter um $^2/_3$ ab. Die Aufgabe des G. liegt v. a. in der Kontrolle der Nahrung und dient so als Schutz vor giftigen Substanzen z. B. Pflanzen. →Grundgeschmacksarten

Geschmacksverstärker engl.: *flavor enhancers;* bestimmte Lebensmittelinhaltsstoffe oder Zusatzstoffe, die, ohne selbst einen auffallenden und im Lebensmittel hervortretenden Geschmack besitzen, bereits in geringer Konzentration den Eigengeschmack sowie die Würzung von Lebensmitteln deutlicher und abgerundeter erscheinen lassen. Die wichtigsten G. für salzige Lebensmittel sind →Natriumglutamat und die Ribonucleotide Guanosin- und →Inosinmonophosphat. Als Geruchs- und Geschmacksverstärker in Süßspeisen wirken Maltol und Ethylmaltol.

Geschnetzeltes Syn.: *Schnitzelchen;* kleine, dünne, quer zu den Fasern geschnittene Scheiben oder Streifen aus Bratenfleisch, die wegen ihrer kompakten Ausmaße zum Kurzbraten geeignet sind. Verwendet wird i. d. R. sehnen- und fettgewebearme Fleischstücke von Kalb, Rind, Schwein und Geflügel wie z. B. → Schnitzel oder → Filet. G. wurde ursprünglich als Spezialität aus Kalbfleisch hergestellt. Aus diesem Grund steht die Bezeichnung G. an sich üblicherweise für G. aus Kalbfleisch. Wird Fleisch von anderen Tieren verwendet, ist daher die Tierart wie z. B. in Putengeschnetzeltes anzugeben.

Geschwollene Syn.: → *Wollwurst*

Geselchtes Syn.: → *Selchfleisch*

Gespritzter; österr. Bezeichnung für → Schorle.

Gesteaktes Fleisch engl.: *tenderized meat;* Bezeichnung für mit einem → Mürbeschneider behandeltes Fleisch. → Steaken → Steakletten

Gestochene Pilze engl.: *maggoty mushrooms;* qualitativ minderwertige → Speisepilze, die vier oder mehr Einstiche (Madenfraßgänge) aufweisen und üblicherweise nur in bestimmten Mengen in den verschiedenen Pilzerzeugnissen enthalten sein dürfen.

Gesüßtes Nussmark Syn.: → *Nussmus*

Getränkegrundstoff engl.: *beverage base;* pulverförmiges Halbfertigerzeugnis zur Herstellung von → Erfrischungsgetränken, dem bei der Rekonstitution des Getränkes Wasser sowie bei Bedarf Zucker und/oder Süßungsmittel und Kohlensäure hinzugegeben werden.

Getränkepulver engl.: *dry beverage base;* meistens aus Zuckerarten und ggf. Süßstoffen hergestellte Zuckerwaren, die dazu bestimmt sind, unter Zugabe von Wasser, Milch oder anderen Flüssigkeiten ein verzehrfähiges, nicht brausendes Getränk zu ergeben. Je nach Art des Getränkes enthalten sie bspw. Kakaopulver, auch stark entölt, Schokoladenpulver, Malzextrakt, löslichen Kaffee, Fruchtpulver oder sonstige geschmacksgebende Zutaten, Trockenmilcherzeugnisse und Aromen als Zutaten. Weitere Zutaten sind ferner Vitamine, Mineralstoffe, Genusssäuren und deren Salze, färbende Lebensmittel und Farbstoffe, Verdickungs- und Trübungsmittel, Emulgatoren und die Rieselfähigkeit verbessernde Stoffe. Eine Angabe der Geschmacksrichtung erfolgt durch die Bezeichnung „mit...Geschmack", „Typ...." oder „....haltig".

Getränkesirup; konzentriertes zähflüssiges Vorprodukt zur Herstellung bzw. Zubereitung von → Erfrischungsgetränken, dem im Gegensatz zum → Getränkegrundstoff lediglich Wasser mit oder ohne Kohlensäure zugesetzt werden muss. G. enthalten neben Getränkegrundstoff Zuckersirupe und/oder Süßstoffe.

Getreide engl.: *cereals;* Bezeichnung für eine Reihe zu den Gräsern (lat.: *Poaceae*) gehörenden Pflanzen, deren auch als G. bezeichnete Samen (→ Getreidekörner) wegen ihres hohen Nährstoffgehaltes, insbesondere an Kohlenhydraten (Stärke), für die Ernährung von Mensch und Tier von größter Bedeutung sind. Die einzelnen Arten und Sorten stellen verschiedene Standortansprüche. Getreideanbau ist nahezu in allen Gebieten der Erde möglich. Zum G. gehören → Weizen und Verwandte, → Reis, → Hirse, → Mais, → Gerste, → Hafer und → Roggen. Die Getreidearten haben als Nahrungspflanzen folgende große Vorteile: Leichte Mechanisierbarkeit des Anbaus (arbeitsextensiv), teilweise hohe Flächenproduktivität (hohe Erträge bei Mais, Reis und Weizen) unter entsprechenden Anbaubedingungen, günstige Nährstoffzusammensetzung, gute Lagerfähigkeit und vielseitige Verwendbarkeit.

Getreidebrei-Nahrung; auf Basis von Getreide oder Getreideerzeugnissen hergestelltes diätetisches Lebensmittel für Säuglinge und Kleinkinder zur Ergänzung der Ernährung. G. wird meist als Trockenprodukt zum Kochen sowie instantisiert angeboten und durch Zugabe von Wasser, Milch oder anderen geeigneten Flüssigkeiten zubereitet.

Getreideeiweiß engl.: *cereal proteins;* neben der Getreidestärke einer der ernährungsphysiologisch bedeutsamen Nährstoffe des Getreidekornes, der im Korn zu 7–13 % enthalten ist und von dem nach der Vermahlung ca. 80 % im Mehl verbleiben. Wegen des i. d. R.

geringen Gehaltes bis Mangel an den essenziellen Aminosäuren Tryptophan, Methionin und Lysin weist G. eine geringere → biologische Wertigkeit als tierische Proteine auf. Durch Züchtung versucht man, diesem Problem entgegenzuwirken, da v. a. in Entwicklungsländern Getreide einen wesentlichen Beitrag zur Versorgung mit Proteinen leisten. So entstanden z. B. durch Züchtung Sorten von Gerste, Mais und Sorghumhirse mit erhöhtem Gehalt an Lysin. Durch die so genannte Osborne-Fraktionierung erfolgt eine Einteilung der Proteine im G. entsprechend ihrer Löslichkeit in Albumine (wasserlöslich), Globuline (löslich in verdünnten Salzlösungen), Prolamine (alkohollöslich) und Gluteline (löslich in verdünnten Säuren). Die Prolaminfraktion ist der Auslöser der → Zöliakie. Im Weizen ergeben Prolamin (hier Gliadin) und Glutelin (hier Glutenin) zusammen den → Kleber (→ Gluten), der entscheidenden Einfluss auf die Teigausbildung und Backfähigkeit von Backwaren besitzt. Weitere wichtige Anwendungen von G. im Lebensmittelbereich liegen in der Herstellung → texturierter Pflanzenproteine, insbesondere für Lebensmittel für vegetarische Kostformen.

Getreideerzeugnisse engl.: *cereal products;* sämtliche Erzeugnisse aus gereinigten → Getreidekörnern, die weiterbearbeitet wurden. Dies kann z. B. durch Quetschen, Schälen, Schroten oder Mahlen geschehen sein. G. sind bspw. Mehl, Dunst, Grieß, Schrot, Flocken sowie Keime und Kleie.

Getreideflocken engl.: *flaked cereals;* Erzeugnisse der → Schälmüllerei, die aus geschältem Getreide durch Dämpfen und Pressen zwischen Walzen gewonnen werden. Die Verwendung von G. erfolgt als Lebensmittel (z. B. → Cornflakes, → Haferflocken und Weizenflocken) v. a. in Frühstückscerealien wie z. B. Müsli und als Futtermittel.

Getreidekapuziner lat.: *Rhyzopertha dominica F.* (Fam.: *Bostrychidae*), engl.: *lesser grain borer;* 3 mm langer schwarzbrauner Käfer mit kapuzenartig über den Kopf gestülptem Halsschild. Der sehr wärmebedürftige → Vorratsschädling übersteht die Winter in Mitteleuropa meist nicht, wird aber regelmäßig mit Getreidelieferungen aus Nordamerika, Südamerika und Australien eingeschleppt und befällt dann neben Getreide aller Art auch trockene Backwaren und Hülsenfrüchte, kommt aber selten in Haushalten vor. Den Hauptschaden verursachen die Larven, die Getreidekörner an- oder völlig ausfressen, aber auch die Käfer selbst schädigen durch ihre Bohrtätigkeit und stellen wichtige Verpackungsschädlinge dar.

Getreidekeimling; → Getreidekörner

Getreidekeimöle engl.: *cereal seed oils,* Syn.: *Getreideöle;* durch Pressen oder Extrahieren von Getreidekeimlingen gewonnene Speiseöle mit einem hohen Gehalt an mehrfach ungesättigten Fettsäuren wie Linolsäure und an Fettbegleitstoffen wie Vitamin E. Wichtige G. sind → Maiskeimöl und → Weizenkeimöl.

Getreidekörner engl.: *grain;* einsamige Früchte (→ Karyopse) der Getreidepflanzen (→ Getreide). Das G. besteht aus Mehlkörper (Endosperm), Keimling (Embryo), Schalen (Frucht- und Samenschalen) und bei einigen Getreidearten (bspw. Hafer, Gerste) zusätzlicher Umhüllung (→ Spelzen). Der vorwiegend aus → Stärke bestehende Mehlkörper enthält hochwertiges Eiweiß (→ Kleber). Der durch ein kleines Schildchen vom Mehlkörper getrennte Keimling bildet die Anlage für eine neue Pflanze und enthält daher viel Eiweiß, reichlich Mineralstoffe und Vitamine sowie Fette. Eine Gewinnung der Fette als ernährungsphysiologisch wertvolle → Getreidekeimöle findet wie die Zucht von Getreidesprossen statt. Die ballaststoff-, mineralstoff-, und vitaminreichen Schalen werden je nach Verwendungszweck in unterschiedlichem Umfang entfernt. In Vollkornprodukten ist das gesamte G. mit der möglichen Ausnahme der äußeren Fruchtschale enthalten. G. werden gequetscht oder geschrotet für Futterzwecke verwendet. Für die menschliche Ernährung werden sie in unterschiedlichen technologischen und küchentechnischen Prozessen be- und verarbeitet bzw. aufbereitet. Zu den dabei entstehenden, größtenteils zur Weiterverarbeitung bestimmten Produkten gehören eine Vielzahl von Mahlprodukten wie z. B. →Mehl, →Schrot, →Grieß u. a. sowie →Malz. Die bei der Verarbeitung und Weiterverarbeitung anfallenden Nebenprodukte (Kleie, Treber, Schlempe) werden als Viehfutter verwendet oder im Falle von Kleie direkt als Ballaststoff genutzt sowie teilweise zu Ballaststoffkonzentraten aufgearbeitet.

Getreidemahlerzeugnisse; gemahlene Erzeugnisse aus gereinigtem Getreide (z. B. Weizen oder Roggen) wie Typenmehle, Backschrot, Vollkornschrot und Vollkornmehl.

Getreidemotte lat.: *Sitotroga cerealella (Oliv.)* (Fam.: *Gelechiidae (Palpenmotten)*), engl.: *angoumois grain moth;* Falter mit einer Flügelspannweite von bis zu 19 mm, lehmgelben Vorderflügeln mit schwarzen Punkten und grauen Hinterflügeln mit langen Fransen. Die zunächst rötlichen, später weißen, bis 6 mm langen Raupen fressen runde glattrandige Löcher in Getreide-, Reis- und Maiskörner und zerstören das Korninnere. Es erfolgt keine Gespinstbildung. G. kommen vorwiegend in den Tropen und Subtropen vor, werden aber durch Importe auch nach Mitteleuropa eingeschleppt.

Getreidemühle engl.: *flour mill;* elektrisches oder mechanisches Gerät zum Mahlen von Getreide, das großindustriell, aber auch im Haushalt (v. a. in der Vollwerternährung) Verwendung findet. Abhängig vom Zerkleinerungsgrad, der durch die Einstellung des Mahlwerks ausgewählt wird, ergibt sich grob gemahlener Getreideschrot oder fein gemahlenes Getreidemehl. Je nach Verwendungszweck sind Mahlwerke aus Stahl, Stein oder Keramik am geeignetsten. Industrielle G. lassen sich nach ihrem Aufbau und ihrer Mahlweise z. B. in Scheiben-, Schneid-, Schwerkraft- und Walzenmühlen unterteilen.

Getreideöle Syn.: → *Getreidekeimöle*

Getreideplattkäfer lat.: *Oryzaephilus surinamensis L.* (Fam.: *Cucujidae (Plattkäfer)*), engl.: *sawtoothed grain beetle;* 3 mm lange, schlanke, abgeplattete, tabakbraune Käfer mit sechs spitzen Zähnchen und bis zu 4 mm langen, gelblich glänzenden, sechsbeinigen Larven. G. befallen v. a. kohlenhydratreiche Produkte wie Getreideprodukte, Teig- und Backwaren sowie Nüsse und Trockenobst. Sie gehören zu den häufigsten →Vorratsschädlingen im Haus und sind auch in Lebensmittelbetrieben und Lagern sehr gefürchtet, da sie Verpackungsmaterial durchnagen können. Aufgrund ihrer geringen Größe und guten Beweglichkeit können sie überallhin gelangen, fallen jedoch erst auf, wenn sie in großen Mengen auftreten. Schaden entsteht v. a. durch Fraßschäden an Lebensmitteln durch Käfer und Larven; Getreide wird feucht und klumpig und die →Backfähigkeit von Mehlen vermindert.

Getreidesorte; Genotyp (Rasse) der betreffenden Getreideart. Die Eigenschaften einer Sorte sind genetisch festgelegt, können sich aber durch Umwelteinflüsse verändern. Die amtliche Zulassung wird nur erteilt, wenn die neue Sorte gegenüber bisherigen Sorten im Ertrag oder in speziellen Eigenschaften einen Fortschritt aufweist. Zugelassene Sorten erhalten für eine bestimmte Anzahl von Jahren den Sortenschutz. Die amtliche Zulassung setzt sich aus zwei unterschiedlichen Verfahren, der Wertprüfung (landeskultureller Wert) und dem Sortenschutz (Registerprüfung: Unterscheidbarkeit, Homogenität) zusammen. Seit einigen Jahren werden, unter Anwendung der →Gentechnik neue Getreidesorten gezüchtet. Diese Methode ermöglicht es, Eigenschaften auch über Artgrenzen hinweg zu übertragen. Erwünschte Eigenschaften sind Resistenzen gegen Herbizide (→Bt-Mais), Schädlinge und Krankheitserreger sowie Steigerung der essenziellen Inhaltsstoffe (→Golden Rice). Neben

Mais wird v. a. mit Weizen, Gerste oder Hafer gearbeitet, z. T. wachsen die Sorten schon auf Versuchsfeldern. Im ökologischen Anbau ist die Anwendung der Gentechnik nicht zulässig.

Getreidestärken engl.: *cereal starches;* Oberbegriff für Reservekohlenhydrate verschiedener Getreidearten, die bis zu 70 % der Getreidekörner ausmachen und aus diesen durch Auswaschen, Trocknen und Vermahlen gewonnen werden können. G. gehören warenkundlich zu den Nährmitteln und finden in modifizierter und unmodifizierter Form breite Anwendung im Lebensmittelbereich. Verwenden lassen sie sich z. B. als Konsistenz gebende Zutaten (z. B. in Puddingen, Cremedesserts und Breien), als Stabilisatoren (z. B. Gefrier-Tau-Stabilität von tiefgefrorenen Lebensmittel), technisch zur Gewinnung von Ethanol sowie als Trennmittel z. B. in Mogulanlagen. Hohe Stärkegehalte im Getreide sind besonders bei der Braugerste, aber auch bei allen anderen zur Stärke- oder Alkoholgewinnung bestimmten Getreidesorten gefragt. Hauptlieferanten für G. sind Mais, Reis und Weizen.

Getrocknete Pilze engl.: *dried mushrooms;* durch Trocknen haltbar gemachte ganze oder geschnittene →Speisepilze mit einem Wassergehalt von maximal 12 %. G. P. können sowohl als →Gewürz verwendet als auch durch Einlegen in Wasser rekonstituiert und z. B. zur Zubereitung von Suppen und Saucen verwendet werden. Sie sollen nach dem Wiederaufquellen weichfleischig und nicht schleimig sein. Im Handel erhältlich sind v. a. getrocknete Steinpilze, getrocknete Pfifferlinge, getrocknete Trüffelpilze und getrocknete Mischpilze. Nicht alle Pilze sind zum Trocknen geeignet. Manche werden zäh oder verlieren stark an Geschmack. Besonders schonend für Nährwert, Aroma und Aussehen ist das Verfahren der →Gefriertrocknung. Gefriergetrocknete Pilze behalten ihr ursprüngliches Aussehen und nehmen das Wasser in wenigen Sekunden wieder auf. G. P. werden leicht von Maden befallen, nicht ausreichend getrocknete Pilze schimmeln leicht, die Lagerung muss kühl und trocken erfolgen.

Getrockneter Fruchtsaft engl.: dehydrated powdered fruit juice; durch nahezu vollständige physikalische Abtrennung des natürlichen Wassergehaltes aus →Fruchtsaft bzw. →Fruchtsaftkonzentrat gewonnenes Pulver. Es dient zur Herstellung von →Erfrischungsgetränken.

Getrocknetes Gemüse Syn.: → *Trockengemüse*

Gewebestoffwechsel Syn.: → *Intermediärstoffwechsel*

Gewerbesalz Syn.: → *Viehsalz*

Gewichtsverhältnis 20:20; → Relative Dichte

Gewiegtes Syn.: → *Hackfleisch*

Gewöhnliche Moosbeere lat.: *Vaccinium oxycoccos L.* (Fam.: *Ericaceae*), engl.: *Wild Cranberry;* mit der →Preiselbeere zu verwechselnde →Beere des gleichnamigen in Europa wild wachsenden Zwergstrauches. Die Verwendung von bis zu 15 %, bezogen auf die Fruchteinwaage, an g. M. in verarbeiteten Preiselbeerkonserven ist unter Kenntlichmachung üblich. Sie werden wild als Frischfrucht gesammelt und als Tiefkühlware aus osteuropäischen Staaten angeboten.

Gewöhnlicher Löwenzahn lat.: *Taraxum sect. Ruderale Kirschner* (Fam.: *Asteraceae*), engl.: *Dandelion;* auf Wiesen weit verbreitetes Wildkraut, das vereinzelt in Kulturform angebaut wird. Jüngere Blätter sind für Salate und als Gemüse geeignet. Durch Vergeilen (Lichtentzug) kann der bittere Geschmack gemildert werden. Aus den Wurzeln (Rübe) läßt sich Gemüse und Kaffeersatz zubereiten. Die Blütenköpfe lassen sich ähnlich vielseitig, z. B. in Gelee verwenden.

Gewürzaromapräparate; →Gewürzaromazubereitungen

Gewürzaromasalze; →Gewürzsalze, bei denen die →Gewürze teilweise oder vollständig durch →Gewürzaromen ersetzt sind. Sie werden nach ihrer Art (z. B. Kräuteraromasalz, Sellerieаромasalz) oder nach ihrem Verwendungszweck (z. B. G. für Brathähnchen) bezeichnet.

Gewürzaromazubereitungen; →Gewürzzubereitungen, bei denen die →Gewürze teilweise oder vollständig durch →Gewürzaromen ersetzt sind. Die Bezeichnung richtet sich dabei nach ihrem Verwendungszweck (z. B. G. für Brathähnchen). Für zur Abgabe an Weiterverarbeiter bestimmte G. wird i. d. R. die Bezeichnung Gewürzaromapräparate verwendet (z. B. Gewürzaromapräparate für Fleischwurst). G., bei denen der Gewürzaromenanteil ausschließlich aus Gewürzextrakten besteht, werden auch als Gewürzextraktzubereitungen oder Gewürzextraktpräparate bezeichnet.

Gewürzaromen engl.: *spice aroma;* Erzeugnisse, die durch Extraktion von →Gewürzen mit geeigneten Extraktionsmitteln gewonnen werden. G. enthalten nur Aromaextrakte und/oder natürliche Aromastoffe. Sie werden vorwiegend in der Lebensmittelindustrie eingesetzt und sind zur besseren Dosier- und Verarbeitbarkeit an Trägerstoffe wie Salz, Maltodextrin oder Stärke gebunden.

Gewürzbrote; Spezialbrote mit Gewürzen wie z. B. Kümmel oder Anis in der Krume oder als Streubelag auf der Kruste. Das Gewürz ist deutlich wahrnehmbar und verleiht den Broten einen charakteristischen Geschmack. Bekannte Beispiele für G. sind Kümmel- oder Zwiebelbrot.

Gewürze engl.: *spices;* Teile (Wurzeln, Wurzelstöcke, Zwiebeln, Rinden, Blätter, Kräuter, Blüten, Früchte, Samen oder Teile davon) einer bestimmten Pflanzenart, die wegen ihres natürlichen Gehaltes an Geschmacks- und Geruchsstoffen als würzende oder geschmacksgebende Zutaten zu Lebensmitteln verwendet und nicht mehr als technologisch notwendig bearbeitet (i. d. R. gereinigt, getrocknet und zerkleinert) werden. Der Übergang zwischen →Küchenkräutern und G. ist fließend. Im Allgemeinen werden unter G. jedoch getrocknete Pflanzenteile verschiedener Art verstanden, unter Küchenkräutern hingegen frische grüne Blätter und Stängel, die bei der Speisenzubereitung in größerer Menge eingesetzt werden. →Pilze zählen zu den G., soweit sie nur wegen ihrer würzenden Eigenschaften zum Einsatz kommen. G. werden nach ihrer Art bezeichnet, z. B. Paprika edelsüß, Rosenpaprika; wenn der Zerkleinerungsgrad von Bedeutung ist, wird dieser zusätzlich angegeben, z. B. schwarzer Pfeffer, gemahlen. Die Eigenschaften von G. werden durch ihre Inhaltsstoffe, wie →ätherische Öle, Scharfstoffe, Bitterstoffe, Schleim-, Gerb- sowie Farbstoffe bestimmt. Mit Ausnahme einiger frischer Küchenkräuter (z. B. Petersilie) spielen G. für die Nährstoffversorgung keine Rolle, jedoch haben sie neben ihren würzenden und färbenden Eigenschaften z. T. auch physiologische Funktionen wie z. B. Steigerung von Speichel- und Magensaftausschüttung und somit Förderung der Verdauung, Harn treibende Wirkung, Förderung der Durchblutung und des Gallenflusses sowie Anregung des Kreislaufs. Ihre günstige Wirkung auf die Gesundheit und das Wohlbefinden der Menschen ist von alters her bekannt. Bestimmte G. zeigen auch antibakterielle oder fungizide Wirkung. Die wichtigsten G. stammen aus tropischen Gebieten, aber auch der Anbau von in Europa und Deutschland heimischen Küchenkräutern und G. ist steigend. Der Name leitet sich von der altdt. Bezeichnung *wurz* = Kraut/Pflanze ab.

Gewürzessig engl.: *seasoned vinegar;* →Kräuteressig

Gewürzfenchel lat.: *Foeniculum vulgare MILL. subsp. vulgare var. dulce (MILL.) BATT. et TRAB.* (Fam.: *Apiaceae*), engl.: *fennel, fennel seeds,* Syn.: *Fenchelsamen, Süßer Fenchel;* mehrjährig angebaute Varietät des →Fenchels, bei der die stark gerippten, dem Kümmel ähnelnden Spaltfrüchte als →Gewürz verwendet werden. Der süßlich-anisartige Geschmack beruht auf dem in den Früchten zu etwa 2% enthaltenen →ätherischen Öl mit →Anethol als Hauptkomponente. In der

Küche wird G. zum Würzen von Suppen, Saucen, Fischgerichten, eingelegten Gurken und Brot verwendet.

Gewürzgurken engl.: *gherkins;* tafelfertig zubereitete, knackig feste, hell- bis dunkelgrüne Einlegegurken (→Gurken) in einem Aufguss aus Essig, Gewürzen und Kräutern oder deren Auszügen sowie Speisesalz, Zucker und/oder Süßungsmitteln. Weitere Zutaten im Aufguss sind möglich. Eine Haltbarmachung erfolgt üblicherweise frisch, ohne Vorbehandlung, durch Pasteurisation in geeigneten Behältnissen. Für G. werden für gewöhnlich ausschließlich Einlegegurken der Handelsklasse A (Qualitätsstufe I) verwendet. Für die Bezeichnung als „fein sortierte" oder Delikatess- bzw. Auslesegewürzgurken sind die G. im Behältnis annähernd gleichmäßig in Form, Größe oder Aussehen sortiert. Krumme Gurken werden ähnlich aus Einlegegurken aller Qualitäts- und Handelsklassen hergestellt.

Gewürzhering Syn.: →*Kräuterhering*

Gewürzkaffee engl.: *spiced coffee,* Syn.: *Gewürzter Kaffee;* gemahlener Röstkaffee oder löslicher Kaffee, dem unmittelbar vor oder nach der Herstellung des Kaffeegetränks bestimmte Gewürze wie z. B. Kakaopulver, Muskatnuss, Zimt, Kardamom, Gewürznelken oder auch geriebene Zitronenschale zugesetzt werden.

Gewürz-Ketchup; deutlich mit Gewürzen bzw. Gewürzextrakten aromatisierte Würzsauce (→Ketchup), die neben ähnlichen Grundzutaten wie bei →Tomaten-Ketchup weitere würzende Zutaten für z. T. unterschiedliche Geschmacksrichtungen wie z. B. Schaschlik aufweisen kann.

Gewürzkörner Syn.: →*Piment*

Gewürzkräuter Syn.: →*Küchenkräuter*

Gewürzlikör; →Liköre mit kräftig würzigem Geruch und Geschmack. Das ausgeprägte Aroma basiert auf alkoholischen Ansätzen aus Gewürzen, Gewürzbestandteilen oder der daraus gewonnenen Extrakte. Zu den G. gehören z. B. →Kümmellikör, Anislikör (→Anisette) und →Ingwerlikör. Der Mindestalkoholgehalt beträgt 15 Vol.-%.

Gewürzmischungen engl.: *spice mixture, mixed spices;* Mischungen, die ausschließlich aus →Gewürzen bestehen. Sie werden nach ihrer Art oder ihrem Verwendungszweck bezeichnet, z. B. →Kräuter der Provence oder Gulaschgewürz. Der besondere Hinweis auf „Mischung" ist nicht erforderlich.

Gewürznelken lat.: *Syzygium aromaticum (L.) MERR. et PERRY* (Fam.: *Myrtaceae*), engl.: *clove,* Syn.: *Nelken;* getrocknete, noch geschlossene Blütenknospen des von den Molukken stammenden 10–12 m hohen immergrünen Gewürznelkenbaumes. Hauptanbauländer sind Indonesien, Madagaskar, Sansibar, Sri Lanka sowie die Tropen Amerikas. Der intensive Duft und brennend scharfe Geschmack beruht auf den zu 16–21 % enthaltenen →ätherischen Ölen mit →Eugenol als Hauptkomponente sowie dem für den Nelkengeruch besonders typischen Eugenolacetat. Qualitativ hochwertige G. fühlen sich aufgrund ihres hohen Ölgehaltes fettig an und sollten keine Stiele enthalten. In der Lebensmittelindustrie werden G. hauptsächlich in gemahlener Form zur Herstellung von Wurst- und Backwaren eingesetzt, im Haushalt werden bevorzugt ganze G. zum Würzen von Fleischgerichten, Gemüsen wie v. a. Rotkohl, Kompott, Glühwein und Weihnachtsgebäck verwendet. Zur Herstellung von Nelkenöl, das in der Parfüm- und Aromenindustrie wegen seiner Keim tötenden und anästhesierenden Wirkung auch in der Pharmazie eingesetzt wird, werden neben den Blütenknospen auch die Stiele und Blätter verwendet, die jedoch Öle von geringerer Qualität liefern. Weiterhin dient Nelkenöl als Ausgangsstoff für die Herstellung von →Vanillin. Der Name beruht auf dem nagelähnlichen Aussehen der Knospen mit ihrem länglichen Fruchtknoten.

Gewürzpaprika lat.: *Capsicum annuum L. var. annuum und C. annuum L. var. longum* (Fam.: *Solanaceae*) , engl.: *red pepper,* Syn.:

Spanischer Pfeffer, Türkischer Pfeffer; Durch Trocknen und Mahlen dünnfleischiger kleinfrüchtiger, das scharf schmeckende Alkaloid → Capsaicin enthaltender vollreif geernteter → Paprika-Sorten hergestelltes rotes bis rotbraunes Gewürzpulver. Der Schärfegrad steigt mit zunehmendem Anteil an Scheidewänden und Samen, gleichzeitig sinkt der Farbstoffgehalt (→ Capsanthin). Je nach Farbe und Schärfegrad unterscheidet man drei Angebotsformen: 1. Delikatesspaprika: dunkelrot, mild, fruchtig; 2. Paprika, edelsüß: rot, mild mit leichter Schärfe; 3. Paprika, scharf, Rosenpaprika: rotbraun, scharf. Hauptlieferanten für G. sind Ungarn und Spanien. In der Küche ist G. vielseitig verwendbar, z. B. zum Würzen von Gulasch, Reisgerichten, Suppen, Saucen, Wurstwaren und Kartoffelchips. Dabei ist zu beachten, dass G. nicht in siedendes Fett gegeben werden darf, da durch die Karamellisierung Zucker, Farbe und Geschmack beeinträchtigt werden und Bitterstoffe entstehen. G. wirkt Appetit anregend und verdauungsfördernd, da das enthaltene Capsaicin die Magensaftsekretion steigert und die Darmperistaltik anregt.

Gewürzplätzchen engl.: *spice cookies;* kräftig z. B. mit → Kardamom, → Zimt und → Gewürznelken gewürzte, meist runde Plätzchen, die besonders zur Weihnachtszeit beliebt sind.

Gewürzpräparate; → Gewürzzubereitungen

Gewürzprinten engl.: *spiced gingerbread biscuits;* → Dauerbackware aus braunem Lebkuchenteig mit kräftiger Würzung, evtl. auch mit ganzen Korianderfrüchten. Nur bei dieser Art → Printen wird bei Handelsware zuweilen ein Teil des Zuckers durch Rübensirup ersetzt.

Gewürzsalze engl.: *herbal salts;* Mischungen von Speisesalz mit einem oder mehreren → Gewürzen und/oder → Gewürzzubereitungen, auch unter Verwendung von → Würzen. Nach den Leitsätzen des Deutschen Lebensmittelbuches für Gewürze und andere würzende Zutaten enthalten G. üblicherweise mindestens 15 % Gewürze (außer bei Knoblauch) und mehr als 40 % Speisesalz. Das Verhältnis von Speisesalz zu Gewürzen soll so bemessen sein, dass weder ein Nachsalzen noch Nachwürzen mit den dem G. eigenen Gewürzen erforderlich ist. G. werden nach ihrer Art (z. B. → Selleriesalz) oder nach ihrem Verwendungszweck (z. B. Brathähnchen-Gewürzsalz) bezeichnet.

Gewürzsenf; in der Regel mittelscharfer → Speisesenf, der durch bestimmte Gewürze (z. B. grüner Pfeffer oder Paprikapulver) eine besonders pikante Geschmacksnote erhält. G. wird hauptsächlich bei der Zubereitung von Fleisch- und Fischgerichten verwendet.

Gewürzspekulatius; → Spekulatius

Gewürztraminer Syn.: *Traminer aromatico (Italien)*; Weißweinrebe, alte Kultursorte, Herkunft unbekannt. Hohe Anforderungen an Lage und Boden; frostfest, während der Blüte jedoch sehr kälte- und nässeempfindlich, mittelfrüh reifend. Kleine bis mittelgroße Trauben mit hellroten Beeren. Liefert meist schwere Weine mit feinem Muskatton, oft von hoher Qualität. Jedoch sind die Weine manchmal sehr säurearm, weswegen sich diese dann nicht zum Altern eignen. Anbau v. a. in Rheinpfalz und Baden, im Elsass, in Norditalien. In wärmeren Ländern wegen der Säurearmut von Erzeugern nicht sehr geschätzt.

Gewürzzubereitungen engl.: *spice preparations;* Mischungen von einem oder mehreren → Gewürzen mit anderen geschmacksgebenden oder geschmacksbeeinflussenden Zutaten wie z. B. getrockneten Gemüsestücken. Nach den Leitsätzen des Deutschen Lebensmittelbuches für Gewürze und andere würzende Zutaten enthalten G. mindestens 60 % Gewürze und zusätzlich auch Gewürzaromen. G. werden nach ihrer Art (z. B. Zwiebel-Pfeffer-Gewürzzubereitung) oder ihrem Verwendungszweck (z. B. Brathähnchen-Gewürzzubereitung) bezeichnet. G., die für die weiterverarbeitende Industrie bestimmt sind, werden auch als Gewürzpräparate bezeichnet.

Gewürzzwiebel; → Speisezwiebel

Gezuckerte Kondensmagermilch engl.: *sugared skimmed condensed milk;* Standardsorte der gezuckerten → Kondensmilcherzeugnisse, die höchstens 1 % Fett und mindestens 24 % Milchtrockenmasse enthält und v. a. in der Süßwarenindustrie verwendet wird.

Gezuckerte Kondensmilch engl.: *sugared condensed milk;* Standardsorte der gezuckerten → Kondensmilcherzeugnisse, die mindestens 8 % Fett und 28 % Milchtrockenmasse enthält.

Gezuckertes fettarmes Kakaopulver; in der alten Kakaoverordnung von 1975 definiertes Erzeugnis, das durch Mischen von → fettarmem Kakaopulver und Saccharose entsteht und das einen Mindestgehalt an fettarmem Kakaopulver von 32 % aufweist.

Gezuckertes Kakaopulver; nach der Kakao-Richtlinie 2000/36 Synonym für → Trinkschokoladenpulver, in der alten Kakaoverordnung von 1975 jedoch Synonym für → Schokoladenpulver.

Gezuckerte teilentrahmte Kondensmilch engl.: *sugared semi-skimmed condensed milk;* Standardsorte der gezuckerten → Kondensmilcherzeugnisse, die mehr als 1 % und weniger als 8 % Fett sowie mindestens 24 % Milchtrockenmasse enthält.

Ghee engl.: *ghee;* durch Ausschmelzen (Klären) von Butter gewonnenes, von Wasser und Eiweiß befreites gelbliches Milchfett (→ Butterreinfett). G. wird in der asiatischen, insbesondere in der indischen und in der arabischen Küche verwendet und lässt sich wie Butterreinfett handhaben. In Deutschland ist G. in Spezialitätengeschäften erhältlich.

Gianduja-Haselnuss-Milchschokolade; → Milchschokolade mit einem Mindestgehalt an Milchtrockenmasse von 10 % und 15–40 g fein gemahlenen Haselnüssen. Außerdem ist der Zusatz von Mandeln, Haselnüssen u. a. Nüssen ganz oder in Stücken bis zu einem Gesamtanteil aller nussartigen Zusätze von 60 % des Gesamtgewichts zulässig.

Gianduja-Haselnuss-Schokolade; → Schokolade mit einem Mindestgehalt an Gesamtkakaotrockenmasse von 32 %, an entölter Kakaotrockenmasse von 8 % und 20–40 g fein gemahlene Haselnüsse je 100 g Erzeugnis. Als Zusätze sind Milchtrockenmasse bis 5 % und Mandeln, Haselnüsse u. a. Nüsse ganz oder in Stücken bis zu einem Gesamtanteil aller nussartigen Zusätze von 60 % des Gesamtgewichts zulässig.

Gicht engl.: *gout;* angeborene Störung des Harnsäurestoffwechsels, die meist durch exogene Faktoren wie hyperenergetische Ernährung, hohen Fleischkonsum und Alkoholmissbrauch klinisch manifestiert wird. Durch Ablagerungen von auskristallisierter → Harnsäure in Gelenkkapseln und -knorpeln, der Ohrmuschel und den Nierentubuli entsteht das eigentliche Krankheitsbild der G. mit geschwollenen schmerzenden Gelenken, Gichtknoten in der Ohrmuschel und/oder einer Gichtniere, die zu Niereninsuffizienz führen kann. Neben der medikamentösen Therapie muss durch Verringerung der Purinzufuhr (→ Purinbasen) mit der Nahrung der Harnsäurebildung im Organismus entgegengewirkt werden. Zu meiden sind insbesondere Innereien sowie die Haut von Fisch, Geflügel und Schwein, purinreiche Gemüse wie Hülsenfrüchte sowie alkoholhaltige Getränke. Daneben ist auf eine Normalisierung des Körpergewichts zu achten.

Gießkannenschimmel; Bezeichnung für → Schimmelpilze der Gattung → *Aspergillus*, die auf das an einen Gießkannenkopf beim Gießen erinnernde Aussehen der ungeschlechtlichen Fortpflanzungsorgane zurückzuführen ist. Aus dem → Mycel erheben sich → Konidien-Träger mit endständigen Bläschen, aus denen sich kugelförmige Konidiosporen abschnüren.

Gifte engl.: *poisons, toxins;* Stoffe, die häufig schon in geringen Mengen im Organismus Funktionsstörungen oder Schädigungen verursachen, die u. U. zum Tod führen. Bei den G. kann es sich sowohl um anorganische als auch um organische Verbindungen handeln, wie z. B. Chemikalien, Naturstoffe, Arzneimittel. Die Giftwirkung ist außer von der Konzentration u. a. auch von der Art und Dauer der Aufnahme, der Absorbierbarkeit sowie der körperlichen Verfassung abhängig und kann auf Zellzerstörung, Hemmung von Enzymen, Wirkung als Antimetabolit u. Ä. beruhen. Eine Unterteilung der G. erfolgt nach dem Angriffspunkt, z. B. in Blutgift, Nervengift, Herzgift bzw. nach ihrer Wirkung in lokal/systemisch, reversibel/irreversibel und akut/chronisch. Die meisten G. gelangen von außen in den Körper (exogene G.), andere werden aber auch bei Störungen des Stoffwechsels oder Infektionen im Organismus selbst erzeugt (endogene G.). Der Körper verfügt über verschiedene Entgiftungsmechanismen und kann sich mit der Zeit an bestimmte G. gewöhnen. Für die Therapie von akuten Vergiftungen stehen einige spezifische Gegengifte (Antidote) zur Verfügung, meist ist nur eine symptomatische Behandlung möglich. Als Maß für die Toxizität dienen der → LD_{50}-Wert und die minimale letale Dosis (MLD, in mg/kg Körpergewicht).

Giftlorchel Syn.: → *Frühjahrslorchel*

Gin; ist ebenso wie → Genever eine mit Wacholderbeeren aromatisierte Spirituose, wobei im Gegensatz zum Genever beim G. das Wacholderaroma dominierend sein muss. Der Mindestalkoholgehalt beträgt 37,5 Vol.-%. G. gehört zu den edelsten Spirituosen; die Grundlage bilden Roggen und Gerste, verfeinert mit Wacholderbeeren und Gewürzen (Koriander, Angelikawurzel, Anis, Kümmel, Kalmus, Kardamom) sowie ätherischen Ölen von Zitronen und Bitterorangen. Die Destillation erfolgt hauptsächlich im Patent-still-Verfahren. Bei der Lagerung in Steingutbehältern oder neuerdings auch in Stahltanks erfährt der G. keine Reifung mehr. Die Lagerung dient der Homogenisierung und des Abbaus überschüssiger Aromastoffe. Mit der Zugabe von destilliertem oder demineralisiertem Wasser wird der G. auf Trinkstärke herabgesetzt. In England, der Heimat des G., liegt der Alkoholgehalt bei 38–45 Vol.-%. Er wird pur getrunken, auf Eis oder dient als Zutat zu Cocktails.

Ginger Ale; Bezeichnung für → Limonade mit Zusatz von Ingwerauszügen.

Ginkgo lat.: *Ginkgo biloba L.* (Fam.: *Ginkgoaceae*), engl.: *Maidenhair-tree;* ostasiatischer Baum mit fächerförmigen Blättern, der schon seit alters her eine wichtige Rolle in der asiatischen Heilmedizin spielt. Aus den Blätter können Extrakte gewonnen werden, die wegen ihrer Gefäß erweiternde und durchblutungsfördernde Wirkung in Arzneimitteln verwendet werden. Ferner trägt der Ginkgobaum mirabellenähnliche Samen, die eine fleischige äußere und eine harte innere Samenschale besitzten und als Delikatesse (Pa-Kewo, Ginkgo-Nuss) u. a. geröstet, gebacken oder gekocht verzehrt werden. G. wird in Nahrungsergänzungsmitteln eingesetzt, da er wegen der durchblutungsfördernden Wirkung die Gedächtnisleistung verbessern soll, sowie in kosmetischen Präparaten, z. B. Cremes gegen Hautalterung.

Ginseng lat.: *Panax ginseng C.A. Mey* (Fam.: *Araliaceae*), engl.: *Ginseng;* ostasiatische Pflanze, deren ginsenosidhaltige Wurzeln seit mehr als 5000 Jahren in Ostasien als Universalheilmittel verwendet werden. G. wird u. a. zur Förderung körperlicher und geistiger Aktivität, als stimulierendes Herz-Kreislaufmittel, als Aphrodisiakum oder als Antidepressivum verwendet. Man unterscheidet weißen G. aus gebleichten und geschälten Wurzeln und roten G. aus frisch geernteten, mit Wasserdampf behandelten Wurzeln.

Gläsler engl.: *glass cheese;* missratener → Käse mit Spalten und schlitzartigen Löchern. Die Lochbildung kann dabei aber auch ganz oder flächenweise ausbleiben.

Glarner Schabziger Syn.: → *Schweizer Kräuterkäse*

Glas engl.: *glass;* typischer → Packstoff für starre Packungen wie Getränkeflaschen, Konservengläser u. Ä., die mit verschiedenen Verschlusssystemen versehen werden können und fast ausschließlich in den Farben weiß, grün und braun hergestellt werden. Rohmaterialien zur Herstellung von Behälterglas sind Quarzsand, Soda, Kalkstein, Dolomit und Feldspat sowie Altglas. Vorteile von Glasbehältnissen sind z.B. Durchsichtigkeit, gute Hygieneeigenschaften auch im Mehrwegverfahren und gute Dichtigkeit. Nachteile sind z. B. die Zerbrechlichkeit und das hohe Gewicht.

Glasaal engl.: *silver eel;* → Aal

Glasauge lat.: *Argentina sphyraena L.* (Fam.: *Argentinidae*), engl.: *argentine;* kleiner Seefisch aus dem Nordatlantik und dem Mittelmeer (mittlere Länge 12–15 cm, maximal 35 cm). Der G. ist in Deutschland wegen seines gurkenähnlichen Geruchs weniger beliebt, ähnlich wie der mit ihm verwandte → Stint. In Frankreich (Côte d'Azur) wird G. reichlich angelandet.

Glasbohnen Syn.: → *Springer*

Glasierte Früchte engl.: *glaced fruits;* ausgewählte, abgetropfte, → kandierte Früchte, die mit einer dünnen glasigen Zuckerschicht überzogen sind und sorgfältig verpackt bei einer Temperatur von 10–18 °C und 55–65 % rel. Luftfeuchtigkeit gelagert werden müssen.

Glasierte Mandeln Syn.: *Gebrannte Mandeln;* → Gebrannte Samenkerne

Glasierte Maronen engl.: *glazed sweet chestnuts;* → Esskastanie

Glaskartoffeln; → Kartoffelkonserven

Glaskirschen lat.: *Prunus cerasus L. subsp. cerasus var. cerasus* (Fam.: *Rosaceae*), engl.: *amarelle;* gelbe oder bunte → Bastardkirschen mit hellem, nicht färbenden Saft.

Glasnudeln engl.: *glass noodles,* Syn.: *Harusame (jap.)*, So-un (indones.); dünne, nach dem Kochen glasig durchscheinende Nudeln, die in der asiatischen Küche als Beilage zu Gerichten und Bestandteil von Suppen sehr beliebt sind. Sie werden je nach Ursprung aus dem Mehl von → Mung- und/oder → Sojabohnen sowie der Konjakknolle oder aus Kartoffelstärke hergestellt.

Glasur engl.: *icing;* glänzender Überzüg, der zur Dekoration oder zum Schutz auf einem Lebensmittel aufgebracht wird. Verbreitet sind G. in der Süßwarenindustrie als Zuckerglasur oder Schokoladenglasur. In der Gastronomie sind jedoch zahlreiche weitere G. wie die Orangenglasur bekannt.

Glattbutt engl.: *brill;* → Steinbutt

Glatthai engl.: *smooth-hound;* → Haie

Glaubersalz Syn.: → *Natriumsulfat*

Gleichgewichtsfeuchtigkeit engl.: *moisture equilibrium;* Luftfeuchtigkeit, die sich über einer wasserhaltigen Substanz bei bestimmter Temperatur einstellt. Die G. ist abhängig von dem Wassergehalt und den Eigenschaften der Substanz, bei Lösungen auch von der Konzentration der gelösten Stoffe (osmotischer Druck), bei Trockenpulvern auch von der Art der Bindung des Wassers sowie der inneren Oberfläche. Die Bestimmung der G. ist wichtig für die Voraussage der Lagerfähigkeit. → Wasseraktivität

Gliadin; → Prolamin des Weizens, Bestandteil des → Glutens.

Glimmrauch; auch als Verschwelen bezeichnetes Verfahren zur Erzeugung von Rauch zum → Räuchern von Lebensmitteln in speziell konstruierten Raucherzeugern. Sägemehl wird über einen Trichter auf eine so genannte Glimmplatte gebracht, die von unten mit Schwelluft beaufschlagt wird. Der erzeugte Rauch wird dann in die eigentliche Räucheranlage gebracht. Da der Schadstoffgehalt der erzeugten Emissionen bei diesem Verfahren sehr groß ist, müssen spezielle Verfahren zur Nachreinigung der Abluft nachgeschaltet werden.

Globuline engl.: *globulins;* Sphäroproteine, die in allen tierischen und pflanzlichen Zellen sowie in Körperflüssigkeiten vorkommen. Zu den G. gehören z. B. → Lysozym und das Muskelprotein Myosin. Die G. sind unlöslich in Wasser, aber leicht löslich in Neutralsalzlösungen.

Glockenapfel; Apfelsorte (→Apfel) mit mittelgroßen bis großen, leicht länglichen Früchten mit grünlichgelber, nur an der Sonnenseite gelegentlich roter Schale und festem weißen, wenig saftigem Fruchtfleisch von herb-säuerlichem bis süßem Geschmack. Der G. wird von Februar bis Juni verzehrt, Pflückreife erreicht er Mitte Oktober.

Gloster; Apfelsorte (→Apfel) mit mittelgroßen bis großen, eher länglichen Früchten mit intensiv roter bis dunkelroter Schale und festem, grünlichem, saftigem Fruchtfleisch. Der G. wird von November bis Mai verzehrt, Pflückreife erreicht er Ende Oktober.

Glucagon engl.: *glucagon;* den Blutglucosespiegel steigerndes Hormon, das in den Langerhans-Inseln (A-Zellen) der→Bauchspeicheldrüse gebildet wird. G. fördert den Abbau der Glykogenreserven der Leber, die →Gluconeogenese und hemmt die Glykolyse sowie die Fettsäuresynthese. G. stellt somit einen Gegenspieler des →Insulins dar.

Gluconate engl.: *gluconates;* Salze der Gluconsäure. Die Natrium-, Kalium- und Calciumsalze sind unter den Nummern E 576-E 578 als Säureregulatoren und Stabilisatoren für Desserts bzw. Diätlebensmittel zugelassen. Calciumgluconat wirkt außerdem als Rieselhilfsstoff, maskiert den bitteren Geschmack einiger Süßstoffe und dient der Calciumanreicherung von Lebensmitteln. Eisen-II-gluconat (E 579) wird zur Schwärzung von Oliven verwendet.

Gluconeogenese engl.: *gluconeogenesis;* hormonell gesteuerte Neubildung von Glucose aus Nicht-Kohlenhydrat-Vorstufen, v. a. aus Milchsäure, glucogenen Aminosäuren und dem Glycerin der Fette. Chemisch gesehen handelt es sich bei der G. um die Umkehr der →Glykolyse.

Gluconobacter; Gattung der →Essigsäurebakterien, die Ethanol zu Essigsäure und Glucose zu Gluconsäure oxidieren, worauf der Gattungsname zurückzuführen ist. Die wichtigste Spezies ist *G. oxydans*, die in säuernden Früchten und Gemüse, Bier, Wein und Weinessig vorkommt.

Glucono-delta-lacton engl.: *gluconic acid 5-lactone,* Syn.: *Gluconsäure-delta-lacton;* aus Gluconsäure durch Wasserabspaltung entstehender Ester, der sich in Gegenwart von Wasser wieder in Gluconsäure zurückverwandelt. Auf dieser zeitlich beeinflussbaren Rückbildung beruht der Einsatz des G. als Reifebeschleuniger in Rohwurst und die Verwendung in Backpulver zur gleichmäßigen Säurefreisetzung. Unter der Nummer E 575 ist G. als Säureregulator und Stabilisator (Farbstabilisator in Meeresfrüchten und verarbeitetem Gemüse) zugelassen.

Gluconsäure engl.: *gluconic acid;* organische Säure, die beim Abbau von Kohlenhydraten entsteht und z. B. in Obstsäften, Wein und Honig vorkommt. G. wird enzymatisch oder fermentativ mit bestimmten Schimmelpilzarten aus Glucose gewonnen und ist unter der Nummer E 574 als Säureregulator, Kompexbildner, Stabilisator und Oberflächenbehandlungsmittel z. B. für Getränke, Dessert sowie Obst- und Gemüseprodukte zugelassen. Die Salze der G. (→Gluconate) sind ebenfalls wichtige Lebensmittelzusatzstoffe.

Gluconsäure-delta-lacton Syn.: → *Glucono-delta-lacton*

Glucose/Glukose Syn.: *Traubenzucker, Dextrose;* →Monosaccharid, das in freier Form in Früchten und Honig zu finden ist, meist aber glykosidisch gebunden als Di- oder Polysaccharid (Saccharose, Lactose, Maltose, Stärke, Cellulose u. a.) vorliegt. Die Absorption erfolgt durch einen aktiven Transport im Dünndarm, die Speicherform in Leber und Muskulatur ist →Glykogen. Bei mangelnder Glucosezufuhr kann in der Leber G. aus Aminosäuren und Glycerin gebildet werden (→Gluconeogenese). G. ist das wichtigste Substrat im Zellstoffwechsel und dient v. a. als Brennstoff (Gehirn, Nierenmark und Erythrozyten verwerten unter Normalbedingungen nur G.). Dazu wird sie über →Glykolyse und → Citronensäure-Zyklus zu Kohlendioxid und Wasser abgebaut. Die industrielle Gewinnung erfolgt durch Stärkehydrolyse mittels Säuren oder enzymatisch. G. ist Bestandteil von Glucosesirup und dient als Ausgangsmaterial für Sorbit, Ascorbinsäure, Gluconsäure u. a. Stoffen.

Glucose-Isomerase engl.: *glucose isomerase,* Syn.: *Xylose-Isomerase;* zur Gruppe der Isomerasen gehörendes Enzym, das Glucose in die süßere Fructose bzw. Xylose in Xylulose umwandelt und zur Herstellung von → Isoglucose verwendet wird.

Glucoseoxidase engl.: *glucose oxidase;* Abk.: GOD, zur Gruppe der Oxidoreduktasen gehörendes Enzym, das die Oxidation von Glucose zu Gluconsäure und Wasserstoffperoxid unter Sauerstoffaufnahme katalysiert. GOD kann eingesetzt werden, um die Maillard-Reaktion zu verhindern, z. B. bei der Entfernung der Glucose zur Herstellung von Trockeneiprodukten oder zur Entfernung des Restsauerstoffs bei einem Glucoseüberschuss aus Bier, Wein, Fruchtsäften, Verpackungen u. a. Des Weiteren dient GOD zur analytischen Bestimmung von Glucose z. B. in Blut und Harn, indem das entstehende Wasserstoffperoxid mit Hilfe einer Farbreaktion nachgewiesen wird.

Glucosesirup engl.: *glucose syrup,* Syn.: *Stärkesirup, Stärkezuckersirup, Bonbonsirup, halbweißer Sirup;* durch kontrollierte partielle → Stärkeverzuckerung mittels Säuren und/oder Enzymen und anschließendes Reinigen und Eindampfen hergestellte konzentrierte Lösungen von Glucose, Maltose und höheren Polymeren (Oligosaccharide, Dextrine). Der Verzuckerungsgrad wird in → Dextroseäquivalenten angegeben, die eine Einteilung in niedrig- (20–38 DE), normal- (38–48 DE), mittel- (48–58 DE), hoch- (58–68 DE) und extra hoch verzuckerte (ab 68 DE) Sirupe ermöglichen. Die Trockensubstanz von G. beläuft sich auf 80–85 %, der Glucosegehalt liegt zwischen 20 und 70 %, wobei dieser durch das Herstellungsverfahren reguliert und dem Verwendungszweck angepasst werden kann. G. wird u. a. bei der Herstellung von Süßwaren (z. B. Bonbons, Marzipan, Persipan, Fondant), Konfitüren und Getränken zur Süßung, aber auch zur Viskositätserhöhung, als Feuchthaltemittel und Kristallisationshemmer eingesetzt. G. kann auch weiter zu → Trockenglucosesirup oder enzymatisch zur süßeren → Isoglucose umgesetzt werden.

Glucosidasen engl.: *glucosidases;* zu den → Hydrolasen gehörende Enzyme, die eine Untergruppe der → Glykosidasen darstellen und die glykosidische Bindung in glucosehaltigen Disacchariden, seltener in Oligosacchariden, spalten. Abhängig von der Art der Bindung (α- oder β-glykosidisch), die sie hydrolysieren, werden sie in α- und β-Glucosidasen unterteilt. Die wichtigste α-Glucosidase ist → Maltase, unter den β-Glucosidasen sind Cellobiase (eine → Cellulase) und → Emulsin als Gemisch verschiedener β-Glucosidasen zu nennen.

Glucosinolate engl.: *glucosinolates,* Syn.: *Senfölglucoside;* in vielen Kohlarten, in → Senf, → Meerrettich, → Raps und → Kresse enthaltene schwefelhaltige → sekundäre Pflanzenstoffe, die zum typischen Geruch und Geschmack der Pflanzen beitragen und zu den Kropfbildnern (→ Goitrogene) gehören. Neuerdings geht man jedoch davon aus, dass einzelne G. auch positive Eigeschaften wie antikanzerogene, fungistatische und antibakterielle Wirkungen haben.

Glucuronate; Salze der → Glucuronsäure.

Glucuronsäure engl.: *glucuronic acid;* zu den → Uronsäuren gehörende organische Säure, die durch Oxidation von Glucose entsteht. G. ist z. B. Bestandteil von Gummi arabicum, Hyaluronsäure und Heparin. Im Stoffwechsel dient G. der Entgiftung von Phenolen u .a. toxischen Stoffen durch die Bildung von Glucuroniden.

Glückswürfel; Würfelzucker aus angefeuchteter und gepresster → Raffinade in Herz-, Kreuz-, Pik- und Karoform.

Glühwein engl.: *mulled wine;* ausschließlich aus Rot- oder Weißwein gewonnenes und hauptsächlich mit Zimt und/oder Gewürznelken gewürztes, aromatisiertes, weinhaltiges Getränk mit einem vorhandenen Alkoholgehalt von mindestens 7 Vol.-% und höchstens 14,5 Vol.-%. Der Anteil an Rot- oder Weißwein beträgt mindestens 50 %. Mit Alkohol versetzte Weine und Retsina-Tafelwein werden nicht verwendet. Ist der G. aus Weißwein zubereitet, muss die Verkehrsbezeichnung „Glühwein aus Weißwein" lauten. Der Zusatz von Wasser ist nur im Rahmen der Süßung, z. B. mit flüssigem Invertzucker zugelassen. Zur weiteren Aromatisierung können neben Zimt und/oder Gewürznelken weitere Gewürze und/oder Würzkräuter, geschmacksgebende Nahrungsmittel sowie natürliche und/oder naturidentische Aromastoffe bzw. -extrakte verwendet werden. Die auf Weihnachtsmärkten usw. als G. angebotenen Mischgetränke, die häufig auf der Basis von Fruchtweinen hergestellt sind, sind eigenständige, für sich anzusehende Erzeugnisse, die mit G. nicht verwechselt werden dürfen. Sie müssen über ihre Verkehrsbezeichnung immer als Fruchtglühweine klar erkennbar sein, z. B. Apfelglühwein oder Heidelbeerglühwein.

Glutamat engl.: *glutamate;* 1. Glutamate: chemische Bezeichnung für die Salze der → Glutaminsäure. 2. Glutamat: ugs. für Glutamate als Lebensmittelzusatzstoffe, bevorzugt Mononatriumglutamat. → Natriumglutamat

Glutamat-Intoleranz engl.: *glutamate intolerance,* Syn.: → *China-Restaurant-Syndrom*

Glutamin engl.: *glutamine;* Abk.: Gln, nicht essenzielle → Aminosäure, die gebunden in den meisten → Proteinen, frei z.B. in Pflanzensamen enthalten ist. Gln ist das Amid der Glutaminsäure und dient den Pflanzen als Stickstoffspeicher. Im tierischen Organismus entgiftet es zusammen mit Asparagin den Nerven schädigenden Ammoniak.

Glutaminsäure engl.: *glutamic acid;* Abk.: Glu, nicht essenzielle saure → Aminosäure, die in den meisten → Proteinen in größerer Konzentration enthalten ist. Glu entsteht im Organismus aus Ketoglutarsäure und Ammoniak, bildet durch Decarboxylierung gamma-Aminobuttersäure (GABA, ein wichtiger Neurotransmitter), ist an Transaminierungsreaktionen beteiligt und geht mit Ammoniak in Glutamin über. Des Weiteren ist Glu ein Neurotransmitter im Gehirn und Bestandteil von Glutathion. Die Salze der Glu sind die Glutamate, die v. a. in Form des → Natriumglutamats als Geschmacksverstärker Verwendung finden.

Glutathion engl.: *gutathione;* Abk.: GSH, Tripeptid aus Glutaminsäure, Cystein und Glycin, das in größeren Mengen in Hefe vorkommt. Im Organismus stellt GSH ein wichtiges Redoxsystem dar und ist Bestandteil des körpereigenen antioxidativen System. Die oxidierte Form (GSSG) besteht aus zwei Molekülen GSH, deren Cysteinreste über eine Disufidbrücke verbunden sind. GSH reduziert z. B. Methämoglobin, Peroxide und Radikale (katalysiert durch die Glutathionperoxidase). Das dabei entstehende GSSG wird durch die Glutathionreduktase wieder zu GSH regeneriert.

Glutelin engl.: *glutelin;* schwer lösliche Proteinfraktion des Getreides. Wie auch die → Prolamine sind die G. Reserveproteine. Das G. des Weizens wird als Glutenin bezeichnet und bildet zusammen mit Gliadin das → Gluten.

Gluten engl.: *gluten,* Syn.: *Kleberprotein;* im Weizen enthaltene Proteinmischung, die mitverantwortlich ist für die guten Backeigenschaften von Weizenmehl (→ Kleber). Sie besteht zu etwa gleichen Anteilen aus dem Prolamin Gliadin und dem Glutelin Glutenin. Prolamine zeichnen sich durch hohe Gehalte an Prolin und Glutaminsäure aus, während Gluteline reich an Lysin und Tryptophan sind. Das Prolamin des Roggens ist Secalin, das der Gerste Hordein. Die Prolaminfraktion ist der Auslöser der → Zöliakie.

Glutenfreie Backwaren engl.: *gluten-free baked products;* unter Ausschluss von Weizen-, Roggen-, Hafer- und Gerstenmahlerzeugnissen für die Ernährung von Zöliakiekranken (→Zöliakie) hergestellte diätetische →Backwaren. Als Ersatz werden Mais-, Reis-, Hirse-, Buchweizen-, Quinoa- und Amaranthprodukte sowie Stärke bspw. aus Kartoffeln oder Maniok verwendet. Zuweilen sind auch Hülsenfruchtmehle, insbesondere von Soja in Gebrauch. Anstelle des →Klebers ermöglicht der Zusatz von stark Wasser bindenden →Quellstoffen wie z. B. Johannisbrot- oder Guarkernmehl die Herstellung eines zusammenhängenden gut formbaren Teiges.

Glutenfreie Ernährung engl.: *gluten-free nutrition;* Diät, die bei →Zöliakie einzuhalten ist. Da →Gluten vollständig aus der Nahrung eliminiert werden muss, dürfen keine Produkte verzehrt werden, die Weizen, Roggen, Gerste, Hafer oder Erzeugnisse aus diesen enthalten.

Glutenfreies Brot; →glutenfreie Backwaren

Glutenin engl.: *glutenin;* →Gluten

Glyceride engl.: *glycerides;* Ester aus →Glycerin und →Fettsäuren. Abhängig von der Anzahl gebundener Fettsäuren werden →Mono-, →Di- und →Triglyceride unterschieden. Der Zusatz von Lauge führt zur Verseifung der G., d. h. zur Hydrolyse in Glycerin und die Salze der Fettsäuren (Seifen).

Glycerin engl.: *glycerol,* Syn.: *1, 2, 3-Propantriol;* dreiwertiger Alkohol, dessen Name sich von griech.: *glykys* = süß ableitet. G. bildet die Basis aller Fette und Öle, in denen seine drei Hydroxylgruppen ganz oder teilweise mit →Fettsäuren verestert sind, und ist Bestandteil von Lecithinen, Phosphatiden und Glykolipiden. G. ist eine süß schmeckende, farb- und geruchlose, hygroskopische, sirupartige Flüssigkeit, die z. B. zur Herstellung von Kunststoffen, Farbstoffen und Nitroglycerin sowie als Feuchthaltemittel in Cremes und Salben eingesetzt wird. Im Nahrungsmittelbereich wird G. unter der Nummer E 422 als Feuchthaltemittel in Kaugummis, Süß- und Backwaren sowie als Lösungsmittel für Aromen eingesetzt.

Glycin engl.: *glycine,* Syn.: *Aminoessigsäure;* Abk.: Gly, nicht essenzielle →Aminosäure, deren Name sich aufgrund ihres süßen Geschmacks von griech.: *glykys* = süß ableitet und die Bestandteil der meisten Nahrungsproteine, mit Ausnahme von Milcheiweiß und vielen Albuminen, ist. Hohe Glycingehalte kommen in Strukturproteinen vor z. B. bis zu 30 % in →Kollagen. Gly ist ein wichtiger Neurotransmitter und an der Biosynthese von Porphyrinen, Purinen und Kreatin beteiligt. Unter der Nummer E 640 werden Gly und seine Natriumsalze als Geschmacksverstärker zur Intensivierung des Geschmacks von Süßstoffen eingesetzt.

Glycyrrhizin engl.: *glycyrrhizine,* Syn.: *Süßholzzucker;* farbloser, sehr süßer, wasserlöslicher, kristalliner, natürlich vorkommender →Süßstoff (ein Triterpensaponin) mit ausgeprägtem Geschmack nach →Lakritze. Er kommt als Salz an Kalium und Calcium gebunden in der Wurzel der Süßholzpflanze (→Süßholz) vor. Die Süßkraft von G. beträgt etwa das 50-fache von Saccharose. Es ist wegen des Geschmackes und der Süße ein wesentlicher Bestandteil in allen →Lakritzwaren. In Arzneimitteln wie z. B. Hustensäften wird G. als Geschmackskomponente und wegen seiner entzündungshemmenden Wirkung verwendet. In seiner räumlichen Struktur besitzt es Ähnlichkeit mit Steroiden wie Hydrocortison oder Prednison und weist wie diese Nebenwirkungen bei übermäßigem Verzehr auf. Der Gehalt ist daher in Deutschland üblicherweise auf 0,2 mg pro 100 g Lakritzwaren begrenzt. Produkte mit einem höherem Gehalt sind als „Starklakritz" gekennzeichnet und Verzehrshöchstmengen werden empfohlen. Gegen eine Verwendung als Geschmackskomponente bis zu einer Tagesdosis von 100 mg G. bestehen keine Einwände.

Glykämischer Index; Abk.: GI, Parameter, der die Lebensmittel nach ihrer Fähigkeit, den

Blutglucosespiegel im Vergleich zu reiner Glucose zu beeinflussen, klassifiziert. Reine Glucose hat dabei einen GI von 100, Spaghetti von 58 und Erdnüsse von 20. Der GI hängt hauptsächlich von der Kohlenhydratzusammensetzung der Nahrung ab, wird aber auch durch andere Parameter wie z. B. Fett-, Protein- und Ballaststoffgehalt der Nahrung sowie durch den Aufbereitungsgrad (z. B. roh/gekocht) der Lebensmittel beeinflusst. Lebensmittel mit niedrigem GI sind z. B. Obst, Gemüse, Milchprodukte und Fleisch, Lebensmittel mit hohem GI z. B. Kartoffeln, Teigwaren und Getreideprodukte. Der GI wird in der modernen Diabetes-Therapie zur Abschätzung des zu erwartenden Anstiegs des Blutglucosespiegels eingesetzt. Der Nutzen einer Diät mit geringem GI zur Gewichtsreduktion (→Glyx-Diät) ist wissenschaftlich bislang nicht belegt.

Glykogen engl.: *glycogen;* →Polysaccharid, das aus bis zu 100.000 Glucoseeinheiten besteht. G. ist das Reservekohlenhydrat des tierischen Organismus und wird v. a. in der Leber, aber auch in der Muskulatur gespeichert.

Glykole engl.: *glycols;* zweiwertige Alkohole, deren Hydroxylgruppen an benachbarten C-Atomen gebunden sind. Zu den G. gehören z. B. Monoethylenglykol, →Diethylenglykol und →Propylenglykol.

Glykolyse engl.: *glycolysis;* Folge von enzymatischen Reaktionen, durch die die aus den Kohlenhydraten freigesetzte Glucose unter Energiegewinn zu Pyruvat abgebaut wird, welches im →Citronensäure-Zyklus zu Kohlendioxid und Wasser oxidiert wird. Nach der Schlachtung läuft die G. anaerob weiter bis zur Milchsäure ab, bis alle Glykogenvorräte verbraucht sind, anschließend tritt die →Totenstarre ein.

Glykoproteine engl.: *glycoproteins;* Proteine, an die eine Kohlenhydratkomponente glykosidisch gebunden ist. Zu den G. gehören die meisten Proteine im Blut, viele Enzyme, Mucine, Lectine, aber auch viele Proteine des Eiklars.

Glykosidasen engl.: *glycosidases;* zur Gruppe der →Hydrolasen gehörende Enzyme, die die glykosidische Bindung von O-Glykosiden (v. a. Di-, Oligo- und Polysaccharide), N-Glykosiden (z. B. Nucleoside) oder S-Glykosiden (Thioglykoside) spalten. Wichtige G. sind →Amylasen, →Cellulasen, →Maltase, →Invertase und →Emulsin. →Glucosidasen

Glyx-Diät; Diätkonzept zur Gewichtsreduktion, welches auf der Idee basiert, dass ein hoher Blut-Insulinspiegel, hervorgerufen durch einen übermäßigen Verzehr von →Kohlenhydraten mit hohem →glykämischen Index, den Fettabbau erschwert. Die G. besteht vorwiegend aus Lebensmitteln mit niedrigem glykämischen Index wie Obst, Gemüse, Fleisch, Fisch und Wurst, Lebensmittel mit hohem glykämischen Index wie Kartoffeln, Teigwaren und Getreideprodukte sollen so wenig wie möglich verzehrt werden, die Fett- und Gesamtenergiezufuhr wird nicht beachtet. Wegen der unausgewogenen Nährstoffrelation ist das Konzept umstritten.

Gnocchi; meist aus feinem Kartoffelmehlteig (di patate), in manchen Regionen Italiens auch aus Weizengrieß (alla romana) oder Mais (di polente) hergestelltes weiches Teigerzeugnis. Zur Herstellung sind mehlige Kartoffeln am besten geeignet. Die länglich ovalen Kugeln sind 2–3 cm lang und werden im Handel oft als Halbfertigerzeugnis angeboten, das nur noch pochiert werden muss.

Götterspeisen engl.: *jelly,* Syn.: *Wackelpuddinge;* Bezeichnung für zumeist durchsichtige →Geleespeisen und die zu ihrer Zubereitung angebotenen Halbfertigerzeugnisse.

Göttinger; in der Regel in Blasen abgefüllte, umgerötete, grobe →Brühwurst der Spitzenqualität mit erbsengroß gekörntem →Brät ohne erkennbaren Anteil an Feinbrät. Das Brät wird aus grob entsehntem Rindfleisch, grob entfettetem Schweinefleisch, Speck und weiteren Zutaten wie z. B. Gewürze und Nitritpökelsalz sowie ggf. Kutterhilfsmittel hergestellt. G. wird i. d. R. als → Aufschnitt verwendet.

Goitrogene engl.: *goitrogens;* Bezeichnung für Stoffe, die unter gleichzeitig geringer Jodzufuhr eine Kropfbildung, d. h. eine Vergrößerung der Schilddrüse bewirken können. Zu den bekanntesten G. gehören die in vielen Kohlarten wie Wirsing und Kohlrabi enthaltenen → Glucosinolate.

Gold engl.: *gold;* in Lebensmitteln natürlicherweise nur in Spuren vorkommendes Edelmetall. Es existieren begrenzte Verwendungsmöglichkeiten von G. als → Blattgold in und auf Lebensmitteln zu dekorativen Zwecken.

Goldbarsch Syn.: → *Rotbarsch*

Goldbrasse Syn.: → *Dorade*

Goldbutt Syn.: → *Scholle*

Golden engl.: *golden;* nur bei Darjeeling- und Assam-Blatt-Tees verwendete Bezeichnung, die einen Hinweis auf goldbraune Spitzen (→ Tips) gibt.

Golden Delicious; Apfelsorte (→ Apfel) mit mittelgroßen, eher kugeligen Früchten mit gelber Schale und saftigem, gelblichem, süßaromatischem Fruchtfleisch. Der G. wird von Oktober bis Juni verzehrt, Pflückreife erreicht er Mitte Oktober.

Golden Rice; genetisch veränderte Reissorte mit höherem Gehalt an beta-Carotin (Provitamin A), die noch nicht auf dem Markt ist. Die Sorte wurde entwickelt, nachdem es als Folge des fehlenden Vitamin A im geschälten Reis zu Augenerkrankungen in der Bevölkerung kam. Durch das Schälen des Reises werden die Vitamin A enthaltenden Randschichten entfernt. Dem Reis wurden vier Gene übertragen, die eine Synthese von beta-Carotin im Korn ermöglichen. Nebenbei steigt durch diese Maßnahme der Eisengehalt im Korn und es erhält eine gelbe Farbe (Name).

Goldfliege; → Schmeißfliegen

Goldlachs lat.: *Argentina silus Asc.* (Fam.: *Argentinidae*), engl.: *silver smelt, greater argentine;* Tiefseefisch aus dem Nordatlantik (Kanada, Färöer, Schottland). Der G. wird bis zu 70 cm lang und dient als Speisefisch, auch geräuchert sowie als Rohstoff für die Fischmehlproduktion. Er ist verwandt mit dem im Mittelmeer beheimateten kleineren → Glasauge.

Goldleistenkäse Syn.: *Berliner Goldleisten;* mundartliche Bezeichnung für einen in Stangen von meist 125 g in angedrückter Leistenform angebotenen → Sauermilchkäse mit pikantem Geschmack. Die Oberfläche ist bedeckt mit goldgelber Gelbschmiere.

Goldmakrele lat.: *Coryphaena hippurus L.* (Fam.: *Coryphaenidae*), engl.: *common dophinfish, mahimahi,* Syn.: *Mahimahi;* in tropischen und subtropischen Regionen der Weltmeere beheimateter, mit Makrele und Thunfisch verwandter großer Seefisch (maximal 200 cm lang, 40 kg schwer) von erheblicher wirtschaftlicher Bedeutung, auch als Zuchtfisch. In Deutschland wird die G. als hochwertiges Fischfilet angeboten.

Goldorange Syn.: → *Kumquat*

Goldparmäne; Apfelsorte (→ Apfel) mit kleinen bis mittelgroßen Früchten mit rotgelber Schale und knackigem, später weichem, leicht gelblichem typisch aromatischen Fruchtfleisch. Die G. wird von Oktober bis Dezember verzehrt, Pflückreife erreicht sie im September.

Goldröhrling lat.: *Suillus grevillei (Klotzch:Fr.) Sing.* (Fam.: *Boletaceae*), engl.: *Larch Bolete,* Syn.: *Goldgelber Lärchenröhrling;* von Juni bis September nur unter Lärchen (→ Symbiose) wachsender → Speisepilz mit gewöbtem, später flachem Hut von 5–12 cm Durchmesser, hell- bis orangegelber Farbe und schleimiger, leicht abziehbarer Huthaut. Der G. besitzt ferner gelbe Röhren, einen schlanken goldgelben Stiel mit hellerem Ring und gelbliches Fleisch von würzigem Geruch.

Goldschlägerhäutchen; äußerste glatte Hautschicht (Serosa) des Rinderblinddarmes (→ Butte). Sie wird abgezogen und gereinigt zum Einschlagen von gepökelten sowie anschließend geräucherten Fleischerzeugnissen und Wurstwaren wie z. B. Nuss- oder Pariser Lachsschinken verwendet.

Goldspitzen; → Tips

Goldstrieme engl.: *saddled seabream;* → Meerbrassen

Goldwasser Syn.: → *Danziger Goldwasser*

Gomasio Syn.: → *Sesamsalz*

Gombo/Gumbo Syn.: → *Okra*

Gorgonzola engl.: *gorgonzola;* italienischer → Edelpilzkäse (→ Weichkäse, Blauschimmelkäse) aus Kuhmilch mit Schimmelbildung mindestens der Vollfettstufe (48 % Fett i.Tr.) in zylinderischer Form und einem Gewicht von 6–13 kg. Benannt ist er nach der lombardischen Stadt Gorgonzola, seinem Ursprungsort in der Nähe von Mailand. Die Herstellung wird Mitte des 11. Jahrhunderts erstmalig urkundlich erwähnt. G. ist eine geschützte geografische Herkunftsbezeichnung. Er darf nur in den Regionen von Bergamo, Brescia, Como, Cremona, Cuneo, Mailand, Novara, Paiva und Vercelli hergestellt werden. In der Herstellungsweise und dem Aussehen ähnelt der G. dem französischen Roquefort und dem deutschen Edelpilzkäse. Trotz der Ähnlichkeit besitzt er eine eigenständige Entwicklungsgeschichte. Sein geschmeidiger Teig ist weicher und streichfähiger als der von Roquefort und sein Aroma ist wesentlicher milder. Hergestellt werden zwei unterschiedliche Sorten G. (G. dolce und G. piccante), die mit unterschiedlichen Schimmelpilzstämmen behandelt werden. Der „piccante" ist im Gegensatz zum milden „dolce" im Geschmack scharf sowie würzig bis pikant. Beide werden mit zunehmender Reife pikanter. Die rötliche glatte, leicht feuchte geschlossene Rinde ohne Schimmel weist unregelmäßige Einstichstellen auf und wird meist mit Alufolie umhüllt. Der weiße bis gelbe Teig ist mit blaugrünen Schimmeladern durchzogen (Innenschimmelkäse). G. eignet sich zur Herstellung von Saucen und Cremes.

Gouda-Käse engl.: *gouda,* Syn.: *Holländer;* flachrunder Schnittkäse, ursprünglich reiner Bauernkäse in Holland, mit abgerundeten Kanten und Seitenflächen, der nach der Stadt Gouda bei Rotterdam benannt ist. Er wurde um 1830 in Deutschland erstmalig im Kreis Kleve (Niederrhein) von der Bauerntochter Maria Reymann hergestellt. Heute findet eine weltweite Produktion in vielen Ländern wie z. B. Deutschland, Schweden und Polen statt. G. ist frei von Rissen und besitzt eine trockene und glatte Rinde. Er kann aber hin und wieder mit einem weißlich graugrünen Schimmelbelag bedeckt sein. Das Herstellungsgewicht beträgt 0,3–30 kg, der Fettgehalt 48 % in der Trockenmasse (ca. 26 % absoluter Fettgehalt). G. darf höchstens als Rahmkäse hergestellt werden und wird in drei Reifegraden angeboten: 1. jung: 4–8 Wochen, zart, sahnig, mild; 2. mittelalt: 2–6 Monate, herzhaft, würzig; 3. alt: älter als 6 Monate, kräftig, pikant. Im elfenbeinfarbenen bis buttergelben, matt glänzenden festen, aber noch geschmeidigen Teig sind runde bis ovale erbsengroße gleichmäßige Löcher in geringer Anzahl verteilt. Der Geschmack ist je nach Reifezeit (6 Wochen bis 18 Monate) mild bis leicht pikant, jedoch nicht säuerlich, kräftiger und herber als beim Edamer. Weitere Goudasorten sind der buttergelbe → Baby-Gouda, → Bauern-Gouda und → Vierkantkäse. Das Herkunftsland muss genannt werden.

Gräten engl.: *fish bones;* Skelett der → Fische. G. bestehen, ebenso wie die Knochen der Warmblüter, im Wesentlichen aus Calciumphosphaten und Calciumhydroxid (Hydroxylapatit). Sie werden i. d. R. vor der Zubereitung bzw. der industriellen Verarbeitung der Fische entfernt, G. von Edelfischen sind Rohstoff für die Herstellung von → Fischfond. Bei bestimmten Zubereitungsarten werden die G. so stark erweicht, dass sie mitverzehrt werden können (bspw. Ölsardinen). Die G. kleiner Fische sind fein zerkleinert eine gute Nahrungsquelle für → Calcium und werden in Regionen genutzt, in denen Milchprodukte nicht in ausreichender Menge zur Verfügung stehen oder nicht vertragen werden (→ Lactoseintoleranz).

Grahambrot engl.: *graham bread;* Weizenschrot- oder Weizenvollkornbrot (→Schrotbrote →Vollkornbrote), das sowohl als herkömmliches Brot wie auch als Spezialbrot für diätetische Zwecke hergestellt wird. Als diätetisches Lebensmittel wird es nach den Angaben des amerikanischen Arztes Graham ohne Zusatz von Hefe und Kochsalz hergestellt. G. eignet sich für Diätformen, bei denen eine natriumarme Ernährung erforderlich ist.

Grainy; Merkmal für Teeblätter. Meist verwendet für →Fannings, die körnig, d. h. ohne Staub sein sollen, da dieser sonst beim →Teeaufgussbeutel durch die Poren des Filterpapieres dringen und die Qualität des Teegetränks mindern würde.

Gramfärbung engl.: *Gram's staining method;* Differential-Färbeverfahren, das die Aufteilung der →Bakterien in die Gruppen der gramnegativen und der grampositiven Bakterien ermöglicht. Grampositive Bakterien wie Staphylokokken, Streptokokken u. a. erscheinen nach dem Färbeverfahren unter dem Mikroskop dunkelblau bis blauschwarz, gramnegative Bakterien wie Meningokokken und Coli-Bakterien dagegen rot. Das unterschiedliche Färbeverhalten begründet sich in Strukturunterschieden der Zellwände.

Gramineen lat.: *Gramineae;* ältere, im allgemeinen Sprachgebrauch jedoch noch häufig verwendete botanische Bezeichnung für die Familie der Gräser, heute *Poaceae*. Hierzu gehören neben den wichtigsten Getreidearten wie Weizen, Roggen, Gerste und Mais auch Zuckerrohr und Bambus.

Grammeln Syn.: →*Grieben*

Gramnegativ engl.: *Gram negative;* →Gramfärbung

Grampositiv engl.: *Gram positive;* →Gramfärbung

Granadilla Syn.: →*Passionsfrucht*

Grana Padano engl.: *Grana Padano;* geschützte Herkunftsbezeichnung für italienischen, z. T. entfetteten Hartkäse mit mindestens 32 % Fett i. Tr., zylindrischer Form mit konvexen bis geradlinigen Seiten, 35–45 cm Durchmesser und einem Gewicht von 24–40 kg. Der G. besitzt eine harte braune Rinde und strohgelben feinkörnigen Teig von aromatischem Geschmack. Er wird als Tafel- und Streukäse verwendet.

Granatapfelbaum lat.: *Punica granatum L.* (Fam.: *Punicaceae*), engl.: *Pomegranate;* aus Südwestasien stammender, heute in allen tropischen und subtropischen Ländern angebauter kleiner Baum, dessen →Beeren apfelgroß werden und in reifem Zustand rotgelb gefärbt sind. Das Innere des Granatapfels ist durch mehrere weiße Trennwände in Kammern unterteilt, in denen die zahlreichen erbsengroßen Samenkerne enthalten sind. Der äußere Teil der Samenschale wird zur Reife hin fleischig saftig und liefert den rosaroten essbaren Teil der Granatapfelfrucht, die aufgeschnitten und ausgedrückt oder ausgelöffelt wird. Die frischen Samenkerne werden auch zur Dekoration von Süßspeisen und Obstsalaten verwendet. Der Geschmack ist süß-säuerlich, adstringierend. Der Saft wird industriell gewonnen und zur Herstellung von Granatapfel-Sirup (→Grenadine), Getränken und Likör verwendet. Bei 0–1 °C und einer rel. Luftfeuchtigkeit von 90–95 % sind Granatäpfel etwa 3 Monate haltbar. Die getrockneten Samen werden in Indien als →Gewürz eingesetzt und gemahlen unter dem Namen Anardana dazu verwendet, Chutneys oder Currys einen säuerlichen Geschmack zu verleihen. Bei den alten Griechen galt der Granatapfel wegen der großen Samenzahl als Symbol der Fruchtbarkeit.

Grand Cru; Klassifikationskategorie bei bestimmten französischen Weinen, abhängig auch von den Weinlagen oder dem Weingut. Höchste Qualitätskategorie bei Chablis-, Burgund- und Champagne-Weinen. Bei Bordeaux-Weinen finden sich für die höchste Qualitätskategorie auch die Begriffe „premier grand cru“ (Saint-Émilion) oder „premier grand cru classé“ (Médoc). →Cru

Granne engl.: *awn;* → Spelze

Granny Smith; Apfelsorte (→ Apfel) mit mittelgroßen bis großen Früchten mit typisch grasgrüner Schale und festem, weißem, wenig aromatischem Fruchtfleisch. In Deutschland ist G. nur in günstigen Lagen zu finden (Pflückreife Anfang November), im Frühjahr wird er meist aus Neuseeland und Argentinien, im Herbst aus Südfrankreich importiert. G. wird von Dezember bis April als typischer Tafelapfel verzehrt und auch zur Apfelsaftgewinnung verwendet.

Granulat engl.: *granulate;* von lat.: *granulum* = Körnchen abgeleitete Bezeichnung für eine Substanz mit körniger Beschaffenheit, wobei jedes einzelne Granulatkorn (Granalie) aus vielen Pulverpartikeln zusammengesetzt ist und eine unregelmäßige Form mit unebener Oberfläche aufweist. In der Lebensmitteltechnologie fallen darunter z. B. granulierter Zucker, Instant-Getränkegranulate usw.

Granulieren engl.: *to granulate;* Überführen pulverförmiger Stoffe in körnige → Granulate, die nicht mehr stauben, sich gut weiterverarbeiten lassen (z. B. Pressen zu Tabletten in der Pharmazie, zu Traubenzuckerbonbons im Lebensmittelbereich, zu Kunststoffgranulaten in der Kunststoffindustrie) und sich ohne Klumpenbildung durch Flüssigkeiten benetzen lassen (z. B. Instant-Getränkegranulat, Säuglingsmilch). G. geschieht durch Aufsprühen von Flüssigkeiten, Mischen und vorsichtigem Trocknen i. d. R. im Wirbelschichtverfahren oder durch Pressen angeteigter Pulver durch Lochplatten und anschließendem Trocknen.

Granulierter Zucker engl.: *granulated sugar;* grobkörniger Zucker, bei dem jedes Korn aus vielen Einzelpartikeln besteht. G. Z. staubt nicht und ist gut zu verarbeiten. Hagelkornähnlich granulierter Kristallzucker wird auch als → Hagelzucker bezeichnet.

Grapefruit lat.: *Citrus X paradisi Macfad.* (Fam.: *Rutaceae*), engl.: *Grapefruit;* runde oder leicht abgeflachte → Beere des immergrünen gleichnamigen in Zentralamerika beheimateten Baumes mit hellgelber bis grau- und rötlichgelber, mittelstarker bis dicker glatter Schale. Im Inneren der 10–15 cm dicken Früchte befindet sich ein saftreiches, fein säuerlich bis herb bitter schmeckendes gelbes, rötliches oder tiefrotes Fruchtfleisch, das in 11–15 meist kernarme oder kernlose Segmente unterteilt ist. Das Fruchtfleisch wird durch Auslöffeln roh als Frischobst verzehrt, als Nasskonserve haltbar gemacht und nach Auspressen in den subtropischen Anbauländern zu Saft, Saftkonzentrat, Pulpe, Fruchtpulver und Getränken verarbeitet. Im rohen frischen Zustand ist es reich an Vitamin C (ca. 44 g pro 100 g essbarer Anteil). Für den bitteren Geschmack des Fruchtfleisches und der daraus hergestellten Produkte ist der Bitterstoff → Naringin, ein Flavanonglykosid, verantwortlich. Durch Behandlung mit Enzymen lässt sich eine → Entbitterung durchführen, die zu süßeren Produkten führt. Die Halbfabrikate lassen sich für eine Vielzahl von Produkten u. a. für Konfitüren, Marmeladen sowie Süßwaren und Getränke verwenden. Im Verlauf der Saftgewinnung wird aus den Schalen das ätherische → Grapefruitöl (→ ätherische Öle) gewonnen, das als Aroma in Getränken und Süßwaren Anwendung findet. Die Schalen sind ferner sehr gut zum Kandieren geeignet. Extrakte aus den Kernen der G. sind als → Nahrungsergänzungsmittel im Handel, denen aufgrund ihres hohen Flavonoidgehaltes vielfältige Wirkungen zugeschrieben werden. Der Anbau von G. findet weltweit in subtropischen Ländern statt. Es findet Import von ganzen Früchten, Halbfabrikaten und Endprodukten nach Deutschland statt. Bei einer Temperatur von +10 bis +12 °C und einer rel. Luftfeuchtigkeit von 85–90 % lassen sich die Früchte bis zu drei Monate lagern. G. werden bisweilen unzutreffend als → Pampelmusen bezeichnet. Dies wird durch den Gebrauch des Synonyms der Pampelmuse „Pomelo“ für die G. in den romanisch sprachigen Ländern zusätzlich verstärkt. Bei der Pampelmuse handelt es sich jedoch um eine eigenständige Zitrusfruchtart.

Grapefruitkernextrakt Syn.: *Grapefruitsamenextrakt;* Abk.: GKE, als → Nahrungsergänzungsmittel und in Kosmetika eingesetzter → Extrakt aus Kernen und Fruchtwänden der → Grapefruit, der als natürliches Antibiotikum zur Behandlung von Pilzerkrankungen wie z. B. Candida-Mykosen, Hauterkrankungen, Erkältungen und chronischen Erkrankungen im Hals,- Nasen- und Ohrenbereich beworben wird. Die Wirksamkeit von GKE ist wissenschaftlich jedoch nicht belegt.

Grapefruitöl engl.: *grapefruit oil;* gelbliches → ätherisches Öl, das durch Auspressen der frischen Schalen der → Grapefruit als Nebenprodukt der Saftherstellung gewonnen wird. Es weist einen aromatischen, von Orangen- und Zitronenöl deutlich abweichenden Geruch und einen leicht bitteren Geschmack auf. Hauptkomponente des Aromas ist das zu ca. 90 % vorkommende → Limonen. G. findet Verwendung als Aroma zur Herstellung von alkoholfreien Erfrischungsgetränken und Süßwaren sowie als Bestandteil von Nahrungsergänzungsmittel und Körperpflegemitteln.

Grapefruitsaft engl.: *grapefruit juice;* → Grapefruit

Grappa; in Italien aus Traubentrester (→ Trester) durch direkte Wasserdampfdestillation hergestellter, herkunftsgeschützter farbloser → Tresterbrand, der mit Kräuter oder Früchten aromatisiert sein kann.

Grasbohnen; Kaffeebohnen aus unreifen Kaffeekirschen, die von einem festsitzenden grün schimmernden Häutchen umgeben sind, beim Rösten hell bleiben und den Geschmack beeinträchtigen können. → Fehlbohnen

Gratinieren engl.: *to cook au gratin;* Überbacken einer Speise bei starker Oberhitze zum Bräunen und zur Krustenbildung.

Graubrot engl.: *rye bread;* regional unterschiedliche Bezeichnung für verschiedene Brotsorten, bei denen es sich vorwiegend um → Roggenmischbrot handelt.

Grauburgunder Syn.: *Grauklevner;* Weißweinrebe, die eine Mutation aus Pinot noir darstellt und in Europa verbreitet, z. B. als Pinot gris in Frankreich und als Pinot Grigio in Italien kultiviert wird. Die Rebe ist anspruchsvoll und mittelfrüh reifend. Sie liefert Weine hoher Qualität, wenig säurebetont, fruchtig und körperreich mit sortentypischem Bukett.

Grauer Ritterling lat.: *Tricholoma portentosum (Fr.) Quél.* (Fam.: *Tricholomataceae*)Syn.: *Schwarzfaseriger Ritterling;* von Oktober bis November auf sandigen Böden, bevorzugt unter Kiefern, meist in Gruppen wachsender → Speisepilz mit abgeflachtem Hut von 6–10 cm Durchmesser, graubrauner Farbe und radialer Streifung durch eingewachsene schwarze Fasern. Der g. R. besitzt einen dicken weißen bis gelblichen Stiel, weiße, später gelbliche Lamellen und zartes weißes Fleisch von leicht mehlartigem Geschmack.

Grauhai engl.: *grey shark;* → Haie

Graumehlteigwaren; Bezeichnung der außer Kraft getretenen Teigwarenverordnung für Erzeugnisse aus Weizenmehl bzw. -grieß mit definiertem höheren Ausmahlungsgrad. Heute nicht mehr üblich, diese Produkte werden nun als → Vollkornteigwaren bezeichnet.

Graupen engl.: *1. pearl barley,* Syn.: *Rollgerste;* 1. geschälte und durch Schleifen und Polieren (→ Schälmüllerei) abgerundete Gersten-, seltener auch Weizenkörner, in lang gerollter, runder oder halb runder Form. Perlgraupen sind rund geschliffene besonders kleine Graupen (Einstufung extra fein). Der Handel unterscheidet sowohl nach der abnehmenden Größe und steigendem Eiweißanteil und Preis als auch nach Form. Die Einteilungen für die Körnung sind extra grob, grob, mittel, fein und extra fein sowie für die Form A- (rund), B- (halb rund) und C-Graupen (lang gerollte). Bei trockener und luftiger Lagerung sind G. länger haltbar als Gerstengrütze, -mehl und -flocken. Sie werden für Suppen und als Beilage zu verschiedenen Gerichten verwendet. Feinste Sorten G. dienen auch als Krankenkost. 2. → Suppennudeln in Körnchenform.

Graupensuppe engl.: *barley soup,* Syn.: *Gersten-/Gerstelsuppe;* vielfältig mit Kräutern, Gewürzen und anderen Zutaten wie z. B. saurer Sahne oder Speck variierte Suppe aus Brühe oder Fleischbrühe mit → Graupen.

Gravad Lachs engl.: *gravad salmon,* Syn.: *Gravlax;* mit Salz, Zucker, Pfeffer und Dill süßsauer gebeiztes Lachsfilet (→ Anchosen). G. ist eine schwedische Spezialität (schwed. *grava* = graben). Ursprünglich wurde der gesalzene Lachs zum Beizen in der Erde eingegraben (Grablachs). Heute wird G. industriell hergestellt und vakuumverpackt, in dünne Scheiben geschnitten angeboten. Der bearbeitete Fisch ist mikrobiell leicht verderblich und muss deshalb gekühlt gelagert werden (maximal 7 °C, besser 4 °C; Lagerzeit ab Auslieferung: maximal 15 Tage). Empfohlen wird die Angabe des Verbrauchsdatums anstelle des Mindesthaltbarkeitsdatums.

Gravensteiner; früh reifende Apfelsorte (→ Apfel) mit mittelgroßen bis großen Früchten mit gelbgrüner Schale, die rote Bereiche an der Sonnenseite aufweist und weißem, saftigem, aromareichem Fruchtfleisch. G. wird von September bis November verzehrt, Pflückreife erreicht er ab Ende August.

Graves; französischer AOC-Qualitätswein aus dem Bordeaux. Die Rotweine sind mild und erdig, die Weißweine trocken (aus Sauvignon blanc und Sémillon), insgesamt von guter bis sehr guter Qualität. In den G. gibt es 21 klassifizierte Spitzenlagen; Château-Weine mit Klassifizierung grand cru classé zählen dazu. Zu den süßen Weißweinen des G. gehören die „Graves Supérieur“, die jedoch eher niedrige Qualitäten liefern.

Grenache; Rotweinrebe minderer Qualität, die v. a. zum Verschnitt mit anderen Rotweinen genutzt wird. Sie wird überwiegend rund um das Mittelmeer angebaut, enthält wenig Säure, aber viel Zucker. G. spielt eine große Rolle im Rhône-Gebiet bei der Herstellung von jung zu trinkenden Weinen und stellt auch im Languedoc die Hauptrebsorte dar.

Grenadierfisch lat.: *Coryphaenoides rupestris Gunnerus* (Fam.: *Macrouridae*), engl.: *roundnose grenadier;* mit dem → Kabeljau verwandter pelagischer Tiefseefisch im Nordatlantik. Der G. wird bis zu 100 cm lang und hat festes grätenreiches Fleisch. G. erscheint als Beifang mit Rotbarsch, wird tiefgekühlt als Speisefisch angeboten und zu Fischmehl verarbeitet.

Grenadine engl.: *grenadine;* Granatapfelsirup zum Rotfärben und Aromatisieren von Cocktails und Erfrischungsgetränken.

Grieben engl.: *grieves,* Syn.: *Grammeln;* 1. meist knusprige, hell- bis dunkelbraune Stücke aus Bindegewebe, die nach dem Auslassen (Erhitzen) von Fettgewebe z. B. Rückenspeck zurückbleiben und als Knabberartikel oder Zutat in Schmalz und verschiedenen anderen Gerichten gegessen werden. 2. Bezeichnung für klein gewürfelten Speck, insbesondere als Wortbestandteil z. B. bei Griebenwurst.

Griebenschmalz engl.: *lard with crackling;* gelbliches bis bräunliches weiches Schweineschmalz mit → Grieben aus frischem Rückenspeck und/oder → Flomen und ggf. Äpfeln, Zwiebeln und Gewürzen wie Majoran oder Thymian.

Griebenwurst; → Blutwurst mit klein gewürfelter Speckeinlage.

Griechisches Heu Syn.: → *Bockshornklee*

Griechische Weine engl.: *Greek Wine;* In Griechenland gibt es seit langem viele kleine Weinbaugebiete. Seit Eintritt in die EU in den 80er-Jahren des 20. Jahrhunderts hat sich jedoch die Struktur im Weinbau verändert. Griechenland hat ein Appelationssystem mit 28 Bereichen (20 für Tischwein, 8 für Süßwein) eingeführt. Zudem kommt in Griechenland die Bezeichnung „Vin de Pays“ in Anlehnung an das französische Pendant zur Anwendung. Damit einhergehend hat sich in den letzten Jahren die Qualität g. W. deutlich verbessert. Im griechischen Weinbau wird dabei weiter auf die uralten Rebsorten zurückgegriffen, so dass die g. W. ihren ursprünglichen Charakter bewahren. Hauptrebsorten sind Roditis, Muskateller, Mavrodaphne, aber auch Rebsorten wie z. B. Mandelaria und Xinomavro als Rotweinreben und Laghorti, Debina und Malagousia als Weißweinreben gewinnen zunehmend an Bedeutung. Seit langem bekannt sind die griechischen Dessertweine Mavrodaphne, Samos und Muscat.

Grieß engl.: *semolina;* vorwiegend aus → Hartweizen gewonnenes körniges → Mühlenerzeugnis. In der Korngröße ist G. mit 0,15–0,85 mm zwischen → Schrot und → Mehl angesiedelt. Wegen seines hohen Eiweiß- und Stärkegehaltes (bei Weich- und Hartweizengrieß hoher Gehalt an → Kleber) findet G. Verwendung für die Herstellung von Teigwaren (insbesondere Hartweizengrieß), Brei, Flammeri, Klößen und anderen Gerichten. Wichtige Convenience-Produkte sind Zubereitungen aus G., wie z. B. → Fertiggrieß oder Kindergrieß (Grieß mit Vitaminzusatz und Geschmackszutaten wie Vanille oder Kakao).

Grießflammeri; → Flammeri

Grießkleie; → Mühlennachprodukte

Grießmüllerei Syn.: → *Hochmüllerei*

Grießpudding engl.: *semolina pudding;* → Pudding, der als Zutat → Grieß, z. B. Weizen- oder Maisgrieß in einer ihn in seiner Typik charakterisierenden Menge enthält.

Grießteigwaren engl.: *semolina pasta;* in der außer Kraft getretenen Teigwarenverordnung beschriebenes Teigwarenerzeugnis, bei dem zur Herstellung ausschließlich (Weich-)Weizengries verwendet worden ist. Im Gegensatz zu den gebräuchlicheren → Hartgrießteigwaren verkleben G. mit Weichweizengrieß beim Kochen schneller und nehmen eine breiartige Konsistenz an. G. kann auch als Oberbegriff für Hart- und Weichweizengrießteigwaren verwendet werden und so als Gegensatz zu Mischteigwaren gelten, die aus Mehl und Grieß hergestellt werden.

Griffigkeit engl.: *feel;* das Verhalten eines Mehles beim Verreiben zwischen Daumen und Zeigefinger, das im engen Zusammenhang zu dessen Feinheitsgrad (Granulation) steht. Halb griffige und griffige Mehle lassen noch eine gewisse Körnigkeit erkennen. Glatte Mehle fühlen sich dagegen weich und schliffig an. Die G. ist neben der Farbe ein Kriterium bei der äußeren grobsinnlichen Beurteilung des Mehles.

Grillen engl.: *to grill, to broil,* Syn.: *Grillieren;* küchentechnisches Verfahren, bei dem das Lebensmittel überwiegend durch intensive Strahlungswärme, geringfügig auch durch Kontaktwärme unter Bräunung gegart wird. Angewandt vorwiegend für Fleisch, Geflügel und Fisch.

Grillfisch engl.: *grilled fish;* durch Grillen gegarte Erzeugnisse aus frischem oder tiefgefrorenem Fisch oder Fischteilen. → Bratfischwaren

Grillsauce engl.: *barbecue sauce;* vielfach auf der Grundlage von Tomatenmark unter Verwendung von Zwiebeln, Gurken, Essig und Gewürzen sowie weiteren Zutaten hergestellte Würzsauce, die überwiegend als Beilage zu gegrilltem Fleisch und Würstchen verzehrt wird.

Grimmdarm engl.: *colon;* mittlerer, zum Dickdarm gehörender Abschnitt des → Darmes. Er wird gewendet vom Rind (→ Mitteldarm) ohne Schleimhaut und vom Schwein (→ Krausdarm) mit Schleimhaut als Wursthülle eingesetzt.

Grobe Bratwurst; → Bratwurst

Grobe Fleischwurst; → Fleischwurst

Grobe Leberpastete; → Leberpastete mit erbsen- bis kirschkerngroßen gewürfelten Leberstücken als grobe Einlage.

Grobe Leberwurst; → Leberwurst

Grobe Leberwurst Ia; meist nicht umgerötete, in weite Kranz- oder Mitteldärme gefüllte → Leberwurst mit bis zu kirschkerngroßen Fleisch- und/oder Lebereinlagen in der fein zerkleinerten Grundmasse. Diese wird aus grob entfettetem sowie fettgewebereichem Schweinefleisch, Speck und Leber sowie weiteren Zutaten wie z. B. Gewürzen hergestellt.

Grobe Lyoner; umgerötete grobe → Brühwurst gehobener Qualität mit erbsen- bis kirschgroßen Anteilen Fleisch in dem blass rosafarbenen Feinbrätanteil. Die fein zerkleinerte Grundmasse besteht aus grob entsehntem Rindfleisch, grob entfettetem Schweinefleisch und Speck sowie weiteren Zutaten wie z. B. Gewürze und Umrötungsmittel. G. L. wird in Hüllen von mittelgroßem oder größerem Kaliber abgefüllt angeboten.

Grobe Mettwurst; 1. grobkörnige streichfähige → Rohwurst, die häufig nach kurzer Reifung ungeräuchert in Kunstdärme mittleren Kalibers abgefüllt angeboten wird. Sie wird überwiegend aus grob entfettetem Schweinefleisch, fettgewebereichem Schweinefleisch und Fettgewebe unter Mitverwendung von grob entsehntem Rindfleisch hergestellt; 2. grobkörnige schnittfeste Rohwurst. → Westfälische grobe Mettwurst

Grober Fleischkäse; → Fleischkäse

Grobe Schinkenwurst; → Schinkenwurst

Grobe Stadtwurst; in Hüllen mittelgroßen Kalibers abgefüllte, umgerötete grobe → Brühwurst mit bis zu erbsengroß gekörnten Anteilen Ausgangsmaterial in der fein zerkleinerten Grundmasse. Diese besteht aus grob entsehntem Rindfleisch, grob entfettetem Schweinefleisch und Speck sowie weiteren Zutaten wie z. B. Gewürzen und Umrötungsmitteln.

Grönlandgarnele engl.: *northern shrimp;* → Eismeergarnele

Grönlandhai lat.: *Somniosus microcephalus Bloch & Schneider* (Fam.: *Dalatiidae*), engl.: *Greenland shark,* Syn.: *Eishai;* in polnahen Bereichen der Weltmeere (Nord und Süd) lebender großer → Hai (300–500 cm, maximal 700 cm lang, bis zu 700 kg schwer), der hauptsächlich wegen seines Öls (→ Haileberöl) gefangen wird. Das Fleisch wird meist zu Tierfutter verarbeitet. Die Bestände sind (noch) nicht gefährdet.

Grog engl.: *grog;* heißes alkoholisches Getränk, hergestellt aus → Rum, Zucker und kochend heißem Wasser.

Großblatthaferflocken; → Haferflocken

Große Bohnen Syn.: → *Dicke Bohnen*

Große Brennnessel lat.: *Urtica dioica L.* (Fam.: *Urticaceae*), engl.: *Stinging Nettle, Nettle;* weit verbreitetes heimisches Wildkraut. Die Blätter lassen sich als würzende Kräuter für Salate, als Einlage für Suppen, als Wildgemüse zu vielerlei Gerichten und zur Zubereitung von → Brennnesseltee verwenden. Die Blätter sind reich an Vitamin C und Eisen (ca. 333 mg Vitamin C und 4 mg Eisen pro 100 g). Die jungen Schößlinge sind wie die Blätter ein beliebtes Wildgemüse zu vielen Gerichten. Sowohl die Blätter als auch die Wurzeln werden aufgrund ihrer stark Harn treibenden Wirkung als Arzneimittel genutzt.

Große Kammmuschel Syn.: → *Jakobsmuschel*

Große Lende; die gesamte Lende, d. h. die innere und äußere Lendenmuskulatur mit Knochen vom Rind. Sie enthält mit dem → Filet und dem → Roastbeef zwei sehr hochwertige Fleischstücke.

Großer Schirmpilz Syn.: → *Parasolpilz*

Großer Schmierling Syn.: → *Kuhmaul*

Großflaschen; für → Wein und → Schaumwein verwendete übergroße → Flaschen mit Volumina, die stets einem Mehrfachen einer normalen Weinflasche (0,75 l) entsprechen. Die Verwendung größerer Flaschen ist wahrscheinlich darauf zurückzuführen, dass die Alterung des Weines/Schaumweines in großen Flaschen langsamer erfolgt, was sich positiv auf die Qualität des Weines/Schaumweines auswirkt. G. haben spezielle Namen, die sich z. T. in verschiedenen Regionen unterscheiden. Typische G. sind → Magnum, → Doppelmagnum und → Impériale.

Großfrüchtige Moosbeere lat.: *Vaccinium macrocarpon AIT.* (Fam.: *Ericaceae*), engl.: *Cranberry,* Syn.: *Cranberry, Kranichbeere,*

Kulturpreiselbeere; → Beeren des gleichnamigen kleinen, in Nordamerika heimischen Halbstrauches. Die eiförmigen bis runden Beeren sind je nach Sorte hellrot bis schwarzrot gefärbt und größer als die verwandten → Preiselbeeren. Sie sind glatt, fest und haben einen sehr aromatischen sauren Geschmack. Die in den Nordstaaten der USA und im südlichen Kanada kultivierten g. M. werden von September bis Dezember geerntet. Das ganzjährige Angebot wird durch Tiefgefrieren und Trocknen sichergestellt. G. M. werden roh als Obst verzehrt und zu Saft, Saucen und Konfitüren verarbeitet. In Deutschland verarbeitete g. M. entsprechen mit Ausnahme kenntlich gemachter Abweichungen den Anforderungen der Leitsätze des Deutschen Lebensmittelbuches für verarbeitetes Obst.

Großgarnelen engl.: *king/giant prawns,* Syn.: *Riesengarnelen, Gambas span.;* unspezifische Bezeichnung für große → Garnelen (20 bis über 30 cm lang), unabhängig von der Art. Die meisten sind Warmwassergarnelen (→ Geißelgarnelen → Rosenberg-Garnele). In der gastronomischen Literatur findet sich auch die zoologisch falsche Bezeichnung Hummerkrabben. Die Größenzuordnung ist nicht einheitlich geregelt. Die wichtigsten Angebotsformen sind: roh mit Kopf und Schale, geschält (unblanchiert/blanchiert), ohne Kopf mit Schale (blanchiert), gekocht und geschält mit Schwanzflosse.

Großraumgärung engl.: *large scale fermentation;* → Schaumwein

Großverbraucherpackung engl.: *wholesale pack;* Packung, deren Füllmenge auf den Bedarf in der Gemeinschaftsverpflegung (Restaurants und Kantinen) ausgerichtet ist.

Grünalgen lat.: *Chlorophyta,* engl.: *green algae;* artenreicher Stamm der → Algen. G. sind zur Photosynthese befähigt, sie produzieren die Pigmente → Chlorophyll a und b, verschiedene Carotinoide sowie als Energiereserve Stärke. Für die menschliche Ernährung genutzt werden → Meersalat und als → Nahrungsergänzungsmittel → Chlorella. Die Fähigkeit der G., Wasser in Sauerstoff und Wasserstoff zu spalten, macht sie zum potentiellen Energielieferanten der Zukunft.

Grüne Minze lat.: *Mentha spicata L.* (Fam.: *Lamiaceae*), engl.: *Spearmint,* Syn.: *Grüne Rossminze;* sowohl wild wachsende als auch zur Gewinnung von Minzöl angebaute Minze, die schon seit dem Altertum zum Würzen von Speisen verwendet wird und v. a. in der englischen Küche zur Bereitung der zu fetten Fleischgerichten gereichten Minzsauce dient. Das aus g. M. gewonnene Minzöl mit Carvon als Hauptkomponente ist ein wichtiger Rohstoff für die Pharmazie und die Kosmetikindustrie und dient ferner zur Aromatisierung von Kaugummi und anderen Süßwaren.

Grüner Hering; frisch gefangener unbehandelter → Hering.

Grüner Pfeffer engl.: *green pepper;* → Pfeffer

Grüner Punkt; auf Verkaufspackungen aufgedrucktes „Lizenzzeichen“ für die Teilnahme am → Dualen System Deutschland. Die hierfür erhobene Gebühr ist vom Hersteller zu entrichten und wird über den Verkaufspreis an den Verbraucher weitergegeben.

Grüner Salat Syn.: → *Kopfsalat*

Grüner Silvaner Syn.: → *Silvaner*

Grüner Tee engl.: *green tea;* nicht fermentierter → Tee, für dessen Produktion ebenso wie beim → schwarzen Tee die jungen Blätter des Teestrauches verwendet werden. G. T. wird nicht gewelkt, sondern nur gedämpft (Japan) oder geröstet (China) und bewahrt aufgrund der fehlenden Fermentation seine olivgrüne Farbe und seine ursprüngliche Zusammensetzung. Hauptproduzenten sind China und Taiwan (Formosa) mit den Hauptsorten Chun Mee und Gunpowder. G. T. unterscheidet sich geschmacklich wesentlich von schwarzem Tee und wird v. a. in China sowohl als Genussmittel als auch als Heilmittel eingesetzt.

Grüner Veltliner Syn.: *Veltliner;* wichtigste österreichische Weißweinsorte, fruchtiges Bukett, spritzig, leicht pfeffriger Geschmack, süffiger, trockener, fruchtiger Wein.

Grüne Sauce; Bezeichnung für eine emulgierte Sauce mit grünen Kräutern, die in ganz Europa bekannt ist. Die bekannteste deutsche g. S. auf der Basis von sieben Kräutern ist die Frankfurter g. S. In der Regel werden als Kräuter Pimpinelle, Kresse, Sauerampfer, Borretsch, Kerbel, Petersilie, Schnittlauch, aber auch Dill, Zitronenmelisse u. a. Kräuter verwendet. G. S. wird vorwiegend zu Fleischgerichten, gekochten Eiern und zubereiteten Kartoffeln, wie z. B. Salz-, Ofen- oder Pellkartoffeln gereicht.

Grünkern/-korn engl.: *spelt wheat;* im halb reifen Zustand (Milchreife) geerntetes, vorsichtig gedarrtes und geschältes Dinkelkorn (→Dinkel). Es wird als ganzes Korn, gemahlen zu Schrot oder Mehl sowie verarbeitet zu Graupen, Grieß oder Flocken verwendet. Diese Produkte mit angenehm würzigem Geschmack bilden die Ausgangsbasis für eine Vielzahl von Gerichten wie z. B. Suppen, Saucen, Bratlinge, Klöße u. v. m.

Grünkohl lat.: *Brassica oleracea L. var. sabellica L.* (Fam.: *Brassicaceae*), engl.: *Kale, Curlies,* Syn.: *Braun-, Kraus-, Winterkohl;* beliebter →Blätterkohl mit stark gekrausten dunkelgrünen Blättern, der überwiegend im Winter angeboten wird. Da er geschnitten nur kurz lagerfähig ist, ist die sofortige Weiterverarbeitung der Blätter zu Blattgemüse und umgehende Haltbarmachung durch Tiefgefrieren, Trocknen oder in der Form von Nasskonserven erforderlich. G. wird gekocht als Gemüse zu vielen Gerichten verzehrt. Roh, im frischen Zustand, weist er einen hohen Gehalt an Vitamin C (ca. 105 mg pro 100 g essbarer Anteil) sowie an Vorstufen von Vitamin A (Retinoläquivalent ca. 0,9 mg pro 100 g essbarer Anteil) auf.

Grünling lat.: *Tricholoma auratum (Paul.: Fr.) Gillet und Tricholoma flavovirens (Pers.: Fr.) Lundell* (Fam.: *Tricholomataceae*), engl.: *greenfinch,* Syn.: *Echter Ritterling;* von Oktober bis November auf sandigen Böden, bevorzugt unter Kiefern, meist in Gruppen wachsender →Speisepilz mit abgeflachtem Hut von 6–10 cm Durchmesser und grüngelber Farbe. Der G. besitzt einen gelben bis gelbgrünen Stiel, schwefelgelbe Lamellen und festes weißes Fleisch von leicht mehlartigem Geschmack. In einer französischen Studie wurden nach wiederholtem Verzehr eines Grünlinggerichtes Vergiftungssymptome mit Muskelschwäche beobachtet. Eine endgültige Beurteilung der Toxizität steht allerdings noch aus.

Grünmalz engl.: *green malt;* 1. Bezeichnung für die durch Einweichen in Wasser gekeimte gequollene →Braugerste vor dem →Darren. 2. Bezeichnung für durch künstliches Einweichen zum Keimen gebrachtes Getreide, das nach Erreichen einer gewissen Keimlänge zum Ansatz der →Maische bei der Spirituosenherstellung verwendet wird.

Grünschalenmuschel lat.: *Perna canaliculus Gmelin* (Fam.: *Mytilidae*), engl.: *green-shell mussel, green-lipped mussel,* Syn.: *Grünschalmuschel, Neuseeländische Miesmuschel;* mit der europäischen →Miesmuschel verwandte Muschel aus dem pazifischen Raum (10–23 cm lang). Im Handel erhältlich sind Neuseeländische G., gekocht, geschält und einzeln eingefroren. In der Naturheilkunde gilt G. als Entzündungshemmer; Grünschalenmuschel-Extrakt wird als Arzneimittel zur Arthritisbehandlung und als →Nahrungsergänzungsmittel angeboten.

Grünschuppiger Täubling Syn.: →*Gefelderter Grüntäubling*

Grünspargel engl.: *green asparagus;* →Spargel

Grützblutwurst; in Kranzdärme gefüllte →Blutwurst mit Einlagen, deren überwiegend Blut und fein zerkleinerte Innereien enthaltende Schwartenmasse zur Bindung mit Hafergrütze versetzt ist. Als Einlagen dienen Würfel aus Speck, Schwarten oder fettgewebereichem Schweinefleisch.

Grütze engl.: *groats;* etwas größer als →Grieß in der →Schälmüllerei geschrotete bzw. geschnittene Getreide-, z. B. Hafer, Gerste oder Buchweizenkörner. Sie sind stets an den Bruchflächen weiß und an den Außenflächen dunkler. G. wird zum Anrühren von Suppen, Brei und als Zutat von Wurstwaren wie z. B. →Grützwurst verwendet.

Grützleberwurst Syn.: *Berliner Schüsselwurst;* nicht umgerötete, meist in Rinderkranzdärme gefüllte →Leberwurst mit →Grütze in der fein zerkleinerten Grundmasse. Diese wird üblicherweise aus fettgewebereichem Schweinefleisch, Bindegewebe, Leber und anderen Innereien sowie weiteren Zutaten wie z. B. Gewürzen hergestellt. G. ist zum Verzehr in warmem Zustand bestimmt.

Grützwurst; 1. Bezeichnung für ähnlich wie →Grützleberwurst mit Grütze hergestellte, zum Warmverzehr bestimmte →Leberwurst. 2. Bezeichnung für eine ähnlich wie →Grützblutwurst hergestellte, zum Warmverzehr bestimmte →Blutwurst mit einer mit →Grütze oder →Graupen angedickten Grundmasse. 3. →Westfälische Grützwurst

Grundgeschmacksarten engl.: *basic tastes,* Syn.: *Gustatorische Eindrücke;* die im Mund wahrnehmbaren Geschmacksqualitäten süß, sauer, salzig, bitter und →umami.

teln und ggf. weiteren backwirksamen Stoffen zur Herstellung von →Teigen oder →Massen der in der Verkehrsbezeichnung genannten Art. Dazu gehören z. B. G. für Hefe-, Mürbe- und Pizzateige sowie Biskuit-, Sand- oder Rührmassen. G. dienen zur Herstellung von Brot, Kleingebäck, feinen Backwaren und ähnlichen Backerzeugnissen wie z. B. →Pizza.

Grundpackung engl.: *unit pack, basic,* Syn.: *Kleinpackung;* kleinste Packung bzw. Packungseinheit, in der gleiche oder verschiedene gemeinsam abzugebende →Packgüter in jeweils festgelegter Anzahl und Menge verpackt sind.

Grundsauer engl.: *second leaven sponge;* 1. mittlere, nur selten letzte Stufe der mehrstufigen Sauerteigführung aus →Anfrischsauer, Mehl und Wasser. In ihr findet der wesentliche Teil der Säurebildung und damit auch der Aromabildung statt. Der Zeitpunkt der Verfügbarkeit des →Vollsauers lässt sich durch die Führung (→Teigführung) des G. steuern. Durch eine weiche und warme Führung wird der Vollsauer schnell und durch feste und kühle Führung langsam erhalten; 2. betriebs-

Grundgeschmacksarten

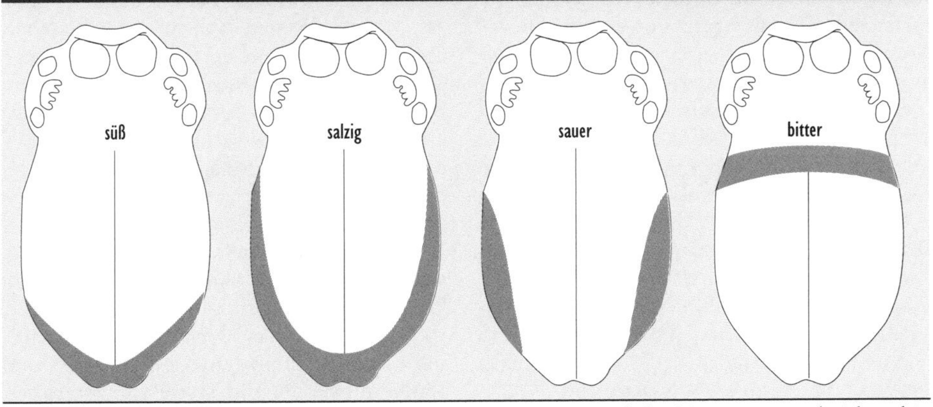

eigener Anteil der Teigsäuerung bei kombinierten Führungen.

Grundmischungen Syn.: *Back-Grundmischungen;* vorgefertigte Gemische aus Getreideerzeugnissen und/oder Stärken, Backtriebmitteln und/oder anderen Teiglockerungsmit-

Grundumsatz engl.: *basal metabolic rate;* Abk.: GU, minimaler Energieumsatz, der zur Aufrechterhaltung der Körperfunktionen eines nüchternen Menschen bei völliger körperlicher Ruhe und einer unmittelbaren Umgebungstemperatur von 27–31 °C benötigt wird. Der GU kann entweder berechnet oder mittels Kalorimetrie bestimmt werden und gewinnt zunehmend an Bedeutung, da der tägliche → Energiebedarf heute international nicht mehr absolut, sondern in Mehrfachen des GU angegeben wird. Der GU stellt bei üblicher körperlicher Belastung den Großteil des Energieverbrauchs dar und ist eng korreliert mit der fettfreien Körpermasse, die mit dem Alter abnimmt und bei Männern größer ist als bei Frauen. Daher nimmt auch der GU mit dem Alter ab und ist bei Männern etwa 10 % größer als bei Frauen.

Grundwasser engl.: *ground-water;* Wasser, das die Bodenporen zusammenhängend ausfüllt und einen Grundwasserspiegel bildet. Durch die Bodenfiltration ist es keimarm bis keimfrei, der Salzgehalt ist von den durchdrungenen Bodenschichten abhängig. Das G. gelangt in Flüsse oder tritt als Quelle zutage. G. wird in erster Linie zur Trinkwasserversorgung herangezogen.

Grundwein; Bezeichnung für Weine, die allein oder im Verschnitt mit anderen Weinen der Herstellung von → Schaumwein dienen.

Grunzbarsch lat.: *Pomadasys argyreus Valenciennes* (Fam.: *Haemulidae*), engl.: *bluecheek silver grunt;* kleiner Seefisch aus dem indo-pazifischen Raum (maximal 40 cm lang) mit zartem wohlschmeckenden Fleisch. In Deutschland wird er als tiefgefrorenes Filet angeboten.

Grusiniak; russischer Weinbrand mit einem Alkoholgehalt zwischen 45 und 48 Vol.-%. G. wird in Drei- und Fünf-Sterne-Qualität angeboten, welches ein Hinweis auf 3 bzw. 5 Jahre Fasslagerung ist.

Gruyère; → Le Gruyère® „Switzerland"

Gruyère de Comté Syn.: → *Comté*

Guacamole engl.: *guacamole;* ursprünglich aus Mexiko stammende, oft variierte Avocadosauce oder -creme. Neben pürierten oder gewürfelten Avocados und Limonensaft werden häufig Zwiebeln, Koriander, Tomaten sowie Chilies und Knoblauch als Zutaten verwendet. G. eignet sich als Brotaufstrich oder Dip und wird als Beilage zu verschiedenen Gerichten wie z. B. Tacos oder Hühnchen gereicht.

Guajakholz lat.: *Guajacum officinale L. und Bulnesiasarmienti* (Fam.: *Zygophyllaceae*), engl.: *guaiac wood,* Syn.: *Pockholz;* getrocknetes grünlich- bis dunkelbraunes Kernholz und gelblich-weißes Splintholz eines in den Tropen und Subtropen verbreiteten kleinen Baumes, aus dem durch Wasserdampfdestillation Guajakholzöl gewonnen werden kann, ein → ätherisches Öl, das als Duftstoff vorwiegend für Körperpflegemittel eingesetzt wird. Das aus dem Kernholz herausgeschmolzene Guajakharz enthält verschiedene Säuren, Lignane, Saponine und ätherische Öle. Es dient medizinischen Zwecken (bei Gelenkschmerzen und als unterstützende Rheumatherapie) und wird als Aromatikum für Liköre, Kaugummis und Backwaren verwendet.

Guajave Syn.: → *Guave*

Guanabana Syn.: → *Stachelannone*

Guarana engl.: *guarana;* Bezeichnung für eine aus den gerösteten Samen des Guarana-Strauches (lat.: *Paullinia cupana*, Fam.: *Sapindaceae*) gewonnene Paste, die meist in Stangen geformt in den Handel kommt. G. enthält bis zu 6 % → Coffein (früher als Guaranin bezeichnet) in der Trockenmasse und damit deutlich mehr als die Kaffeebohne. In Südamerika, der Heimat der Guaranapflanze, dient die Guaranapaste zur Herstellung von Erfrischungsgetränken. In Europa wird G. in → Energy-Drinks und Wellness-Getränken (→ Wellness-Produkte) eingesetzt, die etwa den doppelten Coffeingehalt von Kaffee aufweisen, und ist in Form von so genannten Energy-Riegeln mit Coffeingehalten, die denen von bis zu 6 Tassen Kaffee entsprechen, auf dem Markt. Die lang anhaltend stimulierende Wirkung von G. beruht anscheinend auf der langsamen Freisetzung des enthaltenen Coffeins.

Guarkernmehl engl.: *guar flour, guar gum;* pflanzliches Dickungsmittel, das durch Vermahlen des Endosperm der Samen der indischen Guarpflanze (lat.: *Cyamopsis tetragonoloba*) gewonnen wird. G. besteht zu etwa 80 % aus dem Polysaccharid Guaran, einem Galactomannan aus Galactose und Mannose im Verhältnis 1:1 und ist vom menschlichen Organismus nicht verwertbar. Es ist unter der Nummer E 412 als Gelier- und Dickungsmittel für Lebensmittel allgemein ohne Höchstmengenbeschränkung zugelassen, erhöht die Wasserbindung, verringert die Kristallbildung und wird häufig zusammen mit anderen Hydrokolloiden eingesetzt (Synergismus). Ferner findet es auch in der Papier- und Kosmetikindustrie sowie als Appreturmittel Verwendung.

Guave lat.: *Psidium guajava L.* (Fam.: *Myrtaceae*), engl.: *Guava,* Syn.: *Guajave, Guayaba;* Südfrucht, Beere. Anbau: weltweit in Tropen und Subtropen. Apfel- oder birnenförmige, 3–12 cm große Frucht mit gelber, rauer, essbarer Schale, süß-säuerliches, saftiges, weißes bis rotes Fruchtfleisch mit vielen Samen. Import ganzjährig aus Brasilien, im Herbst aus anderen Ländern. Guaven sind leicht verderblich, werden deshalb unreif geerntet und reifen nach. Rohverzehr wie Äpfel und Birnen, Hauptmenge wird verarbeitet zu Fruchtsaft, Sirup, Kompott. Weitere essbare Myrtaceen-Früchte: → Feijoa, Erdbeer-Guave, Surinam-Kirsche, Jambola, Jabotica, Jambuse → Rosenapfel.

Gütesiegel engl.: *quality seal;* graphische Bestätigung der Einhaltung bestimmter, vom Verleiher des G. festgelegter Kriterien. Umfang und Art der Kriterien können z. T. sehr variieren. Bekannte G. sind z. B. das → QS-Prüfzeichen, das → Bio-Siegel und das CMA-Gütezeichen.

Gugelhupf; süddeutsche Bezeichnung für einen → Napfkuchen.

Guineapfeffer Syn.: → *Paradieskörner*

Gulasch engl.: *goulash;* gestückeltes (ungefähr walnussgroß) gegartes (geschmortes) Rindfleisch in würziger Sauce. Diese enthält klassisch Tomatenmark, Paprika, Zwiebeln und Gewürze und es existieren viele regional abgewandelte Varianten. Das Fleisch ist von groben Sehnen und Sehnenplatten, größeren Ansammlungen von Fett- und lockerem Bindegewebe sowie von gelber Bauchhaut befreit. Es kann von Sehnen durchzogen sein. Knochenputzfleisch, Kopffleisch und Innereien werden nicht verwendet. Teilweiser oder vollständiger Ersatz durch Fleisch anderer Tierarten ist zu kennzeichnen (bspw. Kalbsgulasch). Der Fleischanteil entspricht bei Handelsware einer Frischfleischmenge von 50 %.

Gulaschsuppe engl.: *goulash soup;* braune klare oder gebundene Suppe, die unter Verwendung von Rindfleisch und/oder Rindfleischextrakt und Paprika hergestellt wird. Daneben können noch viele weitere Zutaten wie z. B. Zwiebeln, Kartoffeln (Wiener Art) oder Sauerkraut (Szegediner Art) verwendet werden. Als Einlage sind weder Innereien noch Brät enthalten.

Gummi engl.: *gum, rubber;* 1. das Gummi (Mehrz.: Gummen) bezeichnet erstarrte Pflanzensäfte aus tropischen Pflanzen (→ Exsudate), zu denen z. B. → Gummi arabicum und → Traganth gehören, die u. a. als Dickungsmittel Verwendung finden; 2. der Gummi (Mehrz.: Gummis) bezeichnet hingegen vulkanisierten Kautschuk.

Gummi arabicum engl.: *gum arabic,* Syn.: *Arabisches Gummi, Senegalgummi, Akaziengummi;* saures Polysaccharid, das hauptsächlich aus Galactose und Glucuronsäure besteht und aus den Exsudaten von tropischen Akazienarten durch Einritzen der Stämme gewonnen wird. G. ist unter der Nummer E 414 als Dickungsmittel, aber auch als Füllstoff, Stabiliator (z. B. für Getränkeschäume) und Trägerstoff für Lebensmittel allgemein ohne Höchstmengenbeschränkung zugelassen, erhöht die Wasserbindung und verhindert die Ausbildung von Zucker- bzw. Eiskristallen. Ferner findet es auch in der Papier-, Kosmetik- und pharmazeutischen Industrie sowie als Appreturmittel für Textilien Verwendung.

Gummibärchen engl.: *jelly bears, gum bears, jelly babies;* → Gummibonbons in stilisierter Bärenform.

Gummibonbons engl.: *gums;* zähe, elastische, kaubare, feste Bonbons, die in vielen Formen, Geschmacksrichtungen und Farben hergestellt werden. Hauptzutaten sind Glucosesirup und Zucker. Für die notwendige Bindung und typische Elastizität sorgen bei einem relativ hohen Wassergehalt → Gelatine und andere Dickungsmittel wie z. B. modifizierte Stärke oder Agar-Agar. G. werden durch Gießen der heißen Masse (Mogultechnik) in Formen aus Maisstärke (Puder) und anschließendem Aushärten hergestellt. Für den Geschmack werden Genusssäuren, konzentrierter Fruchtsaft und/oder Aromen verwendet. Neben der färbenden Wirkung der Saftkonzentrate werden auch Lebensmittelfarbstoffe eingesetzt. Die Zugabe anderer Lebensmittel wie z. B. Milchpulver ist üblich. Besonders zähe runde G. werden als Gummipastillen bezeichnet, die auch in der Pharmaindustrie als Träger für Wirkstoffe genutzt werden.

Gummipastillen; → Gummibonbons

Gummischaumwaren; mit Gelatine und anderen Quellstoffen hergestellte weiche, kaubare → Schaumzuckerwaren, z. B. in Form von Schlangen oder anderen Tieren, mit trockener Oberfläche.

Gurken lat.: *Cucumis sativus L.* (Fam.: *Cucurbitaceae*), engl.: *Cucumber;* meist unreif geerntete grünschalige → Beeren eines einjährigen Krautes aus der Familie der Kürbisgewächse, die in sehr verschiedenen Formen und Größen anfallen und aufgrund ihres hohen Wassergehaltes einen sehr geringen Brennwert aufweisen. Es werden beim Anbau rein weiblich blühende Sorten gewählt, um samenlose Früchte zu erhalten. Die ursprünglich enthaltenen Bitterstoffe wurden durch Züchtung weitestgehend entfernt. Bei G. wird zwischen der schlanken Schlangengurke, als Salatgurke bezeichnet, die überwiegend im Gewächshaus angebaut wird und Einlege- und Schälgurken, meist aus Freilandanbau, unterschieden. Einlegegurken werden zur Herstellung von Cornichons (kleinste Gewürzgurken), → Gewürz- und → Salzgurken verwendet. Die großfrüchtigen ausgereiften Schälgurken können roh verzehrt werden oder geschält, vom Kerngehäuse befreit und in Stücke geschnitten zu → Senf- und → Zuckergurken verarbeitet werden.

Gurkenbaumfrucht lat.: *Averrhoa bilimbi L.* (Fam.: *Oxalidaceae*); sehr saure gurkenähnliche, ca. 3–7 cm lange, am Stamm und an den Ästen wachsende grüne → Beeren des in tropischen Gebieten Asiens und Amerikas angebauten Gurkenbaumes mit dünner Schale. Sie ist wegen ihres hohen Säuregehaltes zum Rohverzehr kaum geeignet, sondern wird in den Ursprungsländern zu Konserven, Konfitüren, Chutneys und halb reif zu Sauerkonserven (Pickles), der Saft ferner zu Getränken verarbeitet.

Gurkenkraut Syn.: → *Borretsch* → Dill

Gurkenscheiben engl.: *cucumber slices;* hergestellt wie → Gewürzgurken, jedoch aus Gurken aller Handels- und Qualitätsklassen in Scheiben bis zu 10 mm Dicke und 60 mm Durchmesser, wobei beide Werte bis zu 10 % überschritten werden dürfen. Der Durchmesser der kleinsten im Behältnis befindlichen Scheibe muss mindestens 50 % der größten Scheibe betragen.

Gurunuss Syn.: → *Kolanuss*

Gusswürfel; durch Gießen hergestellter, sich leichter in Flüssigkeiten als gepresster Zucker auflösender → Würfelzucker.

Gusszwieback; → Zwieback

Gustatorisch engl.: *gustatoric;* die geschmackliche Wahrnehmung betreffend. → Geschmackssinn

Gustin; Warenzeichen der Firma Dr. Oetker für feine native → Maisstärke mit vielseitigen

Verwendungsmöglichkeiten wie z. B. zum Binden von Suppen und Saucen oder für die Verfeinerung von Kuchen, Torten und Plätzchen.

Gutedel; → Chasselas

Guter Heinrich lat.: *Chenopodium bonus henricus L.* (Fam.: *Chenopodiaceae*), engl.: *Good King Henry, Perrenial Goosefoot, Wild Spinach,* Syn.: *Bergspinat, Wilder Spinat, Dorfgänsefuß;* ausdauernde, jung mehlig bestäubte, vielseitig verwendbare Staude mit breiten spießförmigen Blättern an kantigen Stängeln. Die jungen Blätter lassen sich wie Spinat verwenden, die Schößlinge kommen als Spargelersatz sowie für Suppen zum Einsatz.

Gutsleberwurst; → Leberwurst mit einer i. d. R. groben, mit gewürfelten bis zu kirschkerngroßen Leberstücken als Einlage, oder fein zerkleinerten, meist umgeröteten Grundmasse. In der Grundmasse sind üblicherweise neben Leber keine weiteren Innereien enthalten. G. wird meist in Hüllen mittelgroßen Kalibers abgefüllt angeboten.

Gyros; ein für gewöhnlich auf dem Drehspieß mit Hilfe eines Standbackofens gegrilltes Fleischerzeugnis, das aus dünnen, auf dem Drehspieß aufgesteckten, miteinander verbundenen Fleischscheiben besteht. Beim Ausgangsmaterial handelt es sich üblicherweise um Schweinefleisch. Weitere Zutaten sind i. d. R. Salz, Gewürze, Zwiebeln und Öl. G. ist ein beliebter Schnellimbiss, der in vielen verschiedenen Varianten warm verzehrt wird.

Haarschwanz engl.: *largehead hairtail;* → Degenfische

Habichtspilz lat.: *Sarcodon imbricatus (L.: Fr.) Karsten* (Fam.: *Thelephoraceae*); von August bis November in Nadelwäldern wachsender, mittlerweile sehr selten gewordener → Speisepilz mit gewölbtem, später trichterförmigem Hut von 5–15 cm Durchmesser, dunkelbrauner Farbe und stark geschuppter Oberfläche. Der H. trägt an der Hutunterseite brüchige helle Stacheln, die später grau bis bräunlich werden, besitzt einen zylindrisch oder keulenförmigen bräunlichen Stiel und festes weißes Fleisch von leicht bitterem Geschmack. Zum Verzehr sind nur junge Exemplare, die vor der Verwendung abgebrüht werden, geeignet. Wegen seiner Seltenheit wird der H. heute überwiegend in getrockneter Form als Würzpilz eingesetzt.

Habituation engl.: *habituation;* Herabsetzung einer sensorischen Empfindung (Gewöhnung) bei konstanter Reizeinwirkung durch „Ermüdung" der Synapsen. → Adaptation

HACCP-Konzept; Abk. für engl.: → *Hazard Analysis and Critical Control Points-Konzept.*

Hack; verkürzte Bezeichnung für → Hackfleisch.

Hackbällchen Syn.: → *Fleischklopse*

Hackbeefsteak Syn.: → *Deutsches Beefsteak*

Hackbraten engl.: *meat loaf,* Syn.: *Falscher Hase;* brotförmiges (Kasten- oder Laibform), gewürztes, nicht umgerötetes Fleischerzeugnis aus einer Hackfleischmasse. Diese wird üblicherweise aus grob entfettetem Schweine- und grob entsehntem Rindfleisch mit Gewürzen unter Verwendung von Binde- und Auflockerungsmitteln wie z. B. altbackenen Brötchen oder Ei sowie ggf. Zwiebeln hergestellt. Bei Handelsware beträgt der Gehalt an Stärke in der Trockenmasse im Fertigerzeugnis gewöhnlich nicht mehr als 25 %. Ein Spicken mit Speckstreifen ist üblich. H. wird gebraten und lässt sich neben dem warmen Verzehr auch kalt aufgeschnitten als Brotbelag verwenden.

Hackepeter engl.: *seasoned minced meat;* zubereitetes → Mett.

Hackfleisch engl.: *minced meat,* Syn.: *Gehacktes, Gewiegtes;* durch Wolfen, Schaben oder Zerhacken zerkleinertes, rohes, nicht umgerötetes Skelettmuskelfleisch. Durch seine bei der Herstellung stark vergrößerte Oberfläche und der Verwendung von rohem gegenüber Mikroorganismen generell empfindlichem Fleisch (hoher a_w-Wert, idealer Nährstoffboden) als Ausgangsmaterial ist H. besonders anfällig gegenüber dem Befall und Verderb durch Mikroorganismen. Deshalb spielt bei der Herstellung von H. und Zubereitungen mikrobiologisch einwandfreies Ausgangsmaterial und eine durchgängige Hygiene von der Fleischgewinnung über den Herstellungsprozess und während der gesamten Vertriebskette eine wesentliche Rolle. Aufgrund ihrer Empfindlichkeit aus ähnlichen Gründen gegenüber mikrobiellem Befall und Verderb ist eine Reihe von Erzeugnissen aus zerkleinertem Fleisch in ganz oder teilweise rohem Zustand dem H. rechtlich gleich gestellt (s. Tabelle). Das gilt auch für andere Produkte, die diese Erzeugnisse als Zutaten enthalten. H. muss am Tage der Herstellung unmittelbar bzw. Bratwürste und Schaschlik sowie ähnliche Erzeugnisse am folgenden Tag verbraucht werden. Ausnahmen gelten für die unmittelbar nach der Herstellung auf eine Kerntemperatur von -18 °C bei einer mittleren Friergeschwindigkeit von ca. einem cm pro Stunde tiefgefrorenem Erzeugnis. Als nicht mehr roh gelten Erzeugnisse, die einer Haltbarmachung durch geeignete Behandlungsverfahren (z. B. Erhitzen bis zur vollständigen Eiweißkoagulation, Räuchern und Pökeln, Einlegen in sauren Marinaden) unterworfen wurden. Zur Herstellung von H. wird Rind- und Schweinefleisch verwendet. Die Abgabe von H. und zubereitetem

Dem Hackfleisch rechtlich gleich gestelltes Fleisch und gleich gestellte Fleischerzeugnisse

1	Ähnlich zerkleinertes Fleisch wie z. B. Schabefleisch, auch zubereitet und geschnetzeltes Fleisch
2	Erzeugnisse aus zerkleinertem Fleisch wie z. B. Fleischklöße, Fleischklopse, Frikadellen, Bouletten und Fleischfüllungen
3	Bratwürste sowie zur Abgabe an den Verbraucher bestimmte Rohwurst- und Brühwursthalbfabrikate und Fleischbräte
4	Zerkleinerte Innereien wie Leberhack sowie Erzeugnisse, die unter Verwendung von zerkleinerten Innereien hergestellt sind
5	Fleischzuschnitte wie Steaks, Filets und Schnitzel, die mit Mürbeschneidern oder Geräten ähnlicher Wirkung behandelt worden sind
6	Schaschlik und ähnlicher Weise hergestellte Erzeugnisse aus gestückeltem Fleisch oder gestückelten Innereien auf Spießen

H. aus Geflügel- und Wildfleisch an den Verbraucher ist zum gegenwärtigen Zeitpunkt rechtlich nicht erlaubt. Dem H. rechtlich gleich gestellte Erzeugnisse, die ganz oder teilweise aus Geflügel und Wildfleisch hergestellt worden sind, dürfen nur in den Verkehr gebracht werden, wenn sie unmittelbar nach der Herstellung wie rechtlich vorgeschrieben ausreichend tiefgefroren worden sind. Mit Ausnahme von Brühwursthalbfabrikaten ist der Zusatz von Nitritpökelsalz zu H., zubereitetem H. und den rechtlich gleich gestellten Erzeugnissen verboten. H. und zubereitetes H. sowie die gleich gestellten Erzeugnisse werden frisch, im gekühlten Zustand und tiefgefroren im Handel mit einem Verbrauchsdatum versehen angeboten. Aufgetautes H. sollte unmittelbar nach dem Auftauen im zubereiteten Zustand nach einer ausreichenden Wärmebehandlung verzehrt werden.

Hacksteak engl.: *hamburger;* rundliches bis flach ovales, gewürztes, nicht umgerötetes Erzeugnis aus gewolftem oder ähnlich zerkleinertem Fleisch. Es wird gebraten, i. d. R. mit Beilagen verzehrt. Bei dem Fleisch handelt es sich üblicherweise um sehnenarmes und grob entsehntes Rindfleisch sowie um grob entfettetes Schweinefleisch. Mit Hilfe von Binde- und Auflockerungsmitteln wie Ei oder stärkehaltigen Lockerungsmitteln wird aus diesem zusammen mit Salz, Gewürzen und ggf. Zwiebeln das fertige Erzeugnis geformt. Der Anteil an Stärke in der Trockenmasse beträgt beim Fertigerzeugnis bei Handelsware nicht mehr als 15 %.

Hägenmark Syn.: → *Hagebuttenmark*

Hämoglobin engl.: *haemoglobin;* Blutfarbstoff der roten Blutkörperchen (Erythrozyten). Bei H. handelt es sich um ein Eisen(II)-haltiges Chromoprotein, das zu ca. 96 % aus Eiweiß (Globin) und zu 4 % aus einem Eisenkomplex (Häm) besteht. Seine Funktion besteht im Körper im Transport von Sauerstoff unter Bildung von Oxyhämoglobin und von Kohlendioxid unter Bildung von Carbaminohämoglobin. Verwandt mit H. ist das in den Muskeln enthaltene → Myoglobin.

Hämolyse engl.: *hemolysis;* Austritt und Abbau von → Hämoglobin beim Auflösen der Erythrozyten im Organismus oder Reagenzglas als Folge von z. B. mechanischen und thermischen Einflüssen oder durch Enzyme, Bakterien (z. B. *Streptococcus pyogenes*) bzw. toxische Substanzen bedingt.

Härtegrade engl.: *degrees of hardness;* → Wasserhärte

Härten von Speiseeis; Verfahrensschritt bei der industriellen Speiseeisproduktion, bei dem das aus dem Speiseeisgefrierer (Freezer) austretende noch cremig-plastische Produkt im Anschluss an den Abfüllvorgang i. d. R. in kontinuierlich arbeitenden Tiefgefriertunnelanlagen und/oder durch Kontaktfrieren im Plattenfroster tiefgefroren, d. h. ein Teil des Produktwassers unter Ausbildung sehr kleiner Eiskristalle ausgefroren wird.

Härtungsgeschmack; Geschmacksfehler, der durch die → Fetthärtung bedingt und durch → Raffination entfernbar ist.

Häutelwerk; süddeutsche Bezeichnung für → Schwarten sowie enthaarte und gebrühte Haut von Kalbsköpfen und -füßen. H. wird als Bindegewebszusatz bei bestimmten Wurstsorten, wie z. B. Münchner Weißwurst verwendet.

Hafer lat.: *Avena sativa L.* (Fam.: *Poaceae*), engl.: *Oats;* im nördlichen Vorderasien beheimatetes, mit Ausnahme von Nackthafer bespelztes Rispengetreide, das gemäßigtes Klima bevorzugt. Der Anbau findet heute besonders in den nördlichen Gebieten Europas, Russland, den USA und Kanada sowie in Australien und Argentinien statt. H. verfügt über eine geringe Standfestigkeit und eine geringere Düngerverträglichkeit als Weizen. Daher sind auch die Erträge niedriger (unter zwei Tonnen/ha). Ernährungsphysiologisch wertvoller ist H. als die übrigen Getreidearten durch biologisch höherwertiges Eiweiß, einen höheren Gehalt an Fett (4–8 %) mit großem Anteil essenzieller Fettsäuren und Thiamin (bedeutend für Säuglings-, Kleinkinder- und Krankenernährung). Verwendung findet er im Haushalt wie die anderen → Getreide und als Industriehafer in der industriellen Verarbeitung zu Hafererzeugnissen. Qualitätskriterien für Industriehafer sind neben dem Hektoliter-Gewicht (∅ 54 kg) und der Kornform besonders der Spelzengehalt (∅ 27 %) und das Tausendkorngewicht (∅ 33 g). Abhängig von der Haferqualität beträgt die Ausbeute bei der industriellen Verarbeitung 50–60 %. Helle Nährmittel lassen sich nur aus einem frisch geschälten Spelzhaferkorn gewinnen, nicht aber aus einem gelagerten Nackthafer, da sich dieser langsam dunkel verfärbt. Die Verarbeitung von H. erfolgt durch → Schälmüllerei zu Groß- und Kleinblatthaferflocken (→ Haferflocken), → Grütze, → Haferkernen sowie zu → Haferknusperprodukten. Besondere Aufbereitungsverfahren ergeben schnell lösliche Instant-Haferprodukte. Nachprodukte der Hafermüllerei sind Haferschälkleie und Haferfuttermehl. Die Haferschälkleie wird einzeln sowie in Mischungen mit anderen Lebensmitteln wie z. B. Keimlingen im Handel angeboten und zur Ballaststoffanreicherung von Lebensmitteln wie z. B. Müslis verwendet.

Haferflocken engl.: *crushed oats;* flache Getreideerzeugnisse, die aus Haferkörnern in einem Prozess aus Dämpfen, Darren, weiterem Dämpfen sowie anschließendem Pressen und Trocknen durch Walzen hergestellt werden. Die hydrothermische Behandlung durch das Dämpfen bei der Herstellung (→ Schälmüllerei) bewirkt die Inaktivierung von Enzymen (insbesondere Lipoxygenase, Lipoperoxidase) sowie den Aufschluss der enthaltenen Stärke. Dadurch ergibt sich eine Haltbarkeit über mehrere Jahre bei kühler und trockener Lagerung, eine Vermeidung der Bildung von bitter schmeckenden Reaktionsprodukten durch die Lipoperoxidase und eine bessere Verdaulichkeit. Der Verzehr erfolgt als Rohkost (→ Müsli), Brei (Kochzeit ca. 3 Minuten) oder als Schleim. Auch in der Küche sind H. vielseitig, wie z. B. als Zutat in Backwaren, verwendbar. Die Flocken lassen sich nach ihrer Größe in Großblatt- und Kleinblatthaferflocken unterscheiden. Großblatthaferflocken werden aus ganzen → Haferkernen hergestellt. Die aus kleineren Stücken (→ Hafergrütze) hergestellten, etwa ein Drittel oder halb so großen Kleinblatthaferflocken bilden den Übergang zum → Hafermark. Der ernährungsphysiologische und diätetische Wert von H. ist bedingt durch die hohe Eiweißwertigkeit, den hohen Gehalt an ungesättigten Fettsäuren, den Schleimstoff Lichenin (Magen-Darm-Diät), Vitamin B_1 (ca. 0,59 mg pro 100 g essbarer Anteil) sowie Eisen.

Hafergebäck engl.: *oat cookies;* Gebäck, vorwiegend Kekse und Plätzchen, aus → Mürbeteig, das einen geschmacklich hohen Anteil an Hafermahlerzeugnisse wie z. B. Hafermehl enthält. Handelsübliche H. enthalten üblicherweise ebenso viel Hafermahlerzeugnisse wie andere Getreideerzeugnisse, keinesfalls aber weniger als 25 % (bezogen auf den Getreideanteil). H. ist eine Spezialität, die besonders in Großbritannien beliebt ist.

Hafergrütze engl.: *grits;* Grütze aus Hafer in verschiedenen Korngrößen. H. bildet die Vorstufe für die Herstellung von Kleinblatthaferflocken (→ Haferflocken) und Hafermark. Bei gesottener H. ist der Stärkeanteil weitgehend aufgeschlossen. H. besitzt eine leicht bräunliche Farbe sowie einen aromatischen Geschmack und ist widerstandsfähiger gegen Schädlingsbefall als Haferkerne und die daraus gewonnenen Flocken.

Haferkerne; geschälte spelzenfreie Körner vom Hafer. Ihr hoher Fettgehalt beeinträchtigt die Haltbarkeit der Haferprodukte. Durch Dämpfen und Darren („Präparierung") wird die Aktivität der Enzyme reduziert, die eine bittere und ranzige Note verursachen. Aus den Kernen werden Großblatthaferflocken (→ Haferflocken) und Hafermehl hergestellt.

Haferknusperprodukte Syn.: *Hafer-Cerealien;* durch Extrudieren oder Expandieren in Extruderanlagen und anschließendem Rösten hergestellte vielseitig geformte Erzeugnisse. Durch den Röstvorgang wird die Stärke voll aufgeschlossen. Verwendet werden H. als Zutaten in Frühstückskost wie z. B. Müsli oder Snacks (bspw. Riegel).

Hafermark; sehr kleine, aus feiner Hafergrütze durch Walzen hergestellte → Haferflocken. Sie sind besonders gut verdaulich und eignen sich daher für Kranken- und Kindernahrung.

Hafermarkmehl; Mehl aus gemahlenem → Hafermark.

Hafermastgans lat.: *Anser anser domesticus L.* (Fam.: *Anatidae*); fast ausschließlich aus Polen importierte, infolge der Gabe von Körnerfutter, in den letzten drei Wochen mindestens 500 g Hafer täglich, relativ magere Gans mit einem Gewicht von bis zu 7 kg.

Hafermilch engl.: *oatmilk;* lactose- und cholesterinfreies Getränk auf Basis von Wasser, → Hafer und pflanzlichen Ölen, das als solches oder gesüßt als Vanille-Hafermilch angeboten wird. H. besitzt ein milchähnliches Mundgefühl und stellt eine rein pflanzliche Alternative zu Kuhmilch dar. H. kann bei → Milcheiweißallergie und → Lactoseintoleranz getrunken werden und enthält als funktionellen Bestandteil (→ funktionelle Lebensmittel) das aus dem Hafer stammende → beta-Glukan.

Hagebutten lat.: *Rosa sp.* (Fam.: *Rosaceae*), engl.: *Rose Hip,* Syn.: *Hiften;* längliche leuchtend rote Sammelnussfrüchte verschiedener Rosenarten wie z. B. der Hundsrose (lat.: *Rosa canina L.*). Bei ihnen hat sich der Blütenboden krugförmig um die bestachelten Nüsschen gelegt und fleischig ausgebildet. Die rote Farbe wird durch das Carotinoid → Lycopin hervorgerufen. Neben ihrem angenehm säuerlichen Geschmack werden H. wegen ihres besonders hohen Gehaltes an Vitamin C (ca. 250–2900 mg pro 100 g essbarer Anteil im rohen frischen Zustand) geschätzt. H. werden in ganz Eurasien als Wildfrüchte im Spätherbst gesammelt und neben dem Rohverzehr als Trockenfrüchte haltbar gemacht sowie zu Mark (→Hagebuttenmark), Mus, Konfitüre, Fruchtwein, Likör und Tee (→Hagebuttentee) verwertet.

Hagebuttenkonfitüre engl.: *rose hip jam;* →Konfitüre

Hagebuttenlikör; blanker hellrötlicher →Fruchtaromalikör (→Likör) mit fruchtigem Geschmack und leicht südweinähnlicher Note.

Hagebuttenmark Syn.: *Hiftenmark, Hägenmark;* rötliches →Fruchtmark, das aus passierten und eingeweichten →Hagebutten nach Entfernen der Samen und Härchen, meist unter Zusatz von Zuckerarten, hergestellt wird. Es ist sowohl durch Einmachen mit Zucker, Sterilisieren oder den Zusatz von Konservierungsstoffen haltbar gemacht als auch roh im Handel. H. wird vielfältig, u. a. zur Herstellung von Konfitüren, Füllungen von Backwaren und Süßspeisen sowie als Brotaufstrich und verfeinernde Zutat zu Gerichten verwendet.

Hagebuttenschalen; getrocknete kernlose Achsenbecher der →Hagebutten, die zur Bereitung von →Hagebuttentee verwendet werden.

Hagebuttentee engl.: *rose hips tea;* →teeähnliches Erzeugnis aus ganzen oder zerkleinerten →Hagebuttenschalen und maximal 10% Nussfrüchtchen. H. wird meist gemischt mit Hibiskusblüten (→Malventee) angeboten, hat einen erfrischenden säuerlich-herben Geschmack und einen intensiv roten Aufguss.

Hagebuttenwein; →Fruchtweine

Hagelzucker engl.: *coarse granulated sugar;* →granulierter Zucker mit besonders großer Körnung. Er wird meist aus Raffinade hergestellt und insbesondere zum Dekorieren von Süß- und Backwaren verwendet.

Haie lat.: *Pleurotremata,* engl.: *sharks,* Syn.: *Haifische;* charakteristische →Knorpelfische (100–900 cm lang), die weltweit kommerziell genutzt werden. Die Fangmenge hat sich in den letzten 20 Jahren verdreifacht. Etwa 100 der 460 bekannten Arten werden befischt, 20 sind in ihrem Bestand bedroht; dazu gehören nach Angaben der FAO der in Deutschland beliebte →Dornhai, der Heringshai (lat.: *Lamna nasus Bonnaterre*), der Hundshai (lat.: *Galeorhinus galeus L.*), der Glatthai (lat.: *Mustelus mustelus L.*), der Engelhai (lat.: *Squatina squatina L.*) und der Riesenhai (lat.: *Cetorhinus maximus Gunnerus*). Die EU erwägt Schutzmaßnahmen. Haifleisch ist eine gute Proteinquelle (Haisteaks), aus Fleisch und Leber wird Öl gewonnen (→Haileberöl), die Flossen werden traditionell in China, heute weltweit als Delikatesse gehandelt (→Haifischflossen), auch Knorpel und Haut werden vermarktet (Heilmittel in der chinesischen Medizin bzw. Leder). Geräucherte Stücke vom Grauhai (lat.: *Carcharhinus amblyrhynchus Bleeker*) werden unter der Bezeichnung Speckfisch gehandelt, Herings- und Blauhai (lat.: *Prionace glauca L.*) werden als Frischfisch angeboten, der kleinere Katzenhai (lat.: *Scyliorhinus canicula L.*) aus dem Nordostatlantik und dem Mittelmeer dient als Rohstoff für die Fischöl- und Fischmehlproduktion, in Deutschland wird er gelegentlich als Frischfisch, in den Ursprungsländern auch getrocknet/gesalzen angeboten. Wie alle Knorpelfische enthält der H. im Muskelfleisch →Harnstoff, aus dem durch bakteriellen Abbau Ammoniak gebildet wird, erkennbar am charakteristischen Geruch, der bei der Zubereitung verfliegt.

Haifischflossen engl.: *shark's fins;* Flossen verschiedener Arten von →Haien. Sie sind in der chinesischen Küche frisch oder getrocknet Zutat zu einer Vielzahl von Gerichten. International bekannt wurde die Haifischflossensuppe, die inzwischen weltweit angeboten wird, auch industriell vorgefertigt. Die gestiegene Nachfrage führte zur Ausweitung des aus Tier- und Artenschutzgründen bedenklichen „finning“. Dabei werden dem lebenden Tier die Flossen abgetrennt und der Haifischkörper wieder ins Meer geworfen. Die Überlebenschancen der Tiere sind gering. In der EU wird ein generelles Verbot dieser Fangmethode diskutiert.

Haileberöl engl.: *shark liver oil;* Lipidgemisch aus der Leber des Grönlandhais (lat.: *Somniosus microcephalus Bloch & Schneider*) und verwandter Tiefseehaie (→Haie). H. unterscheidet sich von anderen Fischleberölen durch einen vergleichsweise geringen Vitamin-D-Gehalt und einen hohen Gehalt an →Squalen/Squalamin und Alkoxyglyceriden; Glyceride, bei denen zwei Alkoholgruppen des Glycerins als Fettsäureester, die dritte etherartig mit einem gesättigten verzweigt kettigen Kohlenwasserstoff (Pristan, Phytan) gebunden ist. Beiden Substanzgruppen werden pharmakologische Wirkungen nachgesagt, u. a. sollen sie die Produktion von weißen Blutkörperchen anregen und so das Immunsystem stärken und Tumoren vorbeugen. Eine dem Squalamin verwandte Substanz aus Dornhaileber erwies sich im Tierexperiment als →Appetitzügler. In der klassischen chinesischen Medizin nimmt H. einen wichtigen Platz als Heilmittel ein; neuerdings wird es weltweit als →Nahrungsergänzungsmittel angeboten, meist in Form von Gelatinekapseln.

Halal engl.: *halal;* für die menschliche Ernährung erlaubt, rein oder zugelassen im Sinne der religiösen Vorschriften des Islam. Bezogen auf die Nahrungsmittel entspricht dies weitgehend dem Begriff →koscher in den jüdischen Speisegesetzen. Grundsätzlich h. sind pflanzliche Lebensmittel, vorausgesetzt sie sind für den Menschen verträglich sowie gesund und rufen keine Rauschzustände hervor. Auch marine Tiere und →Süßwasserfische sind h. In Bezug auf Landtiere werden im Koran genau die essbaren Bestandteile genannt, die verboten, d. h. →haram sind. Hierzu zählen →Schweinefleisch inklusive aller vom Schwein stammenden Nebenprodukte wie z. B. →Schmalz und das Blut aller Tierarten sowie daraus hergestellte Produkte. Weiterhin müssen alle Landtiere, mit Ausnahme von Tieren, die auf der Jagd erlegt wurden, die den Muslimen zur Nahrung dienen, entsprechend einem islamischen Ritual, dem Schächten, geschlachtet werden. Wesentlich hierbei ist, dass das Tier zum Zeitpunkt des Schlachtens noch lebt, damit es zu einem schnellen, möglichst weitgehenden Ausbluten kommt. Grundsätzlich verboten ist Muslimen der Genuss von Alkohol.

Halbbitterschokolade; →Bitterschokoladen

Halbe Hahn; kölnische Bezeichnung für ein halbes Röggelchen (Roggenbrötchen) mit Butter und holländischem Käse (v. a. Gouda), das mit Senf, saurer Gurke und Zwiebeln verzehrt wird.

Halberstädter Würstchen; nach Art der →Wiener Würstchen hergestellte →Brühwürstchen aus Halberstadt, die als Erste als Nasskonserve in der Dose hergestellt wurden.

Halb feste Schnittkäse engl.: *semihard cheese;* Gruppe von Käsesorten, die noch weich sind, aber trotzdem beim Schneiden ihre Form behalten. Sie liegen mit einem Trockenmassegehalt von 44–56% hinsichtlich ihrer Festigkeit zwischen →Schnittkäse und →Weichkäse. Um eine etwas höhere Trockenmasse als bei Weichkäsen zu erreichen, werden einige Sorten nur leicht gewaschen, leicht nachgewärmt, leicht gepresst oder bei verhältnismäßig niedrigen Temperaturen gereift. Die Gruppe umfasst teilweise sehr verschiedenartige Käse (wie z. B. Steinbuscher, Edelpilzkäse, Butterkäse, Gorgonzola) mit einer unerreichten Geschmacksvielfalt von mild bis salzig-scharf.

Halbfettbutter engl.: *medium-fat butter,* Syn.: *Milchhalbfett;* Streichfett auf der Basis von →Milchfett mit einem Fettgehalt von mindestens 39 bis höchstens 41%. Es wird aus Sahne oder Butter unter dem stabilisierenden Zusatz von Emulgatoren, Gelatine und Milcheiweiß hergestellt. Gegebenenfalls erfolgt eine Zugabe von Salz, Milchsäurebakterienkulturen und daraus hergestellten

Milchsäurekonzentraten für die Bildung von Aroma und Geschmack. Wegen seines hohen Wassergehaltes ist es nicht zum Braten und Backen, sondern nur als Brotaufstrich und zum Dünsten geeignet.

Halbfettkäse; mindestens 20 % Fett in der Trockenmasse enthaltende → Käse.

Halbfettmargarine Syn.: *Minarine, Halvarine;* → Margarine mit einem Fettgehalt von 39–41 %. H. ist für die kalorienbewusste, Fett reduzierte Ernährung geeignet, da die Konsistenz und der Geschmack eines Vollfettprodukts durch entsprechende technologische Methoden wie den Einsatz von Emulgatoren mit weniger Fett erreicht werden.

Halbhochmüllerei; Mahlverfahren, bei dem der Walzenabstand zwischen dem der → Flachmüllerei und → Hochmüllerei liegt und das überwiegend bei der Herstellung von Weizenmehl zum Einsatz kommt.

Halbkonserven engl.: *semi-preserves,* Syn.: *Präserven;* durch Hitzeeinwirkung (→ Pasteurisieren) und Aufbewahren in dicht verschlossene Behälter haltbar gemachte Lebensmittel, v. a. Fleisch. Im Gegensatz zur Vollkonserve ist das Gut in einer H. nur befristet (bis zu einem halben Jahr) und bei Kühlung haltbar.

Halb trocken engl.: *medium dry;* → Restsüße → Abstimmung

Halb und Halb; rotbrauner blanker → Fruchtaromalikör, der aus einer Mischung eines süßen und eines bitteren Orangenlikörs hergestellt wird und einen Mindestalkoholgehalt von 15 Vol.-% aufweist. H. verfügt über einen ausgeprägt fruchtigen Orangengeschmack mit einer leichten Bitternote. Das Aroma stammt hauptsächlich aus den Schalen der Orange und Pomeranze.

Halbweißer Sirup Syn.: → *Glucosesirup*

Halbwertszeit engl.: *halflife;* Maß für die Geschwindigkeit physikalischer, chemischer und biochemischer Prozesse. Die H. gibt die Zeit an, in der die Menge oder Aktivität einer Substanz auf die Hälfte ihres Ausgangswertes absinkt, so z. B. bei der physikalischen H. radioaktiver Stoffe, die als Kennzahl der Dauer einer Strahlungsgefährdung genutzt wird. → Biologische Halbwertszeit

Hallimasch lat.: *Armillaria mellea (Vahl: Fr.) Kumer* (Fam.: *Armillariaceae*), engl.: *honey coloured agaric;* von September bis November in Büscheln, meist an Laub- und Nadelbaumstämmen wachsender Pilz, der in roher Form giftig ist, aber nach ausreichendem Erhitzen (20–30 Minuten) als → Speisepilz (nur die Hüte) verwendet werden kann. Der H. besitzt einen dunkel geschuppten, anfänglich gewölbten, später flachen, mittig eingedellten Hut von 3–10 cm Durchmesser und gelber bis brauner Farbe, ferner helle Lamellen, die später dunkler werden und einen langen hellbraunen Stiel mit gelblich weißer Manschette (Ring). Das helle Fleisch ist gummiartig, im Stielbereich zäh und von adstringierendem Geschmack, was jedoch beim Erhitzen aufgehoben wird. In Obstplantagen und Forsten kann der H. wegen seiner Wirkung als Holzzerstörer großen Schaden verursachen.

Halophil engl.: *halophile;* von griech.: *hal* = Salz abgeleitete Bezeichnung für → Mikroorganismen, die ein obligates Bedürfnis an hohe Salzkonzentrationen haben und in Nährmedien mit üblicher Salzkonzentration nicht mehr wachsen können. Im Unterschied zu → osmophilen und → xerophilen Mikroorganismen ist ihre Entwicklung dabei nicht allein von der Wasseraktivität des Nährmediums, sondern auch vom Vorhandensein einer bestimmten Kochsalzkonzentration abhängig. Hierzu zählen verschiedene Vertreter der Gattungen *Halococcus* und *Halobacterium.* → halotolerant

Halotolerant engl.: *halotolerant;* von griech.: *hal* = Salz abgeleitete Bezeichnung für besonders adaptierte → Mikroorganismen, die besonders niedrige a_W-Werte und hohe Salzkonzentrationen tolerieren können. → halophil → osmotolerant → xerotolerant

Hals engl.: *neck;* aus dem Halsbereich gewonnenes Teilstück bei Kalb und Schaf (Schafe,

Hammel, Lämmer). Beim Kalb besteht es aus fein marmoriertem hell rosafarbenen Muskelfleisch mit geringerem Knochen- und Sehnenanteil, das sich zum Braten, Kochen, Schmoren und zugeschnitten (→Halskotelett) zum Kurzbraten eignet. Aus dem H. werden beim Kalb Bratenstücke z. B. Rollbraten, Koteletts sowie Stücke für Zubereitungen wie bspw. Ragouts oder Gulasch zugeschnitten. Der Anteil des H. am entbeinten Fleisch beträgt beim Kalb ca. 11 %. Das von Fett durchzogene, je nach Alter hell- bis dunkelrote Fleisch des Schafhalses enthält einen hohen Anteil an Knochen und Sehnen und wird oft wie gewachsen angeboten. Eine Verwendung erfolgt in Kochgerichten wie Suppen bzw. Eintöpfe (z. B. Irish Stew) und Schmorgerichten (z. B. Ragouts oder Gulasch).

Halskotelett; 1. Syn. für →Nackenkotelett beim Schwein; 2. portionsgerecht (ca. 200–250 g) zugeschnittene Scheibe fein marmorierten Kalbsfleisches mit Knochen, die zum Kurzbraten geeignet ist. Sie wird aus dem vorderen Brustwirbelbereich geschnitten und enthält mehrere Muskelbündel: 3. Bezeichnung für eine aus dem vorderen Brustwirbelbereich geschnittene Scheibe Fleisch mit Knochen beim Schaf.

Haltbarkeitszeit engl.: *shelf life;* die Zeit, in der das Lebensmittel unter angemessenen Aufbewahrungsbedingungen seine spezifischen Eigenschaften behält. Dies ist unter angemessenen Aufbewahrungsbedingungen bis zum →Mindesthaltbarkeitsdatum der Fall.

Haltbarmachungsverfahren Syn.: →*Konservierungsverfahren*

Haltezeit engl.: *holding time, dwell time;* →Sterilisieren

Halvarine; aus dem Niederländischen stammende Bezeichnung für Halbfettmargarine (→Margarine).

Halwa engl.: *halva,* Syn.: *Chalwa, Halawa;* durch gemeinsames Vermischen von Öl aus zerkleinerten, enthäuteten und gerösteten Sesamkernen mit einer heißen schaumigen Masse aus Glucosesirup, Zucker und Seifenwurzelextrakt hergestellte Süßware, die traditionell aus Südosteuropa stammt. Oftmals wird zusätzlich Eiweiß (Eialbumin) mitverarbeitet, dann aufgeschlagen. Die Masse ähnelt dann →weißem Nugat.

Hamburger Syn.: *Beefburger;* runde und flache Bratlinge aus Rinderhackfleisch. Neben grob entsehntem, nicht zu magerem Rindfleisch sind üblicherweise außer ggf. Salz und Gewürzen keine weiteren Zutaten in Gebrauch. Kurz gebraten werden H. in ein Brötchen eingelegt, mit Salat und/oder weiteren Zutaten wie z. B. Würzsaucen, Zwiebeln, Gurken, Tomatenscheiben belegt und heiß serviert. Aus dem klassischen Hamburgerrezept haben sich viele ähnlich zubereitete Varianten, wie z. B. der Cheeseburger mit Käsescheiben entwickelt.

Hamburger Aalsuppe; Spezialität der Hamburger Küche. Die Grundlage bildet eine Fleischbrühe aus Schinkenknochen; Einlagen sind Schinkenwürfel, verschiedene Gemüse, Backobst, in Wein gedünstete enthäutete Aalstücke und Schwemmklößchen. Die Suppe ist mit Zucker und Essig süßsauer abgeschmeckt.

Hamburger Gekochte Syn.: *Hamburger Kochmettwurst;* ähnlich wie →Kochmettwurst hergestellte grobe Kochstreichwurst.

Hamburger Rundstück; →Rundstück

Hamburger Schwarzbrot; angeschoben oder in Kästen gebackenes langes Roggenschrotbrot (→Schrotbrote) mit dunkel glänzender Oberfläche.

Hamburger Speck; schichtig zusammengesetzte überzuckerte Zuckerwaren, die im Pudergussverfahren hergestellt werden. Sie bestehen meist aus einer grünen und einer roten Geleeschicht (mit Agar-Agar oder Pektin) und einer Mittelschicht aus weißer Schaummasse (Agar-Gelee mit unterzogenem Schaum aus Aufschlagsmasse). Als Variante werden sie in unterschiedlichen Formen mit drei Schichten in roter und weißer Farbe aus einer schweren Schaummasse (ähnlich wie für →Marshmallows) hergestellt. Mit Waffel sind sie in dieser Form auch als „Helgoländer" bekannt.

Hammelfett Syn.: → *Hammeltalg*

Hammelfleisch engl.: *mutton meat;* im engeren Sinne Bezeichnung für das Fleisch von kastrierten männlichen Schafen (Hammeln), im weiteren Sinne übliche Handelsbezeichnung für das Fleisch von Hammeln und nicht zur Zucht benutzten Schafen im Alter bis zu zwei Jahren. Dabei handelt es sich um ein marmoriertes, dunkelrotes, festes, bei Masttieren von Fett umgebenes Fleisch mit kräftigem intensiven Aroma. H. eignet sich insbesondere zum Braten (Rücken, Keule und Bug), Kochen z. B. in Eintöpfen (Brust und Hals) und Schmoren (Bug, Hals und Dünnung). Beliebt sind die Keule (→Hammelkeule) und aus dem Rücken zugeschnittene →Hammelkoteletts und Filets. Die Innereien (Niere, Herz, Zunge, Leber) werden für traditionelle Gerichte verwendet. Zerlegeschema →Lammfleisch.

Zerlegung von Lämmern, Schafen und Hammeln
Fleischseite

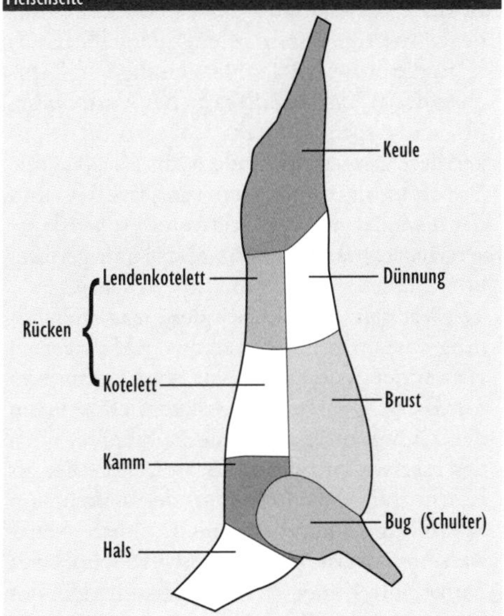

Hammelkappe; von der Schleimhaut befreiter Schafblinddarm, der gewendet als Wursthülle verwendet wird.

Hammelkeule engl.: *leg of mutton;* Hintergliedmaße vom Hammel (→Hammelfleisch →Lammfleisch), die wegen der geringen Größe bei der Zerlegung nicht weiter unterteilt wird. Nach dem Entfernen des Fleischfettes ergeben sich kompakte magere Braten aus mürbem leicht verdaulichen Fleisch mit charakteristischem Geschmack. Des besseren Zusammenhalts wegen erfolgt die Aufteilung häufig mit den eingewachsenen Röhrenknochen oder eine Unterstützung durch Zusammenbinden der entbeinten Keule.

Hammelkotelett engl.: *mutton chops;* aus einem Teilstück des Rückens (Kotelettstück) von kastrierten männlichen (Hammeln) und nicht zur Zucht benutzten weiblichen Schafen im Alter von einem bis zu zwei Jahren geschnittene portionsgerechte, etwa fingerdicke Scheibe Muskelfleisch. H. wird i. d. R. nach Entfernen des Fettes gebraten oder gegrillt und vielfältig gewürzt mit Beilagen verzehrt.

Hammelmöhre Syn.: → *Pastinak*

Hammeltalg engl.: *mutton suet, sheep tallow,* Syn.: *Hammel- oder Schaffett, Schöpsentalg;* aus dem in der Körperhöhle des Schafes eingelagerten Herz-, Netz-, Nieren- und Eingeweidefettgewebe durch Ausschmelzen gewonnenes Fett. H. schmilzt zwischen 45 und 50 °C und damit in einem vergleichsweise sehr hohen Temperaturbereich. Der Talg ist härter und brüchiger als Rindertalg und kaum noch von Bedeutung für Speisezwecke. H. weist einen hartnäckig, unangenehmen Geruch auf und wird eher zu kosmetischen Zwecken (fettende Cremes) verwendet.

H.A.- Nahrung; Abk. für →hypoallergene Säuglingsnahrung.

Handkäse Syn.: *Faustkäse;* Bezeichnung für eine Standardsorte von →Sauermilchkäse (Mainzer H.). H. entwickelt je nach Reifezustand einen milden bis strengen Geruch und besitzt einen feinwürzigen Geschmack.

Hanföl engl.: *hempseed oil;* aus Samen bestimmter, Tetrahydrocannabinol-armer Sorten der Hanfpflanze (lat.: *Cannabis sativa L. subsp. sativa*, Fam.: *Cannabaceae*) gewonnenes Pflanzenöl, das als Nischenprodukt insbesondere im Öko-Bereich als Nahrungsfett an Bedeutung gewinnt. H. ist reich an mehrfach ungesättigten Fettsäuren (mindestens 50 % Linolsäure sowie 17–21 % α-Linolensäure) und gehört somit wie → Leinöl zu den schnell trocknenden Ölen. Weiterhin enthält H. etwa 0,7–4 % γ-Linolensäure, bis zu 1 % Stearidonsäure, etwa 76 mg Tocopherol pro 100 g sowie relativ hohe Gehalte an Phytosterinen, insbesondere Sitosterin. Aufgrund des hohen Anteils an mehrfach ungesättigten Fettsäuren ist H. sehr oxidationsempfindlich und nur für die Kaltanwendung geeignet.

Hannoversche Semmel; freigeschoben gebackener Rosinenstuten. → Stuten

Hannoversche Weißwurst Syn.: *Hannoversche Weiße, Hannoversche Weißgekochte;* nicht umgerötete, meist in Kranzdärme gefüllte grobe → Kochstreichwurst mit einer nicht umgeröteten Grundmasse von schmalzig streichfähiger Konsistenz. Die Grundmasse wird aus fettgewebereichem Schweinefleisch und Flomen sowie anderen Zutaten wie z. B. Gewürzen hergestellt.

Haptik engl.: *haptics;* von griech.: *haptein* = anfassen abgeleitete Bezeichnung für sensorische Berührungs- und Druckempfindungen über den Hautsinn.

Haram engl.: *haram;* für die menschliche Ernährung verboten im Sinne der religiösen Vorschriften des Islam. → Halal

Harissa; nordafrikanische scharfe Würzpaste aus Olivenöl, Chili, Salz sowie weiteren Gewürzen, wie z. B. Knoblauch, Kreuzkümmel oder Koriander. H. wird als würzende Beilage zu Gerichten wie Couscous gereicht sowie als Brotaufstrich und Dip bspw. zu Gemüse verwendet.

Harnsäure engl.: *uric acid;* in Wasser schwer lösliche → organische Säure, die beim Menschen das Endprodukt des Purinstoffwechsels darstellt und vorwiegend über den Urin ausgeschieden wird. Bei purinreicher Kost (v. a. Fleisch und Hefe) kommt es zu einer Anreicherung von H. im Blut, bei Störungen des Purin- bzw. Harnsäurestoffwechsels (→ Gicht) kommt es zu Ablagerungen von H. v. a. in den Gelenken. Die Salze der Harnsäure heißen Urate.

Harnstoff engl.: *urea;* Diamid der Kohlensäure, das bei Säugetieren das Endprodukt des → Eiweißstoffwechsels und der Ammoniak-Entgiftung darstellt. Der Mensch scheidet täglich etwa 30 g des vorwiegend in der Leber gebildeten H. über die Nieren aus. H. ist in verschiedenen Kosmetika enthalten und wird aufgrund seiner bakteriziden Wirkung in Wundsalben verwendet.

Hartdragées engl.: *hard dragees;* → Dragées

Hartfett; Fette mit bei Zimmertemperatur fester harter Konsistenz wie z. B. Kokosfett. Früher war die Bezeichnung H. gebräuchlich für gehärtete Fette. In der Pharmazie sind die Begriffe H. oder lat. *Adeps solidus* üblich für bei Körpertemperatur schmelzende Hilfsstoffe, in die bspw. bei der Herstellung von Zäpfchen der Wirkstoff eingearbeitet wird. Dieses H. wird synthetisch aus Kokos- und Palmkernfett hergestellt, indem die Triglyceride gespalten, nach Fraktionierung hydriert und dann wieder mit Glycerin verestert werden.

Hartgrießteigwaren; in der außer Kraft getretenen Teigwarenverordnung beschriebenes Teigwarenerzeugnis, bei dem zur Herstellung ausschließlich Grieß aus → Hartweizen verwendet worden ist. H. sind zusammen mit Eierteigwaren die gebräuchlichste Form der Teigwaren. Das besondere Herausstellen des Hartweizens oder Hartweizengrießes als Rohstoff in Verbindung mit der Verkehrsbezeichnung ist allerdings nicht üblich. Hartweizengrieß ist im Zutatenverzeichnis genannt, oft findet sich auch zusätzlich der Hinweis „aus Hartweizen“.

Hartkäse engl.: *hard cheese;* Käsegruppe mit der höchsten Trockenmasse. Typische Vertreter sind Emmentaler-, Berg-, Cheddar- und Chesterkäse. → Käse

Hartkaramellen engl.: *high boiled sweets, deposited sweets,* Syn.: *Karamellbonbons, Karamellen;* Bezeichnung für eine Sorte von → Bonbons mit einer im Gegensatz zu → Weichkaramellen, bedingt durch niedrigen Restwassergehalt (2–4 %) und hohen Auskochgrad, harten, oft glasartigen, massiven Konsistenz. Verschiedene Prägungen und Füllungen sind üblich.

Hartkekse engl.: *hard biscuits;* → Kekse aus einem wasser- und fettarmen, wenig süßen, festen („harten") Teig mit sehr langer Haltbarkeit. Das Walzen und Falten des Teiges bewirkt vor dem Ausstanzen und Backen die typisch geschichtete Krumenstruktur und den kurzen etwas harten Bruch. Geprägt wird mit Hilfe von Walzen. H. werden in vielfachen Variationen mit unterschiedlichen Glasuren, insbesondere Schokolade angeboten. Eine bekannte Hartkekssorte ist der Butterkeks, der als wesentliche geschmacksgebende Zutat Butter enthält. Üblich ist bei Handelsware die Verwendung von mindestens 10 kg Butter bzw. 8,6 kg Butterfett oder 8,2 kg Butterreinfett auf 100 kg Getreideerzeugnisse.

Hartkrokant engl.: *hard croquant;* harter fester → Krokant mit niedrigem Restwassergehalt.

Hartmais lat.: *Zea mays L. Vulgaris Grp.* (Fam.: *Poaceae*), engl.: *Flint maize, Flint corn,* Syn.: *Hornmais;* frühreife Flint-Form von → Mais, die über rundlich ovale harte Körner von weißer, gelber oder violetter Farbe mit glasigem Endosperm und einer spröden Stärke verfügt. H. wird zur Stärkeproduktion und zur Futtermittelgewinnung verwendet.

Hart-PVC engl.: *rigid PVC;* weichmacherfreies → Polyvinylchlorid.

Hartsalzung engl.: *hard cure;* Verfahren zur Haltbarmachung von → Fisch mit Kochsalz in hoher Konzentration. 100 g Fischgewebewasser müssen mehr als 20 g Kochsalz enthalten (→ Einsalzen). → Salzfischerzeugnisse

Hartseparatorenfleisch; → Separatorenfleisch

Hartweizen lat.: *Triticum durum Desf.* (Fam.: *Poaceae*), engl.: *Durum wheat,* Syn.: *Durum-Weizen;* neben dem im Unterschied zu H. auch als Weichweizen bezeichneten Saatweizen (lat.: *Triticum aestivum L.*) der verbreitetste Vertreter der Weizenarten. Etwa 10 % der Weltweizenproduktion fallen auf H., der überwiegend zu → Grieß verarbeitet und für die Teigwarenproduktion verwendet wird. Sein Name weist auf die feste Konsistenz hin, die mit H. bereitete Teige wegen des höheren Kleberanteils zeigen. Außerdem besitzt sein → Kleber eine andere Struktur, in der die Stärkekörner fester gebunden sind und dadurch beim Kochen nicht ausgeschwemmt werden. Im Gegensatz zum hexaploiden Saatweizen gehört H. zur Emmer-Familie und ist tetraploid. Das Getreide ist wie Saatweizen unbespelzt und zähspindelig, im Unterschied zu diesem jedoch auch begrannt. Als wärmeliebender Sommerweizen wird er v. a. im Mittelmeerraum, aber auch in den USA, Kanada und zunehmend in deutschen Anbaugebieten produziert.

Hartweizengrieß engl.: *hard wheat semolina;* aus Hartweizen hergestellter → Grieß, der hauptsächlich für die Produktion von → Teigwaren verwendet wird. Der Grieß wird in speziellen Hartweizengrießmühlen gemahlen und auch für Aufläufe, Klöße sowie zu Kügelchen geformt und in Dampf vorgegart als Couscous verwendet. Durch die Klebereigenschaften des H. wird der Nudelteig einerseits elastisch und formbar, zugleich erhält er eine feste Konsistenz und behält die ihm einmal gegebene Form bei. Außerdem sorgt er für besonders hohe Kochstabilität und Bissfestigkeit der Teigwaren.

Hartweizenmehl engl.: *Durum-wheaten flour,* Syn.: *Durum-Weizenmehl;* bei der Vermahlung von Hartweizen zu Grieß und Dunst anfallendes scharfgriffiges Mehl mit gelber Farbnote. H. wird als Brotmehl (insbesondere in Frankreich und Italien) sowie zur Herstellung von Teigwaren, Paniermehl und auch Couscous verwendet. Es darf nur in der Type 1600 (→ Mehltypen) in den Handel kommen.

Harusame Syn.: → *Glasnudeln*

Harzer Käse engl.: *harzer cheese;* Standardsorte bei → Sauermilchkäse.

Harzer Roller; ugs. Bezeichnung für → Harzer Käse.

Haschee engl.: *hash;* Gericht aus feinst zerkleinertem Fleisch wie z. B. Hackfleisch oder traditionell aus → Innereien.

Haselnuss lat.: *Corylus avellana L.* (Fam.: *Betulaceae*), engl.: *Hazel Nut;* hellbraune Nussfrucht des hauptsächlich in den Mittelmeerländern (Italien, Griechenland, Türkei) angebauten Haselnussstrauches und seiner Verwandten. Im Handel sind H. sowohl mit Schale als Schalenobst (Schalenanteil ca. 55 %) als auch die geschälten Kerne in Kalibern von 9–15 mm Größe erhältlich. Die geschälten H. laufen wegen ihres hohen Fettgehaltes (55–65 g pro 100 g) Gefahr, ranzig zu werden. Optimale Lagerbedingungen sind daher 2–8 °C bei einer rel. Luftfeuchtigkeit von ca. 65 %. Die Kerne werden unverarbeitet v. a. in Knabberartikeln und in Süß- und Backwaren sowie in einer Vielzahl von anderen Lebensmitteln verwendet. Sie sind verarbeitet die Grundlage von einer großen Produktvielfalt, dazu zählen u. a. → Haselnussmark, → Haselnussöl, → Nugatmassen und → Haselnussrohmasse.

Haselnusslebkuchen engl.: *hazel nut gingerbread;* → Nusslebkuchen

Haselnussmakronen; → Nussmakronen

Haselnussmark; aus fein zerkleinerten, geschälten und gerösteten → Haselnüssen ohne Zuckerzusatz hergestellte pastenartige Masse, die als Riegel, auch gesüßt, im Handel ist.

Haselnussöl engl.: *hazel nut oil;* durch Auspressen der gemahlenen → Haselnüsse gewonnenes, angenehm riechendes und aromatisch schmeckendes Öl, das reich an Glyceriden der Ölsäure (80–90 g pro 100 g Öl) ist. H. findet in der feinen Küche als Salat- und Backöl Verwendung. Ansonsten dient H. nur als natürlicher Bestandteil der zu Mus zerriebenen bzw. zerkleinerten Kernen als Ausgangsbasis für → Nugatmassen und → Nuss-Nugatcreme neben einem teilweisen Einsatz bei Marzipanersatzmassen und anderen speziellen Anwendungsgebieten.

Haselnussrohmasse engl.: *crude hazel nut pan;* aus Zucker und Haselnusskernen wie → Marzipanrohmasse hergestellte → Rohmasse. Sie unterscheidet sich von Nugatmasse aus Haselnusskernen durch ihren höheren Feuchtigkeitsgehalt. H. wird hauptsächlich zu Herstellung von → Nussipan und von Füllungen für Backwaren verwendet.

Hasenfleisch engl.: *rabbit meat;* festeres fettarmes Fleisch vom Hasen mit charakteristisch ausgeprägtem Wildgeschmack. Bevorzugt verwendet wird i. d. R. das intensiv rote Fleisch jüngerer Tiere (bis zu acht Monate) im Gegensatz zum dunkelroten Fleisch älterer Tiere. Das anhaftende gelblichweiße weiche Fett neigt zur → Ranzidität und sollte daher vor der Zubereitung oder Lagerung abgetrennt werden. Die beliebtesten Fleischstücke zum Braten stammen aus dem Rücken und den Keulen, während Schultern, Rippen und Bauchlappen (nicht grün oder grünbläulich verfärbt) sich für die Zubereitung von → Ragouts eignen. Reste wie z. B. Innereien werden als Hasenklein bzw. Hasenpfeffer im Handel angeboten und in einem gleichnamigen Schmorgericht verwertet.

Hasenpfeffer engl.: *jugged hare, hare-ragout,* Syn.: *Hasenklein;* → Hasenfleisch

Haube Syn.: → *Netzmagen*

Hauptfruchtform Syn.: *Teleomorphe;* sexuell gebildete Fruchtform bei → Pilzen.

Hauptmannsgarnele engl.: *Indian white prawn;* Bezeichnung für Großgarnelen aus der Familie der → Geißelgarnelen.

Hauptnährstoffe engl.: *major nutrients;* Bezeichnung für die drei wesentlichen Energielieferanten der Nahrung, → Proteine, → Kohlenhydrate und → Fette, die in der einfachsten Form der Nährwertkennzeichnung zusammen mit dem aus ihnen berechneten Brennwert angegeben werden.

Hausen engl.: *beluga;* → Stör

Hausenblase engl.: *sturgeon glue,* Syn.: *Fischleim;* Schwimmblase des Hausen (→ Stör), ersatzweise auch anderer Fischarten, die ebenfalls als H. bezeichnet werden. Getrocknete H. (10–25 % Restfeuchte, 75–85 % kollagenes Eiweiß) wird verwendet zur Entfernung kolloidal gelöster Trübstoffe aus gerbstoffarmen Weißweinen (→ Schönen).

Haushaltskakaopulver Syn.: *Haushaltskakao, Haushaltsschokoladepulver;* in der deutschen Kakaoverordnung von 1975 beschriebene Erzeugnisse. Unterschieden wurde gezuckertes H., eine Mischung von mindestens 25 % Kakaopulver und Saccharose, und fettarmes, stark entöltes oder mageres gezuckertes H., eine Mischung aus mindestens 25 % fettarmem oder magerem Kakaopulver und Saccharose. Die neue Kakao-Richtlinie von 2000 kennt hier nun die Bezeichnung → Trinkschokoladenpulver.

Haushaltsmilchschokolade engl.: *family milk chocolate;* → Milchschokolade, die im Vergleich zu dieser nur mindestens 20 % Gesamtkakaotrockenmasse (davon mindestens 2,5 % fettfreie Kakaotrockenmasse), dafür ebenfalls mindestens 20 % Milchtrockenmasse und 5 % Milchfett enthält. Der Gesamtfettgehalt muss wie bei Milchschokolade mindestens 25 % betragen.

Haushaltsschokolade; in der alten Kakaoverordnung von 1975 definiertes Erzeugnis analog der → Schokolade, jedoch mit nur mindestens 30 % Gesamtkakaotrockenmasse und nur mindestens 12 % entölter Kakaotrockenmasse. Aufgrund der Entwicklung des Marktes ist H. in der neuen Kakao-Richtlinie von 2000 nicht mehr definiert, es gibt hier nur noch die Qualitätsstufe „Schokolade“. → Haushaltsmilchschokolade ist allerdings auch in der neuen Richtlinie noch erwähnt.

Hausmacher Blutwurst; ähnlich wie die Sorte → Blutwurst hergestellte Kochwurst mit gewolften Schweinemasken, teilweise auch Fleisch und Speck mit anhaftender Schwarte, der teilweise auch gewürfelt ist, als Einlagen.

Hausmacherleberwurst; grobe, meist nicht umgerötete → Leberwurst mit bis zu linsengroßen Anteilen Ausgangsmaterial in der fein zerkleinerten Grundmasse. Diese besteht aus fettgewebereichem Schweinefleisch, Fettgewebe, Bindegewebe, Schweinemasken, Leber und anderen Innereien sowie weiteren Zutaten wie z. B. Gewürzen. H. wird in weite Kranzdärme, Mitteldärme oder andere Hüllen vergleichbaren Kalibers abgefüllt sowie vielfach auch als Konserve in Dosen und Gläsern angeboten.

Hausmacher Sülze; → Sülze

Hausmaus lat.: *Mus musculus domesticus (Rutty)* (Fam.: *Muridae*), engl.: *house mouse;* auf der Oberseite dunkel bis schwarz gefärbte, etwa 10 cm lange Nager mit ebenso langem nackten Schwanz. Sie sind in allen Lebensbereichen des Menschen häufig anzutreffende → Vorrats- und → Hygieneschädlinge, verursachen an Lebensmitteln Fraßschäden, machen sie durch Verschmutzung mit Kot und Urin ungenießbar und können Krankheiten wie Salmonellose und Typhus übertragen. Durch Nagen an Kunststoffummantelungen von Kabeln können sie Brände verursachen und Betriebe lahmlegen.

Hausmilbe engl.: *house mite, furniture mite;* → Milben

Hausstaubmilben-Allergie; vorwiegend durch im Hausstaub lebende → Milben ausgelöste → Allergie, wobei das eigentliche → Allergen aus dem Kot der Milben stammt, der in sehr kleine Teilchen zerfällt und sich mit dem Hausstaub verbindet. Der aufgewirbelte allergenhaltige Staub wird dann mit der Atemluft inhaliert und führt bei entsprechend sensibilisierten Personen vorwiegend zu allergischen Atemwegserkrankungen, in schwerwiegenden Fällen auch zu allergischem Asthma mit Atemnot. Hauptauslöser der H. sind die Milben *Dermatophagoides pteronyssinus* und *Dermatophagoides farinae*. Hauptlebensräume der Hausstaubmilben sind Matratzen und Teppichböden.

Hautfaserdärme; aus tierischen Rohstoffen (bspw. Rinderspalthäute) hergestellte künstliche Wursthüllen (→Kunstdarm) unterschiedlichen Kalibers. Ein bekanntes Beispiel für einen H. ist der dem Natursaitling nachempfundene essbare Kunstsaitling.

Haut gout; im Lebensmittelbereich Bezeichnung für eine besondere Geschmacks- und Geruchsnote, die bei langem Abhängen von Wildfleisch in der Decke (Fell) bzw. im Federkleid durch Umsetzungen des Fleischeiweißes entsteht. Durch die rechtlich geforderte Fleischhygiene ist die Entstehung von H. bei Wildfleisch nicht mehr möglich.

Haut-Médoc; AOC (→Appelation d'Origine Contrôlée) für Rotweine aus dem Bordeaux-Gebiet. Sie dürfen ausschließlich aus dem südlichen und besten Teil des →Médoc stammen.

Haut Sauternes; →Sauternes

Havarti Syn.: *Dänischer Tilsiter;* dänischer flacher, halb fester Schnittkäse aus Kuhmilch mit einem Fettgehalt von 60 und 45 % in der Trockenmasse, der zum Andenken an die Bäuerin Hanne Nielsen, die auf dem Havartigutshof auf Seeland diesen Käse erfolgreich hergestellt hat, benannt ist. Er wird sowohl in runder (∅ 25 cm, Höhe 10 cm) als auch in rechteckiger Brotform (30 x 12 x 12 cm) mit ca. 4,5–5,5 kg Gewicht angeboten. Die fettige, rotbräunliche, dünne Rinde kann paraffiniert, gewachst (für Schweden) oder mit Alufolie (für Deutschland) umhüllt sein. Der gelbliche bis weiße, weiche und elastische, aber schnittfeste Teig weist viele gleichmäßig verteilte unregelmäßig geformte reiskorngroße Löcher auf. Der H. hat einen herzhaft aromatischen Tilsitergeschmack, der rein, sahnig und lecker-säuerlich ausgeprägt ist. Er wird in verschiedenen Lagerstufen angeboten. Durch längere Lagerung schmeckt er sehr pikant.

Haxen engl.: *hock;* Bezeichnung für die knochenhaltigen Teilstücke des Schlachtkörpers aus der Unterschenkel- (Waden-)partie beim Kalb (→Kalbshaxe), Lamm und Schwein (→Eisbein). Nach vorderer und hinterer Extremität sind die H. in Vorder- und Hinterhaxen unterteilt. Die daraus hergestellten zum Braten, Grillen oder Schmoren geeigneten Zuschnitte werden ebenfalls als H. bezeichnet.

Haysche Trennkost; →Trennkost

Hazard Analysis and Critical Control Points-Konzept; Abk.: HACCP-Konzept, umfasst Maßnahmen im Rahmen der Lebensmittelhygiene und Qualitätssicherung, die darauf abzielen, mit möglichst geringem Aufwand (Kosten und Zeit) eine möglichst hohe Sicherheit zu gewährleisten. Zunächst werden die Hygienerisiken und Gefährdungsquellen im jeweiligen Betrieb identifiziert (Hazard Analysis), daraus die kritischen Punkte (→Critical Control Points, Abk.: CCPs) während des Produktionsprozesses abgeleitet und Kriterien sowie Grenzwerte festgelegt, um diese CCPs zu kontrollieren. Im Folgenden müssen die Kontrollkriterien kontinuierlich überwacht und unter Umständen Korrekturmaßnahmen eingeleitet werden. Schließlich ist eine möglichst ausführliche Dokumentation, idealerweise als vollständiger HACCP-Plan, aller Abläufe und Maßnahmen anzufertigen und ein Verfahren zur Verifizierung festzulegen. Da das HACCP-Konzept dem Unternehmen zum einen zahlreiche Vorteile bringen kann, zum anderen ab dem Jahr 2006 gesetzlich vorgeschrieben sein wird, nimmt seine Bedeutung seit Jahren ständig zu.

HBsZ; Abk. für Halbmikro-Buttersäurezahl. →Buttersäurezahl

HDL; Abk. für engl.: *high density lipoproteins* = →Lipoproteine großer Dichte.

Hecht lat.: *Esox lucius L.* (Fam.: *Esocidae*), engl.: *(northern) pike;* Süßwasserfisch, der in Europa, Nordamerika und Asien in Flüssen und Seen lebt, in Deutschland u. a. im Rhein (Rheinhecht). Der H. ist ein Raubfisch, er ernährt sich von Kleinfischen und wird bis zu 150 cm lang und 30 kg schwer; kulinarisch zählt er zu den Edelfischen. Junge Tiere (Grashecht) werden unzerteilt zubereitet, gekocht oder gegrillt, das Fleisch älterer Tiere wird zu Klößchen, Füllungen und Pasteten verarbeitet. Auch tiefgefrorene Filets werden angeboten. Der H. ist ein → Magerfisch, er eignet sich gut für energie- und fettbegrenzte Kostformen. 100 g Filet enthalten weniger als 1 g Fett, ca. 18 g Protein und 140 mg Purine (berechnet als Harnsäure).

Hechtbarsch Syn.: → *Zander*

Hedonik engl.: *hedonic;* von griech.: *hedoni* = Freude, Lust; sensorisch für Prüfung von Konsumenten auf „Angenehmheit".

Hefeautolysat engl.: *yeast autolysate;* → Hefeextrakt

Hefebrand; → Spirituose gewonnen aus Weintrub (Weingeläger, Drusen) und Fruchttrub mit einem Mindestalkoholgehalt von 38 Vol.-%. Die Bezeichnung „Hefebrand" muss durch die Bezeichnung des verwendeten Grundstoffes ergänzt sein und darf nur zusätzlich zur Verkehrsbezeichnung „Spirituose" verwendet werden. In Österreich hieß H. früher Gelägerbrand. Heute kann das Erzeugnis unter der Bezeichnung „Spirituose hergestellt aus Weingeläger" in den Handel kommen. → Weinhefebrand

Hefebrot engl.: *leavened bread;* → Weizen- oder → Weizenmischbrot mit mildem Geschmack, das mit → Backhefe als Triebmittel gebacken wurde.

Hefebrühen engl.: *yeast broths;* → Brüherzeugnisse auf der Basis von → Hefeextrakt anstelle des Fleischextraktes. Ein Liter zubereitete Brühe enthält üblicherweise nicht weniger als 50 mg Gesamtstickstoff und nicht mehr als 12,5 g Kochsalz.

Hefeeiweiß; hochwertiges Eiweiß (ca. 36 g pro 100 g Hefe) mit einem Anteil von 50 % an → essenziellen Aminosäuren.

Hefeextrakt engl.: *yeast extract;* konzentriertes pastöses oder trockenes Produkt, das durch → Hydrolyse von Hefezellen gewonnen wird und aus den löslichen Inhaltsstoffen derselben besteht. Je nach Herstellungsverfahren wird unterschieden zwischen 1. Hefethermolysat, das durch Kochen der Hefezellen in Wasser gewonnen wird; 2. Hefeplasmolysat, bei dem die Hefezellen durch stark salz- oder zuckerhaltige hypertonische Lösungen zerstört werden; 3. Hefeautolysat, bei dem die Zellen durch hefeeigene Enzyme hydrolysiert werden und 4. Hefehydrolysat, bei dem eine Behandlung der Hefezellen mit Salzsäure erfolgt. Aufgrund ihres fleischbrühartigen Eigengeschmacks sowie der geschmacksverstärkenden Wirkung (bedingt v. a. durch die enthaltene → Glutaminsäure), wird H. (mit Ausnahme von Hefehydrolysat, bei dessen Gewinnung kanzerogenes Dichlorpropanol entstehen kann) in der Lebensmittelindustrie häufig zur Herstellung von Speisewürzen, im Reformhausbereich auch zur Geschmacksverstärkung anstelle von → Natriumglutamat eingesetzt. Neben Ribonucleotiden und Peptiden enthält H. einen hohen Anteil an B-Vitaminen und → essenziellen Aminosäuren.

Hefefeinteige; → Hefeteige

Hefeflocken; ein durch Trocknen und Pressen gewonnenes Produkt aus Hefe (inaktiv), das beim Würzen von Speisen Verwendung findet und aufgrund seines Eiweiß- und B-Vitamingehalts zur Nährstoffversorgung beitragen kann. Jedoch muss der hohe Gehalt an → Purinbasen bei Hyperurikämie (→ Gicht) beachtet werden.

Hefegärung engl.: *yeast fermentation;* Form der → Gärung, bei der Hefen, v. a. der Gattung *Saccharomyces*, Kohlenhydrate anaerob überwiegend zu Ethanol und Kohlendioxid umsetzen. Direkt vergoren werden Monosaccharide, während Di-, Tri- und Polysaccharide zunächst hydrolysiert werden müssen. Die H. ist ein entscheidender Vorgang in Brauereien und Brennereien bei der Weinbereitung und der Herstellung von Hefegebäck (Teiglockerung).

Hefegebäck engl.: *pastries made out of yeast,* Syn.: *Hefeteilchen;* Gebäck aus Hefefeinteig (→ Hefeteige). Aus Hefefeinteig wird eine Vielzahl von unterschiedlich geformten Produkten wie z. B. Flechtsemmel, Schnecken, Hörnchen, Taschen oder Körbchen hergestellt.

Hefehydrolysat; → Hefeextrakt

Hefekäfer lat.: *Cartodere filiformis (Gyllenhal)* (Fam.: *Lathridiidae (Moderkäfer)*); bis 1,3 mm lange schwarzbraune Käfer, die häufig Press- und Trockenhefe befallen.

Hefen engl.: *yeast,* Syn.: *Sprosspilze;* Sammelbezeichnung für eine heterogene Gruppe überwiegend einzellig wachsender → Pilze mit einem Durchmesser zwischen 5 und 10 µm, die sich vegetativ, i. d. R. durch Sprossung oder Knospung, selten durch Spaltung vermehren. H. benötigen Sauerstoff zum Wachstum, können aber ihren Stoffwechsel unter anaeroben Bedingungen meist auf Gärung umstellen und produzieren dann Ethanol und Kohlendioxid. Es wird im Wesentlichen unterschieden zwischen echten H., die sich sowohl geschlechtlich durch Ascosporenbildung als auch ungeschlechtlich durch Sprossung fortpflanzen (z. B. → *Saccharomyces*) und imperfekten H., die sich ausschließlich durch Sprossung fortpflanzen (z. B. → *Candida*). H. haben eine große Bedeutung bei der Produktion von Lebensmitteln (z. B. Bier, Wein, Brot), bei der Produktion von → Einzellerprotein, in der Biotechnologie (Produktion von Enzymen, Nucleinsäuren und Polysacchariden) und in der Gentechnik. H. sind auch am Verderb von Lebensmitteln und Getränken beteiligt, wobei einige Arten wie z. B. *Candida albicans* humanpathogen sind.

Hefeschnecken engl.: *belgian bun;* → Schnecken

Hefeteige engl.: *yeast doughs;* Bezeichnung für → Teige, bei denen die zugegebene → Hefe die charakteristischen Eigenschaften (aufgelockerte, dennoch feste Teigstruktur) prägt und eine wesentliche Rolle bei der Teiglockerung durch Gärung spielt. H. sind insbesondere für die Herstellung von Kleingebäck wie z. B. Rosinenbrötchen und Salzgebäck sowie von feinen Backwaren wie bspw. Hefeteilchen, Stuten und Stollen von Nutzen. Die H., die zur Fertigung der feinen Backwaren dienen und mindestens 10 Teile Fettstoffe und/oder Zuckerarten auf 90 Teile Getreideerzeugnisse und/oder Stärke enthalten, werden auch als Hefefeinteige bezeichnet. Die üblichen Zutaten für Hefefeinteige sind Getreideerzeugnisse (Weizenmehl oder -vollkornmehl), Wasser und/oder Milch, Fettstoffe (Butter und/oder Margarine und/oder andere Fette), Zuckerarten bzw. Honig, Hefe und Kochsalz. Nach der Höhe des Anteils an Zuckerarten und Fettstoffen werden die Hefefeinteige üblicherweise in drei Gruppen (leicht, mittelschwer und schwer) unterteilt. Leichte Teige z. B. für Schnecken oder Hörnchen verfügen über einen kleineren Anteil an Zuckerarten und Fettstoffen und gären relativ schnell mit großer Volumenzunahme. Mittelschwere Hefefeinteige wie z. B. Stutenteig ergeben kompaktere feine Backwaren mit einer saftigen Krume mit kleineren dickwandigeren Poren und einer längeren Frischhaltung. Typische feine Backwaren aus mittelschweren Teigen sind z. B. Blechkuchen und geformte Gebäcke wie Stuten, Zöpfe oder Brioches. Schwere Hefefeinteige mit einem hohen Anteil an Zuckerarten und Fettstoffen eignen sich für die Herstellung von sehr kompakten, i. d. R. sich lange frisch haltenden feinen Backwaren mit einer kleinvolumigen Krume wie bspw. Stollen. Weitere beliebte Anwendungsgebiete für Hefefeinteige sind die Fertigung von → Fettgebäck wie Berliner Pfannkuchen oder nach Rühren als Grundlage für Napfkuchen.

Hefeteilchen Syn.: → *Hefegebäck*

Hefezöpfe; → Flechtgebäck

Heidebrot; freigeschobenes langes → Roggenmischbrot. Es ist an der Oberfläche genarbt und glänzend, seitlich gemehlt und besitzt einen ausgeprägt kräftigen Geschmack.

Heidehonig engl.: *heather honey;* → Honig aus dem Nektar der Besenheide (lat.: *Calluna vulgaris (L.) Hull*) und von Heidekrautpflanzen (lat.: *Erica sp.*) mit typisch herbem würzigen Geschmack. Die Farbe reicht von beige bis rotbraun, wobei Beitrachten aus anderen Pflanzen und die Konsistenz (die beige Farbe entsteht durch intensives Rühren während der Kristallisationsphase) eine entscheidende Rolle spielen. H. von der Besenheide unterscheidet sich von H. von Heidekrautpflanzen in der Konsistenz und im kräftigeren Geschmack. Der H. von der Besenheide besitzt eine geleeartige Konsistenz aufgrund von kolloidalen Bestandteilen (Proteine, Glucoproteine, Mucopolysaccharide) und zeigt im Gegensatz zum H. von Heidekrautpflanzen ein besonderes Verhalten beim Schleudern (Thixotropie). Die Gewinnung von H. von der Besenheide gestaltet sich schwierig und bedarf eines speziellen Lösegerätes beim Öffnen. Andere Möglichkeiten sind der traditionelle Verkauf als → Waben- oder → Presshonig. H. enthält im Vergleich zu anderen Honigsorten einen hohen Wassergehalt (bis zu 23 % bei Speisehonig bzw. 25 % bei Backhonig).

Heidekorn Syn.: → *Buchweizen*

Heidelbeeren lat.: *Vaccinium myrtillus L.* (Fam.: *Eriaceae*), engl.: *Bilberry,* Syn.: *Bickbeeren, Blaubeeren, Schwarzbeeren;* dunkelblaue runde → Beeren des auf ärmeren Böden wild wachsenden, niedrigen, gleichnamigen eurasischen Halbstrauches. Die glatten festen Beeren haben einen aromatischen Geschmack, der durch den Gehalt an Gerbstoffen sehr ausgeprägt ist. Wegen ihres hohen Gehaltes an Fruchtsäuren, Mineralstoffen (ca. 1,37 g Fruchtsäuren und 0,3 g Mineralstoffe pro 100 g essbarer Anteil) und an sekundären Pflanzenstoffen (Anthocyane, Gerbstoffe) gewinnen H. an Aufmerksamkeit und Bedeutung in der Ernährungswissenschaft und der Medizin. Die Anwendung von getrockneten H. als Hausmittel bei Durchfall ist seit Jahrhunderten bekannt. Ebenfalls seit Jahrhunderten werden sie als Wildobst gesammelt und roh verzehrt sowie zu Pulpe, Konfitüre, Saft und als Zutat in alkoholischen Getränken verarbeitet. Der Import als Tiefkühlware aus Osteuropa gewinnt neben der Haltbarmachung als Nasskonserve zunehmend an Bedeutung. H. werden in fakultativen Handelsklassen gehandelt. Sie unterliegen als in Deutschland abgefüllte oder hergestellte Handelsware in Konserven den Leitsätzen des Deutschen Lebensmittelbuches für verarbeitetes Obst oder sind in ihrer Abweichung kenntlich gemacht. Für Kulturheidelbeeren gelten die gleichen Anforderungen.

Heidelbeergeist; → Obstgeiste

Heidelbeerlikör engl.: *bilberry liqueur;* deutsche Bezeichnung für Crème de Myrtilles, einem rotvioletten blanken → Fruchtsaftlikör mit ausgeprägtem Heidelbeeraroma und einem Mindestalkoholgehalt von 15 Vol.-%.

Heidesand; runde Plätzchen aus → Mürbeteig mit „sandigem" Geschmack. Häufig ist der Rand, bisweilen auch die Ober- und Unterseite mit Kristallzucker bestreut und Kakao mit eingebacken.

Heilbutt engl.: *halibut;* größter → Plattfisch, der in verschiedenen Arten im Atlantik und im Pazifik vorkommt. In Deutschland wird traditionell der weiße H. (lat.: *Hippoglossus hippoglossus L.*), maximal 240 cm lang und 320 kg schwer, als Frischfisch und der schwarze H. (lat.: *Reinhardtius hippoglossoides, Walb.*), maximal 80 cm lang und 45 kg schwer, als Delikatesse, bevorzugt geräuchert, vermarktet. Der weiße H. gehört zur Gruppe der → Magerfische, der schwarze H. ist fetter und damit niedriger im Proteingehalt. Das entgrätete Filet enthält ca. 2 bis 10 % Fett und 20 bis 13 % Protein. Große Exemplare des weißen H. können erhöhte Quecksilber-Gehalte aufweisen; sie müssen vor der Freigabe für die Vermarktung entsprechend untersucht werden. Neuerdings wird auch südpazifischer H. (lat.: *Psettodes erumei, Schneider*) filetiert und tiefgefroren zum Braten und Grillen angeboten.

Heilnahrung engl.: *therapeutic diet;* diätetische Lebensmittel zur ernährungstherapeutischen Behandlung entzündlicher Darmerkrankungen beim Säugling. H. zeichnet sich durch einen geringen Gehalt an Lactose und Fett (Einsatz mittelkettiger Triglyceride), eine niedrige Osmolalität und den Zusatz von Proteinhydrolysaten aus und ist meist glutenfrei.

Heilwässer engl.: *medical water;* Mineral- oder Thermalwässer mit nachgewiesener Heilwirkung. H. gehören zu den Arzneimitteln und unterliegen daher dem Arzneimittelgesetz. Sie weisen z. T. höhere Mineralstoffgehalte auf als bei Trinkwasser zulässig wäre, und werden nicht nur getrunken, sondern auch zum Baden oder Inhalieren verwendet.

Heiße Zitrone; →Zitrone naturell

Heißgetränke engl.: *hot beverages;* Sammelbegriff für alle Getränke einschließlich Brühen, die heiß verzehrt werden.

Heißräuchern engl.: *hot smoking;* Verfahren zum →Räuchern von Lebensmitteln, bei dem infolge der hohen Temperaturen in der Räucherkammer (40–90 °C) neben der Aromatisierung und Konservierung der Räucherwaren gleichzeitig ein Garprozess stattfinden kann. Heiß geräuchert werden insbesondere frischer oder gefrorener Fisch sowie Brühwürste; der Räucherprozess dauert nur wenige Stunden.

Hektolitergewicht; Abk.: HLW, einfach zu bestimmendes Qualitätskriterium für Getreide, das definiert ist als das Gewicht pro Hektoliter, angegeben in kg/100 l. Das H. wird wesentlich von der Kornausbildung bestimmt und liegt für Hafer üblicherweise zwischen 50 und 60 kg.

Helfensteiner; durch Kreuzung aus den Rebsorten Blauer Frühburgunder und Blauer Trollinger entstandene blütenempfindliche früh reifende Rotweinrebe, deren große blauschwarze Trauben Weine von mittlerer Qualität liefern.

Helgoländer; →Hamburger Speck

Helles engl.: *pale ale;* →Lagerbier

Helle Sauce; Bezeichnung für eine gebundene Sauce von heller Farbe. In der Regel handelt es sich um feine mild abgeschmeckte Saucen wie z. B. Holländische Sauce, Buttersauce, Frikasseesauce, Béchamelsauce usw. Diese Saucen passen zu zartem hellen Fleisch, feinen Gemüse- und Fischspeisen. Die h. S. kann mit den verschiedensten Zutaten und Gewürzen (z. B. Kapern, Käse, Kräuter, Sardellen, Zwiebeln) verändert und dem jeweiligen Hautgericht angepasst werden.

Hemicellulosen engl.: *hemicelluloses,* Syn.: *Polyosen;* pflanzliche →Polysaccharide, die zusammen mit Cellulose und Lignin am Aufbau der Zellwand beteiligt sind und auch in Pflanzenschleim vorkommen. Bausteine der H. sind Pentosen (Pentosane) wie Arabinose und Xylose, Hexosen (Hexosane) wie Glucose, Mannose, Galactose oder auch Uronsäuren wie Galacturonsäure und Glucuronsäure. Zu den H. gehören u. a. Xylan, Araban, Mannan und Galactan. Aus xylanreichen Substraten, z. B. bestimmten Laubholzarten kann →Xylose und →Xylit gewonnen werden. Die H. spielen als unlösliche →Ballaststoffe eine Rolle in der Ernährung.

Hemmstoffe engl.: *inhibitors;* 1. in der Natur weit verbreitete Wuchsstoffantagonisten, die von pflanzlichen oder tierischen Organismen gebildet werden, um das Wachstum von „Konkurrenten" zu hemmen. 2. Inhibitoren, die chemische Reaktionen hemmen oder unterbinden. Hierzu gehören auch →Antioxidantien, welche im Nahrungsmittelbereich eingesetzt werden, um unerwünschte oxidative Vorgänge zu verhindern.

Heparin engl.: *heparin;* in tierischem Gewebe vorkommendes Mucopolysaccharid, das die →Blutgerinnung hemmt.

Hérault; großes Weinbaugebiet in Südfrankreich, aus dem hauptsächlich einfache vins de pays stammen. Aus den besseren Gebieten des H. stammen die Weine mit der AOC Coteaux du Languedoc.

Herbes de Provence Syn.: → *Kräuter der Provence*

Herbizide engl.: *herbicides,* Syn.: *Unkrautbekämpfungsmittel;* → Pestizide zur Vernichtung von unerwünschtem Pflanzenwuchs. Bezüglich der Selektivität unterscheidet man Totalherbizide, welche die gesamte Vegetation vernichten (Einsatz insbesondere auf Industriegeländen und Gleisanlagen) und Selektivherbizide, die eine hohe herbizide Aktivität mit einer hohen Verträglichkeit gegenüber bestimmten Kulturpflanzen verbinden.

Herbstchicorée engl.: *autumn chicory;* → Chicorée

Herbsten; im Weinbau in Süddeutschland übliche Bezeichnung für das Ernten der Trauben.

Herbstrüben; → Weiße Rüben

Herbstspinat engl.: *autumn spinach;* im Herbst geernteter grobblätteriger → Spinat.

Herbsttrompete lat.: *Craterellus cornucopioides (L.) Pers.* (Fam.: *Cantharellaceae*), engl.: *Horn of Plenty,* Syn.: *Totentrompete;* von August bis November überwiegend in Laubwäldern, v. a. in Buchenwäldern wachsender → Speisepilz mit einem trichterförmigen, vom Stiel zu blattartig gewölbten Rändern auslaufenden Fruchtkörper von 5–12 cm Höhe und grau- bis braunschwarzer Farbe. Das Fleisch der H. ist dünn, zäh, von mildwürzigem Geschmack und gut zum Trocknen geeignet.

Hereditäre Fructoseintoleranz engl.: *aldolase B deficiency;* Abk.: HFI, seltene angeborene Störung des → Kohlenhydratstoffwechsels, bei der die Aktivität des Enzyms Fructose-1-Phosphataldolase (Aldolase B) stark reduziert ist und eine Anreicherung von Fructose-1-Phosphat in der Darmwand, der Leber und in den Nieren erfolgt. Typische Merkmale der Erkrankung, die bald nach Einführung von → Fructose in der Nahrung eintreten, sind Erbrechen, Hypoglykämie, Gerinnungsstörungen, Durchfall und Schock. Therapieprinzip ist die vollständige Eliminierung von Fructose aus der Nahrung. Verboten sind neben allen saccharose- und fructosehaltigen Lebensmitteln einschließlich Honig und Obst auch alle inulinhaltigen Lebensmittel (→ Inulin) und Lebensmittel, die mit → Sorbit oder → Invertzucker hergestellt sind.

Hering lat.: *Clupea sp.* (Fam.: *Clupeidae*), engl.: *herring;* wirtschaftlich bedeutsamster Speisefisch der nördlichen Hemisphäre. Der H. ist ein Schwarmfisch; der Atlantische H. (lat.: *Clupea harengus, L.*) lebt im Nordatlantik vom Golf von Biscaya bis Island, im Osten bis zum Weißen Meer, im Westen bis Grönland und Kanada, der Pazifische H. (lat.: *Clupea pallasii, Valenciennes*) im Nordpazifik von Kalifornien über die Beringstraße bis Japan. Handelsware ist im Mittel 40 cm lang, Ostseehering etwas kleiner. In Deutschland wird nur ein kleiner Teil des Fangs frisch angeboten (Grüner Hering), der Hauptanteil wird verarbeitet, teilweise noch an Bord, zu → Salzhering (→ Matjeshering), → Marinaden (→ Bismarckhering), Räucherfisch (→ Bückling) und/oder weiterverarbeitet zu → Heringssalat, → Hering in Gelee, Zubereitungen mit Öl, Aufguss, Saucen (Mayonnaise u. a.), auch pasteurisiert/sterilisiert in Dosen und Gläsern. Der Fettanteil im Fischmuskelfleisch variiert nach Jahreszeit, Alter und Lebensbedingungen der Tiere zwischen unter 5 % bis hin zu 25 %; der Proteinanteil liegt bei 18 %. H. ist eine gute Quelle für → Omega-3-Fettsäuren und → Jod. Heringsrogen und Heringsmilch sind regionale Delikatessen; Heringsabfälle werden zu Fischmehl und Fischöl verarbeitet.

Hering in Gelee engl.: *jellied herring;* → Aspikware, hergestellt aus Hering ohne Kopf und Schwanzflosse, ausgenommen, entgrätet oder nicht entgrätet, auch filetiert und aufgerollt mit Gurke und anderen würzenden Beigaben oder zerteilt in Stücke. Bei Handelsware muss der Fischanteil mindestens 50 % betragen.

Heringsfilet engl.: *filleted herring;* Filet (→Fischfilet) aus →Salzhering mit oder ohne Haut. Eine besonders edle Varietät ist das Matjesfilet (→Matjeshering). H. ist bestimmt zum Direktverzehr, als Zutat zu speziellen Gerichten (Heringssalat, -häckerle u. a.) und zur Weiterverarbeitung zu eingelegtem Hering in Aufguss, Öl oder Saucen zum alsbaldigen Verzehr (kühl zu lagern) oder als Fischkonserve.

Heringsfische lat.: *Clupeidae,* engl.: *herring-like fishes,* Syn.: *Clupeiden;* wirtschaftlich bedeutsamste Fischfamilie. Die H. sind →Fettfische und kommen in allen Weltmeeren vor. Namensgeber ist der →Hering, weitere H. sind →Sardine, →Sprotte, →Maifisch und der in Amerika verbreitete →Menhaden. Etwa 30 % des weltweiten Fangs wird zu Fischmehl und Fischöl verarbeitet.

Heringshäckerle; Zubereitung aus fein gehacktem oder gewolftem gewässerten →Salzhering, hart gekochtem Ei, Zwiebel und Butter oder saurer Sahne, die als Brotaufstrich oder als Hauptmahlzeit mit Pellkartoffeln verwendet wird. H. ist eine Spezialität aus dem ehemaligen Schlesien und der Uckermark.

Heringshai engl.: *porbeagle;* →Haie

Heringsmilch engl.: *herring sperm;* →Rogen des Herings (Vollhering), der unter Kennern als Delikatesse gilt.

Heringsöl engl.: *herring oil;* →Fischöl

Heringsrogen engl.: *herring roe;* →Rogen vom Hering (Vollhering), verwendet als Kaviarersatz (→Kaviar) und zur Weiterverarbeitung u. a. zu →Kaviarcreme. Gesalzener H. („kazunoko") ist unverzichtbarer Bestandteil des japanischen Neujahrsessens. Hering wird dort hauptsächlich für diesen Zweck gefangen.

Heringssalat engl.: *herring salad;* →Feinkostsalat aus entgrätetem, evtl. gewässertem →Salzhering oder mariniertem Hering (→Bismarckhering), in mundgerechte Stücke/Streifen geschnitten, mit würzenden (Gewürzgurke, Zwiebel, Rote Bete, Apfel), ggf. auch sättigenden (Kartoffeln) Zutaten in pikanter Salatsauce. Handelsware muss mindestens 20 % Hering enthalten, bei Auslobung einer besonderen Qualität (Delikatessheringssalat, feiner H.) mindestens 25 %. →Fleischsalatgrundlage darf zugesetzt werden. Matjessalat enthält mindestens 50 % Matjesfilet (→Matjeshering) oder matjesartig gesalzenes Heringsfilet, angemacht mit Vinaigrette, nicht mit Mayonnaise.

Heringswurmkrankheit Syn.: →*Anisakiasis*

Hermann; ugs. Bezeichnung für einen →Sauerteig, der als Ansatzteig verarbeitet und i. d. R. zum Backen von süßen Kuchen, Teilchen, Waffeln und anderen Backwaren verwendet wird.

Hermitage; AOC (→Appelation d'Origine Contrôlée) für Weine von der nördlichen Rhône.

Herrenpilz Syn.: →*Steinpilz*

Herstellen engl.: *to produce;* 1. im Lebensmittel- und Bedarfsgegenständegesetz definierter zusammenfassender Begriff für das Gewinnen, Herstellen, Zubereiten, Be- und Verarbeiten von Lebensmitteln; 2. laut Weingesetz jedes Behandeln, Verschneiden, Verwenden und jedes sonstige Handeln, durch das bei einem Erzeugnis eine Einwirkung erzielt wird.

Herstellerangabe; auf Fertigpackungen anzugebende Informationen über Name und Adresse des Hersteller oder Vertreibers des betreffenden Produktes. Alternativ zum Hersteller kann auf importierten Produkten auch der Importeur oder ein sonstiger Vertreiber angegeben werden.

Herstellungsdatum engl.: *day of manufacture;* Zeitpunkt der Herstellung eines Lebensmittels.

Herz engl.: *heart;* muskulöses Organ, das den Blutstrom im Körper durch abwechselndes Zusammenziehen (Systole) und Erschlaffen (Diastole) von Vorhöfen und Kammern aufrecht erhält. Bei Schlachttieren und Wild fällt H. bei der Nebenausbeute an und zählt zu den →Innereien, die bei der Herstellung von Fleischerzeugnissen wie z. B. →Herzwurst, Sülze und einigen Blutwürsten sowie für traditionelle Fleischgerichte verwendet werden. Das Fleisch vom H. ist mager, vitaminreich, insbesondere an Vitaminen der B-Gruppe, und eignet sich zum Braten. Bis zur wissenschaftlichen Klärung der TSE-Infektiosität entspricht die Verarbeitung von H. von durch Bolzenschuss getöteten Rindern nicht der in Deutschland üblichen Verkehrsauffassung.

Herzkirschen engl.: *black heart cherries;* → Süßkirschen

Herzkotelett Syn.: → *Stielkotelett*

Herzmuscheln lat.: *Cardiidae,* engl.: *cockles, arkshells;* mit den Klaffmuscheln verwandte weltweit vorkommende Familie kleiner → Muscheln. Die kommerziell wichtigste H. ist die in Südostasien heimische *Anadara granosa L.*; ihr Fleisch wird beim Kochen rot. Die europäische H. (lat.: *Cardium edule L.*) wird bis zu 5 cm lang; sie siedelt in Sand, Schlamm oder schlammigem Kies in Küstennähe im östlichen Atlantik bis zur Barentsee, in Nord- und Ostsee, Mittelmeer und Schwarzem Meer. Verzehrt wird der gekochte Weichkörper als Bestandteil regionaler Spezialitäten, z. B. der spanischen Paella, oder verarbeitet in Form von → Muschelerzeugnissen.

Herzoginnenkartoffeln; dressierte (aufgespritzte) und gebackene rosettenförmige Kartoffelerzeugnisse aus einer krokettenähnlichen Masse.

Herzwaffeln engl.: *heart shaped wafers;* im Waffeleisen in Herzform gebackene → Kaffeewaffeln.

Herzwurst; in Hüllen großen Kalibers abgefüllte umgerötete → Brühwurst mit grober würfelförmiger Einlage von vorgekochter Herzmuskulatur in der fein zerkleinerten Grundmasse. Diese besteht aus grob entsehntem Rindfleisch, grob entfettetem Schweinefleisch und Speck sowie weiteren Zutaten wie z. B. Gewürzen. H. wird insbesondere als Aufschnitt verwendet.

Hesse engl.: *shin, knuckle,* Syn.: *Wadschenkel;* reichlich von Bindegewebe durchzogene Unterschenkelstücke (Wadenstücke) mit hohem Knochenanteil beim Rind. Im Allgemeinen wird zwischen Vorderhesse (unterhalb des Buges (Schulter)) und Hinterhesse (unterhalb der Keule) unterschieden. Die H. eignen sich zum Kochen z. B. als Suppenfleisch (→ Beinscheiben) sowie entsehnt und zerlegt zum Schmoren z. B. für → Gulasch. Die Sehnen und Knorpel geben beim langsamen Kochen und Schmoren eine wesentliche Menge an Geschmack an das zubereitete Gericht ab. Für die Verarbeitung zu Hackfleisch sind die H. ungeeignet. Der Anteil der H. am entbeinten Fleisch beträgt etwa 5,5 % (Vorderhesse 3,5 %, Hinterhesse 2 %).

Hessische Kartoffelwurst; → Kartoffelwurst

Heterofermentative Milchsäurebakterien engl.: *heterofermentatived lactic acid bacteria;* → Milchsäurebakterien

Heterotroph engl.: *heterotroph;* Eigenschaft von → Mikroorganismen, hochmolekulare organische Verbindungen wie z. B. Stärke als Kohlenstoffquelle für das Wachstum zu nutzen. Wird auch die Energie aus organischen Materialien gewonnen, werden die Organismen als chemoorganoheterotroph bezeichnet, ist hingegen Licht die Energiequelle als photoorganoheterotroph. → autotroph

Heumotte Syn.: → *Speichermotte*

Heuriger; österreichische Bezeichnung für jungen Wein in allen Entwicklungsstufen vom Most bis zur Ablösung durch den folgenden Jahrgang. H. kann aber auch die Bezeichnung für ein Lokal sein, das den Wein ausschenkt.

Heuschreckenkrebs lat.: *Squilla empusa n. sp.* (Fam.: *Squillidae*), engl.: *mantis shrimp;* in Europa nur im Mittelmeer vorkommende, mit dem Kaisergranat verwandte Krebstierart (→ Krebstiere) mit dünnem Panzer und zartem aromatischen Fleisch (Länge ca. 25 cm). H. gilt unter Kennern als Delikatesse. Er wird zumeist frisch vor Ort vermarktet, nur selten sind tiefgefrorene Heuschreckenkrebs-Schwänze im Binnenland erhältlich.

Hexenröhrling; → Flockenstieliger Hexenröhrling

Hexokinasen engl.: *hexokinases;* zu den Phosphotransferasen gehörende → Enzyme des Kohlenhydratstoffwechsels (v. a. der → Glykolyse), die Phosphatreste aus ATP auf Glucose und andere Hexosen übertragen (Phosphorylierung).

Hexosen engl.: *hexose;* → Monosaccharide mit sechs Kohlenstoffatomen im Molekül. Zu den H. gehören z. B. Glucose, Fructose, Galactose, Mannose und Sorbose.

Hibiskusblütentee engl.: *hibiscus flower tea;* → teeähnliches Erzeugnis aus ganzen oder zerkleinerten, zur Fruchtzeit geernteten und getrockneten, auch Karkadeh genannten Kelchen und Außenkelchen von Hibiskusblüten (*Hibiscus sabdariffa L.*, Fam.: *Malvaceae*). H. verfügt über einen roten Aufguss, einen etwas säuerlichen Geschmack und wird kalt als Erfrischungsgetränk verwendet. Obwohl H. teilweise auch als „Malventee" bezeichnet wird, darf H. nicht mit dem schleimstoffhaltigen echten → Malventee verwechselt werden, der als Arzneitee eingesetzt wird.

Hickory-Nuss Syn.: → *Pekannuss*

Hiften Syn.: → *Hagebutten*

Hiftenmark Syn.: → *Hagebuttenmark*

High-Temperature-Short-Time-Verfahren; → Ultrahocherhitzen

Hijiki lat.: *Hijika fusiforme (Ordn. Laminariales*), engl.: *hijiki;* in Japan und in westlichen Ländern bei Anhängern der → makrobiotischen Ernährung als Gemüse verzehrte Meeresalgen (→ Algen → Seetang). In westlichen Ländern wird H. getrocknet angeboten.

Hildesheimer Leberwurst; sehr hochwertige → Leberwurst, die wie → Kalbsleberwurst oder → Delikatessleberwurst hergestellt wird.

Himalaya-Salz engl.: *Himalaya salt,* Syn.: *(natürliches) Kristallsalz, Hunza Kristallsalz;* aus dem Himalaya-Gebirge stammendes unraffiniertes → Steinsalz, das zu mindestens 97 % aus Kochsalz (→ Natriumchlorid) besteht und herkömmlichem Speisesalz nicht vorzuziehen ist. Besondere Wirkungen auf den Körper durch Verzehr von H. sind bislang wissenschaftlich nicht belegt.

Himbeere lat.: *Rubus ideaus L.* (Fam.: *Rosaceae*), engl.: *Raspberry;* runde bis längliche, meist rote, aus vielen kleinen Steinfrüchtchen gebildete auf Zapfen (Fruchtboden) sitzende Sammelfrucht des in ganz Eurasien heimischen gleichnamigen Strauches. H. werden sowohl in mehreren Sorten kultiviert als auch als Wildfrüchte im Wald gesammelt. Die Fruchtreife findet je nach Sorte im Juni/Juli sowie zusätzlich im September bei der zweimal tragenden verwandten Amerikanischen Himbeere (lat.: *Rubus strigosus Michx.*) statt. Sie sind in rohem Zustand wertvoll durch ihren hohen Gehalt an organischen Säuren und Vitamin C (ca. 2,1 g organische Säuren und 25 mg Vitamin C pro 100 g essbarer Anteil). Wegen ihres ausgeprägt aromatischen Geschmacks eignen sich H. für eine Vielzahl von Anwendungen. Sie werden roh als Frischobst verzehrt und zu Pulpe, Konfitüre, Gelee, Fruchtnektar, Sirup, Likör, Obstgeist und Fruchtwein verarbeitet. Die H. ist sehr vergänglich wegen ihrer Empfindlichkeit gegenüber Druck und Transport. Daher erfolgt eine Haltbarmachung von H. und Himbeerprodukten als tiefgefrorene Ware und als Nasskonserve. In Deutschland hergestellte oder vermarktete Himbeerkonserven unterliegen den Leitsätzen des deutschen Lebensmittelbuches für verarbeitetes Obst oder sind in ihrer Abweichung ausreichend kenntlich gemacht.

Himbeergeist engl.: *raspberry spirit;* mit → Himbeeren hergestellter → Obstgeist, der sich durch ein feines ausgeprägtes Aroma auszeichnet. Besonders überregional bekannt ist → Schwarzwälder Himbeergeist.

Himbeerlikör engl.: *rapsberry liqueur;* blanker, himbeerroter, sehr aromatischer → Fruchtsaftlikör aus → Himbeeren.

Himmel und Erde engl.: *heaven and earth;* Eintopfgericht aus pürierten Äpfeln und Kartoffeln, das als Beilage zu gebratener Blutwurst oder Leberwurst und/oder mit gerösteten Zwiebeln serviert wird.

Hinterhaxe; → Haxen

Hinterhesse; → Hesse

Hinterschinken Syn.: → *Schinken*

Hiprolygerste; Gersten-Genotypen mit hohem Eiweiß- und Lysin-Gehalt (engl.: *high protein and lysine content*), die ernährungsphysiologisch besonders wertvoll, heute aber kaum noch von Bedeutung sind.

Hirn Syn.: → *Gehirn*

Hirnwurst; → Gelbwurst

Hirschhornsalz engl.: *salts of hartshorn, baking ammonia;* ein aus einer Mischung von Ammoniumcarbonat, -hydrogencarbonat und -carbamat bestehendes → Backtriebmittel (E 503) in Pulverform. Auch reines Ammoniumhydrogencarbonat wird als H. bezeichnet. Der Name stammt von der Gewinnung aus Hirschhorn; durch trockene Destillation entstehen daraus stickstoffhaltige Salze. H. zersetzt sich beim Stehen an der Luft langsam und beim Erhitzen sehr schnell unter Bildung von gasförmigem Ammoniak, Kohlendioxid und Wasserdampf. Diese Gasbildung wird im Teig durch die Backhitze ausgelöst. H. wird in wässriger Lösung zum Teig gegeben; nach Ende des Backprozesses kann in größeren Gebäckstücken ein Rest von freiem Ammonium zurückbleiben, der geschmacklich unerwünscht ist. Deshalb wird H. nur für trockene flache Gebäckarten verwendet, oft in Kombination mit Pottasche (→ Kaliumcarbonat). Hauptanwendungsgebiet sind → Lebkuchenteige.

Hirse engl.: *millet;* Sammelbegriff für eine Reihe kleinkörniger Spelzgetreidearten mit hohem Wärmebedürfnis und guter Trockenheitsverträglichkeit. H. stellt geringe Ansprüche an die Bodenbeschaffenheit und ist daher für warme Klimabereiche mit extremen Anbaubedingungen geeignet. Verzehrt wird H. als ganzes Korn sowie gemahlen und verarbeitet als Brei, Fladen oder Flocken oder vergoren zu alkoholischen Getränken. Mit Ausnahme von Sorghumhirsen in gemäßigten Zonen ist die H. durch großkörnige Getreidearten und Kartoffeln weitgehend verdrängt worden. Von Bedeutung sind Arten der Gattungen Sorghum-, Kolben-, Rispen-, Perl- und Fingerhirse sowie Teff. H. enthält kein Gluten und eignet sich daher für die Herstellung von Diätnahrung für Zöliakiekranke.

Hirtentäschelkraut lat.: *Capsella bursa-pastoris (L.) Medik.* (Fam.: *Brassicaceae*), engl.: *Shepherd's Purse,* Syn.: *Hirtentäschel, Tellerkraut, Mönchskraut;* in ganz Europa vorkommende ein- bis zweijährige, bis 80 cm hoch werdende Pflanze, die als typischer Kulturbegleiter an Äckern, Wiesen, Brachland und an Wegrändern auftritt. H. gilt als lästiges Unkraut, aber seine jungen und zarten kohlähnlich schmeckenden Blätter eignen sich als Zutat zu Salaten und können als Gemüse zubereitet werden. In der Naturheilkunde wird H. zur Stillung von Blutungen eingesetzt.

Histamin engl.: *histamine;* → biogenes Amin, das durch → Decarboxylierung der Aminosäure → Histidin gebildet wird. H. gehört zu den Gewebshormonen; es stimuliert die Muskelkontraktion und die Magensäuresekretion, wirkt Blutdruck senkend und ist an Entzündungen und allergischen Reaktionen beteiligt. Der oxidative Abbau erfolgt in Darm und Leber mit Hilfe der Diaminooxidase (DAO). Bei Abbaustörungen und/oder überreichlicher Freisetzung reichert sich H. im Blut an (→ Histaminintoleranz → Histaminvergiftung). Eiweißhaltige Lebensmittel enthalten Spuren an H. In größeren Mengen entsteht es durch mikrobiellen Eiweißabbau bei der Reifung von Fleisch- und Wurstwaren, Käse und Wein sowie bei der Herstellung von Sauerkraut, Essig und Sojasauce. Für Fisch und Fischerzeugnisse ist H. ein Indikator für den Frischegrad: frisches Fischfleisch weist Histamingehalte unter 20 mg pro kg auf, bei Gehalten über

200 mg pro kg ist es nicht mehr verkehrsfähig.

Histaminintoleranz engl.: *histamine intolerance;* Überempfindlichkeit gegenüber → Histamin im Sinne einer → pseudoallergischen Reaktion. Histamin aus der Nahrung wird nur unzureichend abgebaut; es kann Übelkeit, Erbrechen, Magenkrämpfe, Hautrötung und Asthmaanfälle verursachen. Die Therapie besteht in histaminarmer Ernährung.

Histaminvergiftung engl.: *scombroid poisoning, histamine intoxication,* Syn.: *Skombrotoxismus;* Übelkeit, Erbrechen, Kopfschmerzen, Hautrötung, in schweren Fällen auch Krämpfe und Fieber, hervorgerufen durch den Verzehr von Lebensmitteln mit überhöhtem Gehalt an freiem → Histamin. Verursacher sind meist unter unzureichenden hygienischen Bedingungen (mangelnde Kühlung) gelagerte Fische (→ Fischvergiftung), gelegentlich auch verdorbener Käse und andere gereifte Lebensmittel. Die Bezeichnung Skombrotoxismus deutet auf das Vorkommen bei Makrelenfischen (lat.: *Scombridae*) hin. H. ist nur selten behandlungsbedürftig, ggf. mit Antihistaminika.

Histidin engl.: *histidine;* Abk.: His, ursprünglich nur für Säuglinge, heute aber grundsätzlich als essenziell eingestufte → Aminosäure, die in den meisten → Proteinen zu 2–3 % vorkommt. Histidinmangel hat Blutarmut zur Folge, fördert eine katabole Stoffwechsellage und Carnosin-Abnahme in der Muskulatur. In zerfallenden oder faulenden Eiweißen entsteht aus His durch Decarboxylierung das → biogene Amin → Histamin.

Histologie engl.: *histology;* Lehre von den Geweben pflanzlicher und tierischer Organismen. Die H. wird im Rahmen der Lebensmitteluntersuchung bei der → histologischen Untersuchung zum Erkennen der Bestandteile eines Lebensmittels eingesetzt.

Histologische Untersuchung engl.: *histological analysis;* Feststellung der geweblich-substantiellen Zusammensetzung (qualitative histologische Zusammensetzung); kommt in der Lebensmittelanalytik hauptsächlich zum Erkennen der in Fleisch- und Wurstwaren verwendeten Tierkörperteile zum Einsatz. Histologische Schnitte werden an meist entfettetem Probematerial vorgenommen, die Identifizierung erfolgt i. d. R. mikroskopisch anhand der charakteristischen Struktur und Anfärbbarkeit.

Histometrische Untersuchung; quantitative Bestimmung von Gewebskomponenten (quantitative histologische Untersuchung), z. B. des Bindegewebes in Fleisch- und Wurstwaren. Ausgewertet wird mit Hilfe eines Punktzählverfahrens, bei dem an bestimmten Rasterpunkten über der Schnittebene die jeweilige Gewebeart bestimmt wird. Die Angabe erfolgt dann in Volumenprozent.

Histone engl.: *histones;* zu den Sphäroproteinen gehörende Gruppe von basischen Proteinen (hohe Gehalte an Arginin, Histidin und Lysin). H. binden an die DNS und ermöglichen dadurch ihre enge Packung im Zellkern.

Hitzeschälen; vorwiegend in der Konservenindustrie eingesetztes Verfahren zum Ablösen der Schalen von Obst und Gemüse wie Möhren oder Kartoffeln mittels schockartig aufgebrachter Hitze durch Hochdruck- oder Heißdampf oder direkte Gasflammen.

HLB-Wert engl.: *hydrophilic lipophilic balance;* Kennzahl für → Emulgatoren, die das Verhältnis lipophiler und hydrophiler Anteile im Molekül beschreibt. Die Skala reicht von 0–20. Bei Emulgatoren mit H. unter 10 handelt es sich um eher lipophile Moleküle, die bevorzugt Wasser-in-Öl (W/O)-Emulsionen bilden. Emulgatoren mit H. über 10 sind hydrophile Emulgatoren und bilden O/W-Emulsionen bzw. werden als Lösungsvermittler eingesetzt. Bei neutralen Emulgatoren (Feuchthalte- oder Netzmittel, Bereich 7–9) nimmt der Hydratationsgrad mit steigender Temperatur ab. Dadurch wächst der Einfluss der lipophilen Gruppe, der H. sinkt und es kann eine Phasenumkehr eintreten:

von O/W zu W/O. Ebenso kann der H. pH-abhängig sein. Emulgatoren mit einem H. ab 15 werden als Lösungsvermittler verwendet.

H-Milch; frühere umgangssprachlich immer noch gebrauchte Bezeichnung für →ultrahocherhitzte Milch. Das „H" steht als Abkürzung für „haltbar".

Hochbohnen; →Bohnen

Hochgewächs; Bezeichnung für einen Qualitätswein bestimmter Anbaugebiete, der mindestens das Prädikat Kabinett tragen muss, nur aus Riesling-Trauben hergestellt sein darf und halb trocken bis trocken ist. Bei der amtlichen Prüfung muss ein H. drei von fünf Punkten erhalten. Alle deutschen Weinbaugebiete dürfen H. herstellen.

Hochgradig hydrolysierte Säuglingsnahrungen engl.: *high degree hydrolysates;* bedarfsdeckende bilanzierte Diäten, die im Unterschied zu →hypoallergener Säuglingsnahrung auch zur Therapie von manifestierten →Milcheiweißallergien eingesetzt werden können. Sie enthalten überwiegend Eiweißbruchstücke mit sehr niedrigem Molekulargewicht und schmecken daher bitter. Es muss in klinischen Studien erwiesen sein, dass sie von mindestens 90 % der Kinder mit manifestierter →Allergie gegen das Ausgangseiweiß vertragen werden. Zum Teil werden h. h. S. auch zur Prävention von Allergien empfohlen.

Hochleistungsflüssigkeitschromatographie engl.: *high performance liquid chromatography;* Abk.: HPLC, chromatographisches Trennsystem (→Chromatographie), bei dem die mobile flüssige Phase mit hohen Drücken (ca. 15 bis 400 bar) durch die stationäre, in einer Säule befindlichen Phase gepumpt wird. Wichtige Voraussetzung für eine saubere Trennung der Analyten ist eine Pumpe, die einen konstanten pulsationsfreien Fluss der mobilen Phase ermöglicht. Für viele Trennungen wird zur Beeinflussung des Trennverhaltens mit Hilfe von zwei Pumpen, die zwei unterschiedliche miteinander mischbare Lösungsmittel (z. B. Wasser und Methanol bzw. Wasser und Acetonitril) fördern, die mobile Phase während der Trennung in ihrer Zusammensetzung graduell verändert (Gradientenverfahren). Die zweite wichtige Möglichkeit zur Einflussnahme auf das Trennverhalten liegt in der Auswahl der stationären Phase. Je nach Trennproblem werden unterschiedlich substituierte Kieselgele (→RP-Phasen mit z. B. Aminogruppen, Diolgruppen, Nitrilgruppen), Cellulosederivate, Cyclodextrine, Polyacrylamide u. v. m. verwendet. Mit der Technik der HPLC lassen sich auch analytische Gelchromatographie (→Gelfiltration) und Ionen(austausch)chromatographie durchführen. Zur Detektion der Analyten wird am häufigsten der Diodenarray-Detektor (DAD), der den gesamten Wellenlängen-Bereich des UV/Vis von 200 bis 750 nm abdeckt, verwendet. Um eine Detektion der Analyten zu ermöglichen oder zu verbessern, kann wie z. B. bei der Benzoylierung von Alkoholen vor der chromatographischen Trennung eine Derivatisierung erfolgen. Die potenteste Kopplung zur eindeutigen Identifizierung ist eine an die Trennung anschließende →Massenspektrometrie (LC-MS). Bei der HPLC handelt es sich zusammen mit der →Gaschromatographie um das wichtigste chromatographische Trennverfahren in der Analytik, das für viele amtliche Referenzmethoden im Lebensmittelbereich zur quantitativen Bestimmung, z. B. für Vitamine, Zucker, Süßstoffe, Zuckeralkohole, Proteine, Konservierungsstoffe und Antioxidantien verwendet wird. Neben der analytischen findet die HPLC auch präparative Anwendung bei der Fraktionierung von Substanzgemischen und Darstellung von Reinstoffen.

Hochmüllerei engl.: *high milling, high grinding,* Syn.: *Grießmüllerei;* Mahlverfahren, bei dem im Gegensatz zur →Flachmüllerei die Walzen (früher Steine) anfänglich mit verhältnismäßig großem, nach und nach geringer werdendem Abstand geführt werden. Nach jedem Mahlgang wird das Feingut (Mehl) abgesiebt und die groben Fraktionen (Schrot, Grieß, Dunst) dem Walzwerk rückgeführt. Das schonende Hochmahlverfahren gestattet eine weitestgehende Mehlsortierung und die Gewinnung von Grieß und Dunst.

Hochrippe engl.: *spare ribs,* Syn.: *Hohe Rippe, Hochrücken, Schorrippe;* hinterer Brustwinkelbereich beim Rind, der ein Teilstück vom Rinderrücken bildet, sich kopfseitig an das Roastbeef anschließt und je nach Zerlegeschema in seiner Größe variiert (DLG 9.-11. Rippe, andere 6.-10. Rippe). Bei der H. handelt es sich um ein erstrangiges marmoriertes Kochfleischstück mit zarter Faser. Insbesondere von jungen Tieren ist es nach ausreichendem Abhängen zusätzlich zum Braten geeignet, dabei können aus dem mageren Kernstück („Auge") auch → Steaks (→ Rundes Roastbeef) geschnitten werden.

Hochrippen-Medaillon; → Rundes Roastbeef

Hochrücken Syn.: → *Hochrippe*

Hochveresterte Pektine engl.: *high-ester pectins;* → Pektine

Höhere Pilze; alle → Pilze mit echt septierten → Hyphen. → Niedere Pilze

Hörnchen; 1. halbrundes gewickeltes Gebäck aus Weißbrot- oder Hefefeinteig. 2. Nudelsorte aus Hartweizengrieß. → Hörnle

Hörnle; gerippte oder glatte, mehr oder weniger lange (2,5–5 cm) und gebogene Hohlnudel, die für alle Gerichte, insbesondere Aufläufe und Nudelsalate, geeignet ist.

Hohe Rippe Syn.: → *Hochrippe*

Hohlbohnen; bei Röstkaffee durch Platzen von → Ohren anfallende Bohnen-Hälften.

Hohlhippen Syn.: → *Waffelröllchen*

Hohlware; hohle → Teigwaren wie Makkaroni oder Hörnle.

Hoki engl.: *blue grenadier;* → Seehecht

Holländischer Käse engl.: *Dutch cheese;* die wichtigsten Sorten in Deutschland sind → Edamer-Käse und → Gouda-Käse. Jeder h. K. trägt die so genannte Reichskontrollmarke, die bei der Reifung mit der Käserinde verwächst, Angaben über Sorte, Herkunft sowie Fettgehalt beinhaltet und sich nicht ohne Beschädigung der Rinde entfernen lässt.

Holländische Sauce Syn.: → *Sauce Hollandaise*

Hollerbeeren Syn.: → *Holunderbeeren*

Holsteiner Cox; Apfelsorte (→ Apfel) mit kleinen bis mittelgroßen Früchten mit oranger bis roter Schale und gelb- bis cremefarbenem Fruchtfleisch von fein säuerlichem aromatischen Geschmack. H. wird von Oktober bis März verzehrt, Pflückreife erreicht er im September.

Holsteiner Marschkäse Syn.: → *Wilstermarschkäse*

Holsteiner Schnitzel engl.: *holsteiner schnitzel,* Syn.: *Schnitzel à la Holstein;* unpaniertes gebratenes Kalbsschnitzel, das mit Spiegelei belegt und mit Garnierung wie z. B Sardellenfilets auf Brot oder Toast serviert wird. Als weitere Beilagen eignen sich Bratkartoffeln, Gemüse oder Kartoffelsalat.

Holunder Syn.: → *Schwarzer Holunder*

Holunderbeeren engl.: *elderberries,* Syn.: *Fliederbeeren, Hollerbeeren;* schwarze, glänzende, kleine, kugelige, an Trugdolden sitzende dreisamige → Steinfrüchte des Schwarzen Holunders mit charakteristischem Geschmack. Sie besitzen einen hohen Gehalt an Ballast- und Mineralstoffen (ca. 8,5 g Ballaststoffe und 0,91 g Mineralstoffe pro 100 g essbarer Anteil). H. werden im Wesentlichen als Wildfrüchte von September bis November reif geerntet und zu einer Vielzahl zu Produkten, wie z. B. Saft, Suppe, Kompott, Konfitüre, Gelee, Fruchtwein, Brand und Likör weiterverarbeitet. Unreif und roh sind sie nicht genießbar und können Übelkeit, Erbrechen und Durchfall hervorrufen. Getrocknete H. werden teils wegen ihrer Aroma-/Geschmacksstoffe, teils wegen ihrer stark färbenden Wirkung an Hersteller von Aromen, Getränken (Früchtetee) und Trockensuppen geliefert.

Holunderbeerlikör engl.: *elderberry liqueur,* Syn.: *Holunderlikör;* ein → Fruchtaromalikör hergestellt unter Verwendung von → Holunderbeeren mit einem Mindestalkoholgehalt von 15 Vol.-%.

Holunderblüten engl.: *elderflower;* Blütendolden des Schwarzen Holunders, die in Teig gebacken als Lebensmittel verzehrt und zum Aromatisieren z. B. von Säften, Konfitüren, Gelees und Erfrischungsgetränken verwendet werden. H. weisen einen charakterischen angenehm blumig fruchtigen Geschmack auf (ca. 0,03–0,14 % →ätherisches Öl). H. sind eine beliebte Zutat in →Wellness-Produkten. Daneben finden sie wegen der zugeschriebenen Schweiß treibenden Wirkung Verwendung in medizinischen Erkältungstees.

Holzhydrolyse engl.: *saccharification of wood;* →Verzuckerung

Holzkohle engl.: *char, charcoal;* beim Verkohlen von Holz entstehender organischer Rückstand mit lockerem Zellgefüge und einem Gehalt an reinem Kohlenstoff von ca. 82 %. H. wird u. a. als Adsorptionsmittel (→Aktivkohle), Trocknungsmittel und als Reduktionsmittel für Metalloxide verwendet. Da sie ohne Flamme unter starker Wärmeentwicklung verbrennt, ist H. zum Grillen von Fleisch und anderen Lebensmitteln besonders geeignet.

Holzmakrele Syn.: →*Stöcker*

Holzofenbrot; Bezeichnung für ein nur in aus Stein gemauerten und direkt befeuerten Öfen mit fallender Hitze frei- oder angeschoben gebackenes →Brot. Zum Anheizen wird ab einer Stunde vor Backbeginn sowie während weiterer Aufheizphasen nur chemisch nicht behandeltes Holz als Heizmaterial verwendet.

Holzzucker Syn.: →*Xylose*

Homocystein engl.: *homocysteine;* Abk.: HC, aus →Methionin gebildete schwefelhaltige →Aminosäure, die als unabhängiger Risikofaktor für die Entstehung koronarer Herzerkrankungen diskutiert wird. Eine unzureichende Zufuhr von Folsäure, Vitamin B_6 und B_{12} kann zu einer Erhöhung des Homocysteingehaltes im Blut führen. Als unbedenklich gelten zur Zeit Plasmawerte unter 10 µmol/l.

Homofermentative Milchsäurebakterien engl.: *homofermentatived lactic acid bacteria;* →Milchsäurebakterien

Homogenisieren engl.: *homogenizing;* lebensmitteltechnologisches Verfahren zum innigen Vermengen von an sich nicht mischbaren Komponenten eines Systems über dessen gesamtes Volumen. Angewandt wird es z. B. beim H. von Milch (→homogenisierte Milch), wo durch Zerkleinerung und Feinstverteilung der Fettkügelchen in der wässrigen Phase ein Aufrahmen verhindert wird. Allgemein bezeichnet H. auch das gleichmäßige Verteilen von Einzelkomponenten eines Stoffsystems, mit dem Ziel, Teilproben gleicher Zusammensetzung entnehmen zu können oder gleich bleibende Verarbeitungsbedingungen zu schaffen.

Homogenisierte Milch engl.: *homogenized milk;* →Milch, die unter Druck durch Homogenisierkegel oder feine Düsen gedrückt wurde, wodurch eine Zerkleinerung (unter 1 µm Durchmesser) und Feinstverteilung der Fettkügelchen in der wässrigen Phase stattfindet und ein sichtbares Aufrahmen, d. h. ein Absetzen von Milchfett auf der Milchoberfläche, verhindert wird.

Honig engl.: *honey,* Syn.: *Bienenhonig;* flüssiges dickflüssiges oder kristallines zuckerhaltiges Lebensmittel. Es wird ausschließlich durch Bienen der Art *Apis mellifera* erzeugt, indem sie Blütennektar, andere Absonderungen von lebenden Pflanzenteilen oder auf lebenden Pflanzen befindliche Sekrete von an Pflanzen saugenden Insekten aufnehmen. Die aufgenommenen Stoffe werden von ihnen durch körpereigene Sekrete verändert, in Waben gespeichert und dort einer Reifung überlassen. Je nach Herkunft ist H. fast farblos bis dunkelbraun gefärbt mit allen gelben Zwischenstufen, aber auch grünlichgelbe und rotbraune Färbungen sind möglich. Die Intensität des Süßgeschmacks ist je nach Art unterschiedlich ausgeprägt. Die Bandbreite an Aroma reicht von würzig bis blumig und erinnert häufig an den Duft der von den Bienen bevorzugt angeflogenen Blüten. H. besteht im Wesentlichen aus verschiedenen Zuckerarten, insbesondere aus Fructose und Glucose sowie aus organischen Säuren, Enzymen und beim Nektarsammeln aufgenommenen Partikeln wie z. B. Pollen. Aufgrund der Einzigartigkeit der Pollen ist es möglich, Art und Herkunft sowie ggf. Verfälschungen eines H. zu bestimmen. Der hohe Gehalt an Glucose und Fructose lässt sich durch die Spaltung der in dem Nektar oder in den Pflanzensekreten teilweise vorhandenen Saccharose durch die Enzyme des Bienenmagens in → Invertzucker erklären. Physikalisch betrachtet ist H. eine übersättigte Lösung von Zuckerarten in Wasser. Durch Kristallisation wird der in ihm enthaltenen Zucker nach und nach körnig und schließlich fest. Durch gelindes Erwärmen auf 40–45 °C lässt sich H. leicht wieder verflüssigen. H. stellt ein naturbelassenes Lebensmittel dar, das hohen Anforderungen an die Qualität genügen muss. H. dürfen keine anderen Stoffe als H. zugefügt werden. Anorganische und organische honigfremde Bestandteile, allerdings keine honigeigenen Stoffe, dürfen entzogen werden. H. weist keinen künstlich veränderten Säuregrad auf und mit Ausnahme von → Backhonig keinen fremden Geruch oder Geschmack. H. ist nicht in Gärung übergegangen oder gegoren oder so stark erhitzt worden, dass die Enzyme erheblich oder vollständig inaktiviert wurden. In Deutschland hergestellter oder abgefüllter Honig, der als „kalt geschleudert“ oder „fein“ bezeichnet wird, weist besondere Qualitätsmerkmale nach den Leitsätzen des deutschen Lebensmittelbuches für Honig auf oder ist in seiner Abweichung kenntlich gemacht. Auf mögliche Rückstände (Pflanzenschutz-, Tierarzneimittel) wird allgemein streng von industrieller und amtlicher Seite kontrolliert. H. nimmt leicht fremde Gerüche an und ist trocken, luftig und kühl zu lagern. Er wird vielfältig als Brotaufstrich und zum Süßen von Speisen, Getränken, Backwaren, Süßwaren, alkoholischen Getränken u. v. m. verwendet. H. wird unterschieden nach: 1. pflanzlicher Herkunft in → Blütenhonig und → Honigtauhonig; 2. geografischer Herkunft in deutschen H. und ausländischen H.; 3. Art der Gewinnung aus brutfreien Waben in → Waben- oder Scheibenhonig, → Schleuderhonig, → Tropf-, Lauf-, Senkhonig, → Presshonig und → Seimhonig; 4. Verwendungszweck in → Speisehonig, Back- und Industriehonig; 5. nach Art der Behandlung in ungefilterter und gefilterter Honig.

Honigbonbons engl.: *honey sweets, honey candies amerik.;* → Hart- oder → Weichkaramellen mit mindestens 5 % Bienenhonig, auch mit Füllung. Sie sind typische → Winterbonbons, die oft mit Kräutern versetzt sind.

Honigeinheitsglas Syn.: *Imker-Honigglas;* vom Deutschen Imkerbund e. V. 1926 eingeführte spezielle Verpackung und Aufmachung für den Vertrieb von ausschließlich deutschem → Honig, der dazu bestimmt ist, über die Anforderungen der Honigverordnungen hinausgehende Qualitätsanforderungen zu erfüllen und in anerkannten Abfüllstellen durch Mitglieder des Deutschen Imkerbundes e. V. abgefüllt worden sein muss.

Honiggebäck engl.: *bakery products with added honey;* Gebäck, bei dem bei Handelsware üblicherweise mindestens 50 % der enthaltenen Zuckerarten aus → Honig stammt. Der Rest kann auch → Invertzuckercreme sein. Während der Herstellung ist bei der Dosierung zu beachten, dass nur die Trockenmassen von Honig und Invertzuckercreme berücksichtigt werden.

Honigkuchen engl.: *honey cake,* Syn.: *Honiglebkuchen;* → braune Lebkuchen aus gewürztem Lebkuchenteig, der auf 100 Teile Getreideerzeugnisse mindestens 50 Teile Zuckerarten enthält, wovon die Hälfte → Honig sein sollte. Häufige weitere Zutaten sind Mandeln oder andere Ölsamen und üblicherweise

Eier, Milchprodukte sowie Fruchtzubereitungen als Füllungen.

Honiglebkuchen Syn.: → *Honigkuchen*

Honigliköre engl.: *honey liquors;* → Liköre, die einen geschmacklich charakteristischen Anteil an → Honig enthalten. Die Herstellung von H. besitzt wie die Gewinnung von Honigwein eine jahrhundertelange Tradition. Die Ausprägung des Geschmacks hängt von der Qualität des verwendeten Honigs und des zu Grunde liegenden Alkohols ab. Bekannte H. sind der deutsche „Bärenfang" und der irische „Drambuie". Der Mindestalkoholgehalt beträgt 15 Vol.-%.

Honigmelonen lat.: *Cucumis melo L. Inodorus Grp.* (Fam.: *Cucurbitaceae*), engl.: *Honeydew Melons, Winter Melons;* Sortengruppe der → Zuckermelonen. H. sind rundlich bis oval und haben eine dünne, meist glatte grüne bis gelbliche Schale. Ihr weißliches bis zart grünes Fruchtfleisch schmeckt sehr süß und aromatisch. Sie werden roh verzehrt und als Zutat in Süßspeisen, Desserts und Feinkostsalaten verwendet.

Honig-Salz-Brot engl.: *honey and salt bread;* → Brot, bei dem anstelle von Sauerteig oder Backhefe die Teiglockerung durch eine spontane Gärung erfolgt. Ausgelöst wird sie durch → Hefen, die in dem → Honig enthalten sind, der dem Teig zugegeben wird. Die Gärzeit ist bei H. verhältnismäßig lang (mindestens 18 bis 20 Stunden).

Honigschaumwein; aus → Honigwein hergestelltes schaumweinähnliches Getränk mit einem Überdruck an Kohlensäure von mindestens 3 bar. Es entspricht üblicherweise hinsichtlich Mindestalkoholgehalt, zuckerfreiem Extrakt und flüchtigen Säuren Honigwein. Verwandt mit H. sind aus Gemischen von Honig- und Fruchtwein hergestellte Erzeugnisse.

Honigtauhonig engl.: *honeydew;* → Honig aus zuckerhaltigen Sekreten. Diese stammen von lebenden Pflanzen (keine Blütennektare) oder von den auf ihnen befindlichen pflanzensaugenden Insekten (z. B. Blattläuse). H. sind i. d. R. flüssig bis zähflüssig, von dunkler Farbe und mineralstoffreich. Der Geschmack ist meist kräftiger, würziger und weniger süß im Vergleich zu → Blütenhonig. Im Gegensatz zu diesem enthält H. weniger Invertzucker und mehr Oligosaccharide. Bekannte H. sind → Blatt-, → Wald-, → Tannen- und → Fichtenhonig.

Honigwein engl.: *mead,* Syn.: *Met;* → weinähnliches Getränk, i. d. R. bernsteinfarben, das aus einem Gewichtsteil → Honig und höchstens zwei Teilen Wasser ohne Zusatz von Zucker oder anderen würzenden Zutaten hergestellt wird. Zusätzlich werden üblicherweise Hopfen und Gewürze verwendet. H. enthält gewöhnlich mindestens 5,5 Vol.-% Alkohol, mindestens 16 g/l zuckerfreien Extrakt und höchstens 1,2 g/l flüchtige Säuren (als Essigsäure berechnet). Aus H. werden eine Reihe weiterer alkoholischer Mischgetränke z. B. mit Fruchtsaft sowie ein schaumweinähnliches Getränk (Honigschaumwein) hergestellt.

HO-Öle; pflanzliche Öle, die durch Züchtung entsprechender Ausgangspflanzen wie Sonnenblumen oder Färberdistel (→ Distelöl) einen Gehalt an Ölsäure über 80 % (HO von engl.: *high oleic*) aufweisen. Dadurch sind sie zum Braten und Frittieren geeignet, aber auch als Ersatz für Olivenöl. Weitere Anwendungen ergeben sich in der Ölindustrie als Rohstoff.

Hopfen lat.: *Humulus lupulus L.* (Fam.: *Cannabaceae*), engl.: *hop, vine;* mehrjährige zweihäusige Kletter- und Schlingpflanze, die früher wild wachsend z. B. an Flussufern anzutreffen war, heute in Intensivkulturen fast ausschließlich zum Bierbrauen angebaut wird. Es werden nur die weiblichen Pflanzen gezüchtet, um eine Bestäubung zu verhindern, die den Brauwert verringern würde. Diese bilden zapfenförmige Blütenstände, aus denen die Dolden hervorgehen, deren Drüsenhaare an den Neben- und Deckblättern ätherische Öle, Harze (→ Lupulin), Gerbstoffe und Flavonoide enthalten. Die

Ernte (Pflücke) der Dolden beginnt nach der Ausreifung etwa Ende August/Anfang September und wird überwiegend maschinell durchgeführt. Anschließend wird in Darren der Wassergehalt mittels Warmluft von etwa 80 % auf etwa 12 % zur Haltbarmachung verringert, unter amtlicher Aufsicht abgefüllt, versiegelt und nach Anbaugebiet, Sorte und Jahrgang gekennzeichnet bzw. Hopfenpulver oder Hopfenextrakt gewonnen. Beim Bierbrauen werden die ätherischen Öle und Bitterstoffe während des Kochens der Bierwürze freigesetzt, bestimmen das Aroma des jeweiligen Biertyps, begünstigen ferner die Bildung und Haltbarkeit des Schaumes und wirken konservierend. Die Gerbstoffe des H. fällen beim Kochen der Würze bestimmte instabile Eiweißverbindungen des Malzes aus, welche sonst die Haltbarkeit des Bieres beeinträchtigen könnten. In Deutschland wird H. v. a. im Hallertau, in Mittelfranken und am Bodensee angebaut. Anhand von Aroma und Bitterwert werden die Sorten Bitterstoffhopfen, Aromahopfen und feinster Aromahopfen unterschieden. Geringe Mengen an H. werden für die pharmazeutische Industrie (für Beruhigungsmittel, Schlafmittel), zur Herstellung von Spirituosen und Hopfensprossen verwendet.

Hopfenextrakt engl.: *hop extract;* eine durch Extraktion von → Hopfen gewonnene dunkle hochviskose Masse. Die zur Herstellung verwendeten organischen Lösungsmittel werden nach der Extraktion durch Verdampfen wieder entfernt. Für die Bereitung von Bier darf H. verwendet werden, sofern er die beim Sudverfahren in die Bierwürze übergehenden Stoffe des Hopfens oder dessen Aroma- und Bitterstoffe in einer Beschaffenheit enthält, wie sie Hopfen vor oder beim Kochen in der Bierwürze aufweist. H. darf der Bierwürze nur vor Beginn oder während der Dauer des Kochens beigegeben werden.

Hopfenpulver engl.: *hop powder;* aus → Hopfen durch Trocknen und Mahlen hergestelltes Erzeugnis. Für die Bereitung von Bier verwendetes H. muss ausschließlich aus Hopfen gewonnen sein. Um Verstaubungsverluste zu vermeiden, werden aus H. häufig Pellets (Hopfenpellets) gepresst. Bei luftdichter Verpackung kann H. ohne Aromaverluste mehrere Jahre gelagert werden.

Hopfensprossen engl.: *hop sprouts,* Syn.: *Hopfenspargel;* junge, zarte, weiße bis weißgelbliche Triebe aus dem Wurzelstock des → Hopfens, die als Gemüse dienen. Im Frühjahr entwickeln sich die zahlreichen Triebe, von denen je nach Aufleitart 2–6 Triebe am Aufleitdraht befestigt werden, während die überschüssigen Triebe von März bis April abgeschnitten und roh oder gekocht, meist wie Spargelsalat angerichtet, verzehrt werden.

Hopjes engl.: *hopjes;* typisch holländische → Kaffeebonbons.

Hordentrockner Syn.: → *Kammertrockner*

Hormone engl.: *hormones;* Gruppe chemisch uneinheitlicher Substanzen, die in bestimmten Drüsen oder Zellen des Organismus gebildet werden, über die Blut- oder Lymphbahn die Zielzellen bzw. -gewebe erreichen und dort spezifische biochemische Wirkungen entfalten. H. steuern Fortpflanzung, Wachstum und Stoffwechsel, indem sie z. B. die Produktion und Wirkung von Enzymen regulieren oder den Membrantransport beeinflussen. Wegen ihrer Bedeutung während des Wachstums werden Geschlechtshormone (→ Anabolika) unzulässigerweise zur Verbesserung des Masterfolges bei Schlachttieren, aber auch in → Nahrungsergänzungsmitteln eingesetzt.

Hornhecht engl.: *garpike, garfish;* → Europäischer Hornhecht

Hornmelone Syn.: → *Kiwano*

Hostie engl.: *host;* geweihtes Abendmahlsbrot von „ungesäuertem" Teig aus Getreideerzeugnissen und/oder Stärke. → Backoblaten

HPw-Sauce; dickflüssige, pikante, braune Würzsauce aus Gewürzen, Früchten (Tamarinden, Dattel, Rosinen) und Malzessig sowie weiteren Zutaten, die in Großbritannien insbesondere zu Fleisch- und Fischgerichten gereicht wird.

HPLC; Abk. für engl.: *high performance liquid chromatography.* →Hochleistungsflüssigkeitschromatographie

HTST-Verfahren; Abk. für engl.: *High-Temperature-Short-Time*-Verfahren. →Ultrahocherhitzen

Huchen engl.: *huchen;* →Lachs

Hüfte; 1. Teilstück aus der Keule bei Rind und Kalb, das die an der Außenseite des Beckenknochens liegende und bis zum Kreuzbein reichende Hüftmuskulatur umfasst. →Blume 2. Teilstück aus der Keule (→Schinken) beim Schwein mit zartem feinfaserigen, hell rosafarbenem mageren Fleisch. Aus der H. werden zum Braten und Schmoren geeignete Stücke (Braten, Schinkenbraten, Gulasch, Geschnetzeltes) zugeschnitten und mit aufliegendem Fettgewebe durch Pökeln sowie Räuchern oder Lufttrocknen →Schinkenspeck hergestellt.

Hühnereiallergie engl.: *egg allergy;* →Allergie gegen Eiweißbestandteile von →Hühnereiern, die unterschiedliche Symptome wie gastrointestinale Beschwerden, Asthma, Ekzeme und →anaphylaktischen Schock hervorrufen kann und vorwiegend bei Kleinkindern und Säuglingen, seltener auch bei Erwachsenen auftritt. Die Sensibilisierung richtet sich dabei v. a. gegen die Hauptproteine des Eiklars (Ovalbumin, Ovomucoid und Conalbumin), deren Allergenität auch in gekochten Eiern bestehen bleibt. Aufgrund der breiten Verwendung von Hühnereiproteinen in zusammengesetzten Lebensmitteln ist die →Allergenkarenz für die betroffenen Allergiker z. T. schwer einzuhalten. Eine Besonderheit der H. beim Erwachsenen stellt das Vogel-Ei-Syndrom dar, eine gleichzeitige Lebensmittelallergie gegen Hühnereier und eine Allergie gegen Federn und Exkremente von im Haus gehaltenen Vögeln wie Papageien und Sittichen.

Hühnereier engl.: *chicken eggs;* für den menschlichen Verzehr geeignete Eier in Schale vom Haushuhn (lat.: *Gallus domesticus L.*). Das Gewicht schwankt zwischen 45 und etwa 75 g (Einteilung in 4 Gewichtsklassen: S, M, L und XL). Eine weitere Einteilung erfolgt in Abhängigkeit vom Frischezustand in die Güteklassen A, B und C. Das H. besteht aus Schale (ca. 10 %), Eiklar (ca. 62 %) und Eigelb (ca. 28 %). Die Schale ist von einem Oberhäutchen (Cuticula) bedeckt, sie ist im Wesentlichen aus Calciumcarbonat aufgebaut, abhängig von der Hühnerrasse weiß oder gelb bis braun gefärbt und weist ca. 10.000 Poren auf, die den Gasaustausch ermöglichen. Unter der Schale befindet sich die zähfeste Schalenhaut, an die das weißlich durchsichtige →Eiklar anschließt. Dieses übernimmt Schutzfunktion (mechanischer Schutz und Bakterien hemmende Wirkung) gegenüber dem →Eigelb (Eidotter). H. sind ernährungsphysiologisch wertvoll, da sie alle Mineralstoffe und Vitamine außer Vitamin C enthalten (v. a. Vitamin A, E, K, B_6, Thiamin, Riboflavin und Folsäure sowie Natrium, Kalium, Calcium, Magnesium, Phospat und Eisen) und wegen ihres hohen Anteils an essenziellen Aminosäuren eine besonders hohe →biologische Wertigkeit (94–100) besitzen. Die Mindesthaltbarkeitsdauer von H. beträgt 28 Tage, wobei eine Abgabe an den Verbraucher höchstens bis zum 21. Tag nach dem Legen erlaubt ist (danach nur noch an Eierverarbeitungsbetriebe).

Hühnerfett; halb weiches bis flüssig grießiges, meist kräftig gelbes, aus dem Fettgewebe des Huhns ausgelassenes Fett mit charakteristischem Geruch und Geschmack. H. ist reich an einfach und mehrfach ungesättigten Fettsäuren, insbesondere an Linolsäure, und besitzt einen Schmelzpunkt im Temperaturbereich von 23–40 °C. Als Träger des typischen Hühneraromas und geschmacksgebende Zutat ist das Fett ein wesentlicher Bestandteil von Hühnersuppen sowie anderen Suppen und Gerichten, bei denen die charakteristische Hühnergeschmacksnote erwünscht ist.

Hühnerfrikassee engl.: *chicken fricassee;* → Frikassee, bei dem üblicherweise kein anderes Fleisch außer Hühnerfleisch verwendet wird.

Hühnersuppe engl.: *chicken soup;* eine i. d. R. klare Suppe auf der Basis von Erzeugnissen vom Huhn wie z. B. Hühnerfett, -brühe, -fleisch und/oder -fleischextrakt.

Hülsenfrucht engl.: *pulse;* botanische Bezeichnung für eine → Öffnungsfrucht, die aus einem mit sich selbst verwachsenen Fruchtblatt entstanden ist, bei der Reife eintrocknet und an Bauch- und Rückennaht aufplatzt. Die H. ist die typische Fruchtform der meisten auch → Hülsenfrüchte genannten Leguminosen.

Hülsenfruchtmehl engl.: *legume flour;* durch Vermahlen eingeweichter oder gedämpfter, anschließend geschälter und wieder getrockneter Hülsenfrüchte gewonnenes Mehl, das durch die Vorbehandlung bereits aufgeschlossen und deshalb bei kürzester Kochzeit leichter verdaulich ist. H. kann bei der Herstellung von Suppen eingesetzt werden und ist häufig Bestandteil von → Curry-Pulver.

Hülsenfrüchte engl.: *leguminous plants;* Sammelbezeichnung für die reifen Samen der Hülsenfrüchtler (Leguminosen) wie z. B. Erbsen, Bohnen, Linsen, Sojabohnen, Kichererbsen, Mungobohnen und Limabohnen. H. werden im Zustand der Totreife geerntet, gedroschen, getrocknet und als Produkte der Schälmühlenindustrie angeboten. Sie besitzen im Allgemeinen hohe Stärke- und Proteingehalte, wobei die biologische Wertigkeit aufgrund der geringen Konzentration an Tryptophan und schwefelhaltigen Aminosäuren unter der von tierischem Eiweiß liegt. Ferner sind der hohe Gehalt an Vitaminen (v. a. B-Vitamine), Mineralstoffen und Ballaststoffen nennenswert, wobei ein Teil der unverdaulichen Kohlenhydrate (z. B. Raffinose, Stachyose) für die teilweise blähende Wirkung verantwortlich ist. Verschiedene H. enthalten in rohem Zustand negative Inhaltsstoffe wie → Lectine, → cyanogene Glykoside und Enzyminhibitoren, die durch Kochen jedoch inaktiviert werden. Deshalb sollten alle H., mit Ausnahme der grünen Erbsen, nur gegart verzehrt werden. Meist sind lange Quell- und Kochzeiten notwendig, die bei hartem Wasser durch den Zusatz von Natron (Natriumhydrogencarbonat) verkürzt werden können.

Hülsenkaffee Syn.: → *Pergamentkaffee*

Hüttensalz; im Schmelzofen geglühtes keimfreies Steinsalz (→ Natriumchlorid), das in flüssiger Form in Blöcke gegossen und gemahlen wird. Angeboten wird es in Tafelform oder vermahlen.

Huhn lat.: *Gallus domesticus L.* (Fam.: *Tetraonidae*), engl.: *domestic chicken;* aus Asien stammendes, in vielen Rassen weit verbreitetes Geflügel, das sowohl als Schlachtgeflügel als auch seiner Eier (→ Hühnereier) wegen in großem Umfang gezüchtet und gehalten wird. Das gelblichweiße, zarte, magere und leicht verdauliche Fleisch des H. ist mengenmäßig das am meisten verzehrte Geflügelfleisch und bildet die Grundlage für eine Vielzahl von Zuschnitten, Convenience-Produkten und Gerichten. Die beliebtesten Teilstücke sind Brust (→ Geflügelbrust) und Schenkel (→ Geflügelschenkel). Neben den in unterschiedlichen Verarbeitungsgraden von unvorbereitet bis tafelfertig zubereitet angebotenen Zuschnitten, Teilstücken und Convenience-Produkten werden ganze Schlachtkörper und Teile (→ Geflügelteile) im frischen, gefrorenen und tiefgefrorenen, mehr oder weniger zubereiteten und/oder gewürzten Zustand z. B. als Brathähnchen oder Suppenhuhn gehandelt.

Humanmilch Syn.: → *Muttermilch*

Hummer lat.: *Homarus sp.* (Fam.: *Homaridae/Nephropidae*), engl.: *lobster;* größter essbarer Meereskrebs aus der Gruppe der Langschwanzkrebse (→ Krebstiere). Der H. lebt an Felsküsten in gemäßigten und kalten Regionen des Nordatlantiks; der europäische H. (lat.: *H. gammarus L.*) von Norwegen über die Britischen Inseln bis Frankreich und

Spanien, in Deutschland vor Helgoland, er wird bis zu 60 cm lang und 8 kg schwer, der amerikanische H. (lat.: *H. americanus M.-Edw.*) vor der Ostküste Kanadas und der USA, er wird noch etwas länger und bis zu 14 kg schwer. Handelsware ist meist kleiner (25–50 cm, ggf. noch kleiner (Baby-Hummer)). H. gilt als Delikatesse; das Fleisch aus Scheren und Körper ist weiß, zart und saftig. H. wird gekocht im Ganzen serviert oder zu edlen Vorspeisen verarbeitet; der Rogen der weiblichen Tiere (→Corail) gilt als Spezialität. 100 g Hummerfleisch enthalten ca. 16 g Protein, 2 g Fett, 120 mg Purine (berechnet als Harnsäure) und 90 mg Cholesterin. In Deutschland wird fast ausschließlich Importware angeboten, meist lebend importierte Tiere aus Kanada und den USA. Sie werden so an den Endverbraucher abgegeben oder gekocht und tiefgefroren. Hummerzucht ist schwierig: H. wachsen langsam und sind Einzelgänger. Zur Verbesserung der Bestände werden Hummerlarven aufgezogen und als Jungtiere im Meer ausgesetzt.

Hummerbutter; Butter und/oder Butterreinfett, aromatisiert mit →Hummerextrakt zur Verwendung als Brotaufstrich (Toast) und zur Geschmacksabrundung von Fisch- und Krebstiergerichten. H. wird im Feinkosthandel als Import aus Frankreich (beurre de homard) angeboten.

Hummerextrakt; Auszüge aus gekochtem Hummer, Hummerteilen (Panzer) oder gemahlenem Hummerpanzer.

Hummerkrabben; in der Kochbuchliteratur und in der Gastronomie verbreitete zoologisch falsche Bezeichung für →Großgarnelen.

Hundshai engl.: *tope shark, soupfin shark;* →Haie

Hunger engl.: *hunger;* durch Energiemangel ausgelöstes, vom Hungerzentrum des Hypothalamus ausgehendes Allgemeingefühl, das den Menschen zur Nahrungsaufnahme motiviert.

Hunsrücker Brot; freigeschobenes, langes, dunkles →Roggenmischbrot mit stark ausgebackener, dunkler, auch gemehlter Oberfläche und kräftigem säuerlichen Geschmack.

Hustenbonbons engl.: *cough candies;* meist als →Hartkaramellen hergestellte →Bonbons mit Hustenreiz lindernden und Schleim lösenden Zutaten. Diese sind überwiegend Kräuterextrakte, ätherische Öle, Honig, Malz, Süßholzextrakt und Schärfestoffe wie Salmiaksalz (Ammoniumchlorid). Besonders beliebt sind →Eukalyptusbonbons. Wegen ihres charakteristisch angenehmen Geschmacks werden sie gern gegessen. Aus medizinischen Gründen verzehrte H. mit Zutaten in pharmakologisch wirksamen Mengen oder die dem Bonbon eine pharmakologische Wirkung verleihen sind Arzneimittel, die z. T. frei verkäuflich sind.

Hybridmais lat.: *Zea mays L.* (Fam.: *Poaceae*); durch Selbstbestäubung der Ausgangssorten und Kreuzungen der daraus entstandenen Inzuchtlinien sowie Zuchtauslese erhaltene Hybridsorten bei →Mais. Die Kreuzungsziele sind hohe Kornerträge, Einheitlichkeit der Körner, gute Krankheitsresistenz und kürzere Vegetationszeit. Ein wesentlicher Nachteil von Hybridmaissorten ist der nachlassende Ertrag ab der zweiten Generation. Daher muss zur dauerhaften Sicherung des Ertrages fast immer neues Saatgut verwendet werden.

Hybridreben; Nachkommen einer Kreuzung der europäischen Weinrebe (lat.: *Vitis vinifera L. var. vinifera*) mit amerikanischen Reben. Die Trauben der Hybriden sind qualitativ minderwertiger als die der Vinifera-Reben, v. a. im Geschmack. Jedoch haben die H. im Anbau viele Vorteile: Sie sind gegenüber Pilzkrankheiten weniger anfällig und resistent gegen die Reblaus. Außerdem liefern sie hohe Erträge, sind früher reif und frosthärter. Die Rotweine sind oft intensiv gefärbt, weshalb sie als Deckrotweine genutzt werden. In der EU sind Weine von H. nicht für die Herstellung von Qualitätsweinen zugelassen.

Hydrierte Fette engl.: *hydrogenated fat,* Syn.: *Gehärtete Fette;* → Fetthärtung

Hydrierung engl.: *hydrogenation;* Anlagerung von Wasserstoff, i. d. R. beschleunigt durch Katalysatoren. Beispiele aus der Lebensmitteltechnologie sind das Härten von Fetten (→ Fetthärtung) durch Anlagern von Wasserstoff an die Doppelbindungen sowie das Gewinnen von Zuckeralkoholen aus Zuckern oder Fettalkoholen aus Fettsäuren.

Hydrogencarbonate engl.: *hydrogen carbonates,* Syn.: *Bicarbonate;* Salze der Kohlensäure, die durch Sättigen von Carbonatlösungen mit Kohlendioxid gewonnen werden können. Durch Einwirken von Hitze oder Säure wird aus H. Kohlendioxid freigesetzt. H. sind an der Pufferung des Blutes beteiligt, spielen eine Rolle bei der → Wasserhärte und kommen in Form von Natriumhydrogencarbonat (Natron) z. B. in → Backpulver und Feuerlöschmitteln zum Einsatz.

Hydrokolloide engl.: *hydrocolloids;* hochmolekulare, in Wasser quellbare und/oder kolloid lösliche Stoffe pflanzlichen, tierischen oder synthetischen Ursprungs, die in sehr geringen Konzentrationen hochviskose Lösungen oder Gele ausbilden. Zu den H. gehören z. B. Alginate, Agar-Agar, Carageen, Pektin, Celluloseether, Dextrane und Gelatine. Sie werden als Quellstoffe, Dickungs- und Geliermittel, aber auch als Stabilisierungs-, Binde- und Emulgierhilfsmittel verwendet.

Hydrolasen engl.: *hydrolases;* Klasse von → Enzymen, die Substrate unter Einlagerung von Wasser spalten (hydrolysieren). Zu den H. gehören z. B. Proteasen und Glykosidasen. H. erfüllen vielfältige Aufgaben im Stoffwechsel und sind u. a. an der → Verdauung beteiligt.

Hydrolysatnahrungen; Spezialnahrungen für Säuglinge auf der Basis von → Eiweißhydrolysaten. Die Unterscheidung erfolgt zwischen H., die zur Prävention von → Allergien eingesetzt werden, den so genannten → hypoallergenen Säuglingsnahrungen, und solchen, die zur Therapie von manifestierten Nahrungsmittelallergien angeboten werden, den so genannten → hochgradig hydrolysierten Säuglingsnahrungen.

Hydrolyse engl.: *hydrolysis;* von griech.: *hydor* = Wasser und *lyein* = lösen abgeleitete Bezeichnung für die Spaltung chemischer Verbindungen unter Wasseraufnahme. Die H. kann durch Einwirkung von Säure oder durch hydrolytische Enzyme (→ Hydrolasen) beschleunigt werden. Im Lebensmittelbereich relevante Beispiele für H. sind der Abbau von Stärke zu Glucose, von Proteinen zu Aminosäuren, von Fetten zu Glycerin und Fettsäuren (→ Verseifung) und von Saccharose zu Glucose und Fructose (→ Inversion).

Hydroperoxide engl.: *hydroperoxides;* reaktive organische Verbindungen, die aufgrund ihrer chemischen Struktur dazu neigen, ein Wasserstoffradikal abzugeben und dadurch Radikalkettenreaktionen auslösen können (Katalysatoren für Polymerisationen). H. entstehen als primäre Oxidationsprodukte bei der → Autoxidation von Fetten und Ölen (Bestimmung über die → Peroxidzahl) sowie durch die Reaktion von Organometallverbindungen mit Sauerstoff.

Hydrophobieren engl.: *hydrophobizing;* Behandeln von Oberflächen bestimmter Lebensmittel oder Packmittel mit Wasser abweisenden Stoffen, um eine unerwünschte Wasseraufnahme zu verzögern oder eine vorzeitige Auflösung zu verhindern. Das Hydrophobiermittel bildet dabei eine Art Schutzfilm, wodurch eine verbesserte Lagerfähigkeit der so behandelten oder verpackten Lebensmittel erreicht wird. Typische Hydrophobiermittel sind Wachse, Mono- und Diglyceride sowie Stearate.

Hydroxyfettsäuren engl.: *hydroxy fatty acids;* → Fettsäuren mit einer oder mehreren Hydroxylgruppen im Molekül und z. T. bitterem Geschmack. H. kommen natürlicherweise in verschiedenen Fetten und Wachsen vor, wie z. B. Ricinolsäure in Ricinusöl, entstehen aber auch durch Oxidation von Fettsäuren und während der Lipidperoxidation aus ungesättigten Fettsäuren.

Hydroxylapatit engl.: *hydroxylapatite;* komplexes Salz aus Calciumphosphat und Calciumhydroxid, das zusammen mit Calciumcarbonat die mineralische Substanz des tierischen Knochengerüstes sowie des Zahnschmelzes und der Zahnsubstanz aufbaut. Der Austausch von Hydroxidionen durch Fluoridionen führt zum sehr harten und stabilen Fluorapatit, worauf die Wirkung von →Fluorid in der Kariesprophylaxe beruht.

Hydroxymethylfurfural engl.: *hydroxymethylfurfural;* Abk.: HMF, Umwandlungsprodukt der Fructose, das sich im sauren Milieu bei Einwirken höherer Temperaturen (→Maillard-Reaktion) bildet. HMF entsteht im Zuge der Holz- und Stärkehydrolyse (→Verzuckerung), dient der Beurteilung von Honig und Invertzuckercreme sowie ihrer Unterscheidung als Erhitzungsindikator z. B. bei Fruchtsäften.

Hydroxyprolin engl.: *hydroxyproline;* Abk.: Hyp, nicht essenzielle →Aminosäure mit besonderer Stickstoffbindung (Iminosäure), die v. a. in Kollagen (ca. 12 %) aber kaum in anderen →Proteinen enthalten ist. Hyp entsteht durch Hydroxylierung aus →Prolin und wird zur Bestimmung des Bindegewebsanteils in Fleisch und Fleischerzeugnissen herangezogen.

Hydroxypropylstärke engl.: *hydroxypropyl starch;* chemisch →modifizierte Stärke, die unter der Nummer E 1440 als Trägerstoff und Dickungsmittel für Fertiggerichte, Tiefkühlprodukte und Dessertspeisen zugelassen ist.

Hygiene engl.: *hygiene;* von griech.: *hygienos* = der Gesundheit zuträglich abgeleitete Bezeichnung für die Lehre von der Gesunderhaltung des Menschen und seiner Umwelt. Unter H. werden alle Maßnahmen verstanden, die durchgeführt werden, um dem Entstehen oder der Verbreitung von Krankheiten vorzubeugen. Ein Spezialgebiet der H. stellt die →Lebensmittelhygiene dar.

Hygieneschädlinge; →Schädlinge, die eine Gefährdung für die Gesundheit von Mensch und Tier darstellen. Hierunter fallen v. a. alle Blutsauger wie Mücken oder Zecken, alle Schädlinge, die Schmerzen durch Stiche oder Bisse verursachen sowie solche, die durch verschiedenartige Kontakte Krankheitserreger auf Menschen und Tiere übertragen oder deren Ausscheidungen Substanzen enthalten, die beim Menschen →Allergien hervorrufen können (z. B. →Schaben). H. können auch über Kontamination von Lebensmitteln zu Krankheiten von Menschen führen (z. B. →Fliegen).

Hygroskopizität engl.: *hygroscopicity;* Eigenschaft verschiedener fester oder flüssiger anorganischer Substanzen wie z. B. Magnesiumchlorid oder konzentrierter Schwefelsäure sowie verschiedener getrockneter Lebensmittel, Wasser aus der Luft aufzunehmen und sich dabei zu verdünnen, zu zerfließen oder zu verklumpen. Hygroskopische Substanzen werden in der Chemie und Lebensmitteltechnologie als →Trockenmittel verwendet. Stark hygroskopische Lebensmittel wie z. B. Trockenfruchtpulver oder Speisesalz müssen in wasserdampfdichten Verpackungen verpackt werden oder durch Zusatz von auch als Antiklumpmitteln bezeichneten Rieselhilfen vor dem zu starken Verklumpen geschützt werden.

Hypercholesterinämie engl.: *hypercholesterolaemia;* erhöhte Konzentration von →Cholesterin im Blut. Es wird unterschieden zwischen primärer H., d. h. genetisch bedingter H., die zudem durch äußere Faktoren wie fettreiche Ernährung und Übergewicht begünstigt wird und sekundärer H. in Folge von Diabetes mellitus, Schilddrüsenunterfunktion, Nierenkrankheiten und anderen Primärerkrankungen. H. gilt als Risikofaktor für die Entstehung von →Arteriosklerose.

Hypervitaminose engl.: *hypervitaminoses;* Erkrankungen, die durch überreichliche Zufuhr von Vitaminen verursacht werden. H. sind meist durch Überdosierung von Supplementen bedingt und treten v. a. bei den fettlöslichen Vitaminen (A, D, E und K) auf, da bei diesen überschüssige Mengen nicht mit dem Harn ausgeschieden, sondern im Körper gespeichert werden.

Hyphen; mehr oder weniger stark verzweigte Zellfäden, aus denen die Vegetationskörper (→ Mycel) von → Pilzen gebildet werden. Die H. können septiert oder unseptiert sein und wachsen überwiegend an ihrer Spitze. Aus kleinen Mycelbruchstücken können meist wieder neue Vegetationskörper entstehen.

Hypoallergene Säuglingsnahrung engl.: *partially hydrolyzed formula;* Abk.: H.A.-Nahrung, mild hydrolysierte Säuglingsnahrung zur Allergievorbeugung bei Säuglingen mit einem erhöhten Allergierisiko. Durch die reduzierte Allergenität gewährleistet H.A.-Nahrung einen weitgehenden Schutz vor einer Sensibilisierung des Immunsystems. Im Gegensatz zu stark hydrolysierter Säuglingsnahrung enthält H.A.-Nahrung jedoch noch größere Eiweißbruchstücke und darf daher nicht zur Fütterung von Säuglingen mit einer bereits bestehenden Kuhmilchallergie eingesetzt werden.

Hypokotylknollen; → Knollen

Hypovitaminose engl.: *hypovitaminosis;* leichte Form des Vitaminmangels. → Avitaminose

Hypoxanthin engl.: *hypoxanthine;* → Purinbase, die als Bestandteil des Nucleosids → Inosin gebunden in Nucleinsäuren, in freier Form z. B. in Muskelfleisch, Blut, Harn und Milch vorkommt.

Idared; Apfelsorte (→ Apfel) mit mittelgroßen bis großen Früchten mit glatter grüngelber, an der Sonnenseite intensiv roter Schale, die eine Längsmaserung aufweist, und festem weißen bis leicht rosafarbenen Fruchtfleisch von schwach säuerlichem Geschmack. Der I. wird von Januar bis Juli verzehrt, Pflückreife erreicht er im Oktober.

I.E. engl.: *IU;* Abkürzung für → Internationale Einheit.

Ihle Syn.: → *Yhle*

Illipé engl.: *illipe;* 1. zur Familie der Sapotagewächse (lat.: *Sapotaceae*) gehörender Illipé-Baum, der hauptsächlich in Indien mit den beiden Arten *Madhuca longifolia (J. König) J. F. Macbr.* und *Madhuca latifolia (Roxb.) Macbr.* heimisch ist. Die fleischigen Früchte enthalten 1–4 Samen mit je zwei Kernen. Aus diesen wird die Illipé- oder Mowrahbutter durch Pressen und/oder Extrahieren gewonnen. Sie enthält als Triglyceride vorwiegend Ölsäure, daneben Palmitin-, Stearin- und Linolsäure und ähnelt in ihrer Zusammensetzung sowie ihren Eigenschaften → Kakaobutter. 2. auch Bäume von Shorea-Unterarten aus der Familie der Flügelfruchtgewächse (lat.:*Dipterocarpaceae*) werden als Illipé-Baum bezeichnet. Aus den Früchten dieser südostasiatischen Regenwaldgewächse, den auch Tengkawang genannten Illipé-Nüssen, lassen sich die 40–70 % Fett enthaltenden Samen gewinnen. Das aus ihnen extrahierte Fett wird I., Illipé-Butter oder auch Borneo-Talg bzw. Tenkawangfett genannt und gehört zu den in der EU zugelassenen → Kakaobutteräquivalenten.

Imitierte Wildschweinpastete; → Brühwurstpastete, i. d. R. Spitzenqualitäten, mit walnussgroßen Einlagen von in Blut vorgekochtem, mit Nitritpökelsalz gesalzenem mageren Schweinefleisch, das im Aufschnitt mit dunkelrotem Rand erscheint und damit Wildschweinfleisch ähnelt. I. W. wird für Aufschnitt verwendet.

Imperfekte Hefen; → Hefen

Impériale; im Bordeaux verwendete Bezeichnung für eine selten verwendete → Großflasche mit einem Volumen von 6 Litern. In der Champagne und im Burgund heißt diese Flaschengröße Methusalem.

Impfen engl.: *1. seeding, 2. inoculation;* 1. im Lebensmittelbereich Bezeichnung für das Einbringen kleinster Mengen einer kristallinen Substanz, um übersättigte Lösungen z. B. von Zucker oder unterkühlte Schmelzen zum Auskristallisieren zu bringen; 2. in der Medizin Bezeichnung für das Erzeugen spezifischer Abwehr- und Schutzstoffe gegen bestimmte Infektionskrankheiten durch Behandlung mit Antigen enthaltenden Impfstoffen.

Indigotin I engl.: *indigotine;* blauer Farbstoff, der natürlicherweise in der Indigopflanze und z. B. im Färberwaid vorkommt, heute jedoch ausschließlich synthetisch hergestellt wird. I. ist unter der Nummer E 132 zur Färbung von bestimmten Lebensmitteln, z. B. Süßwaren, Likör, Getränken und Dragees in festgelegten Höchstmengen zugelassen und wird zusammen mit gelben Farbstoffen zur Erzielung einer Grünfärbung verwendet. Des Weiteren wird I. im Bereich der Kosmetika und Arzneimittel eingesetzt.

Indirekte Erhitzungsverfahren engl.: *indirect heating processes;* Erhitzungsverfahren, bei denen die Wärme nicht direkt von der Quelle, sondern über stoffliche Wärmeträger wie z. B. Flüssigkeiten oder Gase mit Hilfe einer übertragenden Fläche auf das Gut einwirkt. I. E. eignen sich insbesondere für das Erhitzen von Flüssigkeiten, wie z. B. das Pasteurisieren oder Ultrahocherhitzen von Milch.

Indirekte Teigführung engl.: *sponge dough method;* → Teigführung, bei der die Bereitung des Teiges stufenweise mit Hilfe eines → Vorteiges (Weizenmehlteige, Hefeteige) oder mit → Sauerteig (Weizenmehlteige, Roggenmehlteige, → Sauerteigführung) vorgenommen wird. Vorteile liegen in der verstärkten Auflockerung des Teiges (z. B. bei schweren Hefefeinteigen) sowie in den fördernden Auswirkungen der erhaltenen Gärprodukte auf Krume, Aroma und Frischhaltung. Von Nachteil ist der erhöhte Arbeits- und Zeitaufwand.

Indische Dattel Syn.: → *Tamarinde*

Indische Feige Syn.: → *Kaktusfeige*

Indischer Braunsenf; → Sarepta-Senf

Indischer Dill lat.: *Anethum graveolens subsp. sowa (Roxb. ex Flem.) N.F. Koren* (Fam.: *Apiaceae*); in Indien und Japan vorkommende Unterart des → Dills, die wie dieser verwendet wird, jedoch ein etwas anderes Aroma besitzt.

Indischer Kümmel Syn.: → *Ajowan*

Indischer Spinat lat.: *Basella alba L.* (Fam.: *Basellaceae*), engl.: *Indian Spinach, Malabar Nightshade,* Syn.: *Malabarspinat, Ceylonspinat;* grüne oder rotgrüne, rund ovale, herzförmige bis 10 cm lange Blätter einer rankenden Schlingpflanze, die vorwiegend in Asien und anderen tropischen Ländern angebaut wird. Sie lassen sich zubereitet wie Spinat und roh als Gemüse sowie als Salat verwenden.

Indischer Traganth Syn.: → *Karayagummi*

Indonesische Reistafel; üppiges Mahl aus verschiedenen Einzelspeisen, das seinen Ursprung in Indonesien hat, zur Kolonialzeit von den Holländern übernommen und in mehr oder weniger angepasster Form auch in den Niederlanden eingeführt wurde. Die Grundlage der i. R. bildet ungewürzter körnig gekochter Reis, zu dem eine unbegrenzte Anzahl an Gerichten und würzenden Beilagen gereicht wird. Begonnen wird i. d. R. mit einer als Sajoer bezeichneten Suppe, danach kann der Gast aus den zahlreichen Gerichten wie z. B. warmen Fleischspießen, Fischgerichten, Gemüsen, Würzsaucen, gebackenem Obst, Krabbenbrot oder Nüssen auswählen. Zum Würzen der Gerichte der i. R. werden in Europa spezielle indonesische Mischgewürze wie → Boemboe, → Seroendeng und → Sambal angeboten.

Indonesischer Tee engl.: *indonesian tea;* auf Java und Sumatra angebaute und nach der orthodoxen → Teeproduktionsmethode hergestellte Tees, die überwiegend als → Teemischungen angeboten werden.

Indonesisches Lorbeerblatt lat.: *Eugenia polyantha Wight.* (Fam.: *Myrtaceae*); in Indonesien und Malaysia zum Würzen verschiedener herzhafter Fleisch- und Gemüsegerichte verwendete frische oder getrocknete Blätter des indonesischen Lorbeers. Die Blätter werden als Ganzes mitgekocht oder in Öl angebraten und verleihen den Gerichten einen leicht an Curry erinnernden Geschmack. Dieses in Europa recht exotische Gewürz ist in einigen ostasiatischen Supermärkten zu finden.

Induktionsperiode engl.: *induction period;* Bezeichnung für die erste Phase bei der →Autoxidation von Lipiden, die durch eine geringe Sauerstoffaufnahme gekennzeichnet ist und bis zu deren sprunghaftem Anstieg andauert. Die Länge der I. ist abhängig von der Zusammensetzung des Fettes und ist umso kürzer, je mehr Doppelbindungen die enthaltenen Fettsäuren besitzen.

Industrieeier engl.: *eggs for industrial use;* →Hühnereier, die nicht zum menschlichen Verzehr geeignet sind und nur für technische Zwecke verwendet werden können.

Industriefisch engl.: *industrial fish;* Fisch, der zur Weiterverarbeitung zu →Fischmehl, →Fischöl, →Fischproteinhydrolysat oder →Fischproteinkonzentrat bestimmt ist. I. stammt aus der →Industriefischerei und/oder aus Fischabfällen.

Industriefischerei engl.: *industrial fishery,* Syn.: *Gammelfischerei;* Fischfang für die Produktion von →Fischmehl und →Fischöl. Die I. macht weltweit ca. 25 % der Meeresfischerei aus, in der Nordsee sogar 50 %. I. ist umstritten, da neben kleinen, für den menschlichen Verzehr ungeeigneten Fischen (im Nordatlantik Sandaal, Stintdorsch, Sprott) auch Jungfische anderer Arten miterfasst und damit die Bestände weiter reduziert werden.

Industriegetreide; für den menschlichen Verzehr bestimmtes →Getreide, das einer industriellen Verarbeitung zugeführt wird. Der prozentuale Anteil bei den einzelnen Getreidearten ist sehr unterschiedlich. Hafer wird z. B. nur zu einem geringen Teil industriell verarbeitet, z. B. für die Haferflockenherstellung. Eine Verabeitung von Sommergerste findet hingegen zu etwa 50 %, v. a. als Braugerste statt.

Industriehafer; →Hafer

Industriehonig engl.: *honey for industrial use, bakers' honey;* →Honig, der für industrielle Zwecke geeignet ist und genutzt wird. →Backhonig

Industriezucker Syn.: *Fabrikzucker;* aus dem Bereich der →alternativen Ernährungsformen stammende Bezeichnung für raffinierten weißen Haushaltszucker.

Inertgas engl.: *inert gas;* reaktionsträge Gase, die im Lebensmittelbereich v. a. als →Schutzgase verwendet werden.

Infektiöse Gastroenteritis engl.: *infectious gastroenteritis;* infektiöse Erkrankung des Magens und Dünndarms, die i. d. R. durch mit Salmonellen, Staphylokokken oder Escherichia coli-Stämmen verunreinigte Lebensmittel verursacht wird und sich in akuten Brechdurchfällen äußert.

Infektionsfreie Abfüllung Syn.: →*Aseptische Abfüllung*

Infrarot-Spektroskopie engl.: *infrared spectroscopy;* Abk.: IR-Spektroskopie, optisch-spektroskopisches Analysenverfahren, bei dem die Absorption einer Probe im IR-Bereich (meist bei Wellenzahlen zwischen 400 und 4000 cm^{-1}) gemessen wird. Strahlung dieser Energie regt in den Molekülen Schwingungen an. Voneinander unterschieden werden Valenzschwingungen mit Änderungen der Bindungslänge und Deformationsschwingungen sowie Torsionsschwingungen mit Änderungen der Bindungs- und Ebenenwinkel. Anwendung findet die I. v. a. in der schnellen Kontrolle der Qualität von Lebensmitteln, z. B. bei der Wassergehaltsbestimmung in Fleisch oder Getreide oder bei der Bestimmung von Protein in Milch und Milchprodukten, Fett in Ölsaaten oder Pentosanen in Weizen. Die Bestimmungen mittels I. beruhen auf einer quantitativen Auswertung der Messungen bei Wellenzahlen bis 1500 cm^{-1} (Wellenlänge ca. 2,5–6,5 µm). In diesem Bereich lassen sich Absorptionsbanden einzelnen funktionellen Gruppen zuordnen. Die Absorption im IR-Bereich über 1500 cm^{-1} (Wellenlänge ca. 6,5–25 µm), dem so genannten Fingerprint-Bereich, wird qualitativ zur Identitätskontrolle bzw. Identifizierung von Reinsubstanzen genutzt. Die Verwendung der I. ist bei Proben in allen Aggregatzuständen möglich. Flüssigkeiten lassen sich bspw. in Küvetten mit Natriumchlorid-Platten oder Feststoffe in Form von Kaliumbromid-Presslingen vermessen.

Infrarotstrahlen engl.: *infrared rays;* Abk.: IR-Strahlen, elektromagnetische Strahlen mit Wellenlängen zwischen dem sichtbaren Licht und der Mikrowellenstrahlung (650 nm bis 0,5 mm), die am Ort der Absorption Wärme erzeugen (Wärmestrahlung). IR-Strahlen können durch elektrische oder gasbeheizte Strahler erzeugt werden. Die Eindringtiefe hängt von ihrer Wellenlänge und der Zusammensetzung des bestrahlten Objekts ab. Bei Lebensmitteln ist sie aufgrund des hohen Wassergehaltes relativ gering. IR-Strahlen werden zum Trocknen von Lebensmitteln verwendet, aber auch beim Grillen ausgenutzt.

Infrarottrocknung engl.: *infrared radiation drying;* → Strahlungstrockner

Infusion engl.: *infusion;* bezeichnet beim → Tee den Aufguss der Teeblätter mit siedendem Wasser.

Infusorienerde Syn.: → *Kieselgur*

Ingrid Marie; Apfelsorte (→ Apfel) mit mittelgroßen Früchten mit dunkelroter, leicht bräunlicher Schale und grünlichgelbem Fruchtfleisch von fein säuerlichem Aroma, die einen grünen Auslauf zum Stiel hin sowie erdfarbene Sprenkel aufweist. I. wird von Oktober bis März verzehrt, Pflückreife erreicht sie im September.

Ingwer lat.: *Zingiber officinale Roscoe* (Fam.: *Zingiberaceae*), engl.: *Ginger;* → Gewürz aus den bis zu 10 cm langen Wurzelstöcken der ursprünglich aus Südasien stammenden, heute hauptsächlich in Indien (Malabar-Küste), Jamaika, Westafrika und China angebauten Staude. In den Handel kommt I. sowohl frisch („grüner" I.) als auch getrocknet. Getrockneter I. wird entweder ungeschält („bedeckter" oder „schwarzer" I.) oder geschält („unbedeckter" oder „weißer" I.), in Stücken, Scheiben oder gemahlen angeboten. Die Verwendung von getrocknetem I. als Gewürz beruht auf seinem aromatischen Geruch und dem charakteristischen scharf würzigen Geschmack. Frischer I. ist deutlich milder. Der Geruch entsteht durch ein → ätherisches Öl mit Zingiberol als Geruchsträger, der Geschmack durch ein scharf schmeckendes, als Gingerol bezeichnetes Harzgemisch. I. wird je nach Herkunft in vielen geschmacklich stark voneinander abweichenden Qualitäten gehandelt, wobei der Jamaika-Ingwer das feinste Aroma aufweist, der Malabar-Ingwer einen zitronenartigen Beigeschmack hat und der westafrikanische I. besonders scharf ist. In der europäischen Küche wird I. hauptsächlich als Zutat zu Konfitüren, gekochtem Obst und Backwaren (Honigkuchen, Spekulatius), als kandierter I. sowie zur Herstellung von Ingwerbier und Ingwerwein eingesetzt und ist Bestandteil von → Curry-Pulver. Die indische, chinesische und arabische Küche hingegen nutzt I. zum Würzen herzhafter Fleisch- und Fischgerichte. In der vietnamesischen Küche wird I. auch als würzende Gemüsebeilage verwendet. Ingwerauszüge spielen in der Spirituosenfabrikation eine große Rolle (→ Ingwerlikör).

Ingwerbier engl.: *ginger beer,* Syn.: *Ginger Beer, Ginger Ale;* ein aus vergorenem Zucker und Extrakten der Ingwerwurzel hergestelltes erfrischendes alkoholhaltiges Getränk.

Ingwergelee engl.: *ginger jelly;* → Ingwer → Gelee

Ingwerkekse engl.: *ginger nuts, ginger cookies, ginger shortbread;* → Kekse aus Mürbe- oder Hartkeksteig mit typischem scharf aromatischen Geschmack nach Ingwer.

Ingwerkonfekt engl.: *ginger confectionary;* Konfekt, das unter Verwendung einer geschmacksbestimmenden Menge Ingwer hergestellt ist oder kandierte Ingwerstücke mit und ohne Schokoladenüberzug.

Ingwerkonfitüre engl.: *ginger jam;* → Konfitüre

Ingwerlikör engl.: *ginger liqueur;* → Gewürzlikör, bereitet aus Ingwerwurzeln, verfeinert mit → Arrak und Rosenwasser. I. wird auch als „Crème de Gingembreô" bezeichnet und verfügt über einen aromatischen Geschmack nach Ingwer mit mehr oder weniger brennender Schärfe und einem Mindestalkoholgehalt von 15 Vol.-%.

Ingwermarzipan engl.: *ginger marzipan;* → Marzipan mit kandierten Ingwerstückchen und charakteristischem Ingwergeschmack. I. findet in Konfektstücken und als Zutat beim Backen Verwendung.

Inkubationszeit engl.: *incubation period;* bezeichnet bei Infektionskrankheiten die Spanne zwischen Ansteckung (Eindringen der Krankheitserreger in den Körper) und dem Auftreten erster Symptome.

Innereien engl.: *entrails, bowels;* innere Organe von Schlachttieren, Geflügel und Wild. Die Verwendung in regional traditionellen Spezialgerichten und im Rahmen der Wurstherstellung nach der reellen Gewerbeüblichkeit war verbreitet. I. sind meist arm an Fett, reich an Eiweiß sowie Vitaminen (Vitamin A und B-Gruppe) und weisen oftmals einen sehr typischen Geschmack auf. Andererseits können sie, abhängig vom Alter des Schlachttieres und vom Organ, in unterschiedlichem Ausmaß mit Schwermetallen belastet sein. Im Zuge der BSE- (Bovine Spongiforme Enzephalopathie) und TSE- (Transmissible Spongiforme Enzephalopathie) Erkrankungen bei Schlachttieren und der damit verbundenen Risiken ist die Verwendung von I. bei Fleischerzeugnissen sowohl auf die Herstellung von Fleischerzeugnissen, die durcherhitzt werden, als auch auf Leber, Herz und Zunge ohne Schleimhaut beschränkt. Für spezielle traditionelle Fleischerzeugnisse werden unter Kenntlichmachung der Verwendung folgende I. eingesetzt: Lunge, Schweinemilz, Nieren, Magen und Vormagen ohne Schleimhaut. Die Verwendung von Lunge und Herz von durch Bolzenschuss getöteten Rindern entspricht bis zur wissenschaftlichen Klärung der TSE-Infektiosität nicht der Verkehrsauffassung. Rechtlich genau spezifizierte I. wie z. B. das Gehirn, sind als Risikomateralien von Rind, Ziegen und Schafen bei der Schlachtung zu entnehmen und zu beseitigen.

Innereien-Sülze; → Sülze mit bindegewebs- und innereienhaltiger Gallerte, in der teilweise auch als würfel- oder streifenförmig zugeschnittene Einlagen Speck, Schweinemasken und → Innereien enthalten sind. Der Anteil an von groben Fett- und Bindegewebsanteilen befreiter Muskelfleischeinlage beträgt üblicherweise nicht unter 5 %. I. wird in Hüllen weiten Kalibers oder in Formen abgefüllt angeboten und wird auf die verwendete Innereienart in der Verkehrsbezeichnung hingewiesen (bspw. Lungensülze).

Inosin engl.: *inosine;* Nucleosid aus Hypoxanthin und Ribose, das Bestandteil des Nucleotids Inosinmonophosphat ist. I. kommt in Fleisch, Fleischextrakt, Zuckerrüben sowie Hefen vor und entsteht als Zwischenprodukt im Nucleinsäurestoffwechsel sowie durch Desaminierung von Adenin.

Inosinmonophosphat engl.: *inosine-monophosphate,* Syn.: *Inosinsäure;* Abk.: IMP, Nucleotid bestehend aus der Purinbase Hypoxanthin, Ribose und einem Phosphorsäurerest. IMP ist in tRNS enthalten und ensteht im Muskel bei Erschöpfung der Glykogenreserven durch Desaminierung von AMP (→ Adenosinphosphate). Diese Reaktion läuft auch während der → Totenstarre ab, wobei das entstehende IMP eine stark geschmacksverstärkende Wirkung besitzt und zum Wohlgeschmack des Fleisches beiträgt. Der weitere Abbau führt zur → Harnsäure, weshalb Gichtpatienten purinreiche Lebensmittel meiden sollten. IMP ist aber auch Ausgangssubstanz für die Biosynthese der Purinnucleotide (AMP und GMP). Unter den Nummern E 630–633 sind IMP und seine Salze (Inosinate) als → Geschmacksverstärker für Würzmittel, Suppen, Fertiggerichte, Tomatenprodukte und Fleischerzeugnisse zugelassen.

Inosinsäure Syn.: → *Inosinmonophosphat*

In-Out-Test; schneller sensorischer Standardtest in der Qualitätssicherung. Von mindestens 5 geschulten Kennern des Standards wird monadisch geprüft, ob kodierte Proben mit der Vorgabe übereinstimmen (IN) oder nicht (OUT). Sollen wichtige Attribute (aus Verbrauchersicht) oder kritische Produktionsparameter beurteilt werden, so müssen die bestimmenden →Merkmale oder →Merkmalseigenschaften zuvor trainiert und spezifiziert werden (Deskriptiver In-Out-Test).

Insektizide engl.: *insecticides;* →Pestizide zur Vernichtung von Schadinsekten.

Insektizider Packstoff engl.: *insecticidal packaging;* →Packstoff, der so ausgerüstet ist, dass Insekten abgestoßen werden (Repellent-Wirkung), eine Fraßhemmung eintritt oder die Insekten absterben (insektizide Wirkung). Die Anwendung i. P. sollte nur dann in Frage kommen, wenn andere Möglichkeiten versagen. In Deutschland sind sie nicht im Einsatz.

Instant-Gelatine Syn.: →*Kalt lösliche Gelatine*

Instantisierung engl.: *instantizing;* lebensmitteltechnologisches Verfahren zur Erzielung von Instant-Eigenschaften (→Instantprodukte). Hierzu werden verschiedene Verfahren wie →Extraktion mit anschließender Trocknung, →Gefriertrocknung, Versetzen mit Trennmitteln oder Überziehen mit Netzmitteln, →Agglomeration und Vorquellen der Rohstoffe durch Sprüh- oder Walzentrocknung oder Extrusion (→Extrudieren) angewandt.

Instant-Kaffee engl.: *instant coffee,* Syn.: *löslicher Kaffee;* schnell löslicher, durch Sprüh- oder Gefriertrocknung getrockneter und agglomerierter körniger oder pulvriger →Kaffeeextrakt. I. wird an sich rekonstituiert verzehrt und ist der wesentliche Bestandteil oft aromatisierter Kaffeegetränke in löslicher, pulverförmiger und zubereiteter Form.

Instant-Mehl engl.: *instant flour;* durch →Agglomeration gewonnenes Spezialmehl, das sich leicht in Wasser löst, ohne Klumpen zu bilden, rieselfähig ist und nicht staubt.

Instant-Milchpulver engl.: *instant milk powder,* Syn.: *Instant-Trockenmilch;* →Milchpulver, das unter Verwendung des Emulgators →Lecithin hergestellt wird. I. zeigt in Flüssigkeiten ein starkes Lösungsvermögen, dass nicht temperaturabhängig ist. Sofort lösliche Trockenmilcherzeugnisse aus Magermilch oder Buttermilch werden als Instant-Magermilch- bzw. Instant-Buttermilchpulver bezeichnet.

Instant-Produkte engl.: *instant products,* Syn.: *Sofort lösliche Produkte;* Bezeichnung für eine Gruppe von →Trockenprodukten, die sich von herkömmlichen Trockenprodukten durch Eigenschaften wie bessere Benetzbarkeit, schnelleres Auflösen oder Verteilen in Flüssigkeiten ohne Klumpenbildung, schnellere Rehydratisierung, schnelleres Quellen oder Gelieren und schnelle Zubereitung ohne Kochen unterscheiden. Diese Eigenschaften können durch verschiedene Instantisierungsverfahren (→Instantisierung) wie z. B. →Agglomeration oder →Extraktion mit anschließender →Gefriertrocknung erzielt werden. Typische Beispiele für I. sind Instant-Haferflocken, Instant-Kaffee, Instant-Puddingpulver, Instant-Brühen und -Suppen, Instant-Getränke, Säuglingsmilchen und bilanzierte Diäten.

Instant-Puddingpulver Syn.: →*Puddingcremepulver*

Instant-Suppen engl.: *instant soups;* Suppenerzeugnisse in getrockneter instantisierter Form. Durch Einrühren in oder Übergießen mit heißer oder seltener kalter Flüssigkeit sind I. ohne Klumpenbildung sofort löslich und verzehrfertig.

Instant-Tee engl.: *instant tea;* →Tee-Extrakte

Instant-Teigwaren engl.: *instant pasta;* gegarte →Teigwaren, aus denen das Wasser durch Trocknen oder Frittieren sehr schnell entfernt wird, so dass eine trockene poröse Struktur zurückbleibt, die Wasser sehr schnell aufsaugt. I. müssen für den Verzehr nur noch mit Wasser übergegossen werden.

Instant-Trockenmilch Syn.: →*Instant-Milchpulver*

Instant-Zucker engl.: *instant sugar;* durch →Agglomeration aus Kristallzucker hergestellte sofort lösliche Zuckersorte, die etwa das doppelte Volumen von normalem Haushaltszucker besitzt und aufgrund ihrer besonderen Eigenschaften v. a. in Getränkeautomaten eingesetzt wird.

Insulin engl.: *insulin;* anaboles Hormon, das in den Langerhans-Inseln (B-Zellen) der →Bauchspeicheldrüse gebildet wird. I. steuert den Glucosestoffwechsel und reguliert den Blutglucosespiegel. Dazu fördert I. die Aufnahme von Glucose in die Zellen, die Glykogensynthese in Muskel und Leber, die Glykolyse und hemmt die →Gluconeogenese. Des Weiteren wirkt es anregend auf die Protein- und Fettsäuresynthese. I. stellt einen Gegenspieler von →Glucagon, →Adrenalin und Noradrenalin dar.

Intelligente Lebensmittelverpackungen Syn.: →*Smart Packaging*

Intelligent packaging Syn.: →*Smart packaging*

Intermediärstoffwechsel engl.: *intermediary metabolism,* Syn.: *Zwischenstoffwechsel, Zellstoffwechsel, Gewebestoffwechsel;* in den Zellen und Geweben ablaufender Stoffwechsel, der alle Umsetzungen, d. h. alle Auf-, Um- und Abbauvorgänge körpereigener Substanzen und oral zugeführter Nährstoffe bis hin zur Ausscheidung umfasst.

Internationale Einheit engl.: *international unit;* Abk. I. E., festgesetzte Gewichtseinheit oder diejenige Menge eines internationalen Standardpräparates, die unter exakt festgelegten Bedingungen eine genau definierte Wirkung hervorruft. Die I. E. wird bei Vitaminen, Hormonen, Seren, Antibiotika u. a. angegeben.

Intoxikation engl.: *intoxication,* Syn.: *Vergiftung;* Bezeichnung sowohl für die Giftaufnahme als auch für den Zustand der Vergiftung. Als I. werden in der Lebensmittelhygiene insbesondere durch mikrobielle (z. B. Aflatoxine, Staphylokokken-Enterotoxine) oder nicht mikrobielle (z. B. Arsen, Antimon- oder Zinkverbindungen) Toxine verursachte →Lebensmittelvergiftungen bezeichnet.

Intrinsische Faktoren engl.: *intrinsic factors;* innere Faktoren für die sensorische Akzeptanz eines Produktes (Produktkern) wie Aussehen, Geruch und Geschmack. →Extrinsische Faktoren

Inulin engl.: *inulin;* kettenförmiges →Polysaccharid, das aus bis zu 60 Fructoseeinheiten besteht, an die meist ein Glucosemolekül gebunden ist. I. wird zu den Ballaststoffen gezählt und ist als Reservekohlenhydrat v. a. in Chicoreé und Topinambur enthalten. Die Gewinnung des als →Prebiotikum und als Fettersatzstoff in fettreduzierten Lebensmitteln Verwendung zu findenden Oligofructans erfolgt durch Extraktion aus Chicoreé. Durch Säurehydrolyse kann aus I. →Fructose gewonnen werden.

Inverkehrbringen engl.: *putting into circulation;* das Bereithalten von Lebensmitteln oder Futtermitteln für Verkaufszwecke einschließlich des Anbietens zum Verkauf oder jeder anderen Form der Weitergabe, gleichgültig, ob unentgeltlich oder nicht, sowie den Verkauf, den Vertrieb oder andere Formen der Weitergabe selbst.

Inversion engl.: *inversion,* Syn.: *Invertierung;* von lat.: *inversio* = Umkehrung abgeleitete Bezeichnung für unterschiedliche Vorgänge in Technik und Naturwissenschaft, meist wenn zwei Stoffe ihre Plätze oder Funktionen tauschen. Im Lebensmittelbereich wird unter I. i. d. R. die Spaltung der die Polarisationsebene linear polarisierten Lichts nach rechts drehenden Saccharose in ein Gemisch aus Glucose und Fructose (→Invertzucker), das die Polarisationsebene nach links dreht, verstanden.

Invertase engl.: *invertase,* Syn.: *Saccharase;* Sammelbezeichnung für →Enzyme, die →Saccharose in →Glucose und →Fructose spalten. I. sind typische →Hydrolasen, die chemische Verbindungen unter Wasseraufnahme spalten. Im Lebensmittelbereich finden I. Anwendung zur Herstellung von → Invertzuckercreme.

Invertflüssigzucker engl.: *invert sugar solution;* laut Zuckerartenverordnung eine wässrige Lösung von teilweise durch Hydrolyse invertierter Saccharose mit mindestens 62 % Trockenmasse und 3–50 % Invertzucker in der Trockenmasse.

Invertzucker engl.: *invert sugar;* Gemisch aus gleichen Teilen Glucose und Fructose, das durch Hydrolyse von Saccharose (→ Inversion) mit verdünnten Säuren oder Enzymen gewonnen wird. Die Süßkraft des I. ist etwas größer als die der Saccharose. I. ist Hauptbestandteil von Honig und Invertzuckersirup, entsteht häufig erst bei der Verarbeitung und Lagerung von saccharosehaltigen Lebensmitteln und wird z. B. Süßwaren und Likören zugesetzt.

Invertzuckercreme engl.: *invert sugar cream, golden syrup,* Syn.: *Kunsthonig;* ein aus überwiegend invertierter → Saccharose bestehendes aromatisches hellgelbes bis bräunliches Erzeugnis, das im großtechnischen Maßstab aus Rüben- oder Rohrzucker gewonnen wird. Es wird mit oder ohne Verwendung von Glucosesirup und anderen Stärkeverzuckerungserzeugnissen sowie mit oder ohne → Honig bzw. Honigaroma hergestellt. Eine Färbung mit zugelassenen Farbstoffen ist zulässig. Es kann von seiner Herstellung her organische Nichtzuckerstoffe und anorganische Stoffe enthalten. Die je nach Art ihrer Herstellung und/oder Lagerung zähflüssige bis feste Masse kristallisiert häufig bei längerem Lagern aus. Bei I. handelt es sich um ein eigenständiges Lebensmittel, das früher als Ersatz für Honig verwendet wurde.

Invertzuckersirup engl.: *invert sugar syrup;* laut Zuckerartenverordnung eine wässrige, auch kristallisierte Lösung von teilweise durch Hydrolyse invertierter Saccharose mit mindestens 62 % Trockenmasse und mehr als 50 % Invertzucker in der Trockenmasse.

Iodzahl engl.: *iodine value;* Abk.: IZ, Fettkennzahl für den Gehalt an Doppelbindungen bei Fetten und Ölen. Sie ist damit ein Maß für die Sättigung eines Fettes und gibt die Menge Jod in g an, die von 100 g Substanz gebunden werden. Die IZ wird nach unterschiedlichen Methoden bestimmt (Kaufmann; Hanus und Wijs), die nicht völlig übereinstimmende Ergebnisse liefern. Pflanzliche Öle haben i. A. eine IZ über 90 (Linolsäure z. B. 181), die IZ von gehärteten Fetten liegt zwischen 40 und 90, die von Palmkernöl unter 20.

Ionenaustauscher engl.: *ion exchanger;* bestehen aus einem hochmolekularen Gerüst mit vielen ionisierbaren Gruppen, den so genannten Ankergruppen, die auch als Festion bezeichnet werden. An diese sind Gegenionen durch elektrostatische Wechselwirkungen gebunden. Die Gegenionen können gegen gleichartig geladene Ionen ausgetauscht werden. Dabei unterscheidet man Anionen- und Kationenaustauscher. Sie dienen zum Abtrennen von ionisierbaren Substanzen aus Lösungen und können durch Spülen mit Lösungen der ursprünglichen (Gegen-) Ionenart regeneriert werden. Anwendung finden die I. bei der Entmineralisierung von Molke und Wasser sowie zur Entsäuerung von Fruchtsäften und Wein. Vitamine können mit I. aus Lebensmitteln isoliert werden. Eine weitere Anwendung von I. ist die Probenvorbereitung in der Analytik.

Ionisierende Strahlung engl.: *ionizing radiation;* Strahlung, welche die Materie, die sie durchstrahlt, durch Stoß ionisieren kann. Sie umfasst Elektronen-, Gamma- und Röntgenstrahlung. Die Einheit für die Energiebzw. Äquivalentdosis ist J/kg mit der Bezeichnung Gray. Anwendung findet i. S. z. B. im Bereich der → Lebensmittelbestrahlung, in der Nuklearmedizin und Radiologie sowie im Bereich der Sterilisation von medizinischen Geräten wie Injektionsspritzen und chirurgischem Nähmaterial.

Irish Coffee engl.: *irish coffee;* Mischgetränk aus heißem Kaffee, (braunem) Zucker und Irischem Whiskey mit Schlagsahnehaube.

Irish stew engl.: *irish stew;* irischer Fleischeintopf aus Hammel- oder Lammfleisch, Weißkohl, Kartoffeln, Zwiebeln und Möhren, der mit Pfeffer, Salz, Knoblauch und Kümmel gewürzt ist.

Irisöl engl.: *iris oil,* Syn.: *Irisbutter, Veilchenwurzelöl;* → ätherisches Öl, das durch Destillation aus Veilchenwurzeln gewonnen wird. I. ist eine hellgelbe, stark nach Veilchen riechende feste Masse, die v. a. in der Parfümindustrie verwendet wird. Im Lebensmittelbereich kann I. Likören, Süß- und Backwaren zugesetzt werden.

Iriswurzel Syn.: → *Veilchenwurzel*

Irländisches Moos Syn.: → *Carrageen*

Irritation engl.: *irritation;* das subjektive Auslösen von Unbehagen beim Konsumenten durch negativ empfundene sensorische Eigenschaften. Eine I. kann sich bis zur → Aversion steigern.

Isodynamiegesetz engl.: *law of isodynamia;* besagt, dass sich die Nährstoffe (Kohlenhydrate, Fett, Protein) bei ungestörtem → Intermediärstoffwechsel und ausgeglichener → Stickstoffbilanz entsprechend ihres Brennwertes gegenseitig vertreten können. 1 g Fett entspricht hierbei 2,16 g Protein oder 2,26 g Kohlenhydraten. Das I. besitzt nur eingeschränkte Gültigkeit, da die Nährstoffe nicht ausschließlich Energielieferanten sind, sondern weitere physiologischen Wirkungen entfalten. Der Bedarf an essenziellen Aminosäuren und Fettsäuren kann z. B. nicht durch die Zufuhr anderer Nährstoffe gedeckt werden.

Isoelektrische Fokussierung; → Elektrophoretische Untersuchungsmethoden

Isoflavone engl.: *isoflavones;* zu den → Flavonoiden, einer Untergruppe der → Polyphenole, gehörende Substanzen. Die I. kommen in Hülsenfrüchten, v. a. in Sojabohnen vor und wirken als → Phytoöstrogene, d. h. sie besitzen östrogenähnliche Wirkung. Epidemiologische Studien weisen auf verschiedene positive Wirkungen der I. hin, so sollen sie z. B. die Symptome der Menopause mindern, die Häufigkeit von Brust-, Gebärmutter- und Prostatakrebs verringern und Osteoporose vorbeugen. Die bekanntesten Vertreter der I. sind Genistein und Dadzein in Sojabohnen.

Isoglucose engl.: *isoglucose,* Syn.: *Glucose-Fructose-Sirup;* aus → Glucosesirup enzymatisch mittels Glucose-Isomerase hergestellter Sirup, bei dem 40–45 % der nur mäßig süßen Glucose in die süßere Fructose umgewandelt wurden. I. ähnelt hinsichtlich Eigenschaften und Süßkraft dem Invertzuckersirup und kann diesen ersetzen. In getrockneter oder kristallisierter Form ist I. nicht erhältlich, da der Fructosegehalt die Kristallisation hemmt. In den USA ist der so genannte „High Fructose Corn Syrup“ (HFCS), eine aus Maisstärke gewonnene I., weit verbreitet.

Isokratisch; bezeichnet eine Form der Chromatographie bei der HPLC (→ Hochleistungsflüssigkeitschromatographie), bei der sich die Zusammensetzung der mobilen Phase während der Analyse nicht ändert. Gegensatz ist der Gradient.

Isoleucin engl.: *isoleucine;* Abk.: Ile, essenzielle → Aminosäure, die in Fleisch- und Getreideproteinen zu 4–5 %, in Milch- und Eiproteinen zu 6–7 % enthalten ist. Der minimale Tagesbedarf eines Erwachsenen kann mit Ausnahme einer stark eiweißarmen Ernährung aus der Nahrung gedeckt werden. Ile hat als verzweigtkettige Aminosäure eine große Bedeutung für den Muskelstoffwechsel und wird nicht über die Leber verstoffwechselt, sondern gelangt direkt in die Muskeln. Bei der sehr seltenen → Ahornsirupkrankheit ist der Abbau von Ile, → Leucin und → Valin gestört.

Isomalt engl.: *isomaltitol;* äquimolares Gemisch der → Zuckeralkohole α-D-Glucopyranosyl-glucit (Isomaltit) und α-D-Glucopyranosyl-mannit, das durch Hydrierung von Isomaltulose gewonnen wird. Es handelt sich um ein gut wasserlösliches weißes Pulver mit stark laxierender Wirkung und etwa 50 % der Süßkraft von Saccharose. I. ist unter der Nummer E 953 zur Süßung von Brennwert verminderten oder ohne Zuckerzusatz hergestellten Lebensmittel (z. B. Dessertspeisen, Speiseeis, Marmeladen und Süßwaren) zugelassen und wird auch unter dem Handelsnamen Palatinitw vertrieben.

Isomaltit; → Isomalt

Isomaltose engl.: *isomaltose;* → Disaccharid aus zwei Molekülen Glucose, das in Honig vorkommt, bei der Spaltung von Polysacchariden wie Amylopektin oder Dextranen auftritt und durch → Reversion aus Glucose hervorgehen kann.

Isomaltulose engl.: *palatinose;* → Disaccharid aus Glucose und Fructose, das in Honig und Zuckerrohrsaft vorkommt. Die Herstellung erfolgt durch enzymatische Umlagerung aus Saccharose. I. besitzt etwa die halbe Süßkraft im Vergleich zur Saccharose, wird im Dünndarm deutlich langsamer in Glucose und Fructose gespalten als Saccharose und ist von den Mikroorganismen der Mundflora kaum vergärbar, d. h. wirkt kaum kariogen. I. wird zur Herstellung von → Isomalt verwendet.

Isomerasen engl.: *isomerases;* Klasse von → Enzymen, die die → Isomerisierung katalysieren. Von besonderer technologischer Bedeutung ist die früher meist als Glucose-Isomerase bezeichnete Xylose-Isomerase für die Herstellung des aus Stärke gewonnenen Isosirups, der neben Glucose und geringen Mengen anderer Zucker etwa 50 % Fructose enthält, die durch Isomerisierung von Glucose gebildet wurde.

Isomerisierung engl.: *isomerization;* Bezeichnung für die Umwandlung eines Stoffes in einen anderen von gleicher chemischer Zusammensetzung, aber abweichenden chemischen Eigenschaften, bedingt durch einen anderen Molekülaufbau. Beispiele sind die I. von Glucose zu Fructose, von Ergosterin zu Vitamin D2, cis/trans-Isomerisierung von Doppelbindungen in Fettsäuren und Verschiebung von Doppelbindungen in Fettsäuren von isolierten zu konjugierten Doppelbindungen (z. B. → konjugierte Linolsäuren). I. kann durch Hitze, UV-Bestrahlung, Katalysatoren oder → Isomerasen ausgelöst werden.

ISO-Normen engl.: *ISO-standards;* von der *International Organization for Standardization* herausgegebene Industrienormen. → DIN-Normen

Isopropylalkohol engl.: *ispropyl alcohol,* Syn.: *Isopropanol, 2-Propanol;* einwertiger Alkohol mit 3 C-Atomen, der als farblose, brennbare, aromatisch riechende Flüssigkeit vorliegt und aufgrund seiner desinfizierenden Wirkung u. a. in Kosmetika sowie als Lösungsmittel, z. B. in der Parfüm-, Lack- und Farbenindustrie eingesetzt wird.

Isotachophorese; → Elektrophoretische Untersuchungsmethoden

Isotonische Getränke engl.: *isotonic beverages;* → Sportgetränke, die Wasser, Zucker, Citronensäure, Aromastoffe und Elektrolyte (hauptsächlich Natrium-, Kalium- und Chloridionen) in einem bestimmten Verhältnis enthalten, um denselben → osmotischen Druck wie das Blutserum aufzuweisen. Dadurch sollen Elektrolytverluste, die beim Schwitzen auftreten, ausgeglichen werden.

Israelische Weine engl.: *Israelian Wine;* in Israel hergestellte Rot- und Weißweine. Sie waren als koschere Weine lange Zeit hauptsächlich von religiösem Interesse. Unter diesem Aspekt wurden sie auch weltweit exportiert. Immer noch stellen die süßen Kiddush-Weine aus dem Anbaugebiet um Rishon le Zion und Zichron Yaacov den Großteil i. W. Jedoch werden zunehmend auch in anderen Gebieten Rot- und Weißweine, teilweise von sehr guter Qualität, hergestellt. Dazu zählen z. B. die Gebiete Galiläa und Ramat Arad in der Negev-Wüste. Die bekanntesten Weinbaubetriebe Israels sind z. B. Carmel, Barkan, Margalit, Castel.

Italian Dressing; mediterran mit Kräutern und/oder Gewürzen wie z. B. Knoblauch abgeschmeckte Salatsauce auf der Basis von Essig und Öl.

Italienische Gemüsemischung; in der Regel tiefgekühlt angebotene vorbereitete → Gemüsemischung, die hauptsächlich aus Möhren, Zucchini, rotem Paprika und Zwiebeln besteht.

Italienische Kräuter; Kräutermischung, die neben den typisch italienischen Kräutern wie Oregano, Basilikum, Thymian und Rosmarin auch weitere Kräuter und Gewürze in unterschiedlicher qualitativer und quantitativer Zusammensetzung enthalten kann. I. K. werden in der Küche vielseitig zum Würzen von Fleisch-, Fisch- und Gemüsegerichten sowie von Pizza und Pasta verwendet.

Italienische Mortadella; → Mortadella

Italienischer Käse engl.: *italian cheese;* in Deutschland werden vorwiegend folgende Sorten angeboten: Asiago, Caciocavallo, Fiore Sardo, Fontina, Gorgonzola, Grana Padano, Montasio, Parmigiano Reggiano, Pecorino Romano, Pecorino Siciliano, Pressato, Provolone, Ragusano und Taleggio (s. auch bei den einzelnen Stichwörtern).

Italienischer Salat engl.: *salad italian style;* 1. Bezeichnung für im mediterranen Stil hergestellte gemischte Salate und Feinkostsalate; 2. ein → Fleischsalat (regionale Spezialität), bei dem ein Teil der Gurken durch Gemüse und/oder andere Zutaten wie z. B. hart gekochte Eier oder Äpfel ersetzt ist.

Italienische Salami engl.: *Italian salami;* besonders schnittfeste und haltbare, in Italien hergestellte gut luftgetrocknete → Rohwurst von mittlerem Kaliber. Unter dem äußeren weißlichen, u. U. durch Stärke ergänzten Belag von Mikroorganismen zeigt die i. S. eine mittelkörnige Struktur. Ursprüngliches Ausgangsmaterial war Eselsfleisch. Heute erfolgt die Herstellung überwiegend aus fettgewebs- und sehnenarmem Schweinefleisch unter Mitverwendung von sehnen- und fettgewebsarmem Rindfleisch, Speck sowie weiteren Zutaten.

Italienische Weine engl.: *Italian wine;* in Italien in großer Sortenvielfalt hergestellte Weine, die von Weiß- über Rosé- bis hin zu Rotweinen und von Dessert- bis hin zu Schaumweinen reichen. Die Qualität i. W. wird nach dem italienischen Weingesetz von 1992 in 4 Kategorien eingeteilt: Vino da Tavola (VDT), Indicazione Geografica Tipica (IGT), Denominazione di Origine Controllata (→ DOC) und Denominazione di Origine Controllata e Garantita (→ DOCG). Schon früh gab es in Italien eine Vielzahl (über 200) an DOC-Weinen, worunter sich dann auch Weine minderer Qualität befanden. DOC war also früher nicht unbedingt ein Qualitätskriterium i. W. Mit dem neuen Weingesetz von 1992 (Goria-Gesetz) sind die Kriterien für DOC-Weine nun dahingehend verschärft, dass ein Wein, der fünf Jahre keine gute Qualität zeigt, die Einstufung als DOC-Wein verliert. Dies soll langfristig für bessere Qualitätsgarantie sorgen. Italien ist ein Land mit tief verwurzelter Weinkultur. Dies zeigt sich auch daran, dass in Italien nach kurzem Zwischenspiel hauptsächlich alte klassische italienische Rebsorten gekeltert werden. Aus ihnen entstehen eindrucksvolle und individuelle Weine, wie z. B. Albana di Romagna, Asti und Moscato d'Asti, Barolo, Barbaresco, Bardolino Superiore und Cardolino Classico Superiore, Brachetto d'Acqui, Brunello di Montecalcino, Carmignano, Chianti, Chianti classico, Franciacorta, Gattinara, Gavi, Gehmme, Montefalco Sagrantino, Ramandolo, Recioto di Soave, Taurasi, Torigiano Rosso Riserva, Valtellina Superiore, Vermentino di Gallura, Vernaccia die San Gimignano, Vino Nobile di Montepulciano. Die wichtigsten Weinbaugebiete Italiens sind das Piemont, die Toskana und die Regionen Mittelitaliens sowie die Emilia Romagna.

Ivakraut lat.: *Achillea erba-rotta subsp. moschata (Wulfen) I. Richardson* (Fam.: *Asteraceae*), engl.: *Alpine yarrow,* Syn.: *Moschusschafgarbe, Moschuskraut;* getrocknete Stängel und Blätter der aus dem Alpengebiet stammenden und dort wild wachsenden Staude. Sie enthalten →ätherische Öle mit →Cineol sowie Bitterstoffe und werden zur Herstellung einiger Kräuter- und Bitterspirituosen-Spezialitäten verwendet.

Jackfrucht lat.: *Artocarpus heterophylla Lam.* (Fam.: *Moraceae*), engl.: *Jackfruit,* Syn.: *Nangka, Yaca;* große bis 1 m lange und bis zu 30 kg schwere Scheinfrucht des gleichnamigen mit dem Brotfruchtbaum verwandten Baumes mit einem Durchmesser von bis zu 30 cm. Die Frucht verfügt über eine hellgelbe bis grüne, mit zunehmender Reife braune, durchgehend mit noppenförmigen Ausstülpungen besetzte unangenehm riechende Schale und gelbes, saftiges, süßes, aber leicht fades Fruchtfleisch. Der Verzehr der J. erfolgt roh, gekocht und gebraten sowie verarbeitet als sauer eingelegte Nasskonserve, Chutney, Konfitüre, Kompott oder Erfrischungsgetränk. Die großen Samen verfügen über einen maronenähnlichen Geschmack und werden gekocht oder geröstet verzehrt bzw. vermahlen zum Backen verwendet. Der Ursprung der J. liegt in Malaysia, während der heutige Anbau in Asien, Amerika, Australien, Afrika erfolgt. Sie wird in Form von Konserven und fast ganzjährig als Frischfrucht im Handel angeboten.

Jägerkohl; Gemüsegericht aus →Weißkohl, mit Speck und Zwiebeln angebraten, gewürzt mit Kümmel, Pfeffer oder Lorbeer, süß-sauer mit Äpfeln oder pikant mit Hackfleisch und Kartoffeln abgeschmeckt.

Jägersauce engl.: *chasseur sauce;* braune, gebundene, pikante Sauce, die unter Verwendung von Speisepilzen und/oder deren Erzeugnissen zubereitet wird. Diese prägen die Eigenart des Geschmacks. J. eignet sich für Fleischgerichte aller Art, Bratfisch, Reis, Teigwaren, Kartoffeln u. Ä.

Jägersuppe; dunkle, gebundene Suppe mit Speisepilzen und/oder deren Erzeugnissen, durch die die Eigenart des Geschmacks geprägt wird.

Jagdwürstchen; nach Art der →Brühpolnischen hergestelltes →Brühwürstchen, das jedoch vorwiegend in Schafsaitlingen abgefüllt angeboten wird.

Jagdwurst; blass rosafarbene (umgerötete) grobe →Brühwurst gehobener Qualität mit erbsen- bis teilweise kirschgroßen durchwachsenen Fleischstücken im →Brät. Bei J. süddeutscher Art ist der Anteil an grober Einlage deutlich größer als bei J. norddeutscher Art mit fein zerkleinertem Brät. Es wird i. d. R. aus grob entsehntem Rindfleisch, grob entfettetem Schweinefleisch, Speck, Gewürzen und ggf. Kutterhilfsmitteln hergestellt. Die J. gehört zum klassischen Aufschnitt.

Jahrgang engl.: *vintage;* Faktor für die Beurteilung der Qualität eines Weines, der durch die Witterungsverhältnisse (Sonnenscheindauer, Niederschläge, Nebeltage, Temperaturen, insbesondere zur Blüte- und Reifezeit und Witterungsunbilden) beeinflusst wird.

Jakobsmuschel lat.: *Pecten maximus L./Pecten jacobaeus L.* (Fam.: *Pectinidae*), engl.: *great/giant scallop,* Syn.: *Pilgermuschel, Fächermuschel, Große Kammmuschel;* wichtigste europäische →Kammmuschel. *P. maximus L.* (∅ ca. 15 cm, bis 24 cm) kommt im Ostatlantik und in der Nordsee vor; die etwas kleinere *P. jacobaeus L.* im Mittelmeer. Sie leben am Meeresboden in Küstennähe und werden mit Bodennetzen gefangen. Der Name stammt von den Jakobspilgern; sie verwendeten die Unterschale ursprünglich als Trinkgefäß; heute ist die J. ihr Erkennungszeichen. Frankreich (*coquilles St.-Jacques*), Spanien und Portugal sind die wichtigsten Lieferanten für J., auch aus Zuchtbetrieben (→Muschelzucht). Verzehrt werden in Europa der große Schließmuskel und die Gonaden/Rogen, in den USA nur der Schließmuskel, in Ostasien der gesamte Schaleninhalt. J. sind leicht verderblich; je nach Herkunft können sie mit Toxinen aus dem Nahrungs-Plankton belastet sein (→Muschelvergiftung). Sie werden frisch oder tiefgefroren angeboten, mit oder ohne Rogen (→Corail), auch verarbeitet zu (Teil)fertiggerichten. Aus Nordamerika wird neuerdings die nahe verwandte Art *Placopecten magellanicus* importiert.

Jamaicapfeffer Syn.: → *Piment*

Jamaika-Rum engl.: *Jamaican rum;* Herkunftsbezeichnung für alle Rumarten, die von der großen Antilleninsel Jamaika (Karibik) stammen. J. steht für beste Qualität dunkler schwerer →Rums mit vollmundig intensivem Aroma. Zunehmend wird aus Jamaika nicht nur der „Original-Rum" vom „german-flavoured"-Typ, sondern auch „Echter Rum" nach Deutschland importiert.

Jamaika-Rum-Verschnitt; ein →Rum-Verschnitt, bei dem mindestens 5 % des Gesamtethanolgehaltes aus dem Original-Rum (in diesem Fall aus →Jamaika-Rum) stammen muss.

Jambos Syn.: → *Rosenapfel*

Jambuse Syn.: → *Rosenapfel*

James Grieve; Apfelsorte (→Apfel) mit mittelgroßen bis großen Früchten mit eher rauer, grüngelbrot gestreifter Schale und weißem, saftigem, später mürbem Fruchtfleisch von säuerlichem bis fruchtig-süßem Geschmack. J. wird von Ende August bis Ende Oktober verzehrt, Pflückreife erreicht er ab Mitte August.

Japanische Aprikose lat.: *Prunus mume Siebold et Zucc.* (Fam.: *Rosaceae*), engl.: *Japanese Apricot,* Syn.: *Ume (jap.)*; kleine, runde, säuerliche bis stark saure →Steinfrucht des in China beheimateten japanischen Aprikosenbaumes (Umebaum) mit dünner Schale und dickem Fruchtfleisch. Die Schale ist je nach Sorte grün (Gojiro) oder bräunlichgrün mit rotem Farbfleck (Nanko) gefärbt. Der ebenfalls unterschiedliche Gehalt an organischen Säuren, insbesondere Citronensäure, prägt entscheidend den Geschmack. Bei den Früchten der Sorte Nanko ist er bei einem rundem Aroma im Verhältnis zur Sorte Gojiro mit einem sehr hohen Säuregehalt gering ausgeprägt. Der von buddhistischen Mönchen nach Japan gebrachte Baum wurde zunächst wild wachsend, später kultiviert genutzt. Die für 1–2 Monate in Salz eingelegten Früchte werden milchsauer vergoren. Sie stehen danach entweder direkt weiß getrocknet (Shiroboshi) zum Verkauf oder werden erneut in Salzlake zusammen mit Gewürz (Shisoblätter) für 1–2 Jahre eingelegt. Die daraus entstandenen rosafarbenen Umeboshi sind in Japan als Delikatesse und Medizin geschätzt. Aus ihnen werden einige Produkte wie z. B. Würzpaste hergestellt und sie bilden einen Bestandteil der →makrobiotischen Ernährung. Eine weitere Verwendung in Japan ist die Gewinnung eines leicht sauer und aromatisch schmeckenden Likörs oder weinähnlichen Getränkes (Umeshu) aus den Früchten und Kernen, der oft auch als „Pflaumenlikör" bzw. „Pflaumenwein" bezeichnet wird.

Japanische Birne Syn.: → *Nashi*

Japanische Dattelpflaume Syn.: → *Kakipflaume*

Japanische Minze lat.: *Mentha arvensis L.* (Fam.: *Lamiaceae*), engl.: *Japanese Mint;* vorwiegend in Südostasien, Brasilien, Argentinien und Indien angebaute Minze, deren ätherisches Öl zu bis zu 90 % aus →Menthol besteht und eine geringere Geruchs- und Geschmacksqualität aufweist als Pfefferminzöl (→Pfefferminze). J. M. wird zu Herstellung von Japanischem Heilpflanzenöl und zur Gewinnung von Menthol verwendet.

Japanische Pflaume lat.: *Prunus salicina Lindl.* (Fam.: *Rosaceae*), engl.: *Japanese Plum,* Syn.: *Chinesische Pflaume, Susine;* 1. große rundlich ovale →Steinfrucht des in zahlreichen Sorten vorkommenden japanischen Pflaumenbaumes. Die je nach Sorte glänzend gelbe oder rote Frucht besitzt ein sehr weiches, saftiges, süßes, gelbes bis tiefrotes Fleisch mit einem nicht lösbaren Stein. Der Anbau der j. P. ist über die ganze Welt in Ländern mit subtropischem Klima verbreitet. Sie wird v. a. als Frischobst verzehrt; 2. wörtlich, aber nicht inhaltlich korrekte Bezeichnung für die →japanische Aprikose (Ume).

Japanischer Pfeffer Syn.: → *Szechuan-Pfeffer*

Japanischer Rettich Syn.: → *China-Rettich*

Japanische Wollmispel lat.: *Eriobotrya japonica*

(Thunb.) Lindl. (Fam.: *Rosaceae*), engl.: *Loquat, Japan medlar, Nispero,* Syn.: *Loquat, Wollmispel;* ei- bis birnenförmige, meist goldgelbe 4–6 cm lange → Scheinfrucht mit dünner, meist wollig behaarter Schale. Diese wird wegen ihres Gerbstoffgehaltes beim Frischverzehr abgezogen. Unter ihr liegen ein festes, gelblichweißes bis blass orangefarbenes Fruchtfleisch, das mit seinem aromatisch süßen Geschmack an Apfel erinnert, und bis zu vier recht große, braune, bohnenförmige Samen. Diese sind im Geschmack bitteren Mandeln ähnlich und ebenso verwertbar. Wegen der Empfindlichkeit der Schale in reifem Zustand und der dadurch bedingten geringen Haltbarkeit überwiegt der Frischverzehr der Frucht in den Anbauländern Asiens, des Mittelmeerraums und der USA. Bei 1 °C und 90–95 % rel. Luftfeuchtigkeit sind sie bis zu 2 Wochen haltbar. Eine Haltbarmachung erfolgt als Nasskonserve oder durch Trocknen. Die J. läßt sich zu Konfitüre, Gelees und Kompott weiterverarbeiten.

Japanknollen Syn.: → *Knollenziest*

Japankohl Syn.: → *Pe Tsai*

Jasminreis Syn.: → *Duftreis*

Jatoba-Tee engl.: *jatoba tea,* Syn.: *Holzfäller-Tee;* aus der inneren Rinde des in den tropischen Regenwäldern Südamerikas heimischen Jatoba-Baumes (lat.: *Hymenaea courbaril*) hergestelltes coffeinfreies → teeähnliches Erzeugnis, das in Südamerika als coffeinfreier Energiespender und Naturheilmittel gilt und bei uns aufgrund seines erfrischenden Geschmacks zunehmend als Wellness-Tee (→ Wellness-Produkte) zur Steigerung des Wohlbefindens an Bedeutung gewinnt.

Jauersche; nach Art der → Wiener Würstchen (Herstellungsprozess, Zutaten, Aussehen) hergestelltes engkalibriges → Brühwürstchen mit umgerötetem, z. T. auch gröberem → Brät.

Java-Tee engl.: *Java tea;* → Indonesischer Tee

Jerez; Abk. für Jerez-Xérès-Sherry (geschützte Herkunftsbezeichnung). → Sherry

Jeroboam Syn.: *Jerobeam;* im Bordeaux verwendete Bezeichnung für eine → Großflasche für Weine mit einem Volumen von 4,5 Litern. → Rehoboam

Jerome; weicher Schnittkäse mit mindestens 45 % Fett in der Trockenmasse, der überwiegend in Österreich hergestellt wird. Der J. besitzt eine weiche Rinde mit rötlichgelber Schmiere (wird vor dem Verpacken abgewaschen) sowie einen gelblichen geschmeidigen Teig mit unregelmäßiger kleiner Schlitzlochung und leicht pikant säuerlichem Geschmack.

Jerusalemartischocke Syn.: → *Topinambur*

Jerusalembohnen Syn.: → *Mungbohnen*

Jesuitengarten; eine der besten Weinlagen Deutschlands in der Pfalz bei Forst, wo v. a. Riesling-Weine angebaut werden.

Jod engl.: *iodine;* in Form des Jodid zu den → Spurenelementen gehörender → Mineralstoff. J. ist Bestandteil der Schilddrüsenhormone Trijodthyronin (T3) und Tetrajodthyronin (T4, Thyroxin). J. kommt in allen Lebensmitteln in geringer Konzentration vor. Zur Bedarfsdeckung trägt aber v. a. Seefisch, das Trinkwasser (abhängig von der Herkunft) und jodiertes Speisesalz bei. Jodmangel ist in Deutschland weit verbreitet. Klassisches Symptom ist der Kropf, also die Vergrößerung der gesamten Schilddrüse zur Kompensation des Mangels. Ein Jodmangel während der Schwangerschaft führt beim Feten zu einem Defizit an Schilddrüsenhormonen und in Folge dessen zum Kretinismus. Dieser ist gekennzeichnet durch irreversible Entwicklungsstörungen von Gehirn (geistige Behinderung), Skelett und verschiedenen Organen. Die chronische Überdosierung von J. kann auf der anderen Seite auch einen jodinduzierten Kropf und eine jodinduzierte Hyperthyreose (Schilddrüsenüberfunktion durch Zufuhr hoher Joddosen nach vorangegangenem Jodmangel) auslösen.

Jodiertes Speisesalz engl.: *iodized salt,* Syn.: *Jodsalz;* zur Verbesserung der Jodversorgung mit 15–25 mg Jod pro Kilogramm Kochsalz in Form von Natrium- oder Kaliumjodat angereichertes Speisesalz. Auch erhältlich als „Jodsalz mit Fluorid", mit dem sowohl jodmangelbedingten Schilddrüsenkrankheiten als auch Karies vorgebeugt werden kann. Neben dem Einsatz in Haushalten findet j. S. zunehmend auch in der gewerblichen und industriellen Herstellung von Lebensmitteln und Fertiggerichten Anwendung. Außer der vorgeschriebenen Angabe im Zutatenverzeichnis besteht zusätzlich die Möglichkeit der besonderen Auslobung mit dem →Jodsiegel des Bundesministeriums für Gesundheit.

Jodmangel engl.: *iodine deficiency;* durch geringen Jodgehalt der Nahrung oder durch allgemeine →Mangelernährung ausgelöste Unterversorgung mit dem essenziellen Spurenelement →Jod. Da Deutschland aufgrund der geologischen Gegebenheiten ein →Jodmangelgebiet darstellt, ist sowohl in pflanzlichen als auch in tierischen Lebensmitteln (mit Ausnahme von Seefisch) nur wenig Jod enthalten. Weiterhin kann die Verwertung von Jod im Organismus durch die Aufnahme so genannter →Goitrogene verhindert werden. Wichtigste Maßnahme zur Jodmangelprophylaxe ist daher neben dem regelmäßigen Verzehr von Seefisch die Verwendung von →jodiertem Speisesalz sowie von mit jodiertem Speisesalz hergestellten zusammengesetzten Lebensmitteln. Ein lang anhaltender J. führt nach Verbrauch der körpereigenen Jodreserven zu vielfältigen gesundheitlichen Problemen, da die Schilddrüse mit einer eingeschränkten Produktion von Schilddrüsenhormonen reagiert. Hauptsymptom des Krankheitsbildes des J. ist der so genannte Jodmangelkropf (endemisches Struma); bei Säuglingen und Kleinkindern kann J. zu Störungen des Wachstums sowie der geistigen Entwicklung führen. In Deutschland herrscht nach WHO-Kriterien ein verbreiteter J.

Jodmangelgebiete engl.: *iodine deficiency area;* Regionen mit bevölkerungsweitem →Jodmangel. Aufgrund der geologischen Vorgänge in der letzten Eiszeit, durch die das →Jod weitgehend aus den Böden ausgeschwemmt wurde, ist in Deutschland sowie generell in Nord- und Mitteleuropa nur noch sehr wenig Jod in der tierischen und menschlichen Nahrung enthalten. Deshalb leiden große Teile der Bevölkerung unter Jodmangel und seinen Folgen. Die WHO empfiehlt für J. generell eine Anreicherung des Trinkwassers und/oder der Grundnahrungsmittel mit Jod in nutritiven Mengen.

Jodsalz Syn.: →*Jodiertes Speisesalz*

Jodsiegel; von der Bundeszentrale für gesundheitliche Aufklärung (BZgA) im Auftrag des Bundesministeriums für Gesundheit herausgegebenes Siegel, mit dem Lebensmittelhersteller die Packungen von Produkten versehen können, die mit →jodiertem Speisesalz hergestellt wurden. Mit Hilfe des J. kann der Verbraucher den Einsatz von Jodsalz direkt erkennen. Das J. ist Bestandteil einer Reihe von Aufklärungskampagnen der BZgA zusammen mit dem Arbeitskreis Jodmangel, die das Ziel haben, die Verwendung von Jodsalz zur Regel zu machen.

Joghurt engl.: *yoghourt, yogurt;* weißes, sämiges, stichfestes oder trinkbares →Milcherzeugnis mit typisch säuerlichem Geschmack. J. wurde früher durch Spontansäuerung, heute durch gesteuerte Fermentation und Säuregerinnung mit Hilfe von thermophilen Milchsäurebakterienkulturen aus homogenisierter und pasteurisierter Milch hergestellt. Die Erhöhung der Milchtrockenmasse und die Einstellung des Fettgehaltes bei der Herstellung sind im Gegensatz zur Anreicherung mit Milcheiweißerzeugnissen und Wärmebehandlung nach der Fermentation zulässige Verfahren. Ausgangsprodukt für J. ist Vollmilch mit mindestens 3,5 % Fett, für fettarmen J. entsprechend fettarme Milch mit 1,5–1,8 % Fett, für Magermilchjoghurt entrahmte Milch mit höchstens 0,3 % Fett und für Sahnejoghurt (Rahmjoghurt) Sahne mit mindestens 10% Fett. Die hauptsächlich verwendeten Reifungskulturen sind *Streptococcus thermophilus* und *Lactobacillus bulgaricus*, während bei den entsprechenden milden Sorten (Joghurt mild, fettarmer Joghurt mild usw.) anstelle von *Lactobacillus bulgaricus* andere Lactobacillen zum Einsatz kommen.

Joghurtbonbons engl.: *yogurt sweets;* Bonbons (Hart- und auch Weichkaramellen), denen soviel Joghurt oder Joghurttrockenerzeugnisse zugesetzt worden sind, dass sie mindestens 2,5% Milchfett (im Falle von Sahnejoghurt 4%) und die entsprechende Menge fettfreier Joghurttrockenmasse enthalten.

Joghurtbrot engl.: *yogurt bread;* →Spezialbrot mit mild saurem Geschmack, bei dessen Herstellung →Joghurt oder Joghurttrockenerzeugnisse wie z. B. Joghurtpulver verwendet werden. Bei handelsüblichen J. werden mindestens 15 l Joghurt oder die entsprechende Menge an Trockenerzeugnissen auf 100 kg Getreideerzeugnisse verwendet.

Joghurtdessert engl.: *yogurt dessert,* Syn.: *Joghurtgelee, -pudding;* aus Milch, Sahne oder Molke mit Joghurtkulturen hergestelltes und mit Agar-Agar, Pektin, Gelatine u. a. gelierenden Zutaten verfestigtes Dessert.

Joghurteis; →Speiseeis, das üblicherweise den Anforderungen für Milcheis entspricht (mindestens 70% Milch), bei dem jedoch der überwiegende Teil der Milch durch Joghurt ersetzt wurde.

Joghurterzeugnisse engl.: *yoghourt products;* aus Milch oder Sahne unter Verwendung spezifischer thermophiler Reifungskulturen (Joghurtkulturen, v. a. *Lactobacillus bulgaricus* und *Streptococcus thermophilus*), auch unter Erhöhung der Milchtrockenmasse und/oder Anreicherung mit Milcheiweißerzeugnissen hergestellte Produkte. J. besitzen eine sämige oder stichfeste Konsistenz. Bei den Standardsorten finden keine Anreicherungen mit Milcheiweißerzeugnissen und Wärmebehandlungen nach der Fermentation statt. Diese lassen sich aufgrund des Fettgehaltes in die Sorten →Joghurt, fettarmer Joghurt, Magermilchjoghurt, Sahnejoghurt sowie die entsprechenden milden Sorten unterteilen, bei denen als Reifungskulturen anstelle von *Lactobacillus bulgaricus* andere Lactobacillen verwendet werden.

Joghurtgelee Syn.: →*Joghurtdessert*

Joghurt mit Fruchtzubereitung engl.: *yogurt with added fruit preparation;* aus Joghurt mit Früchten oder Fruchtbestandteilen, Zuckerarten, Aromen, färbenden Lebensmitteln, Genusssäuren, Stabilisatoren, Gelier- und Verdickungsmitteln hergestellte Produkte von sämiger oder stichfester Konsistenz. Der Fruchtgehalt in der Fruchtzubereitung sollte üblicherweise mindestens 35% betragen, bei bestimmten Früchten ist ein geringerer Anteil festgelegt. Im Fertigprodukt beläuft sich der Frischfruchtanteil auf mindestens 3,5 bzw. 1,5% bei geschmacksintensiven Früchten (z. B. Zitronen) und liegt in überschichteter, unterlegter oder verrührter Form vor.

Joghurtpräparate; getrocknete Joghurtkulturen, die als Pulver oder in Tablettenform angeboten werden und als Starterkulturen bei der Joghurtherstellung dienen.

Joghurtpudding Syn.: →*Joghurtdessert*

Joghurtpulver engl.: *yoghurt powder;* →Trockenmilcherzeugnis, das aus Joghurt durch weitgehenden Entzug des Wassers hergestellt wird. Der Restwassergehalt darf höchstens 5%, der Fettgehalt muss mindestens 26% betragen. J. wird hauptsächlich für die Herstellung von Schokoladen- und Süßwaren verwendet.

Johannisbeerbrand engl.: *currant spirit;* →Obstbrand, der vorwiegend aus →Schwarzen Johannisbeeren hergestellt wird.

Johannisbeeren engl.: *currants;* →Rote Johannisbeeren →Schwarze Johannisbeeren

Johannisbeergeist engl.: *currant spirit;* →Obstgeiste

Johannisbeerlikör engl.: *currant liqueur,* Syn.: *Cassislikör;* ein im Mazerationsverfahren hergestellter →Fruchtsaftlikör aus →schwarzen

Johannisbeeren. Die französische Bezeichnung lautet Crème de Cassis. Die Erzeugnisse, die unter der Bezeichnung Cassiscreme oder Crème de Cassis im Handel sind, besitzen einen Mindestzuckergehalt von 400 g pro Liter und einen Mindestalkoholgehalt von 15 Vol.-%.

Johannisberg; Weinort im Rheingau, der exzellente Rieslingweine hervorbringt, die sozusagen das Urbild des deutschen Rieslings darstellen. Deshalb wird die dort kultivierte Rebe z. B. in Kalifornien auch als „Johannisberg-Riesling" bezeichnet.

Johannisbrot lat.: *Ceratonia siliqua L.* (Fam.: *Caesalpiniaceae*), engl.: *Locust Bean, St. John's bread,* Syn.: *Karoben, Carobe, Karube;* süß schmeckende 2–3 cm breite und bis zu 25 cm lange flache Fruchthülsen des aus dem östlichen Mittelmeerraum stammenden Johannisbrotbaumes. Während die in süßem Fruchtschalenmus eingebetteten, rundlich flachen, braunen Samen 45–62 % quellfähige Kohlenhydrate enthalten und zur industriellen Gewinnung von → Johannisbrotkernmehl genutzt werden, dienen die vorreif geernteten ganzen Früchte als Tierfutter, geröstet als Zutat in Backwaren oder als Kakao- oder Kaffeeersatz (Karobenkaffee) und die wässrigen Extrakte der Hülsen werden zu Sirup weiterverarbeitet. Aus den Hülsen, deren adstringierender Geschmack auf verschiedene Polyphenole zurückzuführen ist, werden auch → Ballaststoffe mit Cholesterinspiegel senkendem Potenzial isoliert. Der aus dem süßen Fruchtmus gewonnene Fruchtsaft (Kaftan) dient als Getränk und wird zur Alkoholgewinnung eingesetzt. Die Samen, deren Gewicht fast konstant 0,2 g beträgt, sind Grundlage der noch heute zur Gewichtsbestimmung von Edelsteinen und als Maß für die Feinheit einer Goldlegierung verwendeten Einheit Karat.

Johannisbrotkernmehl engl.: *locust bean gum,* Syn.: *Karobin, Carubin, Karobenmehl, Johannisbrotschleim;* pflanzliches Dickungsmittel, das aus dem Endosperm der reifen Samen der Früchte des Johannisbrotbaumes nach Entfernen der harten Samenschale und der Embryonen gewonnen wird. J. besteht zu fast 90 % aus Galactomannan-Polysacchariden, die vom menschlichen Organismus nicht verwertbar sind, eine fünfmal höhere Quellfähigkeit als Stärke besitzen, aber keine Gele bilden. J. ist unter der Nummer E 410 als Dickungsmittel und Stabilisator z. B. für Backwaren, Speiseeis, diätetische Lebensmittel zur Gewichtsverringerung und Kaugummi zugelassen. Ferner findet es auch in der Papierindustrie und als Appreturmittel Verwendung.

Jojobaöl engl.: *jojoba oil;* flüssiges Wachs aus den Samen des Wüstenstrauchs Jojoba (lat.: *Simmondsia chinensis (Link) C. K. Schneid.,* Fam.: *Simmondsiaceae*). J. besteht hauptsächlich aus Eicosensäure (20:1), den einfach ungesättigten Wachsalkoholen mit 20 bzw. 22 C-Atomen sowie Estern aus diesen Bestandteilen. Die chemische Zusammensetzung ist ähnlich dem Spermöl aus dem Kopf von Walen. Neben der Hauptanwendung in der Kosmetik wird es auch vereinzelt als Speiseöl, z. B. zum Braten oder für Salate angeboten. Diese Anwendung wird aus ernährungsphysiologischen Gründen diskutiert, da J. aufgrund seiner Struktur nur zu einem geringen Teil verdaut werden kann.

Jonagold; Apfelsorte (→ Apfel) mit großen Früchten mit grüngelber bis roter Schale und saftigem, später weicherem gelben Fruchtfleisch von süßem bis fein säuerlichem Geschmack. J. wird von Oktober bis Mai verzehrt, Pflückreife erreicht er im Oktober.

Jonahkrabbe lat.: *Cancer borealis Simpson* (Fam.: *Cancridae*), engl.: *Jonah crab;* nordwestatlantische Meereskrabbe, nahe verwandt mit der → Felsenkrabbe. Die J. gewinnt in den USA und in Kanada an wirtschaftlicher Bedeutung. → Krabben

Jonathan; Apfelsorte (→ Apfel) mit kleinen bis mittelgroßen Früchten mit grüngelber bis intensiv roter Schale und weißgrünlichem

Fruchtfleisch von säuerlichem Geschmack. J. wird von November bis Mai verzehrt, Pflückreife erreicht er Ende September bis Anfang Oktober.

Joule engl.: *joule;* international gültige Maßeinheit für Arbeit, Energie und Wärmemenge, die nach dem Physiker James Prescott Joule benannt ist und neben der →Kalorie zur Angabe des Brennwertes (in Kilojoule, kJ) bei Lebensmitteln benutzt wird (1 kcal = 4,184 kJ und 1 kJ = 0,239 kcal).

Jugoslawische Weine; frühere Bezeichnung für die in den Ländern des ehemaligen Jugoslawien hergestellten Weiß- und Rotweine. Politisch wie auch im Weinbau ist dieser Begriff längst überholt. In allen Ländern (Kroatien, Mazedonien, Montenegro, Bosnien und Herzegowina, Slowenien und Serbien) wird nach wie vor Wein angebaut, jedoch mit jeweils eigenem Charakter und spezifischer Vertriebsstruktur. Bevorzugt werden alte Rebsorten (über 250 kommen in Frage), in allen Ländern und Regionen können Spitzenweine entstehen. →Kroatische Weine →Slowenische Weine

Jules Guyot Syn.: *Limonera;* nicht lagerfähige Frühbirnensorte (→Birnen) mit großen bis sehr großen gelben zimtfarben punktierten Früchten, deren saftig halb schmelzendes Fruchtfleisch zart aromatisch schmeckt.

Julienne; in sehr feine streichholzförmige Streifen geschnittenes oder geriebenes →Gemüse.

Julienne-Suppe; Bezeichnung für eine Gemüsesuppe, bei der die Zutaten in streichholzgroße Streifen (→Julienne) geschnitten sind.

Jungbier engl.: *green beer;* nach Abschluss der Hauptgärung bei der →Bierherstellung vorliegendes Bier, bei dem sich die Hefe an der Oberfläche (bei obergärigem Bier) oder am Boden (bei untergärigem Bier) des Gärgefäßes gesammelt hat.

Jungbulle lat.: *Bovinus taurus L.* (Fam.: *Bovidae*), engl.: *bullock;* junges, männliches, nicht kastriertes, ausgewachsenes →Rind unter zwei Jahren. J. werden im Alter zwischen 16 und 22 Monaten geschlachtet und liefern gröber strukturiertes hochwertiges →Rindfleisch mit geringem Fettanteil.

Junge Gans lat.: *Anser anser domesticus L.* (Fam.: *Anatidae*), engl.: *young goose;* Handelsbezeichnung für eine nach der ersten Federreife geschlachtete →Gans mit biegsamem (nicht verknöchertem) Brustbeinfortsatz und einem Gewicht von ca. 4–6 kg. Die den Körper überziehende Unterhautfettschicht ist bei j. G. dünn bis mitteldünn ausgeprägt.

Jungfernfrüchtigkeit Syn.: →*Parthenokarpie*

Jungfernöle engl.: *virgin oils;* Bezeichnung für durch rein mechanische Kaltpressung gewonnene Öle (→Kaltgepresste Öle), die nach Filtration unmittelbar genusstauglich sind. Als J. werden regelmäßig und in größerem Umfang →Olivenöle, seltener andere Öle hergestellt.

Junghahn engl.: *broiler;* männliches →Huhn von Legerassen, dessen Brustbeinfortsatz starr, aber nicht vollständig verknöchert ist und das im Alter von mindestens 90 Tagen geschlachtet wird.

Jungrind lat.: *Bovinus taurus L.* (Fam.: *Boviade*); junges noch nicht ausgewachsenes →Rind im Alter von 3–5 bis hin zu 12 Monaten. J. liefern feinfaseriges, zartes, hochwertiges →Rindfleisch, das u. a. in hochwertigen Fleischerzeugnissen verarbeitet wird.

Jungwein engl.: *new wine still in fermentation;* →Wein, dessen alkoholische Gärung noch nicht beendet und der noch nicht von seiner Hefe getrennt ist.

Junkfood; von engl.: *junk* = Schund, Plunder abgeleitete Bezeichnung für ungesundes schlechtes Essen, die häufig nicht ganz korrekt als Syn. für →Fastfood verwendet wird.

Jus engl.: *gravy, jus;* beim Braten oder Erhitzen von Fleisch oder Knochen austretender, fettfreier, proteinreicher Fleischsaft, der beim Erkalten geliert. Jus, insbesondere vom Kalb, wird in der Küche als Grundlage für Saucen, Fond und Fleischextrakt sowie zum Verzieren von Aufschnitt, kaltem Fleisch und anderen Gerichten verwendet.

Kabeljau lat.: *Gadus morhua L.* (Fam.: *Gadidae*), engl.: *Atlantic cod;* einer der wichtigsten Speisefische der europäischen Hochseefischerei, der zu den → Magerfischen gehört. Der K. wird bis zu 150 cm lang und 90 kg schwer; junge, noch nicht geschlechtsreife Tiere werden Dorsch genannt. Hauptverbreitungsgebiet ist der Nordatlantik (Grönland, Island), im Westen bis Alaska, im Osten bis zur Barentsee, auch Nord- und Ostsee. Die Bestände sind durch Überfischung gefährdet, in der EU gibt es Fangbeschränkungen. In Deutschland wird K. frisch oder tiefgefroren (seegefrostet) angeboten, als ganzer Fisch ohne Kopf, küchenfertig oder filetiert, auch gewürzt, paniert und anderweitig vorbereitet als Teilfertig- und Fertiggericht. In Norwegen dient er zur Herstellung von → Klipp- und → Stockfisch. 100 g Filet enthalten ca. 18 g Protein, 0,6 g Fett, 35 mg Cholesterin und 110 mg Purine (berechnet als Harnsäure). Aus der Leber wird Öl gewonnen (→ Dorschleberöl). Ein naher Verwandter ist der Pazifische K. (lat.: *Gadus macrocephalus Tilesius*); er wird in Japan und im Westen der USA in großen Mengen gefangen.

Kabeljauwurm lat.: *Pseudoterranova decipiens Krabbe* (Fam.: *Anisakidae*), engl.: *cod worm, whaleworm;* Fischparasit. → Nematoden → Anisakiasis

Kabinett; traditionelle Bezeichnung für einen inländischen → Qualitätswein b. A. (bestimmter Anbaugebiete), dem das Prädikat K. auf Antrag bei der → Qualitätsprüfung unter Zuteilung einer Prüfungsnummer zuerkannt wird. Für die Zuerkennung des Prädikates müssen die zu prüfende Weine die allgemeinen europäischen und nationalen Kriterien für einen Qualitätswein b. A. und die weiteren prädikatsspezifischen Anforderungen erfüllen. Für das Prädikat K. müssen die Weintrauben aus einem Bereich stammen und es darf keine Anreicherung des Weines bei der Herstellung erfolgen. K. ist unter den Prädikaten der niedrigste Rang.

Kachoubonbons/Cachoubonbons engl.: *cachou sweets;* in längliche oder Würfelform gepresste klare → Bonbons mit silbrig überzogenen Kachoufäden oder -nadeln. Diese sind gepresste Lakritzmischungen aus wenig Zucker, Süßholz-Extrakt, Anisöl und 2 % Ammoniumchlorid. Sie sind oft zusätzlich z. B. mit Fenchel und Anis aromatisiert und gefärbt.

Kachuma Syn.: → *Pepino*

Kälteresistenz von Bakterien; Eigenschaft bestimmter Bakterien (→ psychrophile Bakterien), extreme Kälte zu überleben und sich selbst bei niedrigen Temperaturen, wenn auch verlangsamt, weiterhin zu vermehren.

Kängurufleisch engl.: *cangaroo meat;* mageres dunkelrotes Fleisch mit Wildgeschmack, das sich zum Braten und Grillen eignet. Je nach Alter des Tieres ist der Wildgeschmack mehr oder weniger stark ausgeprägt. K. wird hauptsächlich aus Australien importiert.

Käse engl.: *cheese;* frische oder in verschiedenen Graden der Reife befindliche Erzeugnisse, die aus dickgelegter Käsereimilch (Milch, auch unter Verwendung von Buttermilcherzeugnissen, Sahneerzeugnissen, Süßmolke, Sauermolke und Molkensahne) hergestellt sind. Bei der eingesetzten Milch handelt es sich i. d. R. um Kuhmilch, seltener um andere Milchsorten wie z. B. Schaf- und Ziegenmilch, die entsprechend zu kennzeichnen ist. Ferner werden Kochsalz, häufig auch Gewürze, Kräuter, Bakterien- oder Pilzkulturen zugesetzt. Die Dicklegung erfolgt durch Lab (Labkäse) oder Säuerung (Sauermilchkäse), wobei das mehr oder weniger fetthaltige Milcheiweiß (Bruch) abgeschieden wird. Molkenkäse wird hingegen aus Molke durch Entzug von Wasser, auch unter Zusatz von Milch, Sahne, Molkensahne, Butter, Butterschmalz, Schaf-, Ziegen- oder Büffelmilch gewonnen. Die Eigenschaften des K. richten sich nach der Qualität der verarbeiteten Milch, der Art der Dicklegung, dem Abtrennungsgrad der Molke, der Wärmebehandlung, Temperaturführung und

Luftfeuchte während der Reifung sowie deren Dauer. Abhängig vom Wassergehalt in der fettfreien Käsemasse und somit der Konsistenz unterscheidet man 6 Käsesorten: Hartkäse (höchstens 56 %), Schnittkäse (54–63 %), halb fester Schnittkäse (61–69 %), Sauermilchkäse (60–73 %), Weichkäse (mindestens 67 %) und Frischkäse (mindestens 73 %). Eine weitere besondere Gruppe wegen ihrer Herstellung stellen die → Pasta-Filata-Käse dar. Der Fettgehalt bezogen auf die Trockenmasse ermöglicht die Einteilung in 8 Fettstufen: Doppelrahmstufe (60–85 %), Rahmstufe (mindestens 50 %), Vollfettstufe (mindestens 45 %), Fettstufe (mindestens 40 %), Dreiviertelfettstufe (mindestens 30 %), Halbfettstufe (mindestens 20 %), Viertelfettstufe (mindestens 10 %) und Magerstufe (höchstens 10 %). Eine Aufstellung der in Deutschland üblichen Standardsorten, einschließlich denen von Pasta-Filata-Käse, ist in Anhang II, Tabelle 5 zu finden. Bei der Lagerung von K. ist auf Unversehrtheit der Rinde zu achten, da eine Beschädigung zu schnelleren Veränderungen im Inneren bzw. Verderb führt. Ferner sollten Schnittflächen abgedeckt werden, um vor Austrocknung zu schützen und die Lagerung aromadicht erfolgen, da K. einerseits einen mehr oder weniger starken Geruch abgibt, andererseits leicht Fremdgerüche annimmt.

Käsecreme engl.: *cheese cream;* Käse- bzw. Schmelzkäsezubereitung, die durch den Zusatz von Fett (z. B. Butter oder Schlagsahne) eine cremige Konsistenz erhält (mehr Fett als Käsestoff in der Trockenmasse) und häufig für Käsegebäck, z. B. als Füllung für Brandteige verwendet wird.

Käsegebäck engl.: *cheese savouries;* allgemeine Bezeichnung für mit Käse hergestelltes → Gebäck, z. B. → Kekse, Stangen oder → Brezeln.

Käseherstellung engl.: *cheese production;* Prozessabfolge zur Gewinnung von → Käse. Die → Kesselmilch (meist Kuhmilch, aber auch Schaf-, Ziegen- oder Büffelmilch) wird nach Vorreifung (Zugabe von → Käserei-Säureweckern) durch den Zusatz von → Lab und/oder Säuerung mittels Milchsäurebakterien dickgelegt. Die gallertartige Milch, die v. a. aus Casein und Fett besteht, wird nachfolgend von der flüssigen Phase (→ Molke) abgetrennt. Durch Zerkleinerung entsteht der so genannte Käsebruch, der in Wannen erhitzt (gebrannt), in Formen gepresst, gesalzen und abhängig von der Käsesorte einer unterschiedlich langen Reifung unterworfen wird. Während der → Käsereifung kommt es zur charakteristischen Loch-, Geruchs- und Geschmacksbildung. Bei der K. werden häufig außer Salz noch Gewürze, Kräuter, Bakterien- oder Pilzkulturen u. a. Zutaten zugesetzt. Im Laufe der K. können verschiedene Käsefehler auftreten. So können Colibakterien, Milchzuckerhefen und anaerobe Sporenbildner unerwünschte Käseblähungen verursachen, Proteolyte (z. B. Milchschimmel- und Kahmheferassen) bewirken durch Hydrolyse des Proteingerüsts das so genannte Ablaufen.

Käseklee Syn.: → *Schabzigerklee*

Käsekompositionen; aus verschiedenen Käsesorten zusammengefügte Erzeugnisse, bei denen die einzelnen Käsesorten nicht mit den anderen Käsesorten vermischt, aber direkt mit diesen, z. B. schichtweise, zusammengefasst werden, so dass sie für sich unterscheidbar im Endprodukt verbleiben. K. werden häufig unter der Bezeichnung „Käsetorte“ angeboten und sind in den letzten Jahren zunehmend angeboten und verbraucht worden.

Käsekuchen engl.: *Cheesecake,* Syn.: *Quarkkuchen;* in offener, gedeckter oder gefüllter Form auf Blechen oder in Tortenrahmen gebackener Kuchen, der üblicherweise mindestens 150 Teile Käsemasse mit 30 % Speisequark (Frischkäse) oder die entsprechende Menge Quarktrockenprodukte auf 100 Teile Teig enthält. Der mit der Käsemasse belegte Boden besteht meist aus mittelschwerem Hefe- oder Mürbeteig. Diese enthält außer Quark und Quarkerzeugnisse häufig Milch, Fettstoffe, Eier, Trockenfrüchte, Getreideerzeugnisse und/oder Stärke sowie Gewürze.

Käsemilbe lat.: *Tyrogliphus casei L.* (Fam.: *Tyroglyphidae* (Vorratsmilben)), engl.: *cheese mite;* hauptsächlich Käse befallende → Milbe, die eine Plage bei der Käseherstellung sein kann, da sie die Rinde annagt und den Käse aushöhlt. Befallen werden auch Fleischwaren (Räucherkammerschädling) und Mehle. Eine regionale Spezialität stellt der mit Hilfe von K. hergestellte Würchwitzer Spinnenkäse dar, der zusammen mit K. und Roggenmehl in einer Holzkiste reift. Das Mehl dient dabei den K. statt der Käserinde als Futterquelle und ihre Ausscheidungsprodukte wirken als Fermente für die Käsereifung. Ein Zusammenhang zwischen K. und der Immunität gegen → Hausstaubmilben-Allergie wird diskutiert.

Käsereifung engl.: *cheese ripening;* chemische Umwandlung der Käsemasse durch Mikroorganismen und Enzyme. Dabei findet u. a. Protein- und Fettabbau statt, Lactose wird zu Milchsäure umgesetzt und es entsteht Kohlendioxid (Lochbildung). Die K. hat entscheidenden Einfluss auf das Aroma des Endprodukts. Während bei Hart- und Schnittkäsen die Reifung gleichmäßig abläuft, reift Weichkäse von außen nach innen und Frischkäse wird nicht bzw. nur wenig gereift. Die K. ist u. a. abhängig von der Temperatur, dem pH-Wert sowie der Lactose- und Salzkonzentration.

Käserei-Säurewecker; → Säurewecker, die neben bakteriellen Säuerungskulturen spezielle Hefe- und/oder Schimmelpilzkulturen enthalten und bei der Herstellung von Käse zum Einsatz kommen.

Käserotbakterien; Rotschmierebakterien, die zur Herstellung von → Rotschmierkäse eingesetzt werden.

Käsesauce; mit geriebenem Käse verfeinerte → Béchamelsauce. K. wird zu Fisch-, Gemüse- und Fleischspeisen sowie zu Teigwaren serviert und zum Überbacken verwendet.

Käsewachse engl.: *cheese coating waxes;* zum Beschichten (Überziehen) von Hartkäse, Schnittkäse und halb festem Schnittkäse geeignete farblose oder mit hierfür zugelassenen Farbstoffen gelb oder rot gefärbte Paraffine oder Wachse.

Käsezubereitung engl.: *cheese preparation;* Erzeugnis aus Käse, das unter Zusatz anderer Milcherzeugnisse, mit Ausnahme von Schmelzkäse, Schmelzkäsezubereitungen, Casein und Caseinat, und beigegebener Lebensmittel ohne Schmelzen hergestellt wird. Meist handelt es sich dabei um Frischkäse mit salzigen oder süßen (z. B. Früchten) Lebensmitteln.

Kaffee lat.: *Coffea L.* (Fam.: *Rubiaceae*), engl.: *coffee,* Syn.: *Bohnenkaffee;* 1. Pflanze der Tropen und Subtropen, deren Samen verarbeitet das Kaffeegetränk liefert und zu den wichtigsten Welthandelsgütern gehört. Arabica (lat.: *Coffea arabica L.*) und Robusta (lat.: *Coffea canephora Pierre ex A. Froehner*) sind die zwei verbreitetsten Arten (→ Kaffeesorten) des immergrünen Kaffeebaums, der in Plantagen zur leichteren Handhabbarkeit auf Strauchhöhe gehalten wird. Seine im Reifezustand rote Frucht ähnelt in Farbe und Größe einer Kirsche und wird Kaffeekirsche genannt. Genutzt werden die Kaffeebohnen, die i. d. R. paarweise auftretenden Samen im Innern der Frucht, umgeben von wenigen Millimetern Fruchtfleisch und der Pergamenthaut. Qualität und Ertrag des Rohkaffees hängen von den geografischen Bedingungen, Temperatur, Sonnenschein, Niederschlägen, Wind sowie Bodenzusammensetzung ab. Die Sorte Arabica wird heute fast überall zwischen dem 23. Grad nördlicher und dem 25. Grad südlicher Breite angebaut. Die mengenmäßig wichtigsten Arabica-Produzenten sind Brasilien, Kolumbien, Mexiko und die Staaten Zentralamerikas. Da Robusta kälteempfindlicher als Arabica ist, beschränkt sich sein Anbau auf Gebiete zwischen dem 10. Breitengrad nördlich und südlich des Äquators. In Vietnam, Indonesien, Brasilien, Elfenbeinküste und Uganda werden die größten Mengen an Robusta angebaut. Die erzeugten Mengen an Liberica und Excelsa sind unbedeutend. Sie werden in einigen Ländern Afrikas (Liberia, Sierra Leone, Zentralafrikanische Republik und Benin) sowie Asiens (Philippinen, Indonesien und Vietnam) kultiviert. Um zum Rohkaffee zu gelangen, gibt es eine trockene und eine nasse Aufbereitungsmethode, die je nach Verfügbarkeit von Wasser angewendet werden. Die trockene Methode, meist bei Robusta angewandt, umfasst Ausbreiten auf Zementböden und Austrocknen des Fruchtfleisches durch Luft und Sonne. Die nasse, meist bei Arabica angewandte Methode umfasst Quetschen der Kirschen, Gären der anhaftenden Reste an Fruchtfleisch in Wasser, Waschen sowie Trocknen zuerst in der Sonne und dann in Trockenöfen. Nass aufbereiteter Rohkaffee ist von höherer Qualität, ebenso wird Arabica höher bewertet als Robusta. Weitere Verarbeitungsschritte sind Schälen zur Entfernung der Umhüllungen, möglichst bis zum Silberhäutchen, Sortieren, Sichten und Separieren nach Größe, Dichte und Farbe. Der so gewonnene Rohkaffee wird in Säcke abgefüllt oder als Schüttgut in Containern in die Verbraucherländer transportiert und zu → Röstkaffee weiterverarbeitet. 2. Aufguss von gemahlenem Röstkaffee.

Kaffeebonbons engl.: *mocha sweets, coffee sweets, coffee candies amerik.*, Syn.: *Mokkabonbons, Mokkakaramellen;* → Hartkaramellen mit geschmacklich wahrnehmbarem Zusatz von → Kaffee oder → Kaffeeextrakt. Meistens wird zur Geschmacksabrundung zusätzlich Milch oder Sahne hinzugefügt.

Kaffeeersatz engl.: *coffee substitute*, Syn.: *Kaffeesurrogat;* zur Bereitung eines kaffeeähnlichen Getränks bestimmte geröstete Pflanzenteile, z. B. von → Zichorie, Getreide (insbesondere → Gerste), → Feigen und Eicheln, vorwiegend angeboten in der Form einer → Kaffeeersatzmischung.

Kaffeeersatzextrakt engl.: *coffee substitute extract*, Syn.: *Kaffeesurrogatextrakt, Instantkaffeeersatz;* durch → Sprühtrocknung aus → Kaffeeersatz hergestellter schnell löslicher Extrakt in Pulver- oder Granulatform. Die dadurch mögliche einfache Zubereitung macht ihn zum beliebtesten Ersatz für Röstkaffee, der ihm in Form von → Kaffeeextrakt beigemischt sein kann.

Kaffeeersatzmischung engl.: *coffee substitute (mix)*; Mischung aus verschiedenen Sorten → Kaffeeersatz, → Kaffeezusätzen und zuweilen auch Röstkaffee. Bestimmend für das Aroma und den Geschmack ist die Qualität der Rohstoffe, die harmonische Mischung der Zutaten und die schonende Verarbeitung.

Kaffeeextrakte engl.: *coffee extracts;* unter ausschließlicher Verwendung von Wasser als Extraktionsmittel durch Extraktion des gerösteten Kaffees gewonnene und durch anschließenden Entzug des Wassers mehr oder weniger konzentrierte, dickflüssige, pastenförmige oder pulverförmige Erzeugnisse. Gebräuchliche Trocknungsverfahren sind die → Sprüh- oder die → Gefriertrocknung. Das im Heißluftstrom sprühgetrocknete Kaffeeextraktpulver wird kaum noch in Pulverform vertrieben, sondern anschließend vielfach agglomeriert und damit in eine körnigere leichter lösliche Form überführt. Produktschonender (Aromaerhalt) ist die Gefriertrocknung, bei der die Trocknung des bei -40 °C tiefgefrorenen konzentrierten und zu einem Eisgrieß mit einer Korngröße von ca. 2–3 mm zermahlenen K. durch schonende Sublimation im Hochvakuum bei anhaltenden Kältegraden stattfindet. Für den Gehalt an Kaffeeextrakttrockenmasse sind Anforderungen in der Kaffeeverordnung festgelegt. Mit Ausnahme von flüssigen K., die bis zu 120 g gebrannte und ungebrannte Zuckerarten in einem Kilogramm enthalten können, enthalten K. nur die löslichen und aromatischen Bestandteile des Kaffees neben technisch unvermeidbaren unlöslichen Bestandteilen. K. werden zur Herstellung von Kaffeegetränken und zum Aromatisieren von Lebensmitteln wie z. B. Desserts oder Eiscremes verwendet.

Kaffeelikör engl.: *coffee liqueur;* → Likör mit aromatisch vollmundigem Geruch und Geschmack nach → Kaffee. Dieser stammt von verwendetem Kaffee, → Kaffeeextrakt oder -destillat und wird meist mit Vanille abgerundet. Auch andere Gewürze, Kräuter, Sahne oder Tequila sind üblich. Mokkalikör ist ein kräftig aromatischer K. mit entsprechend hohem Gehalt besonders aromatischen, wenn möglich frisch gerösteten, Kaffees.

Kaffeemischungen; aus verschiedenen Kaffeesorten und/oder -provenienzen und/oder ggf. -qualitäten im Rohzustand vor dem Rösten oder nach getrennter Röstung der einzelnen Anteile hergestellte Mischungen. Die Vorteile der K. liegen in einer standardisierten und geschmacklich vielfältigen Röstkaffeequalität. Viele im Handel angebotene Röstkaffeesorten sind Mischungen aus verschiedenen Provenienzen mit unterschiedlichen Geschmacksrichtungen.

Kaffeemittel engl.: *coffee substitute;* allgemeiner Oberbegriff für verschiedene Arten von → Kaffeeersatz, → Kaffeeersatzextrakt und → Kaffeezusätzen in gemahlener, ungemahlener und Extraktform.

Kaffeerahm Syn.: → *Sahne*

Kaffeesäure engl.: *caffeic acid;* zu den Hydroxyzimtsäuren, einer Untergruppe der → Polyphenole gehörende organische Säure, die im Pflanzenreich weit verbreitet ist. K. liegt meist gebunden vor, häufig ist sie mit Chinasäure zur Chlorogensäure verestert. Wie alle Hydroxyzimtsäuren wird auch K. von → Phenoloxidasen in der → enzymatischen Bräunung umgesetzt, wodurch dunkel gefärbte Polymerisationsprodukte entstehen.

Kaffeesahne Syn.: → *Sahne*

Kaffeeschokolade Syn.: → *Mokkaschokolade*

Kaffeesorten; die in vielen Ländern der Erde angebauten (→ Kaffee-Anbauländer), den Markt dominierenden Sorten der beiden Kaffeearten Arabica (lat.: *Coffea arabica L.*) und Robusta (lat.: *Coffea canephora Pierre ex Froehner*). Aroma, Farbe und Geschmack der gerösteten K. werden durch Art, Herkunftsland, Ernteergebnis, Aufarbeitung (nass oder trocken) und sonstige Faktoren beim Rohkaffee sowie beim Röstkaffee durch Dauer und Intensität der Röstung, Röstverfahren und Mischung der Provenienzen bestimmt. Für die Farbe des Rohkaffees und das Aroma (des Röstkaffees) gilt die in der Tabelle, zahllose Ausnahmen einschließende dargestellte Regel (Arabica meist nass, Robusta meist trocken aufgearbeitet).

Kaffeesurrogat Syn.: → *Kaffeeersatz*

Kaffeesurrogatextrakt Syn.: → *Kaffeeersatzextrakt*

Kaffeewaffeln Syn.: *Frischwaffeln;* frisch im Waffeleisen aus Massen wie z. B. Wiener Masse oder Biskuitmasse meist in Herzform oder rechteckig gebackene Waffeln, die vorwiegend frisch verzehrt werden.

Kaffeeweißer engl.: *coffee whitener, coffee creamer;* sehr leicht lösliches Instantpulver, das anstelle von flüssiger Sahne oder Kondensmilch zu Kaffee verwendet wird. K. werden aus einer Vielfalt von Zutaten auf pflanzlicher und tierischer Basis (Milch) hergestellt. Zutaten aus Milch sind z. B. getrocknetes Milchpulver, Milchfett, Milcheiweiß und Milcheiweißbestandteile (Caseinate). Zutaten auf pflanzlicher Basis sind insbesondere pflanzliche Fette und Eiweiße. Die Verwen-

Kaffeesorten

nasse Aufarbeitung	trockene Aufarbeitung	Geschmack des Röstkaffees	nasse Aufarbeitung	trockene Aufarbeitung
bläulich bis grünlich	grünlich bis gelblich	Arabica	mehr Säure, mittlere Fülle	weniger Säure, gute Fülle
grünbläulich bis gelblich	bräunlich bis gelblich	Robusta	weniger streng	mild bis streng

dung von Emulgatoren und Stabilisatoren ist erlaubt.

Kaffeezichorie Syn.: → *Zichorie*

Kaffeezusatz; zur Geschmacksabrundung von → Röstkaffee und → Kaffeeersatz hergestellte Röstprodukte aus zucker- und stärkehaltigen Pflanzenteilen und -stoffen sowie aus → Zuckerarten.

Kaffernlimette lat.: *Citrus hystrix DC.* (Fam.: *Rutaceae*), engl.: *kaffir lime, wild lime,* Syn.: *Kaffirlimette, Indonesische Zitronenblätter;* kleiner, in Südostasien wachsender Baum, dessen Blätter und Fruchtschalen in der thailändischen und indonesischen Küche als → Gewürz verwendet werden und Huhn- und Fischgerichten einen charakteristischen zitronenartigen Geschmack verleihen.

Kahmhefen engl.: *layer yeasts;* Hefen, die bei Anwesenheit von Sauerstoff auf kohlenhydrathaltigen Flüssigkeiten einen feinen bis kräftigen Belag (Kahmhaut) bilden. Damit verbunden ist die Bildung von flüchtigen Säuren, Aldehyden, Estern u. a. Die Kahmhaut ist ein Zeichen für den Lebensmittelverderb. Neben den K. (z. B. → *Candida* oder → *Pichia*) können auch Bakterien und Schimmelpilze Ursache für die Kahmhaut sein.

Kaiserfleisch; entbeintes, gut marmoriertes, gepökeltes und geräuchertes sowie durch milde Hitze gegartes Fleisch aus einem oder mehreren Kotelettsträngen des Schweines. Gegebenenfalls werden die Fleischstücke durch → Brät zusammengehalten. In Österreich wird unter dem Begriff K. gebeizter, gekochter und warm verzehrter Schweinebauch verstanden.

Kaisergranat lat.: *Nephrops Norvegicus L.* (Fam.: *Homaridae/Nephropidae*), engl.: *Norway lobster,* Syn.: *Tiefseekrebs, Norwegischer Hummer;* kleiner Verwandter des → Hummers (maximal 25 cm lang) mit langen schlanken Scheren. Der K. kommt im Nordostatlantik (Island bis Marokko) und im westlichen Mittelmeer vor. Auffallend ist die hellrote Farbe des Panzers, die sich beim Kochen nicht verändert, während sich das Fleisch hellrosa färbt. Verzehrt wird hauptsächlich der Schwanz, bei großen Exemplaren auch die Scheren. Die Sortierung erfolgt nach Größe von 50–70 g pro Stück (klein) bis 150–250 g pro Stück (groß).

Kaiserkirschen lat.: *Prunus avium L. var. duracina* (Fam.: *Rosaceae*), Syn.: *Bigarreauxkirschen;* insbesondere in Frankreich angebaute großfrüchtige Varietät der → Süßkirsche, die sowohl zum Verzehr als Obst, z. B. in Früchtemischungen oder Kompott als auch zum Dekorieren von Torten oder Süßspeisen sehr geschätzt sind. K. werden v. a. als ganze Früchte mit und ohne Stein in Form von Nasskonserven (Dosen oder Gläser) angeboten. In Deutschland hergestellte Konserven unterliegen den Anforderungen der Leitsätze des Deutschen Lebensmittelbuches für verarbeitetes Obst oder sind in ihrer Abweichung ausreichend kenntlich gemacht. Die Färbung von K. in Sirup und in Obstcocktails ist üblich.

Kaiserling lat.: *Amanita caesarea (Scop.:Fr.) Pers.* (Fam.: *Amanitaceae*); in Südeuropa in Laubwäldern wachsender, in Deutschland sehr seltener, als „vom Aussterben bedroht" eingestufter → Speisepilz mit glattem, am Rande gerieftem gewölbten Hut von 8–15 (bis 20) cm Durchmesser und leuchtend roter bis goldgelber Farbe. Der K. besitzt einen gelben Stiel, der am Grunde verdickt ist (mit weißer häutiger Scheide) und am oberen Teil eine gelbe ringartige Manschette trägt sowie gelbe frei stehende Lamellen. Es besteht Verwechslungsgefahr mit dem giftigen Fliegenpilz, wobei der Hut des K. normalerweise nicht mit weißen Flocken besetzt ist und der Fliegenpilz weiße statt gelbe Lamellen besitzt.

Kaiserschmarren engl.: *Kaiser pancakes;* während des Garens in der Pfanne mit zwei Gabeln in kleine Stücke zerrissener → Eierkuchen mit → Rosinen. Der gegarte K. wird mit Zucker bestreut und/oder mit Konfitüre oder Kompott bestrichen serviert.

Kaisersemmel; klassische runde Brötchen-(Kleingebäck-)sorte aus kleberstarkem Weizenmehl, die sternförmig mit fünf bogenförmigen Einschnitten in Form einer stilisierter Krone gewirkt ist. Von Hand gewirkte K. werden auch als Handsemmeln bezeichnet.

Kaiserstuhl; Weinbaubereich, in dem aufgrund des milden Klimas und des vulkanischen Bodens qualitativ hochwertige Weine wie z. B. Spätburgunderweine entstehen, die zu den besten Weinen des Weinbaugebietes Baden zählen.

Kaiserwurz Syn.: → *Meisterwurz*

Kakao engl.: *cacao;* Kurzbezeichnung für 1. → Kakaobohnen, 2. → Kakaopulver und 3. → Kakaotrunk.

Kakaobohnen lat.: *Theobroma cacao L.* (Fam.: *Sterculiaceae*), engl.: *cocoa beans;* Samen des immergrünen Kakaobaums, die als Rohstoff der Schokoladenindustrie dienen. Die Früchte des Kakaobaumes sind 15–20 cm lange gurkenartige Trockenbeeren und enthalten 50–60 Samen. Diese K. sind von weißlichem Fruchtfleisch umgeben, von dem sie in einem ersten Verarbeitungsschritt nach der meist mit Messern erfolgenden Ernte ebenfalls manuell entfernt werden. Darauf folgt die Fermentation, die nicht nur das Fruchtmus auflöst, sondern auch zur Bildung von Aromaprecursoren und der dunklen Farbe der K. führt. Zum Fermentieren finden sehr vielseitige Verfahren Anwendung. Das einfachste ist die Trocknung in dünner Schicht im Freien, weitere Methoden sind die Fermentation in Gruben, Körben, Haufen, Kästen oder Fässern. Sofern die klimatischen Bedingungen es erlauben, erfolgt die anschließende Trocknung an der Sonne, bei hoher Luftfeuchte aber künstlich in Trocknungsanlagen. Die Trocknung führt zu einer Restfeuchte unter 6 %. Die so erhaltenen Rohkakaobohnen werden meist in die Endverarbeitungsländer transportiert und die weiteren Prozessschritte dort durchgeführt. Beim Brechen werden die Schalenteile und Keimwürzelchen entfernt. Die Reihenfolge der zu Kakaomasse führenden Verarbeitungsschritte Rösten, Brechen und Mahlen kann heute von dieser traditionellen Abfolge abweichen, eine thermische Vorbehandlung kann z. B. das Rösten vor dem Brechen ersetzen, der Kakaokernbruch (Nibs) kann dann regelmäßiger geröstet werden als ganze Bohnen. Auch eine Röstung der Kakaomasse nach der Vermahlung des Nibs ist möglich. Da sich unerwünschte Stoffe leichter aus dem festen Kakaokernbruch austragen lassen als aus der Kakaomasse, wurde begonnen, bereits den Kakaokernbruch zu veredeln. Hierdurch kann das zeit- und energieaufwändige → Conchieren verkürzt werden. Die Röstung ganzer Bohnen ist v. a. noch bei Edelkakao verbreitet, um das artspezifische Aroma zu erhalten. K. werden unterschieden nach Anbaugebieten, Qualitätsmerkmalen wie Größe, Sensorik und Verunreinigungen, oder den auch in qualitativer Hinsicht variierenden Sorten wie Criollo und Forastero (Edelkakao).

Kakaobutter engl.: *cocoa butter;* pflanzliches Fett, das aus naturbelassener oder alkalisierter → Kakaomasse durch Pressen mit mehreren Topf-Pressen in einem auf ca. 100 °C erhitzten Wärmebehälter gewonnen wird. Die Ausgangskakaomasse verfügt über einen Fettanteil von durchschnittlich 54 % und muss eine anforderungsgerechte Korngröße aufweisen. Bei der Herstellung steigt der Druck auf die Masse langsam bis über 600 bar, über Sieblochplatten mit Pressefiltergewebe aus Edelstahl läuft die K. ab. Der Presskuchen besitzt je nach gewünschtem Kakaopulver üblicherweise einen Restfettgehalt von 10–14 % bzw. 20–24 % und wird in der Kakaomühle zu Kakaopulver verarbeitet. K. ist gekennzeichnet durch ihre gelbliche Farbe und eine spröde Konsistenz bei 20 °C sowie durch den charakteristischen Schmelzbereich zwischen 32 und 34 °C. Die vorherrschenden Fettsäuren in K. sind Palmitin-, Öl- und Stearinsäure, die in den Triglyceriden in einer charakteristischen Verteilung entweder als Dipalmito-Olein (POP), Distearo-Olein (StOSt) oder Palmito-Oleo-Stearin (POSt) angeordnet sind. K. zur Herstellung von Kakao- und Schokoladenerzeugnissen muss die Anforderungen der Kakaoverordnung an den Gehalt an freien Fettsäuren und Unverseifbarem erfüllen.

Kakaobutteräquivalent; Abk.: →CBE von engl.: *cocoa butter equivalents.*

Kakaobutteraustauschfette engl.: *cocoa butter alternatives;* pflanzliche Fette bzw. Mischungen daraus, die aus technologischen und/oder wirtschaftlichen Gründen die Kakaobutter in Schokoladenerzeugnissen ganz oder teilweise ersetzen. Man unterscheidet nicht laurische →CBE (von engl: *cocoa butter equivalents*) und laurische →CBR (von engl.: *cocoa butter replacers*). →CBS (von engl.: *cocoa butter substitutes*) werden entweder synonym mit K. als Oberbegriff für laurische und nicht laurische K. angesehen oder als Synonym von laurischen K. Die technologischen Vorteile der K. liegen hauptsächlich auf dem Gebiet der Haltbarkeit, der oxidativen Stabilität und der Hitzeresistenz. Darüber hinaus ist im Gegensatz zur Herstellung mit Kakaobutter kein Temperieren nötig, was den Produktionsprozess vereinfacht. Die gesetzlichen Regelungen für Kakao- und Schokoladenerzeugnisse begrenzen den Einsatz der K. in diesen Erzeugnissen eng.

Kakaocreme Syn.: *Kakaokrem;* weiche kakaopulverhaltige →Creme, die zur Füllung von feinen Backwaren wie z. B. Keksen oder Biskuitrollen verwendet wird. K. enthält üblicherweise mindestens 2,5 % stark entöltes →Kakaopulver.

Kakaofett engl.: *cocoa fat;* aus Kakaobohnen oder Teilen davon gewonnenes Fett, das die für →Kakaobutter vorgeschriebenen Merkmale nicht aufweist. Diese Definition war in der alten Kakaoverordnung von 1975 festgeschrieben, fehlt aber in der neuen Richtlinie von 2000. K. wird mit Expellerpressen (Expellerpressfett) und durch Lösungsmittelextraktion (Kakaoextraktionsfett) aus minderwertigen Kakaobohnen, oft nicht entschält oder gereinigt, hergestellt. Auch Nebenprodukte der Kakaoverarbeitung wie →Kakaogrus, →Kakaoschalen oder -staub werden zur Gewinnung von K. verwendet. Ein Einsatz von K. oder unter dessen Verwendung hergestellter raffinierter Kakaobutter ist auch aus Qualitätsgründen bei der Schokoladenproduktion nicht üblich.

Kakaoglasur; →Fettglasuren

Kakaogrus; Teile von Kakaobohnen, welche die Form kleiner Partikel haben und beim Schälen und Entfernen von Keimwurzeln abgesondert werden. In der alten Kakaoverordnung von 1975 war für K. ein Mindestfettgehalt von 20 % festgeschrieben. K. wird z. B. zur Gewinnung von →Kakaofett verwendet.

Kakaohaltiges Getränkepulver; leicht lösliche bzw. dispergierbar gemachte (→Instantisierung) kakaopulverhaltige Mischung zur Zubereitung von Heiß- und Kaltgetränken. K. entsprechen hinsichtlich der Zusammensetzung nicht den in der Kakaoverordnung bzw. -richtlinie festgesetzten Anforderungen an Kakaopulver, fettarmes Kakaopulver, Schokoladenpulver oder Trinkschokoladenpulver. Sie enthalten meist hohe Zuckeranteile und sind oft vitaminisiert. K. haben unter den Pulvern zur Zubereitung von Kakaogetränken den größten Marktanteil.

Kakaokerne; →Kakaobohnen in geröstetem oder ungeröstetem Zustand, nachdem sie gereinigt, geschält und von den Keimwurzeln befreit worden sind. In der alten Kakaoverordnung von 1975 war ein Höchstwert an nicht entfernter Schale oder Keimen von 5 % und ein Höchstwert an Asche von 10 % bezogen auf die fettfreie Trockenmasse festgeschrieben. Diese Anforderungen sind in der neuen Kakao-Richtlinie 2000/36 nicht enthalten. K. werden fein zerkleinert zu Kakaomasse weiterverarbeitet.

Kakaokonfekt engl.: *cocoa confectionery, chocolate flavoured confectionery;* massives oder hohles, zu den Zuckerwaren gehörendes schokoladenähnliches Erzeugnis aus kakaohaltigen Fettzubereitungen in Form figürlicher Waren.

Kakaolikör engl.: *cocoa liqueur;* → Likör, der unter Verwendung von Kakao, Kakaoextrakt oder Kakaodestillat hergestellt wird. Zur Geschmacksabrundung darf Vanillin zugegeben werden. Es wird zwischen Destillatlikör mit zartem Kakaoaroma und weißem bis leicht gelblichem blanken Aussehen und dem Extraktlikör mit leicht herber Kakaonote sowie braunem blanken Aussehen unterschieden. Der Mindestalkoholgehalt beträgt 15 Vol.-%.

Kakaomasse engl.: *cocoa mass;* durch Mahlen und Walzen aus Kakaokernen hergestelltes Zwischenprodukt der Verarbeitung von Kakao. K. wird zu → Schokolade oder → Kakaobutter weiterverarbeitet.

Kakao mit Nuss; ein → Likör, ähnlich dem → Kakaolikör, aber mit deutlichem Geschmack nach Nuss. K. wird sowohl als Destillat- wie auch als Extraktlikör hergestellt.

Kakaomotte Syn.: → *Speichermotte*

Kakaopressbutter engl.: *press cocoa;* → Kakaobutter

Kakaopresskuchen engl.: *cocoa press cake, rock cocoa;* Pressrückstand der Kakaobuttergewinnung aus Kakaomasse oder Kakaokernen. K. wird zu → Kakaopulver weiterverarbeitet und weist je nach dessen gewünschtem Fettgehalt einen Restfettgehalt von 10–14 % oder 20–24 % auf. In der alten Kakaoverordnung von 1975 war für K. ein Mindestgehalt an Kakaobutter von 20 % in der Trockenmasse und ein Höchstgehalt an Wasser von 9 % festgeschrieben, für fettarmen K. bestand ein Mindestfettgehalt von 8 %. In der neuen Kakaoverordnung finden sich hierzu keine Angaben mehr.

Kakaopulver engl.: *cocoa powder, cocoa,* Syn.: *Kakao;* durch Feinzerkleinerung aus nach dem Abpressen der Kakaobutter aus Kakaomasse gewonnenem Kakaopresskuchen hergestelltes hygroskopisches Pulver. Die zur Herstellung verwendete Kakaomasse wird zur Geschmacksverbesserung und Erzielung der gewünschten Farbtöne meist aus alkalisiertem Kakaokernbruch gewonnen, zur besseren Dispergier- und Benetzbarkeit dient neben dem → Alkalisieren auch das Lecithinieren. 25 mm grob vorzerkleinerter Kernbruch wird vorzugsweise in Stiftmühlen auf eine Feinheit von 99,5 % unter 75 µm gemahlen. Anforderungen an K. sind in der Kakao-Richtlinie 2000/36 der EG definiert. Danach muss das Pulver mindestens 20 % Kakaobutter in der Trockenmasse enthalten, der Wassergehalt darf maximal 9 % betragen. K. wird zur Herstellung von Kakaogetränken, kakaohaltigen Zuckerwaren und Süßspeisen verwendet.

Kakaoschalen; bei der Kakaobuttergewinnung, Schokoladen- und Kakaoherstellung in großen Mengen anfallende spröde braune Samenschalen der → Kakaobohne. K. besitzen ein sehr resistentes Cellulose-Lignin-Skelett und quellen ziemlich stark in Wasser, eine Verwendung als Ballaststoff ist angedacht. K. können auch für Kakaoschalentee, ein schwach kakaoartig schmeckendes Getränk, zur Aromatisierung von Tee und teeähnlichen Getränken sowie als Rohstoff für die Coffein- und Theobromingewinnung verwendet werden. Die reinen K. sind auch als Zusatz für Mischfutter und Düngemittel einsetzbar. In der alten Kakaoverordnung von 1975 war für Kakaokerne ein Höchstgehalt an nicht entfernten K. und Keimen von 5 % festgeschrieben.

Kakaotrunk engl.: *cocoa drink, chocolate drink;* 1. → Milchmischgetränk aus Magermilch, fettarmer Milch oder Vollmilch und entöltem, z. T. fettarmem Kakaopulver. 2. Getränk aus kakaohaltigem Getränkepulver, das mit Milch oder Wasser verrührt wurde.

Kakerlaken Syn.: → *Schaben*

Kakifeige; Bezeichnung für die getrocknete → Kakipflaume.

Kakipflaume lat.: *Diospyros kaki L. f.* (Fam.: *Ebenaceae*), engl.: *Kaki, Persimmon,* Syn.:

Kakifrucht, Japanische Dattelpflaume, Kaki; tomatenähnliche rund ovale 100–300 g schwere → Beere des gleichnamigen Baumes mit gelber bis orangeroter, dünner, glatt glänzender Schale. Bis zu 8 Samen sind in einem geleeartigen gelben Fruchtfleisch eingebettet, das erst bei Hochreife sehr süß und zart aromatisch wird. Bei nicht völliger Reife ist es durch den sehr hohen Gehalt an Gerbstoffen wie z. B. Tannin meist sehr herb bis ungenießbar. Das Fleisch der reifen Frucht wird frisch aus der Schale gelöffelt, getrocknet oder kandiert gegessen. Es lässt sich zu Kompotten, Konfitüren, Konserven, Sirup, Mus und Quarkspeisen verarbeiten. Die außer in asiatischen Ländern auf der ganzen Welt in subtropischem Klima angebaute K. ist bei +3 °C und 92 % rel. Luftfeuchtigkeit bis zu 2 Wochen haltbar. Eine züchterische Weiterentwicklung der K. ist die → Sharonfrucht, während die → Lotuspflaume und die → Persimone verwandte botanische Arten sind.

Kaktusfeige lat.: *Opuntia ficus-indica (L.) Mill. var. ficus indica* (Fam.: *Cactaceae*), engl.: *Indian Fig, Prickly Pear,* Syn.: *Opuntia, Kaktusbirne, Stachelfeige, Indische Feige;* meist sehr stachelige, unreif grüne, reif je nach Sorte grüne oder rötliche bis dunkelbraune → Beeren des 3–4 m hohen Feigenkaktusses. Seine ursprüngliche Heimat ist Mexiko, wo er auch kultiviert angebaut wird. Weitere Länder mit wildem Vorkommen oder Anbauländer sind Kalifornien, Mittel- und Südamerika, Australien, Afrika, Israel und einigen Mittelmeerländer. Angeboten wird die K. ganzjährig, wobei der Hauptlieferant, neben Spanien, Israel und Südafrika, Italien ist. Die 6–10 cm langen Früchte, die wegen ihrer Stacheln beim Essen mit Handschuhen angefasst werden sollten, enthalten ein rötliches bis gelbliches saftiges Fruchtfleisch und zahlreiche Samen. Der süße bis leicht säuerliche Geschmack des Fleisches ist durch enthaltene Oxalatkristalle und Zucker (ca. 7–10 g pro 100 g Fruchtfleisch) bedingt. Zum Verzehr werden die halbierten Früchte direkt ausgelöffelt oder das Fruchtfleisch als Zutat zu Obstsalaten und als Beilage zu vielen anderen Gerichten verwendet. K. sind bei 3–5 °C und 90–95 % rel. Luftfeuchtigkeit bis zu 3 Wochen haltbar.

Kalbfisch Syn.: *Heringshai* (→ Haie); der Begriff K. wird bevorzugt verwendet für heiß geräucherte Fischstücke.

Kalbfleisch engl.: *veal;* zartes, fettarmes, feinfaseriges, hellrosafarbenes Fleisch mit mildem Geschmack. Es stammt von Rindern, die jünger als drei Monate und bis zu 150 kg schwer sind. Bei zu jungen („nüchternen") Kälbern fällt es sehr mager, wässrig und weich aus. Am besten ist die Fleischqualität bei 4–10 Wochen alten Mastkälbern. Die Färbung des Fleisches ist abhängig von der Fütterung und Haltung. Bei der hellweißen Färbung handelt es sich um eine Sonderform, die durch eisenarme Fütterung und Haltung im Dunkeln erzielt wird. Milchkäl-

Zerlegung des Kalbes
Fleischseite

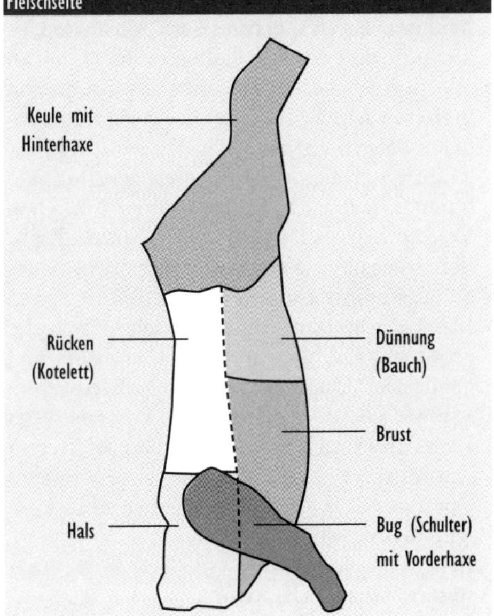

ber haben das hellste und Weidekälber dunkleres Fleisch. K. ist schnell reifend, leicht verdaulich und vielseitig zum Braten, Kurzbraten, Schmoren und Kochen verwendbar. Als besonders hochwertig gelten die zum Braten und Kurzbraten geeigneten Kalbfleischstücke aus dem Rücken und der Keule (→ Oberschale, → Unterschale und → Nussstück). Zum Braten, Schmoren und Kochen eignen sich Bug, Hals, Dünnung (Bauch) und Haxen. Die Brust wird zum Kochen und Braten verwendet. Zerlegung s. Schema.

Kalbfleischkäse; in Hüllen großen Kalibers abgefülltes oder laibartig in Formen gebrühtes brühwurstartiges Erzeugnis gehobener Qualität mit umgerötetem fein zerkleinerten → Brät. Dieses wird aus grob entsehntem Rindfleisch unter Mitverwendung von gleichwertigem Kalb- oder Jungrindfleisch, grob entfettetem sowie fettgewebereichem Schweinefleisch und Speck hergestellt. K. ist überwiegend als Aufschnitt im Gebrauch.

Kalbfleischsülze; → Sülze mit überwiegenden Anteilen von umgerötetem, gewürfeltem, sehnen- und fettgewebsarmem Kalbfleisch in klarer, durch Gelatine oder Schwartenabkochung hergestellter Gallerte. Der Anteil an von groben Fett- und Bindegewebsanteilen befreiten Muskelfleischeinlagen beträgt üblicherweise mehr als 50 %. Sie wird in großkalibrige Hüllen oder Formen gefüllt angeboten. Die mit der K. verwandten ähnlichen Erzeugnisse Schwedische K. und Kalbfleischsülzpastete sind von einer Speck- oder Schwartenumrandung umschlossen.

Kalbfleischwurst; in Hüllen mittelgroßen oder größeren Kalibers abgefüllte → Brühwurst gehobener Qualität mit fein zerkleinertem → Brät. Dieses wird aus grob entsehntem Kalb- und Jungrindfleisch, grob entfettetem Schweinefleisch und Speck sowie weiteren Zutaten wie z. B. Gewürzen hergestellt. K. wird als Aufschnitt verwendet.

Kalbin Syn.: → *Färse*

Kalbsbratwurst; → Bratwurst

Kalbsbrust engl.: *breast of veal;* unterhalb der Schulter zwischen Hals und Dünnung gelegenes Teilstück des Kalbvorderviertels. Das hellrosafarbene durchwachsene Fleisch verfügt über einen hohen Anteil an Fett- und Bindegewebe und eignet sich daher zum Kochen, Braten und Schmoren. Die K. wird im ganzen Stück sowohl ohne Knochen (ausgelöst) als auch mit Knochen (wie gewachsen) und zugeschnitten angeboten. Bei den Zuschnitten handelt es sich i. d. R. um Bratenstücke, z. B. für Rollbraten oder zum Füllen sowie um Stücke für Gulasch oder Ragouts. Der Anteil der K. am entbeinten Fleisch beträgt ca. 10 %.

Kalbsbutte; Blinddarm vom Kalb, der von der Schleimhaut befreit und gewendet als Wursthülle dient.

Kalbsfond; → Fond

Kalbsfrikassee engl.: *fricassee of veal;* → Frikassee, bei dem üblicherweise kein anderes Fleisch außer Kalbfleisch verwendet wird.

Kalbsgekröse; Bezeichnung für das → Gekröse des Kalbes und für die daraus zubereiteten traditionellen Gerichte.

Kalbshaxen engl.: *knuckle of veal;* kräftiges von Sehnen durchzogenes mageres Fleisch aus den Unterschenkel- (Waden-) stücken beim Kalb, das mit und ohne Röhrenknochen im Stück oder in Scheiben angeboten wird. Das Fleisch der hinteren Haxen (Hinterhaxen) ist meist zarter als das der vorderen (Vorderhaxen). Es eignet sich zum Braten, Grillen und Schmoren. Ein bekanntes mit Scheiben aus der K. zubereitetes Gericht ist → Osse buco. Der aus K. hergestellte Braten wird ebenfalls als K. bezeichnet. Der Anteil von Vorder- und Hinterhaxen am entbeinten Fleisch beträgt zusammen knapp 6 %.

Kalbskäse Syn.: *Weißer Fleischkäse;* in Formen laibartig gebackenes oder gebrühtes brühwurstartiges Fleischerzeugnis mit fein zerkleinertem hellen (nicht umgeröteten) → Brät. Dieses wird aus sehnen- und fettgewebearmem Jungrindfleisch, grob entsehntem Kalbfleisch, fettgewebereichem Schweinefleisch und Speck sowie anderen Zutaten wie z. B. Gewürzen und ggf. Kutterhilfsmitteln hergestellt.

Kalbsleberwurst; hochwertige → Leberwurst mit fein oder grob zerkleinerter, meist umgeröteter Grundmasse. Diese wird aus, i. d. R. mehr als 25 % Schweineleber, grob entfettetem sowie fettgewebereichem Schweinefleisch, grob entsehntem Kalb- oder Jungrindfleisch und Flomen sowie weiteren Zutaten wie bspw. Gewürzen hergestellt. Kalbsleber kann, muss aber nicht verarbeitet werden. K. wird in → Fettenden oder anderen Hüllen mittelgroßen Kalibers abgefüllt angeboten und i. d. R. als Brotaufstrich verwendet.

Kalbsmilch Syn.: → *Bries*

Kalbsnierenbraten engl.: *roast loin of veal;* mit ein oder zwei Kalbsnieren gefüllter gerollter → Braten aus → Kalbfleisch ohne Sehnen und ohne gelbe Bauchhaut. In der Regel wird für K. das zarte magere Fleischstück aus dem hinteren Rücken (Kalbsnierstück) mit den darunter liegenden in Fett eingebetteten Nieren verwendet.

Kalbsnuss Syn.: → *Nussstück*

Kalbsrouladen Syn.: *Kalbsvögel;* → Rouladen aus zarten mageren Scheiben Kalbfleisch wie z. B. Schnitzel. Eine beliebte Füllung sind Kalbsbrät (→ Brät) und gekochtes Ei.

Kalbsschulter; → Bug

Kalbsvögel Syn.: → *Kalbsrouladen*

Kaldaunen Syn.: → *Kutteln*

Kalisalpeter Syn.: → *Kaliumnitrat*

Kalium engl.: *potassium;* Alkalimetall, das in Form seiner Salze zu den → Mengenelementen zählt. K. reguliert den osmotischen Druck innerhalb der Zellen (intrazellulär), wird benötigt für das Zellwachstum, zur Aktivierung einiger Enzyme, zur Reizübertragung im Nervensystem (zusammen mit Natrium) und wirkt außerdem Blutdruck senkend. Größere Kaliumgehalte finden sich in einigen Obst- und Gemüsesorten wie z. B. Bananen, Trockenobst, Kartoffeln und Spinat. Ein Kaliummangel wird meist durch Durchfälle oder die Einnahme von Abführmitteln bzw. Diuretika verursacht. Dies wirkt sich auf alle Muskeln des Körpers aus. Es kommt zur Schwächung der Skelettmuskulatur bis hin zur Lähmung, zu Verstopfung und zu Funktionsstörungen des Herzens. Anders als bei Natrium kann auch bei Kaliummangel die Ausscheidung von K. mit dem Harn nicht gedrosselt, bei überhöhter Zufuhr jedoch entsprechend gesteigert werden. Bei bestimmten Krankheiten (z. B. Niereninsuffizienz) ist die Ausscheidung über die Niere gestört und es kann zur Hyperkaliämie kommen. Auch dann treten Störungen der Herzfunktion auf, was bis zum Herzstillstand führen kann.

Kaliumacetat engl.: *potassium acetate;* Kaliumsalz der → Essigsäure, das aus Essigsäure gewonnen wird und unter der Nummer E 261 als Konservierungsmittel und Säuerungsmittel z. B. für Obst- und Gemüsekonserven, Brot, Fischprodukte, Feinkostsalaten, Mayonnaisen und Salatsaucen zugelassen ist.

Kaliumalginat engl.: *potassium alginate;* → Alginate

Kaliumaluminiumsulfat engl.: *aluminuim potassium sulphate;* → Alaune

Kaliumbisulfit engl.: *potassium bisulfite,* Syn.: *Kaliumhydrogensulfit;* → Sulfite

Kaliumcarbonat engl.: *potassium carbonate,* Syn.: *Pottasche;* Kaliumsalz der Kohlensäure. Das weiße, geruchlose, laugig schmeckende Pulver wird verwendet als → Backtriebmittel, insbesondere bei Gebäcken, und zum Alkalisieren von Kakaopulver.

Kalium-Caseinat engl.: *potassium caseinate;* → Caseinate

Kaliumdisulfit engl.: *potassium metabisulphite,* Syn.: *Kaliummetabisulfit;* → Sulfite

Kaliumhydrogensulfit engl.: *potassium hydrogen sulphite,* Syn.: *Kaliumbisulfit;* → Sulfite

Kaliumhydrogentartrat engl.: *potassium hydrogene tartrate,* Syn.: *Weinstein, Kaliumbitartrat, Cremor tartari;* saures Kaliumsalz der Weinsäure, das in verschiedenen Früchten (z. B. Weinbeeren) vorkommt und sich bei der Weingärung an den Wänden der Fässer abscheidet. K. wird als Ausgangsmaterial zur technischen Gewinnung von Weinsäure verwendet und dient z. B. als Säureträger in Backpulver.

Kaliumlactat engl.: *potassium lactate;* Kaliumsalz der →Milchsäure, das unter der Nummer E 326 als Konservierungsmittel, Schmelzsalz, Säureregulator, Festigungsmittel und Geschmacksverstärker zugelassen ist. Des Weiteren wirkt K. als Synergist von Antioxidantien.

Kaliumnatriumtartrat engl.: *potassium sodium tartrate,* Syn.: *Seignette-Salz;* Doppelsalz der →Weinsäure, das aus Weinstein gewonnen wird und unter der Nummer E 337 als Säureregulator, Säuerungsmittel und Backtriebmittel für Lebensmittel allgemein ohne Höchstmengenbeschränkung zugelassen ist.

Kaliumnitrat engl.: *potassium nitrate,* Syn.: *Kalisalpeter;* Kaliumsalz der Salpetersäure, das unter der Nummer E 252 als Konservierungsmittel, z. B. für Fleisch- und Wurstwaren (→Pökeln), Käse und eingelegten Hering in festgelegten Höchstmengen zugelassen ist. Die konservierende Eigenschaft beruht auf der Umwandlung von Nitrat in →Nitrit, welches bakterizid v. a. gegen →*Clostridium botulinum* wirkt und außerdem bei der Pökelung den Erhalt der roten Farbe (→Umrötung) ermöglicht.

Kaliumnitrit engl.: *potassium nitrite;* Kaliumsalz der salpetrigen Säure, das in Form von →Nitritpökelsalz unter der Nummer E 249 als Konservierungsmittel für Fleisch und Fleischerzeugnisse in festgelegten Höchstmengen zugelassen ist. K. wird aus Kaliumnitrat gewonnen, wirkt bakterizid v. a. gegen →*Clostridium botulinum* und führt außerdem bei der Pökelung durch Bildung von Stickstoffmonoxid, das sich an Myoglobin bindet, zum Erhalt der roten Farbe (→Umrötung). Die toxische Wirkung der Nitrite beruht auf der Oxidation von zwei- zu dreiwertigem Eisen im Hämoglobin (Methämoglobin), welches keinen Sauerstoff mehr binden kann. Zum anderen können Nitrite mit sekundären Aminen zu kanzerogenen →Nitrosaminen reagieren.

Kaliumpermanganat engl.: *potassium permanganate;* tiefrote, violette bis schwarze, metallisch glänzende Kristalle, die in gelöster Form stark oxidierend wirken und dadurch Mikroorganismen abtöten bzw. deren Wachstum hemmen. K. ist als Bleichmittel ausschließlich für Stärke zugelassen und wird ferner in der Trinkwasseraufbereitung eingesetzt.

Kaliumphosphate engl.: *potassium phosphates;* Kaliumsalze der →Phosphorsäure (Mono-, Di- und Trikaliumphosphat), die unter der Nummer E 340 als Konservierungsmittel, Säuerungsmittel, Säureregulatoren, Emulgatoren und Backtriebmittel für viele Lebensmittel, wie z. B. Erfrischungsgetränke, Desserts, Speiseeis, Schmelzkäse und Zuckerwaren in festgelegten Höchstmengen zugelassen sind. Ferner werden K. als Kutterhilfsmittel bei der Herstellung von Fleischwaren, als Rieselhilfsstoff in pulverförmigen Trockenlebensmittel und als Bestandteil von Düngemitteln eingesetzt.

Kaliumsulfat engl.: *potassium sulfate, potassium sulphate;* Kaliumsalz der →Schwefelsäure, das in Form von farblosen Kristallen vorliegt, gelöst in vielen Mineralwässern enthalten ist und in höheren Konzentrationen abführend wirkt. Unter der Nummer E 515 sind K. und Kaliumhydrogensulfat zusammengefasst und als Festigungsmittel, Trägerstoff und Säureregulator für Lebensmittel allgemein ohne Höchstmengenbeschränkung zugelassen.

Kaliumtartrat engl.: *potassium tartrate;* Kaliumsalze der →Weinsäure (Mono- und Dikaliumtartrat), die unter der Nummer E 336 als Säureregulatoren, Stabilisatoren und Backtriebmittel für Lebensmittel allgemein ohne Höchstmengenbeschränkung zugelassen sind. K. wird ferner als →Kochsalzersatz eingesetzt.

Kalk engl.: *chalk, lime;* Oberbegriff für verschiedene Calciumverbindungen, wie →Calciumcarbonat, →Calciumoxid (gebrannter K.)

und → Calciumhydroxid (gelöschter K.). K. ist Bestandteil von Kreide, Kalkstein, Muschelschalen u. Ä. und wird z. B. als Säureregulator Lebensmitteln zugesetzt, in der Trinkwasseraufbereitung zur Einstellung der Wasserhärte und als Mineralstoffzusatz bei diätetischen Lebensmitteln verwendet.

Kalmare lat.: *Ordn. Theutida,* engl.: *squids, calamaries,* Syn.: *Calamares (span.), Tintenfisch (*ugs.); zehnarmige → Kopffüßer mit 8 Fangarmen und 2 weiteren Tentakeln zum Ergreifen der Beute. K. sind die kommerziell bedeutsamsten Kopffüßer. Sie leben pelagisch; von den → Sepien unterscheiden sie sich durch eine langgestreckte Körperform (gute Schwimmer). Etwa 300 Arten sind bekannt; die wichtigsten gehören den Familien *Loliginidae* (Langflossenkalmare) und *Ommatostrephidae* (Kurzflossenkalmare) an; einige können bis zu 8 m lang werden (ohne Tentakeln). In europäischen Gewässern (Ostatlantik/Nordsee, Mittelmeer) wird hauptsächlich der Gemeine Europäische K. (lat.: *Loligo vulgaris L.*) gefangen, 30–50 cm lang, ca. 1,5 kg schwer, daneben der Nordische K. (lat.: *Loligo forbesi Steenstrup*) und der Pfeilkalmar (lat.: *Todorodes sagittatus Lamarck*). Hinzu kommen überseeische Arten (*Illex argentinus Castellanus* aus dem Südwestatlantik, Loligo-Arten aus dem indopazifischen Raum). Sie werden als Tiefkühlware (Tuben, Ringe) oder zubereitet in Dosen und Gläsern gehandelt.

Kalmus lat.: *Acorus calamus L.* (Fam.: *Araceae*), engl.: *sweet flag, sweet root,* Syn.: *Deutscher Ingwer, Ackerwurz, Magenwurz;* → Gewürz aus den bis zu 50 cm langen geschälten Wurzelstöcken der aus Mittelasien stammenden Staude. In Europa spielt K. hauptsächlich in der Likörindustrie bei der Herstellung von → Magenbitter eine Rolle, gelegentlich wird er auch kandiert gegessen. Die Verwendung von K. zur Weiterverarbeitung in der Lebensmittelindustrie ist auf asaronarme Sorten beschränkt, da das im ätherischen Öl enthaltene β-Asaron im verzehrfertigen aromatisierten Lebensmittel bestimmte, in der Aromenverordnung geregelte Höchstmengen nicht überschreiten darf.

Kalonji; indische Bezeichnung für → Schwarzkümmel, unter der dieser häufig auch in Feinkostgeschäften erhältlich ist.

Kalorie engl.: *calorie;* ist definiert als die Wärmemenge, die benötigt wird, um 1 g Wasser bei Normaldruck von 14,5 °C auf 15,5 °C zu erwärmen. Mit K. kann der Energiebedarf des Körpers und der Energiegehalt von Lebensmitteln (Brennwert) angegeben werden. Die Angabe erfolgt als Kilokalorien (kcal = 1000 cal). Im wissenschaftlichen Bereich ist die K. durch die Maßeinheit Joule (J) ersetzt worden (1 kcal = 4,184 kJ und 1 kJ = 0,239 kcal). Im allgemeinen Sprachgebrauch wird sie immer noch häufig verwendet.

Kalorienarm Syn.: → *Brennwertarm*

Kalorien reduziert Syn.: → *Brennwert vermindert*

Kalorien reduzierte Getränke; → Brennwert verminderte Getränke

Kalte Ente; Mischgetränk aus Wein, Perlwein (auch mit zugesetzter Kohlensäure) und Schaumwein (auch mit zugesetzter Kohlensäure) mit Zusatz von natürlicher Zitrone oder Extrakten davon. Der Anteil an Schaumwein oder an Schaumwein mit zugesetzter Kohlensäure im Fertigerzeugnis muss mindestens 25 % betragen. K. gehört zur Gruppe der aromatisierten weinhaltigen Getränke. Eine Variante ist K. aus Apfel-, Birnen- oder Fruchtschaumwein. Sie enthält üblicherweise mindestens 75 % dieser schaumweinähnlichen Getränke und ist in der Verkehrsbezeichnung als „Kalte Ente aus ...wein" eindeutig gekennzeichnet.

Kaltentkeimung; Verfahren zur Entkeimung ohne Wärmeentwicklung, wie z. B. Entkeimungsfiltration, Ultraschall, Baktofugierung, Begasung oder Verwendung von Konservierungsstoffen (z. B. → Dimethyldicarbonat).

Kalterer See Syn.: *Caldaro;* → DOC für Rotweine aus Südtirol, die meist aus Schiavagrossa-Trauben hergestellt werden und leicht und süß sind.

Kaltfleisch; Fleisch, in dem der Höhepunkt der Vorgänge der → Totenstarre überschritten ist und das einen geringeren ATP-Gehalt sowie einen erniedrigten pH-Wert aufweist. Dadurch ist es wegen seiner verringerten Wasserbindungsfähigkeit gegenüber → Warmfleisch in geringerem Maße zur Herstellung von → Brühwurst geeignet. Als Abhilfe empfiehlt sich bei der Verarbeitung von K. zu Brühwurst der Zusatz von → Kutterhilfsmitteln.

Kalt gepresste Öle engl.: *cold-pressed oils,* Syn.: *Kalt geschlagene Öle;* für Speiseöle übliche Bezeichnung, die aus sorgfältig ausgewählter Rohware durch Pressen ohne Wärmezufuhr und unter möglichst schonenden Bedingungen gewonnen wurden (→ native Öle). Mit k. Ö. und nativen Ölen wird vom Verbraucher ein für die jeweilige Ursprungspflanze charakteristischer Geschmack verbunden, der je nach Öl unterschiedlich stark ausgeprägt ist. Für → Olivenöl gelten besondere Bedingungen. Beim Kaltpressen von Oliven in Schneckenpressen entstehen Temperaturen von 40 °C, werden Ölsamen kalt gepresst, steigt die Temperatur auf ca. 70 °C.

Kaltgetränke; Sammelbegriff für alle Getränke, die kalt verzehrt werden.

Kalt lösliche Gelatine engl.: *instant gelatine,* Syn.: *Instant-Gelatine;* durch Vorquellen behandelte → Gelatine, die sich unter kräftigem Rühren (Feinstverteilung erforderlich) bereits in kalten Flüssigkeiten löst. K. G. wird als Geliermittel für Instanterzeugnisse, Kalt- und Süßspeisen sowie Tortencremes verwendet.

Kalt mahlen engl.: *cold milling;* → Mahlen

Kalt räuchern engl.: *to cold-smoke;* zum Teil wochenlanges → Räuchern mit frisch entwickeltem dünnen Rauch bei Temperaturen zwischen 15 und 25 °C. K. bewirkt ein starkes Austrocknen der Erzeugnisse und wird insbesondere bei Rohwürsten und Rohpökelwaren angewandt.

Kaltschale engl.: *cold sweet soup;* kalte gesüßte Suppe mit sämiger Konsistenz aus Wasser, Milch, Fruchtsaft, Wein oder Bier mit Einlagen wie z. B. Früchten (→ Fruchtsuppe), Sago, Makronen oder Eierschaum. Zur Herstellung von K. im Haushalt werden sowohl konzentrierte oder tafelfertige flüssige Zubereitungen als auch je nach Art der verwendeten Dickungsmittel kalt lösliche oder kochfertige Halbfertigerzeugnisse (Trockenmischungen) angeboten. Namensgebende Bestandteile sind in wertbestimmendem Anteil anhand der Anforderungen der Leitsätze des Deutschen Lebensmittelbuches für Puddinge, andere süße Desserts und verwandte Erzeugnisse enthalten. Wird dieser Anteil unterschritten oder kommen zusätzlich oder ausschließlich naturidentische oder künstliche Aromastoffe zur Anwendung, so lautet die Verkehrsbezeichnung „Kaltschale mit ....geschmack". Die zur Zubereitung des Packungsinhaltes erforderliche Flüssigkeitsmenge wird angegeben.

Kamberkrebs; → Amerikanischer Flusskrebs

Kameruner; zum Fasching gebackenes ungefülltes → Fettgebäck aus einem Teig wie für → Krapfen oder → Berliner-Pfannkuchen.

Kamille engl.: *chamomile;* → Echte Kamille

Kamillentee engl.: *chamomile tea;* → teeähnliches Erzeugnis (Kräutertee) aus den getrockneten Blütenköpfchen der → Echten Kamille (lat.: *Matricaria recutita L.*). K. besitzt entzündungshemmende und Krampf lösende Wirkung und wird zur Behandlung von Magen-Darm-Beschwerden eingesetzt.

Kamm Syn.: *Nacken;* 1. im allgemeinen Sprachgebrauch der obere Teil des Halses der Säugetiere. 2. Bezeichnung für das dem Hals entsprechende, aus mehreren Muskelbündeln bestehende Fleischteilstück des Schlachtkörpers bei Rind und Schwein, wobei beim Schwein der vordere Brustwirbelbereich (bis zur dritten Rippe) miteinbezogen wird. Dagegen wird als K. beim Schaf (Schafe, Hammel, Lämmer) das zwischen Hals und Kotelett liegende, der → Fehlrippe beim Rind entsprechende Teilstück bezeichnet. Das Fleisch vom K. beim Schwein ist deutlich von Fett durchzogen und saftig. Im Handel wird es mit Knochen (wie gewachsen) und ohne Knochen (ausgelöst) angeboten. Aus dem K. lassen sich Bratenstücke z. B. für Rollbraten, Koteletts oder → Schnitzel (→ Nackenkotelett) zum Kurzbraten und Grillen sowie Stücke für Schmorgerichte wie bspw. Gulasch oder Geschnetzeltes schneiden. Eine Spezialität ist der wie → Kasseler durch mildes Pökeln und anschließendes Räuchern hergestellte Kasseler-Kamm (Nacken-Kasseler, Gekochter Pökelkamm). Das meist mit Fett durchwachsene Fleisch des Rinderkamms wird hauptschlich zu Wurstwaren verarbeitet. Ausgelöst und entsehnt eignen sich geschnittene Stücke zum Schmoren (Gulasch, Pfefferpotthast) und Kochen (Suppen, Eintöpfe) sowie aus dem Kernbereich zum Braten. Der Anteil des K. am entbeinten Fleisch beträgt beim Rind ca. 8 % und beim Schwein ca. 6,5 %.

Kammerpreismünze Syn.: *Landespreismünze;* in Deutschland auf Länderebene vergebene Prämierung für Weine. Das Pendant auf Bundesebene ist die → Weinprämierung der DLG (→ Deutsche Landwirtschafts-Gesellschaft).

Kammertrockner engl.: *cabinet dryer, compartment dryer,* Syn.: *Umlufttrockenschrank, Hordentrockner;* einfachste Ausführung eines → Konvektionstrockners, bei dem das zu trocknende Gut, auf Hordenböden, Blechen oder Platten ausgebreitet, chargenweise in eine mit vorgeheizter Luft durchspülte Kammer eingebracht wird. K. eignen sich nur zum Trocknen kleinerer Trockengutmengen und werden häufig auch zur → Vakuumtrocknung eingesetzt. Kontinuierlich arbeitende K. werden als → Kanal- oder Tunneltrockner bezeichnet.

Kammkotelett Syn.: → *Nackenkotelett*

Kammmuscheln lat.: *Pectinidae,* engl.: *scallops;* artenreiche Familie der Meeresmuscheln (→ Muscheln) mit gewölbter Unter- und flacher fächerförmig geriffelter Oberschale und charakteristischen Ecken an der Verbindungsstelle zwischen den Schalen (Symbol für Muscheln). Die kommerziell wichtigsten Arten sind die Japanische K. (lat.: *Pecten yessoensis*) und die Nordamerikanische K. (lat.: *Placopecten magellanicus*), in Europa die → Jakobsmuschel und in geringeren Mengen die Kleine Pilgermuschel (lat.: *Chlamys opercularis L.*). Kammmuschel-Zucht hat Tradition in Japan und China; sie findet sich inzwischen weltweit, mit steigender Tendenz (→ Muschelzucht).

Kammspeck; Fettgewebe über dem → Kamm (Nacken) des Schweines (→ Speck).

Kampylobakteriose engl.: *campylobacteriosis;* → *Campylobacter*

Kamtschatkakrabbe; → Königskrabben

Kanadischer Wildreis lat.: *Zizania aquatica L.* (Fam.: *Poaceae*), engl.: *Canadian Wild Rice, Annual Wild Rice,* Syn.: *Wasserreis, Wildreis;* mit dem → Reis verwandtes Wassergras. Von dem im nordöstlichen Teil der USA und in Kanada wild wachsenden K. W. werden die entspelzten, eiweißreichen, länglichen Körner genutzt. Sie besitzen einen nussartigen Geschmack und eine typische schwarze Farbe. K. W. wird i. d. R. gekocht und allein oder mit Reis vermischt als Gemüsebeilage z. B. zu Fleischgerichten verzehrt.

Kanaltrockner engl.: *tunnel drier,* Syn.: *Tunneltrockner;* kontinuierlich arbeitender Konvektionstrockner, bei dem das zu trocknende Gut auf Hordenwagen durch einen Tunnel mit Heißluft geführt wird. Durch Absaugen der feuchten Luft in der Mitte des Tunnels wird im Anfangsteil des Tunnels eine Gleichstromtrocknung sowie im Endteil eine Gegenstromtrocknung erzielt und somit niedrigere Endwassergehalte erreicht. K. werden zur Herstellung von Trockenobst wie Aprikosen, Pflaumen oder Äpfel eingesetzt.

Kandieren engl.: *to candy;* traditionelles Haltbarmachungsverfahren für Früchte, Fruchtschalen und andere Pflanzenteile, bei dem sie in Lösungen aus Zucker und Glucosesirup in zunächst niedriger, später steigender Konzentration getränkt und anschließend getrocknet werden. Beim K. kommt es zu einem osmotischen Austausch der während der Entwicklung der Frucht, Fruchtschale oder Pflanzenteile angesammelten Zellflüssigkeit gegen die Zucker-Glucosesirup-Lösung. Während des K. steigt der Zuckergehalt im Inneren des Gutes bis auf 75 °Brix stetig an und die Wasseraktivität nimmt ab. Dadurch wird die konservierende Wirkung erreicht. Aus technologischen Gründen können bis zu 50 mg/kg schwefelige Säure und bis zu 1 % Kochsalz verwendet werden. Bei Erzeugnissen für Diabetiker wird anstelle von Saccharose Fructose eingesetzt. Traditionell erfolgt das K. von Hand, aber i. d. R. werden mit Ausnahme von empfindlichen Gütern, wie z. B. Erdbeeren, Kandierautoklaven oder andere Maschinen eingesetzt. → Kandierte Früchte → Kandierte Fruchtschalen

Kandierte Canaroni; aus Fruchtschalen der Canaroni, einer Abart der Zedratfrucht, hergestellte Backzutat, die gewürfelt in Backmischungen eingesetzt wird. → kandierte Früchte

Kandierte Fruchtschalen engl.: *crystallised peels of fruits;* durch → Kandieren haltbar gemachte Schalen von → Zitrusfrüchten, die wegen ihres ausgeprägt aromatischen Geschmacks, bedingt durch den hohen Gehalt an ätherischen Ölen, meist als Backzutaten verwendet werden. K. F. sind meist gewürfelt, aber auch in Form von halben Schalen im Handel erhältlich. Halbe Schalen werden mit und ohne Zuckergussglasur (abgelaufene Schalen), gewürfelte Schalen grundsätzlich ohne Glasur angeboten. Mischungen von k. F. sind unter ihren Bezeichnungen zulässig; bei Anteilen von bis zu 10 % muss die Bezeichnung nicht angegeben werden.
→ Zitronat → Orangeat

Kandierte Früchte engl.: *candied fruits,* Syn.: *Dickzuckerfrüchte;* nicht nur aus Früchten, sondern auch aus anderen Pflanzenteilen (z. B. Blüten, Stängel) durch → Kandieren hergestellte handelsüblich zu Obstdauerwaren oder zu Zuckerwaren zählende Erzeugnisse. Die Früchte oder Pflanzenteile werden in frischem oder vorübergehend haltbar gemachtem Zustand (z. B. durch Kälte, Wasserentzug, Pasteurisation, Salzen, Schwefeln, chemische Konservierung) verarbeitet. Die Rohware, die handelsüblich und einwandfrei sein muss, wird sorgfältig sortiert und verlesen, je nach Art entstielt, entsteint und/oder geschält, gewaschen, meist auch blanchiert; größere Früchte werden gestichelt zum leichteren Austausch des Zellwassers gegen die Zuckerlösung (Sirup). Der eigentliche Kandiervorgang beginnt meist mit einem das spätere Auskristallisieren verhindernden Zucker-Glucosesirup-Gemisch von zunächst niedriger, später ansteigender Konzentration, bis im Fruchtinnern eine die Haltbarkeit gewährleistende Zuckerkonzentration (75 °Brix) erreicht ist. Die Temperatur während des Kandiervorgangs muss zwischen 48 und 65 °C liegen. Die Kandierdauer reicht bis zu 10 Tagen. Teilweise wird mit zugelassenen Farbstoffen gefärbt, diese sind kenntlich zu machen. Das Angebot von k. F. erfolgt ganz oder in Stücken (Hälften, Vierteln, Scheiben, fein zerkleinert usw.), in Sirup, abgelaufen (abgetropft, → Belegfrüchte), überzuckert oder glasiert (→ glasierte Früchte), auch mit Schokoladenüberzug (Früchtepralinen). Neben Farbstoffen sind bei der Herstellung von k. F. auch Konservierungsstoffe zur Haltbarmachung mengenmäßig begrenzt zugelassen. Verarbeitet zu k. F. werden verschiedene Obstsorten wie z. B. Ananas, Äpfel, Aprikosen, Bananen, Birnen und Chinotta, Blüten (nur kristallisiert) von Flieder, Rosen oder Veilchen, Gemüse wie z. B. Bohnen, Kürbis, Melonen und sonstige Pflanzenteile, z. B. Ingwer. Die Herstellung erfolgt meist im Inland, teilweise findet ein Import statt.

Kandis engl.: *candy sugar, rock sugar,* Syn.: *Kandiszucker;* besonders große Zuckerkristalle, die durch spezielle langsame Kristallisationsverfahren aus konzentrierten reinen Zuckerlösungen hergestellt werden. Traditionell wurden Fäden (Fadenkandis) verwandt. Heute sind i. d. R. fadenlose Methoden im Einsatz. Die Farbe variiert von weiß (farblos) über verschiedene Braunstufen (durch Karamellprodukte) bis hin zu schwarz. Die Vielfalt in der Form reicht von extra großen weißen Kristallen (Kluntje) über größere unregelmäßige Stücke aus Kristallkonglomeraten (Krustenkandis, Stangenkandis) und regelmäßig gewachsene Einzelkristalle verschiedener Größe (Würfelkandis) bis hin zu kleinen unregelmäßigen krümeligen Stücken (Krümelkandis). K. ist ein beliebtes Süßungsmittel für Tee, Kaffee und verschiedene alkoholische Getränke. Krümelkandis wird auch zur Herstellung von Süß- und Backwaren wie z. B. verschiedene Lebkuchensorten oder Plätzchen verwendet. K. ist Bestandteil vieler Hausmittelhustensäfte.

Kandisfarin; hell- bis dunkelbrauner feinkristalliner Zucker mit starkem aromatisch süßen Karamellgeschmack. K. wird aus dem Zuckerablaufsirup der Kandisfabrikation gewonnen und vorwiegend in Süß- und Backwaren verwendet.

Kandiszucker Syn.: → *Kandis*

Kanditen; Bezeichnung für → kandierte Früchte (insbesondere in Österreich) und → kandierte Fruchtschalen.

Kang Kong/Kangkung Syn.: → *Wasserspinat*

Kaninchenfleisch engl.: *rabbit meat;* zartes weiches sowie relativ fettarmes Fleisch vom Haus- oder Wildkaninchen. Das Fleisch vom Hauskaninchen besitzt eine helle Farbe, während im Vergleich das Fleisch vom Wildkaninchen dunkler gefärbt ist und einen kräftigeren Geschmack aufweist. Beliebte Stücke sind der Rücken und die Keulen. K. eignet sich besonders zum Braten, Grillen und Schmoren. Meist werden im Handel tiefgekühlte ganze Körper angeboten.

Kanister engl.: *canister;* → Eimer

Kanne engl.: *can;* → Eimer

Kantalupen lat.: *Cucumis melo L. Cantalupensis Grp.* (Fam.: *Cucurbitaceae*), engl.: *Cantaloupes,* Syn.: *Kantaloupen;* Sortengruppe der → Zuckermelonen. K. sind von plattrunder Form und haben eine raue, teils warzige, deutlich längs gerippte gelbe, weißliche oder grüne Schale. Ihr orangefarbenes bis rotes Fruchtfleisch schmeckt sehr aromatisch. Die bekannteste Sorte ist die Charentais-Melone. Ogen-Melonen sind eine wohl schmeckende, kleine Variante aus Israel mit grünlicher glatter Schale und gelbgrünem bis weißem Fruchtfleisch. K. werden roh verzehrt und als Zutat in Süßspeisen, Desserts und Feinkostsalaten verwendet.

Kanzerogene Stoffe engl.: *carcinogens,* Syn.: *cancerogene Stoffe, karzinogene Stoffe, carcinogene Stoffe, Krebs erregende Stoffe;* Stoffe, die beim Menschen oder im Tierversuch Krebs erzeugen können. Es wird nach dem Ursprung unterschieden zwischen 1. chemischen Kanzerogenen, wie z. B. → Benzpyren und → Nitrosamine, 2. natürlichen Kanzerogenen wie z. B. → Aflatoxine, 3. anorganischen Stoffen wie Arsen und Asbest und 4. physikalischen Kanzerogenen wie z. B. → ionisierende Strahlung.

Kapaun engl.: *capon;* junger, gemästeter, kastrierter Hahn.

Kapern lat.: *Capparis spinosa L.* (Fam.: *Capparaceae*), engl.: *capers;* unreif geerntete, zunächst getrocknete und dann in Öl, Salzwasser oder Essig eingelegte erbsengroße Blütenknospen des im Mittelmeergebiet heimischen Kapernstrauches. Hauptanbaugebiete sind Frankreich, Marokko, Spanien und Griechenland. K. werden nach ihrer Größe in verschiedene Qualitäten sortiert, wobei die begehrteste Qualität die kleinen Nonpareilles darstellen, gefolgt von den mittelgroßen Surfines, den großen Capucines und den noch größeren Capottes. K. haben einen herb würzigen bitteren Geschmack und werden in der Küche zum Verfeinern pikanter Saucen, bei Fleisch- und Geflügelgerichten und bei Ragouts eingesetzt. Ein bekanntes mit K. zubereitetes Gericht sind die → Königsberger Klopse.

Kapha-Tee; → Ayurveda-Tees

Kapillarelektrophorese; → Elektrophoretische Untersuchungsmethoden

Kapillarwasser engl.: *capillary water;* Haftwasser in feinsten Hohlräumen (Kapillaren) von Partikeln. In Trockenprodukten wird es festgehalten und ist nur schwierig zu entfernen. Je geringer der Kapillardurchmesser ist, desto niedriger ist die relative Luftfeuchtigkeit, bei der eine erneute Kondensation erfolgt (Kapillarkondensation).

Kap-Languste; → Languste

Kapoköl engl.: *Kapok (seed)* oil, Syn.: *Kapoksaatöl;* gelbes Pflanzenöl aus den Samen des tropischen Kapokbaumes (lat.: *Ceiba pentandra (L.) Gaertn.,* Fam.: *Bombaceae*), der hauptsächlich wegen seiner aus den Fruchthaaren gewonnenen Fasern angebaut wird. Es ist dem Baumwollsamenöl ähnlich, hat aber nur einen Bruchteil von dessen wirtschaftlicher Bedeutung. K. hat einen milden Geschmack und ist neben der Verwendung für Seife auch als Speiseöl geeignet.

Kappes; umgangssprachlich für → Weißkohl.

Kapseln engl.: *capsules;* 1. Bezeichnung für kleine Kugeln, in die Stoffe unter einem Schutzmantel vollständig eingeschlossen (verkapselt) sind; → Verkapselung 2. botanische Bezeichnung für eine → Öffnungsfrucht mit mindestens zwei oder mehr miteinander verwachsenen Fruchtblättern, die mehrere Samen enthält. Eine besondere Kapselfrucht ist die → Schote.

Kapstachelbeere lat.: *Physalis peruviana L.* (Fam.: *Solanaceae*), engl.: *Cape Gooseberry,* Syn.: *Physalis, Andenbeere;* → Beeren der einjährigen gleichnamigen peruanischen Pflanze, die zu den Lampionblumen gehört. Ein etwa 5 cm langer, gelber, blasiger, deutlich längs gerippter trockener Fruchtkelch („Lampion") umgibt die viel kleinere (∅ 18–20 mm) kugelige Frucht nur lose. Die leuchtend gelbe bis orange Frucht hat eine dünne glatte Schale und zahlreiche Samen in dem weichen durchscheinenden Fruchtfleisch. Sie besitzt einen feinen, leicht säuerlichen Geschmack und einen hohen Gehalt an Vitamin C (ca. 28 mg pro 100 g essbarer Anteil). Die als Luftfracht ganzjährig aus Südamerika und Afrika importierten Früchte werden frisch verzehrt und sind mit Fruchtkelch eine beliebte Dekoration. Bei 7–10 °C können sie einige Tage gelagert werden. Die K. wird auch vielfältig zu Saft, Konfitüre, Gelee und Konserven verarbeitet.

Kapuziner Syn.: → *Espen-Rotkappe*

Kapuzinerkresse lat.: *Tropaeolum majus L.* (Fam.: *Tropaeolaceae*), engl.: *Common Nasturtium,* Syn.: *Blumenkresse;* aus Peru stammende rankende → Kresse, deren charakteristische Schildblätter einen würzigen, leicht scharfen Geschmack haben und in der Küche als Salat oder als Würzkraut verwendet werden können. In Deutschland hat K. aber fast ausschließlich als Ziergewächs Bedeutung.

Kara lat.: *Citrus reticulata Blanco* (Fam.: *Rutaceae*); mittelgroße, leicht abgeflachte spät reifende → Zitrusfrucht mit mitteldicker, etwas grobporiger, reif orangefarbener Schale. Das kernarme dunkelorangene Fruchtfleisch ist zart saftig und besitzt im vollreifen Zustand einen kräftigen ausgeprägt aromatischen Geschmack. Die K. gehört der großen Familie der → Mandarinen an und ist ein Hybrid aus der Königs-Mandarine und der „Owari"-Satsuma.

Karambole lat.: *Averrhoa carambola L.* (Fam.: *Oxalidaceae*), engl.: *Starfruit,* Syn.: *Sternfrucht, Carambola;* 8–12 cm lange, hell- bis goldgelbe, spitz zulaufende → Beere des tropischen Karambolabaumes mit 5 scharfkantigen Längsrippen. Das gelb durchscheinende säuerlich schmeckende (Oxalsäure) Fruchtfleisch bildet quer geschnitten einen sehr dekorativen Stern (Sternfrucht). Die sternförmigen Scheiben lassen sich für Fruchtsalate, zur Garnierung z. B. von Cocktails, zum Rohverzehr und für Konfitüren verwenden. Importiert aus der Heimat Ostasien (Malaysia) und den anderen Anbauländern, wie z. B. Thailand, Brasilien und Israel ist sie frisch einige Tage bei 10 °C haltbar. Als Sternfrucht wird sie in gezuckert in Dosen aus Taiwan und Malaysia konserviert importiert.

Karamell engl.: *caramel;* ausschließlich durch Erhitzen (Schmelzen) von Zuckerarten gewonnene tiefbraune Masse. Die Konsistenz reicht von der hygroskopischen Trockenform bis zum Sirup. Der Bräunungsgrad ist wie der Geschmack von der Dauer der Erhitzung, der Temperatur und den Eigenschaften der verwendeten Zucker beim Karamellisieren abhängig. Dieser reicht von bittersüß (Süße durch unzersetzt gebliebenen Zucker) bis intensiv bitter und charakteristisch aromatisch und ermöglicht einen vielseitigen Einsatz als Geschmacksstoff, insbesondere bei süßen Lebensmitteln. Die färbende Wirkung von K. wird neben der geschmacklichen in vielen Lebensmitteln, z. B. bei Bonbons, Bratensaucen, Essig, Likören und Rum ausgenutzt.

Karamellbonbons engl.: *caramels, caramelized sweets;* → Bonbons mit einer geschmacklich ausreichenden Menge an → Karamell.

Karamellen engl.: *sweets, caramels; 1.* → Bonbons; 2. teilweise synonym gebrauchte Bezeichnung für → Karamellbonbons.

Karamellisieren engl.: *to caramelise;* Bräunen von Zuckerarten durch Erhitzen. → Karamell

Karamellmalz engl.: *crystal malt, caramelised malt;* geröstetes → Malz mit hellbrauner Spelzenfarbe und einem hell- bis dunkelbraunen Korninhalt von glasiger Beschaffenheit. Es weist malzigen Geschmack sowie abhängig von der Rösttemperatur ein starkes → Röstaroma und unterschiedliche Färbekraft auf. K. verleiht → Bieren eine besondere „Rundung" des Geschmacks und eine gute Schaumhaltigkeit bei einer üblichen Zugabe von 3–5 %.

Karamellzucker Syn.: → *Gebrannter Zucker*

Karamellzuckersirup engl.: *caramelised sugar syrup, brown sugar syrup;* wässrige Lösung von Karamellzucker. → Gebrannter Zucker → Karamell

Karausche lat.: *Carassius carassius L. (Fam. Cyprinidae*), engl.: *crucian carp,* Syn.: *Bauernkarpfen, Schneiderkarpfen;* mit dem → Karpfen verwandter kleinerer Süßwasserfisch. Die K. wurde aus China nach Europa eingeführt und lebt in stehenden Gewässern (Tümpeln), oft unter Extrembedingungen. Sie gilt als eher minderwertiger Speisefisch, in einigen Bundesländern ist sie ganzjährig geschützt. Eine Unterart ist der Giebel (lat.: *C. auratus gibelio Berg*).

Karayagummi engl.: *gum karya,* Syn.: *Indischer Traganth;* saures Polysaccharid, das aus Galactose, Rhamnose und Uronsäuren (z. T. acetyliert) besteht und als Exsudat des indischen Baumes *Sterculia urens Roxb.* durch Einritzen von dessen Stamm gewonnen wird. K. ist unter der Nummer E 416 als Gelier- und Dickungsmittel für bestimmte Lebensmittel wie z. B. Eierlikör, Knabbererzeugnisse und Kaugummi in festgelegten Höchstmengen zugelassen. In größeren Konzentrationen kann K. abführend wirken und die Mineralstoffaufnahme beeinträchtigen.

Karbonade; 1. Synonym gebrauchte Bezeichnung für den → Kotelettstrang. 2. Synonyme Bezeichnung für → Stielkoteletts und Fischkoteletts. → Koteletts

Karbonadenschinken Syn.: → *Lachsschinken*

Kardamom lat.: *Elettaria cardamomum (L.) MATON* (Fam.: *Zingiberaceae*), engl.: *cardamom,* Syn.: *Kardamomen;* aus den tropischen Regenwäldern Südindiens und Sri Lankas stammende und heute auch hauptsächlich dort angebaute bis zu 3 m hoch werdende schilfartige Staude. Als → Gewürz werden die noch grünen, kurz vor der Reife geernteten und vorsichtig getrockneten 1–2 cm langen dreifächrigen Samenkapseln verwendet, die 4–8 etwa 3 mm lange Samen pro Fach enthalten. K. kommt ganz oder gemahlen in den Handel, wobei das in den Samen zu 2–8 % enthaltene → ätherische Öl mit → Limonen,

Sabinen, Borneol, →Cineol und Terpineol als Hauptkomponenten in den geschlossenen Samenkapseln besser geschützt ist. K. schmeckt brennend scharf, duftet würzig, wird in der Küche zum Würzen von Brot- und Backwaren (v. a. Weihnachtsgebäck) verwendet und ist Bestandteil von →Curry-Pulver und Wurstgewürzmischungen. In arabischen Ländern wird K. zum Verfeinern von Kaffee eingesetzt.

Karfiol; süddeutsche Bezeichnung (österr.: *Karviol*) für →Blumenkohl.

Kariogene Stoffe engl.: *cariogenic substances;* Stoffe, die Karies (Zahnfäule) erzeugen, da sie von den Bakterien im Zahnbelag zu Säuren umgesetzt werden, die zur Demineralisierung und Zerstörung der Zahnsubstanz führen. Zu den k. S. gehören insbesondere verschiedene niedermolekulare Zucker (Mono- und Disaccharide) und damit Lebensmittel, die selbige enthalten wie z. B. Süßwaren, Honig und Trockenfrüchte. Durch eine verminderte Zufuhr dieser Stoffe bzw. Ersatz durch →zuckerfreie Süßwaren und die richtige Zahnhygiene kann das Risiko, an Karies zu erkranken, gesenkt werden.

Karité; überwiegend im franz. Sprachraum gebräuchliche Bezeichnung für →Sheabutter und den Sheabutterbaum.

Karlsbader Oblaten engl.: *bohemian oblaten;* große, runde, dünn gefüllte Flachwaffeln (∅ etwa 10–20 cm) mit typischer Prägung, die ursprünglich im Kurort Karlsbad als Kurgebäck seit dem 17. Jahrhundert, zunächst ohne Füllung, hergestellt wurden.

Karminsäure engl.: *carminic acid, cochineal;* färbender Bestandteil des Cochenilles (Echtes Karmin), einem natürlichen roten Farbstoff, der aus getrockneten weiblichen Nopal-Schildläusen (lat.: *Coccus cacti L.*) gewonnen wird und unter der Nummer E 120 zur Färbung bestimmter Lebensmittel wie z. B. Süßwaren, alkoholischen Getränke und Konfitüren in festgelegten Höchstmengen zugelassen ist. Des Weiteren wird K. im kosmetischen Bereich und zur Bakterien- und Zellkernfärbung verwendet. K. steht in Verdacht, →pseudoallergische Reaktionen auszulösen und ist wegen seines hohen Preises weitestgehend durch synthetische Farbstoffe (z. B. Cochenillerot A) ersetzt worden.

Karoben Syn.: →*Johannisbrot*

Karotten Syn.: →*Möhren*

Karpfen lat.: *Cyprinus carpio L.* (Fam.: *Cyprinidae*), engl.: *common carp;* wichtigster Süßwasser-Speisefisch in Mittel- und Osteuropa. Der K. bevorzugt stehende und langsam fließende nährstoffreiche Gewässer mit Pflanzenbewuchs. Er kann bis zu 140 cm lang und 40 kg schwer werden; gehandelt werden 35–50 cm lange und 2–3 kg schwere Tiere, die meist aus Karpfenzucht (→Aquakultur). Wildkarpfen sollten vor dem Töten einen Tag in frischem fließenden Wasser gehalten werden, um den Geschmack nach Moos und Schlamm zu beseitigen. Der aus dem Einzugsgebiet des Kaspischen und des Schwarzen Meeres stammende Schuppenkarpfen wurde in Deutschland bereits im Mittelalter in Teichen gezüchtet, als Zuchtformen entstanden Spiegel-, Zeil- und Lederkarpfen. Die Karpfenzucht steigt weltweit an. Einen großen Anteil haben daran der ostasiatische Silberkarpfen (lat.: *Hypophthalmichthys molitrix Valenciennes*), der Graskarpfen (lat.: *Ctenopharyngodon idellus Valenciennes*) und der *Hypophthalmichthys nobilis Richardson*. Hauptproduzenten sind China und Indonesien, in Europa Russland und die Ukraine. In Deutschland angebotener K. stammt aus eigener Zucht oder aus Osteuropa; er wird traditionell in der Weihnachtszeit verzehrt (80 % der Gesamtmenge), meist als Kochfisch („Karpfen blau"), K. ist ein mittelfetter Fisch (2–7 g pro 100 g Fischfleisch, abhängig von der Fütterung der Tiere).

Karpfenfische lat.: *cyprinidae,* engl.: *cyprinids;* artenreiche Familie von Süßwasserfischen. Viele sind in den europäischen Flüssen und im Brackwasser von Nord- und Ostsee heimisch. In der Vergangenheit waren sie wichtige Speisefische, einige sind es noch, andere sind in ihrem Bestand gefährdet und zeitweise oder ganzjährig geschützt. Einige werden in Teichwirtschaft gezüchtet. Die wichtigsten K. sind →Karpfen, →Karausche, →Barbe, →Schleie, →Brasse, →Zährte, →Plötze, Rapfen (lat.: *Aspius aspius L.*), der in Frankreich beliebte Gründling (lat.: *Gobio gobio L.*) sowie Döbel (lat.: *Leuciscus cephalus L.*), Aland (lat.: *L. idus L.*) und Hasel (lat.: *L. leuciscus L.*).

Kartäuser; →Abteilikör, der unter Verwendung wertvoller aromatischer Auszüge aus Kräutern hergestellt wird. Im Geschmack und Aussehen ist der K. dem französischen →Chartreuse sehr ähnlich. Der Mindestalkoholgehalt beträgt 15 Vol.-%.

Kartoffelauflauf; Gericht auf Basis von Kartoffeln mit anderen Lebensmitteln wie Gemüse, Fleischwaren und Saucen, die im Backofen gratiniert werden. K. ist auch als Fertiggericht tiefgefroren erhältlich.

Kartoffelchips engl.: *potato chips;* zu den →Kartoffelsnacks gehörende Kartoffelerzeugnisse, bei deren Herstellung die rohen Kartoffeln geschält, in Scheiben geschnitten, frittiert oder im Ofen gebacken und gewürzt werden. Neben der klassischen Geschmacksrichtung „Paprika" kommen immer mehr neue Sorten wie z. B. „Barbecue", „Chili", „Cheese and Onion" oder „Sour Cream" auf den Markt. Zusammen mit anderen Kartoffelsnacks freuen sich K. wachsender Beliebtheit.

Kartoffel-Ei-Diät engl.: *potato-egg-diet;* →Biologische Wertigkeit

Kartoffeleiweiß engl.: *potato protein,* Syn.: *Kartoffelprotein;* Pflanzenprotein mit der höchsten →biologischen Wertigkeit nach Sojaprotein, die durch die Kombination mit tierischem Eiweiß noch verbessert werden kann. Die Mischung von Kartoffelprotein und Eiprotein im Verhältnis 3:2 (Kartoffel-Ei-Diät) liefert die höchste bekannte biologische Wertigkeit (136) und wird bei Nierenerkrankungen eingesetzt. Die Kartoffel enthält ca. 2 % K.

Kartoffelgratin; ursprünglich aus Frankreich stammendes Gericht aus geschälten, mit Sahne übergossenen gewürzten und im Ofen überbackenen Kartoffelscheiben.

Kartoffelkloßmehl Syn.: *Kloßmehl, (Kartoffel)-kloßpulver, Knödelpulver, Kartoffelknödelmehl;* Kartoffelverarbeitungserzeugnis, das aus zerkleinerten getrockneten Kartoffeln (roh, blanchiert oder gekocht) unter Zusatz stärkehaltiger Bindemittel, Salz, Gewürzen und anderen Lebensmitteln hergestellt wird. Aus dem K. werden, abhängig von den Anteilen an Trockenkartoffel und Kartoffelpüree, gekochte Klöße, rohe Klöße oder „Knödel halb und halb" zubereitet. Aufgrund des zugesetzten Bindemittels weisen die Klöße einen relativ hohen Energiegehalt auf.

Kartoffelknabberartikel; →Kartoffelsnacks

Kartoffelknödel; aus rohen und/oder blanchierten und/oder gekochten Kartoffeln unter Zusatz von Mehl oder Grieß sowie Milch, Salz, Gewürzen, Eiern und evtl. Speck hergestellte →Knödel.

Kartoffelknödelmehl Syn.: →*Kartoffelkloßmehl*

Kartoffelkonserven engl.: *potato preserves;* hitzesterilisierte geschälte Kartoffeln oder daraus hergestellte Kartoffelprodukte (z. B. →Rösti, →Bratkartoffeln oder Fertigprodukte wie Bauernschmaus), die in Gläser, Dosen oder Weichpackungen aus Aluminiumverbundfolien angeboten werden. K. zeichnen sich durch eine lange Haltbarkeit aus und müssen, da sie vorgegart sind, nur noch erwärmt, nicht mehr gekocht werden.

Kartoffelkroketten Syn.: *Kroketten;* Kartoffelverarbeitungserzeugnisse, die aus rohen Kartoffeln durch Schälen, Kochen, Passieren, evtl. einem Zusatz von Bindemitteln und Vollei, in Formen wie Rollen oder Bällchen und anschließendem Tiefgefrieren hergestellt werden. Zur Zubereitung werden die K. schwimmend in Fett ausgebacken (frittiert). Bei Backofen-Kroketten wird bereits vor dem Tiefgefrieren frittiert, so dass sie ohne Fettzugabe im Ofen gegart werden können. K. sind auch als Halbfertigprodukt in Form von Krokettenpulver erhältlich.

Kartoffelmehl Syn.: → *Kartoffelstärke*

Kartoffeln lat.: *Solanum tuberosum L.* (Fam.: *Solanaceae*), engl.: *Potatoes,* Syn.: *Erdäpfel;* stärkehaltige unterirdische Sprossknolle der Kartoffelpflanze. Die Knollen ergrünen unter Lichteinwirkung, wobei gleichzeitig vermehrt das giftige Alkaloid → Solanin gebildet wird. Solanin ist außer in den grünen Teilen in den Trieben und Früchten (Beeren) enthalten. Die K. stammt aus Südamerika und wird seit dem 18. Jahrhundert in Deutschland als Grundnahrungsmittel angebaut. Sie enthält neben Stärke geringe Mengen Protein, das eine hohe biologische Wertigkeit aufweist und durch den gleichzeitigen Verzehr von tierischem Protein noch aufgewertet wird (→ Biologische Wertigkeit). Nennenswert ist der hohe Gehalt an Vitamin C und Kalium. Speisekartoffeln im deutschen Handel sind in gesetzliche Handelsklassen, die eine Kennzeichnung durch Sortenbezeichnung, gesetzliche Handelsklasse („Extra" oder „I") und Kochtyp („fest kochend", „vorwiegend fest kochend" oder „mehlig kochend") verlangen. Die Kartoffelsorten lassen sich in vier Reifegruppen (sehr früh, früh, mittelfrüh und mittelspät bis sehr spät) unterteilen, die vom Erntetermin abhängen. Die sehr frühen Sorten sind nur für den Sofortverzehr geeignet, die anderen Sorten können dunkel und trocken bei 4–6 °C gelagert werden. Der Kartoffelkonsum ist rückläufig, während gleichzeitig der Verbrauch in Form von Veredlungsprodukten (→ Kartoffelverarbeitungserzeugnisse) stark ansteigt. Große Mengen der Kartoffelproduktion werden zur Herstellung von reinem Alkohol und reiner Stärke verwendet.

Kartoffelpüree engl.: *mashed potatoes,* Syn.: *Püreeflocken, Püreepulver, Püreegranulat;* Kartoffelverarbeitungserzeugnis, das in verschiedenen Verfahren aus rohen Kartoffeln durch Schälen, in Scheiben schneiden, Blanchieren, Kochen, schonendem Zerkleinern und anschließendem Trocknen hergestellt wird. Häufig werden Antioxidantien zugesetzt. Auch Trockenmilcherzeugnisse und verschiedene getrocknete Lebensmittel (z. B. Gemüse, Speck) können eingebracht werden. K. dient der Zubereitung von Kartoffelbrei durch Zusatz von Wasser (und Frischmilch) oder ist Bestandteil von Kartoffelkloßmehl, Krokettenpulver, Kartoffelsuppen oder Kartoffelsnacks.

Kartoffelpuffer engl.: *potato fritters,* Syn.: *Reibekuchen;* in der Pfanne ausgebackene Plätzchen aus einer musartigen Masse aus meist rohen geriebenen Kartoffeln. Es können aber auch gegarte Kartoffeln, Stärke, Mehl und andere Lebensmittel zugesetzt werden. K. sind auch als → Kartoffelverarbeitungserzeugnisse in Form von Trockenproduktmischungen oder vorgebackenen Tiefkühlprodukten erhältlich.

Kartoffelsalat engl.: *potatoe salad;* → Feinkostsalat aus gekochten geschnittenen Salzkartoffeln und vielen anderen möglichen Zutaten. Zum Anmachen der Kartoffeln eignen sich → Mayonnaise, → Salatmayonnaise, Salatcreme, andere würzende Saucen oder Öl und/oder Essig. Als weitere Zutaten können z. B. Zwiebeln, Gurken, Petersilie, Schnittlauch, Speck u. v. m. zugegeben werden. K. kann je nach Zubereitung kalt oder warm serviert und verzehrt werden. K. im Handel enthält üblicherweise mindestens 20 g Kartoffeln bei mindestens 40 g festen Zutaten pro 100 g Salat (Zeitpunkt: Zusammenfügen der Zutaten).

Kartoffelsnacks; Knabbererzeugnisse auf der Basis von Kartoffeln, v. a. → Kartoffelchips und Kartoffelsticks. Zur Herstellung werden die rohen Kartoffeln geschält, in Scheiben bzw. Stäbchen geschnitten, frittiert und schließlich gewürzt (häufig auf Paprikapulver basierend). Andere K. werden aus Kartoffeltrockenerzeugnissen durch Anteigen, Ausformen und Frittieren bzw. durch Extrudieren hergestellt.

Kartoffelstärke engl.: *potato starch,* Syn.: *Kartoffelmehl;* Reservekohlenhydrat der Kartoffel, das in der Knolle als weiße großkörnige → Stärke mit leichtem Eigengeschmack vorliegt. Die Gewinnung erfolgt durch einfaches und billiges Nassvermahlen von Kartoffeln. Dazu werden die Kartoffeln gereinigt, zu Reibseln zerkleinert, das Kartoffelfruchtwasser abgetrennt (Proteingewinnung) und die Stärke mit Hilfe verschiedener Siebsysteme extrahiert. Die so gewonnene Stärkemilch wird im Zuge einer Raffination gereinigt (Entfernung von Fasern und Restprotein), entwässert und schließlich getrocknet. Der bei der Extraktion zurückgebliebene Rückstand, die Pulpe, ist nach Trocknung als Komponente für Mischfutter geeignet. K. wird als Dickungsmittel in der Küche eingesetzt und dient als Bestandteil von Backmischungen. Wegen ihres Eigengeschmacks und der etwas zähen Konsistenz sind in Süßspeisen (Pudding) andere Stärkearten bevorzugt in Gebrauch. Nach Verarbeitung zu → Quellstärke eignet sich K. sehr gut für kalt zubereitete Desserts.

Kartoffeltrockenerzeugnisse engl.: *dried potato products;* Gruppe von getrockneten Kartoffelverarbeitungserzeugnissen, die u. a. → Trockenkartoffeln, → Kartoffelpüree und → Kartoffelkloßmehl umfassen.

Kartoffelverarbeitungserzeugnisse engl.: *processed potato products,* Syn.: *Kartoffelveredlungsprodukte, Kartoffelfertigerzeugnisse;* von Kartoffel verarbeitenden Betrieben hergestellte küchenfertige Erzeugnisse aus Kartoffeln. K. werden in Kartoffeltrockenerzeugnisse, Kartoffelsnacks, Tiefkühlkartoffelerzeugnisse, frittierte Kartoffelprodukte und Kartoffelkonserven (s. auch bei den einzelnen Stichwörtern) unterschieden.

Kartoffelwurst; 1. aus sehnenreichem Rindfleisch, fettgewebereichem Schweinefleisch, Fettgewebe und fein zerkleinerten Kartoffeln sowie weiteren Zutaten wie z. B. Gewürzen nach Art einer Kochstreichwurst hergestelltes nicht umgerötetes Fleischerzeugnis. K. ist zum Warmverzehr bestimmt und wird auch ohne Hülle verkauft; 2. regionale (Hessische K.) → Kochmettwurst, bei der Kartoffeln mitverwendet werden. Die Hessische K. ist als Halbfabrikat zum Warmverzehr bestimmt. Der Verkauf erfolgt auch ohne Hülle.

Karton engl.: *card, cardboard;* aus Papierstoff bestehender flächiger → Packstoff, der z. B. zur Herstellung von → Schachteln oder Hüllen eingesetzt wird. K. zeichnet sich durch seinen günstigen Preis und die gute Verarbeitbarkeit aus und kann überall dort eingesetzt werden, wo keine besondere Barrierewirkung oder Widerstandsfähigkeit gegen Feuchtigkeit oder Flüssigkeit erforderlich ist. Durch Beschichtung oder Kombination mit anderen Packstoffen lassen sich vielseitig einsetzbare Verbundmaterialien herstellen. → Chromokarton → Chromoersatzkarton

Kartonagen engl.: *paper board container;* Bezeichnung für sämtliche → Packmittel aus → Karton, Voll- und → Wellpappe. Als K. werden auch Zuschnitte aus Karton, die zur Herstellung von Schachteln usw. verwendet werden, bezeichnet.

Karube Syn.: → *Johannisbrot*

Karyopse engl.: *caryopsis,* Syn.: *Schalfrucht;* botanische Bezeichnung für eine einsamige oberständige → Frucht mit verwachsener, nicht mehr zu trennender Frucht- und Samenschale, die bei Getreidearten das wesentliche Speicherorgan für Stärke darstellt. Die K. wird wegen des Abschälens der Fruchtschale vor der Weiterverarbeitung auch Schalfrucht genannt.

Karzinogene Stoffe Syn.: → *Kanzerogene Stoffe*

Kaschieren engl.: *to coat, to laminate;* Verkleben der Oberflächen mehrerer gleichartiger oder verschiedener Körper (z. B. Papier mit Aluminium oder Kunststoff als Sperrschicht). Es wird zwischen Wachs-, Nass- und Trockenkaschierung unterschieden, je nachdem, ob Wachs, Kaschierleim oder lösungsmittelhaltiger Klebelack verwendet wurde.

Kaschierte Bonbons engl.: *honey-combed filled sweets;* besonders knusprige → Bonbons mit einer blätterkrokantartigen Struktur. Diese wird durch mehrfaches Ausziehen und Einschlagen einer mit Füllmasse (Fett) bestrichenen heißen Bonbonmasse erreicht.

Kaschu; → Cashewbaum → Cashewkerne

Kasein Syn.: → *Casein*

Kasseler engl.: *smoked pork chop,* Syn.: *Kasseler Rippenspeer, Kasseler Rippchen;* gepökeltes und geräuchertes mageres Schweinefleisch mit im Anschnitt gleichmäßiger rosaroter Farbe. Es wird aus frischen → Kotelettsträngen ohne Kamm durch mildes Pökeln und anschließendes goldbraunes Räuchern in nicht zu warmem Heißrauch hergestellt. K. ist nach dem Berliner Fleischermeister Cassel benannt. Bei ähnlich zubereiteten Fleischerzeugnissen aus anderen Teilstücken wie z. B. Kamm (Nacken) oder Bauch wird die Bezeichnung K. nur in Verbindung mit der Bezeichnung des Teilstückes (z. B. Kasseler-Kamm) verwendet.

Kasseler Brot; freigeschobenes, langes, helles Mischbrot mit glatter glänzender Oberfläche, die an den Enden zumeist eingeschnitten ist, und mild säuerlichem Geschmack.

Kasseler Rippenspeer Syn.: → *Kasseler*

Kasseler Weckewerk; → Kochmettwurst mit erbsengroß gekörnter nicht umgeröteter Masse. Sie wird aus fettgewebereichem Schweinefleisch, Schweinemasken und Schwarten unter Mitverwendung von Semmeln oder Weißbrot sowie weiteren Zutaten wie z. B. Gewürzen hergestellt. Die Semmeln oder das Weißbrot können teilweise durch Kartoffeln ausgetauscht werden. K. W. wird überwiegend in der kalten Jahreszeit lose sowie vereinzelt auch in weiten Hüllen und Dosen angeboten. Der Verzehr erfolgt warm, entweder direkt nach Herstellung oder nach Braten des erkalteten K. W. in der Pfanne, mit Beilagen. Ursprünglich diente die Herstellung von K. W. zur Resteverwertung bei Hausschlachtungen.

Kastenbrot engl.: *tin loaf;* in offenen oder geschlossenen Metallformen gebackenes längliches → Brot mit einer nur an der Oberfläche ausgebildeten Kruste.

Kastenpickert; → Pickert

Kastor engl.: *castor sugar, caster sugar,* Syn.: *Kastorzucker;* besonders feinkörnige Kristallraffinade, die v. a. in Amerika und England verwendet wird.

Katabolismus engl.: *catabolism;* von griech.: *kataballein* = niederschlagen abgeleitete Bezeichnung für die Gesamtheit der im Stoffwechsel ablaufenden Reaktionen, die zum Abbau höhermolekularer Substanzen unter Energiegewinn in niedermolekulare Grundstoffe führen, wie z. B. durch die → Glykolyse. → Anabolismus

Katadyn-Verfahren; von katalytisch und oligodynamisch (lat.: *oligos* = klein und *dynamis* = Kraft) abgeleitete Bezeichnung für verschiedene Verfahren zur Entkeimung von Trink- und Brauchwasser mit Hilfe von Silberionen (→ Silberung). Dabei können die Silberionen entweder direkt dem Wasser zugefügt werden oder in Filtern fest eingelagert sein.

Katalase engl.: *catalase;* in pflanzlichen und tierischen Geweben vorkommendes → Enzym, das die Spaltung von Wasserstoffperoxid in Wasser und Sauerstoff katalysiert und so vor dessen toxischer Wirkung schützt. In der Mikrobiologie wird zwischen katalasepositiven → Mikroorganismen, die das beim Stoffwechsel aus Sauerstoff entstehende toxische Wasserstoffperoxid abbauen können und katalasenegativen Mikroorganismen unterschieden. In der Lebensmitteltechnologie kann K. z. B. zum Abbau von überschüssigem, bei bestimmten Konservierungsverfahren (z. B. Pasteurisierung von Rohmilch für Käsereien mit Wasserstoffperoxid) zugesetzten Wasserstoffperoxid genutzt werden. Die Katalaseprobe in der Rohmilch dient weiterhin der Erkennung mastitiskranker Kühe.

Katenkäse Syn.: → *Cottage Cheese*

Katenrauchwurst; durch langes Räuchern in

dünnem Kaltrauch kräftig mahagonibraune schnittfeste → Rohwurst, die aus denselben Ausgangsmaterialien wie → Salami hergestellt wird und allgemein wie diese zu beurteilen ist.

Katenschinken Syn.: *Landrauchschinken;* durch Trockenpökelung hergestellter, langsam abgetrockneter, im Ganzen lange kalt geräucherter (Katenrauch) → Rohschinken mit goldgelber Oberfläche und mildem Rauchgeschmack sowie vergleichsweise zarter Konsistenz. Im Handel werden sowohl der ganze Schinken wie auch die einzelnen Teilstücke im Ganzen neben fertigen Servierschnitten und Würfeln angeboten.

Katfisch lat.: *Anarhichas sp.* (Fam.: *Anarhichardidae*), engl.: *catfish, wolf-fish,* Syn.: *Austernfisch, Steinbeißer;* Seefisch, der an den Küsten des Nordatlantiks bis zur Barentsee verbreitet ist mit Hauptfanggebiet bei Island. Zwei Arten werden als Speisefisch angeboten, der Gestreifte K. (Seewolf, lat.: *A. lupus L.*) und der Gefleckte K. (lat.: *A. minor, Olafsen*). Beide Arten sind ca. 120 cm lang (maximal 150 bzw. 180 cm); sie werden frisch oder tiefgefroren angeboten, meist filetiert oder in Scheiben geschnitten (Karbonade) und entgrätet. Das Fleisch ist hell und ähnelt dem des Kabeljau. 100 g enthalten ca. 16 g Protein und 2–4 g Fett. Die englische Bezeichnung catfish wird für eine Vielzahl von Fischen verwendet, u. a. für eine Reihe von Süßwasserfischen (→ Wels).

Kathepsine engl.: *cathepsins;* Gruppe von proteolytischen Enzymen, die in verschiedenen tierischen Geweben in den Lysosomen gespeichert werden. Die K. werden nach der Schlachtung aufgrund des sauren pH-Wertes frei und sind an der → Fleischreifung beteiligt.

Katjang; Sammelbegriff in der indonesischen Küche für Hülsenfrüchte wie bspw. K. Idjoe (→ Mungbohnen) sowie Zubereitungen (z. B. Sambal K.) und Gerichte wie K. Goreng (geröstete Erdnüsse) aus diesen.

Katsuobushi; → Thunfisch

Katzenhai engl.: *small-spotted catshark;* → Haie

Katzenzungen engl.: *cats' tongue;* dünne, an den Enden breitere und abgerundete zungenförmige Stücke aus verschiedenen Sorten → Schokolade. Sie sind ca. 5–8 cm lang und 1–2,5 cm breit.

Kaubonbons engl.: *chewy toffees;* weiche, bis zu 2 Minuten kaubare zur Gruppe der → Weichkaramellen gehörende Bonbons.

Kaudragées engl.: *chewing dragees;* Zuckerwaren in Form von Dragées mit fester feinkristalliner Zuckerdecke, die beim Verzehr in den zähplastischen Kern eingekaut wird. Hierzu zählen z. B. Pfefferminz-Weichdragées.

Kaugummi engl.: *chewing gum,* Syn.: *Chewing gum;* Zuckerware ursprünglich nordamerikanischer Herkunft, die aus einer wasserunlöslichen, beim Kauen plastisch werdenden → Kaugummibase (mindestens 18 %), Zuckerarten und/oder Zuckeralkoholen, Süßstoffen, Aromen, anderen Geruch, Geschmack oder Konsistenz gebenden Zutaten wie z. B. Genusssäuren, Emulgatoren, Feuchthaltemitteln sowie Farbstoffen besteht. Die Kaugummibase wird bei ca. 50 °C in Knetmaschinen mit den anderen Zutaten vermengt und direkt ausgewalzt oder im Extruder weiterverarbeitet. Die entstehenden Bänder und Streifen werden vorgekühlt und anschließend mittels Schneid- und Wickelmaschinen fertiggestellt. Bei K. kann zwischen Streifenware (Stick gum) und dragierter Ware in Form von Kugeln oder Kissen unterschieden werden. Beim Verzehr löst sich im Speichel zunächst der Zucker, nach etwa 15 Minuten ist die Kaugummibase zuckerfrei, durch die Wasseraufnahme aufgequollen und kann noch stundenlang weitergekaut werden.

Kaugummibase engl.: *chewing gum base, gum base,* Syn.: *Kaumasse;* nur zum Kauen bestimmtes, nicht verdauliches Zusatzstoffgemisch, das aus Konsistenz gebenden Stoffen wie Natur- oder Kunstgummi (z. B. Chicle,

Kautschuk, Butadien-Styrol-Copolymerisate, Guttapercha), Weichmachern (Plasifikatoren) wie z. B. Pflanzenharzen oder Wachsen und Füllstoffen wie z. B. Calciumcarbonat, Silicate oder Cellulose besteht. Die Rezeptur ist so zusammengestellt, dass die K. bei versehentlichem Herunterschlucken ohne gesundheitliche Nachteile wieder ausgeschieden wird bzw. dass sich beim Kauen keine Bestandteile herauslösen. K. enthalten im Gegensatz zu Blasgummibasen viel Wachs und wenig → Latex.

Kaulbarsch lat.: *Gymnocephalus cernua L.* (Fam.: *Percidae*), engl.: *pope, ruffe,* Syn.: *Stur;* kleiner Süßwasserfisch (Länge ca. 15, maximal 30 cm), der im Unterlauf größerer Flüsse und im Brackwasserbereich von Nord- und Ostsee lebt. Der K. ist anspruchslos; in Nord- und Mitteleuropa bis nach Sibirien ist er weit verbreitet. K. wird für Fischsuppen verwendet oder als ganzer Fisch paniert in heißem Fett gebacken.

Kaumasse Syn.: → *Kaugummibase*

Kava-Kava lat.: *Piper methysticum G. FORST.* (Fam.: *Piperaceae*), engl.: *kawa, kawa kawa, ava pepper,* Syn.: *Kawa, Rauschpfeffer;* von den Pazifischen Inseln stammende bis zu 3 m hoch werdende Pfefferpflanze. Extrakten der bis zu 10 kg schweren Wurzelstöcke wird eine entspannende und Angst lösende Wirkung zugeschrieben. Aufgrund des Auftretens von Leberschädigungen nach der Einnahme Kava-Kava-haltiger Arzneimittel ist in Deutschland seit dem Jahr 2002 die Verwendung von Kava-Kava-Extrakten in Arzneimitteln, außer in homöopathischen Arzneimitteln, die nur sehr geringe Mengen enthalten, verboten. Kava-Kava-haltige Lebensmittel sind nicht verkehrsfähig.

Kaviar engl.: *caviar,* Syn.: *Caviar;* → Fischerzeugnis, hergestellt aus gesalzenem → Rogen verschiedener Fischarten. Es wird unterschieden zwischen: 1. Echtem K. aus Stör-Arten (→ Stör): Beluga, Korngröße ca. 3,5 mm, mindestens 1–2 mm (Glasware mit blauem Deckel); Ossietr(a), 2–3 mm, mindestens 1 mm (gelber Deckel); Sevruga, 1–2 mm, auch darunter (roter Deckel); Schah, Rogen der sehr seltenen Winterstöre, besonders wertvoll (teuer); Presskaviar, weiche, auch beschädigte Körner verschiedener Störarten, breiig, stark gesalzen, im Handel meist in Fässern. Nach der Zubereitung werden Malossol (unter 6 % Salz, geschmacklich am besten, aber nur begrenzt haltbar), Fassware (10–12 % Salz) und pasteurisierter K. unterschieden. 2. Kaviarersatz aus Rogen anderer Fischarten: Lachskaviar, Felchenkaviar, Forellenkaviar (Regenbogenforelle, gefärbt), Bottargakaviar (Meeräsche, gesalzen und geräuchert; italienische Spezialität), Deutscher K. (Seehase oder Lodde, seltener Dorsch/Kabeljau oder Hering, stark gesalzen, feinkönig, schwarz oder rot gefärbt). K. ist wegen des hohen Protein- und Fettgehaltes leicht verderblich; verschiedene Konservierungsstoffe dürfen in einer Gesamtmenge von maximal 2 g pro kg zugesetzt werden. Frischer K. kann original verschlossen in Blechdosen oder Gläsern bei 2 °C bis zu 3 Monaten gelagert werden, pasteurisierter K. bis zu 1 Jahr.

Kaviarcreme; → Fischpaste, hergestellt aus Dorsch- oder Heringsrogen. K. ist eine schwedische Spezialität, die in Deutschland in unterschiedlichen Geschmacksrichtungen angeboten wird.

Kaviarersatz engl.: *caviar substitute;* → Kaviar

Kebab; gewürztes türkisches Fleischgericht aus vorwiegend gebeiztem Hammel- oder Lammfleisch, das mit Tomaten und Gewürzen in der Pfanne oder auch am Spieß zubereitet wird. Eine in Deutschland erschaffene Abwandlung ist → Döner Kebab.

Kefir engl.: *kefir;* mit spezifischen Kefirknöllchen (→ Kefirpilze) oder einer daraus direkt hergestellten Kultur aus pasteurisierter Milch gewonnenes Kefirerzeugnis. Die Erhöhung der Milchtrockenmasse und die Einstellung des Fettgehaltes bei der Herstellung sind im Gegensatz zur Anreicherung mit Milcheiweißerzeugnissen und Wärmebehandlung nach der Fermentation zulässige

Verfahren. Ausgangsprodukt für K. ist Vollmilch mit mindestens 3,5 % Fett, für fettarmen K. entsprechend fettarme Milch mit 1,5–1,8 % Fett, für Magermilchkefir entrahmte Milch mit höchstens 0,3 % Fett und für Sahnekefir (Rahmkefir) Sahne mit mindestens 10 % Fett. Bei den entsprechenden milden Sorten (K. mild, fettarmer K. mild usw.) werden von Kefirknöllchen abgeleitete Kulturen mit Milchsäurestreptokokken und Lactobacillen verwendet.

Kefirerzeugnisse engl.: *kefir products;* aus Milch oder Sahne unter Verwendung spezifischer Kefirknöllchen (→ Kefirpilze) oder einer von diesen abgeleiteten Kultur, auch unter Erhöhung der Milchtrockenmasse und/oder Anreicherung mit Milcheiweißerzeugnissen hergestellte Getränke. Die Fermentation setzt sich aus Milchsäuregärung und alkoholischer Gärung zusammen, weshalb K. einen mildsauren Geschmack, einen geringen Alkoholgehalt (mindestens 0,05 % Ethanol) und aufgrund des Kohlensäuregehalts eine spritzige schäumende Konsistenz besitzen. Bei den Standardsorten finden keine Anreicherungen mit Milcheiweißerzeugnissen und Wärmebehandlungen nach der Fermentation statt. Diese lassen sich gemäß des Fettgehaltes in → Kefir, fettarmer Kefir, Magermilchkefir, Sahnekefir sowie die entsprechenden milden Sorten unterteilen, bei denen zur Fermentation von Kefirknöllchen abgeleitete Kulturen mit Milchsäurestreptokokken und Lactobacillen verwendet werden.

Kefirkörner engl.: *kefir seeds;* getrocknete → Kefirpilze, die nach Einweichen in Wasser und mehrmaligem Züchten in Milch wieder gebrauchsfähige Kefirpilzkulturen ergeben.

Kefirpilze; ursprünglich nicht konstantes Gemisch aus homo- und heterofermentativen Lactobacillus-Arten, mesophilen Milchsäurestreptokokken und Kohlendioxid und Alkohol produzierenden → Hefen sowie Essigsäurebakterien, das zur Herstellung von traditionellem → Kefir verwendet wird. Industriell gefertigter Kefir wird heute jedoch i. d. R. als Sauermilchgetränk mit Kulturen von → *Lactobacillus* und → *Lactococcus* ohne Lactose abbauende Hefen hergestellt.

Kefirpulver engl.: *kefir powder;* → Trockenmilcherzeugnis, das aus → Kefir durch weitgehenden Entzug des Wassers hergestellt wird. Der Restwassergehalt darf höchstens 5 %, der Fettgehalt muss mindestens 26 % betragen.

Kehdinger Hochzeitssuppe; regionale Suppenspezialität aus einer → Rinderbrühe mit Rosinen, klein geschnittenem Rindfleisch, Fleischklößchen und Reis.

Kehlen engl.: *gibbing;* Begriff aus der Fischereitechnologie. Beim K. werden Kiemen, Magen, Herz, Galle und ein Teil des Darms entfernt. Das Verfahren wird nur für Heringe angewandt, die gesalzen werden sollen (→ Salzhering), meist sofort nach dem Fang auf See (der Hering wird seegekehlt).

Keimbrot; → Weizenkeimbrot

Keime engl.: *1. sprouts 2. germs;* 1. von Pflanzen gebildete Organe, aus denen sich eine neue Pflanze entwickeln kann und die z. B. aus Pilzsporen, Samen, Knollen, Zwiebeln, Wurzeln und Wurzelstöcken hervorgehen können 2. Mikroorganismen wie Bakterien, Hefen und Schimmelpilze.

Keimfähigkeit engl.: *germination capacity;* spielt bei Saatgut, aber auch bei Braugerste und Brennereigerste eine wichtige Rolle, weil erst keimendes Getreide entsprechende Enzymaktivitäten entwickelt. Diese sind abhängig vom Alter des Saatgutes bzw. der Partie und lassen bei längerer Lagerzeit, v. a. bei Roggen wieder nach.

Keimfrei Syn.: → *Aseptisch*

Keimgemüse Syn.: → *Keimlinge*

Keimhemmungsmittel engl.: *germination inhibitor;* das unerwünschte Auskeimen von pflanzlichen Lebensmittel wie z. B. Kartoffeln während der Lagerung durch Inhibierung der Zellteilung verhindernde → Herbizide. Neben den irrevesibel wirkenden Carbamaten (Propham, Chlorpropham) werden auch reversibel wirkende ätherische Öle z. B. vom Kümmel (Carvon) oder der Munapflanze eingesetzt.

Keimlinge engl.: *germ buds,* Syn.: *Keimgemüse, Sprossen;* sich aus Pflanzensamen entwickelnde Sprosse, die als Keimgemüse roh (z. B. in Salaten) oder gekocht (z. B. in Suppen, Eintöpfen, Reisgerichten) verzehrt werden. Die Anzucht der K. erfolgt u. a. aus Getreidekörnern, Hülsenfrüchten (v. a. Sojabohnen) und Ölsaaten (s. Tabelle) in Keimgeräten oder Gläsern mit Gaze unter Einfluss von Wasser, Wärme, Licht und Sauerstoff. Während des Keimvorgangs kommt es zu einem Anstieg des Gehalts an Wasser, Vitaminen und Protein, gleichzeitig zu einem Abbau an Kohlenhydraten, Fetten und wertmindernden Inhaltsstoffen (z. B. Trypsin-Inhibitoren, Hämagglutinine und blähende Kohlenhydrate). Wegen ihrer hohen Gehalte an Vitaminen, Mineralstoffen, Ballaststoffen und auch sekundären Pflanzenstoffen werden K. im Rahmen einer vollwertigen Ernährung verwendet.

Keimlinge

Getreide	Hülsenfrüchte	Sonstige
Hafer	Sojabohne	Buchweizen
Weizen	Mungobohne	Senf
Roggen	Kichererbse	Rettich
Gerste	Erbsen	Radieschen
Mais	Linsen	Kresse
	Alfalfa	Leinsamen
	Bockshornklee	Sesam
		Sonnenblumenkerne

Keimöl engl.: *germ oil;* Gruppenbezeichnung für Pflanzenöle, die aus den Keimlingen statt aus dem gesamten Samen (Samenöle wie z. B. Sojaöl) gewonnen werden. Da diese Keimlinge meist von Getreiden stammen, ist die Bezeichnung K. häufig als Synonym für → Getreidekeimöle in Gebrauch.

Keimzahl engl.: *bacteria count;* Kriterium für die mikrobiologische Beurteilung von Lebensmitteln. Die Bestimmung der K. erfolgt durch direkte mikroskopische Keimzählung (Gesamtzellzahl) oder als indirekte kulturelle Zählung der vermehrungsfähigen Zellen nach Bebrütung auf festen oder flüssigen Nährmedien (Lebendkeimzahl oder Koloniezahl). Die Angabe der K. bezieht sich auf 1 g bzw. 1 ml.

Kekse engl.: *biscuits, cookies amerik.;* aus kleinen oder mäßig großen Stücken bestehende, nicht süße oder mehr oder minder süße Gebäcke aus meist fetthaltigem Teig, der ausgewalzt, ausgeformt („Dressiergebäck") oder geschnitten („Schnittgebäck") wird. Übliche Zutaten für den Teig sind neben Getreideerzeugnissen und/oder Stärke und Wasser Zucker, Milch, Butter, Eier, Gewürze und Triebmittel. Von der Konsistenz her lassen sich K. in → Mürbekekse und → Hartkekse unterteilen. K. sind monatelang haltbar (→ Dauerbackwaren), wenn sie kühl, dunkel und trocken gelagert werden.

Kellerassel engl.: *wood-louse;* → Asseln

Keltern engl.: *tread, to press;* Bezeichnung im Weinbau für das Auspressen der → Maische. Der Raum, in dem dies geschieht, wird auch als Kelter bezeichnet.

Keltertraubensorten; Rebsorten, die für den Weinbau zugelassen und geeignet sind.

Kenia-Tee; erst seit kurzer Zeit in Deutschland angebotener → Tee, der bei Kennern wegen seiner Frische sehr gefragt ist, meist aber ohne Namensnennung in → Teeaufgussbeuteln angeboten wird.

Kentjoer; in Rezepten der → indonesischen Reistafel zu findende, aus dem Niederländischen stammende Bezeichnung für den → Kleinen Galgant.

Keratin engl.: *keratin;* → Skleroprotein, das sich durch einen hohen Gehalt an → Cystin und eine hohe Beständigkeit gegenüber Säuren, Alkalien und Enzymen auszeichnet. K. ist Bestandteil der Horn-, Haar- und Nägelsubstanz und übernimmt dadurch Stützfunktion im Organismus. Für die menschliche Ernährung besitzt K. keine Bedeutung.

Keratomalazie engl.: *keratomalacia;* durch Vitamin-A-Mangel verursachte Veränderung des Auges. → Vitamin A

Kerbel lat.: *Anthriscus cerefolium (L.) HOFFM. var. cerefolium* (Fam.: *Apiaceae*), engl.: *garden chervil, chervil,* Syn.: *Gartenkerbel, Suppenkraut;* aus Südosteuropa und Asien stammendes, in Mitteleuropa kultiviertes einjähriges der → Blattpetersilie ähnlich sehendes Doldengewächs. Als → Küchenkraut finden die vor der Blüte geernteten leicht welkenden Blätter Verwendung, die etwa 0,03 % → ätherisches Öl mit Isoanethol als Hauptkomponente enthalten und stark aromatisch anisartig duften. K. wird vorwiegend frisch verwendet, da beim Trocknen Würzkraft und Aroma stark reduziert werden. In der Küche wird K. zum Würzen von Salaten, Fleisch-, Fisch- und Geflügelgerichten, Saucen und Suppen (Kerbelsuppe) verwendet. K. ist Bestandteil der → Fines Herbes.

Kerner; Weißweinrebe, Kreuzung aus Trollinger x Riesling, wenig frostgefährdet, für alle Böden geeignet, mittel- bis spät-reifend. Kerner verbindet Ertragssicherheit mit guten Mostgewichten und ansprechender Säure. Die Weine sind gehaltvoll, fruchtig, mit sortentypischem Bukett. Die jungen Weine sind eher intensiv und frisch, die älteren aromatisch. Gute Qualitäten können einige Jahre in der Flasche reifen. Die Kerner-Rebe wird zunehmend auch in außereuropäischen Weinbaugebieten angebaut.

Kernobst engl.: *kernel fruit, pomme-fruit, pomaceous fruit;* handelsüblicher Sammelbegriff für → Äpfel, → Birnen, → Quitten und → Nashi.

Kernobstweine; aus → Kernobst hergestellte → weinähnliche Getränke.

Kernschinken Syn.: *Rollschinken, Papenschinken, Kronenschinken, Keulenschinken;* knochenloser, hell- bis dunkelroter, geräucherter oder luftgetrockneter, roh gepökelter → Schinken, teilweise mit Schwarte, aus der Unter- und Oberschale des Schweins. Durch das Herauslösen des Knochens fehlt der natürliche Zusammenhalt, darum wird K. bei der Herstellung mit Wurstgarn umwickelt oder in eine Folie eingezogen.

Kerntemperatur engl.: *core temperature;* Temperatur desjenigen Punktes einer Einheit (z. B. Packung, Block), der am Ende eines Gefrierprozesses am wärmsten ist, also am langsamsten gefriert und am Ende des Erhitzens am kühlsten ist, sich also am langsamsten erwärmt (thermischer Mittelpunkt). Aufgrund dieser Eigenschaften dient die K. als Maß für eine ausreichende Erhitzung beim → Pasteurisieren oder → Sterilisieren bzw. für eine ausreichende Abkühlung beim → Tiefkühlen und muss innerhalb bestimmter festgelegter Sollwerte liegen.

Kesselfett; das beim Kochen von fettgewebehaltigen Tierkörperteilen austretende gesondert erfasste Fett. K. von schlachtfrischen Teilen des Schweines ist bei → Kochstreichwurst dem Fettgewebe gleich gestellt.

Kesselmilch engl.: *vat milk,* Syn.: *Käsereimilch;* Bezeichnung für Milch zur Herstellung von Käse, deren Fett- und Eiweißgehalt standardisiert ist, also der Fettgehalt in ein für die jeweils herzustellende Käsesorte vorgeschriebenes Verhältnis zur fettfreien Trockenmasse gebracht ist. K. wird pasteurisiert, thermisiert, seltener roh (unerhitzt) verwendet.

Kesselstein engl.: *boiler scale,* Syn.: *Wasserstein;* Ablagerungen, die beim Erhitzen von hartem Wasser in Kochgefäßen und Warmwasserleitungen entstehen und aus den Calcium-, Magnesium-, Eisen- und Mangansalzen von Carbonaten und Sulfaten bestehen. K. kann durch Säuren wieder entfernt und durch → Wasserenthärtung verhindert werden.

Kestosen engl.: *kestoses;* → Trisaccharide, die aus zwei Molekülen Fructose und einem Molekül Glucose bestehen. Ein Gemisch verschiedener K. findet sich in Melasse und bestimmten Obstsorten (z. B. Aprikosen).

Ketakaviar Syn.: → *Lachskaviar*

Ketchup engl.: *ketchup,* Syn.: *Catsup, Catchup;* Würzsaucen, die i. A. aus Tomatenmark und/oder dem Saft frischer Tomaten, Zwiebeln, Zuckerarten und/oder Süßungsmitteln, Essig und Gewürzen sowie weiteren Zutaten in verschiedenen Geschmacksrichtungen hergestellt werden. Bei den drei gängigsten Sorten handelt es sich um →Tomaten-Ketchup, →Curry-Ketchup und →Gewürz-Ketchup. K. wird als Beilage zu kalten und warmen Gerichten gereicht.

Ketjap Benteng engl.: *ketjap;* gewürzte indonesische Sojasaucen, die eine wesentliche Rolle in der indonesischen Küche spielen. Die beiden Hauptsorten sind die salzige dünnflüssige K. asem, der Gewürze, Salz und Zucker zugesetzt worden sind und die dickere schwarze, weniger gesalzene und dafür kräftiger gesüßte K. manis.

Ketoembar; indonesische Bezeichnung für →Koriander, der häufig in Rezepten von Gerichten der →indonesischen Reistafel verwendet wird.

Kettle rendered lard; Produktionsmethode von →Schweineschmalz, bei der das Rohmaterial in einem mit Dampf von außen erhitzten Kessel (kettle) mit Wasser versetzt wird. Wegen der höheren Temperaturen und dem verwendeten Ausgangsmaterial wird K. als qualitativ nachrangig zu →Neutralschmalz angesehen.

Keule engl.: *haunch;* Bezeichnung für die Hintergliedmaßen von Schlachttieren, Schlachtgeflügel und Wild, die große Teilstücke (beim Rind über 50% des Fleisches vom Hinterviertel) mit hochwertigem, magerem, i. d. R. feinfaserigem Muskelfleisch liefern. Beim Rind, Kalb und Schwein erfolgt eine weitere Feinzerlegung der K. Die daraus hervorgehenden Teilstücke sind beim Rind →Oberschale, →Unterschale (Schwanzstück), →Kugel und →Blume (Hüfte), beim Kalb Oberschale, Unterschale (Frikandeau, Schwanzstück), →Nussstück und Blume (Hüfte) sowie beim Schwein Oberschale, Unterschale (Schinkenstück), →Nuss und →Hüfte (Schinkenspeck). Bei Schafen (Schafe, Hammel und Lämmer) unterliegt die K. keiner Feinzerlegung. Die K. von Hammeln (→Hammelkeule) und Lämmern (→Lammkeule) sind als Braten sehr geschätzte Teilstücke. Beim Schlachtgeflügel besitzen die allgemein als Schenkel (→Geflügelschenkel) bezeichneten K. große Bedeutung, weil sie nach der Brust den größten Fleischanteil aufweisen. Die K. von Puten und Gänsen gelten wie Wildkeulen als Delikatessen.

Keulenschinken Syn.: →*Kernschinken*

Kewra-Wasser engl.: *kewra-water;* →Schraubenbaum

Khaprakäfer lat.: *Trogoderma granarium Ev.* (Fam.: *Dermestidae* (Speckkäfer)), engl.: *khapra beetle;* ein etwa 3 mm großer länglich ovaler Käfer von dunkelbrauner Färbung mit helleren Streifen und Flecken auf der Flügeldecke. Die bis zu 4 mm lange braune Larve ist stark behaart und hat ein Büschel langer Haare am Körperende. Der aus Indien in zahlreiche warme Länder eingeschleppte K. ist ein wichtiger →Vorratsschädling in Mühlen, Mälzereien und Brauereien. Er befällt bevorzugt Getreide und Getreideprodukte, die er durch Larvenfraß zerstört, der Käfer selbst nimmt keine Nahrung auf. Die befallenen Vorräte werden weiterhin durch Larvenhaare verunreinigt, die →Allergien auslösen können. Der Wärme liebende K. wird durch Importe häufig nach Mitteleuropa eingeschleppt, siedelt sich dort aber nicht dauerhaft an.

Kichererbsen lat.: *Cicer arietinum L.* (Fam.: *Fabaceae*), engl.: *Chick Pea, Egyptian Pea;* je nach Sorte gelbliche, hellrötliche, schwarze oder braune, kantig unregelmäßig geformte erbsengroße Samen der gleichnamigen Pflanze. Sie werden gekocht und/oder geröstet (bspw. „Garbonzos“ oder Leblebi) oder roh verzehrt sowie zu Mehl vermahlen. K. sind ein Bestandteil vieler Gerichte wie z. B. Falafel. Zum Teil dienen auch die Blätter der jungen Pflanze als Salat oder Gemüse.

Kieler Sprotten; →Sprotten

Kieselgur engl.: *diatomaceous earth,* Syn.: *Diatomeenerde, Infusorienerde;* sehr feines, weißliches, leichtes Pulver, das aus den Kieselsäuregerüsten einzelliger fossiler Kieselsäurealgen besteht. K. wird in der Lebensmitteltechnologie als Filterhilfsmittel z. B. für Getränke und Speiseöle verwendet.

Kieselsäuren engl.: *silicic acid;* Bezeichnung für verschiedene azyklische und ringförmige Siliciumverbindungen wie Monokieselsäure (Orthokieselsäure), die leicht zur Dikieselsäure oder Metakieselsäure bis hin zu hochmolekularen Polykieselsäuren kondensiert. Eine weitere Polymerisation führt zur Ausscheidung des gallertartigen Kieselgels (Silicagel), das z. B. als Reinigungs-, Filtrier- und Klärmittel, in getrockneter Form als wichtiges Trocknungsmittel und stationäre Phase in der Chromatographie verwendet wird. Die Salze der K. (→ Silicate) sind Bestandteil verschiedener Mineralien und werden als Lebensmittelzusatzstoffe verwendet.

Kilch lat.: *Coregonus acronius Rapp* (Fam.: *Salmonidae*), Syn.: *Kleine Bodenrenke;* im Bodensee und anderen Voralpenseen heimische, heute verschollene bzw. äußerst seltene und deshalb ganzjährig geschützte Felchenart. Der K. war ein beliebter Speisefisch.

Kimtschi/Kim'chi; typisch koreanisches, i. d. R. scharf-saures Gemüsegericht. K. besteht aus mit verschiedenen, wechselnden Zutaten wie z. B. Krebsen, Knoblauch, Zwiebeln oder Ingwer, eingelegtem, milchsauer vergorenem Gemüse (bspw. Kohl- und/oder Rettichsorten).

Kinästhesie engl.: *kinaesthesia,* Syn.: *Kinästhetik;* aus dem Griechischen stammender Begriff für „Bewegungsempfinden“. Er bezeichnet die Fähigkeit bei motorischer Beanspruchung mit den Rezeptoren des Tiefensinns in Muskeln, Sehnen und Gelenken (z. B. beim Kauen) Raum-, Kraft- und Spannungsverhältnisse wahrzunehmen. Die K. wird unterteilt in Stellungssinn, Bewegungssinn und Kraftsinn. Kinästhetische Prozesse spielen eine wichtige Rolle bei der Wahrnehmung von → Textur.

Kinderlebensmittel engl.: *children's food;* lebensmittelrechtlich nicht definierte Bezeichnung für Lebensmittel, die i. d. R. mit Mineralstoffen und/oder Vitaminen angereichert sind, eine Aufschrift wie „für Kinder“ oder „Kids“ tragen oder Beigaben wie Aufkleber oder Spielfiguren enthalten.

Kipferl engl.: *cornet,* Syn.: *Kipfel;* 1. mondsichel- bzw. hörnchenförmiges Gebäck aus → Mürbeteig, dem Mandeln, Nüsse, Vanille- oder Vanillinzucker zugegeben sein können. Bestreut wird es mit Puder-, Vanille- oder Vanillinzucker; 2. österreichische und süddeutsche Bezeichnung für → Hörnchen.

Kipper engl.: *kipper;* → Räucherfisch, hergestellt durch Kalträuchern von großem, auseinander geklapptem, vorgesalzenem → Hering mit Haut, ohne Kopf, mit oder ohne Mittelgräte. K. werden vor dem Verzehr gebraten oder anderweitig unter Erhitzen zubereitet. Der K. ist eine englische Spezialität; er darf mit Braun FK (E 154; maximal 20 mg/kg) gefärbt werden (→ Lebensmittelfarbstoffe).

Kipper auf nordische Art engl.: *kipper nordic type;* auseinander geklappter („gefleckter“) und danach geräucherter Hering (→ Bückling) ohne Kopf.

Kir Royal; klassischerweise in einem Champagnerglas gemischter, mehr oder weniger rötlich gefärbter Cocktail aus einer kleiner Menge süßem Johannisbeerlikör (Crème de Cassis), die traditionell mit → Champagner aufgefüllt wird.

Kirschen lat.: *Prunus avium L. und Prunus cerasus L.* (Fam.: *Rosaceae*), engl.: *cherries;* weit verbreitetes Steinobst; im Handel werden überwiegend → Süß- und → Sauerkirschen angeboten. Von geringer Bedeutung sind → Bastardkirschen.

Kirschenmichel; süßer Auflauf aus einer gestockten Masse aus Brötchen und/oder altem Weißbrot oder Grieß, Milch, Eiern, Zucker und Süß- oder Sauerkirschen.

Kirschgeist; nicht zulässige und nur noch ugs. verwendete Bezeichnung für → Kirschwasser. → Obstgeiste

Kirschlikör engl.: *cherry liqueur;* → Fruchtsaftlikör, hergestellt auf der Basis von Ethanol landwirtschaftlichen Ursprungs, Fruchtsaft bzw. Fruchtaroma mit einem Mindestalkoholgehalt von 15 Vol.-%. Die Verwendung von Kirschwasser ist nicht zwingend. Erzeugnisse besonderer Geschmacksrichtung sind Cherry Brandy, Kirsch mit Rum, Kirsch mit Whisky.

Kirsch mit Rum; → Kirschlikör, der unter Mitverwendung von → Rum als Geschmackszusatz hergestellt wird und einen Mindestalkoholgehalt von 15 Vol.-% aufweist.

Kirsch mit Whisky; → Kirschlikör, der unter Mitverwendung von → Whisky als Geschmackszusatz hergestellt wird und einen Mindestalkoholgehalt von 15 Vol.-% aufweist.

Kirschtasche; → Teigtaschen

Kirschtomaten engl.: *cherry tomatoes;* → Tomaten

Kirschtropfen; → Pralinen mit einer flüssigen Füllung, die → Kirschwasser in geschmacklich ausreichender Menge enthält. Der gesamte Alkoholgehalt der Füllung stammt ausschließlich aus dem Kirschwasser.

Kirschwasser engl.: *kirsch;* farbloser dünnflüssiger → Obstbrand aus vollen fleischigen Kirschen ohne Stiel, mit einem geringen Anteil an Kernen und einem Mindestalkoholgehalt von 37,5 Vol.-%.

Kiwano lat.: *Cucumis metuliferus E. mey ex. Schrad* (Fam.: *Cucurbitaceae*), engl.: *Horny Cucumber,* Syn.: *Hornmelone;* zu den Melonen zählende Südfrucht. Herkunft ursprünglich Afrika, heute hauptsächlich Neuseeland. Die K. besitzt eine Länge von ca. 10–14 cm und einen Durchmesser von ca. 8 cm und besticht durch ihr Äußeres: gelbe bis rote, meist intensiv orangerote Schale mit charakteristischen scharfen Zacken. Das Fruchtfleisch ist grün, geleeartig mit vielen essbaren Kernen. Der Geschmack des frisch verzehrten Fleisches erinnert an Gurke, Banane und Limone. K. zählen zu den nachreifenden Früchten. Die Nachreife kann bis zu mehreren Monate dauern, deshalb sind K. an einem kühlen trockenen Ort über Monate haltbar.

Kiwi lat.: *Actinidia deliciosa (A. Chev.) C.F. Liang et A.R. Ferguson* (Fam.: *Actinidae*), engl.: *Chinese Gooseberry, Kiwi Fruit,* Syn.: *Chinesische Stachelbeere, Strahlengriffelfrucht;* → Beeren eines in China heimischen Kletterstrauches, der Kiwipflanze. Je nach Sorte sind sie oval bis walzenförmig, zwischen 25 und 100 g schwer und haben eine braune Schale mit kurzen, steilen, hellbraunen Borstenhaaren. Genutzt wird das außen grüne, innen helle, saftige, schmackhafte Fruchtfleisch, das viele kleine fast schwarze Samen enthält. Aus ihm lassen sich in den Anbauländern Fruchtnektare, Fruchtpasten, Fruchtaromen und Konfitüren gewinnen. Es ist reich an Vitamin C (ca. 46 mg pro 100 g) und Ballaststoffen (ca. 2 g pro 100 g). Die ganzjährig angebotenen K. werden hauptsächlich frisch (geschält) verzehrt und finden Verwendung in Obstsalaten, Getränken und in Torten. Bei der Zugabe zu Milchprodukten lässt das Enzym → Actinidin das Eiweiß gerinnen und erzeugt einen bitteren Geschmack. Bei 0 °C lassen sich die aus der ganzen Welt (Hauptanbauland Neuseeland) importierten K. bis zu 6 Monaten lagern. Sie werden auch tiefgefroren und konserviert in Dosen als Scheiben und Pulpe gehandelt.

Klaben Syn.: → *Bremer Klaben*

Klären engl.: *claryfication;* 1. küchentechnisches Verfahren, bei dem fein verteilte Trübstoffe durch Zugabe von mit etwas Brühe aufgeschlagenem Eiweiß, langsamem Erhitzen und anschließendem Filtrieren entfernt werden; 2. im allgemeinen Sinne Bezeichnung für ein Verfahren, aus einer trüben eine klare Flüssigkeit zu machen, indem suspendierte oder kolloidal gelöste Teilchen durch Filtration, Sedimentation, Zentrifugation, Ausflockung oder dergleichen beseitigt werden. Im Lebensmittelbereich angewandt z. B. bei Fruchtsäften, Wein und Zuckerlösungen bei der Saccharose-Gewinnung.

Klärmittel engl.: *finings,* Syn.: *Klärhilfsmittel;* Materialien wie Kieselgur, Tannin, Gelatine oder Tonerde, die in der Lebensmitteltechnologie als Hilfsmittel zum Ausfällen und Abtrennen feinstverteilter Trübstoffe aus Getränken wie Säften oder Wein eingesetzt werden.

Klaffmuscheln lat.: *Fam.: Myidae,* engl.: *softshell clams;* artenreiche Familie der →Muscheln. Die auch an der deutschen Küste reichlich vorkommende Sandklaffmuschel oder Steckmuschel (lat.: *Mya arenaria L.*) ist weilweit verbreitet. In Nordamerika wird sie frisch, tiefgefroren und in vielfältiger Zubereitung angeboten, in Deutschland ist sie weniger beliebt.

Klarapfel; Apfelsorte (→Apfel) mit kleinen bis mittelgroßen Früchten mit grüner Schale und säuerlichem weißen Fruchtfleisch, das schnell weich und mehlig wird. K. werden von Ende Juli bis Anfang August geerntet und sind ausschließlich zum sofortigen Frischverzehr geeignet.

Klareis; →Kunsteis, das durchsichtig ist, da keine das Licht brechenden Luftblasen enthalten sind.

Klarer; Bezeichnung für eine farblose einfache →Spirituose ohne Geschmackszusätze mit einem Mindestalkoholgehalt von 32 Vol.-%.

Klare Suppen engl.: *clear soups;* →Suppen

Klare Zitrone; →Zitronenlimonaden

Kleber engl.: *gluten;* für die →Backfähigkeit von Weizenmehl bedeutsames, in Wasser und verdünnten Salzlösungen unlösliches Eiweiß des Weizenendosperms (→Mehlproteine). Gelegentlich werden auch die unlöslichen Eiweißstoffe anderer Getreidearten, z. B. von Mais, die bei der Stärkegewinnung anfallen, als K. bezeichnet. Diese K., die einen Roheiweißgehalt von mindestens 50 % aufweisen, werden vornehmlich als Futtermittel verwendet. Weizenkleber quillt beim Anteigen mit Wasser und unter der mechanischen Einwirkung des Knetens stark auf und bildet im Teig eine zusammenhängende Masse, in die die Stärke eingebettet ist. Seine plastisch elastischen Eigenschaften sowie die Fähigkeit, das von der Hefe oder dem Backtriebmittel im Teig gebildete Kohlendioxid in Form kleiner Bläschen festzuhalten, bewirken die besonders gute Eignung von Weizenmehl für die Brot- und Gebäckherstellung. Dadurch besitzt er großen Einfluss auf die Ausprägung und die wesentlichen Eigenschaften, wie z. B. Konsistenz der Krume beim Backen. Qualität und Menge des K. hängen von Weizensorte, Düngung und Herkunft ab. So haben z. B. deutsche Weizensorten meist weicheren und nordamerikanische mehr und festeren K. Technisch wird Weizenkleber durch Anteigen des Mehles und anschließendes Auswaschen der Stärke und der löslichen Eiweißstoffe als gummiartige zähe Masse gewonnen. Sie umfasst etwa 80 % der im Mehl enthaltenen Eiweißstoffe. Der Roheiweißgehalt des K. in der Trockensubstanz liegt zwischen 75 und 85 %. Getrockneter K. erscheint hornartig und lässt sich zu einem feinen Pulver (→Trockenkleber) vermahlen. Weizenkleber wird zur Eiweißanreicherung von Lebensmitteln, zur Herstellung von Speisewürzen und als Backmittel zur Verbesserung der Backfähigkeit von Weizenmehlen sowie zu technischen Zwecken verwendet.

Kleehonig engl.: *clover honey;* weißer bis gelblicher flüssiger →Honig aus Kleeblüten (→Blütenhonig) mit mildwürzigem Geschmack. Er stammt zum größten Teil aus Gebieten mit Großanbau verschiedener Kleearten (Gattungen *Trifolium L.* und *Lotus L.*) wie z. B. in Kanada.

Kleesäure Syn.: → *Oxalsäure*

Kleie engl.: *bran;* bei der Getreidevermahlung nach Absieben des Mehles anfallender Rückstand (→Mühlennachprodukte). Er enthält die ballast- und mineralstoffreichen Randschichten und den nährstoffreichen (Eiweiße, Fette, Vitamine) Keimling des →Getreidekornes, aber auch anhaftende Schmutzteile und Kontaminanten. Nachdem die rohe K. früher ausschließlich Futterzwecken diente, wird zunehmend gereinigte Kleie (→ Speisekleie), teils auch in aufbereiteter Form, zur Eiweiß-, Ballaststoff- und Vitaminanreicherung, insbesondere bei Backwaren, verwendet.

Kleinberger Syn.: → *Elbling*

Kleinblatthaferflocken; → Haferflocken

Kleine Maräne Syn.: → *Zwergmaräne*

Kleiner Galgant lat.: *Alpinia officinarium HANCE* (Fam.: *Zingiberaceae*), engl.: *lesser galangal,* Syn.: *Siam Ingwer, Kentjoer;* → Gewürz aus den bis zu 1 m langen Wurzelstöcken der mit dem → Ingwer verwandten, aus dem südlichen China stammenden Galgantpflanze. Hauptanbauländer sind Südchina und Thailand. In den Handel kommt k. G. in Form getrockneter, 6–10 cm langer Stücke oder gemahlen als rotbraunes Pulver. K. G. riecht würzig und hat einen bitter aromatischen Geschmack. In Europa spielt k. G. in der Spirituosenfabrikation eine Rolle (→ Magenbitter). Weiterhin ist er Bestandteil von Gewürzmischungen wie z. B. → Curry-Pulver und dient als typisches Gewürz für die → indonesische Reistafel.

Kleine Stubenfliege engl.: *little house fly;* → Fliegen

Kleinfleisch; Sammelbezeichnung für frische und gesalzene Schweineschnauzen, -pfoten und -rippen.

Kleingebäck; Sammelbezeichnung für kleine → Backwaren verschiedener Art und Form aus → Brotteig mit einem Stückgewicht bis 250 g. Bei K. ist die Verwendung von Anteilen an Milch, Fett oder anderen Zutaten neben den klassischen Brotteigzutaten sowie das Bestreuen der Oberfläche mit Salz, Kümmel, Mohn und dergleichen bisweilen üblich. Typische Beispiele für K. sind → Brötchen, → Hörnchen, → Croissants und → Brezeln.

Kleinkinderlebensmittel; Untergruppe der → Kinderlebensmittel, die speziell für Kinder zwischen 1 und 3 Jahren angeboten werden.

Kleinlimburger; → Limburger Käse mit einem Gewicht von 180–250 g.

Kleinmünster-Käse; → Münster-Käse in kleiner Form mit einem Durchmesser von etwa 8,5 cm.

Kleinpackung Syn.: → *Grundpackung*

Kletterbohnen; → Bohnen

Kliesche lat.: *Limanda limanda L.* (Fam.: *Pleuronectidae*), engl.: *dab,* Syn.: *Scharbe;* → Plattfisch aus der Familie der Schollen mit einer Länge von 20–30 cm, selten bis 40 cm. Sie wird im Nordostatlantik bis zur Barentsee und in der Nord- und Ostsee gefangen und frisch oder tiefgefroren, in einigen Regionen auch gesalzen, getrocknet und geräuchert vermarktet.

Klimabeständigkeit; Eigenschaft eines → Packstoffes oder → Packmittels, bei verschiedenen klimatischen Bedingungen für gewisse Anforderungen geeignet zu bleiben.

Klippfisch engl.: *klipfish, salted split fish;* haltbares → Fischerzeugnis, hergestellt durch Trocknen von geköpftem, ausgenommenem und gesalzenem Seefisch (→ Kabeljau → Schellfisch → Seelachs → Leng → Lumb), traditionell an der Seeluft (Sonne, Wind), heute meist in Lufttrocknern. Der Fisch ist von der Bauchseite her längs so aufgeschnitten, dass die Hälften nur noch am Rücken miteinander verbunden bleiben; die Rückengräte ist bis auf Teile im Schwanzende entfernt (geklippt). K. wird seit dem 15. Jahrhundert an den Küsten West- und Nordeuropas hergestellt; in Spanien und Portugal bekannt als bacalao/bacalhau, zubereitet mit Kartoffeln, Tomaten, Zwiebeln und Paprika in Öl. K. ist heute auch in anderen Regionen beliebt. Der Salzgehalt von K. liegt bei 18–20 %, der Restwassergehalt bei ca. 35 % (maximal 42 bzw. 48 %, Handelsbezeichnung 1/1 bzw. 3/4 trocken).

Klöben; dem → Stollen ähnlicher länglich geformter Kuchen aus Hefefeinteig (→ Hefeteige) mit Trockenfrüchten. Als schleswig-holsteinische und hamburgische Spezialität ist er vergleichbar mit dem → Bremer Klaben.

Kloeckera; Gattung imperfekter → Hefen, von denen *Kl. apiculata* praktisch auf allen

Früchten nachweisbar ist und zu den → wilden Hefen der Gärungsindustrie gehört.

Klöpfer; nach Art der → Knackwurst hergestelltes → Brühwürstchen mit fein zerkleinertem → Brät. Bei K. „einfacher" Qualität kann im Ausgangsmaterial 5–10 % zusätzliches Bindegewebe enthalten sein. Diese Würste werden üblicherweise nicht in Schafsaitlingen oder in Därmen von Kalibern unter 32 mm abgefüllt angeboten.

Klößchensuppen; klare Suppen mit Klößchen verschiedener Art als Einlage. Bezeichnet werden sie nach der Charakter gebenden Zutat der Klößchen, z. B. als Fleisch-, Leber- oder Markklößchensuppe.

Klone engl.: *clones;* durch vegetative Vermehrung hervorgegangene genetisch identische Nachkommenschaft.

Klopse; kugelige oder flach ovale Erzeugnisse aus teigartiger Rohmasse. Meist bezeichnet K. Fleischklopse, die üblicherweise aus zerkleinertem, grob entfettetem Schweinefleisch und grob entsehntem Rindfleisch hergestellt sind. Sie werden meist gegart oder in Fett gebraten verzehrt, die Rohmasse der K. enthält Binde- und Lockerungsmittel, z. B. Weißbrot oder Ei, ist gewürzt und oft mit Zwiebeln versehen. Für Fleischklopse gibt es zahlreiche, meist regionale Synonyme (z. B. Fleischküchle, Fleischkloß). Ein Beispiel für andere K. sind die → Königsberger Klopse.

Kloßmehl Syn.: → *Kartoffelkloßmehl*

Klosterlikör Syn.: → *Abteilikör*

Klotzbodenbeutel engl.: *square bottom bag;* → Beutel

Kluft Syn.: → *Oberschale*

Kluftsteak; aus der Kluft (→ Oberschale), einem Teilstück der → Keule ohne Knochen geschnittene Scheibe Muskelfleisch vom Rind (Gewicht ca. 200 g), die zum Kurzbraten geeignet ist.

Klumphirse; Unterart der → Rispenhirse mit unten zusammengezogener und oben einseitig überhängender Rispe.

Kluyveromyces; Gattung der echten → Hefen mit hoher Gärleistung. *K. marxianus var. marxianus, var. bulgaricus* und *var. lactis* besitzen die für Hefen ungewöhnliche Fähigkeit, → Lactose vergären zu können. Sie kommen in alkoholischen Sauermilchprodukten wie → Kefir und → Kumyss vor und führen gelegentlich zu fehlerhafter Gasbildung bei Käse.

Knacker; wie → Knackwurst (Ausgangsmaterial, Herstellungsprozess) hergestellte kleine → Brühwürstchen. Bei K. „einfacher" Qualität ist zusätzlich auch 5–10 % Bindegewebe üblich. Diese Würste werden üblicherweise nicht in Schafsaitlingen oder in Därmen von Kalibern unter 32 mm abgefüllt angeboten. Als → Berliner Knacker wird eine Rohwurstsorte bezeichnet.

Knackwurst engl.: *knackwurst;* 1. kleines in Schweinedünn- oder Rinderkranzdärme abgefülltes und abgebundenes → Brühwürstchen mit vorwiegend fein zerkleinertem rosafarbenen (umgeröteten) → Brät. Dieses wird üblicherweise aus sehnenreichem Rindfleisch, fettgewebereichem Schweinefleisch und Fettgewebe sowie weiteren Zutaten wie z. B. Gewürzen hergestellt. 2. In Ostdeutschland gebrauchte Bezeichnung für eine Rohwurstspezialität (Thüringer Knackwurst).

Knäckebrot engl.: *crispbread;* in rechteckigen Tafeln oder runden Scheiben gebackenes, flaches, mürb-splittriges → Brot (→ Flachbrote). Es wird aus Vollkornmahlerzeugnissen, Mehlen und Schroten von Roggen, Weizen oder anderen Getreiden hergestellt. Die Auflockerung erfolgt biologisch durch Hefe- oder Sauerteiggärung, auf physikalische Weise wie z. B. bei hellen Roggensorten durch Lufteinschlag des auf +10 °C gekühlten weichen Teiges oder auf chemischem Wege. Die geringe Schichtstärke gestattet eine kurze Backzeit und niedrige Backtemperatur. Durch Heißextrusion werden den K. sehr ähnliche trockene Flachbrote hergestellt. Aufgrund ihres Wassergehaltes von 5–8 % sind sie lange haltbar. Die Zugabe von weiteren Zutaten wie z. B. Ölsamen oder

Getreidekörnern sowie die Anreicherung mit ballaststoffhaltigen Lebensmitteln wie z. B. Kleie ist üblich.

Kneten engl.: *to knead;* intensives Kraftanwendung erforderndes manuelles oder maschinelles Vermischen von flüssigen und festen Stoffen wie Kuchenteig oder Marzipanmasse bis zur pastösen Beschaffenheit.

Knetteig Syn.: → *Mürbeteige*

Knickbeere Syn.: → *Walderdbeere*

Knickebein; 1. Bezeichnung für ein Bargetränk aus Eigelb oder Eierlikör mit anderem Likör oder Weinbrand; 2. alkoholhaltige Zuckerware, die je zur Hälfte, gemischt oder unvermischt, aus eierlikörhaltiger und rötlicher fruchtsaftlikörhaltiger Fondantcreme besteht. Sie wird i. d. R. zur Füllung von Pralinen verwendet.

Knickeier engl.: *cracked eggs;* angeschlagene, nur in der Schale beschädigte nicht lagerfähige, aber noch genusstaugliche → Hühnereier.

Knieper Syn.: → *Europäischer Taschenkrebs*

Knoblauch lat.: *Allium sativum L. var. sativum* (Fam.: *Liliaceae*), engl.: *garlic;* aus Zentralasien stammendes, heute fast in der ganzen Welt angebautes Zwiebelgewächs. Hauptanbauländer sind Südeuropa, die Balkanstaaten, Ägypten, China, die USA und Deutschland. K. kommt frisch, getrocknet, geräuchert und granuliert in den Handel. Die auch als Knoblauchknolle bezeichnete Knoblauchzwiebel besteht aus vielen Teilzwiebeln, den so genannten Knoblauchzehen, die nebeneinander rings um die Zwiebelachse angeordnet sind. Die Zehen werden aus einem röhrenförmigen fleischigen Blatt gebildet, das je einen Trieb umschließt, und sind von einem weißen papierartigen Hüllblatt umschlossen. Die Knoblauchknolle ist von mehreren trockenen weißen bis rötlichen Schalen umgeben. K. enthält schwefelhaltige Verbindungen wie das geruchlose → Alliin, das bei Verletzung des Fruchtfleisches enzymatisch in das für den typischen Knoblauchgeruch verantwortliche → Allicin umgewandelt wird sowie Ajoen. Diallyldisulfid und Diallyltetrasulfid sind Umwandlungsprodukte des Allicins, die für den z. T. unangenehmen Geruch des K. verantwortlich sind und die bei reichlichem Knoblauchgenuss sogar über die Haut ausgeschieden werden. In der Küche wird K. v. a. im Mittelmeerraum zum Würzen von Fleischgerichten, Salaten, Saucen und Gemüsen eingesetzt und ist geschmacksbestimmender Bestandteil von → Aioli. Durch seine schwefelhaltigen Inhaltsstoffe besitzt K. antimikrobielle und antioxidative Eigenschaften und wird in der Pharmazie vielfältig genutzt. 1989 war K. „Arzneipflanze des Jahres".

Knoblauchschwindling Syn.: → *Echter Mousseron*

Knoblauchwurst; für mehrere charakteristisch mit → Knoblauch gewürzte Wurstsorten verwendete Bezeichnung. Gebrühte K. wird nach Art der → Gebrühten Krakauer und Rohe K. nach Art der → Rohen Krakauer hergestellt. K. „einfach" ähnelt der Rohen K. und kann üblicherweise evtl. bis zu 10 % Bindegewebe enthalten. Die Bezeichnung K. ist auch für mit Knoblauch gewürzte → Fleischwurst gebräuchlich.

Knochen engl.: *bones;* feste Teile des Knochengerüstes (Skelett) der höheren Wirbeltiere. K. bestehen zu etwa zwei Dritteln aus mehr oder weniger dichtem Gewebe aus anorganischen Stoffen. Bei den anorganischen Stoffen handelt es sich hauptsächlich um Calciumphosphat (→ Hydroxylapatit), Calciumcarbonat und Magnesiumphosphat. In das Gewebe sind Ossein (hauptsächlich aus Kollagenen bestehendes Gerüsteiweiß), Fett und Wasser eingelagert. Allgemein werden K. in Knochenmark enthaltende Röhrenknochen und ganz aus Knochensubstanz bestehende K. unterschieden. Der Anteil der K. am Schlachtgewicht beträgt beim Rind etwa 20 %, beim Schwein etwa 10 %. Die beim Schlachtprozess als Abfall anfallenden K. können vielseitig zur Gewinnung von Knochenfett, Knochenmehl (Dünger und Tierfutter), Knochenkohle, Gelatine, Seifen und Leim verwendet werden. Die Nutzung von K. und aus K. gewonnenen Produkten hat im Lebensmittel- und Futtermittelbereich aufgrund der im Zuge der BSE- bzw. TSE-Infektionen bei Schlachttieren und den daraus resultierenden Maßnahmen stark abgenommen bzw. ist bei klassifiziertem Risikomaterial vollständig zum Erliegen gekommen.

Knochendünnung; → Dünnung

Knochenfett; das in Fleisch verarbeitenden Betrieben aus eigenen Schlachtungen durch Behandlung von frischen und unverdorbenen Knochen im Vakuum bei Temperaturen unter 100 °C und nachfolgendem Abklären gewonnene Fett. Es ist bei der → Kochstreichwurst dem Fettgewebe gleich gestellt.

Knochenfische lat.: *Actinopterygii,* engl.: *bony fishes, teleost fishes;* → Fische mit teilweise oder vollständig verknöchertem Skelett. Die Mehrzahl der Süßwasser- und der Seefische sind K. Weitere Fischklassen sind die → Knorpelfische und die → Rundmäuler.

Knochenmark engl.: *bone marrow;* weiches schwammartiges Gewebe im Inneren von Knochen, das v. a. aus Fett, Blut und Lymphgefäßen besteht. Im K. findet die Blutbildung statt. Für die küchenmäßige Verarbeitung z. B. zu → Markklößchen wird K. aus Röhrenknochen, in denen es besonders reichlich vorkommt, verwendet.

Knochenschinken engl.: *leg ham;* aus dem gesamten → Schinken einschließlich Knochen und Schwarte hergestellter → Rohschinken mit festerer Konsistenz (hoher Abtrocknungsgrad) und langer Haltbarkeit. Die Farbe der Oberfläche ist von Dauer, Temperatur und verwendeter Holzart bei der Räucherung abhängig. Würzung und Räucherung oder Lufttrocknung wirken sich neben der von dem Pökelverfahren erzeugten Salzschärfe und anderen Faktoren auf den Geschmack des K. aus. Bedingt durch die Größe und des zu erreichenden Abtrocknungsgrades dauert die Herstellung von K. i. d. R. 2–3 Monate. K. werden ohne Knochen im ganzen Stück sowie in Teilstücken und Servierschnitten bzw. gewürfelt im Handel angeboten. Bekannte deutsche K. sind z. B. der in länglicher Form hergestellte Westfälische K., Schwarzwälder Schinken, Ammerländer Schinken oder Holsteiner Katenschinken.

Knödel engl.: *dumplings,* Syn.: *Klöße;* kugelförmige Erzeugnisse, die entweder aus Kartoffeln (→ Kartoffelknödel), Mehl (→ Böhmische Knödel), Semmeln (→ Semmelknödel → Serviettenknödel), Fleisch (→ Leberknödel) u. a. Lebensmitteln bestehen. Es gibt K. sowohl pikant als auch mit süßem Geschmack wie z. B. Germknödel und Fruchtknödel. Häufig sind K. als Fertig- oder Halbfertigprodukte erhältlich.

Knödelpulver Syn.: → *Kartoffelkloßmehl*

Knollen engl.: *bulbs, tubers;* mit Speicherstoffen (Stärke, Fett, Protein) versehene fleischige Verdickungen von Spross- oder Wurzelteilen bestimmter Pflanzenarten, die teils der Vermehrung (z.B. bei Kartoffeln), teils der Überwinterung bei ausdauernden oder zweijährigen Pflanzen (z. B. Rüben, Kohlrabi) dienen. Die K. gehen nach dem Aufbau der neuen Pflanze zugrunde. Sie können unterteilt werden in Sprossknollen (z. B. Kartoffeln, Kohlrabi), Wurzelknollen (z. B. Maniok) und Hypokotylknollen (z. B. Rüben, Rettich).

Knollenfenchel Syn.: → *Gemüsefenchel*

Knollengemüse engl.: *tuber vegetable;* Sammelbegriff für Pflanzen, bei denen hauptsächlich die knollig verdickten Wurzeln als Gemüse verzehrt werden. Hierzu zählen z. B. Radieschen, Kohlrabi, Steckrübe, Rote Rübe, Knollensellerie und Knollenziest (s. auch bei den einzelnen Stichwörtern).

Knollensellerie lat.: *Apium graveolens L. var. rapaceum (Mill.) Gaudin* (Fam.: *Apiaceae*), engl.: *Celery Tubers, Celeriac,* Syn.: *Eppich, Wurzelsellerie;* verbreitetste Kulturform des → Selleries, bei der die Sprossrüben als Gemüse und die Blätter wie → Schnittsellerie als

Suppengewürz verwendet werden. Der kugelige, auch als Knolle bezeichnete Speicherkörper der Selleriepflanze ist außen braun, innen hellfleischig und darf beim Kochen innen nicht schwarz werden. K. wird stückweise mit oder ohne Laub angeboten oder in Scheiben geschnitten als Zutat von frischem → Suppengemüse. In der Küche werden die geschälten und gekochten Knollen als Gemüse zubereitet oder dienen als Beigabe zu Suppen und Braten. Roher gestiftelter K. wird zur Zubereitung von Rohkostsalaten wie z. B. → Waldorfsalat verwendet.

Knollenziest lat.: *Stachys affinis Bunge* (Fam.: *Lamiaceae*), engl.: *Chinese Artichoke,* Syn.: *Crosne, Japanknollen;* bis 7 cm lange und 1–2 cm breite knollig verdickte, unter der Erde gezogene Ausläufer der gleichnamigen Pflanze. K. wird in geringen Mengen aus Frankreich importiert und ist in Feinschmeckerkreisen als Gemüsebeilage geschätzt.

Knopfstück Syn.: → *Kugel*

Knoppern; wie Pilézucker stückiger → Weißzucker, allerdings aus kleineren unregelmäßigen Stücken.

Knorpel engl.: *gristle;* das Knochengerüst ergänzendes und biegsame Verbindungen herstellendes → Bindegewebe. Es besteht aus etwa 64 % Wasser, 20,5 % Eiweiß (Kollagen), 10,5 % Fett und 0,8 % Mineralstoffen. Die Anwesenheit von und ggf. der Anteil an K. spielt bei der Beurteilung von Fleisch- und Fischerzeugnissen eine wesentliche Rolle. Aus K. werden im Lebensmittelbereich → Gelatine und → Nahrungsergänzungsmittel (z. B. Haifischknorpelpulver) gewonnen. Die diesen Erzeugnissen nachgesagten positiven Wirkungen auf menschliches Bindegewebe (Nägel, Knorpel etc.) sind wissenschaftlich nicht eindeutig belegt.

Knorpelfische lat.: *Chondrichthyes,* engl.: *cartilagenous fishes;* entwicklungsgeschichtlich alte → Fische, deren Stütz- und Skelettgewebe aus Knorpelsubstanz besteht. Zu den K. gehören Haie, Rochen und Chimären (Seekatzen). Charakteristisch für K. ist der Harnstoffgehalt im Muskelfleisch (1–2 g/kg), aus dem bei der Lagerung Ammoniak freigesetzt wird. Der typische Geruch ist kein Zeichen für Verderb; er verfliegt bei der Zubereitung des Fleisches.

Knorpelkirschen engl.: *white-heart cherries;* → Süßkirschen

Knorpeltang Syn.: → *Carrageen*

Knüppel Syn.: *Berliner Knüppel;* längliches → Brötchen mit einem starken → Ausbund und kräftigem Geschmack sowie einer im Gegensatz zur Schrippe gleichmäßigen und mürben → Krume. K. werden aus einem etwa 5 % Fett sowie Milch bzw. Milchpulver enthaltenden Teig mit Übergare gebacken.

Knurrhahn lat.: *Chelidonichthys sp.* (Fam.: *Triglidae*), engl.: *gurnard;* Seefisch mittlerer Größe. Als Speisefisch werden in Deutschland der rote K. (lat.: *C. lucerna L.*) und der etwas kleinere graue K. (lat.: *C. gurnardus L.*) genutzt, seltener der Gestreifte K. (lat.: *Trigla lineata Gmelin*). Sie kommen im Ostatlantik von Norwegen bis Marokko und im Mittelmeer, der rote K. auch im Schwarzen Meer vor.

Koagulation engl.: *coagulation;* bezeichnet das Ausflocken hochmolekularer Stoffe aus ihren meist kolloidalen Lösungen wie z. B. Gerinnung von Eiweißstoffen im Eiklar oder der Milch. Der Übergang vom Sol- in den Gelzustand findet durch Wärmeeinwirkung (Erhitzen), pH-Verschiebung (Säure, Laugen) oder enzymatisch wie z. B. bei Lab statt. Die K. kann auch stark verzögert eintreten. Sie führt häufig zur Nachtrübung klarer eiweißhaltiger Flüssigkeiten wie z. B. bei Bier und Wein. Erwünscht ist die K. bei Herstellung von → Käse und → Molkekäse.

Kobalt engl.: *cobalt;* zu den → Spurenelementen gehörender → Mineralstoff. K. bildet das Zentralatom von → Vitamin B_{12}. Die Aufnahme erfolgt v. a. in Form von Vitamin B_{12} und daher fast ausschließlich durch tierische Lebensmittel. Kobaltmangel ist nicht bekannt. Eine hohe Zufuhr anorganischen K. kann Herzmuskelschäden verursachen.

Kochbanane engl.: *plantain;* → Bananen

Kochbeständigkeit engl.: *boiling strength;* Eigenschaft eines → Packstoffes oder → Packmittels, beständig gegenüber der beim Kochen auftretenden Beanspruchung zu sein.

Kochbeutel engl.: *Boil-in-Bag;* Beutel aus hitzebeständigen, z. T. perforierten Kunststofffolien, die zum Garen von industriell vorgefertigten Lebensmitteln im Wasserbad geeignet sind. K. werden vielfach für Reis, Klöße und Fertiggerichte verwendet.

Kochbeutelreis engl.: *Boil-in-Bag rice;* in verbrauchsgerechten Mengen in perforierten Kunststoffbeuteln abgepackter → Reis zum Kochen im Beutel (Wasserbad), aus dem er nach dem Garen zum Anrichten entnommen wird. Als K. wird i. d. R. Langkorn-, seltener Rundkornreis, auch parboiled oder in Mischung mit Wildreis, angeboten.

Kochen engl.: *boiling,* Syn.: *Sieden;* küchentechnisches Verfahren, bei dem das Lebensmittel in viel Flüssigkeit gegart wird. Die Siedetemperatur bleibt dabei konstant bei etwa 100 °C.

Kochfischwaren engl.: *kochfischwaren, cooked marinade, hot marinated fish;* Bezeichnung für → Fischerzeugnisse aus gekochtem Fisch, entweder eingelegt in Gelee (→ Aspikwaren) oder in einen Aufguss bzw. Sauce. Typische Vertreter sind → Hering in Gelee und → Fischsülze.

Kochfreies Puddingpulver Syn.: → *Puddingcremepulver*

Kochkäse engl.: *cooked cheese;* Schmelzkäsezubereitung, bei der zur Herstellung nur Sauermilchquark oder Labquark, an anderen Milcherzeugnissen nur Sahne, Butter und Butterschmalz, aber kein Schmelzkäse verwendet werden. Der gemahlene und gereifte Quark wird unter Zusatz von Kochsalz und Gewürzen, eventuell auch Schmelzsalzen, geschmolzen, heiß in Becher abgefüllt, verdeckelt und abgekühlt. K. besitzt eine gelbliche bis gelbbräunliche Farbe, eine einheitlich streichfähige, aber nicht suppige Konsistenz und, abhängig von den Gewürzen ein mildes bis würziges Aroma.

Kochkutter; mit geeigneten Zusatzeinrichtungen (geschlossenes Dampfsystem mit Kondensatrückleitung) versehener → Kutter, der ein Erhitzen und Garen, aber auch eine Wasserkühlung der Wurstmasse parallel zu und nach dem Zerkleinern ermöglicht. Der K. wird v. a. zur Herstellung von Kochwürsten verwendet und der Vorteil liegt in der Ersparnis von Zeit und Maschinen sowie in einer Verringerung von Aromaverlusten.

Kochmettwurst Syn.: *Gekochte Mettwurst;* 1. allgemeine Bezeichnung für eine Gruppe von → Kochstreichwürsten. 2. Sortenbezeichnung für eine vielfach umgerötete grob gekörnte Kochstreichwurst von schmalziger Konsistenz. Die Grundmasse wird aus grob entfettetem sowie fettgewebereichem Schweinefleisch, Flomen und Speck sowie weiteren Zutaten wie z. B. Gewürzen hergestellt. Sie kann auch grob entsehntes Rindfleisch enthalten, wenn zur Sicherung einer gewissen Schnittfähigkeit → Brät zugesetzt wird. Das Grundrezept für K. unterliegt regionalen Abwandlungen. Sie wird in Schweinedärme gefüllt und als Konserve angeboten.

Kochpökelwaren Syn.: *gekochtes Pökelfleisch;* umgerötete und gegarte, meist geräucherte Fleischerzeugnisse, denen kein → Brät zugesetzt worden ist, soweit dieses nicht zur Bindung größerer Fleischteile dient. Typische K. sind → Kochschinken, → gekochter Vorderschinken, → Kaiserfleisch, → Kasseler und ähnlich benannte Fleischerzeugnisse.

Kochsalami; hochwertige, i. d. R. in Hüllen mittelgroßen Kalibers abgefüllte grobe → Brühwurst mit erbsengroß gekörntem umgeröteten Brät ohne erkennbaren Feinbrätanteil. Das Ausgangsmaterial wird nach Art der → Rohwurst ausgewählt und verarbeitet. Es besteht aus grob entsehntem Rindfleisch, grob entfettetem Schweinefleisch, Speck und anderen Zutaten. Fremdwasser ist analytisch nicht nachweisbar. K. wird nachgeräuchert auch als Dauerware angeboten und i. d. R. als Aufschnitt verwendet.

Kochsalat Syn.: → *Römischer Salat*

Kochsalz Syn.: → *Natriumchlorid*

Kochsalzarme Lebensmittel; → natriumarme Lebensmittel

Kochsalzaustauschmittel Syn.: → *Kochsalzersatz*

Kochsalzersatz engl.: *salt surrogate,* Syn.: *Kochsalzaustauschmittel, Salzersatzmittel;* zum Würzen anstelle von Natriumchlorid zugelassene Zusatzstoffe wie die Kalium-, Calcium- und Magnesiumsalze der Adipin-, Bernstein-, Glutamin-, Kohlen-, Milch-, Salz-, Wein- und Citronensäure, einige Cholinsalze sowie Monokaliumphosphat, Adipin- und Glutaminsäure, Kaliumguanylat und Kaliuminosinat. Kochsalzersatzstoffe werden zur Herstellung diätetischer Lebensmitteln für Natriumempfindliche verwendet und sind in der Diätverordnung geregelt.

Kochsalz reduziertes Brot; → Brot, das weniger als 250 mg Natrium pro 100 g enthält.

Kochschinken; aus dem ganzen Hinterschinken (→ Schinken) oder aus durch Hitze, Gefrieren oder enzymatisch zusammengefügten, mindestens kinderfaustgroßen Einzelstücken vom Hinterschinken hergestellte Kochpökelware von gehobener Qualität. Die Herstellung erfolgt durch mildes Pökeln (meist → Schnellpökelung) und auch kurzes Heißräuchern sowie anschließendes Garen in einer Form (Birnenblock- und Naturform). Die Behandlung von K. im Tumbler (Poltern) vor dem Garen während der Herstellung ist üblich. Das Poltern dient der Formgebung und führt zu einer Auflockerung des Bindegewebes sowie der Eiweißstruktur innerhalb der Muskelfasern. Dadurch wird die Fähigkeit zur Wasserbindung erhöht und das Gut zarter. Neben Umrötungsmitteln, Salz und Gewürzen sind bei technologischer Notwendigkeit Zuckerstoffe, Phosphate oder Umrötehilfsmittel wie z. B. Ascorbinsäure weitere übliche Zutaten. Bei → gekochtem Vorderschinken und Formfleisch-Schinken (→ Formfleischerzeugnisse) handelt es sich um eigenständige dem K. ähnliche Erzeugnisse aus der Gruppe der Kochpökelwaren.

Kochschokolade; zu den Überzügen gehörende Schokoladen-Zuckerglasur. K. dient nach den Originalrezepturen als Überzugsmasse bei Sachertorte und Schaumküssen und wird durch Kochen von Zuckerwasser und Schokolade oder Kakao bis zum starken Faden mit anschließendem Abkühlen und Tablieren zubereitet. K. ist keine Schokolade im Sinne der Kakaoverordnung.

Kochstreichwürste; → Kochwürste, die in erkaltetem Zustand eine schnittfeste bis streichfähige Konsistenz aufweisen, die von zusammenhängend koaguliertem Lebereiweiß oder erstarrtem Fett bestimmt ist.

Kochwürste; Gruppe von meist nur in erkaltetem Zustand schnittfähigen Wurstwaren, die aus vorwiegend vorgekochten Ausgangsmaterialien wie z. B. Fleisch, Innereien, Speck und Schwarten sowie rohen Ausgangsmaterialien wie Leber oder Blut unter Zusatz von Salz, Gewürzen und anderen Zutaten hergestellt werden. Nach dem Abfüllen erfolgt eine Hitzebehandlung und teilweise eine Räucherung. Nur beim Überwiegen von Blut, Leber und Fettgewebe kann rohes Ausgangsmaterial vorherrschen. Der Zusatz der beim Vorkochen der erhitzten Ausgangsmaterialien angefallenen Kochbrühe ist bei vielen Sorten üblich. Die Mengen der Zutaten sind je nach Sorte und regionaler Herkömmlichkeit unterschiedlich. Wichtige Untergruppen der K. sind → Leber-, → Blut-, → Sülz- und → Ceralienwürste.

Kochwurstpasteten; streichfähige bis schnittfeste, hochwertige, vielfach umgerötete Fleischerzeugnisse mit fein gekutterter Struktur. Sie werden unter überwiegender Verwendung vorerhitzter ausgesuchter Ausgangsmaterialien nach Art der → Kochwürste hergestellt. Mit Ausnahme von Leber findet die Verwendung von Innereien nicht statt. Weitere Einlagen wie Trüffeln, Champignons und andere Lebensmittel sind üblich.

Koder Syn.: → *Wamme*

Kodierung engl.: *coding, labeling,* Syn.: *Codierung;* neutrale Verschlüsselung sensorischer Prüfmuster, meist mit einer mindestens dreistelligen Zufallszahl, um Produktbezeichnungseinflüsse auszuschließen.

Köhler engl.: *saithe, coalfish, American pollock amerik.;* → Seelachs

Kölner Leberwurst; → Leberwurst mit umgeröteter fein zerkleinerter bis grober Grundmasse. Diese wird aus fettgewebereichem Schweinefleisch, Flomen, Speck und Schweineleber sowie weiteren Zutaten wie z. B. Gewürzen hergestellt. K. L. wird in Hüllen mittleren Kalibers gefüllt, sowohl ungeräuchert frisch als auch geräuchert angeboten.

Kölsch; helles, klares, obergäriges → Vollbier mit hopfenbetonter Charakteristik. Bedeutung hat K. allein in Köln und Umgebung, wo es als Teil der kölnischen Lebensart die dominierende Biersorte ist und als Produkt der seit dem 9. Jahrhundert bestehenden Brautradition der Domstadt gilt. Eine Standesvertretung der Kölner Brauer gab es schon im Jahr 1250, ein durch den Rat der Stadt festgelegtes Reinheitsgebot schon 1429 und damit 87 Jahre vor dem bekannten Erlass von Wilhelm IV. Herzog von Bayern. Die Bezeichnung K. ist eine geschützte geografische Angabe nach EU-Verordnung 2081/92 und außerdem durch eine vom Bundeskartellamt anerkannte und im Bundesanzeiger veröffentlichte Vereinbarung der Kölner Brauereien, der Kölsch-Konvention von 1986, definiert. Neben der Beschaffenheit des Bieres ist dort der Brauort festgelegt auf das Stadtgebiet Köln; diejenigen Brauereien außerhalb des Stadtgebiets von Köln, die die Bezeichnung „Kölsch" bereits vor Inkrafttreten dieser Wettbewerbsregeln traditionell verwendeten, erhielten Bestandsrecht. De facto reicht das Produktionsgebiet damit von einzelnen Brauereien in Bonn und Brühl über Köln bis nach Leverkusen und Wiehl im Bergischen Land. Als einziges zum Ausschank von K. zu benutzendes Glas wird in der Konvention die zylindrische, 0,2 l fassende so genannte Kölsch-Stange festgelegt.

Königinpastete; Pastete aus feinem Blätterteig mit unterschiedlichen Füllungen, oft z. B. → Ragout fin. K. bezeichnet dabei meist die Teigschale, deren Füllung näher spezifiziert wird.

Königinsuppe; helle gebundene, mild gehaltene Cremesuppe, die Sahne, Eigelb, klein gewürfeltes Geflügelfleisch (Hähnchen- oder Putenbrustfilet), Spargelspitzen oder Blumenkohlröschen, Weißwein, Zitronensaft und Gewürze enthält.

Königsberger Klopse ; kugelige → Fleischklopse, die in Brühe und einer daraus bereiteten weißen, sämigen, süß-sauren Sauce mit → Kapern gegart und mit Kartoffeln, Reis oder Kartoffelerzeugnissen als Beilage serviert werden. K. sind als Halbfertigerzeugnis (Sauce mit Klopsen) sowie als Fertiggericht (komplette Mahlzeit mit Beilagen) im Handel.

Königsberger Marzipan; Gattungsbezeichnung für → Marzipan, das durch Flämmen leicht gebräuntes Aussehen und charakteristischen Geschmack erhalten hat.

Königskrabben lat.: *Paralithodes sp.* (Fam.: *Lithodidae*), engl.: *king crabs,* Syn.: *crabe royal (franz.)*; Gattung großer Meereskrebse (→ Krebstiere), beheimatet in den Polregionen der Weltmeere. Handelsware stammt aus Russland (Kamtschatkakrabben), Alaska und Chile; gelegentlich werden K. auch vor der Küste Norwegens gefangen. Es wird unterschieden zwischen der Roten K. (lat.: *P. camtschatica Til.*), der Blauen K. (lat.: *P. platypus Brant*) und der etwas kleineren Braunen K. (lat.: *Lithodes aequispina Benedict*). Nur männliche Tiere werden gefangen. Rote und blaue K. gelten als besonders wertvoll; sie werden bis zu 9 kg schwer; üblich sind ca. 3 kg. Der Fleischanteil liegt bei ca. 25 %. K. werden lebend per Luftfracht, gekocht und tiefgefroren oder weiterverarbeitet zu Konserven (crab meat) vermarktet. Beine und

Scheren werden auch einzeln nach Größe sortiert angeboten. Fleischanteil und Fleischqualität variieren je nach Jahreszeit; am besten sind Herbst- und Winterkönigskrabben.

Königskraut Syn.: → *Basilikum*

Königskuchen; Kuchen aus → Sandmassen mit charakteristisch hohem Gehalt an Trockenfrüchten. Je 100 kg Masse werden bei der Herstellung üblicherweise mindestens 20 kg Rosinen, Sultaninen oder Korinthen und auch Zitronat und Orangeat zugesetzt. Die Verwendung von Geleefrüchten ist nicht üblich. Nach rheinischer Art wird er in einer mit Blätterteig ausgelegten länglichen oder runden Form hergestellt. Anschließend folgt das Einstreichen des Bodens mit Konfitüre und danach das Auffüllen mit einer leichten Sandmasse. Vor dem Backen wird die Masse mit einem Blätterteig-Gitter überdeckt. Bei K. nach rheinischer Art ist die Mitverwendung von kandierten Kirschen üblich.

Köpfchenschimmel; Bezeichnung für Schimmelpilze der Ordnung *Mucorales* mit den wichtigen Gattungen → *Mucor* und → *Rhizopus*, die ein lockeres Mycel aus wenig verzweigten dicken Hyphen mit als dunkle Köpfchen zu erkennenden kugel- oder birnenförmigen Sporangien bilden.

Köröser Weichsel lat.: *Prunus cerasus L.* (Fam.: *Rosaceae*), engl.: *Sour Cherry*, Syn.: *Pandy-Weichsel, Ungarische Weichsel;* aus Ungarn stammende zu den → Weichseln gehörende Sauerkirschsorte (→ Sauerkirschen) mit dunklen, braunrot gefärbten, großen, wohl schmeckenden Früchten.

Körperfette; im Lebensmittelbereich aus dem Körper der Schlachttiere und des jagdbaren Wildes stammende Fette wie z. B. Hammel- oder Rindertalg.

Köstliche von Charneux; lagerfähige Winterbirnensorte (→ Birnen) mit schlanken mittelgroßen bis großen, leicht rötlich gesprenkelten grüngelben Früchten von aromatischem Geschmack.

Koffein Syn.: → *Coffein*

Kohäsivität engl.: *cohesion*, Syn.: *Kohäsion;* beschreibt die Stärke der inneren Bindung eines Lebensmittels. Ein Maß für die K. ist die aufzuwendende Kraft zur Verformung oder Zerstörung dieser Strukturen.

Kohlarten; → Kohlgemüse

Kohlendioxid engl.: *carbon dioxide*, Syn.: *Kohlenstoffdioxid;* farbloses, nicht brennbares, geruchloses Gas, das sich bei 20 °C unter einem Druck von 55,4 bar zu einer farblosen Flüssigkeit verdichten lässt. Die wässrige Lösung von K. schmeckt säuerlich, da etwa 0,1 % des gelösten K. zu Kohlensäure reagiert. K. ist das Endprodukt der Verbrennung kohlenstoffhaltiger organischer Substanzen und wird somit auch mit der Atemluft ausgeschieden. Pflanzen überführen K. und Wasser bei der Photosynthese mit Hilfe von Sonnenenergie in → Kohlenhydrate unter Freisetzung von Sauerstoff. In der Lebensmitteltechnologie wird gasförmiges K. u. a. für kohlensäurehaltige Erfrischungsgetränke, zum Abfüllen und beim Ausschank von Bier und als FCKW-Ersatzmittel in Sprays verwendet. Flüssiges K. im überkritischen Zustand wird aufgrund seines guten Lösungsvermögens zur → Extraktion von Naturstoffen wie z. B. zur Entcoffeinierung von Kaffee eingesetzt. Fester Kohlendioxidschnee wird als → Trockeneis zu Kühlzwecken verwendet. Hohe Konzentrationen von K., z. B. bei Ansammlungen in Gärkellern, führen beim Einatmen ohne ausreichende schnelle Sauerstoffzufuhr rasch zum Tod.

Kohlenhydrate engl.: *carbohydrates;* von der ursprünglich für alle K. angenommenen Summenformel $C_nH_{2n}O_n$ (Hydrate des Kohlenstoffs) abgeleitete Sammelbezeichnung für eine Gruppe von Polyhydroxyaldehyden und Polyhydroxyketonen sowie einigen davon abgeleiteten strukturell ähnlichen Verbindungen wie z. B. Aminozuckern und Zuckeralkoholen. K. sind die mengenmäßig bedeutendsten Naturstoffe und spielen eine große Rolle in der Ernährung als Rohstoff- und Energielieferanten. Sie stellen wichtige

Reservestoffe im Pflanzen- und Tierreich dar (→ Stärke und → Glykogen), bilden die wichtigsten Gerüstsubstanzen der Pflanzen (→ Cellulose → Pektine) und sind Bestandteile wichtiger Naturstoffe, wie z. B. von Nucleinsäuren, Enzymen und Glykosiden. Strukturell lassen sich K. in → Mono-, → Di- und → Oligosaccharide sowie → Polysaccharide unterscheiden.

Kohlenhydratstoffwechsel engl.: *carbohydrate metabolism;* den gesamten Kohlenhydratumsatz im Organismus, also die Absorption sowie alle Ab-, Um- und Aufbauprozesse umfassender Prozess. Die Kohlenhydrate aus der Nahrung werden durch die → Kohlenhydratverdauung in absorbierbare → Monosaccharide überführt und gelangen in die Leber. Dort werden Fructose und Galactose in Glucose umgewandelt, die eine zentrale Stellung im K. einnimmt. Glucose wird zur Energiegewinnung durch → Glykolyse und → Citronensäure-Zyklus vollständig oxidiert oder in die Speicherform → Glykogen umgewandelt. Aus überschüssiger Glucose können, nachdem die Glykogenspeicher aufgefüllt wurden, → Triglyceride synthetisiert und als Depotfett gespeichert werden. Bei Glucosemangel erfolgt die Synthese aus bestimmten Aminosäuren oder dem Glycerin der Fette in der → Gluconeogenese. Der K. steht unter hormoneller Kontrolle.

Kohlenhydratverdauung engl.: *carbohydrate digestion;* Spaltung der mit der Nahrung aufgenommenen → Polysaccharide in absorbierbare → Monosaccharide. Die K. beginnt in der Mundhöhle durch die Speichelamylase und wird im Dünndarm durch die Pankreasamylase fortgesetzt. Die neben den Monosacchariden anfallenden → Disaccharide werden durch Disaccharidasen der Bürstensaummembran gespalten. Die Absorption der verschiedenen Monosaccharide in die Blutbahn erfolgt durch aktiven Transport (Glucose, Galactose) oder Diffusion (Fructose, Mannose). Von dort gelangen sie zu den Zielgeweben (Leber, periphere Gewebe) und werden als Energiequelle oder -speicher (→ Glykogen) herangezogen. Unverdauliche Kohlenhydrate (→ Ballaststoffe) gelangen in den Dickdarm, wo sie z. T. durch die Darmflora fermentiert bzw. unverändert ausgeschieden werden.

Kohlenhydrat vermindertes Brot; → Spezialbrot mit verändertem Nährstoffgehalt, das sich durch einen um mindestens 30 % verminderten Kohlenhydratgehalt gegenüber vergleichbarem Brot auszeichnet.

Kohlenmonoxid engl.: *carbon oxide, carbon monoxide,* Syn.: *Kohlenoxid;* farbloses, geruchloses, giftiges Gas, das sowohl durch bakterielle Vorgänge als auch durch unvollständige Verbrennung fossiler Brennstoffe und Autoabgase in die Atmosphäre gelangt. Die Toxizität beruht auf der Bildung einer Koordinationsverbindung mit dem roten Blutfarbstoff → Hämoglobin, wodurch der Sauerstofftransport im Blut behindert wird.

Kohlensäure engl.: *carbonic acid;* durch Lösen von → Kohlendioxid in Wasser entstehende, nur in wässriger Lösung existierende Säure. Ihre Salze sind Carbonate und Hydrogencarbonate.

Kohlenstoff engl.: *carbon;* chemisches Element, das elementar als Graphit bzw. Diamant vorkommt und Bestandteil sämtlicher organischer und einiger anorganischer Verbindungen (Kohlenmonoxid, Kohlendioxid, Carbonate) ist. Die Umwandlung von anorganischem in organischen K. erfolgt in der Photosynthese der grünen Pflanzen, die Rückverwandlung geschieht durch Verbrennung und Atmung.

Kohlgemüse lat.: *Brassica sp.* (Fam.: *Cruciferae*), engl.: *cabbage;* Sammelbegriff für die zur Gattung *Brassica* der Familie der Kreuzblütler (lat.: *Cruciferae*) gehörende Kohlarten. Es werden → Blätterkohl und → Kopfkohl unterschieden. K. weist einen hohen Gehalt an Vitaminen (v. a. Vitamin C, beta-Carotin), sekundären Pflanzenstoffen und Ballaststoffen auf und besitzt mitunter einen strengen Geruch und Geschmack infolge des

Gehaltes an Senfölen. Die unverdaulichen Kohlenhydrate mancher Arten sind verantwortlich für die teilweise blähende Wirkung. Enthaltene Glucosinolate können ferner zu strumigenen Produkten hydrolysiert werden, die die Ausbildung eines Kropfes begünstigen.

Kohlrabi lat.: *Brassica oleracea L. var. gongylodes L.* (Fam.: *Brassicaceae*), engl.: *Kohlrabi, Turnip cabbage,* Syn.: *Oberkohlrabi, Oberrübe;* Kohl mit grüner (weißer) oder roter bis blauer oberirdisch verdickter Sprossknolle, der ganzjährig mit Spitzen im Frühjahr und Herbst in gesetzlich festgelegten Handelsklassen angeboten wird. Verzehrt wird hauptsächlich der geschälte, möglichst junge zarte Körper der Knolle, da diese von innen heraus im Laufe der Zeit verholzt. In ihm sind roh eine hohe Menge an Mineralstoffen und Vitamin C enthalten (ca. 0,95 g Mineralstoffe und ca. 63 mg Vitamin C pro 100 g essbarer Anteil). Der typische Kohlgeschmack wird durch die enthaltene Oxalsäure und Senfölglykoside (Glucosinolate) hervorgerufen. K. wird roh und gekocht als Gemüse sowie als Beilage zu vielen Gerichten gegessen. Die Blätter lassen sich frisch gehackt zu Salat, als Suppeneinlage oder wie Spinat verwenden. Die Herbstsorten sind lagerfähig, ansonsten werden die geschälten zarten Knollen, z. T. auch mit Blättern, als Nasskonserven oder durch Tiefgefrieren haltbar gemacht. In Deutschland hergestellter oder verpackter K. in Konserven genügt den Anforderungen der Leitsätze des Deutschen Lebensmittelbuches für verarbeitetes Gemüse oder ist in seiner Abweichung ausreichend kenntlich gemacht.

Kohlroulade; geschmortes Gemüsegericht mit in Blättern vom →Wirsing oder anderen Kohlsorten eingewickelter Hackfleischfüllung.

Kohlrübe Syn.: →*Steckrübe*

Kohlsaatöl; →Rübsenöl

Kokken engl.: *cocci;* →Bakterien mit kugelförmiger oder nahezu kugelförmiger Gestalt. Bleiben die bei Monokokken nach der Zellteilung entstehenden Tochterzellen paarig miteinander verbunden, werden sie Diplokokken genannt. Vereinigen sich bei weiteren Zellteilungen die neu gebildeten Zellen zu Ketten, entstehen Streptokokken. Als Tetraden werden vier würfelförmig angeordnete K. bezeichnet, als Sarcinen acht K. in kubischer Anordnung. Traubenartig angeordnete K. sind typisch für Staphylokokken.

Kokosberge engl.: *coconut clusters;* häufchenförmiges Gebäck mit →Kokosraspeln aus Rührteig oder einer Masse aus Eischnee, Zucker und Eigelb.

Kokosfett engl.: *coconut fat,* Syn.: *Kokosöl;* in raffiniertem Zustand rein weißes, bei gewöhnlicher Temperatur festes und nicht streichfähiges Speisefett mit angenehm nussartigem Geschmack, das kühl und trocken gelagert lange haltbar ist. Der Schmelzbereich liegt zwischen 20 und 28 °C und ist bedingt durch den hohen Anteil an kurzkettigen Fettsäuren (insbesondere Laurinsäure mit ca. 47 g pro 100 g). Daher ist K. in tropischem Klima flüssig. Gewonnen wird K. durch Pressen oder Extraktion aus →Kopra. Es ist durch seine Hitzestabilität zum Kochen, Backen und Braten geeignet und wird zur Herstellung von Speise- und Spezialfetten sowie für viele andere Zwecke verwendet.

Kokosflocken engl.: *coconut flakes;* 1. Syn. für →Kokosraspeln; 2. bissengroße dressierte (gespritzte) Süßware aus nicht entölten Kokosraspeln, die mindestens 25 % des Gesamtgewichts bei Handelsware ausmachen, →Fondant und einem Überzug aus Schokolade oder kakaohaltiger →Fettglasur.

Kokosmakronen engl.: *coconut macaroons;* aus einer →Makronenmasse auf Grundlage von Kokosraspeln hergestellte →Makronen.

Kokosmilch engl.: *coconut milk;* in der asiatischen Küche z. B. bei der →indonesischen Reistafel (indones.: *Santen*) beliebte milchig weiße süße Flüssigkeit aus ausgedrückten frischen →Kokosraspeln oder Zubereitung aus getrockneten Kokosraspeln und Wasser, Milch oder Sahne.

Kokosnuss lat.: *Cocos nucifera L.* (Fam.: *Palmae*), engl.: *Coconut;* bis kopfgroßer, von grüner oder hellbrauner lederartiger Haut umgebener vielseitig verwendbarer innerer Teil der → Steinfrucht der bis zu 30 m hohen in tropischen und subtropischen Ländern angebauten Kokospalme. Unter der 4–6 cm dicken Faserhülle ist der von einer harten Steinschale umgebene weiße fleischige → Samen enthalten, der einen mit einer süß schmeckenden wässrigen Flüssigkeit (Kokoswasser) gefüllten Hohlraum umschließt. Diese wird aus den gekühlten unreifen Früchten direkt gewonnen und als Getränk genutzt. Das weiße süße Fleisch wird frisch zur Herstellung von → Kokosraspeln und → Kokosmilch verwendet. Getrocknet mit der anhaftenden dünnen braunen Samenschale liefert es die im Welthandel als Fettrohstoff wichtige → Kopra (Fettgehalt 60–70 %). → Kokosfett

Kokosöl Syn.: → *Kokosfett*

Kokosraspeln engl.: *coconut flakes;* durch Zerkleinern des weißen Fruchtfleisches der frischen → Kokosnuss in einer Raspelanlage in vielerlei Größen (Graden) hergestellte Raspeln. Durch Siebung werden als Hauptgrößen (Hauptgrade) mittel und fein gewonnen und verkauft. Trotz eines Feuchtigkeitsgehalts um 3 % sind K. aufgrund ihres hohen Fettgehalts nicht lange haltbar und werden schnell ranzig. Sie werden vielseitig als Zutat zu vielen Gerichten, Back- und Süßwaren verwendet.

Kokosschokolade engl.: *coconut chocolate,* Syn.: *Schokolade mit Kokosnuss;* → Schokolade mit einem Zusatz von höchstens 40 % → Kokosraspeln.

Kokum lat.: *Garcinia indica L.* (Fam.: *Guttiferae*), engl.: *kokum, black kokum,* Syn.: *Kokam;* aus Indien stammender, tropischer, immergrüner bis zu 15 m hoch werdender Baum mit etwa 4 cm großen schwarzbraunen pflaumenartigen Früchten. Die getrockneten Früchte oder Fruchthäute werden in der indischen Küche wie → Tamarinde vorwiegend zum Würzen von Fischgerichten und zur Zubereitung von Chutneys verwendet und verleihen ihnen einen süß-sauren Geschmack und eine rötliche Färbung. Die aus den Fruchtkernen extrahierte und dann raffinierte weiße Kokum-Butter (Kokum gurgi) besteht zu etwa 80 % aus Stearinsäure-Ölsäure-Stearinsäure (SOS)-Triglyceriden. Sie wird in der Kosmetikindustrie ähnlich wie Kakaobutter in Cremes, Seifen und Lotionen eingesetzt und darf bei entsprechender Deklaration zu bis zu 5 % Schokoladenerzeugnissen zugesetzt werden.

Kolanuss lat.: *Cola acuminata (P. Beauv.) Schott et Endl., C. nitida (Vent.) Schott et Endl.* und *C. verticillata (Thonn.) Stapf ex A. Cheval* (Fam.: *Sterculiaceae*), engl.: *cola nut,* Syn.: *Gurunuss;* Samen des in Westafrika, Mittelamerika und Ostasien angebauten bis 15 m hohen Kolabaumes der angegebenen Arten. In den Sammelbalgfrüchten finden sich 5–9 taubeneigroße Samen pro Balg, die unterschiedliche Form aufweisen, helle bis rötliche Farbe besitzen und durchschnittlich 2,5 % Coffein, ferner Theobromin und Bitterstoffe enthalten. In den Ursprungsländern werden die frischen Samen als anregendes Mittel gekaut, wobei das als Colanin gebundene Coffein enzymatisch freigesetzt wird. Die luftgetrockneten Samen werden exportiert und zur Herstellung alkoholfreier Erfrischungsgetränke, Süßwaren (z. B. Colaschokolade) sowie Arzneimittel verwendet.

Kolbenhirse lat.: *Setaria italica (L.) P. Beauv* (Fam.: *Poaceae*), engl.: *Foxtail Bristle Grass, Italian Millet,* Syn.: *Borstenhirse, Fennich;* kleinkörnige → Hirse, deren beblätterte Stängel in einer 10–15 cm langen, meist überhängenden Scheinähre („Kolben") enden. Unterarten sind Kleine (Mohar), Mittlere und Große K. Die K. wird v. a. in Nordchina, Japan, Zentralasien und Indien angebaut, ein geringer Anbau erfolgt in Vorderasien und im Mittelmeergebiet. Die Körner dienen als Nahrungs- und Futtermittel sowie zur Herstellung leicht gegorener Getränke.

Kollagendärme; synthetisch hergestellte, für ihre jeweilige Einsatzmöglichkeit optimierte Wursthüllen (→Kunstdärme) auf der Basis von Kollagenen, die für eine Reihe von Wurstsorten, wie z. B. Roh- oder Brühwürste verwendet werden.

Kollagene engl.: *collagen;* →Skleroproteine, die in Bindegewebe, Haut, Knorpel und Knochen enthalten sind. K. besitzen hohe Gehalte an Prolin, Hydroxyprolin und Glycin. Sie sind das Ausgangsprodukt für die Erzeugung von →Gelatine. In der menschlichen Ernährung spielen K. eine untergeordnete Rolle, da sie nur eine geringe →biologische Wertigkeit aufweisen.

Kolostralmilch engl.: *colostrum,* Syn.: *Vor-, Biest-, Erstlingsmilch;* kurz vor oder nach dem Abkalben abgeschiedene gelblichbräunliche, zuweilen blutige →Milch von schleimig-klebriger Beschaffenheit mit erhöhtem Eiweiß- (Globulin) und Milchsalzgehalt. Sie enthält Antikörper zum Schutz der Jungtiere gegen Infektionen und hat abführende Wirkung. K. darf nicht als Lebensmittel in den Verkehr gebracht werden.

Kombidose engl.: *composite can;* →Dose

Kombinationspackung engl.: *combined package;* →Einzelpackung, die verschiedene →Packgüter enthält, die nicht untereinander vermischt oder vermengt sind.

Kombinierte Teigführung; Teigführung mit gemeinsamer Teigsäuerung durch →Sauerteig, i. d. R. ca. 5–20 % bezogen auf die Getreidemahlerzeugnisse, und Teigsäuerungsmitteln. Die Vorteile liegen einerseits im verringerten Arbeitsaufwand bei der Herstellung des Sauerteigs und der einfacheren Standardisierung gegenüber der →indirekten Teigführung sowie im ausgeprägteren Aroma gegenüber der →direkten Teigführung.

Kombu lat.: *Laminaria sp.* (Fam.: *Laminariaceae*), engl.: *kombu, Japanese kelp,* Syn.: *Konbu, Kelp-Tang, Haidai (chin.)*; japanische Bezeichnung für die in der fernöstlichen Küche meistverwendete →Braunalge (→Seetang). K. wird bis zu 10 m lang mit großen „Blättern". Charakteristisch ist der hohe Gehalt an freier →Glutaminsäure (→Geschmacksverstärker) und wasserlöslichen Polysacchariden auf der Basis von Glucuronsäure, Mannose und Fucose. K. wird in westlichen Ländern getrocknet in ca. 15 cm langen Stücken angeboten, in Spezialgeschäften auch vorgekocht und/oder mit Sojasauce gewürzt. Ganze gewässerte Stücke dienen zum Einrollen von Fisch und Gemüse (→Sushi), zerkleinerte als Suppenwürze (Dashi-Brühe). Kombuextrakt und Kombupulver werden als Nahrungsergänzungs- und als Arzneimittel vermarktet. K. soll antimutagene und antikanzerogene Eigenschaften besitzen. Wegen des hohen Jodgehaltes (im Trockenprodukt bis zu 3,9 g pro kg) ist der Vertrieb von japanischem K. als Lebensmittel (Meeresgemüse) in Deutschland nicht zulässig (→Algen).

Kombucha engl.: *kombucha, manchurian tea, tea kvass,* Syn.: *Tee-Kwass;* säuerlich apfelweinartig schmeckendes Getränk, das aus mit Zucker gesüßtem Tee hergestellt wird, der bei 25 °C über 6–8 Tage mit dem so genannten →Teepilz zur leichten Gärung gebracht wird. Hierbei werden verschiedene organische Säuren, geringe Mengen an Ethanol, Kohlendioxid, Vitamin C und B-Vitamine gebildet. K. soll vitalisierend wirken; generell krankheitsvorbeugende Eigenschaften und Heilwirkungen bei verschiedenen Stoffwechselerkrankungen sind wissenschaftlich nicht belegt.

Kommissbrote engl.: *pan loaf;* angeschoben gebackene →Roggen- oder →Roggenmischbrote mit herzhaftem Geschmack, die aus hochausgemahlenen →Mehltypen hergestellt werden. Der Name stammt von der früheren Verwendung dieser Brote als Verpflegung beim Militär, insbesondere beim Heer (Syn.: *Kommiss*).

Kommissioniereinheit engl.: *commision load;*

Sonderform der →Ladeeinheit, bei der die Ladung aus unterschiedlichen →Transportverpackungen oder →Verkaufspackungen nach Kundenauftrag zusammengestellt ist.

Komplexitätstest; untersucht den Zusammenhang zwischen subjektiv empfundener sensorischer Vielfalt eines Produktes und seiner Dauerpräferenz. Komplexere Lebensmittel werden oft bevorzugt.

Kompottobst engl.: *compote, stewed fruits,* Syn.: *Kompottfrüchte;* in Wasser und Zucker gekochtes Obst von stückiger bis breiiger Konsistenz, in unterschiedlichen Zuckerungsstufen (→Obstkonserven). Beeren werden ganz verarbeitet, Kern- und Steinobst auch halbiert oder geviertelt und/oder die Schale vor dem Erhitzen eingeritzt. Das Obst wird vorbereitet (entstielt, entsteint, geschält, gewaschen, zerkleinert, geritzt, in Zuckerlösung getaucht), dann mit Aufguss (Wasser und Zuckerlösung) in die vorgesehene genormte Verpackungseinheit abgefüllt, auf das richtige Volumen gebracht, verschlossen und abschließend mittels Erhitzen haltbar gemacht.

Komprimate engl.: *pressed goods;* bonbonähnliche Stücke, aber auch Tabletten, die aus Zuckern und/oder Zuckeralkoholen sowie ggf. geringen Mengen von Binde- und Gleitmitteln (z. B. Talcum, Magnesiumstearat) kalt gepresst werden. Die Verwendung von geruchs- und geschmacksgebenden färbenden und/oder die Beschaffenheit beeinflussenden Stoffen, Vitaminen und Mineralstoffen ist üblich. Sehr bekannt sind →Pfefferminzkomprimate.

Kondensation engl.: *condensation;* Umwandlung von Gasen oder Dämpfen in Flüssigkeiten bzw. Feststoffe durch Abkühlen auch unter Mitwirkung von Kompression. Als K. werden außerdem chemische Reaktionen bezeichnet, bei denen sich zwei oder mehr Moleküle unter Austritt von Wasser vereinigen. Hierzu gehört z. B. die Ausbildung von Esterbindungen (z. B. Bildung von Triglyceriden aus Glycerin und Fettsäuren), Peptidbindungen (Verknüpfung von Aminosäuren) und glykosidischen Bindungen (Verknüpfung von Monosacchariden).

Kondensierte Kaffeesahne Syn.: →*Kondenssahne*

Kondensmagermilch engl.: *skimmed condensed milk;* Standardsorte der ungezuckerten →Kondensmilcherzeugnisse, die höchstens 1 % Fett und mindestens 20 % Milchtrockenmasse enthält.

Kondensmilch engl.: *evaporated milk;* Standardsorte der ungezuckerten →Kondensmilcherzeugnisse, die mindestens 7,5 % Fett und 25 % Milchtrockenmasse enthält.

Kondensmilcherzeugnisse engl.: *evaporated milk products,* Syn.: *evaporierte Milcherzeugnisse;* aus Milch, auch unter Zusatz von Sahne und/oder Trockenmilcherzeugnissen (maximal 25 % der Trockenmasse im Fertigprodukt) hergestellte und durch teilweisen Entzug des Wassers eingedickte Produkte. Es lassen sich ungezuckerte K., die mittels Wärmebehandlung entkeimt werden, von gezuckerten, durch den Saccharosezusatz haltbar gemachten K. unterscheiden, welchen ferner Lactose zugefügt werden darf (maximal 0,03 % der Trockenmasse im Fertigprodukt). Für die Standardsorten Kondenssahne, Kondensmilch (auch gezuckert), teilentrahmte Kondensmilch (auch gezuckert) und Kondensmagermilch (auch gezuckert) ist die Zusammensetzung vorgeschrieben (s. auch bei den einzelnen Stichwörtern).

Kondenssahne engl.: *condensed cream,* Syn.: *kondensierte (Kaffee)Sahne, evaporierte Sahne;* Standardsorte der ungezuckerten →Kondensmilcherzeugnisse, die mindestens 15 % Fett und 26,5 % Milchtrockenmasse enthält.

Kondenswasser engl.: *condensation;* das sich aus dem Wasserdampf (hier aus der Luft) bei der Kondensation abscheidende Wasser (Kondensat). Es bildet sich, sobald der Sättigungsdampfdruck (Taupunkt) überschritten wird. Da der Sättigungsdampfdruck mit fallender Temperatur abnimmt, besteht besonders bei starker und schneller Abkühlung die Gefahr der Bildung von K. Dieses führt an der Oberfläche von Lebensmitteln zur örtlichen Erhöhung der Wasseraktivität und bewirkt (bei Trockenprodukten oder Konzentraten) oder beschleunigt (bspw. bei empfindlichen tierischen Lebensmitteln wie Fleisch) chemische, mikrobiologische sowie physikalische Veränderungen wie z. B. Schimmeln, Zersetzung und Verklumpen. Hierbei kann das K. zusätzlich als Vektor für Mikroorganismen dienen.

Konditionierung engl.: *sensorial conditioning;* äußere Einflusse, die bei der sensorischen Beurteilung von Produkten zu Präferenz oder →Aversion führen können. Bei bestimmten sensorischen Prüfungen versucht man, diese Faktoren auszuschalten.

Konditoreiwaren engl.: *flour confectionery articles;* handwerklich vom Konditor hergestellte Erzeugnisse besonderer Qualität, bei denen es sich überwiegend um feine Backwaren aus den verschiedensten Teigen und Massen handelt, die auch nach dem Backen noch bearbeitet werden, z. B. durch Füllen, Überziehen, Garnieren und Glasieren. Im warenkundlichen, nicht lebensmittelrechtlichen Sinn werden ferner Erzeugnisse aus Marzipan, Nugat, Schokolade und Zucker sowie Speiseeis zu den K. gerechnet.

Konfekt engl.: *confectionary;* verschiedenartige, meist aus unterschiedlichen Teilen zusammengesetzte Zuckerwaren (außer →Pralinen) in Bissengröße, die meist wie z. B. Sahne- oder Nusskonfekt Hinweise auf wert- oder geschmacksbestimmende Zutaten in der Verkehrsbezeichnung tragen.

Konfiskate; im Rahmen der →Fleischuntersuchung sichergestellte, unschädlich zu beseitigende untaugliche Schlachttierkörper und -teile, die entweder grundsätzlich, wie z. B. Geschlechtsorgane, Föten, Augen, Mandeln, oder wegen krankhafter Veränderung vom Verzehr ausgeschlossen werden.

Konfitüre engl.: *jam,* Syn.: *Fruchtkonfitüre;* streichfähige, in zwei Sorten (K. und K. extra) produzierte Zubereitung aus Zuckerarten und →Fruchtpulpe oder -mark aus Früchten einer oder mehrerer Fruchtarten und ggf. bei technologischem Bedarf Säureregulatoren, Säuerungsmitteln sowie Gelier- und Verdickungsmittel wie z. B. →Pektine. Zuckeraustauschstoffe werden nur in Brennwert verminderten oder ohne Zuckerzusatz hergestellten K. beider Sorten verwendet. Aufgrund des hohen Zuckergehaltes ist eine chemische Konservierung mit Ausnahme von Brennwert verminderten Erzeugnissen mit geringem Zuckergehalt nicht notwendig. Die Herstellung von K. extra erfolgt nur unter Verwendung nicht konzentrierter Fruchtpulpe mit Ausnahmen bei Hagebutten und Zitrusfrüchten sowie bei kernlosen K. extra von z. B. Himbeeren. Die Mindestmengen an Früchten bei der Herstellung sind darüber hinaus bei K. extra um ca. 25 % höher als bei der Sorte K. (s. Anhang II, Tabelle 7). Aus Mischungen von folgenden Früchten mit anderen Früchten darf keine K. extra hergestellt werden: Äpfel, Birnen, nicht steinlösende Pflaumen (Clingstone-Sorten), Melonen und Wassermelonen, Trauben, Kürbisse, Gurken oder Tomaten. Der Produktionsvorgang findet im geschlossenen Vakuumkessel mit Unterdruck bei 65–85 °C statt, was niedrige Herstellungstemperaturen und kurze Erhitzungszeiten ermöglicht. Nach Abschluss des Kochens wird die K. bei einer Temperatur von 70–75 °C abgefüllt. Um eine Wiederverkeimung zu verhindern, erfolgt vor dem Vakuumverschluss eine sterilisierende Wasserdampfbehandlung der Deckel. Das nach dem Abfüllen folgende rasche Absenken der Temperatur verhindert Karamellisierungserscheinungen und Farbveränderungen sowie Geschmackseinbußen durch chemische Reaktionen in der K. Angestrebt wird dabei ein Temperaturbereich, bei welchem die Gelierung bereits einsetzt und sich langsam eine optimale Gelstruktur bildet.

Konidien Syn.: *Konidiosporen;* von griech.: *konis* = Staub abgeleitete Bezeichnung für die typischen ungeschlechtlichen Fortpflanzungsorgane zahlreicher Pilzarten, insbesondere der Gattungen → *Penicillium* und → *Aspergillus*. Sie werden häufig auf besonderen Konidienträgern gebildet und können ein- oder mehrzellig, einfach oder kompliziert aufgebaut sein. Teilweise sind sie intensiv gefärbt und für die grüne, blaugrüne, braune oder schwarze Verfärbung verschimmelter Lebensmittel verantwortlich.

Konjak engl.: *konjac,* Syn.: *Konjakgummi, Konjak-Glukomannan;* hydrokolloides Polysaccharid, das aus der Teufelszunge (lat.: *Amorphophallus konjak*) gewonnen wird und als Zusatzstoff E 425 als Verdickungsmittel Verwendung findet. Aufgrund der in Drittländern aufgetretenen Todesfälle durch Ersticken beim Verzehr von K. enthaltenden Gelee-Süßwaren in Minibechern, darf K. in der EU nicht mehr zur Herstellung von Gelee-Süßwaren eingesetzt werden.

Konjugierte Linolsäuren engl.: *conjugated linoleic acids;* Abk.: CLA von engl.: *conjugated linoleic acids*, mehrfach ungesättigte Fettsäuren, bei denen im Vergleich zur → Linolsäure eine oder beide Doppelbindungen unterschiedlich angeordnet sind und sowohl cis- als auch trans-Konfiguration aufweisen können. Mit der Nahrung werden täglich etwa 0,45 g CLA aufgenommen. Hauptquellen sind Milch- und Milchprodukte sowie Fleisch und Wurstwaren. CLA werden im Darm von Wiederkäuern aus Linolsäure gebildet. In Tierstudien sowie in Zellkulturen konnte eine Reihe von biologischen Effekten mit potenziellem gesundheitlichen Nutzen wie Hemmung der Carcinogenese, antioxidative Wirkung, Beeinflussung des Glucose- und Fettstoffwechsels sowie Änderung der Körperfettzusammensetzung nachgewiesen werden.

Konsensprofil engl.: *consensus profiling;* Methode der sensorischen → Profilprüfung, jedoch wird nicht mit den Ergebnissen einzelner Prüfer gearbeitet, sondern im → Panel eine gemeinsame Gewichtung und Bewertung herbeigeführt.

Konserve engl.: *1. preserve 2. can, tin;* 1. haltbar gemachte Lebensmittel bzw. die geschlossene Packung, in der verderbliche Lebensmittel durch eine Hitzebehandlung (→ Pasteurisieren, → Sterilisieren) und ggf. Zusatz von Konservierungsstoffen für längere Zeitspannen haltbar sind. Es wird entweder unsteriles Lebensmittel verpackt und dann die gesamte Konserve, üblicherweise mit Heißwasser oder Dampf erhitzt oder vorsterilisiertes Lebensmittel aseptisch in sterile Verpackungen abgefüllt. Nach der Haltbarkeit und den Lagerbedingungen erfolgt eine Unterscheidung in ungekühlt mehrere Jahre lang haltbare → Voll- und → Tropenkonserven und → Halbkonserven, die gekühlt werden müssen und nur bis zu einem Jahr lagerfähig bleiben. Während befüllt zu sterilisierende K. wegen der erhöhten Anforderungen i. d. R. meist aus Metall oder Glas hergestellt werden, ermöglicht das aseptische Abpacken den Einsatz billigerer, leichterer und praktischerer Packungen. 2. Syn. für Konservendosen.

Konservendose engl.: *tin;* → Dose

Konservierung engl.: *preservation,* Syn.: *Haltbarmachung;* von lat.: *conservare* = erhalten abgeleitete Bezeichnung für die Behandlung von Lebensmitteln mit dem Ziel, ihre Haltbarkeit zu verlängern. Je nach Art des Lebensmittels, der gewünschten Qualität des haltbar gemachten Produktes sowie der angestrebten Haltbarkeitsdauer kommen heute verschiedene → Konservierungsverfahren zur Anwendung.

Konservierungsstoffe engl.: *preservatives,* Syn.: *Konservierungsmittel;* Stoffe, die den mikrobiellen Verderb durch Bakterien, Hefen und Schimmelpilz von Lebensmitteln verhindern oder verzögern, indem sie diese abtöten oder ihr Wachstum bzw. ihre Vermehrung hemmen. Welche Substanzen als K. zugelassen sind, welchen Lebensmitteln sie zugesetzt werden dürfen und die entsprechenden Höchstmengen sind in der Zusatzstoff-Zulassungsverordnung geregelt. Des Weiteren üben einige zugelassene Zusatzstoffe neben ihrem Hauptverwendungszweck eine konservierende Wirkung aus (z. B. Milchsäure, Kohlendioxid) ebenso wie bestimmte Lebensmittel wie z. B. Kochsalz, Zucker und Alkohol in höheren Konzentrationen.

Konservierungsverfahren engl.: *methods of preservation,* Syn.: *Haltbarmachungsverfahren;* allgemein alle Verfahren zum Haltbarmachen von Stoffen; im Lebensmittelbereich die Verfahren zur Verlangsamung bzw. Unterbindung von mikrobiologisch, enzymatisch, physikalisch oder chemisch bedingten Verderbsvorgängen in Lebensmitteln und damit zur Verlängerung ihrer Haltbarkeitsdauer. Es wird dabei zwischen konventionellen K. sowie modernen und neuartigen K. unterschieden. Bei den konventionellen K. lässt sich wiederum differenzieren in 1. thermische Verfahren wie z. B. → Kühlen, → Tiefkühlen, → Pasteurisieren, → Ultrahocherhitzen und → Sterilisieren und 2. nicht thermische Verfahren wie z. B. → Trocknung, → Säuern, → Einsalzen, → Pökeln, → Räuchern sowie die chemische Konservierung mit → Konservierungsstoffen. Auch bei den modernen und neuartigen K. unterscheidet man zwischen 1. thermischen Verfahren wie z. B. Mikrowellenerhitzung, Hochfrequenzerhitzung, induktiver Erhitzung und dem → Sous-Vide-Verfahren sowie 2. nicht thermischen Verfahren wie z. B. der osmotischen Behandlung, der → Lebensmittelbestrahlung, der Hochdruckbehandlung, dem Magnetpuls- und dem Lichtpulsverfahren. Die Wahl des geeigneten K. richtet sich dabei nach der Art des Ausgangslebensmittels, nach der Art der erwarteten Verderbsvorgänge (z. B. Anwendung überwiegend thermischer Verfahren bei enzymatisch oder mikrobiell bedingten Verderbsvorgängen), nach der angestrebten Haltbarkeitsdauer sowie nach der gewünschten Qualität des Endproduktes. Grundsätzlich werden die Verfahren jedoch immer weiter dahingehend optimiert, die verarbeiteten Lebensmittel in ihrem Nähr- und Genusswert den frischen Lebensmitteln möglichst nahe zu bringen.

Konsistenz engl.: *consistency;* beschreibt die mehr oder weniger feste Verbindung der Bestandteile eines Lebensmittels als Summe aller haptischen Eindrücke. Auch die innere Viskosität und Plastizität des Produktes spielen eine Rolle. → Mundgefühl → Textur

Konsummilch engl.: *liquid milk for consumption;* gereinigte Milch, die dazu bestimmt ist, als solche an den Verbraucher abgegeben zu werden. Unter K. fallen → Rohmilch, → Vorzugsmilch, → Vollmilch, → teilentrahmte Milch und → entrahmte Milch (Magermilch).

Kontakttrockner engl.: *contact dryer;* Trocknungsapparaturen, bei denen die zur Trocknung benötigte thermische Energie hauptsächlich durch Kontakt mit Heizflächen zugeführt wird. Beispiele für K. sind → Tellertrockner und Walzentrockner.

Kontaminanten engl.: *contaminants,* Syn.: *Verunreinigungen;* Stoffe, die unbeabsichtigt in die Nahrungskette eingeschleust werden und partiell in → Lebensmittel übergehen. Zu ihnen zählen Reste von Düngemitteln (z. B. erhöhte Nitratwerte in Salat), Holzschutzmitteln, Reinigungsmitteln und Umweltkontaminanten wie z. B. → Schwermetalle.

Kontamination engl.: *contamination;* im Lebensmittelbereich eine nicht absichtlich hinzugefügte Verunreinigung durch fremde oder arteigene Mikroorganismen oder Schadstoffe.

Kontrollierte Atmosphäre engl.: *controlled atmosphere;* → CA-Lagerung

Konvektionstrockner engl.: *convection dryer;* Trocknungsapparaturen, bei denen die zur → Trocknung benötigte thermische Energie hauptsächlich durch den Kontakt mit Heißluft zugeführt wird. Beispiele für K. sind → Kanaltrockner, Wirbelschichttrockner und Sprühtrockner.

Konzentrat engl.: *concentrate;* Lösungen mit einem gegenüber dem Ausgangsprodukt erhöhten Gehalt an gelösten Stoffen. Durch den Transport von K. anstelle der vollständigen Produkte können, wie z. B. bei Frucht- und Gemüsesäften, Kaffee, Kondensmilch oder Tomatenmark, Kosten gespart werden. Durch Rückverdünnung können K. wieder in den ursprünglichen Zustand gebracht werden, ggf. unter Zufügen des beim Konzentrieren ebenfalls gewonnenen →Aromadestillates. Die zur Herstellung von K. angewandten Verfahren sind z. T. mit erheblichen Belastungen für das zu konzentrierende Gut verbunden. Dies kann zu chemischen Veränderungen im Gut führen, wie z. B. durch die →Maillard-Reaktion bei Anwesenheit von reduzierenden Zuckern und Aminosäuren in Verbindung mit Wärmezufuhr. Daher sind bei der Herstellung von K. Produkt schonende Verfahren zu wählen.

Konzentrieren engl.: *to concentrate,* Syn.: *Einengen;* teilweises Entfernen des Lösungsmittels einer Lösung durch Verdampfen, Ausfrieren oder umgekehrte Osmose. Im Unterschied zur Trocknung verbleibt jedoch eine größere Menge des Lösungsmittels im fertigen Konzentrat. Im Lebensmittelbereich wird das Verfahren z. B. bei der Herstellung von Fruchtsaftkonzentraten und Kondensmilch angewandt. Das Gegenteil von K. wird als Verdünnen bezeichnet.

Konzentrierter Fruchtsaft Syn.: →*Fruchtsaftkonzentrat*

Konzentrierter Traubenmost engl.: *concentrated grape must;* nicht karamellisiertes durch Wasserentzug aus →Traubenmost hergestelltes Erzeugnis, dessen Dichte nicht geringer als 1,240 g/l ist und das zur Anreicherung und Süßung von Wein verwendet wird.

Kopffüßer lat.: *Cephalopoda,* engl.: *cephalopods;* artenreiche Klasse weltweit verbreiteter mariner →Weichtiere mit hoch entwickeltem Nervensystem. Die größten wirbellosen Tiere sind K; morphologisch bestehen sie aus einem großen Kopf mit Tentakeln („Füße") zur Ergreifung der Beute und einem Eingeweidesack, umgeben von einem muskulösen Mantel (Tube). Einige K. tragen am Hinterleib einen Flüssigkeitsbehälter, aus dem sie bei Gefahr dunkle Farbe (→Sepia-Tinte) versprühen. Die Schalen der meisten Arten sind zurückgebildet auf rudimentäre äußerlich nicht erkennbare Reste. Essbar sind Tube und Tentakeln; das Fleisch ist weiß und fest, 100 g enthalten ca. 16 g Protein und 0,5–2 g Fett. Vielfach wird die „Tinte" für die Zubereitung der Speisen mitverwendet. Die zoologische Einteilung erfolgt nach der Zahl der Tentakeln; essbare Arten gehören zu den *Decabrachia* (zehnarmig) und *Octobrachia* (achtarmig). Zehnarmig sind →Sepia und →Kalmare, achtarmig der →Oktopus.

Kopfkohl engl.: *cabbage, head(ed)* cabbage; Bezeichnung für alle Kohlarten, die aufgrund gestauchter Sprossachsen und nicht entfalteter dicht stehender Blätter geschlossene Köpfe haben. Hierzu zählen →Wirsing, →Weiß-, →Rot- und →Rosenkohl sowie →Pe Tsai (Chinakohl). Wie alle Gemüse unterliegt K. als Handelsware Handelsklassen und der Marktorganisation der EU mit Ausnahme von Pe Tsai und Rosenkohl.

Kopfraum engl.: *headspace,* Syn.: *Freiraum, Luftraum;* freier Raum eines verschlossenen →Packmittels oberhalb des Füll- oder →Packgutes. Im Normalfall ist der K. mit Luft gefüllt, die jedoch, falls der Sauerstoff sich störend auf das Füllgut auswirkt, z. B. durch Bedampfen oder Exhaustieren entfernt oder durch Inertgas ersetzt werden kann. Bei luftdicht verschlossenen Behältnissen spielt der K. eine Rolle für den Druckausgleich beim Erhitzen und Kühlen, wirkt jedoch auch thermoisolierend. Bei Fertigpackungen darf der K. keinen größeren Anteil am Gesamtvolumen ausmachen als nach Stand der Technik unvermeidbar ist, da sonst ein höherer als der tatsächlich vorhandene Inhalt vorgetäuscht werden könnte (Mogelpackung).

Kopfsalat lat.: *Lactuca sativa var. capitata L.* (Fam.: *Asteraceae*), engl.: *Cabbage Lettuce, Head Lettuce,* Syn.: *Grüner Salat, Gartensalat;* mehr oder minder geschlossener, stark vergrößerter, i. d. R. grüner Kopf (Knospe) der gleichnamigen einjährigen Pflanze, die als Besonderheit Milchsaft enthält. Probleme beim K. bereiten die Akkumulation von → Nitrat in der Pflanze und die Neigung zum raschen Strecken und Durchbrechen der Köpfe (Schießen). Für den Gehalt an Nitrat in K. sind rechtliche Grenzwerte festgelegt. Er wird ausschließlich als Frischware in obligatorischen EG-Handelsklassen gehandelt. K. wird roh als Salat vielfältig zubereitet verzehrt. Die drei wichtigsten angebotenen Sortengruppen sind: 1. Buttersalat mit biegsamen weichen Blättern und leicht bitterem Geschmack, dessen Anbau unter Glas und im Freiland in West- und Mitteleuropa von der Menge her dominierend ist. Neben den grünen gibt es auch rote Sorten. Sie besitzen weniger feste Köpfe, gegenüber den grünen Sorten eine zartere Blattkonsistenz und sind völlig bitterstofffrei. Das Kopfgewicht beträgt mindestens 200 g (Glashausware) bzw. 250 g (Freilandware). Die Köpfe können bis zu 500 g Maximalgewicht erreichen. Bei 0,5–1 °C lässt sich der Buttersalat zwei Wochen bis zur Welke lagern. 2. Eisbergsalat oder Krachsalat mit steifen spröden Blättern, festem Kopf und ausgeprägtem kaum wahrnehmbar bitterem Geschmack. Er wird in grünen und roten Sorten angebaut. Das Gewicht des Kopfes beträgt 500–1000 g. Gekühlt ist er bis zu sechs Wochen haltbar. Wegen seiner stabilen Blätter eignet er sich insbesondere für Salate z. B. in Großküchen. Der Anbau findet besonders in den USA und Italien sowie Süd- und Westdeutschland statt. 3. Bataviasalate mit in ihrem Aussehen beträchtlich variierenden Sorten. Die Färbung der Blätter reicht von einem hellen gelblichen über ein dunkleres bis hin zu einem dunkelbraunrötlich gefärbten Grün. Je dunkler die Farbe ist, desto kräftiger ist der Geschmack. Die Blätter mit glatten oder gezackten Ränder besitzen eine Konsistenz zwischen der von Butter- und Eisbergsalat. Die Köpfe sind nicht ganz fest geschlossen und oben etwas offen. Ihr Stückgewicht liegt bei 500–1000 g. Die Lagerfähigkeit ist je nach Konsistenz der Blätter unterschiedlich.

Kopra engl.: *copra;* fetthaltiges (60–70 g pro 100 g) getrocknetes Kernfleisch der → Kokosnuss. K. ist ein wichtiges Halbfabrikat, aus dem durch Pressen und/oder Extrahieren → Kokosfett gewonnen wird.

Koprakäfer Syn.: → *Rotbeiniger Schinkenkäfer*

Korakan Syn.: → *Fingerhirse*

Korbbrot; in runden oder länglichen Backkörben gegartes, dann freigeschoben gebackenes Brot, i. d. R. → Roggenmischbrot mit charakteristisch gemusterter Kruste.

Korbkäse; → Sauermilchkäse mit Kümmel und mild aromatischem Geschmack, der als Standardsorte der Typen „Gelbkäse" und „Edelschimmelkäse" in allen Regionen Deutschlands hergestellt wird. K. kommt ursprünglich aus der Gegend um Magdeburg.

Koriander lat.: *Coriandrum sativum L.* (Fam.: *Apiaceae*), engl.: *coriander,* Syn.: *Wanzenkraut;* → Gewürz aus den getrockneten, 4–6 mm großen, kugeligen, gerippten, gelbbraunen Spaltfrüchten des im Mittelmeergebiet heimischen, heute hauptsächlich im Balkan, in Marokko und Russland angebauten einjährigen Korianderkrauts. Die frische Pflanze riecht unangenehm wanzenartig, die reifen getrockneten Früchte riechen und schmecken dagegen angenehm aromatisch, mild würzig und enthalten bis 1 % → ätherisches Öl mit Linalool als Hauptkomponente. K. wird sowohl ganz als auch gemahlen angeboten und ist Bestandteil von Wurstgewürzen, Lebkuchen- und Spekulatiusgewürz sowie von → Curry-Pulver. Das durch Wasserdampfdestillation aus den Früchten gewonnene Korianderöl wird hauptsächlich in der Likörindustrie verwendet.

Korinthen engl.: *currants;* getrocknete, kernlose, violettschwarze Früchte einer kleinbeerigen blauen Weinrebe. K. haben einen süßsäuerlichen Fruchtgeschmack. Sie gehören zu den → Rosinen und werden wie diese verwendet. Im Handel sind sie immer entstielt und ungeschwefelt. Der Anbau findet hauptsächlich auf dem griechischen Festland (s. Name von Korinth) sowie in Südafrika, Kalifornien und Australien statt.

Korkbrand engl.: *cork fire branding;* maschinell eingebrannte Kennzeichnung auf Weinkorken. Beschriftung und Aufmachung müssen den gesetzlichen Vorschriften entsprechen. Vielfach werden die Einbrände noch zusätzlich mit dem Wappen des Erzeugers oder mit dem Emblem (z. B. eines geschützten Warenzeichens des jeweiligen Betriebes, der Genossenschaft, der Weinhandlung usw.) versehen.

Korkengeschmack engl.: *cork taint;* muffiger Geruch und Geschmacksbeeinträchtigung bei Wein. K. resultiert aus einem Pilzbefall oder Verunreinigungen von einem Sterilisierungsmittel auf dem Korken.

Korkmotte lat.: *Nemapogon cloacella* (Fam.: *Tineidae* (*Echte Motten*)), engl.: *cork moth;* 7,5 mm lange Falter mit einer Flügelspannweite von 10–14 mm, die ihre Eier auf Korken und feuchten Weinfässern ablegen. Die K. und ihre auch als Korkwürmer bezeichneten Raupen sind in Weinkellern höchst unerwünschte Materialschädlinge, da die Raupen die Flaschenkorken der abgefüllten Weine zerstören. Als Folge läuft der Wein aus oder bekommt einen muffigen Geschmack, verursacht durch Schimmelpilze, Bakterien und Milben, die sich auf dem von Kot durchsetzten Korken ansiedeln und so den Wein verderben.

Korn engl.: *1. corn, 2. grain;* 1. Kurzbezeichnung für das einzelne → Getreidekorn; 2. allgemeine Bezeichnung für → Getreide; 3. Getreidespirituose, die ausschließlich aus Weizen, Gerste, Roggen, Buchweizen oder Hafer gewonnen werden darf. Die Verwendung von anderen Getreidearten wie Reis, Mais oder Hirse ist unzulässig. Der K. entsteht durch Destillation der vergorenen Maische. Die Bereitung der Maische hat aus dem vollen Geteidekorn mit all seinen Bestandteilen zu erfolgen. Eine zweite Destillation ist erlaubt. Die Zugabe von Zusatzstoffen ist verboten. K. hat einen Mindestalkoholgehalt von 32 Vol.-% und gilt als deutsche Spezialität, die schon seit dem 15. Jahrhundert gebrannt wird. Die Herstellung erfolgt in folgenden Schritten: Im Dampfer wird die im Getreide enthaltene Stärke freigelegt, der entstehende Brei ist die so genannte Maische. Der Maische wird im Vormaischbottich Gerstenmalz zugesetzt, was zu einer Umwandlung der Stärke in Zucker führt. Unter Einwirkung von Hefe wandelt sich im Gärkessel der Zucker in Alkohol und Kohlensäure um. In der Rohbrandkolonne wird die vergorene Maische zum Sieden gebracht. Der in Form von Dampf aufsteigende Alkohol wird am oberen Ende der Kolonne aufgefangen und durch Abkühlen wieder verflüssigt (erste Destillation). Eine zweite Destillation in der Feinbrandkolonne befreit den Rohbrand von allen unerwünschten Geschmacks- und Geruchsstoffen. Der hochprozentige Feinbrand wird mit Wasser auf die gewünschte Trinkstärke gebracht und nach einer gewissen Lagerzeit in Flaschen abgefüllt.

Korn-Boonekamp; → Boonekamp, dessen Alkoholgehalt ausschließlich vom → Korndestillat stammt.

Kornbrand; zulässige Bezeichnung für einen → Korn mit einem Mindestalkoholgehalt von 37,5 Vol.-%.

Kornbranntwein; gebräuchliche synonyme Bezeichnung für die Getreidespirituose → Korn.

Korndestillat; ist das Ausgangsprodukt zur Herstellung von Kornbranntwein und anderen Spirituosen und wird durch zweimalige Destillation gewonnen. Nach der ersten Destillation entsteht Rohbrand oder Kornrohdestillat, nach der zweiten Feinbrand oder Kornfeindestillat. Das Kornfeindestillat wird mit Wasser auf Trinkstärke herabgesetzt und je nach Alkoholgehalt als → Korn, → Doppelkorn oder → Kornbrand bezeichnet.

Kornfarbe; bei Getreide genetisch festgelegte Farbe, die jedoch durch Umwelteinflüsse variieren kann. Stark von der erblich vorgegebenen K. abweichende Färbungen können ein Hinweis auf Schäden, z. B. durch Mikroorganismen, Hitzeeinwirkung oder Verunreinigung sein.

Kornfeindestillat; → Korndestillat

Kornformen; unterscheiden sich bei den verschiedenen Getreidearten und z. T. auch innerhalb einer Getreideart. Die K. kann die Verarbeitungseignung beeinflussen.

Korn-Genever; → Genever, dessen Alkoholgehalt ausschließlich vom → Korndestillat stammt.

Korn-Grog Syn.: → *Warmer Korn*

Kornkäfer lat.: *Sitophilus granarius L. (Fam.. Curculinoidae (Rüsselkäfer))*, engl.: *grain weevil;* 2,5–5 mm lange, hell- bis schwarzbraune, flugunfähige Käfer mit weißlichen gekrümmten bis 2,5 mm langen Larven ohne Beine. Der K. ist der in Europa am weitesten verbreitete Getreideschädling, der enorme Schäden anrichten kann. Der erwachsene Käfer und seine Larven schädigen die Getreidekörner primär durch Fraß (Larven fressen die Körner völlig aus) und bei starkem Befall tritt durch die Erwärmung des Getreides als Sekundärschaden Schimmelbildung auf.

Korn-Kümmel; eine mit → Kümmel aromatisierte Spirituose, deren Alkoholgehalt ausschließlich vom → Korndestillat stammt.

Kornmotte lat.: *Nemapogon granellus L.* (Fam.: *Tineidae (Echte Motten)*), engl.: *mottled grain moth;* der → Getreidemotte sehr ähnelnder bedeutender → Vorratsschädling mit silberglänzenden Flügeln und einer Flügelspannweite von etwa 12 mm, der Drogenpflanzen, Gewürze und andere pflanzliche Materialien, bevorzugt aber Roggen befällt. Die sich aus den zwischen den Getreidekörnern abgelegten Eiern entwickelnden weißlichgelben Raupen, die auch als „Weiße Kornwürmer" bezeichnet werden, verspinnen die Getreidekörner zu einem Klumpen, fressen den Getreidekeim und verschmutzen das befallene Gut durch ausgeschiedenen Kot.

Kornreife; Reife des → Getreidekornes vom milchig-weichen, grünen, saftigen Korn zum reifen, gelben, trockenen Korn, die sich anhand der physiologischen Entwicklung in verschiedene Stadien unterteilen lässt. Kriterien sind dabei der Wassergehalt, das Maß der Stärke- und Eiweißeinlagerung, die Korngröße, der Anteil an Chloroplasten und die Enzymaktivität im Korn. Die Entwicklung vollzieht sich dabei von der → Milchreife über die → Gelbreife und → Vollreife zur → Totreife. Die von der K. abhängige Ernte erfolgt je nach Getreideart unterschiedlich. Der früheste Zeitpunkt ist die Gelbreife.

Kornrohdestillat; → Korndestillat

Korn-Wacholder; eine mit → Wacholderbeeren aromatisierte Spirituose, deren Alkoholgehalt ausschließlich vom → Korndestillat stammt.

Korrekturmaßnahmen engl.: *corrective actions;* alle Maßnahmen, die durchzuführen sind, wenn die Ergebnisse der Überwachung eines CCPs (→ Critical Control Point) anzeigen, dass dieser nicht mehr beherrscht wird.

Korrosion engl.: *corrosion;* allgemein elektrochemischer Vorgang an Metalloberflächen, in der Verpackungstechnologie aber für alle füllgut- oder umweltbedingten Schäden an Verpackungsmaterialien verwendeter Begriff. Bei säurebedingter K. an Metalldosen kann es zu Wasserstoffbildung kommen. Kontakt verschiedener Metalle in einem → Packmittel kann zu Auflösungserscheinungen des Metalls mit der geringeren positiven Spannung führen. Papiere können von Schimmelpilzen und Bakterien „korrodiert" werden und bei Kunststoffen kann es zu Spannungsrisskorrosion durch ätherische Öle und Trübungen durch Reaktionen mit den Füllgütern kommen.

Koscher engl.: *kosher;* rein, tauglich, brauchbar, zugelassen im Sinne der rituellen jüdischen Speisegesetze. Welche Lebensmittel und Bedarfsgegenstände k. sind und welche trefe (nicht koscher), wie man sie k. macht und das Geschirr kaschert (wieder k. macht) und was beim Essen, der Zubereitung und der Reinigung zu beachten ist, steht im Speisegesetz der Juden, der Kaschrut. Z. B. sind pflanzliche Lebensmittel grundsätzlich k., das Fleisch koscherer Tiere (Säugetiere, die gespaltene Klauen haben, Paarzeher sind und wiederkäuen) darf nur gegessen werden, wenn die Tiere geschächtet, d. h. auf koschere Weise geschlachtet wurden. K. hergestellte industrielle Produkte haben v. a. in den USA, in Großbritannien und in Israel eine große wirtschaftliche Bedeutung.

Koschere; ausschließlich aus Rindfleisch und Rinderfett nach Art der → Rindswurst hergestellte → Brühwürstchen.

Koscherer Wein; → Sakrale Weine

Kostform engl.: *diet;* Art der Nahrungszufuhr bzw. Nahrungszusammensetzung mit unterschiedlichen Schwerpunkten und Zielsetzungen. Verschiedene K. sind z. B. der → Vegetarismus, der → Veganismus, die → Rohkost-Ernährung und die → leichte Vollkost.

Koteletts engl.: *2. chops, cutlets;* 1. Bezeichnung für die knochenhaltige Stammmuskulatur aus dem → Rücken bei Kalb, Schwein (→ Kotelettstrang) oder Schaf (Lamm). Sie enthält i. d. R. hochwertiges, feinfaseriges, fein marmoriertes Fleisch, das sich zum Kochen, Braten, Grillen, Schmoren und besonders zum Kurzbraten (s. 2., → Steaks) eignet. 2. etwa fingerdick geschnittene, zum Kurzbraten geeignete Scheiben von feinfaserigem, fein bis mittel marmoriertem Kalb-, Schweine- oder Lammfleisch mit Knochen. Sie werden i. d. R. paniert oder unpaniert („natur") gebraten mit und ohne Beilagen verzehrt. K. stammen aus der rückenseitigen knochenhaltigen Stammmuskulatur bei Kalb, Schwein (Kotelettstrang) oder Schaf (Lamm). Diese wird häufig auch an sich als K. (s. 1.) bezeichnet. Je nach Abschnitt sind die Bezeichnungen der Scheiben unterschiedlich. Aus dem Brustbereich ab der dritten Rippe (Karree, Karbonadenstück) geschnittene Scheiben heißen Herz-, Rippen-, Mittel- und → Stielkotelett. Als Lenden-, Lummer- oder → Filetkotelett bezeichnete Scheiben stammen aus dem Lendenbereich, soweit → Filet eingeschlossen ist. Ebenfalls als K. bezeichnete Stücke sind Scheiben aus dem Hals- und dem vorderen Brustwirbelbereich beim Schwein (Kamm-, Hals(grat)-, → Nackenkotelett) sowie von Kalb und Schaf (Lamm) (→ Halskotelett). Ohne Nennung der Tierart stammt das K. i. A. vom Schwein. 3. bei Fischen vertikal zur Wirbelsäule (Rückengräte) in gleichmäßig dicke Scheiben geschnittene Stücke. Derart aus Großfischen wie z. B. Haie, Schwertfische oder Lachsarten zugeschnittene Fischscheiben werden auch als Fischsteak bezeichnet. Ohne ausdrücklichen Hinweis sind sie üblicherweise von anhaftenden Haut- und/oder Knorpel-/Knochenteilen befreit.

Kotelettstrang; rückenseitige, knochenhaltige, hellrote, marmorierte, zartfaserige Stammmuskulatur beim Schwein ab dem → Kamm (Nacken). Der K. lässt sich nach Entfernen des Rückenspecks vielfältig zuschneiden und zubereiten. Im ganzen Stück wird er gepökelt und geräuchert als → Kasseler sowie mit ausgelöstem Knochen als Braten angeboten. Portionsgerecht geteilte Stücke mit Knochen sind als → Koteletts und ohne Knochen als → Steaks im Handel. Aus dem vorderen Teil des K. werden → Stielkoteletts, aus dem hinteren mit angewachsenem → Filet → Filetkoteletts geschnitten. Aus dem ausgelösten Fleisch des K. lässt sich durch Pökeln und Räuchern oder Garen (Kochen) → Lachsschinken herstellen.

Krabben lat.: *Brachyura,* engl.: *true crabs,* Syn.: *Kurzschwanzkrebse;* 1. artenreiche Ordnung weltweit vorkommender, meist maritimer → Krebstiere. Charakteristisch ist der gedrungene Körper mit festem Panzer (Panzerkrebse), Laufbeinen, mit denen die K. seitlich gehen und kräftige Scheren. Der Hinterleib ist reduziert (eingeklappt), ein

Schwanz ist nicht erkennbar (griech.: *Brachyura* = kurzer Schwanz). Körper, Beine und Scheren liefern wohl schmeckendes Fleisch, das häufig in verarbeiteter Form angeboten wird (crab meat). Typische Speisekrabben sind Taschenkrebse (→ Europäischer Taschenkrebs), → Seespinnen und Schwimmkrabben (→ Blaukrabbe und Verwandte). In der Praxis werden auch die Mittelkrebse (→ Königskrabben → Langostino) den K. zugeordnet; sie sind zoologisch keine K.; 2. ugs., auch in der Kochbuchliteratur und in der Gastronomie Syn. für → Garnelen; ohne Zusatz einer bestimmten Art bedeutet K. üblicherweise → Nordseegarnele.

Krabbencreme; → Krebspaste mit fein zerkleinertem Taschenkrebsfleisch.

Krabbenfleisch engl.: *crab meat,* Syn.: *Krebsfleisch;* 1. gekochte entschälte → Krabben, z. B. Taschenkrebsfleisch, Königskrabbenfleisch; 2. ugs. für gekochte ausgepulte → Nordseegarnelen.

Krabben in Gelee engl.: *jellied shrimps;* veraltete Bezeichnung für gekochte in Aspik eingelegte → Nordseegarnelen. → Aspikwaren

Krabbensalat engl.: *shrimp salad,* Syn.: *Krevettensalat (schweiz.)*; → Feinkostsalat aus gekochten entschälten → Nordsee- oder Tiefseegarnelen (in Deutschland zoologisch inkorrekt „Krabben" genannt) mit Mayonnaise und würzenden Zutaten. K. ist eine klassische Vorspeise für festliche Menüs. Handelsware soll mindestens 40 % „Krabben" enthalten.

Krachmandel engl.: *shell almond;* → Mandeln

Krachsalat; → Kopfsalat

Kräcker engl.: *cracker;* kleine oder mäßig große, flache, fetthaltige, durch Walz- und Faltgänge meist blättrig-mürbe gelockerte trockene Gebäckstücke. K. werden in vielen Sorten aus unterschiedlichen Zutaten wie bspw. Vollkornmehl mit variierendem Belag wie z. B. Salz, Käse oder Kräutern hergestellt.

Kräftigungsmittel engl.: *restorative,* Syn.: *Stärkungsmittel;* energiereiches Lebens- oder Arzneimittel mit spezifischer Indikation, das meist zur unterstützenden Anwendung bei Ermüdungs-, Schwäche- oder Erschöpfungszuständen sowie während der Rekonvaleszenz eingesetzt wird.

Krätzer Syn.: → *Verjus*

Kräusen; Bezeichnung für den Schaum, der sich bei der → Bierherstellung nach Zugabe der Hefe an der Oberfläche des → Jungbieres bildet. Kräusenbier ist also ungefiltert und hefetrüb. Es wird z. T. dem Lagerkeller-Bier zur besseren Nachgärung zugesetzt.

Kräuter engl.: *herbs;* → Küchenkräuter

Kräuterbonbons engl.: *herbs sweets;* besonders im Winter beliebte → Bonbons, die verschiedene Kräuter und Gewürze, wie z. B. Anis, Fenchel, Salbei oder Pfefferminz in Form von Extrakten und/oder ätherischen Ölen enthalten. Sie werden häufig als → Hustenbonbons verwendet.

Kräuter der Provence engl.: *herbes de Provence,* Syn.: *Herbes de Provence;* Kräutermischung, die neben den typisch provenzalischen Kräutern wie Rosmarin, Thymian, Majoran, Bohnenkraut, Estragon und Lavendel auch Lorbeer und weitere Gewürze wie Muskat, Nelke und Koriander in unterschiedlicher qualitativer und quantitativer Zusammensetzung enthalten kann. K. werden in der Küche vielseitig zum Würzen von Fleisch-, Fisch- und Gemüsegerichten verwendet.

Kräuteressig engl.: *herb-flavo(u)red vinegar;* durch erschöpfendes Ausziehen der Kräuter in Wein- oder Branntweinessig bzw. Zusatz von Kräuterauszügen hergestellter Essig mit deutlichem Kräutergeschmack. Hierbei kommen z. B. Estragon (Estragonessig), Dill, Basilikum oder Thymian zum Einsatz. Analog können verschiedene Gewürze zur Herstellung von Gewürzessig herangezogen werden.

Kräuterfischerzeugnisse engl.: *spiced cured fish products;* → Salzfischerzeugnisse, auch → Anchosen, hergestellt unter Mitverwendung von Gewürzen wie z. B. → Kräuterhering.

Kräuterhering engl.: *spiced herring,* Syn.: *Gewürzhering;* → Anchose aus Hering, gereift mit Gewürzen. Angeboten werden ganze Heringe, mit oder ohne Kopf, unausgenommen oder ausgenommen, Heringsfilet (Kräuterheringsfilet) und in mundgerechte Happen zerteiltes Filet (Gabelbissen).

Kräuterkäse; →Sauermilchkäse von aromatisch pikantem Geruch und Geschmack. Er wird aus Zigerquark (aus Magermilch oder Molke, die nach einem anerkannten Pasteurisierungsverfahren behandelt wurden) unter Zusatz von Ziger- und Steinklee, Schafgarbe, anderen Kräutern und Hopfen hergestellt. Durch diese Zutaten erhält der K. sein charakteristisches Aroma und seine hell- bis graugrüne Farbe. Der Käselaib wiegt zwischen 50 und 500 g. Im Handel ist der Käse in drei Angebotsformen erhältlich: 1. Weicher K., streichfähig; 2. Reibkäse, getrocknet, hart, auch bereits gemahlen in Streudosen oder Klarsichtpackungen; 3. geschmolzen, in Tuben oder als Käseecken.

Kräuterlikör engl.: *cordial;* →Likör, der auf alkoholischem Ansatz aus Kräutern und Gewürzen oder deren Bestandteilen als auch der daraus gewonnenen Extrakte basiert. Die zur Herstellung von K. verwendeten Aromadestillate sind von Bitterstoffen weitgehend befreit. Zu den K. zählen →Abteilikör und →Bitterliköre.

Kräuterquark; Zubereitung aus →Frischkäse und →Küchenkräutern. →Frischkäsezubereitung

Kräutersenf engl.: *herb mustard;* Bezeichnung für milden mittelscharfen oder scharfen →Speisesenf, der mit Kräutern (z. B. Estragon, Kerbel oder Kräuter der Provence) versetzt worden ist. K. wird bei Herstellung von Fleisch- und Fischgerichten sowie für Salatsaucen verwendet.

Kräutersauce engl.: *herb sauce;* mit verschiedenen gehackten Kräutern zubereitete helle, auch gebundene Sauce, die zu vielen Gerichten, z. B. mit gegartem Fleisch oder Fisch, Reis, Gemüse und/oder Pilzen gereicht wird.

Kräutersprotten Syn.: →*Anchovis*

Kräutertee engl.: *herbal tea, herbal infusion;* →Teeähnliche Erzeugnisse

Kräuterteigwaren; →Gemüse- und Kräuterteigwaren

Kräuterweine; aromatisierte Weine, die unter ausschließlicher Verwendung von Kräutern und Kräuterauszügen (mit Ausnahme des Wermutkrautes) hergestellt werden.

Kraftbrühen; aufkonzentrierte inhaltlich sehr gehaltvolle →Fleischbrühen wie Consommé oder Beef-Tea, die hinsichtlich der Mindestanforderungen an ihre Zusammensetzung analog zu →Consommés beurteilt werden können.

Kraftfleisch; alte Bezeichnung für →Corned Beef mit Gelee.

Krakauer; grobe umgerötete →Brühwurst mit bis zu erbsengroßer Körnung und teilweise bis zu kirschgroßen Fleischstücken. Das Ausgangsmaterial wird aus grob entsehntem Rindfleisch, grob entfettetem Schweinefleisch und Speck sowie weiteren Zutaten wie z. B. Gewürzen und ggf. Kutterhilfsmitteln hergestellt. K. wird in Hüllen mittelgroßen Kalibers, bevorzugt Kranzdärme, abgefüllt angeboten. Nachgeräucherte K. ist auch als Dauerware im Handel. Abgewandelte Sorten sind die →Rohe Krakauer und die →Gebrühte Krakauer, die sich z. T. in der Qualität von der K. unterscheiden.

Krake Syn.: →*Oktopus*

Krakus; reiner klarer →polnischer Wodka aus extra fein rektifiziertem Kartoffel-Destillat mit weicher Note.

Kranz engl.: *ring;* Bezeichnung in Wortverbindungen für →feine Backwaren in runder Form mit großem Innendurchmesser wie z. B. Sandkranz, Kaffeekranz und Kranzkuchen.

Kranzdarm; von der Schleimhaut befreiter Dünndarm des Rindes, der gewendet häufig als ringförmig abgebundene Wursthülle mittleren Kalibers (40–45 mm), insbesondere für Kochwürste und verschiedene Brühwurstsorten verwendet wird. →Naturdarm

Kranzkuchen engl.: *ring-shaped cake;* oft geflochtener und zu einem Ring (∅ 25–40 cm) geformter Kuchen aus Hefefein-, Plunder- oder Quark-Öl-Teig. Beliebte weitere Zutaten sind häufig Trockenfrüchte wie z. B. Zitronat und Füllungen aus Marzipan, Persipan oder Nussmassen. Nach dem Backen wird der K. oft mit Fondant glasiert oder mit Zucker und Mandeln oder Nüssen bestreut.

Krapfen engl.: *doughnuts;* 1. in siedendem Fett schwimmend ausgebackene Kugeln oder Ringe aus Hefefeinteig (→ Hefeteige), die vielfältig glasiert, gefüllt oder bestreut werden. In Deutschland sind → Berliner Pfannkuchen die bekanntesten K.; 2. in siedendem Fett gebackene Kugeln aus portionierter → Brandmasse, die mit Puderzucker bestäubt oder glasiert werden.

Kratzbeere Syn.: → *Brombeere*

Krausdarm Syn.: *Schweinekrause;* krauser Mittelabschnitt des Schweinedickdarmes (→ Grimmdarm), der mit Schleimhaut und gewendet als Wursthülle für Kochwürste wie z. B. Leberwurst verwendet wird.

Krause Endivien engl.: *curly endives;* → Endivien

Krause Glucke lat.: *Sparassis crispa Fr. Wulf es Fr.* (Fam.: *Sparassidaceae*), engl.: *Wood Cauliflower;* von Juli bis November in Nadelwäldern an den Baumwurzeln (Holzzerstörer) wachsender → Speisepilz, von dem jedoch nur junge helle Exemplare verwertet werden können, da er mit zunehmendem Alter bitter und schwer verdaulich wird. Die k. G. besteht aus einem blumenkohlähnlichen Fruchtkörper mit cremefarbenen, krummen, flachen Ästen von bis zu 20 cm Höhe und 35 cm Breite. Das helle Fleisch ist von würzigem, leicht nussartigem Geschmack und kann auch getrocknet verwendet werden.

Krauseminze lat.: *Mentha spicata L.* (Fam.: *Lamiaceae*), engl.: *spearmint,* Syn.: *Grüne Minze;* aus dem Mittelmeergebiet stammende, in Europa, Nordamerika und Nordafrika angebaute Staude, deren Blätter das ätherische Krauseminzöl enthalten, das im Gegensatz zum ätherischen Öl der → Pfefferminze kein → Menthol enthält. Die Blätter werden frisch oder getrocknet als Küchenkraut verwendet, sind Bestandteil von Teemischungen oder werden zur Herstellung des Krauseminzöls genutzt, das durch Wasserdampfdestillation aus diesen gewonnen werden kann und zur Aromatisierung von Süßwaren (insbesondere Kaugummis der Geschmacksrichtung „spearmint"), Spirituosen und Kosmetika zur Mundpflege eingesetzt wird.

Krauskohl Syn.: → *Grünkohl*

Kraut engl.: *1. herb, haulm;* 1. als Pflanze ein- oder zweijähriges, nicht oder wenig verholztes Gewächs; 2. der nicht verholzte obere Teil von Pflanzen, inbesondere Sprossachse und Blätter; 3. in Süddeutschland übliche Bezeichnung für Weißkohl (auch Sauerkraut, Rotkraut); 4. besondere Zubereitung wie z. B. → Rübenkraut.

Krautsalat engl.: *coleslaw;* aus rohem oder blanchiertem → Weißkohl, anderen Gemüsen und Gewürzen hergestellter Salat, der je nach Herstellung den Roh- oder → Feinkostsalaten zugerechnet werden kann. Handelsware im Feinkostbereich sollte mehr als 40 % Gemüse, davon mindestens 20 % Weißkohl, enthalten.

Krautwickerl; süddeutsche Bezeichnung für → Kohlroulade.

Kreatin engl.: *creatine;* stickstoffhaltige Verbindung, die in der Muskulatur in Form von Kreatinphosphat als Energiespeicher vorliegt und in Leber und Niere aus Glycin, Arginin und Adenosylmethionin gebildet wird. K. wird durch Cyclisierung in die Ausscheidungsform Kreatinin überführt. Kreatinphosphat ist eine Schlüsselsubstanz des Energiestoffwechsels in der Skelettmuskulatur und dient der schnellen Regeneration von ATP durch Übertragung des Phosphatrestes. Im Bereich der → Sportlernahrung wird K. zur Steigerung der körperlichen Leistungsfähigkeit empfohlen. Dabei kann nach heutigem Wissensstand die Kreatinzufuhr nur bei maximalen anaeroben Kurzzeitbelastungen vor allem bei rascher Wiederholungsfrequenz zu einer Verbesserung der Leistungsfähigkeit führen, im Ausdauerbereich sind dagegen keine Effekte zu erwarten.

Kreatinin engl.: *creatinine;* Ausscheidungsform von Kreatin und Kreatinphosphat im Harn. K. wird vollständig über die Nieren filtriert und ist proportional zur Skelettmuskelmasse, weshalb die Kreatininausscheidung (24h-Urin) als Parameter in der Nierendiagnostik und zur Bestimmung des Muskelanteils herangezogen wird. K. ist nur in Fleisch und Fleischsaft enthalten und kann als Maß für den Fleischextraktanteil z. B. in Brühwürfeln, Suppen oder Saucen dienen.

Krebsbutter; oranges streichfähiges → Krebstiererzeugnis mit typischem vorherrschenden Geruch und Geschmack nach → Krebstieren und → Butter. Es wird nicht als Brotaufstrich, sondern als würzende Zutat zur Bereitung von Suppen und Saucen verwendet. Herstellen lässt sich K. aus Auszügen von gekochten Süß- und Salzwasserkrebstieren, von ihren Teilen oder von Krebsmehl, die unter Zusatz von Pflanzenfett und Gewürzen in mindestens 70 % reinem Butterfett gelöst werden. Der Wassergehalt von K. beträgt üblicherweise höchstens 2 %.

Krebse Syn.: → *Krebstiere*

Krebs erregende Stoffe Syn.: → *Kanzerogene Stoffe*

Krebsfleisch Syn.: → *Krabbenfleisch*

Krebsfleischimitat engl.: *shellfish analogue product;* Erzeugnisse, hergestellt aus → Surimi.

Krebspaste engl.: *shellfish paste;* Zubereitung aus fein zerkleinertem Krebstierfleisch, Speiseöl, Verdickungsmitteln und würzenden Zutaten nach Art der → Fischpaste, auch mit Zusatz von Fischrogen (Dorschrogen). K. ist eine Spezialität aus Schweden, nicht zu verwechseln mit der asiatischen → Shrimps-Paste.

Krebsschwänze; Schwänze von → Krebstieren, die sowohl frisch verzehrt als auch als Krebstiererzeugnisse über einen begrenzten oder längeren bis langen Zeitraum haltbar gemacht werden. Übliche Haltbarmachungsverfahren sind das Kochen und Einlegen der ganzen nicht zerteilten Schwänze von entschalten und nicht entschalten Krebsen in Salzlake (gesalzene K.) sowie das Kochen oder Dämpfen mit Salz, mit oder ohne Verwendung von Essig, Säuerungsmitteln, Würzen und Gewürzen, von entschälten Süßwasserkrebsen. Ebenfalls üblich ist das Pasteurisieren der in einen Aufguss eingelegten, abgelösten, entschalten und vom Darm befreiten Schwänze gekochter Süßwasserkrebse. Als länger als ein Jahr haltbare Dauerkonserven werden nach einer ausreichenden Hitzebehandlung in luftdicht verschlossenen Packungen oder Behältnisse gekochte, vom Darm befreite Schwänze von Süßwasserkrebsen mit oder ohne Aufguss hergestellt. Haltbar gemachte K. sind sauber und sorgfältig hergerichtet, leicht gekrümmt bis gekrümmt (gekochte K.), nicht gestreckt mit rötlich bis rosafarbenem, festem, nicht schmierigem Fleisch. Der Geruch und Geschmack ist charakteristisch für die Krebstierart, nicht ranzig oder fremdartig.

Krebssuppenpaste; orangefarbene schnittfeste, nach Krebsen riechende und schmeckende Paste, die zum Verfeinern und Zubereiten von Suppen und Saucen verwendet wird. Zutaten sind üblicherweise mindestens 45 % Speisefette, mit denen Geruchs- und Geschmacksstoffe aus gemahlenen Krebsschalen oder Krebsmehl extrahiert worden sind, sowie Weizenmehl, Gewürze und Salz.

Krebstiere lat.: *Crustaceae,* engl.: *crustaceans,* Syn.: *Krebse;* früher auch als Krustentiere bezeichnete Klasse mit ca. 45.000 Arten, fast ausschließlich im Wasser lebender kiemenatmender Gliederflüßler (lat.: *Arthropoda*) mit chitinhaltigem Außenskelett, das durch Kalkablagerung verstärkt sein kann und bei jedem Wachstumsschritt durch Häuten abgeworfen wird. Für die Ernährung werden meist nur K. aus der Ordnung der Zehnfußkrebse (lat.: *Decapoda*) verwendet. Diese werden für gewöhnlich in die zwei weiteren Unterordnungen → Garnelen (lat.: *Natantia*) und Panzerkrebse (lat.: *Reptantia*) unterschieden. Andere, wie z. B. der Krill (lat.: *Euphausiaceae*) haben geringere Bedeutung. Die meisten Krebse werden im Meer oder in Küstengewässern gefangen. Nach Abkochen und Entfernen des Außenskeletts wird das Krebsfleisch gewonnen.

Krebstiererzeugnisse engl.: *crustacean products;* aus ungekochten oder gekochten, in Schale oder entschälten, auch unter Verwendung von Zutaten gar gemachten zum Verzehr zubereiteten oder für mehr oder weniger lange Zeit haltbar gemachten → Krebstieren oder ihren Teilen (z. B. Fleisch oder Schwänze) hergestelle Erzeugnisse. Die Haltbarmachung erfolgt durch Tiefgefrieren, Erhitzen (Kochen bzw. Pasteurisieren), Salzen (auch in Kombination mit Kochen) sowie Trocknen und wird bei Bedarf wegen der Anfälligkeit von K. gegenüber Mikroorganismen durch Konservierungsstoffe unterstützt. Übliche weitere Zutaten sind Essig, Genusssäuren, Würzen, Gewürze, Saucen, Aufgüsse und Öle sowie Beilagen wie z. B. Gemüse. Im Handel wird eine Reihe von Erzeugnissen, die von einzelnen Krebstierteilen bis hin zu tafelfertigen Zubereitungen mit Krebstieren reicht, angeboten. Zur Herstellung von tiefgefrorenen K. eignen sich je nach Krebstier unterschiedliche Verfahren. Das Einfrieren erfolgt einzeln mit dem I.Q.F.- oder dem Kontaktfrostungsverfahren oder als Block mit Salzwasser (Blockfrostung). Nach dem I.Q.F. (Abk. für engl.: *individually quick frozen)*-Verfahren eingefrorene Krebstiere werden nach dem Frieren zum Schutz vor → Gefrierbrand in ein Wasserbad getaucht oder mit Wasser besprüht. Auf diese Art und Weise erhalten sie eine schützende Schicht aus Wassereisglasur.

Krebstierkonserven engl.: *crustacean preserves;* durch Hitzesterilisation haltbar gemachte → Krebstiererzeugnisse.

Krem Syn.: → *Creme*

Kremeis Syn.: *Cremeeis, Eiercremeeis, -kremeis;* hochwertiges → Speiseeis, das in Deutschland üblicherweise mindestens 50 % Milch und auf einen Liter Milch mindestens 270 g Vollei oder 90 g Eigelb sowie kein zusätzliches Wasser enthält. K. mit vorhandenen Abweichungen ist in diesen ausreichend kenntlich gemacht.

Krempulver Syn.: → *Cremepulver*

Kremspeisepulver Syn.: → *Cremespeisepulver*

Kremwaffeln Syn.: → *Cremewaffeln*

Kren Syn.: → *Meerrettich*

Krenfleisch; gekochtes Fleisch, i. d. R. Rind-, seltener Schweinefleisch, mit frisch geriebenem → Meerrettich (Kren) und Beilagen wie Salzkartoffeln oder Knödel.

Krepkaja Syn.: *Krepkaya;* → russischer Wodka, der mit 56 Vol.-% zu den stärksten Spirituosen zählt. K. wird hauptsächlich aus Weizen mit kleinen Anteilen an Roggen und Hafer hergestellt. Das Brennen erfolgt in Destilliersäulen mit anschließender Filtration über Holzkohle und Quarz. Im Gegensatz zu anderen russischen Wodkas wird der K. weniger stark verdünnt, daher der Name, der übersetzt „stark" bedeutet. Sein Aroma ist kräftig und scharf.

Kresse engl.: *cress;* verschiedene Pflanzen aus der Familie der Brassicaceen und Tropaeolaceen, deren zarte Blätter mehr oder weniger scharf schmeckende Senfölglykoside und Vitamin C enthalten und roh als Salat oder als Würzkraut verwendet werden. Beim Kauen der Blätter werden die Senföle enzymatisch freigesetzt und bewirken so den leicht scharfen Kressegeschmack. Die Blätter von → Bitterer Kresse und → Löffelkraut enthalten ferner Bitterstoffe. → Brunnenkresse → Gartenkresse → Kapuzinerkresse → Winterkresse

Kretischer Dost lat.: *Origanum onites L.* (Fam.: *Lamiaceae*), engl.: *pot marjoram,* Syn.: *Spanischer Hopfen;* in Griechenland und in der Türkei wild wachsende bis 60 cm hoch werdende Staude. In der Küche der Mittelmeerländer werden die getrockneten Blätter wie → Oregano ganz oder gerebelt zum Würzen von Pizza, Salaten, Suppen und Wurstwaren verwendet.

Kreuzallergie engl.: *cross allergy;* gleichzeitiges Auftreten mehrerer Allergien gegen botanisch nicht verwandte pflanzliche Lebensmittel, deren Pollen oder Verarbeitungsprodukte. Beispiele sind die so genannte → pollenassoziierte Nahrungsmittelallergie, z. B. gegen Birkenpollen und Äpfel oder eine Latexallergie in Kombination mit einer Allergie gegen Bananen, Avocados oder Kiwis. Hintergrund ist das Vorkommen chemisch ähnlicher Allergenstrukturen.

Kreuzbodenbeutel engl.: *cross bottom bag;* Bodenbeutel (→ Beutel) ohne Seitenfalten mit rechteckigem oder quadratischem Boden, der durch das Gewicht des abgefüllten Produktes entsteht.

Kreuzkümmel Syn.: → *Cumin*

Krevetten engl.: *shrimps, prawns;* aus dem Französischen (franz.: *crevettes*) eingedeutschte Bezeichnung für → Garnelen. Der Begriff ist hauptsächlich in der Schweiz und in Österreich gebräuchlich.

Krill lat.: *Euphausiaceae,* engl.: *krill, euphausiids;* kleine garnelenähnliche Meereskrebse (→ Krebstiere), die sich von Phytoplankton ernähren und selbst Nahrungsgrundlage für Meeressäuger, Seevögel und Fische sind. 85 Arten sind beschrieben. Die bekannteste ist der Antarktische K. (lat.: *Euphausia superba Dana*); er wird bis zu 6 cm lang und 1 g schwer und lebt im südlichen Polarmeer. K. wird kommerziell genutzt als Futtermittel, insbesondere in der Fischzucht. In Fernost wird Krillfleisch auch als Lebensmittel angeboten, in Aussehen und Verwendung ähnlich dem Tofu. Überlegungen, K. als Nahrungssupplement zur Bekämpfung der weltweiten Mangelernährung zu nutzen, wurden nicht realisiert, u. a. aus ökologischen Gründen (Überfischung).

Krimsekt; nach dem klassischen → Champagnerverfahren hergestellter weißer oder roter → Qualitätsschaumwein aus Grundweinen von der ukrainischen Halbinsel Krim.

Kristalleis; klare und vollkommen durchsichtige Form von Eis, erhalten durch Entgasen und Entsalzen von Trinkwasser, z. B. durch ein Schwingungsverfahren, bei dem das gefrierende Wasser ständig in rhythmischer Bewegung gehalten wird.

Kristallisationswärme; Energie, die beim Kristallisieren einer Substanz frei wird. Vom Betrag her ist sie gleich der → Schmelzwärme, aber mit umgedrehtem Vorzeichen. So gibt z. B. Wasser beim Erstarren zu Eis 333 Joule/g an die Umgebung ab.

Kristallisieren engl.: *to crystallise/crystallize;* Fähigkeit vieler Stoffe, sich aus Schmelzen oder übersättigten Lösungen, insbesondere beim Abkühlen, in reiner Form und in einer bestimmten für den Stoff charakteristischen, geometrischen Anordnung auszuscheiden. Bei der Herstellung und Raffination von Saccharose sowie bei der Gewinnung von Siedesalz aus Steinsalz wird die gute Kristallisationsfähigkeit dieser Stoffe ausgenutzt.

Kristallraffinade engl.: *granulated extra-white sugar;* → Raffinade in Form von deutlich erkennbaren Kristallen, die in verschiedenen Korngröße angeboten wird, wie z. B. Grobkristall, Hagelzucker, Granulat und Kastor.

Kristallwasser engl.: *chemically combined water;* fest gebundenes Wasser, das bei der Kristallisation von Stoffen in immer gleichem Verhältnis im Kristall eingebaut wird und meist erst durch Erhitzen entfernt werden kann. K. setzt sich unter normalen Lagerbedingungen nicht um und steht nicht mit der Luftfeuchtigkeit im Gleichgewicht. Kristallwasserhaltige Stoffe werden als Hydrate bezeichnet, die kristallwasserfreien Formen als Anhydrate, was durch den Zusatz „Anhydro-“ kenntlich gemacht werden kann.

Kristallzucker engl.: *crystal sugar, granulated sugar;* → Weißzucker in Form von deutlich erkennbaren Kristallen, der in verschiedenen Korngröße (extra fein, fein, mittel und grob) angeboten wird.

Kroatische Weine engl.: *Croatian wines;* in Kroatien erzeugte Weiß- und Rotweine. Kroatien verfügt über große Weinbauflächen. Im Landesinnern werden meist Weiß-

und Schaumweine erzeugt, während sich die Küstengebiete durch viele kleine Anbaugebiete mit spezifischen Rebsorten auszeichnen. Dazu zählen z. B. weißer Malvasia, weißer Zhahtina (Insel Krk), roter Plavac Mali, weißer Vugava, weißer Grk. Aus diesen Rebsorten werden Weine verschiedenster Güte gekeltert, von kräftigen fruchtigen Weinen bis zu süßen Dessertweinen.

Kroepoek Syn.: → *Krupuk*

Krokant engl.: *croquant, nut brittle, nut crunch, nut crisp;* dunkelbraune grob- oder feinstückige, äußerst hygroskopische Zuckerware aus mindestens 20 % Mandeln, Hasel- und/oder Walnüssen und geschmolzenen karamellisierten Zuckerarten und/oder Zuckeralkoholen. Die Verwendung von geruchs- und geschmacksgebenden Stoffen und von Zutaten wie z. B. Milcherzeugnisse, Eiweiß und Fettstoffe ist üblich und von der jeweiligen Krokantsorte abhängig. An Sorten wird zwischen Hart-, Weich- und Blätterkrokant unterschieden. Bei der Herstellung werden zunächst die Zuckerarten und/oder Zuckeralkohole bei hohen Temperaturen in speziellen Krokantieranlagen (traditionell offene Kessel und Pfannen) geschmolzen. Durch Steuerung der Temperatur und der Zeit lässt sich dabei der Grad der Karamellisation bestimmen. In die heiße Masse werden die grob oder fein zerkleinerten Samenkerne sowie die Zutaten zur Konsistenz- und Geschmacksgebung hinzugefügt. Aus der nun vorliegenden Krokantmasse lassen sich nach Formen zu einem Band und Auskühlen verschiedene Krokantartikel prägen oder schneiden. Bei der Herstellung von Blätterkrokant werden auf einem Kühltisch ähnlich wie bei → Blätterteig die Zuckermasse und die Mandel- bzw. Nussmasse durch Falten übereinander geschichtet. Die Zugabe von Kondensmilch, Früchten, Marzipan- oder Persipanrohmasse sowie von Schlagsahne, Hartfett, Butter und anderen Zutaten erhöht den Restwassergehalt und ermöglicht eine weichere Konsistenz bei Weichkrokant. Charakteristisch für K. ist die oft dunkelbraune Farbe des „gebrannten“ Zuckers sowie der Röstgeschmack beider Komponenten. Bei Verarbeitung anderer eiweißreicher Samenkerne wie z. B. Erdnuss oder Kokos ist eine entsprechende Kennzeichnung (z. B. Erdnusskrokant, Kokoskrokant) notwendig. K. wird einzeln als Zuckerware an sich sowie als Zutat für Pralinen, Ostereier u. v. m verwendet. Insbesondere Blätter- und Weichkrokant sind beliebte Füllungen für Pralinen, Oster- und Weihnachtsartikel.

Kroketten Syn.: → *Kartoffelkroketten*

Kronenschinken Syn.: → *Kernschinken*

Kronfleisch engl.: *boiled beef skirt;* beim Kochen sich wie eine Krone aufkräuselndes, grobfaseriges, trockenes Rindfleisch aus dem Zwerchfell. Es wird gekocht mit frisch geriebenem Meerrettich und gehacktem Schnittlauch serviert.

Kronkorken engl.: *crown cork;* → Verschlüsse

Kronsbeere Syn.: → *Preiselbeere*

Kronsild engl.: *small pickled herring,* Syn.: *Kronsardinen (veraltet*); → Marinade, hergestellt aus kleinen ausgenommenen, nicht entgräteten → Heringen ohne Kopf.

Krümelkandis; weiße oder hell- und dunkelbraune, auf gleichmäßige Körnung ausgesiebte Bruchstücke von Krustenkandis (→ Kandis). K wird hauptsächlich zum Süßen von Kaffee und Tee sowie als süße knusprige Zutat in → Weichkaramellen, → Printen und anderem Gebäck verwendet.

Krume engl.: *crumb;* bezeichnet das poröse Innere von Backwaren, das meist den mengenmäßigen Hauptanteil stellt. Die K. bildet sich während des Backvorgangs aus dem gelockerten und vergrößerten Teig durch chemische und physikalische Umwandlungen der Teigzutaten. Beispielsweise gerinnt bei Brot das Mehleiweiß unter der Abgabe von Wasser, welches durch die gleichzeitig verkleisternde Mehlstärke gebunden wird, wobei sich die K. bildet. Die Eigenschaften hängen weitgehend von den verwendeten Rohstoffen und den Knet-, Formungs- und Backverfahren ab. Die K. von Backwaren mit hohem Weizenanteil ist meist mittel- bis feinporig und von mildem Geschmack. Fettzusätze zum Teig erhöhen die Weichheit und vermindern die Elastizität der K., wie dies häufig bei →feinen Backwaren der Fall ist. Brote mit hohem Roggenmehlanteil zeigen meist eine etwas grobporige unregelmäßige Krumenstruktur von guter Elastizität und Schnittfähigkeit. Ihr Geschmack ist mild bis kräftig sauer und aromatisch.

Krumme Gurken; →Gewürzgurken

Krupuk engl.: *krupuk*, Syn.: *Kroepoek;* Spezialität der indonesischen Küche, die über die ehemalige Kolonialmacht Holland nach Europa gelangte. Der Begriff K. steht für in Öl ausgebackene knusprige, kartoffelchipsähnliche Kräcker unterschiedlicher Zusammensetzung. Am bekanntesten ist K. oedang aus →Tapiokastärke und fein zerkleinertem getrockneten Garnelenfleisch mit Gewürzen, angeboten als „Garnelen-Kräcker", „Krabben Snack" u. Ä. K. palemberg enthält anstelle von Garnelen Fisch, die vegetarischen Varianten K. emping und K. melindjo Nüsse des Melindjo-Baums, Letzteres gewalzt, ohne Stärkezusatz. K. werden entweder getrocknet zum Ausbacken angeboten oder verzehrfertig vorgebraten und luftdicht verpackt als Snack.

Krustaden; in Hohlform gefertigte Gebäcke aus Pastetenteig mit verschiedenen hochwertigen Füllungen, die als warme Vorspeise serviert werden. In der Regel besteht der Pastetenteig aus →Mürbeteig, es wird aber auch Blätterteig verwandt.

Kruste engl.: *crust;* 1. äußere dichte Rinde, die Backwaren umschließt und insbesondere bei Brot und Kleingebäck eine wesentliche Bedeutung besitzt. Sie entsteht beim Backen durch chemische und physikalische Umwandlungen aus den Mehlinhaltsstoffen. Der Geschmack des Brotes und Kleingebäckes (z. B. durch die →Rösche) wird wie die Frischhaltung der unter ihr liegenden →Krume (Feuchtigkeitsaustausch) von den Eigenschaften der K. beeinflusst. Je nach Brot- oder Kleingebäcksorte ist die K. von goldgelber bis dunkelbrauner Farbe, in ihrer Konsistenz weich bis fest, in der Stärke dünn bis dick, von der Ausprägung her glatt bis gerissen und glänzend oder gemehlt. Ein hoher Anteil an K. liegt bei Kleingebäck (z. B. →Brötchen) und Baguette vor; 2. dünne Schicht aus Zuckerkristallen in Zuckerwaren und Pralinen, die eine flüssige, i. d. R. alkoholhaltige Füllung umschließt. →Krustenartikel

Krustenartikel engl.: *sugar crust articles;* Zuckerwaren oder Pralinen mit charakteristischer Kruste aus Zuckerkristallen um eine flüssige Füllung, die fast immer schokoladenüberzogen sind. Die Herstellung erfolgt im Pudergussverfahren auf Mogulanlagen. Dabei werden übersättigte, oft alkoholhaltige Zuckerlösungen in Formpuder gegossen. Der Wasserentzug durch den Formpuder führt außen zur Krustenbildung durch auskristallisierenden Zucker. Das Innere der Lösung bleibt flüssig. Zu den K. gehören u. a. →Likörkonfekt, →Erfrischungsstäbchen und →Weinbrandbohnen.

Krustenkandis; →Kandis

Krustenlikör Syn.: →*Likörkonfekt*

Krustentiere lat.: *Crustaceae,* engl.: *crawfish, crayfish amerik.;* veraltet für →Krebstiere.

Kryoskopie engl.: *cryoscopy;* Gefrierpunktsbestimmung, die in der Lebensmittelanalytik zur Untersuchung einer Wässerung bzw. des Zusatzes von Fremdsalzen in Milch angewendet wird. Die Erniedrigung des Gefrierpunktes einer Lösung gegenüber dem reinen Lösungsmittel ist zu der Konzentration der gelösten Bestandteile proportional. Ein Zusatz von Wasser zu einer wässrigen Lösung führt dementsprechend zu einem Anstieg des Gefrierpunktes. Der mittlere Gefrierpunkt von Rohmilch liegt bei -0,526 °C. Werte über -0,515 °C deuten auf Wässerung und Werte unter -0,620 °C auf Fremdsalze hin.

Kubebenpfeffer lat.: *Piper cubeba L.* (Fam.: *Piperaceae*), engl.: *Cubeb Pepper, Java Pepper, Tailed Pepper,* Syn.: *Stielpfeffer, Jawanischer Pfeffer;* dunkelbraune, gestielte, beerenartige Steinfrüchte eines aus Indonesien stammenden Pfeffergewächses, die eine stark runzelige Oberfläche besitzen und innen häufig hohl sind. K. hat einen scharfen bitteren und aufgrund des hohen Terpenanteils etwas harzig-holzigen Geschmack und wurde im Mittelalter als Pfefferersatz verwendet. Heute wird K. fast nur noch in der indonesischen Küche und in Gewürzmischungen wie „Ras el hanout" eingesetzt. Das scharfe Prinzip von K. beruht auf dem Lignan Cubebin und nicht auf Piperidinen wie beim echten Pfeffer.

Kudzu engl.: *Kudzu,* Syn.: *Kuzu;* in Asien aus den Wurzeln der Kudzubohne (lat.: *Pueraria lobata (Willd.) Ohwi*), einer Hülsenfrucht, durch Mahlen, Filtrieren und Trocknen gewonnenes, weißes feinpulveriges Stärkepulver. K. besitzt einen milden neutralen Geschmack, gute Gelbildungseigenschaften und verleiht Speisen eine sämige Konsistenz. Daher eignet es sich als Dickungs- und Geliermittel insbesondere für Suppen und Saucen und wird v. a. in der makrobiotischen Küche (→ makrobiotische Ernährung) verwendet. In der traditionellen fernöstlichen Medizin und der makrobiotischen Ernährungslehre werden K. gesundheitsfördernde Eigenschaften, z. B. auf den Darm, nachgesagt. Neben der Form des reinen Stärkepulvers wird K. als Bestandteil von → Nahrungsergänzungsmitteln angeboten.

Küchenfertige Lebensmittel engl.: *ready for kitchen processing;* teilfertige Lebensmittel, von denen der nicht essbare Teil entfernt ist und die ggf. zerkleinert sein können (z. B. geputzter, gemischter, abgepackter Salat).

Küchenkräuter engl.: *herbs,* Syn.: *Würzkräuter, Gewürzkräuter;* Sammelbezeichnung für krautige Pflanzen und Pflanzenteile vorwiegend inländischer Herkunft, die meist in frischem Zustand bei der Zubereitung von Speisen zur Verbesserung des Geschmacks eingesetzt werden. Der Übergang zu den → Gewürzen ist fließend, wobei ein wichtiges Unterscheidungsmerkmal die eingesetzte Menge ist: K. werden i. d. R. in größerer Menge zugegeben als Gewürze; erfolgt ihr Einsatz nur in geringen Mengen, werden sie auch als Gewürze angesehen. Typische K. sind Basilikum, Beifuß, Kerbel, Liebstöckel, Zitronenmelisse, Blattpetersilie und Salbei (s. auch bei den einzelnen Stichwörtern).

Küchenpasteten; qualitativ sehr hochwertige Zubereitungen oder Gerichte aus Blätter- oder Mürbeteighüllen bzw. -formen, die hochwertige Einlagen oder Füllungen, überwiegend eine → Farce aus gewürztem Fleisch, umschließen. K. werden je nach Zubereitungsform kalt oder warm, z. B. mit heißer Füllung (→ Königinpastete), serviert.

Küchenrahm Syn.: → *Crème fraîche*

Küchensahne Syn.: → *Crème fraîche*

Küchenschabe engl.: *oriental cockroach,* Syn.: *Orientalische Schabe;* → Schaben

Küchenschwindling Syn.: → *Echter Mousseron*

Küchenzwiebel Syn.: → *Speisezwiebel*

Kühlen engl.: *cooling, chilling;* klassisches Verfahren zur kurzzeitigen Verlängerung der Haltbarkeit von Lebensmitteln (→ Konservierungsverfahren), bei dem durch Abkühlen auf Temperaturen zwischen 0 und 10 °C mikrobiologisch und chemisch bedingte Verderbsvorgänge stark verlangsamt werden. Dabei wird zwischen dem Vorgang des Abkühlens, der so erfolgen muss, dass die angestrebte Temperatur so schnell wie möglich erreicht wird und der sich daran anschließenden → Kühllagerung unterschieden, die bei möglichst konstanten, an das zu kühlende Produkt angepassten Temperaturen und Feuchtigkeitsbedingungen erfolgen muss.

Kühlfleisch engl.: *chilled meat;* zum Zwecke der Haltbarkeitsverlängerung bei möglichst niedrigen Temperaturen, jedoch oberhalb des Gefrierpunktes (-2 °C), gehaltenes → Fleisch. Rechtlich ist K. dem Frischfleisch gleich gestellt. Eine besondere Bedeutung kommt der Einhaltung der Kühlkette bei Transport und Lagerung zu, da sich K. empfindlich gegenüber dem Befall mit Mikroorganismen zeigt und zu hohe Temperaturen leicht zum Verderb führen können. K. sollte weiterhin trocken und geruchsfrei gelagert werden, weil es Gerüche aus der Umgebung annehmen und der Kontakt mit Feuchtigkeit zu einer erhöhten Aktivität von Mikroorganismen und ggf. zu einer möglichen Kontamination führen kann.

Kühlgeflügel Syn.: → *Frischgeflügel*

Kühlhauseier engl.: *cold store eggs;* bei Temperaturen zwischen -2 bis +3 °C, i. d. R. bei 0 bis +1 °C in einem Kühlhaus gelagerte haltbar gemachte → Hühnereier. In einer kohlenstoffdioxidhaltigen Atmosphäre sind sie 6–8 Monate haltbar. K. dürfen aufgrund der Haltbarmachung nicht als Eier der Güteklasse A oder Extraqualität verkauft werden.

Kühlkost-Verpflegungssystem Syn.: → *Cook & Chill*

Kühllagerung engl.: *cold storage,* Syn.: *Kaltlagerung;* Aufbewahren von Lebensmitteln bei Temperaturen zwischen 2 und 8 °C, wodurch eine Verlangsamung von mikrobiologisch und chemisch bedingten Verderbsvorgängen bewirkt und somit die Haltbarkeit der Lebensmittel verlängert wird. K. erfolgt im Haushalt in kalten Räumen wie z.B. Kellern oder in → Kühlschränken; in Industrie und Handel erfolgt sie in speziellen Kühllagerräumen mit definierten Temperatur- und Feuchtigkeitsbedingungen, die abhängig vom eingelagerten Gut so eingestellt werden müssen, dass bei möglichst langer Haltbarkeit gleichzeitig ein Austrocknen feuchter Lebensmittel wie Obst und Gemüse verhindert wird. Eine Spezialform der K. stellt die → CA-Lagerung dar.

Kühlschrank engl.: *refrigerator;* überwiegend elektrisch nach dem Kompressionsverfahren, seltener auch mit Gas oder flüssigen Brennstoffen betriebenes Kühlgerät zum Kühllagern von Lebensmitteln im Haushalt oder in Großküchen, i. d. R. bei Temperaturen zwischen 2 und 6 °C. K. werden mit verschiedenen Nutzinhalten, in verschiedenen Energieeffizienzklassen, als Stand- oder Einbaugeräte, mit oder ohne Verdampferfach zur Lagerung von Gütern bei Temperaturen unter 0 °C sowie als Kühl-Gefrier-Kombinationen angeboten. Moderne Geräte besitzen weiterhin verschiedene Zonen mit unterschiedlichen Temperatur- und Luftfeuchtigkeitsbereichen zur optimalen Lagerung verschiedener Obst- und Gemüsesorten sowie spezielle antimikrobielle Innenwandbeschichtungen.

Kümmel lat.: *Carum carvi L.* (Fam.: *Apiaceae*), engl.: *1. caraway;* 1. → Gewürz aus den getrockneten, in zwei hell gerippte braune je 4–6 mm lange sichelförmige Teilfrüchte zerfallenden Doppelspaltfrüchten des ursprünglich aus Europa und Asien stammenden, heute weltweit zu findenden zweijährigen Kümmelkrauts. Der qualitativ beste K. stammt aus den Niederlanden und kommt mit dem Gütezeichen „Amsterdamer Qualität“ in den Handel. Die getrockneten Kümmelfrüchte (fälschlich auch als Kümmelsamen bezeichnet) enthalten 3–7 % ätherisches Öl mit Carvon und → Limonen als Hauptkomponenten, das ihnen den charakteristischen, aromatisch süßen Geruch und den würzig beißenden Geschmack verleiht. K. wird ganz und gemahlen angeboten und lässt sich in der Küche vielseitig verwenden, z. B. zum Würzen von Brot und Backwaren, Fleisch- und Kohlgerichten, und ist ferner Bestandteil von Gewürzmischungen für Wurstwaren. Das durch Wasserdampfdestillation aus den Früchten gewonnene Kümmelöl wird hauptsächlich in der Likörindustrie verwendet und ist charakteristischer Bestandteil von → Aquavit; 2. mit K. aromatisierte Spirituosen. → Spirituosen mit Kümmel

Kümmelbrot engl.: *cumin bread;* → Gewürzbrote

Kümmelgebäck engl.: *cumin-flavoured savouries;* reichlich mit → Kümmel, ggf. Salz und anderen Kräutern bestreutes oder eingebackenes Gebäck, meist aus Weizenmehl, insbesondere in Form länglicher Stangen. Auch auf diese Weise hergestelltes Kleingebäck wie z. B. größere Stangen oder Brötchen werden als K. bezeichnet.

Kümmelkäse engl.: *cumin cheese;* Weichkäse oder Sauermilchkäse, der mit → Kümmel gewürzt und unter Angabe der betreffenden Käseart entsprechend gekennzeichnet ist.

Kümmellikör engl.: *cumin liqueur;* heller farbloser → Gewürzlikör, hergestellt unter Zugabe von ätherischem Kümmelöl oder Kümmeldestillaten, je nach Sorte wird er auch über Kümmelsamen destilliert. Zur Geschmacksabrundung werden häufig andere Gewürze, wie z. B. Anis, Fenchel, Koriander, Ingwer, Nelken oder Zimt zugegeben. Der Mindestalkoholgehalt beträgt 15 Vol.-%.

Kümmelwurst; ähnlich wie → Berliner Dampfwurst (Ausgangsmaterial, Herstellungsprozess, Aussehen) hergestelltes charakteristisch mit → Kümmel gewürztes → Brühwürstchen.

Künstliche Aromastoffe engl.: *artifical flavours;* aromawirksame Substanzen, die synthetisch hergestellt werden und in dieser Form bisher nicht in der Natur nachgewiesen wurden. Bei den k. A. handelt sich um Neuschöpfungen, mit denen ein bestimmtes bestehendes Aroma imitiert werden kann.

Kürbis lat.: *Cucurbita sp.* (Fam.: *Cucurbitaceae*), engl.: *Pumpkin, Squash, Crookneck;* kugelige bis walzenförmige → Beeren einjähriger Lianen aus der Familie der Kürbisgewächse mit zahlreichen in Amerika beheimateten Arten. Wichtige als Nahrungspflanzen genutzte Arten sind der Gartenkürbis (lat.: *Cucurbita pepo L.*), der Speise- oder Riesenkürbis (lat.: *Cucurbita maxima Duchesne*) und der Moschuskürbis (lat.: *Cucurbita moschata (Duchesne) Duchnesne ex Poir.*). Eine beliebte Varietät des Gartenkürbisses stellt die → Zucchini dar. Die oft derbe und ungenießbare Schale vieler Kürbisarten variiert farblich von grünlich über gelb bis leuchtend orange und kann eine Netzberostung aufweisen. Das Fleisch wird z. B. als Gemüse, für Suppen und Süßspeisen sowie zur Herstellung von Sauer- und Süßsauerkonserven genutzt. Aus den Samen verschiedener Kürbisarten lässt sich Kürbiskernöl herstellen und sie finden ferner Verwendung bei der Behandlung der Reizblase. Verschiedenste Varietäten werden als Zierkürbisse gezüchtet, die aufgrund ihres hohen Gehaltes an Bitterstoffen ungenießbar sind.

Kürbiskernöl engl.: *pumpkin seed oil;* dunkelgrünes Pflanzenöl aus ungeschälten oder geschälten, auch gerösteten Kernen des → Kürbis. Die Kerne enthalten je nach Art 35–50 % linol-, öl- und palmitinsäurereiches Öl. Im Handel ist es meist nur als kalt gepresstes Spezialitätenöl zu finden. Mit seinem intensiven nussigen Geschmack wird es für Salate, aber auch zum Würzen von Suppen und anderen Gerichten, besonders in der Küche der Steiermark, aber auch Südosteuropas und Russlands, verwendet.

Kugel engl.: *rump,* Syn.: *Knopfstück;* abgeflachtes kugelförmiges Teilstück aus der Rinderkeule (→ Keule), das mageres, zum Braten und Schmoren geeignetes Fleisch, z. B. für Gulasch, Schmorbraten oder Rouladen, liefert. Der Anteil am entbeinten Fleisch beträgt ca. 7 %. Die Bezeichnung K. wird z. T. auch für die ähnlichen Teilstücke aus der Keule bei Schwein und Kalb (→ Nussstück) verwendet.

Kugel-Edamer engl.: *round-shaped edam;* holländischer Schnittkäse (→ Edamer-Käse) mit leicht abgeplatteter Ober- und Unterseite, einem Gewicht von 1,7–2,5 kg und einem Durchmesser von ca. 15 cm. Der K. wird auch als so genannter doppelter Edamer (→ Commissie kaas) mit einem Gewicht von 3–4,5 kg, als Middelbare kaas von 5–6,5 kg und als → Baby-Edamer angeboten. K. kann auch mit Kreuzkümmel „komijn“ bereitet werden.

Kugelfische lat.: *Tetraodontidae,* engl.: *puffer fish, blowfish, globefish,* Syn.: *Fugu;* Fischfamilie aus tropischen Gewässern, die ein hochtoxisches Nervengift (→Tetrodotoxin) enthalten. Das Gift ist konzentriert in Haut, Leber und Eierstöcken. K. gelten in Japan als Delikatesse; sie dürfen nur von speziell ausgebildeten Köchen nach strengen Hygienevorschriften zubereitet werden. In Deutschland dürfen K. als Lebensmittel nicht in den Verkehr gebracht werden.

Kugelkäse engl.: *ball-shaped cheese;* Bezeichnung für Käse in Kugelform wie z. B. →Kugel-Edamer.

Kugelschinken Syn.: →*Nussschinken*

Kuh lat.: *Bovinus taurus L.* (Fam.: *Bovidae*), engl.: *cow;* weibliches ausgewachsenes Rind nach dem ersten Kalben, das zur Zucht sowie als Milchvieh gehalten und danach als Schlachttier genutzt wird. Das dunkelrote marmorierte Fleisch ausgemästeter jüngerer Kühe (bis etwa 5 Jahren) mit ausgeprägtem Aroma lässt sich sowohl zur Verarbeitung als auch zum Frischfleischverzehr verwenden. Ältere magere Kühe (Wurstkühe) liefern nach der Schlachtung nur zur Verarbeitung geeignetes Fleisch. Das Fleisch abgemolkener Kühe ist hell, mager und zäh und verfügt über ein „trockenes" Aussehen.

Kuhkäse Syn.: *Kuhmilchkäse;* Oberbegriff für alle aus Kuhmilch hergestellten →Käse.

Kuhmaul lat.: *Gomphidius glutinosus (Schff.: Fr.) Fr.* (Fam.: *Gomphidiaceae*), engl.: *Slimy Spike,* Syn.: *Großer Schmierling;* von August bis Oktober in Nadelwäldern wachsender →Speisepilz mit kugeligem, später auch trichterförmigem Hut von 3–10 cm Durchmesser, violettbrauner Farbe und durchsichtiger Schleimschicht auf der Oberfläche. Das K. besitzt einen anfänglich weißen, dann bräunlichen, an der Basis gelben Stiel mit ringartigen Schleierresten, vom Hut in den Stiel übergehende dicke weiße Lamellen und zartes weißgräuliches (an der Basis gelbliches) Fleisch. Vor der Verwendung, am besten gleich beim Sammeln, sollte die schleimige Oberhaut entfernt werden.

Kuhmilch engl.: *cow milk, bovine milk;* →Milch

Kuhpilz lat.: *Suillus bovinus (L.: Fr.) O. Roussel* (Fam.: *Boletaceae*), engl.: *Bovine Bolete,* Syn.: *Kuhröhrling;* von Juni bis November auf sandigen Böden in Nadelwäldern, häufig Kiefernwäldern wachsender →Speisepilz mit glattem unregelmäßig gewölbten Hut von 4–10 cm Durchmesser und gelb- bis rotbrauner Farbe. Der K. besitzt einen dünnen, biegsamen, bräunlichen Stiel, gelbgrünliche Röhren mit eckigen Poren und zähes weißes bis gelbbraunes Fleisch von leicht säuerlichem Geschmack. Er wird meist nur in Mischgerichten verwendet.

Kuhröhrling Syn.: →*Kuhpilz*

Kukuruz Syn.: →*Mais*

Kulturchampignon lat.: *Agaricus bisporus (Lge.) Imbach* (Fam.: *Agaricaceae*), engl.: *Cultivated Mushroom,* Syn.: *Garten-, Zuchtchampignon;* ganzjährig in Spezialzuchten angebauter →Speisepilz mit gewölbtem Hut von 5–10 cm Durchmesser und weißer bis bräunlicher Farbe. Der K. besitzt einen kurzen, dicken, weißen Stiel, der einen Ring trägt, rosarote Lamellen, die später bräunlich werden und weißes Fleisch, das sich an der Luft mehr oder weniger stark rötlich verfärbt. K. werden meist in noch geschlossener Form angeboten und nehmen einen hohen Prozentsatz aller marktgängigen Speisepilze ein.

Kulturen engl.: *cultures;* unter sterilen Bedingungen gezüchtete Mikroorganismen (Bakterien, Hefen, Pilze) mit bekannten Eigenschaften, die als Rein- oder Mischkulturen einem geeigneten Substrat (Lebensmittel) zum Erzielen gewünschter Veränderungen (z. B. Geschmack, Konsistenz) zugesetzt werden (→Starterkulturen →Säurewecker).

Kulturhefen engl.: *culture yeasts;* kultivierte Hefe-Reinkulturen, die bei der Lebensmittelherstellung gezielt verwendet werden, z. B. in der Gärungsindustrie für Bier und Wein, oder als Futterhefen in der Tierernährung eingesetzt werden.

Kulturheidelbeere Syn.: →*Amerikanische Heidelbeere*

Kulturmedien Syn.: → *Nährmedien*

Kulturpreiselbeere Syn.: → *Großfrüchtige Moosbeere*

Kumquat lat.: *Fortunella subsp.* (Fam.: *Rutaceae*), engl.: *Kumquat, Oval Kumquat,* Syn.: *Goldorange, Zwergpomeranze;* etwa pflaumengroße → Zitrusfrucht mit leuchtend goldgelber Schale von den Sträuchern der gleichnamigen Gattung, haupsächlich von den Arten *F. margarita (Lour.) Swingle* („Nagami") und *F. japonica (Thunb.) Swingle* („Marumi"). Angebaut werden K. v. a. in ihrer Heimat China und in Japan, aber auch in einigen anderen Zitrus-Ländern wie Israel, Brasilien und Südafrika. Einige Sorten dieser kleinsten Zitrusfrüchte sind länglich, andere rund. K. wird i. d. R. als Frischfrucht verzehrt, wobei die dünne süß schmeckende Schale zusammen mit dem relativ sauren Fruchtfleisch gegessen wird. Sie wird auch zu Kompott, Konfitüren und Konserven verarbeitet sowie kandiert. Die verwandten Kreuzungen mit der → Limette (Limequat, auch Zwergzitrone genannt) und → Orange (Orangequat) werden ebenso wie K. verwendet, wobei der Verzehr als Cocktailfrucht im Vordergrund steht. Die ganzjährig importierten K. und Verwandte lassen sich bei +10 °C und 90 % rel. Luftfeuchtigkeit 4 Wochen lagern.

Kumyss; durch Kombination von alkoholischer und milchsaurer Gärung aus Stutenmilch hergestelltes alkoholisches Sauermilcherzeugnis, das seinen traditionellen Ursprung bei den Nomadenstämmen Asiens hat, wo es zur Kräftigung und Erhaltung der Gesundheit dient. K. enthält einen hohen Anteil an niedermolekularen Peptiden und freien Aminosäuren und wird aufgrund des Vorhandenseins von Kohlendioxid und Alkohol (0,5–3 %) als prickelnd und erfrischend beschrieben.

Kunstdarm engl.: *artifical casing;* Schlauch aus ungeformten Natur- oder Kunststoffen wie z. B. Kollagenen oder Kombinationen daraus, der zur Aufnahme von Lebensmitteln bspw. für Wurst ohne Freiraum bestimmt ist. Die nach dem Abdrillen oder Fälteln, z. B. durch Clip, Kordel oder einseitige Abnähung verschlossenen K. sind i. d. R. nicht zum Mitverzehr bestimmt oder geeignet und müssen vor dem Verzehr entfernt werden.

Kunsteis; im Gegensatz zu Natureis durch kontrolliertes Gefrieren von Wasser gewonnenes Eis. Zur Lebensmittelfrischhaltung verwendetes K. muss aus Trinkwasser hergestellt werden. Nach der Beschaffenheit des Wassers erfolgt eine Unterscheidung in Matt- oder Trübeis, Klar- und Kristalleis. Während Matteis durch Gefrieren von unbehandeltem Wasser erhalten wird und durch Luftblasen milchig trüb ist, wird das Wasser zur Gewinnung von Klareis entgast, für → Kristalleis zusätzlich entsalzen. Nach der Form findet eine Unterscheidung in Block- und Kleineis, bei letzterem weiter in Würfel-, Becher-, Scherben- und Brucheis statt.

Kunstfleisch; → Texturierte Pflanzenproteine

Kunsthonig engl.: *artifical honey;* veraltete, nicht mehr zulässige synonyme Bezeichnung für → Invertzuckercreme.

Kunstrum; Spirituose, die geschmacklich dem → Rum oder → Rum-Verschnitt ähnlich ist, jedoch in Qualität und Herstellung mit dem Originalerzeugnis nichts gemeinsam hat. Es handelt sich entweder um Gemische aus Rum (Rum-Verschnitt), Ethanol und Wasser, die den Anforderungen an Rum-Verschnitt nicht genügen, oder um Erzeugnisse aus Primasprit und synthetischen Geschmacksstoffen. Der Mindestalkoholgehalt beträgt 32 Vol.-%.

Kunststoffbeschichtete Papiere engl.: *plastic-coated papers;* Papiere, die durch verschiedene Verfahren mit → Sperrschichten aus Kunststoffen zur Erhöhung der Dichtigkeit und Verbesserung der Verarbeitungseigenschaften beschichtet sind.

Kunststoffe engl.: *plastics;* makromolekulare Materialien, die durch Polymerisation geeigneter organischer Verbindungen wie z. B. Vinylchlorid, Ethylen oder Styrol unter Zusatz anderer Substanzen zur gezielten Veränderung des Eigenschaftsbildes (Additive wie Verarbeitungshilfsmittel, Weichmacher, Farbstoffe oder Stabilisatoren) hergestellt werden. K. werden nach den zu ihrer Herstellung verwendeten Monomeren, i. d. R. unter Vorsetzen des Wortteils „Poly-" bezeichnet, z. B. Polyvinylchlorid. Da die chemischen Bezeichnungen z. T. sehr lang sind, wurden so genannte Kurzzeichen wie z. B. PVC eingeführt, die größtenteils genormt sind. Die Bezeichnung für Gemische aus verschiedenen Polymeren lautet Polymerblends. Wesentliche Eigenschaft von K. ist, dass sie in plastischem Zustand formbar sind, so dass K. vielfältigere Gestaltungsmöglichkeiten als andere Werkstoffe ermöglichen. K. werden im Lebensmittelbereich sowohl als Verpackungsmaterialien als auch im Bereich der Lebensmittelbedarfsgegenstände eingesetzt.

Kunststofffolien engl.: *plastic foil;* →Folien →Kunststoffe

Kunstweine; über weinartigen Charakter und Alkoholgehalt verfügende alkoholische Getränke, die auch als „Wein-Imitate" bezeichnet werden. K. sind nicht aus Trauben hergestellt und nach dem deutschen Weingesetz verboten. Im Mittelalter waren sie stark verbreitet.

Kupfer engl.: *copper;* zu den →Spurenelementen gehörender →Mineralstoff. K. ist Bestandteil von Enzymen mit z. T. antioxidativer Wirkung, Bestandteil verschiedener Proteine und erfüllt wichtige Funktionen im Eisenstoffwechsel (bei Transport und Wiedergewinnung von Eisen aus Erythrozyten und Hämoglobin). Kupferreiche Lebensmittel sind Innereien (v. a. Leber), Fleisch, Getreideprodukte und einige grüne Gemüse. Ein Kupfermangel führt zur hypochromen Anämie, zu Störungen der Pigmentierung von Haut und Haar, zu neurologischen Störungen und Veränderungen von Knochen und Blutgefäßen. Ein Kupferüberschuss kann auftreten, wenn Trinkwasser mit einem niedrigen pH-Wert (Hausbrunnen) durch Kupferrohre geleitet wird. Vergiftungssymptome sind Durchfall und Erbrechen. Langfristig treten Leberschäden auf. K. als Metall wird für Küchengeräte, Apparaturen, Trinkwasser- und Schankleitungen verwendet. Durch Legierung mit Zinn entsteht Bronze, mit Zink entsteht Messing. Kupfergeschirr darf nicht für saure Speisen verwendet werden, da sonst größere Kupferkonzentrationen herausgelöst werden, die zu Vergiftungen führen können.

Kupferchlorophylline engl.: *copper complexes of chlorophylls and chlorophyllins;* lichtechte hell- bis dunkelgrüne Farbstoffe, die durch den teilweisen bis vollständigen Ersatz der Magnesiumionen durch Kupferionen im Chlorophyllinmolekül (→Chlorophyll) hergestellt werden und unter der Nummer E 141 zum Färben von Gemüsekonserven, Marmeladen, Limonaden und Süßwaren zugelassen sind. Des Weiteren werden K. zur Färbung von Kosmetika und Arzneimitteln verwendet.

Kurkuma lat.: *Curcuma longa L.* (Fam.: *Zingiberaceae*), engl.: *turmeric,* Syn.: *Gelbwurz, Safranwurz;* →Gewürz aus getrockneten Teilen der Wurzelstöcke der aus Südostasien stammenden Staude. Hauptanbauländer sind heute Indien und China. Die Handelsbezeichnung richtet sich z. T. nach der Form der Wurzelstöcke und darf nicht mit dem botanischen Namen verwechselt werden. Die bis zu 6 cm langen Seitentriebe werden als Curcuma longa oder fingers gehandelt, der rundliche Hauptwurzelstock als Curcuma rotunda oder bulbs. K. wird in der Küche einerseits wegen seines Gehalts an gelbem →Kurkumin zum Färben, andererseits wegen seines ingwerartigen schwach bitteren, aber scharfen Geschmacks (hervorgerufen durch das in den Wurzelstöcken zu bis zu 5 % enthaltene ätherische Öl mit Tumeron als Hauptbestandteil) verwendet. K. wird in gemahlener Form, jedoch selten als Einzelgewürz, sondern meist in Gewürzmischungen wie z. B. →Curry-Pulver eingesetzt.

Kurkumin engl.: *curcumin,* Syn.: *Curcumin;* natürlicher lichtempfindlicher gelborangener Farbstoff, der aus den Wurzelstöcken (Rhizomen) der Kurkumastaude (lat.: *Curcuma longa L.*) isoliert werden kann, aber auch synthetisch hergestellt wird. K. ist unter der Nummer E 100 zur Färbung bestimmter Lebensmittel, z. B. Margarine, Senf und Marmelade in festgelegten Höchstmengen zugelassen und stellt einen wichtigen Bestandteil des → Curry-Pulvers dar.

Kurpflaumen; ugs. Bezeichnung für großstückige → Trockenpflaumen.

Kurzkettige Fettsäuren engl.: *short-chain fatty acids;* → Fettsäuren mit einer Kettenlänge von 4–7 C-Atomen.

Kurzware; kurze, meist Saucen gut aufnehmende → Teigwaren, im Gegensatz zu Langwaren wie Spaghetti.

Kurzwegdestillation engl.: *short-path destillation;* spezielle Form der → Destillation, bei der die Verdampfung aus der Oberfläche eines dünnen Flüssigkeitsfilms erfolgt und die sich durch einen sehr kurzen Weg bis zum Kühler auszeichnet. Die K. wird zur Trennung hochmolekularer oder temperaturempfindlicher Substanzgemische (z. B. Vitaminkonzentrate) verwendet.

Kuskus Syn.: → *Couscous*

Kuttelfleck Syn.: *Rinderfleck, Fleck;* Bezeichnung für eine vorwiegend lokale Spezialität aus → Kutteln.

Kutteln engl.: *tripe,* Syn.: *Kaldaunen;* Oberbegriff für die gereinigten, i. d. R. bereits küchenfertig vorbereiteten essbaren Teile des Rindermagens (vorwiegend Pansen, aber auch Netz-, Blatter- und Labmagen). Aus K. werden eine Reihe von Gerichten als lokale Spezialitäten z. B. durch Einlegen in Essig oder Braten hergestellt. In traditionellen Fleischerzeugnissen wie z. B. Würsten können sie unter Kenntlichmachung enthalten sein.

Kutter engl.: *cutter;* hohlringförmige umlaufende Schüssel mit senkrecht zur Umlaufrichtung angebrachtem beweglichem Messer. Dieses zerschneidet bei hochtourigem Laufen das eingebrachte Fleisch äußerst rasch, schonend und sehr fein. → Kuttern

Kutterhilfsmittel Syn.: *Kuttersalze;* Zusatzstoffe bei der Brühwurstherstellung, welche die Wasserbindung des Brühwurstbrätes und die Emulgierung der Fette fördern, indem sie das Muskelprotein aktivieren. Als K. werden die Natrium- und Kaliumsalze der Diphosphorsäure (→ Diphosphate) und der Genusssäuren (Essig-, Milch-, Wein- und Citronensäure) verwendet.

Kuttern engl.: *to cut;* schneidende Zerkleinerung von Fleisch durch hochtourige Messersätze im → Kutter. Dabei wird die zellige Struktur des Fleisches weitgehend zerstört und der Zellinhalt bei entsprechender Einwirkungszeit freigesetzt. Durch K. wird v. a. die Grundmasse für Würste hergestellt, insbesondere → Brät für → Brühwürste.

Kuttersalze Syn.: → *Kutterhilfsmittel*

Kuvertüre engl.: *couverture,* Syn.: *Schokoladenüberzugsmasse;* zum Überziehen von Süßwaren und als Backzutat verwendetes Schokoladenerzeugnis. Im engeren Sinne ist K. als Schokoladenkuvertüre nach der Kakao-Richtlinie 2000/36 der EU ein Erzeugnis mit mindestens 35 % Gesamtkakaotrockenmasse, davon mindestens 31 % Kakaobutter und mindestens 2,5 % entölte Kakaotrockenmasse. Weiterhin werden auch andere Überzugsmassen wie → Milchkuvertüre und weiße Kuvertüre (weiße Schokolade) unter dem Begriff K. zusammengefasst. Die Herstellung erfolgt wie die von → Schokolade.

Kwass/Kvass engl.: *kvass;* bräunliches, trübes, kohlensäurehaltiges, i. d. R. schwach alkoholisches (ca. 0,5 bis ca. 2 % vol) Erfrischungsgetränk mit charakteristisch säuerlichem Geschmack. Grundlage für K. sind Getreidemalz, -mehle und/oder Brote, Zucker und eine kombinierte Kultur (→ Teepilz) aus Hefe und Milchsäurebakterien. Weitere Zutaten wie Rosinen, Pfefferminze, Zitrone u. a. runden den Geschmack ab. Bei

20–25 °C finden durch die Kultur gleichzeitig sowohl eine alkoholische als auch eine milchsaure Gärung des Extraktes aus den Grundzutaten statt. Nach 6–12 Stunden sind diese abgeschlossen und der fertige K. wird auf 10–15 °C abgekühlt, von der Hefe getrennt, gefiltert und abgefüllt. Anstelle von Getreideprodukten oder Brot werden auch Frucht- und Beerensäfte, z. B. von Äpfeln, Zitronen und Moosbeeren sowie Tee (→ Kombucha) nach Zucker- und Kulturzusatz zu ähnlichen Getränken vergoren.

Lab engl.: *rennet;* aus dem Magen von Wiederkäuern gewonnenes Enzymgemisch, das aus → Chymosin und → Pepsin besteht. Hierbei handelt es sich meist um Kälbermägen, aber auch Schaf- oder Ziegenmägen werden verwendet. L. wird zur Milchgerinnung eingesetzt, die Milch wird dadurch nicht sauer. Das Labenzym Chymosin spaltet das Milcheiweiß Casein selektiv an einer bestimmten Stelle, so dass Reststücke gleicher Größe entstehen. Die auf diese Weise dickgelegte Milch wird zu Käse weiterverarbeitet. Weitere Möglichkeiten zur Käsegerinnung sind die als mikrobielles bzw. die als pflanzliches L. bezeichneten Stoffe bzw. Erzeugnisse. Mikrobielles L. wird das von gentechnisch veränderten Mikroorganismen erzeugte Chymosin genannt. Dieses gewinnt immer mehr an Bedeutung. Die als pflanzliches L. bezeichneten Erzeugnisse werden aus Labkraut oder Feigenbaumsaft gewonnen.

Labaustauschstoffe engl.: *rennet substitute;* Zubereitungen von Enzymen mikrobiellen Ursprungs, die dazu bestimmt sind, anstelle von Lab zur Dicklegung von Milch bei der Käseherstellung verwendet zu werden. Die zur Herstellung von L. eingesetzten Schimmelpilze sind *Endothia parasitica, Mucor pusillus Lindt* und *Mucor mihei.*

Labcasein engl.: *rennet casein;* aus entrahmter Milch durch Labeinwirkung ausgefällter, gewaschener und getrockneter Käsestoff (→ Casein) mit mindestens 78 % Eiweiß und höchstens 12 % Wasser.

Labenzym Syn.: → *Chymosin*

Labgerinnung engl.: *rennet clotting,* Syn.: *Süßgerinnung;* Koagulation des kolloidal gelösten → Caseins durch Einwirken von → Lab bei der Käseherstellung. Die L. ist abhängig von der Temperatur und dem Säuregrad der Milch sowie von der Labmenge.

Labkäse engl.: *rennet cheese,* Syn.: *Süßmilchkäse;* alle durch → Lab aus der Milch gewonnenen → Käse.

Labmagen engl.: *rennet;* Drüsenmagen der Wiederkäuer, der dem einhöhligen Magen anderer Tiere entspricht. Im L. findet die Ausscheidung körpereigener Verdauungsenzyme zur Einleitung des Abbaus der Nährstoffe in eine für den Körper aufnehmbare Form statt. Eine Verarbeitung von L. erfolgt ohne Schleimhaut zu Spezialitäten (→ Kutteln) und speziellen traditionellen Fleischerzeugnissen. L. von Kälbern, aber auch von Schafen und Ziegen werden zusätzlich zur Gewinnung von → Lab verwendet.

Labmolke Syn.: → *Süßmolke*

Labquark; aus mit → Lab dickgelegter Magermilch hergestellter Quark, der als Halbfertigerzeugnis zur Herstellung von Schmelz- und Sauermilchkäse verwendet werden kann. L. verfügt über eine kernige krümelige Konsistenz und einen neutralen, nicht säuerlichen Geruch und Geschmack ohne sonstigen Beigeschmack.

Labskaus engl.: *labskaus;* typisch breiiges, rosafarbenes, norddeutsches Eintopfgericht aus Kartoffeln, Roter Bete und gepökeltem schieren Rindfleisch. Ersatzweise kann Corned Beef oder anderes Fleisch und zusätzlich weitere Zutaten wie Salzhering, Matjes oder Stockfisch verwendet werden. L. wird traditionell mit Rollmöpsen, Spiegelei und Gewürzgurken angerichtet.

Lachgas Syn.: → *Distickstoffoxid*

Lachs lat.: *Salmo sp., Oncorhynchus sp.* (Fam.: *Salmonidae*), engl.: *salmon,* Syn.: *Salm;* Wanderfisch zwischen Süß- und Meerwasser. Der L. wächst im Meer heran und sucht zum Laichen Flussoberläufe auf. Der atlantische L.

(lat.: *Salmo salar L.*) wird bis zu 150 cm lang und 40 kg schwer; er lebt auch in Nord- und Ostsee und wandert bis zum Oberlauf der großen Flüsse und ihrer Nebenflüsse. Im Rhein (Rheinsalm) war er ausgestorben; ein Neuansiedlungsprojekt zeigt erste Erfolge. Von den kleineren pazifischen Verwandten kommt der Buckellachs (lat.: *Oncorhynchus gorbuscha Walb.*), bis zu 60 cm lang und ca. 3 kg schwer, auch vor nordeuropäischen Küsten vor, der Königslachs (lat.: *Oncorhynchus tshawytscha Walb.*) vor der Westküste Kanadas und der USA. Der Huchen oder Donaulachs (lat.: *Hucho hucho L.*) lebt nur in der Donau und ihren Nebenflüssen und gilt als regionale Spezialität. Ein Großteil des im Handel angebotenen L. stammt aus Zuchtbetrieben (→Farmlachs), auch aus ökologischer Tierhaltung. Hauptproduzenten sind Norwegen, Schottland, Irland, Kanada und die USA. Daneben wird →Wildlachs angeboten. L. gehört zu den →Fettfischen (12–16 % Fett im Fischfleisch, Wildlachs meist weniger). Im Handel ist L. als Frischfisch, tiefgefroren, geräuchert (Räucherlachs), gebeizt (Gravad L.) erhältlich; zubereitet z. B. als Lachspastete und als Fischkonserve, Lachsöl als →Nahrungsergänzungsmittel (→Fischöl). Rogen pazifischer Lachsarten wird als →Lachskaviar gehandelt.

Lachs Carpaccio; →Carpaccio

Lachsersatz engl.: *salmon substitute, saithe in oil;* in Öl eingelegte hart gesalzene (→Hartsalzung →Salzfischerzeugnisse), kalt geräucherte lachsähnlich gefärbte Seelachs- oder Kabeljauscheiben oder -schnitzel, die unter Zusatz von Fett und Bindemitteln zu einer Paste verarbeitet werden können. L. enthält 7–8 g Kochsalz.

Lachsfleisch Syn.: *2. Karbonadenschinken;* 1. Bezeichnung für die Kernmuskulatur des Schweinerückens zwischen dem sechsten und siebten Lendenwirbel. Sie besteht aus dem langen Rückenstrecker (lat.: *M. longissimus dorsi*), dem entbeinten entsehnten „Auge" des Kotelettstranges mit evtl. anhaftendem dünnen Sehnengewebe (Silberhaut). Aus ihr wird →Lachsschinken hergestellt. 2. aus weitgehend vom Fettgewebe befreitem Kotelettstrang durch Pökeln und Räuchern hergestellte →Rohpökelware.

Lachsforelle lat.: *Salmo sp.* (Fam.: *Salmonidae*), engl.: *trout;* Handelsbezeichnung für eine →Forelle mit rosa oder orangerotem Fleisch, unabhängig von der Art und der Lebensweise (Süßwasser/Seewasser, frei lebend/Zucht etc.). Der Begriff wurde früher als Synonym für die →Meerforelle, gelegentlich auch für die Regenbogenforelle verwendet, deren Fleisch durch carotinoidhaltige Futterzusätze oft rosafarben ist.

Lachshering engl.: *hareng saur;* 1. →Räucherfisch, hergestellt durch Kalträuchern von gewässertem →Salzhering, nicht ausgenommen mit Kopf (geräucherter Salzhering), ausgenommen mit Kopf (veralt.: Räucherhering), ausgenommen ohne Kopf (Delikatesslachshering) oder als Filet (geräuchertes Salzheringsfilet). Eine Spezialität aus den Niederlanden ist Brado aus auseinander geklappten Filets. Der L. unterscheidet sich vom →Bückling durch festeres Fleisch. 2. Bezeichnung für einen kleinen Meeresfisch (lat.: *Maurolicus muelleri Gmelin*), der als Beifang bei Kleinheringen sowie Sprotten vorkommt und nicht als Speisefisch verwendet wird.

Lachskaviar engl.: *red caviar, salmon caviar/roe,* Syn.: *Ketakaviar, Amur-Kaviar;* →Kaviar, hergestellt aus dem Rogen pazifischer Lachsarten der Gattung *Oncorhynchus*, insbesondere *Oncorhynchus keta Walb.* L. ist gelblichrot gefärbt und grobkörnig (ca. 5 mm) mit weniger als 8,5 % Kochsalz. L. ist aromaärmer als echter Kaviar und schmeckt eher wässrig.

Lachskonserven engl.: *salmon preserves;* durch Hitzesterilisation haltbar gemachtes →Fischerzeugnis aus Lachs.

Lachsmakrele engl.: *cold-smoked salted mackerel;* →Räucherfisch, hergestellt durch Kalträuchern von ausgenommener vorgesalzener

→Makrele. Der Fettgehalt der L. beträgt mindestens 15 %.

Lachsöl engl.: *salmon oil;* →Fischöl

Lachspaste engl.: *salmon paste;* →Fischpaste aus gesalzenem fein zerkleinerten →Lachs bzw. Lachsschnitzel oder →Räucherlachs, i. d. R. gemischt mit Fett und Gewürzen. Verdickungsmittel dürfen zugesetzt werden. Der Kochsalzgehalt beträgt weniger als 15 %. L. wird mit Butter vermischt (Lachsbutter) als Brotaufstrich verwendet und als würzende Zutat zu pikanten Gerichten; sie muss kühl gelagert werden.

Lachsscheiben in Öl; →Salzfischerzeugnisse

Lachsschinken engl.: *mild cure pork fillet eaten raw,* Syn.: *Karbonadenschinken;* aus der Kernmuskulatur des Schweinerückens (→Lachsfleisch), vom Kotelettstrang, nicht aus der Keule hergestellter gepökelter →Schinken, der danach goldgelb geräuchert oder gekocht werden kann. Von einer dünner Speckscheibe umhüllt, wird er auch als Pariser L. bezeichnet.

Lachsschnitzel in Öl; →Salzfischerzeugnisse

Lactalbumin engl.: *lactalbumin;* globuläres Protein, das zusammen mit Lactoglobulin den Hauptanteil der Molkenproteine im →Milcheiweiß ausmacht. L. ist im Stoffwechsel an der Synthese von →Lactose beteiligt.

Lactase Syn.: →*Beta-Galactosidase*

Lactate engl.: *lactates;* Ester und Salze der →Milchsäure. Die Natrium- (E 325), Kalium- (E 326) und Calciumsalze (E 327) sind als Lebensmittelzusatzstoffe zugelassen und wirken als Konservierungsmittel, Säureregulatoren, Schmelzsalze, Festigungsmittel und Geschmacksverstärker.

Lactem Syn.: →*Milchsäureester von Mono- und Diglyceriden*

Lactit engl.: *lactitol;* →Zuckeralkohol, der durch Hydrierung von →Lactose gewonnen wird. Es handelt sich um ein gut wasserlösliches weißes Pulver mit stark laxierender Wirkung und etwa 30 % der Süßkraft von Saccharose. L. ist unter der Nummer E 966 zur Süßung von Brennwert verminderten oder ohne Zuckerzusatz hergestellten Lebensmitteln (z. B. Dessertspeisen, Speiseeis, Marmeladen und Süßwaren) zugelassen.

Lactobacillus; Mehrz.: Lactobazillen, von lat.: *lactis* = Milch und *bacillus* = Stäbchen abgeleiteter Name für eine vorwiegend durch physiologische Merkmale gekennzeichnete Gattung grampositiver, nicht sporenbildender, aerotoleranter, stäbchenförmiger →Milchsäurebakterien, die Kohlenhydrate zu →Milchsäure fermentieren, hohe Nährstoffansprüche, aerotolerantes Wachstum und eine geringe Koloniengröße haben. L. verursachen in Lebensmitteln teils erwünschte, teils unerwünschte Säuerung durch Milchsäurebildung. In der Lebensmitteltechnologie dienen L. als Starterkulturen in der Milchindustrie (z. B. *L. delbrückii subsp. lactis* und *subsp. bulgaricus*), in der Fleisch verarbeitenden Industrie zur Rohwurstreifung (z. B. *L. plantarum* und *L. brevis*) und bei der Herstellung von Sauerkraut und Silagen. Bestimmte Stämme der Gattung L. kommen in →probiotischen Lebensmitteln zum Einsatz. In Bier, Wein, Fruchtsäften und zahlreichen anderen Lebensmitteln sind sie wegen Säurebildung und anderer Qualitätsminderung unerwünscht.

Lactobacillus bifidus; Gattung →*Bifidobacterium.*

Lactobazillen; Mehrz. von →*Lactobacillus.*

Lactococcus; Gattung grampositiver aerotoleranter bis mikroaerophiler →Kokken, die keine Katalase und kein Gas aus Glucose bilden. Sie gehören zu den homofermentativen L(+)-Milchsäure bildenden →Milchsäurebakterien und kommen auf zahlreichen Pflanzen wie Kohl oder Kartoffeln vor. *L. lactis* mit den Subspezies *lactis* und *cremoris* dienen als Starterkultuen bei der Herstellung von Sauermilchprodukten und Käse und wurden früher zur Gattung →*Streptococcus* gezählt.

Lactoflavin engl.: *lactoflavin;* veraltete synonyme Bezeichnung für →Riboflavin.

Lactoglobulin engl.: *lactoglobuline;* globuläres Protein, das zusammen mit Lactalbumin den Hauptanteil der Molkenproteine im →Milcheiweiß ausmacht.

Lactoglyceride Syn.: →*Milchsäureester von Mono- und Diglyceriden*

Lactose engl.: *lactose,* Syn.: *Milchzucker;* →Disaccharid aus →Glucose und →Galactose, das in der Milch aller Säugetiere zu bis zu 5 % vorkommt und deshalb auch als Milchzucker bezeichnet wird. Die häufigste Handelsform der L., das Monohydrat, ist gut wasserlöslich und hat eine deutlich geringere Süßkraft als Saccharose, Glucose und Fructose. Zur physiologischen Verdauung muss L. durch das Enzym →beta-Galactosidase gespalten werden. Ist dieses Enzym nicht oder in nur unzureichenden Mengen vorhanden, kann es nach dem Genuss von Milchprodukten zu Verdauungsstörungen kommen (→Lactoseintoleranz). Im Lebensmittelbereich findet L., die technisch aus →Molke nach Eiweißabscheidung gewonnen wird, v. a. für Säuglingsnahrung, Backwaren und als Trägerstoff für Aromen und Süßstoffe Verwendung. In der Pharmazie wird L. als Abführmittel oder zur Regulation einer gestörten Verdauung sowie als Grundstoff für pharmazeutische und homöopathische Präparate eingesetzt.

Lactosefreie Milchprodukte engl.: *lactose-free milk products;* Milch und Milchprodukte, bei denen die →Lactose gezielt durch Zusatz von →beta-Galactosidase gespalten wurde und die zur Ernährung bei →Lactoseintoleranz geeignet sind. Der Restlactosegehalt der Produkte beträgt weniger als 0,1 %, der Großteil der Lactose ist in Glucose und Galactose gespalten, wodurch die lactosefreien Produkte süß schmecken. Alle anderen Inhaltsstoffe der Milch bleiben bei der Herstellung erhalten.

Lactoseintoleranz engl.: *lactose intolerance,* Syn.: *Milchzuckerunverträglichkeit;* nicht mit einer →Milcheiweißallergie zu verwechselnde Störung des Lactoseabbaus, die auf dem völligen Fehlen oder dem Mangel an dem für die Verdauung von Milchzucker (→Lactose) verantwortlichen Enzym →beta-Galactosidase (früher Lactase) beruht. Wird der Milchzucker nicht oder nur unzureichend in seine Bausteine Glucose und Galactose zerlegt, gelangt er unverändert in tiefere Darmabschnitte, wo er von Bakterien vergoren wird. Die dabei gebildeten Gase und Säuren führen zu den klinischen Symptomen der L. wie Blähungen, Krämpfe und Durchfall. Es wird unterschieden zwischen dem seltenen primären, angeborenen Lactasemangel, der sich schon im Säuglingsalter bei der Muttermilchernährung äußert und dem häufiger auftretenden, erworbenen Lactasemangel, der im Jugend- oder Erwachsenenalter erstmals auftritt und dessen Ursachen noch weitgehend unbekannt sind. Eine weitere Form ist die sekundäre L., die als Folge einer primären Darmerkrankung wie Zöliakie, Morbus Crohn oder Colitis ulcerosa auftritt, und die meist nach erfolgreicher Therapie der Grunderkrankung wieder verschwindet. Die diätetische Behandlung der L. besteht im Meiden von Milchzucker und/oder in einer oralen Substitution von Lactase. Auf dem Markt erhältlich sind auch lactosearme Milcherzeugnisse, Spezialprodukte, die durch teilweise Spaltung der Lactose hergestellt werden. Da häufig nur ein partieller Lactasemangel vorliegt, können jedoch meist geringe Mengen an Milch- und Milchprodukten toleriert werden. Wichtig ist, die Deckung des Calciumbedarfs zu berücksichtigen, was bei einem völligen Verzicht auf Milch und Milchprodukte nicht möglich ist. Weltweit können etwa 75 % der Erwachsenen, v. a. Afrikaner und Asiaten, keinen Milchzucker verdauen, in Deutschland sind 10–15 % der Bevölkerung von einer L. betroffen.

Lacto-Vegetarismus engl.: *lacto-vegetarism,* Syn.: *lacto-vegetabile Ernährung;* Form des →Vegetarismus, bei dem neben pflanzlichen Lebensmitteln auch Milch und Milchprodukte mit Ausnahme von mit Kälberlab hergestelltem Käse verzehrt werden. Honig ist meistens erlaubt. Fleisch, Fisch und Eier sind grundsätzlich verboten. Anhänger des L. werden als Lacto-Vegetarier bezeichnet.

Lactulose engl.: *lactulose;* durch Isomerisierung von →Lactose gewonnenes →Disaccharid aus Galactose und Fructose, das süßer als Lactose schmeckt und vom Menschen nicht absorbiert, sondern von der Darmflora zu organischen Säuren abgebaut wird, welche die Darmperistaltik fördern und den Stuhl erweichen. L. wird im Gemisch mit Lactose und Galactose in Sirupform zur Vorbeugung und Behandlung von Obstipation sowie als Lebertherapeutikum eingesetzt. Erhitzte Milchprodukte wie z. B. Kondensmilch enthalten bis zu 1 % L., was einer Isomerisierung von etwa 10 % der vorhandenen Lactose entspricht.

Ladeeinheit engl.: *unit load;* Einheit aus einer Anzahl von →Transportverpackungen, seltener aus →Verkaufspackungen, meist auf einem Ladungsträger wie Paletten, die für rationelles Lagern und Transportieren geeignet und häufig gegen Verrutschen oder Kippen der Ladung gesichert ist.

Ladenfleisch; zum Verkauf im Laden als Braten und Kochfleisch sachgerecht zugeschnittenes Fleisch der Schlachttiere, das überwiegend von den hochwertigen Teilstücken stammt. →Verarbeitungsfleisch

Lärchenröhrling Syn.: →*Goldröhrling*

Lästlinge; Tierarten, die in den meisten Fällen als lästig empfunden werden, wie z. B. →Ameisen, →Fliegen oder Mücken. Einige L. können auch als →Hygiene- oder →Vorratsschädlinge Bedeutung erlangen und die befallenen Lebensmittel für den menschlichen Genuss unbrauchbar machen.

Läutern engl.: *2. lautering,* Syn.: *Klären, Reinigen;* 1. in der Zuckerindustrie gebräuchliches Verfahren zum Abschäumen des Zuckers (→Läuterzucker). 2. →Abläutern

Läuterzucker engl.: *sugar syrup. stock syrup;* gekochte, vom Schaum befreite sehr reine haltbare Weißzuckerlösung mit ca. 65 % Trockensubstanzgehalt. Sie eignet sich z. B. zum Füllen von Pralinen, für Desserts und Liköre sowie zum Überziehen und Einlegen von Früchten.

Laevulose Syn.: →*Fructose*

Lage; Bezeichnung für eine bestimmte Rebfläche (Einzellage) oder die Zusammenfassung solcher Flächen (Großlage), aus deren Erträgen gleichwertige Weine gleichartiger Geschmacksrichtung hergestellt werden und die in einer Gemeinde oder in mehreren Gemeinden desselben bestimmten Anbaugebiets gelegen sind. Die Einzellage bzw. die Gemeinde oder der Ortsteil sind die engsten Bezeichnungen für die Traubenherkunft. Um in die Weinbergsrolle eingetragen zu werden, muss eine L. mindestens 5 Hektar umfassen. Die Namen der L. dürfen nur für Qualitätsweine und Qualitätsweine mit Prädikat verwendet werden.

Lagerbiere engl.: *lager;* Bezeichnung für eine Gruppe von hellen oder dunklen, schwach bis mittelstark gehopften untergärigen →Vollbieren, die nach der Hauptgärung einer Lagerung von mehreren Wochen (früher Monaten) in Lagertanks unterzogen werden. Helle L. sind i. d. R. klar gefiltert, milder sowie leicht süßlich im Geschmack und weniger bitter als →Pilsener Bier. Bekannte helle L. sind das Helle und das kräftiger ausgeprägte Exportbier. Dunkles L. (Dunkel) schmeckt vollmundig, aromatisch nach Malz und leicht süßlich. Es ist v. a. in Bayern verbreitet. Der Stammwürzegehalt liegt in Deutschland zwischen 11 und 12,5 %, bei Export i. d. R. bei 12 %. Daraus ergibt sich ein Alkoholgehalt im Durchschnitt von ca. 4,6 bis 4,8 Vol.-%. Ausländische L. können einen höheren Stammwürze- (bis zu 14 %) und Alkoholgehalt (bis zu 5,6 Vol.-%) aufweisen.

Lagrein; Rotweinrebe von guter Qualität, die im Norden Italiens, im Trentino und in Südtirol angebaut wird. Die Traube besitzt einen bitteren Beigeschmack, die Weine überzeugen durch ihren fruchtigen vollen Geschmack. Die Rotweine sind dunkel und schwer. Mit Lagrein-Kretzer wird ein italienischer DOC-Roséwein bezeichnet, der in einigen Gemeinden in Südtirol erzeugt wird (Bezeichnung „classico" nur für das Anbaugebiet Gries bei Bozen). Er wird nach Art der Weißweine gekeltert.

Lágrima; spanische Bezeichnung für ein Weinherstellungsverfahren, bei dem die Trauben nur durch den Druck des Eigengewichts gepresst werden. Es entsteht eine geringe Mostausbeute, die sich jedoch durch einen niedrigen Gehalt an Gerbstoffen auszeichnet. Die daraus gewonnenen Weine sind weich und fein, z. B. Roséwein aus Navarra oder Dessertwein aus Málaga. Meist wird der Rückstand nochmals gepresst, wobei eher einfache rauere Weine entstehen. Das italienische Pendant ist „lacrima", wobei damit auch ein Wein vom Vesuv gemeint sein kann, das französische „vin de goutte" oder „saignée".

Lahmacun; ursprünglich aus der Türkei stammender pizzaähnlicher, dünn ausgerollt gebackener Teigfladen mit pikant würzigem Belag aus Lamm- oder Rinderhackfleisch und weiteren Zutaten, wie z. B. Tomaten und verschiedene Gewürze. L. wird warm in flacher Form oder aufgerollt, oft mit weiteren zusätzlichen Zutaten wie z. B. frischem Salat, Schafskäse und/oder Cacik (zazikiähnliche Zubereitung aus Milcherzeugnissen) belegt verzehrt.

Lake engl.: *1. brine 2. brine;* 1. konzentrierte Kochsalzlösung (→Pökellake) zur →Nass- und →Schnellpökelung von Fleisch; 2. Salzlösung zum vorübergehenden Haltbarmachen von Früchten, Fruchtschalen (Vorbereitung zum Kandieren) und Gemüsen; 3. ausgetretene Flüssigkeit aus Fleisch bei der Trockenpökelung oder aus Fisch (z. B. Hering) beim Einsalzen.

Lakepökelung Syn.: →*Nasspökelung*

Lakritzbonbons engl.: *licorice sweets;* charakteristisch nach Lakritz schmeckende dunkel gefärbte →Bonbons, die üblicherweise mindestens 3 % →Süßholzextrakt als geschmacksgebende Zutat enthalten. Weitere übliche Zutaten sind Karamell, Zuckerkulör, Kräuter oder →Ammoniumchlorid wegen des scharfen Salmiakgeschmacks.

Lakritzen engl.: *licorices;* weiche bis hart-splittrige, dunkelbraune bis schwarze →Zuckerwaren mit einem durch →Süßholzextrakt, üblicherweise mindestens 3 %, hervorgerufenen charakteristischen bitter-süßlichen bis herb-scharfen Geschmack. Sie werden aus einem weichen Gemisch vielfältig z. B. in Form von Stangen, Schnecken, Streifen, Röhren, Plättchen und figürlichen Darstellungen ausgeformt. Bestandteile dieses Gemisches sind Süßholzextrakt, Zucker, Mehl sowie Quellstoffe wie Gelatine und/oder Stärken. Karamell dient üblicherweise sowohl zur Geschmacks- als auch ebenso wie Zuckerkulör zur Farbvertiefung. Ebenfalls verwendet werden geruchs- und geschmacksgebende Stoffe wie →Ammoniumchlorid und andere Aromen. Der Gehalt an Ammoniumchlorid ist in Deutschland rechtlich auf maximal 2 % begrenzt. In- und ausländische L. mit einem höheren Ammoniumchloridgehalt sind aufgrund rechtlicher Ausnahmeregelungen (Ausnahmegenehmigungen und Allgemeinverfügungen) im Verkehr und mit festgelegten Hinweisen gekennzeichnet. Als „echte Lakritzen" werden für gewöhnlich schwach gezuckerte oder völlig ungezuckerte hart-splittrige schwarze Scheibchen oder Stangen mit einem hohen Anteil an oder aus reinem Süßholzextrakt und herb scharfem Geschmack bezeichnet.

Lakritzkonfekt engl.: *licorice allsorts;* kleine geschnittene oder gestanzte →Zuckerwaren mit sich abwechselnden Schichten aus weicher Lakritzmasse und unterschiedlich gefärbter Schaumzuckermasse (→Schaumzuckerwaren).

Lakritzwaren engl.: *licorice articles;* Sammelbegriff für schwarze oder schwarz gefärbte →Zuckerwaren, die einen durch →Süßholzextrakt, üblicherweise mindestens 3 %, hervorgerufenen charakteristischen bitter-süßlichen Geschmack aufweisen. Typische L. sind z. B. →Lakritzen, →Lakritzbonbons, →Lakritzkonfekt und →Salzlakritzerzeugnisse.

Laktodensimeter Syn.: *Laktometer;* Aräometer zur Dichtebestimmung in Milch. →Aräometrie

Lamb Chops; aus dem angelsächsischen Sprachgebrauch übernommene Bezeichnung für 1–2 cm dicke →Steaks und →Koteletts aus dem Lammrücken.

Lambrusco; Rotweinrebe mit hohem Ertrag, die in Italien in ca. 60 Subvaritäten angebaut wird. Erzeugt werden Rot-, Rosé- und Weißweine. Am bekanntesten ist der L. als perlender halb süßer bis süßer Rotwein in der Massenversion. Er wird traditionell mit einer zweiten Gärung in der Flasche hergestellt. Jedoch gibt es L. auch in teurerer DOC-Qualität, z. B. den L. di Sorbara (aus bestimmten Gemeinden in der Provinz Modena), den L. Salamino di Santa Croce oder den L. Grasparossa di Castelvetro. Dies sind trockenere vollere Weine mit höherem Tanningehalt.

Lammbrust engl.: *breast of lamb;* zwischen Hals und Dünnung unterhalb der Schulter gelegenes Teilstück des Lammschlachtkörpers mit deutlich vom Fett durchzogenem knochenhaltigen Fleisch. Die L. wird insbesondere zum Kochen und Schmoren als Suppenfleisch oder für Eintöpfe, Gulasch oder Ragouts verwendet. Ohne Knochen und nach Abtrennen größerer Fettanteile kann das Fleisch auch als Bratenstück, z. B. gefüllt oder als Rollbraten dienen.

Lammfleisch engl.: *lamb meat;* hell- bis ziegelrotes Fleisch von unter einem Jahr alten Schafen mit beinahe weißem Fett. Es ist i. d. R. zart, mager, feinfaserig und wohl schmeckend mit einem charakteristisch würzigen Eigengeschmack. Das Alter des Lammes und der Verfettungsgrad spielen bei der Qualität von L. eine wesentliche Rolle. Als Delikatessen gelten das Fleisch von Salzwiesenlämmern und von Heidschnucken. L. lässt sich vielfältig, z. B. durch Braten, Schmoren, Grillen oder Kochen mit Gewürzen zu vielen Gerichten (Eintöpfe, Braten, Koteletts, Ragouts), zubereiten. Als wertvollste Teilstücke gelten Keule (Schlegel), →Rücken und →Filet. Zur Zerlegung s. Schema.

Lammkeule engl.: *leg of lamb;* knochenhaltige Hintergliedmaßen beim Lamm mit hell- bis ziegelrotem, feinfaserigem, zartem Fleisch, das sich zum Braten und Schmoren sowie zugeschnitten als Scheiben zum Kurzbraten eignet. Die L. wird im Handel im Stück und in Form von Zuschnitten (Chops, Nüsschen) angeboten. Den unteren Teil der Keule bildet die Lammhaxe (→Haxen).

Lammkotelett engl.: *lamb chop;* zum Kurzbraten geeignete sehnenarme Scheibe Fleisch mit Knochen aus dem Lammrücken (bei der Lende z. T. mit Filet) oder ggf. dem Kamm.

Lammschulter; Teilstück (→Bug) aus den Vordergliedmaßen beim Lamm. Bei der L. handelt es sich um ein ziegelrotes bindegewebsdurchzogenes Fleischstück mit Fettbesatz, das, mit und ohne Knochen, geschnitten und am Stück, im Handel sowohl als Frischfleisch als auch tiefgefroren angeboten wird. L. eignet sich nach Entfernen des Fettansatzes zum Braten (im ganzen Stück oder zugeschnitten) und Schmoren (Schmorbraten, Gulasch, Eintöpfe).

Landbrot Syn.: →*Bauernbrot*

Landbutter engl.: *farm butter,* Syn.: *Bauernbutter;* Verkehrsbezeichnung für die als Rohmilcherzeugnis im Erzeugerbetrieb aus in diesen Betrieben gewonnener Milch, Sahne (Rahm) oder Molkensahne (Molkenrahm) hergestellte →Butter. Ein Hinweis auf das Herstellungsland kann hinzugefügt werden.

Landespreismünze Syn.: →*Kammerpreismünze*

Landjäger; durch längere Kalträucherung stark abgetrocknete, gut haltbare, gereifte, oft annähernd rechteckige schnittfeste →Rohwurst mit mittel- bis feinkörniger Struktur. Die Ausgangsmasse vor der Reifung besteht aus sehnenreichem Rindfleisch, fettgewebereichem Schweinefleisch und Fettgewebe, Nitritpökelsalz sowie Gewürzen und andere würzende Zutaten. Nach dem lockeren Abfüllen in Schweinedünndärme erhält sie i. d. R. durch Pressen die charakteristische flache Form.

Landkaffee engl.: *coffee substitute;* Phantasiebezeichnung für → Kaffeeersatzmischung.

Landleberwurst; → Leberwurst mit grob zerkleinerter Grundmasse. Sie wird ähnlich (Ausgangsmaterial, Verfahren) wie → Hausmacherleberwurst hergestellt.

Landrauchschinken Syn.: → *Katenschinken*

Landrotwurst; → Blutwurst gehobener Qualität mit überwiegendem Anteil würfeliger Einlagen in bluthaltiger Schwartenmasse. Die Zusammensetzung ist ähnlich wie bei → Rotwurst.

Landschinken Syn.: → *Bauernschinken*

Landwein; rechtlich festgelegte Bezeichnung für qualitativ gehobeneren → Tafelwein aus Deutschland mit gebietstypischem Charakter. Zu seiner Herstellung werden ausschließlich Weintrauben verwendet, die in einem Landweingebiet geerntet worden sind. Konzentrierter Traubenmost ist bei der Herstellung nicht zugesetzt und eine Konzentrierung durch Kälte nicht vorgenommen worden. Der natürliche Mindestalkoholgehalt liegt um mindestens 0,5 Vol.-% höher als bei einem Tafelwein aus dem vergleichbaren Gebiet. Das Mindestmostgewicht in Zone A beträgt 47 °Öchsle, in Zone B 53 °Öchsle. Die Verwendung des Begriffes „Landwein" ist an eine amtliche Zulassung der Herstellung gebunden. Als geografische Herkunftsangabe ist ausschließlich die Angabe der rechtlich festgelegten Namen des Landweingebietes wie z. B. Pfälzer oder Ahrtaler L. erlaubt. Zum gegenwärtigen Zeitpunkt existieren 19 rechtlich festgelegte Landweingebiete. L. darf nur in den Geschmacksrichtungen trocken und halb trocken angeboten werden.

Langer Pfeffer lat.: *Piper longum L. und P. retrofractum VAHL* (Fam.: *Piperaceae*), engl.: *Long Pepper, Bengal Pepper,* Syn.: *Langpfeffer, Bengalischer Pfeffer, Stangenpfeffer;* 4–6 cm lange getrocknete Fruchtstände zweier aus Süd- bzw. Südostasien stammender Verwandter des → Pfeffers, die diesem in ihrer chemischen Zusammensetzung und geschmacklich ähneln, im Aussehen aber eher an Weidenkätzchen erinnern. L. P. war in Europa schon lange vor dem echten Pfeffer ein beliebtes → Gewürz, ist heute hierzulande aber weitgehend unbekannt und nur schwer erhältlich. L. P. ist von großer Bedeutung in der Ayurvedischen Küche und Medizin.

Langeweiletest engl.: *boredom test;* sensorisches Testverfahren, mit dem überprüft werden kann, ob ein Produkt anstelle von dauerhafter Präferenz Langeweile bzw. nachlassendes Interesse beim Verbraucher auslöst.

Langkettige Fettsäuren engl.: *long-chain fatty acids;* → Fettsäuren mit einer Kettenlänge von mehr als 12 C-Atomen.

Langostino lat.: *Pleuroncodes subsp. und Cervimunida subsp.* (Fam.: *Galatheidae*), engl.: *squat lobster,* Syn.: *Chilekrabbe;* 8–12 cm lange → Krebstiere aus der Ordnung der Mittelkrebse (lat.: *Anomura*). L. werden in großen Mengen vor der Küste Chiles gefangen. Verwertet wird hauptsächlich das weiße leicht süßlich schmeckende Schwanzfleisch mit roter Haut (Langostino-Schwänze). In Deutschland wird es gekocht und tiefgefroren angeboten für Cocktails, Salate und kalte Platten.

Languedoc/Roussillon; französische Weinbaugebiete, die hauptsächlich Rot-, aber auch Rosé- und Weißweine unterschiedlicher Charaktere und unterschiedlicher Qualitäten hervorbringen. In den Gebieten Languedoc und Roussillon sind sowohl traditionelle Reben als auch neuere Rebsorten zu finden. Bei den angebauten Rebsorten handelt es sich um Bourboulenc, Cabernet Sauvignon, Chardonnay, Cinsault, Grenache blanc, Grenache noir, Merlot, Muscat, Maccabéo, Marsanne, Picpoul, Roussanne, Syrah, Vermentino. Bei den aus ihnen hergestellten Weinen überwiegt das Angebot an

Tafelweinen und Vin du pays, jedoch werden zunehmend Weine höherer Qualitäten angeboten. Im östlichen Languedoc befinden sich die großen Gebiete Clairette de Bellgarde und du Languedoc, Costières de Nîmes, Faugères sowie Coteaux du Languedoc, zu dem das Hérault sowie das Gard zählt. Es werden zu 80 % Rotweine erzeugt, die sehr häufig als Vin du pays z. B. mit dem Gebietsnamen im Anhang oder als Vin du Pays d'Oc mit der Rebsorte vermarktet werden. Bekannt aus dem östlichen Languedoc sind aber auch die Muscat-Weine um Frontignan, Lunel und Mireval. Im westlichen Languedoc entstehen eher Bordeaux ähnliche Weine. Als Gebiete sind zu nennen: Cabardès, Corbières, Coteaux du Languedoc, Côtes de Malepère, Fitou, Limoux, Minervois, Rivesaltes, St. Chinian. Auch hier dominieren Rotweine. Im Roussillon werden wiederum sehr viele Süßweine erzeugt. So stammen z. B. 90 % der französischen Vins-Doux-Naturels-Weine aus dem Roussillon. Côtes du Roussillon, Côtes du Roussillon-Villages, Maury und Rivesaltes sind die wichtigsten Gebiete.

Languste lat.: *Palinuridae,* engl.: *spiny lobster, rock lobster,* Syn.: *Stachelhummer;* mit →Hummer und →Bärenkrebsen verwandte Familie von →Krebstieren (taxonomisch *Macrura* = Langschwanzkrebse). L. haben keine Scheren, dafür zwei lange Fühler (Antennen), stachelige Höcker am Rücken und einen halbmondförmigen breiten Schwanz mit zartem, bei Feinschmeckern beliebtem Fleisch. L. leben in tropischen und subtropischen Regionen aller Weltmeere. Die kommerziell wichtigsten Arten sind die Europäische oder Gemeine L. (lat.: *Palinurus elephas Fabr./P. vulgaris Latr.*; Länge: 40–50 cm), Vorkommen: Nordostatlantik bis zum Ärmelkanal, irische Küste, geschützte Bereiche Norwegens (Golfstrom) und Mittelmeer (überfischt), dazu verschiedene Arten der Gattung Felsen-Languste (lat.: *Panulirus interruptus Rand.; P. cygnus George; P. penicillium Olivier,* Gabeldorn-Languste) und die südafrikanische Kap-Languste (lat.: *Jasus lalandei M.-Edw.*). Die L. gilt in Europa als Delikatesse; sie wird angeboten als ganzes Tier, lebend oder gekocht, in Folie eingeschweißt und/oder Schwänze, auch tiefgefroren mit Schale. Die Sortierung erfolgt nach Größe.

Langware; längliche →Teigwaren wie Spaghetti oder Makkaroni.

Laos; indonesische Bezeichnung für →kleinen Galgant, die häufig in Rezepten von Gerichten der →indonesischen Reistafel verwendet wird.

Lapacho-Tee engl.: *lapacho tea,* Syn.: *Ipacho-Tee, Taheebo-Tee, roter Inka Tee;* aus der roten inneren Rinde des aus dem Regenwald Südamerikas stammenden Tabebuia oder Lapacho-Baumes hergestelltes coffeinfreies →teeähnliches Erzeugnis, das in Brasilien und Argentinien sowohl zu den beliebtesten Teegetränken gehört als auch in der Naturheilkunde eingesetzt wird. L. hat einen milden Geschmack mit leichtem Vanille-Aroma und wird bei uns als Wellness-Tee (→Wellness-Produkte) zur Steigerung des Wohlbefindens und der Immunabwehr vermarktet.

Lappen Syn.: →*Dünnung*

Lardöl Syn.: →*Schmalzöl*

Lasagne engl.: *lasagne;* ursprünglich typisch italienisches im Ofen mit Käse überbackenes Gericht aus Nudelteigplatten, Füllung und Sauce, die abwechselnd übereinander geschichtet werden. Klassisch ist die Verwendung einer Füllung aus Hackfleisch und Tomaten sowie von →Béchamelsauce.

Latex engl.: *latex;* von lat.: *latex* = Flüssigkeit abgeleitete Bezeichnung, die ursprünglich für den Milchsaft verschiedener Kautschuk liefernder Pflanzen verwendet wurde. Heute werden neben diesem, auch als Naturlatex bezeichneten Erzeugnis, alle kolloidale Lösungen von Polymeren in wässrigen Medien als synthetischer L. bezeichnet. Im Lebensmittelbereich findet L. insbesondere im Bereich der Blasgummibasen (→Bubble gum)

Verwendung. Naturlatex ist ein wichtiges →Allergen mit Kreuzsensibilisierungen zu Nahrungsmittelallergenen von Kiwi, Bananen und Avocados. Diese Besonderheit ist insbesondere im medizinischen Bereich bei der Verwendung von Latex-Handschuhen von Bedeutung.

Latte Macchiato; Bezeichnung für ein charakteristisch mehrschichtiges Mischgetränk aus erhitzter aufgeschäumter Milch und Espresso. Die Schichtbildung entsteht durch spätere Hinzugabe des Espressos zu der Milch und dem daraus resultierenden Ineinanderverlaufen.

Lauch Syn.: → *Porree*

Lauchzwiebel lat.: *Allium cepa L. Cepa Grp.* (Fam.: *Liliaceae*), engl.: *Green Onion,* Syn.: *Grünzwiebel, Bundzwiebel;* Zuchtform der → Speisezwiebel, die keine echte Zwiebel ausbildet, sondern nur eine an der Basis verdickte weiße Partie und einen langen weißen Schaft mit grünem Laub aufweist. L. werden in Bündeln frisch und mit grünem Laub angeboten. Sie schmecken mild und werden in der Küche ganz oder in Ringe geschnitten als Gemüse oder Gewürz in Suppen, Saucen oder Salaten verwendet.

Laufhonig Syn.: → *Tropfhonig*

Laugen engl.: *lyes, leaches;* nicht eindeutig definierte Bezeichnung, unter der häufig alkalisch reagierende wässrige Lösungen von Alkali- und Erdalkalimetallen (Natronlauge, Kalilauge) verstanden werden. In der Lebensmitteltechnologie bezeichnet der Begriff → Mutterlauge z. B. die Melasse bei der Zuckergewinnung. Unter Ablaugen werden in der Technologie verschiedene wässrige Lösungen verstanden, die unterschiedliche Nutz- und Abfallbestandteile enthalten können, z. B. Sulfit-Ablaugen.

Laugenbrezel engl.: *lye pretzel, salt pretzel;* in Brezelform hergestelltes, meist mit Salz bestreutes → Laugengebäck.

Laugengebäck engl.: *lye articles;* Gebäcke mit glänzend brauner Kruste, kompakter Krume mit feiner Porung und ausgeprägtem Geschmack, die meist in Brezel- oder Stangenform und mit Salz, Kümmel oder anderen Gewürzen bestreut angeboten werden. Traditionell erfolgt die Herstellung des Teiges für L. nach einer Ruhepause aus einem → Vorteig (indirekte → Teigführung). Aus Gründen der Zeitersparnis wird in der täglichen Anwendung der Teig aber meist direkt durch intensive Knetung hergestellt (direkte Teigführung). Durch das Behandeln der Außenseiten des geformten Teiges, üblich mit niedrigem Fett- und Zuckergehalt, vor dem Backen mit bis zu 4 %iger wässriger Natronlauge lassen sich die charakteristischen Eigenschaften (Geschmack und glänzend braune Kruste) erzielen. L. werden sowohl mit knuspriger (→ Dauerbackwaren) als auch mit weicher Krume hergestellt.

Laugenschälen engl.: *lye peeling;* Verfahren zum Schälen von Kartoffeln, Wurzelgemüsen und Obst. Durch Eintauchen in ein Laugenbad werden die Schalen stark aufgeweicht und gelockert, so dass sie sich anschließend mit einem scharfen Wasserstrahl leicht entfernen lassen. Neutralisiert wird abschließend durch kurzes Eintauchen in eine Säurelösung. Je nach Temperatur des Laugenbades erfolgt eine Unterscheidung in Tief- und Hochtemperatur-Laugenschälung.

Laurinsäure engl.: *lauric acid;* gesättigte → Fettsäure mit 12 C-Atomen, die in hohen Gehalten in Kokos- und Palmkernfett enthalten ist, außerdem in kleineren Anteilen im Milchfett. Sie ist wirtschaftlich für die Kosmetikindustrie interessant, weshalb es auch Versuche gibt, gentechnisch hohe Laurinsäuregehalte z. B. in Raps zu erreichen.

Lavendelöl engl.: *lavender oil;* aus den Blüten des Echten Lavendels (lat.: *Lavendula angustifolia L.*, Fam.: *Lamiaceae*) durch Wasserdampfdestillation oder Extraktion gewonnenes → ätherisches Öl, das v. a. in der Kosmetikindustrie für Seifen und Badezusätze sowie in der Parfümerie (z. B. Kölnisch Wasser) eingesetzt wird. Die Zusammensetzung variiert je nach Anbauregion und Aufbereitungsmethode, qualitätsbestimmend ist der Gehalt an Estern, berechnet als Linalylacetat. Als besonders hochwertig gilt französisches L.

Laxierfisch lat.: *Spicara/Maena smaris L.* (Fam.: *Centracanthidae*), engl.: *picarel;* kleiner Seefisch (maximal 20 cm lang), verwandt mit den Meerbrassen. Der L. kommt im Ostatlantik (Portugal, Madeira, Kanaren), im Mittelmeer und im Schwarzen Meer vor und dient dort als Speisefisch.

L-Carnitin engl.: *L-carnitine,* Syn.: *Carnitin;* Hydroxycarbonsäure, die vom Körper in der Leber, in den Nieren und im Gehirn aus der Aminosäure →Lysin in ausreichender Menge gebildet wird. In Lebensmitteln ist L. nur in Fleisch, insbesondere in Schaffleisch in größeren Mengen enthalten. Die wesentliche Funktion von L. im Organismus ist der Transport von langkettigen →Fettsäuren zu den Mitochondrien, dem Ort der aeroben Energiegewinnung. L. wird als so genannter Fatburner zur Unterstützung des Fettabbaus und im Bereich der →Sportlernahrung zur Verbesserung der Leistungsfähigkeit beworben; die Wirksamkeit konnte bislang jedoch wissenschaftlich nicht belegt werden. In der Medizin wird L. z. T. zur Behandlung von →Fettstoffwechselstörungen eingesetzt und kann hierbei zu einer Senkung des Gesamtcholesterin- und Triglyceridspiegels und zu einer Erhöhung des HDL-Cholesterinspiegels führen.

LCP-Fettsäuren engl.: *long-chain polyunsaturated fatty acids;* mehrfach ungesättigte →Fettsäuren mit mehr als 18 C-Atomen (LCP, von engl.: *long-chain polyunsaturated*). Zu ihnen gehören u. a. →Arachidonsäure, →Docosahexaensäure und →Eicosapentaensäure, die als längere Homologe der essenziellen Fettsäuren in größeren Konzentrationen in tierischen Lebensmitteln (v. a. in Fisch- und Walöl sowie Muttermilch) enthalten sind.

LD50-Wert engl.: *lethal dose;* Abk. für letale Dosis 50, diejenige Menge eines Giftstoffes oder einer Strahlung, bei der im Tierversuch innerhalb eines bestimmten Zeitraums 50 % der Versuchstiere sterben. Der LD50-Wert wird angegeben in mg Substanz pro kg Körpergewicht und stellt eine Messgröße für die akute Toxizität dieser Substanz dar.

LDL; Abk. für engl.: *low density lipoproteins* = →Lipoproteine geringer Dichte.

Leafy; von engl.: *leaf* = Blatt abgeleiteter Fachbegriff aus der Teeproduktion für einen →Tee mit relativ großen Blattstücken.

Lebensmittel engl.: *food;* laut rechtlicher Definition alle Stoffe oder Erzeugnisse, die dazu bestimmt sind oder von denen nach vernünftigem Ermessen erwartet werden kann, dass sie in verarbeitetem, teilweise verarbeitetem oder unverarbeitetem Zustand vom Menschen aufgenommen werden. Zu L. zählen auch Getränke, Kaugummi sowie alle Stoffe, einschließlich Wasser, die dem L. bei seiner Herstellung oder Ver- oder Bearbeitung absichtlich zugesetzt werden. Nicht zu L. gehören Futtermittel; lebende Tiere, soweit sie nicht für das Inverkehrbringen zum menschlichen Verzehr hergerichtet worden sind; Pflanzen vor dem Ernten; Arzneimittel; kosmetische Mittel; Tabak und Tabakerzeugnisse; Betäubungsmittel und psychotrophe Stoffe sowie Rückstände und Kontaminanten. L. werden allgemein in →Nahrungs- und →Genussmittel unterteilt.

Lebensmittelallergene engl.: *food allergens;* in Lebensmitteln natürlicherweise enthaltene →Allergien auslösende Substanzen. Zu den wichtigsten L. zählen Eiweiße oder Verbindungen aus Eiweißen und Kohlenhydraten (Glykoproteine) aus Milch, Ei, Soja, Fisch, Krusten- und Schalentieren, Erdnuss und Sellerie.

Lebensmittelallergie engl.: *food allergy,* Syn.: *Nahrungsmittelallergie;* →Allergie

Lebensmittelbestrahlung engl.: *food irradiation;* modernes Verfahren zur →Konservierung von Lebensmitteln. Bei der L. wird den Lebensmitteln Energie zugeführt, die ionisierend wirkt und bestimmte erwünschte biologische Effekte auslöst. Entscheidend sind dabei v. a. Veränderungen der aufgrund ihrer Molekülgröße besonders strahlenempfindlichen Erbsubstanz von → Mikroorganismen, Insekten oder → Parasiten. Diese bewirken eine Hemmung der Zellteilung, wodurch mikrobieller Verderb und die Vermehrung gesundheitsschädlicher Mikroorganismen vermindert wird. Die bestrahlten Lebensmittel werden dabei nicht radioaktiv, da die eingesetzten Energien nicht hoch genug sind, um Reaktionen mit den Atomkernen auszulösen. Zur L. zugelassen sind Gammastrahlen der Isotope Kobalt-60 oder Caesium-137, Elektronenstrahlen bis zu einer Energie von 10 Megaelektronenvolt (MeV) sowie Röntgenstrahlen bis zu einer Energie von 5 MeV. Durch die L. werden Makronährstoffe kaum verändert, einige Vitamine wie Vitamin A, C und E reagieren empfindlich, die Verluste sind aber mit denen bei anderen → Konservierungsverfahren vergleichbar. Die L. findet in Europa bislang in der Praxis – abgesehen von der Bestrahlung von Gewürzen, Froschschenkeln und Garnelen – nur wenig Anwendung. In Deutschland spielt sie praktisch keine Rolle. Für die meisten Anwendungsgebiete der L. stehen mittlerweile analytische Nachweismethoden zur Verfügung.

Lebensmittelblau Syn.: → *Patentblau V*

Lebensmittelbuch ; → Deutsches Lebensmittelbuch

Lebensmittelchemie engl.: *food chemistry;* spezieller Zweig der Chemie, der sich in erster Linie damit befasst, die Kenntnisse über die Zusammensetzung der → Lebensmittel und ihrer Rohstoffe zu erweitern, die Reaktionen der Inhaltsstoffe bei Lagerung, Zubereitung und Verarbeitung zu untersuchen, die Art, Reinheit und Wirkungsweise der → Zusatzstoffe zu überprüfen und unerwünschte Bestandteile wie → Rückstände und Verunreinigungen aufzuspüren. Dazu entwickelt und verwendet sie chemisch-analytische Methoden und arbeitet interdisziplinär mit verschiedenen weiteren Zweigen der Chemie und verwandten Naturwissenschaften wie Biochemie, Biologie, Mikrobiologie, Toxikologie und Ernährungswissenschaften zusammen. Die L. ist in erster Linie dem Schutz der Verbraucher vor gesundheitlichen Risiken sowie vor Irreführung und Täuschung verpflichtet und befasst sich neben der Untersuchung und Beurteilung von Lebensmitteln auch mit Bedarfsgegenständen, Kosmetika, Tabakerzeugnissen und Trinkwasser. Als Begründer der L. als exakter Naturwissenschaft gilt der Münsteraner Josef König (1843–1930).

Lebensmittelfarbstoffe engl.: *food colour;* Farbstoffe, die laut Zusatzstoff-Zulassungsverordnung zum Färben bestimmter Lebensmittel zugelassen sind und zur Wiederherstellung des natürlichen Farbtons (Farbkorrektur) bzw. zum Erzielen eines Farbtons, der der allgemeinen Verkehrsauffassung enspricht, eingesetzt werden. Die Verwendung von L. darf keine Irreführung bewirken, wie z. B. Vortäuschen eines Eigelbgehaltes durch Gelbfärbung. Grundnahrungsmittel wie Fleisch, Milch und Brot dürfen grundsätzlich mit wenigen Ausnahmen nicht gefärbt werden. Bei den L. kann zwischen natürlichen Farbstoffen pflanzlicher (z. B. → Carotinoide), tierischer (z. B. Cochenille) und mineralischer (z. B. Titandioxid) Herkunft sowie synthetischen Farbstoffen (→ synthetische Lebensmittelfarbstoffe) unterschieden werden.

Lebensmittelhygiene engl.: *food hygiene;* beinhaltet alle Vorkehrungen und Maßnahmen, die notwendig sind, um ein unbedenkliches und genusstaugliches Lebensmittel zu gewährleisten. Diese Vorkehrungen und Maßnahmen umfassen alle auf die Urproduktion (z. B. Ernte, Schlachtung und Melken) folgenden Stufen während der Zubereitung, Verarbeitung, Herstellung, Verpackung, Lagerung, Beförderung, Verteilung, Behandlung und des Anbietens zum Verkauf oder zur Lieferung an den Verbraucher. Geplant ist, zukünftig alle Stufen von der Urproduktion bis hin zur Abgabe an den Verbraucher im Rahmen der L. zu erfassen. Die allgemeinen Ziele der L. sind, Lebensmittelinfektionen und Lebensmittelintoxikationen (→Lebensmittelvergiftung) zu verhindern, den Verderb von Lebensmitteln zu verzögern und der Entstehung mikrobiell bedingter Fehlfabrikate entgegenzuwirken.

Lebensmittelintoleranz engl.: *food intolerance;* Unverträglichkeitsreaktion gegen Lebensmittel, die im Unterschied zu einer →Allergie nicht auf einer immunologischen Reaktion, sondern auf einem angeborenen Enzymdefekt des Betroffenen beruht, wie z. B. →Lactoseintoleranz.

Lebensmittelkennzeichnung; Angaben zum Schutz und zur Information des Verbrauchers. Diese sind gesetzlich vorgeschrieben und finden sich bei vorverpackten Lebensmitteln auf dem Etikett oder der Verpackung, bei lose angebotenen Lebensmitteln auf Tafeln, in Informationsheftern oder sonstigen Schildern bei der Ware. Art und Umfang der L. richtet sich nach der Angebotsform und der Art des Lebensmittels. Für lose zum Verkauf angebotene Lebensmittel ist die Anzahl der rechtlich erforderlichen Angaben eingeschränkt, während für vorverpackte Lebensmittel der Kennzeichnungsumfang demgegenüber deutlich größer ist. Typische Angaben für Lebensmittel in Fertigpackungen sind z. B. die →Verkehrsbezeichnung, das →Zutatenverzeichnis, die Herstellerangabe, die Angabe der →Füllmenge und das →Mindesthaltbarkeitsdatum.

Lebensmitteltechnologie engl.: *food technology;* Wissenschaft von der industriellen Herstellung und Verarbeitung von Lebensmitteln. Zu den Aufgaben der L. gehört u. a. die Entwicklung neuer Verfahren zur Lebensmittelproduktion und Lebensmittelverarbeitung, die Optimierung bereits bestehender Verfahren, z. B. mit dem Ziel der Minimierung von Nährstoffverlusten, die Entwicklung neuer →Lebensmittel, neuer Lebensmittelzutaten und neuer →Zusatzstoffe. Hierzu benötigt die L. wissenschaftliche Grundlagen verschiedener Disziplinen wie z. B. der Biologie, Chemie, Biochemie, Mikrobiologie, →Lebensmittelchemie sowie der Ingenieurwissenschaften, Verfahrenstechnik und Maschinenkunde.

Lebensmittelunternehmen; lebensmittelrechtlich fest definierte Bezeichnung für alle Unternehmen, gleichgültig, ob sie auf Gewinnerzielung ausgerichtet sind oder nicht und ob sie öffentlich oder privat sind, die eine mit der Produktion, der Verarbeitung und dem Vertrieb von Lebensmitteln zusammenhängende Tätigkeit ausführen.

Lebensmittelunternehmer; lebensmittelrechtlich definiert als die natürlichen oder juristischen Personen, die dafür verantwortlich sind, dass die Anforderungen des Lebensmittelrechts in dem ihrer Kontrolle unterstehenden Lebensmittelunternehmen erfüllt werden.

Lebensmittelvergiftung engl.: *food poisoning;* durch den Verzehr von Lebensmitteln verursachte Erkrankungen wie Lebensmittelintoxikationen (→Intoxikation) und Lebensmittelinfektionen, die verschiedene Ursachen, Übertragungsmöglichkeiten und Verlaufserscheinungen haben können. Die häufigsten L. sind bakteriell bedingt und entstehen durch Verzehr von durch →Bakterien verdorbenen oder kontaminierten Lebensmitteln. Dabei können die Krankheitserscheinungen entweder durch die Infektion mit den aufgenommenen Erregern verursacht werden (Lebensmittelinfektionen wie z. B. Tuberkulose, Typhus, Salmonellose) oder es treten Vergiftungen mit den von den Bakterien produzierten Toxinen auf (Lebensmittelintoxikationen, z. B. durch Botulismus-Toxin (→Botulismus), →Staphylokokken-Enterotoxine). Die häufigsten Symptome bakteriell bedingter L. sind Brechdurchfälle sowie die klinischen Bilder der übertragenen Infektionskrankheiten. Weitere Formen der L. entstehen durch Kontaminationen der Nahrung mit Umweltgiften wie → Schwermetallen oder → Pestiziden, die häufig zu chronischen Schädigungen führen. L. können auch durch natürlicherweise in Lebensmitteln vorkommende Gifte wie → Solanin in Tomaten und → Amygdalin in bitteren Mandeln verursacht werden oder auf kriminellen Zusätzen von Giften in Lebensmitteln beruhen.

Lebenswecker; 1. rot-weiß gefärbte → Seidenbonbons in typischer Tetraederform mit Pfefferminzgeschmack. 2. aus Weinbrand, Portwein, schwarzem Kaffee und Eigelb gemischter Cocktail.

Leber engl.: *liver;* für die Gallensekretion verantwortliches Drüsenorgan mit hohem Gehalt an Vitaminen und Eiweiß sowie an Kohlenhydraten in Form von Glykogen (bis zu 10 % bei Kalbsleber) und Purinen. L. wird sowohl als eigenständiges Gericht, z. B. gebraten mit Zwiebeln und Apfelstücken, verzehrt als auch als Zutat (insbesondere vom Schwein) in zahlreichen Fleischerzeugnissen wie bspw. Leberwürsten, -pasteten oder -terrinen verarbeitet. Für gewöhnlich handelt es sich dabei um Schweine- und Rinderleber, wobei Rinderleber sich aufgrund ihrer dunkleren Färbung und des höheren restlichen Gehaltes an Galle weniger für die Verarbeitung in Fleischerzeugnissen eignet. Die L. von Kalb und Lamm sind geschätzt, von Reh, Gans und Ente gelten sie als Delikatessen. Für bestimmte Erzeugnisse wird die Fettleber von Gänsen verwendet. Sowohl frische als auch tiefgefrorene L. (Gefrierleber) finden bei der Herstellung von Fleischerzeugnissen Verwendung. Bei der zunehmenden Dauer einer Gefrierlagerung von L. kommt es zu einer Verschlechterung des Aromas durch chemische Veränderungen der Phospholipide und z. T. auch der Neutralfette. Vor der Verarbeitung von L. zu Kochwürsten erfolgt das Entfernen von Gallengänge, Blutgefäßen und Lymphknoten, um einen Bittergeschmack im Enderzeugnis zu vermeiden. Dieser kann auch durch zu hohe Erhitzung, Gefrierbrand bei Gefrierleber oder einen zu hohen Anteil an L. verursacht werden.

Lebercreme; fein zerkleinerte cremige → Leberwurst, die ähnlich wie → Leberpastete hergestellt wird. Das Ausgangsmaterial besteht aus fettgewebereichem Schweinefleisch, Flomen, Speck und Leber sowie weiteren Zutaten wie z. B. Salz und Gewürzen.

Leberkäse; gebackenes oder in Formen gebrühtes, umgerötetes, brühwurstartiges Erzeugnis mit fein zerkleinerter Grundmasse. Diese besteht üblicherweise aus grob entsehntem sowie sehnenreichem Rindfleisch, fettgewebereichem Schweinefleisch, Fettgewebe und Leber. Grober L. ist meist umgerötet und enthält bis zu reiskorngroße Fleischanteile in der fein zerkleinerten Grundmasse sowie üblicherweise mindestens 5 % Leber. In Bayern wird normalerweise keine Leber verwendet. Außerhalb von Bayern können diese Erzeugnis als „Bayerischer Leberkäs(e)“ bzw. „Grober Bayerischer Leberkäs(e)“ bezeichnet werden. L. wird i. d. R. warm, z. B. mit Brötchen, Sauerkraut oder Speisesenf verzehrt. Ein dem L. ähnliches brühwurstartiges Erzeugnis ist → Stuttgarter Leberkäse.

Leberklößchensuppe; → Klößchensuppen

Leberknödel engl.: *liver dumplings, liver noodles;* in Fleischbrühe gegarte, graubraune runde bis rund ovale Fleischerzeugnisse von lockerer Konsistenz mit Leber als geschmacks- und wertbestimmendem Anteil. Weitere Zutaten der regional unterschiedlichen Grundmasse, aus der die Knödel geformt werden, sind Lockerungsmittel (Brötchen, Weißbrot, Semmelmehl), Gewürze und Salz. Oft zusätzlich verwendet werden Speck, Schweinebauch oder -nacken, Hackfleisch und Eier. L. sind als Konserve, tiefgefroren und als kühlbedürftige frische Ware erhältlich. Sie werden als Einlagen in Fleischbrühe oder Suppe sowie als Hauptgericht mit Beilagen verzehrt.

Leberknödelsuppe engl.: *liver dumpling soup;*

klare Suppe mit →Leberknödeln. Eine ähnliche süddeutsche Spezialität ist Leberklößchensuppe (→Klößchensuppen).

Leber-Mousse; →Mousse

Leberpain; mit einem den Charakter des Erzeugnisses bestimmenden Leberanteil hergestelltes →Pain.

Leberparfait; →Parfait mit einem den Charakter bestimmenden Leberanteil. Das Ausgangsmaterial ähnelt üblicherweise dem von →Leberpastete.

Leberpastete engl.: *liver pie;* vielfach umgerötete, sehr hochwertige streichfähige bis schnittfeste →Kochwurstpastete mit fein zerkleinerter Grundmasse. Diese wird durch Kuttern aus Schweins- und/oder Kalbsleber, sehnen- und fettgewebsarmem Schweine- und/oder sehnenarmem Kalbfleisch, Flomen und Speck sowie weiteren Zutaten wie z. B. Gewürzen hergestellt. Weitere Zutaten wie Sardellen, Champignons, gewürfelte Geflügelleber oder Trüffel können als grobe Einlagen beigegeben sein. L. wird als Konserve und in Kasten- oder Laibform mit Folien- oder Speckumrandung, z. T. auch in gebackenem Zustand, umhüllt als Aufschnitt angeboten. Eine besondere mit der L. verwandte Spezialität ist die →Gänseleberpastete.

Leberpresssack; →Presssack

Leberrotwurst; →Blutwurst gehobener Qualität mit überwiegendem Anteil würfeliger Einlagen, von denen ein wesentlicher Anteil →Leber ist, in bluthaltiger Schwartenmasse. In der Zusammensetzung ähnelt sie →Delikatessrotwurst.

Lebertran engl.: *cod liver oil, fish liver oil;* gereinigtes Leberfett von Dorsch/Kabeljau (→Dorschleberöl) und anderen Magerfischen. L. zeichnet sich durch einen hohen Gehalt an den Vitaminen A und D aus, weshalb er lange Zeit zur Anreicherung von Lebensmitteln mit Vitamin A und D (→Margarine) und als Medizinal-Lebertran zur Vitaminsubstitution, auch in der Tierernährung, diente. Mit der Einführung synthetischer Vitamine verlor L. seine Bedeutung weitgehend.

Leberwürstchen; zum Warmverzehr bestimmte in kurze Würstchenhüllen aus abgebundenen Därmen gefüllte oder auch ohne Hülle verkaufte →Kochstreichwurst. Die meist nicht umgerötete Grundmasse wird aus Schweineleber, z. T. auch weniger als 10 %, fettgewebereichem Schweinefleisch, Fettgewebe, Bindegewebe, Schweinemasken und anderen Innereien sowie weiteren Zutaten wie z. B. Gewürzen oder ggf. Bratwurstbrät hergestellt.

Leberwurst engl.: *liverwurst;* 1. Sammelbezeichnung für →Kochstreichwürste (→Kochwürste) mit einem Anteil an →Leber von über 10 %. 2. Sortenbezeichnung für eine in Hüllen mittelstarken Kalibers abgefüllte, zumeist umgerötete Kochstreichwurst mit i. d. R. grober körniger Grundmasse. Diese wird üblicherweise aus 10–15 % Schweineleber, Fettgewebe, Bindegewebe, Schweinemasken und, mit Ausnahme von Thüringer und Pfälzer L., anderen Innereien und Gewürzen hergestellt. Weitere Zutaten können Umrötungsmittel wie z. B. Nitritpökelsalz oder ggf. Kutterhilfsmittel sowie grob entsehntes Rindfleisch sein, wenn zur Sicherung einer gewissen Schnittfähigkeit Brät zugesetzt wird. Typische Gewürze sind Kardamom, Macis, Majoran, Muskat, Pfeffer und Piment. Für L. „einfach“ wird zusätzlich sehnenreiches Rindfleisch und kein Brät im Ausgangsmaterial verwendet.

Lebkuchen engl.: *gingerbread;* süße gewürzte Dauerbackwaren mit oder ohne Oblatenunterlage, die aus →Massen oder →Teigen gebacken werden. Sie können überzogen, belegt, bestreut, verziert, glasiert oder gefüllt sein. Zutaten sind außer Mehl, Zucker und Gewürzen insbesondere Mandeln, Nüsse, Eier, Früchte und Fruchterzeugnisse. Die Überzüge bestehen aus Zuckerglasuren oder Schokoladenarten. Angeboten werden sie in runder, rechteckiger oder figürlicher Form. Sie sind trocken und kühl aufzubewahren, denn knusprige L. ziehen leicht Feuchtigkeit an und werden dann weich. →Elisenlebkuchen →Mandellebkuchen

Lecithine engl.: *lecithin,* Syn.: *Phosphatidylcholine;* zur Gruppe der Phosphoglyceride (→Phospholipide) gehörende Ester aus Glycerin, Fettsäuren, Cholin und Phosphorsäure. L. sind natürlicherweise v. a. in Zellmembranen, Hirnsubstanz und in höherer Konzentration in Eigelb enthalten und unter der Nummer E 322 als Emulgatoren, Antioxidantien, Stabilisatoren und Mehlbehandlungsmittel für Lebensmittel allgemein ohne Höchstmengenbeschränkung zugelassen. Als Zusatzstoff verwendete L. werden überwiegend aus Sojaöl, aber auch z. B. aus Rapsöl oder Hühnerei extrahiert und stellen wichtige W/O-Emulgatoren (→Emulgatoren) sowohl in der Lebensmittelindustrie (z. B. in Margarine, Schokolade, Mayonnaise) als auch in Kosmetikprodukten dar. Da L. gesundheitsfördernde Wirkungen wie z. B. die Steigerung der Gedächtnisleistung zugesprochen werden, sind sie auch als Nahrungsergänzungsmittel erhältlich.

Lecithinteigwaren engl.: *lecithin pasta;* in der außer Kraft getretenen Teigwarenverordnung beschriebenes Teigwarenerzeugnis, das ohne Eier, aber unter Verwendung von mindestens 4,5 g Lecithin pro Kilogramm Weizenrohstoff hergestellt worden ist. Als analoges Erzeugnis jetziger Zeit können →Sojateigwaren gelten.

Lectine engl.: *lectins;* in Hülsenfrüchten und anderen pflanzlichen Lebensmitteln enthaltene Proteine bzw. Glykoproteine, die an Oberflächenstrukturen der Erythrozyten bestimmter Blutgruppen und anderer Zellen binden können und diese ausfällen (präzipitieren). Durch L. soll u. a. die Nährstoffabsorption durch die Darmwand gehemmt werden. Die toxische Wirkung der verschiedenen L. unterscheidet sich sehr stark und wird durch längeres Kochen aufgehoben.

Leergut; insbesondere im Handel und im Transport verwendete Bezeichnung für leere, wieder verwendbare →Packmittel wie z. B. Getränke-Pfandflaschen.

Leerhering Syn.: →*Yhle*

Leerraumhöhe; aus technischen Gründen oft benötigter Freiraum im verschlossenen →Packmittel.

Legedatum; auf die →Hühnereier gestempeltes, auf der Verpackung freiwillig angegebenes Datum, das i. d. R. den Legetag angibt. An Nicht-Arbeitstagen gelegte Eier können jedoch am ersten folgenden Arbeitstag mit dem Datum dieses Tages gestempelt werden.

Legieren engl.: *to thicken, to liase;* küchentechnische Bezeichnung für das Binden von Suppen, Saucen oder Pürees unter vorsichtigem Erwärmen mit einer Legierung, bei der es sich meist um Eigelb oder eine Zubereitung aus Eigelb, z. B. mit Sahne oder Milch, handelt. Mit L. lässt sich i. d. R. eine sämige Konsistenz erzielen. Um diese aufrecht zu erhalten, dürfen legierte Speisen danach nicht mehr kochen.

Le Gruyère® „Switzerland" Syn.: *Greyerzer;* aus naturbelassener Rohmilch von Kühen, die ohne Silage oder Futterzusätzen gefüttert werden, im Greyerzerland und angrenzenden französischsprachigen Gebieten der Schweiz ohne Zusatzstoffe hergestellter Hartkäse mit einer weltweit geschützten Ursprungsbezeichnung. Die Bezeichnung Gruyère ist für sich allein nicht geschützt. Der Käse wird während der Reife in feuchtkühlen Kellern bei 14–18 °C regelmäßig gewendet, gereinigt und mit Salzwasser abgerieben. Dadurch wird die Reifung durch die Bildung einer Schmierschicht auf der Rinde beschleunigt. Der runde, flache, gereifte Laib mit gelbbrauner Rinde (von 9,5–12 cm Höhe und 55–65 cm Durchmesser) ist 25–45 kg (im Durchschnitt 35 kg) schwer. Der elfenbeinfarbene bis hellgelbe schnittfeste Teig mit wenigen, höchstens erbsengroßen Löchern besitzt einen Mindestgehalt von 49–53 % Fett in der Trockenmasse. L. kommt in unterschiedlichen Reifestadien nach 5–10 und mehr Monaten mit unterschiedlich ausgeprägter Würze in den Handel. Charakteristisch ist das volle, ausgeprägte, kräftig würzige Aroma.

Leguminosen lat.: *Fabaceae,* engl.: *leguminoses,* Syn.: *Hülsenfrüchtler, Schmetterlingsblütler;* Pflanzenfamilie mit zahlreichen wirtschaftlich bedeutsamen Arten wie →Erbsen, →Bohnen, →Sojabohnen und →Erdnüssen. Die Früchte der L., die auch Hülsen genannt werden, enthalten meist mehrere eiweiß- und kohlenhydratreiche, z. T. auch ölreiche Samen, so dass die L. wichtige Eiweißquellen und Öllieferanten (z. B. Sojaöl, Erdnussöl) darstellen.

Leicht Syn.: →*Light*

Leichter Rum; →Rum mit einem geringeren Gehalt an Aromastoffen, die dem Rum seinen typischen Geschmack verleihen. „Leicht" ist also kein Hinweis auf einen verringerten Alkoholgehalt. L. R. wird wie Rum verwendet und besitzt einen Mindestalkoholgehalt von 37,5 Vol.-%.

Leichte Vollkost engl.: *bland diet;* vollwertige Kost zur Entlastung der Verdauungsorgane, bei der auf Lebensmittel verzichtet wird, die erfahrungsgemäß bei mehr als 5 % der Patienten Unverträglichkeiten auslösen. Mit der l. V. soll kein therapeutischer Nutzen erzielt, sondern unspezifischen Intoleranzen Rechnung getragen werden. Die l. V. hat die früher verwendete Schonkost weitgehend abgelöst, bei der es sich um sehr einseitige Diätformen handelte, die bei Erkrankungen der inneren Organe eingesetzt wurden.

Leichtglasbehältnisse engl.: *lightweight glass;* durch weiterentwickelte Produktionsmethoden hergestellte Glasbehälter, die durch dünnere, aber besonders gleichmäßige Wandungen und spezielle Beschichtungen der Innenwände um bis zu 45 % leichter sind als übliche Glasbehälter, hinsichtlich Druck- und Stoßfestigkeit dennoch weitgehend den herkömmlichen Ansprüchen genügen.

Leimiges Fleisch Syn.: →*DFD-Fleisch*

Leindotter lat.: *Camelina sativa L. (Crantz) var. sativa* (Fam.: *Brassicaceae*), engl.: *Bigseed False Flax, Gold of Pleasure;* häufig als Verunreinigung bei Lein und Raps auftretendes Wildkraut, das bis ins Mittelalter als Kulturpflanze angebaut wurde. Das 30–120 cm hohe Kraut ist anspruchslos, schnellwüchsig und besitzt gelbbraune bis 1,5 mm lange, feinkörnige, nicht genetzte Samen mit einem Ölgehalt zwischen 33 und 42 %. Als Kulturpflanze verfügt L. heute über keine Bedeutung, da er weniger leistungsfähig als Raps ist.

Leindotteröl engl.: *cameline oil;* aus dem Samen des →Leindotters durch Pressen gewinnbares Pflanzenöl mit hohem Gehalt an α-Linolensäure, Linolsäure und Eicosensäure. L. besitzt einen für Pflanzenöle ungewöhnlich hohen Cholesteringehalt von etwa 45 mg/100 g sowie 2–4 % der für die Brassicaceen typischen →Erucasäure. Trotz seiner ernährungsphysiologisch interessanten Fettsäurezusammensetzung spielt L. zurzeit insbesondere aufgrund seines nicht als Futtermittel verwertbaren Presskuchens wirtschaftlich als Speiseöl keine Rolle.

Leinöl engl.: *flax (seed) oil,* Syn.: *Flachsöl;* aus →Leinsamen des Ölleins gewonnenes Pflanzenöl. Kalt gepresst ist es trüb gelb und hat einen leicht herben Geschmack. Aufgrund seines Linolensäuregehalts (daneben Linol- und Ölsäure) wird es schnell ranzig und als Speiseöl nur in kalten Gerichten verwendet, meist aus ernährungsphysiologischen Gründen. Die verbreitete technische Anwendung als trocknendes Öl in Lacken und Farben beruht ebenfalls auf dem extrem hohen Anteil an mehrfach ungesättigten Fettsäuren. L. wird üblicherweise stets als solches bezeichnet, auf einen Anteil an L. in Mischungen wird unter Prozentangabe hingewiesen.

Leinsamen lat.: *Linum usitatissimum L.* (Fam.: *Linaceae*), engl.: *Linseed, Flaxseed,* Syn.: *Leinsaat;* kleine, braune, flache, längliche (4–5 mm lang) Samen der einjährigen Lein- oder Flachspflanze. Beim Lein kann zwischen Sorten zur Gewinnung der Fasern (Faserlein) und denen zur Gewinnung von

→Leinöl (Öllein) unterschieden werden. Neben seiner Bedeutung als Öllieferant (Ölgehalt 30–45 %) und der Verwendung als Zutat in Müslis sowie als Aufstreu für Backwaren wird L. auch zur Anregung der Darmfunktion und als Abführmittel genutzt. Diese Wirkung beruht auf seinem Gehalt an Schleimstoffen, die unter Wasseraufnahme aufquellen und so bei ausreichender Flüssigkeitszufuhr zur Vergrößerung des Darminhaltes führen.

Leinsamenbrot engl.: *linseed bread;* →Spezialbrot mit eingebackenen →Leinsamen. Auf 100 kg Getreideerzeugnisse werden üblicherweise mindestens 8 kg Leinsamen zugegeben.

Leipziger Allerlei engl.: *Leipziger Allerlei;* 1. bunte Mischung von gekochtem jungen Gemüse (z. B. Spargel, Möhren, Erbsen, Blumenkohl, Bohnen) und ggf. Morcheln, die in Butter geschwenkt mit Krebsschwänzen und Krebsbutter angerichtet wird; 2. vorbereitete Gemüsemischung aus Erbsen, Möhren und Spargel, die tiefgekühlt und als Nasskonserve im Handel ist.

Leistenkopfplattkäfer lat.: *Cryptolestes subsp.* (Fam.: *Curcujidae (Plattkäfer)*); etwa 2 mm lange, platte, braune Käfer mit langen Fühlern. In Mitteleuropa kommen v. a. der Kleine L. (lat.: *C. pusillus (Schönherr)*), der Rotbraune L. (lat.: *C. ferrugineus (Steph.)*) und der Türkische L. (lat.: *C. turcicus (Grouvelle)*) vor, wobei der Rotbraune L. die häufigste im Getreide vorkommende Art darstellt und besonders bei Massenauftreten durch Temperaturerhöhung sehr große Schäden in Getreidelagern hervorrufen kann. Hinsichtlich Biologie und verursachter Schäden entspricht er dem →Getreideplattkäfer.

Lemberger; in Deutschland fast nur in Württemberg vorkommende, urspünglich aus Österreich (→Blaufränkisch) importierte Rotweinrebsorte, deren Trauben dunkelrote bis roséfarbene tanninbetonte Weine mit leichter Säure ergeben. In Württemberg wird L. oft mit →Trollinger verschnitten.

Lemgoer Strohsemmel; charakteristisch gemusterte, relativ lang haltbare regionale Brötchenspezialität ohne Unterkruste aus einem Weizenteig mit wenig Zucker, aber relativ hohen Fettanteilen. Die Teigstücke werden kurz vor dem Backen in kochendes Wasser getaucht und auf Strohhalmen abgebacken. Dadurch entsteht keine Unterkruste.

Lemonengras lat.: *Cymbopogon citratus (DC.) STAPF.* (Fam.: *Poaceae*), engl.: *lemongrass;* aus dem tropischen Asien stammendes Gras mit knolliger Wurzel und schmalen, faserigen, blassgrünen Blättern, das in dichten Büscheln wächst. Knollen und untere Schosse des nach Zitrone duftenden und schmeckenden L. werden in der südostasiatischen Küche verwendet und verleihen vielen Gerichten einen frischen Geschmack. In Europa ist frisches L. manchmal in indonesischen Läden unter dem indonesischen Namen Sereh erhältlich, sonst in getrockneter Form. Das →ätherische Öl (Lemonengrasöl) besteht zu etwa 80 % aus →Citral und findet in der Kosmetikindustrie und Parfümerie sowie zur Gewinnung von reinem Citral Verwendung.

Lemonengrastee engl.: *lemmongrass tea;* →teeähnliches Erzeugnis aus ganzen oder zerkleinerten getrockneten Blättern von →Lemonengras.

Lempen Syn.: →*Dünnung*

Lende Syn.: →*Filet*

Lendenbraten engl.: *roast loin;* Braten aus dem Filetstück (→Filet) von Rind, Schwein, Lamm oder Kalb.

Lendenkotelett engl.: *1. loin, 2. rack of lamb;* 1. Syn. für →Filetkotelett. 2. Bezeichnung für das hintere Stück des Lammrückens, das dem →Roastbeef beim Rind entspricht. Das zarte, hellrote, fein marmorierte Fleisch (→Lammfleisch) eignet sich sehr gut zum Braten, Grillen und Schmoren. Es ist, insbesondere von jungen Tieren, nach Abhängen auch zum Kurzbraten geeignet. Beliebt sind Zuschnitte wie Koteletts oder Steaks (→Lamb Chops) oder Braten im Stück.

Lendenschnitte Syn.: *Lendensteak;* ca. 200 g schwere Scheibe zartes, feinfaseriges, hochwertiges Rindfleisch. Sie wird aus dem flachen oder → runden Roastbeef (→ Roastbeef) oder dem Filetstück (→ Rinderfilet → Filet) geschnitten. Die L. eignet sich besonders zum Braten und Kurzbraten.

Leng lat.: *Molva molva L.* (Fam.: *Lotidae*), engl.: *ling,* Syn.: *Lengfisch;* Tiefseefisch im Nordatlantik (Raubfisch) von der Barentsee über Island, Grönland bis Kanada. Der L. ist der größte Dorschfisch (bis zu 200 cm lang und 45 kg schwer). Er ist ein wichtiger Speisefisch (Magerfisch), wird in Deutschland hauptsächlich als Filet, frisch und tiefgekühlt, angeboten und dient in Norwegen auch als Rohstoff für → Stockfisch und → Klippfisch. Nahe Verwandte sind der Spanische L. (lat.: *M. macrophthalma Rafinesque*) und der → Blauleng. Der L. ist nicht zu verwechseln mit dem Lingcod (lat.: *Ophiodon elongatus (Vanc.)*, Fam.: *Hexagrammidae*), der an der nordamerikanischen Pazifikküste gefangen wird.

Leptin engl.: *leptin;* von griech.: *leptos* = dünn abgeleitete Bezeichnung für ein Polypeptid, das im Fettgewebe als Expression des ob-Gens (von engl.: *obese* = fettleibig) gebildet wird und als Sättigungsfaktor wirkt. Im Tierversuch an Mäusen konnte eine negative Korrelation zwischen Nahrungsaufnahme und Leptinkonzentration nachgewiesen werden, d. h. je höher der Körperfettanteil, desto höher der Leptinspiegel und desto geringer die Nahrungsaufnahme. L. ist also an der Aufrechterhaltung der Energie-Homöostase und damit am Konstanthalten des Körpergewichts beteiligt. Bei adipösen Menschen ist dieser Sättigungsmechanismus vermutlich aufgrund einer Leptin-Resistenz des Hypothalamus gestört.

Leucin engl.: *leucine;* Abk.: Leu, essenzielle → Aminosäure, die in den meisten → Proteinen zu 7–10 % enthalten ist. Der minimale Tagesbedarf eines Erwachsenen kann über die Nahrung gedeckt werden. Leu hat als verzweigtkettige Aminosäure eine große Bedeutung für den Muskelstoffwechsel und wird nicht über die Leber verstoffwechselt, sondern gelangt direkt in die Muskeln. Leu regt weiterhin in der Bauchspeicheldrüse die Freisetzung von → Insulin an. Bei der sehr seltenen → Ahornsirupkrankheit ist der Abbau von Leu, → Isoleucin und → Valin gestört.

Leuconostoc; Gattung grampositiver, fakultativ anaerober, unbeweglicher → Kokken, die in der Natur stets auf Pflanzen vorkommen. Sie gehören zu den heterofermentativen, D(-)-Milchsäure, Kohlendioxid und Ethanol bildenden → Milchsäurebakterien, haben eine große Bedeutung in der Lebensmittelmikrobiologie und sind nicht pathogen. *L. mesenteroides subsp. cremoris* (früher *L. cremoris*) bildet → Diacetyl und andere Aromastoffe und findet als Säurewecker bei der Herstellung von Käse, Quark und Sauermilcherzeugnissen Verwendung. *L. mesenteroides subsp. mesenteroides* ist einer der wesentlichen Mikroorganismen bei der Sauerkrautherstellung und ist in der Zuckerindustrie als Schleimbildner gefürchtet.

Leucrose engl.: *leucrose;* → Disaccharid aus Glucose und Fructose, das durch enzymatische Umlagerung aus Saccharose entsteht und z. B. in Honig vorkommt. L. besitzt etwa die halbe Süßkraft der Saccharose, ist nicht kariogen und wirkt kaum laxierend.

Liebesäpfel Syn.: → *Tomaten*

Liebesknochen Syn.: → *Eclair*

Liebesperlen engl.: *love pearls;* harte bunte Zuckerperlen (→ Dragées) mit einem Durchmesser von 3–5 mm. Sie werden unter Verwendung von kleinen Zuckerkristallen oder → Nonpareille im Dragierverfahren mit Zuckerarten und/oder Zuckeralkoholen gefertigt. Die Verwendung von Mehl, Sago, Grieß, Mohnsamen oder anderer ölsamenhaltiger Rohstoffe ist nicht üblich. Bei der Verwendung von stärkehaltigem Nonpareille als Kerne enthalten die L. jedoch stets etwas Stärke. L. werden zur Dekoration von

Backwaren verwendet und als Süßware verzehrt.

Liebfraumilch Syn.: *Liebfrauenmilch;* lieblicher deutscher Qualitätswein bestimmter Anbaugebiete aus den Anbaugebieten Rheinhessen, Pfalz, Rheingau und Nahe. Der Wein wird zu mindestens 70 % aus Riesling-, Silvaner-, Müller-Thurgau- oder Kernertrauben hergestellt und ist in seinem Geschmack von einer dieser Rebsorten bestimmt. Die Rebsortenangabe auf dem Etikett ist untersagt, das Anbaugebiet der verwendeten Trauben muss aber angegeben sein. L. besaß früher einen hohen Anteil am deutschen Weinexport und hat damit auch das Bild deutscher Weine im Ausland geprägt. Jedoch ist dieser Anteil in den letzten Jahren extrem rückläufig.

Lieblich; → Restsüße

Liebstöckel lat.: *Levisticum officinale KOCH* (Fam.: *Apiaceae*), engl.: *lovage,* Syn.: *Maggikraut, Liebstock;* aus dem Iran stammende, heute in Mittel- und Südeuropa heimische mehrjährige bis zu 2 m hoch werdende Staude. L. wird im deutschsprachigen Raum wegen seines kräftigen, an die bekannte Suppenwürze erinnernden Geruchs und Geschmacks auch Maggikraut genannt. Alle Pflanzenteile enthalten 0,8–1,7 % → ätherisches Öl. Die frischen oder getrockneten Blätter sind stark würzend, werden sparsam als → Gewürz für Suppen, Saucen, Ragouts und Fleischspeisen verwendet und sind Bestandteil verschiedener Kräuter- und Gewürzmischungen. Liebstöckelwurzeln können klein geschnitten zum Würzen von Suppen verwendet werden und dienen der Gewinnung von Liebstöckelöl, das wegen seiner Aroma- und Bitterstoffe in der Likörindustrie und Pharmazie verwendet wird.

Liegnitzer Bomben; traditionelle schlesische gefüllte → Honigkuchen mit Kuvertüreüberzug. Typische Füllungen sind Marzipan, Orangeat, Zitronat und Früchte, meist Korinthen. Die Bezeichnung „Bombe" bezieht sich auf die charakterisch runde Form und ist eine häufig verwendete Gattungsbezeichnung für gefüllte Honigkuchen geworden (z. B. Kirschbomben, Ananasbomben).

Liesen Syn.: → *Flomen*

Liesenschmalz Syn.: → *Flomenschmalz*

Ligasen engl.: *ligases;* Klasse von → Enzymen, die unter Energieverbrauch zwei Moleküle miteinander verknüpfen. Die L. können in C-O-, C-S-, C-N- und C-C-Bindungen knüpfende L. unterteilt werden.

Light Syn.: *Leicht;* lebensmittelrechtlich nicht definierter Begriff, der mit Ausnahme von wenigen Lebensmittelgruppen wie Käse- und Milcherzeugnissen sowie Streichfetten als Synonym für verschiedene Eigenschaften wie z. B. kalorienarm, leicht bekömmlich, leicht verdaulich, locker und luftig, alkoholarm, nikotinarm oder kohlensäurearm verwendet werden kann, wobei die jeweilige konkrete Bedeutung dem Etikett des Lebensmittels entnehmbar sein muss. Käse und Käseerzeugnisse dürfen als L. bezeichnet werden, wenn ihr Fettgehalt maximal 32,5 % in der Trockenmasse beträgt, Quark und Quarkerzeugnisse bzw. Produkte aus Schichtkäse dürfen einen maximalen Fettgehalt von 12,5 % in der Trockenmasse besitzen und Produkte aus Sauermilch, Joghurt, Kefir sowie Milchmischerzeugnisse dürfen maximal 1,8 % Fett aufweisen.

Light-Getränke; → Brennwert verminderte Getränke

Likör engl.: *liqueur;* gesüßte → Spirituose, die mit wenigen Ausnahmen einen Mindestzuckergehalt von 100 g pro Liter aufweist. Zur Herstellung und Aromatisierung von L. können je nach Art folgende Zutaten verwendet werden: Ethanol landwirtschaftlichen Ursprungs oder andere Spirituosen wie Weinbrände, Obstbrände, Geiste, Korndestillate, Wein sowie Fruchtsäfte, Früchte und Beeren, Kräuter, Gewürze, Eier, Kakao, Kaffee, Milch, Sahne, Schokolade, Tee, ätherische Öle und natürliche Essenzen. Dementsprechend lassen sich die Likörarten → Fruchtsaft-, → Fruchtaroma-, → Kräuterlikör (→ Bitterliköre), → Gewürz-, → Kakao-, → Kaffee-,

→Teelikör und →Emulsionsliköre unterscheiden. Der Alkoholgehalt von L. bei einem Extaktgehalt von 10 g/100 ml beträgt mindestens 15 Vol.-%, häufig 32 Vol.-%, bei Bitterlikören auch über 40 Vol.-%.

Likörbohnen engl.: *liqueur chocolate beans;* in der charakteristisch flachen Sichel von →Weinbrandbohnen ausgeformtes →Likörkonfekt.

Likörbonbons engl.: *liqueur filled sweets;* harte massive →Bonbons mit alkoholhaltiger Füllung, die meist mit, jedoch auch ohne Schokoladenüberzug hergestellt werden. Die namensgebenden Spirituosen werden üblicherweise in geschmacklich deutlich wahrnehmbarer Menge und mit einem den Geschmack im Fertigerzeugnis beeinflussenden Alkoholgehalt verwendet. Wenn nicht mit Spirituosen gearbeitet wird, lautet die Bezeichnung „mit...Geschmack". Bei der Verwendung von reinem Alkohol lautet die Bezeichnung „Alkoholbonbons".

Liköre mit Eizusatz engl.: *liqueur with egg;* dickflüssige cremige →Emulsionsliköre, die aus Ethanol landwirtschaftlichen Ursprungs hergestellt werden und als charakteristische Bestandteile hochwertiges Eigelb von Eiern der Güteklasse A, Eiweiß und Zucker oder Honig enthalten. Rechtlich vorgeschrieben sind mindestens 150 g Zucker oder Honig und mindestens 70 g Eigelb pro Liter Enderzeugnis. L. können aromatisiert sein. Der Mindestalkoholgehalt beträgt 15 Vol.-%.

Likörkonfekt engl.: *crusted liqueur chocolates, crusted liqueur dragees,* Syn.: *Krustenlikör;* meist mit Schokoladenüberzug hergestellte verschieden geformte Körper mit dünner Zuckerkruste um eine flüssige Füllung mit zugesetztem →Likör. Die Füllung schmeckt deutlich nach ihm und besitzt einen entsprechenden Alkoholgehalt. L. ist wärmeempfindlich und zerbrechlich. Es wird nach der verwendeten Spirituosenart bezeichnet (z. B. Kirschlikör-Konfekt). L. mit einem Anteil von über 25 % Schokoladenüberzug gehört zu den →Pralinen.

Likörweine engl.: *liqueur wines;* eigenständige Gruppe alkoholischer Getränke mit einem vorhandenen Alkoholgehalt von mindestens 15 Vol.-% und höchstens 22 Vol.-%. Der Gesamtalkoholgehalt beträgt mindestens 17,5 Vol.-%. L. werden aus teilweise gegorenem Traubenmost, Wein oder einer Mischung beider Erzeugnissen unter Zusatz von neutralem Alkohol oder eines Destillates aus Wein oder getrockeneten Weintrauben hergestellt. Bei einem Restzuckergehalt unter 5 g/l dürfen maximal 150 mg und bei einem Restzuckergehalt über 5 g/l maximal 200 mg Schwefeldioxid pro Liter L. zugesetzt sein. Für die Qualitätslikörweine bestimmter Anbaugebiete gelten besondere Regelungen und Ausnahmen, wie z. B. die Verwendung von Traubenmost und Mischungen von ihm mit Wein oder Anforderungen an den Alkoholgehalt der Ausgangserzeugnisse. L. weisen i. d. R. einen süßen Geschmack auf, wie z. B. Portwein oder Cream Sherry. Sie können jedoch auch trocken sein (bspw. Sherry Fino oder Amontillado). Zu den L. gehören u. a. →Sherry, →Málaga, →Marsala, →Portwein und →Madeirawein. L. werden i. d. R. als Aperitif vor dem und begleitend zum Essen getrunken sowie zum Verfeinern von Suppen und Saucen verwendet.

Liliput-Eier; 1. kleine hohle Schokoladeneier mit vielen verschiedenen alkoholischen und nicht alkoholischen Füllungen. 2. Bezeichnung für sehr kleine →Dragée-Eier.

Limabohne lat.: *Phaseolus lunatus L.* (Fam.: *Fabaceae*), engl.: *Lima Bean, Butter Bean;* meist 1–2,5 cm lange, reife, flache, verschiedenfarbige (oft weißliche) Samen der gleichnamigen buschigen oder windenden Pflanze. L. besitzen einen hohen Gehalt an Eiweiß, Stärke und einen kräftigen Geschmack. Vor dem Verzehr sind L. mit Ausnahme der weißlichen Samen abzukochen, da sie das →cyanogene Glykosid Linamarin (Phaseolunatin) enthalten, das in wässriger Lösung Blausäure abspaltet. Bis auf die weißlichen Samen enthalten insbesondere die farbigen Samen z. T. sehr hohe Gehalte an Linamarin. Die L. wird weltweit in wärmeren Ländern mit tropischem sowie subtropischem Klima angebaut. Sie wird roh (nur weißliche L.) und gegart auf dieselbe Art wie grüne Bohnen verzehrt.

Limande lat.: *Microstomus kitt Walb.* (Fam.: *Pleuronectidae*), engl.: *lemon sole,* Syn.: *Echte Rotzunge;* → Plattfisch aus der Familie der Schollen (20–30 cm, maximal 45 cm lang). Die L. lebt im Nordostatlantik, einige verwandte Arten (z. B. *Solea senegalensis Kaup*) vor der westafrikanischen Küste und den Kanarischen Inseln. Sie werden unter der Bezeichnung Tropen- oder Atlantik-Zunge im Handel angeboten, meist tiefgefroren als Filets. Die L. gilt als Edelfisch; sie wird nur in kleinen Mengen gefangen. 100 g Filet enthalten ca. 16 g Protein und 0,5–1,9 g Fett.

Limburger Käse engl.: *limburger cheese,* Syn.: *Allgäuer Stangenkäse, Backsteinkäse, Ziegelkäse;* schnittfester Rotschmierweichkäse der Halbfett- bis Rahmstufe (→ Käse) in Stangen- und Rechteckform mit Gewichten von 180–1000 g (im Handel sind 200–500 g gängig), der aus Kuhmilch hergestellt wird. Er wurde nach seinem Ursprungsort, der belgischen Stadt und Provinz Limburg, benannt. Dort ist er unter der Bezeichnung „Herve" bekannt. In Deutschland erfolgt die Herstellung außer im Allgäu (seit 1830), auch in Schleswig-Holstein und dem übrigen norddeutschen Raum in Backsteinform. L. K. besitzt eine rindenlose geschmeidige Oberhaut mit gelbbrauner bis rötlicher Schmiere. Sie soll nur in solchen Mengen vorhanden sein, dass sie weder feucht bis flüssig (Schimmelbildung) noch trocken (Hartwerden der Rinde) ist. Der weichschnittige, jedoch nicht fließende Teig sollte bis auf einige wenige Bruchlöcher keine Lochbildung zeigen. Die Schnittfläche des Teiges ist matt glänzend weiß und in der angereiften Teigmasse bis hellgelb. Der Käse besitzt eine cremig weiche elastische Konsistenz und ist im Geschmack je nach Reifezustand würzig bis pikant. Geschmack und Geruch werden mit zunehmendem Alter kräftiger. Die Reifedauer beträgt 4–7 Wochen. Davon verbringt der Käse mindestens 14 Tage im Reifekeller bei 14 °C und 90 % rel. Luftfeuchte. Er wird während dieser Zeit mit Rotkulturen (v. a. *Bacterium linens*) geschmiert. Der L. K. sollte wegen seines intensiven Geruchs unter einer Käseglocke, zugedeckt oder in der Verkaufspackung aufbewahrt werden. Es besteht die Gefahr, dass andere Waren den Geruch als Fehlaroma annehmen.

Limequat; → Kumquat

Limette lat.: *Citrus aurantiifolia (Christm. et Panz.) Swingle* (Fam.: *Rutaceae*), engl.: *lime,* Syn.: *Saure Limette, Limone, Limonelle;* einer kleinen bis mittelgroßen → Zitrone ähnliche halb reif grüne, vollreif gelbe → Zitrusfrucht mit dünner Schale. Sie ist am Stielansatz abgerundet und ohne vorgezogene Endwarze. Die L. ist die Frucht des immergrünen Limettenstrauches oder -baumes, der auf dem amerikanischen Kontinent von den USA bis Brasilien sowie in Ägypten, Kenia und Indien angebaut wird. Im Anbau unterscheidet man zwei Typen: Die samenhaltige kleinfrüchtige Key-Limette (Mexanische oder Westindische L.) und die etwa zitronengroße samenlose Persische L. (Tahiti-Limette). Die Früchte werden aus den Herkunftsländern ganzjährig importiert, wobei grüne Früchte wegen des höheren Säuregehaltes bevorzugt werden. Sie lassen sich bei +10 °C und 90 % rel. Luftfeuchtigkeit 6–8 Wochen lagern. Das gelbgrüne, meist sehr saure Fruchtfleisch lässt sich wie bei der Zitrone verwenden und ist wegen seines hohen Gehaltes an Saft und Vitamin C (ca. 44 mg pro 100 g Fruchtfleisch) sehr geschätzt. Es wird zu Saft, Saftkonzentrat und Getränken verarbeitet, die insbesondere als Bestandteil von Cocktails und anderen Mischgetränken verwendet werden. Das aus den Schalen gewonnene → ätherische Öl (→ Limettenöl) wird als

Aroma in der Fruchtsaft- und Backwarenindustrie verwendet.

Limettenöl engl.: *lime oil;* durch kaltes Pressen oder durch Wasserdampfdestillation aus den Schalen der verarbeiteten Limetten als Nebenprodukt gewonnenes →ätherisches Öl. Je nach Gewinnung sind Farbe und Zusammensetzung unterschiedlich. Destilliertes L. ist farblos bis hellgelb, das gepresste gelblichgrün bis dunkelgrün. Gepresstes L. ist dem →Zitronenöl ähnlich und enthält neben →Limonen →Citral als typischen Geruchs- und Geschmacksstoff. Aufgrund phototoxischer Inhaltsstoffe ist es für Lebensmittel nur begrenzt geeignet. Als Aroma, u. a. als wichtiger Bestandteil des Cola-Aromas, in Erfrischungsgetränken wird das destillierte L., das einen erfrischend wirkenden Geruch und Geschmack nach Limettensaft besitzt, verwendet. Es enthält keine phototoxischen Inhaltsstoffe und weitere neu entstandene Aromakomponenten.

Limitierende Aminosäure engl.: *limiting amino acid,* Syn.: *Begrenzende Aminosäure;* Bezeichnung für die →essenzielle Aminosäure, deren Konzentration im Lebensmittel bezogen auf ihren Bedarf das größte Defizit aufweist und dadurch die Proteinsynthese limitiert. In pflanzlichem Protein ist die l. A. meist Lysin, in tierischem Protein sind es v. a. Methionin und Tryptophan. →Biologische Wertigkeit

Limonaden engl.: *lemonades;* →Erfrischungsgetränke, die üblicherweise aus Aromen und/oder natürlichen Aromastoffen, Frucht- oder Genusssäuren, Trink-, Mineral-, Quell- oder Tafelwasser, Zuckerarten und im Regelfall Kohlendioxid hergestellt werden. L. weisen für gewöhnlich einen Gesamtzuckergehalt von mindestens 7 Gew.-% auf, der bei Brennwert verminderten L. teilweise oder ganz durch Süßstoffe ersetzt ist. Weitere übliche Zutaten sind Fruchtsaft, Fruchtmark bzw. deren Konzentrate und Molkenerzeugnisse sowie – mit der Ausnahme von klaren L. – mit Zitrusaroma, beta-Carotin, Riboflavin und färbende Lebensmittel. Zuckerkulör zur Färbung ist üblich bei coffeinhaltigen L., bei diesen in der Geschmacksrichtung entsprechenden coffeinfreien L., bei L. mit Apfelgeschmack mit oder ohne Fruchtanteil und bei klaren Kräuterlimonaden. L. mit Fruchtsaftanteil aus Fruchtsaft, Fruchtmark bzw. deren Konzentraten enthalten mindestens die Hälfte der bei Fruchtsaftgetränken üblichen Fruchtsaftanteile. Eine Trübung stammt nur aus verwendeten Fruchtzutaten oder aus Schalenölen.

Limonadengrundstoff; pulverförmiges Erzeugnis, aus dem sich durch Zusatz von Zucker bzw. Süßstoffen und Wasser →Limonade herstellen lässt. L. besteht i. d. R. aus natürlichen Aromen und/oder Fruchtpulver, sonstigen natürlichen geschmacksgebenden Substanzen, Genusssäuren und Natriumhydrogencarbonat sowie weiteren Zutaten.

Limonadenpulver; pulverförmige Zuckerware zum Bereiten eines Getränkes. L. wird aus Zuckerarten, natürlichen Aromen und sonstigen natürlichen geschmacksgebenden Substanzen wie z. B. Fruchtpulver, Genusssäuren und deren Salze, Hydrogencarbonate, Kohlendioxid und ggf. Vitaminen, Mineralstoffen und färbenden Lebensmitteln hergestellt. Der Zusatz von Farbstoffen, mit Ausnahme von Riboflavin, beta-Carotin und Zuckerkulör ist i. d. R. nicht üblich. Bei Brennwert verminderten Produkten können die Zuckerarten ganz oder teilweise durch Süßstoffe ersetzt werden.

Limonadenpulvertabletten; →Limonadenpulver in Tablettenform gepresst.

Limonadensirup; konzentrierte zähflüssige Mischung von Grundstoffen oder natürlichen Aromen und Zucker und/oder Süßungsmitteln zur Herstellung von →Limonaden.

Limone/Limonelle Syn.: →*Limette*

Limonen engl.: *limonene;* zitronenartig riechender Aromastoff, der als wasserunlösliche Flüssigkeit vorliegt. L. ist in vielen →ätherischen Ölen enthalten, z. B. in Zitronen-,

Bergamotte- und Fichtennadelöl. Im Tierversuch wurde eine antikanzerogene Wirkung beobachtet. Verwendung findet L. z. B. in der Parfümindustrie und als Lösungsmittel in der Lackindustrie.

Limousin-Eichenholz; zur Herstellung von Wein- und Cognacfässern verwendetes Eichenholz aus der französischen Region Limousin. Während der Lagerung gehen Inhaltsstoffe des Holzes auf das alkoholische Getränk über und verleihen ihm eine besondere Farbe und Aromanote.

Linden(blüten)honig engl.: *lime (blossom) honey;* hell- bis grünlichgelber Honig von Blüten verschiedener Lindenarten (Gattung *Tilia L.*) mit einem gewissen Honigtauanteil und recht kräftigem bis medizinischem Aroma. L. ist ausschließlich →Blütenhonig von Lindenblüten mit abgemildertem Geschmack und zartgelber bis leicht grünlicher Farbe.

Lindenblütentee engl.: *linden flower tea;* →teeähnliches Erzeugnis aus ganzen oder zerkleinerten getrockneten Blütenständen der Sommerlinde (lat.: *Tilia cordata Miller*, Fam.: *Tiliaceae*), der Winterlinde (lat.: *Tilia platyphyllos Scop.*) und/oder anderen *Tilia-Arten*. L. hat Schweiß treibende Wirkung und gilt als Hausmittel bei Erkältungskrankheiten und damit verbundenem Husten.

Linolensäure engl.: *linoleic acids;* essenzielle dreifach ungesättigte Fettsäure, die zu den →Omega-3-Fettsäuren gehört und in pflanzlichen Ölen, in größerer Konzentration in Leinöl, enthalten ist. L. wird über →Eicosapentaensäure (EPA) zu →Docosahexaensäure (DHA) umgesetzt. Neben der Bedeutung der längerkettigen Homologen als Membranbestandteile und Vorstufe der →Eicosanoide (EPA) gibt es Hinweise aus epidemiologischen Studien, dass L. prophylaktisch gegen kardiovaskuläre Erkrankungen wirkt. L. ist oxidationsempfindlich und wird in Gegenwart von Sauerstoff während der Lipidperoxidation zu z. T. sehr aromawirksamen Verbindungen abgebaut. Aufgrund ihrer chemischen Struktur wird L. auch als α-Linolensäure bezeichnet und so von der isomeren γ-Linolensäure unterschieden, einer →Omega-6-Fettsäure, die u. a. in der tierischen Muskulatur und Nachtkerzensamen vorkommt und als Zwischenprodukt bei der Synthese von →Arachidonsäure aus →Linolsäure auftritt.

Linolsäure engl.: *linoleic acid;* essenzielle zweifach ungesättigte Fettsäure, die zu den →Omega-6-Fettsäuren gehört und in allen pflanzlichen Ölen enthalten ist. L. wird über γ-Linolensäure zu →Arachidonsäure umgesetzt, einem Vorläufer der →Eicosanoide. Des Weiteren ist sie Bestandteil der Phospholipide, nimmt so Einfluss auf die Fluidität der Zellmembranen und soll außerdem den Cholesterinspiegel senken. L. ist oxidationsempfindlich und wird in Gegenwart von Sauerstoff während der Lipidperoxidation zu z. T. sehr aromawirksamen Verbindungen abgebaut.

Linsen lat.: *Lens culinaris Medik.* (Fam.: *Fabaceae*), engl.: *Lentils;* flache, runde, schwach gewölbte, i. d. R. scheibenförmige eiweißreiche Samen aus den Hülsen der gleichnamigen krautigen Pflanze. Die Farbe der Samen ist wie die Größe sortenabhängig und reicht von bräunlich oder grünlich über orange bis hin zu rot oder schwarz. Die zu den Hülsenfrüchten gehörenden L. werden seit Jahrtausenden kultiviert und weltweit angebaut. Wegen ihres hohen Gehaltes an Eiweiß und Kohlenhydraten (ca. 23,4 g Eiweiß und 40,6 g Kohlenhydrate pro 100 g essbarer Anteil vom trockenen Samen) besitzen L. einen hohen Nährwert und sind ein beliebtes Grundnahrungsmittel in vielen Ländern der Erde. Aufgrund der in ihnen enthaltenen Trypsin- und Chymotrypsinhibitoren (→Trypsin) sollte der Verzehr von L. nur in gekochtem Zustand erfolgen. Die Samen werden ganz oder halbiert, in geschältem und ungeschältem Zustand, ganzjährig, getrocknet oder gesalzen als Nasskonserven haltbar gemacht angeboten. Übliche Verwendungszwecke für L. sind als Einlage in Suppen und Eintöpfen, gegart als Grundlage für Breie, Salate, vegetarische Gerichte oder als Gemüse. Linsengerichte bilden einen wichtigen Bestandteil der indischen Küche.

Linsenkäfer lat.: *Bruchus lentis (Froelich)* (Fam.: *Bruchidae (Samenkäfer)*), engl.: *lentil weevil;* 3–3,5 mm lange, dicht grau behaarte Käfer mit zahlreichen länglichen weißgrauen Gitterflecken. L. sind Feldschädlinge, d. h. sie befallen Linsen auf dem Feld, indem sie Eier in oder an die unreifen Hülsen legen und die Larven sich in die noch nicht reifen Samen einbohren. Im Lager schlüpfen die Käfer aus den reifen Samen, können sich dort aber nicht mehr vermehren. Sie verursachen keine Fraßschäden, bewirken aber eine Wertminderung durch Verunreinigung der Ware.

Linzer Torte engl.: *Linzer tart;* aus feinem →Mürbeteig hergestellte Torte, dem häufig Biskuitbrösel, geriebene oder gemahlene Mandeln oder Nüsse, Zimt und gemahlene Gewürznelken zugesetzt werden. Vor dem Backen in einer runden Form erhält der Tortenboden einen Aufstrich mit Johannisbeer- oder Himbeerkonfitüre, der mit einem Mürbeteiggitter überdeckt wird.

Lipasen engl.: *lipases;* zu den Esterasen, einer Untergruppe der →Hydrolasen gehörende Enzyme, die →Glyceride in Glycerin und freie Fettsäuren spalten. L. kommen in fast allen tierischen Zellen (v. a. in Pankreassaft, Darmwand und Leber), aber auch in vielen Pflanzen und Mikroorganismen vor. Sie sind beteiligt am Ranzigwerden von Fetten, z. B. bei zerkleinerten Ölfrüchten oder von Rohmilch. Auf der anderen Seite werden L. gezielt zur Spaltung oder Umesterung von Fetten sowie zur Herstellung von Emulgatoren und Aromen (z. B. in Käse) eingesetzt.

Lipide engl.: *lipids;* Oberbegriff für →Fette und →Lipoide.

Lipoide engl.: *lipoids;* zur Gruppe der Lipide gehörende fettähnliche Substanzen, die mit den Fetten nur das Löslichkeitsverhalten gemeinsam haben, ansonsten funktionell und strukturell sehr unterschiedliche Verbindungen darstellen. Zu den L. gehören u. a. →Wachse, →Phospholipide, Glykolipide (z. B. Cerebroside, Ganglioside), →Sterine und →Carotinoide.

Lipolyten engl.: *lipolytic organisms;* Mikroorganismen (z. B. *Pseudomonas*), die Fett spaltende Enzyme (Lipasen) bilden können und dadurch an Reifungsvorgängen, z. B. bei Rohwurst und Käse, aber auch am Verderb von fetthaltigen Lebensmitteln (Ranzig werden) beteiligt sind.

Lipoproteine engl.: *lipoproteins;* wasserlösliche Verbindungen bestehend aus Protein (Apoprotein) und Lipiden, die den Transport der wasserunlöslichen Lipide im Blut ermöglichen und am Aufbau von Zellmembranen beteiligt sind. Entsprechend ihrer Dichte und Partikelgröße werden sie in Chylomikronen, VLDL (engl.: *very low density lipoprotein*), LDL (engl.: *low density lipoprotein*) und HDL (engl.: *high density lipoprotein*) eingeteilt. In dieser Reihenfolge nimmt die Dichte zu, da der Proteinanteil steigt und gleichzeitig der Lipidanteil abnimmt. Im Zuge des Lipidstoffwechsel werden die einzelnen Fraktionen ineinander überführt. Da LDL-Partikel die peripheren Gewebe mit Cholesterin versorgen, während HDL-Partikel Cholesterin und Triglyceride von den peripheren Geweben zur Leber transportieren, wird auch von „schlechtem" LDL-Cholesterin und „gutem" HDL-Cholesterin gesprochen (→Cholesterin). Das Verhältnis LDL zu HDL gilt als Maß für das Arteriosklerose-Risiko und kann durch die Ernährung beeinflusst werden.

Lipoxidasen Syn.: →*Lipoxygenasen*

Lipoxygenasen engl.: *lipoxygenases,* Syn.: *Lipoxidasen;* zur Gruppe der →Oxidoreduktasen gehörende Enzyme, welche die Umsetzung von ungesättigten Fettsäuren in ihre reaktive peroxidierte Form katalysieren. L. sind in pflanzlichen Geweben weit verbreitet (z. B. in Hülsenfrüchten, v. a. Sojabohnen) und spielen im tierischen Organismus eine wichtige Rolle bei der Synthese der →Eicosanoide.

Lippische Leberwurst; wie Leberwurst „einfach" hergestellte →Leberwurst mit weniger als 10% →Leber.

Liptauer Syn.: *Brinsenkäse;* ursprünglich in Ungarn vorwiegend aus Schafmilch, z. T. auch unter Zusatz von Kuhmilch hergestellte Käsezubereitung mit mindestens 40 bzw. 50% Fett in der Trockenmasse. Aus der Schafmilch wird zunächst der so genannte Klumpenkäse gewonnen, der unter Salzzusatz fein vermahlen wird, bis er eine pastenartige streichfähige Masse mit feinen Körnchen ergibt. L. besitzt eine weiße bis leicht gelbliche Farbe und einen leicht säuerlichen Geschmack.

Liquamen engl.: *liquamen,* Syn.: *Garum;* →Würzsauce im antiken Rom, hergestellt aus Fischen, Garnelen, Austern und anderen Schalentieren. Sie wurden mit Meersalz (Salzwasser) über 2–3 Monate an der Sonne „abgebaut" (hydrolysiert) und anschließend mit Kräutern (Oregano) und Wein aromatisiert.

Listeria monocytogenes; grampositives peritrich begeißeltes Stäbchenbakterium, das bei Menschen und Tieren →Listeriose hervorrufen kann. Das ubiquitär vorkommende Bakterium ist psychrotroph, kann sich gut in kühl gelagerten Lebensmitteln vermehren, ist resistent gegenüber Kochsalz und Nitrit, wächst bei aW-Werten über 0,93, im pH-Bereich von 5,0–9,0 und ist sehr anspruchslos. Kochen, Braten, Sterilisieren und Pasteurisieren töten das Bakterium ab. Als häufige Infektionsquellen gelten nicht erhitzte Lebensmittel wie Rohmilch- und Rohwursterzeugnisse.

Listeriose engl.: *listeriosis;* durch eine Infektion mit →*Listeria monocytogenes* ausgelöste, relativ seltene Erkrankung, die meist harmlos verläuft und einem grippalen Infekt ähnelt. Besondere Bedeutung hat L. jedoch für Schwangere, bei denen die Erkrankung zu Früh- und Totgeburten führen kann, sowie für ältere und immungeschwächte Menschen, die eine Form der Hirnhautentzündung entwickeln können. Als Infektionsquellen gelten insbesondere rohe Lebensmittel wie Salat, Gemüse, Rohmilch und rohes Fleisch sowie ohne Erhitzungsprozess haltbar gemachte Lebensmittel wie Rohwürste und Rohmilchkäse. Auch zahlreiche Tierarten können an L. erkranken.

Lithium engl.: *lithium;* zu den →Ultraspurenelementen gehörender →Mineralstoff. Die Funktion von L. im Organismus ist nicht bekannt. Mangelerscheinungen beim Menschen sind ebenfalls nicht bekannt. Tierische Lebensmittel sind lithiumreicher als pflanzliche. Hauptquellen für L. sind Fleisch, Milch und Eier. Therapeutisch werden Lithiumsalze zur Behandlung psychischer Störungen eingesetzt. Bei pharmakologisch hohen Dosen besteht die Gefahr, dass Vergiftungserscheinungen wie Durchfall, Erbrechen und Krampfanfälle auftreten.

Litschi/Litchi lat.: *Litchi chinensis Sonn.* (Fam.: *Sapindaceae*), engl.: *Lychee,* Syn.: *Lychee;* eiförmige 4–5 cm lange →Schließfrucht des gleichnamigen in China beheimateten Baumes mit scharlachroter (trocken brauner), schuppiger, nicht essbarer Schale. Unter dieser liegt das allgemein genutzte, wohl schmeckende, durchscheinende, weiß gallertige, saftreiche Fruchtfleisch. Der eichelgroße Samen ist ungenießbar. Das Fruchtfleisch der L. wird als Frischobst verzehrt und als Nasskonserve oder durch Trocknung („Chinesische Haselnuss") haltbar gemacht sowie zu Nektar und alkoholischen Getränken verarbeitet. L. sind bei einer Temperatur von 0 bis +2 °C und einer rel. Luftfeuchtigkeit von 90–95% gelagert bis zu vier Wochen haltbar. Der Import der weltweit in tropischen Gebieten angebauten L. erfolgt ganzjährig als Frischfrucht und Nasskonserve.

Livarot; geschützte Herkunftsbezeichnung für französischen Weichkäse aus der Normandie mit 40–45% Fett in der Trockenmasse und gewachsener Rinde, die mit orangeroter Schmiere überzogen ist. Bei der handelsübliche Form handelt es sich um einen flach runden Laib mit ca. 500 g Schwere, einem Durchmesser von 11–12 cm und von 4–5 cm Höhe. Der L. wird manchmal noch traditionell mit Riedgras umwickelt und besitzt einen kräftig aromatischen, dem Limburger ähnlichen Geschmack.

Lochfraß engl.: *pitting corrosion;* Korrosionsschäden (→Korrosion) an metallischen Verpackungen wie Konservendosen oder Aluminiumfolien, verursacht von innen durch saure oder stark salzhaltige Füllgüter oder von außen bei feuchter Lagerung im Bereich von Etiketten, insbesondere bei Verwendung saurer Kleber und aggressiver Druckfarben. Bei Weißblechdosen können Poren im Zinnüberzug (bei unlackierten Weißblechdosen) oder Beschädigungen der Lackschicht (bei lackierten Weißblechdosen) zur Freilegung des Stahlblechs führen, das dann durch Korrosion bis hin zur Undichtigkeit aufgelöst werden kann. Die freigesetzten Eisenionen können zu geschmacklichen und farblichen Veränderungen des Füllgutes führen, sind jedoch gesundheitlich unbedenklich, so lange die Dosen dicht sind.

Lodde lat.: *Mallotus villosus, Müller* (Fam.: *Osmeridae*), engl.: *capelin;* kleiner Seefisch, der als →Industriefisch vorwiegend zu →Fischmehl verarbeitet wird. Der Rogen ist Rohstoff für die Herstellung von Deutschem →Kaviar.

Löffelbiskuits engl.: *sponge fingers;* →Biskuit

Löffelkraut lat.: *Cochlearia officinalis L.* (Fam.: *Brassicaceae*), engl.: *Common Scurvy Grass, Spoonwort,* Syn.: *Löffelkresse, Skorbutkraut;* ausdauernde, zwei- oder mehrjährige, wintergrüne Pflanze mit einer Rosette aus lang gestielten, rundlichen, löffelartigen Blättern um mehrere bis zu 50 cm hohe kantig gefurchte Stängel. L. wächst gerne auf salzhaltigen Böden und ist vorwiegend in Küstenregionen Nord- und Westeuropas zu finden. Die Blätter haben einen scharfen rettichartigen Geschmack und können ähnlich wie →Brunnenkresse als Würzkraut aber auch als Salat oder Gemüse verwendet werden. L. ist eine alte Heilpflanze, die aufgrund ihres hohen Vitamin-C-Gehaltes schon im späten Mittelalter als Mittel gegen →Skorbut eingesetzt wurde.

Loempia Syn.: →*Frühlingsrolle*

Lösliche Kaffeegetränke; Bezeichnung für spezielle instantisierte Mischungen aus Kaffeeextrakt, Milchpulver und anderen Zutaten wie z. B. Aromen, die mit heißem Wasser Kaffeemischgetränke wie →Cappuccino, →Café au Lait und aromatisierte Mischungen ergeben. Diese Produkte werden in Ein-Tassen-Portionen oder in Dosen für mehrere Portionen angeboten.

Löslicher Kaffee Syn.: →*Instant-Kaffee*

Lösungen engl.: *solutions;* im engeren Sinne flüssige Gemische aus mindestens zwei Komponenten, von denen wenigstens eine flüssig ist. Der Begriff kann aber auch auf homogene Gemische gasförmiger, flüssiger und fester Stoffe in fast allen Kombinationen ausgedehnt werden. L. können in echte und kolloidale L. unterteilt werden. Bei echten L. ist der gelöste Stoff in Form von Ionen oder Molekülen homogen im Lösungsmittel verteilt, während bei kolloidalen L. die Stoffe mit besonders großen Molekülen nur durch elektrische Ladungen in Lösung gehalten werden und beim Wegfall der Ladungen (am isoelektrischen Punkt) ausflocken.

Löwenzahn engl.: *Dandelion;* →Gewöhnlicher Löwenzahn

Loganbeeren lat.: *Rubus loganobaccus L. H. Bailey* (Fam.: *Rosaceae*), engl.: *Loganberry;* große, weinrote, saftige, brombeerähnliche →Sammelfrüchte des gleichnamigen Strauches mit sehr aromatischem Geschmack. Sie werden v. a. in den USA, England und Neuseeland angebaut, frisch verzehrt sowie verarbeitet. Neben dem Frischverzehr erfolgt die Verarbeitung der weichen vergänglichen Früchte zu Konserven, Saft, Fruchtwein und Konfitüren. Verarbeitete L. (Konserven) unterliegen in Deutschland den Leitsätzen des Deutschen Lebensmittelbuches für verarbeitetes Obst oder sind in ihrer Abweichung ausreichend kenntlich gemacht. Botanisch wird die L. als eine Artkreuzung aus Himbeere und Brombeere angesehen.

Loggerfisch engl.: *hard cured herring;* Bezeichnung für hart gesalzenen →Hering ($^3/_4$ Hering, $^1/_4$ Salz). →Hartsalzung

Loire-Weine engl.: *Loire wine;* hauptsächlich Weiß- und Roséweine von unterschiedlichstem Charakter (trockene Weine aus dem östlichen und westlichen Loiretal, z. B. Sancerre, Pouilly und Muscadet; lieblichere Weine aus der Loire typischen Chenin-blanc-Traube, z. B. Anjou und Touraine), aber meist guter Qualität. Angebaut werden z. B. Chenin blanc, Sauvignon blanc und Melon de Bourgogne als Weißweinreben. Für die eher seltenen Rotweine werden Gamay, Cabernet Sauvignon und Pinot-noir-Trauben verwendet. Auch hier entstehen Weine hoher Qualität.

Lollo Rosso/Bionda; →Pflück- und Schnittsalat

Lollys Syn.: →*Stielbonbons*

Lombok; für die →indonesische Reistafel verwendete Varietät von scharfem →Gewürzpaprika. In Salzlake eingelegt heißt er L. Asin, eine Gewürzpaste auf Basis von L. oder →Chilies wird →Sambal genannt.

Longan lat.: *Dimocarpus longan Lour.* (Fam.: *Sapindaceae*), engl.: *Longan fruit;* runde bis ovale, fast glattschalige, nussartige, 2–3 cm im Durchmesser messende →Schließfrucht des gleichnamigen in China beheimateten Baumes mit zimtbrauner fester Schale. Das darunter liegende glasig wirkende helle Fruchtfleisch schmeckt aromatisch und säuerlich. Sie eignet sich wie die verwandte →Litschi zum Verzehr als Frischobst. Als dieses wird sie in den tropischen und subtropischen Anbauländern verzehrt. Neben einer geringen Menge als Frischobst wird L. als Nasskonserve importiert.

Long drink; Mischung aus alkoholfreien Getränken (z. B. Sodawasser, Mineralwasser, coffeinhaltige Erfrischungsgetränke oder Bittergetränke) und Spirituosen unterschiedlicher Art. Typisch für den L. ist, dass er über 8 cl aufweist und mit Eiswürfeln serviert wird.

Loquat Syn.: →*Japanische Wollmispel*

Lorbeerblätter lat.: *Laurus nobilis L.* (Fam.: *Lauraceae*), engl.: *laurel leaves, bay laurel;* ganze i. d. R. getrocknete Blätter des im Mittelmeergebiet heimischen immergrünen Lorbeerbaumes. Frische L. riechen hocharomatisch, schmecken jedoch stark bitter. Bei der Trocknung wird der bittere Geschmack reduziert und das typische Aroma tritt in den Vordergrund. Zerbrochene sowie gemahlene Blätter verlieren schnell das Aroma. Als →Gewürz werden L. in der europäischen Küche, z. B. für Fisch- und Fleischmarinaden, Suppen, Saucen und eingelegte Gurken verwendet. L. enthalten etwa 1–3 % →ätherisches Öl (Hauptkomponente →Cineol) sowie →Gerbstoffe.

Lorchel Syn.: →*Frühjahrslorchel*

Lotusnüsse lat.: *Nelumbo nucifera Gaertn.* (Fam.: *Nelumbonaceae*), engl.: *Lotus, Sacred Indian Lotus;* ovale, etwa 1,5 cm lange einsamige Nüsschen der in Ostasien angebauten Indischen Lotusblume. Die geschälten Nüsschen dienen in der chinesischen Küche als Beilage zu süßen und salzigen Speisen und als Dessert. Sie werden getrocknet und als gezuckerte Nasskonserve in Sirup angeboten.

Lotuspflaume lat.: *Diospyros lotus L.* (Fam.: *Ebenaceae*), engl.: *Date Plum;* kirschgroße, zuerst gelbe, bei Reife schwarzblaue sehr süße Früchte des in Asien beheimateten und angebauten gleichnamigen Baumes. Sie sind in Ostasien sehr beliebt und werden neben dem Frischverzehr auch getrocknet oder zu Getränken verarbeitet.

Lotuswurzel lat.: *Nelumbo nucifera Gaertn.* (Fam.: *Nelumbonaceae*), engl.: *lotus root,* Syn.: *Lotoswurzel;* Wurzelstöcke der Indischen Lotusblume, die insbesondere in China als Gemüse zubereitet oder zur Herstellung von Süßspeisen verwendet werden. L.

werden im asiatischen Raum als Wurzelstockscheiben frisch oder getrocknet angeboten, in Westeuropa sind sie i. d. R. jedoch nur getrocknet oder als eingemachte Konserven in Dosen erhältlich. Die hellen, von Löchern durchsetzten Scheiben haben einen milden, leicht süßlichen Geschmack. Ein aus der getrockneten L. gewonnenes Mehl kann zum Binden von Saucen oder zur Herstellung von süßen Desserts verwendet werden.

Lovibond-Farbzahl; kolorimetrische Methode zur Farbmessung von Ölen, geschmolzenen Fetten oder auch Bier durch Vergleich mit Farbgläsern. Bestimmt werden Farbton und -tiefe in Gelb-, Rot- und Blauanteilen.

LTP-Teeproduktion; →Teeproduktionsmethoden

Lübecker Marzipan engl.: *Lübeck marzipan;* von der Herkunft streng geschütztes, in Lübeck hergestelltes hochwertiges, teilweise mit Schokolade überzogenes weißes →Marzipan, das mindestens die Qualitätsmaßstäbe für Edelmarzipan erfüllt.

Luft engl.: *air;* die Erde umhüllendes Gasgemisch, das aus Stickstoff, Sauerstoff sowie geringen Mengen an Wasserdampf, Edelgasen und Kohlendioxid besteht. Die Auftrennung in die einzelnen Komponenten kann durch Verflüssigung der L. (Komprimierung und Kühlung) und anschließende fraktionierte Destillation erfolgen. Der Sauerstoffgehalt in der L. ist Voraussetzung dafür, dass Leben auf der Erde überhaupt möglich ist. Die zunehmende Verunreinigung, die v. a. durch Verbrennungsvorgänge (Verbrennungsanlagen, Motoren) verursacht wird, kann zu gesundheitlichen Schäden und Lebensmittelintoxikationen führen. Deshalb ist es ein wichtiges Anliegen, durch den Einsatz von Filteranlagen die Emissionen zu verringern.

Luftfeuchtigkeit engl.: *air humidity;* Gehalt der Luft an Wasserdampf. Mit maximaler L. wird die bei einer bestimmten Temperatur von der Luft aufnehmbare Menge Wasserdampf bezeichnet. Diese nimmt mit steigender Temperatur zu und wird in g/m^3 angegeben. Im Gegensatz dazu gibt die absolute L. die in der Luft vorhandene Menge Wasserdampf an und die relative L. beschreibt das Verhältnis der absoluten zur maximalen L. in Prozent. Da die L. die Haltbarkeit von Lebensmitteln beeinflusst, wird zur Erzielung der maximalen Lagerzeit die optimale L. für das entsprechende Gut gewählt. Eine zu hohe L. beschleunigt hydrolytische, enzymatische und mikrobiologische Prozesse, weshalb Temperatur und Feuchtigkeit in den Lagerräumen und bei der Abfüllung streng reguliert und wasserdampfdichte Packstoffe eingesetzt werden.

Luftgetrocknete Mettwurst; schnittfeste, i. d. R. in Schweinedünndärme gefüllte, ohne Räucherung lediglich an der Luft getrocknete →Rohwurst mit grob- bis mittelkörniger Struktur. Das Ausgangsmaterial wird überwiegend aus grob entfettetem Schweinefleisch, fettgewebereichem Schweinefleisch und Speck neben einem geringeren Anteil an grob entsehntem Rindfleisch hergestellt. Am Reifungsprozess sind wegen fehlender Raucheinwirkung verstärkt →Hefen beteiligt, daher besitzt l. M. einen besonderen (leicht „käsigen") Geschmack.

Luftschokolade engl.: *aerated chocolate, foamy chocolate,* Syn.: *Aero-Schokolade;* →Schokolade verschiedener Sorten mit schaumartiger Struktur durch Einarbeitung kleiner Luftblasen.

Luftspeck engl.: *air dried bacon;* an der Luft ohne Räucherung getrocknete frisch gepökelte Speckseiten.

Luksusowa; aus Kartoffeln hergestellter →polnischer Wodka, der mit einem Alkoholgehalt von 40, 45 und 50 Vol.-% angeboten wird. Verwendung finden nur Kartoffelsorten, die sich besonders gut für die Destillation eignen. L. wird insgesamt viermal destilliert. Bei ihm handelt es sich um einen schweren Wodka mit anfänglich leichter Süße, der dann aber einen trockenen herben Charakter entwickelt. L. sollte pur genossen werden, denn zum Mischen mit alkoholfreien Getränken (z. B. Orangensaft oder Tonic) eignet er sich nicht.

Lulo Syn.: → *Naranjilla*

Lumb lat.: *Brosme brosme Ascanius* (Fam.: *Lotidae*), engl.: *tusk, torsk,* Syn.: *Seequappe, Brosme;* mittelgroßer Tiefseefisch (40–100 cm lang, 10–25 kg schwer), beheimatet im Nordatlantik von den Küsten Kanadas über Grönland und Spitzbergen bis Murmansk. L. wird in großer Menge als Konsumfisch angelandet; er ähnelt dem → Leng und wird frisch oder filetiert und tiefgefroren angeboten; ein kleiner Teil wird zu → Klippfisch verarbeitet. Das Filet enthält ca. 17 % Protein und 0,5 % Fett.

Lummerkotelett; → Filetkotelett vom Schwein.

Lummer/Lummel Syn.: → *Schweinefilet*

Lumpfisch Syn.: → *Seehase*

Lunge engl.: *lung;* zu den → Innereien zählendes Organ mit schwammigem Gewebe, geringem Nährwert und geringem Eiweißgehalt. Eine Verarbeitung von Schweinelunge erfolgt in speziellen traditionellen Fleischerzeugnissen wie z. B. → Lungenwurst. Die Verwendung von L. ist in den letzten Jahren verstärkt rückläufig.

Lungenbraten Syn.: → *Filet*

Lungenwurst; nach Art der → Stockwurst hergestelltes → Brühwürstchen, bei dem jedoch das Bindegewebe bis zu 10 % durch Schweinelunge ersetzt sein kann.

Lunja; → Mungbohnen

Lupine lat.: *Lupinus sp.* (Fam.: *Fabaceae*), engl.: *lupine;* etwa 300, meist einjährige im Mittelmeerraum bzw. in Amerika heimische Pflanzenarten aus der Familie der Schmetterlingsblütler. Wichtige Arten sind Weißlupine (lat.: *L. albus L.*), Gelblupine (lat.: *L. luteus L.*) und Blaulupine (lat.: *L. angustifolius L.*), die wegen ihres ursprünglich hohen Gehaltes an Alkaloiden nur als Gründüngungspflanzen genutzt werden konnten. Durch jahrelange Züchtung wurden alkaloidarme Sorten („Süßlupinen") erzielt, die nun als Futterpflanzen und zum Körneranbau eingesetzt werden. In den letzten Jahren haben L. als alternative Proteinquelle in der menschlichen Ernährung (auch für Soja- und Milcheiweißallergiker) zunehmend an Bedeutung gewonnen. Sie zeichnen sich durch einen hohen Gehalt an wertvollem Protein, einen relativ hohen Fettgehalt mit günstigem Fettsäuremuster sowie durch ihren Gehalt an Mineralstoffen, Vitamin B_{12}, Ballaststoffen und sekundären Pflanzenstoffen aus. Lupinenmehl wird z. B. als Backmittel in der Lebensmittelindustrie eingesetzt, ferner dient der Lupinensamen als Ausgangsprodukt bei der Herstellung von Lupinenmilch, Lupinenquark, Brotaufstrichen und Bratlingen. Zur Zeit laufen Versuche, aus Lupineneiweiß Aufschlagemulgatoren zu gewinnen.

Lupulin engl.: *lupulin;* aromatisch riechender Inhaltsstoff der Hopfendolden (→ Hopfen), der neben Harzen und Fetten die Bitterstoffe Humulon (Alphasäure) und Lupulon (Betasäure) sowie ätherische Öle (Hopfenöle) enthält. L. spielt eine entscheidende Rolle bei der Bierbereitung, da aus Humulon und Lupulon in der Maische Derivate entstehen, die für das charakteristische bittere Aroma des Biers verantwortlich sind.

Lutein engl.: *lutein;* gelboranger natürlicher Farbstoff, der zu den Xanthophyllen gehört. L. wurde früher selbst als Xanthophyll bezeichnet. Heute wird der Begriff Xanthophylle für eine sauerstoffhaltige Untergruppe der → Carotinoide verwendet. L. ist in allen grünen Blättern zusammen mit → Chlorophyll und → Carotin enthalten. Der Eidotter verdankt seine gelbe Färbung einer Mischung von L. und seinem Isomer Zeaxanthin, dem gelben Farbstoff des Maiskornes. L. ist kein Provitamin A, weist aber antioxidative Wirkung auf. L. ist unter der Nummer E 161b zum Färben von Lebensmitteln zugelassen.

Luteoskyrin engl.: *luteoskyrin;* → Mykotoxin, das von *Penicillium islandicum* bei Wachstum auf Getreide und Reis gebildet wird. L.

wirkt kanzerogen und cytotoxisch (v. a. auf Leber und Niere).

Lutter Syn.: *Raubrand;* Bezeichnung für das schwach alkoholische, ungereinigte, fuselhaltige Destillat aus der ersten Destillation der vergorenen Maische, das zu →Spirituosen oder zu reinem Ethanol weiterverarbeitet wird.

Luzerne lat.: *Medicago sativa L.* (Fam.: *Fabaceae*), engl.: *Lucerne, Alfalfa,* Syn.: *Alfalfa;* zu den →Hülsenfrüchten gehörende Staude mit eiweiß- und mineralstoffreichen kleinen, länglichen braunen Samen, die eine der ältesten Futterpflanzen ist. Die →Keimlinge werden als Rohkost verzehrt. Ein Vielzahl von Luzerneprodukten (z. B. Extrakt) finden in →Nahrungsergänzungsmitteln Anwendung.

Lyasen engl.: *lyases;* Klasse von →Enzymen, die die nicht hydrolytische Spaltung von C-C-, C-O-, C-S- oder C-N-Bindungen im Molekül katalysieren, meist unter Zurücklassung einer Doppelbindung. Zu den L. gehören z. B. die →Decarboxylasen, Dehydratasen und die Aldolasen.

Lychee Syn.: →*Litschi*

Lycopin engl.: *lycopene;* orangeroter natürlicher Farbstoff, der zu den →Carotinen, einer Untergruppe der →Carotinoide, gehört. L. ist der Farbstoff der Tomate, kommt aber auch in anderen Beerenfrüchten vor. Es ist kein Provitamin A, weist aber antioxidative und antikanzerogene (Tierversuch) Wirkung auf. L. ist unter der Nummer E 160d zum Färben von Lebensmitteln zugelassen. Dazu wird es aus Tomaten isoliert oder synthetisch hergestellt. Wegen seiner positiven Eigenschaften wird L. in Zukunft vermehrt →funktionellen Lebensmitteln zugesetzt, z. B. in Orangensaft („Grapefruit-Rosé") oder Nudeln.

Lyoner; 1. beliebte →Brühwurst gehobener Qualität mit rosafarbenem fein zerkleinerten →Brät. Dieses wird im Wesentlichen aus grob entsehntem Rindfleisch, grob entfettetem sowie fettgewebereichem Schweinefleisch und Speck hergestellt. Hinzu kommen Gewürze, Nitritpökelsalz zur Umrötung und evtl. andere Lebensmittel sowie Kutterhilfsmittel. Das umgerötete Brät wird in Hüllen mittelgroßen oder größeren Kalibers abgefüllt, anschließend geräuchert und gebrüht; 2. auch als Namensteil für nicht umgerötete (→Weiße Lyoner) und grobe Brühwurst (→Grobe Lyoner →Weiße grobe Lyoner) verwendete Bezeichnung.

Lyophilisation Syn.: →*Gefriertrocknung*

Lysin engl.: *lysine;* Abk.: Lys, →essenzielle Aminosäure, die zu 7–9 % in tierischen →Proteinen enthalten ist, in pflanzlichen Proteinen aber nur in geringeren Mengen vorkommt. So ist Lys wie →Threonin und →Methionin der limitierende Faktor für die →biologische Wertigkeit vieler pflanzlicher Proteine wie z. B. der Getreideproteine. Aufgrund der großen Reaktionsfähigkeit von Lys kommt es bei vielen lebensmitteltechnologischen Prozessen wie z. B. Erhitzen zu großen Lysinverlusten, meist durch →Maillard-Reaktion. Lys fördert das Knochenwachstum und regt Zellteilung und Nucleosid-Synthese an.

Lysozym engl.: *lysozyme;* zur Gruppe der →Hydrolasen gehörendes Enzym, das die Zellwand grampositiver Bakterien spaltet und dadurch antimikrobielle Wirkung entfaltet. L. ist weit verbreitet, kommt in vielen Geweben und Körperflüssigkeiten (z. B. Nasensekret, Speichel, Milch) vor, wo es Schutzfunktion ausübt. In der Lebensmittelindustrie kommt aus Hühnerei extrahiertes L. unter der Nummer E 1105 als Konservierungsmittel für gereiften Käse zum Einsatz. Hauptsächlich wird es bei der Käseherstellung verwendet, um die durch *Clostridium butyricum* verursachten Spätblähungen zu verhindern.

Macabeo; Weißweinrebe, die hauptsächlich in Nordspanien und in Südfrankreich angebaut wird (span.: *viura*, franz.: *macabeu*). Berühmte Weine sind z. B. der weiße Rioja und viele Côte de Roussillon.

Macadamianüsse lat.: *Macadamia sp.* (Fam.: *Protaceae*), engl.: *Macadamia nut, Queensland nut,* Syn.: *Macadamias;* kugelige, helle, haselnussgroße →Samen (Kerne) mit brauner Schale aus den kastaniengroßen Balgfrüchten (→Balg) der Queenslandnuss (lat.: *Macadamia integrifolia MAIDEN et BETCHE*) und der Australischen Haselnuss (lat.: *Macadamia tetraphylla L. JOHNSON*), die in Australien und auf Hawaii angebaut werden. Die Samen der Queenslandnuss werden wegen ihrer dünneren glatten Schale und besseren Schälbarkeit gegenüber denen der Australischen Haselnuss mit dicker sehr rauer Schale bevorzugt. Die geschälten Samen werden roh, gekocht oder geröstet und gesalzen sowohl als Knabberartikel wie auch als Süßware, z. B. mit Schokoladenüberzug verzehrt. Wegen ihres feinen, angenehmen, nussigen Geschmacks gelten die M. neben Mandeln als „Königinnen der Nüsse". Die bis auf einen Feuchtigkeitsgehalt von 2% getrockneten Kerne enthalten ca. 72 g Fett pro 100 g (ca. 40 g Ölsäure pro 100 g) und besitzen wie alle→„Nüsse" einen hohen Gehalt an Eiweiß und Mineralstoffen. Sie sind empfindlich bei Transport und Lagerungen, starke Temperaturschwankungen bewirken Bruch und Überlagerung leicht Ranzigkeit.

Machandel; ugs. Bezeichnung für →Spirituosen mit Wacholder.

Machandelbeeren Syn.: → *Wacholderbeeren*

Macis Syn.: →*Muskatblüte*

Madeirasauce engl.: *madeira sauce;* braune mit →Madeirawein geschmacklich verfeinerte Sauce, die insbesondere Fleischgerichten wie z. B. gekochter Rinderzunge eine pikante Note verleiht.

Madeirawein engl.: *madeira;* →Likörwein mit geschützter Herkunftsangabe von der gleichnamigen portugiesischen Insel. Der Alkoholgehalt liegt i. d. R. zwischen 17 und 20 Vol.-%. M. kommt erst nach einigen Jahren Lagerung im Eichenfass in den Handel und wird in vier Sorten (Sercial, Verdelho, Boal und Malvasia) angeboten. Sein einzigartiges Aroma erhält er durch langsames Erhitzen der Holzfässer und Verschneiden mit älteren Weinen. Der helle, jung sehr trockene, raue, herbe, später nach jahrelangem Ausbau trockene Sercial ist als Aperitif geeignet. Der trockene Verdelho ist weniger herb, weicher und runder als der Sercial und ebenfalls als Aperitif geeignet. Bei dem halb trockenen Boal mit seinem würzigen reichen Aroma steht die Verwendung als Dessertwein im Vordergrund. Besonders als Dessertwein begehrt ist der dickflüssige samtig süße Malvasia. Neben der Verwendung als Aperitif und Dessertwein ist M. eine beliebte geschmacksgebende Zutat in Suppen und Saucen (→Madeirasauce).

Maden engl.: *maggots;* ugs. Bezeichnung für fußlose Insektenlarven, besonders der→Fliegen.

Madie lat.: *Madia sativa Molina* (Fam.: *Asteraceae*), engl.: *Chilean Tarweed,* Syn.: *Ölmadie;* einjährige Ölpflanze, die an der Westküste Amerikas von Chile bis Kalifornien und in Südeuropa in geringem Umfang angebaut wird. Die Samen sind gerippt, 4–8 mm lang, 2 mm dick und enthalten 30–40% eines nach Mandeln riechenden dunkelgelben Öls, das vorwiegend zu technischen Zwecken verwendet wird. Die Pflanze wächst mit zahlreichen gelben Korbblüten.

Mälzerei engl.: *malt house, maltings;* Anlage zur Herstellung von →Malz, das hauptsächlich als Rohstoff in der Bierherstellung verwendet wird. Daher wurde bis zur Mitte des 19. Jahrhunderts Malz ausschließlich in Brauereien hergestellt, während es heute fast nur noch von Handelsmälzereien bezogen wird.

Märzenbier; untergäriges schwach gehopftes, kupfer- bis bernsteinfarbenes lagerfähiges Vollbier mittlerer Farbe mit vollmundigem, malzigem, leicht süßem Geschmack. Die Stammwürze liegt i. d. R. bei 13% und der Alkoholgehalt zwischen 5 und 5,7 Vol.-%. Ein bekanntes M. ist Münchner Oktoberfestbier. Der Name M. stammt von der

Tradition, dieses Bier wegen eines Brauverbotes im März auf Vorrat zu brauen.

Magen engl.: *stomach;* zu den → Innereien gehörendes, je nach Ernährungsform der Spezies ein- oder mehrteiliges Verdauungsorgan. Der M. besteht bei Wiederkäuern (Rind, Schaf, Rot-, Reh- und Damwild) aus dem dreiteiligen Vormagen (Pansen, Netz- und Blättermagen), in dem der Nahrungsaufschluss durch Mikroorganismen und mechanische Zerkleinerung stattfindet, sowie dem Labmagen, in dem unter Sekretion körpereigener Enzyme (→ Magensaft) wie z. B. → Chymosin die eigentliche → Verdauung einsetzt. Letzterer entspricht dem einhöhligen M. beim Schwein und beim Menschen. Im Muskelmagen des Geflügels (gehört zu Geflügelklein) erfolgt nur eine mechanische Nahrungszerkleinerung. Die M. und Vormägen der Schlachttiere werden mit und ohne Schleimhaut gewendet als Hüllen sowie ohne Schleimhaut als Zutat in Spezialitäten und speziellen traditionellen Fleischerzeugnissen verwendet.

Magenbitter engl.: *bitters;* eine → Spirituose hergestellt mit bitter aromatischen Auszügen aus Kräutern und Gewürzen (Anis, Fenchel, Koriander, Süßholz, Zimt, Chinarinde, Enzian u. a.), die eine besondere Wirkung auf Magen und Darm ausübt und sich günstig auf die Bekömmlichkeit von Speisen und Getränken auswirkt. M. hat einen Extraktgehalt von 200 g/l und einen Mindestalkoholgehalt von 32 Vol.-%, häufig jedoch 40 Vol.-%. Auf die Appetit anregende und verdauungsfördernde Wirkung darf hingewiesen werden, eine allgemein gesundheitsbezogene Werbung ist jedoch nicht erlaubt.

Magenbrot Syn.: → *Alpenbrot*

Magensaft engl.: *gastric juice;* von den Magendrüsen und der Magenschleimhaut gebildetes Verdauungssekret, das u. a. Salzsäure, die Protein spaltenden Pepsine, Schleimstoffe (Schutz vor Selbstverdauung) und den Intrinsic factor enthält. Die Salzsäure aktiviert durch den niedrigen pH-Wert von 1–2 die Pepsine aus der Vorstufe Pepsinogen, tötet Mikroorganismen ab und bewirkt eine Denaturierung der Proteine. Der Intrinsic factor wird benötigt zur Absorption von → Vitamin B_{12}. Es werden täglich 1–2 l M. gebildet, wobei die Bildung nerval (Vagusnerv) und hormonell (Gastrin, Secretin) gesteuert wird.

Magenwurz Syn.: → *Kalmus*

Magerfische engl.: *white fish;* Fische mit weniger als 1 % Fett im Muskelfleisch. Typische Vertreter sind unter den Seefischen → Kabeljau, → Schellfisch, → Seelachs, → Flunder und → Seeteufel, unter den Süßwasserfischen → Flussbarsch, → Hecht, → Schleie und → Zander. Einige M. reichern Fett in der Leber an (z. B. Kabeljau).

Magergeflügel; Sammelbezeichnung für Geflügel mit geringem Fettansatz, wie z. B. Brathähnchen, Puten und magere Suppenhühner.

Magerkäse; → Käse mit höchstens 10 % Fett in der Trockenmasse.

Magermilch Syn.: → *Entrahmte Milch*

Magermilchjoghurt engl.: *yogurt made of skimmed milk,* Syn.: *Joghurt aus entrahmter Milch;* → Joghurt

Magermilchjoghurtpulver engl.: *skimmed milk yoghurt powder;* → Trockenmilcherzeugnis aus Magermilchjoghurt mit einem Restwassergehalt von höchstens 5 %. Der Fettgehalt darf höchstens 1 % betragen. M. wird bei der Schokoladen- und Süßwarenherstellung verwendet.

Magermilchkefir engl.: *kefir made of skimmed milk,* Syn.: *Kefir aus entrahmter Milch;* → Kefir

Magermilchkefirpulver engl.: *skimmed milk kefir powder;* → Trockenmilcherzeugnis aus Magermilchkefir mit einem Restwassergehalt von höchstens 5 %. Der Fettgehalt darf höchstens 1 % betragen.

Magermilchpulver engl.: *low fat milk powder,* Syn.: *Trockenmagermilch;* → Trockenmilcherzeugnis aus Milch und/oder Sahneerzeugnissen mit einem Restwassergehalt von höchstens 5 %. Der Fettgehalt darf höchstens 1 % betragen. Es wird in der Mischfutter- und Nahrungsmittelindustrie verwendet sowie im Haushalt für Saucen, Mixgetränke u. Ä. eingesetzt.

Magermilchschokolade; → Milchschokolade, die nicht mehr als 1 % Milchfett enthalten darf, jedoch ansonsten die Anforderungen einer Milchschokolade an Milchtrockenmasse und andere Schokoladen-Parameter erfüllen muss.

Magerquark engl.: *low fat curd cheese;* Bezeichnung für → Speisequark der Magerstufe.

Magersucht engl.: *anorexia nervosa;* psychosomatisch bedingte → Essstörung, die durch einen absichtlich herbeigeführten oder aufrecht erhaltenden Gewichtsverlust gekennzeichnet ist und bei einem → Body Mass Index unter 17,5 (unter Ausschluss somatischer Erkrankungen) vorliegt. Der Gewichtsverlust wird außer durch eine geringe oder gar keine Nahrungsaufnahme, z. B. durch den Einsatz von Appetitzüglern und Abführmittel sowie übermäßige körperliche Betätigung erzielt. Betroffene haben einerseits eine übersteigerte Angst vor Gewichtszunahme, dabei gleichzeitig eine gestörte Körperwahrnehmung und beschäftigen sich andererseits ausgiebig mit dem Thema „Essen" (Lesen von Kochbüchern, Kochen für andere etc.). Längerfristige Folgen der M. sind Mangelerscheinungen (Vitamine, Mineralstoffe), Störungen des Magen-Darm-Traktes und des Hormonhaushaltes sowie Nierenschäden.

Maggikraut Syn.: → *Liebstöckel*

Magnesium engl.: *magnesium;* Erdalkalimetall, das in Form seiner Salze zu den → Mengenelementen zählt. M. ist Kofaktor zahlreicher Enzyme (v. a. des Energiestoffwechsels), spielt eine Rolle bei der Mineralisierung des Knochens, der Reizübertragung im Nervensystem und der Muskelkontraktion. Fast alle Lebensmittel enthalten M. in geringer Konzentration, gute Lieferanten sind v. a. Vollkornprodukte, Milch und Milchprodukte sowie verschiedene Gemüsearten. Ein Magnesiummangel tritt i. d. R. nur als Folge bestimmter Krankheiten mit Absorptionsstörungen, bei Alkoholmissbrauch oder der chronischen Einnahme bestimmter Medikamente auf. Dieser äußert sich durch Muskelschwäche, Muskelkrämpfe und Funktionsstörungen des Herzens. Eine Überdosierung ist mit Lebensmitteln nicht möglich. Durch hochdosierte Supplemente kann ein osmotisch bedingter Durchfall auftreten.

Magnesium-Caseinat engl.: *magnesium caseinate;* → Caseinate

Magnesiumsulfat engl.: *magnesium sulfate,* Syn.: *Bittersalz;* Magnesiumsalz der Schwefelsäure, das gelöst in vielen Heilquellen (Bitterwässer) vorkommt und eine abführende Wirkung besitzt.

Magnum engl.: *magnum bottle;* → Großflasche mit einem Volumen von 1,5 Litern, die häufig für → Schaumwein verwendet wird.

Mahimahi Syn.: → *Goldmakrele*

Mahlen engl.: *milling;* vorwiegend trockenes (Trockenvermahlung), aber auch nasses (Nassvermahlung) Zerkleinerungsverfahren zur Herstellung von Mahl- oder Zwischenprodukten beim Verarbeiten von Lebensmitteln wie z. B. Getreide (Herstellung von → Mehl und → Grieß), Kristallzucker (Herstellung von → Puderzucker) oder Kakaokernen (Herstellung von → Kakaomasse und → Kakaopulver). Je nach Beschaffenheit des zu vermahlenden Gutes werden zum M. Walzen-, Stift-, Scheiben-, Kugel-, Korundscheibenmühlen oder rotierende Messer eingesetzt. Eine Besonderheit stellt das Kaltmahlen dar, ein Zerkleinerungsverfahren für Produkte, die bei den üblichen Mahltemperaturen nicht vermahlen werden können. Dieses wird eingesetzt bei oxidationsempfindlichen Substanzen wie bestimmten Vitaminen, Substanzen bei denen Aromaverluste eintreten können, wie z. B. Gewürze und Kaffee oder Materialien, die aufgrund ihres niedrigen Schmelzpunktes zu Verschmierung der Mahlanlage führen würden.

Mahlerzeugnisse engl.: *milling products,* Syn.: *Mahlprodukte;* durch Vermahlen von Getreide anfallende Erzeugnisse wie Mehl, Dunst, Grieß, Schrot und → Mühlennachprodukte.

Mahlmais; vollkommen reifer gesunder und unbeschädigter → Mais mit hoher Grießausbeute bei niedrigem Fettgehalt der Grieße.

Mahlprodukte Syn.: → *Mahlerzeugnisse*

Maibowle Syn.: *Maitrank;* beliebtes mit → Waldmeister (meist frisches Kraut) aromatisiertes alkoholisches Mischgetränk (→ Bowle) aus Wein und/oder Schaumwein und anderen Zutaten wie z. B. Kräuter oder Mineralwasser.

Maifisch lat.: *Alosa alosa L.* (Fam.: *Clupeidae*), engl.: *allis shad,* Syn.: *Alse;* Wanderfisch, der zu den Süßwasserfischen zählt, in den Küstengewässern des Nordostatlantiks lebt und zum Laichen in größere Flüsse wandert. In Deutschland ist der Bestand stark rückläufig, weshalb der M. in den meisten Bundesländern ganzjährig geschützt ist (Stand 2001).

Maikraut Syn.: → *Waldmeister*

Maillard-Reaktion engl.: *Maillard reaction,* Syn.: *nicht enzymatische Bräunung;* Reaktionen zwischen reduzierenden Zuckern und Aminosäuren oder Aminen, die zur Bildung von dunklen Pigmenten (Melanoidinen) und wichtigen Aromastoffen führen. Die M. läuft sehr langsam bereits bei Raumtemperatur ab und kann zu unerwünschten Verfärbungen während der Lagerung beitragen. Ihre Geschwindigkeit nimmt bei höheren Temperaturen sehr stark zu, wodurch es beim Backen, Braten und Rösten zur Entwicklung von charakteristischer Farbe und Aroma, z. B. bei Brot, Fleisch und Kaffee kommt. Neben der Temperatur spielen auch Wassergehalt und pH-Wert eine Rolle, weshalb der M. z. B. durch Senkung von Temperatur und/oder pH-Wert, sowie durch Sulfitzugabe, um die Aminogruppe zu binden oder durch Entfernung der reduzierenden Zucker (z. B. mittels Gärung) entgegengewirkt werden kann. Die M. wird ausgenutzt bei der Herstellung von → Zuckerkulör und → Reaktionsaromen, wie auch bei der Wirkung von Selbstbräunungsmitteln. Es sind auch Vorgänge im Organismus bekannt, die als M. angesehen werden.

Mainauer Käse engl.: *mainauer cheese;* halb fester Schnittkäse der Dreiviertelfett- bis Rahmstufe (→ Käse). Er wurde nach der Insel Mainau im Bodensee, seinem ursprünglichen Herstellungsort, benannt, ist dem → Münster-Käse sehr ähnlich und besitzt eine feste Haut mit Rotschmiere. Der geschlossene geschmeidig weiche Teig sollte gleichmäßig durchgereift sein und bis auf einige Bruchlöcher möglichst keine Lochung zeigen. Er schmeckt mild, aromatisch und leicht säuerlich. In den Handel kommt M. in etwa 1,5 kg schweren Laiben mit 15 cm Durchmesser und 5 cm Höhe.

Mainzer Käse engl.: *mainzer cheese;* Standardsorte bei → Sauermilchkäse.

Maipilz lat.: *Calocybe gambosa (Fr.) Sing.* (Fam.: *Tricholomataceae*), engl.: *St. George's Mushroom;* von April bis Juni an Waldrändern, meist in Ringen wachsender → Speisepilz mit fleischigem, zunächst glockigem, später flachem Hut von weißgelblicher Farbe und 5–10 cm Durchmesser. Der M. besitzt einen festen zylindrischen Stiel, dichte helle Lamellen und weißes festes Fleisch von mehligem Geruch und Geschmack. Es besteht die Gefahr der Verwechslung mit dem sehr giftigen Ziegelroten Risspilz, der zur gleichen Zeit zu finden ist.

Mairan Syn.: → *Majoran*

Mairüben; → Weiße Rüben

Mais lat.: *Zea mays L.* (Fam.: *Poaceae*), engl.: *maize, corn amerik.,* Syn.: *Kukuruz;* aus Amerika stammendes einjähriges, bis zu 2,50 m hohes einhäusiges Gras, bei dem bei den weiblichen Pflanzen aus den kolbenähnlichen Blütenständen in den Blattachseln an den Seiten nach Befruchtung die charakteristischen Maiskolben heranwachsen. Kultiviert und gezüchtet wird M. in unterschiedlichen Gruppen in heißen und gemäßigten

Zonen der ganzen Welt. Bei den bekanntesten Gruppen handelt es sich um Hartmais, Zahnmais, Stärkemais, Zuckermais, Perlmais und Wachsmais (s. auch bei den einzelnen Stichwörtern). Durch die Gentechnik wurden in den letzten Jahren neue Sorten mit Resistenzen gegen Herbizide, Schädlinge (→Bt-Mais) und Krankheiten entwickelt. Ein Anbau von gentechnisch verändertem M. erfolgt v.a. in den USA. In Europa beschränkt sich der Anbau von gentechnisch verändertem M. zum gegenwärtigen Zeitpunkt auf Versuchsfelder. Der Anbau von M. kann auf demselben Standort mehrere Jahre nacheinander erfolgen, wobei er dem Boden mehr Nährstoffe als andere Getreide entzieht. Die Ernte des nicht immer reif werdenden Körnermaises findet in Deutschland in den Monaten Oktober bis November statt. Eine frühere Aussaat als der Zeitraum April bis Mai ist wegen der Frostempfindlichkeit unmöglich. Genutzt werden bei allen Maisgruppen die im Kolben auf der Spindel in 8–16 Reihen sitzenden, gelben, weißen, roten oder violetten, je nach Gruppe in ihren Eigenschaften unterschiedlichen Körner. Diese werden hauptsächlich als Futtergetreide und weniger im Lebensmittelbereich verwendet. Im Lebensmittelbereich finden Maiskörner Verwendung als Snackartikel (Perlmais), Gemüse (Zuckermais) sowie zur Gewinnung von Stärke, Grieß, Mehl und Öl (→Maiskeimöl). M. ist neben Reis und Weizen das wichtigste →Getreide.

Maische engl.: *must;* zucker- und/oder stärkehaltiges Ausgangsmaterial für die alkoholische Gärung und die Fruchtsaftgewinnung: 1. beim Bierbrauen: Mischung aus gemahlenem Malz und Wasser zum Gewinnen von Würze; 2. mit Grünmalz versetzte Mischung gedämpfter Kartoffeln mit Wasser zur Herstellung von Alkohol; 3. durch Mahlen des Fruchtgutes erhaltenes Gemisch zur Herstellung von Wein, weinähnlichen Getränken, Spirituosen oder Fruchtsäften aus Trauben, Obst oder Beeren. Sofern die Beeren und Trauben vorher entstielt werden, wird von entrappter M. gesprochen.

Maischolle; →Scholle

Maischung engl.: *mashing process;* im Weinbau benutzter Begriff für das Zerkleinern der Trauben und alle damit zusammenhängenden Verfahren, die der Extraktion von Beerenbestandteilen dienen. Hierzu zählt z. B. die Maischegärung, die bei der Rotweinherstellung angewandt wird. Man lässt die komplette Maische gären, so dass Farb- und Aromastoffe aus den Beeren herausgelöst werden. Durch die Maischeerhitzung wird dieser Vorgang v. a. bei dunklen Trauben noch wesentlich unterstützt. Eine andere Variante ist die Kohlensäuremaischung, bei der nicht zerkleinerte Trauben in einem geschlossenen Behälter (kohlendioxidgefüllt) gären. Dabei findet primär in den Beeren ein Umbau durch beereneigene Enzyme statt. Nach einigen Wochen wird abgepresst und eine normale Hefegärung eingeleitet. Dieses Verfahren ist nicht neu, in der Rioja, in Italien, der Schweiz und in Südfrankreich wurde und wird es häufig angewandt und ergibt sehr fruchtige und geschmeidige Weine.

Maisflocken Syn.: →*Cornflakes*

Maisgrieß engl.: *maize semolina, corn grits amerik.;* körniges Mühlenerzeugnis, das v. a. aus dem hornigen Endosperm des geschälten Maiskornes besteht. M. verfügt über einen niedrigen Fettgehalt und eine meist gröbere Körnung als herkömmlicher →Grieß. M. wird bei der Zubereitung von regionalen Spezialitäten wie z. B. →Polenta, als Konsistenz gebende Zutat in Desserts und Süßspeisen sowie als Grundzutat für Snacks und außerhalb von Deutschland zur Bierherstellung verwendet.

Maiskäfer lat.: *Sitophilus zeamais (Motschulsky)* (Fam.: *Curculinoidae (Rüsselkäfer)*), engl.: *maize weevil;* dem →Reiskäfer und dem →Kornkäfer sehr ähnlicher 3–5 mm langer flugfähiger Käfer. Hinsichtlich Biologie und verursachter Schäden entspricht er dem Kornkäfer.

Maiskeimöl engl.: *corn oil,* Syn.: *Maisöl;* aus den Keimlingen des →Mais als Nebenprodukt anfallendes Pflanzenöl. Der nach dem Quellen und Zerkleinern abgetrennte Keimling aus der Stärkegewinnung enthält ca. 50 % Öl. Stammen die Keime aus der Maismühlenindustrie, enthalten sie nur 20 % Fett. An Fettsäuren überwiegen Linol- und Ölsäure, außerdem verfügt M. über einen hohen Tocopherolgehalt und daher eine gute oxidative Stabilität. Das goldgelbe, leicht rötliche rohe Öl besitzt einen leicht mehlartigen Getreidegeschmack. Weiterhin enthält es Wachse, die durch Winterisieren entfernt werden müssen. Dann ist eine Verwendung als Salatöl möglich, ferner dient es v. a. als Ausgangssubstanz zur Margarineherstellung.

Maiskleber engl.: *zein;* Nebenprodukt der Maisstärkegewinnung, bei dem es sich um eine gummiartige, wasserunlösliche und proteinreiche Masse handelt. M. besitzt wegen der unterschiedlichen Proteinzusammensetzung keine Klebefähigkeit wie der Weizenkleber, daher ist reines Maismehl zum Backen von Brot ohne Zusatz von Weizenmehl oder Weizenkleber nicht geeignet. Das im M. enthaltene Prolamin Zein enthält viel Glutaminsäure (35 %) und Leucin (25 %), aber nicht die essenziellen Aminosäuren Lysin und Tryptophan. Aufgrund dessen ist die →biologische Wertigkeit des Maiseiweißes im Vergleich zu tierischen Eiweißen und Weizeneiweiß geringer ausgeprägt. Zein lässt sich als Überzug für Lebensmittel und Arzneimittel sowie zur Herstellung von kunststoffähnlichen Polymeren z. B. für Fasern verwenden.

Maismehl engl.: *maize meal, cornmeal amerik.;* von der Partikelgröße her feines glutenfreies Mehl mit gelbem bis gräulichem Farbton, hohem Verkleisterungsvermögen und mildem Eigengeschmack. Wegen des fehlenden Klebers ist M. per se ohne den Zusatz von Weizenmehl oder Weizenkleber nicht zum Backen von Broten geeignet. M. lässt sich hingegen zum Backen von Fladen (z. B. →Tortillas) und Gebäcken sowie zur Herstellung von Knabberartikel verwenden. Des Weiteren findet es Anwendung in diätetischen Lebensmitteln, insbesondere für Zöliakiekranke, in Panaden sowie in vielen Spezialitäten.

Maisöl Syn.: →*Maiskeimöl*

Maisstärke engl.: *maize starch, corn starch amerik.;* in der Lebensmittelindustrie meist gebräuchliche hellweiße, feinkörnige, geruchlose→Stärke mit neutralem Geschmack. Zur Stärkegewinnung werden die Maiskörner vorgequollen, wobei dem Wasser Schwefeldioxid zugesetzt wird, welches das Quellen begünstigt und dadurch das Trennen der Stärke von den übrigen Bestandteilen erleichtert. Die gequollenen Körner werden grob vorzerkleinert (gebrochen), um die elastischen Keime freizulegen, die dann abgeschwemmt werden. Danach erfolgt das Feinzerkleinern, wobei die Stärkekörner weitgehend freigelegt werden sollen, ohne dabei die elastischen Faserstoffe zu klein zu vermahlen, die anschließend abgesiebt werden. Das weitere Trennen der stärke- und eiweißhaltigen Suspension (Mühlenstärke) erfolgt in Separatoren oder Hydrozyklonen. Nach Vorentwässern durch Filtrieren wird die Stärke entweder im Heißluftstrom schnellgetrocknet und in Zyklonen abgeschieden oder direkt weiterverarbeitet (Hydrolyse zu Stärkeverzuckerungsprodukten). Im Lebensmittelbereich ergeben sich für M., nativ oder modifiziert, vielseitige Anwendungsmöglichkeiten. Die Eigenschaften der M. sind abhängig vom Genotyp (herkömmlich oder Mutante) und den damit verbundenen Gehalten an →Amylose und →Amylopektin. Die Stärke von Wachsmais (mutierter Genotyp) weist einen Amylopektingehalt von annähernd 100 % und dadurch eine geringe Neigung zur →Retrogradation sowie eine stabilisierende Wirkung auf. Aus diesem Grund eignet sie sich besonders für die Verwendung in Suppen, Saucen und tiefgefrorenen Lebensmitteln. Physikalische, chemische oder enzymatische Modifikationen ermöglichen die Optimierung verschiedener Eigenschaften der M. wie z. B. das Quellverhalten oder eine höhere Hitzestabilität und damit eine Anpassung an den jeweiligen Verwendungszweck. Bei der Verkleisterung von M. entstehen je nach Konzentration dicksämige nicht ziehende Flüssigkeiten oder sturz- und schnittfeste (kurze) Gele. M. wird daher im Lebensmittelbereich insbesondere als Konsistenz gebende Zutat für Puddinge und ähnliche Desserterzeugnisse, wie z. B. Cremes sowie als Dickungsmittel und Stabilisator in Suppen- und Saucenpulver, backfertigen Mehlen u. a. Convenience-Produkten verwendet.

Maiszucker; Zucker, die aus dem Presssaft des Zuckermaises gewonnen werden. In den USA wird M. u. a. in der Süßwarenindustrie verwendet.

Maitrank Syn.: →*Maibowle*

Majoran lat.: *Origanum majorana L.* (Fam.: *Lamiaceae*), engl.: *marjoram, sweet marjoram,* Syn.: *Wurstkraut, Mairan;* aus dem östlichen Mittelmeergebiet stammendes, heute in den meisten Ländern der gemäßigten Klimazonen einjährig angebautes bis 50 cm hoch werdendes stark duftendes →Küchenkraut. Es wird zwischen dem buschig breit wachsenden Blattmajoran (Französischer M.) und dem schneller wachsenden schmalwüchsigeren Knospenmajoran (Deutscher M.) unterschieden. Als eine der besten Qualitäten gilt die aus Thüringen stammende „Ascherslebener Qualität". M. kommt gerebelt, geschnitten oder gemahlen in den Handel, wobei die geschnittenen und gemahlenen Qualitäten auch Stängelteile enthalten, gerebelter M. hingegen nur aus Blättern und Blütenknospen besteht. Die kleinen verkehrt eiförmigen graufilzig behaarten Blätter enthalten bis zu 0,9 % →ätherisches Öl mit etwa 40 % Terpenen, u. a. →Thymol, sowie Bitterstoffe und Gerbstoffe und haben einen würzigen Geruch und einen aromatischen, leicht bitteren Geschmack, der dem des →Thymian ähnelt. M. ist eines der wichtigsten Kräuter der europäischen Küche und in Deutschland ein klassisches Wurstgewürz. Es wird bei der Wurstwarenherstellung (v. a. Leberwurst und Blutwurst) sowie zum Würzen von Braten, Ragouts, Kartoffelspeisen und Suppen eingesetzt und gehört in die als →Kräuter der Provence bezeichnete Gewürzmischung. Das durch Wasserdampfdestillation aus den Blättern gewonnene ätherische Öl wird zum Aromatisieren von Kräuteressig und Likören verwendet.

Makkaroni engl.: *macaroni;* dickwandige ursprünglich italienische Hohlnudeln mit einem äußeren Durchmesser von ca. 4 mm und einer Länge von bis zu 23 cm. M. werden für Nudelgerichte aller Art, insbesondere für gebackene und überbackene Gerichte, verwendet. Sie sind getrocknet und frisch sowie zubereitet als Bestandteil von kühlbedürftigen und tiefgekühlten Fertiggerichten im Handel.

Makrele lat.: *Scomber sp.* (Fam.: *Scombridae*), engl.: *mackerel;* mittelgroßer Schwarmfisch (30–40 cm, maximal 60 cm lang, bis zu 3 kg schwer) von großer wirtschaftlicher Bedeutung. M. kommen in allen Weltmeeren vor. Von besonderer Bedeutung sind die Gemeine M. (lat.: *S. scombrus*) in Nord- und Ostatlantik, Ostsee, Mittelmeer und Schwarzem Meer und die Japanische M. (lat.: *S. japonicus*) im indo-pazifischen Raum. Letztere wird in Japan auch gezüchtet (→Fischzucht). Die M. ist ein →Fettfisch, das Muskelfleisch enthält 5 bis über 20 % Fett, je nach Jahreszeit und Region (bei niedrigen Wassertemperaturen mehr als bei hohen); es zeichnet sich durch einen besonders hohen Anteil an ernährungsphysiologisch wertvollen langkettigen →Omega-3-Fettsäuren aus. M. werden für die Ernährung bei →Hypercholesterinämie empfohlen (→Makrelendiät). Die Leber enthält ebenfalls 5–20 % Fett mit hohem Anteil an Vitamin A und Vitamin D. In Deutschland werden M. vorwiegend geräuchert (→Räuchermakrele) oder als Konserve angeboten (M. in Öl, in Tomatensauce u. a.). Verwandt mit der M. sind →Stöcker, →Brachsen- und →Goldmakrele.

Makrelendiät engl.: *mackerel diet;* Spezialdiät mit mindestens 200 g →Makrele pro Tag, meist als Filet in Öl. Die M. wurde zur Blutdruck- und Cholesterinspiegelsenkung entwickelt. Wirkprinzip ist der hohe Anteil an →Omega-3-Fettsäuren.

Makrelenhecht engl.: *atlantic saury;* →Atlantischer Makrelenhecht

Makrobiotische Ernährung engl.: *macrobiotic diet;* (griech.: *makros* = lang und *bios* = Leben), in ihrer Ursprungsform extrem einseitige, heute in ihrer liberalisierten Form weit verbreitete →alternative Ernährungsform, die auf der energetischen Einteilung der Nahrungsmittel nach Yin- und Yang-Kriterien beruht. Yin und Yang stellen die beiden gegensätzlichen Naturkräfte dar, die sich so ergänzen müssen, dass ein Zustand der Harmonie erreicht wird. Wichtigstes Grundnahrungsmittel der M. ist Vollkorngetreide (v. a. Naturreis), das durch frisches Gemüse, Hülsenfrüchte und Fisch, teilweise auch durch Obst ergänzt wird. Empfohlen werden auch Nüsse, Samen, Meeresalgen und fermentierte Sojaprodukte wie →Miso und →Tempeh. Fleisch, Milch und nicht gesäuerte Milchprodukte, Erzeugnisse von Nachtschattengewächsen wie Kartoffeln und Tomaten, Genussmittel wie Kaffee, schwarzer Tee und Alkohol sowie vorgefertigte Lebensmittel werden abgelehnt, Fette und Öle werden sparsam verwendet.

Makronen engl.: *macaroons;* von franz.: *macaron* = Mandeltörtchen abgeleitete Bezeichnung für aus erhitzten →Makronenmassen durch Abbacken bei 180 °C hergestellte Dauerbackwaren mit einer durch den beim Backen aus dem Eiklar austretenden Wasserdampf besonders aufgelockerten Struktur. Mit Ausnahme von Erdnüssen wird eine Vielzahl von Ölsamen zur Herstellung von M. verwendet. Alle Makronenarten werden dabei entsprechend der Art der verwendeten Ölsamen bezeichnet (z. B. Nuss-, Cashewkern-, Kokosmakronen), nur die aus Mandel hergestellten M. werden als „Makronen" schlechthin bezeichnet.

Makronenlebkuchen Syn.: →*Mandellebkuchen*

Makronenmassen engl.: *macaroons dough, macaroons paste;* Massen (Halbfertigerzeugnisse), aus denen →Makronen und ähnliche Gebäcke hergestellt werden können. Grundlage sind zerkleinerte Ölsamen oder die daraus hergestellten Rohmassen. Im Handel werden ausschließlich die aus Rohmassen hergestellten Massen als M. bezeichnet, wobei auf andere Rohstoffe als Mandeln hingewiesen wird. Je nach Art der herzustellenden Makronen wechseln die verwendeten Sorten. Am häufigsten werden Mandeln eingesetzt. Diese werden in einem Kessel mit höchstens dem gleichen Gewicht an Zucker und mindestens 10 % Eiklar, berechnet auf das Gesamtgewicht, vermischt. Die Zugabe von Eigelb ist üblich. Nur bei Massen aus Kokosraspeln wird üblicherweise zur besseren Bindung zusätzlich bis zu 3 % Stärke zugesetzt. Massen aus zerkleinerten Ölsamen werden vor der Weiterverarbeitung abgeröstet.

Malabarspinat Syn.: →*Indischer Spinat*

Malabsorption engl.: *malabsorption,* Syn.: *Absorptionsstörung;* zusammenfassende Bezeichnung für Störungen der Absorption von Nährstoffen aus dem Darmlumen in die Blut- und Lymphbahn. Ursache hierfür können angeborene Störungen sein oder Erkrankungen, die mit einer Schädigung der Dünndarmschleimhaut einhergehen.

Málaga; süße Weine aus Südspanien, M. steht für die →DO; es sind 16 verschiedene Málaga-Typen definiert, die sich in Qualität, Restzuckergehalt und auch Farbe unterscheiden. Als Rebsorten dürfen nur Pedro Ximénez und Moscatel verwendet werden, Weinherstellung und -ausbau müssen in der Region erfolgen. Der Ausbau erfolgt nach dem →Solera-System. Für die besten Weine wird bei der Pressung das →Lágrima-Verfahren angewandt. Der bekannteste M. ist der „dulce color".

Málaga-Rosinen/-Traubenrosinen; →Rosinen →Traubenrosinen

Malaguettapfeffer Syn.: →*Paradieskörner*

Malayenapfel lat.: *Szygyium malaccense (L.) Merr. et Perry* (Fam.: *Myrtaceae*), engl.: *Malay Apple,* Syn.: *Pomerac, Malayen-Jambuse;* essbare, oft birnenförmige bis 8 cm lange Frucht des gleichnamigen immergrünen Baumes mit roter bis rosaroter Schale und weißem, saftigem, samenlosem Fruchtfleisch. Der M. wird weniger roh als Frischobst, sondern vielmehr zubereitet in Form von Kompott oder Sirup oder zu alkoholischen Getränken verarbeitet in den Ursprungsländern verzehrt.

Malbec; Rotweinrebe, die hauptsächlich im Bordeaux und in Südwestfrankreich angebaut wird. Sie liefert erdige und würzige Weine, die im Bordeaux nur zum Verschnitt verwendet werden, in anderen Gegenden aber auch in Eichenfässern ausgebaut werden. M. ist auch in Argentinien, Chile, Australien und Kalifornien weit verbreitet.

Maldigestion engl.: *maldigestion,* Syn.: *Verdauungsstörung;* gestörte →Verdauung als Folge verschiedener Erkrankungen des Magen-Darm-Traktes, die mit einem Mangel an Verdauungsenzymen oder Galle bzw. mit einer eingeschränkten Dünndarmfunktion einhergehen.

Malossol engl.: *malossol;* russ. für wenig Salz, Bezeichnung für einen besonders hochwertigen Echten Kaviar (→Kaviar). Der Kochsalzgehalt von M. muss unter 6 % liegen, üblich sind ca. 2,8 %.

Maltafieber engl.: *Malta fever;* →Brucellosen

Maltase engl.: *maltase;* →Enzym (Disaccharidase), das als α-Glucosidase (→Glucosidasen) die bei der Verdauung anfallende Maltose in die beiden Glucosebausteine spaltet. M. kommt z. B. in Hefen, Pankreassaft, Blut, Leber und der Dünndarmschleimhaut vor.

Maltit engl.: *maltitol;* →Zuckeralkohol, der durch Hydrierung von →Maltose gewonnen wird. Es handelt sich um ein gut wasserlösliches weißes Pulver mit laxierender Wirkung und etwa 90 % der Süßkraft von Saccharose. Häufig findet Maltitsirup Verwendung, der durch Hydrierung von Glucosesirup hergestellt wird, unterschiedliche Maltitkonzentrationen (50–80 %) und abhängig von der Zusammensetzung unterschiedliche Süßkraft aufweist. M. und Maltitsirup sind unter der Nummer E 965 zur Süßung von Brennwert verminderten oder ohne Zuckerzusatz hergestellten Lebensmitteln (z. B. Dessertspeisen, Speiseeis, Marmeladen und Süßwaren) zugelassen.

Maltobiose Syn.: →*Maltose*

Maltodextrine engl.: *maltodextrins;* wasserlösliche Kohlenhydrate, die durch enzymatische Hydrolyse von Stärke gewonnen werden und neben Oligosacchariden einen relativ hohen Anteil an →Maltose enthalten. M. schmecken nur wenig süß, werden meist als Trockenpulver angeboten und dienen z. B. als Füllstoff, Dickungsmittel, Fettaustauschstoff für Energie reduzierte Lebensmittel und als Trägerstoff für Aromen, Vitamine u. Ä.

Maltol engl.: *maltol;* karamellartig riechender Aromastoff, der in vielen Lebensmitteln, aber auch in Lärchenrinde und Tannennadeln vorkommt. M. kann aus Tannennadeln extrahiert werden, wird aber überwiegend synthetisch hergestellt und entsteht beim Erhitzen von Kohlenhydraten mit Aminosäuren (→Maillard-Reaktion). M. wirkt als Geruchs- und Geschmacksverstärker in Lebensmitteln mit süßer Geschmacksrichtung und verbessert das Mundgefühl bei Lebensmitteln mit reduziertem Fettgehalt. Die geschmacksverstärkende Wirkung ist beim Ethylmaltol um ein Vielfaches erhöht, weshalb dieser Abkömmling als Zusatzstoff eingesetzt wird.

Maltoryzin; →Mykotoxin, das von *Aspergillus oryzae* gebildet wird, in fermentierten Lebensmitteln vorkommen kann und als Leber-, Nieren- und Nervengift wirkt.

Maltose engl.: *maltose,* Syn.: *Maltobiose, Malz-*

zucker; gut wasserlösliches Disaccharid aus 2 Molekülen Glucose mit 35 % der Süßkraft von Saccharose, dass das Endprodukt des enzymatischen Stärke- und Glykogenabbaus bildet. Natürlicherweise ist es verbreitet als Zwischenprodukt der Stärkespaltung in Pflanzen, insbesondere in Keimen, wodurch es einen Hauptbestandteil des → Malzextraktes bildet. Technologisch wird M. aus Stärke enzymatisch mit Malz-, Pilz- und Bakterienamylasen hergestellt und ist in auf demselben Wege gewonnenen Stärkeverzuckerungsprodukten (→ Glucosesirup → Maltodextrine) enthalten. M. spielt eine Rolle in vielen technologischen Prozessen in der Bäckerei, Brennerei und Brauerei und wird Kindernähr- und Backmitteln zugesetzt.

Maltosesirup engl.: *maltose syrup;* maltosereiches Stärkehydrolyseprodukt, das durch gezielte enzymatische → Stärkeverzuckerung gewonnen wird und in der Lebensmittelindustrie zum Süßen zahlreicher Lebensmittel, z. B. Süßwaren und Obsterzeugnisse sowie alkoholfreier Getränke verwendet wird.

Maltotriose engl.: *maltotriose;* → Trisaccharid aus 3 Molekülen → Glucose, das z. B. in Malzextrakt oder Glucosesirup vorkommt und auch als Abbauprodukt bei der Stärkehydrolyse entsteht.

Malvasia; Weinrebe für weiße oder hellrote Weine. Eine der ältesten Kulturreben von hoher Qualität. Die Rebe ist v. a. während der Blüte feuchtigkeits- und kälteempfindlich, weshalb sie in wärmeren Anbaugebieten häufiger vorkommt, z. B. in Südfrankreich, Griechenland, Spanien, Osteuropa und Australien. Sie wird aber in vielen Anbaugebieten durch weniger empfindliche Reben verdrängt. In wärmeren Gebieten entstehen aus Malvasier-Trauben weiche Süßweine wie z. B. Madeira oder Vin Santo sowie volle bernsteinfarbene Weine. Oft werden Malvasia-Trauben zum Verschnitt mit anderen Trauben verwendet, z. B. bei Frascati.

Malventee engl.: *malva tea;* 1. → teeähnliches Erzeugnis aus den ganzen oder zerkleinerten, getrockneten Blättern und Blüten der Wilden Malve (lat.: *Malva silvestris L.*, Fam.: *Malvaceae*) und anderen Malven-Arten. Echter M. enthält Schleimstoffe, die Reiz lindernd wirken, sowie Gerbstoffe und Flavonoide und wird i. d. R. als Arzneitee bei Reizungen und Entzündungen von Haut und Schleimhäuten eingesetzt. M. ist typischer Bestandteil von Hustentees. 2. häufig fälschlicherweise verwendete Bezeichnung für → Hibiskusblütentee, der jedoch keine pharmakologische Wirkung besitzt, sondern als Erfrischungsgetränk verwendet wird.

Malz engl.: *malt;* künstlich zum Keimen gebrachtes Getreide. Ohne Angabe der Getreideart wie z. B. Weizenmalz handelt es sich bei dem verwendeten Getreide immer um Gerste. Zunächst wird es eingeweicht und zum Keimen gebracht (Grünmalz). Außer in Brauereien wird Grünmalz in Brennereien verwendet, da es das für den Abbau von Korn- und Kartoffelstärken benötigte Enzym Diastase (→ Amylasen) enthält. Danach erfolgt für das Bierbrauen (→ Bier) das Darren zu Darrmalz, dem wichtigsten Ausgangsmaterial. Dabei handelt es sich um ein schonendes, d. h. die Enzyme nicht oder nur wenig inaktivierendes Trocknen bei Temperaturen von 40–85 °C für helle Biere und 100–110 °C für dunkle Biere. Bei noch höheren Temperaturen entsteht Farbmalz und durch Anwendung bestimmter Verfahren das Karamellmalz. Durch die → Maillard-Reaktion bilden sich beim Darren die charakteristischen Aromastoffe aus. Die Wurzeln und Keime müssen restlos entfernt werden, da letztere einen unerwünscht bitteren Geschmack bewirken. Bei der Malzherstellung wird durch das Enzym Diastase die Stärkeverzuckerung, die schließlich zu → Maltose (Malzzucker) führt, nur begonnen. Andere Enzyme überführen die Eiweißstoffe z. T. in lösliche Verbindungen. Die Zellwände des Endosperms werden beim Mälzen weitgehend enzymatisch aufgelöst (Zytolyse).

Malzbier engl.: *malt beer,* Syn.: *Nährbier;* 1. ugs. Bezeichnung für → Malztrunk; 2. urspünglich schwach gehopftes, schwach vergorenes, dunkles, obergäriges, alkoholarmes (0,5–1,5 % vol) Vollbier. Der Stammwürzeanteil beträgt unter Einbeziehung von zugesetztem Zucker (auch Invertzucker) ca. 12 %. Die Bezeichnung „Malzbier" darf für Produkte mit zugesetztem Zucker nicht verwendet werden. Zuckerhaltige Produkte müssen als „Malztrunk" oder ähnlich bezeichnet werden.

Malzbonbons engl.: *malt sweets;* → Hartkaramellen mit mindestens 5 % → Malzextrakt oder 4 % Malzextrakt-Trockenmasse und einem typischen angenehmen Malzgeschmack. Die Mitverwendung von → braunem Zucker und → Karamell bei der Herstellung färbt sie dunkelbraun.

Malzbrot engl.: *malt bread;* → Spezialbrot mit dunkler Krume und einem aromatischen, leicht süßen Geschmack nach → Malz. Üblicherweise werden bei der Herstellung mindestens 8 % Roggen- oder Weizenmalz, bezogen auf die Getreideerzeugnisse, verwendet.

Malzessig engl.: *malt vinegar;* durch doppelte Gärung aus Gerstenmalz hergestellter Essig. Mildem, durch alkoholische Gärung entstandenem Bier, werden Essigsäurebakterien zugesetzt, die es zu M. vergären. M. ist in Großbritannien die beliebteste Essigsorte und ein wesentlicher Bestandteil von → Worcestersauce.

Malzextraxt engl.: *malt extract;* schwach süßes, aromatisches, zähflüssiges Erzeugnis, das durch schonendes Eindicken eines wässrigen Malzauszuges gewonnen wird. Es enthält neben wenigen Eiweißstoffen ein Gemisch von Maltose, Dextrinen und Glucose und höchstens 28 % Wasser. Wenn Malze anderer Getreidearten als Gerste verwendet werden, muss deren Name dem Wort M. vorangestellt werden, z. B. Weizenmalzextrakt. M. wird bei der Herstellung von Weizenkleingebäck, Vollkorn- und Schrotbroten, Zwieback und Dauerbackwaren (Kekse, Mürbe- und Spritzgebäck, Sticks u. ä.) sowie für Süßwaren (Malzbonbons) eingesetzt.

Malzkaffee engl.: *malt coffee;* aus geröstetem Gerstenmalz mit mindestens 70 % bis zur Hälfte des Blattkeimes gemälzten Körnern hergestellter → Kaffeeersatz. Durch den Keimprozess wird die Stärke des Kornes enzymatisch aufgeschlossen und weitgehend in Maltose umgewandelt, die beim Rösten karamellisiert.

Malzkaffeeextrakt engl.: *malt coffee extract;* aus konzentriertem Aufguss von → Malzkaffee hergestellter → Kaffeeersatzextrakt.

Malzsirup engl.: *1. malt syrup;* 1. eingedickter → Malzextrakt; 2. → Maltosesirup

Malztrunk; süßes, unvergorenes, alkoholfreies (bis zu 0,5 % vol), dunkelbernsteinfarbenes, blankes, obergäriges Vollbier. Der Stammwürzegehalt beträgt unter Einbeziehung von zugesetztem Invertzucker ca. 12 %. Durch Zugabe der Hefe bei Temperaturen um den Gefrierpunkt finden keine Gärungsprozesse statt. Der Zusatz von Invertzucker, Zuckerkulör und Kohlensäure ist üblich.

Malzzucker Syn.: → *Maltose*

Mamao Syn.: → *Papaya*

Mammolo; Rotweinrebe, die daraus gewonnenen Weine werden hauptsächlich zur Chianti-Erzeugung genutzt (→ Chianti).

Mancha, La; größtes Weinbaugebiet Spaniens im Zentrum des Landes, eigene → DO, hergestellt werden meist frische Weißweine.

Mandarinen lat.: *Citrus reticulata Blanco* (Fam.: *Rutaceae*), engl.: *mandarin oranges,* Syn.: *Mandarin-Orangen;* heute häufig als Oberbegriff verwendete Bezeichnung für eine große Gruppe von Zitrusfrüchten mit ähnlichen Charakteristika, die wegen ihrer i. d. R. leicht abzulösenden Schale auch als Easypeeler bezeichnet werden. Zu dieser Gruppe zählen außer der in China beheimateten Mittelmeermandarine (lat.: *var. deliciosa (Ten.) Blanco*), die vorwiegend im Mittelmeerraum und in Nordafrika, aber auch in den USA, Südamerika, Südafrika sowie Ostasien in zahlreichen Sorten angebaut wird und vermutlich von der ursprünglichen M. aus Südostasien abstammt, auch die kleinfrüchtigen →Tangerinen (lat.: *cultivar. tangerina*), die →Satsumas und →Clementinen sowie die durch eine Vielzahl von Kreuzungen untereinander und mit anderen Zitrusfrüchten entstandenen Untergruppen →Tangelo und →Tangor. Bei den Mittelmeermandarinen handelt es sich um mittelgroße, meist abgeflachte Beerenfrüchte mit dünner bis mitteldicker loser orangefarbener Schale. Das ins 8–12 Segmente unterteilte zarte saftige Fruchtfleisch weist einen süß-sauren aromatischen Geschmack und meist viele Kerne auf. Der Verzehr erfolgt trotz der relativ kurzen Lagerdauer fast ausschließlich frisch und nur z. T. als Konserve. Die Lagerdauer beträgt bei einer Temperatur von 6–7 °C und 85–90 % rel. Luftfeuchtigkeit bis zu sechs Wochen und unter haushaltsüblichen Bedingungen ca. eine Woche. Die Weiterverarbeitung des Fruchtfleisches erfolgt in den Anbauländern zu Nasskonserven, Pulpe, Saft, Getränken, Mandarinenlikör, Konfitüren und Süßwaren. Aus den Schalen wird das ätherische Öl (→Mandarinenöl) durch Kaltpressen gewonnen, das als Aroma vielseitig Verwendung in der Lebensmittelindustrie findet. In Europa im Handel befindliche Früchte der Mandarinengruppe müssen die Anforderungen der europaweit rechtlich einheitlich geregelten Norm für Zitrusfrüchte hinsichtlich Güteeigenschaften (allgemeine Beschaffenheit, Reife), Größensortierung, Toleranzen (Güte, Größe), Aufmachung und Kennzeichnung erfüllen. In Deutschland hergestellte Konserven genügen den Anforderungen der Leitsätze des Deutsches Lebensmittelbuchtes für verarbeitetes Obst oder sind in ihrer Abweichung ausreichend kenntlich gemacht.

Mandarinenlikör engl.: *mandarin liqueur;* blanker rötlichgelber →Fruchtaromalikör mit fruchtigem leicht säuerlichen Mandarinengeschmack.

Mandarinenöl engl.: *mandarin oil;* gelbes bis grünliches →ätherisches Öl mit typischem Mandarinenduft und süß-saurem Geschmack. M. wird durch Kaltpressen der Mandarinenschale gewonnen und enthält u. a. →Limonen und Terpineol. Es wird in der Lebensmittelindustrie zur Aromatisierung von Erfrischungsgetränken, Likören, Backwaren und Süßspeisen sowie in der Parfümindustrie verwendet.

Mandarini Syn.: *Meloni, Provole;* →Provolone

Mandarin-Orangen Syn.: →*Mandarine*

Mandelbienenstich engl.: *almond sting of a bee;* →Bienenstich

Mandelbrot engl.: *almond bread in slices;* knuspriges Gebäck in Scheibchen- oder Würfelform, das aus einer gebackenen Teigmasse aus etwa gleichen Teilen Mandeln, Ei, Zucker, Mehl und unter Mitverwendung von Butter geschnitten wird. Als typisches Weihnachtsgebäck werden häufig Rosinen, Rum und Gewürze wie z. B. Zimt zugegeben.

Mandelersatz engl.: *almond substitute;* Fachbegriff für den →Mandeln ähnliche, oft entbitterte Samenkerne, insbesondere von →Pfirsichen, →Aprikosen, →Erdnüssen und →Haselnüssen.

Mandelkuchen engl.: *almond cake;* Kuchen mit →Mandeln, die aus verschiedenen Massen und Teigen hergestellt sein können. Die Verwendung anderer Ölsamen wie z. B. Erdnüsse ist bei Handelsware nicht üblich.

Mandellebkuchen engl.: *almond gingerbread,* Syn.: *Marzipan-, Makronenlebkuchen;* auf Oblaten gebackene →Lebkuchen, die in der Masse mindestens 25 % Mandeln oder eine Mischung enthalten, in welcher der Mandelanteil gegenüber dem Nusskernanteil überwiegt. Andere Ölsamen werden nicht verwendet. Der Gehalt an Getreideerzeugnissen bzw. Stärke ist, bezogen auf die Masse, begrenzt auf 10 bzw. 7,5 % oder auf eine entsprechende Menge einer Mischung aus diesen Stoffen.

Mandelmakronen engl.: *almond macaroons, macaroons,* Syn.: *Marzipanmakronen;* aus einer

→Makronenmasse auf Grundlage von zerkleinerten süßen Mandeln oder Marzipanrohmasse hergestellte beliebteste und ursprünglichste Makronenart.

Mandelmus; durch Vermahlen von blanchierten süßen →Mandeln hergestelltes Erzeugnis, das als Brotaufstrich oder zur Herstellung von Backwaren oder Desserts verwendet werden kann. Durch Mischen mit Wasser ergibt sich Mandelmilch, die wie Sojamilch als Kuhmilchersatz bei →Milcheiweißallergie eingesetzt werden kann.

Mandeln lat.: *Prunus dulcis (Mill.) D. A. Webb.* (Fam.: *Rosaceae*), engl.: *almonds;* handelsüblich zum Schalenobst gezählte, bis 5 cm lange Samen der →Steinfrüchte des Mandelbaums (lat.: *var. dulcis*) sowie der anderen Unterarten Bittermandelbaum (lat.: *var. amara*) und Krachmandelbaum (lat.: *var. fragilis*). Süße M. und Krachmandeln besitzen eine längliche eiförmige Gestalt, während bittere M. kleiner und spitzer geformt sind. Die i. d. R. feste, bei Krachmandeln dünne und poröse Schale umschließt einen etwa 2 cm langen, von einer braunen Samenhaut umgebenen Samenkern, der reich an fettem Öl (→Mandelöl) ist. Süße M. und Krachmandeln sowie Bittermandeln besitzen einen Fettgehalt, der abhängig von natürlichen Schwankungen etwa bei 50 % liegt. Aufgrund ihres hohen Ölgehaltes und angenehm nussigen Geschmacks werden geschälte süße M. sowie Krachmandeln roh oder gebrannt mit Zucker als Knabberartikel verzehrt und sind beliebte Zutaten und Rohstoffe für Süß- und Backwaren (z. B. für →Marzipan, Mandelkuchen oder Füllungen) sowie Desserts (bspw. Mandelpudding) und Gerichte. Wegen ihres charakteristischen, bitteren Geschmacks (→Benzaldehyd) werden Bittermandeln in geringem Umfang mit süßen M. in →Marzipanrohmasse mitverarbeitet und zur Aromengewinnung (→Bittermandelöl) genutzt. Benzaldehyd entsteht sowohl bei der auf enzymatischem Wege (→Emulsin) oder durch Säureeinwirkung vorgenommenen Spaltung des cyanogenen Glykosids →Amygdalin, das in Bittermandeln zu 2–8 % enthalten ist. Ein weiteres Produkt dieses Vorgangs ist die hochgiftige, aber auch flüchtige und hydrolyseempfindliche Blausäure, weswegen die Verwendung und das Angebot von rohen Bittermandelkernen beschränkt ist. In den Ernten von Mandelbäumen ist natürlicherweise ein geringer, durch Züchtung weitestgehend reduzierter Anteil an bitteren M. (ca. 1 %) enthalten. Kultiviert werden Mandelbäume und ihre Unterarten in Vorderasien (Ursprungsgebiet), in den Ländern des Mittelmeerraumes und den USA (insbesondere Kalifornien) sowie in vielen weiteren Ländern mit subtropischem Klima. Importiert werden aus den Anbauländern sowohl die geschälten Samenkerne als auch die ungeschälten Samen.

Mandel-Nugat; ausschließlich mit Mandeln in der →Nugatmasse hergestellter →Nugat.

Mandel-Nugatcreme; ausschließlich mit Mandeln hergestellte →Nugatcreme.

Mandel-Nugatmasse; →Nugatmasse, bei der ausschließlich →Mandeln verwendet werden.

Mandel-Nuss-Nugat; aus →Mandel-Nuss-Nugatmasse hergestellter →Nugat.

Mandel-Nuss-Nugatmasse; aus gleichen Teilen an Mandeln und Nüssen sowie Zucker hergestellte →Nugatmasse.

Mandelöl engl.: *almond oil;* hellgelbes Pflanzenöl aus →Mandeln. Gewonnen wird es sowohl aus süßen als auch aus bitteren Mandeln, die beide einen Fettgehalt um 50 % aufweisen. Das lichtempfindliche Öl enthält hauptsächlich Ölsäure, daneben Linolsäure. M. besitzt einen milden dezent nussigen Geschmack und wird in Süß- und Backwaren wie z. B. Makronen, aber auch für Salate und Marinaden eingesetzt. M. findet auch in Kosmetika als Duft- und Pflegemittel Verwendung. Im Gegensatz zu M., das ein fettes, mit dem Öl aus Aprikosen- und Pfirsichkernen chemisch und geschmacklich nahe verwandtes

Öl ist, handelt es sich bei →Bittermandelöl um ein ätherisches Öl.

Mandelschokolade engl.: *almond chocolate;* →Schokolade mit einem Zusatz von höchstens 40 % ganzen oder grob zerkleinerten Mandelkernen. Auf andere Sorten außer der fest definierten Schokolade wird zusätzlich in der →Verkehrsbezeichnung hingewiesen (z. B. Vollmilch-Mandelschokolade).

Mandelstollen; →Stollen

Mandioka Syn.: →*Maniok*

Mandora; aus Zypern stammende Zitrusfrucht mit orangefarbener Schale und orangefarbenem, kernarmem, saftigem Fruchtfleisch. Die zur Untergruppe der →Tangor bei den →Mandarinen gehörende M. ist durch eine Kreuzung von Mandarine und Orange entstanden. Sie zählt neben →Clementinen, Minneolas und Nova zu den so genannten Easypeelers. Der Import findet ausschließlich aus Zypern von Februar bis April statt. M. sind meist einzeln etikettiert.

Mangan engl.: *manganese;* zu den →Spurenelementen gehörender →Mineralstoff. M. ist Bestandteil oder Aktivator verschiedener Enzyme. Gute Manganquellen sind pflanzliche Lebensmittel wie Getreide, Sojabohnen, Nüsse, Kaffee und Tee. Ein Mangel tritt beim Menschen unter normalen Bedingungen nicht auf. In sehr hohen Dosen, die durch Lebensmittel nicht erreicht werden, führt M. zu Schädigungen des Nervensystems.

Mangelernährung engl.: *undernutrition;* Form der →Fehlernährung, die durch einen spezifischen Mangel an einem oder mehreren Nährstoffen aufgrund ungenügender Zufuhr, Absorption oder Verwertung gekennzeichnet ist. Im Gegensatz zur→ Unterernährung, mit der ein Defizit an Makronährstoffen (Kohlenhydrate, Fette und Proteine) und damit an Energie bezeichnet wird, steht bei der M. das Defizit an Mikronährstoffen (Vitamine und Mineralstoffe) im Vordergrund. Die Abgrenzung ist oft nicht eindeutig, weshalb beide Begriffe unter der englischen Bezeichnung Malnutrition zusammengefasst werden können. Häufig ist M. die Folge einer angeborenen Stoffwechselstörung oder von Malabsorption, sie tritt aber auch bei bestimmten Kostformen, z. B. →Veganismus, auf. Die M. äußert sich z. B. durch Wachstumsstörungen, verschiedene Vitaminmangelerscheinungen und eine erhöhte Infektanfälligkeit. Die häufig in Entwicklungsländern vorkommenden schweren Formen der Unter- und Mangelernährung werden mit dem Überbegriff Protein-Energie-Malnutrition bezeichnet.

Mango lat.: *Mangifera indica L.* (Fam.: *Anacardiaceae*), engl.: *Mango;* in Ostasien beheimatete Südfrucht, die heute in allen tropischen Ländern als zweitwichtigstes Tropenobst angebaut wird. Je nach Herkunft handelt es sich dabei um eine in der Größe (Pflaume bis Melone) und der Farbe (grün, grüngelb, rot) unterschiedliche Frucht. Die M. verfügt über eine ungenießbare Schale und ein meist sehr saftiges, bisweilen faseriges Fruchtfleisch mit pfirsichartigem Geschmack und flachem, langem, mit dem Fruchtfleisch verwachsenem Kern. Die Reife ist am feinen Geruch, an kleinen Punkten auf der Schale sowie am leichten Nachgeben bei Druck auf die Frucht erkennbar. Verwendung findet die M. roh als Frischobst sowie verarbeitet als Konserve, Chutney, Sirup, Nektar und Püree. Aus unreif geernteten M. wird das Gewürz →Amchur hergestellt.

Mango-Chutney; süss-saures bis scharfes →Chutney auf Mangobasis, das zu Fleisch- und Reisgerichten verzehrt wird.

Mangold lat.: *Beta vulgaris subsp. cicla (L.) Alef.* (Fam.: *Chenopodiaceae*), engl.: *Foliage Beet, Swiss Chard;* mit der Zuckerrübe verwandtes Gewächs mit langstieligen, bis 30 cm langen, krausen, gelblichgrünen Blättern, von dem zwei unterschiedliche Varietäten genutzt werden. Bei der Varietät *cicla* (Blattmangold, Schnittmangold, Beißkohl) mit dünneren Stielen sowie kleineren Blättern werden diese wie Spinat zubereitet und als Gemüse verzehrt. Eine fortlaufende Ernte ist möglich.

Die Stiele sind bei der Varietät *flavescens DC.* (Stiel-, Stängel-, Rippenmangold, Römischer Kohl) dicker und die Blattrippen deutlich ausgeprägter. Beide lassen sich zusammen wie Spargel oder Schwarzwurzeln zubereiten und verzehren. M. zeichnet sich durch seinen hohen Gehalt an Eiweiß und Mineralstoffen (ca. 2,13 g Eiweiß und 1,68 g Mineralstoffe pro 100 g essbarer Anteil) und seinen kräftigen, von Oxalsäure geprägten Geschmack aus. Der Anbau von M. findet in ganz Europa statt. Die Haupterntezeit ist in Deutschland von Mai bis September und er wird wegen seiner geringen Haltbarkeit als Frischgemüse gehandelt.

Mangosauce engl.: *mango sauce;* → Sauce aus pürierten Mangofrüchten, evtl. Brühe und Gewürzen wie z. B. Curry und Ingwer. M. wird für spezielle ostasiatische Gerichte sowie als Sauce zu Fleischfondue und anderen Fleischgerichten verwendet.

Mangostane/Mangostene lat.: *Garcinia mangostana L.* (Fam.: *Guttiferae*), engl.: *mangosteen;* → Beere des immergrünen auf dem malayischen Archipel heimischen Mangostanbaumes. Bei ihr handelt es sich um eine leicht abgeplattete Frucht von kugelförmiger Gestalt (Durchmesser 5–7 cm) mit dicker, lederartiger, rotbrauner Außenschale (Rinde). Das helle weiße, sehr wohl schmeckende Fruchtfleisch (Samenmantel) im Inneren ist wie bei einer Zitrusfrucht in 4–7 Segmente unterteilt und enthält bis zu 2 cm lange essbare Samen. Die in südostasiatischen Ländern, Mittelamerika und Brasilien angebaute M. ist kaum lagerfähig, weil sie nur reif geerntet werden kann. Bei +4 bis +6 °C und 85–90 % rel. Luftfeuchtigkeit lässt sie sich bis zu 6 Wochen lagern. M. wird i. d. R. frisch verzehrt.

Maniok lat.: *Manihot esculenta Crantz* (Fam.: *Euphorbiaceae*), engl.: *Bitter Cassava, Manioc, Tapioca,* Syn.: *Cassava, Mandioka;* unterirdische Knollen des gleichnamigen mehrjährigen, bis zu 3 m hohen in Mittelamerika beheimateten Strauches. Sie stellen für einige hundert Millionen Menschen in tropischen Ländern Afrikas, Asien und Lateinamerika wegen ihres hohen Stärkegehaltes (ca. 32 g pro 100 g essbarer Anteil) das Hauptnahrungsmittel dar. Ein Problem bei der Nutzung von Maniokknollen als Lebensmittel liegt im Gehalt an → cyanogenen Glykosiden, im Wesentlichen Linamarin, und der damit verbundenen Gefahr einer möglichen Blausäurevergiftung. Ihr Gehalt ist sortenabhängig und schwankend. Die Sorten mit hohem Gehalt an cyanogenen Glykosiden werden als „bittere Cassava" und die mit geringem Gehalt als „süße Cassava" bezeichnet. Bei der Verarbeitung der Knollen wird auf sorgfältige Auswahl der Sorte und der weiterverarbeitenden Prozessschritte geachtet. Durch Maßnahmen vor und während der Zubereitung wie Schälen, Wässern und/oder Fermentieren sowie längeres Kochen oder Frittieren kann eine wesentliche Reduktion an cyanogenen Glykosiden und den entstandenen Spaltprodukten erreicht werden. Aus Maniokknollen werden eine Vielzahl von Gerichten, wie z. B. Brei oder Fladen gefertigt und insbesondere Stärke (→ Tapiokastärke) sowie Mehl im industriellen Rahmen hergestellt. Die Blätter von M. sind als Proteinquelle für die menschliche Ernährung im Gespräch.

Maniokstärke Syn.: → *Tapiokastärke*

Mannane engl.: *mannans;* → Polysaccharide, die aus Mannose-Bausteinen aufgebaut sind und zu den → Hemicellulosen gerechnet werden. Beispiele für M. sind Glucomannan, das in Nadelhölzern vorkommt und Galactomannan als Bestandteil der Samen des Johannisbrotbaumes (→ Johannisbrotkernmehl). Hier sind an die Mannosekette zusätzlich Glucose- bzw. Galactosemoleküle gebunden.

Mannit engl.: *mannitol,* Syn.: *Mannitol;* → Zuckeralkohol, der sowohl in verschiedenen Pflanzen als auch in Algen und Pilzen vorkommt und technisch durch Hydrierung von Glucose- oder Fructoselösungen gewonnen wird. Es handelt sich um ein gut wasserlösliches weißes Pulver mit stark laxierender Wirkung und etwa 50 % der Süßkraft von Saccharose. M. ist unter der Nummer E 421 zur Süßung von Brennwert verminderten oder ohne Zuckerzusatz hergestellten Lebensmitteln (z. B. Dessertspeisen, Speiseeis, Marmeladen und Süßwaren) zugelassen. Des Weiteren wird M. als Trägerstoff, z. B. von Vitamin B_{12} in Kindernahrung, verwendet.

Mannitol Syn.: →*Mannit*

Mannose engl.: *mannose;* →Monosaccharid (Hexose), das in freier Form in bestimmten Früchten vorkommt, überwiegend jedoch gebunden in Polysacchariden v. a. →Mannanen und →Galactomannanen vorliegt. M. besitzt eine geringere Süßkraft als Saccharose, ist durch Hefen vergärbar und wird vom Organismus nur unvollständig absorbiert.

Manouri engl.: *manouri,* Syn.: *Xenia;* aus Griechenland (Region Larissa) stammender Frischkäse aus Schaf- oder Ziegenmilchmolke mit einem Fettgehalt von 80 % in der Trockenmasse. Er besitzt eine Kugel- oder Wurstform und erreicht bei einem Durchmesser von 12 cm und einer Länge von 20 cm ein Gewicht von 1 kg. Die Reifung erfolgt in Folien, daher ist seine weiße Oberfläche rindenlos. Der weiße Teig weist keine Bruchlöcher auf. M. schmeckt zart molkenartig und ist im Handel auch luftgetrocknet erhältlich. In dieser Form eignet er sich gut als Salatzutat oder zum Überbacken von Aufläufen.

Manzanilla; →Sherry

MAP; Abk. für →Modified Atmosphere Packaging.

Maracuja Syn.: →*Passionsfrucht*

Maränen Syn.: →*Renken*

Marantastärke Syn.: →*Arrowrootstärke*

Marasca Syn.: →*Maraskakirsche*

Marasca-Cherry; →Kirschlikör, hergestellt unter Verwendung der →Maraskakirsche mit einem Mindestalkoholgehalt von 15 Vol.-%.

Maraschino; aromatischer wasserheller →Kirschlikör, der unter Verwendung von Kirschbrand (erzeugt aus dalmatinischen Maraskakirschen) hergestellt wird. M. verfügt über einen Mindestzuckergehalt von 250 g/l und einen Alkoholgehalt von mindestens 24 Vol.-%.

Maraschino-Kirschen engl.: *maraschino cherries;* in der Regel rot gefärbte, in Zuckersirup eingelegte aromatisierte →Süßkirschen. M. werden üblicherweise als Dekoration für Süßspeisen, Speiseeis, Kuchen, Torten und andere Backwaren sowie für alkoholische Getränke wie z. B. Cocktails verwendet.

Maraskakirsche lat.: *Prunus cerasus subsp. cerasus var. marasca (Host) Vis* (Fam.: *Rosaceae*), engl.: *Maraschino cherry,* Syn.: *Marasca;* südeuropäische, besonders in Dalmatien (Kroatien) angebaute Kultursorte der →Weichseln (→Sauerkirschen) mit kleinen Früchten, die besonders reich an Aromastoffen sind. Säfte und Destillate aus der M. werden insbesondere zur Herstellung von Spirituosen wie z. B. Maraschino verwendet. Weitere Verwendungsmöglichkeiten sind Konfitüren, Fruchtaufstriche und als Zutat in Desserts. Importiert werden im Wesentlichen nur Verarbeitungsprodukte.

Margarine engl.: *margarine;* aus pflanzlichen und tierischen Fetten hergestelltes →Streichfett, das im Backgewerbe auch in verschiedenen Spezialformen wie Ziehmargarine oder Crememargarine eingesetzt wird. M. ist wie Butter eine Wasser-in-Öl-Emulsion, wobei der Fettgehalt vom jeweiligen Erzeugnis abhängt. Es wird unterschieden zwischen M. mit einem Fettgehalt zwischen 80 (üblich) und 90 %, Dreiviertelfettmargarine mit 60–62 % Fett, Halbfettmargarine (auch Minarine oder Halvarine genannt) mit 39–41 % Fett sowie die nicht in diese Kategorien fallenden Erzeugnisse, die als „Streichfett X v. H." unter Angabe des genauen Fettgehalts in Verkehr gebracht werden. Der Milchfettanteil darf bei allen Produkten maximal 3 % vom Gesamtfett betragen, womit M. von Butter abgegrenzt wird, als dessen Imitat sie ursprünglich auf den Markt kam. Als erst 1869 erfundenes Produkt ist sie ein Beispiel moderner, durch technologische Entwicklungen ermöglichter Nahrungsmittel, die heute von großer Bedeutung für die Ernährung sind. Der Verbrauch von Butter und M. liegen heute in Deutschland gleichauf. Meilenstein der Margarineentwicklung war 1902 die Erfindung der → Fetthärtung durch den deutschen Chemiker Normann. Die verwendeten Fette und Öle sind heute meist pflanzlicher Herkunft (Soja-, Raps-, Sonnenblumen-, Palmöl, Kokosfett). Rindertalg, der historisch erste Rohstoff der Margarineherstellung, wird nicht mehr verwendet, selten noch Fischöle. Die für die technologischen Eigenschaften benötigten Fettsäuremuster werden außer durch Härtung durch → Fraktionieren oder → Umesterung erhalten. Als wichtiger Anwendungsbereich von Speisefetten und -ölen wird die Eignung zur Margarineherstellung auch bei der Zucht und der biotechnologischen Optimierung von Rohstoffpflanzen berücksichtigt. Zur Herstellung werden die Fettphase (Fette, Öle, fettlösliche Vitamine, beta-Carotin, Lecithin) und die Wasserphase (Wasser, gesäuerte Magermilch, Salz, Citronen- und Milchsäure) getrennt angesetzt und in kontinuierlich arbeitenden Schnellkühlern unter Rühren gleichzeitig emulgiert, gekühlt und kristallisiert. Außer Lecithin werden Mono- und Diglyceride als Emulgatoren eingesetzt, die Menge hängt vom Fettgehalt ab. Neben dem in den pflanzlichen Ausgangsölen enthaltenen Vitamin E können Vitamin A und D zugesetzt werden, an Farbstoffen findet in Deutschland nur beta-Carotin Verwendung. Durch das enthaltene Salz wird einerseits der Geschmack abgerundet, andererseits mikrobieller Verderb verhindert. Vollfettmargarine wird nicht konserviert, Halbfettmargarine z. T. mit Sorbinsäure. Aromen werden hauptsächlich verwendet, um einen Buttergeschmack zu erzeugen und entweder durch die gesäuerte Magermilch oder in Form synthetischer Aromastoffe wie Diacetyl oder Buttersäure zugefügt.

Margarine mit Phytosterinen; als → funktionelles Lebensmittel eingestufte → Diätmargarine, die durch einen hohen Gehalt an → Phytosterinen zur Senkung des Cholesterinspiegels beitragen soll. Zielgruppe sind Menschen mit erhöhtem Cholesterinspiegel. → Hypercholesterinämie

Margarineschmalz Syn.: *Schmelzmargarine;* aus genusstauglichen Fettstoffen pflanzlicher oder tierischer Herkunft hergestelltes, aber nicht wie → Margarine emulgiertes Fett. Der Fettgehalt beträgt mindestens 99 %. Maximal 3 % des Gesamtfettgehalts dürfen Milchfett sein. In der Regel ist es gelblich gefärbt und aromatisiert, oft um einen Buttergeschmack zu erzielen. Meist wird M. als pflanzliche Alternative zu Butterschmalz angeboten und zum Backen und Braten verwendet.

Margaux; französischer Qualitätsrotwein aus der südlichsten AOC-Gemeinde Margaux des Haut-Médoc (→ Bordeaux). Zählt wegen seines feinen Buketts bei kräftigem und reichem Geschmack zu den Spitzenweinen. Der berühmteste Margaux-Wein ist der Château Margaux premier grand cru classé Médoc, Gemeinde Margaux.

Maribo; dänischer Schnittkäse mit 45 und 30 % Fett in der Trockenmasse, flacher runder Form mit abgerundeten Seiten und Kanten, einem Durchmesser von etwa 43 cm und einem Gewicht von durchschnittlich 14 kg. M. besitzt eine trockene gelbliche Rinde sowie einen rein gelblichen bis weißen Teig, der viele unregelmäßige reiskorngroßen Löcher und abhängig vom Reifegrad einen milden bis würzigen Geschmack aufweist.

Marie-Jeanne; → Tregnum

Mariengras lat.: *Hierochlo odorata (L.) P. Beauv.* (Fam.: *Poaceae*), engl.: *holy grass, sweet grass,* Syn.: *Büffelgras;* in Osteuropa heimische kriechende Staude mit aromatischem Geruch und relativ hohem Cumaringehalt. M.

wird zur Aromatisierung von Spirituosen, v. a. von Wodka, verwendet.

Marille Syn.: →*Aprikose*

Marillenbrand; →Obstbrand aus Aprikosen, der vorwiegend in Österreich in der Wachau hergestellt wird.

Marillenringe; mit Aprikosenkonfitüre bestrichene oder in der Mitte gefüllte Plätzchen (→Mürbeteiggebäck). Sie sind mit Puderzucker bestreut oder mit Fondant überzogen.

Marinade engl.: *1. marinade, 2. marinade, 3. marinated fish;* 1. Sauce aus sauren (Essig, Wein, Zitrone, Genusssäuren) und würzenden (Salz, Gewürze, Zwiebel, Knoblauch, andere Gemüse) Zutaten, ggf. unter Zusatz von Öl, bestimmt zum Einlegen von Fleisch, Fisch und/oder Gemüse. Die Behandlung lockert die Struktur (Fleisch wird zarter) und überträgt das Aroma der Beize auf das jeweilige Lebensmittel; 2. ugs. für Salatsauce; 3. Fischerzeugnisse, die nach Behandlung von Frischfisch oder tiefgefrorenem Fisch bzw. Fischteilen mit Essig, Genusssäuren, Salz und ggf. würzenden Zutaten (Gewürze, Gemüse, Süßungsmittel) ohne Erhitzen verzehrfähig sind. Die meisten M. werden aus →Hering hergestellt (→Bismarckhering →Rollmops). M. sind leicht verderblich; der pH-Wert muss unter 4,8 liegen und es dürfen bestimmte Konservierungsstoffe zugesetzt werden. M. werden frisch oder pasteurisiert angeboten, ggf. in Aufguss, in verschiedenen Saucen, auch mit Zusatz pflanzlicher Lebensmittel, oder in Öl, oder sie werden weiterverarbeitet zu entsprechenden Fischkonserven. M. mit besonders hochwertigen Zutaten, ohne zugesetzte Bindemittel, werden als Feinmarinaden bezeichnet.

Mark engl.: *pith;* →Fruchtmark →Knochenmark

Markenbutter; →Butterhandelsklassen

Markenkäse; Gütebezeichnung für inländischen Käse, die nur bei entsprechender Genehmigung verwendet werden darf. Diese Genehmigung wird auf Antrag Betrieben verliehen, welche sich einer bestimmten Prüfung unterwerfen. M. muss mindestens 40 % Fett in der Trockenmasse aufweisen, festgelegten sensorischen Anforderungen genügen und mit einem Gütezeichen versehen sein.

Markenmilch engl.: *accredited milk;* früher nach amtlichen Vorschriften mit besonders hohen Anforderungen gewonnene Milch, heute firmeneigene Premium-Marken.

Markerbsen; →Erbsen

Markklößchen engl.: *marrow dumplings;* kleine, haselnussgroße, rundliche Fleischerzeugnisse, die aus dem ausgekochten Knochenmark von Röhrenknochen (von Rind, Kalb oder Schwein), Lockerungs- und Bindemitteln neben Salz und Gewürzen hergestellt werden. Typisch sind altbackene Brötchen, Weißbrot und Semmelmehl als Lockerungs- sowie Ei als Bindemittel. Sie werden bevorzugt als Suppeneinlage, aber auch als Beilage zu Gerichten verwendet. Die Konsistenz ist i. d. R. gerade fest genug, um den vorzeitigen Zerfall (vor dem Verzehr) zu verhindern. Der Anteil an ausgekochtem Knochenmark liegt meistens unter 50 %, aber üblicherweise bei mehr als 15 %.

Markklößchensuppe; klare Suppe mit →Markklößchen.

Markpfeifen Syn.: →*Beinscheiben*

Marlin lat.: *Istiophoridae,* engl.: *billfishes;* Familie großer Seefische in tropischen und subtropischen Gewässern aus der Ordnung der →barschartigen Fische. Der M. ist ein naher Verwandter des →Schwertfisches; er wird auch unter dieser Bezeichnung gehandelt. Die wichtigsten Speisefische sind der bis zu 500 cm lange und 800 kg schwere Blaue M. (lat.: *Makaira nigricans Lacepède/mazara Jordan & Snyder*), der etwas kleinere Weiße oder Gestreifte M. (lat.: *Tetrapturus albidus Poey/audax Philippi*) und der Speerfisch (lat.: *Tetrapturus belone Rafinesque*). In Deutschland wird M. als Frischfisch angeboten (Steaks), hauptsächlich aus Südostasien.

Marmelade engl.: *marmalade;* streichfähige Zubereitung aus →Zitrusfrüchten, überwiegend als Brotaufstrich verwendet. Rechtlich sind die Herstellungsanforderungen in der Konfitürenverordnung festgelegt, danach müssen mindestens 200 g Zitrusfrüchte (Pulpe, Fruchtmark, Saft, wässriger Auszug oder Schale) je 1000 g Enderzeugnis verwendet werden, mindestens 75 g müssen aus dem Endokarp stammen. Zum Endokarp gehört bei Zitrusfrüchten auch der Saft, so dass M. allein aus Saft rechtlich möglich sind. Weitere Zutaten sind Wasser und Zuckerarten sowie Dickungsmittel, meist Pektine, und Säuerungsmittel wie Citronensäure. Die Verwendung mehrerer Zitrusfruchtarten, ätherischer Öle aus Zitrusfrüchten oder der Zusatz von Alkoholika ist ebenfalls erlaubt. Hergestellt werden M. durch Kochen und heißes Abfüllen. Kalorien reduzierte M. werden auch konserviert, meist mit Sorbinsäure. Im allgemeinen Sprachgebrauch wird M. auch als Synonym für → Konfitüre gebraucht, die Beschränkung per Definition auf Zitrusfrüchte ist neueren Datums und stammt aus dem englischen Raum.

Marmorkuchen engl.: *marble cake;* Rühr- oder Sandkuchen mit charakteristischem hell-dunklen Schnittbild. M. werden i. d. R. aus heller und zu mindestens einem Drittel aus dunkler Rühr- oder Sandmasse hergestellt. Die dunkle Masse enthält üblicherweise mindestens 3 % an Kakao oder stark entöltem Kakao. Das typische Schnittbild ergibt sich aus dem versetzten Einfüllen der beiden Massen und dem folgenden Vermischen durch Verlaufen.

Maroilles engl.: *Maroilles,* Syn.: *Marolles;* aus dem Nordosten Frankreichs stammender → Weichkäse mit Rotschmiere aus Kuhmilch, der im Handel in Form von Stangen oder Quadraten erhältlich ist. Der quadratische M. erzielt bei einer Höhe von 6 cm und einer Kantenlänge von 13,5 cm ein Gewicht von 720–740 g. Die sehr dünne Rinde zeigt eine rötlichgelbe bis rotbraune Schmierebildung. Sein Teig ist blass- bis goldgelb (je nach Reifegrad). M. besitzt einen pikanten bis würzigen Geschmack. Die Reifezeit beträgt 2–4 Monate. Sein Fettgehalt liegt bei 40 % in der Trockenmasse.

Marokkanische Weine; in Marokko hergestellte Weiß-, Rosé- und Rotweine, deren Trauben in einer Vielzahl von kleinen verstreuten Anbaugebieten in den Küstenlandschaften gekeltert werden. Die Rotweine entstehen teilweise noch aus Trauben von alten Rebsorten wie z. B. Carignan und Cinsault, meist aber aus Trauben von Rebsorten, die in den französischen Bereichen Bordeaux und Rhône üblich sind. Für Weißweine werden Trauben der Rebsorten Clairette, Muscat, Sauvignon und Chardonnay verwendet. Der Vin gris, Marokkos Roséwein, entsteht aus kurz gemaischten Rotweintrauben, meist von der Rebe Cinsault. Einzige Klassifikationsangabe m. W. ist die AOG (Appelations d'Origine Garantie), die für 14 Bereiche mit festgelegten Traubensorten vergeben sind. Nach einem langjährigen Stillstand befindet sich die marokkanische Weinlandschaft wieder im Aufwind.

Marone Syn.: → *Esskastanie*

Maronenkrem engl.: *sweetened chestnut purée;* auf die geeignete Konsistenz gebrachte Mischung aus Wasser, Zucker und mindestens 380 g Maronenmark (von *Castanea sativa*) je 1000 g Enderzeugnis, d. h. eine streichfähige Zubereitung.

Maronenröhrling lat.: *Xerocomus badius (Fr.) Kühn. ex Gilb.* (Fam.: *Boletaceae*), engl.: *bay boletus;* von Juni bis November in Nadelwäldern, seltener in Laubwäldern wachsender → Speisepilz mit fleischigem gewölbten bis kugelförmigen Hut von 5–12 cm Durchmesser und kastanienbrauner Farbe. Der M. besitzt einen festen braungelben Stiel, der häufig senkrecht gefasert ist, grüngelbe Röhren, die wie das weiße bis hellgelbe Fleisch an Druckstellen blau anlaufen, später wieder verblassen.

Marrons glacés; → Esskastanie

Marsala; sehr guter traditioneller Dessertwein der DOC-Kategorie aus Sizilien. M. ist eher dunkel, bernsteinfarben mit vollem, rundem, süßem Geschmack und spezieller wohl riechender Blume. Wird er mit dem → Solera-System hergestellt, ist der Wein trockener und trägt die Bezeichnung „vergine“. Häufig wird M. in der Küche verwendet.

Marschkäse Syn.: → *Wilstermarschkäse*

Marshmallows; ursprünglich aus den USA und England stammende Süßwaren mit meist zäher elastischer Konsistenz aus aufgeschäumtem Zucker (→ Schaumzuckerwaren). M. werden in vielen Formen (überwiegend pflaumengroß rundlich) und Farben mit gepuderter Oberfläche angeboten. Als Aufschlagmittel sind bei den schwereren und festeren Marshmallowmassen im Gegensatz zu anderen leichteren Schaumzuckermassen v. a. Gelatine und Agar-Agar in Gebrauch. M. können je nach Dichte durch → Extrudieren mit anschließendem Zuschneiden oder im Stärkegussverfahren in Mogulanlagen hergestellt werden.

Marzipan engl.: *marzipan, almond paste;* durch → Anwirken aus → Marzipanrohmasse hergestellte Süßware. Das Verhältnis Rohmasse zu Zucker ist qualitätsbestimmend. Handelsübliches M. weist mindestens ein ausgeglichenes Verhältnis Rohmasse zu Zucker auf, hochwertiges M. (Edelmarzipan) mindestens ein Verhältnis von 70 : 30. Bei Lübecker Edelmarzipan liegt ein Verhältnis von 90 Teilen Rohmasse zu 10 Teilen Zucker vor. Als Alternative zum üblichen Puderzucker wird häufiger Honig verwendet, der bei Verwendung kenntlich gemacht wird. Der Einsatz von bis zu 3,5 % Glucosesirup und/oder 5 % Sorbit (meist 70 %ig), bezogen auf das Gesamtgewicht, als Feuchthaltemittel bei gleichzeitiger Zuckerreduzierung, ist ohne Kenntlichmachung wie die Zugabe von → Invertase erlaubt. Der mögliche Zusatz von 0,5–1 % Ethanol verhindert mikrobiellen Verderb. Spuren von Rosenwasser runden traditionell den Geschmack ab. M. wird in Form von mit Schokolade überzogenen Broten verkauft und als Backzutat verwendet. Auf andere hochwertige Zutaten wie z. B. Nugat wird in der Verkehrsbezeichnung hingewiesen. Hohe Bedeutung hat es wegen seiner vielseitigen Formbarkeit bei der handwerklichen wie industriellen Herstellung aller möglichen gegenständlichen Formen (Schweinchen, Osterhasen, Schinken, Früchte u. a.), die oberflächlich mit Schminkfarben gefärbt sind.

Marzipankrem engl.: *marzipan spread;* cremige Zubereitung aus Marzipanrohmasse oder Marzipan, Zuckerarten und/oder Zuckeralkoholen sowie weiteren Lebensmitteln, mit einem Mindestgehalt von 10 % Mandel-Trockensubstanz. Die Mitverwendung anderer Fette ist üblich. Getreidemahlerzeugnisse werden nicht zugesetzt.

Marzipanlebkuchen Syn.: → *Mandellebkuchen*

Marzipanrohmasse engl.: *crude/raw marzipan, basic almond paste;* aus blanchierten süßen → Mandeln und Zucker hergestellte pastöse Zubereitung, bei der begrenzte Mengen bitterer Mandeln (bis 12 % des Mandelgewichts) wegen ihres typischen Geschmacks (Bittermandelöl) mitverarbeitet werden können. Durch die strikte prozentuale Begrenzung wird eine Gefährdung durch die aus dem Glykosid Amygdalin im Verdauungstrakt entstehende Blausäure ausgeschlossen. Entbitterte bittere Mandeln und Bergmandeln werden aus Qualitätsgründen nicht verwendet. Die Mandeln werden gebrüht, so dass sie sich maschinell leicht enthäuten lassen (Gummiwalzen u. Ä.), dann mit Walzen oder Mühlen zerkleinert. Nach Zuckerzusatz wird in geschlossenen Anlagen (traditionell in offenen Kupferkesseln) „abgeröstet“. Es gelten folgende Anforderungen an die Zusammensetzung: Zucker höchstens 35 %, Mandelöl mindestens 28 %, beides bezogen auf die Rohmasse mit einem Wassergehalt von höchstens 17 %. M. dient seltener zum Direktverzehr, sondern i. d. R. zur Weiterverarbeitung zu → Marzipan (zweistufige Herstellung).

Mascarpone engl.: *mascarpone,* Syn.: *Mascherpone;* italienischer → Frischkäse aus Kuhmilch, der aus der Lombardei stammt. Sein Teig ist weiß bis leicht gelblich und von butterartiger kompakter Konsistenz. Die Herstellung erfolgt durch Erwärmen von Sahne auf 90 °C und anschließender Zugabe von organischer Säure (Citronensäure oder Zitronensaft, Weinsäure, Essigsäure) zur Gerinnung des Käses. Sein Geschmack ist mild und aromatisch, ohne Geruch und Geschmack der verwendeten Säure. M. besitzt einen hohen Fettgehalt (ca. 80 % F. i. Tr.). Der Käse sollte abgedeckt gelagert werden, da er dazu neigt, Gerüche anzunehmen.

Maskierung; 1. Verdecken von beeinflussenden Eigenschaften bei der sensorischen Beurteilung, z. B. durch Rotlicht, um nur den Geschmack bewerten zu können. 2. Überlagerung von (auch unerwünschten) sensorischen Eindrücken durch stärkere Signale, meist Geruchsstoffe.

Massaitee Syn.: → *Rotbuschtee*

Maßbehältnis engl.: *measuring container;* formstabiles → Packmittel mit gesetzlich vorgeschriebenen Volumentoleranzen für flüssige Füllgüter.

Massen engl.: *masses;* 1. für die Fertigung von → feinen Backwaren verwendete, je nach Grundrezeptur und Herstellungsverfahren schaumartige oder weiche bis dickflüssige, chemisch und/oder physikalisch gelockerte Zubereitungen. M. werden aus Getreideerzeugnissen und/oder Stärken und anderen Zutaten wie Zucker, Ei, Fett u. v. m. durch Schlagen, Rühren, Mischen und/oder „Rösten" hergestellt. Dabei überwiegen die anderen Zutaten gegenüber den Getreideerzeugnissen und/oder Stärken. 2. Bezeichnung für pastöse Zubereitungen wie z. B. → Rohmassen, die insbesondere im Süßwarenbereich verwendet wird (bspw. Füll-, Bonbon-, Kau- und Krokantmasse).

Massenspektrometrie engl.: *mass spectrometry;* Abk.: MS, Methode zur Identifizierung, Strukturaufklärung und Quantifizierung von Molekülen nach ihren Massen. Es gibt verschiedene Verfahren der MS, denen allen die grundsätzliche Dreiteilung in Ionisierung des Analyten, Auftrennung nach dem Masse-Ladungsverhältnis und Detektion gemeinsam ist. Der nach der Ionisierung auftretende Zerfall der Moleküle gibt Auskunft über deren Struktur und wird zusammen mit der ermittelten Molmasse auch zur Identitätsbestimmung genutzt. Als Kopplungsmethode für die → Gaschromatographie (GC-MS) bzw. → Hochleistungsflüssigkeitschromatographie (LC-MS) dient die MS daneben auch zur Quantifizierung. Die verschiedenen Verfahren werden anhand der Art der Ionisierung und der Auftrennung nach dem Masse-Ladungsverhältnis unterschieden. Verbreitete Methoden der Ionisierung sind EI (Abk. für engl.: *electron impact*: Elektronenstoß), ESI (Abk. für engl.: *electrospray ionisation*: Vernebelung mit gleichzeitiger Ladungsübertragung), FAB (Abk. für engl.: *fast atom bombardment*: Beschuss mit schnellen Atomen), CI (Abk. für engl.: *chemical ionisation*: Ladungsübertragung mittels Reaktandgas) oder MALDI (Abk. für engl.: *matrix assisted laser desorption/ionisation*: Beschuss der in einer speziellen Matrix gebundenen Probenmoleküle mit Laserlicht). Breite Verwendung in der Elementanalytik findet die Ionisierung durch ein mit hochfrequentem Strom in ionisiertem Argon erzeugtes Plasma (ICP, Abk. für engl.: *inductively-coupled plasma*). Für die eigentliche Massenanalyse stehen fünf verschiedene Methoden zur Verfügung, von denen Quadrupol und Ion Trap die verbreitetsten sind. Beiden gemeinsam ist die Verwendung von geeignet angeordneten elektromagnetischen Polen, die durch die Frequenz einer angelegten Wechselspannung Flugbahnen erzeugen, auf denen die geladenen Proben-Ionen zum Detektor gelangen oder im Spektrometer verbleiben. Im Spektrometer muss ein Vakuum herrschen, dessen Aufrechterhalten eine der Herausforderungen der Kopplung von MS mit den erwähnten chromatographischen Methoden ist. Neben dieser dynamischen Probenaufgabe ist jedoch auch die statische diskontinuierliche Probenaufgabe gebräuchlich.

Mastbulle lat.: *Bovinus taurus L.* (Fam.: *Bovidae*); → Bulle

Mastdarm engl.: *rectum;* zum Dickdarm gehörender Endabschnitt des → Darmes. Er wird gewendet vom Rind ohne Schleimhaut und vom Schwein (Fettende) mit Schleimhaut als Wursthülle eingesetzt.

Mastgeflügel; Sammelbezeichnung für Geflügel, das zur Fleischgewinnung gezüchtet und gehalten wird.

Mastix engl.: *mastic;* Harz des Mastixstrauches (lat.: *Pistacia lentiscus L.*, Fam.: *Anacardiaceae*), der v. a. auf den griechischen Inseln vorkommt (Chios). Bei M. handelt es sich um blassgelbe erbsengroße Körner mit würzigem Geruch und Geschmack, die z. B. in der Parfüm- und Pharmaindustrie, zum Harzen von griechischem Wein (→ Retsina) und als Kaumasse (Kaugummi-Herstellung) verwendet werden.

Mate-Tee engl.: *paraguay tea,* Syn.: *Terere, Paraguaytee;* → teeähnliches Getränk aus ähnlich wie schwarzer Tee aufbereiteten und fermentierten Blättern des Matestrauches (lat.: *Ilex paraguayensis ST.-HILL.*, Fam.: *Aquifoliaceae*), das besonders in Paraguay, Brasilien und Argentinien beliebt ist. M. hat einen ähnlichen Coffeingehalt (1–1,5 %) und Gerbstoffgehalt (8–11 %) wie schwarzer Tee und kann mit heißem oder kaltem Wasser aufgegossen werden. Es wird zwischen ungeröstetem grünen Mate (Taragin) und geröstetem Mate (Mate real) unterschieden.

Matjesfilet; → Matjeshering

Matjeshering engl.: *matje cured herring;* junger, noch nicht geschlechtsreifer gekehlter → Hering mit mindestens 12 % Fett im essbaren Anteil, mild gesalzen und enzymatisch gereift (→ Marinade). Das Verfahren stammt aus den Niederlanden (fläm.: *maatjes*) und ist inzwischen in allen europäischen Ländern, die Heringe anlanden, verbreitet. M. besitzt sehr zartes Fleisch; er wird in den Monaten Mai bis August zum Direktverzehr angeboten, auch filetiert. Ein erheblicher Teil wird weiterverarbeitet zu Matjesfilet in Aufguss, Öl, Sahne- oder anderen Saucen zum alsbaldigen Verzehr (kühl zu lagern) oder zu Fischkonserven. Matjesfilet auf Nordische Art ist süß-sauer gereift (→ Anchose). Nach dem Salzgehalt erfolgt eine Unterscheidung zwischen Logger-Matjes (maximal 14 % Salz im Fleisch) und dem besonders milden, aber weniger haltbaren Leichtsalz-Matjes (3 % Salz im Fleisch). Kleine extra milde M. aus Holland (nur 1,5 % Salz) werden unter der Bezeichnung Pimtjes im Handel angeboten. Nach gleichem Verfahren aus fettärmerem Hering (unter 12 % Fett im essbaren Anteil) hergestellte Erzeugnisse werden als „matjesartig“ bezeichnet (z. B. Mildes Heringsfilet, matjesartig gesalzen).

Matjessalat; → Heringssalat

Matteis; durch Gefrieren von unbehandeltem Wasser gewonnenes → Kunsteis. Es ist durch Luftblasen milchig-trüb und unterscheidet sich dadurch von Klar- und Kristalleis.

Mauerassel engl.: *wood-louse;* → Asseln

Maultaschen engl.: *pasta squares;* mit klein gehackten homogenen Füllungen aus verschiedenen Gemüse- und Fleischsorten versehene große, annähernd quadratische Teigtaschen aus Nudelteig. M. werden im Handel sowohl unzubereitet als auch zubereitet als fertige Mahlzeit z. B. mit Zwiebelsauce oder in Suppen als frische, vakuumverpackte und tiefgefrorene Ware angeboten.

Maul- und Klauenseuche engl.: *food and mouth disease (FMD)*; Abk.: MKS, durch gleichnamiges Virus verursachte hochgradig ansteckende Erkrankung der Klauentiere, die v. a. Schweine und Rinder befällt. Die Symptome sind Fieber, verminderte Fresslust, Bläschenbildung im Maul und an den Klauenrändern sowie starker Speichelfluss. Die Krankheit kann auf den Menschen bei Berührung mit infektiösem Material von erkrankten Tieren oder durch ungenügend erhitzte Milch und Sahne übertragen werden und verläuft meist milde (Befall der Fingerspitzen und Fingerspitzenräume).

Maus engl.: *mouse;* → Hausmaus

Mausschinken Syn.: → *Nussschinken*

Mayonnaise engl.: *mayonnaise;* zu den Feinkosterzeugnissen zählende emulgierte Würzsauce aus Pflanzenöl, Essig und Hühnereigelb, zu deren Herstellung außerdem meist Zitronensaft, Zuckerarten, Salz und Gewürze verwendet werden. Die Verarbeitung von Senf (→ Mayonnaisen-Senf) ist ebenso wie die von Genusssäuren und anderen würzenden Mitteln sowie von Hühnereiklar gebräuchlich. Ebenfalls in Europa übliche Zutaten sind Milcherzeugnisse, Früchte und Gemüse einschließlich Gemüse- und Fruchtsaft. Der Mindestfettgehalt beträgt in Europa üblicherweise 70 % und der Mindestgehalt an technisch reinem Eigelb 5 % des Gesamterzeugnisses. M. unterscheidet sich von → Salatmayonnaise hauptsächlich im Fettgehalt. Die Bezeichnung „Delikatess" für M. ist üblich, wenn ein deutlich höherer Eigelbanteil oder ein hochwertiges Pflanzenöl mit einem besonders hohen Anteil mehrfach ungesättigter Fettsäuren verwendet wird. Die Mischung der pasteurisierten Zutaten erfolgt zur Mayonnaisenherstellung in einem Emulgierkombinator. Essig und Citronensäure werden dabei zuletzt zugegeben, um die Emulsionsbildung nicht zu stören. Danach schließt sich eine Homogenisierung an. Verwendung findet M. für pikante Salate, als Aufstrich bei Sandwiches und als Grundlage für andere Saucen oder auch für Fischgerichte. Der Name M. ist abgeleitet von Mahón, der Hauptstadt der Baleareninsel Menorca, die als Ursprung des Erzeugnisses gilt.

Mayonnaisen-Senf; → Speisesenf besonderer Zusammensetzung zur Verarbeitung in → Mayonnaise.

Mazdaznan-Ernährungslehre engl.: *mazdaznan diet,* Syn.: *Masdasnan-Ernährungslehre;* in Europa durch den US-amerikanischen Arzt Otto Hanisch verbreitete → alternative Ernährungsform, die Bestandteil einer komplexen religiös-philosophischen Lebenskunde ist. Grundlage der Ernährung bilden Vollkorngetreide und Gemüse, ergänzt durch Milch- und Milcherzeugnisse, Eier, Hülsenfrüchte und Nüsse, vorzugsweise heimische Produkte der Saison. Nahrung von getöteten Tieren (Fleisch und Fisch) ist verboten, stark verarbeitete oder konservierte Lebensmittel werden abgelehnt. Mazdaznan ist abgeleitet aus dem alt-indogermanischen von *ma* = groß, gut; *zda* = Wissen, Denken; *znan* = beherrschen.

Mazerate engl.: *macerates;* auf kaltem Wege hergestellte alkoholische Auszüge aus Kräutern oder aromahaltigen Pflanzenteilen.

Mazerieren engl.: *to macerate, to steep;* Aufweichen (franz.: *macérer*) bzw. Auslaugen einer Speise durch kaltes Einweichen oder Einlegen in einer Flüssigkeit. Dabei kann es je nach Flüssigkeit sowohl zu Geschmacksabgabe wie auch zur Geschmacksaufnahme (z. B. bei einer gewürzten Flüssigkeit) kommen.

Mazze/Matze Syn.: *Matzah;* flache, ausschließlich aus Mehl und Wasser ohne Sauerteig gebackene koschere Brote, die in der Pessach-Woche vor Ostern verzehrt werden.

MCT-Fette; → Mittelkettige Fettsäuren

Medaillons engl.: *medaillons;* 1. kleine sehnenarme, quer zu den Fasern geschnittene zum Kurzbraten geeignete Scheiben Fleisch (Filet), vorwiegend vom Kalb, Rind und Schwein. Die Tierart wird angegeben. Die Bezeichnung wird auch für ähnliche Erzeugnisse aus Fischfilet verwendet; 2. allgemeine Bezeichnung für Zubereitungen z. B. aus Gemüse in runder, relativ flacher Form.

Mediterrane Kost engl.: *mediterranean diet,* Syn.: *Mittelmeerkost;* Bezeichnung für eine Lebensmittelauswahl und -zubereitung, wie sie insbesondere in den 50er- und 60er-Jahren des vergangenen Jahrhunderts im Mittelmeerraum v. a. unter der Landbevölkerung verbreitet war. Sie zeichnet sich durch einen hohen Anteil an pflanzlichen Lebensmitteln, einen hohen Gehalt an Ballaststoffen, Vitaminen, Mineralstoffen und →sekundäre Pflanzenstoffen sowie einen geringeren Gehalt an tierischen Lebensmitteln aus. Sie enthält daher mehr mehrfach ungesättigte und weniger gesättigte Fettsäuren und Cholesterin. In der Praxis ist sie gekennzeichnet durch reichlichen Verzehr von Obst, Gemüse, Brot, Getreideprodukten, Kartoffeln, Hülsenfrüchten und Samen; Olivenöl ist der Hauptfettlieferant. Die verzehrten Mengen an Milch und Milchprodukten sowie an Fleisch und Fleischprodukten sind verglichen mit den Ernährungsgewohnheiten in Mitteleuropa geringer; dabei werden Fisch und Geflügel häufiger verzehrt als „rotes Fleisch". Die m. K. hat präventive Wirkungen bzw. bietet gesundheitliche Vorteile in Hinblick auf die Entwicklung von Herz-Kreislauferkrankungen, Diabetes mellitus Typ II sowie verschiedener Krebsarten. Zur traditionellen mediterranen Ernährung gehört neben der beschriebenen Ernährungsweise auch ein mediterraner Lebensstiel mit körperlicher Aktivität, stressarmer Lebensweise mit Zeiten der Muße sowie einer großen Bedeutung familiärer und sozialer Kontakte. In den letzten 30 Jahren haben sich Lebensgewohnheiten und Ernährungsweise in den Mittelmeerländern jedoch kontinuierlich verändert und weichen immer mehr vom erwünschten klassischen Muster ab.

Médoc; französisches Weinbaugebiet im →Bordeaux, ausschließlich Rotweine. Das M. gliedert sich in Bas- (= Médoc) und Haut-Médoc, wobei die Reben im Haut-Médoc bessere Wachstumsbedingungen finden und dort auch Weine höherer Qualität entstehen. Grand-cru-classé-Weine (→Grand cru) gibt es nur im Haut-Médoc, insgesamt kommen aus dem M. jedoch die berühmtesten roten Bordeaux-Weine. Spitzenlagen sind z. B. Château-Lafite-Rothschild, Château-Margaux, Château-Moutron-Rothschild, Spitzengemeinden Margaux, Listrac, Pauillac, Moulis, Saint-Estèphe, Saint-Julien. Angebaut werden v. a. Cabernet Sauvignon, Cabernet Franc, Merlot und Malbec. Die jungen Weine sind teilweise noch rau, weshalb sie vom Altern profitieren. Médoc-Weine eignen sich gut zum Lagern.

Meeraal lat.: *Conger conger L.* (Fam.: *Congridae*), engl.: *conger eel;* Seefisch, der dem Flussaal (→Aal) ähnelt, aber viel größer ist (bis zu 3 m lang und 65 kg schwer; mittlere Länge: 1–2 m). Er lebt im Nordostatlantik und im Mittelmeer und unternimmt zum Laichen ausgedehnte Wanderungen und verbleibt, anders als der Flussaal, im Salzwasser. In Deutschland wird M. als Speisefisch eher selten angeboten. Der M. ist nicht zu verwechseln mit dem →Seeaal (Dornhai).

Meeräsche lat.: *Mugilidae sp.*, engl.: *mullets;* artenreiche Schwarmfisch-Familie tropischer und gemäßigter Küstengewässer. M. kommen weltweit vor; im Wattenmeer der Nordsee werden die Dicklippige M. (lat.: *Chelon labrosus L.*), Länge 50–75 cm, Gewicht 2–8 kg, die etwas kleinere Dünnlippige M. (lat.: *Liza ramada L.*) und die ebenfalls kleinere Goldmeeräsche (lat.: *Liza aurata L.*) als Speisefische für den lokalen Markt gefangen. Im Fischhandel angeboten wird die aus Südeuropa oder Übersee importierte Großköpfige M. (lat.: *Mugil cephalus L.*), Länge maximal 120 cm. M. werden in der japanischen Küche vielfältig verwendet, u. a. roh für →Sashimi; in der chinesischen Medizin dienen Teile der M. als Heilmittel. 100 g Filet enthalten ca. 20 g Protein und 4 g Fett. Die M. ist nicht zu verwechseln mit der im Süßwasser lebenden →Äsche. Im Englischen werden M. und →Meerbarbe unter der Bezeichnung „mullet" zusammengefasst.

Meerbarbe lat.: *Mullus sp.* (Fam.: *Mullidae*), engl.: *mullets, goatfishes;* Seefisch, in Europa einheimisch (Nordostatlantik bis zur Westküste Afrikas, Mittelmeer) sind die Rote M. (lat.: *M. barbatus L.*) und die Streifenbarbe (lat.: *M. surmuletus, L.*); sie werden bis zu 40 cm lang und entweder als ganzer Fisch gegrillt oder als Filet gedünstet. Verwandte Arten aus dem Indischen Ozean werden als tiefgefrorene Filets angeboten. 100 g Filet enthalten ca. 20 g Protein und 2 g Fett. Die M. ist nicht zu verwechseln mit der Flussbarbe (→ Barbe). Im Englischen werden M. und → Meeräsche unter der Bezeichnung „mullet“ zusammengefasst.

Meerbrassen lat.: *Sparidae,* engl.: *porgies, sea breams,* Syn.: *Seebrassen;* in wärmeren Gebieten der Weltmeere verbreitete kleine bis mittelgroße Seefische mit großer Artenvielfalt (→ barschartige Fische). In Europa werden M. hauptsächlich in den Mittelmeerländern gefangen, einige Arten auch gezüchtet. In Deutschland sind die Gattungen *Sparus* (→ Dorade, Sackbrassen), *Boops* (Gelb- und Goldstrieme), *Pagellus* (Achselfleckbrassen), *Spondyliosoma* (Streifenbrassen), seltener *Diplodus* (Ringel-, Geiß- und Spitzbrassen) im Handel. Sie kommen aus dem Mittelmeer, dem Ostatlantik oder aus Übersee.

Meeresalgen engl.: *seaweed;* → Algen → Seetang

Meeresfische Syn.: → *Seefische*

Meeresfrüchte engl.: *seafood,* Syn.: *Frutti di mare;* Bezeichnung für → Krebs- und → Weichtiere aus dem Meer, die vom Menschen verzehrt werden. Der Begriff wird i. d. R. verwendet für Krebse, Muscheln und Austern, Tintenfische, Meeresschnecken und Seeigel, die als Spezialität v. a. an den Mittelmeerküsten in unterschiedlicher Zubereitungsform angeboten werden, z. B. mariniert oder in Öl gebacken. Die Begriffe M. und seafood sind nicht eindeutig definiert; gelegentlich werden Meeresfische einbezogen.

Meeresspinne; → Seespinnen

Meerforelle lat.: *Atlantik: Salmo trutta trutta L.; Pazifik: Oncorhynchus mykiss (Walb.),* engl.: *sea trout,* Syn.: *Silberlachs;* mit dem → Lachs verwandter Wanderfisch, der ebenso wie dieser zum Laichen in Flüsse aufsteigt, z. B. in Rhein, Weser, Elbe. Die Bestände sind gefährdet und deshalb in einigen Bundesländern ganzjährig geschützt. → Forellen

Meerkohl lat.: *Crambe maritima L.* (Fam.: *Brassicaceae*), engl.: *Sea Kale, Sea-Colewort,* Syn.: *Echter Meerkohl, Seekohl, Strandkohl;* an west- und mitteleuropäischen Küsten beheimatete Kohlart (→ Kohlgemüse) mit großen blaubereiften Blättern und essbaren Sprossen, die wie Spargel zubereitet werden. M. ist reich an Vitamin C, weshalb er im antiken Rom zur Vorbeugung von Skorbut für Schiffsbesatzungen diente. Wild wachsender M. steht unter Naturschutz, angebaut wird er in Frankreich und England. M. ist nicht zu verwechseln mit → Seetang, der ugs. ebenfalls als M. oder Seekohl bezeichnet wird.

Meerneunauge engl.: *sea lamprey;* → Neunaugen

Meerrettich lat.: *Armoracia rusticana PH. GAERTN., MEY. et SCHERB.* (Fam.: *Brassicaceae*), engl.: *Horseradish,* Syn.: *Kren;* 1. aus Südosteuropa stammende, heute in der ganzen Welt verbreitete ausdauernde Staude. Als Gewürz werden die 3–4 cm dicken, etwa 30–40 cm langen, weißen, fleischigen Pfahlwurzeln verwendet, die auch als Stangen bezeichnet werden. Die v. a. im unteren Wurzelbereich austreibenden Seitenwurzeln werden als so genannte Fechser entfernt und zur Vermehrung in Neuanlagen verwendet oder bei der Herstellung von Meerrettichdauerwaren mitverarbeitet. Der tränenreizende Geruch und beißende Geschmack beruht auf etwa 0,2 % Senfölglykosiden mit Siningrin als Hauptkomponente, das beim Zerreiben des Gewebes enzymatisch in Zucker und → Allylsenföl gespalten wird. Ernährungsphysiologisch interessant ist der recht hohe Gehalt an Vitamin C (durchschnittlich 114 mg pro 100 g). In der Küche wird M. roh gerieben oder geraspelt als Beilage zu Fleischgerichten sowie zur Bereitung pikanter Saucen zu gekochten Fleisch- und Fischgerichten (→ Meerrettichsauce) eingesetzt. Im Handel sind weiterhin Zubereitungen aus M. (→ Meerrettichdauerwaren) in Tuben oder Gläsern, Meerrettichpulver, Meerrettichsenf und in Scheiben geschnittener M. als Beilage zu Mixed Pickles erhältlich. 2. Bezeichnung für die auch als Gemüsemeerrettich bezeichnete Meerrettichdauerware.

Meerrettichdauerwaren engl.: *horseradish preservatives;* Verarbeitungserzeugnisse aus Meerrettich wie →Gemüsemeerrettich, →Tafelmeerrettich und →Meerrettichspezialitäten. Die Zusammensetzung von M. ist nicht gesetzlich geregelt, die im Bundesverband der deutschen Feinkostindustrie zusammengeschlossenen Hersteller dieser Erzeugnisse haben die verkehrsübliche Zusammensetzung und Mindestanforderung als „Qualitätsanforderungen an M." beschrieben.

Meerrettichsauce engl.: *horseradish sauce;* pikante, helle, gebundene Sauce, die eine geschmacksbestimmende Menge →Meerrettich enthält. Sie wird i. d. R. zu Rindfleisch und gekochtem Fisch serviert.

Meerrettichspezialitäten engl.: *horseradish specialities;* →Meerrettichdauerwaren wie Sahne-Meerrettich, Apfel-Meerrettich oder Preiselbeer-Meerrettich. Die auf eine besondere Geschmacksrichtung hinweisenden Bezeichnungen sind üblich, wenn die Produkte die Geschmacksrichtung bezeichnende Zutat in einer solchen Menge enthalten, dass deren Geschmack deutlich wahrnehmbar ist. Sahne-Meerrettich enthält mindestens 2 % Milchfett aus Sahne oder Schlagsahne. Die aus dem Meerrettich stammende salz-, zucker- und fettfreie Trockensubstanz beträgt mindestens 3,5 %.

Meersalat lat.: *Ulva lactuca L.* (Fam.: *Ulvaceae*), engl.: *sea lettuce;* an felsigen Küsten im Salz- und Brackwasser wachsende →Grünalge (→Algen →Seetang) mit 30–45 cm langem dunkelgrünen Thallus. In Europa hat M. regionale Bedeutung als Lebensmittel, in Fernost ist er ein Grundnahrungsmittel.

Meersalz engl.: *sea salt, solar salt,* Syn.: *Seesalz, Vollmeersalz;* durch Verdunsten von Meerwasser gewonnenes Salzgemisch, das zum überwiegenden Teil aus →Natriumchlorid besteht und reich an Spurenelementen ist. Es entspricht in seiner Zusammensetzung aber nicht dem Bedarf des Menschen an essenziellen Spurenelementen. Die Gewinnung geschieht oft unter der Ausnutzung von Sonnenwärme in künstlichen Seewasserteichen, so genannten Salzgärten, in Ländern mit ausreichender Sonnenlichtintensität und Strahlungsdauer.

Meerwasser engl.: *sea water,* Syn.: *Seewasser;* umfasst das Wasser der Weltmeere, die ca. 71 % der Erdoberfläche bedecken. Der Salzgehalt beträgt im Durchschnitt 3,5 %, weshalb M. ohne Entsalzung nicht trinkbar ist. Allerdings kann es Bestandteil von →Tafelwasser sein. Bei den Salzen handelt es sich v. a. um Kochsalz (ca. 70 %), daneben kommen auch Magnesium-, Calcium- und Kaliumsalze vor. In geringer Konzentration sind alle natürlichen Elemente enthalten, wobei der Jodgehalt erwähnenswert ist, der in Form von Seefisch zur Bedarfsdeckung beiträgt. Durch Eindampfen von M. wird →Meersalz gewonnen.

Meerwasserentsalzung engl.: *saline water conversion, sea water desalting;* dient der Gewinnung von →Trinkwasser in Trockengebieten, die an Ozeane grenzen. Im Inland hat die M. keine Bedeutung. Zur Durchführung werden thermische Verfahren wie →Destillation und →Ausfrieren oder Membranverfahren wie →Umkehrosmose und →Elektrodialyse angewandt. Um als Trinkwasser eingesetzt werden zu können, muss ein kleiner Salzanteil erhalten bleiben oder hinterher wieder zugeführt werden.

Mehl engl.: *flour;* von den äußeren Kornschichten und dem Keimling mit Ausnahme von →Vollkornmehlen weitgehend befreites und fein gemahlenes →Endosperm (Mehlkörper) verschiedener Getreidearten, meist von Weizen und Roggen. Auch andere fein vermahlene nicht von Getreide stammende Pflanzenprodukte werden als M. bezeichnet, z. B. Kartoffelmehl, Sojamehl, Tapiokamehl. Das gereinigte Getreide wird zwischen Walzen gemahlen (→Flachmüllerei →Hochmüllerei →Halbhochmüllerei) und gesichtet (gesiebt) bis zur vollständigen Zerkleinerung und Trennung des Getreidekornes in M. und → Mühlennachprodukte. Der Keimling mit dem wertvollen Keimöl (Getreidekeimöl) wird bei einer der → Passagen entweder getrennt („gezogen") oder den Mühlennachprodukten zugeleitet. Das Beimischen des Keimlings zum M. kann aufgrund der Oxidationsempfindlichkeit des Keimöls die Lagerfähigkeit und damit auch den Genuss- und Gebrauchswert des M. beeinträchtigen. Aufgrund seiner ernährungsphysiologisch wertvollen Inhaltststoffe wird er dennoch bei Vollkornmehl mit vermahlen. Je nach vorgesehenem Verwendungszweck werden M. unterschiedlicher Helligkeit (Schalenfreiheit → Mehltypen) eingesetzt. Dabei sind hellere M. mit niedrigem Ausmahlungsgrad für Feinbackwaren, Kuchen und die allgemeine Verwendung im Haushalt sowie dunklere M. mit höherem Ausmahlungsgrad für Brote in Gebrauch. Helligkeit bedeutet hier kein Qualitätsmerkmal. Allgemein gültige Zusammenhänge zwischen Mehlfarbe und Backeigenschaft (Backfähigkeit) bestehen nicht. Die → Mehlbleichung ist in Deutschland nicht zugelassen, im Ausland wird sie z. T. noch angewandt. Gutes M. soll gleichmäßig weiß bis elfenbeinfarben, locker und griffig sein und frisch aromatisch riechen. Altes M. riecht leicht muffig, schmeckt sauer, bitter, kratzend. Die Lagerung von M. sollte kühl, dunkel, trocken und geruchsfrei, da Mehl leicht Fremdgerüche annimmt, sowie getrennt von Ungeziefer anziehenden Waren (z. B. Nüsse, Trockenfrüchte) erfolgen. Während der Lagerung ist es ständig auf etwaigen Ungezieferbefall zu kontrollieren. M. wird oft mit Ascorbinsäure zur Verbesserung der Backeigenschaften versetzt. → Getreide → Roggenmehl → Weizenmehl

Mehlbanane engl.: *plantain;* → Bananen

Mehlbeeren lat.: *Crataegus laevigata (Poir.) DC und Crataegus monogyna Jacq.* (Fam.: *Rosaceae*); kleine apfel- bis hagebuttenähnliche rötlichbraune Scheinfrüchte von Rot- und Weißdorn, die wenig Säure und Zucker, aber viel Mineralstoffe und Stärke enthalten. Zum Rohverzehr sind M. nicht geeignet, sie werden verarbeitet zu Fruchtnektar, Limonade, Gelee und Sauce zu Wild.

Mehlbleichung engl.: *bleaching of flour;* Behandlung von → Mehl mit chemischen Oxidationsmitteln wie z. B. Ascorbinsäure, mit dem Ziel, den Weißegrad zu erhöhen. Die physikalischen Eigenschaften bleiben dabei erhalten. Die M. wird im Ausland, v. a. in den USA, angewandt. In Deutschland ist das Verfahren der M. nicht zugelassen.

Mehlieren; an der Oberfläche trockene Lebensmittel (z. B. Leber oder Schnitzel) vor dem Braten in Mehl wenden.

Mehlkäfer lat.: *Tenebrio molitor L.* (Fam.: *Tenebrinoidae (Schwarzkäfer)*), engl.: *yellow mealworm;* weniger bedeutsamer → Vorratsschädling, der aufgrund seiner Größe von bis zu 18 mm schnell auffällt und nicht zur Massenvermehrung neigt. Der M. ist verwandt mit dem → Reismehlkäfer, befällt v. a. Mehl und Getreideprodukte sowie Teig- und Backwaren und kann parasitäre Würmer übertragen. Seine gelblichbraunen, bis 20 mm groß werdenden Larven, die Mehlwürmer, werden als Futter für Käfigtiere oder als Angelköder verwendet.

Mehlmilbe engl.: *flour-mite;* → Milben

Mehlmotte lat.: *Ephestia kuehniella (Zell.)* (Fam.: *Phycitidae (Fruchtzünsler)*), engl.: *Mediterranean flour moth, mill moth;* Kleinschmetterlinge (Falter) mit einer Flügelspannweite von bis zu 25 mm und je nach Nahrungssubstrat hellbeigen bis grünlichen, etwa 13 mm langen typischen Schmetterlingsraupen. M. befallen v. a. Weizenmehl und Getreideprodukte, aber auch viele andere Lebensmittel wie Mandeln, Nüsse und Schokolade. Sie sind überall dort zu finden, wo mit Getreide und Mehl gearbeitet wird und werden auch in privaten Haushalten oft zu einer großen Plage. Schäden entstehen v. a. in Mühlen durch Fraß der Raupen und Verunreinigungen der Nahrung durch Kot und Gespinste, die auch zu technischen Störungen führen können.

Mehlproteine engl.: *flour proteins;* Eiweißstoffe in Getreidemehlen, deren Gehalt abhängig von Getreideart und Ausmahlungsgrad 10–14 % der Trockenmasse beträgt. Durch die so genannte Osborne-Fraktionierung erfolgt eine Einteilung der Proteine entsprechend ihrer Löslichkeit in Albumine (wasserlöslich), Globuline (löslich in verdünnten Salzlösungen), Prolamine (alkohollöslich) und Gluteline (löslich in verdünnten Säuren). Die Prolaminfraktion ist der Auslöser der → Zöliakie. Im Weizen ergeben Prolamin (hier Gliadin) und Glutelin (hier Glutenin) zusammen den → Kleber (→ Gluten), der entscheidenden Einfluss auf die Teigausbildung hat. Aufgrund des Defizits an Lysin besitzen M. eine relativ geringe → biologische Wertigkeit.

Mehltau lat.: *Uncinula necator (Schw.) Burr,* engl.: *Powdery Mildew;* äußerst gefährlicher Pilz für Weinreben, der auch als Oideum bezeichnet wird. Er greift alle grünen Teile der Weinrebe an und ergibt einen weißen Überzug (Name). M. führt zu großen Ernteverlusten und Qualitätseinbußen, da befallene Früchte dem Wein einen schimmligen Geruch und Geschmack verleihen. Der echte M. wurde 1845 aus den USA eingeschleppt und verbreitete sich schnell über ganz Europa. Er wächst auch bei relativ trockener Witterung, eine Bekämpfung erfolgt mit organischen Fungiziden. Der falsche M. wird durch *Plasmopora viticola (Berk & Cert.)* hervorgerufen. Er benötigt feuchte Witterung und wurde früher mit der → Bordelaiser Brühe bekämpft.

Mehltypen; Maßzahlen für den aus dem Aschegehalt in Gramm ermittelten mittleren Mineralstoffgehalt, bezogen auf jeweils 100 kg wasserfreies Mehl oder andere wasserfreie Mahlprodukte (Typenzahl). Bei der M. „550“ enthalten 100 kg wasserfreies Mehl im Durchschnitt 550 g, genauer zwischen 490 und 580 g, Asche. 100 kg wasserfreies Mehl entsprechen etwa 117 kg Mehl von 14–15 % Wassergehalt. Die M. können als ungefähres Maß für den → Ausmahlungsgrad dienen. Eine hohe M. entspricht einem hohen Ausmahlungsgrad, da die Randschichten reich an Mineralstoffen sind, die den Aschegehalt erhöhen.

Mehrfach ungesättigte Fettsäuren engl.: *polyunsaturated fatty acids;* → Fettsäuren

Mehrfruchtgelee engl.: *mixed fruit jelly;* → Gelee aus drei oder mehr Fruchtarten. Die Bestimmungen für die Qualitätsstufen „einfach“ und „extra“ gelten entsprechend.

Mehrfruchtsaft engl.: *mixed fruit juice;* Bezeichnung für → Fruchtsaft, der aus mehreren, üblicherweise aus 10–12 Fruchtarten hergestellt wird. In der Bezeichnung kann die Anzahl der verwendeten Früchte (z. B. Zehnfruchtsaft) erfolgen. Die Aufzählung der verwendeten Früchte auf dem Etikett erfolgt in mengenmäßig absteigender Reihenfolge, in der sie im Getränk enthalten sind.

Mehrfruchtschorle; → Fruchtschorlen

Mehrkomponentenpackung engl.: *multi component pack;* → Kombinationspackung, die verschiedene, getrennt abgepackte Füllgüter enthält. Das gebrauchsfertige Endprodukt entsteht erst nach Vermischen der Komponenten.

Mehrkornbrot engl.: *multi-grain bread;* insgesamt aus drei oder entsprechend mehr verschiedenen Getreidearten hergestelltes → Brot. Dazu zählen üblicherweise mindestens eine Brotgetreideart (Weizen, Roggen) sowie mindestens eine andere Getreideart. Jede Getreideart ist mindestens zu 5 % enthalten. Handelsüblich sind M. mit drei, vier oder fünf Getreidearten.

Mehrstückpackung engl.: *multipack;* → Verkaufspackung, bei der mehrere → Einzelpackungen mittels einer Umverpackung zu einer größeren Verkaufseinheit zusammengefasst sind.

Mehrwegverpackung engl.: *multi-way package, returnable package;* im Gegensatz zur → Einwegverpackung mehrfach verwendbares

→Packmittel, das i. d. R. über ein Pfandsystem vom Verbraucher über den Handel wieder an den Hersteller zurückgegeben wird und vom Hersteller nach der Reinigung wieder eingesetzt wird.

Mehrzweckverpackung engl.: *multiuse package;* →Packmittel, das neben oder nach der eigentlichen Verpackungsaufgabe noch anderweitig verwendet werden kann, z. B. Senfgläser als Trinkgläser.

Meisterwurz lat.: *Peucedanum ostruthium (L.) W.D.J. Koch* (Fam.: *Apiaceae*), engl.: *Masterwort, Hogfennel,* Syn.: *Kaiserwurz;* in den Alpen und in den Pyrenäen beheimatete, bis zu 1 m hoch werdende mehrjährige Staude mit aus bis zu 50 kleinen Döldchen bestehenden Dolden. Die Rhizome enthalten Würz- und Bitterstoffe und werden zur Herstellung von Kräuterlikören wie z. B. Meisterwurzschnaps sowie in der Naturheilkunde zur Behandlung von Verdauungsstörungen, Blähungen, Atemwegserkrankungen, Gicht und Rheuma eingesetzt. Der Name M. stammt von seiner Verwendung in der Naturheilkunde ab, wo ihm schon im Mittelalter „meisterliche" Heilkräfte zugeschrieben wurden und er als Allheilmittel eingesetzt wurde.

Meiwa engl.: *Meiwa;* süßester runder Hybride der →Kumquat.

Mekabu engl.: *mekabu;* →Wakame

Melasse engl.: *molasses, black treacles;* sirupartiger nährstoffreicher Rückstand der Zuckergewinnung aus →Zuckerrohr oder →Zuckerrüben mit ca. 40–50 % Saccharose, aus dem sich durch Verdampfungskristallation kein Zucker mehr gewinnen lässt, wohl aber durch chemisch-physikalische Melasseentzuckerungsverfahren wie Ionenaustausch, Gelfiltration und Saccharatfällung. M. wird als Futtermittel und in der Biotechnologie als Nähr- und Gärsubstrat für die Erzeugung vieler Produkte wie z. B. Hefen, Alkohol, Citronensäure und Natriumglutamat verwendet.

Melde Syn.: →*Gartenmelde*

Meldepflichtige Krankheiten und Erreger; zur Verbesserung der Kenntnis über die Anzahl der mikrobiologisch bedingten Lebensmittelerkrankungen und über die daran beteiligten →Mikroorganismen müssen behandelnde Ärzte und Leiter von Laboratorien bestimmte im Infektionsschutzgesetz aufgeführte Krankheiten und Erreger an das zuständige Gesundheitsamt melden. Die Daten werden dann vom Robert-Koch-Institut statistisch ausgewertet und veröffentlicht. Zu den erfassten Erkrankungen bzw. Erregern gehören u. a. Enteritis erregende Salmonellen, *Salmonella Typhus* und *Salmonella Paratyphus* (→*Salmonella*), →*Escherichia coli*, →*Campylobacter subsp.*, →*Yersinia subsp.* und →*Clostridium botulinum.*

Melezitose engl.: *melezitose;* →Trisaccharid aus einem Teil Fructose und zwei Teilen Glucose, das u. a. im Honigtau von Linden, Kiefern, Tannen und dadurch auch in →Honigtauhonig vorkommt. M. ist durch Hefen nicht vergärbar.

Melis; in Deutschland wenig gebräuchliche veraltete Handelsbezeichnung für etwas gelbstichigen Zucker unterschiedlicher Qualität.

Melisse Syn.: →*Zitronenmelisse*

Melissengeist; durch Destillation erhaltener alkoholischer Extrakt der ätherischen Öle von →Zitronenmelisse und anderen Kräutern und Gewürzen wie z. B. Fenchel, Kardamom, Zimt oder Muskat. M. wird traditionell als Krampf lösendes und beruhigendes Arzneimittel verwendet.

Melissentee engl.: *balm leaf tea,* Syn.: *Melissenblätter;* →teeähnliches Erzeugnis aus ganzen oder zerkleinerten getrockneten Blättern und Teilen der oberen Sprossachse der aufgrund ihres zitronenartigen Aromas auch →Zitronenmelisse genannten Melisse. M. hat beruhigende, Krampf lösende und leicht entblähende Wirkung und wird seit mehr als 2000 Jahren in der pflanzlichen Heilkunde verwendet.

Melken engl.: *to milk;* meist zweimal täglich in gleichmäßigen zeitlichen Abständen stattfindende Gewinnung der Milch von Milchtieren, die heute überwiegend maschinell durchgeführt wird.

Mellorine; englische Bezeichnung für Speiseeis, das nicht nur Milchfett, sondern auch andere Fette, überwiegend Pflanzenfette, enthält. In den USA ist M. eine obligatorische Bezeichnung, der Begriff „ice cream" ist Erzeugnissen vorbehalten, deren Fettanteil allein aus Milchfett besteht.

Melonen engl.: *melons;* → Zuckermelonen → Wassermelonen

Melonenbirne Syn.: → *Pepino*

Membran engl.: *1. biological membrane, 2. diaphragm;* 1. biologische Strukturen im Organismus, die trennende und abgrenzende Funktion erfüllen, meist semipermeabel (halbdurchlässig) sind und u. a. aus Lipiden, Glykolipiden und Proteinen aufgebaut sind (z. B. Zellmembran, Kernmembran); 2. dünner flächig ausgebreiteter Film mit feinsten Poren aus Kunst- oder Naturstoffen wie z. B. Polyethylen, Polystyrol, Cellulose, Därmen oder Fischblasen. Diese M. sind je nach Porenweite mehr oder weniger durchlässig, meist semipermeabel und werden z. B. bei Dialyse, Osmose, Umkehrosmose, Ultra- oder Hyperfiltration eingesetzt.

Mengenelemente engl.: *major elements;* anorganische Bestandteile der Nahrung, von denen bekannt ist, dass pro Tag mehr als 50 mg zugeführt werden müssen, um alle Körperfunktionen aufrecht zu erhalten. Zu ihnen gehören → Calcium, Chlor (→ Chloride), → Kalium, → Magnesium, → Natrium, Phosphor (→ Phosphat) und → Schwefel (der Bedarf wird durch die Aufnahme schwefelhaltiger Aminosäuren gedeckt).

Mengwurst Syn.: *Mischwurst;* → Blutwurst, bei der in der Blut-Schwarten-Grundmasse neben zerkleinertem Schweinefleisch, Fettgewebe und Leber z. T. auch andere zerkleinerte → Innereien (Herz, Zunge ohne Schleimhaut) und sonstige Tierkörperteile wie z. B. Schweinemilz verwendet werden. Bei Fleisch-Mengwurst sind auch Einlagen von Schweinefleisch, Zunge, Herz und Niere üblich.

Menhadenhering lat.: *Brevoortia tyrannus Latrobe* (Fam.: *Clupeidae*), engl.: *Atlantic menhaden;* grätenreicher Heringsfisch (20–30 cm lang), der in großen Mengen an der Ostküste Nordamerikas angelandet wird und als Rohstoff für → Fischmehl, → Fischproteinkonzentrat und Fischöl (→ Menhadenöl) dient. Ein kleiner Teil des Fangs wird regional als Speisefisch vermarktet.

Menhadenöl engl.: *menhaden oil;* Fett des → Menhadenherings. M. ist reich an → Omega-3-Fettsäuren (ca. 10 % → Eicosapentaensäure, 13 % → Docosahexaensäure und 1–2 % andere Omega-3-Fettsäuren). Isoliertes M. findet zunehmend Verwendung zur Anreicherung von Lebens- und Futtermitteln, z. B. Brot, Hühner- und Schweinefutter, Futter für Zuchtfische, sowie als → Nahrungsergänzungsmittel.

Menthol engl.: *menthol;* Aromastoff, dessen wichtigstes Isomer, (-)-Menthol, in Form farbloser, wenig wasserlöslicher, stark pfefferminzartig riechender Kristalle vorliegt. M. ist Hauptbestandteil des aus der → Pfefferminze gewonnenen Pfefferminzöls sowie der ätherischen Öle der → Japanischen Minze. M. erzeugt auf Haut und Schleimhäuten ein Kältegefühl, wirkt auf Magen, Darm und Galle schwach Krampf lösend, regt die Gallenproduktion an und wirkt desinfizierend. M. lässt sich durch Ausfrieren aus Japanischem Minzöl gewinnen, wird aber auch synthetisch hergestellt und sowohl zur Aromatisierung von Lebensmitteln und Tabakerzeugnissen als auch in der Kosmetik und Pharmazie eingesetzt.

Menüschalen engl.: *menue trays;* → Schalen zur Aufnahme von Fertiggerichten, die in diesen erwärmt und serviert werden können.

Meraner Konfekt; → Fondants

Mere-Exposure engl.: *Mere-Exposure;* eine Theorie bzw. ein Effekt, der bewirkt, dass die

Beliebtheit eines Produktes mit mehrfachem Verzehr zunimmt (Vertrautheit).

Meringe engl.: *meringue;* süddeutsche Bezeichnung für → Baiser.

Merkmal; Gruppierung von → Merkmalseigenschaften, die eine sensorische „Dimension" beschreiben, wie z. B. Geschmack, Form, Farbe.

Merkmalseigenschaft engl.: *attribute;* sensorisch einzeln und unabhängig wahrnehmbare Empfindung, z. B. süß (Geschmack), rot (Aussehen), Festigkeit (Konsistenz). Die quantitative Messung der wichtigsten M. eines Lebensmittels ergibt ein → Profil.

Merlan lat.: *Merlangius merlangus L.* (Fam.: *Gadidae*), engl.: *whiting,* Syn.: *Wittling;* kleiner Seefisch (20–25, maximal 70 cm lang), der im Nordostatlantik, im Schwarzen Meer und in Teilen des Mittelmeers vorkommt. Er ist ein → Magerfisch mit weißem aromatischen Fleisch ähnlich dem Schellfisch, der vorwiegend als Frischfisch gehandelt wird, kleinere Mengen auch tiefgefroren und/oder zu Räucher- und Stockfisch verarbeitet. Der M. hat große wirtschaftliche Bedeutung in Frankreich und Großbritannien, in Deutschland ist er bei Kennern geschätzt. Der Bestand im Atlantik ist gefährdet; es bestehen Fangbeschränkungen. Verwandte des M. sind der → Blaue Wittling und der vor der nordamerikanischen Ostküste in großen Mengen gefangene etwas größere *Merluccius bilinearis Mitchill.*

Merlot; Rotweinrebe hoher Qualität, die in Frankreich v. a. in den Weinen des Bordeaux, z. B. Pomerol und Saint-Émilion, vorkommt. Junge Weine sind fruchtig, ältere Merlot-Weine sind eher reicher und samtener im Geschmack. Merlot-Weine werden häufig aufgrund ihrer weichen Fülle zur Qualitätsverbesserung anderer Weine, z. B. Cabernet Sauvignon verwendet. Außerdem reift die Merlot-Rebe früher als z. B. Cabernet Sauvignon, was in kühleren Gegenden oder Jahrgängen von Vorteil sein kann. M. wird auch in Norditalien, in Osteuropa, in Nord- und Südamerika und in Australien angebaut.

Mescal/Mezcal engl.: *mescal, mezcal;* klare, aus verschiedenen → Agaven gebrannte herkunftsgeschützte mexikanische Spirituose, die gelegentlich in der Flasche einen Wurm enthält.

Meso-Inosit Syn.: → *Myo-Inosit*

Mesokarp engl.: *mesocarp;* → Perikarp

Mesophile Bakterien engl.: *mesophilic bacteria;* Bakterien, die eine gemäßigte Temperatur bevorzugen und deren Wachstumsoptimum bei Temperaturen zwischen 30 und 37 °C liegt. Hierzu gehören die meisten Lebensmittelvergifter und Krankheitserreger beim Menschen. Das Wachstumsminimum liegt meist bei 5–15 °C, weshalb sich m. B. bei Kühltemperaturen nicht vermehren können.

Messwein; → Sakrale Weine

Met Syn.: → *Honigwein*

Metabolismus Syn.: → *Stoffwechsel*

Metaboliten engl.: *metabolites;* Sammelbezeichnung für die im normalen Stoffwechsel auftretenden Zwischenprodukte (Intermediärprodukte).

Metalle engl.: *metals;* → Elemente, die sich durch metallischen Glanz, eine hohe Leitfähigkeit von Strom und Wärme sowie Härte und Verformbarkeit auszeichnen. In der Natur liegen die M. in reiner Form (gediegen) und als Erze vor. Entsprechend ihrer Dichte können M. in → Schwermetalle (über 5 g/cm^3) und Leichtmetalle (unter 5 g/cm^3) unterteilt werden. Sie sind z. T. wichtige Werkstoffe, Rohstoffe für Verpackungsmaterialien und spielen in Form ihrer Salze eine Rolle als Hilfs- und Zusatzstoffe wie auch als → Mineralstoffe.

Metaphosphate engl.: *metaphosphates;* ringförmige → Polyphosphate.

Methanol engl.: *methanol,* Syn.: *Methylalkohol, Holzgeist, Holzspiritus;* giftiger, i. d. R. synthetisch hergestellter → Alkohol. In Getränken aus Früchten und Obst kann M. in geringen Mengen aus im → Pektin enthaltenen Estern bei der Verarbeitung freigesetzt werden. Dies gilt besonders bei der Verwendung von Steinobst, Kernobst und Weintrauben.

Methionin engl.: *methionine;* Abk.: Met, essenzielle schwefelhaltige →Aminosäure, die in tierischen →Proteinen zu 2–4 %, in pflanzlichen Proteinen zu 1–2 % enthalten ist. Met ist eine Vorstufe der Aminosäuren →Cystein und →Taurin und trägt aufgrund seiner Beteiligung an der Bildung von Hormonen, Neurotransmittern und Nucleinsäuren zu vielen Körperfunktionen bei und ist am Fettstoffwechsel beteiligt. Met ist sauerstoff- und hitzeempfindlich, so dass es bei der Lebensmittelverarbeitung leicht zu Methionin-Verlusten kommt. Das aus Met gebildete Methional ist für den „Sonnenlichtgeschmack" der Milch sowie für den typischen Geschmack von Kartoffelprodukten verantwortlich.

Méthode champénoise; franz. für →Champagnerverfahren.

Methusalem; →Impériale

Methylalkohol Syn.: →*Methanol*

Methylamin engl.: *methylamine,* Syn.: *Monomethylamin;* →Trimethylamin

Methylcellulose engl.: *methylcellulose;* Celluloseether, der synthetisch durch Methylierung von Cellulose hergestellt wird, eine höhere Wasserlöslichkeit als Cellulose besitzt, jedoch wie diese für den Menschen unverdaulich ist. M. ist unter der Nummer E 461 als Füllstoff, Schaum-, Überzugs- und Verdickungsmittel für Lebensmittel allgemein ohne Höchstmengenbeschränkung zugelassen. Sie besitzt emulgierende Eigenschaft und verbessert z. B. Konsistenz, Form und die Gefrier-Tau-Stabilität verschiedener Lebensmittel. Des Weiteren wird M. als technischer Hilfsstoff, z. B. in Klebstoffen, Farben, Kosmetika und Reinigungsmitteln verwendet.

Methyleugenol engl.: *methyleugenol;* farblose, mild würzig riechende Flüssigkeit. M. ist Bestandteil der →ätherischen Öle zahlreicher Gewürze und Kräuter wie Basilikum, Sternanis und Fenchel, die zur Aromatisierung von Lebensmitteln und in Kosmetika verwendet werden. Laut Aromenverordnung darf M. jedoch nicht als Einzelstoff zur Herstellung von Aromen und anderen Lebensmitteln verwendet werden, da es sich im Tierversuch als kanzerogen und genotoxisch erwiesen hat.

Mett engl.: *minced pork meat;* →Schweinehackfleisch, das überwiegend zum Rohverzehr bestimmt ist und an sich keine weiteren Zutaten enthält. Für die Zubereitung von Thüringer M. oder Hackepeter aus M. werden üblicherweise nur Salz, Zwiebeln und Gewürze, wie z. B. Pfeffer, Kümmel oder Knoblauch verwendet.

Mettenden Syn.: →*Mettwurst in Enden*

Mettwurst engl.: *smoked beef/pork sausage;* fein zerkleinerte, geräucherte, streichfähige →Rohwurst, die überwiegend aus grob entfettetem Schweinefleisch, fettgewebereichem Schweinefleisch und Fettgewebe unter Mitverwendung von grob entsehntem Rindfleisch sowie weiteren Zutaten, wie z. B. Gewürzen hergestellt wird. Bei hervorhebenden Bezeichnungen wie „1a" oder „fein" entspricht das Ausgangsmaterial dem für →Teewurst. Ausgehend von der niederdeutschen Bedeutung Mett für Fleisch wird der Begriff M. in zahlreichen zusammengesetzten Wurstsortenbezeichnungen und auch für schnittfeste Rohwurst nach Art der →Salami verwendet.

Mettwurst einfach Syn.: *Streichmettwurst einfach;* aus fettgewebereichem Schweinefleisch und Fettgewebe neben sehnenreichem Rindfleisch, evtl. mit einem Zusatz von bis zu 10 % Bindegewebe hergestellte fein zerkleinerte, geräucherte, streichfähige →Rohwurst.

Mettwurst in Enden Syn.: *Mettenden;* mitteldicke, i. d. R. geräucherte, umgerötete, gereifte, schnittfeste →Rohwurst mit mittel- bis feinkörniger Struktur. Das rohe Ausgangsmaterial besteht üblicherweise aus grob entsehntem und sehnenreichem Rindfleisch, fettgewebereichem Schweinefleisch und Fettgewebe. Bei „einfacher" Qualität ist zusätzlich evtl. bis zu 10 % Bindegewebe üblich. M. wird i. d. R. roh verzehrt und ist eine beliebte geschmacksgebende Zutat in Gerichten wie z. B. Eintöpfe und Aufläufe.

Meursault; französischer AOC-Wein aus der Bourgogne, renommierter Weißwein aus Chardonnay-Trauben von oft hoher Qualität, voll und komplex in Geschmack und Bukett.

Mexikanische Gemüsemischung; in der Regel tiefgekühlt angebotene vorbereitete →Gemüsemischung, die hauptsächlich aus Mais, Kidneybohnen und rotem Paprika besteht.

Micrococcus; Mehrz.: Mikrokokken, Gattung grampositiver, meist streng aerober kugelförmiger Bakterien, die einzeln, paarig, in Tetraden oder in unregelmäßigen Haufen vorkommen und von denen einige Arten gelbe, orange oder rote Farbstoffe bilden. Mikrokokken sind nicht pathogen und kommen primär auf der Haut von Säugetieren sowie sekundär auf Fleisch und in Milch und Milchprodukten vor. Wichtigster Vertreter ist *M. roseus*, der eine rosarote Verfärbung von Salzheringen verursacht und aufgrund seiner Fähigkeit Nitrat zu reduzieren, Bestandteil von Starterkulturen für die Rohwurstherstellung ist.

Middelbare kaas; größerer →Commissie kaas mit einem Gewicht von 5–6,5 kg.

Mie-Nudeln; lange schmale (ca. 2 mm breite), mit und ohne Ei hergestellte spaghettiähnliche asiatische Weizennudeln, die vorgekocht sind und in der asiatischen Küche breite Verwendung finden.

Miesmuschel lat.: *Mytilus edulis L.* (Fam.: *Mytilidae*), engl.: *blue mussel*, Syn.: *Pfahlmuschel, Seemuschel;* 6–10 cm lange Speisemuschel (→Muscheln) mit dreieckigen, glatten, blauschwarzen Schalen, innen Perlmutt. Die M. wird den →Schalentieren zugerechnet. Sie lebt an den Küsten aller Weltmeere, in Europa am Atlantik und an Nord- und Ostsee, in Deutschland v. a. im Wattenmeer. Der Name M. stammt vom mittelhochdeutschen Mies für Moos ab. Die M. siedelt sich gern auf moosbewachsenem Untergrund an; mit den so genannten Byssusfäden heftet sie sich dabei an Steine und Pfähle (Muschelbänke). Die M. ernährt sich im Wesentlichen von →Plankton, das sie aus dem Wasser filtriert. Dabei können für den Menschen toxische Substanzen mit aufgenommen werden (→Muschelvergiftung). Handelsware stammt meist aus Zuchtbetrieben (→Muschelzucht). Verzehrt wird der gesamte Weichkörper mit Ausnahme der Byssusfäden. Der Weichkörper ist in gekochtem Zustand weißlich bis orangegelb. M. werden lebend angeboten, gekocht (auch in der Schale) oder in verarbeiteter Form, tiefgefroren als Ragout oder als Konserve, geräuchert, in Aufguss, in Sauce u. Ä. Die Schalen roher M. müssen fest verschlossen sein; beim Kochen in Wasser müssen sie sich öffnen. Nahe Verwandte der M. sind die Ostseemuschel (lat.: *Mytilus trossulus AA Gould*), die Mittelmeermuschel (lat.: *Mytilus galloprovincialis Lamarck*) und einige überseeische Arten.

Migration engl.: *migration;* vor allem in der Verpackungstechnologie verwendete Bezeichnung für die Wanderung von Bestandteilen. Hierbei kann es sich sowohl um die Wanderung von Packstoffbestandteilen, wie z. B. Weichmachern in das Lebensmittel als auch um die Wanderung von Lebensmittelbestandteilen, wie z. B. Gasen in oder durch →Packstoffe handeln. Bei der M. kann es zur toxischen Beeinflussung des Füllgutes, zu Qualitätseinbußen des Füllgutes durch Wasserdampf- oder Gasdurchlässigkeit des →Packmittels oder zu →Korrosion des Packstoffes durch das Füllgut kommen. Meist ist die M. unerwünscht, sie kann aber auch erwünscht sein, wie z. B. bei der Produktion von →Barrique-Weinen in Eichenholzfässern. →Simulanzlösemittel

Mihoen; lange, sehr dünne Fadennudeln aus Reismehl, die teils (meist gebacken) für Nudelgerichte, teils für Suppengerichte in der asiatischen Küche, insbesondere der indonesischen gebraucht werden.

Mijotieren Syn.: → *Simmern*

Mikroaerophil; nur bei einem gegenüber der Luft reduzierten Sauerstoffpartialdruck wachsend.

Mikroalgen engl.: *single cell algae;* Bezeichnung für einzellige → Algen.

Mikrobielles Eiweiß engl.: *microbial protein;* → Einzellerprotein

Mikrobielles Lab engl.: *microbial rennet;* von (gentechnisch veränderten) Mikroorganismen erzeugtes → Chymosin, das als → Labaustauschstoff verwendet wird.

Mikrobiologie engl.: *microbiology;* naturwissenschaftliche Disziplin, die sich mit der Biologie der → Mikroorganismen befasst. Im Lebensmittelbereich sind insbesondere die Unterbereiche Lebensmittelmikrobiologie, die sich mit der Herstellung und Konservierung von Lebensmitteln befasst und angewandte M., wie z. B. industrielle M., technische M. und → Biotechnologie von Bedeutung.

Mikrobizid engl.: *microbicidal;* Mikroorganismen abtötend.

Mikrobizide; Bezeichnung für Stoffe, die die Abtötung von Mikroorganismen, d. h. von Bakterien (→ Bakterizide) und Mikropilzen (→ Fungizide) bewirken.

Mikrokristalline Cellulose engl.: *microcrystalline cellulose;* durch chemische Behandlung quellbar gemachte → Cellulose ohne Faserstruktur. Sie ist für Lebensmittel unter der Nummer E 460i allgemein quantum satis zugelassen und wird als Verdickungsmittel, Trennmittel und Füllstoff verwendet. Anwendung findet sie als Verdickungsmittel in fertigen Salatsaucen, Desserts, Kalorien reduzierten Lebensmitteln (verbessertes Mundgefühl) und Speiseeis (verbesserte Schmelzfähigkeit) sowie als Füllstoff in Tabletten. Wegen der Gefahr einer möglichen Persorption (Durchgang durch die Darmwand in unzerkleinertem Zustand) war m. C. in Deutschland lange Zeit verboten.

Mikroorganismen engl.: *microorganisms;* von griech.: *mikros* = klein und *organon* = Organ abgeleitete Bezeichnung für einzellige niedere Organismen wie Bakterien, Hefen, Schimmelpilze, Algen und Viren, wobei letztere keine echten Lebewesen darstellen. M. sind in der Natur weit verbreitet und kommen im Boden, im Wasser und in der Luft vor.

Mikroverkapselung engl.: *microencapsulation;* bezeichnet das Umhüllen feindisperser flüssiger oder fester Stoffe mit Film bildenden Substanzen, so dass sich aus Flüssigkeiten, wie z. B. Aromen oder Lösungen von Vitaminen, Aminosäuren oder Farbstoffen trockene Pulver aus mikroskopisch kleinen Kapseln mit Durchmessern zwischen 10 und einigen 1000 µm bilden. Die Umhüllung schützt dabei den Inhalt vor Eintrocknen, Entweichen flüchtiger Substanzen sowie Einwirken von Feuchtigkeit und Sauerstoff und ermöglicht eine gute Verarbeitung sowie ein kontrolliertes Freisetzen der verkapselten Materialien. Typische zur Verkapselung verwendete Materialien sind Hydrokolloide wie Gummi arabicum sowie Stärke und verschiedene Wachse.

Mikrowellengaren engl.: *cooking by microwaves;* küchentechnisches Verfahren, bei dem die Lebensmittel mit Hochfrequenz-Mikrowellen (2450 MHz) in einem speziellen Garraum gegart werden. Die Erwärmung erfolgt dabei ohne ein Wärme übertragendes Medium, die Mikrowellen führen zur Erwärmung des lebensmitteleigenen Wassers. Mikrowellen sind ebenso zum schnellen Erwärmen bereits gegarter Speisen und zum Auftauen tiefgefrorener Lebensmittel geeignet.

Mikrowellentrocknung engl.: *microwave drying;* Verfahren zur → Trocknung von Lebensmitteln durch energiereiche Strahlung (→ Strahlungstrockner), die tief ins Innere des zu trocknenden Gutes eindringt und wegen seiner großen Dielektrizitätskonstante bevorzugt von Wasser absorbiert wird. Die M. wird häufig in Kombination mit anderen → Trocknungsverfahren zum Verdunsten der verbliebenen Restfeuchte eingesetzt und ergibt poröse, gut rehydratisierbare Produkte. Zum Trocknen wärmeempfindlicher Produkte im Nahrungsmittel- und Pharmaziebereich werden auch Mikrowellen-Vakuumtrockner verwendet.

Milben lat.: *Acari,* engl.: *mites;* zu den Spinnentieren (lat.: *Arachnida*) gehörende, meist unter 0,5 mm große graue bis weißliche → Vorrats- und → Hygieneschädlinge mit rötlichen Beinen und rötlicher Kopfregion, von denen zahlreiche Arten existieren. Zum Beispiel die v. a. Mehl, Müsli und Getreide befallende Mehlmilbe (lat.: *Acarus siro L.*), die zuckerhaltige Produkte wie Marmelade und Trockenobst befallende Backobstmilbe (lat.: *Carpoglyphus lactis L.*) oder die in Polsterfüllungen oder Matratzen auftretende Hausmilbe (lat.: *Glycyphagus domesticus (De Geer)*). Aufgrund ihrer geringen Größe ist ein Befall nur schwer erkennbar und in Form von im Körperbau stark reduzierten Dauerstadien (Hypopen) können M. ungünstige Lebensbedingungen wie z. B. Trockenheit mehrere Jahre überstehen. Schaden entsteht sowohl durch direkten Fraß, als auch indirekt z. B. durch Veränderung von Geruch und Geschmack der befallenen Produkte, Beeinträchtigung der → Backfähigkeit von Mehlen sowie durch Ekelerregung und Gesundheitsschäden wie Kopfschmerzen, Darmerkrankungen und Hautausschlägen bei Menschen und Haustieren nach Verzehr befallener Lebensmittel. Im Hausstaub vorkommende M. verursachen bei entsprechend sensibilisierten Personen → Allergien und Asthma (→ Hausstaubmilben-Allergie). Ebenfalls zu den M. gehören Zecken, Spinnmilben (im Obst-, Wein- und Hopfenanbau als Pflanzenschädling bekannt) sowie die Verursacher der Krätze beim Menschen und der Räude bei Tieren.

Milch engl.: *milk;* 1. nach der biologischen Definition das Sekret der Milchdrüsen weiblicher Säugetiere, das alle zur Aufzucht der Neugeborenen erforderlichen Nährstoffe wie Eiweiße, Fett, Milchzucker, Mineralien und Vitamine und ihr Immunsystem stärkende Stoffe wie Immunoglobuline enthält. Die Zusammensetzung fällt bei den einzelnen Tierarten recht unterschiedlich aus, so dass eine Substitution oft mit Schwierigkeiten verbunden ist; 2. nach lebensmittelrechtlicher Definition das durch ein- oder mehrmaliges Melken gewonnene Erzeugnis der normalen Eutersekretion von zur Milcherzeugung gehaltenen Tierarten. Zum größten Teil handelt es sich hierbei um Kuhmilch. Allerdings wird auch in Europa von Schafen, Ziegen, Büffeln und Pferden M. gewonnen, die hauptsächlich zu Käsen oder Spezialprodukten verarbeitet wird sowie z. T. als diätetisches Lebensmittel Verwendung findet. Die Zeit des Milchgebens (Laktationsperiode) umfasst bei der Kuh 270–330 Tage. Die erste M. nach dem Kalben (Kolostral- oder Biestmilch) hat einen besonders hohen Eiweiß- und Mineralsalzgehalt und darf in den ersten fünf Tagen nicht an die Molkerei geliefert werden. Während der Laktationsperiode bleibt die Zusammensetzung der M. bezüglich Fettgehalt und anderer Inhaltsstoffe nicht völlig gleich. Sie schwankt abhängig von Faktoren wie dem Zeitpunkt des Melkens, der Rasse, des verwendeten Futters und der Belastung der Tiere. Aufgrund ihres Reichtums an Nährstoffen ist M. ein guter Nährboden für Mikroorganismen wie z. B. Milchsäurebakterien. Dies ist ein wesentlicher Vorteil bei der Herstellung von fermentierten Milcherzeugnissen wie z. B. Joghurts, Crème fraîche und anderen Sauermilcherzeugnissen und im Verarbeitungsprozess erwünscht. Nachteilig wirkt sich diese Eigenschaft im Hinblick auf den möglichen raschen mikrobiellen Verderb aus. Daher wird der Hygiene und der Qualität in der gesamten Kette von der Gewinnung über den Herstellungsprozess bis hin zur Lagerung zum Verkauf bei M. und Milchprodukten besondere Aufmerksamkeit gewidmet. Von den Milcherzeugern an die Molkereien gelieferte M. (Anlieferungsmilch) wird regelmäßig auf Qualität (Fettgehalt, Eiweißgehalt, bakteriologische Beschaffenheit, somatische Zellen, Hemmstoffe u. v. m.) untersucht. Zum Schutz vor Krankheitserregern (pathogene Keime) wird sie mit Ausnahme von Käserei- und →Vorzugsmilch gereinigt, homogenisiert, standardisiert und in zugelassenen Erhitzungsapparaten dem jeweiligen Endprodukt entsprechend einem ausreichenden Wärmebehandlungsverfahren unterzogen. Anschließend erfolgt eine sofortige Kühlung. Verwendete Erhitzungsverfahren sind →Pasteurisieren, →Ultrahocherhitzen und →Sterilisieren. Die erfolgreich einem Wärmebehandlungsverfahren unterzogene M. wird zu →Konsummilch, →Butter, →Käse und der großen Gruppe der →Milcherzeugnisse verarbeitet. M. besitzt wegen ihres hohen Nährstoffgehalts eine herausragende ernährungsphysiologische Bedeutung. Der regelmäßige Verzehr von M. und Milchprodukten wird im Rahmen einer ausgewogenen Ernährung empfohlen, da sie einen wesentlichen Beitrag zur Versorgung des Körpers mit →Calcium leisten. Dadurch wird der Knochenaufbau unterstützt und einer möglichen späteren Erkrankung an →Osteoporose vorgebeugt. 3. volkstümlich für reife Hoden bzw. Samenflüssigkeit männlicher Fische, speziell bei Hering. →Heringsmilch →Milchner

Milchanaloga; milchähnliche flüssige Erzeugnisse auf der Basis von pflanzlichem Eiweiß, wie z. B. Sojamilch aus Sojabohnen, die als Ersatz für →Milch verwendet werden. Die Anwendungsfelder liegen als diätetisches Lebensmittel bei →Milcheiweißallergie oder →Lactoseintoleranz und bei speziellen religiös oder ethisch bedingten Kost- und Ernährungsformen wie dem →Veganismus.

Milchbackwaren engl.: *bakery products with added milk;* mit einem die Qualität merklich beeinflussenden Anteil an standardisierter Vollmilch oder entsprechenden Mengen Kondensmilch- und/oder Trockenmilcherzeugnissen hergestellte Backwaren. Deren Verwendung bewirkt bei den Backwaren ein größeres Volumen, eine i. d. R. weniger rösche gebräuntere Kruste, eine feinporigere Krume, eine längere Frischhaltung sowie Veränderungen im Geschmack. Üblicherweise werden auf 100 kg Getreideerzeugnisse und/oder Stärken bei Milchbrot und -kleingebäck 50 l standardisierte Vollmilch oder die entsprechenden Mengen Kondensmilch- und/oder Trockenmilcherzeugnisse verwendet. Zum Anteigen dienen für gewöhnlich bei Hefeteigen für feine Backwaren mindestens 40 l, bei Nichthefeteigen mindestens 20 l auf 100 kg Getreide, Getreideerzeugnisse und/oder Stärken.

Milchbonbons engl.: *milk sweets, milk candies,* Syn.: *Milchkaramellen;* →Bonbons mit charakteristischem Milch-Karamell-Geschmack und bräunlicher Farbe. Der Geschmack und die Farbe entstehen beim Kochen durch Wechselwirkung zwischen Milcheiweiß und reduzierenden Zuckern (→Maillard-Reaktion). Das Milcheiweiß stammt aus der zugegebenen Milch und/oder Milchprodukten, wie z. B. Kondensmilch oder Sahne. M. enthalten üblicherweise mindestens 2,5 % Milchfett sowie die Menge fettfreier Milchtrockenmasse, die diesem Mindestmilchfettanteil entspricht.

Milchbrätling Syn.: →*Brätling*

Milchbrötchen engl.: *milk bread roll;* →Brötchen mit weicher, zarter, feinporiger →Krume und i. d. R. weicher →Kruste. Diese Eigenschaften sind auf die Zugabe von Milch bei der Herstellung zurückzuführen. Üblicherweise werden in Deutschland mindestens 50 l standardisierte Vollmilch oder eine entsprechende Menge Kondensmilch und/oder entsprechende Mengen Trockenmilcherzeugnisse, auch ergänzt durch Butterfett verwendet.

Milchbrot engl.: *milk bread;* →Milchbackwaren

Milchbuttergebäck; Gebäck, das die Vorzüge von →Milch- und →Butterbackwaren hinsichtlich Qualität und Anforderungen in sich vereint.

Milchcremewaffeln Syn.: *Milchkremwaffeln;* → Cremewaffeln

Milchcrumb engl.: *milk crumb;* pulverförmiges haltbares Halbfabrikat in der Kakao- und Süßwarenindustrie, das hauptsächlich zur Produktion von Vollmilchschokolade verwendet wird. Die Rohstoffe sind Kakaomasse, Zuckerarten und Milcherzeugnisse; bei der Herstellung wird das Gemisch durch Trocknungsverfahren auf einen Wassergehalt von meist unter 1 % gebracht. Dabei entstehen durch die → Maillard-Reaktion je nach Herstellungsbedingungen unterschiedliche Aromen.

Milchdauerwaren engl.: *milk preserves,* Syn.: *Dauermilcherzeugnisse;* haltbare Milcherzeugnisse. Hierzu gehören → Kondensmilch- und → Trockenmilcherzeugnisse sowie → Milcheiweißerzeugnisse und Molkenpulver.

Milcheis Syn.: *Milchspeiseeis;* → Speiseeis, das üblicherweise mindestens 70 % Milch enthält.

Milcheiweiß engl.: *milk protein;* aus → Casein (75–85 %) und Molkenproteinen (15–25 %) bestehendes Gesamtprotein der Milch (ca. 3,5 %). Mit Säure oder Labenzym kann das an Calcium und Phosphat gebundene Casein ausgefällt werden. Zurück bleibt die Molke, die u. a. die Molkenproteine Lactalbumin und Lactoglobulin enthält. M. ist reich an Calcium und essenziellen Aminosäuren (hohe → biologische Wertigkeit), weshalb es ernährungsphysiologisch von großer Bedeutung ist. Es wird als Stabilisator, z. B. bei Fleischprodukten (→ aufgeschlossenes Milcheiweiß) oder als Backmittel bei Brot und Kleingebäck sowie zur Eiweißanreicherung eingesetzt.

Milcheiweißallergie engl.: *milk protein allergy;* → Allergie, die i. d. R. durch das Eiweiß der Kuhmilch, teilweise auch durch Eiweißbestandteile der Milch anderer Tierarten wie Schafmilch, Ziegenmilch und Stutenmilch ausgelöst wird. Dabei sind sowohl die Art und Schwere der Symptome (z. B. Magen-Darm-Beschwerden, Ausschlag, Juckreiz, Schnupfen, Asthma und Herz-Kreislauf-Beschwerden bis hin zum anaphylaktischen Schock) als auch der Grad der Sensibilität gegenüber dem Eiweiß von Person zu Person unterschiedlich. Da Kuhmilch weiterhin etwa 25 verschiedene Eiweiße enthält, die unterschiedlich empfindlich gegenüber Erhitzen und anderen Behandlungsverfahren sind, kann es relevant sein zu ermitteln, gegen welche Milchbestandteile die Allergie besteht. Manche Milcheiweißallergiker reagieren nur auf Rohmilch und vertragen erhitzte Milch und Milchprodukte, andere reagieren auf die sehr hitzestabilen → Caseine, so dass meist überhaupt keine Milchprodukte vertragen werden. Die grundsätzliche Therapie besteht aus dem Meiden von Milch und Milchprodukten, wobei bei sehr sensiblen Allergikern auch auf kleinste Mengen an so genannten versteckten → Allergenen in zusammengesetzten Fertigprodukten geachtet werden muss. Akute allergische Reaktionen müssen z. T. medikamentös mit Antihistaminika oder Cortisonpräparaten behandelt werden.

Milcheiweißbrot; → Spezialbrot mit einem durch den Zusatz von Milcheiweißtrockensubstanz erhöhten Nährwert. Üblicherweise werden mindestens 2 kg an Milcheiweißtrockensubstanz (entsprechend bspw. 6 kg Magermilchpulver) auf 100 kg Getreideerzeugnisse zugesetzt.

Milcheiweißerzeugnisse engl.: *milk protein products;* aus entrahmter Milch, Buttermilch oder Molke nach Verfahren, die das Milcheiweiß entweder in seiner Gesamtheit oder in Teilen von den übrigen Milchbestandteilen trennen, hergestellte Erzeugnisse. Zu den M. gehören Milcheiweiß (auch wasserlöslich), Säurecasein, Nährcasein, aufgeschlossenes Milcheiweiß, Labcasein und Molkeneiweiß (s. auch bei den einzelnen Stichwörtern). M. werden zur Eiweißanreicherung von Lebensmitteln eingesetzt.

Milcher Syn.: → *Bries*

Milcherhitzung engl.: *thermal processing of milk;* Wärmebehandlung von Milch und Milcherzeugnissen, die in speziell dafür zugelassenen Erhitzungsanlagen durchgeführt wird. Ziel der M. ist es, pathogene Keime sicher abzutöten, die Haltbarkeit der Produkte zu verlängern und gleichzeitig unnötige Verluste an wertgebenden Inhaltsstoffen des Grundnahrungsmittels Milch zu vermeiden. Bei der Erhitzung wird die Milch indirekt in Röhren- oder Plattenwärmeaustauschern oder direkt mit überhitztem Wasserdampf behandelt. Nach dem Grad der dabei erreichten Abtötung der pathogenen Keime unterscheidet man im Allgemeinen zwischen Pasteurisierungs- und Sterilisationsverfahren (→ Pasteurisieren → Sterilisieren). Zu den Pasteurisierungsverfahren zählen bei Milch die Dauererhitzung bei 62–65 °C für ca. 30 Min., die Thermisation bei 68–72 °C für 8–40 Sek., die Kurzzeiterhitzung als klassische Pasteurisation bei 71–74 °C für 40–45 Sek. und die Hocherhitzung bei 85–127 °C für bis zu 15 Sek. Die Vorteile der Pasteurisierungsverfahren gegenüber den Sterilisationsverfahren liegen in der geringeren Wärmebelastung der Milch. Dadurch wird die Bildung eines Kochgeschmacks und der Verlust an Nährstoffen wie Lysin verringert. Für die Pasteurisierung werden insbesondere die Kurzzeiterhitzung und Hocherhitzungsverfahren favorisiert, die Zeitvorteile und eine geringere Belastung der Milch bieten. Durch den Einsatz von Hocherhitzungsverfahren kombiniert mit aseptischer Weiterverarbeitung ist es möglich, Milch mit einer verlängerten Haltbarkeit von ca. 10 Tagen zu erhalten. Für die Sterilisation werden als Verfahren die Ultrahocherhitzung (bei aseptischer Weiterverarbeitung) bei 135–150 °C für 2–8 Sek. und die klassische Sterilisation bei 110–115 °C für 20–50 Min. angewandt. Die Verwendung der Sterilisationsverfahren ermöglicht die Herstellung von verpackt ungekühlt lange haltbarer Milch, die als Nachteil einen veränderten Geschmack sowie Nährstoffverluste, insbesondere bei klassischer Sterilisation aufweist. → Ultrahocherhitzte Milch

Milcherzeugnisse engl.: *milk products;* ausschließlich aus Milch gewonnene Erzeugnisse, wobei jedoch für die Herstellung erforderliche Stoffe zugesetzt werden können, sofern diese nicht verwendet werden, um einen der Milchbestandteile vollständig oder teilweise zu ersetzen. Im Gegensatz zu Butter und Käse werden zu den M. die Sauermilch-, Joghurt-, Kefir-, Buttermilch-, Sahne-, Kondensmilch-, Trockenmilch-, Molken-, Milchzucker-, Milcheiweiß-, Milchmisch-, Molkenmisch- und Milchfetterzeugnisse gezählt.

Milchferkel Syn.: → *Spanferkel*

Milchfett engl.: *milk fat;* das in der Milch von Tieren (Kuh, Schaf, Ziege) in Form einer Emulsion (Fettkügelchen in Wasser) enthaltene Fett. Der Fettgehalt und die Zusammensetzung schwanken abhängig von der Tierart bzw. Rasse und den Fütterungsverhältnissen. M. ist das am vielfältigsten zusammengesetzte Nahrungsfett, in dem bisher über 140 verschiedene Fettsäuren (gesättigte, ein- und mehrfach ungesättigte) identifiziert wurden. Es enthält relativ hohe Gehalte an kurzkettigen Fettsäuren (z. B. Butter-, Capron- und Caprylsäure), aber auch methylverzweigte Fettsäuren, Trans-Fettsäuren und CLA (→ Konjugierte Linolsäure). Den Hauptanteil machen Triglyceride (96–99 %) aus, daneben sind Mono- und Diglyceride, Phospholipide und Sterine zu finden. M. ist wegen seines hohen Gehaltes an fettlöslichen Vitaminen und wegen seiner guten Verdaulichkeit ernährungsphysiologisch von großer Bedeutung. Entsprechend des eingestellten Gehaltes an M. erfolgt bei Kuhmilch die Einteilung in die Konsumsorten Vollmilch (mindestens 3,5 %), fettarme Milch (1,5–1,8 %) und Magermilch (maximal 0,3 %). Die Bezeichnung „Milchfette“ ist ein im europäischen Recht geregelter

Oberbegriff für eine Gruppe von Streichfetten auf Basis von M., die in die vier Kategorien → Butter, → Dreiviertelfettbutter, → Halbfettbutter und → Milchstreichfett X v. H. unterteilt werden.

Milchfetterzeugnisse; aus Milch oder Sahne durch Abtrennen von Buttermilch oder aus Butter durch Abtrennen von Wasser und Einstellen der fettfreien Trockenmasse, auch unter Verwendung von Inertgas hergestellte Erzeugnisse mit mehr als 90 % Fett und flüssiger oder teilkristallisierter Konsistenz. Es werden die Standardsorten → Butterreinfett, → Butterfett (Butteröl) und Butterfett fraktioniert unterschieden.

Milchhalbfett Syn.: → *Halbfettbutter*

Milchkaramellen Syn.: → *Milchbonbons*

Milchkekse engl.: *milk biscuits, milk cookies;* → Kekse, die mit mindestens 0,2 l standardisierter Vollmilch oder einer entsprechenden Menge Kondensmilch- oder Trockenmilcherzeugnisse pro kg Getreideerzeugnisse und/oder Stärke hergestellt werden.

Milchkleingebäck; → Milchbackwaren

Milchkuvertüre engl.: *couverture milk chocolate,* Syn.: *Milchschokoladenüberzugsmasse, Milchschokoladenkuvertüre;* helle → Kuvertüre, die einen Gesamtfettgehalt aus Kakaobutter und Milchfett von mindestens 31 % aufweist und ansonsten den Anforderungen an eine → Milchschokolade entspricht, d. h. mindestens 3,5 % Milchfett und mindestens 14 % Milchtrockenmasse enthält.

Milchlikör engl.: *milk liqueur;* → Emulsionslikör, der u. a. aus Alkohol, Wasser, Zucker und Milch besteht. Häufig werden auch Sahne, Kaffee oder Schokolade mitverarbeitet. M. verfügt bei einem Extraktgehalt von 10 g pro 100 ml über einen Alkoholgehalt von mindestens 15 Vol.-%.

Milchmischerzeugnisse; aus Milch und/oder einem oder mehreren Milcherzeugnissen (Sauermilch-, Joghurt-, Kefir-, Buttermilch- und Sahneerzeugnisse), ferner Trockenmilcherzeugnissen bei Getränken aus Automaten, auch unter Anreicherung mit Molken- und Milcheiweißerzeugnissen hergestellte Erzeugnisse. M. werden Lebensmittel (bis zu insgesamt 30 % der Füllmenge des Fertigerzeugnisses), auch unter Verwendung färbender Lebensmittel, in über- oder unterschichteter bzw. gleichmäßig verteilter Form zugesetzt. Dabei kann es sich z. B. um Zucker, Fruchtzubereitungen, Kakaopulver oder Stärke handeln. M. besitzen eine trinkfertig sämige (Milchmischgetränke) oder gallertartig geronnene (stichfeste) Konsistenz.

Milchmischgetränke engl.: *flavored milk;* → Milchmischerzeugnisse aus Vollmilch, teilentrahmter oder entrahmter Milch, ferner Sauermilch-, Joghurt-, Kefir-, Buttermilch- und Sahneerzeugnissen mit verschiedensten beigegebenen Lebensmitteln, wie z. B. Kakao, Malz, Früchte, Alkohol oder Aromen. M. können zur Haltbarmachung pasteurisiert, ultrahocherhitzt oder sterilisiert sein.

Milchner; geschlechtsreifer männlicher Fisch vor dem Ablaichen. Der Begriff wird hauptsächlich verwendet für Heringe (→ Vollhering).

Milchnugat; → Nugat, bei dem ein Teil des Zuckers bei der Herstellung durch Milchbestandteile (Milchpulver) ersetzt wurde. Als Handelsware weist er einen Mindestgehalt an 3,2 % Milchfett und 9,3 % fettfreier Milchtrockenmasse auf.

Milchpulver engl.: *milk powder,* Syn.: *Trockenmilch, Vollmilchpulver;* → Trockenmilcherzeugnis, das aus Milch und/oder Sahneerzeugnissen durch weitgehenden Entzug des Wassers hergestellt wird. Der Restwassergehalt darf höchstens 5 %, der Fettgehalt muss mindestens 26 % betragen. M. wird hauptsächlich für die Herstellung von Schokoladen- und Backwaren sowie von Milchprodukten (z. B. Joghurt, Käse) verwendet. Bei der Herstellung von Säuglingsnahrung dient es als Basisstoff.

Milchreife; 1. Stadium der → Kornreife, bei der der Inhalt der grünen Körner noch milchigflüssig ist. Der Wassergehalt beträgt zu diesem Zeitpunkt 50 %. 2. Reifestadium bei Hülsenfrüchten, in dem Gemüseerbsen, Gartenbohnen und Dicke Bohnen halb reif (grün) zur späteren Verwendung als Gemüse geerntet werden. Im Gegensatz dazu werden Trockenerbsen und Trockenbohnen reif im Stadium der Totreife geerntet.

Milchreifung engl.: *milk ripening;* Prozess bei milchwirtschaftlichen Produktionsverfahren, der durch physikalisch-chemische oder biochemische Vorgänge charakterisiert ist und z. B. bei der →Käsereifung und →Rahmreifung eine entscheidende Rolle spielt.

Milchsäure engl.: *lactic acid,* Syn.: *2-Hydroxypropansäure;* Stoffwechselprodukt der →Milchsäurebakterien, das auch synthetisch aus Hydroxypropionitril gewonnen wird. Anhand ihrer physikalischen Eigenschaften (dreht linear polarisiertes Licht nach links (-) oder rechts (+)) und der räumlichen Anordnung der OH-Gruppe am zentralen Kohlenstoffatom (D von lat.: *dextro* = rechts; L von lat.: *laevo* = links) wird zwischen rechts drehender L(+)-Milchsäure und links drehender D(-)-Milchsäure unterschieden. Die rechts drehende M. wird auch im menschlichen Organismus produziert und kann mit Hilfe eines spezifischen Enzyms abgebaut werden. Die links drehende M., die hauptsächlich über die Nahrung aufgenommen wird, kann dagegen nur sehr langsam verstoffwechselt werden und sollte in Säuglingsnahrung nicht enthalten sein. M. entsteht bei der milchsauren Vergärung von Lactose durch Milchsäurebakterien. Dieser als Fermentation bezeichnete Prozess wird seit alters her aufgrund der Senkung des pH-Wertes als effektives Konservierungsverfahren für Lebensmittel, z. B. bei Sauermilcherzeugnissen, Sauerkraut, sauren Gurken und Silagen sowie zur Herstellung von →Sauerteig eingesetzt. Ob ein fermentiertes Lebensmittel D(+)- oder L(-)-Milchsäure oder das Racemat (D-L-Milchsäure) enthält, hängt von der verwendeten Bakterienkultur ab. Als Zusatzstoff E 270 findet M. vielfältige Anwendung in der Lebensmittelindustrie, z. B. als →Genusssäure in Limonadensirupen sowie bei Fleisch- und Wurstwaren.

Milchsäurebakterien engl.: *lactics, lactic acid bacteria;* Gruppe grampositiver, vorwiegend unbeweglicher, katalasenegativer Bakterien, die im Zuge der →Milchsäuregärung Kohlenhydrate zu →Milchsäure vergären und überwiegend für den Menschen nützlich sind. Es wird unterschieden zwischen homofermentativen M., die als Stoffwechselprodukt der Kohlenhydratvergärung fast ausschließlich Milchsäure bilden, und heterofermentativen M., die neben Milchsäure v. a. Kohlendioxid und Ethanol bilden. Weiterhin wird zwischen der Bildung der für den menschlichen Organismus leichter verwertbaren L(+)-Milchsäure und der schwerer abbaubaren D(-)-Milchsäure differenziert. Natürliche Standorte von M. sind sich zersetzende Pflanzen sowie der Darm und die Schleimhäute von Mensch und Tier. Im Lebensmittelbereich wichtige M. gehören z. B. zu den Gattungen →*Lactobacillus,* →*Lactococcus,* →*Leuconostoc* und →*Streptococcus.*

Milchsäureester von Mono- und Diglyceriden engl.: *lactic acid esters of mono and diglycerides of fatty acids,* Syn.: *Lactem, Lactoglyceride;* →Emulgatoren, die durch Veresterung von Mono- und Diglyceriden mit →Milchsäure hergestellt werden. Abhängig von den Fettsäuren der Glyceride und der Milchsäuremengen entstehen Verbindungen von unterschiedlichem Geschmack und Konsistenz (flüssig bis wachsartig). Die M. sind unter der Nummer E 472b als Emulgatoren, aber auch als Trennmittel, Schaummittel und Mehlbehandlungsmittel zugelassen und werden z. B. in Fetten, Backwaren und Desserts eingesetzt.

Milchsäuregärung engl.: *lactic acid fermentation;* Form der →Gärung, bei der Milchsäurebakterien Kohlenhydrate zu Milchsäure umsetzen. Werden hierbei homofermentative Milchsäurebakterien eingesetzt, so entsteht als Stoffwechselprodukt der Kohlenhydratvergärung fast ausschließlich Milchsäure, während heterofermentative Milchsäurebakterien neben Milchsäure v. a. Kohlendioxid und Ethanol bilden. Die M. wird häufig in der Lebensmittelproduktion genutzt, so z. B. bei der Herstellung von Buttermilch, Joghurt, Quark, Käse, Sauerkraut, Sauergemüse, bei der Rohwurstreifung und bei der Herstellung reiner Milchsäure. Weiterhin ist sie für zahlreiche erwünschte oder unerwünschte Prozesse der Säuerung kohlenhydratreicher Lebensmittel verantwortlich.

Milchsäurevergorene Schneidebohnen engl.: *pickled beans,* Syn.: *Schnibbelbohnen;* geschnittene blanchierte und unter Zusatz von Speisesalz einer natürlichen Milchsäuregärung unterzogene Busch- und/oder Stangenbohnen (→Bohnen) mit zarter ausreichend fester Konsistenz und feinsäuerlichem Geschmack. Die Beigabe einer geringen Menge Zucker zur Verstärkung des Gäreffekts ist zulässig. Sonstige Stoffe werden üblicherweise nicht verwendet. M. S. werden als Nasskonserve in Gläsern und im Frischhaltebeutel angeboten.

Milchschokolade engl.: *milk chocolate;* →Schokolade, die aus Kakaoerzeugnissen, Zuckerarten und Milch bzw. Milcherzeugnissen hergestellt wird. M. muss mindestens 14 % Milchtrockenmasse, 3,5 % Milchfett, 25 % Gesamtkakaotrockenmasse, 2,5 % entölte Kakaotrockenmasse und einen aus Kakaobutter und Milchfett resultierenden Gesamtfettgehalt von mindestens 25 % aufweisen. Für →Sahne- und →Magermilchschokolade gelten andere Anforderungen an den Milchfettanteil. Werden besondere Qualitätsmerkmale in der Bezeichnung herausgehoben wie bei Vollmilchschokolade, so muss die Gesamtkakaotrockenmasse mindestens 30 % und die Milchtrockenmasse mindestens 18 % betragen, davon mindestens 4,5 % Milchfett.

Milchschokoladenüberzugsmasse Syn.: →*Milchkuvertüre*

Milchschokoladestreusel Syn.: *Milchschokoladeflocken;* Erzeugnis mit mindestens 20 % Gesamtkakaotrockenmasse, mindestens 12 % Milchtrockenmasse und einem Gesamtfettgehalt aus Kakaobutter und Milchfett von mindestens 12 %. M. werden wie →Schokoladestreusel hergestellt und verwendet.

Milchserum engl.: *milk serum, lactoserum;* nach Entfernen von Milchfett und Protein aus Milch oder Molke verbleibende Flüssigkeit.

Milchspeiseeis Syn.: →*Milcheis*

Milchstreichfett X v. H.; Streichfett auf der Basis von →Milchfett mit einem Fettgehalt von kleiner als 39 % oder über 41 und unter 60 % oder über 62 und unter 80 %. Der Platzhalter X in der Produktbezeichnung steht dabei für den jeweils konkreten Fettgehalt des Produktes. M. wird aus Sahne oder Butter und Wasser unter dem stabilisierenden Zusatz von Emulgatoren, Gelatine und Milcheiweiß hergestellt. Gegebenenfalls erfolgt eine Zugabe von Salz, Milchsäurebakterienkulturen und daraus hergestellten Milchsäurekonzentraten für die Bildung von Aroma und Geschmack. Wegen seines hohen Wassergehaltes ist M. mit einem Fettgehalt unter 50 % nicht zum Braten und Backen, sondern nur als Brotaufstrich und zum Dünsten geeignet. Aufgrund seiner Anfälligkeit für mikrobiellen Verderb darf M. mit →Sorbinsäure konserviert werden.

Milchteigwaren; Bezeichnung der außer Kraft getretenen Teigwarenverordnung für Erzeugnisse, zu deren Herstellung ein Mindestmaß an Milch oder Milchpulver, berechnet als Milchtrockenmasse verwendet wurde. Heute ohne Bedeutung.

Milchtiere; zur Milchgewinnung gehaltene Haustiere wie Rind, Schaf und Ziege, in anderen Ländern auch Esel, Pferd, Büffel, Kamel und Rentier.

Milchtrockenmasse engl.: *milk solids;* Rückstand nach Entfernen des Wassers aus Milch und Milcherzeugnissen, der als Maßstab für den Nährstoffgehalt gilt und im Wesentlichen aus Milchfett, Milcheiweiß, Lactose, Mineralstoffen und Vitaminen besteht.

Milchwaffeln engl.: *milk wafers;* → Waffeln

Milchzucker Syn.: → *Lactose*

Mild behandelter Kaffee Syn.: *naturmilder Kaffee;* sich durch einen leichten und milden Geschmack nach der Röstung auszeichnende Sorten Röstkaffee. Dies ist jedoch nicht durch eine besondere Behandlung bzw. Röstung bedingt, sondern auf die Verwendung spezieller Mischungen von säurearmen Rohkaffeesorten (besonders aus Kolumbien und Brasilien) zurückzuführen.

Mild gesäuerte Butter; → Buttersorten

Milds; Bezeichnung im Kaffeehandel für Untergruppen von Arabicakaffeesorten, die fast ausschließlich nach dem „nassen Verfahren“ aufbereitet werden.

Mildsalzung engl.: *light cure;* Verfahren zum Reifen und zur Haltbarmachung von Fisch mit Kochsalz in mäßiger Konzentration (12–20 g Salz je 100 g Fischgewebewasser). → Einsalzen → Salzfischerzeugnisse

Milo engl.: *milo;* Handelsbezeichnung für eine Gruppe von → Sorghumhirsen zur Körnergewinnung.

Milostärke engl.: *milo starch,* Syn.: *Sorghumstärke;* aus verschiedenen Arten der → Sorghumhirse gewonnene → Stärke, die wie → Maisstärke verwendet wird. Ihr Amylopektingehalt ist recht unterschiedlich (von wenig bis ausschließlich).

Milz engl.: *spleen;* Organ aus der Bauchhöhle der Schlachttiere, das zu den → Innereien gezählt wird. Im Zuge von BSE und den ergriffenen Schutzmaßnahmen wird üblicherweise nur noch Schweinemilz in Milzwurst unter Kenntlichmachung der Verwendung verarbeitet.

Milzwurst; in Hüllen von großem Kaliber abgefüllte nicht umgerötete → Brühwurst mit bis zu kirschgroßen Einlagen von Schweinemilz und Kalbskopffleisch in der fein zerkleinerten Grundmasse. Diese wird aus sehnen- und fettgewebsarmem Jungrindfleisch, grob entsehntem Kalb- und Jungrindfleisch sowie Speck und weiteren Zutaten wie z. B Gewürzen hergestellt. Die Verwendung von Bries, Hirn und Rindermilz für lokale, abweichend zubereitete Varianten war üblich. In Folge von BSE und den ergriffenen Schutzmaßnahmen werden diese Zutaten z. T. zum Risikomaterial gezählt und in Fleischerzeugnissen nicht mehr verwendet.

Minarine engl.: *minarine;* in einigen europäischen Ländern, z. B. Österreich übliche Bezeichnung für Halbfettmargarine (→ Margarine).

Mindesthaltbarkeitsdatum engl.: *best before end date;* Abk.: MHD, das Datum, bis zu dem ein Lebensmittel unter angemessenen Aufbewahrungsbedingungen seine spezifischen Eigenschaften behält. Dies ist bei Einhaltung der erforderlichen Verpackungs-, Lager- und Transportbedingungen durch alle Beteiligten, einschließlich des Endverbrauchers der Fall. Zusätzliche Hinweise auf Voraussetzungen für die Einhaltung des MHD sind erforderlich und rechtlich für fertig verpackte Ware weitestgehend vorgeschrieben (z. B. Angabe der erforderlichen Lagertemperatur). Das MHD ist nicht mit dem → Verbrauchsdatum zu verwechseln.

Mineralbrunnen Syn.: → *Mineralwasser*

Mineralbrunnenerfrischungsgetränke; unter ausschließlicher Verwendung von Mineralwasser hergestellte alkoholfreie Erfrischungsgetränke, wie z. B. Brunnenlimonade, Brunnenfruchtsaftgetränk, Mineralwasser-Erfrischungsgetränk, Mineralwasser plus Frucht-Getränk. M. werden am Quellort abgefüllt und können die Ortsbezeichnung des verwendeten Mineralwassers enthalten.

Mineralquelle Syn.: → *Mineralwasser*

Mineralstoffe engl.: *minerals;* anorganische Bestandteile der Nahrung, die meist in Form ihrer Salze vorliegen und nach Verbrennung als Asche zurückbleiben. M. werden zum Aufbau von Körpersubstanz benötigt, zur Aufrechterhaltung elektrolytischer und osmotischer Gleichgewichte, zur Regulation von Enzymfunktionen und für die Reizweiterleitung im Nervensystem. Eine unzureichende Zufuhr kann Mangelerscheinungen verursachen, eine Überdosierung führt bei bestimmten M. zu Vergiftungen. Die M. werden unterteilt in →Mengenelemente, →Spurenelemente und →Ultraspurenelemente.

Mineralstoffräuber; aus dem Bereich der →alternativen Ernährungsformen stammende Bezeichnung für Substanzen, die dem Körper bei ihrer Verstoffwechselung →Mineralstoffe wie →Calcium entziehen und damit die Calciumversorgung gefährden sollen. Diese mittlerweile wissenschaftlich längst widerlegte Eigenschaft wird heute trotzdem noch häufig mit Zucker (→Industriezucker) und →Auszugsmehlen in Verbindung gebracht.

Mineralwasser engl.: *mineral water,* Syn.: *Mineralbrunnen, Mineralquelle;* Wasser von ursprünglicher Reinheit aus unterirdischen, vor Verunreinigungen geschützten Wasservorkommen, das durch seinen Gehalt an Mineralien, Spurenelementen oder sonstigen Bestandteilen und ggf. durch bestimmte, insbesondere ernährungsphysiologische Wirkungen gekennzeichnet ist. Natürliches M. wird aus einer oder mehreren natürlichen oder künstlichen erschlossenen Quellen gewonnen und seine Zusammensetzung, seine Temperatur und seine übrigen wesentlichen Merkmale bleiben im Rahmen natürlicher Schwankungen konstant. Die Gewinnnung von natürlichem M. unterliegt strengen rechtlichen Vorschriften und für das gewerbsmäßige Inverkehrbringen ist eine amtliche Anerkennung erforderlich. Für das Herstellen von natürlichem M. dürfen nur die in der Tabelle aufgeführten Verfahren angewendet werden. Der Zusatz von Stoffen zu natürlichem M. ist wie die Anwendung von Verfahren zur Verringerung des natürlichen Keimgehalts verboten.

Herstellungsverfahren für natürliche Mineralwasser	
1	Abtrennen bestimmter natürlicher Inhaltsstoffe, wie Eisen- und Schwefelverbindungen, durch Filtration oder Dekantation, gegebenenfalls nach Belüftung, sofern die Zusammensetzung des natürlichen Mineralwassers durch dieses Verfahren in seinen wesentlichen, seine Eigenschaften bestimmenden Bestandteilen nicht geändert wird
2	Vollständiger oder teilweiser Entzug der freien Kohlensäure durch ausschließlich physikalische Verfahren
3	Versetzen oder Wiederversetzen mit Kohlendioxid

Minestrone engl.: *minestrone;* ursprünglich italienische klare Gemüsesuppe aus fein geschnittenem Saisongemüse und häufig Bohnen, Reis, Nudeln oder Käse, die in vielen unterschiedlichen Variationen angeboten wird.

Minneola; mit der →Mandarine verwandte, aber größere Zitrusfrucht mit charakteristischem „Näschen“ am Stielansatz der orangeroten glänzenden Schale und besonders saftigem, aromatischem, meist kernlosem Fruchtfleisch. Die zu den →Tangelo zählende durch Kreuzung aus Grapefruit und Tangerine entstandene M. wird aus Israel, USA, Südafrika im Winterhalbjahr importiert.

Mintai Syn.: →*Alaska-Seelachs*

MinusL-Milchprodukte; →lactosefreie Milchprodukte zur Ernährung bei →Lactoseintoleranz.

Mirabellen lat.: *Prunus domestica subsp. syriaca (Borkh.) Janch.* (Fam.: *Rosaceae*), engl.: *mirabelles;* kleine (kirschgroße), runde, gelbe →Steinfrüchte mit roter Punktierung einer Wärme liebenden Pflaumenunterart (→Pflaumen). M. sind ein beliebtes Obst, das frisch, eingekocht als Kompott und gedörrt verzehrt wird. Sie können zu einer Vielzahl von Erzeugnissen, wie z. B. Konfitüre, Mus oder Brand weiterverarbeitet werden. Dieser ist besonders aromatisch. In Deutschland abgefüllte Mirabellenkonserven genügen den Anforderungen der Leitsätze des Deutschen Lebensmittelbuches für verarbeitetes Obst oder sind in Abweichung ausreichend kenntlich gemacht.

Mirabellenbrand engl.: *mirabelle spirit;* → Mirabellen

Mischbrote engl.: *bread made from rye and wheat flour;* → Brote, die aus mindestens zwei Getreidemehlsorten hergestellt werden, von denen eine mehr als 50 % und weniger als 90 %, bezogen auf den Mehlgehalt stellt. Beim überwiegenden Teil der im Handel angebotenen Brotsorten handelt es sich um M. Als M. hergestellt werden überwiegend Roggen- und Weizenmischbrote.

Mischen engl.: *mixing, blending,* Syn.: *Vermischen;* möglichst gleichmäßiges homogenes Verteilen eines Stoffes in einem oder mehreren anderen. Es existieren unterschiedliche Verfahren und entsprechend geeignete Apparaturen für das M. im Nassen, Feuchten oder Trockenen. Beispiele sind Emulgieren, Lösen, Suspendieren, Kneten, Rühren oder Walzen.

Mischfett; in der Klassifizierung der → Streichfette verwendete Bezeichnung für Mischungen aus pflanzlichen oder tierischen Fetten mit Milchfett (zwischen 10 und 80 % des Gesamtfettgehalts). Nach dem Fettgehalt erfolgt die Einstufung in die Standardsorten (Voll-)Mischfett, Dreiviertel- und Halbmischfett bei Erfüllung der entsprechenden rechtlichen Anforderungen sowie bei Nichterfüllung in die Stufe Mischstreichfett X v. H.

Mischgemüse Syn.: → *Gemüsemischungen*

Mischgetränke Syn.: *Mixgetränke;* alkoholhaltige Getränke, die hergestellt werden: 1. aus 15–50 % Wein, Perlwein oder Perlwein mit zugesetzter Kohlensäure und alkoholfreien Getränken (Fruchtsäfte, Fruchtsaftgetränke, Limonade, Brause, Tafelwässer und Milchmischgetränke); 2. aus 15–50 % Schaumwein oder Schaumwein mit zugesetzter Kohlensäure und alkoholfreien Getränken oder Bier; 3. aus Obst- bzw. Fruchtwein oder Obst- bzw. Fruchtdessertwein mit alkoholfreien Getränken, kohlensäurehaltigem Wasser und natürlichen Geschmacksstoffen oder Gewürzen; 4. aus mindestens 10 % Weindestillat oder Weinbrand mit alkoholfreien Getränken; 5. aus Spirituosen mit alkoholfreien Getränken (Alcopops, → Premix).

Mischkost engl.: *mixed diet,* Syn.: *Gemischtkost;* Kostform, die alle Lebensmittel pflanzlicher und tierischer Herkunft enthält und in geringem Umfang auch Genussmittel (Kaffee, Tee, alkoholische Getränke) umfasst. Entspricht die Zusammensetzung den Zufuhrempfehlungen (55–60 % Kohlenhydrate, 25–30 % Fett und 8–10 % Protein), wird von einer ausgewogenen M. gesprochen.

Mischkost-Verpflegungssystem Syn.: *Mischküche;* in der Gemeinschaftsverpflegung eingesetztes Arbeitssystem, bei dem Lebensmittel unterschiedlicher Verarbeitungsstufen verwendet werden. Der Raum-, Geräte- und Personalbedarf ist dabei abhängig vom Convenience-Grad der eingesetzten Speisen bzw. Speisekomponenten. Es wird unterschieden zwischen Mischküche-Tiefkühlkost, bei der tiefgekühlte Komponenten in Heißluftgeräten regeneriert und mit frischen Zubereitungen aus der eigenen Küche kombiniert werden und Mischküche-Kühlkost, die nach dem gleichen Prinzip arbeitet, jedoch nur gekühlte vorbereitete Komponenten einsetzt, wodurch wesentlich kürzere Verfallsdaten zu beachten sind.

Mischobst; gemischte Trockenfrüchte, enthalten handelsüblich Trockenpflaumen, Trockenäpfel als Ringe, Trockenaprikosen und -pfirsiche, z. T. auch Trockenbirnen.

Mischsirup; Mischung aus → flüssigen Zuckern mit → Glucosesirupen und ggf. weiteren Zutaten, die speziell auf den entsprechenden Verwendungszweck ausgerichtet ist.

Mischteigwaren; → Teigwaren, die nicht wie üblich nur aus Grieß, sondern aus Mehl und Grieß hergestellt sind.

Mischwurst Syn.: → *Mengwurst*

Miso engl.: *miso;* Würzpaste aus milchsauren, fermentierten Sojabohnen und Getreide (Weizen, Reis) mit Kochsalz. M. ist in der japanischen Küche Suppengrundlage (Misosuppe mit Einlage von Tofu- und Algenstücken) und Würzmittel für Fleisch-, Fisch- und Gemüsegerichte. In Europa wurde M. bekannt über die →makrobiotische Ernährung, neuerdings auch durch Japanrestaurants.

Mistellen Syn.: *Mistella;* Weine, bei denen die Gärung des nur schwach angegorenen Mosts durch Alkoholzusatz gestoppt wurde (→Aufspriten). Dazu zählen z. B. der französische Pineau des Charentes und der echte Samos.

Mitteldarm engl.: *midgut;* von der Schleimhaut befreiter Mittelabschnitt des →Darmes (→Grimmdarm, Dickdarm) vom Rind, der gewendet als Wursthülle z. B. von Kochwürsten verwendet wird. →Naturdarm

Mittelkettige Fettsäuren engl.: *medium-chain fatty acids;* gesättigte →Fettsäuren mit 6–12 C-Atomen. Sie kommen natürlich nur in wenigen Triglyceriden vor, z. B. in Kokos- oder Palmkernfett, in geringem Maße auch in Milchfett. Meist aus Kokosfett hergestellte Spezialfette mit hohem Gehalt an m. F. (MCT-Fette, von engl.: *medium chain triglycerides*) werden bei Fettabsorptionsstörungen eingesetzt, da m. F. auch ohne emulgierende Gallensäuren und/oder Fett spaltende Enzyme absorbiert werden. Der Nutzen solcher Fette zur kalorienreduzierten Ernährung und als Energiezufuhr für Ausdauersportler wird diskutiert.

Mittelmeerkost Syn.: →*Mediterrane Kost*

Mixed Pickles engl.: *mixed pickles;* Mischungen tafelfertig zubereiteter Gemüsesorten mit einem Aufguss aus Essig, Gewürzen und Kräutern oder deren Auszügen sowie Kochsalz, Zucker und eventuell Senfkörnern. Als Gemüsebestandteile werden v. a. Cornichons, Silber- oder Perlzwiebeln, Maiskölbchen, Paprika und Blumenkohl verwendet. Ferner können z. B. Bohnen, Möhren, Spargel, Pilze, junge grüne Erbsen und Oliven eingesetzt werden.

Mixgetränke Syn.: →*Mischgetränke*

MKS engl.: *FMD;* Abk. für →Maul- und Klauenseuche.

Mochi; kuchenähnliche japanische Reisspezialität aus gekochtem, gedämpftem, geschlagenem, stark klebendem süßen Rundkornreis. M. wird gekocht oder gegrillt verzehrt und gehört zu den traditionellen japanischen Neujahrsspeisen.

Mockturtlesuppe engl.: *mockturtle soup,* Syn.: *falsche Schildkrötensuppe;* englische Spezialität, die als preiswerte Alternative zur echten →Schildkrötensuppe entwickelt wurde. Sie ist auf den Speisekarten renommierter Restaurants zu finden und wird auch industriell vorgefertigt angeboten. Hauptzutat ist in kleine Würfel geschnittenes Fleisch von gekochtem Kalbskopf.

Modified Atmosphere Packaging; Abk.: MAP, Verpackung in modifizierter Atmosphäre durch Zugabe von Kohlendioxid oder Entzug von Sauerstoff, um das Wachstum von →Mikroorganismen zu behindern und somit die Haltbarkeit der auf diese Weise verpackten mikrobiell gefährdeten Lebensmittel zu verlängern. Die MAP ist dabei umso wirksamer, je mehr das Wachstum der relevanten Mikroorganismen schon durch andere Faktoren wie niedrige Temperatur, niedriger pH-Wert und Absenkung des a_w-Wertes behindert ist. Weiterhin relevant sind ein niedriges Ausgangsniveau der Keimzahl des zu verpackenden Lebensmittels sowie eine dichte und widerstandsfähige Verpackung. MAP kann insbesondere zum Verpacken von geschälten Kartoffeln, Frischfleisch, Geflügel sowie von Fischen und Meerestieren angewandt werden.

Modifizierte Stärken engl.: *modified starch;* physikalisch (Hitze, Druck), chemisch (Säure, Lauge, Oxidationsmittel) oder enzymatisch veränderte Stärken, die sich hinsichtlich einer oder mehrerer Eigenschaften von der nativen Stärke unterscheiden. Die physikalisch (z. B. →Quellstärke) und enzymatisch m. S. zählen im Gegensatz zu den chemisch m. S. wie z. B. →oxidierte Stärke, →dünn kochende Stärke, →Stärkeether →Stärkephosphate nicht zu den Zusatzstoffen. Durch die Modifikation soll eine höhere Stabilität gegenüber Hitze, Kälte oder pH-Wert-Schwankungen, eine Verbesserung der Quelleigenschaften oder eine Verringerung der Retrogradationsneigung erreicht werden.

Möhren lat.: *Daucus carota L. subsp. sativus (Hoffm.) Schübl. et G. Martens* (Fam.: *Apiaceae*), engl.: *Carrots*, Syn.: *Gartenmöhren, Mohrrüben, gelbe Rüben, gelbe Wurzeln, Karotten;* gelb bis orangerot gefärbte Wurzelrüben der gleichnamigen einjährigen Pflanze. Die Farbe ist hauptsächlich durch den hohen Gehalt an →beta-Carotin bedingt. Der Gehalt an beta-Carotin kann in carotinreichen Sorten bis über 20 mg pro 100 g betragen. M. sind die carotinreichsten Lebensmittel, allerdings müssen sie zur Verwertung des beta-Carotins mit Fett angerichtet und/oder gegart werden. Sie enthalten ca. 5 % Zucker und ätherische Öle, die den charakteristischen Geschmack hervorrufen. M. werden als Wurzelgemüse geerntet und ganzjährig in obligatorischen EG-Handelsklassen gehandelt. Die oft mit Laub als Bundmöhren gehandelten Frühsorten sind kaum lagerfähig, während die Spätsorten sich ungewaschen bei 0 bis +2 °C bis zu sechs Monate lagern lassen. M. werden roh oder gekocht als Gemüse und Salat verzehrt sowie zu Saft verarbeitet. Eine Haltbarmachung erfolgt einzeln und als Bestandteil von Gemüsemischungen als Tiefkühl- und Trockenware sowie als Nass- und Sauerkonserven (→Mixed Pickles). M. in Konserven unterliegen neben den Leitsätzen des Deutschen Lebensmittelbuches für verarbeitetes Gemüse weiteren Anforderungen aus Normen.

Möppkenbrot Syn.: → *Westfälische Beutelwurst*

Mogelpackung engl.: *deceptive package;* Trivialausdruck für eine Fertigpackung, die durch ihre Gestaltung eine größere Füllmenge vortäuscht, als in ihr enthalten ist.

Mogulanlage engl.: *Mogul plant;* kontinuierlich im Pudergussverfahren arbeitende Produktionsmaschine für Zuckerwaren. In den in flache Kästen, meist immer noch aus Holz, eingesiebten Mais- oder Weizenstärkepuder werden mit Gipsstempeln die gewünschten Formen eingedrückt. In diese dosiert eine Gießmaschine eine heiße thermoreversible Masse hinein, z. B. einen 56–58 °C warmen Gummi-Arabicum-Spirituosen-Zuckersirup für →gefüllte Schokolade mit Spirituosenfüllung. Gummibärchenmasse hat beim Eingießen eine Temperatur von 80–90 °C. Nach Bepuderung bleiben die Kästen 8–48 Stunden stehen. Beim Auspudern werden die Stücke durch Bürsten oder Luft von anhaftender Stärke befreit und die fertige Ware abschließend mit Dampf o. Ä. gewaschen, gezuckert, mit Trennmitteln wie pflanzlichen Ölen und Bienenwachs geglänzt und getrocknet. Einsatzmöglichkeiten der M. sind u. a. Gummizuckerwaren (neben Gummibärchen auch Pastillen), Gelee- und Krustenartikel (Erfrischungsstäbchen, Einlagen für →Pralinen und Ostereier).

Mohn lat.: *Papaver somniferum L. subsp. somniferum* (Fam.: *Papaveraceae*), engl.: *poppy*, Syn.: *Schlafmohn;* aus Kleinasien stammende krautige einjährige, 70–120 cm hohe Pflanze mit blaugrünen wachsigen Blättern. Alle Pflanzenteile und insbesondere die unreifen grünen Mohnkapseln sind von Milchröhren durchzogen. Die reifen walnussgroßen Kapselfrüchte enthalten hunderte blaugraue Samen mit einem Ölgehalt von bis zu 50 %. Die Pflanze wird sowohl zur Gewinnung des als Opium bezeichneten Milchsafts genutzt, der mehrere pharmakologisch wichtige Alkaloide, wie z. B. das Schmerz lindernde und gleichzeitig euphorisierende Morphin sowie das Hustenreiz stillende Codein enthält, als auch zur Gewinnung der ölhaltigen →Mohnsamen. M. wird in vielen Ländern, wie z. B. China, Indien, der Türkei und dem Iran unter staatlicher Aufsicht als Medizinalpflanze sowie zur Gewinnung der Mohnsamen legal kultiviert und in vielen asiatischen Ländern zur Opiumgewinnung illegal angebaut. In Deutschland ist der Anbau alkaloidhaltiger Mohnsorten verboten.

Mohnbrötchen engl.: *poppy seed roll;* → Brötchen, i. d. R. aus Weizenmehl mit → Mohnsamen, der meist in Form einer dünnen Schicht auf die Kruste aufgestreut ist.

Mohnbrot engl.: *poppy seed bread;* → Spezialbrot mit einer deutlich sichtbaren, auf der Kruste aufgestreuten Mohnauflage (→ Mohnsamen).

Mohnkuchen engl.: *poppy seed cake;* offener oder gedeckter Kuchen mit → Mohnsamen, der meist aus Hefefeinteig (→ Hefeteige), aber auch aus Rührmassen oder Mürbe- bzw. Streuselteig hergestellt wird. Der Mohn kann direkt in den Teig oder in Form einer Füllung sowie als Belag eingearbeitet werden. M. enthalten im Handel in der Füllung mindestens 20 % Mohn von handelsüblicher Feuchtigkeit.

Mohnöl engl.: *poppy oil;* aus → Mohnsamen gewonnenes pflanzliches Öl. Sein Fettsäuremuster weist hauptsächlich Linolsäure auf, daneben Ölsäure. Die Samen enthalten bis 55 % Öl, das hellgelb und von schwachem Geruch ist. Der Geschmack ist je nach Sorte unterschiedlich stark ausgeprägt. Er reicht von mild und fein (Weißmohnöl) über nussig (Graumohnöl) bis hin zu intensiv ausgeprägt (Blaumohnöl). In M. lassen sich keine Opiate nachweisen. Es findet Verwendung als Spezialitätenöl zum Anrichten von Salaten, zu Süßspeisen und Desserts, verbreitet in der österreichischen, aber auch der orientalischen Küche. Als trocknendes Öl wird es auch in Malfarben eingesetzt.

Mohnsamen engl.: *poppy seeds;* aus den reifen Kapselfrüchten des → Mohns gewonnene, etwa 1 mm große nierenförmige Samen mit einem Ölgehalt von bis zu 55 %. Je nach Mohnsorte wird zwischen den am weitesten verbreiteten Blaumohnsamen, den Graumohnsamen und den Weißmohnsamen unterschieden. M. werden als Streumaterial auf Brot und Kleingebäck (Blaumohnsamen), insbesondere auf Brötchen, zur Zubereitung verschiedener, typisch österreichischer Mehlspeisen und Backwaren sowie zur Gewinnung eines hochwertigen Speiseöls (→ Mohnöl) genutzt. Zur Gewinnung von M. werden spezielle Mohnsorten mit sich nicht öffnenden Kapselfrüchten, so genannter Schließmohn angebaut.

Mohnstollen engl.: *poppy seed loaf cake;* → Stollen

Mohnstriezel engl.: *plaited poppy seed yeast cake;* → Striezel

Mohrenhirse Syn.: → *Sorghumhirse*

Mokka engl.: *mocha;* nicht eindeutig festgelegte Bezeichnung für einen besonders kräftigen Kaffeeaufguss (z. B. Türkischer M.) oder einen qualitativ guten und ausgiebigen → Röstkaffee (vorwiegend Arabicasorten). Ursprünglich war M. als Herkunftsbezeichnung für Kaffee aus dem arabischen Land Jemen und äthiopischem Kaffee vorbehalten. Der Begriff M. stammt von der südjeminitischen Stadt Mocha, dem Hauptumschlagsplatz, ab.

Mokkabohnen engl.: *mocha beans;* 1. als Kaffeebohnen ausgeformte massive → Mokkaschokolade; 2. ursprüngliche Bezeichnung für qualitativ gute Kaffeebohnen aus arabischen Ländern und Äthiopien (→ Mokka); 3. braune flüssig gefüllte → Dragées, hergestellt mit Kaffeeauszügen und -aromen; 4. Weihnachtsgebäck aus einer Mandelmasse oder Marzipan mit Kuvertürenüberzug.

Mokkalikör engl.: *mocha liqueur;* → Kaffeelikör

Mokkaschokolade engl.: *mocha chocolate,* Syn.: *Kaffeeschokolade;* → Schokolade mit einem Zusatz von mindestens 1 % → Röstkaffee oder einer entsprechenden Menge Kaffeeextrakt.

Molekulardestillation engl.: *molecular destillation;* fälschliche Bezeichnung für → Kurzwegdestillation.

Molke engl.: *whey;* schwach grünliche Flüssigkeit, die bei der Käseherstellung nach Abscheiden des Käsestoffes (Casein) und des Fettes aus der geronnenen Milch anfällt. Nach Art und Weise des Abscheidens, enzymatische Gerinnung (Lab) oder Säurefällung des Käsestoffes entstehen zwei geringfügig unterschiedliche M., →Süß- und →Sauermolke. Süßmolke enthält im Gegensatz zu Sauermolke kein Calciumlactat. M. enthält die wasserlöslichen Bestandteile der Milch: →Molkeneiweiß, Mineralstoffe und →Lactose. Die Zusammensetzung lautet wie folgt: Trockenmasse ca. 6 %, Lactose ca. 4,5 %, Molkeneiweiß ca. 0,7 %, Asche ca. 0,8 %. Aufgrund des hohen Nährstoff- und Mineralstoffgehalts wird M. im Rahmen einer ausgewogenen Ernährung als ernährungsphysiologisch wertvoll betrachtet und gewinnt in den letzten Jahren zunehmend an Bedeutung in der Sportler- und gesundheitsbewussten Ernährung. M. ist der Rohstoff für die Gewinnung von Lactose, Eiweißkonzentraten, →Molkekäse und die Basis für eine Reihe von Getränken (→Molkenmischerzeugnisse). Molkenprodukte, insbesondere Pulver, werden zur Stabilisierung und zur Eiweißstandardisierung von Milchprodukten verwendet. Neben der Anwendung in Lebensmitteln findet M. immer noch breite Verwendung in Futtermitteln.

Molkekäse engl.: *whey cheese;* aus Molke gewonnener →Käse. Die Molke wird bei 70–80 °C dickgelegt. Dabei gerinnt durch die Wärmeeinwirkung und den Gehalt an natürlicher Säure das Albumin und schließt hierbei die in der Molke gelösten Stoffe wie Milchfett, Mineralien und Vitamine mit ein. Im darauf folgenden Schritt wird die Masse erneut erwärmt und die dabei austretende Flüssigkeit abgetrennt. Ein typischer M. ist der italienische →Ricotta.

Molkeneiweiß engl.: *whey protein,* Syn.: *Ziger, Zieger;* in der Molke bei der Caseingewinnung und der konventionellen Käseherstellung zurückbleibender Teil des Milcheiweißes (ca. 20 %), der sich zum größten Teil aus den Proteinen Lactalbumin und Lactoglobulin sowie aus Serumalbuminen und Immunoglobulinen zusammensetzt. M. wird aus der Molke durch Verwendung von chemischen und/oder physikalischen Verfahren gewonnen. Die gebräuchlichsten Verfahren sind Membrantrennungsverfahren (insbesondere →Ultrafiltration), Kombinationen aus Denaturierung und Fällung (besonders durch Säure und Hitze) sowie Zentrifugieren nach Hitzedenaturierung. Die Vorteile des Membrantrennungsverfahrens liegen in dem weitgehend nativen thermisch und chemisch unbelasteten Zustand des erhaltenen M. M. wird vielfältig zur Eiweißanreicherung sowie aus allgemeinen technologischen Zwecken in Lebensmitteln wie Suppen, Fleischerzeugnisse und Sportlernahrung (z. B. Riegel zur erhöhten Proteinzufuhr) eingesetzt. Eine weitere wichtige Anwendung liegt bei M. im Bereich der diätetischen Lebensmittel wie z. B. Säuglingsnahrung.

Molkenerzeugnisse engl.: *whey products;* durch vollständiges oder teilweises Abscheiden des Eiweißes aus Milch hergestellte Erzeugnisse und die hieraus gewonnenen Produkte, auch unter Verwendung von Lactase. Die Standardsorten umfassen Süßmolke, Sauermolke, Molkensahne (Molkenrahm), Süßmolkenpulver (teilentzuckert), Sauermolkenpulver (teilentzuckert), entsalztes Molkenpulver und Eiweiß angereichertes Molkenpulver (s. auch bei den einzelnen Stichwörtern).

Molkengetränke Syn.: →*Molkenmischerzeugnisse*

Molkenmischerzeugnisse Syn.: *Molkengetränke;* aus →Molkenerzeugnissen und beigegebenen Lebensmitteln, auch unter Verwendung färbender Lebensmittel und Lactase und/oder Anreicherung mit Milcheiweißerzeugnissen hergestellte Erzeugnisse. Der Anteil Molkenerzeugnisse muss größer sein als die Summe der beigegebenen Lebensmittel (z. B. Zucker, Kakao, Fruchtzubereitungen, Gemüsesäfte, Aromastoffe). Zur Herstellung in Automaten können die M. auch ganz oder teilweise getrocknet sein. Zu den M. gehören neben →Molkensahne die verschiedensten Molkenmischgetränke, die trinkfertig wie auch als Instantpulver im Wellness-

Bereich, als Nahrungsergänzungs- und Schlankheitsmittel breiten Einsatz finden.

Molkensahne/-rahm engl.: *whey cream;* bei der Entrahmung von Molke anfallende → Sahne, die mindestens 10 % reines Milchfett enthält. M. wird zu → Butter mit Ausnahme von Markenbutter und Molkenmischgetränken verarbeitet sowie der Kesselmilch bei der Käseherstellung zur Fettgehaltseinstellung zugegeben.

Molkereibutter engl.: *creamery butter, factory butter;* in einer Molkerei hergestellte → Butter. M. aus Deutschland kann unter der Bezeichnung „Deutsche Molkereibutter" vermarktet werden, wenn sie zusätzlich die Bedingung der dazugehörigen Handelsklasse (→ Butterhandelsklassen) erfüllt.

Molkereierzeugnisse Syn.: → *Molkereiprodukte*

Molkereiprodukte engl.: *dairy produce,* Syn.: *Molkereierzeugnisse;* allgemeiner Sammelbegriff für die in der Molkerei aus Milch erzeugten Produkte. Im Warensortiment des Lebensmittelhandels werden das Weiße Sortiment mit Milch und Milcherzeugnissen (Konsummilch, Milchmischgetränke, Sahne, Desserts), sauren Milcherzeugnissen (Buttermilch-, Kefir-, Joghurt- und Dickmilcherzeugnisse) und Frischkäse (Speisequark, Frischkäsezubereitungen, Rahm-/Doppelrahmfrischkäse) sowie das Gelbe Sortiment mit Butter (auch Milchhalbfett und Butterreinfett) und Käse unterschieden.

Mollusken Syn.: → *Weichtiere*

Molluskizide engl.: *molluscicides;* → Pestizide zur Vernichtung von Schnecken.

Molokhia lat.: *Corchorus olitorius L.* (Fam.: *Tiliaceae*), engl.: *molokhia leaves;* schleimhaltige, bis 20 cm lange Blätter der einjährigen Langkapseljute, die im mittleren Osten und tropischen Afrika angebaut wird. M. wird als Suppe gekocht oder wie Spinat als Gemüse, häufig zu Reisgerichten verzehrt.

Moltebeere lat.: *Rubus chamaeorus L.* (Fam.: *Rosaceae*), engl.: *Cloudberry,* Syn.: *Multbeere, Torfbeere, Arktische Brombeere;* gelbe bis orangegelbe Sammelsteinfrucht der mehrjährigen gleichnamigen, in Skandinavien beheimateten Staude. Die der Brombeere ähnliche wild gesammelte Frucht wird roh als Frischobst und als Beilage zu Süßspeisen, Pfannkuchen, Waffeln sowie Torten verzehrt. M. werden zu Saft, Konfitüre, Joghurt und Likör (finnische Spezialität) verarbeitet oder tiefgefroren aufbewahrt.

Molybdän engl.: *molybdenum;* zu den → Spurenelementen gehörender → Mineralstoff. M. ist Bestandteil von Enzymen (Xanthinoxidase, Sulfitoxidase) bzw. Kofaktor von Enzymen (Aldehydoxidase). Molybdänreiche Lebensmittel sind Hülsenfrüchte, Getreide und Innereien. Beim Menschen tritt unter normalen Ernährungsbedingungen kein Mangel auf. Eine dauerhaft sehr hohe Zufuhr (umweltbedingt) steht im Verdacht, gichtähnliche Symptome zu verursachen.

monadisch engl.: *monadic;* sensorische Einzelbeurteilung eines Produktes.

Monatserdbeere engl.: *Alpine Strawberry;* → Walderdbeere

Monatsrettich Syn.: → *Radieschen*

Monilia; Erkrankung von Kern- und Steinobstbäumen, die von zwei Pilzen der Art *Monilia* (*M. laxa* und *M. fructigena*) ausgelöst wird. Sie befallen zunächst die Zweige, was deren Absterben bewirkt, nach Befall der Früchte tritt Fruchtfäule auf. Im Herbst können faule, mit weißen Konidienrasen überzogen Früchte (Fruchtmumien) an den Bäumen verbleiben, von denen sich der Erreger im nächsten Jahr weiter ausbreiten kann. Um ein Fortschreiten der Krankheit zu verhindern, müssen alle befallenen Teile (Äste und Früchte) entfernt werden (nicht kompostieren).

Monoglyceride engl.: *monoglycerides;* → Glyceride, bei denen eine der drei Hydroxylgruppen des Glycerins mit einer Fettsäure verestert ist. M. kommen in kleinen Mengen in natürlichen Fetten und Ölen vor, entstehen bei der Fettverdauung aus Triglyceriden und werden synthetisch aus Glycerin und Fettsäure hergestellt. Die Synthese liefert ein Gemisch aus Mono- und Diglyceriden, das unter der Nummer E 471 als Emulgator, Schaummittel und Mehlbehandlungsmittel zugelassen ist. Abhängig von den verwendeten Fettsäuren entstehen Verbindungen von unterschiedlichem Geschmack und Konsistenz (flüssig bis wachsartig), die Veresterung mit → Genusssäuren führt zu weiteren wichtigen Emulgatoren (→ Genusssäureester von Mono- und Diglyceriden).

Monomere engl.: *monomers;* chemische Grundkörper, die als Einzelsubstanzen oder in Form von Gemischen in Polymerisationsreaktionen zu Polymeren (Großmolekülen) umgesetzt werden. In den Polymeren verbleibende M. (Restmonomere) sind technisch kaum vermeidbar.

Mononatriumglutamat engl.: *mono sodium glutamate;* chemisch korrekte synonym gebrauchte Bezeichnung für → Natriumglutamat.

Monosaccharide engl.: *monosaccharides,* Syn.: *Einfachzucker;* in der Regel aus 5 (Pentosen) oder 6 (Hexosen) Kohlenstoffatomen bestehende unverzweigte Polyhydroxyaldosen und Polyhydroxyketosen, welche die Grundkörper der → Kohlenhydrate darstellen, sich also durch verdünnte Säuren nicht mehr in einfachere Kohlenhydrate spalten lassen. Wichtige M. sind → Glucose, → Fructose, → Galactose und → Xylose. M. haben meist einen süßen Geschmack und sind leicht wasserlöslich.

Mono-Sodium-Glutamat Syn.: → *Natriumglutamat*

Montasio engl.: *montasio;* italienischer Hartkäse aus Rohmilch von zylindrischer Form. Bei einem Durchmesser von 30–40 cm und einer Höhe von 6–10 cm erreicht er ein Gewicht von 5–6 kg. Seine Rinde ist orangegelb, glatt und elastisch. Der Teig besitzt je nach Reifegrad eine helle bis intensiv gelbe Farbe mit kleinen Löchern und eine feste bis körnige Konsistenz. M. ist im Handel in drei Varianten erhältlich: junger M. (Reifezeit 2–5 Monate); M. mezzano (Reifezeit 5–10 Monate), der ein kräftiges Aroma besitzt und M. stravecchio (Reifezeit mehr als 10 Monate) mit kräftig würzigem Aroma. Der junge M. lässt sich als Zutat zu Vorspeisen oder Hauptgerichten verwenden. Der alte M. wird als Reibekäse eingesetzt. Seit 1984 wird die Herstellung des M. durch ein Konsortium überwacht. Seit 1986 trägt er das Gütesiegel der → DOC.

Montepulciano; Rotweinrebe, die hauptsächlich in Mittelitalien und dort v. a. in den Abruzzen angebaut wird. Bekannt wurde sie durch den Rotwein M. d'Abruzzo (DOC, z. T. höchster Qualität). Sie liefert einen kräftigen geschmeidigen Wein, der sich im Alter in eine fruchtige Art verwandelt.

Montieren; das Binden von nicht kochenden Suppen oder Saucen mit kalten Butterflocken.

Moorbeeren lat.: *Vaccinium uliginosum L. subsp. uliginosum* (Fam.: *Ericaceae*), engl.: *Bog Bilberry, Bog Whortleberry,* Syn.: *Rauschbeeren;* schwarzblaue aromaarme → Beeren des gleichnamigen in Eurasien beheimateten, auf Moorböden wild vorkommenden Strauches. Sie sind leicht mit der → Heidelbeere zu verwechseln, besitzen allerdings ein helles Fruchtfleisch und hellen Saft. Eine berauschende Wirkung der M. wird diskutiert.

Morchel lat.: *Morchella esculenta (L.) Pers.* (Fam.: *Morchellaceae*), engl.: *morel,* Syn.: *Speisemorchel;* von April bis Mai in lichten Laubwäldern, Parks, Gebüschen u. Ä. wachsender → Speisepilz mit kugeligem bis eiförmigem, wabenartig gefächertem Kopf von 3–8 cm Durchmesser und hellgelber bis brauner Farbe. Die M. besitzt einen weißlichen, hohlen, runzligen Stiel, brüchiges weißes Fleisch von würzigem Geschmack und eignet sich gut zum Trocknen. Es besteht die Gefahr der Verwechslung mit der giftigen → Frühjahrslorchel.

Morellen Syn.: → *Süßweichseln*

Morio-Muskat; deutsche Weißweinrebe, die aus einer Kreuzung aus Silvaner und Weißburgunder hervorging. M. wird hauptsächlich in der Pfalz verwendet, um Silvaner und Müller-Thurgau zu verbessern.

Moro; Blutorangensorte mit dunkelrotem, kernarmem, kräftig süßsäuerlich schmeckendem Fruchtfleisch und orangefarbener, wenig bis nicht rot pigmentierter Schale (Halbblutorange). → Blutorangen

Morphologie engl.: *morphology;* Lehre vom Bau und der Gestalt der Organismen und ihrer Organe.

Morsellen; selten verwendeter Ausdruck für kleine bis bissengroße gegossene oder gestanzte Zuckerwaren aus → Fondant. Sie sind meist rund oder kugelig, oft mit Pfefferminzgeschmack und mitunter halb oder ganz in Überzugsschokolade getaucht. In Apotheken werden unter M. flache gegossene Zuckertafeln verstanden, in die Gewürze wie Anis, Piment oder Muskatnuss und andere Zutaten wie Mandeln oder Zitronat bei der Herstellung eingerührt wurden. Sie sind ein traditionelles Mittel zur Linderung von Verdauungsbeschwerden.

Mortadella engl.: *mortadella;* 1. in Italien, hauptsächlich in der Gegend von Bologna hergestellte nicht geräucherte, durch Umrötung rosafarbene → Brühwurst aus fein gewolftem Schweinefleisch und Gewürzen in Hüllen von großem Kaliber mit dichter unelastischer Textur, Speckeinlage sowie einem charakteristischen Geruch und Geschmack. Die Verwendung von anderen Fleischsorten wie z. B. Rind- und Schaffleisch oder von Einlagen wie Pistazien ist möglich. Die M. Bologna ist europaweit herkunftsgeschützt. 2. Bezeichnung für deutsche Sorten von umgeröteten Brühwürsten gehobener Qualität mit fein zerkleinerter Grundmasse, z. T. mit Einlagen wie Herzmuskulatur, Zunge, bluthaltiges erhitztes Brät bei Süddeutscher M. oder Pistazien. Die Grundmasse besteht aus grob entsehntem Rindfleisch, grob entfettetem Schweinefleisch und Speck sowie zusätzlich fettgewebereichem Schweinefleisch bei Norddeutscher M. Sie werden in Hüllen größeren Kalibers angeboten.

Mosaikpastete; → Brühwurstpastete ohne Einlagen, i. d. R. Spitzenqualität, mit im Anschnitt mosaikartig zusammengesetzten Bildern und Mustern aus farblich verschiedenem Brät. Dies entsteht durch Zusammenlegen von Zuschnitten fertigen Bräts, wobei helles (ausschließlich mit Kochsalz hergestelltes), blass rosafarbenes (durch Herstellung mit Nitritpökelsalz umgerötetes) und dunkelrotes (durch Zusatz mit Blut gefärbtes) Brät benutzt wird.

Moscatel de Setúbal; portugiesischer Likörwein aus dem Weinbaugebiet Setúbal (südlich von Lissabon) aus Muskatellertrauben (→ Muskateller), robust, voll, je nach Alter gold- bis topasfarben, leicht aufgespritet.

Moscato d'Asti Spumante; italienischer DOC-Schaumwein, der durch natürliche Gärung aus → Moscato naturale d'Asti hergestellt wird. Die Herstellung und Abfüllung ist ausschließlich in den Provinzen Asti, Cuneo und Alessandria zulässig. Charakterisieren lässt sich der Schaumwein als strohgelb oder goldgelb; delikat süß mit typischem Muskateller-Bukett. Der Gesamtalkoholgehalt beträgt mindestens 11,5 Vol.-%.

Moscato naturale d'Asti; italienischer DOC-Wein (→ DOC). Bei dem Wein handelt es sich um einen Weißwein, ausschließlich hergestellt aus weißen Muskatellertrauben (→ Muskateller) bestimmter Weinbauorte der Provinzen Asti, Cuneo und Alessandria. Charakteristisch ist er strohgelb bis goldgelb, mehr oder weniger intensiv leuchtend, süß, mit charakteristischem Muskateller-Bukett. Der Gesamtalkoholgehalt beträgt mindestens 10,5 Vol.-%.

Moschuskraut Syn.: → *Ivakraut*

Moskowskaja Syn.: *Moskowskaya, Moskovskaya;* einer der bekanntesten → russischen Wodkas; ursprünglich mit einem Alkoholgehalt von 57 Vol.-%, heute aber für den Export auf 40 Vol.-% standardisiert. M. ist ein unaromatisierter Wodka aus Roggen und Roggenmalz, der in Russland als Qualitätsmaßstab gilt. Er wird nach der Destillation dreimal durch Holzkohle und Quarz filtriert. Zur Verdünnung wird entmineralisiertes Wasser verwendet. Aufgrund des Roggen und Roggenmalzes besitzt der Wodka eine leichte Süße, ansonsten werden keinerlei geschmacksgebende Zusätze, wie etwa Zucker verwendet. M. gibt es in drei Sorten: M. Osobaya, M. Cristall und M. Limon.

Most Syn.: *Fruchtmost;* der frisch abgepresste unvergorene Traubensaft, der sowohl zum unmittelbaren Genuss wie zur Vergärung geeignet ist. Auch aus Äpfeln oder Birnen gepresster Fruchtsaft wird als M. bezeichnet. Als M. werden ebenfalls nach Landesbrauch (Baden, Württemberg) aus Äpfeln (Apfelmost) und/oder Birnen (Birnenmost) unter Verwendung von höchstens einem Drittel Wasser hergestellte → weinähnliche Getränke bezeichnet. Üblicherweise enthalten M. nach Landesbrauch mindestens 4,0 Vol.-% Alkohol, 12 g/l zuckerfreien Extrakt und höchstens 1,0 g/l flüchtige Säuren, berechnet als Essigsäure, sowie höchstens 4 g/l nicht flüchtige Säure, berechnet als Weinsäure. Um Verwechslung und Irreführungen zu vermeiden, geht die Herkunft der weinähnlichen Getränke aus den Verkehrsbezeichnungen (z. B. Schwäbischer M., Badischer M.) klar hervor.

Mostert Syn.: → *Speisesenf*

Mostgewicht; Bezeichnung und Maß für die Dichte und somit den Zuckergehalt von unvergorenem, nicht angereichertem Traubenmost. Das M. wird in Grad → Öchsle angegeben. Es ist maßgebend für die Einstufung des Weines in eine der vorgegebenen Weingruppen (Qualitätswein b. A. (bestimmter Anbaugebiete) ggf. mit Prädikat, Landwein, Tafelwein).

Mostrich Syn.: → *Speisesenf*

Mostwaage engl.: *must meter;* Gerät zur Bestimmung des → Mostgewichtes. → Öchsle

Motten engl.: *moths;* Bezeichnung für aus verschiedenen Gruppen der Schmetterlinge stammende Kleinschmetterlinge, von denen einige ernst zu nehmende → Vorratsschädlinge in Mühlen, Silos, Bäckereien, Supermärkten und Haushalten sind. Diese verursachen zusammen mit ihren Larven Fraßschäden an zahlreichen Lebensmitteln und verunreinigen sie durch Kot und Gespinste. In Haushalten werden sie zunächst oft für Kleidermotten gehalten. Wichtige M. sind die Dörrobstmotte, die Mehlmotte, die Getreidemotte, die Kornmotte und die Speichermotte (s. auch bei den einzelnen Stichworten).

Moulis; → Médoc

Moussaka; griechischer Auflauf aus Hackfleisch, Auberginen, Zucchini, Fleischtomaten, Zwiebeln, Knoblauch, (Schaf)Käse, Eiern, Sahne, Salz, Pfeffer und verschiedenen Kräutern wie z. B. Thymian, Oregano. Bei der Zubereitung werden Hackfleisch und Gemüse in einer Auflaufform abwechselnd geschichtet, mit der gewürzten Ei-Sahne-Mischung übergossen und mit Käse überbacken.

Mousse engl.: *mousse;* 1. cremige, schaumige, aufgeschlagene, süße Dessertspeisen in vielen Geschmacksrichtungen, wie z. B. Schokolade (M. au chocolat) mit vielen Rezeptvarianten. Im Handel sind sowohl Halbfabrikate (Trockenpulver) für die häusliche und gewerbliche Zubereitung als auch zubereitete M. als Frischeerzeugnis im Kühlregal erhältlich; 2. allgemeine Bezeichnung für schaumige Zubereitungen aus Fisch, Fleisch, Leber, Gemüse oder Käse.

Mousseron; → Echter Mousseron

Mousseux; französische Bezeichnung für stark schäumend, moussierend.

Moussierende Getränke engl.: *effervesced drinks;* kohlensäurehaltige und daher beim Öffnen und Einschenken schäumende Getränke. Hierzu gehören alle mit Kohlensäure versetzten Getränke wie Tafelwasser und Limonaden, weiterhin die durch Gärung selbst Kohlensäure bildenden Getränke wie Bier, Schaumwein, Perlwein und Fruchtschaumweine.

Moutwijn; bei der Herstellung von → Genever verwendeter, aus einer Maische mit etwa gleichen Teilen Gerstenmalz, Roggen und Mais gewonnener Brand.

Mowrahbutter/-fett; → Illipé

Mozzarella engl.: *mozzarella;* ungereifter rindenloser → Pasta-Filata-Käse der Halbfettstufe bis Doppelrahmstufe mit weißer bis leicht gelblicher, glatt geschlossener Oberfläche und weichem bis elastischem, porzellanweißem Teig mit faseriger Struktur. Sein Geschmack ist neutral bis leicht säuerlich mit einer je nach verwendeter Milch arteigen ausgeprägten Note. Traditionell wurde in seiner ursprünglichen Heimat Mittelitalien ausschließlich Büffelmilch verwendet. Wegen seiner großen Beliebtheit wird M. heute in vielen Ländern wie z. B. Deutschland oder Dänemark aber auch rein aus Kuhmilch gefertigt. Der ausschließlich aus Büffelmilch hergestellte M. genießt als regionale Spezialität strengen europaweiten Schutz der Ursprungsbezeichnung „Mozzarella di bufala campagna" und stammt zum größten Teil aus kleinen italienischen Käsereien in Kampanien und im Latium. Er ist etwas cremiger, weicher, poröser, saftiger und schmeckt vollmundiger und aromatischer als M. aus Kuhmilch. Bei „schnittfestem M." handelt es sich um eine deutsche Standardsorte, die zum Erreichen der Schnittfestigkeit mit Calciumchlorid stabilisiert wird. Er ist nicht direkt für den Handel, sondern für die Weiterverarbeitung, wie z. B. in der Pizzaproduktion vorgesehen. M. wird, meist in Lake als Aufgussflüssigkeit eingelegt, in Kugel- und Zopfform mit Gewichten von 30–600 g und auch in Blockform mit 1 kg Gewicht im Handel angeboten. M. lässt sich vielseitig sowohl für kalte als auch für warme Gerichte verwenden. Er ist beliebt als Vorspeise mit Gemüse oder Salat, als Zutat in Nudelgerichten sowie zum Füllen, Belegen und Überbacken verschiedener Speisen wie Pizzas oder Gemüseaufläufe.

MRL; Abk. für engl.: *maximum residue level* = Rückstandshöchstmenge. Dies ist der rechtlich zulässige Höchstwert. Rohmaterial und daraus hergestellte Lebensmittel, bei denen diese Höchstwerte nicht überschritten werden, gelten als toxikologisch unbedenklich. Werte über dem MRL sind nicht zwangsläufig gesundheitsschädlich.

MSC-Siegel engl.: *MSC certificate;* Abk. für engl.: *Marine Stewardship Council*, vom WWF (*World Wildlife Fund*) in Zusammenarbeit mit einem international tätigen Unternehmen der Lebensmittelwirtschaft vergebenes Zertifikat für Fisch und Meeresfrüchte, die unter umweltverträglichen Methoden gefangen werden.

MSG engl.: *MSG;* Abk. für engl.: *mono sodium glutamate* = Mononatriumglutamat. → Natriumglutamat

Mucine engl.: *mucins;* Schleimstoffe, die zu den → Glykoproteinen gehören. Sie werden von Haut und Schleimhäuten als Schutzsubstanzen ausgeschieden und kommen z. B. im Speichel und Magensaft, aber auch im Hühnerei vor.

Mucinsäure Syn.: → *Schleimsäure*

Mucor; Schimmelpilzgattung mit Lebensmittel verderbenden, fakultativ human- und tierpathogenen und industriell genutzten Arten. Schimmelpilze dieser Gattung spielen eine große Rolle als Fäulniserreger, z. B. bei Erdbeeren. Einige Spezies werden zur Stärkeverzuckerung und zur Käsereifung eingesetzt, andere zur Herstellung ostasiatischer Fermentationsprodukte aus Sojabohnen, Reis und Mais.

Mühlenerzeugnisse engl.: *milling products;* → Mahlerzeugnisse und Schälmühlenerzeugnisse (→ Schälmüllerei). Die Einteilung dieser Erzeugnisse erfolgt nach ihrer Verwendung: 1. für die Herstellung von Brot und Backwaren, 2. für die Herstellung von Teigwaren, 3. zur direkten Verwendung in der Küche. Mit Ausnahme der hellen Mehle und Grieße gehören M. zu den → Nährmitteln.

Mühlennachprodukte; bei der Vermahlung des Getreides anfallende Nebenprodukte der Mehl- oder Schälmüllerei, die früher i. d. R. als Viehfutter und nicht für den menschlichen Verzehr verwendet wurden. Sie weisen einen hohen Rohfasergehalt auf und sind damit reich an Ballast- und Mineralstoffen sowie an Eiweiß. Für die menschliche Ernährung wird insbesondere Speisekleie an sich als ballaststoffhaltige Zutat wie auch zur Herstellung von Ballaststoffkonzentraten, z. B. für Nahrungsergänzungsmittel verwendet. Zu den M. gehören Schälkleie, Kleie, Grießkleie, Nachmehl und Futtermehl.

Mühlenstärke; Stärke und Eiweiß enthaltende Suspension, die als Nebenprodukt bei der Herstellung von →Mais- und →Reisstärke anfällt.

Müller-Thurgau; Weißweinrebe, Kreuzung aus →Riesling und einer unbekannten Rebe, zur Diskussion stehen: Riesling-Variante durch Selbstbestäubung, Madeleine Royale, Silvaner. Benannt ist die Rebe nach Prof. Müller aus Thurgau, entwickelt wurde die Rebe im 19. Jahrhundert in Geisenheim. Die früh reifende Rebe liefert hohe Erträge. Die Weine sind mild, säurearm, mit leicht blumigem Bukett. Sie erlangen schon früh die Trinkreife, profitieren also nicht von einer Lagerung. Aufgrund der Säurearmut wird M. bevorzugt in kühleren Ländern wie Deutschland, England, Niederlande und Luxemburg angebaut.

Münchner Bier engl.: *Munich beers;* EU-weit rechtlich streng geschützte Herkunftsbezeichnung für sämtliche in München gebraute Weizen-, Bock-, Pils- und Märzenbiere.

Münchner Weißwurst engl.: *Munich veal sausage;* →Weißwürste

Münster-Käse engl.: *münster cheese;* nach dem elsässischen Bezirk Münster benannter Rotschmier-Weichkäse der Vollfett- und Rahmstufe mit einem Gewicht von 80–1000 g und gewachsener Rinde. Die handelsübliche Form ist der flach runde Laib mit ca. 500 g Schwere, einem Durchmesser von 15–18 cm und 3–5 cm Höhe. Er ähnelt sehr dem Limburger. Seine leicht feuchte Rinde mit Schmiere besitzt eine orangerote bis gelbe Farbe und weist ein Käsemattenmuster auf. Der geschlossene Teig ohne Lochbildung mit weißgelber Schnittfläche hat eine weiche und geschmeidige Konsistenz. Im Geschmack ist er trotz seiner eigenartig pikanten Note aromatisch mild und fein. Der M. wird während der Reifung 4–6 Wochen regelmäßig mit Rotschmierekulturen (v. a. *Brevibacterium linens*) geschmiert. Die Reifungszeit beträgt nach Frischversand 2–3 Monate. Heute wird er viel im Allgäu hergestellt und der größte Teil nach Frankreich exportiert. Der französische M., auch Munster Fermier, Gerome Fermier, Munster Laitier oder Gerome Laitier genannt, ist ein flach runder, leicht gesalzener Rotschmier-Weichkäse mit 11–18 cm Durchmesser. Der Munster Fermier hat 45 % und Munster Laitier 30 % Fett in der Trockenmasse.

Münsterländer; Spirituose mit kornähnlichem Aroma. Aus dem Münsterland (Westfalen) stammende Erzeugnisse tragen die Herkunftsbezeichnung „echt“ oder „original“ M. im Namen. Produkte, die nur „Münsterländer“ heißen, müssen weder aus dem Münsterland stammen noch müssen sie aus Kornbrand hergestellt sein oder solchen enthalten.

Münsterländer Schwarzbrot Syn.: →*Pumpernickel*

Mürbekeks engl.: *short cake, shortbread,* Syn.: *Weichkeks;* aus einem fettreichen →Mürbeteig hergestellter zarter mürber Keks. Die Mürbigkeit wird durch den Fettgehalt (üblich mindestens 16,5 g reines wasserfreies Fett auf 100 g Getreideerzeugnisse und/oder Stärken) erzielt. Der Zuckergehalt ist im Allgemeinen höher als beim „Hartkeks“. M. werden in zahlreichen Varianten mit Zucker und/oder Schokolade bestreut, glasiert oder eingewirkt hergestellt. Neben Weizenmehl wird häufig Hafermehl zur Herstellung verwandt.

Mürbekrokant engl.: *crumbly croquant;* →Blätterkrokant (→Krokant), dessen Lamellen nicht einwandfrei ausgebildet sind. Bei der

Herstellung wird nicht eingeschlagen oder ausgerollt. Die Mandel- oder Nussmasse wird in die flüssige Zuckerschmelze eingegeben. M. wird als Einlage für Pralinen verwendet.

Mürber Syn.: → *Mürbeschneider*

Mürbeschneider Syn.: *Steaker, Mürber;* Gerät aus zwei gegensinnig laufenden, mit zahlreichen kleinen Messern besetzten Walzen, das zum Einschneiden von Fleischfasern (Zermürben) verwendet wird. → Steaken

Mürbeteigboden engl.: *short dough layer;* aus → Mürbeteig in Form von → Tortenböden oder dünnen, runden oder rechteckigen Platten gebackener Boden, der als Unter- und Zwischenlage vielseitig verwendet wird.

Mürbeteige engl.: *short dough,* Syn.: *Knetteige;* aus den Zutaten Getreideerzeugnisse und/oder Stärke, Fett und Zuckerarten hergestellter und kalt verarbeiteter Teig. Durch den hohen Fett- und Zuckeranteil hat er eine kurze Beschaffenheit, die nicht elastisch ist, da der im Mehl enthaltene Kleber nicht aufquellen kann. So entsteht im Enderzeugnis die gewünschte Mürbigkeit. Daneben werden andere wertbestimmende Zutaten wie Ei, Ölsamen und Kakao je nach Gebäckart mitverwendet.

Mürbeteiggebäck engl.: *short cake, short pastry,* Syn.: *Mürbegebäck;* trockenes mürbes Gebäck mit evtl. „sandiger" Krume (→ Sandgebäck), das aus Mürbeteig nach unterschiedlichen Verfahren hergestellt wird. Üblich sind Ausstechen, „Einlegen" und Spritzen. Durch Ausstechen des ausgerollten Teiges lässt sich Formgebäck wie z. B. → Spekulatius herstellen. Beim „Einlegen" werden unterschiedliche Teigstränge aus dem mit Puderzucker hergestellten Mürbeteig geformt und zusammengelegt. Dieses Verfahren wird z. B. zur Herstellung von gemusterten Keksen mit Kakaopulver benutzt. Für das Spritzen und die Herstellung von → Spritzgebäck muss der Teig durch Ei- und Milchzusatz weich, form- und pressbar gemacht werden.

Mu-Err-Pilz lat.: *Auricularia polytricha (Mont.) Sacc.* (Fam.: *Auriculariaceae*); auf Holunder-, Birken- und Walnussbäumen wachsender → Speisepilz mit einem flachen, ohrmuschelförmigen, graubraunen Fruchtkörper, der in Westchina kultiviert und fast ausschließlich getrocknet angeboten wird. Um M. in asiatischen Gerichten, Suppen oder Saucen einzusetzen, werden sie zunächst in Wasser eingeweicht. Dabei quellen sie um das Fünf- bis Zehnfache, nehmen wieder ihre ursprüngliche Form an und beeinflussen die Konsistenz der entsprechenden Speise.

Müsli engl.: *cereals, granola;* Gericht aus frisch geschrotetem, eingeweichtem oder gekeimtem Getreide (→ Frischkornmüsli) oder aus Getreideflocken mit Obst, Nüssen, Samen, Milch und Milchprodukten, das zum Frühstück oder als Zwischenmahlzeit verzehrt wird. Die als Fertigmüsli angebotenen Produkte sind i. d. R. Mischungen aus drei Sorten Getreideerzeugnisse, meist Flocken, mit unterschiedlichen Zutaten, wie z. B. Flakes, Crispies, Nüsse, Trockenfrüchte, Schokolade und Zucker oder Honig.

Müsliriegel engl.: *granola bar;* Süßware, deren Gehalt an einer oder mehrerer Getreide- und Zuckerarten mindestens 50 % beträgt und die durch Extrudieren oder Formwalzen in Riegelform gebracht wird. Häufig sind M. mit Trockenfrüchten und/oder ölhaltigen Samen hergestellt und mit einem kakaohaltigen Überzug versehen.

Muffins; kleine, pilzförmige, süße oder pikante Gebäcke aus leichten Rührmassen mit charakteristisch durch die Verwendung von Backpulver gerissener Oberfläche.

Muhammara; rote, im mittleren Osten übliche Würzpaste, die als typische Zutaten rote Paprikaschoten und/oder Chilischoten, Knoblauch, Brotkrümel, gehackte Walnusskerne und Olivenöl sowie ggf. Granatapfelsirup enthält. M. wird als Dip oder Brotaufstrich z. B. zu Fladenbrot verwendet und zu verschiedenen Gerichten gereicht.

Mulligatawnysuppe engl.: *mulligatawny soup;*

ursprünglich mit →Curry-Pulver gewürzte indische Fleischbrühe, die unter englischem Einfluss in mehreren Varianten als Suppe weiterentwickelt wurde. Am bekanntesten ist die traditionelle Geflügel (Huhn)-Creme-Variante, es existieren aber auch Varianten mit Gemüse, Lamm- und Rindfleisch.

Multbeere Syn.: →*Moltebeere*

Multivitaminsaft engl.: *multivitamin juice;* mit mehreren →Vitaminen angereicherter →Mehrfruchtsaft. Die Menge der Anreicherung richtet sich nach den rechtlichen Vorgaben und den von der →Deutschen Gesellschaft für Ernährung e. V. empfohlenen Tagesdosen. Dabei sollte mindestens eine ernährungsphysiologisch wirksame Menge zugesetzt werden. Der Zusatz von Stoffen mit Vitaminwirkung zu technologischen Zwecken, wie z. B. Ascorbinsäure zur Oxidationshemmung gilt nicht als Anreicherung und berechtigt daher nicht zur Auslobung von Vitaminen.

Mundbrot; süddeutsche Bezeichnung für Kleingebäck wie z. B. Brötchen.

Mundgefühl engl.: *mouthfeel,* Syn.: *Somatosensorik;* alle Eindrücke im Mund- und Rachenbereich beim Aufnehmen, Zerkleinern und Abschlucken von Nahrung, die nicht durch gustatorische und olfaktorische Sinne, sondern durch Textur-, Temperatur- und Schmerzsinne hervorgerufen werden. →Konsistenz →Textur

Mungbohnen lat.: *Vigna radiata var. radiata (L.) R. Wilczek* (Fam.: *Fabaceae*), engl.: *Mungbean, Green Gram,* Syn.: *Jerusalembohne, Lunjabohne, Katjang idoe (indones.)*; kleine, runde, grüne oder auch gelbe →Hülsenfrüchte der gleichnamigen zur großen Familie der Bohnen aus der alten Welt zählenden Pflanze. Die grünen oder gelblichen eiweißreichen (ca. 23 g pro 100 g essbarer Anteil) Samen werden mit den grünen Hülsen als Gemüse oder für sich alleine geröstet oder gekocht und zu Brei zerstampft verzehrt. Eine Weiterverarbeitung erfolgt zu Mehl, das insbesondere zur Herstellung von →Glasnudeln dient. Gekeimte M. sind als →Stängelgemüse in der asiatischen Küche und bei Rohkosternährung von großer Bedeutung. Roh, im frischen Zustand, enthalten sie neben Eiweiß und Mineralstoffen (ca. 3,2 g Eiweiß und 0,4 g Mineralstoffe pro 100 g essbarer Anteil) ernährungsphysiologisch wertvolle Vitamine und Enzyme. Mungbohnenkeimlinge werden unter den Bezeichnungen „Lunja“ und fälschlicherweise „Sojasprossen“ gehandelt. →Keimlinge

Munster engl.: *munster;* →Münster-Käse

Muränen lat.: *Muraenidae,* engl.: *morays;* mit dem Aal verwandte artenreiche Familie der Meeres-Raubfische. M. leben weltweit in tropischen und subtropischen Gewässern. Als Speisefisch von Interesse ist die Mittelmeermuräne (lat.: *Muraena helena L.*). Sie wird bis zu 150 cm lang und 6 kg schwer. Schon im antiken Rom wurde sie als Delikatesse geschätzt und in Seewasserbecken gezüchtet. Die Mittelmeermuräne sondert einen hochgefährlichen Giftstoff ab, der beim Erhitzen über 75 °C inaktiviert wird. Der Fisch darf deshalb nicht roh oder unzureichend erhitzt verzehrt werden.

Murcott Honey Syn.: *Smith-Tangerine;* mittelgroße dünnschalige →Zitrusfrucht mit zartem, sehr saftigem, süßem Fruchtfleisch, das bis zu 20 Kerne enthält. Bei der M. handelt es sich um einen Mandarinenhybriden (→Tangor), der in den USA (Florida), Brasilien und weiteren Ländern angebaut wird. Neben der Ölgewinnung aus den Schalen findet die Zitrusfrucht vor allen Dingen als Frischobst Verwendung. Hinsichtlich der Qualitätsnormen und der Lagerung gelten für die M. die gleichen Bedingungen wie für die →Mandarine.

Murfatlar; Weinbaugebiet in Rumänien, an der Schwarzmeerküste. Dort entstehen sanfte Rotweine und vollmundige, körper- und bukettreiche Weißweine sowie süße Weine aus hochreifen Chardonnay-Trauben.

Muscadet Syn.: *Melon de Bourgogne;* früh reifende Weißweinrebe mit guten Erträgen, die heute fast nur noch in den Weinbaugebieten der unteren Loire zu finden ist. Die Muscadet-Weine sind leicht, sehr trocken, frisch und bukettreich. Muscadet-Weine aus der Umgebung von Nantes haben eine AOC. Für M. des Côteaux de la Loire und M. de Sèvre-et-Maine gelten strengere Qualitätsanforderungen. M. wird am besten jung getrunken. Ist der M. „sur lie" abgefüllt, so bedeutet dies, dass der Wein länger auf der Hefe bleibt, auch in der Flasche. Dies ergibt einen jugendlich frischen Geschmack.

Muscat; → Muskateller

Muschelerzeugnisse engl.: *mussel products;* Erzeugnisse aus → Muscheln oder Teilen von Muscheln einschließlich Austern, die durch geeignete Verfahren haltbar gemacht und/oder durch Zutaten zum Verzehr vorbereitet oder fertig zubereitet sind. Zu den M. gehören: 1. gekochtes Muschelfleisch aus frischen oder tiefgefrorenen Tieren ohne weitere Zusätze, → Miesmuscheln auch in Schale, 2. gekochte M.: wie 1, eingelegt in Aufguss, Gelee, Sauce oder Öl, mit oder ohne weitere geschmacksgebende Zutaten, 3. pasteurisierte M.: wie 1 oder 2, durch Hitzebehandlung (60–100 °C Kerntemperatur) in gasdicht verschlossener Packung haltbar gemacht (→ Pasteurisieren), 4. Muschelkonserven: wie 3, aber so behandelt, dass ohne besondere Kühlhaltung eine Haltbarkeit von mindestens einem Jahr gewährleistet ist (Sterilisierung). Die Verkehrsbezeichnung der jeweiligen Muschelart bzw. des -teils, weitere Zubereitungsverfahren, z. B. „geräuchert" und der Anteil an Muschelfleisch im Endprodukt müssen jeweils angegeben werden.

Muschelfleisch engl.: *molluscan shellfish meat, edible portion of bivalves;* zum Verzehr geeigneter Weichkörper von → Muscheln oder Teile davon. M. ist ein leicht verderbliches, ernährungsphysiologisch hochwertiges Lebensmittel. Charakteristisch ist der hohe Gehalt an biologisch hochwertigem Eiweiß (10–20 %), Mineralstoffen (bis zu 100 µg Jod pro 100 g) und Vitaminen sowie der geringe Fettgehalt (unter 1–3 %). Die Daten zum Cholesteringehalt sind uneinheitlich; möglicherweise ist er niedriger als vielfach ausgewiesen (30–120 mg pro 100 g). Der Puringehalt liegt im mittleren Bereich.

Muschelkonserven; → Muschelerzeugnisse

Muscheln lat.: *Bivalvia, Pelecypoda, Lamellibranchia(ta)*, engl.: *bivalves;* 1. ausschließlich im Wasser lebende, weltweit verbreitete artenreiche Subklasse der → Weichtiere mit zweiklappiger Schale (Name Bivalvia). Die meisten Arten leben im Meer, einige im Süßwasser, immer am Grund, festsitzend oder beweglich. M. atmen durch Kiemen; sie ernähren sich von Plankton, das sie aus dem Umgebungswasser filtern. Da auf diese Art auch Schadstoffe im Muschelfleisch angereichert werden, sind die Anforderungen an die Wasserqualität des Herkunftsgebietes bzw. der Zuchtanlage hoch (→ Muschelvergiftung). Zur Sicherstellung der gesundheitlichen Unbedenklichkeit wurden EU-einheitlich detaillierte Vorschriften zur mikrobiologischen und chemischen Untersuchung lebender M. zum Direktverzehr und zur Weiterverarbeitung erlassen. Je nach Erzeugergebiet müssen die Tiere vor dem Abernten ggf. in reines Meerwasser umgesetzt werden und dort verbleiben, bis Bakterien und Schadstoffe die zulässigen Höchstmengen nicht mehr überschreiten. Wichtige Kriterien sind u. a. fett- und wasserlösliche → Algentoxine (maximal 400 bzw. 200 µg/kg Hepatopankreas bzw. Muschelfleisch) sowie Salmonellenfreiheit (nicht nachweisbar in 25 g Muschelfleisch). Der Gehalt an → Histamin darf im Mittel der Proben 100 mg/kg Muschelfleisch nicht überschreiten. Die wichtigsten essbaren M. sind → Austern, → Miesmuscheln, → Kammmuscheln, → Klaffmuscheln und Verwandte (→ Herz-, → Venusmuscheln). Muschelfleisch ist sehr leicht verderblich; M. werden deshalb i. d. R. lebend oder verarbeitet (tiefgefroren, Dauerkonserve) gehandelt. 2. Teigwaren in Muschelform, hergestellt durch ein Pressverfahren.

Muschelvergiftung engl.: *molluscan shellfish poisoning;* Vergiftungserscheinungen, die auf den Verzehr von →Muscheln einschließlich →Austern zurückzuführen sind. M. im engeren Sinn wird durch →Algentoxine hervorgerufen. Nach den Symptomen wird unterschieden zwischen paralytischer M. (engl.: *paralytic shellfish poisoning,* Abk.: PSP) durch Saxitoxine und Domoinsäure aus Dinoflagellaten, Diarrhoe erzeugender M. (engl.: *diarrhetic shellfish poisoning,* Abk.: DSP) durch Toxine aus *Dinophysis fortii* und *acuminata,* Gedächtnisstörungen verursachender M. (engl.: *amnesic shellfish poisoning,* Abk.: ASP) durch ein Toxin aus *Nitzchia pungens* und neurotoxischer M. (engl.: *neurotoxic shellfish poisoning,* Abk.: NSP) durch ein Toxin aus *Gymnodinium breve.* M. kommt in Deutschland vergleichsweise selten vor; Handelsware muss EU-weit umfassend geprüft werden, auch auf Algentoxine. Im erweiterten Sinn werden auch Intoxikationen durch chemische Kontaminanten aus dem Umgebungswasser (Schwermetalle, organische Schadstoffe) sowie durch Viren, Bakterien und Parasiten und deren Stoffwechselprodukte in den Begriff M. einbezogen. →Fischvergiftung

Muschelzucht engl.: *shellfish farming,* Syn.: *Muschelkulturen;* Aufzucht von Muscheln in Meer- oder Süßwasserbecken (→Aquakultur). Von wirtschaftlicher Bedeutung sind hauptsächlich →Austern, →Miesmuscheln, →Jakobsmuscheln und →Klaffmuscheln, auch zur Weiterverarbeitung zu Muschelkonserven (→Muschelerzeugnisse). M. wird seit der Antike betrieben; sie ist verbreitet in vielen europäischen Ländern und in Fernost, Austernzucht auch in den USA.

Muscovado engl.: *muscovado sugar,* Syn.: *Barbadoszucker;* wenig bis sehr intensiv dunkelbraun gefärbter zentrifugierter, aber nicht raffinierter →Rohrzucker (→Rohzucker) aus Überseeländern mit stark ausgeprägtem aromatischem Geschmack und sandiger feuchter Beschaffenheit.

Muskatblüte lat.: *Myristica fragrans HOUT* (Fam.: *Myristicaceae*), engl.: *Mace,* Syn.: *Macis;* getrockneter, orange- bis gelbbrauner, hornartig fester Samenmantel der →Muskatnuss. Nach der Ernte der aprikosenartigen Frucht des Muskatnussbaums wird das fleischige Fruchtfleisch entfernt, der Samenmantel vorsichtig vom Fruchtkern getrennt, getrocknet und dabei immer wieder flach gedrückt. M. kommt in Stücken oder gemahlen in den Handel, wird in der Küche wie Muskatnuss verwendet und ähnelt dieser in der Zusammensetzung, hat jedoch einen etwas feineren und aromatischeren Geschmack. Das durch Wasserdampfdestillation gewonnene Muskatblütenöl entspricht in seiner Zusammensetzung in etwa der des Muskatnussöls und wird wie dieses verwendet.

Muskateller; Weinrebe, die in vielen Varianten vorkommt. Sie liefert weiße bis rote Beeren; die daraus gewonnenen Weine eignen sich am besten als junge Weine, da sie sich durch hohe Fruchtigkeit auszeichnen. Am bekanntesten und von höchster Qualität ist die Sorte „Muscats blancs à petits grains". Aus ihr entstehen meist süße würzige Weine, überwiegend weiß, selten auch rot. Typische Vertreter dieser süßen Muskatweine sind z. B. Muscat aus Frontignan und Beaumes-de-Venise in Frankreich, Moscato d'Asti in Italien, Samos- und Patras-Weine in Griechenland. In Deutschland und im Elsass finden sich auch trocken ausgebaute Muskatweine. Die Muskateller-Rebe ist mittlerweile in sehr vielen Weinbauländern anzutreffen.

Muskatellerkraut Syn.: →*Muskatellersalbei*

Muskatellerrosinen/-traubenrosinen; aus Trauben einer Unterart der Muskatellerrebe hergestellte →Rosinen und →Traubenrosinen.

Muskatellersalbei lat.: *Salvia sclarea L.* (Fam.: *Lamiaceae*), engl.: *Clary Sage,* Syn.: *Muskatellerkraut, Römischer Salbei;* im Mittelmeergebiet heimisches, bis zu 1 m hoch werdendes zweijähriges Kraut. Die Blätter enthalten 0,03–0,14 % →ätherische Öle mit Linalylacetat, Linalool und Scareol als Hauptkomponenten sowie Bitterstoffe und werden wie die getrockneten Blüten zur Aromatisierung von Wermutweinen sowie für die Kosmetik- und Parfümindustrie verwendet. M. unterscheidet sich durch seinen muskatartigen entfernt an Lavendel erinnernden Geruch vom echten Salbei.

Muskatnuss lat.: *Myristica fragrans HOUT.* (Fam.: *Myristicaceae*), engl.: *Nutmeg;* gelb- bis dunkelbrauner, runzelig-netzartig gefurchter, eiförmig runder Samenkern der Frucht des von den Molukken stammenden, bis zu 15 m hoch werdenden immergrünen Muskatnussbaumes. Hauptanbauländer sind Westindien, Indonesien, Neuguinea, Madagaskar, Mauritius und Brasilien. Als beste Sorten gelten Banda- und Siauw-Muskatnuss. Nach der Ernte wird das derbe Fruchtfleisch der aprikosenähnlichen Frucht entfernt und der zerschlitzte leuchtend rote Samenmantel, der als →Muskatblüte ebenfalls als →Gewürz verwendet wird, vorsichtig vom Fruchtkern getrennt. Nach vier- bis achtwöchigem Trocknen löst sich der ölhaltige Samenkern von der Schale. Die schwarze holzige Samenschale wird aufgeschlagen und die freigelegte M. nachgetrocknet. Durch Tauchen in Kalkmilch, das früher als Schutz gegen Insektenfraß diente und heute als Gütezeichen gilt, sind M. häufig weiß bestäubt. M. enthalten ca. 30 % fettes Öl (Muskatnussbutter) und 7–16 % →ätherisches Öl (Muskatnussöl), das sich hauptsächlich aus Pinen, Sabinen, Limonen, Borneol, Linalool und bis zu 14 % des halluzinogen wirkenden →Myristicins zusammensetzt. Die aromatisch duftende süßlich-scharf schmeckende M. kommt ganz, geschrotet oder gemahlen in den Handel und wird in der Küche am besten frisch geraspelt zum Würzen von Suppen, Saucen, Fleischgerichten, Gemüsen und Gebäck eingesetzt. Das durch Wasserdampfdestillation gewonne Muskatnussöl wird in der Likör- und Parfümindustrie verwendet und dient zur Bereitung von Salben und Pflastern zur Behandlung von rheumatischen und neuralgischen Schmerzen.

Muskatwein; →Muskateller

Muskelfarbstoff; →Myoglobin

Muskelinjektionsverfahren engl.: *spray pumping;* →Schnellpökelung

Mutationen engl.: *mutations;* spontane oder künstlich induzierte Änderungen des Erbgutes. Sie bewirken ein Entstehen von Eigenschaften, die im Erbgut der Eltern nicht vorhanden waren. Für das Auftreten von M. können spontan ablaufende innere Prozesse, Einflüsse aus der Umwelt oder gezielte Eingriffe verantwortlich sein. M. lassen sich gezielt durch Chemikalien, Bestrahlung mit Röntgenstrahlen oder radioaktiven Elementen sowie durch den Einsatz von Techniken zum Transfer und Einbau von fremdem genetischem Material hervorrufen. Mit Hilfe von züchterischen Methoden wie z. B. der Vereinzelung können aufgetretene M. ausgenutzt und dauerhaft etabliert werden.

Mutterkorn engl.: *ergot;* von dem auf vielen Getreidearten (v. a. Roggen) und Gräsern parasitierenden Pilz *Claviceps purpurea* gebildetes kornähnliches schwarzes bis blauschwarzes →Sklerotium, das zahlreiche toxische Alkaloide (→Mutterkornalkaloide) enthält, die für den so genannten Ergotismus verantwortlich sind. Die Bezeichnung M. geht auf seine Verwendung zur nachgeburtlichen Blutstillung durch Kontraktion der Gebärmutter zurück.

Mutterkornalkaloide engl.: *ergot alkaloids,* Syn.: *Ergotalkaloide;* von der Lysergsäure abgeleitete →Mykotoxine, die im →Mutterkorn enthalten und für den so genannten Ergotismus verantwortlich sind, einer sich in Krämpfen, Gangrän und Wahnsinn äußernden Krankheit, die früher häufig durch den Verzehr von mit Mutterkorn belastetem Brot oder Getreide hervorgerufen wurde. Durch Extraktion aus kultiviertem Roggen-Mutterkorn werden M. als pharmazeutischer Rohstoff gewonnen und in geringen Mengen u. a. zur Behandlung von Migräne eingesetzt.

Mutterkümmel Syn.: → *Cumin*

Mutterlauge engl.: *mother liquor;* Flüssigkeit (konzentrierte Lösung), die bei der Abscheidung gelöster Stoffe aus übersättigten Lösungen als Rückstand zurückbleibt. Während die Kristalle meist in reiner Beschaffenheit anfallen, enthält die M. i. d. R. neben der gelösten Substanz lösliche Begleitstoffe und Verunreinigungen. Typisches Beispiel für eine M. im Lebensmittelbereich ist die → Melasse bei der Zuckergewinnung.

Muttermilch engl.: *breast milk,* Syn.: *Frauenmilch, Humanmilch;* das von der Brustdrüse der Frau gebildete Sekret, das in seiner Nährstoffzusammensetzung genau den Bedürfnissen des Säuglings entspricht. Die Bildung der M. ist hormonell gesteuert und beginnt gegen Ende der Schwangerschaft. Zunächst wird das Kolostrum gebildet, eine Milch, die noch relativ arm an Energie, aber reich an Immunglobulinen (→ Antikörper) ist. Bis zum 15./20. Tag wird die Übergangsmilch (transistorische M.), anschließend die reife M. produziert. Da M. die beste Ernährung für den Säugling darstellt, wird (wenn möglich) das Stillen empfohlen. Im Falle verschiedener Krankheiten muss vom Stillen abgesehen und auf → Säuglingsanfangsnahrung bzw. → Folgenahrung ausgewichen werden. Verschiedene Schadstoffe, Medikamente und Genussmittel können in die M. übergehen, weshalb auf Nikotin und Alkohol während der Stillzeit verzichtet, der Tee- und Kaffeekonsum eingeschränkt und vor der Einnahme von Medikamenten der Kinderarzt konsultiert werden sollte.

Muttersaft Syn.: *Fruchtmuttersaft;* → Fruchtsaft, der wegen des hohen natürlichen Säuregehaltes der verwendeten Früchte nicht zum unmittelbaren Genuss geeignet ist. M. dient als Ausgangsprodukt für Fruchtnektare (Süssmost), Fruchtsirup, Fruchtpulver usw.

Mutton chops; aus dem angelsächsischen Sprachgebrauch übernommene Bezeichnung für etwa fingerdicke → Steaks und Koteletts (→ Hammelkotelett) aus dem Hammelrücken. → Hammelfleisch

Mutzenmandeln engl.: *Vienna doughnuts,* Syn.: *Muzenmandeln, Muzen;* aus → Mürbeteig, traditionell mit Zusatz von Ei, Rum oder Rumaroma und evtl. Mandeln wie eine Mandel geformtes Gebäck, das in siedendem Fett gebacken und in Zucker gewälzt wird. → Fettgebäck

Mycel engl.: *mycel;* Vegetationskörper von → Pilzen, bestehend aus mehr oder weniger verzweigten Zellfäden (→ Hyphen), die ggf. durch Querwände (Speten) gegliedert sein können.

Mycella engl.: *mycella;* dänischer Edelpilzkäse mit mindestens 50 % Fett in der Trockenmasse und zylindrischer Form, der in zwei Größen mit einem Durchmesser von etwa 23 cm bzw. 28 cm und dem entsprechenden Gewicht von 5–6 kg bzw. 9 kg angeboten wird. M. besitzt einen weißen bis sahnefarbenen Teig mit blaugrünem gleichmäßig verteilten Schimmel von streich- und schneidbarer Konsistenz und mildem bis pikant würzigem Geschmack.

Mycobacterium; Mehrz.: Mycobakterien, Gattung grampositiver, unbeweglicher, aerober, nicht sporenbildender Stäbchenbakterien mit sehr langsamem Wachstum, die vorwiegend im Boden, im Wasser sowie in Tieren vorkommen. Die Gattung besitzt zahlreiche pathogene Arten, von denen für den Menschen insbesondere die Tuberkulose erregenden Arten wie *M. tuberculosis* und *M. bovis* sowie der Lepraerreger *M. leprae* von Bedeutung sind. *M. paratuberculosis* ist der Erreger der *Enteritis infectiosa chronica* beim Rind sowie bei anderen Wiederkäuern und wird mit der Entstehung von Morbus Crohn beim Menschen in Verbindung gebracht.

Mycoprotein engl.: *mycoprotein;* aus Schimmelpilzen gewonnenes Protein (→ Einzellerprotein), das aufgrund seiner Textur als Fleischersatz eingesetzt werden kann und unter dem Namen →Quorn™ u. a. in Großbritannien und USA vermarktet wird. Künftig soll es auch in Deutschland erhältlich sein.

Mykotoxine engl.: *mycotoxins,* Syn.: *Schimmelpilzgifte;* Stoffwechselprodukte verschiedener, Lebensmittel und Futtermittel verderbender Pilze, die für Mensch und Tier toxisch sind. Bekannt sind über 150 meist hitzestabile M., die im Tierversuch z. T. krebserregend, mutagen, teratogen, leber-, nieren- oder nerventoxisch sind. Wichtige M. sind →Aflatoxine, →Ochratoxine, →Patulin und →Fusarientoxine.

Myoglobin engl.: *myoglobin;* Farbstoff der Warmblütermuskulatur. Bei ihm handelt es sich um ein Eisen(II)-haltiges Chromoprotein, das ähnlich wie →Hämoglobin aus einem kettenförmigen Polypeptid (Globin, Eiweißanteil) und dem damit verbundenen, eigentlich farbtragendem Eisen(II)-komplex (Häm) besteht. M. dient im lebenden Organismus der Sauerstoffversorgung des Muskels durch Bevorratung und Übertragung. Die Farbe von ausgeblutetem Fleisch geschlachteter Tiere und der daraus hergestellten Erzeugnisse ist wesentlich von M. und daraus entstandenen Oxidationsprodukten sowie deren Komplexen abhängig. Frisch geschnittenes Fleisch weist eine leuchtend rote Farbe auf, die durch Oxymyoglobin, einer Verbindung von M. mit Sauerstoff, hervorgerufen wird. Diese Verbindung ist bei hohem Sauerstoffpartialdruck stabil. Bei niedrigem Sauerstoffpartialdruck oder Erhitzung geht sie durch Oxidation mit Luftsauerstoff in Metmyoglobin über. Dieses ist durch den enthaltenen Eisen(III)-komplex für die typische graubraune Farbe von erhitztem oder gelagertem Fleisch verantwortlich. Farbstabilität lässt sich auf verschiedenen Wegen erreichen. Die Verwendung von Sauerstoff undurchlässigem Material und Vakuum bei der Verpackung verhindert die Oxidation des M., so dass diese erst bei Öffnung oder Beschädigung einsetzt. Die Behandlung mit Gemischen von Kohlenmonoxid und Luft führt zu einer Farbstabilisierung. Durch das →Pökeln mit nitrat- und nitrithaltigen Verbindungen kommt es zu einer dauerhaften Farbstabilisierung (→Umrötung). Dabei entstehen extrem stabile leuchtend rote Komplexe (Nitrosomyoglobin) aus den bei der Umrötung gebildeten Reaktionsprodukten Stickoxid und Metmyoglobin sowie noch nicht oxidiertem M.

Myo-Inosit engl.: *myo-inositole,* Syn.: *Meso-Inosit, Myo-Inositol;* sechswertiger zyklischer Alkohol, der in Muskelgewebe und verschiedenen Organen, in pflanzlichen Lebensmittel als →Phytinsäure, dem zugehörigen Hexaphosphat enthalten ist. M. wird im Organismus endogen aus Glucose gebildet und spielt in Form seiner Phosphate eine Rolle beim Aufbau von Membranen und als Botenstoff bei der Signaltransduktion. Für viele Organismen, z. B. Hefen, ist M. ein Wachstumsfaktor.

Myristicin engl.: *myristicin;* farbloses wasserunlösliches Öl, das in den →ätherischen Ölen von Muskatnuss, Dill, Petersilie und Möhren vorkommt. M. verursacht den typischen Duft und brennenden Geschmack von Muskatnüssen und ist zusammen mit Elemicin für ihre halluzinogene Wirkung verantwortlich.

Myristinsäure engl.: *myristic acid,* Syn.: *Tetradecansäure;* gesättigte →Fettsäure mit 14 C-Atomen, die in hohen Gehalten in Kokos-, Palmkern- und Butterfett enthalten ist. M. tritt neben Palmitin- und Stearinsäure am häufigsten in natürlichen Fetten auf.

Nachbrust engl.: *brisket;* hinteres breites Teilstück der →Rinderbrust mit magerem Fleisch und geringerem Knochenanteil als die anderen Brustteilstücke, das sich außer zum Kochen z. B. als Suppenfleisch auch zum Schmoren (bspw. Rollbraten) eignet.

Nachende; Übergangsstück vom →Kraus- zum →Mastdarm beim Schwein, das gewendet mit Schleimhaut als Wursthülle verwendet wird.

Nachgeschmack engl.: *aftertaste;* sensorische Eindrücke, die z. T. relativ lange nach dem Abschlucken von Nahrung wirken, z. B. nach Knoblauchverzehr.

Nachmehl engl.: *grint;* stärkereichstes und schalenärmstes ballaststoffreiches Nebenprodukt der Getreidevermahlung (→Mühlennachprodukte). Es ist wegen seines hohen Aschegehaltes nur bedingt zur Herstellung von Brotmehlen geeignet und wird meist als Futtermittel verwendet. Bei N. besteht die Gefahr einer Belastung mit →Aflatoxinen.

Nachos Syn.: *Tortillachips;* dünne, knusprige, dreieckige, in verschiedenen Geschmacksrichtungen angebotene Maischips, die i. d. R. mit Würzsaucen (→Dips), auf Wunsch auch überbacken verzehrt werden.

Nachspeise Syn.: →*Dessert*

Nachtkerzenöl engl.: *evening primrose oil;* aus den Samen der in Mittel- und Südeuropa vorkommenden zweijährigen Nachtkerzenpflanze (lat.: *Oenothera biennis L.*, Fam.: *Onagraceae*) gewonnenes Öl, das aufgrund seines hohen Gehaltes an →Omega-6-Fettsäuren (insbesondere γ-Linolensäure) in Form von Nachtkerzenölkapseln als →Nahrungsergänzungsmittel zur Ergänzung der Versorgung mit essenziellen mehrfach ungesättigten Fettsäuren angeboten und in der Naturheilkunde eingesetzt wird. Nachtkerzenölkapseln enthalten zur Stabilisierung der oxidationsempfindlichen mehrfach ungesättigten Fettsäuren i. d. R. zusätzlich →Vitamin E.

Nachtschattengewächse lat.: *Solanaceae,* engl.: *nightshade plants;* deutscher Name für die Pflanzenfamilie der Solanaceen, die durch ihren Reichtum an z. T. sehr giftigen →Alkaloiden ausgezeichnet ist und zu der Pflanzen wie Kartoffeln, Tomaten, Paprika, Tollkirsche und Tabak gehören. Der Name leitet sich von dem mittelhochdeutschen Wort Nachtschaten für Dunkelheit ab.

Nachweisgrenze engl.: *limit of detection;* Konzentration eines Stoffes, die noch mit einer bestimmten statistischen Sicherheit (i. d. R. 95 %) nachgewiesen werden kann.

Nacken Syn.: →*Kamm*

Nackenkotelett Syn.: *Kammkotelett, Hals(grat)-kotelett;* portionsgerecht zugeschnittene Scheibe durchwachsenen saftigen Schweinefleisches mit Knochen. Sie wird aus dem →Kamm (eigentlicher Hals- und vorderer Brustwirbelbereich bis zur dritten Rippe) geschnitten. Das N. unterscheidet sich von entsprechend aus dem hinteren Teil des Kotelettstranges geschnittenen Scheiben dadurch, dass es aus einer Mehrzahl von quer geschnittenen Muskelbündeln besteht.

Nacktgerste; →Gerste →Spelze

Nackthafer; →Hafer →Spelze

Nährbier Syn.: →*Malzbier*

Nährböden engl.: *culture medium;* sterile halb feste oder feste →Nährmedien, die durch ihre spezifische Zusammensetzung den nachzuweisenden Mikroorganismen günstige Entwicklungs- und Vermehrungsmöglichkeiten bieten. N. werden zum Nachweis sowie zur Anreicherung und Selektierung von Bakterien, Hefen und Pilzen verwendet.

Nährcasein; aus entrahmter Milch mittels Säuren, Molke oder milchsäurebildenden Bakterienkulturen (Säure-Nährcasein) bzw. mittels Lab oder sonstigen milchkoagulierenden Enzymen (Labnährcasein) ausgefällter, gewaschener und getrockneter Käsebestandteil (→Casein). Der Wassergehalt beträgt höchstens 10 % sowie der Milcheiweißgehalt bei Säure-Nährcasein mindestens 90 % und bei Labnährcasein mindestens 84 %. N. wird im gesamten Lebensmittelbereich verwendet, z. B. zur Eiweißanreicherung von Lebensmitteln.

Nährhefe; inaktive →Trockenhefe

Nährlösungen engl.: *culture solution;* spezifisch zusammengesetzte flüssige →Nährmedien (Bouillons, Extrakte) zur Kultivierung von aeroben und anaeroben Mikroorganismen.

Nährmedien engl.: *culture mediums,* Syn.: *Kulturmedien;* in der Mikrobiologie zum Nachweis, zur Anreicherung und zur Selektion von → Mikroorganismen verwendete Lösungen (Nährlösungen) aus Nährstoffen, wie z. B. Kohlenhydraten, Eiweiß, Fett, Hefeextrakt, Vitaminen und Mineralstoffen, die für den Stoffwechsel von Mikroorganismen benötigt werden. Durch Zusatz von Verdickungsmitteln verfestigte Nährlösungen werden als Nährböden bezeichnet. Selektivmedien fördern oder hemmen das Wachstum spezieller Mikroorganismen durch Schaffung besonders günstiger Entwicklungsbedingungen für bestimmte Mikroorganismen bzw. durch Zusatz von Konservierungsstoffen oder Hemmstoffen. N. sind in standardisierter Form erhältlich oder können im Labor selbst hergestellt werden.

Nährmittel engl.: *cereal products;* handelsüblicher Sammelbegriff für Getreideerzeugnisse (Getreidekörner, Mehle, Stärke, Flocken u. ä.), Reis und Teigwaren, der aber auch Müsli sowie Puddingpulver, Saucenpulver und ähnliche Erzeugnisse umfasst.

Nährstoffdichte engl.: *nutrient density;* Parameter, der das Verhältnis von essenziellen Nährstoffen zum Energiegehalt (Brennwert) der Nahrung beschreibt und als Menge eines Nährstoffs in g, mg oder µg pro 1 Mega-Joule eines Lebensmittels, einer Mahlzeit o. Ä. definiert ist. Aufgrund der veränderten Ernährungssituation (geringer Energiebedarf infolge geringer körperlicher Aktivität, gleichzeitig oft Überangebot an Nahrungsmitteln), gewinnt die N. zunehmend an Bedeutung, um bei ausreichender Versorgung mit essenziellen Nährstoffen Übergewicht zu vermeiden.

Nährstoffkonzentrate; Erzeugnisse, die einen, meist jedoch eine Mischung verschiedener Nährstoffe in hoher Konzentration (hohe → Nährstoffdichte) enthalten und eingesetzt werden, wenn der Nährstoffbedarf durch die normale Ernährung nicht gedeckt werden kann. Bei N. handelt es sich um → Nahrungsergänzungsmittel z. B. für Leistungssportler, diätetische Lebensmittel zur Gewichtsreduktion oder Arzneimittel.

Nährwert engl.: *nutritive value;* von der Art, der Menge und dem Mengenverhältnis der Inhaltsstoffe (z. B. Fett, Protein, Kohlenhydrate, essenzielle Fett- und Aminosäuren, Vitamine, Mineralstoffe, Wasser) abhängiger Wert eines Lebensmittels. Der N. umfasst den Brennwert sowie die Nährstoffgehalte und wird in Nährwerttabellen für die einzelnen Lebensmittel aufgeführt.

Nährwertkennzeichnung engl.: *nutritional labelling;* der Information des Verbrauchers dienende fakultativ-obligatorische Kennzeichnung der in der Nährwertskennzeichnungsverordnung festgelegten Nährstoffe bezogen auf 100 g bzw. 100 ml bei flüssigen Lebensmitteln. Optionell können die Nährstoffe auch zusätzlich auf die Portion angegeben werden. Die N. ist im Prinzip freiwillig, aber bei nährwertbezogenen Angaben wie z. B. „fettreduziert" verpflichtend vorzunehmen. Umfang und Art der N. richten sich nach den rechtlichen Maßnahmen der Nährwertkennzeichnungsverordnung.

Nagelholz; → Rauchfleisch vom Rind.

Nahrungsergänzungsmittel engl.: *dietary supplements;* Abk.: NEM, Lebensmittel, die dazu bestimmt sind, die normale Ernährung zu ergänzen und die aus Einfach- oder Mehrfachkonzentraten von Nährstoffen oder sonstigen Stoffen mit ernährungsspezifischer oder physiologischer Wirkung bestehen und in dosierter lebensmitteluntypischer Form in den Verkehr gebracht werden, d. h. in Form von z. B. Kapseln, Pastillen, Tabletten, Pillen, Pulverbeuteln, Flüssigampullen, Flaschen mit Tropfeinsätzen und ähnlichen Darreichungsformen von Flüssigkeiten und Pulvern zur Aufnahme in abgemessenen kleinen Mengen. NEM können eine breite Palette von Nährstoffen und anderen Zutaten enthalten, unter anderem → Vitamine, → Mineralstoffe, → Aminosäuren, → essenzielle Fettsäuren, → Ballaststoffe und verschiedene Pflanzen und Kräuterextrakte. Sie werden in Supermärkten, Apotheken, Reformhäusern, Fitness-Studios und im Versandhandel, z. B.

über das Internet angeboten und sollen die tägliche Ernährung in den Fällen ergänzen, in denen eine Versorgung durch die Nahrung unzureichend ist bzw. eine Ergänzung erwünscht ist; der Markt der NEM ist stetig wachsend. Nach Stand der Wissenschaft kann jedoch eine einseitige und falsche Ernährung nicht durch NEM ausgeglichen werden; lediglich bei Risikogruppen wie z. B. Schwangeren oder Patienten mit Magen-Darm-Erkrankungen wird eine gezielte Ergänzung mit defizitären Nährstoffen für eine begrenzte Zeit unter ärztlicher Aufsicht als sinnvoll erachtet. Weiterhin ist nicht auszuschließen, dass es bei gleichzeitigem Verzehr mehrerer NEM zu Überdosierungen z. B. von fettlöslichen Vitaminen kommt.

Nahrungsmittel engl.: *comestible goods, foodstuff;* ältere Bezeichnung für → Lebensmittel pflanzlicher oder tierischer Herkunft, die dem Organismus die benötigten Nährstoffe zuführen. Dadurch stehen sie im Gegensatz zu den → Genussmitteln.

Nahrungsmittelallergie engl.: *food allergy,* Syn.: *Lebensmittelallergie;* → Allergie

Nahrungsmitteltabus engl.: *food taboos;* Ausschluss einzelner oder mehrerer Lebensmittel von der Nahrungsaufnahme aus religiösen, weltanschaulichen oder ethischen Gründen. Meist wird auf tierische Produkte, v. a. Fleisch oder alkoholische Getränke verzichtet.

NAL; Abk. für → Normenausschuss Lebensmittel und landwirtschaftliche Produkte.

Nam Pla Raa; würzige thailändische Sauce, die aus fermentiertem Fisch und Zitronengras sowie ggf. weiteren Zutaten hergestellt wird.

Nangka Syn.: → *Jackfrucht*

Naoussa; griechisches Weinbaugebiet mit AC, bekannt für seine typischen und guten Rotweine.

Napfkuchen engl.: *turban cake;* in einer Napfkuchenform (∅ ca. 22–24 cm) mit Triebmitteln (Backpulver oder Hefe) gebackener Kuchen. In der Regel wird als Teig Rührteig (→ Rührmassen) oder in Süddeutschland auch Hefefeinteig verwendet. Neben den üblichen Teigzutaten sind oft Trockenfrüchte, wie z. B. Rosinen, Mandeln und viele andere Zutaten im Gebrauch.

Napfschnecke lat.: *Patella sp.,* engl.: *limpet;* weltweit vorkommende Meeresschnecke mit Gehäuse (→ Schnecken), die in Deutschland als Lebensmittel von geringer Bedeutung ist.

Napoleon; eine zusätzliche Bezeichnung für Cognac und Armagnac, die eine Auskunft über die Lagerzeit gibt. Nur Cognac und Armagnac, die mindestens sechs Jahre in kleinen Eichenholzfässern gelagert wurden, dürfen die Bezeichnung N. tragen.

Napolitains engl.: *napolitains;* kleine gefüllte und ungefüllte Schokoladentäfelchen mit einem Einzelgewicht meist unter 10 g.

Nappieren engl.: *to coat;* Überziehen von warmen oder kalten Speisen (meistens Fleisch oder Gemüse) mit Sauce oder Gelee.

Naranjilla lat.: *Solanum quitoense Lam.* (Fam.: *Solanaceae*), engl.: *Quito Orange,* Syn.: *Quito-Orange, Lulo;* tomatenähnliche, runde, grünlich-gelbe bis gelborangene Frucht (∅ 4–6,5 cm) des in den subtropischen Gebirgsregionen Südamerikas beheimateten Quito-Nachtschattenstrauches. Das säuerlich-süße, blumig-aromatische, grüne, im Geschmack an Ananas und Erdbeere erinnernde Fruchtfleisch mit zahlreichen essbaren Samen wird frisch in rohem Zustand verzehrt und zu Pulpe, Nektar, Erfrischungsgetränken, Gelee und Konfitüre verarbeitet. Wegen der geringen Haltbarkeit findet i. d. R. keine Ausfuhr der Frischfrucht statt.

Naringin engl.: *naringin;* Glykosid aus dem → Flavanon Naringenin und dem Disaccharid Neohesperidose. N. ist der Bitterstoff der → Grapefruit und kann durch enzymatische Spaltung entbittert werden.

Nase lat.: *Chondrostoma nasus L.* (Fam.: *Cyprinidae*), engl.: *sneep;* an den Oberläufen der großen Flüsse (Rhein, Donau) beheimateter europäischer Süßwasserfisch . Die N. hat keine wirtschaftliche Bedeutung mehr. Wegen rückläufiger Bestände ist sie in einigen Bundesländern ganzjährig geschützt.

Nashi lat.: *Pyrus pyrifolia (Burm. f.)* Nakai (Fam.: *Rosaceae*), engl.: *Nashi Pear,* Syn.: *Asiatische Birne, Japanische Birne, Apfelbirne;* mit der → Birne eng verwandte Sammelbalgfrucht des Nashibaumes. Die ursprünglich in Ostasien beheimatete und angebaute N. wird weltweit im gemäßigten Klima in zwei Varietäten kultiviert: die Nashi-Birne (*var. culta (Makino)* Nakai) und die China-Birne (*var. pyrifolia*). Erstere ist rund, apfelförmig und hellgrün bis bronzefarben. Die China-Birne gleicht im Aussehen einer großen Birne mit grünlichgelber Farbe. Das sehr helle, saftige, feste Fruchtfleisch ähnelt im Geschmack einer Mischung aus Birne und Apfel und wird als Frischobst verzehrt.

Nasi engl.: *nasi;* indonesische Bezeichnung für gekochten → Reis und wegen der Bedeutung als Grundnahrungsmittel Bestandteil der Bezeichnung aller damit zubereiteten indonesischen Gerichten. Das Bekannteste dieser Gerichte ist Nasi Goreng (gebackener bzw. gebratener, gekochter Reis mit vielen möglichen Zutaten, wie z. B. Zwiebeln, Gewürzen, Gemüse, unterschiedlichen Fleisch- und Fischsorten). Ebenfalls einen hohen Bekanntheitsgrad besitzt das Gericht Nasi Kuning (gelber Reis) aus gekochtem Reis, → Kokosmilch und → Kurkuma. → Indonesische Reistafel

Nasi Goreng; → Nasi

Nasspökelung engl.: *pickle curing,* Syn.: *Lakepökelung;* neben der → Trockenpökelung traditionelles Haltbarmachungsverfahren für Fleisch und Fleischerzeugnisse. Die Haltbarmachung erfolgt durch Einlegen in einer je nach Pökelgut unterschiedlich konzentrierten (ca. 10–25 % Kochsalz) → Pökellake in Pökelbehältern aus Kunststoff oder Edelstahl. Pökeldauer und Einwirkungsgrad hängen von der Menge und der Art des hergestellten Pökelerzeugnisses ab. Die Salzkonzentration wird während des Pökelprozesses überwacht und bei Bedarf durch Salzzugabe neu eingestellt.

Nasssalzung engl.: *salting with saturated brine;* → Einsalzen mit Salzlake.

Native Öle engl.: *native oils;* übliche Bezeichnung für Öle, die aus nicht vorgewärmter Rohware durch Pressen ohne Wärmezufuhr oder andere schonende mechanische Verfahren gewonnen wurden. Sie dürfen darüber hinaus gewaschen, filtriert oder zentrifugiert, jedoch nicht entsäuert, gebleicht oder desodoriert sein. Für → Olivenöl gelten besondere rechtliche Bestimmungen.

Native Stärke engl.: *native starch;* → Stärke

Natrium engl.: *sodium;* Alkalimetall, das in Form seiner Salze zu den → Mengenelementen zählt. N. reguliert den osmotischen Druck außerhalb der Zellen (extrazellulär), nimmt Einfluss auf das Wassergleichgewicht und den Säure-Base-Haushalt, aktiviert einige Enzyme als Kofaktor, spielt eine Rolle bei Transportprozessen (z. B. bei der Glucoseaufnahme) und ist zusammen mit Kalium an der Reizweiterleitung im Nervensystem beteiligt. Aufgenommen wird N. v. a. in Form von Kochsalz (Natriumchlorid). Dementsprechend tritt in Industieländern ein Mangel nur selten auf, der meist durch starke Durchfälle bedingt ist. Es kommt zu Störungen des Wasserhaushaltes mit Krämpfen und Dehydratation. Bei einer überhöhten Zufuhr wird die Ausscheidung von N. über den Harn gesteigert. Allerdings treten gleichzeitig vermehrt Calcium-Verluste auf, wodurch der Knochenstoffwechsel negativ beeinflusst werden kann. Der Zusammenhang zwischen einer erhöhten Natriumaufnahme und Hypertonie (Bluthochdruck) ist nur bei einer bestimmten Bevölkerungsgruppe gegeben. Ein Teil der Personen mit der genetischen Veranlagung zur Hypertonie erkrankten tatsächlich. Von den Betroffenen wiederum ist nur ca. ein Fünftel kochsalzempfindlich, d. h. nur bei diesen wirkt eine Reduktion der Salzzufuhr Blutdruck senkend. Dennoch wird allgemein zur Prophylaxe eine

Einschränkung der Kochsalzaufnahme empfohlen.

Natriumacetat engl.: *sodium acetate;* Natriumsalz der → Essigsäure, das aus Essigsäure gewonnen wird und zusammen mit Natriumdiacetat (Mischkristall von Essigsäure und N.) unter der Nummer E 262 als Konservierungsmittel und Säuerungsmittel, z. B. für Obst- und Gemüsekonserven, Brot, Fischprodukten, Feinkostsalaten, Mayonnaisen und Salatsaucen zugelassen ist.

Natriumalginat engl.: *sodium alginate;* → Alginate

Natriumarme Lebensmittel engl.: *foodstuff low in sodium;* diätetische Erzeugnisse für bestimmte Patientengruppen (z. B. bei salzsensitiver Hypertonie, Niereninsuffizienz), die in genussfertigem Zustand nicht mehr als 120 mg Natrium pro 100 g (Getränke nicht mehr als 2 mg Natrium pro 100 ml) enthalten. Ein wichtiger Vertreter der n. L. ist natriumarmes Brot. N. L. müssen als „natriumarm" und können zusätzlich als „kochsalzarm" gekennzeichnet werden.

Natriumbicarbonat Syn.: → *Natriumhydrogencarbonat*

Natriumbisulfit engl.: *sodium bisulfite/bisulphite,* Syn.: *Natriumhydrogensulfit;* → Sulfite

Natriumcarbonat engl.: *sodium carbonate,* Syn.: *Soda;* Natriumsalz der Kohlensäure, das als geruchlose, laugig schmeckenden grobe Kristalle bzw. als feinkristallines Pulver vorliegt und natürlicherweise mineralisch, aber auch gelöst, z. B. in den Natronseen Afrikas und Amerikas (zusammen mit → Natriumhydrogencarbonat), einigen Mineralwässern und alkalischen Heilquellen vorkommt. N. wird u. a. zur Wasserenthärtung sowie in der Waschmittel-, Papier- und Glasindustrie verwendet. Zusammengefasst sind unter der Nummer E 500 im Lebensmittelbereich N. (Soda), Natriumhydrogencarbonat (Natron) und Natriumsequicarbonat als Säureregulatoren, Trennmittel und Backtriebmittel für Lebensmittel allgemein ohne Höchstmengenbeschränkung zugelassen. N. findet vielfältig z. B. als Bestandteil von Backpulver, als Träger für Aromen und zum Aufschluss von Kakao und Kaffee Verwendung.

Natriumcaseinat engl.: *sodium caseinate;* → Caseinate

Natriumchlorid engl.: *sodium chloride,* Syn.: *Kochsalz, Speise-, Tafelsalz (Handel)*; Natriumsalz der Salzsäure, das in Form weißer Kristalle vorliegt und mengenmäßig das bedeutendste Würzmittel darstellt. Reines N. ist nicht hygroskopisch, das Feuchtwerden beruht auf Beimengungen von Magnesiumchlorid. Des Weiteren können Kieselsäure, Natriumcarbonat oder andere Rieselhilfsmittel zugesetzt sein sowie eine Anreicherung mit Jod und eventuell auch mit Fluorid erfolgen (→ Jodiertes Speisesalz). In höheren Konzentrationen wirkt N. konservierend, es unterliegt einer Besteuerung (Salzsteuer) und stellt den Hauptlieferanten für die Mineralstoffe → Natrium und → Chlorid dar. Der Zusammenhang zwischen einer erhöhten Kochsalzzufuhr und Hypertonie (Bluthochdruck) ist nur bei einer bestimmten Bevölkerungsgruppe gegeben. Ein Teil der Personen mit der genetischen Veranlagung zur Hypertonie erkrankten tatsächlich. Von den Betroffenen wiederum ist nur ca. ein Fünftel kochsalzempfindlich, d. h. nur bei diesen wirkt eine Reduktion der Salzzufuhr Blutdruck senkend. Dennoch wird allgemein zur Prophylaxe eine Einschränkung der Kochsalzaufnahme empfohlen.

Natriumcitrat engl.: *sodium citrate;* Natriumsalze der → Citronensäure (Mono-, Di- und Trinatriumcitrat), die wie diese fermentativ gewonnen werden und unter der Nummer E331 als Schmelzsalze, Antioxidationsmittel, Komplexbildner (Synergist für Antioxidantien) und Säuerungsmittel für Lebensmittel allgemein ohne Höchstmengenbeschränkung zugelassen sind. N. wird ferner als Kutterhilfsmittel bei der Herstellung von Fleischwaren und als gerinnungshemmender Zusatz in Blutkonserven verwendet.

Natriumcyclamat; → Cyclamate

Natriumdiacetat engl.: *sodium diacetate;* → Natriumacetat

Natriumdisulfit engl.: *natrium metabisulphite,* Syn.: *Natriummetabisulfit;* → Sulfite

Natriumglutamat engl.: *mono sodium glutamate,* Syn.: *Mononatriumglutamat, Mono-Sodium-Glutamat (MSG*); Abk.: Glutamat, Mononatriumsalz der → Glutaminsäure, das fermentativ aus glucosehaltigen Substraten gewonnen wird und den mengenmäßig am meisten verwendeten Geschmacksverstärker darstellt. N. ist unter der Nummer E 621 als Geschmacksverstärker, z. B. für Fertiggerichte, Suppen, Würzmittel, Gewürzmischungen und Kartoffelsnacks zugelassen. Für die Annahme, dass die Aufnahme größerer Mengen bei empfindlichen Personen zum so genannten → China-Restaurant-Syndrom führt, existieren keine wissenschaftlichen Belege.

Natriumhydrogencarbonat engl.: *sodium hydrogencarbonate,* Syn.: *Natriumbicarbonat, Natron;* saures Natriumsalz der Kohlensäure, das als weißes Pulver mit mildem, leicht alkalischem Geschmack vorliegt. N. ist gelöst in vielen Mineralwässern enthalten und kann durch Einleiten von Kohlendioxid in eine Natriumcarbonatlösung hergestellt werden. Es wird als Antiazidum gegen Sodbrennen eingesetzt und als Bestandteil von Abführmittel (künstliches Karlsbader Salz), Back- und Brausepulver sowie Feuerlöschmittel verwendet. Ein Zusatz beim Kochen von Hülsenfrüchten beschleunigt deren Weichwerden.

Natriumhydrogensulfat engl.: *sodium hydrosulfate, sodium hydrosulphate,* Syn.: *Natriumbisulfat;* → Natriumsulfat

Natriumhydrogensulfit engl.: *sodium hydrogen sulphite,* Syn.: *Natriumbisulfit;* → Sulfite

Natriumnitrat engl.: *sodium nitrate,* Syn.: *Natronsalpeter;* Natriumsalz der Salpetersäure, das unter der Nummer E 251 als Konservierungsmittel, z. B. für Fleisch- und Wurstwaren (→ Pökeln), Käse und eingelegten Hering in festgelegten Höchstmengen zugelassen ist. Die konservierende Eigenschaft beruht auf der Umwandlung von Nitrat in → Nitrit, welches bakterizid v. a. gegen → Clostridium botulinum wirkt und außerdem bei der Pökelung den Erhalt der roten Farbe (→ Umrötung) ermöglicht.

Natriumnitrit engl.: *sodium nitrite;* Natriumsalz der salpetrigen Säure, das in Form von → Nitritpökelsalz unter der Nummer E 250 als Konservierungsmittel für Fleisch und Fleischerzeugnisse in festgelegten Höchstmengen zugelassen ist. N. wird aus → Natriumnitrat gewonnen, wirkt bakterizid v. a. gegen → Clostridium botulinum und führt außerdem bei der Pökelung durch Bildung von Stickstoffmonoxid, das sich an Myoglobin bindet, zum Erhalt der roten Farbe (→ Umrötung). Die toxische Wirkung der Nitrite beruht auf der Oxidation von zwei- zu dreiwertigem Eisen im Hämoglobin (Umwandlung zu Methämoglobin), welches keinen Sauerstoff mehr binden kann. Zum anderen können Nitrite mit sekundären Aminen zu Kanzerogenen → Nitrosaminen reagieren.

Natriumorthophenylphenolat engl.: *sodium orthophenyl phenol;* Natriumsalz des Orthophenylphenols, das wie dieses antimikrobielle und fungizide Wirkung besitzt und deshalb unter der Nummer E 232 als Konservierungsmittel (v. a. gegen Blau- und Grünschimmel) zur Oberflächenbehandlung von → Citrusfrüchten zugelassen ist. Welche Konzentrationen aus der Schale ins Fruchtfleisch übergehen, ist ebenso wie die toxikologische Bedenklichkeit noch nicht geklärt.

Natriumphosphate engl.: *sodium phosphates;* Natriumsalze der Phosphorsäure (Mono-, Di- und Trinatriumphosphate), die unter der Nummer E 339 als Konservierungsmittel, Säuerungsmittel, Säureregulatoren und Emulgatoren für bestimmte Lebensmittel zugelassen sind. N. werden z. B. in nicht alkoholischen Getränken (v. a. in Colagetränken), als Säureträger in Backpulver, als Schmelzsalze bei der Herstellung von

Schmelzkäse, als Rieselhilfsstoff in pulverförmigen Trockenlebensmitteln und als Synergist von Antioxidantien eingesetzt. Natriumdiphosphate lassen außerdem aufgrund ihrer guten Wasserbindungsfähigkeit als Kutterhilfsmittel bei der Brühwurstherstellung einsetzen.

Natriumstearoyllactylat engl.: *sodium stearoyl-2-lactylate;* Abk.: NSL, Natriumverbindung, die durch Veresterung von Milchsäure mit Stearinsäure gebildet wird und unter der Nummer E 481 als Emulgator und Mehlbehandlungsmittel für bestimmte Lebensmittel wie z. B. Fettemulsionen, Feine Backwaren und diätetische Lebensmittel in festgelegten Höchstmengen zugelassen ist.

Natriumsulfat engl.: *sodium sulfate, sodium sulphate,* Syn.: *Glaubersalz;* Natriumsalz der → Schwefelsäure. Es ist Bestandteil des Karlsbader Salzes, welches als Abführmittel eingesetzt wird. N. entsteht als Nebenprodukt bei der Kochsalzgewinnung und ist unter der Nummer E 514 als Trägerstoff (z. B. für Lebensmittelfarbstoffe), Säureregulator und Festigungsmittel zugelassen und wird in der Trinkwasseraufbereitung sowie als Füllstoff bei der Waschmittelherstellung verwendet.

Natriumsulfit engl.: *sodium sulfite/sulphite,* Syn.: *Dinatriumsulfit;* → Sulfite

Natriumthiosulfat engl.: *sodium thiosulfate;* Natriumsalz der Thioschwefelsäure, das als farblose, wasserlösliche, leicht bitter schmeckende Kristalle vorliegt. N. wird z. B. als Trägermittel in Badesalzen und Salben sowie als Antidot bei Cyanidvergiftungen eingesetzt und ist als Zusatzstoff bei der → Trinkwasseraufbereitung zugelassen.

Natron engl.: *natron;* ursprünglich von den lateinischen Begriffen neter und nitrium sowie dem arabischen Begriff natrun abgeleitete Bezeichnung für Soda (Natriumcarbonat), die heute für → Natriumhydrogencarbonat verwendet wird.

Natronlauge engl.: *sodium hydroxide (solution);* stark alkalische ätzende Lösung von Natriumhydroxid (Syn.: *Ätznatron*) in Wasser, die durch Elektrolyse hergestellt wird. N. ist unter der Nummer E 524 als Säureregulator zugelassen und wird z. B. bei der Herstellung von → Laugengebäck, zur Trinkwasseraufbereitung, zur Laugenschälung von Kartoffeln und Wurzelgemüse sowie als Neutralisationsmittel bei der Stärke- und Eiweißhydrolyse (Würzeherstellung) eingesetzt.

Natürliche Aromastoffe engl.: *natural flavouring agents;* aromawirksame Substanzen, die durch physikalische (Extraktion, Destillation, Mischen) oder enzymatische bzw. mikrobiologische Verfahren aus pflanzlichen oder tierischen Ausgangsmaterialien gewonnen werden. Diese können auch be- und verarbeitet sein (z. B. Trocknen, Rösten, Fermentieren). In den Ausgangsmaterialien liegen die Aromastoffe in sehr geringen Konzentrationen meist in einer komplexen Mischung vor.

Natürlicher Alkoholgehalt engl.: *natural alcoholic strength;* bei Wein und Schaumwein verwendete Bezeichnung für den Gesamtalkoholgehalt vor jeglicher Anreicherung bzw. in verschiedenen Lebensmitteln (z. B. in Obst, Fruchtsaft, Kefir, Brot) während der Lagerung durch Gärung entstehende Alkoholmenge.

Naturbelassene Öle; verbreitete Bezeichnung für Speiseöle, die keiner → Raffination unterzogen wurden. Im Gegensatz zu den oft synonym verwendeten Begriffen „nativ" und „kalt gepresst" oder „Jungfern-" ist die Bezeichnung naturbelassene Öle nicht in Leitsätzen oder Rechtsvorschriften definiert.

Naturdarm engl.: *natural casing;* Bezeichnung für die als Nebenprodukte bei der Schlachtung von Tieren erhaltenen Därme, die überwiegend von Rindern, Schweinen und Schafen, seltener von Ziegen stammen und nach strengen hygienerechtlichen Maßgaben zu Wursthüllen aufgearbeitet werden. Sie sind empfindlich gegenüber mikrobiologischen Belastungen und müssen alsbald nach der Schlachtung weiterverarbeitet werden. Eine Haltbarmachung erfolgt durch Einsalzung oder Trocknung. Die Vorteile von N. als Wursthülle liegen in seiner für Räucher- und Reifungsprozesse, insbesondere bei Rohwürsten, wichtigen Luftdurchlässigkeit und Essbarkeit. Auf die Verwendung von N. wird im Zutatenverzeichnis der Fleisch- und Wurstwaren, sofern eines rechtlich erforderlich ist, hingewiesen.

Naturfarbstoffe engl.: *natural colouring matter;* → färbende Lebensmittel

Naturidentische Aromastoffe; aromawirksame Substanzen, die den natürlichen Aromastoffen im chemischen Aufbau entsprechen, jedoch durch chemische Verfahren aus anderen Ausgangsmaterialien gewonnen werden.

Naturmilder Kaffee Syn.: → *Mild behandelter Kaffee*

Naturtrübe Säfte engl.: *natural hazy juice;* → Fruchtsäfte, die bei der Herstellung nicht fein filtriert, sondern durch ein grobmaschiges Sieb gegossen werden. Die Trübung wird ausschließlich durch fein verteilte Fruchtbestandteile erzeugt.

Navarra; spanisches DO-Weinbaugebiet, angrenzend an die Rioja, in dem Weiß- und Roséweine aus Garnacha- (Grenache) und Viura-Trauben erzeugt werden. Die Rotweine stammen von Garnacha-, Tempranillo- und Cabernet-Sauvignon-Reben und sind von guter Qualität.

Navel lat.: *Citrus sinensis Osbeck* (Fam.: *Rutaceae*), engl.: *Navel;* wichtige, zu den Blondorangen zählende Sortengruppe bei → Orangen, von denen neben den Sorten Navel Late (Navel Tardia), Navelina und Thomson Navel insbesondere die Sorte Washington Navel (Bahia) große Bedeutung besitzt. Das charakteristische Kennzeichen ist der nabelförmige Blütenansatz, der im Innern der Orange eine Babyfrucht trägt. N. sind frühe kernlose Orangen mit dicker grobporiger Schale und süßem saftigen Fleisch. Die Schale eignet sich gut zum Kandieren.

Near-Water-Getränke engl.: *near water drinks;* Bezeichnung für klare, i. d. R. stille, z. T. auch gefärbte → Erfrischungsgetränke auf Wasserbasis und Zusätzen wie Fruchtkonzentraten, Kräutern, Vitaminen, Mineralstoffen oder anderen funktionellen Inhaltsstoffen, die einen erkennbaren gesundheitlichen Zusatznutzen aufweisen sollen.

Nebbioli; Rotweinrebe, die fast ausschließlich in Norditalien vorkommt. Aus Nebbiolo-Trauben werden beste, tannin- und säurehaltige kraftvolle Rotweine wie z. B. Barolo und Barbaresco erzeugt. Auf Grund ihres Gerbstoff- und Säuregehalts sind sie lange lagerfähig. Sie werden mit dem Alter geschmeidiger und aromatischer.

Nebenfruchtform Syn.: *Anamorphe;* asexuell gebildete Fruchtform bei → Pilzen.

Nebukadnezar Syn.: *Nabuchodonosor;* Bezeichnung für eine früher als Schaustück verwendete → Großflasche mit einem Volumen von 15 Litern.

Neera; indische Bezeichnung für ein aus dem Saft der Palmyrapalmen gewonnenes Erfrischungsgetränk.

Negerküsse; veralterte, noch sehr weit verbreitete Bezeichnung für → Schaumküsse.

Neisser Konfekt; → Pfeffernüsse

Nektar; → Fruchtnektar → Honig (Blütennektar)

Nektarhonig Syn.: → *Blütenhonig*

Nektarinen lat.: *Prunus persica (L.) Batsch var. nucipersica (L.) C.K. Schneid*, engl.: *nectarine;* → Pfirsiche mit gelber, durch Mutation glatter Schale. Der Stein ist leicht lösbar. N. mit einem schwer lösbaren Stein werden als Brugnolen bezeichnet. Anbau, Handel und Verwendung erfolgt wie beim Pfirsich.

Nelken Syn.: → *Gewürznelken*

Nelkenpfeffer Syn.: → *Piment*

Nelkenwurz lat.: *Geum urbanum L.* (Fam.: *Rosaceae*), engl.: *Clove Root, Herb Bennet, Wood Avens,* Syn.: *Benediktenwurzel;* aus Osteuropa stammende bis zu 1,3 m hoch werdende Staude, deren getrockneten → Rhizome früher als Ersatz für → Gewürznelken zum Würzen verwendet wurden. Die Rhizome enthalten Gerbstoffe, organische Säuren, → ätherische Öle und Zucker und sind bei der Herstellung einiger Kräuter- und Bitterspirituosenspezialitäten in Gebrauch. In der Volksheilkunde finden Zubereitungen aus N. Anwendung bei der Behandlung von Durchfallerkrankungen, Schleimhautentzündungen und Hauterkrankungen. Die Wirkung ist jedoch wissenschaftlich nicht belegt.

Nematizide engl.: *nematicides;* → Pestizide zur Vernichtung von Boden- und Fadenwürmern.

Nematoden lat.: *Nematoda,* engl.: *roundworms, nematodes,* Syn.: *Fadenwürmer, Rundwürmer;* artenreicher sehr anpassungsfähiger Stamm der Helminthen (Würmer), die auch parasitisch an/in Pflanzen und Tieren und dem Menschen leben, oft mit Wirtswechsel. Parasitische N. treten als Krankheitserreger auf. Verschiedene Arten der Ordnung *Rhabditida* (Älchen) befallen Nutzpflanzen wie Kartoffeln, Rüben, Getreide, Gemüse, Wein u. a., die der Ordnungen *Ascaridida, Strongylida* und *Enoplida* Tiere und Menschen. Typische Vertreter sind z. B. Herings- und Kabeljauwurm, Spulwurm, Madenwurm für die *Ascaridida,* Hakenwürmer für die *Strongylida* und *Trichinen* für die *Enoplida.* Lebensmittelhygienische Bedeutung besitzen die Familien *Trichinellidae* (→ Trichinen) und *Anisakidae* (Fischparasiten → Anisakiasis), deren Larven beim Verzehr von unzureichend erhitztem Fleisch/Fisch auf den Menschen übergehen können, und Eier verschiedener N., die über mit Fäkalien gedüngtes Gemüse/Salat und/oder infiziertes Wasser aufgenommen werden. Nematodeninfestation ist weltweit ein erhebliches Gesundheitsproblem.

Nemea; griechisches Weinbaugebiet mit Appelation der höchsten griechischen Qualitätsstufe (OPAP). In ihm werden aus den Trauben der Agiorghitiko-Rebe qualitativ hochwertige Rotweine erzeugt. Deren Trauben dienen auch häufig zum Verschnitt mit Trauben anderer Rotweinreben wie z. B. Cabernet Sauvignon.

Nennfüllmenge; die auf einer Fertigpackung angegebene Inhaltsmenge. Die tatsächliche → Füllmenge kann von der Nennfüllmenge abweichen. Die zulässigen Toleranzen sind rechtlich geregelt. Die Kennzeichnung von Fertigpackungen mit flüssigen Lebensmitteln hat nach Volumen zu erfolgen, bei allen anderen Erzeugnissen nach Gewicht. Ausnahmen sind z. B. Honig und Sirup nach Gewicht.

Neophilie engl.: *neophilia;* Aufgeschlossenheit bzw. Neugier gegenüber unbekannten Lebensmitteln. → Neophobie

Neophobie engl.: *neophobia;* konservative Haltung von Verbrauchern, die zur Ablehnung oder Meidung noch unbekannter Lebensmittel führen. → Neophilie

Neroliöl engl.: *neroli oil;* → Orangenblütenöl

Netz; → Netzfett

Netzannone lat.: *Annona reticulata L.* (Fam.: *Annonaceae*), engl.: *Bullock's Heart, Custard Apple,* Syn.: *Ochsenherzannone;* runde oder herzförmige bis 1 kg schwere → Sammelfrucht des gleichnamigen, im tropischen Südamerika beheimateten Baumes. Unter der rötlichbraunen, wie ein Netz in fünfeckige Schuppen gegliederten Schale befindet sich ein weiches gelbliches bis weißlichgraues, süßes, leicht gekörntes Fruchtfleisch mit zahlreichen flachen braunen Samen. Das ausgelöste, im Vergleich zur → Cherimoya/Cherimola weniger aromatische Fruchtfleisch wird roh verzehrt und als Zutat in Desserts und Süßspeisen sowie der Fruchtsaft gezuckert für Getränke verwertet.

Netzfett engl.: *caul fat, web fat;* 1. aus dem die Baucheingeweide abdeckenden Bauchfell (Syn.: *Netz*) während des Schlachtens als Nebenausbeute gewonnenes → Fettgewebe. N. wird als Hülle zum Einschlagen von speziellen Fleischerzeugnissen wie z. B. Bratwurst (Netzbratwurst) und von Hackfleischerzeugnissen (Netzbratling, Saumeise) verwendet. 2. Bezeichnung für das aus 1. gewonnene Fett.

Netzmagen engl.: *reticulum,* Syn.: *Haube;* mittlerer Abschnitt des dreiteiligen Wiederkäuervormagens, der wie der Blättermagen v. a. für Transport, Zerkleinerung und Sortierung der Nahrung sorgt. Der N. wird ohne die Schleimhaut für die Herstellung von speziellen traditionellen Fleischerzeugnissen wie z. B. → Kutteln und einigen Wurstsorten verwendet.

Netzmelonen lat.: *Cucumis melo L. Reticulata Grp.* (Fam.: *Cucurbitaceae*), engl.: *Musk melons, Netted Melons;* Sortengruppe der → Zuckermelonen. N. sind von lang runder Form und haben eine mit einem groben weißlichen bis hellbraunen Korknetz überzogene Schale. Ihr meist lachsorangenes bis grünes Fruchtfleisch schmeckt sehr aromatisch. Galiamelonen sind eine wohl schmeckende neugezüchtete, bis zu 1,5 kg schwere Variante aus Israel mit gelblichgrüner Schale und grünlichweißem Fruchtfleisch. N. werden roh verzehrt und als Zutat in Süßspeisen, Desserts und Feinkostsalaten verwendet.

Netzmittel engl.: *wetting agents;* grenzflächenaktive Substanzen natürlichen oder synthetischen Ursprungs, die in Lösung die Grenzflächenspannung von Flüssigkeiten herabsetzen. Zu den N. gehören z. B. Alkalien und → Tenside.

Neuformw; → Reformkost

Neugewürz Syn.: → *Piment*

Neunaugen lat.: *Ordn. Petromyzoniformes,* engl.: *lampreys;* Fische aus der Klasse der → Rundmäuler, von denen 3 Arten in Mitteleuropa heimisch sind und traditionell befischt werden: das Bachneunauge (lat.: *Lampetra planeri Bloch*), das Flussneunauge (lat.: *Lampetra fluviatilis L.*) und das Meerneunauge (lat.: *Petramyzon marinus L.*), außerdem die Donauneunaugen (lat.: *Eudontomyzon subsp.*). N. sind Wanderfische; sie leben im Meer und steigen zur Eiablage an die Oberläufe der Flüsse auf, wo sich die Larven entwickeln. 1–2 Jahre vor der Geschlechtsreife kehren die Jungfische in küstennahe Brack- und Seewassergebiete zurück. Die genannten Arten sind bestandsgefährdet und deshalb in Deutschland ganzjährig geschützt (Stand 2001).

Neurodermitis engl.: *neurodermatitis,* Syn.: *atopische Dermatitis;* meist schubweise verlaufende Entzündung der Haut mit Juckreiz, Rötung, Nässen, Schuppung und Krustenbildung. Sie gehört zu den atopischen Erkrankungen, die sich durch eine genetisch bedingte überschießende Immunreaktion auszeichnen. N. tritt bei etwa 4 % der Bevölkerung auf und manifestiert sich meist schon im Säuglingsalter. Die genauen Ursachen für die Entstehung von N. sind noch nicht bekannt. Genetische Veranlagung sowie zusätzliche Auslöser wie Stress, Allergien und trockene Luft in beheizten Räumen spielen eine Rolle.

Neurospora; Schimmelpilzgattung mit wenigen Arten, die ein rasch wüchsiges, lockeres und hohes Luftmycel bilden. Die bekanntesten Arten sind *N. sitophila* und *N. crassa,* die sich ungeschlechtlich über z. T. auffällig bunt gefärbte → Konidien vermehren und auch als Brot- oder Bäckerschimmel bekannt sind. Die geschlechtliche Vermehrung erfogt über sehr hitzesistente → Ascosporen. Pilze der Gattung *N.* zählen zu den zytologisch und genetisch am besten untersuchten Pilzen.

Neuseeländer Spinat lat.: *Tetragonia tetragonioides (Pall.) Kuntze* (Fam.: *Aizoaceae*), engl.: *New Zealand Spinach,* Syn.: *Sommerspinat, Pflückspinat;* fleischige Blätter und Triebspitzen der gleichnamigen, aus Australien und Neuseeland stammenden, niederliegenden einjährigen, nicht mit dem Spinat verwandten Pflanze. Sie können den ganzen Sommer über geerntet werden und ähneln in Zubereitung, Geschmack und Inhaltsstoffen dem → Spinat.

Neutralöl; technische oder pharmazeutische Bezeichnung für Fett oder Öl nach dem → Entsäuern.

Neutralschmalz engl.: *neutral lard;* feine Schweineschmalzsorte der höchsten Qualitätsstufe. N. wird durch Ausschmelzen in

Wasser bei Temperaturen unter 50 °C aus zerkleinertem Bauchwandfett gewonnen.

New-Way-Verfahren; australisches → Butterungsverfahren (Fettkonzentrationsverfahren).

Niacin engl.: *niacin;* Überbegriff für Nicotinsäure und Nicotinsäureamid. N. gehört zu den wasserlöslichen Vitaminen und ist Bestandteil der Coenzyme Nicotinamid-Adenin-Dinucleotid (NAD) und Nicotinamid-Adenin-Dinucleotid-Phosphat (NADP). Diese sind entscheidend an Vorgängen der Wasserstoffübertragung in allen Zellen beteiligt und haben dadurch Einfluss auf den Kohlenhydrat-, Fettsäure- und Aminosäurestoffwechsel. N. wird in Form von NAD und NADP aus tierischen Lebensmitteln und vorwiegend in Form von Nicotinsäure aus pflanzlichen Lebensmitteln (v. a. Vollkornprodukte) aufgenommen. Der Organismus ist auch in der Lage, endogen aus der Aminosäure Tryptophan N. zu synthetisieren (bei Tryptophan-Überschuss). Die klassische → Hypovitaminose ist die → Pellagra, die nur bei gleichzeitigem Tryptophanmangel auftritt. Daher ist sie häufig in Ländern mit proteinarmer Ernährung anzutreffen. → Hypervitaminosen sind mit Lebensmitteln nicht möglich. Eine Überdosierung von Supplementen kann Kopfschmerzen, Hitzegefühl, Übelkeit und Leberschäden hervorrufen. Therapeutisch werden hohe Niacindosen eingesetzt, um die Blutlipide zu senken.

Nibs Syn.: *Kakaokernbruch;* Bezeichnung für → Kakaobohnen nach Reinigung, Fermentation und Brechen.

Nicht flüchtige Säure; Bezeichnung für den Gehalt an wertbestimmenden organischen Säuren in Fruchtsäften, Most und Weinen. Die wichtigsten Säuren im Wein sind Weinsäure, Äpfelsäure, Citronensäure und Milchsäure.

Nickel engl.: *nickel;* 1. zu den → Spurenelementen gehörender → Mineralstoff. Die Funktionen von N. sind bisher nicht aufgeklärt. Ein Mangel ist beim Menschen nicht bekannt, im Tierversuch bewirkt ein Nickelmangel Störungen der Eisenverwertung. Die Inhalation flüchtiger Nickelverbindungen führt zu asthmaähnlichen Symptomen. Bei Nickelallergie kann die Aufnahme von N. mit der Nahrung Hautekzeme verursachen. Nickelquellen sind u. a. Hülsenfrüchte, Kakao, Tee und Nüsse; 2. in Form des Metalls spielt N. eine Rolle als Legierungsbestandteil und als Hydrierungskatalysator.

Nickelallergie engl.: *nickel allergy;* weltweit bedeutendste Kontaktallergie, bei der ein länger andauernder Kontakt mit nickelhaltigen Gegenständen wie z. B. Modeschmuck oder Geldmünzen vermieden werden muss. Der Verzehr nickelreicher Lebensmittel wie z. B. Kakaoprodukte oder Hülsenfrüchte führt jedoch nur bei einem Teil der Nickelallergiker zu einer Hautreaktion. Eine dauerhafte nickelarme Diät ist daher erst nach erfolgreicher diagnostischer Eliminationsdiät mit nachfolgendem positiven Provokationstest angezeigt. Eine nickelfreie Ernährung ist aufgrund der weiten Verbreitung von Nickel als Spurenelement in pflanzlichen und tierischen Lebensmitteln nicht möglich.

Nicotinsäure/-amid engl.: *nicotinic acid, nicotinic acid amide;* werden zum wasserlöslichen Vitamin → Niacin zusammengefasst.

Niedere Pilze; alle → Pilze, deren → Hyphen im Gegensatz zu denen der Höheren Pilze keine oder wenige stark durchlöcherte Querwände haben. Die Vermehrung erfolgt ungeschlechtlich durch Zoosporen oder → Konidien, seltener durch geschlechtlich gebildete, dickwandige Dauersporen.

Niedersachsensuppe Syn.: *Schaumburger Hochzeitssuppe;* Suppe aus einer mit Eierstich, Nudeln und Fleischklößchen verfeinerte → Rinderbrühe.

Niederveresterte Pektine engl.: *low-ester pectins, low-methoxyl pectins;* → Pektine

Niere engl.: *kidney;* drüsiges, zu den → Innereien zählendes Organ, das im Körper wesentliche Funktionen (→ Nierenfunktion) ausübt. Bei den Schlachttieren werden insbesondere die Nieren von Schweinen, Kälbern und Lämmern, im geringeren Umfang auch von Geflügel, Kaninchen, Rindern und Wild verzehrt. Dies geschieht gekocht, gedämpft oder gebraten in Form von Spezialitätengerichten wie z. B. Kalbs- oder Schweinenierenbraten, Nierenragouts, Sauren Nieren und Schaschlik oder verarbeitet in speziellen traditionellen Fleischerzeugnissen.

Nierenbraten engl.: *loin roast;* → Rollbraten (→ Braten) mit darin eingerollter → Niere vom Kalb oder Schwein. Unter der allein stehenden Bezeichnung Nierenbraten an sich wird → Kalbsnierenbraten gehandelt.

Nierenfett Syn.: → *Rindernierenfett*

Nierenfunktion engl.: *kindney function;* die Aufgaben der Nieren umfassen Entgiftung (Ausscheidung von Stoffwechselprodukten mit dem Harn), Regulation des Wasser- und Elektrolythaushaltes, des Säure-Base-Gleichgewichts sowie Hormonbildung (z. B. Erythropoetin, Kinine).

Nierenspieß; → Fleischspieß mit Nierenstückchen.

Nierentalg Syn.: → *Rindernierenfett*

Nigella-Saat Syn.: → *Schwarzkümmel*

Nilgiri; im südwestindischen Hochland gelegenes bedeutendes Teeanbaugebiet, dessen Produkte gerne für → Teemischungen verwendet werden. Im Frühjahr geerntete Tees zeigen ein besonders ausgeprägtes, an Ceylon-Hochlandtees erinnerndes Aroma.

Nisin engl.: *nisin;* Polypetid aus 29 Aminosäuren, das natürlicherweise in Milch als Stoffwechselprodukt von Milchsäurebakterien (z. B. *Streptococcus lactis*) vorkommt. N. hemmt Entwicklung zahlreicher grampositiver u. a. auch pathogener Keime, indem es Einfluss auf die Cytoplasmamembran nimmt und Sporen am Auskeimen hindert sowie deren Hitzeempfindlichkeit steigert. Das Wirkungsoptimum liegt bei einem Bereich von pH 6,5 bis pH 6,8. N. ist in der Europäischen Union unter der Nummer E 234 als Konservierungsstoff für eine begrenzte Zahl von Lebensmitteln (einige Käse, Clotted Cream sowie Grieß- und Tapiokapudding und ähnliche Erzeugnisse) in begrenzter Menge zugelassen. Insbesondere wird N. bei gereiftem Käse (Hartkäse) zur Vermeidung von Spätblähungen und bei Schmelzkäse zur Vorbeugung des Verderbs durch anaerobe Sporenbildner wie z. B. Clostridien eingesetzt.

Nitrate engl.: *nitrates;* Salze der → Salpetersäure, die in unterschiedlicher Konzentration in allen Lebensmitteln enthalten sind. Bei unsachgemäß durchgeführter Stickstoffdüngung (zu große Menge und/oder zur falschen Zeit) können N. von bestimmten Pflanzen (z. B. Spinat, Kopfsalat) gespeichert werden und außerdem ins Grundwasser gelangen. Des Weiteren werden → Natrium- und → Kaliumnitrat als Konservierungsmittel für bestimmte Lebensmittel verwendet, z. B. als → Umrötungsstoffe für Fleisch und Fleischprodukte sowie als Antiblähmittel bei Käse. N. können in → Nitrite umgewandelt werden, die u. a. zu kanzerogenen → Nitrosaminen reagieren können.

Nitrite engl.: *nitrites;* Salze der Salpetrigen Säure, die natürlicherweise nur in Spuren in Lebensmitteln enthalten sind. Allerdings werden → Kalium- und → Natriumnitrit als Konservierungsmittel bestimmten Lebensmitteln zugesetzt (→ Nitritpökelsalz) und N. können auch durch Reduktion aus → Nitraten entstehen. Aufgenommenes Nitrat wird im Körper z. T. enzymatisch durch Nitrat-Reduktasen zu N. umgesetzt. Die toxische Wirkung von N. beruht auf der Oxidation von zwei- zu dreiwertigem Eisen im Hämoglobin (Methämoglobin), welches keinen Sauerstoff mehr binden kann. Zum anderen kann N. mit sekundären Aminen zu kanzerogenen → Nitrosaminen reagieren.

Nitritpökelsalz engl.: *nitrite pickling salt;* Abk.: NPS, Mischung aus Speisesalz und 0,4–0,5 % → Natrium- oder Kaliumnitrit. N. ist ein → Zusatzstoff, dessen Verwendung einer Zulassung bedarf und dessen Kenntlichmachung geregelt ist. N. darf nur in Betrieben mit einer speziellen behördlichen Genehmigung hergestellt werden und wird zum → Pökeln von Fleisch- und Wurstwaren eingesetzt.

Nitrofen; Handelsbezeichnung für den herbiziden (Unkraut vernichtenden), seit dem Jahre 1964 auf den Markt befindlichen Wirkstoff 2,4-Dichlorphenyl-4'-nitrophenylether. N. wurde bis zum Jahre 1980 in der Bundesrepublik Deutschland in Kombination mit anderen herbiziden Wirkstoffen als Bestandteil verschiedener Unkrautbekämpfungsmittel eingesetzt. Seit dem Jahre 1988 herrscht ein vollständiges europaweites Anwendungsverbot. Anhand von auf Tierversuchen basierenden älteren Studien konnte bei N. eine reproduktionstoxische, teratogene (Frucht schädigende) und kanzerogene (Krebs erzeugende) Wirkung nachgewiesen werden. Die vorliegenden älteren toxikologischen Untersuchungen lassen nach bisherigem Kenntnisstand eine sichere Aussage über Dosen ohne erkennbare schädliche Wirkung nicht zu. Aus diesem Grund ist es zum gegebenen Zeitpunkt nicht möglich, Grenzwerte für die akute oder chronische Exposition festzulegen. Im Jahre 2002 wurden in Deutschland durch Verwendung von hochgradig, durch Restbestände von mit nitrofenhaltigem Pflanzenschutzmittel kontaminiertem Getreide aus einem einzelnen Lager als Futtermittel eine enge Palette von Lebensmitteln einmalig mit N. belastet. Nach der damaligen Einschätzung der zuständigen Behörde für die Risikobewertung, des Bundesinstitutes für gesundheitlichen Verbraucherschutz und Veterinärmedizin, ließ sich aufgrund der schlechten Datenlage keine sichere Einschätzung über das bestehende Risiko des Verzehrs belasteter Lebensmittel vornehmen. Da sich ein Risiko der Fruchtschädigung bei den vorhandenen, durch Verzehr von belasteten Lebensmitteln möglichen niedrigen Dosen im Gegensatz zu der zusätzlich Krebs erzeugenden Wirkung hoher Dosen, die durch den Verzehr von belasteten Lebensmitteln nicht zu erreichen waren, nicht ausschließen ließ, wurden vorbeugenden Maßnahmen zum Schutz des Verbrauchers, insbesondere von schwangeren Frauen ergriffen.

Nitrosamine engl.: *nitrosamines;* Verbindungen, die in Lebensmitteln und im Organismus durch Reaktion von → Nitriten mit sekundären Aminen entstehen können. Diese Reaktion wird durch einen niedrigen pH-Wert (z. B. im Magen) und hohe Temperaturen begünstigt, während verschiedene Substanzen wie z. B. Ascorbinsäure die Bildung der N. hemmt. Die meisten N. wirken stark kanzerogen sowie leberschädigend und kommen auch z. T. in Tabak, Tabakrauch und manchen Kosmetika vor.

Nitrosomyoglobin engl.: *nitrosomyoglobin,* Syn.: *Pökelrot;* → Myoglobin → Umrötung

Nockerln; in Salzwasser gegarte Teigklößchen aus Mehl, Eiern, Butter, Milch, oft auch → Brandmasse und anderen variierenden Zutaten wie z. B. Käse, Spinat u. v. m. N. werden als Beilage zu Fleischgerichten, als Suppeneinlage und als Hauptgericht verzehrt.

Noisette; 1. ein vollmundiger Kakaolikör mit deutlich feinen Haselnussaroma, der unter Verwendung von Haselnuss- und Kakaoextrakten hergestellt wird. Der Mindestalkoholgehalt beträgt 15 Vol.-%; 2. Syn. für → Nugat.

Noni-Saft engl.: *noni juice;* Saft aus der Frucht der im pazifischen Raum beheimateten indischen Maulbeere (lat.: *Morinda citrifolia L.*). N. wird als neuartige Lebensmittelzutat zur Verwendung in pasteurisierten Fruchtsaftgetränken in den Verkehr gebracht. Besondere gesundheitsfördernde Wirkungen, die über die von anderen Fruchtsäften hinausgehen, sind wissenschaftlich nicht belegbar.

Nonpareille engl.: *nonpareils;* sehr kleine (meist nur bis 2 mm Durchmesser), harte, bunte, kugelförmige → Dragées. N. bestehen vorwiegend aus Zuckerarten und/oder Zuckeralkoholen und enthalten bis zu 30 % Stärke (auch modifiziert). Sie werden zum

Verzieren von Eiscreme, Süß- und Backwaren verwendet. Durch den Stärkezusatz behalten N. auf Schokolade und fetthaltigen Süßwaren ein besseres Aussehen.

Norbixin; → Annatto

Norddeutsche Mortadella; → Mortadella

Nordhäuser; wasserhelle Spirituose mit kornähnlichem Aroma, die nicht aus Nordhausen stammen muss. Der Alkoholgehalt beträgt i. d. R. 32 oder 40 Vol.-%.

Nordischer Kalmar engl.: *veined squid;* → Kalmare

Nordseegarnele lat.: *Crangon crangon L.* (Fam.: *Crangonidae*), engl.: *common shrimp, brown shrimp,* Syn.: *Nordseekrabbe, Krabbe, Granat, Crevette grise (franz.)*; bekannteste einheimische → Garnele. Die N. gilt als kleinste Speisegarnele der Welt (5–7, maximal 9 cm lang). In Deutschland wird sie traditionell Krabbe genannt. Die N. lebt im Wattenmeer der Nordsee und in kleineren Mengen in der Ostsee, im Nordostatlantik und im Mittelmeer. Sie wird hauptsächlich vor der deutschen und der niederländischen Nordseeküste gefischt („Krabbenfischerei"), mit leicht rückläufigem Ertrag seit 1970. Angeboten werden N. gekocht mit Schale, als ausgepultes Schwanzfleisch („Krabbenfleisch") oder verarbeitet zu → Krebstiererzeugnissen, an der Küste gelegentlich auch lebend. Gekochten N. dürfen die Konservierungsstoffe Sorbin- und/oder Benzoesäure und ihre Kalium- und Calcium- bzw. Natrium-, Kalium- und Calciumsalze zugesetzt werden. 100 g Nordseekrabbenfleisch enthalten ca. 19 g Protein, 1,5 g Fett, 150 mg Purine (berechnet als Harnsäure) und 135 mg Cholesterin.

Nordseekrabbe Syn.: → *Nordseegarnele*

Nori lat.: *Porphyra sp.* (Fam.:*Bangiophyceae*), engl.: *laver, nori;* japanische Bezeichnung für → Rotalgen von mittlerer Größe (bis 60 cm lang) mit rotvioletten Blättern (Thallus). N. leben auf felsigem Untergrund, auch an europäischen Küsten wie z. B. *P. umbilicalis (L.)* J. Agardh vor den britischen Inseln und Frankreich sowie in Deutschland vor Helgoland). N. wird in Ostasien und in den USA in großen Mengen gezüchtet; in Japan bilden die gerösteten und ungerösteten Blätter die Hülle für → Sushi und andere Gerichte, in Wales werden sie als „laver" gekocht als Gemüse (geleeartige Konsistenz) und als „laver bread" verzehrt. Japanische N. sind in westlichen Ländern in getrockneter Form (schwarze lange Blätter) erhältlich. Als Nahrungsergänzungsmittel werden meist aus Frankreich ganze Pflanzen, Blättchen oder Pulver angeboten.

Normalgewicht engl.: *normal weight;* → Body Mass Index

Normenausschuss Lebensmittel und landwirtschaftliche Produkte; Abk.: NAL, der NAL ist das zuständige Gremium im DIN Deutsches Institut für Normung e. V. für die Normung im Lebensmittelbereich sowie auf dem Landwirtschaftssektor. Dort werden Normen zu folgenden Themenkreisen erarbeitet: Probenahme und Untersuchung von Lebensmitteln und Tabakerzeugnissen, lebensmittelhygienische Anforderungen an Einrichtungen und Bedarfsgegenstände, Desinfektionsmittelprüfung für die Anwendungsbereiche Lebensmittel und Tierhaltung, Anforderungen und Prüfverfahren für Düngemittel, Bodenverbesserungsmittel und Kultursubstrate, Anforderungen und Prüfverfahren in der Biotechnik. Der Arbeitsausschuss → Sensorik erstellt entsprechende Vorschläge bezüglich dieser Fachthematik. Die zur Probenahme und Untersuchung von Lebensmitteln sowie Tabak- und Tabakerzeugnissen erarbeiteten Normen finden nach Zustimmung durch die Kommission zur Durchführung des § 35 LMBG Eingang in die → Amtliche Sammlung von Untersuchungsverfahren nach § 35 LMBG.

Notreife; beschreibt bei Getreide kein Kornreifestadium, sondern tritt ein, wenn die Nährstoffverlagerung aus Blättern und Halm in das Korn unterbrochen ist, z. B. als Folge von Trockenheit, Abknicken der Halme, Krankheitsbefall oder Verstopfung der Leitungsbahnen. Die N. kann nur während der Milch- oder Gelbreife (→Kornreife) eintreten.

Nougat engl.: *nougat;* ursprünglich Bezeichnung für eine Gruppe von Schaumzuckerwaren (→Weißer Nugat). Der Begriff N. hat sich zu einer Gattungsbezeichnung gewandelt, die sowohl Weißen Nugat als auch →Nugat umfasst und häufig synonym für Nugat gebraucht wird.

Nougat de Montélimar; →Weißer Nugat

Novel Food; sind per gesetzlicher Definition Lebensmittel und Lebensmittelzutaten, die in der Europäischen Gemeinschaft vor Inkrafttreten der Novel-Food-Verordnung (15.5.1997) noch nicht in nennenswertem Umfang für den menschlichen Verzehr verwendet worden sind und die zu folgenden Kategorien gehören: 1. Lebensmittel- und Lebensmittelzutaten, die aus Mikroorganismen oder Algen bestehen oder aus diesen isoliert worden sind; 2. Lebensmittel und Lebensmittelzutaten, die aus Pflanzen bestehen oder aus Pflanzen oder Tieren isoliert worden sind, ausgenommen sie wurden mit herkömmlichen Vermehrungs- oder Zuchtmethoden gewonnen und sie gelten erfahrungsgemäß als unbedenklich; 3. Lebensmittel und Lebensmittelzutaten, bei deren Herstellung ein neuartiges Verfahren angewandt wurde, das eine bedeutende Veränderung in Zusammensetzung, Struktur oder Nährwert der Lebensmittel bewirkt hat.

NSL; Abk. für →Natriumstearoyllactylat.

Nucleinsäuren engl.: *nucleic acid;* hochmolekulare Verbindungen aus Nucleotid-Bausteinen. N. enthalten als Zuckerkomponente entweder Ribose wie die Ribonucleinsäuren (RNS) oder Desoxyribose wie bei der Desoxynucleinsäure (DNS). Sie kommen in allen lebenden Zellen vor, sind Träger der Erbinformation und regeln die Proteinbiosynthese.

Nucleoproteine engl.: *nucleoproteins;* zusammengesetzte Verbindungen aus einem Proteinanteil und Nucleinsäuren als prosthetische Gruppe.

Nucleoside engl.: *nucleosides;* Verbindungen aus einem Zucker (Ribose bzw. Desoxyribose) und einer Purin- (Adenin, Guanin, Hypoxanthin) oder Pyrimidinbase (Thymin, Cytosin, Uracil). N. stellen die Bausteine der →Nucleotide dar und werden aus diesen bei Hydrolyse freigesetzt.

Nucleotide engl.: *nucleotides;* Ester von →Nucleosiden mit Phosphorsäure. N. stellen zum einen die Bausteine der →Nucleinsäuren dar, zum anderen erfüllen sie in Form freier Mono- und Dinucleotide verschiedene Funktionen im Energie- und/oder Substratstoffwechsel (→Adenosinphosphate).

Nudeln engl.: *noodles;* →Teigwaren, im engeren Sinne faden-, röhren- oder bandförmige Teigwaren.

Nürnberger Lebkuchen engl.: *Nuremberg gingerbread;* herkunftsgeschützte →Elisen- oder andere →Oblatenlebkuchen aus Nürnberg.

Nürnberger Rostbratwürste Syn.: *Nürnberger Bratwürste;* 7–9 cm lange, roh ca. 20–25 g schwere, nicht umgerötete Bratwürste (→Brühwurst) im engen abgedrehten Schafsaitling mit mittelgrob gekörnter Füllung ohne Brätanteil und typischer Majoranwürzung. Diese wird aus grob entfettetem Schweinefleisch sowie Gewürzen hergestellt. N. R. sind in rohem, gebratenem und gebrühtem Zustand im Handel. Der Verzehr erfolgt gebraten oder gebrüht, z. B. mit Sauerkraut oder Rotkohl als Beilage. Rezeptur, Herstellungsart und Vertrieb sind traditonell im Stadtbereich von Nürnberg angesiedelt. Die Bezeichnungen „Nürnberger Rostbratwürste“ und „Nürnberger Bratwürste“ sind als Herkunftsbezeichnungen und als Wortmarken rechtlich geschützt.

Nürnberger Stadtwurst; nach Art der →Groben Stadtwurst (Herstellungsprozess, Aussehen) gefertigte, jedoch rein aus Schweinefleisch hergestellte und meist in Schweinedünndärme abgefüllte grobe →Brühwurst. Die N. S. wird sowohl warm als auch kalt z. B. mit einer Essig-Öl-Marinade und Zwiebeln („Musik“) verzehrt.

Nugat engl.: *praline,* Syn.: *Noisette;* durch →Anwirken aus →Nugatmasse hergestellte helle oder dunkle Süßware mit charakteristisch aromatischem Geschmack. Menge, Art und Qualität der in der Rohmasse enthaltenen Nüsse, Mandeln und deren Öle (z. B. →Haselnussöl oder →Mandelöl) wirkt sich entscheidend auf Geschmack und Qualität aus. Hierbei ist u. a. das Verhältnis von Rohmasse zu Zucker von Bedeutung. Handelsübliches N. weist mindestens ein ausgeglichenes Verhältnis Rohmasse zu Zucker auf. Bei entsprechender Reduzierung des Zuckeranteiles kann Sahne, Sahnepulver oder Milch bzw. Milchpulver zugesetzt werden (→Sahnenugat →Milchnugat). N. wird in Riegelform, z. B. als Schicht-Nugat mit unterschiedlichen Nugatarten und -farben zum Direktverzehr angeboten, zu Pralinen und Formartikeln weiterverarbeitet oder als Füllung für Pralinen, Schokoladen, Schokoladenartikel wie z. B. Ostereier oder Backwaren verwendet.

Nugatcreme engl.: *nougat cream,* Syn.: *Nugatkrem;* halb feste, meist hellbraune fein gewalzte nugatähnliche Masse mit den gleichen Bestandteilen wie →Nugat, jedoch ist die Mitverwendung von Milcherzeugnissen, pflanzlichen Speisefetten und -ölen (keine Getreideerzeugnisse oder stärkereiche Stoffe) sowie Sojamehlerzeugnissen bei Handelsware üblich. N. enthält mindestens 10 % enthäutete Haselnusskerne, blanchierte/geschälte Mandeln oder blanchierte entbitterte bittere Mandeln, höchstens 67 % Zucker und 2 % Feuchtigkeit. Ein Zusatz von Sojamehlerzeugnissen ist ohne Kenntlichmachung bis zu 3 % möglich. Im Wesentlichen handelt es sich bei N. um →Nuss-Nugatcreme, die als Brotaufstrich verwendet wird, seltener um Mandel-Nugatcreme. N. wird auch in direkter Ausformung als Riegel oder Saisonartikel oder als Halbfabrikat für →Pralinen und andere Artikel aus Schokolade verwendet.

Nugatmassen engl.: *praline base, hazel nut paste;* höchstens 2 % Feuchtigkeit enthaltende, weiche bis schnittfeste pastöse Zubereitungen (→Rohmasse) aus geschälten zerkleinerten oder gemahlenen enthäuteten Nuss- und/oder blanchierten/geschälten Mandelkernen, Zucker und Kakaoerzeugnissen. Nach gründlichem Mischen bzw. Kneten mit etwas Lecithin wird die konsistente grobe Masse meist auf Walzwerken sehr fein zerkleinert. Gegebenenfalls erfolgt unter Fettzugabe noch eine Conchierung zur weiteren Homogenisierung. An Kakaoerzeugnissen können neben allen Schokoladensorten auch Schokoladenpulver, Kakaopulver, Kakaomasse, Kakaobutter und Kuvertüren verwendet werden. Die Zugabe von geschmacksgebenden Lebensmitteln sowie von kleinen Anteilen Milch oder Sahne und/oder den entsprechenden Trockenerzeugnissen bei entsprechender Reduzierung des Zuckeranteiles ist üblich. Der Zuckergehalt beträgt üblicherweise höchstens 50 %. Anhand der verschiedenen verwendeten Rohstoffe (Nusskerne und/oder Mandeln) werden die N. in Nuss- bzw. Mandel-Nugatmasse (ausschließlich Mandeln oder Nusskerne) sowie Mandel-Nuss-Nugatmasse (Mandel- und Nusskerne zu gleichen Teilen) unterschieden. Die Anforderungen an den Mindestfettgehalt betragen bei Nuss-Nugatmasse 30 % und bei Mandel- sowie Mandel-Nuss-Nugatmasse 28 %. Ebenfalls zu den N. wird das ähnlich ohne Kakaoerzeugnisse, Milch- oder Sahnepulver hergestellte gesüßte →Nussmus gerechnet. N. dienen seltener zum Direktverzehr, sondern i. d. R. der Weiterverarbeitung zu →Nugat (zweistufige Herstellung) und den daraus hergestellten Erzeugnissen.

Nulldiät engl.: *starvation diet;* ugs. für totales →Fasten.

Nuss engl.: *1. nut;* 1. botanisch eine Schließfrucht mit verholzter Fruchtknotenwand. Der Nusskern ist der eigentliche Samen, z. B. →Haselnuss. Unter der Bezeichnung „Nuss" gibt es viele Früchte, die botanisch keine N.

sind. Beispielsweise sind Walnuss, Kokosnuss, Mandel und Pistazie → Steinfrüchte, Muskatnuss der Samen einer Balgfrucht (→ Balg) und die Paranuss der Samen aus einer → Kapsel. Als „Nüsse" im handels- und lebensmittelrechtlichen Sinne gelten nur Hasel- und Walnüsse. Andere Ölsamen wie z. B. Para- oder Erdnüsse müssen stets die vollständige Bezeichnung tragen. 2. Bezeichnung für ein Teilstück von der Keule des Rindes (→ Kugel), des Kalbes (→ Nussstück) und des Schweines. Das auch als Maus bezeichnete Teilstück beim Schwein besitzt hellrotes, feinfaseriges, mageres Muskelfleisch. Dieses wird für die Herstellung von Rohschinken (→ Nussschinken) verwendet sowie als Bratenstück zum Schmoren und als → Schnitzel zum Kurzbraten zugeschnitten.

Nussipan; durch Anwirken von → Haselnussrohmasse mit höchstens der anderthalbfachen Menge Zucker wie → Marzipan hergestellte helle Süßware, die diesem in Aussehen und Eigenschaften ähnelt. Der Einsatz von bis zu 5 % Glucosesirup und/oder 5 % Sorbit (meist 70 %ig) bezogen auf das Gesamtgewicht, als Feuchthaltemittel bei gleichzeitiger Zuckerreduzierung, ist wie die Zugabe von → Invertase ohne Kenntlichmachung erlaubt. N. wird zur Herstellung von Süßwaren, Füllungen und Figuren ähnlich wie Marzipan verwendet.

Nussknacker; flaches Nussgebäck mit ganzen oder auch sehr grob gehackten Nusskernen, meist braunem Rand und hellerem Inneren, das auch auf Mürbeteigböden mit Rand gebacken wird. Auf dieselbe Art und Weise wie → Florentiner werden N. aus Nusskernen, Zuckerarten, Fetten und auch Milch (auch als Milchpulver oder in Form anderer Milcherzeugnisse) hergestellt. Eine geringe Zugabe von Mehl (üblich nicht mehr als 5 % bezogen auf die Masse ohne Überzug) kann erfolgen. Die auf die vorgebackenen Mürbeteigstücke aufgetragene Masse wird gebacken und mit Kuvertüre überzogen. Eine Fettglasur ist nicht üblich.

Nusskuchen engl.: *nut cake;* häufig aus mittlerer oder schwerer → Rührmasse (Syn.: *Rührteig*) in einer Kasten-, Gugelhupf- oder Springform gebackener Kuchen mit → „Nüssen". In der Regel werden Hasel- und Walnüsse, bei Handelsware üblicherweise ausschließlich, in geschmacklich deutlich wahrnehmbarer Menge verwendet.

Nusslebkuchen engl.: *nut gingerbread;* → Oblatenlebkuchen, der einen hohen Anteil an Nüssen (Handelsware mindestens 20 %) enthält, wobei der namensgebende Nusskernanteil überwiegt. Andere Ölsamen außer Haselnüssen, Walnüssen und Mandeln werden genauso wie zugesetztes Fett und Fettglasur für gewöhnlich nicht verwendet. Üblich ist bei Handelsware der Zusatz von höchstens 10 % Getreideerzeugnissen, 7,5 % Stärke oder eine entsprechende Mischung dieser Rohstoffe.

Nussmakronen engl.: *nut macaroons;* aus einer → Makronenmasse auf Grundlage von zerkleinerten Hasel- oder Walnusskerne oder Nussrohmasse hergestellte → Makronen.

Nussmark Syn.: → *Nussmus*

Nussmus Syn.: *2. gesüßtes Nussmark, Nusspaste;* 1. Bezeichnung für aus → „Nüssen" hergestellte gesüßte und ungesüßte Brotaufstriche; 2. gesüßtes Nussmus: Bezeichnung für eine ausschließlich aus geschälten Nusskernen und Zucker bestehende nugatmassenähnliche → Rohmasse. Sie enthält als Handelsware höchstens 50 % Zucker und mindestens 32 % Fett. Zusätzliche Bezeichnungen entsprechen der verarbeiteten Nussart, z. B. Haselnussmus.

Nuss-Nugat engl.: *praline paste;* ausschließlich mit Hasel- oder Walnusskernen in der → Nugatmasse hergestellter → Nugat.

Nuss-Nugatcreme engl.: *hazelnut chocolate spread,* Syn.: *Nuss-Nugatkrem;* streichfähige → Nugatcreme aus mindestens 10 % enthäuteten → Haselnüssen, Kakaopulver, höchstens 67 % Zucker, pflanzlichen Speisefetten und -ölen sowie Milchprodukten, die als Brotaufstrich und für Füllungen sehr beliebt ist. Der Gehalt an Feuchtigkeit beträgt höchstens 2%. Getreidemahlerzeugnisse und stärkereiche Lebensmittel werden nicht verwendet. Ein Zusatz von Sojamehlerzeugnissen von bis zu 3% ist ohne Kenntlichmachung möglich.

Nuss-Nugatmasse; → Nugatmasse

Nussöl engl.: *nut oil;* 1. Syn. für → Walnussöl; 2. gebräuchliche Bezeichnung für aus → Nüssen gepresste Öle.

Nusspaste engl.: *nut paste;* 1. allgemeine Bezeichnung für eine pastöse Zubereitung aus gemahlenen Hasel- und Walnüssen. Sie wird häufig auch für Zubereitungen aus Erdnüssen, Cashewkernen und anderen nussähnlichen Kernen gebraucht; 2. Syn. für → Nussmus.

Nussschinken Syn.: *Mausschinken, Kugelschinken;* zarter, sehr magerer, roher → Schinken von gleichmäßig roter Farbe ohne Knochen. Er wird aus der → Nuss (Teilstück aus der Keule) vom Schwein durch Pökeln und Räuchern hergestellt.

Nussschokolade engl.: *nut chocolade;* Oberbegriff für alle Sorten von → Schokolade mit einem Zusatz von höchstens 40% ganzen oder grob zerkleinerten Haselnusskernen. Die Verwendung anderer Nusskerne wird kenntlich gemacht. Auf andere Sorten außer der fest definierten Schokolade wird zusätzlich in der → Verkehrsbezeichnung hingewiesen (z. B. Vollmilch-Nuss-Schokolade).

Nussstollen engl.: *nut loaf cake;* → Stollen

Nussstriezel engl.: *plaited nuts yeast cake;* → Striezel

Nussstück Syn.: *Kalbsnuss;* abgeflachtes kugelförmiges Teilstück von der Keule des Kalbes, das mageres, zartes, leicht rosafarbenes zum Braten und Kurzbraten geeignetes Fleisch z. B. für → Schnitzel liefert. Es entspricht der → Kugel beim Rind. Der Anteil am entbeinten Fleisch beträgt ca. 8%.

Nuwara-Eliya; → Ceylon-Tee

Oberflächenwasser engl.: *surface water;* Wasser aus Flüssen, Seen und Talsperren, das erst durch Aufbereitung in → Brauchwasser bzw. → Trinkwasser überführt wird (→ Trinkwasseraufbereitung).

Oberkohlrabi Syn.: → *Kohlrabi*

Oberländer Brot; freigeschobenes langes → Roggenmischbrot, das häufig auch endseitig angeschoben gebacken wird. Die stark ausgebackene Oberfläche ist glänzend und zumeist mehrmals quergeschnitten.

Oberrübe Syn.: → *Kohlrabi*

Obers; österr. Bezeichnung für → Sahne.

Oberschale; aus dem oberen Bereich der → Keule bei Rind, Kalb und in beschränktem Umfang auch beim Schwein geschnittenes Teilstück. Die O. besteht aus hochwertigem, zartem, magerem Muskelfleisch, das auf der Oberseite von einer geringen Fleischfettschicht überzogen ist. Geeignete Zubereitungsarten sind Schmoren, Braten und Kurzbraten. Aus der O. werden beim Rind → Braten, → Rouladen und → Steaks (→ Kluftsteak) sowie bei Kalb und Schwein meistens → Schnitzel geschnitten. Der Anteil der O. am entbeinten Fleisch beträgt beim Rind ca. 9% und beim Kalb 12%.

Oblaten Syn.: → *Backoblaten*

Oblatenlebkuchen engl.: *gingerbread on oblates;* Lebkuchenarten (→ Lebkuchen), deren Masse vor oder nach dem Backen auf Oblaten gestrichen oder nach dem Backen mit diesen unterlegt werden. Bei Handelsware wird auf die Zugabe von Fett verzichtet und zum Überzug wie auch als Auflage üblicherweise nur Schokoladenarten verwendet. Wertbestimmend sind die zur Herstellung verwendeten eiweißreichen Ölsamen, die bei Handelsware einen Gehalt von 7% (zur Hälfte aus Mandeln, Haselnuss- und Walnusskernen) bezogen auf die Masse ausmachen sollten. Feine O. sollten als Handelsware mindestens 12,5% Mandeln und/oder Haselnuss- und/oder Walnusskerne bzw. 14% eiweißreiche Ölsamen enthalten. Feinste O. werden hauptsächlich als → Elisenlebkuchen vermarktet.

Obligate Aerobier; → Aerobier

Obligate Anaerobier; → Anaerobier

Obst engl.: *fruit;* allgemein übliche Sammelbezeichnung für alle in rohem Zustand genießbaren Früchte von mehrjährigen Pflanzen. Die Einteilung erfolgt i. d. R. im Gartenbau und Handel in → Kern-, → Stein-, → Beeren- und → Schalenobst, ferner in → Süd- und → Wildfrüchte. Im Handel befindliches O. erfüllt allgemeine Mindestanforderungen. Es ist ganz, d. h. es darf kein Teil des Erzeugnisses fehlen, wobei manche Obstsorten geputzt (Entfernen des ungenießbaren Anteiles) werden dürfen. Es ist gesund ohne Fäulnisbefall und Krankheiten und sauber, d. h. frei von sichtbaren Fremdstoffen wie z. B. Erde oder Torf. Desweiteren besitzt O. ein frisches Aussehen sowie z. T. einen frischen Geruch und ist frei von Schädlingen (Ausnahme z. B. madige Äpfel, Pflaumen). Schäden liegen vor bei Schädlingsbefall, unnormaler äußerer Feuchtigkeit und fremdem Geruch und/oder Geschmack. Nicht nachreifende Obstsorten wie z. B. Ananas, Brombeeren, Clementinen, Erdbeeren, Granatäpfel, Grapefruits, Himbeeren, Kirschen, Limetten, Limonen, Litchis, Mandarinen, Orangen, Trauben, Zitronen sollten nur reif geerntet werden. Nachreifende Obstsorten (Äpfel, Aprikosen, Avocados, Bananen, Birnen, Feigen, Guaven, Heidelbeeren, Kiwis, Mangos, Nektarinen, Pfirsiche, Papayas, Passionsfrüchte, Pflaumen, Wasser- und Honigmelonen) müssen so geerntet werden, dass der Reifeprozess zu einer sortentypischen Frucht führt. Neben diesen allgemeinen Mindestanforderungen existieren für O. weitere Anforderungen und Kriterien an Parameter, wie z. B. Größe, Aussehen oder Reife in nationalen und europäischen Handelsklassen und Qualitätsnormen, die eine standardisierte Versorgung des Verbrauchers mit hochwertigem O. gewährleisten, einen fairen Wettbewerb garantieren sowie vor Irreführung schützen sollen.

Obstbanane engl.: *banana;* → Bananen

Obstbrand engl.: *fruit schnaps,* Syn.: *Obstler, Obstwasser;* → Spirituose, die ausschließlich durch alkoholische Gärung und Destillieren einer frischen fleischigen Frucht oder des frischen Mosts dieser Frucht, mit oder ohne Steine gewonnen wird. Gebräuchlich ist die Verwendung von → Steinobst, → Kernobst und → Beerenobst. Die Spirituose ist zu weniger als 86 Vol.-% so destilliert, dass das Destillat das Aroma und den Geschmack der verwendeten Frucht behält. Der Mindestalkoholgehalt des mit Wasser verdünnten Fertigerzeugnisses beträgt 37,5 Vol.-%. O. weist einen Gehalt an flüchtigen Bestandteilen von 200 g/hl reinen Alkohols (r. A.) oder mehr sowie einen rechtlich streng begrenzten Höchstgehalt an → Methanol auf. Für einige Früchte wie z. B. Äpfel, Birnen, Johannisbeeren u. a. gelten rechtliche Ausnahmen bezüglich des Methanolgehaltes. Der Blausäuregehalt darf bei Steinobstbränden wie z. B. → Kirschwasser 10 g/hl r. A. nicht übersteigen. O. werden unter Voranstellung des Namens der verwendeten Frucht als „-brand" bezeichnet (bspw. Aprikosenbrand). Unter der gleichen Voraussetzung ist die Bezeichnung als „-wasser" erlaubt.

Obstdauerwaren; Sammelbegriff für durch Nasskonservierung in Dose oder Glas, Tiefgefrieren oder Trocknen dauerhaft haltbar gemachtes (konserviertes) Obst. Zu den O. gehören ferner kandierte und in Alkohol eingelegte Früchte.

Obstdessertweine; aus → Äpfeln und/oder → Birnen unter Verwendung von Zuckerarten hergestellte → Apfel- bzw. → Birnenweine und deren Verschnitte mit üblicherweise mindestens 12 Vol.-% Alkohol. Hinsichtlich der üblichen Mindestgehalte an zuckerfreiem Extrakt und nicht flüchtiger Säure entsprechen sie Apfel- und Birnenwein. An flüchtiger Säure, berechnet als Essigsäure, enthalten sie gewöhnlich höchstens 1,2 g/l. O. gehören zur Gruppe der → weinähnlichen Getränke.

Obstdicksäfte Syn.: → *Fruchtsaftkonzentrate*

Obsterzeugnisse engl.: *fruit products;* alle aus Obst hergestellten und zum unmittelbaren

Genuss bestimmten Erzeugnisse, wie z. B. Trockenfrüchte, kandierte Früchte, tiefgefrorenes Obst, Obstkonserven, Konfitüren, Marmeladen, Gelees sowie Fruchtsäfte (auch konzentriert oder getrocknet), Fruchtnektar und Fruchtsirup.

Obstessig Syn.: → *Fruchtessig*

Obstgeiste engl.: *fruit spirits,* Syn.: *Fruchtgeiste;* Destillate aus ganzen unvergorenen, mit Ethanol landwirtschaftlichen Ursprungs angesetzten Früchten und einem Mindestalkoholgehalt von 37,5 Vol.-%. Verwendet werden z. B. Heidelbeeren, Himbeeren, Brombeeren, Erdbeeren, Johannisbeeren, Vogelbeeren, Aprikosen, Pfirsiche und Schlehen. Erzeugnisse, die nicht aus Früchten, sondern z. B. aus Kräutern hergestellt werden, dürfen die Bezeichnung „-geist" nicht führen.

Obstgelee engl.: *fruit jelly;* → Gelee

Obstgeliersäfte engl.: *fruit setting juice;* aus frischen Früchten pektinreicher Obstarten wie z. B. Äpfeln und Stachelbeeren gewonnene flüssige Halberzeugnisse. Wegen ihres Pektingehaltes können sie als → Geliermittel für pektinarme Obsterzeugnisse, insbesondere für Konfitüren aus Obstpulpen verwendet werden.

Obstkonserven engl.: *preserved fruits;* durch Pasteurisieren oder Sterilisieren in luftdicht verschlossenen Dosen oder Gläsern haltbar gemachtes Obst. Der Zusatz von Konservierungsstoffen ist im Gegensatz zu dem von Zucker, Süßstoffen, Essigsäure und Genusssäuren und deren Salzen nicht erlaubt, bei roten O. werden auch Farbstoffe in technologisch erforderlicher Menge verwendet. In Verbindung mit der Verkehrsbezeichnung werden bei in Deutschland hergestellten O. bei Zuckerzusatz die Bezeichnung für verschiedene Zuckerkonzentrationen nach Maßgabe der Leitsätze des Deutschen Lebensmittelbuches für verarbeitetes Obst angegeben. Dunstobsterzeugnisse enthalten keinen Zuckerzusatz. Beerenobst wird ganz, Kern- und Steinobst auch halbiert oder geviertelt und andere Früchte wie z. B. Ananas auch als Stücke, Würfel oder Scheiben sowie in anderen Formen verarbeitet. Erfolgt die Erzeugung in Fruchtsaft, muss bei der Bezeichnung „im eigenen Saft" der verwendete Saft mit der eingemachten Fruchtart identisch sein. O. lagern am besten kühl, trocken, dunkel und luftig.

Obstkraut; aus frischen → Äpfeln und → Birnen hergestellte sirupähnliche Erzeugnisse (→ Apfelkraut → Birnenkraut), die als Brotaufstrich, Süßungsmittel, Füllungen für Backwaren und zum Verfeinern von Saucen Verwendung finden. Für diese ursprünglich typisch rheinländischen Spezialitäten werden die frischen Äpfel oder Birnen unter Zusatz von wenig Wasser weich gekocht oder gedämpft und der Saft abgepresst. Dieser wird bis zu einer zähflüssigen Konsistenz mit einem Wassergehalt von höchstens 35 % eingedampft. Aus Geschmacksgründen wird bei beiden Obstkrautsorten vielfach eine begrenzte Menge der anderen Obstsorte mitverarbeitet. Bei Birnenkraut bewirkt die Zugabe von Äpfeln durch das → Pektin eine weitere Stabilisierung der Konsistenz. Gegebenenfalls kann eine begrenzte Menge Zucker hinzugegeben werden. Mischsorten sind → Apfel-Birnenkraut aus Apfel- und Birnenkraut sowie das → Gemischte Kraut aus Apfel- und → Rübenkraut.

Obstkuchen engl.: *fruit flan;* auf einem Blech oder in einer Springform gebackener Kuchen aus Teigen oder Massen mit einem Belag, Aufstrich oder einer Füllung aus Früchten oder deren Zubereitungen. Bisweilen wird als Boden auch eine Mischung aus Hefe- und Mürbeteig verwendet, die eine schwere Obstauflage besser zu tragen vermag. Häufig verwendete Früchte sind Pflaumen, Äpfel, Aprikosen und Pfirsiche.

Obstler Syn.: → *Obstbrand*

Obstmark Syn.: → *Fruchtmark*

Obstpektine engl.: *fruit pectins;* → Pektine

Obstpüree Syn.: → *Fruchtmark*

Obstpulpen Syn.: → *Fruchtpulpen*

Obstsäfte; veraltete Bezeichnung (bis Ende

1977 gültig) für Kernobstsäfte (Apfel-, Birnen- und Quittensaft) sowie Beeren- und Kirschmuttersäfte.

Obstschaumweine; schaumweinähnliche Getränke, die aus Kernobstwein (Äpfel und/oder Birnen) hergestellt werden. Sie besitzen einen Kohlensäureüberdruck von mindestens 3 bar, einen Alkoholgehalt von mindestens 5 Vol.-%, einen Gehalt an nicht flüchtiger Säure von mindestens 4 g/l und an flüchtiger Säure von mindestens 1 g/l. Die Fruchtart kann in der Bezeichnung angegeben werden (z. B. Apfelschaumwein).

Obstsirupe Syn.: → *Fruchtsirupe*

Obstwasser Syn.: → *Obstbrand*

Obstwein; weinähnliches Getränk, das aus Kernobst, Steinobst, Beerenobst oder sonstigem Obst (mit Ausnahme von Trauben) hergestellt wird und einen Mindestalkoholgehalt von 1,2 Vol.-%, meist aber mehr aufweist. Das Verschneiden von Apfel- und Birnenwein ist gestattet. Die Bezeichnung für Obstwein aus Kernobst (Apfel, Birne, Quitte) lautet „Obstwein" oder „Obstmost". Die Bezeichnung für Obstwein aus Beeren (z. B. Himbeere, Erdbeere, Heidelbeere, Brombeere) lautet Beerenobstwein. Die Bezeichnung für Obstwein aus Steinobst (z. B. Kirsche, Marille, Pfirsich) lautet Steinobstwein. Es kann aber auch bei allen Obstweinen die Bezeichnung „Wein" zusammen mit dem Namen der entsprechenden Obstart verwendet werden (z. B. Apfelwein).

Obstwermutwein; Obstdessertwein mit Zusatz von Wermutkraut oder dessen aromatischem Auszug. Der Mindestalkoholgehalt beträgt 13 Vol.-%.

Ochratoxine engl.: *ochratoxins;* von verschiedenen Schimmelpilzen wie *Aspergillus ochraceus* oder anderen Arten der Gattungen → *Aspergillus* und → *Penicillium* vorwiegend auf Getreide wie Mais, Hafer, Weizen, Roggen oder Reis aber auch auf Kaffee gebildete → Mykotoxine. Über kontaminierte Futtermittel können O. auch in Schweine- und Geflügelfleisch gelangen. Als besonders toxisch ist O. A anzusehen, das eine hohe akute Toxizität aufweist und bei chronischer Aufnahme Nieren schädigend sowie Krebs erregend wirkt.

Ochse lat.: *Bovinus taurus L.* (Fam.: *Bovidae*), engl.: *bullock, ox;* kastriertes, ausgewachsenes, männliches, überwiegend in extensiver Weide- und weniger in Stallmast gehaltenes Rind, das nach der Schlachtung mit 20–30 Monaten hochwertiges Rindfleisch (→ Ochsenfleisch) liefert.

Ochsenfleisch engl.: *beef;* rotbraunes, von Fettäderchen durchzogenes (marmoriertes), zartes, saftiges, hochwertiges → Rindfleisch vom → Ochsen.

Ochsenherzannone Syn.: → *Netzannone*

Ochsenmaulsalat; → Feinkostsalat aus Streifen oder Scheiben von gepökeltem, gekochtem und geschnittenem Rindermaul (Ochsenmaul), dessen Anteil an der Gesamtmenge üblicherweise mindestens 50 % beträgt. Weitere Zutaten sind Speiseöl und/oder Essig sowie Zwiebeln und andere würzende Zutaten.

Ochsenschwanz engl.: *oxtail;* Schwanzstück des Rindes, dessen Gliedstücke dünn mit festem Muskelfleisch überzogen sind. Sie eignen sich wegen ihres kräftigen aromatischen Geschmackes zum Braten, als Ragout und als geschmackliche Grundlage für Suppen (→ Ochsenschwanzsuppe).

Ochsenschwanzsuppe engl.: *oxtail soup,* Syn.: *Oxtail-Suppe;* auf der Grundlage von → Rindfleisch und/oder Rindfleischextrakt sowie von → Ochsenschwanz hergestellte klare oder gebundene Suppe. Weitere Zutaten sind Salz, Pfeffer und andere würzende Zutaten. Als zusätzliche Einlagen können Rindfleisch und/oder Ochsenschwanz enthalten sein. Fleischbrät und Innereien sind als Einlagen nicht üblich.

Octylgallat engl.: *octyl gallate;* → Gallate

Odenwälder Brot; freigeschobenes, langes, dunkles → Mischbrot mit stark ausgebackener, matt, nicht abgestrichener Oberfläche und mildem Geschmack.

Öchsle; Abk.: Oe, v. a. in Deutschland verwendete Maßeinheit für die Dichte eines Traubensafts. Diese wird erhöht durch den Gehalt an Säuren und Zucker, erniedrigt durch den Alkoholgehalt. Im Most ist der Zuckergehalt maßgebend. Die Öchsle-Grade orientieren sich an der Dichte des Wassers. Reines Wasser mit der Dichte von 1,000 kg/l entspricht 0 °Oe. Verfügt ein Most über die Dichte 1,090 kg/l, so besitzt er 90 °Oe. Näherungsweise entsprechen 1 °Oe 0,25 g Zucker bzw. 1 g/l Alkohol im fertigen Wein. Weitere international gebräuchliche Angaben sind Brix, Balling und Plato, in Frankreich wird meist die Dichte direkt angegeben in g/cm^3. In Österreich wird KMW verwendet, wobei 1 KMW etwa 5 °Oe entspricht. Ursprünglich wurde zur Bestimmung ein Spezialaräometer, die Mostwaage nach Oechsle, einem Goldschmied und Instrumentenmacher aus Pforzheim, verwendet (→ Aräometrie). Heute wird meist mit einem Handrefraktometer gemessen.

Öffnungsfrüchte; botanische Bezeichnung für eine → Frucht, die sich bei der Reife öffnet und die → Samen freigibt. Zu den Ö. gehören → Hülsenfrucht, → Balg, → Kapsel und → Schote.

Öffnungshilfen engl.: *opening aids;* spezielle Vorrichtungen, die das Öffnen von Verpackungen erleichtern oder das Öffnen ohne Zuhilfenahme von Öffnungsmitteln ermöglichen. Beispiele für Ö. sind z. B. Aufreißfäden, Gummiaufreißringe in Konservengläsern, Perforationen, Kerben in Siegelnähten von Polymeren und Griff-Laschen zum Öffnen von Dosen .

Öko-Lebensmittel Syn.: → *Bio-Lebensmittel*

Öl; allgemein ein flüssiger Stoff, der leichter als Wasser, nicht mit Wasser mischbar und brennbar ist. Unter diese Bezeichnung fallen chemisch vollkommen unterschiedlich aufgebaute Gruppen, nämlich 1. die fetten Öle, flüssige Ester von Glycerin und Fettsäuren meist pflanzlicher und selten tierischer Herkunft, 2. → ätherische Öle und 3. Erdöl, ein Gemisch aus verschiedenen Kohlenwasserstoffen.

Ölextraktion; → Fettextraktion

Ölfrüchte; Früchte, die wie die → Olive oder die Früchte der → Ölpalme einen hohen Fettgehalt im Fruchtfleisch aufweisen. Während diese beiden wichtige Lieferanten von Pflanzenölen sind, ist diese Nutzung bei der auch zu den Ö. gehörenden → Avocado nur von untergeordneter Bedeutung. Im Gegensatz zu den lagerfähigen → Ölsamen müssen Ö. wegen ihres hohen Wassergehalts umgehend nach der Ernte verarbeitet werden.

Ölpalme lat.: *Elaeis guineensis Jacq.* (Fam.: *Palmae*), engl.: *African Oil Palm;* tropische Ölpflanze, aus deren Früchten sowohl das → Palmfett als auch das → Palmkernfett gewonnen wird. Der 15–30 m hohe Baum bildet wechselweise periodisch einige Monate männliche und dann weibliche Infloreszenzen. Die Früchte sind rot und tauben- bis hühnereigroß. In einem Fruchtstand, der bis zu 50 kg Gewicht erreicht, sind tausende Einzelfrüchte vereint. Das Fruchtfleisch ist faserig und besitzt reif eine hellorange Farbe. Der schwarze bis schwarzbraune dreikantige Samen ist von einem verholztem Endokarp umschlossen. Die Ö. wird bis zu 80 Jahre alt, durch die Verwendung von Fruchtfleisch und Kern zur Ölgewinnung hat die Ö. die höchste Ölausbeute aller tropischen Ölpflanzen pro Fläche. Sie wird in den gesamten Tropen angebaut. Hauptproduzent ist Malaysia, wo die Pflanze ab 1917 industriell angebaut wurde, seitdem hat sie sich einen wichtigen Platz unter den weltweiten Nutzpflanzen erobert. Gut die Hälfte der Ölpalmen werden in Malaysia angebaut, und auch die Produktion des Öls hat dort ihr Zentrum. Der Palmsaft der männlichen Infloreszenzen wird zu Palmwein vergoren und zu → Arrak destilliert.

Ölrauke lat.: *Eruca sativa Mill.* (Fam.: *Brassicaceae*), engl.: *Arugula, Roman rocket,* Syn.: *Rauke, Rucola, Persischer Senf;* einjähriges Kraut mit fiederteiligen Blättern, das im

Mittelmeerraum beheimatet ist und schon seit dem Altertum als Salat- und Gemüsepflanze genutzt wird. Wegen ihres würzigen bis nussartigen Geschmacks erfreut sich die Ö. auch in Deutschland als Salat oder Salatwürze in Kombination mit anderen Salatsorten wachsender Beliebtheit. Aus ihrem Samen wird v. a. in Indien und Russland das ebenfalls sehr würzige Raukenöl (auch Jambaöl genannt) gewonnen, das als Speise- und Arzneiöl sowie als Brennöl dient. Ferner kann der Samen zur Herstellung von Senf oder Saucen herangezogen werden.

Ölsaaten; die zur Gewinnung von → Ölsamen angebauten Pflanzen.

Ölsäure engl.: *oleic acid;* einfach ungesättigte Fettsäure, die in pflanzlichen Ölen (z. B. Olivenöl) und tierischen Fetten (z. B. Schweineschmalz) weit verbreitet ist. Ö. wird als Futtermittelzusatz sowie zur Herstellung von Salben, Seifen, Schmierstoffen, Reinigungsmittel u. a. technischen Produkten verwendet.

Ölsamen engl.: *oil seeds;* Samen mit z. T. hohem Gehalt an fettem Öl. Viele Sorten sind für den menschlichen Verzehr geeignet und dienen der Gewinnung pflanzlicher Öle. Hierzu zählen: Sojabohnen, Sonnenblumenkerne, Erdnüsse, Raps-, Rübsen-, Saflorsamen und viele andere. Die Rückstände der Ölgewinnung (Presskuchen, Extraktionsschrote oder -mehle) werden meist als Futtermittel verwendet.

Ölsardinen engl.: *sardines in oil,* Syn.: *Sardinen in Öl;* aus kleinen → Sardinen mit oder ohne Haut und/oder Gräten in Pflanzenöl hergestellte → Sardinenkonserve. Der Fischanteil beträgt mindestens 70 % der Einwaage. Ö. enthalten reichlich ungesättigte Fettsäuren und sind deshalb geeignet als Bestandteil → fettmodifizierter Kostformen. 100 g abgetropfte Ö. enthalten ca. 24 g Protein und 14 g Fett, davon ca. 3 g → Omega-3-Fettsäuren. Der Puringehalt von ca. 480 mg ist ggf. zu berücksichtigen (→ Gicht).

Österreichische Weine engl.: *Austrian wine;* fast ausschließlich im Osten von Österreich erzeugte Weine, wobei überwiegend Weißweine erzeugt werden. Die am meisten verbreitete Rebe ist der → Grüne Veltliner. Außerdem werden Riesling, Welschriesling und Weißburgunder angebaut. Die Weißweine sind fruchtig und frisch mit reichlich Säure und früh trinkreif. Rotweine werden aus Trauben der Rebsorten Zweigelt, Blauburgunder, Blauem Portugieser, aber auch Cabernet Sauvignon und Merlot hergestellt. Die größte Weinregion ist das Weinviertel, gefolgt vom Burgenland, die berühmtesten Weinregionen sind die Wachau und das Kremstal. Österreich hat seit dem Weinskandal 1985 sein Weingesetz mehrfach verschärft, was sowohl den Anbau als auch z. B. die Zuckerung betrifft. So darf z. B. ein Qualitätswein nicht mehr gezuckert werden. Die ö. W. haben dadurch einen neuen Charakter erworben, der auch viele Qualitätsweine hervorbringt.

Östrogene engl.: *estrogens;* weibliche Geschlechtshormone, die v. a. in den Ovarien gebildet werden. Zu den Ö. gehören u. a. 17ß-Östradiol, Östriol und Östron. Sie sind an der Geschlechtsentwicklung beteiligt und beeinflussen den Stoffwechsel (wirken anabol). Gelegentlich werden sie unzulässigerweise in der Tiermast, besonders bei Kälbern zur Verbesserung des Masterfolges eingesetzt.

Ofenfester Packstoff; → Packstoff, der erhöhte thermische Belastung z. B. durch Mikrowellenerwärmung ohne unzulässige mechanische oder optische Beeinträchtigung erlaubt.

Off-Flavour; ein abweichender untypischer Geruch oder Geschmack eines Lebensmittels, entstanden durch → Kontamination. → Taint → Anhang II, Tabelle 2

Off-seasons; handelsüblicher Begriff für außerhalb der üblichen Saison aus Importen oder Treibhauskulturen angebotenes Obst und Gemüse.

Ogen-Melonen engl.: *Ogen melons;* → Kantaloupen → Zuckermelonen

Ohren engl.: *ear-shaped hollow beans;* ohrenförmige hohle, beim Schälen beschädigte →Fehlbohnen im Rohkaffee, die nur ein schwaches Aroma beim Rösten hervorbringen.

Okara; Fruchtfleisch der →Sojabohne, das bei der Produktion von →Sojamilch und →Tofu oder bei der Herstellung von →Sojaisolaten anfällt und neben der Verwendung in der Futtermittelindustrie auch als Faser-oder Proteinzutat in Backwaren, Saucen und Fleischerzeugnissen eingesetzt wird.

Okra lat.: *Abelmoschus esculentus (L.) Moench* (Fam.: *Malvaceae*), engl.: *Lady's finger,* Syn.: *Gombo/Gumbo, Griechische Hörnchen, Essbarer Eibisch;* fingerdicke, leicht gebogene, sechskantige, schnabelförmige, 12–15 cm lange runde →Kapseln des einjährigen Bisameibisches. Seine Heimat ist Äthopien, aber heute wird er allgemein in tropischen und subtropischen Ländern wie z. B. USA, Mittelmeerraum, Ostafrika und Indien angebaut. Die Farbe der Kapseln reicht je nach Sorte von cremefarbig-weiß über dunkelgrün bis hin zu rot. Sie werden unreif geerntet und gekocht als Gemüse oder zu Suppen verwendet. Die oft nicht erwünschte Schleimbildung kann durch Blanchieren oder Anbraten verhindert werden. In Deutschland wird O. nur als Importware aus den Herkunftsländern tiefgefroren, naturell und in Sauce gehandelt.

Oktopus lat.: *Octopus vulgaris Cuvier* (Fam.: *Octopodidae*), engl.: *common octopus,* Syn.: *Krake, Seepolyp, Pulpo;* achtarmiger →Kopffüßer mit sackartigem Körper. Der O. lebt in wärmeren Regionen der Meere, in Europa im südlicheren Bereich des Ostatlantiks und im Mittelmeer. Das Fleisch des Eingeweidesacks (Tube) junger Tiere (bis ca. 1 kg Gewicht) ist schmackhaft und vor allem in den Mittelmeerländern Bestandteil der regionalen Küche. Die Zubereitung ähnelt der von →Kalmaren und →Sepia, das Fleisch erfordert aber eine längere Garzeit.

Oldenburger Schwarzbrot; frei- oder angeschoben lange Zeit gebackenes langes →Roggenvollkorn- oder schrotbrot mit rauer, häufig mit Roggenmehlstreiche bestrichener Oberfläche.

Olein engl.: *olein;* rohe →Ölsäure, die durch Umsetzung technischer Fettsäuregemische bzw. durch Fraktionierung pflanzlicher Fette gewonnen wird und als gelbbraune, ölige, ranzig riechende Flüssigkeit vorliegt. O. besteht v. a. aus Ölsäure und Ölsäureglyceriden, enthält daneben aber auch geringe Mengen Palmitin- und Stearinsäure und findet z. B. in Kosmetika, Salben und zur Hydrophobierung von Textilien Verwendung.

Oleomargarin engl.: *oleomargarin;* niedrig schmelzende Fraktion des →Feintalges. Es wird aus diesem durch Erwärmen auf 30–34 °C gewonnen (→Fraktionieren) und ist weich, von butterartiger Konsistenz, gelblicher Farbe sowie von mildem Geruch und Geschmack. In den Anfängen der Margarineherstellung wurde O. als Rohstoff verwendet. Heute findet es andere Verwendung. Die Zugabe von O. zu Dauerbackwaren bewirkt z. B. eine längere Frischhaltung und bessere Mürbewerdung.

Oleostearin engl.: *oleostearin,* Syn.: *Presstalg, Rinderstearin;* bei 26–27 °C aus geschmolzenem →Feintalg auskristallisierter und durch Abpressen bei 30 °C gewonnener weißer bis hellgelber Pressrückstand (Ausbeute 40–50 %) mit einem Schmelzpunkt von 50–56 °C. Die Verwendung von O. bei der Herstellung von Ziehmargarinen für die Backwarenherstellung findet nicht mehr in nennenswertem Umfang statt.

olfaktorisch engl.: *olfactory;* die geruchliche Wahrnehmung betreffend. →Geruchssinn

Oligofructose engl.: *oligofructose,* Syn.: *Oligofruktose;* hydrolytisch aus →Inulin gewonnenes Polymer der →Fructose mit einer Kettenlänge von weniger als 10 Fructoseeinheiten. O. gehört zusammen mit Inulin zu den am häufigsten eingesetzten prebiotischen Inhaltsstoffen (→Prebiotika). Da O. vom menschlichen Organismus nicht verdaut werden kann, gehört sie zu den → Ballaststoffen.

Oligosaccharide engl.: *oligosaccharides;* Gruppe von → Kohlenhydraten, die aus 2 bis ca. 10 → Monosacchariden bestehen, und deren Eigenschaften wie süßer Geschmack und gute Wasserlöslichkeit im Gegensatz zu → Polysacchariden noch weitgehend denen von Monosacchariden entsprechen. Je nach Anzahl der verknüpften Monosaccharide wird in Disaccharide, Trisaccharide, Tetrasaccharide usw. unterschieden. Wichtige O. sind Disaccharide wie → Saccharose und → Lactose sowie das Tetrasaccharid → Stachyose.

Oliven lat.: *Olea europea L. subsp. europea* (Fam.: *Oleaceae*), engl.: *Olives;* etwa pflaumenförmige, je nach Sorte unterschiedlich große → Steinfrüchte des Ölbaumes. Die Farbe variiert je nach Reifegrad von grün im unreifen Zustand über rötlichviolett bis hin zu schwarzblau im reifen Zustand. Die Früchte werden hauptsächlich zur Ölgewinnung (→ Ölivenöl) und seltener als Speiseoliven (auf Größe und viel Fruchtfleisch gezüchtete Sorten) angebaut. Der Anbau erfolgt vorwiegend in den Mittelmeerländern sowie in geringerem Umfang in Kalifornien und Südamerika. Die größtenteils manuell mit geringem Maschineneinsatz geernteten Früchte werden für die Verwendung als Speiseoliven meist entsteint und mit alkalischer Kochsalzlösung zu Entfernung des Bitterstoffes gewaschen. Für entsteinte O. sind eine Reihe von Füllungen wie z. B. Paprikapasten, Mandelkerne oder Sardellenstücke in Gebrauch. Zur Haltbarmachung erfolgt anschließend das Einlegen in Salzlake, Essig oder pflanzlichem Öl, oft unter Zugabe von geschmacksgebenden Zutaten wie z. B. Kräutern oder Chilis. Beim Einlegen in Salzlake unterliegen O. einer spontanen → Milchsäuregärung, die sich charakteristisch auf den Geschmack und verlängernd auf die Haltbarkeit auswirkt. Generell weisen Speiseoliven einen charakteristisch herben, leicht bitteren Geschmack auf, der bei den reifen schwarzen Früchten stärker ausgeprägt ist. Die weitere Ausprägung des Geschmacks der Speiseoliven hängt von der Sorte, dem Reifezustand vor der Ernte, der eventuellen Milchsäuregärung und den zusätzlich verwendeten Zutaten ab. O. werden lose und in Fertigpackungen (Gläser oder Kunststoffpackungen) sowohl eingelegt in Lake als auch ohne Lake z. B. mit Kräutern angeboten. O. sind ein fester Bestandteil in der mediterranen Küche und lassen sich vielseitig als Vorspeise, Beilage zu Gerichten, zur Herstellung von Würzpasten sowie als Zutat in Salaten und Feinkosterzeugnissen verwenden.

Olivenöl engl.: *olive oil;* hell gelbgrünes Öl aus dem Fruchtfleisch der → Oliven. Die Früchte werden vollreif gepflückt und ein bis drei Tage danach gepresst. Dazu werden sie zermahlen und anschließend das Öl hydraulisch oder in kontinuierlichen Zentrifugen von Trester und Fruchtwasser getrennt. Die Qualität der verarbeiteten Oliven ist entscheidend für das Endprodukt. Eine Verletzung des Fruchtfleisches oder Überlagerung führen zu hohen Gehalten an freien Fettsäuren und machen eine Raffination nötig. O. ist das einzige Pflanzenöl, für das europäische Normen die Marktbezeichnungen regeln. Es werden unterschieden: Natives Olivenöl extra, Natives Olivenöl, Olivenöl und Oliventresteröl. Außer diesen Güteklassen werden noch weitere Kategorien wie Lampantöl definiert. Neben chemischen Kennzahlen wie dem Gehalt an freien Fettsäuren oder → Trans-Fettsäuren ist v. a. die sensorische Prüfung für die Einstufung entscheidend. Ebenfalls ist die Verwendung des Begriffs „Kaltpressung" sowie der Ursprungsangaben geregelt. Das Fettsäuremuster des O. weist hauptsächlich Ölsäure auf, daneben Palmitin- und Linolsäure. Das für die Farbe verantwortliche Chlorophyll vermindert aufgrund seiner Wirkung als Sensibilisator die Oxidationsstabilität (→ Fettverderb). Wegen seines charakteristischen Geschmacks, der je nach Öl mild bis kräftig sein kann, wird es oft für kalte Gerichte verwendet. Es ist jedoch auch für alle anderen Küchenzwecke geeignet, raffiniertes O. sogar zum Frittieren.

Oloroso; → Sherry

Omega-3-Brot mit Folsäure; als funktionelles Lebensmittel eingestuftes Spezialbrot mit → Omega-3-Fettsäuren und → Folsäure, das zur Vorbeugung von Herz-Kreislauferkrankungen und zum Schutz vor Fehlbildungen bei Neugeborenen beitragen soll. 120 g dieses Brotes (etwa 2 Scheiben) decken dabei etwa die Hälfte der empfohlenen Tageszufuhr von Folsäure und ein Viertel der empfohlenen Tageszufuhr an den essenziellen Fettsäuren → Eicosapentaensäure und → Docosahexaensäure ab.

Omega-3-Fettsäuren engl.: *omega 3 fatty acids;* Gruppe von mehrfach ungesättigten Fettsäuren, deren letzte Doppelbindung vom Methylende (Omega-Stellung) 3 C-Atome entfernt ist. Zu den O. gehören u. a. → Linolensäure, die in pflanzlichem Öl enthalten ist und ihre längerkettigen Homologen → Eicosapentaensäure und → Docosahexaensäure, die v. a. in Fischöl vorkommen. Es handelt sich um Strukturlipide in Zellwänden und Ausgangssubstanzen für → Eicosanoide, die gerinnungshemmend und Gefäß erweiternd wirken und daher eine Bedeutung bei der Prophylaxe kardiovaskulärer Erkrankungen besitzen. Verschiedene Lebensmittel (z. B. Margarine, Eier, Getränke) werden aus diesem Grund mit O. angereichert.

Omega-6-Fettsäuren engl.: *omega 6 fatty acids;* Gruppe von mehrfach ungesättigten Fettsäuren, deren letzte Doppelbindung vom Methylende (Omega-Stellung) 6 C-Atome entfernt ist. Zu den O. gehören u. a. → Linolsäure, γ-Linolensäure und → Arachidonsäure. Es handelt sich um Membranbestandteile und Ausgangssubstanzen für → Eicosanoide. O. konkurrieren mit Omega-3-Fettsäuren bei der Synthese der Eicosanoide um das gleiche Enzymsystem. Deshalb wird empfohlen, die Aufnahme an Omega-3-Fettsäuren, denen eine prophylaktische Wirkung gegen kardiovaskuläre Erkrankungen zugeschrieben wird, zu Lasten der O. zu erhöhen.

Omega-Eier Syn.: *Omega-DHA-Eier;* → Eier, die einen im Vergleich zu herkömmlichen Eiern deutlich erhöhten Anteil an der mehrfach ungesättigten Fettsäure → Docosahexaensäure (120–150 mg pro Ei) haben, der durch Fütterung der Hühner mit Meeresalgenpräparaten erreicht wird. Der Cholesteringehalt von O.-E. unterscheidet sich nicht von dem herkömmlicher Eier. O.-E. sollen durch Senkung des Triglycerid-Spiegels im Blut vor Herzinfarkt schützen. Die Wirkung ist aber umstritten.

Omelett engl.: *omelette;* Gericht, für das schaumig geschlagene Eier, etwas eingerührte Milch oder Sahne, Gewürze und vielfältige andere Zutaten (z. B. Pilze, gekochten Schinken, Gemüse) in der Pfanne auf kleinem Feuer langsam gestockt werden.

One-Shot-Verfahren; Verfahren zur Herstellung von → gefüllter Schokolade und anderen gefüllten Süßwaren, bei dem die jeweilige Schale und Füllung in einem Produktionsschritt gegossen werden. Auf diese Weise können z. B. auch zweifarbige Bonbons oder Eclairs hergestellt werden. Das O. ist ein Beispiel für puderloses Gießen und damit eine Alternative zum Verfahren mit einer → Mogulanlage.

Oolong-Tee engl.: *oolong tea,* Syn.: *Olong Tee;* halb fermentierter, sehr aromatischer Tee aus China und Taiwan (Formosa), der geschmacklich zwischen → schwarzem Tee und → grünem Tee angesiedelt ist. O. wird mit hohem Arbeitsaufwand hergestellt, wobei die Teeblätter nur anfermentiert werden, d. h. außen fermentiert und innen grün und trocken sind.

Oomycetes; Klasse von niederen → Pilzen, die durch die Bildung von Oosporen (Dauersporen), die durch geschlechtliche Vermehrung gebildet werden, charakterisiert ist. Eine weitere Besonderheit der O. ist das für Pilze ungewöhnliche Vorkommen von Cellulose in den Zellwänden. Zu den O. gehören verschiedene Erreger von Pflanzenkrankheiten wie z. B. der falsche Mehltau der Weinreben (lat.:*Plasmopara viticola*), der Blauschimmel des Tabaks (lat.: *Peronospora tabacina*), die Kraut- und Knollenfäule der Kartoffel (lat.: *Phytophthora infestans*) sowie der Wurzelbrand der Zuckerrübe (lat.: *Pythium debaryarum*).

Opaque-2-Mais lat.: *Zea mays L.* (Fam.: *Poaceae*); ähnlich wie Floury-2-Mais gezüchteter Mais mit veränderter Speicherproteinstruktur, die durch ein verändertes, für die Transkription verantwortliches Protein (opaque-2 bzw. floury-2), hervorgerufen wurde. In der Speicherproteinstruktur ist der Anteil an Zein im Endosperm zu Gunsten von anderen Speicherproteinen mit höheren Gehalten an Lysin und Tryptophan deutlich zurückgegangen. Dadurch wurde die → biologische Wertigkeit des Maisproteins für Mensch und Tier wesentlich erhöht. Die Einkreuzung der Gene bewirkt nachteilig ein weicheres Endosperm, Probleme beim Dreschen und Lagern. Der Ertrag von O. fällt in Europa klimatisch bedingt geringer aus.

OPC-Produkte; Produkte, die Oligomere Proanthocyanidin-Komplexe (OPC) enthalten, die in zahlreichen Pflanzen und Früchten, Traubenkernen und in Pinienrinde vorkommen. OPC sollen unter anderem antioxidative, antiinflammatorische, antibakterielle und antiallergische Wirkungen ausüben, dürfen jedoch nicht ohne Zulassung als Arzneimittel auf den Markt gebracht werden.

OPS; Abk. für gestrecktes → Polystyrol.

Opuntia Syn.: → *Kaktusfeige*

Orange lat.: *Citrus sinensis Osbeck* (Fam.: *Rutaceae*), engl.: *orange,* Syn.: *Süßorange, Apfelsine;* beliebte, in vielen Sorten weltweit in subtropischen Ländern angebaute mittelgroße bis große (5 bis über 10 cm Querdurchmesser) Zitrusfrucht mit hellgelber bis blutrot pigmentierter, i. d. R. leicht ablösbarer Schale (Flavedo). Das im Inneren befindliche von der weißen pelzig-schwammigen Albedo umgebene in 8–12, meist leicht teilbare Segmente unterteilte Fruchtfleisch variiert je nach Sorte in der Farbe von gelb (blond) bis blutrot, Ausprägung der Saftigkeit und im Geschmack von süßlich aromatisch bis kräftig herb. Mit wenigen Ausnahmen wie z. B. der Blutorangensorte Moro verfügen die meisten Orangensorten über keine Kerne. Eine Lagerung der Früchte kann bei einer Temperatur von +6 bis +8 °C und 85–90 % rel. Luftfeuchtigkeit über eine Dauer von bis zu vier Monaten erfolgen. Die nach Deutschland importierten O. dienen überwiegend zum Frischverzehr. Eine Verarbeitung der Früchte erfolgt in den Anbauländern. Hauptprodukte sind hierbei Saft, Saftkonzentrat, Pulpe, Konfitüren, Fruchtpulver und weiterverarbeitete Getränke. Als Nebenprodukt fallen bei der Verarbeitung die Schalen an, die industriell zur Gewinnung von → Pektin (Zitruspektin) verwendet werden und wegen ihres hohen Gehaltes an ätherischen Ölen vielfältigen Nutzen finden. So lassen sie sich z. B. direkt getrocknet und kandiert (Orangeat) als geschmacksgebende Zutat oder zur Gewinnung von Aromen (Orangenöl) verwenden. Im Handel erfolgen zahlreiche, mitunter nicht einheitliche Unterteilungen der Orangensorten. Am gebräuchlichsten ist die Unterteilung anhand der Farbe des Fruchtfleisches in → Blondorangen und → Blutorangen. In Europa im Handel befindliche O. müssen die Anforderungen der europaweit rechtlich einheitlich geregelten Norm für → Zitrusfrüchte hinsichtlich Güteeigenschaften (allgemeine Beschaffenheit, Reife), Größensortierung, Toleranzen (Güte, Größe), Aufmachung und Kennzeichnung erfüllen.

Orangeat engl.: *candied orange peel;* schnittfest, nur beschränkt klebrige kandierte Fruchtschalen der → Pomeranze oder von → Orangen, denen kein ätherisches Öl entzogen wurde, mit aromatisch süßem, leicht herb bitterem Geschmack und fleckenfreier Oberfläche. Ihre Farbe ist leuchtend bis tieffarbig orange, bei der Pomeranzenschale auch mit einem leicht ins Bräunliche gehenden Ton. Bei O. handelt es sich um eine beliebte Backzutat, z. B. zu →Stollen. Sie wird meist gewürfelt, auch zusammen mit anderen →kandierten Fruchtschalen, aber auch in halben Schalen, glasiert oder nicht glasiert angeboten. →Kandieren →kandierte Früchte

Orangenblütenöl engl.: *orange blossom oil,* Syn.: *Pomeranzenblütenöl;* gelbliches ätherisches Öl, das durch Wasserdampfdestillation (Neroliöl) oder Lösemittelextraktion (O.) aus den frischen Pomeranzenblüten gewonnen wird. Der Hauptbestandteil ist Linalool. O. wird v. a. in der Parfümerie für hochwertige Parfüms verwendet und in geringem Umfang als Aromastoff in der Likörindustrie eingesetzt.

Orangengetränk; nicht klar definierte Bezeichnung für ein Erfrischungsgetränk mit Orangengeschmack bzw. -aroma.

Orangenlikör Syn.: →*Apfelsinenlikör*

Orangenlimonade engl.: *orangeade;* →Limonade auf der Basis von natürlichen Orangenauszügen oder Orangensaft.

Orangenöl engl.: *orange oil;* gelbes bis gelbbraunes ätherisches Öl, das durch Pressen der Zitrusschale gewonnen wird. Abhängig von der verwendeten Frucht wird in bitteres O. (Pomeranze/Bitterorange) und süßes O. (Orange/Apfelsine) unterschieden. Beide Sorten enthalten v. a. →Limonen und unterscheiden sich im Gehalt an Bitterstoffen. Sie werden zur Aromatisierung (herbes bzw. fruchtiges Aroma) von Getränken, Likören, Süß- und Backwaren verwendet. Ferner werden sie in der Parfümindustrie eingesetzt.

Orangensaft engl.: *orange juice;* aus dem Endokarp der →Orange hergestellter →Fruchtsaft.

Orangensaftgetränke; →Fruchtsaftgetränke auf der Basis von Orangensaft bzw. Orangenmark und deren Konzentraten. O. enthalten im Fruchtanteil mehr als 50 % Orangensaft oder Orangenmark.

Orangenschalen engl.: *orange peels;* enthalten ca. 0,6–2,5 % ätherisches Öl und geringe Mengen Bitterstoffe, wegen denen sie als kandierte Backzutat (→Orangeat) und aromatisierende Zutat in alkoholischen Getränken (Likör, Kräuterlikör), Backwaren, Schokolade, Süßspeisen, Tees und Aromen verwendet werden. Das Angebot von O. erfolgt in vielen verschiedenen Handelsformen wie z. B. geschnitten oder gemahlen.

Orangensirup; dickflüssige Zubereitung aus Orangensaft und Zucker, der häufig Schalenaroma zugesetzt worden ist. O. wird zur Herstellung von Fruchtsaucen z. B. für Desserts und Getränken verwendet.

Orange Pekoe ; Abk.: OP, wichtiger →Tee-Blattgrad, der einen großblättrigen Tee mit Blattrippen und Stielen beschreibt. Die Bezeichnung Orange ist dabei entweder auf einen früher in China getrunkenen, mit Orangenblüten parfümierten Tee zurückzuführen oder bezieht sich auf das holländische Wort „oranje“ für königlich. →Pekoe

Orangequat; →Kumquat

Oregano lat.: *Origanum vulgare L. subsp. vulgare* (Fam.: *Lamiaceae*), engl.: *wild marjoram, origano,* Syn.: *Dost, Origano, Wilder Majoran;* in ganz Europa wild wachsende buschige, bis 60 cm hoch werdende mit dem →Majoran verwandte Staude. Die gekreuzt gegenständigen breit eiförmigen Blätter enthalten bis zu 4 % →ätherische Öle mit verschiedenen Terpenen, u. a. →Thymol, sowie Bitterstoffe. Sie duften würzig majoranähnlich und schmecken scharf würzig, leicht bitter. Als Gewürz werden das ganze Kraut oder die abgerebelten Blätter i. d. R. getrocknet verwendet. Hauptanbauländer sind Italien, Spanien und die USA, wo O. auch die meiste Verwendung findet und zum Würzen von Pizza, Tomatengerichten, Braten, aber auch Salaten eingesetzt wird. In Deutschland spielt O. eine geringere Rolle. Im Mittelmeergebiet werden neben *O. vulgare L.* auch andere Arten wie z. B. *Origanum onites L.* (→Kretischer Dost) und

Origanum heracleoticum L. (Falscher Staudenmajoran) als Oregano-Gewürz verwendet.

Organische Säuren engl.: *organic acids, carbonic acids,* Syn.: *Carbonsäuren;* Bezeichnung für organische Verbindungen, die eine oder mehrere Carboxygruppen (-COOH) im Molekül enthalten und daher zu den → Säuren zählen. Zu den C. gehören → Aminosäuren, → Fettsäuren, → Essigsäure, → Milchsäure, → Oxalsäure und viele andere von Natur aus in biologischem Material vorkommende und/oder einem Lebensmittel bei der Verarbeitung zugesetzte Säuren. In der Nährwertkennzeichnung von Lebensmitteln werden unter o. S. hauptsächlich → Fruchtsäuren (→ Citronensäure, → Weinsäure, → Äpfelsäure u. a.) verstanden. Sie kommen im Lebensmittel in freier Form vor, sind verdaulich und gehen mit 3 kcal bzw. 13 kJ/g in die Energiewertberechnung ein (→ Brennwert). → Genusssäuren

Organoleptik engl.: *organoleptic;* veraltete Bezeichnung für sensorische Prüfungen. Überholt wegen der wenig methodisch/systematischen Vorgehensweise und der Vermischung von → Hedonik und → Deskriptiver Sensorik.

Original-Arrak; → Arrak

Original-Rum; → Rum

Orinocoapfel Syn.: → *Cocona*

Orlean Syn.: → *Annatto*

Ornithin engl.: *ornithine;* Abk.: Orn, nicht essenzielle nicht proteinogene → Aminosäure, die im Harnstoffzyklus durch Abspalten von Harnstoff aus Arginin als Zwischenprodukt gebildet wird.

Oroblanco Syn.: → *Sweetie*

Orotsäure engl.: *orotic acid;* in der Milch verschiedener Säugetiere vorkommende Substanz, die im Organismus als Zwischenprodukt bei der Biosynthese der Pyrimidinbasen auftritt und als Lebertherapeutikum eingesetzt wird. Ferner soll O. wachstumsfördernd wirken und zeigte im Tierversuch an Ratten eine Cholesterinspiegel senkende Wirkung. Wissenschaftliche Belege für ähnliche Effekte am Menschen fehlen jedoch.

Ortanique; große (ca. 15 cm Durchmesser) abgeplättete Zitrusfrucht mit dünner rauer Schale und einem orangefarbenen, saftigen, kernhaltigen Fruchtfleisch mit ausgeprägtem Geschmack. Die in Jamaica angebaute O. ist aus einer Kreuzung von Tangerine und Orange entstanden und gehört zur Untergruppe der → Tangor bei den → Mandarinen.

Orthodoxe Teeproduktion; → Teeproduktionsmethoden

Orthophenylphenol engl.: *o-phenylphenol;* Phenolderivat, das aufgrund seiner antimikrobiellen und fungiziden Wirkung unter der Nummer E 231 als Konservierungsmittel (v. a. gegen Blau- und Grünschimmel) zur Oberflächenbehandlung von → Citrusfrüchten zugelassen ist. Welche Konzentrationen aus der Schale ins Fruchtfleisch übergehen, ist ebenso wie die toxikologische Bedenklichkeit noch nicht geklärt.

Osmophil engl.: *osmophile;* → Mikroorganismen, die sich so an besonders niedrige a_W-Werte adaptiert haben, dass sie ausschließlich in Nährmedien mit besonders hoher Zucker- oder Salzkonzentration wachsen können. → osmotolerant → xerophil → halophil

Osmose engl.: *osmosis;* einseitige Diffusion von Flüssigkeiten, meist Wasser, aus Lösungen niederer Konzentration durch eine semipermeable Membran in Lösungen höherer Konzentration bis zum Konzentrations- oder (im abgeschlossenen Raum) Druckausgleich. Die O. spielt im Organismus eine wichtige Rolle bei Stofftransporten und Stoffwechselprozessen und wird technisch zur Meerwasserentsalzung (→ Umkehrosmose) und Lebensmittelkonservierung (Pökeln, Einsalzen, Einzuckern) genutzt.

Osmotischer Druck engl.: *osmotic pressure;* Druckdifferenz, die sich aufbaut, wenn zwei Lösungen unterschiedlicher Konzentration durch eine semipermeable Membran getrennt sind, die nur vom Lösungsmittel, nicht von dem gelösten Stoff durchdrungen werden kann. Der o. D. ist abhängig von der Anzahl gelöster Teilchen sowie von der Temperatur und wird durch den Vorgang der → Osmose abgebaut. Er entsteht im Organismus zwischen Zell- und Gewebeflüssigkeit und ist bei Pflanzenzellen (→ Turgor) für die Stabilität entscheidend.

Osmotolerant engl.: *osmotolerant;* besonders adaptierte → Mikroorganismen, die noch sehr niedrige a_W-Werte tolerieren können und auch in hochprozentigen Zucker- oder Salzlösungen noch gären, wachsen oder sich vermehren können. So führen z. B. osmotolerante oder osmophile → Hefen zum Gären von Honig und gelten generell als Verderbniserreger in der Zucker- und Süßwarenindustrie. → osmophil → xerotolerant → halotolerant

Osse buco engl.: *osse buco;* typisch italienisches Gericht aus mit Tomaten und anderen Gemüsen geschmorten Kalbshaxenscheiben.

Ossietra; → Kaviar

Osteoporose engl.: *osteoporosis;* Verlust an Knochenmasse bei unverändertem Verhältnis von organischer zu anorganischer Substanz. Es tritt eine Vergröberung der Knochenstruktur auf, die mit einer erhöhten Brüchigkeit einhergeht. Merkmale sind u. a. Größenabnahme, Rundrücken und vermehrte Knochenbrüche (z. B. Oberschenkelhalsbrüche). Eine Unterscheidung erfolgt in primäre O. (z. B. durch Östrogenmangel nach der Menopause) und sekundäre O. als Folge einer Erkrankung. Entscheidender Faktor hinsichtlich des Osteoporoserisikos ist die höchste Knochenmasse (engl.: *Peak bone mass*, Abk.: PBM), die um das 30. Lebensjahr erreicht wird. Von diesem Zeitpunkt an nimmt die Knochenmasse mit zunehmendem Lebensalter ab. Das heißt, je höher die erreichte PBM (innerhalb der genetisch vorgegebenen Grenzen), desto später hat die Knochenmasse soweit abgenommen, dass die Frakturanfälligkeit erhöht ist. Einfluss auf die PBM haben Ernährung (Zufuhr an Calcium und Vitamin D), Steroidhormone (Östrogene), mechanische Belastung (körperliche Aktivität) sowie Krankheiten und Medikamenteneinnahme. Bei bestehender O. wird eine physikalische Therapie mit der Gabe von Calcium, Fluorid, Vitamin D und evtl. Medikamenten, die den Knochenabbau hemmen kombiniert.

Osterartikel engl.: *Easter article;* meist figurlich z. B. als Osterhasen oder Ostereier ausgeformte Saisonartikel, bei denen es sich um Schokoladenerzeugnisse (Hohlkörper, massiv oder gefüllt), Zuckerwaren oder Backwaren (z. B. Osterlamm) handelt, die häufig in bunt bedruckte Aluminiumfolie gewickelt angeboten werden.

Ostereier engl.: *easter eggs;* sind zum einen Hühnereier, die mit Ostereierfarben bunt gefärbt werden, aber auch Süßwaren in Eiform, wie z. B. dragierte Zucker- und Schaumeier (→ Alabaster-Eier), halb kugelige Dottereier aus Fondant, Marzipan-, Knickebein-, Nugat- und Schokoladeneier sowie schokoladenüberzogene Krustenartikel mit alkoholischen Füllungen.

Ostereierfarben; → Stempel- und Ostereierfarben

Ostfriesenmischung Syn.: *Ostfriesische Mischung;* in Deutschland eine der bekanntesten → Teemischungen, die zum größten Teil aus kräftigem Assamtee besteht und mit anderen Sorten wie Darjeeling-, Sumatra- oder Java-Tee gemischt wird. Die Zusammensetzung ist nicht definiert und unterscheidet sich je nach Hersteller.

Ostseegarnele lat.: *Palaemon adspersus Rathke (Fam. Palaemonidae)*, engl.: *Baltic prawn;* kleine, maximal 8 cm lange marine → Felsengarnele. Die O. lebt in Nord- und Ostsee, an den europäischen Atlantikküsten und im Mittelmeer. Unter Kennern gilt sie als besonders schmackhaft und wird in Deutschland an der westlichen Ostsee (Wismar-Bucht) sowie in Dänemark auf Lollar/Falster als regionale Spezialität angeboten. Mit der O. verwandt ist die vorwiegend an westeuropäischen Küsten gefangene

Sägegarnele (lat.: *Palaemon serratus Fabr.*). → Garnelen

Ostseekrabbe; umgangsprachliche Bezeichnung für die Ostseegarnele.

Othellomasse engl.: *sponge mixture;* veraltete Bezeichnung für eine leichte → Biskuitmasse zur Herstellung von Mohrenköpfen, die früher auch Othellos genannt wurden.

Ouzo; eine süße farblose, mit Anis aromatisierte Spirituose mit einem Mindestalkoholgehalt von 37,5 Vol.-%, die ausschließlich in Griechenland hergestellt werden darf. Der Zuckergehalt darf bis zu 50 g/l betragen. Die Destillation erfolgt in herkömmlichen, nicht kontinuierlich arbeitenden Destillationsgeräten aus Kupfer mit einem Fassungsvermögen von maximal 1000 Litern. Zur Aromaabrundung dürfen neben Anis auch andere würzende Samen und Pflanzen wie z.B. Fenchel verwendet werden.

Ovalbumin engl.: *ovalbumin;* Hauptprotein des → Eiklars (ca. 54 %), das leicht durch Hitze und auch mechanisch denaturiert werden kann. O. ist deshalb von großer Bedeutung bei der Herstellung von Eischnee.

Ovolacto-Vegetarismus engl.: *ovo-lacto-vegetarism,* Syn.: *ovolacto-vegetarische Ernährung;* häufigste Form des → Vegetarismus, bei der neben pflanzlichen Lebensmitteln auch Eier sowie Milch- und Milchprodukte als Erzeugnisse von lebenden Tieren verzehrt werden. Anhänger des O. werden als Ovolacto-Vegetarier bezeichnet.

Ovo-Vegetarismus engl.: *ovo-vegetarism,* Syn.: *ovo-vegetarische Ernährung;* seltene Form des → Vegetarismus, bei der neben pflanzlichen Lebensmitteln auch Eier und i. d. R auch Honig verzehrt werden. Die als Ovo-Vegetarier bezeichneten Anhänger dieser → alternativen Ernährungsform verzichten auf den Verzehr von Fleisch, Fisch, Milch- und Milchprodukten.

Oxalacetat engl.: *oxalacetate;* Zwischenprodukt im → Citronensäure-Zyklus.

Oxalate engl.: *oxalates;* Salze der → Oxalsäure.

Oxalsäure engl.: *oxalic acid,* Syn.: *Kleesäure, Ethandisäure;* zweiwertige organische Säure, die im Pflanzenreich weit verbreitet ist und entweder als freie Säure oder in Form ihrer Salze (Oxalate) vorliegt. Hohe Konzentrationen finden sich z. B. in Rhabarber, Spinat, Mangold und Sauerampfer, wobei die Aufnahme großer Mengen zur Bildung von unlöslichem Calciumoxalat führen kann. In der Folge kann es zu Störungen des Calciumhaushaltes und der Blutgerinnung sowie zur Bildung von Oxalatsteinen (Harn- und Nierensteine) kommen. Im Organismus tritt O. als Zwischenprodukt des → Citronensäure-Zyklus auf.

Oxidasen engl.: *oxidases;* zur Gruppe der → Oxidoreduktasen gehörende Enzyme, welche die Übertragung von molekularem Sauerstoff katalysieren und meist Metallkomplexe als prosthetische Gruppe enthalten. Beispiele für O. sind → Ascorbinsäureoxidase, → Phenoloxidasen und → Glucoseoxidase.

Oxidation engl.: *oxidation;* chemische Reaktion, die durch die Abgabe von Elektronen gekennzeichnet ist. Meist geht sie mit Sauerstoffaufnahme oder Wasserstoffabgabe (Dehydrierung) einher und ist an eine Reduktion (Elektronenaufnahme) gekoppelt (Redox-Reaktion). Die O. spielt z. B. bei Verbrennungen, Korrosion, Gärung, Stoffwechsel und Atmung eine Rolle. Im Organismus wird sie enzymatisch durch Oxidoreduktasen gesteuert und durch ein Gleichgewicht an Oxidantien und Antioxidantien reguliert. Bei der Be- und Verarbeitung sowie der Lagerung von Lebensmitteln treten erwünschte (z. B. Kaffeeröstung, Kakaoverarbeitung) wie auch unerwünschte O. (z. B. Fettverderb) auf, die entscheidend für das charakteristische Aussehen und Aroma sind bzw. zur Beeinträchtigung des Geschmacks bis hin zur Genussuntauglichkeit führen. Der O. kann entgegengewirkt werden durch Ausschluss des Luftsauerstoffes (Vakkum, Schutzgas), Ausschalten von Katalysatoren (Schwermetalle, Licht), Inhibieren der Enzyme (Hitze, pH-Wert) oder den Zusatz von → Antioxidantien.

Oxidationsstabilität engl.: *oxidative stability, resistance to oxidation,* Syn.: *Oxidationsbeständigkeit;* mehr oder weniger stark ausgeprägte Eigenschaft jeden Fettes bzw. Öles, oxidativen Veränderungen zu wiederstehen. Die O. ist abhängig vom Gehalt an ungesättigten Fettsäuren, Antioxidantien und Prooxidantien (z. B. Schwermetallspuren). Sie kann durch künstlich beschleunigte Oxidation unter kontrollierten Bedingungen ermittelt werden, wobei die Ergebnisse nur bedingt auf das Verhalten unter Normalbedingungen übertragbar sind.

Oxidierte Fettsäuren engl.: *oxidized fatty acids;* in Nahrungsfetten durch den Einfluss von Luftsauerstoff, v. a. bei höheren Temperaturen (z.B. in Frittierfett), entstehende → Fettsäuren, die sich durch einen unangenehmen Geruch und Geschmack auszeichnen. Die Bestimmung o. F. wird als Maß für den → Fettverderb herangezogen. Fette mit höheren Gehalten an ungesättigten Fettsäuren neigen stärker zur Bildung von o. F.

Oxidierte Stärke engl.: *oxidised/oxidized starch;* chemisch → modifizierte Stärke, die durch Behandlung von nativer Stärke mit Natriumhypochlorit gewonnen wird und als Folge eine geringere Viskosität und Retrogradationsneigung aufweist sowie ferner keine Gele ausbildet. O. S. ist unter der Nummer E 1404 als Verdickungsmittel und Trägerstoff für Lebensmittel allgemein (mit einigen rechtlich genau festgelegten Ausnahmen) ohne Höchstmengenbeschränkung zugelassen.

Oxidoreduktasen engl.: *oxido-reductase;* Klasse von → Enzymen, die Oxidations- und Reduktionsreaktionen katalysieren, indem sie Wasserstoff und Elektronen übertragen. Zu den O. gehören z. B. → Lipoxygenasen, → Oxidasen (Ascorbinsäure-, Glucose-, Phenoloxidase u. a.) und → Dehydrogenasen (Alkohol-, Aldehyd-, Galactosedehydrogenase u. a.).

Oxithiamin engl.: *oxithiamine;* ein → Antivitamin des → Thiamins.

Oxtail-Suppe Syn.: → *Ochsenschwanzsuppe*

Ozon engl.: *ozone;* dreiatomige energiereiche und instabile Form des Sauerstoffs. O. ist ein blassblaues giftiges Gas mit charakteristischem Geruch, das in 25–40 km Höhe durch Einwirken von elektrischen Entladungen oder UV-Strahlung auf Sauerstoff entsteht und die Ozonschicht bildet, welche die energiereiche UV-Strahlung abfängt. In bodennahen Luftschichten wird O. aus Stickstoffdioxid unter Einwirkung von UV-Strahlung gebildet. Aus dem Stickstoffdioxid wird ein Sauerstoffatom abgespalten, das mit Sauerstoff zu O. reagiert. O. ist ein starkes Oxidationsmittel. Es greift die Zellmembranen an und reizt die Atemwege. Diese oxidierende Wirkung wird bei der Trinkwasserentkeimung (→ Ozonierung), beim Einsatz als Desinfektionsmittel (z. B. in Brauereien, Kühlhäusern) und als Bleichmittel genutzt.

Ozonierung engl.: *ozonation;* in der Trinkwasserverordnung zugelassenes Behandlungsverfahren zur Entkeimung von Wasser (Trink- und Brauchwasser). Das verwendete → Ozon wird durch elektrische Entladungen aus Sauerstoff gewonnen. Die Wirkung beruht auf dem starken Oxidationsvermögen des Ozons, welches gleichzeitig im Gegensatz zum Chlor (→ Wasserchlorierung) zu keiner Geschmacksbeeinträchtigung führt. Allerdings ist Ozon als Entkeimungsmittel im Trinkwasserleitungssystem nicht geeignet.

PA; Abk. für → Polyamid.

Paarweck; → Zwillingsbrötchen

Paarweiser Vergleich engl.: *paired comparison test,* Syn.: *Paarvergleich, Duo-Prüfung;* genormtes sensorisches Verfahren, bei dem Prüfproben paarweise anhand vorgegebener Merkmale verglichen werden (DIN 10954).

Packgut engl.: *product for packaging;* zu verpackendes oder verpacktes Gut. Je nach P. ergeben sich unterschiedliche Anforderungen an die → Verpackung bzw. an die → Packmittel.

Packhilfsmittel engl.: *packaging aid;* Erzeugnisse wie → Etiketten, Etikettierklebstoffe, Leime und Nägel, die zusammen mit dem → Packmittel dazu dienen, das → Packgut zu verpacken, zu verschließen oder versandfertig zu machen.

Packmittel engl.: *package, means of packaging;* aus → Packstoffen hergestellte Erzeugnisse zum Umhüllen oder Zusammenhalten von → Packgut, die dazu dienen, das Packgut versand-, lager- und/oder verkaufsfähig zu machen. Beispiele: Dosen, Flaschen, Kästen, Kronkorken, Beutel.

Packstoff engl.: *packaging material;* Werkstoff wie → Karton, → Wellpappe, verschiedene Kunststoffe, → Weißblech, → Aluminium oder → Glas, der zum Herstellen von → Packmitteln verwendet wird.

Packstück; Ergebnis der Vereinigung von → Packgut und → Verpackung.

Packung engl.: *pack, package;* Ergebnis der Vereinigung von → Packgut und → Verpackung. Die P. kann durch Hinzufügen einer Packgutbenennung oder anderer Merkmale, die insbesondere auf die Funktion hinweisen, näher bezeichnet werden, z. B. Zigarettenpackung, → Frischhaltepackung, → Vakuumpackung.

Paderborner Brot Syn.: *Paderborner Landbrot;* ganzseitig angeschobenes, langes, helles → Roggenmischbrot mit kräftigem Geschmack.

Paecilomyces; Schimmelpilzgattung mit zahlreichen Arten, von denen im Lebensmittelbereich insbesondere die thermotoleranten, hitzeresistenete Ascosporen bildenden Arten, wie z. B. der → Patulin bildende Verderbniserreger von Obst und Obstsäften *Paecilomyces variotii* Bedeutung haben.

Paella engl.: *paella pan;* spanisches Reisgericht mit Fleisch, verschiedenen Gemüsesorten (z. B. Zwiebeln, Paprika, Erbsen, Tomaten und Bohnen), Muscheln und Krabben, das mit Salz, Pfeffer, Knoblauch und Safran gewürzt ist. Es existieren zahlreiche Varianten mit verschiedenen Gemüse- und Fleischsorten sowie die „Paella del mar", die ohne Fleisch, sondern nur mit Fisch, Tintenfisch, Muscheln und Krustentieren zubereitet wird. Die Zubereitung von P. erfolgt typischerweise in einer Paella-Pfanne auf einem speziellen Gas-Kochring.

Pain; 1. pastetenähnliches Feinkosterzeugnis. Meist besteht es hauptsächlich aus Fleisch, überwiegen andere Bestandteile wie Milch, Eier und pflanzliche Zutaten, so wird die Bezeichnung entsprechend ergänzt; 2. franz. für Brot. Entsprechend im gastronomischen Gebrauch, z. B. *mie de pain* für Brotkrumen, das weiche Innere des Brots.

PAK engl.: *PAH;* Abk. für → polycyclische aromatische Kohlenwasserstoffe.

Pak Choi lat.: *Brassica rapa L. subsp. chinensis Hanelt.* (Fam.: *Brassicaceae*), engl.: *Chinese White Cabbage, Pak Choi;* → Blätterkohl mit ganzrandigen, eiförmigen, glatten Blättern, der in der asiatischen Küche häufig verwendet wird und als Gemüse roh und gekocht in Europa immer mehr an Bedeutung gewinnt. Die offizielle deutsche botanische Bezeichnung lautet Chinakohl oder Chinesischer Senfkohl. Im Handel ist hingegen unter der Bezeichnung Chinakohl vorwiegend → Pe Tsai (botanisch deutsche Bezeichnung Pekingkohl).

Palatinose engl.: *palatinose, isomaltulose;* Handelsname von → Isomaltulose.

Palatschinken engl.: *pancake;* typisch österreichischer → Eierkuchen (Syn.: *Pfannkuchen*) mit vielfältiger süßer oder salziger Füllung.

Palerbsen engl.: *smooth peas;* → Erbsen

Palmenherzen engl.: *Hearts of Palms,* Syn.: *Palmito, Palmenmark;* zartes elfenbeinfarbenes Mark aus dem etwa 30 cm langen Vegetationskegel (Gipfel) einer Reihe südamerikanischer Palmenarten wie z. B. der Assaipalme (lat.: *Euterpe edulis Mart.*). P. werden als Vorgericht, als Gemüsebeilage und als Zutat in Salaten verwendet. Die Einfuhr erfolgt zerkleinert als Nasskonserve in Dosen aus den südamerikanischen Anbauländern Brasilien, Paraguay und Argentinien.

Palmfett engl.: *palm oil,* Syn.: *Palmöl;* aus dem Fruchtfleisch der →Ölpalme gewonnenes Fett, das das bedeutendste Pflanzenfett neben →Sojaöl darstellt. Hauptanbaugebiet der Ölpalme ist heute Südostasien (Malaysia, Indonesien). Zur Gewinnung werden die Fruchtverbände aus 1000–2000 Früchten mit Dampf sterilisiert und dabei gleichzeitig die im Fruchtfleisch enthaltene Lipasen deaktiviert. Nach Trennen des Fruchtverbands werden die Steinkerne, aus denen das →Palmkernöl gewonnen wird, durch Quetschen abgetrennt und das Mus gepresst. Im unraffinierten Zustand ist P. durch einen hohen Anteil, zwischen 0,05 und 2 %, an Carotinoiden orangerot gefärbt. Bei den Carotinoiden handelt es hauptsächlich um alpha- und beta-Carotin im Verhältnis 2:3. Bei schonender Raffination bleibt die Rotfärbung erhalten und kann zum Färben von z. B. Margarine oder Frittiertem eingesetzt werden. Aufgrund seiner Fettsäurezusammensetzung sowie dem relativ hohen Gehalt an Tocopherolen und Tocotrienolen ist das Fett relativ oxidationsstabil und daher als Bratfett besonders geeignet. P. schmilzt in einem Temperaturbereich zwischen 27 und 38 °C und kann in →Palmölfraktionen aufgetrennt werden.

Palmitinsäure engl.: *palmitic acid,* Syn.: *Hexadecansäure;* gesättigte →Fettsäure mit 16 C-Atomen, die in fast allen Fetten enthalten ist, hohe Gehalte finden sich z. B. in Palmöl, Rindertalg und Schweineschmalz. P. ist die mengenmäßig verbreitetste Fettsäure in tierischen und pflanzlichen Fetten und Bestandteil des →Stearins.

Palmito Syn.: →*Palmenherzen*

Palmitoleinsäure engl.: *palmitoleic acid;* einfach ungesättigte →Fettsäure mit 16 C-Atomen, die v. a. im Fett von Meerestieren und in Samenölen enthalten ist.

Palmkerne engl.: *palm kernel;* →Ölpalme

Palmkernfett engl.: *palm kernel oil;* aus den Früchten der →Ölpalme im Verhältnis 1:10 zu →Palmfett gewonnenes weißes bis gelbliches Fett mit angenehmen Geruch und neutralem Geschmack. Während dieses aus dem Fruchtfleisch stammt, wird P. aus den abgetrennten sowie getrockneten Samen und meist in anderen Produktionsstätten (Ölmühlen) gewonnen. Es schmilzt in einem Temperaturbereich zwischen 23 und 30 °C und enthält hauptsächlich Myristinsäure, daneben auch Laurin- und Ölsäure, und ähnelt nicht dem Palmfett, sondern dem Kokosfett. Wie dieses hat P. den Vorteil des schnellen und vollständigen Schmelzens unterhalb Körpertemperatur und wird für feuchtigkeitsarme Produkte wie Keksfüllungen oder Kaffeeweißer genutzt.

Palmöl Syn.: →*Palmfett*

Palmölfraktionen engl.: *palm oil fractions;* durch Kristallisation und Separation von →Palmfett erhaltene Fraktionen. Unterschieden wird zwischen dem festen Palmstearin mit einem Schmelzpunkt zwischen 46 und 56 °C und dem flüssigen Palmolein mit einem Schmelzpunkt zwischen 19 und 24 °C. Die Stearin-Fraktion reichert sich hauptsächlich an Palmitinsäure an. Der Großteil der Fettbegleitstoffe findet sich in der Olein-Fraktion, Phospholipide und Metallionen dagegen in der Stearin-Fraktion.

Palmzucker engl.: *palm sugar;* aus dem Zellsaft der Blütenstände verschiedener Palmen v. a. in Indien und Burma gewonnener Zucker mit karamellartigem Geschmack und einer geringeren Süßkraft als reine Saccharose. P. ist nach Reinigung, Konzentrierung und Kristallisation in getrockneter wie auch in gepresster Form erhältlich und eignet sich u. a. für Süßspeisen, Saucen und Dressings.

Palta Syn.: →*Avocadobirne*

Pampelmuse lat.: *Citrus maxima (Burm.)* Merr. (Fam.: *Rutaceae*), engl.: *Shaddock,* Syn.: *Riesenorange, Pummelo;* dickschalige, etwas birnenförmige, grüne, gelbgrüne oder gelbe →Beere des immergrünen Pampelmusenbaumes. Sie kann einen Durchmesser von 25 cm und ein Gewicht von bis zu 6 kg erreichen. Das rote oder gelblichgrüne Fruchtfleisch wird frisch verzehrt, zu Saft gepresst und mit der Schale zu Konfitüren verarbeitet. Der saure und bittere Geschmack ist bei den einzelnen Sorten unterschiedlich stark ausgeprägt. Die Fruchtschalen der P. dienen kandiert als Backzutat, die handelsüblich meist gewürfelt, auch in Backmischungen mit anderen kandierten Früchten, aber auch in halben Schalen glasiert oder unglasiert angeboten, wird. Der Import der in Südostasien beheimatete P. erfolgt ganzjährig aus Südostasien, China und Israel. Die Bezeichnung P. wird bisweilen fälschlich für die → Grapefruit gebraucht.

Pancette; → Provolone

Pandanus Syn.: → *Schraubenbaum*

Pandy-Weichsel Syn.: → *Köröser Weichsel*

Panel engl.: *Panel;* homogene Gruppe von Personen zur regelmäßigen Durchführung sensorischer Prüfungen. Ein qualifiziertes P. wird nach sensorischer Leistungsfähigkeit ausgewählt und geschult.

Panettone engl.: *panettone;* ursprünglich typisch italienischer, hoher, zylindrischer Festtagskuchen mit einer lockeren luftigen Krume aus einem schweren gerührten Hefefeinteig (→ Hefeteige) und einem hohen Anteil an Trockenfrüchten wie z. B. Rosinen.

Pangasius lat.: *Pangasius pangasius Hamilton* (Fam.: *Pangasiidae*), engl.: *yellowtail catfish, river catfish,* Syn.: *Haiwels;* Süßwasserfisch aus der Ordnung der Welse. Der P. wird in Südostasien in Reisfeldern gezüchtet; er verfügt über festes, sehr wohl schmeckendes, weißes bis hellrosafarbenes Fleisch. In Deutschland wird P. als preiswerte Alternative zur Seezunge angeboten. Gelegentlich wird er fälschlich auch so bezeichnet.

Panhas Syn.: *Pannas, Panhans;* → Blutwurst mit zugesetztem Buchweizenmehl. Dieses wird zum Andicken der Blut und fein zerkleinerte Innereien enthaltenden Schwartenmasse verwendet, in die z. T. klein gewürfelter Speck, Schwarte und auch fettgewebereiches Schweinefleisch eingelagert ist. P. wird lose in Scheiben angeboten und gebraten verzehrt.

Panieren engl.: *to coat with breadcrumbs, to bread, to crumb;* vorbereiten von Lebensmitteln zum Braten oder Ausbacken in Fett. Traditionell geschieht dies durch ein aufeinander folgendes Überziehen mit Mehl, geschlagenem Ei und Semmelmehl (→ Paniermehl). Heute werden die Lebensmittel meist mit einer Flüssigkeit überzogen, die ein festes Anhaften des Semmelmehles beim Braten bzw. Ausbacken bewirkt. Diese Flüssigkeit wird zumeist ohne Ei und oft gewürzt hergestellt. Der Überzug schützt das Bratgut vor örtlicher Überhitzung und verhindert das Auslaufen von Flüssigkeiten wie z. B. Fleischsaft aus dem Inneren, so dass insbesondere Fleisch saftig bleibt. Zum P. zählt i. w. S. auch das Überziehen von Lebensmitteln mit Backteig (auch mit Bier als Flüssigkeit). So behandelte Lebensmittel eignen sich nur zum Ausbacken in Fett.

Paniermehl engl.: *breadcrumbs,* Syn.: *Semmelmehl, Semmelbrösel;* krümeliges bis gleichmäßig feinkörniges Erzeugnis zum → Panieren von Lebensmitteln, das i. d. R. aus geriebenen Brötchen (Semmeln) und/oder geriebenem getrockeneten Weißbrot hergestellt wird. Im Handel werden als Convenience-Produkte aus P. und weiteren Zutaten wie z. B. Eipulver hergestellte Paniermischungen und gewürzte P. ebenso wie P. aus glutenfreien Getreiden angeboten.

Panini; kleine, häufig miteinander im Paar verbunden angebotene, ursprünglich italienische Brötchen aus Weizenmehlteig mit sehr großporiger weicher → Krume und knuspriger (röscher) bemehlter Kruste. Die Verwendung von Olivenöl als Zutat im Teig und zum Bestreichen der Kruste ist üblich. P. lassen sich ähnlich wie → Sandwiches vielfältig belegen und sind ein beliebter Snack.

Pankreassaft engl.: *pancreatic juice;* von der → Bauchspeicheldrüse gebildetes Verdauungssekret, das in den Dünndarm abgegeben wird. Der P. enthält u. a. Bicarbonat und verschiedene → Verdauungsenzyme wie Proteasen (z. B. Trypsin und Chymotrypsin), Lipasen, Amylasen und Nucleasen zur Aufspaltung der Nahrungsbestandteile. Trypsin und Chymotrypsin werden als inaktive Vorstufen (Trypsinogen und Chymotrypsinogen) sezerniert und erst im Darm aktiviert, um die Bauchspeicheldrüse vor Selbstverdauung zu schützen. Der P. ist durch den Gehalt an Bicarbonat schwach alkalisch (pH 7,5–8,5) und neutralisiert den sauren Speisebrei aus dem Magen. Es werden täglich 1–1,5 l P. gebildet, wobei die Bildung nerval (Vagusnerv) und hormonell (Secretin, Cholecystokinin-Pankreozymin) gesteuert wird.

Panna cotta; gestürztes, halb festes, gekühltes, ursprünglich norditalienisches → Dessert aus gekochter Sahne oder gekochter Sahne mit Milch, Gelatine, Zucker und geschmacksgebenden Zutaten wie z. B. Vanille. Es wird mit Sauce und/oder Früchten angerichtet serviert.

Pansen engl.: *first stomach, paunch, rumen,* Syn.: *Rumen;* der erste größere Abschnitt des Wiederkäuervormagens, in dem die Nahrung durch mikrobielle Gärung vorverdaut wird. Im Lebensmittelbereich wird P. zu → Kutteln und unter Kenntlichmachung in bestimmten traditionellen Wurstsorten verarbeitet. Die gewendete, von der Schleimhaut befreite Pansenwand ist als Wursthülle z. B. für saure Rolle im Gebrauch.

Pantothensäure engl.: *pantothenic acid;* wasserlösliches, hitzeempfindliches Vitamin aus der Gruppe der B-Vitamine, das ubiquitäre Bedeutung besitzt (der Name leitet sich aus dem griechischen für „überall" ab). P. ist Bestandteil von Coenzym A, welches an zahlreichen Stoffwechselreaktionen beteiligt ist. Coenzym A ist von zentraler Bedeutung im Energiestoffwechsel und bei der Synthese von Fettsäuren und Steroidhormonen. Da P. in geringer Konzentration in fast allen Lebensmitteln vorkommt, sind → Hypovitaminosen nur unter Extrembedingungen zu beobachten (starke Unterernährung, Gabe von Pantothensäureantagonisten). Ein Mangel beeinträchtigt den gesamten Stoffwechsel. → Hypervitaminosen sind nicht bekannt.

Panzerkrebse lat.: *ReptantiaSyn.: Ritterkrebse;* Unterordnung der → Krebstiere mit kräftigem Panzer. Von den Speisekrebsen sind echte → Krabben, Mittelkrebse (Königskrabbe u. ä.) und die langschwänzigen Bodenkrebse (Hummer, Languste, Bärenkrebse, Flusskrebse u. Ä.) P., nicht jedoch die → Garnelen.

Papageienfische lat.: *Scaridae,* engl.: *parrotfishes;* auffällig gefärbte (Name) mittelgroße Seefische tropischer Gewässer. Einige Arten sind beliebte Speisefische wie z. B. der Papageienfisch (lat.: *Sparisoma cretense L.*) auf den Kanaren und auf Madeira.

Papain engl.: *papain;* ähnlich wie das → Pepsin proteolytisch wirkendes → Enzym (Cysteinproteinase) mit einem Optimum im Bereich von pH 4 bis pH 7, das im Milchsaft unreifer → Papayas enthalten ist. Im Handel auch unter der Bezeichnung Papayotin ist der eingetrocknete und pulverisierte gereinigte Milchsaft erhältlich. Die proteolytische Wirkung von P. wird in → Zartmachern zu Behandlung von zähem Fleisch durch Besprühen nach oder durch Injizieren in das Fleisch der Schlachttiere kurz vor oder nach der Schlachtung ausgenutzt. Die Wirkung bei der Fleischbehandlung tritt erst nach einer bestimmten Wartezeit (15 Minuten bis über eine Stunde) ein. Konzentrate in reiner Form, z. T. in Kombination mit Bromelain, werden als → Nahrungsergänzungsmittel angeboten. Die nachgesagten schlankheitsfördernden Wirkungen sind wissenschaftlich umstritten. P. dient in der Medizin als Wundreinigungsmittel und Antiekzematikum und zu speziellen therapeutischen Zwecken.

Papaya lat.: *Carica papaya L.* (Fam.: *Caricaceae*), engl.: *Papaya,* Syn.: *Baummelone, Mamao;* → Beeren des „Melonenbaumes", der botanisch schwer einer Klasse zuzuordnen ist. Die ovalen bis länglichen gelbgrünen Früchte mit 5 Längsrippen sind 0,4–3 kg schwer. Unter der dünnen glatten Schale liegt das gelb bis lachsrot gefärbte

2,5–5 cm dicke Fruchtfleisch. Es schmeckt reif sehr süß, erinnert in der Konsistenz an Melone und enthält zahlreiche (bis 1000) gebraunschwarze Samen. Es wird roh ohne Schale wie Melone oder zubereitet, z. B. mit Zitronensaft, Weinbrand bzw. Creme oder Salz verzehrt. Es eignet sich zur Gewinnung von Saft, Nektar und Konfitüre. Geschält, gewürfelt und entkernt, in Stücken oder Flocken wird es durch Trocknen, als Nasskonserve in Dosen und durch Tiefgefrieren konserviert. P. ist eine beliebte Zutat zu einer Vielzahl von Gerichten und wird wegen ihres hohen Gehaltes an Vitaminen, Mineralstoffen und dem geringen Säuregehalt im Fruchtfleisch sehr geschätzt. Unreife grüne Früchte werden in den Anbauländern gekocht als Gemüse verzehrt. Alle Teile des „Melonenbaumes", insbesondere die unreifen Früchte, enthalten einen Milchsaft mit einem Enzymgemisch und Kautschuk, der nach dem Anritzen aufgefangen und an der Luft getrocknet wird. Das Gemisch aus Eiweiß spaltenden Enzymen (u. a. → Papain) findet in der Medizin, zu technischen Zwecken in der Industrie, als → Zartmacher für Fleisch und als Bestandteil von → Nahrungsergänzungsmitteln Anwendung. Die im tropischen Mittelamerika beheimatete P. wird in den tropischen Gebieten Mittel- und Südamerika, Asien und Afrika angebaut, reif oder unreif geerntet und ganzjährig importiert. P. sind bei etwa +10 °C und 90 % rel. Luftfeuchtigkeit gelagert bis zu 2 Wochen haltbar.

Papenschinken Syn.: → *Kernschinken*

Papierchromatographie engl.: *paper chromatography;* Abk.: PC, Bezeichnung für ein Chromatographiesystem (→ Chromatographie), bei dem die stationäre Phase aus Papier (Filterpapier) und die mobile Phase aus einer Flüssigkeit besteht. Die PC wird zur Farbstoffanalytik eingesetzt. Der große Vorteil dieser Chromatographietechnik ist der geringe Aufwand. Es werden nur eine Chromatographiekammer, Filterpapier, Chemikalien und Kapillaren zum Auftragen der Proben und Vergleiche benötigt.

Pappelknospen engl.: *black poplar buds;* getrocknete Blattknospen der Schwarzpappel (lat.: *Populus nigra L.*), die wegen ihrer Aromastoffe z. B. bei der Herstellung bestimmter Bitterliköre verwendet werden. P. wurden früher in Form der Pappelsalbe zur Behandlung von Hautkrankheiten eingesetzt.

Paprika lat.: *Capsicum annuum L.* (Fam.: *Solanaceae*), engl.: *Paprika;* einjähriges krautiges, aus Mittel- und Südamerika stammendes, heute v. a. in Süd- und Südosteuropa angebautes → Nachtschattengewächs, dessen schotenförmigen oder kegeligen → Beeren je nach Art als Gemüse (→ Gemüsepaprika) oder Gewürz (→ Gewürzpaprika) verwendet werden. Es existieren zahlreiche verschiedene Arten, die sich in Größe, Form, Farbe und Schärfe stark unterscheiden. Die oft roten glänzenden Früchte besitzen wenig Fruchtfleisch, sind innen hohl, durch Scheidewände (Paprikaadern) in Segmente unterteilt und besitzen in ihrem Inneren kleine hellgelbe Samen. Der beerenartige Charkter geht bei der Reife durch Eintrocknen verloren, so dass die Früchte auch als Trockenbeeren bezeichnet werden. Die Samen und Adern enthalten je nach Art unterschiedliche Mengen des schärfegebenden → Capsaicins.

Paprikaextrakt Syn.: → *Paprika Oleoresin;*

Paprikaflocken; Halbfabrikat, das durch Trocknen von grünem oder rotem → Gemüsepaprika hergestellt und an Gewürzfirmen, Hersteller von Trockensuppen und Fleischwaren sowie andere Großverbraucher geliefert wird.

Paprika-Oleoresin engl.: *paprika oleoresin,* Syn.: *Paprikaextrakt;* durch Lösungsmittelextraktion aus → Paprika gewonnene dunkelrote zähe Flüssigkeit, die als Hauptfarbstoffe → Capsanthin und → Capsorubin enthält und mit pflanzlichen Ölen auf einen gewünschten Färbegrad eingestellt wird. P. ist in der EG unter der Bezeichnung E 160c zum Färben von Lebensmitteln zugelassen.

Paprikapüree; aus Gewürz- oder Tomatenpaprika (→ Gemüsepaprika) durch mehr oder weniger feines Zerkleinern hergestelltes breiartiges Produkt, das u. a. zum Würzen von Fleischspeisen und als Bestandteil von Würzsaucen (→ Ajvar) und Suppen verwendet wird.

Paprikasauce engl.: *paprika sauce;* braunrote gebundene Sauce mit typischer Paprikanote. Sie wird zu pikanten Fleischgerichten, Reis, Teigwaren, Kartoffeln und Gemüsegerichten serviert.

Paprikaspeck engl.: *red pepper bacon;* in → Gewürzpaprika gewälzter oder damit eingeriebener → Speck. Dieser kann sowohl vorher mit Salz trocken abgerieben und an der Luft getrocknet als auch vorher und hinterher geräuchert sein.

Paprikaspeckwurst Syn.: → *Zigeunerwurst*

Paradeiser Syn.: → *Tomaten*

Paradieskörner lat.: *Aframomum melegueta (ROSC.) K.SCHUM.* (Fam.: *Zingiberaceae*), engl.: *grains of paradise, Guinea grains, Melegueta pepper,* Syn.: *Guineapfeffer, Meleguetapfeffer, Malaguettapfeffer;* rötlichbraune Samen einer schilfähnlichen, von der westafrikanischen Küste stammenden Pflanze, die dem → Kardamom ähnlich sehen und einen scharfen warmen Geschmack haben. Im 15. Jahrhundert waren P. ein in Europa sehr wichtiges Gewürz und wurden z. T. als Ersatz für Pfeffer verwendet. Heute spielen P. neben ihren Herkunftsländern, wo sie auch zum Wärmen gekaut werden, nur noch in Nordafrika (Tunesien und Marokko) eine Rolle und sind dort Bestandteil verschiedener Gewürzmischungen zum Würzen von Gemüse- und Eintopfgerichten.

Paraffinöl engl.: *mineral oil, white oil;* klares, farb-, geruch- und geschmackloses Gemisch gesättigter aliphatischer Kohlenwasserstoffe. P. wird als Bestandteil von Überzugsmitteln für Obst und Gemüse, Trockenfrüchte und Käse verwendet, ferner als Trennmittel in der Süßwarenindustrie. Der hauptsächliche Einsatz erfolgt aber im Kosmetik- und Pharmabereich.

Paraffinpapier engl.: *waxed paper;* mit Paraffin, Ceresinwachsen oder ähnlichen Stoffen, auch mit Paraffin-Polyethylen-Abmischungen zum Teil beschichtetes, aber meist imprägniertes Packpapier; auch gekreppt oder mit Gewebe kaschiert. Die früher als Ölpapiere bezeichneten, mit trockenen Ölen imprägnierten orangefarbenen Papiere werden heute ebenfalls meist als P. oder → Wachspapier bezeichnet. P. wird als Einwickler für Backwaren und Bonbons sowie als Paraffinpappe zum Herstellen von Bechern und Dosen verwendet.

Paraffinüberzüge; → Coating

Paranuss lat.: *Bertholletia excelsia HUMB. et BONPL.* (Fam.: *Lecythidaceae*), engl.: *Brazil Nut;* weißer wohl schmeckender → Samen aus den → Kapseln des Paranussbaumes, der von einer sehr harten dreikantigen Schale umschlossen ist. Von dieser stammt die Bezeichnung als → „Nuss“. In einer Kapsel sind 10–16 Samen enthalten. Angeboten werden im Handel sowohl die Kapsel mit Samen als auch die Samen einzeln als → Schalenobst und ungeschält als Knabberartikel. P. enthalten ca. 66 g als Speiseöl geeignetes Öl (Fett) auf 100 g essbaren Anteil, das reich an Öl- und Linolsäureverbindungen ist, und einen hohen Anteil an Mineralstoffen (ca. 3,7 g auf 100 g essbaren Anteil).

Parasit engl.: *parasite;* Lebewesen, das auf Kosten eines anderen lebt und dieses schädigen kann. Typische P., die über Lebensmittel auf den Menschen übertragen werden, sind → Nematoden, → Trematoden und → Bandwürmer.

Parasolpilz lat.: *Macrolepiota procera (Scop.: Fr.) Sing.* (Fam.: *Agaricaceae*), engl.: *parasol mushroom,* Syn.: *Großer Schirmpilz, Riesenschirmpilz;* von Juli bis Oktober z. B. in lichten Wäldern und Parks wachsender → Speisepilz mit eiförmigem, später gewölbtem bis flachem Hut von 10–30 cm Durchmesser, brauner Farbe und dunkleren fest anhaftenden Schuppen auf der Oberfläche. Der P. besitzt einen schlanken, hohen, hohlen, hellbraunen Stiel mit braunen Schuppen, der an der Basis verdickt ist und im oberen Teil einen doppelrandigen verschiebbaren Ring trägt sowie breite weiße Lamellen. Das Hutfleisch des P. ist zunächst weich und saftig von nussartigem Geschmack, wird später wie der Stiel fest und zäh, weshalb nur die Hüte junger Exemplare zum Verzehr geeignet sind.

Parboiled Reis engl.: *parboiled rice;* leicht durchsichtiger gelblicher oder brauner →Reis, der im Paddy-Stadium (Rohreis) nach dem so genannten Parboiling-Verfahren mit Wasser, Wärme und Druck vorbehandelt wurde. Dabei dringt ein Teil der im Silberhäutchen enthaltenen Vitamine des B-Komplexes und Mineralstoffe in das Korn ein und bleibt beim anschließenden Schleifen und Polieren erhalten. Das Verfahren verbessert die Kocheigenschaften durch Verkleisterung der Stärke im Reiskorn. Der P. R. bleibt dadurch beim Wiederaufwärmen körnig. Natur-, Lang- und Rundkornreis werden zu P. R. verarbeitet.

Parenterale Ernährung engl.: *parenteral nutrition;* künstliche Ernährung, bei der die flüssigen Nährstoffe unter Umgehung des Verdauungstraktes über eine intravenöse Infusion zugeführt werden. Die Lösung muss, v. a. bei längerfristiger p. E., alle notwendigen Nährstoffe enthalten. Bei verschiedenen Stoffwechselerkrankungen (z. B. →Phenylketonurie →Hereditäre Fructoseintoleranz) ist darauf zu achten, dass die unverträglichen Stoffe nicht oder nur in unbenklicher Menge enthalten sind.

Parfait engl.: *parfait;* 1. pastetenähnliches, sehr hochwertiges Feinkosterzeugnis mit feiner mousseähnlicher Struktur. Die Basis bilden fein zerkleinerte Farcen aus hochwertigen Zutaten wie z. B. Leber (z. B. Gänseleber), Hummer oder Forellen, die mit Eigelb bzw. Eigelbprodukten sowie Flüssigei oder Gelatine gebunden und im Wasserbad gegart werden; 2. feine, aus hochwertigen Zutaten, insbesondere Eigelb, Zucker und Sahne, in vielfältig variierenden Geschmacksrichtungen wie z. B. Mohn oder Espresso hergestellte halb gefrorene Speiseeiszubereitung. Speiseeisparfaits werden nach der vorherrschenden Geschmackszutat bezeichnet.

Parieren engl.: *to prepare meat/fish/poultry for cooking;* Fleisch oder Fisch von Haut, Fett und Sehnen befreien und für die Zubereitung sauber zurechtschneiden.

Pariser Blutwurst; →Blutwurst gehobener Qualität mit würfeligen Einlagen in bluthaltiger Schwartenmasse, die in ihrer Zusammensetzung →Fleischrotwurst ähnelt.

Pariser Fleischwurst; wie →Rheinische Fleischwurst (Ausgangsmaterial, Herstellungsprozess, Aussehen) hergestellte, in Hüllen von mittelgroßem bis großem Kaliber abgefüllte →Brühwurst mit umgerötetem fein zerkleinerten →Brät.

Pariser Lachsschinken; mit einer dünnen Speckschicht umhüllter →Lachsschinken.

Pariser Mandeln; →Mandeln, die im Kaltdragierverfahren mit Schokolade überzogen werden und anschließend wie →Wiener Mandeln eine Zucker-Drageédecke erhalten. Der Gehalt an Mandeln und Schokolade muss zusammen mindestens 400 g pro kg betragen.

Pariser Weißbrot Syn.: →*Baguette*

Parmesankäse engl.: *Parmesan cheese;* Bezeichnung für eine Gruppe italienischer Hartkäse wie z. B. →Grana Padano und →Parmigiano Reggiano. In Deutschland können allerdings alle geriebenen Hartkäse, unabhängig von ihrer Herkunft, als P. vertrieben werden.

Parmigiano Reggiano engl.: *Parmigiano Reggiano;* geschützte Herkunftsbezeichnung für einen italienischen, teilweise entfetteten Hartkäse mit mindestens 32 % Fett in der Trockenmasse, zylindrischer Form, einem Durchmesser von 35–45 cm und einem Gewicht von 24–40 kg. P. besitzt eine harte goldgelbe Rinde, weißen bis strohgelben, feinkörnigen Teig von aromatischem bis nussartigem Geschmack. Die Herstellung unterliegt strengen Auflagen und wird durch ein Konsortium überwacht. P. wird als Tafel-, Streu- und Dessertkäse angeboten.

Parthenokarpie engl.: *parthenocarp,* Syn.: *Jungfernfrüchtigkeit;* Bildung von → Früchten ohne Befruchtung. Dieser Vorgang ist teils sortenbedingt, teils durch Wachstumsregulatoren (z. B. Gibberellinsäure) induziert (Birnen, Tafeltrauben). P. kommt bei Citrus-Arten, Bananen u. a. häufig natürlich als Mutation vor und wird in Kultur ausgenutzt.

Passagen engl.: *passages;* die einzelnen Stufen bei der Vermahlung des Getreidekornes. Jede P. umfasst die Zerkleinerung des Aufgabegutes und die Aufteilung des zerkleinerten Materials durch Sieben nach der Teilchengröße. Die Siebprodukte werden, sofern nicht bereits Mehlfeinheit erreicht ist, getrennt und erneut einer P., i. d. R. auf anderen Maschinen, zugeführt. Die Zahl der gleichzeitig nebeneinander laufenden P. richtet sich nach Größe und technischer Ausrüstung der Mühle und nach der Höhe der gewünschten Mehlausbeute. Bei heute gängigen Mehltypen für Weizen sind 12–20, für Roggen 8–12 P. üblich.

Passieren engl.: *to rub, to strain,* Syn.: *Durchpressen, Durchschlagen, Durchstreichen;* 1. Trennen, bei gleichzeitigem Zerkleinern, weichfleischiger Bestandteile bei Obst und Gemüse von harten Bestandteilen mit Hilfe eines Siebes nach thermischer und/oder enzymatischer Vorbehandlung. 2. Pressen von weichen, oft gegarten Lebensmitteln durch Siebe oder Metalleinsätze.

Passionsfrucht lat.: *Passiflora edulis Sims* (Fam.: *Passifloraceae*), engl.: *Granadille,* Syn.: *Maracuja, Granadilla, Purpurgranadilla;* die → Beere zweier in Südamerika beheimateter Unterarten (*var. edulis* und *var. flavicarpa*) einer von mehr als 400 Arten der Passionsblume. Die runde, ca. 35 g schwere rote P. (*var. edulis*) wird in Australien, Südafrika, Kenia und Angola angebaut. Sie ist unreif gelb und bei Vollreife purpurrot. Bei +5 °C gelagert ist sie ca. 2 Wochen haltbar. Der Anbau der ovalen, bis zu 200 g schweren größeren gelben P. (*var. flavicarpa*) findet in Brasilien, Hawaii, Sri Lanka und der Elfenbeinküste statt. Sie ist bei 7–10 °C und 85 % rel. Luftfeuchtigkeit bis zu 4 Wochen haltbar. Beide Arten haben eine verhältnismäßig harte Schale, bis zu 200 Samen und eine gelbliche gallertige Pulpe von äußerst intensivem arteigenen Aroma. Dieses ist bei der roten P. lieblicher, bei der gelben würziger ausgeprägt. Die Hauptangebotszeiten der ganzjährig importierten Früchte sind Frühjahr und Sommer. Da sie transportempfindlich sind, werden sie meist in den Anbauländern zu Saft, Nektar oder Extrakt verarbeitet. In Mischung z. B. mit Pfirsich werden diese Produkte zu Getränken, Likör, Eis und vielen anderen Lebensmitteln wegen des intensiv fruchtigen Aromas zugesetzt.

Pasta; ital. für → Teigwaren.

Pasta-Filata-Käse engl.: *pasta filata cheese,* Syn.: *Brühkäse, Filata-Käse;* nach einer speziellen Methode, ursprünglich zuerst in Italien, mittlerweile auch in anderen europäischen Ländern wie z. B. Dänemark oder Deutschland hergestellte Gruppe von Käse. Bei der Herstellung folgt auf das Säuern das Tauchen („Brühen") des abgetropften und zerkleinerten Käsebruches in ca. 80 °C heiße Flüssigkeit (Salzwasser oder Molke). Die heiße Käsebruchmasse lässt sich nun durch ständiges Rühren und Kneten zu einem weichen dehn- und formbaren Teig verarbeiten und darauf folgend zu der gewünschten Form (Stangen, Kugeln, Birnen) ausziehen sowie formen. Von den gezogenen und geformten Käsen können beliebig große Stücke abgetrennt und weiterverarbeitet werden. Die Käse kommen je nach Sorte unterschiedlich, ungereift mit Salzlake in Folie verpackt oder gereift sowie ggf. geräuchert im Stück mit und ohne Wachshülle, in den Handel. Typische italienische P. sind Mozzarella, Provolone und Caciocavallo. Die Gruppe der P. wurde erst im Jahr 1999 in die deutsche Käseverordnung aufgenommen und ist somit die jüngste Gruppe der deutschen Käsefamilie. Zu den deutschen Standardsorten zählen die gereifte Sorte Provolone sowie die nicht gereiften Sorten Mozzarella und schnittfester Mozzarella.

Paste; Festkörperdispersion in Flüssigkeiten von teigiger Konsistenz. Aus geeigneten Rohstoffen wie z. B. Nüssen können P. durch Zerkleinern und evtl. Einbringen von Öl oder Wasser bis zur gewünschten Konsistenz hergestellt werden. Vegetarische Brotaufstriche unterschiedlicher Zusammensetzung werden oft als P. bezeichnet. Dabei handelt es sich meist um gewürzte Zubereitungen aus pflanzlichen Ölen und geschmacksgebenden Zutaten wie Gemüse, Nüsse oder Kräuter. Curry-Pasten sind pastöse konzentrierte Halberzeugnisse zur Herstellung von Curry-Gerichten.

Pastete; heute vieldeutiger Begriff für verschiedene Lebensmittel, hervorgegangen aus der Bezeichnung für ein Erzeugnis aus einer Teighülle (von ital.: *pasta* = Teig, Paste, Masse) mit einer Füllung. So ist die → Königinpastete ein Beispiel für die im gastronomischen Bereich in vielen Arten und unter verschiedenen Namen verbreiteten Küchenpasteten. Bei ihnen handelt es sich um warm oder kalt verzehrte fein gewürzte Fleisch-, Geflügel- oder Fischgerichte in einer Teighülle. Zu den Küchenpasteten gehören u. a. die aus der Provence stammenden Krustaden mit einer Hülle aus unterschiedlichsten Teigen, die heute meist ohne Teighülle in Porzellannäpfen heiß angerichteten Timbalen oder die ebenfalls ohne Teighülle in feuerfesten Schüsseln zubereiteten Terrinen, die stets kalt serviert werden. Ebenfalls teighüllenlos sind die verschiedenen Wurstpasteten, kalt verzehrte Fleischerzeugnisse besonderer Qualität wie z. B. → Leberpastete, die den Wurstwaren in Herstellung und Verwendung ähneln. Auch die feinen Backwaren, welche die Umhüllung von Küchenpasteten bilden und als eigenes Produkt verkauft werden, werden P. genannt. Sie sind meist aus Blätterteig. Schließlich werden auch hochwertige Süßwaren in der Art einer → Praline als P. bezeichnet. Sie sind größer als diese und bestehen aus mindestens zwei verschiedenen, meist pastenartigen Füllungen, die beim Anschneiden einzeln erkennbar sein sollten. Typische Füllungen sind Nugat, Marzipan, Trüffel, Nüsse oder Pistazien.

Pasteurisieren engl.: *pasteurisation;* Verfahren zum meist kurzfristigen Haltbarmachen von Lebensmitteln (→ Konservierungsverfahren) durch eine milde thermische Behandlung (Temperaturen i. d. R. unterhalb von 100 °C). Beim P. werden vegetative Formen von Bakterien abgetötet, aber Sporen und sehr hitzeresistente Bakterien überleben. Weiterhin werden Enzyme inaktiviert, so dass autolytische Prozesse unterbunden werden. Da beim P. nie alle Keime abgetötet werden, werden zur Verlängerung der Haltbarkeit weitere Verfahren wie z. B. Kaltlagerung von → pasteurisierter Milch oder Verpackung unter anaeroben Bedingungen bei Bier eingesetzt. Das P. ist ein im Vergleich zum → Sterilisieren schonendes Haltbarmachungsverfahren, bei dem die sensorischen und ernährungsphysiologisch relevanten Eigenschaften der Lebensmittel nur geringfügig beeinträchtigt werden. Eine Besonderheit stellen die pasteurisierten Fruchtsäfte dar, die trotz der milden Wärmebehandlung kommerziell steril sind, da aufgrund des niedrigen pH-Wertes die nicht abgetöteten Sporen nicht auskeimen können.

Pasteurisierte Milch engl.: *pasteurised milk;* nach gründlicher Reinigung nach einem anerkannten Pasteurisierungsverfahren zur Abtötung von Krankheitserregern und anderen Keimen sachgemäß erhitzte und anschließend gekühlte Milch. Beim → Pasteurisieren von Milch wird zwischen Dauererhitzen (62–65 °C für 30–32 Minuten), Kurzzeiterhitzen (72–75 °C für 15–30 Sekunden im kontinuierlichen Durchfluss) und Hocherhitzen (85–127 °C im kontinuierlichen Durchfluss) unterschieden.

Pastillen engl.: *pastilles;* kleine, sehr harte Zuckerwaren, die aus den gleichen Zutaten wie →Komprimate gefertigt werden. Es werden jedoch meist Puderguss- oder Extrudierverfahren zur Herstellung verwendet. Der Übergang bei der Einteilung in Komprimate und P. ist fließend. Üblich als Zutaten sind Kräuter, Gewürze, Lakritze und deren Extrakte sowie vereinzelt Extrakte exotischer Pflanzen wie z. B. Guarana. Außer für die klassischen Anwendungsgebiete (Erfrischung, Linderung von Husten) werden auch →Nahrungsergänzungsmittel in Pastillenform für Zwecke wie z. B. Vitaminsupplementation hergestellt. P. stellen auch eine typische Darreichungsform für Arzneimittel dar.

Pastinak lat.: *Pastinaca sativa L.* (Fam.: *Apiaceae*), engl.: *parsnip,* Syn.: *Gartenpastinak, Hammelmöhre;* außen gelblichbräunliche, innen gelb- bis weißfleischige Wurzelrübe des mit der Möhre verwandten in Europa beheimateten Echten Pastinaks. Er wird als Wintergemüse vor allem in England, Frankreich und den USA angebaut. Der relativ hohe Gehalt an →ätherischen Ölen (1,5–3,6 %) verleiht dem Fleisch des P. einen intensiven, sehr würzigen Geschmack und aromatischem Geruch. P. wird roh als Salat und gekocht als Gemüse mit Möhren und Kartoffeln sowie als aromatisches Suppengemüse verzehrt.

Patentblau V engl.: *patent blue,* Syn.: *Lebensmittelblau;* synthetischer blauer Farbstoff, der unter der Nummer E 131 zur Färbung bestimmter Lebensmittel, z. B. Süßwaren, Getränke und Eier in festgelegten Höchstmengen zugelassen ist und zusammen mit gelben Farbstoffen auch zur Erzielung einer Grünfärbung verwendet wird.

Pathogen engl.: *pathogenic;* krankheitserregend, abgeleitet von griech.: *pathos* = Krankheit. →apathogen

Pathogenität engl.: *pathogenicity;* Fähigkeit von Mikroorganismen, in einem Makroorganismus Krankheiten auszulösen.

Patiencegebäck Syn.: →*Russisch Brot*

Patulin engl.: *patulin;* von verschiedenen Schimmelpilzen wie *Penicillium patulum* und *Penicillium expansum* gebildetes →Mykotoxin, das vorwiegend auf Obst und Gemüse und in daraus hergestellten Erzeugnissen wie z. B. Apfelsaft vorkommt. P. ist ein generelles Zellgift, das wegen seiner bakteriostatischen und bakteriziden Wirkung früher als Antibiotikum eingesetzt wurde. Die Weltgesundheitsorganisation hat für Lebensmittel einen Richtwert von 0,05 mg/kg vorgeschlagen, in Deutschland existiert bislang keine gesetzlich geregelte Höchstmenge.

Pauillac; französischer Qualitätswein aus dem Bordeauxbereich Médoc mit AOC der Gemeinde. Die Rotweine sind meist Spitzenklasse mit großem Bukett.

Pawpaw engl.: *pawpaw;* 1. engl. Bezeichnung für die Papau (lat.: *Asamina sp.*), die zu den →Annonen (lat.: *Annoneaceae*) gehört und in den Vereinigten Staaten lokale Bedeutung als Obst besitzt; 2. im brit. Commonwealth Syn. für →Papaya.

Pazifische Auster lat.: *Crassostrea gigas Thunberg* (Fam.: *Ostreidae*), engl.: *Pacific oyster, Japanese oyster,* Syn.: *Riesenauster;* in Japan und Südostasien beheimatete, in Nordamerika und Europa eingebürgerte, in großem Umfang gezüchtete →Auster. Nach Ansicht einiger Experten ist die p. A. identisch mit der →Portugiesischen Auster (lat.: *Crassotrea angulata Lamarck*). Eine verwandte Art, die Suminoe oder Asiatische Auster (lat.: *Crassostrea ariakensis Fujita*) wird neuerdings in den USA gezüchtet.

PBDE; Abk. für →polybromierte Diphenylether.

PC; Abk. für →Polycarbonat.

PCBs engl.: *PCBs;* Abk. für →polychlorierte Biphenyle.

P-Darm; von der Schleimhaut befreiter →Dünndarm des Pferdes, der gewendet als

Wursthülle für → Rohwürste wie z. B. Ungarische Salami verwendet wird.

PE; Abk. für → Polyethylen.

Pecorino Romano engl.: *Pecorino Romano;* geschützte Herkunftsbezeichnung für italienischen Hartkäse aus Schafmilch mit mindestens 36 % Fett in der Trockenmasse, zylindrischer Form und einem Gewicht von 8–20 kg. P. besitzt eine harte gelbe bis bräunliche Rinde und weißen bis strohgelben Teig von scharf würzigem Geschmack. Er wird als Tafel- und Streukäse verwendet.

Pecorino Siciliano engl.: *Pecorino Siciliano;* geschützte Herkunftsbezeichnung für italienischen Hartkäse aus Schafmilch mit mindestens 40 % Fett in der Trockenmasse, zylindrischer Form und einem Gewicht von 4–15 kg. P. besitzt eine weißgelbliche Rinde und weißen bis strohgelben Teig von pikantem Geschmack. Er wird als Tafel- und Streukäse verwendet.

Pediococcus; Gattung nicht Sporen bildender, unbeweglicher grampositiver Kokken, die DL-Milchsäure bilden. *P. damnosus* (Syn.: *P. cervisiae*) und *P. acidilactici* sind weit verbreitet in gärenden Lebensmitteln wie Bier und Sauerkraut, wo sie jedoch unerwünscht sind (→ bierschädliche Mikroorganismen). Nützlich sind sie als Starterkulturen bei der Rohwurstreifung.

PE-HD; → Polyethylen hoher Dichte.

Pekannuss lat.: *Carya illinoinensis (WANGENH.) K. KOCH* (Fam.: *Juglandaceae*), engl.: *Pecan nut,* Syn.: *Pecannuss, Hickory-Nuss;* 3–4 cm lange, länglich eiförmige → Steinfrucht des bis zu 60 m hohen Pekannussbaumes mit glatter, dünner, hellbrauner Schale. Seine angestammte Heimat und Hauptanbaugebiet sind die Südstaaten der USA, andere Anbauländer sind Australien, Israel und Südafrika. Im Handel sind P. als → Schalenobst und als im Urspungsland geschälte Kerne, die als Knabberartikel sowie als beliebte Zutat in Süßwaren, Gebäck und nordamerikanischen Gerichten verwendet werden. Der hellfleischige Samenkern ähnelt in Aussehen und Geschmack der → Walnuss. Der Kern besitzt einen hohen Gehalt an öl- und linolsäurereichem Fett (ca. 70 g pro 100 g essbarer Anteil) und ist reich an Mineralstoffen (ca. 1,6 g pro 100 g essbarer Anteil).

Pekingkohl; → Pe Tsai

Pekoe engl.: *pekoe;* Abk.: P, → Tee-Blattgrad, der die jungen, noch zarten Blätter bezeichnet. Das Wort ist aus dem Chinesischen abgeleitet und bedeutet weißer Flaum.

Pektate engl.: *pectates;* Salze der Pektinsäure. → Pektine

Pektinasen Syn.: → *Pektin spaltende Enzyme*

Pektine engl.: *pectins;* Heteropolysaccharide, die hauptsächlich aus Galakturonsäureeinheiten bestehen und als Gerüstsubstanz der Zellwände im Pflanzenreich ubiquitär vorkommen. Reine Polygalakturonsäureketten werden als Pektinsäure bezeichnet, bei den P. sind die Carboxylgruppen teilweise mit Methanol verestert. Abhängig vom Veresterungsgrad (über bzw. unter 50 %) wird in hoch- bzw. niederverestertes P. differenziert, das sich in seinen Eigenschaften, z. B. im Gelierverhalten unterscheidet. Unlösliches Protopektin liegt in vernetzter Form vor (untereinander vernetzt oder z. B. mit Cellulose) und wird enzymatisch oder durch den Einfluss von Säure bzw. Hitze in lösliches P. umgewandelt. Die Gewinnung von P. erfolgt aus Zitrusschalen (Zitruspektin) oder den Pressrückständen der Apfelsaftherstellung (Apfelpektin) durch wässrige Extraktion und anschließendes Fällen z. B. mit Alkoholen. P. ist unter der Nummer E 440 als Gelier- und Dickungsmittel sowie als Stabilisator für Lebensmittel allgemein ohne Höchstmengenbeschränkung zugelassen. Da hochveresterte P. einen gewissen Zucker- und Säuregehalt zur Gelbildung benötigen, sind sie besonders für den Einsatz in Marmeladen und Konfitüren geeignet. Im Gegensatz dazu führen bei niederveresterten P. Calciumsalze durch Vernetzung der Polygalakturonsäureketten über Calciumionen als Brückenglieder zur Gelbildung. Sie werden z. B. in Milchprodukten und Energie reduzierten Lebensmitteln verwendet. Entsprechend des Verwendungszweckes lassen sich standardisierte Pektinpräparate mit den gewünschten Eigenschaften zusammenstellen. P. werden auch in der Medizin (z. B. zur Wundbehandlung oder gegen Durchfall), Pharmazie und Kosmetik eingesetzt. Aufgrund ihrer Unverdaulichkeit stellen P. wichtige → Ballaststoffe in der menschlichen Ernährung dar. Amidiertes P. ergibt sich durch Behandlung von P. mit Ammoniak und hat eine geringere Neigung zum Ausflocken. Es ist unter der Nummer E 440 ii für die gleichen Zwecke zugelassen wie P. selbst.

Pektinesterasen engl.: *pectinesterases;* → Pektin spaltende Enzyme

Pektinsäure engl.: *pectic acid;* → Pektine

Pektin spaltende Enzyme engl.: *pectolytic enzymes,* Syn.: *Pektinasen, pekt(in)olytische Enzyme*; verschiedene Enzyme, die Pektine abbauen, indem sie entweder die Methyester in Methanol und Pektinsäure spalten (Pektinesterasen), die Galakturonsäurekette im Inneren bzw. vom nicht reduzierenden Ende her hydrolysieren (Endo- bzw. Exo-Polygalakturonase) oder eine nicht hydrolytische Spaltung von hoch- bzw. niederverestertem Pektin bewirken (Pektin- bzw. Pektatlyase). P. E. werden fermentativ mit Hilfe von Pilzen der Gattungen *Aspergillus* (v. a. *A. niger*), *Penicillium* oder *Rhizopus* gewonnen und finden hauptsächlich Verwendung zur Klärung von Fruchtsäften (Filtrationsenzyme).

Pektinstoffe engl.: *pectic substances, pectinous substances;* Sammelbezeichnung für Pektinsäure, ihre Ester (→ Pektine) und Salze (Pektate).

Pelagisch engl.: *pelagic;* Bezeichnung für landferne Hochseeregionen mit entsprechender Hochseefauna und -flora.

PE-LD; → Polyethylen geringer Dichte.

Pellagra engl.: *pellagra;* schwere Form des Niacin-Mangels (→ Niacin), die v. a. in Entwicklungsländern vorkommt, deren Bevölkerung sich überwiegend von Mais ernährt und unter einer generellen Vitaminunterversorgung leidet. Symptome sind v. a. Hautpigmentierungen, Durchfälle, Erbrechen und Verwirrtheitszustände.

PE-LLD; linear aufgebautes → Polyethylen geringer Dichte.

Pemmikan engl.: *pemmican;* 1. ursprünglich lange haltbare indianische Zubereitung aus zerstoßenem Trockenfleisch, geschmolzenem Fett und Beeren, die eine vollständige Mahlzeit ersetzen kann; 2. ähnlich wie 1. hergestellte Produkte, die als lange haltbare Mahlzeiten für Extremsportler und Wanderer vertrieben werden.

PEN; Abk. für → Polyethylennaphthalat.

Penicillin engl.: *penicillin;* erstes, 1928 von dem Bakteriologen Alexander Fleming entdecktes isoliertes und hergestelltes → Antibiotikum, von dem mittlerweile viele verschiedene Varianten existieren, die aus bestimmten *Penicillium-Arten* bzw. halb- oder biosynthetisch gewonnen werden. Die Wirkung der Penicillinantibiotika beruht auf der Hemmung der Zellwandsynthese von Bakterien. In wenigen Fällen sind Penicillinallergien zu beobachten.

Penicillinsäure engl.: *penicillic acid;* → Mykotoxin, das von verschiedenen Arten der Gattungen *Penicillium* und *Aspergillus* auf Lebensmitteln gebildet wird, bei zu feuchten Lagerbedingungen u. a. in Mais, Bohnen und Tabak vorkommt und kanzerogene sowie cytotoxische (v. a. Leber, Niere) Wirkungen entfaltet.

Penicillium; Mehrz.: Penicillien, neben → *Aspergillus* wichtigste Gattung der → Schimmelpilze mit zahlreichen, teilweise schwierig zu differenzierenden Arten. Das pinselartige Aussehen der ungeschlechtlichen Fortpflanzungsorgane gab der Gattung auch die Bezeichnung Pinselschimmel. Die einzelligen → Konidien sind meist gelb, blau oder grün gefärbt und werden in sehr großer Zahl gebildet, so dass sie die Kolonien mit einem dichten, auffällig gefärbten Sporenteppich überziehen. Einige Arten zeigen neben der ungeschlechtlichen Konidienbildung auch geschlechtliche Fortpflanzung. Penicillien sind in der Natur weit verbreitet, ihre Sporen finden sich stets in der Luft. Einige Penicillium-Arten sind Erreger wichtiger Lagerkrankheiten von Obst; *P. expansum* verursacht die Grünfäule bei Äpfeln, *P. italicum* und *P. digitatum* verursachen Nassfäule auf Zitrusfrüchten. Zahlreiche Penicillium-Arten wie z. B. *P. expansum* und *P. patulum* bilden → Mykotoxine wie → Patulin. Andere Penicillium-Arten hingegen werden aufgrund ihrer Enzymaktivität und Bildung bestimmter Geruchs- und Geschmacksstoffe zur Herstellung spezieller Käsesorten genutzt, wie *P. roqueforti* und *P. camemberti* zur Herstellung von → Roquefort bzw. → Camembert. Die blaugrüne Farbe des Roqueforts stammt dabei von den zahlreichen intensiv gefärbten Konidien, die weiße Oberfläche des Camemberts entsteht durch starke Ausbildung von weißem Luftmycel. Spezielle Stämme von *P. chrysogenum* werden zur industriellen Gewinnung von Penicillin eingesetzt.

Penne; röhrenförmige → Teigwaren in Form eines an beiden Enden angeschrägten „Stachels". Meist ca. 5 cm lang und 1 cm im Durchmesser.

Pentosen engl.: *pentose;* → Monosaccharide mit fünf Kohlenstoffatomen im Molekül. Zu den P. gehören z. B. Arabinose, Xylose und Ribose.

Peperonata; ursprünglich aus Italien stammende, je nach verwendeten Zutaten milde bis scharfe stückige Zubereitung aus Gemüsepaprika, Fleischtomaten, Zwiebeln und Knoblauch mit weiteren, z. T. variierenden Zutaten wie Zucker, Salz, pflanzliches Öl, Oliven, Gewürze u. a. P. wird insbesondere als Brotaufstrich und als Beilage zu Fleischgerichten verwendet.

Peperoncini lat.: *Capsicum annuum L. var. longum* (Fam.: *Solanaceae*); Einzahl: Peperoncino, Sammelbezeichnung für in Süditalien angebaute, 5–20 cm lange dünne, mehr oder weniger scharf schmeckende Paprika-Sorten mit intensivem Aroma. Reife P. verfügen über eine rote Farbe. Sie werden jedoch i. d. R. im unreifen grünen Zustand eingelegt und als Antipasti oder als Pizza-Belag verwendet. In Süditalien werden sie zu verschiedenen Spezialitäten wie Salsa picante oder gefüllten P. verarbeitet oder als solche frisch oder getrocknet angeboten.

Peperoni lat.: *Capsicum frutescens L.* (Fam.: *Solanaceae*), engl.: *jalapeno pepper;* unreife grüne → Chilis. P. kommen frisch oder in Essig eingelegt in den Handel.

Pepino lat.: *Solanum muricatum L' Hér. ex Aiton* (Fam.: *Solanaceae*), engl.: *Melon Pear,* Syn.: *Melonenbirne, Kachuma;* Beeren (Südfrüchte) des gleichnamigen, in Neuseeland, Südafrika, Spanien und Südamerika angebauten Strauches. Die länglichen bis herzförmigen, bis zu 20 cm langen Früchte weisen eine charakteristische hellgelbe Färbung mit violetten Längsstreifen auf. Das gelborange, saftige, süß-saure Fruchtfleisch ähnelt dem von Melonen und erinnert im Geschmack an Ananas. Die Früchte werden frisch verzehrt oder mit Zucker und Honig pochiert. Bei Temperaturen von 7–10 °C sind P. bis zu einer Woche lagerbar.

Peppersteak-Sauce; Bezeichnung für eine Sauce, die ganze grüne Pfefferkörner beinhaltet. Die Herstellung erfolgt i. d. R. auf Tomatenbasis (aus Tomatenmark, Essig, gemahlenem Pfeffer und anderen Gewürzen). P. wird zu Steaks und Fleischfondue gereicht sowie zum Verfeinern von Saucen verwendet.

Pepsin engl.: *pepsin;* von der Magenschleimhaut als inaktive Vorstufe (Pepsinogen) gebildetes Verdauungsenzym. Die Umwandlung in die aktive Form erfolgt durch den niedrigen pH-Wert des Magensaftes. Die optimale Wirkung entfaltet P. bei einem pH-Wert von 1,5–3. P. gehört zu den Proteasen und spaltet Proteine im Inneren des Moleküls (Endopeptidase). Die Gewinnung erfolgt durch Extraktion aus der Magenschleimhaut von Wiederkäuern und Schweinen. P. kann zur Dicklegung von Milch in Käsereien verwendet werden.

Pepsinwein engl.: *pepsin wine;* aus spanischem Likörwein, Glycerin, Zuckersirup, Pomeranzentinktur und Wasser hergestelltes alkoholisches Getränk. Das zugesetzte Pepsin soll Appetit anregend und verdauungsfördernd wirken. Pepsinwein gilt nicht als Nahrungsmittel, sondern als frei verkäufliches Arzneimittel.

Peptidasen engl.: *peptidases,* Syn.: *Exopeptidasen;* → Proteasen

Peptide engl.: *peptides;* von griech.: *peptos* = verdaut abgeleitete Bezeichnung für Verbindungen aus Aminosäuren, die über Peptidbindungen verknüpft sind. Abhängig von der Anzahl der Aminosäurebausteine werden Dipeptide (2), Tripeptide (3), Oligopeptide (2–10) und Polypeptide unterschieden. Der Übergang zu den → Proteinen ist fließend. P. können z. B. Hormone, Signalmoleküle, aber auch Toxine sein. Sie entstehen aus Proteinen durch sauren oder enzymatischen Abbau. Wichtige Beispiele sind die Dipeptide → Carnosin und → Aspartam, das Tripeptid → Glutathion und die Polypeptide → Insulin, → Glucagon und → Nisin.

Peptone engl.: *peptones;* Gemisch von Peptiden unterschiedlicher Molekülgröße und Aminosäuren, das durch Hydrolyse von Proteinen mittels Säure oder Enzymen gewonnen wird.

Peptonisierende Bakterien Syn.: → *Proteolyten*

Peptonisierung engl.: *peptonisation;* partielle Spaltung von → Proteinen zu → Peptonen durch Säurehydrolyse oder auf enzymatischem Weg. Beispiele aus dem Bereich der Lebensmitteltechnologie sind z. B. die Herstellung von Fleischpepton aus Rindfleisch sowie von Caseinpepton aus koagulierter Milch.

Pergamentersatz engl.: *artificial parchment;* häufig auch als Butterbrotpapier bezeichnetes fettdichtes Papier, das durch eine spezielle quetschende Mahlung von Zellstofffasern hergestellt wird, wodurch das Papier weitgehend porenfrei und dadurch fettdicht wird. Im Unterschied zu → Pergamentpapier ist P. aber nicht wasserdicht und kochfest.

Pergamentkaffee Syn.: *Hülsenkaffee;* vom Fruchtfleisch befreite, noch von der Pergamenthülle umgebene fermentierte und getrocknete Kaffeekerne (→ Kaffee). In diesem Stadium ist der Kaffee praktisch unbegrenzt lagerfähig.

Pergamentpapier engl.: *parchment paper;* kochfestes, fett- und wasserdichtes Papier, das durch Einwirken von Schwefelsäure auf ein saugfähiges Rohpapier gewonnen wird, wodurch die Oberfläche abgedichtet wird. P. wird vorwiegend zum Verpacken von fetthaltigen Lebensmitteln wie Butter und Margarine eingesetzt.

Pergaminpapier engl.: *glassine paper,* Syn.: *Pergamin;* ähnlich wie → Pergamentersatz hergestelltes fibrilliertes Papier aus Sulfitzellstoff, das unter hohen Drücken geglättet wird und durch bestimmte Zusätze fettabweisend gemacht werden kann. P. ist hochtransparent bis glasig und wird z. B. als Einschlagpapier, für Zwischenlagen und für Pralinenverpackungen eingesetzt.

Perhydrol engl.: *perhydrol;* 30 %ige säurefreie Lösung von → Wasserstoffperoxid.

Périgord-Trüffeln; → Trüffeln

Perikarp engl.: *pericarp;* botanische Bezeichnung für die Fruchtwand, die bei den Bedecktsamern (Angiospermen) den Samen umhüllt. Das P. besteht aus dem äußeren Exokarp, dem mittleren, meist mehrschichtigen Mesokarp und dem inneren Endokarp. Je nach Fruchtform ist die Wand in ihrer Gestalt unterschiedlich ausgeprägt.

Peristaltik Syn.: → *Darmperistaltik*

Perkolation engl.: *percolation;* von lat.: *percolare* = durchsickern lassen abgeleitete Bezeichnung für das Gewinnen von Auszügen aus zerkleinerten Arzneipflanzen, Kräutern oder Gewürzen durch ein kontinuierlich durchfließendes Lösungsmittel wie Wasser oder Alkohol. Im Gegensatz zur reinen Extraktion gehen bei der P. auch kolloide Feststoffbestandteile ins Perkolat über. In der Lebensmittelindustrie wird die P. z. B. zur Aromatisierung von Kräuterweinen eingesetzt.

Perlgraupen; → Graupen

Perlhirse lat.: *Pennisetum glaucum (L.) R. Br.* (Fam.: *Poaceae*), engl.: *Pearl Millet;* kleinkörnige Hirse mit kräftigen 1–4,5 m hohen Pflanzen. Die Rispe hat stark verkürzte Seitenäste und dadurch die Form eines walzenförmigen Kolbens. Die P. liefert mit der geringsten Regenmenge noch eine Ernte. Sie wird daher besonders in trockenen Gebieten des mittleren Afrikas, Lybien, Arabien und Indien angebaut. Die Körner werden zu Grütze, Brei und zur Brotbereitung verwendet.

Perlhuhn lat.: *Numida meleagris domesticus L.* (Fam.: *Numididae*), engl.: *Helmeted guineafowl, Tufted guineafowl;* aus West- und Zentralafrika stammende Haushuhnart, die wegen ihres vergleichsweise hohen Anteils an hochwertigem, fettarmem, zartem, dunklem Muskelfleisch am Schlachtkörper geschätzt wird. P. wird als ganzer Schlachtkörper als „junges Perlhuhn" mit biegsamem (nicht verknöchertem) und als „Perlhuhn" mit rigidem (verknöchertem) Brustbeinfortsatz im Handel angeboten. Größtes Erzeugerland für P. in Europa ist Frankreich.

Perlkaffee; kleine runde Kaffeebohnen aus einsamigen Kaffeekirschen von äußeren Zweigen des Kaffeestrauches. Durch die Verwendung von P. wird ein besonders gutes Kaffeearoma erzielt.

Perlmais lat.: *Zea mays Microsperma Grp.* (Fam.: *Poaceae*), engl.: *Popcorn,* Syn.: *Puffmais;* Gruppe von Maisarten mit kleinen ovalen Körnern, deren äußeres Endosperm hornig ist und die im Wesentlichen zur Herstellung von → Popcorn und anderen gepufften Erzeugnissen verwendet werden.

Perlmoos Syn.: → *Carrageen*

Perlpilz lat.: *Amanita rubescens (Pers.:Fr.) Gray* (Fam.: *Amanitaceae*); von Mai bis Oktober in Laub- und Nadelwäldern wachsender → Speisepilz, der in rohem Zustand giftig ist und auch leicht mit verschiedenen Giftpilzen (v. a. mit dem Pantherpilz) verwechselt werden kann. Der P. besitzt einen fleischigen, anfänglich stark gewölbten, später flachen Hut von 6–15 cm Durchmesser und rotbrauner Farbe, auf dem sich abwaschbare weißliche Hüllreste befinden. Ferner weist er einen hohen weißen bis rötlichen Stiel auf, der eine weiße geriefte Manschette (Ring) trägt und an der Basis knollig verdickt ist (im Gegensatz zum Knollenblätterpilz ohne häutige Tasche). Die Lamellen sind wie auch das Fleisch weiß und entwickeln später dunkle Flecken, während das Fleisch bei Verletzung rötlich anläuft.

Perlwein engl.: *Semi-sparkling wine;* kohlensäurehaltiges Weinerzeugnis, bei dem im Unterschied zu → Schaumwein der Überdruck sowie der Alkoholgehalt genau festgelegt sind. P. muss über einen Überdruck von mindestens 1 bis maximal 2,5 bar und einen Mindestalkoholgehalt von 7 Vol.-% verfügen. Zudem darf P. nicht einer zweiten Gärung unterzogen sein. P. darf aus Tafel- und Qualitätswein hergestellt werden. Wird bei der ersten Gärung kein Überdruck von 1 bar erreicht oder auf die Gärung verzichtet, darf dem P. Kohlensäure zugesetzt werden. Das erhaltene Erzeugnis trägt dann die Bezeichnung „Perlwein mit zugesetzter Kohlensäure". Zudem wird eine kleine Reihe von Qualitätsperlweinen b. A. nach strengeren Kriterien gefertigt.

Perlzwiebel lat.: *Allium porrum L. var. sectivum F.H.H.LUEDER* (Fam.: *Liliaceae*), engl.: *Kurrat, Pearl Onion;* im Mittelmeerraum ansässiges, mit dem Porree verwandtes Zwiebelgewächs. Die die Hauptzwiebel umgebenden haselnussgroßen silbrigweißen Nebenzwiebeln werden zum Einlegen in Essig (→ Essiggemüse) und für → Mixed Pickles verwendet. Als unechte P. werden die aus dem → Porree gewonnenen Brutzwiebelchen bezeichnet.

Pernod; französischer Likör auf Anisbasis von der Firma Pernod, Marseille. Die verwendeten Früchte stammen aus dem nördlichen Vietnam, wo auch das Grunddestillat erzeugt wird. In Frankreich wird dann das Grunddestillat mit Alkohol, Zucker und Kräutern veredelt. P. wird gerne als →Aperitif getrunken und dabei im Verhältnis 1:5 mit Wasser verdünnt, wodurch er milchig wird. Der Mindestalkoholgehalt beträgt 40 Vol.-%.

Peroxidasen engl.: *peroxidases;* zur Gruppe der →Oxidoreduktasen gehörende Enzyme, bei denen es sich meist um Chromoproteine mit Eisen als prosthetische Gruppe (Hämenzyme) handelt und die die Oxidation von Substraten mit Wasserstoffperoxid als Oxidationsmittel katalysieren. P. kommen in verschiedenen Zellen und Geweben vor, besonders in vielen höheren Pflanzen (z. B. Meerrettichwurzel) und werden erst bei höheren Temperaturen inaktiviert. Diese Eigenschaft von P. wird beim Peroxidasetest, einem Hocherhitzungsnachweis von Milch, ausgenutzt.

Peroxidzahl; Abk.: POZ, Fettkennzahl, die als Maß für den Gehalt an peroxidisch gebundenen Sauerstoff bzw. in Peroxidverbindungen in Fetten und Ölen dient. Die POZ lässt Schlüsse auf den Grad des Fettverderbs durch Autoxidation zu. Sie wird nach unterschiedlichen Methoden (Lea, Wheeler und Sully) bestimmt. Die Werte der POZ sind je nach angewendeter Methode unterschiedlich. Für eine richtige Aussage lassen sich nur Werte einer Methode vergleichen.

Persicolikör; sehr aromatischer →Fruchtaromalikör, hergestellt unter Verwendung von Pfirsichbrand, Zucker und Persicoöl (bestehend aus Zitronenöl, Macisöl, Neroliöl, Korianderöl, Rosenöl und Bittermandelöl).

Persillade; eine in Frankreich zum Würzen verwendete Mischung aus fein gehackter →Petersilie mit →Schalotten.

Persimone lat.: *Diospyros virginiana L.* (Fam.: *Ebenaceae*), engl.: *American Persimmon, Winter Plum;* 1. je nach Sorte blassorange bis hellrote kirschtomaten- bis pflaumengroße →Beere des gleichnamigen Baumes mit vier Kernen, die als Wildobst nur in dem Herkunftsland USA für den Verzehr z. B. als Zutat in Brot oder in Joghurt Bedeutung hat; 2. oft gebrauchtes Syn. für die →Kakipflaume.

Persipan engl.: *persipan paste;* durch Anwirken von →Persipanrohmasse mit höchstens der anderthalbfachen Menge Zucker wie →Marzipan hergestellte helle Süßware, die diesem in Aussehen und Eigenschaften sehr ähnelt. Der Einsatz von bis zu 5 % Glucosesirup und/oder 5 % Sorbit (meist 70 %ig) bezogen auf das Gesamtgewicht als Feuchthaltemittel, bei gleichzeitiger Zuckerreduzierung, ist wie die Zugabe von →Invertase ohne Kenntlichmachung erlaubt. P. wird in Bäckereien, Konditoreien und in Süßwaren als Ersatz für Marzipan verwendet. Aufgrund der Verwechselbarkeit ist die Verwendung von P. klar kenntlich zu machen, wenn nach der Verkehrsauffassung die Verwendung nicht üblich ist.

Persipanmakronen engl.: *persipan macaroons;* aus einer aus geschälten zerkleinerten, wenn nötig entbitterten Aprikosen- und Pfirsichkernen sowie entbitterten bitteren Mandeln oder Persipanrohmasse hergestellten →Makronenmasse gefertigte →Makronen.

Persipanrohmasse engl.: *raw persipan paste, basic persipan paste,* Syn.: *Backmasse;* aus Zucker und blanchierten geschälten, ggf. entbitterten bitteren Mandeln, Aprikosen- oder Pfirsichkernen wie →Marzipanrohmasse hergestellte Masse mit einem Feuchtigkeitsgehalt von höchstens 20 %. Durch Wässerung der zerkleinerten Kerne vor der Herstellung wird das enthaltene Amygdalin enzymatisch gespalten (Hydrolyse) und die dabei entstehene Blausäure durch Erhitzen vertrieben. Bezogen auf eine P. mit 20 % Feuchtigkeit werden höchstens 35 % Zucker und als Indikator 0,5 % Kartoffelstärke zugesetzt. Die Stärke soll eine eindeutige Unterscheidung zwischen →Marzipan und →Persipan ermöglichen.

Persischer Senf Syn.: → *Ölrauke*

Persorption engl.: *persorption;* Durchtritt kleinster fester Nahrungspartikel durch die intakte Darmschleimhaut in die Blut- oder Lymphbahn. Die Partikel werden durch Phagozytose entfernt oder über die Niere ausgeschieden, sie können aber auch zum Verstopfen feinster Kapillargefäße führen.

Perubalsam engl.: *peru balsam;* dunkelbraunes, dickflüssiges, ölhaltiges Harz des Perubalsambaumes (lat.: *Myroxylon balsamum var. pereirae (Royle) Harms*). P. bildet sich an den entrindeten Stellen des Stammes. In der Pharmazie wird das Harz wegen seiner antiseptischen Wirkung v. a. als Wundheilmittel verwendet. Da es häufig Kontaktallergien auslöst, wird in der Parfüm- und Lebensmittelindustrie (Aromatisierung von Süßwaren) nur noch das durch Destillation gewonnene Perubalsamöl eingesetzt.

Perureis Syn.: → *Quinoa*

Pesco-Vegetarismus; selten praktizierte → alternative Ernährungsform, bei der Lebensmittel vom getöteten Tier mit Ausnahme von Fisch abgelehnt werden. Im engen Sinne stellt P. V. keine echte Form des → Vegetarismus dar.

Pestizide engl.: *pesticides,* Syn.: *Schädlingsbekämpfungsmittel, Pflanzenschutzmittel, Biozide;* von lat.: *pestis* = Seuche und *ceadere* = töten abgeleitete Bezeichnung für auf chemischer Basis wirkende Mittel zur Bekämpfung tierischer und pflanzlicher → Schädlinge. Abhängig von den Organismen, gegen die sie sich richten, werden verschiedene Gruppen unterteilt: 1. die zur Bekämpfung von Schadinsekten eingesetzten Insektizide wie z. B. Pyrethrum/Pyrethroide, Phosphorsäureester, Chlorkohlenwasserstoffe und Carbamate, die als Atem-, Kontakt- oder Fraßgifte wirken und auf die Eier, Larven oder erwachsenen Tiere ausgerichtet sein können, 2. die zur Bekämpfung von Milben eingesetzten Akarizide, die z. T. denselben Wirkstoffgruppen angehören, 3. die zur Bekämpfung von Nagetieren eingesetzten Rodentizide, die als Köder oder Streupulver angeboten werden und Wirkstoffe wie Calciferol, Thallium(I)-Sulfat, Sulfonamide oder Cumarin-Derivate enthalten, 4. die zur Bekämpfung von Schimmelpilzen eingesetzten → Fungizide, die anorganischen (z. B. elementarer Schwefel) und organischen Verbindungen (z. B. Derivate der Dithiocarbaminsäure und Thiabendazol) angehören, 5. die zur Bekämpfung von Unkräutern eingesetzten → Herbizide, die entweder das gesamte Pflanzenwachstum hemmen oder selektiv z. B. gegen zweikeimblättrige Pflanzen wirken, 6. die zur Bekämpfung von Nematoden (Bodenwürmern, Fadenwürmern) eingesetzten Nematizide, die oft als Bodenbegasungsmittel (Fumigantien) angewandt werden und 7. die zur Bekämpfung von Schnecken eingesetzten Molluskizide, von denen das „Schneckenkorn" das bekannteste Präparat darstellt. Zum Schutz des Verbrauchers sind für die zugelassenen P. Höchstmengen festgelegt, die die Rückstände in den im Handel angebotenen Lebensmitteln nicht überschreiten dürfen.

Pesto; ursprünglich italienische würzige Saucen mit z. T. pastenähnlicher Konsistenz aus zerriebenen oder zerstampften Zutaten (ital.: *Pestare* = zerreiben bzw. zerstampfen). Bei dem bekanntesten P. handelt es sich um das Pesto Genovese, das i. d. R. aus Basilikum, Parmesan- und/oder Pecorino-Käse, Pinien- oder Cashewkernen, Knoblauch und Olivenöl hergestellt wird. Für P. können auch andere Kräuter wie z. B. Bärlauch, Oregano, Salbei, Thymian, Rosmarin und Zutaten wie z. B. Tomaten (Pesto rosso), gemahlene Chilischoten, pürierte Oliven, gemahlene Wal- und Haselnüsse, Mandeln, Sesam oder Pistazien verwendet werden. P. lassen sich vielfältig zum Würzen und als Beilage z. B. zu Teigwaren benutzen.

Pesto Genovese; → Pesto

PET; Abk. für → Polyethylenterephthalat.

PETCYCLE; Kreislaufsystem für Getränkeflaschen aus → Polyethylenterephthalat (PET), bei dem die in Mehrwegkästen auf den Markt gebrachten PET-Pfandflaschen über den Handel zum Hersteller zurückkommen und dort direkt dem Recycling zugeführt werden. Aus dem sortenreinen Recyclingmaterial werden dann neue, im Gegensatz zu PET in Mehrweggebinden stets hygienisch und optisch einwandfreie neue PET-Flaschen hergestellt.

Petermännchen lat.: *Trachinus draco L.* (Fam.: *Trachinidae*), engl.: *greater weever;* Seefisch mit Giftstacheln an Kiemendeckel und vorderer Rückenflosse, die bei Hautkontakt schwere Krankheitssymptome auslösen. Der P. kommt im Ostatlantik, im Mittelmeer und im Schwarzen Meer vor; er dient in Südeuropa als Speisefisch, in Mittel- und Nordeuropa seltener. Dornen und Stacheln sind vor dem Verkauf vollständig zu entfernen. P. wird irreführend auch als Seeforelle bezeichnet.

Petersfisch lat.: *Zeus faber L.* (Fam.: *Zeidae*), engl.: *John dory,* Syn.: *Sankt Petersfisch, Heringskönig;* Seefisch mit 30–40 cm Länge und 1–3 kg Gewicht (max. 90 cm/8 kg). Der Name geht auf eine Legende zurück. Danach soll Petrus beim Fischen ein Geldstück verloren haben, das der Fisch schnappte. Als Petrus es ihm wieder entriss, blieb sein Fingerabdruck als Fleck auf den Flanken des Fisches erhalten. Der P. hat auf beiden Seiten je einen charakteristischen dunklen Fleck. Er ist weltweit verbreitet, auch im Mittelmeer und im Schwarzen Meer, in Nord- und Ostsee kommt er selten vor. P. ist beliebt in der gehobenen Gastronomie; er wird als Frischfisch und tiefgekühlt angeboten. Mit dem europäischen P. verwandt ist der Neuseeländische Petersfisch (lat.: *Pseudocyttus maculatus Gilchrist*), der filetiert und tiefgefroren ebenfalls als P. angeboten wird.

Petersilie lat.: *Petroselinum crispum (MILL.) NYM.* (Fam.: *Apiaceae*), engl.: *Parsley;* in Südeuropa heimisches Doldengewächs. Kultiviert werden zwei Unterarten. Die oberirdischen Pflanzenteile der →Blattpetersilie (lat.: *subsp. crispum*) werden als →Gewürz verwendet, die Wurzeln der →Wurzelpetersilie (lat.: *subsp. tuberosum*) als →Gemüse.

Petits Fours engl.: *petits fours;* kleine, feine zierliche mit dünner Glasurdecke umhüllte, vielfältig dekorierte Gebäckstücke aus der klassichen Konditiorei, die zum Dessert gereicht werden. Die Böden bestehen aus hochwertigen Massen wie z. B. Wiener Masse oder Biskuit. Gefüllt sind P. mit feinsten Füllungen wie z. B. Marzipan, Konfitüre oder Nussmassen.

Pe Tsai lat.: *Brassica rapa L. subsp. pekinensis* (Fam.: *Brassicaceae*), engl.: *Chinese Cabbage,* Syn.: *Japankohl;* in China beliebter →Kopfkohl mit leicht gewellten, etwas rauen Blättern und schwachem Kohlgeschmack, dessen Anbau und Verzehr in Europa zunehmend an Bedeutung gewinnt. Er wird von August bis März angeboten und besitzt auch gekühlt nur eine geringe Lagerfähigkeit. P. wird ähnlich wie →Wirsing als Rohkostsalat oder gekocht als Gemüse verzehrt. In Deutschland ist P. unter der Bezeichnung Chinakohl im Handel, die offizielle botanische Bezeichnung lautet Pekingkohl.

Pfälzer; ähnlich wie →Brühpolnische hergestelltes →Brühwürstchen.

Pfälzer Bratwurst; grobe →Bratwurst mit bis zu erbsengroß gekörntem, nicht umgerötetem Brät aus grob entfettetem und fettgewebereichem Schweinefleisch sowie ggf. Grundbrät und weitere Zutaten wie z. B. Gewürze.

Pfälzer Leberwurst; grobe, i. d. R. nicht umgerötete pikant gewürzte →Leberwurst mit überwiegend bis linsengroßen Anteilen Ausgangsmaterial in der fein zerkleinerten Grundmasse. Diese besteht aus fettgewebereichem Schweinefleisch, Fettgewebe, Bindegewebe, Schweinemasken und Schweineleber sowie weiteren Zutaten wie z. B. Gewürzen oder ggf. Kutterhilfsmitteln.

Pfahlmuschel Syn.: →*Miesmuschel*

Pfalz; deutsches Weinbaugebiet. Hauptrebsorten sind Riesling und Müller-Thurgau, zunehmend auch Weiß-, Grau- und Spätburgunder. Früher bekannt für liebliche Weine, werden auch in der Pfalz zunehmend halb trockene und trockene Weine gekeltert. Sie zeichnen sich durch ihren fruchtigen und durch Säure pikanten Charakter aus. V. a. in der Mittelpfalz entstehen oft Spitzenweine. Bekannte Weinorte sind Wachenheim, Deidesheim und Forst (Spitzenlage: Jesuitengarten).

Pfandverpackung engl.: *deposit packaging;* →Verpackung, für die beim Kauf der in ihr verpackten Lebensmittel ein Pfand gezahlt werden muss, dass bei Rückgabe der P. zurückerstattet wird. Nachdem zunächst nur für →Mehrwegverpackungen ein Pfandsystem bestand, gilt seit Januar 2003 im Zuge der geänderten Verpackungsverordnung auch eine Rücknahme- und Pfanderhebungspflicht für Einweg-Getränkeverpackungen aus den Getränkebereichen Bier, Mineralwasser und Erfrischungsgetränke mit Kohlensäure.

Pfannkuchen Syn.: →*Eierkuchen*

Pfeffer lat.: *Piper nigrum L.* (Fam.: *Piperaceae*), engl.: *Pepper;* ausdauernde, aus den Monsunwäldern Südindiens stammende Kletterpflanze, die sich mit Haftwurzeln bis 15 m emporranken kann und johannisbeergroße beerenartige Steinfrüchte entwickelt, die in Rispen zu 20–30 Stück herunterhängen. P. ist das im Westen meist verbreitete →Gewürz und wird hauptsächlich in Indien, Indonesien, Sri Lanka, Thailand, Vietnam, Borneo, Java, Brasilien und den Karibik-Inseln angebaut. Würzende Inhaltsstoffe sind →ätherische Öle mit →Terpenen sowie die →Alkaloide Piperin und Chavacin, die den scharfen Geschmack bewirken. Schwarzer P. besteht aus den unreif, noch grün gepflückten, an der Sonne oder am Feuer getrockneten Früchten mit runzelig schwarzer Haut. Schwarzer P. schmeckt brennend scharf und riecht aromatisch würzig. Weißer P. wird aus vollreifen roten Früchten gewonnen. Nach mehrtägigem Wässern wird das Fruchtfleisch entfernt und die gräulichweißen Steinkerne werden getrocknet. Der Geschmack ist aromatischer und weniger scharf, da aufgrund des entfernten Fruchtfleisches der Gehalt an scharfen Stoffen geringer ist. Schwarzer und weißer P. sind im Handel ganz, grob zerstoßen oder gemahlen erhältlich sowie als Mischung ganzer schwarzer und weißer Körner, z. T. zusammen mit dem oft als →rosa Pfeffer bezeichneten peruanischen oder brasilianischen P. Bei grünem P. handelt es sich um unreif geerntete Früchte, die entweder in Salzlake konserviert oder gefriergetrocknet werden. Sehr selten ist auch roter P. erhältlich, der aus reifen, nicht fermentierten Früchten besteht und meistens in Salzlake konserviert wird. Der →lange Pfeffer stammt von zwei anderen Pfefferarten ab.

Pfeffergurken engl.: *gherkins in vinegar and pepper;* →Essiggurken mit geschmacklich hervortretender Pfefferwürzung.

Pfefferkraut Syn.: →*Bohnenkraut*

Pfefferkuchen engl.: *gingerbread;* alte, immer noch gebräuchliche Bezeichnung für kräftig gewürzte →Lebkuchen. Pfeffer ist nicht enthalten, sondern das Wort wurde früher häufig als Syn. für →Gewürze und gewürzte Speisen verwendet.

Pfefferminzbonbons engl.: *peppermint sweets;* 1. umgangssprachliche Bezeichnung für Pfefferminzkomprimate und -pastillen, d. h. für im Tablettier-, Puderguss- oder Extrudierverfahren aus Zucker und/oder Zuckeralkoholen ausgeformte Süßwaren. Sie können sehr verschiedene Formen, Farben und weitere Geschmacksrichtungen (Aromen) haben; 2. geprägte oder gegossene →Bonbons verschiedener Ausprägungen (z. B. →Drops) mit charakteristischem Pfefferminzgeschmack, die mitunter auch gefüllt (z. B. mit Schokolade) sein können.

Pfefferminzbruch engl.: *frame-cut peppermint fondants;* in Streifen oder längliche Stücke geschnittener →Pfefferminzfondant.

Pfefferminzdrops engl.: *peppermint drops;* →Pfefferminzbonbons

Pfefferminze lat.: *Mentha X piperita L.* (Fam.: *Lamiaceae*), engl.: *Peppermint,* Syn.: *Edelminze;* ausdauernde Staude, die als Tee-, Heil- und Gewürzpflanze verwendet wird. P. ist ein Tripelbastard aus den drei in Europa weit verbreiteten Wildarten der Minze *Mentha aquatica L.* (Wasserminze), *Mentha spicata L.* (Grüne Minze) und *Mentha longifolia L.* (Rossminze). P. ist die wirtschaftlich bedeutendste Minze und wird in ganz Europa, Ostchina, Japan, Nord- und Südamerika angebaut und als steriler Bastard vegetativ vermehrt. Die Blätter enthalten bis zu 3 % eines stark duftenden →ätherischen Öles mit →Menthol als Hauptkomponente. Das durch Wasserdampfdestillation aus den oberirdischen Teilen der P. gewonnene Pfefferminzöl besitzt aufgrund des hohen Mentholgehaltes kühlende Wirkung und wird in der Kosmetikindustrie und in der Pharmazie sowie zur Herstellung von →Pfefferminzlikör und →Pfefferminzbonbons verwendet. In der Küche lassen sich die Blätter zum Würzen von Kräutersaucen und Suppen sowie getrocknet zur Herstellung eines teeähnlichen Getränkes (→Pfefferminztee) nutzen.

Pfefferminzfondant engl.: *peppermint fondant;* oft zweifarbige (weiße und hellrosafarbene Schichten) Zuckerware aus →Fondant und Pfefferminzöl (→Pfefferminze), z. T. auch mit Schokoladenüberzug. P. wird meist im Pudergussverfahren in Platten gegossen hergestellt.

Pfefferminzkomprimate engl.: *peppermint tablets;* im Tablettier (→Komprimate)-, Puderguss- oder Extrudierverfahren (→Pastillen) aus Zucker und/oder Zuckeralkoholen ausgeformte Süßwaren mit charakteristischem Pfefferminzgeschmack. Neben dem klassischen Pfefferminzöl wird häufig auch das Öl der →Grünen Minze mit der ausgeprägten Menthol-Kümmel-Note (Spearmintnote) verwendet. P. können sehr verschiedene Formen, Farben und weitere Geschmacksrichtungen (Aromen) haben. Die Komprimate und Pastillen werden in Aluminiumfolie eingeschlagen zu Stangen gewickelt (Rollen), in Spendern und in Beuteln verpackt angeboten.

Pfefferminzlikör engl.: *peppermint liqueur;* ein →Gewürzlikör von tiefgrüner Farbe und intensivem Pfefferminzgeschmack. P. wird meistens aus Weindestillat hergestellt. Der Mindestalkoholgehalt beträgt 15 Vol.-%.

Pfefferminzpastillen; →Pfefferminzkomprimate

Pfefferminzrollen; →Pfefferminzkomprimate

Pfefferminztaler engl.: *peppermint morsel;* flache runde, mit Schokolade überzogene Scheiben aus Pfefferminzfondant (→Fondant) oder mit einer mit Pfefferminzöl oder -likör versetzten Eiweiß-Puderzuckermasse. Handelsware mit mehr als 25 % Schokoladenüberzug wird zu den Pralinen, mit weniger Schokoladenüberzug zu Konfekt gezählt.

Pfefferminztee engl.: *peppermint tea;* →teeähnliches Erzeugnis aus getrockneten Blättern und Teilen von Stielen der →Pfefferminze. P. wird zur Behandlung von krampfartigen Magenbeschwerden und Gallenleiden eingesetzt.

Pfeffernüsse engl.: *gingerbread nuts;* kleine, halb runde, kräftig gewürzte, →braune Lebkuchen, die häufig mit einer weißen Zuckerglasur oder Schokolade überzogen sind. P. sind insbesondere zur Weihnachtszeit beliebt. Besonders bekannte Pfeffernusssorten sind „Neisser Konfekt“ oder „Thorner Katharinchen“.

Pfefferpotthast; im Topf (Pott) geschmortes, stark gepfeffertes Gericht aus gewürfeltem Fleisch (hast), klassisch mageres Rindfleisch, mit viel Zwiebeln. Klassische Beilagen sind Sauergemüse, Salzkartoffeln und eine mit geriebenem Zwieback oder Weißbrot gebundene Sauce.

Pfeffersauce engl.: *pepper sauce;* pikante, i. d. R. braune Sauce mit ganzen oder zerkleinerten Pfefferkörnern für gebratene, gegrillte oder andere pikante Fleischgerichte.

Pfefferwurst; →Blutwurst mit klein gewürfelter Speckeinlage.

Pfeilhecht Syn.: → *Barracuda*

Pfeilkalmar engl.: *European flying squid;* → Kalmare

Pfeilwurzelmehl Syn.: → *Arrowrootstärke*

Pferdebohnen; → Dicke Bohnen

Pferdefleisch engl.: *horse meat;* braun- bis dunkelrotes, leicht bläulichen Schimmer annehmendes Fleisch vom Pferd. Es ist feinfaserig, derb, mager und nicht von Fett durchzogen. Der Geschmack ist durch einen gegenüber anderen Schlachttieren höheren Gykogengehalt leicht süßlich. P. ist je nach verwendetem Stück vielseitig zum Kurzbraten, Braten, Grillen, Schmoren sowie zur Herstellung von Fleischerzeugnissen nutzbar. Die Gewinnung, Verarbeitung und das Angebot von P. ist in Deutschland im Wesentlichen auf spezielle Metzgereien und Restaurants beschränkt.

Pfifferling lat.: *Cantharellus cibarius Fr.* (Fam.: *Cantharellaceae*), engl.: *chanterelle,* Syn.: *Rehling, Eierschwamm;* von Juni bis November in Laub- und Nadelwälder wachsender → Speisepilz mit trichterförmigem Hut von 3–8 cm Durchmesser und hell- bis dottergelber Farbe. Der P. besitzt einen in den Hut übergehenden Stiel, an dem lamellenartige, ebenfalls gelbe Leisten weit herablaufen sowie festes weißes bis hellgelbes Fleisch von fruchtigem Geruch und leicht pfeffrigem Geschmack. Als Trockenpilz ist der P. nicht geeignet, für frische Pilzgerichte ist er trotz seiner Schwerverdaulichkeit sehr beliebt.

Pfirsich lat.: *Prunus persica (L.) Batsch var. persica* (Fam.: *Rosaceae*), engl.: *Peach;* rundliche Frucht (→ Steinobst) des in China beheimateten Pfirsichbaumes mit grünlicher bis gelber oder roter, essbarer, behaarter Schale, die oft auf der Sonnenseite rot geflammt ist. Glattschalige Mutationen sind → Nektarinen und Brugnolen. Das weiße oder gelbe Fruchtfleisch schmeckt meist süß saftig sowie aromatisch und enthält je nach Sorte einen gut oder schwer lösbaren Stein. P. werden in obligatorischen EG-Handelsklassen und nach Sorten nahezu ganzjährig gehandelt. Der Anbau des Steinobstes erfolgt v. a. in den Mittelmeerländern, Australien und den USA. Die überwiegend für den Frischverzehr bestimmten Früchte sind nur kurz lagerfähig und werden durch Tiefgefrieren, Trocknen und im Aufguss als Nasskonserve durch Erhitzen haltbar gemacht. In Deutschland hergestellte Konserven erfüllen die Anforderungen der Leitsätze des Deutschen Lebensmittelbuches für verarbeitetes Obst oder sind in ihrer Abweichung ausreichend kenntlich gemacht. Eine Verarbeitung von P. erfolgt zu Pulpe, Nektar, Saft, alkoholischen Getränken (Fruchtwein, Fruchtschaumwein, Brand, Likör) und Konfitüre. P. sind eine beliebte Zutat in Milcherzeugnissen, Speiseeis, Süßspeisen und Füllungen für Backwaren. Pfirsichkerne finden Verwendung zur Herstellung von → Persipanrohmasse, Likör (→ Persicolikör) und Mandelölersatz z. B. für Kosmetika. Wegen ihres hohen Gehaltes an dem cyanogenen Glykosid → Amygdalin müssen die Kerne vor der Verarbeitung entbittert werden.

Pfirsichkerne engl.: *peach kernels;* → Pfirsich

Pfirsichlikör engl.: *peach liqueur;* ein wasserheller blanker → Fruchtaromalikör, der überwiegend aus frischen Früchten bereitet wird. Der Alkoholgehalt beträgt 15 Vol.-%.

Pfirsich „Melba" engl.: *peach melba;* nach der australischen Opernsängerin Nellie Melba benanntes schichtweise angerichtetes Dessert aus Vanilleeis, gedünsteten halbierten Pfirsichen und einer Sauce aus Himbeerpüree.

Pflanzenbutter engl.: *vegetable butter;* Gruppenbezeichnung für pflanzliche Fette, die sich wie Kakaobutter durch hohe Gehalte (ca. 50 %) an gesättigten Fettsäuren mit 14 bis 18 C-Atomen auszeichnen, verbunden mit einem verhältnismäßig tiefen Schmelzpunkt. Letzterer ist durch die besondere Struktur ihrer Triglyceride gegeben. Bis auf Kakaobutter handelt es sich bei P. um Spezialfette, die überwiegend Einsatz in der Kosmetik finden. Wichtige Vertreter außer Kakaobutter sind: → Sheabutter und → Illipé. Als → Margarine eingeführt wurde, wurde sie auch als P. bezeichnet.

Pflanzeneiweiß engl.: *vegetable protein;* die in Planzen enthaltenen Proteine, die aufgrund eines Defizits an essenziellen Aminosäuren, meist Lysin, eine geringere „biologische Wertigkeit" aufweisen als tierisches Protein. Durch eine günstige Kombination von pflanzlichem und tierischem Protein lässt sich die biologische Wertigkeit jedoch deutlich erhöhen. Zur Eiweißversorgung, v. a. in Entwicklungsländern, tragen Leguminosen, Getreide und Kartoffeln bei. → Sojaeiweiß ist das höchstwertige pflanzliche Protein, gefolgt von → Kartoffeleiweiß. P. wird auch zur Herstellung → Texturierter Pflanzenproteine herangezogen, die als Fleischimitate Verwendung finden.

Pflanzenfarbstoffe engl.: *vegetable colours;* in den Plastiden (Chloro- und Chromoplasten) oder im Zellsaft lokalisierte farbige Substanzen, die zur Gruppe der Chlorophylle, Carotinoide, Anthocyane, Flavone oder Flavonole gehören. Sie werden aufgereinigt als Farbstoffe oder als → färbende Lebensmittel eingesetzt, um Lebensmitteln ein ansprechendes Aussehen zu verleihen.

Pflanzenfasern engl.: *vegetable fibres;* aus Getreide wie z. B. Weizen (→ Weizenfasern) isolierte Fasern, die bei der Herstellung von Lebensmitteln verwendet werden können. P. können sowohl zur Erhöhung des Ballaststoffgehaltes und somit aus ernährungsphysiologischen Gründen als auch aus technologischen Gründen eingesetzt werden. So können sie bei Backwaren die Frischhaltung verlängern, bei Extrudaten die Textur und Bruchstabilität erhöhen, bei Getränken das Mundgefühl verbessern, bei Gewürzzubereitungen die Rieselfähigkeit steigern und bei Fleisch- und Wurstwaren Gewichtsverluste verhindern und die Textur verbessern. Je nach Einsatzzweck kann es sich bei P. um → Zusatzstoffe oder Nichtzusatzstoffe handeln.

Pflanzenfette engl.: *vegetable fat;* aus pflanzlichen Ausgangssubstanzen durch Pressen oder Extraktion gewonnene Fette, die im Gegensatz zu den Pflanzenölen bei 20 °C fest oder pastös sind. Diese Eigenschaft ist auf den höheren Anteil an gesättigten Fettsäuren zurückzuführen. P. können auch durch Härtung (→ Fetthärtung) oder Umesterung von Pflanzenölen hergestellt werden. Beispiele für P. sind Kokosfett und Palmfett.

Pflanzengelatine Syn.: → *Agar-Agar*

Pflanzenkohle Syn.: → *Carbo medicinalis vegetabilis*

Pflanzenöle engl.: *vegetable oil;* aus → Ölsamen oder → Ölfrüchten durch Pressen oder Extraktion und anschließende Raffination gewonnene Öle. Besonders schonend erfolgt die Gewinnung → kalt gepresster Öle, die qualitativ hochwertige Speiseöle darstellen. Wegen ihres hohen Gehaltes an ungesättigten Fettsäuren und fettlöslichen Vitaminen sind P. ernährungsphysiologisch wertvoll. Wichtige Vertreter sind → Olivenöl, → Sonnenblumenöl, → Distelöl, → Rapsöl, → Sojaöl und → Baumwollsamenöl. P. werden nicht nur als Speiseöle verwendet, sondern können durch Härtung (→ Fetthärtung) oder Umesterung zu streichfähigen Pflanzenfetten umgesetzt werden oder auch als Treibstoff zum Einsatz kommen.

Pflanzenschleime engl.: *gums;* Heteropolysaccharide, die u. a. in verschiedenen Malvengewächsen, Kreuzblütlern (z. B. Senfsamen), Leguminosen und Algen enthalten sind.

Pflanzenschutzmittel Syn.: → *Pestizide*

Pflastersteine; kleine, „pflasterartig" aussehende, ca. 2–3 cm dicke, meist mit Zuckerglasur überzogene → braune Lebkuchen. P. sind ein traditionelles Weihnachtsgebäck.

Pflaumen lat.: *Prunus domestica L.* (Fam.: *Rosaceae*), engl.: *Plum;* 1. → Steinfrüchte des Pflaumenbaumes, die in vielen Unterarten und Sorten (ca. 2000) durch Züchtung seit der Römerzeit kultiviert wurden. Wichtige Fruchtarten sind → Zwetschen, → Reineclauden, →Mirabellen und die P. selbst. Auch Schlehen zählen zu den Prunus-Gewächsen. Gemeinsam ist ihnen ihre Bereifung und eine mehr oder weniger ausgeprägte weißliche Wachsschicht, die ein Qualitätszeichen der P. ist. Alle Pflaumenarten sind reich an Zucker, Kalium und beta-Carotin. Sie eignen sich (Ausnahme: Schlehen) zum rohen Verzehr ebenso wie für Mus, Kompott, Kuchenbelag, im Rumtopf, als alkoholisches Getränk (Pflaumenwein, Slibowitz, Schlehengeist u. a.). Hauptanbaugebiete sind weltweit China und die USA, in der EU dominiert Deutschland. 2. Bezeichnung für die Eier- oder Rundpflaume, eine Fruchtart der P. Eier- oder Rundpflaumen sind rundlich mit einer deutlich erkennbaren Bauchnaht, roter bis blauer, stark bereifter Haut und grünlichgelbem bis goldgelbem Fruchtfleisch, das sich nur schwer vom Stein löst. P. reifen früher als Zwetschen. 3. Bezeichnung für die →japanische Pflaume.

Pflaumenbrand engl.: *plum spirit,* Syn.: *Pflaumenbranntwein;* dem Zwetschenwasser ähnlicher →Obstbrand, nur dass anstelle der ovalen →Zwetschen die meist rundlichen →Pflaumen verwendet werden.

Pflaumengeist; →Obstgeiste

Pflaumenkuchen engl.: *plum tart;* →Obstkuchen

Pflaumenlikör engl.: *plum liqueur;* ein blanker →Fruchtaromalikör, der aus aromatischen Pflaumen, Fruchtsaft und alkoholischen Auszügen der Pressrückstände hergestellt wird. Der Alkoholgehalt beträgt mindestens 15 Vol.-%.

Pflaumenmus Syn.: *Zwetschenmus, Zwetschgenmus, Zwetschengesälz;* Zubereitung aus eingekochter →Fruchtpulpe oder -mark der Pflaume. P. wird verwendet als Brotaufstrich, aber auch für Gebäckfüllungen. Die Verwendung von Gewürzen ist üblich. In der bis 2003 geltenden Konfitürenverordnung waren Herstellungsanforderungen für P. enthalten. Danach mussten 1000 g Erzeugnis mindestens 1400 g Pulpe oder Mark enthalten, davon maximal 350 g aus getrockneten Pflaumen. Zuckerarten durften höchstens bis 300 g verwendet werden, sind jedoch nicht in jedem P. enthalten.

Pflaumenwein engl.: *Plum wine, Plum;* 1. mit denselben Produktionsmethoden wie →Wein aus →Pflaumen hergestelltes alkoholisches Getränk. →Weinähnliche Getränke 2. Bezeichnung für ein japanisches alkoholisches Getränk (meshu), das als Likör oder weinähnliches Getränk (Obstwein) aus der →japanischen Aprikose hergestellt wird.

Pflücke; →Hopfen

Pflückspinat Syn.: →*Neuseeländer Spinat*

Pflück- und Schnittsalat lat.: *Lactuca sativa var. crispa L.* (Fam.: *Asteraceae*), engl.: *cutting lettuce;* verschiedene Blattgemüse aus der Familie der Korbblütler, die im Gegensatz zum →Kopfsalat keine geschlossenen Köpfe, sondern offene Blattrosetten ausbilden. Der Gruppenname stammt daher, dass die Blätter kleingartenmäßig gepflückt oder nacheinander geschnitten werden können und der Salat danach weiterwächst. Erwerbsmäßig werden ganze Blattrosetten geerntet. Zu den P. gehören 1. Eich(en)blattsalat (= Eich(en)laubsalat), der relativ weiche eichenblattähnliche Blätter von grüner oder roter Farbe aufweist, ein Gewicht von 400–500 g pro Stück und einen herzhafteren Geschmack als Kopfsalat besitzt, 2. Lollo Rossa und Lollo Bionda mit etwas dickeren Blättern, stark gekrausen Blatträndern, einem Gewicht von 300–400 g pro Stück, würzigem bis leicht bitterem Geschmack und hellgrüner Farbe mit dunkelroten Rändern („Rosso“) bzw. heller gelblichgrüner Farbe („Bionda“), 3. die als Kraussalat bezeichneten verschiedenen Kreuzungen von Kopfsalat, Blattsalat, Batavia, Eichblatt u.a.

Pfote Syn.: →*Spitzbein*

Pfundkuchen engl.: *poundcake;* Kuchen aus einer Masse mit ursprünglich gleichen Gewichtsteilen an Fettstoffen, Zuckerarten, Eiern und Getreideerzeugnissen und/oder Stärke. Häufig handelt es sich bei dieser Masse um eine mittelschwere Sand- oder Rührmasse, die mit zusätzlichen Zutaten wie z. B. Trockenfrüchten, Kakaopulver oder Ölsamen in langen oder runden Backformen gebacken wird.

Phaak; indonesische würzige Sauce aus Fisch, Zucker, Pfeffer und Ingwer.

Pharaoameise engl.: *pharaoh's ant;* →Ameisen

Pharisäer; typisch norddeutsches Getränk aus heißem Kaffee mit Rum, Zucker und Schlagsahnehaube.

PHB-Ester; Abk. für →p-Hydroxybenzoesäureester.

Phenoloxidasen engl.: *phenol oxidases;* zur Gruppe der →Oxidoreduktasen gehörende kupferhaltige Enzyme, die in den meisten Obst- und Gemüsesorten enthalten sind und die Oxidation von ein- (Monophenoloxidasen) und mehrwertigen Phenolen (Polyphenoloxidasen) katalysieren. P. sind für die →enzymatische Bräunung verantwortlich. Diese führt zu unerwünschten Verfärbungen bei der Zerkleinerung von z. B. Äpfeln, Bananen oder Kartoffeln, ist aber auch an der Farbgebung und Aromabildung bei der Herstellung und Verarbeitung vieler Lebensmittel wie bspw. Tee, Kakao und Fruchtsaft beteiligt. Um die enzymatische Bräunung zu verhindern, können die P. durch Erhitzen (Blanchieren) oder Schwefeldioxid inaktiviert, der pH-Wert durch Säurezugabe gesenkt oder die Rückreaktion durch Reduktionsmittel wie z. B. Ascorbinsäure gefördert werden. Die Tyrosinase katalysiert die Oxidation von Tyrosin zu Dihydroxyphenylalanin (DOPA), das weiter zu braunschwarzen Melaninen reagiert, den Pigmenten in Haut und Haar.

Phenylalanin engl.: *phenylalanine;* Abk.: Phe, essenzielle aromatische →Aminosäure, die in fast allen →Proteinen enthalten ist. Phe wird im Organismus enzymatisch zu →Tyrosin umgesetzt und dann weiter abgebaut. Der Ausfall der dafür verantwortlichen Phenylalanin-4-Monooxygenase bewirkt die Stoffwechselkrankheit →Phenylketonurie. Phe ist beteiligt an der Synthese von Thyroxin, Adrenalin und Melanin, des Weiteren Bestandteil des Süßstoffs →Aspartam.

Phenylethylamin engl.: *phenylethylamine;* →biogenes Amin, gebildet durch Decarboxylierung der Aminosäure Phenylalanin. P. zählt zu den Gewebshormonen, die pharmakologische Wirkungen haben können. In Spuren kommt P. in allen eiweißhaltigen Lebensmitteln vor; relevante Mengen finden sich in Schokolade (1–2,5 mg/100 g; P. soll für das Lustempfinden nach dem Genuss verantwortlich sein), in Rohwurst (Salami) und in gereiftem Käse. Personen mit eingeschränktem Phenylethylamin-Abbau (Monoaminoxidasehemmer-Behandlung) sollten auf diese Lebensmittel verzichten. Im menschlichen Organismus wird P. nur gebildet, wenn der Hauptabbauweg des Phenylalanins, die Oxidation zu Tyrosin blockiert ist (→Phenylketonurie).

Phenylketonurie engl.: *phenylketonuria;* Abk.: PKU, angeborene Störung des Aminosäurestoffwechsels, bei der infolge eines Enzymdefekts die Umwandlungsrate der →Aminosäure →Phenylalanin in →Tyrosin herabgesetzt ist. Das dadurch angereicherte Phenylalanin wird zum Teil in Phenylbrenztraubensäure umgewandelt, die eine zum Schwachsinn führende Hirnschädigung als Folge hat. Die Therapie besteht in einer möglichst lebenslangen Phenylalanin kontrollierten Diät, in der alle →essenziellen Aminosäuren in ausreichender Menge enthalten sind, während der Gehalt an Phenylalanin an den individuellen Bedarf des Betroffenen angepasst ist. Die Umsetzung erfolgt mit Hilfe einer Kombination aus nativem Eiweiß (außer aus Fleisch und Wurst) zur Deckung des Phenylalaninbedarfs und speziellen phenylalaninfreien Proteinersatzpräparaten zur Deckung des verbleibenden Eiweißbedarfs.

Phosphatasen engl.: *phosphatases;* zur Gruppe der →Hydrolasen gehörende Enzyme, die Phosphorsäureester spalten. Abhängig von ihrem pH-Optimum unterscheidet man alkalische und saure P. P. kommen u. a. in Darmschleimhaut, Nieren, Knochen, Milch und Hefen vor und spielen eine wichtige Rolle im Stoffwechsel, z. B. bei der Knochenbildung, dem Nucleinsäure- und Phospholipidstoffwechsel. Die Aktivität der alkalischen P. dient als Indikator für eine unzureichende Pasteurisierung von Milch.

Phosphate engl.: *phosphates;* Salze der Phosphorsäure, die zu den → Mengenelementen zählen. Im menschlichen Organismus sind Phosphatverbindungen Bestandteil von Membranen, Skelett, Zähnen und Nukleinsäuren. Anorganisches Phosphat wirkt als Puffer und nimmt so Einfluss auf den Säure-Base-Haushalt. Als Bestandteil von ATP sind die P. an allen Energieumsätzen des Körpers beteiligt. Deshalb sind P. in praktisch allen Lebensmitteln enthalten. Ferner werden sie in der Lebensmittelindustrie für verschiedene Zwecke zugesetzt, z. B. als Schmelzsalze bei der Herstellung von Schmelzkäse, als Backpulverbestandteil, als Geliersalze für Pudding, in Getränken (z. B. Phosphorsäure als Säuerungsmittel in Cola), zur Wasserbindung in Wursterzeugnissen, in Eierzeugnissen und Kondensmilch. Des Weiteren dienen sie der Wasserenthärtung und werden deshalb Waschmitteln zugesetzt. Phosphatmangelerscheinungen sind aufgrund der reichlichen Zufuhr nicht bekannt. Eine Hyperphosphatämie mit Kalkeinlagerungen in der Niere kann bei Patienten mit Nierenfunktionsstörungen auftreten.

Phospholipasen engl.: *phospholipases;* zur Gruppe der → Hydrolasen gehörende Enzyme, die die Esterbindungen in Phospholipiden spalten. Abhängig vom Angriffspunkt innerhalb des Phospholipid-Moleküls werden verschiedene Typen unterschieden (A, B, C und D). Die P., die Lecithine hydrolysieren, werden auch als Lecithinasen bezeichnet. P. sind in vielen tierischen Organen enthalten. Es können Verdauungsenzyme, wichtige Botenstoffe (P. C) oder auch Toxine (z. B. in Schlangen- und Bienengift) sein.

Phospholipide engl.: *phospholipides;* zur Gruppe der → Lipoide gehörende phosphathaltige Verbindungen, die als wichtiger Membranbestandteil in allen tierischen und pflanzlichen Zellen vorkommen. Zu den P. gehören die Sphingolipide (z. B. Sphingomyelin) und Phosphoglyceride (Lecithin, Kephalin, Phosphatidylinosit). Mit der Nahrung aufgenommene P. werden im Zuge der Fettverdauung durch → Phospholipasen gespalten und zusammen mit Fettsäuren, Glycerin, Cholesterin, Gallensäuren und fettlöslichen Vitaminen in Form von Micellen absorbiert.

Phosphoproteine engl.: *phosphoproteins;* Proteine, bei denen die Hydroxylgruppen von Serin- und/oder Threoninresten mit Phosphorsäure verestert sind. Die P. spielen z. B. als Bestandteil von Milch (→ Casein) und Eiern (Ovalbumin, Phosvitin), aber auch als Verdauungsenzym Pepsin eine wichtige Rolle in der Ernährung.

Phosphor engl.: *phosphorus;* chemisches Element, das als Bestandteil der → Phosphorsäure und ihrer Salze weit verbreitet ist. In Form der → Phosphate gehört der P. zu den → Mengenelementen und erfüllt verschiedenste Funktionen im Organismus.

Phosphorsäure engl.: *phosphoric acid;* mittelstarke Mineralsäure, die unter der Nummer E 338 v. a. als Säuerungsmittel und Säureregulator, aber auch als Konservierungsmittel und Emulgator wie ihre Salze (→ Phosphate, z. B. → Natriumphosphat) für bestimmte Lebensmittel wie z. B. nicht alkoholische aromatisierte Getränke (Cola-Getränke) sowie ultrahocherhitzte Milch und Milchpulver in festgelegten Höchstmengen zugelassen ist.

pH-Wert engl.: *pH value;* von lat.: *potentia hydrogenii* = Stärke des Wasserstoffs abgeleitete abgekürzte Bezeichnung. Der pH-Wert ist der negative dekadische Logarithmus der Wasserstoffionen-Konzentration (mol/l) und dient als Maß für die Säurestärke einer Lösung. Je kleiner der pH-Wert, desto größer ist die Wasserstoffionen-Konzentration und damit die Säurestärke. Der pH-Wert wird durch Indikatoren oder mittels Potentiometer bestimmt und ist in den Bereich von 1–14 eingeteilt: pH-Werte 1–6 = sauer, 7 = neutral, 8–14 = alkalisch.

p-Hydroxybenzoesäureester engl.: *esters of p-hydroxybenzoic acid;* Abk.: PHB-Ester, Ester der p-Hydroxybenzoesäure mit verschiedenen Alkoholen, die natürlicherweise in verschiedenen Pflanzen vorkommen und unterschiedlich starke antimikrobielle Wirkung (auch bei höheren pH-Werten) entfalten. Der Methyl-, Ethyl- und Propylester sowie deren Natriumverbindungen sind unter den Nummern E 214-E 219 als Konservierungsmittel für bestimmte Lebensmittel, z. B. Feinkostsalate, Marinaden und gelatinehaltige Wurstüberzüge in festgelegten Höchstmengen zugelassen und werden häufig in Kombination verwendet. Aufgrund ihres metallischen Eigengeschmacks erfolgt der Einsatz von PHB-Estern in wesentlich größerem Umfang in pharmazeutischen und kosmetischen Produkten. PHB-Ester können → pseudoallergische Reaktionen hervorrufen.

Phyllochinon engl.: *phylloquinone;* → Vitamin K

Physalis Syn.: → *Kapstachelbeere*

Physikalischer Brennwert engl.: *gross energy;* bei der vollständigen Verbrennung der Nährstoffe (Fett, Protein, Kohlenhydrate) frei werdende Energiemenge, die in Kilojoule (kJ) bzw. in Kilokalorien (kcal) angegeben wird. Die Bestimmung erfolgt mittels Bombenkaloriemetrie, wobei die Erwärmung des Wassermantels durch die Verbrennungswärme gemessen wird.

Physiologischer Brennwert engl.: *physiological energy value;* bei der Verbrennung der Nährstoffe (Fett, Protein, Kohlenhydrate) und anderer Inhaltsstoffe (organische Säuren, Zuckeralkohole, Alkohol u. Ä.) im Organismus frei werdende Energiemenge, die in Kilojoule (kJ) bzw. in Kilokalorien (kcal) angegeben wird. Die Bestimmung kann mittels direkter oder indirekter Kalorimetrie erfolgen. Bei Fetten und Kohlenhydraten entspricht der physiologische Brennwert dem physikalischen Brennwert, bei Proteinen ist der physiologische Brennwert geringer als der physikalische, da Proteine im Körper nicht vollständig verstoffwechselt, sondern als Harnstoff ausgeschieden werden. Es gelten folgende Umrechnungsfaktoren: 1 g Fett liefert 38 kJ (9 kcal), 1 g Protein liefert 17 kJ (4 kcal) und 1 g Kohlenhydrate liefern 17 kJ (4 kcal).

Phytinsäure engl.: *phytic acid;* Hexaphosphat des sechswertigen Alkohols → Myo-Inosit, dessen Calcium-Magnesiumsalz, das Phytin, als Phosphatspeicher v. a. in den Randschichten des Getreidekorns vorkommt. P. bildet mit zweiwertigen Mineralstoffen unlösliche Verbindungen, wodurch deren Absorption gehemmt wird. Deshalb wird durch Einweichen oder Ankeimen die Spaltung der P. in myo-Inosit und Phosphat gefördert, indem das Enzym Phytase aktiviert wird. Während P. aufgrund der Beeinträchtigung der Aufnahme von Mineralstoffen im Darm aus ernährungsphysiologischer Sicht früher ausschließlich negativ bewertet wurde, belegen neurere Untersuchungen heute die antioxidative Wirkung von P. im Dickdarm und somit einen Schutzeffekt in Hinblick auf die Entstehung von Dickdarmkrebs.

Phytoöstrogene; → Polyphenole mit östrogener, d. h. dem weiblichen Sexualhormon 17b-Östradiol ähnlicher, jedoch deutlich geringerer Aktivität. Im Wesentlichen werden drei Strukturklassen unterschieden, die → Isoflavone, die Lignane und die Coumestane. Hauptquellen für P. in der Nahrung sind Sojaprodukte (Isoflavone), Leinsamen und Vollkornprodukte (Lignane). Neben der möglichen krebspräventiven Wirkung wird für P. wie Isoflavone auch ein kardioprotektiver und Osteoporose protektiver Effekt diskutiert.

Phytosterine engl.: *phytosterols;* pflanzliche → Sterine, die zur Gruppe der → Sekundären Pflanzenstoffe gehören und v. a. in fettreichen Pflanzenteilen vorkommen. Wichtige P. sind Sitosterin, Stigmasterin und Campesterin. Da P. den Cholesterinspiegel senken, indem sie die Cholesterinaufnahme aus der Nahrung hemmen, werden sie in → funktionellen Lebensmitteln eingesetzt (z. B. Margarine mit Phytosterinen). Des Weiteren sollen sie prophylaktisch gegen Dickdarmkrebs und Prostatabeschwerden wirken.

Pica; Bezeichnung für ein abnormes Essverhalten bzw. die gewohnheitsmäßige Aufnahme von üblicherweise ungenießbaren Stoffen, wie z. B. Farben, Sand, Steinen, Erde oder Abfällen. Der Name leitet sich ab von der lateinischen Bezeichnung *pica* für die Elster, die wahllos Dinge in den Schnabel nimmt, um damit ihr Nest zu bauen. Im Unterschied zu → Magersucht und → Bulimie handelt es sich bei P. nicht um eine quantitative, sondern um eine qualitative Essstörung. Es wird unterschieden zwischen „Food-Pica", dem Essen von grundsätzlich Genießbarem und „Non-Food-Pica", dem Essen von Ungenießbarem.

Piccalilli Syn.: *englisches Senfgemüse;* in einer gebundenen Sauce aus Essig, Senf und anderen Gewürzen eingelegtes → Gemüse. Klassischerweise handelt es sich dabei um geschnittenen Blumenkohl, in Scheiben oder Stücke geschnittene Gurken und ganze Silberzwiebeln. P. wird zu kalten Platten und Fleisch gereicht.

Pichelsteiner; Eintopfgericht aus verschiedenen Gemüsen und Fleischwürfeln.

Pichia; Gattung der echten → Hefen, die in Pökellaken und gesalzenem Fleisch vorkommt und auch als Verderbnisserreger von Feinkostsalaten und mayonnaisehaltigen Produkten von Bedeutung ist. Hefen der Gattung *Pichia* gehören zu den → Kahmhefen sowie zu den → Wilden Hefen, die bei der Bier- und Weinherstellung Fehler verursachen können.

Pickert; warm verzehrter, im Kasten oder in der Pfanne zubereiteter Pfannkuchen aus einem Kartoffel-Hefe-Teig, der wahlweise zusätzlich mit Rosinen hergestellt wird. Üblicherweise werden zu P. Butter, Rübenkraut und Leberwurst gereicht.

Piemont; italienisches Weinbaugebiet, in dem aus Nebbiolo-, Barbera-, Dolcetto- und Moscatotrauben eindrucksvolle markante Rotweine entstehen. Die bekanntesten sind: Barolo, Barbaresco, Barbera, Moscato d'Asti und Moscato d'Alba.

Pigmentfarben engl.: *pigments;* in Lösungs- oder Bindemitteln praktisch unlösliche Farbpulver organischer oder anorganischer, natürlicher oder synthetischer Herkunft, die neben vielen anderen Bereichen auch in kosmetischen Produkten (z. B. Lippenstiften, Puder) und Lebensmitteln eingesetzt werden. Die zu den → Lebensmittelfarbstoffen gehörenden P. dienen nur der Oberflächenbehandlung (z. B. Aluminium) bzw. der Färbung von Masse und Oberfläche (z. B. Titandioxid) v. a. von Süßwaren. P. zeichnen sich durch eine hohe Lichtechtheit und Stabilität aus.

Pikieren engl.: *to pique;* Bezeichnung für das Anstechen von 1. Früchten zur Beschleunigung des Kandierens, 2. Käse beim Herstellen von Edelpilzkäse (z. B. Roquefort, Danablu), wodurch auch im Inneren das Auswachsen der den pikanten Geschmack erzeugenden Schimmelpilze ermöglicht wird. Von den so erzeugten Löchern aus wächst der Pilz auch in die Lücken zwischen den Bruchpartikeln ein, 3. Fleisch, Gemüse oder Teigböden mit einer feinen Nadel.

Pilaw engl.: *pilaw;* vielfältiges variiertes Gericht aus dem nahen und mittleren Osten aus gekochtem Reis, Gewürzen und anderen Zutaten wie Fleisch (z. B. Lamm), Fisch oder Geflügel, Gemüse oder Obst.

Pilchard engl.: *pilchard;* im deutschsprachigen Raum Handelsbezeichnung für große → Sardine.

Pilézucker engl.: *large splits of sugar;* stückiger → Weißzucker, der in Konditoreien verwendet wird.

Pilgermuschel Syn.: → *Jakobsmuschel*

Pilieren; küchentechnischer Fachbegriff für das sehr feine Zerreiben und Zerquetschen bzw. Stampfen in einem Mörser.

Pilsener Biere Syn.: *Pils;* Bezeichnung für untergärig gebraute, stark gehopfte helle Biere mit einem Stammwürzegehalt von 11 bis 12 % und einem Alkoholgehalt von ca. 5 Gew.-%. Der Name rührt von der tschechischen Stadt Pilsen, wo diese Art von Bier erstmals hergestellt wurde. „Pilsener Urquell" ist ein in Pilsen erzeugtes Bier und deshalb eine Herkunftsbezeichnung. In Deutschland entfallen etwa zwei Drittel des Bierausstoßes auf die beliebte Sorte Pils.

Pilze lat.: *Mycota,* engl.: *fungi, mushrooms;* chlorophyllfreie einzellige oder vielzellige, dann gewöhnlich fadenförmige Organismen mit echten Zellkernen, die sich durch Sprossung oder Bildung geschlechtlicher und/oder ungeschlechtlicher → Sporen fortpflanzen. Die sich durch Sprossung fortpflanzenden einzelligen P. werden auch als → Hefen zusammengefasst. Unabhängig von ihrer systematischen Zugehörigkeit werden alle auf Lebensmitteln mit einem sichtbaren → Mycel wachsenden P. als → Schimmelpilze bezeichnet. Die als → Speisepilze genutzten Fruchtkörper der höheren Pilze werden z. T. über 40 cm groß und weisen einen stärkeren Differenzierungsgrad auf.

Pilzerzeugnisse engl.: *mushroom products;* aus frischen → Speisepilzen hergestellte Erzeugnisse wie → Pilzkonserven, → getrocknete Pilze, → Pilzpulver, → Essigpilze, milchsäurevergorene Pilze, eingesalzene Pilze, tiefgefrorene Pilze, → Pilzextrakte, → Pilzkonzentrate und → Pilztrockenkonzentrate. Die Verwendung von Zutaten wie Kochsalz, Milch-, Citronen- und Ascorbinsäure, Zucker, Geschmacksverstärkern, Gewürzen und bei Essigpilzen auch Essig ist verkehrsüblich bei der Herstellung von P.

Pilzextrakte engl.: *mushroom extracts;* eingedickte und i. d. R. mit Kochsalz haltbar gemachte wässrige Auszüge von → Speisepilzen. P haben einen Kochsalzgehalt von maximal 20 % und werden zum Würzen von Speisen eingesetzt. P. aus verschiedenen asiatischen Pilzen wie z. B. → Shiitake-Pilzen werden in Tablettenform als → Nahrungsergänzungsmittel zur Immunsteigerung und Verbesserung der Abwehrkräfte angeboten.

Pilzkonserven engl.: *mushroom preserves;* durch Hitzesterilisation haltbar gemachte → Speisepilze in wässrigem Aufguss. Werden P. unter Verwendung eingesalzener Pilze hergestellt, muss dies in unmittelbarer Verbindung mit der Verkehrsbezeichnung kenntlich gemacht werden. P. werden in Dosen oder Gläsern unter den Bezeichnungen „Speisepilze einer Art, ganz oder geschnitten", „Mischpilze" oder „Mischpilze, hell" angeboten.

Pilzkonzentrate engl.: *mushroom concentrates;* durch Eindicken bis zu einem zähflüssigen Zustand und Zusatz von maximal 20 % Kochsalz haltbar gemachte Auszüge von → Speisepilzen, die zur Aromatisierung von Speisen eingesetzt werden.

Pilzpulver engl.: *mushroom powder;* durch Vermahlen → getrockneter Pilze hergestellte Erzeugnisse mit einem Restwassergehalt von maximal 9 %, die nach der Art der zu Ihrer Herstellung verwendeten → Speisepilze bezeichnet werden. P. wird wasserdampfdicht verpackt und kann vielseitig zum Würzen verschiedener Speisen ohne vorheriges Einweichen verwendet werden.

Pilzsalate engl.: *mushroom salad;* → Feinkostsalate mit üblicherweise mindestens 40 % festen Pilzbestandteilen. Wird auf eine bestimmte Pilzgrundlage wie z. B. auf Champignons bei der Bezeichnung Champignonsalat hingewiesen, so sind von dieser für gewöhnlich mindestens 20 % enthalten.

Pilztrockenkonzentrate engl.: *dehydrated extract of mushrooms;* durch Trocknen von → Pilzextrakten gewonnene Erzeugnisse mit einem Restwassergehalt von maximal 9 % und einem Kochsalzgehalt von maximal 5 %.

Piment lat.: *Pimenta dioica (L.)* MERR. (Fam.: *Myrtaceae*), engl.: *Allspice,* Syn.: *Gewürzkör-*

ner, Jamaicapfeffer, Nelkenpfeffer, Neugewürz; die kurz vor der Reife geernteten, 5–8 mm dicken → Beeren des bis zu 13 m hoch werdenden im tropischen Mittelamerika beheimateten, heute hauptsächlich in Jamaica, Mexiko, Mittel- und Südamerika sowie Indien angebauten immergrünen P.-Baumes. Die Beeren werden getrocknet, bis das Fruchtfleisch zu einer warzig rauen braunen Schale schrumpft. Das v. a. in den beiden Samen zu 3–5 % enthaltene → ätherische Öl mit → Eugenol als Hauptkomponente bewirkt den nelken- und zimtartigen Duft sowie den scharfen Geschmack. P. kommt i. d. R. in Form von ganzen Körnern in den Handel. Es wird in der Küche zum Würzen von Gebäck, Suppen, Saucen und Fleischgerichten eingesetzt und ist Bestandteil von Beizen, Marinaden und Wurstgewürzmischungen. Der Name „Neugewürz" beruht auf seiner erst in der Neuzeit erfolgten Entdeckung und der englische Name „allspice" auf seinem nach vielen verschiedenen Gewürzen duftenden Geruch.

Pimpernell Syn.: → *Bibernelle*

Pimpinelle Syn.: → *Bibernelle*

Pimtjes; besonders zarter → Matjeshering aus Holland.

Pina Syn.: → *Ananas*

Pinienkerne lat.: *Pinus pinea L.* (Fam.: *Pinaceae*), engl.: *pine nuts,* Syn.: *Piniennüsse, Pignolen, Pineolen;* von der harten Samenschale befreite, weiße stiftförmige, fast zylindrische Samenkerne der vorwiegend in den Mittelmeerländern heimischen Pinie mit aromatischem nussigen Geschmack. P. sind ein typischer Bestandteil der mediterranen Küche und werden geröstet als Beilage zu verschiedenen Gerichten sowie als Zutat in Salaten, Saucen, Füllungen und Zubereitungen wie z. B. → Pesto verwendet.

Pinkel; zum Warmverzehr z. B. mit Grünkohl bestimmte, i. d. R. nicht umgerötete, sehr fettreiche Wurst. Das Ausgangsmaterial besteht aus Fettgewebe und Hafergrütze sowie zusätzlich aus fettgewebereichem Schweinefleisch bei Fleischpinkel und Oldenburger P. Weitere häufig verwendete Zutaten sind Zwiebeln und Gewürze.

Pinot blanc Syn.: → *Weißburgunder*

Pinot gris; → Grauburgunder

Pinot meunier; durch Mutation aus der Pinot-noir-Rebe hervorgegangene Rotweinrebe, die leichte fruchtige Rotweine hervorbringt und in Deutschland unter den Namen Schwarzriesling und Müller-Rebe bekannt ist. Die P. eignet sich gut zur Schaumweinherstellung und wird oft in Champagner-Verschnitten verwendet.

Pinot noir; Rotweinrebe sehr hoher Qualität, findet in Burgund die besten Bedingungen. Pinot-noir-Weine können durch eine sehr hohe Qualität gekennzeichnet sein: tiefe Farbe, voller Geschmack. Diese Weine eignen sich auch zum Lagern.Jedoch lassen sich unter den Pinot-noir-Weinen häufig auch säurereiche, nicht besonders kraftvolle und wenig intensive Varianten finden. Die Rebe ist genetisch wenig stabil; so existieren verschiedene Abarten des Pinot noir wie z. B. Pinot gris, Pinot blanc, Pinot meunier, Samtrot und St. Laurent. In Deutschland wird die Rebe als → Spätburgunder bezeichnet.

Pinselschimmel; Bezeichnung für → Schimmelpilze der Gattung → *Penicillium,* die auf das pinselartige Aussehen der ungeschlechtlichen Fortpflanzungsorgane zurückzuführen ist. Aus dem → Mycel erheben sich asymetrisch verzweigte → Konidien-Träger, die endständig kugelförmige Konidiosporen abschnüren.

Piperin engl.: *piperine;* Alkaloid in den Früchten der Pfefferpflanze (lat.: *Piper nigrum L.*), das für deren scharfen Geschmack verantwortlich ist, indem es die wärmeempfindlichen Nervenendungen in der Mundhöhle erregt. P. fördert die Magensaftsekretion, wird wegen seiner insektiziden Wirkung z. B. gegen Hautparasiten eingesetzt und z. T. Spirituosen zur Aromatisierung zugesetzt.

Piperonal engl.: *piperonal,* Syn.: *Piperonylaldehyd;* Inhaltsstoff verschiedener Kräuter und

Gewürze (→Pfeffer →Vanille) mit würzig aromatischem Geruch und Geschmack.

Piroggen engl.: *pierogies,* Syn.: *Piroschki;* kleine mit Fleisch, Ei, Fisch oder Gemüse gefüllte →Pasteten aus Hefeteig. Sie sind eine typische Spezialität in Osteuropa (Polen, Russland) und Finnland, die sowohl als Hauptgericht wie auch als Beilage verwendet wird.

Pistade; Püree aus getrockneten Tomaten, getrockneten Paprikaschoten und Knoblauch, das gut als Sauce zu Nudeln verwendet werden kann.

Pistazie lat.: *Pistacia vera L.* (Fam.: *Anacardiaceae*), engl.: *Pistachio, Green Almond,* Syn.: *Grünmandel;* →Steinfrucht des ursprünglich aus dem Nahen Osten stammenden Pistazienbaumes. Heute werden P. neben den klassischen Ländern Iran und Türkei auch in Mittelmeerländern und der USA angebaut. Verwendet wird der nach dem Ernten im Wasserbad abgetrennte geöffnete („lachende") hellbraune Steinkern, der als P. im Handel ist. In ihm enthalten ist der hellgrüne länglich dreikantige Samen, mit einer in der Farbe uneinheitlichen Samenhaut, der enthäutet als Pistazienkern gehandelt wird. Der Kern ist reich an Fett und Eiweiß und wird sowohl gesalzen als auch ungesalzen verzehrt. Wegen ihres süßen, mandelähnlichen, aromatischen Geschmacks und als Dekoration werden P. in Speiseeis, Wurstwaren (z. B. Mortadella), Süß- und Backwaren verwendet. Aufgrund ihrer Gewinnung, der hohen Temperaturen in den Herkunftsgebieten und Problemen bei der Lagerung sind P. anfällig für →Schimmelpilze und können mit →Aflatoxinen belastet sein.

Pistolenschnitt; →Rinderviertel

Pistou engl.: *pistou,* Syn.: *Provenzalische Basilikumsauce;* dem italienischen →Pesto ähnelnde Basilikumsauce aus Mandeln, Basilikum, Gruyère, Knoblauch, Salz, Pfeffer und oftmals auch etwas Tomatenpüree. Es existieren zahlreiche regionale Pistou-Rezepte, wesentliche Bestandteile sind aber Basilikum, Knoblauch und Mandeln. P. kann als Sauce für Nudeln sowie zum Würzen von Gemüsegerichten und Gemüsesuppen verwendet werden.

Pitahaya lat.: *Hylocereus undatus (Haw.) Britton et Rose* (Fam.: *Cactaceae*), engl.: *Strawberry Pear, Dragonfruit;* Oval gestreckte, ca. 10 cm lange gelbe (ähnlich der →Kaktusfeige) oder rote Beeren der Distelbirne mit großen charakteristischen, an den Enden grünen Schuppen. Das geleeartige weiße oder rote Fruchtfleisch mit vielen kleinen Samen schmeckt erfrischend aromatisch und ist für den Rohverzehr geeignet. Die v. a. in Kolumbien angebaute P. werden in Deutschland von Dezember bis März und Juli bis August angeboten und lassen sich bei einer Temperatur von 12 °Celsius bis zu zwei Wochen lagern.

Pitta-Tee; →Ayurveda-Tees

Pizza engl.: *pizza;* ursprünglich italienisches Fladengebäck, das vorwiegend aus Hefeteig hergestellt wird und mit Tomatensauce, diversen Gemüsesorten, Fleisch- und Wurstwaren, Fisch, Meeresfrüchten und Käse belegt sein kann. P. wird v. a. tiefgefroren in zahlreichen Geschmacksrichtungen und auch in exotischen Abwandlungen angeboten und ist entweder vorgebacken oder in Form von Rohteig, der im Ofen aufgeht, erhältlich.

Pizzatasche; →Teigtaschen

PKU; Abk. für →Phenylketonurie.

Plankton engl.: *plankton;* von griech.: *plázein* = umherirren, umherschweifen oder *plágktos* = umherirrend, umherschweifend abgeleitete Bezeichnung für im Wasser schwebende pflanzliche (Phytoplankton) und tierische (Zooplankton) Kleinstlebewesen mit geringer Eigenbewegung. Zum P. gehören Einzeller (Algen - Dinoflagellaten) und Mehrzeller (Kleinkrebse, Manteltiere, Larven höherer Krebse, Würmer, Schnecken u.a.). P. bildet die Nahrungsgrundlage für viele Fische und für die großen Meeressäuger (Wale). Einige Meeres-P.-Arten bilden humantoxische Stoffwechselprodukte (→ Ciguatera-Vergftung).

Plansichter; → Sichten

Plantain; → Bananen

Plantano; → Bananen

Plasmin engl.: *plasmin,* Syn.: *Fibrinolysin;* proteolytisches Enzym des Blutserums, das durch Aktivierung aus der inaktiven Vorstufe Plasminogen entsteht und u. a. Fibringerinnsel auflöst.

Plasmolyse engl.: *plasmolysis;* Vorgang, bei dem das Zellplasma schrumpft und sich von der Zellwand ablöst. P. tritt auf, wenn die Zelle in eine Lösung höheren osmotischen Druckes (hypertonische Lösung) überführt wird, weil ein Teil des Wassers zum Konzentrationsausgleich aus der Zelle durch die semipermeable Cytoplasmamembran tritt. Gegenteil: Deplasmolyse.

Platenkuchen; auf dem Blech gebackener, häufig mit Mandeln, Nüssen, Trockenfrüchten sowie mit Zucker bestreuter oder glasierter, vor dem Backen mit Fett getupfter leichter Hefekuchen.

Plattenfett; festes, weißes, hitzebeständiges Fett in Plattenform. Wurden früher meist Kokos- und Palmkernfett verwendet, sind heute vorwiegend andere Fette mit entsprechenden physikalischen Eigenschaften in Gebrauch. Da Plattenfette vorwiegend gesättigte Fettsäuren enthalten, eignen sie sich gut als Brat- und Frittierfett.

Plattenzucker engl.: *slab of sugar;* in Plattenform auskristallisierter oder gepresster Zucker, der zu Stangen zersägt und weiter zu → Würfelzucker „geknippt" werden kann.

Plattfische lat.: *Pleuronectidae,* engl.: *flatfishes;* nach der Körperform benannte Ordnung verschiedener Fischfamilien. Die meisten P. sind Seewasser-, nur wenige Süßwasserfische. Zu den P. zählen u. a. folgende edle Speisefische: → Steinbutt, → Heilbutt, → Scholle, → Seezunge, → Flunder, → Rotzunge.

Plesiomonas; zur Familie der *Vibrionaceae* gehörende Gattung gramnegativer fakultativ anaerober Stäbchenbakterien, die vorwiegend in Oberflächenwasser und in Fischen vorkommen. *P. shigelloides* kann insbesondere in wärmeren Ländern ausgehend von Oberflächenwasser indirekt über Lebensmittel oder direkt auf den Menschen übertragen werden und dort Gastroenteritiden (Darminfektionen) hervorrufen.

Plinsen Syn.: *Blinis russ.;* in der Pfanne gebackene Pfannkuchen oder kleine Kuchen aus Eiern, verschiedenen Mehlsorten, Hefe und anderen Zutaten. Klassisch russisch ist die Verwendung von Buchweizen- und/oder Weizenmehl. P. können in vielen Varianten als Vorspeise, Hauptgericht oder als Beilage serviert werden.

Plockwurst; grobe bis mittelkörnige, geräucherte, schnittfeste → Rohwurst. Das Ausgangsmaterial besteht aus grob entsehntem Rindfleisch, fettgewebereichem Schweinefleisch und Fettgewebe sowie weiteren Zutaten wie z. B. Gewürzen. Für P. „einfach" wird üblicherweise zusätzlich sehnenreiches Rindfleisch und evtl. bis zu 10 % besonders aufbereitete Sehnen und/oder Schwarten verwendet.

Plötze lat.: *Rutilus rutilus L.* (Fam.: *Cyprinidae*), engl.: *roach,* Syn.: *Rotauge;* europäischer Süßwasserfisch von 15–20 cm (maximal 45 cm) Länge. Sie ist wenig empfindlich gegen Wasserverschmutzung und kommt in nahezu allen Gewässerarten Mittel- und Osteuropas sowie im Brackwasser von Nord- und Ostsee vor; in Frankreich wird sie gezüchtet. Das grätenreiche Fleisch ist in Deutschland weniger beliebt, in Osteuropa wird die P. reichlich verzehrt, frisch, getrocknet und gesalzen. Nahe Verwandte, die ebenfalls als Speisefische Verwendung finden, sind Schwarzmeerplötze (lat.: *Rutilus frisii Nordmann*) und Rotfeder (lat.: *Scardinius erythrophthalmus L.*).

Plombe; in der Regel aus Metall, seltener auch aus Kunststoff oder anderen Materialien bestehendes Sicherungsmittel zum Zusammenhalt und zur Sicherung der Enden von

Schnüren, Fäden, Drähten oder Streifen oder als Sicherungsverbindung zweier Packmittelteile.

Plumpudding engl.: *christmas pudding;* besonders in England zur Weihnachtszeit geschätzter, im Wasserbad gegarter, kuchenartiger, sehr nahrhafter dunkelbrauner → Pudding. P. wird aus wenig Mehl mit Zucker, Eiern, Fett, Rosinen, Zitronat, Orangeat, Gewürzen und vielen anderen Zutaten zubereitet. Der Verzehr erfolgt sowohl warm als auch kalt, zuweilen auch flambiert.

Plundergebäcke engl.: *puff pastry, danish pastry,* Syn.: *Plunder;* knusprige Gebäcke mit lockerer Struktur, die aus → Plunderteigen hergestellt werden. Aus auf leichtem Hefefeinteig basierendem Plunderteig wird süßes Kaffeegebäck, wie z. B. Puddingteilchen mit verschiedenen Füllungen und Glasuren hergestellt. Auf zuckerarmem Hefefeinteig basierender Plunderteig wird für salzige Gebäcke wie z. B. → Croissants und pikant gefüllte → Teigtaschen verwendet.

Plunderteige engl.: *yeast dough with butter, danish pastry;* mehrlagige Teige, die aus Hefefeinteig und → Ziehfett in mehreren Arbeitsschritten gefertigt („gezogen") werden. Der Grundteig besteht aus Mehl, Wasser, Salz, Zucker, Fett, Hefe und weiteren Zutaten. Als Ziehfett werden vorbereitete Platten aus speziell geeigneten Margarinen oder mit Mehl verkneteter geformter → Butter bzw. Butterreinfett/ -fett verwendet. Handelsübliche P. enthalten mindestens 30 bzw. 60 kg Butter (Dänischer Plunder) oder die entsprechende Menge Milchfetterzeugnisse, Margarine oder praktisch wasserfreie Fette, bezogen auf 100 kg Mehl. P. werden nach dem Anteil an Ziehfett für 1000 g Hefefeinteig und damit ihrer Schwere in drei unterschiedliche Sorten eingeteilt: Deutscher Plunder 170–300 g, Dänischer Plunder 400–600 g und Kopenhagener Plunder 700–1000 g. Das Ziehfett wird wie bei → Blätterteig in den Grundteig eingeschlagen und durch → Tourieren zu einem mehrlagigen Teig verarbeitet. Je mehr Ziehfett enthalten ist, desto mehr Lagen sind erforderlich. Aus P. werden → Plundergebäcke hergestellt.

Pochieren Syn.: → *Gar ziehen*

Pockholz Syn.: → *Guajakholz*

Pökelfarbe; extrem stabile leuchtend rote Komplexe (Nitrosomyoglobin) aus den bei der → Umrötung gebildeten Reaktionsprodukten Stickoxid und Metmyoglobin sowie noch nicht reagiertem Myoglobin.

Pökelfleisch engl.: *cured meat, souse;* früher Bezeichnung für durch → Pökeln längere Zeit haltbar gemachtes Fleisch, heute allgemeine Bezeichnung für gepökeltes Fleisch.

Pökelhering Syn.: → *Salzhering*

Pökelhilfsstoffe Syn.: → *Umrötehilfsstoffe*

Pökellake engl.: *pickling solution, souse;* 10–25 %ige wässrige Kochsalzlösung, die neben den für die → Umrötung notwendigen → Umrötungs- und → Umrötungshilfsmitteln als weitere Zutaten Gewürze bzw. Gewürzextrakte und ggf. Zuckerarten sowie Zuckerstoffe enthält.

Pökeln engl.: *brining, pickling, curing;* ursprünglich gleichsinnig mit Salzen gebrauchte Bezeichnung für das Zubereiten und Haltbarmachen (→ Einsalzen) von Fisch und Fleisch mit Kochsalz. Heute wird unter P. die Behandlung von Fleisch und Fleischerzeugnissen mit Kochsalz bei gleichzeitiger Zugabe von → Umrötungsmitteln wie Nitraten oder Nitriten verstanden. Die Verwendung der Umrötungsmittel bewirkt durch die Bildung hitzebeständiger Nitrosomyoglobinkomplexe eine Farbstabilisierung im Pökelgut und bei ausreichender Menge in Kombination mit dem Kochsalz und einem niedrigen pH-Wert des Pökelgutes eine Hemmung von Mikroorganismen. Folgende Pökelverfahren werden im Wesentlichen angewandt: → Trocken-, → Nass- und → Schnellpökelung. Nachteilig beim P. wirkt sich der Austritt von Nährstoffen (z. B. Eiweißstoffe, Mineralsalze, Vitamine) durch die stattfindende Osmose aus. Auf den Verzehr gebratener oder gegrillter gepökelter Lebensmittel sollten wegen der Gefahr der Bildung von →Nitrosaminen verzichtet werden.

Pökelrot Syn.: →*Nitrosomyoglobin*

Pökelsalze engl.: *curing salts;* zum →Pökeln von Fleisch und Fleischerzeugnissen verwendete Mischungen von Salpeter und Kochsalz (→Salpeterpökelsalz) sowie Nitriten und Kochsalz (→Nitritpökelsalz).

Pökelstoffe; neben Kochsalz v. a. für die →Umrötungsmittel verwendete Bezeichnung.

Poffertjes; kleine kugelige, auf speziellen Blechen oder Pfannen gebackene pfannkuchenähnliche, typisch holländische Mehlspeisenspezialität, die i. d. R. warm mit Zucker bestäubt oder anderen Beilagen verzehrt wird.

Polarimetrie; optische Analysenmethode, bei der die spezifische Drehung von optisch aktiven Substanzen zur Quantifizierung verwendet wird. Verbindungen mit einem asymmetrischem Kohlenstoffatom drehen das polarisierte Licht in einem von der Substanz, ihrer Konzentration, der Temperatur, der Wellenlänge des verwendeten Lichts und der Schichtdicke der durchstrahlten Lösung abhängigen Maß. Die P. wird hauptsächlich für quantitative Bestimmungen von Kohlenhydraten (Stärke, Saccharose, Invertzucker, Glucose usw.) und Zuckeralkoholen (z. B. Sorbit) verwendet. Polarimeter zur Messung saccharosehaltiger Lösungen werden Saccharimeter genannt, die gleiche Bezeichnung tragen auch Geräte, die nach dem Prinzip der →Aräometrie arbeiten. Zu Beachten bei der P. ist die Störung durch andere optisch aktive Substanzen.

Polarisation; in der Zuckeranalytik Bezeichnung für die optische Drehung eines Produktes der Zuckerindustrie in Prozent und ein Maß für den Gehalt an Saccharose. Die P. wird unter definierten Bedingungen gemessen und bezogen auf den unter den gleichen Bedingungen gemessenen Drehwert reiner Saccharose.

Polarographie; elektrochemische Analysenmethode, die vor allem in der Schwermetallanalytik angewendet wird. Ein Polarograph enthält eine polarisierbare Messelektrode (Quecksilber-Tropfelektrode) und eine nicht polarisierbare Bezugselektrode. Oxidierbare oder reduzierbare Substanzen in der Probelösung wirken als Depolarisatoren und bewirken einen Stromfluss bei relativ niedrigen Spannungen. In einem Polarogramm wird der an der Messelektrode anfallende Strom gegen die mit der Zeit zu- oder abnehmende Gleichspannung aufgetragen. Die Spannung ist dabei für den betreffenden Depolarisator (Analyt) charakteristisch und lässt sich zur Identifizierung nutzen. Die Stromstärke dient zur quantitativen Bestimmung. Neben der Bestimmung von Schwermetallen wie Blei, Cadmium, Zinn, Zink, Kupfer, Quecksilber usw. kann die P. auch zur Analyse einiger Anionen wie z. B. Bromat, Iodat oder Nitrat angewendet werden.

Polenta; 1. urspünglich aus Norditalien stammender, als Grundnahrungsmittel genutzter dicker sämiger Brei aus Maisgrieß, Wasser und Salz. Andere vor der Einführung des Maisanbaues genutzte Grundzutaten wie weitere Getreidesorten (z. B. Hirse oder Dinkel), Buchweizen oder Hülsenfrüchte haben gegenüber dem Maisgrieß weitestgehend an Bedeutung verloren. P. kann durch Zugabe weiterer Zutaten wie z. B. Butter und/oder Käse vielfältig variiert werden; 2. italienische Bezeichnung für den zur Herstellung von 1. verwendeten Maisgrieß.

Pollack engl.: *pollack;* →Seelachs

Pollenassoziierte Nahrungsmittelallergie engl.: *pollen associated food allergy;* Auftreten einer →Allergie gegen bestimmte Obst- und Gemüsesorten, wie z. B. gegen Haselnüsse, Äpfel oder Sellerie in Kombination mit einer Allergie gegen Pollen, wie z. B. Birkenpollen, Beifußpollen oder Pollen von Gräsern und Getreiden. Hintergrund dieser Kreuzallergie ist das Vorkommen chemisch ähnlicher Allergenstrukturen in bestimmten Früchten und Pollen.

Polnische Syn.: *Rohe Polnische;* mittelkörnige, charakteristisch mit Knoblauch gewürzte geräucherte, vorwiegend in Schweinedünndärme oder Schafsaitlinge gefüllte schnittfeste → Rohwurst. Das Ausgangsmaterial besteht aus fettgewebereichem Schweinefleisch, grob entsehntem Rindfleisch und Fettgewebe sowie andere Zutaten. Häufig wird die P. als Beilage in Gemüsegerichten (z. B. Sauerkraut, Grünkohl) mitgekocht und verzehrt.

Polnischer Wodka engl.: *Polish Vodka;* auf dem polnischen Markt gibt es etwa 1000 Wodkamarken, von denen der größte Teil nur regional vertrieben wird. Die bekanntesten Wodkamarken, die für den Export bestimmt sind heißen → Wyborowa, → Extra Zytnia, und → Zubrowka. P. W. hat seinen eigenen Stil. Er ist im Gegensatz zu den westlichen Wodkas im Geschmack und Aroma intensiver. Die Nobelmarken sind weich am Gaumen, etwas ölig und haben eine dezente Süße. P. W. hat vergleichsweise ein gutes, annähernd gleich bleibendes Qualitätsniveau.

Polnische Spirituosen engl.: *Polish spirits, Polish spirituous beverages;* in erster Linie → polnischer Wodka und außerdem → Wisniówka-Cherry-Cordial sowie → Zubrowka.

Polyacrylnitril engl.: *polyacrylnitrile;* Abk.: PAN, Kunststoff mit geringer → Sauerstoffdurchlässigkeit, der meist nicht als reines PAN, sondern in Form eines PAN-Mischpolymerisates als Barrierematerial für Kunststoffverpackungen mit hoher → Gasdichtigkeit eingesetzt wird. Dabei werden je nach gewünschten weiteren Eigenschaften der Kunststoffe unterschiedliche Comonomere eingesetzt.

Polyalkohole engl.: *polyols,* Syn.: *Polyole;* mehrwertige Alkohole, d. h. Verbindungen mit mindestens zwei Hydroxylgruppen (OH-Gruppen) im Molekül. Zu den P. gehören z. B. die → Zuckeralkohole und die → Polyphenole.

Polyamid engl.: *polyamide;* Abk.: PA, Überbegriff für Kunststoffe mit Amidbindungen. In Abhängigkeit von der Kettenlänge der eingesetzten Monomere wird z. B. zwischen PA 6, PA 66, PA 12 usw. unterschieden. Polyamidfolien zeichnen sich durch geringe Sauerstoffdurchlässigkeit und hohe Wasserdampfdurchlässigkeit aus. PA 6 wird z. B. im Verbund mit anderen Materialien zur Herstellung von Deckelfolien eingesetzt, amorphes PA als Barriereschicht in PET-Flaschen. PA 66 findet insbesondere in den USA als Grundmaterial für → Schalen, die sowohl in der Mikrowelle als auch im Backofen erhitzt werden können, Verwendung.

Polybromierte Diphenylether engl.: *polybrominated diphenyl ether;* Abk.: PBDE, sehr stabile, biologisch kaum abbaubare Substanzen, die seit den 60er-Jahren des 20. Jahrhunderts in großen Mengen als Flammschutzmittel v. a. für → Kunststoffe der Elektro- und Elektronikindustrie, der Bau- und Möbelindustrie sowie für Textilien eingesetzt werden und sich im Fettgewebe von Menschen und Tieren sowie in Muttermilch anreichern. Aufgrund ihrer strukturellen Ähnlichkeit mit → Dioxinen und → polychlorierten Biphenylen werden PBDEs verstärkt hinsichtlich ihrer toxikologischen Wirkung diskutiert und untersucht. → POPs

Polycarbonat engl.: *polycarbonate;* Abk.: PC, transparenter → Kunststoff mit hoher Zähigkeit sowie geringer → Wasserdampf- und → Sauerstoffdichtigkeit. PC wird aufgrund seiner Transparenz und Zähigkeit, die auch nach mehrmaligem Erhitzen z. B. in Sterilisatoren erhalten bleiben, insbesondere zur Herstellung von Babyflaschen eingesetzt. Der Einsatz von PC erfolgt weiterhin zur Herstellung von transparenten hitzebeständigen Schalen, zur Verbesserung der Barriereeigenschaften jedoch i. d. R. im Verbund mit geeigneten Barrierematerialien.

Polychlorierte Biphenyle engl.: *polychlorinated biphenyls;* Abk.: PCBs, Gruppe von Verbindungen, die sich durch Anzahl und Position der Chlorreste am Biphenyl-Ringsystem unterscheiden. P. B. werden z. B. als

Schmiermittel, Weichmacher, Flammschutzmittel und Kühlflüssigkeit in Transformatoren eingesetzt. Aufgrund ihrer guten Fettlöslichkeit und Stabilität reichern sich die p. B. in der Nahrungkette an und sind ubiquitär verbreitet. Die Toxizität der meisten p. B. ist relativ gering (vermutlich übernehmen sie eine Promoterrolle bei der Tumorbildung), durch unvollständige Verbrennung entstehen jedoch die größtenteils stark toxischen → Dioxine.

Polycyclische aromatische Kohlenwasserstoffe engl.: *polycyclic aromatic hydrocarbons;* Abk.: PAK, ubiquitär vorkommende Gruppe von Verbindungen mit kondensierten Ringsystemen, die in Teer- und Erdölprodukten enthalten sind und als Nebenprodukt bei allen Verbrennungen von organischem Material entstehen (z. B. in Abgasen, Tabakrauch, Räucherrauch). Sie gelangen über den Boden in pflanzliche Lebensmittel, werden im Organismus enzymatisch über Epoxide zu Phenolen umgesetzt und als Glucuronide oder Sulfate ausgeschieden. PAKs werden sowohl über die Nahrung als auch über die Lunge und Haut aufgenommen. Hinsichtlich ihrer Toxizität unterscheiden sie sich sehr stark, einige besitzen kanzerogene, mutagene oder teratogene Wirkung. Zur Beurteilung wird → Benzpyren als Leitsubstanz herangezogen, dessen Kanzerogenität gleich 1,0 gesetzt wird.

Polyensäuren; mehrfach ungesättigte → Fettsäuren.

Polyester engl.: *polyester;* Überbegriff für → Kunststoffe wie → Polyethylen oder → Polyethylennaphthalat, die Esterbindungen in der Polymerkette enthalten.

Polyethylen engl.: *polyethylene;* Abk.: PE, preiswerter Kunststoff, der sich gut zur Herstellung von Folien eignet. Es existieren drei Haupttypen von PE, deren Eigenschaften leicht variieren: PE-LD (PE niedriger Dichte von engl.: *low density*) ist relativ biegsam und weich, PE-HD (PE hoher Dichte von engl.: *high density*) ist fester und härter und PE-LLD (linear aufgebautes PE geringer Dichte, von engl.: *linear low density*) verfügt über physikalische Eigenschaften, die zwischen denen von PE-LD und PE-HD liegen. PE wird häufig zu Folien der Dicken 10-250 Mikrometer verarbeitet, wobei die dünneren Qualitäten z. B. für Beutel an SB-Theken im Supermarkt, die dickeren Qualitäten eher für Säcke oder Landwirtschaftsfolien verwendet werden. PE wird weiterhin zur Herstellung von Schrumpffolien, z. B. zur Verpackung von Tiefkühlpizza sowie zur beidseitigen Beschichtung von Tiefkühlkartonverpackungen eingesetzt. Der Verschluss der Verpackungen erfolgt dabei durch Heißsiegelung der PE-Schicht. Im Blasformverfahren können Flaschen für Kosmetika und Waschmittel aus PE hergestellt werden. Aufgrund der relativ hohen Durchlässigkeit für Sauerstoff sind PE-Folien nicht zur langfristigen Verpackung von Lebensmitteln geeignet.

Polyethylennaphthalat engl.: *polyethylenenaphthalate;* Abk.: PEN, Barrierekunststoff, der aufgrund seiner im Vergleich zu → Polyethylenterephthalat (PET) etwa 5-mal höheren → Sauerstoffdichtigkeit bevorzugt im Verbund mit diesem z. B. zur Herstellung von → Flaschen eingesetzt wird. Auch die thermische Belastbarkeit von PET kann durch Zugabe von PEN deutlich gesteigert werden, wodurch eine Heißbefüllbarkeit von PET-Flaschen auch oberhalb von 78 °C ermöglicht wird.

Polyethylenterephthalat engl.: *polyethylene terephthalates,* Syn.: *Polyterephthalsäureester;* Abk.: PET, Kunststoff, der vorwiegend zur Herstellung von Fasern z. B. für die Textilindustrie, aber auch von Flaschen und Folien verwendet wird. Im Blasformverfahren hergestellte PET-Flaschen kommen in Europa vorwiegend zur Verpackung kohlensäurehaltiger und nicht kohlensäurehaltiger Erfrischungsgetränke zum Einsatz. Im Vergleich zu Glasflaschen zeichnen sie sich durch Bruchsicherheit und geringeres Gewicht aus.

Zum Abfüllen sauerstoffempfindlicher Getränke wie Bier oder Fruchtsäften werden in jüngster Zeit PET-Flaschen mit zusätzlicher → Sperrschicht (z. B. → Polyamide für Bierflaschen) zur Verbesserung der → Gasdichtigkeit eingesetzt. PET-Folien zeichnen sich durch hervorragende mechanische Eigenschaften sowie eine vergleichsweise geringe Sauerstoff- und Wasserdampfdurchlässigkeit aus und werden häufig in Verbundfolien für die Verpackung von Lebensmitteln eingesetzt. Aufgrund seiner guten Temperaturbeständigkeit kann PET zur Verpackung von tiefgekühlten Mikrowellengerichten verwendet werden.

Polygalakturonasen engl.: *polygalacturonases;* → Pektin spaltende Enzyme

Polygalakturonsäure engl.: *polygalacturonic acid;* → Pektine

Polyglycerinester engl.: *polyglycerol fatty acid esters;* synthetische Ester von Polyglycerinen (Kondensationsprodukte von meist 2–6 Glycerinmolekülen) mit Speisefettsäuren, die unter der Nummer E 475 als Emulgatoren und Stabilisatoren für bestimmte Lebensmittel, wie z. B. Desserts, Fettemulsionen und feine Backwaren in festgelegten Höchstmengen zugelassen sind. P. werden im Organismus ähnlich wie Triglyceride abgebaut und sind deshalb als gesundheitlich unbedenklich anzusehen.

Polymerisation engl.: *polymeris(i)ation, polymeriz(i)ation*; chemische Reaktion, bei der sich → Monomere in einer Kettenreaktion zu Polymeren (Polymerisaten) zusammenlagern. Durch P. werden Verpackungsmaterialien (z. B. → Polyethylen → Polypropylen → Polyvinylchlorid) hergestellt. Sie findet aber auch bei der Erhitzung von Fetten (v. a. bei Frittierfett) statt, wodurch dunkle harzartige Produkte entstehen. Solche Verharzungsprozesse laufen ebenfalls bei ätherischen Ölen ab und führen zu Qualtitätseinbußen.

Polyole Syn.: → *Polyalkohole*

Polyolefine engl.: *polyolefins;* Polymerisate bzw. Copolymerisate aus Alkenen (Syn.: *Olefine*). Bei den P. handelt es sich um wichtige thermoplastische Kunststoffe wie → Polyethylen und → Polypropylen, die sich u. a. durch eine gute chemische Beständigkeit auszeichnen.

Polyoxyethylensorbitanester von Fettsäuren engl.: *polyoxyethylene sorbitane esters of fatty acids,* Syn.: *Tweens, Polysorbate;* sehr hydrophile → Emulgatoren, die synthetisch durch partielle Veresterung des Zuckeralkohols Sorbit bzw. seines Anhydrids Sorbitan mit verschiedenen Fettsäuren und Kopolymerisation mit → Ethylenoxid gewonnen werden. P. v. F. sind unter den Nummern E 432–436 (Polysorbat 20/80/40/60/65) als Emulgatoren, aber auch als Schaummittel und Komplexbildner für bestimmte Lebensmittel (z. B. Desserts, Feine Backwaren, Süßwaren, Speiseeis) in festgelegten Höchstmengen zugelassen.

Polyphenole engl.: *polyphenolics;* Überbegriff für Verbindungen, die auf der Struktur des Phenols basieren und mindestens zwei Hydroxylgruppen tragen. Die P. gehören zu den → sekundären Pflanzenstoffen, kommen in allen Pflanzen vor und spielen z. B. eine Rolle als Farbstoffe, Bitterstoffe, Gerbstoffe und Aromastoffe. Sie können in Phenolcarbonsäuren (und Derivate) und → Flavonoide unterteilt werden. Zu den Phenolcarbonsäuren gehören die Hydroxybenzoesäuren (z. B. Salicylsäure, Gallussäure, Ellagsäure) und die Hydroxyzimtsäuren (z. B. Cumarsäure, Ferulasäure, Kaffeesäure). (Poly)Phenoloxidasen katalysieren die Umsetzung der P. bei enzymatischen Bräunungsprozessen (→ Enzymatische Bräunung), die durch Zerstörung der Pflanzenzellen (z. B. Anschneiden von Äpfeln) ausgelöst werden. Dabei entstehen braune polymere Melanine, die Farbe und Geschmack meist negativ beeinflussen, bei der Fermentation von schwarzem Tee und Kaffee hingegen erwünscht sind.

Polyphenoloxidasen engl.: *polyphenol oxydases;* → Phenoloxidasen

Polyphosphate engl.: *polyphosphates;* Salze kondensierter Phosphorsäure, nach deren Anzahl →Di-, Tri-, Tetraphosphate usw. unterschieden werden und die durch Erhitzen von saurem Orthophosphat entstehen. Ringförmige P. werden als →Metaphosphate bezeichnet. P. sind unter der Nummer E 452 für bestimmte Lebensmittel als Konservierungsmittel, Antioxidationsmittel, Säureregulatoren, Emulgatoren, Backtriebmittel, Trennmittel (Rieselhilfsmittel für pulverförmige Lebensmittel) und als Schmelzsalze für Käse zugelassen. Des Weiteren werden sie aufgrund ihrer guten Wasserbindungsfähigkeit als Kutterhilfsmittel bei der Brühwurstherstellung verwendet sowie bei der Trinkwasseraufbereitung und der Herstellung von Düngemitteln eingesetzt.

Polypropylen engl.: *polypropylene;* Abk.: PP, günstiger Massenkunststoff mit sehr geringer →Wasserdampfdurchlässigkeit, jedoch geringer →Sauerstoffdichtigkeit. Aufgrund des günstigen Preises und der einfachen Handhabung wird PP zur Herstellung aller Arten von Verpackungen, wie z. B. Bechern, Schalen, Deckelfolien und Beuteln eingesetzt. Becher und Schalen aus PP zeichnen sich durch gute Festigkeit im Bereich von ca. 0 bis 160 °C aus und sind auch mikrowellengeeignet. Für Verpackungen mit guter Gasbarriere wird häufig PP als Trägermaterial mit dünner Barriereschicht eingesetzt. Die Barriereeigenschaften von PP selbst können bei der Verarbeitung durch Verstrecken (Recken) der Folie in zwei Raumrichtungen verbessert werden. Dieses so genannte biaxial orientierte PP (BOPP) behält ansonsten alle Eigenschaften des PP bei.

Polysaccharide engl.: *polysaccharides,* Syn.: *Vielfachzucker;* von griech.: *poly* = viel und *sakcharon* = Zucker abgeleitete Bezeichnung für hochmolekulare Verbindungen aus mehr als 10, gewöhnlich aber aus einer deutlich größeren Zahl glykosidisch miteinander verknüpften gleichen oder unterschiedlichen →Monosacchariden. Zu den nur aus einem Monosaccharid-Typ aufgebauten Homo-Polysacchariden oder Homoglykanen gehören wichtige Reservestoffe wie z. B. →Stärke und →Glykogen sowie Gerüststoffe wie Chitin und →Cellulose. Aus unterschiedlichen Monosaccharid-Typen aufgebaute P. werden als Hetero-Polysaccharide oder Heteroglykane bezeichnet. Hierzu zählen v. a. Pektine, Mannane und Heparin. P. können durch Säuren oder →Enzyme zu Monosacchariden abgebaut werden.

Polysorbate Syn.: →*Polyoxyethylensorbitanester von Fettsäuren*

Polystyrol engl.: *polystyrole;* Abk.: PS, preiswerter Kunststoff mit geringer →Sauerstoffdichtigkeit und geringer Temperaturbelastbarkeit (bis etwa 90 °C), der zur Herstellung von Schalen durch Thermoformen verwendet wird. PS zeichnet sich insbesondere durch seinen Glanz aus. Zur Verbesserung der Sauerstoffdichtigkeit wird PS im Verbund mit PET (Polyethylenterephthalat) oder PVC (Polyvinylchlorid) eingesetzt; zur Steigerung der thermischen Beständigkeit wird PS auch mit PPO (Polyphenylenoxid) gemischt. Sterilisierbare und mikrowellengeeignete Schalen werden jedoch i. d. R aus →Polypropylen hergestellt. Geschäumtes, d. h. expandiertes PS (EPS) wird auch als Polystyrolschaum bezeichnet und aufgrund seiner sehr guten thermischen Isolationswirkung zur Herstellung von Thermoboxen und Einwegbehältnissen für den Fischtransport verwendet.

Polytetrafluorethylen engl.: *polytetrafluorethylene;* Abk.: PTFE; unbrennbarer, sehr wärmebeständiger Kunststoff mit geringer Festigkeit, aber hoher Zähigkeit und ausgeprägtem antiadhäsivem Verhalten, der insbesondere für Antihaftbeschichtungen, z. B. bei Bratpfannen, Backformen und Bügeleisen eingesetzt wird. →Teflon®

Polyvinylalkohol; Abk.: PVAL, wasserlöslicher Kunststoff mit guter Zug- und Dehnungsfestigkeit sowie hoher Barrierewirkung auch gegenüber Fetten und Ölen. Eingebettet zwischen zwei wasserdampfdichten Kunststoffen ist PVAL gut zur Herstellung von Folien mit hoher Barrierewirkung geeignet, wird heute jedoch als Barrierebeschichtung i. d. R. durch → Ethylenvinylalkohol verdrängt.

Polyvinylchlorid engl.: *polyvinylchloride;* Abk.: PVC, preiswerter Kunststoff, der unempfindlich gegen Stoß und Druck ist, ein gutes Tiefziehverhalten besitzt und gut zum Herstellen standfester Hohlkörper und dünner Folien geeignet ist. PVC-Verpackungsmaterialien besitzen gute Barriereeigenschaften gegen Sauerstoff, Stickstoff, Kohlendioxid und Aromastoffe, so dass die Haltbarkeit der verpackten Güter erhöht wird. Die für die meisten Anwendungen ebenfalls ausreichende Wasserdampfsperre kann durch Verbunde mit Polyolefin-Folien wie → Polyethylen noch verbessert werden. Weichmacherfreies Hart-PVC wird im Lebensmittelbereich z. B. zur Herstellung von Flaschen für Speiseöl und Essig sowie von Weithalsgefäßen für pulverförmige, stückige oder pastöse Güter eingesetzt. Aus Hart-PVC-Folien lassen sich durch Tiefziehen Becher, Deckel und Sortiereinsätze hergestellen. PVC/Polyethylen-Verbundfolien werden zum Verpacken von Lebensmitteln unter Schutzgasatmosphäre eingesetzt (→ Modified Atmosphere Packaging). Weich-PVC spielt im Bereich der Lebensmittelverpackungen nur eine geringe Rolle und hat im Wesentlichen nur für Frischfleischverpackungen Bedeutung. Hier wird die kontrollierte Sauerstoffdiffusion durch den Einsatz des Weichmachers Adipinsäure-Diethylhexylester (DOA) erreicht. Weitere günstige Eigenschaften von PVC-Verpackungen sind, dass sie sterilisierfähig sind und direkt bedruckt werden können. PVC ist einer der ältesten und am besten untersuchtesten Kunststoffe. Aufgrund der gesundheitlichen Bedenklichkeit des monomeren Vinylchlorids erfolgt die Herstellung von PVC, das mit Lebensmitteln in Berührung kommt, unter Beachtung der strengen Vorgaben und Höchstwerte der Kunststoffkommission des → Bundesinstitutes für Risikobewertung.

Polyvinylidenchlorid engl.: *polyvinylidenchloride;* Abk.: PVDC, Kunststoff mit geringer → Wasserdampfdurchlässigkeit und sehr geringer Sauerstoffdurchlässigkeit, der daher wie → Ethylenvinylalkohol als Sperrschicht in → Verbundfolien eingesetzt wird. PVDC-Dispersionen werden zur Beschichtung von Papier, Folien, PVC- und PET-Flaschen sowie Zellglas eingesetzt, um deren hohe Wasserdampfdurchlässigkeit zu verringern. Entsprechend dem Bestreben zur Vermeidung chlorhaltiger Polymere wird PVDC heute jedoch häufig durch Ethylenvinylalkohol ersetzt.

Pomelo lat.: *Citrus paradisi X Citrus maxima* (Fam.: *Rutaceae*); rundliche bis birnenförmige große → Zitrusfrucht mit grobporiger, grüngelber, dicker Schale und hellem süßsauer schmeckenden Fruchtfleisch. Der Verzehr erfolgt im Allgemeinen roh im geschälten Zustand als Frischobst oder Obstsalaten oder verarbeitet als Zutat in Obstsalaten, Marmeladen oder Süßspeisen. Die heute im Handel erhältlichen P. sind in Israel aus einer Kreuzung aus → Pampelmuse und → Grapefruit entstanden. Ursprünglich wurde die Pampelmuse als P. bezeichnet.

Pomerac Syn.: → *Malayenapfel*

Pomeranze lat.: *Citrus aurantium L. subsp. aurantium* (Fam.: *Rutaceae*), engl.: *Seville, Sour Orange, Bitter Orange,* Syn.: *Sauerorange, Bitterorange, Bigardie, Sevilla-Orange;* im Mittelmeerraum kultivierte Zitrusfrucht, deren kleine, runde, dunkel orangefarbene Früchte eine sehr dicke Schale aufweisen und ein bitteres, kaum zum Rohgenuss geeignetes Fruchtfleisch besitzen. Hauptverwendung finden P. in Form ihrer kandierten Schalen, die als → Orangeat als Backzutat verwendet werden. Die nicht kandierten Schalen der z. T. auch unreif geernteten Früchte und das aus ihnen gewonnene ätherische Pomeranzenöl dienen in der Likörindustrie zur Aromatisierung von Kräuter- und

Bitterlikören (→Curaçao). Aus den in Streifen geschnittenen und mit Zucker eingekochten Früchten wird die typische englische Orangenmarmelade hergestellt.

Pomeranzenlikör engl.: *bitter orange liqueur;* ein →Fruchtaromalikör, der unter Verwendung der →Pomeranze und deren Schalen hergestellt wird und eine braune Farbe sowie einen bitter herben, leicht würzigen Geschmack aufweist. Der Mindestalkoholgehalt beträgt 15 Vol.-%.

Pomeranzenschalen engl.: *bitter orange peels;* Schalen der reifen →Pomeranze (Bitterorange), die etwa 1–2,5 % →ätherische Öle enthalten und wegen ihrer Aroma- und Bitterstoffe sowohl in pflanzlichen Arzneimitteln gegen Blähungen, Völlegefühl und Appetitlosigkeit als auch in der Likörindustrie eingesetzt werden.

Pomerol; französischer Rotwein der Spitzenklasse mit AOC der Gemeinde.

Pommes frites engl.: *chips, french fries amerik.;* Kartoffelverarbeitungserzeugnisse, die aus rohen Kartoffeln durch Schälen, In-Streifen-Schneiden, Blanchieren (Inaktivierung von Enzymen), Vorfrittieren (schwimmend in heißem Fett ausgebacken) und anschließendem (Tief)kühlen hergestellt werden. Zur Zubereitung werden sie entweder erneut frittiert oder im Falle der →Backofen-Pommes-frites ohne Fettzugabe im Ofen gegart. P. weisen einen hohen Fettgehalt, aber auch hohe Konzentrationen an →Vitamin C auf.

Ponceau 4 R Syn.: →*Cochenillerot A*

Pontischer Absinth Syn.: →*Römischer Wermut*

Pont l'Évêque; geschützte Herkunftsbezeichnung für französischen Weichkäse aus der Normandie mit gewaschener goldgelber Kruste und 45 % Fett in der Trockenmasse. P. wird in viereckiger Form angeboten und besitzt einen geschmeidigen Teig von würzigem bis leicht herbem Geschmack.

Popcorn; in vielfältigen Geschmacks- (süß, salzig, pikant gewürzt) und Farbrichtungen angebotener Knabberartikel von lockerer Konsistenz aus gepufften, d. h. durch inneren Überdruck oder extrudierten Maiskörnern.

POPs; Abk. für Persistant Organic Pollutants, einer Gruppe von Verbindungen, deren Eintrag in die Umwelt zu vermeiden bzw. deren Eliminierung, soweit technisch machbar, vorzunehmen ist. Zu den POPs zählen insbesondere polychlorierte →Dioxine, →polychlorierte Biphenyle, →polybromierte Diphenylether und polybromierte Biphenyle.

Porree lat.: *Allium porrum L. var. porrum* (Fam.: *Liliaceae*), engl.: *Leek,* Syn.: *Lauch, Breitlauch;* zweijähriges, vermutlich aus Vorderasien stammendes Lauchgewächs, das über einer zwiebelähnlichen Verdickung aus den Blattscheiden einen durch Anhäufeln oder tiefes Pflanzen weiß oder grünlichweiß gebleichten, 3–8 cm dicken und 20–40 cm langen Schaft ausbildet. Die grünen Oberblätter lösen sich voneinander und sind breit abgeflacht und nicht röhrenförmig, wodurch sich der Name Breitlauch erklärt. Im zweiten Jahr bilden sich am Grunde der Pflanze kleine Brutzwiebelchen, die als „unechte Perlzwiebeln" bezeichnet und wie diese verwendet werden. Der typische Geruch und Geschmack ist auf die schwefelhaltigen ätherischen Öle zurückzuführen. P. wird fast ganzjährig angeboten, wobei hell- bis graugrüner Sommerporree etwas zarter und feiner im Geschmack ist als dunkelgrüner Winterporree. In der Küche wird P. zu Porreegemüse, Porreesalat und Eintöpfen verarbeitet und ist Bestandteil von →Suppengrün.

Porridge engl.: *porridge;* warmer Brei aus Hafermehl oder Haferflocken, der mit Wasser und/oder Milch und/oder Sahne zubereitet wird, der z. B. in Großbritannien zum Frühstück verzehrt wird. Weitere Zutaten wie Honig, Trockenobst, geröstetes Hafermehl u. v. m. werden neben den Grundgeschmacksrichtungen süß (meist mit Zucker) und salzig in vielen Varianten verwendet.

Porter; ein aus England stammendes, stark gehopftes, dunkles obergäriges Bier, mit einem Stammwürzegehalt von 12–16 % und bitterlich-süßem Geschmack.

Porterhouse-Steak; eine sehr dicke (4–8 cm), aus der → Großen Lende (mittlerer Teil vom → Roastbeef) geschnittene Scheibe Rindfleisch mit Knochen- und Filetanteilen. Ein P. wiegt durchschnittlich 800–1000 g und wird vorzugsweise auf dem Rost gebraten. Wegen des in dem Knochen vorhandenen Wirbelkanales (BSE-Risikomaterial) ist P. nicht mehr im europäischen Handel erhältlich.

Portionspackung engl.: *single sachet;* Packung, welche die Menge an Packgut für den einmaligen Verbrauch, üblicherweise für eine Person enthält. Sie kann zugleich die Verkaufseinheit sein oder ist ein Teil einer Verkaufseinheit, z. B. 4-er Pack von Joghurtbechern.

Portland-Arrowrootstärke; nicht fest definierte Bezeichnung, die für Stärken aus Ahornstabgewächsen (lat.: *Araceae*), wie z. B. dem Gefleckten Ahornstab (lat.: *Arum maculatum L.*) oder der Colokasie (→ Taro) verwendet wird. Ursprünglich wurde als P. oder Portlandsago die Stärke des gefleckten Ahornstabes bezeichnet, die zum Andicken von Puddingen und Süßspeisen verwendet wurde, aber aufgrund ihrer Haut reizenden Eigenschaften vor der Zubereitung fast vollständig an Bedeutung verloren hat. Die Stärke der Kolokasie wird in den Herkunftsländern als Dickungsmittel und zum Backen verwendet.

Portugieser; in Europa weit verbreitete früh reifende Rotweinrebe mit guten Erträgen. Die P. - Rebe ergibt leichte Rotweine, die am besten jung getrunken werden. In Deutschland werden die Portugieser-Trauben oft auch als → Weißherbst gekeltert. Nach Deutschland kam der Portugieser aus Österreich. Ob er aber aus Portugal stammt, wie der Name vermuten lässt, ist unklar.

Portugiesische Auster lat.: *Crassostrea angulata Lamarck* (Fam.: *Ostreidae*), engl.: *Portuguese cupped oyster;* von den Küsten Portugals stammende, im 19. Jahrhundert zuerst an der Südküste Englands, später in verschiedenen Regionen Europas, zeitweilig auch in Deutschland kultivierte → Auster mit kräftigen lang gezogenen Schalen. Nach Ansicht einiger Experten ist die P. A. identisch mit der → Pazifischen Auster (lat.: *Crassotrea gigas Thunberg*).

Portugiesische Weine engl.: *Portuguese wine;* in Portugal hergestellte Weiß- oder Rotweine, bei deren Herstellung sich seit ca. 1990 zunehmend alte Weintradition mit moderner Kellereitechnik verbindet. Dadurch entstehen viele charaktervolle interessante Weine von zunehmend guter Qualität. Säure und Tannin sind nach wie vor ein Kennzeichen portugiesischer Weine, jedoch werden sie zunehmend sanfter und voller angeboten. Bedingt durch die Klimaunterschiede entstehen im Norden eher säurehaltige, im Süden eher rustikale Weine. Die Rotweine werden aus den Rebsorten Touriga Nacional, Touriga Francesca, Tinto Cao, Trincadeira Preta, Jaen und Tempranillo (der im Norden Tinta Ririz und im Süden Aragonês heißt) erzeugt. Für die Weißweine stehen z. B. Arinto, Bical und Encruzado zur Verfügung. Der Weinanbau ist in Portugal weit verbreitet. Alentejo, Dao, Estremadura, Sétubal und Douro sind bekannte Gebiete. Als Qualitätsbezeichnungen kommen Vinho de Mesa, Vinho Regional, Indicacao de Proveniencia Regulamentada (IPR; Vorstufe der DOC, wird zunehmend weniger), Denominacao der Origem Controlada (DOC) in Frage. Die aufgespriteten Weine → Portwein und → Madeirawein sind die klassischen portugiesischen Weine. Portugal ist daneben Hauptlieferland von Weinkorken.

Portulak lat.: *Potulaca oleracea L. subsp. sativa* (Fam.: *Portulacaceae*), engl.: *Common Purslane,* Syn.: *Sauburtzel;* einjährige, aufrecht wachsende Gartenform der in Südeuropa wild wachsenden *subsp. oleracea*, deren würzige fleischige Blättchen zur Zubereitung von klaren Brühen, Salaten, Saucen und Kräuterquark verwendet, wie Spinat als Gemüse zubereitet oder als Salat verzehrt werden können.

Portwein engl.: *port;* klassischer portugiesischer →Likörwein aus dem Douro-Tal. Für die Herstellung von P. sind nur Trauben aus bestimmten Lagen erlaubt. Die Traubenmenge pro 1000 Rebstöcke ist vorgeschrieben. Roter P. entsteht aus den Rebsorten Touriga Nacional, Tinta Roriz, Tinta Barroca, Tinto Cao und Touriga Francesca, weißer P. aus den Rebsorten Viozinho, Gouveio, Malvasia und Rabigato. P. gärt nur kurz, die Gärung wird durch →Aufspriten abgestoppt, wenn ca. die Hälfte des Ursprungszuckergehalts vergärt ist. Dadurch ist der P. meist süß und sein Alkoholgehalt liegt bei 18 bis 21 Vol.-%. Durch Maischen der Trauben, früher barfuß, heute maschinell, in ihrem Saft werden bei der Gewinnung von rotem P. die charakteristeristischen Farb- und Gerbstoffe aus den Trauben freigesetzt. Der weitere Ausbau erfolgt dann sehr individuell. Bei rotem P. entsteht bei Fassausbau entweder „Ruby Port", „Tawny Port" oder „Colheita"-Portwein. Der nur 2 Jahre auf Holz ausgebaute „Ruby Port" ist dunkel, eher fruchtig, manchmal kraftvoll und wird jung getrunken. Der bei langem Fassausbau erhaltene „Tawny Port" ist heller, geschmeidig, trockener und leichter. „Colheita"-Portwein besteht aus Wein eines Jahrgangs und wird mindestens 7 Jahre auf Eiche ausgebaut. „Vintage Port" wird in der Flasche ausgebaut, er entsteht nur von guten Jahrgängen. „Vintage Port" und „Tawny Port" sind mit Altersangaben von 10, 20, 30 oder 40 Jahren versehen. Weißer P. ist eher selten und wird mit zunehmendem Alter dunkler, was sich in den Einstufungen von „pale white" über „straw coloured" bis hin zu „golden white" wiederspiegelt. P. kommt frühestens nach drei Jahren zum Export.

Postmix-Verfahren engl.: *post-mix dispensing system;* Mischverfahren für Erfrischungsgetränke. In Postmix-Anlagen werden die Getränke erst unmittelbar vor der Abgabe vor Ort fertig gestellt. Getränkesirup und Wasser werden mit oder ohne Kohlensäure zum fertigen Getränk kombiniert. Durch den Transport des Sirups statt der fertigen Getränke ergibt sich eine Kostenersparnis. Den Gegensatz bildet das →Premix-Verfahren.

Pot au feu; ursprünglich französische Suppen- bzw. Eintopfspezialität. Den Namen „Feuertopf" erhielt sie, weil die Zutaten im Topf über dem offenen Feuer langsam (einige Stunden) gegart wurden. Die Bezeichnung „Pot au feu" lässt sich nicht mehr einem Rezept klar zuordnen, sondern ist längst zu einer viele Varianten umfassenden Bezeichnung für Suppen und Eintöpfe mit langsam und schonend gegarten Zutaten geworden.

Potentieller Alkoholgehalt engl.: *potential alcoholic strength;* errechneter Alkoholanteil, der durch vollständige Gärung aus dem vorhandenen Zucker in dem betreffenden Erzeugnis (z. B. Wein) gebildet werden kann.

Pottasche Syn.: →*Kaliumcarbonat*

Poularde engl.: *poulard;* ca. 7–8 Wochen gemästetes, vor der Geschlechtreife geschlachtetes „Hähnchen" (Haushuhn), das ausgenommen mindestens 1200 g, beim Fehlen von Hals und Innereien mindestens 1100 g wiegt.

Powidl; in Österreich, Ungarn und Tschechien übliche Bezeichnung für Pflaumenmus.

PP; Abk. für →Polypropylen.

ppb; Abk. für engl.: *parts per billion* = Teile pro Milliarde (z. B. µg/kg). Konzentrationsangabe, die hauptsächlich in der Rückstandsanalytik verwendet wird.

ppm; Abk. für engl.: *parts per million* = Teile pro Million (z. B. mg/kg). Konzentrationsangabe, die hauptsächlich in der Rückstandsanalytik verwendet wird.

Prädikatwein; →Qualitätswein b. A.

Präferenztest engl.: *preference test;* sensorisches Messverfahren mit Konsumenten der Zielgruppe, um die relative Bevorzugung von ganzheitlichen Produkten zu ermitteln. Es kann nur im Vergleich mit mehreren Produkten erfolgen, z. B. durch →Rangordnungsprüfung oder →Paarweiser Vergleich. Um Ersteffekte bei der einmaligen Verkostung von neuen Produkten auszuschließen, sollten Dauerpräferenztests durchgeführt werden. Mit einem P. kann keine Aussage über die absolute Beliebtheit von Produkten getroffen werden. →Akzeptanztest

Präparate mit würzenden Zutaten; Mischungen von technologisch wirksamen Stoffen mit einem →Gewürz oder mehreren Gewürzen, anderen geschmacksgebenden oder Geschmack beeinflussenden Zutaten und/oder →Gewürzzubereitungen und/oder →Gewürzaromen. Sie enthalten nach den Leitsätzen des Deutschen Lebensmittelbuches für Gewürze und würzende Zutaten ausschließlich die für den angegeben Zweck technologisch notwendigen Stoffe und die für eine ausreichende Würzung erforderlichen Zutaten. Sie werden nach ihrem Verwendungszweck z. B. als „Präparat zur Reifung und Würzung von Rohwurst“ oder als Rohwurstreifemittel mit Gewürzen für Salami bezeichnet.

Präserve Syn.: →*Halbkonserven*

Prager Schinken; nach einem speziellen Verfahren (zartes Pökeln, kurzes Räuchern) aus dem Schinken von sehr muskelfleischigen Schweinen hergestellte→Kochpökelware. Er wird i. d. R. im Brotteig gebacken oder gekocht mit vielen unterschiedlichen Beilagen, wie z. B. Äpfeln, Preiselbeeren oder Kartoffelpüree angerichtet angeboten.

Praliné-Creme engl.: *praline cream,* Syn.: *Praliné-Krem;* auf Fettbasis hergestellte Zuckerware von pastöser Konsistenz, die Kakaobestandteile und häufig Nuss- und Mandelkerne enthält.

Pralinen; ca. 10 g schwere Schokoladenstücke in Bissengröße mit festem oder flüssigem Kern. Der Schokoladenanteil liegt zwischen dem Mindestgehalt von 25 % und 40 % des Gesamtgewichtes. Zu den P. gehören gefüllte Schokoladen ebenso wie aufeinander gelegte Schichten aus Schokoladenarten und andere Lebensmitteln wie Krokant, Marzipan oder Nugat. Als Gemischpralinen bezeichnet man ein Gemisch von Schokolade mit anderen Lebensmitteln mit Ausnahme von Mehl und Stärke. In Österreich werden P. auch als Schokoladenbonbon bezeichnet. Seinen Ursprung soll die P. zur Zeit des „immer währenden Reichstags“ in Augsburg haben, dort bereitete der französische Meisterkoch Lassagne dem Grafen du Plessis-Praslin 1670 ein Konfekt aus Mandeln, Zucker, Früchten, das während der Sitzungen mit Schokolade gereicht wurde. Die Herstellung von P. erfolgt mit zahlreichen Ausformungssystemen. Hierbei ist Gießen das älteste meist angewandte Verfahren. Andere Verfahren sind Ausformung (Extrudierverfahren, Formpressen) und Format-Formung (Ausstechverfahren, Abrollsystem, Düsenschneideverfahren). Die Verfahren werden auch kombiniert eingesetzt.

Prasselkuchen engl.: *crumb cake bars;* mit →Streuseln bestreuter, glasierter und aprikotierter flacher Kuchen aus Blätterteig, der ursprünglich eine sächsische und schlesische Spezialität war.

Prebiotika engl.: *prebiotics,* Syn.: *Präbiotika;* spezifische unverdauliche Lebensmittelbestandteile, die selektiv Bakterien der Gattung →*Bifidobacterium* und andere gesundheitsfördernde Bakterien der Darmflora in ihrem Wachstum und ihrer Aktivität im Darm fördern und dadurch positive gesundheitliche Wirkungen erzielen. Es handelt sich hierbei um lösliche Ballaststoffe wie →Inulin und →Oligofructose, die im menschlichen Dünndarm nicht verdaut und aufgenommen werden, sondern erst im Dickdarm bevorzugt den probiotischen Bakterien als Nahrung dienen. P., die gezielt Bifidobakterien fördern, werden als bifidogen bezeichnet. P. werden z. B. in Joghurterzeugnissen und prebiotischen Säuglingsmilchnahrungen eingesetzt.

Prebiotische Snackprodukte; in der Regel auf Getreidebasis aufgebaute Snackprodukte, die neben prebiotisch wirkendem →Inulin meist weitere funktionelle Inhaltsstoffe wie z. B. →sekundäre Pflanzenstoffe aus Früchten enthalten und als „Gesunde Snacks" beworben werden.

Preference Mapping; mehrdimensionale statistische Auswertung mit Hilfe der Hauptkomponentenanalyse (PCA), um komplexe Zusammenhänge zu visualisieren. Mit P. können Beziehungen zwischen Beliebheitsurteilen und einer sensorischen → Profilprüfung räumlich dargestellt werden.

Preiselbeere lat.: *Vaccinium vitis-idea L.* (Fam.: *Ericaceae*), engl.: *Cowberry, Foxberry*, Syn.: *Kronsbeere;* kleine leuchtend rote → Beeren des gleichnamigen immergrünen Zwergstrauches mit charakteristischem herb saurem adstringierenden Geschmack. Dieser ist durch den hohen Gehalt an Äpfel-, Citronen- und Chinasäure sowie Gerbstoffen bedingt. P. werden als → Wildfrüchte in Nord-, Mittel- und Osteuropa gesammelt und als Frischware sowie als Nasskonserve haltbar gemacht gehandelt. In Deutschland hergestellte P. in Konserven erfüllen die Anforderungen der Leitsätze des Deutschen Lebensmittelbuches für verarbeitetes Obst oder sind in ihrer Abweichung ausreichend kenntlich gemacht. Die Mitverwendung von → Gewöhnlichen Moosbeeren ist bis zu einem Gehalt von 15 %, bezogen auf die Fruchteinwaage, unter Kenntlichmachung handelsüblich. Eine Verarbeitung von P. erfolgt zu Mark, Saft und Wein sowie mit Zucker zu Gelee, Mus, Likör und Konfitüren. Aus P. hergestellte Gelees oder Kompotts werden als aromatische Beilagen zu Wild- und Geflügelgerichten sowie Sauerbraten gereicht.

Premier jus Syn.: → *Feintalg*

Premix Syn.: *Alcopops;* trinkfertig angebotene Mischgetränke aus Fruchtsäften und/oder Erfrischungsgetränken sowie Spirituosen, oft gängigen Cocktails oder Longdrinks nachempfunden. Alkoholgehalt meist um 5 Vol.-%.

Premix-Verfahren; Mischverfahren für Erfrischungsgetränke. In Premix-Anlagen werden größere Getränkemengen produziert und in Edelstahlbehältern gesammelt. Dann folgt Abfüllen in Flaschen oder Dosen bzw. Abgabe über Zapfanlagen in der Gastronomie oder über Automaten. Gegensatz dazu ist das → Postmix-Verfahren.

Pressato engl.: *Pressato;* italienischer, teilweise entfetteter Hartkäse mit mindestens 30 % Fett in der Trockenmasse, zylindrischer Form, einem Durchmesser von 32–45cm und einem Gewicht von 9–14 kg. P. besitzt eine trockene, dünne, elastische Rinde, weißen bis leicht strohgelben Teig mit vielen kleinen unregelmäßig verteilten Löchern und mildem süßlichen Geschmack.

Presshonig engl.: *pressed honey;* durch Pressen der brutfreien Waben mit Druck ohne oder mit Erwärmung auf höchstens 45 °C (Seimhonig) gewonnener → Honig. Der Gehalt an wasserunlöslichen Stoffen, z. B. Pollen, ist wesentlich höher als bei anderen Gewinnungsmethoden, da es zu Zerstörung der Honigwaben kommt.

Presskopf; → Brühwurstpasteten

Presssack engl.: *collared pork;* 1. Bezeichnung für eine Reihe von in weite Hüllen oder Schweinemägen gefüllte bayerische Wurstspezialitäten. Die bekannteste ist Weißer P., eine in weite Hüllen oder Schweinemägen gefüllte Sülze, die würfel- oder streifenförmig geschnittene Einlagen aus umgerötetem grob entfetteten Schweinefleisch, Speck und Schweinemasken in einer meist zerkleinerte Schwarten, z. T. auch Leber (Leberpresssack) enthaltende Gallerte beinhaltet. Der Anteil der Einlagen überwiegt gegenüber der Gallerte und besteht mindestens zur Hälfte aus Skelettmuskelfleisch. Weißer P. kann auch mit klein gewürfeltem sehnenreichem Rindfleisch als Einlage hergestellt werden. 2. Wortbestandteil in der Bezeichnung für eine Reihe von Sülzesorten.

Presstalg Syn.: → *Oleostearin*

Presswein; Bezeichnung für Rotwein, der nach der Maischung und nach Abzug des Vorlaufweins aus den Resten der Beerenhäute, Kerne und evtl. Rappen (Stiele) noch abgepresst wird. Er ist sehr säurehaltig, tanninreich und wird dem Vorlaufwein partiell zugesetzt, um diesem mehr Kraft und Alterungspotenzial zu geben. P. allein ist stark adstringierend und braucht lange, um trinkreif zu werden.

Presswürfel; durch Pressen hergestellter, unter Druck leicht zerfallender → Würfelzucker.

Presswürste; Bezeichnung für eine Gruppe von → Sülzwürsten, die aus einem in Hüllen verschiedenen Kalibers gepressten schnittfesten Gemenge bestehen. Dieses enthält eine Gallertmasse mit zerkleinerten Schwarten und stückigen Einlagen (Fleisch, Speck, ggf. Innereien) oder gewolftem Fleisch oder Brät oder zerkleinerter Leber. Als P. werden auch eine Reihe von Blutwurstspezialitäten bezeichnet.

Primärproduktion engl.: *primary production;* im Lebensmittelrecht definiert als die Erzeugung, die Aufzucht oder der Anbau von Primärprodukten einschließlich Ernten, Melken und landwirtschaftlicher Nutztierproduktion vor dem Schlachten. P. umfasst auch das Jagen und Fischen und das Ernten wild wachsender Erzeugnisse.

Primeur; 1. junger frischer (Trinktemperatur 10–12 °C), französischer → Rotwein mit fruchtbetontem Geschmack. Er wird kurz nach Abschluss der Gärung abgefüllt und sollte wenige Monate später getrunken sein. Besonders bekannt ist der P. aus dem → Beaujolais, der ab dem dritten Donnerstag im November verkauft wird; 2. handelsüblicher Begriff aus dem Französischen für extrem früh angebotenes Gemüse.

Printen engl.: *gingerbread biscuits;* knusprig harte oder saftig weiche, meist rechteckige → braune Lebkuchen, die mitunter auch platten- oder gebildeartig ausfallen können. Typisch ist ein Geschmack nach ungelösten braunen Kandiszuckerkrümeln und nach Gewürzen. P. enthalten pro kg Getreideerzeugnisse mindestens 80 g Zuckertrockenmasse und als Ölsamen in Teig, Überzügen und Auflagen üblicherweise nur Mandel-, Hasel- und Walnusskerne. Überzogen sind sie ausschließlich mit Schokolade. Am bekanntesten sind die in und um Aachen gefertigten „Aachener Printen" („Aachener Gewürzprinten").

Prinzessbohnen; → Bohnen

Prionen engl.: *prions;* abgeleitet von engl.: *proteinaceous infectious particles*; infektiöse Proteine, die aus körpereigenen Proteinen durch Strukturänderung hervorgegangen sind und bei Kontakt mit weiteren normalen Proteinen diese ebenfalls zur Konformationsänderung veranlassen. Die pathologische Form bildet unlösliche fibrilläre Aggregate, die sich durch eine hohe Hitzestabilität auszeichnen, vererbbar sind und durch Ablagerung im Gehirn dessen Zerstörung bewirken. P. sind der Auslöser verschiedener Erkrankungen wie Scrapie bei Schaf und Ziege, BSE bei Rindern (→ Bovine Spongiforme Enzephalopathie), höchstwahrscheinlich der (varianten) Creutzfeldt-Jakob-Krankheit beim Menschen u.a. → Transmissible Spongiforme Enzephalopathien.

PRL; Abkürzung von engl.: *practical residue limit.* Begriff aus der Rückstandsanalyse.

Probiotika engl.: *probiotics;* von griech.: *pro bios* = für das Leben abgeleitete Bezeichnung für definierte lebende → Mikroorganismen, die in ausreichenden Mengen in aktiver Form in den Darm gelangen und hierbei positive gesundheitliche Wirkung, wie z. B. die positive Beeinflussung des Verlaufs bestimmter Durchfallerkrankungen oder eine Stimulation verschiedener Abwehrmechanismen erzielen sollen. P. werden in Lebensmitteln (→ probiotische Lebensmittel), Arzneimitteln und Futtermitteln eingesetzt. Alle probiotischen Stämme kommen natürlicherweise im menschlichen Darm vor und werden für die Herstellung probiotischer Produkte kultiviert. Zum Einsatz kommen hauptsächlich Stämme der Gattungen → *Bifidobacterium* und → *Lactobacillus.*

Probiotische Lebensmittel engl.: *probiotic food;* Lebensmittel, die → Probiotika in einer Menge enthalten, bei der die probiotischen Wirkungen nach dem Verzehr eines derartigen Lebensmittels erzielt werden. Auf dem

Markt sind v. a. probiotische Milcherzeugnisse wie Joghurts, Trinkjoghurts, Milchdrinks und Quark sowie probiotische Säuglingsmilchnahrungen erhältlich. Im Unterschied zu herkömmlichen Milchprodukten werden die probiotischen Bakterienstämme bei p. L. nicht zur Herstellung oder aus geschmacklichen Gründen zugesetzt, sondern nach dem Fermentationsprozess ausschließlich zur Erzielung der probiotischen Wirkungen zugegeben. P. L. gehören zu den →funktionellen Lebensmitteln.

ProDiät Syn.: *Produkt & Diät;* vom Bundesverband der diätetischen Lebensmittelindustrie (Diät Verband) herausgegebenes Verzeichnis diätetischer und diätgeeigneter Lebensmittel. ProDiät ist sowohl in Buchform (2-Bändig) erhältlich als auch im Internet einsehbar und löste 1996 die so genannte „Grüne Liste" ab.

Profil engl.: *profile;* durch die grafische Anordnung der wichtigsten →Deskriptoren eines Lebensmittels ergibt sich ein Produktprofil. Die Darstellung erfolgt meist als →Spinnennetz Diagramm.

Profilprüfung engl.: *profiling,* Syn.: *Profilierung;* verschiedene sensorische Methoden zur qualitativen Beschreibung und quantitativen Bewertung aller produktrelevanten →Merkmalseigenschaften. Die P. wird i. d. R. mit selektierten und trainierten Prüfern in folgenden Schritten durchgeführt: 1. Auswahl geeigneter Prüfmuster einer Produktkategorie, 2. Auffinden geeigneter Deskriptoren, 3. Gewichtung und Reduzierung dieser Begriffe, 4. Festlegung der Reihenfolge des Auftretens dieser Empfindungen, 5. Durchführung der P. mit →Replikation. Mögliche Varianten sind →Quantitative Deskriptive Analyse™, →Free-Choice-Profiling, →Konsensprofil, →Flavor Profil™, Spectrum™-Methode.

Prolamin engl.: *prolamine;* alkohollösliche Proteinfraktion des Getreides. Zu ihr gehören das →Gliadin bei Weizen, Secalin bei Roggen, →Zein bei Mais, Avenin bei Hafer und Hordein bei Gerste. Sie wird als Reserveprotein bei ausreichendem Stickstoffangebot verstärkt gebildet. P. weist hohe Gehalte an Prolin und Glutaminsäure auf, aber nur sehr geringe Gehalte an der essenziellen Aminosäure Lysin. Gliadin ist Bestandteil des →Glutens. Die P. von Weizen, Roggen, Hafer und Gerste sind aufgrund ihrer Aminosäurestruktur Auslöser der →Zöliakie.

Prolin engl.: *proline;* Abk.: Pro, nicht essenzielle →Aminosäure mit besonderer Stickstoffbindung (Iminosäure), die in vielen →Proteinen zu 4–7 % enthalten ist. Größere Konzentrationen finden sich in Casein, Weizenprotein und Gelatine. Aufgrund seiner Molekülstruktur hat Pro wesentlichen Einfluss auf die Konformation der Proteine (wirkt als Helixbrecher) und kann enzymatisch in →Hydroxyprolin überführt werden.

Prooxidantien engl.: *oxidation promoters;* Substanzen, welche die Oxidation einleiten oder fördern und im Körper durch ein System von →Antioxidantien unschädlich gemacht werden. Beispiele für P. sind Sauerstoffradikale, Schwermetallspuren und ionisierende Strahlung. Allerdings kann die Wirkung von Antioxidantien bei Überdosierung umgekehrt werden, so dass auch diese prooxidativ wirken. Der Organismus strebt ein Gleichgewicht zwischen Pro- und Antioxidantien an, ein Überschuss an P. wird auch als „oxidativer Stress" bezeichnet und fördert die Entstehung verschiedener Erkrankungen.

Propanol Syn.: *Propylalkohol, 1-Propanol;* einwertiger Alkohol mit 3 C-Atomen, der in →Fuselölen vorkommt und z. B. als Lösungsmittel, Desinfektionsmittel und in Reinigungsmitteln Verwendung findet. Der →Isopropylalkohol ist ein Isomer des P., das sich nur in der Stellung der Hydroxylgruppe unterscheidet.

Propionate engl.: *propionate;* Salze der →Propionsäure.

Propionibacterium; Mehrz.: Propioni- oder Propionsäurebakterien, Gattung grampositiver, unbeweglicher, anaerober bis aerotoleranter Bakterien mit uneinheitlicher Gestalt, die als Hauptstoffwechselprodukte aus Milchsäure Propionsäure, Essigsäure und Kohlendioxid bilden. Wichtigste Arten für die Milchwirtschaft sind *P. freudenreichii, P. acidipropionici* und *P. jensenii*, die zur Aromabildung bei Hart- (insbesondere → Emmentaler Käse) und Schnittkäse beitragen. Durch die bei der → Propionsäuregärung erfolgende Gasbildung sorgen sie ferner für die typische Lochbildung des Emmentaler Käses. Ein weiterer industrieller Einsatzbereich von Propionsäurebakterien ist die Produktion von → Vitamin B_{12}.

Propionsäure engl.: *propionic acid,* Syn.: *Propansäure;* farblose, stechend riechende, flüssige, organische Säure mit 3 C-Atomen. In der Natur kommt sie in Schweiß, Galle, als Nebenprodukt bei der Essigsäuregärung sowie als Produkt bei der Propionsäuregärung durch Propionsäurebakterien (→ Propionibacterium) vor. Als solches ist sie einer der wesentlichen Bestandteile des Aromas von Emmentaler Käse. P. besitzt konservierende Wirkung, indem sie sich in den Zellen der Mikroorganismen ansammelt und durch Enzymhemmung deren Stoffwechsel blockiert, ferner je nach Propionsäurekonzentration den pH-Wert in der Zelle absenkt. P. kann wie → Sorbinsäure wegen ihres niedrigen pKS-Wertes (Dissoziationskonstante) auch bei Lebensmitteln mit hohem pH-Wert wie z. B. Brot und feine Backwaren eingesetzt werden. Sie hemmt das Wachstum von Schimmelpilzen und Hefen, bei Bakterien vorwiegend das der gramnegativen Arten. P. (E 280) und ihre Natrium-, Kalium- und Calciumsalze, die Propionate (E 281–283), sind als Konservierungsstoffe in der EU begrenzt für bestimmte Brote, Backwaren sowie zur Oberflächenbehandlung von Käse oder Käseanaloga zugelassen. In der Praxis werden anstelle der im Produkt sensorisch unvorteilhaften P. die weißen kristallinen Salze eingesetzt, die fast keinen Geruch und Geschmack aufweisen.

Propionsäurebakterien; → Propionibacterium

Propionsäuregärung engl.: *propionic acid fermentation;* Form der → Gärung, bei der Propionsäurebakterien Milchsäure zu Propionsäure, Essigsäure und Kohlendioxid abbauen. Die P. ist bei der Herstellung von → Emmentaler Käse eine gezielt eingesetzte Reaktion, die zur Ausbildung der großen Löcher führt, bei den meisten anderen Käsesorten stellt sie eine unerwünschte Fehlgärung dar.

Propylalkohol Syn.: → *Propanol*

Propylenglykol engl.: *propylene glycol;* süßlich schmeckende, farblose ölige Flüssigkeit, die durch Anlagerung von Wasser an Propylenoxid entsteht. P. findet z. B. Verwendung als Frostschutzmittel, in Kühlflüssigkeit, als Weichmacher und Lösungsmittel für Öle, Harze, Farb- und Aromastoffe. Die Veresterung mit Fettsäuren (Propylenglykolester) oder mit Alginsäure (Propylenglykolalginat) liefert Lebensmittelzusatzstoffe.

Propylenglykolalginat engl.: *propane-1, 2-diol alginate;* → Alginate

Propylenglykolester engl.: *propan-1, 2-diol esters of fatty acids;* synthetisch hergestellte Mono- oder Di-Ester von Propylenglykol mit Speisefettsäuren, die als wachsartige weißlich bis gelbliche Masse vorliegen und unter der Nummer E 477 als Emulgatoren und Stabilisatoren für bestimmte Lebensmittel, z. B. feine Backwaren, Speiseeis und diätetische Lebensmittel in festgelegten Höchstmengen zugelassen sind. Durch Molekulardestillation ist es möglich, die Monoester (z. B. Propylenglykolmonostearat) anzureichern.

Propylenglykolmonostearat engl.: *propylene glycol monostearate;* → Propylenglykolester

Propylenoxid engl.: *propylene oxide;* farblose, leicht entflammbare Flüssigkeit, die aus Propylen gebildet werden kann und u. a. zur Herstellung von → Propylenglykolen und Polyethern (z. B. für Lösungsmittel und Tenside) verwendet wird. P. könnte anstelle von Ethylenoxid als Begasungsmittel zum Vorratsschutz von Trockenprodukten (z.B. Gewürze) eingesetzt werden. Es kann wie Ethylenoxid mutagen und kanzerogen wirken, allerdings in geringerem Maße.

Propylgallat engl.: *propyl gallate;* → Gallate

Prosecco; 1. in der italienischen Provinz Veneto (Venetien), insbesondere im Gebiet Valdobbiadene gezüchtete Rebsorte mit spät reifenden Trauben, aus denen stroh- bis hellgoldfarbene Weißweine mit hohem Gerbstoffgehalt und aromatischem Geschmack gekeltert werden; 2. Bezeichnung für eine Reihe von Schaumweinen, insbesondere Perlweine mit einem Kohlensäuredruck unter 2,5 bar (frizzante), die aus Weißweinen der Proseccorebe durch eine zweite Gärung nach dem Charmat-Verfahren im Gärtank hergestellt werden.

Prosthetische Gruppe engl.: *prosthetic group;* Nichtproteinkomponente in zusammengesetzten → Proteinen (z. B. Lipoproteine, Glykoproteine) und → Enzymen (hier Coenzym genannt), die für die biologische Wirkung verantwortlich ist. Die p. G. ist im Gegensatz zum Cosubstrat, das nur lose verknüpft ist, kovalent an das → Apoenzym gebunden.

Proteasen engl.: *proteases,* Syn.: *proteolytische Enzyme;* zur Gruppe der → Hydrolasen gehörende Enzyme, die die Peptid-Bindung der Proteine hydrolytisch spalten (Proteolyse). Bei den P. werden → Exopeptidasen (auch Peptidasen genannt), die Proteine vom Ende her spalten, von → Endopeptidasen (auch Proteinasen genannt) unterschieden, die Proteine im Inneren spalten. P. sind wichtige Verdauungsenzyme, die in der Lebensmittelindustrie, z. B. bei der Herstellung von Käse, Bier (Entfernung von Trübungen), Backwaren, Süßstoffen und als Zartmacher von Fleisch sowie in der Waschmittelindustrie eingesetzt werden. Die Aktivität der P. kann durch spezifische Protease-Inhibitoren gehemmt werden.

Proteide; veraltete Bezeichnung für zusammengesetzte → Proteine.

Proteinasen Syn.: → *Endopeptidasen*

Proteine engl.: *protein,* Syn.: *Eiweiße, Eiweißstoffe, Eiweißkörper;* von griech.: *proteuein* = der Erste sein abgeleitete Sammelbezeichnung für sich i. d. R. aus 20 verschiedenen → Aminosäuren zusammensetzende natürlich vorkommende hochmolekulare Verbindungen. P. zählen zusammen mit → Kohlenhydraten und → Fetten zu den drei mengenmäßig bedeutendsten Nahrungs- und Reservestoffen. Die empfohlene tägliche Zufuhr für Erwachsene liegt bei 0,8 g pro kg Körpergewicht. P. sind aber nicht nur Energieträger, sondern zusätzlich wichtige Bausubstanzen und werden auch als Grundbausteine des Lebens bezeichnet. P. erfüllen im Organismus wichtige Funktionen, z. B. als → Enzyme, als Gerüstsubstanzen, in der Immunabwehr und als Hormone. P. können von Pflanzen und vielen → Mikroorganismen aus anorganischen Verbindungen gebildet werden. Der menschliche Organismus ist jedoch zu ihrem Aufbau auf die Zufuhr von → essenziellen Aminosäuren mit der Nahrung angewiesen. Aufgrund der unterschiedlichen Aminosäurezusammensetzungen haben P. verschiedener Nahrungsmittel unterschiedlich → biologische Wertigkeiten für den menschlichen Organismus. Diese können durch geeignete Kombination mit gegenseitiger Ergänzung verbessert werden. Nach ihrer Gestalt erfolgt eine Unterscheidung in globuläre oder Sphäroproteine wie Albumine, Globuline und Gluteline mit eher kugelförmiger Struktur und Skleroproteine oder Gerüstproteine wie Keratine und Kollage mit Faserstruktur, die sie zum Aufbau von Gerüstsubstanz befähigt. Nach ihrer Zusammensetzung wird weiterhin zwischen einfachen P., deren Hydrolyse ausschließlich Aminosäuren ergibt und zusammengesetzten P. wie Nucleoproteinen und Lipoproteinen, die zusätzlich eine Nichtproteinkomponente enthalten, unterschieden. Die meist wasserlöslichen P. sind empfindlich gegenüber physikalischen und chemischen Einwirkungen wie Temperatur und Säure

(→Denaturierung). Das Zerstören der Proteinraumstruktur kann dabei neben dem Verlust biologischer Eigenschaften wie Enzym- und Hormonwirkung auch zu Veränderungen der Verdaulichkeit von P. sowie von physikalischen Eigenschaften führen, die einen Einfluss auf die Weiterverarbeitung proteinhaltiger Lebensmittel haben können.

Proteinhydrolysat Syn.: →*Eiweißhydrolysat*

Proteinstoffwechsel Syn.: →*Eiweißstoffwechsel*

Proteinverdauung Syn.: →*Eiweißverdauung*

Proteolyse engl.: *proteolysis;* Eiweißabbau zu →Peptiden und →Aminosäuren. →Eiweißhydrolysat

Proteolyten engl.: *proteolytic organisms,* Syn.: *Peptonisierende Bakterien;* Mikroorganismen (z. B. Arten der Gattungen *Pseudomas, Clostridium* und *Bacillus*), die Eiweiß spaltende Enzyme (Proteasen) bilden können.

Proteolytische Enzyme Syn.: →*Proteasen*

Proteus; zu den →*Enterobacteriaceae* gehörende Gattung gramnegativer, aerober oder fakultativ anaerober Stäbchenbakterien, die häufig als Fäulnisbakterien in Fleisch, Fisch, Eiern und anderen Lebensmitteln vorkommen und durch Zersetzung von Eiweißen (→Proteolyse) übel riechende Stoffwechselprodukte bilden. Als Lebensmittelvergifter ist für den Menschen insbesondere *P. vulgaris* von Bedeutung, der sich durch massive Anreicherung in den zubereiteten Lebensmitteln auszeichnet und ein toxisches Lipopolysaccharid bildet.

Provitamine engl.: *provitamins;* Vorstufen von →Vitaminen, die im Organismus in die zugehörige biologisch aktive Vitaminform umgewandelt werden.

Provolone engl.: *provolone,* Syn.: *Provola;* halb fester bis schnittfester gereifter, ursprünglich aus Süditalien stammender, →Pasta-Filata-Käse der Dreiviertelfettstufe bis Rahmstufe mit einem Gewicht von 0,3–50 kg aus Kuhmilch. Der P. verfügt über eine dünne, glatte, glänzend goldgelbe bis braungelbe, mit Paraffin überzogene Rinde und einen weißen bis strohgelben Teig, der eine faserige Struktur mit wenigen Löchern und Spalten aufweist. Der Geschmack reicht je nach Reifezustand von mild süßlich (jung) bis hin zu pikant herzhaft (alt). Der Käse wird in verschiedenen Formen und Größen mit einer Schnur eingebunden gehandelt und je nach Form unterschiedlich bezeichnet, wie z. B. die zylindrische Variante als „Pancette", die quadratische als „Ragusani" oder die kugelförmige als „Mandarini". P. lässt sich als Tischkäse sowie als Streukäse verwenden und eignet sich hervorragend als Salatzutat.

PR-Toxin engl.: *PR-Toxin;* Abk. für Penicillium-Roqueforti-Toxin, →Mykotoxin, das von *Penicillium roqueforti* z. B. auf Getreide und Silage gebildet wird, trotz der Anwesenheit des Pilzes jedoch nicht in Blauschimmelkäse entsteht bzw. rasch zu unschädlichen Produkten umgesetzt wird. Bei In-Vitro-Tests zeigt PR-Toxin mutagene und cytotoxische Wirkung.

Prüflebensmittel engl.: *test product;* Referenzlebensmittel, dass als Ersatz bzw. Standard zur Prüfung auf Geruchs- oder Geschmacksübertragung aus Packstoffen eingesetzt wird. Das P. soll den Eigenschaften des Originalfüllguts möglichst ähnlich sein. Beispiele sind Lactose, Pflanzenöl, Wasser, 10 % Ethanol. →Robinsontest →Migration

Prunkbohne Syn.: →*Feuerbohne*

PS; Abk. für →Polystyrol.

Psalter Syn.: →*Blättermagen*

PSE-Fleisch engl.: *PSE meat;* blasses (engl.: *pale*), weiches (engl.: *soft*) und wässriges (engl.: *exudative*) Fleisch von Schwein und Rind. Durch Stress (erhöhte Adrenalinproduktion) induziert wird insbesondere im Muskelfleisch der beschleunigte Abbau des Glykogens zu Milchsäure durch das Enzym Glykogen-Phosphorylase katalysiert. Es kommt zu einer überstürzten Säuerung des Fleisches innerhalb eines sehr kurzen Zeitraums. P. sieht blassrosa aus und ist an der Oberfläche feucht glänzend. Beim Abhängen sowie beim Auftauen treten große Gewichts- bzw. Abtropfverluste auf. P. schrumpft beim Zubereiten (Braten) unter Austritt großer Mengen Fleischsaft deutlich ein und wird zäh.

Pseudoallergische Reaktion engl.: *pseudo-allergic reaction;* Abk.: PAR, Unverträglichkeitsreaktion gegenüber bestimmten Substanzen, welche die gleichen Symptome hervorrufen kann wie eine →Allergie, jedoch ohne Beteiligung des Immunsystems abläuft. Der zugrunde liegende Mechanismus ist noch nicht genau geklärt. PAR richten sich insbesondere gegen Konservierungsstoffe wie →Benzoesäure oder →Sulfite und möglicherweise auch gegen bestimmte synthetische Farbstoffe wie z. B. Tartrazin, treten aber relativ selten auf. Bei PAR werden meist größere Mengen der auslösenden Substanz benötigt, um eine Reaktion hervorzurufen als bei echten Allergien.

Pseudomonas; Mehrz.: Pseudomonaden, von griech.: *pseudes* = falsch und *monas* = unteilbare Einheit abgeleiteter Name für eine Gattung gramnegativer, einzelner, nicht kettenbildender, gerader oder schwach gebogener, obligat aerober, nicht sporenbildender Stäbchenbakterien. P. sind im Erdboden sowie im Wasser weit verbreitet und spielen eine große Rolle als Verderbniserreger von Lebensmitteln. Die Gattung umfasst zahlreiche Spezies, von denen insbesondere *Pseudomonas aeruginosa* als Erreger von Wundinfektionen mit blaugrünem Eiter bzw. von Brechdurchfällen und wässrigen Stühlen bei Resistenz geschwächten Säuglingen und Kleinkindern von Bedeutung ist. Aufgrund seiner Resistenz gegen zahlreiche Desinfektionsmittel ist *Pseudomonas aeruginosa* ein gefürchteter Keim in Krankenhäusern, der zu Hospitalinfektionen führen kann.

Pseudomonas aeruginosa; →Pseudomonas

Pseudomycel engl.: *pseudomycel;* durch Sprossung gebildete Zellverbände von →Hefen aus lang gestreckten fadenförmigen Zellen, die äußerlich Ähnlichkeit mit echtem →Mycel aufweisen, jedoch keine nachträglich eingezogenen Querwände haben.

P/S-Quotient engl.: *P/S ratio;* früherer Maßstab zur Beurteilung der Fettsäurezusammensetzung von Lebensmitteln. Der P. ist definiert als Verhältnis der mehrfach ungesättigten Fettsäuren (engl.: *polyunsaturated fatty acids*) zu den gesättigten Fettsäuren (engl.: *saturated fatty acids*). Als erstrebenswert wurde ein Wert größer 1 angesehen. Da in den letzten Jahren die einfach ungesättigten Fettsäuren an Bedeutung gewonnen haben, spielt der P. kaum noch eine Rolle.

Psychrophile Bakterien engl.: *psychrophilic - bacteria;* Kälte liebende Bakterien, deren Wachstumsoptimum bei 12–15 °C liegt. Da sie sehr wärmeempfindlich sind und bei über 20 °C bereits abgetötet werden, spielen sie beim Verderb von Lebensmitteln kaum eine Rolle.

Psychrotrophe Bakterien Syn.: *Psychrotolerante Bakterien;* Bakterien, deren Wachstumsoptimum zwar im mesophilen Bereich (25–30 °C) liegt, die sich aber auch bei 0 °C und tieferen Temperaturen noch vermehren können. Hierzu gehören der überwiegende Anteil der Mikroflora in Boden und Wasser, u. a. auch verschiedene Lactobacillus-, Pseudomonas- und Enterobacter-Arten, bei denen es sich z. T. um Lebensmittelverderber handelt.

Pteroylglutaminsäure engl.: *pteroylglutamic acid;* →Folsäure

PTFE; Abk. für →Polytetrafluorethylen.

Puddingcremepulver Syn.: *Puddingkrempulver, Instant-Puddingpulver, kochfreies Puddingpulver;* vorgefertigte Gemische (Halbfertigerzeugnisse) zur Zubereitung von cremigen Süßspeisen auf kaltem Wege, vorzugsweise mit Milch. Die Bezeichnung erklärt sich aus der gegenüber „Pudding" deutlich weicheren Konsistenz der Speise. Die verwendeten Konsistenz gebenden Stoffe sind i. d. R. verkleisterte Stärke sowie pflanzliche Dickungs- und Geliermittel (insbesondere Carrageen). Der Zusatz von Alkalisalzen der Phosphorsäure und der Diphosphorsäure, bei bestimmten Rezepturen auch löslicher Calciumsalze, verstärkt die Gelbildung. Hinsichtlich der Geschmacksrichtungen und der verwendeten geschmacksgebenden Stoffe ähneln die P. den → Puddingpulvern.

Puddinge engl.: *puddings;* 1. Bezeichnung für meist kalt zu genießende Süßspeisen von charakteristischer stürzbarer bis cremeartiger Beschaffenheit. Die typische Konsistenz wird durch die Verwendung der jeweils erforderlichen Menge an Lebensmitteln mit stabilisierender, gelierender und/oder emulgierender Wirkung, wie Stärken, Gelatine, Eiweiß- und Getreideerzeugnissen, Speiseölen, Speisefetten, Verdickungs- und Geliermitteln, Emulgatoren und/oder Stabilisatoren erreicht. P. werden sowohl auf der grundlegenden Basis von Getreideerzeugnissen wie z. B. Stärke als auch von Milcherzeugnissen wie z. B. Sahne in unterschiedlichen Geschmacksrichtungen hergestellt. Typische geschmacksgebenden Zutaten sind z. B. Grieß, Kakaopulver, gemahlene Vanilleschoten, Vanilleextrakt, Aromen, Obsterzeugnisse, Mandeln, Nüsse und Karamell. Das Angebot von P. auf der Basis von Milch und/oder Milcherzeugnissen erfolgt i. d. R. verzehrfertig als Frischeprodukte in Becherpackungen mit und ohne Sauce. P. auf der Basis von Getreideerzeugnissen sind i. d. R. als vorgemischte Halbfertigerzeugnisse (→ Puddingpulver → Puddingcremepulver) im Handel, die nach Belieben im Haushalt mit Flüssigkeiten (bspw. Milch, Wasser oder Sojamilch) und anderen Zutaten wie z. B. Eischnee zubereitet werden können. P. auf der Basis von Getreideerzeugnissen, besonders grießhaltige, werden auch als Flammeris bezeichnet; 2. meist warm zu verzehrende, im Wasserbad gegarte süße oder salzige, meist stark sättigende Gerichte mit pasten- bis annähernd gebäckartiger Konsistenz und einem meist beträchtlichen Fett- und Eigehalt (z. B. → Plumpudding).

Puddingmeise lat.: *Aviola parus cremensis,* engl.: *jelly titmouse;* 1. in unseren Breitengraden vorkommender kleiner Singvogel, der sich von seinen Artgenossen Blau-, Kohl,- Sumpf-, Weiden-, Tannen- und Haubenmeisen vor allem dadurch unterscheidet, dass er sich vorzugsweise von Pudding eines bekannten Bielefelder Familienunternehmens ernährt; 2. in Bielefeld beheimatetes Fluggerät eines bekannten Pudding herstellenden Familenenunternehmens. Die P. ist einzigartig aufgrund der speziellen Anforderungen, die an sie gestellt werden. Sie ist leichter und zierlicher als viele ihrer größeren kerosinfressenden Verwandten. In der Regel ist die P. nur sehr schwer zu Gesicht zu bekommen, da sie ihre Flugbahnen zunehmend nach Ost- und Westeuropa ausdehnt, wodurch sich auch der Lebensraum von 1. erweitern dürfte.

Puddingpulver engl.: *custard powder, blancmange powder;* zur Herstellung von → Puddingen bestimmte vorgefertigte Mischungen (Halbfertigerzeugnisse) aus Getreide und/oder Getreideerzeugnissen wie unverkleisterter Stärke, Reis, Weizengrieß u. Ä., auch Mischungen dieser Stoffe mit qualitätsbestimmenden Zutaten. Als Zutaten werden neben Getreide und/oder Getreideerzeugnissen insbesondere Zuckerarten (z. B. Saccharose, Glucose, Lactose), Kakao (auch stark entölt), Kaffeeextrakt, Karamell, Samenkerne, Trockenfrüchte, kandierte Früchte, Genusssäuren, Kochsalz, Stoffe zur Geschmacksgebung und Geschmacksabrundung sowie Aromen verwendet. Der Einsatz von färbenden Lebensmitteln und/oder zugelassenen Farbstoffen ist üblich. Die Zubereitung erfolgt durch Einrühren in kochende Flüssigkeiten, Andickenlassen und letztendlich Abkühlen mit dem anschließenden Stürzen. Zumeist handelt es sich bei der verwendeten Flüssigkeit um Milch oder ähnliche Erzeugnisse wie Sojamilch, bei säurehaltigen P. hingegen um Wasser, auch unter Zusatz von Fruchtsaft oder Wein. In der für $^1/_2$ l Flüssigkeit bestimmten Puddingpulvermenge sind üblicherweise mindestens 35 g, bei Schokoladenpudding- oder Schokoladenflammeripulver mindestens 30 g Konsistenz gebende Stoffe enthalten.

Puddingpulver und verwandte Erzeugnisse; pulverförmige Gemische aus Konsistenz gebenden (z. B. Stärken, modifizierte Stärken, Gelatine, Dickungs- und/oder Geliermittel sowie Emulgatoren und Stabilisatoren) sowie weiteren Zutaten zur Zubereitung von Puddingen, anderen süßen Desserts und verwandten Erzeugnissen mit Flüssigkeit, z. B. Milch oder Wasser, unter oder ohne Anwendung von Wärme, vielfach auch unter Zusatz von Zucker oder ggf. weiteren Zutaten. Typische aus ihnen hergestellte Erzeugnisse sind Puddinge, Süßspeisen wie z. B. Mousse oder Panna Cotta, Tortengüsse, süße Saucen und Suppen, Kaltschalen sowie Cremes. Neben den charakteristischen Konsistenz gebenden Zutaten werden ferner geschmacksgebende Zutaten (z. B. Kakao, Kakaoerzeugnisse, Vanilleschoten, Gewürze und Aromen), Speisesalz sowie ggf. färbende Lebensmittel und/oder Farbstoffe und Säuerungsmittel verwendet. Für die aus Puddingpulver und den verwandten Erzeugnisse hergestellten Zubereitungen sind in den Leitsätzen des Deutschen Lebensmittelbuches für Puddinge, andere süße Desserts und verwandte Erzeugnisse Anforderungen, insbesondere hinsichtlich der Menge an charakteristischen Zutaten, festgelegt. Namensgebende Bestandteile sind in wertbestimmenden Anteilen enthalten. Wird dieser Anteil unterschritten oder kommen zusätzlich oder ausschließlich naturidentische oder künstliche Aromastoffe zur Anwendung, so lautet die Verkehrsbezeichnung: „.... mit ....geschmack". Die zur Zubereitung des Packungsinhaltes erforderliche Flüssigkeitsmenge wird angegeben.

Pudding-Vegetarismus; umgangssprachliche Bezeichnung für eine Form der Ernährung, bei der lediglich auf den Verzehr von Fleisch und Fisch verzichtet wird, die ansonsten aber stark verarbeitete Lebensmittel wie Weißmehlerzeugnisse und Süßwaren bevorzugt.

Puderkaffee Syn.: → *Pulverkaffee*

Puderraffinade Syn.: → *Puderzucker*

Puderstärke Syn.: → *Stärkepuder*

Puderzucker engl.: *icing sugar, powdered sugar,* Syn.: *Puderraffinade, Staubzucker;* sehr feinkörniger (Korngröße unter 0,1 mm) Zucker, der durch Mahlen von kristalliner → Raffinade (EG I-Qualität) in schnell laufenden Mühlen gewonnen wird. Er ist ideal als Backzutat zu und zum Bestreuen und Glasieren von feinen Backwaren geeignet.

Püreeflocken Syn.: → *Kartoffelpüree*

Püreegranulat Syn.: → *Kartoffelpüree*

Püreepulver Syn.: → *Kartoffelpüree*

Pu-Erh-Tee engl.: *pu-erh-tea,* Syn.: *Roter Tee;* aus der Provinz Yunnan im Südwesten Chinas stammender halb fermentierter → Tee, der wie → schwarzer Tee und → grüner Tee aus Blättern des Teestrauches gewonnen wird und sich von ihnen durch ein besonderes Fermentationsverfahren unterscheidet, das ihm die rötlich erdige Farbe und den charakteristischen erdig modrigen Geruch und Geschmack verleiht. Die chinesische Teespezialität wird im Handel als lose Blattware, gepresst oder in Form von Kapseln angeboten. Die Werbeaussagen über diätetische und gesundheitsvorbeugende Wirkungen sind wissenschaftlich nicht belegt.

Pürieren engl.: *to mash,* Syn.: *Zerstampfen;* Zerkleinern eines rohen oder gekochten Lebensmittels zu Brei (Syn.: *Püree*).

Puffbohnen; → Dicke Bohnen

Puffersubstanzen engl.: *buffering agent, buffer reagent;* Stoffe, die zur Aufrechterhaltung eines bestimmten pH-Wertes in Lösungen und Zubereitungen dienen. Die Pufferlösung besteht aus einer schwachen Säure und deren zugehörigem dissoziierten Neutralsalz (z. B. Essigsäure/Acetat), so dass ein Zusatz von Säuren bzw. Basen durch Abfangen der Protonen bzw. Hydroxidionen unter Bildung einer schwachen Säure bzw. Base ausgeglichen wird. Durch die Verwendung von P. können unerwünschte physikalische, chemische und organoleptische Veränderungen verhindert werden, wie z. B. Eiweißgerinnung oder Spaltung von Geliermitteln beim

Erhitzen oder das Abstumpfen des Säuregeschmacks in Fruchtzubereitungen.

Puffmais Syn.: → *Perlmais*

Puffreis engl.: *puffed rice;* durch → Pufftrocknung gelockerter und wesentlich vergrößerter weißer geschälter, leicht verdaulicher Reis. Aus P. werden eine Reihe von pikanten und süßen Knabberartikeln wie z. B. Reiswaffeln oder Flocken hergestellt. Puffreisprodukte können vielfältig gewürzt, gesüßt oder überzogen sein.

Puffreisschokolade engl.: *puffed rice chocolate;* → Schokolade mit einem Zusatz von maximal 40 % Puffreis.

Pufftrocknung engl.: *puff drying, explosive puffing,* Syn.: *Explosionstrocknung;* spezielles Trocknungsverfahren, bei dem das vorgetrocknete stückige Gut in einer abgeschlossenen Kammer zunächst mit erhitztem Wasserdampf unter einem Überdruck von 2 bis 4 bar erhitzt wird, worauf eine schlagartige Entspannung auf Atmosphärendruck folgt. Dabei dehnt sich das Gut durch die Dampfbildung ohne Zerstörung des Gefüges aus und wird ihm im Heißluftstrom weitergetrocknet. Die P. ist zur Trocknung verschiedener Obst- und Gemüsesorten sowie von Knabberartikeln wie Erdnussflips geeignet und führt durch die gute Auflockerung des Gewebes zu einer Verkürzung der Rekonstitutionszeit.

Puglieser; in Süditalien und Malta angebaute großfruchtige Anissorte. → Anis

Pulpen; → Fruchtpulpen

Pulpo; aus dem Spanischen übernommene synonyme Bezeichnung für → Oktopus.

Pulpwash-Produkte; Nebenprodukt der Verarbeitung von Zitrusfrüchten. P. werden durch Auswaschen der bei der Saftherstellung im Finisher, einem dünnmaschigen Sieb, verbleibenden Pulpe gewonnen. Sie sind pektin- und trübstoffreich und werden als Konzentrat zur Weiterverarbeitung angeboten, finden jedoch keine Verwendung bei der Fruchtsaft- und Fruchtnektarherstellung.

Pulque; süßes mexikanisches, weinähnliches Getränk, das aus dem Saft der Agave gewonnen wird. In Mexiko ist P. ein Nationalgetränk und wird frisch vergoren als so genannter Agavenwein getrunken. Durch Destillation kann aus dem Agavenwein auch ein Pulque fuerte genannter Branntwein hergestellt werden. Der Alkoholgehalt beträgt ca. 5 Vol.-%.

Pulvergelatine engl.: *powder gelatin;* durch Trocknen einer konzentrierten, zum Gel erstarrten Gelatinelösung und anschließendem Vermahlen hergestellte pulverförmige Speisegelatine (→ Gelatine). P. wird i. d. R. in Kleinpackungen im Handel angeboten.

Pulverkaffee Syn.: *Puderkaffee;* in Verbraucherkreisen gelegentlich verwendete Bezeichnung für sprühgetrocknetes Kaffeeextraktpulver (→ Kaffeeextrakte).

Pummelo Syn.: → *Pampelmuse*

Pumpernickel engl.: *pumpernickel,* Syn.: *Münsterländer Schwarzbrot;* dunkles, süßlich aromatisch schmeckendes, vorwiegend krustenfreies Brot aus üblicherweise mindestens 90 % Roggenbackschrot und/oder Roggenvollkornschrot. Die Backzeit in geschlossenen Backkästen unter Verwendung von Dampf beträgt mindestens 16 Stunden. Der lange Backprozess, die Verzuckerung der Stärke und enzymatische Umsetzungen bewirken die dunkle Farbe und den charakteristischen Geschmack.

Punsch engl.: *punch;* heißes Mischgetränk, das ursprünglich in Indien aus den fünf Zutaten (ind.: *pantscha* = fünf) Arrak, Zitronensaft, Gewürzen, Zucker und Wasser bzw. Tee hergestellt wurde. Die Verwendung von anderen Zutaten wie Rum, Weiß- oder Rotwein, Kernobst- oder Fruchtwein sowie von Fruchtsäften und Früchtetees ist üblich. Es existieren viele alkoholfreie Varianten. Als Basis für alkoholhaltigen P. lassen sich Punschextrakte (Syn.: *Punschsirupe*) verwenden. Dabei handelt es sich um → Spirituosen mit höherem Alkoholgehalt, die dazu bestimmt sind, verdünnt getrunken zu werden.

Punschbohnen engl.: *punch bean;* → Pralinen mit flüssiger alkoholhaltiger Füllung.

Punschextrakt; → Punsch

Purinarme Lebensmittel; Lebensmittel mit geringen Konzentrationen an Purinbasen (überwiegend als Purinnucleotide), deren Konsum zu einer Senkung des Harnsäurespiegels beiträgt und deshalb als Therapie bei → Gicht empfohlen wird. Da Purine aus verschiedenen Quellen über einen unterschiedlich starken Einfluss auf den Harnsäurespiegel verfügen, erfolgt eine Umrechnung in Harnsäureäquivalente (mg Harnsäure pro 100 g Lebensmittel). Zu den p. L. zählen Milch und Milchprodukte, Eier, Fette, Reis, Obst und die meisten Gemüsesorten (Ausnahmen: Hülsenfrüchte, verschiedene Kohlsorten). Durch die Zubereitung (Kochen, Braten etc.) der Lebensmittel kann der Puringehalt von z. B. Fleisch reduziert werden.

Purinbasen engl.: *purines;* Gruppe von stickstoffhaltigen organischen Verbindungen, die aus einem Pyrimidin- und einem Imidazolring aufgebaut sind. P. sind wie auch Pyrimidinbasen Bestandteil der Nucleotide, den Bausteinen von DNS und RNS, und damit in jeder Zelle vorhanden. Des Weiteren sind sie Bestandteil energiereicher Verbindungen wie ATP, wichtiger Coenzyme (z. B. Coenzym A) und metabolischer Regulatoren (cAMP). Zu den P. gehören Adenin, Guanin, Hypoxanthin und Xanthin, die im Organismus zu Harnsäure abgebaut werden, was bei genetischer Prädisposition zum Krankheitsbild der → Gicht führen kann.

Purpurgranadilla Syn.: → *Passionsfrucht*

Pusstasuppe engl.: *puszta soup;* braune, besonders scharf gewürzte → Gulaschsuppe.

Pute lat.: *Meleagris gallopavo domesticus L.* (Fam.: *Meleagrididae*), engl.: *turkey;* weibliches → Truthuhn, aber zugleich Tierartbezeichnung für vom weiblichen Truthuhn stammende Lebensmittel. Bei Schlachtgeflügel wird zwischen den Kategorien „Junge Pute“ mit biegsamem (nicht verknöchertem) Brustfortsatz und „Pute“ mit rigidem (verknöchertem) Brustfortsatz unterschieden.

Putenbrust engl.: *turkey breast;* frisch, gefroren und tiefgefroren, i. d. R. ohne Knochen, unzubereitet und zubereitet im Handel angebotenes mageres fett- und sehnenarmes Brustfleisch (→ Geflügelbrust) von der Pute. Das Angebot erfolgt insbesondere frisch in der Form von zugeschnittenen Fleischstücken (→ Schnitzel, Schnitten), gepökelt und ggf. geräuchert in Streifen und Scheiben z. B. als Aufschnitt sowie gewürzt, mariniert oder fertig zum Verzehr zubereitet in Halbfertigerzeugnissen, Fertiggerichten und anderen Convenience-Produkten.

Putenleberwurst; → Geflügelleberwurst

Puter lat.: *Meleagris gallopavo L.* (Fam.: *Meleagrididae*), engl.: *turkey;* männliches → Truthuhn. Bei Schlachtgeflügel wird zwischen den Kategorien „Junger Truthahn“ mit biegsamem (nicht verknöchertem) Brustfortsatz und „Truthahn“ mit rigidem (verknöchertem) Brustfortsatz unterschieden.

Putrescin engl.: *putrescine;* durch mikrobielle Decarboxylierung der Aminosäure Ornithin gebildetes → biogenes Amin. P. kommt zusammen mit → Cadaverin und → Histamin in eiweißhaltigen Lebensmitteln vor, in frischem Zustand nur in Spuren; mit fortschreitendem Eiweißabbau (Fleisch-/Fischverderb) steigt der Gehalt. P. macht sich durch äußerst unangenehmen Geruch bemerkbar (lat.: *putrescere* = verfaulen). Die Toxizität beruht auf der Hemmung der Aminoxidasen in der Leber (→ Histaminintoleranz). P. ist Zwischenprodukt für die Synthese von Spermin und Spermidin.

Putzen engl.: *to wash and prepare;* beim Verarbeiten von Lebensmitteln nicht nur das Beseitigen von Verunreinigungen aller Art, sondern auch das Abtrennen des nicht essbaren Anteils bei der küchentechnischen Vorbereitung.

PVAL; Abk. für → Polyvinylalkohol.

PVC; Abk. für → Polyvinylchlorid.

PVDC; Abk. für → Polyvinylidenchlorid.

Pyknometrie; Methode zur Dichtemessung. Das Pyknometer ist ein Wägegefäß aus Glas mit sehr genau definiertem und reproduzierbar bestimmbarem Innenvolumen. Zur Messung wird das leere und anschließend das volle Pyknometer temperiert gewogen. P. lässt sich in einem weitem Temperatur- und Druckbereich einsetzen und ist aufwändiger, aber auch genauer als die → Aräometrie. Eine Anwendung ist z. B. die Alkoholbestimmung.

Pyrenäen-Käse engl.: *Pyrenees cheese;* → Fromage des Pyrénées

Pyridoxin engl.: *pyridoxine;* → Vitamin B_6

Pyrithiamin; ein → Antivitamin des → Thiamins

Pyrokohlensäurediethylester Syn.: *Diethyldicarbonat;* farblose Flüssigkeit mit stechendem fruchtigen Geruch, die in wässrigen Substraten abhängig vom pH-Wert und der Temperatur zu Ethanol und Kohlendioxid zerfällt. P. wurde früher als Entkeimungsmittel für Erfrischungsgetränke eingesetzt, jedoch wegen der Bildung von Ethylcarbamat (Ethylurethan), das im Tierversuch kanzerogene Wirkung zeigt, durch → Dimethyldicarbonat ersetzt.

Pyrophosphate engl.: *pyrophosphates;* veraltete Bezeichnung für → Diphosphate.

Pyruvat engl.: *pyruvate;* Anion bzw. Salze der Brenztraubensäure. P. ist ein zentrales Stoffwechsel-Zwischenprodukt, u. a. im → Citronensäure-Zyklus. In zahlreichen Lebensmitteln kommt es in kleinen Mengen von Natur aus vor. P. wird als → Nahrungsergänzungsmittel zur Gewichtsreduktion (Fatburner) angeboten; ein wissenschaftlicher Beleg für die Wirksamkeit ist nicht bekannt. .

Q10-Wert engl.: *q10 value,* Syn.: *Temperaturkoeffizient Q10;* Parameter, der angibt, um wieviel schneller eine Reaktion bei einer um 10 °C erhöhten Temperatur abläuft. Der Q. kann z. B. zur Berechnung der Verlängerung der Haltbarkeit von Lebensmitteln bei erniedrigter Lagertemperatur verwendet werden. Im Bereich der Mikrobiologie gibt er an, um wieviel schneller die Abtötung von Mikroorganismen in einem bestimmten Medium z. B. bei der Sterilisation von Konserven verläuft, wenn die Temperatur um 10 °C erhöht wird.

QBA; Abk. für → Qualitätswein b. A.

QDA™ engl.: *quantitative descriptive analysis;* Abk. für → Quantitative Deskriptive Analyse™.

QMP; Abk. für die traditionelle Bezeichnung Qualitätswein mit Prädikat. → Qualitätswein b. A.

QS-Prüfzeichen; Prüfzeichen für das QS-Konzept, wobei die Buchstaben Q und S für die Begriffe Qualität und Sicherheit stehen. Dabei handelt es sich um ein von den am Prozess der Lebensmittelerzeugung beteiligten Unternehmen der Futtermittelindustrie, der Landwirtschaft, der Schlachtung, der Fleischwarenindustrie und des Lebensmittelhandels initiiertes Konzept für die verlässliche stufenübergreifende Prozess- und Herkunftssicherung bei der Erzeugung, der Verarbeitung und der Vermarktung von Lebensmitteln. Lebensmittel, die das QS-Prüfzeichen tragen, werden nach strengen Regeln der einzelnen Erzeugerstufen hergestellt und der Herstellungsprozess ist durchgängig dokumentiert und kontrolliert. Das QS-Prüfzeichen soll in verschiedener Form, wie z. B. als Qualitätssiegel dabei helfen, das Vertrauen der Verbraucher in die Erzeugung von Lebensmitteln zu festigen.

Quadratkäse; quadratischer → Limburger Käse oder Käse nach Limburger Art (Romadour).

Qualitätslikörwein engl.: *quality liqueur wine;* → Likörweine

Qualitätsprüfung; in Deutschland für → Qualitätswein b. A. (bestimmter Anbaugebiete), Qualitätschaumwein b. A., Qualitätslikörwein b. A. und Qualitätsperlwein b. A. rechtlich vorgeschriebene (obligatorische) Prüfung. Qualitätschaumweine mit Rebsortengabe können auf Antrag einer Überprüfung unterzogen werden. Überprüft werden bei der Q. die Einhaltung der im europäischen und nationalen Weinrecht für das jeweilige Erzeugnis vorgeschriebenen analytischen und organoleptischen Kriterien (→Sinnenprüfung). Bei Bestehen erfolgt die Zuteilung einer amtlichen Prüfungsnummer. Sie muss auf dem Behälter des Erzeugnisses mit der Bezeichnung „Amtliche Prüfungsnummer" oder der Abkürzung „A. P. Nr." angegeben werden und enthält die Informationen Betriebsnummer, Antragsnummer sowie die letzten zwei Ziffern des Jahres der Prüfung. Das Ergebnis der Q. ist bei Qualitätsweinen b. A. wichtig für die Zuerkennung von beantragten Prädikaten, besonderen Bezeichnungen wie Classic, Selection oder Hochgewächs sowie von Auszeichnungen und Medaillen (z. B. Deutsches Weinsiegel). Verantwortlich für die Q. sind die zuständigen Behörden der Bundesländer.

Qualitätsschaumwein engl.: *quality sparkling wine;* qualitativ hochwertiger →Schaumwein, dessen Kohlensäure nur durch eine zweite Gärung aus dem zugrunde liegenden Qualitätswein b. A. entstanden sein darf und für den strengere Kriterien hinsichtlich der Produktbeschaffenheit gelten. Der Kohlensäureüberdruck beträgt mindestens 3,5 bar, der Alkoholgehalt mindestens 10 Vol.-% und der Gesamtschwefeldioxidgehalt maximal 185 mg/l. Bei Gärung im Tank müssen Herstellung und Gärung mindestens 6 Monate, bei Flaschengärung mindestens 9 Monate dauern. „Deutscher Sekt" darf nur aus Grundweinen hergestellt werden, die von in Deutschland angebauten Reben stammen. Q. bestimmter Anbaugebiete müssen bei Erfüllung der gleichen Kriterien zusätzlich aus dem genannten Anbaugebiet stammen, amtlich geprüft sein und auf dem Behälter die amtliche Prüfungsnummer enthalten. Für Q. ist in Deutschland zusätzlich die Bezeichnung Sekt rechtlich zugelassen.

Qualitätswein b. A. engl.: *quality wine PSR;* Kurzform für Qualitätsweine bestimmter Anbaugebiete (Abk.: QBA), der offiziellen deutschen Bezeichnung für die qualitativ höchstwertigste Klasse von Weinen in der EU (→VQPRD-Weine) mit amtlich anerkannter und analytisch sowie organoleptisch geprüfter Qualität. Die Bezeichnung QBA wird in Deutschland auf Antrag unter Vergabe einer amtlichen Prüfungsnummer zuerkannt. Dazu müssen bei der Qualitätsprüfung neben den national und europäisch rechtlich festgelegten analytischen und organoleptischen Mindestkriterien (→Sinnenprüfung) die in der europäischen Union rechtlich einheitlich festgelegten Bedingungen erfüllt werden. Die verwendeten Weintrauben müssen ausschließlich von geeigneten (empfohlenen oder zugelassenen) Rebsorten stammen und in einem einzigen bestimmten Anbaugebiet gewachsen sein. Jeder Verschnitt mit Weinen aus einem anderen bestimmten Anbaugebiet ist verboten. Die Verarbeitung der Weintrauben zu QBA muss in dem betreffenden Anbaugebiet erfolgen. Die Trauben müssen das von den Weinbau treibenden Ländern festgesetzte Ausgangsmostgewicht aufweisen. In Deutschland sind dies in Weinbaugebieten Zone A 50 °Öchsle und in Zone B 57 °Öchsle. Auch für den vorhandenen Alkoholgehalt sowie für den Mindestalkoholgehalt sind national bestimmte Grenzen vorgegeben, die regional abweichen können. In Deutschland verfügt ein QBA über mindestens 7,0 Vol.-% vorhandenen Alkohol und einen Mindestalkoholgehalt von 7,0 Vol.-% in der Weinbauzone A bzw. 8,0 Vol.-% in der Weinbauzone B. Regionale Abweichungen sind möglich. Für QBA ist eine begrenzte Anreicherung erlaubt. Zusätzlich können deutsche QBA-Prädikate bei der amtlichen Prüfung sowie nach der amtlichen Prüfung Auszeichnungen und Medaillen (z. B. Deutsches Weinsiegel), besondere Bezeichnungen, wie z. B. →Selection, →Classic oder →Hochgewächs zuerkannt bekommen. Bei den Bezeichnungen Qualitätswein, Qualitätswein garantierten Ursprungs handelt es sich um traditionelle deutsche Bezeichnungen für QBA bzw. bei Qualitätwein mit Prädikat und Prädikatwein für QBA mit Prädikat. Die Bezeichnung als Qualitätswein garantierten Ursprungs ist QBA mit einheitlichem Geschmackstyp vorbehalten, welche die in Rechtsverordnungen der Bundesländer festgelegten besonderen Erzeugungsvorschriften und besonderen sensorischen und analytischen Anforderungen erfüllen. Zugelassen sind die Prädikate Kabinett, Spätlese, Auslese, Beerenauslese, Trockenbeerenauslese und Eiswein (s. auch bei den einzelnen Stichwörtern). Für einen QBA mit Prädikat dürfen nur Trauben eines Bereiches verwendet werden und keine Anreicherung des Weines stattfinden. Darüber hinaus gelten die zusätzlichen Kriterien des jeweiligen Prädikates. Zudem gilt, dass die Lese von Weintrauben zur Herstellung von Qualitätsweinen mit Prädikat nur nach vorheriger Anzeige bei der Gemeindeverwaltung gestattet ist; eine Herbstordnung bestimmt für die einzelnen Rebsorten in den einzelnen Weinbauländern die Termine für den Zeitpunkt des Beginns der allgemeinen und insbesondere der Spätlesen. Es fällt außerdem in den Zuständigkeitsbereich der einzelnen Weinbau treibenden Länder, die Ausgangsmostgewichte für QBA mit Prädikat festzusetzen und nach dem Rang des Prädikats abzustufen.

Quantitative Deskriptive Analyse™ engl.: *quantitative descriptive analysis;* Abk.: QDA™, eine Methode zur Erstellung von → Profilen mit selektierten und trainierten Personen. Ziel ist das qualititive Auffinden von charakterisierenden → Merkmalseigenschaften und deren quantitative Bewertung. Bei der QDA™ handelt es sich um ein geschütztes Verfahren nach Stone/Sidel (1974).

Quantum satis; lat. für soviel genügt. Der Begriff „quantum satis" verweist bei Grenzwerten für → Zusatzstoffe auf ein nach dem Stand der Technik zum Erreichen der Wirkung nötiges Maß.

Quappe Syn.: → *Aalrutte*

Quargel Syn.: *Olmützer Quargel;* mundartlich auch als Quärgel bezeichnete Standardsorte bei → Sauermilchkäse. Q wird nur als „Gelbkäse" mit Rotschmiere mit Gewicht von meist 25 g je Kästchen in der Magerstufe hergestellt und regional auch als „kleiner Harzer" bezeichnet. Der Geschmack ist leicht säuerlich pikant bis kräftig.

Quark engl.: *curd, quark, cottage cheese;* → Speisequark

Quarkkuchen Syn.: → *Käsekuchen*

Quarkspeisen engl.: *quark dishes;* unter Verwendung von → Frischkäse hergestellte vielfältige Vor-, Haupt- und Nachspeisen.

Quarkstollen engl.: *cottage cheese loaf cake;* → Stollen

Quarkstrudel Syn.: → *Topfenstrudel*

Quarkstuten; → Stuten

Quarktorten engl.: *curd cheese cakes;* → Torten mit einer Füllung von geliertem, aromatisiertem und verziertem → Frischkäse. Dabei handelt es sich meist um → Speisequark oder → Schichtkäse.

Quecksilber engl.: *mercury;* zu den → Ultraspurenelementen gehörender → Mineralstoff. Die Funktion von Q. im Organismus ist nicht bekannt. Organische und anorganische Quecksilberverbindungen sind stark toxisch und placentagängig. Sie gelangen v. a. durch den Konsum von Fisch, Meerestieren, Innereien älterer Schlachttiere und Wildpilzen in den Körper. Eine chronische Vergiftung stellt die Minamata-Krankheit dar, die in Japan durch das Einleiten quecksilberhaltiger Abwässer in die Minamata-Bucht verursacht wurde. Mikroorganismen wandelten das anorganische Q. in fettlösliches Methylquecksilber um, das über Fisch und Meerestiere aufgenommen wurde und zu neurologischen Störungen, Krampfanfällen und Missbildungen führte.

Quellen engl.: *to swell;* Aufnahme von Flüssigkeit, meist Wasser, unter Volumenzunahme durch Lebensmittel. Je nach Art des Quellkörpers können die die Flüssigkeit aufnehmenden Makromoleküle sich ganz voneinander lösen (unbegrenzte Quellfähigkeit,

z. B. Stärke, Protein) oder zusammenhängend bleiben (begrenzte Quellfähigkeit, z. B. Cellulose). Zahlreiche Lebensmittel können quellen und viele küchentechnische Zubereitungen beruhen auf einem Quellvorgang: Die Teigbildung beim Zusammengeben von Weizenmehl und Wasser ist ein Beispiel für Q. bei Raumtemperatur, hier durch Weizenkleber. Auch Gelatine und Quellstärke sind bei Raumtemperatur quellfähig. Das Andicken von Saucen oder Suppen mit Mehl oder Puderstärke ist ein Beispiel für das Q. nativer Stärken beim Erhitzen. Weitere Beispiele sind das Weichkochen von Teigwaren, Reis und Hülsenfrüchten. Letztere quellen in kaltem Wasser ebenfalls, aber sehr langsam. Die Quelleigenschaften industriell hergestellter Lebensmittel können z. B. durch die Verwendung → modifizierter Stärken oder pflanzlicher Hydrokolloide beeinflusst werden.

Quellmehle engl.: *pre-gelatinised flour;* Getreidemehle (z. B. von Weizen oder Roggen), deren Stärke wie → Quellstärke durch physikalische Modifikation (Kochen und Dämpfen mit anschließender Trocknung) vorverkleistert ist. Zum Teil werden Q. pflanzliche Hydrokolloide (bspw. Johannisbrotkernmehl) zugemischt. Q. quellen mit kaltem Wasser und nehmen dabei das Mehrfache ihres Gewichtes an Flüssigkeit auf. Sie können durch ihre verstärkte Wasserbindung die Teigkonsistenz beeinflussen und werden daher auch als Bestandteil von → Backmitteln verwendet.

Quellstärke engl.: *pregelatinized starch;* physikalisch → modifizierte Stärke, deren Eigenschaften so verändert sind, dass sie in kaltem Wasser quillt und nur eine geringe Tendenz zur Gelbildung zeigt. Q. werden vielseitig in Instanterzeugnissen wie Kaltpuddingen, Fruchtkaltschalen, Saucenpulver oder Backmischungen verwendet.

Quellstoffe engl.: *swelling materials;* Stoffe aus der Gruppe der → Hydrokolloide, die in Wasser aufquellen und dadurch hochviskose Lösungen bilden oder gelieren. In der Lebensmittelindustrie werden Q. als Dickungs- und Geliermittel eingesetzt. Da sie von den Verdauungsenzymen nicht oder nur kaum abgebaut werden, werden sie größtenteils zu den → Ballaststoffen gerechnet und deshalb auch aus diätetischen Gründen bestimmten Lebensmitteln zugesetzt bzw. als Appetithemmer in Schlankheitsmitteln verwendet.

Quellstück; in der → Teigführung als → Vorstufe verwendeter Teig. Er entspricht in der Führung dem → Brühstück. Nur wird hier Wasser von unter 70 °C, vorzugsweise von Raumtemperatur, eingesetzt, wodurch sich längere Stehzeiten (bis zu 24 Stunden) ergeben. Durch das Q. sind ähnliche Vorteile wie beim Brühstück erzielbar.

Quellwasser engl.: *natural water;* wie → Mineralwasser aus einem unterirdischen, vor Verunreinigung geschützten Wasservorkommen stammendes Wasser. Q. muss jedoch im Gegensatz zu Mineralwasser keine ursprüngliche Reinheit aufweisen, keine ernährungsphysiologischen Wirkungen besitzen und nicht amtlich anerkannt sein. Das Wasser muss alle Anforderungen an → Trinkwasser erfüllen und direkt am Quellort abgefüllt werden. Eisen-, Schwefel- und Kohlensäureentzug wie auch Kohlensäurezusatz sind erlaubt.

Quendel; 1. Römischer Quendel: Syn. für → Thymian (Gartenthymian). 2. Deutscher Quendel: Syn. für → Feldthymian.

Querrippe Syn.: → *Spannrippe*

Quesadillas engl.: *quessadillas;* mit Käse gefüllte, in der Pfanne gebratene Weizentortillas (→ Tortillas), die in der mexikanischen Küche zum Frühstück oder als Zwischenmahlzeit gereicht werden.

Quetsch; in bestimmten Regionen (Baden, Elsaß, Schweiz, Oberbayern) gebräuchliche Bezeichnung für Zwetschgenbrand. → Obstbrand

Quiche engl.: *quiche;* in runden flachen Formen gebackener, herzhaft pikanter Kuchen aus → Mürbeteig mit würzigen Füllungen. So enthält die Q. lorraine bspw. eine Füllung aus Emmentaler Käse, Zwiebeln, gewürfeltem Schinken, Eiern und Milch.

Quills; → Zimtstangen

Quinoa lat.: *Chenopodium quinoa Willd.* (Fam.: *Chenopodiaceae*), engl.: *Quinoa*, Syn.: *Kiwicha, Perureis, Inkakorn;* zur Familie der Gänsefußgewächse gehörende einjährige südamerikanische Körnerfrucht. Der Anbau findet in den Anden in Mexiko und den USA statt; auch auf kargen Böden, da es Hitze und Dürre erträgt. Q. verfügt über einen leicht nussigen Geschmack. Da es kein Gluten enthält, können es auch Zöliakiekranke verzehren. Bedeutsam für die Ernährung sind die Gehalte an essenziellen Aminosäuren, v. a. Lysin und die der Mineralstoffe Eisen, Calcium und Phosphor. Verwendet wird das ganze Korn, gemahlen oder extrudiert z. B. als Müslibeigabe. Für Säuglingsnahrung sollte es, wegen der noch vorhandenen restlichen Bitterstoffe (→ Saponine) in der Schale, nicht verwendet werden. Das Entfernen der Bitterstoffe erfolgt vor der Verarbeitung durch mechanische Verfahren. Das Korn lässt sich wie Reis mit der 3-fachen Menge Wasser gekocht süß oder salzig zubereiten.

Quito-Orange Syn.: → *Naranjilla*

Quitte lat.: *Cydonia oblonga Mill.* (Fam.: *Rosaceae*), engl.: *Quince;* hartfleischige leuchtend gelbe → Scheinfrucht des gleichnamigen in Westasien beheimateten Strauches. Je nach Varietät ähnelt sie einem Apfel (Apfelquitte, lat.: *var. maliformis*) oder häufiger einer Birne (Birnenquitte, lat.: *var. oblonga*). Die Früchte sind wegen ihres harten Fruchtfleisches nicht zum Frischverzehr geeignet. Neben der Weiterverarbeitung der gekochten Früchte zu Kompott, Konfitüre, Paste (Quittenbrot, → Fruchtpasten), Likör und Konfekt wird insbesondere der aus ihnen gepresste, sehr aromatische Saft verwendet. Dieser eignet sich wegen des hohen Gehaltes an → Pektin besonders zu Herstellung von → Gelee. Q. werden im Wesentlichen aus den Anbauländern importiert.

Quorn™ engl.: *quorne;* in Großbritannien entwickeltes, proteinreiches pflanzliches Lebensmittel, hergestellt durch Fermentation von *Fusarium graminearum A3/5* auf Melasse und/oder Glucose als Nährsubstrate (→ Einzellerprotein). Der Nucleinsäuregehalt wird durch Hitzebehandlung auf einen Gehalt von unter 2 % gesenkt. Q. verfügt über eine fleischähnliche Struktur (Pilzmycel); es wird mit geschmacksgebenden Zutaten und Eialbumin als Bindemittel zu unterschiedlichen Produkten verarbeitet. 100 g Q. enthalten ca. 12 g Protein, 2,6 g Fett, davon 50 % ungesättigt und 5 g Ballaststoffe (320 kJ). Rechtlich gilt Q. als Neuartiges Lebensmittel (→ Novel Food).

Rachitis engl.: *rachitis, rickets;* v. a. im Kleinkindesalter auftretende, durch Mangel an → Vitamin D bedingte Störung des Calcium- und Phosphatstoffwechsels mit Skelettveränderungen als Folge der gestörten Mineralisation des wachsenden Knochens.

Raclette engl.: *raclette;* 1. Sammelbezeichnung für eine Gruppe schnittfester Käse aus roher oder pasteurisierter Milch, die überwiegend aus der Schweiz stammen (z. B. Gomser, Simplon, Wallis, Forclaz); 2. Gericht, bei dem ursprünglich der angeschnittene Laib eines Raclette-Käses der Hitze eines Raclette-Ofens ausgesetzt, der hierdurch geschmolzene Käse mit dem Messer abgeschabt (franz.: *racler* = abschaben) und mit sauren pikanten Beilagen (z. B. Gewürzgurken, Perlzwiebeln, Mixed Pickles), Pellkartoffeln, Brot und trockenem Weißwein verzehrt wird. Heutzutage wird R., häufig an Silvester, mit einem speziellen Raclette-Grill in größerer Runde praktiziert. Die verschiedensten Gemüsesorten und anderen Zutaten werden in kleinen Pfännchen mit aufgelegtem Raclette-Käse bis zum Zerlaufen erhitzt und z. B. mit Baguette als Beilage verzehrt.

Radi Syn.: → *Gartenrettich*

Radicchio; → Chicorée

Radieschen lat.: *Raphanus sativus L. var. sativus* (Fam.: *Brassicaceae*), engl.: *Small Radish,*

Syn.: *Monatsrettich, Radies;* einjährige Pflanze mit einem kugelig bis lang oval zu einer Knolle verdickten Hypokotyl oder lang gestreckten Knollenrüben („Eiszapfen") aus Hypokotyl und Wurzel. Die ganzjährig in Deutschland in gesetzlichen Handelsklassen angebotenen Knollen werden weltweit angebaut und geerntet. Sie sind außen rot bis weiß und innen weiß gefärbt. Sie enthalten wie der Gartenrettich → Senföl und schmecken daher scharf. R. werden roh, meist mit Salz, und als Zutat in Salaten verzehrt. Sie besitzen einen hohen Gehalt an Mineral- und Ballaststoffen (ca. 0,9 g Mineral- und 1,6 g Ballaststoffe pro 100 g essbarer Anteil).

Radioaktive Stoffe engl.: *radioactive substances;* in der Natur weit verbreitete, aber auch künstlich hergestellte chemisch instabile Stoffe (Isotope, Radionuklide), die beim Zerfall ionisierende Strahlen aussenden. Da die Strahlung leicht nachgewiesen werden kann, lässt sie sich zur Aufklärung von biologischen Reaktionen heranziehen. R. S. werden zu therapeutischen Zwecken in der Nuklearmedizin und Strahlentherapie eingesetzt. Ionisierende Strahlung führt andererseits beim Einwirken auf den Körper zu Hautschädigungen, höhere Strahlendosen können Blutveränderungen und längerfristig Spätschäden sowie eine erhöhte Krebshäufigkeit bewirken.

Radler Syn.: *Alster, Alsterwasser;* → Biermischgetränk aus Bier und Zitronenlimonade, selten Orangenlimonade. Die Originalmischung besteht aus Bier (dunkles Export) und Zitronenlimonade zu gleichen Teilen auf einen Liter (Maß). Bei Russ bzw. Russ'n wird Weizenbier verwendet.

Räucheraal engl.: *smoked eel*, Syn.: *geräucherter Aal;* → Räucherfisch, hergestellt durch → Heißräuchern von ausgeweidetem, leicht gesalzenem Aal mit Kopf. In Deutschland befinden sich die meisten Aalräuchereien nahe der Ostseeküste. In der Regel werden frisch geschlachtete Tiere geräuchert und entweder ganz oder in Stücken gehandelt. Kleine R. werden gebündelt (Bundaale). R. gilt als Delikatesse; er ist fett- und energiereich. 100 g R. ohne Haut enthalten ca. 18 g Protein und 29 g Fett, davon ca. 17 g ungesättigte bzw. 2,3 g → Omega-3-Fettsäuren; sie liefern 1.360 kJ/330 kcal.

Räucherenden Syn.: *Rauchenden;* dünne bis mitteldicke, geräucherte, umgerötete, gereifte, schnittfeste → Rohwurst mit mittel- bis feinkörniger Struktur. Das rohe Ausgangsmaterial besteht üblicherweise aus grob entsehntem und sehnenreichem Rindfleisch, fettgewebereichem Schweinefleisch und Fettgewebe. Bei „einfacher" Qualität ist zusätzlich evtl. bis zu 10 % Bindegewebe üblich. R. werden i. d. R. roh verzehrt und sind eine beliebte geschmacksgebende Zutat in Gerichten wie z. B. Eintöpfe und Aufläufe.

Räucherfisch engl.: *smoked fish,* Syn.: *Fischräucherwaren;* durch → Räuchern von unbehandelten, gesalzenen oder mit wenig Salz und/oder Kräutern und/oder Gewürzen aromatisierten Fischen oder Fischteilen hergestellte Fischerzeugnisse. Im Allgemeinen wird nach Art der Räucherung zwischen heiß und kalt geräuchertem R. (→ Heißräuchern → Kalträuchern) unterschieden. Heiß geräucherte R. sind i. d. R. geschmacklich mild (kein oder wenig Salz, wenig Rauch). Als typische heiß geräucherte Erzeugnisse gelten z. B. Bückling, Sprotte, Räuchermakrele, Stremellachs, Schillerlocken und Räucheraal (s. auch bei den einzelnen Stichwörtern). Kalt geräucherte R. sind vor dem Räuchern gesalzen (→ Salzfischerzeugnisse). Als typische kalt geräucherte Erzeugnisse gelten z. B. → Lachshering, → Lachsmakrele und → Räucherlachs. R. werden frisch angeboten oder weiterverarbeitet zu → Fischkonserven. Bestimmte Konservierungsstoffe und die Farbstoffe Zuckerkulör und/oder Annatto dürfen zugesetzt werden.

Räucherhering; → Lachshering

Räucherlachs engl.: *smoked salmon,* Syn.: *geräucherter Lachs, Rauchlachs Schweiz;* durch Kalt- oder Heißräuchern von Lachsfilets

(Lachsseiten → Lachs) hergestellter → Räucherfisch. Kalt geräuchert werden gesalzene Filets. Nach dem Räuchern besitzen die zartrosa- bis rosafarbenen Filets eine zarte Struktur und einen milden, leicht salzigen Geschmack. Heiß geräucherte Filets zeichnen sich durch einen intensiven Rauchgeschmack aus und gelten als Spezialitäten wie z. B. der → Stremellachs. R. wird angeboten als ganze Lachsseite oder in Scheiben geschnitten, auch vakuumverpackt. R. ist leicht verderblich; die Kühlkette darf nicht unterbrochen werden. Qualität und Preis sind abhängig von der Herkunft (Irland, Schottland, Norwegen) und den Lebensbedingungen der Fische (→ Wildlachs → Farmlachs).

Räucherling Syn.: *Räucherlendchen;* umgerötetes geräuchertes → Schweinefilet.

Räuchermakrele engl.: *smoked mackerel,* Syn.: *geräucherte Makrele;* durch → Heißräuchern aus einer ausgenommenen → Makrele mit Kopf, auch auseinander geklappt (Fleckmakrele), hergestellter → Räucherfisch. Ebenfalls heiß geräuchert wird entgrätetes Makrelenfilet, das ggf. gewürzt sein kann (Pfeffermakrelenfilet). R. wird frisch angeboten oder als Dosenkonserve. Die R. ist nicht zu verwechseln mit der kalt geräucherten → Lachsmakrele oder anderen kalt geräucherten ausgenommenen gesalzenen Makrelen (geräucherte Salzmakrelen).

Räuchermatjes engl.: *smoked matje cured herring;* → Räucherfisch, hergestellt aus → Matjeshering, meist als Filet angeboten (Räuchermatjesfilet).

Räuchern engl.: *smoke curing, smoke drying;* eines der ältesten Verfahren zum Haltbarmachen von Lebensmitteln (→ Konservierungsverfahren), bei dem die Räucherwaren in einem Räucherofen oder in einer Räucherkammer mit Rauch von verschwelendem naturbelassenen Holz behandelt werden. Das konservierende Prinzip beruht dabei in erster Linie auf der Bildung von antimikrobiell wirksamen Inhaltsstoffen bei der pyrolytischen Zersetzung des Holzes sowie bei der Heißräucherung zusätzlich auf der Absenkung des a_W-Wertes und der Abtötung der sich auf der Oberfläche der Räuchererzeugnisse befindenden Mikroorganismen durch Hitze. R. wird heute jedoch i. d. R. nicht mehr als alleiniges Haltbarmachungsverfahren, sondern vorwiegend zur Aromatisierung und Erzielung einer Farbveränderung von Fisch-, Fleisch- und Wurstwaren sowie Hartkäsen, häufig in Kombination mit anderen Verfahren wie Salzen, Pökeln oder Trocknen eingesetzt. Je nach Rauchtemperatur und Räucherintensität erfolgt eine Unterscheidung in → Kalträuchern, → Warmräuchern, → Heißräuchern und die Behandlung mit → Schwarzrauch, wobei schwarz geräucherte Produkte aufgrund der besonders hohen Belastung mit → polycyclischen aromatischen Kohlenwasserstoffen immer seltener hergestellt werden. Zunehmende Bedeutung gewinnt dagegen die Verwendung von → Flüssigrauch.

Räuchersprotten engl.: *smoked sprats;* → Sprotte

Raffinade engl.: *extra-white sugar,* Syn.: *raffinierter (Weiß)Zucker*; besonders reiner → Weißzucker, der aus dem bei der Rüben- und Rohrzuckerherstellung anfallenden Rohzucker durch Raffination gewonnen wird. Dies geschieht durch Filtration zu einer sehr feinen Zuckerlösung („Kläre"), Reinigung mit Hilfe von z. B. Aktivkohle und anschließendem Auskristallisieren. R. lässt sich in Kristallraffinaden (Grobkristall, Hagelzucker, Granulat, Kastor) und gemahlene Raffinade (Puderraffinade) unterteilen.

Raffination engl.: *refining;* bezeichnet das gründliche Reinigen von Rohstoffen zum Entfernen von Kontaminanten und störenden Begleitstoffen, die Farbe, Geruch, Geschmack und Haltbarkeit der Erzeugnisse ungünstig beeinflussen. Bei Zuckern wird unter R. ein in Zuckerraffinerien erfolgender Verfahrensschritt verstanden, bei dem der zuvor gewonnene gelbe bis braune Rohzucker zu einem Sirup aufgelöst, einer Aktivkohlefiltration unterzogen und anschließend erneut auskristallisiert wird. Der so erhaltene strahlend weiße Zucker wird als →Raffinade bezeichnet. Bei Fetten und Ölen ist R. ein Prozess zum Reinigen von pflanzlichen Fetten und Ölen sowie von Fischöl, der i. d. R. aus den Verfahrensschritten →Entschleimen, →Entsäuern, →Bleichen und →Dämpfen (Desodorieren) besteht und im großtechnischen Maßstab in so genannten Fettraffinerien durchgeführt wird. Art und Umfang der R. wird dabei auf die Qualität und die spezifischen Bestandteile des Rohöls eingestellt, z. B. schonende R. zum Erhalt von Vitamin E in hochwertigen Speiseölen oder Entfernen von toxischem Gossypol aus Baumwollsaatöl.

Raffinierter Zucker Syn.: →*Raffinade*

Raffinose engl.: *raffinose;* →Trisaccharid aus Galactose, Glucose und Fructose, das in der Pflanzenwelt weit verbreitet ist. R. reichert sich bei der Herstellung von Rübenzucker in der Melasse an und kann aus dieser isoliert werden. Durch α-Galactosidasen wird R. in Galactose und Saccharose gespalten sowie durch β-Fructosidase in Fructose und Melibiose. R. besitzt nur etwa 20 % der Süßkraft von Saccharose. Sie wird vom Enzymsystem des menschlichen Dünndarms kaum gespalten, gelangt in den Dickdarm und wird dort z. T. fermentiert, was zu Blähungen führt.

Rafraichieren Syn.: *Abschrecken;* küchentechnische Fachbezeichnung für das Abkühlen von Lebensmitteln unter kaltem Wasser.

Ragout engl.: *ragout;* würziges Schmorgericht aus bissengroßen Fleischstücken vom Kalb, Rind, Schwein, Wild oder Geflügel und einer gebundenen, kräftig zubereiteten Sauce. In dieser sind weitere Zutaten, wie z. B. Zwiebeln, Gurken, Gewürze und Pilze enthalten. Auch Innereien (Herz, Zunge, Nieren) werden zu R. verarbeitet. Auf ihre Verwendung wird hingewiesen (bspw. Zungenragout).

Ragout fin; →Ragout aus sehnenarmem Kalbs- und Geflügelfleisch (Brust, Keule ohne Haut) oder teilweise auch Kalbszunge. Sofern kein Formfleisch (→Formfleischerzeugnisse) verwendet wird, kann der Fleischanteil bis zu 40 % aus einer sehnenarmen →Farce bestehen. Diese wird aus Kalbs- und Geflügelfleisch unter Verwendung von Sahne und Hühnerei bzw. -eigelb hergestellt. Weitere Zutaten sind Champignons. Der Fleischanteil im Fertigerzeugnis beträgt bei Handelsware üblicherweise 40 %. R. wird i. d. R. mit einer weißen Sauce angerichtet, insbesondere in Blätterteigpasteten (Königinpasteten) und warm, überbacken oder überkrustet serviert.

Ragusani; →Provolone

Ragusano; geschützte Herkunftsbezeichnung für einen italienischen Hartkäse mit mindestens 44 % Fett in der Trockenmasse. R. besitzt eine dünne goldfarbige oder strohgelbe Rinde, weiß- oder strohgelblichen Teig und wiegt 6–12 kg. Der Geschmack ist beim Tafelkäse mild süßlich, beim länger gereiften Streukäse würzig pikant.

Rahm Syn.: →*Sahne*

Rahmapfel Syn.: →*Cherimola/Cherimoya*

Rahmbonbons Syn.: →*Sahnebonbons*

Rahmbratensauce; gebundene hellbraune →Bratensauce, die Milchfett aus Sahne (Rahm) als wertbestimmenden geschmacksgebenden Anteil enthält. Üblich sind Mindestgehalte von 30 g Milchfett pro Liter Suppe bei nassen Erzeugnissen sowie von 20 g Milchfett pro Liter Suppe bei Erzeugnissen in trockener oder Pastenform. R. wird i. d. R. zu kurz gebratenen und geschmorten Fleischgerichten (auch Geflügel und Wild) sowie Teigwaren, Knödeln und Kartoffelpüree gereicht.

Rahmdauerbackwaren Syn.: →*Sahnedauerbackwaren*

Rahmdickmilch Syn.: *Sahnedickmilch;* →Dickmilch

Rahmeis Syn.: →*Sahneeis*

Rahmerzeugnisse Syn.: →*Sahneerzeugnisse*

Rahmfrischkäse engl.: *cream fresh cheese;* Standardsorte der Käsegruppe →Frischkäse mit mindestens 50 % Fett in der Trockenmasse und mindestens 39 % Gesamttrockenmasse. Zur seiner Herstellung dürfen nur pasteurisierte Milch, Sahne oder entrahmte Milch verwendet werden. Die Dicklegung erfolgt durch die Zugabe von spezifischen Milchsäurebakterien und Lab. R. kommt ungereift und in Folie verpackten Quadraten mit Gewichten von 50–200 g in den Handel. Der milchig weiße bis schwach gelbe homogene Teig ist pastenartig, streichfähig und ohne Löcher. R. schmeckt leicht feinsäuerlich und kann mit Kräutern und Gewürzen pikant oder mit Früchten süß zubereitet werden. Gegenüber dem Doppelrahmfrischkäse unterscheidet er sich sowohl im Fettgehalt als auch im Geschmack, da andere Reinkulturen bei seiner Herstellung verwendet werden.

Rahmhomogenisierte Milch Syn.: *teilhomogenisierte Milch;* Milch, bei der nicht die Gesamtheit, sondern lediglich das Milchfett homogenisiert wurde.

Rahmjoghurt engl.: *cream yogurt,* Syn.: *Sahnejoghurt;* → Joghurt

Rahmjoghurtpulver Syn.: → *Sahnejoghurtpulver*

Rahmkäse engl.: *cream cheese;* → Käse mit mindestens 50 % Fett i. Tr., der als Süß- oder Sauerrahmkäse hergestellt wird.

Rahmkefir engl.: *cream kefir,* Syn.: *Sahnekefir;* → Kefir

Rahmkefirpulver Syn.: → *Sahnekefirpulver*

Rahmpulver Syn.: → *Sahnepulver*

Rahmquark Syn.: → *Sahnequark*

Rahmreifung engl.: *cream fermentation;* im Rahmreifer erfolgende Reifung des Rahmes (Sahne) bei der Butterherstellung durch physikalische und biochemische Prozesse. Durch eine geeignete Temperaturführung wird der nach der Pasteurisation flüssige Rahm physikalisch in einen kristallinen Zustand überführt, der mehr oder weniger fest und für die Butterherstellung geeignet ist. Die für Sauerrahmbutter unerlässliche Zugabe von Milchsäurebakterien führt über die Milchsäuregärung zu einem Absinken des pH-Wertes durch die entstehenden Säuren und zur Bildung der für Sauerrahmbutter typischen Aromastoffe wie z. B. → Diacetyl.

Rahmschicht engl.: *cream layer;* beim → Aufrahmen von Milch entstehende Fettschicht, die abgeschöpft wird und dann als → Sahne (Rahm) die Basis für viele Milchprodukte wie Butter, Sauermilcherzeugnisse u. v. m. bildet.

Rahmschokolade Syn.: → *Sahneschokolade*

Rahne Syn.: → *Rote Rübe*

RAL Gütezeichen Diät und Vollkost; Abk.: RAL GZ 110, von der Gütegemeinschaft Diät und Vollkost e. V. (GDV) an Betriebe wie medizinische Einrichtungen, Seniorenheime oder Gastronomie verleihbares Gütezeichen. Voraussetzung für den Erhalt dieses Gütezeichens ist das Anbieten oder Vertreiben von Diäten oder gesundheitsbewussten Vollkosten als Tagesverpflegung oder Menüs, die den Gütekriterien der RAL-Gütesicherung entsprechen. Alle Gütezeichen-Betriebe sind in einem von der GDV herausgegebenen Mitgliederverzeichnis aufgeführt.

Rambutan lat.: *Nephelium lappaceum L.* (Fam.: *Sapindaceae*), engl.: *Rambutan;* pflaumengroße rundlich ovale, mit langen hellgelben oder roten Borsten besetzte rot gefärbte → Schließfrucht des in Malaysia heimischen gleichnamigen Baumes. Wie bei der verwandten → Litschi wird das im Inneren um den Samen befindliche durchscheinende bis milchig weiße Fruchtfleisch entnommen und verzehrt. Es schmeckt süß-säuerlich und ist exotisch duftend. R. wird sowohl als Frischobst als auch als Nasskonserve aus den Anbauländern Südostasiens und Afrikas importiert. Sie lässt sich vielfältig für den Rohverzehr, in Desserts, Obstsalaten und als Dekoration nutzen.

Ramennudeln engl.: *ramen noodles; in Südost- und Ostasien verbreitete frittierte, gewürzte Weizennudeln (*→ Teigwaren) in Spaghetti-Form. R. stammen aus China (Lo-Mein) und Japan (Rah-men). Als industriell vorgefertigtes Trockenprodukt werden sie weltweit hergestellt, in den USA und in Europa hauptsächlich für Instant-Pastagerichte. 100 g frische R. enthalten ca. 7 g Fett.

Randomisierung engl.: *randomising,* Syn.: *Randomisation;* unabhängige und zufällige Anordnung von sensorischen Prüfmustern, um Verfälschungen durch systematische Einflüsse auszugleichen. Durch R. werden unvermutete Fehler, unbekannte störende Einflüsse und bekannte störende Einflüsse beseitigt. → Balanzierung

Rangordnungsprüfung engl.: *ranking test,* Syn.: *Ranking;* genormter sensorischer Test, durch den mindestens drei Produkte als Ganzes (Beliebtheitsprüfung) oder bezogen auf ein einzelnes → Merkmal bzw. eine → Merkmalseigenschaft in eine gerichtete qualitative oder quantitative Reihenfolge gebracht werden (DIN 10963).

Ranking Syn.: → *Rangordnungsprüfung*

Ranzidität engl.: *rancidity;* Verdorbenheitsgrad eines Fettes bzw. Öles (→ Fettverderb), der durch Autoxidation zustande kommt und u. a. durch Licht, Sauerstoff, Feuchtigkeit, Bakterien und Katalysatoren (z. B. Schwermetalle oder Chlorophyll) gefördert bzw. durch Antioxidantien gehemmt wird. Die Bildung von Aldehyden, Ketonen, Säuren u. ä. Reaktionsprodukten beeinflusst den Geruch und Geschmack negativ und führt bis zur Ungenießbarkeit. Diese chemischen Veränderungen können sensorisch und analytisch (z. B. → Peroxidzahl) gemessen werden.

Rapfen engl.: *asp;* → Karpfenfische

Raps lat.: *Brassica napus L. subsp. napus* (Fam.: *Brassicaceae*), engl.: *Rape, Oilseed Rape;* als Sommer- und Winterfrucht wegen des ölhaltigen Samens angebaute Kulturpflanze. Das gelb blühende Kraut ist seinem Genom nach eine Kreuzung aus Kohl und → Rübsen, erreicht jedoch eine doppelt so große Höhe wie dieser. In 5–10 cm langen Schoten befinden sich zwei durch eine Mittelwand getrennte Klappen mit je 5–12 Samen mit einem Fettgehalt von 40–50 %. Die Samen sind blau- oder braunschwarz und an der Oberfläche fein genetzt. Durch Zucht erhielt man den erucasäurearmen 0-Raps und zusätzlich glucosinolatarmen 00-Raps (→ Rapsöl). R. ist daneben auch ein Beispiel für die Anwendung der Gentechnik in der Landwirtschaft („Grüne Gentechnik"). Nach Mais handelt es sich bei Raps um die Pflanze mit den meisten Freisetzungsversuchen in Europa. In Kanada, dem weltgrößten Rapsproduzenten und Heimat des dort Canola genannten 00-Raps, waren 2002 über 60 genmodifizierte Varianten zugelassen. Die verbreitesten drei waren Toleranzen gegen die Pflanzenschutzmittel Glyphosat, Glufosinatammonium bzw. Bromoxynil. Mehr als die Hälfte des angebauten Rapses in Kanada ist genmodifiziert.

Rapshonig engl.: *rapeseed honey;* weißlicher bis hell gelber, trüber, rasch kristallisierender, sehr sortenreiner → Honig von Rapsblüten (→ Blütenhonig) mit dickflüssiger bis cremiger Konsistenz. Das Aroma ist mild süß und häufig geruchsarm, kann aber auch kräftige Noten enthalten.

Rapsöl engl.: *canola oil, rape seed oil;* aus den Samen des → Raps gewonnenes, häufig auch als Rüböl bezeichnetes Öl. Die Samen werden geschrotet und zur Inaktivierung des Glucosinolat hydrolysierenden Enzyms Myrosinase gekocht, dann gepresst und mit Lösemittel extrahiert. Die weitere Verarbeitung umfasst Entlecithinierung, Entschleimung und Bleichung zur Entfernung von Chlorophyll und aus Glucosinolaten resultierenden Schwefelverbindungen. Das Öl der ursprünglichen Rapspflanze weist ca. 50 % Erucasäure auf, die wegen des kratzigen Geschmacks und v. a. wegen des Verursachens von Herzerkrankungen für die menschliche Ernährung nicht geeignet ist. Die Erucasäureverordnung beschränkt deswegen den Gehalt an dieser Fettsäure in Speiseölen und Lebensmitteln. Als Speiseöl findet aus diesem Grund nur noch Öl aus dem Samen des durch Züchtung erhaltenen 00-Raps Verwendung. In ihm ist nur noch ein Zehntel des Glucosinolatgehalts enthalten. Das Öl weist einen Gehalt von nur noch maximal 2% Erucasäure im Gegensatz zu 50–65% Ölsäure sowie außerdem Linol- und Linolensäure auf. Dieses Öl heißt im englischen Sprachraum „canola oil", im Gegensatz zum für die Oleoindustrie nach wie vor gewonnenem R. mit hohem Erucasäuregehalt, das „rape seed oil" genannt wird. Nach Umesterung mit Methanol dient R. auch als „Biodiesel".

Rapünzchen Syn.: → *Feldsalat*

Rapunzel Syn.: → *Feldsalat*

Rasenameise engl.: *grass ant;* → Ameisen

Raspeln engl.: *to grate;* Zerkleinern in Stücke unterschiedlicher Größe mit Hilfe von fein bis grob gelochten Metallscheiben oder -flächen. Geraspelt werden hauptsächlich Gemüse, Obst und Käse. Die verwendeten Geräte und erhaltenen Produkte werden ebenfalls als R. bezeichnet.

Raspelschokolade engl.: *grated chocolate;* durch Raspeln oder Spänen zerkleinerte, in unterschiedlichen Sorten und Raspelgrößen angebotene → Schokolade, die vorwiegend zum Bestreuen von Süßspeisen und Speiseeis verwendet wird.

Ratatouille; französischer Gemüseeintopf aus Paprika, Zucchini, Auberginen, Tomaten und Zwiebeln sowie Knoblauch und verschiedenen Gewürzen (z.B. Thymian, Rosmarin, Lorbeerblätter). R. kann heiß als Beilage zu Fleisch oder Fisch, aber auch kalt mit Weißbrot verzehrt werden.

Ratio; international gebräuchliche Bezeichnung in der Fruchtsaftindustrie für das Verhältnis von Gesamtzucker zu Gesamtsäure, berechnet als Weinsäure. Bei Ratio 8 : 1 handelt es sich um ein Erzeugnis mit saurem Geschmack, bei 15 : 1 um ein süßes Erzeugnis. Die Zuckerarten weisen unterschiedliche Süßkraft auf und die chemisch saure Reaktion der Säuren ist nicht mit dem sauren Geschmack identisch. Daher ist der Bereich, in dem ein Erzeugnis über einen ausgeglichenen Geschmack verfügt, vom Charakter des jeweiligen Fruchtsaftes abhängig.

Ratten lat.: *Rattus subsp.,* engl.: *rats;* zur Familie der Langschwanzmäuse (lat.: *Muridae*) gehörende → Vorrats- und → Hygieneschädlinge mit einer Körperlänge von bis zu 25 cm und einem schuppigen geringelten Schwanz. Schäden werden verursacht durch Fraß und Verunreinigung von Lebens- und Futtermitteln aller Art und durch Übertragung von Krankheiten, wie z. B. Salmonellose, Toxoplasmose, Typhus, Cholera und Maul- und Klauenseuche auf Menschen und Haustiere. Außerdem treten Materialschäden durch rege Nagetätigkeit auf. Die bei uns häufige Wanderratte (lat.: *Rattus norvegicus (Berkenhout)*) lebt überall, wo sich Menschen ansiedeln und ernährt sich als Allesfresser von pflanzlichen und tierischen Produkten, vorwiegend aus dem Abfall. Die kleinere Hausratte (lat.: *Rattus rattus L.*) galt in Mitteleuropa bereits als ausgestorben, tritt in letzter Zeit jedoch wieder zunehmend in Getreidespeichern auf und verursacht dort große Schäden.

Raucharomen engl.: *smoke flavour;* Zubereitungen aus Rauch, der bei den herkömmlichen Verfahren zum → Räuchern von Lebensmitteln verwendet wird. Für die Nutzung von R. ist eine spezielle Genehmigung erforderlich; im rechtlichen Bereich sind aber Änderungen zu erwarten. Zur Herstellung wird der frisch entwickelte Rauch aus naturbelassenen Hölzern in Wasser oder Ethanol aufgefangen und aufgereinigt. Deshalb ist die Konzentration an toxikologisch bedenklichen Stoffen niedriger als bei der direkten Behandlung mit Rauch. R. besitzen im Gegensatz zu Räucherrauch keine konservierenden Eigenschaften.

Rauchenden Syn.: → *Räucherenden*

Raucherzeugung engl.: *generation of smoke;* Erzeugen von Rauch zum → Räuchern von Lebensmitteln. Die R. erfolgt traditionell durch Verbrennen von naturbelassenen Hölzern und Zweigen sowie von → Kräutern und → Gewürzen zur Erzielung bestimmter Aromatisierungen direkt in der Räucherkammer unter beschränkter Luftzufuhr, so dass es in der Nähe der Glimmzone zu einem Verschwelen des Räuchermaterials kommt. Da die Temperatur der R. dabei jedoch relativ hoch und schwer steuerbar ist, werden viele unerwünschte Rauchnebenprodukte gebildet. Heute werden in modernen Räucheranlagen verschiedene Verfahren zur R. eingesetzt, die eine gleich bleibende Qualität der Räucherware und eine Minimierung der Schadstoffbelastung der Produkte und der Umwelt gewährleisten. Die Unterscheidung findet dabei insbesondere zwischen der Erzeugung von → Dampfrauch, → Friktionsrauch und → Glimmrauch sowie der Verwendung von → Flüssigrauch statt. Im Gegensatz zu den traditionellen Verfahren erfolgt die R. heute i. d. R. nicht mehr in der Räucherkammer selbst, sondern in so genannten Raucherzeugern, die die eigentlichen Räucheranlagen über Rohrleitungen mit Rauch versorgen.

Rauchfleisch engl.: *smoked meat;* allgemeine Bezeichnung für gepökeltes abgetrocknetes und geräuchertes rohes Fleisch (Rohschinken), das i. d. R. aus den Keulenstücken von Schwein oder Rind stammt. Auch gegartes, gepökeltes, geräuchertes Schweine- wie auch sehnenarmes Rindfleisch ist als gekochtes R. (→ Kochpökelwaren) im Handel. Erfolgt kein Hinweis in der Bezeichnung auf die Tierart, dann handelt es sich beim verwendeten Fleisch um Schweinefleisch. Für Rinderrauchfleisch, Nagelholz sowie den Spezialitäten Neuenahrer bzw. Hamburger Rauchfleisch (auch gekocht) stammt das Rindfleisch aus der → Oberschale, dem Schwanzstück (Unterschale) oder der → Blume. Gekochtes und rohes Rinderrauchfleisch dienen v. a. als Aufschnitt.

Rauchpunkt engl.: *smoke point;* Temperaturpunkt, bei der ein Fett oder Öl beim Erhitzen an der Luft Rauchbildung zeigt. Der R. wird als Mittel zur Beurteilung der Qualität von Fetten, insbesondere von → Frittierfetten verwendet. Der R. liegt bei frischen raffinierten Fetten bei über 210 °C und sinkt beim Frittieren mit fortschreitendem Gebrauch durch den zunehmenden Gehalt an Zersetzungsprodukten wie z. B. freien Fettsäuren.

Raubrand Syn.: → *Lutter*

Rauke Syn.: → *Ölrauke*

Rauschbeeren Syn.: → *Moorbeeren*

Raute Syn.: → *Weinraute*

Ravioli engl.: *ravioli;* kleine bis mittelgroße viereckige, ursprünglich aus Italien stammende vielfältig (z. B. mit Hackfleisch, Gemüse, Käse) gefüllte Teigtaschen. R. sind sowohl als zubereitetes Fertiggericht und als auch als nicht zubereitetes Halbprodukt als Nasskonserve, Frisch-, Tiefkühl- und Trockenware im Handel.

Raya; → Sherry

Reaktionsaromen engl.: *reaction flavourings;* Mischungen aromawirksamer Substanzen, die durch Erhitzen verschiedener Ausgangssubstanzen entstehen. Das Ausgangsmaterial muss mindestens eine Aminoverbindung sowie einen reduzierenden Zucker enthalten und darf höchstens 15 Minuten auf maximal 180 °C erhitzt werden. Als Ergebnis verschiedener chemischer Reaktionen (z. B. → Maillard-Reaktion), wie sie auch bei anderen Prozessen ablaufen (Braten, Backen, Rösten), entsteht eine Vielzahl von Verbindungen mit Aromaeigenschaften.

Rebeln; 1. Bei → Wein: auch Entrappen; Entfernen der Stiele von den Trauben vor dem Pressen; 2. Bei → Gewürzen: Abbröseln der getrockneten Kräuter von den Stielen, meist manuell durch Zerreiben zwischen den Fingern.

Reblochon; geschützte Herkunftsbezeichnung für einen französischen Weichkäse aus Savoyen mit mindestens 45 % Fett in der Trockenmasse. R. besitzt eine gewaschene safrangelbe Rinde und einen geschmeidigen Teig von mildem, leicht haselnussartigem Geschmack.

Rebsortenangabe; die Angabe der für einen Wein verwendete Rebsorte auf dem Etikett ist nicht vorgeschrieben. Ist eine Rebsorte angegeben, so muss der Wein zu mindestens 85% aus dieser Rebsorte hergestellt sein. Sind zwei Rebsorten Basis des Weins, so muss die überwiegend verwendete zuerst genannt werden, und der Wein darf nur aus diesen beiden Rebsorten erzeugt sein.

Recioto; italienische Bezeichnung für einen Süßwein, der aus eingetrockneten Trauben erzeugt wird. Bei dem Recioto-Verfahren werden optimal reif gelesene Trauben auf Stroh oder auf Gaze gut belüftet getrocknet. Bei Erreichen der gewünschten Konsistenz werden sie gekeltert und der Gärung zugeführt. Aufgrund der Konzentrierung an Süße, Säuren, Geschmacks- und Geruchsstoffen während der Trocknung benötigen die Recioto-Weine keine durch *Botyritis cinerea* hervorgerufene Edelfäule. Es entstehen Süßweine von teilweise hoher Qualität. Recioto-Weine gären auf Grund des hohen Zuckergehalts lange, die Ausbeute ist erwartungsgemäß gering. In Italien sind Recioto della Valpolicella und Recioto di Soave am bekanntesten. In Frankreich ist der Recioto z. B. im Jura unter dem Namen „vin de paille" (Strohwein) bekannt.

Recycling Syn.: *Kreislaufführung, Rückführung;* aus dem Englischen stammende Bezeichnung für das Wiederverwerten von Nebenprodukten oder Abfällen, insbesondere auch von Verpackungsmaterialien. Der Gesamtprozess des R. erfordert vielfältige Verfahrensschritte wie Sammlung, Sortierung, Lagerung, Transport, Reinigung und z. T. aufwändige Behandlung der Abfälle, Entwicklung von speziellen Recyclingverfahren und von neuen Verfahren zum Einsatz der recycelten Materialien sowie die Entsorgung von Recycling-Abfällen. R. ist ein wichtiger Beitrag zum Umweltschutz, kann jedoch nie zu vollständig geschlossenen Kreisläufen führen. Zum R. im weiteren Sinne gehört auch das thermische R. wie Verbrennung oder Pyrolyse, das fossile Brennstoffe spart.

Red Delicious; Apfelsorte (→Apfel) mit mittelgroßen bis großen Früchten mit glatter dunkelroter Schale und festem grünweißen Fruchtfleisch von mildem Geschmack. R. wird von November bis April als typischer Tafelapfel verzehrt, Pflückreife erreicht er in der ersten Oktoberhälfte.

Redlicher Handelsbrauch; geschriebene oder ungeschriebene freiwillige Übereinkunft, ausdrücklich oder durch schlüssiges Verhalten von Produzenten ähnlicher Produkte, nur bestimmte Stoffe zu verwenden oder nach bestimmten Verfahrensweisen zu produzieren.

Red-Rice-Produkte engl.: *red yeast rice products,* Syn.: *Anka, Ankak;* durch →Fermentation von Reis mit dem Schimmelpilz Monascus purpureus gebildetes Produkt, das in verschiedenen Ländern als →Nahrungsergänzungsmittel zur Senkung des Cholesterinspiegels vertrieben wird, in Deutschland jedoch weder als Arzneimittel noch als Zusatzstoff zugelassen ist. Neben der roten Farbe entstehen bei der Fermentation verschiedene Wirkstoffe wie Monacoline, Ankalactone und Citrinin, die z. T. Wirkstoffe verschreibungspflichtiger Arzneimittel darstellen sowie z. T. im Tierversuch Krebs erregend sind.

Red Snapper lat.: *Lutjanus subsp.* (Fam.: *Lutjanidae*), engl.: *red snapper,* Syn.: *Roter Schnapper;* in den Weltmeeren verbreiteter Seefisch, der über die USA nach Europa kam. Der R. wird bis zu 100 cm lang und 8 kg schwer. In Deutschland sind die Arten *L. campechanus Poey* (von der amerikanischen Ostküste) und *L. malabaricus Bloch & Schneider* (aus Indonesien) im Handel, filetiert und tiefgefroren. Der R. verfügt über ein aromatisches, festes, hellrosafarbenes Fleisch und eine rote Haut (Name), die mitverzehrt werden kann. 100 g Filet enthalten ca. 20 g Eiweiß und 2–3 g Fett.

Reduktionskost engl.: *reduction diet;* Kostform zur Gewichtsreduktion, deren Zusammensetzung weitgehend der Normalkost entspricht, jedoch einen geringeren Energiegehalt aufweist (4200–6300 kJ bzw. 1000–

1500 kcal pro Tag). Die R. sollte aus 45–55 % Kohlenhydraten, 30–35 % Fett und 15–20 % Protein bestehen. Der Proteingrundbedarf und der Bedarf an essenziellen Nährstoffen muss gedeckt sein, um Muskelabbau und Mangelerscheinungen vorzubeugen.

Reduzieren Syn.: → *Eindampfen*

Referenzwerte für die Nährstoffzufuhr; von der Deutschen Gesellschaft für Ernährung (DGE) gemeinsam mit den Fachgesellschaften in Österreich und der Schweiz herausgegebene Angaben zur angemessenen Zufuhr an Energie, Fett, Protein, Kohlenhydraten, Ballaststoffen, Vitaminen, Mineralstoffen und Wasser. Die Angaben sind nach Altersgruppen und Geschlecht differenziert und gelten nur für gesunde Personen. „Referenzwert" wird als Überbegriff für Empfehlungen, Richtwerte und Schätzwerte verwendet. Bei Empfehlungen ist der durchschnittliche Bedarf bekannt und mit einem Sicherheitszuschlag versehen, während sich die Schätzwerte meist auf Experimente stützen, da der Bedarf nicht exakt bestimmt werden kann. Die Richtwerte hingegen dienen als Orientierungshilfe und stellen eine mengenmäßige Begrenzung nach oben (Fett, Cholesterin, Alkohol, Kochsalz) bzw. nach unten (Wasser, Fluorid, Ballaststoffe) dar. Neben der reinen Bedarfsdeckung und damit dem Verhüten von Mangelerscheinungen rücken auch immer mehr die präventiven Aspekte der Ernährung in den Vordergrund.

Reformjoghurt Syn.: *Acidophilus-Milch;* wie → Joghurt hergestelltes Milcherzeugnis, jedoch unter Verwendung von → *Lactobacillus acidophilus* anstelle von herkömmlichen Joghurtkulturen. Der Geschmack von R. ist weniger kräftig als der von Joghurt.

Reformkost engl.: *health food;* naturnahe, vorwiegend vegetarische Kostform, die in der 2. Hälfte des 19. Jahrhunderts von der Lebensreform-Bewegung als Reaktion auf die sozialen und gesundheitlichen Probleme der Industrialisierung eingeführt wurde. Im Jahr 1900 eröffnete in Wuppertal das erste Reformhaus, in dem nicht nur Ware verkauft, sondern auch das Ideengut der Lebensreformer verbreitet wurde. Die Interessen der Hersteller und Vertreiber von R. werden in Deutschland von der „neuform Vereinigung Deutscher Reformhäuser e. G." vertreten, die auch das Markenzeichen „neuform" vergibt. Für die Vergabe des Markenzeichens müssen die Lebensmittel verschiedenen Anforderungen genügen, wie z. B. die bevorzugte Verwendung von ökologisch erzeugten Zutaten, von Getreideprodukten mit hohem Ausmahlungsgrad sowie von ungehärteten Pflanzenfetten und Meersalz. Weitere Bedingungen sind ferner der Verzicht auf raffinierten Zucker sowie auf chemisch synthetisierte Konservierungsstoffe, Farbstoffe und Geschmacksverstärker sowie die grundsätzliche Bevorzugung von pflanzlichen Lebensmitteln und Milchprodukten.

Regalpackung engl.: *trade pack,* Syn.: *Ladenpackung;* Verpackung, die nach Konstruktion, Material, Abmessung und Kennzeichnung zum Einstellen in das Regal des Verkaufsgeschäfts und zum Abverkauf der enthaltenen → Verkaufspackungen geeignet ist. Sie kann mit der → Transportverpackung identisch sein oder ist durch einfache Umgestaltung aus ihr herstellbar.

Regenbogenforelle engl.: *rainbow trout, steelhead trout;* → Forellen

Regensburger; kurze, etwa 60–80 g schwere, in Rinderkranzdärme abgefüllte → Brühwürstchen mit z. T. erbsengroßen Einlagen in fein zerkleinerter Grundmasse. Diese besteht aus grob entsehntem Rindfleisch, grob entfettetem sowie fettgewebereichem Schweinefleisch und Speck sowie weiteren Zutaten wie z. B. Gewürzen. Die Einlagen entstehen durch gröberes Zerkleinern eines Teiles der Grundmasse.

Rehfleisch engl.: *venison;* dunkelrotes, zartes, wohl schmeckendes (ausgeprägt nach Wild), mageres Wildfleisch (Wildbret) vom bis zu drei Jahre alten Reh. Das Fleisch älterer Tiere ist grob faserig und schwer verdaulich. Die beliebtesten Fleischstücke zum Braten stammen aus dem Rücken und der Keule, während Schultern, Brust und Hals zu → Pasteten und → Ragouts verarbeitet werden.

Rehling Syn.: → *Pfifferling*

Rehoboam Syn.: *Rehabeam;* Bezeichnung für eine → Großflasche mit einem Volumen von 4,5 Litern, die für → Champagner verwendet wird. → Jeroboam

Rehydratisation engl.: *rehydratisation,* Syn.: *Rekonstitution;* Wiederaufnahme von Wasser durch Trockenprodukte. Die Rehydratisationsfähigkeit und - geschwindigkeit ist dabei abhängig von der während der → Trocknung erzielten Struktur des Trockenproduktes (besonders gute Rehydratisationseigenschaften nach → Gefriertrocknung), seiner Teilchengröße und durchgeführten Oberflächenbehandlung (→ Instantprodukte).

Reibekuchen Syn.: → *Kartoffelpuffer*

Reiben engl.: *to grate;* Zerkleinern (Zerreißen) von Lebensmitteln in kleinste Stücke mittels einer Reibe.

Reibkäse engl.: *grating cheese;* durch Reiben fein zerkleinerter Hartkäse, vorzugsweise Parmesan (→ Grana Padano), der vielfach zur Verfeinerung von Speisen, wie z.B. Pasta-Gerichten verwendet wird.

Reifpilz lat.: *Rozites caperatus (Pers.: Fr.) Karst.* (Fam.: *Cortinariaceae*), engl.: *The Gypsy,* Syn.: *Zigeuner, Runzelschüppling;* von Juli bis Oktober in Nadelwäldern, seltener Laubwäldern wachsender → Speisepilz mit glockigem, später flacherem Hut von 5–10 cm Durchmesser, semmelgelber Farbe, runzligem Rand und mit weißlich bis leicht violettem schwindenden Reif auf der Oberfläche. Der R. besitzt einen langen hellen Stiel mit häutigem Ring, helle breite Lamellen und weiches weiß bis gelbliches Fleisch.

Reine Buttermilch engl.: *pure buttermilk;* → Buttermilcherzeugnisse

Reineclauden lat.: *Prunus domestica subsp. italica (Borkh.) Gams* (Fam.: *Rosaceae*), engl.: *Plum,* Syn.: *Renekloden;* meist rundliche, mit Ausnahme einer Sorte grünliche bis gelbliche mittelgroße bis große → Steinfrüchte einer Wärme liebenden Pflaumenunterart mit festem, grünlichweißem, saftig süßem Fleisch und schlecht lösbarem Stein. Die R. werden als Obst vorwiegend frisch und eingekocht als Nasskonserve, aber auch als Trockenobst verzehrt. Eine Weiterverarbeitung erfolgt zu Likör und Brand (Frankreich).

Reinfett; in der Regel als rein rechnerische Größe im Backwarenbereich und bei staatlichen Stellen gebrauchte Bezeichnung für die reinen Fettanteile von Speisefetten nach Abzug von Wasser und sonstigen Bestandteilen. Praktische Verwendung als R. finden das rechtlich in seiner Zusammensetzung fest definierte → Butterreinfett oder → Margarineschmalz.

Reinheitsgebot engl.: *purity law;* im Jahre 1516 vom bayerischen Herzog Wilhelm IV. erlassenes Gebot, das zum Brauen von → Bier nur Gerstenmalz, Hopfen und Wasser zuließ. Die entscheidende Beteiligung von Hefe an der alkoholischen Gärung und der gezielte Einsatz von Zuchthefen waren zum damaligen Zeitpunkt noch unbekannt, da sich die Brauer im Wesentlichen auf spontane Gärung verließen. Ein Zusatz von Hefe ist daher nicht als Verstoß gegen das R. zu werten. Das R. besitzt nach nationalen und europäischen rechtlichen Neuregelungen keine direkte lebensmittelrechtliche Gültigkeit mehr. Es ist aber in Deutschland als Maßstab zur Beurteilung des Handelsbrauches für untergärige und eingeschränkt für obergärige Biere immer noch wesentlich.

Reis lat.: *Oryza sativa L.* (Fam.: *Poaceae*), engl.: *Rice;* bis zu 1,5 m hohes einjähriges Rispengras (Sumpfpflanze), das die wichtigste Getreideart und das Hauptnahrungsmittel in Ostasien darstellt. Die wichtigste Sorte ist der Sumpfreis, eine weitere Spielart bildet der Bergreis. Die Reiskultur verlangt mittlere Wärme und reichliche Bewässerung in künstlich angelegten sumpfartigen Reisfeldern während der sechsmonatigen Wachstumsperiode. Die Bearbeitungsstufen von geerntetem R. sind: 1. Dreschen, wobei aus der Reisrispe Paddyreis (Rohreis) gewonnen wird, der noch die Strohhülse besitzt, ungeschält und ungenießbar ist; 2. Entfernen der Strohhülse führt zu Cargo- bzw. Braunreis, der noch die braune (bisweilen auch rote) Samenschale und den Keim trägt. Die Einfuhr erfolgt überwiegend in dieser Form; 3. Schleifen, d. h. Entfernen der Samenschale und des Keims; 4. Absieben des Bruchreises (ganz oder teilweise) ergibt Weißreis; 5. Polieren, d. h. Entfernen des Mehlstaubes. R. wird in die Grundsorten Lang-, Mittel- und Rundkornreis eingeteilt. Langkornreis (Patna-Reis) besitzt lange schlanke, im Durchschnitt über 6,2 mm lange und bis 2 mm breite Körner, die beim Kochen körnig bleiben (Hartkörniger R.). Mittelkornreis wird im Mittelmeerraum angebaut, seine Körner sind 5,2–6 mm lang und für Suppen, Aufläufe oder salzige Beilagen geeignet. Rundkornreis (im Handel „Milchreis") mit Körnern von durchschnittlich 5,0–5,2 mm Länge und etwa 2,5 mm Breite ist ein weich kochend R. (Weichkörniger R.). Bei Klebreis handelt es sich um eine Rundkornreissorte, deren Körner beim Kochen klebrig werden und der sich dadurch gut mit Stäbchen verzehren lässt. Roter R. stammt ursprünglich aus Indien und besitzt ein rotbraunes Häutchen, das nicht entfernt wird. Daher ist er nur als Naturreis erhältlich. Weißreis (sowohl Lang- als auch Rundkornreis) wird in Deutschland nach folgenden Typen gehandelt (in Klammern Anteil Bruchreis): Spitzenreis (maximal 5 %), Standardreis (maximal 15 %), Haushaltsreis (maximal 25 %), Haushaltsreis mit erhöhtem Bruchanteil (maximal 40 %) und Bruchreis (über 40 %), der meist industriell u. a. zu → Reismehl und Reisgrieß verarbeitet wird. Vollkornreis (Naturreis) ist gereinigter verlesener Braunreis mit würzigem aromatischen Geschmack, der alle Bestandteile des ganzen Korns enthält, einschließlich der Schalen und des Keims. Durch den Fettgehalt in der Schale verfügt Vollkornreis über eine geringere Lagerfähigkeit als Weißreis, enthält aber mehr Vitamine und Mineralstoffe als dieser. Besondere Aufbereitungsformen sind → Parboiled Reis, → Schnellkochreis und → Puffreis. Die abgeschliffenen Samenschalen werden als Reisfuttermehl verwendet. In den Anbauländern findet auch die Herstellung alkoholischer Getränke wie → Sake oder → Arrak aus R. statt. Wegen des geringen Klebergehaltes ist R. nicht zum Backen geeignet.

Reisbackmehl; durch Kochen, Trocknen und Vermahlen von Bruchreis hergestellte Backzutat. Durch Zusatz von verkleisterter Reisstärke zum Teig wird die Verkleisterung der Stärke in dem verwendeten Mehl verbessert.

Reisessig engl.: *rice vinegar,* Syn.: *Su (jap.)*; japanischer Essig, hergestellt aus Reiswein. R. verfügt über einen milden süßlichen Geschmack; er wird u. a. verwendet zur Herstellung von → Sushi.

Reiskäfer lat.: *Sitophilus oryzae L.* (Fam.: *Curculinoidae* (Rüsselkäfer)), engl.: *rice weevil;* dem → Kornkäfer sehr ähnlicher, aber etwas kleinerer, 2–3 mm langer braunschwarzer Käfer mit 4 orangefarbenen Flecken auf der Flügeldecke. Der flugfähige R. ist in wärmeren Ländern einer der bedeutendsten → Vorratsschädlinge an Getreide aller Art und wird von dort häufig mit Importen verschleppt. In Mitteleuropa bürgert sich der Käfer aufgrund seines ausgeprägten Wärmebedürfnisses aber kaum ein. Die beinlosen Larven entwickeln sich im Inneren der von den Käfern angefressenen Getreidekörner oder anderen ausgehöhlten Produkten wie z. B. Makkaroni und höhlen sie vollkommen aus. Mehl und Backwaren werden stark verunreinigt und muffig; an der Oberfläche befallener Partien sind häufig Larvenhäute erkennbar.

Reiskeimöl engl.: *rice bran oil,* Syn.: *Reisöl;* aus der beim Mahlen des → Reises anfallenden Kleie gewonnenes Öl. Die Keimlinge enthalten 8–16 % Öl; die Kleie wird oft zur Verbesserung der Extraktion im Extruder oder Expeller stabilisiert. Die Gewinnung ist sowohl aus rohem wie auch aus Parboiled Reis möglich. Nach Raffination liegt ein gelbbraunes Öl mit schwach charakteristischem Geruch vor, das reich an Öl-, Linol- sowie Palmitinsäure ist. Außer in der Pharmazie, Kosmetik, Seifen- und Kerzenherstellung wird es vor allem in asiatischen Ländern als Speiseöl verwendet. Es ist relativ hitzestabil und somit für Bratanwendungen geeignet.

Reismehl engl.: *rice flour;* glutenfreies, von der Partikelgröße her sehr feines Mehl aus weißem Reis mit hohem Stärkegehalt und Verkleisterungsvermögen sowie neutralem Geschmack. R. enthält keinen → Kleber und ist daher als Brotmehl ungeeignet. Verwendung findet es bei der Herstellung von Diät- und Babynahrung, Massen für feine Backwaren, Teigwaren, Panaden, Süßspeisen und in der asiatischen Küche. → Mühlenerzeugnisse.

Reismehlkäfer lat.: *Tribolium subsp.* (Fam.: *Tenebrinoidae (Schwarzkäfer)*); etwa 4 mm lange, schmale rotbraune Käfer mit bis 6 mm langen weißlichgelben Larven. R sind bedeutende → Vorratsschädlinge in Vorratslagern, Mühlenbetrieben, im Lebensmittelhandel und im Haushalt. Die wichtigsten Arten sind der Amerikanische R. (lat.: *Tribolium confusum (Jacqueline DU VAL)*) und der kälteempfindliche Rotbraune R. (lat.: *Tribolium castaneum H.*). Fraßschäden an pflanzlichen getrockneten Lebensmitteln werden sowohl von den Käfern als auch von den Larven verursacht. Die Waren werden dabei stark verunreinigt und nehmen einen muffigen Geruch an, die → Backfähigkeit von Mehlen wird beeinträchtigt.

Reismelde Syn.: → *Quinoa*

Reisstärke engl.: *rice starch;* weiße Stärke mit besonders kleinen Partikeln, großer spezifischer Oberfläche und neutralem Geschmack. Die Eigenschaften der R. sind abhängig vom Genotyp (herkömmlich oder Mutante) und den damit verbundenen Gehalten an → Amylose und → Amylopektin. Die Stärke von Wachsreis (mutierter Genotyp) weist einen Amylopektingehalt von annähernd 100 % und dadurch eine geringe Neigung zur → Retrogradation sowie eine stabilisiernde Wirkung auf. Aus diesem Grund eignet sie sich besonders für die Verwendung in Suppen, Saucen und tiefgefrorenen Lebensmitteln. R. wird im Lebensmittelbereich wegen ihrer leichten Verdaulichkeit vorwiegend in diätetischen Lebensmitteln wie z. B. Säuglingsnahrung eingesetzt. Aufgrund der geringen Partikelgröße und der verhältnismäßig großen Oberfläche eignet sich R. für die Herstellung von glatten Überzügen und als Trägermaterial für Zusatzstoffe. Reisstärkegele finden wegen ihrer weichen cremigen Konsistenz in Süßspeisen, Milchprodukten, Suppen und Saucen Verwendung. Die Gewinnung von R. erfolgt überwiegend aus Bruchreis durch Nassvermahlen ähnlich wie bei → Maisstärke, nur dass beim Vorquellen alkalisiert wird. R. findet als technische Stärke breite Verwendung in der Pharma- und Textilindustrie.

Reisstrohpilz lat.: *Volvariella volvacea (Bull.: Fr.) Sing.* (Fam.: *Plutaceae*), engl.: *straw mushroom,* Syn.: *Schwarzstreifiger Scheidling;* auf Gartenerde, Komposthaufen u. Ä. wachsender → Speisepilz, der anfänglich von einer weißen Hülle umschlossen ist. Später besitzt der R. einen grauen Hut von 5–7cm Durchmesser, der durch graubraune Fasern gestreift ist, einen weißen länglichen Stiel, an dessen Grund die ehemalige Hülle als weißgraue häutige Scheide verbleibt. Ferner weist er frei stehende, zunächst weiße, später fleischrote Lamellen sowie weißes Fleisch auf. Der R. wird in Asien in großen Mengen vornehmlich auf Reisstroh kultiviert und gehört dort zu den beliebtesten Speisepilzen.

Reis Trautmannsdorff; mit Früchten wie z. B. Sauerkirschen oder Aprikosen geschichtes, gemischtes oder garniertes puddingähnliches Reisdessert (→ Flammeri).

Reiswein; → Sake

Reizker engl.: *orange agaric;* → Echter Reizker

Reizschwelle engl.: *stimulus threshold,* Syn.: *Empfindungsschwelle, Wahrnehmungsschwelle;* niedrigste Konzentration eines sensorischen Reizes, bei dem im Vergleich zu einem neutralen Prüfmuster schon die Reizänderung, aber noch nicht die → Merkmalseigenschaft selbst erkannt wird. → Schwellenwertprüfung

Rekombinierte Milcherzeugnisse; aus Trockenmilch oder getrockneten Milchbestandteilen mit Wasser und/oder flüssigen Milcherzeugnissen hergestellte Produkte, die dadurch z. B. in ihrer Zusammensetzung an bestimmte Erfordernisse (z. B. Diätetik) angepaßt oder auch in ihrem Lagerverhalten verbessert werden können.

Rekonstitution Syn.: → *Rehydratisation*

Rektifikation engl.: *rectification;* von lat.: *recte* = richtig und *facere* = machen abgeleitete Bezeichnung für die Reinigung von Stoffen. In der Analytik wird unter R. eine wirkungsmäßig verbesserte Form der → Destillation verstanden, bei der Komponenten mit geringer Siedepunktsdifferenz durch intensives Berühren von Gas- und Flüssigkeitsphase im Gegenstrom getrennt werden können. In der → Lebensmitteltechnologie werden Rektifizieranlagen z. B. zur Gewinnung von Fruchtaromen, zur Aromarückgewinnung bei der Herstellung von → Fruchtsaftkonzentraten und zur Gewinnung von Neutralalkohol eingesetzt.

Rektifiziertes Traubenmostkonzentrat engl.: *rectified concentrated grape must;* flüssiges, nicht karamellisiertes Konzentrat, das durch teilweisen Wasserentzug aus → Traubenmost unter Anwendung beliebiger zugelassener Methoden, wie z. B. Vakuumdestillation außer der unmittelbaren Einwirkung von Feuerwärme so hergestellt wird, dass der bei einer Temperatur von 20 °C nach einer vorgeschriebenen Refraktometer-Methode gemessene Zahlenwert nicht unter 61,7 % liegt. Bei r. T. handelt es sich im Wesentlichen um einen hochkonzentrierten Zuckersirup aus Traubenmost, der bei der Süßung von Weinen und Spirituosen verwendet wird.

Relative Dichte; der Quotient der → Dichte einer Substanz und der Dichte des Wassers bei derselben Temperatur. Meist wird die r. D. für 20 °C angegeben (Gewichtsverhältnis 20:20). Sie wird zur Ermittlung des Alkohol- und Gesamtextraktgehalts von Getränken verwendet.

Relish; süß-saure Würzsauce auf der Basis von klein geschnittenem Gemüse oder Obst, Essig, Zucker, Gewürzen sowie ggf. weiteren Zutaten, wie z. B. Kräutern oder Olivenöl. R. wird häufig als Beilage zu Fleisch- und Fischgerichten gereicht.

Remoulade engl.: *remolade;* von der Beschaffenheit eine der → Salatmayonnaise oder der → Mayonnaise ähnliche emulgierte Sauce mit Kräutern und/oder zerkleinerten würzenden Pflanzenteilen. Soweit R. nicht als Zutat oder Zubereitung von Lebensmitteln verwendet wird, wird der Fettgehalt in Verbindung mit der Bezeichnung üblicherweise angegeben.

Rempah; Bezeichnung für eine Reihe von südostasiatischen Würzpasten, die i. d. R. auf Chilischoten, Kurkuma, Kleiner Galgant, Zitronengras und Öl basieren. Viele weitere Zutaten, wie z. B. Zwiebeln, Knoblauch, Koriander, Ingwer, Zimt oder Garnelen- und Bohnenpasten sind üblich. R. wird zu vielen asiatischen Gerichten, insbesondere zu Fleisch- und Fischgerichten gereicht.

Renekloden Syn.: → *Reineclauden*

Renken lat.: *Coregonus sp.* (Fam.: *Salmonidae*), engl.: *whitefish,* Syn.: *Felchen, Maränen;* artenreiche Gruppe forellenähnlicher europäischer Süßwasserfische der Gattung *Coregonidae.* R. wie → Blaufelchen, → Zwergmaräne und → Gangfisch sind beliebte Speisefische mit festem weißen Fleisch, ähnlich dem der Forelle. Sie leben in tiefen Seen der Alpen- und Voralpenregion („alpine Maränen“), einige auch im Brackwasser von Nord- und Ostsee und an den Unterläufen der Flüsse. Die meisten R. werden 30–60 cm (bis zu 100 cm) lang und 1–4 kg (maximal 10 kg) schwer. Die taxonomische Klassifizierung ist uneinheitlich, da die Arten nur schwer voneinander abzugrenzen sind. Der Begriff R. wird auch als Syn. für Blaufelchen verwendet.

Rennin Syn.: → *Chymosin*

Rentierkäse; aus Rentiermilch hergestellter Käse, der eine nordskandinavische Spezialität ist.

Replikation engl.: *replication;* Wiederholung sensorischer Tests unter gleichen Bedingungen.

Reserva; spanische und portugiesische Bezeichnung für Weine, die eine bestimmte Zeit auf Eiche ausgebaut wurden. Dabei gelten folgende Mindestzeiten: für Rotweine 1 Jahr im Fass und 2 Jahre in der Flasche, für Weißweine 6 Monate im Fass und 18 Monate in der Flasche.

Resistente Stärke engl.: *resistant starch;* → Stärke und Stärkeabbauprodukte, die im Dünndarm gesunder Menschen nicht absorbiert werden. R. S. gelangt unverdaut in den Dickdarm, wo sie von den dort vorkommenden Bakterien fermentiert wird. Neben den verarbeitungs- und rezepturgestalterischen Vorzügen einer normalen Stärke besitzt r. S. auch physiologische Eigenschaften wie z. B. Verbesserung der Darmtätigkeit bzw. der Darmflora, die der anderer → Ballaststoffe ähnelt. Da die über die übliche Ernährungsweise aufgenommene Menge an r. S. z. B. aus Hülsenfrüchten gering ist, gewinnen Verfahren zur Einbringung von r. S. als funktioneller Bestandteil in verarbeitete Lebensmittel an Bedeutung.

Resorption engl.: *absorption;* heutzutage auch im Deutschen als Absorption bezeichneter Vorgang der Aufnahme von Nährstoffen aus der Nahrung in die Blut- und Lymphbahn. Da nur niedermolekulare Substanzen aus dem Magen-Darm-Trakt absorbiert werden können, müssen polymere Nahrungsbestandteile (Kohlenhydrate, Protein, Fett) erst durch die → Verdauung enzymatisch in kleinere Bruchstücke (Glucose, Aminosäuren, Fettsäuren, Glycerin) zerlegt werden. Die Aufnahme erfolgt z. T. passiv durch Diffusion, bestimmte Nährstoffe wie z. B. Glucose werden aktiv unter Energieaufwand transportiert.

Respiratorischer Quotient engl.: *respiratory quotient;* Abk.: RQ, durch Atemgasanalyse ermitteltes Verhältnis von ausgeatmetem Kohlendioxid zu verbrauchtem Sauerstoff. Der RQ für die vollständige Verbrennung der Nährstoffe beträgt für Kohlenhydrate 1,0, für Fett 0,7 und für Protein ca. 0,8 (schwierig, wegen unvollständiger Verstoffwechslung). Durch die Messung des RQ lassen sich daher Rückschlüsse auf das veratmete Substrat ziehen. Bei der indirekten Kalorimetrie wird mit Hilfe des gemessenen RQ und dem energetischen Äquivalent (Energiefreisetzung der Nährstoffe pro Liter Sauerstoff) der Energieumsatz bestimmt.

Restbrot; hygienisch einwandfreie, zum Verzehr geeignete Brote, Brotabschnitte oder Brotschnitten, die im Herstellerbetrieb als Reste angefallen sind. Die Verwendung von R. ist bei der Herstellung von Brot bis zu 6 % bei überwiegendem Weizenanteil, bis zu 20 % bei überwiegendem Roggenanteil, berechnet als Frischbrot üblich. Sie bringt technologische Vorteile (Wasserbindung durch verkleisterte Stärke, bereits vorhandenes Röstaroma) mit sich.

Restsüße Syn.: *Restzucker;* im Wein nach Abschluss oder Unterbrechung, z. B. durch Kälte oder Zusatz von Ethanol, der Gärung verbleibende Restmenge an Zuckern, die im Wesentlichen aus Fructose und nicht vergärbaren Zuckern besteht. Die R. besitzt neben dem Gehalt an Säuren sowie an Gerb- und Aromastoffen einen wesentlichen Einfluss auf den Geschmack des Weines. Weine lassen sich anhand ihres in g/l angegebenen Restzuckergehaltes in der EU in die geschmacklichen Kategorien „trocken“, „halb trocken“, „lieblich“ und „süß“ bzw. deren

Entsprechungen in den jeweiligen Landessprachen einstufen. Als trocken gelten hierbei Weine mit einem Gehalt an Restzucker von maximal 4 g/l bzw. 9 g/l, wenn der Säuregehalt um höchstens 2 g/l niedriger liegt als der Gehalt an Restzucker. Halb trockene Weine enthalten mindestens 4 g und maximal 12 g Restzucker auf einen Liter. Ebenfalls zulässig ist die Bezeichnung „halb trocken“ in Deutschland bei einem Restzuckergehalt von 18 g/l, wenn der Säuregehalt höchstens um 10 g/l niedriger ist als der Gehalt an Restzucker. Der Gehalt an Restzucker in lieblichen Weinen übersteigt die Anforderungen an halb trockene Weine und erreicht maximal 45g/l. Die Bezeichnung als süß ist Weinen mit einem Restzuckergehalt von mindestens 45 g/l vorbehalten. In Frankreich wird auch das Maß Baumé für den Restzucker angewandt, wobei 1° Baumé 19,5 g Restzucker auf einen Liter entspricht. Die Angabe erfolgt im Zusammenhang mit dem vorhandenen Alkoholgehalt z. B. 11+ 1 % (11 Vol.-% Alkohol und 1° Baumé).

Restzuckergehalt; → Restsüße

Retinol engl.: *retinol;* → Vitamin A

Retrogradation engl.: *retrogradation;* Vorgänge, die zu einem graduellen aber irreversiblen Unlöslichwerden von Stärkekleistern oder -gelen führen. Beim Abkühlen der Gele lagern sich dabei die Amyloseketten (→ Amylose) unter Wasseraustritt und Ausbildung von Wasserstoff-Brückenbindungen linear aneinander, wodurch eine quasikristalline Stärkestruktur erzeugt wird. Da das verzweigtkettige → Amylopektin weniger stark zu R. neigt, spielt die Wahl der richtigen Stärken in der Lebensmitteltechnologie eine entscheidende Rolle. So werden z.B. amylopektinreiche Wachsmaisstärken zur Herstellung gefriertaustabiler Suppen und Saucen eingesetzt. Auch durch Zusatz von → Emulgatoren, wie z. B. Mono- und Diglyceriden von Speisefettsäuren lässt sich die R. durch sterische Hinderung der Aneinanderlagerung der Amyloseketten vermindern. Klassisches Beispiel für R. von → Stärken ist das Altbackenwerden von Brot.

Retronasal; rückwärtige Mund-Nasen-Verbindung (Choanen). Durch aus dem Mund-/Rachenraum aufsteigende Geruchsstoffe wird ein sensorischer Geruchseindruck auch bei geschlossenem Mund möglich.

Retsina; vor allem in Attika hergestellte griechische Weinbesonderheit, die an Bedeutung verliert. Bei der Herstellung wird v. a. Weißweinen, selten auch Rotweinen, das Harz der Aleppo-Kiefer zugesetzt, wodurch der charakteristische Geschmack des R. entsteht.

Reversion engl.: *reversion;* in stark sauren Lösungen erfolgende Umkehrung der Glykosidhydrolyse, bei der unter Wasserabspaltung aus → Monosacchariden verschiedene → Oligosaccharide gebildet werden. Die Bildung von z. T. bitter schmeckenden Reversionszuckern, wie z. B. Gentiobiose bei der sauren Hydrolyse von Stärke, wird durch Verwendung von → Invertase bei der Herstellung von → Invertzuckercreme umgangen.

Reversionsgeschmack engl.: *reversion flavour;* Aromafehler oxygenierter Fette bzw. Öle.

Reversionsprodukte; → Reversion

Rezenz engl.: *recency;* die durch Kohlendioxid und Fruchtsäure verursachte nachhaltig empfundene „Spritzigkeit“ von schäumenden Getränken.

Rezeptor engl.: *receptor;* molekularer Bestandteil einer → Sinneszelle. Nach dem Schlüssel-Schloss-Prinzip kann ein R. sensorisch aktive Moleküle an spezifische Zellbereiche binden und so zur Erkennung z. B. der einzelnen → Grundgeschmacksarten führen.

Rhababerwurzeln; etwa faustgroße Rhizome der Kronrhabarberstaude *Rheum palmatum (L.) var. tanguticum Regel.*, die im Wesentlichen als pflanzliches Arzneimittel (abführende Wirkung) genutzt wird. Im Lebensmittelbereich liegt ihre Verwendung in der Aromatisierung von Spirituosen, insbesondere von Kräuterbittern.

Rhabarber lat.: *Rheum rhabarbarum L. u. Rheum rhaponticum L.* (Fam.: *Polygonaceae*), engl.: *Rhubarb;* grüne bis rote Blattstiele der gleichnamigen mehrjährigen Stauden. Der charakteristische stark saure Geschmack wird durch den hohen Gehalt an organischen Säuren (Citronen-, Äpfel- und Oxalsäure) hervorgerufen. Die Ernte findet bei R. von Januar (inhäusig gezogene Ware) bis Juli (Freilandkultur) statt. Das Angebot an R. unterliegt keinen Handelsklassen. Die kaum lagerfähigen Stiele werden frisch mit Zucker bestreut verzehrt oder zu Kompott, Konfitüre, Saft und weinähnlichen Getränken (Rhabarberwein) weiterverarbeitet.

Rheinhessen; Deutschlands größtes Weinbaugebiet, das v. a. Weißweine aus den Rebsorten Riesling, Silvaner, Kerner und Müller-Thurgau hervorbringt. →Liebfraumilch ist ein bekanntes Exportgut R., jedoch entstehen auch in R. zunehmend trockene Weißweine mit eigenem Charakter. Wie in allen deutschen Anbaugebieten existiert auch in R. das Problem, dass es zwar Spitzenlagen gibt, die bekannten Bereichsnamen, wie z. B. Nierstein, Nackenheim, Oppenheim hingegen nicht durchweg für Spitzenweine stehen.

Rheinische Bohnensuppe; →Bohnensuppe mit grünen Stangenbohnen, Kartoffeln und saurer Sahne.

Rheinische Fleischwurst; in Hüllen von mittelgroßem oder größerem Kaliber abgefüllte →Brühwurst gehobener Qualität mit fein zerkleinertem umgeröteten Brät. Dieses wird aus grob entsehntem Rindfleisch, grob entfettetem sowie fettgewebereichem Schweinefleisch und Speck sowie weiteren Zutaten wie z. B. Umrötungsmitteln und Gewürzen hergestellt.

Rheinischer Handkäse; regionale Bezeichnung für Handkäse. →Sauermilchkäse

Rheinisches Brot Syn.: *Rheinisches Schrot-/ Schwarzbrot;* langes, frei- oder angeschoben oder in Kästen ausgebackenes →Vollkorn- oder →Schrotbrot aus überwiegend scharfem (grobem) Roggenvollkorn- oder Roggenbackschrot. Die Oberfläche ist glatt glänzend und der Geschmack mild.

Rhizom engl.: *rhizome, rootstock,* Syn.: *Wurzelstock;* botanischer Begriff für mehr oder minder verdickte, als Speicher dienende, horizontal unterirdische Sprossachsen. Die Achsen sind im Gegensatz zu den →Knollen meist verzweigt und weiterwachsend. R. werden als Stärkelieferanten (→Arrowrootstärke) und Gewürze (→Ingwer →Kleiner Galgant →Kurkuma →Kalmus) verwendet.

Rhizopus; Schimmelpilzgattung, deren Kolonienbild große Ähnlichkeit mit →Mucor hat, sich von diesem jedoch durch die Ausbildung von wurzelartigen Rhizoiden unterscheidet, die der Gattung ihren Namen gaben. Von diesen Rhizoiden gehen kräftige unverzweigte Ausläuferhyphen aus, mit denen der Pilz in sehr kurzer Zeit große Substratflächen überziehen kann. Die ungeschlechtliche Fortpflanzung erfolgt über →Sporangiosporen. *R. oligosporus* und *R. oryzae* werden in Indonesien zur Herstellung von →Tempeh eingesetzt. *R. stolonifer* bildet große schwarze Köpfchen aus und ist ein typischer Fäulniserreger auf pflanzlichen Lebensmitteln. Bestimmte Rhizopus-Arten werden zur Gewinnung von →Ethanol nach dem Amylaseverfahren eingesetzt.

Rhodotorula; Gattung der imperfekten Hefen, die charakteristische rote und gelbliche Farbstoffe bilden und deshalb auch als rote Hefen bezeichnet werden. Die z. T. schleimigen Kolonien sind vorwiegend auf Früchten und Blättern, aber auch auf Gebäck zu finden, wo sie zu Verfärbungen führen.

Rib-Eye; →Rundes Roastbeef

Ribiseln Syn.: →*Rote Johannisbeeren*

Riboflavin engl.: *riboflavin,* Syn.: *Lactoflavin;* wasserlösliches, stark lichtempfindliches Vitamin aus der Gruppe der B-Vitamine (Vitamin B_2). Die Wirkformen des R. sind Flavinmononucleotid (FMN) und Flavinadenindinucleotid (FAD), die als Coenzyme im oxidativen Stoffwechsel eine wichtige Rolle spielen. Gute Quellen für R. sind Milch und Milchprodukte, Leber, Fleisch und Eier. Ein leichter Mangel führt zu Hautrötungen und Schuppenbildung. Ein schwerer Mangel tritt selten auf und äußert sich u. a. durch Wachstumsstörungen, Entzündungen der Haut und Schleimhäute sowie Anämie. → Hypervitaminosen sind nicht bekannt.

Ribonucleotide engl.: *ribonucleotides;* → Nucleotide, die als Zuckerkomponente Ribose enthalten, in allen lebenden Zellen vorkommen und in Form von Calcium- (E 634) und Dinatrium-Ribonucleotiden (E 635) als Geschmacksverstärker v. a. für Würzmittel (quantum satis), aber auch für Lebensmittel allgemein in festgelegten Höchstmengen zugelassen sind. Da R. im Körper zu Harnsäure abgebaut werden, sollten Personen, die an → Gicht leiden, die Zufuhr an R. sowie an Purinbasen generell möglichst gering halten.

Ribose engl.: *ribose;* → Monosaccharid (Pentose), das als Bestandteil der Nucleinsäuren in allen lebenden Zellen vorkommt. Weiterhin ist R. in freier Form in Muskelfleisch und als Baustein in Polysacchariden bestimmter Bakterien zu finden.

Ricotta engl.: *ricotta;* Bezeichnung für eine Gruppe von weißen weichen bis leicht körnigen → Frischkäsen aus Kuh-, Schaf-, Ziegen- und selten Büffelmilchmolke mit mildem, süßlichem über leicht säuerlichem bis hin zu würzigem Geschmack. Der Fettgehalt schwankt aufgrund unterschiedlicher Herstellungsmethoden stark. Je nach Herkunft und regionaler italienischer Tradition wird R. gesalzen, mit Kräutern aromatisiert, geräuchert, gebacken oder unbehandelt angeboten. In der Regel überwiegen jedoch die kühlbedürftigen frischen Angebotsformen. Er lässt sich vielseitig als Brotaufstrich, für Desserts (→ Cassata) und zum Überbacken und Füllen von Gerichten verwenden.

Riebele; unregelmäßige, durch Reiben oder Sieben hergestellte Körner aus Nudelteig, die als Suppeneinlage verwendet werden.

Riechstoffzelle; eine Apparatur zur Untersuchung der Aromadurchlässigkeit von Packstoffen. Dabei wird die Permeation flüchtiger Komponenten aus Modellsubstanzen oder aus dem Originalfüllgut durch den in einen Glasbehälter gespannten Packstoff sensorisch durch Abriechen geprüft.

Riegel engl.: *bar;* Süßwaren in geschnittener oder extrudierter Strangform mit einheitlichen oder geschichteten Füllungen, die u. a. Schokolade, Nugat, Nüsse, Milchcreme, Waffeln oder Toffeemasse enthalten können und häufig mit Schokolade überzogen sind.

Riesenauster Syn.: → *Auster*

Riesenbovist lat.: *Langermannia gigantia (Batsch: Pers.) Rostk.* (Fam.: *Lycoperdaceae*), engl.: *Giant Puffball;* von August bis Oktober auf Lichtungen, Wiesen, in Parkanlagen u. Ä. wachsender → Speisepilz, der einen weißen, später gelblichgrünen bis bräunlichen, fast kugelförmigen Fruchtkörper von 15–30 cm (bis 1 m) Durchmesser besitzt. Der R. ist nur in jungem Stadium, solange er innen noch weiß ist, verzehrbar, denn mit zunehmendem Alter verfärbt sich die Fruchtmasse und erhält neben der schwammig breiigen Konsistenz einen bitteren Geschmack.

Riesengarnelen Syn.: → *Großgarnelen*

Riesenhai engl.: *basking shark;* → Haie

Riesenorange Syn.: → *Pampelmuse*

Riesenschirmpilz Syn.: → *Parasolpilz*

Riesentang lat.: *Macrocystis pyrifera (L.) C. Ag.* (Fam.: *Lessionaceae*), engl.: *giant kelp;* → Braunalgen

Rieslaner; durch Kreuzung von Riesling und Silvaner entstandene Weißweinrebe, aus der v. a. in Baden und Franken schöne reiche Weine hergestellt werden.

Riesling; Weißweinrebe von sehr hoher Qualität, die in kühleren Weinbaugebieten, wie z. B. Deutschland oder dem Elsass am besten gedeiht. Wegen der harten Schale und der späten Reife können Riesling-Trauben sehr lange am Stock bleiben und dadurch v. a. in guten Jahrgängen hohe Gehalte und eine breite Fülle an Zucker, Duft- und Geschmacksstoffen entwickeln. Junge Rieslingweine sind frisch mit leichter Würze. Dank seines hohen Säuregehalts eignen sich die Rieslingweine auch sehr gut zum Altern. 30-jährige, aus manchen Jahrgängen auch 100-jährige Riesling-Weine sind keine Seltenheit. Es dominieren auch hier Frische, Würze und Harmonie. Wegen des späten Reifepotenzials des Rieslings sind auch Beerenauslesen und Trockenbeerenauslesen in guten Jahrgängen zu finden. Angebaut wird der Riesling schwerpunktmäßig in allen deutschen Weinbaugebieten und im Elsass. Inzwischen erfreut sich die Riesling-Rebe aber auch internationaler Beachtung, wie z. B. in Österreich, Norditalien, Kalifornien, Südafrika und Australien.

Riesling-Hochgewächs; → Hochgewächs

Rigatoni; → Teigware aus der römischen Küche in Form einer kurzen gerippten Röhre.

Rigor mortis; → Totenstarre

Rilettes; pastetenähnliche, fettreiche, streichfähige Zubereitungen aus gezupftem, zerrissenem oder zerdrücktem, vorher durch Braten und/oder Kochen oder Schmoren zubreitetem, z. T. sehr fettgewebsreichem Fleisch (i. d. R. Schweine- oder Gänsefleisch). Neben Fett und/oder Fettgewebe, Kräutern und Gewürzen sind weitere Zutaten möglich. Ursprünglich waren R. in Frankreich eine küchenmäßig in Töpfe abgefüllte, mit Schmalz überschichtete Fleischkonserve.

Rind lat.: *Bovinus taurus L.* (Fam.: *Bovidae*), engl.: *cow, cattle;* in zahlreichen Rassen zur Gewinnung von Milch und Fleisch und in Deutschland nur noch sehr selten auch als Zugtier gehaltenes Säugetier. In der Züchtung findet eine Auswahl der Rassen nach dem bevorzugten Zweck (Milch- oder Fleischerzeugung) statt. Schlachtrinder werden je nach Alter, Ernährungszustand und Geschlecht in Handelsklassen eingestuft. Nach Alter und Geschlecht erfolgt eine Unterscheidung von R. in Kälber, Ochsen, Bullen, Färsen und Kühe. Das Fleisch wird i. A. als → Kalb- bzw. → Rindfleisch gehandelt. Bei Rindfleisch sind auch nähere Angaben wie Ochsen-, Bullen- oder Jungrindfleisch üblich.

Rinderbandwurm lat.: *Taeniarhynchus saginatus (Cestoda)*, engl.: *beef tapeworm;* → Bandwurm, der über den Zwischenwirt Rind auf den Menschen übertragen wird. Die ausgewachsenen Larven (Rinderfinnen) befinden sich u. a. im Muskelfleisch; beim Verzehr von unerhitztem Fleisch gelangen sie in den menschlichen Darm und entwickeln sich zum geschlechtsreifen R. In der EU muss Rindfleisch vor der Freigabe für die Vermarktung auf Finnen untersucht werden. Bei geringem Befall ist die Brauchbarmachung durch Gefrieren für mindestens 144 Stunden möglich (Abtötung der Finnen), stärker befallenes Fleisch ist genussuntauglich.

Rinderbrühe engl.: *beef bouillon, beeftea;* aus Rindfleisch, üblicherweise grob entsehnt und ohne größere Fettgewebeanteile und/oder Rindfleischextrakt bzw. Rindfleischbrüherzeugnisse hergestellte, bei weitem gebräuchlichste → Fleischbrühe. Neben der vielfältigen Verwendung als Grundlage von Saucen und bei der Zubereitung von Gerichten bildet R. die Basis für eine Reihe von Suppen, insbesondere von regionalen Spezialitäten.

Rinderbrust engl.: *brisket of beef;* unterhalb des Bugs, neben der Dünnung gelegenes Teilstück des Rindervorderviertels. Die R. wird im Handel mit und ohne Knochen im Stück oder fein zerlegt sowohl gepökelt als auch ungepökelt angeboten. Die Feinzerlegung erfolgt in die drei weiteren Teilstücke → Brustspitze, → Brustkern und → Nachbrust. Das stark von Fett durchwachsene Fleisch verfügt über einen hohen Knochenanteil und wird i. d. R. durch Kochen oder ggf. Schmoren zubereitet. Der Anteil der R. am entbeinten Fleisch beträgt ca. 7,5 %.

Rinderfett; → Rindertalg → Rinderfleischfett

Rinderfilet engl.: *fillet of beef;* besonders zartes, feinfaseriges, mageres, reines Muskelfleisch vom Rind ohne Knochen. Anhaftendes Fettgewebe wird weggeschnitten. Es stammt aus der Unterseite des hinteren Rückens, dem Lendenbereich, unterhalb des → Roastbeefes. R. ist prinzipiell für alle Zubereitungsarten, insbesondere aber für Braten und Kurzbraten (→ Medaillons → Steaks) geeignet.

Rinderfinne; → Rinderbandwurm

Rinderfleck Syn.: → *Kuttelfleck*

Rinderfleischfett; zwischen den Muskelpaketen im Rindfleisch abgelagertes Reservefettgewebe (intermuskuläres Fettgewebe). R. wird teilweise beim Zuschneiden des Fleisches für Bratenstücke (Ladenfleisch) oder zur anderweitigen Verarbeitung (Verarbeitungsfleisch), z. B. zur Wurstherstellung herausgeschnitten. Eine Verwendungsmöglichkeit von R. liegt in der Brüh- und Rohwurstherstellung.

Rinderfond; → Fond

Rinderhinterviertel; → Rinderviertel

Rindernierenfett engl.: *ox kidney fat,* Syn.: *Nierentalg, Nierenfett;* aus dem die Rinderniere umschließenden Gewebe gewonnenes talgiges Fett von hell- bis dunkelgelber Farbe. R. besitzt einen niedrigen Schmelzpunkt und gilt als Talg von besonderer Qualität. Es wird direkt küchentechnisch verwendet, z.B. im englischen → Plumpudding.

Rinderrauchfleisch; → Rauchfleisch

Rinderschulter; → Bug

Rinderstearin Syn.: → *Oleostearin*

Rindertalg engl.: *beef tallow;* starres, schwach gelbliches Fett vom Rind, das hauptsächlich aus der Bauchhöhle, aber auch aus Nieren und Lungen gewonnen wird. Die genaue Fettsäurezusammensetzung von R. hängt von Rasse, Geschlecht, Lokalisation des Fettgewebes, Alter und Fütterung des Rindes ab, es dominieren Öl-, Stearin- und Palmitinsäure. Verwendung findet R. meist nach Fraktionierung (in → Oleostearin und → Oleomargarin). Experimentelle Ansätze untersuchen auch die Eignung als günstiger Rohstoff zur Herstellung von Biodiesel durch enzymatische Umesterung.

Rinderviertel; nach Absetzen des Kopfes und Spalten des Schlachttierkörpers entlang der Wirbelsäule bei der weiteren Zerlegung erhaltene Teilstücke des Rinderschlachtkörpers. Das DLG-Zerlegeschema (s. folgende Seite) sieht eine Trennung in Vorder- und Hinterviertel zwischen dem 8. und 9. Brustwirbel und den zum Vorderviertel gehörenden Teilstücken Fehlrippe, Spannrippe und Bachbrust sowie den zum Hinterviertel gehörenden Teilstücken Hochrippe und Knochendünnung vor. Eine besondere Zerlegeform stellt der Pistolenschnitt dar, bei dem die Fehlrippe zum Hinterviertel, die Teilstücke Fleisch- und Knochendünnung hingegen dem Vorderviertel zugeteilt werden. Der Pistolenschnitt wird bevorzugt, wenn die Hinterviertel v. a. zur Gewinnung von Bratenfleisch weiter zerlegt werden sollen.

Rindervorderviertel; → Rinderviertel

Rindfleisch engl.: *beef;* durch Schlachtung gewonnenes Fleisch vom Hausrind (lat.: *Bovinus taurus L.*). Die wesentlichen sensorischen Eigenschaften wie Farbe, Konsistenz (Faserstruktur) und Geschmack hängen vorwiegend vom Alter, Mastzustand, Geschlecht und weiteren Faktoren, wie z. B. der Rasse der Schlachttiere ab. Das Fleisch von jungen Tieren ist hellrot bis mittelrot, feinfaserig, kräftig und mager und bei gutem Mastzustand von feinen Fettäderchen durchzogen (marmoriert). Das Fleisch älterer Tieren (bspw. von Kühen) fällt dunkelziegelrot bis braunrot, grobfaserig, zäher und mit stärkeren Fettablagerungen zwischen den Muskelpaketen aus. Bei den begehrtesten Stücken handelt es sich um die zum Braten und in Zuschnitten (→ Steaks) zum Kurzbraten geeigneten Teilstücke → Roastbeef, Filet (→ Rinderfilet), Schwanzstück (→ Unterschale), Hüfte (→ Blume), → Kugel und → Oberschale. Hauptsächlich zum Braten und Schmoren geeignet sind → Bug, → Hoch- und → Fehlrippe. Vornehmlich zum Kochen oder zur Wurstherstellung werden → Kamm, → Spannrippe, Brust (→ Rinderbrust), Vor-

Zerlegung des Rindes nach Schema der DLG
Fleischseite

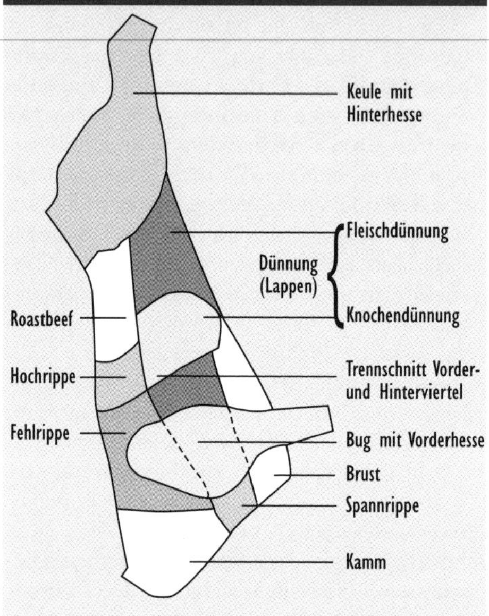

Zerlegung des Rindes nach Schema der DLG
Knochenseite

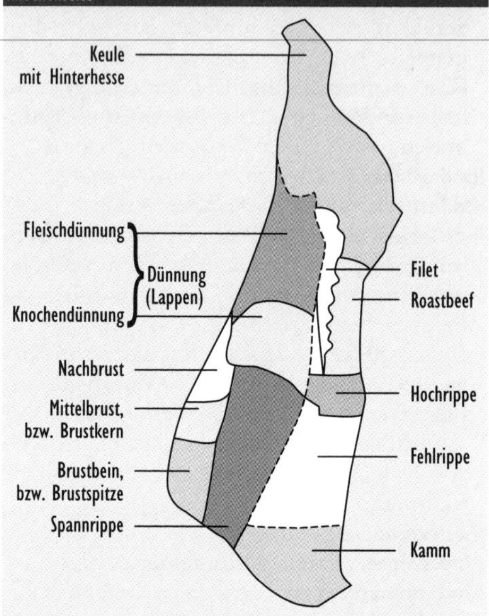

der- und Hinterhessen (→Hesse) sowie die Fleisch- und Knochendünnung verwendet. R. ist frisch, gefroren und tiefgefroren im Handel und in der Direktvermarktung von Schlachtkörperteilen (Hälften, Viertel) über Teilstücke (z. B. Kamm oder Roastbeef) bis hin zu Zuschnitten (bspw. Steaks, Rouladen, Braten) erhältlich. Der Verkauf von R. in tafelfertigem zubereiteten Zustand, z. B. mariniert und/oder bratfertig gewürzt, gewinnt zunehmend an Bedeutung. R. und Rindfleischerzeugnisse sind ein wesentlicher Bestandteil von Fertiggerichten und Convenience-Produkten. Zerlegung nach Maßgaben der DLG s. Schema.

Rindfleisch im eigenen Saft; dem →Corned Beef ähnliches, schnittfestes gekochtes Fleischerzeugnis aus grobstückigem grob entsehnten →Rindfleisch, Salz bzw. Pökelsalz und ggf. Sehnen und/oder Schwarten sowie würzenden Zutaten. Das Fleisch und ggf. die Sehnen und/oder Schwarten werden roh mit den anderen Zutaten in Dosen gefüllt und darin gekocht. Die zugegebenen Sehnen und/oder Schwarten sorgen für die Bindung des während der Erhitzung austretenden Fleischsaftes.

Rindfleischsalat engl.: *beef salad;* →Feinkostsalat aus gegartem, i. d. R. gekochtem geschnittenen Rindfleisch und anderen Zutaten. Dabei kann es sich sowohl um sättigende Zutaten wie Kartoffeln als auch um Gemüse wie Zwiebeln, Paprika oder Erbsen sowie würzende Zutaten handeln. Angerichtet werden kann R. mit Mayonnaise, mit Öl und/oder Essig oder einer anderen beliebigen würzenden Sauce. Bei Handelsware beträgt der Anteil an Rindfleisch mindestens 20 % und die Verwendung von →Formfleischerzeugnissen ist üblich. R. wird üblicherweise als kaltes Gericht z. B. als Vorspeise, evtl. mit Beilagen wie Kartoffeln, Brot oder Blattsalat verzehrt.

Rindfleischsülze; →Sülze mit überwiegenden Anteilen von umgerötetem gewürfelten oder zerfasertem grob entsehnten Rindfleisch in klarer, durch Gelatine oder Schwartenabkochung hergestellter, Gallerte. Der Anteil der von groben Fett- und Bindegewebsanteilen befreiten Muskelfleischeinlagen beträgt üblicherweise mehr als 50 %. R. wird in großkalibrige Hüllen oder Formen gefüllt angeboten.

Rindsbratwurst; nach Art der → Stockwurst (Ausgangsmaterial, Herstellungsprozess, Aussehen) hergestelltes → Brühwürstchen.

Rindsgeselchtes; → Rauchfleisch vom Rind.

Rindswurst; 1. in der Regel in Schweinedünndärme (traditionell Rinderkranzdärme) abgefüllte → Brühwürstchen mit umgerötetem, meist fein zerkleinertem → Brät aus grob entsehntem und sehnenreichem Rindfleisch sowie Rinderfleischfett und weiteren Zutaten wie z. B. Gewürzen. Es wird üblicherweise kein Schweinefleisch oder Fettgewebe verwendet. Der Verzehr von R. erfolgt i. d. R. warm und gebraten; 2. Syn. für eine ausschließlich aus Rindfleisch und Speck hergestellte → Salami; 3. streichfähige, fein zerkleinerte oder grobkörnige (grobe), geräucherte, umgerötete, teewurstähnliche → Rohwurst, die nur aus sehnen- und fettgewebsarmem Rindfleisch und Fettgewebe hergestellt wird.

Ringäpfel Syn.: → *Apfelringe*

Ring-Pull-Aufreißvorrichtung engl.: *ring pull system;* i. d. R. zum Öffnen von → Dosen wie z. B. Getränkedosen oder Konservendosen, in letzter Zeit auch für Flaschenverschlüsse eingesetzte → Öffnungshilfe, die das Öffnen der Packungen mit der Hand ohne weitere Öffnungs-Hilfsmittel gestattet. Die runde Grifflasche ist hierbei an einem aus dem Deckelmaterial geformten Niet befestigt und ermöglicht ein Aufreißen der vollen Dosenöffnung oder einer Ausgießöffnung entlang einer vorgegebenen Aufreißlinie bzw. das Abziehen der Verschlusskappe.

Rioja; Weinbaugebiet in Spanien mit gleichnamiger DOC. Die typischen Rioja-Rotweine werden aus Tempranillo, Mazuelo, Graciano und Garnacha erzeugt. Der charakteristischer Geruch und Geschmack der Rioja-Weine resultiert aus einem langen Ausbau auf Holz. Nicht auf Holz ausgebaute Rotweine werden ähnlich der Kohlensäuremaischung vergoren, sie sind intensiv fruchtig. Aus Viura- und Malvasia-Trauben entstehen die Weißweine, Garnacha (Grenache) und Tempranillo liefern Roséweine. Sie zeichnen sich ebenfalls durch Fruchtigkeit und Frische aus.

Rippchen engl.: *2. spare ribs;* 1. Stücke gepökeltes gegartes Schweinefleisch aus dem Kotelettstrang (Frankfurter R. bzw. Kasseler R., → Kasseler) oder aus dem Nacken (Kamm- oder Halsrippchen). Sie werden i. d. R. kalt als Brotauflage oder klassisch warm mit Sauerkraut verzehrt. 2. Rippen, Brust- und Wirbelsäulenknochen vom Schwein mit zwischenliegendem Muskelfleisch, üblicherweise gepökelt (Schälrippchen, Bratenrippchen). Fleischrippchen sind Schälrippchen mit mindestens 1 cm dicker Fleischauflage. Sie werden meist gekocht oder gebraten mit vielfältigen Beilagen verzehrt.

Rippenkotelett Syn.: → *Stielkotelett*

Rippenmangold; → Mangold

Riserva; italienische Bezeichnung für einen besseren Wein, der für längeren Ausbau im Fass oder längere Lagerung in der Flasche ausgewählt wurde. Die Bezeichnung wird in den unterschiedlichen Anbaugebieten verschieden gehandhabt. So darf z. B. ein Barbaresco die Bezeichnung nach 3-jähriger Lagerung tragen, ein Barolo nach 5-jähriger Lagerung. Es kann aber ein guter Standardwein besser sein als eine schlechte R. Die Steigerung ist die Bezeichnung riserva speciale, die häufig für länger gelagerte Weine vergeben wird.

Risiko engl.: *risk;* lebensmittelrechtlich definiert als eine Funktion der Wahrscheinlichkeit einer die Gesundheit beeinträchtigenden Wirkung und die Schwere dieser Wirkung als Folge der Realisierung dieser Gefahr.

Risikoanalyse engl.: *risk analysis;* lebensmittelrechtlich definiert als Prozess aus den drei miteinander verbundenen Einzelschritten →Risikobewertung, →Risikomanagement und →Risikokommunikation.

Risikobewertung engl.: *risk assessment;* wissenschaftlich untermauerter Vorgang mit den vier Stufen Gefahrenidentifizierung, Gefahrenbeschreibung, Expositionsabschätzung und Risikobeschreibung.

Risikokommunikation engl.: *risk communication;* lebensmittelrechliche Bezeichnung für den im Rahmen der Risikoanalyse stattfindenden interaktiven Austausch von Informationen und Meinungen über Gefahren und Risiken, risikobezogene Faktoren und Risikowahrnehmung zwischen Risikobewertern, Risikomanagern, Verbrauchern, Lebensmittel- und Futtermittelunternehmen, Wissenschaftlern und anderen interessierten Kreisen einschließlich der Erläuterung von Ergebnissen der Risikobewertung und der Grundlage für Risikomanagemententscheidungen.

Risikomanagement engl.: *risk management;* lebensmittelrechtlich definiert als der von der Risikobewertung unterschiedene Prozess der Abwägung strategischer Alternativen in Konsultation mit den Beteiligten unter Berücksichtigung der Risikobewertung und anderer berücksichtigenswerter Faktoren und ggf. der Wahl geeigneter Präventions- und Kontrollmöglichkeiten.

Risotto engl.: *risotto;* ursprüngliches aus Italien stammendes Gericht aus in Brühe gegartem und in Fett und Zwiebeln angedünstetem Rundkornreis, das vielfältig variiert und mit weiteren Zutaten versehen wird.

Rispengetreide; Getreide, dessen Samen am Halm in einer Rispe reifen. Zu den R. gehören Hafer, Reis und Hirse. Im Gegensatz zu R. steht →Ährengetreide.

Rispenhirse lat.: *Panicum miliaceum L.* (Fam.: *Poaceae*), engl.: *common millet, millet, proso millet,* Syn.: *Echte Hirse, Deutsche Hirse;* kleinkörnige, relativ anspruchslose →Hirse mit großen, ziemlich breiten Blättern und einem schlanken bis zu 2 m hohem Halm. Die Unterarten werden nach der Rispenform in Flatter-, Klump- und Dickhirse unterschieden. Der Anbau erfolgt heute in Zentralasien, Südrussland, Indien, im nördlichen China, Mittleren Osten, Mittelmeergebiet und auch in den Donauländern. In Deutschland war der Anbau von R. als Getreide im Mittelalter weit verbreitet. In der neueren Zeit gewinnt die Hirse in der Vollwertküche und als glutenfreies Getreide zunehmend an Bedeutung. Die Körner der R. lassen sich zur Herstellung von Brei, Fladen, Suppen sowie als Futtermittel verwenden.

Rissolen Syn.: *Halbmondpastete;* panierte und in Fett gebackene, mit feinem Ragout gefüllte →Pasteten aus einem Blätter-, Pasteten- oder Hefeteig.

Ritterkrebse Syn.: →*Panzerkrebse*

Ritterlinge lat.: *Tricholoma sp.* (Fam.: *Tricholomataceae*); Pilze der Gattung Tricholoma (Fr.) Quél., von denen viele ungenießbar oder sogar giftig sind, zu denen aber auch einige Speisepilze wie der →Grünling, der →Graue Ritterling und der →Violette Ritterling gehören.

RNS engl.: *RNA;* Abk. für Ribonucleinsäure (→Nucleinsäuren).

Roastbeef engl.: *roast beef*, Syn.: *flaches Roastbeef, Contrefilet;* 1. zartes, lockeres, mürbes, hochwertiges Muskelfleisch, das beim Rind von den Lendenwirbeln und den äußeren vier Brustwirbeln gelöst wird. Dabei handelt es sich um die hintere rückseitige Rückenstreckmuskulatur, bevorzugt den *M. longissimus dorsi.* Wegen der lockeren mürben Fleischfaserstruktur ist es nach ausreichendem Abhängen, auch bei nicht ganz jungen Tieren, besonders zum Kurzbraten und Braten geeignet. Aus dem R. wird eine Reihe von →Steaks geschnitten und verschiedene →Braten, wie z. B. →Rostbraten, hergestellt. Der Anteil des R. am entbeinten Fleisch beträgt ca. 5 %; 2. in der Regel beim Zubereiten nicht völlig durcherhitzter und somit im Kern noch fleischroter Braten, der auch als Aufschnitt verwendet wird.

Robertsauce Syn.: → *Sauce Robert*

Robinsontest engl.: *robinson test;* genormter sensorischer Test für Packstoffe auf Übertragung von Fremdgerüchen (DIN 10955 / EN 1230 / ISO 13302).

Robusta-Kaffeesorten; → Kaffeesorten

Rochen lat.: *Raja subsp.* (Fam.: *Rajidae*), engl.: *rays, skates;* Knorpelfische mit charakteristischem Aussehen; die meisten Arten leben in tropischen und subtropischen, einige auch in kälteren Gewässern. Für die Fischerei im Nordostatlantik sind drei Arten von Bedeutung: der Glattrochen/Spiegelrochen (lat.: *Dipturus batis L.*, früher: *R. batis L.*), 70–160 cm lang, der etwas kleinere Nagelrochen (lat.: *Raja clavata L.*), der auch vor Helgoland vorkommt, und der bis zu 70 cm lange Kuckucksrochen (lat.: *Raja naevus Müller & Henle*). Die Bestände sind gefährdet. Im Handel wird auch Geigenrochen aus der Familie *Rhinobatidae* aus Südostasien angeboten. R. werden ähnlich verwendet wie → Haie; besonders beliebt sind die Seitenlappen (Rochenflügel). Rochenfleisch ist eiweißreich und mager (ca. 25 % Protein, 1 % Fett). Frischfleisch enthält freies Ammoniak, das sich am Geruch bemerkbar macht.

Rocks engl.: *rocks,* Syn.: *Rockbonbons;* geschnittene massive, unregelmäßig geformte → Bonbons mit oft kunstvollen Motiven oder geometrischen Figuren. R. werden im heißen Zustand in handwerklicher Arbeit aus einzelnen, oft farblich kontrastierenden Zuckersträngen zusammengesetzt und mit einem meist weißen Zuckermantel umschlossen. Beim Durchschneiden (Abschlagen) des ausgezogenen Zuckerstranges auf einer Rocksmaschine entstehen die charakteristisch geformten Bonbons. Sie werden unterschieden nach der äußeren Form in runde, halb runde, rechteckige und quadratische R. oder nach den Mustern in Blumen-, Frucht-, Ornament-, Schrift-, Mosaik- und Figuren-Rocks.

Rodentizide engl.: *rodenticides;* → Pestizide zur Vernichtung von Schadnagern.

Rodonkuchen; in einer Napfkuchenform gebackener leichter oder mittelschwerer Rührkuchen. Der → Rührmasse werden häufig Schokolade, Quark, Trockenfrüchte, wie z. B. Rosinen, Nüsse oder auch Kakaopulver zugegeben. Überzüge aus Schokolade, Glasuren aus anderen Zutaten oder Bestäuben mit Puderzucker sind übliche Verzierungen.

Römerbraten; Phantasiebezeichnung für eine grobe → Brühwurst, die nach Art der → Gefüllten Schweinsbrust, des Gefüllten Schweinebauches oder des Groben Fleischkäses (→ Fleischkäse) hergestellt wird. R. wird als Aufschnitt und warm mit Beilagen angeboten.

Römischer Bertram Syn.: → *Bertramwurzel*

Römischer Kohl/Römerkohl; → Mangold

Römischer Kümmel Syn.: → *Cumin*

Römischer Salat lat.: *Latuca sativa var. longifolia Lam.* (Fam.: *Asteraceae*), engl.: *Cos Lettuce,* Syn.: *Romanasalat, Sommerendivien, Kochsalat, Bindesalat;* dem → Kopfsalat ähnliche, aber höhere Pflanze mit einer dichten Blattrosette mit derberen, steil aufwärts gerichteten hellgrünen länglichen Blättern. Die inneren Blätter bleichen nach Zusammenbinden des Kopfes aus und werden dabei weich und zart. Der Verzehr erfolgt roh als Salat (meistens die inneren Blätter) oder gekocht wie Spinat (meistens die festeren äußeren Blätter). Der Geschmack ist herzhaft und würzig. R. wird im Sommer und Herbst als frische Ware angeboten.

Römischer Salbei Syn.: → *Muskatellersalbei*

Römischer Wermut lat.: *Artemisia pontica L.* (Fam.: *Asteraceae*), engl.: *Roman Wormwood,* Syn.: *Römischer Beifuß, Pontischer Absinth;* aus dem Mittelmeergebiet stammende Würz- und Zierpflanze, deren Stängel und Blätter wegen ihrer Bitterstoffe neben dem echten → Wermut (lat.: *Artemisia absinthium L.*) zur Herstellung von Bitterlikören und → Wermutwein verwendet werden.

Röntgenstrahlen; → Lebensmittelbestrahlung

Rösche engl.: *crispness;* Fachbegriff für die durch geringen Wassergehalt hervorgerufene mürb-splittrige Beschaffenheit der Kruste bei Brot und Kleingebäck. Für trockene feine Backwaren wie Zwieback, Waffeln, Hartkekse, Kräcker und Laugengebäck ist R. die typische qualitätsbestimmende Beschaffenheit der Kruste und Krume.

Röstaroma engl.: *roast flavours;* Gesamtheit der beim →Rösten von Lebensmitteln entstehenden Aromastoffe. Das R. ist, wie auch die typische Farbe, Ergebnis der ablaufenden →Maillard-Reaktion und bedingt durch eine Vielzahl verschiedener Verbindungen (z. B. Pyrazine, Pyrrole, Pyrroline, Furane, Thiole, Thiazole). Bei der Reaktion können auch Röstbitterstoffe entstehen, die z. B. bei Kaffee erwünscht sind, in anderen Lebensmitteln aber einen Aromafehler verursachen.

Röstdextrine engl.: *torrefaction dextrins,* Syn.: *Röstgummi;* →Dextrine

Rösten engl.: *roasting, torrefying,* Syn.: *1. Toasten;* 1. Küchentechnisches Verfahren, bei dem meist stärkehaltige Lebensmittel durch direkte Kontaktwärme oder Wärmestrahlung gebräunt werden. Das R. führt i. d. R. zu einer Abnahme der Feuchtigkeit im Lebensmittel und zur Bildung charakteristischer Röstaromen (→Maillard-Reaktion). Angewandt z. B. bei (Toast-) Brot, Popcorn, Kastanien. 2. Auch in der Lebensmitteltechnologie eingesetztes Erhitzungsverfahren, bei dem die Wärmeübertragung meist durch eine Kombination aus Kontakt- und Konvektionswärme erfolgt, z. B. R. von Kaffee und Malz. Bei beiden Verfahren kann im Verlauf der →Maillard-Reaktion bei hohen Temperaturen (über 175 °C) während des Röstvorganges aus reduzierenden Zuckern (Glucose, Fructose) und der freien Aminosäure Asparagin die Bildung von →Acrylamid erfolgen.

Röstgummi engl.: *torrefaction dextrins,* Syn.: *Röstdextrine;* →Dextrine

Rösti engl.: *fried potatoes;* in der Pfanne in Form eines Kuchens, einer Scheibe oder eines Plätzchens knusprig ausgebackenes Gericht aus gewürzten, blanchierten, gegarten oder roh geriebenen Kartoffelstreifen. R. ist eine in der Schweiz weit verbreitete Spezialität und wird einzeln an sich oder als Beilage zu Gerichten verzehrt.

Röstkaffee engl.: *roasted coffee;* gerösteter Rohkaffee (→Kaffee), der durch das Rösten bei hohen Temperaturen die ihn charakterisierenden Eigenschaften wie Aroma und Farbe erhält. Übliche Röstverfahren sind das Kontaktverfahren mit direkter Hitzeübertragung auf das Röstgut oder das Konvektionsverfahren mit direkter oder indirekt beheizter Luft als Wärmeträger. Beim Konvektionsverfahren wird sowohl chargenweise in Trommeln oder auf dem Fließbett oder kontinuierlich in Trommeln geröstet. Dabei dehnen sich die Bohnen aus, verlieren 15–17 % des Gewichts durch wesentliche Verringerung der Feuchtigkeit und unterliegen verschiedenen chemischen Reaktionen, von denen die →Maillard-Reaktion wegen ihres Einflusses auf die Ausbildung des mehrere hundert Aromastoffe umfassenden Aromas die größte Bedeutung besitzt. Durch das Karamellisieren der Glucose und die Maillard-Reaktionprodukte erhalten die Bohnen je nach Grad der Röstung eine hell- bis tief dunkelbraune, fast schwarze Farbe. Außer vom Röstprozess ist die Aromaausbildung im R. von der Wahl des Ausgangsmaterials abhängig. Eine Steuerung und Standardisierung erfolgt hierbei durch Mischen von Röstgut unterschiedlicher Provenienzen und Qualitäten. Das Mischen kann sowohl vor als auch nach dem Rösten stattfinden. Die gerösteten Kaffeebohnen nehmen Fremdgerüche sowie Feuchtigkeit auf und die enthaltenen feinen ätherischen Öle sind anfällig gegenüber Oxidation durch Luftsauerstoff. Daher muss R., insbesondere nach dem Mahlen, in feuchtigkeits- und aromadichten Packungen wie vakuumierten Folienbeuteln, wachsbeschichteten Papierbeuteln oder Dosen sorgfältig gelagert werden.

Röstmalz Syn.: →*Farbmalz*

Röstmalzbier Syn.: →*Farbebier*

Röstmasse; aus Zuckerarten, Fetten und Milch durch Kochen hergestellte zähflüssige Masse. Die Zähflüssigkeit wird durch Verdampfen des größten Anteils des enthaltenen Wassers und Aufkonzentrierung des Zuckers bei 112 °C („schwacher Flug") erreicht. Die Verwendung von Milchpulver und anderen Milcherzeugnissen anstelle von Milch ist ebenso wie die Verwendung von Honig und Glucosesirup üblich. Aus R. werden → Florentiner, → Nussknacker und die Belegmasse für → Bienenstich hergestellt.

Rötel; deutschschweizer Bez. für → Saiblinge.

Rötender Schirmling Syn.: → *Safranschirmpilz*

Rogen engl.: *roe;* unbefruchtete Eier der Fische, die das Ausgangsprodukt für → Kaviar darstellen. Frischer, auch von der Hülle befreiter gesalzener R. wird in Holzfässer verpackt und bis zur Weiterverarbeitung kühl gelagert. Geräucherter R. wird durch Heißräuchern von Seelachs- und Dorschrogen in unverletzter Hülle hergestellt. Gelegentlich werden auch Muschel-Eier (→ Corail) als R. bezeichnet.

Roggen lat.: *Secale cereale L.* (Fam.: *Poaceae*), engl.: *Rye;* nach dem → Weizen zweitwichtigstes einjährig kultiviertes Brotgetreide, das als Winter- und Sommerroggen in den kälteren nördlicheren Anbaugebieten vorkommt. Es stellt allgemein an Boden und Klima geringere Ansprüche und bringt auf ungünstigen Standorten gegenüber anderen Getreidearten noch hohe Erträge. Auf fruchtbaren Böden fällt er in den Erträgen im Vergleich zu Weizen zurück. Die Ernte der Körner erfolgt i. d. R. mit Mähdreschern im Stadium der → Totreife. Sie sind im Querschnitt dreieckig, frei von Spelzen, länglich mit einer Furche auf der Rückenseite und grünbläulich gefärbt. Neben der Verwendung als Brotgetreide werden sie auch zur Herstellung von Getreidespirituosen (→ Korn) und → Kaffeeersatz genutzt. Sie enthalten weniger Stärke und Eiweiß als Weizenkörner (ca. 52,4 g Stärke und 8,8 g Eiweiß pro 100 g essbarer Anteil). Herausstechend ist der sehr hohe Gehalt an Ballaststoffen (ca. 13,2 g pro 100 g essbarer Anteil) und der hohe Gehalt an Pentosanen, die aufgrund ihrer Quellfähigkeit einen großen Einfluss auf die Backfähigkeit und die Frischhaltung der fertigen Produkte sowie auf die Verdaulichkeit und das hohe Sättigungsgefühl beim Verzehr von Roggenbackwaren haben. Im Roggeneiweiß sind Prolamine enthalten, die bei genetisch dafür veranlagten Menschen → Zöliakie auslösen.

Roggenbrot engl.: *rye bread;* Brotsorte, bei deren Herstellung mindestens 90 % → Roggenmehl, bezogen auf die Getreiderzeugnisse verwendet wurde.

Roggenmehl engl.: *rye flour;* aus → Roggen hergestelltes → Mehl. Im Gegensatz zu Weizenmehl besitzt es keinen auswaschbaren → Kleber. Seine Backfähigkeit ist daher weniger von Menge und Eigenschaften der Mehlproteine als von der Art und Beschaffenheit der Stärke und der Quellstoffe (Pentosane) sowie von dem enzymatischen Zustand des Mehles abhängig. R. mit hoher Enzymaktivität, z. B. durch → Auswuchs, sind weniger zum Backen geeignet. Im Vergleich zu Weizenmehlen enthalten R. weniger Stärke und zum Quellen fähige Eiweißstoffe sowie mehr wasserbindende Quellstoffe, lösliche Zucker und Ballaststoffe. Insbesonders höher ausgemahlene R. sind reich an Ballast-, Mineral- und sekundären Pflanzenstoffen. In Folge des hohen Gehaltes an wasserbindenden Pentosanen ergibt sich eine hohe Teigausbeute aus R. R. finden v. a. zur Herstellung von Brot und Brötchen Verwendung und dürfen wie Weizenmehle nur in bestimmten → Mehltypen in den Handel kommen.

Roggenmischbrot; Brotsorte, bei der der Anteil an → Roggenmehl, bezogen auf die Getreideerzeugnisse mehr als 50 %, jedoch weniger als 90 % beträgt.

Roggenschrotbrot engl.: *rye meal bread;* → Schrotbrot

Roggenschrote engl.: *rye meal;* → Schrote aus Roggenkörnern. → Roggen → Getreidekörner

Roggenstärke engl.: *rye starch;* → Stärke mit den gleichen Eigenschaften und etwa der gleichen Größe wie → Weizenstärke. R. wird nur selten verwertet, da die hohe Amylaseaktivität und die Schleimstoffgehalte im Roggenkorn die Gewinnung erschweren.

Roggenvollkornbrot engl.: *wholemeal rye bread;* → Vollkornbrote

Rogner engl.: *seed fish, spawner;* geschlechtsreifer weiblicher Fisch vor dem Ablaichen. Der Begriff wird hauptsächlich verwendet beim Hering (→ Vollhering), gelegentlich auch beim Karpfen.

Rohbrand; ein Erzeugnis, das bei der Destillation von Wein oder Brennwein anfällt und die flüchtigen den Wein kennzeichnenden Bestandteile enthalten muss. R. weist einen Alkoholgehalt von höchstens 72 Vol.-% auf. In einer zweiten Destillation wird R. zu Weindestillat verarbeitet, wobei dem R. keine Bestandteile zugesetzt oder entzogen werden dürfen.

Rohcasein; in Wasser unlösliches Erzeugnis, das aus Magermilch durch Fällung gewonnen wird, die durch mikrobiologische Säuerung oder Zusatz von Säure, Labfällung oder andere milchkoagulierende Enzyme vorgenommen werden kann. R. wird durch Waschen und Trocknen zum → Casein weiterverarbeitet, welches sich ferner zu wasserlöslichen Caseinaten umsetzen lässt.

Roheiweiß Syn.: → *Rohprotein*

Rohe Krakauer; ähnlich wie → Mettwurst (Ausgangsmaterial, Art und Weise) in Enden hergestellte, kräftig unter Verwendung von Knoblauch gewürzte schnittfeste → Rohwurst. Sie wird vorwiegend in Kranzdärmen abgefüllt.

Rohe Polnische Syn.: → *Polnische*

Rohfaser; Bezeichnung für den nach einer definierten Aufschlussmethode verbleibenden Rückstand eines pflanzlichen Lebensmittels. Als Aufschlussmittel sind Säuremischungen oder Laugen und Säuren im Gebrauch. Polysaccharide wie Cellulose, Pentosane und Pektine werden nicht oder nur zum Teil aufgeschlossen und zählen daher zur R. Lignine gehen bei bestimmten Aufschlussmethoden in den gelösten Zustand über und zählen daher nur bedingt zur R. Die Gehalte an R. bei Getreide liegen zwischen 0,7 % (Reis) und 2,2 % (Mais). Da die Aufschlussmethoden nicht mit dem menschlichen Verdauungssystem gleichgesetzt werden können, ist die R. nicht mit den Ballaststoffen identisch.

Rohkaffee engl.: *raw coffee, green coffee;* → Kaffee

Rohkost-Ernährung; → alternative Ernährungsform mit zahlreichen unterschiedlichen Ausprägungen und Vertretern, die in den meisten Fällen aus einer veganen Frischkost aus Obst und Gemüse besteht. Diese wird durch Nüsse und teilweise auch durch → Trockenfrüchte, kalt geschleuderten Honig und → kalt gepresste Öle, seltener auch durch Getreide und → Rohmilch ergänzt. Bei bestimmten Formen der R. können auch rohes Fleisch, roher Fisch und rohe Eier verzehrt werden. Den meisten Varianten ist gemein, dass erhitzte Lebensmittel als denaturiert und somit als wertlos gelten. Personen, die sich weitgehend oder ausschließlich über Rohkost ernähren, werden als Rohköstler bezeichnet.

Rohmassen; pastöse homogene Zubereitungen, die aus geschälten zerkleinerten, bei Bedarf blanchierten sowie entbitterten ölhaltigen Samenkernen durch inniges Vermischen mit Zucker und Wasser unter Erhitzung hergestellt werden. Häufig verwendete ölhaltige Samenkerne sind Mandel-, Aprikosen-, Pfirsich- und Haselnusskerne. Die Verwendung von Cashew-, Erdnuss- und Walnusskernen für R. ist ebenfalls üblich. R. bilden i. d. R. die Grundlage für Füllungen, Massen, wie z. B. → Makronenmasse und fertige Süßwaren wie → Persipan, → Marzipan oder → Nugat. R. werden bei der Herstellung von Back- und Süßwaren verwendet und sind als Halbfabrikate im Handel erhältlich.

Rohmilch engl.: *raw milk;* unbehandelte (z. B.

nicht erhitzte), ausreichend gereinigte und gekühlte Kuhmilch, die als Ausgangsprodukt für die verschiedenen Milchsorten und Milchprodukte dient und beim Ab-Hof-Verkauf mit dem Hinweis „Rohmilch, vor dem Verzehr abkochen“ in loser Form unmittelbar an den Verbraucher abgegeben wird. Der Verkauf von R. ist nur erlaubt bei Erfüllung bestimmter Anforderungen an Stallungen, Gesundheitszustand der Tiere und des Melkpersonals, Überwachung der Eutergesundheit, Qualität, Aufbewahrung und Kühlung der Milch. → Vorzugsmilch

Rohpökelware Syn.: *rohe Pökelfleischerzeugnisse;* durch → Pökeln haltbar gemachte, rohe, abgetrocknete, meist geräucherte, seltener ungeräucherte (luftgereifte) Fleischstücke. Sie weisen nach der Behandlung eine stabile Farbe, ein typisches Aroma und eine Konsistenz auf, welche das Anfertigen dünner Scheiben ermöglicht. Charakteristische R. sind z. B. → Rohschinken, → Speck und → Rauchfleisch.

Rohprotein engl.: *crude protein,* Syn.: *Gesamteiweiß, Roheiweiß;* Summe der in Form von Proteinen gebundenen Stickstoffverbindungen und anderer Verbindungen, wie z. B. Amiden oder Nucleinsäuren, die Stickstoff in ähnlicher Weise gebunden enthalten. Die Gehaltsermittlung erfolgt über die analytische Bestimmung des Stickstoffgehaltes und Errechnung des Proteingehaltes mit Hilfe eines für das jeweilige Lebensmittel spezifischen Faktors (i. d. R. 6,25). Aufgrund der Miterfassung der anderen, ebenfalls stickstoffhaltigen Verbindungen handelt es sich bei dem so errechneten Wert um einen Näherungswert.

Rohrnudeln; im Backofen („Rohr“) trocken gebackene Klöße aus süßem Hefeteig.

Rohrzucker engl.: *cane sugar;* aus → Zuckerrohr gewonnene, chemisch nicht veränderte Saccharose. Aus dem Zuckerrohr gewinnt man, nach Reinigen und Brechen, den Rohsaft durch Auspressen oder wässrige Extraktion. Der Pressrückstand wird als Bagasse bezeichnet und kann als Heizmaterial oder z. B. für Bauzwecke verwendet werden. Die Reinigung des Rohsaftes erfolgt durch Zugabe von Calciumhydroxid (Defäkation), Schwefeldioxid und Einleiten von Kohlendioxid (Carbonatation). Aus dem resultierenden Dünnsaft entsteht durch Eindampfen Dicksaft, von dem nach Verdampfungskristallisation der Muttersirup vom → Rohzucker abgetrennt werden kann. Aus dem Muttersirup verbleibt nach weiteren Kristallisationen die → Melasse, aus der sich kein Zucker mehr gewinnen lässt und die der Herstellung von Rum und Zuckerrohrschnaps (Cachaça) dient. Der Rohzucker wird z. T. wegen seines karamellartigen Geschmacks direkt verwendet oder durch Reinigung zu → Weißzucker bzw. → Raffinade umgesetzt. Aus dem Zuckerrohrsaft kann durch mechanische Reinigung und schonende Trocknung auch Vollrohrzucker, ein als Ur-Süße oder Ur-Zucker erhältliches Produkt, gewonnen werden, das wegen seines höheren Mineralstoffgehaltes v. a. in der Vollwertküche Verwendung findet.

Rohsaft engl.: *crude juice;* 1. frisch gepresster, nicht filtrierter, noch nicht zum unmittelbaren Verzehr bestimmter Fruchtsaft; 2. bei der Zuckerfabrikation durch warmes Extrahieren der Zuckerrübenschnitzel gewonnene Flüssigkeit.

Rohschinken Syn.: *Rohschneideschinken;* durch Pökeln und meist Räuchern oder Lufttrocknen aus dem → Schinken (Schweinekeule), häufig mit anhaftender Schwarte, ohne Erhitzung hergestellte Rohpökelware. Charakteristisch für R. sind abhängig von der Herstellung die stabile hell bis tief dunkelrote Farbe, der unterschiedlich stark ausgeprägte aromatische Geschmack und eine abtrocknungsbedingte mehr oder weniger feste Konsistenz, die das Schneiden von Scheiben ermöglicht. Bekannte R. sind z. B. → Knochenschinken, → Bauernschinken und → Katenschinken sowie regionale Spezialitäten. Die Herstellung von R. ist in Europa seit

Jahrhunderten bekannt und erfolgt z. T. immer noch nach traditionellen Rezepturen. Einige R. wie z. B. → Schwarzwälder Schinken, Ammerländer Schinken oder Prosciutto di Parma (Parmaschinken) sind europaweit herkunftsgeschützt.

Rohwürste engl.: *fermented dry sausages;* Gruppe von ungekühlt bei Temperaturen über +10 °C lagerfähigen, roh zu verzehrenden, je nach Herstellungsweise streichfähigen oder schnittfesten Wurstwaren. Sie werden aus rohem, fein oder grob zerkleinertem Muskelfleisch (bevorzugt von etwas älteren Tieren) und Speck, bei bestimmten Sorten geringerer Qualität auch unter Zusatz von Bindegewebe (Sehnen, Schwarten) durch eine mit Austrocknung verbundener Reifung (→ Rohwurstreifung) hergestellt. Dabei verbinden sich Fleisch- und Speckteilchen durch ausgetretenes koaguliertes Muskeleiweiß fest miteinander. Bei grober Körnung sind Fettgewebe und Magerfleischanteile gesondert erkennbar. Neben dem möglichen Zusatz von Nitraten und Nitritpökelsalz erfolgt eine weitere Haltbarmachung durch Lufttrocknung oder → Räuchern. Luftgetrocknete oder schwach geräucherte schnittfeste R. weisen zuweilen weißliche Beläge von Mikroorganismen auf, die durch Stärke ergänzt werden können. Es werden auch weiße Tauchmassen oder weiß pigmentierte Hüllen unter Kenntlichmachung verwendet. Das Vorhandensein von weißlichen Belägen, Tauchmassen oder Hüllen weist ebenso wie Bezeichnungen auf einen erhöhten Anteil an bindegewebseiweißfreiem Fleischeiweiß hin. R. dürfen nicht zu kühl (nicht im Kühlschrank) gelagert werden.

Rohwurstreifung; bei geeigneter Steuerung von Luftfeuchte und Temperatur in → Rohwurst ablaufender komplexer Prozess, bei dem rohes Fleisch mikrobiell-enzymatisch zu den fertigen Fleischerzeugnissen reift. Länge und Ausprägung der R. hängen von der ggf. verwendeten Starterkultur, der Steuerung von Luftfeuchte und Temperatur während des Prozesses sowie vom Zusatz von vergärbaren Zuckerstoffen, → Umrötungsmitteln und säurebildenden Zusatzstoffen ab. Von entscheidender Bedeutung ist die bakterielle Flora, bei der sich erwünschte grampositive Bakterien wie Mikrokokken und Lactobazillen gegen vorwiegend gramnegative unerwünschte Bakterien wie z. B. Salmonellen durchsetzen müssen. → Nitritpökelsalz kann hierbei abhängig von der eingesetzten Menge unterstützende Wirkung besitzen. Am Anfang herrschen in der bakteriellen Flora Mikrokokken vor, die ggf. zugesetzte Nitrate wie z. B. Salpeter zu Nitrit reduzieren und damit die Voraussetzung zur Umrötung schaffen. Sie werden später durch Laktobazillen verdrängt, die aus zugesetzten und vorhandenen Zuckern → Milchsäure bilden. Bei den dadurch absinkenden pH-Werten koaguliert das Fleischeiweiß und die Rohwurst wird schnittfest. Gleichzeitig rötet sich das Fleisch durch Komplexbildung des Metmyoglobins und des noch nicht oxidierten → Myoglobins mit aus Nitrit entstandenem Stickoxid um. Das Nitrit stammt aus der Reduktion der Nitrate oder direkt aus Nitritpökelsalz. Der Reifungsprozess wird mit einer mehr oder weniger ausgeprägten Trocknung abgeschlossen. Die Verwendung von Starterkulturen sichert die R. insbesondere am Anfang ab und beschleunigt diese ebenso wie der Zusatz von säurebildenden Stoffen wie → Glucono-delta-lacton. Bei deren Zusatz werden die mikrobiell-enzymatischen Reifungsprozesse weitgehend übersprungen. Die Reifung unter Zusatz von Säurebildnern wird daher auch als Rohwurstschnellreifung bezeichnet.

Rohwurstschnellreifung; → Rohwurstreifung

Rohzucker engl.: *raw cane sugar, raw beet sugar;* Zwischenprodukt bei der Herstellung von Rohr- und Rübenzucker, bei dem die Zuckerkristalle nur zum Teil vom anhaftenden Sirup (→ Melasse) befreit und daher braun gefärbt sowie klebrig sind. Die in der Melasse enthaltenen Aromastoffe geben dem

R. vom Zuckerrohr im Gegensatz zu dem von Zuckerrüben einen karamellartigen mild süßen Geschmack. R. wird vielseitig zur Zubereitung von Back- und Süßwaren sowie von Getränken verwendet. In alternativen Ernährungsformen ersetzt er zum größten Teil oder ganz raffinierten →Weißzucker. Die Konzentration an Vitaminen und Mineralstoffen in dem anhaftenden Sirup ist zu gering, um eine ernährungsphysiologische Bedeutung zu besitzen.

Rollbraten; häufig bereits bratfertig gewürztes, in einem Stück belassenes gerolltes oder von einem Netz umgebenes Fleischstück zum →Braten. Die Tierart wird mit angegeben (z. B. Schweinerollbraten).

Rolle engl.: *roll;* →Rouladen →Biskuit

Rollenbutter; →Butter in länglicher Rollenform.

Rollend gefrostet engl.: *single frosted,* Syn.: *einzeln gefrostet;* Bezeichnung für kleinstückige, unverpackt tiefgefrorene Produkte wie Beeren, Möhrenstifte oder Erbsen, die unmittelbar nach dem Tiefgefrieren verpackt werden und so schüttelfähig und unaufgetaut gut portionierbar sind.

Rollgerste Syn.: →*Graupen*

Rollmops engl.: *rolled herring, rollmops;* marinierter Hering (→Bismarckhering ohne Schwanz), aufgerollt mit Gurkenwürfeln, Gewürzen und anderen pflanzlichen Beigaben, mit Holz- oder Kunststoffstäbchen festgesteckt. Die Füllung darf maximal 20 % des Endgewichtes betragen. Nach gleicher Rezeptur wird aus →Brathering Brat-Rollmops hergestellt. R. und Brat-Rollmops werden zum Direktverzehr angeboten, eingelegt in süß-saurer Marinade, Mayonnaise oder mayonnaiseähnlicher Sauce oder weiterverarbeitet zu →Aspikwaren (R. bzw. Brat-Rollmops in Gelee).

Rollschinken Syn.: →*Kernschinken*

Romadur-Käse engl.: *romadur cheese;* dem →Limburger-Käse in der Herstellungsweise und Aussehen ähnlicher Weichkäse der Halbfett- bis Doppelrahmstufe mit Rotschmiere und einem Gewicht von 80–180 g. Gängige Größen im Handel sind Stangen von 100–125 g. Er besitzt seinen Ursprung in Belgien (Herve-Bezirk in der Provinz Lüttich) und wurde um 1830 von Karl Hirnbein, wie der Limburger im Allgäu, eingeführt. Der R. unterscheidet sich von dem Limburger durch die kleinere Form, den feineren Teig und den meist höheren Fettgehalt. Er ist weicher und milder, da er nur zwei Wochen reift. Die geschmeidige und rindenlose Oberhaut soll gelbbraun bis rötlich, leicht feucht und ohne Risse oder sonstige schadhafte Stellen sowie mit Käseschmiere bedeckt sein. Der weichschnittige, jedoch nicht fließende Teig sollte bis auf einige wenige Bruchlöcher keine Lochbildung zeigen. Die allgemein matt glänzend weiße Schnittfläche des Teiges kann in der angereiften Teigmasse eine hellgelbe Färbung annehmen. Im Geruch und Geschmack ist R. mild bis leicht pikant. Lagerung und Behandlung sind noch sorgfältiger zu handhaben als beim Limburger-Käse.

Romanasalat Syn.: →*Römischer Salat*

Romesco engl.: *romesco sauce;* rote scharfe, ursprünglich aus Spanien stammende vielfältig variierte Würzsauce. R. enthält üblicherweise als charakteristische Zutaten geröstete Mandeln und ggf. Haselnüsse, Tomaten, Knoblauch, Pfefferschoten, Weinessig, Olivenöl und Gewürze. R. wird als Beilage zu Fleisch- und Fischgerichten serviert.

Rooibostee Syn.: →*Rotbuschtee*

Root Beer; Bezeichnung für ein in den USA beliebtes kohlensäurehaltiges Erfrischungsgetränk, das Extrakte aus Anis, Süßholz und Zuckerbirkenrinde als hauptsächliche geschmacksgebende Zutaten sowie Zuckerkulör als Farbstoff enthält

Roquefort engl.: *roquefort;* französischer halb fester →Edelpilzkäse mit graublau marmoriertem, elfenbeinfarbenem, weichem und leicht bröckeligem Teig mit bläulicher bis rötlicher, leicht schmieriger Kruste. R. wird mindestens in der Rahmstufe (mindestens

50 % Fett i. Tr. und 25 % absol. Fettgehalt) in zylindrischer Form mit einem Gewicht von 2,5–2,9 kg, einem Durchmesser von 19–20 cm und einer Höhe von 8,5–10,5 cm, aber auch in SB-gerechten Portionen (Scheiben), in Alufolie mit eingeprägter Herkunftsgarantie in verschiedenen Reifestadien im Handel angeboten. Der herkunftsgeschützte Käse wird aus nicht entrahmter reiner Schafmilch zubereitet. Diese durfte ursprünglich nur von Schafen aus der Region von Les Causses bzw. Larzac stammen, mittlerweile aber wegen der großen Nachfrage auch von Schafen aus Korsika und den Pyrenäen. Die Reifung und Lagerung von etwa 4 Monaten erfolgt weiterhin noch in den natürlichen Felsenkellern des Berges Combalou in Roquefort. Der typische Innenschimmel von R. lässt sich nur in diesen Höhlen reifen. Oft wird der Käse danach in Folie verpackt und 2–5 Monate bei 7 °C gelagert. Geschmacklich ist R. mit amerikanischem Blue cheese, deutschem Edelpilzkäse und italienischem Gorgonzola vergleichbar und weist einen unverwechselbaren kräftig würzigen Geschmack nach Schimmel auf.

Roquefort-Dressing; sämige bis cremige, charakteristisch pikant würzige, häufig mit Milch oder Milchprodukten angerichtete Salatsauce auf der Basis von →Roquefort. Anstelle von Roquefortkäse können auch andere Blauschimmelkäse, wie z. B. Gorgonzola oder Deutscher Edelpilzkäse verwendet werden.

Roquefortine engl.: *roquefortines;* →Mykotoxine (R. A, B, C und D), die von *Penicillium roqueforti* und anderen Penicillium-Arten gebildet werden und in Schimmelkäse in unbedenklichen Konzentrationen nachgewiesen wurden. Die akute Toxizität der R. ist gering, im Tierversuch wurde eine neurotoxische Wirkung nachgewiesen.

Rosaceen lat.: *Rosaceae;* Familie der Rosengewächse, der zahlreiche Nutzpflanzen angehören, wie z. B. Äpfel, Birnen, Pflaumen, Kirschen, Pfirsiche, Hagebutten und Quitten.

Rosa Pfeffer lat.: *Schinus molle L. und Schinus terebinthifolius Raddi* (Fam.: *Anacardiaceae*), engl.: *pink pepper, brazil pepper, peruvian pepper,* Syn.: *Rosa Beeren, Brasilianischer Pfeffer, Peruanischer Pfeffer;* getrocknete, rot leuchtende, rundliche Früchte von den aus Brasilien (*S. terebinthifolius Raddi*) bzw. Peru (*S. molle L.*) stammenden 10–20 m hoch werdenden Pfefferbäumen. R. P. trägt seinen Namen zu unrecht, da er keine Scharfstoffe enthält und einen schwach aromatischen, dem Wacholder ähnelnden Geschmack aufweist. Er darf nicht mit den sehr selten erhältlichen reif geernteten und getrockneten Früchten von echtem →Pfeffer (Roter Pfeffer) verwechselt werden. R. P. ist häufig in bunten Pfeffermischungen enthalten, sollte aber aufgrund der Schleimhaut reizenden Wirkung einiger phenolischer Inhaltsstoffe nur sparsam verwendet werden.

Roselle lat.: *Hibiscus sabdariffa L.* (Fam.: *Malvaceae*), engl.: *roselle;* fleischige leuchtend rote Kelchblätter des einjährigen in den tropischen Gebieten Asiens, Afrikas und Amerikas angebauten Hibiskuses, die aufgrund ihres säuerlichen Geschmacks für Erfrischungsgetränke, Konfitüren und in getrockneter Form als „Malventee" (→Hibiskusblütentee) verwendet werden.

Rosenapfel lat.: *Szygium jambos (L.) Alston* (Fam.: *Myrtaceae*), engl.: *Malabar Plum, Rose Apple,* Syn.: *(Rosen)-Jambuse, Jambos;* apfelgroße grüne oder gelblich-rosafarbene →Beeren des immergrünen gleichnamigen Baumes mit weißem, mürbem, nach Rosen duftendem Fruchtfleisch. Sie wird in den Ursprungsländern roh als Frischobst, gekocht als Kompott oder mit anderen Früchten zu Gelee verarbeitet verzehrt und in geringen Mengen importiert.

Rosenberg-Garnele lat.: *Macrobrachium Rosenbergii de Man* (Fam.: *Palaemonidae*), engl.: *giant river prawn;* eine der größten →Garnelen (maximal 32 cm lang), die in den Mündungsgebieten der Flüsse Südostasiens beheimatet ist und in Malaysia traditionell in Teichen gezüchtet wird. Die Zucht der R. erfolgt inzwischen in weiten Bereichen Südostasiens und Lateinamerikas in industriellem Maßstab für den Export (→ Garnelenzucht). Wegen ihrer Größe war und ist die R. in Deutschland unter der Bezeichnung Riesengarnele im Handel. Die offizielle Handelsbezeichnung lautet „Rosenberg-Süßwassergarnele". Die R. wird hauptsächlich tiefgefroren, in kleineren Mengen auch lebend, in Form von ganzen Tieren oder Schwänzen importiert.

Rosenbrötchen engl.: *rose-shaped roll;* → Brötchen aus einem rund gestoßenen Teigstück, das nach dem Angaren wie eine Rosette geformt ist.

Rosenkohl lat.: *Brassica olearacea L. var. gemmifera DC* (Fam.: *Brassicaceae*), engl.: *Brussels Sprouts,* Syn.: *Brabanter Kohl, Brüsseler Kohl;* → Kopfkohl, von dem die in den Achseln der Stängelblätter gebildete Seitenknospen als walnussgroße „Röschen" im Winterhalbjahr geerntet und von Oktober bis April angeboten werden. Außerhalb der Saison werden sie getrocknet, tiefgefroren oder als Nasskonserve haltbar gemacht vermarktet. Die gekochten „Röschen" sind ein typisches Gemüse zu Fleischgerichten und ein wesentlicher Bestandteil in verschiedenen Gemüsemischungen. Sie weisen roh, in frischem Zustand, einen hohen Anteil an Vitamin C (ca. 110 mg pro 100 g essbarer Anteil) auf.

Rosenöl engl.: *rose oil,* Syn.: *Rosenessenz;* aus den Blütenblättern verschiedener Rosenarten durch Wasserdampfdestillation gewonnenes → ätherisches Öl, das im sehr geringem Umfang zur Aromatisierung von Süßwaren und Likören in Form von → Rosenwasser verwendet wird.

Rosenwasser engl.: *rose water;* ursprünglich bei der Gewinnung von → Rosenöl durch Wasserdampfdestillation als Nebenprodukt anfallendes wässriges Kondensat → ätherischer Öle, das heute durch Auflösen von Rosenöl in angewärmtem Wasser (etwa 0,2 g/l) unter Mitverwendung von wenig Alkohol je nach Bedarf frisch zubereitet wird. Als Aroma wird R. in Weihnachtsgebäck, Konditoreiwaren und Marzipan eingesetzt.

Roséwein; nur aus hell gekeltertem Most von Rotweintrauben erzeugter Wein, der eine blass- bis hellrote Farbe aufweisen muss. Aufgrund der kurzen Verweildauer des Weines bei der Maischung auf den Schalen entstehen tanninarme, nicht intensiv schmeckende, oft leichte fruchtige Weine.

Rosinen engl.: *raisins;* Bezeichnung für die getrockneten überreifen → Beeren (→ Trockenfrüchte) verschiedener Arten der Weinrebe. Die Trocknung geschieht im Ursprungsland traditionell an der Luft, in der Sonne oder mit Maschinen. Neben der Trocknung und dem hohen Zuckergehalt (ca. 65–70 %) kann zur Konservierung Schwefeldioxid (Höchstgehalt 2000 mg/kg) bei ausreichender Kenntlichmachung eingesetzt werden. Um ein Zusammenkleben zu verhindern, werden R. z. T. mit zugelassenen pflanzlichen Ölen behandelt. Generell wird bei Handelsware zwischen unbehandelter dunklerer Ware („natural") und geschwefelter, durch Ausbleichen hellerer Ware entschieden. Hauptherkunftsländer für R. in vielen Sorten sind Türkei, USA, Griechenland, Australien, Südafrika, Spanien, Zypern und Iran. Generell werden drei große Untergruppen unterschieden: → Korinthen, → Sultaninen und → Traubenrosinen. R., insbesondere die kernlosen Sorten, sind eine traditionelle Zutat in Back- und Süßwaren und werden als Knabberartikel einzeln und in Mischungen wie z. B. → Studentenfutter eingesetzt.

Rosinenbrötchen engl.: *raisin rolls;* → Brötchen aus leichtem, etwas Fett und Zucker, meist auch Milch enthaltendem Hefeteig mit lufttrockenen Sultaninen und/oder Korinthen. Üblicherweise werden mindestens 15 kg lufttrockene Sultaninen und/oder Korinthen auf 100 kg Getreideerzeugnisse verwendet.

Rosinenbrot engl.: *bread with raisins;* → Spezialbrot mit lufttrockenen Sultaninen und/oder Korinthen. Üblicherweise werden mindestens 15 kg lufttrockene Sultaninen und/oder Korinthen auf 100 kg Getreideerzeugnisse verwendet.

Rosinenstuten engl.: *raisin loaf cake;* → Stuten mit einem Charakter bestimmenden Anteil an → Sultaninen und → Korinthen.

Rosmarin lat.: *Rosmarinus officinalis L.* (Fam.: *Lamiaceae*), engl.: *Rosemary;* immergrüner, bis 2 m hoch werdender, in den Macchien des Mittelmeerraumes heimischer dicht beblätterter Halbstrauch. Hauptanbauländer sind Italien, Frankreich und England. Als → Gewürz werden die frischen oder getrockneten breitnadelförmigen, am Rand etwas nach unten eingerollten, ledrigen, dunkelgrünen Blätter verwendet. Der durchdringende campherartige Geruch und der stark aromatische Geschmack beruhen auf den zu 1–2 % enthaltenen → ätherischen Ölen mit hohem Terpenanteil (→ Terpene) sowie den Gerb- und Bitterstoffen. Vor allem in der italienischen und französischen Küche wird R. zum Würzen von Wild-, Hammel-, Schweine- und Geflügelbraten, Kartoffelgerichten, Suppen und Saucen verwendet. Weitere Verwendung findet R. in der Likörindustrie, in der Kosmetik und der Pharmazie. Rosmarinextrakt verfügt über deutlich antioxidative Wirkung.

Rosmarinextrakt engl.: *rosemary extract;* mit Hilfe verschiedener Verfahren aus Rosmarin herstellbarer Extrakt mit antioxidativen Eigenschaften. In der Lebensmittelindustrie zulässig sind jedoch nur Extrakte mit eindeutig geschmacksgebender Wirkung, geschmacksneutrale Extrakte sind als nicht zugelassene Zusatzsstoffe anzusehen.

Rostbraten engl.: *roast beef;* fingerdicke Scheibe → Rindfleisch aus dem → Roastbeef, die durch → Braten, → Grillen oder → Schmoren z. B. mit Zwiebeln zu vielfältigen Gerichten zubereitet wird.

Rostbratwurst; → Bratwurst

Rotalgen lat.: *Fam. Rhodophyceae,* engl.: *red algae;* artenreiche Abteilung vorwiegend mariner → Algen. Gemeinsam ist den R. ein Pigment, das rotes Licht reflektiert (Phykoerythrin). Es kommt in unterschiedlichen Mengen neben Chlorophyll vor. R. besitzen in Fernost als Lebensmittel (→ Dulse → Nori) sowie weltweit als Rohstoff für die Gewinnung von → Agar-Agar und → Carrageen große wirtschaftliche Bedeutung.

Rotauge Syn.: → *Plötze*

Rotbarsch lat.: *Sebastes subsp.* (Fam.: *Scorpaenidae*), engl.: *redfishes,* Syn.: *Goldbarsch;* zoologisch mit den Barschen nicht verwandter, wirtschaftlich bedeutsamer Konsumfisch. Im Nordatlantik kommen 4 Arten vor, der Gemeine R. (lat.: *S. marinus L.*), der Tiefsee- oder Schnabelrotbarsch (lat.: *S. mentella Travin*), der kleine R. (lat.: *S. viviparus Kryer*) und der in Deutschland weniger bekannte *S. fasciatus Storer*. Der R. ist pelagisch; ausgewachsene Tiere wandern im Sommer in Richtung Barentsee, wo die Paarung stattfindet, im Winter südwärts zu den Laichgründen vor der norwegischen Küste. Der Bestand ging im letzten Jahrzehnt stark zurück; er beginnt sich wieder zu erholen. Der R. wird bis zu 100 cm lang und 15 kg schwer (Handelsware meist 35–55 cm); er besitzt festes, leicht rosafarbenes Fleisch. R. kommt als Frischfisch oder tiefgefroren meist filetiert und entgrätet in den Handel, seltener geräuchert, in Norwegen auch gesalzen. 100 g Filet enthalten ca. 18 g Protein, 4 g Fett und 240 mg Purine (berechnet als Harnsäure).

Rotbeiniger Schinkenkäfer lat.: *Necrobia rufipes (De Geer)* (Fam.: *Cleridae* (Buntkäfer)), engl.: *red legged ham beetle, ham beetle,* Syn.: *Koprakäfer;* bis 6 mm langer metallischblauer Käfer mit rotbraunen Beinen. Die zunächst weißen, später grauen Larven verpuppen sich meist außerhalb der befallenen Ware in Kokons aus organischem Material. Die sehr gefräßigen Käfer und Larven ernähren sich von Schinken, Räucherwaren, Trockenfrüchten und → Kopra und können erhebliche Fraßschäden verursachen.

Rotbrauner Leistenkopfplattkäfer engl.: *rusty grain beetle;* → Leistenkopfplattkäfer

Rotbrauner Reismehlkäfer engl.: *red flour beetle;* → Reismehlkäfer

Rotbrauner Riesenträuschling lat.: *Stropharia rogosoannulata Farlow* (Fam.: *Strophariaceae*); von Juni bis Oktober auf Äckern mit liegengebliebenem Stroh u. Ä. wachsender, ganzjährig z. B. auf Strohballen gezüchteter → Speisepilz, der unter dem Namen „Braunkappe" im Handel ist. Der r. R. besitzt einen gewölbten, später flachen, bei Feuchtigkeit schmierigen Hut von 5–15 cm (auch bis 25 cm) Durchmesser und gelb- bis rotbrauner Farbe, einen sehr langen, weißen, beringten Stiel, violettgraue (typisch „metallfarbene") Lamellen und weißes bis hellgelbes Fleisch.

Rotbuschtee engl.: *rooibos tea,* Syn.: *Rooibostee, Rooibuschtee, Massaitee;* südafrikanischer Tee, der aus den feinen nadelartigen Blättern und Stängeln des bis zu 1,5 m hoch werdenden Rooibos-Strauches gewonnen wird, die nach der Ernte zerkleinert und fermentiert werden, wobei sich die rötlichgelbe Farbe sowie das honigartige Aroma ausbilden. R. enthält kein Coffein, kaum Tannin, aber Flavonoide und viel Eisen, Calcium und Vitamin C. R. wird sowohl pur als auch aromatisiert in verschiedenen Geschmacksrichtungen und unfermentiert als grüner R. angeboten. R. ist das Nationalgetränk Südafrikas, wo R. nicht nur als Getränk, sondern auch als Heilmittel geschätzt wird.

Rote; wie → Knackwurst hergestelltes umgerötetes → Brühwürstchen. Bei R. „einfacher" Qualität kann im Ausgangsmaterial 5–10 % zusätzliches Bindegewebe enthalten sein. Diese Würste werden üblicherweise nicht in Schafsaitlingen oder in Därmen von Kalibern unter 32 mm abgefüllt angeboten.

Rote Banane engl.: *red banana;* → Bananen

Rote Bete Syn.: → *Rote Rübe*

Rote-Bete-Extrakt engl.: *Beetroot extract;* → Betanin → Rote Rübe

Rote-Bete-Farbstoff engl.: *beetrot red;* → Betanin → Rote Rübe

Rote Grütze engl.: *red fruit jelly;* süß-säuerlich schmeckendes rotes Dessert von cremiger bis stichfester Konsistenz mit Früchten oder Fruchtgeschmack. Zubereiten lässt es sich aus den angedickten Fruchtsäften roter Früchte, i. d. R. Beeren wie z. B. Kirschen, Himbeeren, Brombeeren sowie schwarze und rote Johannisbeeren oder Dessertpulvern aus konsistenz- und geschmacksgebenden Zutaten. Klassisch ist die Verwendung von Grieß, Sago oder Puderstärke als Konsistenz gebende andickende Zutaten. Ganze Früchte können beigegeben sein oder werden. Neben fertigen r. G. als Frischeerzeugnisse werden auch zur Vereinfachung der Herstellung Halbfertigerzeugnisse (bspw. Instantpulver, Dickungsmittel) angeboten. Vanillesauce, Vanilleeis, Milch oder geschlagene Sahne sind beliebte weitere Zutaten beim Anrichten.

Rote Johannisbeeren lat.: *Ribes rubrum L. var. domesticum Wallr.* (Fam.: *Grossulariaceae*), engl.: *Red Currant, White Currant,* Syn.: *Ribiseln, Träubli;* an Trauben sitzende rote oder weiße (Weiße Johannisbeeren), erbsengroße, saftige → Beeren der gleichnamigen in Eurasien beheimateten Sträucher mit charakteristisch saurem Geschmack. Je nach Sorte und Witterung sind sie nur kurz lagerfähig. Daher werden sie neben dem Verkauf als Frischobst in fakultativen Handelsklassen i. d. R. als Tiefkühl- und Nasskonserven haltbar gemacht. R. J. in Konserven unterliegen den Anforderungen der Leitsätze des Deutschen Lebensmittelbuches für verarbeitetes Obst oder sind in ihrer Abweichung ausreichend kenntlich gemacht. Neben dem Verzehr als Frischobst erfolgt eine Verarbeitung zu Konfitüre, Gelee, Fruchtnektar, Sirup und Fruchtwein. Eine weite Verwendung finden r. J. als Zutat in Desserts wie z. B. Roter Grütze oder als Belag für Torten und Kuchen. Sie sind wegen ihres hohen Gehaltes an Ballast- und Mineralstoffen sowie ihres relativ hohen Gehaltes an Vitamin C in rohem frischen Zustand ernährungsphysiologisch wertvoll.

Rote Presswurst; in Hüllen von weitem Kaliber gefüllte →Blutwurst mit eingelagerten Streifen oder Würfeln von fettgewebereichem Schweinefleisch, Speck, Schweinemasken und Herzen in blut-, z. T. auch lungen- und leberhaltiger Schwartenmasse. Der Anteil an von groben Fett- und Bindegewebsanteilen befreiten Muskelfleischeinlagen beträgt üblicherweise mindestens 10 %.

Roter Fleischkäse; →Fleischkäse

Roter Pfeffer; 1. syn. gebrauchte Bezeichnung für →Chilis. 2. →Pfeffer

Roter Presssack; eine ähnlich wie →Roter Schwartenmagen hergestellte →Blutwurst mit groben Einlagen (fränkische Wurstspezialität).

Roter Schnapper Syn.: →*Red Snapper*

Roter Schwartenmagen; vielfach umgerötete →Blutwurst mit überwiegenden Anteilen an Streifen oder Würfeln von fettgewebereichem Schweinefleisch, Schweinemasken, Eisbein, Speck und Herz, die in eine fein zerkleinerte Grundmasse aus Schwarten, Blut und z. T. Innereien wie z. B. Lunge und Leber eingebettet sind. Der Anteil an von groben Fett- und Bindegewebsanteilen befreiten Muskelfleischeinlagen beträgt üblicherweise mindestens 10 %. R. S. wurde ursprünglich in Schweinemägen, heute auch in anderen Hüllen weiten Kalibers angeboten.

Roter Tee Syn.: →*Pu-Erh-Tee*

Roter Thun engl.: *northern bluefin tuna;* →Thunfisch

Rote Rübe lat.: *Beta vulgaris L. subsp. vulgaris var. vulgaris* (Fam.: *Chenopodiaceae*), engl.: *Beetroot,* Syn.: *Rote Bete, Salatrübe, Rahne;* einjährig angebaute rundliche bis plattrunde Knolle aus verdicktem Hypokotyl oder bei manchen Sorten auch Wurzelrübe der gleichnamigen Pflanze. R. R. werden in gesetzlichen Handelsklassen als frisches Salatgemüse angeboten. Eine Haltbarmachung erfolgt nach Reinigen und Schälen ganz, in Scheiben geschnitten oder gequetscht als Trockenprodukt oder als Nass-, Sauer- oder Tiefkühlkonserve. Weiterverarbeitungsprodukte sind Saft und Extrakte, die als Getränk und Nahrungsergänzungsmittel sowie zu färbenden Zwecken Anwendung finden. R. R. und alle Verarbeitungsprodukte sind durch das in ihnen enthaltene Betacyan →Betanin (Beetenrot) von sich aus stark rot färbend. Sie werden als färbende Lebensmittel bzw. die stark aufgereinigten Extrakte mit geringem oder ohne Eigengeschmack als Farbstoff verwendet. Die r. R. ist gekocht oder in Scheiben geschnitten und z. B. mit Essig zubereitet ein beliebtes kohlenhydrat- (ca. 7,9 g Zucker pro 100 g essbarer Anteil), mineralstoff- und ballaststoffreiches Gemüse.

Rote Schlesische Wellwurst; zum Warmverzehr bestimmte, wie →Berliner frische Leberwurst hergestellte →Leberwurst.

Rotes Sandelholz Syn.: →*Sandelholz*

Rotfeder engl.: *rudd;* →Plötze

Rotfuß-Röhrling lat.: *Xerocomus chrysenteron (Bull.) Quél.* (Fam.: *Boletaceae*), engl.: *Red Cracking Bolete;* von Mai bis November in Laub- und Nadelwäldern wachsender →Speisepilz mit gewölbtem Hut von 3–8 cm Durchmesser, hell- bis dunkelbrauner Farbe und Rissen, unter denen eine rote Färbung hervortritt. Der R. besitzt einen oft verbogenen gelben Stiel, der (meist nur im unteren Teil) in einen Rotton übergeht, grüngelbliche Röhren mit eckigen Poren, an Druckstellen blaues und weiches gelbliches, z. T. rötliches bis bräunliches Fleisch.

Rotgipfler; v. a. in Österreich angebaute Weißweinrebe, die kräftige, extraktreiche, trockene Weißweine mit feinem Sortencharakter liefert.

Rothautröhrling Syn.: →*Rotkappe*

Rôtisseur-Senf; Bezeichnung für einen aus grob gemahlenen und z. T. auch ganzen Senfkörnern hergestellten mittelscharfen →Speisesenf. Durch die gröbere Struktur werden die geschmacksgebenden ätherischen Öle (→Senföle) zu einem späteren Zeitpunkt freigesetzt, wodurch sich eine geringere Empfindlichkeit gegenüber Hitze ergibt. Daher eignet R. sich besonders zur Verwendung bei der Zubereitung von gebratenen Speisen wie z. B. Rinder- oder Schweinebraten.

Rotkohl lat.: *Brassica olearacea L. var. capitatiava (L.) Alef.* (Fam.: *Brassicaceae*), engl.: *Red Cabbage*, Syn.: *Rotkraut, Blaukraut;* →Kopfkohl mit gewöhnlich kleinerem Kopf als Weißkohl und glatten, durch →Anthocyane rot gefärbten Blättern, der ganzjährig in verschiedenen Sorten angeboten wird. Da nur eine Sorte (Dauerrotkohl) längere Zeit lagerfähig ist, werden die Blätter zu fertigem Blattgemüse weiterverarbeitet und durch Tiefgefrieren, Trocknen oder als Nass- und Sauerkonserven haltbar gemacht. R. wird als Rohkostsalat oder als gekochtes Gemüse verzehrt. Roh, in frischem Zustand, weist er einen hohen Gehalt an Vitamin C (ca. 50 mg pro 100 g essbarer Anteil) sowie Vitamin B_1 und B_2 (zusammen ca. 0,1 mg pro 100 g essbarer Anteil) auf.

Rotkraut Syn.: →*Rotkohl*

Rotlauf engl.: *red murrain;* Infektionskrankheit v. a. beim Schwein, die durch den Erreger *Erysipelothrix rhusiopathiae* ausgelöst wird, bei Kontakt mit infizierten Tieren auch auf den Menschen übertragen werden kann und mit Antibiotika behandelbar ist. Zur Prophylaxe beim Schwein stehen verschiedene Impfstoffe zur Verfügung.

Rotling; Weinart von blass- bis hellroter Farbe, die durch Verschneiden von Weißweintrauben mit Rotweintrauben oder deren Maische hergestellt wird. Das Vorliegen eines R. muss auf dem Etikett gekennzeichnet werden.

Rotscheer; →Stockfisch

Rotschmiere engl.: *red smear;* charakteristische gelborangene bis rötliche schmierige Schicht auf der Oberfläche bestimmter Käsesorten. Die R. entsteht während der Reifung als Folge einer Behandlung mit Starterkulturen (v. a. *Brevibacterium linens*), die durch Proteolyse an der →Käsereifung mitwirken. Dadurch sind sie nicht nur an der Farbgebung (Eigenfarbe der Mikroorganismen), sondern auch an der Entwicklung des typischen säuerlichen Aromas beteiligt.

Rotschmierkäse engl.: *red smear cheese;* Überbegriff für Käsesorten, die während der Reifung mit Rotschmierebakterien „geschmiert" werden, wodurch sie ihre charakterische orangegelbe bis rötliche Oberflächenfarbe (Rotschmiere) erhalten. Zu den R. gehören verschiedene Sauermilchkäse (z. B. Harzer- und Mainzer-Käse) und Labkäse (z.B. Limburger- und Münster-Käse).

Rotwein engl.: *red wine;* nur aus Rotweintrauben erzeugter Wein. Seine Farbe erhält der R. aus den Beerenschalen. Dazu wird die Maische ganz oder teilweise erhitzt oder vergoren (→Maischung).

Rotweinsauce; braune gebundene Sauce mit Rotwein für gekochte, geschmorte und gebratene Fleischgerichte, besonders für Schinken und Zunge.

Rotwurst; 1. Sammelbezeichnung für →Blutwürste mit stückigen Einlagen von Skelettmuskelfleisch. 2. Sortenbezeichnung für eine Blutwurst mit würfelförmigen Einlagen aus fettgewebereichem Schweinefleisch und Speck mit teilweise anhaftender Schwarte in einer aus fein zerkleinerter Schwarte, Blut und z. T. auch Leber und Innereien hergestellten Grundmasse. Für die Einlagen werden teilweise auch Schweinemasken, Herz, Leber oder Zunge verwendet. Der Anteil an von Fett- und Bindegewebsanteilen befreiten Muskelfleischeinlagen beträgt nicht unter 15%.

Rotzunge lat.: *Glyptocephalus cynoglossus L.* (Fam.: *Pleuronectidae*), engl.: *witch flounder*, Syn.: *Hundszunge;* →Plattfisch aus der Familie der Schollen. Die R. wird 35–40, maximal 60 cm lang; sie lebt im Nordwest- und Nordostatlantik und besitzt regionale Bedeutung als Speisefisch in Skandinavien und

Großbritannien. In Deutschland wird sie seltener angeboten. Die R. ist nicht zu verwechseln mit der → Limande, die auch als Echte Rotzunge bezeichnet wird.

Rouille; aus Frankreich stammende feurig scharfe Sauce mit rostroter Farbe und mehr oder weniger sämiger Konsistenz. R. enthält i. d. R. Chilischoten, Olivenöl, Semmelbrösel und Safran. Weitere Zutaten in bestimmten Varianten sind auch Knoblauch, Paprikaschoten, Kartoffeln, Weißbrot, Eigelb und/oder Mayonnaise. R. wird zu Bouillabaisse, gegrilltem Fisch oder Brot serviert.

Rouladen engl.: *roulades,* Syn.: *Fleischvögel, Fleischröllchen;* 1. klassischerweise Bezeichnung für Rollen aus dünnen, zarten und mageren (sehnen- und fettgewebsarmen) Rindfleischscheiben mit eingerollten Füllungen wie Speck, Zwiebeln und Gurken, die durch Braten bzw. Schmoren zubereitet werden. Besonders geeignet für R. sind beim Rind Stücke aus der Oberschale, der Kugel, dem Schwanzstück (Unterschale) und dem dicken Bugstück. Es existieren viele Varianten mit anderen Fleischsorten wie Schweine-, Kalb- oder Geflügelfleisch (z. B. Pute, Huhn) sowie Fischfilet und vielen unterschiedlichen Füllungen wie z. B. Hackfleisch. Die Verwendung anderer Fleischsorten als Rindfleisch oder die Verwendung von Fischfilet geht aus der Bezeichnung des Gerichtes klar hervor (bspw. Kalbsroulade, Lachsroulade); 2. im weiteren Sinne als R. werden Gerichte und Zubereitungen wie z. B. Kohlrouladen oder eingerollte hochwertige Brüh- oder Kochwurstwaren, i. d. R. Aufschnitt, mit Füllung sowie Rollen aus → Biskuit oder → Wiener Masse mit eingerollter Cremefüllung bezeichnet. Hierbei bezieht sich die Bezeichnung auf die Form der Zubereitung.

Roundup Ready®-Soja; Abk.: RR-Soja, seit 1994 in den USA zugelassene und angebaute gentechnisch veränderte Sojabohne. Die gentechnische Veränderung besteht in der Einführung eines Gens für 5-Enolpyruvyl-Phosphoshikimat-Synthase (EPSPS) von *Agrobacterium sp.* des Stammes CP4 in die DNS der Sojabohne. Dadurch wurde eine Toleranz gegen das Herbizid Glyphosat und damit auch gleichzeitig gegen das Totalherbizid Roundup® der Herstellerfirma in der Sojabohne erzielt. In Kombination mit einem Bodenbearbeitungssystem sollen somit Einsparungen an Wasser und Pflanzenschutzmitteln sowie höhere Erträge ermöglicht werden. Seit 1996 ist der Import von RR-Soja in die EU zugelassen.

Roussillon; → Languedoc-Roussillon

Royalp „Switzerland"; Schweizer Schnittkäse, der vorwiegend in der Ostschweiz aus Rohmilch hergestellt wird und einen Mindestfettgehalt von 45 % in der Trockenmasse aufweist. Der Käse ist gelblich, weichschnittig, regelmäßig mit erbsengroßen Löchern durchsetzt und von säuerlichem bis leicht herbem pikanten Aroma.

RP-Phasen; stationäre Phasen in der → Chromatographie, die gegenüber dem Trägermaterial Kieselgel über eine umgekehrte Polarität (RP von engl.: *reversed phase*) verfügen. Hierzu erfolgt eine Verknüpfung der OH-Gruppen des Kieselgels mit langkettigen Kohlenwasserstoffen (meist C18) geeigneter Funktionalität; diese werden je nach Trennproblem weiter derivatisiert. Die sich so ergebende monomere Belegung des Kieselgel mit Alkylresten wird oft auch als Bürste bezeichnet. R. sind Standard-Phasen der → Hochleistungsflüssigkeitschromatographie.

Rubratoxin; → Mykotoxin, das von *Penicillium rubrum* z. B. auf Getreide und Früchten gebildet wird und leber- und nierentoxisch sowie vermutlich auch kanzerogen wirkt.

Rucola Syn.: → *Ölrauke*

Rübe engl.: *turnip;* knollig verdickte Hauptwurzel höherer Pflanzen, die als Speicherorgan dient. R. werden vielseitig als Gemüse, wie z. B. bei der → Steckrübe, der → Weißen Rübe und der Mohrrübe (→ Möhren) oder als Lieferant von Nährstoffen wie z. B. Zucker bei der → Zuckerrübe genutzt.

Rübenkraut engl.: *beet syrup, sugar-root syrup,* Syn.: *Zuckerkraut, Rübensirup;* sehr dunkler, fast schwarzer, sehr dickflüssiger Sirup aus → Zuckerrüben, der als Brotaufstrich, Zutat zu herzhaften Speisen, Backzutat und zum Verfeinern von Saucen beliebt ist. Frische oder getrocknete Zuckerrüben werden bei der Herstellung geschnetzelt und anschließend für zehn Stunden gekocht oder gedämpft. Durch Pressen so behandelter Schnitzel tritt ein schwarzer Saft aus, der frei von Pülpe und Fremdbestandteilen ist und bis auf einen Wassergehalt von maximal 22 % eingekocht wird. Der Zuckergehalt beträgt durchschnittlich 62 %. Gegebenenfalls findet eine mechanische Aufreinigung durch Filtration statt. R. ist reich an Mineralstoffen und Vitamin B_6.

Rübensaft engl.: *sugar beet syrup;* schwarzer, zuckerhaltiger, unbehandelter Saft, der aus gedämpften oder gekochten Zuckerrübenschnitzeln gepresst oder im Gegenstrom extrahiert wird. Er ist das Ausgangsprodukt für Rübensirup und Rübenzucker.

Rübensirup Syn.: → *Rübenkraut*

Rübenzucker engl.: *beet sugar;* aus → Zuckerrüben gewonnene, chemisch nicht veränderte Saccharose. Aus den nach Waschen und Zerkleinern erhaltenen Rübenschnitzeln wird durch Gegenstromextraktion mit heißem Wasser (ca. 70 °C) der Rohsaft gewonnen. Dieser wird durch Kalkung (Zugabe von gebranntem oder gelöschtem Kalk) von Nichtzuckerstoffen gereinigt und durch Carbonatation (Einleiten von Kohlendioxid) von überschüssigem Kalk befreit. Aus dem resultierenden Dünnsaft entsteht durch Eindampfen Dicksaft, von dem nach Verdampfungskristallisation der Muttersirup vom Rohzucker abgetrennt werden kann. Aus dem Muttersirup verbleibt nach weiteren Kristallisationen die Melasse, aus der sich kein Zucker mehr gewinnen lässt. Der Rohzucker liefert nach Waschen mit Wasser oder mit Decksirup und anschließendem Trocknen abhängig von der Korngröße die verschiedenen Weißzucker-Formen. Zur Gewinnung von → Raffinade als reinster Zucker sind weitere Reinigungsschritte (Raffination) nötig.

Rüböl; 1. Syn. Bezeichnung für → Rapsöl; 2. früher im engeren Sinne die Bezeichnung für das dem Rapsöl in der chemischen Zusammensetzung sehr ähnliche → Rübsenöl und im weiteren Sinne Sammelbezeichnung für pflanzliches Öl aus Raps, Rübsen und anderen Brassica-Arten wie z. B. Kohlsaatöl.

Rübsen lat.: *Brassica rapa L. subsp. oleifera* (Fam.: *Brassicaceae*), engl.: *Bird's rape,* Syn.: *Rübsamen, Rübsaat;* 1. eine mit Raps eng verwandte Pflanze, die in vorindustrieller Zeit europaweit als Öl- und Grünfutterpflanze genutzt wurde. Heute ist sie jedoch nur noch in Ländern wie Kanada von Bedeutung, die wegen des Klimas auf ihre gegenüber Raps größere Genügsamkeit und Robustheit angewiesen sind; 2. die Samen von 1., die etwas kleiner als Rapssamen sind und auch einen etwas niedrigeren Ölgehalt besitzen. Durch Züchtung entstanden auch Rübsensorten ohne Erucasäure und geringem Glucosinolatgehalt (→ Rapsöl).

Rübsenöl; häufig auch als Rüböl bezeichnetes Pflanzenöl aus → Rübsen, dessen Triglyceride v. a. Erucasäure, Ölsäure, Linol- und α-Linolensäure enthalten. Wie bei Rapsöl wurden für die Gewinnung von R. durch Züchtung erucasäurearme Sorten mit hohen Ölsäuregehalten herangezogen. Wirtschaftlich ist R. ohne Bedeutung.

Rübstiel; → Weiße Rüben

Rücken engl.: *saddle, back;* knochenhaltiges Teilstück des Schlachtkörpers bei Rind, Schwein, Kalb und Schaf (Lamm), das hochwertige, zartfaserige, i. d. R. fein marmorierte Fleischstücke und -zuschnitte zum Braten, Kurzbraten, Schmoren und Kochen liefert. Beim Rind zählen zum Rücken → Hochrippe und → Roastbeef, beim Schwein der → Kotelettstrang und beim Kalb das Kotelettstück (→ Koteletts). Der Lammrücken wird in zwei Teilstücke unterteilt. Die Bezeichnung für das vordere Teilstück lautet Kotelett und für das hintere Teilstück → Lendenkotelett.

Rückenspeck Syn.: *fetter Speck;* aus dem Schweinerücken oberhalb des → Kotelettstranges geschnittenes Fettgewebe (→ Speck).

Rückstände engl.: *residues;* Reste von Stoffen in oder auf → Lebensmitteln, die diesen oder deren Vorprodukten (auch lebenden Tieren oder Böden) gewollt zugeführt wurden, um eine Wirkung auf die Produktion oder Lagerung auszuüben, und die partiell im Endprodukt verblieben sind. Beispiele sind Schädlingsbekämpfungsmittel und Antibiotika.

Rückstandsanalyse; Verfahren zum Bestimmen der oft nur in äußerst geringen Konzentrationen (ppb-Bereich) vorhandenen Restwerte von Rückständen durch meist sehr komplizierte chemische oder physikalische Methoden.

Rückverdünnter Fruchtsaft; → Fruchtsaft

Rückverfolgbarkeit engl.: *traceability;* 1. allgemein definiert als Fähigkeit, den Werdegang, die Verwendung oder den Ort des Betrachteten zu verfolgen. Bei einem Produkt kann sich R. auf die Herkunft von Werkstoffen und Teilen, den Ablauf der Verarbeitung sowie die Verteilung und Position des Produktes nach Auslieferung beziehen; 2. lebensmittelrechtlich definiert als die Möglichkeit, ein Lebensmittel oder Futtermittel, ein der Lebensmittelgewinnung dienendes Tier oder einen Stoff, der dazu bestimmt ist oder von dem erwartet werden kann, dass er in einem Lebensmittel oder Futtermittel verarbeitet wird, durch alle Produktions-, Verarbeitungs- und Vertriebsstufen zu verfolgen.

Rührjoghurt; → Joghurt von cremiger Konsistenz, bei dem die Fermentation mit Reifungskulturen in Reifungstanks erfolgt und der nach Abkühlung auf etwa 20 °C gerührt und anschließend in Becher abgefüllt wird. Im Gegensatz dazu läuft bei stichfestem Joghurt die Fermentation direkt in der Verpackung (Becher) ab.

Rührmassen Syn.: *Rührteig;* aus einer Mischung von Weizenmehl und Weizenstärke sowie Fettstoffen, Zuckerarten, Vollei oder zugegebenem Eigelb und Eiweiß sowie Milch oder Wasser hergestellte Massen. Durch Rühren der Zutaten wird eine gute Emulgierung, Lockerung und Mürbung erzielt. Je nach Bedarf werden R. nach sehr unterschiedlichen Rezepturen und in vielfältigen Formen hergestellt. Die Eigenschaften der entstehenden Gebäcke lassen sich durch den Einsatz von → Backtriebmitteln, → Emulgatoren und → Backfetten steuern.

Rütteln engl.: *joggle, shake;* bei der Herstellung von Schaumwein durch → Flaschengärung angewandtes Verfahren. Auf so genannten Rüttelpulten werden die anfänglich waagerecht aufgesteckten Flaschen über mehrere Wochen täglich durch R. und Drehen bewegt und danach jeweils etwas steiler gestellt, bis am Schluss die Flasche in senkrechter Stellung auf dem Kopf steht. Die an der Wand der waagerecht liegenden Flasche abgesetzte Hefe wandert dabei spiralförmig zum Korken. Ein Absetzen der Hefe in der Schulter der Flasche wird vermieden. Auf das R. folgt anschließend das → Degorgieren.

Ruländer; Rebsorte, veraltete Bezeichnung für → Grauburgunder, heute nur noch wenig gebräuchlich.

Rum engl.: *rum;* eine durch alkoholische Gärung und Destillation aus den bei der Rohrzuckerherstellung anfallenden Produkten Melasse oder Sirup oder aus Zuckerrohrsaft hergestellte → Spirituose. Zum Würzen werden der Maische je nach Gebiet und traditioneller Rezeptur verschiedene Zutaten wie z. B. Rosinen, Ananas oder Vanille zugegeben. R. wird überwiegend in Kuba, Jamaika, Haiti, Dominikanische Republik, Puerto Rico, Martinique, Bahamas, Mauritius aber auch in Mexiko und Venezuela hergestellt. R. ist im gesamten karibischen Raum das Nationalgetränk. Die Destillation erfolgt entweder nach dem Pott-still-Verfahren, womit die schweren R. erzeugt werden oder nach dem Alambic-Verfahren, bei dem die leichteren Erzeugnisse entstehen. R. verfügt über einen Mindestalkoholgehalt von 37,5 Vol.-%. Der Alkoholgehalt liegt meist aber höher und kann bis 96 Vol.-% betragen. Weißer R. lagert i. d. R. in Stahlbehältern oder in vorbehandelten Fässern, die keine Farbe abgeben, wohingegen brauner R. in Eichenholzfässern lagert und von diesen seine charakteristische braune Farbe erhält. Die Farbe darf aber auch mit Zuckerkulör verstärkt werden. Unter Original-Rum ist ein R. zu verstehen, der im Ursprungsland abgefüllt wurde und nach dem Export keinerlei Veränderungen mehr erfährt. Echter R. hingegen ist ein Original-Rum, der erst im Verbraucherland auf Trinkstärke herabgesetzt wird. R. wird u. a. zum Aromatisieren von Süßspeisen, Konditoreiwaren, Tee und anderen Getränken sowie zum Bereiten von alkoholhaltigen Mischgetränken, wie z. B. → Grog, → Punsch, → Cocktails oder Alcopops (→ Premix) verwendet.

Rumänischer Braunsenf lat.: *Brassica juncea (L.) Czern. et Cosson subsp. juncea;* → Sarepta-Senf

Rumänische Weine engl.: *romanian wines;* meist aus in Rumänien heimischen Rebsorten wie z. B. Feteasca Alba und Feteasca Regala, aber auch aus Welschriesling und Aligoté hergestellte Weine, von denen die Weißweine dominieren. Ein bekannter rumänischer Dessertwein ist der „Cotnari", der aus edelfaulen Trauben der Grasa-, Francusa-, Tamiioasa- und Teteasca-Alba-Reben entsteht und v. a. in der Moldau erzeugt wird. Als Rotweinreben werden v. a. Merlot, Cabernet Sauvignon, Feteasca Neagra, Cadarca und Pinot noir angebaut. Rumänien ist in derzeit acht Weinbauregionen unterteilt. Nur eine geringe Menge des erzeugten Weines wird exportiert.

Rumen Syn.: → *Pansen*

Rumfordsuppe; von dem englischen Physiker Sir Benjamin Thompson (1753–1814), Graf Rumford, während seines Dienstes am bayerischen Hof erfundene dick gekochte „Armensuppe" aus Gerstengraupen, Erbsen, Kartoffeln, Essig, Salz und Wasser. Die R. bildete lange Zeit die Ernährungsgrundlage für Anstalten und Suppenküchen; im 19. Jahrhundert war sie Bestandteil fast aller bürgerlichen Kochbücher.

Rumfrüchte; → Rumtopf → beschwipste Früchte

Rumkugeln engl.: *rum truffles;* in Kakaopulver oder Schoko-Streuseln gewälzte Kugeln, die zu den → Pralinen gehören. Zucker, Butter oder anderes Fett und eine geschmacklich wahrnehmbare Menge → Rum sind die Grundzutaten. Ei oder Eigelb, Nüsse, Rosinen, Schokolade (alle Sorten möglich) und den Geschmack weiter verfeinernde Zutaten wie z. B. Vanille werden häufig noch hinzugegeben. Die Verwendung von Rumaromen ohne die Zugabe von Rum ist als Täuschung anzusehen.

Rumpsteak; fingerdicke Scheiben (160–250 g ohne Knochen) sehnenarmes zartes Muskelfleisch vom Rind, das zum Kurzbraten und Grillen geeignet ist. Es wird i. d. R. ohne Knochen aus dem → Roastbeef (Lende) oder dem unmittelbar anschließenden Teil der Hüfte geschnitten. Vergleichbar mit dem R. ist das in geschnittenen Scheiben mit einem durchschnittlichen Portionsgewicht von 400 g (ohne Knochen) angebotene Sirloin-Steak. → Steaks

Rumpunsch engl.: *rum punch;* mit Rum bereiteter → Punsch.

Rumtopf engl.: *fruit preserved in rum;* Zubereitung aus hochprozentigem → Rum (mindestens 54 Vol.-% Alkohol), frischem Obst (vorwiegend → Beeren- und → Steinobst) und Zucker im Verhältnis 1 : 2 : 2. Je nach Erntezeit anfallende rohe Früchte werden mit Zucker im Rum schichtweise eingelegt. R. ist ein beliebtes Kompott und eignet sich auch als Zugabe zu Desserts. Anstelle von Rum und Zucker kann auch Arrak und Honig verwendet werden.

Rum-Trauben-Nuss-Schokolade engl.: *chocolate with rum, raisins and nut;* → Schokolade mit einer wertbestimmenden Menge an getrockneten und mit → Rum getränkten → Tafeltrauben sowie ganzen oder stückigen Haselnusskernen. Die Summe beider Zutaten darf nicht mehr als 40 % der Zutaten der gesamten Schokolade betragen.

Rum-Verschnitt engl.: *Rum-Verschnitt;* durch Verschneiden von Rum und Alkohol anderen (landwirtschaftlichen) Ursprungs in Deutschland hergestellte → Spirituose. Der Anteil an Rum am Gesamtalkohol muss mindestens 5 % betragen. Auf den Verschnitt wird bei der Etikettierung und Aufmachung deutlich hingewiesen und bei Export außerhalb des deutschen Marktes die alkoholische Zusammensetzung angegeben. R. wird i. d. R. als Zutat anstelle von Rum beim Backen und Kochen verwendet.

Rundes Roastbeef; freigelegtes Muskelfleischstück aus einem Teilstück des Rinderrückens. Es wird aus dem „Auge" der → Hochrippe geschnitten. Dieses besteht aus einem Teil des langen Rückenstreckers (lat.: *M. longissimus dorsi*) und den kappenartig darauf sitzenden Dornmuskeln (lat.: *M. spinalis et semispinalis*). Aus dem r. R. lassen sich dickere Scheiben schneiden. Diese sind mit einem durchschnittlichen Gewicht von 300–400 g als Rib-Eye, Rib-Eye-Steak (i. d. R. ohne Knochen), Delmonico-Steak oder Hochrippen-Medaillon im Handel.

Rundfische; nach der Körperform benannte Gruppe verschiedener Fischfamilien; die für den deutschen Markt wichtigsten sind → Kabeljau und → Seelachs.

Rundmäuler lat.: *Cyclostomata,* engl.: *jawless fishes;* primitive kieferlose → Fische von aalförmiger Gestalt. Das Maul ist als Saugscheibe ausgebildet und Schädel sowie Wirbelsäule sind nicht verknöchert. Die zoologische Zuordnung wird diskutiert. Von den Nutzfischen sind die → Neunaugen R.

Rundstück; großes rundes bis ovales, aus Weizenmehl mit Hefe sowie mit geringen Zusätzen von Fett und Zucker gebackenes → Brötchen ohne Ausbund. Die Bezeichnung R. ist besonders in Hamburg und Norddeutschland üblich. Als „Rundstück warm" wird in Hamburg ein Gericht aus warmen gebratenen Fleischscheiben mit Sauce auf R. bezeichnet.

Runzelschüppling Syn.: → *Reifpilz*

Russisch Brot engl.: *russian bread, letter biscuits,* Syn.: *Patiencegebäck;* hellbraunes, meist zu Buchstaben oder Zahlen geformtes Gebäck mit glänzender Oberseite. R. wird aus einer → Schaummasse aus Eiweiß und Puderzucker hergestellt. Der Einsatz von Getreideerzeugnissen und/oder Stärke ist im Gegensatz zu Fett bei Handelsware üblich. → Dauerbackwaren

Russische Eier engl.: *eggs russian style;* Gericht aus hart gekochten halbierten Eiern, die reichhaltig, z. B. mit Mayonnaise, Eiercreme, Kapern, Kaviar oder vielen anderen Zutaten, garniert und kalt mit Beilagen wie z. B. Kartoffelsalat serviert werden. R. E. sind vielfach auch in → Aspik eingelegt mit Beilagen im Handel. Verwandt mit den r. E. ist der oftmals auch so bezeichnete → Russische Salat.

Russische Mischung; kräftige → Teemischung aus verschiedenen schwarzen Tees wie → Darjeeling-Tee und → China-Tees mit leicht rauchigem Geschmack, die besonders gut für die Zubereitung im Samowar geeignet ist.

Russischer Balsam; eine russische Kräuterspirituose (Halbbitter), die hauptsächlich aus Enzian, Kalmus und Rosenöl hergestellt wird und einen Alkoholgehalt von 38 Vol.-% aufweist.

Russischer Salat engl.: *salad russian style;* pikanter → Feinkostsalat mit nicht eindeutig festgelegtem Rezept und vielen Varianten. Üblich sind Zutaten wie gekochtes oder gebratenes Fleisch, hart gekochte Eier und Gurken in Scheiben oder Würfeln, rote Bete, Äpfel, Sellerie, Kartoffeln, Mayonnaise u. v. m. Häufig erinnert r. S. im Aussehen und Aufmachung an Fleischsalat.

Russischer Wodka; überwiegend aus Weizen, aber je nach Sorte auch aus anderen Getreidearten oder Kartoffeln hergestellte russische Spirituose. R. W. sind sehr geschmacksintensiv und weniger süß als die → polnischen Wodkas. Sie enthalten häufig Reste von Fuselölen und brennen daher etwas im Mund; hochwertige Erzeugnisse sind aber dennoch mild. R. W. sind qualitativ relativ unbeständig, weil in unterschiedlichen Produktionsstätten die gleichen Marken hergestellt werden dürfen. So unterscheidet sich ein Stolovaja aus Moskau von einem aus Kursk, da anderes Getreide wie auch anderes Wasser zum Verdünnen verwendet wird. Bekannte Sorten sind: Krepkaja, Moskowskaja, Stolitschnaja, Stolovaja (s. auch bei den einzelnen Stichwörtern).

Russischer Zupfkuchen; in der Regel runder Kuchen (∅ 26–28 cm), der aus einem aufgrund des Gehaltes an Kakaopulver dunkel gefärbten → Mürbeteig und einer Quarkcremefüllung besteht. Der Name ist darauf zurückzuführen, dass ein Teil des Mürbeteiges in kleine Stücke „gezupft" auf der Quarkcreme verteilt wird und dem Kuchen sein charakteristisches Aussehen verleiht.

Russische Spirituosen engl.: *Russian spirits, Russian spirituous beverages;* Bezeichnung für die große Gruppe der in Russland hergestellten Spirituosen, von denen in erster Linie → russischer Wodka neben Weinbrand (→ Grusiniak) und russischem Kräuterhalbbitter nach Deutschland exportiert wird.

Russ/Russ'n; → Radler

Saatweizen engl.: *wheat,* Syn.: *Weichweizen;* → Weizen

Sabayon; → Zabaione

Saccharase Syn.: → *Invertase*

Saccharin engl.: *saccharin,* Syn.: *Sykose;* häufig als Natriumsalz (Saccharinnatrium) eingesetzter → Süßstoff (E 954). Es handelt sich um ein weißes hydrolyse- und hitzestabiles Kristallpulver. S. an sich ist kaum wasserlöslich. Das Natriumsalz hingegen lässt sich gut lösen. S. ist ca. 550-fach, das Natriumsalz ca. 450-fach süßer als Saccharose. Aufgrund seines metallisch bis bitteren Beigeschmacks wird S. i. d. R. als Mischung mit Aspartam und Cyclamat verwendet.

Saccharolyten engl.: *saccharolytic organisms;* Mikroorganismen (z. B. Clostridien-, Bacillus- und Enterobacter-Arten), die Zuckerarten, oft unter Säure- und Gasbildung abbauen.

Saccharomyces; Gattung von → Hefen, zu der die wichtigsten Kulturhefen gehören. Verschiedene Rassen von *S. cerevisiae* haben als Back- und Brennereihefen große wirtschaftliche Bedeutung. Heute werden auch die früher als *S. ellipsoideus* bezeichnete Weinhefe und die bei der Bierherstellung eingesetzte Bierhefe *S. carlsbergensis* der *S. cerevisiae* zugeordnet, die nun weit über 100 Synonyme hat. Diese werden über ihre unterschiedlichen Fähigkeiten, verschiedene Zucker zu vergären und zu assimilieren, unterschieden. So unterscheiden sich z. B. Bierhefe und Brennereihefe dadurch, dass Raffinose nur von der Bierhefe vollständig vergoren werden kann.

Saccharomycodes; Gattung der echten → Hefen. Einzige beschriebene Art ist *Saccharomycodes ludwigii*, die als → Wilde Hefe in der Gärungsindustrie bekannt ist und ein typischer Bestandteil der Hefen in → Kombucha ist.

Saccharomycopsis; häufig auf Mehl- und Backwaren zu findende Gattung der echten Hefen mit reichlich Myzelbildung, wobei insbesondere *S. fibuligera* durch Amylasenbildung zum Abbau von Stärke und Dextrinen beiträgt.

Saccharose engl.: *sucrose, saccharose;* → Disaccharid, das aus → Fructose und → Glucose besteht. S. ist im Pflanzenreich weit verbreitet, wird v. a. aus Zuckerrüben und Zuckerrohr gewonnen und ist die wichtigste zum Süßen eingesetzte Verbindung. Zur Absorption von S. erfolgt zunächst die Spaltung in Fructose und Glucose durch α-Glucosidasen und anschließend die Aufnahme der Monosaccharide. Technisch kann diese Spaltung außer durch Enzyme auch durch Säurezusatz erzielt werden, wobei →Invertzucker ensteht. S. dient als Maßstab zur Beurteilung der Süßkraft aller anderen Süßungsmittel (Saccharose = 100 %).

Saccharoseester Syn.: →*Zuckerester von Fettsäuren*

Saccharoseintoleranz; angeborene Störung des →Kohlenhydratstoffwechsels, bei dem der Saccharase-Isomaltase-Komplex im Dünndarm fehlt oder eine verminderte Aktivität zeigt. →Saccharose kann nicht oder nicht vollständig gespalten werden, gelangt in den Dickdarm und verursacht Krämpfe und Durchfall. Die Symptome treten mit der ersten Gabe saccharosehaltiger Beikost auf. Abhilfe wird durch eine saccharosearme Diät erzielt, in der Saccharose durch Glucose, Fructose und Lactose ersetzt wird.

Sacher-Torte engl.: *Sacher tart;* hochwertige, in runder Form gebackene, mit dunkler Glasur (Kuvertüre oder Kakao-Zuckerglasur) überzogene Schokoladentorte mit dunklen Böden. Zwischen diesen ist eine Fruchtfüllung (meist Aprikosenkonfitüre) mit mindestens 45 % Aprikosenanteil aufgestrichen. Grundlage für die Böden ist eine schwere Schokoladenmasse, die auch Sachermasse genannt wird. Sie besteht üblicherweise aus mindestens 200 kg Vollei, 100 kg Butter sowie 100 kg Schokolade auf 100 kg Weizenmehl bzw. -stärke (teilweiser Ersatz möglich). Anstelle von Butter oder Schokolade können entsprechende Mengen an Butterreinfett, -fett oder Kakao verwendet werden.

Säckchen Syn.: *Schweinekappe, Schweinebutte;* von der Schleimhaut befreiter Schweineblinddarm, der gewendet als Wursthülle für Kochwürste verwendet wird.

Sägegarnele engl.: *pink shrimp;* →Ostseegarnele

Sättigungsschwelle engl.: *terminal threshold;* Konzentration, oberhalb der eine weitere Erhöhung des zu prüfenden sensorischen Reizes keine Empfindungssteigerung mehr auslöst. →Schwellenwertprüfung

Säuerling Syn.: *Sauerbrunnen;* Bezeichnung für ein Mineralwasser, das mehr als 250 mg natürliche Kohlensäure (Kohlendioxid) pro Liter enthält. Ein Säuerling, der durch den natürlichen Kohlendioxiddruck aus einer Quelle sprudelt bzw. unter Zusatz von Kohlendioxid abgefüllt wurde, kann als „Sprudel" bezeichnet werden.

Säuern engl.: *acidifying;* traditionelles →Konservierungsverfahren, bei dem durch Säure bildende Mikroorganismen, die Kohlenhydrate zu organischen Säuren wie z. B. Milchsäure abbauen, oder Zusatz natürlicher organischer Säuren der pH-Wert des Lebensmittels soweit abgesenkt wird, dass mikrobiologisch oder enzymatisch bedingte Verderbsvorgänge verlangsamt oder unterbunden werden. Typische Beispiele sind die Herstellung von Sauermilcherzeugnissen, Sauerkraut und sauren Gurken.

Säuerungsmittel; Stoffe, die den Säuregrad eines Lebensmittel erhöhen und/oder diesem einen sauren Geschmack verleihen. Durch die Erhöhung des Säuregrads (Erniedrigung des pH-Wertes) können sie neben der säuernden auch eine schwächere konservierende Wirkung besitzen bzw. die konservierende oder antioxidative Wirkung anderer Stoffe unterstützen. Bei den S. handelt es sich i. d. R. um organische oder anorganische Säuren wie Citronen-, Milch- oder Phosphorsäure sowie deren Salze.

Säuglingsanfangsnahrung engl.: *infant formula;* Lebensmittel, die für die besondere Ernährung von Säuglingen während der ersten vier bis sechs Lebensmonate bestimmt sind und für sich allein den Ernährungserfordernissen dieser Personengruppe entsprechen. S., die ausschließlich aus Kuhmilchproteinen hergestellt wurde, wird als Säuglingsmilchnahrung bezeichnet. Die Grundzusammensetzung der S. (Gehalte an Energie, Proteinen, Lipiden, Kohlenhydraten, Mineralstoffen und Vitaminen) ist in der Diätverordnung geregelt. Bei der Zubereitung muss höchstens noch Wasser zugesetzt werden, um das verzehrfertige Produkt zu erhalten.

Säuglingsmilchnahrung engl.: *infant milk;* →Säuglingsanfangsnahrung

Säuglingsnahrung engl.: *infant food;* alle Lebensmittel, die für die Ernährung von Kindern in den ersten zwölf Lebensmonaten geeignet sind, wie z. B. →Säuglingsanfangsnahrung, →Folgenahrung und →Beikost.

Säurecasein; aus entrahmter Milch durch Fällung mittels Säuren, Molke oder Milchsäure bildenden Bakterienkulturen, anschließendem Waschen und Trocknen gewonnenes →Molkenerzeugnis, dessen Eiweißgehalt in der Trockenmasse mindestens 90 %, der Wassergehalt höchstens 10 % und der Milchfettgehalt höchstens 2,25 % beträgt.

Säuredextrine Syn.: *Säuregummi;* →Dextrine

Säuregerinnung; Koagulation des kolloidal gelösten →Caseins der Milch durch Säuren. Dies können zugesetzte Säuren sein oder die bei der Umsetzung von Lactose durch Milchsäurebakterien entstehende Milchsäure. Die S. ist neben der Labgerinnung die wichtigste Methode, um das Casein z. B. zur Käseherstellung auszufällen. Bei der Hitzegerinnung (ab 71 °C) koagulieren hingegen die Molkenproteine (z. B. beim Herstellen von Brühwurst und Kochen von Eiern).

Säuregrad nach Soxhlet-Henkel; Abk.: °SH, Kennzahl zur Beurteilung der Acidität von Milch und Milcherzeugnissen. Sie gibt das Volumen 0,25 M NaOH in ml an, das bei der Titration von 100 ml des Produkts auf einen Standardfarbton mit Phenolphthalein erhalten wird. Frische Milch von gesunden Kühen verfügt über einen S. von 6,5 bis 7° SH, der u. a. von Citronensäure, Hydrogencarbonat und Casein herrührt. Ein S. zwischen 8 und 9 ist als saurer Geschmack der Milch deutlich wahrnehmbar, ab 15° SH spricht man von saurer Milch.

Säuren engl.: *acids;* chemische Verbindungen, die in wässriger Lösung Wasserstoffionen abspalten (dissoziieren). Es wird nach der chemischen Zusammensetzung in anorganische (Salzsäure, Schwefelsäure, Phosphorsäure) und organische S. (Essigsäure, Milchsäure, Weinsäure, Citronensäure, s. jeweils dort) oder starke und schwache S. (→pH-Wert) unterschieden. In biologischem Material kommen organische und anorganische S. vor.

Säureregulatoren engl.: *acidity regulators;* Stoffe, die den Säuregrad oder die Alkalität eines Lebensmittels, z. B. durch Bildung eines Puffers oder Abgabe von Protonen steuern. Zu den S. zählen organische und anorganische Säuren, deren Salze, einige Hydroxide und Oxide sowie →Glucono-delta-lacton.

Säureträger; einer der drei Hauptbestandteile von →Backpulver, der aus der kohlensäurehaltigen Verbindung die Kohlensäure austreibt. Als S. werden z. B. Weinsäure, Weinstein, Glucono-delta-lacton, aber auch anorganische Verbindungen wie saure Natrium- und Calciumsalze der Phosphor- und Diphosphorsäure (v. a. Calciumdihydrogendiphosphat) eingesetzt. Abhängig vom verwendeten S. zeigt das Backpulver eine schnellere oder langsamere Triebkraft-Entwicklung.

Säurewecker; spezielle, in Speziallaboratorien gezüchtete Einzelstamm- oder Mischkulturen von →Milchsäurebakterien wie z. B. *Lactococcus lactis subsp. lactis, L. lactis subsp. cremoris* oder *Leuconostoc mesentorides subsp. cremoris*, die aufgrund ihrer kräftigen Milchsäuregärung und Aromabildung zur standardisierten Herstellung von Sauermilcherzeugnissen, Butter und Käse eingesetzt werden.

Säurezahl; Abk.: SZ, Fettkennzahl für den Gehalt an freien organischen Säuren in Fetten und Ölen. Angegeben werden die mg Kaliumhydroxid, die zur Neutralisation der in 1 g Substanz enthaltenen freien Säuren erforderlich sind. Durch diese Kennzahl lassen sich raffinierte (sehr niedrige SZ) von unraffinierten Fetten unterscheiden. Die SZ ermöglicht das Erkennen eines hydrolytischen Fettverderbs, allerdings nur, soweit es sich um höhermolekulare Fettsäuren handelt.

Freie niedermolekulare Fettsäuren sind bei bestimmten Fetten sensorisch relevant (z. B. Milch-, Kokos- und Palmkernfett) und deshalb auch erwünscht.

Säzwiebeln; aus Samen gezogene → Speisezwiebeln.

Saflorkerne; → Färberdistel

Safloröl Syn.: → *Distelöl*

Safran lat.: *Crocus sativus L.* (Fam.: *Iridaceae*), engl.: *Saffron;* aus Vorderasien stammende Gewürz- und Färbepflanze, deren Name sich von arab.: *zafaran* = Gelbsein ableitet. Verwendet werden die manuell geernteten, möglichst rasch getrockneten Blütennarben der heute hauptsächlich in Spanien und Südfrankreich angebauten Krokusart *sativus*. Qualitativ hochwertiger S. besteht aus ganzen, kräftig rotbraunen Narbenfäden, die ganz oder pulverisiert in den Handel kommen. Aufgrund der zeitaufwändigen Ernte und der geringen Ausbeute ist S. das teuerste → Gewürz. Charakteristische Inhaltsstoffe sind der gelbe Farbstoff → Crocin, 0,4–1,3 % ätherische Öle mit → Cineol und Pinen sowie der Bitterstoff Pikrocrocin (Safranbitter), der sich bei zunehmender Lagerdauer in den Geruchsträger Safranal und Glucose spaltet. S. duftet kräftig, schmeckt bitter würzig und scharf und wird in der Küche einerseits wegen seiner starken Färbekraft, andererseits, v. a. in der mediterranen Küche, zum Würzen von Reis-, Fleisch- und Fischgerichten eingesetzt. Auch in der Likör- und Kosmetikindustrie sowie in der Parfümerie findet S. Verwendung.

Safranschirmpilz lat.: *Macrolepiota rachodes (Vitt.) Sing.* (Fam.: *Agaricaceae*), engl.: *Shaggy Parasol,* Syn.: *Rötender (Riesen)-Schirmling*; von Juni bis November in Laub- und Nadelwäldern sowie Parks wachsender → Speisepilz mit flach gewölbtem Hut von 8–15 cm Durchmesser, bräunlicher Farbe und dunklen, fest anhaftenden Schuppen. Der S. besitzt einen hellen, nach unten dunkleren Stiel, der an der Basis verdickt ist und im oberen Teil einen doppelrandigen verschiebbaren Ring trägt. Die breiten weißlichen Lamellen laufen wie das weiße Fleisch bei Berührung rötlich an. Es besteht Verwechslungsgefahr mit dem Giftriesenschirmling, der an den gleichen Standorten wächst.

Safthaltevermögen; von der Ausprägung der Wasserbindung abhängige Fähigkeit des Fleisches, beim Lagern und Verarbeiten, insbesondere Erhitzen, den fleischeigenen Saft mehr oder weniger fest zu halten.

Saftschinken; gegarter, vor dem Garen gepökelter und evtl. geräucherter rund geschnittener → Schinken von gehobener Qualität ohne Knochen vom Schwein. S. wird als kühlbedürftige Ware im Stück und aufgeschnitten lose und verpackt sowie abgepackt in Dosen verkauft. Mit dem Zusatz „Delikatess-“ bezeichnete S. sind sorgfältig hergestellt und von besonderer geschmacklicher Qualität. → Kochschinken

Saftwürstchen Syn.: → *Würstchen*

Sago engl.: *sago;* unregelmäßig geformte, 1–3 mm große Kügelchen (in Ausnahmefällen bis 6 mm Durchmesser) aus gekörnter, teilweise verkleisterter Stärke. Die Gewinnung von S. erfolgte ursprünglich nur aus dem Mark der Sagopalme (lat.: *Metroxylon sagu Rottb.*) oder anderer Palmarten. Die mit Wasser eingeteigte Stärke aus dem Mark wird durch Siebe gedrückt und fällt in Form kleiner Partikel auf heiße schaukelnde Platten. Durch die Schaukelbewegung und die Hitze rollen sich die Partikel rundlich zusammen und trocknen. Die Bezeichnung „echter Sago“ ist nur für Palmsago zutreffend. Auf ähnliche Weise werden auch durch teilweises Verkleistern → Stärken aus den Wurzelknollen tropischer Pflanzen (→ Tapiokastärke → Portland-Arrowrootstärke) oder Kartoffeln zu Produkten in Sagoform verabeitet. S. ist geschmacksneutral und dient u. a. zum Andicken von Suppen und zum Herstellen von Fruchtgrützen.

Sahne engl.: *cream,* Syn.: *Rahm, Trinksahne, Kaffeesahne, -rahm;* durch Abscheiden

(Zentrifugieren) von Magermilch aus Milch gewonnenes standardisiertes (homogenisiertes und sterilisiertes bzw. ultrahocherhitztes) Sahneerzeugnis, dessen Fettgehalt mindestens 10 % und höchstens 29,9 % beträgt. Eine Anreicherung mit Milcheiweißerzeugnissen ist nicht zulässig, zum Aufschäumen kann Distickstoffoxid eingesetzt und bei pasteurisierter S. zur Stabilisierung verschiedene Zusatzstoffe wie z. B. Carrageen verwendet werden.

Sahnebonbons engl.: *cream sweets, cream caramels,* Syn.: *Rahmbonbons;* → Bonbons mit einem charakteristischen Milch-Sahne-Geschmack, die als Weich- und Hartkaramellen hergestellt werden. Zur Herstellung verwendet werden Sahne, Sahnepulver (Dauerware), Vollmilch, Butter und andere Milcherzeugnisse. Handelsware enthält mindestens 4 % Milchfett sowie die Menge fettfreier Milchtrockenmasse, die diesem Mindest-Milchfettanteil in Sahne oder Sahnedauerware entspricht. Die Verwendung von anderen Fetten ist aus technologischen oder geschmacklichen Gründen über den vorgeschriebenen Milchfettgehalt hinaus üblich.

Sahnecremewaffeln engl.: *cream-based milk cream filled wafers,* Syn.: *Sahnekremwaffeln;* → Cremewaffeln

Sahnedauerbackwaren engl.: *long shelf-life baked goods with cream added,* Syn.: *Rahmdauerbackwaren;* → Dauerbackwaren wie z. B. Kekse mit einem, den Charakter des Erzeugnisses wesentlich beeinflussenden Sahnegehalt. Bei ihrer Herstellung werden üblicherweise mindestens 20 l Sahne (Rahm) mit einem Milchfettgehalt von mindestens 10 % oder entsprechende Mengen eines konzentrierten Sahneerzeugnisses auf 100 kg Getreide, Getreideerzeugnisse und/oder Stärke verwendet.

Sahnedauerwaren Syn.: *Dauersahne;* haltbare Sahneerzeugnisse. Hierzu zählen z. B. sterilisierte Kaffeesahne (Sterilsahne), sterilisierte Schlagsahne, Kondenssahne, Blocksahne und Sahnepulver.

Sahnedickmilch Syn.: *Rahmdickmilch;* → Dickmilch

Sahneeis engl.: *ice cream,* Syn.: *Rahmeis;* → Speiseeis, bei dessen Herstellung → Sahne verwendet worden ist. In Deutschland hergestelltes S. enthält üblicherweise mindestens 18 % Milchfett aus der bei der Herstellung verwendeten Sahne.

Sahneerzeugnisse Syn.: *Rahmerzeugnisse;* aus Milch durch Anreicherung des Milchfettes (Abscheiden von Magermilch oder Einstellen des Fettgehaltes auf mindestens 10 %) hergestellte Emulsionen, auch unter Erhöhung der Milchtrockenmasse und/oder Anreicherung mit Milcheiweißerzeugnissen. Es werden die Standardsorten Sahne (Kaffeesahne) und Schlagsahne unterschieden.

Sahnehaltemittel Syn.: → *Sahnestandmittel*

Sahnejoghurt engl.: *cream yogurt,* Syn.: *Rahmjoghurt;* → Joghurt

Sahnejoghurtpulver engl.: *cream yoghurt powder,* Syn.: *Rahmjoghurtpulver;* → Trockenmilcherzeugnis, das aus Sahnejoghurt (Rahmjoghurt) durch weitgehenden Entzug des Wassers hergestellt wird. Der Restwassergehalt darf höchstens 5 % betragen. Der Fettgehalt muss mindestens bei 42 % liegen.

Sahnekefir engl.: *cream kefir,* Syn.: *Rahmkefir;* → Kefir

Sahnekefirpulver engl.: *cream kefir powder,* Syn.: *Rahmkefirpulver;* → Trockenmilcherzeugnis, das aus Sahnekefir (Rahmkefir) durch weitgehenden Entzug des Wassers hergestellt wird. Der Restwassergehalt darf höchstens 5 % betragen. Der Fettgehalt muss mindestens bei 42 % liegen.

Sahneleberwurst; hochwertige, wie → Delikatessleberwurst hergestellte, im Inneren fein zerkleinerte → Leberwurst der Spitzenqualität, der bei der Herstellung Sahne bis zu einem Anteil von 5 % zugegeben wird.

Sahnelikör engl.: *cream liqueur;* heller cremiger, mit Sahne hergestellter → Emulsionslikör. Kondens- oder Magermilch dürfen nicht verwendet werden. Der Mindestalkoholgehalt beträgt 15 Vol.-%.

Sahnemeerrettich engl.: *creamed horseradish;* → Meerrettichspezialitäten

Sahnenugat engl.: *cream praline, cream nougat;* ein heller weicher → Nugat, bei dem ein Teil des Zuckers bei der Herstellung durch → Sahnepulver oder → Sahne ersetzt wurde. Als Handelsware enthält er aus ihnen einen Mindestgehalt von 5,5 % Milchfett.

Sahnepulver engl.: *cream powder,* Syn.: *Rahmpulver, Trockensahne, -rahm;* → Trockenmilcherzeugnis, das aus Milch und/oder Sahneerzeugnissen durch weitgehenden Entzug des Wassers hergestellt wird. Der Restwassergehalt darf höchstens 5 % betragen. Der Fettgehalt muss mindestens bei 42 % liegen. S. wird hauptsächlich für die Herstellung von Schokoladen- und Süßwaren verwendet.

Sahnequark Syn.: *Rahmquark;* Bezeichnung für einen → Speisequark mit mindestens 40 % Fett in der Trockenmasse und 8,7 % Eiweiß.

Sahnerolle engl.: *cream-filled puff pastry roll;* mit einer Creme aus Sahne und anderen Zutaten gefüllte feine Backware aus → Biskuit in Form einer Rolle.

Sahnesauermilch Syn.: → *Sauerrahm*

Sahneschichtkäse; → Schichtkäse mit mindestens 40 % Fett in der Trockenmasse.

Sahneschokolade engl.: *cream chocolate,* Syn.: *Rahmschokolade;* → Milchschokolade, die mindestens 5,5 % Milchfett enthält sowie bezüglich Milchtrockenmasse und anderer Schokoladen-Parameter dieselben Anforderungen wie an eine Milchschokolade erfüllen muss.

Sahnestandmittel engl.: *stabilizer agent for whipped cream,* Syn.: *Sahnehaltemittel;* vor dem Schlagen, Blasen, Verschäumen oder Zapfen der Schlagsahne zugesetzte Stoffe, die den Schaum der aufgeschlagenen Sahne stabilisieren und das Absetzen verzögern sollen. Als S. werden neben Gelatine aufgeschlossene quellfähige Stärkeerzeugnisse, Carrageen u. a. ähnlich wirkende Stoffe verwendet. S. sind im Handel sowohl an sich wie auch als Convenience-Produkte gemischt mit geschmacksgebenden Zutaten, wie z. B. Kakaopulver, gefriergetrockneten Früchten, Joghurt, Quark oder Aromen erhältlich. Als Backgrundstoffe werden sie insbesondere zur Herstellung von Sahnefüllungen für feine Backwaren sowie zur Stabilisierung von Torten und Desserts verwendet.

Sahnesteif; klassisches → Sahnestandmittel.

Sahnewaffeln engl.: *cream waffles;* → Waffeln

Saiblinge lat.: *Salvelinus subsp.* (Fam.: *Salmonidae*), engl.: *charr;* Süßwasserfisch in kalten Fließgewässern, Seen und Talsperren. In Mitteleuropa leben der einheimische Seesaibling. (lat.: *S. alpinus L.*) und die beiden aus Nordamerika eingebürgerten Arten Bachsaibling (lat.: *S. fontinalis, Mitchill*) und Amerikanischer Seesaibling (lat.: *S. namaycush, Walb.*). S. werden in kleinen Mengen als Speisefische angeboten; sie ähneln der → Forelle und werden auch so zubereitet.

Sainte-Maure engl.: *Sainte-Maure;* geschützte Herkunftsbezeichnung für einen französischen Weichkäse aus der Touraine, der aus Ziegenmilch hergestellt wird, mindestens 45 % Fett in der Trockenmasse enthält und eine weiße Schimmelrinde besitzt. S. ist in Rollenform erhältlich und weist einen kräftigen Geschmack mit leichter Ziegen- oder Pilznote auf.

Saint-Émilion; zum Bordeaux gehörendes französisches Weinbaugebiet, in dem regelmäßig Spitzenrotweine vorwiegend aus Merlot- und Cabernet franc-Trauben entstehen. Die Rotweine zeichnen sich durch einen fülligen Charakter aus, sind kräftig sowie alkoholreich und eignen sich sehr gut zum Altern. Ähnlich wie in anderen Weinbaugebieten Frankreichs hat auch Saint-Émilion eine eigene Klassifikation: AC Saint-Émilion, grand cru, grand cru classé, premier grand cru classé B, premier grand cru classé A.

Saint Laurent; aus Frankreich eingeführte Rotweinrebe mit großer Fruchtbarkeit und früher Reife, aus der dunkle, geschmeidige, aromatische Weine von gehobener Qualität gekeltert werden. In Deutschland ist die S. v. a. in der Pfalz und in Württemberg anzutreffen.

Saint-Marcellin; französischer Weichkäse aus der Isère mit mehr oder weniger stark ausgeprägtem Außenschimmel, 50 % Fett in der Trockenmasse und angenehm säuerlichem Geschmack.

Saint-Nectaire; geschützte Herkunftsbezeichnung für französischen halb festen Schnittkäse aus der Auvergne mit mindestens 45 % Fett in der Trockenmasse. S. besitzt eine gräuliche bis rötliche Rinde, einen weißen geschmeidigen Teig mit haselnussartigem Geschmack.

Saint-Paulin; französischer halb fester Schnittkäse aus pasteurisierter Kuhmilch mit 45–50 % Fett in der Trockenmasse und mildem Geschmack.

Saitenwürstchen; nach Art der →Würstchen (Herstellungsprozess, Ausgangsmaterial) hergestellte →Brühwürstchen. Die Bezeichnung deutet auf die Verwendung von →Saitlingen als Hüllen hin.

Saitling Syn.: *Schafsaitling;* sehr zarte und daher zum Mitessen bestimmte Wursthülle aus bearbeitetem Schafdünndarm, dem die Schleimhaut sowie ein Teil der Muskelschicht und der Serosa enfernt wurden. Sie wird als zartester und dünnster Naturdarm bei der Herstellung von Brüh- und Knackwürsten, Wiener und Frankfurter Würstchen sowie feinen Grillbratwürsten verwendet. Als Eiweiß-Saitling werden essbare kleinkalibrige →Kollagendärme bezeichnet, die als Alternative verwendet werden können.

Sajoeran Kering; Mischung aus getrockneten Gemüsen und Gewürzen der asiatischen, speziell indonesischen Küche. Vornehmliche Verwendung findet S. bei →Bahmi oder Loempia (→Frühlingsrollen).

Sajur/Sajoer; indonesische Bezeichnung, die für eine Reihe von unterschiedlichen Gemüsegerichten, wie z. B. S. lodeh (gemischtes Gemüse in gewürzter Kokossauce oder Bouillon) verwendet wird. Sie sind ein fester Bestandteil der →indonesischen Reistafel.

Sake engl.: *sake;* klares farbloses bis hellgelbes alkoholisches Getränk, das traditionell in Japan aus poliertem →Reis (durch Schimmelpilze teilweise angemälzt), Wasser und Hefe durch alkoholische Gärung hergestellt wird. Der Geschmack ist wie der Alkoholgehalt (12–20 Vol.-%) stark sortenabhängig und reicht in der Ausprägung von trocken herb bis blumig süß. S. wird, je nach Sorte und Geschmack, heiß (ca. 50 °C) aus Porzellan-Schälchen oder gut gekühlt getrunken. Die Bezeichnung als Reiswein stammt von den weinähnlichen äußeren Merkmalen (Aussehen, Flaschenform und Etikettierung). Die Herstellung von S. ähnelt durch das Anmälzen (Umwandlung von Stärke in vergärbaren Zucker) hingegen mehr dem Bierbrauen als der Weinherstellung. S. wird sowohl zum Trinken als auch als Gewürz in der Küche verwendet.

Sakrale Weine; Weine wie z. B. Mess- oder Abendmahlswein oder koscherer Wein, die in oder bei religiösen Handlungen benutzt werden. Sie unterliegen besonderen Anforderungen der betreffenden Glaubensgemeinschaften oder Institutionen.

Sal engl.: *sal (butter)*; Pflanzenbutter aus den Kernen des tropischen Salharzbaumes (lat.: *Shorea robusta Roxb. ex C.F. Gaertn.*, Fam.: *Dipterocarpaceae*). Die technologischen Eigenschaften von S. ähneln denen der Kakaobutter. Die vorherrschenden Fettsäuren sind Stearin- und Ölsäure in symmetrischen Triglyceriden und der Schmelzbereich befindet sich im einem Temperaturbereich von 34–38 °C. Neben der Verwendung als Kakaobutterersatz wird S. in der Kosmetik eingesetzt.

Salametti engl.: *salametti;* in Schweinedünn- oder Kunstdärme gefüllte schnittfeste →Rohwurst geringeren Kalibers, die aus demselben Ausgangsmaterial auf die gleiche Art und Weise wie →Salami hergestellt wird.

Salami engl.: *salami;* kalt geräucherte, durch gute Abtrocknung besonders haltbare schnittfeste → Rohwurst mit mittelkörniger Struktur im Anschnittbild. Zutaten sind sehnen- und fettgewebsarmes sowie grob entsehntes Rindfleisch, grob entfettetes Schweinefleisch und Speck sowie weitere Zutaten wie z. B. Gewürze und Umrötungsmittel. Für S. von überdurchschnittlicher Qualität mit hervorhebenden Bezeichnungen wie „1a" oder „fein" wird üblicherweise kein grob entsehntes Rindfleisch verwendet. Ebenfalls höhere Anforderungen an die Qualität gelten für S. mit weißen Überzügen. Die Verwendung von weißer Tauchmasse oder weiß pigmentierten Hüllen wird üblicherweise kenntlich gemacht. Ein Austausch von Rind- und Schweinefleisch untereinander z. B. für Rinder- oder Schweinesalami ist üblich. Bekannte ausländische Salamisorten sind die → Italienische Salami und die → Ungarische Salami.

Salatcreme; in der Regel weiße bis gelbliche, emulgierte Sauce aus Speiseöl pflanzlicher Herkunft und wahlweise Hühner-, Milch- und/oder pflanzliches Eiweiß sowie Hühnereigelb oder Vermengungen dieser Stoffe. Weitere mögliche Zutaten sind Kochsalz, Zuckerarten, Gewürze, andere Würzstoffe, Gärungsessig oder andere Genusssäuren. Des Weiteren ist die Zugabe von verdickenden Lebensmitteln wie Weizenmehl, Stärkearten oder Gelatine sowie der Zusatz von Dickungsmitteln üblich. S. sind vielseitige Ausgangsprodukte zur Herstellung von Salatsaucen und Feinkosterzeugnissen.

Salatdressing Syn.: → *Salatsauce*

Salate engl.: *salads;* nicht fest definierte Bezeichnung für halb fertige oder tafelfertige Zubereitungen aus Lebensmitteln, die als Beilagen zu Gerichten, als Vorspeisen oder als Hauptgericht i. d. R. kalt verzehrt werden. Mögliche Zutaten sind frische grüne Blattsalate, Gemüse, Pilze, Obst, Fleisch, Geflügel, Teigwaren, Käse, Fisch u. v. m. Sie können mit einer einzigen geschmacksgebenden Zutat wie z. B. Zitronensaft oder Zucker zubereitet werden oder mit einer beliebigen Marinade und/oder Mayonnaise gebunden sein.

Salatgemüse; handelsüblicher Sammelbegriff für roh zu verzehrende Blattgemüsearten wie u. a. → Kopfsalat, → Feldsalat, → Endivien oder → Kresse.

Salatgurken engl.: *cucumber;* → Gurken

Salatmayonnaise; in der Regel weiße bis gelbliche cremige Sauce aus Speiseöl pflanzlicher Herkunft und Hühnereigelb mit einem üblichen Mindestfettgehalt von 50 %. Eine festgelegte Verkehrsauffassung zu einem Mindestgehalt an Eigelb existiert nicht. Als Beurteilungsmaßstab für eine Auslobung wird üblicherweise ein Mindestgehalt an Eigelb von 7,5 %, bezogen auf den Fettgehalt, zugrunde gelegt. Weitere mögliche Zutaten sind Hühnereiklar (Eiweiß), Milcheiweiß, pflanzliches Eiweiß oder Vermengungen dieser Stoffe, Kochsalz, Zuckerarten, Gewürze, andere Würzstoffe, Gärungsessig oder andere Genusssäuren. Des Weiteren ist die Zugabe von verdickenden Lebensmitteln, wie Weizenmehl, Stärkearten oder Gelatine sowie der Zusatz von Dickungsmitteln üblich. Durch Milcheiweiß und/oder pflanzliches Eiweiß können die Eibestandteile teilweise oder ganz bei ausreichender Kenntlichmachung ersetzt werden. Für alle übrigen möglichen Qualitätsmerkmale orientiert sich die Verkehrsauffassung für S. an der von → Mayonnaise. S. ist ein vielseitiges Ausgangsprodukt zur Herstellung von Salatsaucen und Feinkosterzeugnissen und wird als würzende Feinkostsauce zu vielen Gerichten verwendet.

Salatöl engl.: salad oil; 1. wie Speise- und Tafelöl übliche Bezeichnung für pflanzliche Speiseöle. S. von einer einzigen Rohstoffquelle wird meist nach der botanischen Herkunft bezeichnet, im Handel z. T. auch mit Markennamen, ebenso S. aus verschiedenen Pflanzenölen; 2. im eigentlichen Sinn für Salate und Salatsaucen verwendete Pflanzenöle. Technologisch müssen S. kältestabil sein, entweder von Natur aus oder durch → Winterisierung, besonders bei der Verwendung in emulgierten Saucen. Als S. werden oft native kalt gepresste Öle verwendet, da sie einen arteigenen charakteristischen Geschmack aufweisen.

Salatrübe Syn.: → *Rote Rübe*

Salatsauce engl.: *salad dressing,* Syn.: *Salatdressing, Dressing, Salat-Marinade;* Bezeichnung für eine sowohl emulgierte als auch nicht emulgierte fließfähige Zubereitung geschmacksgebender Komponenten verschiedenster Art zum Anrichten von kalten und warmen Salaten mit einem Fettgehalt von unter 50 %. Häufig verwendete geschmacksgebende Zutaten sind u. a. Essig, Öl, Salz, Zucker, Kräuter, Gewürze, Milcherzeugnisse, Senf sowie Mayonnaise und mayonnaiseähnliche Erzeugnisse.

Salatzichorie Syn.: → *Chicorée*

Salbei lat.: *Salvia officinalis L.* (Fam.: *Lamiaceae*), engl.: *Sage,* Syn.: *Kreuzsalbei, Königssalbei, Rauchsalbei;* aus Dalmatien stammender bis zu 1 m hoch werdender, stark verzweigter Halbstrauch. Die Hauptanbauländer liegen im östlichen Mittelmeerraum. Als → Gewürz werden die frischen oder getrockneten, länglich ovalen, fein gekerbten, silbergraufilzigen Blätter verwendet, wobei trockene Blätter aromatischer sind als frische. Der würzige Geruch und der bittere, leicht adstringierende Geschmack beruhen auf den zu 1–2,5 % enthaltenen → ätherischen Ölen mit → Thujon, Borneol, Campher und Cineol als Hauptkomponenten sowie auf größeren Mengen an Gerb- und Bitterstoffen. Vor allem in der italienischen Küche wird S. sparsam zum Würzen von Fleisch-, Wild- und Geflügelgerichten, Leber, Salaten und Saucen verwendet. S. ist typischer Bestandteil von Saltimbocca alla romana. Das durch Wasserdampfdestillation gewonnene Salbeiöl ist in größeren Mengen giftig und besitzt stark antioxidative und antimikrobielle Eigenschaften. Es wird in der Kosmetikindustrie, v. a. bei der Herstellung von Zahnpasta und Mundwasser eingesetzt.

Salbei-Käse; unter Beifügung von Salbei hergestellter Kräuterkäse nach → Chester-Käse Art.

Salgam Syn.: *Wasserrübensaft;* Getränk, das aus roten Karotten und → Steckrüben nach Hefezusatz durch spontane → Milchsäuregärung hergestellt und insbesondere in der Südtürkei gekühlt zu würzigen Speisen getrunken wird. In letzter Zeit erfolgt die Produktion von S. auch zunehmend, meist nach nicht standardisierten Verfahren für den Export. S. ist in einigen türkischen Supermärkten erhältlich und kann gekühlt einige Tage ohne Zusatz von → Konservierungsstoffen aufbewahrt werden.

Salicylsäure engl.: *salicylic acid,* Syn.: *o-Hydroxybenzoesäure;* organische Säure, die in Form farbloser Kristalle mit süß-säuerlichem Geschmack vorliegt. S. kommt in freier wie auch in gebundener Form (Ester, Glykoside) in den Blüten und Blättern verschiedener Pflanzen und in ätherischen Ölen vor. Aufgrund ihrer bakteriostatischen und fungiziden Wirkung wird S. als Konservierungsmittel und auch als Wirkstoff (z. B. als Schälmittel) in Kosmetika und Pharmazeutika eingesetzt. Die Verwendung in Lebensmitteln ist verboten, da S. in größeren Konzentrationen toxische Wirkungen entfaltet und → pseudoallergische Reaktionen auslösen kann.

Salinensalz Syn.: → *Siedesalz*

Salm Syn.: → *Lachs*

Salmanazar; Bezeichnung für eine → Großflasche für → Champagner mit einem Volumen von 9 Litern.

Salmiak Syn.: → *Ammoniumchlorid*

Salmiakgeist; → Ammionak

Salmiakpastillen engl.: *salmiac-pastilles;* kleine, meist harte schwarze Zuckerwaren mit charakteristischem Geschmack nach → Lakritze und Salmiak, die überwiegend in Form einer ca. 1 cm langen Raute, aber auch als Kugeln angeboten werden. Der charakteristische Geschmack beruht auf → Süßholzextrakt und bis zu 2 % Ammoniumchlorid (Salmiaksalz) sowie weiteren geschmacksgebenden Zutaten wie z. B. Anisöl und weiteren Aromen. Zusätzliche Zutaten für S. sind Zucker und ggf. Bindemittel, Fett sowie färbende Lebensmittel bzw. Farbstoffe. Wegen der Schleim lösenden Wirkung des Ammoniumchlorides werden S. mit höheren Gehalten (bis zu 8 %) als Arzneimittel hergestellt, die im freien Verkauf erhältlich sind.

Salmonella; Mehrz.: Salmonellen, zu den → *Enterobacteriaceae* zählende Gattung beweglicher Stäbchenbakterien, die aerob oder anaerob wachsen können. Nach neuester Taxonomie besteht sie aus zwei Spezies, von denen nur *S. enterica* klinische Bedeutung hat und in sechs verschieden Subspezies unterteilt wird. Zu diesen Subspezies gehören etwa 2500 Serotypen, die nur serologisch differenziert werden können, früher als eigene Spezies aufgefasst wurden und z. B. nach ihrem klinischen Merkmal bezeichnet wurden (z. B. *S. typhi*, *S. enteritidis*). Zur Vereinfachung der Namensgebung wurde eine neue Schreibweise herangezogen, und z. B. *S. enterica subsp. enterica Serotyp Enteritidis* als *S. Enteritidis* bezeichnet. Man unterscheidet zwischen den → Enteritis erregenden S., zu denen z. B. *S. Typhimurium* und *S. Enteritidis* gehören, die vorwiegend Entzündungen der Darmschleimhaut mit Brechdurchfällen verursachen und den S. der Typhus-Paratyphus-Gruppe, wie z. B. *S. Typhi* und *S. Paratyphi*, die systemische Allgemeinerkrankungen wie Typhus und Paratyphus verursachen. Wichtige Infektionsquellen mit Enteritis erregenden S. sind für den Menschen tierische Lebensmittel wie Geflügelprodukte und Eier. S. werden jedoch bereits bei Temperaturen unter 100 °C sicher abgetötet, so dass auch S. enthaltene Lebensmittel nach ausreichendem Kochen, Braten oder Grillen verzehrfähig sind. Der Mensch ist immer nur Endpunkt in der Infektkette, kann jedoch über fäkale Verunreinigungen weitere Lebensmittel kontaminieren. Für *S. Typhi* und *S. Paratyphi* ist hingegen der Mensch einziges Erregerreservoir; die Übertragung kann direkt über einen Erkrankten oder → Dauerausscheider oder indirekt über fäkal verunreinigte Lebensmittel erfolgen. Spezies der Gattung *Salmonella* gehören zu den → Meldepflichtigen Erregern.

Salmonellen; Mehrz.: von → *Salmonella.*

Salmonellose engl.: *salmonellosis;* von → Bakterien der Gattung → Salmonella verursachte Erkrankungen. Nach den Krankheitsbildern wird zwischen S. der Gruppe Typhus und Paratyphus sowie S. , bei denen das Krankheitsgeschehen im Wesentlichen auf den Darm beschränkt ist (Enteritis und Gastroenteritis), unterschieden. Salmonellosen zählen zu den häufigsten und bedeutendsten durch Lebensmittel ausgelösten Infektionskrankheiten und an S. erkrankte Personen unterliegen dem → Tätigkeits- und Beschäftigungsverbot beim Umgang mit Lebensmitteln.

Salpeter engl.: *saltpetre;* alte Bezeichnung für die Natrium- und Kaliumsalze der Salpetersäure. → Natriumnitrat → Kaliumnitrat

Salpeterpökelsalz; Mischungen von Kalium- oder Natriumnitrat und Kochsalz (früher 2–10 %ig), die zum → Pökeln (→ Trockenpökelung) von lange gereifter Rohwurst und Rohschinken, der aus mehr als einem Teilstück besteht, eingesetzt werden. Bei großen Teilstücken wird S. zur Unterstützung von Nitritpökelsalz verwendet. Pro kg Fleisch oder Fleischerzeugnis sind maximal 300 mg Nitrate zugelassen.

Salsa engl.: *salsa;* 1. italienische und spanische Bezeichnung für → Sauce; 2. in der texanisch-mexikanischen Küche verwendete, stark gewürzte Sauce, die i. d. R. auf Tomaten, Chilischoten, Knoblauch und Zwiebeln basiert. S. wird zu Gerichten mit gebratenem und gegrilltem Fleisch sowie zu gebackenen Maisfladen und Knabbergebäck (z. B. Tacos, Nachos) gereicht.

Saltimbocca; kleine, dünne, kurz gebratene, auf einer Seite mit Salbei und Schinken (z. B. Parmaschinken) belegte Kalbsschnitzelstücke. Der Name dieses ursprünglich aus Italien stammenden Fleischgerichtes bedeutet wörtlich übersetzt „Spring in den Mund".

Salustiana; Blondorangensorte mit sehr saftigem, süßem, kernlosem, orangefarbenem Fruchtfleisch. → Orange

Salz engl.: *salt;* 1. umgangssprachliche Kurzbezeichnung für Kochsalz (→ Natriumchlorid) oder 2. chemische Verbindungen (Salze).

Salzburger Nockerl engl.: *Salzburg dumplings;* schaumiges, sofort warm zu verzehrendes, kugelförmiges, im Ofen gebackenes Dessert aus Eischnee, Eigelb, Zucker, wenig Mehl und ggf. Butter.

Salzdillgurken Syn.: → *Salzgurken*

Salze engl.: *salts;* chemische Verbindungen, die aus einem Kristallgitter bestehen und durch Reaktion von Säuren oder Nichtmetalloxiden mit Laugen, Metallen oder Metalloxiden gebildet werden. S. sind z. T. farbig, unterschiedlich gut wasserlöslich und dissoziieren beim Lösen in Wasser in Anion und Kation (Elektrolyte). Sie können unterteilt werden in 1. neutrale S., bei denen alle Wasserstoffionen der Säuren und Hydroxidionen der Basen durch andere Kationen bzw. Anionen ersetzt sind und deren wässrige Lösungen abhängig von der Stärke der Ausgangssäuren und -laugen neutral, sauer oder alkalisch reagieren, 2. saure S., bei denen nicht alle Wasserstoffionen durch Metall- oder Ammoniumionen ersetzt sind und 3. basische S., bei denen nicht alle Hydroxidionen durch Säurerestionen ersetzt sind. S. spielen als Mineralstoffe für den Organismus und als Würzmittel (v. a. → Natriumchlorid) und Zusatzstoffe in der Lebensmittelindustrie eine entscheidende Rolle.

Salzersatzmittel Syn.: → *Kochsalzersatz*

Salzfischerzeugnisse engl.: *salt cured fish,* Syn.: *gesalzene Fische;* → Fischerzeugnisse, die durch Salzen von frischem oder (tief)gefrorenem Fisch bzw. Fischteilen biologisch gereift und dadurch zeitlich begrenzt haltbar und ohne weitere Behandlung verzehrfähig sind (Salzgare). Die sensorischen Eigenschaften von S. beruhen auf enzymatisch katalysierten Interaktionen der Fette, Proteine und Kohlenhydrate im Fischmuskel und ggf. zugesetzten Gewürzen. Um die weitere → Autolyse, insbesondere → Proteolyse, einzudämmen, müssen S. kühl gelagert und bald verbraucht oder weiterverarbeitet werden. Es lässt sich zwischen mild und hart gesalzenen S. (→ Einsalzen) unterscheiden. Zu Ersteren zählen → Matjes- und milder Vollhering, hart gesalzen sind → Fetthering, → Vollhering und → Yhlenhering, → Sardellen (Salzsardellen) und S. aus magerem Seefisch (Kabeljau, Leng, Lumb, Seelachs u. a.) zur Weiterverarbeitung zu → Lachsersatz oder → Klippfisch. Lachsfische werden sowohl mild als auch hart gesalzen und als Lachsscheiben bzw. Lachsschnitzel in Öl angeboten oder geräuchert (→ Räucherlachs). Die Terminologie ist uneinheitlich: Die Leitsätze für Fisch des Deutschen Lebensmittelbuches wählen die Bezeichnung gesalzene Fische und Erzeugnisse aus gesalzenen Fischen und für die Untergruppe der Magerfische Salzfisch/Salzfischfilet. In der Praxis überwiegt S. als Oberbegriff für alle gesalzenen Fische.

Salzfleisch engl.: *cured meat, salted meat;* 1. durch Zusatz von mindestens 6 % Kochsalz haltbar gemachtes Fleisch. Es ist wegen seines starken Salzgeschmacks und der Überlegenheit moderner Verfahren zur Haltbarmachung von Fleisch von geringer Bedeutung. S. verliert beim Erhitzen seine rote Farbe; 2. Bezeichnung für im Salzmantel gegartes Fleisch.

Salzgaren; → Salzfischerzeugnisse

Salzgebäck engl.: *salted biscuits;* Brezeln oder Stangen aus Hefeteig mit einem geschmacklich erkennbarem Zusatz von Salz im Teig und/oder vor dem Backen mit körnigem Salz bestreut.

Salzgemüse engl.: *pickled vegetables;* durch Einlegen in stark kochsalzhaltigen Lösungen haltbar gemachtes Gemüse. Die Salzkonzentration wird so hoch bemessen, dass ein Verderb der Ware nicht eintreten kann und

Milchsäuregärung entweder überhaupt nicht oder nur in geringem Maße auftritt. Die Herstellung von S. erfolgt sowohl für den häuslichen Gebrauch als auch als Halberzeugnis für die industrielle Weiterverarbeitung wie z. B. Salzspargel oder Salzbohnen. Wegen der hohen Salzkonzentration muss S. in jedem Falle vor der Weiterverarbeitung bzw. vor dem Verzehr gründlich gewässert werden.

Salzgurken Syn.: *Salzdillgurken, Dillgurken, Saure Gurken;* durch natürliche Milchsäuregärung haltbar gemachte Gemüsekonserve aus grünen, festen, fleckenfreien, wohl geformten, unbeschädigten unreifen Gurken mit Zusatz von Gewürzen, Kräutern oder deren Auszügen sowie Speisesalz. Die Würzung mit Dill ist geschmacklich hervortretend.

Salzhering engl.: *dutch/scotch cured herring, pickled herring,* Syn.: *Pökelhering;* durch Einsalzen und enzymatische Reifung gegarter → Hering. Man unterscheidet nach Alter und Lebenszyklus der Tiere (jung, geschlechtsreif mit/ohne Milch/Rogen), nach Vorbehandlung, also gekehlt oder ungekehlt (→ Kehlen) sowie mit oder ohne Kopf und nach der eingesetzten Salzmenge (hart/mild gesalzen). Danach gibt es folgende Arten: → Matjeshering, → Fetthering, Milder Vollhering, → Vollhering, → Yhlenhering. Beschädigte S. werden Wrackhering genannt. S. wird auch als Filet angeboten, mit und ohne Haut. → Lachshering ist gewässerter und anschließend geräucherter S.

Salzkräuter; durch Verreiben mit → Speisesalz, z. T. unter Zusatz von Speiseöl haltbar gemachte Kräuter, die in dieser Form unabhängig von der Jahreszeit zum Würzen von Speisen verwendet werden können und stark aromatisch im Geschmack bleiben.

Salzlake; → Einsalzen

Salzlakritzerzeugnisse engl.: *salt licorice;* → Lakritzwaren verschiedenster Ausformungen mit je nach Gehalt an → Ammoniumchlorid unterschiedlich stark ausgeprägter scharfer salziger Geschmacksnote. Die bekanntesten S. sind → Salmiakpastillen. Der Ammoniumchloridgehalt ist in Deutschland auf 2 % bezogen auf das Gesamterzeugnis in der Aromenverordnung rechtlich begrenzt. In- und ausländische Erzeugnisse mit höheren Gehalten (bis zu 8 %) sind durch rechtliche Ausnahmeregelungen (Ausnahmegenehmigungen und Allgemeinverfügungen) im Handel erhältlich.

Salzmandeln engl.: *salted almonds;* gebrühte, enthäutete, in Öl geröstete und mit Salz bestreute süße → Mandeln (Knabberartikel).

Salzpilze Syn.: → *Eingesalzene Pilze*

Salzsäure engl.: *hydrochloric acid,* Syn.: *Chlorwasserstoffsäure;* starke anorganische Säure, bei der es sich um die wässrige Lösung von Chlorwasserstoff handelt. S. wird von den Belegzellen der Magenschleimhaut gebildet und ist ein wichtiger Bestandteil des → Magensaftes. Des Weiteren hat sie technologische Bedeutung bei der Verzuckerung von Stärke, der Eiweißhydrolyse (→ Eiweißhydrolysat), der Speisewürzeherstellung oder der → Trinkwasseraufbereitung. Unter den Salzen der S. (→ Chloride), ist das Natriumchlorid (Kochsalz) der wichtigste Vertreter.

Salzsardelle engl.: *salt cured anchovy;* → Sardelle → Salzfischerzeugnisse

Salzstangen engl.: *salt sticks;* → Laugengebäck

Salzweck; handgeformte Baden-Württemberger Brötchenspezialität mit Salzauflage.

Sambal; Mehrz.: Samballan, aus Indonesien stammende Chilipaste, die als Grundzutaten rote Chilis, Salz und Öl enthält. S. wird in mehreren Sorten angeboten, die aufgrund weiterer unterschiedlicher Zutaten, wie z. B. Kokosmilch, Tomatenmark, Erdnussöl, Ananas u. v. m. in Schärfe und Geschmack variieren. Von diesen sind insbesondere das sehr scharfe S. Oelek, das neben den Grundzutaten wenig weitere Zutaten wie z. B. Essig, Knoblauch oder andere Gewürze enthält und das dunkle durch Zuckerzusatz süßliche weniger scharfe S. Manis bekannt. Samballan werden zu vielen fernöstlichen Gerichten, wie z. B. Reistafel, Nasi Goreng,

Fleischgerichte, Geflügel und Saucen verwendet.

Sambal Manis; → Sambal

Sambal Oelek; → Sambal

Sambuca; farbloser, dickflüssiger, mit Anis aromatisierter süßlicher Likör mit einem Mindestalkoholgehalt von 38 Vol.-%. Neben dem aromatisierenden Destillat von grünem → Anis und/oder → Sternanis enthält er eventuell Destillate anderer Kräuter. Der Gehalt an natürlichem → Anethol beträgt pro Liter mindestens 1 g und höchstens 2 g, der Zuckergehalt, als Invertzucker ausgedrückt, mindestens 350 g. S. wird traditionell mit Kaffeebohnen im Glas serviert und nach Anzünden getrunken.

Samen engl.: *semen;* durch Befruchtung entstandene Fortpflanzungskörper höherer Pflanzen, der Keimling (Embryo) und Nährgewebe (Endosperm), umhüllt von einer oft festen Samenschale enthält. S. werden seit der Steinzeit als Lebensmittel wegen ihres hohen Gehaltes an Nährstoffen wie Stärke und andere Kohlenhydraten, hochwertigen Ölen, Fetten und Eiweißen genutzt. Verzehrt werden Samen z. B. bei → Hülsenfrüchten, → Nüssen und → Getreide. Die Samenschale muss häufig bei der Verarbeitung oder vor dem Verzehr entfernt werden, da sie zu fest, unverdaulich oder nicht wohl schmeckend ist. Bei einigen S., hauptsächlich bei Getreide, wird sie aber aufgrund ihres hohen Gehaltes an → Ballast- und → Mineralstoffen geschätzt.

Sammelfrüchte engl.: *multiple fruits;* botanische Bezeichnung für eine aus einer einzelnen Blüte hervorgegangene Ansammlung von einzelnen Früchtchen, die entweder mit ihren Fruchtwänden direkt oder durch ihr Achsengewebe verbunden sind. S. sind z. B. die Himbeere oder die Brombeere aus einzelnen → Steinfrüchten oder der Sternanis aus einzelnen Balgfrüchten (→ Balg).

Sammelpackung engl.: *multipack;* Packung, die mehrere gleiche Einzel-, Mehrstück- und/oder Sortimentspackungen zu einer Packungseinheit zur einfacheren Handhabung und Verteilung zusammenfasst.

Samos; v. a. durch seinen süßen blass goldenen Dessertwein aus Muscat-blanc-à-petits-grains-Trauben bekanntes Weinbaugebiet in Griechenland. Der Dessertwein wird entweder durch → Aufspriten oder aus sonnengetrockneten Trauben (Nectar)hergestellt.

Samsø; dänischer Schnittkäse mit 30 und 45 % Fett in der Trockenmasse, flacher zylindrischer Form, einem Durchmesser von etwa 44 cm und einem Gewicht von etwa 14 kg. S. besitzt eine trockene gelbe Rinde und einen weiß bis gelblichen Teig mit wenigen regelmäßigen erbsen- bis kirschgroßen Löchern und mildem nussartigen Geschmack.

Samtmuscheln lat.: *Glycymeridae,* engl.: *common European bittersweet clam;* am Ärmelkanal und an der Atlantikküste bis nach Marokko verbreitete, mit den Herzmuscheln verwandte → Muscheln. In Deutschland wird die Meermandel (lat.: *Glycymeris glycymeris L.*) als Speisemuschel angeboten.

Samtrot; durch Mutation aus der Müller-Rebe entstandene Rotweinrebe mit schwankenden, eher niedrigen Erträgen, die v. a. in Württemberg angebaut wird. Aus ihren Trauben entstehen rubin- bis dunkelrote, zarte, samtige Weine von guter Qualität.

Sanddornbeeren lat.: *Hippophäe rhamnoides L.* (Fam.: *Elaeagnaceae*), engl.: *sea buckthorn berries;* im Oktober gesammelte wild wachsende → Früchte (botanisch → Nüsse) des in Eurasien beheimateten Sanddornstrauches. Verzehrt wird die umgebende fleischige, dicke rote bis gelbe Außenhaut mit gelblicher Pulpe. S. besitzen einen hohen Anteil an beta-Carotin (Provitamin A), Fruchtsäuren, Fett sowie Vitamin C (ca. 1,5 mg; 19,5 g; 7,1 g; 450 mg pro 100 g essbarem Anteil). Die charakteristisch herb schmeckende säurereiche Pulpe wird zur Herstellung von Saft, Fruchtmark, Gelee, Konfitüre, zur Aromatisierung von Spirituosen wie z. B. Likör und zur Gewinnung von fettem Öl genutzt. Sanddorn steht in Deutschland unter Naturschutz und wird im Ausland z. B. in Russland oder der Schweiz angebaut.

Sanddornöl; aus den Beeren des Sanddornstrauches gewonnenes Spezialitätenöl. Aus Fruchtfleisch und Kernen der Beeren lässt sich ein Öl mit leicht fruchtbetontem Charakter gewinnen, das in Salaten eingesetzt werden kann. Eine Besonderheit im Fettsäuremuster ist das Vorkommen der Palmitoleinsäure (16:1) sowie der für ein Pflanzenöl hohe Gehalt an Palmitinsäure (20 %). Erstere ist ein Grund für die vorherrschende kosmetische Anwendung.

Sandelholz lat.: *Pterocarpus santalinus L.* (Fam.: *Fabaceae*), engl.: *sandalwood,* Syn.: *Rotes Sandelholz;* Kernholz des in Ostindien und Westafrika heimischen Sandelbaumes, das geschnitten oder feinstpulverisiert gehandelt wird und für Räucherstäbchen, als Zusatz zu Tee- und Gewürzmischungen sowie als färbendes Lebensmittel, insbesondere bei Fleisch- und Fischerzeugnissen verwendet wird. Der Einsatz von Sandelholzextrakt zu färbenden Zwecken ist rechtlich umstritten.

Sandgarnelen lat.: *Fam. Crangonidae,* engl.: *crangonid shrimps;* Familie der Kaltwasser-Garnelen der nördlichen Hemisphäre; die in Deutschland bekannteste essbare S. ist die → Nordseegarnele.

Sandgebäck engl.: *short cake, short bread;* → Mürbekekse mit betont „sandiger" Beschaffenheit, wie z. B. Heidesandtaler, die vielfältig gefüllt und überzogen sein können.

Sandklaffmuschel; → Klaffmuscheln

Sandkuchen engl.: *sand cake,* Syn.: *Sandtorte;* geschmacklich (z. B. mit Zitrone, Orange oder Rum) vielfältig variierter Kuchen in länglicher oder runder Form aus → Sandmasse, der häufig mit Puderzucker bestreut oder mit Zucker glasiert ist.

Sandmassen; zur Herstellung von → Sand-, → Marmor- und → Königskuchen verwendete → Rührmassen von krümeliger „sandiger" Beschaffenheit. In 100 kg S. sind üblicherweise mindestens 20 kg Butter oder die entsprechende Menge Milchfetterzeugnisse oder Margarine oder praktisch wasserfreie Fette sowie 20 kg Vollei oder die entsprechende Menge eines Volleierzeugnisses enthalten.

Sandröhrling lat.: *Suillus variegatus (Sw.: Fr.) Kuntze* (Fam.: *Boletaceae*), engl.: *Velvet Bolete;* von Juni bis November in Nadelwäldern unter Kiefern wachsender → Speisepilz mit gewölbtem Hut von 6–12 cm Durchmesser, gelbbrauner Farbe und filziger Oberfläche. Der S. besitzt einen hell- bis dunkelgelben Stiel, feine grünlichgelbe Röhren und festes gelbliches, etwas bläuendes Fleisch von häufig fadem Geschmack.

Sandtorte Syn.: → *Sandkuchen*

Sandwich engl.: *sandwich;* meist doppelte, mit Käse, Schinken, Salat oder ähnlichen Zutaten belegte Weißbrot- oder Vollkornbrotscheiben, die als Snack oder kleine Mahlzeit verzehrt werden. Sie können sowohl kalt als auch in speziellen Sandwich-Toastern zubereitet warm verzehrt werden. Der Name geht auf den vierten Earl of Sandwich (1718–1792) zurück, der diese Form der kleinen Mahlzeit populär machte.

Sandzucker; 1. frühere Bezeichnung für einen Backzucker mittlerer Qualität, der dem heutigen „Weißzucker" entspricht; 2. alte Bezeichnung für → Lactose.

Sangiovese; in den Varianten piccolo und grosso flächenmäßig in Italien am häufigsten angebaute uralte Rotweinrebe. Sangiovese grosso ist die klassische Chianti-Rebe und dient als Grundlage für die Weine Chianti classico, Vino nobile di Montepulciano und Carmignano. Die Trauben der Rebe eignen sich gut zum Verschnitt mit Trauben der Rebsorten Cabernet Sauvignon, Canaiolo, Mammolo, Trebbiano oder Malvasia. Die Trauben von Sangiovese-grosso-Klonen wie z. B. Brunello liefern Rotweine von guter Qualität, die teilweise Spitzenqualität erreichen. Aus den Trauben von Sangiovese piccolo werden eher dünne säuerliche Weine erzeugt.

Sangria engl.: *sangria;* durch Zusatz von natürlichen Zitrusfruchtextrakten oder -essenzen aromatisiertes, mit und ohne Saft dieser Früchte hergestelltes →weinhaltiges Getränk. S. kann ggf. gesüßt und mit Kohlensäure sowie mit Gewürzen versetzt sein. Das Getränk darf feste Bestandteile des Fruchtfleisches oder der Schale von Zitrusfrüchten enthalten und seine Färbung muss ausschließlich durch die verwendeten Grundstoffe zustande kommen. Der vorhandene Alkoholgehalt beträgt mindestens 7 und höchstens 12 Vol.-%.

Sanguinelli; Blutorangensorte (Vollblutorange) mit tief blutrotem, zart angenehm schmeckendem Fruchtfleisch und blutroter Schale. →Blutorangen

Sansibar-Nüsse engl.: *sugar-coated hazel nuts;* braune →Dragées mit glatter Oberfläche, die aus Haselnusskernen, Zuckerarten und/oder Zuckeralkoholen und Kakaobestandteilen hergestellt werden. Ein Kilogramm enthält mindestens 400 g Haselnusskerne.

Santen; →Kokosmilch

Sapodilla lat.: *Manilkara zapota (L.) Royen* (Fam.: *Sapotaceae*), engl.: *Marmalade Plum, Sapodilla,* Syn.: *Sapotille, Breiapfel, Sapota;* kugel- bis eiförmige, etwa 75–200 g schwere →Beeren des Breiapfelbaumes mit zimtfarbener bis rotbrauner, dünner, essbarer Schale. Das orangefarbene geleeartige Fruchtfleisch schmeckt sehr süß und aromatisch. Aufgrund des Gehaltes an Gerbstoffen und des Milchsaftes können S. nur vollreif verzehrt werden. In der Regel geschieht dies roh als Frischobst, aber sie lassen sich auch zu Konfitüren, Obstsalaten und Cremes verarbeiten. Der Import aus den Anbauländern Amerikas und Asiens mit tropischem Klima findet ganzjährig statt. Der Stamm des Baumes liefert bei Anzapfen der Rinde Milchsaft (Chicle), der die Basis für →Kaugummi bildet.

Saponine engl.: *saponins;* Glykoside, die in vielen Pflanzen vorkommen und sich in Wasser unter Schaumbildung lösen. Manche S. sind stark toxisch wie z. B. das Digitonin im Purpurnen Fingerhut (lat.: *Digitalis purpurea L. subsp. purpurea*). Sie können die Hämolyse der Erythrozyten bewirken. Mit Cholesterin entstehen schwer lösliche Verbindungen. Technische Verwendung finden die S. als Emulgatoren, Dispergier- und Netzmittel.

Sapota Syn.: →*Sapodilla*

Sapoten; Bezeichnung für die Südfrüchte der weitgehend im tropischen Amerika beheimateten Pflanzenfamilie der Sapotengewächse (lat.: *Sapotaceae*). Zu diesen Früchten gehören z. B. die →Sapodilla und die eiförmige, ca. 500–1000 g schwere rotbraune Mammey-Sapote (Frucht des Marmeladen-Eierfruchtbaumes, lat.: *Pouteria sapota (Jacq.) H. E. Moore et Stearn*). Weitere bekannte Vertreter sind die Früchte der gleichnamigen Bäume, die 8–10 cm lange braune Grüne S. (lat.: *Pouteria viridis Cronq.*) mit rötlichem Fruchtfleisch und der kugelförmige (ca. 10 cm Durchmesser), grüne bis purpurrote Sternapfel (lat.: *Chrysophyllum cainito L.*) mit weißem Fruchtfleisch. Auch essbare Früchte anderer Pflanzenfamilien werden z. T. als S. bezeichnet wie z. B. die orangeähnliche Weiße S. (gleichnamiger Baum, lat.: *Casimiroa edulis La Llave et Lex*, Fam.: *Rutaceae*) und die mit der →Kakipflaume verwandte, ca. 10 cm große grüne Schwarze S. (Frucht des Schwarzen Ebenholzbaumes, lat.: *Diospyros digyna Jacq.*, Fam.: *Ebenaceae*) mit süß-säuerlichem dunkelbraunen Fruchtfleisch.

Sapotille Syn.: →*Sapodilla*

Sarcosporidien; Protozoen (*Sarcocystis bohihominis* und *S. suihominis*), die als Parasiten Rinder und Schweine befallen und in der Muskulatur dieser Tiere Zysten mit zahlreichen Einzelparasiten bilden. Nach dem Verzehr von rohem, stark kontaminiertem Fleisch kann es aufgrund des gebildeten Toxins Sarkozystin zu Erbrechen und Durchfällen kommen.

Sardelle lat.: *Engraulis encrasicolus L.* (Fam.: *Engraulidae*) , engl.: *European anchovy,* Syn.: *Anchovis;* kleiner Heringsfisch, der vorwiegend an der Atlantikküste von Südnorwegen bis Nordwestafrika, in der Nordsee, im Mittelmeer und im Schwarzen Meer vorkommt. In Deutschland werden S. hauptsächlich gesalzen angeboten, im Mittelmeerraum auch mariniert. Salz-Sardellen werden durch → Hartsalzung und enzymatische Reifung hergestellt; sie sind Rohware für Sardellenfilet, -ringe, -paste und -butter sowie für → Anchovispaste. S. sind mittelfette Fische; 100 g essbarer Anteil enthalten ca. 20 g Protein, 1,7–3,6 g Fett und ca. 240 mg Purine (berechnet als Harnsäure).

Sardellenbutter; Brotaufstrich, hergestellt aus Butter oder Butterfett mit einem geschmacklich hervortretenden Zusatz von pastenartig zerkleinerten Sardellen (5–10 %) oder von Sardellenpaste.

Sardellenfilet engl.: *filleted salt cured anchovy;* nicht enthäutetes Filet von Salzsardellen, eingelegt in Salz(lake), Aufguss oder Öl. S. wird als solches angeboten oder als Sardellenringe (aufgerollt mit Kapern, Oliven, Paprika u. a. würzenden Beigaben). S. muss kühl gelagert werden.

Sardellenpaste engl.: *anchovy paste;* → Fischpaste aus fein zerkleinerten Salzsardellen, i. d. R. gemischt mit Fett (z. B. Schweineschmalz). Verdickungsmittel dürfen zugesetzt werden. Der Kochsalzgehalt beträgt weniger als 20 %. S. wird direkt oder mit Butter vermischt (→ Sardellenbutter) als Brotaufstrich verwendet und muss kühl gelagert werden. → Anchovispaste

Sardellenringe; → Sardellenfilet

Sardinen lat.: *Sardina sp.* (Fam.: *Clupeidae*), engl.: *pilchards, sardines;* kleine → Heringsfische, die in allen Weltmeeren vorkommen. S. gehören zu den wichtigsten Speisefischen. In Europa ist die Art *Sardina pilchardus Walb.* vorherrschend. Sie kommt im Atlantik (Küsten Senegals bis Südnorwegen), im Mittelmeer und im Schwarzen Meer vor. Weitere wichtige Arten sind *Sardinops melanostictus Schlegel, Sardinops ocellatus Pappe* und *Sardinops sagax Jenyns.* S., welche die maximal zulässige Größe für → Ölsardinen überschreiten, werden als Pilchards bezeichnet. In den Anrainerländern werden S. frisch als ganze Fische angeboten, in Deutschland meist tiefgefroren. Ein Teil des Fangs wird zu Fischdauerkonserven verarbeitet (Ölsardinen, Pilchards in Tomatensauce u. a.). Der Fettgehalt im entgräteten Filet schwankt je nach Jahreszeit, Herkunft und Lebensbedingungen der Tiere von 2 bis 15 %. Die S. ist eine gute Quelle für → Omega-3-Fettsäuren; der Puringehalt ist hoch (ca. 350 mg/100 g Filet).

Sardinenkonserven engl.: *sardine preserves;* in luftdicht verschlossene Behältnisse abgefüllte sterilisierte Erzeugnisse aus → Sardinen mit einer Aufgussflüssigkeit. Für S., die in der EU in den Verkehr gebracht werden, darf nur die Spezies *Sardina pilchardus Walb.* verwendet werden. Kopf, Kiemen, Schwanzflosse und Eingeweise müssen entfernt sein, je nach Aufmachungsart auch Mittelgräte und Haut. Als Aufguss sind Olivenöl oder andere Pflanzenöle (→ Ölsardinen), Saucen, die beim Garen gebildete Flüssigkeit (eigener Saft), (Salz)wasser oder eine Marinade zulässig. Die Verkehrsbezeichnung orientiert sich an der Rezeptur, wie z. B. „Pilchards in Tomatensauce" oder „Sardinen in Pflanzenöl ohne Haut und ohne Gräten".

Sarepta-Senf lat.: *Brassica juncea (L.) Czern. et Cosson* (Fam.: *Brassicaceae*), engl.: *Indian Mustard;* sowohl in Indien und dem Mittleren Osten (Indischer Braunsenf, *subsp. integrifolia (West) Thell*) als auch in Rumänien und Russland (Rumänischer Braunsenf, *subsp. juncea*) und anderen Ländern angebautes einjähriges Kraut. Die fast kugeligen rötlich- bis violettbraunen Samen mit deutlich genetzt-grubiger Oberfläche werden wegen ihres scharfen Geschmacks wie die des schwarzen Senfs zur Herstellung von → Speisesenf verwendet. Wegen seiner besseren Ernteeigenschaften hat der S. den schwarzen Senf in seiner Marktposition verdrängt.

Sashimi engl.: *sashimi;* in sehr dünne Scheiben

oder kleine Stücke geschnittener Seefisch, →Kalmar und/oder →Oktopus, bestimmt zum Rohverzehr. S. ist eine japanische Spezialität; es wird mit Sojasauce und evtl. grünem Meerrettich (→Wasabi) oder weißem Rettich (daikon) als eigenständige Mahlzeit oder als Vorspeise gereicht. Wegen der Gefahr der mikrobiellen oder parasitären Infektion (→Anisakiasis) gelten strenge Hygienevorschriften. Der Fisch muss sehr frisch und von ausgesuchter Qualität sein.

Sate; Holzspieße mit wellenförmig aufgezogenem Rinder-, Schweine-, Puten- oder Hähnchenfleisch, die unterschiedlich mariniert, in Öl gebraten und meist mit Erdnusssauce und Reis verzehrt werden. Das ursprünglich aus Indonesien stammende Gericht kann z. B. mit Sojasauce, Sambal Oelek, Curry, Koriander oder Kokosmilch gewürzt sein.

Satsuma lat.: *Citrus reticulata var. unshiu Blanco* (Fam.: *Rutaceae*), engl.: *satsuma;* ursprünglich in Japan heimische und angebaute →Zitrusfrucht, die mit der Mandarine sehr eng verwandt ist (Varietät). Die mittelgroße früh reifende Frucht besitzt eine abgeflachte Form und eine gelbe bis orangefarbene, dünne, leicht ablösbare Schale. Das hellorangene, zarte, kernlose Fruchtfleisch ist saftig, säurearm und schmeckt aromatisch mild. Die reif nur wenige Tage haltbare S. wird überwiegend roh als Frischobst verzehrt, eignet sich aber auch wie andere Zitrusfrüchte für Obstsalate, Desserts und zur Saftgewinnung. Von den vielen Satsuma-Sorten ist die am frühesten reifende „Clausellina" am bedeutendsten. Für den europäischen Markt sind die Anbauländer Spanien und Türkei von Oktober bis Januar die wichtigsten Lieferanten.

Saturei Syn.: →*Bohnenkraut*

Sau lat.: *Sus scrofa domesticus L.* (Fam.: *Suidae*), engl.: *sow;* weibliches ausgewachsenes und geschlechtreifes Schwein, das nach dem Ausscheiden aus der Zucht als Schlachtschwein genutzt wird.

Saubohnen; →Dicke Bohnen

Sauce Béarnaise engl.: *béarnaise sauce,* Syn.: *Bearner Sauce;* hellgelbe, cremige, gebundene Sauce auf der Basis von schaumig aufgeschlagenem Eigelb mit untergerührtem Fett. Traditionell handelt es sich dabei um Butter, die Verwendung von pflanzlichem Fett ist unter ausreichender Kenntlichmachung möglich. Weitere Zutaten sind i. d. R. Schalotten, Estragon, Essig, Wein, feine Kräutern (z. B. Kerbel) und Gewürze (z. B. Cayenne-Pfeffer). S. wird insbesondere als Beigabe zu gebratenem oder gegrilltem Fleisch und Fisch gereicht.

Sauce Bolognese engl.: *sauce bolognese;* klassische italienische, würzige Tomatensauce mit →Hackfleisch, die vielfältig variiert wird. Dabei wird häufig in vegetarischen Varianten insbesondere das Hackfleisch gegen Gemüse oder Sojaprodukte ausgetauscht. Der Ursprung der S. liegt in der Emiglia Romagna in der Gegend um Bologna als „ragu alla bolognese", einer Tomaten-Hackfleischsauce, die zu Pasta (Tagliatelle) gereicht wird.

Sauce Bordelaise engl.: *bordelaise sauce;* braune, sehr würzige Sauce aus Rotwein, brauner Grundsauce, konzentriertem Fleischsaft und Gewürzen. Sie wird zu Fleisch-, Wild-, Fisch- und Geflügelgerichten gereicht.

Sauce Hollandaise engl.: *sauce hollandaise,* Syn.: *Holländische Sauce;* gebundene helle Sauce, deren prägende Bestandteile üblicherweise Butter und Ei sind. Sie ist i. d. R. mit würzenden Zutaten wie Zitronensaft, Salz und Muskat abgeschmeckt. S. wird als Sauce für Gemüse wie z. B. Spargel und Blumenkohl, Geflügel- und Kalbfleischgerichte sowie Fisch- und Eierspeisen verwendet.

Sauce Robert; braune gebundene Sauce mit →Speisesenf (→Senfsaucen) für gekochte, geschmorte und gebratene Fleisch- oder Fischgerichte.

Sauce Tatare Syn.: →*Tatarensauce*

Saucen engl.: *sauces,* Syn.: *Soßen, Tunken;* dünnflüssige bis sämig-flüssige, durch Konsistenz gebende Stoffe wie z. B. Stärke gebundene oder durch emulsionsbildende Zutaten wie z. B. Eigelb oder Emulgatoren emulgierte Zubereitungen. S. werden sowohl in warmer Form als Zugabe zu einer Mahlzeit als auch in kalter Form z. B. zum Eintauchen von Snacks oder Fingerfood (→ Dips) serviert. Geschmacksgebend wirkt eine Fülle von Zutaten, die von Weinen, Käutern, Gewürzen, Brühen, Obst, Gemüse über Milcherzeugnisse bis hin zu Fleisch-, Fisch-, Krebstiererzeugnissen u. v. m. reichen kann. S. werden sowohl als noch zuzubreitende Halbfabrikate in trockenem oder pastösem Zustand als auch in tafelfertigem Zustand angeboten.

Saucenpulver; Stoffgemische zur warmen oder kalten Zubereitung süßer sämiger Saucen mit Milch (vorzugsweise) oder Wasser als Flüssigkeit. Konsistenz gebende Zutaten sind i. d. R. unverkleisterte bzw. verkleisterte Stärke, wahlweise auch pflanzliche Dickungs- und Geliermittel. Es werden dieselben geschmacksgebenden Stoffe wie bei → Puddingpulver (keine stückigen Zutaten) verwendet.

Sauerampfer; → Gartensauerampfer

Sauerbraten engl.: *marinated beef;* in saurer → Marinade eingelegter Rinderschmorbraten.

Sauerbrunnen Syn.: → *Säuerling*

Sauerkirschen lat.: *Prunus cerasus L.* (Fam.: *Rosaceae*), engl.: *Sour cherries;* kleine rundliche bis herzförmige → Steinfrüchte des aus Kleinasien und dem Kaukasus stammenden Sauerkirschbaumes mit je nach Sorte süßem bis ausgeprägt säuerlichem Geschmack. Zu den S. an sich werden sowohl die echten S. als auch die Kreuzungen mit Süßkirschen, die → Bastardkirschen gerechnet. Die echten S. sind in die Gruppe der → Weichseln mit dunklen weichfleischigen Früchten und rotem färbenden Saft sowie in die weniger bedeutende Gruppe der Amarellen mit gelben oder bunten Früchten und hellem, nicht färbenden Saft unterteilt. S. werden insbesondere in Nord- und Südeuropa (z. B. Deutschland, Italien oder die Nachfolgestaaten des ehemaligen Jugoslawiens) sowie den USA angebaut. Eine Verwertung erfolgt sowohl als Frischobst wie auch zur Herstellung von Konfitüren, Gelee, Nektaren und alkoholischen Getränken (wie z. B. Liköre oder Fruchtweine). Bei Frischobst ist nur eine kurze Lagerung im Kühl- oder CA-Lager möglich, daher werden die Früchte durch Tiefgefrieren oder als Nasskonserve haltbar gemacht.

Sauerkohl Syn.: → *Sauerkraut*

Sauerkonserven engl.: *pickled vegetables,* Syn.: *Sauergemüse;* süß-sauer eingemachte Gemüseerzeugnisse, insbesondere eingelegte Gurken aller Art und Sauerkraut, die durch Zusatz eines Aufgusses, bestehend aus Essig, Gewürzen und Kräutern oder anderen Auszügen sowie Speisesalz bzw. durch natürliche → Milchsäuregärung tafelfertig zubereitet sind. Ihre Haltbarmachung geschieht entweder durch die genannten Zutaten allein oder durch Pasteurisieren in luftdicht verschlossenen Behältnissen.

Sauerkraut engl.: *sauerkraut, pickled cabbage,* Syn.: *Sauerkohl;* hergestellt aus in dünne gleichmäßige Streifen geschnittenen, festen ausgereiften → Weißkohl, der nach Zusatz von Speisesalz durch natürliche → Milchsäuregärung haltbar gemacht wird und den typisch säuerlichen Geschmack aufweist.

Sauermilch engl.: *curdled milk,* Syn.: *Trinksauermilch;* weißes flüssig-sämiges → Sauermilcherzeugnis mit typisch säuerlichem Geschmack. S. wird heute durch gesteuerte Fermentation und Säuregerinnung mit Hilfe von mesophilen Milchsäurebakterienkulturen aus pasteurisierter Milch hergestellt. Die Erhöhung der Milchtrockenmasse und die Einstellung des Fettgehaltes bei der Herstellung sind im Gegensatz zur Anreicherung mit Milcheiweißerzeugnissen zulässige Verfahren. Ausgangsprodukt für S. ist Vollmilch mit mindestens 3,5 % Fett, für fettarme S. entsprechend fettarme Milch mit 1,5–1,8 % Fett und für entrahmte S. entrahmte Milch mit höchstens 0,3 % Fett (auch unter Zusatz von Buttermilch).

Sauermilcherzeugnisse engl.: *fermented milks;* aus Milch oder Sahne unter Verwendung von mesophilen Milchsäurebakterien, auch unter Erhöhung der Trockenmasse und/oder Anreicherung mit Milcheiweißerzeugnissen hergestellte Produkte von flüssig-sämiger (trinkbar) oder stichfester Konsistenz. Zu ihnen gehören z. B. die Standardsorten Sauermilch, Dickmilch, Sauerrahm und Crème fraîche (s. auch bei den einzelnen Stichwörtern).

Sauermilchkäse engl.: *acid curd cheese;* nur aus → Sauermilch- oder → Labquark oder aus einem Gemisch dieser Erzeugnisse durch Reifung (ca. 2 Wochen) nach Salzen, mechanischem Bearbeiten und Ausformen hergestellter Käse der Magerstufe. Für die typische Reifung werden dem Quark Reinkulturen (spezielle Bakterienkulturen, Weißschimmel- oder Edelpilzkulturen) zugesetzt oder auf die ausgeformten Käse fein versprüht. Je nach Verwendung bestimmter Reinkulturen und/oder Zugabe von Gewürzen, wie z. B. Kümmel, Gewürzauszügen oder Gewürzzubereitungen sowie die ihnen entsprechenden Aromen und natürlichen Aromastoffe werden die verschiedenen, für die Sorte charakteristischen Geruchs- und Geschmacksnoten erzielt. Im Wesentlichen werden nach den zur Reifung verwendeten Kulturen zwei Hauptgruppen an S. unterschieden. Bei der ersten handelt es sich um die nur mit Gelb- oder Rotschmierbakterien gereiften Gelbkäse. Deren glatte Oberfläche ist mit einer roten oder gelben Schicht von Kulturen überzogen und der geschmeidige feste Teig verfügt über eine weißliche bis leicht gelbliche Färbung. Der Geruch und Geschmack ist je nach Reifungsgrad mild pikant bis pikant würzig. Die zweite große Gruppe bilden die Edelschimmelkäse, die gleichmäßig mit weißem Camembertschimmel bedeckt sind und einen geschmeidig-festen Teig mit weißem, leicht gelblichen Farbton besitzen. Der Geruch und Geschmack ist mild-aromatisch bis leicht pikant. Nur i. w. S. zählt zu den S. der aus Magermilch und Molke gewonnene → Kräuterkäse. Als S. werden mehrere Standardsorten hergestellt. Zu den ausschließlichen Gelbkäsen gehören die auch mit Kümmel hergestellten Sorten Harzer Käse, Olmützer Quargel und Mainzer Käse. Als Gelbkäse und Edelschimmelkäse werden die Sorten Handkäse, Bauernhandkäse, Korbkäse, Stangenkäse und Spitzkäse gefertigt. Das Herstellungsgewicht der vorstehenden Sorten beträgt 25–125 g je Einzelkäse. S. werden in verschiedenen Formen wie z. B. kleine runde Laibchen, Stangen oder Stäbchen unterschiedlicher Größen und Gewichte angeboten. Sorgsame und sachgerechte Pflege während der Verweildauer im Handel ist unerläßlich, da der Käse nur begrenzt haltbar ist und einem fortschreitenden Reifungsprozess unterliegt.

Sauermilchquark; aus pasteurisierter entrahmter Milch, allein durch Säuerung, unter Verwendung von Milchsäurebakterien i. d. R. ohne Mitverwendung von Lab oder Labaustauschstoffen, unter Wärmeeinwirkung und Abscheidung von Molke gewonnener Quark. S. muss mindestens 32 % Milchtrockenmasse enthalten und ist ein Zwischenprodukt bei der Sauermilchkäseherstellung. Der Quark wird als Grundstoff für Sauermilchkäse und Casein sowie für einige spezielle Anwendungsbereiche in der Lebensmittelindustrie und Diätetik verwendet.

Sauermolke engl.: *acid whey;* durch Abscheidung des Käsestoffes (Casein-Fällung) bei überwiegender Säureeinwirkung gewonnenes Milchserum (auch unter Verwendung von Lactase), das als Nebenprodukt bei der Käseherstellung anfällt oder durch Nachsäuerung aus Süßmolke erhalten wird.

Sauermolkenpulver engl.: *dried acid whey;* aus Sauermolke oder nachgesäuerter Süßmolke durch weitgehenden Wasserentzug, auch unter Verwendung von Lactase hergestelltes Erzeugnis mit höchstens 6 % Wasser und mindestens 60 % Milchzucker. Das teilentzuckerte S. zeichnet sich durch einen geringeren Milchzuckergehalt aus.

Sauerorange Syn.: → *Pomeranze*

Sauerrahm engl.: *sour cream,* Syn.: *Saure Sahne, Sahnesauermilch, Rahmsauermilch;* 1. weißes, je nach Fettgehalt flüssig-sämiges bis cremiges → Sauermilcherzeugnis mit typisch säuerlichem Geschmack. S. wird heute durch gesteuerte Fermentation und Säuregerinnung mit Hilfe von mesophilen Milchsäurebakterienkulturen aus Sahne mit mindestens 10 % bis maximal 29 % Fett hergestellt. Die Erhöhung der Milchtrockenmasse und die Einstellung des Fettgehaltes bei der Herstellung sind im Gegensatz zur Anreicherung mit Milcheiweißerzeugnissen zulässige Verfahren. S. und daraus hergestellte Erzeugnisse werden in der Küche zur Verfeinerung von Gerichten, Salaten, Kuchen und vielen anderen Speisen eingesetzt. Sie sind wegen ihres fein säuerlichen Geschmacks sehr geschätzt. Neben dem klassischen S., der „Sauren Sahne", mit 10 % Fett werden eine Reihe weiterer Erzeugnisse wie z. B. Schmand (S. mit einem üblichen Fettgehalt von 20–24 %) oder auf französischen Erzeugnissen (→ Crème) beruhende Produkte angeboten. Verwandt mit S. ist → Crème fraîche; 2. mikrobiell gesäuerte Sahne, die in Molkereien Ausgangsmaterial zur Herstellung von Sauerrahmbutter ist.

Sauerrahmbutter engl.: *sour cream butter;* → Buttersorten

Sauerrahmkäse; → Rahmkäse

Sauersack Syn.: → *Stachelannone*

Sauerstoff engl.: *oxygen;* häufigstes chemisches Element, das in freier Form als farb-, geruch- und geschmackloses Gas vorliegt. S. macht 21 Vol.-% der Luft aus und wird durch fraktionierte Destillation von flüssiger Luft gewonnen. Er wird in der Photosynthese der grünen Pflanzen aus Kohlendioxid und Wasser gebildet, bei allen Verbrennungsprozessen verbraucht und ist notwendig zur Aufrechterhaltung der Lebensvorgänge. Die Aufnahme des S. erfolgt durch die Atmung, im Blut wird er gebunden an die Erythrozyten transportiert und zur Umsetzung der Nährstoffe unter Energiegewinn verbraucht. Dabei entstehen als Endprodukte Kohlendioxid und Wasser, die ausgeschieden werden. In der Lebensmittelindustrie ist S. meist unerwünscht, da er mikrobielles Wachstum und Oxidationsprozesse, wie z. B. die → Ranzidität von Fetten fördert.

Sauerstoffdichtigkeit; Eigenschaft eines → Packstoffes oder → Packmittels weitgehend undurchlässig für Luftsauerstoff zu sein und so das verpackte Gut vor Verderb durch Oxidation zu schützen. Je nach Konstruktion, Ausführung und Materialaufbau sind Blechdosen, Kunststoffdosen, Flaschen und Weithalsbehälter aus Glas mit geeigneten Verschlüssen sowie heiß gesiegelte Becher, Beutel und Tetraederpackungen mehr oder weniger sauerstoffdicht. Da Glas und Aluminium in Stärken über 18 µm völlig gasdicht sind, kann bei leckfreier Ausführung der Gasdurchgang (→ Gasdurchlässigkeit) in diesen Fällen nur über den Kunststoff erfolgen.

Sauerstoffwässer; mit Sauerstoff angereicherte bzw. gesättigte → Erfrischungsgetränke auf der Basis von Wasser. Der Zusatz von Sauerstoff soll leistungsfördende Eigenschaften durch eine verstärkte Aufnahme ins Blut sowie weitere positive Auswirkungen auf den Körper haben. Die den S. zugeschriebenen Eigenschaften lassen sich wissenschaftlich nicht belegen.

Sauerteig engl.: *sourdough;* Teig, dessen Mikroorganismen (z. B. Milchsäurebakterien, Hefen) aus Sauerteig oder Sauerteigstartern (→ Anstellgut) sich im aktiven Zustand befinden oder reaktivierbar sind. Durch sie vollziehen sich im Teig nach Zugabe von Getreideerzeugnissen sowie Wasser fortlaufende Säuerungs- und Gärungsprozesse. Bei den Produkten dieser Prozesse handelt es sich im Wesentlichen um organische Säuren (Milchsäure, Essigsäure), Ethanol und Kohlendioxid. Sie tragen überwiegend zur Geschmacksbildung bei und unterstützen das Erlangen der Backfähigkeit bei Roggenmahlerzeugnissen. Durch das gebildete Kohlendioxid, insbesondere bei S. mit gezielt vermehrter Hefe, wird der Teig gelockert und das Volumen vergrößert. Die organischen Säuren besitzen neben der geschmacksbildenden Wirkung zusätzlich konservierende Eigenschaften, so dass mit S. hergestellte Brote länger frisch bleiben. Die Eigenschaften des S. und damit auch des Endproduktes lassen sich durch die Teigführung (→ Sauerteigführung) und das verwendete Anstellgut variabel steuern.

Sauerteigführung engl.: *sour dough preparation;* ein- oder mehrstufiger Vorgang der Sauerteigbereitung. Klassisch ist die Dreistufenführung mit dem Bereiten von → Anfrischsauer aus dem → Anstellgut, dessen Überführung in die Stufen Grund- und Vollsauer sowie eines Teiles als Anfrischsauer. Durch Verzicht auf die Hefevermehrung können auch zweistufige (Detmolder Zweistufenführung) und durch gleichzeitige Variierung von Temperatur, Abstehzeit sowie ggf. Salzzugabe auch einstufige Führungen durchgeführt werden. Einstufige S. sind: Detmolder Einstufen-, Weinheimer Qualitätssauer-, Berliner Kurzsauer- und Monheimer-Salz-Sauerführung sowie der Wochensauerteig. Einstufige S. sind vorteilhaft wegen des geringeren Arbeitsaufwandes und der größeren Eignung für eine kontinuierliche Produktion im Vergleich zur klassischen Dreistufenführung.

Saugwürmer Syn.: → *Trematoden*

Saumagen Syn.: *Pfälzer Saumagen;* tafelfertig zubereiteter gefüllter Schweinemagen, der warm verzehrt wird. Das Ausgangsmaterial der Füllung bestand ursprünglich hauptsächlich aus gewolftem, gewürztem, durchwachsenem Schweinefleisch und Speck. Es kann teilweise oder ganz durch fein zerkleinertes Brühwurstbrät aus grob entfettetem Schweinefleisch ersetzt werden. Auch die Verwendung von grob entsehntem Rindfleisch im Ausgangsmaterial der Füllung ist üblich, wenn zur Sicherung der Schnittfestigkeit Brät zugesetzt wird. Zur Geschmacksabrundung sind auch geringe Leberanteile üblich. Bis zu einem Anteil von üblicherweise 40 % werden Kartoffelstücke als Einlage, bei nicht schnittfähigen Erzeugnissen zusätzlich auch Brötchen, Lauch und Möhren unter die Füllung gemengt und der S. durch Pressen gefüllt. Die anschließende Zubereitung erfolgt durch Brühen und Überbacken oder Braten. S. wird in Scheiben geschnitten, meist mit Sauerkraut oder anderen Beilagen serviert.

Saure Gurken Syn.: → *Salzgurken*

Saure Limette Syn.: → *Limette*

Saure Rolle; → Brühwurstpasteten

Saure Sahne Syn.: → *Sauerrahm*

Sauser Syn.: → *Federweißer*

Sauternes; geschützte Bezeichnung für weiße Dessertweine aus den Anbaugebieten der Garonne. Die sehr süßen und reichen Weine erreichen höchste Klassifizierungen. Die hohen Konzentrationen an Aromastoffen sind nur durch Edelfäule erreichbar (→ *Botrytis cinerea*). Dadurch ist die Erzeugung mit niedrigen Erträgen und hohen finanziellen Risiken verbunden. Die Bezeichnung „Haut-Sauternes", die in Deutschland abgefüllte Flaschen oft tragen, existiert in Frankreich nicht.

Sautieren engl.: *to saute;* küchentechnisches Verfahren, bei dem klein geschnittene Lebensmittel wie Fleisch, Geflügel oder Gemüse in Fett unter gelegentlichem Schwenken kurzzeitig gebraten werden.

Savarin; ringförmiger, ursprünglich französischer, z. T. gefüllter Kuchen aus hochwertigem gerührten Hefefeinteig. Nach dem Backen werden S. heiß mit Zuckersirup, ggf. spirituosenhaltig, getränkt und evtl. aprikotiert oder mit Glasur überzogen. Beliebte Füllungen sind Fruchtfüllungen, Früchte und/oder Schlagsahne.

Savoyer Kohl Syn.: → *Wirsing*

Saxitoxin engl.: *saxitoxin;* von der Mikroalge *Gonyaulax catenella* produziertes Alkaloid, das beim Menschen als Nervengift wirkt. →Algentoxine

Sbrinz „Switzerland“; geschützte Ursprungsbezeichnung für einen speziellen Schweizer (extra harten) Hartkäse mit mindestens 45 % Fett in der Trockenmasse, der insbesondere zum Reiben und Hobeln geeignet ist. Der Käse wird aus Rohmilch unter Labzusatz und einer Reifungszeit von 1½–3 Jahren hergestellt. Der Teig ist von fester, schnitt-, reib- und hobelbarer Beschaffenheit, mit nur wenigen, höchstens stecknadelkopfgroßen Löchern durchsetzt und von umso würzigerem Aroma, je reifer er ist.

Scampi; in den deutschen Sprachraum übernommene Bez. für →Kaisergranat (ital. Sing.: *scampo*, Pl.: *scampi*), fälschlich gelegentlich auch für Garnelen verwendet.

Schabefleisch engl.: *minced meat;* gewolftes oder ähnlich zerkleinertes sehnen- und fettgewebearmes Rindfleisch (z. B. Oberschale), das zum Rohverzehr bestimmt ist. S. enthält keine weiteren Zutaten. Bei „zubereitetem“ S. (Beefsteak Tatar, Tatar, Tartar, Beefsteakhack) wird außer würzenden Zutaten nur Eigelb verwendet. S. zählt lebensmittelrechtlich zum →Hackfleisch. Als solches werden an die Herstellung, das Erzeugnis selbst, die Angebotsdauer und den Verkauf strenge Anforderungen gestellt.

Schaben lat.: *Blattodea,* engl.: *cockroaches, waterbugs,* Syn.: *Kakerlaken;* →Vorrats- und →Hygieneschädlinge, die Lebensmittel und Abfälle aller Art, bevorzugt aber saftreiche, weiche pflanzliche Lebensmittel fressen. S. sind lichtscheue, vorwiegend tropische Insekten. Bei uns haben sich die bis 28 mm lange, kastanienbraune bis lackschwarze Küchenschabe oder Orientalische Schabe (lat.: *Blatta orientalis L.,* Fam.: *Blattidae*), die bis 14 mm lange, lehmgelbe bis braune Deutsche Schabe (lat.: *Blattella germanica L.,* Fam.: *Blattelidae*) und die aus Nordamerika eingeführte, mitlerweile aber auch bei uns recht häufig anzutreffende, bis 14 mm große Braunbandschabe (lat.: *Supella longipalpa F.,* Fam.: *Blattelidae*) in warmen und feuchten Räumen eingebürgert. Sie besitzen als Überträger von Krankheitskeimen, v. a. in Krankenhäusern, große hygienische Bedeutung. Weitere verursachte Schäden sind Fraßschäden an Vorräten und verschiedenen Materialien wie Leder, Papier, Textilien und Möbeln sowie Erzeugung eines unangenehmen Geruchs durch Ausscheidungen. Die Eiablage erfolgt stets in größerer Anzahl in chitinartigen Kapseln, die besonders für die Verschleppung geeignet sind.

Schabzigerklee lat.: *Trigonella caerulea (L.) SER. subsp. caerulea* (Fam.: *Papilionaceae*), engl.: *Blue-White Trigonella,* Syn.: *Bisamklee, Käseklee;* einjähriges im Mittelmeergebiet wachsendes Kraut, dessen Blätter einen würzigen Geschmack besitzen. Getrockneter S. wird vorwiegend im Alpenraum verwendet, z. B. in der Schweiz zur Herstellung eines auch Schabzigerkäse genannten leicht grünen Hartkäses oder in Österreich zum Würzen von Roggenbrot.

Schachbrettpastete; wie →Mosaikpastete hergestellte →Brühwurstpastete ohne Einlage, i. d. R. Spitzenqualität, mit im Anschnitt schachbrettartig angeordneten quadratischen Feldern von hellem und dunklem Brät.

Schachtel engl.: *box;* räumliches, meist verschließbares →Packmittel in verschiedenen Ausführungsformen, aus Packstoffen wie Spanholz, Holz, Karton, Pappe oder Kunststoff, das als Primärverpackungen oder als Sekundärverpackungen zum Zusammenfassen mehrerer Einzelstücke oder Einzelpackungen zu Verkaufseinheiten verwendet werden kann. Auch Packmittel wie Tabletts/Trays oder Steigen aus Karton werden häufig unter dem Begriff S. zusammengefasst. Als Faltschachtel werden aufstellbare Packungen bezeichnet, die in flachliegendem Zustand angeliefert werden, während formfeste Schachteln bereits aufgestellte und geheftete, geklebte oder mit Klebestreifen befestigte S. sind.

Schadstoffe engl.: *noxious substances;* meist als Überbegriff für → Rückstände und → Kontaminanten verwendete Bezeichnung für alle Stoffe, die mit hoher Wahrscheinlichkeit eine gesundheitsschädliche oder umweltschädliche Wirkung besitzen.

Schächten engl.: *kosher butchering;* aus dem mittleren und nahen Osten unter Beachtung religiöser Vorschriften stattfindende rituelle Form des Schlachtens. Dem Schlachttier wird bei Bewusstsein der Hals bis auf die Wirbelsäule durchtrennt. Der Sinn dieser Vorschrift liegt darin sicherzustellen, dass nur lebende und nicht bereits sterbende oder tote Tiere der Fleischgewinnung zugeführt werden. Das S. von Schlachttieren ist in Deutschland nur nach Ausnahmegenehmigung erlaubt.

Schädlinge engl.: *pest;* tierische Organismen, die wirtschaftliche Güter, d. h. Materialien und Vorräte, in ihrem Wert mindern oder unbrauchbar machen oder das Wohlbefinden oder die Gesundheit des Menschen und seiner Haustiere beeinträchtigen. Es wird v. a. zwischen Materialschädlingen, die Materialien wie Holz, Leder, Papier und Textilien befallen, → Vorratsschädlingen und → Hygieneschädlingen unterschieden.

Schädlingsbekämpfung engl.: *pest control;* verschiedene Maßnahmen, die aus Vorratsschutz- und Hygienegründen getroffen werden können, um einen Schädlingsbefall zu bekämpfen bzw. ihm vorzubeugen. Vorbeugend wirken z. B. die radikale Reinigung der möglichst fugenlosen, gut belüfteten Räume und die gründliche Kontrolle neuer Wareneingänge. Sowohl vorbeugend als auch zur Bekämpfung lassen sich vertreibende Maßnahmen, wie z. B. das Auslegen von Pflanzenteilen mit abschreckenden Geruchsstoffen anwenden. Zur direkten Bekämpfung werden neben chemischen Wirkstoffen Fallen mit verschiedenen Reizauslösern (Lockstoffe, Licht, Backpulver) und Wirkungsmechanismen, wie z. B. bei der Leimfahne oder der Klappfalle verwendet. Anwendung finden die chemischen Wirkstoffe in Form verschiedener → Pestizide, wie z. B. Molluskizide oder Rodentizide oder in Form von mehr oder minder durch Destillation aufgereinigten ätherischen Ölen verschiedener Pflanzen wie z. B. der Chrysantheme. Die Verwendung von Pestiziden in Innenräumen ist aus gesundheitlichen Gründen kritisch zu betrachten und sollte vom Laien nicht durchgeführt werden.

Schädlingsbekämpfungsmittel Syn.: → *Pestizide*

Schäldarm; künstliche, zumeist auf Cellulosebasis hergestellte, dem → Saitling nachempfundene Wursthülle. Sie wird vor Abgabe der Wurstware wieder entfernt (geschält) und v. a. bei der Herstellung von Brühwürstchen „in Eigenhaut" z. B. bei Frankfurter oder Wiener Würstchen eingesetzt.

Schäldarmwürstchen; Bezeichnung aus der Fachsprache für Würstchen im Cellophanschäldarm. → Schäldarm

Schälen engl.: *peeling;* Abtrennen des nicht essbaren Anteils (Schale) durch verschiedene mechanische (z. B. Messer, Schmirgelscheiben) oder chemisch-physikalische (→ Laugenschälen → Hitzeschälen) Verfahren bei Kartoffeln, Wurzelgemüse, den Spelzen sowie der Frucht- und Samenschale bei Getreide u. v. a. Lebensmitteln.

Schälerbsen; getrocknete, geschälte, geschliffene und polierte ganze → Erbsen mit süßlichem Geschmack. S. sind leichter verdaulich und ohne Einweichen zuzubereiten. Bei der Herstellung wird in der Schälmühle die Schale entfernt und dabei die Oberfläche unansehlich. Ein größerer Teil der Erbsen zerfällt in die beiden Keimblätter. Die ganzen Erbsen werden abgetrennt, geschliffen und poliert. Die zerfallenen Bruchstücke (Anteil ca. 12–25 %) sind als billiger angebotene Splitter- oder Spalterbsen im Handel. Der Verbrauch an S. ist etwa um die Hälfte niedriger als der von ungeschälten Erbsen.

Schälgurken; → Gurken

Schälkleie; → Mühlennachprodukte

Schälmüllerei; Zweig der Müllereitechnik, der durch mechanisches Enthülsen und Schälen gekennzeichnet ist. Bei verschiedenen Rohstoffen (z. B. Hafer) verbessert schonendes Dämpfen und Darren („Präparation") die Lagerfähigkeit der Endprodukte durch Inaktivierung hitzelabiler Fett spaltender Enzyme bei gleichzeitiger Schonung der wertbestimmenden Nährstoffe. In der S. werden z. B. Hafer (zu Haferflocken, -kernen, -grütze, -grieß), Gerste (zu Gerstengrütze und -graupen), Buchweizen (zu Buchweizengrütze) und Erbsen (zu Schälerbsen) verarbeitet.

Schäufele Syn.: *Schüfeli;* → Schweineschulter

Schafeuter Syn.: → *Schafporling*

Schaffett Syn.: → *Hammeltalg*

Schaffleisch engl.: *sheep meat;* vom Wortsinn her Fleisch von allen Schafen, im Verkehr jedoch nur Fleisch von über zwei Jahre alten weiblichen Schafen und kastrierten Böcken. Das Fleisch von jüngeren Tieren wird als → Lammfleisch (unter einem Jahr) und → Hammelfleisch (zwischen 1 und 2 Jahren) gehandelt. Das dunkelrote, bindegewebshaltige, grobfaserige, meist marmorierte S. mit intensivem Aroma besitzt im Vergleich zum Lammfleisch in Deutschland eine geringere Bedeutung und wird i. d. R. als Kochfleisch z. B. zu Eintöpfen verwendet. Die Qualität ist abhängig vom Alter und Ausmästungsgrad der Tiere. Die begehrtesten Teilstücke stammen aus dem Rücken und der Keule. Zerlegeschema → Lammfleisch.

Schafkäse engl.: *sheep cheese;* aus Schafmilch oder aus einem Gemisch von Schaf- und Kuhmilch hergestelle Käse, die meist zur Gruppe der Schnittkäse oder der halb festen Schnittkäse gehören. Wichtige Vertreter von S. sind Roquefort und Pecorino.

Schafmilch engl.: *ewe milk;* → Milch vom Schaf (lat.: *Ovis aries L.*), die u. a. einen höheren Gehalt an Milchfett, Protein und damit auch an Energie im Vergleich zur Kuhmilch aufweist. S. zeichnet sich durch leichte Verdaulichkeit aus und wird z. T. von Personen mit Kuhmilch-Unverträglichkeit toleriert. Der Hauptanteil der erzeugten S. wird zur Herstellung von Schafkäse verwendet.

Schafporling lat.: *Allbatrellus ovinus (Schaeff.: Fr.) Kotl. et Pouz.* (Fam.: *Polyporaceae*)Syn.: *Schafeuter;* von August bis Oktober in Nadelwäldern wachsender → Speisepilz mit buckeligem Hut von 5–10 cm Durchmesser, beiger, später dunklerer Farbe und welligem Rand. Der S. besitzt einen kurzen, dicken, weißen, meist seitlich sitzenden Stiel, weiße Poren und weißes brüchiges Fleisch. Da das Fleisch mit zunehmendem Alter bitter und hart wird, sind nur junge Exemplare zum Verzehr geeignet.

Schafsaitling Syn.: → *Saitling*

Schaftalg Syn.: → *Hammeltalg*

Schalen engl.: *formed mats;* → Packmittel aus verschiedenen → Packstoffen wie Karton, Kunststoff oder Naturfaserstoffen in beliebiger Form, deren Rand deutlich niedriger ist als der von → Bechern oder → Dosen. Sie werden sowohl zum Verpacken stückiger Lebensmittel in Sauce wie z. B. Fertiggerichten für die Mikrowelle (Menüschalen), die auch direkt in ihnen zubereitet werden können, als auch zum Verpacken von Obst, Gemüse und aufgeschnittenen Wurst- oder Käsewaren verwendet. S. können mit Siegeldeckeln fest oder auf andere Weise (z. B. mit Folienüberzug) lose verschlossen werden.

Schalenobst; handelsüblicher, nicht fest definierter Sammelbegriff für Früchte mit einer harten Schale z. B. → Haselnuss, → Walnuss, → Kokosnuss, → Paranuss, → Esskastanie und → Mandel. S. ist nicht identisch mit dem botanischen Begriff Schalenfrucht (→ Karyopse).

Schalentiere engl.: *shellfish;* Bezeichnung für verzehrbare Weichtiere mit erkennbarem kalkhaltigen Gehäuse/Schalen (zool.: Schalenweichtiere, lat.: *Conchifera*). Zu den S. werden → Muscheln einschließlich → Austern und → Schnecken gerechnet. Der englische Begriff *shellfish* wird im weiteren Sinn auch als Syn. für alle im Wasser lebenden essbaren Tiere außer Fisch gebraucht.

Schalerbsen engl.: *shelling peas, smooth peas;* → Erbsen

Schalfrucht Syn.: → *Karyopse*

Schalotte lat.: *Allium cepa L. Aggregatum Grp.* (Fam.: *Liliaceae*), engl.: *shallot,* Syn.: *Aschlauch, Eschlauch, Echalotte;* früher als selbstständige Art (lat.: *Allium ascalonicum auct. non L.*) betrachtetes, heute zu den Speisezwiebeln (lat.: *Allium cepa L.*) gezähltes Zwiebelgewächs. Die zu Büscheln gehäuften, schief eiförmigen Tochterzwiebeln sind i. d. R. paarweise zusammengeschlossen und sitzen rund um eine Hauptzwiebel auf einem gemeinsamen Zwiebelboden auf. Während des Wachstums sind sie von einer gemeinsamen trockenen rötlichen Schale umgeben, die sie später jedoch sprengen. S. werden in der Küche wie → Speisezwiebeln verwendet, ihr Geschmack ist jedoch feiner und milder.

Schankbier; Bier mit einem Stammwürzegehalt von 7 bis unter 11 %. → Biergattungen

Scharbe Syn.: → *Kliesche*

Schaschlik engl.: *shashlik;* ursprünglich türkisches Gericht aus am Spieß gebratenen Hammelfleischstückchen. Heute handelt es sich um ein Gericht aus auf Holzspießen wechselweise aufgereihten Stückchen Magerfleisch, fettgewebereichem Schweinefleisch, Speck (meist umgerötet) und würzenden Beigaben (Paprikaschoten, Zwiebeln etc.) sowie ggf. auch Leber und/oder Niere. An magerem Fleisch wird üblicherweise grob entsehntes Rindfleisch und/oder grob entfettetes Schweinefleisch verwendet. Im rohen Zustand beträgt der Anteil an magerem Fleisch gewöhnlicherweise mindestens 30 %. S. ist ein beliebter schneller Imbiss (→ Fastfood) und sowohl frisch wie auch als Fertiggericht erhältlich.

Schaschliksauce; kalte, pikante, dickflüssige Sauce, die i. A. aus Tomatenmark, Zwiebeln, Essig und Gewürzen hergestellt und i. d. R. zu gegrillten sowie kurz gebratenen Fleischspeisen serviert wird.

Schaschliksuppe; Suppe mit arttypischem Schaschlikgeschmack, der zumeist durch schaschliktypische Zutaten wie Zwiebeln, Tomaten, Paprika, Schweinefleisch, Rindfleisch, Speck sowie ggf. Nieren und Leber hervorgerufen wird.

Schattenmorellen lat.: *Prunus cerasus subsp. acida (Dumort.) Asch. et Graebn.* (Fam.: *Rosaceae*), engl.: *Bush Sour Cherry,* Syn.: *Strauch-Weichsel;* kleine, tief dunkelrot gefärbte Früchte einer zu den → Weichseln zählenden Sauerkirschvarietät (→ Sauerkirschen) mit saurem bis leicht süßlichem, aromatischem Geschmack. S. sind die in Deutschland vorherrschend angebauten und verarbeiteten dunklen Sauerkirschen. Die Haltbarmachung erfolgt durch Tiefgefrieren und als Nasskonserve, die Verarbeitung zu Kompotten, Konfitüren oder Saft. S. sind beliebte Zutaten in Aufläufen, Süßspeisen, Backwaren und Saucen. In Deutschland zu Konserven verarbeitete S. genügen den Anforderungen der Leitsätze des Deutschen Lebensmittelbuches für verarbeitetes Obst oder werden in ihrer Abweichung ausreichend kenntlich gemacht.

Schaufeldeckel Syn.: *Schulterspitz;* dünnes, auf dem Schulterblatt auf der Körper zugewandten Seite aufliegendes Teilstück vom → Bug beim Rind mit magerem, stark von Sehnen durchzogenem Fleisch, das zum Kochen und Schmoren geeignet ist. Eine Verarbeitung des Fleisches aus dem S. erfolgt zu Hackfleisch und Geschnetzeltem sowie entsehnt zu Gulasch. Der Anteil des S. am entbeinten Fleisch beträgt ca. 1 %.

Schaufelstück engl.: *clod;* Teilstück vom → Bug beim Rind mit magerem, jedoch von einer Sehne durchzogenem Muskelfleisch. Daher ist es weniger zum Braten, sondern vielmehr zum Kochen und Schmoren geeignet. Das S. wird ferner bevorzugt zur Herstellung von Sauerbraten verwendet. Der Anteil des S. am entbeinten Fleisch beträgt ca. 4,5 %.

Schaumburger Hochzeitssuppe Syn.: → *Niedersachsensuppe*

Schaumgebäcke engl.: *meringue;* unterschiedlich geformte, aus → Schaummasse oder

→Eiweißmasse hergestellte →feine Backwaren. Hierzu zählen Baisers und Baiser-Böden, mit weiteren Zutaten Nuss- und Schokoladenbaisers sowie Baiser-Torte und Russisch Brot.

Schaumküsse; charakteristisch geformte, cremig leichte →Schaumzuckerwaren mit Waffelboden und einem Überzug aus verschiedenen Schokoladenarten oder kakaohaltiger Fettglasur.

Schaummasse engl.: *foamed mass;* aus unterschiedlichen Anteilen an Zuckerarten ohne Mehl unter Verwendung von eiweißhaltigen Schaumbildnern wie Eiklar, Milch- und Sojaeiweiß hergestellte →Masse. Die Mitverwendung von Geliermitteln, Stärken, Verdickungsmitteln und Stabilisatoren ist möglich.

Schaum-Matten-Trocknung engl.: *foam mat drying,* Syn.: *Schaumschicht-Trocknung;* spezielles Trocknungsverfahren, bei dem flüssige Lebensmittel, wie z. B. Eiklar, Fleischextrakt und Milchkonzentrat mit Verschäumungsmitteln wie Sojaeiweiß oder Glycerinmonostearat vermischt und mit Luft oder Inertgas mechanisch zu einem fließfähigen, formbeständigen Schaum aufgeschlagen werden. Eine dünne Schicht dieses Schaumes wird dann auf einem perforierten Band ausgebreitet und im Luftstrom getrocknet. Die S. liefert poröse schwammartige Strukturen mit kurzen Rekonstitutionszeiten.

Schaumschicht-Trocknung Syn.: →*Schaum-Matten-Trocknung*

Schaumverhüter engl.: *antifoaming agent,* Syn.: *Entschäumer, Schaumzerstörer;* Stoffe, welche die Schaumbildung verhindern oder verringern. S. werden z. B. bei der Produktion von Konfitüren und Süßwaren oder beim Frittieren mit Frittieröle und -fetten eingesetzt, um ein Überkochen bzw. Überschäumen zu verhindern. Dabei senken sie die Oberflächenspannung des Mediums herab, so dass die Schaumstruktur zusammenbricht. Bei S. handelt es sich um zulassungspflichtige →Zusatzstoffe. Häufig verwendete S. sind Dimethylpolysiloxan (E 900) und die Mono- und Diglygeride von Speisefettsäuren (E 471).

Schaumwaffeln engl.: *foam sugar filled wafer;* mit einer festen Schaumzuckermasse (→Schaumzuckerwaren) oft in mehreren Lagen abwechselnd gefüllte, i. d. R. flache →Waffeln, die ganz oder teilweise mit Schokoladenarten bzw. kakaohaltiger Fettglasur überzogen sein können. Die zur Füllung verwendeten Schaumzuckermassen können vielfältig gefärbt und aromatisiert sein. Bekannte S. sind „Helgoländer" Waffeln (→Hamburger Speck).

Schaumwein engl.: *sparkling wine;* kohlensäurehaltiges Weinerzeugnis, das einen Überdruck von mindestens 3 bar, einen Mindestalkoholgehalt von 9,5 Vol.-% und einen Gesamtschwefeldioxidgehalt von maximal 235 mg/l enthalten muss bzw. darf. Hergestellt wird S. aus Traubenmost, Wein oder zur Weingewinnung geeigneten frischen Trauben. Es werden drei Herstellungsverfahren angewandt: Neben dem Versetzen eines Weines mit Kohlensäure gibt es die Vergärung von Wein in einem großen Gärbehälter (Großraumgärung), die entstehende Kohlensäure löst sich im Wein (Cuvé close, Charmat). Die älteste Methode ist die zweite Gärung eines Weines in der Flasche (méthode champenoise, →Champagnerverfahren). Der Zusatz von Kohlensäure muss auf dem Etikett angegeben sein. Nach EU-Weinrecht muss nach S. und S. mit zugesetzter Kohlensäure unterschieden werden. Je nach verwendetem Grundstoff entsteht S., →Qualitätsschaumwein, Qualitätsschaumwein b. A. Für S. und Sekt gilt ein dem Wein ähnliches Bezeichnungsrecht (→Weinetikett). Obligatorisch sind die Angaben zur Qualitätseinstufung, zur amtlichen Prüfungsnummer bei Qualitätsschaumwein, zur Herkunft, zum Abfüller, zur Füllmenge und zum Alkoholgehalt. Fakultativ sind die Angaben zum Jahrgang, zur Rebsorte, zu Gütezeichen und Prämierungsstreifen. Die Einteilung der fakultativen Geschmacksangaben wie z. B. brut, extra trocken (→Abstimmung) unterscheidet sich von Wein, ebenso der fakultative Hinweis auf →Flaschengärung.

Schaumweinähnliche Getränke; alkohol- und kohlensäurehaltige Getränke, die aus Obst- und Fruchtwein hergestellt werden (→Obstschaumwein →Fruchtschaumwein). S. G. müssen in geschlossenen Behältnissen bei 20 °C einen Kohlensäuredruck von mindestens 3 bar aufweisen und beim Öffnen des Behältnisses durch Entweichen von Kohlendioxid gekennzeichnet sein.

Schaumweine b. A.; →Qualitätsschaumwein

Schaumzerstörer Syn.: →*Schaumverhüter*

Schaumzuckerwaren engl.: *aerated confectionery;* leichte Zuckerwaren mit besonders lockerer, aufgeschlagener, schaumartiger Struktur. Dazu gehören z. B. →Schaumküsse, →Marshmallows oder →weißer Nugat. Grundlagen von S. sind Massen aus Zucker, Glucosesirup, Wasser und Aufschlagsmittel, die den dauerhaften Aufschlag bewirken. Je nach gewünschtem Erzeugnis werden diese gewählt. So werden z. B. Gelatine und Agar-Agar für die schweren Marshmallowmassen sowie Hühnereiweiß oder pflanzliches Eiweiß für die leichteren Massen, z. B. für Schaumküsse verwendet. Die Verwendung von geruch- und geschmacksgebenden, färbenden und die Beschaffenheit beeinflussenden Stoffen ist üblich. S. werden je nach gewünschtem Produkt und Beschaffenheit der Masse bei der Herstellung gespritzt (dressiert), in Puder in Mogulanlagen gegossen oder extrudiert. Es bestehen vielfältige Möglichkeiten zur Ausformung, zum Überziehen (bspw. mit Schokolade oder kakaohaltiger Fettglasur) oder zum Zusatz weiterer Zutaten wie Nüsse oder Früchte. Der Beschaffenheit nach werden weiche (z. B. Schaumküsse) und harte, durch Trocknen in feste Form gebrachte, häufig verzierte S. wie z. B. →Halwa unterschieden.

Scheefsnut lat.: *Lepidorhombus sp.* (Fam.: *Scophthalmidae*), engl.: *megrim;* →Plattfisch aus dem Nordostatlantik und dem westlichen Mittelmeer. Kommerziell bedeutsam sind *L. whiffiagonis Walb.* (25–30, maximal 60 cm lang) und in geringerem Umfang der kleinere *L. boscii Risso.*

Scheibenbrot Syn.: →*Schnittbrot*

Scheibenhonig Syn.: →*Wabenhonig*

Scheinfrüchte; einer→fruchtähnliche und häufig mit ihr verwechselte Organe höherer Pflanzen. Nach der Befruchtung entwickelt sich um die eigentliche Frucht herum oder unter dieser ein fleischiges Gewebe, das dem Blütenboden oder den Hochblättern angehört. Beispiele sind der fleischig verdickte Blütenboden bei Apfel und Birne und der rote, fleischig ausgeprägte Blütenboden bei der Erdbeere. Die eigentlichen Früchte sind bei Apfel und Birne das Kernhaus, bei der Erdbeere die „Kernchen“, botanisch Nüsschen. Nicht zu verwechsen mit S. sind →Fruchtverbände.

Schellfisch lat.: *Melanogrammus aeglefinus L.* (Fam.: *Gadidae*), engl.: *haddock;* wirtschaftlich bedeutsamer Seefisch. Der 50–100 cm lange und maximal 12 kg schwere S. wird in Deutschland vorwiegend frisch oder tiefgefroren angeboten, in anderen Ländern auch getrocknet, z. B. als →Stockfisch oder →Klippfisch. Hauptfanggebiete sind der Nordatlantik (Portugal bis Island/Grönland, im Westen Kanada) und die westliche Ostsee. Die Bestände sind gefährdet; es bestehen Fangbeschränkungen und in der EU einheitliche Normen für die Mindestlänge (27–30 cm). S. ist ein Magerfisch; 100 g Filet enthalten ca. 18 g Protein, 0,6 g Fett und 140 mg Purine (berechnet als Harnsäure). Eine Spezialität aus England ist der geräucherte S. (engl.: *smoked haddock*).

Scherbet; Synonym für →Sorbet aus der Gastronomie, das in den Leitsätzen für Speiseeis des deutschen Lebensmittelbuches jedoch nicht genannt wird. Küchentechnisch gibt es vielfältige Rezepte für S.

Scheurebe; durch Kreuzung von Riesling und Silvaner hervorgegangene Weißweinrebe, deren ausgereifte Trauben aromatische reiche Weine, oft Auslesen, liefern.

Schiava Grossa; → Trollinger.

Schichtkäse engl.: *cottage cheese;* ungereifte Standardsorte der Käsegruppe → Frischkäse, die in verschiedenen Fettgehaltsstufen von der Viertellfett- bis zur Doppelrahmstufe in 250-g- oder 500-g-Packungen in den Handel kommt. Der zart geschmeidige formfeste, je nach Fettgehalt milchig weiße bis rahmgelbe Teig mit nur wenigen Bruchlöchern verfügt über eine matt glänzende Schnittfläche und ein fein milchsäuerliches Aroma. S. lässt sich durch die Zugabe von anderen Lebensmitteln vielfältig variieren, z. B. mit Kräutern und Gewürzen pikant oder mit Früchten süß. Zur seiner Herstellung dürfen nur pasteurisierte Milch, Sahne oder entrahmte Milch verwendet werden, wobei die Dicklegung durch die Zugabe von spezifischen Milchsäurebakterien und Lab erfolgt. Bei S. handelt es sich um eine besondere Form des Quarks, die im Unterschied zum Quark etwas körniger und in der Konsistenz fester ist. Der Käse wird geschnitten verpackt und nicht wie Quark vor dem Abfüllen in die Verpackung glatt gerührt. Die Besonderheit von S. ist, dass in derselben Verpackung mehrere, i. d. R. drei Schichten mit verschiedenen Fettstufen übereinander geschichtet werden. Im Inneren sollten diese Schichten (gelbliche fettreicher als hellere) gut erkennbar und die mittlere Schicht erheblich fetter sein. Als Sahneschichtkäse lassen sich S. mit mindestens 40 % Fett in der Trockenmasse bezeichnen.

Schiereier; angebrütete, dann jedoch wegen fehlender Befruchtung oder Absterben des Embryos „ausgeschierte" Bruteier. Diese Eier sind nicht genusstauglich.

Schiffskielgarnele lat.: *Penaeus monodon Fabr.* (Fam.: *Penaeidae*), engl.: *tiger prawn, blacktiger prawn,* Syn.: *Bärengarnele, Tigergarnele, Blacktiger-Garnele;* häufigste und größte der in Deutschland gehandelten Großgarnelen aus der Familie der → Geißelgarnelen, meistens angeboten unter Bezeichnungen wie Riesengarnele oder King Prawn. Charakteristisch sind die schwarzen Streifen am Rücken (Name Blacktiger), die sich beim Kochen rot färben. S. wird weltweit in großen Mengen gezüchtet (→ Garnelenzucht).

Schildkröten lat.: *Testudinae,* engl.: *turtles (sea), tortoises (land)*; in tropischen und subtropischen Regionen der Erde verbreitete Ordnung der Reptilien. Man unterscheidet Land-, Süßwasser- und Meeresschildkröten. In Ostasien werden Fleisch, Eier, Öl und Schildpatt einiger Arten seit Jahrhunderten als Lebens- und Arzneimittel und für andere Zwecke kommerziell genutzt; in Europa gilt das Fleisch einiger Meeresschildkröten als Delikatesse (Schildkrötensuppe). Die natürlichen Bestände sind stark gefährdet; die Zucht in Teichwirtschaft, u. a. in Thailand, gilt als ökologisch problematisch. In Deutschland gilt deshalb seit 1988 ein Verkehrsverbot für alle Meeresschildkröten. Erzeugnisse aus Sumpfschildkröten, die neuerdings im Handel angeboten werden, fallen nicht unter das Verbot, werden aber aus Artenschutzgründen ebenfalls kritisch bewertet. Im Jahr 2002 stellte die internationale Artenschutzkommission 22 besonders gefährdete asiatische Schildkrötenarten unter Schutz.

Schildkrötensuppe engl.: *turtle soup;* klare Kalb- oder Rindfleischsuppe mit Fleischstücken von Meeresschildkröten als Einlage. S. gilt als klassische Delikatesse. Aus Artenschutzgründen ist in Deutschland seit 1988 der Handel mit allen Erzeugnissen aus Meeresschildkröten, damit auch mit echter S. verboten. → Mockturtlesuppe

Schildmakrele; → Stöcker

Schill Syn.: → *Zander*

Schillerlocken engl.: *1. smoked dogfish bellies 'schillerlocken';* 1. geräuchertes Fischerzeugnis (→ Räucherfisch) vom Dornhai (→ Seeaal); 2. zu Tüten geformte und mit Schlagsahne gefüllte feine Backwaren aus Blätterteig, die oft mit einem Schokoladenrand versehen sind.

Schillerwein; nur für einen Rotling-Qualitätswein b. A. (bestimmter Anbaugebiete) mit und ohne Prädikat aus Württemberg zugelassene Bezeichnung. → Rotling

Schimmelkäse engl.: *mould cheese;* Käsesorten, zu deren Herstellung und Reifung verschiedene Schimmelpilzarten verwendet werden. Dazu gehören Weichkäse, wie z. B. Camembert und Brie, die v. a. mit *Penicillium caseicolum* und *Penicillium camemberti* behandelt werden und Edelschimmelkäse (z. B. Roquefort, Gorgonzola, Danablu), bei denen *Penicillium roqueforti* zum Einsatz kommt.

Schimmelkulturen; speziell gezüchtete → Kulturen bestimmter Schimmelpilze, die zur Herstellung von Schimmelkäse oder Rohwurst verwendet werden. Im Allgemeinen bezeichnet S. jegliche Schimmelpilzpopulation, d. h. auch die unerwünschten beim Verderb von Lebensmitteln oder als Hausschimmel auftretenden Formen.

Schimmelpilze engl.: *moulds;* keine definierte systematische Gruppe, sondern Sammelbezeichnung für alle auf Lebensmitteln mit sichtbarem → Mycel wachsenden → Pilze. S. können im Lebensmittelbereich sowohl schädliche als auch nützliche Eigenschaften haben. So sind S. der Gattungen → *Aspergillus* und → *Rhizopus* für den Verderb von Lebensmitteln verantwortlich, wobei bestimmte Arten wie z. B. → *Aspergillus flavus* → Mykotoxine bilden. Andere S. wie *Penicillium roqueforti* bilden Edelschimmel auf Käse oder werden für die industrielle Produktion von Antibiotika und Enzymen genutzt.

Schinken engl.: *ham,* Syn.: *Hinterschinken, Schlegel;* Bezeichnung für das wertvollste Teilstück der Hintergliedmaßen des Schweineschlachtkörpers, das der → Keule bei anderen Schlachttieren entspricht. Der S. lässt sich weiter in → Oberschale, Schinkenstück (→ Unterschale), → Nuss und Schinkenspeck (→ Hüfte) unterteilen. Das feinfaserige hochwertige, z. T. mit einer dünner Fettschicht und Schwarte überzogene Fleisch ist ausgebeint zum Braten und Schmoren als größeres Stück (Schinken- und Rollbraten) sowie quer zur Faser zu Schnitzeln oder Steaks zugeschnitten zum Kurzbraten und Grillen geeignet. Eine Verarbeitung erfolgt zu zahlreichen rohen und gegarten Pökelwaren wie → Rohschinken oder → Kochschinken, deren Besonderheit die Namensgebung verdeutlicht. Der Anteil des S. (ohne Schinkenspeck) am entbeinten Fleisch beim Schwein beträgt ca. 15 %.

Schinkenbein; hinteres → Eisbein beim Schwein.

Schinkenbrot; in halb runder Form freigeschoben, angeschoben oder im Kasten gebackenes Roggenvollkorn- (→ Vollkornbrote) oder Roggenschrotbrot (→ Schrotbrote) mit herzhaft aromatischem, leicht säuerlichem Geschmack. Die Verwendung von Schinken ist nicht üblich. Schinken wird nur in wenigen Gegenden und nur zu Mehlbroten zugesetzt.

Schinkencreme; hochwertige streichfähige → Kochmettwurst mit cremiger Konsistenz. Das Ausgangsmaterial der fein zerkleinerten Grundmasse besteht aus grob entfettetem Schweinefleisch, fettgewebereichem Schweinefleisch, Flomen und Speck sowie weiteren Zutaten. Zur Geschmacksabrundung sind auch geringe Leberanteile üblich. Die Verwendung von → Seperatorenfleisch oder manuell gewonnenem Knochenputz ist nicht üblich. S. wird gewöhnlich in Behältnissen abgegeben.

Schinkenecke Syn.: → *Schinkenspeck*

Schinkenmettwurst; geräucherte oder luftgetrocknete, grobkörnige, umgerötete, schnittfeste → Rohwurst. Sie wird im Wesentlichen aus fettgewebs- und sehnenarmem Schweinefleisch und Speck sowie weiteren Zutaten wie z. B. Gewürzen hergestellt. Rindfleisch wird i. d. R. nicht verwendet.

Schinkenpastete; → Brühwurstpastete der Spitzenqualität mit überwiegend kirsch- bis walnussgroßen Einlagen groben, sehnen- und fettgewebearmen Fleisches. Weitere Einlagen wie z. B. Champignons sind möglich. S. wird wie → Bierschinken (Ausgangsmaterial, Art und Weise der Herstellung) hergestellt.

Schinkenplockwurst Syn.: *Rohe Schinkenwurst;* grobkörnige, kalt geräucherte, in Hüllen mittleren oder großen Kalibers angebotene schnittfeste → Rohwurst von überdurchschnittlicher Qualität. Das Ausgangsmaterial besteht überwiegend aus fettgewebs- und sehnenarmem Schweinefleisch neben sehnen- und fettgewebearmem Rindfleisch und Speck.

Schinkenschmalz; → Schmalz mit beigemengten geräucherten oder gekochten Schinkenstreifen.

Schinkenspeck engl.: *gammon, bacon,* Syn.: *Schinkenecke, Eckschinken;* roh gepökeltes und geräuchertes oder luftgetrocknetes, zumeist mageres Fleischstück aus der → Hüfte des Schweines (Teilstück vom Schinken) mit aufliegendem Fettgewebe, das je nach Schnittführung unterschiedliche Magerfleischanteile enthalten kann. Es enthält als Rohschinken (→ Rohpökelware), von Knochen, Schwarte und sichtbarem Fettgewebe befreit, selbst im weichsten (zentralen) Magerfleischanteil Wassergehalte von nicht mehr als 70 %. Der Anteil des Fettgewebes am entbeinten Fleisch beträgt ca. 9 %.

Schinkenstück; synonyme Bezeichnung für die → Unterschale beim Schwein, die ein wesentlicher Bestandteil des → Schinkens (Keule beim Schwein) ist.

Schinkensülze; → Sülzwurst mit einem überwiegenden Anteil (mehr als 50 %) an würfelförmigen sehnen- und fettgewebsarmen Schweinefleischstücken im Verhältnis zum verwendeten → Aspik. Sie wird in grobkalibrigen Hüllen oder Formen angeboten. Bei Berliner S. enthalten die scheibenförmigen Einlagen zusätzlich grob entfettetes Schweinefleisch.

Schinkenwürstchen; rein aus grob entfettetem und fettgewebereichem Schweinefleisch als Fleischgrundlage hergestellte engkalibrige → Brühwürstchen. Sie werden sowohl mit fein zerkleinertem als auch grobem umgeröteten Brät gefertigt und sind zusätzlich nach Wasserentzug durch Heißräucherung als haltbares Halbfabrikat auch roh zum Selberbrühen im Handel. S. sind verwandt mit den → Frankfurter Würstchen.

Schinkenwurst engl.: *ham sausage;* in Hüllen größeren oder mittelgroßen Kalibers abgefüllte → Brühwurst mit fein zerkleinertem, rosafarbenem (umgerötetem) → Brät. Dieses wird im Wesentlichen aus grob entsehntem Rindfleisch, grob entfettetem sowie fettgewebereichem Schweinefleisch und Speck hergestellt. Weitere Zutaten sind Gewürze, Umrötungs- sowie ggf. Kutterhilfsmittel. Bei Grober S., einer ähnlich hergestellten Brühwurst, wird zur Herstellung der Grundmasse kein fettgewebereiches Schweinefleisch verwendet und es sind in im blass rosafarbenen Brät teilweise bis zu kirschgroße Fleischstücke enthalten. Beide S. werden i. d. R. für Aufschnitt verwendet. Als „rohe Schinkenwurst" wird → Schinkenplockwurst bezeichnet.

Schizosaccharomyces Syn.: *Spalthefen;* Gattung der echten → Hefen, die sich nicht durch Sprossung, sondern nur durch Spaltung vermehren, was ihr auch den Namen Spalthefen gab. Verschiedene Arten kommen in Melasse und auf Früchten vor.

Schlachtabgänge; beim Schlachten und Zerlegen anfallende Teile des Schlachttierkörpers, die zum Verzehr nicht geeignet oder bestimmt (z. B. Klauen, Hörner oder Haare) bzw. nur beschränkt bestimmt sind wie bspw. → Blut oder → Innereien.

Schlachtbraten Syn.: → *Filet*

Schlachten engl.: *to slaughter;* Töten eines Schlachttieres durch Blutentzug und weitere Bearbeitung des Schlachttierkörpers zur Fleischgewinnung für die menschliche Ernährung.

Schlachtfette; bei der Schlachtung anfallende Fette aus Tierkörpern, wie z. B. → Schweineschmalz oder → Talg, die i. d. R. ausgeschmolzen oder extrahiert werden.

Schlachtgeflügel; im Unterschied zum zur Zucht und für die Eierproduktion bestimmten Geflügel zur baldigen Schlachtung bestimmtes Geflügel.

Schlachttiere engl.: *animals for slaughter,* Syn.: *Schlachtvieh;* Sammelbezeichnung für zur Fleischgewinnung gehaltene und zur alsbaldigen Schlachtung bestimmte Haussäugetiere. Die größte Bedeutung von den S. besitzen Schwein, Rind und Schaf (Lamm). Von geringerer Bedeutung sind Kaninchen, Ziege und Pferd. Bei der Schlachtung unterliegen S. und das von ihnen erhaltene Fleisch der Schlachttier- und Fleischuntersuchung.

Schlachttierkörperzerlegung; wichtiger Teilabschnitt des Schlachtens, bei dem eine Teilung des Schlachttierkörpers zunächst in Hälften (Schwein, Schaf, Rind) oder Viertel erfolgt. Die weitere Zerlegung führt zu → Teilstücken, die je nach der vorgesehenen Verwendung weiter fein zerlegt, entbeint und zugeschnitten werden. Die Zerlegung erfolgt wie die Schlachtung unter streng hygienischen Bedingungen anhand der hygienerechtlichen Vorschriften sowie weiterer freiwilliger Maßgaben z. B. aus den Leitfäden des QS-Programmes. Schlachtung und Zerlegung von Schlachttieren finden mit Ausnahme von Betrieben mit Eigenbedarf räumlich voneinander getrennt statt. Frisch zerlegtes Fleisch ist aufgrund seines hohen a_w-Wertes und Nährstoffgehaltes anfällig gegenüber Mikroorganismen. Die Einhaltung der Kühlkette muss daher in Verbindung mit der Bereitstellung von ausreichendem Kühlraum bei gleichzeitiger Vermeidung von Kontaminationen gewährleistet sein. Die Zerlegung findet allgemein nach wirtschaftlichen Gesichtspunkten und regionalen Gepflogenheiten oder überregionalen Schemata z. B. von der DLG statt.

Schlachtvieh Syn.: → *Schlachttiere*

Schlacke Syn.: → *Fettende*

Schlackwurst; schnittfeste, gereifte, geräucherte → Rohwurst mit besonders feinkörniger Struktur. Fett- und Muskelgewebe sind nicht mehr gesondert erkennbar. S. wird im Wesentlichen aus sehnen- und fettgewebsarmem Rind- und Schweinefleisch sowie Speck hergestellt. Der Name stammt von dem zum Abfüllen vorzugsweise verwendeten Hülle aus Schweinedarm, dem → Fettende (Syn.: *Schlacke*).

Schlagcreme; aufschlagbare Produkte, bei denen das Milchfett teilweise oder vollständig durch Pflanzenfett ersetzt wurde.

Schlagen engl.: *to whip,* Syn.: *Aufschlagen;* 1. Einarbeiten von Luft in flüssige oder gallertartige Lebensmittel mit einem Schneebesen, einer Gabel oder einem elektrischen Mixer, z. B. beim Herstellen von Schlagsahne, Eischnee oder Biskuitteig. 2. Herstellen von Kuchenmassen.

Schlagobers; österr. Bezeichnung für → Schlagsahne.

Schlagrahm Syn.: → *Schlagsahne*

Schlagsahne engl.: *light whipping cream,* Syn.: *Schlagrahm, süße Sahne;* wärmebehandeltes, meist homogenisiertes → Sahneerzeugnis mit mindestens 30 % Fett, das zum Schlagen/Aufschäumen geeignet ist (vorher im Kühlschrank auf unter 10 °C durchkühlen).

Schlangengurken engl.: *cucumber;* → Gurken

Schlauchbeutel engl.: *tubular bag;* → Beutel

Schleckbrause; → Brausepulver

Schlegel engl.: *drumstick;* bei Kalb, Schwein, Lamm und Wild synonyme Bezeichnung für die → Keule bzw. für den → Schinken.

Schlegelwurst; → Blutwurst von gehobener Qualität mit überwiegenden Anteilen an eingelagerten kleinen Speckwürfeln sowie gelegentlich auch Fleischwürfeln und grob gewürfeltes, sehnen- und fettgewebearmes Schweinefleisch vom → Schinken (ugs. Schlegel) in bluthaltiger Schwartenmasse. Der Anteil an Muskelfleischeinlagen beträgt mindestens 35 % und Einlagen aus Formfleisch sind nicht üblich.

Schlehe lat.: *Prunus spinosa L.* (Fam.: *Rosaceae*), engl.: *Blackthorn Sloe,* Syn.: *Schwarzdorn;* schwarzblau bereifte rundliche

→Steinfrucht des dornigen Schlehenstrauches. Die grünfleischigen Früchte, die so groß wie eine kleine Kirsche werden, schmecken stark sauer und durch Gerbstoffe adstringierend. Die Früchte sind nach Frosteinwirkung schmackhafter, aber auch sehr vergänglich. S. werden im Wesentlichen als Wildfrüchte gesammelt. Aus ihnen lässt sich Obstbrand, Obstgeist, Likör, Gelee und Konfitüre hergestellen.

Schlehenlikör engl.: *sloe liqueur;* →Likör mit fruchtig säuerlich-bitterem Geschmack von den bei der oder während der Herstellung verwendeten →Schlehen. Ein besonderer S. ist Sloe Gin, der aus in Gin eingemaischten Schlehen hergestellt und ggf. mit Schlehensaft versetzt wird. Er ist nur mit natürlichen Aromastoffen aromatisiert und hat einen Mindestalkoholgehalt von 25 Vol.-%.

Schleie lat.: *Tinca tinca L.* (Fam.: *Cyprinidae*), engl.: *tench,* Syn.: *Schuster, Schlei;* mit dem →Karpfen verwandter Süßwasserfisch. Die S. ist in Europa weit verbreitet; sie bevorzugt langsam fließende Gewässer und warme Teiche. Sie wächst langsam; frei lebend wird sie 20–50 cm lang, bis zu 8 kg schwer und über 20 Jahre alt. S. wird meistens als Frischfisch angeboten, wobei das Angebot junger S. aus Zuchtbetrieben (Karpfenteiche, Stauseen) als so genannte Portionsschleien mit einem Gewicht von 150–250 g erfolgt. Die Zubereitung entspricht der für Karpfen. Anders als Karpfen ist S. jedoch ein →Magerfisch. 100 g Fischfleisch enthalten ca. 0,7 g Fett, 18 g Protein und 80 mg Purine (berechnet als Harnsäure).

Schleifchen; durch Ausstechen von gewalztem Nudelteig hergestellte →Suppennudeln in Schleifchenform.

Schleimsäure engl.: *mucic acid,* Syn.: *Mucinsäure, Galactarsäure;* organische Säure, die durch Oxidation von Galactose oder auch Lactose ensteht. In Wein kann S. durch den Pilz *Botrytis cinerea* gebildet werden und in Form des Calciumsalzes als weißer Niederschlag ausfallen. S. lässt sich anstelle von Weinsäure in Backpulver und Brausetabletten einsetzen.

Schleimzucker Syn.: →*Galactose*

Schlempe engl.: *vinasse, slop, distillers' wash;* bei der Herstellung von Alkohol aus stärkehaltigen Rohstoffen, insbesondere Getreide oder Kartoffeln, nach der Destillation der Maische anfallendes nährstoffreiches Nebenprodukt. S. lässt sich als Futtermittel, Dünger und zur Herstellung von Biogas durch Gärung verwenden.

Schlesische Grützwurst; mit Buchweizengrütze angedickte wie →Grützblutwurst hergestellte →Blutwurst. →Grützwurst

Schlesisches Brot Syn.: *Schlesisches Landbrot;* freigeschobenes, langes oder rundes →Roggenbrot mit stark ausgebackener, vielfach seitlich eingekerbter gemehlter oder blanker Oberfläche und kräftigem Geschmack.

Schlesisches Himmelreich; Gericht aus in Salzwasser gekochtem, geräuchertem, durchwachsenem Speck und/oder anderem geräuchertem Schweinefleisch sowie fast der gleichen Menge Backobst. S. wird i. d. R. mit Sauce und Kartoffel-, Hefe- oder Semmelklößen angerichtet serviert.

Schleuderhonig engl.: *strainded honey, extracted honey;* durch Ausschleudern der entdeckelten brutfreien Waben in einer Zentrifuge ohne Einwirkung von Wärme nur durch Zentrifugalkraft schonend gewonnener →Honig.

Schließfrüchte engl.: *indehiscent fruit;* botanische Bezeichnung für eine →Frucht, die sich bei der Reife nicht öffnet. Die Samen bleiben bei der Verbreitung von der Fruchtwand (Perikarp) umschlossen. Sie muss erst verzehrt werden oder verrotten, bevor der Samen freigesetzt wird. Zu den S. gehören Spaltfrüchte, Beeren, Steinfrüchte, Nüsse sowie der größte Teil der Sammelfrüchte und Fruchtverbände (s. auch bei den einzelnen Stichwörtern). Ähnlich sind →Scheinfrüchte.

Schlotten Syn.: *Zwiebelröhrchen;* röhrenförmige Oberblätter verschiedener Zwiebelgewächse, die als Blattgewürze verwendet werden, z. B. von → Schnittlauch, → Winterzwiebel und → Bärlauch.

Schlüterbrot; langes, freigeschoben gebackenes Roggenvollkornbrot (→ Vollkornbrote) mit einem Zusatz von 15–25 % eines speziell behandelten Vollkornmehles (Schlütermehl). Bei dessen Herstellung wird die Kleie zur besseren Erschließung der Inhaltsstoffe, insbesondere aus der → Aleuronschicht, einer speziellen hydrothermischen Behandlung unterzogen. Es kommt dabei zur Bildung löslicher Zucker, die für den süßlichen Geschmack des S. und durch Umwandlung in Melanoidine in der → Maillard-Reaktion beim Backen für die braune Farbe der → Krume verantwortlich sind. Durch die Verwendung von Kleie ist S. sehr ballaststoffreich.

Schmalz engl.: *lard;* übliche Kurzbezeichnung für → Schweineschmalz. Allgemeiner wird als S. auch ein weich pastöses streichfähiges Speisefett, i. d. R. mit Herkunftsangabe bezeichnet. Neben Schweineschmalz sind die gebräuchlichen Schmalzsorten → Gänseschmalz und Butterschmalz (→ Butterreinfett).

Schmalzfleisch Syn.: *Fleischschmalz;* meist in Behältnisse abgefülltes streichfähiges Fleischerzeugnis aus mäßig zerkleinertem fettgewebereichen Schweinefleisch mit üblicherweise einem Drittel Mageranteil, Flomen, Speck, ggf. Bindegewebe (Schwarte) und Gewürze. Es wird v. a. als Brotaufstrich verwendet.

Schmalzöl Syn.: *Lardöl, Specköl;* durch Fraktionierung bei 10–15 °C aus → Schweineschmalz gewonnenes Öl. Die höherschmelzende Fraktion ist Schmalzstearin.

Schmalzstearin; aus Schweineschmalz gewonnene höherschmelzende Fettfraktion.

Schmand engl.: *1. sour cream;* 1. → Sauerrahm von beinahe stichfester Konsistenz mit einem Fettgehalt von üblicherweise 20–24 %; 2. in einigen Gegenden Deutschlands Bezeichnung für → Sahne.

Schmeißfliegen lat.: *Calliphoridae,* engl.: *blow flies;* artenreiche Zweiflüglerfamilie mit z. T. recht großen, auffällig gefärbten oder metallisch glänzenden Fliegen, die eiweißreiche Lebensmittel wie Fleisch, Käse und Fisch belecken und durch wechselnden Aufenthalt aus Kot, Aas und Lebensmitteln als → Hygieneschädlinge pathogene Keime übertragen können. Wichtige Arten sind die häufig an Tierkadavern anzufindende Blaue Schmeißfliege / Blauer Brummer (lat.: *Calliphora vicina Robineau-Desvoidy*), die Fleischfliegen (lat.: *Sarcophaga carnaria L.* und lat.: *Sarcopharga haemorrhoidalis (Fal.)*) und die Goldfliegen (lat.: *Lucilia subsp.*), deren Larven ektoparasitisch Wunden von Menschen und Tieren befallen und Myasis (Madenfraß) hervorrufen können.

Schmelzbutter engl.: *clarified butter;* durch Schmelzen von → Butter erhaltenes → Butterreinfett.

Schmelzkäse engl.: *cheese spread;* aus Käse unter Anwendung von Wärme aus voll genusstauglicher Rohware einer einzigen oder einer Mischung mehrerer Käsesorten, auch unter Verwendung von Schmelzsalzen (Phospate, Lactate und/oder Citrate) hergestelltes Erzeugnis. Der Zusatz anderer Milcherzeugnisse oder Lebensmittel ist bei S., im Gegensatz zu Schmelzkäsezubereitungen, nicht zulässig. S. besitzt eine zähflüssige (streichfähige) bis schnittfeste Konsistenz und zeichnet sich durch seine lange Haltbarkeit sowie gleich bleibende sensorischen Eigenschaften aus. In Frankreich werden spezielle S., z. B. mit einer Rinde aus gedörrten Traubenkernen (Fondu aux Raisins) oder mit Walnusskernen (Fondu aus Noix) hergestellt.

Schmelzkäsezubereitung engl.: *process cheese food;* aus Käse, anderen Milcherzeugnissen und beigegebenen Lebensmitteln (höchstens 15 %), auch unter Verwendung von Schmelzkäse und Schmelzsalzen sowie durch Schmelzen unter Anwendung von Wärme hergestellte Erzeugnisse. Aufgrund der vielfältigen Variationsmöglichkeiten durch die zugesetzten Lebensmittel erfreuen sich S. zunehmender Beliebtheit.

Schmelzmagarine Syn.: → *Margarineschmalz*

Schmelzsalze engl.: *emulsifying salts;* bei der Herstellung von → Schmelzkäse während des Schmelzens eingesetzte Zusatzstoffe (Lactate, Citrate und Phosphate). Sie bewirken den Austausch der in der Käsemasse enthaltenen Calciumionen gegen Natriumionen, wodurch lösliche Caseinate (v. a. β-Caseinat-Anion) entstehen, die aufgrund ihrer Emulgatorwirkung vorhandene Milchproteine in eine dispergierte Form überführen. Es entsteht eine stabile Eiweiß-in-Fett-Emulsion.

Schmelzwärme engl.: *melting enthalpy,* Syn.: *Schmelzenthalpie;* Energie, die eine Substanz beim Schmelzen aufnimmt, um vom festen in den flüssigen Zustand überzugehen. Relevant ist die S. z. B. bei → Eis, das beim Schmelzen 333 Joule/g aus der Umgebung aufnimmt, was zur Kühlwirkung beiträgt.

Schmer Syn.: → *Flomen*

Schmetterlingssteak/-schnitzel engl.: *valentine steak;* doppelt fingerdick geschnittene, nach Einschneiden bis nahezu zur Durchtrennung aufgeklappte Scheibe → Schweinefleisch aus dem Schinken oder dem entbeinten Kotelettstrang, die zum Kurzbraten geeignet ist.

Schmierkäse engl.: *cheese spread;* 1. Käsesorten, die während der Reifung mit Starterkulturen (v. a. *Brevibacterium linens*) geschmiert werden, wodurch sich ihre charakteristische Farbe und das typische Aroma entwickelt sowie ferner deren Austrocknen verhindert wird (→ Rotschmiere). 2. Käse von steichfähiger Konsistenz (Frischkäse).

Schmierwurst Syn.: *Fette Mettwurst;* besonders fettreiche, fein zerkleinerte, geräucherte, streichfähige → Rohwurst. Das Ausgangsmaterial besteht überwiegend aus fettgewebereichem Schweinefleisch und Speck neben grob entsehntem und sehnenreichem Rindfleisch.

Schmoren engl.: *to braise,* Syn.: *Braisieren;* Garen von Gut (meist Fleisch) durch Anbraten in heißem Fett und Weitergaren in wenig siedender Flüssigkeit und Wasserdampf. Durch Eiweißgerinnung bildet sich beim Anbraten unter Porenschließung an der Oberfläche eine Kruste. Gleichzeitig entstehen die für Schmorgerichte typische Farbe und die erwünschten Röststoffe, die den Geschmack wesentlich prägen. Das Bräunen findet im offenen Gefäß und das anschließende Garkochen nach Flüssigkeitszugabe im geschlossenen Gefäß statt. Schmorgerichte können entweder auf der Kochstelle oder in einem gut schließenden Bräter im Backofen zubereitet werden. Während der Schmorzeit verdampfte Flüssigkeit ist nach und nach zu ersetzen. S. wird bei folgenden Lebensmitteln angewendet: Fleisch mit festerem Bindegewebe (z. B. Gulasch, Rinderschmorbraten), Wild (z. B. Hasenkeulen), Gemüse mit fester Cellulose, gefüllte Gemüsegerichte (z. B. Kohlrouladen). Wesentlich sind neben der Gartechnik S. an sich die Verwendung von weiteren geschmacksgebenden Zutaten, wie z. B. Kraftbrühe, Speck, Wein, Röstgemüse, Tomatenmark.

Schnäpel; Bezeichnung für einige an der Nord- und Ostseeküste beheimatete → Renken. Als Nordseeschnäpel wird z. B. der → Gangfisch und als Ostseeschnäpel das → Blaufelchen bezeichnet.

Schnecken; 1. weltweit in großer Artenvielfalt vorkommende → Weichtiere aus der Klasse der *Gastropoda.* Es wird nach dem Lebensraum in Land- und Meeresschnecken, nach der Morphologie in Gehäuse- und Nacktschnecken unterschieden. In Deutschland gelten S. als exotische Delikatessen mit Ausnahme der badischen Grenzregion zum Elsass. Dort gehören sie zu den landestypischen Spezialitäten, ebenso wie in Frankreich. In mediterranen Gerichten sind S. klassischer Bestandteil der „Frutti di mare". Verzehrt wird i. d. R. nur der Fuß, seltener auch Kopf und Eingeweidesack. S. werden frisch und in verschiedenen Zubereitungsformen im Handel angeboten mit und ohne Gehäuse, auch tiefgefroren und als Konserven (→ Weinbergschnecke → Wellhornschnecke → Abalone → Strandschnecke → Achatschnecken). In

Nordamerika sind auch verschiedene Arten der karibischen Kegelschnecken (lat.: *Conidae*) begehrt. Einige Schneckenarten sind →Vorratsschädlinge. 2. Hefeschnecken: süßes oder pikantes Hefekleingebäck aus einem schneckenförmig aufgerollten Teigstrang. 3. Lakritzschnecken: schneckenförmig aufgerollte Lakritzstangen (→Lakritzen).

Schneckennudel; süddeutsche Bezeichnung für Hefeschnecke. →Schnecken

Schneckenzucht engl.: *snail raising, heliculture;* Aufzucht essbarer Schnecken in Schneckenfarmen. →Weinbergschnecken stammen fast ausschließlich aus S. Hauptproduzent ist Frankreich. Die S. erfolgt in Gehegen im Freiland oder in Gewächshäusern (ca. 200 Tiere/m^2) mit Grün- und Trockenfutter. Jungschnecken sind nach ca. drei Monaten ausgewachsen.

Schneeballen; in Fett schwimmend ausgebackene, mit Puderzucker bestreute Kugeln aus einer mit Rosinen und gehacktem Orangeat vermischten →Brandmasse.

Schneekrabbe Syn.: →*Eismeerkrabbe*

Schnellimbiss Syn.: →*Fastfood*

Schnellkochen Syn.: →*Druckgaren*

Schnellkochreis engl.: *minute rice;* nach dem Schleifen vorgekochter oder nur mit Wärme vorbehandelter und getrockneter Weißreis (→Reis). Die Kochzeit wird dadurch auf 3–5 Minuten herabgesetzt. S. wird als Lang- und Rundkornreis angeboten. Das Verfahren verändert Aussehen und Form der Reiskörner, die auch leichter brechen.

Schnellmast; Haltung und Fütterung mit dem Ziel, in kürzestmöglicher Zeit und bei minimalem Futteraufwand ein wirtschaftlich günstiges Schlachtgewicht und hochwertige Beschaffenheit des Fleisches bei guter Schlachtausbeute zu erreichen.

Schnellpökelung engl.: *quick curing,* Syn.: *Spritzpökelung;* Verfahren zur Verkürzung des Diffusionsweges und der Zeitdauer beim Pökelprozess. Die →Pökellake wird dabei durch eine Vielzahl von Hohlnadeln mit seitlichen Öffnungen direkt in das Muskelgewebe (Muskelinjektionsverfahren) oder mittels einer Hohlnadel in das Arteriennetz (Aderinjektionsverfahren) des Pökelgutes eingespritzt. Das Aderinjektionsverfahren wird bei größeren Fleischstücken wie ganzen Schinken, Schultern und Zungen angewandt. Das Muskelinjektionsverfahren wird häufig zur Auflockerung des Muskelgewebes mit einem Tumbelschritt kombiniert. Der Vorteil der S. liegt in der Beschleunigung des Pökelprozesses und der schnellen gleichmäßigen Verteilung der Pökellake im Pökelgut.

Schnetzel; 1. allgemeine Bezeichnung für kleine dünne Scheibchen oder Streifen. 2. Syn. für →Geschnetzeltes.

Schnibbelbohnen Syn.: →*Milchsäurevergorene Schneidebohnen*

Schnittbohnen engl.: *sliced green beans, runner beans;* →Bohnen

Schnittbrot engl.: *sliced bread,* Syn.: *Scheibenbrot;* →Brot, das in Scheiben geschnitten portioniert abgepackt angeboten wird. Aufgrund der vergrößerten Oberfläche ist es problematischer in der Frischhaltung und anfälliger gegen Schimmelbefall als ungeschnittenes Brot. Das Problem der Frischhaltung lässt sich durch eine geeignete Auswahl der Mehlsorten und Zusatz von Restbrot, Frischhaltemitteln und quellenden Mehlen (→Quellmehlen) zum Teig lösen. Gegen einen möglichen mikrobiellen Verderb können verschiedene Maßnahmen ergriffen werden. Dazu gehören strenge Hygiene beim Schneiden, der Einsatz von →Konservierungsstoffen (Propion- und Sorbinsäure sowie ihre Salze) und/oder bestimmten Verpackungsmaterialien (Schutzgas-, Vakuum-, oder Schrumpfverpackung) und/oder Hitzebehandlung bei abgepackten Erzeugnissen.

Schnittendivien; →Endivien

Schnittgebäck engl.: *wire-cut articles;* Bezeichnung für ausgeschnittenes →Mürbeteiggebäck.

Schnittkäse engl.: *cut cheese;* Käsegruppe von schnittfester Konsistenz und einem Wassergehalt in der fettfreien Trockenmasse von mindestens 54% und höchstens 63%. Wichtige Vertreter sind →Gouda-, →Edamer- und →Tilsiter-Käse.

Schnittkohl lat.: *Brassica napus subsp. napus var. pabularia (DC) Reichenb.*, engl.: *siberian kale, hanover salad,* Syn.: *Sibirischer Kohl, Bremer Scheerkohl;* schnellwüchsiger, traditionell in Norddeutschland im Frühjahr angebauter und im Winter geernteter, mit Raps und Kohlrübe verwandter Blattkohl. Die je nach Sorte violetten, grünen und gelben, leicht krausen Blätter können wie Spinat verwendet werden.

Schnittlauch lat.: *Allium schoenoprasum L.* (Fam.: *Liliaceae*), engl.: *chives;* Küchenkraut, das aus schwach ausgebildeten unterirdischen Zwiebelchen 15 bis 60 cm lange Zwiebelröhren ausbildet, die auch →Schlotten genannt werden. Durch reichliche Bildung von Tochterzwiebeln entstehen rasch ganze Büschel, die ständig nachwachsen und mehrmals im Jahr geschnitten werden können. Ernährungsphysiologisch bedeutsam ist der recht hohe Gehalt an Vitamin C (durchschnittlich 47 mg/100 g). Der typische lauchartige Geruch und zwiebelartige Geschmack sind auf die für die Zwiebelgewächse typischen schwefelhaltigen Verbindungen zurückzuführen. In der Küche wird S. i. d. R. klein geschnitten zum Würzen von Salaten, Kräuterquark, Suppen oder Eierspeisen verwendet und kommt frisch als Bundware (zum baldigen Verzehr, nicht lagerfähig) oder Topfware sowie als Trockengewürz in den Handel. S. sollte den Gerichten erst nach dem Kochen zugegeben werden, da die Aromastoffe keine Hitze vertragen.

Schnittmangold; →Mangold

Schnittnudeln; schmale →Bandnudeln.

Schnittsalat engl.: *cutting lettuce;* →Pflück- und Schnittsalat

Schnittsellerie lat.: *Apium graveolens L. var. secalinum ALEF.* (Fam.: *Apiaceae*), engl.: *cutting celery,* Syn.: *Blattsellerie, Eppichkraut;* mehrjährig angebaute Varietät des →Selleries, bei der nur die dunkelgrün glänzenden Blätter als →Küchenkraut verwendet werden. Sie enthalten etwa 0,1% ätherisches Öl mit 60% Limonen und 10% Selinen. S. kann frisch oder getrocknet zum Würzen von Suppen, Saucen oder Salaten verwendet werden. Getrockneter S. dient zur Herstellung von →Selleriesalz.

Schnitzel engl.: *1. pork escalope, 2. shred;* 1. eine zum Kurzbraten oder Grillen geeignete, etwa fingerdicke Scheibe von in natürlichem Zusammenhang belassenem sehnen- und fettgewebsarmem Fleisch warmblütiger Tiere wie z. B. das Schinkenstück beim Schwein. Sofern die Tierart nicht wie z. B. bei Kalbs- oder Putenschnitzel mit angegeben wird oder auf andere Weise erkennbar ist, handelt es sich um Schweinefleischscheiben. Scheiben aus dem Schweinenacken (→Kamm) werden auch als Nackenschnitzel bezeichnet. S. werden paniert und unpaniert („natur") zubereitet und ggf. vorher mit einem →Mürbeschneider oder Steakhammer bearbeitet. So behandelte S. sind anfällig gegenüber Mikroorganismen und unterliegen ähnlich strengen rechtlichen Vorschriften wie →Hackfleisch; 2. allgemeine Bezeichnung für grob geraspelte, mittelgroße, längliche Streifen.

Schnitzelchen Syn.: →*Geschnetzeltes*

Schnitzer-Kost; in den 50er-Jahren des 20. Jahrhunderts vom deutschen Zahnmediziner Johann Georg Schnitzer entwickelte →alternative Ernährungsform, welche die beiden Varianten Schnitzer-Normalkost und Schnitzer-Intensivkost unterscheidet. Nahrungsgrundlage beider Varianten, in denen grundsätzlich nur natürliche lebendige Nahrung (Rohkost), möglichst aus ökologischer Erzeugung empfohlen wird, sind Samen, Nüsse, Wurzelknollen und Blattschößlinge. Fleisch gilt als grundsätzlich ungeeignet für die menschliche Ernährung. Zu vermeiden sind weiterhin Auszugsmehl, raffinierter Zucker, Fisch, gehärtete und/oder raffinierte

Fette und Öle, gekochtes Obst und Gemüse, Kaffee und Alkohol. In der Schnitzer-Normalkost ist der Verzehr geringer Mengen an Vollkornbrot, Milchprodukten, Eiern und gekochten Kartoffeln erlaubt. Nach Schnitzer sollen so v. a. mit der Schnitzer-Intensivkost die Selbstheilungskräfte des Organismus mobilisiert und Zivilisationskrankheiten verhindert bzw. sogar geheilt werden. Diese Aussagen sind jedoch wissenschaftlich nicht haltbar und die Schnitzer-Intensivkost ist aufgrund ihrer Einseitigkeit und geringen Zufuhr an Energie und Proteinen nicht als Dauerernährung geeignet.

Schockfrosten engl.: *cryogenic freezing;* Verfahren zum extrem schnellen Tiefgefrieren von Lebensmitteln und Speisen, i. d. R. durch Kontakt mit flüssigem Stickstoff oder flüssigem Kohlendioxid und dadurch bedingtem schnellen Wärmeentzug durch Siede- und Sublimationsvorgänge. Beim S. werden durch schnelles Durchschreiten des kritischen Bereichs bis -7 °C kleinere Eiskristalle als bei anderen Tiefkühlverfahren gebildet, wodurch die Struktur der Tiefkühlkost besser erhalten bleibt und sie weniger stark austrocknet. Durch S. können sich so auch Lebensmittel tiefgefrieren lassen, die mit anderen Verfahren schlechte Qualitäten ergeben, wie z. B. Garnelen oder Gurken- und Tomatenscheiben.

Schönen engl.: *fining;* Entfernen von Trübstoffen und anorganischen Bestandteilen bei der Weinbehandlung durch Binden mit zugelassenen Substanzen, wie z. B. Gelatine oder quellfähige Tone und anschließendem Abziehen, Abfiltern oder Abzentrifugieren.

Schokolade engl.: *chocolate;* Erzeugnis aus Kakaoerzeugnissen, Zuckerarten und weiteren Zutaten, das bei Körpertemperatur schmilzt und ein homogenes Gefüge aufweist. S. wird in einem mehrstufigen Prozess hergestellt: Die Zutaten, je nach Rezeptur, werden in einen Knetmischer dosiert und dann gewalzt. Das Walzen ist die Voraussetzung für guten Schmelz, ein zu hoher Anteil kleiner Teilchen führt jedoch zu Klebrigkeit am Gaumen. Es werden meist 2-Walz-Werke zum Vorwalzen und 5-Walz-Werke zum Feinwalzen verwendet. Die Endfeinheit weist Teilchen unter einer Größe von 25 µm auf, die im Mund nicht mehr wahrnehmbar sind. Daran schließt sich das → Conchieren, also das Veredeln, an. Der Name stammt von *la concha*, die Muschel, der ursprünglichen Form des verwendeten Geräts. Die Art des Conchierens und der verwendete Maschinentyp bestimmt weitestgehend den Hausgeschmack des Produkts. Neben der klassischen Längsreiber-Conche gibt es auch Trocken-, Flüssig-, Intensiv- und kontinuierliche Geräte, wobei die modernen Verfahren versuchen, den hohen Zeit-, Energie- und Platzaufwand des klassischen Conchierens zu reduzieren. Die diskontinuierlichen Batch-Verfahren überwiegen mit Abstand. Zur Verbesserung der Fließeigenschaften wird Lecithin zugesetzt. Die fertige Schokoladenmasse wird in Tanks in flüssiger Form bei 48–50 °C gelagert, meist in horizontalen Tanks mit Spiralrührwerk. Nach der Ausformung wird die Masse gekühlt, wobei der Kühlkanal nicht kälter als 14 °C sein sollte, um instabile Kristalle in der S. zu vermeiden. Rechtlich ist der Begriff S. definiert in der Kakaoverordnung und beschreibt ein Erzeugnis, das mindestens 35 % Gesamtkakaotrockenmasse, davon mindestens 18 % Kakaobutter und mindestens 14 % entölte Kakaotrockenmasse enthält. Andere Schokoladen nach dieser Verordnung sind → Milch- oder → Vollmilchschokolade, → Weiße Schokolade oder auch → Haushaltsmilchschokolade. Der Zusatz von anderen Lebensmitteln außer Mehl oder Stärke sowie tierischen Fetten mit Ausnahme von Milchfett ist bis zu einem Anteil von 40 % am Gesamtprodukt erlaubt und üblich (z.B. → Nuss-Schokolade). Aromen sind nur zulässig, solange sie nicht den Geschmack von Schokolade oder Milchfett nachahmen, üblich ist Vanillin. Nach der Kakaoverordnung dürfen auch die Kakaobutteraustauschfette Illipe, Palmöl, Sal, Shea, Kokum gurgi und Mangokern in S. verwendet werden, und zwar, unter Kenntlichmachung, bis zu 5 % des Schokoladengewichts im Enderzeugnis. S. findet Verwendung zur Herstellung von Schokoladenwaren und Pralinen.

Schokoladenbonbons engl.: *chocolate sweets, chocolate candies amerik.*, Syn.: *Schokobonbons;* → Bonbons, die mindestens 5 % Kakaobestandteile, davon mindestens 4 % fettfrei bezogen auf das gesamte Bonbon, enthalten. Davon zu unterscheiden sind Bonbons mit Schokoladenfüllung oder -überzug, wo sich die Anforderung dann auf den Bestandteil mit Schokolade bezieht.

Schokoladencremewaffeln engl.: *chocolate cream-filled wafers;* → Cremewaffeln

Schokoladendragées engl.: *chocolate dragees;* schokoladenüberzogene oder mit Schokoladenkern hergestellte → Dragées. Dazu gehören z. B. „Schokonüsse" wie Macadamiakerne mit aufdragierter Schokoladendecke oder „Schokolinsen" aus einem linsenförmigen Schokoladenkern mit einer bunten aufdragierten Decke aus Zucker und/oder Zuckeralkoholen. Diese kann zusätzlich z. B. mit Pfefferminzöl oder -aroma (Schoko-Pfefferminzlinsen) aromatisiert sein. Die verwendete Schokolade entspricht den rechtlichen Anforderungen der Kakaoverordnung.

Schokoladenkonfekt engl.: *chocolate confection;* mit Schokolade überzogene Zuckerware in Bissengröße, die im Gegensatz zu → Pralinen einen Schokoladenanteil von weniger als 25 % aufweist.

Schokoladenkuchen engl.: *chocolade cake;* aus verschiedenen Massen, oft mittelschwere Rühr- bzw. Sandmassen, in langer oder runder Form hergestellter Kuchen mit vollständigem oder teilweisem Schokoladenüberzug (keine weiße Schokolade) oder einem geschmacksgebenden Anteil an Schokolade im Inneren.

Schokoladenlikör engl.: *chocolate liqueur;* ein unter Verwendung von Schokolade oder Schokoladenpulver hergestellter → Emulsionslikör, der einen Mindestalkoholgehalt von 15 Vol.-% bei einem Extraktgehalt von 10g/100ml aufweist.

Schokoladenlinsen Syn.: *Schokolinsen;* → Schokoladendragées

Schokoladenmassen engl.: *chocolate liquor;* die bei der Herstellung von → Schokolade nach dem Zusammengeben der Zutaten und dem Vermischen anfallende zähflüssige Masse.

Schokoladennüsse Syn.: *Schokonüsse;* mit Schokolade dragierte „Nüsse". → Schokoladendragées → dragierte Samenkerne

Schokoladenpfefferminzlinsen; → Schokoladendragées

Schokoladenpulver engl.: *powdered chocolate, chocolate in powder;* Erzeugnis aus einer Mischung von Kakaopulver und Zuckerarten, die mindestens 32 % Kakaopulver enthält. Die alte Kakaoverordnung von 1975 kannte für S. die Synonyme „gezuckertes Kakaopulver" und „gezuckerter Kakao", nach der neuen Kakaoverordnung von 2003 sind diese beiden Begriffe synonym zu → Trinkschokoladenpulver.

Schokoladenschaumküsse Syn.: *Schoko-Schaumküsse;* → Schaumküsse mit Schokoladenüberzug.

Schokoladenüberzugsmasse Syn.: → *Kuvertüre*

Schokoladenwaffeln engl.: *chocolate wafers;* → Waffeln

Schokoladestreusel engl.: *chocolate vermicelli,* Syn.: *Schokoladeflocken;* meist leicht gebogene Stäbchen, die mindestens 32 % Gesamtkakaotrockenmasse, davon mindestens 12 % Kakaobutter und mindestens 14 % entölte Kakaotrockenmasse enthalten. S. sind ca. 1 mm dick und 3–5 mm lang und werden hergestellt, indem eine relativ fettarme Schokoladenmasse mit erhöhtem Feuchtigkeitsgehalt durch eine Lochscheibe gepresst und in die gewünschte Länge geschnitten wird. Danach werden die Streusel getrocknet, mit → Läuterzucker zum Erzielen einer glänzenden Oberfläche dragiert und wenn gewünscht, z. B. mit Schellack auf Hochglanz überzogen. S. werden zum Verzieren von Süßspeisen und Backwaren sowie als Brotbelag verwendet.

Scholle lat.: *Pleuronectes platessa L.* (Fam.: *Pleuronectidae*), engl.: *plaice,* Syn.: *Goldbutt;* 1. der für die Fischerei wichtigste europäische →Plattfisch. Die S. lebt in der Küstenregion von Nordostatlantik und Nordsee und im westlichen Mittelmeer. Sie wird bis zu 1 m lang (mittlere Länge: 35–50 cm). S. werden frisch und tiefgefroren angeboten, meist filetiert, auch bratfertig paniert. Als besonders schmackhaft gelten im Mai gefangene Tiere (Maischolle). In küstennahen Gebieten werden sie als Spezialität angeboten (Finkenwerder Speckscholle), Die S. ist ein Magerfisch; 100 g Filet enthalten ca. 17 g Protein, 2 g Fett und 93 mg Purine (berechnet als Harnsäure). 2. Syn. für Pleuronectiden (Heilbutt, Steinbutt, Glattbutt, Seezunge, Rotzunge, Flunder, Kliesche).

Schonkaffee; speziell behandelter Kaffee, der einen geringen Gehalt an Magen reizenden Stoffen (Röststoffe, phenolische Säuren, Kaffeewachse) und/oder Coffein (→entkoffeinierter Kaffee) enthält. Die Entfernung der unerwünschten Stoffe erfolgt mit überkritischem Kohlendioxid, verschiedenen organischen Lösungsmitteln und Wasserdampf z. T. unter Anwendung von Druck.

Schonkost engl.: *mild diet;* →leichte Vollkost

Schorle; 1. Bezeichnung für ein weinhaltiges Getränk, das durch Vermischen von kohlensäurehaltigem Wasser mit mindestens dem gleichen Anteil Wein, Perlwein, Perlwein mit zugesetzter Kohlensäure oder weinähnlichen Getränken (z. B. Fruchtwein) hergestellt wird. 2. →Fruchtschorlen

Schorrippe Syn.: →*Hochrippe*

Schoten engl.: *pods;* botanische Bezeichnung für eine Sonderform der →Kapsel, bei der zwei Fruchtblätter so miteinander verwachsen, dass zwei Fruchtfächer entstehen, die durch eine falsche Scheidewand voneinander getrennt sind. Bei der Reife trocknen die beiden Fruchtblätter ein und lösen sich voneinander, wobei die Scheidewand samt dem die →Samen tragenden Rahmen am Fruchtstiel erhalten bleibt. Die S. ist die typische Fruchtform der auch Kreuzblütler genannten Brassicaceen wie z. B. Senf und Raps. Die Früchte von Erbsen, Bohnen, Paprika und Vanille sind keine S. im botanischen Sinne.

Schraubenbaum lat.: *Pandanus sp.* (Fam.: *Pandanaceae*), engl.: *Screw Tree, Screw Pine, Pandamus, Umbrella Tree,* Syn.: *Schraubenpalme, Pandanus;* Bezeichnung für die Vertreter der 600–700 Arten umfassenden Familie der Schraubenbaumgewächse. Bei ihnen handelt es sich um bis zu 20 m hohe Bäume mit immergrünen, schmalen, schwertähnlichen Blättern, die schraubenförmig um den Stamm angeordnet sind. Die Blätter der aus dem tropischen Asien stammenden Art *tectorius Parkinson ex Du Roi* werden v. a. in Thailand, Malaysia und Indonesien zum Würzen von Reisgerichten und Desserts wie Pudding verwendet oder als duftende „Verpackung", für z. B. im Wok zubereitetes Fleisch eingesetzt. Da sie beim Trocknen ihren heuartigen intensiven Geruch leicht verlieren, werden häufig auch Essenzen verwendet. Die Blüten der Art *amaryllifolius Roxb.* verfügen über einen süßen rosenartigen Geruch und werden zur Herstellung von Kewra-Wasser, einem wässrigen Destillat der Aromastoffe, vorwiegend an der indischen Ostküste kultiviert. Mit Kewra-Wasser werden in der indischen Küche Süßspeisen und Fleischgerichte aromatisiert.

Schrippe; längliches, durch starken →Ausbund und kräftige Porung gekennzeichnetes →Brötchen mit hohem Krustenanteil und ausgeprägtem Geschmack. Nach dem Formgebungsverfahren lassen sie sich in gedrückte und geschnittene S. unterscheiden. S. werden nicht nur aus Weizenmehl, sondern auch aus Roggen- und Mischmehl gebacken. Die Bezeichnung S. ist in Berlin und Ostdeutschland üblich.

Schrotbrote engl.: *coarse bread;* zu mindestens 90 %, bezogen auf die Getreideerzeugnisse, aus Weizen- oder Roggenbackschrot (→ Schrote) hergestellte Brotsorten. Ein Zusatz anderer Mahlprodukte ist aus backtechnischen Gründen bis zu einem Gehalt von 10 %, bezogen auf die Getreideerzeugnisse, üblich. S. als Sorte an sich enthält Weizen- und Roggenbackschrot in beliebigem Verhältnis zueinander. In Roggen- und Weizenschrotbrot wird zu mindestens 90 % Backschrot, bezogen auf die Getreideerzeugnisse, der jeweiligen in der Verkehrsbezeichnung genannten Getreideart verwendet. Werden dort beide Getreidearten genannt, überwiegt die zuerst in der Verkehrsbezeichnung Genannte mit mehr als 50 % der Getreideerzeugnisse. S. können bei regelmäßigem Verzehr wegen ihres hohen Gehaltes an Ballast- und Mineralstoffen einen wichtigen Beitrag zu einer ausgewogenen gesunden Ernährung leisten.

Schrote engl.: *bruised grains;* 1. mehr oder weniger grob zerkleinerte Mahlprodukte aus dem → Getreidekorn. Bei den S. wird zwischen Backschrot und Vollkornschrot unterschieden. Zur Herstellung von Vollkornschrot dient das gesamte Getreidekorn mit Ausnahme der äußeren Schale, während bei Backschrot der Keimling fehlt. Die Einteilung der S. erfolgt nach Feinheitsgrad (Korngröße), Vermahlungsart und bei Backschroten zusätzlich nach Typen (Ausmahlungsgrad, → Mehltypen). Über den Feinheitsgrad und die Vermahlungsart lassen sich die Quelleigenschaften eines Schrotteiges wesentlich steuern. Vollkorn- und Backschrot werden zur Herstellung von Broten (→ Schrotbrote bzw. → Vollkornbrote) und Kleingebäck sowie zur Ballaststoffanreicherung von anderen Broten und Kleingebäck verwendet. S. sind allgemein sehr reich an Ballaststoffen. Vollkornschrot enthält zusätzlich die Nährstoffe (Fette, Vitamine) und Enzyme des Keimlings. 2. Bezeichnung für die ersten Passagen der Getreidevermahlung, bei denen das Korn unter weitestgehender Schonung der Schalen stufenweise von → Grieß über → Dunst zu → Mehl zerkleinert wird.

Schroth-Kur engl.: *schroth's treatment;* Kostform zur Gewichtsreduktion und Entschlackung nach Johann Schroth. Bei der S. wechseln sich Trockentage (keine Flüssigkeitszufuhr, nur Getreidebreie, altbackene Brötchen u. ä.) und Trinktage (Suppe, Tee und Rotwein) nach einem festen Plan ab. Zusätzlich werden feuchte Packungen angewandt. Die S. wird z. B. bei Rheuma eingesetzt und sollte wegen der unzureichenden Flüssigkeitszufuhr nur kurzfristig und unter ärztlicher Aufsicht durchgeführt werden.

Schrumpf-Folien engl.: *shrink film;* durch Streckung vorbehandelte thermoplastische Folien auf Basis verschiedener Kunststoffe wie z. B. → Polyethylen und → Polyvinylchlorid, die durch Wärmeeinwirkung zurückschrumpfen und sich so eng um das zu verpackende Gut legen. S. werden bspw. zum Herstellen von Sammelpackungen im Getränkebereich sowie als Verpackungen zum Tiefgefrieren von Geflügel und Fleischstücken eingesetzt. Um bei temperaturempfindlichen Lebensmitteln Schäden durch Hitzeeinwirkung beim Schrumpfvorgang zu minimieren, stehen auch S. zur Verfügung, die sich bereits bei 80 bis 85 °C an das Füllgut anlegen.

Schrumpfpackung engl.: *shrink package;* Packung, die durch Umhüllen mit Schrumpf-Folie und anschließendem Schrumpfen der Folie unter Wärmeeinwirkung entstanden ist.

Schüblinge; wie → Knackwurst hergestellte → Brühwürstchen. Bei S. „einfacher" Qualität kann im Ausgangsmaterial 5–10 % zusätzliches Bindegewebe enthalten sein. Diese Würste werden üblicherweise nicht in Schafsaitlingen oder in Därmen von Kalibern unter 32 mm abgefüllt angeboten.

Schüttelbrot; dünnes, trockenes, gewürztes, typisch südtirolerisches Fladenbrot von röscher Konsistenz aus Roggenmischmehl. Der Name stammt vom Herstellungsprozess, bei dem die sehr weichen Teigstücke nach einer 3/4 Gare mit der Hand oder maschinell auf kleinen runden Brettchen „flach geschüttelt" werden.

Schüttung; 1. dem Brät im Kutter zugesetztes Wasser bei der Herstellung von Brat- und Kochwürsten. 2. Begriff in der Brauereifachsprache für die Menge an geschrotenen oder gemahlenen Malzen, die für den Brauvorgang benötigt wird.

Schulter Syn.: → *Bug*

Schulterfilet Syn.: → *Falsches Filet*

Schuppenannone engl.: *Sweet Sop, Sugar Apple;* → Süßsack

Schusterkarbonade; panierte, wie Koteletts zubereitete Scheiben Bauchfleisch vom Schwein.

Schutzgas engl.: *protective gas;* Verpackungen vor dem Verschließen zugesetztes Gas (z. B. Stickstoff, Kohlendioxid), das den enthaltenen Restsauerstoff verdrängen soll, um die Haltbarkeit des Packgutes zu verbessern. S. dient ferner dem Schutz oxidationsempfindlicher Güter während der Herstellung, Lagerung und Verpackung.

Schutzgaspackungen; Packungen, bei denen die Luft ganz oder teilweise durch → Schutzgas ersetzt worden ist, um die verpackten Güter vor Schädigungen durch Sauerstoff zu schützen. Zur Herstellung von S. können stückige Güter wie Käsestücke oder Fleischprodukte beim horizontalen Abpacken in Schlauchbeuteln mit Schutzgas gespült werden, so dass die Luft im Gegenstrom zum einlaufenden Packgut aus dem Schlauch herausgespült wird. Bei porösen Gütern wie z. B. Gebäck muss zuvor der Luftsauerstoff durch Vorevakuierung aus den Poren entfernt werden. Bei neueren Verfahren (→ Active Packaging) werden zur Entfernung des Restsauerstoffs aus evakuierten oder begasten Packungen oder auch des gesamten Sauerstoffs Sauerstoff absorbierende Präparate innerhalb der Packungen eingesetzt, z. T. auch in Kombination mit Kohlendioxid-Entwicklern zur Herstellung einer kontrollierten Atmosphäre (→ Controlled Atmosphere Packaging).

Schwalbennestersuppe engl.: *bird's nest soup;* Suppe, hergestellt aus Nestern einer in tropischen Küstenregionen Asiens heimischen, mit dem Mauersegler verwandten Vogelart (lat.: *Aerodramus fuciphagus Thunb.*, Fam.: *Apodidae*). Die Nester bestehen aus eingetrocknetem Speichel der Tiere; chemisch handelt es sich im Wesentlichen um → Mucine (ca. 85 % Protein) mit 2–2,5 % Mineralstoffen und Vitamin B_1. Beim Kochen in Wasser bildet sich eine Gallerte. In China ist S. begehrt als Lebensmittel und als Tonikum. Sie soll kräftigend wirken, Haut und Sehschärfe verbessern und allgemein das Zellwachstum anregen.

Schwammerl engl.: *mushrooms;* süddeutsche Bezeichnung für → Pilze.

Schwangerenkost; im Wesentlichen der ausgewogenen Mischkost entsprechende Kost. Ab dem 4. Monat besteht ein zusätzlicher Energiebedarf von ca. 300 kcal pro Tag. Wegen dem zum Energiebedarf überproportional ansteigenden Bedarf an Calcium, Phosphor, Eisen, Thiamin, Riboflavin, Vitamin B_6 und Folsäure sollte hier eine erhöhte Nährstoffdichte angestrebt werden. Aufgrund der großen Bedeutung von Eisen, Folsäure und Jod für die Entwicklung des Feten wird häufig zur Einnahme von Supplementen geraten. Auf Genussmittel sollte weitgehend verzichtet werden (kein Alkohol, maximal 3 Tassen Kaffee pro Tag) und mikrobiologisch bedenkliche Lebensmittel, wie rohes Ei oder rohes Fleisch, sollten ebenfalls gemieden werden.

Schwanzstück; synonyme Bezeichnung für die → Unterschale bei Rind und Kalb.

Schwarte engl.: *callosity;* Haut des Schweines. Wegen ihres hohen Gehaltes an → Kollagenen eignet sie sich zur Bindung von bei Erhitzungsprozessen austretendem Fleischsaft. Daher wird sie als Zutat bei der Herstellung von Fleischerzeugniskonserven, Blut- und Sülzwürsten sowie bei einfachen Wurstwaren hinzugegeben. Des Weiteren ist S. Ausgangsrohstoff zur Gewinnung von → Gelatine.

Schwartenmagen engl.: *brawn,* Syn.: *Weißer Schwartenmagen;* ursprünglich in Schweinemägen, heute auch in weite Hüllen gefüllte Sülze mit würfelig oder streifig geschnittenen Einlagen von unterschiedlicher Größe aus umgerötetem grob entfetteten Schweinefleisch, Speck und Schweinemasken in einer bindegewebshaltigen Gallerte. Diese enthält meist zerkleinerte Schwarten, z. T. aber auch Leber. Der Anteil der Einlagen überwiegt gegenüber der Gallerte und besteht hauptsächlich aus Skelettmuskelfleisch. In zahlreichen regionalen Abwandlungen werden auch sehnenreiches Rindfleisch als Einlage sowie Brätwürfel und Innereien in der Gallerte verwendet. S. wird häufig als Konserve im Handel angeboten.

Schwartenzug; unmittelbar unter der Schwarte liegende bindegewebsreiche Speckschicht.

Schwarzbier engl.: *black beer;* sehr dunkles („schwarzes"), untergäriges, mit dunklen Spezial- und Röstmalzen gebrautes traditionelles Vollbier mit vollmundigem Geschmack. Der Stammwürzegehalt liegt i. d. R. über 11 % und der Alkoholgehalt bei 4,8–5 Vol.-%.

Schwarzbrot engl.: *brown bread;* nicht einheitlich gebrauchte Bezeichnung für dunkle Brote aus Roggenerzeugnissen.

Schwarzdorn Syn.: → *Schlehe*

Schwarze Bohnen engl.: *black beans, blacks;* schwarz gefärbte → Fehlbohnen aus i. d. R. am Strauch vertrockneten Samen. Sie beeinträchtigen den Geschmack des Röstgutes, wenn sie unreif getrocknet werden.

Schwarze Johannisbeeren lat.: *Ribes nigrum L.* (Fam.: *Grossulariaceae*), engl.: *Blackcurrant,* Syn.: *Ahlbeeren, Schwarze Ribiseln;* an Trauben sitzende → Beeren des gleichnamigen, in Eurasien beheimateten Strauches mit durch → Anthocyane charakteristisch schwarzviolett gefärbter Schale. Sie besitzen im rohen frischen Zustand einen hohen Gehalt an Vitamin C (ca. 177 mg pro 100 g essbarem Anteil) und einen meist betont sauren Geschmack mit typischem Aroma. Die s. J. werden seltener als Frischobst verzehrt, sondern vielmehr i. d. R. zu Konfitüre, Gelee, Fruchtnektaren, Sirup, Likören („Cassis") und Pulpe verarbeitet. Wegen ihres charakteristischen Aromas haben s. J. und Produkte aus ihnen in den letzten Jahren zunehmend an Bedeutung als Zutat für alkoholfreie Erfrischungsgetränke gewonnen. S. J. sind in fakultativen EG-Handelsklassen im Angebot und werden mit Schwerpunkt in Europa angebaut. Sie besitzen nur eine kurze eingeschränkte Lagerfähigkeit. Daher erfolgt i. d. R. eine Haltbarmachung als Nass- oder Tiefkühlkonserve oder die Weiterverarbeitung zu den oben genannten Produkten. In Deutschland hergestellte s. J. in Konserven unterliegen den Anforderungen der Leitsätze des Deutschen Lebensmittelbuches für verarbeitetes Obst oder sind in Abweichung ausreichend kenntlich gemacht.

Schwarze Mädchentraube; in Rumänien angebaut und dort unter dem Namen Feteasca neagra bekannte Rotweinrebe, aus deren Trauben leichte, teils fruchtige Weine gekeltert werden.

Schwarzer Getreidenager lat.: *Tenebroides mauritanicus L.* (Fam.: *Tenebrinoidae (Schwarzkäfer)*), engl.: *Cadelle beetle;* bis 11 mm langer dunkelbrauner bis schwarzer, zwischen Halsschild und Rumpf stark eingeschnürter Käfer. Die schmutzigbraune bis 20 mm lange Larve bohrt sich zur Verpuppung oft in weiches Holz ein. Der s. G. befällt Getreide, Mehlprodukte, Backwaren, Nüsse und Samen und ist v. a. in tropischen Ländern ein bedeutender → Vorratsschädling in Mühlen, Silos sowie im Lebensmittelhandel und kann auch in privaten Haushalten zu einer großen Plage werden. Sowohl die Käfer als auch die Larven verursachen Fraßschäden am befallenen Gut sowie an Verpackungsmaterialien und Sichterbespannungen von Mühlen.

Schwarzer Heilbutt engl.: *Greenland halibut;* → Heilbutt

Schwarzer Holunder lat.: *Sambucus nigra L.* (Fam.: *Caprifoliaceae*), engl.: *Common elder, Elderberry,* Syn.: *Flieder, Holunder;* in ganz Europa weit verbreiteter Strauch, von dem die Beeren (→ Holunderbeeren) und die Blüten (→ Holunderblüten) genutzt werden.

Schwarze Ribiseln Syn.: → *Schwarze Johannisbeeren*

Schwarzer Kandis; → Kandis

Schwarzer Pfeffer engl.: *black pepper;* → Pfeffer

Schwarzer Presssack; ähnlich wie → Roter Schwartenmagen hergestellte, nicht umgerötete → Blutwurst.

Schwarzer Senf lat.: *Brassica nigra (L.) W.D.J. KOCH* (Fam.: *Brassicaceae*), engl.: *black mustard,* Syn.: *Braunsenf;* einjähriges Kraut, das heute weltweit zur Gewinnung von → Senfsaat angebaut wird. Die ungeschnäbelten schmalen Schoten enthalten 8–16 hell- bis dunkelbraune kugelige Samen von 1–1,5 mm Durchmesser. Im Unterschied zum → Weißen Senf enthält s. S. das Senfölglykosid Sinigrin, das in das flüchtige, stechend riechende und scharf schmeckende Allylsenföl spaltet, sowie den Bitterstoff Sinapin.

Schwarzer Tee engl.: *black tea;* nach verschiedenen → Teeproduktionsmethoden aus jungen Blättern des Teestrauches hergestellter fermentierter → Tee.

Schwarzfaseriger Ritterling Syn.: → *Grauer Ritterling*

Schwarzfleischigkeit Syn.: → *DFD-Fleisch*

Schwarzgraue Wegameise engl.: *black ant, garden ant,* Syn.: *Schwarze Gartenameise, Mattschwarze Wegameise;* → Ameisen

Schwarzkümmel lat.: *Nigella sativa L.* (Fam.: *Ranunculaceae*), engl.: *Black cumin, Roman Coriander,* Syn.: *Kalonji (ind.), Nigella-Saat;* einjähriges, bis 40 cm hoch werdendes Kraut, dessen schwarze dreikantige Samen in Ägypten, im Mittleren Osten und in Indien als → Gewürz verwendet werden. S. besitzt einen scharfen bitterlich-würzigen Geschmack und wird als Pfefferersatz sowie zum Bestreuen von Brot und Kuchen verwendet. Das Öl enthält einen hohen Anteil an γ-Linolensäure (→ Linolensäure) und findet in der Naturheilkunde u. a. zur Stärkung des Immunsystems Verwendung.

Schwarzrauch; → Räuchern mit dichtem Rauch, das zu verstärkter Ablagerung von Rauchsubstanzen auf der Oberfläche führt und damit zu einer dunklen braunschwarzen bis schwarzen Farbe sowie einem stark ausgeprägten Raucharoma. Bei fehlerhafter Ausführung besteht Gefahr einer erhöhten Ablagerung unerwünschter Rauchsubstanzen auf dem Räuchergut.

Schwarzriesling Syn.: *Müller-Rebe;* → Pinot meunier

Schwarzsauer; einer dicken Suppe ähnliches Gericht aus Blut, Essig, Fleisch- oder Knochenbrühe, Schwarte und Fleischresten von der Gans oder vom Schwein wie z. B. Gänseklein oder Schweinpfoten. Es wird mit Zwiebeln, Lorbeerblättern und anderen Gewürzen abgeschmeckt zubereitet und lose in Schüsseln serviert.

Schwarzstreifiger Scheidling Syn.: → *Reisstrohpilz*

Schwarzwälder Brot Syn.: *Badisches Landbrot;* freigeschobenes, langes oder rundes → Weizenmischbrot mit aufgesprungener, stark ausgebackener, krustiger, gemehlter Oberfläche und mildem Geschmack.

Schwarzwälder Himbeergeist; streng herkunftsgeschützter, im Schwarzwald und dem nahe gelegenen Vorland aus dort heimischen → Himbeeren hergestellter → Obstgeist mit einem Mindestalkoholgehalt von 40 Vol.-%.

Schwarzwälder Kirschtorte engl.: *black forest gateau;* mit Buttercreme oder Sahne eingestrichene und mit Schokoladenspänen sowie ggf. Belegkirschen garnierte Kirschwasser-Sahnetorten oder Kirschwasser-Buttercremetorten, auch deren Kombination, mit einem geschmacklich deutlich wahrnehmbaren Kirschwasseranteil. Als Füllung dienen Buttercreme und/oder Sahne, teilweise → Canache sowie Kirschen, die auch als

Stücke in einer gebundenen Zubereitung vorliegen können. Für die Krume werden dunkle und/oder helle Wiener- oder Biskuitböden, für die Unterböden auch Mürbeteig verwendet. Die Masse für die dunklen Böden enthält üblicherweise mindestens 3 % Kakaopulver oder stark entölten Kakao.

Schwarzwälder Kirschwasser; streng herkunftsbezeichnungsgeschützter, im Schwarzwald und dem nahe gelegenen Vorland aus dort heimischen Kirschen hergestellter → Obstbrand mit einem Mindestalkoholgehalt von 40 Vol.-%.

Schwarzwälder Schinken; birnen- oder trapezförmig zugeschnittener knochenloser Hinterschinken mit oder ohne Oberschale von braunschwarzer Außenfarbe mit einer im Anschnitt kräftig roten Fleischfarbe. Weitere charakteristische Merkmale sind die feste Konsistenz (stärker abgetrocknet) und der deutlich wahrnehmbare Rauchgeschmack. Die Herstellung erfolgt traditionell im Schwarzwald durch Einreiben der entbeinten Keulen mit Gewürzen, Trockenpökeln, Reifen und abschließendem, mehrere Wochen langem Kalträuchern mit Tannenreisig und anderen Schwarzwaldhölzern. S. S. weist nach dem Kalträuchern einen Austrocknungsgrad von mindestens 25 % und ein Wasser-Eiweißverhältnis von 2,2:1 auf. Die Bezeichnung „Schwarzwälder Schinken" ist europaweit herkunftsgeschützt.

Schwarzwälder Speck engl.: *Black Forest bacon;* auf spezielle Art wie → Schwarzwälder Schinken geräucherter → Speck aus dem Schwarzwald und der näheren Umgebung.

Schwarzwälder Zwetschgenwasser; streng herkunftsbezeichnungsgeschützter, im Schwarzwald und dem nahe gelegenen Vorland aus dort heimischen Zwetschgen (→ Zwetschen) hergestellter → Obstbrand mit einem Mindestalkoholgehalt von 40 Vol.-%.

Schwarzwurst; → Blutwurst mit klein gewürfelter Speckeinlage.

Schwarzwurzel Syn.: → *Gartenschwarzwurzel*

Schwedenhappen; in mundgerechte Stücke zerteilte → Anchose aus Filets der → Lachsforelle mit deutlich süß-saurer Geschmacksnote.

Schwedenmilch; trinkfähige, vor dem Abfüllen gerührte flüssig-sämige, mit besonderen Milchsäurebakterienkulturen hergestellte → Sauermilch mit charakteristischem Geschmack.

Schwedenpunsch; ein → Likör, der unter Verwendung von Arrak, Gewürzen und häufig auch Wein hergestellt wird. S. ist gelb und blank und wird kalt getrunken. Besonders gute Erzeugnisse bestehen zu gleichen Teilen aus Arrak und weißem Portwein und werden mit Zitronensaft abgeschmeckt. Der Alkoholgehalt beträgt üblicherweise 25 Vol.-%.

Schwefel engl.: *sulphur;* chemisches Element, das in der Natur in elementarer Form, in Form seiner anorganischen Salze (Sulfide, Sulfate) und als Bestandteil organischer Verbindungen vorkommt. Die Verbrennung von S. oder schwefelhaltigen Erzen führt zum → Schwefeldioxid, welches direkt als E 220 oder nach Lösen in Wasser (→ Schweflige Säure) als Konservierungsmittel eingesetzt wird (→ Schwefeln). S. gehört zu den → Mengenelementen und wird überwiegend durch die schwefelhaltigen Aminosäuren Methionin und Cystein aufgenommen. S. ist Bestandteil von Coenzym A und Heparin, als Sulfat ist S. an Entgiftungsreaktionen beteiligt. Mangelerscheinung sind nicht bekannt, aber pseudoallergische Reaktionen auf die Zufuhr geschwefelte Produkte werden v. a. bei Asthmatikern beobachtet. Schwefelverbindungen sind häufig durch einen intensiven Geruch gekennzeichnet.

Schwefeldioxid engl.: *sulfur dioxide;* farbloses, stechend riechendes Gas, das beim Verbrennen von Schwefel entsteht und antimikrobiell, enzymhemmend (verhindert die → enzymatische Bräunung) sowie bleichend wirkt. S. ist unter der Nummer E 220 als Konservierungsmittel und Antioxidationsmittel für verschiedene Lebensmittel, z. B. Wein, Trockenfrüchte, Knabbererzeugnisse und Konfitüren in festgelegten Höchstmengen zugelassen. Außerdem wird es zur Konservierung von Fässern, Korken, Flaschen und anderen Bedarfsgegenständen verwendet. Bei empfindlichen Personen kann S. Kopfschmerzen, Übelkeit und Durchfall auslösen; es können → pseudoallergische Reaktionen auftreten. S. zerstört die Vitamine Thiamin und Biotin. Neben S. können zum → Schwefeln auch die → schweflige Säure (wässrige Lösung von Schwefeldioxid) und deren Salze (→ Sulfite) eingesetzt werden.

Schwefeln engl.: *to sulphurate;* Behandeln von Lebensmitteln mit → Schwefeldioxid, → schwefeliger Säure oder deren Salzen (→ Sulfite) zum Konservieren oder Bleichen.

Schwefelsäure engl.: *sulfuric acid;* starke, hygroskopische, anorganische Säure, die aus Schwefeldioxid und Wasser hergestellt werden kann. S. ist unter der Nummer E 513 als Säureregulator zugelassen, dient jedoch meist als technischer Hilfsstoff und wird bei der Verzuckerung von Stärke, der Eiweißhydrolyse (→ Proteinhydrolysat) und der → Trinkwasseraufbereitung eingesetzt. Die Salze der S. sind die → Sulfate.

Schwefelwasserstoff engl.: *hydrogen sulfide,* Syn.: *Hydrogensulfid;* farbloses, übel riechendes, stark toxisches Gas, das bei der Zersetzung schwefelhaltiger Proteine entsteht und für den charakteristischen Geruch fauler Eier verantwortlich ist. S. kommt natürlicherweise z. B. in vulkanischen Gasen und Mineralquellen vor.

Schweflige Säure engl.: *sulfurous acid;* stechend riechende schwache Mineralsäure, die durch Lösen von → Schwefeldioxid in Wasser entsteht und zusammen mit Schwefeldioxid unter der Nummer E 220 als Konservierungs- und Antioxidationsmittel für verschiedene Lebensmittel zugelassen ist. Auch die Salze der s. S. (→ Sulfite) sind wichtige Konservierungsmittel.

Schwein lat.: *Sus scrofa domesticus L.* (Fam.: *Suidae*), engl.: *domestic pig;* fast ausschließlich für die Fleischerzeugung gehaltene Zuchtform des Wildschweines, das in Deutschland mengenmäßig den größten Fleischlieferanten (→ Schweinefleisch) darstellt. Die Aufzucht und Haltung von S. ist hinsichtlich der schnellen Erzeugung von fettgewebearmem Muskelfleisch im Gegensatz zum fettgewebereichen Fleisch früherer „Speckschweine" hin optimiert worden. Aufgrund der sich verringernden Stressresistenz und den damit verbundenen Problemen in der Fleischqualität (→ DFD-Fleisch) ergab sich in den letzten Jahren eine Änderung der Zucht- und Haltungsbedingungen. Die Schweinezucht ist weltweit mit Ausnahme des jüdisch und islamisch geprägten Kulturkreises verbreitet.

Schweinebandwurm lat.: *Taenia solium* (Fam.: *Cestoda*), engl.: *pork tapeworm;* → Bandwurm, der über den Zwischenwirt Schwein auf den Menschen übertragen wird. Die ausgewachsenen Larven (Schweinefinnen) befinden sich u. a. im Muskelfleisch; beim Verzehr von unerhitztem Fleisch gelangen sie in den menschlichen Darm und entwickeln sich zum geschlechtsreifen S. In der EU muss Schweinefleisch vor der Freigabe für die Vermarktung auf Finnen untersucht werden. Bei geringem Befall ist die Brauchbarmachung durch Gefrieren für mindestens 144 Stunden möglich (Abtötung der Finnen), stärker befallenes Fleisch ist genussuntauglich.

Schweinebauch; → Bauch

Schweinebrust Syn.: *Dicke Rippe, Brustspitze;* unterhalb der Schulter zwischen Bauch und Kopf gelegenes Teilstück aus dem Schweinevorderviertel mit grobfaserigem, ausgeprägt durchwachsenem, knochenhaltigem Fleisch. Dieses wird mit und ohne Knochen im Handel angeboten und eignet sich insbesondere zum Kochen und Schmoren, z. B. in Form von Rippchen, Gulasch, oder als Einlage in Suppen und Eintöpfen. Als Delikatesse gilt → gefüllte Schweinebrust.

Schweinedünndarm; Dünndarm vom Schwein, der i. d. R. ohne Schleimhaut und ohne Muskelschicht nicht gewendet als essbare

Wursthülle für Brüh- und Kochwürste verwendet und auch als Schweinesaitling bezeichnet wird. Mit Schleimhaut und gewendet ist er für Leberwürstchen, die Bestandteil einer Schlachtplatte zum Warmverzehr sind, als Wursthülle im Gebrauch. Ein von Schleimhaut und Submucosa befreiter Teil des Dünndarmes, der nur aus Muskelschicht und Serosa besteht, wird als Hülle für bestimmte Bratwürste verwendet. → Naturdarm

Schweinefett; Sammelbegriff für das gesamte im Schweineschlachtkörper enthaltene Fett. Das in reiner Form weiße weiche und glänzende S. verfügt über einen fütterungs-, geschlechts- und herkunftsabhängig mehr oder minder stark ausgeprägten charakteristischen Geruch und Geschmack. Wegen seiner i. d. R. (fütterungsabhängig) stabilen Konsistenz eignet sich S. zum Braten und Backen z. B. von Fettgebäck und in der Form von Schmalz (→ Schweineschmalz) auch als Brotaufstrich. Die Verwendung von S. zu diesen Zwecken ist seit Jahrhunderten bekannt. Als Geschmacksträger besitzt das Fett, insbesondere der intramuskuläre Anteil, eine wesentliche Auswirkung auf den Geschmack und die Konsistenz von Schweinefleisch. Vom Fettsäuremuster her verfügt S. über annähernd gleiche fütterungsabhängig schwankende Anteile an gesättigten und einfach ungesättigten Fettsäuren sowie einen geringen Anteil an mehrfach ungesättigten Fettsäuren. Gewonnen wird S. i. d. R. aus dem Fettgewebe durch Ausschmelzen.

Schweinefilet engl.: *pork filet,* Syn.: *Lummer, Lummel;* mageres, sehr hochwertiges Schweinefleisch ohne Knochen. Es stammt aus dem Lendenbereich (Unterseite des hinteren Kotelettstranges). S. ist prinzipiell für alle Zubereitungssarten, insbesondere aber für Braten und Kurzbraten (→ Filetsteak → Steaks) geeignet.

Schweinefleisch engl.: *pig meat;* durch Schlachtung gewonnenes Fleisch vom Hausschwein (lat.: *Sus scrofa domesticus L.*). Die wesentlichen sensorischen Eigenschaften wie Farbe, Konsistenz (Faserstruktur, Marmorierung) und Geschmack hängen vorwiegend von Alter, Mästung und weiteren Faktoren, wie z. B. Rasse oder Stressbelastung der Schlachttiere ab. Das Fleisch von jungen Tieren ist blassrot bis rosarot, feinfaserig und ziemlich gleichmäßig mit Fett durchwachsen, bei älteren Tieren (bspw. Sauen) dunkelrot, fest und mager. Eine hohe Stressbelastung kann zu einer negativen Veränderung des Fleisches (→ PSE-Fleisch) durch einen beschleunigten Abbau des in ihm enthaltenen Glykogens zu Milchsäure führen. Da die Schlachtung überwiegend vor der Geschlechtsreife erfolgt, wirkt sich das Geschlecht nur wenig

Zerlegung Schwein
Fleischseite

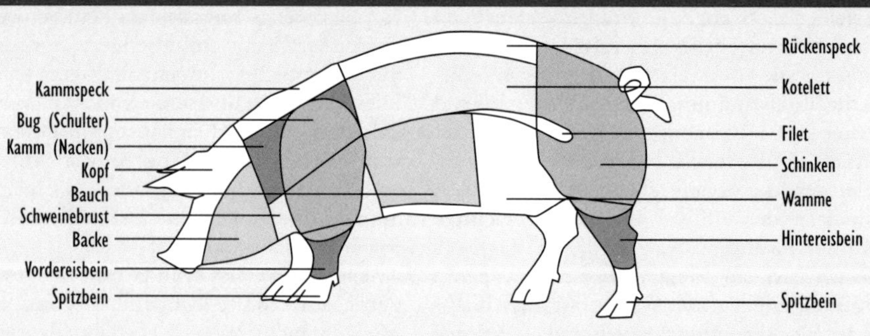

mit der Ausnahme von Ebern (→ Eberfleisch) auf die Qualität aus. Bei S. handelt es sich um das mengenmäßig am häufigsten in Deutschland verzehrte Fleisch. Am begehrtesten sind hierbei die zum Braten und nach Zuschneiden z. T. auch zum Kurzbraten geeigneten Teilstücke aus dem → Schinken (Keule, Schlegel), dem Filet (→ Schweinefilet) und dem → Kotelettstrang. Vorwiegend zum Schmoren und Kochen lassen sich → Kamm, Brust (→ Schweinebrust) und die Schulter (→ Schweineschulter) verwenden. In der Regel gekocht oder wie die Masse des Specks zur Wurstherstellung verarbeitet werden → Eisbein, → Spitzbein, → Bauch und der Kopf (→ Schweinemasken) mit Backen. S. ist frisch, gefroren und tiefgefroren im Handel und in der Direktvermarktung von Schlachtkörperteilen (Hälften, Viertel) über Teilstücke (z. B. Kamm oder Schulter) bis hin zu Zuschnitten (bspw. Nackenkoteletts, Schnitzel) erhältlich. Der Verkauf von S. im tafelfertig zubereiteten Zustand, z. B. mariniert und/oder bratfertig gewürzt, gewinnt zunehmend an Bedeutung. S. und Schweinefleischerzeugnisse sind ein wesentlicher Bestandteil von Fertiggerichten und Convenience-Produkten. Aufteilung s. Schema.

Schweinefleisch im eigenen Saft; dem → Corned Beef ähnliches gekochtes Fleischerzeugnis aus grobstückigem oder mäßig zerkleinertem grob entfetteten → Schweinefleisch, Salz bzw. Pökelsalz und ggf. Sehnen und/oder Schwarten sowie würzende Zutaten. Das Fleisch und ggf. die Sehnen und/oder Schwarten werden roh mit den anderen Zutaten in Dosen gefüllt und darin gekocht. Die Zugabe der Sehnen und/oder Schwarten sorgt für die Bindung des während der Erhitzung austretenden Fleischsaftes.

Schweinegehacktes Syn.: → *Schweinehackfleisch*

Schweinegewiegtes Syn.: → *Schweinehackfleisch*

Schweinehackfleisch engl.: *minced pork meat,* Syn.: *Schweingehacktes, Schweingewiegtes;* gewolftes oder ähnlich zerkleinertes, grob entfettetes Schweinefleisch, das vielfach zum Rohverzehr bestimmt ist.

Schweinekappe Syn.: → *Säckchen*

Schweinekrause Syn.: → *Krausdarm*

Schweinemagen engl.: *pig's stomach;* einhöhliger Drüsenmagen, der als Nebenprodukt bei der Schlachtung anfällt. S. wird mit Schleimhaut gewendet als Hülle für Fleischerzeugnisse (z. B. für Pfälzer Saumagen oder → Schwartenmagen) sowie als Zutat in speziellen traditionellen Fleischgerichten verwendet.

Schweinemasken engl.: *pig's head;* Kopfschwarten des Schweins mit anhaftendem Fett-, Binde- und Muskelgewebe. Sie werden in einigen Brüh- (Schweinskopfwurst, Presskopf) und Kochwürsten (einige Leber- und Blutwürste) mitverarbeitet. Des Weiteren sind sie Einlagen in Sülzwürsten wie z. B. Schweinskopfsülze.

Schweinenacken; → Kamm

Schweinenierenbraten; entschwarteter gerollter Schweinebauch mit eingewickelter Schweineniere.

Schweineohr engl.: *palmiers;* in gegenläufiger Doppelspirale geformtes, mit Zucker bestreutes oder glasiertes, an den Enden häufig mit Schokolade oder kakaohaltiger Fettglasur überzogenes → Blätterteiggebäck.

Schweinepest engl.: *swine fever, hog cholera;* hochinfektiöse Viruserkrankung der Schweine (Haus- und Wildschwein), übertragen durch Virusausscheider oder über infiziertes Futter (unzureichend erhitzte Schlacht- oder Speiseabfälle). Um die Ausbreitung der S. einzudämmen, müssen infizierte und ansteckungsgefährdete Tiere sofort getötet und unschädlich vernichtet werden. Die S. ist für den Menschen gesundheitlich unbedenklich, der volkswirtschaftliche Schaden ist jedoch groß.

Schweinesaitling; → Schweinedünndarm

Schweineschmalz engl.: *pig lard;* weißes, seidenartig glänzendes, körniges Fett mit je nach Gewinnung unterschiedlich stark ausgeprägtem, typisch arteigenem Geruch und Geschmack. Aufgrund seines Schmelzpunktes bei einer Temperatur von 26–40 °C (stark fütterungsabhängig) ist es sehr weich und streichbar. S. wird durch Trocken- oder Nassschmelze unter schonender indirekter oder direkter Erhitzung aus Fettgewebe vom Schwein gewonnen. Dabei handelt es sich v. a. um Bauchwandfett (→ Flomen), aber auch um Rückenspeck und sonstiges Fettgewebe. Die direkte Erhitzung kann leicht zu einem bratigen Geschmack führen. S. wird traditionell in vielen Sorten als Brotaufstrich und als Bratfett für Kurzgebratenes sowie als geschmacksgebende Zutat zu vielen Gerichten verwendet. Aufgrund seines natürlichen Gehaltes an Monoglyceriden (ca. 2 %) ist S. bei der Herstellung von Backwaren und Backfetten geschätzt. Die Gewinnung von Monoglyceriden aus S. ist gegenüber der aus pflanzlichen Quellen in den Hintergrund geraten. Es ist trocken (gegen Schimmelbildung), dunkel und kühl (Ranzig-, Talgig- und Seifigwerden) zu lagern, um einen vorzeitigen Verderb zu vermeiden.

Schweineschulter; wie gewachsen mit Knochen, Fettbesatz und Schwarte oder entschwartet, ohne Knochen, mit wenig Fett im Handel angebotenes Teilstück aus dem oberen Teil der Vordergliedmaßen des Schweines. Das kräftige, grobfaserige, von Sehnen durchwachsene Fleisch eignet sich insbesondere zum Schmoren (Schmorbraten, Gulasch) und Kochen. Geschmorte sowie geräucherte und gekochte S. wird in Süddeutschland als Delikatesse („Schäufele") verzehrt.

Schweinsbratwürstchen Syn.: *Schweinswürstchen;* kleine, vielfach roh angebotene → Brühwürstchen mit erbsengroß gekörntem, nicht umgerötetem → Brät ohne Feinbrätzusatz. Dieses besteht aus grob entfettetem sowie fettgewebereichem Schweinefleisch und weiteren Zutaten wie z. B. Gewürzen. S. sind zum umgehenden Verzehr in gebrühtem oder gebratenem Zustand bestimmt.

Schweinskäse; in der Regel in Formen gebackenes oder gebrühtes, rosafarbenes (umgerötetes) brühwurstartiges Fleischerzeugnis mit bis zu erbsengroßen Anteilen des Ausgangsmaterials im fein zerkleinerten → Brät. Dieses wird aus grob entsehntem sowie sehnenreichem Rindfleisch, fettgewebereichem Schweinefleisch und Fettgewebe hergestellt. Der Verzehr von S. erfolgt i. d. R. warm mit Beilagen oder kalt als Aufschnitt. Ein verwandtes ähnliches Erzeugnis ist → Weißer Schweinskäse.

Schweinskopfsülze; Sülze mit würfel- oder streifenförmigen Einlagen aus umgerötetem gewürfelten Schweinekopffleisch und Schweinemasken in klarer, aus Gelatine oder Schwartenabkochung gewonnener Gallerte. Der Anteil an von groben Fett- und Bindegewebsanteilen befreiten Muskelfleischeinlagen beträgt üblicherweise mindestens 10 %, bei Delikatess-Schweinskopfsülze nicht unter 20 %. Für Delikatess-Schweinskopfsülze werden würfelförmige Einlagen mit anhaftender Schwarte verwendet.

Schweinskopfwurst; umgerötete grobe → Brühwurst mit bis zu erbsengroß gekörntem → Brät. Dieses wird üblicherweise aus grob entsehntem sowie sehnenreichem Rindfleisch, Fettgewebe und Schweinemasken hergestellt. Sie wird abgefüllt in Hüllen mittleren Kalibers, insbesondere auch nachgeräuchert als Dauerware angeboten.

Schweinswürstchen; Syn.: → *Schweinsbratwürstchen*

Schweizer Käsesorten engl.: *Swiss cheese;* in Deutschland werden vorwiegend folgende Sorten angeboten: Appenzeller „Switzerland", Emmentaler „Switzerland", Le Gruyère® „Switzerland", Schweizer Kräuterkäse, Royalp „Switzerland" und Sbrinz „Switzerland" (s. auch bei den einzelnen Stichwörtern).

Schweizer Kräuterkäse Syn.: *Glarner Schabziger, Schweizer Zigerkäse;* halb fester Magerkäse aus der Schweiz (Kanton Glarus). S. K. wird durch das Vermischen von gereiftem

→Molkeneiweiß (Syn.: *Zieger*, *Ziger*) mit Kräutern hergestellt. Charakteristisch ist seine konische Zylinderform und der eigenartige, durch die Kräuter geprägte Geschmack. Sein Fettgehalt beträgt ca. 0,25 % i. Tr.

Schweizer Weine; in der Schweiz erzeugte Weiß- und Rotweine. Geografisch lässt sich die Schweizer Weinlandschaft in West-, Ost- und Südschweiz einteilen, wobei diese drei Weinbaugebiete fast identisch sind mit den Grenzen der Landessprachen und entsprechend mit deren Kulturgrenzen. Deshalb ist das Schweizer Weinangebot äußerst vielfältig. Die Schweiz setzt stark auf Qualität, was die neue Weinverordnung (1999) unterstreicht. Sie regelt Mindestzuckergehalt und Ertrag sehr streng. Kontrollierte Ursprungsbezeichnungen (DOC bzw. AOC) sind für einige Kantone (Genf, Wallis, Neuenburg, Waadt, Bern, Fribourg, Tessin, Schaffhausen, Aargau) vorhanden. Ein Verzeichnis der Rebberge, der Weine oder eine Klassifikation einzelner Gewächse existiert nicht. Die Zahl der angebauten Rebsorten ist groß. Hauptrebsorte ist die Weißweinrebe Chasselas, weitere Weißweinreben sind z. B. Completer, Pinot blanc, Pinot gris, Humange blanc, Chardonnay und Silvaner. Als Rotweinreben werden z. B. Pinot noir, Gamay, Merlot, Syrah, Cabernet Sauvignon und Blauburgunder angebaut. Aus den Trauben der Reben entstehen geschmackvolle, meist trockene Weiß-, Rot- und Roséweine, die meist im Land und jung getrunken werden.

Schweizer Zigerkäse Syn.: → *Schweizer Kräuterkäse*

Schwellenwertprüfung engl.: *threshold test;* Ermittlung der Konzentration, bei der eine sensorische →Merkmalseigenschaft von einem Prüfer richtig erkannt wird. Der Prüfer erhält dazu eine Zubereitung des Stoffes in aufsteigender Konzentration. Vergleichbar ist die Intensitätsprüfung nach DIN 10966. →Reizschwelle

Schwellung; →Speiseeis

Schwenkbraten; über Holzkohlen auf einem schwingenden Rost gegartes Fleisch. Verwendet wird insbesondere Schweine- und Rindfleisch.

Schwermetalle engl.: *heavy metals;* Bezeichnung für Metalle mit einer Dichte ab 5 g/m^3, wie z. B. Blei, Cadmium, Kupfer, Zink und Quecksilber. Einige S. sind als Spurenelemente oder Mikronährstoffe für den Stoffwechsel von Menschen, Tieren und Mikroorganismen essenziell, andere haben schon in sehr geringen Konzentrationen in elementarer Form, häufig auch in Form metallorganischer Verbindungen toxische Wirkung.

Schwertbohnen; →Bohnen

Schwertfisch lat.: *Xiphias gladius* (Fam.: *Xiphiidae*), engl.: *swordfish;* Seefisch mit stromlinienförmigem Körper und schwertförmig verlängertem Oberkiefer (Name). Der S. ist als Raubfisch verbreitet in tropischen und mäßig warmen Gebieten der Weltmeere, u. a. im Mittelmeer, wo er bereits in der Antike als Speisefisch geschätzt wurde. In Deutschland gilt S. als Edelfisch; er wird als Frischfisch und tiefgefroren angeboten zur Zubereitung von Steak und Kotelett, in Italien und Spanien auch geräuchert. Eine sizilianische Spezialität sind gesalzene, luftgetrocknete, in feine Scheiben geschnittene Schwertfischfilets (Moscaime). 100 g Filet enthalten ca. 19 g Protein und 2–7 g Fett. Große alte Tiere können erhöhte Gehalte an →Quecksilber aufweisen; sie müssen vor der Freigabe für die Vermarktung entsprechend untersucht werden. Mit dem S. verwandt ist der →Marlin.

Schwindlinge lat.: *Marasmius sp.* (Fam.: *Tricholomataceae*); Pilze der Gattung *Marasmius Fr.*, die eintrocknen können und sich im Regen wieder regenerieren. Von den S. spielt nur der →Echte Mousseron als Gewürzpilz eine Rolle.

Scotch; Kurzbezeichnung für schottischen →Whisky.

SDS-PAGE; →Elektrophoretische Untersuchungsmethoden

Sec Syn.: *secco, dry, trocken;* bedeutet übersetzt „trocken" und weist bei Spirituosen auf eine herbe Geschmackrichtung bzw. auf eine geringe Süße hin. Sekt (→ Abstimmung) mit der Bezeichnung S. darf einen Zuckergehalt von 17 bis 35 g/l aufweisen, Wein darf maximal 4 g Zucker pro Liter und wein- oder schaumweinähnliche Getränke dürfen zwischen 15 und 35 g Zucker pro Liter enthalten.

Second flush Syn.: *Zweiter Trieb, Sommerpflückung;* Qualitätskriterium für nordindische Tees wie → Darjeeling-Tee und → Assam-Tee, das sich auf den Zeitpunkt der Ernte bezieht. S.-f.-Darjeelings werden etwa Mitte Mai bis Mitte Juli geerntet und besitzen ein würziges kräftiges Aroma sowie eine kräftigere Tassenfärbung als Darjeelings aus dem → First Flush.

Seeaal engl.: *smoked dogfish;* grätenfreie Stücke von enthäutetem → Dornhai, die in verschiedenen Formen geräuchert oder gekocht angeboten werden. Die geräucherten ganzen Stücke sind unter der Bezeichnung S. und die gekochten, in Gelee eingelegten Stücke als S. in Gelee im Handel. Die Bezeichnung für die in Streifen geschnittenen geräucherten Stücke vom Bauchlappen lautet Schillerlocken, weil sie sich beim Räuchern lockenartig aufrollen. Der Fettgehalt von geräuchertem S. liegt bei ca. 7 %; Kochsalz wird nicht zugesetzt.

Seebarsch Syn.: → *Wolfsbarsch*

Seebrassen Syn.: → *Meerbrassen*

Seefische engl.: *marine fish, salt-water fish,* Syn.: *Meeresfische;* → Fische, die im Meer (Salzwasser) beheimatet sind. Etwa 60 % der essbaren Fische weltweit werden den S. zugeordnet, die übrigen den → Süßwasserfischen. S. sind, wie alle Fische, reich an leicht verwertbarem Eiweiß; von besonderer ernährungsphysiologischer Bedeutung ist der Jodgehalt (→ Jodmangel), einige sind gute Fettlieferanten (→ Fettfische).

Seeforelle engl.: *lake trout;* → Forellen

Seegurken lat.: *Holothuriodea,* engl.: *sea cucumbers,* Syn.: *Seewalzen;* artenreiche Klasse der Stachelhäuter mit gurkenähnlicher Körperform (Name), die in allen Weltmeeren vorkommen; die meisten sind bis ca. 30 cm lang, einige länger. Im Indo-pazifischen Raum besitzen einige Arten große wirtschaftliche Bedeutung, u. a. *Holothuria scabra Jäger* und *Apostichopus japonicus Selenka.* Sie werden auch in → Aquakultur gezüchtet. In der chinesischen, malayischen, thailändischen und indonesischen Küche sind S. eine wichtige Zutat für Suppen, Ragouts u. ä. Gerichte, an den Küsten frisch, im Binnenland getrocknet (→ Trepang). Gekochte S. sind von gallertartiger Konsistenz.

Seehase lat.: *Cyclopterus lumpus L.* (Fam.: *Cyclopteridae*), engl.: *lumpsucker, kiarkvarrey,* Syn.: *Lumpfisch;* im Nordatlantik lebender Meeresfisch, dessen Rogen Rohstoff für die Herstellung von Kaviarersatz (deutscher Kaviar) ist (→ Kaviar). Das Fischfleisch ist für den menschlichen Verzehr von geringerer Bedeutung.

Seehecht lat.: *Merluccius subsp.* (Fam.: *Merlucciidae*), engl.: *hake;* Seefisch, der in allen Weltmeeren vorkommt; die wichtigsten Arten sind: Europäischer S. (lat.: *M. merluccius L.*) und Amerikanischer S. (lat.: *M. bilinearis Mitchill*) im Nordost- und Nordwestatlantik, Kapseehecht (lat.: *M. capensis Castelnau*) und Argentinischer S. (lat.: *M. hubbsi Marini*) im Südost- und Südwestatlantik sowie Pazifischer S. (lat.: *M. productus Ayres*) und Peru- bzw. Chileseehecht (lat.: *M. gayi Guichenot*) im Nordost- und Südostpazifik. Die mittlere Länge des S. liegt bei 40–50 cm, einzelne Arten werden bis über 1 m lang. Der Bestand im Nordatlantik ist gefährdet; es bestehen Fangbeschränkungen. In Deutschland wird S. aus unterschiedlichen Regionen als Frischfisch und tiefgefroren angeboten. Der mittlere Nährstoff- und Energiegehalt in 100 g Filet beträgt: 17 g Protein, 2,5 g Fett, davon 825 mg → Omega-3-Fettsäuren und 35 mg Arachidonsäure. In der Praxis wird auch der Neuseeländische Hoki (lat.: *Macruronus novaezelandiae Hector*) dem S. zugerechnet (in Deutschland Blauer S.), sowie der Schwarze bzw. Antarktische S. (lat.: *Dissostichus eleginoides Smitt* bzw. *D. mawsoni Norman*, Fam.: *Nothitheniidae*) aus dem Südpolarmeer, der hauptsächlich in Japan und in den USA, in kleineren Mengen auch in der EU gehandelt wird. Die Bestände sind stark überfischt.

Seeigel lat.: *Echinoidea,* engl.: *sea urchins;* artenreiche Klasse der Stachelhäuter; der Körper ist von einem Kalkskelett mit Stacheln umgeben. S. leben in nahezu allen Weltmeeren, auch in der Nordsee. Einige Arten wie z. B. der Essbare Seeigel (lat.: *Echinus esculentus L.*) sind zum Verzehr geeignet. Der Panzer wird mit einem spitzen Gegenstand geöffnet und das Innere herausgelöst. S. wird roh oder gegart verzehrt.

Seekohl; 1. → Seetang (Laminaria-Algen); 2. Syn. für → Meerkohl (Kohlgemüse).

Seelachs lat.: *Pollachius subsp.* (Fam.: *Gadidae);* mit dem Kabeljau verwandte Gattung von Seefischen. Die wichtigsten Arten sind Köhler (lat.: *Pollachius virens L.*) und Pollack/Steinköhler (lat.: *Pollachius pollachius L.*). Der S. wird maximal 130 cm lang; er ist im gesamten Nordatlantik vom Golf von Biscaya bis Grönland, Island und in der Barentssee verbreitet. S. gehört zu den mengenmäßig wichtigsten Konsumfischen. In Deutschland wird er als Frischfisch und tiefgefroren angeboten sowie außerdem als Rohstoff für → Lachsersatz und andere vorgefertigte (Teil)gerichte mit Fisch verwendet. S. ist ein → Magerfisch; 100 g Filet enthalten ca. 18 g Protein, 0,9 g Fett und 160 mg Purine, berechnet als Harnsäure. → Alaska-Seelachs

Seemuschel Syn.: → *Miesmuschel*

Seeohr; → Abalone

Seesaibling engl.: *charr;* → Saiblinge

Seesalz Syn.: → *Meersalz*

Seespinnen engl.: *sea spider, thornback crab, toad crab;* Sammelbezeichnung für → Krabben mit spinnenähnlichem Erscheinungsbild. Als Speisekrabben werden genutzt die Große S. (Syn.: *Meeresspinne*, lat.: *Maja squinado Herbst*) und seltener die in europäischen Meeren, auch in der Nordsee häufig vorkommende Gewöhnliche Nordatlantische Seespinne (lat.: *Hyas araneus L.*).

Seetang engl.: *seaweed,* Syn.: *Kaiso (jap.)*; → Braun-, → Grün- und → Rotalgen mit breitem blattähnlichen Thallus, der mehrere Meter lang werden kann. S. findet sich an den Meeresküsten weltweit; essbare Sorten werden regional als Gemüse/Salat verwendet (Seegemüse, Seekohl, Meersalat). In Europa ist der Verzehr stark zurückgegangen; in der fernöstlichen Küche sind einzelne Arten Grundnahrungsmittel (→ Hijiki → Kombu → Nori → Wakame). Sie dienen zum Würzen von Reis und Suppen und als Gemüse zur Zubereitung von → Sushi und ähnlichen Gerichten. S. wird getrocknet, evtl. auch gesalzen und geröstet (Nori) angeboten. S. ist Rohstoff für vegetarischen Kaviar und für Algenprodukte.

Seeteufel lat.: *Lophius piscatorius L.* (Fam.: *Lophiidae*), engl.: *angler, monkfish, frogfish,* Syn.: *Anglerfisch, Angler;* großer → Magerfisch (maximal 200 cm lang), der im Nordostatlantik und im Mittelmeer in kleineren Mengen angelandet wird. S. besitzt festes weißes Fleisch und gilt als Edelfisch. Er wird bevorzugt in Frankreich verzehrt (franz.: *lotte de mer*), z. B. in → Bouillabaisse, aber auch in Deutschland angeboten, u. a. als Räucherfilet (geräuchertes Anglerfilet). 100 g frisches Filet enthalten ca. 15 g Protein, 0,7 g Fett und 25 mg Cholesterin. Neuseeländischer S. (lat.: *Kathetostoma giganteum Haast*) wird ebenfalls im Handel angeboten.

Seetieröle engl.: *marine oils, train oils;* Sammelbegriff für Fett von Meerestieren, traditionell Fische, Wale und Robben. Da letztere international nicht mehr gehandelt werden (→ Wale), ist der Begriff in der Praxis identisch mit Fischfett wie z. B. → Fischöle, → Fischleberöle und → Haileberöle.

Seewalzen Syn.: → *Seegurken*

Seewolf engl.: *wolf-fish;* → Katfisch

Seezunge lat.: *Solea solea L.* (Fam.: *Soleidae*), engl.: *common sole, Dover sole;* → Plattfisch mit Hauptverbreitungsgebiet im Ostatlantik von Norwegen über die britischen Inseln bis Westafrika, Nordsee, westliche Ostsee und Mittelmeer. In einigen Mittelmeerländern wird S. auch gezüchtet (→ Fischzucht). Die 30–40 cm, maximal 70 cm lange S. ist ein besonders begehrter Edelfisch. Sie wird als Frischfisch und tiefgefroren angeboten und zu hochwertigen (Teil)fertiggerichten verarbeitet. 100 g Filet enthalten ca. 18 g Protein, 1–2 g Fett und 130 mg Purine (berechnet als Harnsäure).

Sehnen engl.: *sinews, ligaments, tendons;* straffes → Bindegewebe, das v. a. die Verbindungen zwischen Knochenskelett und Muskulatur bildet. Dazu werden bei der Herstellung von Fleisch- und Wurstwaren üblicherweise gezählt: S., Sehnenscheiden, Sehnenplatten, Bindegewebshäute im Körperinneren und Bänder mit Ausnahme des Nackenbandes beim Rind. Die Ansammlungen von lockerem und elastischem Bindegewebe, die beim Ausschneiden von Fleisch anfallen, werden den S. üblicherweise gleich gestellt.

Seidenbonbons/-kissen engl.: *pulled sweets, satin goods;* seidig glänzende, gefüllte oder ungefüllte harte Bonbons (→ Hartkaramellen). Der seidige Glanz entsteht durch das Einarbeiten von Luft beim Ziehen der Zuckermasse vor dem Prägen.

Seignette-Salz Syn.: → *Kaliumnatriumtartrat*

Seimhonig engl.: *pressed honey;* mit leichtem Erwärmen (bis 45 °C) gewonnener → Presshonig. → Honig

Seitenfaltbeutel engl.: *gusset bag,* Syn.: *Faltenbeutel;* Flachbeutel mit zwei seitlichen Längsfalten, die das Volumen des → Beutels vergrößern. S. werden zum Verpacken von Brot, Fleisch und Wurstwaren eingesetzt.

Sekt; in Deutschland rechtlich erlaubte Bezeichnung für → Qualitätsschaumwein, die ugs. für alle Sorten von → Schaumwein sowie für → Perlwein verwendet wird.

Sekundäre Pflanzenstoffe engl.: *phytochemicals;* Abk.: SPS, Gruppe chemisch sehr unterschiedlicher Substanzen, die in geringen Mengen im Sekundärstoffwechsel der Pflanzen gebildet werden und meist pharmakologische Wirkung besitzen. Mit der Bezeichnung Sekundärstoffwechsel soll eine Abgrenzung vom Primärstoffwechsel, der zum Aufbau und Erhalt der Biomasse dient, erfolgen. Die Pflanze bildet die SPS als Abwehrstoffe, Wachstumsregulatoren und Farb- und Aromastoffe. Sie besitzen sowohl gesundheitsfördernde als auch gesundheitsschädigende Eigenschaften. Zu den SPS gehören z. B. die → Polyphenole, → Carotinoide, → Saponine, → Terpene, → Glucosinolate, → Phytosterine, → Phytoöstrogene, Protease-Inhibitoren und Sulfide. Zu den gesundheitsfördernden Eigenschaften gehören antioxidative, antikanzerogene, antimikrobielle, antithrombotische, entzündungshemmende, Cholesterinspiegel senkende und verdauungsfördernde Wirkungen. Allerdings sind die meisten Daten zu den physiologischen Wirkungen in vitro gewonnen und gesicherte Befunde stellen die Ausnahme dar.

Selbststerilisation Syn.: → *Autosterilisation*

Selchfleisch engl.: *smokled meat,* Syn.: *Geselchtes;* gekochtes, gepökeltes und geräuchertes (bayr.-österr. „geselchtes“) Schweinefleisch. → Rauchfleisch

Selection; seit dem Jahr 2000 zugelassene Bezeichnung für handgelesene Weine mit geringem Ertrag von ausgewählten Standorten. Die Selection-Weine stellen eine neue trockene Spitzenklasse dar, sie dürfen erst ab 1. September des Erntefolgejahres verkauft werden.

Selen engl.: *selenium;* zu den → Spurenelementen gehörender → Mineralstoff. S. ist Bestandteil der Glutathionperoxidasen, die Peroxide reduzieren und freie Radikale abfangen. Als Bestandteil von Dejodasen ist S. an der Umwandlung des Schilddrüsenhormons Thyroxin zum aktiven Trijodthyronin beteiligt. Einige Proteine, die S. anstelle von Schwefel enthalten (Selenoproteine), besitzen antioxidative Eigenschaften. Da in Deutschland die Böden arm an S. sind, erfolgt die Aufnahme v. a. durch Fleisch, Fisch und Eier. Eine Anreicherung von Mischfutter ist möglich. Ein Selenmangel beim Menschen wird nur bei der so genannten Keshan-Krankheit beobachtet. In bestimmten Gebieten Chinas führte die chronische Unterversorgung mit S. zu Erkrankungen des Herzmuskels z. T. mit Todesfolge. In höheren Dosen ist S. stark toxisch, die Symptome sind unspezifisch (der Atem riecht durch Dimethylselenid nach Knoblauch).

Sellerie lat.: *Apium graveolens L.* (Fam.: *Apiaceae*), engl.: *Celery;* ein- oder mehrjährig angebautes Doldengewächs mit drei kultivierten Varietäten, die unterschiedliche Verwendung finden. Bei ihnen handelt es sich um den →Schnittsellerie (lat.: *var. secalinum ALEF.*), den →Bleichsellerie (lat.: *var. dulce (MILL.) PERS.*) und den →Knollensellerie (lat.: *var. rapaceum (MILL.) GAUD.*). Die Selleriepflanzen enthalten in allen Organen →ätherische Öle mit Phthaliden (z. B. Sedanenolid), die ihnen das typische, dem →Liebstöckel ähnelnde Aroma verleihen. Die in gesunden Pflanzen bis etwa 0,6 ppm enthaltenen Furanocumarine sind für die so genannte Wiesendermatitis oder Selleriekrätze verantwortlich, einer Sensibilisierung der Haut gegenüber UV-Strahlen nach Kontakt mit der Pflanze. In Mitteleuropa gehört S. zu den häufigsten Lebensmittelallergenen (→Sellerieallergie).

Sellerieallergie engl.: *celery allergy;* →Allergie gegen Sellerieproteine, die häufig zusammen mit einer Allergie gegen Beifuß- und/oder Birkenpollen auftritt und zu schweren allergischen Reaktionen bis hin zum →anaphylaktischen Schock führen kann. Aufgrund der vielfältigen Einsatzmöglichkeiten von Sellerie, insbesondere zur Würzung, besteht für die Allergiker weiterhin die Problematik der unerwarteten Aufnahme von Sellerie in zusammengesetzten Lebensmitteln und zubereiteten Speisen. Beim Erhitzen geht die Allergenität von Sellerie für einen Teil der Sellerie-Allergiker verloren.

Selleriesalz engl.: *celery salt;* →Gewürzsalz aus mehr als 40 % Speisesalz und gemahlenen Selleriesamen, seltener auch aus Selleriekrautpulver. S. enthält üblicherweise mindestens 15 % Selleriebestandteile.

Selleriesamen lat.: *Apium graveolens var. secalinum Alef.* (Fam.: *Apiaceae*), engl.: *celery seeds;* 1 bis 1,5 mm lange, sehr leichte, mittel- bis dunkelbraune Samen vom vorwiegend in Indien und Nordafrika angebauten →Schnittsellerie. Sie weisen ein ähnliches, jedoch stärkeres und bittereres Aroma als die anderen zum Würzen verwendeten Pflanzenteile des Schnittselleries auf und werden vorwiegend in der Lebensmittelindustrie, ganz oder gemahlen als Selleriepulver, zum Würzen von Essiggemüse, Würzsaucen und Gemüsesäften sowie zur Herstellung von Selleriesalz eingesetzt. In der häuslichen Küche sind S. wenig verbreitet, können jedoch sparsam angewandt, gut zum Würzen von Saucen, Suppen, Salaten, Gemüse- und Fleischgerichten eingesetzt werden.

Selters; nicht mehr zulässige Bezeichnung für →Sodawasser. Als S. darf heute nur noch →Mineralwasser gehandelt werden, das aus Selters an der Lahn stammt.

Semicarbazid engl.: *semicarbazide,* Syn.: *Aminoharnstoff;* Abk.: SEM, in Glaskonserven auftretende →Kontaminante, die durch Zersetzung des Treibmittels Azodicarbonamid, das zum Aufschäumen von Kunststoffdichtungen von →Twist-off-Verschlüssen eingesetzt wird, entstehen kann. Zu den betroffenen Lebensmitteln zählen z. B. Fruchtsäfte, Babykost und Gemüse. S. zeigte im Tierversuch eine schwach Krebs erzeugende Wirkung und in Zellkulturen einen schwach Erbgut verändernden Effekt. Nach Beurteilungen des Bundesinstitutes für Risikobewertung (BfR) sind geringe Konzentrationen an Semicarbazid im unteren µg-Bereich, wie sie in den betroffenen Lebensmitteln gefunden wurden, gesundheitlich unbedenklich.

Semifreddo; kalt serviertes, „halb gefrorenes" italienisches Dessert.

Semi-Vegetarismus engl.: *semi-vegetarism;* Ernährungsform, bei der der Verzehr von

Fleisch und Fisch stark eingeschränkt, nicht jedoch völlig aufgegeben wird.

Semmel; 1. überwiegend aus Weizenmehl gebackene →Brötchen, die unter verschiedenen Bezeichnungen mit meist örtlichem oder gebietlichem Charakter hergestellt werden. 2. in Norddeutschland verwendete Bezeichnung für →Rosinenstuten, die freigeschoben gebacken werden.

Semmelknödel engl.: *bread dumpling;* gekochte tennisballgroße Knödel aus einem aus Semmeln oder Weißbrot mit Milch hergestelltem Teig. Weitere mögliche Zutaten sind Eier und Gewürze. S. werden meist als Beilage verwendet und vielfach auch als Trockenprodukt angeboten.

Semmelleberwurst; nicht umgerötete, meist in Kranzdärme gefüllte →Leberwurst. Das Ausgangsmaterial besteht üblicherweise aus fettgewebereichem Schweinefleisch, Bindegewebe, Schweinemasken, Leber u. a. Innereien unter Mitverwendung von Semmeln und/oder Weißbrot sowie anderen Zutaten wie z. B. Gewürzen. S. ist zum Verzehr in warmem Zustand z. B. als Bestandteil einer Schlachtplatte bestimmt.

Semmelmehl Syn.: →*Paniermehl*

Semmelstoppelpilz lat.: *Hydnum repandum L.: Fr.* (Fam.: *Hydnaceae*), engl.: *Wood Hedgehog;* von Juli bis November in Laub- und Nadelwäldern wachsender →Speisepilz mit welligem Hut von 5–12 cm Durchmesser und hellgelber bis gelbbrauner Farbe. Der S. besitzt einen hellen kurzen Stiel, der in den Hut übergeht, dichte weiße bis blass rosafarbene Stacheln und weißes bis gelbliches Fleisch von leicht pfeffrigem, im Alter bitteren Geschmack.

Senegalgummi Syn.: →*Gummi arabicum*

Senf engl.: *mustard;* 1. Abk. für →Speisesenf; 2. einjährige Pflanzen der Gattungen *Sinapis* (→Weißer Senf) und *Brassica* (→Schwarzer Senf →Sarepta-Senf), die sich durch ihren hohen Gehalt an Senfölglykosiden in den Samen auszeichnen und zu Würzzwecken dienen. Die verschiedenen Arten werden entweder nach der Farbe ihrer Samen oder nach dem Herkunftsland bezeichnet.

Senfgurken; ausgereifte geschälte und vom Kerngehäuse befreite, in Stücke geschnittene Schälgurken mit einem Aufguss aus Essig und Gewürzen unter Mitverwendung von Senfkörnern und Kräutern oder deren Auszügen sowie weiteren Zutaten. Die Haltbarmachung erfolgte im frischen Zustand der Schälgurken mit Aufguss in einem geeigneten Behältnis. Schlangengurken werden für S. üblicherweise nicht verwendet. Eine ähnliche pasteurisierte Gurkenkonserve sind →Zuckergurken.

Senfkörner Syn.: →*Senfsaat*

Senfmayonnaise; →Mayonnaise mit relativ hohem Senfanteil. S. wird vielfältig, z. B. zum Anmachen von Salaten oder als Würzsauce zu Fleisch- und Fischgerichten verwendet.

Senfmehl engl.: *mustard flour;* Erzeugnis aus gemahlenen, nicht entölten, geschälten Senfkörnern, das bei der Herstellung von →Speisesenf eingesetzt wird.

Senföl engl.: *mustard oil;* 1. Isothiocyanate, die als geruchlose Glucosinolate im ätherischen Öl verschiedener Pflanzen v. a. von Kreuzblütlern vorkommen. Beim Zerkleinern des Gewebes werden sie durch pflanzeneigene Enzyme freigesetzt und entwickeln ihren stechenden Geruch sowie ihren scharfen Geschmack. In der Pflanze wirken sie aufgrund ihrer antimikrobiellen und fungistatischen Eigenschaften als Abwehrstoffe. Manche S. sind reizend und giftig, andere sollen antikanzerogen wirken. Aus den Glucosinolaten können auch Substanzen (Goitrine) entstehen, die kropfbildend wirken; 2. gelbbraunes fettes Öl, das durch Auspressen oder Extrahieren von Senfsaat (schwarzen oder weißen Senfsamen) gewonnen wird. Es wird v. a. in China und Teilen Indiens als Speiseöl verwendet.

Senfpulver engl.: *Mustard powder;* →Senfmehl, dem insgesamt höchstens 20 Gewichtsprozent einer oder mehrerer der folgenden Zutaten zugesetzt wurden: Gewürze, Kräuter oder Getreidemehl. S. wird zur Zubereitung von Speisesenf, z. B. von englischem Senf verwendet und ist im Handel als Trockenprodukt erhältlich.

Senfsaat engl.: *mustard seed,* Syn.: *Senfkörner;* kugelige, meist 1–3 mm große Samen verschiedener, einander sehr ähnlicher Senfpflanzen aus der Familie der *Brassicaceae.* Sie enthalten neben ca. 30 % Protein etwa ebenso viel fettes Öl mit einem hohen Gehalt an Erucasäure und geringeren Mengen an Linol- und Linolensäure. Nach der Farbe der Körner wird allgemein zwischen Braunsenfsaat aus den dunkleren Körnern verschiedener Brassica-Arten wie →Schwarzer Senf oder →Sarepta-Senf und Gelbsenfsaat von dem →Weißen Senf unterschieden. S., die zur Herstellung von →Speisesenf verwendet wird, muss von einwandfreier und handelsüblicher Qualität sein. Die von den Sorten Schwarzer Senf, Weißer Senf oder Sarepta-Senf stammenden reifen Körner dürfen keinem anderen Extraktionsverfahren zur Ölgewinnung als dem Pressverfahren unterzogen werden. Neben der Verarbeitung zu Speisesenf, die den Hauptverwendungszweck für S. darstellt, werden Senfkörner auch zum Würzen von Fleischerzeugnissen, Fischmarinaden und sauren Gurken eingesetzt.

Senfsauce engl.: *mustard sauce;* Bezeichnung für eine pikante, helle, gebundene Sauce, die neben Senf i. d. R. auch Zwiebeln und Sahne enthält. Sie wird hauptsächlich zu gedünstetem Fisch und zu gekochten Eiern serviert. →Sauce Robert

Seniorenernährung; Kostform, die im Allgemeinen den Empfehlungen für eine →vollwertige Ernährung entspricht, jedoch den physiologischen Veränderungen des Alters angepasst ist. Aufgrund des verminderten Energieumsatzes sollte die Nahrungs- und Fettzufuhr reduziert werden. Da gleichzeitig der Nährstoffbedarf weitestgehend unverändert ist, muss eine höhere →Nährstoffdichte angestrebt werden. Eine ausreichende Zufuhr an Ballaststoffen (wegen der Neigung zu Verstopfung) sowie Calcium und Vitamin D (wegen verminderter Knochenmasse) sollte gewährleistet sein, ebenso eine ausreichende Flüssigkeitszufuhr (1,5–2 l) trotz des verminderten Durstempfindens. Die verlangsamte Verdauungstätigkeit zusammen mit der verminderter Geruchs- und Geschmackwahrnehmung und dem Auftreten verschiedener Krankheiten führen häufig zu mangelndem Appetit (Altersanorexie) mit der Tendenz zu →Unterernährung und →Mangelernährung. Auf der anderen Seite kann es durch den niedrigeren Energiebedarf und häufig unzureichende körperliche Aktivität auch zu →Überernährung und dadurch zu Übergewicht kommen.

Senkhonig Syn.: → *Tropfhonig*

Sensorik engl.: *sensory evaluation,* Syn.: *Sinnenprüfung;* wissenschaftliche Verfahren zur

Einteilung der Sinneseindrücke*)

Sinnesorgan	Empfindungsmodalität (Sinn)	Sinneseindruck	Empfindungsqualität (Beispiele)
Auge	Gesichtssinn	optisch	hell, dunkel, farbig
Nase	Geruchssinn	olfaktorisch	fruchtig, raucharomatisch
Zunge	Geschmackssinn	gustatorisch	süß, salzig, sauer, bitter
„Getast“	Temperatursinn	haptisch	warm, kalt
	mechanischer Hautsinn		glatt, rau
	kinästhetischer Sinn		schwer, leicht, zäh
	Schmerzsinn		stechend
Ohr	Gehörsinn	akustisch	laut, leise

*) entnommen aus: Fliedner/Wilhelmi (1993): Grundlagen und Prüfverfahren der Lebensmittelsensorik, Behr's Verlag

Untersuchung von Lebensmitteln mit den menschlichen Sinnen. Mit systematisch geplanten und standardisierten Versuchsanordnungen lassen sich sensorisch wahrnehmbare Produkteigenschaften durch geeignete und ausgebildete Prüfpersonen erfassen („messen"), analysieren und interpretieren. Mit statistischen Verfahren werden objektivierte Gruppenergebnisse errechnet. Sensorische Prüfmethoden untergliedern sich in unterscheidende (diskriminative), beschreibende (deskriptive) und hedonische (affektive) Verfahren. Den menschlichen Sinnesorganen entsprechend kommen dabei Gehörsinn, Gesichtssinn, Geruchssinn, Geschmackssinn und Tastsinn zum Einsatz. Moderne S. findet Anwendung in der begleitenden Produktentwicklung, Qualitätssicherung und Verbraucherforschung.

Separatorenfleisch engl.: *mechanically recovered meat;* definiert ist als S. ein Erzeugnis, das nach dem Entbeinen durch maschinelles Abtrennen von frischem Fleisch (Restfleisch) von Knochen, ausgenommen Kopfknochen und Röhrenknochen sowie Gliedmaßenenden unterhalb der Karpal- oder Tarsalgelenke und Schweineschwänze, gewonnen worden ist. In der Praxis wird das so gewonnene Erzeugnis als Hartseparatorenfleisch bezeichnet. Das Abtrennen des Fleisches geschieht in Separatoren, wo durch Pressen unter hohem Druck oder durch Zentrifugalkraft das Fleisch vom Knochen gelöst wird. Beim Prozess des Ablösens besteht die Gefahr, dass neben Knochensplittern auch andere Bestandteile wie z. B. Stücke des Zentralnervensystems bei Kopfknochen und Wirbeln in das Fleisch gelangen könnten. Aus diesen Gründen gilt Hartseparatorenfleisch von Rindern sowie von Schafen und Ziegen als Risikomaterial im Hinblick auf → Bovine Spongiforme Enzephalopathie und → Transmissible Spongiforme Enzephalopathie. Die Gewinnung von Hartseparatorenfleisch von Rindern, Schafen und Ziegen ist verboten. In der EU wird Hartseparatorenfleisch von Schweinen und Geflügel gewonnen; in Deutschland gilt seit dem Jahre 2001 ein freiwilliger Selbstverzicht. S. zählt deklaratorisch nicht zum Fleisch. Ebenfalls als S. wird allgemein maschinell, z. B. durch Wolfscheiben vom Sehnen befreites Fleisch (Weichseparatorenfleisch, 3-mm Fleisch) bezeichnet, das in seinen Eigenschaften Hackfleisch ähnelt.

Separieren engl.: *separation;* Trennen meist flüssiger, nicht mischbarer Komponenten mit unterschiedlichen spezifischen Gewichten mit Hilfe der Zentrifugalkraft (→ Zentrifugieren) in einer Tellerzentrifuge (Separator). S. wird z. B. zum Entrahmen von Milch und Molke und bei der Gewinnung von Quark, Frischkäse und Casein angewandt.

Sepia/Sepien lat.: *Fam. Sepiidae ,* engl.: *cuttlefishes,* Syn.: *Tintenfische, Tintenschnecken;* zehnarmige zu den → Weichtieren gehörende → Kopffüßer mit 8 Fangarmen und 2 weiteren Tentakeln zum Einfangen der Beute. Charakteristisch ist der Farbbeutel am hinteren Ende des Eingeweidesacks, mit dem S. bei Gefahr eine braunschwarze Flüssigkeit (Sepia-Tinte) in die Umgebung absondern. Die Schale ist ansatzweise vorhanden (Schulp, Wetzstein und Kalklieferant für Käfigvögel). In europäischen Gewässern (Nordostatlantik/Nordsee, Mittelmeer) ist der Gemeine Tintenfisch (lat.: *Sepia officinalis L.*) verbreitet. Der Gemeine Tintenfisch ist traditioneller Bestandteil der spanischen Küche, wobei die „Tinte" meist mitverwendet wird. In Deutschland werden im Fachhandel ganze Tiere angeboten, auch vorbereitet, und aus Eingeweidesack (Tube) und Tentakeln vorgefertigte Erzeugnisse, auch aus überseeischen Sepienarten.

Sepia-Tinte; braunschwarzer Farbstoff des Tintenfisches (→ Sepia/Sepien). S. wird verwendet zum Färben von Teigwaren (schwarze Nudeln), als Zutat zu Tintenfischgerichten und als homöopathisches Heilmittel.

Serbische Bohnensuppe; → Bohnensuppe aus weißen Bohnen, Brühe, Paprika, Lauch und anderen würzenden Zutaten.

Serbisches Reisfleisch; Eintopfgericht aus Fleischstückchen, Reis, Tomaten und/oder Paprika sowie anderen Zutaten.

Sereh; indonesische Bezeichnung für → Lemongras, die häufig in Rezepten indonesischer Gerichte verwendet wird.

Serin engl.: *serine;* Abk.: Ser, bedingt essenzielle → Aminosäure, die in den meisten → Proteinen zu 4–8 % enthalten ist. Ser wird im Organismus aus Glycin und Formaldehyd gebildet und ist als Lieferant von C_1-Einheiten an vielen Biosynthesen im Körper beteiligt, z. B. der Synthese von Purin- und Pyrimidinbasen. In Phosphoproteinen und Glykoproteinen erfolgt die Verknüpfung der Phosphorsäure bzw. der Kohlenhydratkomponente über die Hydroxylgruppe des Ser. Des Weiteren ist Ser Bestandteil des aktiven Zentrums verschiedener proteolytischer Enzyme, die auch als Serin-Proteasen bezeichnet werden.

Seroendeng; zum Würzen von Gerichten der → Indonesischen Reistafel verwendete Mischung aus geraspelten Kokosflocken, gehackten Erdnüssen, Salz, Zucker und verschiedenen Gewürzen. S. wird sowohl zur Zubereitung kompletter Speisen eingesetzt als auch einzeln zur Reistafel hinzugestellt. S. besitzt einen milden Nussgeschmack, der einen angenehmen Kontrast zu vielen scharfen Speisen der indonesischen Reistafel darstellt.

Serotonin engl.: *serotonin,* Syn.: *5-Hydroxytryptamin;* aus → Tryptophan gebildetes → biogenes Amin. S. ist als Neurotransmitter im Gehirn entscheidend an der Regulation der Nahrungsaufnahme beteiligt (Hunger/Sättigung). Es beeinflusst den Schlaf-Wach-Rhythmus sowie die Stimmungslage und verengt die Blutgefäße. S. ist Bestandteil einiger tropischer Früchte (Ananas, Banane).

Servela; wie → Knackwurst hergestelltes → Brühwürstchen. Bei S. „einfacher" Qualität kann im Ausgangsmaterial 5–10 % zusätzliches Bindegewebe enthalten sein. Diese Würste werden üblicherweise nicht in Schafsaitlingen oder in Därmen von Kalibern unter 32 mm abgefüllt angeboten.

Serviettenknödel; → Knödel, der wie der → Semmelknödel aus gewürfelten altbackenen Semmeln oder Weißbrot mit Milch, Ei, Zwiebeln, evtl. Speck und Gewürzen hergestellt, jedoch nicht zu einzelnen Klößen geformt wird. Statt dessen wird die Masse in eine Stoffserviette gegeben, verschnürt, in Salzwasser gegart und anschließend in Scheiben geschnitten.

Sesam lat.: *Sesamum indicum L.* (Fam.: *Pedaliaceae*), engl.: *sesame, gingelly;* einjähriges aus Indien oder Ostafrika stammendes Kraut, dessen Kapselfrüchte zahlreiche, etwa 2 mm lange, gelbliche, flach gedrückte Samen enthalten, die als → Gewürz und als Öllieferant (→ Sesamöl) genutzt werden. S. wird vorwiegend in Indien und China angebaut und ist die älteste wegen ihres Öls angebaute Nutzpflanze. Der Geschmack der getrockneten Samen ist leicht nussig, wobei sich das Aroma beim Rösten verstärkt. In der westlichen und nahöstlichen Küche werden geröstete und ungeröstete Sesamsamen ähnlich wie → Mohnsamen zur Dekoration von Brot, Kuchen und Süßigkeiten verwendet und sind Bestandteil einer als → Halwa bezeichneten Süßware. In der Küche Mexikos spielen sie eine große Rolle bei der Zubereitung verschiedener Saucen. In der fernöstlichen Küche werden geröstete Sesamsamen als Gewürz verwendet und in vielen koreanischen und japanischen Rezepten vor dem Servieren über die Speisen gestreut. Die Pressrückstände der zur Speiseölgewinnung verwendeten Samen enthalten etwa 35 % Eiweiß und liefern mit ihrem hohen Gehalt an Methionin ein wertvolles Viehfutter. Die Sesamallergie gehört zu den wichtigsten → Lebensmittelallergien in Europa.

Sesambrot engl.: *sesame bread;* → Spezialbrot, bei dessen Herstellung üblicherweise mindestens 8 kg nicht entfettete Sesamsamen, i. d. R. als Auflage, auf 100 kg Getreideerzeugnisse verwendet wurden.

Sesamöl engl.: *sesame oil;* durch Pressen und Extraktion aus geröstetem oder ungeröstetem → Sesam gewonnenes fettes Öl, das aufgrund seiner antioxidativ wirkenden Inhaltsstoffe → Tocopherole und Sesamol gut lagerfähig ist. S. aus ungerösteten Sesamsamen ist fast geruchfrei, schmeckt mild nussig, ist hellgelb (im raffinierten Zustand fast wasserhell) und wird in Europa als hochwertiges, aufgrund seines hohen Gehaltes an → Ölsäure (40,3 %) und essenzieller → Linolsäure (42,7 %) ernährungsphysiologisch wertvolles Speiseöl eingesetzt. In gehärteter Form dient es zur Herstellung von Margarine. Orientalisches dunkles S. wird aus gerösteten Sesamsamen hergestellt, ist tiefbraun, schmeckt und riecht stark nussig und eignet sich zum Würzen und Marinieren. Aufgrund des leichten Nachweises von Sesamol ist in manchen Ländern die Zugabe von S. bei der Herstellung von Margarine als Indentifikationsmerkmal vorgeschrieben.

Sesamsalz engl.: *gomasio,* Syn.: *Gomasio;* traditionell asiatisches Würzmittel aus gerösteten Sesamsamen und Meersalz. S. dient v. a. zum Würzen von Salaten, Suppen, Gemüse- und Getreidegerichten und sollte nicht mitgekocht, sondern den Speisen erst kurz vor dem Servieren zugegeben werden, um das Aroma nicht zu zerstören.

Setzmagermilch; → Dickmilch aus entrahmter Milch und ggf. zugesetzter Buttermilch mit höchstens 0,3 % Fett.

Setzmilch Syn.: → *Dickmilch*

Sevilla-Orange Syn.: → *Pomeranze*

Sevruga; → Kaviar

SFI-Wert engl.: *solid fat index;* Kennzahl zur Charakterisierung von plastischen und gehärteten Fetten, die neben festen auch flüssige Triglyceride enthalten. Sie bezeichnet den Anteil der festen Triglyceride in einem Fett wie z. B. Margarine bei einer definierten Temperatur. Meist wird anhand von bei verschiedenen Temperaturen ermittelten Kennzahlen ein Profil erstellt, aus dem sich bei Betrachtung der einzelnen Temperatur Aussagen über verschiedene Anwendungseigenschaften eines Fettes treffen lassen. Zum Beispiel sind anhand der bei 10 °C ermittelten Kennzahl Rückschlüsse auf das Verhalten des Fettes bei der Kristallisation und der Kühllagerung und bei 33,3 °C über das Mundgefühl möglich. Die gesamte Kurve ist ein guter Indikator des Plastizitätsprofiles. Der S. wird durch → Dilatation oder NMR-Spektroskopie ermittelt.

Shabu-Shabu; japanische Art des Fondue chinoise (→ Fondue), bei dem dünn geschnittenes Fleisch in Brühe, der → Dashi Suppe, zusammen mit Gemüse zubereitet wird.

Shandy; im angelsächsischen Raum verbreitete, mit dem → Radler verwandte Mischgetränke aus klarer Zitronen- oder Ingwerlimonade und Bier mit einem Alkoholgehalt von etwa 1 Vol.-%.

Sharonfrucht lat.: *Diospyros kaki L.* (Fam.: *Ebenaceae*), engl.: *sharon fruit;* durch Züchtung in Israel veredelte → Kakipflaume, die keine Kerne hat, annähernd gerbstofffrei ist und eine weichere, glänzendere, essbare Schale besitzt. Die S. lässt sich daher sowohl in unreifem Zustand mit festem (wie ein Apfel) als auch in reifem Zustand mit butterweichem geleeartigen Fruchtfleisch verzehren. Wie die Kakipflaume ist die reife S. sehr süß und wohl schmeckend.

Sheabutter engl.: *sheanut butter,* Syn.: *Schibutter, Karité;* als Kakaobutterersatz verwendetes Pflanzenfett des westafrikanischen Schibutterbaumes *Vitellaria paradoxa C. F. Gaertn.* (Fam.: *Sapotaceae*). Die Gewinnung erfolgt aus den in grünlich gefärbten Beeren enthaltenen Samen durch Zerstampfen und Pressen. Die DDR war bis zur Wiedervereinigung einer der wichtigsten Importeure von S., die meist günstiger als Kakaobutter war. Verwendung findet die S. auch in der Kosmetik.

Sherry engl.: *sherry;* Qualitätslikörwein (→ Likörweine) mit geschützter Herkunftsbezeichnung aus einem bestimmten Anbaugebiet rund um die Stadt Jerez de la Frontera in der spanischen Provinz Cadiz. Der Geschmack und die Verwendung von S. ist wie der Alkoholgehalt (15,5–19 Vol.-%) sortenabhängig. Der stürmischen Anfangsgärung folgt eine zweite ruhige Nachgärung, nach der über den Ausbau des Jungweines in die verschiedenen Sorten entschieden wird. Die Reifung von S. erfolgt im Gegensatz zu den meisten Weinen aerob, d. h. unter Kontakt mit Luftsauerstoff in den bis zu 5/6 gefüllten Fässern nach dem Zusatz von Weindestillat. Bei Jungweinen mit einem sehr sauberen Duft und geeignetem Aroma folgt danach eine mehrjährige Reifung mit einer dicken Schicht aus echten Weinhefen (flor de vino), denen das eigenartige Bukett zuzuschreiben ist. Die dabei entstehenden leichteren milderen, zum Dessert und als Aperitif geeigneten Sorten Fino und Manzanilla können sich unter Oxidation in den vollmundigeren, zu allen Gerichten geeigneten Amontillado umwandeln. Bei Jungweinen mit mehr Körper wird die Ausbildung der Hefeschicht durch einen Zusatz von Weindestillat bis 17,5 Vol.-% unterbrochen. Unter Lufteinwirkung beginnt die Reifung zu den körperreichen Oloroso, die besonders zu Fleischgerichten passen. Mit einem Süßwein verschnitten werden sie als Cream Sherry, ein weniger ausgeprägter Oloroso als Raya bezeichnet.

Shigella; Mehrz.: Shigellen, Gattung stäbchenförmiger, unbeweglicher, gramnegativer → Bakterien, welche die 4 Arten *S. dysenteria*, *S. flexneri*, *S. boydii* und *S. sonnei* mit jeweils zahlreichen Serotypen umfasst. Shigellen sind Erreger der bakteriellen Ruhr (Shiga-Ruhr, Shigellose) und genetisch eng mit → *Escherichia coli* verwandt. Sie sind nur für den Menschen pathogen, weshalb diese immer Ausgangspunkt der Infektkette sind. Shigellen können durch direkten Kontakt, indirekt über Gegenstände wie Geschirr sowie durch fäkal verunreinigte Lebensmittel übertragen werden. Shigellen bilden Endotoxine und Exotoxine, die zu einer Schädigung der Darmschleimhaut und zu Geschwürbildung sowie zu wässrigen, z. T. blutigen Durchfällen und Krämpfen führen.

Shiitake-Pilz lat.: *Lentinula edodes (Berk.) Pegler*, engl.: *shiitake mushroom;* ausschließlich auf abgestorbenem Hartholz lebender → Speisepilz, der in China und Japan seit über 1000 Jahren nicht nur als delikater Speisepilz, sondern auch als Heilmittel sehr geschätzt wird und in Europa und Nordamerika zunehmend an Bedeutung gewinnt. Der S. ist heute nach dem Kulturchampignon der Speisepilz mit dem weltweit zweitgrößtem Produktionsvolumen. Der Pilz besitzt einen hell- bis dunkelbraunen Hut mit 5–12 cm Durchmesser, oft mit radialen Rissen und weiße bis zartgelbe Lamellen. Das weiße feste Fleisch weist einen charakteristischen unverwechselbaren Geschmack auf. S. können im Kühlschrank einige Tage aufbewahrt oder auch tiefgekühlt werden und lassen sich wie andere Speisepilze, ganz oder in Streifen geschnitten, z. B. in der Pfanne zubereiten. Extrakte des S. werden in Form von Tabletten als → Nahrungsergänzungsmittel zur Steigerung der Immunabwehr und Senkung des Cholesterinspiegels angeboten. Als wesentliche Inhaltsstoffe gelten hierbei Lentinan und Eritadenin.

Shiraz Syn.: → *Syrah*

Shortenings; aus dem Englischen stammender Sammelbegriff für Fette oder Fettmischungen, die in Lebensmitteln zu verschiedensten Zwecken eingesetzt werden. Ursprünglich bezeichnete S. ein tierisches Backfett wie Schmalz oder Butter, das dem Teig eine „kurze“ oder geschmeidigere Konsistenz verleiht. Heute handelt es sich um meist hochverarbeitete Spezialfette pflanzlicher oder tierischer Herkunft zum Beeinflussen von Struktur, Konsistenz, Emulgierung, Luftigkeit, Geschmack, Feuchtigkeit oder Hitzetransfer. Verwendungen finden S. beim Backen, Braten, Frittieren, in der Süßwarenherstellung und anderen Gebieten. Sie sind halb fest pastös, flüssig oder stückig bzw. pulvrig. Die verwendeten Rohfette und -öle sind prinzipiell austauschbar, da durch Verarbeitungsschritte wie Fraktionierung und Hydrierung die Eigenschaften angepasst werden können. Wirtschaftlichkeit, Verbrauchervorlieben und technologische Möglichkeiten bestimmen daher die Wahl der Ausgangsfette, so dominiert z. B. in den USA Sojaöl.

Shoyu; → Sojasauce

Shrimps engl.: *shrimps;* aus dem Englischen ins Deutsche übernommene Bezeichnung für kleine und mittelgroße → Garnelen. S. darf als Handelsbezeichnung verwendet werden.

Shrimps-Paste engl.: *shrimps paste;* traditionelles Würzmittel in Südostasien (Indonesien, Thailand), hergestellt durch Fermentation kleiner → Garnelen (Beifang).

Siam Ingwer Syn.: → *Galgant*

Sibirischer Kohl Syn.: → *Schnittkohl*

Sichten engl.: *to winnow;* mühlentechnischer Ausdruck für → Sieben, bei dem Getreidefraktionen nach unterschiedlicher Schwere oder Größe getrennt werden. Hierzu kommen z .B. Windsichter, bei denen mit Hilfe eines Gas- oder Luftstroms z. B. der Spreu von den Getreidekörner getrennt wird und Plansichter (mehrstöckige Schwingsiebe unterschiedlicher Maschenweite), welche die einzelnen Vermahlungsfraktionen (Mehl, Dunst, Grieß) trennen, zum Einsatz.

Sichtersalz; → Steinsalz

Sieben engl.: *sifting, screening;* Trennen fester Stoffe nach ihrer Korngröße in Siebrückstand und Siebdurchfall im trockenen oder nassen Zustand mit Hilfe von Sieben unterschiedlicher Maschenweite. Bei dem S. handelt es sich um ein gängiges Verfahren zum Aussortieren von Fremdkörpern, z. B. bei Getreide, Trockenfrüchten, Kräutern und Gewürzen und zur Qualitätseinstufung nach Größe wie bspw. bei Erbsen. → Siebsortierung → Sichten

Siebkäse; Bezeichnung für → Frischkäse bzw. → Speisequark.

Siebsortierung; Verfahren zur Einteilung einer Kornpartie aufgrund der Dicke der einzelnen Körner in verschiedene Korngrößen-Klassen (in mm). Die S. spielt bei Braugerste und Hafer, teilweise auch bei Backweizen eine Rolle, wobei zur Charakterisierung von Hafer- und Roggenpartien kleinere bzw. engere Siebsätze als bei Gerste und Weizen benötigt werden.

Siedefette Syn.: → *Frittierfett*

Sieden Syn.: → *Kochen*

Siedere; bei der Herstellung von → Butterreinfett anfallender Schmelzrückstand.

Siedesalz engl.: *vacuum salt,* Syn.: *Salinensalz;* nach seiner Gewinnung benanntes Kochsalz (→ Natriumchlorid). Es wird nach Konzentrierung der Sole an Salinen durch zwei Verfahren gewonnen: 1. Abdampfen des Wassers in offenen Pfannen (Salz schlägt aus) oder 2. Eindampfen der Salzlösung in geschlossenen dampfbeheizten Apparaturen. Das zurückbleibende Salz kann in verschiedenen Körnungen anfallen, die von feinst über mittelfein bis sehr grob angeboten werden.

Siedewürstchen; nach Art der → Wiener Würstchen hergestellte → Brühwürstchen. Die Bezeichnung deutet auf den Verzehr im warmen Zustand hin.

Siegelstück/-rippe Syn.: → *Fehlrippe*

Siegfried; ugs. Bezeichnung für einen → Sauerteig, der als Ansatzteig verarbeitet und i. d. R. zum Backen von salzigen Backwaren und Zubereiten von pikanten Speisen verwendet wird.

Signalkrebs; → Amerikanischer Flusskrebs

Silber engl.: *silver;* Edelmetall, das aus seinen Erzen gewonnen wird, früher zur Trinkwasserentkeimung (→ Silberung) verwendet wurde und in Form von Blattsilber unter der Nummer E 174 als Farbstoff für Überzüge von Süßwaren sowie als Flitter in Likören zugelassen ist.

Silberfischchen lat.: *Zygentoma (Fischchen),* engl.: *silverfish;* flügellose, maximal 2 cm lange Ur-Insekten mit sich nach hinten verjüngendem, mit glänzenden Schuppen bedeckten Körper mit 3 Schwanzfäden.

Weltweit kommen über 240 Arten vor, die vorwiegend in (sub-)tropischen Regionen leben. In Deutschland sind im Haushalt v. a. zwei Arten zu finden, das Gemeine Silberfischchen oder Zuckergast (lat.: *Lepisma saccharina L.*) und das Ofenfischchen (lat.: *Thermobia domestica Packard*). S. sind Wärme liebende Nachtwesen, die in gemäßigten Breiten an feuchtwarme Stellen wie Badezimmer, feuchte Keller und Backstuben gebunden sind und sich tagsüber in Ritzen und Fugen verbergen. In Wohnungen ist meist der Zuckergast anzutreffen, der sich von Zucker und Hautresten ernährt, aber auch in Tapeten, Zeitschriften und Textilien Nahrung findet. Das Ofenfischchen ist vorwiegend in Bäckereien zu finden und ernährt sich von Mehl, Brot und Verpackungsmaterialien. S. können mehrere Monate ohne Nahrung auskommen. Sie bereiten nur in Massen Probleme und verursachen vorwiegend Materialschäden an stärkehaltigen Materialien wie Kleister, Bucheinbänden, gestärkten Textilien, aber auch an Lederwaren und Kunstfasergeweben.

Silberung; Verfahren zur Entkeimung von Trinkwasser, das heute nur noch bei kleinen Behältnissen (z. B. Wasser in Campingwagen) angewandt wird. Die Wirkung beruht auf der mikrobiziden Eigenschaft von Silberionen.

Silberzwiebel lat.: *Allium cepa L. var. cepa* (Fam.: *Liliaceae*), engl.: *silverskin onion;* besonders kleine, von der Schale befreite → Speisezwiebel, die i. d. R. in Essig eingelegt und seltener frisch angeboten wird.

Sild engl.: *sild;* Bezeichnung für Kleinheringe und Sprotten in Fischerzeugnissen. → Appetitsild → Kronsild

Silicate engl.: *silicates;* Salze und Ester der → Kieselsäure, die natürlicherweise z. B. in Form von Quarzsand, Bentonit, Talkum und Kaolin vorkommen. Die Calcium-, Magnesium- und Aluminium- sowie Mischsalze sind unter den Nummern E 552–558 (ohne E 557) als Trennmittel (Rieselhilfsstoff in pulverförmigen Trockenlebensmitteln), Trägerstoff für Farbstoffe und Emulgatoren sowie z. T. als Oberflächenbehandlungsmittel zugelassen. Des Weiteren werden S. als → Bleicherden und als Abrasiva (z. B. Putzkörper in Zahnpasta) genutzt und bei der Trinkwasseraufbereitung verwendet.

Silicium engl.: *silicon;* zu den → Ultraspurenelementen gehörender → Mineralstoff. S. spielt eine Rolle bei der Skelettentwicklung und im Stoffwechsel des Bindegewebes. Pflanzliche Lebensmittel sind generell siliciumreicher als tierische. Gute Lieferanten sind z. B. Vollkornprodukte. Mangelerscheinungen sind nicht bekannt, ebenso scheint eine hohe Zufuhr unbedenklich zu sein.

Silvaner Syn.: *Grüner Silvaner;* in Deutschland in Franken, Rheinhessen und am Kaiserstuhl verbreitete frostempfindliche Weißweinrebe, die durchschnittliche Anforderungen an Lage und hohe an den Boden stellt. Aus ihren Trauben lassen sich ansprechende Weine von milder Art mit hohem Säuregehalt gewinnen. Gute Weine, die v. a. bei niedrigen Erträgen aus alten Reben stammen, eignen sich enstprechend auch zum Altern. In Europa ist der Anbau von S. eher rückläufig, in wärmeren Ländern wegen des Säuregehalts eher zunehmend. S. wird oft für Kreuzungen mit anderen Rebsorten zur Züchtung neuer Rebsorten wie z. B. Scheurebe verwendet

Simmern engl.: *to simmer,* Syn.: *Köcheln, Mijotieren;* küchentechnisches Verfahren, bei dem das Lebensmittel in schwach siedender Flüssigkeit gegart wird.

Simonsbrot; spezielles → Vollkornbrot (→ Spezialbrote), bei dem die verwendeten Roggen- oder Weizenkörner erst nach mehrstündigem Anquellen in einer speziellen Mühle im Nassverfahren zu Teig zerquetscht und etwa 12 Stunden schonend gebacken werden. Durch den Aufschluss des vollen Korns unter Vermeidung des enzymatischen Abbaus mittels geeigneter Steuerung sollen Nährwert und Bekömmlichkeit des Brotes gesteigert werden.

Simulanzlösemittel; Referenzlebensmittel, die zur instrumentell-analytischen Prüfung der →Migration eingesetzt werden. S. sind innerhalb der EU für folgende Lebensmittelgruppen vereinbart : wässrige = Wasser, saure = 3% Essigsäure, alkoholische = 10% Ethanol, fetthaltige = Olivenöl. Für feste Lebensmittel ist ein Adsorptionspolymer anzuwenden.

Single strength; international gebräuchliche Bezeichnung für 100%ige →Fruchtsäfte, auch aus Konzentrat, die nicht verdünnt oder aufkonzentriert sind.

Sinnenprüfung; 1. von Lebensmitteln →Sensorik; 2. organoleptischer Teil der Qualitätsprüfung bei Weinen sowie bei Schaum-, Perl- und Likörweinen, dessen Bestehen eine Mitvoraussetzung für die Zuteilung einer amtlichen Prüfungsnummer für Qualitätweine b. A., -schaumweine, -perlweinen und -likörweinen ist. Dabei werden nach dem Ausschlussprinzip zunächst die sensorischen Vorbedingungen wie bestimmtes Anbaugebiet bzw. Bereich, beantragtes Prädikat, Rebsorte, Farbe, Klarheit sowie Mousseux im Fall von Schaum- und Perlwein überprüft. Bei positivem Bestehen wird der zweiten, eigentlichen sensorischen Prüfung unterzogen, in der Geruch, Geschmack und Harmonie nach einem Punktesystem mit einer Skala von 1–5 bewertet werden. Die erreichten Werte werden zur Errechnung der Bewertung addiert und durch drei geteilt. Ist die Ergebnis größer oder gleich 1,5, so hat der Wein die S. für die Zuteilung der amtlichen Prüfungsnummer bestanden.

Sinnesorgan; biologische Struktur zur Aufnahme von Sinnesreizen und deren Umwandlung in eine körpereigene Erregung. Im Zentralnervensystem entstehen daraus Wahrnehmungen und Empfindungen.

Sinneszelle Syn.: *Sensor, Rezeptorzelle;* Zelle oder größerer Bestandteil einer Zelle zur Aufnahme und Umwandlung eines äußeren Reizes in Erregung.

Sirene; vollständige Bezeichnung: Bajo salamureno sirene; bulgarischer Weichkäse, der aus Schaf- oder Kuhmilch hergestellt wird, 46% Fett in der Trockenmasse enthält und →Speisequark ähnelt.

Sirloin-Steak; →Rumpsteak

Sirupe engl.: *syrups;* konzentrierte dickflüssige Lösungen, bei denen es sich um Zuckerlösungen, Lösungen von Zucker in Fruchtsäften bzw. Pflanzenauszügen, eingedickte wässrige Zuckerrübenauszüge oder Erzeugnisse der →Stärkeverzuckerung handelt.

Sitosterin engl.: *sitosterol;* wichtigstes →Phytosterin, das den Hauptbestandteil im Steringemisch der Pflanzenöle und -fette aus-

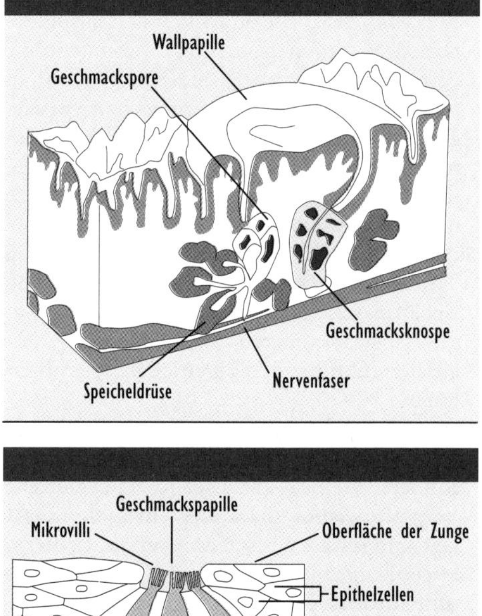

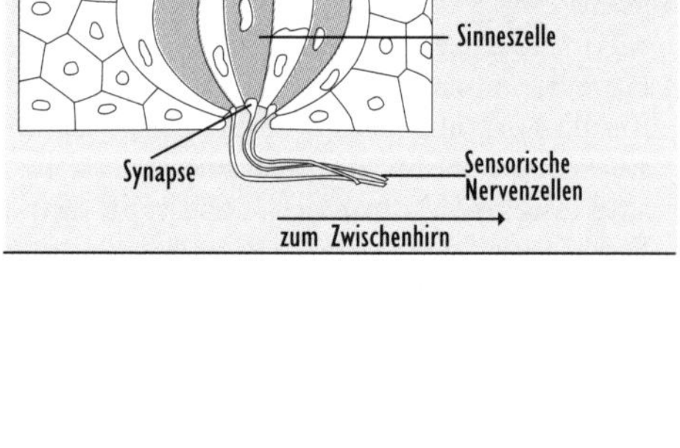

macht. S. wird wegen seiner Lipid senkenden Wirkung zur Behandlung der → Hypercholesterinämie und außerdem als Prostatamittel eingesetzt. Unter den Phytosterinen zeigte v. a. S. im Tierversuch eine prophylaktische Wirkung gegen Dickdarmkrebs.

Skin-Folien; von engl.: *skin* = Haut abgeleitete Bezeichnung für transparente Kunststofffolien, die sich eng an das → Packgut anlegen. Sie werden im Vakuum wie eine zweite Haut über das Packgut gezogen und können auf einem Träger wie z. B. einem Kartonzuschnitt fixiert werden. Im Lebensmittelbereich finden S. häufig zum Verpacken großer unregelmäßig geformter Fleischstücke Verwendung.

Skinpackung engl.: *skin pack;* Packung, die durch Überziehen des Packgutes im Vakuum mit → Skin-Folie entstanden ist.

Skleroproteine engl.: *scleroproteins,* Syn.: *Gerüsteiweißstoffe;* Gruppe von wasserunlöslichen Proteinen, die Faserstruktur aufweisen und Stützfunktionen im Körper ausüben. Zu den S. gehören z. B. → Keratin, die → Kollagene und → Elastine.

Sklerotium engl.: *sclerot;* zur Überwinterung dienender, gewebeartiger Dauerkörper von Pilzen, der im Frühjahr auskeimt und so genannte Fruchtkörper bildet, die die Sporen ausstoßen.

Skombrotoxismus Syn.: → *Histaminvergiftung*

Skorbut engl.: *scurvy,* Syn.: *Scorbut;* eine der am längsten bekannten → Avitaminosen, bedingt durch einen Mangel an → Vitamin C. Symptome sind im Allgemeinen Blutungen als Folge einer gestörten Bindegewebssynthese, Zahnausfall, verzögerte Wundheilung sowie bei Kleinkindern Störungen des Knochenwachstums.

Skorzoner Wurzel Syn.: → *Gartenschwarzwurzel*

Slibowitz; im engeren Sinne ein aus der bosnischen Pocegacapflaume hergestellter Zwetschgenbrand. Da die Bezeichnung S. aber nicht geschützt ist, kann sie für jeden Pflaumenbrand verwendet werden. Der Mindestalkoholgehalt von S. beträgt 37,5 Vol.-%.

Slowenische Weine engl.: *Slovene wine;* in Slowenien produzierte Weiß- und Rotweine, wobei Weißweine überwiegen. Wie in allen Balkanländern werden als Grundlagen Trauben einheimische Rebsorten, wie z. B. Sipon, Ranina, Kraljevin, Pinela, Zelen und Rebula bevorzugt. Jedoch werden auch Trauben von international üblichen Rebsorten, wie Grauburgunder (Beli Pinot) oder Riesling (Renski Rizling) verwendet. Das Angebot s. W. reicht von ausgeprägten Rotweinen bis hin zu trockenen Weißweinen, aber auch süße Trockenbeerenauslesen und süße Eisweine werden produziert. Bisher erfüllt die Produktion hauptsächlich den inländischen Bedarf. Slowenien strebt aber auch auf den internationalen Weinmarkt.

Slow Food®; 1986 in Italien gegründete, internationale Bewegung zur Förderung der Lebensmittel- und Weinkultur. Das Wappen der Slow Food®-Vereinigung ist die Schnecke als Zeichen für Langsamkeit und Bedächtigkeit.

Smart packaging Syn.: *intelligent packaging, intelligente Lebensmittelverpackungen;* aus dem Englischen übernommene Bezeichnung für moderne, sich z. T. noch in der Erprobungsphase befindende, mit selbsttätigen Mechanismen verknüpfte Verpackungstechniken, die in der Lage sind, bestimmte Daten aufzunehmen, auszuwerten und anzuzeigen, mit deren Hilfe der Verbraucher Informationen zum aktuellen Zustand bzw. Qualitätszustand des Füllgutes erhält. Die bekannteste Anwendung von s. p. ist zur Zeit die Anzeige der Temperaturgeschichte bzw. der Temperatur-Zeit-Geschichte von Kühl- oder Tiefkühlgütern, wodurch z. B. die Unterbrechung der Tiefkühlkette angezeigt werden kann. Weitere Beispiele sind eine Lichtexpositionsanzeige, die die für die Qualitätsminderungsmechanismen entscheidende Lichtenergieaufnahme des verpackten Gutes anzeigt, ein Druckanzeiger, der durch unbefugtes Öffnen oder mikrobielle Aktivitäten verursachte Veränderungen der spezifischen Atmosphäre in der Verpackung anzeigt sowie ein Frischeindikator, der über die Messung und Anzeige produktspezifischer Indikatorsubstanzen den Frischeszustand des verpackten Gutes anzeigt.

Smith-Tangerine Syn.: → *Murcott Honey*

Smoothie; kaltes, meist im Mixer hergestelltes, Mischgetränk aus Obst, Fruchtsäften und Eiswürfeln. Wegen seiner dickflüssig breiartigen, cremig weichen Konsistenz ist es eine schnell herstellbare Alternative zu → Sorbets. Anstelle von Obst können auch Cappucino, Minze, Kokosrapsel oder andere Zutaten verwendt werden. Der Name S. bezieht sich auf die weiche (engl.: *smooth*) Konsistenz, die sich durch die pürierten Früchte ergibt.

Snack engl.: *snack,* Syn.: *Imbiss;* Lebensmittel, die als Zwischenmahlzeit verzehrt werden und keiner einheitlichen Lebensmittelgruppe angehören, z. B. Obst, Schokoriegel, Joghurt, Brötchen.

Snackartikel; Knabberartikel, die sofort verzehrt werden. Beispiele sind → Kartoffelchips, → Kräcker, Nüsse oder Trockenobst. Zunehmend werden S. auch zusammen mit → Dips angeboten.

Soave; italienisches DOC-Gebiet, in dem trockene Weißweine aus Garganega- und Trebbiano-Trauben erzeugt werden. Der Soave-Wein sollte frisch und geschmeidig sein, kann aber in der Massenversion auch wässrig und wenig aussagekräftig ausfallen. Die classico-Angebote aus den enger begrenzten Gebieten sind von besserer Qualität.

Soba-Nudeln; dünne, graubraune → Teigwaren japanischer Herkunft, die aus Buchweizen- und Weizenmehl in je nach Erzeugnis unterschiedlichem Verhältnis hergestellt sind. Vorzugsweise werden vier Teile Buchweizen- und ein Teil Weizenmehl verwendet.

Soda Syn.: → *Natriumcarbonat*

Sodawasser; Bezeichnung für → Tafelwasser, das Kohlensäure (Kohlendioxid) und mindestens 570 mg Natriumhydrogencarbonat pro Liter enthält.

Sofort lösliche Produkte Syn.: → *Instant-Produkte*

Soft Drinks; angelsächsische Bezeichnung für → Erfrischungsgetränke.

Softeis engl.: *soft served ice;* zum sofortigen Verzehr bestimmtes pastenartiges, cremig weiches → Speiseeis, dessen Eismix in Softeis-Automaten nach dem Durchlauf-Freezer-System bei -6 bis -7 °C unter Einschlagen von Luft gefroren wird. Die Volumenzunahme beträgt dabei zwischen 60 und 80 %. Durch das sehr schnelle Gefrieren wird das Entstehen größerer Eiskristalle verhindert und damit die angenehme zart schmelzende Beschaffenheit erzeugt. S. wird in vielen Farb- und Geschmacksvariationen angeboten.

soft-shell crabs; frisch gehäutete Krabben. Sie sind von zunehmendem wirtschaftlichem Interesse, vor allem in den USA. → Blaukrabbe → Butterkrebse

Sojaallergie engl.: *soy allergy;* → Allergie gegen Sojaproteine, mit oftmals schwerwiegenden Symptomen wie Asthmaanfällen oder → anaphylaktischen Schockreaktionen. Sojaallergene sind hitzestabil und werden im Rahmen der Lebensmittelverarbeitung und Zubereitung nicht zerstört. Analog zur → Erdnussallergie gewinnt die S. in Europa aufgrund der breiten Anwendung von Sojaerzeugnissen in der Lebensmittelindustrie zunehmend an Bedeutung. Sojalecithin ist ein häufig verwendeter Emulgator und Sojamehl sowie Sojaproteine werden verschiedenen Fertigerzeugnissen sowohl zur Proteinanreicherung als auch aus technologischen Gründen zugesetzt (versteckte Allergene). Neuartige Sojaprodukte wie → Sojamilch und Fleischersatzprodukte aus texturiertem Sojaprotein führen zu einer weiteren Verbreitung von Sojaeiweiß in der Ernährung.

Sojabohnen lat.: *Glycine max (L.) Merr.* (Fam.: *Papilionaceae*), engl.: *soy bean;* zu den Hülsenfrüchten gehörende Samen der in Ostasien beheimateten einjährigen Sojapflanze. Die rundlichen bis ovalen S. sind 5–12 mm groß, besitzen eine weißgelbe, rötliche oder schwarzbraune Farbe, enthalten etwa 18 % fettes Öl, bis zu 37 % biologisch hochwertiges Protein (fleischähnlich), Vitamine, Mineralstoffe, Lecithine sowie Phytosterine und -östrogene, denen verschiedene gesundheitsfördernde Wirkungen nachgesagt werden. Diese Zusammensetzung erklärt die besondere Stellung der S. in der Welternährung. Allerdings ist sie nur gegart genießbar, da durch die Hitzeeinwirkung enthaltene toxische Substanzen (Enzyminhibitoren und Lectine) inaktiviert werden. S. dienen als Ausgangsprodukt für die Herstellung von → Sojaöl, → Sojamilch, → Sojamehl, → Tofu u. a., ferner zur Produktion von Kunststoffen, Klebstoffen, Farben und Lacken. Der Anbau erfolgt v. a. in den USA, aber auch in China und Brasilien. Heute werden auch verschiedene genveränderte Sojasorten, wie z. B. → Roundup Ready®-Soja, angeboten.

Sojabohnenöl Syn.: → *Sojaöl*

Sojabohnensprossen engl.: *beansprouts,* Syn.: *Sojabohnenkeimlinge;* → Keimlinge

Sojaeiweiß engl.: *soy protein;* pflanzliches Protein der Sojabohne mit einer besonders hohen → biologischen Wertigkeit. S. wird anstelle und zur Ergänzung tierischer Proteine verwendet oder aufgrund seines guten Wasser- und Fettbindevermögens bei der Herstellung von Fleischwaren, Back- und Teigwaren, diätetischen Lebensmitteln, Kindernahrung u. a. Lebensmitteln eingesetzt. Des Weiteren ist es Ausgangssubstanz bei der Gewinnung fleischähnlicher Produkte (→ Texturierte Pflanzenproteine).

Sojaisolate engl.: *soy isolates;* aus entölten Sojaerzeugnissen (Flocken, Mehl) durch Extraktion mit Wasser oder Alkali und anschließender Fällung durch Säuren hergestellte, größtenteils von den Kohlenhydraten befreite Proteinisolate mit einem Proteingehalt von über 90 %. S. werden v. a. für Babykost und diätetische Lebensmittel verwendet.

Sojakonzentrate engl.: *soy concentrate;* aus entfetteten Sojaflocken mit Hilfe verschiedener Verfahren zur Konzentrierung der Proteinfraktion hergestellte geschmacksneutrale Erzeugnisse mit einem Eiweißgehalt von etwa 65 %. S. werden in der Lebensmitteltechnologie vielfältig zur Verbesserung verschiedener Produkteigenschaften, wie z. B. der Textur, des Mundgefühls, der Festigkeit sowie zur Wasser- und Fettbindung von Erzeugnissen auf Fleischbasis sowie zur Proteinanreicherung verschiedener Fertiggerichte, Backwaren, Süßwaren und Sportlernahrungsmittel eingesetzt. Die eventuell zu Blähungen führenden Kohlenhydrate sind bei S. größtenteils entfernt.

Sojalecithin engl.: *soy lecithin;* enthält nur ca. ein Drittel → Lecithin, daneben Kephaline, Phosphatide und andere z. T. noch unbekannte Verbindungen. Zur Herstellung wird aus Sojabohnen durch Pressen und Extraktion Sojaöl gewonnen, aus dem mittels Wasserdampf das S. isoliert wird. S. wird wie andere Lecithine als Emulgator in zahlreichen Lebensmitteln (z. B. Salatsaucen, Backwaren, Margarine, Schokolade, Desserts) und Kosmetika eingesetzt.

Sojamehle engl.: *soy(bean) flour;* aus Sojabohnen durch Reinigen, Schälen, mit oder ohne Hitzebehandlung (Toasten) und anschließendem Mahlen hergestellte Mehle. Das Toasten geschieht zur Entbitterung und zum Inaktivieren von Enzymen. S. wird als Vollfett-Sojamehl mit 40 % Protein und 22 % Fett, wie auch als entfettetes S. mit 50 % Protein und einer durch Extraktion mit Lösungsmittel auf 1 % reduzierten Fettmenge angeboten. Verwendet werden S. ähnlich den Getreidemehlen, wobei das enthaltene Lecithin durch seine Emulgatoreigenschaften die Backfähigkeit der Mehle verbessert. Ferner dient es der Proteinanreicherung von Lebensmitteln und als Ausgangsprodukt bei der Herstellung → Texturierter Pflanzenproteine.

Sojamilch; milchähnliches Getränk (→ Milchanaloga) aus gequollenen, gemahlenen und mit Wasser gekochten → Sojabohnen, das in vielen Geschmacksrichtungen und mit Nährstoffzusätzen wie z. B. Calcium angeboten wird. Im Vergleich zu Kuhmilch enthält S. ohne Zugabe anderer Lebensmittel oder Zusätze weniger Fett und Calcium, jedoch mehr Protein und Eisen.

Sojaöl engl.: *soy oil,* Syn.: *Sojabohnenöl;* aus → Sojabohnen gewonnenes Öl. Es ist reich an Linolsäure und enthält daneben Öl-, Palmitin- und Linolensäure. S. wird wegen des geringen Fettgehalts der Sojabohnen von ca. 20 % überwiegend durch Extraktion gewonnen und ist das weltweit meistproduzierte Öl. Zur Gewinnung werden die Bohnen gewaschen, aufgebrochen und enthüllt sowie gestückelt. S. wird als Rohstoff der Speisefettherstellung in allen Bereichen von der Herstellung von Back- und Bratfett über die Margarine- und Streichfettproduktion bis zum Salatöl eingesetzt. Dabei nutzt man den großen Bereich der durch partielle Hydrogenierung zugänglichen Fette mit bestimmten technologischen Eigenschaften aus, der durch den hohen Gehalt an mehrfach ungesättigten Fettsäuren bedingt ist. S. wird meist raffiniert angeboten, wobei die Stabilität mehr als bei anderen Ölen durch Metallkomplexierung durch Citronensäure verbessert wird. Es ist hellgelb und von neutralem Geschmack. Bei der Raffination gewonnenes Lecithin und Vitamin E wird ebenfalls verwertet.

Sojasauce engl.: *soy sauce;* ursprünglich zuerst in China, heute in großen Mengen in Ostasien, v. a. Japan (Shoyu), China (Chiangyu) und Indonesien (Ketjap) produzierte Würzsauce. Die traditionelle Herstellung von S. erfolgt durch fermentativen (enzymatischen) Abbau (Gärung) von mit Schimmelpilzkulturen bebrüteten Sojabohnen bzw. entfetteten Sojaflocken oder -grieß, meist unter Mitverwendung von vorbehandeltem Weizen, in Salzlake durch Milchsäurebakterien und Hefen bei Temperaturen unter 30 °C über einen langen Zeitraum, z. B. 1 Jahr. Das dabei erhaltene Filtrat ist die klassische S. Allerdings wurde der langwierige traditionelle Gärungsprozess mehr und mehr durch eine teilweise oder vollständige Säurehydrolyse von entfettetem Sojabohnenmehl und Weizen mit Salzsäure abgelöst. Ähnlich werden in Deutschland auch Würzen hergestellt. Die unterschiedliche Herstellung führt zu unterschiedlichen Produkten. In der Regel enthält S. aus geschmacklichen Gründen daher einen Teil nach traditionellem Verfahren hergestellter S. Die Farbe von S. ist meist dunkel rotbraun und der Geschmack stark aromatisch. Über die Menge der verwendeten Anteile an Sojaprodukten, Weizen und Salz sowie Zucker und Gewürzen lassen sich Farbe und Aromabildung beeinflussen. Die Würzsauce gilt als typischer Bestandteil der asiatischen Küche und dient zum Beizen oder Würzen von Fleisch, Wild und Geflügel, ferner zum Würzen von Fisch, Suppen, Gemüsen, Salaten, Reis und Teigwarengerichten sowie Eierspeisen. S. verfügt i. d. R. über einen hohen Kochsalzgehalt von bis zu 20 %.

Sojateigwaren; → Teigwaren, die üblicherweise mindestens 100 g Sojaerzeugnisse auf 1 kg Getreidemahlerzeugnisse enthalten.

Solanin engl.: *solanine;* giftiges Steroid-Alkaloid, bestehend aus dem Aglykon Solanidin und dem Trisaccharid Solatriose (aus D-Glucose, D-Galactose und L-Rhamnose). S. kommt in Nachtschattengewächsen (lat.: *Solanaceae*) wie z. B. Kartoffeln (v. a. in Keimen und grünen Stellen) und unreifen Tomaten vor, ist ein Protoplasmagift, führt nach Verzehr zu Übelkeit, Brechdurchfall, Atemnot, Bewusstlosigkeit und unter Umständen zum Tod durch Atemlähmung.

Sole; natürliches salzhaltiges Wasser, dessen Salzgehalt (Anreicherung durch Wasserentzug ist möglich) mindestens 14g/kg (v. a. Kochsalz) beträgt. S. kann → Tafelwasser zugesetzt sein. Als S. werden auch Kochsalz- oder Calciumchloridlösungen für technische Zwecke (z. B. Kühlsole für Kältemaschinen) bezeichnet.

Solera-System; Bezeichnung für ein Weinausbausystem, das z. B. bei der Herstellung von Málaga, Marsala vergine und Sherry zur Anwendung kommt. Dabei sind fünf Fässer übereinander gestapelt. Im obersten Fass befindet sich der jüngste Wein, im untersten der älteste. Jährlich wird aus dem untersten Fass etwa ein Drittel fertiger Wein entnommen. Darauf wird dieses Drittel aus dem darüber liegenden Fass nachgefüllt, dieses wieder aus dem darüber liegenden usw., bis das oberste Fass mit noch nicht ausgebautem jungen Wein aufgefüllt wird. Ein Wein aus diesem System mit fünf Fässern verfügt somit gesichert über ein Alter von fünf Jahren und die Herstellungsweise sorgt für ein konstantes Niveau von Stil, Alter und Qualität eines Weines.

Soljanka; Bezeichnung für eine ursprünglich russische Suppe, von der extrem viele verschiedene Varianten existieren. Ursprünglich wurde S. mit Fisch (Zander, Barsch, Forelle, Hecht usw.) sowie Krabben und Muscheln zubereitet. Heute werden meist Schweine- und/oder Rindfleisch und unterschiedliche Wurstsorten (z. B. Salami und Jagdwurst) verwendet. Weitere Zutaten können Gewürzgurken, Tomaten, Zwiebeln, Sauerkraut, Letscho, Paprika und Zitronen sein. Die Suppe wird meist mit saurer Sahne verfeinert und mit Salz, Pfeffer, Paprikapulver, Chilipulver, Knoblauch, Brühwürfeln, Peperoni, Tabasco, Gewürzgurkenflüssigkeit, Essig und/oder Tomatenketchup kräftig abgeschmeckt.

Sollfüllmenge; → Füllmenge (Gewicht, Volumen), die eine Packung aufgrund von Rechtsvorschriften, Handelsüblichkeiten oder anderen Vereinbarungen enthalten soll.

Somatotropin engl.: *somatotropin, human growth hormone,* Syn.: *Wachstumshormon;* Abk.: STH, Hormon, das im Hypophysenvorderlappen gebildet wird und zum einen das Wachstum durch Steigerung der DNS-Synthese fördert, zum anderen auch Stoffwechselwirkungen entfaltet. STH fördert z. B. die Proteinsynthese, hemmt die Lipidsynthese und erhöht den Blutglucosespiegel. Ein Mangel an STH führt zum Zwergwuchs.

Sommerendivien Syn.: → *Römischer Salat*

Sommergerste engl.: *summer barley;* → Gerste → Sommergetreide

Sommergetreide engl.: *spring grain;* nicht winterfeste, mit einer kürzeren Vegetationsperiode auskommende Formen der Getreidearten Weizen, Roggen, Gerste und Hafer. Sie werden im Frühjahr ausgesät und im Sommer geerntet.

Sommerroggen engl.: *summer rye;* → Roggen → Sommergetreide

Sommerspelt Syn.: → *Emmer*

Sommerspinat engl.: *Spinach 1., New Zealand Spinach 2.;* 1. im Sommer geernteter feinblättriger → Spinat; 2. Syn. für → Neuseeländer Spinat.

Sommer-Trüffel; → Trüffeln

Sommerweizen engl.: *summer wheat;* → Weizen → Sommergetreide

Sommerzwiebel Syn.: → *Speisezwiebel*

Sondenernährung engl.: *tube feeding,* Syn.: *enterale Ernährung;* künstliche Ernährung, bei der die Nahrung in flüssiger Form über eine durch Nase, Rachen und Speiseröhre in den Magen bzw. Dünndarm eingeführte Sonde infundiert wird. Die S. wird bei unzureichender Nahrungszufuhr, Nahrungsverweigerung, Erkrankungen der Speiseröhre u. Ä. eingesetzt. Die Zusammensetzung entspricht, unter Berücksichtigung vorhandener Stoffwechselerkrankungen, einer → bilanzierten Diät.

Sonnenblumenkerne engl.: *sunflower seed;* nährstoffreiche Samen (botanisch Nüsschen) der Sonnenblume (lat.: *Helianthus annuus L.*) aus der Familie der Korbblütler, die ca. 50 % fettes Öl (→ Sonnenblumenöl) sowie 27 % Eiweiß enthalten. Die geschälten Kerne sind 1/2–1 Jahr lagerfähig und können anstelle von Nüssen und Mandeln vielseitig verwendet werden, z. B. als Zutat in Müslis oder anderen Frühstückscerealien, Süßwaren, Brot und Kleingebäck wie bspw. Brötchen (auch als Belag). Gesalzen sowie ungesalzen mit und ohne Schale werden S. als Knabberartikel verzehrt.

Sonnenblumenöl engl.: *sunflower oil;* aus → Sonnenblumenkernen durch Pressung gewonnenes gelbes, hochwertiges, halb trocknendes Pflanzenöl mit mildem Geschmack sowie einem hohen Gehalt an → Vitamin E und Triglyceriden von Linolsäure und Ölsäure. Die genaue Zusammensetzung der Triglyceridmuster hängt von Klima und Auswahl der Sonnenblumensorten, die sich durch Züchtung beeinflussen lassen, ab. So können einerseits Öle mit erhöhten Linolsäuregehalten, andererseits auch Öle mit einem auf Kosten der Linolsäure stark erhöhten Ölsäureanteil (High-Oleic- (HO-) Sonnenblumenöle) gewonnen werden. Neben der hohen Wertschätzung wegen seiner ernährungsphysiologisch günstigen Zusammensetzung genießt Sonnenblumenöl neben Soja-, Raps- und Olivenöl große wirtschaftliche Bedeutung. Bei der ersten Pressung gewonnenes rohes S. ist nach einer mechanischen Klärung bei einem niedrigen Säuregehalt direkt verzehrfähig. S. aus ungeschälten oder unzureichend geschälten Kernen kann durch mitextrahierte Wachse aus den Schalen der Kerne getrübt sein. Der Großteil des S. im Handel ist raffiniert und findet überwiegend als Küchen- und Salatöl im Haushalt, aber auch bei der industriellen Herstellung von → Margarine Verwendung.

Sonnentrocknung engl.: *sun drying;* traditionelles Verfahren zum Trocknen von Lebensmitteln wie z. B. Getreide, Rosinen und Gewürzen, bei dem das zu trocknende Gut in der Sonne unter mehrmaligem Wenden und Mischen langsam getrocknet wird. Der Trocknungsprozess kann dabei durch Auslegen des Gutes auf Herden oder Horden unterstützt werden. Voraussetzung für die S. ist eine starke Sonneneinstrahlung und eine geringe relative Luftfeuchtigkeit.

Sorbate engl.: *sorbates;* 1. Salze der → Sorbinsäure; 2. Bezeichnung für sorbierte Substanzen. → Sorption

Sorbet engl.: *sorbet;* schwach gefrorene Speiseeiszubereitung, die üblicherweise einen Fruchtgehalt von mindestens 25 %, bei Zitrus- und anderen sauren Früchten von mindestens 15 % aufweist. Milch und Milchbestandteile sind nicht üblich. Küchentechnisch wird S. aus passierten Früchten, Zucker und häufig auch Spirituosen oder Wein und ähnlichen Getränken durch Gefrieren unter regelmäßigem Rühren hergestellt.

Sorbinsäure engl.: *sorbic acid,* Syn.: *2, 4-Hexadiensäure;* ungesättigte organische Säure mit 6 C-Atomen, die natürlicherweise in der Vogelbeere vorkommt und gegen Bakterien, Hefen und Schimmelpilze wirkt. S. (E 200) und ihre Salze Natrium- (E 201), Kalium- (E 202) und Calciumsorbat (E 203) sind als Konservierungsmittel für bestimmte Lebensmittel, wie z. B. Schnittbrot, Margarine, Hart- und Brühwürste in festgelegten Höchstmengen zugelassen. Da S. und Sorbate im Organismus wie Fettsäuren abgebaut werden, sind sie als gesundheitlich unbedenklich anzusehen und lösen zunehmend andere Konservierungsstoffe ab. Eine Ausnahme bildet das Natriumsorbat, das Erbgut schädigende Oxidationsprodukte bilden kann und deshalb kaum Verwendung findet.

Sorbit engl.: *sorbitol,* Syn.: *Glucit, Sorbitol;* → Zuckeralkohol, der in verschiedenen Früchten vorkommt und technisch durch Hydrierung von → Glucose gewonnen wird. Es handelt sich um ein gut wasserlösliches farbloses Pulver mit laxierender Wirkung und etwa 50 % der Süßkraft von Saccharose. Häufig findet Sorbitsirup Verwendung, der durch Hydrierung von Glucosesirup hergestellt wird und unterschiedliche Sorbitkonzentrationen (mindestens 50 %) sowie eine, abhängig von der Zusammensetzung, unterschiedliche Süßkraft aufweist. S. und Sorbitsirup sind unter der Nummer E 420 zur Süßung von Brennwert verminderten oder ohne Zuckerzusatz hergestellten Lebensmitteln (z. B. Dessertspeisen, Speiseeis, Marmeladen und Süßwaren) zugelassen. Des Weiteren ist S. ein wichtiges Feuchthaltemittel und Trägerstoff. Patienten mit → Hereditärer Fructoseintoleranz müssen S. vermeiden, da im Körper die Umsetzung zu Fructose erfolgt.

Sorbitanfettsäureester Syn.: *Spans;* → Emulgatoren, die synthetisch durch partielle Veresterung des Zuckeralkohols → Sorbit bzw. seines Anhydrids Sorbitan mit verschiedenen Fettsäuren gewonnen werden. S. sind unter den Nummern E 491–495 für bestimmte Lebensmittel (z. B. Desserts, Feine Backwaren, Diabetiker-Lebensmittel) in festgelegten Höchstmengen zugelassen. Durch Umsetzung mit Ethylenoxid entstehen Emulgatoren, die sich durch eine stärkere Hydrophilie auszeichnen (→ Polyoxyethylensorbitanester von Fettsäuren).

Sorbitbonbons engl.: *sorbitol sweets;* → Zuckerfreie Süßwaren

Sorbitol Syn.: → *Sorbit*

Sorghumhirse lat.: *Sorghum sp. Moench* (Fam.: *Poaceae*), engl.: *Millet,* Syn.: *Mohrenhirse;* Bezeichnung für eine Reihe von Hirsearten, von denen die wirtschaftlich bedeutendste die hitze- und dürreresistente, geringe Ansprüche an Boden und Wasser stellende Gewöhnliche Mohrenhirse (lat.: *Sorghum bicolor (L.) Moench var. bicolor,* Syn.: *Dari*) ist. Wegen ihrer relativ großen weiß, gelb, rot oder braun gefärbten stärke- und eiweißreichen Körner wird sie in weiten Teilen Afrikas und Asiens als Grundnahrungsmittel angebaut. Aus dem bräunlichen weißlichen oder gelben Mehl der Körner werden i. d. R. Brei oder Fladen hergestellt. Des Weiteren erfolgt eine Verwertung der Körner zur Produktion von Stärke, Glucose, Dextrin, Alkohol, Keimölen und Wachs. In den USA wird in zunehmendem Maße der Anbau von Hybridsorten mit hohen Erträgen für die Futtermittelproduktion betrieben.

Sorghumstärke Syn.: → *Milostärke*

Sorption engl.: *sorption;* selektive Aufnahme gasförmiger oder gelöster Substanzen ins Innere (Absorption) oder an der Oberfläche (Adsorption) eines festen oder flüssigen Stoffes. Sorptionsvorgänge werden bei der Lebensmittelherstellung und -verarbeitung, z. B. beim Klären von Flüssigkeiten durch Bleicherden oder Aktivkohle, beim Reinigen von Dämpfen, Desodorieren oder Entfärben genutzt. Ferner spielen sie bei der Wein- und Bierherstellung sowie bei der Trinkwasseraufbereitung eine Rolle.

Sorten engl.: *breeds;* bei Kulturpflanzen (z. B. Getreide, Obst, Gemüse, Reben) auf eine Stammpflanze gleicher Eigenschaften und somit Erbmasse zurückgehende und durch Mutation oder gezielte Züchtung entstehende Varianten. Sie werden rein vegetativ (z. B. Gehölze, Sträucher) oder durch Samen (z. B. Spinat, Kohlarten) vermehrt. Ihre Eigenschaften können durch Klima, Boden- und Kulturmaßnahmen beeinflusst werden, so dass bei unterschiedlichem Standort Form, Farbe und Geschmack variieren.

Souchong engl.: *souchong;* Abk.: S, aus dem Chinesischen stammende Bezeichnung für einen → Tee-Blattgrad, der die gröbsten im Handel befindlichen Teesorten beschreibt. Pekoe Souchong und Souchong besitzen ein offenes und breites Blatt und sind dünn im Aufguss.

Soufflé; → Auflauf

Soufflé glacé Syn.: → *Eisauflauf*

Soufflieren engl.: *to rise under browning;* küchentechnisches Verfahren, bei dem lufthaltige Massen unter Volumenzunahme und Bräunung gegart werden.

Soupe au Pistou; aus Südfrankreich (Provence) stammende, vielfältig variierte Gemüsesuppe mit Basilikumpaste (→ Pistou).

Sous-Vide-Verfahren; „Unter-Druck-Verfahren", Rationalisierungsverfahren für die Gastronomie und die Gemeinschaftverpflegung im Rahmen des → Cook & Chill-Systems, mit dem Speisen in Zeiten geringer Auslastung vorbereitet und zu Stoßzeiten ausgegeben werden können. Dabei wird die gereinigte, gewürzte und portionierte, ggf. angebratene oder blanchierte Rohware in speziellen Folienbeuteln unter Vakuum verpackt, in einem Spezialgerät gegart und danach sehr schnell auf 0 bis +3 °C abgekühlt und maximal 5 Tage bis zur Verwendung gelagert. Bei Bedarf müssen die so vorbereiteten Speisen nur noch erhitzt werden.

Spätburgunder; deutsche Bezeichnung für die aus Burgund stammende Weinrebe Pinot noir. Spätburgunder wird in Deutschland vorwiegend in Baden, Württemberg und zunehmend in der Pfalz angebaut. Die Rotweintraube liefert vollmundige samtige Weine von rubinroter Farbe mit sortentypischem Burgunderbukett.

Spätlese; traditionelle Bezeichnung für einen inländischen →Qualitätswein b. A. (bestimmter Anbaugebiete), dem das Prädikat S. auf Antrag bei der →Qualitätsprüfung unter Zuteilung einer Prüfungsnummer zuerkannt wird. Für die Zuerkennung des Prädikates müssen die zu prüfenden Weine die allgemeinen europäischen und nationalen Kriterien für einen Qualitätswein b. A. und die weiteren prädikatsspezifischen Anforderungen erfüllen. Für das Prädikat S. müssen die Weintrauben aus einem Bereich und einer späten Lese stammen, darf keine Anreicherung des Weines bei der Herstellung erfolgen und es dürfen nur vollreife Weintrauben eingesetzt werden.

Spätzle; typisch deutsche Nudelsorte von unregelmäßiger Form und ca. 5 cm Länge. Der Ursprung der S. liegt in Schwaben, wo die hausgemachte Variante zu den regionalen Spezialitäten zählt. S. unterliegen einem eigenen Herstellungsverfahren; der Teig aus Mehl, Eiern, Wasser und Salz ist feuchter und gegenüber den trockenen Nudelteigen zähflüssig. Er wird portionsweise flach ausgestrichen und davon die S. in einen Topf mit kochendem Wasser geschabt und gekocht, bis sie im Wasser oben schwimmen. Hausgemachte S. werden sofort verzehrt oder weiterverarbeitet, industriell hergestellte nach dem Kochen getrocknet. Durch dieses Verfahren erhalten sie ihre raue Oberfläche und nehmen Saucen gut auf. Neben dem traditionellen Spätzlebrett und Schaber werden auch Spätzlepressen oder -siebe verwendet. S. eignen sich besonders gut als Beilage zu Fleisch- und Wildgerichten oder für die schwäbischen „Käse- oder Leberspätzle". Unter den industriell hergestellten Teigwaren werden als S. auch normal hergestellte Erzeugnisse mit der charakteristischen, leicht gebogenen Form mit unregelmäßiger Oberfläche bezeichnet, ein in Deutschland weit verbreitetes Beispiel der „Kurzware".

Spaghetti; lange bis sehr lange →Teigwaren mit einem Durchmesser von 1–2,5 mm. Sie zählen zu den verbreitetsten Sorten und werden mit verschiedensten Saucen verzehrt, oft z. B. Sauce Bolognese oder Pesto.

Spaghetti Bolognese; mit einer Tomaten-Hackfleisch-Sauce (→Sauce Bolognese) angerichtete →Spaghetti, zu denen häufig geriebener Streukäse wie z. B. Parmesan gereicht wird. Das Gericht ist als zubereitetes Fertiggericht tiefgefroren, frisch und als wärmebehandelte Konserve sowie in verschieden Formen als Halbfertigprodukt bis hin zu den Einzelzutaten im Handel erhältlich.

Spaltfrucht engl.: *dehiscent fruit;* botanische Bezeichnung für eine mehrsamige →Schließfrucht, die meist in einsamige Teilfrüchte, entsprechend den Fruchtblättern zerfällt. S. kommen z. B. bei Doldengewächsen wie Kümmel oder Anis vor.

Spaltschinken; im Vergleich zu →Knochenschinken flacher gereifter →Rohschinken ohne Knochen. Dieser wurde vor der Pökelung entfernt. Die zur Herstellung verwendeten Teilstücke sind Unterschale, Nuss und Hüfte sowie vereinzelt auch Oberschale und Teile davon. Ähnlich wie S. ist →Kernschinken.

Spanferkel lat.: *Sus scrofa domesticus L.* (Fam.: *Suidae*), engl.: *sucking pig,* Syn.: *Milchferkel;* junges, noch säugendes (spänendes) Ferkel im Alter von 3–6 Wochen mit einem Schlachtgewicht von 12–20 kg.

Spanischer Hopfen Syn.: → *Kretischer Dost*

Spanischer Pfeffer Syn.: → *Gewürzpaprika*

Spanische Weine engl.: *Spanish wine;* in Spanien erzeugte Weiß-, Rosé- und Rotweine. Bei Spanien handelt es sich um das Land mit den weltweit größten Weinanbauflächen, jedoch lassen die sehr trockenen Sommer nur geringe Rebendichten mit niedrigem Wuchs zu. Seit 1996 ist Bewässerung für spanische Weinerzeuger erlaubt, was sich langfristig auf die Erträge auswirken wird. Die Qualitätsbezeichnungen steigern sich wie folgt: Vino de Mesa (Tafelwein), Vino Comarcal (VC, ein Vin de Pays einer bestimmten Region), Vino de la Terra (entspricht dem Vin de Pays), Denominación de Origen (DO) und Denominación de Origen Calificada (DOCA). Spanien hat derzeit 55 DO und eine DOCA, nämlich Rioja. Die wichtigsten Weinbaugebiete sind die Castilla-La-Mancha, Navarra, Ras Baixas, Ribera del Duero, Rioja, Somontano, Katalonien und Priorat. Wie in anderen südeuropäischen Weinbauländern greifen auch die spanischen Winzer oft auf landestypische Rebsorten zurück, wie z. B. Tempranillo, Menca, Garnacha tinta für Rotweine und Albarino, Treixadura, Loureira, Macabeo für Weißweine.

Spannrippe Syn.: *Blatt-, Flach-, Querrippe;* flaches großflächiges und in regelmäßigen Abständen von Rippen durchzogenes Teilstück des Rinderviertels (Rinderwand), welches den Brustkorb bildet. Das mit Fett durchwachsene, ohne und mit Knochen verkaufte Fleisch, das z. T. einige Knorpel enthält, ist zum Kochen, insbesondere in Suppen und Eintöpfen, und zur Verarbeitung in Fleischwaren geeignet. Der Anteil am entbeinten Fleisch beträgt ca. 4 %.

Spans Syn.: → *Sorbitanfettsäureester*

Spargel lat.: *Asparagus officinalis L.* (Fam.: *Asparagaceae*), engl.: *asparagus;* junge weiße, weißviolette oder grüne Sprosse des unterirdischen Wurzelstockes des mehrjährigen Gemüsespargels. Bei ihnen handelt es sich um ein relativ wasser- und eiweißreiches (ca. 93,5 g Wasser und 1,9 g Eiweiß pro 100 g essbarem Anteil), leicht bekömmliches Stängelgemüse. Sie werden durch Stechen aus angehäufelten Dämmen (Bleichspargel) oder durch Abschneiden auf flachen Beeten ergrünt (Grünspargel) geerntet. Nach dem Ernten verfärben sich durch Anthocyane und Licht die Köpfe bei Bleichspargel leicht bläulichviolett. Als Gemüse ist der befeuchtet nur einige Tage lang gekühlt haltbare Bleichspargel mit geschlossenen Köpfen bevorzugt. Grünspargel weist einen kräftigeren Geschmack auf, bleibt länger faserarm und besitzt einen höheren Gehalt an Vitamin C als Bleichspargel. Neben dem Verkauf in obligatorischen EG-Handelsklassen als Frischware (deutsche Saison April bis Ende Juni) wird S. wegen seiner geringen Haltbarkeit als Nasskonserve und tiefgekühlte Ware haltbar gemacht und gehandelt. S. in Konserven unterliegt festen Normen. S. ist ein vielseitiges Gemüse, das allein als Gemüsebeilage, als Bestandteil in Gemüsemischungen (→ Leibziger Allerlei) und Suppen (dünne gebrochene Ware) verwendet wird.

Spargelkohl Syn.: → *Brokkoli*

Spearmint; → Krauseminze

Speck engl.: *bacon;* Sammelbezeichnung für das zusammenhängende Unterhautfettgewebe des Schweines ohne Schwarte, auch mit Resten von Skelettmuskulatur. Es wird nach Herkunft, z. B. in Kamm-, Rücken-, Schinken- oder Bauchspeck unterschieden. Frisch ist S. nur begrenzt haltbar, daher wird er durch Einsalzen oder Pökeln und Räuchern oder Lufttrocknen konserviert. An frisch oder behandelt am Stück an den Verbraucher abgegebenem S. haftet zumeist Schwarte. Zu Fleisch- und Wurstwaren wird er sorgfältig entschwartet verarbeitet. Neben Fleisch- und Wurstwaren ist S. angebraten und roh eine geschmacksgebende Zutat bei vielen Gerichten, wie z. B. Eintöpfen, Aufläufen und Fleischgerichten. In vielen Gegenden Europas wird S. als besondere regionale Spezialität hergestellt, wie z. B. in Tirol. Gelegentlich wird das zwischen Haut und Muskulatur befindliche zusammenhängende Fettgewebe bei anderen Tieren ebenfalls als Speck bezeichnet.

Speckfisch; geräucherte Stücke vom Grauhai. →Haie

Speckkäfer lat.: *Dermestidae,* engl.: *bacon beetle, larder beetle;* schwarzbraune, 8–11 mm große Käfer mit bis zu 13 mm langen, stark behaarten Larven. Wichtige, als →Vorratsschädlinge bekannte Arten sind der Gemeine S. (lat.: *Dermestes lardarius L.*), der eine helle Behaarung auf der vorderen Hälfte der Flügeldecke aufweist, und der Peruvianische S. (lat.:*Dermestes peruvianus (Castelnau)*). Die Weibchen legen bis zu 200 Eier in Nahrungsmitteln tierischer Herkunft wie Fleisch, Wurst und Speck ab, aus denen die behaarten Larven schlüpfen. Der Befall ist an den Larvenhäuten meist gut erkennbar. Schaden entsteht sowohl direkt durch Fraßschäden an Lebensmitteln und Lochfraß an Textilien und Leder als auch indirekt durch Gesundheitsschäden bei Menschen durch Darmerkrankungen und →Allergien gegen die Haare der Larven. Sowohl die Käfer als auch die Larven sind relativ kälteempfindlich.

Specköl Syn.: →*Schmalzöl*

Speckschmalz; ausschließlich durch Auslassen von →Speck, insbesondere Rückenspeck, hergestelltes →Schweineschmalz.

Speckwurst; →Blutwurst mit kleinen Speckwürfeln (z. T. mit anhaftender Schwarte) als Einlage.

Spectrume engl.: *Spectrum Descriptive Analysis Method;* eine Methode zur Erstellung von →Profilen mit selektierten und intensiv trainierten Prüfern. Ziel ist das qualititive Auffinden von charakterisierenden →Merkmalseigenschaften und deren quantitative Bewertung. Ein →Panel wird anhand von Referenzproben kalibriert und ständig überprüft, weshalb mit absoluten Intensitäten gearbeitet werden kann. Bei der Spectrum™-Methode handelt es sich um ein geschütztes Verfahren nach Civille.

Speichel engl.: *saliva;* von den Speicheldrüsen gebildetes Verdauungssekret, das v. a. aus Wasser besteht, aber auch u. a. α-Amylase, Lysozym, Elektrolyte, Mucine und Immunglobuline (→Antikörper) enthält. Der S. macht die Nahrung gleitfähig und dadurch schluckbar, löst Geschmacksstoffe aus der Nahrung, schützt die Mundschleimhaut, den Zahnschmelz und reinigt die Mundhöhle. Die α-Amylase bewirkt eine Vorverdauung der Kohlenhydrate. Lysozym wirkt antibakteriell und die Immunglobuline dienen der Abwehr. Es werden täglich 0,5–2 l S. gebildet (pH 5,6–7,6), wobei die Sekretion reflektorisch erfolgt, d. h. durch den Willen nicht beeinflusst werden kann. Bestimmte Reize, z. B. der Anblick von Speisen, verstärken die Speichelbildung.

Speichermotte lat.: *Ephestia elutella (Hübner)* (Fam.: *Phycitidae* (Fruchtzünsler)), engl.: *cacao moth, tobaco moth, warehouse moth,* Syn.: *Heumotte, Kakaomotte, Tabakmotte;* in Mitteleuropa heimischer, mittlerweile weltweit verbreiteter →Vorratsschädling. Die Falter haben eine Flügelspannweite von bis zu 18 mm, bleigraue Vorderflügel mit gewellten dunklen Querbändern und einfarbige hellere Hinterflügel. Die bis zu 20 mm langen Raupen ähneln denen der →Mehlmotte und sitzen oft in Gespinströhrchen. Die S. befällt bevorzugt Kakaoprodukte, Futtermittel und Getreide, aber auch Tabak und verpuppt sich auch in Ritzen und Spalten außerhalb des Nährsubstrats. Die Raupen verursachen Fraßschäden und verschmutzen die befallenen Vorräte. Durch sehr starke Gespinstbildung kann es in Mühlen zu Verstopfungen der Förder- und Siebeinrichtungen kommen.

Speierling lat.: *Sorbus domestica L.* (Fam.: *Rosaceae*), engl.: *sorb apple, service berry;* kleine grüne oder bräunliche, apfel- oder birnenförmige, zu Trugdolden zusammengefasste →Beeren des gleichnamigen in Eurasien beheimateten Baumes. Die harten unreifen Früchte weisen einen hohen Gehalt an Gerbstoffen sowie einen äußerst bitteren Geschmack auf und werden erst nach Frost oder nach längerem Liegen weich und essbar. Der aus den Früchten gepresste Saft findet insbesondere bei der Herstellung von Apfelsaft zum Klären, Verlängern der Haltbarkeit und Erzielen eines trockenen fruchtigen Aromas Verwendung.

Speisebohnenkäfer lat.: *Acanthoscelides obtectus Say. (Fam.. Bruchidae (Samenkäfer))*, engl.: *bean seed beetle;* bis 3 mm große gelbgrüne Käfer mit hellgrauen Flecken, verkürzten Flügeln und bis zu 4 mm langen, gekrümmten, beinlosen Larven. S. legen noch im Feld ihre Eier an jungen Bohnen oder anderen Hülsenfrüchte ab, wobei sich die entwickelnden Larven häufig in der Bohne einpuppen und so ins Haus gelangen. Eine Vermehrung in getrockneten Bohnen ist nicht möglich. Schaden entsteht durch Lochfraß in Leguminosensamen.

Speisechrysantheme Syn.: → *Wucherblume*

Speiseeis engl.: *ice-cream,* Syn.: *Eis;* eine durch einen Gefrierprozess in eine feste oder pastenförmige Form gebrachte, im gefrorenen Zustand verzehrte Zubereitung. Übliche Zutaten sind Milch und Milcherzeugnisse (z. B. Sahne oder Joghurt), Eier, Zucker, Pflanzenfette, Trinkwasser, Früchte und Aromen sowie färbende Lebensmittel. Es existieren zahlreiche Geschmacksrichtungen, die unter eine der acht Sorten → Kremeis, → Sahneeis, → Milcheis, → Eiskrem, → Fruchteis, → Fruchteiskrem, (Frucht-) → Sorbet und → Wassereis eingeordnet werden können. Die Verwendung weiterer Zutaten wie Kakaoprodukte, Nüsse, Kaffee oder Spirituosen ist von der Geschmacksrichtung abhängig. S. wird oft auch in Waffeln und mit Überzügen und Fruchtsaucen in den Verkehr gebracht. Zur industriellen Herstellung werden die Zutaten zu einem so genannten Vormix vermischt und dann unter hohem Druck homogenisiert. Darauf folgt eine Pasteurisierung durch kurzzeitige Erhitzung auf 80 °C und rasches Abkühlen auf 4 °C. Durch die anschließende Reifung des Mixes wird Feuchtigkeit durch Proteine, Stabilisierungsmittel und übrige trockene Bestandteile aufgesaugt und so das im Mix vorhandene freistehende Wasser auf ein Minimum reduziert. Weiterhin wird die Fähigkeit der Fettglobule erhöht, Luftanteile zu binden, das Eis wird dadurch cremiger. Die eigentliche Eisherstellung läuft in Freezern ab, langen waagerechten Kühlrohren. An den Wänden gefriert die Mischung sofort und wird durch Messer abgeschabt und dabei mit Luft aufgeschlagen. Der Aufschlag, auch Schwellung genannt, bezeichnet dabei die durch die Luftblasen hervorgerufene Volumenzunahme in Prozent. Bei -4 bis -8 °C wird das Eis danach in seine Form gebracht und erhält dann bei -40 °C durch Schockgefrieren seine Festigkeit. Für die sensorischen Eigenschaften wichtig sind neben der Zusammensetzung die Größe der beim Gefrieren entstandenen Wasserkristalle (optimal 30 bis 50 µm) und der eingeschlossenen Luftbläschen (optimal 50 bis 80 µm) sowie die Verteilung der Luftblasen und Fetttröpfchen. Unter -18 °C gelagert ist S. bis zu einigen Monaten haltbar. S. ist schon seit dem Altertum ein geschätzter Genuss. Marco Polo berichtete z. B. von einer 3000-jährigen Geschichte der Eisherstellung mit Hilfe von Schnee sowie Milch, Wasser und Früchten. Auch für Griechen und Römer war Eis ein Luxusgut, von Kaiser Nero wird erzählt, dass er zur Eisherstellung Schnee der Albanischen Alpen ganzjährig gelagert hatte. Seit 1530 wurde die chemische Erzeugung von Kälte zur Eisherstellung benutzt, seit 1876 stand die von Carl von Linde erfundene Ammoniak-basierte Kältemaschine zur Verfügung; die industrielle Eisherstellung begann schon 1851 im amerikanischen Baltimore. 1923 wurde dann das erste Patent für Eis am Stiel angemeldet, 1925 nahmen in Deutschland die „Rahmeiswerke Schlesien" in Breslau die Produktion auf und starteten auch hier die industrielle Eisherstellung. Schon 1933 gab es die erste deutsche Speiseeisverordnung, die mittlerweile in ihren wesentlichen Bestimmungen durch die Leitsätze für Speiseeis und Speiseeishalberzeugnisse des Deutschen Lebensmittelbuches ersetzt wurde.

Speiseessig Syn.: → *Essig*

Speisefette; bei 20 °C feste → Fette, die zum menschlichen Verzehr geeignet sind. Nur wenige reine pflanzliche Fette erfüllen diese Bedingung. Von Bedeutung sind Kokosfett und Palmfett, das international meist als Palmöl bezeichnet wird, da es in seinen Herkunftsländern flüssig ist. Dagegen fallen alle Fette von Landtieren (→ Rindertalg, → Schweineschmalz) unter diese Rubrik. → Fischöle sind jedoch aufgrund des hohen Gehalts an mehrfach ungesättigten Fettsäuren flüssig. Während Pflanzenöle in großen Mengen durch → Fraktionieren und → Fetthärtung in feste Produkte umgewandelt werden, ist der umgekehrte Weg nur von geringer Bedeutung (→ Oleomargarin, Schmalzöl). S. sind demzufolge oft Mischungen pflanzlicher und tierischer Fette, die nach ihrer Verwendung als Back-, Brat- oder Frittierfett benannt werden. Sind sie streichbar, sind sie im Handel meist als Milchfetterzeugnisse wie z. B. Butter oder Margarinen (max. 3 % Milchfett, meist pflanzliche, verarbeitete Fette) erhältlich.

Speisefettsäuren; → Fettsäuren, die in Speisefetten vorkommen. Zahlreiche Zusatzstoffe sind Derivate von S., die aus zum Verzehr geeigneten Fetten gewonnen werden oder destilliert sein müssen.

Speisefische engl.: *food fish;* → Fische, die direkt für die menschliche Ernährung bestimmt sind. → Industriefisch

Speisegelatine engl.: *edible gelatin;* → Gelatine

Speisehonig engl.: *edible honey;* vollwertiger, zum unmittelbaren Genuss bestimmter → Honig. → Backhonig

Speisekleie engl.: *bran;* die ca. 20 % ausmachenden Randschichten des → Getreidekornes, die bei der Herstellung von hellen Mehlen in der Getreidemühle als → Mühlennachprodukt anfallen. Wichtige, ernährungsphysiologisch wertvolle Bestandteile der S. sind u. a. der Keimling und die → Aleuronschicht. Sie besitzen neben Ballaststoffen (50 % der Kleie) einen hohen Gehalt an Tocopherolen, Thiamin und anderen Vitaminen der B-Gruppe sowie an Mineralstoffen und hochwertigem Öl. S. wird zur Ballaststoffanreicherung in Lebensmitteln, insbesondere in Backwaren, und zur Herstellung von Ballaststoffkonzentraten verwendet.

Speisekürbis engl.: *Pumpkin;* → Kürbis

Speisemuscheln engl.: *edible mussels;* → Muscheln

Speiseöle; bei 20 °C flüssige → Fette, die zum menschlichen Verzehr geeignet sind. Sie stammen aus Fruchtfleisch oder Samen von Pflanzen, die größte wirtschaftliche Bedeutung besitzen Sojaöl, Rapsöl, Sonnenblumenöl, Erdnussöl, Baumwollsaatöl und in Europa Olivenöl. Palmöl, das in seiner Bedeutung an Sojaöl heranreicht, ist bei 20 °C nicht flüssig und damit kein Öl im eigentlichen Sinn. Die ebenfalls flüssigen → Fischöle werden üblicherweise nicht als S. bezeichnet. Durch → Fetthärtung und → Fraktionieren gewinnt man aus S. auch wichtige Rohstoffe für die Herstellung von festen und pastösen Speisefetten. Im Handel ist S. eine Sammelbezeichnung, die in jedem Fall ausreicht und gegebenenfalls durch Angabe des Verwendungszwecks (Bratöl, Salatöl etc.) oder des Ausgangsstoffs (Erdnussöl, Olivenöl etc.) ergänzt bzw. ersetzt werden kann.

Speisepilze engl.: *edible mushrooms;* essbare Fruchtkörper bestimmter höherer → Pilze mit besonders guten sensorischen Eigenschaften. Sie dürfen nicht überreif, nicht alt, nicht übermäßig wässrig und nicht durch Madenfraß in ihrer Konsistenz verändert oder sonst in ihrer Brauchbarkeit erheblich vermindert sein und sollen weiterhin frei von sichtbarem Schimmel und weitgehend befreit von Erde, Blättern und Nadeln sein. S. müssen sorgfältig darauf geprüft werden, dass sich keine ungenießbaren oder gesundheitsschädlichen Pilze unter ihnen befinden und möglichst bald nach der Ernte an den Verbraucher abgegeben oder zu → Pilzerzeugnissen weiterverarbeitet werden, da sie leicht verderblich sind. Die sich bei der Zersetzung bildenden Abbauprodukte des Eiweißes können zu „unechten Pilzvergiftungen" mit Symptomen einer Lebensmittelvergiftung führen. Manche S. wie z. B. der Perlpilz sind roh giftig und dürfen nur gekocht verzehrt werden. Es wird zwischen Blätterpilzen (z. B. → Shiitake-Pilz), Röhrenpilzen (z. B. → Steinpilz, Butterpilz), Trüffelpilzen (z. B. Perigord-Trüffel) und sonstigen Pilzen sowie zwischen Zuchtpilzen und Wildpilzen unterschieden. S. verfügen über einen eher geringen Nährwert. Sie bestehen zu 85–90 % aus Wasser und enthalten etwa 2–5 % relativ hochwertiges Eiweiß, das jedoch nur zu etwa 70 % verdaulich ist. Die Kohlenhydrate bestehen überwiegend aus unverdaulichem Chitin, wodurch S. relativ schwer verdaulich sind. Da Pilze metallische Kontaminanten wie Quecksilber und Cadmium sowie Radionuklide wie Caesium-137 anreichern können, sollten pro Woche nicht mehr als 200–250 g Wildpilze verzehrt werden.

Speisequark engl.: *Farmer's Cheese,* Syn.: *Topfen;* Standardsorte der Käsegruppe → Frischkäse in den Fettgehaltstufen Mager- bis Doppelrahmstufe, der ab Rahmstufe auch als „Speisequark mit Sahne" oder „Speisequark mit Rahm" bezeichnet werden kann. Zur Herstellung darf nur pasteurisierte Milch, Sahne oder entrahmte Milch oder daraus anfallende Molke verwendet werden. Der Anteil an Molkeneiweiß überschreitet dabei nicht 18 %. Die pasteurisierte und entrahmte Milch wird gleichzeitig mit spezifischen Milchsäurebakterien und Lab dickgelegt und die Molke durch Zentrifugieren abgetrennt, so dass → Magerquark entsteht. Um die gewünschte Fettgehaltstufe einzustellen, erfolgt eine Anreicherung des Magerquarks mit der entsprechenden Menge an Sahne. Die zugesetzte Sahne, auch geschlagen, soll in der ganzen Teigmasse gleichmäßig verteilt enthalten sein. Der Mindestgehalt an Trockenmasse muss je nach Fettgehaltstufe zwischen 18 und 30 % und der Eiweißgehalt je nach Fettgehaltstufe und Trockenmasse zwischen 12,0 und 6,8 % betragen. Der milchig weiße bis rahmgelbe Teig besitzt eine weiche zart geschmeidige bis pastenartige Konsistenz und einen leichten, rein milchsauren Geschmack.

Speisequarkzubereitung mit Früchten; → Frischkäsezubereitungen

Speisequarkzubereitung mit Kräutern; → Frischkäsezubereitungen

Speiserüben Syn.: → *Weiße Rüben*

Speisesalz Syn.: → *Natriumchlorid*

Speisesenf engl.: *mustard,* Syn.: *Mostrich, Mostert;* gelbe bis bräunliche breiartige Zubereitung zum Würzen von Speisen aus entölten (Restfettgehalt mindestens 12 %) oder nicht entölten braunen oder gelben Senfkörnern, auch gemischt, oder Senfmehl aus diesen sowie Flüssigkeit. Als Flüssigkeit verwendet wird eine von den folgenden oder Mischungen daraus: Wasser, Wein, Gärungsessig, Saft aus unreifen Trauben (→ Verjus), Traubenmost, Fruchtsaft, alkoholische Getränke oder andere trinkbare Flüssigkeiten. Der Gehalt an aus Senfkörnern stammender Trockensubstanz muss im zubereiteten Senf mindestens 15 Gewichtsprozent betragen. Zusätzlich kann S. noch andere geschmacksgebende Lebensmittelzutaten und bis zu einem Höchstgehalt von 3 % Getreidemehl (mit Ausnahme von → Dijonsenf und → englischem Senf) sowie ggf. technologisch notwendige Zusatzstoffe enthalten. Bei der Verwendung von Getreidemehl muss der aus Senfkörnern stammende Trockensubstanzgehalt mindestens 18 % betragen. Schärfe und Geschmack sind je nach regionaler Gebräuchlichkeit und je nach Anteil an braunen oder gelben Senfkörnern unterschiedlich. Als geschmacksgebende Lebensmittelzutaten werden häufiger Gewürze (z. B. Paprika oder Pfeffer), Kräuter (bspw. Estragon),

Salz und Aromen im Vergleich zu anderen Lebensmitteln wie Tomaten oder Champagner verwendet. Bei Bezeichnung als Gewürz-, Estragon-, Kräuter-, Tomaten- oder Meerrettichsenf ist ein eindeutig wahrnehmbarer Geschmack der Charakter gebenden Stoffe erforderlich.

Speisesirup; → Sirup zur Verwendung im Haushalt, z. B. als Brotaufstrich, der je nach Art Saccharose, Invertzucker, Karamell, Zuckerkulör, → Zuckerablaufsirupe oder → Glucosesirup enthalten kann.

Speisestärke engl.: *starch;* → Stärke, die, im Gegensatz zum Stärkepuder für technische Zwecke, bei der Lebensmittelzubereitung als Binde- und Dickungsmittel z. B. für Saucen und Desserts sowie als Backzutat Verwendung findet.

Speisetäubling lat.: *Russula vesca Fr.* (Fam.: *Russulaceae*), engl.: *The Flirt;* von Juni bis Oktober meist in Laub-, seltener in Nadelwäldern wachsender → Speisepilz mit flach gewölbtem Hut von 4–8 cm Durchmesser und rotvioletter Farbe. Der S. besitzt einen weißen festen, an der Basis verjüngten Stiel, häufig mit braunen Flecken, enge weiße Lamellen, die im Alter dunkel gefleckt sind und festes weißes Fleisch von nussartigem Geschmack.

Speisetalg; im Gegensatz zum Feintalg bei höheren Temperaturen gewonnenes Fett aus dem Fettgewebe des Rindes. S. hat unverarbeitet kaum noch Bedeutung und weist einen typischen Talggeruch auf.

Speisewürze; → Würzen

Speisezwiebel lat.: *Allium cepa L. var. cepa* (Fam.: *Liliaceae*), engl.: *onion,* Syn.: *Küchenzwiebel, Sommerzwiebel;* ausdauernde, aus Zentralasien stammende, heute weltweit verbreitete Gewürz- und Gemüsepflanze, die in Kultur einjährig als so genannte Säzwiebel oder zweijährig als so genannte Steckzwiebel gehalten wird. Die S. ist eine unserer ältesten Kulturpflanzen und es gibt zahlreiche Sorten, die sich durch ihre Farbe, Form und Größe unterscheiden. Der charakteristische Geruch und der scharf würzige Geschmack beruhen, ähnlich wie bei → Knoblauch und → Schnittlauch, auf schwefelhaltigen Verbindungen wie → Alliin und deren Umwandlungsprodukten wie → Allicin und den Tränen reizenden Thiopropanal-Sulfoxiden. Der leicht süßliche Geschmack entsteht durch den an Stelle von Stärke als Reservestoff gespeicherten Zucker. In der Küche werden kleine, scharf schmeckende S. als Gewürzzwiebeln roh oder geröstet zum Würzen von Salaten, Suppen, Saucen und Fleischgerichten eingesetzt. Große, mild schmeckende Sorten werden als Gemüsezwiebeln bezeichnet und roh oder gedünstet als Gemüse verzehrt. In den Handel kommen S. i. d. R. frisch, es werden jedoch auch getrocknete Produkte wie Zwiebelpulver und Zwiebelgranulat sowie geröstete Zwiebeln angeboten. Silberzwiebeln sind von der Schale befreite, besonders kleine S.

Spekulatius engl.: *spiced cookies;* süßes, trockenes, dunkles aus → Mürbeteig geformtes Gebäck mit aromatischem Geschmack und Bildaufdruck auf der Vorderseite. Dieser wird traditionell in Holzmodeln, heute oftmals maschinell mit Ausformwalzen aufgeprägt. Gewürzspekulatius enthält Gewürze, wie z. B. Zimt, Nelken, Koriander und Kardamom, Mandelspekulatius, geriebene Mandeln im Teig sowie gehobelte Mandeln als Unterlage. Butterspekulatius enthält als wesentliche herausschmeckende Zutat Butter bzw. Butterfett oder -reinfett. Üblich ist bei Handelsware die Verwendung von mindestens 10 kg Butter bzw. 8,6 kg Butterfett oder 8,2 kg Butterreinfett auf 100 kg Getreideerzeugnisse.

Spelt/Spelz Syn.: → *Dinkel*

Spelzen engl.: *husk;* blättchenförmige Nebenteile der Getreideblüten, zwischen denen sich die Getreidekörner entwickeln. Die harten und zähen S. tragen teilweise eine steife Borste, die als Granne bezeichnet wird. S. sind für die menschliche Ernährung wertlos und müssen daher sorgfältig vom Korn entfernt werden. Manche Getreidearten verlieren ihre S. beim Drusch und kommen ohne sie als Nacktgetreide in den Handel. Dazu zählen alle Roggen- und die meisten Weizensorten sowie Nacktgerste und Nackthafer. Andere behalten ihre S. auch nach dem Drusch (Spelzgetreide). Dies ist bei den meisten Gerste- und Hafersorten sowie bei Reis und Dinkel der Fall. Bei ihnen werden die S. durch Schälen und Schleifen entfernt. Der Spelzenanteil ist ein wichtiges Kriterium zur Beurteilung der Getreidequalität wie z. B. bei Gerste und Hafer. Bei Gerste beträgt der Anteil im Durchschnitt etwa 12 % und bei Hafer 22–35 %. Schlechte Ware weist noch höhere Anteile auf. Dies kann erblich bedingt sein, aber auch am Witterungsverlauf und einer unzureichenden Nährstoffversorgung während des Wachstums liegen.

Spermin engl.: *spermine;* → biogenes Amin (Polyamin). S. wird aus → Ornithin über die Zwischenstufen Putrescin und Spermidin gebildet. S. und Spermidin kommen in eiweißhaltigen Lebensmitteln vor.

Sperrschicht engl.: *barrier layer, interlining,* Syn.: *Barriereschicht;* Schicht innerhalb eines Packstoffes, die für die Gas-, Wasserdampf-, Aroma- oder Fettdichtigkeit verantwortlich ist. Gute Sperrschichteigenschaften besitzen → Aluminiumfolie sowie verschiedene → Kunststoffe.

Spezialbrote engl.: *variety breads;* Brotsorten, die sich in den Eigenschaften und/oder der Zusammensetzung von konventionellen Broten unterscheiden. S. werden hergestellt durch Verwendung anderer, i. d. R. nicht in konventionellen Broten verwendeter Zutaten, spezieller Teigführungen und Backverfahren sowie durch eine spezielle Veränderung des Nährwertes wie z. B. bei Broten für diätetische Zwecke. Zu den i. d. R. nicht in konventionellen Broten verwendeten Zutaten gehören Getreideerzeugnisse oder ganzen Körner, die nicht aus Roggen oder Weizen stammen, wie z. B. Dinkel, Hafer oder Mais und besondere Zutaten pflanzlichen sowie tierischen Ursprungs, bspw. Milch, Leinsamen oder Weizenkeime. Für S. sind auch nach besonderen Verfahren hergestellte Mahlerzeugnisse wie z. B. Steinmetzmehl (→ Steinmetzbrot) in Gebrauch. Als spezielle Teigführungen dienen bspw. stundenlanges Anquellen vor dem Backen (→ Simonsbrot) und als besondere Backverfahren z. B. Anflämmen vor dem Backen (→ Gersterbrot/Gerstelbrot) oder Backen im Holz- oder Steinofen (→ Holzofen- bzw. → Steinofenbrot). Hinsichtlich der wertgebenden Bestandteile entsprechen S. üblicherweise den Maßgaben der Leitsätze des Deutschen Lebensmittelbuches für Brot und Kleingebäck oder sind in ihrer Abweichung ausreichend kenntlich gemacht. Wird in der Bezeichnung oder Aufmachung auf andere Zutaten hingewiesen, werden diese in solchen Mengen verwendet, dass die durch sie bezweckten besonderen Eigenschaften sensorischer Art deutlich oder bei solchen ernährungsphysiologischer Art wertbestimmend in Erscheinung treten.

Spezialmehle; → Mehle, deren Eigenschaften und Qualität speziell auf die Erfordernisse der daraus herzustellenden Produkte wie z. B. Kekse, Berliner, Baguettes ausgerichtet sind.

Sphäroproteine Syn.: *Globuläre Proteine;* Gruppe von wasserlöslichen Proteinen, die eine kugelförmige Struktur besitzen. Zu den S. gehören z. B. die → Histone, → Albumine und → Globuline.

Spickgans; gepökelte, zusammengebundene und geräucherte → Gänsebrust.

Spiegelkarpfen; → Karpfen

Spießbraten engl.: *spit roast;* zum → Braten am Spieß besonders geeignete oder bratfertig hergerichtete Fleischstücke oder -zuschnitte im gewachsenen Stück (natürlich zusammenhängender Zustand).

Spinat lat.: *Spinacia oleracea L.* (Fam.: *Chenopodiaceae*), engl.: *Spinach;* rasch wachsendes, einjähriges Gewächs mit dunkelgrünen ovalen bis pfeilspitzenförmigen Blättern, das weltweit kultiviert wird. Abhängig vom Aussaattermin erfolgt eine Unterscheidung in feinblättrigen Frühjahrs-, Sommer- und Herbstspinat (Ernte bis Dezember) und gröberen Winterspinat (Ernte im Frühjahr). Der wertvollere Blattspinat wird sorgfältig maschinell durch Schnitt der Blattstiele geerntet, während beim Wurzelspinat durch die maschinelle Ernte Wurzelanteile mitgeerntet werden. Nur ein geringer Anteil (etwa 15 %) der Ernte gelangt auf den Frischmarkt, der überwiegende Teil wird industriell, v. a. als Tiefkühlware, verarbeitet. S. besitzt einen relativ hohen Gehalt an Vitaminen und Mineralstoffen, wobei der Eisengehalt früher überschätzt wurde. Negativ ist zum einen die, abhängig von der Düngung, hohe Nitratkonzentration, zum anderen der Oxalsäuregehalt. Nitrat wird beim Aufbewahren mikrobiell zum giftigen Nitrit umgesetzt, das v. a. für Kleinkinder eine Gefährdung darstellt (Blausucht). Die Oxalsäure ist an sich unbedenklich, vermindert jedoch die Absorption von Calcium und kann daher die Calciumversorgung beeinträchtigen.

Spinatteigwaren engl.: *spinach pasta;* im Handel weit verbreitetes Beispiel für → Gemüse- und Kräuterteigwaren. S. werden durch Beimischen von Spinatpulver (meist ca. 2 %) zum Teig zur Erzielung einer grünen Farbe hergestellt.

Spinnenkäse; → Käsemilbe

Spinnennetz engl.: *spider web;* Diagramm zur Darstellung von sensorischen Profilen. Die Ausprägungen der entscheidenden → Deskriptoren eines Produktes werden ausgehend von 0 in Form radialer Skalen abgetragen.

Spirillen; spiralförmig gewundene, meist recht große Stäbchenbakterien. → Bakterien

Spirituosen engl.: *spirituous beverages, spirits;* zum menschlichen Gebrauch bestimmte alkoholische Flüssigkeit mit besonderen organoleptischen Eigenschaften und einem Mindestalkoholgehalt von 15 Vol.-%. Ausgenommen von diesem gesetzlichen Mindestalkoholgehalt ist → Eierlikör, der nur mindestens 14 Vol.-% aufweisen muss. Der in S. verwendete Alkohol muss durch Gärung und anschließende Destillation gewonnen sein. Weiterhin werden bei der Herstellung von S. Aromen, pflanzliche Stoffe, Zucker oder auch Süßstoffe verwendet. Als S. gelten auch Mischungen einer S. mit einer oder mehreren anderen S., mit Ethanol und/oder Destillaten landwirtschaftlichen Ursprungs, einem oder mehreren alkoholischen Getränken oder einem oder mehreren Getränken, vorausgesetzt der Mindestalkoholgehalt wird eingehalten. Synthetisch hergestellter Alkohol darf nicht verwendet werden. Nach Art der Zusammensetzung unterscheidet man bspw.: → Rum, → Whisky, Getreidespirituose, → Branntwein, Brandy oder → Weinbrand, → Tresterbrand oder Trester, → Obstbrand, Obstspirituose, → Wodka, → Likör. Getränke, die den rechtlichen Bestimmungen für S. nicht entsprechen, dürfen weder durch ihre Bezeichnung, Ausstattung oder sonstige Angaben auf S. Bezug nehmen, noch in sonstiger Weise beim Verbraucher den Eindruck erwecken, es handele sich um S.

Spirituosen mit Kümmel engl.: *Caraway-flavoured spirit drinks;* aus Ethanol landwirtschaftlichen Ursprungs hergestellte und mit → Kümmel aromatisierte Spirituosen mit einem Alkoholgehalt von mindestens 30 Vol.-%. Das Kümmelaroma prägt den Geschmack wesentlich bzw. ist vorherrschend. Andere natürliche Aromastoffe und Aromaextrakte sowie naturidentische Aromastoffe neben Kümmel können zugesetzt werden. Eine S. mit besonderen Anforderungen ist → Aquavit.

Spirituosen mit Wacholder engl.: *Juniper-flavoured spirit drinks;* lebensmittelrechtliche Sammelbezeichnung für Spirituosen, die durch Aromatisieren mit → Wacholderbeeren aus reinem Alkohol und/oder Getreidebrand bzw. -destillat hergestellt werden. Der

Zusatz von Gewürzen sowie natürlichen und naturidentischen Aromastoffen ist erlaubt, aber die Verwendung ist in der Praxis von der hergestellten Spirituose und traditionellen Herstellungsweisen abhängig. Hierbei muss mit Ausnahme von → Genever der Geschmack der Wacholderbeeren vorherrschend bleiben. Bekannte S. sind → Steinhäger, → Gin, Wacholder und Genever.

Spirulina engl.: *spirulina;* chlorophyllreiche Süßwasser-Mikroalgen (→ Algen). Spirulinaarten werden v. a. in Nordamerika in großen Mengen gezüchtet (Biomasse) und in Form von Spirulinatabletten und Spirulinapulver als → Nahrungsergänzungsmittel vermarktet. S. enthält etwa 60 % hochwertiges pflanzliches Eiweiß sowie verschiedene Vitamine, Mineralstoffe, sekundäre Pflanzenstoffe und γ-Linolensäure (→ Linolensäure).

Spitzbein Syn.: *Pfote;* Bezeichnung für die überwiegend aus Schwarte und Knochen bestehenden Schweinefüße. Sie werden frisch oder gepökelt zum Mitkochen in anderen Gerichten wie z. B. Eintöpfen verwendet. Das anhaftende Fleisch zählt zum → Kleinfleisch und dient als Zutat in Sülze.

Spitzbrötchen Syn.: *Gedrücktes Brötchen;* ovales → Brötchen mit i. d. R. stark ausgeprägtem → Ausbund, das in der Form der → Schrippe ähnelt. Es wird mit wenig Fett und Zucker gebacken. S. sind die verbreitetste Brötchensorte.

Spitzkäse; Standardsorte bei → Sauermilchkäse.

Spitzkohl engl.: *pointed cabbage;* durch kegelförmigen Kopf und einen vergleichsweise milderen Geschmack abweichende Sortengruppe des → Weißkohls, die schon im Mai bis Juni geerntet wird.

Spitzkuchen engl.: *small pointed gingerbread cake filled and chocolat-coated;* etwa bissengroße, mit Schokolade überzogene gefüllte oder ungefüllte Stücke aus → braunem Lebkuchen. Die dreieckigen oder trapezförmigen S. werden traditionell insbesondere als Weihnachtsgebäck angeboten.

Splittererbsen Syn.: *Spalterbsen;* in die beiden Keimblätter zerfallene → Schälerbsen (Trockenerbsen).

Sporangiosporen; im Inneren typischer Behältnisse, den Sporangien, gebildete ungeschlechtliche → Sporen von Pilzen der Gattungen → *Mucor* und → *Rhizopus.* Teilweise sind sie intensiv gefärbt und für die grüne, blaugrüne, braune oder schwarze Verfärbung verschimmelter Lebensmittel verantwortlich.

Sporen engl.: *spores;* 1. bei Pflanzen und Pilzen einzellige Vermehrungs- und Verbreitungsformen, die auf unterschiedliche Weise gebildet werden; 2. bei Bakterien und Pilzen Ruhestadien (Dauerformen) zur Überdauerung ungünstiger Lebensbedingungen. Bakteriensporen werden immer im Inneren einer Mutterzelle gebildet und gehören deshalb zu den Endosporen. Sie sind sehr widerstandsfähig gegen äußere Einflüsse wie Hitze, Kälte, Trockenheit und Strahlung und können daher bei der Haltbarmachung von Lebensmitteln zu Problemen führen. Unter günstigeren Bedingungen keimen aus den S. erneut Bakterien. Wichtige lebensmittelvergiftende Sporenbildner gehören zu den Gattungen → *Clostridium* und → *Bacillus,* wie z. B. *Clostridium botulinum* und *Bacillus cereus.*

Sportgetränke engl.: *isotonic drinks,* Syn.: *Fitness-Getränke;* für die Zielgruppe von Freizeit- und Profisportlern bestimmte Getränke. Das vielfältige Angebot an S. erstreckt sich von Fruchtsaftschorlen über hypo- und isotone Erfrischungsgetränke bis hin zu rekonstituierten Nahrungsergänzungsmitteln wie z. B. Eiweiß angereicherte Getränke. Hierbei sind zwei große Anwendungsgruppen nach dem Zweck zu unterscheiden. Die erste Gruppe, zu der die Fruchtsaftschorlen sowie die hypo- und isotonen Erfrischungsgetränke zählen, soll dem Ausgleich des Flüssigkeitsverlustes (Wasser) bei ausdauernder körperlicher Belastung mit schnell aufnehmbaren, der Körperflüssigkeit ähnlichen Getränken dienen. Das Ziel der zweiten Gruppe, zu der im Wesentlichen die rekonstituierten Nahrungsergänzungsmittel gehören, liegt in der Bereitstellung von schnell verfügbarer Energie, dem Aufbau von Muskelmasse oder der Förderung der Fettverbrennung. Eiweißhaltige Zutaten wie z. B. Molkepulver, Kohlenhydrate, L-Carnitin und viele Zutaten mit erwartetem funktionellen Zusatznutzen wie bspw. Pre- und Probiotika sind häufig Bestandteile dieser Erzeugnisse. Zur wissenschaftlichen Bewertung → Sportlernahrung.

Sportlernahrung; lebensmittelrechtlich nicht definierte Bezeichnung für speziell für Sportler angebotene Diäten und Nahrungsergänzungen. Die in ihnen enthaltenen Substanzen wie → Kreatin, → Coffein, → L-Carnitin und → Taurin, deren Wirksamkeit wissenschaftlich z. T. nicht belegt ist, sollen die Leistung des Sportlers fördern. Die zusätzliche Aufnahme von Protein soll den schnelleren Aufbau von Muskelmasse ermöglichen, und die Anreicherung mit antioxidativen Vitaminen soll die bei erhöhter körperlicher Belastung vermehrt gebildeten freie Radikale neutralisieren. Nach derzeitigem Stand der Wissenschaft sind jedoch für den Breitensport keine speziellen Sportlerprodukte erforderlich; einige Nahrungsergänzungen können höchstens für Leistungssportler sinnvoll sein. Grundsätzlich gelten für den Leistungs- und Freizeitsportler die Prinzipien der Fitnessernährung: 1. Kohlenhydratbetonung bei gleichzeitiger 2. Fettkontrolle, 3. ausgewogenes Eiweißangebot unter Berücksichtigung der Ergänzungswirkung pflanzlichen und tierischen Eiweißes, 4. hohe Nährstoffdichte, 5. genügend Flüssigkeitszufuhr und 6. über den Tag verteiltes Essen und Trinken.

Spray-Sahne Syn.: → *Sprühsahne*

Springer Syn.: *1. Glasbohnen;* 1. hellbläuliche fleckige → Fehlbohnen im Rohkaffee, die bei nasser Aufbereitung und künstlicher Trocknung durch Überhitzung entstehen. Sie zerspringen sehr leicht und fallen im Röstbild durch rötliche Färbung und „Schwitzen", dem Austritt → ätherischer Öle auf. Diese neigen ausgetreten zu → Ranzidität und beeinträchtigen dann den Geschmack. 2. Syn. für → Äsche.

Springerle; → Anisplätzchen

Spritzgebäck engl.: *deposited biscuits,* Syn.: *Dressiergebäck;* aus durch Ei- und Milchzusatz weich gemachtem → Mürbeteig hergestelltes Gebäck. Der spritzfähige Teig wird aus Spritztüllen oder Strangpressen auf die Backunterlage aufgegeben. Die so aufgegebenen Stückchen können belegt oder nach dem Backen vielfältig gefüllt und überzogen werden.

Spritzkuchen engl.: *deposited cakes;* aus → Brandmasse in siedendem Fett gebackene gespritzte Kringel, die meist mit Zucker glasiert oder bestreut sind und mit Pudding oder Konfitüre gefüllt sein können.

Spritzpökelung Syn.: → *Schnellpökelung*

Sprosse engl.: *scions;* 1. oberirdische krautige oder verholzte Teile höherer Pflanzen, die Blätter, Blüten und Früchte tragen. Die S. werden bei krautigen Pflanzen als Stängel oder Halme bezeichnet, bei Holzgewächsen als Triebe und Stämme mit Ästen und Zweigen. Den Gegensatz bilden die Wurzeln; 2. sich aus dem Keim einer Pflanze entwickelnder Trieb, der als Keimgemüse (→ Keimlinge) verzehrt werden kann.

Sprossengemüse Syn.: → *Stängelgemüse*

Sprossknollen; → Knollen

Sprosspilze Syn.: → *Hefen*

Sprotte lat.: *Clupea sprattus L., Sprattus sprattus L.* (Fam.: *Clupeidae*), engl.: *European sprat,* Syn.: *Brisling;* kleiner Heringsfisch (ca. 12, maximal 16 cm lang), der vorwiegend im Ostatlantik, in der Nord- und in der Ostsee vorkommt, auch in salzärmerem Brackwasser, die Subspezies (lat.: *Sprattus phalericus Risso*) im Mittel- und Schwarzen Meer. S. sind mittelfette Fische (5–15 % Fett je nach Herkunft und Jahreszeit). In Deutschland werden S. meist zu → Räucherfisch verarbeitet. Die nicht ausgenommenen S. werden mit Kopf heiß geräuchert; maximal 5 % kleine Heringe dürfen als Beifang enthalten sein. Räuchersprotten werden lose oder als Fischkonserve angeboten. Der Begriff S. wird traditionell synonym mit Räuchersprotten/geräucherte S. verwendet („Kieler Sprotten"). Gebratene, in Öl eingelegte oder auf andere Art zubereitete S. müssen entsprechend gekennzeichnet werden. → Fischerzeugnisse

Sprudel; 1. rechtlich vorbehaltene Bezeichnung für mit Kohlendioxidzusatz abgefüllte Mineralwässer sowie aus einer natürlichen oder künstlich erschlossenen Quelle im Wesentlichen unter natürlichem Kohlensäuredruck hervorsprudelnde → Säuerlinge; 2. ugs. Bezeichnung für kohlensäurehaltiges → Mineral- oder → Tafelwasser.

Sprühdosen engl.: *aerosol cans;* → Dose

Sprühsahne Syn.: *Aerosolsahne, Aerosol-Schlagsahne, Spray-Sahne;* zum Verschäumen fertige Schlagsahne, die mit Treibgasen (Kohlendioxid, Distickstoffoxid) versetzt in Druckbehältern (Spraydosen) abgefüllt ist. Als weitere Zutaten können der Schlagsahne Zucker, Aromen und Dickungsmittel zugesetzt werden. S. ist ein Milchmischerzeugnis.

Sprühtrocknung engl.: *spray drying,* Syn.: *Zerstäubungstrocknung;* → Trocknungsverfahren zum Trocknen flüssiger oder pastöser Massengüter, wie z. B. Milch, Säuglingsnahrung oder Kaffeeextrakt. Das zu trocknende Gut wird dabei über rotierende Teller oder Sprühdüsen in feinste Tropfen zerlegt, in die heiße Luft im oberen Teil des Sprühturms eingebracht und beim Herabfallen mittels Heißluft getrocknet. Das Trockengut wird im unteren Teil des Turmes wieder entnommen und ggf. einer Nachtrocknung oder Instantisierung zugeführt. Durch Zusatz von Trägerstoffen wie Maltodextrin oder Glucosesirup kann die Trocknung erleichtert und Aromaverluste verringert werden.

SPS; Abk. für → sekundäre Pflanzenstoffe.

Spurenelemente engl.: *trace elements;* anorganische Bestandteile der Nahrung, die im Organismus in Konzentrationen unter 0,005 % (50 ppm) vorliegen. Der Mensch muss sie täglich in Mengen unter 50 mg zuführen, um alle Körperfunktionen aufrecht zu erhalten. Im Gegensatz zu den → Ultraspurenelementen ist bei den S. die biochemische Funktion im Organismus bekannt. Zu den S. gehören Chrom, Eisen, Fluorid, Iodid, Kobalt, Kupfer, Mangan, Molybdän, Nickel, Selen und Zink (s. auch bei den einzelnen Stichwörtern).

Squalen engl.: *squalene;* chemisch ein acyclischer Triterpenkohlenwasserstoff (→ Terpene), physiologisch die Vorstufe der Steroide (Sterine, Gallensäuren, Saponine u. a.). S. wird im tierischen und im pflanzlichen Organismus gebildet; es wurde erstmals isoliert als Bestandteil des Unverseifbaren von Haileberöl (lat.: *Squalus* = Hai). S. wirkt antioxidativ und stabilisiert so oxidationsempfindliche Fette und Öle (Olivenöl); ernährungsphysiologisch wird es den → sekundären Pflanzenstoffen zugeordnet. Für S. und den Abkömmling Squalamin werden tumorprotektive und andere pharmakologische Wirkungen diskutiert. Auf dem Markt erhältlich ist auch ein squalenreiches → Nahrungsergänzungsmittel, das aus dem Leberöl von Tiefseefischen gewonnen wird und neben seiner antioxidativen Wirkung auch einen positiven Einfluss auf den Cholesterinspiegel ausüben soll.

Squash; im angelsächsischen Raum verbreiteter Grundstoff (Halbfabrikat) zur Zubereitung von Erfrischungsgetränken unter Zugabe von Flüssigkeit (Wasser). S. besteht im Wesentlichen aus entsafteten, dann zermahlenen Früchten, insbesondere aus Zitrusfrüchten, und enthält daneben meist auch weitere geschmacksgebende, färbende und auch konservierende Stoffe sowie Zucker. Klar, ohne trübe Bestandteile wird S. als „Cordial" bezeichnet.

Stabilisatoren engl.: *stabilizers;* Stoffe, die in Lebensmittelzubereitungen physikalische, chemische oder mikrobiologische Veränderungen verhindern oder verzögern. Zu den S. gehören z. B. Konservierungsstoffe, Emulgatoren, Gelier- und Dickungsmittel, Antioxidantien, Phosphate und Tartrate.

Stachelannone lat.: *Annona muricata L.* (Fam.: *Annonaceae*), engl.: *Prickly Custard Apple, Sour Sop,* Syn.: *Sauersack, Guanabana;* unregelmäßig nieren- oder herzförmige, 15–20 cm, in Ausnahmen bis zu 35 cm lange → Sammelfrucht (Sammelbeere) des gleichnamigen südamerikanischen Baumes mit dunkelgrüner, mit 3–6 mm langen fleischigen Stacheln bedeckter Schale. Im Inneren der melonengroßen, 2–3 kg schweren Früchte befindet sich ein gelblichweißes Fruchtfleisch mit zahlreichen dunkelbraun glänzenden Samen und aromatischem Geschmack. Es wird selten ausgelöffelt mit Zucker roh verzehrt. Vielmehr wird es zu Saft, Gelee und Konserven sowie als geschmacksgebende Zutat in Süßspeisen und Eiscreme verarbeitet.

Stachelbeere lat.: *Ribes uva-crispa L.* (Fam.: *Saxifragaceae*), engl.: *gooseberry;* meist einzeln hängende kirschgroße, oft behaarte → Beeren des in Eurasien beheimateten Stachelbeerstrauches, die aus bedornten Trieben entstehen. Die unreif grünen, reif weißlich durchscheinend, rot oder gelb aussehenden Früchte mit vielen Samen haben je nach Sorte einen sauren, mehr oder weniger süßen (ca. 1,4 g organische Säuren, bis zu 8 g Zucker pro 100 g Fruchtfleisch) Geschmack. Zum Frischverzehr sowie zur Konfitüren-, Saft-, Likör- und Fruchtweinherstellung werden sie reif Mitte Juni bis August geerntet. Hauptanbauländer sind Deutschland, Polen und Großbritannien. S. werden in Deutschland nach fakultativen deutschen Handelsklassen verkauft. Die unreifen (grünreifen) Früchte werden zu → Gelee verarbeitet oder durch Einmachen, Tiefgefrieren oder Trocknen konserviert. Verarbeitete S. als Handelsware, insbesondere Konserven, aus Deutschland entsprechen wie alle → Obstkonserven den Ansprüchen der Leitsätze des Deutschen Lebensmittelbuches für verarbeitetes Obst oder haben bei Abweichung eine ausreichende Kenntlichmachung.

Stachelfeige Syn.: → *Kaktusfeige*

Stachelhäuter lat.: *Echinodermata,* engl.: *echinoderms;* Stamm von Meerestieren mit folgenden Klassen: Haarsterne, Seesterne, Schlangensterne, → Seeigel, → Seegurken. Einige Arten der beiden letzteren werden zur menschlichen Ernährung genutzt.

Stachelhummer Syn.: → *Languste*

Stachyose engl.: *stachyose;* aus zwei Molekülen → Galactose und je einem Molekül → Glucose und → Fructose bestehendes Tetrasaccharid, das in größeren Mengen im → Knollenziest sowie in Leguminosen wie z. B. → Sojabohnen vorkommt. Mangelhafte Spaltung der S. bei der Verdauung führt zu Flatulenz, da sie von anaerob im hinteren Darmabschnitt wachsenden Mikroorganismen unter Bildung von Kohlendioxid, Methan und Wasserstoff weiter abgebaut wird.

Stadtwurst; in Süddeutschland übliche Bezeichnung für → Fleischwurst. S. mit der Zusatzbezeichnung „einfach“ ist ebenfalls wie „Fleischwurst, einfach“ beschaffen. Bei der → Groben Stadtwurst handelt es sich um eine eigenständige Sorte von grober Brühwurst.

Stäbchen; gerade oder leicht gebogene stäbchenförmige → Bakterien. Kurzstäbchen sind ebenso lang wie breit und Langstäbchen können bis zu 20-mal länger als breit sein. Zahlreiche Arten sind beweglich.

Stängelgemüse Syn.: *Sprossengemüse;* Sammelbegriff für Pflanzen, bei denen die nicht verholzte und unverdickte Sprossachse als Gemüse verzehrt wird. Hierzu zählen u. a. → Spargel, → Bambussprossen und → Palmenherzen.

Stängelmangold; Syn. für Stielmangold. → Mangold

Stärke engl.: *starch;* aus Glucoseeinheiten aufgebautes → Polysaccharid, das aus zwei Komponenten besteht, der → Amylose und dem → Amylopektin. S. ist das wichtigste pflanzliche Reservekohlenhydrat, wird in der Photosynthese (Assimilation) gebildet und in Form kleiner Körner in Samen, Früchten, Knollen und Wurzeln gespeichert. Dabei unterscheiden sich die Stärkekörner der verschiedenen Pflanzenarten in Form und Größe. Native S. ist ein weißes, geruchs- und geschmacksneutrales Pulver. Sie ist unlöslich in kaltem Wasser, geht in heißem Wasser kolloidal in Lösung (Verkleisterung) und verdickt beim Abkühlen bzw. erstarrt gelartig und härtet beim Lagern nach (→ Retrogradation). Die Gewinnung erfolgt durch schonendes Nassvermahlen und Auswaschen der pflanzlichen Rohstoffe wie Getreide oder Kartoffeln. Durch Säuren oder Enzyme kann die S. über Dextrine und Maltose zu Glucose hydrolysiert werden (Stärkeverzuckerung). S. ist der mengenmäßig vorherrschende Bestandteil der Ernährung, wird aber auch u. a. in der Lebensmittelindustrie (→ modifizierte Stärke) als Dickungs- und Geliermittel verwendet, zu Ethanol vergoren oder in der Pharmazie eingesetzt.

Stärkederivate; alle Umsetzungsprodukte nativer Stärke, wie z. B. → Stärkeester und → Stärkeether, die z. T. als → modifizierte Stärken eingesetzt werden, sowie Abbauprodukte der → Stärkeverzuckerung.

Stärkeester engl.: *starch ester;* Stärkederivate, bei denen ein Teil der Hydroxylgruppen mit Säuren (Phosphor-, Diphosphor-, Schwefel-, Salz- und Genusssäuren) verestert ist. Im Lebensmittelbereich sind die Phosphate (→ Stärkephosphate), Acetate, Succinate und Adipate von Bedeutung und werden als → modifizierte Stärken, Trägerstoff und Verdickungsmittel eingesetzt.

Stärkeether engl.: *starch ethers;* Stärkederivate, bei denen durch chemische Modifikation ein Teil der Hydroxylgruppen verethert ist. Dadurch wird im Vergleich zur nativen Stärke eine geringere Verkleisterungstemperatur und Retrogradationsneigung erreicht, sowie eine höhere Stabilität gegenüber Kälte, Hitze und enzymatischem Abbau erzielt. S. finden in der Kosmetik-, Papier- und Textilindustrie Verwendung, im Lebensmittelbereich spielt die → Hydroxypropylstärke als Zusatzstoff eine Rolle.

Stärkehydrolyse Syn.: → *Stärkeverzuckerung*

Stärkemais lat.: *Zea mays L. Amylaca Grp.* (Fam.: *Poaceae*), engl.: *Soft Corn, Flour Corn,* Syn.: *Weichmais;* eine der ältesten kultivierten Varietäten des → Maises mit flachen gefärbten Körnern, deren gesamtes Endosperm durch den auf Kosten von Eiweiß- und Fettgehalt erhöhten Stärkegehalt mehlig weich ist. S. wird vorwiegend in Südamerika als Grundnahrungsmittel angebaut und industriell zur Maismehl- und Stärkegewinnung genutzt.

Stärkephosphate engl.: *starch phosphates;* → Stärkeester, die durch chemische Umsetzung von Stärke mit entsprechenden Phosphaten unter bestimmten Reaktionsbedingungen gewonnen werden. Wichtige S. sind Monostärkephosphat (E 1410) und Distärkephosphat (E 1412), die als modifizierte Stärken, Trägerstoffe und Dickungsmittel, z. B. für Fertiggerichte, Tiefkühlprodukte, Backwaren, Desserts und Saucen zum Einsatz kommen. S. sind im Gegensatz zur nativen Stärke besser wasserlöslich; die gebildeten Gele zeichnen sich durch eine hohe Stabilität gegenüber Kälte, Hitze und niedrigen pH-Werten aus.

Stärkepuder engl.: *starch powder,* Syn.: *Puderstärke;* weiße, geruch- und geschmacklose, feinpulvrige → Stärke, die zu technischen Zwecken, z. B. in Mogulanlagen eingesetzt wird.

Stärkesirup Syn.: → *Glucosesirup*

Stärkeverkleisterung engl.: *starch gelatination;* charakteristisches Verhalten von → Stärke beim Erwärmen in wässriger Suspension. Dabei quellen die Stärkekörner irreversibel auf und bilden eine kolloidale Lösung, deren Viskosität von der Konzentration abhängig ist (Dickungseffekt). Beim Abkühlen steigt die Viskosität an, im Falle höherer Konzentrationen (ab etwa 5 %) bildet sich ein mehr oder weniger festes Gel (Puddingeffekt). Während längerem Stehen härtet das Gel nach (→ Retrogradation). Die einzelnen Stärkearten verkleistern in einem Temperaturbereich zwischen 50 und 80 °C, wobei sowohl die Temperatur des Beginns als auch die Spannen bis zur vollständigen Verkleisterung verschieden sind. Unterschiede bestehen auch in der Heißviskosität und in der Beschaffenheit der Gele. Die S. ist von großer Bedeutung für die Ernährung, weil dadurch die Stärke voll verdaulich wird. Ferner spielt sie eine Rolle bei der Lebensmittelherstellung (ermöglicht die Krumenbildung beim Backen) und in der Küche (Andicken von Saucen und Suppen mit Stärke oder Mehl).

Stärkeverzuckerung engl.: *saccharification of starch,* Syn.: *Stärkehydrolyse;* Hydrolyse von Stärke (v. a. aus Kartoffeln, Mais und Weizen) mit Hilfe von Säure, heute jedoch fast ausschließlich mit Enzymen, da sie eine gezielte Steuerung des Abbaus und der Endprodukte ermöglichen. Durch α-Amylasen erfolgt zunächst eine Verflüssigung der Stärke unter Bildung von Dextrinen und Maltose. Anschließende Umsetzung mit β-Amylase führt zum → Maltosesirup, mit Pullulanase und Glucoamylase entsteht → Glucosesirup, der durch Isomerisierung mit Glucose-Isomerase in die süßere → Isoglucose überführt werden kann. Ferner können auf diesem Weg aus Stärke u. a. reine Glucose, Maltose und → Stärkezucker isoliert werden. Der Grad der S. wird in → Dextroseäquivalenten angegeben, wobei der Wert mit zunehmender Hydrolyse steigt. Die verschiedenen Stärkeverzuckerungsprodukte werden zum Süßen zahlreicher Lebensmittel und Getränke verwendet, aber auch zur Herstellung von Zuckeraustausch- und Fettersatzstoffen herangezogen.

Stärkezucker engl.: *corn sugar, starch sugar;* Überbegriff für alle aus natürlicher Stärke gewonnenen Zuckerarten (→ Stärkeverzuckerung).

Stärkezuckersirup Syn.: → *Glucosesirup*

Stärkungsmittel Syn.: → *Kräftigungsmittel*

Stallmastochse; → Ochse

Stammwürze engl.: *wort;* der ursprüngliche Extraktgehalt der Bierwürze vor Beginn der Gärung (→ Bierherstellung). Bei normaler Vergärung entspricht der Alkoholgehalt (in Gew.-%) etwa einem Drittel des Stammwürzegehaltes. Hohe Gehalte an S. ergeben i. d. R. Biere mit einem hohen Alkoholgehalt. Anhand der Gehalte an S. lassen sich Biere in Deutschland rechtlich festgelegten → Biergattungen zuordnen.

Standard; Qualitätsstufe für Trockenfrüchte.

Stangenbohnen; → Bohnen

Stangenkäse; Käse in Form rechteckiger Stangen mit Gewichten von 250 g bis 2 kg. Bevorzugte Abgabeform bei → Limburger-Käse und → Sauermilchkäse.

Stangenpfeffer Syn.: → *Langer Pfeffer*

Stangensellerie Syn.: → *Bleichsellerie*

Stanniol Syn.: → *Zinnfolie*

Staphylococcus; Gattung grampositiver, traubenähnlich zusammengelagerter, unbeweglicher → Kokken. Es handelt sich i. d. R. um → fakultative Anaerobier. Bei der bekanntesten Art handelt es sich um *S. aureus*, der vorwiegend auf der Haut und auf Schleimhäuten des Nasen-Rachen-Raumes von Menschen und Tieren vorkommt und ein typischer Erreger eitriger Entzündungen ist. Enterotoxinbildende Stämme von *S. aureus* scheiden weitgehend hitzestabile Toxine (→ Staphylokokken-Enterotoxine) aus, die häufig Ursache von → Lebensmittelvergiftungen sind und zu akuter Gastroenteritis führen können.

Staphylococcus aureus; → *Staphylococcus*

Staphylokokken engl.: *staphylococci;* traubenähnlich zusammengelagerte → Kokken. → *Staphylococcus*

Staphylokokken-Enterotoxine; von zahlreichen Stämmen von *Staphylococcus aureus* nach massiver Vermehrung im Lebensmittel gebildete Polypeptide, die 2–6 Stunden nach der Aufnahme (mindestens 0,5–5 µg Enterotoxin A) zu Übelkeit und Brechdurchfall führen. Serologisch lassen sich verschiedene Toxin-Typen unterscheiden, die alle extrem hitzestabil sind und selbst bei 100 °C erst nach mindestens 30 Minuten merklich inaktiviert werden.

Starkbier; Biere mit einem Stammwürzegehalt von mindestens 16 %. → Biergattungen

Starres Packmittel engl.: *rigid packaging material;* → Packmittel, das unter Belastung bei bestimmungsgemäßem Gebrauch seine Form und Gestalt nicht verändert wie z. B. eine Glasflasche.

Starterkulturen engl.: *starter culture;* frische, tiefgefrorene oder gefriergetrocknete Einzel- oder Mischkulturen lebender Mikroorganismen (z. B. Lactobacillus-, Pediococcus-, Penicillium-Arten) mit bestimmten lebensmitteltechnologisch bedeutsamen Eigenschaften, die durch qualifizierte Hersteller gezüchtet wurden. Im Produktionsbetrieb dienen S. dem Ansetzen von Betriebskulturen z. B. für Sauermilchprodukte (Käse, Joghurt, Dickmilch, Kefir u. a.), aber auch für Getränke, Sauergemüse und Rohwurst.

Staubläuse engl.: *booklice, barklice;* bis 1,5 mm große, gelbliche bis braune Insekten aus der Ordnung der *Psocoptera* mit langen leicht zerbrechlichen Fühlern. Es existieren geflügelte und ungeflügelte Formen als → Vorratsschädlinge oder Hausungeziefer. S. sind in erster Linie Schimmelfresser (in alten Polstermöbeln, feuchten Wohnungen und Büchereien), befallen aber auch Getreide, Getreideprodukte und Teigwaren. Weltweit existieren über 2000 Arten, von denen die Gemeine S. (lat.: *Trogium pulsatorium L.*) und die Bücherlaus (lat.: *Liposcelis motschulsky*) wichtige → Schädlinge darstellen. S. benötigen einen Lebensraum mit hoher relativer Luftfeuchte, zur Vorbeugung von Befall Räume durch richtiges Heizen und Lüften trocken halten.

Staubzucker Syn.: → *Puderzucker*

Staudensellerie Syn.: → *Bleichsellerie*

Steaken engl.: *to tenderize meat;* bezeichnet das Behandeln von Fleisch mit einem → Mürbeschneider, wodurch es zahlreiche kleine Einschnitte erhält. Dadurch wird es geeigneter oder erst geeignet zum Kurzbraten. Es ist nach Zubereitung besser kaubar und zarter, aber zugleich im rohen Zustand durch die vergrößerte Oberfläche empfindlicher gegenüber mikrobiologischen Belastungen. Gesteaktes Fleisch unterliegt daher den gleichen strengen rechtlichen Anforderungen wie → Hackfleisch.

Steaker Syn.: → *Mürbeschneider*

Steakletten; portioniertes, mit einem → Mürbeschneider eingeschnittenes (gesteaktes, → steaken) Fleisch, vorwiegend Rindfleisch. Durch die Einschnitte wird das Fleisch mürber und damit nach der Zubereitung besser kaubar und zarter. Zugleich wird es im rohen Zustand durch die vergrößerte Oberfläche empfindlicher gegenüber mikrobiologischen Belastungen. S. unterliegen daher den gleichen strengen rechtlichen Anforderungen wie → Hackfleisch.

Steaks engl.: *steaks;* 1. zum Kurzbraten oder Grillen geeignete (mürbe), nicht zu dünne, i. d. R. quer zu den Fasern geschnittene Scheiben aus in natürlichem Zusammenhang belassenem sehnenarmen Fleisch. Bei dem Fleisch handelt es sich i. d. R. um hochwertiges marmoriertes Muskelfleisch. An diesem haftet meist Fettgewebe an. Es enthält keine Knochen mit Ausnahme von → Porterhouse- und → T-Bone-Steak und z. T. → Club-Steak und Sirloin-Steak (→ Rumpsteak). In der Regel werden S. vom Rind aus Muskelfleisch z. B. von der Hochrippe, dem Filetstück oder der Lende geschnitten. Andernfalls wird die Art in Zusammenhang mit der Bezeichnung angegeben (bspw. Hirschsteak, Thunfischsteak oder Jägersteak, Schwein); 2. häufig in Wortverbindungen gebrauchte Bezeichnung bei zum Kurzbraten oder Grillen bestimmten Fleischstücken und portionierten geformten Erzeugnissen, wie z. B. Schweinenacken-, Holzfäller- oder Hacksteak. Bei Erzeugnissen aus geformtem gewolften oder ähnlich zerkleinertem Fleisch z. B. aus → Hackfleisch muss aus der Bezeichnung klar hervorgehen, dass diese Erzeugnisse aus zerkleinertem Fleisch stammen wie z. B. bei → Hacksteak. Eine Ausnahme gilt, wenn die Verwendung von diesem wie bei → Deutschem Beefsteak allgemein bekannt ist.

Stearin engl.: *stearin;* weißes bis schwach gelbes Gemisch aus v. a. Stearin- und Palmitinsäure sowie deren Glyceriden, das bei der Fetthydrolyse nach Abtrennung der Ölsäure und anschließender Aufreinigung gewonnen wird. S. wird für die Herstellung von Kerzen, Emulgatoren, in Kosmetika, als Hydrophobiermittel für Textilien u. Ä. verwendet.

Stearinsäure engl.: *stearic acid,* Syn.: *Octadecansäure;* gesättigte → Fettsäure mit 18 C-Atomen, die in fast allen Fetten enthalten ist. Hohe Gehalte finden sich v. a. in tierischen Fetten, wie Rindertalg, Schweineschmalz und Butterfett. S. wird in der Kosmetikindustrie und der Pharmazie verwendet und ist Bestandteil von → Stearin.

Stearoyllactylat engl.: *stearoyl-2-lactylate;* → Emulgator, der durch Veresterung von Milchsäure mit Stearinsäure hergestellt wird. Wegen der Polymerisationsneigung der Milchsäure entsteht neben S. auch Stearoylmilchsäure und Ester der Stearinsäure mit höheren Kondensationsprodukten. Durch Zusatz von Calcium- oder Natriumhydroxid werden auch die Salze → Calciumstearoyllactylat bzw. → Natriumstearoyllactylat gebildet.

Steckerlfisch; auf einen Holzstab (Steckerl) gespießte und über offenem Feuer gegarte mittelgroße ausgenommene Fische. S. ist eine bayerische Spezialität; verwendet werden traditionell Süßwasserfische aus der Umgebung (Renke, Zander, Lachs), heute auch Hering und Makrele.

Steckrübe lat.: *Brassica napus subsp. rapifera Metzg.* (Fam.: *Brassicaceae*), engl.: *Swedish Turnip,* Syn.: *Kohlrübe, Wruke, Unterkohlrabi;* gelbe bis weiße, kopfgroße, bis zu mehrere kg schwere Sprossrübe der gleichnamigen zweijährigen, einjährig angebauten Pflanze mit weißlichem oder gelblichem Fleisch. Neben der Verwendung als Futterpflanze (weißfleischige Sorten) werden die im Spätherbst geernteten gelbfleischigen S. gekocht oder gedünstet als Gemüse, Suppeneinlage oder zerquetscht als Püree verzehrt. Die gelbe Farbe des Fleisches ist auf Carotine zurückzuführen. Bei der S. handelt es sich um eine alte Kulturpflanze, die nach den Notzeiten des letzten Jahrhunderts stark an Bedeutung verloren hatte, nun aber wieder verstärkt angeboten wird.

Steckzwiebeln; durch Einpflanzen von kleinen vorjährigen Zwiebeln gezogene → Speisezwiebeln. S. können etwas früher geerntet werden als → Säzwiebeln und werden größer als diese.

Steigschmelzpunkt; Methode zur Ermittlung des Schmelzpunktes bei Fetten. Die Substanz befindet sich hierbei in einer beidseitig offenen Glaskapillare in einem Wasserbad, das langsam erwärmt wird; angegeben wird die Temperatur, bei der das Fett von der Wassersäule hochgeschoben wird.

Steigzeit engl.: *ascending time, come-up time;* → Sterilisieren

Steinbeißer Syn.: → *Katfisch*

Steinbuscherkäse; zwischen 200 und 1000 g schwerer halb fester Schnittkäse der Dreiviertel-, Vollfett- oder Rahmstufe in Backsteinform. Vom Erscheinungsbild her handelt es sich um einen geschmeidig weichen Käse mit einer gelben Teigfarbe mit wenigen Bruchlöchern und runden Löchern sowie im Typ um einen veredelten Limburger (haltbarer und riecht nicht so aufdringlich). Der S. ist im Geschmack mild bis leicht pikant und wird mit zunehmendem Alter würzig pikant. Zum Reifen werden die quadratischen Käsestücke mit so genannten Rotschmierekulturen behandelt. Die Käselaibe besitzen deshalb eine feuchte, intensiv duftende goldbraune bis rötliche Rinde, mit möglichst wenig Schmiere. Das gesetzliche Mindestalter von S. beträgt 3 Wochen; bis zur vollen

Reife benötigt der Käse aber 6–8 Wochen. Diese ursprünglich in Ostpreußen entstandene Käsespezialität wurde erstmalig um 1860 von dem Schweizer Käser Frank auf dem Gut Steinbusch in Brandenburg hergestellt.

Steinbutt lat.: *Psetta maxima L.* (Fam. *Scophthalmidae*), engl.: *turbot;* → Plattfisch mit Hauptverbreitungsgebiet im Nordostatlantik, in der Ostsee und im Mittelmeer, die Subspezies *maeotica Pallas* im Schwarzen Meer. Der Bestand ist gefährdet; vereinzelt wird S. gezüchtet. Der S. ist nahezu kreisrund (Durchmesser 40–50, maximal 100 cm) und einer der wertvollsten und teuersten Edelfische mit festem weißen Fleisch, der meist als Frischfisch angeboten wird. 100 g Filet enthalten durchschnittlich 17 g Protein und 2 g Fett. Mit dem S. nahe verwandt ist der v. a. in England beliebte Glattbutt (lat.: *Scophthalmus rhombus L.*).

Steinfrüchte engl.: *drupe;* botanisch eine Untergruppe der → Schließfrüchte. Eine äußere fleischige Schicht umschließt eine harte geschlossene Innenschicht, in welcher der Samen ruht. Zu den S. gehören im botanischen Sinne: Aprikose, Süß- und Sauerkirsche, Pflaume, Pfirsich, Mandel, Olive und Walnuss. Handelsüblich und im Gartenbau werden sie weiter in Steinobst und Schalenobst unterteilt. Zu Steinobst zählen Aprikose, Kirsche, Pflaume und Pfirsich, Mandel und Walnuss hingegen zu Schalenobst.

Steinhäger; ausschließlich in Steinhagen in Westfalen hergestellte → Spirituose mit Wacholder mit geschützter Herkunftsbezeichnung. Charakteristisch ist das doppelte Brennen unter ausschließlicher Verwendung einer Maische aus → Wacholderbeeren als Grundlage für den ersten Brand (Wacholderlutter, → Lutter). Es folgt eine erneute Destillation nach Vermischen mit reinem Alkohol, Korndestillat bzw. Getreidebrand und Zugabe einer geringen Menge gequetschter Wacholderbeeren. Das mit Wasser auf einen Mindestalkoholgehalt von 38 Vol.-% herabgesetzte Destillat wird in typischen Ton- und Glaskrügen sowie -flaschen angeboten.

Steinköhler engl.: *pollack;* → Seelachs

Steinkrabbe lat.: *Menippe mercenaria Say* (Fam.: *Xanthidae*), engl.: *stone crab;* mittelgroße → Krabbe (ausgewachsenes Männchen 700–800 g schwer), die im Golf von Mexiko und entlang der Ostküste der USA beheimatet ist. Die auffallend großen Scheren werden als Delikatesse auch nach Deutschland exportiert. Aus Artenschutzgründen darf nur jeweils eine Schere abgetrennt werden (sie wächst nach) und nur von männlichen Tieren. Der Name S. wird auch für andere Krabbenarten verwendet, z. B. für die Große S. (lat.: *Lithodes maja L.*) aus dem Nordatlantik und für eine Süßwasserkrabbe aus dem Wolgagebiet (lat.: *Eriphia spiniformis Herbst*). Beide sind essbar.

Steinmetzbrot; aus speziell bearbeiteten Getreidekörnern hergestelltes → Vollkornbrot (→ Spezialbrote). Die Getreidekörner werden vor dem Vermahlen durch das patentierte Steinmetzverfahren auf nassem Wege von der äußeren Fruchtschale befreit. Dadurch soll die Bekömmlichkeit gesteigert werden.

Steinobst engl.: *stone fruit;* handelsübliche Sammelbezeichnung für Süß- und Sauerkirschen, Pflaumen aller Art, Pfirsiche, Aprikose und Nektarinen.

Steinobstbrand; → Obstbrand

Steinobstbranntwein; veraltete Bezeichnung für Steinobstbrand. → Obstbrand

Steinofenbrot; → Spezialbrot, das frei- oder angeschoben nur auf Backgutträgern mit besonders niedriger Temperaturleitzahl wie z. B. Natur- und/oder Kunststeinträger, Schamott oder sonstigen geeigneten nicht metallischen Materialien.

Steinpilz lat.: *Boletus edulis Fr.* (Fam.: *Boletaceae*), engl.: *boletus,* Syn.: *Herrenpilz;* von Mai bis Oktober in Nadel- und Laubwäldern wachsender → Speisepilz mit gewölbtem Hut von 6–20 cm Durchmesser und hell- bis dunkelbrauner Farbe. Der S. besitzt einen zylindrischen oder keuligen, weißen bis bräunlichen Stiel mit heller Netzzeichnung im oberen Bereich, gelbgrünliche Röhren und festes weißes Fleisch von mildem bis leicht nussigem Geschmack. Es besteht die Gefahr der Verwechslung mit dem optisch ähnlichen, aber ungenießbaren Gallenröhrling.

Steinsalz engl.: *rock salt;* in großen Lagern vorkommendes und durch bergmännischen Abbau gewonnenes Kochsalz (→Natriumchlorid). Durch Brechen, Mahlen und Sieben (Sichten) wird es weiter aufbereitet und je nach Zerkleinerungsgrad in verschiedenen Körnungen (von grob bis sehr fein) angeboten. Gleichmäßiges feinkörniges S. wird auch als Sichtersalz bezeichnet.

Stem-Ingwer engl.: *stem ginger;* junge Wurzelknollen von in China oder Australien angebauten Ingwer-Sorten (→Ingwer) mit z. T. vom typischen Ingwer-Aroma abweichendem Geschmack. Bei uns ist S. in Zuckerlösung eingelegt, kandiert und z. T. mit Schokolade überzogen oder glasiert als Stem-Ingwer-Pflaumen (Knollen) und Stem-Ingwer-Blätter (Scheiben) erhältlich.

Stempel- und Ostereierfarben; zum Färben von Eiern sowie zum Erzielen von Farbeffekten bei Eiern oder für Stempelaufdrucke auf Schalen von Eiern zugelassene Farbstoffe.

Steppenkäse; Schnittkäse nach Art des Tilsiters mit 30 oder 45% Fett in der Trockenmasse, der überwiegend in Deutschland und Dänemark (→Danbo) hergestellt wird. Der S. besitzt eine glatte Rinde mit angetrockneter rötlichgelber Schmiere sowie einen hellgelben geschmeidigen Teig mit gleichmäßig verteilten Löchern und pikantem Geschmack. Er wird in rechteckiger Form mit einem Gewicht von etwa 6 kg angeboten.

Sterigmatocystin engl.: *sterigmatocystin;* →Mykotoxin, das auf Getreide, Brot, Nüssen und Fleischwaren bei Befall v. a. durch die Schimmelpilze *Aspergillus versicolor* und *Aspergillus nidulans* gebildet wird. S. ist nicht wasserlöslich, diffundiert daher kaum in das Nahrungsmittel und wirkt v. a. als Leberkanzerogen.

Sterilabfüllung Syn.: →*Aseptische Abfüllung*

Sterildarm; →Kunstdarm aus wasser- und luftundurchlässiger Folie, in dem nach Abklippen der Wurstenden das Wurstgut durch Erhitzen haltbar gemacht werden kann.

Sterilisieren engl.: *to sterilise;* 1. Konservierungsverfahren für Lebensmittel, das mit Hilfe von Hitzeeinwirkung bis zum völligen Abtöten von vermehrungsfähigen Mikroorganismen sowie zur Inaktivierung der Enzyme führt. Das S. gliedert sich in drei Phasen: die Steigzeit (Anheizzeit) bis zum Erreichen der vorgeschriebenen Kerntemperatur, die Haltezeit, in der die Temperatur konstant gehalten wird und in der das eigentliche S. erfolgt und schließlich die Fallzeit, während der die Abkühlung erfolgt, wodurch sich im Behältnis wieder der Normaldruck einstellt. Ein wichtiges Sterilisierungsverfahren stellt das →Ultrahocherhitzen dar, häufig wird auch mit erhöhtem Druck gearbeitet (→Autoklav). Je höher die gewählte Temperatur ist, desto geringer kann die Haltezeit ausfallen, was den Verlust empfindlicher Inhaltsstoffe verringert; 2. vollkommenes Keimfreimachen von z. B. Produkten, Geräten, Verpackungsmaterial, Textilien oder Körperteilen durch verschiedene, auch kombinierte Verfahren, wie dem Einwirken von Hitze, Strahlung oder Chemikalien.

Sterilmilch engl.: *sterilized milk,* Syn.: *sterilisierte Milch;* nach gründlicher Reinigung nach einem als wirksam anerkannten Sterilisierungsverfahren (mindestens 110 °C in verschlossenen Behältnissen) sachgemäß erhitzte Milch. S. ist bei unverletztem keimdichten Verschluss frei von lebenden Keimen und in ungeöffneter Packung $^1/_2$ bis 1 Jahr haltbar. Durch die Sterilisierung treten im Vergleich zu den anderen Wärmebehandlungsmethoden die höchsten Vitaminverluste auf.

Sterilsahne; zur Gruppe der Sahnedauerwaren

gehörende, ungekühlt lagerbare, zur Verlängerung der Haltbarkeit sterilisierte → Sahne.

Sterine engl.: *sterols,* Syn.: *Sterole;* zur Gruppe der → Lipoide gehörende Substanzen, die sich vom Steran ableiten und durch alkalische Verseifung nicht angegriffen werden (Unverseifbar). Es erfolgt eine Unterteilung in pflanzliche → Phytosterine (z. B. → Sitosterin), tierische Zoosterine (v. a. → Cholesterin) und Mykosterine in niederen Pflanzen und Pilzen sowie Mikroorganismen. Die S. sind z. B. Bausteine der Steroidhormone, Gallensäuren, Saponine und Vitamin D-Gruppe.

Sternanis lat.: *Illicium verum J.D.HOOK* (Fam.: *Illiciaceae*), engl.: *Star Anise, Star Anissed,* Syn.: *Badian;* aus Südchina stammender, heute vorwiegend in Japan und Indien angebauter, 6–10 m hoch werdender immergrüner Baum. Als → Gewürz werden die aus 6–8 kahnförmigen Bälgen bestehenden und sternförmig verwachsenen braunen Sammelbalgfrüchte verwendet. Zur Reife springen die Bälge auf und lassen die gelbbraunen glatten Samen erkennen. S. ähnelt im Geruch dem → Anis, hat jedoch einen volleren feurigeren Geschmack. Das → ätherische Öl mit Anethol als Hauptkomponente ist v. a. im die Samen umgebenden Perikarp lokalisiert, nicht jedoch in den Samen selber. In der Küche wird S. vorwiegend als Backgewürz verwendet. Das durch Wasserdampfdestillation gewonnene Öl wird für die gleichen Zwecke wie Anisöl eingesetzt. Nicht für den menschlichen Verzehr geeignet ist der stark giftige Japanische S. (lat.: *Illicium anisatum*).

Sternapfel lat.: *Chrysophyllum cainito L.* (Fam.: *Sapotaceae*), engl.: *Star apple;* kugelförmige apfelgroße (∅ bis 10 cm) Frucht des gleichnamigen Baumes mit je nach Sorte grüner, brauner oder purpurroter glatter Schale. Das weiße, saftige, süß schmeckende Fruchtfleisch der in einer inneren Rinde Milchsaft führenden Frucht wird i. d. R. roh verzehrt. Der Name S. stammt von der sternförmigen Anordnung von bis zu 10 Samen im Fruchtfleisch um die Mitte der Frucht.

Sternchennudeln; → Suppennudeln in Sternchenform. → Suppeneinlagen

Sternfrucht Syn.: → *Karambole*

Sternsemmel; oft mit Mohn, Sesam, Salz und/oder Kümmel oder anderen Lebensmitteln bestreute → Brötchen mit sternförmigem Muster. Dieses wird mit Hilfe eines Spezialwerkzeugs vor dem Backen in den Teigling eingedrückt.

Stevia lat.: *Stevia rebaudiana (Bertoni) Hemsl.* (Fam.: *Asteraceae*), engl.: *Sweet Leaf of Paraguay, Candyleaf;* insbesondere in Paraguay, Japan und China an Stelle von Zucker oder → Süßstoffen zum Süßen von Speisen eingesetzte getrocknete Blätter bzw. Blattextrakte (Steviosid) eines kleinen, bis 100 cm groß werdenden mehrjährigen Strauches. Die aus Paraguay stammende Pflanze wird dort traditionell als Tee sowie zum Süßen von Getränken verwendet. Der intensiv süße, aromatische Geschmack der Blätter beruht insbesondere auf den Diterpenglykosiden Steviosid und Rebaudosid A, die bis zu 20 % der Blatttrockenmasse ausmachen. In Europa wurde im Jahr 2000 ein Antrag auf Anerkennung von S. als Neuartiges Lebensmittel (→ Novel Food) aufgrund nicht ausreichender Informationen zur gesundheitlichen Unbedenklichkeit abgelehnt. Somit ist S. als → Lebensmittel in der EU nicht zugelassen, wird aber als Dentalkosmetikum oder Zierpflanze über das Internet vertrieben. In den USA ist S. bzw. Steviosid als → Nahrungsergänzungsmittel auf dem Markt.

Steviosid; → Stevia

Stick gum engl.: *stick gum;* → Kaugummi

Stickstoff engl.: *nitrogen;* chemisches Element, das in freier Form als farb-, geruch- und geschmackloses Gas vorliegt. S. stellt mit 78 % vol den Hauptbestandteil der Luft dar und wird durch fraktionierte Destillation von flüssiger Luft gewonnen. Aufgrund seiner Reaktionsträgheit ist S. als Schutzgasatmosphäre bei Verpackungen oder bestimmten

Herstellungsprozessen geeignet und unter der Nummer E 941 als Packgas sowie auch als Treibgas zugelassen. Flüssiger S. wird zum Kühlen, Tiefgefrieren und Gefriertrocknen verschiedener Lebensmittel verwendet. In organisch gebundener Form ist S. Bestandteil aller Proteine und Nucleinsäuren.

Stickstoffbilanz engl.: *nitrogen balance;* Differenz zwischen dem mit dem Nahrungsprotein aufgenommenen Stickstoff und den Stickstoffverlusten über Harn, Faeces und Haut. Die S. dient der Beurteilung des Proteinumsatzes und ist abhängig von Quantität und Qualität (→ Biologische Wertigkeit) des entsprechenden Proteins. Weitere Einflussfaktoren sind Energieaufnahme, Stoffwechselsituation (z. B. Wachstum), Erkrankungen und bestimmte Hormone. Das Ziel einer adäquaten Ernährung ist eine ausgeglichene S.

Stielbonbons engl.: *lollipops,* Syn.: *Lollis;* geprägte, gefüllte oder massive, splittrige, verschieden geformte → Bonbons am Stiel.

Stielkotelett engl.: *chop, cutlet,* Syn.: *Herzkotelett, Rippenkotelett;* gut fingerdick geschnittene, magere feinfaserige Scheibe Schweine- oder Kalbsmuskelfleisch mit stielähnlich eingewachsenem Knochen. Sie stammt aus dem kopfseitigen Teil des → Kotelettstranges ab der dritten Rippe (Brustbereich) und eignet sich zum Kurzbraten, Grillen und Einpökeln (→ Sülzkotelett).

Stielmangold; → Mangold

Stielmus; → Weiße Rüben

Stielpfeffer Syn.: → *Kubebenpfeffer*

Stielsellerie Syn.: → *Bleichsellerie*

Stier Syn.: → *Bulle*

Stilles Mineralwasser; Bezeichnung für Mineralwasser, dessen Kohlendioxidgehalt 0–300 mg pro Liter beträgt und welches daher nicht oder nur feinperlig sprudelt.

Stimulus engl.: *stimulus,* Syn.: *Reiz;* äußere Einwirkung, die durch Anregung menschlicher Sinnesorgane zu einer sensorischen Wahrnehmung führt.

Stinkerbohnen engl.: *stinker beans,* Syn.: *Stinker, Ölbohnen;* nach der Fermentation gelblichgrüne Kaffeebohnen im Rohkaffee, die einen sehr starken Fehlgeschmack entwickeln und den Aufguss verderben. Sie stammen aus überreifen Kaffeekirschen oder aus einer fehlerhafte Aufbereitung (Überfermentation). S. sind neben ihrer Farbe an ihrem an Schwefelwasserstoff erinnernden Geruch beim Zerschlagen zu erkennen und schwer auszulesen.

Stint lat.: *Osmerus esperlanus L.* (Fam.: *Osmeridae*), engl.: *European smelt;* kleiner Wanderfisch (mittlere Länge 15–18, maximal 20 cm). Der S. lebt in küstennahen Gebieten von Nord- und Ostsee; zum Laichen wandert er in größere Flüsse (Unterlauf von Weser und Elbe); die Bestände sind gefährdet. Charakteristisch ist der an Gurke erinnernde Geruch des Fleisches. S. ist eine lokale Spezialität (Bremen), v. a. in der Gastronomie.

Stippigkeit; bei Äpfeln auftretende Krankheit, die u. a. durch zu frühe Ernte (vor Pflückreife) oder Calciummangel im Fruchtfleisch ausgelöst wird und sich in 1–4 mm großen, braunen, meist von außen sichtbaren Flecken und z. T. bitterem Geschmack äußert.

Stippmilch; weiße, cremig gerührte Süßspeise aus Quark, Milch und Zucker und weiteren geschmacksgebenden Zutaten, wie z. B. Sahne, Zimt, Vanille(zucker), Vanillinzucker oder Zitronensaft.

Stocken engl.: *to coddle;* küchentechnisches Verfahren, bei dem Eimassen durch Wärmebehandlung z. B. mit Fett in der Pfanne, im Wasserbad oder in heißer Luft verfestigt werden.

Stockfisch engl.: *stockfish, dried fish;* durch Lufttrocknung von geköpftem ausgenommenen Seefisch (Kabeljau, Schellfisch, Seelachs, Leng, Lumb) hergestelltes haltbares → Fischerzeugnis. Die ideale Trockentemperatur beträgt 8–10 °C bei Sonne und Seewind. Die Trockenzeit beträgt für ganze Fische („Titling“) 2–3 Monate, für gespaltene, die nur noch am Schwanz miteinander verbunden bleiben („Rotscheer") weniger. Die industrielle Trocknung erfolgt in klimatisierbaren, kontinuierlich arbeitenden Durchlaufanlagen. Der Trocknungsprozess bewirkt Reifung und Konservierung des Fisches. Haupterzeugerländer für S. sind Norwegen und Island. Der trockene und harte (Wassergehalt maximal 18 %) S. darf keine weichen Stellen aufweisen, insbesondere in der Bauchhöhle und an der Rückengräte. Zur Vorbereitung auf die küchentechnische Verwendung wird S. zunächst mit Trinkwasser unter Zusatz von Soda und gelöschtem Kalk gewässert, anschließend die Haut entfernt und nochmals mit klarem Wasser gespült (gewässerter S.). S. ist nicht gesalzen; er unterscheidet sich dadurch von → Klippfisch.

Stockschwämmchen lat.: *Kuehneromyces mutabilis (Schaeff.: Fr.) Sing. et Sm.* (Fam.: *Strophariaceae*), engl.: *Sheathed Woodtuft;* von April bis November in Büscheln auf Holz (Baumstümpfe) wachsender → Speisepilz mit gewölbtem Hut von 3–6 cm Durchmesser, honiggelber bis bräunlicher Farbe und häufig breiter, dunklerer, wässriger Randzone. Das S. besitzt einen langen, hohlen, gebogenen Stiel mit Ring, der oberhalb des Ringes gelblich, darunter bräunlich schuppig ist, ferner dünne, hellbraune, später dunklere Lamellen und gelbliches Fleisch. Es sind nur die Hüte des S. zum Verzehr geeignet, diese lassen sich auch gut trocknen und zum Würzen verwenden. S. können mit dem giftigen Grünblättrigen Schwefelkopf und dem sehr giftigen Nadelholztäubling verwechselt werden.

Stockwurst; → Brühwürstchen mit fein zerkleinertem, nicht umgerötetem → Brät, das vereinzelt bis zu reiskorngroße Anteile Bindegewebe enthält. Das Ausgangsmaterial für das Brät ist im Wesentlichen grob entsehntes sowie sehnenreiches Rindfleisch, fettgewebereiches Schweinefleisch, Fettgewebe und zusätzlich 10–15 % Bindegewebe. Weiterhin verwendet werden Kochsalz, Gewürze und ggf. Kutterhilfsmittel. Als Wursthüllen für S. sind Schweinedünndärme und Rinderkranzdärme mit einem Kaliber nicht unter 32 mm im Gebrauch.

Stöcker lat.: *Trachurus trachurus L.* (Fam. *Carangidae*), engl.: *Atlantic horse mackerel, scad,* Syn.: *Holzmakrele, Bastardmakrele;* mit der → Makrele verwandter, i. d. R. 30–40, maximal 70 cm langer, bis zu 2 kg schwerer Schwarmfisch mit bis zu 8 % Fett im Muskelfleisch, abhängig von den Lebensbedingungen der Tiere. Der S. ist im Ostatlantik von Island bis Senegal, im Mittelmeer und im Schwarzen Meer beheimatet; der Bestand ist rückläufig. Die europäische Stöcker-Fischerei hat große wirtschaftliche Bedeutung für den Export nach Japan; in Mittel- und Nordeuropa wird S. kaum verzehrt. In der DDR wurde S. unter der Bezeichnung Schildmakrele zu Räucherfisch und Fischkonserven verarbeitet.

Stör lat.: *Acipenser sp.* (Fam. *Acipenseridae*), engl.: *sturgeon;* maximal 350 cm langer und 400 kg schwerer Wanderfisch, der im Meer heranwächst und zum Laichen Flussoberläufe aufsucht. Der S. wird den Süßwasserfischen zugerechnet. Verschiedene Arten waren an der Atlantikküste, an Nord- und Ostsee, im Mittelmeer, im Schwarzen Meer, im Kaspischen Meer und in nahezu allen größeren Flüssen Europas verbreitet; heute kommt die Hauptfangmenge aus Russland und dem Iran. In Frankreich wurde ein Wiederansiedelungsprojekt gestartet; in den meisten Bundesländern der Bundesrepublik Deutschland ist der S. ganzjährig geschützt. S. wird als Frischfisch gehandelt, Streifen und Stücke auch geräuchert. Der → Rogen des S. ist Ausgangssubstanz für den Echten → Kaviar. Bevorzugte Arten sind Beluga-Stör (Hausen, lat.: *Huso huso L.*) und Sevruga-Stör (lat.: *A. stellatus Pallas*).

Stoffwechsel engl.: *metabolism,* Syn.: *Metabolismus;* die Gesamtheit der biochemischen Umsetzungen im Organismus zur Aufrechterhaltung der Lebensvorgänge und des physiologischen Gleichgewichts (Homöostase). Der S. umfasst die Aufnahme, Verdauung und Absorption sowie den Ab-, Um- und Aufbau der Nährstoffe und die Ausscheidung ihrer Abbauprodukte. Es lassen sich hierbei Energie liefernde katabole (→ Katabolismus) und Energie verbrauchende, der Synthese von Körpersubstanz dienende anabole (→ Anabolismus) Vorgänge unterscheiden.

Stoffwechselanomalien engl.: *metabolic anomalies,* Syn.: *Stoffwechselstörungen, Stoffwechselkrankheiten;* krankhafte Veränderungen der Stoffwechselvorgänge, die häufig durch genetisch bedingten Enzymmangel verursacht werden und sich in jedem Alter manifestieren können. Sie können sich durch Erhöhung von Stoffwechselzwischenprodukten, Speicherung von Stoffwechselprodukten, die nicht abgebaut werden können, Produktion von unüblichen Metaboliten, deren Anhäufung im Organismus Schäden auslöst oder Defekte des Substanztransportes darstellen. Zu den S. zählen häufige Krankheiten wie z. B. → Diabetes mellitus sowie extrem seltene angeborene Enzymdefekte, von denen nur ein kleiner Teil diätetisch behandelbar ist, wie z. B. → Phenylketonurie und → Hereditäre Fructoseintoleranz.

Stoffwechselkrankheiten Syn.: → *Stoffwechselanomalien*

Stolitschnaja Syn.: *Stolichnaya;* der weltweit meist konsumierte → russische Wodka mit einem Alkoholgehalt von 40 Vol.-%. Der für den Export bestimmte S. wird hauptsächlich aus Weizen, mit einem kleinen Anteil von Roggen gebrannt; ansonsten werden Kartoffeln verwendet. Das Destillat wird mit etwas Zucker versetzt und mehrmals über Quarz und Aktivkohle gefiltert. Verdünnt wird er mit natürlichem Wasser aus Flüssen oder Seen. Neben dem klassischen S. gibt es noch die Luxusvariante S. Cristall und S. Lemon mit leichtem Zitronenaroma.

Stollen engl.: *loaf cake;* länglich flache (stollenförmige), i. d. R. mit Ausnahme von Butterstollen relativ lange haltbare feine Backwaren aus schwerem fetthaltigen Hefefeinteig mit gerissener oder durch Rollen geformter Oberfläche, die häufig nach dem Backen mit Fett bestrichen und mit Zucker bzw. Puderzucker bestreut wird. Neben Trockenfrüchten (Rosinen, Sultaninen, Korinthen, auch Zitronat und Orangeat), Butter oder anderen Fetten, Quark, Mandeln und Nüssen sind häufig Füllungen, z. B. aus Marzipan oder Persipan beliebte Zutaten. Für die Herstellung von S. werden üblicherweise mindestens 30 kg Butter oder die entsprechende Menge Milchfetterzeugnisse oder Margarine oder praktisch wasserfreie Fette sowie mit Ausnahmen von Abwandlungen 60 kg Trockenfrüchte auf 100 kg Getreideerzeugnisse und/oder Stärken verwendet. Wird bei S. auf eine Füllung wie z. B. Marzipan oder Persipan hingewiesen, ist diese üblicherweise zu mindestens 5 % des Teiggewichtes enthalten. Ausnahmen bei der Fettzugabe sind Butter- und Quarkstollen sowie bei den Zutaten Mandel-, Nuss- und Mohnstollen. Für die Fertigung von Quarkstollen werden üblicherweise mindestens 40 kg Speisequark (Frischkäse) oder die entsprechende Menge Quarktrockenprodukte und mindestens 20 kg Butter oder die entsprechende Menge Milchfetterzeugnisse oder Margarine oder entsprechende Mengen praktisch wasserfreie Fette auf 100 kg Getreideerzeugnisse und/oder Stärken verwendet. Butterstollen enthalten für gewöhnlich mindestens 40 kg Butter oder die entsprechende Menge Butterreinfett und/oder Butterfett sowie mindestens 70 kg Trockenfrüchte, auch Zitronat und Orangeat, auf 100 kg Getreideerzeugnisse und/oder Stärken. Bis zu 10 kg Trockenfrüchte können bei Butterstollen durch Mandeln und/oder eine entsprechende Menge Marzipanrohmasse ersetzt werden. Der Zusatz von Persipan ist bei Butter- und Mandelstollen nicht üblich. In Mandel-, Nuss- und Mohnstollen sind üblicherweise mindestens 20 kg der namensgebenden Zutaten (Mandelkerne, Nusskerne, auch zerkleinert, Mohn) auf 100 kg Geteideerzeugnisse und/oder Stärken enthalten. Trockenfrüchte, auch Zitronat und Orangeat, können für gewöhnlich bei Mandel-, Quark- und Mohnstollen zugesetzt werden. Bei Nuss- und Mohnstollen werden die Nusskerne bzw. der Mohn üblicherweise zu einer Füllung verarbeitet. Bei Christstollen handelt es sich um saisonmäßig als Advents- und Weihnachtsgebäck gefertigte S., die häufig mit einer Füllung aus Marzipan oder Persipan hergestellt werden. Eine besondere regionale Spezialität ist der → Dresdner Stollen®. In einigen Gebieten Süddeutschlands werden herkömmlich auch Erzeugnisse unter der Bezeichnung S. in den Verkehr gebracht, die nur 45 kg Trockenfrüchte, auch Zitronat und Orangeat, auf 100 kg Getreideerzeugnisse und/oder Stärken enthalten.

Stolovaja/Stolowaja; → russischer Wodka, der sich besonders gut zum Mixen eignet und einen Alkoholgehalt von 50 Vol.-% aufweist.

Stonsdorfer; Gattungsbezeichnung für unter Mitverwendung von Heidelbeersaft hergestellte dunkelrote Kräuterliköre (→ Likör) mit süß-bitterem, leicht fruchtig herbem Geschmack. Der Name bezieht sich auf den ersten ursprünglichen Herstellungsort Stonsdorf im Riesengebirge.

Stopfleber Syn.: → *Fettleber*

Stout engl.: *stout;* sehr dunkles, i. d. R. starkes, obergäriges englisches oder irisches Bier mit bis zu 25 % Stammwürzegehalt. Je nach Sorte und eventueller Getreide- (Hafermehl) oder Zuckerbeimischung schwankt der Geschmack zwischen herb, vollmundig (Dry S.) bis hin zu süß, vollmundig (Sweet S.). Die Röstnote ist bei S. durch die Verwendung von stark geröstetem Gerstenmalz in ihrer Bitterkeit und der Karamellnote sehr ausgeprägt.

Strahlengriffelfrucht Syn.: → *Kiwi*

Strahlungstrockner engl.: *radiation dryer;* Trocknungsapparaturen, bei denen die zur → Trocknung benötigte thermische Energie hauptsächlich durch Strahlung definierter Frequenz zugeführt wird. Die Wärmeübertragung ist dabei umso wirksamer, je besser das Emissionsmaximum des Strahlers an das materialspezifische Absorptionsvermögen des Produktes angepasst wird. Bei der Infrarot- und Mikrowellen-Trocknung von Lebensmitteln werden Wellenlängenbereiche eingesetzt, in denen die Wassermoleküle ihr Absorptionsmaximum haben, bei der Hochfrequenztrocknung wird eine Temperaturerhöhung im zu trocknenden Gut durch dielektrische Verschiebungsströme erreicht.

Straight; bedeutet „unvermischt" und weist z. B. bei Whisky auf ein nicht verschnittenes Erzeugnis hin. Im Gegensatz dazu steht der Begriff Blended. → Blended Whisky

Strammer Max; mit Streichfett bestrichene sowie mit einer Scheibe gebratenem Schinken und einem Spiegelei belegte, z. T. zuvor geröstete Brotscheibe.

Strandkrabbe lat.: *Carcinus maenas L.* (Fam.: *Portunidae*), engl.: *European green crab, shore crab, harbour crab;* im Nordost- und Nordwestatlantik, in der Nordsee und im Mittelmeer verbreitete mittelgroße Krabbe (ca. 8 cm breit, etwas kürzer, Gewicht: 100–200 g). In Deutschland wird die S. wirtschaftlich kaum genutzt, in Großbritannien und Irland ist sie ein beliebter Suppenkrebs, in einigen Regionen Italiens gilt frisch gehäutete gebratene S. als Spezialität (→ Butterkrebse).

Strandschnecke lat.: *Littorina littorea/unifasciata* (Fam.: *Littorinae*), engl.: *periwinkle, winkle;* kleine Meeresschnecke (2–3 cm) im Nordatlantik. S. werden bei Ebbe in großen Mengen an den Stränden angespült; in Wasser gekocht sind sie in Frankreich (bigorneaux), Holland (alikruik/caricolle) und Großbritannien beliebte Hors d'oeuvres.

Straßburger Gänseleberpastete; → Gänseleberpastete

Strauchbohnen; → Bohnen

Straußenfleisch engl.: *ostrich meat;* tief dunkelrotes, mageres, feinfaseriges, zartes, dem

Rindfleisch ähnliches Muskelfleisch vom Strauß, das v. a. aus dem fleischreichsten Teilstück, den Keulen, gewonnen wird. S. eignet sich zum Braten und Schmoren sowie in Zuschnitten (Filets, Steaks) zum Kurzbraten. S. ist im frischen und tiefgefrorenen Zustand im Handel erhältlich.

Streichfett engl.: *spreads;* bei 20 °C streichfähige fest bleibende Erzeugnisse, die überwiegend als Brotaufstrich, aber je nach Zusammensetzung auch zu anderen Zwecken in der Küche verwendet werden. Die Einteilung der S. erfolgt nach der Art und dem Fettgehalt. Im Allgemeinen werden voneinander die aus Milchfett bestehende → Butter, die ohne (maximal 3 % des Fettanteils) Milchfett, meist aus Pflanzenfetten hergestellte → Margarine sowie die aus Milchfett und anderen Fetten hergestellten → Mischfette unterschieden.

Streichkäse engl.: *spread cheese;* Überbegriff für Käse von streichfähiger Konsistenz, wie z. B. Speisequark, Liptauerkäse, weicher Kochkäse, Schmelzkäse sowie Käsezubereitungen.

Streichleberwurst; → Leberwurst mit fein zerkleinerter Grundmasse.

Streichmettwurst; gereifte, umgerötete, streichfähige → Rohwurst mit fein zerkleinerter Struktur, die aus demselben Ausgangsmaterial wie streichfähige → Mettwurst hergestellt wird. Für besondere Qualität („1a" oder „fein") ist das Ausgangsmaterial das gleiche wie bei → Teewurst.

Streifenbrasse engl.: *black seabream;* → Meerbrassen

Stremellachs engl.: *stremel;* heiß geräucherte Streifen/Stücke (Stremel = Streifen) von grätenfreiem, leicht gesalzenem Lachsfilet (1 Streifen 60–200 g). S. stammt ursprünglich von der Ostseeküste. Lachsräuchereien in Deutschland bieten S. von Ostsee-, Atlantik- und Alaskalachs als Spezialität an. → Räucherlachs

Streng kochsalzarme Lebensmittel; → streng natriumarme Lebensmittel

Streng natriumarme Lebensmittel; diätetische Erzeugnisse für bestimmte Patientengruppen (z. B. bei salzsensitiver Hypertonie, Niereninsuffizienz), die in genussfertigem Zustand nicht mehr als 40 mg Natrium pro 100 g enthalten. S. n. L. müssen als „streng natriumarm" und können zusätzlich als „streng kochsalzarm" gekennzeichnet werden.

Streptococcus; Gattung grampositiver, fakultativ anaerober, nicht sporenbildender, i. d. R. unbeweglicher kugelförmiger → Bakterien, die meist in Ketten oder Paaren angeordnet sind. Sie gehören zu den homofermentativen → Milchsäurebakterien, besitzen keine Katalase und bilden aus Kohlenhydraten im Wesentlichen nur L(+)-Milchsäure und kein Gas. Zu den zahlreichen Arten gehören Lebensmittel vergiftende, Lebensmittel verderbende, human- und tierpathogene Arten sowie nützliche Kulturorganismen. *S. pneumoniae* ist der Erreger der Lungenentzündung, *S. faecalis* und *S. faecium* kommen in Faeces von Mensch und Tier vor und sind Indikatoren für direkte Fäkalkontamination. *S. faecalis* ist auch Verursacher von → Lebensmittelvergiftungen und *S. mutans* ist für die Entwicklung von Zahnkaries relevant. Die aufgrund ihrer kräftigen Milchsäuregärung als Säurewecker bei der Herstellung von Sauermilchprodukten, Butter und Käse bedeutenden Streptokokken *S. lactis*, *S. cremoris* und *S. diacetylactis* werden heute zur Gattung → *Lactococcus* gerechnet. S. werden nach Lancefield in die serologischen Gruppen A bis T eingeteilt, wobei die meisten pathogenen S. zu den Gruppen A, B und C gehören.

Streptokokken engl.: *streptococci;* → Kokken. Typische S. gehören zur Gattung → *Streptococcus.*

Streusel engl.: *crumble;* 1. aus Mehl, Margarine oder Butter, Zucker, geschmacksgebenden Zutaten wie z. B. Vanillin-Zucker und evtl. Salz hergestellte kleine Teigbrocken zum Belegen von Kuchen, insbesondere Streuselkuchen; 2. kleine (ca. 1 mm dick und 2–5 mm lang) stäbchenförmige → Dragées aus verschiedenen Schokoladensorten oder Zucker und/oder Fondantmasse, die bunt gefärbt sein können. Sie sind oft mit einer dünnen Außenschicht von Bienenwachs oder anderen Glanzmitteln überzogen und werden zum Verzieren von Süßspeisen, Backwaren, Speiseeis, → Rumkugeln und anderen Süßwaren verwendet.

Streuselkuchen engl.: *crumble cake;* mit → Streuseln belegter flacher, auf dem Blech oder in einer Tortenform gebackener Kuchen aus Hefefeinteig (→ Hefeteige).

Streuwürze; Bezeichnung für streufähige → Würzmischungen.

Striezel engl.: *plaited yeast cake;* länglicher Kuchen aus leichtem bis schwerem Hefefeinteig (→ Hefeteige) oder Plunderteig, der mit Mohn, Obst, Marzipan, Persipan oder Nüssen gefüllt ist. Sultaninen können in Mohn-, Marzipan- und Persipanfüllungen eingearbeitet oder aufgestreut sein. Das Teigstück wird zusammen mit der Füllung ein- oder beidseitig aufgerollt und zum besseren Aufgehen beim Backen von oben eingeschnitten. Nicht eingeschnittener S. ist mit Streuseln bestreut und wird in Kastenformen oder freigeschoben gebacken. Nach dem Backen wird der S. aprikotiert, glasiert, mit Puderzuckerglasur besprenkelt oder mit Puderzucker bestäubt.

Strömling; 1. Ostseehering (lat.: *Clupea harengus membras L.*). Der S. ist etwas kleiner als der atlantische → Hering. In Schweden, Finnland und den baltischen Ländern wird S. vorwiegend süß-sauer als Marinade mit regionaltypischen Geschmacksvarianten eingelegt. 2. Syn. für die Apfelsorte Gravensteiner.

Stromtrockner engl.: *steam dryer;* einfache, kontinuierlich arbeitende Konvektionstrocknungsanlage, bei der das zu trocknende Gut am unteren Ende eines Steigrohres in einen heißen Luftstrom eingebracht, weitergefördert und dabei getrocknet wird. S. werden zur → Trocknung rieselfähiger Trocknungsgüter wie Stärken, Getreide und Mehle eingesetzt. Die Verweilzeit des zu trocknenden Gutes im Trockner beträgt nur wenige Sekunden.

Strontium engl.: *strontium;* zu den → Ultraspurenelementen gehörender → Mineralstoff. Die Funktion von S. im Organismus ist nicht bekannt, es tritt in Verbund mit Calcium auf und verfügt über einen ähnlichen Stoffwechsel und Absorptionsmechanismus. S. ist in oberirdischen Pflanzenteilen enthalten, Mangelerscheinungen beim Menschen sind nicht bekannt. Die natürlich vorkommenden Strontiumisotope (^{81}Sr, ^{84}Sr, ^{86}Sr, ^{87}Sr) sind ungiftig, können aber bei längerfristig überhöhter Zufuhr einen Calciummangel verursachen. Das z. B. durch Atomtests frei werdende radioaktive Isotop ^{90}Sr schädigt das Knochenmark und hemmt dadurch die Bildung der Erythrozyten.

Strudel engl.: *strudel;* süß oder pikant gefüllte längliche, häufig an der Oberseite eingestochene oder eingeschnittene und mit Eigelb bestrichene Teigrollen aus → Strudel- oder → Blätterteig. S. werden sowohl warm als auch kalt als Hauptspeise, Dessert oder Snack verzehrt. Besonders bekannte S. sind → Apfelstrudel und → Topfenstrudel.

Strudelteig engl.: *strudel dough;* zäher glatter Teig aus Mehl, Fettstoffen, etwas Ei, Salz und Wasser ohne Triebmittel. Charakteristisch für S. ist, dass der Teig nach der Teigruhe sehr dünn ausgezogen bzw. ausgerollt wird. Die Hauptverwendung für S. liegt in der Herstellung von Teigrollen mit pikanter oder süßer Füllung (→ Strudel).

Stubenfliege engl.: *house fly;* → Fliegen

Stubenküken engl.: *poussin, coquelet;* junges Huhn mit einem Schlachtgewicht von weniger als 650 g (ohne Kopf, Innereien und Ständer) bzw. von 650–750 g, wenn das Schlachtalter 28 Tage nicht überschreitet. S. sind wegen ihres zarten Fleisches als gebratene, gegrillte oder gebackene, auch gefüllt zubereitete Delikatesse beliebt.

Studentenfutter engl.: *dried fruit and nut mixture;* Knabbermischung aus unterschiedlichen Mengen an →„Nüssen“, →Mandeln, →Rosinen und anderen →Trockenfrüchten.

Stückenfisch; quer zerteilte, größere Fische ohne Kopf.

Stückgare; bezeichnet die Gärzeit der aufgearbeiteten Teigstücke bis zum Beginn des Backens. Während der S. festigt sich der Teig durch weitere Verquellung der Stärke. Die enzymatischen Abbau- und Gärungsprozesse im Teig laufen fort, so dass der Gasanteil zunimmt, sich die Poren lockern und sich Aroma beeinflussende Gärungsprodukte bilden. Die Führung der Gärung lässt sich im Wesentlichen durch Beeinflussung der Temperatur und Feuchte im Gärraum (Kurzzeitführung, Langzeitführung) sowie rezeptorisch durch Hefe-, Backmittelzugabe und Teigführung steuern. Durch Kühlen der Teigstücke wird die Gärung verzögert und durch Frosten unterbrochen. Die S. ist insbesondere bei der Herstellung von Kleingebäck wie →Brötchen von Bedeutung.

Stufe engl.: *step;* ein Punkt, Verfahren, Arbeitsgang oder Abschnitt in der Lebensmittelkette, einschließlich der Ausgangsmaterialien, von der Primärproduktion bis zum endgültigen Verbrauch.

Stuten; 1. große, in Kastenformen oder freigeschoben gebackene, einfach geformte kompakte Gebäcke aus mittelschwerem Hefefeinteig oder Hefequarkteig. Die Verwendung von Sultaninen, Korinthen, zerkleinerten Mandeln, Zitronat oder Orangeat als Zutaten ist wie das Bestreuen und Glasieren mit Zucker üblich. S. halten sich mehrere Tage lang frisch, wobei S. aus Hefequarkteigen (Quarkstuten) eine längere Frischhaltung aufweisen. Für die Herstellung von Quarkstuten werden üblicherweise auf 100 kg Getreideerzeugnisse (Mehl) mindestens 10 bis zu 50 kg Speisequark oder die entsprechenden Trockenerzeugnisse verwendet; 2. lange helle Weizen- oder Weizenmischbrote mit einem hohen Anteil an Weizenmehl in dem mit Backhefe aufgelockerten Teig. Der Zusatz von Fett und Milch sowie Buttermilch ist üblich.

Stutenkerle Syn.: → *Weckmänner*

Stutenteig; →Hefeteige

Stuttgarter Leberkäse; grobes, umgerötetes, brühwurstartiges Erzeugnis gehobener Qualität, das bis zu erbsengroße Fleischanteile in der fein zerkleinerten Grundmasse enthält. Diese wird aus grob entsehntem Rindfleisch, grob entfettetem Schweinefleisch, Speck und üblicherweise mindestens 5 % Leber hergestellt.

Styropor engl.: *styrofoam;* Handelsname für geschäumtes →Polystyrol.

Sublimation engl.: *sublimation;* Übergang eines Stoffes aus dem festen in den gasförmigen Aggregatzustand, unter Übergehung der flüssigen Phase. Lebensmitteltechnologische Anwendung findet die S. von Eis zu Wasserdampf bei der auch als Sublimationstrocknung bezeichneten →Gefriertrocknung.

Sublimationstrocknung Syn.: → *Gefriertrocknung*

Subrowka Syn.: → *Zubrowka*

Südafrikanische Weine engl.: *south african wines;* in Südafrika gekelterte Weiß- und Rotweine. Noch handelt es sich bei den s. W. meist um Konsumweine, jedoch hat Südafrika ein eigenes Kontrollsystem eingeführt (Wines of Origine), das den Bestimmungen der EU ähnlich ist, um die Qualität der Weine zu verbessern. Südafrika verfügt über eine eigene Rotweinrebsorte, die aus der Kreuzung von Cinsaut und Pinot noir hervorgegangene Pinotage, die zunehmend Anerkennung findet. Weitere Rotweinrebsorten sind Merlot, Shiraz (Syrah), Cabernet und Cabernet Sauvignon. Zu den in Südafrika beliebten Weißweinreben zählen Chenin blanc, Chardonnay, Colombard und Sauvignon blanc. Alle Reben und viele Lagen sind geeignet, Weine guter Qualität zu erzeugen. Constantia ist ein legendärer südafrikanischer Dessertwein, der aus der Muscat-d'Alexandrie-Traube gewonnen wird. Südafrika verfügt über größere Traubenanbauflächen als Australien, jedoch werden große Traubenmengen zur Konzentratherstellung verwendet.

Süddeutsche Mortadella; → Mortadella

Südfrüchte; handelsüblicher Sammelbegriff für essbare Früchte, die normalerweise nicht in der nördlichen Klimazone (Mittel- und Nordeuropa) gedeihen und aus tropischen oder subtropischen Gebieten eingeführt werden, wie z. B. Zitrusfrüchte, Bananen, Datteln und Feigen. → Exoten

Südtiroler Weine; in dem italienischen Weinbaugebiet, dem DOC Alto Adige, in dem viele frühere DOC zusammengefasst wurden, um Bozen gekelterte Weiß- und Roweine. Die Rotweine wie z. B. Kalterer See, Santa Maddalena, Meraner Hügel und Bozner Leiten werden hauptsächlich aus Trauben der Rebsorte Schiava Grossa (Vernatsch) hergestellt. Es kommen aber auch Trauben der Rebsorten Pinot noir, Merlot und Cabernet Sauvignon zum Einsatz. Vor allem in den Hanglagen werden die Rebsorten Riesling, Silvaner und Müller-Thurgau für leichte Weißweine angebaut. Trauben der Rebsorten Chardonnay sowie Weiß- und Grauburgunder liefern ebenfalls fruchtige und leichte Weine, während Wein aus Gewürztraminertrauben (Hauptgemeinde: Tramin) eher schwerer und aromatischer ausfällt. In der bekannten Gemeinde Terlan werden gute Weißweine aus Sauvignon-blanc-Trauben erzeugt. Die Trauben der Lokalrebsorte Lagrein liefern fruchtige Roséweine.

Südweine Syn.: → *Dessertweine*

Sülze; 1. Sammelbezeichnung für eine Gruppe von → Sülzwürsten mit einer durch Schwartenabkochung und/oder durch Zusatz von Speisegelatine gewonnenen geklärten oder ungeklärten Gallertmasse und würfel-, streifen- oder scheibenförmigen Fleischeinlagen. 2. Sortenbezeichnung für eine in großkalibrige Hüllen oder Formen gefüllte Sülzwurst, die würfel- und streifenförmige Einlagen von meist umgerötetem fettgewebereichen Schweinefleisch, Eisbein und Schweinemasken, teilweise auch Herz und Zunge, in einer klaren Gallerte enthält. Der Anteil an von groben Fett- und Bindegewebsanteilen befreiten Muskelfleischeinlagen beträgt üblicherweise mindestens 10 %. Der Sorte S. ähneln die Sorten Bauernsülze und Hausmacher S. 3. ugs. und küchentechnische Bezeichnung für → Aspikwaren.

Sülzepulver; → Gelatine

Sülzkotelett; etwa 2 cm dicke Scheibe aus dem gepökelten Kotelettstrang des Schweines, in einer gut gewürzten Brühe gekocht und in Aspik eingelegt. → Aspikwaren

Sülzwürste; 1. → Kochwürste, deren Schnittfähigkeit im erkalteten Zustand durch erstarrte Gallertmasse (Aspik oder „Schwartenmasse") zustande kommt. Zu den S. zählen die → Sülzen, die Gruppe der → Presswürste und Fleischerzeugnisse mit der Teilbezeichnung „Corned ...."; 2. Sortenbezeichnung für eine Sülze, die würfel- und streifenförmige Einlagen von meist umgerötetem fettgewebereichen Schweinefleisch, insbesondere Eisbein und Schweinemasken, in einer klaren Gallerte enthält. Der Anteil an von groben Fett- und Bindegewebsanteilen befreiten Muskelfleischeinlagen beträgt üblicherweise mindestens 10 %. Bei der Zusatzbezeichnung „einfach" enthält die Gallerte fein zerkleinertes Bindegewebe (zumeist Schwarten) und Innereien. Bei den Einlagen darf fettgewebereiches Schweinefleisch fehlen und teilweise auch Speck, Innereien und Brätwürfel verwendet werden. Der Anteil an von groben Fett- und Bindegewebsanteilen befreiten Muskelfleischeinlagen beträgt üblicherweise mindestens 5 %. Auf die verwendete Innereienart wird in der Verkehrsbezeichnung hingewiesen; 3. in Kombination mit anderen Begriffen wie z. B. Hausmacher-... oder Filet-... Bestandteil der Bezeichnung von mehreren Sorten an Sülzen.

Süße Limette lat.: *Citrus limetta Risso* (Fam.: *Rutaceae*), engl.: *sweet lime*, Syn.: *Limettenzitrone, Süße Zitrone;* zu den → Zitrusfrüchten gehörende mandarinengroße Frucht des gleichnamigen immergrünen Strauches oder Baumes. Sie ist etwa 45–125 g schwer und besitzt eine gelbgrüne bis goldgelbe warzig raue Schale. Wegen ihres süßen bis sehr süßen Saftes wird sie in Mittelamerika angebaut.

Süßen engl.: *sweetening;* Lebensmitteln durch Zugabe von süß schmeckenden Zutaten wie → Zucker oder → Zuckerarten, → Zuckeraustauschstoffen, → Süßstoffen, → Honig, Frucht- oder Pflanzensäften einen süßen Geschmack verleihen.

Süßer Senf; aus grob zermahlenen und gerösteten gelben und braunen Senfkörnern, Essig, Wasser, Gewürzen sowie traditionell karamellisiertem Zucker und/oder Zuckeraustauschstoffen hergestellter → Speisesenf. Der Zusatz von braunen, gelben und schwarzen Senfkörnerschalen ist üblich. S. S. wird hauptsächlich zu Weißwurst und anderen Fleischgerichten gereicht oder zum Verfeinern von Salatsaucen verwendet.

Süße Sahne Syn.: → *Schlagsahne*

Süße Suppen engl.: *sweet soups;* → Kaltschale → Fruchtsuppe

Süßholz lat.: *Glycyrrhiza L.* (Fam.: *Fabaceae*), engl.: *Sweetwood;* im Mittelmeerraum, im nahen Osten und in Asien wild wachsende oder angebaute Stauden, das Römische S. (lat.: *Glycyrrhiza echinata L.*) und das Spanische S. (lat.: *Glycyrrhiza glabra L.*). Genutzt werden im Wesentlichen ihre getrockneten Wurzeln, aus denen durch Auskochen der süßstoffhaltige (→ Glycyrrhizin) Saft gewonnen wird. Dessen Weiterverwendung erfolgt eingedickt (→ Süßholzextrakt) zur Herstellung von Lakritzwaren und in der Pharmazie.

Süßholzextrakt engl.: *block liquorice, liquorice juice;* eingekochter, fester, dunkler, herb bitterer, typisch nach Lakritz schmeckender Extrakt aus den Wurzeln der Süßholzstauden (→ Süßholz). Er wird vielfältig zur Herstellung von Lakritzwaren und als aromatisierender Bestandteil in einigen Biersorten, Tees und teeähnlichen Getränken sowie in Arzneimitteln eingesetzt. Lakritzwaren enthalten üblicherweise mindestens 3 % S. S. besitzt zusätzlich über die Komponente → Glycyrrhizin pharmakologische (antibakteriell und antifungisch) Wirkung. Der Gehalt an Glycyrrhizin ist in Deutschland auf 0,2 mg pro 100 g fertiges süßholzextrakthaltiges Erzeugnis freiwillig beschränkt. Produkte mit einem höheren Gehalt sind als „Starklakritz" gekennzeichnet.

Süßholzzucker Syn.: → *Glycyrrhizin*

Süßkartoffel Syn.: → *Batate*

Süßkartoffelstärke; → Batate

Süßkirschen lat.: *Prunus avium L.* (Fam.: *Rosaceae*), engl.: *Sweet Cherry;* kleine rundliche bis herzförmige → Steinfrüchte des in verschiedenen Kulturformen in Eurasien aus der Vogelkirsche hervorgegangenen Kirschbaumes. S. lassen sich in die weichfleischigen Herz- und die festfleischigen Knorpelkirschen unterteilen. Beide werden in dunklen Sorten mit rotem färbenden Saft sowie in gelben und bunten Sorten mit hellem, nicht färbenden Saft in großer Sortenvielfalt mit vielen Lokalsorten und Synonymen angeboten. Ein Anbau von Süßkirschensorten erfolgt überwiegend als Tafelkirschen für den Frischverzehr sowie zur Weiterverarbeitung und in vergleichsweise geringerem Umfang als Brennkirschen für die Spirituosenherstellung. Die reifen Früchte sind nach der Ernte kurze Zeit im Kühl- oder CA-Lager lagerfähig und werden in obligatorischen Handelsklassen nach Sorten aus heimischer Ernte (Reife Juni bis August) sowie importiert angeboten. Beim Verbrauch überwiegt der direkte Verzehr als Frischobst vor der Verarbeitung zu Nasskonserven, Tiefkühlprodukten, kandierten Früchten, Konfitüre, Fruchtnektar sowie alkoholischen Getränken (Fruchtweine, Fruchtdessertweine, Spirituosen wie z. B. Kirschwasser). In Deutschland zu Konserven verarbeitete S. genügen den Anforderungen der Leitsätze des Deutschen Lebensmittelbuches für verarbeitetes Obst oder sind in ihrer Abweichung ausreichend kenntlich gemacht.

Süßmais Syn.: → *Zuckermais*

Süßmilchkäse Syn.: → *Labkäse*

Süßmolke engl.: *sweet whey,* Syn.: *Labmolke;* durch Abscheidung des Käsestoffes (Casein-Fällung) bei überwiegender Labeinwirkung gewonnenes Milchserum (auch unter Verwendung von Lactase), das als Nebenprodukt bei der Käseherstellung anfällt.

Süßmolkenpulver engl.: *sweet whey powder;* aus Süßmolke durch weitgehenden Wasserentzug, auch unter Verwendung von Lactase hergestelltes Erzeugnis mit höchstens 5 % Wasser und mindestens 70 % Milchzucker. Das teilentzuckerte S. zeichnet sich durch einen geringeren Milchzuckergehalt aus.

Süßmost; → Fruchtnektar

Süßorange Syn.: → *Orange*

Süßrahm engl.: *1. sweet cream;* 1. ungesäuerter Rahm, der in Molkereien Ausgangsmaterial zur Herstellung von Süßrahmbutter ist; 2. Syn. für → Schlagsahne.

Süßrahmbutter engl.: *sweet cream butter;* → Buttersorten

Süßreserve; unvergorener Teil des Mostes, der bei der Süßung von → Wein eingesetzt wird. Seine Anwendung unterliegt strengen Vorschriften. Die S. wird vor Beginn der Gärung vom Most abgezweigt. Damit die S. nicht selbst gärt, wird die Gärung durch Kurzzeiterhitzung, Lagern unter Druck oder Schwefeln gestoppt. → Ausbau

Süßsack lat.: *Annona squamosa L.* (Fam.: *Annonaceae*), engl.: *sweet sop, sugar apple,* Syn.: *Zimt-, Zuckerapfel;* ovale oder herzförmige, 200–300 g schwere → Sammelfrucht der im tropischen Südamerika beheimateten Schuppenannone mit blaugrüner Schale mit ziemlich lose gegliederten Schuppen. Unter dieser liegt ein gelbliches oder weißliches, aromatisch süßes, wohl schmeckendes Fruchtfleisch von cremiger Konsistenz mit zahlreichen dunkelbraunen oder schwarz glänzenden Samen. Es wird ausgelöffelt roh als Dessertfrucht verzehrt und zu Getränken, wie z. B. Fruchtnektaren sowie als Zutat in Speiseeis oder Süßspeisen verarbeitet.

Süß-sauer engl.: *sweet-and-sour;* insbesondere in der asiatischen Küche beliebte Geschmacksrichtung, die durch gleichzeitige Verwendung und Mischung von süßen und sauren Zutaten (z. B. von Essig und Zucker) hervorgerufen wird.

Süßstoffe engl.: *sweetener agent;* zur Gruppe der Süßungsmittel gehörende Zusatzstoffe, die eine wesentlich höhere Süßkraft als Saccharose besitzen, deshalb in sehr geringen Mengen eingesetzt werden, mit Ausnahme von Aspartam keine Energie liefern und den Blutglucosespiegel nicht beeinflussen. Aufgrund dieser Eigenschaften werden S. in Brennwert reduzierten („Light"-Produkten) und Diabetiker-Lebensmitteln verwendet. Da sie häufig einen metallischen Eigengeschmack besitzen und gemeinsam synergistische Wirkung entfalten, werden sie meist in Kombination genutzt. Als S. zugelassen sind → Aspartam, → Acesulfam, → Saccharin, → Cyclamat, → Thaumatin und Neohesperidin DC (→ Dihydrochalkone). Ihr Einsatz ist rechtlich in der Zusatzstoff-Zulassungsverordnung und in der Diätverordnung geregelt.

Süßungsmittel engl.: *sweetening;* Zusatzstoffe, die zur Süßung von Lebensmitteln zugelassen sind und sich in → Süßstoffe und → Zuckeraustauschstoffe unterteilen lassen. S. finden in Brennwert verminderten und ohne Zuckerzusatz hergestellten Lebensmitteln sowie in Diabetiker-Lebensmitteln Verwendung.

Süßwaren engl.: *sweets, candies;* Gruppenbezeichnung für Lebensmittel, die Saccharose und/oder andere Zuckerarten bzw. Zuckeraustauschstoffe als charakteristischen und geschmacksgebenden Bestandteil enthalten. Zu den S. zählen neben den → Zuckerwaren, Kakao- und Schokoladenerzeugnisse, Speiseeis sowie Invertzuckercreme.

Süßwasserfische engl.: *freshwater fish;* Fische, die in Binnengewässern, gelegentlich auch im Brackwasser leben, sowie Wanderfische, die sich zeitweilig im Salzwasser aufhalten

(Aal, Lachs). Viele S. sind begehrte Speisefische. Die Verschmutzung und Verbauung von Flussläufen hat die Bestände stark reduziert; ein Großteil der Handelsware stammt heute aus der → Fischzucht (Karpfen, Forelle). → Seefische

Süßwassergarnelen engl.: *freshwater shrimps, freshwater prawns;* Sammelbezeichnung für im Süß- und Brackwasser lebende → Garnelen. Einige Arten haben große wirtschaftliche Bedeutung erlangt. Sie werden, wie z. B. die → Rosenberg-Garnele, hauptsächlich für den Export v. a. in Südostasien als Speisekrebse gezüchtet.

Süßweichseln lat.: *Prunus cerasus subsp. cerasus var. austera L.* (Fam.: *Rosaceae*), engl.: *morello cherry,* Syn.: *Morellen;* dunkle → Bastardkirschen mit rotem färbenden Saft.

Sukiyaki; verbreitetes japanisches Gericht ähnlich dem → Shabu-Shabu, jedoch mit ein wenig dickeren Fleischscheiben als bei diesem. S. wird in einer Pfanne oder einem Topf am Tisch zubereitet und das Fleisch sowie Gemüse in einer aus Brühe, Sojasauce und Sake hergestellten Sukiyaki-Sauce gegart.

Sukkade Syn.: → *Zitronat*

Sulfate engl.: *sulfates, sulphates;* Salze und Ester der → Schwefelsäure. Beispiele für S. sind Gips (→ Calciumsulfat), Bittersalz (→ Magnesiumsulfat), Glaubersalz (→ Natriumsulfat) und Bariumsulfat, das als Röntgenkontrastmittel verwendet wird. S. sind Bestandteil vieler Mineral- und Heilquellen. Verschiedene S. (z. B. Natrium-, Kalium-, Calcium-, Ammonium- und Aluminiumsulfat) werden als zugelassene Zusatzstoffe (z. B. Trägerstoffe, Festigungsmittel) bei der Lebensmittelverarbeitung verwendet.

Sulfide engl.: *sulfides, sulphides;* Salze des → Schwefelwasserstoffs bzw. Thioether (Dialkylsulfide). Organische Sufidverbindungen sind im Tier- und Pflanzenreich weit verbreitet. Zu den anorganischen gehören viele Mineralien wie z. B. Bleiglanz (Bleisulfid), Pyrit (Eisensulfid) und Zinkblende (Zinksulfid).

Sulfite engl.: *sulfites, sulphites;* saure und neutrale Salze der → schwefligen Säure, die durch Einleiten von → Schwefeldioxid in die entsprechende Lauge und anschließendes Eindampfen gewonnen werden. Die Natrium- (Natriumsulfit, -bisulfit und -disulfit), Kalium- (Kaliumdisulfit und -bisulfit) und Calciumsalze (Calciumsulfit und -bisulfit) sind unter den Nummern E 221-E 228 (ohne E 225) als Konservierungsmittel und Antioxidationsmittel für verschiedene Lebensmittel, z. B. Wein, Trockenfrüchte, Knabbererzeugnisse und Konfitüren in festgelegten Höchstmengen zugelassen. Ihre Wirkung beruht auf der Freisetzung von Schwefeldioxid, weshalb S., wie Schwefeldioxid selbst, → pseudoallergische Reaktionen auslösen können.

Sultanas Syn.: → *Sultaninen*

Sultaninen engl.: *sultanas,* Syn.: *Sultanas;* kernlose, großbeerige, getrocknete helle Früchte der Sultanaweinrebe. S. sind sehr süß und werden einzeln oder als Zutat in Back- und Süßwaren, Knabbermischungen und Müslis verzehrt. → Rosinen

Sumach lat.: *Rhus coriaria L.* (Fam.: *Anacardiaceae*), engl.: *Sumac, Sicilian Sumac,* Syn.: *Gewürzsumach, Färberbaum, Gerbersumach;* im Mittelmeergebiet und im mittleren Osten wild wachsender Busch, dessen rote getrocknete Beeren kurz vor der Vollreife geerntet und ganz oder gemahlen als → Gewürz verwendet werden. Die Beeren besitzen einen sauer herben adstringierenden Geschmack, werden v. a. in der türkischen, iranischen und libanesischen Küche zum Würzen von Reis- und Fleischgerichten verwendet und sind Bestandteil einer als → Zahtar bezeichneten Gewürzmischung. S. darf nicht mit dem giftigen nordamerikanischen Giftsumach (lat.: *Rhus toxicodendron L.*) verwechselt werden. Rinde und Blätter des Busches werden auch zum Färben und Gerben verwendet.

Sumatra-Tee; → Indonesischer Tee

Suntina engl.: *suntina;* kleine bis mittelgroße, mit der → Mandarine verwandte → Zitrusfrucht mit glänzender rötlichoranger, leicht schälbarer Schale. Das orange, saftreiche, zarte Fruchtfleisch schmeckt süß und enthält praktisch keine Kerne. Die Kreuzung aus der Fina-Clementine (→Clementine) und der Orlando-Tangelo wird aus dem Anbauland Israel importiert und als Frischobst verzehrt. Hinsichtlich der EG-Qualitätsnormen und der Lagerung wird sie wie die Mandarine gehandhabt.

Suppen engl.: *soups;* dünnflüssige, sämige oder dünnbreiige, meist als Vorspeise, seltener als Hauptgericht (Eintopfsuppen) dienende Zubereitungen. Nach Konsistenz bzw. Zusammensetzung werden sie in klare und gebundene S. (beide auch mit Einlagen) eingeteilt. Vorgefertigte S. besitzen als →Convenience-Produkte einen hohen Stellenwert. Das Angebot von vorgefertigten S. erfolgt in tafelfertiger, konzentrierter, kochfertiger sowie instantisierter Form. Tafelfertig als Vollkonserve, tiefgefroren oder luftdicht versiegelt gehandelte S. müssen zur Zubereitung der verzehrfertigen S. nur noch erwärmt werden. Bei den konzentrierten S. in flüssiger und den kochfertigen S. in pasten- oder pulverförmiger, körniger oder in anderer beliebiger Form ist zur Zubereitung die Zugabe von Flüssigkeit und Erwärmen notwendig. Instantsuppen benötigen außer heißer Flüssigkeit keine anderen Zusätze und liegen nach kurzer Wartezeit verzehrfertig vor. Zur Herstellung von S. dienen u. a. Fleisch, Fleischextrakte, Geflügel, tierische oder pflanzliche Fette, Getreide und Getreideerzeugnisse als Einlagen (Reis, Grieß, Graupen, Teigwaren) und Bindemittel (Mehle, Stärken), Gemüse, überwiegend in stückiger und vermahlener getrockneter Form (z. B. Kartoffeln, Möhren, Kohl, Spargel, Bohnen, Tomaten, Pilze), Gewürze einschließlich Würzkräuter, Speisewürze, Kochsalz und noch einige andere geschmacksbestimmende bzw. -verstärkende Zutaten wie z. B. Zucker, Wein und Glutamat. Im Handel werden je über 100 Sorten Trocken- und Dosensuppen angeboten. Die Mindesthaltbarkeit von tafelfertigen und konzentrierten S. in luftdicht verschlossenen Behältnissen (→Vollkonserven) beträgt mehrere Jahre, von kochfertigen S. in Pasten- oder Trockenform mindestens 1 Jahr. Das Volumen der verzehrfertigen Produkte in Liter oder Literteilen, welches das Erzeugnis nach Gebrauchsanweisung zubereitet ergibt, ist auf dem Etikett bzw. der Verpackung anzugeben. Werden zusätzlich noch Zahl der Teller, Tassen oder kleinen Tassen angegeben, gelten folgende Mindestinhalte: Teller 250 ml, Tasse 150 ml und kleine Tasse 100 ml.

Suppeneinlagen; Sammelbegriff für die als Einlagen in Suppen und Eintöpfen verwendeten Zutaten. Als S. werden hauptsächlich geeignete Formen von Teigwaren, wie z. B. Fadennudeln, Muscheln, Sternchen und Buchstaben sowie Suppenklöße mit Fleisch, Leber, Speck oder aus Grieß verwendet. Weitere bekannte Einlagen sind aber auch Brot, Backerbsen, Eier (z. B. in Form von Eierstich), Reis, Graupen oder Gemüse aller Art einschließlich Kartoffeln.

Suppengemüse engl.: *vegetable mixture for soup;* Mischung aus frischen oder durch Trocknen bzw. Tiefgefrieren oder anderen Verfahren haltbar gemachten Gemüsen zum Bereiten von Suppen und Eintopfgerichten. Tiefgefrorenes S. wird als →Convenience-Produkt (einfachere Zubereitung) gegenüber frischem und wegen besserer Produkteigenschaften (Aroma, Farbe, Inhaltsstoffe) gegenüber getrocknetem Gemüse bevorzugt.

Suppengrün engl.: *herbs and vegetable for soup,* Syn.: *Suppenkraut;* Mischung aus aromaintensiven Gemüsen und Kräutern, aus der durch Auskochen ein herzhafter Extrakt hergestellt wird, der zum Würzen von Suppen, Brühen, Fleisch- und Fischgerichten verwendet wird. Typische Bestandteile sind Sellerie, Petersilie, Möhren und Porree, i. d. R. mit Laubanteil.

Suppenhuhn engl.: *boiling fowl;* meist nach Ablauf der ersten Legeperiode geschlachtetes

Haushuhn mit rigidem (verknöchertem) Brustbeinfortsatz und einem Gewicht von ca. 1–2 kg.

Suppenkräuter engl.: *herbs for soup;* zum Würzen von Suppen und Brühen geeignete → Küchenkräuter, wie z. B. Basilikum, Beifuß, Bohnenkraut, Borretsch, Dill, Estragon, Kerbel, Kresse, Liebstöckel, Majoran, Minze, Oregano, Petersilie (Laub), Schnittlauch, Sellerie (Laub) und Thymian.

Suppennudeln engl.: *soup noodles;* besonders zur Verwendung in Suppen geeignete Nudeln mit kurzer Kochzeit. Sie kommen in vielen Formen, z. B. als Muscheln, Sternchen, Buchstaben, Fäden und Farben wie weiß, grün, blau und rot vor.

Suppenspargel engl.: *asparagus for soup;* → Spargel

Suppenwürzen; → Würzen

Surimi engl.: *surimi;* glatte, weiße, geruchs- und geschmacksneutrale Masse aus zerkleinertem, mit Wasser wiederholt ausgewaschenem Fischmuskelfleisch und Stärke, die sowohl zur Herstellung von eigenständigen Erzeugnissen als auch von Fisch- und Krebstierimitaten verwendet werden kann. Begriff und Herstellungsweise stammen aus Japan, wo S. seit Jahrhunderten, meist in Form von *Kamaboko*, einer Art „Fisch-Kochwurst", fester Bestandteil der Ernährung ist. Die charakteristischen rheologischen Eigenschaften beruhen auf der Gelbildungsfähigkeit von Fischmuskeleiweiß. Bei der großtechnischen Herstellung auf Fangschiffen wird entgrätetes Fischfilet (bevorzugt → Alaska-Seelachs) durch einen Extruder gepresst; die Paste ausgewaschen, mit einem Gefrierstabilisator versetzt (meist Sorbit), in Blöcke gepresst und an Bord tiefgefroren. Das so gewonnene S. wird mit Wasser, Zucker, Salz, Aromastoffen vermengt. Für die Stabilität sorgen Bindemittel, wie z. B. Mais-, Weizen- oder Tapiokastärken (auch modifiziert) oder Phosphate. Die entstandene Masse wird in beliebige Formen gepresst, gedämpft, ggf. je nach Charakter des Erzeugnisses gefärbt und tiefgefroren. Krebsfleischextrakt, Eiklar und/oder Sojaprodukte können zugesetzt sein. Surimierzeugnisse können eine preiswerte Alternative zu Meeresfrüchten bieten; sie müssen bei deren Nachahmung als Imitat ausreichend gekennzeichnet sein. Gebräuchlicher ist bei den Imitaten die Nachahmung von Krebstiererzeugnissen, wie z. B. Krabben, Garnelen, Hummerscheren, Langustenschwänze, seltener die von Muscheln wie z. B. Jakobsmuscheln. Eigenständige Surimierzeugnisse und Imitate aus S. bieten technisch dieselben Verwendungsmöglichkeiten wie alle Meeresfrüchte.

Sushi engl.: *sushi,* Syn.: *zushi;* in Wasser gekochter, mit Reisessig, Zucker und Salz aromatisierter Rundkornreis. S. ist die Grundlage der japanischen Küche; es wird geformt und mit verschiedenen Zutaten belegt oder als Füllung für Omeletts und frittierten Bohnenquark (*aburage* → Tofu) verwendet. In Europa bekannt geworden ist S. mit rohem Fisch, Garnelen und anderen Meeresfrüchten, Pilzen, Ei und/oder Gemüse, umwickelt mit frischem oder getoastetem Seetang (Norimaki S.); es wird in Japanrestaurants und Sushibars frisch zubereitet als kleine Mahlzeit gereicht. Das klassische S. mit nicht erhitztem Fisch (Nigiri S.) erfordert besondere hygienische Sorgfalt (→ Fischvergiftung).

Susine Syn.: → *Japanische Pflaume*

Suspension engl.: *suspension;* von lat.: *suspendere* = aufhängen, schwebend halten abgeleitete Bezeichnung für eine → Dispersion unlöslicher Feststoffteilchen in einer Flüssigkeit oder einer erstarrten Schmelze. Es handelt sich um metastabile Systeme, bei denen sich gröbere suspendierte Teilchen nach einer gewissen Zeit am Boden absetzen (Sedimentation). Durch Zugabe von Suspendierhilfen, die als grenzflächenaktive Stoffe die Benetzung der suspendierten Partikel mit der flüssigen Phase erhöhen, lässt sich die Stabilität von S. erhöhen. Beispiele für S. im Lebensmittelbereich sind z. B. Zuckerkristalle in

Schokolade und Obststückchen in Fruchtsäften.

Sweetie Syn.: *Oroblanco;* groß ausfallende ovale Zitrusfrucht mit dicker feinporiger, grüner bis gelblichgrüner Schale, blass- bis tiefgelbem saftigen Fruchtfleisch mit süßem Geschmack. Die S. lässt sich wie die → Grapefruit verwenden. Anbau der durch eine Kreuzung von Grapefruit und Pampelmuse entstandenen Frucht findet neben den USA und Australien v. a. in Israel statt. Ein Import erfolgt von September bis Mai.

Swift-Test; die antioxidative Stabilität von Fetten messender Test, bei dem ein Luftstrom durch das auf 100 °C erhitzte Fett geleitet wird und eine konduktometrische Erfassung der flüchtigen Spaltprodukte erfolgt. Beim Überschreiten eines festgelegten Grenzwertes gilt die Induktionsperiode des Fettverderbs als abgeschlossen. Nach derselben Methode arbeitet auch der so genannte Rancimat.

Sykose Syn.: → *Saccharin*

Symbiose engl.: *symbiosis;* Zusammenleben zweier Organismen zu gegenseitigem Nutzen, wie z. B. Seerosen auf dem Schneckenhaus von Einsiedlerkrebsen oder stickstoffbindende Knöllchenbakterien (Rhizobium-Arten) in den Wurzelknöllchen der Leguminosen.

Synärese engl.: *syneresis,* Syn.: *Synerese;* von griech.: *synhairesis* = Zusammennehmen abgeleitete Bezeichnung für das Austreten von Flüssigkeiten aus einem Gel ohne Einwirkung äußerer Kräfte. Die Gelstruktur und das Volumen des betreffenden Materials bleiben dabei unverändert. S. ist häufig Folge des Einfrierens und Wiederauftauens und kann durch die Verwendung gefrierfester bzw. gefriertaustabiler Stärken verhindert werden.

Synbiotika engl.: *synbiotics;* Bezeichnung für Kombinationen von → Probiotika und → Prebiotika, die deren Vorteile synergistisch in sich vereinigen.

Synergisten engl.: *synergists;* Stoffe, deren Anwendung zur Wirkungssteigerung anderer Stoffe führt, so dass die Gesamtwirkung größer als die Summe der Einzelwirkungen ist. Synergistische Effekte spielen z. B. im Bereich der Pflanzenschutz- und Schädlingsbekämpfungsmittel sowie bei der Wirkung von Antioxidantien eine wichtige Rolle.

Synthese engl.: *synthesis;* natürlicher (Biosynthesen, in vivo) oder künstlicher (in vitro) Aufbau chemischer Verbindungen aus einfachen Stoffen. Viele Naturstoffe werden synthetisch nachgebaut (z. B. Farb- und Aromastoffe), da die S. billiger ist als die Isolation aus komplexen Naturprodukten. Außerdem enthalten die so erzeugten Verbindungen kaum Begleitstoffe und zeichnen sich deshalb durch eine größere Reinheit aus.

Synthetische Lebensmittelfarbstoffe engl.: *artificial food colours;* → Lebensmittelfarbstoffe, die durch chemische Synthese gewonnen werden, eine hohe Farbkraft und meist eine gute Lichtechtheit aufweisen. Die zugelassenen s. L. sind in der Zusatzstoff-Zulassungsverordnung aufgeführt, müssen bestimmte Reinheitsanforderungen erfüllen und werden wegen der z. T. umstrittenen toxikologischen Bewertung zunehmend durch → färbende Lebensmittel abgelöst. Eine wichtige Gruppe innerhalb der s. L. stellen die → Azofarbstoffe dar.

Syrah Syn.: *Shiraz;* Rotweinrebe von sehr hoher Qualität, die in Europa typisch ist für das Rhône-Gebiet und den Midi in Frankreich. Die jungen Weine sind säure- und tanninreich, voll, kräftig und würzig im Geschmack. Sie eignen sich zur Reifung, auch zum Ausbau auf Eiche und erreichen dabei nicht selten Spitzenqualitäten vergleichbar mit Weinen des Haut-Médoc. Oft werden diese Weine wegen ihrer Intensität auch mit milderen Weinen verschnitten. Die Syrah-Rebe bevorzugt warmes Klima, weshalb sie in Australien und Südafrika zu den Hauptrebsorten zählt. Allerdings werden in Australien hohe Erträge gefahren, die einen weniger kraftvollen Wein entstehen lassen. Häufig wird dieser mit Cabernet Sauvignon verschnitten. Auch in den Weinbaugebieten Süd- und Nordamerikas ist S. zunehmend anzutreffen.

Szechuan-Pfeffer lat.: *Zanthoxylum piperitum DC.* (Fam.: *Rutaceae*), engl.: *sichuan pepper, szetchwan pepper, anise pepper,* Syn.: *Anispfeffer, Chinesischer Pfeffer, Fagara, Japanischer Pfeffer;* im asiatischen Raum verbreiteter strauchiger Baum mit nach Zitrone duftenden Blättern, dessen getrocknete Kapselfrüchte v. a. in der Küche Japans, Koreas und Nordchinas als → Gewürz Verwendung finden, in der europäischen Küche aber weitgehend unbekannt sind. Der Geschmack der aufgespaltenen Früchte ist beißend scharf mit leichtem Zitronenaroma, die schwarzen Samen sind sehr bitter und sollten verworfen werden. S. ist Bestandteil des chinesischen → Fünf-Gewürze-Pulvers und wird im Verhältnis 5 : 1 mit Salz verrieben als Tischgewürz genutzt.

Szegediner Gulasch engl.: *Szegedin Goulash;* Fleischgericht, das wie ein → Gulasch mit Sauerkraut als überwiegender Ein- oder Beilage zubereitet wird. Die Verwendung von Schweinefleisch, Paprikakraut und saurer Sahne ist üblich. Der Fleischanteil entspricht bei Handelsware üblicherweise einer Frischfleischmenge von über 30 %. Die ursprüngliche Bezeichnung lautet Szekeler Gulasch (székely gulyas), unter der dieses Gericht in Ungarn bekannt ist.

Szekeler Gulasch; → Szegediner Gulasch

Tabakkäfer lat.: *Lasioderma serricorne L.* (Fam.: *Annobiidae*), engl.: *cigarette beetle;* 2–4 mm langer, ovaler, braunrot bis gelb gefärbter, dicht grau behaarter Käfer mit bis zu 4 mm langen weißen bis gelblichen stark behaarten Larven. Der tropische/subtropische T. ist ein bedeutender → Vorratsschädling bei Tabak und wird mit Tabakballen und Tabakwaren wie Zigarren aus wärmeren Ländern eingeschleppt, stirbt bei Temperaturen unterhalb von 10 °C aber langsam ab. Neben Tabakerzeugnissen befällt der Käfer z. B. auch Reis, Erdnüsse, Trockenobst, Trockenmilch und Gewürze wie Paprika. Schaden entsteht durch Fraß der Larven. Am befallenen Gut sind Bohrlöcher oder Fraßgänge, z. T. mit Kotauswurf an den Enden erkennbar.

Tabakmotte Syn.: → *Speichermotte*

Tabasco®-Saucen engl.: *Tabasco®-sauce;* warenzeichenrechtlich geschützte Bezeichnung für eine Reihe von Würzsaucen auf der Basis von Chilischoten. Am bekanntesten ist die originale dünne, rote, feurige Sauce aus fermentierten, mehrere Jahre gereiften, gemahlenen, gesalzenen Chilischoten und Essig. T. werden vielfältig zum Würzen, z. B. von Fleisch-, Reis- und Eierspeisen, Gemüse, Salat, Suppen, Saucen, Ragouts und für Bar-Mixgetränke verwendet. Wegen des intensiven Geschmacks erfolgt die Anwendung i. d. R. nur tropfenweise.

Tabletten engl.: *tablets;* feste, verschieden geformte Zubereitungen, die neben dem pharmazeutischen Bereich auch im Bereich der Süßwaren (z. B. Brausetabletten), Süßungsmittel (z. B. Süßstofftabletten) und Nahrungsergänzungsmittel (z. B. Vitamin- und Mineralstofftabletten, Weizenkleietabletten) Verwendung finden. Die Herstellung erfolgt i. d. R. durch Pressen aus fein kristallinen, gepulverten oder granulierten Stoffen, unter Zusatz verschiedener Hilfsstoffe wie z. B. Bindemittel und Gleitmittel. Neuere Verfahren erzeugen zur Erzielung einer genau definierten Porosität zunächst einen feuchten Pillenteig, in dem unter Druck Stickstoffbläschen fein verteilt werden. Beim Trocknen im Vakuum entsteht ein poröses Granulat, das dann wie gewohnt zu T. gepresst wird. Als Dragées oder Filmtabletten werden T. bezeichnet, die mit einer oft gefärbten Schicht aus Zucker oder anderen geeigneten Substanzen überzogen sind.

Tablieren engl.: *1. beating of fondant;* 1. Verfahrensschritt bei der Herstellung von → Fondant, bei dem eine übersättigte Zuckerlösung in Tabliermaschinen zwischen gekühlten Metallflächen geschert wird, wodurch es zu Kristallbildung kommt. Die entstandenen Kristalle werden wieder zermahlen, wodurch nach Art einer Kettenreaktion immer weitere Kristalle gebildet werden. Am Austritt der Maschine ist dann eine weiße zähe Masse entstanden, die nach Auskühlen schnittfest wird. 2. Verfahrensschritt bei der Herstellung von Schokoladenglasur, bei dem auf 40–50 °C erhitzte Schokolade auf einer kalten Unterlage mit einem Spachtel bearbeitet wird, wodurch es zur Ausbildung von Fettkristallen kommt, die für den Glanz der Schokoladenglasur sorgen.

Tacaud; → Franzosendorsch

Tacos; weiche gerollte bzw. geklappte Maisfladen (→ Tortillas) oder knusprig harte, hufeisen- oder U-förmig gebogene Schalen aus Maisfladen (tex.-mex. Küche) mit Füllungen in vielen verschiedenen Geschmacksrichtungen.

Tätigkeits- und Beschäftigungsverbot engl.: *prohibition to employ;* Personen, die an bestimmten Erkrankungen wie z. B. Typhus, Cholera oder → Salmonellose leiden oder dessen verdächtig sind, die an bestimmten infizierten Wunden oder Hauterkrankungen erkrankt sind oder z. B. die Krankheitserreger Shigellen oder Salmonellen ausscheiden, dürfen nach dem Infektionsschutzgesetz nicht in der Gemeinschaftsverpflegung sowie in Bereichen tätig oder beschäftigt sein, in denen sie mit bestimmten Lebensmitteln, wie z. B. Eiprodukten, Speiseeis und Fleischerzeugnissen in Berührung kommen.

Täublinge lat.: *Russula sp.* (Fam.: *Russulaceae*), engl.: *russula;* Pilze der Gattung *Russula Pers. ex SF. Gray* mit sehr brüchigem Fleisch, die sich in scharf schmeckende Arten, die ungenießbar oder sogar giftig sind, und mild schmeckende Arten, zu denen die Speisepilze → Apfeltäubling, → Frauentäubling, → Speisetäubling und → Gefeldeter Grüntäubling gehören, unterteilen lassen.

Tafelbrötchen; kleine → Brötchen von ca. 15–30 g Gewicht mit geringen Zusätzen von Fett und Zucker zur Verbesserung von Qualität, Rösche und Mürbigkeit der Krume. Sie sind in verschiedenen Formen als Beilage für Suppen, Brühen usw. bestimmt.

Tafelessig Syn.: → *Branntweinessig*

Tafelfertige Fleischerzeugnisse; abgesehen von einem allenfalls erforderlichen Aufwärmprozess verzehrfertige → Fleischerzeugnisse. Zu den t. F. gehören z. B. → Gulasch, → Frikassee, Fleischrouladen (→ Rouladen) oder Fleischklopse, nicht jedoch Wurstwaren, klassische Fleischwaren, wie z. B. Roh- oder Knochenschinken oder Aspikwaren (bspw. Corned Beef).

Tafelfertige Suppen; → Suppen

Tafelmeerrettich engl.: *ready-to-eat horseradish;* → Meerrettichdauerware, bestehend aus geriebenem Meerrettich (Stangen und Fechser) und weiteren Zutaten wie Mayonnaise, Salatmayonnaise, Gärungsessig, Salz, Zucker und Sahne. Die aus dem Meerrettich stammende salz-, zucker- und fettfreie Trockensubstanz beträgt mindestens 14 %. Nicht verkehrsüblich ist der Zusatz von → Allylsenföl. Die Verwendung von schwefliger Säure und ihren Salzen ist üblich, Höchstmengen sind in der Zusatzstoff-Zulassungsverordnung geregelt. M. wird zum Würzen von Fleischgerichten und pikanten Saucen verwendet.

Tafelobst engl.: *dessert fruit;* handelsüblicher Begriff für Obst, das aufgrund seiner überlegenen äußeren und inneren Eigenschaften besonders für den Frischverzehr geeignet ist, wie z. B. hochwertige Äpfel, Birnen und Trauben. Als besondere Eigenschaften gelten Größe, Form, Farbe, Aroma, Reifezustand sowie Freiheit von Fehlern und Beschädigungen. Den Gegensatz zu T. bildet Industrie- oder Verwertungsobst.

Tafelöl; → Salatöl

Tafelsalz Syn.: → *Natriumchlorid*

Tafelsenf Syn.: → *Delikatesssenf*

Tafelspitz engl.: *tafelspitz;* zartfaseriges mageres Stück → Rindfleisch aus der Spitze der in die Hüfte reichenden → Unterschale. Es wird gekocht als Gericht mit vielfältigen Beilagen wie z. B. Salz- oder Röstkartoffeln, Bohnen, geriebenem Apfel, Meerrettich(sauce) oder Schnittlauchsauce serviert.

Tafeltrauben lat.: *Vitis vinifera L. subsp. vinifera* (Fam.: *Vitaceae*), engl.: *grapes;* möglichst kernarme oder kernlose, zu Rispen vereinigte, mit abwischbarem wachsartigen Reif (Duftfilm) überzogene Beeren der in Mittelasien beheimateten, seit Jahrtausenden kultivierten Weinrebe mit harmonischer Säure und süßem Geschmack. Im Anbau befinden sich viele Sorten mit grünen oder gelben (weißen) sowie durch Anthocyane blaurot gefärbten Beeren. Im Gegensatz zu den Keltertrauben für die Weinerzeugung werden für den Frischverzehr meist großbeerige Sorten kultiviert. Je nach Sorte und Reife ist der süße aromatische Geschmack unterschiedlich stark ausgeprägt. Die blaurot gefärbten Beeren enthalten i. d. R. mehr Gerbstoffe als die grünen oder gelben. Unreife Trauben neigen zu Fehlnoten im Aroma und werden aus der Rispe herausgeschnitten. T. sind reich an ernährungsphysiologisch wertvollen Kohlenhydraten, Mineral- und Ballaststoffen (ca. 15 g Kohlenhydrate und 0,5 g Mineralstoffe pro 100 g essbarer Anteil). In Handel befindliche T. entsprechen den Anforderungen europaweit gültiger Handelsklassen. T. werden ganzjährig importiert in Deutschland als Frischobst und getrocknet als → Rosinen im Handel angeboten sowie zu Traubensaft und Spirituosen verarbeitet. Unverletzte T. sind gut lagerfähig; es besteht allerdings die Gefahr von Botrytis- und Penicilliumfäule. Anbauländer für T. sind v. a. südeuropäische Länder, wie z. B. Italien, Griechenland und Spanien, Frankreich, Türkei, Südafrika, Chile und Argentinien. Der Anbau von T., insbesondere von großfrüchtigen pilzresistenten Rebsorten, gewinnt mit der Lockerung des Weinrechtes in Deutschland zunehmend an Bedeutung.

Tafelwasser engl.: *table-water;* Mischung aus verschiedenen Wässern (→ Trinkwasser, → Mineralwasser und → Quellwasser) unter Zusatz von → Sole, → Meerwasser oder Mineralsalzen (z. B. Natriumchlorid, Calciumchlorid, Natriumhydrogencarbonat) und eventuell Kohlendioxid. In der Trinkwasserverordnung ist die chemische und mikrobiologische Beschaffenheit von T. geregelt. Für bestimmte, nicht toxische Stoffe gelten für T. spezielle separat geregelte Grenzwerte. Bezeichnungen, die zu einer Verwechslung mit Mineralwasser führen können (z. B. Sprudel) sind für T. verboten, wie auch Hinweise auf eine geografische Herkunft oder die Bezeichnung „Selters“.

Tafelwein engl.: *table wine;* amtliche deutsche Bezeichnung für Wein der niedrigsten europäischen Qualitätskategorie, der aus Weintrauben zugelassener oder empfohlener Rebsorten aus großen Weinbaugebieten in der europäischen Union erzeugt wird. Der vorhandene Alkoholgehalt beträgt mindestens 8,5 Vol.-% bei T. aus den Weinbauzonen A und B sowie 9 Vol.-% bei den anderen Weinbauzonen. T. weist einen Gesamtalkoholgehalt von höchstens 15 Vol.-% auf. T. enthalten in Europa vorbehaltlich nationaler Einzelregelungen einen als Weinsäure berechneten Gesamtsäuregehalt von mindestens 3,5 g/l. Zu den bekannten T. gehören z. B. die französischen „primeur“-Weine oder der geharzte griechische Retsina. Der Verschnitt von T. untereinander, auch aus mehreren Ländern der EU (EU-Tafelwein), ist unter Kenntlichmachung zulässig. Als gehobenere Kategorie mit gebietstypischem Charakter gelten die T. mit geografischer Angabe, die in kleineren, von den Mitgliedstaaten der EU national festgelegten Gebieten, ausschließlich aus Trauben dieser Gebiete mit einem um 0,5 Vol.-% höheren Mindestalkoholgehalt erzeugt werden. Bekannte T. mit geografischer Angabe sind die deutschen „Landweine“ oder die französischen „vins de pays“. T. wird in Deutschland in den fünf großen Weinbaugebieten Rhein-Mosel, Bayern, Neckar, Oberrhein und Albrechtsburg mit ihren Untergebieten erzeugt. Für die Erzeugung von Landweinen sind in diesen Gebieten 19 kleinere Weinbaugebiete ausgewiesen. Deutscher T. wird ausschließlich aus in Deutschland geernteten Weintrauben gekeltert und muss über einen Mindestalkoholgehalt von 8,5 Vol.-% sowie einen als Weinsäure berechneten Mindestsäuregehalt von 4,5 g/l verfügen. In der Weinbauzone A ist ein Mindestmostgewicht von 5 Vol.-% (44 °Öchsle), in Zone B ein Mindestmostgewicht von 6 Vol.-% (50 °Öchsle) vorgeschrieben. Eine Anreicherung von T. ist erlaubt. In Deutschland hergestelltem Landwein wird kein konzentrierter Traubenmost zugesetzt oder eine Konzentrierung durch Kälte vorgenommen.

Tagliatelle; → Teigwaren ähnlich den Fettucine, aber dünner. Wie diese werden T. in Italien nach einer je nach Region unterschiedlichen Rezeptur in Nestform hergestellt.

Tahin; ursprünglich aus der arabischen Küche stammendes Mus aus gerösteten Sesamsamen, das sich vielseitig als Grundlage für Brotaufstriche sowie als Zutat für Gerichte und Beilagen wie z. B. Saucen verwenden lässt.

Taint engl.: *taint;* ein abweichender untypischer Geruch oder Geschmack eines Lebensmittels, entstanden durch Veränderungen und Abbaureaktionen im Produkt selbst. → Off-Flavour

Taleggio; italienischer Weichkäse aus Rohmilch oder pasteurisierter Milch mit mindestens 48 % Fett in der Trockenmasse. T. besitzt eine dünne bräunliche Rinde, die häufig etwas Schimmel trägt sowie einen weißen oder strohgelben Teig von würzigem, leicht süßlichem, im Inneren auch etwas säuerlichem Geschmack.

Talg engl.: *tallow;* Fett von Wiederkäuern, v. a. Rindern und seltener Schafen (→ Hammeltalg). Bekannt sind aber auch Ziegentalg und Rentiertalg oder T. von Wildtieren. Generell zeichnet sich T. durch feste spröde Konsistenz und einen hohen Anteil an langkettigen gesättigten Fettsäuren aus sowie demzufolge einen hohen Schmelzpunkt. Übertragen kann T. auch generell fettige Substanzen bezeichnen (Talgdrüse beim Menschen). Im Lebensmittelbereich wird die Bezeichnung T. meist für → Rindertalg verwendet.

Tamarillo Syn.: → *Baumtomate*

Tamarinde lat.: *Tamarindus indica L.* (Fam.: *Caesalpiniaceae*), engl.: *Tamarind, Indian Date,* Syn.: *Sauerdattel, Indische Dattel;* immergrüner, in den Tropen Ostafrikas heimischer, aber schon seit Jahrhunderten in Indien angebauter Baum, dessen bis zu 20 cm lange und 3 cm breite Hülsenfrüchte v. a. in der indischen und indonesischen Küche Verwendung finden. Im Handel ist T. meist in Form von klebrigen, teilweise getrockneten, faserigen Blöcken aus zerkleinerten Schoten und Samen, als Tamarindenextrakt und selten auch in Form ganzer Schoten erhältlich. T. besitzt ein süßliches Aroma und einen angenehm säuerlichen Fruchtgeschmack und wird in der indischen Küche v. a. zum Säuern vieler Gerichte (z. B. Currys) und Getränke verwendet. Das aus Tamarindenkernen gewonnene Tamarindengummi bildet Gele und kann als Pektin-Ersatz verwendet werden. Der Name T. stammt vom arabischen Wort *tamr hindi* für Indische Dattel ab.

Tamarindenmus; braunes klebriges Mesokarp der Tamarindenschoten, in das die Samen eingebettet sind. T. besitzt einen süß-sauren Geschmack und wird roh als Chutney verzehrt, zur Bereitung von Desserts verwendet oder zu Tamarindensaft, Tamarindenwein oder Würzsaucen wie die → Worcestersauce weiterverarbeitet. T. enthält knapp 40 % Wasser, 30–40 % Invertzucker sowie 12–15 % Weinsäure und wirkt mild abführend.

Tamarindenwasser; brauner saurer Saft, der durch Einweichen von Tamarindenblöcken (→ Tamarinde) in heißem Wasser mit anschließendem Auspressen gewonnen wird und zum Säuern indischer Gerichte verwendet werden kann. Alternativ kann auch im Handel erhältlicher Tamarindenextrakt verwendet werden.

Tangelo lat.: *Citrus X tangelo J.W. Ingram et H.E. Moore (C. reticulata X C. X paradisi)* (Fam.: *Rutaceae*), engl.: *Tangelo;* Überbegriff für eine Untergruppe von → Zitrusfrüchten, die aus einer Reihe von Kreuzungen zwischen der Grapefruit und → Mandarinen entstanden sind und zur Gruppe der Mandarinen gerechnet werden. T. selbst sind größer als eine herkömmliche Mandarine, besitzen eine orangerote, leicht zu entfernende Schale und ein saftiges herb süß schmeckendes Fruchtfleisch. Eine wichtige Tangelosorte ist die → Minneola. Auch die Orlando (Grapefruit x Tangerine) und die Ugli (Grapefruit x Orange x Tangerine) zählen zu den T.

Tangerine lat.: *Citrus reticulata Blanco cultivar. tangerine* (Fam.: *Rutaceae*), engl.: *tangerine;* Zitrusfrucht, kleinste Mandarinenart (→ Mandarine). Kleine abgeflachte Frucht mit dünner, leicht zu entfernender, intensiv orange gefärbter Schale und dunkelorangenem, zartem, säurearmem, meist kernlosem Fruchtfleisch. Der Anbau erfolgt in Marokko, Spanien, Israel, Südafrika und USA. Als Obstkonserve ist die T. unter der Bezeichnung Mandarinen-Orange im Handel.

Tangor; leicht schälbare, kleine bis mittelgroße → Mandarinen mit saftigem süßen Fruchtfleisch. Die zu den Zitrusfrüchten gehörenden T. sind Kreuzungen aus Orangen mit Mandarinen, Tangerinen oder Satsumas. Zu den wichtigsten T. zählen: King (Satsuma x Orange), Malaquina (Mandarine x Orange), Murcott Honey (Tangerine x Orange), → Ellendale (Mandarine x Tangerine x Orange), → Ortanique (Tangerine x Orange), Tambor (Tangerine x Orange), → Temple (Mandarine x Orange), Topaz (Orange x Tangerine) und → Wilking.

Tannenhonig engl.: *fir honey;* dunkler (oft mit grünlichem Schimmer), würzig, aromatisch, manchmal harzig schmeckender → Honigtauhonig von Tannen.

Tanner-Krabbe lat.: *Chionoectes bairdi Hudson and Lester* (Fam.: *Majidae*), engl.: *tanner crab;* mit der → Eismeerkrabbe verwandte, als Speisekrabbe analog verwendete Meereskrabbe aus dem Nordpazifik (Beringstraße bis Kanada, Hokkaido). Ausgewachsene männliche Tiere sind ca. 14 cm lang. Die T. ist von erheblicher wirtschaftlicher Bedeutung; ein Großteil des Fangs wird gekocht und entschält zu crab meat, einem Krebstiererzeugnis, verarbeitet. Die Bezeichnung ist uneinheitlich; gelegentlich wird T. auch als Sammelbegriff für alle Subspezies der Gattung *Chionoectes* verwendet.

Tannine engl.: *tannins;* zu den hydrolysierbaren → Gerbstoffen gehörende Polyphenole, die sich von der Gallussäure (Gallotannine) oder von der Ellagsäure (Ellagtannine) ableiten. T. kommen z. B. in Bier, Rotwein und Tee vor, wirken wie alle Gerbstoffe adstringierend und werden durch das Enzym Tannase (z. B. aus *Aspergillus niger*) hydrolysiert. Sie werden u. a. in der Gerberei verwendet, zur Klärung von Getränken (Tanninschönung), als Mittel gegen Durchfall, Vergiftungen (T. fällen viele Schwermetalle und Alkaloide aus) und zur Blutstillung.

Tapas engl.: *tapas;* urspünglich aus Südspanien stammende, in Schälchen oder auf kleinen Tellern servierte kleine Portionen eigenständiger Gerichte oder Vorspeisen. T. können als kleine Zwischenmahlzeit, Vorspeise oder Imbiss dienen.

Tapenade; klassisch französische Würzpaste aus schwarzen, z. T. auch grünen Oliven. Weitere typische Zutaten sind Anchovis, Knoblauch, Kapern und Olivenöl. T. wird vielfältig, z. B. als Brotaufstrich, Dip und als würzende Zutat zu vielen Gerichten, wie z. B. gegrilltem Fleisch, Fisch, gekochten Eiern oder Nudeln verwendet.

Tapiokastärke engl.: *tapioca starch,* Syn.: *Cassavastärke, Maniokstärke;* durch Nassvermahlen der getrockneten Wurzelknollen vieler tropischer strauchartiger Pflanzen, überwiegend jedoch der Maniokpflanze (→ Maniok) ähnlich wie → Kartoffelstärke gewonnene → Stärke. Für die industrielle Stärkegewinnung werden aufgrund ihres höheren Stärkegehaltes die bitteren Manioksorten angebaut. Wegen des festeren Zellgewebes erfolgt mehrfach eine sorgfältige Nachzerkleinerung der Tapiokawurzeln. Native und modifizierte T. lassen sich vielseitig als Dickungsmittel und texturierende Zutat verwenden und ergeben Gele von hoher Heißviskosität und guter Durchsichtigkeit. Die Hauptanwendungsfelder liegen im Dessert- und Convenience-Produkte-Bereich, insbesondere bei Suppen, Saucen, Farcen und ähnlichen Erzeugnissen. Durch oberflächliches Verkleistern und Pressen durch Siebe bestimmter Maschenweite lässt sich Tapioka- oder Cassava-Sago bzw. Perltapioka aus T. erhalten.

Tara engl.: *tare;* von arab.: *tarh* = Abzug abgeleitete Bezeichnung für den Massenanteil der → Verpackung einer Ware.

Tarator Syn.: *Bulgarische Gurken-Joghurtsuppe;* aus geraspelter Salatgurke, Knoblauch, Walnusskernen, Joghurt, Olivenöl sowie anderen möglichen Zutaten hergestellte Suppe. T. wird mit Salz, Dill und Pfeffer abgeschmeckt und eisgekühlt serviert.

Taro lat.: *Colocasia esculenta (L.) Schott* (Fam.: *Araceae*), engl.: *Coco Yam, Dasheen, Taro,* Syn.: *Cocoyam, Zehrwurzel;* bis zu kopfgroße und bis zu mehrere Kilogramm schwere stärkereiche (ca. 23 g pro 100 g essbarer Anteil) Knollen aus den Wurzelstöcken der Kolokasie. Sie werden weltweit in Ländern mit tropischem Klima, insbesondere in Südostasien, Afrika und der Karibik als Grundnahrungsmittel angebaut. Die Färbung des Fleisches der Knollen variiert in vielen Schattierungen von weiß über hellgrau bis hin zu rötlich oder blauviolett. Sie lassen sich wie Kartoffeln gekocht, frittiert und geröstet sowohl als sättigende Mahlzeit wie auch als vielseitige Beilage und Zutat verwenden. Zur Herstellung von Mehl, Stärke (→ Portland-Arrowrootstärke) und Spirituosen sind sie ebenfalls geeignet. Der hohe Gehalt an Calciumoxalatkristallen (Raphiden), die Schleimhautreizungen hervorrufen können, macht ein Wechseln des Wassers beim Kochen notwendig. Die jungen Blätter der Pflanze können gekocht als Gemüse wie Spinat zubereitet werden.

Tarocco; beliebte Blutorangensorte mit kernlosem, sehr saftigem, leicht rötlichem, aromatisch wohl schmeckendem Fruchtfleisch und orangefarbener, ggf. leicht rötlich pigmentierter Schale (Halbblutorange). → Blutorangen

Tarragona; dunkler, süßer, schwerer spanischer Dessertwein aus der Provinz Tarragona, in der als DO-Weinbaugebiet (→ Spanische Weine) zudem tiefrote kräftige Weine aus Garnacha- und Tempranillo-Trauben sowie trockene Weißweine aus Macabeo-Trauben erzeugt werden.

Tartar engl.: *tatare;* → Schabefleisch

Tartarensauce Syn.: *Tatar-Sauce, Sauce Tatare;* emulgierte, würzige Sauce auf der Basis von Mayonnaise, Gewürzgurken, Zwiebeln, verschiedenen Gewürzen wie z. B. Kapern und ggf. weiteren Zutaten wie bspw. hart gekochte Eier. T. wird zu Fleischspeisen, Fisch und Eiern gereicht sowie zum Bereiten kalter Salate verwendet.

Tarte; auf einem → Mürbeteigboden mit hochgezogenem Rand in einer Spring- oder Quicheform gebackener herzhafter oder süßer Kuchen. Es existieren zahlreiche herzhafte Varianten mit Füllungen aus verschiedenen Gemüsen wie Brokkoli, Spinat oder Zucchini, mit oder ohne Fleisch oder Fisch, die i. d. R. mit einer Sahne-Ei-Masse übergossen und gebacken werden sowie süße T., wie z. B. die klassische Tarte Tatin, ein gestürzter Apfelkuchen mit karamellisierten Äpfeln, der lauwarm serviert wird. Herzhafte T. können sowohl als Mahlzeit, häufig mit einer Salatbeilage, oder als Snack zu Wein verzehrt werden.

Tartrate engl.: *tartrates;* Ester und Salze der → Weinsäure. Die Natrium-, Kalium- (→ Kaliumtartrat) und Calciumsalze sind als Lebensmittelzusatzstoffe zugelassen und wirken als Säuerungsmittel, Säureregulator, Backtriebmittel oder Stabilisator.

Tartrazin engl.: *tartrazine;* lichtechter, stabiler, synthetischer gelber → Azofarbstoff, der unter der Nummer E 102 zur Färbung bestimmter Lebensmittel, z. B. Süßwaren, Getränke, feine Backwaren und Senf in festgelegten Höchstmengen zugelassen ist. Des Weiteren wird T. im Bereich Kosmetika und Arzneimittel eingesetzt. Die toxikologische Unbedenklichkeit des T. ist umstritten und es steht in Verdacht, → pseudoallergische Reaktionen auszulösen.

Taschenkrebse engl.: *hermit crabs;* → Europäischer Taschenkrebs

Tatar engl.: *tatare;* → Schabefleisch

Taurin engl.: *taurine;* nicht essenzielle, nicht proteinogene Aminosulfonsäure, deren wesentliche Wirkung im Organismus die Regulation des Zellvolumens und des Calcium-Einstromes in die Zellen ist. T. ist das Endprodukt des Stoffwechsels der schwefelhaltigen → Aminosäuren Methionin und Cystein und wird in der Leber in ausreichenden Mengen gebildet. Hohe Taurinkonzentrationen finden sich im Gehirn, wo es inhibitorische Aufgaben erfüllt. T. ist häufig Bestandteil von → Sportlernahrung sowie von → Energy-Drinks und soll beim Menschen sowohl die körperliche als auch die geistige Leistungsfähigkeit fördern. Diese Aussagen sind jedoch wissenschaftlich nicht belegt und eine Zufuhr von T. kann aus wissenschaftlicher Sicht nicht empfohlen werden.

Tausendgüldenkraut lat.: *Centaurium erythraea Rafn.* (Fam.: *Gentianaceae*), engl.: *centaury;* bis zu 1 m hoch werdendes Enziangewächs, von dem das getrocknete Kraut und die Blüten aufgrund ihrer verdauungsfördernden Bitterstoffe zur Herstellung von alkoholischen Bittergetränken, in der Naturheilkunde zur Behandlung von Verdauungsstörungen und zur Anregung des Appetits eingesetzt werden.

Tausendjahr-Eier; chinesische Bezeichnung für in Salzlake, Asche, Reisschalen, rote Erde, Kalk oder Zucker eingelegte Hühnereier, die anschließend während langer Lagerung in Kellern und Gewölben einem besonderen Fermentationsverfahren unterzogen werden. Dabei verändert sich durch Eiweißabbau der Eiinhalt stark und verfärbt sich grünlich bis schwarz. T. gelten in China als Delikatesse.

Tausendkerngewicht; Abk.: TKeG; Gewicht von 1000 ganzen Haferkernen nach dem Entspelzen der Körner, angegeben in g Trockenmasse. Das TKeG lässt sich aus dem Tausendkorngewicht abzüglich des Spelzenanteils errechnen. Es stellt ein wichtiges Qualitätskriterium für Hafer dar, wobei Industriehafer ein TKeG von über 23 g besitzen sollte.

Tausendkorngewicht Syn.: *Tausendkornmasse (TKM)*; Abk.: TKG, das in g Trockenmasse angegebene Gewicht von 1000 Samenkörnern oder ganzen Getreidekörnern. Das TKG gibt Aufschluss über die Größe der Körner und stellt ein Qualitätsmerkmal für Samen und Getreide dar. Die Ermittlung des TKG erfolgt durch Feuchtigkeitsbestimmung, Zählen und Wiegen.

T-Bone-Steak; dünn geschnittenes → Porterhouse-Steak. Der enthaltene Knochen hat eine typische T-Form. Wegen des in ihm vorhandenen Wirbelkanales (Risikomaterial) ist T. nicht mehr im europäischen Handel erhältlich.

Tea & Fruit-Getränke; vielfach aromatisierte, in unterschiedlichen Geschmacksrichtungen hergestellte → Erfrischungsgetränke auf der Basis von Früchtetee oder Teeextrakten und Fruchtsäften oder Fruchtsaftgetränken.

Technische Molke engl.: *whey for technical uses;* durch Eiweißausfällung, allerdings nicht wie bei der Käseherstellung durch Lab oder Milchsäure, sondern durch andere Stoffe, wie z. B. Schwefel- oder Essigsäure gewonnene → Molke, die in der Futtermittel- und Milchzuckerfabrikation Verwendung findet.

Tee lat.: *Camellia sinensis (L.) O.KUNTZE* (Fam.: *Theaceae*), engl.: *tea;* 1. Blätter, Blattknospen und zarte Stiele des aus Assam (Hinterindien) stammenden, von dort aber schon 2700 v. Chr. nach China gebrachten immergrünen Teestrauches mit den beiden Unterarten *var. sinensis* (China-Tee) und *var. assamica* (Assam-Tee), die nach den üblichen Verfahren wie Welken, Rollen, Fermentieren, Zerkleinern und Trocknen bearbeitet wurden. Heute werden zumeist Teesorten angebaut, die aus Kreuzungen der beiden Varietäten hervorgegangen sind und zur besseren Anpassung an die verschiedenen Umweltbedingungen gezüchtet wurden. Die wild wachsend bis zu 20 m hoch werdende Pflanze wird in Teeplantagen, auch Teegärten genannt, zur besseren Ernte und zum Erzielen möglichst vieler junger Triebe zu einem etwa 1 m hohen Busch zurückgeschnitten. Gepflückt werden in zeitlich festgelegten Intervallen immer nur die jüngsten Triebe mit zwei Blättern und einer ungeöffneten Blattknospe („Two leaves and a bud"), die dann zu → schwarzem Tee, → Oolong-Tee oder → grünem Tee verarbeitet werden. Die Vermehrung der Pflanzen erfolgt i. d. R. über Stecklinge. Hauptanbauländer sind in mengenmäßig absteigender Reihenfolge Indien mit den Anbaugebieten Assam, Dooars, Darjeeling, Nilgiri und Travancore, Sri Lanka (→ Ceylon-Tee), China (→ China-Tee) und Kenia mit den Anbaugebieten Nandi, Kericho, Nyeri und Meru. Zum erfolgreichen Teeanbau ist eine Durchschnittsjahrestemperatur zwischen 12 und 30 °C, regelmäßige Niederschläge sowie ein tiefer, durchlässiger, saurer Boden ohne Staunässe erforderlich. Wesentliche Bestandteile des T. sind die anregenden Alkaloide → Coffein (2,7–3,3 g/100 g TS) und Theobromin (0,17 g/100 g TS) sowie → Gerbstoffe (Tannin). 2. Durch Aufguss von 1. mit kochendem Wasser erzeugtes Getränk, dessen Beliebtheit sowohl auf dem aromatisch herben Geschmack als auch auf der anregenden Wirkung des Coffeins beruht, die im Vergleich zu Kaffee später einsetzt und länger anhält, da die Gerbstoffe seine Absorption bremsen und steuern. Die physiologische Wirkung von T. ist weiterhin abhängig von der Dauer der Wassereinwirkung. Nach drei Minuten ist das Coffein fast vollständig herausgelöst und die maximale anregende Wirkung erreicht, nach fünfminütigem Ziehen überwiegen die Gerbstoffe, so dass sowohl der Geschmack erheblich beeinträchtigt als auch die anregende Wirkung des Coffeins von der beruhigenden Wirkung der Gerbstoffe überlagert wird. Die ersten Beschreibungen der wohl tuenden Wirkung von T. erfolgten bereits vor etwa 5000 Jahren in China. Den Status eines Nationalgetränkes errang er in China aber erst zwischen 600 und 900 n. Chr. In Europa ist T. erst seit etwa Mitte des 17. Jahrhunderts bekannt.

Teeähnliche Erzeugnisse; getrocknete Pflanzenteile, die nicht vom Teestrauch stammen und wie Tee zu teeähnlichen Getränken aufgebrüht werden sowie Mischungen aus solchen mit → Tee, die nicht unter die Bezeichnung → aromatisierter Tee fallen. T. E. bestehen z. B. aus getrockneten Pflanzenteilen von Brennnesseln, Fenchel, Hagebutten oder Kamille und werden mit der Art der verwendeten Pflanze, auch in Verbindung mit dem Wort Tee bezeichnet, z. B. → Kamillentee. Bei der Verwendung mehrerer Pflanzenarten werden auch Sammelbezeichnungen wie Kräutertee oder Früchtetee (z. B. aus getrockneten Apfelstücken, Orangenschalen, Hagebutten, Holunderbeeren usw.) verwendet. Je nach Zweckbestimmung sind t. E. Lebensmittel oder Arzneimittel. Werden dem t. E. zur Aromatisierung geruch- und/oder geschmacksgebende Stoffe zugegeben, so lautet deren Bezeichnung aromatisierte t. E., z. B. aromatisierter Kräutertee-Schwarze Johannisbeere.

Teeaufgussbeutel engl.: *tea bags,* Syn.: *Teebeutel;* Portionsbeutel aus geschmacksneutralem Spezialfilterpapier, das ohne Verwendung von Klebstoff zu einem Doppelkammerbeutel gefaltet wird, meist als Tassenportion mit

1,5 g Tee der Blattgrade →Fannings oder →Dust oder mit →teeähnlichen Erzeugnissen.

Tee-Blattgrade; bei der Teeproduktion durch mechanisches Sieben entstehende Sortierungen, die sich in der Größe des mechanisch gebrochenen Blattes unterscheiden, wobei die Größe keinen Einfluss auf die Qualität, aber auf die Ergiebigkeit des Tees hat. Die verwendete →Teeproduktionsmethode schreibt bereits vor, welche Blattgrade erreicht werden können: →Blatt-Tee, →Broken, →Fannings und →Dust bei der orthodoxen Teeproduktion, Broken, Fannings und Dust bei der CTC-Methode. Weitere, früher als Qualitätsbezeichnungen verwendete Begriffe, die heute nur noch zur Unterscheidung des Aussehens der Blätter dienen, sind →Pekoe, →Orange Pekoe, Tippy (→Tips/Tippy), →Golden, →Souchong und →Flowery. Kombinationen aus diesen Bezeichnungen zusammen mit dem Namen des Tee-Ursprungslandes ergeben die →Tee-Sortenbezeichnungen.

Teebrezel engl.: *tea pretzel;* kleine süße →Brezeln, die häufig mit Vanille aromatisiert sowie mit Eigelb bestrichen und ggf. mit Zucker bestreut sind.

Teebrot engl.: *tea bread;* →Weizenbrot mit hellbrauner Kruste und heller Krume. Neben Weizenmehl, Wasser, Salz und Hefe werden als weitere Zutaten häufig Zuckerarten, Malz, Fettstoffe (wie z. B. Schmalz) und Milch bzw. die entsprechenden Trockenerzeugnisse verwendet.

Tee-Extrakte engl.: *tea extracts;* getrocknete wässrige Auszüge aus →Tee. Zur Verbesserung der Rieselfähigkeit wird Maltodextrin zugegeben sowie zur Verbesserung der Kaltwasserlöslichkeit Natrium- und Kaliumhydroxid.

Teegebäck engl.: *tea biscuits;* kleines, ursprünglich zum Tee gereichtes Gebäck, vorwiegend →Mürbeteiggebäck, das in verschiedenen Sorten mit Füllungen und Überzügen von süß bis salzig angeboten wird.

Teelikör engl.: *tea liqueur;* unter Verwendung von Teedestillat oder Teeextrakt hergestellter hellgelber oder hellbrauner blanker →Likör, der in Geruch und Geschmack eine deutliche Teenote aufweist. Der Mindestalkoholgehalt beträgt 15 Vol.-%.

Teemanufaktur Syn.: → *Teeproduktionsmethoden*

Teemischungen; Mischungen von Tees verschiedener Sorten. T. ermöglichen den Ausgleich saisonaler Qualitätsschwankungen und schwankender Einkaufspreise sowie Produkte mit konstanter Qualität und gleichem Geschmack. Ebenfalls können T. zur Sicherstellung bestimmter Geschmacksrichtungen unter Berücksichtigung regionaler Wasserverhältnisse dienen, wie z. B. bei der →Ostfriesenmischung, die bei weichem Wasser eine starken Tee ergibt.

Teepilz engl.: *manchurian mushroom,* Syn.: *Kombuchapilz, Japanischer Teepilz;* Gemisch aus drei Hefepilzen (*Schizosaccharomyces pombe, Saccharomycodes ludwigii* und *Pichia fermentans*) und drei Bakterienarten (*Acetobacter xylinum, Bacterium xylinoides* und *Bacterium gluconium*), das zur Herstellung von →Kombucha dient.

Teeproduktionsmethoden engl.: *tea production processes,* Syn.: *Teemanufaktur;* Verarbeitungsschritte vom gepflückten Teeblatt bis zum Handelsprodukt, bei denen die frischen Teeblätter noch im Ursprungsland durch enzymatische Vorgänge in →schwarzen Tee überführt werden. Es wird hierbei zwischen verschiedenen Methoden differenziert, die sich in der Kosten- und Zeitintensität sowie in der erzielten Sortierung unterscheiden. Die orthodoxe Teeproduktion, nach der noch heute die Mehrzahl der Tees und nach der in China, Indonesien und Ceylon fast ausschließlich produziert wird, stellt die klassische Produktionsmethode für schwarzen Tee dar. Sie umfasst mehrere Verfahrensschritte: 1. Welken der frisch gepflückten grünen Blätter auf Horden oder zur Reduktion der Welkdauer in 25–30 m langen

Welktrögen, die mit Ventilatoren belüftet werden, 2. Rollen der gewelkten Blätter, so dass die Zellen aufbrechen und der Zellsaft mit Luftsauerstoff in Kontakt kommt, 3. Fermentieren, wobei die schon während des Rollens beginnenden oxidativ-enzymatischen Reaktionen ihr Maximum erreichen, die charakteristischen Aromastoffe gebildet werden und sich die Blätter kupferrot färben. Von der richtigen Fermentation hängt sehr wesentlich die Qualität des fertigen Tees ab, 4. Trocknen, wodurch die Fermentationsvorgänge unterbrochen werden und der Tee haltbar wird. Die Farbe der Teeblätter verändert sich von dunkelrot zu braun bis schwarz, 5. Sortieren des so erzeugten Roh-Tees durch mechanische Rüttelsiebe in handelsübliche → Tee-Blattgrade. Nur durch die orthodoxe Methode kann neben den Blattgraden → Broken, → Fannings und → Dust auch → Blatt-Tee hergestellt werden. Bei der CTC-Methode (von engl.: *Crushing* = Zermalmen, *Tearing* = Zerreißen, *Curling* = Rollen), die vorwiegend in Indien und Ostafrika angewandt wird und weniger aufwändig ist, werden die grünen Blätter nach dem Welken in einem Arbeitsgang in so genannten CTC-Maschinen zermalmt, zerrissen und gerollt und anschließend fermentiert. Die so erzeugten kleinblättrigen Teesorten eignen sich ideal für den Aufgussbeutelbereich, Blatt-Tees können nicht hergestellt werden. Bei der LTP-Produktion (Abk. für engl.: *Lawrie Tea Processor*) schließlich werden die Blätter nach dem Welken und Vorzerkleinern in der LTP-Maschine mit rotierenden Messern solange zerkleinert, bis die Blattgrade Fannings oder Dust erreicht sind. Der Personalaufwand ist gering, da das zerrissene Blattgut automatisch in die Fermentationströge befördert wird. Die so hergestellten Tees werden i. d. R. für → Teeaufgussbeutel eingesetzt.

Teesamenöl engl.: *tea seed oil, camellia oil,* Syn.: *Camelliaöl;* durch Pressen aus den getrockneten, gemahlenen und gedämpften Samen des Öl-Teestrauches (lat.: *Camellia oleifera C. Abel,* Fam.: *Theaceae*) gewonnenes Öl, das in seiner Fettsäurezusammensetzung dem → Olivenöl gleicht. In China und Japan findet T. breite Verwendung als Speiseöl, aber auch in der Kosmetik. Hierfür besitzt das Öl auch hierzulande einen Markt.

Tee-Sortenbezeichnungen; zusammengesetzte Bezeichnungen, welche die beiden Unterscheidungsmerkmale Ursprungsland bzw. Anbaugebiet und Blattgröße bzw. Aussehen des Blattes (→ Tee-Blattgrade) beeinhaltet. So stehen z. B. die Bezeichnungen Darjeeling Orange Pekoe (Darjeeling O.P.) für einen großblättrigen Darjeeling mit Blattrippen und Stielen oder Ceylon Broken Orange Pekoe (Ceylon B.O.P.) für einen feinen gebrochenen Ceylon-Tee mit Blattspitzen und -knospen von jungen zarten Teeblättern (→ Tips).

Teeverkosten engl.: *tea tasting;* wichtiger Schritt in der Teeverarbeitung, von dem die Mischung und Qualität des Fertigproduktes abhängt. Nach Angaben des Teeverkosters des Verbraucherlandes wird der → Tee im Erzeugerland eingekauft und die Mischung in der Teefabrik des Verbraucherlandes bestimmt, um gleich bleibenden Geschmack und Qualität zu garantieren.

Teewurst; streichfähige, feinz erkleinerte oder grobkörnige (grobe), geräucherte, umgerötete → Rohwurst. T. wird überwiegend aus fettgewebs- und sehnenarmem sowie grob entfettetem Schweinefleisch und Fettgewebe neben fettgewebsarmem Rindfleisch hergestellt. Der Verkauf erfolgt fast ausschließlich in Kunstdärme abgefüllt und im Stück.

Teff lat.: *Eragrostis tef (Zuccagni) Trotter* (Fam.: *Poaceae*), engl.: *Love Grass, Teff,* Syn.: *Zwerghirse, Äthiopisches Liebesgras;* in Nordäthiopien als bedeutendes Getreide angebaute Hirse mit einer offenen Rispe als Blütenstand und sehr kleinen weißen, gelben oder roten Samen. Das Mehl wird zu Fladenbrot (Injera) verbacken. Der Nährwert ist höher als bei anderen Getreidearten durch eine höhere biologische Wertigkeit des Eiweißes und einen höheren Mineralstoffgehalt bedingt.

Teflon®; eingetragenes Warenzeichen der Firma DuPont für einen thermoplastischen → Kunststoff auf Basis von → Polytetrafluorethylen. T. wird weder von Lösungsmitteln noch von den meisten aggressiven Chemikalien angegriffen und aufgrund seiner extrem glatten Oberfläche können Fremdsubstanzen kaum daran haften bleiben. Im Lebensmittelbereich wird T. zur Anti-Haft-Beschichtung von Pfannen und Töpfen eingesetzt.

Teichfische; in Teichen (ablassbare künstliche Gewässer) gezogene Süßwasserfische. → Fischzucht

Teige engl.: *doughs;* durch Mischen und Kneten auf der Grundlage von Getreideerzeugnissen und/oder Stärken, die überwiegen können, sowie anderen Zutaten, wie z. B. Wasser, Fette, Hefe, Ei, Salz und Milch hergestellte Halbfertigerzeugnisse für Backwaren. T. sind biologisch durch Hefe- oder Sauerteiggärung, chemisch (z. B. → Backtriebmittel) und/oder physikalisch (z. B. Wasserdampf) gelockert und von einer dehnbar elastischen bis plastischen Beschaffenheit.

Teigführung engl.: *dough making process;* aufeinander abgestimmte Reihe von Maßnahmen, um gewünschte Qualitäten bei Backwaren zu erzielen. Dazu gehören die Teigbereitung (einschließlich → Vorteig), die → Teigruhe, die Teigteilung, die → Zwischengare, das Wirken sowie die → Stückgare (einschließlich → Endgare). Durch Art der T. werden nahezu alle Eigenschaften der Backwaren mitbestimmt.

Teiglockerung engl.: *dough aerating;* Ausdehnung des Teiges durch blasige Durchsetzung mit gasförmigen Stoffen. Diese werden bei chemischen Reaktionen, mikrobiellen Gärungsprozessen oder physikalisch durch Verdampfen sowie Einschlagen freigesetzt bzw. beim Einschlagen von außen eingebracht. In der Regel handelt es sich um Kohlendioxid, Luft und Wasserdampf. Bekannte und viel verwendete Zutaten zur T. sind → Backhefe, → Sauerteig sowie → Backtriebmittel wie z. B. → Backpulver. Backtriebmittel werden häufig in Kombination mit → Teigsäuerungsmitteln eingesetzt.

Teigruhe engl.: *dough proofing;* Zeitraum während der → Teigführung, in dem frisch bereitete, zuweilen feuchte und klebrige Teige vor der Weiterverarbeitung zum „Ruhen" durch Stehenlassen kommen und reifen. Durch Nachquellen kommt es zum Verkleben von Strängen der Klebereiweiße und bei Verwendung von Hefe durch einsetzende Gärung zu einer Auflockerung. Der Teig wird trockener, elastischer und lockerer. Die T. ist bei der direkten Teigführung, bei Hefeteigen und Teigen mit hohem Weizenanteil von Bedeutung.

Teigsäuerungsmittel engl.: *dough acidifying agent;* zu den → Säuerungsmitteln gehörende pulverförmige, flüssige oder pastöse → Backmittel. Sie enthalten eine oder mehrere Genusssäuren wie Milchsäure, Weinsäure, Citronensäure und/oder saure organische oder anorganische Salze. Sie können ggf. mit anderen backtechnisch wirkenden Stoffen vermischt sein.

Teigtaschen; gebackene Taschen aus → Blätter-, → Plunder- oder → Hefefeinteig, die süß oder salzig gefüllt sein können. T. mit süßer Füllung wie z. B. Äpfel oder Kirschen sind oft mit Zucker glasiert oder bestreut, während T. mit salziger Füllung (z. B. Pizzataschen) häufig mit Käse überbacken werden.

Teigwaren engl.: *pasta,* Syn.: *Pasta;* aus Getreidemahlerzeugnissen mit oder ohne Verwendung von Hühnereiern und/oder anderen Zutaten produzierte Lebensmittel, die durch Einteigen, Formen und Trocknen ohne Anwendung eines Gärungs- oder Backverfahrens hergestellt werden. Sie werden anhand ihrer zahlreichen unterschiedlichen Formen und den verwendeten Zutaten differenziert. T. ist der Oberbegriff für Nudeln und ähnliche Erzeugnisse wie → Spätzle, im allgemeinen Sprachgebrauch werden beide Begriffe jedoch synonym verwendet. Über 60 verschiedene Nudelausformungen werden heute von den deutschen Herstellern angeboten, international sind es mehrere hundert. Als die 10 beliebtesten Formen in Deutschland werden Spaghetti, Spiralnudeln (Fusilli), Bandnudeln, Spätzle, Röhrchennudeln, Korkenzieher (gedreht, innen hohl; Cotelli/Cavatappi), Makkaroni, Gabelspaghetti, Hörnchen und Radiatori (spiralige, Saucen gut aufnehmende Nudeln; Sputniks, Krauselli) angegeben. Die Unterscheidung nach den Zutaten erfolgt nach dem verwendeten Getreideerzeugnis und dem Eigehalt. Hauptsächlich wird als Getreideerzeugnis →Hartweizengrieß verwendet, daneben sind Weichweizen, Dinkel oder Roggen üblich. In Mehrkornteigwaren kommen auch andere Getreide wie Gerste, Hafer oder Mais zum Einsatz. Neben T. aus Grieß gibt es auch meist mit Mehl hergestellte T. wie Spätzle. Zur Herstellung von →Eierteigwaren werden je nach Qualität unterschiedliche Mengen Vollei oder Eigelb und entsprechende Eiprodukte, pasteurisiert, tiefgefroren oder getrocknet verwendet. Bei der Nudelproduktion werden je nach gewünschter Teigart die verschiedenen Komponenten im vollautomatischen Teigmischer geknetet. In einer Vakuumkammer wird dem Teig die eingemischte Luft entzogen, so dass er glatt und geschmeidig wird. Anschließend wird der Teig mit hohem Druck durch eine Düse für Langwaren bzw. durch Matrizen genannte Schablonen für die unterschiedlichen Formen der Kurzware gepresst, bei Walzware wie Bandnudeln werden die T. danach durch Walzen in die richtige Breite und Länge gebracht. Bei allen Formaten folgt nach der Formung die Trocknung, also die Haltbarmachung der Nudeln, in mehreren großen, hintereinander geschalteten Trockenöfen. Hierbei wird die Feuchtigkeit gleichmäßig von innen nach außen entzogen, damit die Nudeln keine Risse bekommen und sie ihre Form und Kochstabilität erhalten. Läuft die Trocknung zu schnell ab, können die Nudeln leicht rissig werden. In modernen Anlagen ist die Gesamttrocknungszeit bei 70–120 °C auf wenige Stunden reduziert. Die T. weisen am Ende der Trocknungsphase einen Wassergehalt von höchstens 13 % auf. Neben der Gruppierung nach der Herstellungsart (Pressen, Walzen) werden T. auch grob nach der äußeren Form in Langware (Spaghetti, Makkaroni u. Ä.) und Kurzware (alle anderen, z. B. Spiralnudeln, Rigatoni, Farfalle, aber auch Penne) unterteilt. Kurzware wird für dicke kräftige Saucen bevorzugt, da sie sie aufgrund der Form gut aufnimmt. Nach der Verwendung erfolgt eine Unterscheidung in T., die meist als Beilagen verwendet werden, wie Bandnudeln, Suppen-Formate wie Buchstaben oder Sternchen und Spezialitäten-Formate, die für besondere Gerichte wie Lasagne oder Cannelloni verwendet werden. Hierzu gehören auch die bekanntesten gefüllten Formate, die Ravioli und Tortellini. Weitere Formbeschreibungen sind hohl, gebogen, gedreht oder gekräuselt sowie mit glatter oder gerippter Oberfläche.

Teilentrahmte Kondensmilch engl.: *semi-skimmed condensed milk;* Standardsorte der ungezuckerten →Kondensmilcherzeugnisse, die mehr als 1 % und weniger als 7,5 % Fett sowie mindestens 20 % Milchtrockenmasse enthält.

Teilentrahmte Milch engl.: *skimmed milk,* Syn.: *Fettarme Milch;* wärmebehandelte →Konsummilch, deren Fettgehalt mindestens 1,5 % und höchstens 1,8 % beträgt. Zur Einhaltung des vorgeschriebenen Fettgehaltes darf der natürliche Fettgehalt der Milch durch Entnahme oder Hinzufügung von Rahm oder Hinzufügung von Vollmilch oder entrahmter Milch verändert werden. Ferner kann eine Anreicherung mit aus Milch stammendem Eiweiß, Mineralsalzen oder Vitaminen erfolgen. Ebenso ist die Verringerung des Lactosegehalts der Milch durch Umwandlung der Lactose in Glucose und Galactose erlaubt. Diese Arten der Änderung der Zusammensetzung der Milch müssen auf dem Etikett angegeben werden.

Teilentrahmtes Joghurtpulver engl.: *skimmed yoghurt powder;* → Trockenmilcherzeugnis, das aus fettarmem Joghurt durch weitgehenden Entzug des Wassers hergestellt wird. Der Restwassergehalt darf höchstens 5 % betragen. Der Fettgehalt muss bei mehr als 1,5 % und weniger als 26 % liegen. T. J. wird hauptsächlich für die Herstellung von Schokoladen und Süßwaren verwendet.

Teilentrahmtes Kefirpulver engl.: *skimmed kefir powder;* → Trockenmilcherzeugnis, das aus fettarmem Kefir durch weitgehenden Entzug des Wassers hergestellt wird. Der Restwassergehalt darf höchstens 5 % betragen. Der Fettgehalt muss bei mehr als 1,5 % und weniger als 26 % liegen.

Teilentrahmtes Milchpulver engl.: *skimmed milk powder;* → Trockenmilcherzeugnis, das aus Milch und/oder Sahneerzeugnissen durch weitgehenden Entzug des Wassers hergestellt wird. Der Restwassergehalt darf höchstens 5 % betragen. Der Fettgehalt muss bei mehr als 1,5 % und weniger als 26 % liegen. T. M. wird hauptsächlich für die Herstellung von Schokoladen und Süßwaren verwendet.

Teilfertige Lebensmittel; → küchenfertige, → garfertige oder → zubereitungsfertige Lebensmittel, die der Zugabe weiterer Zutaten und/oder einer weiteren Behandlung wie z. B. Zerkleinern, Garen oder Erwärmen bedürfen.

Teilhomogenisierte Milch Syn.: → *Rahmhomogenisierte Milch*

Teilhydrolysierte Gelatine engl.: *partially hydrolysed gelatin;* → Gelatine → Wurstbindemittel

Teilstück; größeres, bei der Zerlegung von Schlachttierkörpern erhaltenes, aus mehreren Muskelpaketen bestehendes Fleischstück wie z. B. die Rinderschulter. Ein T. wird erst nach weiterer Zurichtung (bspw. durch Feinzerlegung, Zuschneiden, Auslösen) zu verzehrfertigen Lebensmitteln.

Tein engl.: *theine,* Syn.: *Teein;* überholte Bezeichnung für das im Tee enthaltene → Coffein.

Tellertrockner engl.: *plate dryer;* kontinuierlich arbeitender → Kontakttrockner, der aus mehreren Ebenen beheizter, sich drehender Scheiben (Teller) besteht. Das zu trocknende Gut wird am Kopf des Trockners aufgegeben und durch Wendeschaufeln von Etage zu Etage abgeworfen. Für T. sind nur Produkte geeignet, die gut rieselfähig sind und keine Beläge auf den Heizflächen bilden. Für temperaturempfindliche Güter können T. auch bei entsprechend tieferen Temperaturen als Vakuumtrockner eingesetzt werden.

Teltower Rübchen lat.: *Brassica rapa subsp. rapa* (Fam.: *Brassicaceae*), engl.: *Teltowese beets;* kleine (daumengroße), sehr wohl schmeckende Zwergform der → Weißen Rübe, die seit dem 18. Jahrhundert als regionale Spezialität vorwiegend in der Region um Teltow angebaut wurden.

Tempeh; ein aus mit Schimmelpilzkulturen der Gattung → *Rhizopus* beimpften Sojabohnen oder Erdnuss-Presskuchen hergestelltes asiatisches Fermentationsprodukt, das in Indonesien eines der wichtigsten Lebensmittel darstellt. Der Pilz bedeckt dabei die Sojabohnen mit einem weißen → Mycel, das sich bei weiterer Bebrütung schwarz färbt. Das fertige T. besteht aus einer festen, grau oder schwarz marmorierten Masse, die ähnlich wie Fleisch gebraten oder gekocht als Suppeneinlage verwendet werden kann. Frisches T. ist nur maximal zwei Tage haltbar, zur längeren Lagerung kann es getrocknet werden.

Temperatur; physikalische Grundeinheit, die ein Maß der mittleren kinetischen Energie der betrachteten Substanz ist. Im Bereich der Lebensmittel relevant sind z. B. die Lufttemperatur von Lagerräumen, Transportfahrzeugen oder Verkaufseinrichtungen und v. a. die Erzeugnistemperatur. Diese besitzt Einfluss auf die physikalische Beschaffenheit und die mikrobiologische und strukturelle Haltbarkeit eines Lebensmittels sowie auf chemische Prozesse bei der Lebensmittelproduktion in Küche und Industrie. Die gebräuchlichste Temperaturskala ist die nach Celsius (°C), in angelsächsischen Ländern, hauptsächlich den USA, ist die Fahrenheitskala verbreitet. In der Physik wird die Kelvin-Skala verwendet, 0 K ist der absolute Nullpunkt, er entspricht -273,15 °C. Zur Messung der T. werden Flüssigkeitsthermometer, Bimetallthermometer, Federthermometer, Thermoelemente oder Widerstandsthermometer verwendet.

Temperaturbeständigkeit engl.: *temperature resistence;* Eigenschaft eines Lebensmittels, →Packstoffes oder →Packmittels, bei verschiedenen Temperaturen oder einer bestimmten Temperatur für bestimmte Anforderungen geeignet zu bleiben.

Temple; in Form und Farbe der Clementine ähnliche, jedoch größere Zitrusfrucht mit dunkel orangefarbener, leicht schälbarer Schale. Das orangefarbene, zarte, saftige, sehr kernreiche Fruchtfleisch verfügt über einen ausgeprägt aromatischen Geschmack. Die zu der Untergruppe der →Tangor bei den →Mandarinen gezählte T. ist wahrscheinlich durch eine Kreuzung von Mandarine und Orange entstanden und wird in Florida, Mexiko, Spanien sowie Israel kultiviert.

Tempranillo; weltweit verbreitete Rotweinrebe von guter Qualität. Allein ergeben die Tempranillo-Trauben eher leichte neutrale Weine, da sie über wenig Säure verfügen. Deshalb werden Tempranillo-Weine z. B. im Rioja mit kräftigeren Weinen anderer Rebsorten wie Graciano und Mazuelo oder in Kalifornien z. B. mit Weinen der Airén-Rebe verschnitten.

Tempura engl.: *tempura;* mit Ausbackteig dünn überzogene, in heißem Öl frittierte Meerestiere (Fischfilet, Garnelen) und Gemüse (Bambusschösslinge, Pilze u. a.). T. ist eine japanische Spezialität, die in Japan-Restaurants an Tempura-Theken frisch aus der Pfanne serviert wird. Dazu wird eine Sauce aus Sojasauce, Brühe (dashi), etwas Sherry, Salz und Glutamat gereicht (Tempura-Sauce).

Tenderloin-Steak Syn.: →*Filetsteak*

Tenkawangfett; →Illipé

Tennenschinken; wie →Katenschinken hergestellter und zugeschnittener Rohschinken.

Tenside engl.: *tenside;* von lat.: *tensio* = spannen abgeleitete Bezeichnung für grenzflächenaktive Substanzen, die mindestens einen hydrophilen und einen lipophilen Molekülanteil besitzen, die Grenzflächenspannung von Flüssigkeiten herabsetzen und dadurch die Vermischung zweier Phasen bewirken. Abhängig von ihrer chemischen Struktur werden sie in anionische (z. B. Seifen), kationische (z. B. quartäre Ammoniumverbindungen), amphotere (z. B. Lecithin) und nicht ionische (z. B. Sorbitanfettsäureester) T. unterteilt. T. sind die waschaktiven Substanzen in Waschmitteln, Shampoos u. Ä. und spielen als →Emulgatoren eine wichtige Rolle in kosmetischen und pharmazeutischen Produkten sowie in Lebensmitteln.

Tequila engl.: *tequila;* nach dem Dorf Tequila im Staate Jalisco (Mexiko) benannter herkunftsgeschützter mexikanischer Brand. Er wird durch doppeltes Destillieren hergestellt. Mindestens 51 % der Grundlage besteht aus der vergorenen Maische aus dem nach Entfernen von Blättern und Wurzeln durch Erhitzen aufgeschlossenen Strunk (Herz) der „Blauen Agave" (lat.: *Agave tequilana F.A.C. Weber Azul*). Andere Agavensorten werden nicht verwendet. Die Farbe und der Geschmack ist abhängig von dem Zeitpunkt der Abfüllung und der Lagerdauer in Eichenfässern. Die Verwendung anderer Grundlagen wie z. B. Zuckerrohr und die Färbung ist zulässig. Er wird mit einem Alkoholgehalt von 38–40 Vol.-% angeboten.

Terai; nordindischer Tee-Distrikt, der im Himalaya-Gebiet südlich von Darjeeling gelegen ist und von seinen natürlichen Gegebenheiten her mit den tieferen Lagen Darjeelings zu vergleichen ist. In T. werden durchschnittliche Tee-Qualitäten produziert.

Teriyaki-Sauce engl.: *teriyaki sauce;* japanische →Würzsauce auf der Grundlage von Sojasauce für Fisch und Fleisch. T. wird in Deutschland als Fertigprodukt in Flaschen angeboten.

Teroldego Rotaliano; Rotweinrebe (Teroldego), aus der lokal um Trient rote und Rosé-DOC-Weine hergestellt werden. Der hellrote trockene T. R. rosato wird nach Weißweinart gekeltert. Der T. R. rubino wird hingegen auf Trester vergoren und ist dementsprechend rubinrot, voll und leicht tanninhaltig.

Terpene engl.: *terpenes;* weit verbreitete Naturstoffe, die aus Isopreneinheiten aufgebaut sind, häufig reine Kohlenwasserstoffe darstellen, aber auch Sauerstoff, z. B. in Form von Hydroxylgruppen enthalten können. T. mit 10, 20 oder 30 Kohlenstoffatomen werden auch als Mono-, Di- bzw. Triterpene bezeichnet, bei 15 Kohlenstoffatomen als Sesquiterpene. Mit zunehmender C-Anzahl nimmt ihre Flüchtigkeit ab, weshalb es sich bei den T. in ätherischen Ölen meist um Mono- und Sesquiterpene handelt. Häufig sind sie Aroma bestimmende Komponenten, wie z. B. Limonen (Zitrusschalen), Humulen (Hopfen), Menthol (Pfefferminze) oder Vanillin (Vanille). T. werden v. a. in der Parfümindustrie und zur Aromatisierung von Lebensmitteln verwendet. Andererseits können die T., wenn es erforderlich ist, auch aus den ätherischen Ölen entfernt werden (→Terpenfreie Öle).

Terpenfreie Öle engl.: *terpeneless oil;* →ätherische Öle, deren ursprünglicher Gehalt an →Terpenen durch Destillation oder andere Verfahren stark vermindert wurde. Terpene sind meist sehr unbeständig und neigen zur Verharzung, wodurch es zu Geruchs- und Geschmacksbeeinträchtigungen kommt. T. Ö. hingegen sind sehr gut haltbar. Neben den Monoterpenen können auch die Sesquiterpene entfernt werden (terpen- und sesquiterpenfreie Öle).

Terrine engl.: *terrine;* 1. pastetenartiges kaltes Vorgericht, meistens eine Fleischfarce, die mit Speckscheiben abgedeckt und im Wasserbad gegart ist. Im Gegensatz zu Pasteten verfügen sie über keinen Teigmantel; 2. feuerfeste Formen verschiedener Gestalt, entweder für die Zubereitung von T. (1.), oder als Gefäß zum Servieren von Suppen und Eintöpfen genutzt.

Tetra Brik; ziegelsteinförmige Variante der →Tetra-Pak®-Verpackung , die heute das am weitesten verbreitete Verpackungssystem von Tetra Pak® darstellt. Die Variante Tetra Brik Squareline hat ein quadratisches Bodenformat und stellt die typische Tetra-Pak®-Verpackung für Frischmilch dar.

Tetranatriumdiphosphat engl.: *tetrasodium diphosphate;* Natriumsalz der Diphosphorsäure (→Diphosphate →Natriumphosphate).

Tetra-Pak®-Verpackungen engl.: *tetra pak® packages;* leichte Verpackungen aus paraffiniertem, kunststoffbeschichtetem oder aluminiumkaschiertem Karton, die in der Lebensmittelindustrie bevorzugt zur Abfüllung von Flüssigkeiten wie Milch oder Säften eingesetzt werden und 1952 in klassischer Tetraederform auf den Markt kamen. Sie schützen die Produkte vor äußeren Einflüssen wie Licht, Sauerstoff sowie Bakterien und sind heute auch in anderen Formen (Tetra Brik) erhältlich. Aseptische T. benötigen während des Vertriebs und der Lagerung keine Kühlung. Tetra Pak® ist ein geschütztes Warenzeichen.

Tetrasaccharide engl.: *tetrasaccharides,* Syn.: *Vierfachzucker;* →Oligosaccharide, die aus vier gleichen oder verschiedenen, durch glykosidische Bindungen verknüpften →Monosacchariden bestehen. Zu den T. gehören z. B. →Stachyose und Maltotetraose. T. können durch Säuren oder Enzyme in ihre Monosaccharide gespalten werden.

Tetrodotoxin engl.: *tetrodotoxin,* Syn.: *Fugutoxin;* sehr starkes Gift der Igel- und →Kugelfische, dessen Wirkung auf der Blockade des Natrium-Einstroms in Nerven- und Muskelzellen beruht, was zu Blutdruckabfall, Lähmung (Muskel- und Atemlähmung) und in 50 % der Fälle zum Tod führt.

Teufelskralle lat.: *Harpagophytum procumbens DC.* (Fam.: *Pedaliaceae*), engl.: *Devil's claw, grapple plant;* in Südafrika beheimatete krautige Pflanze, deren bis zu 600 g schwere sekundäre Speicherwurzeln verschiedene Iridoidglykoside mit entzündungshemmender und schwach Schmerz lindernder Wirkung enthalten. Trockenextrakte aus Teufelskrallenwurzeln werden in der Naturheilkunde zur unterstützenden Therapie bei degenerativen Erkrankungen des Bewegungsapparates sowie aufgrund ihres bitteren Geschmacks bei Verdauungsbeschwerden zur Förderung der Magensäure- und Galleproduktion eingesetzt.

Textur engl.: *texture;* von lat.: *textura* = Gefüge abgeleitet, bezeichnet sensorisch die Wahrnehmung der Struktur von Lebensmitteln durch visuelle, auditive und haptische Eindrücke. Im Vordergrund stehen die Vorgänge beim Beißen, Kauen und Zerdrücken mit der Zunge, aber auch durch Befühlen und Betasten mit den Händen. →Konsistenz

Texturierte Pflanzenproteine engl.: *textured vegetable proteins;* Abk.: TVP, von lat.: *textura* = Gewebe abgeleitete Bezeichnung für verschiedene faserartige Produkte aus Pflanzeneiweiß. Mit Hilfe spezieller Verfahren wird dabei das ursprünglich in globulärer Struktur vorliegende pflanzliche Protein (z. B. aus Soja, Mais, Raps, Sesam oder Erdnuss) in eine faserförmige fleischähnliche Struktur überführt. Dieser auch Texturierung genannte Prozess kann dabei nach dem Spinnverfahren oder nach dem Extrusionsverfahren (→Extrudieren) erfolgen, wobei nur der Spinnprozess zur Bildung echter Fasern führt und der Extrusionsprozess nur zu faserartigen Partikeln. Die so erzeugten Produkte können nach Zugabe von Fett, Gewürzen, Aromen und/oder Farbstoffen zu eigenständigen Fleischersatzprodukten oder zu verschiedenen, in der Lebensmittelindustrie Verwendung findenden Halbfertigerzeugnissen verarbeitet werden. Aus Sojaprotein hergestellte TVP werden auch als TSP (Abk. für engl.: *textured soy protein*) bezeichnet.

Thaumatin engl.: *thaumatin;* natürlicher →Süßstoff, der aus den Samen der westafrikanischen Katemfe-Staude (lat.: *Thaumatococcus daniellii Benth.*) isoliert wird, künftig aber wegen der geringen Ausbeute biotechnologisch gewonnen werden soll. T. stellt ein Proteingemisch mit der 2500-fachen Süßkraft der Saccharose dar, die sich jedoch durch Erhitzen stark vermindert. Es wird nicht verstoffwechselt, liefert daher keine Energie und beeinflusst den Blutglucosespiegel nicht (Einsatz in Diabetiker-Lebensmitteln). T. ist unter der Nummer E 957 als Süßungsmittel und Geschmacksverstärker für bestimmte Lebensmittel, z. B. für Brennwert verminderte oder ohne Zuckerzusatz hergestellte Süßwaren in festgelegten Höchstmengen zugelassen. Durch Kombination mit anderen Süßstoffen lassen sich synergistische Effekte erzielen und der lakritzartige Nachgeschmack des T. minimieren.

Theobromin engl.: *theobromine;* bitter schmeckendes Purinalkaloid (→Alkaloide), das u. a. in Kakaobohnen vorkommt. T. verfügt über die gleichen, wenn auch schwächer ausgeprägten physiologischen Wirkungen wie →Coffein. Es wirkt anregend auf die Herztätigkeit, Gefäß erweiternd und Harn treibend. T. kann aus Kakaoschalen gewonnen werden.

Thermisieren engl.: *thermisaton of milk;* schonendere Wärmebehandlung im kontinuierlichen Durchfluss zur Abtötung von Mikroorganismen und zum Inaktivieren von Enzymen (57–68 °C, Heißhaltezeit 15–30 Sek.) für Milch als Pasteurisieren. T. beeinträchtigt die zur Käseherstellung wichtigen Eigenschaften der Milch, z. B. Gerinnungsfähigkeit, nicht oder kaum. T. wird zur Abtötung von →psychrotrophen Bakterien genutzt und bei gereinigter Rohmilch angewandt, um eine bessere Lagerfähigkeit der zu verarbeitenden Milch zu erreichen. Nach dem T. wird die Rohmilch als Werkmilch bezeichnet.

Thermogetreide; gleichmäßig schonend erwärmtes (gedörrtes) Getreide mit goldbrauner Farbe und leicht süßlichem Geschmack. Der Dörrprozess bewirkt die Verzuckerung der Stärke. T. wird aus Weizen, Roggen, Mais, Gerste und Hafer bereitet und zu Grütze, Grieß oder Mehl verarbeitet. T. wird im Naturkosthandel angeboten.

Thermophile Bakterien engl.: *thermophiles;* Wärme liebende Bakterien, deren Wachstumsoptimum bei 55–75 °C liegt. Dabei handelt es sich überwiegend um Arten der Gattungen *Bacillus* und *Clostridium* mit extrem hitzeresistenten Endosporen, die die Pasteurisierung und normale Dosensterilisation überstehen und deshalb trotz Konservierung zum Verderb von Lebensmitteln führen können.

Thermoplaste Syn.: *Plastomere;* in bestimmten Temperaturbereichen plastisch formbare, unterhalb dieses Bereiches wieder formstabile Kunststoffe.

Thermoresistente Bakterien Syn.: *Thermotolerante Bakterien;* vegetative Bakterien, deren Wachstumsoptimum zwar im mesophilen Bereich (30–40 °C) liegt, die aber auch durch höhere Temperaturen (z. B. 60–85 °C) nicht abgetötet werden. Hierzu gehören z. B. verschiedene Arten der Gattungen *Bacillus* und *Clostridium* sowie verschiedene Schimmelpilzarten.

Thermosflasche engl.: *thermos bottle;* doppelwandiges Glasgefäß mit Vakuum im Zwischenraum zwischen den verspiegelten Wandungen und somit einer außerordentlich hohen Wärmedämmung und -isolierung.

Thiabendazol engl.: *thiabendazole;* synthetisch hergestelltes Konservierungsmittel, das unter der Nummer E 233 in festgelegten Höchstmengen zur Oberflächenbehandlung von Zitrusfrüchten und Bananen zugelassen ist. Welche Konzentrationen aus den Schalen ins Fruchtfleisch übergehen, ist ebenso wie die toxikologische Bedenklichkeit noch nicht endgültig geklärt. Des Weiteren findet T. wegen seiner fungiziden Wirkung als Pflanzenschutzmittel, z. B. gegen echten Mehltau Verwendung.

Thiamin engl.: *thiamine,* Syn.: *Aneurin;* wasserlösliches Vitamin aus der Gruppe der B-Vitamine (Vitamin B_1). Die biologisch aktive Form des T. sind die Thiaminphosphate. Thiaminpyrophosphat (Thiamindiphosphat) ist ein wichtiges Coenzym des Energie- und Kohlenhydratstoffwechsels. Thiamintriphosphat übt wahrscheinlich spezifische Funktionen im Nervensystem aus. T. ist hitze- und sauerstoffempfindlich. Da der Körper nur eine geringe Speicherkapazität besitzt, muss T. regelmäßig mit der Nahrung zugeführt werden. Gute Thiaminquellen sind Leber und Muskelfleisch (v. a. Schweinefleisch) sowie Vollkornprodukte. Ein schwerer Thiaminmangel führt zur so genannten → Beriberi, die v. a. in Entwicklungsländern auftritt. In Industrieländern stellen Alkoholkranke eine besondere Risikogruppe dar, da sie nur wenig T. aufnehmen, gleichzeitig einen stark erhöhten Bedarf aufweisen (wegen Störungen der Thiaminabsorption). Dies kann zu neurologischen Ausfällen und psychischen Veränderungen führen. → Hypervitaminosen sind nicht bekannt.

Thomson Navel; → Navel

Thorner Katharinchen; → Pfeffernüsse

Threonin engl.: *threonine;* Abk.: Thr, essenzielle → Aminosäure, die in Fleisch, Milch und Eiern zu 4,5–5 % und in Cerealien in Mengen zwischen 2,7 und 4,7 % enthalten ist. Thr war die erste als essenziell erkannte Aminosäure, ist Baustein für → Enzyme sowie Hormone und wird für die Bildung von Immunoglobulinen und Antikörpern benötigt. Thr ist Ausgangsverbindung eines bei der sauren Hydrolyse von Proteinen gebildeten Lactons, das für das intensive Fleischbrüharoma von Proteinhydrolysaten mitverantwortlich ist, die bei der Herstellung von Würzen verwendet werden.

Thrombin engl.: *thrombin;* proteolytisches Enzym (Serinproteinase) des Blutserums, das während der Blutgerinnung aus der inaktiven Vorstufe Prothrombin mittels verschiedener Faktoren gebildet wird. Wichtigste Funktion des T. ist die Katalyse der Umwandlung von löslichem Fibrinogen in unlösliches Fibrin zur Bildung eines Blutgerinnsels, wodurch Blutungen gestoppt werden.

Thüringer Käse engl.: *Thuringia cheese, Thuringia caraway;* meist als Stangen- oder Spitzkäse geformte, nur aus Magermilch als Ausgangsrohstoff hergestellte → Sauermilchkäse der Magerstufe aus Deutschland. T. K. werden mit einem Gewicht von 25–125 g als „Gelb-" oder „Edelschimmelkäse" hergestellt. Der Gelbkäse besitzt eine glatte Oberfläche mit goldgelber Schmiere und einen geschmeidigen bis festen, weißlichen bis leicht gelblichen Teig, der mild pikant bis pikant schmeckt. Der Edelschimmelkäse ist mit Camembertschimmel gleichmäßig bedeckt und verfügt über einen geschmeidigen bis festen Teig mit weißlichem bis leicht gelblichem Farbton, der mild aromatisch bis pikant schmeckt.

Thüringer Leberwurst; aus Thüringen stammende herkunftsgeschützte → Leberwurst mit einer groben, aus frischer Schweineleber und Schweinefleisch sowie weiteren Zutaten hergestellten, meist umgeröteten Grundmasse. In der Regel ist gewürfelte oder gewolfte Schweineleber als Einlage enthalten. Andere Innereien außer Schweineleber werden üblicherweise nicht verwendet.

Thüringer Mett; zubereitetes → Mett.

Thüringer Rostbratwurst; mindestens 15–20 cm lange mittelfeine Rostbratwurst im engen Naturdarm (Schweinedarm oder Schafsaitling), roh oder gebrüht, mit herzhaft würziger Geschmacksnote und einem Stückgewicht von 100–150 g. Für das nicht umgerötete → Brät werden als Ausgangsmaterial grob entfettetes Schweinefleisch, Schweinebacken ohne Schwarte sowie evtl. entsehntes Kalb- oder Rindfleisch neben weiteren Zutaten wie z. B. Gewürzen verwendet. Die Gewürzmischungen variieren je nach überlieferter Rezeptur oder regionaler Ausprägung; neben Salz und Pfeffer werden insbesondere Kümmel, Majoran und Knoblauch verwendet. Mindestens 51 % der verwendeten Rohstoffe müssen aus der Region Thüringen stammen. Die Bezeichnung „Thüringer Rostbratwurst" ist herkunftsgeschützt.

Thüringer Rotwurst; Blutwurstspezialität aus qualitativ ausgesuchten Rohstoffen, für die das gleichmäßige Schnittbild, die hellrote Farbe und das herzhaft würzige Aroma wertbestimmend sind. Ein besonderes Merkmal sind die würfelförmigen Einlagen von Magerfleisch (mindestens 35 %, ein Teil kann durch Leber-, Herz- oder Zungenstücke ersetzt sein) und gut entschwarteten Backen (bis zu 35 %). Neben der Blutschwartenmasse enthält sie außerdem ca. 5 % Leber. Die T. R. wird als Frischware in der Schweinekrause oder -blase oder als Konserve im Glas angeboten. Zusammensetzung für 100 kg Wurst: 55 kg vorgegartes Schweinefleisch ohne Sehnen mit maximal 5 % sichtbarem Fett, 25 kg vorgegarte Backen ohne Schwarte, 5 kg rohe Schweineleber, 7,5 kg gepökeltes Schweineblut, 7,5 kg gekochte Schwarten; Nitritpökelsalz, Gewürzmischung (insbesondere gemahlener schwarzer Pfeffer, Thüringer Majoran und Zwiebeln). Mindestens 51 % der Rohstoffe müssen aus Thüringen stammen. Die Bezeichnung „Thüringer Rotwurst" ist herkunftsgeschützt.

Thüringer Stangenkäse; Bezeichnung für Sauermilchkäse. → Thüringer Käse

Thujon engl.: *thujone;* Monoterpen, das in Form eines farblosen Öls mit mentholähnlichem Geruch in den beiden Stereoisomeren α-Thujon ((-)-Isothujon) und β-Thujon ((+)-Thujon) als Bestandteil ätherischer Öle vieler Labiateen und Asteraceen, wie z. B. Salbei, Beifuß und → Wermut vorkommt. T. ist ein Krämpfe hervorrufendes Nervengift, das zu schweren Degenerationserscheinungen am zentralen Nervensystem führen kann. Aus diesem Grund sind Höchstmengen für T. in aromatisierten Lebensmitteln in der Aromenverordnung festgelegt. Die gute Löslichkeit von T. in Alkohol im Gegensatz zu der schlechten in Wasser führt dazu, dass es sowohl in →Absinth als auch in →Wermutwein, jedoch kaum in Wermuttee enthalten ist.

Thunfisch lat.: *Thunnus sp.* (Fam.: *Scombridae*), engl.: *tunas and bonitos;* Sammelbegriff für verschiedene Scombriden, die in nahezu allen tropischen und subtropischen Gebieten der Weltmeere vorkommen. Kommerziell bedeutsam sind: 1. Roter Thun (lat.: *T. thynnus L.*), 2. Weißer Thun (Syn.: *Albacore*, lat.: *T. alalunga Bonnaterre*), 3. Gelbflossenthun (lat.: *T. albacares Bonnaterre*), 4. Großaugenthun (lat.: *T. obesus Lowe*). Der Rote T. wird bis zu 450 cm lang und 600 kg schwer, der Weiße T. bis zu 140 cm und 60 kg; die beiden anderen Arten liegen dazwischen. Eng mit dem T. verwandt sind echter und unechter Bonito (lat.: *Katsuwonus pelamis L.*), ugs. auch T. genannt, →Schwertfisch und →Makrele. T. und Bonito werden in großen Mengen zu Fischdauerkonserven verarbeitet. In Deutschland verbreitet sind Filet (solid pack), Steak (regular pack), Stücke (chunks) und Schnitzel (flakes), konserviert jeweils im eigenen Saft mit Aufguss, in Öl (T. in Öl) oder mit Gemüse und würzenden Zusätzen. In Japan werden aus gekochtem getrockneten Bonito Streifen und Flocken (Katsuobushi) hergestellt als Grundzutat der Dashi-Brühe. Als Frischfisch erfreut sich T. in den Ursprungsländern und neuerdings auch in Deutschland großer Beliebtheit.

Thunfischkonserven engl.: *tuna preserves;* →Thunfisch

Thymian lat.: *Thymus vulgaris L. und Thymus zygis L.* (Fam.: *Lamiaceae*), engl.: *Thyme,* Syn.: *Gartenthymian, Römischer Quendel;* aus den Macchien des westlichen Mittelmeergebiets stammender, 20–40 cm hoch werdender immergrüner Halbstrauch. Hauptanbauländer sind Spanien, Südfrankreich, Italien und Bulgarien. Als →Gewürz werden die getrockneten, am Rand eingerollten elliptischen Blättchen und die Sprossenden verwendet. Bei aus Spanien oder Südfrankreich stammendem T. handelt es sich meist um *T. zygis*, der dem *T. vulgaris* in seinem Würzwert gleicht, dessen Blätter jedoch viel schmaler, fast nadelförmig sind. T. ist z. T. als gebündeltes Kraut, i. d. R. aber gerebelt oder grob zerkleinert im Handel. Getrockneter T. bewahrt lange das Aroma. Der herzhafte Geruch und der beißend aromatische herbe Geschmack beruhen auf den zu 0,3–3,4 % enthaltenen →ätherischen Ölen mit →Thymol und Carvacrol (Thymian-Campher) als Hauptkomponenten. In der Küche wird T. zum Würzen von Fleischgerichten, Suppen, Saucen, Salaten, Gemüsen und Kartoffeln verwendet und gehört zu den →Fines Herbes der französischen Küche.

Thymol engl.: *thymol;* monocyclisches →Terpen, das farblose, nach Thymian riechende, brennend schmeckende Kristalle bildet. T. kommt z. B. in den ätherischen Ölen von Thymian, Majoran, Oregano und Ajowan vor und wirkt stark bakteriostatisch. Zur Verwendung in Pharmazeutika und Kosmetika (z. B. in Gurgellösungen und Mundwässern) wird T. meist nicht mehr aus Thymian oder Ajowan gewonnen, sondern synthetisch hergestellt.

Thyreostatica engl.: *antithyroid drugs;* Medikamente, welche die Bildung der Schilddrüsenhormone hemmen. T. werden therapeutisch z. B. bei Schilddrüsenüberfunktion eingesetzt. In der Massentierhaltung bewirken T. die Ruhigstellung Stress anfälliger Tiere, wodurch Qualitätseinbußen beim Fleisch verhindert werden. In Deutschland ist die Anwendung von T. in der Schlachttiermast verboten.

Thyroxin engl.: *thyroxine,* Syn.: *Tetrajodthyronin;* Abk.: T_4, Hormon, das in der Schilddrüse gebildet wird und durch Dejodierung zum Trijodthyronin (T_3) umgesetzt werden kann. Beide Schilddrüsenhormone steigern den Gesamtstoffwechsel, beeinflussen Protein-, Kohlenhydrat- und Fettstoffwechsel und sind unentbehrlich für Wachstum und Entwicklung.

Tiefgefrieren Syn.: → *Tiefkühlen*

Tiefgefrierlagerung engl.: *deep freeze storage,* Syn.: *Tiefkühllagerung, Gefrierlagerung;* sachgerechtes Aufbewahren tiefgefrorener Lebensmittel in Hersteller- und Zentralkühlhäusern, Großhandels- und Auslieferungslagern, in Spezialtiefkühltransportern, in Tiefkühlräumen und -truhen von Einzelhändlern sowie in Gefrierschränken in Haushalten bei Temperaturen zwischen -18 °C und -30 °C. Um auch bei kurzfristigen Temperaturerhöhungen bei Transport- und Verladevorgängen eine Einhaltung der → Tiefkühlkette gewährleisten zu können, erfolgt die industrielle T. i. d. R. bei Temperaturen zwischen -23 °C und -25 °C. Die T. im Einzelhandel, im Gemeinschaftsverpflegungsbereich sowie in Privathaushalten wird dagegen üblicherweise bei -18 °C vorgenommen.

Tiefgefrorene Backwaren engl.: *deep frozen bakery products;* → Tiefkühlbackwaren

Tiefgefrorene fertige Teilgerichte; durch Tiefgefrieren haltbar gemachte Menükomponenten wie Fleisch- oder Fischspeisen, Gemüse- oder Kartoffelbeilagen, die durch Erhitzen und/oder Zugabe von Flüssigkeit verzehrfertig gemacht werden und im Gegensatz zu tiefgefrorenen Fertiggerichten zur Vervollständigung der Beigabe weiterer Lebensmittel bedürfen.

Tiefgefrorene Fertiggerichte; durch Tiefgefrieren haltbar gemachte komplette Gerichte wie Suppen, Eintöpfe, Pizzen oder Pastagerichte, die durch Erhitzen und/oder Zugabe von Flüssigkeit verzehrfertig gemacht werden. T. F. besitzen einen hohen Convenience-Grad und stellen die absatzstärkste Produktgruppe der Tiefkühlkost insgesamt dar; der Markt ist stetig steigend. Die Haltbarkeit t. F. hängt wesentlich von der Gefriereignung und der Qualität der Rohware, von der Art der Würzung und vom Zubereitungsverfahren ab. Grundsätzlich treten jedoch nach 1–5 Monaten Qualitätsverluste zunächst durch Abflachung des Geschmacks und Geschmacksnivellierungen zwischen den Einzelkomponenten sowie später durch Auftreten eines Altgeschmacks und Ranzigkeit auf.

Tiefgefrorene Fische Syn.: → *Tiefkühlfisch*

Tiefgefrorene Kartoffeln; → Tiefkühlkartoffelerzeugnisse

Tiefgefrorene Lebensmittel engl.: *deep frozen food;* Lebensmittel, bei denen vom Einfrieren bis zum erfolgten Verkauf eine Produkttemperatur von -18 °C oder tiefer aufrecht erhalten wird. → Tiefkühlkost → Tiefkühlkette

Tiefgefrorene Pilze engl.: *deep frozen fungi;* → Speisepilze, die die Anforderungen an tiefgefrorene Lebensmittel erfüllen. → Tiefkühlen

Tiefgefrorenes Fleisch Syn.: → *Tiefkühlfleisch*

Tiefgefrorenes Geflügel Syn.: → *Tiefkühlgeflügel*

Tiefgefrorenes Gemüse engl.: *deep frozen vegetable;* durch Tiefgefrieren haltbar gemachte, küchenfertige, rohe, geputzte, zerkleinerte und ähnlich behandelte Produkte wie ausgepalte Erbsen, geputzter Rosenkohl, passierter Spinat oder Gemüsemischungen. Ferner werden garfertige Erzeugnisse wie Rahmgemüse, fertige Teilgerichte wie Gemüsebeilagen im Kochbeutel und Fertiggerichte wie z. B. Auflauf, Suppe oder Eintopf angeboten. Die Gemüsearten, die gegart verzehrt werden, sind nach vorangegangenem Blanchieren i. d. R. gut zum Tiefgefrieren geeignet, während solche Gemüsearten, die roh verzehrt werden, wie z. B. Blattsalate, Tomaten oder Rettiche, ungeeignet sind. In den Leitsätzen des Deutschen Lebensmittelbuches für tiefgefrorenes Obst und Gemüse sind verschiedene Anforderungen, z. B. an die Beschaffenheit für in Deutschland hergestelltes t. G. festgelegt. Bei direkt nach dem Blanchieren schockgefrostetem, frisch geerntetem Gemüse, das unter Einhaltung der Kühlkette bei mindestens -18 °C gelagert wird, findet nur ein langsamer Abbau der ernährungsphysiologisch bedeutsamen Inhaltsstoffe statt. Dadurch wird eine saisonunabhängige Verfügbarkeit vieler Gemüsesorten gewährleistet und der Einsatz in Convenience-Produkten ermöglicht.

Tiefgefrorenes Obst; durch Tiefgefrieren haltbar gemachtes rohes Obst, meist Beerenobst. Bei Zugabe von süßenden Lebensmitteln wie z. B. Zucker oder Zuckerlösung bei der Herstellung von t. O. muss die Zuckermenge deklariert werden. T. O. ist, sofern die Kühlkette nicht unterbrochen wird, ca. 12 Monate lagerfähig.

Tiefkühlbackwaren engl.: *deep frozen bakery products;* durch Tiefgefrieren haltbar gemachte → Backwaren. Das Angebot erstreckt sich von verarbeitungsfertigen Teigen über backfertige Produkte wie z. B. Teiglinge für Brötchen oder Croissants, Strudel bis hin zu bereits gebackenen Erzeugnissen und fertigen Torten. → Convenience-Produkte

Tiefkühlen engl.: *deep freezing,* Syn.: *Tiefgefrieren, Ein(ge)frieren*; Verfahren zur längerfristigen Verlängerung der Haltbarkeit von Lebensmitteln, das wie das → Kühlen auf dem Prinzip beruht, dass chemische Reaktionen durch Absenken der Temperatur verlangsamt werden. Bei Tiefgefrier- und Tiefgefrierlagertemperaturen (→ Tiefgefrierlagerung) zwischen -18 und -28 °C wird für alle wichtigen Gefriergüter ein guter Schutz gegen mikrobiellen Verderb und chemische Umsetzungen erzielt. Beachtet werden muss jedoch, dass fast alle Mikroorganismen durch den Vorgang des T. nur in ihrem Wachstum gehemmt sind und mikrobieller Verderb nach dem Auftauen wieder möglich ist. T. und Kühlen gelten als besonders nährstoffschonende → Konservierungsverfahren, bei denen auch der Erhalt weiterer qualitätsbestimmender Eigenschaften von Lebensmitteln wie Aussehen und Geschmack i. d. R. gut gewährleistet ist. Bei dem cryogenen Verfahren werden die auf Bändern transportierten unverpackten Lebensmittel mit flüssigem Stickstoff oder Kohlendioxid in Cryogen-Tunnelfrostern besprüht. Durch direkten Kontakt mit kalten Metallflächen erfolgt der Wärmeentzug beim Kontaktgefrierverfahren. Anwendung findet es i. d. R. bei verpackten Lebensmitteln z. B. in Plattenfrostern (für → Blockware wie Fischfilets oder Spinat), Trommelfrostern (für dünne Fleisch- oder Fischscheiben), Bandfrostern (für weiche pastöse Produkte) oder Rundgefrierern (für Speiseeis). Die letzte große Gruppe der Tiefkühlverfahren bilden die Kaltluftverfahren, bei denen Luft mit Temperaturen von -30 bis -50 °C beschleunigt und in Kammern, Tunneln oder Fließbett-Frostern um die Lebensmittel geführt wird. Obst- und Gemüseprodukte werden vor dem T. zum Verhindern von Rest-Enzymaktivitäten während der Tiefgefrierlagerung blanchiert.

Tiefkühlfisch engl.: *frozen fish,* Syn.: *tiefgefrorene Fische;* unscharfe Bezeichnung für tiefgekühlte See- oder Süßwasserfische, Fischteile und Fischerzeugnisse. T. wird schockartig tiefgefroren auf eine Kerntemperatur von höchstens -18 °C. Die Haltbarkeit von T. ist im Wesentlichen abhängig vom Fettgehalt (→ Ranzidität).

Tiefkühlfleisch engl.: *frozen meat,* Syn.: *Tiefgefrorenes Fleisch;* zur Haltbarkeitsverlängerung auf eine Kerntemperatur von mindestens -18 °C tiefgefrorene Schlachtkörper und Fleischerzeugnisse. Dies geschieht bei Schlachtkörpern überwiegend freihängend im Luftstrom bei Temperaturen von -30 °C und im geringen Maße durch Eintauchen abgepackt in Kälteflüssigkeiten. Zum Tiefgefrieren kleinerer Teilstücke, von Portionspackungen und Fleischerzeugnissen werden zusätzlich Plattengefrierfroster mit Horizontal- oder Vertikalgefrierplatten verwendet. Entscheidend für die Qualität und Lagerfähigkeit von T. sind der Anteil an ungesättigten Fettsäuren (artspezifisch), Gefriergeschwindigkeit, Vermeidung von Temperaturschwankungen sowie von fehlerhafter oder beschädigter Verpackung während der Lagerung. Fleischsorten mit einem hohen Anteil an ungesättigten Fettsäuren neigen in stärkerem Maße zur → Ranzidität und unterliegen den damit verbundenen negativen sensorischen Auswirkungen (Geruchs- und Geschmacksabweichungen). Aus diesem Grund ist die Lagerfähigkeit von tiefgefrorenem Schweine- oder Hammelfleisch (ca. 6–7 Monate) gegenüber der von tiefgefrorenem Rindfleisch (ca. 10–12 Monate) begrenzt. Langsames Tiefgefrieren führt zu Ausbildung größerer Eiskristalle, welche die Zellmembranstruktur des Gutes beschädigen und somit eine verstärkte Bildung von Tropfsaft sowie Veränderungen in der Textur beim Auftauen verursachen. Schwankungen in der Temperatur und unsachgemäße Lagerung können zu Austrocknungen (→ Gefrierbrand) und Umbildungen von Eiskristallen im Gut mit den oben geschilderten Folgen beim Auftauen führen. Verarbeitungstechnisch bietet das Tiefgefrieren von schlachtwarmem Fleisch und die Verarbeitung von tiefgefrorenem Fleisch sowohl durch seine konservierende Wirkung als auch durch die höhere Wasserbindungsfähigkeit (Unterbrechung des ATP-Abbaus, Vermeidung des Tau-Rigors) große Vorteile. T. bildet neben gekühlt gelagertem Fleisch die wesentliche Grundlage für Convenience-Produkte auf Fleischbasis. T. ist schonend aufzutauen, damit das Fleischeiweiß die Auftauflüssigkeit unter Aufquellen der Fleischfaser binden kann und keine größeren Verluste an Fleischsaft auftreten. Aufgetautes Fleisch sollte möglichst nicht wieder eingefroren werden. Bei sachgerechter Behandlung ist dies im Einzelfall aber möglich.

Tiefkühlgeflügel engl.: *frozen poultry,* Syn.: *tiefgefrorenes Geflügel;* unscharfe Bezeichnung für tiefgekühlte ganze und zerlegte Geflügeltiere, einzelne Geflügelteile und Geflügelerzeugnisse. T. wird schockartig auf eine Kerntemperatur von höchstens -18 °C tiefgefroren. Bei der Lagerung von T. ist auf eine genaue Einhaltung der Kühlkette und Unversehrtheit der Verpackung (→ Gefrierbrand) zu achten. Es besteht eine Anfälligkeit von aufgetautem T. gegenüber mikrobiellen Belastungen wie z. B. Salmonellen. T. ist daher schnell zu verarbeiten und bei der Zubereitung ausreichend durchzuerhitzen.

Tiefkühlgeräte engl.: *freezers;* Geräte, die zur sachgerechten Lagerung bereits tiefgefrorener Güter eingesetzt werden und eine Lagertemperatur von -18 °C oder tiefer gewährleisten. T. werden durch das 3-Sterne-Symbol gekennzeichnet. Man unterschiedet zwischen T. im Haushalt, die meist in den Kühlschrank integriert sind (Kühlschrank mit eingebautem 3-Sterne-Tiefkühllagerfach), und Tiefkühlverkaufsgeräten, die zum Verkauf industriell tiefgefrorener Lebensmittel eingesetzt werden und i. d. R. einen freien Blick auf die angebotene Ware ermöglichen. Tiefkühlverkaufsgeräte müssen so beschaffen sein und so bestückt werden, dass kurzfristige Temperaturabweichungen nach oben 3 °C nicht überschreiten. Geräte, die auch ein Einfrieren von Lebensmitteln ermöglichen, werden als → Gefriergeräte bezeichnet.

Tiefkühlhackfleisch engl.: *frozen minced meat,* Syn.: *Gefrierhackfleisch;* → Hackfleisch

Tiefkühlkartoffelerzeugnisse; Kartoffelverarbeitungserzeugnisse, die durch Tiefgefrieren haltbar gemacht werden. Es handelt sich um garfertige Kartoffelbeilagen (tiefgefrorene Kartoffeln) oder -fertiggerichte, wie z. B. → Pommes frites, → Kartoffelkroketten, → Kartoffelpuffer und → Kartoffelauflauf.

Tiefkühlkette; ununterbrochene Einhaltung einer Temperatur von -18 °C oder weniger bei industriell tiefgefrorenen Lebensmitteln auf dem gesamten Absatzweg vom Hersteller bis ins Kühlregal des Einzelhändlers oder in die Tiefkühleinrichtung des Gemeinschaftsverpflegers, um einen möglichst langen Qualitätserhalt der tiefgekühlten Produkte zu gewährleisten. Um diese Temperatur auf allen Stufen des Transports einschließlich der Verladevorgänge einhalten zu können, liegen die Temperaturen in den Großkühlhäusern und bei Spezialtransporten auf Schiene und Straße im Allgemeinen bei -23 bis -25 °C.

Tiefkühlkost engl.: *deep frozen food;* Bezeichnung für industriell tiefgefrorene Lebensmittel (→ Tiefkühlen). Der Verbrauch an T. lag in Deutschland im Jahr 2000 bei 2 688 684 Tonnen, entsprechend einem jährlichen Pro-Kopf-Verbrauch von 32,8 kg, und war in den letzten Jahren stetig steigend. Angeboten werden verschiedene Arten der T. mit unterschiedlichen Convenience-Graden, wie z. B. küchenfertiges tiefgekühltes Obst und Gemüse, aufbereitfertige tiefgekühlte Fertiggerichte wie Pizzen, Eintöpfe und Pastagerichte sowie verzehrfertiges Speiseeis. Im Haushalt eingefrorene Lebensmittel und Speisen werden als Gefriergut oder Gefrierkost bezeichnet.

Tiefkühlverpackung engl.: *deep freeze packaging;* Verpackung aus kältebeständigen nassfesten → Packstoffen, die geeignet sind, das Tiefkühlgut während des → Tiefkühlens sowie für die Dauer der Lagerung und des Transports vor Verlust, Austrocknung und Übertragung von Geruchs- und Geschmacksstoffen zu schützen. Das Verpackungsmaterial muss Temperaturen bis -40 °C standhalten und darf in der Kälte nicht spröde werden. Dabei muss es häufig ebenso gut beständig gegenüber hohen Temperaturen sein, z. B. bei Fertiggerichten in Kochbeuteln. Die T. sollte zudem das Produkt fest umschließen, so dass möglichst wenig Luft eingeschlossen wird, die zu oxidativen Veränderungen während der Tiefkühllagerung führen könnte.

Tiefseegarnelen lat.: *Pandalidae,* engl.: *pandilid shrimps;* → Garnelen

Tiefseekrabbe lat.: *C. (geryon) quinquedens Smith* (Fam.: *Geryonidae*), engl.: *deep-sea red crab,* Syn.: *Rote Tiefseekrabbe;* in tiefen Regionen des Nordwestatlantiks beheimatete, 600–1200 g schwere mittelgroße → Krabbe mit rotem Panzer und süßlich schmeckendem Fleisch. Die T. wird in Europa vereinzelt als Speisekrabbe angeboten.

Tiefseekrebs Syn.: → *Kaisergranat*

Tiefziehen engl.: *stamping;* Ziehen einer erwärmten Kunststofffolie oder einer metallischen Folie im Vakuum über ein Formwerkzeug, so dass die Folie dauerhaft die Kontur des Werkzeugs annimmt. Angewandt wird das T. beim Herstellen von Packmitteln wie z. B. Pralinenschachteln, Becher, Schalen oder Hauben.

Tigergarnele Syn.: → *Schiffskielgarnele*

Tilapia lat.: *Oreochromis sp.* (Fam.: *Cichlidae*), engl.: *tilapia,* Syn.: *Buntbarsch;* bereits in der Antike als Fisch des Nils (lat.: *Tilapia niloticus*) geschätzter Süßwasserfisch. Er verfügt über festes weißes, nahezu grätenfreies, sehr fettarmes Fleisch und wird als ganzer Fisch (ca. 12–20 cm lang; 800–2.000 g schwer) oder als Filet (ca. 140–220 g) angeboten. Die T. lebt in warmen Flüssen und Seen und im küstennahen Brackwasser. Sie stammt aus Afrika, wurde auch in Asien, Mittelamerika (Golf von Mexiko) und im Süden der USA heimisch und wird dort inzwischen in modernen Betrieben gezüchtet, auch für den Export. Eine der bekanntesten Arten ist die Goldtilapia (lat.: *Oreochromis aureus Steindachner*).

Tilsiter; ursprünglich ostpreußischer fester Schnittkäse der Dreiviertelfett- bis Doppelrahmstufe. Um 1840 wurde in Tilsit erstmalig von Frau Westphal die Herstellung des T. Käsetyps schriftlich festgelegt. Seit dieser Zeit erfolgt eine Bereitung dieses Käse in Tilsit. Heute wird er auch viel in Schleswig-Holstein, Niedersachen, im Allgäu, in Österreich (in Brotform als → Stangenkäse), in Dänemark (als → Havarti) und in anderen Ländern hergestellt. Zur Herstellung dürfen Milch und daraus gewonnene Buttermilch, Rahm, Süßmolke und Molkenrahm verwendet werden. Weitere Zutaten bei der Herstellung sind Pfeffer und Kümmel. T. ist der Übergang vom → Gouda-Käse zu den Weichkäsen nach Limburger Art (→ Limburger-Käse). Reifen muss dieser Käse je nach Fettstufe 4–6 Wochen. Normal gereift ist der T. aber erst ab zwei Monaten. Er kommt in runden oder länglichen Laiben und in Brotform von 1,5–25 kg in den Handel. Die Rinde ist glatt, mit angetrockneter rötlichgelber Schmiere und frei von Rissen oder sonstigen schadhaften Stellen. Der elfenbeinfarbene bis goldgelbe Teig mit charakteristischer Schlitz- und Gerstenkornlochung besitzt eine geschmeidige, jedoch nicht kurze oder bröckelige Konsistenz. Er muss aber unbedingt schnittfest sein. Der T. ist geruchlich und geschmacklich rein, leicht herb bis pikant mit einer säuerlichen Note.

Timbale engl.: *timbale;* 1. Becherpastete in runder oder konischer Form mit süßer oder salziger Füllung. Sie wird je nach Rezept leer (blind) oder bereits gefüllt gebacken. 2. in runden oder konischen Formen (Timbaleformen), i. d. R. aus hochwertigen Zutaten, gebackene Zubereitungen oder Gerichte. Sie werden vor dem Servieren heiß aus den Formen gestürzt.

Time-Intensity-Test engl.: *time intensity test,* Syn.: *Zeit-Intensitäts-Analyse;* misst die Veränderungen sensorischer → Merkmalseigenschaften im zeitlichen Verlauf der gesamten Nahrungsaufnahme. Der T. berücksichtigt, dass bestimmte Geschmacksstoffe ihre sensorische Wirkung erst verzögert entfalten, wie z. B. Bitterstoffe oder scharfe Gewürze nach dem Abschlucken (Nachgeschmack).

Tintenfische; uneinheitlich verwendeter Begriff, der als Syn. für den Gemeinen T. (→ Sepia/Sepien) und als zoologisch nicht korrekte Sammelbezeichnung für alle essbaren Kopffüßer (lat.: *Cephalopoda*) verwendet wird. T. nach der letzteren Definition umfassen Sepia, → Kalmare und → Oktopus.

Tintenfischringe; aus den gereinigten Tuben (→ Tintenfischtube) der → Kopffüßer, in Deutschland meistens → Kalmare, geschnittene 1–2 cm breite Ringe, die zum Schmoren, Braten und Frittieren bestimmt sind. T. werden vorgefertigt und z. T. auch mit Backteig überzogen meist als Tiefkühlware im Handel angeboten.

Tintenfischtube engl.: *tube of cephalopods;* muskulöser Eingeweidesack (Mantel) der → Kopffüßer. Küchentechnisch und industriell wird die gereinigte T. ganz (zum Füllen) oder in Stücke oder Ringe geschnitten verarbeitet.

Tintenschnecken Syn.: → *Sepia/Sepien*

Tips/ Tippy engl.: *tips;* Abk.: T, die hellen Teile des Tees wie z. B. Blattspitzen und -knospen junger zarter Teeblätter (Goldspitzen), die wenig Zellsaft besitzen und sich bei der Fermentation deshalb nicht dunkel färben. Ein schwarzer Tee mit T. wird auch als tippy bezeichnet.

Tiramisu; ursprünglich aus Italien stammmendes, mit Kakaopulver bestäubtes Dessert aus einander abwechselnden Schichten. Klassische Schichten sind eine Creme aus Mascarpone und Eigelb sowie in einer Mischung aus Kaffee und Amaretto getränkte Löffelbiskuits bzw. Biskuit. Vielfältige Variationen sind möglich.

Tiroler; umgerötete grobe → Brühwurst mit bis zu erbsengroß gekörntem → Brät neben Feinbrät, die in fast schwarze bis schwarze Hüllen mittelgroßen Kalibers abgefüllt angeboten wird. Deren schwarze Farbe stammt vom → Schwarzrauch oder einer Behandlung mit Blut bei Naturdärmen bzw. von einer schwarzen Pigmentierung bei Kunstdärmen. Das Brät wird aus grob entsehntem Rindfleisch, grob entfettetem Schweinefleisch, Speck und weiteren Zutaten, wie z. B. Gewürzen, Umrötungsmitteln sowie ggf. Kutterhilfsmitteln hergestellt. T. wird nachgeräuchert auch als Dauerware angeboten.

Titandioxid engl.: *titanium dioxide;* sehr stabiles weißes Metallpigment, das aus natürlich vorkommenden Erzen gewonnen wird und unter der Nummer E 171 als Farbstoff, z. B. für Süßwaren, Dragées und Salamihüllen zugelassen ist. Des Weiteren wird T. für Tabakerzeugnisse, Kosmetika wie z. B. Sunblocker und Verpackungsmaterialien verwendet.

Titling; → Stockfisch

Titration; Bestimmungsmethode der Lebensmittelanalytik, bei der der gelöste Analyt eine eindeutige chemische Reaktion mit einer in definierter Konzentration zur Probenlösung dosierten Maßlösung eingeht. Dabei muss das Ende dieser Reaktion bzw. der Punkt, an dem die unbekannte Menge der Probe der bekannten Menge des Titriermittels äquivalent ist, durch eine Indikation sichtbar gemacht werden. Aus dem so festgestellten Verbrauch an Maßlösung lässt sich der Gehalt des Analyten in der Probelösung errechnen. Die verschiedenen Verfahren werden zum einen nach dieser Indikation (Redox-Indikatoren, Säure-Base-Indikatoren, verschiedene elektrochemische Endpunktbestimmungen) und zum anderen nach den verwendeten Maßlösungen unterschieden. Beispiele sind hier Salzsäure bzw. Natronlauge für Säure/Base-Titrationen, EDTA-Lösung für komplexometrische T., Silbernitrat-Lösung für Fällungstitrationen, Natrium-Thiosulfat-Lösungen und Kaliumiodid/Iod-Lösungen für iodometrische T. Die Vorteile der T. sind Schnelligkeit, Vielseitigkeit sowie die einfache und damit kostengünstige Ausführung. Sie zählt zu den klassischen analytischen Verfahren. Beispielsweise bestimmte schon 1830 der französische Chemiker Gay-Lussac Silber titrimetrisch mit einer Genauigkeit von 0,05 %. Heute werden in der Routineanalytik automatische Titriergeräte mit geeigneten Elektroden zur elektrochemischen Endpunktbestimmung eingesetzt.

Toast engl.: *toast;* unmittelbar vor dem Verzehr geröstete Scheiben → Toastbrot, die vielfältig mit Lebensmitteln belegt und/oder überbacken, z. B. mit Schinken, Käse und Ananas, sein können.

Toastbrote engl.: *toasting bread;* besonders zum Verzehr in geröstetem Zustand geeignete Brotsorten mit feinporiger Krume und gering ausgeprägter Kruste. Die Mitverwendung von Fettstoffen und Milch und einer kleinen Menge an Zuckerarten im Teig erhöht neben intensivem Kneten die Ausbildung der feinen Poren in der Krume. Die geringe Ausprägung der Kruste wird durch Backen in Kästen erreicht. Im Hinblick auf Getreideerzeugnisse und andere Zutaten wie z. B. Sonnenblumenkerne entsprechen T. hinsichtlich der Zusammensetzung normalen Broten.

Toasten Syn.: → *Rösten*

Tocopherole engl.: *tocopherols;* → Vitamin E

Toffees Syn.: → *Weichkaramellen*

Tofu engl.: *tofu, bean curd,* Syn.: *Bohnenquark;* quarkähnliches Produkt aus Sojamilch, das mit Hilfe von Calciumsulfat gefällt (Sojaquark), in Formen abgepresst und gewaschen wird. T. ist reich an hochwertigem Eiweiß, soll aufgrund seines Gehalts an → Phytosterinen und → Phytoöstrogenen gesundheitsfördernde Wirkungen entfalten und weist einen neutralen Geschmack auf, weshalb er sowohl für pikante als auch für Süßspeisen verwendet werden kann. Während er ursprünglich überwiegend in asiatischen Ländern verzehrt wurde, erfreut sich T., v. a. in der vegetarischen Küche, weltweit wachsender Beliebtheit und wird auch geräuchert, mit Kräuterzusatz oder zu Aufstrichen, Aufschnitt, Tofuwürstchen u. a. Produkten verarbeitet angeboten.

Tokajer; weißer Dessertwein, der im Nordwesten Ungarns aus den Rebsorten Furmint und Hárslevelü erzeugt wird. Im Tokajergebiet herrscht regelmäßig im Herbst eine warme und feuchte Witterung vor. Dadurch kommt es zu Edelfäule (→ *Botrytis cinerea*) und zur Aufkonzentrierung der Inhaltsstoffe in den Trauben. Dies ergibt sehr süße gehaltvolle und hochwertige Dessertweine. Bekannte T. sind der Szmarorodni, die Aszú-Weine, die Eszencia und die edelste Version die Ausbruch-Eszencia.

Tokayer; in Frankreich, Deutschland und der Schweiz gebräuchliches Synonym für den

→Grauburgunder (Pinot gris), das nicht mit Tokajer zu verwechseln ist.

Tomaten lat.: *Lycopersicon esculentum Mill.* (Fam.: *Solanaceae*), engl.: *Tomato,* Syn.: *Liebesäpfel, Paradeiser;* essbare rote, seltener gelbe →Beeren des gleichnamigen einjährigen in Süd- und Mittelamerika beheimateten Nachtschattengewächses, die in vielen Sorten angeboten werden. Auf dem Frischmarkt am häufigsten vertreten sind Sorten von *var. esculentum* mit runden, überwiegend zweikämmerigen, 50–100 g schweren Früchten im Gegensatz zu Sorten mit länglichen ovalen Früchten. Die bis zu 1 kg schweren Fleischtomaten mit dickerer aromatischer Fruchtwand und die kirschgroßen Kirschtomaten weichen in der Größe wesentlich ab. Die Kirschtomaten stellen eine eigene Varietät (lat.: *var. cerasiforme*) dar. Die kleinfrüchtigen Buschtomaten werden industriell verarbeitet. Gentechnisch verändert ist die verzögert weich werdende →Flavr-Savr®-Tomate („Anti-Matsch"-Tomate). Bei ihr wird durch die Einbringung eines gegenläufigen Gens die Bildung des Enzyms Polygalacturonase verzögert. Dadurch ist es möglich, die T. länger am Strauch reifen zu lassen und reif länger lagern zu können. Der Anbau von T. erfolgt unter Glas und im Freiland. Als sehr aromatisch gelten T. aus Freilandanbau in Südeuropa, insbesondere Süditalien. Sie werden je nach Verwendungszweck reif und unreif geerntet. Unreife Früchte enthalten wie die grünen Pflanzenteile das giftige Alkaloid →Solanin und sind zum Verzehr nicht geeignet. T. reifen gut nach. Schnittfeste reife Früchte werden insbesondere auf dem Frischmarkt bevorzugt. Die rote Farbe bildet sich bei der Reifung aus →Carotinoiden. An der Färbung ist v. a. das Carotinoid →Lycopin beteiligt, dem gesundheitliche Bedeutung aufgrund seiner antioxidativen Wirkung beigemessen wird. T. sind ein beliebtes Fruchtgemüse, das sowohl roh als Frischgemüse als auch verarbeitet zu einer Vielzahl von Halbfabrikaten (bspw. Mark, Paste, Pulver) und verzehrfertigen Lebensmitteln (z. B. Sauce, Ketchup, Suppe) angeboten wird. Gekühlt sind T. einige Wochen lagerfähig. Gehandelt werden sie nach obligatorischen EG-Qualitätsnormen und Handelsklassen.

Tomatenhalbfabrikate; getrocknete Tomatenprodukte, die hauptsächlich zur Herstellung von Suppen und Saucen verwendet werden. Durch Trocknung von Tomatenstücken werden Tomatenflocken gewonnen, durch Vermahlen luftgetrockneter Tomaten (bzw. Trocknen von Tomatenmark) ergibt sich abhängig vom Vermahlungsgrad Tomatengrieß oder Tomatenpulver. Der Einsatz von T. erfolgt wegen ihres Geschmacks zur Färbung von Lebensmitteln und wegen ihres Gehaltes an →Lycopin zur ernährungsphysiologischen Aufwertung. Die Wahl schonender Herstellungsverfahren ist im Hinblick auf die Qualität der T. von entscheidender Bedeutung. So können sich z. B. bei einer zu starken Wärmebelastung im Zuge der →Maillard-Reaktion geschmacksintensive Reaktionsprodukte bilden, die möglicherweise zu unerwünschten Geschmacksnoten und Fehlaromen führen.

Tomaten-Ketchup engl.: *tomato ketchup;* Würzsauce (→Ketchup) aus dem Mark und/oder dem Saft reifer →Tomaten, roter oder rötlicher Sorten, ohne Schalen und Kerne, mehr oder weniger konzentriert. T. wird gewürzt mit Kochsalz, Essig, Gewürzen und anderen würzenden Zutaten, auch mit Zwiebeln und/oder Knoblauch. T. ist gesüßt mit Saccharose, einer Mischung aus Saccharose und anderen Zuckerarten oder mit Süßstoff versetztem Essig. Die Verwendung von technologisch notwendigen Zusatzstoffen, wie z. B. Dickungsmitteln, Stärken und Konservierungsmitteln ist verkehrsüblich. Der Mindestgehalt an Tomatentrockenmasse im Endprodukt ist üblicherweise nicht geringer als 7 %.

Tomatenmark engl.: *tomato purree,* Syn.: *Tomatenpüree;* pastenartiges eingedicktes Trockenerzeugnis aus → Tomaten ohne Schalen und Kerne. Es wird in den Anbauländern durch Passieren und Eindicken (Trocknen) aus gesunden reifen Früchten in unterschiedlichen Konzentrationen (einfach, doppelt und dreifach) hergestellt. Die einzelnen Konzentrationen werden nach dem Eindickungsgrad unterschieden. Dieser lässt sich am Gehalt an Trockensubstanz, refraktometrisch gemessen, festmachen. Einfach konzentriertes T. enthält mindestens 14 %, zweifach konzentriertes mindestens 28 % und dreifach konzentriertes mindestens 36 % Trockensubstanz. Der Höchstgehalt an Kochsalz beträgt 0,8 % bei einfach konzentriertem, 1,6 % bei doppelt konzentriertem und 2,0 % bei dreifach konzentriertem T. T. wird vielseitig als Grundlage für Saucen, als Geschmacksträger beim Anbraten und zum Garnieren von Speisen eingesetzt.

Tomatenpaprika; → Gemüsepaprika

Tomatenpüree Syn.: → *Tomatenmark*

Tomatensaft; → Gemüsesäfte

Tomatensauce engl.: *tomato sauce;* gebundene Sauce mit → Tomaten oder → Tomatenmark, die zu einer Vielzahl von Gerichten, z. B. mit Nudeln, Reis oder Kartoffeln und/oder Fleisch, Fisch sowie Ei gereicht wird.

Tomatensenf; → Speisesenf

Tonic Water engl.: *Quinine Water,* Syn.: *Indian Tonic Water;* klare Limonade mit natürlichen Zitrusauszügen und einem Zusatz von ca. 80 mg → Chinin pro Liter → Bitter-Getränke

Topfen engl.: *Farmer's Cheese;* österr. synonyme Bezeichnung für → Speisequark. → Frischkäse

Topfenstrudel engl.: *curd strudel,* Syn.: *Quarkstrudel;* ursprünglich österreichische Spezialität aus → Strudel- oder → Blätterteig in länglich flacher Form mit Quarkfüllung. In der Füllung sind häufig Trockenfrüchte oder andere Früchte wie z. B. Kirschen enthalten.

Topinambur lat.: *Helianthus tuberosus L.* (Fam.: *Asteraceae*), engl.: *Jerusalem Artichoke,* Syn.: *Erdbirne, Erdartischocke, Jerusalemartischocke;* eng mit der Sonnenblume verwandte Pflanze aus Nordamerika mit essbaren Knollen in der Größe kleiner bis mittlerer Kartoffeln. Die Knollen lassen sich roh und wie Kartoffeln gekocht, gedämpft oder gebraten als Gemüse verzehren. Sie werden zu Pulver und Sirup weiterverarbeitet und aus ihnen wird industriell Ethanol sowie → Inulin gewonnen. Im Vergleich zu diesem zu ca. 7–8 % enthaltenen, kaum absorbierbaren Kohlenhydrat (Polyfructan) enthalten die Knollen wenig Saccharose und Glucose, weshalb sie für Diabetiker besonders geeignet sind. Der Anbau und die Verwertung von T. richtet sich wegen der geringen Lagerfähigkeit nach den Ernteterminen und der gewünschten Zuckerzusammensetzung.

Torfbeere Syn.: → *Moltebeere*

Torteletts engl.: *tartlet;* kleine, runde, flache, i. d. R. aus Wiener Masse oder Biskuitmasse hergestellte Backwaren mit höherem überstehenden Rand, die häufig süß, z. B. mit Früchten und Fruchtfüllungen sowie pikant belegt sind.

Tortellini engl.: *tortellini;* mit Fleisch, Käse, Wurst, verschiedenen Gewürzen und anderen Zutaten gefüllte ringförmige Nudeln, die ursprünglich aus Italien stammen. Die Füllung wird in runde Nudelteigblätter gewickelt und diese an den Enden zu Ringen umgebogen. T. werden getrocknet und als Frischware im Handel in vielen Farben (z. B. rot, grün, gelb, schwarz) angeboten. Sie werden gekocht in Brühe (italienische Weihnachtsspezialität) oder verschiedenen Saucen wie z. B. Tomaten- oder Käsesauce als Hauptgericht oder als Zutat in Salaten und Aufläufen serviert.

Torten engl.: *tarts, fancy cakes;* hochwertige runde feine Backwaren. Hochwertige Füllungen und Beläge aus verschiedenen Cremes, Früchten und Massen sind üblich. T. werden sowohl mit allen Zutaten gebacken als auch mit ungebackenen Füllungen und Belägen angeboten. Die Verwendung von reichhaltigen Verzierungen, Überzügen sowie Glasuren kann abhängig von der Tortensorte sein und ein charakteristisches Merkmal bilden. Umgangssprachlich werden häufig auch runde Kuchen als T. bezeichnet.

Tortenboden engl.: *flan base,* Syn.: *Obsttortenboden, Obstboden;* aus Teigen und Massen gebackener Boden für →Torten und →Tortеletts mit ausgeformtem erhöhten Rand zum Belegen. Bei den meist benutzten Massen handelt es sich um →Biskuitmasse und →Wiener Masse. Neben der häufigen Variante →Mürbeteig, manchmal mit Mandel- oder Nussanteil, werden zur Herstellung von T. auch Rührteig und All-in-Teig verwendet. Der gebräuchlichste Belag ist Obst.

Tortenguss engl.: *tart icing,* Syn.: *Geleeguss, Tortenglasur;* mit und ohne Zucker angebotenes →Geleepulver, das nach der Zubereitung mit Wasser und/oder Fruchtsaft sowie ggf. Zucker ein i. d. R. klares Erzeugnis ergibt, das dazu bestimmt ist, im flüssigen Zustand auf mit Obst belegte Tortenböden gegeben zu werden und dort zu einer stichfesten geleeartigen Konsistenz zu gelieren. Als Konsistenz gebende Stoffe werden Gelatine oder pflanzliche Geliermittel einschließlich Pektin sowie auch geeignete Stärkearten verwendet. Zuweilen werden organische Säuren als Geschmacksstoffe und Lebensmittelfarbstoffe sowie färbende Lebensmittel eingesetzt.

Tortillachips Syn.: →*Nachos*

Tortillas engl.: *tortillas;* in der Regel aus Maismehl (teilweise auch aus Weizenmehl) und Wasser gebackene dünne Fladenbrote, die in der mexikanischen Küche warm und weich zu fast allen Speisen gereicht werden. T. können auch zu Taschen gefalten und mit verschiedenen Füllungen aus Fleisch, Gemüse und Käse versehen sein. Je nach Art der Zubereitung werden T. als →Tacos (gefüllte Maistortillas), →Burritos (gefüllte gerollte Weizentortillas), →Tostadas (flache belegte Maistortillas), →Enchiladas (gefüllte gerollte Maistortillas mit Salsa, z. T. überbacken), →Fajitas (Weizentortillas, die am Tisch selbst gefüllt werden) oder →Quesadillas (mit Käse gefüllte gebratene Weizentortillas) bezeichnet. Maistortillas sollten immer frisch zubereitet werden, da sie leicht einen muffigen Geschmack bekommen. Weizentortillas sind heute bereits fertig im Supermarkt erhältlich und müssen vor der weiteren Verarbeitung nur noch kurz in der Pfanne geröstet oder aufgebacken werden.

Tostadas engl.: *tostadas;* flache belegte Maistortillas (→Tortillas), die in Mexiko meist als Vorspeise gereicht werden.

Totenstarre engl.: *rigor mortis;* lat.: *rigor mortis,* wesentlicher, nach der Schlachtung je nach Tierart unterschiedlich rasch eintretender und lange andauernder Prozess, bei dem sich die Muskeln zusammenziehen und erstarren. Die Ursache liegt in der Weiterarbeit der Muskelzellen bei gleichzeitig unterbrochener Blutzirkulation begründet. Der Abbau von Glykogen (→Glykolyse) zu Milchsäure und die Synthese von Adenosintriphosphat (→Adenosinphosphate) wird, auch im anaeroben Zustand, ohne möglichen Abtransport fortgesetzt. Nach Erschöpfung der Glykogenvorräte kommt es zu keiner Neubildung von Adenosintriphosphat, welches normalerweise das muskelkontrahierende Actomyosin in Actin und Myosin spaltet. Es kommt zu einer andauernden Muskelkontraktion infolge der Verbindung der Muskelstruktureiweiße Actin und Myosin zu Actomyosin und die vorhandenen Räume und damit das →Wasserbindungsvermögen werden eingeschränkt. Das Absinken des pH-Wertes von etwas über 7 auf etwa 5,5 ist eine der erwünschten Folgen. Im weiteren Verlauf der →Fleischreifung lockert sich die T. Das Fleisch kann zum Zeitpunkt der T. nicht verzehrt werden, da es zäh, trocken und geschmacklos wäre.

Totentrompete Syn.: →*Herbsttrompete*

Totreife; 1. letztes Stadium der →Kornreife, bei dem das →Getreidekorn völlig erhärtet und der Wassergehalt des Kornes nur noch 14–

16 % beträgt. Bei manchen Getreidesorten fallen die Getreidekörner in diesem Stadium sehr leicht aus. Insbesondere Weizen wird im Stadium der T. maschinell geerntet. 2. Erntestadium bei → Hülsenfrüchten.

Touraine; französisches Weinbaugebiet an der Loire, in dem alle Weinarten mit charakteristischer Frische und Frucht erzeugt werden. Die bedeutendsten Rebsorten sind Cabernet franc, Chenin blanc, Gamay und Sauvignon blanc sowie AOC aus diesem Weinbaugebiet Bourgeuil, Chinon, Montlouis und Vouvray.

Tourieren engl.: *roll-in process;* Fachbegriff für den zweiten und folgende Schritte beim Fertigen von → Blätter- und → Plunderteig aus den vorbereiteten Teigplatten aus Grundteig und Ziehfett, bei dem diese erneut ausgerollt und die Seiten nacheinander zu einer dreifachen Lage (einfache Tour) übereinander geschlagen werden. Der ausgerollte einfach tourierte Teig lässt sich in vier Lagen übereinander legen (doppelte Tour).

Touristenwurst; 1. ähnlich (Ausgangsmaterial, Art und Weise) wie → Mettwurst in Enden hergestellte, kräftig unter Verwendung von Knoblauch gewürzte schnittfeste → Rohwurst; 2. zusätzlich als gebrüht bezeichnete, ähnlich (Ausgangsmaterial, Art und Weise) wie → gebrühte Krakauer hergestellte → Brühwurst. T. und gebrühte T. werden vorwiegend in Kranzdärme abgefüllt. Bei „einfacher“ Qualität wird bei beiden evtl. bis zu 10 % Bindegewebe im Ausgangsmaterial mitverwendet.

Tournedo Syn.: → *Filetsteak*

Toxine engl.: *toxins;* Giftstoffe, die in Lebensmitteln v. a. von Schimmelpilzen (→ Mykotoxine), aber auch durch einzelne Bakterienarten, wie *Clostridium botulinum*, *Staphylococcus aureus*, *Bacillus cereus* und enterotoxische *Escherichia coli* gebildet und dann als Enterotoxine in das Lebensmittel ausgeschieden werden.

Toxoplasma gondii; gewebsparasitische Protozoe (Sporozoen), der den Erreger der → Toxoplasmose darstellt. T. kommt im Gewebe als vegetativer intrazellulärer Organismus oder in Zysten eingeschlossen vor. Die vegetativen Formen erscheinen als tropfenförmige bzw. sichelähnliche Gebilde. Die Vermehrung erfolgt intrazellulär in den Zellen aller Organe, vornehmlich in Lymphknoten und im Zentralnervensystem. Ist die Kapazität der Wirtszelle erschöpft, werden die Parasiten durch Platzen der Zelle frei und können weitere Zellen befallen. T. durchläuft eine zyklische Entwicklung in der Hauskatze (spezifischer Wirt), kann aber auch andere Tierarten befallen (unspezifischer Wirt), in denen er sich azyklisch entwickelt.

Toxoplasmose engl.: *toxoplasmosis;* Infektionskrankheit, die durch *Toxoplasma gondii* über direkten oder indirekten Kontakt mit akut kranken Haustieren, meist Katzen, oder den Verzehr von infiziertem rohen Fleisch, rohen Eiern und anderen Lebensmitteln (z. B. Milch) verursacht wird. Die Inkubationszeit variiert sehr stark (zwei Wochen bis mehrere Monate). T. verläuft meist symptomlos latent, kann sich aber auch durch grippeähnliche Symptome wie Gelenk-, Glieder- und Kopfschmerzen und schubweisem Fieber äußern. Während der Schwangerschaft kann der Erreger über die Plazenta auf das ungeboren Kind übertragen werden, was zu Früh-, Fehl- oder Totgeburt führen kann. Die Gefahr der Übertragung von Mensch zu Mensch besteht nicht.

Träubli Syn.: → *Rote Johannisbeeren*

Tragacanthin engl.: *tragacanth;* → Traganth

Traganth engl.: *(gum) tragacanth*; Polysaccharid, das aus den Exsudaten der in Vorderasien beheimateten Astragalus-Sträucher durch Einritzen der Rinde und Äste und anschließendem Trocknen gewonnen wird. T. setzt sich aus dem wasserunlöslichen quellfähigen Bassorin (60–70 %) sowie dem wasserlöslichen Tragacanthin (30–40 %) zusammen und enthält neben Galacturonsäure und Arabinose u. a. auch Xylose, Galactose, Fucose, Rhamnose sowie Glucose. Unter der Nummer E 413 ist T. als Dickungs- und Geliermittel für Lebensmittel allgemein ohne Höchstmengenbeschränkung zugelassen und wird ferner in kosmetischen und pharmazeutischen Produkten eingesetzt. T. besitzt ein hohes allergenes Potenzial, was eventuell auf enthaltene Minorbestandteile zurückzuführen ist.

Traminer Syn.: → *Gewürztraminer*

Tran engl.: *train oil;* alte Bezeichnung für das Fett von Meerestieren (z. B. Lebertran, Waltran). Die Assoziation mit dem sensorischen Eindruck fischig/tranig hat dazu geführt, dass der Begriff T. heute nur noch für Rohöl zur Weiterverarbeitung, z. B. in der → Fetthärtung, als Futtermittel oder für technische Zwecke verwendet wird, nicht aber z. B. für naturbelassenes Fischöl zur Nahrungsergänzung. → Seetieröle

Tranchieren engl.: *to carve;* Zerlegen von genussfertig zubereitetem Fleisch, Wild oder Geflügel sowie Fisch in Portionen bestimmter Größe.

Transaminasen engl.: *transaminases,* Syn.: *Aminotransferasen;* zur Gruppe der → Transferasen gehörende Enzyme, welche die Transaminierung, d. h. die reversible Übertragung einer Aminogruppe von einer Aminosäure auf eine Ketosäure (z. B. Pyruvat, Oxalacetat) katalysieren. T. enthalten Pyridoxalphosphat als prosthetische Gruppe und spielen eine entscheidende Rolle im Aminosäurestoffwechsel wie z. B. beim Abbau von Aminosäuren.

Transferasen engl.: *transferases;* Klasse von → Enzymen, welche die Übertragung bestimmter Gruppen von einem Donator- auf ein Akzeptormolekül katalysieren. Abhängig von der zu übertragenden Gruppe können die T. z. B. in Aminotransferasen (→ Transaminasen), Phosphotransferasen (Kinasen) und Acetyltransferasen unterteilt werden.

Trans-Fettsäuren engl.: *trans fatty acids;* → Fettsäuren, die durch Umlagerung der physiologisch in cis-Konfiguration (→ Cis-Trans-Isomerie) vorliegenden ungesättigten Fettsäuren entstehen. Dies kann auf mikrobiellem Weg geschehen, wie z. B. im Pansen von Wiederkäuern, weshalb Milchfett geringe Mengen an T. enthält, aber auch durch thermische Belastung, wie sie bei der → Fetthärtung auftritt. T. sind gesundheitlich unerwünscht, da sie zu Veränderungen der Blutfette, nämlich zur Erhöhung von LDL und Verringerung von HDL (→ Lipoproteine) führen. Deshalb stehen sie in Verdacht, ein Risikofaktor für Herz-Kreislauferkrankungen zu sein. Aus diesem Grunde laufen Bemühungen, den Gehalt an T. zu minimieren.

Transgene Organismen engl.: *genetically modified organisms;* Organismen, deren Erbinformation mit Hilfe gentechnischer Methoden verändert wurde.

Transgene Pflanzen engl.: *genetically modified plants;* Pflanzen, deren Erbinformation mit Hilfe gentechnischer Methoden verändert wurde.

Transglutaminase engl.: *transglutaminase;* zur Gruppe der Transferasen gehörendes Enzym, das in der Natur weit verbreitet ist und auch fermentativ (*Streptoverticillium mobaraense*) gewonnen werden kann. Durch den Einsatz von T. in z. B. Fleisch-, Fisch- und Milchprodukten sowie pflanzlichen Produkten wird eine Vernetzung der Proteine erzielt und dadurch u. a. die Textur, Hitzestabilität und Wasserbindungsfähigkeit verbessert, die Gelfestigkeit erhöht und ferner eine Restrukturierung ermöglicht. Mittels T. können weiterhin hochmolekulare Emulgatoren hergestellt werden.

Transkription engl.: *transcription;* Bildung einer mRNS komplementär zu der DNS eines → Gens.

Translation engl.: *translation;* Proteinbiosynthese durch Umsetzung der mRNS-Sequenz in eine Aminosäureabfolge an den Ribosomen mit Hilfe von tRNS.

Transmissible Spongiforme Enzephalopathie engl.: *transmissible spongiform encephalopathy;* Abk.: TSE, Überbegriff für verschiedene übertragbare tödliche, durch → Prionen verursachte degenerative Erkrankungen des

Zentralnervensystems, die sich durch schwammartige Veränderungen des Gehirns äußern. Während die Scrapie (Traberkrankheit) bei Schaf und Ziege sowie die Creutzfeldt-Jakob-Krankheit beim Menschen seit langem bekannt sind und natürlicherweise auftreten, wurde die BSE-Epidemie (→Bovine Spongiforme Enzephalopathie) bei Rindern wahrscheinlich durch Verfütterung von erregerhaltigem, nicht ausreichend erhitzten Tierkörpermehl verursacht. Es wird angenommen, dass die neue Variante der Creutzfeldt-Jakob-Krankheit, die bei jüngeren Erwachsenen auftritt, durch Infektion über BSE-haltige Lebensmittel ausgelöst wird. Analoge Erkrankungen wurden bei weiteren Tierarten (z. B. Nerze, Katzen, Hirsche) beobachtet. Die TSE ist durch eine sehr lange Inkubationszeit (oft mehrere Jahre) gekennzeichnet und äußert sich als Folge der Zerstörung des Gehirns, u. a. durch erhöhte Reizbarkeit, Störungen des Bewegungsablaufs, Krampfanfälle, Koma und schließlichen Tod.

Transparenz engl.: *transparency;* Maß für Lichtdurchlässigkeit.

Transportverpackung engl.: *transport packaging,* Syn.: *Drittverpackung;* Verpackung, die überwiegend dazu dient, den Warentransport zu erleichtern sowie die Waren vor Transportschäden zu bewahren oder die aus Sicherheitsgründen beim Transport verwendet wird.

Trappistenkäse engl.: *Trappist cheese;* Schnittkäse der Dreiviertel- bis Vollfettstufe, der ursprünglich von Trappistenmönchen in der Normandie hergestellt wurde. T. besitzt eine glatte Rinde mit angetrockneter rötlichgelber Schmiere bzw. einem Überzug aus Wachs oder Paraffin sowie einen hellgelben geschmeidigen Teig mit zahlreichen runden bis schlitzförmigen Löchern und mildem Geschmack. Er wird in Laib- (1,2–1,5 kg) und Stangenform angeboten.

Trassie engl.: *trassie,* Syn.: *Blachan, Garnelenpaste;* in kleinen Mengen zum Würzen vieler Gerichte der →indonesischen Reistafel sowie in Thailand und Malaysia verwendete Paste aus getrockneten, mit Salz verriebenen, fermentierten und zermahlenen Garnelen. Aufgrund des intensiven Geruchs sollte T. in gut verschlossenen Behältnissen im Kühlschrank aufbewahrt werden. Häufiger verwendet wird T. als Sambal T., einer scharfen Chili-Paste mit Zusatz kleinerer Mengen von T.

Trauben; 1. Fruchtstände, z. B. bei →Roten oder Schwarzen Johannisbeeren, 2. Kurzbezeichnung für Kelter- und Tafeltrauben (botanisch als Rispen einzuordnen). →Weintrauben →Tafeltrauben

Traubenkernbrot Syn.: *Winzerbrot;* unter Verwendung von bis zu 10 % Traubenkernmehl hergestelltes Brot. T. wird aufgrund seines aus den Traubenkernen stammenden hohen Gehaltes an →sekundären Pflanzenstoffen, wie insbesondere dem hochwirksamen →Antioxidans Procyanidin als →funktionelles Lebensmittel eingestuft. Das Brot besitzt je nach Menge des eingesetzten Traubenkernmehls einen leicht nussartigen Geschmack.

Traubenkernöl engl.: *grape seed oil;* goldgelbes bis grünliches Pflanzenöl aus den getrockneten Kernen der Weintraube, die bei der Weinherstellung anfallen. Sie enthalten zwischen 6 und 20 % Öl, das reich an Linolsäure ist und daneben v. a. Ölsäure enthält. Des Weiteren enthält es neben Vitamin E auch Procyanidine. Das Öl wird raffiniert oder kalt gepresst angeboten und besitzt in beiden Formen einen charakteristischen Geschmack. T. ist nicht nur für Salate, sondern auch zum Dünsten und zum Braten geeignet. Eine kosmetische Anwendung ist ebenfalls verbreitet.

Traubenmaische; Bezeichnung für den durch Zerdrücken oder Zermahlen frischer Weintrauben oder von den Rappen (Stielen) getrennter Beeren entstandenen Brei bei der Weinherstellung.

Traubenmost engl.: *grape must;* Bezeichnung für das aus frischen Weintrauben auf natürlichem Wege oder durch physikalische Verfahren (z. B. Auspressen) gewonnene flüssige Erzeugnis. Ein vorhandener Alkoholgehalt von bis zu 1 Vol.-% wird geduldet. Das durch Gärung von T. gewonnene Erzeugnis mit einem vorhandenen Alkoholgehalt von mehr als 1 Vol.-% und weniger als drei Fünfteln seines Gesamtalkoholgehalts wird als teilweise gegorener T. bezeichnet. Die Bezeichnung „Teilweise gegorener Traubenmost aus getrockneten Trauben" gilt für das aus eingetrockneten Trauben durch teilweise Gärung eines T. gewonnene Erzeugnis mit einem Gesamtzuckergehalt vor der Gärung von mindestens 272 g/l, dessen natürlicher und vorhandener Alkoholgehalt nicht geringer als 8 Vol.-% sein darf. T. ist ein Vorprodukt für die Herstellung von Weinen, Schaum-, Perl- sowie Likörweinen und wird dazu in vielfältiger Form z. B. konzentriert (→ konzentrierter Traubenmost) oder als rektifiziertes Konzentrat eingesetzt.

Trauben-Nuss-Vollmilchschokolade; verbreitete Schokoladenart auf Grundlage einer → Vollmilchschokolade mit Zusätzen von getrockneten → Tafeltrauben und ganzen oder gestückelten → Haselnüssen. Die Summe dieser stückigen Zusätze darf 40 % des Gewichts des Gesamterzeugnisses nicht überschreiten. Meist sind 13–16 % Trauben und 5–6 % Nüsse verarbeitet.

Traubenrosinen Syn.: *Zibeben, Zibibbo;* große fleischige, blaue und helle Früchte der Weinrebe, die mit Kernen und teilweise auch mit Stiel getrocknet werden (→ Rosinen → Trockenfrüchte). T. werden v. a. in südeuropäischen Ländern wie Spanien (z. B. in der Region Málaga) und Italien als regionale Spezialität hergestellt. Sie dienen als Beilage zu vielen Gerichten, als Zutat zu Weinen und Likören sowie als Knabberartikel.

Traubensaft engl.: *grape juice;* gärfähiges, aber nicht gegorenes, aus frischen Weintrauben oder Traubenmost oder durch Rückverdünnung aus konzentriertem Traubenmost oder -saft gewonnenes flüssiges Erzeugnis, das als → Fruchtsaft verzehrt und zur Weinherstellung verwendet wird. Der Zusatz von Wasser über den Rahmen der Rückverdünnung hinaus oder Zucker ist unzulässig. Konzentrierter T. ist der nicht karamellisierte T., der durch teilweisen Wasserentzug aus T. unter Anwendung beliebiger zugelassener Methoden außer der unmittelbaren Einwirkung von Feuerwärme so hergestellt wird, dass der bei einer Temperatur von 20 °C nach einer gesetzlich vorgeschriebenen Refraktometer-Methode gemessene Zahlenwert nicht unter 50,9 % liegt. Maximal 1 Vol.-% an vorhandenem Alkohol wird in T. und konzentriertem T. geduldet. Als Fruchtsäfte verwendete T. dürfen im Gegensatz zu anderen Fruchtsäften mittels physikalischer Verfahren entschwefelt sowie mit Casein, Eiklar und anderen tierischen Albuminen geklärt werden. Weiterhin sind zur teilweisen Entsäuerung Kaliumtartrat und kohlensaurer Kalk (Calciumcarbonat) zugelassen. Entschwefelter, als Fruchtsaft bestimmter T. weist einen Sulfatgehalt nicht über 350 mg/l auf.

Traubenzucker Syn.: → *Glucose*

Traubenzuckerkomprimate engl.: *dextrose tablets;* → Komprimate aus oder mit einem wertbestimmenden Anteil an Glucose (Dextrose). Wegen der raschen Absorbierbarkeit und Verstoffwechselung der Glucose gelten T. als geeignet zur Bereitstellung von sofort verfügbarer Energie.

Travancore; südindisches Teeanbaugebiet, dessen Produkte meist für → Teemischungen verwendet werden.

Treber engl.: *draff, brewer grains, distiller's wash;* ausgelaugte Rückstände des → Malzes bei der Bierherstellung. Sie enthalten im Wesentlichen die Spelzen und das koagulierte unlösliche Eiweiß. T. wird in der Landwirtschaft als Futtermittel verwendet.

Trefe engl.: *trefe;* nicht → koscher.

Tregnum; Bezeichnung für eine selten verwendete → Großflasche mit einem Volumen von 2,25 Litern. Im Bordeaux wird diese Flaschengröße als Marie-Jeanne bezeichnet.

Trehalose engl.: *trehalose;* → Disaccharid aus zwei Glucoseeinheiten, das in Hefe, Mutterkorn, Algen, einigen Flechten und Pilzen vorkommt. T. kann aus Hefe isoliert werden, besitzt etwa 45 % der Süßkraft von Saccharose, ist kaum kariogen und hygroskopisch und eignet sich deshalb zur Süßung von Getränken, Süßwaren, Backwaren u. Ä.

Treibgase engl.: *aerosol propellant, blowing gas, foaming gas;* komprimierte oder verflüssigte Gase, deren Dampfdrucke bei 20 °C über 1 bar liegen und die zum Versprühen oder Verschäumen des Füllgutes von Aerosolpackungen dienen. Die früher i. d. R. verwendeten → Fluorchlorkohlenwasserstoffe werden heute aufgrund der ozonschichtschädigenden Wirkung nach und nach durch FCKW-Ersatzstoffe ersetzt.

Treibhausgemüse; in Treibhäusern unter Glas oder Folie angebautes → Gemüse. Für diese Anbauform eignen sich Gurken, Tomaten, Bohnen, Radieschen und viele andere Gemüse. Die Vorteile sind schnelle witterungsunabhängige Ernten und ein von der Jahreszeit unabhängiges Angebot. T. weisen im Durchschnitt einen höheren Gehalt an Nitrat als → Freilandgemüse auf. Dies ist auf den geringeren Abbau durch fehlende Lichteinstrahlung und ggf. intensive Düngung zurückzuführen.

Treibmittel engl.: *aerating agents, blowing agents, propellants;* Sammelbezeichnung für → Treibgase und Stoffe, die Treibgase entwickeln können.

Treibzichorien Syn.: → *Chicorée*

Trematoden lat.: *Plathelminthes* (Klasse: *Trematoda*), engl.: *flukes, trematodes,* Syn.: *Saugwürmer;* artenreiche, parasitisch an bzw. in Wirbeltieren und dem Menschen lebende Klasse der Plattwürmer. Von lebensmittelhygienischer Bedeutung sind einige *Echinostomatida* (Darm- und Leberegel), *Opistorchiida* (Zwergdarmegel) und *Paragonimus westermani* (Lungenegel), die beim Verzehr unzureichend erhitzter Süß- und Brackwasserfische auf den Menschen übertragen werden. Hauptverbreitungsgebiet ist der Nahe und Mittlere Osten; nach Schätzungen der WHO sind weltweit mindestens 40 Millionen Menschen mit T. infiziert (→ Lebensmittelhygiene).

Trennemulsionen; dickflüssige, aus → Trennfetten und Wasser unter Zusatz zugelassener Emulgatoren hergestellte Wasser-in-Öl-Emulsionen mit einem Ölgehalt von 40 % bis hin zu 90 %. Sie werden zum selben Zweck wie Trennfette verwendet, lassen sich jedoch leichter auf Backbleche und -formen auftragen.

Trennfette engl.: *releasing agent, tin greasing emulsion;* → Fette, die einen Film zwischen Backblech oder -form und Teig oder Backware bilden. Sie erleichtern dadurch das Ablösen des Teiges oder der Backware nach dem Backen. T. müssen möglichst stabil gegen Hitze sowie Luftsauerstoff sein und dürfen keine Reaktionen mit dem Lebensmittel eingehen.

Trennkost engl.: *food combining;* spezielle Diätform, die von dem amerikanischen Arzt Dr. Howard Hay begründet wurde und bei der Kohlenhydrate und Proteine nicht gleichzeitig verzehrt werden dürfen. Hintergrund ist die Annahme, dass die Basen bildenden Kohlenhydrate und die Säure bildenden Proteine im Körper nicht gemeinsam verdaut werden können und deshalb zur Entstehung von „Schlacken“ führen. Durch den zu hohen Anteil Säure bildender Nahrungsbestandteile soll es zur Übersäuerung des Körpers kommen, was als Ursache der Zivilisationskrankheiten angesehen wird. Obwohl beide Behauptungen falsch sind, es entstehen weder Schlacken noch kann der Körper übersäuern, wird die T. ernährungsphysiologisch positiv bewertet, da die Lebensmittelauswahl der einer ausgewogenen Mischkost entspricht. Der häufig auftretende Gewichtsverlust ist auf diesen Speiseplan und nicht auf die zeitliche Trennung der Nährstoffaufnahme zurückzuführen.

Trennmittel engl.: *separating agents;* feste oder

flüssige technische Hilfsstoffe, die Trockenpulvern zugesetzt werden, um ihre Fließ- bzw. Rieselfähigkeit (Fließmittel) zu erhöhen (z. B. Silicate, Carbonate, Phosphate) oder das vorzeitige Reagieren einzelner Bestandteile zu verhindern (z. B. Stärke in Backpulver), die das Abheben von Backwaren von Blechen und aus Formen erleichtern (z. B. Teflonbeschichtungen, Trennfette) und das Zusammenkleben von Süßwaren verhindern (z. B. Stearinsäure und ihre Salze, Talkum, Bienen- und Carnaubawachs).

Trepang engl.: *trepang,* Syn.: *Bêche-de-mer;* getrocknete → Seegurken. T. wird in der asiatischen Küche vielfältig verwendet; in Europa ist T. in Spezialgeschäften erhältlich. Der Name T. stammt aus dem Malayischen (*teripang*).

Trester engl.: *1. marc;* 1. Rückstand (Kerne, Fruchtfleisch, Stiele etc.) beim Auspressen von Weintrauben und anderem Obst. Aus Traubentrestern und Obsttrestern werden Spirituosen (→ Tresterbrand → Brand aus Obsttrester) und insbesondere aus Apfel- und Zitrustrestern → Pektin gewonnen. 2. Syn. für Tresterbrand.

Tresterbrand engl.: *grape marc spirit, grape marc,* Syn.: *Trester;* → Spirituose, die aus vergorenem und destilliertem Traubentrester, entweder unmittelbar durch Wasserdampf oder nach Zusatz von Wasser, gewonnen wird. Dem Traubentrester darf dabei pro 100 kg bis zu 25 kg Hefetrub zugesetzt werden. Die Destillation unter Beigabe des Tresters wird zu weniger als 86 Vol.-% vorgenommen. Eine erneute Destillation auf demselben Alkoholgehalt ist zulässig. Höchstens 35 % der Gesamtalkoholmenge dürfen aus dem zugesetzten Trub stammen. T. weist einen Gehalt an flüchtigen Bestandteilen von 140 g/hl an reinem Alkohol (r. A.) und einen rechtlich begrenzten Höchstgehalt an → Methanol auf. Der auf Trinkstärke mit Wasser verdünnte T. besitzt einen Mindestalkoholgehalt von 37,5 Vol.-%. Der bekannteste T. ist der italienische → Grappa.

Triage; im Ursprungsland ausgesiebte minderwertigere oder zerbrochene Kaffeebohnen, die auch als eigene untere Qualitätsgrade gehandelt werden.

Triangel-Test Syn.: → *Dreiecksprüfung*

Tricalciumphosphat engl.: *tricalcium phosphate;* → Calciumphosphate

Tricarbonsäure-Zyklus Syn.: → *Citronensäure-Zyklus*

Trichinellose engl.: *trichinosis;* weltweit vorkommende, durch Fadenwürmer (→ Nematoden) der Gattung *Trichinella,* in Europa hauptsächlich *Trichinella spiralis,* verursachte parasitäre Erkrankung. Der Erreger wird durch Verzehr von ungenügend erhitztem infizierten Fleisch übertragen (→ Trichinen). Typische Symptome sind nach 1–2 Tagen Übelkeit, Erbrechen und Diarrhöe, nach weiteren 2–4 Wochen (Einnistung eingekapselter Larven in verschiedenen Organen/Geweben) hohes Fieber und Ödeme. Massiver Befall kann zum Tod führen. T. ist in Europa dank flächendeckender Fleischkontrollen sehr selten geworden; die meisten Erkrankungsfälle werden aus Amerika gemeldet, einige aus Südostasien und Afrika. In Deutschland ist T. meldepflichtig. Um Risiken auszuschließen, sollte Fleisch gefährdeter Tiere aus Hausschlachtung und aus Ländern mit weniger strikter Kontrolle vor dem Verzehr ausreichend erhitzt werden. Pökeln und Trocknen reichen nicht aus.

Trichinen lat.: *Trichinella sp.* (Fam. *Trichinellidae*), engl.: *trichina;* Fadenwürmer (→ Nematoden), die über infiziertes Fleisch auf den Menschen übertragen werden. Geschlechtsreife T. leben parasitisch im Darm Fleisch fressender Säugetiere (Haus- und Wildschwein, Bär, Dachs, Fuchs, Robbe, Biber, Ratte, Maus, Pferd, Hund, Katze u. a.). Ihre Larven dringen in die Muskulatur ein und gelangen beim Verzehr von unzureichend erhitztem Fleisch in den menschlichen Darm. Es entwickeln sich wiederum adulte T. (Darmtrichinen), deren Larven über Blut und Lymphe im Organismus verteilt werden.

Sie kapseln sich als so genannte Trichinellenzyste (Muskeltrichinen) ein und überleben so beim Menschen bis zu 25, beim Schwein bis zu 11 Jahre. T. können schwere Krankheitssymptome hervorrufen (→Trichinellose), aber auch symptomlos bleiben. Der Nachweis eines Trichinenbefalls erfolgt beim lebenden Tier und beim Menschen durch Kot- bzw. Stuhluntersuchung sowie bei Fleisch, das als Lebensmittel bestimmt ist, durch die Trichinenschau im Rahmen der amtlichen Fleischbeschau. Sie ist in Deutschland seit 1937 obligatorisch und heute EU-weit einheitlich geregelt. An die Stelle der Trichinenschau darf die Kältebehandlung des Fleisches nach festgelegten Zeit-Temperatur-Vorgaben treten, die zur Abtötung evtl. vorhandener Trichinenlarven führt. Die Bestrahlung zur Inaktivierung von Parasiten in Fleisch wird diskutiert (→Lebensmittelbestrahlung).

Trichinenschau; →Trichinen

Trichothecene engl.: *trichothecens;* →Fusarientoxine

Triebmittel Syn.: →*Backtriebmittel*

Triel Syn.: →*Wamme*

Trieur; Auslesemaschine zum Beseitigen von Unkrautsamen aus Sämereien sowie von Unkrautsamen und quer gebrochenen Körnern aus Getreide.

Trigeminal; Vorgänge der Chemorezeption im Mund-, Nasen- und Rachenraum unter Beteiligung des „Tastnervs" *Nervus trigeminus.* T. werden stechende und scharfe Komponenten, z. B. Alkohol, Kohlensäure oder Pfeffer wahrgenommen.

Triglyceride engl.: *triglycerides,* Syn.: *Triacylglyceride;* →Glyceride, bei denen alle drei vorhandenen Hydroxylgruppen des Glycerins mit Fettsäuren verestert sind. T. sind der Hauptbestandteil aller Fette und fetten Öle. Natürliche T. sind Gemische verschiedener Modifikationen, deshalb schmelzen sie in einem bestimmten Bereich und besitzen keinen konkreten Schmelzpunkt. Eine Ausnahme ist →Kakaobutter. Je höher die Anzahl Doppelbindungen der Fettsäuren und je kürzer ihre Kohlenstoffkette, desto niedriger liegt dieser Schmelzbereich. Bei Ölen liegt er unterhalb der Raumtemperatur.

Trimethylamin engl.: *trimethylamine;* chemisch ein Abkömmling des →Ammoniaks mit drei Methylgruppen. Es entsteht in eiweißhaltigen Lebensmitteln (Fleisch, Fisch, Ei) durch mikrobiellen Abbau von →Cholin und Trimethylaminoxid. Daneben werden Mono- und Dimethylamin (eine bzw. zwei Methylgruppen) gebildet. Methylamine zeichnen sich durch einen intensiven Geruch nach verdorbenem Fisch aus. Die Geruchsschwelle für T. liegt bei ca. 25 µg/kg Lebensmittel. In Eidotter ist T. verantwortlich für den Aromafehler „fischig"; in Fisch gilt T. als Indikator für mikrobiellen Verderb. Methylamine sind hochwirksame Nervengifte.

Trimethylaminoxid engl.: *trimethylamineoxide;* Stoffwechselprodukt der Seefische und der marinen Krebstiere zur Anpassung des osmotischen Drucks der Körperflüssigkeiten an den des salzhaltigen Umgebungswassers (Osmoregulation). Haie und Rochen enthalten besonders viel T. Bei der Lagerung von frischen Fischen oder Krebstieren wird T. mikrobiell zu Trimethylamin abgebaut.

Trinitario; aus den beiden botanischen Grundsorten des Kakaobaumes, Criollo und Forastero gezüchtete Sorte. Der T. soll die Vorteile beider Sorten (hohe Qualität und hohe Widerstandsfähigkeit) vereinen. Er ist meist selbststeril, weshalb er nur durch Stecklingsvermehrung bzw. Pfropfung vermehrt werden kann. Der Anteil an der Weltproduktion ist ähnlich der des Criollo.

Trinkbranntwein engl.: *spirit;* veraltete Bezeichnung für →Spirituosen.

Trinkjoghurt; trinkbarer →Joghurt, der durch Homogenisieren und den Zusatz von Stabilisatoren eine flüssige sämige Konsistenz erhält.

Trinkmilch engl.: *consumers milk;* frühere Bezeichnung für →Konsummilch.

Trinksahne Syn.: →*Sahne*

Trinksauermilch Syn.: → *Sauermilch*

Trinkschokoladenpulver engl.: *drinking chocolate, sweetened cocoa, sweetened cocoa powder,* Syn.: *gezuckerter Kakao, gezuckertes Kakaopulver;* Erzeugnis aus einer Mischung von Kakaopulver und Zuckerarten, die mindestens 25 % Kakaopulver enthält. Diese Bezeichnungen werden durch die Angabe „fettarm", „mager" oder „stark entölt" ergänzt, wenn das Kakaopulver weniger als 20 % Kakaobutter in der Trockenmasse aufweist, in diesem Fall muss der Gehalt an Kakaobutter auf dem Etikett angegeben sein, in jedem Fall jedoch der Gesamtgehalt an Kakaotrockenmasse. Die deutsche Kakaoverordnung von 1975 kannte für T. die Bezeichnung Haushaltskakaopulver. Zur Herstellung von Instant-Pulver werden Agglomerieranlagen genutzt, die das pulverförmige Ausgangsmaterial nach dem Fallstromprinzip in der Dampfphase oder wässrigem Aerosolnebel verkleben. Für möglichst geringe Sedimentation im Endprodukt ist optimal fein gemahlenes Kakaopulver als Ausgangsmaterial nötig.

Trinkwasser engl.: *drinking water;* Wasser zum direkten Genuss, zur Zubereitung von Speisen im Haushalt sowie zur Herstellung und Verarbeitung von Lebensmitteln. T. wird aus → Grundwasser (auch → Quellwasser) und → Oberflächenwasser meist nach → Trinkwasseraufbereitung gewonnen. In der Trinkwasserverordnung sind Grenzwerte für die chemische (z. B. für Schwermetalle oder Pestizide) und bakteriologische Beschaffenheit des T. festgelegt. Es muss frei von Krankheitserregern und gesundheitsschädlichen Stoffen sowie möglichst keimfrei, farblos, klar, kühl und frei von Geruch und Geschmack sein. Die Aufbereitung erfolgt in Trinkwasserversorgungsanlagen, die von den Gesundheitsämtern überwacht werden.

Trinkwasseraufbereitung engl.: *drinking water purification;* Verfahren zur Gewinnung von → Trinkwasser aus Grund- und Oberflächenwasser. Die Art der Behandlung, erlaubte Zusätze und Restgehalte an technologischen Hilfsstoffen sind in der Trinkwasserverordnung geregelt. Mögliche Aufbereitungsverfahren sind → Wasserchlorierung, → Ozonierung, UV-Bestrahlung, der Zusatz von z. B. Phosphaten, verschiedenen Oxidationsmitteln (z. B. Wasserstoffperoxid, Kaliumpermanganat), Aktivkohle, Silicaten, Carbonaten und verschiedenen Säuren (Essig-, Salz-, Schwefel- und Phosphorsäure). Auch mechanische Methoden wie Sedimentation, Siebung und Filtration kommen zum Einsatz.

Trinkwasserfluoridierung; Zusatz von 0,6–1,2 ppm Fluorid zum Trinkwasser zur Kariesprophylaxe. In Deutschland ist die T. verboten, da die Spanne zwischen Karies verhütender und toxischer Dosis sehr gering ist. Statt dessen wird mit Fluorid angereichertes Speisesalz und eventuell die Einnahme von Fluoridtabletten empfohlen. → Fluorid

Triple Crème Aromatisée; französischer Doppelrahmfrischkäse mit Kräutern, einem Fettgehalt von 75 % in der Trockenmasse (35 % absolut) und einem sehr sahnigen Geschmack, der je nach verwendeten Kräutern und Gewürzen variiert. Ein Beispiel ist T. mit zerstoßenem Pfeffer umgeben, in Zylinderform oder als rechteckige Portionsstücke.

Triple sec; bedeutet „dreifach trocken" und weist bei Spirituosen auf eine gehobene Qualität und einen erhöhten Alkoholgehalt hin.

Trisaccharide engl.: *trisaccharides,* Syn.: *Dreifachzucker;* → Oligosaccharide, die aus drei gleichen oder verschiedenen, durch glykosidische Bindungen verknüpften → Monosacchariden bestehen. Zu den T. gehören z. B. → Raffinose, → Kestose, → Gentianose und → Melezitose. T. können durch Säuren oder Enzyme in Monosaccharide gespalten werden, schmecken in unterschiedlichem Maße süß und sind gut wasserlöslich.

Triticale lat.: *Triticum X Secale* (Fam.: *Poaceae*), engl.: *triticale;* ein Roggen-Weizen-Bastard, der teilweise die positiven Eigenschaften der beiden Ausgangsgetreide vereinigt. In ihm sind die Ertragsfähigkeit und Kornqualität des → Weizens mit der Widerstandsfähigkeit, Frostresistenz und Anspruchslosigkeit des → Roggens verbunden. Die Körner von T. werden wegen der schlechten Backeigenschaften selten als Brotgetreide, sondern vielmehr als Futtermittel und für technische Zwecke, z. B. zur Alkoholgewinnung genutzt.

Trocken; → Restsüße → Abstimmung

Trockenäpfel; aus i. d. R. geschälten und vom Kerngehäuse befreiten → Äpfeln hergestellte getrocknete geschwefelte oder ungeschwefelte Erzeugnisse wie Ringe (→ Apfelringe), Würfel, Flocken und Pulver. Apfelwürfel, -flocken und pulver werden überwiegend in Backwaren, Babynahrung und Convenience-Produkten, wie z. B. Instantsuppen und anderen Fertiggerichten verwendet. Das Schwefeln von T. ist grundsätzlich kenntlich zu machen, wobei die Kenntlichmachung bei fertig verpackten oder umhüllten T. mit Zutatenverzeichnis auf der Packung oder Umhüllung sowie bei Hinweis auf die Schwefelung in Aushängen oder ausliegenden schriftlichen Aufzeichnungen bei loser, umhüllter oder fertig verpackter Ware entfallen kann.

Trockenaprikosen engl.: *dried apricots;* → Trockenfrüchte

Trockenbackhefe; getrocknete → Backhefe, die im Gegensatz zu frischer Backhefe bis zu einem Jahr haltbar ist.

Trockenbanane engl.: *dried banana;* meist halbierte, in der Sonne getrocknete dunkelbraune Banane mit intensivem süßen Geschmack und zäher Konsistenz, die als Süßigkeit und Backzutat verwendet wird.

Trockenbeerenauslese; traditionelle Bezeichnung für einen inländischen → Qualitätswein b. A. (bestimmter Anbaugebiete), dem das Prädikat T. auf Antrag bei der → Qualitätsprüfung unter Zuteilung einer Prüfungsnummer zuerkannt wird. Für die Zuerkennung des Prädikates müssen die zu prüfende Weine die allgemeinen europäischen und nationalen Kriterien für einen Qualitätswein b. A. und die weiteren prädikatsspezifischen Anforderungen erfüllen. Für das Prädikat T. müssen die Weintrauben aus einem Bereich stammen, darf keine Anreicherung des Weines bei der Herstellung erfolgen und es dürfen nur vorwiegend eingeschrumpfte sowie edelfaule Weintrauben eingesetzt werden. Ist wegen besonderer Sorteneigenheit oder besonderer Witterungsverhältnisse keine Edelfäule (→ *Botrytis cinerea*) eingetreten, dürfen auch überreife eingeschrumpfte Trauben verwendet werden. Als T. hergestellte Weißweine sind sehr rar, von süßem harmonischen Geschmack und gehören qualitativ zur Spitzengruppe der deutschen Weißweine.

Trockenbirnen engl.: *dried pears;* → Trockenfrüchte

Trockenblutplasma; → Blutplasma

Trockenbohnen engl.: *dried cooking beans;* getrocknete reife Samen von → Bohnen.

Trockeneis engl.: *dry ice, solid carbon dioxide;* Handelsname für verfestigtes → Kohlendioxid, das zu Kühlzwecken eingesetzt wird. Bei der Entspannung von unter Druck verflüssigtem Kohlendioxid vergast ein Teil davon sehr schnell, so dass die entstehende Verdunstungskälte zur Bildung von festem Kohlensäureschnee führt, der anschließend in Pressen verdichtet wird. T. ist in Form von weißen Blöcken oder Pellets erhältlich. Es ist ungiftig, nicht brennbar, geschmacksfrei, geruchslos und wirkt durch Aufbau einer inerten Atmosphäre → bakteriostatisch. Längeres Einwirken auf die Haut führt zu schweren Verbrennungen (Kaltbrand), so dass beim Umgang mit T. bestimmte Vorsichtsmaßnahmen, wie z. B. der Einsatz von Schutzbrille und Handschuhen zu beachten sind.

Trockenerbsen engl.: *dried peas;* → Erbsen

Trockenfisch engl.: *dried fish;* Sammelbezeichnung für Fisch, der durch Trocknen haltbar gemacht ist. → Klippfisch → Stockfisch

Trockenfleisch engl.: *jerky;* durch Wasserentzug (Trocknung) haltbar gemachtes → Fleisch. Die Trocknung erfolgt in Stücken bei allmählich absinkender Luftfeuchtigkeit oder auf beheizten Walzen, wobei zugleich gegart wird sowie durch Sublimation des Wassers in gefrorenem Zustand im Vakuum (→Gefriertrocknung). Gefriergetrocknetes Fleisch weist ein besonders gutes Wiederaufnahmevermögen gegenüber Wasser auf. T. wird sowohl im rehydratisierten Zustand, z. B. als Bestandteil von Suppen aus Trockenmischungen als auch im trockenen Zustand als Gericht und Knabberartikel verzehrt.

Trockenfondant engl.: *dried fondant;* pulverförmiger getrockneter →Fondant. Die Trocknung erfolgt durch Versprühen oder Feinstvermahlung der Komponenten. Zu Verbesserung der Rieselfähigkeit ist er häufig zusätzlich agglomeriert. Durch Zusatz entsprechender Wassermengen lassen sich sowohl die gleiche Zusammensetzung und eine ähnliche Korngröße wie bei pastösem Fondant als auch Lösungen geringerer Dichte z. B. für Glasuren erzielen. T. wird für Füllungen und Glasuren verwendet.

Trockenfrüchte engl.: *dried fruits,* Syn.: *Trockenobst;* durch verschiedene Trocknungsverfahren haltbar gemachte Obstdauerwaren. Die älteste Variante ist das Trocknen an der Sonne. Heute werden die ausgewählten und reifen Früchte meist an der Luft, an der Sonne vorgetrocknet und dann in Trocknungsanlagen bei 65–75 °C weitergetrocknet. Auch Vakuumtrocknen kommt zum Einsatz (ca. 60 °C). Die wichtigsten Arten an T. sind Trockenäpfel (Apfelringe), -birnen, -aprikosen, -pflaumen, -pfirsiche, getrocknete Weinbeeren und getrocknete Südfrüchte, wie z. B. Feigen, Datteln, Ananas, Bananen. Um eine Farbveränderung zu verhindern, wird v. a. bei hellen Früchten vor der Trocknung geschwefelt (z. B. Äpfel, Aprikosen, Pfirsiche). Eine solche Behandlung muss durch die Angabe „geschwefelt" kenntlich gemacht werden, es sei denn, es handelt sich z. B. um eine Fertigpackung mit einem Zutatenverzeichnis. Die maximal zugelassene Menge an Schwefeldioxid ist je nach Frucht unterschiedlich und in der Zusatzstoff-Zulassungsverordnung geregelt. Dunkle Früchte sind selten geschwefelt. Um den Trocknungsprozess zu erleichtern, wird bei manchen Früchten die Haut verletzt, z. B. durch Einritzen oder durch Eintauchen in Laugen- oder Carbonatlösung (z. B. Pflaumen). Bei anderen Früchten wiederum erfolgt die Erleichterung des Trockungsprozesses durch Schälen (z. B. Äpfel) oder Überbrühen und Ablösen der Haut (z. B. Aprikosen). T. werden im Handel aus verschiedenen Herkunftsländern, in verschiedenen Formen, z. B. ganz, halbiert, in Scheiben, entsteint oder mit Kern angeboten. Darüber hinaus wird nach Qualitätsstufen unterschieden (in absteigender Reihenfolge): 1. extra fancy, 2. fancy, 3. extra choice, 4. choice, 5. standard, 6. ungraded; dabei gehen die Begriffe „fancy" eher auf die Größe der Früchte ein, während „choice" ausgewählt und „extra choice" besonders verlesen bedeutet. Bei manchen T., z. B. Trockenpfirsichen, Trockenbirnen oder Trockenaprikosen sind auch zusätzliche Größenangaben, wie z. B. extra large, large, medium und small gebräuchlich. T. verfügen bei sachgemäßer trockener Lagerung über mindestens mehrere Monate Lagerfähigkeit und sind sehr energie-, ballaststoff- und mineralstoffreich.

Trockengemüse engl.: *dried vegetables,* Syn.: *Dörrgemüse, getrocknetes Gemüse;* unter möglichst weitgehender Erhaltung der wertbestimmenden Inhalts- und Geschmacksstoffe hergestellte getrocknete Gemüsedauerwaren. Dazu wird das frische Gemüse gewaschen, sortiert, verlesen, ggf. zerkleinert, in siedendem Wasser oder mit Wasserdampf blanchiert und schonend im Vakuum getrocknet. T. wird fast ausschließlich als Halbfabrikat zur Weiterverarbeitung zu Trocken- und Instantsuppen sowie Saucen verwendet.

Trockenglucosesirup engl.: *dried glucose syrup,* Syn.: *Trockenstärkesirup, Trockenstärkezuckersirup;* vorzugsweise im Zerstäubungsverfahren aus →Glucosesirupen gewonnene

Trockenerzeugnisse mit mindestens 93% Trockenmasse und weißer bis gelblicher Farbe sowie süßem, z. T. spezifischem Geschmack.

Trockenhefen; 1. aktive T. sind noch gärfähig (Trockenbackhefe, Bäckerhefe); Hefen der Gattung → *Saccharomyces*, bei 25–30 °C getrocknet, verwendet als Triebmittel zur Teiglockerung; Haltbarkeit bei sachgemäßer Lagerung ein Jahr; 2. inaktive T. dagegen sind nicht gärfähig, hauptsächlich Hefen der Gattung → *Candida*, gewonnen durch Walzen- oder Sprühtrocknung; reich an Eiweiß (→ Hefeeiweiß) und B-Vitaminen (u. a. Folsäure), Verwendung als Nährhefe in vielen Lebensmitteln, z. B. in pflanzlichen Brotaufstrichen, auch als → Futterhefe.

Trockenkartoffeln engl.: *dehydrated potatos;* → Kartoffelverarbeitungserzeugnisse, die aus rohen Kartoffeln durch Schälen, Schneiden (in Scheiben, Streifen oder Würfel), Blanchieren (Inaktivierung von Enzymen) und Trocknen hergestellt werden. T. werden weiterverarbeitet zu → Kartoffelkloßpulver und anderen Convenience-Produkten oder in Großküchen zur Herstellung von Kartoffelsalat und Eintopfgerichten verwendet.

Trockenkleber; technisch durch einen Auswaschprozess mit Sedimentation und anschließender Trocknung gewonnener → Kleber (Wassergehalt 65–70 %). Die Eigenschaften sind vom angewendeten Trocknungsverfahren abhängig. Schonende Verfahren wie z. B. die Vakuumtrocknung bei niedrigen Temperaturen ergeben T. mit kaum veränderten Quell- und Dehnungseigenschaften (Vitalkleber). Bei auf der Walze getrocknetem Kleber (Devitalkleber) ist das Eiweiß mehr oder minder stark denaturiert und in seinen ursprünglichen Eigenschaften verändert. Vitalkleber wird als Backmittel für Toastbrot, Kleingebäck sowie Weizen- und Mischbrot verwendet. Der Zusatz wirkt sich positiv auf die Backqualität von Weizenmehl und -schrot aus. Die mit Vitalkleber versetzten Teige weisen eine höhere Wasserbindung, eine bessere Teigstabilität und ein größeres Gashaltevermögen auf. Dadurch erhöht sich das Volumen der späteren Gebäcke.

Trockenkonserven; durch weitgehenden, möglichst schonenden Wasserentzug mit Hilfe verschiedener → Trocknungsverfahren haltbar gemachte Erzeugnisse. Typische T. sind getrocknetes Obst und Gemüse sowie → Trockenmilcherzeugnisse, aber auch getrocknete Fertigprodukte, wie z. B. Trockensuppen und Kartoffelpüreeflocken. Die Haltbarkeit von T. ist je nach Ausgangsgut, Restfeuchtegehalt und Verpackungsart unterschiedlich und kann bis zu mehrere Jahren betragen.

Trockenmagermilch Syn.: → *Magermilchpulver*

Trockenmasse engl.: *oven-dry mass,* Syn.: *Trockensubstanz;* die in einem Lebensmittel vorhandenen Feststoffe, wie z. B. Eiweiße, Fette, Kohlenhydrate und Mineralstoffe. Der Gehalt an T. (oder der Wassergehalt) wird bei einigen Lebensmitteln wie z. B. → Käse als Qualitätskriterium gesehen und unterliegt z. T. rechtlichen Mindestanforderungen. Ihre analytische Bestimmung erfolgt nach national und international vorgeschriebenen Methoden wie z. B. DIN-Normen oder der Sammlung amtlicher Methoden nach § 35 LMBG direkt durch Trocknung oder indirekt z. B. durch refraktometrische Dichtemessung.

Trockenmilch Syn.: → *Milchpulver*

Trockenmilcherzeugnisse engl.: *powdered milk products;* hauptsächlich nach dem Sprühverfahren im Sprühturm (Heißluft- bzw. Warmlufttrocknung) oder im Walzenverfahren auf einer heißen Trocknungswalze (→ Walzentrocknung) getrocknete Milcherzeugnisse. Durch die Wärmebelastung bei der Trocknung und die damit verbundenen chemischen Reaktionen (z. B. → Maillard-Reaktion) und physikalische Prozesse (z. B. Denaturierung von Proteinen) kann es zu Qualitätseinbußen, wie Kochgeschmack, Farbveränderungen und Lysinverluste im getrockneten Erzeugnis kommen. Diese lassen sich durch Anwendung optimierter Prozesssteuerungen bei der Trocknung minimieren. Zu den T. zählen in Deutschland 13 Standardsorten, wie z. B. Sahnepulver, Milchpulver, Joghurtpulver, Magermilchpulver, Kefirpulver und Buttermilchpulver (s. auch bei den einzelnen Stichwörtern).

Trockenmittel engl.: *drying agents;* Substanzen, die geeignet sind, Wasser aufzunehmen und sich zum Trocknen von Gasen, Flüssigkeiten und Feststoffen eignen. Weiterhin können T. auch zur Einstellung einer definierten Luftfeuchtigkeit verwendet werden. Im Bereich der Verpackung von Lebensmitteln sind T. als getrennter Beipack im Einsatz, um Wasserdampf aufzunehmen und damit Feuchtigkeitsschäden des verpackten feuchtigkeitsempfindlichen Gutes zu vermeiden. Wegen der begrenzten Wasseraufnahmekapazität von T. sollten sie nur in geschlossenen, wasserdampfdichten Systemen wie dichten Containern oder vollständig umhüllten Paletten angewandt werden. Das bekannteste T. ist Silikagel, das durch einen Farbumschlag von Rosa nach Blau seine Erschöpfung anzeigt und durch Erhitzen regeneriert werden kann.

Trockenobst Syn.: → *Trockenfrüchte*

Trockenpfirsich engl.: *dried peach;* → Trockenfrüchte

Trockenpflaumen Syn.: *Backpflaumen;* aus → Pflaumen hergestellte beliebte → Trockenfrüchte. T. werden im Haushalt oft als Kurpflaumen, Kompott, Zutat in Saucen zu pikanten Fleischgerichten oder in Mischobst verwendet. Für die Industrie bilden sie auch häufig die Grundlage von → Pflaumenmus.

Trockenpökelung engl.: *dry curing;* traditionelles Pökelverfahren zum Haltbarmachen von Fleischerzeugnissen, das insbesondere bei der Herstellung von → Rohschinken verwendet wurde. Bei der T. wird das Pökelgut zunächst mit Kochsalz, dem Salpeter beigegeben wurde, oder mit Nitritpökelsalz sowie ggf. Gewürzen und Kräutern eingerieben. Anschließend folgt ein festes Packen mit zwischengestreutem Salz in geeigneten Behältnissen. Der austretende Fleischsaft bildet mit dem Salz eine das Pökelgut nicht völlig bedeckende Lake. Im Verlaufe der bei 6–8 °C 4–8 Wochen dauernden Pökelung wird das Gut mehrfach umgepackt.

Trockenprodukte engl.: *dry food;* Sammelbezeichnung für durch → Trocknung haltbar gemachte Erzeugnisse wie getrocknetes Obst und Gemüse oder Trockenmilchpulver (→ Trockenkonserven) sowie für Produkte, die von Natur aus einen geringen Wassergehalt aufweisen, wie Mehl, Getreideflocken, Reis oder Nüsse.

Trockensahne Syn.: → *Sahnepulver*

Trockensalzung engl.: *dry salting;* → Einsalzen mit kristallinem Kochsalz.

Trockenstärkesirupe/-stärkezuckersirupe Syn.: → *Trockenglucosesirup*

Trockensubstanz Syn.: → *Trockenmasse*

Trocknung engl.: *drying;* eines der ältesten Verfahren zum Haltbarmachen von Lebensmitteln (→ Konservierungsverfahren), bei dem das Wasser aus dem zu trocknenden Gut meist unter kontrollierten Bedingungen bis auf einen Restfeuchtegehalt verdampft oder verdunstet wird, bei dem mikrobielle, enzymatische und chemische Reaktionen unterbunden bzw. weitgehend eingeschränkt sind. Je nach zu trocknendem Gut, der Temperaturbelastbarkeit seiner Inhaltsstoffe, der gewünschten Qualität des Endprodukts und der angestrebten Wirtschaftlichkeit können dazu verschiedene → Trocknungsverfahren angewandt werden. Bei der Verdunstungstrocknung erfolgt die notwendige Wärmezufuhr durch einen warmen Luftstrom, der gleichzeitig den entstehenden Wasserdampf abführt und bei der Verdampfungstrocknung durch den Kontakt mit heißen Flächen, der das im Produkt enthaltene Wasser zum Sieden und Verdampfen bringen. Einen Sonderfall stellt die Sublimationstrocknung (→ Gefriertrocknung) dar, bei der die T. unter Umgehung des flüssigen Aggregatzustandes aus der Eisphase erfolgt.

Trocknungsverfahren engl.: *drying methods;* Verfahren zur → Trocknung von Lebensmitteln und anderen feuchten Gütern, die nach verschiedenen Kriterien kategorisiert werden können. So lässt sich nach dem Verlauf der Trocknung zwischen chargenweise, kontinuierlich, einstufig oder kombiniert arbeitenden T. unterscheiden, nach der Art der Wärmezufuhr zwischen → Kontakttrocknern, → Konvektionstrocknern und → Strahlungstrocknern, nach den bestehenden Druckverhältnissen zwischen → Vakuumtrocknung und atmosphärischer Trocknung, nach der Art des Wasserentzuges zwischen → Gefriertrocknung, Verdampfungs- und Verdunstungstrocknung, nach der Bewegungsrichtung des zu trocknenden Gutes zum Luftstrom zwischen Gegenstrom-, Gleichstrom- und Kreuzstromtrocknung und nach der Bauart des Trockners zwischen Horden-, Band-, Tunnel- und → Walzentrocknung.

Trogmuschel lat.: *Spisula sp.* (Fam.: *Mactridae*), engl.: *surf clam;* in sandigen und schlickigen Böden der Meeresküsten verbreitete kleine ovale → Muschel (2,5–5 cm lang). Die T. wird weltweit in großem Umfang als Lebensmittel genutzt, in Deutschland traditionell nur in Notzeiten. Im Handel wird vereinzelt die Dickschalige T. (lat.: *Spisula solidissima Say*) aus dem westlichen Nordatlantik angeboten.

Trollinger; sehr spät reifende Rotweinrebe mit hohen Erträgen, aus deren (hell)roten Trauben kernige, leichte, milde hellrote Weine erzeugt werden. In Deutschland ist die Trollingerrebe v.a. in Württemberg verbreitet. Dort wird die Trollingertraube auch als Tafeltraube geschätzt. In Südtirol lautet der Name für die ursprünglich als Schiava Grossa bezeichnete Rebe Vernatsch. Sie wird dort in einigen Varianten wie z. B. Grau- und Kleinvernatsch angebaut. Als Gewächshaustraube/Tafeltraube ist die Sorte in Holland, Belgien und England unter dem Namen Black Hamburg bekannt.

Tropenkonserve engl.: *tropical conserve;* → Konserve, in der das Gut durch intensivere Hitzebehandlung (länger und/oder höhere Temperatur) ein Jahr bei Temperaturen von 40 °C haltbar ist, da thermophile Sporen im Gegensatz zur → Vollkonserve ebenfalls ausgeschaltet sind.

Tropfhonig engl.: *drained honey,* Syn.: *Lauf-, Senkhonig;* durch Austropfen der entdeckelten brutfreien Waben gewonnener → Honig. Dies geschieht ohne äußere Einwirkung wie z. B. Erwärmung.

Tropfpunkt; Temperatur, bei der unter genormten Bedingungen Fette oder fettähnliche Stoffe zu fließen und abzutropfen beginnen. Der T. liegt etwa um 1 °C höher als der Schmelzpunkt eines Fettes und wird meist mit einem Tropfpunkt-Thermometer nach Ubbelohde bestimmt.

Tropische Speichermotte lat.: *Ephestia cautella* (Fam.: *Phycitidae (Fruchtzünsler)*), Syn.: *Dattelmotte;* der → Speichermotte ähnelnder Kleinschmetterling (Falter) mit einer Flügelspannweite von bis zu 20 mm und je nach Nahrungssubstrat rötlichen, weißen oder grünlichen, bis zu 15 mm langen Raupen mit braunem Kopf. Sie fressen, verschmutzen und verspinnen v. a. Getreide- und Mühlenprodukte, Kakaobohnen, Nüsse und Trockenobst. Die t. S. ist ein relativ seltener tropischer → Schädling, der mit Lebensmittelimporten immer wieder neu eingeschleppt wird, bei uns aber nur in beheizten Räumen vermehrungsfähig ist.

Trüffelleberwurst; hochwertige, wie → Delikatessleberwurst hergestellte, im Inneren fein zerkleinerte → Leberwurst der Spitzenqualität, der bei der Herstellung hochwertige schwarze → Trüffeln, i. d. R. Périgord-Trüffeln zugegeben werden. Der Zusatz von preiswerteren Trüffeln, wie z. B. von Sommer-Trüffeln oder von afrikanischen bzw. chinesischen Trüffeln ist ausreichend kenntlich zu machen.

Trüffelmasse engl.: *truffle paste, french chocolate amerik.;* schokoladenähnliche, weiche geschmeidige Masse von besonderer Güte und mit hochwertigen Zutaten. Die Zutaten sind Schokolade, Kakaomasse, Kakaobutter, Kakaopulver, auch stark entölt, Zuckerarten und/oder Zuckeralkohole und meist Milchfette in Form von Sahne, Kondensmilch und/oder Butter. Der Zusatz von Geschmacksstoffen wie z. B. Nüsse oder Rum ist üblich. Aus T. werden hauptsächlich Süßwaren (→ Trüffeln) sowie Füllungen für andere Süßwaren und Pralinen hergestellt.

Trüffeln; 1. über 100 verschiedene Arten von unterirdisch wachsenden Würzpilzen der Gattung *Tuberales*, von denen v. a. vier (Schwarze bzw. Périgordtrüffel, Weiße bzw. Albatrüffel, Sommer- und Wintertrüffel) mengenmäßig von Bedeutung sind. Sie besitzen einen nuss- bis faustgroßen knollig geformten Fruchtkörper mit rau genarbter Oberfläche und festes, abhängig von der Art weißgraues bis schwarzes Fleisch, das von vielen Adern durchzogen ist. T. leben in Symbiose mit bestimmten Bäumen, wachsen überwiegend in Frankreich, Spanien und Italien und werden aufgrund ihres Geruchs von speziell ausgebildeten Schweinen oder Hunden aufgespürt. Sie können roh in dünnen Scheiben oder z. B. zum Würzen von Pasteten und Saucen verwendet werden. 2. Süßwaren, die aus → Trüffelmasse ausgeformt werden und in Pralinenmischungen häufig mit Kakaopulver bestäubt sind.

Trüsche Syn.: → *Aalrutte*

Truthuhn lat.: *Meleagris gallopavo domesticus L.* (Fam.: *Meleagrididae*), engl.: *turkey;* im Handel als Pute oder Truthahn bezeichnetes, vom Wildtruthuhn abstammendes Hausgeflügel, das nach dem Haushuhn die größte Bedeutung als Schlachtgeflügel erreicht hat. Das je nach Teilstück dunkle bis reinweiße magere Fleisch eignet sich insbesondere zum Braten, Kurzbraten und Grillen. Beliebte Teilstücke sind hierbei Brust (→ Putenbrust) und Keulen (→ Geflügelschenkel). Des Weiteren eignet sich das Fleisch zur Verarbeitung in Wurstwaren und anderen Fleischerzeugnissen. Auf der Basis von Putenfleisch existieren eine Reihe von Convenience-Produkten wie z. B. vorgewürzte, z. T. vorgegarte Fleischzuschnitte oder Fertiggerichte.

Trypsin engl.: *trypsin;* vom exokrinen Teil der Bauchspeicheldrüse als inaktive Vorstufe (Trypsinogen) gebildetes Verdauungsenzym. Die Umwandlung in die aktive Form erfolgt sowohl durch Enteropeptidasen als auch autokatalytisch im Dünndarm. Dadurch wird eine Selbstverdauung der Bauchspeicheldrüse verhindert. T. gehört zu den Proteasen und spaltet Proteine im Inneren des Moleküls (Endopeptidase). Die optimale Wirkung entfaltet T. bei einem pH-Wert von 7,5–8,5. Trypsininhibitoren hemmen die proteolytische Wirkung des Enzyms. Sie kommen physiologisch in verschiedenen Geweben (auch in der Bauchspeicheldrüse) vor und werden über bestimmte Pflanzen mit der Nahrung aufgenommen. Eine therapeutische Verwendung von Trypsininhibitoren ist möglich.

Trypsinogen; → Trypsin

Tryptamin engl.: *tryptamine;* → biogenes Amin, gebildet durch → Decarboxylierung der Aminosäure → Tryptophan. T. ist mit dem Neurotransmitter → Serotonin verwandt; es stimuliert die Muskelkontraktion und wirkt antidepressiv. Mikroorganismen auf tierischen und pflanzlichen Lebensmitteln wie auch Darmbakterien können T. erzeugen. Frische unbehandelte Lebensmittel enthalten nur Spuren; der Gehalt steigt bei Lagerung oder Verderb und bei biologischer Reifung (gereifter Käse, Rohwurst). Personen mit eingeschränktem Tryptaminabbau (Monoaminoxidasehemmer-Behandlung) sollten auf diese Lebensmittel verzichten.

Tryptophan engl.: *tryptophan;* Abk.: Trp, → essenzielle Aminosäure, die in tierischen Proteinen nur zu etwa 1–2 % und in Cerealien nur zu etwa 1 % enthalten ist und somit zu den weniger häufigen der 20 proteinogenen Aminosäuren gehört. Trp ist Vorläufer der Nicotinsäure (60 mg Trp liefern 1 mg Nicotinsäure), weshalb tryptophanarme Ernährung zu Nicotinsäuremangelerscheinungen führt. Zusätzlich ist die Aminosäure an der Bildung des Neurotransmitters Serotonin beteiligt, der einen Einfluss auf Stimmungen und Schmerzempfinden hat.

Tsatsiki Syn.: → *Zaziki*

TSE; Abk. für → Transmissible Spongiforme Enzephalopathie.

Tsf; Abk. für terpen- und sesquiterpenfrei (→ terpenfreie Öle).

TSP; Abk. für texturiertes Sojaprotein von engl.: *textured soya protein.* → Texturierte Pflanzenproteine

Tuben engl.: *collapsible tubes;* röhrenförmige → Packmittel aus → Packstoffen wie z. B. Aluminium oder Kunststoffen, die an einem Ende durch Falten und/oder Schweißen verschlossen sind und am anderen Ende eine Entnahmeöffnung mit Verschluss aufweisen. T. werden zum Verpacken pastöser Lebensmittel verwendet und können zum Entleeren zusammengedrückt werden. Durch den meist schraubbaren Verschluss ist eine Teilentnahme und anschließender Wiederverschluss möglich.

Türkische Bohne Syn.: → *Feuerbohne*

Türkische Erbsen; alte Bezeichnung für bestimmte, in Norddeutschland angebaute Sorten Perlbrechbohnen (→ Bohnen) mit kleinen runden Samen, die ähnlich wie bei Erbsen in der Schote optisch hervortreten.

Türkischer Honig Syn.: *Orientalischer Honig;* alte, oft gebrauchte Bezeichnung für → weißen Nugat. Es handelt sich hierbei um keinen Honig, somit darf t. H. nach der Honigverordnung nicht als → Verkehrsbezeichnung verwendet werden.

Türkischer Mocca; → Mokka

Türkischer Pfeffer Syn.: → *Gewürzpaprika*

Tütensuppe; → Instant-Suppen

Tunesische Weine engl.: *Tunisian wine;* in Tunesien erzeugte Weiß- und Rotweine. Wie in den anderen nordafrikanischen Anbaugebieten ist auch in Tunesien die Weinproduktion in den letzten Jahrzehnten deutlich gesunken, befindet sich aber langsam wieder im Aufbau. Bekannt für Tunesien sind feine süße Muscat-Weine, jedoch werden auch kraftvolle Rotweine und frische Weißweine produziert. Typisch für die Gegend um Tunis ist der helle Gris de Tunis.

Tunke Syn.: → *Sauce*

Tunkmasse; österr. für → Kuvertüre. Der Begriff ist allerdings nicht in der Kakao-Richtlinie der EU definiert.

Tunneltrockner Syn.: → *Kanaltrockner*

Tupiro Syn.: → *Cocona*

Turgor engl.: *turgor;* in der Pflanzenzelle vorhandener Innendruck, der durch den → osmotischen Druck des Zellsaftes aufgrund der Semipermeabilität der Zellmembran entsteht. Als Summe der Drucke der Einzelzellen entsteht die Turgeszenz, welche der Pflanze mit noch nicht verholzten Teilen ein Aufrechtstehen ermöglicht.

Tuttifrutti; ital. für „alle Früchte", i. d. R. gemischte eingemachte Früchte unterschiedlicher Zusammensetzung.

TVP; Abk. für → texturierte Pflanzenproteine von engl.: *textured vegetable proteins.*

Tweens Syn.: → *Polyoxyethylensorbitanester von Fettsäuren*

Twist-Off-Verschluss engl.: *twist off closure;* aus dem Englischen übernommene Bezeichnung für einen Verschlusstyp, der aus Nocken um einen heruntergezogenen, nach innen gebördelten Rand eines Deckels besteht, die drehend in ein Gewinde oder in entsprechende Nocken eines Behälters greifen. T. werden z. B. zum Verschließen von Marmeladen- und Konservengläsern eingesetzt und enthalten i. d. R. Deckeldichtungen aus Kunststoff.

Tybo engl.: *Tybo;* dänischer Schnittkäse mit 20, 30, 40 oder 45 % Fett in der Trockenmasse, der meist in rechteckiger Brotform (19 x 12 x 12cm) mit einem Gewicht von 2–3 kg, aber auch als Mini-Käse angeboten wird. T. besitzt eine trockene gelbe Rinde, die meist rot paraffiniert ist und einen rein gelblichen bis weißen Teig mit regelmäßigen erbsengroßen Löchern und mild aromatischem Geschmack.

Typagen; auf kaltem Wege gewonnene alkoholische Auszüge von verschiedenen Geschmacksgebern, wie z. B. Eichenholzspäne, getrocknete Pflaumen, Nüsse wie grüne unreife Walnüsse, getrocknete/geröstete Mandelschalen oder Kräuter. T. dienen zur Ausbildung oder zum Abrunden des Geschmacks von bestimmten Spirituosen.

Typenwein; Bezeichnung zur Förderung des Absatzes typischer Weine. Beispiele für T. sind → Liebfraumilch, → Hochgewächs und „der Neue", eine Bezeichnung für einen Landwein, der ausschließlich aus Trauben eines Erntejahres gewonnen wurde. Das Erntejahr muss angegeben sein und der Wein darf nicht vor dem 1. November des Erntejahres in den Handel kommen.

Typenzahl; → Mehltypen

Tyramin engl.: *tyramine;* → biogenes Amin, gebildet durch → Decarboxylierung der Aminosäure → Tyrosin. Es wird zu den Gewebshormonen gezählt; T. führt zum Blutdruckanstieg und soll Migräneanfälle auslösen können. Mikroorganismen auf Lebensmitteln und Darmbakterien können T. erzeugen. Frische unbehandelte Lebensmittel enthalten nur Spuren; bei Lagerung oder Verderb und bei biologischer Reifung kann der Gehalt um ein Mehrfaches ansteigen (gereifter Käse, Rohwurst, Rotwein, Sauerkraut, Sojasauce). Personen mit eingeschränktem Tyraminabbau (Monoaminoxidasehemmer-Behandlung) sollten auf diese Lebensmittel verzichten.

Tyrosin engl.: *tyrosine;* Abk.: Tyr, nicht essenzielle aromatische → Aminosäure, die in fast allen → Proteinen zu 2–6 % enthalten ist. Tyr ist Ausgangsverbindung der für die Hautbräunung verantwortlichen Melanine und der Nebennierenhormone Noradrenalin und Adrenalin. Tyr wird im Organismus enzymatisch aus Phenylalanin gewonnen. Der Ausfall der dafür verantwortlichen Phenylalanin-4-Monooxygenase bewirkt die Stoffwechselkrankheit → Phenylketonurie.

Ubichinon Syn.: → *Coenzym Q10*

Ubiquitär engl.: *ubiquitary;* überall verbreitet vorkommend.

Udang/Oedang; indonesische Bezeichnung für → Garnelen. Sie werden in der indonesischen Küche frisch und getrocknet (kering) für verschiedene Gerichte, z. B. bei der → indonesischen Reistafel sowie als Grundlage für einige Würzpasten (→ Sambal) und Knabbersnacks (→ Krupuk) verwendet.

Udon-Nudeln; japanische, aus Weizenmehl hergestellte → Teigwaren, die Tagliatelle ähneln, jedoch dicker und weißlicher sind. U. werden in verschiedenen, meist leichten Gerichten wie z. B. Suppen verwendet.

Überernährung engl.: *overnutrition;* Form der → Fehlernährung, bei der die Zufuhr an Energie (und Nährstoffen) den Bedarf übersteigt. Die Folge ist Übergewicht und damit verbunden ein erhöhtes Risiko für bestimmte Krankheiten, z. B. Bluthochdruck, Typ-II-Diabetes und Arteriosklerose.

Überzüge engl.: *coatings, casings;* Umhüllungen von Lebensmitteln, die vor dem Verzehr entfernt werden müssen oder auch essbar sein können. Die meist flüssigen oder geschmolzenen Überzugsmassen werden durch Tauchen, Sprühen oder Streichen aufgetragen und tragen z. B. dazu bei, Feuchtigkeits- (z. B. Obst, Käse) oder Aromaverluste (z. B. mikroverkapselte Aromen) zu begrenzen, den Geschmack und/oder das Aussehen eines Lebensmittels zu verbessern (z. B. Schokoladengussüberzüge auf Backwaren) oder den Glanz eines Lebensmittels zu erhöhen (z. B. bei Äpfeln). Typische Überzugsmassen sind Paraffine, Wachse und Hotmelts (aus Paraffinen, Wachsen und Polymeren) sowie essbare Ü. wie Schokoladen- oder Zuckerguss.

Überzugsmassen; → Kuvertüre

UHT-Verfahren engl.: *ultra-high heating, UHT-process;* Abk. für Ultra High Temperature-Verfahren (→ Ultrahocherhitzen).

Ultrafiltration engl.: *ultrafiltration;* Membrantrennverfahren zur Isolierung oder Fraktionierung von Makromolekülen (z. B. Proteinen) mit Hilfe von semipermeablen Kunststoffmembranen, die für Kolloide (auch Viren) undurchlässig sind. Die U. wird z. B. zum Konzentrieren von Proteinen und Eiprodukten sowie zur Reinigung von Abwässern eingesetzt.

Ultra-High-Temperature-Verfahren Syn.: → *Ultrahocherhitzen*

Ultrahocherhitzen engl.: *ultra high temperature processing,* Syn.: *Ultra-High-Temperature (UHT)-Verfahren, Uperisation, Ultra-Pasteurisation*; Konservierungsverfahren für flüssige oder dickflüssige Lebensmittel, v. a. Milch (→ ultrahocherhitzte Milch), das durch schnelles Erhitzen im kontinuierlichen Durchfluss auf Temperaturen zwischen 135 und 150 °C und kurze Erhitzungszeiten gekennzeichnet ist. Das U. führt zu praktisch vollständiger Keimabtötung (→ Sterilisieren) und wesentlicher Verlängerung der Haltbarkeit. Je höher die verwendete Temperatur ist, desto kürzer ist die notwendige Erhitzungsdauer (High-Temperature-Short-Time-Verfahren). Dadurch können unerwünschte geschmackliche Veränderungen (Kochgeschmack, Karamellisieren) und Verluste an wertvollen Inhaltsstoffen gering gehalten werden. Das U. kann im direkten oder indirekten Verfahren durchgeführt werden. Beim direkten Verfahren wird Wasserdampf in den Produktstrom eingeblasen, der durch die bei der Kondensation frei werdende Wärme das Gut sehr rasch erhitzt. Die Entfernung des Wasserdampfs erfolgt durch spontanes Entweichen im Vakuum, wobei der Entzug der Verdampfungswärme gleichzeitig die Kühlung des Gutes bewirkt. Im Gegensatz dazu wird beim indirekten Verfahren das Erhitzungsgut durch beheizte Röhren-, Zylinder- oder Plattensysteme gepumpt und anschließend rasch abgekühlt.

Ultrahocherhitzte Milch engl.: *UHT-milk,* Syn.: *Uperisierte Milch;* lange haltbare Voll-, Mager- oder fettarme Milch, die nach einem anerkannten UHT-Verfahren (→ Ultrahocherhitzen) für mindestens eine Sekunde auf 135–150 °C nach vorherigem gründlichem Reinigen und → Homogenisieren sachgemäß erhitzt wurde. Danach ist sie frei von wachstumsfähigen Mikroorganismen, die das Produkt verderben können oder pathogen sind. Sie wird in sterilen, mit Lichtschutz versehenen Packungen aseptisch abgefüllt (→ aseptische Abfüllung) im Handel angeboten. Durch die Ultrahocherhitzung besitzt die Milch einen veränderten Geschmack. Der ernährungsphysiologisch Wert ist nicht wesentlich gemindert.

Ultra-Pasteurisation Syn.: → *Ultrahocherhitzen*

Ultraschall engl.: *ultrasonic;* Schallwellen mit Frequenzen oberhalb der Hörgrenze (über 20 kHz) des menschlichen Ohrs. U. kann mechanisch durch Pfeifen oder Sirenen erzeugt werden, meist kommen jedoch Schwingungserzeuger zum Einsatz. U. besitzt vielfältige technische und medizinische Anwendungsmöglichkeiten, wie z. B. Reinigen, Homogenisieren, Suspendieren oder Entkeimen.

Ultraspurenelemente; anorganische Bestandteile der Nahrung, bei denen im Tierexperiment ein Mangel erzeugt werden konnte, deren biochemische Funktion aber nicht bekannt ist. Die Aufklärung der Funktion würde eine Zuordnung zu den → Spurenelementen mit sich bringen. Da beim Menschen keine Mangelerscheinungen auftreten, reicht die Zufuhr durch die Nahrung scheinbar zur Bedarfsdeckung aus. Statt dessen besitzen die meisten U. eine relativ hohe Toxizität. Zu den U. gehören → Aluminium, Antimon, → Arsen, Barium, Bismut, → Blei, → Bor, → Brom, → Cadmium, Cäsium, Germanium, → Lithium, → Quecksilber, Rubidium, Samarium, → Silicium, → Strontium, Thallium, Titan und Wolfram.

Ultraviolette Strahlen Syn.: *UV-Strahlen;* elektromagnetische Strahlen mit Wellenlängen zwischen 180 und 400 nm, die abhängig von der Wellenlänge weiter in UVA- (400–

320 nm), UVB- (320–280 nm) und UVC-Strahlung (280–180 nm) unterteilt werden können. Während die natürliche, von der Sonne freigesetzte UVC-Strahlung von der Ozonschicht absorbiert wird, kann sie auch künstlich mittels Quecksilberdampflampen z. B. zur Entkeimung von Trinkwasser und Packmitteln sowie zur Raumdesinfektion erzeugt werden.

Umami; fünfte →Grundgeschmacksart, hervorgerufen durch den salzig pikanten Eindruck der L-Form von in wässriger Lösung befindlichem →Natriumglutamat. U. kommt aus dem fernöstlichen Sprachraum und bedeutet soviel wie wohl schmeckend, köstlich. Der typische Geschmack wurde erstmals Anfang des 20. Jahrhunderts aus Meeresalgen isoliert. Erst 100 Jahre später gelang der Nachweis einer eigenständigen Grundgeschmacksart durch die Entdeckung spezifischer Rezeptorzellen.

Umami

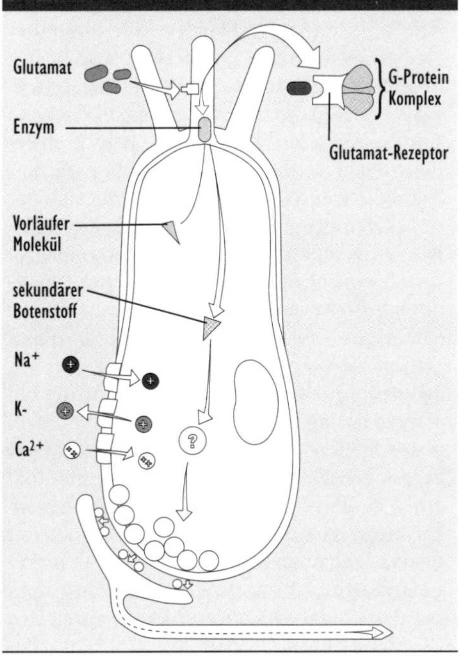

Ume Syn.: →*Japanische Aprikose*

Umesterung engl.: *transesterification;* technisches Verfahren zur Veränderung des Schmelzverhaltens von Fetten oder Fettmischungen durch den Austausch von Fettsäuren innerhalb eines Triglyceridmoleküls (intramolekular) oder zwischen zwei Triglyceridmolekülen (intermolekular). Die U. erfolgt durch Erwärmung in Gegenwart eines Katalysators und bewirkt eine Veränderung der physikalischen Eigenschaften, keine chemische Veränderung der Fettsäuren. Dabei kann die U. zufällig erfolgen oder gelenkt werden (gerichtete U.), indem z. B. die hochschmelzenden Triglyceride durch Auskristallisieren entfernt werden und sich die niedrig schmelzenden Triglyceride anreichern. In Deutschland dürfen nur pflanzliche Fette umgeestert werden.

Umkehrosmose engl.: *reverse osmosis;* Membrantrennverfahren, bei dem zwei unterschiedlich konzentrierte Lösungen durch eine semipermeable Membran getrennt sind. Zur Trennung wird ein Druck auf der Seite der konzentrierteren Lösung aufgewandt, der größer ist als der auftretende →osmotische Druck und diesem entgegenwirkt. Dadurch treten das Lösungsmittel und nur die Teilchen, die die semipermeable Membran passieren können, auf die Seite der verdünnteren Lösung über. Die U. wird v. a. zur Aufreinigung von Trinkwasser eingesetzt und ermöglicht es, z. B. Salze, Herbizide, Viren und Bakterien abzutrennen. Ferner stellt sie eine Methode dar, normalem Bier den Alkohol zu entziehen, um alkoholfreies Bier zu gewinnen.

Umrötehilfsmittel Syn.: *Pökelhilfsmittel;* Stoffe, die den Ablauf der →Umrötung bei Fleisch, Fleisch- und Wurstwaren fördern, indem sie den pH-Wert senken. U. sind z. B. Ascorbinsäure, Glucono-delta-lacton, Genusssäuren und verschiedene Zucker, die zu Milchsäure abgebaut werden.

Umrötung engl.: *reddening;* komplexe chemisch-enzymatische Umsetzungen in Fleisch-

und Wurstwaren, bei denen aus dem → Myoglobin durch Reaktion mit direkt zugesetztem oder durch mikrobiell-enzymatischer Reduktion aus Nitrat erzeugtem Nitrit über die Reaktionsprodukte Stickoxid und Metmyoglobin der hitzestabile, leuchtend rote Komplex Nitrosomyoglobin gebildet wird. Wichtige Faktoren für die Schnelligkeit der U. sind die Geschwindigkeit der Hydrolyse des Nitrits zu salpetriger Säure und deren Zerfall zu Stickoxid sowie der Gehalt an reduzierenden Umrötungshilfsmitteln wie z. B. Ascorbinsäure. Die Temperatur beeinflusst die Ausprägung der U. Je wärmer, umso ausgeprägter fällt diese aus. Die typisch blass rosarote Färbung bei erhitztem gepökelten Fleisch und Fleischerzeugnissen ist auf die Denaturierung des Nitrosomyoglobins zu Nitrosomyochromogen bei Temperaturen oberhalb von 70 °C zurückzuführen.

Umrötungsmittel Syn.: *Umrötungsstoffe;* Stoffe, die die → Umrötung des Myoglobins in Fleisch- und Wurstwaren bewirken. Dazu gehören die Natrium- und Kaliumsalze der Salpetersäure (Nitrate) und der salpetrigen Säure (Nitrite). → Natrium- und Kaliumnitrit sind Bestandteil des → Nitritpökelsalzes, das neben der farbstabilisierenden auch eine konservierende Wirkung besitzt und dem Lebensmittel das charakteristische Pökelaroma verleiht.

Umverpackung engl.: *overwrapping, additional packaging,* Syn.: *Zweitverpackung;* Umhüllung von Waren oder einer oder mehrere Packungen, um größere Verkaufseinheiten zu bilden, welche die Abgabe der Ware auf dem Wege der Selbstbedienung ermöglichen, Diebstahl erschweren oder der Werbung dienen.

Ungarische Salami engl.: *hungarian salami;* besonders schnittfeste und haltbare mittelkörnige, in Pferde- oder Kunstdärme abgefüllte → Rohwurst mit weißlichem äußeren, u. U. durch Stärke ergänzten Belag aus Mikroorganismen. Sie wird in Ungarn aus fettgewebs- und sehnenarmem sowie grob entfettetem Schweinefleisch und Speck hergestellt und trocknet nach zehn- bis zwölftägiger Kalträucherung monatelang ab. Teilweise liegt eine besondere Betonung der Paprika-Würzung wie z. B. bei Paprika-Salami vor. Gleichartig in Deutschland hergestellte Rohwurst muss als „Salami ungarische Art“ bezeichnet werden und kann einen untergeordneten Anteil an sehnen- und fettgewebsarmem Rindfleisch enthalten.

Ungarische Weine engl.: *Hungarian wine;* in Ungarn erzeugte Weiß- und Rotweine. Ungarn kann in Sachen Wein auf eine Jahrhunderte alte ausgeprägte Kultur, bewährte Rebsorten und ausgefeilte Weingesetze zurückgreifen. Bei den meisten typischen ungarischen Weinen handelt es sich um Weißweine, die i. d. R. aus den Trauben der Rebsorten Kéknyelü, Szürkebarat, Leanyka, Ezerjo, Olasz Rizling, Mézesfeher, Chardonnay oder Sauvignon blanc gewonnen werden. Den größten Bekanntheitsgrad genießt der → Tokajer, ein aus Trauben von den Reben Furmint und Hárslevelü hergestellter weißer, voller, süßer Dessertwein von beeindruckender Farbe. Rotwein ist eher selten. Hauptrebsorten zur Erzeugung von Rotwein sind Kadarka und Kékfrankos, jedoch enstehen in Ungarn auch gute Mischungen aus Trauben von Merlot und Cabernet Sauvignon. Weingeografisch wurde Ungarn 1997 neu eingeteilt in 22 Weinbauregionen, in denen typische Weine verschiedener Qualitäten enstehen.

Ungesättigte Fettsäuren engl.: *unsaturated fatty acids;* → Fettsäuren

Ungraded; Qualitätsstufe für Trockenfrüchte.

Unterernährung engl.: *undernutrition;* Form der → Fehlernährung, die durch eine nicht ausreichende Versorgung mit Nahrung über einen längeren Zeitraum gekennzeichnet ist. Im Gegensatz zur → Mangelernährung, mit der ein Defizit an Mikronährstoffen (Vitamine und Mineralstoffe) bezeichnet wird, steht bei der U. das Defizit an Makronährstoffen (Kohlenhydrate, Fette und Proteine) und damit an Energie im Vordergrund. Die Abgrenzung ist häufig nicht eindeutig, weshalb beide Begriffe unter der englischen Bezeichnung *Malnutrition* zusammengefasst werden können. Risikogruppen für U. sind Senioren und Personen mit erhöhtem Nährstoffbedarf (z. B. Kinder, Schwangere). Als Folge der U. treten z. B. Wachstumsstörungen, Gewichtsverlust, verminderte Leistungsfähigkeit und erhöhte Infektanfälligkeit auf. Die häufig in Entwicklungsländern vorkommenden schweren Formen der Unter- und Mangelernährung werden mit dem Überbegriff Protein-Energie-Malnutrition bezeichnet.

Unterkohlrabi Syn.: → *Steckrübe*

Unterschale; außen gelegenes unteres Fleischteilstück der → Keule bei Schwein (Schinkenstück) sowie Rind (Schwanzstück) und Kalb (Frikandeau, Schwanzstück). Dieses Fleischteilstück liefert zartes, feinfaseriges, hellrotes (Rind) bzw. hell rosafarbenes (Kalb, Schwein) Muskelfleisch. Beim Rind eignet sich das fein marmorierte Schwanzstück insbesondere zum Braten. Aus ihm werden Braten (wie z. B. Schmor- oder Spießbraten) und aus dem Mittelteil flache zarte Rouladen mit dünner Fleischfettschicht an der Unterseite geschnitten. Beim Kalb eignet sich die magere U. zum Kurzbraten, Braten und Schmoren. Aus dem Frikandeau lassen sich Schnitzel, Braten, Rouladen und Geschnetzeltes schneiden. Das zarte saftige Schinkenstück vom Schwein ist zum Braten, Kurzbraten, Schmoren oder Grillen geeignet. Schnitzel, Braten (z. B. Rollbraten) und Fleischstücke für Rohschinken wie z. B. Prager Schinken lassen sich aus der U. beim Schwein schneiden. Der Anteil der U. am entbeinten Fleisch beträgt beim Rind ca. 9 % und beim Kalb ca. 18 %.

Unterschiedsschwelle engl.: *difference threshold;* kleinste Konzentrationsdifferenz zweier nacheinander gereichter Reizintensitäten einer zu prüfenden sensorischen → Merkmalseigenschaft, die gerade noch wahrgenommen wird. → Schwellenwertprüfung

Unterschiedstest Syn.: → *Differenzprüfung*

Uperisation Syn.: → *Ultrahocherhitzen*

Uperisierte Milch Syn.: → *Ultrahocherhitzte Milch*

Uronsäuren engl.: *uronic acids;* in der Natur weit verbreitete organische Säuren, die aus den zugehörigen Zuckern durch Oxidation der endständigen Alkoholgruppe zur Carboxygruppe entstehen. Wichtige Vertreter sind → Galacturonsäure (aus Galactose), → Glucuronsäure (aus Glucose) und Mannuronsäure (aus Mannose).

Utiel-Requena; bestimmtes Anbaugebiet (DO) in der spanischen Provinz Valencia, in der aus Trauben der Bobal-Rebe rustikale tiefdunkle Rotweine und frische trockene Rosé-Weine mit hohem Säuregehalt erzeugt werden. Allerdings verdrängen Tempranillo- und Garnacha-Reben zunehmend die Ursprungsrebe.

Uva; → Ceylon-Tee

UV-Durchlässigkeit engl.: *transparency to ultraviolet light, opacity;* Eigenschaft eines → Packstoffes oder → Packmittels, ultraviolette Strahlen durchzulassen.

UV/Vis-Spektroskopie Syn.: *Photometrie;* optisch-spektroskopisches Analysenverfahren, das die Absorption von Licht im ultravioletten und sichtbaren Bereich zur Quantifizierung und Identifizierung von Verbindungen nutzt. Elektronen absorbieren Lichtquanten und gehen dabei auf höhere Energiezustände über. Der Abstand dieser Energiezustände kann eine gewissen Strukturauskunft geben wie z. B. über Art und Umgebung von Bindungen. In der Praxis relevanter ist die Quantifizierung mit Hilfe der U., da die Absorption einer Substanz nach dem Lambert-Beerschen Gesetz proportional der Konzentration und der Schichtdicke der Lösung ist. Die U. findet Anwendung bei einer Vielzahl von Bestimmungen im Lebensmittelbereich, oft nach Umsetzung mit Farbreagenzien. Beispielsweise wird Phosphat mit Molybdat-Ascorbinsäure-Lösung bei 820 nm bestimmt, ebenso erfolgt bei allen enzymatischen Untersuchungsmethoden letztendlich eine photometrische Messung. Des Weiteren ist die U. die verbreitetste Detektionsmethode der HPLC.

Vakuum engl.: *vacuum,* Syn.: *Unterdruck;* von lat.: *vacuum* = Leere abgeleitete Bezeichnung für einen Zustand gegenüber dem Normaldruck reduzierten oder verminderten Druckes, der durch Heraussaugen von Luft oder Gasen aus einem geschlossenen System (→Evakuieren) erzeugt wird. Es lässt sich zwischen den Vakuumbereichen Grob-, Fein-, Hoch- und Ultra(hoch)-Vakuum unterscheiden. Anwendungsbereiche für die Vakuumtechnik in der Lebensmitteltechnologie sind z. B. die →Vakuumdestillation, die →Gefriertrocknung und das Verpacken von Lebensmitteln in →Vakuumpackungen zum Verlängern ihrer Haltbarkeit durch Entfernen des oxidierend wirkenden Sauerstoffes.

Vakuumdestillation engl.: *vacuum destillation;* Verfahren zur destillativen Trennung von Stoffgemischen (→Destillation) unter vermindertem Druck, das eingesetzt wird, um bei bei hochsiedenden Substanzen die Siedetemperatur zu erniedrigen oder um temperaturempfindliche Substanzen wie z. B. Aromastoffe zu schonen.

Vakuumkutter; mit geeigneten Zusatzeinrichtungen (Vakuumpumpe, spezieller Deckel sowie ggf. Begasungseinrichtungen) versehener →Kutter, der durch Einwirken von Unterdruck ein Entlüften der Wurstmasse ermöglicht. Sie werden insbesondere bei der Brühwurstherstellung verwendet, um den negativen Einfluss von eingearbeiteter Luft auf die Brätstruktur zu verringern. Die im V. hergestellten Erzeugnisse sind meist in der Pökelfärbung und im Aroma ausgeprägter.

Vakuumpackungen engl.: *vacuum pack;* Packungen aus Blech oder Verbundfolien, aus denen die Luft durch Absaugen entfernt worden ist. Sie werden zum Verpacken von sauerstoffempfindlichen porösen Gütern, wie z. B. Röstkaffee, Salzmandeln oder Erdnüssen eingesetzt. Voraussetzung zum Herstellen von V. ist die Verwendung von gasdichten Packmitteln und dichten Verschlussnähten. Die gebräuchlichste Art zur Herstellung von V. ist die Vakuumkammer-Methode, bei der die geöffneten gefüllten Packungen in einer Evakuierkammer evakuiert und dann vor dem Belüften der Kammer in dieser verschlossen werden. Weit verbreitet sind hierbei die Vakuummuldenpackungen sowie die Skinpackung, bei der die Unterfolie unverformt bleibt und die Oberfolie um das auf der Unterfolie abgelegte Produkt thermogeformt wird. Eine weitere, jedoch nur in speziellen Fällen, wie z. B. bei Fleischreifepackungen angewandte Methode zur Herstellung von V. ist die Schnorchel-Evakuierung von Beuteln, bei der durch in die Beutelmündung hineinragende Schnorchel Vakuum gezogen wird. Teilvakuumpackungen mit einer niedrigen Sauerstoffkonzentration können auch mit Hilfe der Vakuum-Halbkammer-Methode, i. d. R. nach vorheriger Schutzgasabfüllung, hergestellt werden. Im Gegensatz zu V., die noch im Vakuum verschlossen werden, werden →Schutzgaspackungen vor dem Verschließen teilweise oder ganz mit Schutzgasen rückbegast.

Vakuumtrocknung engl.: *vacuum drying;* verbreitetes Verfahren zur →Trocknung wärmeempfindlicher Güter, bei dem durch den verminderten Druck der Siedepunkt des Wassers erheblich erniedrigt ist, eine schnelle Verdampfungstrocknung schon bei Temperaturen weit unterhalb von 100 °C ermöglicht wird und hitzeempfindliche Inhaltsstoffe geschont werden.

Valençay; französcher Weichkäse aus Ziegenmilch in abgestumpfter Pyramidenform mit 45 % Fett in der Trockenmasse. V. besitzt eine schimmelbezogene Rinde, die häufig in Pflanzenasche gewälzt wurde und einen weißen Teig mit mildem leicht nussartigen Geschmack.

Valencia Late; spät zu erntende beliebte Orangensorte mit gelblich orangefarbenem, sehr saftigem, wohl schmeckendem Fruchtfleisch und gelblicher Schale. → Orange

Valin engl.: *valine;* Abk.: Val, essenzielle → Aminosäure, die in Fleisch- und Getreideproteinen zu 5–7 %, in Milch- und Eiproteinen zu 7–8 % vorkommt. Besonders hoch (über 15 %) ist der Valingehalt von Elastin, einem Skleroprotein, das den Hauptbestandteil der elastischen Fasern des Bindegewebes bildet. Als verzweigtkettige Aminosäure hat Val eine große Bedeutung für den Muskelstoffwechsel und für Nervenfunktionen. Val wird nicht über die Leber verstoffwechselt, sondern gelangt direkt in die Muskeln. Bei der sehr seltenen → Ahornsirupkrankheit ist der Abbau von Val, → Leucin und → Isoleucin gestört.

Valpolicella; italienischer DOC-Rotwein aus dem Veneto. V. ist ein Verschnitt aus Weinen der Corvina-Rebe mit Weinen der Molinara- und Rondinella-Reben. Der Wein kann in der Massenversion dünn und säuerlich ausfallen. Die besseren sind dagegen samtig, harmonisch und trocken bis süßlich. An Qualitätskategorien gibt es V. classico, der aus engeren ältesten Bereichen stammt und V. superiore, der mindestens 12 Vol.-% Alkohol enthalten und mindestens ein Jahr gelagert sein muss. Unter den letzteren können Spitzenweine gefunden werden.

Vanadium engl.: *vanadium;* zu den → Ultraspurenelementen gehörender → Mineralstoff. Die Funktion von V. im Organismus ist nicht bekannt. Es soll als Kofaktor verschiedener Enzyme wirken und die endogene Cholesterinsynthese hemmen. Mangelerscheinungen beim Menschen sind nicht bekannt, im Tierversuch traten Wachstums- und Stoffwechselstörungen auf. Die Inhalation von Vanadiumstäuben führt akut zu Schleimhautreizungen und langfristig zu Bronchitis und Asthma.

Vanille lat.: *Vanilla planifolia Andr.* (Fam.: *Orchidaceae*), engl.: *Vanilla,* Syn.: *Echte Vanille;* Begriff, der gleichermaßen eine Kletterpflanze aus der Gattung der Orchideen, ihre schotenartigen Kapselfrüchte und das aus den nicht völlig ausgereiften, einem mehrmonatigen Trockungs- und Fermentationsprozess unterworfenen Früchten (Vanille-Schoten) gewonnene Mark bezeichnet. V. stammt aus den tropischen Wäldern Mittelamerikas. Die Azteken würzten bereits Kakao mit V., Spanier brachten sie nach Europa und Franzosen in ihre damaligen überseeischen Besitzungen. Heute wird V. vorwiegend auf Madagaskar, Réunion (früher Bourbon, daher der Name Bourbon-Vanille), den Komoren, Tahiti und einigen anderen Inseln im Indischen Ozean sowie in Mexiko angebaut. Sie ist als → Gewürz weltweit begehrt, in Deutschland bevorzugt für süße Zubereitungen. Der Anbau erfolgt fast ausschließlich in Handarbeit, das erklärt den hohen Preis. Zur Abgrenzung von synthetisch hergestelltem → Vanillin wird V. umgangssprachlich auch als „echte Vanille" bezeichnet. Trocknung und Fermentation der „Schoten" erfolgen im Ursprungsland; dabei bildet sich die braunschwarze Farbe und das typische Aroma. Mehr als 150 Aromakomponenten wurden identifiziert, davon Vanillin mit bis zu 4 %, bei Tahiti-Vanille auch → Piperonal. Die Qualität der V. orientiert sich an der Aromanote und -intensität und der Länge der Schoten (bis 25 cm). Vanille-Schoten werden für den Endverbraucher luftdicht verpackt (jeweils 1–3 Stück in Glasröhrchen oder Kunststoff-Folie). Ausgekratztes Mark wird mit Zucker vermischt (→ Vanille-Zucker) oder extrahiert (Vanille-Extrakt) und in dieser Form direkt im Handel angeboten oder als Rohstoff für die Lebensmittelverarbeitung eingesetzt.

Vanillekipferl Syn.: *Vanillekipfel;* → Kipferl

Vanille-Likör engl.: *vanilla liqueur;* milder → Gewürzlikör, dessen Aroma ausschließlich von dem Mazerat oder Perkolat der Vanilleschote stammt. Die Verwendung von Vanillin ist nicht gestattet.

Vanille-Zucker engl.: *vanilla sugar;* 1. Gewürzzubereitung aus zerkleinerten Vanilleschoten (nicht extrahierte Bourbon-Vanille) und Verbrauchszucker; 2. im Sinne der Aromenverordnung ein natürliches Vanille-Aroma aus Vanille-Extrakt und Verbrauchszucker. Kleinpackungen enthalten mindestens 0,5 g Vanilleschoten bzw. die Extraktivstoffe daraus bei mindestens 8 g Gesamtinhalt. V., dem das synthetisch hergestellte Vanille-Aroma Vanillin zugesetzt wurde, ist als „Vanillin-Zucker unter Mitverwendung von Vanille" zu kennzeichnen und muss mindestens 1 % Vanillin und 1,5 % gemahlene Vanilleschote enthalten.

Vanillin engl.: *vanillin,* Syn.: *Vanillaldehyd;* Hauptaromastoff der Vanille, der sich bei der Fermentation der Vanillefrucht bildet, aber auch z. B. in Jasmin, Styrax und Nelkenöl vorkommt. Wegen der breiten Verwendung in der Lebensmittel-, Parfüm- und chemischen Industrie wird V. synthetisch aus dem bei der Zellstoffherstellung aus Holz anfallenden Lignin („Vanillin ex Lignin"), durch Oxidation von Eugenol („Vanillin ex Eugenol") bzw. Guajakol („Vanillin ex Guajakol") oder biotechnologisch hergestellt. V. wird zur Aromatisierung vielen süßen Lebensmitteln, z. B. Backwaren, Schokolade und Speiseeis zugesetzt und zur Herstellung von → Vanillin-Zucker verwendet. Wird V. zur Armomatisierung in Richtung „Vanille" verwendet, so ist dies durch den Hinweis „Vanille-Geschmack" kenntlich zu machen. Wegen seiner guten Verträglichkeit mit anderen, z. B. Frucht-Aromen, dient V. in kleinen Mengen zugesetzt auch zur Abrundung und Verfeinerung anderer Aromarichtungen, ohne dass den Lebensmitteln dadurch ein merkbarer Vanille-Geschmack erteilt wird. Die gleiche Wirkung kann durch Zusatz des künstlichen → Ethylvanillins erzielt werden.

Vanillin-Zucker; aus dem naturidentischen Aromastoff → Vanillin und Zucker bestehendes Erzeugnis. Großpackungen werden mit mindestens 1 % Vanillin hergestellt, während Kleinpackungen bei Herstellung mindestens 0,1 g Vanillin und 7,9 g Zucker enthalten. Großpackungen mit weniger als 0,85 % bzw. Kleinpackungen mit weniger als 0,085 g Vanillin entsprechen nicht der Verkehrsauffassung. V. ist ein sehr verbreitetes Würzmittel für Süßspeisen und Gebäcke (gute Hitzestabilität). Als Anhaltspunkt hinsichtlich der Einsatzmengen wird für ein Gebäck aus 500 g Mehl oder für eine Süßspeise aus $^1/_2$ l Milch etwa eine Kleinpackung veranschlagt.

Vata-Tee; → Ayurveda-Tees

VDQS; Abk. für Vin délimité de qualité supérieure, Qualitätskategorie für französische Weine unterhalb der AOC. Die Bestimmungen, z. B. bezüglich der Rebherkunft, der verwendeten Rebsorten und des Mindestalkoholgehalts sind weniger streng als für AOC-Weine, weshalb viele Erzeuger VDQS-Weine präferieren und diese dann auch von guter Qualität sein können. Auch die VDQS-Weine fallen nach EU-Recht unter die Bezeichnung → VQPRD.

Veganismus engl.: *vegan diet,* Syn.: *vegane Ernährung;* strengste Form des → Vegetarismus, die in einer Ernährung aus ausschließlich pflanzlichen Rohstoffen besteht. Neben Fleisch und Fisch sind auch Milch und Milchprodukte, Eier und meistens auch Honig verboten. Anhänger des V. werden als Veganer oder strikte Vegetarier bezeichnet.

Vegetarischer Kaviar; aus Seetang hergestellter Kaviarersatz. → Kaviar

Vegetarismus engl.: *vegetarism,* Syn.: *vegetarische Ernährung;* zu den → alternativen Ernährungsformen zählende, nicht einheitliche Ernährungsweise, die nach der jeweiligen Lebensmittelauswahl in die Grundformen → Lacto-Vegetarismus, → Ovolacto-Vegetarismus, → Ovo-Vegetarismus und → Veganismus eingeteilt werden kann. Die vegetarische Ernährung schließt grundsätzlich Lebensmittel von getöteten Tieren aus, teilweise werden Erzeugnisse von lebenden Tieren wie Milch und Eier verzehrt. Die Beweggründe für eine vegetarische Ernährung sind häufig ethisch-religiösen oder gesundheitlichen Ursprungs. In Deutschland ernähren sich etwa 8 % der Bevölkerung vegetarisch. Kombiniert mit einer vegetarischen Ernährungsweise sind häufig auch der weitgehende Verzicht auf Alkohol und Nikotin.

Veilchenwurzel lat.: *Iris germanica L. 'florentina' und Iris pallida Lam.* (Fam.: *Iridaceae*), Syn.: *Iriswurzel;* Rhizome der aus dem Mittelmeergebiet stammenden Schwertliliengewächse, die aufgrund ihres angenehmen veilchenartigen Geruches botanisch unkorrekt als V. bezeichnet werden. Sie enthalten ein ätherisches Öl, das als Irisbutter oder → Irisöl bezeichnet wird und in der Kosmetik- und Lebensmittelindustrie zur Aromatisierung eingesetzt wird, sowie → Flavonoide, Stärke und Schleimstoffe. V. werden auch zur Aromatisierung verschiedener Teemischungen verwendet und wurden früher zahnenden Kindern zum Kauen gegeben, wovon heute jedoch aus hygienischen Gründen abgeraten wird.

Veilchenwurzelöl Syn.: → *Irisöl*

Veltliner Syn.: → *Grüner Veltliner*

Ventilbeutel engl.: *valve bag;* → Beutel

Venusmuscheln lat.: *Fam. Veneridae,* engl.: *Venus shells;* mit den Klaff- und Trogmuscheln verwandte, weltweit verbreitete, meist lebhaft gefärbte → Muscheln. In Europa überwiegen als Speisemuscheln die Arten *Venerupis pullastra Montagu u, Ruditapes decussatus L.* (Teppichmuscheln), *Chamelea gallina L.* (Strahlige V.) und *Venus verrucosa L.* (Raue V.), in Deutschland auch unter der italienischen Bezeichnung „vongole" vermarktet. Typisch für Nordamerika ist *Mercenaria mercenaria L.*, sie wird auch gezüchtet und für → Clam Chowder verwendet. Je kleiner die Muschel, desto zarter ist das Fleisch.

Verarbeitungsfleisch; Abk.: VA-Fleisch, überwiegend weniger hochwertige, zur unmittelbaren küchenmäßigen Zubereitung weniger geeignete oder begehrte Fleischstücke sowie die beim Zurichten des → Ladenfleisches anfallende Abschnitte. VA-Fleisch wird zur Herstellung von Fleisch- und Wursterzeugnissen verwendet.

Verbascose engl.: *verbascose;* aus drei Molekülen Galactose und je einem Molekül Glucose und Fructose bestehendes Pentasaccharid, das u. a. in Kakaobohnen und → Leguminosen vorkommt. Mangelhafte Spaltung der V. bei der Verdauung führt zu Flatulenz, da sie von anaerob im hinteren Darmabschnitt wachsenden Mikroorganismen unter Bildung von Kohlendioxid, Methan und Wasserstoff weiter abgebaut wird.

Verbraucherpackung Syn.: → *Verkaufspackung*

Verbraucherzentrale Bundesverband e. V.; Abk.: vzbv, Dachorganisation der 16 Verbraucherzentralen der Länder und von 22 verbraucherpolitisch orientierten Verbänden. Der vzbv vertritt die Interessen der Verbraucher gegenüber Politik, Wirtschaft und Zivilgesellschaft. Zu den vielfältigen Themen der vzbv gehören auch Gesundheit und Ernährung sowie Normung und Kennzeichnung. Der vzbv arbeitet gemeinnützig und ist parteipolitisch neutral. Er finanziert seine Arbeit überwiegend aus Mitteln des Bundesministeriums für Verbraucherschutz, Ernährung und Landwirtschaft.

Verbrauchsdatum engl.: *use-by-date;* bei in mikrobiologischer Hinsicht sehr leicht verderblichen Lebensmitteln, die nach kurzer Zeit eine unmittelbare Gefahr für die menschliche Gesundheit darstellen könnten, ist anstelle des → Mindesthaltbarkeitsdatums das V. anzugeben. Dies ist z. B. bei → Hackfleisch erforderlich.

Verbrauchszucker engl.: *sugars intended for human consumption;* alle Zuckersorten außer → Rohzucker, die zum unmittelbaren Verbrauch oder zur Herstellung anderer Lebensmittel bestimmt sind. Der wichtigste V. ist → Weißzucker in seinen verschiedenen Formen (z. B. Kristallzucker, Würfelzucker, Puderzucker).

Verbundfolien engl.: *multi layers;* aus unterschiedlichen Materialien schichtweise aufgebaute → Folien, die die verschiedenen Eigenschaften der Verbundpartner kombinieren. So besitzt eine V. aus Polyethylen/Ethylenvinylalkohol/Polyethylen sowohl → Wasserdampf- als auch → Gasdichtigkeit. Reine Polymerverbundfolien werden i. d. R. durch Koextrusion aus bis zu sechs verschiedenen Polymeren hergestellt, V. mit Aluminiumschichten durch Verkleben der Kunststofffolie mit einer → Aluminiumfolie oder durch Bedampfen mit Aluminium.

Verdampfungstrocknung engl.: *vaporization drying;* → Trocknung

Verdauung engl.: *digestion,* Syn.: *Digestion;* Abbau der Nahrungsbestandteile (Proteine, Fette und Kohlenhydrate) in absorptionsfähige Bestandteile. Nach mechanischer Zerkleinerung durch die Zähne, Verflüssigung durch Speichelsekretion, Ansäuerung durch den Magensaft und/oder Fettemulsion erfolgt die V. vor allem enzymatisch in den Verdauungsorganen. Polysaccharide werden dabei in Monosaccharide, Fette in Fettsäuren und Glycerin und Proteine in Aminosäuren gespalten. Unverdaute oder unverdaubare Reste werden im Dickdarm durch die Bakterienflora teilweise weiter abgebaut.

Verdauungsenzyme engl.: *digesitive enzymes;* Enzyme der → Verdauungssäfte, die von Drüsen oder Epithelien des Verdauungstraktes gebildet werden, um die Nahrungsbestandteile in ihre Bausteine zu zerlegen. Die V. werden häufig als inaktive Vorstufen freigesetzt und erst am Wirkort aktiviert (meist durch einen bestimmten pH-Wert), um eine Selbstverdauung der sezernierenden Gewebe zu verhindern. Zu den V. zählen Glucosidasen (Spaltung der Glucosidbindung von Kohlenhydraten), Esterasen (Spaltung der Esterbindung von Fetten) und Proteasen (Endo- und Exopeptidasen, die Proteine an bestimmten Stellen spalten).

Verdauungssäfte; Sekrete, die von Drüsen oder Epithelien der verschiedenen Abschnitte des Verdauungstraktes gebildet werden und die → Verdauungsenzyme enthalten. Zu den V. gehören Speichel, Magensaft, Pankreassaft, Galle und Darmsaft (s. dort).

Verdauungsstörung Syn.: → *Maldigestion*

Verdicchio dei Castelli di Jesi; Weißweinrebe und italienischer DOC-Weißwein aus der Gegend um Ancona. Dieser berühmte zart strohgelbe, trockene, fruchtige und harmonische Wein hat seine Wurzeln in der Zeit der Etrusker. Im südlichen Teil erzeugte Weine dürfen die Bezeichnung classico tragen.

Verdickungsmittel Syn.: → *Dickungsmittel*

Verdünnungsprofil; olfaktorische Komponenten in komplexen Produkten können oft durch neutrale Verdünnung besser erkannt und quantifiziert werden. Das V. ermittelt die Intensitäten von → Merkmalseigenschaften nach stufenweiser Verdünnung. → Profilprüfung

Verdunstungstrocknung engl.: *convective drying, evaporative drying;* → Trocknung

Veredelter Kaffee; Sammelbegriff für behandelten Kaffee (→ Schonkaffee → entcoffeinierter Kaffee).

Veredelungsverluste; bei der Erzeugung tierischer Lebensmittel wie z. B. Fleisch auftretende Verluste an Nahrungsenergie, Proteinen und anderen Nährstoffen im Vergleich zu der beim direkten Verzehr möglichen Energiemenge von den zur Erzeugung verwendeten pflanzlichen Futtermitteln. Die Verluste entstehen, da das Tier einen erheblichen Teil des Futters benötigt, um den eigenen Stoffwechsel aufrechtzuerhalten. So betragen z. B. die V. bei der Verfütterung von Getreide an Rinder, bezogen auf die Nahrungsenergie, 90 %, d. h. 9 von 10 kcal gehen verloren.

Vereinsdechant; im Anbau anspruchsvolle, edelste Winterbirnensorte (→ Birnen) mit rundlichen, gelbgrünen, mittelgroßen bis großen, birn- bis stumpfkegelförmigen Früchten. Das saftige schmelzende Fruchtfleisch schmeckt ausgeprägt aromatisch und säuerlich-süß.

Verharzung; → Polymerisation

Verjus Syn.: *Krätzer;* Most unreifer Trauben, der in Gebieten hergestellt wird, in denen die Trauben für die Weingewinnung nicht ausreichend reifen, z. B. im Périgord. Der deutsche Ausdruck spielt auf den kratzigen sauren Geschmack an. Im klassischen →Dijonsenf werden braune und schwarze Senfkörner mit V. verrührt.

Verkapselung engl.: *to coat, to cap;* Form des →Coatings. Sie kann differenziert werden in die →Mikroverkapselung, bei der einzelne Partikel mit Film bildenden Substanzen umhüllt werden, und die Makroverkapselung, bei der die Umhüllung mehrerer Partikel in einer Kapsel erfolgt.

Verkaufspackung engl.: *consumer package, retail package,* Syn.: *Erstverpackung, Primärpackung, Verbraucherpackung;* Packung, die zur Abgabe an den (End-)Verbraucher bestimmt ist. Diese kann je nach Zielgruppe unterschiedlich sein, z. B. Einzelpackung, Mehrstückpackung, Portionspackung, Großverbraucherpackung (s. dort).

Verkehrsauffassung engl.: *view;* Auffassung aller Beteiligten am Verkehr mit Lebensmitteln (Überwachung, Wirtschaft, Verbraucher und Wissenschaft). Sie setzt sich zusammen aus redlichem Handelsbrauch und berechtigter Verbrauchererwartung. Lebensmittel sind im Allgemeinen entsprechend der V. hergestellt; sollte dies nicht der Fall sein, ist die Abweichung ausreichend kenntlich zu machen. Die V. ist bei der rechtlichen Beurteilung eines Lebensmittels zu ermitteln. Ein sehr wichtiges Hilfsmittel stellen dabei die Leitsätze des Deutschen Lebensmittelbuches als schriftliche Gutachten aller am Verkehr Beteiligten dar. Weitere Hilfsmittel sind Richtlinien und Kodizes von Industrieverbänden und Handwerksinnungen.

Verkehrsbezeichnung engl.: *name;* lebensmittelrechtlich in der Lebensmittel-Kennzeichnungsverordnung (LMKV) definierter Begriff für die ausschlaggebende, rechtlich bindende Bezeichnung eines Lebensmittels. Danach ist die V. eines Lebensmittels die in Rechtsvorschriften festgelegte Bezeichnung, bei deren Fehlen die nach allgemeiner →Verkehrsauffassung übliche Bezeichnung oder eine Beschreibung des Lebensmittels und erforderlichenfalls seiner Verwendung, die es dem Verbraucher ermöglicht, die Art des Lebensmittels zu erkennen und es von verwechselbaren Erzeugnissen zu unterscheiden.

Verlesekaffee Syn.: →*Auslesekaffee*

Verlorene Eier; in kochendes Wasser mit Essigzusatz hineingeschlagene Eier, die 3–4 Minuten pochiert und nach dem Abschrecken in kaltem Wasser zu heißen oder kalten Gerichten mit verschiedenen Saucen oder auch überbacken verzehrt werden.

Vermischen Syn.: →*Mischen*

Vernatsch; →Trollinger

Verpacken engl.: *to pack;* manuelle oder maschinelle Vereinigung von Packgut und Verpackung.

Verpackung engl.: *packaging;* Gesamtheit aus →Packmitteln und →Packhilfsmittel, die dem Verpacken von Gütern dient. V. haben zahlreiche Funktionen: Sie bilden rationelle Lade-, Transport-, Lager- und Verkaufseinheiten, sie schützen das →Packgut z. B. vor Verlust, Verschmutzung, Wasserdampf, Sauerstoff, Licht, Aromaschäden, tierischen Schädlingen, Mikroorganismen und/oder mechanischer Schädigung. Sie informieren darüber hinaus, werben und liefern einen Zusatzservice. V. können unterschieden werden, z. B. nach ihrem Verwendungszweck, z. B. Milchverpackung, nach ihrem Bestimmungszweck, z. B. Großverbraucherpackung und nach der Art des Packmittels, z. B. Kunststoffverpackung.

Versanddosage engl.: *expedition liqueur;* Bezeichnung für Zuckerlösung, Traubenmost, Wein oder eine Mischung daraus, die dem Schaumwein nach Abzug der Hefe (→Degorgieren) und vor dem Verkorken zum Volumenausgleich und/oder zur Abstimmung zugegeben wird.

Verschlüsse engl.: *fasteners, closures;* →Packmittel, die dazu dienen, geschlossene Verpackungen herzustellen und das Füllgut zu schützen. Sie können in die Verpackung integriert sein oder getrennt davon gefertigt werden und können aus unterschiedlichen Materialien wie Kunststoff, Karton, Kork oder Metall bestehen. Wichtige Verschlussarten sind 1. der Abreißverschluss, der mit einer Lasche abgerissen werden kann, nicht wiederverschließbar, 2. der Aufreißverschluss, der meist aus einem Metalldeckel mit gezielter Schwächung besteht, nicht wiederverschließbar, 3. der Clipverschluss, meist U-förmiger Streifen mit zwei Metalldrahteinlagen, der durch Verpressen so geformt werden kann, dass er Packmittel wie Beutel verschließt, 4. der wiederverschließbare Deckel, 5. der diebstahlsichere Verschluss (auch fälschungskenntlicher Verschluss oder Garantieverschluss), bei dem unbefugtes Öffnen durch die dabei erfolgende Beschädigung der Verpackung erkennbar wird, 6. der kindersichere Verschluss, bei dem durch eine spezielle Gestaltung verhindert wird, dass er von Kindern geöffnet werden kann, 7. der Korken, meist zum Verschließen von Glasflaschen, 8. der Kronkorken, bestehend aus einer Blechkappe mit Dichtungseinlage, und dessen Zackenrand um den Rand der Packungsöffnung (meist Glasflaschen) gebördelt wird, 9. der Schraubverschluss, der ein Gewinde an der Behältermündung voraussetzt.

Verschnitt; Mischung verschiedener Stoffe oder von gleichwertigen Stoffen verschiedener Qualität. Verschneiden ist bei Wein und Spirituosen ein häufig gebrauchtes Verfahren. Beispielsweise ist Rum-Verschnitt eine Mischung aus Rum, Alkohol anderer Art und Wasser. Die zulässigen Mischungsverhältnisse sind für bestimmte Produkte, z. B. bei Wein gesetzlich geregelt.

Verseifung engl.: *saponification;* Spaltung von → Fetten durch Laugen unter Bildung von Salzen der Fettsäuren (Seifen) und Glycerin. Die eigentlichen Seifen sind Alkalisalze der Fettsäuren, Natriumsalze ergeben dabei die harten Kernseifen, Kaliumsalze die weichen Schmierseifen. Die industrielle Seifenherstellung ist heutzutage ein zweistufiger Prozess aus Spaltung der Triglyceride durch Wasserdampf unter Druck und Kochen der entstandenen Fettsäuren mit Natronlauge (Laugenverfahren) oder Natriumcarbonat (Carbonatverfahren). Fette enthalten meist 0,2–1,5 % Unverseifbares, darunter Kohlenwasserstoffe, Sterine, Tocopherole und Carotinoide und andere fettlösliche Verbindungen.

Verseifungszahl; Abk.: VZ, Fettkennzahl, die für viele Fette und Öle charakteristisch ist. Sie gibt die mg Kaliumhydroxid an, die zur Verseifung von 1 g Fett benötigt werden. Die VZ gibt Aufschluß über die mittlere Kettenlänge der in einem Fett veresterten Fettsäuren und kann zur Ermittlung der durchschnittlichen Molmasse der Fettsäuren verwendet werden. Während Butter beispielsweise eine VZ von 225 hat, liegt sie für Olivenöl bei 190.

Versteckte Allergene engl.: *hidden allergens,* Syn.: *verborgene Allergene;* → Allergene

Versteckte Fette engl.: *hidden fats,* Syn.: *verborgene Fette;* in Lebensmitteln wie Wurstwaren, Molkereierzeugnissen, Schokolade und Gebäcken oft in unterschiedlichen Mengen enthaltene, in ihrer Menge meist schwer abzuschätzende und häufig im Rahmen der Ernährung als solche nicht berücksichtigte → Fette. Sie stellen häufig einen Risikofaktor für die Entstehung von Übergewicht und → Fettstoffwechselstörungen dar und müssen im Rahmen einer fettmodifizierten Ernährung möglichst reduziert werden.

Versuchsküche; seit über 100 Jahren im Hause Dr. Oetker bestehende Institution, zu deren vorrangigen Aufgaben Entwicklung und Test von Zubereitungsanleitungen, Rezepten und Produkten für den Haushalt gehören sowie die individuelle Beratung von Verbrauchern.

Verzehrfertige Lebensmittel engl.: *ready to eat food,* Syn.: *genussfertige Lebensmittel;* Lebensmittel und Speisen, die ggf. nach Öffnen oder Entfernen der Packung ohne weitere

Behandlung verzehrt werden können, wie z. B. Speiseeis, Backwaren, Joghurts.

Verzuckerung engl.: *saccharification;* Hydrolyse von Polysacchariden, wie Stärke z. B. aus Kartoffeln oder Getreide (→ Stärkeverzuckerung) oder Cellulose aus Holz (Holzverzuckerung) mit Hilfe von Säuren bzw. Enzymen. Der Abbau führt über die Oligosaccharide bis zu den Di- und Monosacchariden und wird u. a. bei der Herstellung von → Glucosesirup und Ethanol genutzt.

Vesiga engl.: *vesiga;* Rückgratnerv des → Störs, der zur Zubereitung von Fischspezialitäten, wie z. B. Suppen oder Pasteten genutzt wird.

Vesperwurst; häufig kräftig mit Zwiebeln gewürzte, wie → Grobe Mettwurst hergestellte streichfähige Rohwurst. Sie wird nach kurzer Reifung ungeräuchert in klaren → Kunstdärmen mittleren Kalibers angeboten und ist zum alsbaldigen Verzehr bestimmt.

Vibrio; Mehrz.: Vibrionen, von lat.: *vibrare* = schwingen, vibrieren abgeleiteter Name für eine Gattung kurzer kommaförmiger oder gerader einzelner oder zu Ketten vereinigter gramnegativer, fakultativ anaerober, Säure bildender Bakterien. Vibrionen kommen vorwiegend in Süß- und Salzwasser sowie auf Seetieren vor. Wichtigste Vertreter sind: 1. *V. cholerae*, der Erreger der klassischen Cholera, einer sehr schweren meldepflichtigen Infektionskrankheit des Dünndarms. Die krank machende Wirkung von *V. cholerae* geht dabei von einem im Darm gebildeten → Enterotoxin aus, Ausgangspunkt der Infektkette sind fäkal verunreinigte Lebensmittel sowie Trinkwasser. 2. *V. parahaemolyticus*, der in Seewasser sowie in und auf Seefischen vorkommt und insbesondere in asiatischen Ländern, zunehmend jedoch auch in anderen Küstenländern als häufiger Erreger von Darmerkrankungen mit ruhrähnlichem Krankheitsbild gilt.

Vichyssoise Syn.: *Creme Vichyssoise;* Bezeichnung für eine pikante Suppe, die sowohl kalt als auch heiß serviert werden kann. V. besteht aus Kartoffeln, dem weißen Anteil von Porree (Lauch), Zwiebeln und Geflügelbrühe. Sie wird mit Sahne gebunden, mit Gewürzen abgeschmeckt und mit Schnittlauchröllchen verziert.

Victoria-Barsch lat.: *Lates niloticus L.* (Fam.: *Centropomidae*) , engl.: *nile perch* , Syn.: *Victoriasee-Barsch;* großer Süßwasserfisch (ausgewachsen ca. 200 cm lang und 200 kg schwer). Der V. stammt aus dem Nil; er kommt in Seen und Flüssen im mittleren Afrika von der West- bis zur Ostküste vor. Im Victoria-See (Kenia und Tanzania) wird er in großem Umfang gezüchtet (→ Fischzucht), vorwiegend für den Export. Der V. zeichnet sich aus durch festes aromatisches Fleisch. Er wird in Deutschland filetiert als Frischfisch und tiefgefroren angeboten.

Viehsalz Syn.: *Gewerbesalz;* ausschließlich für technische Zwecke und als Beimischung zu Viehfutter bestimmtes, für den menschlichen Gebrauch aus Steuergründen durch Zusatz von 0,25 % Eisenoxid unbrauchbar gemachtes Kochsalz (→ Natriumchlorid).

Viereck-Hartkäse; Hartkäse der Vollfettstufe (45 % Fett i. Tr.), der in Deutschland in Würfel- oder Backsteinform mit einem Gewicht von 30–50 kg wie → Emmentaler Käse hergestellt wird. Er besteht jedoch nicht aus roher, sondern aus doppelt gereinigter, molkereimäßig erhitzter Milch. Überwiegend wird er als abgepackter Portionskäse in Scheiben geschnitten angeboten. V. darf im Allgemeinen nicht als „Emmentaler“ oder „Schweizer“ Käse bezeichnet werden. Eine Ausnahme besteht für die Bezeichnung „Emmentaler“, wenn der Käse nur aus roher Kuhmilch hergestellt ist, der nicht über die Gerinnungstemperatur erhitzt wurde und bestimmten Anforderungen hinsichtlich Alter und Eigenschaft entspricht.

Vierhornkäfer lat.: *Gnathocerus cornutus (Fab.)* (Fam.: *Tenebrinoidae* (Schwarzkäfer)), engl.: *broad-horned flour beetle;* ca. 4 mm lange rotbraune Käfer, deren Männchen nach vorne gerichtet Hörner tragen und deren Weibchen den → Reismehlkäfern ähneln. Der Befall tritt in ähnlicher Häufigkeit auf wie der von Reismehlkäfern, z. T. auch zusammen im selben Befallsgut. Wie diese sind V. weltweit verbreitete → Vorratsschädlinge in Vorratslagern, Mühlenbetrieben, im Lebensmittelhandel und im Haushalt und verursachen ähnliche, aufgrund ihrer geringeren Vermehrungsfähigkeit jedoch weniger bedeutende Schäden.

Vierkantkäse; holländischer Schnittkäse. Bei der Bezeichnung V. handelt es sich um eine seit 1958 zulässige Bezeichnung für sowohl → Edamer-Käse als auch → Gouda-Käse mit einem Mindestgewicht von 10 kg. V. ist einfacher und rationeller aufzuschneiden und umfasst ca. 5 % der gesamten Produktion von holländischem Käse.

Viertelfettkäse; Käse mit mindestens 10 % Fett in der Trockenmasse.

Villages; → Côte

Vinaigrette; kalte Sauce aus Öl, Essig (franz.: *vinaigre* = Essig), Salz, Kräutern und Gewürzen, verwendet zum Anrichten von Salaten, zu gekochtem Fleisch/Fisch, zu Artischocken u. Ä.

Vin de Pays; Qualitätskategorie französischer Weine. V. ist die niedrigste Qualität mit Herkunftsbezeichnung, mit Bestimmungen für den höchstzulässigen Hektarertrag, Mindestalkoholgehalt und die zulässigen Rebsorten sowie für chemische und Sinnenprüfungen. Im Vergleich zum AOC- oder VDQS-Wein sind die Anforderungen geringer, v. a. ist die Rebsortenauswahl größer. Es gibt drei Hauptgruppen: regionale (mehrere Départments umfassend, z. B. Vin de pays d'oc), départmentale (mehrere Weinbauzonen umfassend, z. B. Vaucluse) und lokale V. (z. B. Côtes de Thongue).

Vin de Table; unterste Qualitätskategorie französischer Weine.

Vinho verde; portugiesischer Weiß- und Rotwein aus dem Vinho-Gebiet. Die Weine sind sehr jung, fast noch unreif, sehr säurehaltig und zuckerarm, weshalb die typischen V. sehr trocken ausfallen. Aufgrund der Herstellung sind sie leicht moussierend. Heute wird dazu übergegangen, sie leicht zu süßen. Das spanische Pendant heißt vino verde.

Violetter Ritterling lat.: *Lepista nuda (Bull.: Fr.) Cke.* (Fam.: *Tricholomataceae*), engl.: *Wood Blewit,* Syn.: *Violetter Rötelritterling;* von September bis November in Laub- und Nadelwäldern, aber auch auf Wiesen und Feldern, häufig in Ringen wachsender → Speisepilz, der in roher Form giftig ist und z. T. auch nach Erhitzen Unverträglichkeitsreaktionen hervorruft. Der v. R. besitzt einen abgeflachten welligen Hut von 5–15 cm Durchmesser und braunvioletter Farbe, einen violetten Stiel, dichte violette Lamellen und zartes hell violettes Fleisch.

Virulent engl.: *virulent;* giftig, ansteckend (→ Virulenz), im Gegensatz zu avirulent.

Virulenz engl.: *virulence;* bezeichnet den Ausprägungsgrad der → Pathogenität von Mikroorganismen gegenüber Mensch und Tier. Die V. hängt u. a. von dem Eindringungsvermögen in das Gewebe, der Vermehrungsgeschwindigkeit und der Toxinbildung ab. Als Maß für die V. kann der LD_{50}-Wert herangezogen werden.

Virus engl.: *virus;* Mehrz.: Viren, Krankheitserreger von besonders geringer Größe (20–250 nm), die sich von den anderen Mikroorganismen (Bakterien, Hefen, Pilze) u. a. dadurch unterscheiden, dass sie eine Hülle (Kapsid), nur einen Nucleinsäuretyp (DNS oder RNS) und keine Stoffwechselenzyme besitzen, ferner nur in lebenden Zellen vermehrungsfähig sind. Letzteres hat zur Folge, dass Viren nicht auf Nährmedien kultiviert werden können und sich in kontaminierten Lebensmitteln nicht anreichern.

Viruzide; Stoffe (meist chemische Substanzen), deren Anwendung die Inaktivierung von Viren bewirkt.

Viskosität engl.: *viscosity;* bezeichnet den Fließwiderstand flüssiger oder plastischer Lebensmittel. Dünnflüssige Lebensmittel haben eine niedrige V., dickflüssige sind hochviskos.

Vistulla; reiner klarer →polnischer Wodka aus rektifiziertem Kartoffel-Destillat mit leicht scharfer Note.

Vitalkleber; →Trockenkleber

Vitalstoffe engl.: -; aus dem Bereich der →alternativen Ernährungsformen stammende, nicht wissenschaftliche Bezeichnung für Vitamine, Mineralstoffe, Enzyme, ungesättigte Fettsäuren, Ballaststoffe und Aromastoffe in Lebensmitteln, die nach den Lehren der →Vollwertkost nach Bruker nur in unverarbeiteten lebendigen Lebensmitteln, nicht aber in industriell bearbeiteten toten Nahrungsmitteln enthalten sind.

Vitamin A engl.: *vitamin A;* Retinol, Retinal und Retinylester mit voller Vitaminwirkung umfassende Sammelbezeichnung. Im Gegensatz dazu werden Retinsäure und ihre Derivate als Retinoide zusammengefasst, die nur eingeschränkte biologische Aktivität aufweisen. V. A gehört zu den fettlöslichen Vitaminen, ist sehr empfindlich gegenüber Licht und Sauerstoff und wird in Form von Retinylestern aus tierischen Produkten (v. a. Leber, aber auch Eigelb, Butter, Käse) bzw. in Form seiner Provitamine (den →Carotinoiden, v. a. beta-Carotin) aus pflanzlichen Produkten aufgenommen. Die Provitamine werden in der Darmschleimhaut in unterschiedlichem Ausmaß zu Retinol gespalten. Um die Vitaminwirkung vergleichbar zu machen, erfolgt eine Umrechnung in Retinol-Äquivalente (1 mg R. Ä. entspricht 1 mg Retinol = 6 mg all-trans-beta-Carotin = 12 mg andere Provitamin A Carotinoide = 1,15 mg all-trans-Retinylacetat = 1,83 mg all-trans Retinylpalmitat). V. A ist in Form von all-trans-Retinal Bestandteil des Sehpurpurs (Rhodopsin) und damit entscheidend am Sehvorgang beteiligt. Des Weiteren zeigt V. A Wirkung auf biologische Membranen und reguliert Gewebewachstum und Zelldifferenzierung. Ein Vitamin-A-Mangel führt deshalb zu charakteristischen Veränderungen am Auge. Es kommt zu Nachtblindheit, Xerophtalmie (Eintrocknen des Auges), Keratomalazie (Geschwürbildung der Hornhaut) bis hin zum Erblinden. Außerdem treten Schädigungen aller Epithelzellen mit Verhornung von Haut und Schleimhaut auf, was eine erhöhte Infektanfälligkeit zur Folge hat. Andererseits sind auch →Hypervitaminosen möglich, die sich akut u. a. durch Kopfschmerz, Brechreiz und Muskelkrampf äußern. Umstritten ist die Teratogenität von V. A, weshalb Schwangeren abgeraten wird, im 1. Trimenon Leber zu verzehren. Als gesichert gilt hingegen die Teratogenität von äußerlich zugeführter Retinsäure (z. B. bei Aknetherapien), die zu schweren Missbildungen bis hin zum Abort führt.

Vitamin angereichertes Brot Syn.: *Vitaminbrot;* →Spezialbrot mit Zusatz von Vitaminen im Rahmen der Anforderungen der Verordnung über vitaminisierte Lebensmittel.

Vitamin B_1; →Thiamin

Vitamin B_{12} engl.: *vitamin B_{12},* Syn.: *Extrinsic Faktor;* Sammelbegriff für verschiedene Verbindungen, die zu der Gruppe der wasserlöslichen B-Vitamine gehören und alle ein zentrales Kobaltatom besitzen. V. B_{12} ist als Coenzym in Form von Adenosylcobalamin bzw. Methylcobalamin an drei Stoffwechselreaktionen beteiligt. Es spielt eine Rolle bei der DNS-Synthese, der Bildung der Erythrozyten und ist notwendig zur Überführung von →Folsäure in ihre Wirkform. Aufgrund der großen Speicherkapazität in der Leber treten Mangelerscheinungen erst nach Jahren auf. Diese äußern sich durch eine megaloblastäre Anämie und, im Gegensatz zum Folsäuremangel, zusätzlich durch neurologische Störungen. Ursache ist eine jahrelange vegane Ernährung, meistens aber eine chronische Magenschleimhautentzündung oder die Entfernung des Magens mit der Folge, dass der so genannte Intrinsic-Factor nicht mehr gebildet werden kann, der für die Absorption von V. B_{12} aus der Nahrung benötigt wird. Da ausschließlich Mikroorganismen in der Lage sind, V. B_{12} zu synthetisieren, findet es sich nur in tierischen (v. a. Leber) bzw. fermentierten Lebensmitteln. Das durch die körpereigenen Darmbakterien gebildete V. B_{12} kann vermutlich nicht genutzt werden, da der Intrinsic-Factor nicht bis in den Dickdarm gelangt. → Hypervitaminosen sind nicht bekannt.

Vitamin B_2; → Ritoflavin

Vitamin B_6 engl.: *vitamin B_6;* Sammelbegriff für Pyridoxol (Pyridoxin), Pyridoxal, Pyridoxamin und ihre Phosphorsäureester. Die Wirkform des wasserlöslichen V. B_6 ist Pyridoxalphosphat (PLP), das als Coenzym zahlreicher Enzyme wirkt (v. a. des Aminosäurestoffwechsels). Pyridoxaminphosphat (PMP) erfüllt Coenzymfunktion bei Transaminasen. V. B_6 ist in fast allen Lebensmitteln enthalten und deshalb eine Hypovitaminose selten. Sie äußert sich durch Hautveränderungen, neurologische Störungen und eisenresistente Anämie. Eine → Hypervitaminose durch Überdosierung von Supplementen ist möglich und kann zu Empfindungsstörungen und Nervenschädigungen führen.

Vitaminbrot Syn.: → *Vitamin angereichertes Brot*

Vitamin C engl.: *vitamin C;* Sammelbezeichnung für L-Ascorbinsäure und die ihrer Derivate, die noch einen Teil ihrer biologischen Aktivität aufweisen. V. C gehört zu den wasserlöslichen Vitaminen und ist stark empfindlich gegenüber Hitze-, Sauerstoff- und Lichteinwirkung. Es erfüllt im Körper zahlreiche Aufgaben als Antioxidans und als Kofaktor bei der Synthese von Kollagen, Gallensäuren, Carnitin und Catecholaminen (Adrenalin und Noradrenalin). V. C fördert die Absorption von Eisen aus der Nahrung, reduziert die Bildung der Krebs erregenden → Nitrosamine im Magen und ist an Entgiftungsreaktionen beteiligt. Ein Mangel führt beim Säugling zur Moeller-Barlowschen Krankheit und beim Erwachsenen zum → Skorbut. Die Möglichkeit einer → Hypervitaminose durch die Einnahme hoher Vitamin C-Dosen in Form von Supplementen ist umstritten. Oxidative DNS-Veränderung nach Hochdosierung konnten ebenso wenig nachgewiesen werden wie eine infektionsverhütende Wirkung. Hauptquellen für V. C sind frisches Obst und Gemüse.

Vitamin D engl.: *vitamin D;* das pflanzliche Ergocalciferol (Vitamin D_2) und das tierische Cholecalciferol (Vitamin D_3) umfassende Sammelbezeichnung. Beide können durch Lichteinwirkung aus ihren Provitaminen gebildet werden. Vorläufer des Vitamin D_3 ist im tierischen Organismus 7-Dehydrocholesterol, welches aus Cholesterol gebildet und in der Haut durch UV-Strahlung zum aktiven Vitamin umgesetzt wird. Bei ausreichender UV-Exposition kann der Vitamin-D-Bedarf durch die endogene Synthese gedeckt werden. In Pflanzen findet sich in geringer Konzentration der Vitamin D_2-Vorläufer Ergosterol. V. D gehört zu den fettlöslichen Vitaminen und ist gegenüber Sauerstoff und Licht empfindlich. Die biologisch aktive Form ist Calcitriol (1,25-Dihydroxycholecalciferol), welches durch Hydroxylierung in Leber und Niere gebildet wird und zu den Steroidhormonen zählt. Calcitriol ist an der Regulation der Calciumhomöostase und des Phosphatstoffwechsels beteiligt. Es fördert die Absorption von Calcium aus der Nahrung, die Mobilisation von Calcium aus dem Knochen und die Reabsorption von Calcium in der Niere. Dadurch wird ein Absinken des Blut-Calcium-Spiegels verhindert. Gleichzeitig begünstigt Calcitriol die Phosphatausscheidung in der Niere. Die meisten Lebensmittel enthalten kaum V. D (Ausnahme: Leber und Leberöle, Fettfische). Aufgrund der endogenen Synthese ist ein Mangel dennoch selten. Zu den Risikogruppen zählen Säuglinge, die in den Wintermonaten geboren werden, Senioren (mangelnde UV-Exposition) und verschleierte Frauen. Säuglinge erhalten aus diesem Grund eine Vitamin-D-Prophylaxe. Ein Mangel äußert sich beim Kind als → Rachitis (Mineralisationsstörung des wachsenden Knochens). Das gleiche

Krankheitsbild wird beim Erwachsenen als Osteomalzie (Knochenerweichung aufgrund einer Entmineralisierung des ausgewachsenen Knochens) bezeichnet. Auf der anderen Seite ist durch die Überdosierung von Vitamin-D-Präparaten eine Hypervitaminose möglich. Dabei tritt eine starke Erhöhung des Blut-Calcium-Spiegels auf, die langfristig zu irreversiblen Kalkablagerungen in weichen Geweben (z. B. Niere) führen kann.

Vitamine engl.: *vitamins;* Gruppe organischer Verbindungen, die für den Organismus lebensnotwendig sind. Sie werden vom Körper selbst nicht oder nicht in ausreichender Menge gebildet und müssen daher mit der Nahrung zugeführt werden. V. sind bereits in geringen Konzentrationen wirksam, sie stehen funktionell den Hormonen und Enzymen nahe, einige sind Coenzyme. Eine unzureichende Aufnahme führt zu → Hypovitaminosen, ein extremer Mangel zu → Avitaminosen mit spezifischen Mangelsymptomen. Übermäßige Zufuhr kann bei manchen V. eine → Hypervitaminose verursachen. Die V. werden nach ihrer Löslichkeit in fettlösliche und wasserlösliche V. eingeteilt. Da die fettlöslichen V. im Körper gespeichert werden, besteht hier eine größere Gefahr der Überdosierung. Zu den fettlöslichen V. gehören Vitamin A, D, E und K (s. dort). Die Gruppe der wasserlöslichen V. umfasst Thiamin (Vitamin B_1), Riboflavin (Vitamin B_2), Vitamin B_6, B_{12}, Niacin, Pantothensäure, Biotin, Folsäure und Vitamin C (s. jeweils dort). Weitere Informationen → Anhang II, Tabelle 8.

Vitamin E engl.: *vitamin E;* Sammelbezeichnung für alpha-Tocopherol und die seiner Derivate, die noch einen Teil der biologischen Aktivität des alpha-Tocopherols aufweisen. Um die unterschiedliche Vitaminwirkung zu berücksichtigen, erfolgt eine Umrechnung in Tocopherol-Äquivalente (1 mg T. Ä. entspricht 1 mg RRR-alpha-Tocopherol). Bei V. E handelt es sich um ein fettlösliches Vitamin, das sehr sauerstoffempfindlich und schwach lichtempfindlich ist. Im tierischen Organismus stellt es einen wichtigen Bestandteil aller biologischen Membranen dar. Seine Hauptfunktion ist der Schutz ungesättigter Fettsäuren vor Oxidation. Hierbei wirkt es als Antioxidans und fängt freie Radikale ab, die sonst zur Zerstörung der Membran führen würden. Beim Menschen sind keine charakteristischen Vitamin-E-Mangelsymptome bekannt, eine Hypervitaminose ist nur durch die Einnahme von Supplementen möglich und führt eventuell zu gastrointestinalen Störungen. Hauptquelle für V. E sind Pflanzenkeime und -saaten sowie die daraus gewonnenen Öle.

Vitamin-Hefe; aus Reinzuchten von *Saccharomyces cerevisiae* auf Spezialnährböden hergestelltes, sehr schonend getrocknetes Trockenprodukt. Im Vergleich zu anderen Hefeprodukten haben V. einen höheren Gehalt an natürlichen Vitaminen, v. a. der B-Gruppe, der durch die spezielle Zusammensetzung des Nährsubstrates erzielt wird. Verwendet für diätetische Lebensmittel, Säuglingsnahrung und zunehmend in Nahrungsergänzungsmitteln.

Vitaminisierte Bonbons engl.: *vitamin sweets;* mit Vitaminen angereicherte Zuckerwaren, bei denen der Vitaminzusatz i. d. R. mindestens 15 % der in der Nährwert-Kennzeichnungs-Verordnung empfohlenen Tagesdosis pro 100 g beträgt und in einer ernährungsphysiologisch vertretbaren Relation zu den vorhersehbaren Verzehrmengen (Serving) steht. Die Vitaminart und -menge sowie der Prozentsatz, bezogen auf die in der Nährwert-Kennzeichnungs-Verordnung aufgeführten empfohlenen Tagesdosen, sind auf der Packung anzugeben. Ab einem pharmakologisch wirksamen Gehalt an Vitaminen liegen nicht Lebensmittel, sondern frei verkäufliche Arzneimittel vor.

Vitamin K engl.: *vitamin K;* umfasst das pflanzliche Phyllochinon (Vitamin K_1) und die bakteriellen Menachinone (Vitamin K_2). Früher wurde außerdem das synthetische wasserlösliche Menadion (Vitamin K_3) eingesetzt. V. K gehört zu den fettlöslichen Vitaminen und ist stark lichtempfindlich. Es wird u. a. durch grüne Blattgemüse, Fleisch und Milch aufgenommen. Die körpereigene Darmflora synthetisiert ebenfalls V. K, der Umfang der Aufnahme ist allerdings umstritten. Die wichtigste Funktion erfüllt V. K als Kofaktor bei der Bildung vier verschiedener Blutgerinnungsfaktoren (sein Name leitet sich von Koagulation = Gerinnung ab). Des Weiteren ist es an der Bildung des Knochenproteins Osteocalcin beteiligt und hat so Einfluss auf den Skelettstoffwechsel. Hypovitaminosen treten beim Erwachsenen nur als Folge einer anhaltenden Schädigung der Darmflora auf (z. B. nach längerer Antibiotika-Einnahme). Mangelgefährdet sind voll gestillte Säuglinge, da ihr Darm noch nicht ausgereift und Muttermilch arm an V. K ist. Ein Mangel äußert sich in einer erhöhten Blutungsneigung, bei Säuglingen besteht die Gefahr von Hirnblutungen. Deshalb erhalten Neugeborene eine mehrmalige Vitamin-K-Prophylaxe. →Hypervitaminosen treten selbst bei hohen Vitamin-K-Gaben nicht auf. Cumarin-Derivate wirken als Vitamin-K-Antagonisten (→Antivitamine) und werden deshalb zur Thromboseprophylaxe eingesetzt.

Vitaminmangel-Erscheinungen engl.: *vitamin deficiency disease;* →Avitaminose

Vitaminräuber; aus dem Bereich der →alternativen Ernährungsformen stammende Bezeichnung für Substanzen, die dem Körper bei ihrer Verstoffwechselung →Vitamine wie Vitamin B_1 entziehen („rauben") und damit die Vitamin-Versorgung gefährden sollen. Diese wissenschaftlich in dieser Form nicht haltbare Aussage wird häufig mit Zucker (→Industriezucker) und →Auszugsmehlen in Verbindung gebracht, da sie selber keine oder fast keine Vitamine enthalten.

Vitello tonnato engl.: *vitello tonnato;* sehr dünne Scheiben gekochtes, mariniertes, mageres Kalbsfleisch z. B. aus der Schulter oder Nuss, das mit einer traditionell auf Mayonnaise basierenden Thunfischsauce angerichtet wird.

VLDL; Abk. für engl.: *very low density lipoproteins* = →Lipoproteine sehr geringer Dichte.

Vogelbeeren; Früchte der →Eberesche.

Vogelbeerlikör Syn.: →*Ebereschenlikör*

Vogelkirsche lat.: *Prunus avium L.* (Fam.: *Rosaceae*), engl.: *Wild Cherry;* wilde Stammpflanze der →Süßkirschen mit sehr kleinen, zum Genuss wenig geeigneten Früchten.

Vol-au-vent; Blätterteigpastete, mit verschiedenen Ragouts gefüllt. Die klassische V. ist recht groß und reicht meist für vier Personen.

Vollbier; alte Bezeichnung für Biere mit einem Stammwürzgehalt von 11 bis unter 16 %.

Vollfettkäse; mindestens 45 % Fett in der Trockenmasse enthaltender Käse.

Vollgerste; Bezeichnung für große dickbauchige Gerstenkörner, die auf einem Sieb mit 2,5 mm Schlitzweite bei Sortierung liegenbleiben. Der Anteil an V. ist ein Qualitätskriterium für industriell zu verarbeitende Gerste, insbesondere bei →Braugerste. Bei hochwertigen Braugersten werden Vollgerstenanteile von über 90 % verlangt.

Vollhering; geschlechtsreifer →Hering mit Milch (Sperma) oder →Rogen und einem hohen Fettgehalt, der frisch oder geräuchert (→Bückling) bzw. gesalzen (mild oder hart gesalzen) angeboten wird.

Vollkonserven; →Konserve, in der das Füllgut durch →Sterilisieren bei einer Lagerung bei Raumtemperatur (25 °C) über mehrere Jahre haltbar ist. Vegetative Mikroorganismen sowie mesophile Sporen sind durch die Hitzebehandlung ausgeschaltet. Für Lagerung bei höheren Temperaturen sind →Tropenkonserven geeignet.

Vollkornbrötchen engl.: *wholemeal rolls, whole grain rolls;* Brötchen, die nach denselben Anforderungen wie →Vollkornbrote aus Weizen- und Roggenvollkornerzeugnissen hergestellt werden.

Vollkornbrote engl.: *wholemeal bread,* amerik.: *whole-grain bread;* zu mindestens 90 %, bezogen auf die Getreideerzeugnisse, aus fein oder grob gemahlenen Vollkornerzeugnissen hergestellte Brotsorten. Ein Zusatz von Mehlen geringer Ausmahlung ist aus backtechnischen Gründen bis zu einem Anteil von 10 %, bezogen auf die Getreiderzeugnisse, üblich. Die zugesetzte Säuremenge stammt üblicherweise zu mindestens zwei Dritteln aus → Sauerteig. Bei V. als Sorte an sich werden Roggen- und Weizenvollkornerzeugnisse in einem beliebigen Verhältnis zueinander verwendet. Als Sorten enthalten Roggen- und Weizenvollkornbrot üblicherweise mindestens 90 %, Hafervollkornbrot und V. anderer Getreidesorten mindestens 20 % Vollkornerzeugnisse, bezogen auf die Getreideerzeugnisse, von der jeweiligen in der Verkehrsbezeichnung genannten Getreideart. Werden dort bei Roggen und Weizen beide genannt, überwiegt die zuerst in der Verkehrsbezeichnung genannte Getreidesorte mit mehr als 50 %, bezogen auf die Getreideerzeugnisse. V. können bei regelmäßigem Verzehr wegen ihres hohen Gehaltes an Ballast- und Mineralstoffen einen wichtigen Beitrag zu einer ausgewogenen gesunden Ernährung leisten.

Vollkornkekse engl.: *wholemeal biscuits;* → Kekse, deren Getreideanteil zu mindestens 90 % aus vollem Korn oder Mahlerzeugnissen des vollen Korns besteht.

Vollkornmehl engl.: *whole flour;* Getreidemehl, das sämtliche Bestandteile des → Getreidekornes mit der möglichen Ausnahme der äußeren Schale in fein zerkleinerter Form in den natürlichen Mengenverhältnissen enthält. V. verfügt über einen hohen Gehalt an Ballast- und Mineralstoffen und die im Getreidekorn enthaltenen Fette, Vitamine (insbesondere B-Vitamine) und Enzyme. Produkte aus V. können im Rahmen einer ausgewogenen Ernährung einen wesentlichen Beitrag zur Versorgung mit Ballast- und Mineralstoffen leisten. Zu beachten ist, dass V. im Vergleich zu anderen Mehlen eine kurze Haltbarkeit besitzen. Die Fette sind empfindlich gegenüber Oxidation (→ Ranzidität). Daher wird V. schnell ranzig und die Backeigenschaften lassen durch den Abbau der Inhaltsstoffe (Proteine, Stärke) durch die freigesetzten Enzyme nach.

Vollkornschrot engl.: *coarsely ground wholemeal;* → Schrote

Vollkornteigwaren engl.: *wholemeal pasta;* → Teigwaren, deren Anteil an Getreidemahlerzeugnissen üblicherweise ausschließlich aus Vollkornmahlerzeugnissen wie z. B. Weizenvollkornmehl besteht.

Vollmeersalz Syn.: → *Meersalz*

Vollmehl engl.: *straight run flour;* in der Müllerei ohne Keimling und größeren Anteil an Schalen gewinnbares → Mehl (Mehltype 812).

Vollmilch engl.: *whole milk;* wärmebehandelte → Konsummilch mit einem eingestellten (standardisierten) oder natürlichen (nicht standardisierten) Fettgehalt aus dem ungeteilten Gemelk mit einem Fettgehalt von mindestens 3,5 %. Bei V. mit natürlichem Fettgehalt darf dieser weder durch Hinzufügen noch durch Entnahme von Milchfett oder durch Mischung mit Milch, deren natürlicher Fettgehalt geändert wurde, verändert werden.

Vollmilch-Nuss-Schokolade; → Vollmilchschokolade mit bis zu 40 % ganzen oder grob zerkleinerten Haselnusskernen. Meist sind 10–23 % verarbeitet.

Vollmilchpulver Syn.: → *Milchpulver*

Vollmilchschokolade engl.: *whole milk chocolate;* → Milchschokolade mit Qualitätshinweis, die besondere Qualitätsanforderungen erfüllen muss. Die Gesamtkakaotrockenmasse muss mindestens 30 % betragen und die Milchtrockenmasse mindestens 18 %, davon mindestens 4,5 % Milchfett. Als Edel-Vollmilchschokolade wird eine V. bezeichnet, die aus dem besondes aromatischen → Edelkakao hergestellt wird. Sie zeichnet sich durch eine besondere Qualität und ein sehr volles

Aroma aus und ihre Gesamtkakaotrockenmasse liegt i. d. R. zwischen 35 und 39 %. Über die an V. hinausgehende Anforderungen an die Zusammensetzung von Edel-Vollmilchschokolade sind jedoch im europäischen Recht nicht festgelegt, sondern sie ergeben sich aus dem Handelsbrauch und der Verbrauchererwartung.

Vollpappe engl.: *solid fibre board;* im Gegensatz zu → Wellpappe massive Pappe mit einer flächenbezogenen Masse von über 225 g/m^2.

Vollsauer engl.: *ripe leaven sponge;* mittelfeste, relativ kurz und warm geführte letzte Stufe (Reifestufe) von Mehrstufensauerteigführungen. Die Art der Führung bewirkt eine Aktivierung aller Sauerteigmikroorganismen und damit eine Aromaverstärkung.

Vollsojamehle; → Sojamehle

Vollwert-Ernährung engl.: *wholesome food;* eine auf Professor Werner Kollath zurückgehende Ernährungsform, bei der im Gegensatz zur → vollwertigen Ernährung nicht nur gesundheitliche Aspekte im Vordergrund stehen, sondern auch die Umwelt- und Sozialverträglichkeit des gesamten Ernährungssystems. Es handelt sich um eine überwiegend lacto-vegetabile Kost (→ Lacto-Vegetarismus), in der Lebensmittel bevorzugt werden, die aus ökologischem Anbau stammen und möglichst wenig verarbeitet sind. Sie besteht hauptsächlich aus Vollkornprodukten, Gemüse und Obst, Kartoffeln, Hülsenfrüchten sowie Milch und Milchprodukten. Daneben können auch geringe Mengen an Fisch, Fleisch und Eiern enthalten sein. Die Kost wird schonend zubereitet und etwa die Hälfte der Nahrung wird als unerhitzte Frischkost (Rohkost) verzehrt.

Vollwertige Ernährung; eine von der Deutschen Gesellschaft für Ernährung (DGE) empfohlene Kostform, die den Bedarf an Energie und allen essenziellen Nährstoffen deckt und als Dauerkost für den Gesunden geeignet ist. Es handelt sich um eine ausgewogene, vielseitige, pflanzlich orientierte Ernährungsweise, bei der frische Lebensmittel bevorzugt werden, die schmackhaft und schonend zubereitet werden sollen. Mit der v. E. wird das Ziel verfolgt, die optimale Leistungsfähigkeit des Körpers zu erhalten und ernährungsbedingten Krankheiten vorzubeugen.

Vollwertkost nach Bruker; vom deutschen Mediziner Max Otto Bruker entwickelte und auf die Lehren von Werner Kollath und M. Bircher-Benner zurückzuführende → alternative Ernährungsform, die viele Ähnlichkeiten mit der Vollwert-Ernährung aufweist und nach Brukers Auffassung ernährungsabhängige Zivilisationskrankheiten verhindern und z. T. sogar heilen kann. Die V. unterscheidet lebendige, ganz naturbelassene oder nur mechanisch oder fermentativ veränderte „Lebensmittel“, die alleine zur Gesunderhaltung des Menschen beitragen und tote, erhitzte, konservierte und präparierte „Nahrungsmittel“, die arm an → Vitalstoffen und daher gesundheitsschädlich sind. Grundlage der Ernährung bilden Vollkornprodukte in Form von Vollkornbrot, Vollkorngetreide und Frischkornbrei sowie unbehandelte pflanzliche Lebensmittel aus ökologischem Landbau, ergänzt durch naturbelassene pflanzliche Öle und Butter. Als nicht empfehlenswert werden Fleisch, Wurst und Fisch angesehen. Der Verzehr aller verarbeiteten Lebensmittel, insbesondere von raffinierten Ölen, raffiniertem Zucker und Auszugsmehlen wird abgelehnt.

Volumenprozent; Abk.: Vol.-%, → Alkoholgehalt.

Volumenstabiles Packmittel engl.: *constant volume package;* → Packmittel, dessen Volumen bestimmbar ist und bei der Befüllung unter Belastung bei bestimmungsgemäßem Gebrauch konstant bleibt.

Vorderhaxe; → Haxen

Vorderhesse; → Hesse

Vorgefertigte Lebensmittel Syn.: → *Convenience-Produkte*

Vorhandener Alkoholgehalt engl.: *actual alcoholic strength;* Anzahl von Masseeinheiten Alkohol, die in 100 Masseeinheiten des betreffenden Erzeugnisses enthalten sind. Der v. A. wird bei alkoholischen Getränken mit einem Alkoholgehalt von über 1,2 Vol.-% in Volumenprozent auf der Verpackung deklariert.

Vormilch Syn.: → *Kolostralmilch*

Vorratschädlingsbekämpfung; → Schädlingsbekämpfung

Vorratsschädlinge; Tiere, v. a. Insekten, Milben und Nagetiere, die Nahrungs- und Genussmittel sowie Futtermittel nach der Ernte, beim Transport oder bei der Lagerung befallen. Neben dem von ihnen verursachten, z. T. erheblichen materiellen Schaden werden V. sowie die von ihnen befallenen Vorräte als abstoßend und Ekel erregend empfunden und können ein Hygienerisiko darstellen, so dass sie regelmäßige Maßnahmen zur Vorratsschädlingsbekämpfung (→ Schädlingsbekämpfung) erfordern. Außer Salz, Zucker und reinen Fetten können praktisch alle Lebensmittel von V. befallen werden, besonders häufig betroffen sind Getreide und Getreideerzeugnisse.

Vorstufen; wie → Vorteige vor der eigentlichen Brotteigbereitung mit kaltem (Quellstück) oder heißem Wasser (→ Brühstück) angesetzte Teige, jedoch ohne gezielte Zugabe von Mikroorganismen (Hefe und/oder Sauerteig). Es kommt dabei bei längerer Abstehzeit zu einer verstärkten Quellwirkung und bei enzymreichen Mahlerzeugnissen wie z. B. Vollkornschrot zu einem fortlaufenden Stärkeabbau zu löslichen Zuckern. Beim Brühstück wird die Stärke durch das eingesetzte heiße Wasser teilweise verkleistert. Der enzymatische Abbau wird dadurch zusätzlich beschleunigt, wenn die Enzyme nicht durch Kochen inaktiviert werden. V. werden besonders bei der Schrotbrotherstellung zur besseren Schrotverquellung eingesetzt.

Vorteig engl.: *sponge;* weicher Teig aus Mahlerzeugnissen, Wasser, ggf. Hefe oder Sauerteigmikroorganismen, der vor der eigentlichen Teigbereitung bei der → indirekten Teigführung angesetzt und mehrere Stunden steht, wie z. B. bei Hefestücken oder Sauerteigen. V. wirken aufgrund der längeren Standzeiten stattfindende Quell- und ggf. Gärprozesse fördernd auf die Teigeigenschaften, die Krume sowie ggf. auf das Aroma und die Frischhaltung. V. werden bei Brot, Kleingebäck und Dauerbackwaren eingesetzt. Für bestimmte Dauerbackwaren wie z. B. Lebkuchen sind feste V. im Gebrauch, die mehrere Tage oder Wochen lagern.

Vorzugsmilch engl.: *attested milk;* unveränderte Rohmilch, die nur im Erzeugerbetrieb in Packungen abgefüllt und im Handel angeboten wird und, da sie nicht vorerhitzt ist, auch stets gekühlt nur wenige Tage haltbar ist. Es werden sehr hohe Anforderungen an die Gewinnung (Beschaffenheit des Stalls, Gesundheitszustand der Kühe und des Personals und deren ständige amtstierärztliche bzw. amtsärztliche Überwachung, Fütterung, Haltung, Pflege und Melken der Kühe), Zusammensetzung (Mindestfettgehalt 3,5 %), Beschaffenheit (Keimgehalt und -art), Behandlung (Reinigung, Kühlung, Aufbewahrung), Verpackung und Beförderung gestellt.

VQPRD; Abk. für vins de qualité produits dans des régions déterminées, eine EU-Kategorie für Qualitätsweine, die in der EU produziert werden. Es gelten Bestimmungen für Weinherkunft (festgelegtes Gebiet, Gemeinde, Lage, der Name muss auf dem Etikett genannt werden), Hektarertrag, Mindestalkoholgehalt, Weinherstellung und Weinaubau. Auch die Rebsorten sind vorgeschrieben. Zu den VQPRD-Weinen zählen deutsche QBA- und QMP-Weine, französische VDQS- und AOC-Weine, portugiesische und spanische DO-Weine.

vzbv; Abk. für → Verbraucherzentrale Bundesverband e. V.

Wabenhonig engl.: *comb honey,* Syn.: *Scheibenhonig;* von Bienen in den gedeckelten brutfreien Zellen der von ihnen frisch gebauten Honigwaben (Jungfernwaben) oder in Honigwaben aus feinen, ausschließlich aus Bienenwachs hergestellten gewaffelten Wachsblättern gespeicherter → Honig, der in ganzen oder geteilten Waben gehandelt wird. W. bleibt verdeckelt lange flüssig.

Wacholder lat.: *Juniperus communis L.* (Fam.: *Cupressaceae*), engl.: *1. juniper,* Syn.: *Machandel;* 1. in den Heiden Mitteleuropas heimischer Nadelbaum, dessen Scheinfrüchte als → Wacholderbeeren vielseitige Verwendung finden und für die der Begriff W. häufig synonym verwendet wird. Die Zweige des Strauches finden traditionell beim Räuchern insbesondere von Schinken Verwendung. 2. Bezeichnung für eine beliebte, traditionell in Deutschland ausschließlich mit Wacholderbeeren hergestellte → Spirituose mit Wacholder.

Wacholderbeeren engl.: *juniper berries,* Syn.: *Machandelbeeren, Wacholder;* Scheinfrüchte (so genannte Beerenzapfen) des in ganz Europa verbreiteten Wacholder-Strauches. Hauptlieferanten der nach zwei Jahren reifen W. sind Italien, Ungarn und der Balkan. Wegen ihres ausgeprägten aromatisch bitteren und leicht süßen Geschmacks finden W. breite Verwendung bei der gewerblichen und industriellen Lebensmittelherstellung und in der Küche. Dieser Geschmack wird durch ätherische Öle (Gehalt 0,8–2 %), die im Wesentlichen aus Pinen, Camphen und anderen → Terpenen bestehen, hervorgerufen. Als Gewürz werden W. ganz oder als Pulver in Marinaden für Fleisch- und Fischgerichte sowie für Sauerkraut verwendet. → Spirituosen mit Wacholder beziehen ihr besonderes Aroma fast ausschließlich bzw. größtenteils aus ganzen W. oder von aus den Beerenzapfen durch Destillation mit Wasserdampf hergestelltem Wacholderöl.

Wachs engl.: *wax;* fettähnliche Stoffe (Lipoide), bei denen es sich chemisch gesehen um Gemische von Estern höherer Fettsäuren mit höheren einwertigen Alkoholen handelt. Unter dem Begriff W. werden verschiedene Verbindungen mit gemeinsamen Eigenschaften zusammengefaßt: Sie sind bei 20 °C knetbar, fest bis brüchig, grob- bis feinkristallin, durchscheinend bis opak, jedoch nicht glasartig, über 40 °C ohne Zersetzung schmelzend, schon wenig oberhalb des Schmelzpunktes verhältnismäßig niedrig viskos und nicht fadenziehend, von stark temperaturabhängiger Konsistenz und Löslichkeit und unter leichtem Druck polierbar. Es können natürliche W., die sich in pflanzliche (z. B. Carnaubawachs), tierische (z. B. Bienenwachs, Wollwachs) und Mineralwachse differenzieren lassen, von synthetischen (teil- und vollsynthetisch) W. unterschieden werden. Neben einer Vielzahl technologischer Anwendungsmöglichkeiten werden W. auch als Käsewachse, in Überzügen für Früchte, in Melkfett, ferner in der Papier- und Verpackungsmittelindustrie als Heißsiegel-, Kaschier- und Beschichtungswachs verwendet.

Wachsbohnen engl.: *wax beans;* 1. Syn. für → gelbe Bohnen; 2. wachsige, durchscheinend wirkende, gelbgrüne bis dunkel rotbraune → Fehlbohnen im Rohkaffee, die durch Fermentation aus Bohnen aus überreifen Kaffeekirschen oder aus zu lange getrockneten Bohnen entstehen und ein fruchtiges bis schwefeliges Fehlaroma erzeugen.

Wachskaschieren; → Kaschieren

Wachsmais lat.: *Zea mays L. Ceratina-Grp.* (Fam.: *Poaceae*), engl.: *Waxy maize, waxy corn amerik.;* spezielle Zuchtform (mutierter Genotyp) des → Mais mit wachsartig aussehenden Körnern, bei denen die Stärke im Endosperm fast ausschließlich (zu ca. 99 %) aus → Amylopektin besteht (→ Wachsmaisstärke).

Wachsmaisstärke; aus Wachsmais gewonnene → Stärke mit einem Amylopektingehalt von ca. 99 %. Sie zeigt besonders gutes Quellvermögen, liefert transparente, hochgradig viskose Lösungen und unterliegt nicht der → Retrogradation. Sie eignet sich daher als Stabilisator, Dickungs- und Bindemittel für verschiedene Lebensmittel wie z. B. Suppen, Saucen, Backwaren sowie Convenience-Produkte und wird für die vielfältigen Verwendungszwecke sowohl nativ als auch für den jeweiligen Verwendungszweck modifiziert angeboten.

Wachspapier engl.: *waxed paper;* mit Paraffin geringen Ölgehaltes oder mit mikrokristallinen Wachsen beschichtetes oder imprägniertes Papier. Nach Art der Beschichtung lassen sich oberflächenbeschichtete und durchtränkte W. unterscheiden. Ersteres weist nur an der Oberfläche eine Wachsschicht auf und ist in erster Linie wasserabweisend, kann jedoch auch geringe Mengen an Wasser aufnehmen. Letzteres ist komplett mit Wachs durchtränkt und gilt als wasserdicht. W. sind grundsätzlich aromadicht und werden z. B. zum Verpacken von Brot und Bonbons eingesetzt.

Wachstumshormon Syn.: → *Somatotropin*

Wachstumsregulatoren; Wirkstoffe, die in das Wachstum von Pflanzen oder auch deren Fruchtreife eingreifen können. Dieser Eingriff kann sowohl fördernd, beschleunigend, als auch hemmend, verlangsamend sein. Zu den W. zählen z. B. Phytohormone, Oligosaccharine oder Einzelsubstanzen wie Ethylen.

Wachsüberzüge; → Coating

Wachteleier; sehr kleine (ca. 10 g schwere), bräunlich gefleckte → Eier, die als Delikatesse angesehen werden und v. a. in asiatischen Ländern beliebt sind. Gekochte W. sind in Gläsern im Delikatessenhandel erhältlich.

Wackelpuddinge Syn.: → *Götterspeisen*

Wade; → Beinfleisch

Wadschenkel Syn.: → *Hesse*

Waerland-Kost; von dem schwedischen Naturphilosophen und Mediziner Are Waerland entwickelte → alternative Ernährungsform, die Bestandteil eines einfachen naturnahen Lebensführungssystems ist. Sie ist eine lacto-vegetabile Kostform (→ Lacto-Vegetarismus) mit rohem Gemüse als Nahrungsgrundlage, ergänzt durch rohes Obst, in Schale gekochte Kartoffeln, geringe Mengen möglichst milchsauer vergorener Milchprodukte, Vollkornbrot, Nüsse und Samen. Abgelehnt werden Fleisch, Fisch, Eier und Alkohol sowie Zucker, Kochsalz und konservierte Lebensmittel, die durch Übersäuerung des Körpers die Grundlage für die Entstehung vieler Zivilisationskrankheiten darstellen sollen.

Wärmebehandelte Milch engl.: *heat treated milk;* gereinigte → Rohmilch, die einem anerkannten Wärmebehandlungsverfahren wie → Pasteurisieren, → Ultrahocherhitzen, → Sterilisieren oder Kochen unterworfen worden ist, um vorhandene Keime mehr oder weniger vollständig abzutöten und Enzyme zu inaktivieren.

Wässriges Fleisch; Bezeichnung für → Fleisch mit außergewöhnlich geringem Quellvermögen und „nassem" Aussehen im Anschnitt, das von abweichender Qualität ist. Beim Abhängen sowie beim Auftauen treten große Gewichts- bzw. Abtropfverluste auf. W. F. schrumpft beim Zubereiten (Braten) unter Austritt großer Mengen Fleischsaft deutlich ein und wird zäh. Das bekannteste Beispiel ist → PSE-Fleisch.

Waffelbrot engl.: *wafer bread;* knuspriges, gut haltbares, knäckebrotähnliches → Flachbrot oder kleines Gebäck in Scheiben aus Waffelmasse. Es wird auch mit geringem Fettzusatz gebacken oder heiß extrudiert hergestellt. Eine Reihe von W. sind Spezialprodukte. Sie enthalten spezielle Zusätze wie z. B. → Inulin oder Algen oder werden als glutenfreies (mit Mais) oder diätetisches Lebensmittel hergestellt.

Waffeln engl.: *wafers;* aus einer meist flüssigen dünnen Masse zwischen erhitzten Flächen hergestellte Dauerbackware, die geprägt und in heißem Zustand abhängig von der Masse noch biegsam sein kann. Die Masse besteht aus Getreideerzeugnissen und/oder Stärke und Wasser oder anderen Flüssigkeiten wie z. B. Milch oder Sahne sowie ggf. weiteren Zutaten, wie z. B. Zucker, Fett, Gewürze oder Schokolade. Die im Handel angebotenen W. werden bei der Herstellung aus größeren Abschnitten geschnitten oder ausgestanzt und bei Bedarf anschließend geformt. Nach der Form erfolgt eine Unterteilung in die flachen, meist rechteckigen, häufig wabenähnlich geprägten Flachwaffeln und die nach Bedarf geformten Formwaffeln wie z. B. Waffelröllchen oder Hohlwaffeln. W. werden sowohl gefüllt als auch ungefüllt angeboten. Typische Füllungen sind Milch-, Sahne-, Schokoladen- sowie andere Fett- und Zuckercremes (→ Cremewaffeln), Schaumzucker (→ Schaumwaffeln) oder Fruchtzubereitungen. Besondere Waffelsorten sind z. B. Milch- und Sahnewaffeln sowie die völlig oder teilweise mit Schokolade überzogenen oder unter Mitverwendung von Schokolade hergestellten Schokoladenwaffeln. Milch- und Sahnewaffeln werden üblicherweise aus mindestens 0,2 l Vollmilch bzw. 0,2 l Sahne mit mindestens 10 % Milchfett oder einer entsprechenden Menge Milch- oder Sahnetrockenmasse pro kg Getreideerzeugnisse und/oder Stärke hergestellt.

Waffelröllchen engl.: *cylindrical wafer rolls,* Syn.: *Hohlhippen, Hippenröllchen;* kleine, gerollte, knusprig gebackene → Waffeln. Sie sind oft mit i. d. R. süßen → Cremes oder Eiscreme gefüllt und vielfältig (z. B. mit Schokolade) ganz oder halb überzogen. Die Herstellung von W. erfolgt aus einer meist zuckerreichen und deshalb in heißem Zustand gut formbaren, überwiegend auch Fett enthaltenden Waffelmasse. Sie sind beliebt als Kaffee- und Teegebäcke, Süßwaren und zum Anrichten sowie Dekorieren, z. B. von Speiseeis oder Torten.

Wakame lat.: *Undaria pinnatifida (Harv.) Suringer* (Ordn.: *Laminariales*), engl.: *wakame;* in der fernöstlichen Küche und Heilkunde verbreitete Braunalgenart (→ Seetang). Angebotsform, sensorische Eigenschaften, Inhaltsstoffe und Verwendung entsprechen weitgehend dem Seetang → Kombu. Die mineralstoffreiche „Wurzel" wird unter der Bezeichnung Mekabu ebenfalls als Meeresgemüse verwendet.

Waldchampignon lat.: *Agaricus silvaticus Schff.: Secr.* (Fam.: *Agaricaceae*), engl.: *forest mushroom,* Syn.: *Wald-Egerling;* von Juli bis Oktober in feuchten Nadelwäldern wachsender → Speisepilz mit gewölbtem Hut von 4–8 cm Durchmesser, bräunlicher Farbe und braunen Schuppen auf der Oberfläche. Der W. besitzt einen weißlichen, meist an der Basis verdickten Stiel, der einen ausgeprägten Ring trägt, grau rosafarbene Lamellen, die später dunkler werden, und weißes, bei Verletzung schnell rötendes Fleisch. Es besteht Verwechslungsgefahr mit verschiedenen sehr giftigen Knollenblätterpilzen.

Wald-Egerling Syn.: → *Waldchampignon*

Walderdbeere lat.: *Fragaria vesca L.* (Fam.: *Rosaceae*), engl.: *alpine strawberry, wild strawberry,* Syn.: *Knickbeere;* besonders aromatisch schmeckende, aber wenig saftige kleine Früchte der gleichnamigen in Eurasien beheimateten Erdbeerart (→ Erdbeere). Sie wird im Wesentlichen wild (lat.: *var. vesca*) gesammelt. Kultiviert wird die verwandte Monatserdbeere, eine Varietät der W. (lat.: *var. hortensis (Duchesne) Staudt*). Sie reift vom Juni bis zum Frost.

Waldhonig engl.: *honeydew honey;* oft dunkler, rötlichbrauner, dickflüssiger → Honig mit herbem würzigen Geschmack. W. ist ein natürliches Gemisch aus → Honigtauhonig von Laub- oder Nadelbäumen (z. B. Tannen oder Fichten) und Nektarhonig (→ Blütenhonig) von Waldblütenpflanzen. Er besitzt einen hohen Gehalt an Enzymen, Mineralstoffen und Fruchtzucker.

Waldmeister lat.: *Asperula odorata (L.) SCOP.* (Fam.: *Rubiaceae*), engl.: *sweet woodruff,* Syn.: *Maikraut;* in Mitteleuropa heimische ausdauernde Waldpflanze, deren Blätter glykosidisch gebundenes → Cumarin enthalten. Beim Trocknen des Krautes wird Cumarin freigesetzt, das dann den typischen Duft nach W. und Heu bewirkt. Waldmeister-Kraut wird üblicherweise zur Aromatisierung von → Maibowle (Waldmeister-Bowle) eingesetzt, wobei beachtet werden muss, dass gesundheitliche Bedenken gegen die Aufnahme von Cumarin bestehen.

Waldmeisterbowle engl.: *woodruff-flavoured punch;* → Maibowle → Waldmeister

Waldmeister-Likör; → Gewürzlikör von grünlicher Farbe und schwach ausgeprägtem Waldmeisteraroma.

Waldorfsalat engl.: *Waldorf salad;* nach dem Waldorf-Astoria-Hotel benannter → Feinkostsalat aus in Stücken oder Streifen geschnittenen Äpfeln, in Streifen geschnittenem Knollensellerie, Zitronensaft und zerkleinert untergemischten oder in Hälften auch als Garnierung verwandten Walnüssen. Angemacht wird der W. üblicherweise mit Mayonnaise oder mayonnaiseähnlichen Erzeugnissen. Die Verwendung geringer Mengen anderer Früchte wie z. B. Orangen oder Ananas ist unüblich.

Wale lat.: *Cetacea,* engl.: *whales;* große Meeressäuger, die jahrhundertelang von Küstenanrainern weltweit gejagt und in den letzten Jahrzehnten nahezu ausgerottet wurden. W. waren von erheblicher wirtschaftlicher Bedeutung u. a. als Nahrungsquelle (Fleisch, Fett). Kommerzieller Walfang ist inzwischen aus Artenschutzgründen nach internationaler Übereinkunft verboten.

Waller Syn.: → *Wels*

Wallwurz Syn.: → *Beinwell*

Walnuss lat.: *Juglans regia L.* (Fam.: *Juglandaceae*), engl.: *walnut;* hellbraune runde → Steinfrucht mit stark gefurchter harter Schale, die vom in Europa, den USA und Asien verbreiteten Walnussbaum geerntet wird. W. werden in vielen Sorten und Größen im Handel als → Schalenobst angeboten. Vielfältig genutzt wird bei allen Sorten der enthaltene, von einer hellbraunen Haut umhüllte Kern, der einen ausgeprägten nussigen Geschmack mit je nach Sorte feinen Unterschieden aufweist. Walnusskerne sind beliebte Knabberartikel und finden in Süß- und Backwaren vielseitige Verwendung als Zutat und Dekoration. Sie weisen einen hohen Gehalt an Öl auf (ca. 62,5 g pro 100 g essbarer Anteil), das als Speiseöl (→ Walnussöl) sehr geschätzt ist. Zusätzlich enthalten sie einen hohen Gehalt an Eiweiß und Mineralstoffen (ca. 14 g Eiweiß und 2 g Mineralstoffe pro 100 g essbarer Anteil).

Walnusslebkuchen engl.: *walnut gingerbread;* → Nusslebkuchen

Walnussmakronen engl.: *walnut macaroons;* → Nussmakronen

Walnussöl engl.: *walnut oil,* Syn.: *Nussöl;* durch kaltes Pressen aus den Samen der gut ausgereiften → Walnüsse gewonnenes, fast farbloses bis gelbliches fettes Öl mit angenehmem, sehr aromatischem nussartigen Geschmack. Es wird insbesondere in der feinen Küche als Salatöl geschätzt. W. enthält einen hohen Anteil an physiologisch wertvollen mehrfach ungesättigten Fettsäuren, insbesondere Linolsäure (ca. 55 g pro 100 g Öl) und Linolensäure (ca. 13 g pro 100 g Öl).

Walöl engl.: *whale oil,* Syn.: *Waltran;* durch Nassschmelzen aus Walfleisch und Walspeck isoliertes Fett mit hohem Anteil an langkettigen Fettsäuren. W. wurde jahrhundertelang für die Ernährung, für medizinische und für technologische Zwecke verwendet; im 20. Jahrhundert diente es als Rohstoff für → Margarine. Mit dem weltweiten Fangverbot für Wale ist der Handel mit W. zum Erliegen gekommen. Es wird inzwischen durch pflanzliche und synthetische Fette ersetzt. W. ist nicht zu verwechseln mit → Walrat.

Walrat; → Wachs aus den Kopfhöhlen des Pottwals. Es handelt sich um ein Gemisch aus Palmitin-, Myristin- und Laurinsäure-cetylestern, das als Salbengrundlage und zur Oberflächenbehandlung von Zitrusfrüchten verwendet wurde (→ Wale).

Walzentrocknung engl.: *roller drying;* → Trocknungsverfahren zum kontinuierlichen Trocknen von flüssigen und pastösen Gütern, wie z. B. Kartoffelgranulat, Milch- und Obstpulver. Das zu trocknende Gut wird dabei auf von innen mit kondensiertem Dampf beheizten, sich langsam drehenden Walzen kontinuierlich getrocknet; die Wärmeübertragung erfolgt hierbei durch direkten Kontakt mit den heißen Walzen (→ Kontakttrockner), auf deren Oberfläche das Gut festbackt und durch Schabemesser abgenommen wird. Mit der W. lassen sich auch pastöse Güter trocknen, die sich nicht mehr versprühen lassen. Nachteilig für die Qualität des Produktes kann jedoch die hohe Wärmebelastung am Ende des Trocknungsprozesses sein, die zu Bräunung und Denaturierung führen kann. Es wird zwischen Einwalzentrocknern, Zweiwalzentrocknern, Vakuumwalzentrocknern und Mehrwalzentrocknern unterschieden.

Wamme engl.: *jowl,* Syn.: *Triel, Koder;* 1. an der Körperunterseite herabhängende fettgewebereiche Hautfalte v. a. im Bereich des Halses (beim Bullen) und des unteren Bauches; 2. beim Schwein Teilstückbezeichnung für den knochen- und i. d. R. schwartenfreien fettgewebereichen, jedoch von flachen Muskeln durchzogenen unteren → Bauch. Die W. wird häufig zu Bauchspeck oder in Fleischerzeugnissen verarbeitet. Der Anteil der W. am entbeinten Fleisch beträgt ca. 6 %.

Wammenfett; aus der → Wamme gewonnenes Fett und auch Bezeichnung für das Fettgewebe selbst.

Wan-Tan; ursprünglich aus der chinesischen Küche stammende, pikant, z. B. mit gehackten Garnelen, Hackfleisch und/oder Gemüse gefüllte Teigtaschen aus Weizenmehlteig. Dieser wird zur Zubereitung dünn ausgerollt oder in Form von vorgefertigten Blättern verwendet. Der Verzehr von W. erfolgt in der Regel gekocht als Suppeneinlage sowie gebacken, gedämpft oder frittiert als Snack oder Beilage.

Wan-Tan-Suppe engl.: *wan tan soup;* ursprünglich typisch chinesische, i. d. R. klare Suppe (z. B. auf Basis von Hühner- oder Gemüsebrühe), die mit Fleisch gefüllte Teigtaschen als charakteristische Einlage aufweist. Weitere Zutaten wie z. B. Gemüse oder Pilze sind möglich.

Warmer Korn Syn.: *Korn-Grog;* Hausgetränk nach Art des Grogs. Es wird aus Korn, Zucker und Gewürzen (Zimt, Nelken, Kardamom) hergestellt.

Warmfleisch; schlachtfrisches („schlachtwarmes“) Fleisch vor der → Totenstarre. Es weist ein besonders gutes Wasserbindungsvermögen auf und ist damit zur Herstellung von → Brühwürsten sehr geeignet. Rindfleisch kann sich bis zu sechs Stunden nach der Schlachtung in diesem Zustand befinden, bei anderen Schlachttieren setzt die Totenstarre wesentlich früher ein.

Warmhalteverpackung engl.: *heat retaining package;* Verpackung mit hohem Wärmedämmvermögen zum kurzzeitigen Warmhalten verpackter warmer Speisen.

Warmkost-Verpflegungssystem Syn.: *Ausgabeküche;* in der Gemeinschaftsverpflegung eingesetztes Arbeitssystem, bei dem die Speisenzubereitung in einer Zentralküche erfolgt und die verzehrfertigen Speisen in beheizbaren Behältnissen in die Ausgabeküchen der Verpflegungseinrichtungen geliefert werden. Die Anlieferung der Speisen kann dabei portioniert oder nicht vorportioniert erfolgen. Die Warmhaltezeit der Speisen sollte bei diesem Arbeitssystem deutlich unter drei Stunden liegen und die Speisen sollten im Hinblick auf die Vitaminzufuhr mit frischen Komponenten wie z. B. Obst oder Salat ergänzt werden. Die Anforderungen an das Personal sowie an die Küchenausstattung sind bei diesem Verfahren besonders gering.

Warmräuchern engl.: *to hot-smoke;* wenige Stunden bis mehrere Wochen dauerndes → Räuchern von Lebensmitteln wie Kochschinken und Kochwürsten bei Temperaturen zwischen 30 und 50 °C.

Wasabi lat.: *Wasabia japonica (MIQ.) MALSUM.* (Fam.: *Brassicaceae*), engl.: *Japanese horseradish, sawa wasabi,* Syn.: *Berg-Stockrose;* in Japan beheimatete und kultivierte Pflanze, die auch als japanischer Meerrettich bezeichnet wird, jedoch nicht mit dem westlichen → Meerrettich verwandt ist. Das fein geriebene Rhizom mit seinem durchdringenden Geruch und beißenden Geschmack ist würzende Zutat zu → Sushi und ähnlichen Gerichten. In Europa ist W. getrocknet als Pulver oder blassgrüne Paste erhältlich.

Washington Navel; → Navel

Wasser engl.: *water;* Verbindung aus Wasserstoff und Sauerstoff mit der Summenformel H_2O. Es handelt sich um eine klare, geruch-, geschmack- und farblose Flüssigkeit, die den Hauptbestandteil aller lebenden Organismen ausmacht. Der Körper eines Erwachsenen besteht zu 50–60 % aus W. Als Lösungs-, Transport- und Quellmittel ist es für zahlreiche Zellreaktionen unentbehrlich und daher Voraussetzung für die Aufrechterhaltung aller Lebensvorgänge. W. zeigt verschiedene physikalisch-chemische Anomalien. Zum einen besitzt es einen sehr hohen Schmelz- (0 °C) bzw. Siedepunkt (100 °C). Beim Übergang in den festen Zustand (Eis) wird Energie in Form von Kristallisationswärme frei, während für den Übergang in den gasförmigen Zustand (Wasserdampf) große Energiemengen aufgenommen werden müssen (Verdampfungswärme). Durch den Schmelz- und Siedepunkt des W. ist die Celsius-Temperatur-Skala festgelegt. Eine weitere Unregelmäßigkeit des W. wird als Dichteanomalie bezeichnet. W. weist bei 4 °C die höchste Dichte auf, in Form von Eis ist die Dichte geringer, da eine Volumenvergrößerung auftritt. Dadurch erfolgt das Gefrieren von der Oberfläche her und macht Leben im W. erst möglich. Schließlich besitzt W. eine hohe spezifische Wärme. Das spielt eine Rolle für den Wärmehaushalt der Erde und des Organismus und wird industriell z. B. beim Einsatz als Kühlflüssigkeit genutzt. Die hohe Dielektrizitätskonstante ist verantwortlich für die guten Lösemitteleigenschaften des W. (Salze werden entgegen ihrer elektrostatischen Anziehung in Ionen gespalten und hydratisiert) und die Eigenschaft, von elektromagnetischen Wellen (Mikrowellen) erhitzt zu werden. W. entsteht beim Verbrennen von allen wasserstoffhaltigen Substanzen und bei vielen chemischen Reaktionen (z. B. Neutralisation und Kondensation). Pflanzen setzen W. und Kohlendioxid mit Hilfe von Sonnenlicht zu organischen Verbindungen und Sauerstoff um (Photosynthese, Assimilation). Vom Menschen verwendetes W. kann in → Trinkwasser und → Brauchwasser unterteilt werden. Aufgenommen wird W. durch Getränke (ca. 1,4 l) und über die Nahrung (ca. 0,9 l), im Körper entsteht es als Oxidationswasser (ca. 0,3 l). Die Ausscheidung erfolgt mit dem Harn (ca. 1,4 l), den Faeces (ca. 0,2 l), dem Atem (ca. 0,5 l) und als Schweiß über die Haut (ca. 0,6 l). Bei einem Wassermangel können harnpflichtige Substanzen (Harnstoff, Natrium, Kalium) nicht mehr ausgeschieden werden. Es kommt zu Bluteindickung und Kreislaufversagen.

Wasseraktivität engl.: *water activity;* Maß für das für → Mikroorganismen tatsächlich verfügbare Wasser in Lebensmitteln. Die W. wird als a_W-Wert (für engl.: *activity of water*) angegeben und wird definiert als das Verhältnis des Wasserdampfdrucks über dem Lebensmittel zum Wasserdampfdruck von reinem Wasser bei gleicher Temperatur. Reines Wasser hat damit einen a_W-Wert von 1,0. Der a_W-Wert eines Lebensmittels kann durch Zusatz wasserbindender Substanzen, durch Wasserentzug oder durch Tiefgefrieren gesenkt werden, wodurch die Mikroorganismen in ihrem Wachstum gehemmt werden. Die Widerstandsfähigkeit gegenüber dem Absenken des a_W-Wertes ist dabei i. d. R. bei → Schimmelpilzen am größten, geringer bei → Hefen und grampositiven → Bakterien und am geringsten bei gramnegativen Bakterien. Lebensmittel mit einem a_W-Wert über 0,95 gelten als leicht verderblich, Lebensmittel mit einem a_W-Wert zwischen 0,91 und 0,95 gelten als mittelgradig verderblich und Lebensmittel mit einem a_W-Wert unter 0,90 gelten als kaum verderblich.

Wasseraufbereitung; → Trinkwasseraufbereitung

Wasserbindungsvermögen; Fähigkeit von Fleisch, fleischeigenes und zugesetztes Wasser durch Bindung zwischen den Eiweißkörpern nicht auspressbar zu machen. Das W. von Fleisch ist für viele lebensmitteltechnologische Prozesse von Bedeutung und hängt vom pH-Wert und vom Ionenmilieu ab. Das große W. von Fleisch unmittelbar nach dem Schlachten ist auf die hohe ATP-Konzentration vor Eintritt des Rigor mortis und der dadurch bewirkten Trennung von Actin-Myosin-Komplexen zurückzuführen und nimmt mit zunehmendem ATP-Abbau ab. Eine Erhöhung des W. von Fleisch kann durch Zusatz von Kochsalz sowie Mono- und → Diphosphat (→ Kutterhilfsmittel) z. B. bei der Brühwurstherstellung erreicht werden.

Wasserchlorierung; im Rahmen der Trinkwasseraufbereitung eingesetztes Verfahren zur Desinfektion und Erzeugung von bakteriell einwandfreiem Wasser. Es dürfen Chlor, Chlordioxid, Calcium- und Natriumhypochlorit verwendet werden. Ihre zugelassenen Höchstkonzentrationen nach Abschluss der Aufbereitung sind in der Trinkwasserverordnung geregelt.

Wasserdampf engl.: *steam;* gasförmiger Aggregatzustand des Wassers. In der Lebensmitteltechnologie findet W. vielseitige Verwendung, wie z. B. als Wärmeübertragungsmittel beim schnellen Erhitzen von Flüssigkeiten durch Einleiten von W. oder als Lösungsmittel bei der Wasserdampfdestillation.

Wasserdampfdestillation engl.: *steam destillation;* schonende Form der → Destillation, bei der Wasserdampf durch flüssige oder feste Gemische (z. B. Pflanzenteile) geleitet wird und aus diesen flüchtige, vorzugsweise nicht wasserlösliche Substanzen mitnimmt. Es werden auch solche Stoffe erfasst, deren Siedepunkt weit über 100 °C liegt. Aus dem Kondensat wird die zu isolierende Substanz durch ein geeignetes Lösungsmittel von der Wasserphase abgetrennt. Die W. wird z. B. beim Gewinnen von ätherischen Ölen aus pflanzlichen Materialien eingesetzt.

Wasserdampfdichtigkeit engl.: *water vapour resistance, moisture resistance;* Eigenschaft von Verpackungen, undurchlässig für Wasserdampf zu sein. Dabei hängt der Grad der Dichtigkeit von Konstruktion, Ausführung und Materialaufbau ab. Besonders relevant ist W. beim Verpacken poröser wasserarmer Lebensmittel wie z. B. Dauerbackwaren.

Wasserdampfdruck engl.: *vapour pressure;* Druck, der sich bei einer bestimmten Temperatur über Wasser in einem abgeschlossenen Behältnis einstellt. Durch Auflösen von Stoffen in Wasser (Zucker, Salze) wird der Dampfdruck gegenüber dem des reinen Wassers erniedrigt und dadurch der Siedepunkt erhöht. Der W. des zu untersuchenden Mediums in Verhältnis zu dem des reinen Wassers wird durch die → Wasseraktivität beschrieben.

Wasserdampfdurchlässigkeit engl.: *water vapour permeability;* Abk.: WDD, Eigenschaft eines → Packstoffes, Wasserdampf diffundieren zu lassen bzw. die Wasserdampfmenge, die während einer festgelegten Zeit bei einem festgelegten Luftfeuchtegefälle und einer bestimmten Temperatur durch die Flächeneinheit des zu prüfenden Erzeugnisses diffundiert. Je nach der Wasserdampfempfindlichkeit bzw. der Gefahr von Wasserdampfverlusten des zu verpackenden Gutes muss ein Packstoff mit geeigneter WDD gewählt werden. Bei Gütern mit lebenden Zellen wie z. B. Obst und Gemüse, die bei der Atmung u. a. Wasserdampf entwickeln, muss der gebildete Wasserdampf durch eine angepasste wasserdampfdurchlässige Verpackung abgeführt werden, um mikrobiellen Verderb nicht zu begünstigen.

Wassereis engl.: *water ice;* → Speiseeis, das üblicherweise einen Fettgehalt von unter 3 % und eine Trockenmasse von mehr als 12 % aufweist. Es ist meist mit deutlichem Süßgeschmack, gefärbt und aromatisiert im Handel, weist jedoch nicht den Fruchtgehalt eines → Fruchteises auf. W. wurde früher auch als Kunstspeiseeis bezeichnet.

Wasserenthärtung engl.: *water softening;* Verfahren zur Entfernung oder Verringerung des Gehaltes an Calcium- und Magnesiumsalzen (→ Wasserhärte) im Wasser. Übliche Methoden sind: 1. Kalk-Soda-Verfahren: Ausfällung der Carbonathärte durch Kalkmilch und der Nichtcarbonathärte durch Soda, 2. → Ionenaustauscher: Ersatz der Calcium- und Magnesiumionen z. B. durch Natriumionen, 3. → Destillation, 4. Membranverfahren wie → Umkehrosmose oder → Elektrodialyse, 5. Härtestabilisierung: komplexe Bindung der Calcium- und Magnesiumionen durch Polyphosphate (für Lebensmittel nicht erlaubt, Einsatz bei Wasch- und Reinigungsmitteln).

Wasserentkeimumg engl.: *water decontamination;* Teilbereich der → Trinkwasseraufbereitung zur Verbesserung der hygienischen Qualität v. a. von → Oberflächenwasser. Dazu werden verschiedene Filtrationsverfahren eingesetzt, andere Möglichkeiten sind → Wasserchlorierung, → Ozonierung oder UV-Bestrahlung.

Wasserentsalzung engl.: *desalinization of water;* Entfernung der löslichen Salze des Wassers. Eine vollständige Entfernung (Vollentsalzung) führt zum → destillierten Wasser, das für technische und medizinische Zwecke benötigt wird. Eine Teilentsalzung kann zum einen durchgeführt werden, um Trinkwasser zu gewinnen (→ Meerwasserentsalzung), zum anderen, um eine spezielle Wasserqualität zu erzielen, wie sie für bestimmte Lebensmittel (z. B. Fruchtsaft) benötigt wird.

Wasserfilter engl.: *filter;* unterschiedlich aufgebaute Filtersysteme zur Verbesserung der Trinkwasserqualität. Durch den Einsatz von W. sollen u. a. Schwermetalle, Pestizide, Arzneimittelrückstände, Bakterien und Tenside aus dem Wasser entfernt werden. Die wichtigsten verwendeten Systeme sind → Ionenaustauscher (auch in Kombination mit Kohlegranulatfiltern), Dampfdestillation, → Umkehrosmose und Aktivkohlefilter (→ Aktivkohle). Bei den meisten Modellen werden nicht nur Schadstoffe, sondern auch erwünschte Mineralstoffe aus dem Wasser gefiltert. Ferner besteht häufig die Gefahr der Verkeimung des Filters bzw. einer Nachverkeimung des Wassers, wenn dieses auf Vorrat produziert wird. Da das Trinkwasser strengen rechtlichen und gesundheitlichen Auflagen unterliegt, ist es ohne Einschränkungen verzehrfähig und der Einsatz von W. ist höchstens bei sehr hartem Wasser oder veralteten Rohrsystemen anzuraten. Häufig werden W. auch nur eingesetzt, um eine subjektive Geschmacksverbesserung, z. B. von Tee zu erzielen.

Wassergehalt engl.: *water content;* Gesamtmenge an Wasser in einem Lebensmittel, das in freier, immobilisierter und gebundener Form vorliegt. Der W. bestimmt zusammen mit dem Gehalt an gelösten Stoffen häufig die Eigenschaften und die Haltbarkeit von Lebensmitteln und darf bei einigen Lebensmitteln festgelegte Höchstmengen nicht überschreiten. Da für chemische und enzymatische Veränderungen der Gehalt an freiem Wasser entscheidend ist, ist die → Wasseraktivität ein aussagekräftigeres Maß für die Verderblichkeit eines Lebensmittels als der W.

Wassergehaltsbestimmung engl.: *analytical determination of water content;* analytische Bestimmung des Gehalts an Wasser in Erzeugnissen. Sie wird oft mit der Bestimmung des Trockenmassenverlustes (→ Trockenmasse) gleichgesetzt, ist jedoch nicht mit diesem identisch; die eigentliche W. nutzt für Wasser spezifische Methoden. Eine Möglichkeit ist die Titration nach Karl Fischer, bei der die Umsetzung von Schwefeldioxid und Jod in Gegenwart von Wasser massanalytisch genutzt wird. Sie wird für Lebensmittel allgemein und insbesondere bei Produkten mit Wassergehalten unter 25 % (z. B. Fette und Öle) eingesetzt. Eine weitere Möglichkeit der W. ist die azeotrope Destillation. Dabei destilliert das Wasser des Lebensmittels mit einem organischen Lösungsmittel in einem bestimmten Verhältnis und einer Siedetemperatur, die weder der des Wassers noch der des Lösungsmittels entspricht. Das Volumen des Wassers kann dann nach Beendigung der Destillation einfach abgelesen werden. Diese Methode wird für inhomogene Lebensmittel wie Sauerkraut und Gemüse eingesetzt. Außerdem dient sie zur W. in Seifen und Seifenerzeugnissen. Eine weitere W. ist die → Gaschromatographie mit Wärmeleitfähigkeitsdetektor (WLD). Diese Bestimmung wird in erster Linie für organische Lösungsmittel eingesetzt. Bei vielen Lebensmitteln (Fleisch, Getreide, Gemüse, Schokolade, Kaffee, Käse usw.) erfolgt heute die W. routinemäßig mittels photometrischer Messung im nahen Infrarotbereich (NIR-/ → IR-Spektroskopie).

Wasserhärte engl.: *water hardness;* Maß für den Gehalt an Calcium- und Magnesiumsalzen in Wasser. Die Angabe erfolgt in mmol/l. Häufig lässt sich auch die Angabe in deutschen Härtegraden (°dH) finden, hierbei entspricht 1° dH 10 mg Calciumoxid oder 7,19 mg Magnesiumoxid pro Liter. Auch in anderen Ländern sind historische Einheiten für die W. gebräuchlich, in der Schweiz werden z. B. französische Härtegrade verwendet, wobei 1°fH 10 mg Calciumcarbonat entspricht und 1°dH damit 0,560 °fH entsprechen. Bei den Härten erfolgt die Unterscheidung in Carbonathärte, resultierend aus Hydrogencarbonaten, Carbonaten und Hydroxiden von Calcium und Magnesium, die beim Kochen als unlösliche Carbonate ausfallen (temporäre Härte), und die Nicht-Carbonathärte, als die man andere Salze der beiden Kationen bezeichnet, also hauptsächlich Sulfate, Chloride, Phosphate, Silicate und Nitrate, die beim Kochen in Lösung bleiben (permanente Härte). Die Summe aus beiden ist die Gesamthärte. Die W. ist entscheidend für die Geschwindigkeit von Kalkablagerungen bei Kochvorgängen, der Kesselsteinbildung, weswegen bei solchen Prozessen u. U. eine → Wasserenthärtung vorgenommen wird. Art und Höhe der W. sind weiterhin wichtige Parameter für → Brauwasser und des Weiteren handelt es sich bei der W. um einen wichtigen Einflussfaktor auf die benötigte Menge an Waschmitteln, um die gewünschte Waschwirkung zu erzielen. Je härter das Wasser, umso mehr Enthärter bzw. bei Fertigwaschmitteln mit integriertem Enthärter umso mehr Waschmittel wird benötigt. Wasser mit 0–4 °dH Gesamthärte gilt als sehr weich, 5–8 °dH werden als weich, 9–12 °dH als mittelhart, 13–18 °dH ziemlich hart, 19–30 °dH hart und über 30 °dH als sehr hart bezeichnet. Neben der Energie und Waschmittel verbrauchenden Bildung von Kesselstein gibt es weitere negative Auswirkungen harten Wassers, z. B. erschwertes Weichkochen von Gemüse- und Hülsenfrüchten sowie Trübungen und Ausfällungen bei der Zubereitung von Getränken. Die Bestimmung der Calcium- und Magnesiumkonzentration zur Errechnung der W. erfolgt über Ionenchromatographie, AAS oder klassisch über Maßanalyse.

Wasserkastanie lat.: *Trapa bicornis Osbeck var. bispinosa* (Fam.: *Trapaceae*), engl.: *water chestnut;* gehörnter Samen einer einjährigen Wasserpflanze aus der Familie der Wassernussgewächse. Die W. wiegt 4–7 g, besitzt eine papierartige schwarzbraune Schale und helles Fleisch mit intensivem Nussaroma. In Asien wird die W. roh oder gekocht verzehrt, bei uns sind sie hauptsächlich geschält, in Scheiben geschnitten unter Kochsalzzusatz oder in Sojasauce als Konserve erhältlich. Als „chinesische Wasserkastanie" (Pi-tsi) werden die unterirdischen Ausläuferknollen von *Eleocharis dulcis Trin.* bezeichnet, die in stehenden Gewässern kultiviert werden und in Ostasien sehr beliebt sind. Dabei handelt es sich um abgeplattete zwiebelähnliche Sprossknollen von 2,5–4 cm Größe mit dunkler Schale und hellem süßlich schmeckenden Fruchtfleisch. Die chinesische W. kann roh verzehrt werden, überwiegend wird sie jedoch geschält, in Scheiben geschnitten und gekocht. Sie kann ferner Süßspeisen, Back- und Teigwaren, Fleisch- und Fischgerichten oder Suppen zugesetzt werden oder dient als Füllung von Geflügel oder Teigtaschen. Bei uns ist sie als Konserve z. T. in Asia-Läden erhältlich.

Wasserkresse Syn.: → *Brunnenkresse*

Wasserlösliche Vitamine engl.: *water-soluble vitamins;* Teilgruppe der → Vitamine, der Thiamin (Vitamin B_1), Riboflavin (Vitamin B_2), Vitamin B_6, Vitamin B_{12}, Niacin, Pantothensäure, Biotin, Folsäure und Vitamin C angehören (s. jeweils dort).

Wassermelonen lat.: *Citrullus lanatus var. vulgaris (Schrad.) Mansf.* (Fam.: *Cucurbitaceae*), engl.: *Water Melon,* Syn.: *Arbusen;* sehr große, bis zu 20 kg schwere rundliche, ovale oder walzenförmige → Beeren einer Liane. Unter der hell- bis dunkelgrünen, dicken, glatten, nicht essbaren Schale liegt das hell- bis dunkelrote, sehr saftige süße Fruchtfleisch, das i. d. R. viele verteilte braune oder schwarze Kerne enthält. Es wird meist roh verzehrt und als Zutat in Säften, Obstsalaten und Desserts verwendet. W. werden weltweit in tropischen und subtropischen Ländern angebaut. Sie unterliegen den Qualitätsnormen der EU und lassen sich bei 85 % rel. Luftfeuchtigkeit und 15 °C bis zu drei Wochen nach der Ernte lagern.

Wasserreis Syn.: → *Kanadischer Wildreis*

Wasserspinat lat.: *Ipomoea aquatica Forssk* (Fam.: *Convolvulaceae*), engl.: *water spinach, water convolvulus,* Syn.: *Kang Kong/Kangkung, Rau Muong;* in Südostasien und China angebautes, im Wasser oder Sumpf beheimatetes Windengewächs mit schmal herzförmigen spitz zulaufenden 7–14 cm langen Blättern. Diese werden als spinatähnliches Gemüse z. B. mit Öl und Knoblauch gebraten oder auch als Salat zubereitet, eingelegt oder als Suppe gekocht verzehrt. W. ist in Deutschland in Spezialgeschäften oder zubereitet in Restaurants mit asiatischer Küche erhältlich.

Wasserstein Syn.: → *Kesselstein*

Wasserstoff engl.: *hydrogen;* leichtestes chemisches Element, das in freier Form als farb-, geruch- und geschmackloses Gas vorliegt. W. ist leicht entzündlich, bildet mit Luft (und auch mit reinem Sauerstoff) explosive Gemische (Knallgasreaktion) und ist Bestandteil zahlreicher Verbindungen (z. B. Wasser, Kohlenwasserstoffe, Mineralien). Er kann als Energiequelle genutzt werden und ist ein wichtiges Reduktionsmittel, z. B. bei der → Fetthärtung und der Herstellung von → Zuckeralkoholen. Die Isotope des W. mit einem bzw. zwei Neutronen besitzen als einzige Isotope eigenständige Namen, nämlich Deuterium bzw. Tritium.

Wasserstoffperoxid engl.: *hydrogen peroxide,* Syn.: *Wasserstoffsuperoxid;* Verbindung aus gleichen Teilen Wasserstoff und Sauerstoff, die stark oxidierend sowie hautätzend wirkt und in wässriger Lösung allmählich in Wasser und reaktiven Sauerstoff zerfällt, der bleichende und desinfizierende Eigenschaften besitzt. W. entsteht auch als Zwischenprodukt im Stoffwechsel und wird rasch von dem Enzym Katalase entgiftet. W. wird für Kosmetika (z.B. Haarfärbemittel), Pharmazeutika, zur Trinkwasseraufbereitung, als Desinfektionsmittel bei der aseptischen Abfüllung von Lebensmitteln (z. B. Milch) und als Bleichmittel für Stärke, Gelatine und Fischmarinade verwendet.

Weck Syn.: → *Brötchen*

Weckewerk; → Kasseler Weckewerk

Weckmänner Syn.: *Stutenkerle;* figürlich einem Mann nachempfundenes, i. d. R. mit Rosinen und Tonpfeife dekoriertes Saisongebäck aus einem mittelschweren Hefefeinteig.

Wegwarte Syn.: → *Zichorie*

Weichdragées engl.: *soft dragees;* → Dragées

Weicheis engl.: *scoopable/spoonable ice cream;* → Speiseeis, das im gefrorenen Zustand eine weiche Konsistenz hat und damit portionierbar ist. → Softeis ist kein W. in diesem Sinne.

Weichkäse engl.: *soft cheese;* gereifte Käse der Halbfett- bis Doppelrahmstufe (→ Käse) mit weicher Konsistenz. Der Wassergehalt sollte zwischen 50–60 % in der Trocken- und bei mehr als 67 % in der fettfreien Käsemasse liegen. Dadurch besitzen W. einen etwas höheren Wassergehalt als Hart- und Schnittkäse. Zu seiner Herstellung darf neben pasteurisierter Käsereimilch auch Rohmilch verwendet werden, deren Gewinnung und Verarbeitung besonderen Hygieneanforderungen unterliegt. Von allen anderen Käsesorten unterscheiden sich die W. sowohl durch die Art der Reifung als auch durch ihre weiche bis fließende Konsistenz. Die klassischen Weichkäsesorten reifen in Abhängigkeit von der Lagertemperatur und, bis auf einige Ausnahmen, von außen nach innen und nicht gleichmäßig. W. können je nach Reifezustand noch einen weißen ungereiften Kern aufweisen. Mit zunehmender Temperatur steigt die Geschwindigkeit der Reifung. Je reifer der Käse, desto weicher und geschmeidiger ist seine Konsistenz. Bei den W. wird unterschieden zwischen den herzhaft würzig schmeckenden W. ohne Schimmelbildung, mit Rotschmiere und einer feuchten Oberfläche wie z. B. Limburger, Weinkäse, Mainauer-Käse und Bel Pasae, den mild aromatischen Weißschimmelkäsen (bspw. Brie, Camembert und Neufchateler), und den Grün- und Blauschimmelkäsen wie Roquefort, Gorgonzola und Stilton, die milder im Geschmack als Schnittkäse mit Blauschimmel sind.

Weichkaramellen engl.: *caramel, toffee, low boiling sweet,* Syn.: *Toffees;* meist viereckige →Bonbons von weicher kaubarer Konsistenz. Diese wird durch einen höheren Restwassergehalt (7–9 %), die Beigabe von Milch, Fetten oder Gelatine zu den Kochansätzen und das Einarbeiten von Luft in die noch warme Masse erreicht. Zu den W. gehören u. a. Toffees, Milch-, Sahne- und Rahmkaramellen sowie Fruchtkaubonbons. Mitunter sind sie mit Fruchtpasten und Schokolade gefüllt (engl.: *eclair*). Eine bekannte Sorte in England ist →Fudge.

Weichkeks Syn.: →*Mürbekeks*

Weichkrokant engl.: *soft croquant;* Krokantsorte mit sehr weicher Konsistenz. →Krokant

Weichmacher engl.: *plasticizer;* Substanzen, die auf physikalischem Weg die elastischen Eigenschaften von Polymeren (v. a. von Kunststoffen wie PVC oder auch Cellulosederivaten) verbessern. Wichtige W. sind Phthalsäureester und Phosphorsäureester. Sie werden z. B. bei der Herstellung von Kunststoffen, Lacken, Klebstoffen, in der Textil- und Kosmetikindustrie zur Verbesserung der Elastizität von Filmbildnern verwendet. Die im Lebensmittelbereich bei der Herstellung von Verpackungsmaterialien eingesetzten W. müssen gesundheitlich unbedenklich sein und dürfen nur in geruch- und geschmackloser Form, in technisch nicht vermeidbarer Menge auf das Lebensmittel übergehen. Bei bestimmten Bedarfsgegenständen, z. B. Säuglingsprodukten, ist der Einsatz von W. generell verboten.

Weichmais Syn.: →*Stärkemais*

Weichobst; Sammelbegriff für →Stein- und →Beerenobst.

Weichpackung engl.: *soft packaging,* Syn.: *Flexible Verpackung;* nicht formstabiles →Packmittel, das zum Verpacken der verschiedensten Füllgüter eingesetzt wird. Nachdem ursprünglich nur starre Packmittel wie Dosen zum →Sterilisieren von verpackten Lebensmitteln eingesetzt wurden, sind zunehmend sterilisierbare Folienverpackungen im Einsatz. Durch die wegen des schnelleren Wärmedurchgangs der meist flachen Packungen verkürzten Sterilisationszeiten werden geringere thermische Schädigungen bewirkt, so dass sich auch empfindliche Produkte mit hoher Qualität herstellen lassen. Da W. i. d. R. mechanisch empfindlicher sind als klassische Sterilpackungen, ist eine besonders vorsichtige Handhabung der sterilisierten Produkte erforderlich und z. T. werden zusätzliche Kartonumhüllungen eingesetzt.

Weich-PVC; weichmacherhaltiges →Polyvinylchlorid.

Weichseln engl.: *morello cherries;* Bezeichnung für die Gruppe dunkler → Sauerkirschen mit stark färbendem roten Saft. Wichtige Vertreter sind die → Schattenmorelle (lat.: *var. acida*), die → Maraskakirsche (lat.: *var. maraska*) und die → Köröser Weichsel sowie Presssauerkirschen zur fast ausschließlich industriellen Verwertung (wie z. B. die dänische Sorte Stevnsbaer).

Weichseparatorenfleisch Syn.: *3-mm Fleisch;* → Separatorenfleisch

Weichtiere lat.: *Mollusca,* engl.: *molluscs,* Syn.: *Mollusken;* weltweit verbreiteter Stamm wirbelloser Tiere, die bevorzugt im Wasser (Meer- und Süßwasser) leben, einige Gattungen auch an Land. Anatomisch gliedern sich die W. in Kopf, Fuß und Eingeweidesack, umgeben von einem Kalkmantel (→ Schalentiere), der bei einigen Klassen zurückgebildet ist. Für die menschliche Ernährung genutzt werden verschiedene Arten der → Muscheln, → Schnecken und → Kopffüßer (Tintenfische). Zusammen mit → Krebstieren, → Seeigel und → Seegurke (Stachelhäuter) sowie Seescheide (lat.: *Ascidiacea*) werden sie auch als Meeresfrüchte bezeichnet.

Weichweizen engl.: *wheat,* Syn.: *Saatweizen;* → Weizen

Weichweizengrieß; → Grieß

Weidemastochse lat.: *Bovinus taurus L.* (Fam.: *Bovidae*); → Ochse

Weihnachtsartikel engl.: *christmas articles;* Saisonartikel der Weihnachtszeit. Meist handelt es sich um Süßwaren wie Schokoladenerzeugnisse oder Backwaren. Beispiele sind Schokoladenweihnachtsmänner oder andere figürlich ausgeformte Schokoladenerzeugnisse, massiv, als Hohlkörper oder gefüllt, oft in weihnachtlich bunt bedruckter Aluminiumfolie gewickelt. Zu den Backwaren unter den W. gehören u. a. Spekulatius, Zimtsterne, Lebkuchen oder Printenmänner.

Wein engl.: *wine;* Bezeichnung für ein alkoholisches Getränk, das ausschließlich durch vollständige oder teilweise alkoholische Gärung aus frischen Weintrauben, deren Maische oder Traubenmost gewonnen wird (→ Weinherstellung) und hohe kulturelle Bedeutung besitzt. Der individuelle Charakter eines W. wird durch eine Reihe von Faktoren beginnend bei seiner Herkunft (→ Weinbaugebiete), angebauter Rebsorte, Auswahl und Zeitpunkt der Lese der Trauben bis hin zu Herstellung und → Ausbau geprägt. In ihrem Alkoholgehalt schwanken sie je nach Herkunft, Ausbau (ggf. Anreicherung) i. d. R. zwischen 7 und 14 Vol.-% bzw. 55–100 g/l. Als leichte W. gelten W. mit einem Alkoholgehalt von 7–9,5 Vol.-% (55–75 g/l), als mittelschwer W. bei einem Alkoholgehalt von 9,5–11,4 Vol.-% (75–90 g/l) und als schwer W. mit einem Alkoholgehalt von 11,4–14 Vol.-% (90–100 g/l). Weinbau, Weingewinnung und Weinvermarktung unterliegen strengen Regelungen im europäischen und nationalen Recht.

Weinähnliche Getränke; Bezeichnung für aus anderen Früchten oder Rohstoffen als Weintrauben ähnlich wie → Wein hergestellte und behandelte alkoholische Getränke, Zubereitungen aus diesen (z. B. Fruchtschaumwein) und Mischgetränke. Verwendet werden Früchte, Beeren, Rhabarber, Honig und Malz. Je nach eingesetztem Rohstoff wechselt das zur → alkoholischen Gärung benutzte Ausgangsmaterial, dem bei Bedarf Wasser und Zucker zugesetzt wird. W. G. werden wie Wein zu einer Vielzahl anderer alkoholischer Getränke wie z. B. Fruchtglühweinen weiterverarbeitet und sind anhand ihrer Verkehrsbezeichnung klar von weinhaltigen oder aus Wein hergestellten Getränken zu unterscheiden. Ebenfalls zu dieser Rubrik zählen auch Fruchtdessertweine, Fruchtwermutweine sowie → Moste nach Landesbrauch. Besondere Bedeutung besitzen regional der → Apfelwein und geschichtlich der → Honigwein.

Weinanreicherung engl.: *enrichment of wine;* önologisches Verfahren zur Erhöhung des Alkoholgehaltes von Wein, das zur Qualitätsverbesserung dient und in Deutschland nur für → Tafelweine, einschließlich → Landweine und → Qualitätsweine b. A. ohne Prädikate zugelassen ist. Wenn die Witterungsbedingungen es erforderlich machen bzw. der Zuckergehalt der Trauben bei unselbstständigem Most (Grenze bei Weißwein ca. 70–75 °Öchsle, bei Rotwein ca. 80 °Öchsle) zu niedrig liegt, um bei der alkoholischen Gärung den für die Weinqualität notwendigen Alkohol zu erzeugen, können die Mitgliedsstaaten der EU eine Erhöhung des (vorhandenen oder potenziellen) Alkoholgehalts zulassen. Zu beachten sind bei der W. die rechtlichen Regelungen hinsichtlich der Weinqualität (Mindestmostgewicht) des Umfangs der Verbesserung und der zugelassenen Mittel. Als Anreicherungsspanne ist in der EU die Anhebung des Alkoholgehaltes in den für Deutschland relevanten Weinbauzonen A und B um maximal 3,5 Vol.-% (28 g/l) bei Zone A und um 2,5 Vol.-% (20 g/l) bei Zone B erlaubt. In besonderen Jahrgängen kann sie von der EU um 1 Vol.-% erhöht werden. Der Umfang der Verbesserung ist nach Zone, Weinart und Qualität anhand eines maximalen Alkoholgehaltes festgelegt. Zur Anreicherung ist zugelassen bei frischen Weintrauben die Zugabe von teilweise gegorenem Traubenmost sowie bei Jungwein die Zugabe von Saccharose, konzentriertem Traubenmost oder rektifiziertem Traubenmostkonzentrat. Die Anreichung erfolgt bei Traubenmost mit Hilfe von Saccharose, konzentriertem Traubenmost oder rektifiziertem Traubenmostkonzentrat oder teilweiser Konzentrierung und bei zur Gewinnung von Tafelwein geeignetem Wein und bei Tafelwein durch teilweise Konzentrierung durch Kälte. Die Anreicherung ist nur einmal erlaubt. Sie darf nur bis zum 15. März des auf die Ernte folgenden Jahres vorgenommen werden. Bei Tafelwein muss die Anreicherung im Weinbaugebiet erfolgen, bei Qualitätswein im bestimmten Anbaugebiet.

Weinaroma; Bezeichnung für den Geruch eines Weines auf verschiedenen Stufen. Das Primäraroma erfasst den Geruch der Traube, d. h. der frischen Frucht. Das Sekundäraroma beschreibt den Weingeruch während der Herstellung und den Geruch des jungen Weines. Das → Bukett ist Kennzeichen des reifen Weines. Unter „arôme de bouche" wird der Geruchseindruck in der Nase verstanden, der entsteht, wenn sich der Wein im Mund befindet.

Weinarten; werden in Deutschland unterschieden in Weißwein, Rotwein, Roséwein, Weißherbst, Rotling, Schillerwein, Badisch Rotgold (s. jeweils dort).

Weinauszeichnungen; in Deutschland nach bestandener → Qualitätsprüfung vergebene Auszeichnungen für Weine von höherer Qualität, die durch eine weitere unabhängige Verkostung bestätigt sein muss. Zu den deutschen Auszeichnungen zählen Gütezeichen wie das → Deutsche Weinsiegel und regionale sowie bundesweite Prämierungen (→ Weinprämierung). Grundlegende Voraussetzung für die Verleihung ist für Gütezeichen ein Ergebnis von mindestens 2,5 Punkten, für Prämierungen von mindestens 3,5 Punkten in der → Sinnenprüfung nach DLG-Schema. Weiterhin müssen gesonderte Anforderungen, z. B. zu Rebsorten oder Jahrgang der jeweiligen Bestimmungen erfüllt werden. Auszeichnungen dürfen auf dem Weinetikett kenntlich gemacht werden.

Weinbaubereiche; Teile → bestimmter Anbaugebiete für Qualitätswein in Deutschland. Der Bereich lässt sich weiter in Großlagen und diese weiter in Einzellagen (→ Lage) unterteilen. Die Möglichkeit für den Erzeuger, den Bereich auf einem Etikett anzugeben, stößt weltweit auf Kritik, weil z. B. Weine von der ganzen mittleren Mosel auf dem Etikett „Bereich Bernkastel" angeben dürfen. „Bernkastel" ist dabei eine Großlage, mit der der Verbraucher eine bestimmte Erwartung verbindet, die jedoch nicht alle Weine aus dem Bereich der mittleren Mosel erfüllen.

Weinbauzonen in der EU und dazugehörige Weinbauländer bzw. deren Teilgebiete

Weinbauzonen	Weinbauländer bzw. Teilgebiete von Weinbauländern
A	Deutschland mit Ausnahme von Baden, Niederlande, England und kleine andere
B	Baden, Österreich, Nordfrankreich
C Ia	Teile Frankreichs und Nordspaniens (Atlantikküste), Portugal
C Ib	Teile Norditaliens
C II	Teile Südfrankreichs, Mittelitalien, Teile Nordspaniens (Inland und einzelne Küstenbereiche)
C IIIa	Teile Griechenlands
C IIIb	Südspanien, Süditalien, Teile Griechenlands

Weinbaugebiete engl.: *wine-growing areas;* Gebiete, die für den Anbau von Weintrauben geeignet sind. Klima und Boden in den W. prägen wesentlich die Zusammensetzung und damit auch den späteren Charakter der aus den Weintrauben erzeugten Weine mit. Des Weiteren sind mit vielen W. traditionelle Rebsorten, Lesen, Erzeugungs- und Ausbaumethoden verbunden, die ebenfalls den Charakter und die spätere Qualität der erzeugten Weine entscheidend beeinflussen. Aus diesem Grund können W. den Charakter von Markenzeichen erreichen und weltweite Anerkennung finden. Daher genießen sie weltweit rechtlichen Schutz. In Europa sieht das europäisch vereinheitlichte Weinrecht verschiedene Kategorien in Verbindung mit den Qualitätskategorien der Weine, z. B. bei →Tafelwein, Tafelwein mit geografischer Angabe oder →Qualitätswein b. A. (→bestimmter Anbaugebiete) vor. Die Festlegung der Gebiete und Ausdifferenzierung einzelner Lagen und Bereiche ist im Wesentlichen den Nationalstaaten vorbehalten.

Weinbaukartei; erfasst Rebflächen und Weinerzeugung, um Angaben über das Anbaupotenzial und die Produktionsentwicklung zu erhalten. Die Erfassung erfolgt jährlich, in Deutschland über die zuständigen Landesstellen in der Landwirtschaftsverwaltung. Die W. ist mittlerweile EU-einheitlich geregelt.

Weinbauzonen engl.: *wine-growing zones;* innerhalb der EU vorrangig nach dem Klima eingeteilte Zonen für Weinbau, für deren Weine Zonen-abhängige Anforderungen gültig sind wie z. B. Mindestmostgewichte. Eine grobe Einteilung der Weinbauländer bzw. deren Teilgebiete zu den Weinbauzonen lässt sich aus der folgenden Tabelle entnehmen.

Weinbeeren engl.: *grapes;* 1. botanisch korrekte Bezeichnung für die →Früchte der Weinrebe (→Tafeltrauben). 2. Oberbegriff für alle Sorten an →Trockenfrüchten aus den Beeren der Weinrebe (→Sultaninen →Traubenrosinen →Korinthen). 3. Bezeichnung für blaue, ungeschwefelte kalifornische und südafrikanische Sultaninen, gewonnen aus gelbgrüner Weinrebe (v. a. aus Thompson seedless). Die Blaufärbung erfolgt durch Trocknung in der Sonne. →Rosinen

Weinbehandlung engl.: *wine treatment;* →Ausbau

Weinbergschnecke lat.: *Helix pomatia, Helix lucorum, Helix aspersa (Fam. Helicidae*); größte Land-Gehäuseschnecke Mitteleuropas (→Schnecken). Das Gehäuse wird 5–7 cm breit, der Körper bis zu 10 cm lang. Die W. ist ein Pflanzenfresser; sie lebt in Gärten und Hecken (in modernen Weinbergen kaum mehr); der Bestand ist rückläufig. Unter der Bezeichnung W. werden die drei derzeit kulinarisch bedeutsamen Helix-Arten (pomatia, lucorum und aspersa) zusammengefasst. *Helix pomatia* darf auch als „echte Weinbergschnecke“ oder „Burgunderschnecke“ bezeichnet werden. Diese Schnecke ist besonders in Frankreich bedeutsam und wird dort als „Escargot de Bourgogne“ in den Verkehr gebracht. Im Handel werden gezüchtete W. (→Schneckenzucht) angeboten, tiefgefroren mit und ohne Gehäuse, auch zubereitet, oder als Dosenkonserve (Schneckenfleisch). Die gehobene Gastronomie bezieht auch lebende W., meist aus Frankreich. Eine preiswerte Alternative zur W. ist die →Achatschnecke.

Weinblätter engl.: *vine leaves;* junge frische Blätter der Weinrebe. Sie können frisch (mit heißem Wasser überbrüht) oder in Salzlake eingelegt und mit Zitronensäure versetzt verwendet werden. W. werden meist gefüllt, z. B. mit Reis, Hackfleisch oder Pinienkernen als Gericht zubereitet.

Weinbrand engl.: *brandy,* Syn.: *Brandy;* dem Cognac ähnliche Spirituose, die aus Branntwein, welcher zu weniger als 86 Vol.-% destilliert wurde, gewonnen wird. Es darf bis zu 50 % Weindestillat mitverwendet werden, das zu weniger als 94,8 Vol.-% destilliert wurde. W. wird im Pot-still-Verfahren mit mindestens zweifacher Destillation hergestellt, wobei im ersten Schritt der so genannte „Raubrand“ und im zweiten Schritt der „Feinbrand“ entsteht. Das Destillat muss mindestens sechs Monate lagern, wenn das Fassungsvermögen der Fässer unter 1000 Litern liegt. Bei größeren Fässern beträgt die Lagerzeit mindestens zwölf Monate. Üblicherweise werden wie beim Cognac Fässer aus Eichenholz verwendet, worin das Destillat sein typisches Aroma und seine goldgelbe Farbe entwickeln kann. Der Mindestalkoholgehalt von W. beträgt 36 Vol.-%.

Weinbrandbohnen engl.: *brandy chocolate, brandy beans;* bohnenförmige →Pralinen mit oder ohne Zuckerkruste und flüssiger Füllung, die →Weinbrand enthält. Dieser ist geschmacklich deutlich wahrnehmbar und der einzige alkoholische Bestandteil in der Füllung.

Weinbrandkirschen engl.: *brandy cherry;* Pralinen mit einer teilweise flüssigen Füllung aus einer ganzen oder geteilten entsteinten Kirsche sowie dem flüssigen alkoholhaltigen Anteil, der als einzigen Alkohol eine geschmacklich ausreichende Menge Weinbrand enthält. Sie werden mit oder ohne Zuckerkruste hergestellt.

Wein-Branntweinessig; durch Verschneiden von Branntweinessig mit 20–40 % Weinessig gewonnener Essig, der häufig mit Zuckerkulör angefärbt ist.

Weindestillat; Zwischenprodukt bei der Herstellung von Weinbrand, dadurch hergestellt, dass Wein, Brennwein, Rohbrand aus Wein oder Brennwein oder ein Verschnitt dieser Stoffe zu einem Destillat abgebrannt worden sind. Der Alkoholgehalt beträgt 52–86 Vol.-%, der Anteil Methanol maximal 200 g/hl, der Anteil flüchtiger Substanzen maximal 125 g/hl.

Weine b. A.; Weine bestimmter Anbaugebiete (→Qualitätswein b. A.).

Weinessig engl.: *wine vinegar;* ausschließlich aus Traubenwein durch Essigsäuregärung (→Gärung) hergestellter Essig, dessen Essigsäuregehalt abhängig von Alkoholgehalt des Ausgangsweines zwischen 6 und 10 Vol.-% liegt. Je nach Weinart ergibt sich Rotweinessig oder der geschmacklich mildere Weißweinessig.

Weinetikett; den Verbraucher über Herstellung und über andere wesentliche Eigenschaften eines Weines/Schaumweines unterrichtendes und ihm eine zuverlässige Beurteilung des in der Flasche befindlichen Weines/Schaumweines ermöglichendes Etikett. Bei der Etikettierung wird zwischen rechtlich obligatorischen und freiwilligen Angaben, wie z. B. Jahrgang, Rebsorte und Geschmacksangabe (trocken, lieblich, süß) unterschieden. Zu den obligatorische Angaben bei Tafelwein gehört die Verkehrsbezeichnung, die bei Angabe der Rebsorte auch um das Weinbau- oder Untergebiet ergänzt werden kann. Wird keine nähere Herkunftsbezeichnung als „deutsch“ gemacht, ist zusätzlich die Weinart (Weißwein oder Rotwein) anzugeben. Der Verschnitt von Weinen mit anderen Weinen aus EU-Mitgliedsstaaten (→ EU-Tafelwein) wird durch die Angabe „Verschnitt mit Weinen aus mehreren Ländern der Europäischen Union“ kenntlich gemacht. Weitere Angaben sind Flascheninhalt, Nennvolumen; Name/Firma des Abfüllers sowie Mitgliedsstaat, Gemeinde (Ortsteil) seines Hauptsitzes bzw. Angabe des Abfüllortes; bei Export der Erzeugermitgliedstaat und der vorhandene Alkoholgehalt in Vol.-% zu nennen. Die obligatorischen Angaben bei → Landwein unterscheiden sich von denen des Tafelweins nur in der generellen Angabe des Landweingebietes. Die Pflichtangaben bei → Qualitätswein b. A. (bestimmter Anbaugebiete) umfassen die Verkehrsbezeichnung ggf. mit Prädikaten, den Qualitätsprüfungsnachweis (Amtliche Prüfungsnummer), die Herkunft (bestimmtes Anbaugebiet sowie ggf. Bereich, Lage, Gemeinde, Ortsteil), den Abfüller, das Nennvolumen (Flascheninhalt) und den vorhandenen Alkoholgehalt in Vol.-%.

Weingummi engl.: *wine gums, wine jelly;* in Puder gegossene und bezuckerte oder geölte → Gummibonbons mit deutlichem Weingeschmack. Bei der Herstellung von W. wird Wein bzw. Wein mit Aromen verwendet. Der enthaltene Alkohol hat sich bei der Herstellung verflüchtigt.

Weinhaltige Getränke; zu mindestens 50 % aus Erzeugnissen des Weinbaus wie Wein, Traubenmost, Schaumwein oder Weindestillat bestehende alkoholische Getränke. Während ihrer Herstellung darf keine weitere Gärung erfolgt sein. Beispiel ist die → Schorle.

Weinhefebrand Syn.: *Drusenbranntwein;* gebräuchliche Bezeichnung für einen → Hefebrand, der ausschließlich aus → Weinhefe gebrannt wird und einen Mindestalkoholgehalt von 38 Vol.-% aufweist. Das Fertigerzeugnis enthält reichlich → Weinhefeöl.

Weinhefebranntwein; veraltete Bezeichnung für → Weinhefebrand.

Weinhefen; Rassen von *Saccharomyces cerevisiae* (→ *Saccharomyces*, z. B. *S. bayanus, S. rosei, S. uvarum, S. italicus*); Saccharomyces sind vielfältig auf den Beerenhäuten, deshalb auch in Most enthalten. Früher erfolgte die Gärung nur mittels dieser Hefen, so dass regionstypische Weine in Abhängigkeit ihrer Hefebesiedelung entstanden. Heute werden jedoch für die Weinbereitung Reinhefen mit den gewünschten Eigenschaften durch gezielte Selektion gewonnen. Sie geben dem Wein heute den Charakter. Es existiert eine Vielzahl von Stämmen für die verschiedenen Weinarten. W. haben bei der Weinherstellung den Vorteil, dass sie nur wenig Sulfitempfindlich sind.

Weinhefeöl engl.: *oil from wine lees;* ätherisches Öl, das durch Destillation aus Weinhefe gewonnen wird und in hoher Konzentration einen unangenehmen Geruch aufweist. Wegen seines Gehaltes an z. T. weintypischen Aromastoffen wird W. als Geschmackszutat für Spritituosen und Liköre verwendet. Ein Zusatz zu Weinbrand gilt als Verfälschung und ist verboten. Gelegentlich wird W. auch in der Parfümerie eingesetzt.

Weinherstellung engl.: *vinification, winemaking;* 1. Weißwein: Das Lesegut wird in der Traubenmühle entrappt. Der Traubenbrei (Maische) wird dann über einen Wärmetauscher geführt; die hier verlaufende Kühlung minimiert einen unerwünschten Oxidationsprozess (Geschmackseinbußen) und verhindert eine zu frühe Gärung (kann auch durch Zugabe von Schwefeldioxid erfolgen). In der Kelter wird der Traubenbrei ausgepresst, es entsteht Traubenmost. Dieser verbleibt einige Zeit in Klärtanks, d. h. Trubpartikel setzen sich ab, der Most wird reiner. Anschließend beginnt die Gärung in offenen oder geschlossenen Gärtanks durch Zugabe von gezielter Kulturhefe (→ Weinhefen) und evtl. durch Saccharose und Traubenmost (→ Weinanreicherung). Die Gärung wird durch Temperaturregelung gesteuert und kann von ein paar Tagen bis zu einem Monat dauern. Danach wird der Wein von der Hefe abgezogen und meist unter Sauerstoffabschluss in unterschiedlichen Vorratsbehältern gelagert (→Ausbau). Der Wein kann nochmals geklärt sowie geschönt (→Schönen) werden. Zudem wird er gefiltert, um Fremdbakterien zu vermeiden. Eventuell erfolgt noch eine Regulation des Säure- und Zuckergehalts oder ein Verschnitt (→Weinbehandlung). 2. Roséwein: Die Herstellung erfolgt wie bei Rotwein, jedoch bleibt Roséwein nur kurz auf der Maische, um nur wenig Farbstoffe und damit z. B. auch weniger Tannin aufzunehmen. In Frankreich gibt es hierfür die Bezeichnungen 8-, 12-, 24-Stunden-Rosé. Wein mit hellroter Farbe kann auch durch Verschnitt von Rot- und Weißwein hergestellt werden (→Schillerwein). Dieser darf aber nicht als Roséwein bezeichnet werden. 3. Rotwein: Das Lesegut wird in der Traubenmühle entrappt. Der Winzer entscheidet je nach Wein den Grad der Entrappung. So wird z. B. bei Traubensorten mit wenig Tannin weniger entrappt als bei Traubensorten mit viel Tannin. Danach gelangt die Maische in Gärbehälter (ggf. vorher Anreicherung), wo die Gärung nach und nach einsetzt (→Maischung). Soll der Rotwein intensiv werden, wird die Maische noch gekühlt, damit die Gärung verzögert wird. Umgekehrt kann die Maische auch erwärmt werden, um die Gärung zu forcieren. Während der Gärung entsteht Kohlendioxid, das die Schalen nach oben treibt, es entsteht der so genannte Gärhut. Er schützt den Most gegen Oxidation, muss aber auch selbst geschützt werden, damit auf ihm angesiedelte Bakterien nicht ungewollte Gärvorgänge auslösen. Zu diesem Zweck wird der Gärhut regelmäßig untergetaucht oder überspült. Nach Ende der Gärung wird der Wein in Lagerbehälter umgefüllt, es schließt sich die malolaktische Säureumwandlung an (→biologischer Säureabbau durch Milchsäurebakterien). Die Feststoffe, die bei der Gärung zurückbleiben, werden extra abgepresst. Es entsteht →Presswein, der je nach Wunsch dem Hauptwein zugegeben wird. Während des Ausbaus auf Holz findet Verdunstung statt, so dass Wein aufgefüllt werden muss. Außerdem wird er belüftet. Vor der Flaschenabfüllung wird meist geschönt und leicht gefiltert.

Weinkäse engl.: *wine cheese;* Rotschmier-Weichkäse mindestens der Dreiviertelfettstufe (→Käse) mit 75 g schweren Laiben. W. wird nicht mit Wein behandelt, sondern zum Wein gegessen. In Österreich gibt es jedoch einen W., der auch mit Wein (bei der Reifung von außen) behandelt wird. In der Herstellungsweise, Aussehen und Beschaffenheit ähnelt der W. dem →Limburger und dem →Romadur-Käse. Der Käse ist aber kleiner und milder als die anderen Rotschmierkäse und wird in runder Form in Süddeutschland hergestellt. Die blass gelbe bis rötliche Oberfläche mit geschmeidiger und leicht klebriger Haut besitzt keine Rinde. Der weiche und geschmeidige Teig mit weißer bis gelber Schnittfläche ist bis auf einige Bruchlöcher geschlossen. Der W. schmeckt aufgrund der kurzen Reifezeit von 8–14 Tagen angenehm mild und passt ausgezeichnet zu einem herben und fruchtigen Wein.

Weinkraut engl.: *sauerkraut with wine;* →Sauerkraut, dem vor, während oder nach der Gärung Wein zugeben wird. Handelsware enthält mindestens 2 l Wein auf 100 kg Kraut.

Weinlese engl.: *grape gathering, vintage;* Ernte von →Weintrauben. Der Zeitpunkt (Reifegrad) und die Auswahl der Trauben wirken sich entscheidend neben der Verarbeitung auf die Qualität des Weines aus. Im so genannten „Herbstbuch" werden täglich Mostgewicht und Erntemengen des Lesegutes, das zur Herstellung von Qualitätsweinen vorgesehen ist, eingetragen. Außerdem müssen die Winzer jährlich die so genannten Weinerzeugungsmeldungen machen. Darin werden z. B. Ertragsrebfläche, Erntemenge nach

Rebsorten und Herkunft sowie die Verwendung für die unterschiedlichen Weinqualitäten angegeben.

Weinprämierung; jährlich in Deutschland regional und bundesweit stattfindende Verleihung von Auszeichnungen für Qualitätsweine b. A. und Qualitätsschaumweinen. Regional werden Gebiets- und Kammerprämierungen durch Landwirtschaftskammern und Weinbauverbände und die Bundesweinprämierung durch die DLG durchgeführt. Zur Bundesweinprämierung werden nur Qualitätsweine b. A. und -schaumweine zugelassen, denen bereits eine amtlichen Prüfungsnummer erteilt wurde und die bereits eine regionale Auszeichnung erhalten haben. Die Prüfung erfolgt nach dem DLG-Schema. Als DLG-Preise können zunächst die Preismünze in Bronze, Silber oder Gold zuerkannt werden. Qualitätsweine b. A. und -schaumweine mit Höchstpunktzahl treten in einer weiteren sensorischen Prüfung gegeneinander an. Der Spitzenreiter erhält den Großen DLG-Preis extra. Winzer mit dem besten Sortiment an trockenen Weinen erhalten den „Ehrenpreis trocken", Winzerbetriebe mit kontinuierlich herausragender Gesamtleistung den Bundesehrenpreis.

Weinpunsch engl.: *wine punch;* mit Weiß- bzw. Rotwein bereiteter → Punsch.

Weinraute lat.: *Ruta graveolens L.* (Fam.: *Rutaceae*), engl.: *rue, herb of grace,* Syn.: *(Garten)raute*; in Südeuropa heimisches, dort auch wild wachsendes, sonst in Gärten kultiviertes → Küchenkraut. Die Blätter enthalten 0,1–0,4 % eines stark würzig riechenden ätherischen Öles (Hauptkomponente Methyl-n-Nonylketon). Der strenge, leicht bittere Geschmack ist auf Harze, Bitter- und Gerbstoffe zurückzuführen. Die Blätter können fein gehackt in kleinen Mengen zum Würzen von Salaten, Fleischgerichten, Saucen und Marinaden verwendet werden; bekannt ist W. auch als schwimmender Zweig in Flaschen von „Grappa della Ruta" (→ Grappa).

Weinsäure engl.: *tartaric acid;* zweiwertige organische Säure, die in vielen Früchten, v. a. aber in Trauben vorkommt. W. wird aus Weinstein (→ Kaliumhydrogentartrat) gewonnen, der als Nebenprodukt bei der Weinherstellung anfällt, und ist unter der Nummer E 334 als Säuerungsmittel, Säureregulator und Komplexbildner zugelassen. Sie kommt z. B. in Süßwaren, Speiseeis, Desserts, Limonaden und Brühwürsten zum Einsatz, ist ein → Säureträger in Backpulver und wirkt als Synergist von Antioxidantien. Die Natrium-, Kalium- und Calciumsalze der Weinsäure (→ Tartrate) dienen ebenfalls als Lebensmittelzusatzstoffe.

Weinsauerkraut; → Weinkraut

Weinschaumcreme Syn.: *Sabayon;* → Zabaione

Weinstein Syn.: → *Kaliumhydrogentartrat*

Weinsülze; mit einem geschmacklich erkennbaren Weinanteil hergestellte → Sülze.

Weintrauben; Trauben verschiedenster Rebsorten, die fast immer ausschließlich zur Weinherstellung verwendet werden. Auch Trauben mit Verwendungszweck Direktverzehr werden oft als W. bezeichnet, handelsüblich ist jedoch die Bezeichnung → Tafeltrauben.

Weintresterbrand; → Tresterbrand

Weißbier engl.: *weissbier,* Syn.: *Weizenbier;* helles oder dunkles, trüb (mit Hefe) oder kristallklar (filtriert) angebotenes, stark kohlensäurehaltiges obergäriges → Vollbier. Zum Brauen von W. wird Weizenmalz unter Mitverwendung von Gerstenmalz (→ Malz) verwendet. Der Stammwürzegehalt liegt im Durchschnitt bei 11–12 %. Das in vielen Sorten, insbesondere in Bayern gebraute W. wird mit Alkohol, alkoholreduziert als Leichtbier und alkoholfrei mit einem geringen Gehalt an Restalkohol angeboten.

Weißblech engl.: *tinplate;* typischer → Packstoff für Konservendosen und andere Dosenmaterialien. W. besteht aus feinstem Stahlblech, das beidseitig mit einer dünnen Zinnschicht versehen ist, die ihm das glänzende Aussehen verleiht und als Schutzschicht gegenüber der Umgebung und dem Inhalt dient.

Weißbrät; mit Kochsalz (ohne Nitrite und Nitrate) hergestelltes → Brät für → Brühwürste.

Weißbrot Syn.: → *Weizenbrot*

Weißburgunder Syn.: *Pinot blanc (Frankreich), Beli Pinot*; Weißweinrebe, vermutlich Mutation von Pinot noir oder Pinot gris. W. ist auch in Deutschland weit verbreitet. Die Weißburgundertrauben liefern bei hohen Mostgewichten nachhaltige Weine mit zarter Säure. Jedoch eignen sich W. auch als fruchtige junge Weine. Auch für die Herstellung von Schaumweinen werden sie gerne verwendet. Hinter dem Begriff „gelber Weißburgunder" versteckt sich die Chardonnayrebe.

Weißdextrine; → Dextrine

Weiße Syn.: → *Berliner Weiße*

Weiße Bohnen; getrocknete → Dicke Bohnen.

Weiße grobe Lyoner; meistens in Kranzdärme gefüllte, nicht umgerötete grobe → Brühwurst gehobener Qualität mit bis zu reiskorngroßen Anteilen Ausgangsmaterial in der fein zerkleinerten Grundmasse. Diese wird aus sehnen- und fettgewebsarmem Jungrindfleisch, grob entsehntem Kalb- und Jungrindfleisch, grob entfettetem Schweinefleisch und Speck sowie weiteren Zutaten wie z. B. Gewürzen hergestellt.

Weiße im Ring; vorwiegend in Kranzdärme abgefüllte → Brühwurst mit fein zerkleinertem, nicht umgerötetem → Brät. Dieses wird aus grob entsehntem sowie sehnenreichem Rindfleisch, fettgewebereichem Schweinefleisch, Fettgewebe und weiteren Zutaten wie z. B. Gewürzen hergestellt.

Weiße Johannisbeeren engl.: *white currant;* wenig verbreitete Sorten der → Roten Johannisbeere, deren Früchte keine Anthocyane bilden.

Weiße Lebkuchen engl.: *white gingerbread;* üblicherweise nur in rechteckiger Form auf Oblaten hergestellte, weder glasierte noch überzogene oder gefüllte → Lebkuchen. Ausgenommen ist ein farbloser Überzug zur Frischhaltung. Die zur Fertigung von w. L. verwendete Masse enthält für gewöhnlich mindestens 15 % Vollei oder eine entsprechende Menge Eiprodukte oder Milcheiweißerzeugnisse und nicht mehr als 40 % Getreideerzeugnisse und/oder Stärken. Zum Verzieren werden üblicherweise Mandeln und/oder Zitronat und/oder Orangeat als Belag verwendet.

Weiße Lyoner; vorwiegend in Kranzdärme abgefüllte → Brühwurst mit fein zerkleinertem, nicht umgerötetem → Brät. Dieses wird aus grob entsehntem sowie sehnenreichem Rindfleisch, fettgewebereichem Schweinefleisch, Fettgewebe und weiteren Zutaten wie z. B. Gewürzen hergestellt.

Weißer Fleischkäse Syn.: → *Kalbskäse*

Weißer Gutedel; → Chasselas

Weißer Heilbutt engl.: *Atlantic halibut;* → Heilbutt

Weißer Kandis; → Kandis

Weißer Nugat engl.: *white nougat,* Syn.: *Türkischer Honig, Türkischer Nugat, Turron, Torrone;* in ganz Europa bekannte Gruppe von Süßwaren aus einer leicht schaumig aufgeschlagenen, zähen hellen Masse aus Zucker, Glucosesirup, aufgeschlagenem Eiweiß (→ Frappé) und Honig, in die traditionell kandierte Früchte, Mandeln, → Nüsse und/oder → Pistazien eingearbeitet werden. Die Verwendung von Aufschlagsmitteln, Zuckeralkoholen, Gelatine, Aroma- und Farbstoffen ist üblich. Ein besonders feiner W. ist der geschützte (AOC) französische Nougat de Montélimar aus der Provence, der Lavendelhonig, mindestens 28 % Mandeln und 2 % Pistazien, Eiweiß und Vanille enthält. Eine Abwandlung ist der spanische Turron, der mindestens zur Hälfte aus Mandeln besteht.

Weißer Pfeffer engl.: *white pepper;* → Pfeffer

Weißer Presssack; → Presssack

Weißer Rum engl.: *white rum;* farbloser → Rum, der in Stahltanks oder vorbehandelten Fässern lagert, die keine Farbe abgeben.

Weißer Schwartenmagen Syn.: → *Schwartenmagen*

Weißer Schweinskäse; in Formen gebackenes oder gebrühtes, grobes, brühwurstartiges

Fleischerzeugnis gehobener Qualität mit bis zu reiskorngroßen gröberen Anteile Ausgangsmaterial in fein zerkleinerter heller (nicht umgeröteter) Grundmasse. Diese wird aus sehnen- und fettgewebsarmem Jungrindfleisch, grob entsehntem Kalb- und Jungrindfleisch, grob entfettetem Schweinefleisch und Speck bereitet.

Weißer Senf lat.: *Sinapis alba L.* (Fam.: *Brassicaceae*), engl.: *white mustard,* Syn.: *Gelber Senf, Englischer Senf;* einjähriges, bis 1,3 m hoch wachsendes Kraut, das heute weltweit zur Gewinnung von →Senfsaat angebaut wird. Die lang geschnäbelten Schotenfrüchte enthalten 2–4 gelbliche kugelige Samen von 2–3 mm Durchmesser. Sie enthalten etwa 30 % Öl, Eiweiß sowie 1,5–2,5 % Sinalbin, das sich beim Mahlen oder Kauen der Körner in Glucose und das geruchsarme, aber sehr scharf schmeckende p-Hydroxybenzylsenföl spaltet. Ganze Körner des w. S. werden zum Einlegen von Gurken und Mixed Pickles sowie zum Würzen von Fischmarinaden und Wurstwaren verwendet.

Weißer Thun engl.: *albacore, white tuna;* →Thunfisch

Weiße Rüben lat.: *Brassica rapa subsp. rapa L.* (Fam.: *Brassicaceae*), engl.: *Turnip, Field Mustard,* Syn.: *Speiserüben;* weiß- bis gelbfleischiges, rasch wachsendes →Wurzelgemüse mit mildem rettichähnlichen Geschmack. Je nach Sorte, Anbauregion und -zeit variiert die Form von rund bzw. plattrund (Mairüben) bis hin zur lang gestreckten Rübenform (Herbstrüben). Eine besonders kleine, sehr geschätzte Sonderform sind die →Teltower Rübchen. Die Blattstiele von Mai- und Herbstrüben werden als Stielmus bzw. Rübstiel in einigen Regionen Deutschlands roh als Salat oder zubereitet als Gemüse direkt nach der Ernte verzehrt. Bei einzelnen Sorten lässt sich hierfür die gesamte Rosette nutzen.

Weiße Schlesische Wellwurst; zum Verzehr im warmen Zustand bestimmte, wie →Semmelleberwurst hergestellte →Leberwurst.

Weiße Schokolade engl.: *white chocolate;* gelblichweißes Erzeugnis aus Kakaobutter, Milch oder Milcherzeugnissen und Zuckerarten, das mindestens 20 % Kakaobutter und 14 % Milchtrockenmasse enthält, davon mindestens 3,5 % Milchfett. Für W. wird im Gegensatz zu →Schokolade voll raffinierte Kakaobutter verwendet. Diese ist filtriert, entsäuert, gebleicht und desodoriert. Durch das Fehlen der Kakaomasse gestaltet sich der Produktionsprozess von W. deutlich anders als der von anderen Schokoladen. Die Herstellung erfordert kein →Conchieren im eigentlichen Sinne; bei ihr müssen die Temperaturen niedriger gehalten werden, um einer unerwünschten Maillard-Reaktion entgegenzuwirken. An technologischen Besonderheiten sind weiter ein schlechteres rheologisches Verhalten, eine höhere Viskosität und eine höhere Fließgrenze zu nennen. Besonders in Frankreich ist das Färben von W. üblich, v. a. bei Saisonartikeln. Der Zusatz anderer Lebensmittel unterliegt den gleichen Bestimmungen wie bei Schokolade (z. B. 40 %-Grenze).

Weißes Fleisch; bei Geflügel und Kalb durch einen art-, fütterungs- und haltungsbedingt geringen Gehalt an →Myoglobin (Muskelfarbstoff) gekennzeichnetes ausgeprägt helles Fleisch. Die besondere Wertschätzung von hellem Kalbfleisch, die ursprünglich ein äußerliches Kennzeichen der Herkunft von jungen gesäugten Tieren war, ist ernährungsphysiologisch unbegründet. Die für die Erzeugung von weißem Kalbfleisch üblichen Haltungsformen werden in Deutschland nicht mehr praktiziert.

Weißes Sortiment Syn.: *Weiße Linie;* allgemeine Bezeichnung im Handel für das weißfarbige Teilsortiment an →Molkereiprodukten, d. h. für →Milch und →Milcherzeugnisse.

Weißfische engl.: *whitefish, white fish;* in der deutschen Fischsystematik Sammelbegriff für die Familie der karpfenartigen Fische (lat.: *Cyprinidae*); im Englischen, vereinzelt auch im Deutschen, für →Renken (Familie

Salmonidae), ggf. mit adjektivischer Ergänzung, z. B. Blaufelchen (lat.: *coregonus lavaretus L.*). In der Schweiz steht W. für *coregonus zugensis Nüsslein*. Seefische mit hellem Fleisch werden gelegentlich ebenfalls als W. bezeichnet; im Englischen ist „whitefish" die Bezeichnung für → Magerfische.

Weißfleischigkeit; mit Ausnahme von Geflügelfleisch abnorm blasse Farbe im Muskelfleisch von Schlachttieren, die durch fütterungs- (z. B. Mangel an Eisen oder Selen) und haltungsbedingte Faktoren ausgelöst werden kann.

Weißherbst; → Roséwein, der rebsortenrein und ein → Qualitätswein b. A. sein muss. W. wird aus hell gekeltertem Most einer bestimmten Rebsorte hergestellt, d. h. die Maische wird schnell abgepresst. Eine bestimmte Farbe ist jedoch für W. nicht vorgeschrieben.

Weißkäse; Bezeichnung für → Frischkäse bzw. → Speisequark.

Weißkohl lat.: *Brassica oleracea L. var. capitata L.* (Fam.: *Brassicaceae*), engl.: *white cabbage*, Syn.: *Weißkraut, Kraut, Kappes;* wichtigster Kopfkohl mit glatten grünen Blättern, der ganzjährig in verschiedenen Sorten und Sortengruppen (→ Spitzkohl) angeboten wird. Da nur eine Sorte (Dauerweißkohl) längere Zeit lagerfähig ist, werden die Blätter zu fertigem Blattgemüse weiterverarbeitet und durch Tiefgefrieren, Trocknen oder als Nass- und Sauerkonserven (Sauerkraut) haltbar gemacht. Insbesondere die Verarbeitung (Einschneiden) von großköpfigen Herbstkohl zu → Sauerkraut durch → Milchsäuregärung genießt eine besondere Bedeutung. W. wird als Rohkostsalat (→ Krautsalat) oder als gekochtes Gemüse verzehrt und ist ein häufiger Bestandteil von Mischgemüseerzeugnissen wie Pusztasalat. Roh, in frischem Zustand, weist W. einen hohen Gehalt (ca. 45 mg pro 100 g essbarer Anteil) an Vitamin C auf, der sich bei der Verarbeitung zu Sauerkraut (10–30 mg pro 100 g, abgetropft) weitgehend erhält.

Weißkraut Syn.: → *Weißkohl*

Weißlacker-Käse Syn.: *Weißschmiere, Bierkäse;* in ganz Bayern nach Art des → Limburger-Käses bereiteter halb fester Schnittkäse der Fett-, Vollfett- und Rahmstufe (→ Käse) in Würfelform mit einem Gewicht von 1–2 kg. Dieser urbayrische Käse mit hohem Salzgehalt verdankt seinen Namen dem weißen Teig, auf dem das Kochsalz lackartig auskristallsiert ist. Um 1870 erstmals von den Gebrüdern Josef und Anton Kramer im Oberallgäu hergestellt, erhielt er 1876 als erster Käse der Welt ein königliches Patent auf 15 Jahre. Er wird stärker gesalzen als der Limburger-Käse und unter wenig Luftzutritt gleichmäßig gereift. Daraus folgt ein Salzgehalt von 7 % i. Tr. Obwohl W. nach vier- bis fünfmonatiger Reifung die Versandreife erreicht, ist der Käse erst nach 8–10 Monaten am wohlschmeckendsten. Die weißgelbe Oberfläche ist mit einer dünnflüssigen lackartigen Schmiere bedeckt, ohne eigentliche Rindenbildung. W. reift gleichmäßig über die ganze Masse mit einigen wenigen Bruchlöchern und einer hellen Schnittfläche. Der Geschmack ist sehr pikant bis leicht scharf. Wie der zweite Name „Bierkäse" schon sagt, wird der Käse gerne zum Bier verzehrt. Er sollte niemals mit anderen Käsearten zusammen lagern oder auf einer Käseplatte mit mildem Käse angeboten werden.

Weißmehl Syn.: → *Auszugsmehl*

Weißschimmelkäse; → Schimmelkäse, dem bei der Reifung *Penicillium camemberti* oder *Penicillium candidum* zugesetzt wird. Durch die Schimmelpilze entwickelt der Käse eine weiße bzw. bläuliche Oberfläche und sein charakteristisches champignonartiges Aroma. Die gebildeten Enzyme tragen zum Abbau von Milchsäure, Proteinen und Fett bei, wodurch die Textur entscheidend verändert wird. Die wichtigsten Vertreter der W. sind → Camembert und → Brie.

Weißwein; nur aus Weißweintrauben hergestellter Wein. Der Traubenmost wird durch Abpressen der Trauben oder der Maische gewonnen und dann vergoren (Mostgärung). → Weinherstellung

Weißweinsauce; Bezeichnung für eine helle gebundene Sauce, die Weißwein enthält. W. wird zu gedünsteten Fleisch- (i. d. R. Schweine-, Kalb- und Geflügelfleisch) und Fischgerichten sowie zu Reis und Pilzen serviert.

Weißwürste engl.: *Bavarian veal sausages;* → Brühwürstchen mit fein gekuttertem, in Schweinedünndärme gefülltem, hellem, nicht umgerötetem → Brät. Dieses besteht im Wesentlichen aus sehnen- und fettgewebsarmem Kalb- und Jungrindfleisch, fettgewebereichem Schweinefleisch und Speck. Das Brät für „einfache" W. wird wie das von → Stockwurst hergestellt. Bei Münchner W. (Herkunftsbezeichnung) enthält das i. d. R. in Schweinesaitlinge abgefüllte, mit Kräutern gewürzte Brät zusätzlich üblicherweise 5–15 % Bindegewebe in der Form von besonders gekochten Schwarten oder Kalbskopfhäuten. Die Größe der Bindegewebsanteile im fein gekutterten Brät reicht bis zur Reiskorngröße. W. ist gebrüht und im rohen Zustand im Handel. Roh besitzt sie eine geringe Haltbarkeit und ist zum unmittelbaren Verzehr in gebrühtem Zustand bestimmt. Für die Herstellung und den Umgang mit roher W. gelten wie bei → Hackfleisch besondere rechtliche Anforderungen. W. werden i. d. R. gebrüht mit Beilagen wie z. B. Sauerkraut und → süßem Senf verzehrt.

Weißwurst-Senf; überwiegend in Bayern verwendete Bezeichnung für → Süßen Senf.

Weißzucker engl.: *white sugar;* laut Zuckerartenverordnung gereinigte und kristallisierte Saccharose von einwandfreier und handelsüblicher Qualität, die u. a. höchstens 0,4 % Invertzucker sowie maximal 0,06 % Trocknungsverlust aufweisen darf. W. wird in verschiedenen Formen hergestellt, z. B. Kristallzucker, harter Zucker (z. B. Hutzucker, Plattenzucker, Würfelzucker) und gemahlener Zucker (Sand-, Puder- und Staubzucker).

Weizen lat.: *Triticum sp.* (Fam.: *Poaceae*), engl.: *wheat;* botanisch eine Reihe von genetisch miteinander verwandten Arten aus der Familie der Gräser, bei der sich durch natürliche Kreuzung und Züchtung aus Wild- und älteren Kulturformen (→ Emmer → Einkorn-Weizen) als wesentliche Kulturform Saatweizen (Syn.: *Weichweizen*, lat.: *Triticum aestivum L.*) herausgebildet hat. Mit der Bezeichnung W., wie z. B. in Weizenmehl oder Weizenbrötchen wird im allgemeinen Sprachgebrauch fast ausschließlich Saatweizen sowie ggf. die eng verwandte Art → Hartweizen belegt. Saatweizen, das wichtigste Brotgetreide mit der größten Weltanbaufläche (ca. 90 % der Weltproduktion) in gemäßigten und subtropischen Zonen, stellt von allen Getreidearten die höchsten Ansprüche an den Boden. Die Erträge reichen von weniger als 10 bis über 100 dt/ha. Die Körner der einjährigen unbegrannten Pflanze sind im Querschnitt dreieckig, frei von Spelzen, länglich mit einer Kerbe auf der Rückenseite und gelbbräunlich gefärbt. Sie verfügen über eine überwiegend weiche bis mittelharte Kornstruktur und werden geschält, im Ganzen oder geschrotet verzehrt, in Form von Mahlerzeugnissen und zur Stärkegewinnung verwendet. Aus den Mahlerzeugnissen werden Brot-, Back- und Teigwaren, Getreidekaffee, Malz, Weizenbier, Kornbrandwein u. v. m. hergestellt. Der Anbau von Saatweizen erfolgt als Sommer- und Wintergetreide, in den kälteren Gebieten ist ein Anbau nur als Sommerweizen möglich. Der Sommerweizen weist meist eine höhere Backfähigkeit aus. Saatweizen ist durch seinen hohen Gehalt an → Kleber von allen Getreidearten am besten zur Herstellung von Brot und Backwaren geeignet. W. bzw. Erzeugnisse daraus mit einem höheren Proteingehalt können durch den hohen Gehalt an Gluten in ihrer Prolaminfraktion bei entsprechend genetisch veranlagten Menschen → Zöliakie auslösen. Ein Verzehr dieser Erzeugnisse ist bei diätetischen Kostformen für diese Zielgruppe auszuschließen. → Dinkel

Weizenauszugsmehl Syn.: → *Auszugsmehl*

Weizenbier Syn.: → *Weißbier*

Weizenbrot engl.: *wheat bread,* Syn.: *Weißbrot;* Brotsorte, bei deren Herstellung bezogen auf die Getreiderzeugnisse mindestens 90 % → Weizenmehl verwendet wurden.

Weizenfasern Syn.: *Weizenhalmfasern;* aus Weizenstroh hergestellte → Pflanzenfasern, die zu etwa 74 % aus → Cellulose und ca. 26 % aus → Hemicellulosen bestehen und in der Lebensmittelindustrie als unlösliche → Ballaststoffe und → Füllstoffe mit technologischen Wirkungen für verschiedene Anwendungen wie z. B. Rohwurstreifung eingesetzt werden.

Weizenflocken engl.: *wheat flakes;* → Getreideflocken

Weizengrieß engl.: *wheat semolina;* → Grieß

Weizenkeimbrot engl.: *wheat germ bread;* → Spezialbrot mit eingebackenen Weizenkeimen. Auf 100 kg Getreideerzeugnisse werden üblicherweise mindestens 10 kg Weizenkeime mit einem Mindestfettgehalt von 8 % zugegeben.

Weizenkeime engl.: *wheat germs;* aus Weizenkörnern stammende → Keimlinge, die wegen ihres hohen Nährstoffgehaltes (z. B. ungesättigte Fettsäuren, → Folsäure und → Vitamin E) vielfältig bspw. in Teig- und Backwaren, Molkereiprodukten, Müslis und Nahrungsergänzungsmitteln verwendet werden. Die Verwendung erfolgt sowohl in rohem frischen Zustand als auch angekeimt, fermentiert, geröstet oder durch Erhitzung stabilisiert. Gewonnen werden W. bei der Vermahlung von Weizenkörnern zu Mehl, bei der sie mit der Ausnahme von Vollkornmehlen wegen der Oxidationsempfindlichkeit des Keimöles entfernt werden. Das aus W. gepresste Weizenkeimöl gilt als ernährungsphysiologisch wertvoll und sehr hochwertig.

Weizenkeimöl engl.: *wheat germ oil;* aus den Keimlingen des Weizens (Fettgehalt ca. 10 %) gewonnenes → Getreidekeimöl. Sein Fettsäurespektrum weist vor allem Linolsäure und daneben Öl- und Palmitinsäure auf. W. besitzt den höchsten Vitamin-E-Gehalt unter den pflanzlichen Ölen, aus ihm gelang die erste Isolierung und Analyse von Vitamin E. Das Öl verfügt kalt gepresst über einen angenehm getreideartigen Geschmack und eine orangegelbe Farbe. Wegen seiner geringen Hitzestabilität wird es nur in der kalten Küche, oft wegen seines hohen ernährungsphysiologischen Wertes eingesetzt.

Weizenkleber; → Kleber → Gluten

Weizenkleingebäck; → Kleingebäck mit einem von der Sorte abhängigen Anteil an Weizenmehl bzw. Weizenvollkornerzeugnissen oder Weizenbackschrot an den verwendeten Getreideerzeugnissen von jeweils mindestens 90 %.

Weizenmehl engl.: *wheat flour;* überwiegend aus dem Endosperm ohne Keimling oder aus dem ganzen Weizenkorn mit Ausnahme der äußeren Bestandteile (→ Vollkornmehl) durch Vermahlen hergestelltes, je nach Ausmahlungsgrad schneeweißes bis gräuliches pulverförmiges Erzeugnis (→ Mehl). W. zeichnet sich gegenüber anderen Mehlen durch seinen besondere Proteinstruktur (→ Kleber) und die damit verbundene hohe Backfähigkeit aus. Menge und Eigenschaften des Klebers sind abhängig von der zur Vermahlung verwendeten Weizensorte und für die Backfähigkeit von entscheidender Bedeutung. Gehandelt wird W. nur in bestimmten, anhand des Ausmahlungsgrades festgelegten → Mehltypen. Einige Mehltypen werden für bestimmte Verwendungszwecke bevorzugt eingesetzt. In Deutschland sind dies Type 405 für die Verwendung für feine Backwaren und als Haushaltsmehl sowie die Typen 550 und 630 für Brötchen und Weißbrot. Die anderen Typen eignen sich insbesondere für Brot. Vollkornweizenmehle lassen sich analog zu herkömmlichen W. verwenden.

Weizenmischbrot; Brotsorte, bei der der Anteil an Weizenmehl, bezogen auf die Getreideerzeugnisse, mehr als 50 %, jedoch weniger als 90 % beträgt.

Weizenschrotbrot engl.: *cracked wheat bread;* → Schrotbrot

Weizenschrote engl.: *cracked wheat;* → Schrote aus Weizenkörnern (→ Weizen → Getreidekörner).

Weizenstärke engl.: *wheat starch;* bis zu 60 % im Weizenkorn enthaltene weiße → Stärke mit kleinen (2–15 µm) und mittelgroßen (25–50 µm), runden bis elliptischen Körnern und neutralem Geschmack. Die Gewinnung erfolgt aus Weizenmehl, auch als Nebenprodukt der Klebergewinnung, durch Anteigen mit Wasser und Auswaschen der Stärkekörner aus dem zusammenhängenden → Kleber. W. fällt beim anschließenden Separieren, je nach Verfahren mit Sieben, Zentrifugalseparatoren, Hydrozyklonen oder Dekantern, als grobkörnige, sehr reine Primastärke (mittelgroße Körner) und feinkörnige, noch Kleber und andere Verunreinigungen enthaltende Sekundärstärke (kleine Körner) an. Von großer Bedeutung ist bei der Herstellung von W. der verbleibende Restanteil an Kleber und das in ihm enthaltene Gluten in Hinblick auf die Bedürfnisse an Zöliakie leidenden Personen. Hierbei werden bei der Gewinnung der Primastärke zusätzliche Reinigungsschritte unternommen, um den Proteingehalt weiter abzusenken. Sekundastärke erfüllt wegen ihres hohen Proteingehaltes generell nicht die Anforderungen glutenfreier diätetischer Ernährungsformen. Als glutenfrei werden in Deutschland zum gegenwärtigen Zeitpunkt Lebensmittel mit einem maximalen Gehalt an Reststickstoff von maximal 50 mg pro 100 g betrachtet. Eine Neufassung der Kriterien im Rahmen des Codex Alimentarius und europäischer Regelungen wird kontrovers diskutiert. W. wird im Lebensmittelbereich wegen ihrer guten Quelleigenschaften und Backeigenschaften vielseitig in feinstvermahlener Form z. B. als Dickungsmittel oder Stabilisator in Saucen, Desserts, Süßwaren und Fertiggerichten sowie als Grundzutat in Backwaren und Convenience-Produkte im Backwarenbereich wie z. B. Backmischungen verwendet.

Weizenvollkornbrot engl.: *wholemeal wheat bread;* → Vollkornbrote

Wellfleisch; in möglichst frischem Zustand in gewürztem Wasser gekochtes fettdurchwachsenes Schweinefleisch, bevorzugt Bauchfleisch.

Wellhornschnecke lat.: *Buccinum undatum L. (Fam. Buccinidae)*, engl.: *common whelk;* mit bis zu 11 cm Länge die größte Meeresschnecke an deutschen Küsten (→ Schnecken). Die W. kommt im Nordatlantik, in der westlichen Ostsee und gelegentlich im Mittelmeer vor. Sie bevorzugt kaltes Salzwasser. Der Name erklärt sich aus den verdickten wellenförmig angeordneten Ringen am Gehäuse. W. werden in siedendem Wasser gekocht, verzehrt wird der Fuß, von kleinen W. im Ganzen, von größeren in Scheiben geschnitten. Angeboten werden W. frisch, tiefgefroren, in Essigmarinade eingelegt und als Dosenkonserve.

Wellness-Produkte engl.: *wellness products;* von engl.: *wellness* = Wohlbefinden abgeleitete Bezeichnung für eine Gruppe → funktioneller Lebensmittel, die Zusätze von Kräuterauszügen, wie z. B. von Hopfen, Melisse, Johanniskraut oder Ginseng oder anderer Substanzen enthalten, die für ein verbessertes Wohlbefinden sorgen und je nach verwendeten Zusätzen anregende oder entspannende Wirkung haben sollen. Schwerpunkt bilden hierbei die so genannten „Wellness-Drinks", meist auf der Basis von Frucht- oder Gemüsesäften und Limonaden, die je nach Zusatz als Morgen- oder Abendgetränke angeboten werden und nicht mit den → Energy-Drinks zu verwechseln sind. Weitere erhältliche Produkte sind z. B. Joghurts mit Kräuterauszügen, die beruhigend und ausgleichend wirken sollen sowie zahlreiche Wellness-Tees mit unterschiedlich ausgelobten Wirkungen.

Wellpappe engl.: *corrugated board;* → Packstoff mit sehr hoher Stabilität, der vorwiegend als Umverpackung und Versandverpackung eingesetzt wird. W. besteht aus einer oder mehreren Lagen eines gewellten Papiers (Mittellage), die ein- oder beidseitig mit glatten Papierlagen (Decklagen) verklebt werden, so dass eine Konstruktion aus Luft und Papier mit besonderer Tragfähigkeit und Polsterwirkung entsteht. Je nach Größe der Wellen, der Wellenlagen und der Qualität der Deckpapiere entstehen W. verschiedener Qualitäten, die die unterschiedlichsten Verpackungsanforderungen erfüllen.

Wels lat.: *Silurus glanis L.* (Fam.: *Siluridae*), engl.: *wels catfish, sheat,* Syn.: *Waller;* großer Süßwasser-Raubfisch (150–300 cm, auch bis zu 500 cm lang, bis zu 300 kg schwer), der in Flüssen und Seen Mittel- und Osteuropas lebt. In Süddeutschland und Österreich (Isar, Donau) ist der frei lebende W. selten geworden; die Bedeutung der Teichzucht nimmt zu. Haupterzeugerländer sind Frankreich, Ungarn, Bulgarien und Tschechien. Der in Nordamerika beheimatete und dort auch gezüchtete Zwerg- oder Katzen-Wels (lat.: *Ictalurus punctatus Rafinesque/nebulosus Le Sueur*) wurde in Europa ausgesetzt; der Afrikanische Wels (lat.: *clarias gariepinus Burchell*) wird in Afrika und Europa gezüchtet (→ Fischzucht). Auch asiatischer Zuchtwels (lat.: *S. asotus L.*) wird in Deutschland angeboten. Der Fettgehalt von Zuchtwelsfilet schwankt je nach Fütterung zwischen 4 und 20 %.

Welschkohl Syn.: → *Wirsing*

Welschriesling; Weißweinrebe, nicht zu verwechseln mit → Riesling. Sie braucht mehr Wärme als Riesling, liefert unter optimalen Bedingungen würzige, fruchtige, frische Weine, jedoch nicht von der Qualität der Riesling-Spitzenweine. W. wird v. a. in Norditalien, Österreich, aber auch in Osteuropa angebaut.

Welsh Rarebit; geröstete Käseschnitte. Zur Herstellung wird Toast vorwiegend mit geschmolzenem Cheshire- (Cheddar-) oder Gloucester-Käse, evtl. unter Zusatz von Senf und etwas Bier oder Milch, bedeckt und im Grill geröstet.

Werkmilch engl.: *processing milk;* Fachbegriff für zur Weiterverarbeitung, z. B. zu Butter, Käse oder Milchpulver bestimmte → Milch.

Wermut lat.: *Artemisia absinthium L.* (Fam.: *Asteraceae*), engl.: *wormwood,* Syn.: *Absinth, Magenkraut, Bitterkraut;* 1. aus Südeurasien stammende, heute in ganz Europa anzutreffende, bis 1 m hoch wachsende ausdauernde Staude. Verwendet werden die jungen Blätter und Zweigspitzen, frisch oder getrocknet. Der aromatische durchdringende Geruch und der stark bittere Geschmack beruhen auf den in den Blättern zu 0,25–1,3 % enthaltenen ätherischen Ölen mit Thujol und Thujon als Hauptkomponenten sowie auf den glykosidischen Bitterstoffen Absinthin, Absinthiin und Anabsinthin. Das durch Wasserdampfdestillation aus den Blättern gewonnene Wermutöl enthält 40–70 % → Thujon sowie Phellandren, die als Nervengifte Krämpfe hervorrufen und zu schweren Degenerationserscheinungen am zentralen Nervensystem führen. Wermutöl wird zur Herstellung des lange Zeit in Europa verbotenen → Absinths verwendet. Höchstmengen an Thujon in alkoholischen Getränken sind in der Aromenverordnung festgelegt. Zur Herstellung von → Wermutwein und Kräuterlikören werden wässrig-alkoholische Extrakte verwendet, in denen hauptsächlich Bitterstoffe und nur gesundheitlich unbedenkliche Mengen an Thujon gelöst sind. In der Küche wird W. selten verwendet, manchmal sparsam zum Würzen von fetten Fleischgerichten. Neben *A. absinthium L.* werden weitere Artemisia-Arten wie die weniger bittere *A. pontica L.* (Römischer Wermut) sowie *A. maritima L.* (Strandwermut) zur Herstellung von Wermutwein eingesetzt. 2. Syn. für Wermutwein.

Wermutgrundwein Syn.: *Wermut-Ausgangswein;* zur Wermutwein-Herstellung bestimmter Wein (Trinkwein, Likörwein, häufig auch →Mistelle oder mit Alkohol versetzter Wein).

Wermutwein engl.: *vermouth,* Syn.: *Wermut, Vermouth;* weinhaltiges Getränk, das mit Wermutkraut und anderen Kräutern aromatisiert wird. Ein Liter W. muss mindestens 750 ml Wein enthalten. Zu den bekanntesten Erzeugnissen zählt W. aus dem Raum Turin „Vino Vermouth di Torino".

Wespen engl.: *wesps;* wie Bienen und →Ameisen zu den Staaten bildenden Hautflüglern (lat.: *Hymenoptera*) gehörende, als →Lästlinge und →Hygieneschädlinge eingestufte Schadinsekten. Von den über 2000 Wespen-Arten sind in Deutschland nur zwei zur Familie der Faltenwespen (lat.: *Vespidae*) gehörende Arten im Wohnbereich des Menschen relevant: Die Deutsche Wespe (lat.: *Paravespula germanica (Fabr.)*) und die Gemeine Wespe (lat.: *Paravespula vulgaris L.*). Beide werden etwa 11–20 mm lang und sind schwarz-gelb gezeichnet. Sie bilden einjährige Staaten, die im Frühjahr von den allein überwinternden Königinnen gebildet werden. Schäden entstehen v. a. durch das Ungenießbarmachen von Lebensmitteln wie Süßigkeiten, Obst und Fleisch durch Befall und Fraß. Weiterhin besteht die Gefahr der Keimverschleppung und Übertragung von Krankheitserregern. Die schmerzhaften Stiche der jedoch meist nicht aggressiven W. können für Allergiker lebensgefährlich sein. Die ebenfalls zu den W. gehörende Hornisse (lat.: *Vespa crabo*) steht wegen ihres seltenen Vorkommens unter Artenschutz.

Westfälische Beutelwurst Syn.: *Möppkenbrot;* mit Roggenschrot angedickte →Blutwurst aus gleichen Teilen einer Blut-Schwartengrundmasse und den klein gewürfelten anderen Zutaten Speck, Schwarten und auch fettgewebereiches Schweinefleisch. In der Blut-Schwartengrundmasse überwiegt Blut, außerdem enthält sie fein zerkleinerte →Innereien. W. B. wird i. d. R. warm im gebratenen Zustand verzehrt.

Westfälische grobe Mettwurst; grobkörnige, geräucherte, gereifte, schnittfeste →Rohwurst. Sie wird überwiegend aus grob entfettetem Schweinefleisch, fettgewebsreichem Schweinefleisch und Speck neben einem geringen Anteil grob entsehntem Rindfleisch hergestellt.

Westfälische Grützwurst; nicht umgerötete, meist in Rinderkranzdärme abgefüllte →Kochmettwurst mit Cerealienanteil (→Grütze) in der bis zu erbsengroß gekörnten Grundmasse. Deren Ausgangsmaterial besteht aus grob entsehntem Rindfleisch, fettgewebereichem Schweinefleisch und Schweinemasken sowie weiteren Zutaten wie z. B. Gewürzen. Die W. G. wird warm verzehrt.

Westfälischer Bauernstuten; →Bauernstuten

Westindische Kirsche Syn.: →*Barbadoskirsche*

Whipped toppings; aus dem Englischen abgeleitete Bezeichnung für aufgeschlagene oder aufschlagbare Massen, hergestellt aus Pflanzenfettmischungen, Emulgatoren, Zucker, Stabilisatoren und Pufferstoffen. W. t. werden ähnlich wie Schlagsahne zu Obst und Obstkonserven, für Torten, Kuchen und Desserts verwendet. Sie werden in Pulverform, in Sprühdosen oder gefroren angeboten.

Whisky Syn.: *Whiskey (amerik. und ir.)*; →Spirituose mit goldgelber Farbe, die ursprünglich aus Schottland und Irland kommt und früher überwiegend aus Gerste und Hafer hergestellt wurde; heute werden auch Roggen, Weizen und Mais verwendet. W. wird durch Destillation der verzuckerten und vergorenen Maische nach dem Pot-still- oder nach dem Patent-still-Verfahren gewonnen. Für den Export bestimmter W. muss mindestens drei Jahre in Eichenfässern mit einem Fassungsvermögen von 700 Litern oder weniger gelagert sein. Besonders hochwertige Erzeugnisse lagern zehn Jahre und mehr. Unterschieden wird grundsätzlich zwischen

Straight Whisky (unverschnitten) und → Blended Whisky (verschnitten) und nach dem Herkunftsland zwischen Scotch Whisky (Schottland), Irish Whiskey (Irland), American Whiskey (z. B. Bourbon Whiskey) und Canadian Whisky. Der Alkoholgehalt von W. beträgt mindestens 40 Vol.-%.

Wickelbrötchen Syn.: → *Dänische Brötchen*

Wickler engl.: *winder,* Syn.: *Einwickler;* Zuschnitte aus verschiedenen → Packstoffen wie z. B. fettdichten Papieren (z. B. für Butter), Kunststoffen oder Verbundstoffen, die der Umhüllung von Lebensmitteln dienen und sie in erster Linie vor Kontamination, z. T. auch vor Licht- und Feuchtigkeitseinwirkung und je nach Packstoff und Verschlussart auch vor Fremdgerüchen schützen. W. können durch Faltung oder Klebeetiketten oder durch zusätzliche umhüllende Behälter verschlossen werden und dienen sowohl zum Verpacken von dimensionsstabilen als auch von leicht formbaren Füllgütern.

Wiebele; sehr kleines (etwa 2 cm großes), punkt- oder stäbchenförmiges Gebäck mit glänzender gerundeter Oberseite und Füßchen aus zwei Tropfen Biskuitteig (→ Biskuit). Diese typisch schwäbische Spezialität wurde erstmals im 18. Jahrhundert von dem Langenburger Hofkonditor Wiebele hergestellt.

Wiener Backhendl engl.: *Viennese fried chicken;* in siedendem Fett gebackene panierte halbierte oder geviertelte junge Hähnchen.

Wiener Boden; runder dicker, zum Herstellen von Torten oft mehrschichtig geschnittener dunkler oder heller Boden aus → Wiener Masse.

Wiener Bonbons engl.: *Vienna bonbons;* meist länglich flache, rechteckige (Brikettform), gefüllte → Bonbons mit harter dünner Zuckerdecke. Charakteristisch ist der hohe Anteil an zäher halb fester Füllung mit Fruchtpulpen oder Konfitüren und der Falteinschlag.

Wiener Mandeln engl.: *Vienna almonds, chocolate Jordan almonds amerik.,* Syn.: *Mandeln nach Wiener Art;* mit → Schokolade überzogene → Mandeln, die mit Zucker und/oder Zuckeralkoholen hart dragiert werden (→ Dragées). Die Oberfläche ist glatt, meist matt und weiß, pastellfarbig oder bunt getönt. Ein Kilogramm W. enthält mindestens 400 g Mandeln. W. sind eine beliebte Zuckerware.

Wiener Masse engl.: *Vienna pastry dough;* durch Aufschlagen aus Zuckerarten, Vollei bzw. entsprechenden Volleierzeugnissen, Fett und Getreideerzeugnissen und/oder Stärken sowie ggf. weiteren Zutaten hergestellte Masse. Das Aufschlagen erfolgt unter Erwärmung im Ein-Kessel-Verfahren oder kalt in einem Arbeitsschritt im All-in-Verfahren unter Zusatz von Emulgatoren. W. eignet sich für die Herstellung von Tortenböden, Torteletts sowie → Rouladen und Omeletts. Der Anteil an Vollei in W. beträgt üblicherweise zwei Drittel des Gehaltes an Getreideerzeugnissen und/oder Stärken. Des Weiteren werden für gewöhnlich mindestens 6 kg Butter oder eine entsprechende Menge an Milcherzeugnissen oder Margarine oder praktisch wasserfreie Fette auf 100 kg Getreideerzeugnisse und/oder Stärken verwendet.

Wiener Schnitzel engl.: *Wiener schnitzel;* in der Pfanne in reichlich Fett halb schwimmend gebratenene, mit Ei und Semmelmehl (Paniermehl) panierte Kalbfleischscheibe aus der Keule. Es wird i. d. R. mit Zitronenscheiben und Petersilie garniert angeboten.

Wiener Tortenboden; 1. häufig verwendete Bezeichnung für → Wiener Boden; 2. runder dünner → Tortenboden mit Rand aus → Wiener Masse zum Belegen mit Früchten.

Wiener Würstchen engl.: *frankfurter,* Syn.: *Wiener, Wienerle;* engkalibrige, meist geräucherte → Brühwürstchen mit fein zerkleinertem rosafarbenen (umgeröteten) → Brät. Dieses wird aus grob entsehntem Rindfleisch, fettgewebereichem Schweinefleisch, Speck und weiteren Zutaten wie z. B. Gewürzen und Umrötungsmitteln sowie ggf. Kutterhilfsmitteln hergestellt. W. sind i. d. R. saftig, zart und knackig in Biss und Konsistenz. Die Bezeichnung W. entstand, als der Franke Johann Georg Lahner zu Anfang des 19. Jahrhunderts die in Frankfurt erlernte Herstellung von Brühwürstchen in Wien ausübte und hier unter Abwandlung der Rezeptur durch Mitverwendung von Rindfleisch „Wiener Frankfurter" herstellte. International werden W. oft als „Frankfurter" bezeichnet.

Wiesenchampignon lat.: *Agaricus campester (L.) Fr.* (Fam.: *Agaricaceae*), engl.: *field mushroom,* Syn.: *Feldchampignon, Feldegerling;* von Mai bis Oktober auf Wiesen und in Gärten wachsender → Speisepilz mit kugeligem, später flach gewölbtem Hut von 5–12 cm Durchmesser und weißer bis gelblicher Farbe. Der W. besitzt einen kurzen weißen Stiel mit vergänglichem Ring, dichte rosafarbene Lamellen, die später dunkel werden und weißliches, schwach rötendes Fleisch. Es besteht die Gefahr der Verwechslung mit dem giftigen Karbolchampignon und dem sehr giftigen weißen Knollenblätterpilz.

Wild; Sammelbezeichnung für jagdbare Tiere.

Wildbret engl.: *game meat;* traditionell eingebürgerte Bezeichnung für Wildfleisch (Bret = Braten). Es ist i. d. R. dunkel- bis braunrot, mager und feinfaserig. Die beste Fleischqualität liefern i. d. R. junge Tiere. Aufgrund seiner dichten Faserstruktur benötigt das wenig ausgeblutete Fleisch im Allgemeinen eine längere Zeit zum Reifen (Abhängen). Dabei entwickelt sich der charakteristische Wildgeschmack, der das nach dem Reifen leicht verdauliche W. im Geschmack von Schlachttier- und Hausgeflügelfleisch unterscheidet. Der früher typische → Haut gout ist aus hygienerechtlichen Gründen nicht mehr erlaubt. W. unterliegt allgemein den rechtlichen Bestimmungen für Fleischhygiene. Wichtige Sorten W. sind Hirschfleisch, → Wildschweinfleisch, → Rehfleisch, Damwildfleisch und → Hasenfleisch.

Wilde Hefen; unspezifischer Sammelbegriff für alle Hefen, die nicht zu den für den betreffenden Gärungstyp verwendeten Reinhefen gehören. W. H. können bei der Bier- und Weinherstellung Fehler (Fehlgärung, Farb- und Geschmacksänderungen) verursachen und auch unerwünschte Spontangärungen auslösen (→ Weinhefen).

Wilder Majoran Syn.: → *Oregano*

Wilder Spinat Syn.: → *Guter Heinrich*

Wildfleisch; → Wildbret

Wildfrüchte engl.: *wild berries;* vor allem im Handel üblicher Sammelbegriff für die essbaren fleischigen Früchte von vorwiegend wild wachsenden heimischen Sträuchern und Bäumen, z. B. → Sanddornbeeren, → Hagebutten und → Schlehen.

Wildgemüse; Sammelbegriff für i. d. R. nicht angebaute, sondern wild wachsende, z. T. auch aus Gärten verwilderte essbare Pflanzen wie u. a. → Große Brennnessel, → Gartensauerampfer, → Gewöhnlicher Löwenzahn und Giersch.

Wildgulasch; wie → Gulasch hergerichtetes und zubereitetes Fleischgericht aus Wildfleisch, das bevorzugt vom Hirsch und vom Wildschwein stammt. Die Tierart wird üblicherweise in oder bei der Bezeichnung mitangegeben, wie z. B. bei Hirschgulasch oder Gulasch vom Wildschwein.

Wildlachs engl.: *wild salmon;* in den Weltmeeren und Flüssen frei lebender → Lachs. Der atlantische W. (lat.: *Salmo salar L.*) ist im Bestand gefährdet; in einige deutsche Flüsse kehrt er langsam zurück (Rheinsalm). W. wird angeboten aus Irland, Schottland, Island, Kanada und aus der Ostsee sowie aus dem Pazifik (Alaska-Wildlachs, *Oncorhynchus-Arten*). W. ist einer der begehrtesten Speisefische. Das Fleisch gilt als schmackhafter als das der Zuchtlachse; i. d. R. ist es auch fettärmer.

Wildpastete; hochwertige streichfähige bis schnittfeste, häufig umgerötete → Kochwurstpastete mit fein zerkleinerter Struktur. W. wird im Wesentlichen aus grob entsehntem Wildfleisch neben sehnen- und fettgewebearmem Schweinefleisch, Speck, auch ggf. sehnenarmem Kalb- und Jungrindfleisch sowie weiteren Zutaten hergestellt. Zur Geschmacksabrundung sind auch geringe Leberanteile üblich. Weitere Zutaten können neben Gewürzen Kondensmilch, Sahne und Eier sein. Bei grobstückigen Einlagen stammen diese von der Tierart, nach der die Pastete benannt ist.

Wildragout; → Ragout

Wildreis Syn.: → *Kanadischer Wildreis*

Wildsalat; → Feinkostsalat, der üblicherweise mindestens 20 % gekochtes, gegartes oder anderweitig behandeltes geschnittenes Wildfleisch (→ Wildbret), z. B. von Reh oder Hase enthält. Gelegentlich wird Kasseler, Schinkenfleisch oder anderes Fleisch beigegeben. Weitere Beilagen können z. B. Pilze, Beeren oder Gemüse sein. Zum Anrichten können Mayonnaise oder ein mayonnaiseähnliches Erzeugnis, Öl und/oder Essig und andere würzende Zutaten sowie andere würzende Saucen verwendet werden.

Wildschweinfleisch engl.: *wild boar meat;* dunkelrotes, saftiges, mageres Fleisch mit sehr ausgeprägtem Wildgeschmack. Rohes W. ist neben der üblichen Schlachttier- und Fleischbeschau auf → Trichinen zu untersuchen. Das zarte Fleisch von sehr jungen und jungen Tieren wird bevorzugt. Das Fleisch von älteren Tieren ist oft zäh, grobfaserig und trocken und muss vor der Zubereitung gebeizt werden. Beliebte Stücke sind Keule und Rücken. W. wird in Wurstwaren verwendet und gebraten, geschmort oder kurz gebraten als → Braten, → Ragout, → Gulasch oder → Steak zubereitet.

Wilking lat.: *Citrus nobilis Lour. X Citrus deliciosa Ten.* (Fam.: *Rutaceae*); Zitrusfrucht, → Tangor. Ursprung in Kalifornien, Anbau: Mittelmeerraum. Kreuzung aus Mandarinensorten *Willow leaf x King*. Mittelgroße abgeplattete Frucht, mitteldünne, leicht porige, blass gelbliche, leicht anhaftende, intensiv duftende Schale. Fruchtfleisch orange, sehr saftig, intensiv kräftig aromatischer Geschmack. → Mandarine

Williams Christbirne engl.: *Williams pear,* Syn.: *Williams Christ;* weit verbreitete, in mild warmem Klima angebaute Herbst- bis Frühwinterbirnensorte (→ Birnen) mit mittelgroßen bis großen, gelben bepunkteten oder gelblichroten Früchten. Das saftige schmelzende Fruchtfleisch schmeckt süß und sehr aromatisch. Die W. ist für die Verarbeitung zu Nasskonserven und alkoholischen Getränken gut geeignet. Sie ist bei -0,5 °C bis zu sechs Wochen lagerfähig.

Williams-Christ-Birnenbrand Syn.: *Williams;* farbloser → Obstbrand mit charakterischem Aroma aus der → Williams Christbirne und einem Mindestalkoholgehalt von 37,5 Vol.-%. Er ist der bekannteste Birnenbrand und wird neben dem reinen Trinkverzehr u. a. zum Verfeinern von Desserts und als Füllung in Pralinen verwendet.

Williams-Christ-Birnenlikör; bekannter → Likör mit charakteristischem Aroma aus dem Saft der → Williams Christbirne.

Wilstermarschkäse Syn.: *(Holsteiner) Marschkäse;* Schnittkäse in Laibform aus Schleswig-Holstein der Vollfett- und Rahmstufe (→ Käse) mit einem Gewicht von 1,5–20 kg. Er muss mindestens vier Wochen reifen. W. ist eine nicht sehr verbreitete Käsesorte und wurde urprünglich z. T. nur auf Bestellung auf Bauernhöfen der Wilstermarsch hergestellt. Seine Form und Konsistenz gleichen dem Tilsiter-Käse. Der W. besitzt eine glatte Oberfläche. Der geschmeidige, aber noch schnittfeste Teig mit speckigem Griff und glänzender Schnittfläche ist blassgelb bis weißlichgelb mit feinporigen gleichmäßigen Bruchlochungen in Größe von Stecknadelspitzen. Sein Geschmack liegt zwischen Butterkäse und Gouda, ist aber leicht säuerlich und leicht herb.

Windbeutel engl.: *cream bun, cream puff;* meist mit Schlagsahne gefülltes und mit Puderzucker bestreutes, kugelförmiges, sehr lockeres Hohlgebäck aus → Brandmasse, das im Backofen gebacken wird.

Windsichter engl.: *air separator;* → Sichten

Winterbonbons engl.: *sweets, candies amerik.;* bestimmte, überwiegend im Winter verzehrte Bonbons (meist →Hartkaramellen) wie →Hustenbonbons, →Malzbonbons und →Kräuterbonbons.

Winterendivien engl.: *garden endive;* →Endivien

Wintergerste engl.: *bigg;* →Gerste →Wintergetreide

Wintergetreide engl.: *winter grain;* winterfeste Formen der Getreidearten →Weizen, →Roggen, →Gerste und →Hafer. Sie werden im Herbst ausgesät und im Sommer des kommenden Jahres geerntet.

Winterisierung engl.: *winterization;* zur Kältestabilisierung von Speiseölen durchgeführtes Verfahren. Damit bei Kühlschranklagerung keine Trübung des Öls auftritt, werden höherschmelzende Triglyceride und Wachse abgetrennt. Methoden zur W. sind langsames Abkühlen des Öls unter 10 °C und anschließende Filtration oder Zentrifugation und Lösungsmittel-Winterisierung. Dabei wird ein Öl-Hexan-Gemisch bei kälteren Temperaturen winterisiert, was die Schnelligkeit und Trennschärfe erhöht sowie die Verluste durch Kristalleinschluss verringert.

Winterkohl Syn.: → *Grünkohl*

Winterkresse lat.: *Barbarea vulgaris R BR.* (Fam.: *Brassicaceae*), engl.: *winter cress,* Syn.: *Barbarakraut;* in Europa wild wachsende ausdauernde Pflanze, deren kleine gefiederte Blätter von Dezember bis Mai als Salatlieferant und Ersatz für →Brunnenkresse genutzt werden können.

Winterroggen; →Roggen →Wintergetreide

Winterspargel Syn.: → *Gartenschwarzwurzel*

Winterspinat engl.: *winter spinach;* im Frühjahr geernteter →Spinat mit gröberen langstieligeren Blättern.

Winter-Trüffel; →Trüffeln

Winterweizen; →Weizen →Wintergetreide

Winterzwiebel lat.: *Allium fistulosum L.* (Fam.: *Liliaceae*), engl.: *Welsh onion;* kleine winterharte, der →Speisezwiebel ähnelnde Allium-Art, deren bauchig aufgetriebene Oberblätter z. T. als Gewürz verwendet werden und deren im Frühjahr geerntete Zwiebeln einen minderen Ersatz für die Speisezwiebel darstellen.

Wirbelschichttrocknung engl.: *fluidized bed drying,* Syn.: *Fließbetttrocknung;* →Trocknungsverfahren für kleinstückige oder körnige Güter, wie z. B. Getreide, Erbsen, Kartoffelgranulat und Zwiebelflocken, bei dem das zu trocknende Gut von unten mit Heißluft durchströmt und dabei aufgewirbelt wird. Im kontinuierlichen Prozess wird dabei das Feuchtgut auf der einen Seite des Trockners zugefügt und das Trockengut auf der anderen Seite entnommen. W. wird auch zur Nachtrocknung bereits mit anderen Verfahren getrockneter Produkte eingesetzt und ist wesentlicher Bestandteil von Instantisierungsprozessen. Vorteile der W. sind eine hohe Ausbringung bei geringem Raumbedarf sowie eine kurze Trocknungszeit.

Wirken; Durcharbeiten einzelner Teigstücke bei der →Teigführung, um eine gleichmäßige Lockerung des fertigen Gebäckes zu erzielen. Durch zeitlich fortschreitenden Druck auf das Teigstück wird bei runden Stücken eine Spannung im Teig erzeugt, die zur Formerhaltung während des Backvorganges notwendig ist. Bei länglichen Gebäcken wird ein analoger Effekt durch Einschlagen und Abrollen des Teiges erzielt.

Wirsing lat.: *Brassica oleracea L. var. sabauda L.* (Fam.: *Brassicaceae*), engl.: *Savoy,* Syn.: *Savoyer Kohl, Welschkohl;* →Kopfkohl mit gekrausten bzw. gewellten Blättern, die im Kopfinneren gelb (d. h. ohne Blattgrün) sind, und lockerer Kopfbildung ähnlich dem →Blätterkohl. Er wird in verschiedenen Sorten ganzjährig angeboten, von denen nur eine (Dauerwirsing) längere Zeit lagerfähig ist. Daher werden die geernteten Blätter zu fertigem Blattgemüse weiterverarbeitet und durch Tiefgefrieren, Trocknen oder als Nasskonserven haltbar gemacht. Sie werden als Rohkostsalat, gekochtes Gemüse und als Bestandteil vieler fertiger Gerichte wie z. B.

→Kohlrouladen verzehrt. Roh, in frischem Zustand, weist W. einen hohen Gehalt an Vitamin C (ca. 50 mg pro 100 g essbarer Anteil) sowie Vitamin B_1 und B_2 (zusammen ca. 0,1 mg pro 100 g essbarer Anteil) auf.

Wiry; Bezeichnung für ein dünn gedrehtes drahtiges (von engl.: *wire* = Draht), gut gerolltes Teeblatt.

Wisniówka-Cherry-Cordial; mit Kirschen aromatisierte polnische Spirituose aus hochgradig rektifiziertem Kartoffeldestillat (Wodka) von intensiver kirschroter Farbe. Der Alkoholgehalt beträgt 40 Vol.-%.

Witloof Syn.: → *Chicorée*

Wittling Syn.: → *Merlan*

Wodka engl.: *vodka;* → Spirituose, die aus Getreide (Roggen, Weizen, Gerste) oder auch Kartoffeln gebrannt wird und einen Mindestalkoholgehalt von 37,5 Vol.-% aufweist. Die bekanntesten Wodkamarken kommen aus Polen und Russland, wobei bis heute nicht geklärt ist, in welchem der beiden Länder der erste W. erzeugt wurde. Um ein möglichst neutral schmeckendes reines und weiches Erzeugnis zu erhalten, unterliegt die Herstellung besonderen Verfahren. W. wird i. d. R. mehrmals destilliert und dann über Holzkohle mehrfach filtriert, wodurch die Geschmacksstoffe verloren gehen. Die Lagerung erfolgt in Edelstahltanks oder in glasierten Steingutbehältern. Mit demineralisiertem Wasser wird er üblicherweise auf eine Trinkstärke von 40–55 Vol.-% gebracht. Versetzte W. sind W., die z. B. mit Mariengras oder Früchten aromatisiert werden und einen Alkoholgehalt von 40 Vol.-% aufweisen. Bekannte Sorten sind Zubrowka, Wyborowa, Moskowskaja und Stolitschnaja.

Wok engl.: *wok;* halb kugelige Pfanne, die v. a. in asiatischen Ländern zur Lebensmittelzubereitung verwendet wird. W. sind aus verschiedenen Materialien (z. B. Aluminium, Edelstahl, Gusseisen, beschichtet oder unbeschichtet) und in unterschiedlichen Ausführungen erhältlich. Der große Vorteil bei der Verwendung des W. liegt darin, dass er sehr schnell auf eine hohe Temperatur gebracht werden kann und sich die Zutaten mit einer geringen Menge an Fett/Öl rasch und schonend garen lassen. Er kann universell zum Kochen, Dämpfen, Frittieren und Schmoren verwendet werden.

Wolfen engl.: *to mince, to chop, to hash;* grobe, mittelfeine oder feine Zerkleinerung von Fleisch mit Hilfe eines → Fleischwolfes. Durch das W. lässt sich Fleisch zur weiteren Verarbeitung vorab zerkleinern und vereinheitlichen sowie zu Hackfleisch und Wurstbrät (→ Brät) verarbeiten. Durch verschiedene Ausrüstungen des Fleischwolfes können weitere Prozesse während des W., wie das Zumischen der Zutaten, das Erhitzen des Gutes oder Aussortieren von Knochensplittern und anderen Fremdkörpern aus dem Gut gleichzeitig erfolgen.

Wolfsbarsch lat.: *Dicentrarchus labrax L. (Fam. Moronidae*), engl.: *European seabass,* Syn.: *Seebarsch, Meerwolf;* Seefisch aus der Familie der Zackenbarsche (35–45 cm lang, 500–1500 g schwer, bis 100 cm/12 kg), verbreitet im Nordostatlantik, in der Nordsee, im Mittelmeer und im Schwarzen Meer. Der W., in der Gastronomie besser bekannt unter dem französischen Namen loup de mer, ist einer der begehrtesten Edelfische. Das Fleisch ist grätenarm, weiß und fest und gilt als besonders schmackhaft. Ein Teil des Angebots stammt aus Zuchtbetrieben. Ein naher Verwandter des W. ist der Gefleckte Seebarsch (lat.:*Dicentrarchus punctatus Bloch*).

Wollhandkrabbe lat.: *Eriocheir sinensis M. Edw.* (Fam.: *Grapsidae*), engl.: *Chinese mitten crab,* Syn.: *chinesische Wollhandkrabbe;* aus China stammende → Krabbe, die in Süß- und Brackwasserrevieren lebt und zu Beginn des 20. Jahrhunderts nach Europa, später auch nach Nordamerika eingeschleppt wurde. Die W. hat einen annähernd quadratischen Panzer (bis zu 9 cm breit, Gesamtlänge der Tiere bis 30 cm); die großen Scheren des männlichen Tiers sind dicht behaart (Name). In China und Korea gilt das Fleisch als Delikatesse.

Wollmispel Syn.: →*Japanische Wollmispel*

Wollwurst Syn.: *Geschwollene, Nackerte, Geschlagene;* weiße (nicht umgerötete) hautlose →Brühwürstchen mit fein gekuttertem gebrühten Brät. Dieses wird üblicherweise aus grob entsehntem Kalb- und Jungrindfleisch, fettgewebereichem Schweinefleisch, Speck, Kochsalz, Gewürzen und ggf. Kutterhilfsmitteln hergestellt. Mit Hilfe eines Spritzbeutels lässt es sich in siedendes Wasser geben, wobei die charakteristische Form entsteht. Die gebrühte W. ist nur geringe Zeit haltbar und vorwiegend zum Braten bestimmt.

Worcestersauce engl.: *Worcestershire sauce, Worcester sauce,* Syn.: *Worcestershiresauce;* flüssige, scharfe, tief dunkelbraune, englische →Würze mit Bodensatz, die zum „Abrunden" von Suppen, Saucen und anderen Gerichten benutzt wird. Traditionell kann sie enthalten: Tamarinden-Pulpe, Wein, Malzessig, Zucker, Salz, Sojasauce, Schalotten, Knoblauch, Anchovis, Schweineleber, Pfeffer, Chilis und andere Gewürze. Bei neueren Worcestersauce-Rezepturen wird auf die tierischen Bestandteile verzichtet.

Wrackhering; beschädigter →Salzhering.

Wrap; dünner gerollter Fladen aus Weizen- oder Maismehl, der vielfältig gefüllt, z. B. mit gebratenem Fleisch, Käse, Salat, Nüssen, Früchten u. v. m. angeboten wird. Der Verzehr erfolgt, insbesondere als Fingerfood, warm oder kalt als Snack oder kleinere Mahlzeit. W. sind sowohl frisch zubereitet als auch gekühlt oder tiefgeforen, auch in Form von Halbfabrikaten als →Convenience-Produkte im Handel erhältlich.

Wruke Syn.: →*Steckrübe*

Wucherblume lat.: *Xanthophtalamum coronarium (L.) Trehane* (Fam.: *Asteraceae*), engl.: *Crown Daisy,* Syn.: *Garland-Chrysantheme, Speisechrysantheme;* einjährige, hauptsächlich in Japan und China angebaute Blume, von der die jungen breiten Blätter vor der Blütenbildung verzehrt werden. Sie finden als Salat oder gehackt wie Spinat Verwendung. Die jungen Blütenköpfe werden in Fett oder Bierteig ausgebacken verzehrt. Die Blütenblätter von Chrysanthemensorten finden in der asiatischen Küche ebenfalls Verwendung.

Würfelkandis engl.: *cube candy sugar;* →Kandis

Würfelzucker engl.: *sugar cubes;* zu Stücken (Würfel) geformte oder zugeschnittene →Raffinade, die vorwiegend zum Süßen von Getränken benutzt wird. Zur Herstellung wird befeuchteter Zucker nach unterschiedlichen Verfahren (Strangformung, Pressung, Vibration) ausgeformt, das anhaftende Wasser durch Trocknung wieder verdunstet, wobei der in Lösung gegangene Zucker rekristallisiert und so dem Würfel seine Festigkeit gibt. →Plattenzucker

Würstchen engl.: *sausages,* Syn.: *Saftwürstchen, Fleischwürstchen;* 1. ugs. Bezeichnung für →Brühwürstchen. 2. Sortenbezeichnung für engkalibrige, meist geräucherte Brühwürstchen mit fein zerkleinertem rosafarbenen (umgerötetem) →Brät. Dieses wird aus grob entsehntem Rindfleisch, fettgewebereichem Schweinefleisch, Speck und weiteren Zutaten, wie z. B. Gewürzen und Umrötungsmitteln sowie ggf. Kutterhilfsmitteln hergestellt. W. sind i. d. R. saftig, zart und knackig in Biss und Konsistenz.

Würstchen nach Frankfurter Art engl.: *frankfurter;* →Frankfurter Würstchen →Schinkenwürstchen

Würze; →Würzen →Bierwürze

Würzen engl.: *1. seasonings, 2. to season;* 1. flüssige, pastenförmige oder trockene Erzeugnisse, die den Geschmack und/oder den Geruch von Suppen, Fleischbrühen und anderen Lebensmitteln beeinflussen. Sie werden durch Hydrolyse aus eiweißreichen Stoffen hergestellt und als Würze, Speisewürze, Suppenwürze oder bei Erzeugnissen aus Sojaeiweiß als →Sojasauce bezeichnet. Die Verwendung von W. erfolgt sowohl als eigenständiges Erzeugnis zum Würzen von Speisen als auch zur Herstellung von Würzmitteln und Brühen. Maßgeblich für den Geschmack ist dabei das bei der Hydrolyse der eiweißreichen Rohstoffe entstehende Aminosäurengemisch; 2. das Beeinflussen des Geschmacks von Lebensmitteln durch das Zugeben von Gewürzen oder anderen würzenden Zutaten. Zum W. werden je nach Speise Salz, Zucker, Gewürze, Kräuter oder andere Zubereitungen verwendet.

Würzfleisch; dem →Ragout fin ähnliches Fleischgericht aus gewürfeltem grob entfetteten Schweinefleisch oder Geflügelfleisch mit Champignons. Der Fleischanteil kann üblicherweise bis zu 40 % aus einer sehnenarmen Farce bestehen. Sein Anteil am Fertigerzeugnis beträgt bei Handelsware gewöhnlicherweise mindestens 35 %. W. wird i. d. R. mit einer pikant gewürzten Sauce serviert.

Würzmischungen engl.: *spice mixture;* feste oder flüssige Erzeugnisse, die überwiegend aus →Geschmacksverstärkern, Speisesalz, verkehrsüblichen Zuckerarten oder anderen Trägerstoffen bestehen. Sie können außerdem →Würzen sowie Hefe, Gemüse, Pilze, Gewürze, Kräuter und/oder Extrakte daraus enthalten. Sie werden nach ihrer Art (z. B. Curry-Würzer) oder nach ihrem Verwendungszweck (z. B. Grillwürzer, Würzmischung für Spaghetti) bezeichnet. Streufähige W. werden als Streuwürzen bezeichnet.

Würzmittel; Zubereitungen, die anderen Lebensmitteln, insbesondere verzehrfertigen Speisen, einen charakteristischen Geruch und/oder Geschmack verleihen bzw. deren Eigengeschmack verstärken. Als Basis dienen Kochsalz und Geschmacksverstärker wie z. B. →Natriumglutamat sowie andere geschmacksgebende Bestandteile. Zur Herstellung von W. werden eiweißreiche Rohstoffe, wie z. B. Weizenmehl, Maismehl, Fischmehl oder Sojaschrot mit Hilfe von Salzsäure hydrolysiert. Das neutralisierte flüssige oder getrocknete Hydrolysat besitzt aufgrund der enthaltenen freien Aminosäuren und Peptide einen brüheartigen Geschmack. Angeboten werden sowohl W., die nur den Eigengeschmack der Speisen verfeinern und verstärken, als auch solche mit einer speziellen Geschmacksnote bzw. mit mehreren Geschmackskomponenten für ein bestimmtes Anwendungsgebiet z. B. für Fisch.

Würzsaucen; fließfähige oder pastenförmige Zubereitungen mit ausgeprägt würzendem Geschmack aus zerkleinerten und/oder flüssigen Zutaten. W., Würztunken oder Würzpasten werden nach ihrer Art oder nach ihrem Verwendungszweck bezeichnet. Übliche Verkehrsbezeichnungen sind: Currysauce, Ketchupsauce, Worcestersauce, Barbecuesauce oder Grillsauce. W. werden üblicherweise im kalten Zustand verwendet und sind hauptsächlich dazu bestimmt, verzehrfertigen Speisen zur besonderen Würzung beigegeben zu werden. Nicht zu den W. zählen Saucen, die überwiegend im warmen Zustand verzehrt werden, wie z. B. Tomatensauce, Bratensauce und Jägersauce.

Wurst engl.: *sausage;* →Wurstwaren

Wurstbindemittel; eiweiß-, stärke- oder dextrinhaltige Stoffe tierischer und pflanzlicher Herkunft sowie Eiweißhydrolysate einschließlich eiweißfreier Extrakte und Würzen, welche die Beschaffenheit von Wurst- und Fleischwaren durch bessere Bindung von Wasser oder Emulgierung von Fett verbessern. Dadurch sind prinzipiell auch Einsparungen an wertbestimmenden Bestandteilen, v. a. an magerem Muskelfleisch und damit eine Irreführung des Verbrauchers möglich. Daher ist ihre Verwendung für in Deutschland hergestellte Erzeugnisse in der Fleischverordnung grundsätzlich untersagt. Generelle Ausnahmen gelten für bestimmte Würzen zum unmittelbaren Verzehr (Speisewürzen), bestimmte Stärkeverzuckerungserzeugnisse, Gewürze und deren Auszüge sowie Zubereitungen. Bestimmte, z. T. mengenbegrenzte Ausnahmen existieren für genau festgelegte Fleisch- und Wurstwaren, für einige Stoffe wie z. B. →Blutplasma, →Gelatine, →Milch- und Sojaeiweiß sowie Getreideerzeugnisse.

Wurstbrät Syn.: → *Brät*

Wurstbulle lat.: *Bovinus taurus L.* (Fam.: *Bovidae*); → Bulle

Wurstdarm; als Wursthülle verwendete Teile des → Darmes des Schlachtieres.

Wurstfett Syn.: *Wurstschmalz;* beim Garen von Wurstwaren anfallendes weiches Fett mit erhöhtem Wassergehalt (bis 5 %). Die genaue Zusammensetzung ist wie die Farbe von den bei der Herstellung verwendeten Fleischsorten und ggf. anderen Zutaten wie z. B. Gewürzen abhängig.

Wursthülle; äußere Umhüllungen von Wurstbrät und Wurstmassen. Ursprünglich wurden als W. Speiseröhren, Mägen, Därme (→ Naturdärme) und Harnblasen von Schlachttieren verwendet, die als Abgänge bei der Schlachtung anfielen. Heute überwiegen synthetisch hergestellte Wursthüllen (→ Kunstdärme) auf der Basis von Kunststofffolien oder tierischen Rohstoffen wie z. B. → Hautfaserdärme oder → Kollagendärme. W. beider Herstellungsformen können zum Mitverzehr (bspw. Saitling und essbarer Kunstsaitling bei Würstchen) bestimmt sein.

Wurstkonserven; in luftdicht verschließbaren Behältnissen (z. B. Dosen, Gläser, Sterildärme) durch eine unterschiedlich intensive, zur weitgehenden oder völligen Abtötung von bestimmten bzw. allen Keimen führende Wärmebehandlung haltbar gemachte → Fleischerzeugnisse wie Brühwurstbrät, Kochwurstmasse oder Brühwürstchen. Dauer und Höhe der Temperatureinwirkung beeinflussen neben dem pH-Wert und der Homogenität des Gutes den Erfolg der Wärmebehandlung. Die Einstufung der Konserven erfolgt je nach erreichtem Grad der Abtötung der Mikroorganismen als Halb-, Voll- oder Tropenkonserven sowie Shelf-Stable-Products. Unterstützend bei der Konservierung wirkt der Zusatz von → Nitritpökelsalz.

Wurstkraut Syn.: → *Majoran*

Wurstkuh; → Kuh

Wurstpasteten; Brühwurst- (→ Brühwurstpasteten) und Kochwursterzeugnisse (→ Kochwurstpasteten) von überdurchschnittlicher Qualität. Diese ist in der Wahl des verwendeten Ausgangsmaterials, der Art der ggf. verwendeten Einlagen (z. B. Filet, Pistazien, Trüffel) und dem überdurchschnittlichen sensorischen Gesamteindruck der Erzeugnisse begründet. → Pasteten

Wurstsalat engl.: *sausage salad;* → Feinkostsalat aus geschnittener Wurst, auch mehrere Sorten untereinander vermischt, sowie Gurken und Zwiebeln. Er wird mit Speiseöl und Essig oder Mayonnaise, Salatmayonnaise oder anderen würzenden Saucen angerichtet. Bei der Zubereitung mit Speiseöl und Essig beträgt der Wurstanteil bei Handelsware mindestens 50 %, bei den anderen Arten mindenstens 25 %. Bei diesen geht der Anteil an Gurken und anderen würzenden Zutaten nicht über 25 % hinaus.

Wurstschmalz Syn.: → *Wurstfett*

Wurstsülze; in großkalibrige Hüllen oder Formen gefüllte Sülze mit würfeligen oder streifenförmigen Wurst- und evtl. auch Fleischeinlagen in klarer, aus Gelatine oder Schwartenabkochung gewonnener Gallerte. Der Anteil der Einlagen muss gegenüber der Gallerte deutlich überwiegen. Ohne besondere Hinweise handelt es sich bei den Wursteinlagen i. d. R. um → Brühwürste, deren Hüllen mit Ausnahme von Saitlingen entfernt sind.

Wurstvergiftung engl.: *sausage poisoning;* ältere Bezeichnung für → Botulismus.

Wurstwaren engl.: *sausges and cold meat;* zubereitete schnittfeste oder streichfähige Gemenge aus zerkleinertem → Fleisch, → Fettgewebe und, auf einzelne Sorten beschränkt, auch aus zum Verzehr geeigneten → Innereien sowie würzenden (z. B. Salz, Zucker, Gewürze) und technologisch nötigen Zutaten. Sie werden in geräuchertem sowie ungeräuchertem Zustand meist in Hüllen oder Behältnissen angeboten und kühl, luftig und relativ trocken gelagert. Ein Schutz vor Schmutz, nachteiligen Gerüchen, zuviel Licht und Schädlingen wie z. B. Fliegen sollte wegen der hohen mikrobiologischen Empfindlichkeit erfolgen. Nach der Herstellungsweise erfolgt eine Unterscheidung in die Gruppen der →Roh-, →Brüh- und →Kochwürste, die in sich in Untergruppen und Sorten gegliedert sind. Die Gesamtzahl der Wurstsorten in Deutschland beträgt ca. 1500 mit durch Vereinheitlichung und Verschwinden regionaler Eigenheiten abnehmender Tendenz. Häufig existieren mehrere Namen für ein Erzeugnis oder in sich nur geringfügige Unterschiede, so dass nur etwa 300 Wurstsorten Bedeutung zukommt. Allgemeine Informationen zu den wichtigsten Ausgangsmaterialien und üblichen Mindestanforderungen an die Beschaffenheit finden sich für die in Deutschland üblichen Sorten in den Leitsätzen des →Deutschen Lebensmittelbuches. Daneben existieren regional unterschiedliche Verkehrsauffassungen, z. B. zum Fett- und Wassergehalt, die bei der Beurteilung von W. zu beachten sind. Für W. mit hervorhebenden Bezeichnungen (wie z. B. 1a, fein oder Spitzenqualität) werden mehr und sorgfältiger ausgewählte Bestandteile verwendet. Ebenso weisen Hinweise auf eine bestimmte Herkunft, Herstellungsweise wie z. B. Hausmacher oder auf einen Personenkreis auf eine meistens gehobene Qualität hin. Die Zusatzbezeichnung „einfach" ist in Deutschland nur bei bestimmten Sorten zulässig und dann vorgeschrieben. Bei geografischen Bezeichnungen handelt es sich i. d. R. um Herkunftsbezeichnungen, die sich allerdings zu Gattungsbezeichnungen wie bspw. →Braunschweiger Mettwurst entwickeln können.

Wurzelgemüse engl.: *root vegetables;* handelsüblicher, nicht fest definierter Sammelbegriff für alle Gemüsearten, deren essbarer Teil an einer Wurzel ausgebildet ist. Zu W. werden u. a. Möhren, Knollensellerie, Pastinaken, Schwarzwurzel, Topinambur, Rettich, Rote Bete und Radieschen gezählt. Der Begriff W. wird häufig auch als Synonym für →Suppengrün gebraucht.

Wurzelknollen; →Knollen

Wurzeln engl.: *roots;* 1. strangförmige, teils verzweigte, meist unterirdische Organe höherer Pflanzen, die keine Blätter ausbilden und kein Blattgrün enthalten. Sie dienen als Verankerung der Pflanzen sowie zur Aufnahme von Wasser, Nähr- und Wirkstoffen. W. sind oft Speicherorgane für diese Stoffe und eignen sich vielfach wie z. B. Möhren, Sellerie oder Rettich als Lebensmittel; 2. →Möhren

Wurzelpetersilie lat.: *Petroselinum crispum (MILL.) NYM. var. tuberosum (Bernh.) Mart. Crov.* (Fam.: *Apiaceae*), engl.: *turnip-rooted parsley;* fleischig verdickte, bis 20 cm lange und 3–5 cm dicke Wurzeln der zweijährigen Unterart *tuberosum* der →Petersilie. In der Küche wird frische W. als süßliches Gemüse verwendet oder kann zur Würzung von Fleischbrühen oder Suppen mitgekocht werden. Wie →Blattpetersilie enthält auch W. größere Mengen an Vitamin C (40 mg/100 g) und Mineralstoffen. Die glatten Blätter der W. können in der Küche wie Blattpetersilie verwendet werden.

Wurzelsellerie Syn.: →*Knollensellerie*

Wurzelspinat engl.: *root spinach;* →Spinat

Wurzelstock Syn.: →*Rhizom*

Wurzelzichorie; →Zichorie

Wyborowa; →polnischer Wodka, der zu den meistverkauften Marken zählt und angeblich der einzige ist, der ausschließlich aus Roggen destilliert wird. W. ist mild und hat ein angenehmes, leicht süßes Roggenaroma. Er wird mit einem Alkoholgehalt von 38, 40, 45 und 50 Vol.-% angeboten. Die aromatisierten Varianten haben alle einen Alkoholgehalt von 40 Vol.-% und heißen W. Lemon, W. Orange, W. Peach und W. Pineapple.

Xanthan engl.: *xanthan;* saures Polysaccharid, das aus Glucose, Mannose und Glucuronsäure (z. T. acetyliert) besteht und von Bakterien der Gattung *Xanthomonas* (*X. campestris*) gebildet wird. X. ist unter der Nummer E 415 als Gelier- und Dickungsmittel für Lebensmittel allgemein ohne Höchstmengenbegrenzung zugelassen, für den menschlichen Organismus unverdaulich und liefert zusammen mit → Johannisbrotkernmehl hitzestabile Gele. X. wird außerdem z. B. in kosmetischen und pharmazeutischen Produkten eingesetzt.

Xanthophylle engl.: *xanthophylls;* zu den → Carotinoiden gehörende Gruppe von wasserunlöslichen Farbstoffen, die neben Kohlenstoff und Wasserstoff auch Sauerstoff enthalten. Einige X. sind als → Lebensmittelfarbstoffe zugelassen und in der Zusatzstoff-Zulassungsverordnung geregelt.

Xérès; ugs. Abkürzung von Jerez-Xérès-Sherry (geschützte Herkunftsbezeichnung). → Sherry

Xerophil engl.: *xerophile;* von griech.: *xeros* = trocken abgeleitete Bezeichnung für → Mikroorganismen, die sich so an niedrige a_W-Werte adaptiert haben, dass sie in Nährmedien mit üblicher Salz- oder Zuckerkonzentration nicht mehr wachsen können. → xerotolerant → osmophil → halophil

Xerophthalmie engl.: *xerophthalmia;* durch Vitamin-A-Mangel verursachte Veränderung des Auges. → Vitamin A

Xerotolerant engl.: *xerotolerant;* von griech.: *xeros* = trocken abgeleitete Bezeichnung für besonders adaptierte → Mikroorganismen, die noch sehr niedrige a_W-Werte tolerieren können. → xerophil → osmotolernt → halotolerant

Xylit engl.: *xylitol;* → Zuckeralkohol, der in verschiedenen Pflanzen vorkommt und technisch durch Hydrierung von → Xylose gewonnen wird. X. wirkt leicht laxierend, zeigt einen Kühleffekt auf der Zunge und besitzt etwa die gleiche Süßkraft wie Saccharose. X. ist unter der Nummer E 967 zur Süßung von Brennwert verminderten oder ohne Zuckerzusatz hergestellten Lebensmitteln (z. B. Dessertspeisen, Speiseeis, Marmeladen und Süßwaren) zugelassen.

Xylose engl.: *xylose,* Syn.: *Holzzucker;* → Monosaccharid (Pentose), das in freier Form praktisch nicht vorkommt, als Baustein der Polysaccharide Xylan (z. B. in Stroh, Laubholz und Maiskolben) und → Traganth weit verbreitet ist. X. besitzt etwa die halbe Süßkraft der Saccharose, ist durch die meisten Hefen nicht vergärbar und wird von Organismus nur z. T. absorbiert. Die Gewinnung von X. erfolgt durch Hydrolyse von Xylan bzw. als Produkt der → Verzuckerung und dient u. a. der Herstellung von → Xylit.

Yaca Syn.: → *Jackfrucht*

Yamsstärken Syn.: *Dioscoreastärken;* aus den Wurzelknollen (Stärkegehalt ca. 15–20 %) verschiedener in Asien und Afrika kultivierter Yamsarten (lat.: *Dioscorea subsp.*) isolierte Stärken, die in ihren Eigenschaften z. T. → Arrowrootstärke ähneln. Wirtschaftlich besitzen Y. keine Bedeutung.

Yamswurzel lat.: *Dioscorea sp.* (Fam.: *Dioscoreaceae*), engl.: *Yam;* in Form und Größe sehr unterschiedliche stärkereiche, in den Tropen heimische Wurzelknollen oder Rhizome einjähriger Dioscoreaarten, von denen etwa zehn als Grundnahrungsmittel in Asien und insbesondere Afrika kultiviert werden. Y. lassen sich ähnlich wie die Kartoffeln verwenden. Der Verzehr erfolgt gekocht und zu Brei zerstampft („Fufu"), in Scheiben geschnitten und geröstet als Chips sowie verarbeitet zu Yamsmehl und Yamsstärke. Einige Dioscoreaarten wie die Wilde Y. (lat.: *Dioscorea villosa L.*) enthalten hohe Gehalte an Diosgenin, einem Steroidsapogenin, das Anwendung in der Pharmazie als Grundstoff zur Gewinnung von Steroidhormonen wie Nebennierenhormonen und Sexualhormonen (bspw. Progesteron) findet. Pulver und Extrakte aus Rhizomen der Wilden Y. werden Nahrungsergänzungsmitteln, die für Frauen in den Wechseljahren und als „Anti-Aging-Präparat" konzipiert sind, zugesetzt, z. T. in Kombination mit Hopfenpulver oder -extrakten.

Yarrowia; Hefegattung, die nur die früher zur Gattung → *Candida* gehörende Spezies *Y. lipolytica* umfasst, die Fette spaltet und relativ häufig in Öl, Margarine und Mayonnaise vorkommt.

Yersinia; zu den Enterobacteriaceen gehörende Gattung gramnegativer fakultativ anaerober Stäbchenbakterien. Wichtige pathogene Vertreter sind *Y. pestis*, der Erreger der Pest bei Ratten und anderen Nagetieren sowie beim Menschen und *Y. enterocolytica*, ein Erreger von durch fäkal verunreinigten Lebensmitteln übertragenen Infektionskrankheiten beim Menschen. *Yersinis subsp.* gehören zu den meldepflichtigen Erregern nach dem Infektionsschutzgesetz (→Meldepflichtige Krankheiten und Erreger).

Yhle engl.: *spent fish*, Syn.: *Ihle, Leerhering;* abgelaichte →Heringe. Gegensatz: →Vollhering (vor dem Ablaichen). Y. sind fettärmer als Vollheringe; sie werden zu Heringsmarinaden verarbeitet (→Bismarckhering →Rollmops) oder gesalzen zu Yhlenheringen.

Yhlenhering engl.: *salt cured low-fat herring*, Syn.: *Ihlenhering;* aus Yhlen hergestellter hart gesalzener →Hering, ungekehlt oder gekehlt.

Yogi-Tee engl.: *yogi tea;* vorwiegend aus Gewürzen, Wurzeln, Beeren und Samen zusammengestelltes →teeähnliches Erzeugnis, das seinen Ursprung in der ganzheitlichen Naturheilkunde Indiens hat. Y. wird in verschiedenen Geschmacksrichtungen angeboten und sowohl heiß als auch kalt getrunken. Klassischer Y. besteht aus →Zimt, →Kardamom, →Ingwer, →Nelken und schwarzem →Pfeffer.

Yorkshire-Pudding; im Ofen in Fett gebackene Mehlspeise aus einem dickflüssigen reichhaltigen Eierpfannkuchenteig. Sie wird in England traditionell als Beilage zu gebratenen Fleischgerichten wie z. B. →Roastbeef verzehrt.

Youngbeere lat.: *Rubus ursinus cultivar 'Young'* (Fam.: *Rosaceae*), engl.: *Youngberry;* tiefdunkelrote bis schwarze, bis zu 5 cm lange brombeerähnliche Sammelfrucht der gleichnamigen Kreuzung aus Himbeere und kalifornischer Brombeere (lat.: *Rubus ursinus Cham. et Schltdl.*). Das Fruchtfleisch ist fest und wohl schmeckend. Die Y. wird roh frisch verzehrt und zu Konfitüren, Gelee, Saft sowie Fruchtwein verarbeitet.

Ysop lat.: *Hyssopus officinalis L. subsp. officinalis* (Fam.: *Lamiaceae*), engl.: *Hyssop*, Syn.: *Essigkraut;* in Mittel- und Südeuropa angebauter ausdauernder, 50–60 cm hoch wachsender Busch, dessen würzig duftende und schwach bitter schmeckende Blätter frisch als Küchenkraut zum Würzen von Salaten, Saucen und Fleischspeisen verwendet werden können, hauptsächlich jedoch zur Herstellung von Kräuterlikören wie dem →Benediktinerlikör dienen.

Zabaione engl.: *sabayon*, Syn.: *Zabaglione;* traditionell italienische, dicke, feste, gelbe Weinschaumcreme aus einer schaumig aufgeschlagenen Masse aus Eigelb, Zucker und Marsalawein. Z. wird i. d. R. heiß mit Früchten oder anderen Beilagen serviert. Bei der französischen Sabayon handelt es sich um eine ähnliche Weinschaumcreme, bei der meist Weiß- oder Schaumwein als Grundlage dient. Die Sabayon wird sowohl kalt als auch warm als Dessert an sich wie auch als Beilage zu anderen Desserts gereicht.

Zackenbarsch lat.: *Epinephelus chlorostigma Valenciennes* (Fam.: *Serranidae*), engl.: *brownspotted grouper;* handelsübliche Bezeichnung für einen mit dem →Wolfsbarsch verwandten tropischen Vertreter der Z. (→barschartige Fische), der in Deutschland als Seefischfilet angeboten wird. Der Z. hat festes weißes, für alle Zubereitungsarten geeignetes Fleisch. Auch der Braune Z. (lat.: *Serranus gigas Valenciennes*) aus dem Mittelmeer wird gelegentlich angeboten.

Zährte lat.: *Vimba vimba L.* (Fam.: *Cyprinidae*), engl.: *Baltic vimba;* europäischer Süßwasserfisch, der an den Unterläufen der großen Flüsse und im Brackwasser von Ostsee, Schwarzem und Kaspischem Meer heimisch ist. Die Z. war in Deutschland ein begehrter Speisefisch; in den meisten Bundesländern ist sie inzwischen ganzjährig geschützt, während Zuchtfische an wirtschaftlicher Bedeutung gewinnen.

Zahlennudeln Syn.: *Zahlen;* → Suppennudeln in Form arabischer Zahlen. → Suppeneinlagen

Zahnmais lat.: *Zea mays Dentiformis Grp.* (Fam.: *Poaceae*), engl.: *Dent maize, Dent corn amerik.,* Syn.: *Dent;* Maisgruppe mit länglichem, weißem, spätreifem abgeflachten Korn. Das Endosperm besitzt einen Kern aus weicher und einen Mantel aus harter Stärke. Z. findet als Viehfutter und in der Stärkegewinnung Verwendung.

Zahnpflegekaugummis; zuckerfreie → Kaugummis zur Zahnpflege, die nach und zwischen den Mahlzeiten gekaut werden können und durch Anregung des Speichelflusses Karies vorbeugen sollen. Neuere Z. enthalten Mikrogranulate, die den Reinigungseffekt unterstützen sollen, indem sie an die Zahnoberfläche adhärieren und eine Inhibition von Plaque und verfärbenden Zahnbelägen bewirken sollen.

Zahnwurzel Syn.: → *Bertramwurzel*

Zahtar engl.: *zahtar,* Syn.: *za'tar;* aus dem mittleren Osten stammende Gewürzmischung, bestehend aus → Sumach, geröstetem → Sesam und → Thymian, die zum Würzen von gebratenem oder gegrilltem Fleisch verwendet wird.

Zander lat.: *Stizostedion lucioperca L.* (Fam.: *Percidae*), engl.: *pike-perch,* Syn.: *Schill/ Hechtbarsch österr., Fogasch/Fogosch ungar.;* europäischer Süßwasserfisch aus der Familie der → Barsche. Der Z. ist ein Raubfisch; er lebt in nicht zu kalten Flüssen und Seen, u. a. in der Donau und im Plattensee, im Brackwasser der Ostsee, und wird in Teichwirtschaft gezüchtet (→ Aquakultur). Z. werden bis zu 130 cm lang und 12–18 kg schwer; kulinarisch zählt er zu den Edelfischen. Der Z. ist ein → Magerfisch; er eignet sich gut für energie- und fettbegrenzte Kostformen. Z. wird als Frischfisch verzehrt, oft als regionale Spezialität (Spreewald-Zander); er wird auch filetiert und tiefgefroren angeboten.

Zartbitterschokolade engl.: *plain chocolate;* → Bitterschokoladen

Zartmacher engl.: *tenderizer;* Präparate aus pflanzlichen Enzymen wie z. B. → Papain, → Bromelin oder → Ficin, die einen teilweisen Eiweißabbau im Fleisch bewirken. Dadurch lockern sie die Struktur auf und können somit zu einer besseren Kaubarkeit beitragen.

Zartweizen; durch ein schonendes Dampfdruckverfahren aus → Hartweizen hergestelltes Erzeugnis, das die Inhaltsstoffe des ganzen Weizenkorns wie komplexe Kohlenhydrate, Ballaststoffe und Mineralstoffe enthält und nach einer Kochzeit von etwa zehn Minuten als Beilage zu Fleisch- und Fischgerichten, für Salate und zur Herstellung von Desserts verwendet werden kann.

Zaziki Syn.: *Tsatsiki;* Spezialität griechischen Ursprungs auf der Basis von Milcherzeugnissen wie z. B. Joghurt und weiteren Zutaten wie Salatgurken, Knoblauch u. v. m., die als Vorspeise oder als Beilage zu Gerichten gereicht wird. Bei den in Deutschland unter der Bezeichnung Z. hergestellten Erzeugnissen handelt es sich i. d. R. um eine weiße Masse von überwiegend sämiger bis cremiger, teilweise auch flüssigerer oder festerer Konsistenz mit einem mehr oder weniger ausgeprägten Geruch oder Geschmack nach Knoblauch. Die typischen Grundzutaten sind Joghurt, Salatgurken, Knoblauch und pflanzliches Öl. Weitere Zutaten können andere Milcherzeugnisse, Speisequark, Kräuter und Gewürze sein.

Zearalenon engl.: *zearalenon;* → Fusarientoxine

Zeder Syn.: → *Zitronatzitrone*

Zedernüsse; → Zirbelnüsse

Zedratzitrone Syn.: → *Zitronatzitrone*

Zehrwurzel Syn.: → *Taro*

Zeilensemmel; leicht auseinander zu brechendes → Brötchen aus mehreren, in Reihenform aneinander gesetzten Teigstücken.

Zein engl.: *Zein;* → Maiskleber

Zellglas engl.: *cellophane, cellulose film;* aus Cellulosehydrat bzw. regenerierter → Cellulose bestehendes Verpackungsmaterial. Bekanntestes Warenzeichen ist → Cellophan®, das in den USA jedoch nicht geschützt ist. Z. ist klar durchsichtig, reißfest, dehnbar, gas-, aroma- und fettdicht, jedoch durchlässig für Wasserdampf und feuchtigkeitsempfindlich. Z. wurde früher in Form von Folien geringer Dicke zur Herstellung von Beuteln und Einwicklern für Obst und Gemüse eingesetzt, ist mittlerweile in Europa jedoch in den meisten Anwendungen durch biaxial gerecktes →Polypropylen (BOPP) ersetzt worden.

Zellstoffwechsel Syn.: →*Intermediärstoffwechsel*

Zellulose Syn.: →*Cellulose*

Zentrifugalentkeimung Syn.: →*Baktofugierung*

Zentrifugieren engl.: *centrifugation,* Syn.: *Schleudern;* von lat.: *centrum* = Mittelpunkt und *fugere* = fliehen, wegstreben abgeleitete Bezeichnung für ein Verfahren zum Trennen von Stoffgemischen mit Hilfe der Zentrifugalkraft. Durch Z. lassen sich fest-flüssige, fest-gasförmige, flüssig-flüssige, flüssig-gasförmige oder gasförmig-gasförmige Stoffgemische trennen, wobei das Prinzip als eine stark beschleunigte Sedimentation angesehen werden kann. Im Bereich der Lebensmitteltechnologie wird das Verfahren, z. B. zum Entrahmen von Milch, zum Abtrennen von Trüb- oder Feststoffen aus Fruchtsäften, Bier, Wein, rohen Fetten und Ölen sowie zum Abscheiden von Stärke aus wässrigen Stärkelösungen eingesetzt.

Zerkleinern engl.: *comminution;* oft als Vorstufe vor der eigentlichen Weiterverarbeitung bei vielen Lebensmittel in vielen Formen wie Brechen, Schroten, Quetschen, Raspeln, Zerreißen, Walzen oder Kuttern durchgeführtes Spalten von Struktur und Textur bis zu einem vorgegebenen Grad.

Zerstäubungstrocknung Syn.: →*Sprühtrocknung*

Zeste engl.: *Zest;* in feinste Streifen geschnittene Schale von Orangen oder Zitronen.

Zibarte lat.: *Prunus domestica L.* (Fam.: *Rosaceae*), engl.: *plum,* Syn.: *Zipparte;* im Schwarzwald und im Elsass wild wachsende Pflaumenart (→Pflaumen), deren grünlichgelbe, gelbrötlich bis hin zu blau gefärbte Früchte zur Herstellung eines hochwertigen →Obstbrandes verwendet werden.

Zibartenbrand Syn.: *Zibärtle;* farbloser hochwertiger Pflaumenbrand (→Obstbrand) aus der Zibarte mit einem Mindestalkoholgehalt von 37,5 Vol.-% und einem fein herben Bittermandelgeschmack.

Zichorie lat.: *Cichorium intybus L. var. sativum DC* (Fam.: *Asteraceae*), engl.: *chicory, endive amerik.,* Syn.: *Wurzelzichorie, Kaffeezichorie, Wegwarte;* 1. milchsafthaltige zweijährige Kulturpflanze. *Var. sativum DC.* wird wegen der besonders fleischig ausgeprägten Rübe kultiviert. Aus den geschnitzelten Rüben wird Zichorienkaffee als Kaffeeersatz hergestellt und →Inulin gewonnen. Verwandt mit der Z. ist →Chicorée; 2. synonym verwendete Bezeichnung für Zichorienkaffee.

Zichorienkaffee engl.: *chicory coffee,* Syn.: *Zichorie;* aus gerösteten und zerkleinerten Zichorienrüben (Wurzeln unter Zusatz geringer Mengen von Speiseölen und -fetten), Zuckern, Kochsalz, Melasse und Alkalicarbonaten hergestellter →Kaffeeersatz.

Ziegelkäse Syn.: →*Limburger-Käse*

Ziegenfleisch engl.: *goat meat;* fettarmes, im Vergleich zu Schaffleisch festeres Fleisch. Es ist bei jungen Tieren hellrot, schmackhaft und zum Braten, Schmoren sowie zur Verarbeitung zu Wurstwaren geeignet. Das dunkelrote Fleisch älterer Tiere weist einen strengeren charakteristischen Eigengeschmack auf. Typisch für Z. ist das Fett zwischen den Muskeln und im Unterhautfettgewebe. Z. hat in Deutschland eine geringe Bedeutung.

Ziegenkäse engl.: *goat cheese;* aus Ziegenmilch oder aus einem Gemisch von Ziegen- und Kuhmilch hergestellte Käse der Halbfett- bis Vollfettstufe, die in unterschiedlichen Reifegraden, auch mit Schimmelpilzoberfläche und Gewürzzusatz erhältlich sind. Das Aroma von Z. ist, abhängig vom Ziegenmilchanteil, mild bis pikant und leicht streng. Zu den Z. gehören z. B. Amalthée und Valençay.

Ziegenlippe lat.: *Xerocomus subtomentosus (L.: Fr.) Quél.* (Fam.: *Boletaceae*), engl.: *Suede Bolete;* von Juni bis Oktober in Nadel- und Laubwäldern wachsender Speisepilz mit flach gewölbtem filzigen Hut von 4–10 cm Durchmesser und grünlich-bräunlicher Farbe. Die Z. besitzt einen schlanken, nach unten verjüngten bräunlichen Stiel, weite leuchtend gelbe Röhren und weiches blassgelbes Fleisch.

Ziegenmilch engl.: *goat milk;* → Milch von der Ziege (lat.: *Capra hircus L.*), die eine ähnliche Zusammensetzung wie Kuhmilch aufweist. Da Z. leicht einen strengen Geruch annimmt, ist eine sorgfältige Gewinnung bei einwandfreier Haltung der Tiere erforderlich. Z. kann als Substitut für Kuhmilch (auch als Basis für Säuglingsanfangsnahrung) eingesetzt werden, da der Großteil der Personen mit Kuhmilch-Unverträglichkeit Z. toleriert. Sie wird ferner zur Herstellung von → Ziegenkäse verwendet.

Ziehbutter; → Ziehfette

Ziehfette; zur Herstellung tourierter Teige wie Blätter- oder Plunderteig geeignete Spezialfette. Z. müssen besonders plastisch sein und enthalten relativ hochschmelzende Fette. Neben verschiedenen auf die unterschiedlichen Teige abgestimmten Ziehmargarinen gehört auch Ziehbutter zu den Z.; sie enthält mehr höher schmelzende Anteile als Streichbutter und wird auch für Butterteig verwendet.

Ziehmargarinen; → Ziehfette

Zigerkäse Syn.: *Ziegerkäse, Schottenziger;* Kräuterkäse (→ Sauermilchkäse), der aus Trockenquark oder aus trockenem und gepresstem Molkeneiweiß unter Zusatz von Zigerklee hergestellt wird. Während der Reifung, die mehrere Monate dauert, bekommt der Z. durch die einsetzende Buttersäuregärung einen für ihn charakteristischen Geschmack.

Ziger/Zieger Syn.: → *Molkeneiweiß*

Zigeuner Syn.: → *Reifpilz*

Zigeunersauce; würzige scharfe Sauce mit stückigen Einlagen. Sie wird i. d. R. auf der Grundlage von Tomaten und/oder Tomatenprodukten hergestellt. Weitere vielfach verwendete Zutaten sind Paprika, Zwiebeln, Essig, Salz und Gewürze. Z. wird zur Zubereitung von und als Beilage zu vielen Gerichten verwendet. Insbesondere wird sie aber als → Würzsauce zu gebratenen und gegrillten Fleischgerichten gereicht.

Zigeunerwurst Syn.: *Paprikaspeckwurst;* ungekühlt lagerfähige, umgerötete, in Hüllen mittelgroßen Kalibers abgefüllte → Brühwurst mit grober Einlage von würfelförmigem Paprikaspeck in fein gekutterter Grundmasse. Diese wird im Wesentlichen aus grob entsehntem sowie sehnenreichem Rindfleisch und Backenspeck hergestellt.

Zimt lat.: *Cinnamomum-Arten* (Fam.: *Lauraceae*), engl.: *cinnamon;* getrocknete Rinde von Zweigen verschiedener immergrüner Bäume der Gattung *Cinnamomum*. Der aus Ceylon stammende *C. zeylanicum BL.* (Syn.: *C. verum J.S. PRESL*) kommt als Ceylon-Z. oder Canehl i. d. R. in Stangenform in den Handel (→ Zimtstangen), der aus Südchina und Hinterindien stammende *C. aromaticum NEES* (Syn.: *C. cassia BL.*) i. d. R. in Pulverform (gemahlener Zimt) als Chinesischer Z. oder Cassia. Gelegentlich ist auch der aus Malaysia stammenden Padang-Zimt (lat.: *C. burmanii BL.*) sowie *C. loureii NEES* zu finden. Andere minderwertige Zimt-Arten wie Malabar-Zimt (lat.: *C. támala NEES*) werden als Verfälschung gebraucht. Als → Gewürz werden beim Ceylon-Z. nur die geschälten inneren Rindenschichten verwendet, die sich beim Trocknen von beiden Seiten her aufrollen und von denen 8–10 Stück zu so genannten Quills zusammengesteckt werden, während beim Chinesischen Z. die ganze Rinde verwandt wird, die sich nur von einer Seite her einrollt. Beide Zimt-Arten sind stark aromatisch und enthalten 1–4 % ätherisches Öl mit Zimtaldehyd als Hauptkomponente. Ceylon-Z. enthält weiterhin ca. 10 % → Eugenol im ätherischen Öl, was ihm den würzig brennenden Geschmack verleiht. Durch höheren Gerbstoff- und

Schleimgehalt hat der Chinesische Z. einen etwas adstringierenden schleimigen Geschmack und gilt daher z. T. als weniger edel als Ceylon-Z. Reines Zimtöl wird durch Wasserdampfdestillation aus getrockneten Zimtblüten, Zimtblättern und Zimtrinden-Bruchstücken gewonnen und spielt außer in der Genussmittelindustrie und Pharmazie auch in der Parfümerie und Seifenherstellung eine Rolle. In der Küche wird Z. in Europa hauptsächlich zum Verfeinern von Backwaren, Obst und Süßspeisen verwendet, in der arabischen und asiatischen Küche auch zum Würzen herzhafter Fleischgerichte.

Zimtblüten engl.: *cinnamon buds;* Gewürz aus getrockneten unreifen Früchten des Chinesischen Zimts (→ Zimt). Z. werden ganz oder geschrotet zum Würzen von Backwaren verwendet und dienen als Ausgangsmaterial zur Gewinnung von Zimtöl.

Zimtöl engl.: *cinnamon oil;* → ätherisches Öl, gewonnen durch Wasserdampfdestillation aus Blättern, Rinde und getrockneten unreifen Früchten (→ Zimtblüten) verschiedener Zimtarten mit Zimtaldehyd als Hauptbestandteil. Z. aus Ceylon-Zimt enthält zusätzlich etwa 10 % → Eugenol. Z. wird zur Herstellung von Backwaren und Likören sowie für Kosmetika und pharmazeutische Produkte verwendet.

Zimtstangen engl.: *cinnamon sticks,* Syn.: *Stangenzimt, Kaneel, Canehl;* etwa 10 cm lange Stücke der i. d. R. aus den getrockneten, ineinander gesteckten inneren Rindenstücken des Ceylon-Zimts (→ Zimt) hergestellten, auch als Quills bezeichneten Zimtröhren. Z. werden je nach Dicke der Rinde und Gehalt an ätherischem Öl in verschiedenen Qualitäten gehandelt.

Zimtsterne engl.: *cinnamon stars;* sternförmiges, auf der Oberseite mit Zuckerglasur überzogenes traditionelles feines Weihnachtsgebäck aus hochwertiger, mit Zimt versetzter Lebkuchenmasse (→ Lebkuchen). Die Verwendung von Fettglasuren ist im Gegensatz zu Kuvertüre nicht üblich.

Zinfandel; Rotweinrebe, die hauptsächlich in Kalifornien, aber auch in Süditalien, Südafrika und Australien angebaut wird. Es handelt sich um eine robuste Rebe mit hohen Erträgen. Aus Z. werden Rotweine, auch süße rote Dessertweine, Rosé- und Weißweine gekeltert. Bei hohen Erträgen sind die Weine von eher minderer Qualität, während bei niedrigen Erträgen kraftvolle fruchtige und vielseitige Weine von teils hoher Qualität entstehen können, die sich auch zum Reifen eignen.

Zink engl.: *zinc;* zu den → Spurenelementen gehörender → Mineralstoff. Z. ist Bestandteil oder Aktivator verschiedener Enzyme, Hormone und Rezeptoren, spielt eine Rolle im Immunsystem und beim Sehvorgang. Die wichtigsten Zinklieferanten sind Fleisch und Vollkornprodukte. Die Absorptionsrate aus tierischen Lebensmittel ist höher, da in Pflanzen enthaltene → Ballaststoffe und → Phytinsäure die Aufnahme hemmen. Zinkmangel führt u. a. zu Hautveränderungen, Haarausfall, verzögerter Wundheilung und einer erhöhten Infektanfälligkeit. Der Verzehr saurer Speisen aus verzinkten Gefäßen kann durch die herausgelösten Zinksalze Vergiftungen zur Folge haben. Diese äußern sich akut in Magen-Darm-Beschwerden; langfristig kann sich eine hypochrome Anämie entwickeln.

Zinn engl.: *tin;* zu den → Ultraspurenelementen gehörender → Mineralstoff. Die Funktionen von Z. im Organismus sind nicht aufgeklärt, im Tierversuch wirkt es wachstumsfördernd. Mangelsymptome sind nicht bekannt, die Toxizität ist gering. Allerdings können intestinale Beschwerden auftreten, wenn saure Speisen in Zinngeschirr oder verzinnten Gefäßen aufbewahrt werden. Das Element Z. ist ein silberweißes, weiches, glänzendes Metall, das zur Herstellung von Weißblech (verzinntes Eisenblech) für Konservendosen, von Zinnfolien und von Legierungen (Bronze = Legierung mit Kupfer) verwendet wird. Zinn-organische Verbindungen werden u. a. als Fungizide in der Landwirtschaft eingesetzt, als Desinfektionsmittel oder auch als Stabilisatoren von Kunststoffen. In dieser Form ist Z. stark toxisch.

Zinnfolie engl.: *tin foil,* Syn.: *Stanniol;* silber glänzende Folie aus extrem dünn ausgewalztem Zinn, die zum Verpacken von Lebensmitteln verwendet werden kann, heute aber i. d. R. durch die ergiebigere und preiswertere →Aluminiumfolie ersetzt wird.

Zipparte Syn.: →*Zibarte*

Zirbelnüsse engl.: *pistachio nuts;* essbare, von der Samenschale befreite länglich ovale Samenkerne der in den Alpen heimischen Zirbelkiefer (lat.: *Pinus cembra L.*). Sie sind den →Pinienkernen sehr ähnlich, aber gedrungener und eignen sich zum Rohverzehr, zur Gewinnung von Speiseöl und Mehl und zur Dekoration. Ähnlich lassen sich die Samenkerne der Sibirischen Zirbelkiefer (lat.: *Pinus sibirica Du Tour,* „Zedernüsse") verwenden, die gelegentlich auch als Z. bezeichnet werden.

Zitronat engl.: *candied lemon peel,* Syn.: *Sukkade, Succade, Citronat;* grüne durchscheinende, bei Verwendung reifer Früchte auch gelblich gefärbte kandierte Fruchtschalen der →Zitronatzitrone mit schnittfester, nur beschränkt klebriger Konsistenz und weitgehend fleckenfreier Oberfläche. Wegen des aromatisch süßen, leicht herb bitteren Geschmacks handelt es sich bei Z. um eine beliebte Backzutat, z. B. zu →Stollen. Sie wird meist gewürfelt, auch zusammen mit anderen →kandierten Fruchtschalen, aber auch in halben Schalen, mit Zuckerguss glasiert oder nicht glasiert (abgelaufene Schalen, gewürfelt) angeboten. Ähnliche Erzeugnisse sind die kandierte Fruchtschalen von der Zitrone und der Abarten der Zitronatzitrone Spadaforesi und Canaroni. →Kandieren →kandierte Früchte

Zitronatzitrone lat.: *Citrus medica L.* (Fam.: *Rutaceae*), engl.: *citron,* Syn.: *Zedratzitrone, Essrich, Zeder;* 1–2 kg schwere, grüne, reif gelbe →Zitrusfrucht des gleichnamigen Strauches oder Baumes. Sie ist in Indien beheimatet, wird jedoch hauptsächlich in Italien, Spanien oder Griechenland und anderen subtropischen Gebieten angebaut. Die halbierten und vom Fruchtfleisch befreiten süßen, sehr schwammigen warzigrunden Schalen der unreifen grünen Früchte werden in den Anbauländern in Kochsalzlösungen eingelegt, blanchiert und durch fachgerechtes →Kandieren mit Zuckerlösungen steigender Konzentration zu →Zitronat verarbeitet. Das Fruchtfleisch ist für den Frischverzehr nicht geeignet.

Zitrone lat.: *Citrus limon (L.) Burm. f.* (Fam.: *Rutaceae*), engl.: *lemon;* charakteristisch oval geformte Frucht des Zitronenbaumes mit einer bei Reife leuchtend gelben und gleichmäßig glänzenden fein- oder grobporigen Schale und saftigem, sehr saurem, hellgelbem Fruchtfleisch. Unter Berücksichtigung der Erntezeit ist auch eine hellgrüne Farbe der Schale zulässig, bei Verdelli-Zitronen auch eine grüne Farbe, wenn der Mindestsaftgehalt dem Zitronentyp entspricht. Neben der Verwendung der Früchte im Haushalt zur Saftgewinnung erfolgt die Verarbeitung des Fruchtfleisches in den Anbauländern zu Saft, Saftkonzentrat, Pulpe, Konfitüren, Marmeladen, Fruchtpulver, Erfrischungsgetränken, Spirituosen und Süßwaren. Als Nebenprodukte fallen bei der Verarbeitung die Schalen an, die reich an ätherischem Öl in besonderen Ölzellen sind. Aus ihnen wird das ätherische Öl (→Zitronenöl) als Aroma gewonnen und sie werden wegen ihres ausgeprägt aromatischen Geschmackes in frisch geriebener, getrockneter oder kandierter Form als aromatisierende Zutat verwendet (→Zitronenschalen). Z. werden aus den Anbauländern importiert und lassen sich bei einer Temperatur von 3–4 °C und 85–90 % relativer Luftfeuchtigkeit 3–4 Wochen lagern. Der Anbau erfolgt in den Mittelmeerländern, Amerika, Indien und China. Zitronenbäume können bis zu dreimal jährlich beerntet werden. Deshalb werden im

Fruchthandel bei italienischen Zitronen die Ernteabschnitte Primofiori mit grün geernteten nachgereiften Früchten von September bis November, Limoni von Dezember bis Juni und Verdelli von Juni bis September aus künstlich eingeleiteter zweiter Blüte unterschieden. Bei spanischen Zitronen erfolgt die Unterteilung der Ernteabschnitte in Primofiori von November bis April sowie Vernas von Februar bis September und Verdelli, die zweite Blüte der Verna von August bis Oktober. Im Handel befindliche Z. müssen wie Mandarinen und Orangen die Anforderungen der europaweit rechtlich einheitlich geregelten Norm für Zitrusfrüchte hinsichtlich Güteeigenschaften (allgemeine Beschaffenheit, Reife), Größensortierung, Toleranzen (Güte, Größe), Aufmachung und Kennzeichnung erfüllen.

Zitrone naturell; → Erfrischungsgetränk, das aus einer Mischung von Zitronensaft und Wasser etwa im Verhältnis 1:9 besteht und dem eine Zuckerart zugesetzt worden ist. In erhitzter Form wird es als „Heiße Zitrone" bezeichnet.

Zitroneneislikör; → Fruchtaromalikör, bei dem sich die Zuckerkristalle an den eingelegten Fruchtstücken absetzen.

Zitronengras Syn.: → *Lemonengras*

Zitronenlikör; → Fruchtaromalikör mit deutlichem Zitronencharakter, hergestellt aus Wasser, Zucker, Alkohol und Auszügen aus Zitronenschalen. Der Extraktgehalt beträgt mindestens 10 g/100 ml, meist aber mehr. Der Alkoholgehalt beträgt häufig 30 Vol.-%; er wird aber auch als „triple" mit einem Alkoholgehalt von 35 Vol.-% und als „triple sec" mit einem Alkoholgehalt von 38 Vol.-% angeboten.

Zitronenlimonaden engl.: *lemonades;* → Limonaden auf der Basis von Zitronensaft oder natürlichen Zitronenauszügen. Z. auf der Basis von Zitronensaft sind i. d. R. trüb gelb gefärbt und solche auf der Basis von natürlichen Zitronenauszügen (klare Zitrone) klar sowie farblos.

Zitronenmelisse lat.: *Melissa officinalis L.* (Fam.: *Lamiaceae*), engl.: *balm, lemon balm,* Syn.: *Melisse;* aus dem Vorderen Orient stammendes, auch in Deutschland, Italien und in den Balkanländern angebautes bis zu 1 m hoch wachsendes → Küchenkraut. Der Name beruht zum einen auf dem zitronenartigen Duft der Blätter, der durch das bis zu 0,3 % enthaltene → ätherische Öl mit Citral, Citronellal und Linalool als Hauptkomponenten hervorgerufen wird und zum anderen auf der Vorliebe der Bienen für das Kraut (griech.: *melissa* = Biene). In der Küche kann frische fein gehackte Z. zum Würzen von Salaten, Wild- und Pilzgerichten und Kräutersaucen verwendet werden. Aus getrockneten Blättern der Z. werden → Melissengeist und → Melissentee hergestellt; Auszüge dienen zur Aromatisierung von Likören wie → Benediktinerlikör und → Abteilikör.

Zitronenöl engl.: *lemon oil;* hellgelbes → ätherisches Öl, das in südeuropäischen Ländern, Brasilien, Kalifornien und Florida durch Pressen aus reifen Zitronenschalen, z. T. auch durch Wasserdampfdestillation, gewonnen wird. Hauptbestandteil ist → Limonen, wertbestimmender Aromastoff → Citral. Z. wird in der Aromen-, Getränke-, Backwaren-, Süßwaren-, Fleisch- und Fischwarenindustrie sowie auch in Parfümerie und Pharmazie verwendet.

Zitronensaft engl.: *lemon juice;* aus der → Zitrone gewonnener Saft, der wegen seines hohen Gehalts an Fruchtsäuren zum unmittelbaren Verzehr ohne Verdünnung nicht geeignet ist. Er stellt einen wichtigen Bestandteil in Erfrischungs- und Mischgetränken dar und wird in der Küche zum Verfeinern von Speisen wie z. B. Salaten, Saucen und Mayonnaisen sowie von Gerichten verwendet.

Zitronenschalen; enthalten bis zu 7 % ätherisches Öl (→ Zitronenöl) und werden wegen ihrer aromatisierenden Eigenschaften sowohl als kandierte Backzutat (→ kandierte Fruchtschalen) als auch in Spirituosen, Tees und teeähnlichen Getränken, Backwaren,

Süßspeisen und Kompotten verwendet. Handelsformen sind spanisch vollölhaltig, spanisch entölt, geschnitten und pulverisiert, auch expulpiert.

Zitronensenf engl.: *lemon mustard;* → Speisesenf

Zitronensirup; dickflüssige Zubereitung aus Zitronensaft und Zucker, dem häufig Schalenaroma zugesetzt wird. Z. lässt sich vielseitig, insbesondere zur Herstellung von Fruchtsaucen und Getränken verwenden.

Zitrusfrüchte lat.: *Citrus sp.* (Fam.: *Rutaceae*), engl.: *citrus fruits;* Familie von Früchten mit einer äußeren zweischichtigen, aus → Albedo und → Flavedo bestehenden Schale und saftigem Fruchtfleisch. Es handelt sich um → Beeren, bei denen sich das innere Speichergewebe (Endokarp) und nicht die äußere Fruchtwand (Perikarp) als Fruchtfleisch entwickelt hat. Z. wachsen auf kleinen Bäumen oder Sträuchern überwiegend in subtropischen oder tropischen Ländern. Der Anbau in Plantagen ist weit verbreitet, da Z. weltweit begehrt sind. Gehandelt werden die ganzen Früchte sowie das Fruchtfleisch, verarbeitet zu getrocknetem Konzentrat, tiefgefroren oder als Konserven. Die je nach Zerfaserung der Albedo leicht oder schwer lösbare Schale wird zur Gewinnung von → Pektin und von → ätherischen Ölen verwendet. Zu den Z. gehören → Orange, → Mandarine, → Grapefruit, → Zitrone, → Zitronatzitrone, → Limette, → Pomeranze, → Pampelmuse und → Kumquat.

Zitrusliköre engl.: *citrus liqueurs;* → Fruchtsaftliköre, die unter Verwendung von Zitrusfrüchten, wie z. B. Zitronen, Mandarinen, Grapefruits, Orangen, Pomeranzen und Clementinen hergestellt werden und einen Alkoholgehalt von 30–35 Vol.-% aufweisen.

Zitruspektin engl.: *citrus pectin;* → Zitrusfrüchte → Pektine

Zitwer lat.: *Curcuma zedoaria (BERG.) ROSC.* (Fam.: *Zingiberaceae*), engl.: *zedoary;* in Vorderindien beheimatete, dem Kurkuma ähnliche Staude. Der Geschmack der in Südostasien als Gewürz verwendeten Wurzelstöcke ist scharf und ähnelt dem von Ingwer, ist aber weniger bitter. Der Geruch ist kampherartig, ingwerähnlich. In Europa spielt Z. hauptsächlich in der Likörfabrikation eine Rolle, ist ansonsten aber wenig bekannt. In Südostasien werden die in Scheiben geschnittenen getrockneten Wurzelstöcke als Gewürz verwendet.

ZMP; Abk. für Zentrale Markt- und Preisberichtstelle für Erzeugnisse der Land-, Forst- und Ernährungswirtschaft GmbH. Ihre Aufgabe ist die kontinuierliche Beobachtung der Märkte für Erzeugnisse der Land-, Forst- und Ernährungswirtschaft. Die ZMP ist Herausgeber ein- bis mehrmals wöchentlich erscheinender Marktberichte, die über Mengen und Preise der genannten Erzeugnisse informieren und erstellt Analysen und Prognosen zur Beurteilung des kurz- und langfristigen Marktgeschehens.

Zöliakie engl.: *coeliac disease,* Syn.: *gluteninduzierte Enteropathie, einheimische Sprue (Erwachsene)*; Erkrankung des Dünndarms, die durch → Prolamine der Getreidearten Weizen, Roggen, Hafer und Gerste ausgelöst wird. Als Ursache werden toxische bzw. immunologische Mechanismen vermutet. Folgen sind u. a. Darmzottenatrophie, Malabsorption, Durchfall mit Steatorrhoe (Fettstuhl), Gewichtsverlust, verschiedene Vitaminmangelerscheinungen und Lactasemangel. Zur Behandlung der Z. ist es notwendig, eine konsequente glutenfreie Diät einzuhalten. Vorsicht ist z. B. bei Fertigprodukten, bestimmten Wurstwaren und Arzneimitteln geboten. Aufstellungen glutenfreier Produkte können von der Deutschen Zöliakie-Gesellschaft e. V. bezogen werden.

Zonenelektrophorese; → Elektrophoretische Untersuchungsmethoden

Zubereitungsfertige Lebensmittel Syn.: *Aufbereitfertige Lebensmittel;* teilfertige Lebensmittel, die fertig vorbereitet oder gegart sind und entweder weitere Zutaten benötigen und/oder bis zur Verzehrstemperatur erwärmt werden müssen. Beispiele sind Trockensuppen, Instant-Desserts oder tiefgefrorene Fertiggerichte.

Zubrowka Syn.: *Subrowka;* ein → polnischer Wodka, der mit cumarinhaltigem → Mariengras (Bisongras, Büffelgras) oder Extrakten daraus aromatisiert wird und ein einzigartiges Aroma aufweist. Das Bisongras wächst in Nationalparks an der Grenze zu Polen, wird im Frühsommer geerntet und getrocknet an die Brennereien geliefert. Daraus wird eine alkoholische Essenz hergestellt, die dann mit qualitativ hochwertigem trockenen Wodka aus Roggen gemischt wird. Das besondere an Z. ist, dass jede Flasche einen Halm des aromagebenden Bisongrases enthält. Der Alkoholgehalt beträgt 40 Vol.-%.

Zucchini lat.: *Cucurbita pepo L. var. giromontiina* (Fam.: *Cucurbitaceae*), engl.: *courgette, vegetable marrow,* Syn.: *Gemüsekürbis, Zucchetti;* bis 40 cm lange und bis zu 2 kg schwere weiß- bis dunkelgrüne, ursprünglich aus Italien stammende gurkenähnliche → Beeren einer Varietät des Gartenkürbisses. Bevorzugt werden unreif geerntete, schlanke, grün-weiß gesprenkelte Früchte. Der Ernte von Z. erfolgt aus Kultur im Sommer und der Handel in obligatorischen EG-Handelsklassen. Z. werden vielfältig durch Kochen, Braten oder Backen zubereitet als Gemüse, Gemüsebeilage, Suppenbestandteil oder eigenständiges Gericht verzehrt. Zucchiniblüten lassen sich kandiert oder ausgebacken als Dekoration und Lebensmittel verwenden.

Zuchtchampignon Syn.: → *Kulturchampignon*

Zuchtfische engl.: *farmed fish, farm-reared fish;* Fische aus Zuchtbetrieben (→ Fischzucht).

Zucker engl.: *sugar(s);* 1. allgemeine Bezeichnung für die überwiegend aus Zuckerrüben oder Zuckerrohr gewonnene Saccharose; 2. gemäß Zuckerartenverordnung geschützter Begriff zur Bezeichnung von Weißzucker und Raffinade, der nur bei ausgeschlossener Verwechslungsgefahr auch zur Kennzeichnung anderer Lebensmittel in Wortverbindungen verwendet werden darf, ferner als Klassenname für Saccharose jeder Art im Zutatenverzeichnis zulässig ist; 3. im naturwissenschaftlichen Sprachgebrauch wird die Bezeichnung „die Zucker" für einfachere Kohlenhydrate (Mono-, Di-, Tri- und Tetrasaccharide) verwendet, die sich durch ihre Wasserlöslichkeit und ihren süßen Geschmack auszeichnen.

Zuckerablaufsirupe; bei der Zuckerherstellung (→ Rübenzucker) nach Abzentrifugieren des auskristallisierten Zuckers anfallende Muttersirupe, die z. T. als → flüssige Zucker gelten.

Zuckeralkohole engl.: *sugar alcohol;* Süßungsmittel aus der Gruppe der → Zuckeraustauschstoffe. Die Z. werden durch Hydrierung von Mono- und Disacchariden gewonnen. Da ihre Umsetzung insulinunabhängig erfolgt und sie den Blutglucosespiegel kaum belasten, werden Z. in Diabetiker-Lebensmitteln eingesetzt. Des Weiteren sind sie nicht kariogen, da die Mikroorganismen der Mundflora sie nicht abbauen können. Deshalb finden Z. vermehrt Verwendung in zahnschonenden Süßwaren (Kaugummi, Bonbons etc., → zuckerfreie Süßwaren). Allerdings sind Z. hygroskopisch und verursachen in höherer Konzentration osmotisch bedingte Durchfälle. Lebensmittel mit Gehalten über 10 % müssen den Hinweis „kann bei übermäßigem Verzehr abführend wirken" tragen. Zu den Z. gehören → Sorbit, → Mannit, → Maltit, → Lactit, → Isomalt und → Xylit.

Zuckerapfel Syn.: → *Süßsack*

Zuckerarten engl.: *sugar, sugar products;* Sammelbegriff für Mono-, Di- und Oligosaccharide wie z. B. Glucose, Fructose, Saccharose und Dextrose, aber auch Glucosesirup und andere Stärkeverzuckerungsprodukte.

Zuckeraustauschstoffe engl.: *sugar substitutes;* Süßungsmittel, die insulinunabhängig verwertet werden und nur einen geringen und langsamen Anstieg des Blutglucosespiegels verursachen. Daher werden Z. häufig für

Diabetiker-Lebensmittel verwendet. Die Z. haben eine geringere Süßkraft als Saccharose, müssen daher in größeren Mengen eingesetzt werden und weisen letztendlich etwa den gleichen Brennwert auf wie Saccharose. Dadurch sind sie von den →Süßstoffen zu unterscheiden, die mit Ausnahme des →Aspartams keine Energie liefern und bei der Brennwertberechnung nicht berücksichtigt werden müssen. Zu den Z. gehört die →Fructose und die Gruppe der →Zuckeralkohole.

Zuckercouleur Syn.: →*Zuckerkulör*

Zuckererbsen engl.: *sugar snap peas;* →Erbsen

Zuckerester von Fettsäuren engl.: *fatty acid esters of sugar,* Syn.: *Saccharoseester, Fettsäurenzuckerester;* synthetisch aus Saccharose und Fettsäuren hergestellte Verbindungen, die unter der Nummer E 473 als Emulgatoren, Stabilisatoren und Schaummittel für bestimmte Lebensmittel (z. B. Getränke, Saucen, Speiseeis) in festgelegten Höchstmengen zugelassen sind.

Zuckerfreier Extrakt; Gesamtextrakt abzüglich Gesamtzucker.

Zuckerfreie Süßwaren engl.: *sugarfree confectionery;* →Süßwaren, bei denen anstelle von Saccharose, Glucose und Fructose →Zuckeralkohole und/oder →Süßstoffe als Süßungsmittel eingesetzt werden. Dabei ist zu berücksichtigen, dass die meisten Zuckeralkohole in größeren Mengen abführend wirken. Als z. S. werden z. B. Kaugummis, Bonbons (z. B. Sorbitbonbons), Pastillen und Schokolade angeboten. Da diese Produkte, wenn sie nur einen geringen Frucht- und Säureanteil besitzen, zahnfreundlich sind, können sie mit dem Zahnmännchen, einem geschützten Markenzeichen, als „zuckerfreie Süßwaren" ausgezeichnet werden. Z. S. sind auch für Diabetiker geeignet.

Zuckergast Syn.: →*Silberfischchen*

Zuckerglasuren engl.: *sugar icing, sugar frosting;* Glasuren auf der Basis von in flüssigen Medien (z. B. Wasser, Fruchtsaft, Sirup, Eiweiß) gelöstem →Puderzucker oder Fondantlösung. Mit zusätzlichen Zutaten wie z. B. Zitronensaft oder Kakaopulver können sie beliebig variiert werden. Das Hauptanwendungsgebiet von Z. liegt im Back- und Süßwarenbereich. Dort werden sie zum Überziehen von Gebäck, Torten und Zuckerwaren verwendet.

Zuckergurken engl.: *sweeted gherkins;* ähnlich wie →Senfgurken hergestellte pasteurisierte Gurkenkonserve, bei der der Aufguss üblicherweise jedoch mindestens 20 g Zucker pro 100 ml Lake enthält.

Zuckerharnruhr Syn.: →*Diabetes mellitus*

Zuckerhut engl.: *sugar in loaf form;* in konische Form (traditionelle Handelsform) gepresster Zucker (Raffinade), der heute vorwiegend für spezielle Zwecke wie z. B. →Feuerzangenbowlen oder →Punsch verwendet wird.

Zuckerhutsalat; →Chicorée

Zuckerkrankheit Syn.: →*Diabetes mellitus*

Zuckerkulör engl.: *caramel colour,* Syn.: *Zuckercouleur;* Stoffgemisch von brauner bis schwarzer Farbe und bitterem Geschmack, das durch Erhitzen verschiedener Zuckerarten unter Zusatz von Reaktionsbeschleunigern hergestellt wird (kontrollierte →Maillard-Reaktion) und spezielle Reinheitsanforderungen erfüllen muss. Z. ist unter der Nummer E 150 a-d als Farbstoff für Lebensmittel allgemein ohne Höchstmengenbeschränkung zugelassen. Ausgenommen sind Lebensmittel, bei denen der Zusatz eine Täuschung hinsichtlich der Beschaffenheit bewirken könnte (z. B. Brot und Kleingebäck). Karamell, das ebenfalls durch Erhitzen von Zucker gebildet wird, unterscheidet sich von Z. dadurch, dass die Geschmackswirkung aufgrund des süßlichen Aromas im Vordergrund steht.

Zuckermais lat.: *Zea mays Saccharata-Grp.* (Fam.: *Poaceae*), engl.: *sweet corn,* Syn.: *Süßmais, Gemüsemais;* vermutlich aus dem →Stärkemais hervorgegangene, v. a. in den USA angebaute Mutationen mit verändertem Genotyp, in deren hellgelben kleinen Körnern ein verzögerter Stärkeaufbau aus den enthaltenen Zuckern stattfindet. Normalsüße Zuckermaissorten weisen ein mutiertes rezessives Gen auf, während bei extra süßen Sorten ein weiteres rezessives Gen mutiert ist, was zu einer weiteren Verlangsamung des Stärkeaufbaus führt. Eine Mischung aus beiden Sortentypen mit einer mittleren Süße weisen die aus ihnen gezogenen Hybriden auf. Z. wird milchreif geerntet, wenn die Körner einen hohen Gehalt an Zuckern (normal süß 4,5–5,5 %, extra süß 8–11 %) aufweisen. Der Geschmack der Körner ist süß und aromatisch, weswegen sie ein beliebtes Gemüse sind. Der Verzehr von Zuckermaiskörnern erfolgt roh oder gegart als Gemüsebeilage allein sowie als wesentlicher Gemüsebestandteil in Salaten, Mischungen, Fertiggerichten und vielen Convenience-Produkten. Als Delikatessen gelten ganze Maiskolben, die gegrillt oder gedünstet mit Butter, Salz oder Speck u. v. a. verzehrt werden sowie kleinere, in Essig eingelegte und pasteurisierte Maiskolben. Zuckermaiskolben werden frisch sowie Zuckermaiskörner als Nasskonserve und tiefgefroren angeboten.

Zuckermelonen lat.: *Cucumis melo L.* (Fam.: *Cucurbitaceae*), engl.: *melons;* verschiedene Sortengruppen reifer saftiger →Beeren von einer mit der →Gurke verwandten Liane. Die drei verschiedenen Sortengruppen unterscheiden sich in der Struktur und Farbe der Oberfläche sowie in der Farbe des Fruchtfleisches. Die erste Sortengruppe bilden die →Honigmelonen (lat.: *Inodorus Grp.*). Zu der zweiten Sortengruppe gehören die →Netzmelonen (lat.: *Reticulata Grp.*). Die dritte große Sortengruppe von Bedeutung ist die der →Kantalupen (lat.: *Cantalupensis Grp.*). Z. werden roh verzehrt und als Zutat in Süßspeisen, Desserts und Feinkostsalaten verwendet. Sie können bis zu 4 kg schwer sein und unterliegen Qualitätsnormen der EU. In der Regel handelt es sich um importierte Handelsware. Z. lassen sich je nach Sorte, Lagertemperatur und Reifegrad bei 90–95 % rel. Luftfeuchtigkeit zwischen einer Woche und drei Monaten lagern.

Zuckern engl.: *to sugar;* 1. klassisches Verfahren zum Konservieren von Lebensmitteln (→Konservierungsverfahren), das auf dem Prinzip beruht, dass Zucker durch Erniedrigung des a_W-Wertes das Wachstum von Mikroorganismen hemmt. Das Z. kann dabei durch Zugabe von Kristallzucker, Flüssigzucker oder Sirupen erfolgen, wobei der wasserbindende Effekt von Sirupen am größten ist und der von Kristallzucker am geringsten. Typische Beispiele für Lebensmittel, die durch Z. unter gleichzeitigem Eindicken konserviert werden, sind Konfitüren, Fruchtsirupe oder Gelees. Weitere durch Z. haltbar gemachte Erzeugnisse sind kandierte oder glasierte Früchte. 2. Syn. für →Süßen.

Zuckerphosphate; Ester von Mono- oder Polysacchariden (→Stärkephosphate) mit Phosphorsäure, die als Zwischenprodukte im Kohlenhydratstoffwechsel und als Bestandteil der Nucleinsäuren auftreten.

Zuckerreif engl.: *sugar bloom;* grauweiße Schicht mikroskopisch kleiner Zuckerkristalle auf der Oberfläche von Schokoladenerzeugnissen, die sich ausschließlich durch zeitweilige Lagerung bei zu hoher relativer Luftfeuchtigkeit (über 75 %) bildet. Dabei löst sich der in der Außenschicht enthaltene Zucker in der Feuchtigkeit der Luft und kristallisiert später beim Eintrocknen aus.

Zuckerrohr lat.: *Saccharum officinarum L.* (Fam.: *Poaceae*), engl.: *sugar cane;* in den Tropen und Subtropen Amerikas, Afrikas, Australiens und Asiens wachsendes frostempfindliches Rispengras, das bis zu 7 m hoch wird, 10–16 % Saccharose enthält und zur Ernte knapp über dem Boden abgeschlagen wird. Z. wird zur Herstellung von →Rohrzucker, aber auch für →Rum und Cachaça (Zuckerrohrschnaps) verwendet.

Zuckerrüben lat.: *Beta vulgaris subsp. vulgaris var. altissima Döll* (Fam.: *Chenopodiaceae*), engl.: *Sugar Beet;* kegelförmige bis zylindrische weißliche Wurzelrübe, die etwa 16% Saccharose enthält, einjährig angebaut wird und nährstoffreiche Böden sowie warmes Klima benötigt. Anfang des 19. Jahrhunderts wurde mit Anbau und Züchtung der Z. begonnen, um durch die Gewinnung von → Rübenzucker den knappen Rohrzucker zu ersetzen. Ferner können Z. zur Herstellung von → Rübenkraut verwendet werden, die Rübenblätter wie auch die ausgelaugten Rübenschnitzel werden als Viehfutter genutzt.

Zuckersäuren engl.: *sugar (saccharic)* acids; durch Oxidation von → Monosacchariden, meist Glucose, Galactose, Lactose, entstandene organische Säuren. Die Oxidation der Aldehydgruppe liefert die Aldonsäuren (z. B. → Gluconsäure), während die Oxidation der endständigen Hydroxylgruppe zu Uronsäuren (z. B. → Glucuronsäure → Galacturonsäure) führt. Werden beide Gruppen zu Carboxylgruppen oxidiert, entstehen Aldarsäuren wie die Glucarsäure. Verschiedene Z. treten als Zwischenprodukte im Stoffwechsel auf, sind Bestandteil von Polysacchariden (z. B. Pektin) oder werden als Lebensmittelzusatzstoffe eingesetzt wie die Gluconsäure.

Zuckersirup engl.: *sugar syrup;* durch Kochen hergestellte sirupöse Lösung, die Zucker in höherer Konzentration enthält. Durch Steuerung der Kochtemperatur, Rühren und die Zugabe von Glucosesirup lassen sich Flüssigkeitsgehalt und die Kristallation des Zuckers auf das gewünschte Produkt hin beeinflussen.

Zuckersorten; werden unterteilt einerseits nach Qualitätsmerkmalen (z. B. Farbtype, Asche) in Raffinade, Weißzucker, Halbweißzucker und Farinzucker und andererseits nach der äußeren Form (Kristallgröße, Aggregatzustand) z. B. in Kristallzucker, fein kristalliner Zucker, Puderzucker, Würfelzucker, Kandiszucker und flüssige Zucker (s. auch bei den einzelnen Stichwörtern).

Zuckerstangen engl.: *sugar canes, candy canes;* runde, massive, leicht splitternde, oft auch an einem Ende leicht gebogene weiße Stangen aus Zucker- und Glucosesirup mit farbigen Streifen. Als klassische Zuckerwaren werden Z. in vielen Geschmacks- und Farbrichtungen verkauft.

Zuckerstreusel engl.: *sugar granules;* → Streusel

Zuckerwaren engl.: *sugar confectionary, candies;* → Süßwaren, die neben Zucker und/oder anderen Zuckerarten bzw. -austauschstoffen als charakteristischen Bestandteil in geringem Umfang geschmacksgebende und wertbestimmende sowie färbende Zusätze enthalten. Wird außer auf die Zuckerart auch auf bestimmte geschmacksgebende und wertbestimmende Zusätze hingewiesen, gelten hierfür verschiedene Mindestanforderungen (z. B. bei Hinweis auf Milch, Sahne, Butter, Honig). Wichtige Produktgruppen sind z. B. → Bonbons, → Geleezuckerwaren, → Lakritzwaren, → Dragées und → Kaugummi. Zu den Z. zählen auch Füllungs-, Glasur-, oder Konfektmassen sowie Schichten, Überzüge oder Füllungen von Süßwaren oder feinen Backwaren.

Zuckerwatte engl.: *cotton candy;* zu dünnen Fäden gesponnener und voluminös aufgewickelter amorpher Zucker aus geschmolzenem Haushaltszucker oder Zuckersirup. Er wird sowohl auf Bedarf hergestellt, insbesondere auf Jahrmärkten, als auch in Dosen als Fertigprodukt angeboten. Der Zusatz von Farbstoffen und Aromastoffen ist üblich.

Züchtung engl.: *cultivation;* kontinuierliche Verbesserung der Eigenschaften von Nutztieren und -pflanzen oder Mikroorganismen. Die klassische Z. wird über Auslese- und Kreuzungsverfahren gehandhabt. Heute sind neben ihr viele Methoden in Gebrauch wie u. a. die → Gentechnik.

Züricher Geschnetzeltes; → Geschnetzeltes bzw. → Emincé aus Kalbfleisch mit einer Weißwein-Sahnesauce und i. d. R. Champignons sowie weiteren Beilagen.

Zuger Kirschtorte; weißgelbliche oder rosafarbene Buttercremetorte mit Boden und Decke aus → Baiser und mit Kirschwasser getränktem Biskuit als Zwischenlage.

Zunge engl.: *tongue;* zu den →Innereien zählendes Fleisch, das aus dem schieren mageren Muskelfleisch der Zunge ohne Schleimhaut, Speicheldrüsen und Kehldeckel besteht. Im Wesentlichen werden die Z. von Schwein, Kalb und Rind als eigenständiges Gericht gepökelt, geräuchert oder gekocht verzehrt und zu Wurstwaren (insbesondere →Brüh- und Kochwürsten) verarbeitet.

Zungenblutwurst Syn.: →*Zungenrotwurst*

Zungenleberwurst; umgerötete, in Hüllen mittleren bis weiten Kalibers gefüllte hochwertige →Leberwurst mit erbsen- bis kirschkerngroßen würfeligen Zungenstücken oder ganzen eingelegten Zungen in der fein zerkleinerten Grundmasse. Deren Herstellung erfolgt üblicherweise aus grob entfettetem und fettgewebereichem Schweinefleisch, Schweineleber und Speck sowie weiteren Zutaten wie z. B. Gewürzen. Wenn zur Sicherung einer gewissen Schnittfestigkeit Brät zugegeben wird, ist im Ausgangsmaterial auch das Vorhandensein von grob entsehntem Rindfleisch möglich.

Zungenpastete; 1. in Hüllen großen Kalibers oder mit dünnem Speckrand angebotene umgerötete →Brühwurstpastete der Spitzenqualität mit Einlage von gepökelter, vorgekochter, dunklerer Zunge in fein zerkleinertem hell rosafarbenen →Brät. Die Zungen werden bevorzugt ganz oder so eingelegt verwendet, dass im Anschnitt symmetrische Muster entstehen, sie werden aber auch in gewürfelter Form eingesetzt. 2. →Blutwurst der Spitzenqualität mit besonders anspruchsvollem Erscheinungsbild (z. B. im Speckmantel) mit einem überwiegenden Anteil an stückigen Zungen- und Speckeinlagen in einer bluthaltigen Schwartenmasse. Der Anteil an Zungeneinlagen liegt üblicherweise nicht unter 35%. 3. →Kochstreichwurstpastete von Spitzenqualität mit stückigen Zungeneinlagen. Die Grundmasse besteht im Wesentlichen aus sehnen- und fettgewebsarmem Rind- und/oder Schweinefleisch, grob entsehntem Rind- und/oder grob entfettetem Schweinefleisch, Flomen und Speck. Zur Geschmacksabrundung sind auch geringe Leberanteile üblich.

Zungenrotwurst; →Blutwurst gehobener Qualität mit überwiegenden Anteilen eingelagerter kleiner Speckwürfel und ganzen oder grob gewürfelten Zungen in bluthaltiger Schwartenmasse. Die ganzen Zungen sind häufig symmetrisch angeordnet. Der Anteil der Zungeneinlagen liegt üblicherweise nicht unter 35%.

Zungenroulade; an eine →Roulade erinnernde umgerötete Brühwurst der Spitzenqualität mit gepökelter vorgekochter Zunge als Einlage in der fein gekutterten Grundmasse. Diese wird wie bei →Zungenpastete hergestellt. Der Eindruck eines gerollten Erzeugnisses entsteht durch die radial-symmetrische Anordnung der Zungeneinlage und evtl. weiterer Bestandteile. Die Zungeneinlage ist ggf. auch in Schichten kontratierenden Materials wie dünne Speckschichten eingerollt. Sie wird in dünner Speckumhüllung oder in Hüllen großen Kalibers abgefüllt angeboten.

Zungenstück Syn.: →*Fehlrippe*

Zungenwurst; 1. →Blutwurst von gehobener Qualität bis Spitzenqualität mit stückigen Zungen- und würfelförmigen Speckeinlagen, in der z. T. auch mit Leber versetzten Blut-Schwartengrundmasse. Der Anteil an Zungenlagen beträgt üblicherweise nicht unter 35%; 2. in Hüllen großen Kalibers abgefüllte rosafarbene (umgerötete) →Brühwurst gehobener Qualität mit grober würfelförmig geschnittener Einlage von vorgekochter Zunge in der fein zerkleinerten Grundmasse. Diese wird aus grob entsehntem Rindfleisch, grob entfettetem Schweinefleisch und Speck sowie weiteren Zutaten wie z. B. Gewürzen hergestellt.

Zuppa alla Pavese; italienische Suppenspezialität aus einer klaren Fleischbrühe, geröstetem Brot, Käse und gestocktem Ei.

Zusatzstoffe engl.: *additives;* sind 1. laut europäischem Lebensmittelrecht Stoffe mit oder ohne Nährwert, die i. d. R. weder selbst als Lebensmittel verzehrt noch als charakteristische Lebensmittelzutat verwendet werden und einem Lebensmittel aus technologischen Gründen bei der Herstellung, Verarbeitung, Zubereitung, Behandlung, Verpackung, Beförderung oder Lagerung zugesetzt werden, wodurch sie selbst oder ihre Nebenprodukte zu einem Bestandteil des Lebensmittels werden oder werden können. Ausgenommen sind Verarbeitungshilfsstoffe, Pflanzenschutzmittel, bestimmte Aromen sowie Stoffe, die zu Ernährungszwecken zugesetzt werden; 2. laut deutschem Lebensmittelrecht Stoffe, die dazu bestimmt sind, Lebensmitteln zur Beeinflussung ihrer Beschaffenheit oder zur Erzielung bestimmter Eigenschaften oder Wirkungen zugesetzt zu werden. Den Z. gleich gestellt sind Mineralstoffe (außer Kochsalz), Aminosäuren, Süßungsmittel und bestimmte Vitamine. Hingegen gelten Stoffe natürlicher Herkunft (z. B. Gewürze, Stärke, Kochsalz), den natürlichen chemisch gleiche Stoffe, sowie Stoffe, die überwiegend wegen ihres Geschmackswertes oder aus ernährungsphysiologischen Zwecken eingesetzt werden nicht als Z. Z. dürfen nur verwendet werden, wenn sie ausdrücklich zugelassen wurden, was voraussetzt, dass sie gesundheitlich unbedenklich und technologisch notwendig sind, ferner den Verbraucher nicht über die Eigenschaften des Lebensmittels täuschen. Zur toxikologischen Bewertung werden, nach Vorversuchen an Zellkulturen, umfangreiche Tierversuche durch Fütterung oder Injektion an zwei dafür geeigneten Tierarten durchgeführt. Dabei werden u. a. die akute (→LD_{50}-Wert) und chronische Toxizität, Kanzerogenität und Teratogenität untersucht und aus den Ergebnissen der →ADI-Wert abgeleitet. Welche Z. zugelassen sind, ob sie für Lebensmittel allgemein oder nur für bestimmte Lebensmittel, in festgelegten Höchstmengen oder ohne Mengenbeschränkung (→quantum satis) eingesetzt werden dürfen, ist in der Zusatzstoff-Zulassungsverordnung geregelt. In der Zusatzstoff-Verkehrsverordnung sind hingegen die Reinheitsanforderungen an die einzelnen Z. festgelegt. Nach ihrer Hauptwirkung werden sie eingeteilt, z. B. in →Antioxidantien, →Konservierungsstoffe, →Emulgatoren, →Lebensmittelfarbstoffe, →Süßungsmittel, →Gelier- und →Dickungsmittel.

Zutatenverzeichnis engl.: *list of ingredients;* aus einer Aufzählung der Zutaten in absteigender Reihenfolge ihres Gewichtanteils zum Zeitpunkt ihrer Verwendung bei der Herstellung des Lebensmittels bestehendes Verzeichnis, dem das Wort „Zutaten:“ unmittelbar vorangestellt ist. Das Z. dient zur Information des Verbrauchers über die wesentlichen Inhaltsstoffe eines Lebensmittels auf der Verpackung von fertig verpackten Lebensmitteln.

Zweikorn-Weizen Syn.: →*Emmer*

Zwergdorsch lat.: *Trisopterus minutus L.* (Fam.: *Gadidae*), engl.: *poor cod;* mit dem Kabeljau verwandter Seefisch. →Franzosendorsch

Zwerghirse Syn.: →*Teff*

Zwergmaräne lat.: *Coregonus albula L.* (Fam.: *Salmonidae*), engl.: *vendace,* Syn.: *Kleine Maräne, Kleine Schwebrenke;* kleiner sehr wohl schmeckender Süßwasserfisch aus der Gruppe der →Renken (15–30 cm lang, maximal 1 kg schwer). Die Z. ist →anadrom und lebt v. a. in den Ostseeanrainerländern.

Zwergpomeranze Syn.: →*Kumquat*

Zwetsche lat.: *Prunus domestica var. domestica (Borkh.) Schneid.,* engl.: *Plum,* Syn.: *Zwetschge;* →Steinobst, Frucht länglich oval mit spitzem Ende, schwarzblau bis violette Farbe, weniger bereift als die Pflaume, der Stein löst sich leicht vom Fruchtfleisch. Die Zwetschensaison reicht von Juli bis September: Bühler Frühzwetsche (Juli/August), Hauszwetsche (September/Oktober). Weitere Sorten z. B. Ersinger, Lützelsachser, Auerbacher, Ortenauer, Zimmers, Wangenheimer, President, italienische Z. Verwendung: roh, als Mus, Kompott, Kuchenbelag,

Rumtopf, Trockenobst, Zwetschenwasser (Slibowitz).

Zwetschenmus/Zwetschgenmus Syn.: → *Pflaumenmus*

Zwetschgenbrand Syn.: *Zwetschgenbranntwein, Zwetschgenwasser, Slibowitz (Deutschland)*; → Obstbrand

Zwetschgenbranntwein Syn.: *Zwetschgenbrand;* → Obstbrand

Zwetschgengeist; → Obstgeiste

Zwetschgenwasser Syn.: *Zwetschgenbrand, Slibowitz (Deutschland)*; → Obstbrand

Zwieback engl.: *rusks, zwieback;* durch zweimaliges Erhitzen (Backen und Rösten, „Zwie-") meist unter Verwendung von Hefe, oder durch Heißextrusion hergestelltes goldbraunes Gebäck aus Weizenmehl. Die Verwendung von weiteren Zutaten, wie z. B. Anis, Kokos, Butter, Eier und Früchten, sowie Überzüge aus Schokolade und Zuckerguss ist üblich. Handelsüblicher Butterzwieback enthält mindestens 10 g Butter oder die entsprechenden Mengen Butterreinfett und/oder -fett auf 100 g Getreideerzeugnisse und/oder Stärke, Eierzwieback enthält mindestens 18 g Vollei und/oder eine entsprechende Menge an Vollei- und/oder Eigelbprodukten.

Zwiebel engl.: *2. onion;* 1. botanisch: Unterirdisches Speicher- und Überwinterungsorgan; meist stark verkürzter Spross (Zwiebel-Teller) mit verdickten, fleischigen, schuppenförmigen Niederblättern (Zwiebel-Schuppen) oder dem fleischig ausgebildeten Blattgrund abgestorbener Laubblätter. Zu Beginn der neuen Vegetationsperiode treiben die Z. aus den Achselknospen aus, wobei die gespeicherten Reservestoffe aufgebraucht werden. Der Name leitet sich von lat.: *cepolla* (Zwiebelchen) und mittelhochdeutsch.: *zwibolle* ab. 2. → Speisezwiebel. 3. Verschiedene Gewürz- und Gemüsepflanzen, vorwiegend aus der Familie der Liliengewächse mit essbaren Speicherorganen, wie → Silberzwiebel, → Schalotte, → Lauchzwiebel, → Winterzwiebel, → Perlzwiebel.

Zwiebelgemüse engl.: *bulb vegetables;* verschiedene Arten der zur Familie der Liliengewächse zählenden Gattung *Allium*, wie z. B. → Speisezwiebel, → Knoblauch, → Schnittlauch und → Porree, deren charakteristischer Geruch und Geschmack auf verschiedene schwefelhaltige Verbindungen wie → Alliin und deren Abbauprodukte zurückzuführen ist.

Zwiebelkäse; Frischkäsezubereitung aus Speisequark, Butter, Zwiebeln und Gewürzen.

Zwiebelleberwurst; → Leberwurst mit einem den Gesamtcharakter bestimmenden Zwiebelanteil.

Zwiebelsaucen; pikante helle oder dunkle gebundene Saucen, die einen nicht unwesentlichen Zwiebelanteil in Form von Mus, Streifen oder Stückchen aufweisen. Z. werden insbesondere zu Fleisch-, Fisch- und Kartoffelgerichten verzehrt.

Zwiebelsuppe engl.: *onion soup;* sämige dünnbreiige oder klare Suppe mit Zwiebeln als charakterischer Zutat. Sie wird i. d. R. aus oder mit zerkleinerten Zwiebeln, die auch püriert sein können (Zwiebelmus), Brühe oder Fleischbrühe und würzenden Zuaten hergestellt. Weitere Varianten der Zubereitung wie z. B. Überbacken mit Käse oder die Zugabe von geröstetem Weißbrot sind üblich.

Zwiebelwurst; ungeräucherte, kurz gereifte, mit Zwiebeln gewürzte, grobkörnige, umgerötete, streichfähige → Rohwurst, die in Kunstdärme abgefüllt angeboten wird. Sie wird wie streichfähige → grobe Mettwurst hergestellt. Z. ist aufgrund der kurzen Reifung und der fehlenden Räucherung anfällig gegenüber Mikroorganismen wie z. B. Salmonellen. Daher ist sie zum alsbaldigen Verzehr bestimmt; bei der Herstellung ist von vornherein auf einen geringen Ausgangskeimgehalt des verwendeten Fleisches zu achten.

Zwillingsbrötchen; zwei nach der → Zwischengare zu einem Brötchen aneinander gesetzte Brötchen wie z. B. der gedrückte Doppelweck oder der rundliche, nicht gedrückte Paarweck.

Zwischengare engl.: *resting stage, overhead proof;* Ruhe- und Gärzeit bei Weizenteigen zwischen dem Rundwirken von Teigteilen und Teigaufbereiten, um später eine möglichst gleichmäßige Porung zu erhalten.

Zwischenstoffwechsel Syn.: → *Intermediärstoffwechsel*

Zygosaccharomyces; Gattung echter → Hefen, die einige → osmophile Spezies wie *Z. bailii*, *Z. bisporus* und *Z. rouxii* beinhaltet, die typische Verderbniserreger in der Zucker- und Süßwarenindustrie darstellen und auch noch auf kandierten Früchten wachsen.

Zyklone engl.: *cyclones;* von griech.: *kyklos* = Kreis, Rad abgeleitete Bezeichnung für Geräte zur Abscheidung von Feststoffen oder Flüssigkeitströpfchen unter Ausnutzung der Flieh- und Schwerkraft. Es wird zwischen Gas- und Flüssigkeitszyklonen (Hydrozyklone) unterschieden, je nachdem, ob die Substanzen aus der Gasphase oder aus einem flüssigen System abgeschieden werden. Flüssigkeitszyklone werden in der Lebensmitteltechnologie vielfältig eingesetzt, z. B. in der Stärkefabrikation.

Zypernweine; Zypern hat eine sehr alte Weintradition. Die zypriotische Mavro-Rebe macht auch heute noch den Hauptanteil der Reben aus. Daneben dienen Grenache und Cabernet Sauvignon zur Rotweinherstellung. Xynisteri, Alexandria-Muskateller und Palomino werden für aufgespritete und für leichte Weißweine verwendet. Ein klassischer Z. ist der Commandaria, ein Dessertwein, der nur in 14 Orten einer bestimmten Region erzeugt wird. Er entsteht aus rosinierten roten und weißen Trauben, heute eher als einfache Variante, früher schwer und hochkonzentriert (ca. viermal so süß wie Portwein). Commandaria wird auch als sakraler Wein verwendet.

Zytnia; → Extra Zytnia

Anhang I: Allgemeiner Teil

Tabelle 1 Maßeinheiten

1.1 Physikalische Größen in SI-Einheiten

physikalische Größe	SI-Einheit (Name)	Symbol	physikalische Größe	SI-Einheit (Name)	Symbol
SI-Basiseinheiten					
Länge	Meter	m	Stoffmenge	Mol	mol
Masse	Kilogramm	kg	elektrische Stromstärke	Ampere	A
Temperatur	Kelvin	K	Lichtstärke	Candela	cd
Zeit	Sekunde	s			
Ergänzende Einheiten					
ebener Winkel	Radiant	rad	Raumwinkel	Steradiant	sr
Aus des SI abgeleiteten Einheiten					
Fläche	m^2	–	Leistung	Watt ($kg\ m^2\ s^{-3}$)	W
Volumen	m^3	–	Druck	Pascal ($kg\ m^{-1}\ s^{-2}$)	Pa
Dichte	$kg\ m^{-3}$	–	elektrische Ladung	Coulomb (A s)	C
Geschwindigkeit	$m\ s^{-1}$	–	elektrische Spannung	Volt ($W\ A^{-1}$)	V
Beschleunigung	$m\ s^{-2}$	–	elektrischer Widerstand	Ohm ($V\ A^{-1}$)	Ω
Kraft	Newton ($kg\ m\ s^{-2}$)	N	elektrische Leitfähigkeit	Siemens ($V^{-1}\ A$)	S
Energie	Joule ($kg\ m^2\ s^{-2}$)	J	Frequenz	Hertz (s^{-1})	Hz

1.2 Flüssigkeitsmaße

Bezeichnung	Abkürzung	1 engl. Einheit =	1 US Einheit =	= Anzahl kleinerer Einheiten
1 gill	–	0,142 l	0,118 l	–
1 pint	pt	0,568 l	0,473 l	4 gills
1 quart	qt	1,136 l	0,946 l	2 pints
1 gallon	gal	4,546 l	3,787 l	4 qt
1 barrel	bbl	–	119,2 l	31,5 US-gal

1.3 Trockenhohlmaße

Bezeichnung	Abkürzung	1 engl. Einheit =	1 US Einheit =	= Anzahl kleinerer Einheiten
1 pint	pt	0,568 l	0,56 l	–
1 quart	qt	1,136 l	1,12 l	2 pints
1 gallon	gal	4,546 l	4,405 l	4 qt
1 peck	pk	9,092 l	8,81 l	8 qt
1 bushel	bu	36,37 l	35,24 l	4 pk
1 quarter	qt	2,91 hl	–	8 bu
1 barrel	bbl	163,7 l	119,2 l	–

1.4 Immer noch im Gebrauch befindliche ältere Einheiten

physikalische Größe	Einheit (Name)	Symbol	Entsprechung in SI-Maßeinheiten
Masse	Atommasseneinheit	u	$1{,}660540 \times 10^{-24}$ g
Temperatur	Grad Celsius	°C	K + 273,15
Zeit	Tag	d	86400 s
	Stunde	h	3600 s
	Minute	min	60 s
Volumen	Liter	l	10^{-3} m^3
Druck	Bar	bar	10^5 Pa
Energie	Elektronenvolt	eV	$1{,}60218 \times 10^{-19}$ J
ebener Winkel	Grad	°	π / 180 rad

1.5 Umrechnung von Gewichten und Raummaßen der angelsächsischen Länder

Bezeichnung	Abkürzung	Anzahl kleinerer Einheiten	deutsche Einheiten
1 dram	dr	–	1,772 g
1 ounce (Unze)	oz	16 dr	28,35 g
1 pound	lb	16 oz	453,59 g
1 stone	st	14 lbs	6,35 kg
1 quarter	qr	2 st	12,70 kg
1 hundredweight	cwt	4 qr	50,802 kg
1 (long) ton	–	20 cwt	1016,05 kg
1 central/short cwt	oz	100 lbs	45,359 kg
1 short ton	oz	20 short cwt	907,185 kg

1.6 Umrechnung Kalorie/Joule

1 Kilokalorie (kcal) ≙ 4,184 Kilojoule (kJ)	1 Kilojoule (kJ) ≙ 0,239 Kilokalorien (kcal)

1.7 Vorsilben (Präfixe) für Vielfache und Teile von Maßeinheiten

Vorsilbe	Abkürzung	Faktor	Vorsilbe	Abkürzung	Faktor
Exa-	E	10^{18}	Deci-	d	10^{-1}
Peta-	P	10^{15}	Centi-	c	10^{-2}
Tera-	T	10^{12}	Milli-	m	10^{-3}
Giga-	G	10^{9}	Micro-	µ	10^{-6}
Mega-	M	10^{6}	Nano-	n	10^{-9}
Kilo-	k	10^{3}	Pico-	p	10^{-12}
Hecto-	h	10^{2}	Femto-	f	10^{-15}
Deca-	da	10	Atto-	a	10^{-18}

Tabelle 2 Periodensystem der Elemente

Hauptgruppen		Nebengruppen							
I A	II A	III B		IV B	V B	VI B	VII B		
1 **H** Wasserstoff 1,0079									
3 **Li** Lithium 6,941	4 **Be** Beryllium 9,01218								
11 **Na** Natrium 22,98977	12 **Mg** Magnesium 24,305								
19 **K** Kalium 39,0983	20 **Ca** Calcium 40,078	21 **Sc** Scandium 44,95591		22 **Ti** Titan 47,867	23 **V** Vanadium 50,9415	24 **Cr** Chrom 51,996	25 **Mn** Mangan 54,9380	5	
37 **Rb** Rubidium 85,4678	38 **Sr** Strontium 87,62	39 **Y** Yttrium 88,9059		40 **Zr** Ziriconium 91,224	41 **Nb** Niobium 92,9064	42 **Mo** Molybdän 95,94	43 **Tc** Technetium 98,906[b]	Rut 1	
55 **Cs** Cäsium 132,9054	56 **Ba** Barium 137,33	57 **La** Lanthan 138,9055	58-71 Lanthanoide	72 **Hf** Hafnium 178,49	73 **Ta** Tanthal 180,9479	74 **W** Wolfram 183,84	75 **Re** Rhenium 186,207	0 1	
87 **Fr** Francium 223,02[a]	88 **Ra** Radium 226,0254[b]	89 **Ac** Actinium 227,027[ab]	90-103 Actinoide	104 **Db** Dubnium (261)[a]	105 **Jl** Joliotium (262)[a]	106 **Rf** Rutherfordium (263)[a]	107 **Bh** Bohrium (262)[a]	Ha (	

Lanthanoide	58 **Ce** Cer 140,12	59 **Pr** Praseodym 140,9077	60 **Nd** Neodym 144,24	**P** Pro 1
Actinoide	90 **Th** Thorium 232,0381	91 **Pa** Protactinium 231,0359[b]	92 **U** Uran 238,029	Nep 23

a Rel. Atommasse eines gut bekannten Isotops
b Rel. Atommasse des am besten zugänglichen, langlebigen Isotops
c Für handelsübliches Lithium schwankt die rel. Atommasse zwischen 6,94 und 6,99
kein stabiles Isotop bekannt

Die Namen der Elemente 104 bis 108 sind noch umstritten

				Hauptgruppen					Edelgase
				III A	IV A	V A	VI A	VII A	0
									2 **He** Helium 4,002602
				5 **B** Bor 10,811	6 **C** Kohlenstoff 12,011	7 **N** Stickstoff 14,0067	8 **O** Sauerstoff 15,9994	9 **F** Fluor 18,998403	10 **Ne** Neon 20,180
B		I B	II B	13 **Al** Aluminium 26,98154	14 **Si** Silicium 28,0855	15 **P** Phosphor 30,97376	16 **S** Schwefel 32,066	17 **Cl** Chlor 35,453	18 **Ar** Argon 39,948
t 32	28 **Ni** Nickel 58,6934	29 **Cu** Kupfer 63,546	30 **Zn** Zink 65,39	31 **Ga** Gallium 69,723	32 **Ge** Germanium 72,61	33 **As** Arsen 74,9216	34 **Se** Selen 78,96	35 **Br** Brom 79,904	36 **Kr** Krypton 83,80
n um 55	46 **Pd** Palladium 106,42	47 **Ag** Silber 107,8682	48 **Cd** Cadmium 112,41	49 **In** Indium 114,818	50 **Sn** Zinn 118,71	51 **Sb** Antimon 121,760	52 **Te** Tellur 127,60	53 **I** Iod 126,9045	54 **Xe** Xenon 131,29
m 17	78 **Pt** Platin 195,08	79 **Au** Gold 196,9665	80 **Hg** Quecksilber 200,59	81 **Tl** Thallium 204,3833	82 **Pb** Blei 207,2	83 **Bi** Bismut 208,9804	84 **Po** Polonium 209,98[a]	85 **At** Astat 209,99[a]	86 **Rn** Radon 222,02[a]
t um [a]	110 **Uun** Ununnilium (269)[a]	111 **Uuu** Unununium (272)[a]	112 **Uub** Ununbium	113 **Uut** Ununtrium	114 **Uuq** Ununquadium		116 **Uuh** Ununhexium		118 **Uuo** Ununoktium
n um 6	63 **Eu** Europium 151,96	64 **Gd** Gadolinium 157,25	65 **Tb** Terbium 158,9253	66 **Dy** Dysprosium 162,50	67 **Ho** Holmium 164,9303	68 **Er** Erbium 167,26	69 **Tm** Thulium 168,9342	70 **Yb** Ytterbium 173,04	71 **Lu** Lutetium 174,967
u um [b]	95 **Am** Americium 241,06[a]	96 **Cm** Curium 244,06[a]	97 **Bk** Berkelium 249,08[a]	98 **Cf** Californium 252,08[a]	99 **Es** Einsteinium 252,08[a]	100 **Fm** Fermium 257,10[a]	101 **Md** Mendelevium 258,10[a]	102 **No** Nobelium 259,10[a]	103 **Lr** Lawrencium 262,11[a]

Tabelle 3 Zusatzstoffe mit E-Nr.

E-Nr.	Name
E 100	Kurkumin
E 101	Riboflavin; Riboflavin-5-Phosphat
E 102	Tartrazin
E 104	Chinolingelb
E 110	Gelborange S
E 120	Echtes Karmin
E 122	Azorubin
E 123	Amaranth
E 124	Cochenillerot A
E 127	Erythrosin
E 128	Rot 2G
E 129	Allurarot AC
E 131	Patentblau V
E 132	Indigotin I
E 133	Brillantblau FCF
E 140	Chlorophylle; Chlorophylline
E 141	Kupferhaltige Komplexe der Chlorophylle; Kupferhaltige Komplexe der Chlorophylline
E 142	Grün S
E 150a	Einfaches Zuckerkulör
E 150b	Sulfitlaugen-Zuckerkulör
E 150c	Ammoniak-Zuckerkulör
E 150d	Ammonsulfit-Zuckerkulör
E 151	Brillantschwarz BN
E 153	Pflanzenkohle
E 154	Braun FK
E 155	Braun HT
E 160a	Carotine; gemischte Carotine, beta-Carotin
E 160b	Annatto, Bixin, Norbixin
E 160c	Paprikaextrakt, Capsanthin, Capsorubin
E 160d	Lycopin
E 160e	Beta-apo-8'-Carotinal (C30)
E 160f	Beta-apo-8'-Carotinsäure-Ethylester (C30)
E 161b	Lutein
E 161c	Canthaxanthin
E 162	Beetenrot
E 163	Anthocyane
E 170	Calciumcarbonat
E 171	Titandioxid
E 172	Eisenoxide und Eisenhydroxide
E 173	Aluminium
E 174	Silber
E 175	Gold
E 180	Lithorubin BK
E 200	Sorbinsäure
E 202	Kaliumsorbat
E 203	Calciumsorbat
E 210	Benzoesäure
E 211	Natriumbenzoat
E 212	Kaliumbenzoat
E 213	Calciumbenzoat
E 214	Ethyl-p-hydroxybenzoat
E 215	Natriumethyl-p-hydroxybenzoat
E 216	Propyl-p-hydroxybenzoat
E 217	Natriumpropyl-p-hydroxybenzoat
E 218	Methyl-p-hydroxybenzoat
E 219	Natriummethyl-p-hydroxybenzoat
E 220	Schwefeldioxid
E 221	Natriumsulfit
E 222	Natriumhydrogensulfit
E 223	Natriummetabisulfit
E 224	Kaliummetabisulfit
E 226	Calciumsulfit
E 227	Calciumbisulfit
E 228	Kaliumbisulfit
E 230	Biphenyl
E 231	Orthophenylphenol
E 232	Natriumorthophenylphenol
E 234	Nisin
E 235	Natamycin
E 239	Hexamethylentetramin
E 242	Dimethyldicarbonat
E 249	Kaliumnitrit
E 250	Natriumnitrit
E 251	Natriumnitrat
E 252	Kaliumnitrat
E 260	Essigsäure
E 261	Kaliumacetat
E 262	Natriumacetate; Natriumacetat, Natrium-diacetat
E 263	Calciumacetat
E 270	Milchsäure
E 280	Propionsäure
E 281	Natriumpropionat

E-Nr.	Name
E 282	Calciumpropionat
E 283	Kaliumpropionat
E 284	Borsäure
E 285	Natriumtetraborat (Borax)
E 290	Kohlendioxid
E 296	Äpfelsäure
E 297	Fumarsäure
E 300	Ascorbinsäure
E 301	Natriumascorbat
E 302	Calciumascorbat
E 304	Fettsäureester der Ascorbinsäure; Ascorbylpalmitat, Ascorbylstearat
E 306	Stark tocopherolhaltige Extrakte
E 307	Alpha-Tocopherol
E 308	Gamma-Tocopherol
E 309	Delta-Tocopherol
E 310	Propylgallat
E 311	Octylgallat
E 312	Dodecylgallat
E 315	Isoascorbinsäure
E 316	Natriumisoascorbat
E 320	Butylhydroxyanisol (BHA)
E 321	Butylhydroxytoluol (BHT)
E 322	Lecithine
E 325	Natriumlactat
E 326	Kaliumlactat
E 330	Citronensäure
E 331	Natriumcitrate; Mononatriumcitrat, Dinatriumcitrat, Trinatriumcitrat
E 332	Kaliumcitrate; Monokaliumcitrat, Trikaliumcitrat
E 333	Calciumcitrate; Monocalciumcitrat, Dicalciumcitrat, Tricalciumcitrat
E 334	L(+)-Weinsäure
E 335	Natriumtartrate; Mononatriumtartrate, Dinatriumtartrate
E 336	Kaliumtartrate; Monokaliumtartrate, Dikaliumtartrate
E 337	Kaliumnatriumtartrat
E 338	Phosphorsäure
E 339	Natriumphosphate; Mononatriumphosphat, Dinatriumphosphat, Trinatriumphosphat
E 340	Kaliumorthophosphate; Monokaliumphosphat, Dikaliumphosphat, Trikaliumphosphat

E-Nr.	Name
E 341	Calciumorthophosphate; Monocalciumphosphat, Dicalciumphosphat, Tricalciumphosphat
E 343	Magnesiumphosphate; Monomagnesiumphosphate, Dimagnesiumphosphate
E 350	Natriummalate; Natriummalat, Natriumhydrogenmalat
E 351	Kaliummalat
E 352	Calciummalate; Calciummalat, Calciumhydrogenmalat
E 353	Metaweinsäure
E 354	Calciumtartrat
E 355	Adipinsäure
E 356	Natriumadipat
E 357	Kaliumadipat
E 363	Bernsteinsäure
E 380	Triammoniumcitrat
E 385	Calciumdinatriumethylendiamintetraacetat
E 400	Alginsäure
E 401	Natriumalginat
E 402	Kaliumalginat
E 403	Ammoniumalginat
E 404	Calciumalginat
E 405	Propylenglycolalginat
E 406	Agar-Agar
E 407	Carrageen
E 407a	Verarbeitete Eucheuma-Algen
E 410	Johannisbrotkernmehl
E 412	Guarkernmehl
E 413	Traganth
E 414	Gummi arabicum
E 415	Xanthan
E 416	Karaya
E 417	Tarakernmehl
E 418	Gellan
E 420	Sorbit; Sorbit, Sorbitsirup
E 421	Mannit
E 422	Glycerin
E 425	Konjak; Konjakgummi, Konjak Glukomannan
E 431	Polyoxyethylen-(40)n-stearat
E 432	Polyoxyethylen-sorbitan-monolaurat (Polysorbat 20)

E-Nr.	Name
E 433	Polyoxyethylen-sorbitan-monooleat (Polysorbat 80)
E 434	Polyoxyethylen-sorbitan-monopalmitat (Polysorbat 40)
E 435	Polyoxyethylen-sorbitan-monostearat (Polysorbat 60)
E 436	Polyoxyethylen-sorbitan-tristearat (Polysorbat 65)
E 440	Pektine; Pektin, Amidiertes Pektin
E 442	Ammoniumsalze von Phosphatidsäuren
E 444	Saccharoseacetatisobutyrat
E 445	Glycerinester aus Wurzelharz
E 450	Diphosphate; Dinatriumdiphosphat, Trinatriumdiphosphat, Tetranatriumdiphosphat, Tetrakaliumdiphosphat, Dicalciumdiphosphat, Calciumdihydrogendiphosphat
E 451	Triphosphate; Pentanatriumtriphosphat, Pentakaliumtriphosphat
E 452	Polyphosphate; Natriumpolyphosphat, Kaliumpolyphosphat, Natriumcalciumpolyphosphat, Calciumpolyphosphat
E 459	Beta-Cyclodextrin
E 460	Cellulose; Mikrokristalline Cellulose, Cellulosepulver
E 461	Methylcellulose
E 463	Hydroxypropylcellulose
E 464	Hydroxypropylmethylcellulose
E 465	Ethylmethylcellulose
E 466	Carboxymethylcellulose, Natriumcarboxymethylcellulose
E 468	Vernetzte Natriumcarboxymethylcellulose
E 469	Enzymatisch hydrolysierte Carboxymethylcellulose
E 470a	Natrium-, Kalium- und Calciumsalze von Speisefettsäuren
E 470b	Magnesiumsalze von Speisefettsäuren
E 471	Mono- und Diglyceride von Speisefettsäuren
E 472a	Essigsäureester von Mono- und Diglyceriden von Speisefettsäuren
E 472b	Milchsäureester von Mono- und Diglyceriden von Speisefettsäuren
E 472c	Citronensäureester von Mono- und Diglyceriden von Speisefettsäuren
E 472d	Weinsäureester von Mono- und Diglyceriden von Speisefettsäuren
E 472e	Mono- und Diacetylweinsäureester von Mono- und Diglyceriden von Speisefettsäuren
E 472f	Gemischte Wein- und Essigsäureester von Mono- und Diglyceriden von Speisefettsäuren
E 473	Zuckerester von Speisefettsäuren
E 474	Zuckerglyceride
E 475	Polyglycerinester von Speisefettsäuren
E 476	Polyglycerin-Polyricinoleat
E 477	Propylenglycolester von Speisefettsäuren
E 479b	Thermooxidiertes Sojaöl mit Mono- und Diglyceriden von Speisefettsäuren
E 481	Natriumstearoyl-2-lactylat
E 482	Calciumstearoyl-2-lactylat
E 483	Stearoyltartrat
E 491	Sorbitanmonostearat
E 492	Sorbitantristearat
E 493	Sorbitanmonolaurat
E 494	Sorbitanmonooleat
E 495	Sorbitanmonopalmitat
E 500	Natriumcarbonate; Natriumcarbonat, Natriumhydrogencabonat, Natriumsesquicarbonat
E 501	Kaliumcarbonate; Kaliumcarbonat, Kaliumhydrogencarbonat
E 503	Ammoniumcarbonate; Ammoniumcarbonat, Ammoniumhydrogencarbonat
E 504	Magnesiumcarbonate; Magnesiumcarbonat, Magnesiumhydroxidcarbonat, Magnesiumhydrogencarbonat
E 507	Chlorwasserstoffsäure
E 508	Kaliumchlorid
E 509	Calciumchlorid
E 511	Magnesiumchlorid
E 512	Zinn-II-Chlorid
E 513	Schwefelsäure
E 514	Natriumsulfate; Natriumsulfat, Natriumhydrogensulfat
E 515	Kaliumsulfate; Kaliumsulfat, Kaliumhydrogensulfat
E 516	Calciumsulfat
E 517	Ammoniumsulfate
E 520	Aluminiumsulfat
E 521	Aluminiumnatriumsulfat

E-Nr.	Name
E 522	Aluminiumkaliumsulfat
E 523	Aluminiumammoniumsulfat
E 524	Natriumhydroxid
E 525	Kaliumhydroxid
E 526	Calciumhydroxid
E 527	Ammoniumhydroxid
E 528	Magnesiumhydroxid
E 529	Calciumoxid
E 530	Magnesiumoxid
E 535	Natriumferrocyanid
E 536	Kaliumferrocyanid
E 538	Calciumferrocyanid
E 541	Saures Aluminiumphosphat
E 551	Siliciumdioxid
E 552	Calciumsilicat
E 553a	Magnesiumsilicat; Magnesiumtrisilicat
E 553b	Talkum
E 554	Natriumaluminiumsilicat
E 555	Kaliumaluminiumsilicat
E 556	Calciumaluminiumsilicat
E 558	Bentonit
E 559	Aluminiumsilicat (Kaolin)
E 570	Fettsäuren
E 574	Gluconsäure
E 575	Glucono-delta-lacton
E 576	Natriumgluconat
E 577	Kaliumgluconat
E 578	Calciumgluconat
E 579	Eisen-II-gluconat
E 585	Eisen-II-lactat
E 620	Glutaminsäure
E 621	Mononatriumglutamat
E 622	Monokaliumglutamat
E 623	Calciumdiglutamat
E 624	Monoammoniumglutamat
E 625	Magnesiumdiglutamat
E 626	Guanylsäure
E 627	Dinatriumguanylat
E 628	Dikaliumguanylat
E 629	Calciumguanylat
E 630	Inosinsäure
E 631	Dinatriuminosinat

E-Nr.	Name
E 632	Dikaliuminosinat
E 633	Calciuminosinat
E 634	Calcium 5′-ribonucleotid
E 635	Dinatrium 5′-ribonucleotid
E 640	Glycerin und dessen Natriumsalz
E 650	Zinkacetat
E 900	Dimethylpolysiloxan
E 901	Bienenwachs
E 902	Candelillawachs
E 903	Carnaubawachs
E 904	Schellack
E 905	Mikrokristallines Wachs
E 912	Montansäureester
E 914	Polyethylenwachs-oxidate
E 920	L-Cystein
E 927b	Carbamid
E 938	Argon
E 939	Helium
E 941	Stickstoff
E 942	Distickstoffmonoxid
E 943a	Butan
E 943b	Isobutan
E 944	Propan
E 948	Sauerstoff
E 949	Wasserstoff
E 950	Acesulfam K
E 951	Aspartam
E 952	Cyclohexansulfamidsäure und ihre Na- und Ca-Salze; Cyclohexansulfamidsäure, Natriumcyclamat, Calciumcyclamat
E 953	Isomalt
E 954	Saccharin und seine Na-, K- und Ca-Salze; Saccharin, Saccharin-Natrium, Saccharin-Calcium, Saccharin-Kalium
E 957	Thaumatin
E 959	Neohesperidin DC
E 965	Maltit; Maltit, Maltitsirup
E 966	Lactit
E 967	Xylit
E 999	Quillajaextrakt
E 1103	Invertase
E 1105	Lysozym
E 1200	Polydextrose

E-Nr.	Name
E 1201	Polyvinylpyrrolidon
E 1202	Polyvinylpolypyrrolidon
E 1404	Oxidative Stärke
E 1410	Monostärkephosphat
E 1412	Distärkephosphat
E 1413	Phosphatiertes Distärkephosphat
E 1414	Acetyliertes Distärkephosphat
E 1420	Acetylierte Stärke

E-Nr.	Name
E 1422	Acetyliertes Distärkeadipat
E 1440	Hydroxypropylstärke
E 1442	Hydroxypropyldistärkephosphat
E 1450	Stärkenatriumoctenylsuccinat
E 1451	Acetylierte oxidierte Stärke
E 1505	Triethylcitrat
E 1518	Glycerintriacetat
E 1520	1,2-Propandiol

Name des Zusatzstoffes	E-Nr.
1,2-Propandiol	E 1520
Acesulfam K	E 950
Acetylierte oxidierte Stärke	E 1451
Acetylierte Stärke	E 1420
Acetyliertes Distärkeadipat	E 1422
Acetyliertes Distärkephosphat	E 1414
Adipinsäure	E 355
Agar-Agar	E 406
Alginsäure	E 400
Allurarot AC	E 129
Alpha-Tocopherol	E 307
Aluminium	E 173
Aluminiumammoniumsulfat	E 523
Aluminiumkaliumsulfat	E 522
Aluminiumnatriumsulfat	E 521
Aluminiumsilicat (Kaolin)	E 559
Aluminiumsulfat	E 520
Amaranth	E 123
Amidiertes Pektin	E 440
Ammoniak-Zuckerkulör	E 150c
Ammoniumalginat	E 403
Ammoniumcarbonat	E 503
Ammoniumcarbonate	E 503
Ammoniumhydrogencarbonat	E 503
Ammoniumhydroxid	E 527
Ammoniumsalze von Phosphatidsäuren	E 442
Ammoniumsulfate	E 517
Ammonsulfit-Zuckerkulör	E 150d
Annatto	E 160b
Anthocyane	E 163
Äpfelsäure	E 296

Name des Zusatzstoffes	E-Nr.
Argon	E 938
Ascorbinsäure	E 300
Ascorbylpalmitat	E 304
Ascorbylstearat	E 304
Aspartam	E 951
Azorubin	E 122
Beetenrot	E 162
Bentonit	E 558
Benzoesäure	E 210
Bernsteinsäure	E 363
Beta-apo-8'-Carotinal (C30)	E 160e
Beta-apo-8'-Carotinsäure-Ethylester (C30)	E 160f
beta-Carotin	E 160a
Beta-Cyclodextrin	E 459
Bienenwachs	E 901
Biphenyl	E 230
Bixin	E 160b
Borsäure	E 284
Braun FK	E 154
Braun HT	E 155
Brillantblau FCF	E 133
Brillantschwarz BN	E 151
Butan	E 943a
Butylhydroxyanisol (BHA)	E 320
Butylhydroxytoluol (BHT)	E 321
Calcium 5'-ribonucleotid	E 634
Calciumacetat	E 263
Calciumalginat	E 404
Calciumaluminiumsilicat	E 556
Calciumascorbat	E 302
Calciumbenzoat	E 213

Name des Zusatzstoffes	E-Nr.
Calciumbisulfit	E 227
Calciumcarbonat	E 170
Calciumchlorid	E 509
Calciumcitrate	E 333
Calciumcyclamat	E 952
Calciumdiglutamat	E 623
Calciumdihydrogendiphosphat	E 450
Calciumdinatriumethylendiamintetraacetat	E 385
Calciumferrocyanid	E 538
Calciumgluconat	E 578
Calciumguanylat	E 629
Calciumhydrogenmalat	E 352
Calciumhydroxid	E 526
Calciuminosinat	E 633
Calciummalat	E 352
Calciummalate	E 352
Calciumorthophosphate	E 341
Calciumoxid	E 529
Calciumpolyphosphat	E 452
Calciumpropionat	E 282
Calciumsilicat	E 552
Calciumsorbat	E 203
Calciumstearoyl-2-lactylat	E 482
Calciumsulfat	E 516
Calciumsulfit	E 226
Calciumtartrat	E 354
Candelillawachs	E 902
Canthaxanthin	E 161c
Capsanthin	E 160c
Capsorubin	E 160c
Carbamid	E 927b
Carboxymethylcellulose	E 466
Carnaubawachs	E 903
Carotine	E 160a
Carrageen	E 407
Cellulose	E 460
Cellulosepulver	E 460
Chinolingelb	E 104
Chlorophylle	E 140
Chlorophylline	E 140
Chlorwasserstoffsäure	E 507
Citronensäure	E 330
Citronensäureester von Mono- und Diglyceriden von Speisefettsäuren	E 472c

Name des Zusatzstoffes	E-Nr.
Cochenillerot A	E 124
Cyclohexansulfamidsäure	E 952
Cyclohexansulfamidsäure und ihre Na- und Ca-Salze	E 952
Delta-Tocopherol	E 309
Dicalciumcitrat	E 333
Dicalciumdiphosphat	E 450
Dicalciumphosphat	E 341
Dikaliumguanylat	E 628
Dikaliuminosinat	E 632
Dikaliumphosphat	E 340
Dikaliumtartrate	E 336
Dimagnesiumphosphate	E 343
Dimethyldicarbonat	E 242
Dimethylpolysiloxan	E 900
Dinatrium 5′-ribonucleotid	E 635
Dinatriumcitrat	E 331
Dinatriumdiphosphat	E 450
Dinatriumguanylat	E 627
Dinatriuminosinat	E 631
Dinatriumphosphat	E 339
Dinatriumtartrate	E 335
Diphosphate	E 450
Distärkephosphat	E 1412
Distickstoffmonoxid	E 942
Dodecylgallat	E 312
Echtes Karmin	E 120
Einfaches Zuckerkulör	E 150a
Eisenhydroxide	E 172
Eisen-II-gluconat	E 579
Eisen-II-lactat	E 585
Eisenoxide	E 172
Enzymatisch hydrolysierte Carboxymethylcellulose	E 469
Erythrosin	E 127
Essigsäure	E 260
Essigsäureester von Mono- und Diglyceriden von Speisefettsäuren	E 472a
Ethylmethylcellulose	E 465
Ethyl-p-hydroxybenzoat	E 214
Fettsäureester der Ascorbinsäure	E 304
Fettsäuren	E 570
Fumarsäure	E 297
Gamma-Tocopherol	E 308

Name des Zusatzstoffes	E-Nr.
Gelborange S	E 110
Gellan	E 418
Gemischte Carotine	E 160a
Gemischte Wein- und Essigsäureester von Mono- und Diglyceriden von Speisefettsäuren	E 472f
Glucono-delta-lacton	E 575
Gluconsäure	E 574
Glutaminsäure	E 620
Glycerin	E 422
Glycerin und dessen Natriumsalz	E 640
Glycerinester aus Wurzelharz	E 445
Glycerintriacetat	E 1518
Gold	E 175
Grün S	E 142
Guanylsäure	E 626
Guarkernmehl	E 412
Gummi arabicum	E 414
Helium	E 939
Hexamethylentetramin	E 239
Hydroxypropylcellulose	E 463
Hydroxypropyldistärkephosphat	E 1442
Hydroxypropylmethylcellulose	E 464
Hydroxypropylstärke	E 1440
Indigotin I	E 132
Inosinsäure	E 630
Invertase	E 1103
Isoascorbinsäure	E 315
Isobutan	E 943b
Isomalt	E 953
Johannisbrotkernmehl	E 410
Kaliumacetat	E 261
Kaliumadipat	E 357
Kaliumalginat	E 402
Kaliumaluminiumsilicat	E 555
Kaliumbenzoat	E 212
Kaliumbisulfit	E 228
Kaliumcarbonat	E 501
Kaliumcarbonate	E 501
Kaliumchlorid	E 508
Kaliumcitrate	E 332
Kaliumferrocyanid	E 536
Kaliumgluconat	E 577

Name des Zusatzstoffes	E-Nr.
Kaliumhydrogencarbonat	E 501
Kaliumhydrogensulfat	E 515
Kaliumhydroxid	E 525
Kaliumlactat	E 326
Kaliummalat	E 351
Kaliummetabisulfit	E 224
Kaliumnatriumtartrat	E 337
Kaliumnitrat	E 252
Kaliumnitrit	E 249
Kaliumorthophosphate	E 340
Kaliumpolyphosphat	E 452
Kaliumpropionat	E 283
Kaliumsorbat	E 202
Kaliumsulfat	E 515
Kaliumsulfate	E 515
Kaliumtartrate	E 336
Karaya	E 416
Kohlendioxid	E 290
Konjak	E 425
Konjak Glukomannan	E 425
Konjakgummi	E 425
Kupferhaltige Komplexe der Chlorophylle	E 141
Kupferhaltige Komplexe der Chlorophylline	E 141
Kurkumin	E 100
L(+)-Weinsäure	E 334
Lactit	E 966
L-Cystein	E 920
Lecithine	E 322
Lithorubin BK	E 180
Lutein	E 161b
Lycopin	E 160d
Lysozym	E 1105
Magnesiumcarbonat	E 504
Magnesiumcarbonate	E 504
Magnesiumchlorid	E 511
Magnesiumdiglutamat	E 625
Magnesiumhydrogencarbonat	E 504
Magnesiumhydroxid	E 528
Magnesiumhydroxidcarbonat	E 504
Magnesiumoxid	E 530
Magnesiumphosphate	E 343
Magnesiumsalze von Speisefettsäuren	E 470b
Magnesiumsilicat	E 553a

Name des Zusatzstoffes	E-Nr.
Magnesiumtrisilicat	E 553a
Maltit	E 965
Maltitsirup	E 965
Mannit	E 421
Metaweinsäure	E 353
Methylcellulose	E 461
Methyl-p-hydroxybenzoat	E 218
Mikrokristalline Cellulose	E 460
Mikrokristallines Wachs	E 905
Milchsäure	E 270
Milchsäureester von Mono- und Diglyceriden von Speisefettsäuren	E 472b
Mono- und Diacetylweinsäureester von Mono- und Diglyceriden von Speisefettsäuren	E 472e
Mono- und Diglyceride von Speisefettsäuren	E 471
Monoammoniumglutamat	E 624
Monocalciumcitrat	E 333
Monocalciumphosphat	E 341
Monokaliumcitrat	E 332
Monokaliumglutamat	E 622
Monokaliumphosphat	E 340
Monokaliumtartrate	E 336
Monomagnesiumphosphate	E 343
Mononatriumcitrat	E 331
Mononatriumglutamat	E 621
Mononatriumphosphat	E 339
Mononatriumtartrate	E 335
Monostärkephosphat	E 1410
Montansäureester	E 912
Natamycin	E 235
Natrium-, Kalium- und Calciumsalze von Speisefettsäuren	E 470a
Natriumacetat	E 262
Natriumacetate	E 262
Natriumadipat	E 356
Natriumalginat	E 401
Natriumaluminiumsilicat	E 554
Natriumascorbat	E 301
Natriumbenzoat	E 211
Natriumcalciumpolyphosphat	E 452
Natriumcarbonat	E 500
Natriumcarbonate	E 500
Natriumcarboxymethylcellulose	E 466

Name des Zusatzstoffes	E-Nr.
Natriumcitrate	E 331
Natriumcyclamat	E 952
Natriumdiacetat	E 262
Natriumethyl-p-hydroxybenzoat	E 215
Natriumferrocyanid	E 535
Natriumgluconat	E 576
Natriumhydrogencabonat	E 500
Natriumhydrogenmalat	E 350
Natriumhydrogensulfat	E 514
Natriumhydrogensulfit	E 222
Natriumhydroxid	E 524
Natriumisoascorbat	E 316
Natriumlactat	E 325
Natriummalat	E 350
Natriummalate	E 350
Natriummetabisulfit	E 223
Natriummethyl-p-hydroxybenzoat	E 219
Natriumnitrat	E 251
Natriumnitrit	E 250
Natriumorthophenylphenol	E 232
Natriumphosphate	E 339
Natriumpolyphosphat	E 452
Natriumpropionat	E 281
Natriumpropyl-p-hydroxybenzoat	E 217
Natriumsesquicarbonat	E 500
Natriumstearoyl-2-lactylat	E 481
Natriumsulfat	E 514
Natriumsulfate	E 514
Natriumsulfit	E 221
Natriumtartrate	E 335
Natriumtetraborat (Borax)	E 285
Neohesperidin DC	E 959
Nisin	E 234
Norbixin	E 160b
Octylgallat	E 311
Orthophenylphenol	E 231
Oxidative Stärke	E 1404
Paprikaextrakt	E 160c
Patentblau V	E 131
Pektin	E 440
Pektine	E 440
Pentakaliumtriphosphat	E 451
Pentanatriumtriphosphat	E 451

Name des Zusatzstoffes	E-Nr.
Pflanzenkohle	E 153
Phosphatiertes Distärkephosphat	E 1413
Phosphorsäure	E 338
Polydextrose	E 1200
Polyethylenwachs-oxidate	E 914
Polyglycerinester von Speisefettsäuren	E 475
Polyglycerin-Polyricinoleat	E 476
Polyoxyethylen-(40)n-stearat	E 431
Polyoxyethylen-sorbitan-monolaurat (Polysorbat 20)	E 432
Polyoxyethylen-sorbitan-monooleat (Polysorbat 80)	E 433
Polyoxyethylen-sorbitan-monopalmitat (Polysorbat 40)	E 434
Polyoxyethylen-sorbitan-monostearat (Polysorbat 60)	E 435
Polyoxyethylen-sorbitan-tristearat (Polysorbat 65)	E 436
Polyphosphate	E 452
Polyvinylpolypyrrolidon	E 1202
Polyvinylpyrrolidon	E 1201
Propan	E 944
Propionsäure	E 280
Propylenglycolester von Speisefettsäuren	E 477
Propylenglycolalginat	E 405
Propylgallat	E 310
Propyl-p-hydroxybenzoat	E 216
Quillajaextrakt	E 999
Riboflavin	E 101
Riboflavin-5-Phosphat	E 101
Rot 2G	E 128
Saccharin	E 954
Saccharin und seine Na-, K- und Ca-Salze	E 954
Saccharin-Calcium	E 954
Saccharin-Kalium	E 954
Saccharin-Natrium	E 954
Saccharoseacetatisobutyrat	E 444
Sauerstoff	E 948
Saures Aluminiumphosphat	E 541
Schellack	E 904
Schwefeldioxid	E 220
Schwefelsäure	E 513
Silber	E 174
Siliciumdioxid	E 551

Name des Zusatzstoffes	E-Nr.
Sorbitanmonostearat	E 491
Sorbitantristearat	E 492
Sorbinsäure	E 200
Sorbit	E 420
Sorbitanmonolaurat	E 493
Sorbitanmonooleat	E 494
Sorbitanmonopalmitat	E 495
Sorbitsirup	E 420
Stark tocopherolhaltige Extrakte	E 306
Stärkenatriumoctenylsuccinat	E 1450
Stearoyltartrat	E 483
Stickstoff	E 941
Sulfitlaugen-Zuckerkulör	E 150b
Talkum	E 553b
Tarakernmehl	E 417
Tartrazin	E 102
Tetrakaliumdiphosphat	E 450
Tetranatriumdiphosphat	E 450
Thaumatin	E 957
Thermooxidiertes Sojaöl mit Mono- und Diglyceriden von Speisefettsäuren	E 479b
Titandioxid	E 171
Traganth	E 413
Triammoniumcitrat	E 380
Tricalciumcitrat	E 333
Tricalciumphosphat	E 341
Triethylcitrat	E 1505
Trikaliumcitrat	E 332
Trikaliumphosphat	E 340
Trinatriumcitrat	E 331
Trinatriumdiphosphat	E 450
Trinatriumphosphat	E 339
Triphosphate	E 451
Verarbeitete Eucheuma-Algen	E 407a
Vernetzte Natriumcarboxymethylcellulose	E 468
Wasserstoff	E 949
Weinsäureester von Mono- und Diglyceriden von Speisefettsäuren	E 472d
Xanthan	E 415
Xylit	E 967
Zinkacetat	E 650
Zinn-II-Chlorid	E 512
Zuckerester von Speisefettsäuren	E 473
Zuckerglyceride	E 474

Anhang II: Spezifischer Teil

Tabelle 1 Allergenkennzeichnung

Zu kennzeichnende Allergie auslösende Stoffe nach Anhang III a Richtlinie 2000/13/EG nach Maßgabe der Richtlinie 2003/89/EG

- **Glutenhaltiges Getreide**
  (d. h. Weizen, Roggen, Gerste, Hafer, Dinkel, Kamut oder Hybridstämme davon) sowie daraus hergestellte Erzeugnisse
- **Krebstiere und Krebstiererzeugnisse**
- **Eier und Eierzeugnisse**
- **Erdnüsse und Erdnusserzeugnisse**
- **Soja und Sojaerzeugnisse**
- **Milch und Milcherzeugnisse (einschließlich Lactose)**
- **Schalenfrüchte,**
  d. h. Mandel *(Amygdalus communis L.)*, Haselnuss *(Corylus avellana)*, Walnuss *(Juglans regia)*, Kaschunuss *(Anacardium occidentale L.)*, Pekannuss *(Carya illioniensis [Wangenh.] K. Koch)*, Paranuss *(Bertholletia excelsa)*, Pistazie *(Pistacia vera)*, Makadamianuss und Queenslandnuss *(Macadamia tetrifolia)* sowie daraus hergestellte Erzeugnisse
- **Sellerie und Sellerieerzeugnisse**
- **Senf und Senferzeugnisse**
- **Sesamsamen und Sesamsamenerzeugnisse**
- **Schwefeldioxid und Sulfite**
  in einer Konzentration von mehr als 10 mg/kg oder 10 mg/l, als SO_2 angegeben

Tabelle 2 Off-Flavour

Examples of sources of taints and off-flavours (source: Reading Scientific Services Ltd)

Source of taint/off-flavour	Compounds involved	Food contaminated
Microbiological	Indoles, skatole	Cereals
	Guaiacol	Custard
	Guaiacol	Fruit juice
	Paracresol	Milk
	Ethyl acetate, ethanol	Orange juice
Packaging:		
–printed cartonboard	Aliphatic hydrocarbons	Chocolates
–printed cartonboard	2-Butoxyethanol	Ice cream
–paper board	Alkoxy alcohols	Milk
–can laquer	Orthocresol	Cola
–paper sacks	Chloroanisoles	Desiccated coconut
–sealing foil	Methyl acrylic acid	Peanut butter
Other sources:		
–storage in proximity to fuel and solvent spills	Hydrocarbons	Carbonates beverages in PET bottles
–proprietary cleaner	Chlorophenols	Cheese
–contaminated process water	Methyl isoborneol	Distilled spirit
–contaminated tank	6-Orthochlorocresol	Jam filling
–cardboard boxes used to store empty bottles	Chloroanisoles	Spring water
–factory flooring	Xylenols	Chocolate eggs

Tabelle 3 Eier und Güteklassen

3.1 Anteil der Eibestandteile bei den verschiedenen Geflügelarten (Grossfeld, 1938 und Vogt, 1973)

Geflügelart	Eigewicht	Dotter		Eiklar		Schale	
	g	g	% Ei	g	% Ei	g	% Ei
Gans	161,0	57,3	35,6	90,8	56,4	20,6	12,8
Pute	85,9	28,3	32,9	48,0	55,9	9,6	11,2
Ente	70,4	25,3	35,8	37,9	53,9	7,2	10,3
Huhn	58,1	18,6	31,8	34,1	58,1	5,9	10,1
Perlhuhn	42,7	16,0	37,4	20,3	47,6	6,4	15,0
Taube	19,4	3,6	18,8	13,8	70,9	2,0	10,3
Japanische Wachtel	10,0	3,5	34,7	5,6	56,7	0,9	8,6

3.2 Eier Güteklassen

	Güteklasse **A** oder »frisch«	Güteklasse **B** oder »2. Qualität oder haltbar gemacht«
Schale		normal, unverletzt
Luftkammer	Höhe nicht über 6 mm, unbeweglich, bei Bezeichnung »Extra« nicht über 4 mm	Höhe nicht über 9 mm
Eiklar	klar, durchsichtig, gallertartig, frei von Einlagerungen	klar, durchsichtig, frei von Einlagerungen
Dotter	beim Durchleuchten nur schattenhaft, ohne deutliche Umrisslinie sichtbar, beim Drehen nicht wesentlich von der zentralen Lage abweichend, frei von fremden Ein- oder Auflagerungen jeder Art	beim Durchleuchten nur schattenhaft sichtbar (nicht erforderlich bei Kalkeiern), frei von fremden Ein- oder Auflagerungen jeder Art
Keim	nicht sichtbar entwickelt	nicht sichtbar entwickelt
Geruch	frei von Fremdgeruch	frei von Fremdgeruch

3.3 Gewichtsklassen

XL	(sehr groß)	73 g und mehr
L	(groß)	63 g bis unter 73 g
M	(mittel)	53 g bis unter 63 g
S	(klein)	unter 53 g

Tabelle 4 Fettsäuren

4.1 Gesättigte Fettsäuren

Trivialname	C-Atome	Hauptsächliches Vorkommen
Ameisensäure	1	Ameisengift, Brennnesseln
Essigsäure	2	vergärender Alkohol
Propionsäure	3	Gärungsprodukt Schweiß
Buttersäure	4	Butter, Gärungsprodukt
Capronsäure	6	Butter, Kokosfett
Caprylsäure	8	Butter, Kokosfett
Caprinsäure	10	Butter, Kokosfett
Laurinsäure	12	Kokosfett, Palmkernfett
Myristinsäure	14	Kokosfett, Palmkernfett, Butter
Palmitinsäure	16	fast alle Fette
Stearinsäure	18	fast alle Fette
Arachinsäure	20	Erdnuss-, Rüb-, Kakaoöl
Behensäure	22	Erdnuss-, Rüböl
Lignocerinsäure	24	Bienen-, Carnauba-, Montanwachs
Cerotinsäure	26	Bienenwachs, Wollfett
Melissinsäure	30	Bienen-, Montanwachs

4.2 Ungesättigte Fettsäuren

Trivialname	C-Atome	Doppelbindungen	Hauptsächliches Vorkommen
Palmitoleinsäure	16	1	tierische Fette
Ölsäure	18	1	fast alle Fette
Eicosensäure	20	1	Erdnuss-, Raps-, Jojobaöl
Erucasäure	22	1	Senf-, früher auch Rüböl
Sorbinsäure	6	2	Vogelbeeren
Linolsäure	18	2	viele pflanzliche Öle
Linolensäure	18	3	Lein-, Sojaöl
Arachidonsäure	20	4	Leber, tierische Fette
Eicosapentaensäure	20	5	Fisch-, Seetieröle
Docosahexaensäure	22	6	Fisch-, Seetieröle

Tabelle 5 Käsesorten

Käsesorte	Magerstufe	Viertelfettstufe	Halbfettstufe	Dreiviertelfettstufe	Fettstufe	Vollfettstufe	Rahmstufe	Doppelrahmstufe
1. Hartkäse								
Bergkäse						X	X	X
Chesterkäse						X	X	
Emmentaler						X		
2. Schnittkäse								
Edamer-Käse				X	X	X	X	
Goudakäse				X	X	X	X	
Tilsiter-Käse				X	X	X	X	X
Wilstermarschkäse						X	X	
3. Halb feste Schnittkäse								
Steinbuscher				X		X	X	
Edelpilzkäse						X	X	X
Butterkäse						X	X	X
Weißlacker					X	X	X	
4. Weichkäse								
Briekäse						X	X	X
Camembertkäse				X	X	X	X	X
Limburger-Käse			X	X	X	X	X	
Münsterkäse						X	X	
Romadur			X	X	X	X	X	X
5. Frischkäse								
Doppelrahmfrischkäse								X
Rahmfrischkäse							X	
Schichtkäse		X	X	X	X	X	X	X
Speisequark	X	X	X	X	X	X	X	X
6. Sauermilchkäse								
Bauernhandkäse	X							
Harzer-Käse	X							
Korbkäse	X							
Mainzer-Käse	X							
Quargel	X							
Spitzkäse	X							
Stangenkäse	X							
Handkäse	X							
7. Pasta-Filata-Käse								
Provolone				X			X	
Mozzarella			X	X	X	X	X	X
Schnittfester Mozzarella			X	X	X	X	X	X

Tabelle 6 Fleischdefinition

Höchstwerte der Fett- und Bindegewebsanteile für Zutaten, die mit dem Begriff „...fleisch“ bezeichnet werden

Spezies	Fett (%)	Bindegewebe* (%)
Alle Säugetiere (ausgenommen Kaninchen und Schweine) und Mischungen von Spezies, bei denen Säugetiere überwiegen	25	25
Schweine	30	25
Vögel und Kaninchen	15	10

*= Der Bindegewebsanteil wird berechnet aufgrund des Verhältnisses zwischen Kollagengehalt und Fleischeiweißgehalt. Als Kollagengehalt gilt der mit dem Faktor 8 vervielfältigte Gehalt an Hydroxyprolin.

Tabelle 8 Vitamine

8.1 fettlösliche Vitamine

Vitamin	wesentliche Vorkommen in Lebensmitteln	Wirkungsweise	Hypovitaminose Avitaminose
Retinol: Vitamin A	Lebertran, Leber, Eigelb, Butter, Fettkäse	Förderung der Eiweißsynthese, Beeinflussung des Zellwachstums, Bestandteil des Sehpurpurs	Verhornung von Haut und Schleimhäuten, Nachtblindheit, erhöhte Infektanfälligkeit
ß-Carotin Provitamin A	Möhren, grüne Blattgemüsearten wie Spinat, Grünkohl, Paprika, Aprikosen		
Ergocalciferol: Vitamin D_2 **Cholecalciferol:** Vitamin D_3 Provitamine: Dehydrocholesterin, Ergosterin	Lebertran, Eigelb, Leber, Butter, Fettfische	Förderung der Calciumabsorption, Verknöcherung des Skelettes	Deformierung der Knochen, Rachitis bei Kindern, Osteomalazie und Osteoporose bei Erwachsenen
Tocopherole: Vitamin E	pflanzliche Öle, Butter, Getreideprodukte, besonders Weizenkeime	verhindert Oxidation von ungesättigten Fettsäuren, Schutz gegen Muskelschwund und Leberschäden	unbekannt, evtl. Muskelschwund
Phyllochinon: Vitamin K	Grüngemüse, Leber, Fleisch, Fisch, Milch	notwendig für den normalen Ablauf der Blutgerinnung	erhöhte Blutungsneigung

Tabelle 7 Konfitüren

Gehalte an Fruchtpülpen bei Konfitüren pro 1000 g Erzeugnis

Fruchtsorte	Konfitüre extra	Konfitüre
Hagebutte, schwarze Johannisbeere, rote Johannisbeere, Vogelbeere, Sanddorn, Quitte	350 g	250 g
Ingwer	250 g	150 g
Cashewäpfel	230 g	160 g
Passionsfrüchte	80 g	60 g
Andere Früchte	450 g	350 g

Hypervitaminose	Zerstörung der Wirkungsweise durch			
	Hitze	O_2	Licht	UV
Kopfschmerzen, Erbrechen, Skelettveränderungen	–	stark	stark	gering
	–	–	–	–
Calciumablagerungen in Blutgefäßen, Lungen und Nieren	–	stark	stark	gering
bei sehr hohen Dosen: gastrointestinale Störungen, verzögerte Blutgerinnung	–	stark	gering	–
unbekannt Antivitamin: Dicumarin	–	gering	stark	gering

8.2 wasserlösliche Vitamine

Vitamin	wesentliche Vorkommen in Lebensmitteln	Wirkungsweise	Hypovitaminose Avitaminose
Thiamin: Vitamin B_1	Schweinefleisch, Leber, Vollkornmehle und -erzeugnisse, Hülsenfrüchte, Kartoffeln	Bestandteil eines Coenzyms im Energie-Stoffwechsel	Beriberi-Krankheit, Wachstumsstörungen, Gewichtsabnahme, Nervenstörungen
Riboflavin: Vitamin B_2	Leber, Hefe, Milch und Milchprodukte, Fettkäse, Fleisch, Eier, Vollkornmehle, Seefische	Bestandteil der Coenzyme FAD und FMN – zentrale Bedeutung im oxidativen Stoffwechsel	Wachstumsstörungen, Gewichtsabnahme, Nervenstörungen, Schädigungen der Haut und Schleimhäute, Ariboflavinose
Nicotinsäure, Nicotinsäureamid: Niacin	Leber, Fleisch, Fisch, Eier, Getreideprodukte, verschiedene Gemüsearten, Kartoffeln	Bestandteile der Coenzyme NAD^+ und $NADP^+$ – Übertragung von Wasserstoff	Pellagra – Entzündung und Verfärbung der Haut, Entzündung der Schleimhäute, Durchfall, Depressionen
Pteroylglutaminsäure: Folsäure	grüne Gemüsearten, Leber, Weizenkeime, Vollkornmehle, Eigelb, Sojabohnen	Coenzym bei Übertragung von C_1-Resten im Aminosäurestoffwechsel	Störung der Blutbildung, Schleimhautentzündungen, Störungen im Magen-Darm-Trakt
Pantothensäure	Leber, Fleisch, Fisch, Milch, Vollkornmehle, Eigelb	Bestandteil des Coenzyms A – Aktivierung von Essigsäure und höheren Fettsäuren	Wachstumsstörungen, Gewichtsabnahme, Nervenstörungen, Schädigungen der Haut und Schleimhäute
Pyridoxin, Pyridoxol, Pyridoxal, Pyridoxamin: Vitamin B_6	Fleisch, Fisch, Leber, verschiedene Gemüsearten, Kartoffeln, Bananen	Bestandteil der Coenzyme PLP und PMP Aminosäurestoffwechsel	Hautschädigungen, Entzündungen an Mund und Augen, Nervenstörungen, Anämie
Cobalamine: Vitamin B_{12}	Leber, Eigelb, Milch, Fleisch, Fisch, Hefe, Fettkäse	als Coenzym am Fett-, Kohlenhydrat- und Nucleinsäure-Stoffwechsel beteiligt	Anämie – verminderter Gehalt an roten Blutkörperchen, Schädigung des Nervensystems
Biotin:	Leber, Hefe, Sojamehl, Blumenkohl	Bestandteil eines Coenzyms – Übertragung von CO_2-Gruppen	Veränderung der Haut und Schleimhäute
Ascorbinsäure: Vitamin C	Obst, Gemüse, Kartoffeln	Mitwirkung beim Aufbau der Grundsubstanz des Bindegewebes, Beteiligung am intermediären Stoffwechsel	Skorbut: Blutungen – Haut, Gelenke, innere Organe, Zahnfleischentzündung, verminderte Immunantwort

Hypervitaminose	Zerstörung der Wirkungsweise durch Hitze	O_2	Licht	UV
nicht bekannt Antivitamin: Pyrithiam, Oxithiamin, Thiaminase	stark	stark	–	gering
nicht bekannt Antivitamine: Galakto- und Lumiflavin	stark	gering	gering	stark
Gefäßerweiterung, Leberschäden Antivitamin: Isonicotinsäurehydrazid	gering	gering	gering	–
nicht bekannt Antivitamin: Aminopteroylglutaminsäure	gering	–	gering	–
nicht bekannt Antivitamin: ω-Aminopantothensäure	gering	gering	gering	–
Nervenstörungen Antivitamin: Desoxipyridoxin	stark	–	stark	–
nicht bekannt	–	–	gering	–
nicht bekannt Antivitamin: Avidin	–	–	–	–
nicht bekannt	stark	stark	stark	–

Überblick zum Lebensmittelrecht

Überblick zum Lebensmittelrecht

I Einführung

Aufgrund der rasanten Weiterentwicklung des Lebensmittelrechts haben wir in dieser Neuauflage darauf verzichtet, Texte lebensmittelrechtlicher Normen abzudrucken. Diese erfordern eine ständige Aktualisierung und sollten als Loseblattsammlung bezogen werden. Zum besseren Verständnis des Einflusses des Lebensmittelrechts auf die Begriffsdefinitionen möchten wir Ihnen stattdessen einen kurzen Überblick über den Aufbau, die Prinzipien und die Maximen des Lebensmittelrechts geben.

II Bedeutung des Lebensmittelrechts

Das Lebensmittelrecht dient sowohl dem Schutz der Allgemeinheit als auch dem Schutz des Einzelnen. Die wesentlichen Ziele sind der Schutz der menschlichen Gesundheit und der Schutz vor Irreführung und Täuschung. Beide Grundsätze sind in Form von Verbotsnormen sowohl im deutschen als auch im europäischen Lebensmittelrecht verankert. Danach ist es verboten, Lebensmittel für andere derart herzustellen oder zu behandeln, dass ihr Verzehr geeignet ist, die Gesundheit zu schädigen. Weiterhin ist es verboten, Lebensmittel in den Verkehr zu bringen, die auf Grund ihres Aussehens, ihrer Bezeichnung oder Aufmachung im weitesten Sinne geeignet sind, den Verbraucher über die tatsächliche Beschaffenheit des Lebensmittels zu täuschen. Mit den beiden vorgenannten Zielrichtungen kommt dem Lebensmittelrecht eine erhebliche Bedeutung zu. Der Mensch kann ohne Lebensmittel nicht existieren; sein Wohlbefinden, seine Gesundheit und seine Schaffenskraft werden maßgeblich von der Qualität und der Zusammensetzung der Lebensmittel beeinflusst. Aufgrund des in den letzten Jahren erfreulicherweise stark gestiegenen Verbraucherbewusstseins in Bezug auf eine gesunde und ausgewogene Ernährung kommt der Werbung mit gesundheitsbezogenen und nährwertbezogenen Aussagen eine wichtige Rolle zu. So ist das Lebensmittelrecht eine der wichtigsten Verbraucherschutzregelungen der Gegenwart.

III Nationales Recht

1. Gesetze und Verordnungen

Dachgesetz des deutschen Lebensmittelrechts ist das Lebensmittel- und Bedarfsgegenständegesetz (LMBG). Der Anwendungsbereich des LMBG und seiner Folgeverordnungen erstreckt sich auf Lebensmittel, Tabakerzeugnisse, kosmetische Mittel und sonstige Bedarfsgegenstände. Das LMBG enthält u. a. eine Reihe von Definitionen, legt allgemeine Grundsätze, wie zum Beispiel den Gesundheits- und Täuschungsschutz fest, enthält Vorschriften über Lebensmittelimport und -export sowie Strafvorschriften. Infolge der Umsetzung der EG-Basisverordnung Nr. 178/2002 in nationales Recht (vgl. nachfolgend

Kap. IV EG-Recht) steht die Ablösung des LMBG durch das neue Lebensmittel- und Futtermittelgesetzbuch (LFGB) unmittelbar bevor. Das LFGB entspricht in weiten Teilen inhaltlich etwa dem LMBG, ist jedoch entsprechend dem Aufbau der EG-Basisverordnung neu strukturiert worden. Neu ist z. B. die Begriffsdefinition „Lebensmittel“ und, dass entsprechend dem Grundsatz “From Farm to Fork” auch das Futtermittelrecht in das Lebensmittelrecht einbezogen wird.

Neben dem LMBG existieren lebensmittelrechtliche Nebengesetze, die formell selbstständige Gesetze sind und ihr Verhältnis zum LMBG meist selbst ausdrücklich bestimmen. Zu nennen sind hier z. B. folgende Gesetze:
· Fleischhygienegesetz,
· Geflügelfleischhygienegesetz,
· Handelsklassengesetz,
· Milch- und Margarinegesetz,
· Weingesetz,
· Eichgesetz.

Aufgrund des LMBG sind zahlreiche Verordnungen erlassen worden. Man unterscheidet horizontale und vertikale Verordnungen. Die horizontalen Verordnungen regeln allgemeine Tatbestände, die mehrere oder alle Lebensmittel betreffen. Einige Wichtige sollen hier genannt und kurz erläutert werden:
· Lebensmittel-Kennzeichnungsverordnung (LMKV),
· Los-Kennzeichnungsverordnung (LKV),
· Nährwert-Kennzeichnungs-Verordnung (NKV),
· Verordnung über tiefgefrorene Lebensmittel (TLMV),
· Diätverordnung (DV),
· Zusatzstoff-Zulassungsverordnung (ZZulV),
· Lebensmittelhygiene-Verordnung (LMHV).

Es handelt sich hierbei vor allem um bestimmte Kennzeichnungsvorschriften, die der Unterrichtung des Verbrauchers über bestimmte Eigenschaften und Merkmale der angebotenen Lebensmittel dienen (LMKV, LKV, TLMV, DV, z.T. auch ZZulV). Das zentrale Kennzeichnungsrecht für Lebensmittel in Fertigpackungen, die an den Verbraucher abgegeben werden, ist in der LMKV enthalten. Die LMKV schreibt für die Etikettierung dieser Lebensmittel folgende Kennzeichnungselemente vor:
1. Verkehrsbezeichnung,
2. Name und Anschrift der Herstellerfirma oder des Importeurs,
3. Zutatenverzeichnis,
4. Mindesthaltbarkeitsdatum,
5. Quantitative Zutatenkennzeichnung bestimmter Zutaten oder Zutatenklassen,
6. Alkoholgehalt bei Getränken mit einem Alkoholgehalt > 1,2 Vol-%.

Verkehrsbezeichnung, Mindesthaltbarkeitsdatum bzw. der Hinweis darauf und die nach Eichgesetz vorgeschriebene Mengenkennzeichnung müssen dabei in einem Sichtfeld (z. B. der Packungsrückseite) stehen. Die LKV schreibt die Loskennzeichnung (auch Chargen-

kennzeichnung genannt) für fertig verpackte Lebensmittel vor, wodurch die Rückverfolgbarkeit des gekennzeichneten Produktes bis zu seiner Produktion ermöglicht wird. Die NKV legt die Kennzeichnungsmodalitäten für die Nährwertkennzeichnung von Lebensmitteln fest. Im Gegensatz zu den eben genannten Kennzeichnungselementen ist die Nährwertkennzeichnung grundsätzlich freiwillig. Sie wird erst dann verpflichtend, wenn nährwertbezogene Aussagen zu bestimmten Lebensmitteln vorgenommen werden. Durch die TLMV werden für tiefgefrorene Lebensmittel zusätzliche Kennzeichnungselemente vorgeschrieben. Es handelt sich um:
1. Die Angabe „tiefgefroren" bei der Verkehrsbezeichnung,
2. die Angabe „nach dem Auftauen nicht wieder einfrieren",
3. die Sternefachkennzeichnung.

Die Diätverordnung regelt Zusammensetzung und Kennzeichnung von Lebensmitteln, die für eine besondere Ernährung bestimmt sind (diätetische Lebensmittel). Die LMHV ist die Rahmenregelung über Lebensmittelhygiene für alle Stufen der Erzeugung und des Umgangs mit Lebensmitteln nach der Urproduktion. Daneben gelten für tierische Lebensmittel die produktspezifischen Hygieneregelungen, die zu den vertikalen Rechtsvorschriften zählen. Entsprechend dem Verbotsprinzip mit Erlaubnisvorbehalt ist die Verwendung bestimmter für die Lebensmittelherstellung technisch erforderlicher Stoffe (Zusatzstoffe) generell verboten. Die ausdrückliche Verwendungserlaubnis findet sich in der ZZulV. Anforderungen im Hinblick auf die Angabe der Nennfüllmenge von fertig verpackten Lebensmitteln und die Bestimmung der Füllmenge sind in der Fertigpackungsverordnung (FPVO) enthalten, die auf dem Eichgesetz beruht.

Vertikale Verordnungen regeln bestimmte eng umgrenzte Produktbereiche. Zu dieser Gruppe von Verordnungen zählen z. B. die:
- Käseverordnung,
- Milcherzeugnisverordnung,
- Honigverordnung,
- Konfitürenverordnung,
- Kakaoverordnung,
- Fischhygiene-Verordnung,
- Fleisch-Verordnung,
- Milchverordnung.

In diesen Verordnungen finden sich zumeist Anforderungen an die Zusammensetzung und Bezeichnung der dort geregelten Produkte.

Die meisten der vorgenannten Verordnungen basieren auf europäischem Recht (vgl. nachfolgend Kap. IV EG-Recht), so z. B. die Lebensmittel-Kennzeichnungsverordnung, die Lebensmittelhygiene-Verordnung oder die Fischhygiene-Verordnung. Die Milcherzeugnisverordnung hingegen ist zum Beispiel rein nationales Recht, eine entsprechende EG-Vorschrift existiert nicht. Die Gesetzes- und Verordnungstexte werden im Bundesgesetzblatt veröffentlicht und als Loseblattsammlungen von verschiedenen Verlagen (z. B. Beck oder Behr's) angeboten. Sie sind im Internet auch unter folgender Adresse einsehbar: http://bundesrecht.juris.de/bundesrecht/GESAMT_index.html.

2. Verkehrsauffassung
Die Zusammensetzung der Lebensmittel ist ein Spiegelbild der Verkehrsauffassung. Der Schutz vor Täuschung ist gewährleistet, wenn ein Lebensmittel in Zusammensetzung und Kennzeichnung der Verkehrsauffassung, also der redlichen Herstellungspraxis und der berechtigten Verbrauchererwartung entspricht. Die Verkehrsauffassung umfasst die Auffassung der am Verkehr mit Lebensmitteln beteiligten Kreise über die Beschaffenheit eines Lebensmittels. Es ist somit von großer Bedeutung, die maßgebliche Verkehrsauffassung zu ermitteln und die richtige Verkehrsbezeichnung zu finden.

Die Feststellung der Verkehrsauffassung kann auf vielfältige Art und Weise erfolgen. Die Verkehrsauffassung einzelner Lebensmittel ist in Rechtsvorschriften vorgeschrieben, so z. B. die Anforderungen an Crème Fraîche in der Milcherzeugnisverordnung oder an Schokolade in der Kakaoverordnung. Für die übrigen Lebensmittel ist die Verkehrsauffassung in den Leitsätzen des Deutschen Lebensmittelbuches, in Richtlinien der Wirtschaft oder der Verwaltung beschrieben oder ist lediglich in der Vorstellung der Verbraucher oder des sachkundigen Gerichts existent. Besondere Bedeutung kommt hierbei nach wie vor den Leitsätzen der Deutschen Lebensmittelbuchkommission zu, da sie von Vertretern der Wirtschaft, Wissenschaft, Lebensmittelüberwachung und Verbraucherschaft erarbeitet werden und so eine wichtige Orientierungshilfe für die Zusammensetzung und Bezeichnung der dort beschriebenen Lebensmittel darstellen. Die Leitsätze sind keine Rechtsnormen wie Gesetze und Verordnungen und haben daher keine verbindliche Wirkung. Sie haben den Charakter objektivierter Sachverständigengutachten und unterliegen der richterlichen Nachprüfung. Abweichungen bestimmter Lebensmittel von in den Leitsätzen beschriebenen Zusammensetzungen sind möglich, wenn die abweichende Zusammensetzung aus der Etikettierung (z. B. Zutatenverzeichnis) für den Verbraucher ersichtlich ist. Es gibt Leitsätze z. B. zu folgenden Lebensmittelgruppen:
- Fleisch- und Fleischerzeugnisse,
- Fische, Krebse und Weichtiere und Erzeugnisse daraus,
- Speiseeis- und Speiseeishalberzeugnisse,
- Erfrischungsgetränke,
- Feine Backwaren,
- Puddinge, andere süße Desserts und verwandte Erzeugnisse,
- Gewürze und andere würzende Zutaten,
- Feinkostsalate.

Veröffentlicht werden die jeweils aktuellen Leitsätze in Form eines gebundenen Buches im Bundesanzeigerverlag.

Richtlinien der Wirtschaft über die Beschaffenheit von Lebensmitteln werden von Herstellern oder Handelsverbänden erstellt und können ebenfalls zur Feststellung der Verkehrsauffassung herangezogen werden, z. B. die Richtlinien des Bundes für Lebensmittelrecht und Lebensmittelkunde (BLL). Im Verhältnis zu den Leitsätzen der Deutschen Lebensmittelkommission haben die Hersteller-Richtlinien eine nachrangige Bedeutung, da sie nicht von allen vier am Verkehr mit Lebensmitteln beteiligten Kreisen erstellt wurden. Gleiches gilt für die Richtlinien der Verwaltung, die von bestimmten Gremien der Lebensmittelüberwachung erstellt werden. Ist die Verkehrsauffassung eines Lebensmittels weder in den

Leitsätzen noch in Richtlinien der Wirtschaft oder Verwaltung noch in der Literatur (z. B. Kochbücher) beschrieben, kann eine Verbraucherbefragung Aufschluss geben oder das Gericht in eigener Sachkunde entscheiden.
Sofern wie oben beschrieben eine Verkehrsauffassung zu einem Lebensmittel existent war, wurde diese für die Begriffsdefinitionen in diesem Lexikon berücksichtigt.

IV Europäisches Recht

1. Vorrang des Gemeinschaftsrechts

Die Bundesrepublik Deutschland ist seit dem 1.1.1958 Mitglied der Europäischen Gemeinschaft. Der Vertrag über die europäische Wirtschaftsgemeinschaft von 1957 bindet die Bundesrepublik Deutschland an die Ziele der Gemeinschaft. Das EG-Lebensmittelrecht gilt in allen Mitgliedstaaten der EU (und durch den Vertrag über den Europäischen Wirtschaftsraum in weiten Teilen auch in Norwegen, Island und Liechtenstein). Das EG-Recht hat Anwendungsvorrang vor nationalem Recht. Der Vorrang des Gemeinschaftsrechts gegenüber widersprechendem nationalen Recht ist auch von der höchstrichterlichen Rechtsprechung in Deutschland anerkannt.

2. Gemeinsamer Markt

Ein Ziel der Gemeinschaft ist die Errichtung eines gemeinsamen Marktes. Die Verwirklichung des gemeinsamen Marktes setzt den freien Warenverkehr zwischen den Mitgliedstaaten voraus. Der EG-Vertrag verbietet mengenmäßige Beschränkungen und Maßnahmen gleicher Wirkungen zwischen den Mitgliedstaaten. Das bedeutet, dass z. B. die Bundesrepublik Deutschland nicht die Einfuhr von Sauce Béarnaise aus den Niederlanden verbieten darf, weil die Zusammensetzung der Sauce mit dieser Bezeichnung nicht den deutschen Rechtsvorschriften entspricht. Gemäß einer Entscheidung des Europäischen Gerichtshofes kommt es darauf an, dass der Verbraucher die abweichende Zusammensetzung aus der Kennzeichnung (hier dem Zutatenverzeichnis) entnehmen kann. Nach dem EG-Vertrag ist ein Lebensmittel, das in einem Mitgliedstaat der EG rechtmäßig hergestellt und in den Verkehr gebracht wird, grundsätzlich auch in jedem anderen Mitgliedstaat der Gemeinschaft verkehrsfähig, es sei denn, es sprechen Gründe zum Schutz der Gesundheit dagegen. Dieser Grundsatz ist durch die berühmte Cassis-Rechtsprechung des EuGH verfestigt worden. Die ein absolutes Verkehrsverbot auslösenden deutschen Reinheitsgebote für Bier und Milcherzeugnisse sind dieser Rechtsprechung bereits zum Opfer gefallen. Zum Abbau solcher nicht tarifärer Handelshemmnisse (tarifäre Handelshemmnisse = Zoll) hat es sich die Gemeinschaft zum Ziel gemacht, lebensmittelrechtliche Vorschriften der Mitgliedstaaten zu harmonisieren. Mit dem Inkrafttreten des europäischen Binnenmarktes am 1.1.1993 haben die Harmonisierungsarbeiten eine besondere Dynamik erfahren.

3. Verordnungen und Richtlinien

Das rechtliche Instrument zur Harmonisierung des europäischen Lebensmittelrechts ist der Erlass von Verordnungen, Richtlinien und Entscheidungen durch die Organe der EG (Rat und Kommission).

Eine EG-Verordnung hat nach EG-Vertrag allgemeine Geltung. Sie ist in allen ihren Teilen verbindlich und gilt unmittelbar in jedem Mitgliedstaat. Somit besteht eine unmittelbare Wirkung für den Bürger. Dagegen richten sich EG-Richtlinien an die Regierungen der Mitgliedstaaten und verpflichten diese, den Inhalt der jeweiligen Richtlinien in nationales Recht umzusetzen. So fließt zum Beispiel eine Änderung in der EG-Etikettierungs-Richtlinie in die deutsche Lebensmittel-Kennzeichnungsverordnung ein. Richtlinien haben ausnahmsweise nur dann unmittelbare Geltung und gelten wie nationales Recht, wenn die Frist für die Umsetzung in nationales Recht verstrichen ist.

Grundsätzlich hat die EU-Kommission den Schwerpunkt der Harmonisierung auf den Erlass von horizontalen Vorschriften, im wesentlichen Richtlinien, gelegt. Es handelt sich hier um Richtlinien und Verordnungen, die für alle oder mehrere Lebensmittel gelten. Die beispielhafte Aufzählung soll einen Überblick darüber geben, welche Bereiche durch horizontale EG-Rechtsvorschriften geregelt werden:

Richtlinien	Verordnungen
Aromen	Allgemeine Grundsätze (Basis-VO)
Diätlebensmittel	Geographische Angaben
Etikettierung	Hygiene
Lebensmittelbestrahlung	Kontaminanten
Loskennzeichnung	Lebensmittelspezialitäten
Nahrungsergänzungsmittel	Lebensmittelüberwachung
Nährwertkennzeichnung	Neuartige Lebensmittel
Tiefgefrorene Lebensmittel	Ökologisch erzeugte Lebensmittel
Zusatzstoffe	Tierarzneimittel

Hervorzuheben ist aufgrund ihrer Bedeutung an dieser Stelle die am 21.2.2002 in Kraft getretene EG-Basisverordnung Nr. 178/2002. Hier werden in einer europäischen Rechtsvorschrift erstmals die allgemeinen Grundsätze für Lebensmittel und Futtermittel im Allgemeinen und für die Lebensmittel- und Futtermittelsicherheit im Besonderen festgelegt. Hierzu zählen z. B. die Risikoanalyse, das Vorsorgeprinzip und das Prinzip der Rückverfolgbarkeit, die für die gesamte Herstellungskette („From Farm to Fork") gesetzlich verankert sind. Die Verordnung enthält auch die lange notwendig gewordenen gemeinschaftsweit einheitlichen Begriffsdefinitionen, z. B. für „Lebensmittel". Weitere dort verankerten Ziele sind die Errichtung der Europäischen Behörde für Lebensmittelsicherheit sowie die Festlegung von Verfahren für Fragen, die sich mittelbar oder unmittelbar auf die Lebensmittel- und Futtermittelsicherheit auswirken. Die Verordnung ist in allen ihren Teilen verbindlich und gilt unmittelbar in jedem Mitgliedstaat. Ausnahmen gelten nur für bestimmte Vorschriften, z. B. die Anforderungen an die Lebensmittelsicherheit und die Rückverfolgbarkeit betreffend, die erst ab dem 1.1.2005 gelten. Für Deutschland ergibt sich damit die Notwendigkeit, in einem neuen Gesetzgebungsakt das deutsche Lebensmittelrecht den Anforderungen an das Gemeinschaftsrecht anzupassen. Zu diesem Zweck ist der eingangs erwähnte Entwurf eines Lebensmittel- und Futtermittelgesetzbuches (LFGB) vorgelegt worden.

In Bereichen, in denen es keine oder noch keine Gemeinschaftsregelungen gibt, kommt grundsätzlich das Prinzip der gegenseitigen Anerkennung zum Tragen. Auf die Schaffung vertikaler Rezepturvorschriften mit produktsspezifischen Anforderungen an die Zusammensetzung von Lebensmitteln will die Kommission deshalb weitgehend verzichten. In Konsequenz dessen gibt es nur wenige vertikale Vorschriften, z. B. die Kakao-Richtlinie, die Fruchtsaft-Richtlinie, die Konfitüren-Richtlinie, die Spirituosenverordnung oder die Honig-Richtlinie.

Die europäischen Rechtsvorschriften werden im Amtsblatt der Gemeinschaft veröffentlicht. Die EG-Vorschriften können im Internet unter folgender Adresse nachgelesen werden: http://www.europa.eu.int/eur-lex/de.

V Welthandelsrecht (WTO-Recht)

Das deutsche Lebensmittelrecht ist nicht nur in europäisches Recht, sondern darüber hinaus auch in das Welthandelsrecht eingebunden. Sowohl die Europäische Gemeinschaft (EG) wie auch sämtliche EG-Mitgliedstaaten sind Mitglieder der WTO und unterliegen damit den daraus resultierenden völkerrechtlichen Verpflichtungen. Für das Lebensmittelrecht spielen u. a. das Übereinkommen über technische Handelshemmnisse (Ü-TBT) und über die Anwendung gesundheitspolizeilicher Maßnahmen (Ü-SPS) eine entscheidende Rolle, die im Rahmen des WTO-Abkommens abgeschlossen wurden. Durch diese Übereinkommen soll der freie Warenverkehr zwischen den Vertragsstaaten gewährleistet werden. Im Zusammenhang mit diesen Abkommen gewannen die bis dato unverbindlichen internationalen Standards, besonders die von der Codex Alimentarius Kommission (CAK) erarbeiteten, zunehmend an Bedeutung.

Die CAK ist eine gemeinsame Unterorganisation der Food and Agriculture Organization of the United Nations (FAO) und der World Health Organization (WHO). Der Codex Alimentarius ist die von der CAK erstellte Sammlung von Standards über die Zusammensetzung, Behandlung, Qualität und Kennzeichnung von Lebensmitteln. Bis zum Inkrafttreten des Ü-SPS kam den Standards eine bindende Wirkung erst nach Annahme durch den jeweiligen Mitgliedstaat zu, ansonsten hatten sie nur den Charakter einer unverbindlichen Empfehlung. Durch die Bezugnahme im Ü-SPS haben die Standards, aber auch die Verfahrenkodizes, Richtlinien und Empfehlungen der CAK, Rechtsverbindlichkeit für die Mitgliedstaaten der Übereinkommen erhalten.

Die Codex-Standards dienen als Vorlage für lebensmittelrechtliche Regelungen der EU wie auch der Mitgliedstaaten. Viele EU-Vorschriften orientieren sich bereits am Vorbild der Codex-Standards. Codex-Standards wurden sowohl zu horizontalen Sachgebieten (z. B. Zusatzstoffe, Hygiene, Lebensmittelkennzeichnung) als auch zu vertikalen Sachgebieten (z. B. Fleisch- und Fleischerzeugnisse, Speisefette und Speiseöle, Zuckerarten und Honig) vorgeschlagen.

Dr. Oetker Lebensmittel Lexikon

Herausgeber: Dr. August Oetker Nahrungsmittel KG, Bielefeld

Projektleitung: Martin Stodolka
Wissenschaftliche Leitung: Dr. jur. Petra Unland, Dr. rer. nat. Udo Spiegel
Technische Leitung: Joachim Wrieden

Autoren: Thorsten Dresler, staatlich geprüfter Lebensmittelchemiker
Dr. rer. nat. Susanne Nowitzki-Grimm, Diplom-Ernährungswissenschaftlerin
Dr. rer. nat. Peter Grimm, Diplom-Ernährungswissenschaftler
Christoph Hamm, Diplom-Lebensmittelchemiker
Nadine Haenelt, staatlich geprüfte Lebensmittelchemikerin
Britta Neuß, staatlich geprüfte Lebensmittelchemikerin
Dr. rer. nat. Martin A. Rieger, staatlich geprüfter Lebensmittelchemiker
Elisa Sabew, Diplom-Oecotrophologin
Marcus Sefrin, staatlich geprüfter Lebensmittelchemiker
Dr. jur. Petra Unland, staatlich geprüfte Lebensmittelchemikerin
Joachim Wrieden, Diplom-Lebensmitteltechnologe
Heike Ziegler, Diplom-Oecotrophologin

Grafische Konzeption/Layout: kontur:design, Bielefeld
Satz: Werbedruck Zünkler, Bielefeld
Druck und Bindung: GGP Media GmbH, Pößneck

Höchste inhaltliche und technische Qualität unserer Produkte ist unser Ziel. Bei der Produktion und Verbreitung unserer Bücher wollen wir die Umwelt schonen: Dieses Buch ist auf säurefreiem und chlorfrei gebleichtem Papier gedruckt. Die Einschweißfolie besteht aus Polyethylen und damit aus organischen Grundstoffen, die weder bei der Herstellung noch bei der Verbrennung Schadstoffe freisetzen.

4. Auflage

ISBN 3-7670-0590-5